THE SCHOTTENSTEIN EDITION

תלמוד בבלי

TALMUD BAVLI

The ArtScroll Series®

THE DAVIS FAMILY
RENOV STAHLER ROSENWALD PERLYSKY EDITION OF SEDER NEZIKIN

מסכת מכות

TRACTATE MAKKOS

תלמוד בבלי

BAVLI

THE DAVIS FAMILY
RENOV STAHLER ROSENWALD PERLYSKY EDITION OF SEDER NEZIKIN

מסכת מכות
TRACTATE MAKKOS

R' Hersh Goldwurm זצ"ל
General Editor
תש"נ-תשנ"ג / 1990-1993

under the General Editorship of
Rabbi Yisroel Simcha Schorr
and Rabbi Chaim Malinowitz
in collaboration with a team of Torah Scholars

The Schottenstein Edition

TALMUD

THE GEMARA: THE CLASSIC VILNA EDITION,
WITH AN ANNOTATED, INTERPRETIVE ELUCIDATION,
AS AN AID TO TALMUD STUDY

The Hebrew folios are reproduced from the newly typeset and enhanced Oz Vehadar Edition of the Classic Vilna Talmud

Published by
Mesorah Publications, ltd

W e gratefully acknowledge the outstanding
Torah scholars who contributed to this volume:

**Rabbi Yisroel Simcha Schorr, Rabbi Chaim Malinowitz,
Rabbi Mordechai Marcus,** and **Rabbi Noson Boruch Herzka**
who reviewed and commented on the manuscript,

**Rabbis Yehezkel Danziger, Hillel Danziger, Reuvein Dowek, Yosef Davis,
Eliezer Herzka, Nesanel Kasnett, Henoch Moshe Levin, Zev Meisels,
Moshe Rosenblum, Feivel Wahl,
Yosaif Asher Weiss, Eliyahu Cohen,** and **Avrohom Shereshevsky**
who edited, and assisted in the production of this volume.

Rabbi Yehezkel Danziger, Editorial Director

We are also grateful to our proofreaders: Mrs. Judi Dick, Mrs. Mindy Stern, and Mrs. Faigie Weinbaum,
our typesetters: Mr. Yaakov Hersh Horowitz, Mr. Moshe Deutsch, Miss Chumie Zaidman, Miss Ruchie Reinhold,
Miss Chaya Suri Wolcowitz, Miss Libby Zweig, Mrs. Estie Dicker, Mrs. Esther Feierstein

FIRST EDITION
Seven Impressions . . . May 1990 — April 1997
REVISED AND ENLARGED EDITION
Sixteen Impressions . . . February 2001 — March 2020
Seventeenth Impression . . . November 2020

Published and Distributed by
MESORAH PUBLICATIONS, Ltd.
313 Regina Avenue / Rahway, N.J. 07065

Distributed in Europe by
LEHMANNS
Unit E, Viking Business Park
Rolling Mill Road
Jarrow, Tyne & Wear NE32 3DP
England

Distributed in Israel by
SIFRIATI / A. GITLER — BOOKS
POB 2351
Bnei Brak 51122

Distributed in Australia & New Zealand by
GOLDS WORLD OF JUDAICA
3-13 William Street
Balaclava, Melbourne 3183
Victoria Australia

Distributed in South Africa by
KOLLEL BOOKSHOP
Northfield Centre, 17 Northfield Avenue
Glenhazel 2192, Johannesburg, South Africa

THE ARTSCROLL® SERIES / SCHOTTENSTEIN EDITION
TALMUD BAVLI / TRACTATE MAKKOS
© *Copyright 1990, 2001, by* MESORAH PUBLICATIONS, Ltd.
313 Regina Avenue / Rahway, N.J. 07065 / (718) 921-9000 / www.artscroll.com

ITEM CODE: TMAK
ISBN 10: 0-89906-725-5
ISBN 13: 978-0-89906-725-4

Typography by CompuScribe at ArtScroll Studios, Ltd.
Custom bound by **Sefercraft, Inc.,** Rahway, NJ

...תפארת בנים אבותם

"The splendor of children is their fathers"

This inaugural volume
is dedicated to
the concept of Jewish eternity
as symbolized by

הרב אפרים לייבוש בן הרב מרדכי דוד
הכהן כ"ץ שליט"א

Rabbi Ephraim Leibush Katz שליט"א

בעת שגוילי התורה היו עולים באש באירופה
היה הרב כ"ץ אחד הגיבורים
אשר לא נתן שהתורה הקדושה תיעלם.
על ידי לימוד אישי ומתמיד ומלמד אחרים,
על ידי דגמא אישית ופעולות ילדיו,
הוא נתן יד ועזרה לתקומה חדשה
של עולם התורה והחסידות בשני חלקי עולם.

When the flame of Torah flickered in Europe,
he was one of the heroes who would not let it die.
Through his personal Torah study
and his zeal in helping others;
through his example and the work of his children;
he has helped recreate the world of
Torah and Chassidus on both hemispheres.

Dedicated by his children
ר' מרדכי דוד הכהן כ"ץ נ"י
ורעיתו עדינה לבית קנר תחי'
Mr. and Mrs. Marcos Katz
Mexico City

The Schottenstein Edition

TALMUD BAVLI

is reverently dedicated to the memory of
the patron of this Talmud
and of countless other noble causes in Jewish life

יעקב מאיר חיים בן אפרים אליעזר הכהן ע״ה

נפטר ה׳ אדר ב׳ תשנ״ב

Jerome Schottenstein ע״ה

and to the memory of his parents

אפרים אליעזר בן יהושע הכהן ע״ה — **חנה בת צבי הירש ע״ה**

נפטר ב׳ אייר תשט״ז — נפטרה ט״ו מנחם אב תשט״ו

Ephraim and Anna Schottenstein ע״ה

by

Geraldine Schottenstein

Saul and Sonia Schottenstein

and

Jay and Jeanie Schottenstein

and their children
Joseph Aaron and Lindsay Brooke, Jacob Meir, Jonah Philip, Emma Blake
Jonathan Richard and Nicole Lauren, Winnie Simone, Teddi Isabella
Jeffrey Adam

Ann and Ari Deshe

and their children
Elie Michael, David Scott, Dara Lauren, Daniel Matthew

Susan and Jon Diamond

and their children
Jillian Leigh, Joshua Louis, Jacob Meyer

and

Lori Schottenstein

PATRONS OF THE SEDARIM

Recognizing the need for the holy legacy of the Talmud
to be available to its heirs in their own language,
these generous and visionary patrons have each dedicated
one of the six Sedarim/Orders of the Talmud.

THE FORMAN EDITION OF SEDER ZERAIM

is lovingly dedicated by

Mr. and Mrs. Sam Forman, Brett and Wendy

in memory of their beloved parents and grandparents

Mr. and Mrs. George Forman ע"ה   **Dr. and Mrs. Morey Chapman** ע"ה

THE HORN EDITION OF SEDER MOED

is lovingly dedicated to the memory of

ע"ה **Moishe Horn** — ר' משה מניס ב"ר יעקב יצחק ע"ה

נפטר ב' מנחם אב תשנ"ד

by his wife **Malkie**

his parents **Jacob** ע"ה **and Genia Horn** ע"ה

and his children

Shimmie and Alissa	**Devorah and Dov Elias**	**Shandi and Sruli Glaser**
Ari Shana Michal Tali	Moishe Ariella Eli Chaviva Tehilla Tova	Ruthi Jack Miri Rachelli

THE ELLIS A. SAFDEYE EDITION OF SEDER NASHIM

is reverently dedicated to the memory of

המנוח יהודה אצלאן ומרת צלחה ויקטוריא ע"ה

Aslan and Victoria Safdeye ע"ה

and

המנוח יהודה ומרת מרגלית ע"ה

Judah and Margie Sultan ע"ה

by their children

Ellis A. and Altoon Safdeye

and grandchildren

Alan Judah and Rachel Safdeye   **Joseph and Rochelle Safdeye**
Ezra and Victoria Esses   **Michael and Bobbi Safdeye**

PATRONS OF THE SEDARIM

THE DAVIDOWITZ FAMILY
RENOV STAHLER ROSENWALD PERLYSKY EDITION OF SEDER NEZIKIN

is lovingly dedicated to

Rozi and Morty Davis-Davidowitz

builders of this dynasty

by their children and grandchildren

Esti and Ushi Stahler
Jamie, Danny, Duvi, Lisi, Avi, Eli, Malka and Loni

Ruki and Kal Renov
Tova, Tani, Eli, Ari, Yoni, Yael, Emi and Benji

Rivki and Lindsay Rosenwald
Doni, Joshy, Demi, Davey and Tamar Rina

Laya and Dov Perlysky
Ayala Malka, Tova Batsheva, Naftali Yonatan, Atara Yael, Eitan Moshe, Shira Avital, Akiva Yair, Avigail and Gavriel Yehuda

and is lovingly dedicated to the memory of our grandparents

Emily and Nathan Selengut ע״ה

נפתלי ב״ר יעקב ע״ה ומלכה בת ר׳ אלתר חיים ע״ה

THE SCHWARTZ EDITION OF SEDER KODASHIM

is lovingly dedicated by

Avrohom Yeshaya and Sally Schwartz

and their children

Ari and Daniella, Moshe, Dani, and Dovi

in memory of their beloved parents and grandparents

Isaac and Rebecca Jarnicki ז״ל — ר׳ יצחק ב״ר אשר ז״ל וחיה רבקה בת הרב בצלאל הירש ז״ל

נפ׳ יג׳ תמוז תשנ״ז נפ׳ ג׳ אדר תשס״ד

and their beloved grandmother

Mrs. Pearl Septytor ע״ה — פערל בת ר׳ מרדכי ע״ה

and in honor of יבלח״ט their parents and grandparents

Rabbi and Mrs. Gedalia Dov Schwartz שליט״א

and in memory of our grandparents

Rabbi Eliezer and Pesha Chaya Poupko ז״ל **Abraham Schwartz ז״ל**

Betzalel Hersh and Hendel Berliner ז״ל **Asher and Gittel Jarnicki ז״ל**

PATRONS OF THE TALMUD

With generosity, vision, and devotion to the perpetuation of Torah study,
the following patrons have dedicated individual volumes of the Talmud

INTRODUCTION TO THE TALMUD: **Robin and Warren Shimoff**
In honor of **Kollel Yisroel V'Shimshon** of the West Side
In memory of our parents
Lynn and Irving Shimoff
ישראל דוב בן אהרן יעקב ז״ל   חיה רבקה לאה בת אליעזר יהודה ע״ה

BERACHOS I: In memory of
Jerome Schottenstein ע״ה
יעקב מאיר חיים בן אפרים אליעזר הכהן ע״ה

BERACHOS II: **Zvi and Betty Ryzman**
Mickey and Shelly Fenig — Aliza, Yissachar David, Batsheva, Aharon Yakov and Elazar
Elie and Adina Ryzman — Leora, Yonatan, Ari and Shai
Avi and Zahava Ryzman — Sarah Chloe and Eliana Shayna
Rafi and Elimor Ryzman — Ora and Nava
In memory of
הרב יהושע השיל ב״ר חיים ז״ל נפ׳ י׳ טבת, תשס״ט — Rabbi Yehoshua Heschel Ryzman ז״ל
מרת הלינה שיינדל בת ר׳ צבי ע״ה נפ׳ ה׳ מנחם אב, תשנ״ז — Halina Shaindel Ryzman ע״ה
and in honor of Mrs. Mila Kornwasser שתחי׳
and in memory of
הרב אהרן יעקב ב״ר אליעזר ז״ל נפ׳ ז׳ תמוז, תשס״ב — Rabbi Aharon Yaakov Kornwasser ז״ל

Malcolm and Joy Lyons
in honour of their parents שיחי׳
Eve Lyons
Cecil and Mona Jacobs
and in memory of his father
יהודה בן גרשון ע״ה נפ׳ כ״ב שבט תשס״ג — Leopold Lyons ע״ה

SHABBOS I: **Nachshon and Bruria Minucha [Nuchi] Draiman and Family**
in memory of
הר״ר יהודה ליב מנדלקורן זצ״ל בן הר״ר צבי הי״ו
Rabbi Yehuda Leib Mandelcorn זצ״ל — נפטר כ׳ תמוז, תשנ״ג

A Hebrew edition of the Talmud Bavli is now in progress.
The Hebrew edition is dedicated by

Jay and Jeanie Schottenstein

and their children

Joseph Aaron and Lindsay Brooke, Jonathan Richard, and Jeffrey Adam

— in honor of their cherished loved ones who have left indelible marks on their own lives and the lives of countless others, as models of inspiration, generosity, integrity, and devotion to the noblest causes in Jewish life:
his parents **JEROME ז״ל AND GERALDINE SCHOTTENSTEIN**,
her parents **LEONARD AND HEDDY RABE**
and **SAUL AND SONIA SCHOTTENSTEIN**

JAY AND JEANIE SCHOTTENSTEIN

have a perspective that transcends time and community.
Through their dedication of these editions of the Talmud, they spread Torah study around the globe and across generations.
Multitudes yet unborn will be indebted to them for their vision and generosity.

PATRONS OF THE TALMUD

SHABBOS II: **David and Bonnie Anfang** **Chaim and Ruthie Anfang**
Rachel, Julie and Elliot **Ariella Hope** **Michael Brett**
In loving memory of
ר׳ אריה ליב ב״ר דוד אביגדור ע״ה — Leib Anfang ע״ה
בשה לאה בת ר׳ אלימלך דוב ע״ה — Barbara Anfang ע״ה

Mimi Rosenbaum **Joseph and Sharon Prawer** **Alan and Louisa Prawer**
Stacey and Danny **Dovid and Natalie White, Shlomo Haim, Sarah Meira** **Ruben Pinchas**
Dena and Adam Ballew, Shlomo Gavriel, Ariella Shira
Alana, Naomi White
In loving memory of
ר׳ פנחס ב״ר יוסף ברוך הלוי ע״ה גילה בת אשר יונה ע״ה — Pinkus and Genia Prawer ע״ה, and
שרה בת שמעון ליב ע״ה — Sarah Cukierman ע״ה

Rabbi Eliyahu and Yehudit Fishman
Rivka and Zvi Silberstein **and Leah** **Akiva Yitzchak Fishman**
Rabbi Yechiel Meir and Chagit Fishman **Rabbi Yosef and Aliza Fishman**
Talia Chanah, Ariel Yishai and Daniel
In loving memory of
ר׳ יוסף ב״ר טוביה ע״ה רודע רבקה בת ר׳ הירש מאיר ע״ה — Yosef and Rude Rivka Fishman ע״ה
and their children Yechiel Meir, Leah and Chanah הי״ד who perished in the Holocaust

SHABBOS III: **Stanley and Ellen Wasserman**
and their children
Alan and Svetlana Wasserman **Mark and Anne Wasserman**
Neil and Yael Wasserman **Stuart and Rivka Berger**
and families
In loving memory of
יוסף בן דוב בער ע״ה בילא בת יעקב ע״ה — Joseph and Bess Wasserman ע״ה, and
שמריהו בן משה ע״ה רבקה בת הרב יוסף הכהן ע״ה — Sascha and Regina (Czaczkes) Charles ע״ה

SHABBOS IV: לעילוי נשמות
הורינו היקרים **ר׳ לוי ב״ר יהודה הלוי ע״ה וצירל בת ר׳ מרדכי ע״ה לוינגר**
זקנינו היקרים **ר׳ יהודה ב״ר אליעזר צבי הלוי ע״ה וטלצא בת פרומט ע״ה לוינגר**
ר׳ מרדכי ב״ר שמואל ע״ה ומלכה בת ר׳ נתן ע״ה אדלר
אחינו **שמואל הלוי ע״ה יהודה הלוי ע״ה יהונתן הלוי הי״ד**
אחותנו **לאה בת ר׳ לוי סג״ל ע״ה ובעלה ר׳ טוביה ע״ה**
גיסינו **ר׳ מיכאל ב״ר ברוך שמואל ע״ה שוויצר ר׳ שמואל ב״ר יעקב ע״ה מיכל**
ולעילוי נשמות דודינו ודודותינו ויוצאי חלוציהם שנפטרו ושנהרגו על קידוש השם הי״ד
Dedicated by **Louis and Morris Lowinger**
Teri Schweitzer **Kato Michel** **Margit Baldinger** **Eva Lowinger**

ERUVIN: [two volumes] **Jerome and Geraldine Schottenstein** **Saul and Sonia Schottenstein**
Jay and Jeanie Schottenstein **Ann and Ari Deshe**
Susan and Jon Diamond **Lori Schottenstein**
in memory of
אפרים אליעזר בן יהושע הכהן ע״ה — Ephraim Schottenstein ע״ה
חנה בת צבי הירש ע״ה — Anna Schottenstein ע״ה

The Edmond J. Safra Edition of the Talmud Bavli in French,
adapted from the Schottenstein Edition, is now in progress.
The Edmond J. Safra Edition
is dedicated by
Lily Safra
in memory of her beloved husband
Edmond J. Safra רפאל אדמון עזרא בן אסתר ע״ה
His desire is in the Torah of HASHEM, and in His Torah he meditates day and night.
He shall be like a tree deeply rooted alongside brooks of water;
that yields its fruit in due season, and whose leaf never withers,
and everything that he does will succeed (Psalms 1:2-3).

PESACHIM I: **Vera and Soli Spira and Family**
in memory of
ברוך בן חיים ע״ה — Baruch Spira ע״ה
בילה בת נתן שלום ע״ה — Bella Spira ע״ה
שמואל בן אברהם ע״ה — Shmuel Lebovits ע״ה
and their respective families הי״ד who perished in the Holocaust
and in honor of
שפרה בת משה — Caroline Lebovits תחי׳

PESACHIM II: **Vera and Soli Spira and Family**
in memory of an uncle who was like a father
and a cousin who was like a brother
ישראל בן נתן שלום ע״ה — Israel Stern ע״ה
נתן שלום בן ישראל ע״ה — Noussi Stern ע״ה

PESACHIM III: **Lorraine and Mordy Sohn** **Ann and Pinky Sohn**
in memory of
ר׳ צבי ב״ר אלעזר ע״ה — Dr. Harry Sohn ע״ה
מרת הענדיל דבורה ב״ר אברהם שלמה ע״ה — Dora F. Sohn ע״ה
ר׳ יחזקאל ב״ר אליקים חנוך הלוי ע״ה — Harold Levine ע״ה
רבקה הענא בת שמעון הלוי ע״ה — Ruth Levine ע״ה
רייזל ב״ר שמשון ע״ה — Rosalie Sohn ע״ה

SHEKALIM: In loving memory of
Mr. Maurice Lowinger ז״ל
ר׳ מאיר משה ב״ר בן ציון הלוי ז״ל
נפ׳ כ״ז אדר תשס״א

YOMA I: **A. Joseph and Rochelle Stern**
Moshe Dov, Zev, Shani, Esty, and Shaye
in honor of their parents and grandparents
Eli and Frieda Stern שיחיו
Frida Weiss שתחי׳
and in memory of
ר׳ ישעי׳ בן ר׳ ישראל שמואל ווייס ז״ל

YOMA II: **A. Leibish and Edith Elbogen**
and Family
לזכר נשמות
מוה״ר אהרן בן מוה״ר יעקב קאפל עלבוגן ז״ל
וזו׳ אלטע חנה חיה מלכה בת מוה״ר חיים יצחק מאיר ע״ה
אחותי פערל עם בעלה ושבע בנים ובנות
ושלשה אחי: חיים יצחק מאיר, משה יוסף, יעקב קאפל הי״ד
בני אהרן עלבוגן שנהרגו עקד״ה
מוה״ר נתן פייטל בן מוה״ר אברהם וואלד ז״ל
וזו׳ ברכה בת מוה״ר דוד יהודה הי״ד שנאספה עקד״ה באוישוויץ

SUCCAH I: **Howard and Roslyn Zuckerman** **Steven and Shellie Zuckerman**
Leo and Rochelle Goldberg
in memory of their parents
ר׳ פסח יהודה ב״ר יצחק אייזיק ע״ה וחוה בת ר׳ יהודה לייב ע״ה — Philip and Evelyn Zuckerman ע״ה

in honor of their children
Yisroel and Shoshana Pesi Zuckerman שיחיו
Pesach Yehudah and Asher Anshel שיחיו
Michael (Ezra) and Lauren Zuckerman שיחיו
Adrianne & Shawn Meller, Elliot, & Joshua Goldberg שיחיו

in honor of their children
Glenn and Heidi, Jamie Elle, Benjamin,
Brett and Robin, Brandon Noah, Ross and T.J. שיחיו
and in honor of their parents
Marilyn and Aaron Feinerman שיחיו

in memory of
ר׳ ישראל צבי ב״ר ברוך ע״ה ושיינדל בת ר׳ ישראל ע״ה — Israel and Shaindel Ray ע״ה
and in memory of Mrs. Rose Ray (Glass) ע״ה

PATRONS OF THE TALMUD

SUCCAH I: [continued] **Arthur and Randi Luxenberg**
in honor of their parents
Irwin and Joan Luxenberg שיחי' Bernard and Evelyn Beeber שיחי'
their children Elizabeth Jewel and Jacqueline Paige שיחי'
in memory of his grandparents
ר' אברהם בן אהרן מרדכי ז"ל ורחל בת ר' משה ע"ה — Abraham and Rose Luxenberg ע"ה
ישעיהו צבי בן הרב טוביה ז"ל ושרה צירל בת ר' יעקב ע"ה — Jesse and Celia Aronson ע"ה

SUCCAH II: **Thomas and Lea Schottenstein** **William and Amy Schottenstein**
in memory of
אריה ליב בן אפרים אליעזר הכהן ע"ה — Leon Schottenstein ע"ה
מאיר אבנר בן דוד הלוי ע"ה — Meir Avner Levy ע"ה
and in honor of
Mrs. Jean S. Schottenstein שתחי' Bertram and Corinne Natelson שיחי'
Mrs. Flory Levy שתחי'

BEITZAH: **Paul and Suzanne Peyser** **Irwin and Bea Peyser**
in memory of
דוד בן פינחס ע"ה פריידע רייזעל בת יהושע ע"ה — David and Rose Peyser ע"ה

ROSH HASHANAH: **Steve and Genie Savitsky** **David and Roslyn Savitsky**
In memory of
יואל בן אברהם ע"ה — Jerry J. Savitsky ע"ה
ישראל בן מנחם מאנעס ע"ה — Irving Tennenbaum ע"ה
שמואל בן יצחק ע"ה — George Hillelsohn ע"ה
רחל בת דוד הלוי ע"ה — Ruth Hillelsohn ע"ה
אהרן בן יהודה אריה ע"ה — Aaron Seif ע"ה

TAANIS: **David and Jean Bernstein**
Matthew Bernstein, **Owen and Kei**
Scott and Andrea Bernstein, **Samara, Jonah, and Jesse**
Albert and Gail Nassi, **Jessica and Garrett**
in memory of
Annna and Harry Bernstein ע"ה Sarah and Joseph Furman ע"ה
Mr. Samuel Nassi ע"ה

MEGILLAH: Special Commemorative Edition published in conjunction with the Sh'loshim of the patron of this edition of the Talmud
Jerome Schottenstein ע"ה
יעקב מאיר חיים בן אפרים אליעזר הכהן ע"ה

MOED KATAN: **Solomon T. and Leah Scharf**
and their children
David and Tzipi Diamond **Alexander and Naomi Scharf**
Joseph and Lisa Scharf **Dovid and Chani Scharf**
לזכרון עולם
ר' אליהו בן משה יעקב ע"ה — R' Eliyahu Scharf ע"ה
שרה בת אלכסנדר זיסקינד ע"ה — Sara Scharf ע"ה
ר' יוסף בן צבי הירש ע"ה — R' Joseph Felder ע"ה
עטיל בת מוה"ר שמעון ע"ה — Mrs. Ettel Felder-Hollander ע"ה

CHAGIGAH: **The Alvin E. Schottenstein Family**
In memory of
חיים אברהם יונה בן אפרים אליעזר הכהן ז"ל — Alvin E. Schottenstein ז"ל
יצחק אייזיק בן עקיבא הכהן ז"ל — Irving Altman ז"ל
הדס בת אברהם אביש ע"ה — Helen Altman ע"ה
שרגא פייוול בן יצחק אייזיק הכהן ז"ל — Frank Altman ז"ל

YEVAMOS I: **Phillip and Ruth Wojdyslawski and Family**
In memory of his beloved parents
Abraham Michel and Ora Wojdyslawski ע"ה
ר' אברהם מיכאל ב"ר פינחס ע"ה
אורה בת ר' צבי הירש ע"ה

YEVAMOS II: **Phillip and Ruth Wojdyslawski and Family**
In memory of her beloved mother
Chaya (Cytryn) Valt ע״ה
חיה צירל בת ר׳ שלמה זלמן ע״ה

YEVAMOS III: **Phillip and Ruth Wojdyslawski and Family**
In honor of
Benjamin C. Fishoff לאוי״ט
To the public he is a leader with vision and dedication.
To us he has always been a role model, a father,
and a constant inspiration.

KESUBOS I: **The Fishoff Families**
in memory of their beloved mother
מינדל בת ר׳ ישראל ע״ה — Mrs. Marilyn Fishoff ע״ה
נפ׳ כד תשרי תשמ״ט
and in memory of their dear grandparents
Fishoff — ר׳ דוב ב״ר מנחם אשר ע״ה   מרת מירל בת ר׳ מנחם מענדל ע״ה
Neider — ר׳ ישראל ב״ר אברהם ע״ה   מרת חיה זיסא בת ר׳ שרגא פייוועל ע״ה

KESUBOS II **Arthur A. and Carla Rand**
in memory of their parents
ר׳ ישראל ב״ר צבי Rand ומרת ליבא מלכה ב״ר יהודה Marcus ע״ה
ר׳ שלמה ב״ר מרדכי יהודה Ratzersdorfer ומרת חוה ב״ר חיים Finkelstein ע״ה
and in honor of their children
ר׳ אריה יהושע ב״ר אליהו דוב ומרת ליבא מלכה שיחי׳ — Lydia M. and Lionel S. Zuckier
ר׳ יואל אשר ב״ר חיים שלמה ומרת גנענדל חנה שיחי׳ — Gigi A. and Joel A. Baum
ר׳ ישראל יהודה ומרת צפורה געלא ב״ר יצחק חיים שיחי׳ — Jay J. and Cyndi G. Finkel-Rand
and grandchildren
דניאל יעקב, נפתלי צבי, חוה, בנימין, צפורה מרים, רחל, בתשבע Baum שיחי׳
שלמה יצחק, שירה חיה, צבי, שפרה לאה, בן ציון Zuckier שיחי׳
אליהו אריה לייב, יעקב שלמה, צבי, חסיה ליבא, מתתיהו דוד Rand שיחי׳

KESUBOS III **ישימך אלהים כשרה רבקה רחל ולאה**
May God make you like Sarah, Rebecca, Rachel and Leah

NEDARIM I: **Mrs. Goldy Golombeck**
Hyman P. and Elaine Golombeck   **Blanche B. Lerer**
Moishe Zvi and Sara Leifer   **Avrohom Chaim and Renee Fruchthandler**
In memory of
ר׳ משה יוסף ב״ר חיים פנחס ע״ה — Morris J. Golombeck ע״ה
and by Moishe Zvi and Sara Leifer in memory of
הרב ברוך יוסף ב״ר משה צבי ע״ה — האשה הצנועה מרים יוטא בת ר׳ לוי יצחק ע״ה
Mr. and Mrs. Baruch Leifer ע״ה

NEDARIM II: **The Rothstein Family**
In loving memory of
וועלוועל ב״ר יוסף ע״ה — Warren Rothstein ע״ה
David and Esther Rothstein ע״ה   Max and Gussie Gottlieb ע״ה
and in honor of
Howard and Beatrice Rothstein

NAZIR I: **Albert and Gail Nassi**
Garrett A. Nassi
Jessica Lea Nassi
in memory of
Samuel Nassi ע״ה
Albert and Leona Nassi ע״ה
Benjamin and Adell Eisenberg ע״ה
Arthur and Sarah Dector ע״ה

Daniel and Susan Kane
Jessica, Adam and Stacey
in memory of
Abraham and Rose Kanofsky ע״ה
Benjamin and Sophie Gornstein ע״ה
Elie and Irma Darsa ע״ה
Mack and Naomi Mann ע״ה

PATRONS OF THE TALMUD

NAZIR II: **Alan and Myrna Cohen, Alison and Matthew**
in memory of
Harry and Kate Cohen ע״ה Harry and Pauline Katkin ע״ה

SOTAH: **Motty and Malka Klein**
for the merit of their children שיחי׳
Esther and Chaim Baruch Fogel Dovid and Chavie Binyomin Zvi ז״ל
Elana Leah and Natan Goldstein Moshe Yosef and Rikki Yaakov Eliyahu and Tammy
In honor of his mother שתחי׳
Mrs. Suri Klein לאוי״ט
In memory of his father
ר׳ יהודה ב״ר דוד הלוי ז״ל נפ׳ כ״ז אדר ב׳ תשס״ג – Yidel Klein
In memory of her parents
ר׳ אשר אנשיל ב״ר משה יוסף ז״ל נפ׳ ג׳ שבט תשנ״ט – Anchel Gross
שרה בת ר׳ חיים אליהו ע״ה נפ׳ כ״ד סיון תשס״א – Suri Gross
And in memory of their grandparents who perished על קידוש השם in the Holocaust
ר׳ דוד ב״ר יעקב הלוי ע״ה ופערל בת ר׳ צבי ע״ה הי״ד – Klein
ר׳ מרדכי ב״ר דוד הלוי ע״ה ולאה בת ר׳ יעקב הלוי ע״ה הי״ד – Klein
ר׳ משה יוסף ב״ר בנימין צבי ע״ה ומלכה בת ר׳ יחיאל מיכל ע״ה הי״ד – Gross
ר׳ חיים אליהו ב״ר מרדכי ע״ה ויוטא בת ר׳ שלמה אליעזר ע״ה הי״ד – Gartenberg

GITTIN I: **Mrs. Kate Tannenbaum**
Elliot and Debra Tannenbaum Edward and Linda Zizmor
and Families
commemorating the first yahrzeit of beloved husband, father and grandfather
ר׳ נפתלי ב״ר יהודה אריה ע״ה — Fred Tannenbaum ע״ה
נפטר ח׳ ניסן תשנ״ב

GITTIN II: **Richard and Bonnie Golding**
in honor of Julian and Frances Golding Lawrence Cohen and Helen Lee Cohen
and in memory of Vivian Cohen ע״ה
Irving and Ethel Tromberg Clarence and Jean Permut
in memory of
Benjamin and Sara Tromberg ע״ה Harry and Lena Brown ע״ה
Molly and Julius Permut ע״ה Lizzie and Meyer Moscovitz ע״ה

KIDDUSHIN I: **Ellis A. and Altoon Safdeye**
in memory of their beloved parents
המנוח יהודה אצלאן ומרת צלחה ויקטוריא ע״ה — Aslan and Victoria Safdeye ע״ה
המנוח יהודה ומרת מרגלית ע״ה — Judah and Margie Sultan ע״ה
and in memory of his brother יוסף ע״ה — Joseph Safdeye ע״ה

KIDDUSHIN II: **Mr. and Mrs. Ben Heller**
in memory of his father
יואל נתן ב״ר חיים הלוי ע״ה — Joseph Heller ע״ה
and in honor of his mother
צפורה שתחי׳ לאוי״ט בת ר׳ בנימין ע״ה — Fanya Gottesfeld-Heller שתחי׳

BAVA KAMMA I: **Yitzchok and Shoshana Ganger**
and Children
in memory of
ר׳ יצחק ישעיהו ב״ר שלמה זלמן ע״ה–רויזא גיטל בת ר׳ משה ע״ה — Ganger
מיכאל ב״ר אברהם מרדכי ע״ה–מרים יוכבד בת ר׳ בנימין ע״ה — Ferber
ר׳ משה דוד ב״ר יצחק זעליג מקוצק ע״ה–פיגא בת ר׳ אברהם מרדכי ע״ה — Morgenstern
ר׳ מתתיהו ב״ר שמואל דוב ע״ה–אסתר מלכה בת ר׳ אריה ליב ע״ה — Newman

BAVA KAMMA II: **William and Esther Bein, and**
Joseph Hillel, Abraham Chaim Zev, and Bella Leah
In memory of parents and grandparents
מנחם מענדל ב״ר שמואל יצחק הכהן ע״ה — Edward (Mendus) Bein ע״ה
לאה בת חיים זאב הכהן ע״ה — Ilus Hartstein Bein ע״ה
מרדכי בן יוסף ע״ה — Mordochej Szer ע״ה
בילה בת אברהם ע״ה — Baila Silber Szer ע״ה
שמואל יצחק הכהן ושרה ביין ע״ה — חיים זאב הכהן ושרה הרטשטיין ע״ה
יוסף ויענטה שער ע״ה — אברהם ואסתר זילבר ע״ה

BAVA KAMMA III: **Dedicated to Klal Yisrael,**
and particularly to the Six Million.
הקב״ה שוכן בתוך בני ישראל והוא חד עם כנסת ישראל
"The Holy One Blessed is He dwells among the children of Israel;
He and the congregation of Israel are one." — *Tzidkas Hatzaddik* 179

BAVA METZIA I: **Drs. Robert and Susan Schulman**
Howard and Tzila Schulman **Fred and Cindy Schulman**
and Families
in memory of
מיכאל בן צבי הירש ע״ה ומלכה בת ר׳ יוסף ע״ה — Milton and Molly Schulman ע״ה

BAVA METZIA II: **Donald E. and Eydie R. Garlikov, and Jennifer**
in memory of beloved son and brother
צבי שלמה בן דן ע״ה — Kenneth Scott Garlikov ע״ה
and in memory of parents and grandparents
עזריאל וועלוויל ב״ר אנשיל ע״ה טשארנא בת ר׳ אריה לייב ע״ה
Irve W. and Cecelia (Kiki) Garlikov ע״ה
and in honor of parents and grandparents, brother and uncle
מרדכי ואסתר פריידל ריטטער — Marcus and Elfrieda Ritter
נפתלי חיים ריטטער — Dr. Nathaniel Ritter

BAVA METZIA III: **The David H. Gluck Foundation**
in memory of
The Gluck Family
זאב בן דוד צבי ע״ה ואסתר בת אשר זעליג ע״ה — Zev and Esther Gluck ע״ה
ליבא, אשר זעליג, דוד צבי, שמואל, מנשה, יחזקאל שרגא ע״ה —
Lee, George, David H., Samuel C., Emanuel M., Henry ע״ה, and
יעקב יצחק בן זאב ע״ה ומיימי בת זאב ע״ה — Dr. Jack I. and Mrs. Mae Saks ע״ה
and in memory of
זאב בן חיים דוד וחיה ביילע בת יצחק יעקב ע״ה — Wolf and Chaye Beilah Saks ע״ה
יחיאל בן משה ע״ה — Elie Neustadter ע״ה

BAVA BASRA I: In memory of
מנחם מענדל בן אלימלך יהושע העשל ע״ה
חיה בת יהושע הכהן ע״ה

BAVA BASRA II: **Paul and Beth Guez and Family**
in memory of
Felix (Mazal) Guez ע״ה

BAVA BASRA III: **Irving and Frances Schottenstein**
in honor of their beloved parents
מאיר בן יהושע הכהן ע״ה ליבא בת הרב יצחק משה ע״ה — Meyer and Libbie Schottenstein
טוביה ע״ה ויבדל״ח שיינדל תחי׳ — Tobias ע״ה and Jennie Polster תחי׳
Melvin ע״ה and Lenore תחי׳ Schottenstein
in honor of their beloved parents
אברהם יוסף בן יהושע הכהן ע״ה ויבדל״ח בליה זילפה בת יצחק תחי׳
Abe J. ע״ה and Bessie (Stone) תחי׳ Schottenstein
יצחק ע״ה ויבדל״ח שרה תחי׳ — Isadore J. ע״ה and Sophie תחי׳ Green

PATRONS OF THE TALMUD

SANHEDRIN I: **Mortimer and Barbara Klaus** **Lester and Esther Klaus**
Arthur and Vivian Klaus
in memory of their beloved parents
ר׳ שמשון ב״ר יעקב ע״ה באשא בת ר׳ מרדכי נתן ע״ה
Samuel and Bessie Klaus ע״ה
and in memory of their sister
 רייזל בת ר׳ שמשון ע״ה — **Rosalie Klaus Sohn**

SANHEDRIN II: Dedicated by a fellowship of people who revere the Talmud, its sanctity and wisdom, who foster its study, and who join in helping bring its treasures to future generations, the world over.

SANHEDRIN III: **Joseph and Adina Russak**
Dr. Leonard and Bobbee Feiner
Larry and Rochelle Russak
in memory of
צבי הירש ורחל רוסק ע״ה — Mr. and Mrs. Harry Russak ע״ה
אליעזר ובריינדל דייטש ע״ה — Mr. and Mrs. Eliezer Deutsch ע״ה
יעקב ורבקה לאה פיינר ע״ה — Mr. and Mrs. Jacob Feiner ע״ה

MAKKOS: **Mr. and Mrs. Marcos Katz**
in honor of הרב אפרים לייבוש בן הרב מרדכי דוד הכהן כ״ץ שליט״א
Rabbi Ephraim Leibush Katz שליט״א

SHEVUOS: Dedicated by
Michael and Danielle Gross
(London)

AVODAH ZARAH I: **The Kuhl Family**
in memory of
יחיאל ב״ר יצחק אייזיק ע״ה Dr. Julius Kuhl ע״ה
פרומט בת ר׳ שמואל הלוי ע״ה Mrs. Yvonne Kuhl ע״ה
שמואל ב״ר יחיאל ע״ה Sydney Kuhl ע״ה

AVODAH ZARAH II: In memory of
Jerome Schottenstein ע״ה
יעקב מאיר חיים בן אפרים אליעזר הכהן ע״ה

HORAYOS-EDUYOS: **Woli and Chaja Stern** (Sao Paulo, Brazil)
in memory of his parents
ר׳ צבי בן ר׳ חיים הלוי ומרת מרים ז״ל – Stern
מרת דאכא בת ר׳ פרץ ומרת ברכה ע״ה — Tager
and in memory of her parents
ר׳ דוד אריה בן ר׳ יעקב ומרת שיינדל ז״ל — Brenner
מרת איטלה בת ר׳ חיים ומרת מדל ע״ה — Stern
and in memory of their mechutanim
ר׳ ישראל מרדכי ב״ר צבי יוסף סג״ל ז״ל – Landau
ר׳ יששכר טוביה ב״ר יוסף ז״ל — Weitman
ר׳ שמואל עקיבא ב״ר שלמה צבי ז״ל — Kierszenbaum
and in memory of their brother and sister-in-law
ר׳ אריה בן ר׳ צבי הלוי ומרת דאכא ע״ה – Stern
מרת זלטה פסל בת ר׳ אברהם יעקב ומרת חנה גיטל ע״ה – Stern
and in honor of their children
Jacques and Ariane Stern Jaime and Ariela Landau Michaël and Annete Kierszenbaum

ZEVACHIM I: **Mr. and Mrs. Samson Bitensky**

ZEVACHIM II: **Victor Posner**

ZEVACHIM III: **Friends of Value City Department Stores**
In memory of
יעקב מאיר חיים בן אפרים אליעזר הכהן ע״ה — Jerome Schottenstein ע״ה

MENACHOS I: **Terumah Foundation**

MENACHOS II: **Terumah Foundation**

MENACHOS III: **Terumah Foundation**

CHULLIN I: **The Kassin Family**
in memory of
הרב יעקב שאול קצין זצ״ל — Rabbi Dr. Jacob Saul Kassin זצ״ל
The late Chief Rabbi of the Syrian-Sephardic Community
and in honor of
הרב שאול יעקב קצין שליט״א — Rabbi Saul Jacob Kassin שליט״א
Chief Rabbi of the Syrian-Sephardic Community

CHULLIN II: **Marty Silverman**
in memory of
Joseph and Fannie Silverman ע״ה and Dorothy Silverman ע״ה

CHULLIN III: **Harold and Ann Platt**
in memory of their beloved parents
אליעזר ושרה פיגא ע״ה — Eliezer and Sarah Feiga (Olshak) Platkowski ע״ה of Malkinia, Poland
ברוך ולאה ע״ה — Baruch and Laura Bienstock ע״ה of Lwow, Poland
and in memory of their entire families who perished in the Holocaust

CHULLIN IV: **Terumah Foundation**

BECHOROS I: **Howard Tzvi and Chaya Friedman**
Gabrielle and Noam Charnowitz Aryeh Yerachmiel Alexander and Daniella
in memory of their father and grandfather
הרב ירחמיאל ברוך בן הרה״ח ר׳ אלעזר ז״ל — Yerachmiel Friedman ז״ל

BECHOROS II: **Howard and Chaya Balter**
Nachum and Perri Augenbaum Gavriel Shmuel, Rachel
Naftali and Perele Balter Aryeh Leib Akiva
in memory of our parents and grandparents
דוד זאב בן ר׳ שלמה ז״ל, נפ׳ ז׳ תמוז תשס״ח — **David Balter** ז״ל
רחל בת ר׳ חיים ע״ה, נפ׳ ז׳ שבט תשנ״ט — **Ruth L. Balter** ע״ה
and in honor of their parents and grandparents שיחי׳
Noah and Shirley Schall
and in beloved memory of their grandparents and great grandparents
ר׳ שלמה ב״ר דוד ז״ל אדעל בת ר׳ זאב ע״ה — Balter
ר׳ חיים ב״ר לייב ז״ל פערל בת ר׳ בייניש הערש ע״ה — Lelling
ר׳ דוב בער ב״ר אליעזר ז״ל ליבה בת ר׳ ישראל ע״ה — Zabrowsky
ר׳ נפתלי ב״ר יעקב שלמה ז״ל שרה בת ר׳ רפאל ע״ה — Schall

ARACHIN: **Chanoch and Hadassah Weisz and Family**
in memory of his father:
לעי״נ אביו ר׳ צבי ב״ר שמחה הלוי ע״ה, נפ׳ כ״ז מנחם אב תשמ״ה — Weisz
his maternal grandfather:
לעי״נ ר׳ שלמה ב״ר יצחק ע״ה, נפ׳ ה׳ סיון תש״א — Grunwald
his maternal grandmother and their children who perished in the Holocaust:
לעי״נ מרת גננדל בת ר׳ חנוך העניך ע״ה, שנהרגה עקה״ש כ״ז סיון תש״ד הי״ד — Grunwald
ולעי״נ בניהם משה ב״ר שלמה, יעקב ב״ר שלמה, יצחק ב״ר שלמה, בנימין ב״ר שלמה,
שנהרגו עקה״ש כ״ז סיון תש״ד הי״ד

and in memory of her grandparents:
לעי״נ ר׳ חייא בן חכם ר׳ רפאל ע״ה, נפ׳ כ״ד מנחם אב תשל״ה — Aryeh
וזוגתו מרת מלכה בת ר׳ אליהו ע״ה, נפ׳ י״ח טבת תשל״ד

PATRONS OF THE TALMUD

TEMURAH: **Dr. and Mrs. Walter Silver**
Shlomo, Chani, and Avi Cohen
Sheri, Terri, Jennifer and Michelle Kraut
Evan and Alison Silver
in memory of our parents, and great grandparents
Harry Silver ע״ה — צבי יצחק ב״ר שמואל ע״ה
Sarah Silver ע״ה — שרה פיגא בת מענדל ע״ה
Morris Bienenfeld ע״ה — אברהם משה בן הרב שלמה זאלי ע״ה
Gertrude Bienenfeld ע״ה — גוטקה טובה בת אברהם דוד ע״ה

KEREISOS: **Mouky and Charlotte Landau** (Antwerp)
in honor of their children
Natalie and Chemi Friedman **Yanky and Miriam Landau**
Steve and Nechama Landau
and in beloved memory of their parents
Chaim Yaakov Landau ז״ל — חיים יעקב ב״ר יהושע ז״ל
Esther Landau ע״ה — אסתר בת ר׳ יעקב קאפל הכהן ע״ה
Benzion Gottlob ז״ל — בן ציון ב״ר יצחק צבי ז״ל
Cila Herskovic ע״ה — צילה בת ר׳ שמואל יהודה לייב ע״ה
and in beloved memory of our partner
מורנו הרב ר׳ יוסף יצחק בן מורנו ורבנו הרה״ג ר׳ מרדכי רוטנברג זצ״ל אבדק״ק אנטווערפן

ME'ILAH, TAMID, MIDDOS, KINNIM: **Steven and Renée Adelsberg**
Sarita and Rubin Gober **Israel Joseph and Menachem Yechezkel**
David and Joclyn **Sammy** **Avi**
in loving memory of
Samuel Adelsberg ז״ל — שמואל שמעלקא ב״ר גדליה ז״ל
and in honor of
Helen Adelsberg Weinberg שתחי׳
and
Chaim and Rose Fraiman שיחי׳

NIDDAH I: In memory of
Joseph and Eva Hurwitz ע״ה
יוסף ב״ר מרדכי הלוי וחוה פיגא ב״ר אליעזר הלוי ע״ה
and
Lorraine Hurwitz Greenblott — לאה בילא חיה בת ר׳ יוסף ע״ה
by
Marc and Rachel Hurwitz,
Elisheva Ruchama, Michal, and Nechama Leah;
Martin and Geraldine Schottenstein Hoffman,
Jay and Jeanie Schottenstein, Ann and Ari Deshe,
Susan and Jon Diamond, and Lori Schottenstein;
and Pam and Neil Lazaroff, Frank Millman, and Dawn Petel

NIDDAH II: In memory of
Jerome Schottenstein ע״ה
יעקב מאיר חיים בן אפרים אליעזר הכהן ע״ה

Guardians of the Talmud*

A society of visionary people who recognize the primacy of the Jewish people's commitment to intellect, ethics, integrity, law, and religion — and pursue it by presenting the treasures of the eternal Talmud in the language of today . . . for the generations of tomorrow.

❈ ❈ ❈

David and Jean Bernstein
Matthew Bernstein
Scott and Andrea Bernstein

in memory of
Mr. and Mrs. Harry Bernstein ע"ה
Mr. and Mrs. Joseph Furman ע"ה

❈ ❈ ❈

The publishers pay tribute to the memory of a couple that embodied Torah knowledge and service to our people
ז"ל **Rabbi Yitzchok Filler** – הרב יצחק בן ר' שמואל ז"ל
נפטר ל"ג בעומר תש"ל
ע"ה **Mrs. Dorothy Filler** – הרבנית דבורה בת ר' אברהם בצלאל ע"ה
נפטרה כ"א מרחשון תשס"ג
and the memory of a man of integrity and sensitivity
ז"ל **George May** – ר' יוסף בן הרב יהודה אריה ז"ל
נפטר כ"ז שבט תש"ס

תנצב"ה

We also honor a matriarch and role model
Mrs. Sylvia May תחי'

❈ ❈ ❈

Stephen L. and Terri Geifman and children
Leonard and Linda Comess and children
Alan and Cherie Weiss and children

in loving memory of
משה מרדכי בן יחיאל מיכאל ז"ל — Morris M. Geifman
and in honor of
Geraldine G. Geifman

❈ ❈ ❈

Elliot and Debbie Gibber
Daniel and Amy Gibber and family, Jacob and Jennifer Gibber and family,
Marc, Michael, Mindy, and David

in memory of our parents and grandparents
ז"ל **Charles Goldner** – אלימלך חיים בן ירמיה הלוי ז"ל
נפ' כ' חשון תשס"ב
who completed Shas many times
ע"ה **Kate Ettlinger Goldner** – מינדל בת משולם ע"ה
נפ' כ"א תמוז תשכ"ח

*In formation

The Written Word is Forever

Guardians of the Talmud *

A society of visionary people who recognize the primacy of the Jewish people's commitment
to intellect, ethics, integrity, law, and religion — and pursue it by presenting the treasures
of the eternal Talmud in the language of today . . . for the generations of tomorrow.

❈ ❈ ❈

Milton and Rita Kramer

in honor of their 50th wedding anniversary and Milton's 80th birthday (April 1999),
in honor of the marriage of Ellen to George Gross (September 18, 2000),
and in honor of their children and grandchildren

Daniel and Gina Kramer and Children   Jonathan and Marian Kramer and Children
Ellen K. and George Gross and their Children

and in everlasting memory of their beloved parents and grandparents

חיים שניאור זלמן הלוי (חזק) ופייגע דינה ע"ה — Hyman S. and Fannie D. Kramer ע"ה
חיים אלטער ושרה חנה ע"ה — Adolph H. and Sadie A. Gross ע"ה
משה אליעזר הלוי ורחל עלקא ע"ה — Morris L. and Rachel E. Kramer ע"ה
דוב בער הכהן ודבורה ע"ה — Barney and Dvorah Cohen ע"ה
משולם צבי ולאה ע"ה — Herman M. and Leah Gross ע"ה
פסח אלכסנדר וחנה ע"ה — Peisach and Hannah Neustadter ע"ה

❈ ❈ ❈

Helene and Moshe Talansky   Ida Bobrowsky   Irene and Kalman Talansky   Shoshana Silbert

in honor of

Rebecca Talansky's 100th birthday עמו"ש

and in memory of

הרב דוד בן הרב אברהם חיים ז"ל — Rabbi David Talansky ז"ל
בלומא בת ר' שלמה הלוי ע"ה — Blanche Moshel ע"ה
ר' אברהם חיים בן הרב דוד ז"ל — Abraham R. Talansky ז"ל
הרב יעקב בן ר' אברהם ז"ל — Rabbi Jacob Bobrowsky ז"ל
תמר בת הרב יעקב ע"ה — Tema Bobrowsky ע"ה
ר' משה בן ר' לייב ז"ל — בריינה בת ר' זלמן ע"ה — Rebecca and Morris Weisinger ז"ל
הרב אברהם בן ר' נחמיה ז"ל — Rabbi Avraham Silbert ז"ל
ר' מרדכי בן ר' שאול ז"ל — שפרה רייזל בת ר' צבי ע"ה — Ruth and Marek Stromer ז"ל
ר' אהרון בן ר' שלמה אריה ז"ל — רחל בת ר' יהושע אהרון ע"ה — Rose and Aaron Lerer ז"ל

❈ ❈ ❈

Thomas R. and Janet F. Ketteler

in memory of his mentor

Jerome Schottenstein ע"ה

❈ ❈ ❈

Alan and Myrna Cohen

in honor of

their children

Alison and Matthew

*In formation

The Written Word is Forever

Guardians of the Talmud*

A society of visionary people who recognize the primacy of the Jewish people's commitment
to intellect, ethics, integrity, law, and religion — and pursue it by presenting the treasures
of the eternal Talmud in the language of today . . . for the generations of tomorrow.

❈ ❈ ❈

Rona and Edward Jutkowitz

In honor of our family's continuing commitment to Torah learning and Klal Yisrael.
We dedicate this volume to our daughters, **Rebecca and Mollie,**
who are the light of our lives and our blessings, and always fill our hearts with nachas;
and to their zeide, **Mr. Herman Jutkowitz,** who is a constant source of guidance and inspiration;
and in memory of our beloved parents

משה בן מאניס ז"ל ורחל בת אברהם הכהן ע"ה — Martin W. and Ruth Trencher ז"ל
ברכה בת שניאור זלמן ע"ה — Bernice Jutkowitz ע"ה

May our daughters have the honor to teach the value of Torah to their own children,
and may Torah be the guiding light for all of Klal Yisrael.

❈ ❈ ❈

לעילוי נשמת

הבחור מרדכי גדליהו ז"ל בן משה ואסתר שיחי' — **Franky Ehrenberg**

נפ' כ"ג סיון תשס"ג / June 22, 2003

With a life of Torah study and service to Klal Yisrael ahead of him,
our beloved son, brother, and uncle was plucked from this life at only twenty-three.

כי **מרדכי** . . . דרש טוב לעמו ודבר שלום לכל זרעו

Dr. Martin and Esther Ehrenberg

Scott Leon   **Dr. Judy and Hillel Olshin**

Yonatan Eliezer   Sara Elisheva   Shmuel Abba

❈ ❈ ❈

Richard Bookstaber and Janice Horowitz

In memory of his son

May his memory be a blessing
to all those whose lives he touched.

❈ ❈ ❈

Michael and Patricia Schiff

Sophia, Juliette and Stefan

in memory and appreciation of

Jerome Schottenstein ז"ל

and in honor of beloved parents and grandparents

Shirlie and Milton Levitin   Solange and Joseph Fretas   Judy and Robert Schiff

and Torah scholars

Rabbi Mordechai Schiff ז"ל and Rabbi Ephraim Schiff ז"ל

May we all bring honor to Hashem

*In formation

The Written Word is Forever

Community Guardians of the Talmud

A community is more than a collection of individuals. It is a new entity that is a living expression of support of Torah and dedication to the heritage of Klal Yisrael.

❦ ❦ ❦

In honor of

Rabbi Reuven Fink and the *maggidei shiur* of Young Israel of New Rochelle

Dr. Joey and Lisa Bernstein
in memory of
שרה אלטע בת אברהם ע"ה
Mrs. Sondra Goldman ע"ה

Stanley and Vivian Bernstein and children
in honor of their parents and grandparents
Jules and Adele Bernstein
Andrew and Renee Weiss

Aaron and Carol Greenwald
in honor of their children and grandchildren
Ira and Jamie Gurvitch and children
Shlomo and Tobi Greenwald and children

Meyer and Ellen Koplow
in honor of their children
Tovah and Michael Koplow,
Jonathan, and Aliza

Dr. Ronald and Susan Moskovich
in honor of their children
Adam Moshe, Leah Rivka, and David
"עשה תורתך קבע"

**Karen and Michael Raskas
and Family**

Stanley and Sheri Raskas
in memory of his parents
ראובן ב"ר חיים שבתי לייב ע"ה וחנה בת הרב טוביה ע"ה
Ralph and Annette Raskas ז"ל

Drs. Arthur and Rochelle Turetsky
in honor of their children and grandson
Avi and Melissa, Jonathan and Nili, Yehuda
Shmuel Chaim

Mark and Anne Wasserman
in honor of their children
Joseph, Bailey, Erin, Rebeccah
and Jordyn

Stanley and Ellen Wasserman
in memory of
Viola Charles ע"ה — חיה פיגא בת שמריהו
Ruth Schreiber ע"ה — רות גולדה בת שמריהו
Lee Salzberg ע"ה — לאה בת יוסף

Gerald and Judith Ziering
in memory of
יחיאל מיכל בן אפרים פישל ז"ל וזלטא בת נחמן ע"ה
Jesse and Laurette Ziering ז"ל

Daf Yomi shiur
in honor of their wives

Lakewood Links
in honor of
Rabbi Abish Zelishovsky

❦ ❦ ❦

The Community of Great Neck, New York

YOUNG ISRAEL OF GREAT NECK
Rabbi Yaacov Lerner
Rabbi Eric Goldstein
Dr. Leeber Cohen
Professor Lawrence Schiffman

GREAT NECK SYNAGOGUE
Rabbi Ephraim R. Wolf ז"ל
Rabbi Dale Polakoff
Rabbi Shalom Axelrod
Rabbi Yoel Aryeh
Rabbi Yossi Singer

In Memoriam
Rabbi Ephraim R. Wolf ז"ל,
a pioneer of *harbotzas Torah,* a *kiruv* visionary, and a gifted spiritual leader. His legacy is the flourishing Torah community of Great Neck, New York.

❦ ❦ ❦

The Community of Columbus, Ohio

In memory of **Jerome Schottenstein** Of Blessed Memory
and in honor of **Geraldine Schottenstein and Family**

Jay And Jeanie Schottenstein
Joseph, Jonathan, Jeffrey
Ann And Ari Deshe
Elie, David, Dara, Daniel
Susie And Jon Diamond
Jillian, Joshua, Jacob
Lori Schottenstein
Saul And Sonia Schottenstein

Sarah and Edward Arndt & Family
Irwin and Beverly Bain
Daniela & Yoram Benary
Liron & Alexandra, Oron, Doreen
Deborah & Michael Broidy
Michelle & Daniel
Families of Columbus Kollel
Naomi & Reuven Dessler
Sylvia & Murray Ebner & Family

Tod and Cherie Friedman
Rachel, Ross & Kara
Jim & Angie Gesler
Gerald & Karon Greenfield
Ben & Tracy Kraner & Family
Mike, Heidi, Brian, Deena & Leah Levey
Helene & Michael Lehv
Gary Narin
Ira & Laura Nutis & Family

Lea & Thomas Schottenstein & Family
Jeff & Amy Swanson
Jon
Marcy, Mark, Sam, & Adam Ungar
Drs. Philip & Julia Weinerman
Michael & Channa Weisz & Family
Dr. Daniel & Chaya Wuensch & Family
Main Street Synagogue
Howard Zack, Rabbi

The Written Word is Forever

The Talmud Associates*

A fellowship of benefactors dedicated to
the dissemination of the Talmud

❖

Audrey and Sargent Aborn and Family

Dr. Mark and Dr. Barbara Bell,
Bentzion Yosef and Mordechai Yehudah

The Belz Family

Richard Bookstaber and Janice Horowitz
In memory of his son

Michael and Bettina Bradfield
Gabrielle and Matthew
(London)

Nachi and Zippi Brown,
Jessica, Daniella, Shachar and Mindy
in honor of their parents and grandparents

Columbus Jewish Foundation

Milton Cooper and Family

Dr. and Mrs. David Diamond

Nahum and Feige Hinde Dicker and Family

Sophia, Alberto and Rose Djmal

Dr. Richard Dubin

Kenneth and Cochava Dubin

Dr. Martin and Esther Ehrenberg

David and Simone Eshaghian

Rabbi Judah and Ruth Feinerman
In honor of
Mr. and Mrs. Yehoshua Chaim Fischman
by their children

Mayer and Ruthy Friedman
Ari, Yitzy, Suri, Dovi

Dr. Michael and Susan Friedman
לזכות בניהם, כלתם, ונכדם; בנותיהם, וחתניהם שיחי׳

Yeshaya and Perel Friedman

Julius Frishman

David and Sally Frenkel
לזכות בניהם וכלתם היקרים שיחיו:
דניאל שמואל ומאשה שושנה, אורי גבריאל, רונית פרימיט

The Furmanovich Family

Sander and Tracy Gerber
לזכות בניהם היקרים יעקב עקיבא, אסתר פערל, טליה גולדה,
חנה טובה, רותי רבקה, שרה אורה, ושושנה חוה שיחי׳
שיתעלו בתורה ויראת שמים

Leon and Agi Goldenberg
in honor of the marriage of their children
Mendy and Estie Blau

Robert and Rita Gluck
לרפו״ש טויבא רחל בת פריידא שתחי׳

Shari and Jay Gold and Family

Dr. Martin and Shera Goldman and Family

Esther Henzel

Hirtz, Adler and Zupnick Families

Hashi and Miriam Herzka

Norman and Sandy Nissel Horowitz

Mrs. Farokh Imanuel, Kamram Imanuel
Dr. Mehran and Sepideh Imanuel
Eli and Fariba Maghen

David and Trudy Justin and Family
in honor of their parents
Zoltan and Kitty Justin

Nosson Shmuel and Ann Kahn and Family
ולזכות בניהם היקרים שיחיו:
חיים דוד, צבי מנחם, אברהם יצחק, ומשפחתם
ולכבוד אמו מרת גיטל שתחי׳ לאויוש״ט

David J. and Dora Kleinbart
In honor of
Mr. and Mrs. Label Kutoff
by their children

The Landowne Family

Ezriel and Miriam Langer

Mr. and Mrs. Chaim Leibel

Yehuda and Rasie Levi

Donald Light

Rudolph and Esther Lowy

Raphael and Blimie Manela
לזכות בניהם היקרים שיחיו:
מתתיהו, ישראל, ישעיהו, חיים משה, ושמעון

Howard and Debra Margolin and Family

Mendy and Phyllis Mendlowitz

*In formation

The Written Word is Forever

The Talmud Associates*

A fellowship of benefactors dedicated to
the dissemination of the Talmud

❖

Robby and Judy Neuman and Family
לזכות בניהם היקרים שיחיו:
אברהם לייב, שרה מאטיל, מרדכי שרגא, זיסל, שמואל שמעלקא,
נחמה, רחל ברכה, ישראל זכריהו, מנשה ברוך, וחיה רחל

RoAnna and Moshe Pascher
לזכות בניהם היקרים שיחיו:
נח צבי, דוד ישראל, אילנה שירה בתיה

Naftali Binyomin and Zypora Perlman

Kenneth Ephraim and Julie Pinczower
לרפו״ש ישראל חיים בן פייגלא שיחי׳

Dr. Douglas and Vivian Rabin

Michael G. Reiff

Ingeborg and Ira Leon Rennert

Alan Jay and Hindy Rosenberg

Aviva and Oscar Rosenberg

John and Sue Rossler Family

Mr. and Mrs. David Rubin and Family

Dinah Rubinoff and Family

Ms. Ruth Russ

Mr. and Mrs. Alexander Scharf

Mark and Chani Scheiner

Avi and Michou Schnur

Rubin and Marta Schron

Rivie and Leba Schwebel and Family

Shlomo Segev (Smouha)

Bernard and Chaya Shafran
לזכות בניהם היקרים שיחיו:
דבורה, יעקב חיים, דוד זאב, אסתר מנוחה

Jeffrey and Catherine Shachat
in honor of Rabbeim Howard Zack and Judah Dardik

Steven J. Shaer

Joel and Malka Shafran
לזכות בניהם היקרים שיחיו:
אשר נחמן, טובה חיה, תמר פעסיל, שרה חוה

Robin and Warren Shimoff

Nathan B. and Malka Silberman

The Soclof Family

Dr. Edward L. and Judith Steinberg

Avrohom Chaim and Elisa Taub
Hadassah, Yaakov Yehuda Aryeh, Shifra, Faige,
Devorah Raizel, and Golda Leah

Max Taub
and his son Yitzchak

Jay and Sari Tepper

Walter and Adele Wasser

Melvin, Armond and Larry Waxman

William and Noémie Wealcatch

The Wegbreit Family

Robert and Rachel Weinstein and Family

Dr. Zelig and Evelyn (Gutwein) Weinstein
Yaakov, Daniella, Aliza and Zev

Erwin and Myra Weiss

Morry and Judy Weiss

Shlomo and Esther Werdiger

Leslie M. and Shira Westreich

Willie and Blimie Wiesner

The Yad Velvel Foundation

Moshe and Venezia Zakheim

Dr. Harry and Holly Zinn

Mrs. Edith Zukor and Family

---

*In formation

The Written Word is Forever

Dedicated by the Talmud Associates
to those who forged eternal links

Abraham — שמחה בן ר' יהודה לייב הכהן ע"ה
דוד חי ב"ר שלום הכהן ע"ה וחנה בת ר' עזרא ע"ה
אהרן בן חיים זאב ע"ה גאלדע בת ר' דוד ע"ה
Ashkenazy — ר' שלמה ב"ר יצחק זצ"ל ורעיתו עלי' מינדעל בת ר' יעקב ע"ה
Sarah T. Belz — שרה בת אהרן צבי הלוי ע"ה
Ben-Ari — אליעזר בן מרדכי ע"ה ושרה בת ר' אברהם ע"ה
Ben-Ari — מרדכי בן אליעזר ע"ה
Berber — משה ורחל
Bernath—מנשה ב"ר שמואל שמעלקא ע"ה Meizner—מרדכי חיים ב"ר זבולן יצחק חייא ע"ה
Biegeleisen — שמעון דוד ז"ל ב"ר יעקב שלמה שיחי' לאוי"ט
Blitz — דוב מאיר ב"ר דוד הכהן ע"ה
Freddy Bradfield — יעקב בן צבי ע"ה
אהרן ב"ר דוד הכהן ז"ל
Elihu Brodsky — אליהו ב"ר חיים ע"ה
Vera (Greif) Brodsky — יונה בת ר' פינחס ע"ה
Cooperberg — שימה רייזל בת ר' אהרן שלמה ע"ה
Cooperberg — אברהם אשר בן ר' מאיר ע"ה
Cumsky — דוב בער בן אברהם יששכר ע"ה ופעשא מאטלא בת יוסף ע"ה
צבי טעביל בן ישראל ע"ה וליבע בת דוד ע"ה
Diamant — אשר ב"ר יהושע מרדכי הכהן ע"ה
Diamant — שרה בת ר' אריה ע"ה
Diamant — ר' דוב ב"ר משה ע"ה ורייזל בת ר' אברהם ע"ה
Diamond — דר. ר' יצחק ב"ר ברוך בענדיט ע"ה
Dicker — מרדכי צבי ב"ר יעקב ע"ה
Dicker — קיילא בת ר' משה ע"ה
Djmal — טופיק טוביה בן משה ושושנה ע"ה
Paul and Jeannette Dubin ע"ה
Mollie Dubinsky ע"ה
Abram B. Efroymson ע"ה
Sylvia Spira Efroymson ע"ה
Ehrenberg — אברהם בן עמנואל ע"ה ויוכבד בת ר' אלימלך ע"ה
Einhorn — משה בן ברוך ז"ל ורבקה נעכא בת חיים צבי ע"ה
Eshaghian — אברהם בן דוד ע"ה
Esrig — דוד בן שלמה ע"ה וחיה אייגא בת שלום ע"ה
Feiden — ישראל בן אהרן ע"ה
Feinerman — אליעזר בן יוסף ע"ה ולאה בת ישראל יצחק ע"ה
יוסף בן צבי יחזקאל ע"ה ושרה בת ר' משה ע"ה
Freier — ישעיה צבי ב"ר חיים אלכסנדר יוסף ע"ה
Freier — שיינדל בת ר' משה הלוי ע"ה
Freilich — הרב יצחק דוב ב"ר אברהם יעקב ז"ל
Frenkel — גרשון בן יחיאל דוד ע"ה Rottenstreich — דוד בן עקיבא ע"ה
Friedman — ר' אהרן ב"ר יעקב מאיר ע"ה
Friedman — ר' אברהם ב"ר אלטר יצחק אייזיק ע"ה
Frishman — מרים בת ר' יוסף מרדכי ע"ה

Frishman — יצחק אריה ב"ר יהודה ע"ה ומרים לאה בת ר' יצחק ע"ה
Furmanovich — לע"נ שרה הניה בת פסח הלוי ע"ה
Furmanovich — לע"נ גדליה דב בן אברהם יואל ז"ל
Goldman — אביו, צבי יעקב בן חיים ז"ל
Goldman — אמו, שפרה בת ר' קלונימוס קלמן ע"ה
Goldberger — אברהם צבי בן מתתיהו ע"ה
Gugenheim — החבר אפרים בן רפאל ע"ה
Gugenheim — בריינדל בת החבר נתן הכהן ע"ה
Hanz — חיים בן מרדכי הי"ד
Henzel — אברהם בן ר' מנחם זאב ע"ה
Hirtz — אליעזר בן ישעיה ז"ל ולאה בת יוסף הלוי ע"ה
Horowitz — שלמה יהודה ב"ר זלמן יוסף הלוי ז"ל ומרים בת אברהם הכהן ע"ה
Imanuel — מרדכי בן רחמים ז"ל
Kahn — ר' ישראל אריה ב"ר שמואל הכהן ז"ל
Katzef — פרומה באדענה בת אלחנן ע"ה
Kleinbart — משה ב"ר אריה לייב ע"ה
Kleinbart — בתיה בת ר' משה אברהם ע"ה
Kriegel — רויזא מינצא בת הרב ישראל יהודה ע"ה
Kulefsky — הילד יהודה לייב ע"ה בן נתן נטע לאי"ט
Langer — משה בן יצחק הי"ד
Landowne — שלמה בן יוסף ע"ה
Lasry — שאול ב"ר אברהם ע"ה וזהרה אסתר בת משה ע"ה
Lazar — אליעזר שאול בן זאב מאיר ע"ה
Lefkovich — ר' זאב וועלוול ב"ר יצחק אייזיק ע"ה
Lemberger — יצחק בן אריה ע"ה
Leibel — יחזקאל שרגא ב"ר חיים ע"ה
Leibel — רויזא בת ר' אברהם משה ע"ה
Levi — הרב חיים מאיר בן ר' מנחם ע"ה
Levi — שושנה טייבא רייזל בת ר' יחזקאל גרשון ע"ה
Light — משה גבריאל בן אברהם אליהו ז"ל וחנה בת נתן ע"ה
Lowy — מרדכי אריה ב"ר רפאל הלוי ז"ל ומינדל בת ר' שלמה זלמן ע"ה
May — ר' יוסף בן הרב יהודה אריה ע"ה
Miller — אלטער משה יוסף ב"ר צבי אריה ז"ל
Moskowitz — אליעזר ב"ר אברהם ברוך ז"ל וזהבה בת ר' משה ע"ה
Neuman — יצחק אייזיק ב"ר אהרן ע"ה
Nissel — שלמה מאיר בן הרב חיים לייב עזריאל ז"ל
Paneth — אלטע חיה שרה ע"ה בת ר' פנחס שיחי' לאוי"ט
Parnes — אריה לייבש בן יוסף יצחק ועטיא בת אשר ראובן ע"ה
Parnes — הרב אברהם זאב ב"ר ישכר ע"ה
Parsons — משה זלמן בן אהרן דוב ע"ה
Perlman — יוסף ב"ר נפתלי בנימין ז"ל ורעכל לאה בת ר' שלמה ע"ה
Perlowitz — הרב משה ב"ר אליעזר הלל ע"ה
Pinczower — אפרים ב"ר ישראל חיים ופייגלא בת ר' יעקב ע"ה
Rabin — ישראל בן נחום ע"ה

In Memoriam — לזכרון עולם

Dedicated by the Talmud Associates
to those who forged eternal links

Reiff — לוי יצחק ב״ר עזריאל ז״ל ויהודית בת ר׳ יצחק אייזיק ע״ה
Rennert — שרה בת יצחק יעקב ע״ה
Rennert — יונה מנחם בן אהרן ע״ה
Rosenberg — חיים נחמן ב״ר דוד ולאה בת יוסף ע״ה
Sam and Leah Rosenbloom ע״ה
Roth — ר׳ צבי יהודה ז״ל ב״ר אברהם יצחק שיחי׳ לאוי״ט
Roth — משה ב״ר יעקב הכהן ע״ה Weisner — יצחק ב״ר זאב ע״ה
In memory of the Sanz-Klausenburger Rebbe זצוק״ל
כ״ק אדמו״ר אבדק״ק צאנז-קלויזענבורג זי״ע
מרן הרהגה״צ ר׳ יקותיאל יהודה בהרהגה״צ ר׳ צבי זצוק״ל
נלב״ע ש״ק פ׳ חקת, ט׳ תמוז תשנ״ד
William Shachat ע״ה and Israel Ira Shachat ע״ה
Scharf — אליהו ב״ר משה יעקב ושרה בת אלכסנדר זיסקינד ע״ה
Scherman — ר׳ אברהם דוב ב״ר שמואל נטע ע״ה
Scherman — ליבא בת ר׳ זאב וואלף ע״ה
Schnur — אברהם יצחק בן אהרן הי״ד וחנה בת חיים יעקב ע״ה
Schoenbrun — שרגא פייבל ב״ר יעקב הכהן ומאטל אסתר בת מרדכי הלוי ע״ה
Schron — אליעזר דוב בן חיים משה ע״ה
Schron — חוה בת שמעון ע״ה
Schulman — חיים חייקל בן ר׳ שמואל ע״ה
Schulman — חיה בת הרב ישראל יהודה ע״ה
Schwebel — אברהם זכריה מנחם בן יוסף ומחלה בת ישראל מרדכי ע״ה
Scherman — חיים שמואל ב״ר אברהם דוב ע״ה
Scherman — הילד אברהם דוב ע״ה ב״ר זאב יוסף שיחי׳
Sol Scheiner — שלמה טוביה בן יהושע מנחם הלוי ע״ה
Rose Schwartz — רייזל בת הרה״ג ר׳ אברהם יצחק ע״ה
Shafran — ר׳ יהושע ב״ר אברהם ע״ה
Shayovich — משה יעקב ב״ר נחום ועטיא פייגא בת מרדכי ע״ה
Shimoff — ר׳ ישראל דוב ב״ר אהרן יעקב ז״ל
Shimoff — חיה רבקה לאה בת ר׳ אליעזר יהודה ע״ה
Shubow — יוסף שלום בן משה ע״ה
Silberman — ר׳ צבי ב״ר זאב הלוי ע״ה
Silberman — דבורה אסתר בת ישראל ע״ה
Silbermintz — יהושע ב״ר יוסף שמריהו ע״ה

Singer — צבי בן ר׳ חיים ע״ה
Singer — הינדי בת ר׳ שלמה ע״ה
Soclof — אברהם אבא ב״ר שמריהו ע״ה
Soclof — חיה ברכה בת צבי הירש הלוי ע״ה
Smouha — הרב אליהו בן מאיר הלוי ע״ה
Steir — משה בן מיכאל ע״ה
Steinberg — יצחק גדליה בן יהודה לייב ע״ה
Steinberg — מלכה בת מאיר לוי ע״ה
Stern — ר׳ חיים מאיר ב״ר שמחה ז״ל ובינה בת ר׳ יוסף מרדכי ע״ה
Tabak — שיינא רחל בת יוסף מרדכי ע״ה
Taub — ר׳ יעקב ב״ר יהודה אריה ע״ה נפ׳ ד׳ מנחם אב תשל״ט
Taub — אליעזר יוסף בן מענדל ע״ה
Taub — מענדל בן אליעזר יוסף חיה בת הירש ע״ה
Taub — רויזא בת ר׳ משה ע״ה
Wealcatch — חיים דוב ב״ר זאב ואסתר בת ר׳ יוסף אייזיק ע״ה
Weiss — צבי בן יואל ע״ה
Weiss — גיטל בת ישראל ע״ה
Werdiger — ר׳ שלמה אלימלך ב״ר ישראל יצחק ע״ה
Westreich — הרב יהושע בן הרב יוסף יאסקא ז״ל
Leo Werter ע״ה
Wiesner — הרב שמעיה בן הרב זאב ע״ה
Wiesner — שרה לאה בת ר׳ צבי אריה ע״ה
Zakheim-Brecher — בתיה רחל ע״ה בת ר׳ משה יוסף שיחי׳ לאוי״ט
Zalstain — שמעון בן מרדכי יוסף הלוי ע״ה
Zimmer — ר׳ אברהם יעקב בן אהרן אליעזר ע״ה
הרב אהרן ב״ר מאיר יעקב ע״ה
הרבנית פרומא בת ר׳ חיים צבי ע״ה
Zinn — צבי יהודה בן שמעון ע״ה
Zinn — דבורה בת יחיאל מרדכי ע״ה
Leslie Zukor — ר׳ יצחק חיים ב״ר יוסף ע״ה
Zlatow — ר׳ שמואל דוד ב״ר מאיר יעקב ז״ל
הרב אהרן ב״ר מאיר יעקב זצ״ל
הרבנית פרומא בת ר׳ חיים צבי ע״ה
צבי יהודה ז״ל בן אברהם יצחק לאוי״ט
חיים מאיר בן שמחה ז״ל ובינה בת יוסף מרדכי הכהן ע״ה
אליעזר ב״ר אברהם ברוך ז״ל וגולדה זהבה בת משה הלוי ע״ה

Pillars of The Talmud

We wish to acknowledge in this volume the friendship of the following:

in memory of

Allan Schulman ז״ל

ר׳ יצחק אייזיק ב״ר דוד טוביה ז״ל

In loving memory of

אלתר אברהם חיים ב״ר מרדכי ז״ל ויענטל בת ר׳ ראובן ע״ה

Abraham and Yetta Schulman ע״ה

by their children

Morton and Miriam Schulman **Isaac and Honey Schulman**

Raphael and Pessy Butler

We express our appreciation to the distinguished patrons
who have dedicated volumes in the

HEBREW ELUCIDATION OF THE SCHOTTENSTEIN EDITION OF THE TALMUD

Dedicated by

JAY AND JEANIE SCHOTTENSTEIN

and their children

Joseph Aaron and Lindsay Brooke, Jonathan Richard and Nicole Lauren, and Jeffrey Adam

Jacob Meir   Jonah Philip   Emma Blake   Winnie Simone   Teddi Isabella

SEDER ZERA'IM: **Mrs. Margot Guez and Family**
Paul   Vivianne   Michelle   Hubert   Monique   Gerard   Aline   Yves

SEDER MOED: **Jacob M. M. and Pnina (Rand) Graff** (Los Angeles)
Malka Ita and Aaron Rubenstein   Chaya Rivka Graff   Meira and Elie Portnoy
Joy and Adam Kushnir   Meir Reuven Yekusiel and Itta Graff
Ahuva Esther and Yehuda Levin   and Families

SEDER NASHIM: **Geoffrey and Mimi Rochwarger** (Bet Shemesh)
Tehila Rivka   Naftali Zvi   Atara Kaila   Aryeh Shalom   Dalia Eliana

SEDER NEZIKIN: **Yisrael and Gittie Ury and Family** (Los Angeles)

SEDER KODASHIM: **Yaakov and Beatrice Herzog and Family** (Toronto)

BERACHOS I:	**Jay and Jeanie Schottenstein** (Columbus, Ohio)
BERACHOS II:	**Zvi and Betty Ryzman** (Los Angeles)
SHABBOS I:	**Moshe and Hessie Neiman** (New York)
SHABBOS II:	**David and Elky Retter and Family** (New York)
SHABBOS III:	**Mendy and Itta Klein** (Cleveland)
SHABBOS IV:	**Mayer and Shavy Gross** (New York)
ERUVIN I:	**The Schottenstein Family** (Columbus, Ohio)
ERUVIN II:	**The Schottenstein Family** (Columbus, Ohio)
PESACHIM I:	**Serge and Nina Muller** (Antwerp)
PESACHIM II:	**The Cohen Family**
PESACHIM III:	**Morris and Devora Smith** (New York / Jerusalem)
SHEKALIM:	**The Rieder, Wiesen and Karasick Families**
YOMA I:	**Peretz and Frieda Friedberg** (Toronto)
YOMA II:	**Mr. and Mrs. Avrohom Noach Klein** (New York)
SUCCAH I:	**The Pruwer Family** (Jerusalem)
SUCCAH II:	**The Pruwer Family** (Jerusalem)
BEITZAH:	**Chaim and Chava Fink** (Tel Aviv)
ROSH HASHANAH:	**Avi and Meira Schnur** (Savyon)
TAANIS:	**Mendy and Itta Klein** (Cleveland)
MEGILLAH:	**In memory of Jerome Schottenstein** ז"ל
MOED KATTAN:	**Yisroel and Shoshana Lefkowitz** (New York)
CHAGIGAH:	**Steven and Hadassah Weisz** (New York)
YEVAMOS I:	**Phillip and Ruth Wojdyslawski** (Sao Paulo, Brazil)
YEVAMOS II:	**Phillip and Ruth Wojdyslawski** (Sao Paulo, Brazil)
YEVAMOS III:	**Phillip and Ruth Wojdyslawski** (Sao Paulo, Brazil)

KESUBOS I: **Ben Fishoff and Family** (New York)

KESUBOS II: **Jacob and Esther Gold** (New York)

KESUBOS III: **David and Roslyn Lowy** (Forest Hills)

NEDARIM I: **Soli and Vera Spira** (New York / Jerusalem)

NEDARIM II: **Mr. and Mrs. Yehudah Klein   Mr. and Mrs. Moshe Klein**

NAZIR: **Shlomo and Esther Ben Arosh** (Jerusalem)

SOTAH: **Motty and Malka Klein** (New York)

GITTIN I: **Mrs. Kate Tannenbaum;**
Elliot and Debra Tannenbaum; Edward and Linda Zizmor

GITTIN II: **Mordchai Aron and Dvorah Gombo** (New York)

KIDDUSHIN I: **Dr. Allan and Dr. Chaikie Novetsky** (Jerusalem)

KIDDUSHIN II: **Jacqui and Patty Oltuski** (Savyon)

BAVA KAMMA I: **Lloyd and Hadassah Keilson** (New York)

BAVA KAMMA II: **Faivel and Roiza Weinreich** (New York)

BAVA KAMMA III: **David and Fanny Malek**

BAVA METZIA I: **Joseph and Rachel Leah Neumann** (Monsey)

BAVA METZIA II: **Shlomo and Tirzah Eisenberg** (Bnei Brak)

BAVA METZIA III: **A. George and Stephanie Saks** (New York)

BAVA BASRA I: **Ezra and Debbie Beyman** (New York)

BAVA BASRA II: **Ezra and Debbie Beyman** (New York)

BAVA BASRA III: **Ezra and Debbie Beyman** (New York)

SANHEDRIN I: **Martin and Rivka Rapaport** (Jerusalem)

SANHEDRIN II: **Aryeh and Faige Lebovic   Avrom and Susie Lebovic** (Toronto)

SANHEDRIN III: In honor of **Joseph and Anita Wolf** (Tel Aviv)

MAKKOS: **Hirsch and Raquel Wolf** (New York)

SHEVUOS: **Jacques and Miriam Monderer** (Antwerp)

AVODAH ZARAH I: **Mr. and Mrs. Eli Kaufman** (Petach Tikva)

AVODAH ZARAH II: **Mr. and Mrs. Chaim Schweid** (New York)

HORAYOS-EDUYOS: **Woli and Chaja Stern, Jacques and Ariane Stern** (Sao Paulo, Brazil)

ZEVACHIM I: **Mr. and Mrs. Eli Kaufman** (Petach Tikva)

ZEVACHIM II: **Mr. and Mrs. Eli Kaufman** (Petach Tikva)

ZEVACHIM III: **Mr. and Mrs. Eli Kaufman** (Petach Tikva)

MENACHOS I: **Yaakov and Beatrice Herzog and family** (Toronto)

MENACHOS II: **Yaakov and Beatrice Herzog and family** (Toronto)

MENACHOS III: **Yaakov and Beatrice Herzog and family** (Toronto)

CHULLIN I: **The Pluczenik Families** (Antwerp)

CHULLIN II: **Avrohom David and Chaya Baila Klein** (Monsey)

CHULLIN III: **Avrohom David and Chaya Baila Klein** (Monsey)

CHULLIN IV: **The Frankel Family** (New York)

BECHOROS I: **Mordchai Aron and Dvorah Gombo** (New York)

BECHOROS II: **Howard and Chaya Balter** (New York)

ARACHIN: **Mr. and Mrs. Eli Kaufman** (Petach Tikva)

TEMURAH: **Abraham and Bayla Fluk** (Tel Aviv)

KEREISOS: **Mr. and Mrs. Eli Kaufman** (Petach Tikva)

ME'ILAH, TAMID, MIDDOS KINNIM: In memory of ר' אליהו אלעזר ב"ר יוסף ברוך ז"ל

NIDDAH I: **Daniel and Margaret, Allan and Brocha, and David and Elky Retter and Families**

NIDDAH II: **Jay and Jeanie Schottenstein** (Columbus, Ohio)

PATRONS OF THE TALMUD ✧ DAF YOMI EDITION

We express our appreciation to the distinguished patrons
who have dedicated volumes in

THE SCHOTTENSTEIN DAF YOMI EDITION

TALMUD BAVLI

Dedicated by

JAY AND JEANIE SCHOTTENSTEIN

and their children

Joseph Aaron and Lindsay Brooke, Jonathan Richard and Nicole Lauren, and Jeffrey Adam

Jacob Meir   Jonah Philip   Emma Blake   Winnie Simone   Teddi Isabella

INTRODUCTION TO THE TALMUD:	**Robin and Warren Shimoff**
BERACHOS I:	**Jay and Jeanie Schottenstein** (Columbus, Ohio)
BERACHOS II:	**Zvi and Betty Ryzman** (Los Angeles)
SHABBOS I:	**Dr. Paul and Esther Rosenstock Jake and Dr. Helaine Harman** **Mrs. Faigy Harman**
SHABBOS II:	**Stanley and Ellen Wasserman**
SHABBOS III:	**Stanley and Ellen Wasserman**
SHABBOS IV:	**Malkie and Nachum Silberman,** **Leonard and Cassia Friedlander, Elkie Friedlander**
ERUVIN I:	**Jerome and Geraldine Schottenstein**
ERUVIN II:	**Jerome and Geraldine Schottenstein**
PESACHIM I:	**Tommy and Judy Rosenthal**
PESACHIM II:	**Yisroel and Rochi Zlotowitz**
PESACHIM III:	**Lorraine and Mordy Sohn Ann and Pinky Sohn**
SHEKALIM:	**Laibish and Tanya Kamenetsky**
BEITZAH:	**Eric and Joyce Austein**
ROSH HASHANAH:	**Steve and Genie Savitsky**
YOMA I:	**Mrs. Ann Makovsky and Family** (Cleveland)
YOMA II:	**Mr. and Mrs. David Justin**
SUCCAH II:	**The Lowy and Fasman Families** (Los Angeles)
TAANIS:	**David and Jean Bernstein**
MEGILLAH:	**Jay and Jeanie Schottenstein** (Columbus, Ohio)
MOED KATAN:	**Leon and Olga Klein Allen and Sylvia Klein Daniel and Esther Ollech**
CHAGIGAH:	**Benzi and Esther Dunner**
YEVAMOS I:	**Phillip and Ruth Wojdyslawski and Family**
YEVAMOS II:	**Phillip and Ruth Wojdyslawski and Family**
YEVAMOS III:	**Phillip and Ruth Wojdyslawski and Family**
KESUBOS I:	**The Fishoff Families**
KESUBOS II:	**Mrs. Moselle Hendeles Cecille Moise Hayim** (Los Angeles)
KESUBOS III:	**Brenda and Isaac Gozdzik** (Los Angeles)
NEDARIM I:	**Fradie Rapp and Children**
NEDARIM II:	**In memory of Laurence A. Tisch**
NAZIR I:	**Andrew and Nancy Neff**
NAZIR II:	**Andrew and Nancy Neff**
SOTAH I:	**Motty and Malka Klein and Family**
SOTAH II:	**Motty and Malka Klein and Family**
GITTIN I:	**Mrs. Kate Tannenbaum;** **Elliot and Debra Tannenbaum Edward and Linda Zizmor**
GITTIN II:	**Mrs. Kate Tannenbaum;** **Elliot and Debra Tannenbaum Edward and Linda Zizmor**

PATRONS OF THE TALMUD ❖ DAF YOMI EDITION

KIDDUSHIN I:	**Leslie and Shira Westreich Adam and Dayna, Rayna and Dina**
KIDDUSHIN II:	**In honor of Berish and Hannah Fuchs**
BAVA KAMMA I:	**Yitzchok and Shoshana Ganger and Family**
BAVA KAMMA II:	**The Maggid Families** (Sao Paulo, Brazil)
BAVA KAMMA III:	**Robert and Malka Friedlander** (Sao Paulo, Brazil)
BAVA METZIA I:	**Fred and Cindy Schulman**
BAVA METZIA II:	**Suzy and Yussie Ostreicher**
BAVA METZIA III:	**Stephanie and George Saks**
BAVA BASRA I:	**Nachum and Malkie Silberman**
BAVA BASRA II:	**Roger and Caroline Markfield**
BAVA BASRA III:	**Jaime and Marilyn Sohacheski**
SANHEDRIN I:	**Martin and Rivka Rapaport**
SANHEDRIN II:	**Martin and Rivka Rapaport**
SANHEDRIN III:	**Marvin and Roz Samuels**
SHEVUOS:	**Michael and Danielle Gross** (Herzlia and London)
MAKKOS:	**David and Joan Tepper and Family**
AVODAH ZARAH I:	**The Kuhl Family**
AVODAH ZARAH II:	**In memory of Mr. Jerome Schottenstein ז״ל**
HORAYOS-EDUYOS:	**Woli and Chaja Stern, Jacques and Ariane Stern** (Sao Paulo, Brazil)
ZEVACHIM I:	**Robin and Warren Shimoff**
ZEVACHIM II:	**Abbie Spetner Ari and Chaya Sara and Dovi Nussbaum Chanoch Moshe**
ZEVACHIM III:	**Yaakov and Yona Spinner**
MENACHOS I:	**Terumah Foundation**
MENACHOS II:	**Terumah Foundation**
MENACHOS III:	**Terumah Foundation**
CHULLIN I:	**Rabbi Heshie and Rookie Billet**
CHULLIN II:	**The Kleinman Family**
CHULLIN IV:	**Terumah Foundation**
BECHOROS I:	**Jeff and Leslie Gould**
BECHOROS II:	**Hilda and Yitz Applbaum**
ARACHIN:	**The Brown Family**
TEMURAH:	**Dr. Thomas and Anne Kohn Dr. Allan and Susan Seidenfeld**
KEREISOS:	**In memory of Rabbi Meir Shapiro זצ״ל, the Lubliner Rav**
ME'ILAH, TAMID, MIDDOS KINNIM:	**Steven and Renée Adelsberg**
NIDDAH I:	**Martin and Geraldine Schottenstein Hoffman Marc and Rachel Hurwitz**
NIDDAH II:	**In memory of Mr. Jerome Schottenstein ז״ל**

פטרוני התלמוד ❖ מהדורת "בכל דרכיך"

We express our appreciation to the distinguished patrons
who have dedicated volumes in the

COMPACT SIZE HEBREW ELUCIDATION OF THE
SCHOTTENSTEIN EDITION OF THE TALMUD

מהדורת שוטנשטיין – "בכל דרכיך"

Dedicated by

JAY AND JEANIE SCHOTTENSTEIN

and their children

Joseph Aaron and Lindsay Brooke, Jonathan Richard and Nicole Lauren, and Jeffrey Adam

Jacob Meir   Jonah Philip   Emma Blake   Winnie Simone   Teddi Isabella

BERACHOS I: **Jay and Jeanie Schottenstein** (Columbus, Ohio)

BERACHOS II: **Zvi and Betty Ryzman** (Los Angeles)

SHABBOS I: **Yussie and Suzy Ostreicher**

SHABBOS II: in memory of **R' Shimon ben R' Shlomo Zalman** ע"ה

SHABBOS III: **Mendy and Itta Klein** (Cleveland)

SHABBOS IV: **Mayer and Shavy Gross** (New York)

ERUVIN I: **The Schottenstein Family** (Columbus, Ohio)

ERUVIN II: **The Schottenstein Family** (Columbus, Ohio)

PESACHIM I: **Serge and Nina Muller** (Antwerp)

PESACHIM II: **The Cohen Family**

PESACHIM III: **Morris and Devora Smith** (New York / Jerusalem)

SHEKALIM: **Avrohom David and Chaya Baila Klein** (Monsey)

ROSH HASHANAH: **Joseph and Nina**

YOMA I: **Hirsch and Raquel Wolf**

YOMA II: **Mr. and Mrs. Avrohom Noach Klein**

SUCCAH I: **Lloyd and Harriet Keilson**

SUCCAH II: **Joel and Joyce Yarmak**

BEITZAH: **Benjy and Adina Goldstein**

TAANIS: **Mendy and Itta Klein** (Cleveland)

MEGILLAH: **Leibel and Myrna Zisman**

MOED KATTAN: **Binyamin and Dvorah Chanah;** and **Moshe Rubinstein**

CHAGIGAH: **Steven and Hadassah Weisz**

YEVAMOS I: **Phillip and Ruth Wojdyslawski** (Sao Paulo)

YEVAMOS II: **Phillip and Ruth Wojdyslawski** (Sao Paulo)

YEVAMOS III: **Phillip and Ruth Wojdyslawski** (Sao Paulo)

KESUBOS I: **Ben Fishoff and Family**

KESUBOS II: **Judah and Bayla Septimus**

KESUBOS III: **Yitzchak Fund and Zalli Jaffe**

NEDARIM I: **Soli and Vera Spira and Family**

NEDARIM II: **Judah and Yuta Klein   Moshe and Shaindel Klein**

NAZIR I: **Shlomo and Esther Ben Arosh** (Jerusalem)

NAZIR II: **Shlomo and Esther Ben Arosh** (Jerusalem)

GITTIN I: **Mrs. Kate Tannenbaum;**

Elliot and Debra Tannenbaum; Edward and Linda Zizmor

GITTIN II: **Mordchai Aron and Dvorah Gombo**

KIDDUSHIN I: **David and Fanny Malek**

KIDDUSHIN II: **Peter and Debbie Rabenwurzel**

SOTAH: **Motty and Malka Klein**

BAVA KAMMA I: **Yussie and Estie Fettman** (Miami)

BAVA KAMMA II: **Faivel and Roiza Weinreich**

BAVA KAMMA III: **David and Fanny Malek**

BAVA METZIA I: **Hyman P. Golombeck   Avrohom Chaim and Renee Fruchthandler**

BAVA METZIA II: **Shlomo and Tirzah Eisenberg** (Bnei Brak)

BAVA METZIA III: **A. George and Stephanie Saks**

BAVA BASRA I: **Ezra and Debbie Beyman**

BAVA BASRA II: **Ezra and Debbie Beyman**

BAVA BASRA III: **Ezra and Debbie Beyman**

SANHEDRIN I: **Martin and Rivka Rapaport** (Jerusalem)

SANHEDRIN II: **Aryeh and Faige Lebovic   Avrom and Susie Lebovic** (Toronto)

SANHEDRIN III: In honor of **Joseph and Anita Wolf** (Tel Aviv)

MAKKOS: **Hirsch and Raquel Wolf**

SHEVUOS: **Jacques and Miriam Monderer** (Antwerp)

AVODAH ZARAH I: **Mr. and Mrs. Eli Kaufman** (Petach Tikva)

AVODAH ZARAH II: **Mr. and Mrs. Chaim Schweid** (New York)

HORAYOS-EDUYOS: **Woli and Chaja Stern** (Sao Paulo, Brazil)

ZEVACHIM I: **Mr. and Mrs. Eli Kaufman** (Petach Tikva)

ZEVACHIM II: **Mr. and Mrs. Eli Kaufman** (Petach Tikva)

ZEVACHIM III: **Mr. and Mrs. Eli Kaufman** (Petach Tikva)

MENACHOS I: **Yaakov and Beatrice Herzog and family** (Toronto)

MENACHOS II: **Yaakov and Beatrice Herzog and family** (Toronto)

MENACHOS III: **Yaakov and Beatrice Herzog and family** (Toronto)

CHULLIN I: **The Pluczenik Families** (Antwerp)

CHULLIN II: **Avrohom David and Chaya Baila Klein** (Monsey)

CHULLIN III: **Avrohom David and Chaya Baila Klein** (Monsey)

CHULLIN IV: **Levin Family**

BECHOROS I: **Mordchai Aron and Dvorah Gombo** (New York)

BECHOROS II: **Howard and Chaya Balter** (New York)

ARACHIN: **Mr. and Mrs. Eli Kaufman** (Petach Tikva)

TEMURAH: **Abraham and Bayla Fluk** (Tel Aviv)

KEREISOS: **Mr. and Mrs. Eli Kaufman** (Petach Tikva)

ME'ILAH, TAMID, MIDDOS KINNIM: In memory of **ר' אליהו אלעזר ב"ר יוסף ברוך ז"ל**

NIDDAH I: **Mrs. Shoshanah Lefkowitz and Family**

NIDDAH II: **Jay and Jeanie Schottenstein** (Columbus, Ohio)

הסכמות ומכתבי ברכה

This project has the warm support of two of the foremost *gedolei Torah* of our generation, the sages of Jerusalem
MARAN HAGAON HARAV SHLOMO ZALMAN AUERBACH זצ״ל
and יבדל לחיים טובים
MARAN HAGAON HARAV YOSEIF SHOLOM ELIASHIV שליט״א

Harav Auerbach said: "There is no question that your work is vital in our generation. This is an essential *harbotzas Torah* undertaking that will surely be blessed with great success."

Harav Eliashiv said: "Because of the times we live in it is a מצוה גדולה, *a great mitzvah,* to proceed with this project." He requested that the following be inserted into this volume in his name:

״הואיל ואנו חיים בדור פרוץ לכל מיני תרגומים שונים של קלי הדעת הפושטים ידם בקדושת התלמוד ובתורה שבעל פה, לכן לדעתי אין לך עת לעשות לה׳ גדול מזה, ומצוה גדולה להמשיך במפעל זה.״

הסכמות ומכתבי ברכה

מרדכי גיפטער
ישיבת טלז
RABBI MORDECAI GIFTER
28570 NUTWOOD LANE
WICKLIFFE, OHIO 44092

בע״ה, ה׳ שבט תש״נ

מע״כ ידידנ״ע הרב הנעלה ר׳ מאיר, נר״ו, ועמו יקירי הרב הנעלה, ר׳ נתן, נר״ו, וכל הצוות היקר ונעלה.

מה נכבד היום בהגלות נגלות, בהתחלת תרגום הש״ס לשפה האנגלית, בתרגום שיש בו ביאור לדברי חז״ל בתורה שבעל פה, לא רק תרגום מילים בלבד. והתועלת שבו היא לא רק לאלה שלא הורגלו בלמוד הגמרא, אלא שגם מי שמורגל בו ימצא בו רב תועלת כיון שלשון הש״ס לא הורגל בו בצעירותו, ולשון אנגלית שגורה בפיו. והרי בימינו מגידי שיעור בישיבות משתמשים בשפה האנגלית למען קרב המושגים לתלמידים.

ולכן יש לקדם בברכה זה התרגום היו״ל ע״י חברת ארטסקרול אשר המתרגמים הם יראי ה׳ העמלים בתורה רבות בשנים, ועוסקים בהפצת תורת ה׳ לעם ה׳ ולקרב לב ישראל לאבינו שבשמים בתורה ואמונה טהורה.

יהא ה׳ בעזרם במפעלם הנפלא.

אוהבו מלונ״ח

מרדכי

מרדכי

הסכמות ומכתבי ברכה

אברהם פאם
RABBI ABRAHAM PAM
582 E. 7th STREET
BROOKLYN, N.Y. 11218

בס״ד י״א שבט תש״נ

לכבוד ידידי הרב ר׳ מאיר זלוטוביץ שליט״א, וכבוד ידידי הרב ר׳ נתן שערמאן שליט״א – שפע שלו׳ וברכה וכט״ס!

תשואות חן חן לכם על המשימה הגדולה שקבלתם עליכם, להוציא לאור מסכתות הש״ס עם תרגום אנגלי וביאור קצר ותמציתו להקל לימוד הגמרא לאלה הלומדים שנוח להם יותר להבין ולהשכיל סוגיות הגמרא בשפה המדוברת ו,,הטבעית״ להם.

חזקה על חברים שכמותכם שתוציאו דבר מתוקן ומדויק ובהידור נאה, כשאר ספרי ,,ארטסקרול״ הנודעים לתהלה. זהו שלב רב־ערך בהרבצת תורה שבע״פ, נוסף להוצאת המשניות בתרגום אנגלי מאד נעלה, ועכשיו אתם מעלים בקודש להגדיל תורה ולהאדירה.

יה״ר שתצליחו במפעלכם הקדוש בס״ד להרחיב ולהעמיק למוד התורה, ורבים יאותו לאורו, וזכות הרבים תעמוד לכם להתברך בכל מילי דמיטב, כעתירת ידידכם דו״ש בכבוד ויקר,

אברהם יעקב הכהן פאם

אברהם יעקב הכהן פאם

ב״ה

שמעון שוואב
רב דק״ק
קהל עדת ישרון
נוא־יארק, נ. י.

RABBI SIMON SCHWAB
736 WEST 186TH STREET
NEW YORK, N. Y. 10033
STUDY: 923-5936
RES: 927-0498

שלום רב להני תרי גברי רברבי ה״ה ידידי היקרים מהור״ר מאיר ומהור״ר ר׳ נתן יצו ד׳ ברכה עליהם עד עולם!

הנה ברך לקחתי וברך ולא אשיבנה. זה ימים ושנים שאתם עסוקים במלאכת הקודש להרביץ תורה ברבים ולהוציא לאור ספרים רבים המצוינים ביופי והידור ובהירות, עבודה תמה המעוררת י״ש וחשקת התורה גם יחד. זכות גדולה זו תעמוד לכם עתה בגשתכם לבאר את הגמרא הק׳ של תלמוד בבלי בלשון המדוברת לשמש עזר לאותם שעדין אינם יכולים ללמוד בעצמם. וגם יהיה נחוץ למלמדים הצריכים לתרגם ולפרש בלעז ללועזים את לשון הגמרא, עד עת אשר השלהבת של הבנת סגנון הש״ס עולה מאליה בסעייתא דשמיא. ושמחתי לראות איך אשר נזהרתם מאד מלהוציא לאור סתם תרגום אנגלי לאלה אשר רוצים לקרות בתלמוד כקוראים בספר קדום בעלמא ח״ו. כי כבר ידוע אשר אין רוח חכמי התורה נוחה מזה – אלא אדרבא הטרחתם לפרש בלשון המדינה את דברי א״ח של התנאים והאמוראים הדומים למלאכי השרת כאשר אתם מדברים פה אל פה עם התלמיד בתקוה להקל מעליו את קושי ההבנה ולהיות לו לסעד ועזר בלימוד תורה לשמה, וגם לנטוע בו רגש של חשקת התורה לעסוק בדברי התלמוד מתוך חשוקה ואהבה לנותן התורה ב״ה.

ועל זה תתברכו מן השמים וחפץ ד׳ בידכם יצליח כעתירת ידידכם עוז הכותב בכל לב – פה נוא יארק יע״א יום שלישי, לסדר,,ויאמינו בד׳״ י״א לח׳ שבט תש״ן לפ״ק

שמעון שוואב

שמעון שוואב

הסכמות ומכתבי ברכה

ישיבת אור אלחנן
YESHIVA OHR ELCHONON

מאור ירושלים
בנשיאות מרן רבי מאיר חדש שליט"א
רבי שמחה וסרמן שליט"א

ע"ש הגאון הקדוש
רבי אלחנן וסרמן הי"ד

Rav Simcha Wasserman
Rosh HaYeshiva
Rav Moshe M. Chodosh
Rosh HaYeshiva

Rav Elchonon

בע"ה יום ד' לס' והייתם לי סגולה התש"נ

מעכ"ת ידידי הרבנים הנכבדים כ"מ הר"ר מאיר זלאטאוויץ שליט"א וכ"מ הר"ר נתן שערמאן שליט"א וכ"מ הר"ר יעקב יהושע בראנדער שליט"א עומדים בראש הו"ל מסורה שע"י חברת ארטסקראל, ה' עליהם יחיו.

אחדש"ת,

בדבר כוונתם ונכונותם להו"ל מסכתות מתלמוד בבלי בתרגום אנגלי וביאור מסביר למתחילים והנה כבר זיכו אתכם מן השמים להו"ל ספרים לאהב דברי תורה על הבריות וביחוד בתרגומי וביאורי ספרי תושב"כ ומסכתות המשנה זכיתם להיות לאחיעזר ואחיסמך למי שהיו רחוקים ומתקרבים וצמאים לדבר ה'.

וחביב המצוה בשעתה שעת ההתעוררות לתשובה המתפשטת היום ברחבי תבל מעין הבטחת תוה"ק בפרשת התשובה והגאולה (דברים ל') והשבות אל לבבך כו' ושבת עד ה' כו' ושמעת בקולו כו'. שההתעוררות תביא לתשובה ע"י לימוד תוה"ק. אשריכם שזכיתם בשעה זו להיות דולים ממקור מים חיים ומשקים דברי תורה לעדרים ומקרבים אותם לאביהם שבשמים.

ויה"ר שתשרה שכינה במעשה ידיכם להרבות תורה בישראל להגדיל תורה ולהאדירה ולקרב יום עליו נאמר כי ישוב ה' לשוש עליך לטוב כאשר שש על אבותיך (דברים ל'-ט').

והנני בזה ידידם מכבדם דוש"ת

אלעזר שמחה וסרמן
בלאאמו"ר הקדוש
הגרא"ב זצוקלה"ה הי"ד

RABBI ZELIK EPSTEIN
1150 EAST 9TH STREET
BROOKLYN, NEW YORK 11230
TEL. 253-4611

בע"ה, יום ב' לסדר ,,כי תשא" תש"נ

כבוד ידידי הדגולים, הרה"ג מוה"ר מאיר יעקב זלטוביץ והרה"ג מוה"ר נתן שרמן שליט"א.

הנני מקדם בזה בברכה את מפעלכם הכביר בעריכות הש"ס בבלי ביחד עם תרגום ופירוש משוכלל בשפה האנגלית על טהרת הקודש והמסורת הנאמנה. אלה הצמאים לדבר ה' וזקוקים לעזר בתלמודם יוכלו לרוות צמאונם מבארות נאמנים אשר מימיהם לא יכזבו.

כבר יצא שמכם בעולם התורה בשטח זה ביצירותיכם הברוכות על התורה שבכתב ועל המשניות וגדולי הדור נ"ע סמכו ידיהם על כך והעידו על נאמנות שליחותכם, אשריכם שזכיתם להיות ממצדיקי הרבים ועל כגון דא אמרו ומצדיקי הרבים ככוכבים לעולם ועד.

תהי' השכינה שרויה במעשי ידיכם ותזכו להמשיך עבודתכם הפוריה עד בוא היעוד המאחל ותמלא הארץ דעה כמים לים מכסים.

כעתירת ידידכם ומוקירכם

אהרן זליג הלוי עפשטיין

הסכמות ומכתבי ברכה

אהרן משה שכטר

Rabbi Aaron M. Schechter

Mesivta Yeshiva Rabbi Chaim Berlin
1593 Coney Island Avenue
Brooklyn, New York 11230

ב״ה ב׳ אדר תש״ן

כבוד הרבנים הנכבדים רודפי תורת חסד הרב מאיר זלאטאוויץ שליט״א והרב נתן שערמן שליט״א.

בשמחה של מצוה הודעתם על ההתכוננות להמשיך הלאה בסדרת העבודה של ארטסקרול בקבלת עול המשרה הכבירה של הוצאת הש״ס, ובגיל הראיתם את אשר החילותם לעשות, הדפים הראשונים שנדפסו לדוגמא.

הנה דבר גדול דברתם, כי אמנם באים ימים של הופעת צמאון לדבר ה׳ בעוד שרבים זקוקים לכלי שרת נעשה מהלשון המדוברת כאן כדי שיוכלו לקבל את אשר הם מבקשים. — וביגיעה רבה כבר זכיתם אתם לחלקכם הגדול במלאכת הקדש הזאת. ומצוה גוררת מצוה והצלחת עבודתכם המצוינת בכתבי הקדש והמשניות הלבישה אתכם עוז דקדושה לישא עיניכם מרום בתקוה ובתפלה לעלות עוד במעלות הסולם עד ראשו המגיע השמימה הוא הש״ס.

אבל דוקא במקום גבוה זה פתאום נרתעת היא הנפש לאחריה בזעזועי רעדה כאשר מתוכה מתחיל לעלות ההרגשה דלחלק יצא הש״ס מכל מה שקדמוהו, כי נורא הוא. — ואמרתי לפרש טעם חילוק זה לעצמי.

במכילתא ריש משפטים איתא ר״ע אומר ואלה המשפטים למה נאמר לפי שהוא אומר דבר אל בני ישראל ואמרת אליהם (כוונתו לכל מקום בתורה שנאמר כן) אין לי אלא פעם אחת מנין שנה ושלש ורבע עד שילמדו תלמוד לומר ולמדה את בני ישראל יכול למדין ולא שונין תלמוד לומר ושימה בפיהם יכול שונין ולא יודעין תלמוד לומר ואלה המשפטים וגו׳ [אשר תשים לפניהם] ערכם לפניהם כשלחן ערוך וכו׳ ע״כ. — למדנו מדבריו ד׳ מדרגות בסדר לימוד התורה, (א) פעם אחת (ב) עד שילמדו (ג) שיהיו שונים (ד) שיהיו יודעים. — והמבחין יבחין שבערך להמעלה הרביעית נחשבים הג׳ ראשונות כשינוי אופן לגבי שינוי מהות. שהמעלה השניה היא שידע הנלמד אתו כבר, והמעלה השלישית היא שתהא שנוי אצלו עד שקנוי לו ושומה בפיו ובזה נמסרו לו אותם דברי תורה שמתחלה עד שנמצאים אצלו לגמרי עכשיו. ובכל אלו הלומד נשתנה באופן שהתורה נמצאת אצלו, אבל היא לא נשתנתה. — אבל המעלה הרביעית של יודעין אותו, הוא אשר רש״י פירש עלה שיטרח להבינם טעמי הדבר ופירושו, הרי זה גילוי פנים חדשות בהדברי תורה עצמם.

והנה השלשה מעלות הראשונות שייכות הן בין לתורה שבכתב ובין לתורה שבעל פה, לאותה פנים הנקרא משנה [מלשון שונין שנקט], דאילו פני התורה הנקרא גמרא כל עיקרו אינו אלא המעלה הרביעית הנ״ל שתהא יודעים. וכמו שכתב הרמב״ם הל׳ ת״ת פ״א הל׳ י״א יבין וישכיל אחרית דבר מראשיתו ויוציא דבר מדבר שידמה דבר לדבר ויבין במדות התורה נדרשת עד שידע היאך הוא עיקר המדות והיאך יוציא האסור והמותר וכיוצא בהן מדברים שלמד מפי השמועה וענין זה הוא הנקרא גמרא.

וכן חולק בלשונו בהקדמתו לספר היד דבענין המשנה כתב דרבינו הקדוש קיבץ כל השמועות וכל הדינים וכל הביאורים וכו׳ וחבר מהכל ספר המשנה — דהיינו דכוונת מלאכתו היתה לכלול עמקי כל התורה ולהטמינם בחבור שעשה — ואילו על הגמרא הלא אומר ענין שני הגמרות הוא פירוש דברי המשניות וביאור עמקותיה ודברים שנתחדשו וכו׳, — דהיינו דכוונתו היא ההיפך ממש מן כוונת המשנה, דעיקרו הוא הוצאת אותם מעמקים הטמונים. — וכן הבדיל שם באופן לימודם, שעל המשנה הוא כותב ושננו לחכמים ברבים ונגלה לכל ישראל וכתבוהו כולם, הרי הוא נוקט שני אופני לימוד בה, השינון לחכמים שידעו דבר על בוריו החיבור עם שרשיו — והנגלה לכל ישראל, שהוא גוף החיבור עכ״פ שהוא מסור לכל ישראל והוא שכתבוהו כולם. ולא כתב דוגמת זה לענין הגמ׳, דאין כוונת הגמ׳ להחלק לגוף החיבור ועמקותיה, דכל כולו הוא הדרך של גילוי מעמקים, ועליו כתב שם רק דהגאונים שעמדו אחריו למדו דרך הגמ׳ והוציא לאור תעלומותיו וביאור עניניו לפי שדרך עמוקה דרכו עד למאד.

ונתבונן שוב בצורת הדברים היוצאת מדברי ר״ע בהמכילתא. — הלימוד פעם אחת נלמד בכל מצוה מה,,דבר של בני ישראל״ וגו׳ הנאמר בה. — השנה ושלש עד שיהא שונין נלמד מהפרשה שבה נמסרה התורה שכבר ניתן להם לישראל להיות עוד ספר ניתן תחת ידם הרי הוא פרשת כתבו לכם את השירה הזאת. — ואילו המעלה הרביעית הנ״ל מקומה בפרשת ואלה המשפטים, שעליה אמרו מה הראשונות מסיני אף אלו מסיני שנכללו בעצם מתן התורה [עיי׳ לדוגמא, רש״י שמות ל״א פסוק י״ח בד״ה לדבר אתו] דמעלה זו היא המשך יניקת התורה משרשה, המגלה הפנים חדשות שלה דברים המתחדשים בה כסדר, וכלשון ר״ע במכילתא בסיום דבריו בהא שיהיו יודעין שהוסיף לומר כענין שנאמר (לענין מתן תורה) אתה הראת לדעת!

(המשך מעבר לדף)

יעקב פרלוב

ביהמ״ד עדת יעקב נאוואמינסק

ברוקלין, נ.י.

RABBI YAAKOV PERLOW

1569 - 47TH STREET

BROOKLYN, N.Y. 11219

בס״ד יום ג׳ ד׳ שבט תש״נ

מע״כ ידידי היקרים מזכי הרבים ומפיצי אורה של תורה בהוצאת ארטסקרול הרה״ג ר׳ מאיר יעקב זלוטוביץ שליט״א והרה״ג ר׳ נתן שערמאן שליט״א. שפעת שלומים וישע רב.

לזכות ולמצוה תיחשב לי לבוא בדברים אלה לעודד ולחזק את ידיכם לקראת המפעל הכביר שרחש לבכם דבר טוב, להוציא לאור ש״ס חדש עם תרגום וביאור בשפת המדינה. קורא אני על זה ,,חדשים גם ישנים דודי צפנתי לך,״ כי לא נשנית מהדורא זו של התלמוד אלא בשביל דברים שנתחדשו בה לכבוד התורה ולומדיה, להסמיך לצורת הדף המקובל מאז גם פירוש סוגיית הגמרא בשפה האנגלית ובהסברה קלה בטוב טעם, כדי להבין ולהשכיל אחב״י הצמאים ללימוד וצריכים עזר וסיוע בריהטא דשמעתתא. וכבר ראיתי הגליונות הראשונים ממס׳ מכות עם ההערות המאליפות בשולי העמוד להוסיף טעם והבנה בשמועה הנלמדת. ונוכחתי עד כמה חשוב ונחוץ הוא הדבר הגדול הזה אשר התכוננתם לעשות.

ובכן אמינא לפעלא טבא ייישר ויצו ה׳ אתכם, ואת הרבנים והת״ח המובהקים אשר עמכם, ברכה והצלחה מרובה להוציא מתחת ידיכם דבר נאה ומתוקן לתועלת הרבים, ולהביא ברכה לבית ישראל. וכמעשיכם במשנה כן תזכו בגמרא להגדיל תורה ולהאדירה, ולהאיר עיניהם של המשתדלים לקיים דברי חכמינו ז״ל ,,התקן עצמך ללמוד תורה.״

ואחתום בידידות עוז ויקר, הדורש שלומכם בלונ״ח

יעקב פרלוב

יעקב פרלוב

הסכמות ומכתבי ברכה

מתיבתא תפארת ירושלים
Mesivtha Tifereth Jerusalem
of America
141-7 East Broadway / New York, N.Y. 10002
(212) 964-2830

באתי בתור ברא מזכא אבא כי ידוע לכל שאאמו״ר זצ״ל חיבב מה שעושין חברת ,,ארטסקרול-מסורה״ במלאכת העתקה ופירושים לשפת אנגלית — ראה הסכמותיו לכמה ספרים שלהם — וגם היה נותן הסכמה על כל סדר חדש שהתחילו. ובטוח לי שהיה מסכים אף להמלאכה הגדולה והחשובה לתרגם ולפרש תלמוד בבלי. ואני יודע בבירור שיש תועלת גדולה בהחיבורים שכבר קרבו כמה מאחינו לתורה ולתשובה.

ולכן אני אומר תחזקנה ידיכם ותהיו בכלל כל המזכה את הרבים שאין נכשל ותמשיכו במלאכתכם מלאכת הקדש — ובפרט ידידי הרב מאיר יעקב זלאטאוויץ שליט״א — עד ביאת גואל צדק במהרה בימינו אמן.

ועל זה באתי על החתום בעשור לחדש ניסן תש״נ

דוד פיינשטיין

ישיבה דפילאדעלפיא
TALMUDICAL YESHIVA OF PHILADELPHIA
6063 Drexel Road
Philadelphia, Pennsylvania 19131
215 - 477 - 1000

בס״ד א׳ אדר ,,לעלם לא אשכח פקודיך״

למע״כ הני תרי גברי יקירי שזכו להמנות ממזכי הרבים הרב ר׳ מאיר יעקב זלאטאוויץ שליט״א והרב ר׳ נתן שערמאן שליט״א

אחדשה״ט בברכת חו״ש וכל טוב. הנני במכתב ברכה על זה שקבלתם על עצמכם לתרגם תלמוד בבלי בשפה המדוברת להקל על אותם שצריכים לזה. מתאים מאד לאחרי התרגום של משניות שהולך ונגמר ות״ל שהצלחתם, וכבר שיבח אבא מארי זצ״ל חשיבות ונחיצות התרגום, מובן שאתם מחוייבים להמשיך בעבודתכם הפורי׳ ולהמשיך בתורה שבעל פה.

שמחתי שקבלתם הסכמות מגדולי התורה ומובן לכם גודל האחריות ובפרט מקושי העבודה שיצא דבר מתוקן ומבורר. כבר זכיתם לחזקה שלא יצא מידכם דבר שאינו מתוקן במלא המובן.

תחזקנה ידיכם במשימה גדולה כזו ותזכו שעל ידכם יתרבו הלומדים וירבה הדעת.

מנאי המברך אתכם מלונ״ח

שמואל קמנצקי

(המשך מדף הקודם) אבן, כן הדבר לחלק יצא הש״ס מכל מה שקדמוהו, ,,שיהיו יודעין,״ תביעת היגיעה שבהדרכה זו ושפעת אור המתגלה עמה, מוציאה מן ההעלם את כל שלל הגוונים של דעות התורה הקדושה, אלו ואלו דברי אלקים חיים, וריבוי הדיעות שבכל סוגיא וסוגיא הן הן עיקר נקודת הגמרא. ונקבע כל אלו בדרך הגמרא של חותמי הש״ס (למותר לומר ברוח הקודש שהופיע בבית מדרשם) ואי אפשר לתרגמו. — כשם שאי אפשר לשום בכלי עצם כח הנביעה של באר מים חיים, שכח הנביעה הוא למעלה ממדה ידועה, וכלי כולל רק מדת מים ידועה שלוקח מן הבאר, כן אי אפשר לתרגם דרך הגמרא שהיא עמוקה על למאד, וכל תרגום מוגבל הוא ופחות ממאד.״

ולזה עצתי שטוחה — הנה ידוע מכבר שמלאכתכם מלאכת הקודש נעשה במדת החכמים שמקדימים זהירות לזריזות ויראה לחכמה, אבל עכשיו בעבודת הש״ס תוסיפו עוד לעטרו במיוחד בעטרת היראה ותמנעו כלל מלקראו תרגום, כאשר קראתם למלאכתכם הקודם, שזה מורה על העתקת הדבר עצמו — אלא תדקדקו מאד לקרא לו פירוש שזה מורה רק על פירוש הדברים כפי השגת הלומד. — עד שיצא מזה דכאשר ידברו לעתיד על הארטסקרול ש״ס, יהיה המובן פשוט, דהיינו הש״ס של רבינא ורב אשי שהוציאו ארטסקרול, כמו שהוא המובן כשמדברים על הש״ס הווילנאי, ולא יהיה מקום חלילה לחשוב שזה קאי על מלאכתכם, שהוא רק פירוש אחד לו. — ש״ס יש לנו רק אחד, הוא דרך הגמ׳ עצמו שלמדנו אותו רבינא ורב אשי. ואותו אין להעתיק, אבל כמה פירושים יש לנו עליו אשר פירשוהו לנו רבותינו מאורינו וכפי אשר זכינו לקלוט בהשגתנו מפיהם.

ואחתום בברכה חמה שתזכו לברך על המוגמר, הרי המתחיל במצוה אומרים לו גמור. תגילו ברעדה בשמחת התורה, וחפץ ה׳ בידכם יצליח.

אהרן משה שכטר

הסכמות ומכתבי ברכה

TEL. (718) 261-6144

בס״ד

אלתר חנוך חענאך בלאאמו״ר הגרח״ר הכהן לייבאוויטש
RABBI A. HENACH LEIBOWITZ
67-18 GROTON STREET
FOREST HILLS, N.Y. 11375

ראש הישיבה
ישיבת רבנו ישראל מאיר הכהן
בעל "חפץ חיים" זצ״ל

Rabbinical Seminary of America
Dean

יום ג׳ לסדר לך־לך תשנ״א

לכבוד ידידים נאמנים העסוקים בלו״נ להרבצת תורה ויראת שמים לרבים, הרבנים המובהקים ר׳ מאיר יעקב זלוטוביץ ור׳ נתן שרמן שליט״א

נפלאים הם דברי הנביא אשר התקיימה והתאמתה בדורנו נבואתו באופן נדיר ומיוחד ״הנה ימים באים נאום ה׳ והשלחתי רעב בארץ, לא רעב ללחם ולא צמא למים כי אם לשמוע את דברי ה׳״ [עמוס ח:יא]. אי אפשר לתאר או להסביר את הכח הרוחני הכביר שנטע יוצרנו בקרב לב כל אחד מבני עמנו אחרי הסבל הנורא של אותה התקופה החשובה והמכאיבה אשר בה נספו רב מנין ובנין של קדושי וגאוני ישראל נשארנו אבלים ועזובים כמעט מבלי לומדי ומלמדי תורתינו הק׳, ובכל זאת לא נפסק החבל הנצחי והנפלא שבין עמנו לתורתנו הק׳.

הרי היום נמצאים המוני צעירינו וגם מבוגרינו כן ירבו הצמאים לדבר ה׳ השואפים לחדור לתוך תוכם של דברי חכמינו ז״ל ומחפשים עצה לפתוח פתח לשערי התלמוד שבו טמונים יסודות ההלכה והשקפת תורתינו הק׳.

לעת כזאת ניתן להאמר השבח וההודי׳ לחברת ״ארטסקרול״ אשר שמו לבם להוציא לאור ולהמציא למבקשי השם הרבה ספרים בשפה האנגלית והצליחו להשפיע על ההמונים ולהראות להם את הדרך אשר ילכו בה ברוח ישראל סבא. כי זה ברור שאפילו תשובה שלמה מעומק הלב צריכה להיות רק ע״פ דרך המסורה לנו מאבותינו ורבותינו הקדושים, כמבואר בדברי רבינו בחיי פ׳ נצבים [ל:ח] שכתב שם וז״ל הקדוש ״ועשית את כל מצותיו אשר אנכי מצוך היום. אחר שאמר ושבת, ואמר ואתה תשוב, הוסיף ואמר: אשר אנכי מצוך היום. וכן אמר למעלה ככל אשר אנכי מצוך היום. וזה לבאר כי עיקר התשובה אינו אלא לאחוז ולתמוך דרך תורת משה ולכך יזכיר עם התשובה בכל פעם ופעם: אשר אנכי מצוך היום. וזה דבר ירמיה: הלא זאת תעשה לך עזבך את ה׳ אלקיך בעת מוליכך בדרך [ירמיה ב:יז] כלומר בדרך הידוע הוא דרך תורת משה שהחזיקו בו אבותיך הראשונים.״

ולכן באתי בשמחה לקראת המבצע הענקי של חברי ה״ארטסקרול״, ת״ח מובהקים אשר עליהם נאמר חזקה על חבר וכו׳, שקבלו על עצמם לתרגם ולבאר את הש״ס לאנגלית בלשון צחה ובהירה בהסכמת גדולי דורנו, והנני מברך אותם שיצליחו בעבודתם – ולסיום הדברים אוסיף הערה עקרונית שעלינו לדעת שעיקר ההצלחה בלימוד התורה היתה תמיד על ידי תלמידי חכמים שעמדו תמיד על המשמר להדריך וליישר את סברות תלמידיהם על פי דברי ראשונים והאחרונים ביגיעה ועיון עמוק בדברי הקדמונים, ולכן לא יעלה על דעת התלמידים שספרי תרגומים כאלו יספיקו להגיעם לדרגה גבוהה בלימוד התורה כי אין תמורה לרבי מובהק אשר ממנו יוכל ללמוד רוב חכמתו ולהתעמק בהבנה ישרה בסוגיות הש״ס.

והנני חותם בברכת התורה ולומדי׳ להגדיל תורה ולהאדירה.

אלתר חנוך הענאך הכהן לייבאוויטש

אלתר חנוך הענאך הכהן לייבאוויטש

NER ISRAEL RABBINICAL COLLEGE
ישיבת נר ישראל
Over a Half Century of Torah Commitment and Service to the Jewish Community
MT. WILSON LANE • BALTIMORE, MARYLAND 21208 • (301) 484-7200

בס״ד

ה׳ חשון תש״נ

בברכת הוקרה להני גברי מזכי הרבים ה״ה מהור״ר מאיר זלוטוביץ ומהור״ר נתן שערמאן שליט״א

לראות במו עינינו בדור הזה תשוקה גדולה ומתגברת לשמוע את דבר ה׳ גם בקרב אחינו הרחוקים מאור תורה, אבל עדיין האור והחושך משתמשים בערבוביא. ולכן, כמה גדולה היא התועלת בעריכת שולחן החכמה בפני ישראל כפי השקפת חז״ל כדי שיקל למבקשי תורה למלאות צמאונם לדבר ה׳ ולא ישתו ממים הרעים ח״ו.

ואמינא יישר כוחכם של חברי מפעל ארטסקרול שנכנסו בעובי הקורה וגבהו לבם בה׳ לעשות את מלאכת שמים נאמנה ולתרגם דברי חכמינו ז״ל בש״ס בדיוק גדול מנופה בשבע נפות, וזכו בס״ד להרים מכשול מדרך עמי להשמיע ישראל דברי תורה בכל לשון שהם שומעים להרגילם בדרכי חז״ל עד שילמדו לעלות במסילה העולה בית אל ללמוד בכוחות עצמם בתוך הספר בלשון הגמרא עצמה.

שמואל יעקב וינברג

שמואל יעקב וינברג

דוד קאהן

ביהמ"ד גבול יעבץ
ברוקלין, נוא יארק

,,ויתיצבו בתחתית ההר" אמר רב אבדימי בר חמא בר חסא מלמד שכפה הקב"ה עליהם את ההר כגיגית ואמר להם אם אתם מקבלים התורה מוטב ואם לאו שם תהא קבורתכם ... אמר רבא הדר קבלוה בימי אחשורוש דכתיב ,,קיימו וקבלו" קיימו מה שקבלו כבר (שבת פח, א). ולא קבלו ישראל את התורה עד שכפה עליהם הקב"ה את ההר כגיגית שנאמר ויתיצבו בתחתית ההר (שמות י"ט) ואמר רב דימי בר חמא א"ל הקב"ה לישראל אם מקבלים אתם את התורה מוטב ואם לאו שם תהא קבורתכם. ואם תאמר על תורה שבכתב כפה עליהם את ההר והלא משעה שאמר להן מקבלין אתם את התורה ענו כלם ואמרו נעשה ונשמע מפני שאין בה יגיעה וצער והיא מעט. אלא אמר להן על התורה שבע"פ שיש בה דקדוקי מצות קלות וחמורות, והיא עזה כמות וקשה כשאול קנאתה. לפי שאין לומד אותה אלא מי שאוהב הקב"ה בכל לבו ובכל נפשו ובכל מאודו שנאמר ואהבת את ה' אלקיך בכל לבבך ובכל נפשך ובכל מאדך (דברים ז'). ומנין אתה למד שאין אהבה זו אלא לשון תלמוד. ראה מה כתיב אחריו והיו הדברים האלה אשר אנכי מצוך היום על לבבך ואי זה זה תלמוד שהוא על הלב הוי אומר ושננתם לבניך זו תלמוד שצריך שנון (מדרש תנחומא נח ג).

וכבר העירו שלפי המדרש יוצא שקבלו מרצונם תורה שבעל פה בפורים מפני שקבלתם בשעת מתן תורה היתה על ידי כפייה.

והנה ידועה השוואה בין פורים ליום כיפור (יום כְּפורים — בכף שוואית). ונראה ששני ימים אלו שווים במה שבשניהם קבלו תורה, שהרי לוחות שניות נתנו ביום הכפורים אחר שנתכפר להם חטא העגל (תענית כו, ב ברש"י ד"ה זה) ובפורים עשו תשובה על שהשתחוו לצלם (מגילה יב, א) וקבלו תורה שבעל פה מרצונם. הרי שבשניהם קבלו תורה אחר תשובה.

תשובה מחטא עבודה זרה מוספת אהבת ה' (שהרי נפקא לן דיהרג ואל יעבור בעבודה זרה מקרא דואהבת), ובשעת לוחות שניות פעלה תוספת זו לסלק המניעה שגרמה לשבירת לוחות הראשונות. ובשעת נס פורים קבלו תורה שבעל פה מרצונם על ידי התעוררות באהבת ה' שהרי מהמדרש חזינן שרק מי שאוהב הקב"ה בכל לבו וכו' לומד תורה שבעל פה.

בימינו אלו של עקבתא דמשיחא שאנו רואים התעוררות של תשובה בכל התפוצות, אין ספק שתוספת אהבה גורמת לתוספת רצון מצד כלל ישראל להוסיף כח ועוז לעסוק בתורה שבעל פה. והנה קמה חברת ארטסקרול לסייע לאלו שמצד אהבתם העזה להשי"ת הם מוכנים להתייגע בתורה שבעל פה שנתן לישראל. חכמתה עמדה לה לחברה זו לפרוש את השמלה באופן מלמד שמציע הענין לפני הלומד ולהשוות את התלמוד כשלחן ערוך.

ואומר חמרא למריה וטיבותא לשקייה תשואות חן חן לאלו שנשאו בְּעוּלָּם של אלו העמלים בתורה שבעל פה לתפוס הלוחות אִתָּם ולהובילם למקומם הראוי — ה' ישלם להם כפעלם.

החותם לכבוד המסייעים לעמלים בתורה

דוד קאהן

שושן פורים תש"ן
דוד קאהן

✑§ Preface to the Revised and Enlarged Edition

It is now almost eleven years since the publication of Tractate *Makkos*, the first volume of the Schottenstein Edition of the Talmud. Fifty-four volumes have appeared since then, and they have met with great acclaim ב״ה. Over the course of this time, new approaches have been developed to help make even the most complex passages fully accessible to both the novice and the scholar, each at his own level. Higher standards of excellence have been attained through many exceptional additions to our staff. The letters and calls of our readers have broadened our understanding of their needs and expectations. And experience has been the most patient and wisest of teachers.

It should come as no surprise, therefore, that the course charted at the inception of this project has undergone a number of adjustments during the ensuing years. What began as a determinedly lighter treatment of the Talmudic give-and-take has matured into a more developed consideration of the subtleties of the text and *Rashi's* illuminations of them. Nowhere are these changes more evident than in this new edition of the inaugural volume of this series — Tractate *Makkos*. Some of the devices employed then — most notably the Insight section — have since been abandoned; and some of the original approaches and methods have been refined. It is with this realization that we have decided to produce a thoroughly revised edition of this volume.

It is gratifying to see how much the new has built on the old, rather than replaced it. To a very large extent the text has remained quite similar to the original, though the location of certain comments has changed. While a great deal has been added to the notes, almost all the original material has been preserved, usually in somewhat expanded form. We hope these changes meet with the approval of our readership and provide them with the level of sophistication they have come to expect from the pages of the Schottenstein Edition of the Talmud. May Hashem bless this work and guide us to success in completing the remaining volumes of the Talmud.

Shevat, 5761 / February, 2001

✥ ✥ ✥

Once again we thank those who wrote and edited the original edition of this tractate.
Their contribution remains undimmed by the revision of their work.
The trailblazer is the father of those who follow.
They are:

Rabbi Hersh Goldwurm זצ״ל,
and יבל״ח
**Rabbis Hillel Danziger, Yehezkel Danziger,
Avie Gold, Mordechai Kuber, Avraham Maimon,
Abba Zvi Naiman, Matis Roberts,
Avrohom Yoseif Rosenberg, and Yitzchok Stavsky.**

✍ Publisher's Preface to the First Printing

אתחיל לכתוב חדושים בפרוש התורה
באימה ביראה ברתת בזיע במורא
. . . ונפשי יודעת מאד בידיעה ברורה
שאין ביצת הנמלה כנגד גלגל העליון צעירה
כאשר חכמתי קטנה ודעתי קצרה
כנגד סתרי תורה הצפונים בביתה הטמונים בחדרה . . .

I begin to write . . . a commentary to the Torah
with terror, fear, trembling, quaking, and dread
. . . My soul is very well aware with clear knowledge
that the egg of an ant is not as puny
compared to the loftiest sphere
as my wisdom is small and my knowledge stunted
compared to the mysteries of the Torah,
hidden in her home, concealed in her chamber . . .
(Ramban's Introduction to his Commentary to the Torah)

One approaches the task of presenting the Oral Law, particularly the Talmud, with awe and reverence, with trepidation and a great sense of responsibility.

One approaches the task of presenting the Oral Law, particularly the Talmud, with awe and reverence, with trepidation and a great sense of responsibility.

The answer to the question of whether or not the Gemara should be presented in this manner has been provided by great leaders of the Torah world שליט"א, many of whom have graciously written the letters of approbation that appear at the beginning of this volume. Eight years ago, a giant of the previous generation urged precisely the sort of work that has now taken shape in this volume. In his typically prescient, far-sighted manner, the Rosh Yeshivah of Torah Vodaath, MARAN HAGAON HARAV YAAKOV KAMENETZKY זצ"ל, asked us when we would begin an elucidation of the Talmud. Surprised, we replied that we had no such expectation, to which the Rosh Yeshivah responded, "You *should* do it and you *will* do it. When the time comes, אי"ה, I will be glad to give you a letter of approbation."

As Harav David Feinstein שליט"א writes in his letter of approbation to this series, "My father and master [MARAN HAGAON HARAV MOSHE FEINSTEIN] זצ"ל cherished the work of ArtScroll/Mesorah . . . and gave his written approval to every new undertaking that they began. I am convinced that he would have approved this great and important undertaking as well. . ."

As we went to press, this project was brought to the attention of two of the foremost *poskim* of our generation, MARAN HAGAON HARAV YOSEIF SHOLOM ELIASHIV שליט"א, and MARAN HAGAON HARAV SHLOMO ZALMAN AUERBACH שליט"א, of Jerusalem, who gave their personal endorsement and warm blessing, and granted their permission to include these lines in this work.

Harav Eliashiv said that "because of the times we live in it is a מצוה גדולה, *a great mitzvah,* to proceed with this project."

Harav Auerbach said that "this is an essential *harbotzas Torah* undertaking that will surely be blessed with great success."

It is our hope and resolve that this undertaking will vindicate the hopes and expectations of the giants of the last generation and this one, whose wisdom and encouragement have been our beacon and strength.

The Psalmist prayed, גַּל עֵינַי וְאַבִּיטָה נִפְלָאוֹת מִתּוֹרָתֶךָ, *Uncover my eyes that I may behold wonders from your Torah (Psalms* 119:18). The "wonders of the Torah" are the treasures of

Unchanging Torah

the oral tradition that was taught to Moses and was transmitted from teacher to student in the unending chain, whose first millennium of links is described in the first Mishnah of *Avos*. The ability to plumb the depths of God's wisdom is beyond ordinary human capacity, but one of God's greatest gifts to man is the capacity to comprehend to some degree His Own wisdom, as it is expressed in the Torah. As *Sefer Hayashar L'Rabbeinu Tam* puts it, that man can sometimes give a logical explanation of one law or another of the Torah is no proof whatever of the validity of the Torah; rather it is a tribute to the human intellect that it is capable of understanding an aspect of God's wisdom. When the scholar approaches the study of the Torah as *Ramban* approached his commentary to the Torah — with terror, fear, trembling, quaking, and dread — then he can merit Divine assistance in comprehending God's Torah.

When the scholar approaches the study of the Torah with terror, fear, trembling, quaking, and dread — then he can merit Divine assistance in comprehending God's Torah.

That is the key to successful study of the Torah: the conviction that it was Divinely given at Sinai, and that man must submit to its contents, written and oral, just as he must accept its Giver. As *Rambam* declares in his eighth and ninth Principles of Faith, as they have been summarized in *Ani Maamin:*

> 8. I believe with complete faith that the entire Torah now in our hands is the same one that was given to Moses, our teacher, peace be upon him.

> 9. I believe with complete faith that this Torah will not be exchanged, nor will there be another Torah from the Creator, Blessed is His Name.

In his commentary to Mishnah, where he formulates these principles at length, *Rambam* says clearly that both the Written and the Oral Torah were given to Moses and are immutable.

The student of the Torah questions and probes in order to understand, but he does so only out of the conviction that he holds in his hands and mind God's Own word and revelation. Torah is not man's to evaluate; it is his to accept and make his own through rigorous study, as God uncovers his eyes so that he may see its wonders. As R' S.R. Hirsch put it in *The Nineteen Letters*, we study the Torah as a scientist studies nature. The observed phenomena are his givens and his thesis is valid only if it is not contradicted by the facts. Let his theory account for a thousand facts and be contradicted by only one, and it is disproven. So, too, the Torah. Its words and laws, written and oral, are our phenomena. Whatever citadels of knowledge we attempt to construct must be in consonance with the Torah; otherwise they are false. If man looks at the Torah as only another area of intellectual inquiry that he may revise and reject if it does not dovetail with other disciplines, evidence, or predilections, then he is like a scientist who rejects facts because they conflict with his thesis.

Torah is not man's to evaluate; it is his to accept and make his own through rigorous study, as God uncovers his eyes so that he may see its wonders.

The "Talmud" consists of two components, and there is a basic difference between them. The Mishnah is a listing of the laws. Its name comes from the word שָׁנָה, *to review,* for the purpose

Mishnah and Gemara — Two Components of the Oral Torah

of the Mishnah is to provide a body of law that should be reviewed and memorized. The discovery of the underlying principles of the laws and how to apply them to various situations requires analysis and debate. The Mishnah is the framework upon which the Halachah is constructed, but it is not yet the practical Halachah. The Gemara debates, dissects, and defines the principles upon which halachic decisions will be based. In the words of *Rambam:*

יבין וישכיל אחרית דבר מראשיתו, ויוציא דבר מדבר, וידמה דבר לדבר, ויבין במדות שהתורה נדרשת בהן, עד שידע היאך הוא עיקר המדות, והיאך יוציא האסור והמותר וכיוצא בהן מדברים שלמד מפי השמועה. וענין זה הוא הנקרא גמרא

[The function of the Gemara is that] one should understand, perceive the conclusion of a subject from its beginning, extrapolate one matter from another, compare one matter with another, and expound through the hermeneutical principles by which the Torah is expounded until he knows the essence of the principles and how to derive what is forbidden and what is permitted, and their like, from what one has learned through the oral tradition. This is known as "Gemara" (Hil. Talmud Torah 1:11).

The Gemara is the soul, the inner meaning of the laws. To read a translation of the Gemara or even to read the original text without the effort of understanding is not to study the Gemara at all.

The Gemara is the soul, the inner meaning of the laws. To read a translation of the Gemara or even to read the original text without the effort of understanding is not to study the Gemara at all. It can be destructive. In discussing the dictum that רָשָׁע עָרוּם, *a deceitfully wicked person*, is among those who are מְבַלֵּי עוֹלָם, *responsible for the ruination of the world,* the Talmud gives several definitions of that sort of person (*Sotah* 21b-22a). According to Ulla, he is זֶה שֶׁקָּרָא וְשָׁנָה וְלֹא שִׁמֵּשׁ תַּלְמִידֵי חֲכָמִים , *one who has studied Scripture and Mishnah, but has not served Torah scholars. Rashi* explains that to "serve" Torah scholars, means that one must receive training in the reasoning behind the laws of the Mishnah. He must be part of the give-and-take, the question-and-answer, the challenge-and-response that refine and define the principles being studied. One who fails to do so is "wicked" because he will fail to understand the laws properly, not know the fine nuances that explain apparent discrepancies between Mishnayos. As a result he will hand down false rulings. Not only is he wicked, he is also "deceitful," because someone who hears him demonstratively reviewing the Mishnah will think him to be a genuine scholar who is qualified to rule and teach.

The Talmud (ibid. 22a) goes even further, describing those who rule on the basis of a Mishnah, without having studied the elucidation of the Gemara, as מְבַלֵּי עוֹלָם, *responsible for the ruination of the world*. As *Rashi* explains, they destroy the world by issuing halachic rulings based on superficial knowledge, for without the teachings of the Gemara, as conveyed by its sages, they cannot understand how to apply the Mishnah.

The very word Gemara reflects the concept of receiving from a rebbe. The word גָּמַר refers to the transfer of a teaching from rebbe to student, as the Talmud inquires from time to time regarding a law, גְּמָרָא אוֹ סְבָרָא?, *Is it a tradition* [i.e., a law handed down from teacher to student] *or is it derived by logic? (Yevamos* 25b, *Bava Basra* 77a).

Thus, by definition, the Gemara cannot be "translated," in the conventional sense that one captures and transfers the meaning of words to a foreign tongue.

Thus, by definition, the Gemara cannot be "translated," in the conventional sense that one captures and transfers the meaning of words to a foreign tongue. The essence of the Gemara is understanding its reasoning and analysis of the Mishnah and the other laws it cites and discusses, based on the methodology that was conveyed to Moses at Sinai. The Rosh Yeshivah of pre-War Kamenetz, Harav Boruch Ber Lebovitz זצ״ל, used to speak of "Torah logic," for, indeed, the Talmud has its own Divinely transmitted method of exposition and understanding. This is what the Sages of the Talmud teach as they develop their students and mold them into new links that fit into and perpetuate the ancient but still vibrant chain of the Torah's tradition. [For a further exposition of this concept, see the letter of approbation of Harav Aharon Schechter שליט״א at the beginning of this volume.]

In the light of the above, it is clear that the classic and preferred way to assimilate the intellectual majesty of the Talmud is under the guidance of a rebbe who is himself the product of a rebbe's training. Even the finest translation is no substitute for that.

Purpose of This Volume

It is not the purpose of this edition of the Talmud to provide a substitute for the original text or a detour around the classic manner of study. Its purpose is to help the student understand the Gemara itself and improve his ability to learn from the original, preferably under the guidance of a rebbe. The Talmud must be *learned*, not merely read. As clear as we believe the English elucidation to be, thanks to the dedicated work of an exceptional team of Torah scholars, the reader must

contribute to the process by extending himself to think, analyze, and thus to understand. Far from a substitute for the Gemara, or a shortcut to learning, this elucidation is intended to bring the student closer to the study of the Talmud as it has been learned for centuries.

The layout of this edition of the Talmud is planned to emphasize and facilitate that goal. Each page of the elucidation faces the *"blatt* Gemara" of the classic Romm edition of the Talmud, universally known as the Vilna Shas. The English side is a guide to the original, both graphically and in the manner of its presentation. Our hope is that those who use this edition of the Talmud will be brought closer to an appreciation of the infinite profundity of Talmudic thought and the overriding importance of seeking a rebbe to provide guidance in plumbing the Divine wisdom.

The immortal *Mashgiach* (spiritual guide) of the pre-War Mirrer Yeshivah, Harav Yerucham Levovitz זצ״ל, once exclaimed as he clutched a Gemara, "Where is there another book in which every single word is truth!" Indeed, the truth is contained in this and every volume of the Talmud; the task of the student is to labor to find it, and in so doing, to make his mind a tool and his heart a repository of truth. To help foster the achievement of that major goal, accomplished *talmidei chachamim* have been selected to contribute to this volume. Trained in the great yeshivos of this country and abroad, and themselves the disciples of great *roshei yeshivah*, they have transferred their own scholarship in, and reverence for, the Talmud to the tens of thousands who will benefit from this and succeeding volumes of this Talmud series.

"Where is there another book in which every single word is truth!"

The features and format of the English elucidation are as follows:

The Gemara text is presented phrase by phrase, as a rebbe would teach it. Each phrase is then explained, with the literal translation in bold type, and additional words or sentences in regular type or in brackets, as needed, to clarify the meaning of the text.

Features and Format of This Talmud

Upon the counsel of *gedolim*, the vowelization generally follows the correct pronunciation. However, since this work is meant primarily as a study aid, we have striven to prepare the student for the pronunciation he will encounter in the *bais midrash*. Thus, the system of vowelization has sought a balance between grammatical precision and common usage. In many cases, therefore, especially where the familiar pronunciation is much different from the Aramaic, we use the common vowelization. Also, where there is more than one version of the proper Aramaic, we use the one that is familiar to Torah students.

We have striven to prepare the student for the pronunciation he will encounter in the bais midrash.

In the Hebrew text, Rashi headings are presented in bold type for the reader's convenience.

Abbreviations found in the Gemara text are spelled out fully in the commentary.

Each chapter is prefaced with an introduction to its major topic.

Each question-and-answer or other segment of the Gemara is introduced briefly, so that the student can more easily follow the trend of thought.

The translation and commentary almost always follow *Rashi,* where he comments on a passage. Other opinions may be mentioned in the Notes and Insights. Where there is more than one interpretation of *Rashi*, we generally follow the one that fits best with *Rashi's* text or that of the Gemara. If the consensus of *Rishonim* [early commentators] understands *Rashi* a certain way, we follow their opinion. While it is quite common for *Tosafos* or others to raise difficulties on *Rashi's* comments, the resolution of such problems is a second, higher level of Gemara study, to which it is hoped that the reader will progress. It is not the function of this commentary.

While it is quite common for Tosafos or others to raise difficulties on Rashi's comments, the resolution of such problems is a second, higher level of Gemara study, to which it is hoped that the reader will progress.

Where the content is complex, the elucidation will sum up the line of reasoning.

Frequently, expanded supplementary comments, which explain the thrust of the Gemara, are transferred to the Notes. This is to avoid burdening those readers who have already grasped the flow of the Gemara and to prevent the translation from becoming unwieldly.

In cases where supplementary background information, definitions of terms, or sources may be needed to help the student, they are provided in the Notes.

Supplementary discussions, such as important disputes among the commentators or major conceptual analyses of the Talmudic discussions, are presented as Insights at the bottom of the page.

The typical Gemara page requires more than one page of English elucidation, sometimes several, but in all cases the page of the Vilna Shas appears opposite the English elucidation. So that the student will know which part of the *daf* is being treated on the facing English page, a gray bar appears next to the relevant lines of the *daf*.

In all cases the page of the Vilna Shas appears opposite the English elucidation.

In the English text, the Hebrew or Aramaic words are nearly always translated, but there are exceptions. If the Hebrew is a "technical term" that does not lend itself to a familiar, simple, or comprehensible translation — such as *gezeirah shavah* — the Hebrew will be transliterated and defined in the Notes. If a Hebrew term is a primary subject of a *sugya* or chapter, the Hebrew is used throughout. Thus, for example, although the term *malkus*, or lashes, appears only occasionally in the first chapter, it is the major topic of the third chapter. Therefore, in the first chapter it is translated as *lashes,* while in the third chapter the transliteration, *malkus*, is used virtually throughout, in order to help familiarize the reader with the basic terminology of the chapter.

Where important terminology is used less frequently in the Gemara, it is translated, if there is a clear English translation. In the Notes and Insights, however, the transliteration may be used, in order to familiarize the reader with the Gemara's terminology. An example is *Ir Miklat.* The translation *city of refuge* is clear and accurate, but the transliteration is used also, as noted.

There is a glossary of terms at the end of the volume.

The major Scriptural portions upon which the chapters are based are fully translated in an introductory section.

ACKNOWLEDGMENTS

The roshei hayeshivah and gedolei Torah of the previous generation and this one have been unstintingly generous with their time and wisdom. Their guidance has shaped the ArtScroll Series from its inception, and the same holds true for this edition of the Talmud.

Their guidance has shaped the ArtScroll Series from its inception.

MARAN HARAV MORDECHAI GIFTER שליט״א has been more than an inspiration and counselor; he has been a father and patron of ArtScroll from its very beginning. He encouraged us to embark on the elucidation of the Talmud and guided us in arriving at its final format.

HARAV DAVID FEINSTEIN שליט״א, Rosh HaYeshivah of Mesivtha Tifereth Jerusalem, graciously maintained constant communication, reading and commenting upon the manuscript, and offering sensitive and erudite suggestions.

HARAV DAVID COHEN שליט״א has unstintingly placed the treasury of his knowledge at our disposal whenever it was needed.

As overall editor, we are fortunate to have a *talmid chacham* of exceptional proportions, whose humility cannot mask his greatness. The participation of RABBI HERSH GOLDWURM enhances the stature of any project in which he has a role.

We express our gratitude to and admiration for the team of *talmidei chachamim* who wrote and took part in the editing of this volume. Some are familiar to ArtScroll readers, others are welcome newcomers to our ranks. They are RABBIS YEHEZKEL DANZIGER; AVIE GOLD; MORDECHAI KUBER; AVROHOM MAIMON; ABBA NAIMAN; MATIS ROBERTS; AVROHOM YOSEIF ROSENBERG; and YITZCHOK STAVSKY.

Among those whose guidance was invaluable in this Talmud project are such leaders of organizational and rabbinic life as RABBI MOSHE SHERER; RABBI PINCHAS STOLPER; RABBI JOSHUA FISHMAN; MR. DAVID H. SCHWARTZ; RABBI YISRAEL H. EIDELMAN; RABBI RAPHAEL BUTLER; RABBI HIRSCH ROSENBLUM (Johannesburg); and RABBI BURTON JAFFA.

RABBI GEDALIAH ZLOTOWITZ read the manuscript and made valuable comments throughout. A dear friend of ArtScroll, REB ARNON KAPLAN, of Johannesburg, devoted his vacation to proofreading and commenting. Our regular staff of readers, RABBI YOSEF GESSER, MRS. JUDI DICK, and MRS. FAIGIE WEINBAUM, performed conscientiously and well. Numerous readers from many walks of life read parts of the manuscript and made suggestions on how to serve the needs of as many people as possible.

We are grateful to the entire staff of ARTSCROLL/MESORAH PUBLICATIONS, whose efforts and cooperative spirit enable our work to continue: SHMUEL BLITZ, director of ArtScroll/Jerusalem; RABBI SHIMON GOLDING; AVROHOM BIDERMAN; YOSEF TIMINSKY; MICHAEL ZIVITZ; SAID KOHAN FOLAD; YITZCHOK SAFTLAS; MORDECHAI GOLDING; SHEILA TENNENBAUM; LEA FREIER; MRS. ESTHER FEIERSTEIN; MRS. ESTIE DICKER; MRS. MENUCHA SILVER; MRS. ZISSI LANDAU; BASSIE GOLDSTEIN; FAIGIE ZLOTOWITZ and ESTIE KUSHNER.

Finally, enough cannot be said in praise of our dear friend and colleague RABBI SHEAH BRANDER, whose graphics genius continues to set new standards of excellence in Torah publishing. That this Gemara is a thing of beauty and a *Kiddush Hashem* is a tribute to him. Along with the Torah world, we are deeply grateful.

A huge investment of time and resources is required to make this edition of the Talmud a reality. Only through the generous support of many people is it possible not only to undertake and sustain such a huge and ambitious undertaking, but to keep the price of the published volumes within the reach of the average family and student. We are grateful to the many people who have made such work possible over the years.

We are privileged that MR. and MRS. MARCOS KATZ, of Mexico City, have chosen to dedicate this inaugural volume. The Katzes are major benefactors of Torah causes throughout the world, and by helping make this edition of the Talmud available to those who thirst for Torah, they add a new dimension to their fruitful philanthropy. This volume is dedicated in honor of their father, RABBI EPHRAIM LEIBUSH KATZ, to whom the Talmud is home and inspiration.

We are especially grateful to:

MR. ALBERT REICHMANN, whose quiet magnanimity for Torah causes is legend; MR. LAURENCE A. TISCH and his sons, JAMES S. and THOMAS J., who has been more than gracious on numerous occasions; MR. HIRSCH WOLF, who has responded warmly whenever called upon and who has taken the initiative in offering to assist and in recruiting others; MR. ABRAHAM FRUCHTHANDLER, who has placed support of Torah institutions on a new plateau; MR. and MRS. LOUIS GLICK, whose sponsorship of the ArtScroll Mishnah Series with the YAD AVRAHAM commentary is a jewel in the crown of Torah dissemination; MR. DAN SUKENIK and MR. MOSHE SUKENIK, who are synonymous with kindness and generosity; MR. JUDAH J. SEPTIMUS and MR. NATHAN B. SILBERMAN, who have made their skills and their resources available in too many ways to mention; and to the many other good friends who have stepped forward when their help was needed most, among them: MR. and MRS. YISROEL BLUMENFRUCHT; MR. AVI KLEIN; RABBI CHAIM LEIBEL; MR. MOSES MARX; MR. SHLOMO PERL; MR. LEONARD WASSNER; MR. WILLY WEISNER .

We conclude with gratitude to Hashem Yisborach for His infinite blessings and for the opportunity to have been the quill that records His word. It has been said that when a Jew prays, he speaks to God; when he learns, God speaks to him. May this volume help the Jew listen, and may God continue to guide our work for the benefit of His people.

Rabbi Nosson Scherman / Rabbi Meir Zlotowitz

Lag BaOmer, 5750
May, 1990

Preface to the Third Printing

I t is only nine months since the inaugural volume of this Talmud was published, and already it is in its third printing. This is the most eloquent testimony to the need it fills. The thirst for authentic Torah literature is undeniable. Certainly it is one of the most encouraging phenomena in recent history, because the best and most effective way to preserve the Jewish people is by exposing it to the richness of the Torah.

This third printing of the Tractate Makkos marks a new milestone, not only for this edition of the Talmud, but also, with God's help, for the cause of Torah dissemination to ever wider circles of people in the English-speaking world. We are proud to announce that this pioneering elucidation of the entire Talmud will henceforth be known as THE SCHOTTENSTEIN EDITION in memory of EPHRAIM and ANNA SCHOTTENSTEIN ע״ה, of Columbus, Ohio. Mr. and Mrs. Schottenstein came to the United States as children, but they never surrendered the principles of Judaism or the love of Torah that they had absorbed in their native Lithuania. Tenacious was their devotion to the Sabbath, kashruth, and halachah; their support of needy Jews and Torah institutions; and their refusal to speak ill of others.

The Schottenstein Edition

This noble gesture of dedication has been made by their sons and daughters-in-law

JEROME and GERALDINE SCHOTTENSTEIN and SAUL and SONIA SCHOTTENSTEIN.

They are worthy heirs to the traditions and principles of their parents. Gracious and generous, kind and caring, they have opened their hearts to countless causes and people. Quietly and considerately, they elevate the dignity and self-respect of those they help; they make their beneficiaries feel like benefactors; they imbue institutions with a new sense of mission to be worthy of the trust placed in them. THE MESORAH HERITAGE FOUNDATION is proud and grateful to welcome the Schottensteins as partners in this monumental endeavor.

We pray that this great undertaking will be a source of merit for the continued health and success of the entire Schottenstein family, including the children and grandchildren:

JAY and JEANIE SCHOTTENSTEIN and their children, Joseph Aaron, Jonathan Richard, and Jeffrey Adam; ANN and ARI DESHE and their children, Elie Michael, David Scott, Dara Lauren, and Daniel Matthew; SUSAN and JON DIAMOND and their children, Jillian Leigh and Joshua Louis; and LORI SCHOTTENSTEIN.

The Schottensteins will be remembered with gratitude for as long as English-speaking Jews are nourished by the eternity of the Talmud's wisdom, for, thanks to them, millions of Jews over the generations will become closer to their heritage. A Jew can accomplish nothing more meaningful or lasting in his sojourn on earth.

❧ ❧ ❧

In addition to those mentioned in the Acknowledgments, we take this occasion to express our special gratitude to:

RABBI DR. NORMAN LAMM, for his warm encouragement and invaluable assistance at several critical junctures; despite his many responsibilities, he has been gracious and understanding whenever called upon;

RABBI ALAN CINER of Columbus, whose sensitivity and appreciation of this project have been a source of inspiration to all;

RABBI RAPHAEL BUTLER, whose creative insight, constant good cheer, and inspired leadership have brought multitudes to Torah Judaism;

RABBI MOSHE MENDEL GLUSTEIN, whose generous spirit and wise counsel have been indispensable;

We also express our sincerest gratitude to: DR. ISRAEL BLUMENFRUCHT, MR. EPHRAIM BRECHER, MR. MICHAEL GROSS of London, and DR. ISRAEL SINGER, whose productive careers never stand in the way of their outstanding efforts for Torah causes; MR. IRVING STONE and MR. MORRY WEISS, who not only sponsored the forthcoming STONE EDITION OF THE ARTSCROLL CHUMASH, but also exert themselves to help insure the stability of the Talmud project; MR. ELLIS SAFDYE, legendary supporter of worthy causes, who has become a dear and treasured friend; and MR. HOWARD ZUCKERMAN, whose concern and assistance are beyond the call of duty.

The most profound expression of gratitude to them all will come as the years and generations go by, in the millions of hours of Torah-study that they have helped make possible.

Rabbi Nosson Scherman / Rabbi Meir Zlotowitz

Nissan 5751 / March, 1991

מסכת מכות
TRACTATE MAKKOS

מסכת מכות / Tractate Makkos

General Introduction

Tractate *Makkos* [also known as *Malkus*] is the fifth tractate in *Seder Nezikin,* the Order which deals with monetary and criminal matters. Tractate *Makkos* deals primarily with three topics: (1) עֵדִים זוֹמְמִים, *zomemin* witnesses — a special class of false witnesses; (2) גָּלוּת, *galus,* the exile of people who have killed inadvertently; and (3) מַלְקוּת, *malkus,* the punishment of lashes meted out for the transgression of most Torah prohibitions. The three topics respectively form the main themes of the three chapters:

Chapter One: כֵּיצַד הָעֵדִים — *In what manner do witnesses [become zomemin]?*

Chapter Two: אֵלּוּ הֵן הַגּוֹלִין — *These are the ones who are exiled.*

Chapter Three: אֵלּוּ הֵן הַלּוֹקִין — *These are the ones who receive malkus.*

Tractate *Makkos* concludes the delineation of the laws of judicial procedure and jurisprudence begun in tractate *Sanhedrin,* the preceding volume. According to some commentators, the topic which forms the first chapter — the law of the false witnesses — is inserted here by way of continuation of a ruling stated in the last mishnah of *Sanhedrin,* and concerning such witnesses (*Makkos* 2a). The other two chapters, which deal with exile and lashes, both of which are closely related to capital punishment, follow in order to complete the matters dealt with in Tractate *Sanhedrin.* Indeed, many old manuscripts of the Mishnah list *Makkos* as a continuation of *Sanhedrin* (see *Meleches Shlomo* at the conclusion of *Makkos).*

Rambam (Introduction to the Mishnah), however, maintains that *Makkos* is not a part of *Sanhedrin,* but a distinct tractate (see also *Meiri*). It is juxtaposed with *Sanhedrin,* because lashes, like capital punishment, is a procedure that only the court has the right to administer.

Scriptural Passages

The following passage is the Scriptural basis for the laws of *zomemin* witnesses, the main subject of Chapter One.

Deuteronomy 19:16-21 — דברים יט:טז-כא

16 *If a false witness stands against a man to speak up spuriously against him,* **17** *then the two men [and those] who have the grievance shall stand before* HASHEM, *before the Kohanim and the judges who will be in those days.* **18** *The judges shall inquire thoroughly, and behold! the testimony was false testimony; he testified falsely against his fellow.* **19** *You shall do to him as he conspired to do to his fellow, and you shall destroy the evil from your midst.* **20** *And those who remain shall hearken and fear; and they shall not continue again to do such an evil thing in your midst.* **21** *Your eye shall not pity; life for life, eye for eye, tooth for tooth, hand for hand, foot for foot.*

טז כִּי־יָקוּם עֵד־חָמָס בְּאִישׁ לַעֲנוֹת בּוֹ סָרָה: יז וְעָמְדוּ שְׁנֵי־הָאֲנָשִׁים אֲשֶׁר־לָהֶם הָרִיב לִפְנֵי יהוה לִפְנֵי הַכֹּהֲנִים וְהַשֹּׁפְטִים אֲשֶׁר יִהְיוּ בַּיָּמִים הָהֵם: יח וְדָרְשׁוּ הַשֹּׁפְטִים הֵיטֵב וְהִנֵּה עֵד־שֶׁקֶר הָעֵד שֶׁקֶר עָנָה בְאָחִיו: יט וַעֲשִׂיתֶם לוֹ כַּאֲשֶׁר זָמַם לַעֲשׂוֹת לְאָחִיו וּבִעַרְתָּ הָרָע מִקִּרְבֶּךָ: כ וְהַנִּשְׁאָרִים יִשְׁמְעוּ וְיִרָאוּ וְלֹא־יֹסִפוּ לַעֲשׂוֹת עוֹד כַּדָּבָר הָרָע הַזֶּה בְּקִרְבֶּךָ: כא וְלֹא תָחוֹס עֵינֶךָ נֶפֶשׁ בְּנֶפֶשׁ עַיִן בְּעַיִן שֵׁן בְּשֵׁן יָד בְּיָד רֶגֶל בְּרָגֶל:

The following four passages are the Scriptural bases for the laws of the inadvertent killer and the punishment of *galus* (exile). These laws are the main subject of chapter two.

Exodus 21:12,13 — שמות כא:יב,יג

12 *One who strikes a man, so that he dies, shall surely be put to death.* **13** *But for one who had not lain in ambush and God had caused it to come to his hand, I shall provide you a place to which he shall flee.*

יב מַכֵּה אִישׁ וָמֵת מוֹת יוּמָת: יג וַאֲשֶׁר לֹא צָדָה וְהָאֱלֹהִים אִנָּה לְיָדוֹ וְשַׂמְתִּי לְךָ מָקוֹם אֲשֶׁר יָנוּס שָׁמָּה:

Numbers 35:9-34 — במדבר לה:ט-לד

9 HASHEM *spoke to Moses, saying:* **10** *Speak to the Children of Israel and say to them: When you cross the Jordan to the land of Canaan,* **11** *you shall designate cities for yourselves, cities of refuge shall they be for you, and a murderer shall flee there — one who takes a life unintentionally.* **12** *The cities shall be for you a refuge from the avenger, so that the murderer will not die until he stands before the assembly for judgment.* **13** *As to the cities that you shall designate, there shall be six cities of refuge for you.* **14** *Three cities shall you designate on the other side of the Jordan, and three cities shall you designate in the land of Canaan; they shall be cities of refuge.* **15** *For the Children of Israel and the proselyte and resident among them shall these six cities be a refuge, for anyone who kills a person unintentionally to flee there.*

16 *If he had struck him with an iron implement and he died, he is a murderer; the murderer shall surely be put to death.* **17** *Or if with a hand-sized stone by which one could die did he strike him, and he died, he is a murderer; the murderer shall surely be put to death.* **18** *Or if he struck him with a hand-sized wood implement through which one could die, and he died, he is a murderer; the murderer shall surely be put to death.* **19** *The avenger of the blood, he shall kill the murderer; when he encounters him, he shall kill him.* **20** *If he pushed him out of hatred or hurled upon him from ambush, and he died;* **21** *or in enmity struck him with his hand and he died, the assailant shall surely be put to death, he is a murderer; the avenger of the blood shall kill the murderer when he encounters him.*

22 *But if with suddenness, without enmity, did he push him, or he hurled any implement upon him without ambush;* **23** *or with any stone through which one could die, without having seen, and caused it to fall upon him and he died — but he was not his enemy and did not seek his harm —* **24** *then the assembly shall judge between the assailant and the avenger of the blood, according to these laws.*

25 *The assembly shall rescue the murderer from the hand of the avenger of the blood, and the assembly shall return him to his city of refuge where he had fled; he shall dwell in it until the death of the Kohen Gadol, whom one had anointed with the sacred oil.* **26** *But if the murderer will ever leave the border of the city of refuge to which he had fled,* **27** *and the avenger of the blood shall find him outside of the border of his city of refuge, and the avenger of the blood will kill the murderer — he has no blood-guilt.* **28** *For he must dwell in his city of refuge until the death of the Kohen Gadol, and after the death of the Kohen Gadol the murderer shall return to the land of his possession.*

29 *These shall be for you a decree of justice for your generations, in all your dwelling places.* **30** *Whoever smites a person, according to*

ט וַיְדַבֵּר יהוה אֶל־מֹשֶׁה לֵּאמֹר: י דַּבֵּר אֶל־בְּנֵי יִשְׂרָאֵל וְאָמַרְתָּ אֲלֵהֶם כִּי אַתֶּם עֹבְרִים אֶת־הַיַּרְדֵּן אַרְצָה כְּנָעַן: יא וְהִקְרִיתֶם לָכֶם עָרִים עָרֵי מִקְלָט תִּהְיֶינָה לָכֶם וְנָס שָׁמָּה רֹצֵחַ מַכֵּה־נֶפֶשׁ בִּשְׁגָגָה: יב וְהָיוּ לָכֶם הֶעָרִים לְמִקְלָט מִגֹּאֵל וְלֹא יָמוּת הָרֹצֵחַ עַד־עָמְדוֹ לִפְנֵי הָעֵדָה לַמִּשְׁפָּט: יג וְהֶעָרִים אֲשֶׁר תִּתֵּנוּ שֵׁשׁ־עָרֵי מִקְלָט תִּהְיֶינָה לָכֶם: יד אֵת שְׁלֹשׁ הֶעָרִים תִּתְּנוּ מֵעֵבֶר לַיַּרְדֵּן וְאֵת שְׁלֹשׁ הֶעָרִים תִּתְּנוּ בְּאֶרֶץ כְּנָעַן עָרֵי מִקְלָט תִּהְיֶינָה: טו לִבְנֵי יִשְׂרָאֵל וְלַגֵּר וְלַתּוֹשָׁב בְּתוֹכָם תִּהְיֶינָה שֵׁשׁ־הֶעָרִים הָאֵלֶּה לְמִקְלָט לָנוּס שָׁמָּה כָּל־מַכֵּה־נֶפֶשׁ בִּשְׁגָגָה: טז וְאִם־בִּכְלִי בַרְזֶל הִכָּהוּ וַיָּמֹת רֹצֵחַ הוּא מוֹת יוּמַת הָרֹצֵחַ: יז וְאִם בְּאֶבֶן יָד אֲשֶׁר־יָמוּת בָּהּ הִכָּהוּ וַיָּמֹת רֹצֵחַ הוּא מוֹת יוּמַת הָרֹצֵחַ: יח אוֹ בִּכְלִי עֵץ־יָד אֲשֶׁר־יָמוּת בּוֹ הִכָּהוּ וַיָּמֹת רֹצֵחַ הוּא מוֹת יוּמַת הָרֹצֵחַ: יט גֹּאֵל הַדָּם הוּא יָמִית אֶת־הָרֹצֵחַ בְּפִגְעוֹ־בוֹ הוּא יְמִתֶנּוּ: כ וְאִם־בְּשִׂנְאָה יֶהְדָּפֶנּוּ אוֹ־הִשְׁלִיךְ עָלָיו בִּצְדִיָּה וַיָּמֹת: כא אוֹ בְאֵיבָה הִכָּהוּ בְיָדוֹ וַיָּמֹת מוֹת־יוּמַת הַמַּכֶּה רֹצֵחַ הוּא גֹּאֵל הַדָּם יָמִית אֶת־הָרֹצֵחַ בְּפִגְעוֹ־בוֹ: כב וְאִם־בְּפֶתַע בְּלֹא־אֵיבָה הֲדָפוֹ אוֹ־הִשְׁלִיךְ עָלָיו כָּל־כְּלִי בְּלֹא צְדִיָּה: כג אוֹ בְכָל־אֶבֶן אֲשֶׁר־יָמוּת בָּהּ בְּלֹא רְאוֹת וַיַּפֵּל עָלָיו וַיָּמֹת וְהוּא לֹא־אוֹיֵב לוֹ וְלֹא מְבַקֵּשׁ רָעָתוֹ: כד וְשָׁפְטוּ הָעֵדָה בֵּין הַמַּכֶּה וּבֵין גֹּאֵל הַדָּם עַל הַמִּשְׁפָּטִים הָאֵלֶּה: כה וְהִצִּילוּ הָעֵדָה אֶת־הָרֹצֵחַ מִיַּד גֹּאֵל הַדָּם וְהֵשִׁיבוּ אֹתוֹ הָעֵדָה אֶל־עִיר מִקְלָטוֹ אֲשֶׁר־נָס שָׁמָּה וְיָשַׁב בָּהּ עַד־מוֹת הַכֹּהֵן הַגָּדֹל אֲשֶׁר־מָשַׁח אֹתוֹ בְּשֶׁמֶן הַקֹּדֶשׁ: כו וְאִם־יָצֹא יֵצֵא הָרֹצֵחַ אֶת־גְּבוּל עִיר מִקְלָטוֹ אֲשֶׁר יָנוּס שָׁמָּה: כז וּמָצָא אֹתוֹ גֹּאֵל הַדָּם מִחוּץ לִגְבוּל עִיר מִקְלָטוֹ וְרָצַח גֹּאֵל הַדָּם אֶת־הָרֹצֵחַ אֵין לוֹ דָּם: כח כִּי בְעִיר מִקְלָטוֹ יֵשֵׁב עַד־מוֹת הַכֹּהֵן הַגָּדֹל וְאַחֲרֵי מוֹת הַכֹּהֵן הַגָּדֹל יָשׁוּב הָרֹצֵחַ אֶל־אֶרֶץ אֲחֻזָּתוֹ: כט וְהָיוּ אֵלֶּה לָכֶם לְחֻקַּת מִשְׁפָּט לְדֹרֹתֵיכֶם בְּכֹל מוֹשְׁבֹתֵיכֶם: ל כָּל־מַכֵּה־נֶפֶשׁ לְפִי

the testimony of witnesses shall one kill the murderer, but a single witness shall not testify against a person regarding death. ³¹ You shall not accept ransom for the life of a murderer who is worthy of death, for he shall surely be put to death. ³² You shall not accept ransom for one who fled to his city of refuge to return to dwell in the land, before the death of the Kohen. ³³ You shall not bring guilt upon the land in which you are, for the blood will bring guilt upon the Land; the Land will not have atonement for the blood that was spilled in it, except through the blood of the one who spilled it. ³⁴ You shall not contaminate the Land in which you dwell, in whose midst I rest, for I am HASHEM Who rests among the Children of Israel.

עֵדִים יִרְצַח אֶת־הָרֹצֵחַ וְעֵד אֶחָד לֹא־יַעֲנֶה בְנֶפֶשׁ לָמוּת: לא וְלֹא־תִקְחוּ כֹפֶר לְנֶפֶשׁ רֹצֵחַ אֲשֶׁר־הוּא רָשָׁע לָמוּת כִּי־מוֹת יוּמָת: לב וְלֹא־תִקְחוּ כֹפֶר לָנוּס אֶל־עִיר מִקְלָטוֹ לָשׁוּב לָשֶׁבֶת בָּאָרֶץ עַד־מוֹת הַכֹּהֵן: לג וְלֹא־תַחֲנִיפוּ אֶת־הָאָרֶץ אֲשֶׁר אַתֶּם בָּהּ כִּי הַדָּם הוּא יַחֲנִיף אֶת־הָאָרֶץ וְלָאָרֶץ לֹא־יְכֻפַּר לַדָּם אֲשֶׁר שֻׁפַּךְ־בָּהּ כִּי־אִם בְּדַם שֹׁפְכוֹ: לד וְלֹא תְטַמֵּא אֶת־הָאָרֶץ אֲשֶׁר אַתֶּם יֹשְׁבִים בָּהּ אֲשֶׁר אֲנִי שֹׁכֵן בְּתוֹכָהּ כִּי אֲנִי יהוה שֹׁכֵן בְּתוֹךְ בְּנֵי יִשְׂרָאֵל:

Deuteronomy 4:41-43 — דברים ד:מא-מג

⁴¹ Then Moses set aside three cities on the bank of the Jordan, toward the rising sun, ⁴² for a killer to flee there, who will have killed his fellow without knowledge, but who was not an enemy of his from yesterday and before yesterday — then he shall flee to one of these cities and live: ⁴³ Bezer in the wilderness, in the land of the plain, of the Reubenite; Ramoth in the Gilead, of the Gadite; and Golan in the Bashan, of the Manassite.

מא אָז יַבְדִּיל מֹשֶׁה שָׁלֹשׁ עָרִים בְּעֵבֶר הַיַּרְדֵּן מִזְרְחָה שָׁמֶשׁ: מב לָנֻס שָׁמָּה רוֹצֵחַ אֲשֶׁר יִרְצַח אֶת־רֵעֵהוּ בִּבְלִי־דַעַת וְהוּא לֹא־שֹׂנֵא לוֹ מִתְּמֹל שִׁלְשֹׁם וְנָס אֶל־אַחַת מִן־הֶעָרִים הָאֵל וָחָי: מג אֶת־בֶּצֶר בַּמִּדְבָּר בְּאֶרֶץ הַמִּישֹׁר לָרֵאוּבֵנִי וְאֶת־רָאמֹת בַּגִּלְעָד לַגָּדִי וְאֶת־גּוֹלָן בַּבָּשָׁן לַמְנַשִּׁי:

Deuteronomy 19:1-13 — דברים יט:א-יג

¹ When HASHEM, your God, will cut down the nations whose Land HASHEM, your God, gives you, and you will possess them, and you will settle in their cities and in their houses, ² you shall separate three cities for yourselves in the midst of your Land, which HASHEM, your God, gives you to possess it. ³ Prepare the way for yourself, and divide into three parts the boundary of your Land that HASHEM, your God, causes you to inherit; and it shall be for any killer to flee there. ⁴ This is the matter of the killer who shall flee there and live: One who will strike his fellow without knowledge, and he did not hate him from yesterday or before yesterday; ⁵ or who will come with his fellow into the forest to hew trees, and his hand swings the axe to cut the tree, and the iron slips from the wood and finds his fellow and he dies, he shall flee to one of these cities and live, ⁶ lest the redeemer of the blood will chase after the killer, for his heart will be hot, and he will overtake him for the way was long, and he shall strike him mortally — and there is no judgment of death upon him, for he did not hate him from yesterday and before yesterday. ⁷ Therefore I command you, saying: You shall separate three cities for yourselves.

⁸ When HASHEM will broaden your boundary, as He swore to your forefathers, and He will give you the entire Land that He spoke to your forefathers to give, ⁹ when you observe this entire commandment to perform it — which I command you today — to love HASHEM, your God, and to walk in His ways all the years, then you shall add three more cities to these three. ¹⁰ Innocent blood shall not be shed in the midst of your Land that HASHEM, your God, gives as an inheritance, for then blood will be upon you.

¹¹ But if there will be a man who hates his fellow, and ambushes him and rises up against him, and strikes him mortally and he dies, and he flees to one of these cities — ¹² then the elders of his city shall send and take him from there and place him in the hand of the redeemer of the blood, and he shall die. ¹³ Your eye shall not pity him; you shall remove the innocent blood from Israel; and it shall be good for you.

א כִּי־יַכְרִית יהוה אֱלֹהֶיךָ אֶת־הַגּוֹיִם אֲשֶׁר יהוה אֱלֹהֶיךָ נֹתֵן לְךָ אֶת־אַרְצָם וִירִשְׁתָּם וְיָשַׁבְתָּ בְעָרֵיהֶם וּבְבָתֵּיהֶם: ב שָׁלוֹשׁ עָרִים תַּבְדִּיל לָךְ בְּתוֹךְ אַרְצְךָ אֲשֶׁר יהוה אֱלֹהֶיךָ נֹתֵן לְךָ לְרִשְׁתָּהּ: ג תָּכִין לְךָ הַדֶּרֶךְ וְשִׁלַּשְׁתָּ אֶת־גְּבוּל אַרְצְךָ אֲשֶׁר יַנְחִילְךָ יהוה אֱלֹהֶיךָ וְהָיָה לָנוּס שָׁמָּה כָּל־רֹצֵחַ: ד וְזֶה דְּבַר הָרֹצֵחַ אֲשֶׁר־יָנוּס שָׁמָּה וָחָי אֲשֶׁר יַכֶּה אֶת־רֵעֵהוּ בִּבְלִי־דַעַת וְהוּא לֹא־שֹׂנֵא לוֹ מִתְּמֹל שִׁלְשֹׁם: ה וַאֲשֶׁר יָבֹא אֶת־רֵעֵהוּ בַיַּעַר לַחְטֹב עֵצִים וְנִדְּחָה יָדוֹ בַגַּרְזֶן לִכְרֹת הָעֵץ וְנָשַׁל הַבַּרְזֶל מִן־הָעֵץ וּמָצָא אֶת־רֵעֵהוּ וָמֵת הוּא יָנוּס אֶל־אַחַת הֶעָרִים־הָאֵלֶּה וָחָי: ו פֶּן־יִרְדֹּף גֹּאֵל הַדָּם אַחֲרֵי הָרֹצֵחַ כִּי יֵחַם לְבָבוֹ וְהִשִּׂיגוֹ כִּי־יִרְבֶּה הַדֶּרֶךְ וְהִכָּהוּ נָפֶשׁ וְלוֹ אֵין מִשְׁפַּט־מָוֶת כִּי לֹא שֹׂנֵא הוּא לוֹ מִתְּמוֹל שִׁלְשׁוֹם: ז עַל־כֵּן אָנֹכִי מְצַוְּךָ לֵאמֹר שָׁלֹשׁ עָרִים תַּבְדִּיל לָךְ: ח וְאִם־יַרְחִיב יהוה אֱלֹהֶיךָ אֶת־גְּבֻלְךָ כַּאֲשֶׁר נִשְׁבַּע לַאֲבֹתֶיךָ וְנָתַן לְךָ אֶת־כָּל־הָאָרֶץ אֲשֶׁר דִּבֶּר לָתֵת לַאֲבֹתֶיךָ: ט כִּי־תִשְׁמֹר אֶת־כָּל־הַמִּצְוָה הַזֹּאת לַעֲשֹׂתָהּ אֲשֶׁר אָנֹכִי מְצַוְּךָ הַיּוֹם לְאַהֲבָה אֶת־יהוה אֱלֹהֶיךָ וְלָלֶכֶת בִּדְרָכָיו כָּל־הַיָּמִים וְיָסַפְתָּ לְךָ עוֹד שָׁלֹשׁ עָרִים עַל הַשָּׁלֹשׁ הָאֵלֶּה: י וְלֹא יִשָּׁפֵךְ דָּם נָקִי בְּקֶרֶב אַרְצְךָ אֲשֶׁר יהוה אֱלֹהֶיךָ נֹתֵן לְךָ נַחֲלָה וְהָיָה עָלֶיךָ דָּמִים: יא וְכִי־יִהְיֶה אִישׁ שֹׂנֵא לְרֵעֵהוּ וְאָרַב לוֹ וְקָם עָלָיו וְהִכָּהוּ נֶפֶשׁ וָמֵת וְנָס אֶל־אַחַת הֶעָרִים הָאֵל: יב וְשָׁלְחוּ זִקְנֵי עִירוֹ וְלָקְחוּ אֹתוֹ מִשָּׁם וְנָתְנוּ אֹתוֹ בְּיַד גֹּאֵל הַדָּם וָמֵת: יג לֹא־תָחוֹס עֵינְךָ עָלָיו וּבִעַרְתָּ דַם־הַנָּקִי מִיִּשְׂרָאֵל וְטוֹב לָךְ:

The following passage is the Scriptural basis for the laws of the malkus (lashes) penalty, the main subject of chapter three.

Deuteronomy 25:1-4 — דברים כה:א-ד

¹ When there will be a grievance between people, and they approach the court, and they judge them, and they vindicate the righteous one and find the wicked one guilty; ² it will be that if the wicked one is liable to lashes, the judge shall cast him down and strike him, before him, according to his wickedness, by a count. ³ Forty shall he strike him, he shall not add; lest he strike him an additional blow beyond these, and your brother will be degraded in your eyes. ⁴ You shall not muzzle an ox in its threshing.

א כִּי־יִהְיֶה רִיב בֵּין אֲנָשִׁים וְנִגְּשׁוּ אֶל־הַמִּשְׁפָּט וּשְׁפָטוּם וְהִצְדִּיקוּ אֶת־הַצַּדִּיק וְהִרְשִׁיעוּ אֶת־הָרָשָׁע: ב וְהָיָה אִם־בִּן הַכּוֹת הָרָשָׁע וְהִפִּילוֹ הַשֹּׁפֵט וְהִכָּהוּ לְפָנָיו כְּדֵי רִשְׁעָתוֹ בְּמִסְפָּר: ג אַרְבָּעִים יַכֶּנּוּ לֹא יֹסִיף פֶּן־יֹסִיף לְהַכֹּתוֹ עַל־אֵלֶּה מַכָּה רַבָּה וְנִקְלָה אָחִיךָ לְעֵינֶיךָ: ד לֹא־תַחְסֹם שׁוֹר בְּדִישׁוֹ:

Chapter One

Introduction

The first chapter deals primarily with a specific kind of discredited witnesses called *zomemin* witnesses; the procedure (*hazamah*) by which witnesses become *zomemin;* and the punishment the Torah prescribes for them.

⊷§ **עֵדִים זוֹמְמִין, Zomemin Witnesses** The law of *zomemin* witnesses is given in *Deuteronomy* 19:16-21, where the Torah prescribes that false witnesses of a particular kind are to be punished with the very consequences that they had planned (זָמַם) to have inflicted upon the victim of their plot — reciprocal punishment — whether capital punishment, lashes (*malkus*), or monetary payments. The method by which these witnesses may be proven false is defined by the Oral Law, through Scriptural exegesis (5a).

⊷§ **הַזָמָה, Hazamah** The law of reciprocal punishment of false witnesses applies only to witnesses who have been discredited through a specific process known as הַזָמָה, *hazamah.* This occurs when a second set of witnesses states that the first witnesses could not have seen the incident to which they testified because they were in a different place at the time. These latter witnesses make no statement concerning the incident which is the subject of the testimony; they merely discredit the witnesses who previously gave testimony. In such a case the Torah states that the second set of witnesses is believed and that the ones they impeach are to be considered proven false. It is irrelevant how many witnesses are in the groups, as long as there are at least two in each (Mishnah 5b). Refutation in this manner is known as *hazamah,* and the witnesses thereby discredited are known as עֵדִים זוֹמְמִין, *zomemin witnesses,* or, for short, *zomemin.*

As noted above, the Torah mandates that *zomemin* suffer the same consequences they sought to inflict on their victim — execution, lashes, or monetary payment. In several situations where the fate they sought to impose upon the victim cannot be reciprocated, they are punished with lashes instead. This unusual type of *hazamah* punishment is discussed in the very first Mishnah of the tractate.

⊷§ **Conditions for Hazamah Punishment** Two major conditions must be met in order for the *hazamah* punishment to apply: (a) Witnesses are not liable to the punishment unless their victim has been convicted. If they are discredited before the court hands down a guilty verdict, they are not punished. (b) If the sentence has already been carried out and the victim has been executed, they can no longer be punished by the courts for their crime. The rationale for this law, under what circumstances it applies and its details will be discussed in the commentary (5b).

⊷§ **Testimony Not Susceptible to Hazamah** The laws of *hazamah* play an important role in the laws of all testimony, since any testimony not susceptible to refutation by *hazamah* — עֵדוּת שֶׁאִי אַתָּה יָכוֹל לַהֲזִמָּה — is not admissible. This means that witnesses must state specifically when and where the incident took place (*Sanhedrin* 40a), for if they were vague about the time and place of the event, they could not be refuted by the process of *hazamah.* Similarly, if the very nature of the testimony is such that they would not be punished for testifying falsely even if they are found to be *zomemin,* such testimony is also inadmissible.

ﺍﻬﻜﺤﺎﺷ, Contradictory Testimony

הַכְחָשָׁה, Contradictory Testimony *Hazamah* applies only in the limited, clearly defined case described above. Any other means of refutation — even if the victim of an alleged murder appears in the courtroom alive and well — though conclusive in its refutation of the witnesses, does not render them *zomemin* and therefore does not subject them to the punishment decreed for *zomemin* witnesses (see 5a, *Bava Kamma* 74b).

If the testimony of two witnesses is contradicted by that of other witnesses — a situation known as הַכְחָשָׁה, *contradictory testimony* — there is no reason to accept one set as more truthful than the other. Even if one set of witnesses consists of numerous people, while the other set is the testimony of only two, the halachah does not favor one set over the other. Since the Torah credits the testimony of two witnesses as valid, larger and smaller sets of witnesses have equal validity. This is the principle of תְּרֵי כְּמֵאָה, *two [witnesses] are the equivalent of a hundred* (*Shevuos* 42a). Thus, if the testimony of all the witnesses leaves us with two clearly conflicting versions of the events, each supported by at least two witnesses, the impasse cannot be resolved on the basis of their testimony.

TERMS RELEVANT TO CHAPTER ONE [See also Glossary at end of volume.]

hazamah — process by which witnesses are proven false by testimony that places them elsewhere at the time the alleged incident occurred.

hazamah penalty — punishment imposed on witnesses proven false by the process of *hazamah* — subjecting them to the same consequences (payment, corporal punishment) they sought to impose by their testimony. We refer to this also as reciprocal penalty.

malkus — lashes imposed by the court as punishment for violations of Biblical law.

zomemin — witnesses proven false through *hazamah*.

Chapter One

Mishnah As explained in the introduction, our chapter deals with the laws of *hazamah.* The basic rules of *hazamah* will be introduced in the Mishnahs that follow. Our Mishnah cites cases that are exceptions to the general rule of *hazamah*:[1]

כֵּיצַד הָעֵדִים נַעֲשִׂים זוֹמְמִין – In what manner do witnesses become *zomemin*? מְעִידִין אָנוּ בְּאִישׁ פְּלוֹנִי שֶׁהוּא בֶּן גְּרוּשָׁה אוֹ בֶּן חֲלוּצָה – If they said, **"We testify about this-and-this person** [a certain man who was until now presumed to be a qualified Kohen] **that he is the son of a divorced woman" or "the son of a *chalutzah*,"** and they are found to be *zomemin,*[2] אֵין אוֹמְרִים יֵעָשֶׂה זֶה בֶּן גְּרוּשָׁה אוֹ בֶּן חֲלוּצָה תַּחְתָּיו – **we do not say, "Let this [false witness] be relegated to the status of the son of a divorced woman or the son of a *chalutzah* in his place,"** i.e. in case the false witness is himself a Kohen, we do not disqualify him from the Kehunah as he intended to do to his victim.[3] אֶלָּא לוֹקֶה אַרְבָּעִים – **Rather, he receives forty lashes.**[4]

The Mishnah cites another case in which *zomeim* witnesses do not receive the punishment they intended to inflict on their victim but receive lashes instead:

מְעִידִין אָנוּ בְּאִישׁ פְּלוֹנִי שֶׁהוּא חַיָּיב לִגְלוֹת – If they said, **"We testify about this-and-this person that he is liable to exile"** because he killed someone inadvertently, and they are found to be *zomemin,*[5] אֵין אוֹמְרִים יִגְלֶה זֶה תַּחְתָּיו – **we do not say, "Let this [false witness] be exiled in his place,"** although this is the punishment that he intended to make his victim suffer. אֶלָּא לוֹקֶה אַרְבָּעִים – **Rather, he receives forty lashes.**

Gemara The Gemara notes two difficulties with the Mishnah's opening question:

הָא כֵּיצַד אֵין הָעֵדִים נַעֲשִׂים זוֹמְמִין מִיבְּעֵי לֵיהּ – Seemingly, **[the Mishnah] should have stated, "In what manner do witnesses *not* become *zomemin,*"** since the Mishnah proceeds to present cases in which the false witnesses do *not* receive the penalty they sought to impose on their victim! וְעוֹד – **Moreover,** the very question of the Mishnah appears unnecessary, (מ)דְּקָתָנֵי לְקַמָּן – **for [the Mishnah] teaches below:**[6] אֲבָל אָמְרוּ לָהֶם – **BUT IF THEY** [a second set of witnesses] **SAID TO THEM** [the original set]: הֵיאַךְ אַתֶּם מְעִידִין – **"HOW CAN YOU TESTIFY** about this event שֶׁהֲרֵי בְּאוֹתוֹ הַיּוֹם אַתֶּם הֱיִיתֶם עִמָּנוּ בְּמָקוֹם פְּלוֹנִי – **WHEN YOU WERE WITH US ON THAT DAY** [the day you say the incident occurred] **IN THIS-AND-THIS PLACE!"** (מכלל דאלו אין זוממין) הֲרֵי אֵלוּ זוֹמְמִין – **THESE** [the original set] **ARE *ZOMEMIN*** and are subject to the reciprocal punishment. Since that Mishnah teaches the mechanics of *zomeim* witnesses, there is no reason for the Tanna here to ask the very same question, "In what manner do witnesses become *zomemin*?" – ? –

The Gemara replies:

NOTES

1. The Gemara will explain why the Tanna begins the tractate with these exceptional cases.

2. A Kohen is forbidden to marry a divorcee, as it is stated (*Leviticus* 21:7): *and a woman who has been divorced from her husband they shall not marry.* Additionally, he is Rabbinically forbidden to marry a *chalutzah* (see *Kiddushin* 78a), because of her similarity to a divorcee. (When a man dies without children, his widow remains legally bound to his brothers to allow for one of them to marry her in *yibum.* If they refuse to marry her, one of them must perform the ceremony of *chalitzah* to free her to remarry anyone else – see *Deuteronomy* 25:5-10 and Tractate *Yevamos.* The widow who has undergone *chalitzah* is known as a *chalutzah.*) A child born from the marriage of a Kohen and a divorcee or a *chalutzah* (or any other woman forbidden to a Kohen) is called a *chalal.* He does not have the sanctity of a Kohen and is in all respects like an ordinary Yisrael (e.g. he is forbidden to eat *terumah* and [in the case of a divorcee's son,] is permitted to become *tamei* to a corpse).

In the present case the witnesses testify to having seen the mother of this Kohen divorced by a previous husband [or to have undergone *chalitzah* from a previous husband's brother] before she married this Kohen's father, so that the witnesses are in effect testifying that this person is a disqualified Kohen (*Rashi*). A second pair of witnesses then come forward and testify that on the very day that the first pair claim to have seen the man's mother accept a *get* or undergo *chalitzah* in location A, they [the first pair] were with the second pair in location B, so that the first pair could not possibly have seen what they claim to have witnessed. This new testimony renders the first pair *zomemin.*

3. As per the Torah's instruction regarding the *zomeim* witness (*Deuteronomy* 19:19): *You shall do to him as he planned to do to his brother* (*Rashi*).

4. This is the penalty known as *malkus.* [The penalty is always referred to as "forty lashes" or "the forty," as per the verse (*Deuteronomy* 25:3): *Forty he shall strike him.* Nevertheless the Sages derive that the penalty actually consists of only thirty-nine lashes – "forty-less-one" (*Ritva;* see Mishnah on 22a).] The Gemara will explain why in fact the ordinary punishment for the *zomeim* witness is not administered here [or in the Mishnah's next case] (*Rashi*).

[Some authorities assert that the Biblical penalty of *malkus* can only apply to witnesses who attempted to impose a *Biblical* disqualification on a Kohen, but not if the disqualification is only *Rabbinic* in nature. Thus, if witnesses testified that a Kohen was the son of a divorced woman – a Biblical disqualification – they are subject to *malkus.* But since the son of a *chalutzah* is disqualified only by Rabbinic law (see note 2), the false witnesses cannot be subject to this Biblical penalty. The Mishnah mentions the two together only because they are similar and are generally coupled, but they do not share the penalty of *malkus* (*Ramban, Ritva*).

Rambam (*Hil. Eidus* 20:8), however, seems to rule that the penalty applies in the case of the *chalutzah* as well. It has been suggested that he holds that although the disqualification is only Rabbinic, since their false testimony has the *practical effect* of disqualifying the Kohen accused of being a *ben chalutzah* from the Kehunah, their testimony is significant even on the *Biblical level* (no less than testimony regarding a personal debt). Their *hazamah* on this account therefore subjects them to the Biblical penalty of *malkus* (see *Aruch LaNer* and *Teshuvos R' Akiva Eiger* vol. 1 §179).

It should be noted that *Rashi* to a later Mishnah in our tractate (13a) indicates (ד״ה גרושה וחלוצה) that there is a Tannaic view that a *chalutzah* is *Biblically* forbidden to a Kohen, and that that Mishnah follows that opinion. (Such a view is set forth by *Tos. Yeshanim* to *Yevamos* 44a ד״ה הכתוב.) Accordingly, it may be that the present Mishnah too follows that opinion.]

5. [The Torah decrees a sentence of גָּלוּת, *exile,* for unintentional killing. This exile is served in one of the six cities of refuge (or one of the forty-two Levite cities). The laws relating to this penalty of exile form the subject of Chapter Two of this tractate.] The witnesses testified that the person killed inadvertently (*Rashi;* cf. *Ramban*) on such-and-such a day in such-and-such a place, and therefore is required to go into exile. Subsequently, a second pair of witnesses came forward and rendered the first pair *zomemin* by testifying that the first pair were with them in a different place on the day they claim to have seen the killing.

6. Below, 5a. [The prefix מ in the word מִדְּקָתָנֵי, as well as the phrase מִכְּלָל דְּאִלּוּ אֵין זוֹמְמִין appearing in parentheses at the end of this paragraph, appear in the standard editions of the Gemara but do not seem to have been in *Rashi's* text, as noted by *Maharam.* We have explained the Gemara according to *Rashi's* commentary. Cf. *Tosafos* ד״ה ועוד and *Ritva.*]

כיצד

העדים נעשים זוממין מעידין אנו באיש פלוני שהוא בן גרושה או בן חלוצה אין אומרים יעשה זה בן גרושה או בן חלוצה תחתיו [א] אלא לוקה ארבעים מעידין אנו באיש פלוני שהוא חייב לגלות אין אומרים יגלה זה תחתיו אלא לוקה ארבעים: **גמ'** הא כיצד אין העדים נעשים זוממין מיבעי ליה ועוד [א] מדקתני לקמן אבל [ב] אמרו להם היאך אתם מעידין שהרי באותו היום אתם הייתם עמנו במקום פלוני הרי אלו זוממין [ג] (מכלל דאלו אין זוממין) תנא התם קאי [ד] כל הזוממין מקדימין לאותה מיתה [ג] חוץ מזוממי בת כהן ובועלה שאין מקדימין לאותה מיתה אלא למיתה אחרת ויש עדים אחרים שאין עושין בהן דין הזמה כל עיקר אלא מלקות ארבעים כיצד מעידין אנו באיש פלוני שהוא בן גרושה או בן חלוצה אין אומרים יעשה זה בן גרושה או בן חלוצה תחתיו אלא לוקה את הארבעים מנהני מילי א"ר יהושע בן לוי ([ה] אמר ר"ש בן לקיש) דאמר קרא [א] ועשיתם לו כאשר זמם לו ולא לזרעו וליפסלוהו לדידיה ולא ליפסלו לזרעיה בעינן כאשר זמם לעשות וליכא בר פדא אומר ק"ו ומה המחלל אינו מתחלל הבא לחלל ולא חילל אינו דין שלא יתחלל מתקיף לה רבינא אם כן בטלת תורת עדים זוממין ומה

רש"י

כיצד העדים נעשין זוממין כו'. בגמרא מפרש מאי קאמר: את איש פלוני. כהן: שהוא בן גרושה. בפנינו נתגרשה אמו [י] קודם שנולד והרי הוא חלל ופסול: אין אומרים. אם הוזמו והן כהנים יעשה זה בן גרושה וחלוצה לקיים בו כאשר זמם אלא סופג את הארבעים ובגמרא מפרש טעמא: שחייב גלות. שהרג את הנפש בשוגג: **גמ'** ה"ג האי כיצד אין העדים נעשין זוממין מיבעי ליה ועוד דקתני לקמן (דף ה.) אבל אמרו להם כו': כיצד אין העדים נעשין זוממין מיבעי ליה. דהא לא מקיימת בהו כאשר זמם: ועוד. מאי קא בעי תנא כיצד נעשין זוממין הא קתני לה לקמן כיצד דין זוממין דקתני במתני' אבל אמרו להם המזימים היאך אתם מעידים עדות זה והלא הייתם עמנו אותו היום במקום פלוני כו': התם קאי. מסנהדרין סליק דתנן בשילהי אלו הן הנחנקין דהוא סיומא דסנהדרין דיש זוממין שנשתנו במקצת מדין הזמה כדקתני כל הזוממין מקדימים לאותה מיתה כלומר אין להם לצפות מיתה אחרת אלא משכימין לאותה מיתה שנגמר בה דינו של נדון: חוץ מזוממי בת כהן. נשואה שאע"פ שנגמר דינה לשריפה על פיהם הם בחנק כדילפינן התם (דף נ.) היא בשריפה ואין בועלה בשריפה אלא בחנק כשאר אשת איש והזוממין משכימין למיתה שחייבו את הבועל דכתיב כאשר זמם לעשות לאחיו ולא לאחותו (שם) וקאמר הכא עוד יש זוממין אחרים שאין מקיימין בהן דין הזמה כלל אלא מלקות ועלה מפרש כיצד אותן העדים שאין מקיימין בהן דין הזמה נעשין זוממין מעידים אנו כו': ולא לזרעו. ואם תעשהו חלל והוא כהן פסלת את זרעו לעולם: בעינן כאשר זמם. והוא זמם לפסול את הנדון ואת זרעו: המחלל אינו מתחלל. כהן הנושא את הגרושה שמחלל את זרעו אין הוא עצמו מתחלל מן הכהונה: הבא לחלל ולא חילל. עד זומם שרצה לחלל ולא חיללו אינו דין כו': אם כן. אם באת לדרוש ק"ו זה בעדים זוממים בטלת תורת הזוממים: ומה

תוספות

מעידין אנו באיש פלוני שהוא בן גרושה או בן חלוצה אין אומרים כו'. תימה כיון דאם הוזמו אין נעשין בן גרושה וחלוצה א"כ גם בשלא יוזמו איך יעשה על פיהם בן גרושה (א) דהכי הוא האמת ואמאי הא הויא לה עדות שאי אתה יכול להזימה ואין זה עדות [ס] וי"ל כיון דלוקין הוי כאשר זמם והוי שפיר אתה יכול להזימה וקשה דא"כ מאי קאמר פרק היו בודקין (סנהדרין דף מא.) גבי עדי נערה המאורסה דאיהי לא מיקטלא דכיון דאינהו לא מיקטלי משום שיכולין לומר לאסרה על בעלה באנו והויא לה עדות שאי אתה יכול להזימה ומאי קאמר והא מ"מ לוקין וי"ל דהתם כיון שבאין לחייבה מיתה וזממו להרוג את הנפש לא מיקיים כאשר זמם במלקות דהא בהדיא כתיב נפש בנפש גבי הזמה דעדות נפשות ולא חשיב יכול להזימה במלקות אבל הכא שלא כוון אלא לשוויה בן גרושה ובן חלוצה דליכא כי אם לאו בעלמא כיון שלקו חשיב שפיר עדות שאתה יכול להזימה [ס] ועי"ל דגבי עדות דבן גרושה וחלוצה לא חיישינן כלל באתה יכול להזימה דמהיכא נפקא לן דבעינן עדות שאתה יכול להזימה מכאשר זמם והא מוכח בגמרא דכאשר זמם לא נכתב לגבי עדות דבן גרושה (ב) ולא קאי כלל עליה בשום לד שבעולם אבל התם גבי נערה המאורסה ודאי כאשר זמם קאי נמי עליהן [י] דאם התרו בה מיקטלי אינהו בשהוזמו ואילו איהי בלא הוזמו [ח] (והתם איירי בלא התרו וכיון דכאשר זמם קאי עלייהו) לכך בעינן אתה יכול להזימה ויש לדקדק אמאי לא נקט מעידין אנו באיש פלוני שהוא ממזר כו' דזה הוה שייך בין בישראל בין בכהנים ובן גרושה לא פסיל אלא בכהנים ויש ליישב דנקטיה משום דקאי אזוממי בת כהן כדאיתא בגמרא ולכך נקט מידי דשייך בכהונה: **מעידין** אנו באיש פלוני שחייב גלות. וא"ת היאך הם יכולים לחייבו גלות בעדותן והא יכול לומר מזיד הייתי כדאמר גבי אכלת חלב בפ"ק דבבא מציעא (דף ג:) וי"ל דמיירי כשראו בו רגלים לדבר שנשמט הברזל מקתו ואיכא למימר דלא נתכוין אבל קשה מהא דתנן פרק אלו הן הגולין (לקמן דף ט:) דשונא אינו גולה לאו כי האי גוונא דומיא דאוהב גולה ואמאי אינו גולה כיון דראו דהוי רגלים לדבר וי"ל דשאני שונא דיש לנו לומר טפי דבשנאה הכהו ועוד י"ל דמיירי שפיר דליכא רגלים לדבר והשתא ניחא משונא ומ"מ אוהב גולה כגון דשתיק כשאמרו לו העדים בודאי אי הוה אמר לא הרגתיו יכול לתרץ ולומר לא הרגתיו שוגג אלא מזיד כמו [ט] בלא אכלתי חלב אבל כיון דשתק כהודאה דמיא: **כל** הזוממין מקדימין לאותה מיתה. פי' הקונטרס שאין להם גם והמלטה וקשה דמאי קמ"ל פשיטא ובכתובות [י] פירש שרוצה לומר מקדימין שלא יענו הדין וגם זה קשה דמאי קמ"ל פשיטא לכך פירש ר"י מקדימין הכי פירושו ודאי אתה צריך להמיתן במיתה (ג) שהמיתו אבל ודאי אם אינו יכול אפ"ה נמיתם בכל מיתה שנוכל כדתניא [כ] הכה תכה (ב"מ דף לא:) וקשה דאמרינן פרק נגמר הדין (סנהדרין דף מה:) דרוצח וגואל הדם הוו ב' כתובין הבאין כאחד וכן קשה דבתוספתא (פי"ב דסנהדרין) תניא [ל] אבל הזוממין שאין אתה יכול להמיתן במיתה הכתובה בהן אתה ממיתם בכל מיתה ודריש ליה מן קרא דובערת הרע מקרבך ואמאי (ד) הוי רוצח וגואל הדם ב' כתובין הבאים כאחד ותירץ ה"ר יוסף דרוצח וגואל הדם הוו ב' כתובים הבאין כאחד לענין שלא נלמוד שאר מומתין מהם להמיתם אף במיתה שאינה מד' מיתות ב"ד אבל [מ] מד' מיתות ב"ד פשיטא נמיתם בכל חייבי מיתות: **זוממי** בת כהן ובועלה שאין מקדימין לאותה מיתה אלא למיתה אחרת. בועלה דדרשינן היא ולא בועלה וזוממי בת כהן דכתיב לאחיו (ה) דדרשינן לאחיו ולא לאחותו וא"ת למה לי דרשא דלאחיו ולא לאחותו תיפוק ליה מהיא דנפקא לן דדרשינן (סנהדרין נא.) את אביה היא מחללת היא ולא בועלה היא ולא זוממיה וי"ל הואיל וזוממיה באו לחייבה שריפה לא יבא לאוקומי מיעוטא דהיא אלא בבועלה ולא ממעטינן זוממין [י] (אלא מן (ו) אחיו) אבל כיון דכתיב אחיו דרשינן נמי מהיא למעוטי זוממיה אבל קשה כיון דכתיב אחיו אמאי איצטריך למעוטי זוממין מהיא וי"ל דאי מאחיו הוה אמינא דה"מ כשהבועל היה נדון קרינן ביה לאחיו אבל אם לא היה נדון על פי עדותן כגון שהיה קטן בן ט' שנים ויום אחד או שלא הכירו הבועל לא קרינן ביה לאחיו קמ"ל היא ולא (ז) זוממין למעוטי זוממין בכל ענין ומתחלה היה ר"י מסופק בהאי מילתא ושוב פשטה מפרק נגמר הדין (סנהדרין דף מו.) דקאמר מיתה אחת מעין שתי מיתות כגון בת כהן ובועלה או בת כהן וזוממי (ח) זוממין והשתא למה ליה זוממי זוממין תיפוק ליה דאיכא שתי מיתות בלא זוממי זוממין משום הבועל שהוא בחנק אלא שמע מינה דאיירי כגון דליכא דין מיתה בבועלה כגון שהוא קטן כדפירשתי ואפ"ה קאמרי זוממי זוממין בחנק אלמא דהוה זוממין בחנק אע"פ דליכא דין מיתה בבועל: **ועוד** מדקתני לקמן. [ס] פיר' הקונטרס דמאי בעי כילד וכו' הא קתני (ט) לקמן וכו' ועוד יש לפרש ועוד כלומר ואם תמצא לומר דלשון הזמה הוא זה אינו דעל כרחך דין הזמה קאמר כדקתני ולאלומי קושיא קמייתא: **בעינן** כאשר זמם וליכא. קשיא היכא שמעידין שהוא מגרי שני דאינן באין לפסול זרעו כי אם לפסלו א"כ נפסול [ס] וי"ל דמ"מ אשתו נפסלת דפסלה בביאתו וכתיב ועשיתם לו כאשר זמם לו ולא לאשתו: ומה

מסורת הש"ס

א) גירסת מהר"ס דקתני, ב) [לקמן ה.], ג) מהר"ס מ"ז, ד) סנהדרין פט. ע"ש, ה) [ליתא בילקוט], ו) [עי' תוי"ט], ז) רש"א דהא אם, ח) רש"ל מ"ז, ט) [כריתות יב.], י) [דף מה. ע"ש], כ) רש"ל מות יומת כו' [עיין רש"א], ל) נ"ל כל חייבי מיתות שאי אתה יכול כו' ועיין רש"א, מ) בד' מיתות ב"ד פשיטא דנמיתם בכל חייבי מיתות. מהר"ס, נ) רש"ל מ"ז, ס) רש"ל הוא כפירוש הקונט'.

הגהות הב"ח

(א) תוס' ד"ה מעידין וכו' בן גרושה וחלוצה דהכי: (ב) בא"ד גרושה וחלוצה ולא: (ג) ד"ה כל כו' במיתה שרצו להמית אותו אבל אם ודאי שאין יכולים להמיתן באותה מיתה אפ"ה נמיתם: (ד) בא"ד ואמאי הא הוי: (ה) ד"ה זוממי כו' לאחיו ודרשינן לאחיו: (ו) בא"ד מן לאחיו אבל כיון דכתיב לאחיו וכו' אבל קשה כיון דכתיב לאחיו וכו' וי"ל דאי מלאחיו הוה: (ז) בא"ד ולא זוממיה למעוטי: (ח) בא"ד וזוממי זוממיה והשתא למה ליה זוממי זוממיה וכו' זוממי זוממיה בחנק: (ט) ד"ה ועוד וכו' קתני לה לקמן:

תורה אור השלם

א) וַעֲשִׂיתֶם לוֹ כַּאֲשֶׁר זָמַם לַעֲשׂוֹת לְאָחִיו וּבִעַרְתָּ הָרָע מִקִּרְבֶּךָ: [דברים יט, יט]

ליקוטי רש"י

מעידין אנו באיש פלוני שהוא בן גרושה ובן חלוצה. דליכא לאוקמי כאשר זמם ולומר יהא הוא בן גרושה תחתיו אלא סופג את הארבעים [כתובות לג.]. לאותה מיתה. שהיו מחייבין בו את הנדון. ובועלה. כלומר וכל הבועלים נידונין כמיתת הנבעלת חוץ מבועל בת כהן [סנהדרין צ.]. זוממי בת כהן ובועלה. לעשות לאחיו. מה תלמוד לומר לאחיו למד על זוממי בת כהן נשואה שאינן בשריפה אלא כמיתת הבועל שהוא בחנק שנאמר (ויקרא כא ט) היא באש תשרף היא ולא בועלה לכך נאמר כאן באחיו כאשר זמם לעשות לאחיו ולא כאשר זמם לעשות לאחותו אבל בכל שאר מיתות השוה הכתוב אשה לאיש וזוממי אשה נהרגין כזוממי איש כגון שהעידוה שהרגה את הנפש, שחללה את השבת. נהרגין במיתתה שלא מיעט כאן אחותו אלא במקום שיש לקיים בהן הזמה במיתת הבועל [דברים יט, יט]. בת כהן. ארוסה או נשואה: ובועלה. דהיא בשריפה אבל בועלה נידון כאשר בועל בת ישראל דבועל ארוסה בסקילה ובועל נשואה בחנק דכתיב (ויקרא כא ט) היא באש תשרף היא ולא בועלה היא ולא זוממיה [סנהדרין מו.]. ועשיתם לו כאשר זמם. ולא כאשר עשה [דברים יט, יט]. ומה המחלל אינו מתחלל. ואין מתחלל. דהא לא יחלל זרעו כתיב ולא את עצמו [קידושין עז.]. לא יחלל זרעו. בכהן הנושא פסולה לכהונה כתיב ודרשינן בקידושין (דף עז.) לא יחלל שני חילולין אחד לה ואחד לזרעו שהכהן מחלל את שתיהן אבל הוא אין מתחלל [סוטה כג:].

עין משפט נר מצוה

א א מיי' פ"כ מהל' עדות הלכה ח סמג עשין קי טוש"מ סי' לח:
ב ב מיי' שם פי"ח הל' א סמג שם:
ג ג מיי' שם פ"כ הל' י סמג שם:

רבינו חננאל

כיצד העדים נעשין זוממין מעידין אנו באיש פלוני שהוא בן גרושה או בן חלוצה כו'. ואקשינן [הא כיצד וכו'] היאך אתם מעידים ביום פלוני שהרג פלוני את פלוני במקום פלוני ואתם הייתם עמנו במקום פלוני הרי אלו זוממין. ופרקינן תנא התם קאי כל הזוממין מקדימין לאותה מיתה חוץ מזוממי בת כהן ובועלה. ויש עדים אחרים שאין בהם הזמה כל עיקר אלא מלקות בעלמא כיצד מעידין אנו באיש פלוני שהוא בן גרושה כו' אין אומרים יעשה זה בן גרושה כו'. שנאמר ועשיתם לו כאשר זמם לו ולא לזרעו וליפסליה ליה לדידיה לחודיה. בעינן כאשר זמם וליכא. כלומר הוא לא בא אלא לפסול לו ולזרעו ואם באת לפוסלו לו לבדו הנה לא נעשה כאשר זמם לעשות. בר פדא אמר ק"ו המחלל אינו מתחלל פי' כהן גדול א) שבא על אלמנה וחיללה הוא אינו מתחלל העד שבא לחלל והעיד עליו שהוא בן גרושה ונתכוין לחללו ולא חיללו אינו דין שלא יתחלל. ומתקיף רבינא אי הכי בטלת תורת עדים זוממין דאיכא למימר לדבריך

חשק שלמה על ר"ח

א) ע' רש"י ורבינו נקט לה בכ"ג דכתיב להדיא בקרא וע' קדושין עז ב' סוטה כג ב':

גליון הש"ס

תוס' ד"ה מעידין כו' וי"ל כיון דלוקין. עי' שיטה מקובצת ב"ק דף עה ע"ב ד"ה עדות ש[אין] אתה יכול להזימה: בא"ד ועי"ל דגבי עדות דב"ג. קשה לי בזה מסוגיא דכתובות דף לג ע"א רא"א עדים זוממין ממונא משלם מלקי לא לקי משום דלאו בני התראה נינהו. משמע דאי בני התראה ראוי לומר יותר דמלקי לקי והא אם יהיה הדין דממונא לא משלם בטלה כל העדות דהוי עדות שאי אתה יכול להזימה דבזה אין דומה לב"ג דהא קרא דהזמה קאי על הממון דהא משכחת בלא אתרו. וא"כ אדרבה אם ל"ל התראה אפשר לומר יותר דמלקי לקי ולא יהיה בממון כלל דין הזמה ולא קאי עלה ועשיתם כאשר זמם. עכ"פ אם צריכין התראה א"כ משכחת בממון כאשר זמם בלא אתרו. ובאתרו אם לא ישלמו ממון יהיה בכלל עדות שאי אתה יכול להזימה: ד"ה בעינן כו' וי"ל דמ"מ אשתו נפסלת. לכאורה עדיין קשה לר"י ביבמות דף סח דמגרי שני אינו פוסל את אשתו:

תַּנָּא הָתָם קָאֵי – **The Tanna** of our Mishnah **is referring** back **to there,** the last Mishnah of the previous tractate,[7] which states: כָּל הַזּוֹמְמִין מַקְדִּימִין לְאוֹתָהּ מִיתָה – ALL *ZOMEMIN* WITNESSES ADVANCE [i.e. are led out forthwith] TO THAT very FORM OF EXECUTION that they sought to inflict on their victim, חוּץ מִזּוֹמְמֵי בַּת כֹּהֵן וּבוֹעֲלָהּ – EXCEPT FOR THE *ZOMEMIN* WITNESSES OF THE DAUGHTER OF A KOHEN AND THE MAN WHO COHABITED WITH HER, שֶׁאֵין מַקְדִּימִין לְאוֹתָהּ מִיתָה אֶלָּא לְמִיתָה אַחֶרֶת – **who do not advance to that form of execution, but rather to another form of execution.**[8] וְיֵשׁ עֵדִים זוֹמְמִין אֲחֵרִים שֶׁאֵין עוֹשִׂין בָּהֶן דִּין הֲזָמָה כָּל עִיקָּר – As a sequel to that ruling, the Tanna of our Mishnah notes: **And there are yet other *zomemin* witnesses to whom we do not apply the rule of *hazamah*** punishment **at all,** אֶלָּא מַלְקוֹת אַרְבָּעִים – **but rather** the punishment of **forty lashes.**

כֵּיצַד – IN WHAT MANNER do such witnesses become *zomemin?* מְעִידִין אָנוּ בְּאִישׁ פְּלוֹנִי שֶׁהוּא בֶּן גְּרוּשָׁה אוֹ בֶּן חֲלוּצָה – If they said, "WE TESTIFY ABOUT THIS-AND-THIS PERSON THAT HE IS THE SON OF A DIVORCED WOMAN OR THE SON OF A *CHALUTZAH,*" and they are found to be *zomemin,* אֵין אוֹמְרִים יֵעָשֶׂה זֶה בֶּן גְּרוּשָׁה אוֹ בֶּן חֲלוּצָה תַּחְתָּיו – WE DO NOT SAY, "LET THIS [FALSE WITNESS], if he is a Kohen, BE RELEGATED TO THE STATUS OF THE SON OF A DIVORCED WOMAN OR THE SON OF A *CHALUTZAH* IN HIS PLACE"; אֶלָּא לוֹקֶה אֶת הָאַרְבָּעִים – RATHER, HE RECEIVES THE FORTY LASHES.[9]

The Gemara gives the Biblical source for the rule that witnesses do not become disqualified from the Kehunah as a reciprocal punishment:

מְנָהָנֵי מִילֵּי – **From where are these [laws] derived?** אָמַר רַבִּי יְהוֹשֻׁעַ בֶּן לֵוִי (אָמַר רַבִּי שִׁמְעוֹן בֶּן לָקִישׁ) – **R' Yehoshua ben Levi said (in the name of R' Shimon ben Lakish):**[10] דְּאָמַר קְרָא – **For Scripture states:**[11] "וַעֲשִׂיתֶם לוֹ כַּאֲשֶׁר זָמַם" – ***And you shall do to him as he planned,*** which implies: "לוֹ" וְלֹא לְזַרְעוֹ – ***to him,*** **but not to his offspring.** But if we were to disqualify him as a Kohen, the disqualification would apply to his children as well.[12]

The Gemara asks:

וְלִיפַסְלוּהוּ לְדִידֵיהּ וְלֹא לִיפַסְלוּ לְזַרְעֵיהּ – **But let us disqualify him and not disqualify his offspring.** In this way there would be no impediment to applying the law of reciprocal punishment! – ? –

The Gemara answers:

בְּעִינַן "כַּאֲשֶׁר זָמַם לַעֲשׂוֹת" וְלֵיכָּא – For the punishment to be reciprocal **we need** to do to him exactly ***as he planned to do,*** **and this is lacking** if we do not disqualify his offspring, since his false testimony would have disqualified the victim's offspring as well.[13]

The Gemara offers another source for the Mishnah's rule that the *zomemin* witnesses are not punished reciprocally by being

NOTES

7. *Sanhedrin* 89a. In the order in which the chapters of Tractate *Sanhedrin* (the tractate that precedes *Makkos*) appear in the Gemara, that Mishnah concludes the second to last chapter. In the order found in the standard texts of Mishnayos, however – and which apparently was the order possessed by the Gemara here – that chapter is arranged last, so that the Mishnah about the *zomemin* of a Kohen's daughter is the *last* Mishnah of Tractate *Sanhedrin* and *immediately* precedes this first Mishnah of Tractate *Makkos.* Accordingly, the Gemara explains that our Mishnah (in *Makkos*) continues the topic of that immediately preceding Mishnah.

8. The daughter of a Kohen who commits adultery as a *nesuah* is executed by שְׂרֵיפָה, *burning* (*Leviticus* 21:9, Mishnah *Sanhedrin* 75a), a more severe form of execution than the regular penalty for adultery, which is חֶנֶק, *strangulation* (Mishnah ibid. 84b). However, whereas in the ordinary case of adultery both the man and the woman are executed in the same manner, i.e. through strangulation, in the case of the daughter of the Kohen the man is not executed by the same method as she, i.e. through burning, but rather through the usual method (strangulation). This is derived (*Sanhedrin* 90a) from the verse regarding the daughter of a Kohen (ibid.): ***she** profanes her father, in fire she shall be burned,* from which the Gemara derives: *She* is executed through the special method of burning, but the man with whom she cohabited is executed through the usual method.

The last Mishnah in *Sanhedrin* teaches that if witnesses testified that a certain man and the *nesuah* daughter of a Kohen committed adultery and those witnesses were found to be *zomemin,* then although the witnesses plotted to have two people killed, the man and the woman, and the form of execution she would have received would have been more severe than his (and there is a rule that when someone is liable to two forms of execution he is put to death with the more severe form – Mishnah *Sanhedrin* 81a), the witnesses are in fact put to death with *his* form of execution, which is the *less* severe form. This is derived from the verse regarding the *zomeim* witness: *And you shall do to him as he planned to do to* ***his brother,*** which implies: to his brother but not to his sister [i.e. in a case in which the witnesses conspired to have a couple put to death for a sin of illicit cohabitation and his form of death differs from hers, the witnesses are punished with his (their "brother's") form and not hers] (*Rashi,* as explained by *Ritva;* cf. *Rashi* to *Sanhedrin* 90a ד״ה ובועלה). Thus, the immediately preceding Mishnah to ours discussed a case in which the law of reciprocal punishment for *hazamah* is modified somewhat, in that the witnesses are not made to suffer the full extent of the punishment they sought to inflict on their victim.

9. The Gemara's two questions concerning our Mishnah are thus resolved. The first question was that instead of saying, "In what manner do witnesses become *zomemin?*" the Mishnah should have stated, "In what manner do witnesses *not* become *zomemin?*" The answer is that having mentioned in the previous Mishnah a case in which the reciprocal punishment is modified somewhat, the Tanna proceeds in our Mishnah to discuss a case in which the rule of reciprocal punishment is not applied at all. The Mishnah therefore asks, "In what manner do witnesses *who are not punished according to the law of reciprocal punishment* become *zomemin?*"

The second question was that since the Mishnah on 5a gives the procedure for becoming *zomemin,* why does our Mishnah ask the same question, "In what manner do witnesses become *zomemin?*" Again the answer is that the Mishnah is not explaining how witnesses *ordinarily* become *zomemin.* Rather, it is explaining how witnesses *who are not subject to the usual law of reciprocal punishment* become *zomemin* (see *Rashi;* cf. *Ritva*).

[In light of this explanation that our Mishnah is a sequel to the last Mishnah in Tractate *Sanhedrin,* we have the answer to another, rather glaring question. Why does the Mishnah speak of a case in which the witnesses testified that someone was the son of a divorcee or a *chalutzah,* which is an invalidity that applies uniquely to a Kohen? It could have spoken of a case in which the witnesses testified that the man was a *mamzer* (which is an invalidity that applies to Kohanim and Yisraelim alike), for the law of the Mishnah applies there as well! The answer is that since the Mishnah had previously been discussing the *zomeim* witnesses of the daughter of a Kohen, it continues to discuss a matter related to Kohanim in particular (*Tosafos* (א׳) סד״ה מעידין; cf. *Ramban*).]

10. Other texts do not have the parenthesized words (see *Maharatz Chayes* for the reason).

11. *Deuteronomy* 19:19.

12. A man disqualified from the Kehunah because his mother was unfit to marry a Kohen is known as a *chalal.* This disqualification is passed to the *chalal's* children (*Rashi;* see Mishnah *Kiddushin* 77a, *Rambam, Hil. Isurei Biah* 19:14).

13. Thus, it is not possible to apply the reciprocal punishment.

[In order for testimony to be accepted by the courts, there is a general requirement that it be subject to the possibility of *hazamah* and its reciprocal penalty (עֵדוּת שֶׁאַתָּה יָכוֹל לַהֲזִימָהּ). *Tosafos* (ד״ה מעידין(א׳) therefore ask how the testimony of witnesses in our case can be accepted in the first place if they can never be punished with the reciprocal *hazamah* penalty.

Tosafos give two answers: (a) The lashes are considered a *substitute* for the usual *hazamah* penalty and thereby satisfy this requirement.

כיצד

העדים נעשים זוממין מעידין אנו באיש פלוני שהוא בן גרושה או בן חלוצה אין אומרים יעשה זה בן גרושה או בן חלוצה תחתיו א אלא לוקה ארבעים מעידין אנו באיש פלוני שהוא חייב לגלות אין אומרים יגלה זה תחתיו אלא לוקה ארבעים: גמ' הא כיצד אין העדים נעשים זוממין מיבעי ליה ועוד א) מדקתני לקמן אבל ב) אמרו להם היאך אתם מעידין שהרי באותו היום אתם הייתם עמנו במקום פלוני הרי אלו זוממין ג) (מכלל דאלו אין זוממין) תנא התם קאי ד) ב כל הזוממין מקדימין לאותה מיתה ג חוץ מזוממי בת כהן ובועלה שאין מקדימין לאותה מיתה אלא למיתה אחרת ויש עדים זוממין אחרים שאין עושין בהן דין הזמה כל עיקר אלא מלקות ארבעים כיצד מעידין אנו באיש פלוני שהוא בן גרושה או בן חלוצה אין אומרים יעשה זה בן גרושה או בן חלוצה תחתיו אלא לוקה את הארבעים מנהני מילי א"ר יהושע בן לוי (ה) אמר ר"ש בן לקיש) דאמר קרא א) ועשיתם לו כאשר זמם לו ולא לזרעו וליפסלוהו לדידיה ולא ליפסלו לזרעיה בעינן כאשר זמם לעשות וליכא בר פדא אומר ק"ו ומה המחלל אינו מתחלל הבא לחלל ולא חילל אינו דין שלא יתחלל מתקיף לה רבינא אם כן בטלת תורת עדים זוממין

ומה

רש"י

כיצד העדים נעשין זוממין כו'. בגמרא מפרש מאי קאמר: את איש פלוני. כהן: שהוא בן גרושה. בפנינו נתגרשה אמו י) קודם שנולד והרי הוא חלל ופסול: אין אומרים. אם הוזמו והן כהנים יעשה זה בן גרושה וחלוצה לקיים בו כאשר זמם אלא סופג את הארבעים ובגמרא מפרש טעמא: שחייב גלות. שהרג את הנפש בשוגג: גמ' ה"ג האי כיצד אין העדים נעשין זוממין מיבעי ליה ועוד דקתני לקמן (דף ה.) אבל אמרו להם כו': כיצד אין העדים נעשין זוממין מיבעי ליה. דהא לא מקיימת בהו כאשר זמם: ועוד. מאי קא בעי תנא כיצד נעשין זוממין הא קתני לה לקמן כיצד דין זוממין דקתני במתני' אבל אמרו להם המזימים היאך אתם מעידים עדות זה והלא הייתם עמנו אותו היום במקום פלוני כו': התם קאי. מסנהדרין סליק דתנן בשילהי אלו הן הנחנקין דהוא סיומא דסנהדרין דיש זוממין שנשתנו במקצת מדין הזמה כדקתני כל הזוממין מקדימים לאותה מיתה כלומר אין להם לצפות מיתה אחרת אלא משכימין לאותה מיתה שנגמר בה דינו של נדון: חוץ מזוממי בת כהן. נשואה שאע"פ שנגמר דינה לשריפה על פיהם הם בחנק כדילפינן התם (דף נ:) היא בשריפה ואין בועלה בשריפה אלא בחנק כשאר אשת איש והזוממין משכימין למיתה שחייבו את הבועל דכתיב כאשר זמם לעשות לאחיו ולא לאחותו (שם) וקאמר הכא עוד יש זוממין אחרים שאין מקיימין בהן דין הזמה כלל אלא מלקות ועלה מפרש כיצד אותן העדים שאין מקיימין בהן דין הזמה נעשין זוממין מעידים אנו כו': ולא לזרעו. ואם תעשהו חלל והוא כהן פסלת את זרעו לעולם: בעינן כאשר זמם. והוא זמם לפסול את הנדון ולא זרעו: המחלל אינו מתחלל. כהן הנושא את הגרושה שמחלל את זרעו אין הוא עצמו מתחלל מן הכהונה: הבא לחלל ולא חילל. עד זומם שרצה לחלל ולא חיללו אינו דין כו': אם כן. אם באת לדרוש ק"ו זה בעדים זוממים בטלת תורת הזוממים:

ומה

תוספות

מעידין אנו באיש פלוני שהוא בן גרושה או בן חלוצה אין אומרים כו'. תימה כיון דאם הוזמו אינן נעשין בן גרושה וחלוצה א"כ גם בשלא יוזמו איך יעשה על פיהם בן גרושה (א) דהכי הוא האמת ומאי הא הויא לה עדות שאי אתה יכול להזימה ואין זה עדות ס) וי"ל כיון דלוקין הוי כאשר זמם והוי שפיר אתה יכול להזימה וקשה דא"כ מאי קאמר פרק היו בודקין (סנהדרין דף מא.) גבי עדי נערה המאורסה דאיהי לא מיקטלא דכיון דאינהו לא מיקטלי משום שיכולין לומר לאסרה על בעלה באנו והויא לה עדות שאי אתה יכול להזימה ומאי קאמר והא מ"מ לוקין וי"ל דהתם כיון שבאין לחייבה מיתה וזממו להרוג את הנפש לא מיקיים כאשר זמם במלקות דהא בהדיא כתיב נפש בנפש גבי הזמה דעדות נפשות ולא חשיב יכול להזימה במלקות אבל הכא שלא כוון אלא לשוייה בן גרושה ובן חלוצה דליכא כי אם לאו בעלמא כיון שלוקו חשיב שפיר עדות שאתה יכול להזימה ס) ועי"ל דגבי עדות דבן גרושה וחלוצה לא חיישינן כלל באתה יכול להזימה דמהיכא נפקא לן דבעינן עדות שאתה יכול להזימה מכאשר זמם והא מוכח בגמרא דכאשר זמם לא נכתב לגבי עדות דבן גרושה (ב) ולא קאי כלל עליה בשום צד שבעולם אבל התם גבי נערה המאורסה ודאי כאשר זמם קאי נמי עליהן ו) דאם התרו בה מיקטלי אינהו בשהוזמו ואילו איהי בלא הוזמו ח) (והתם מיירי בלא התרו וכיון דכאשר זמם קאי עלייהו) לכך בעינן אתה יכול להזימה ויש לדקדק אמאי לא נקט מעידין אנו באיש פלוני שהוא ממזר כו' דזה הוה שייך בין בישראל בין בכהנים ובן גרושה לא פסיל אלא בכהנים ויש ליישב דנקטיה משום דקאי אזוממי בת כהן כדאיתא בגמרא ולכך נקט מידי דשייך בכהונה:

מעידין אנו באיש פלוני שחייב גלות. וא"ת היאך הם יכולים לחייבו גלות בעדותן והא יכול לומר מזיד הייתי כדאמר גבי אכלת חלב בפ"ק דבבא מציעא (דף ג:) וי"ל דמיירי כשראו בו רגלים לדבר שנשמט הברזל מקתו ואיכא למימר דלא נתכוין אבל קשה מהא דתנן פרק אלו הן הגולין (לקמן דף ט:) דשונא אינו גולה לאו כי האי גוונא דומיא דאוהב גולה ואמאי אינו גולה כיון דראו דהוי רגלים לדבר וי"ל דשאני שונא דיש לנו לומר טפי דבשנאה הכהו ועוד י"ל דמיירי שפיר דליכא רגלים לדבר והשתא ניחא משונא ומ"מ אוהב גולה כגון דשתיק כשאמרו לו העדים בודאי אי הוה אמר לא הרגתיו יכול לתרץ ולומר לא הרגתיו שוגג אלא מזיד כמו ט) בלא אכלתי חלב אבל כיון דשתק כהודאה דמיא:

כל הזוממין מקדימין לאותה מיתה. פי' הקונטרס שאין להם נס והמלטה וקשה דמאי קמ"ל פשיטא ובכתובות י) פירש שרוצה לומר מקדימין שלא יענו הדין וגם זה קשה דמאי קמ"ל פשיטא לכך פירש ר"י מקדימין הכי פירושו ודאי אתה צריך להמיתן במיתה (ג) שהמיתו אבל ודאי אם אינו יכול אפ"ה נמיתם בכל מיתה שנוכל כדתניא כ) הכה תכה (ב"מ דף לא:) וקשה דאמרינן פרק נגמר הדין (סנהדרין דף מה:) דרוצח וגואל הדם הוו ב' כתובין הבאין כאחד וכן קשה דבתוספתא (פי"ב דסנהדרין) תניא ל) אבל הזוממין שאין אתה יכול להמיתן במיתה הכתובה בהן אתה ממיתם בכל מיתה ודריש ליה מן קרא דובערת הרע מקרבך ואמאי (ד) הוי רוצח וגואל הדם ב' כתובין הבאים כאחד ותירץ ה"ר יוסף דרוצח וגואל הדם הוו ב' כתובים הבאין כאחד לענין שלא נלמוד שאר מומתין מהם להמיתם אף במיתה שאינה מד' מיתות ב"ד אבל מ) מד' מיתות ב"ד פשיטא נמיתם ככל חייבי מיתות:

זוממי בת כהן ובועלה שאין מקדימין לאותה מיתה אלא למיתה אחרת. בועלה דדרשינן היא ולא בועלה וזוממי בת כהן דכתיב לאחיו (ה) דדרשינן לאחיו ולא לאחותו וא"ת למה לי דרשא דלאחיו ולא לאחותו תיפוק ליה מהיא דנפקא לן דדרשינן (סנהדרין נא.) את אביה היא מחללת היא ולא בועלה היא ולא זוממיה וי"ל הואיל וזוממיה באו לחייבה שריפה לא יבא לאוקומי מיעוטא דהיא אלא בבועלה ולא ממעטינן זוממין נ) (אלא מן (ו) אחיו) אבל כיון דכתיב אחיו דרשינן נמי מהיא למעוטי זוממיה אבל קשה כיון דכתיב אחיו אמאי איצטריך למעוטי זוממין מהיא וי"ל דאי מאחיו הוה אמינא דה"מ כשהבועל היה נדון קרינן ביה לאחיו אבל אם לא היה נדון על פי עדותן כגון שהיה קטן בן ט' שנים ויום אחד או שלא הכירו הבועל לא קרינן ביה לאחיו קמ"ל היא ולא (ז) זוממין למעוטי זוממין בכל ענין ומתחלה היה ר"י מסופק בהאי מילתא ושוב פשטה מפרק נגמר הדין (סנהדרין דף מו.) דקאמר מיתה אחת מעין שתי מיתות כגון בת כהן ובועלה או בת כהן וזוממי (ח) זוממין והשתא למה ליה זוממי זוממין תיפוק ליה דאיכא שתי מיתות בלא זוממי זוממין משום הבועל שהוא בחנק אלא שמע מינה דאיירי כגון דליכא דין מיתה בבועלה כגון שהוא קטן כדפירשתי ואפ"ה קאמרי זוממי זוממין בחנק אלמא דהוה זוממין בחנק אע"פ דליכא דין מיתה בבועל:

ועוד מדקתני לקמן. ס) פיר' הקונטרס דמאי בעי כיצד וכו' הא קתני (ט) לקמן וכו' ועוד יש לפרש ועוד כלומר ואם תמצא לומר דלשון הזמה הוא זה אינו דעל כרחך דין הזמה קאמר כדקתני ולאלומי קושיא קמייתא:

בעינן כאשר זמם וליכא. קשיא היכא שמעידין שהוא מגרי שני דאינן באין לפסול זרעו כי אם לפסלו א"כ נפסול ס) וי"ל דמ"מ אשתו נפסלת דפסלה בביאתו וכתיב ועשיתם לו כאשר זמם לו ולא לאשתו:

ומה

מסורת הש"ס

א) גירסת מהר"ס דקתני, ב) [לקמן ה.], ג) מהר"ס מ"ז, ד) סנהדרין פט. ע"ש, ה) [ליתא בילקוט], ו) [עי' תוי"ט], ז) רש"א דהא אם, ח) רש"ל מ"ז, ט) [כריתות יב.], י) [דף מה. ע"ש], כ) רש"ל מות יומת כו' [עיין רש"א], ל) נ"ל כל חייבי מיתות שאי אתה יכול כו' ועיין רש"א, מ) בד' מיתות ב"ד פשיטא דנמיתם בכל חייבי מיתות. מהר"ס, נ) רש"ל מ"ז, ס) רש"ל הוא כפירוש הקונט'.

הגהות הב"ח

(א) תוס' ד"ה מעידין וכו' בן גרושה וחלוצה דהכי: (ב) בא"ד גרושה וחלוצה ולא: (ג) ד"ה כל כו' במיתה שרצו להמית אותו אבל אם ודאי שאין יכולים להמיתן באותה מיתה אפ"ה נמיתם: (ד) בא"ד ואמאי הא הוי: (ה) ד"ה זוממי כו' לאחיו דדרשינן לאחיו: (ו) בא"ד מן לאחיו אבל כיון דכתיב לאחיו וכו' אבל קשה כיון דכתיב לאחיו וכו' וי"ל דאי מלאחיו הוה: (ז) בא"ד ולא זוממיה למעוטי: (ח) בא"ד וזוממי זוממיה והשתא למה ליה זוממי זוממיה וכו' זוממי זוממיה בחנק: (ט) ד"ה ועוד וכו' קתני לה לקמן:

תורה אור השלם

א) וַעֲשִׂיתֶם לוֹ כַּאֲשֶׁר זָמַם לַעֲשׂוֹת לְאָחִיו וּבִעַרְתָּ הָרָע מִקִּרְבֶּךָ: [דברים יט, יט]

ליקוטי רש"י

מעידין אנו באיש פלוני שהוא בן גרושה ובן חלוצה. ליכא לאוקמי כאשר זמם ולומר יהא הוא בן גרושה תחתיו אלא סופג את הארבעים [כתובות לג.]. לאותה מיתה. שהיו מחייבין בו את הנדון. ובועלה. כלומר וכל הבועלים נידונים כמיתת הנבעלת חוץ מבת כהן [סנהדרין צ.]. זוממי בת כהן ובועלה. לעשות לאחיו. מה תלמוד לומר לאחיו למד על זוממי בת כהן נשואה שאינן בשריפה אלא במיתת הבועל שהוא בחנק שנאמר (ויקרא כא ט) היא באש תשרף היא ולא בועלה לכך נאמר כאשר זמם לעשות לאחיו ולא לאחותו [ספרי]. בת כהן. ארוסה או נשואה.

ועשיתם לו כאשר זמם. ולא כאשר עשה [דברים יט, יט]. ומה המחלל אינו מתחלל. ואין מתחלל. דהא לא יחלל זרעו כתיב ולא את עצמו [קידושין עז.]. לא יחלל זרעו. בכהן הנושא פסולה לכהונה כתיב ודרשינן בקידושין (דף עז.) לא יחלל שני חילולין אחד לה ואחד לזרעו שהכהן מחלל את שתיהן אבל הוא אין מתחלל [סוטה כג:].

עין משפט נר מצוה

א א מיי' פ"כ מהל' עדות הלכה ח סמג עשין קי טוש"מ סי' לח:
ב ב מיי' שם פי"ח הל' א סמג שם:
ג ג מיי' שם פ"כ הל' י סמג שם:

רבינו חננאל

כיצד העדים נעשין זוממין מעידין אנו באיש פלוני שהוא בן גרושה או בן חלוצה כו'. ואקשינן [הא כיצד וכו'] היאך אתם מעידים ביום פלוני שהרג פלוני את פלוני במקום פלוני ואתם הייתם עמנו במקום פלוני הרי אלו זוממין. ופרקינן תנא התם קאי כל הזוממין מקדימין לאותה מיתה חוץ מזוממי בת כהן ובועלה. ויש עדים אחרים שאין בהם הזמה כל עיקר אלא מלקות בעלמא כיצד מעידין אנו באיש פלוני שהוא בן גרושה כו' אין אומרים יעשה זה בן גרושה כו'. שנאמר ועשיתם לו כאשר זמם לו ולא לזרעו וליפסליה ליה לדידיה לחודיה. בעינן כאשר זמם וליכא. כלומר הוא לא בא אלא לפסול לו ולזרעו ואם באת לפוסלו לו לבדו הנה לא נעשה כאשר זמם לעשות. בר פדא אמר ק"ו המחלל אינו מתחלל פי' כהן גדול א) שבא על אלמנה וחיללה הוא אינו מתחלל העד שבא לחלל והעיד עליו שהוא בן גרושה ונתכוין לחללו ולא חיללו אינו דין שלא יתחלל. ומתקיף רבינא אי הכי בטלת תורת עדים זוממין דאיכא למימר לדבריך

חשק שלמה על ר"ח

א) ע' רש"י ורבינו נקט לה בכ"ג דכתיב להדיא בקרא וע' קדושין עז ב' סוטה כג ב':

גליון הש"ס

תוס' ד"ה מעידין כו' וי"ל כיון דלוקין. עי' שיטה מקובצת ב"ק דף עה ע"ב ד"ה עדות ש[אי] אתה יכול להזימה: בא"ד ועי"ל דגבי עדות דב"ג. קשה לי בזה מסוגיא דכתובות דף לג ע"א רא"א עדים זוממין ממונא משלם מלקי לא לקי משום דלאו בני התראה נינהו. משמע דאי בני התראה ראוי לומר יותר דמלקי לקי והא אם יהיה הדין דממונא לא משלם בטלה כל העדות דהוי עדות שאי אתה יכול להזימה דבזה אין דומה לב"ג דהא קרא דהזמה קאי על הממון דהא משכחת בלא אתרו. וא"כ אדרבה אם ל"ל התראה אפשר לומר יותר דמלקי לקי ולא יהיה בממון כלל דין הזמה ולא קאי עלה ועשיתם כאשר זמם. עכ"פ אם צריכין התראה א"כ משכחת בממון כאשר זמם בלא אתרו. ובאתרו אם לא ישלמו ממון יהיה בכלל עדות שאי אתה יכול להזימה: ד"ה בעינן כו' וי"ל דמ"מ אשתו נפסלת. לכאורה עדיין קשה לר"י ביבמות דף סח דמגרי שני אינו פוסל את אשתו:

disqualified from the Kehunah:

בַּר פַּדָּא אוֹמֵר – Bar Padda says: קַל וָחוֹמֶר – The source for the Mishnah's ruling is **a *kal vachomer*:** וּמָה הַמְחַלֵּל אֵינוֹ מִתְחַלֵּל – **Now if one,** i.e. a Kohen, **who disqualifies** the offspring he produces from a woman forbidden to him, **does not become disqualified himself** as a result of this forbidden union,[14] הַבָּא לְחַלֵּל וְלֹא חִילֵּל אֵינוֹ דִּין שֶׁלֹּא יִתְחַלֵּל – then **one who seeks to disqualify but did not disqualify,** i.e. a *zomeim* witness, who only wanted to disqualify a Kohen through his testimony but did not succeed because his testimony was discredited, **is it not logical that he should not become disqualified?**

This explanation is questioned:

מַתְקִיף לָהּ רָבִינָא – **Ravina challenged this** *kal vachomer* argument on the following grounds: אִם כֵּן בִּטַּלְתָּ תּוֹרַת עֵדִים זוֹמְמִין – **If so, you have annulled the** very **law of *zomeim* witnesses** by the same logic:

NOTES

(b) Since the Torah excludes such testimony from the standard *hazamah* penalty, the Torah also implicitly excludes it from the general requirement that it be susceptible to all the rules of *hazamah*.]

14. A Kohen who cohabits with a woman forbidden to a Kohen does not become disqualified as a result, though the child of this union is a *chalal* (see *Kiddushin* 77a).

כיצד

כיצד העדים נעשים זוממין מעידין אנו באיש פלוני שהוא בן גרושה או בן חלוצה אין אומרים יעשה זה בן גרושה או בן חלוצה תחתיו [א]אלא לוקה ארבעים מעידין אנו באיש פלוני שהוא חייב לגלות אין אומרים יגלה זה תחתיו אלא לוקה ארבעים: **גמ'** הא כיצד אין העדים נעשים זוממין מיבעי ליה ועוד [א] מדקתני לקמן אבל [ב] אמרו להם היאך אתם מעידין שהרי באותו היום אתם הייתם עמנו במקום פלוני הרי אלו זוממין [ג] (מכלל דאלו אין זוממין) תנא התם קאי [ד] [ב]כל הזוממין מקדימין לאותה מיתה [ג]חוץ מזוממי בת כהן ובועלה שאין מקדימין לאותה מיתה אלא למיתה אחרת ויש עדים זוממין אחרים שאין עושין בהן דין הזמה כל עיקר אלא מלקות ארבעים כיצד מעידין אנו באיש פלוני שהוא בן גרושה או בן חלוצה אין אומרים יעשה זה בן גרושה או בן חלוצה תחתיו אלא לוקה את הארבעים מנהני מילי א"ר יהושע בן לוי ([ה] אמר ר"ש בן לקיש) דאמר קרא [א] ועשיתם לו כאשר זמם לו ולא לזרעו וליפסלוהו לדידיה ולא ליפסלו לזרעיה בעינן כאשר זמם לעשות וליכא בר פדא אומר ק"ו ומה המחלל אינו מתחלל הבא לחלל ולא חילל אינו דין שלא יתחלל מתקיף לה רבינא אם כן בטלת תורת עדים זוממין ומה

רש"י

כיצד העדים נעשין זוממין כו'. בגמרא מפרש מאי קאמר: את איש פלוני. כהן: שהוא בן גרושה. בפנינו נתגרשה אמו [י] קודם שנולד והרי הוא חלל ופסול: אין אומרים. אם הוזמו והן כהנים יעשה זה בן גרושה וחלוצה לקיים בו כאשר זמם אלא סופג את הארבעים ובגמרא מפרש טעמא: שחייב גלות. שהרג את הנפש בשוגג: **גמ'** ה"ג האי כיצד אין העדים נעשין זוממין מיבעי ליה ועוד דקתני לקמן (דף ה.) אבל אמרו להם כו': כיצד אין העדים נעשין זוממין מיבעי ליה. דהא לא מקיימת בהו כאשר זמם: ועוד. מאי קא בעי תנא כיצד נעשין זוממין הא קתני לה לקמן כיצד דין זוממין דקתני במתני' אבל אמרו להם המזימים היאך אתם מעידים עדות זה והלא הייתם עמנו אותו היום במקום פלוני כו': התם קאי. מסנהדרין סליק דתנן בשילהי אלו הן הנחנקין דהוא סיומא דסנהדרין דיש זוממין שנשתנו במקצת מדין הזמה כדקתני כל הזוממין מקדימים לאותה מיתה כלומר אין להם לצפות מיתה אחרת אלא מסכימין לאותה מיתה שנגמר בה דינו של נדון: חוץ מזוממי בת כהן. נשואה שאע"פ שנגמר דינה לשריפה על פיהם הם בחנק כדילפינן התם (דף נ:) היא בשריפה ואין בועלה בשריפה אלא בחנק כשאר אשת איש והזוממין מסכימין למיתה שחייבו את הבועל דכתיב כאשר זמם לעשות לאחיו ולא לאחותו (שם) וקאמר הכא עוד יש זוממין אחרים שאין מקיימין בהן דין הזמה כלל אלא מלקות ועלה מפרש כיצד אותן העדים שאין מקיימין בהן דין הזמה נעשין זוממין מעידים אנו כו': ולא לזרעו. ואם תעשהו חלל והוא כהן פסלת את זרעו לעולם: בעינן כאשר זמם. והוא זמם לפסול את הנדון ולא זרעו: המחלל אינו מתחלל. כהן הנושא את הגרושה שמחלל את זרעו אין הוא עצמו מתחלל מן הכהונה: הבא לחלל ולא חילל. עד זומם שרצה לחלל ולא חיללו אינו דין כו': אם כן. אם באת לדרוש ק"ו זה בעדים זוממים בטלת תורת הזוממים: ומה

תוספות

מעידין אנו באיש פלוני שהוא בן גרושה או בן חלוצה אין אומרים כו'. תימה כיון דאם הוזמו אין נעשין בן גרושה וחלוצה א"כ גם בשלא יוזמו איך יעשה על פיהם בן גרושה (א) דהכי הוא האמת ואמאי הא הויא לה עדות שאי אתה יכול להזימה ואין זה עדות [ס] וי"ל כיון דלוקין הוי כאשר זמם והוי שפיר אתה יכול להזימה וקשה דא"כ מאי קאמר פרק היו בודקין (סנהדרין דף מא.) גבי עדי נערה המאורסה דאיהי לא מיקטלא דכיון דאינהו לא מיקטלי משום שיכולין לומר לאסרה על בעלה באנו והויא לה עדות שאי אתה יכול להזימה ומאי קאמר והא מ"מ לוקין וי"ל דהתם כיון שבאין לחייבה מיתה וזממו להרוג את הנפש לא מיקיים כאשר זמם במלקות דהא בהדיא כתיב נפש בנפש גבי הזמה דעדות נפשות ולא חשיב יכול להזימה במלקות אבל הכא שלא כוון אלא לשוייה בן גרושה ובן חלוצה דליכא כי אם לאו בעלמא כיון שלקו חשיב שפיר עדות שאתה יכול להזימה [ס] ועי"ל דגבי עדות דבן גרושה וחלוצה לא חיישינן כלל באתה יכול להזימה דמהיכא נפקא לן דבעינן עדות שאתה יכול להזימה מכאשר זמם והא מוכח בגמרא דכאשר זמם לא נכתב לגבי עדות דבן גרושה (ב) ולא קאי כלל עליה בשום צד שבעולם אבל התם גבי נערה המאורסה ודאי כאשר זמם קאי נמי עליהן [ז] דאם התרו בה מיקטלי אינהו בשהוזמו ואילו איהי בלא הוזמו [ח] (והתם מיירי בלא התרו וכיון דכאשר זמם קאי עלייהו) לכך בעינן אתה יכול להזימה ויש לדקדק אמאי לא נקט מעידין אנו באיש פלוני שהוא ממזר כו' דזה הוה שייך בין בישראל בין בכהנים ובן גרושה לא פסיל אלא בכהנים ויש ליישב דנקטיה משום דקאי אזוממי בת כהן כדאיתא בגמרא ולכך נקט מידי דשייך בכהונה: **מעידין** אנו באיש פלוני שחייב גלות. וא"ת היאך הם יכולים לחייבו גלות בעדותן והא יכול לומר מזיד הייתי כדאמר גבי אכלת חלב בפ"ק דבבא מציעא (דף ג:) וי"ל דמיירי כשראו בו רגלים לדבר שנשמט הברזל מקתו וליכא למימר דלא נתכוין אבל קשה מהא דתנן פרק אלו הן הגולין (לקמן דף ט:) דשוגג אינו גולה לאו כי האי גוונא דומיא דאוהב גולה ואמאי אינו גולה כיון דראו דהוי רגלים לדבר וי"ל דשאני שוגג דיש לנו לומר טפי דבשגגה הכהו ועוד י"ל דמיירי שפיר דליכא רגלים לדבר והשתא ניחא משוגג ומ"מ אוהב גולה כגון דשתיק כשאמרו לו העדים בודאי אי הוה אמר לא הרגתיו יכול לתרץ ולומר לא הרגתיו שוגג אלא מזיד כמו [ט] בלא אכלתי חלב אבל כיון דשתק כהודאה דמיא: **כל** הזוממין מקדימין לאותה מיתה. פי' הקונטרס שאין להם נס והמלטה וקשה דמאי קמ"ל פשיטא ובכתובות [י] פירש שרוצה לומר מקדימין שלא יענו הדין וגם זה קשה דמאי קמ"ל פשיטא לכך פירש ר"י מקדימין הכי פירושו ודאי אתה צריך להמיתן במיתה (ג) שהמיתו אבל ודאי אם אינו יכול אפ"ה נמיתם בכל מיתה שנוכל כדתניא [כ] הכה תכה (ב"מ דף לא:) וקשה דאמרינן פרק נגמר הדין (סנהדרין דף מה:) דרוצח וגואל הדם הוו ב' כתובין הבאין כאחד וכן קשה דבתוספתא (פי"ב דסנהדרין) תניא [ל] אבל הזוממין שאין אתה יכול להמיתן במיתה הכתובה בהן אתה ממיתם בכל מיתה ודריש ליה מן קרא דובערת הרע מקרבך ואמאי (ד) הוי רוצח וגואל הדם ב' כתובין הבאים כאחד ותירץ ה"ר יוסף דרוצח וגואל הדם הוו ב' כתובים הבאין כאחד לענין שלא נלמוד שאר מומתין מהם להמיתם אף במיתה שאינה מד' מיתות ב"ד אבל [מ] מד' מיתות ב"ד פשיטא נמיתם בכל חייבי מיתות: **זוממי** בת כהן ובועלה שאין מקדימין לאותה מיתה אלא למיתה אחרת. בועלה דדרשינן היא ולא בועלה וזוממי בת כהן דכתיב לאחיו (ה) דדרשינן לאחיו ולא לאחותו וא"ת למה לי דרשא דלאחיו ולא לאחותו תיפוק ליה מהיא דנפקא לן דדרשינן (סנהדרין נא.) את אביה היא מחללת היא ולא בועלה היא ולא זוממיה וי"ל הואיל וזוממיה באו לחייבה שריפה לא יבא לאוקומי מיעוטא דהיא אלא בבועלה ולא ממעטינן זוממין [נ] (אלא מן (ו) אחיו) אבל כיון דכתיב אחיו דרשינן נמי מהיא למעוטי זוממיה אבל קשה כיון דכתיב אחיו אמאי איצטריך למעוטי זוממין מהיא וי"ל דאי מאחיו הוה אמינא דה"מ כשהבועל היה נדון קרינן ביה לאחיו אבל אם לא היה נדון על פי עדותן כגון שהיה קטן בן ט' שנים ויום אחד או שלא הכירו הבועל לא קרינן ביה לאחיו קמ"ל היא ולא (ז) זוממין למעוטי זוממין בכל ענין ומתחלה היה ר"י מסופק בהאי מילתא ושוב פשטה מפרק נגמר הדין (סנהדרין דף מו.) דקאמר מיתה אחת מעין שתי מיתות כגון בת כהן ובועלה או בת כהן וזוממי (ח) זוממין והשתא למה ליה זוממי זוממין תיפוק ליה דאיכא שתי מיתות בלא זוממי זוממין משום הבועל שהוא בחנק אלא שמע מינה דאיירי כגון דליכא דין מיתה בבועלה כגון שהוא קטן כדפירשתי ואפ"ה קאמרי זוממי זוממין בחנק אלמא דהוה זוממין בחנק אע"פ דליכא דין מיתה בבועל: **ועוד** מדקתני לקמן. [ס] פיר' הקונטרס דמאי בעי כיצד וכו' הא קתני (ט) לקמן וכו' ועוד יש לפרש ועוד כלומר ואם תמצא לומר דלשון הזמה הוא זה אינו דעל כרחך דין הזמה קאמר כדקתני ולאלומי קושייתא קמייתא: **בעינן** כאשר זמם וליכא. קשיא היכא שמעידין שהוא מצרי שני דאינן באין לפסול זרעו כי אם לפסלו א"כ נפסול [ס] וי"ל דמ"מ אשתו נפסלת דפסלה בביאתו וכתיב ועשיתם לו כאשר זמם לו ולא לאשתו: ומה

עין משפט נר מצוה

א א מיי' פ"כ מהל' עדות הלכה ח סמג עשין קי טוש"מ סי' לח:
ב ב מיי' שם פי"ח הל' א סמג שם:
ג ג מיי' שם פ"כ הל' י סמג שם:

רבינו חננאל

כיצד העדים נעשין זוממין מעידין אנו באיש פלוני שהוא בן גרושה או בן חלוצה כו'. ואקשינן [הא כיצד וכו'] היאך אתם מעידים ביום פלוני שהרג פלוני את פלוני במקום פלוני ואתם הייתם עמנו במקום פלוני הרי אלו זוממין. ופרקינן תנא התם קאי כל הזוממין מקדימין לאותה מיתה חוץ מזוממי בת כהן ובועלה. ויש עדים אחרים שאין בהם הזמה כל עיקר אלא מלקות בעלמא כיצד מעידין אנו באיש פלוני שהוא בן גרושה כו' אין אומרים יעשה זה בן גרושה כו'. שנאמר ועשיתם לו כאשר זמם לו ולא לזרעו וליפסליה ליה לדידיה לחודיה. בעינן כאשר זמם וליכא. כלומר הוא לא בא אלא לפסול לו ולזרעו ואם באת לפוסלו לו לבדו הנה לא נעשה כאשר זמם לעשות. בר פדא אמר ק"ו המחלל אינו מתחלל פי' כהן גדול א) שבא על אלמנה וחיללה הוא אינו מתחלל העד שבא לחלל והעיד עליו שהוא בן גרושה ונתכוין לחללו ולא חיללו אינו דין שלא יתחלל. ומתקיף רבינא אי הכי בטלת תורת עדים זוממין דאיכא למימר לדבריך

חשק שלמה על ר"ח

א) ע' רש"י ורבינו נקט לה בכ"ג דכתיב להדיא בקרא וע' קדושין עז ב' סוטה כג ב':

גליון הש"ס

תוס' ד"ה מעידין כו' וי"ל כיון דלוקין. עי' שיטה מקובצת ב"ק דף עה ע"ב ד"ה עדות ש[אין] אתה יכול להזימה: **בא"ד** ועי"ל דגבי עדות דב"ג. קשה לי בזה מסוגיא דכתובות דף לג ע"א רא"א עדים זוממין ממונא משלם מלקי לא לקי משום דלאו בני התראה נינהו. משמע דאי בני התראה ראוי לומר יותר דמלקי לקי והא אם יהיה הדין דממונא לא משלם בטלה כל העדות דהוי עדות שאי אתה יכול להזימה דבזה אין דומה לב"ג דהא קרא דהזמה קאי על הממון דהא משכחת בלא אתרו. וא"כ אדרבה אם ל"צ התראה אפשר לומר יותר דמלקי לקי ולא יהיה בממון כלל דין הזמה ולא קאי עלה ועשיתם כאשר זמם. עכ"פ אם צריכין התראה א"כ משכחת בממון כאשר זמם בלא אתרו. ובאתרו אם לא ישלמו ממון יהיה בכלל עדות שאי אתה יכול להזימה: ד"ה בעינן כו' וי"ל דמ"מ **אשתו** נפסלת. לכאורה עדיין קשה לר"י ביבמות דף סח דמצרי שני אינו פוסל את אשתו:

מסורת הש"ס

א) גירסת מהר"ס דקתני, ב) [לקמן ה.], ג) מהר"ס מ"ז, ד) סנהדרין פט. ע"ש, ה) [ליתא בילקוט], ו) [עי' תוי"ט], ז) רש"א דהא אם, ח) רש"ל מ"ז, ט) [כריתות יב.], י) [דף מה. ע"ש], כ) רש"ל מות יומת כו' [עיין רש"א], ל) צ"ל כל חייבי מיתות שאי אתה יכול כו' ועיין רש"א, מ) בד' מיתות ב"ד פשיטא דנמיתם בכל חייבי מיתות. מהר"ס, נ) רש"ל מ"ז, ס) רש"ל הוא כפירוש הקונט'.

הגהות הב"ח

(א) **תוס'** ד"ה מעידין וכו' בן גרושה וחלוצה דהכי: (ב) **בא"ד** גרושה וחלוצה ולא: (ג) ד"ה כל כו' במיתה שרצו להמית אותו אבל אם ודאי שאין יכולים להמיתן באותה מיתה אפ"ה נמיתם: (ד) **בא"ד** ואמאי הא הוי: (ה) ד"ה זוממי כו' לאחיו ודרשינן לאחיו: (ו) **בא"ד** מן לאחיו אבל כיון דכתיב לאחיו וכו' אבל קשה כיון דכתיב לאחיו וכו' וי"ל דאי מלאחיו הוה: (ז) **בא"ד** ולא זוממיה למעוטי: (ח) **בא"ד** וזוממי זוממיה והשתא למה ליה זוממי זוממיה וכו' זוממי זוממיה בחנק: (ט) ד"ה ועוד וכו' קתני לה לקמן:

תורה אור השלם

א) וַעֲשִׂיתֶם לוֹ כַּאֲשֶׁר זָמַם לַעֲשׂוֹת לְאָחִיו וּבִעַרְתָּ הָרָע מִקִּרְבֶּךָ: [דברים יט, יט]

ליקוטי רש"י

מעידין אנו באיש פלוני שהוא בן גרושה ובן חלוצה. דליכא לאוקמי כאשר זמם ולומר יהא הוא בן גרושה תחתיו אלא סופג את הארבעים [כתובות לג.]. **לאותה מיתה.** שהיו מחייבין בו את הנדון. **ובועלה.** כלומר וכל הבועלים נידונין כמיתת הנבעלת חוץ מבועל בת כהן [סנהדרין צ.].

זוממי בת כהן ובועלה. לעשות לאחיו. מה תלמוד לומר לאחיו למד על זוממי בת כהן נשואה שאין בשריפה אלא כמיתת הבועל שהוא בחנק שנאמר (ויקרא כא ט) היא באש תשרף היא ולא בועלה לכך נאמר כאן באחיו כאשר זמם לעשות לאחיו ולא כאשר זמם לעשות לאחותו אבל בכל שאר מיתות השוה הכתוב אשה לאיש וזוממי אשה נהרגין כזוממי איש כגון שהעידוה שהרגה את הנפש, שחללה את השבת. נהרגין במיתתה שלא מיעט כאן אחותו אלא במקום שיש לקיים בהן הזמה במיתת הבועל [דברים יט, יט].

בת כהן. ארוסה או נשואה: **ובועלה.** דהיא בשריפה אבל בועלה נידון כאשר בועל בת ישראל דבועל ארוסה בסקילה ובועל נשואה בחנק דכתיב (ויקרא כא ט) היא באש תשרף היא ולא בועלה היא ולא זוממיה [סנהדרין מו.].

ועשיתם לו כאשר זמם. ולא כאשר עשה [דברים יט, יט]. **ומה המחלל אינו מתחלל.** ואין מתחלל. דהא לא יחלל זרעו כתיב ולא את עצמו [קידושין עז.]. **לא יחלל זרעו.** בכהן הנושא פסולה לכהונה כתיב ודרשינן בקידושין (דף עז.) לא יחלל שני חילולין אחד לה ואחד לזרעו שהכהן מחלל את שתיהן אבל הוא אין מתחלל [סוטה כג:].

עין משפט
נר מצוה

ד א מיי׳ פ״כ מהל׳ עדות הל׳ ט סמג עשין קי:
ה ב מיי׳ פי״ח מהל׳ סנהדרין הלכה ג:
ו ג ד מיי׳ פ״כ מהל׳ עדות הלכה ח סמג עשין שם:
ז ה מיי׳ פ״י מהל׳ נזקי ממון הלכה ד סמג עשין סז:
ח ו ז מיי׳ שם פי״א הל׳ א סמג שם:
ט ח מיי׳ פי״ח מהל׳ עדות הלכה ח סמג עשין קי טוח״מ סי׳ לח:

רבינו חננאל

ומה הסוקל אינו נסקל כדקי״ל לא הרגו נהרגין הרגו אין נהרגין א) הבא לסקול ולא סקלו אינו דין שלא יסקל. אלא מחוורתא כדשנין מעיקר׳ ועשיתם לו ולא לזרעו. מעידנו באיש פלוני שחייב גלות ונמצאו זוממין אין אומרים יגלה זה תחתיו אלא לוקין ארבעים. מנא לן אמר ריש לקיש דאמר קרא הוא ינוס הוא ולא זוממין. ר׳ יוחנן אמר ק״ו ומה הוא אם עשה במזיד בלא התראה אינו נהרג ואינו גולה הן שאע״פ שהן במזיד לא עשו מעשה אינו דין שלא יגלו. ודחי׳. היא הנותנת כלומר מדבריך ראוי הוא שיגלו כדי שתהיה להן כפרה מאחר שלא עשו מעשה אבל הוא שעשה מעשה במזיד לא תהיה כפרה בגלות. ונדחו דברי ר׳ יוחנן ועמדו דברי ריש לקיש: אמר עולא רמז לעדים זוממין שלוקין מן התורה מנין שנאמר והצדיקו את הצדיק והרשיעו את הרשע והיה אם בן הכות הרשע. משום והצדיקו את הצדיק והרשיעו את הרשע ילקה. אלא כגון דאתו עדים והרשיעו הצדיק והצדיקו הרשע. ואתו שהדי אחריני והצדיקו את הצדיק דמעיקרא והרשיעו את הרשע כלומר שוינהו להנהו שהדי קמאי רשעים והיה אם בן הכות הרשע. אבל מלאו דלא תענה אין לוקין משום דהוה ליה לאו שאין בו מעשה: ת״ר ד׳ דברים נאמרו בעדים זוממין אין נעשין בן גרושה או בן חלוצה ואין גולין לערי מקלט ואין משלמין את הכופר ואין נמכרין לעבד עברי. משום ר׳ עקיבא אמרו אף אין משלמין [על פי עצמן. אין נעשין בן גרושה וכו׳] ואין גולין לערי מקלט שנאמר הוא ינוס הוא ולא זוממין. ואין משלמין כופר מאי טעמא כופרא כפרה הוא והני לאו בני כפרה נינהו כיצד כגון שהעידו כי שורו של פלוני הרג פלוני שמחייבין אותו כופר ונמצאו זוממין אין משלמין את הכופר: ואין נמכרין בעבד עברי. מאי טעמא אמר רבא דאמר קרא אם אין לו ונמכר בגנבתו בגנבה נמכר ולא בזוממו. משום ר׳ עקיבא אמרו אף אין משלמין על פי עצמן. מאי טעמא קסבר ר׳ עקיבא עדים זוממין קנסא הוא ואין אדם משלם קנס על פי עצמו. אמר רבא תדע שהרי לא עשו מעשה ונהרגין. וכן אמר רב נחמן תדע שהרי ממון ביד בעליו ומשלמין הנה

ומה הסוקל אינו נסקל. פי׳ הקונטרס כשהרגו אין נהרגין דין הוא דבאו להרוג ולא הרגו דאין נהרגין וקשה טובא חדא דה״ל למימר כדאמרינן לקמן (דף ה:) הרגו אין נהרגין ועוד מאי פריך שאני הכא דגלי קרא בהדיא דהבא לסקול ולא סקל דנסקל בההוא קרא גופיה דחזינן דהסוקל אינו נסקל כדכתיב כאשר זמם ולא כאשר עשה אבל לעולם אימא לך דאית לך שפיר ק״ו דלעיל דלענין חילול דהא לא גלי קרא בשום מקום דשייך בדבר הזה שיתחלל הזמה ועוד קשה דהוה ליה לתרץ דהתם ודאי לא עבדינן ק״ו משום דא״כ בטלת תורת עדים זוממין לגמרי ולא משכחת לה כאשר זמם אבל לעיל דלא בטלת תורת עדים זוממין שייך שפיר למיעבד ק״ו לכך פירש ר״ת דה״ק ומה הסוקל אינו נסקל פירוש אדם שסוקל חבירו באבנים ומת דנדון בסייף ולא בסקילה הבא ליסקל ולא נסקל עדים שמעידין איש פלוני שמחויב סקילה ולא נסקל על ידם אינו דין שלא יסקלנו והשתא לא בטלת לגמרי דאיכא לאוקומי קרא דועשיתם כאשר זמם כשהן מעידין שמחויב שאר מיתות ב״ד שאינו בסקילה ואפ״ה לא עבדינן האי ק״ו (ג) ט) דהכי קאמר לו לעיל דלא עבדינן ק״ו בכהאי גוונא י):
באומר

ומה הסוקל אינו נסקל הבא לסקול ולא סקל אינו דין שלא יסקל אלא מחוורתא כדשנינן מעיקרא: מעידין אנו באיש פלוני שהוא חייב גלות כו׳: מנא הני מילי אמר ר״ל דאמר קרא א) הוא ינוס אל אחת הערים הוא ולא זוממין ר׳ יוחנן אומר ק״ו ומה הוא שעשה מעשה במזיד אינו גולה הן שלא עשו מעשה במזיד אינו דין שלא יגלו והיא נותנת (והלא דין הוא) הוא שעשה מעשה במזיד לא ליגלי כי היכי דלא תיהוי ליה כפרה הן שלא עשו מעשה במזיד נמי ליגלו כי היכי דליהוי להו כפרה אלא מחוורתא כדר״ל א) אמר עולא רמז לעדים זוממין מן התורה מנין רמז לעדים זוממין והא כתיב ב) ועשיתם לו כאשר זמם אלא רמז לעדים זוממין שלוקין מן התורה מנין דכתיב ג) והצדיקו את הצדיק והרשיעו את הרשע ד) והיה אם בן הכות הרשע משום והצדיקו את הצדיק והרשיעו את הרשע והיה אם בן הכות הרשע א) אלא עדים שהרשיעו את הצדיק ואתו עדים אחריני (א) והצדיקו את הצדיק דמעיקרא ושוינהו להני רשעים והיה אם בן הכות הרשע ותיפוק ליה ה) מלא תענה ג) משום דהוי לאו שאין בו מעשה ב) וכל לאו שאין בו מעשה אין לוקין עליו ת״ר ד׳ דברים נאמרו בעדים זוממין אין נעשין בן גרושה ובן חלוצה ואין גולין לערי מקלט ג) ואין משלמין את הכופר ד) ואין נמכרין בעבד עברי משום ג) ר״ע אמרו אף אין משלמין ע״פ עצמן אין נעשין בן גרושה ובן חלוצה כדאמרן ואין גולין לערי מקלט כדאמרן ואין משלמין את הכופר קסברי ה) כופרא כפרה והני לאו בני כפרה נינהו מאן תנא כופרא כפרה אמר רב חסדא ר׳ ישמעאל בנו של ר׳ יוחנן בן ברוקה היא דתניא ו) ונתן פדיון נפשו י) דמי ניזק רבי ישמעאל בנו של ר׳ יוחנן בן ברוקה אומר דמי מזיק מאי לאו בהא קא מיפלגי דמר סבר כופרא ממונא ומר סבר כופרא כפרה אמר רב פפא לא דכולי עלמא כופרא כפרה והכא בהא קא מיפלגי מר סבר ז) בדניזק שיימינן ומר סבר בדמזיק שיימינן מאי טעמייהו דרבנן נאמר השתה (ב) למטה ונאמר השתה למעלה מה להלן בדניזק אף כאן בדניזק ורבי ישמעאל ונתן פדיון נפשו כתיב ורבנן אין פדיון נפשו כתיב מיהו כי שיימינן בדניזק שיימינן ואין נמכרין בעבד עברי סבר רב המנונא למימר ה״מ היכא דאית ליה לדידיה דמיגו דאיהו לא ט) נזדבן אינהו נמי לא מיזדבנו אבל היכא דלית ליה לדידיה אע״ג דאית להו לדידהו מיזדבנו י) (א״ל רבא) ולימרו ליה אי אנת הוה לך מי הוה מיזדבנת אנן נמי לא מיזדבנינן אלא י) סבר רב המנונא למימר ה״מ היכא דאית ליה או לדידיה או לדידהו אבל היכא דלית ליה לא לדידיה ולא לדידהו מזדבני א״ל רבא ז) ונמכר בגנבתו אמר רחמנא ח) בגנבתו ולא בזוממו: משום ר״ע אמרו וכו׳: מאי טעמא דר״ע קסבר ח קנסא הוא וקנס אין משלם ע״פ עצמו אמר רבה תדע שהרי לא עשו מעשה [ונהרגים] ומשלמין אמר רב נחמן תדע שהרי ממון ביד בעלים ומשלמים
מאי

ומה הסוקל אינו נסקל. עדים שלא הוזמו עד שנהרג הנדון ואח״כ הוזמו אין נהרגין כדאמרינן בפרקין (דף ה:) הרגו אין נהרגין דכתיב כאשר זמם ולא כאשר עשה: הבא לסקול ולא סקל. שהוזם עד שלא נהרג הנדון: הוא שעשה מעשה במזיד אינו גולה. ההורג שעשה מעשה אם במזיד עשאו אינו גולה ואפילו בזמן שאינו נהרג כגון במזיד בלא התראה: הם שלא עשו מעשה. אלא דיבור בעלמא ובמזיד העידו אינו דין שלא יגלו על המזיד: ומקשינן לרבי יוחנן והיא הנותנת. המדה הזאת שהבאת לפטרן היא הנותנת להם חובת גלות הוא לפי שעושה מעשה אם במזיד עשאו אינו גולה דלא תהוי ליה כפרה: הם שלא עשו מעשה יגלו. על זדון כי היכי כו׳: רמז לעדים זוממין שלוקין. עדי בן גרושה או עדי גלות שפטרם הכתוב מדין הזמה מנין שהן לוקין ולקמיה פריך תיפוק ליה מלא תענה: משום דהצדיקו את הצדיק כו׳. בתמיה אי והצדיקו והרשיעו בדיינין קאמר וצדיק ורשע בבעלי דינין למה לי והצדיקו צדיק כו׳ ליכתוב כי יהיה ריב בין אנשים ונגשו אל המשפט ושפטום והיה אם בן הכות למה הוזכרה כאן צדקת צדיק וכי כל מקום שהצדיקו ב״ד את הזכאי וחייבו את החייב יש מלקות דאתא קרא למיתלי מלקות בוהצדיקו והרשיעו אלא על כרחך בעדים משתעי עדים שקרים שהרשיעו צדיק ובאו אחרים והזימום והצדיקו את הנדון שהוא צדיק והרשיעו את העדים הרשעים והיה אם בן הכות את הרשע אם הזמה זו בת מלקות היא שאינו יכול לקיים בה דין הזמה גמורה כגון בעדי בן גרושה או גלות והפילו השופט והכהו: ותיפוק ליה מלא תענה. כל עונשי לאוין מלקות אלא במקום שפירש לך בו עונש וכאן שאינו יכול לענשן בעונש הכתוב בהן ילקו: לאו שאין בו מעשה אין לוקין עליו. לקמן יליף לה בפרק ג׳ (דף יג:): ואין משלמין כופר. אם העידו בשור המועד שהרג את האדם והוזמו והיו מחייבין את הבעלים כופר דכתיב (שמות כא) אם כופר יושת עליו וגו׳: ואין נמכרין. אם העידוהו שגנב ואין לו מה לשלם ונגמר דינו לימכר כדכתיב ונמכר בגנבתו: אין משלמין ע״פ עצמן. אם הוזמו בב״ד ולא הספיק בעל דין להעמידן בדין על הזמתן עד שברחו ובאו בב״ד אחר והודו שהוזמו בב״ד פלוני ולקמן מפרש טעמא: כופרא כפרה. לכפר על זה שהרג שורו את האדם והני לאו בני כפרה נינהו שלא הרג שורם אדם: ומר סבר כופרא ממונא. שהזיק גופו של זה ונתחייב ליורשיו דמי ההרוג: כופרא כפרה. לכפר על עצמו שחייב מיתה בידי שמים לפיכך יתן דמי עצמו: בדניזק שיימינן. בהכי הויא ליה כפרה כי יהיב דמי ניזק ולקמיה מפרש טעמיה: מאי טעמייהו דרבנן. דאילו ר׳ ישמעאל מסתבר טעמיה כיון דכופרא כפרה דמי עצמו בעי למיתב: נאמר השתה למעלה. בנוגף אשה הרה כאשר ישית עליו בעל האשה (שם): ונאמר השתה למטה. בכופר אם כופר יושת עליו: מה להלן בדניזק. שמשלם דמי וולדות שמזוקו: פדיון נפשו. דנותן את הכופר: ורבנן. אמרי לך אין ודאי פדיון נפשו הוא דכופרא כפרה מיהו בדניזק שיימינן ובהכי הויא למזיק פדיון נפשו: דאית ליה לדידיה. שיש לו לגנב ממון לשלם דמי הגניבה אם לא הוזמו ולהם אין מה לשלם דמיגו דאיהו לא הוה מזדבן אם לא הוזמו אינהו נמי כי הוזמו לא מזדבני שהרי לא זממו למכרו: וקנס אינו משלם ע״פ עצמו. דכתיב גבי כפל אשר ירשיעון אלהים פרט למרשיע את עצמו (ב״ק דף סד:): תדע. דקנסא הוא שהרי המעידים בנפש לא הרגו אדם ולא נהרג אדם על פיהם ונהרגין ומשלמין ממון:
מאי

מסורת הש״ס

א) סנהדרין י, ב [ע״ש תוס׳ שבת קנד. ד״ה בלאו וכו׳ פלפלו בסוגיא דהכא ועי׳ תוספות סנהדרין י. ד״ה וכל ותוס׳ כתובות מה: ד״ה ר׳ יהודה], ג) [לקמן ג. ד: ב״ק ה.], ד) ב״ק מ. מ., ה) ג׳ יעב״ץ מזדבן, ו) מהרש״ם מ״ו, ז) מהרש״ם הכי איתמר, ח) [קדושין יח. ע״ש], ט) רש״א והיכי קאמר לעיל דעבדינן ק״ו בכה״ג, י) [וע״ע מ״ש תוס׳ מנחות טו. ד״ה המפגל].

הגהות הב״ח

(א) גמ׳ והצדיקו כו׳. נ״ב וליכא לאוקמי הך מלקות במקום שאפשר לקיים בו דין הזמה דמכדי רשעתו נפקא לן באלו נערות משום רשעה אחת אתה מחייבו ואי אתה מחייבו משום שתי רשעיות ואי לאו הני קראי יתירא דגלי גבי בן גרושה ובגלות הו״א דקרא דוהצדיקו וכו׳ לא אתי אלא לעדי בן גרושה שהן ישראלים דהתם לא אפשר לקיים בו דין הזמה הלכך חייבים מלקות אבל כשהן כהנים אפשר לקיים בהו דין הזמה קמ״ל קראי: (ב) שם השתה למעלה ונאמר השתה למטה מה. נ״ב איכא גז״ש מופנה ולא היקשא אלא גילוי מלתא בעלמא למטה כלמעלה: (ג) תוס׳ ד״ה ומה וכו׳ ק״ו והכי נמי קאמרינן לעיל:

תורה אור השלם

א) וַאֲשֶׁר יָבֹא אֶת רֵעֵהוּ בַיַּעַר לַחְטֹב עֵצִים וְנִדְּחָה יָדוֹ בַגַּרְזֶן לִכְרֹת הָעֵץ וְנָשַׁל הַבַּרְזֶל מִן הָעֵץ וּמָצָא אֶת רֵעֵהוּ וָמֵת הוּא יָנוּס אֶל אַחַת הֶעָרִים הָאֵלֶּה וָחָי: [דברים יט, ה]

ב) וַעֲשִׂיתֶם לוֹ כַּאֲשֶׁר זָמַם לַעֲשׂוֹת לְאָחִיו וּבִעַרְתָּ הָרָע מִקִּרְבֶּךָ: [דברים יט, יט]

ג) כִּי יִהְיֶה רִיב בֵּין אֲנָשִׁים וְנִגְּשׁוּ אֶל הַמִּשְׁפָּט וּשְׁפָטוּם וְהִצְדִּיקוּ אֶת הַצַּדִּיק וְהִרְשִׁיעוּ אֶת הָרָשָׁע: [דברים כה, א]

ד) וְהָיָה אִם בִּן הַכּוֹת הָרָשָׁע וְהִפִּילוֹ הַשֹּׁפֵט וְהִכָּהוּ לְפָנָיו כְּדֵי רִשְׁעָתוֹ בְּמִסְפָּר: [דברים כה, ב]

ה) לֹא תִרְצָח לֹא תִנְאָף לֹא תִגְנֹב לֹא תַעֲנֶה בְרֵעֲךָ עֵד שָׁקֶר: [שמות כ, יג]

ו) אִם כֹּפֶר יוּשַׁת עָלָיו וְנָתַן פִּדְיֹן נַפְשׁוֹ כְּכֹל אֲשֶׁר יוּשַׁת עָלָיו: [שמות כא, ל]

ז) אִם זָרְחָה הַשֶּׁמֶשׁ עָלָיו דָּמִים לוֹ שַׁלֵּם יְשַׁלֵּם אִם אֵין לוֹ וְנִמְכַּר בִּגְנֵבָתוֹ: [שמות כב, ב]

ליקוטי רש״י

ומה הסוקל אינו נסקל. הרגו. שלא הוזמו עד שנהרג הנידון על פיהם [לקמן ה:]. רמז לעדים זוממין שלוקין. היכא דאין הזמה יכולה להתקיים בהם כגון מעידין אנו באיש פלוני שהוא בן גרושה ונמצאו זוממין והרי הם כהנים אין אומרים יעשה זה בן גרושה תחתיו אלא סופג את הארבעים מנלן [סנהדרין י.]. משום. דבית דין הצדיקו את הצדיק והרשיעו את הרשע והיה אם בן הכות את הרשע לצדקת צדיק למה הוזכרה כאן וכי משום צדקת צדיק מתחייב רשע מלקות אלא ודאי עדים זוממין רמיזי הכא דלעדים קאי האי והיה אם בן הכות והכי קאמר עדים שהרשיעו צדיק והוזמו והצדיקו עדים אחרונים את הצדיק והרי נעשו רשעים אלו העדים הראשונים וילקו ואם אינו ענין לעדות ממון דהא אין לוקין ומשלמין תניהו ענין לבן גרושה וכיוצא בו [שם]. לאו שאין בו מעשה אין לוקין עליו. דומיא דלאו דחסימה. שהוא כתוב אצל פרשת מלקות [לקמן יג:]. אין משלמין על פי עצמן. כגון אם הוזמו בבית דין זה ולא הספיק בעל דין להעמידן בדין ולתובען והלכו למקום אחר והודו שם בבית דין ואמרו הוזמנו בבית דינו של פלוני פטורין. דמודה בקנס פטור [בבא קמא ה.]. בדניזק שיימינן. בגופו של מת והכי מכפר מזיק [ב״ק מ.]. נאמר השתה למעלה. לענין דמי ולדות כאשר ישית עליו בעל האשה. ונאמר השתה למטה. במועד שהמית אם כופר יושת עליו [שם]. בזוממו. אם העיד בחבירו שגנב והוזם ואין לו במה לשלם אינו נמכר [קידושין יח.].

חשק שלמה על ר״ח א) כפרש״י וכבר הקשו הראשונים על זה הפי׳:

וּמָה הַסּוֹקֵל אֵינוֹ נִסְקָל – Now, if even the [false witness] who succeeded in having his victim stoned by the court is not stoned in turn when his testimony is later discredited by *hazamah*,[1] **הַבָּא לִסְקוֹל וְלֹא סָקַל – then regarding the [false witness] who sought to** have the court **stone** his victim **but did not** succeed in having them **stone** him, because the witness was proven false by *hazamah* before the court carried out the execution, **אֵינוֹ דִּין שֶׁלֹּא יִסָּקֵל – is it not logical that he should not be stoned** by the court for his false testimony? Nevertheless, this is the case in which the Torah decrees that a *zomeim* witness *does* suffer the same penalty that he sought to inflict. We see from this that the Torah's decree in regard to *zomemin* witnesses precludes comparisons between what the witnesses *attempted* and what they actually accomplished. Thus, Bar Padda's *kal vachomer,* which is based on just such a comparison, is similarly invalid. – ? –

The Gemara accepts this refutation and concludes:

אֶלָּא מְחַוַּורְתָּא כִּדְשַׁנִּינַן מֵעִיקָּרָא – Rather, the clearer source **is as we answered originally** in the name of R' Yehoshua ben Levi, that the Torah excludes from the rule of reciprocal punishment any penalties that would impact upon the children of the false witness.

The second law in the Mishnah stated:

מְעִידִין אָנוּ בְּאִישׁ פְּלוֹנִי שֶׁהוּא חַיָּיב גָּלוּת כו׳ – If they said, "WE TESTIFY ABOUT THIS-AND-THIS PERSON THAT HE IS LIABLE TO EXILE" etc. [we do not say, "Let this false witness be exiled in his place," rather, he receives forty lashes].

The Gemara gives the Biblical source for this rule:

מְנָא הָנֵי מִילֵּי – From where is this matter derived? **אָמַר רֵישׁ לָקִישׁ – Reish Lakish said: דְּאָמַר קְרָא – Because the verse says** regarding one who killed unintentionally:[2] **,,הוּא יָנוּס אֶל־אַחַת הֶעָרִים" – *"he" shall flee*** [i.e. go into exile] ***to one of these cities [of refuge],*** which implies: **,,הוּא" וְלֹא זוֹמְמִין – *he,* but not *zomemin*** witnesses.[3]

The Gemara offers another source for the exclusion of *zomemin* from the penalty of exile:

רַבִּי יוֹחָנָן אוֹמֵר – R' Yochanan says: קַל וָחוֹמֶר – The source is a *kal vachomer:* וּמָה הוּא שֶׁעָשָׂה מַעֲשֶׂה בְּמֵזִיד – Now, if even he [the killer], **who performed a deliberate act,** i.e. he killed intentionally, but did so in circumstances that do not make him liable to execution,[4] **אֵינוֹ גּוֹלֶה – is not subject to exile** because the penalty of exile is limited to those who kill unintentionally,[5] **הֵן שֶׁלֹּא עָשׂוּ מַעֲשֶׂה בְּמֵזִיד – then they** [the false witnesses], **who did not perform an *act* deliberately,** but merely *testified* falsely,[6] **אֵינוֹ דִּין שֶׁלֹּא יִגְלוּ – is it not logical that they should not be subject to exile** for a deliberate transgression?

The Gemara objects to this logic:

(וְהִיא נוֹתֶנֶת (והלא דין הוא – But this very factor **should,** if anything, **cause** the witnesses to be *more* susceptible to exile! **הוּא שֶׁעָשָׂה מַעֲשֶׂה בְּמֵזִיד לֹא לִיגְלֵי – He** [the killer] **who performed a deliberate *act* does not suffer exile** for the intentional murder, **כִּי הֵיכִי דְּלֹא תֶּיהֱוֵי לֵיהּ כַּפָּרָה – in order that it not serve as an atonement for him,** since exile is too mild to atone for his guilt.[7] Rather, since the courts cannot execute him, he is left to suffer Divine retribution. **הֵן שֶׁלֹּא עָשׂוּ מַעֲשֶׂה בְּמֵזִיד – But they** [the false witnesses], **who did not perform a deliberate *act,*** but the less severe transgression of false *testimony,* **נַמִּי לִיגְלוּ – let them also suffer exile,** like the unintentional killer, **כִּי הֵיכִי דְּלֶיהֱוֵי לְהוּ כַּפָּרָה – in order that it serve as an atonement for them.**[8] Thus, the very factor (lack of action) cited by R' Yochanan as a reason to consider false witnesses even *less* fit for the penalty of exile is a reason to consider exile a *more* plausible penalty for their crime! – ? –

The Gemara accepts this refutation of R' Yochanan's *kal vachomer* and concludes:

אֶלָּא מְחַוַּורְתָּא כִּדְרֵישׁ לָקִישׁ – Rather, the clearer source for the Mishnah's law **is that** put forth **by Reish Lakish,** that the Torah's decree exegetically excludes *zomemin* witnesses from the penalty of exile.

Up to now, the Gemara has shown why the reciprocal *hazamah* penalty cannot apply to witnesses testifying falsely about a Kohen's disqualification or a sentence of exile. The Gemara now seeks a source for the law that such *zomemin* witnesses receive lashes [*malkus*] instead:

אָמַר עוּלָּא – Ulla said: רֶמֶז לְעֵדִים זוֹמְמִין מִן הַתּוֹרָה מִנַּיִן – Where is there an allusion in the Torah to the law of ***zomemin* witnesses?**

The Gemara is incredulous:

וְהָא רֶמֶז לְעֵדִים זוֹמְמִין – An allusion to *zomemin* witnesses? כְּתִיב ,,וַעֲשִׂיתֶם לוֹ כַּאֲשֶׁר זָמַם" – Why, it is written: *And you shall do to him as he planned.*[9] It is unnecessary to seek an *allusion* to this, since the Torah states explicitly that *zomemin* witnesses are punished! – ? –

The Gemara rephrases Ulla's question:

אֶלָּא רֶמֶז לְעֵדִים זוֹמְמִין שֶׁלּוֹקִין מִן הַתּוֹרָה מִנַּיִן – Rather, where is there an allusion in the Torah to the law **that *zomemin* witnesses receive *malkus*** when the usual reciprocal penalty cannot be applied?[10]

To which Ulla responded:

דִּכְתִיב ,,וְהִצְדִּיקוּ אֶת־הַצַּדִּיק וְהִרְשִׁיעוּ אֶת־הָרָשָׁע וְהָיָה אִם בִּן־הַכּוֹת הָרָשָׁע" – For it is written: *and they exonerate the innocent one*

NOTES

1. The Torah decrees the punishment for *zomemin* witnesses only if their victim has not yet been executed. If their guilt is not discovered until after the plot has succeeded and the victim has been executed, the witnesses are not subject to punishment by the court. The Scriptural derivation for this ruling [which seems to run counter to logic] is the verse (*Deuteronomy* 19:21): *and you shall do to him as he planned to do to his brother,* which implies: as he *planned,* but not as he *did* (*Rashi* here and to *Deuteronomy* ibid.; cf. *Rashi* to 5b ד״ה לעשות and *Aruch LaNer* there).

[The explanation of Ravina's challenge follows *Rashi;* cf. *Tosafos* for a different explanation.]

2. *Deuteronomy* 19:5.

3. The Torah's emphasis of the word *he* is restrictive and limits the penalty to those who have killed, thus excluding *zomemin* from this penalty.

4. For example, without being forewarned not to kill (*Rashi*). [Torah law provides that a person cannot be punished corporally unless he is warned prior to his criminal act that what he is about to do is forbidden and subject to that penalty (see *Rambam, Hil. Sanhedrin* 12:2).]

5. See *Numbers* 35:11ff.

6. The Torah considers sins that involve an action to be graver violations than those that do not involve an action. For example, the penalty of *malkus* (lashes) is prescribed only for prohibitions violated through an action [לָאו שֶׁיֵּשׁ בּוֹ מַעֲשֶׂה] (Gemara below, 13b). Testifying falsely is considered to be in the category of transgressions not involving an action, as explained in *Sanhedrin* 65b. Accordingly, it is considered a lesser form of transgression.

7. It is a fundamental tenet of Judaism that God is just and will punish every sin, either in this world or in the World to Come (*Rambam, Commentary to the Mishnah,* Introduction to *Sanhedrin* Ch. 10). The judicially imposed punishment prescribed by the Torah (such as exile) atones for the sin and prevents him from suffering an even more severe retribution at the hand of God.

8. Since their sin is less severe, perhaps it qualifies for the atonement of exile even though it was done deliberately.

9. Ibid. v. 19.

10. Such as where they testified that the defendant, a Kohen, was the son of a divorced woman or that the defendant was liable to exile (*Rashi*).

עין משפט
נר מצוה

ד א מיי' פ"כ מהל' עדות הל' ט סמג עשין קי:
ה ב מיי' פי"ח מהל' סנהדרין הלכה ג:
ו ג ד מיי' פ"כ מהל' עדות הלכה ח סמג עשין שם:
ז ה מיי' פ"י מהל' נזקי ממון הלכה ד סמג עשין סז:
ח ו ז מיי' שם פי"א הל' א סמג שם:
ט ח מיי' פי"ח מהל' עדות הלכה ח סמג עשין קי טוח"מ סי' לח:

רבינו חננאל

ומה הסוקל אינו נסקל כדקי"ל לא הרגו נהרגין הרגו אין נהרגין א) הבא לסקול ולא סקלו אינו דין שלא יסקל. אלא מחוורתא כדשנין מעיקר' ועשיתם לו ולא לזרעו. מעידנו באיש פלוני שחייב גלות ונמצאו זוממין אין אומרים יגלה זה תחתיו אלא לוקין ארבעים. מנא לן אמר ריש לקיש דאמר קרא הוא ינוס הוא ולא זוממין. ר' יוחנן אמר ק"ו ומה הוא אם עשה במזיד בלא התראה אינו נהרג ואינו גולה הן שאע"פ שהן במזיד לא עשו מעשה אינו דין שלא יגלו. ודחי'. היא הנותנת כלומר מדבריך ראוי הוא שיגלו כדי שתהיה להן כפרה מאחר שלא עשו מעשה אבל הוא שעשה מעשה במזיד לא תהיה כפרה בגלות. ונדחו דברי ר' יוחנן ועמדו דברי ריש לקיש: אמר עולא רמז לעדים זוממין שלוקין מן התורה מנין שנאמר והצדיקו את הצדיק והרשיעו את הרשע והיה אם בן הכות הרשע. משום והצדיקו את הצדיק והרשיעו את הרשע ילקה. אלא כגון דאתו עדים והרשיעו הצדיק והצדיקו הרשע. ואתו שהדי אחריני והצדיקו את הצדיק דמעיקרא והרשיעו את הרשע כלומר שוינהו להנהו שהדי קמאי רשעים והיה אם בן הכות הרשע. אבל מלאו דלא תענה אין לוקין משום דהוה ליה לאו שאין בו מעשה: ת"ר ד' דברים נאמרו בעדים זוממין אין נעשין בן גרושה או בן חלוצה ואין גולין לערי מקלט ואין משלמין את הכופר ואין נמכרין לעבד עברי. משום ר' עקיבא אמרו אף אין משלמין [על פי עצמן. אין נעשין בן גרושה וכו'] ואין גולין לערי מקלט שנאמר הוא ינוס הוא ולא זוממין. ואין משלמין כופר מאי טעמא כופרא כפרה הוא והני לאו בני כפרה נינהו כיצד כגון שהעידו כי שורו של פלוני הרג פלוני שמחייבין אותו כופר ונמצאו זוממין אין משלמין את הכופר: ואין נמכרין בעבד עברי. מאי טעמא אמר רבא דאמר קרא אם אין לו ונמכר בגנבתו בגנבה נמכר ולא בזממו. משום ר' עקיבא אמרו אף אין משלמין על פי עצמן. מאי טעמא קסבר ר' עקיבא עדים זוממין קנסא הוא ואין אדם משלם קנס על פי עצמו. אמר רבא תדע שהרי לא עשו מעשה ונהרגין. וכן אמר רב נחמן תדע שהרי ממון ביד בעליו ומשלמין
הנה

חשק שלמה על ר"ח א) כפרש"י וכבר הקשו הראשונים על זה הפי':

ומה הסוקל אינו נסקל הבא לסקול ולא סקל אינו דין שלא יסקל אלא מחוורתא כדשנינן מעיקרא: מעידין אנו באיש פלוני שהוא חייב גלות כו': מנא הני מילי אמר ר"ל דאמר קרא א) הוא ינוס אל אחת הערים הוא ולא זוממין ר' יוחנן אומר ק"ו ומה הוא שעשה מעשה במזיד אינו גולה הן שלא עשו מעשה במזיד אינו דין שלא יגלו והיא נותנת (והלא דין הוא) הוא שעשה מעשה במזיד לא ליגלי כי היכי דלא תיהוי ליה כפרה הן שלא עשו מעשה במזיד נמי ליגלו כי היכי דליהוי להו כפרה אלא מחוורתא כדר"ל [א] אמר עולא רמז לעדים זוממין מן התורה מנין רמז לעדים זוממין והא כתיב ב) ועשיתם לו כאשר זמם אלא רמז לעדים זוממין שלוקין מן התורה מנין דכתיב ג) והצדיקו את הצדיק והרשיעו את הרשע ד) והיה אם בן הכות הרשע משום והצדיקו את הצדיק והרשיעו את הרשע והיה אם בן הכות הרשע [א] אלא עדים שהרשיעו את הצדיק ואתו עדים אחריני (א) והצדיקו את הצדיק דמעיקרא ושוינהו להני רשעים והיה אם בן הכות הרשע ותיפוק ליה ה) מלא תענה [ב] משום דהוי לאו שאין בו מעשה [ב] וכל לאו שאין בו מעשה אין לוקין עליו ת"ר ד' דברים נאמרו בעדים זוממין אין נעשין בן גרושה ובן חלוצה ואין גולין לערי מקלט [ג] ואין משלמין את הכופר [ד] ואין נמכרין בעבד עברי משום [ג] ר"ע אמרו אף אין משלמין ע"פ עצמן אין נעשין בן גרושה ובן חלוצה כדאמרן ואין גולין לערי מקלט כדאמרן ואין משלמין את הכופר קסברי [ה] כופרא כפרה והני לאו בני כפרה נינהו מאן תנא כופרא כפרה אמר רב חסדא ר' ישמעאל בנו של ר' יוחנן בן ברוקה היא דתניא [ד] ו) ונתן פדיון נפשו [ו] דמי ניזק רבי ישמעאל בנו של ר' יוחנן בן ברוקה אומר דמי מזיק מאי לאו בהא קא מיפלגי דמר סבר כופרא ממונא ומר סבר כופרא כפרה אמר רב פפא לא דכולי עלמא כופרא כפרה והכא בהא קא מיפלגי מר סבר [ז] בדניזק שיימינן ומר סבר בדמזיק שיימינן מאי טעמייהו דרבנן נאמר השתה (ב) למטה ונאמר השתה למעלה מה להלן בדניזק אף כאן בדניזק ורבי ישמעאל ונתן פדיון נפשו כתיב ורבנן אין פדיון נפשו כתיב מיהו כי שיימינן בדניזק שיימינן ואין נמכרין בעבד עברי סבר רב המנונא למימר ה"מ היכא דאית ליה לדידיה דמיגו דאיהו לא [ה] נזדבן אינהו נמי לא מיזדבנו אבל היכא דלית ליה לדידיה אע"ג דאית להו לדידהו מיזדבנו [ו] (א"ל רבא) ולימרו ליה אי אנת הוה לך מי הוה מיזדבנת אנן נמי לא מיזדבנינן אלא [ו] סבר רב המנונא למימר ה"מ היכא דאית ליה או לדידיה או לדידהו אבל היכא דלית ליה לא לדידיה ולא לדידהו מזדבני א"ל רבא ז) ונמכר בגנבתו אמר רחמנא [ח] בגנבתו ולא בזממו: משום ר"ע אמרו וכו': מאי טעמא דר"ע קסבר [ח] קנסא הוא וקנס אין משלם ע"פ עצמו אמר רבה תדע שהרי לא עשו מעשה [ונהרגים] ומשלמין אמר רב נחמן תדע שהרי ממון ביד בעלים ומשלמים
מאי

תוספות

ומה הסוקל אינו נסקל. פי' הקונטרס כשהרגו אין נהרגין דין הוא דבאו להרוג ולא הרגו דאין נהרגין וקשה טובא חדא דה"ל למימר כדאמרינן לקמן (דף ה:) הרגו אין נהרגין ועוד מאי פריך שאני הכא דגלי קרא בהדיא דהבא לסקול ולא סקל דנסקל בההוא קרא גופיה דחזינן דהסוקל אינו נסקל כדכתיב כאשר זמם ולא כאשר עשה אבל לעולם אימא לך דאית לך שפיר ק"ו דלעיל דלענין חילול דהא לא גלי קרא בשום מקום דשייך בדבר הזה שיתחלל הזומה ועוד קשה דהוה ליה לתרץ דהתם ודאי לא עבדינן ק"ו משום דא"כ בטלת תורת עדים זוממין לגמרי ולא משכחת לה כאשר זמם אבל לעיל דלא בטלת תורת עדים זוממין שייך שפיר למיעבד ק"ו לכך פירש ר"ת דה"ק ומה הסוקל אינו נסקל פירוש אדם שסוקל חבירו באבנים ומת דנדון בסייף ולא בסקילה הבא ליסקל ולא נסקל עדים שמעידין איש פלוני שמחויב סקילה ולא נסקל על ידם אינו דין שלא יסקלנו והשתא לא בטלת לגמרי דאיכא לאוקומי קרא דועשיתם כאשר זמם כשהן מעידין שמחויב שאר מיתות ב"ד שאינו בסקילה ואפ"ה לא עבדינן האי ק"ו (ג) [ט] דהכי קאמר לו לעיל דלא עבדינן ק"ו בכהאי גוונא [י]:
באומר

רש"י

ומה הסוקל אינו נסקל. עדים שלא הוזמו עד שנהרג הנדון ואח"כ הוזמו אין נהרגין כדאמרינן בפרקין (דף ה:) הרגו אין נהרגין דכתיב כאשר זמם ולא כאשר עשה: הבא לסקול ולא סקל. שהוזם עד שלא נהרג הנדון: הוא שעשה מעשה במזיד אינו גולה. ההורג שעשה מעשה אם במזיד עשאו אינו גולה ואפילו בזמן שאינו נהרג כגון במזיד בלא התראה: הם שלא עשו מעשה. אלא דיבור בעלמא ובמזיד העידו אינו דין שלא יגלו על המזיד: ומקשינן לרבי יוחנן והיא הנותנת. המדה הזאת שהבאת לפטרן היא הנותנת להם חובת גלות הוא לפי שעושה מעשה אם במזיד עשאו אינו גולה דלא תהוי ליה כפרה: הם שלא עשו מעשה יגלו. על זדונן כי היכי כו': רמז לעדים זוממין שלוקין. עדי בן גרושה או עדי גלות שפטרם הכתוב מדין הזמה מנין שהן לוקין ולקמיה פריך תיפוק ליה מלא תענה: משום דהצדיקו את הצדיק כו'. בתמיה אי והצדיקו והרשיעו בדיינין קאמר וצדיק ורשע בבעלי דינין למה לי והצדיקו צדיק כו' ליכתוב כי יהיה ריב בין אנשים ונגשו אל המשפט ושפטום והיה אם בן הכות למה הוזכרה כאן צדקת צדיק וכי כל מקום שהצדיקו ב"ד את הזכאי וחייבו את החייב יש מלקות דאתא קרא למיתלי מלקות בוהצדיקו והרשיעו אלא על כרחך בעדים משתעי עדים שקרים שהרשיעו צדיק ובאו אחרים והזימום והצדיקו את הנדון שהוא צדיק והרשיעו את העדים הרשעים והיה אם בן הכות את הרשע אם הזמה זו בת מלקות היא שאינו יכול לקיים בה דין הזמה גמורה כגון בעדי בן גרושה או גלות והפילו השופט והכהו: ותיפוק ליה מלא תענה. כל עונשי לאוין מלקות אלא במקום שפירש לך בו עונש וכאן שאינו יכול לענשן בעונש הכתוב בהן ילקו: לאו שאין בו מעשה אין לוקין עליו. לקמן יליף לה בפרק ג' (דף יג:): ואין משלמין כופר. אם העידו בשור המועד שהרג את האדם והוזמו והיו מחייבין את הבעלים כופר דכתיב (שמות כא) אם כופר יושת עליו וגו': ואין נמכרין. אם העידוהו שגנב ואין לו מה לשלם ונגמר דינו לימכר כדכתיב ונמכר בגנבתו: אין משלמין ע"פ עצמן. אם הוזמו בב"ד ולא הספיק בעל דין להעמידן בדין על הזמתן עד שברחו ובאו בב"ד אחר והודו שהוזמו בב"ד פלוני ולקמן מפרש טעמא: כופרא כפרה. לכפר על זה שהרג שורו את האדם והני לאו בני כפרה ניהו שלא הרג שורם אדם: ומר סבר כופרא ממונא. שהזיק גופו של זה ונתחייב ליורשיו דמי ההרוג: כופרא כפרה. לכפר על עצמו שחייב מיתה בידי שמים לפיכך יתן דמי עצמו: בדניזק שיימינן. בהכי הוא ליה כפרה כי יהיב דמי ניזק ולקמיה מפרש טעמיה: מאי טעמייהו דרבנן. דאילו ר' ישמעאל מסתבר טעמיה כיון דכופרא כפרה דמי עצמו בעי למיתב: נאמר השתה למעלה. בנוגף אשה הרה כאשר ישית עליו בעל האשה (שם): ונאמר השתה למטה. בכופר אם כופר יושת עליו: מה להלן בדניזק. שמשלם דמי וולדות שנזוקו: פדיון נפשו. דנותן את הכופר: ורבנן. אמרי לך אין ודאי פדיון נפשו הוא דכופרא כפרה מיהו בדניזק שיימין ובהכי הוא למזיק פדיון נפשו: דאית ליה לדידיה. שיש לו לגנב ממון לשלם דמי הגניבה אם לא הוזמו ולהם אין מה לשלם דמיגו דאיהו לא הוה מזדבן אם לא הוזמו אינהו נמי כי הוזמו לא מזדבני שהרי לא זממו למכרו: וקנס אינו משלם ע"פ עצמו. דכתיב גבי כפל אשר ירשיעון אלהים פרט למרשיע את עצמו (ב"ק דף סד:): תדע. דקנסא הוא שהרי המעידים בנפש לא הרגו אדם ולא נהרג אדם על פיהם ונהרגין ומשלמין ממון:
מאי

מסורת הש"ס

א) סנהדרין י., ב) [עי' תוס' שבת קנד. ד"ה בלאו וכו' פלפלו בסוגיא דהכא ועי' תוספות סנהדרין י. ד"ה וכל ותוס' כתובות מה: ד"ה ר' יוסה], ג) [לקמן ג. ד: ב"ק ה.], ד) ב"ק מ. מ., ה) גי' יעב"ץ מזדבן, ו) מהר"ם מ"ז, ז) מהר"ם הכי איתמר, ח) [קדושין יח. ע"ש], ט) רש"א והיכי קאמר לעיל דעבדינן ק"ו בכה"ג, י) [וע"ע מ"ש תוס' מנחות טו. ד"ה המפגל].

הגהות הב"ח

(א) גמ' והצדיקו כו'. נ"ב וליכא לאוקמי הך מלקות במקום שאפשר לקיים בו דין הזמה דמכדי רשעתו נפקא לן באלו נערות משום רשעה אחת אתה מחייבו ואי אתה מחייבו משום שתי רשעיות ואי לאו הני קראי יתירא דגלי גבי בן גרושה ובגלות הו"א דקרא דוהצדיקו וכו' לא אתי אלא לעדי בן גרושה שהן ישראלים דהתם לא אפשר לקיים בו דין הזמה הלכך חייבים מלקות אבל כשהן כהנים אפשר לקיים בהו דין הזמה קמ"ל קראי: (ב) שם השתה למעלה ונאמר השתה למטה מה. נ"ב אינה גז"ש מופנה ולא היקשא אלא גילוי מלתא בעלמא למטה כלמעלה: (ג) תוס' ד"ה ומה וכו' ק"ו והכי נמי קאמרינן לעיל:

תורה אור השלם

א) וַאֲשֶׁר יָבֹא אֶת רֵעֵהוּ בַיַּעַר לַחְטֹב עֵצִים וְנִדְּחָה יָדוֹ בַגַּרְזֶן לִכְרֹת הָעֵץ וְנָשַׁל הַבַּרְזֶל מִן הָעֵץ וּמָצָא אֶת רֵעֵהוּ וָמֵת הוּא יָנוּס אֶל אַחַת הֶעָרִים הָאֵלֶּה וָחָי: [דברים יט, ה]

ב) וַעֲשִׂיתֶם לוֹ כַּאֲשֶׁר זָמַם לַעֲשׂוֹת לְאָחִיו וּבִעַרְתָּ הָרָע מִקִּרְבֶּךָ: [דברים יט, יט]

ג) כִּי יִהְיֶה רִיב בֵּין אֲנָשִׁים וְנִגְּשׁוּ אֶל הַמִּשְׁפָּט וּשְׁפָטוּם וְהִצְדִּיקוּ אֶת הַצַּדִּיק וְהִרְשִׁיעוּ אֶת הָרָשָׁע: [דברים כה, א]

ד) וְהָיָה אִם בִּן הַכּוֹת הָרָשָׁע וְהִפִּילוֹ הַשֹּׁפֵט וְהִכָּהוּ לְפָנָיו כְּדֵי רִשְׁעָתוֹ בְּמִסְפָּר: [דברים כה, ב]

ה) לֹא תִרְצָח לֹא תִנְאָף לֹא תִגְנֹב לֹא תַעֲנֶה בְרֵעֲךָ עֵד שָׁקֶר: [שמות כ, יג]

ו) אִם כֹּפֶר יוּשַׁת עָלָיו וְנָתַן פִּדְיֹן נַפְשׁוֹ כְּכֹל אֲשֶׁר יוּשַׁת עָלָיו: [שמות כא, ל]

ז) אִם זָרְחָה הַשֶּׁמֶשׁ עָלָיו דָּמִים לוֹ שַׁלֵּם יְשַׁלֵּם אִם אֵין לוֹ וְנִמְכַּר בִּגְנֵבָתוֹ: [שמות כב, ב]

ליקוטי רש"י

ומה הסוקל אינו נסקל. הרגו. שלא הוזמו עד שנהרג הנידון על פיהם [לקמן ה:]. רמז לעדים זוממין שלוקין. היכא דאין הזמה יכולה להתקיים בהם כגון מעידין אנו באיש פלוני שהוא בן גרושה ונמצאו זוממין והרי הם כהנים אין אומרים יעשה זה בן גרושה תחתיו אלא סופג את הארבעים מנלן [סנהדרין י.]. משום. דבית דין הצדיקו את הצדיק והרשיעו את הרשע והיה אם בן הכות את הרשע לצדק לצדיק למה הוזכרה כאן וכי משום לצדקת לצדיק מתחייב רשע מלקות אלא ודאי עדים זוממין רמיזי הכא דלאעדים קאי האי והיה אם בן הכות והכי קאמר עדים שהרשיעו לצדיק והוזמו והצדיקו עדים אחרונים את הצדיק והרי נעשו רשעים אלו העדים הראשונים וילקו ואם אינו ענין לעדות ממון דהא אין לוקין ומשלמין תניהו ענין לבן גרושה וכיוצא בו [שם]. לאו שאין בו מעשה אין לוקין עליו. דומיא דלאו דחסימה. שהוא כתוב אצל פרשת מלקות [לקמן יג:]. אין משלמין על פי עצמן. כגון אם הוזמו בבית דין זה ולא הספיק בעל דין להעמידן בדין ולתובען והלכו למקום אחר והודו שם בבית דינו של פלוני פטורין. דמודה בקנס פטור [בבא קמא ה.]. בדניזק שיימינן. בגופו של מת ובהכי מכפר מזיק [ב"ק מ.]. נאמר השתה למעלה. לענין דמי ולדות כאשר ישית עליו בעל האשה. ונאמר השתה למטה. במועד שהמית אם כופר יושת עליו [שם]. בזממו. אם העיד בחבירו שגנב והוזם ואין לו במה לשלם אינו נמכר [קידושין יח.].

and convict the guilty one. Then it will be that if the guilty one is liable to lashes . . .[11] Now the word "they" in the phrase "they exonerate" would seem to be referring to judges, and the terms "the innocent one" and "the guilty one" to two litigants. The verse discusses a case in which the judges implement justice by finding in favor of the innocent party and against the guilty one. But if so, how does the second verse follow from the first? "מִשּׁוּם ,,וְהִצְדִּיקוּ אֶת־הַצַּדִּיק וְהִרְשִׁיעוּ אֶת־הָרָשָׁע – **Because *they exonerate the innocent one and convict the guilty one,*** ,,וְהָיָה אִם־בִּן הַכּוֹת הָרָשָׁע" – is that a reason for ***Then it will be that if the guilty one is liable to lashes?***[12]

Ulla concludes his derivation:

אֶלָּא – Rather, the verse must be explained differently, with the pronoun *they* referring to witnesses rather than judges, and the terms *the innocent* and *the guilty* to a litigant and his *zomeim* witness respectively, as follows. עֵדִים שֶׁהִרְשִׁיעוּ אֶת הַצַּדִּיק – The verse refers to a case of **witnesses who caused an innocent person to be convicted,** וְאָתוּ עֵדִים אַחֲרִינֵי – **whereupon other witnesses came** forward ,,וְהִצְדִּיקוּ אֶת־הַצַּדִּיק" דְּמֵעִיקָּרָא – ***and exonerated the one who was innocent* in the first place,** i.e. the defendant, וְשַׁוְּינְהוּ לְהָנֵי רְשָׁעִים – **and established these** [the first witnesses] **as the guilty** ones, i.e. false.[13] ,,וְהָיָה אִם בִּן־הַכּוֹת הָרָשָׁע" – ***Then it will be that if the guilty one is liable to lashes . . .*** that the court shall execute the penalty of *malkus,* as described in the remainder of that passage. The verse thus indicates that there are instances in which *zomeim* witnesses are punished with lashes.[14]

The Gemara asks why Ulla did not offer a more obvious source:

וְתִיפּוֹק לֵיהּ מִ,,לֹא־תַעֲנֶה" – **But let him derive it** [the penalty of lashes for *zomemin* witnesses] **from** the injunction: ***You shall not bear** false witness.*[15] – ? –

The Gemara answers that *malkus* cannot be derived from this:

מִשּׁוּם דְּהָוֵי לָאו שֶׁאֵין בּוֹ מַעֲשֶׂה – **Because it** [the injunction against false testimony] **is a prohibition that does not involve an action,** i.e. it is violated without committing any act, since false testimony is not legally considered an action; וְכָל לָאו שֶׁאֵין בּוֹ מַעֲשֶׂה אֵין לוֹקִין עָלָיו – **and a person does not receive *malkus* for violating any prohibition whose transgression does not involve an action.**[16] Therefore, if not for a special Scriptural decree, *zomeim* witnesses would not be subject to the penalty of *malkus* for violating the injunction *not to bear false witness.*[17]

The Gemara lists other cases of *zomemin* witnesses who cannot be punished reciprocally:

תָּנוּ רַבָּנָן – **The Rabbis taught in a Baraisa:** אַרְבָּעָה דְּבָרִים נֶאֶמְרוּ בְּעֵדִים זוֹמְמִין – **FOUR THINGS WERE SAID ABOUT *ZOMEMIN* WITNESSES:**[18] אֵין נַעֲשִׂין בֶּן גְּרוּשָׁה וּבֶן חֲלוּצָה – **(1) THEY ARE NOT RELEGATED TO THE STATUS OF THE SON OF A DIVORCED WOMAN OR THE SON OF A *CHALUTZAH*** for testifying falsely that a Kohen was disqualified on this account; וְאֵין גּוֹלִין לְעָרֵי מִקְלָט – **(2) AND THEY ARE NOT EXILED TO THE CITIES OF REFUGE** for testifying falsely about an accidental killing; וְאֵין מְשַׁלְּמִין אֶת הַכּוֹפֶר – **(3) AND THEY DO NOT PAY THE *KOFER*** payment for testifying falsely that someone's *muad* ox had gored a person to death;[19] וְאֵין נִמְכָּרִין בְּעֶבֶד עִבְרִי – **(4) AND THEY ARE NOT SOLD AS HEBREW SERVANTS** for testifying falsely that a man is subject to this penalty for thievery.[20]

Another Tanna adds a fifth novelty about *zomeim* witnesses:

מִשּׁוּם רַבִּי עֲקִיבָא אָמְרוּ – **IN THE NAME OF R' AKIVA THEY SAID:** אַף אֵין מְשַׁלְּמִין עַל פִּי עַצְמָן – **THEY ALSO DO NOT PAY** the *hazamah* penalty **ON THE BASIS OF THEIR OWN CONFESSION.**[21]

NOTES

11. *Deuteronomy* 25:1-2. In context the passage reads: *If there will be a dispute between men, and they come to the court and they judge them, and they exonerate the innocent one and convict the guilty one. Then it will be that if the guilty one is liable to lashes, and the judge casts him down and lashes him . . .*

12. A sentence of lashes does not generally result from disputes between two litigants, one of whom is found to be justified and the other to be incorrect or even dishonest. [These most often lead to monetary awards rather than a *malkus* penalty. Rather, a *malkus* sentence usually results from a person committing a sin between himself and God, e.g. he eats nonkosher food, or wears *shaatnez* (see *Ramban* to *Deuteronomy* 25:1).] Thus, if the Torah's intention was merely to teach the law of *malkus,* it should have omitted mention of the exoneration of an innocent party. The verse should thus have stated: "If there will be a dispute between men (i.e. between witnesses who accuse a man of a sin, and that man – see next note), and they come to the court and they [the judges] judge them. Then it will be that if the guilty one is liable to lashes . . ." (see *Rashi*).

13. The passage is interpreted as follows: *If there will be a dispute between men,* i.e. between witnesses who testify against a man, and that man, who denies their charge, *and they approach the court and they judge them,* i.e. the witnesses and that man come to court for adjudication and the court finds the man guilty as charged (*Aruch LaNer;* see also *Malbim* and *HaKesav VeHaKabbalah* ad loc.). *And* subsequently a second pair of witnesses comes forward and *they exonerate the innocent,* i.e. they testify that the first pair had been with them in a different location at the time they claim to have seen the incident, thereby vindicating the defendant, who had been innocent all along, *and convict the guilty,* i.e. they cause the first pair to be convicted as *zomemin* (*Rashi*).

14. *Then it will be that if the guilty one is liable to lashes* means that if the ordinary penalty of reciprocal punishment cannot be applied to the *zomeim* witnesses (for example, if they had testified that the defendant was the son of a divorced woman or liable to exile), then *the judge shall cast him down and lash him,* i.e. the *zomeim* witnesses shall receive *malkus* (*Rashi*). [The verse cannot simply be referring to a case in which the witnesses testified about someone's liability for *malkus,* since their liability for *malkus* would then follow from the general instruction regarding the *zomeim* witness: *And you shall do to him as he planned,* and there would be no need for any special Biblical statement about this.]

15. *Exodus* 20:13. The Torah decrees *malkus* as a general penalty for all negative commandments unless otherwise specified. Accordingly, since false testimony is prohibited by a negative commandment, it should be automatically subject to the penalty of *malkus* in this case in which the specific *hazamah* penalty cannot be applied – even without a Biblical decree unique to *zomemin* (*Rashi*).

16. This is derived by the Gemara on 13b from Scripture (*Rashi*).

17. [Apparently, the Gemara's conclusion is that the *malkus* meted out to *zomemin* witnesses who cannot be punished reciprocally is not the result of having violated the prohibition on testifying falsely, but is a specifically *hazamah*-related penalty. Most Rishonim, however (see *Tosafos* to 4b ד״ה ורבנן, *Ramban, Ritva*), understand the Gemara's conclusion to be that Ulla's derivation teaches that the prohibition of false testimony is an *exception* to the general rule, and that here a person *does* receive lashes for violating a prohibition that does not involve an action. According to this, the lashes are not a unique function of the law of *hazamah,* but are the ordinary consequence of having violated a negative commandment. See at length *Kehillos Yaakov* §1 and *Shiurei R' Shmuel [Rozovsky]* חלק הענינים סימן א׳ regarding this question.]

18. All of these four are exceptions to the general rule that *zomemin* witnesses are punished with the same penalty they sought to inflict.

19. The Torah requires the owner of an ox that gores a person to death to pay a ransom, known as *kofer,* to the victim's heirs (*Exodus* 21:29,30). This is required only if the ox is a *muad,* i.e. an ox that gores habitually, having gored three times previously (*Rashi*).

20. If a man is convicted of stealing and lacks the funds to repay what he has stolen, the Torah (*Exodus* 22:2) decrees that [in certain specific cases] he be sold as an עֶבֶד עִבְרִי, *Hebrew servant,* and the proceeds of the sale are used to make the restitution (*Rashi*).

21. If two men enter a court and confess to having been found *zomemin* in another court and having fled before they could be sentenced, they

עין משפט נר מצוה

ד א מיי' פ"כ מהל' עדות הל' ט סמג עשין קי:
ה ב מיי' פי"ח מהל' סנהדרין הלכה ג:
ו ג ד מיי' פ"כ מהל' עדות הלכה ח סמג עשין שם:
ז ה מיי' פי' מהל' נזקי ממון הלכה ד סמג עשין סז:
ח ו ז מיי' שם פי"א הל' א סמג שם:
ט ח מיי' פי"ח מהל' עדות הלכה ח סמג עשין קי טוש"מ סי' לח:

ומה הסוקל אינו נסקל הבא לסקול ולא סקל אינו דין שלא יסקל אלא מחוורתא כדשנינן מעיקרא: מעידין אנו באיש פלוני שהוא חייב גלות כו': מנא הני מילי אמר ר"ל דאמר קרא (א) הוא ינוס אל אחת הערים הוא ולא זוממין ר' יוחנן אומר ק"ו ומה הוא שעשה מעשה במזיד אינו גולה הן שלא עשו מעשה במזיד אינו דין שלא יגלו והיא נותנת (והלא דין הוא) הוא שעשה מעשה במזיד לא ליגלי כי היכי דלא תיהוי ליה כפרה הן שלא עשו מעשה במזיד נמי ליגלו כי היכי דליהוי להו כפרה אלא מחוורתא כדר"ל (א) אמר עולא רמז לעדים זוממין מן התורה מנין רמז לעדים זוממין והא כתיב (ב) ועשיתם לו כאשר זמם אלא רמז לעדים זוממין שלוקין מן התורה מנין דכתיב (ג) והצדיקו את הצדיק והרשיעו את הרשע (ד) והיה אם בן הכות הרשע משום והצדיקו את הצדיק והרשיעו את הרשע והיה אם בן הכות הרשע א אלא עדים שהרשיעו את הצדיק ואתו עדים אחריני (א) והצדיקו את הצדיק דמעיקרא ושוינהו להני רשעים והיה אם בן הכות הרשע ותיפוק ליה (ה) מלא תענה ב משום דהוי לאו שאין בו מעשה ב וכל לאו שאין בו מעשה אין לוקין עליו ת"ר ד' דברים נאמרו בעדים זוממין אין נעשין בן גרושה ובן חלוצה ואין גולין לערי מקלט ג ואין משלמין את הכופר ד ואין נמכרין בעבד עברי משום ג ר"ע אמרו אף אין משלמין ע"פ עצמן אין נעשין בן גרושה ובן חלוצה כדאמרן ואין גולין לערי מקלט כדאמרן ואין משלמין את הכופר קסברי ה כופרא כפרה והני לאו בני כפרה נינהו מאן תנא כופרא כפרה אמר רב חסדא ר' ישמעאל בנו של ר' יוחנן בן ברוקה היא דתניא (ד) (ו) ונתן פדיון נפשו ו דמי ניזק רבי ישמעאל בנו של ר' יוחנן בן ברוקה אומר דמי מזיק מאי לאו בהא קא מיפלגי דמר סבר כופרא ממונא ומר סבר כופרא כפרה אמר רב פפא לא דכולי עלמא כופרא כפרה והכא בהא קא מיפלגי מר סבר ז בדניזק שיימינן ומר סבר בדמזיק שיימינן מאי טעמייהו דרבנן נאמר השתה (ב) למטה ונאמר השתה למעלה מה להלן בדניזק אף כאן בדניזק ורבי ישמעאל ונתן פדיון נפשו כתיב ורבנן אין פדיון נפשו כתיב מיהו כי שיימינן בדניזק שיימינן ואין נמכרין בעבד עברי סבר רב המנונא למימר ה"מ היכא דאית ליה לדידיה דמיגו דאיהו לא (ה) נזדבן אינהו נמי לא מיזדבנו אבל היכא דלית ליה לדידיה אע"ג דאית להו לדידהו מיזדבנו (ו) (א"ל רבא) ולימרו ליה אי אנת הוה לך מי הוה מיזדבנת אנן נמי לא מיזדבנינן אלא (ז) סבר רב המנונא למימר ה"מ היכא דאית ליה או לדידיה או לדידהו אבל היכא דלית ליה לא לדידיה ולא לדידהו מזדבני א"ל רבא (ז) ונמכר בגנבתו אמר רחמנא (ח) בגנבתו ולא בזוממו: משום ר"ע אמרו וכו': מאי טעמא דר"ע קסבר ח קנסא הוא וקנס אין משלם ע"פ עצמו אמר רבה תדע שהרי לא עשו מעשה [ונהרגים] ומשלמין אמר רב נחמן תדע שהרי ממון ביד בעלים ומשלמים
מאי

רש"י

ומה הסוקל אינו נסקל. עדים שלא הוזמו עד שנהרג הנדון ואח"כ הוזמו אין נהרגין כדאמרינן בפרקין (דף ה:) הרגו אין נהרגין דכתיב כאשר זמם ולא כאשר עשה: הבא לסקול ולא סקל. שהוזם עד שלא נהרג הנדון: הוא שעשה מעשה במזיד אינו גולה. ההורג שעשה מעשה אם במזיד עשאו אינו גולה ואפילו בזמן שאינו נהרג כגון במזיד בלא התראה: הם שלא עשו מעשה. אלא דיבור בעלמא ובמזיד העידו אינו דין שלא יגלו על המזיד: ומקשינן לרבי יוחנן והיא הנותנת. המדה הזאת שהבאת לפטרן היא הנותנת להם חובת גלות הוא לפי שעושה מעשה אם במזיד עשאו אינו גולה דלא תהוי ליה כפרה: הם שלא עשו מעשה יגלו. על זדונן כי היכי כו': רמז לעדים זוממין שלוקין. עדי בן גרושה או עדי גלות שפטרם הכתוב מדין הזמה מנין שהן לוקין ולקמיה פריך תיפוק ליה מלא תענה: משום דהצדיקו את הצדיק כו'. בתמיה אי והצדיקו והרשיעו בדיינין קאמר וצדיק ורשע בבעלי דינין למה לי והצדיקו צדיק כו' ליכתוב כי יהיה ריב בין אנשים ונגשו אל המשפט ושפטום והיה אם בן הכות למה הוזכרה כאן צדקת צדיק וכי כל מקום שהצדיקו ב"ד את הזכאי וחייבו את החייב יש מלקות דאתא קרא למיתלי מלקות בוהצדיקו והרשיעו אלא על כרחך בעדים משתעי עדים שקרים שהרשיעו צדיק ובאו אחרים והזימום והצדיקו את הנדון שהוא צדיק והרשיעו את העדים הרשעים והיה אם בן הכות את הרשע אם הזמה זו בת מלקות היא שאינו יכול לקיים בה דין הזמה גמורה כגון בעדי בן גרושה או גלות והפילו השופט והכהו: ותיפוק ליה מלא תענה. כל עונשי לאוין מלקות אלא במקום שפירש לך בו עונש וכאן שאינו יכול לענשן בעונש הכתוב בהן ילקו: לאו שאין בו מעשה אין לוקין עליו. לקמן יליף לה בפרק ג' (דף יג:): ואין משלמין כופר. אם העידו בשור המועד שהרג את האדם והוזמו והיו מחייבין את הבעלים כופר דכתיב (שמות כא) אם כופר יושת עליו וגו': ואין נמכרין. אם העידוהו שגנב ואין לו מה לשלם ונגמר דינו לימכר כדכתיב ונמכר בגנבתו: אין משלמין ע"פ עצמן. אם הוזמו בב"ד ולא הספיק בעל דין להעמידן בדין על הזמתן עד שברחו ובאו בב"ד אחר והודו שהוזמו בב"ד פלוני ולקמן מפרש טעמא: כופרא כפרה. לכפר על זה שהרג שורו את האדם והני לאו בני כפרה ניהו שלא הרג שורם אדם: ומר סבר כופרא ממונא. שהזיק גופו של זה ונתחייב ליורשיו דמי ההרוג: כופרא כפרה. לכפר על עצמו שחייב מיתה בידי שמים לפיכך יתן דמי עצמו: בדניזק שיימינן. בהכי הויא ליה כפרה כי יהיב דמי ניזק ולקמיה מפרש טעמיה: מאי טעמייהו דרבנן. דאילו ר' ישמעאל מסתבר טעמיה כיון דכופרא כפרה דמי עצמו בעי למיתב: נאמר השתה למעלה. בנוגף אשה הרה כאשר ישית עליו בעל האשה (שם): ונאמר השתה למטה. בכופר אם כופר יושת עליו: מה להלן בדניזק. שמשלם דמי וולדות שהזיקו: פדיון נפשו. דנותן את הכופר: ורבנן. אמרי לך אין ודאי פדיון נפשו הוא דכופרא כפרה מיהו בדניזק שיימינן ובהכי הויא למזיק פדיון נפשו: דאית ליה לדידיה. שיש לו לגנב ממון לשלם דמי הגניבה אם לא הוזמו ולהם אין מה לשלם דמיגו דאיהו לא הוה מזדבן אם לא הוזמו אינהו נמי כי הוזמו לא מזדבני שהרי לא זממו למכרו: וקנס אינו משלם ע"פ עצמו. דכתיב גבי כפל אשר ירשיעון אלהים פרט למרשיע את עצמו (ב"ק דף סד:): תדע. דקנסא הוא שהרי המעידים בנפש לא הרגו אדם ולא נהרג אדם על פיהם ונהרגין ומשלמין ממון:
מאי

תוספות

ומה הסוקל אינו נסקל. פי' הקונטרס כשהרגו אין נהרגין דין הוא דבאו להרוג ולא הרגו דאין נהרגין וקשה טובא חדא דה"ל למימר כדאמרינן לקמן (דף ה:) הרגו אין נהרגין ועוד מאי פריך שאני הכא דגלי קרא בהדיא דהבא לסקול ולא סקל דנסקל בההוא קרא גופיה דחזינן דהסוקל אינו נסקל כדכתיב כאשר זמם ולא כאשר עשה אבל לעולם אימא לך דאית לך שפיר ק"ו דלעיל דלענין חילול דהא לא גלי קרא בשום מקום דשייך בדבר הזה שיתחלל הזומם ועוד קשה דהוה ליה לתרץ דהתם ודאי לא עבדינן ק"ו משום דא"כ בטלת תורת עדים זוממין לגמרי ולא משכחת לה כאשר זמם אבל לעיל דלא בטלת תורת עדים זוממין שייך שפיר למיעבד ק"ו לכך פירש ר"ת דה"ק ומה הסוקל אינו נסקל פירוש אדם שסוקל חבירו באבנים ומת דנדון בסייף ולא בסקילה הבא ליסקל ולא נסקל עדים שמעידין איש פלוני שמחויב סקילה ולא נסקל על ידם אינו דין שלא יסקלנו והשתא לא בטלת לגמרי דאיכא לאוקומי קרא דועשיתם כאשר זמם כשהן מעידין שמחויב שאר מיתות ב"ד שאינו בסקילה ואפ"ה לא עבדינן האי ק"ו (ג) (ט) דהכי קאמר לו לעיל דלא עבדינן ק"ו בכהאי גוונא (י):
באומר

רבינו חננאל

ומה הסוקל אינו נסקל כדקי"ל לא הרגו נהרגין הרגו אין נהרגין (א) הבא לסקול ולא סקלו אינו דין שלא יסקל. אלא מחוורתא כדשנין מעיקר' ועשיתם לו ולא לזרעו. מעידנו באיש פלוני שחייב גלות ונמצאו זוממין אין אומרים יגלה זה תחתיו אלא לוקין ארבעים. מנא לן אמר ריש לקיש דאמר קרא הוא ינוס הוא ולא זוממין. ר' יוחנן אמר ק"ו ומה הוא אם עשה במזיד בלא התראה אינו נהרג ואינו גולה הן שאע"פ שהן במזיד לא עשו מעשה אינו דין שלא יגלו. ודחי'. היא הנותנת כלומר מדבריך ראוי הוא שיגלו כדי שתהיה להן כפרה מאחר שלא עשו מעשה אבל הוא שעשה מעשה במזיד לא תהיה כפרה בגלות. ונדחו דברי ר' יוחנן ועמדו דברי ריש לקיש: אמר עולא רמז לעדים זוממין שלוקין מן התורה מנין שנאמר והצדיקו את הצדיק והרשיעו את הרשע והיה אם בן הכות הרשע. משום והצדיקו את הצדיק והרשיעו את הרשע ילקה. אלא כגון דאתו עדים והרשיעו הצדיק והצדיקו הרשע. ואתו שהדי אחריני והצדיקו את הצדיק דמעיקרא והרשיעו את הרשע כלומר שוינהו להנהו שהדי קמאי רשעים והיה אם בן הכות הרשע. אבל מלאו דלא תענה אין לוקין משום דהוה ליה לאו שאין בו מעשה: ת"ר ד' דברים נאמרו בעדים זוממין אין נעשין בן גרושה או בן חלוצה ואין גולין לערי מקלט ואין משלמין את הכופר ואין נמכרין לעבד עברי. משום ר' עקיבא אמרו אף אין משלמין [על פי עצמן. אין נעשין בן גרושה וכו'] ואין גולין לערי מקלט שנאמר הוא ינוס הוא ולא זוממין. ואין משלמין כופר מאי טעמא כופרא כפרה הוא והני לאו בני כפרה נינהו כיצד כגון שהעידו כי שורו של פלוני הרג פלוני שמחייבין אותו כופר ונמצאו זוממין אין משלמין את הכופר: ואין נמכרין בעבד עברי. מאי טעמא אמר רבא דאמר קרא אם אין לו ונמכר בגנבתו בגנבה נמכר ולא בזממו. משום ר' עקיבא אמרו אף אין משלמין על פי עצמן. מאי טעמא קסבר ר' עקיבא עדים זוממין קנסא הוא ואין אדם משלם קנס על פי עצמו.

מסורת הש"ס

א) סנהדרין י., ב) [עי' תוס' שבת קנד. ד"ה בלאו וכו' פלפלו בסוגיא דהכא ועי' תוספות סנהדרין י. ד"ה וכל ותוס' כתובות מה: ד"ה ר' יהודה], ג) [לקמן ג. ד: ב"ק ה.], ד) ב"ק מ. מ., ה) גי' יעב"ץ מזדבן, ו) מהרש"א מ"ז, ז) מהרש"א הכי איתמר, ח) [קדושין יח. ע"ש], ט) רש"א וה"ט קאמר לעיל דעבדינן ק"ו בכה"ג, י) [וע"ע מ"ש תוס' מנחות טו. ד"ה המפגל].

הגהות הב"ח

(א) גמ' והצדיקו כו'. נ"ב וליכא לאוקמי הך מלקות במקום שאפשר לקיים בו דין הזמה דמכדי רשעתו נפקא לן בלאו נערות משום רשעה אחת אתה מחייבו ולא אתה מחייבו משום שתי רשעיות ואי לאו הני קראי יתירא דגלי גבי בן גרושה ובגלות הו"א דקרא דוהצדיקו וכו' לא אתי אלא לעדי בן גרושה שהן ישראלים דהתם לא אפשר לקיים בו דין הזמה הלכך חייבים מלקות אבל כשהן כהנים אפשר לקיים בהו דין הזמה קמ"ל קראי: (ב) שם השתה למעלה ונאמר השתה למטה מה. נ"ב אינה גז"ש מופנה ולא היקשא אלא גילוי מלתא בעלמא למטה כלמעלה: (ג) תוס' ד"ה ומה וכו' ק"ו והכי נמי קאמרינן לעיל:

תורה אור השלם

א) ואשר יבא את רעהו ביער לחטב עצים ונדחה ידו בגרזן לכרת העץ ונשל הברזל מן העץ ומצא את רעהו ומת הוא ינוס אל אחת הערים האלה וחי: [דברים יט, ה]
ב) ועשיתם לו כאשר זמם לעשות לאחיו ובערת הרע מקרבך: [דברים יט, יט]
ג) כי יהיה ריב בין אנשים ונגשו אל המשפט ושפטום והצדיקו את הצדיק והרשיעו את הרשע: [דברים כה, א]
ד) והיה אם בן הכות הרשע והפילו השפט והכהו לפניו כדי רשעתו במספר: [דברים כה, ב]
ה) לא תרצח לא תנאף לא תגנב לא תענה ברעך עד שקר: [שמות כ, יג]
ו) אם כפר יושת עליו ונתן פדין נפשו ככל אשר יושת עליו: [שמות כא, ל]
ז) אם זרחה השמש עליו דמים לו שלם ישלם אם אין לו ונמכר בגנבתו: [שמות כב, ב]

ליקוטי רש"י

ומה הסוקל אינו נסקל. הרגו. שלא הוזמו עד שנהרג הנידון על פיהם [לקמן ה:]. רמז לעדים זוממין שלוקין. [illegible]

חשק שלמה על ר"ח

א) [illegible]

The Gemara explains the Baraisa phrase by phrase:

אֵין נַעֲשִׂין בֶּן גְּרוּשָׁה וּבֶן חֲלוּצָה כִּדְאָמְרָן – THEY ARE NOT RELEGATED TO THE STATUS OF THE SON OF A DIVORCED WOMAN OR THE SON OF A *CHALUTZAH* – **as we have explained** above. **וְאֵין גּוֹלִין לְעָרֵי מִקְלָט כִּדְאָמְרָן** – AND THEY ARE NOT EXILED TO THE CITIES OF REFUGE – **as we have explained** above. **וְאֵין מְשַׁלְּמִין אֶת הַכּוֹפֶר** – AND THEY DO NOT PAY THE *KOFER* payment – **קָסָבְרֵי כּוּפְרָא כַּפָּרָה** – because **they** [the anonymous Sages of this Baraisa] **are of the opinion that *kofer* is an atonement** payment for the owner's negligence in allowing his ox to run amok and kill someone, **וְהָנֵי לָאו בְּנֵי כַּפָּרָה נִינְהוּ** – **and these** witnesses **are not subject to** this **atonement,** since their animal did not kill.[22]

The Gemara digresses to analyze the last-mentioned point. The previous wording implies that it may not be universally accepted that *kofer* is an atonement payment. The Gemara therefore asks: **מַאן תַּנָּא כּוּפְרָא כַּפָּרָה** – **Who** is the Tanna who **taught that *kofer* is an atonement** payment?

The Gemara answers:

אָמַר רַב חִסְדָּא – **Rav Chisda said: רַבִּי יִשְׁמָעֵאל בְּנוֹ שֶׁל רַבִּי יוֹחָנָן בֶּן בְּרוֹקָה הִיא** – **It is R' Yishmael the son of R' Yochanan ben Berokah. דְּתַנְיָא** – **For it was taught in a Baraisa** about the *kofer* payment: "וְנָתַן פִּדְיֹן נַפְשׁוֹ" – The verse states:[23] *AND HE* [the owner of the ox] *SHALL GIVE A RANSOM FOR HIS LIFE* [i.e. *kofer*] – **דְּמֵי נִיזָּק** – this means THE VALUE OF THE VICTIM.[24] **רַבִּי יִשְׁמָעֵאל בְּנוֹ שֶׁל רַבִּי יוֹחָנָן בֶּן בְּרוֹקָה אוֹמֵר** – R' YISHMAEL THE SON OF R' YOCHANAN BEN BEROKAH SAYS: **דְּמֵי מַזִּיק** – THE VALUE OF THE DAMAGER [the owner of the ox].[25] **מַאי לָאו בְּהָא קָא מִיפַּלְגֵי** – Now, **is it not that they disagree in the following** point? **דְּמַר סָבַר כּוּפְרָא מָמוֹנָא** – Namely, **that** this **master** [the Tanna Kamma] **considers *kofer* a compensatory payment,** in the manner of damages, and therefore bases it on the value of the victim, **וּמַר סָבַר כּוּפְרָא כַּפָּרָה** – **while** the other **master** [R' Yishmael] **considers *kofer* an atonement** payment, which is therefore set at the value of the one responsible for the damage, i.e. the owner of the ox.[26] Thus we see that the one who holds that *kofer* is an atonement payment is R' Yishmael the son of R' Yochanan ben Berokah.

The Gemara rejects this reasoning:

אָמַר רַב פָּפָּא – **Rav Pappa said: לֹא** – **No!** This is not the basis of their disagreement. Rather, **דְּכוּלֵּי עָלְמָא כּוּפְרָא כַּפָּרָה** – **everyone agrees that *kofer* is an atonement** payment, even the Tanna Kamma. **וְהָכָא בְּהָא קָא מִיפַּלְגֵי** – **And here they disagree on the following** point: **מַר סָבַר בִּדְנִיזָּק שָׁיְימִינַן** – This **master** [the Tanna Kamma] **holds that we assess** the amount to be paid as *atonement* **according to** the value of **the victim,**[27] **וּמַר סָבַר בִּדְמַזִּיק שָׁיְימִינַן** – **while** the other **master** [R' Yishmael] **holds that we assess** the amount to be paid as *atonement* **according to** the value of **the damager.**

The Gemara elaborates:

מַאי טַעְמַיְיהוּ דְּרַבָּנָן – **What is the reason of the Rabbis** [i.e. the Tanna Kamma]?[28] **נֶאֱמַר הֲשָׁתָה לְמַטָּה** – The term ***imposition* is used below**[29] in the verse detailing the *kofer* obligation, **וְנֶאֱמַר הֲשָׁתָה לְמַעְלָה** – **and** [the term] ***imposition* is used above**[30] in the verse dealing with the fine paid for jolting a pregnant woman and causing her to miscarry.[31] **מָה לְהַלָּן בִּדְנִיזָּק** – **Just as there** in the case of the miscarriage the assessment is based **on the** value of **the victim,** and the assailant pays the value of the fetus, **אַף כָּאן בִּדְנִיזָּק** – **so here** in the case of *kofer* the assessment is based **on** the value of **the victim.**

NOTES

are not made to suffer the *hazamah* penalty. The Gemara below will explain the reason (*Rashi*).

22. *Rashi*. This requires elucidation. The issue is not whether they should pay the *kofer* as an *atonement,* but whether they should pay it as a *hazamah penalty* for attempting to make their victim suffer this financial loss. He too did not require an atonement since his ox did not kill, yet their false testimony would have forced him to pay nonetheless. Why then should they not be forced to pay in return?

Ramban (cited by *Ritva*) answers that according to the view that *kofer* is an atonement payment, the real punishment for someone whose *muad* ox killed is premature death at the hands of Heaven, as it is written (*Exodus* 21:29): *and also its owner shall die* (*Mechilta* loc. cit. and *Sanhedrin* 15b). *Kofer* is merely a *substitute* for this punishment (it *atones* for the person's sin and thereby *releases* him from the punishment). Hence, wherever the punishment of premature death is not applicable, neither is *kofer*. Now, *zomemin* who testified that someone's *muad* ox killed are surely not subject to premature death as a *hazamah* penalty. For their victim would not have died by the hand of Heaven as a result of their testimony even had it not been discredited, since Heaven knew all along that they were lying, and he had committed no sin. Accordingly, *kofer,* which replaces the Heavenly death penalty, does not apply to them either. [*Ritva* concludes that this explanation might in fact be what *Rashi* means to say, "except that his language is, characteristically, brief."]

[An alternative explanation of *Rashi's* comment: The penalty of *hazamah* is not merely that whatever the witnesses attempted to have done to their victim is done to them. Rather, it is that the *verdict* they sought to impose on him becomes their *verdict.* (Additional mention of this way of understanding the *hazamah* penalty appears in note 33 below and on 4b, note 17.) Accordingly, we must contrast the verdict of *kofer* with other verdicts. Regarding all other verdicts, for example, a verdict to compensate someone else for damages or to receive lashes for eating forbidden food, the doing of the damage or the eating of the food is merely the *reason* for the verdict. The verdict itself, however, is simply to pay money or be lashed. Accordingly, that same verdict can be imposed on *zomeim* witnesses, even though they themselves did not inflict damage or eat forbidden food. In regard to *kofer,* however, the verdict is not (according to those who maintain that *kofer* is an atonement payment) merely that the owner of the ox must pay money, with the *reason* for the verdict being because he allowed his ox to kill. Rather, the verdict is that he *atone for his sin of allowing his ox to kill* by paying money. Hence, *zomeim* witnesses, whose ox did not kill and therefore need no atonement for this sin, cannot be subject to this payment (*Shiurei R' Shmuel Rozovsky* §94, in explanation of *Rashi*).]

23. *Exodus* 21:30.

24. The Gemara presently assumes that this opinion maintains that the pronoun *his* in the verse refers to the victim of the goring. Thus, the verse states that the amount the ox's owner must pay as *kofer* is the monetary value of the victim [before his death].

[Although no value can be placed on a human life, for judicial purposes a person is valued at the price he would fetch on the slave market. This varies greatly from person to person, based on gender, age, health, etc. (see Mishnah, *Bava Kamma* 83b).]

25. He maintains that the pronoun *his* refers to the ox's owner, and it is therefore *his* worth that determines the *kofer* payment.

26. Because he was not careful in guarding his ox, and this led to someone's death, the owner of the ox should really be subject to a Heavenly decree of death for his negligence (see *Exodus* 21:29 with *Rashi*). The Torah, however, provides *kofer* as a substitute for this. Thus, the simple logic of the situation dictates that he pay his *own* worth, to ransom himself from his death sentence (*Rashi*).

27. Although the payment is an atonement for the owner of the ox, the *amount* of the payment is determined by the worth of the man who was killed. The Gemara will explain the reason for this (*Rashi*).

28. R' Yishmael's view needs no explanation, because it stands to reason that if *kofer* is an atonement for the ox owner, it is his value that should be paid (*Rashi*). But the Tanna Kamma's opinion seems illogical: If *kofer* is an atonement for the ox's owner, why is it determined by the worth of the victim rather than by the owner's own worth?

29. Ibid.

30. Ibid. v. 22.

31. The *kofer* verse reads: אִם־כֹּפֶר "יוּשַׁת" עָלָיו, *If a kofer [payment]* ***be imposed*** *upon [the owner of the ox].* The verse requiring payment for the aborted fetus reads: עָנוֹשׁ יֵעָנֵשׁ כַּאֲשֶׁר "יָשִׁית" עָלָיו בַּעַל הָאִשָּׁה, *he* [the man

עין משפט

ד א מיי' פ"כ מהל' עדות הל' ט סמג עשין קי:
ה ב מיי' פי"ח מהל' סנהדרין הלכה ג:
ו ג ד מיי' פ"כ מהל' עדות הלכה ח סמג עשין שם:
ז ה מיי' פ"י מהל' נזקי ממון הלכה ד סמג עשין סז:
ח ו ז מיי' שם פי"א הל' א סמג שם:
ט ח מיי' פי"ח מהל' עדות הלכה ח סמג עשין קי טוש"מ סי' לח:

ומה הסוקל אינו נסקל הבא לסקול ולא סקל אינו דין שלא יסקל אלא מחוורתא כדשנינן מעיקרא: מעידין אנו באיש פלוני שהוא חייב גלות כו': מנא הני מילי אמר ר"ל דאמר קרא א) הוא ינוס אל אחת הערים הוא ולא זוממין ר' יוחנן אומר ק"ו ומה הוא שעשה מעשה במזיד אינו גולה הן שלא עשו מעשה במזיד אינו דין שלא יגלו והיא נותנת (והלא דין הוא) הוא שעשה מעשה במזיד לא ליגלי כי היכי דלא תיהוי ליה כפרה הן שלא עשו מעשה במזיד נמי ליגלו כי היכי דליהוי להו כפרה אלא מחוורתא כדר"ל אמר עולא רמז לעדים זוממין מן התורה מנין רמז לעדים זוממין והא כתיב ב) ועשיתם לו כאשר זמם אלא רמז לעדים זוממין שלוקין מן התורה מנין דכתיב ג) והצדיקו את הצדיק והרשיעו את הרשע ד) והיה אם בן הכות הרשע משום והצדיקו את הצדיק והרשיעו את הרשע והיה אם בן הכות הרשע אלא עדים שהרשיעו את הצדיק ואתו עדים אחריני (א) והצדיקו את הצדיק דמעיקרא ושוינהו להני רשעים והיה אם בן הכות הרשע ותיפוק ליה ה) מלא תענה משום דהוי לאו שאין בו מעשה וכל לאו שאין בו מעשה אין לוקין עליו ת"ר ד' דברים נאמרו בעדים זוממין אין נעשין בן גרושה ובן חלוצה ואין גולין לערי מקלט ואין משלמין את הכופר ואין נמכרין בעבד עברי משום ר"ע אמרו אף אין משלמין ע"פ עצמן אין נעשין בן גרושה ובן חלוצה כדאמרן ואין גולין לערי מקלט כדאמרן ואין משלמין את הכופר קסברי כופרא כפרה והני לאו בני כפרה נינהו מאן תנא כופרא כפרה אמר רב חסדא ר' ישמעאל בנו של ר' יוחנן בן ברוקה היא דתניא ו) ונתן פדיון נפשו דמי ניזק רבי ישמעאל בנו של ר' יוחנן בן ברוקה אומר דמי מזיק מאי לאו בהא קא מיפלגי דמר סבר כופרא ממונא ומר סבר כופרא כפרה אמר רב פפא לא דכולי עלמא כופרא כפרה והכא בהא קא מיפלגי מר סבר בדניזק שיימינן ומר סבר בדמזיק שיימינן מאי טעמייהו דרבנן נאמר השתה (ב) למטה ונאמר השתה למעלה מה להלן בדניזק אף כאן בדניזק ורבי ישמעאל ונתן פדיון נפשו כתיב ורבנן אין פדיון נפשו כתיב מיהו כי שיימינן בדניזק שיימינן ואין נמכרין בעבד עברי סבר רב המנונא למימר ה"מ היכא דאית ליה לדידיה דמיגו דאיהו לא מיזדבן איהו נמי לא מיזדבנו אבל היכא דלית ליה לדידיה אע"ג דאית להו לדידהו מיזדבנו (א"ל רבא) ולימרו ליה אי אנת הוה לך מי הוה מיזדבנת אנן נמי לא מיזדבנינן אלא סבר רב המנונא למימר ה"מ היכא דאית ליה או לדידיה או לדידהו אבל היכא דלית ליה לא לדידיה ולא לדידהו מזדבני א"ל רבא ז) ונמכר בגנבתו אמר רחמנא בגנבתו ולא בזוממו: משום ר"ע אמרו וכו': מאי טעמא דר"ע קסבר קנסא הוא וקנס אין משלם ע"פ עצמו אמר רבה תדע שהרי לא עשו מעשה [ונהרגים] ומשלמים אמר רב נחמן תדע שהרי ממון ביד בעלים ומשלמים
מאי

ומה הסוקל אינו נסקל. עדים שלא הוזמו עד שנהרג הנדון ואח"כ הוזמו אין נהרגין כדאמרינן בפרקין (דף ה:) הרגו אין נהרגין דכתיב כאשר זמם ולא כאשר עשה: הבא לסקול ולא סקל. שהוזם עד שלא נהרג הנדון: הוא שעשה מעשה במזיד אינו גולה. ההורג שעשה מעשה אם במזיד עשאו אינו גולה ואפילו בזמן שאינו נהרג כגון במזיד בלא התראה: הם שלא עשו מעשה. אלא דיבור בעלמא ובמזיד העידו אינו דין שלא יגלו על המזיד: ומקשינן לרבי יוחנן והיא הנותנת. המדה הזאת שהבאת לפטרן היא הנותנת להם חובת גלות הוא לפי שעושה מעשה אם במזיד עשאו אינו גולה דלא תהוי ליה כפרה: הם שלא עשו מעשה יגלו. על זדונן כי היכי כו': רמז לעדים זוממין שלוקין. עדי בן גרושה או עדי גלות שפטרם הכתוב מדין הזמה מנין שהן לוקין ולקמיה פריך תיפוק ליה מלא תענה: משום דהצדיקו את הצדיק כו'. בתמיה אי והצדיקו והרשיעו בדיינין קאמר וצדיק ורשע בבעלי דינין למה לי והצדיקו צדיק כו' ליכתוב כי יהיה ריב בין אנשים ונגשו אל המשפט ושפטום והיה אם בן הכות למה הוזכרה כאן לצדקת צדיק וכי כל מקום שהצדיקו ב"ד את הזכאי וחייבו את החייב יש מלקות דאתא קרא למיתלי מלקות בוהצדיקו והרשיעו אלא על כרחך בעדים משתעי עדים שקרים שהרשיעו צדיק ובאו אחרים והזימום והצדיקו את הנדון שהוא צדיק והרשיעו את העדים הרשעים והיה אם בן הכות את הרשע אם הזמה זו בת מלקות היא שאינו יכול לקיים בה דין הזמה גמורה כגון בעדי בן גרושה או גלות והפילו השופט והכהו: ותיפוק ליה מלא תענה. כל עונשי לאוין מלקות אלא במקום שפירש לך בו עונש וכאן שאינו יכול לענשן בעונש הכתוב בהן ילקו: לאו שאין בו מעשה אין לוקין עליו. לקמן יליף לה בפרק ג' (דף יג:): ואין משלמין כופר. אם העידו בשור המועד שהרג את האדם והוזמו והיו מחייבין את הבעלים כופר דכתיב (שמות כא) אם כופר יושת עליו וגו': ואין נמכרין. אם העידוהו שגנב ואין לו מה לשלם ונגמר דינו לימכר כדכתיב ונמכר בגנבתו: אין משלמין ע"פ עצמן. אם הוזמו בב"ד ולא הספיק בעל דין להעמידן בדין על הזמתן עד שברחו ובאו בב"ד אחר והודו שהוזמו בב"ד פלוני ולקמן מפרש טעמא: כופרא כפרה. לכפר על זה שהרג שורו את האדם והני לאו בני כפרה נינהו שלא הרג הוא אדם: ומר סבר כופרא ממונא. שהזיק גופו של זה ונתחייב ליורשיו דמי ההרוג: כופרא כפרה. לכפר על עצמו שחייב מיתה בידי שמים לפיכך יתן דמי עצמו: בדניזק שיימינן. בהכי הויא ליה כפרה כי יהיב דמי ניזק ולקמיה מפרש טעמיה: מאי טעמייהו דרבנן. דאילו ר' ישמעאל מסתבר טעמיה כיון דכופרא כפרה דמי עצמו בעי למיתב: נאמר השתה למעלה. בנוגף אשה הרה כאשר ישית עליו בעל האשה (שם): ונאמר השתה למטה. בכופר אם כופר יושת עליו: מה להלן בדניזק. שמשלם דמי וולדות שנזוקו: פדיון נפשו. דנותן את הכופר: ורבנן. אמרי לך אין ודאי פדיון נפשו הוא דכופרא כפרה מיהו בדניזק שיימינן ובהכי הויא למזיק פדיון נפשו: דאית ליה לדידיה. שיש לו לגנב ממון לשלם דמי הגניבה אם לא הוזמו ולהם אין מה לשלם דמיגו דאיהו לא הוה מזדבן אם לא הוזמו איניהו נמי כי הוזמו לא מזדבני שהרי לא זממו למכרו: וקנס אינו משלם ע"פ עצמו. דכתיב גבי כפל אשר ירשיעון אלהים פרט למרשיע את עצמו (ב"ק דף סד:): תדע. דקנסא הוא שהרי המעידים בנפש לא הרגו אדם על פיהם ונהרגין ומשלמין ממון:
מאי

ומה הסוקל אינו נסקל. פי' הקונטרס כשהרגו אין נהרגין דין הוא דבאו להרוג ולא הרגו דאין נהרגין וקשה טובא חדא דה"ל למימר כדאמרינן לקמן (דף ה:) הרגו אין נהרגין ועוד מאי פריך שאני הכא דגלי קרא בהדיא דהבא לסקול ולא סקל דנסקל בההוא קרא גופיה דחזינן דהסוקל אינו נסקל כדכתיב כאשר זמם ולא כאשר עשה אבל לעולם אימא לך דאית לך שפיר ק"ו דלעיל דלענין חילול דהא לא גלי קרא בשום מקום דשייך בדבר הזה שיתחלל הזומה ועוד קשה דהוה ליה לתרץ דהתם ודאי לא עבדינן ק"ו משום דא"כ בטלת תורת עדים זוממין לגמרי ולא משכחת לה כאשר זמם אבל לעיל דלא בטלת תורת עדים זוממין שייך שפיר למיעבד ק"ו לכך פירש ר"ת דה"ק ומה הסוקל אינו נסקל פירוש אדם שסוקל חבירו באבנים ומת דנדון בסייף ולא בסקילה הבא ליסקל ולא נסקל עדים שמעידין איש פלוני שמחויב סקילה ולא נסקל על ידם אינו דין שלא יסקלנו והשתא לא בטלת לגמרי דאיכא לאוקומי קרא דועשיתם כאשר זמם כשהן מעידין שמחויב שאר מיתות ב"ד שאינו בסקילה ואפ"ה לא עבדינן האי ק"ו (ג) דהכי קאמר לו לעיל דלא עבדינן ק"ו בכהאי גוונא:
בלומר

רבינו חננאל

ומה הסוקל אינו נסקל כדקי"ל לא הרגו נהרגין הרגו אין נהרגין א) הבא לסקול ולא סקלו אינו דין שלא יסקל. אלא מחוורתא כדשנינן מעיקר' ועשיתם לו ולא לזרעו. מעידנו באיש פלוני שחייב גלות ונמצאו זוממין אין אומרים יגלה זה תחתיו אלא לוקין ארבעים. מנא לן אמר ריש לקיש דאמר קרא הוא ינוס הוא ולא זוממין. ר' יוחנן אמר ק"ו ומה הוא אם עשה במזיד בלא התראה אינו נהרג ואינו גולה הן שאע"פ שהן במזיד לא עשו מעשה אינו דין שלא יגלו. ודחי'. היא הנותנת כלומר מדבריך ראוי הוא שיגלו כדי שתהיה להן כפרה מאחר שלא עשו מעשה אבל הוא שעשה מעשה במזיד לא תהיה כפרה בגלות. ונדחו דברי ר' יוחנן ועמדו דברי ריש לקיש: אמר עולא רמז לעדים זוממין שלוקין מן התורה מנין שנאמר והצדיקו את הצדיק והרשיעו את הרשע והיה אם בן הכות הרשע. משום והצדיקו את הצדיק והרשיעו את הרשע ילקה. אלא כגון דאתו עדים והרשיעו הצדיק והצדיקו הרשע. ואתו שהדי אחריני והצדיקו את הצדיק דמעיקרא והרשיעו את הרשע כלומר שוינהו להנהו שהדי קמאי רשעים והיה אם בן הכות הרשע. אבל מלאו דלא תענה אין לוקין משום דהוה ליה לאו שאין בו מעשה: ת"ר ד' דברים נאמרו בעדים זוממין אין נעשין בן גרושה או בן חלוצה ואין גולין לערי מקלט ואין משלמין את הכופר ואין נמכרין לעבד עברי. משום ר' עקיבא אמרו אף אין משלמין [על פי עצמן. אין נעשין בן גרושה וכו'] ואין גולין לערי מקלט שנאמר הוא ינוס הוא ולא זוממין. ואין משלמין כופר מאי טעמא כופרא כפרה הוא והני לאו בני כפרה נינהו כיצד כגון שהעידו כי שורו של פלוני הרג פלוני שמחייבין אותו כופר ונמצאו זוממין אין משלמין את הכופר: ואין נמכרין בעבד עברי. מאי טעמא אמר רבא דאמר קרא אם אין לו ונמכר בגנבתו בגנבה נמכר ולא בזוממו. משום ר' עקיבא אמרו אף אין משלמין על פי עצמן. מאי טעמא קסבר ר' עקיבא עדים זוממין קנסא הוא ואין אדם משלם קנס על פי עצמו. אמר רבא תדע שהרי לא עשו מעשה ונהרגין. וכן אמר רב נחמן תדע שהרי ממון ביד בעליו ומשלמין הנה

חשק שלמה על ר"ח א) כפרש"י וכבר הקשו הראשונים על זה הפי':

מסורת הש"ס

א) סנהדרין י., ב) [עי' תוס' שבת קנד. ד"ה בלאו וכו' פלפלו בסוגיא דהכא ועי' תוספות סנהדרין י. ד"ה וכל ותוס' כתובות מה: ד"ה ר' יהודה], ג) [לקמן ג. ד: ב"ק ה.], ד) ב"ק מ., ה) גי' יעב"ץ מזדבן, ו) מהרש"ם מ"ו, ז) מהרש"ם הכי איתמר, ח) [קדושין יח. ע"ש], ט) רש"א והיכי קאמר לעיל דעבדינן ק"ו בכה"ג, י) [ועי' מ"ש תוס' מנחות טו. ד"ה המפגל].

הגהות הב"ח

(א) גמ' והצדיקו כו'. נ"ב וליכא לאוקמי הך מלקות במקום שאפשר לקיים בו דין הזמה דמכדי רשעתו נפקא לן באלו נערות משום רשעה אחת אתה מחייבו ואי אתה מחייבו משום שתי רשעיות ואי לאו הני קראי יתירא דגלי גבי בן גרושה ובגלות הו"א דקרא דוהצדיקו וכו' לא אתי אלא לעדי בן גרושה שהן ישראלים דהתם לא אפשר לקיים בו דין הזמה הלכך חייבים מלקות אבל כשהן כהנים אפשר לקיים בהו דין הזמה קמ"ל קראי: (ב) שם השתה למעלה ונאמר השתה למטה מה. נ"ב אינה גז"ש מופנה ולא היקשא אלא גילוי מלתא בעלמא למטה כלמעלה: (ג) תוס' ד"ה ומה וכו' ק"ו והכי נמי קאמרינן לעיל:

תורה אור השלם

א) וַאֲשֶׁר יָבֹא אֶת רֵעֵהוּ בַיַּעַר לַחְטֹב עֵצִים וְנִדְּחָה יָדוֹ בַגַּרְזֶן לִכְרֹת הָעֵץ וְנָשַׁל הַבַּרְזֶל מִן הָעֵץ וּמָצָא אֶת רֵעֵהוּ וָמֵת הוּא יָנוּס אֶל אַחַת הֶעָרִים הָאֵלֶּה וָחָי: [דברים יט, ה]
ב) וַעֲשִׂיתֶם לוֹ כַּאֲשֶׁר זָמַם לַעֲשׂוֹת לְאָחִיו וּבִעַרְתָּ הָרָע מִקִּרְבֶּךָ: [דברים יט, יט]
ג) כִּי יִהְיֶה רִיב בֵּין אֲנָשִׁים וְנִגְּשׁוּ אֶל הַמִּשְׁפָּט וּשְׁפָטוּם וְהִצְדִּיקוּ אֶת הַצַּדִּיק וְהִרְשִׁיעוּ אֶת הָרָשָׁע: [דברים כה, א]
ד) וְהָיָה אִם בִּן הַכּוֹת הָרָשָׁע וְהִפִּילוֹ הַשֹּׁפֵט וְהִכָּהוּ לְפָנָיו כְּדֵי רִשְׁעָתוֹ בְּמִסְפָּר: [דברים כה, ב]
ה) לֹא תִרְצָח לֹא תִנְאָף לֹא תִגְנֹב לֹא תַעֲנֶה בְרֵעֲךָ עֵד שָׁקֶר: [שמות כ, יג]
ו) אִם כֹּפֶר יוּשַׁת עָלָיו וְנָתַן פִּדְיֹן נַפְשׁוֹ כְּכֹל אֲשֶׁר יוּשַׁת עָלָיו: [שמות כא, ל]
ז) אִם זָרְחָה הַשֶּׁמֶשׁ עָלָיו דָּמִים לוֹ שַׁלֵּם יְשַׁלֵּם אִם אֵין לוֹ וְנִמְכַּר בִּגְנֵבָתוֹ: [שמות כב, ב]

ליקוטי רש"י

ומה הסוקל אינו נסקל. הרגו. שלא הוזמו עד שנהרג הנידון על פיהם [לקמן ה:]. רמז לעדים זוממין שלוקין. היכא דאין הזמה יכולה להתקיים בהם כגון מעידין אנו באיש פלוני שהוא בן גרושה ונמצאו זוממין והרי הם כהנים אין אומרים יעשה זה בן גרושה תחתיו אלא סופג את הארבעים מנלן [סנהדרין י.]. משום. דבית דין הצדיקו את הצדיק והרשיעו את הרשע והיה אם בן הכות את הרשע לצדקת צדיק למה הוזכרה כאן וכי משום לצדקת צדיק מתחייב רשע מלקות אלא ודאי עדים זוממין רמיזי הכא דאעדים קאי האי והיה אם בן הכות והכי קאמר עדים שהרשיעו צדיק והוזמו והצדיקו עדים אחרונים את הצדיק והרי נעשו רשעים אלו העדים הראשונים וילקו ואם אינו ענין לעדות ממון דהא אין לוקין ומשלמין תניהו ענין לבן גרושה וכיוצא בו [שם]. לאו שאין בו מעשה אין לוקין עליו. דומיא דלאו דחסימה. שהוא כתוב אצל פרשת מלקות [לקמן יג:]. אין משלמין על פי עצמן. כגון אם הוזמו בבית דין זה ולא הספיק בעל דין להעמידן בדין ולתובען והלכו למקום אחר והודו שם בבית דין ואמרו הוזמנו בבית דינו של פלוני פטורין. דמודה בקנס פטור [בבא קמא ה.]. בדניזק שיימינן. בגופו של מת ובהכי מכפר מזיק [ב"ק מ.]. נאמר השתה למעלה. לענין דמי ולדות כאשר ישית עליו בעל האשה. ונאמר השתה למטה. במועד שהמית אם כופר יושת עליו [שם]. בזממו. אם העיד בחבירו שגנב והוזם ואין לו במה לשלם אינו נמכר [קידושין יח.].

If so, the Gemara asks:

וְרַבִּי יִשְׁמָעֵאל – And R' Yishmael the son of R' Yochanan ben Berokah, why does he not accept this exegesis? "וְנָתַן פִּדְיֹן נַפְשׁוֹ", **כְּתִיב – Because it is written** in the verse: ***and he shall pay a ransom for his life,*** which, within the context of the verse, implies the subject of the verse, namely the owner of the ox.

This shifts the question back to the Rabbis, who say that he pays the value of the victim:

וְרַבָּנַן – And the Rabbis, how do they explain this? **אִין, "פִּדְיֹן נַפְשׁוֹ" כְּתִיב – True, it is written** *he shall pay* ***a ransom for his life,*** and the pronoun "his" refers to the owner of the ox; **מִיהוּ כִּי שַׁיְימִינַן בְּדְנִיזָּק שַׁיְימִינַן – however when assessing** the amount of the *kofer,* **the assessment is based on** the value of **the victim.**[32]

The Gemara now resumes its elaboration of the Baraisa's list of conditions that cannot be imposed on *zomemin* witnesses as punishment. The Baraisa above stated:

וְאֵין נִמְכָּרִין בְּעֶבֶד עִבְרִי – AND THEY ARE NOT SOLD AS HEBREW SERVANTS for testifying falsely that someone had stolen money.

This ruling is qualified:

סָבַר רַב הַמְנוּנָא לְמֵימַר – Rav Hamnuna thought to say **הָנֵי מִילֵּי הֵיכָא דְּאִית לֵיהּ לְדִידֵיהּ – that this is so** only **where [the accused] has** the money to pay the amount he was falsely convicted of stealing, **דְּמִיגּוֹ דְּאִיהוּ לֹא נִזְדַּבֵּן – for** then we say that **since *he* would not have been sold** into slavery, because a thief is sold only when he does not have the money to repay what he stole, **אִינְהוּ נַמִּי לֹא מִיזְדַּבְּנוּ – they too are not sold,** since they did not conspire to have the defendant enslaved. Therefore, even though they have no money to pay the *hazamah* penalty, they are not sold as slaves. **אֲבָל הֵיכָא דְּלֵית לֵיהּ לְדִידֵיהּ – However, where he** [the accused] **does not have** enough money to repay the alleged theft, in which case he *would* have been sold if their testimony had not been discredited, **אַף עַל גַּב דְּאִית לְהוּ לְדִידְהוּ מִיזְדַּבְּנוּ – then even if [the witnesses] have** the money to pay the *hazamah* penalty, **they are sold,** since this is what would have happened to the accused.

The Gemara questions how anyone could have understood the Baraisa's ruling in this manner:

(א"ל רבא) וְלֵימְרוּ לֵיהּ – But why should the witnesses be sold when the defendant has no money? **Let them say to him,** **אִי אַנְתְּ הֲוָה לָךְ מִי הֲוָה מִיזְדַּבְּנַתְּ – "If you would have had the money, would you have been sold?** **אֲנַן נַמִּי לֹא מִיזְדַּבְּנִינַן** – Therefore, **we too cannot be sold!"**[33] **– ? –**

The Gemara therefore rephrases Rav Hamnuna's position:

אֶלָּא סָבַר רַב הַמְנוּנָא לְמֵימַר – Rather, Rav Hamnuna thought to say that **הָנֵי מִילֵּי הֵיכָא דְּאִית לֵיהּ אוֹ לְדִידֵיהּ אוֹ לְדִידְהוּ – this is so** that the *zomemin* witnesses are not sold as slaves only **where either he has** money **or they have** money; **אֲבָל הֵיכָא דְּלֵית לֵיהּ לֹא לְדִידֵיהּ וְלֹא לְדִידְהוּ מִיזְדַּבְּנֵי – but where neither he nor they have** money, **they are sold.** Since in this case their testimony would have caused him to be sold, and they themselves cannot pay the *hazamah* penalty, they are sold.

Rav Hamnuna's interpretation is rejected:

אָמַר לֵיהּ רָבָא – Rava said to him: **"וְנִמְכַּר בִּגְנֵבָתוֹ" אָמַר רַחֲמָנָא – The Merciful One said:**[34] *if he does not have,* ***he should be sold for his theft*** – **"בִּגְנֵבָתוֹ" וְלֹא בִּזְמָמוֹ** – ***for his theft*** he is sold, **but not for his *hazamah*** penalty. Therefore, the Baraisa's means to exclude *zomemin* witnesses from being sold in *all* cases.[35]

The Gemara quotes the last section of the above-cited Baraisa:

מִשּׁוּם רַבִּי עֲקִיבָא אָמְרוּ וכו' – IN THE NAME OF R' AKIVA THEY SAID: etc. [They also do not pay the *hazamah* penalty on the basis of their own confession].

The Gemara explains:

מַאי טַעְמָא דְּרַבִּי עֲקִיבָא – What is Rabbi Akiva's reason? **קָסָבַר קְנָסָא הוּא – He considers [the *hazamah* penalty] a fine** rather than compensation, **וּקְנָס אֵין מְשַׁלֵּם עַל פִּי עַצְמוֹ – and one does not pay a fine by his own admission,** but only on the basis of evidence.[36]

The Gemara cites support for the view that the penalty of *hazamah* is considered a fine:

אָמַר רַבָּה – Rabbah said: **תֵּדַע – Know** that this is so, **שֶׁהֲרֵי**

NOTES

who jolted her] *shall be punished according to what the husband of the woman* ***shall impose*** *upon him* (*Rashi*).

32. In the view of the Rabbis the two points are not mutually exclusive. Although *kofer* is an atonement for the owner's life (because the word *his* in the phrase *a ransom for his life* unquestionably refers to the owner), the Torah sets the amount of the payment at the value of the *victim* (*Rashi*).

33. Seemingly, the Gemara's question is difficult to understand. Since the defendant had no money, he would have been sold. Why, then, should it make a difference that they do have money? The answer is that the law of *hazamah* is not simply that whatever would have occurred to their victim as a result of their testimony is done to them. Rather, it is that the *verdict* that they sought to impose upon their victim is imposed upon them. The verdict against a thief is not that he must be sold, but rather that he repay what he stole. It is only when he has no money to repay that the Torah decrees that he should be sold to obtain the funds to repay his debt. The same verdict, therefore, should be applied to the witnesses – either to pay or be sold to make the payment. Since they have the money to pay, they cannot be sold as slaves (see *Kovetz Beurim* §5). [Nevertheless if he has money and they do not, they are not sold, because this is not what they conspired to have done to him. Cf. *Kovetz Beurim* ibid.]

34. *Exodus* 22:2.

35. [Do *zomeim* witnesses who testified that someone is liable to *kofer,* or is liable to be sold as a Hebrew slave, who are exempt from paying *kofer* or being sold themselves, receive *malkus*? Seemingly they should, based on Reish Lakish's interpretation of the verse *and they exonerate the innocent,* which teaches that *malkus* are administered wherever the usual reciprocal penalty is not applied. On the other hand, if the *malkus* penalty *is* administered, why are these cases not mentioned in our Mishnah along with the others in which the *zomemin* are lashed? See *Ramban, Ritva* and *Rambam, Hil. Eidus* 20:8 for opinions regarding this question.]

36. [Monetary payments fall into two categories: *compensations* and *fines.* A payment is considered *compensation* when it corresponds exactly to the amount of the victim's loss, e.g. damages and loan repayments. Often, though, the Torah prescribes a payment that is either a fixed sum regardless of the amount of the damage (e.g. the one hundred *zuz* paid by the מוֹצִיא שֵׁם רַע, *man who defames* his wife) or is more than the amount of the damage (e.g. כֶּפֶל, *the double payment* of a thief). Such a payment, which does not correspond to the amount of the loss, is considered a *fine* (*Rashi* to *Bava Kamma* 5a ד"ה עדים זוממין).

Several differences between *compensations* and *fines* exist. One difference is that whereas a person can become liable to a compensation payment either through witnesses' testimony or through his own admission, he can become obligated to a fine only through witnesses' testimony. If he admits to committing the act for which a fine is assessed, he is exempt from paying it.] This is derived from the law of כֶּפֶל, *the double payment* paid by a thief. The Torah articulates the law that a thief pays a 100 percent fine in the following terms (*Exodus* 22:8): אֲשֶׁר יַרְשִׁיעֻן אֱלֹהִים יְשַׁלֵּם שְׁנַיִם לְרֵעֵהוּ, *he whom the judges will find guilty shall pay twofold to his fellow.* From this the Sages infer that the only one who pays double is a person whom the *judges* find guilty [through the testimony of witnesses], but not one who "convicts himself" by his own admission. This is taken by the Sages as a general rule for all fines (*Rashi,* from *Bava Kamma* 64b). Accordingly, since R' Akiva considers the *hazamah* penalty a fine, he exempts witnesses from paying it on the basis of their own admission.

עין משפט נר מצוה

ד א מיי' פ"כ מהל' עדות הל' ט סמג עשין קי:
ה ב מיי' פי"ח מהל' סנהדרין הלכה ב:
ו ג ד מיי' פ"כ מהל' עדות הלכה ח סמג עשין שם:
ז ה מיי' פ"י מהל' נזקי ממון הלכה ד סמג עשין סז:
ח ו ז מיי' שם פי"א הל' א סמג שם:
ט ח מיי' פי"ח מהל' עדות הלכה ח סמג עשין קי טוח"מ סי' לח:

ומה הסוקל אינו נסקל הבא לסקול ולא סקל אינו דין שלא יסקל אלא מחוורתא כדשנינן מעיקרא: מעידין אנו באיש פלוני שהוא חייב גלות כו': מנא הני מילי אמר ר"ל דאמר קרא א) הוא ינוס אל אחת הערים הוא ולא זוממין ר' יוחנן אומר ק"ו ומה הוא שעשה מעשה במזיד אינו גולה הן שלא עשו מעשה במזיד אינו דין שלא יגלו והיא נותנת (והלא דין הוא) הוא שעשה מעשה במזיד לא ליגלי כי היכי דלא תיהוי ליה כפרה הן שלא עשו מעשה במזיד נמי ליגלו כי היכי דליהוי להו כפרה אלא מחוורתא כדר"ל: אמר עולא רמז לעדים זוממין מן התורה מנין רמז לעדים זוממין והא כתיב ב) ועשיתם לו כאשר זמם אלא רמז לעדים זוממין שלוקין מן התורה מנין דכתיב ג) והצדיקו את הצדיק והרשיעו את הרשע ד) והיה אם בן הכות הרשע משום והצדיקו את הצדיק והרשיעו את הרשע והיה אם בן הכות הרשע אלא עדים שהרשיעו את הצדיק ואתו עדים אחריני (א) והצדיקו את הצדיק דמעיקרא ושוינהו להני רשעים והיה אם בן הכות הרשע ותיפוק ליה ה) מלא תענה משום דהוי לאו שאין בו מעשה וכל לאו שאין בו מעשה אין לוקין עליו ת"ר ד' דברים נאמרו בעדים זוממין אין נעשין בן גרושה ובן חלוצה ואין גולין לערי מקלט ואין משלמין את הכופר ואין נמכרין בעבד עברי משום ר"ע אמרו אף אין משלמין ע"פ עצמן אין נעשין בן גרושה ובן חלוצה כדאמרן ואין גולין לערי מקלט כדאמרן ואין משלמין את הכופר קסברי כופרא כפרה והני לאו בני כפרה נינהו מאן תנא כופרא כפרה אמר רב חסדא ר' ישמעאל בנו של ר' יוחנן בן ברוקה היא דתניא ו) ונתן פדיון נפשו דמי ניזק רבי ישמעאל בנו של ר' יוחנן בן ברוקה אומר דמי מזיק מאי לאו בהא קא מיפלגי דמר סבר כופרא ממונא ומר סבר כופרא כפרה אמר רב פפא לא דכולי עלמא כופרא כפרה והכא בהא קא מיפלגי מר סבר בדניזק שיימינן ומר סבר בדמזיק שיימינן מאי טעמייהו דרבנן נאמר השתה (ב) למטה ונאמר השתה למעלה מה להלן בדניזק אף כאן בדניזק ורבי ישמעאל ונתן פדיון נפשו כתיב ורבנן אין פדיון נפשו כתיב מיהו כי שיימינן בדניזק שיימינן ואין נמכרין בעבד עברי סבר רב המנונא למימר ה"מ היכא דאית ליה לדידיה דמיגו דאיהו לא נזדבן אינהו נמי לא מיזדבנו אבל היכא דלית ליה לדידיה אע"ג דאית להו לדידהו מיזדבנו (א"ל רבא) ולימרו ליה אי אנת הוה לך מי הוה מיזדבנת אנן נמי לא מיזדבנינן אלא סבר רב המנונא למימר ה"מ היכא דאית ליה או לדידיה או לדידהו אבל היכא דלית ליה לא לדידיה ולא לדידהו מזדבני א"ל רבא ז) ונמכר בגנבתו אמר רחמנא בגנבתו ולא בזוממו: משום ר"ע אמרו וכו': מאי טעמא דר"ע קסבר קנסא הוא וקנס אין משלם ע"פ עצמו אמר רבה תדע שהרי לא עשו מעשה [ונהרגים] ומשלמין אמר רב נחמן תדע שהרי ממון ביד בעלים ומשלמים מאי

רש"י

ומה הסוקל אינו נסקל. עדים שלא הוזמו עד שנהרג הנדון ואח"כ הוזמו אין נהרגין כדאמרינן בפרקין (דף ה:) הרגו אין נהרגין דכתיב כאשר זמם ולא כאשר עשה: הבא לסקול ולא סקל. שהוזם עד שלא נהרג הנדון: הוא שעשה מעשה במזיד אינו גולה. ההורג שעשה מעשה אם במזיד עשאו אינו גולה ואפילו בזמן שאינו נהרג כגון במזיד בלא התראה: הם שלא עשו מעשה. אלא דיבור בעלמא ובמזיד העידו אינו דין שלא יגלו על המזיד: ומקשינן לרבי יוחנן והיא הנותנת. המדה הזאת שהבאת לפטרן היא הנותנת להם חובת גלות הוא לפי שעושה מעשה אם במזיד עשאו אינו גולה דלא תהוי ליה כפרה: הם שלא עשו מעשה יגלו. על זדונן כי היכי כו': רמז לעדים זוממין שלוקין. עדי בן גרושה או עדי גלות שפטרם הכתוב מדין הזמה מנין שהן לוקין ולקמיה פריך תיפוק ליה מלא תענה: משום דהצדיקו את הצדיק כו'. בתמיה אי והצדיקו והרשיעו בדיינין קאמר וצדיק ורשע בבעלי דינין למה לי והצדיקו צדיק כו' ליכתוב כי יהיה ריב בין אנשים ונגשו אל המשפט ושפטום והיה אם בן הכות למה הוזכרה כאן צדקת צדיק וכי כל מקום שהצדיקו ב"ד את הזכאי וחייבו את החייב יש מלקות דאתא קרא למיתלי מלקות בוהצדיקו והרשיעו אלא על כרחך בעדים משתעי עדים שקרים שהרשיעו צדיק ובאו אחרים והזימום והצדיקו את הנדון שהוא צדיק והרשיעו את העדים הרשעים והיה אם בן הכות את הרשע אם הזמה זו בת מלקות היא שאינו יכול לקיים בה דין הזמה גמורה כגון בעדי בן גרושה או גלות והפילו השופט והכהו: ותיפוק ליה מלא תענה. כל עונשי לאוין מלקות אלא במקום שפירש לך בו עונש וכאן שאינו יכול לענשן בעונש הכתוב בהן ילקו: לאו שאין בו מעשה אין לוקין עליו. לקמן יליף לה בפרק ג' (דף יג:): ואין משלמין כופר. אם העידו בשור המועד שהרג את האדם והוזמו והיו מחייבין את הבעלים כופר דכתיב (שמות כא) אם כופר יושת עליו וגו': ואין נמכרין. אם העידוהו שגנב ואין לו מה לשלם ונגמר דינו לימכר כדכתיב ונמכר בגנבתו: אין משלמין ע"פ עצמן. אם הוזמו בב"ד ולא הספיק בעל דין להעמידן בדין על הזמתן עד שברחו ובאו בב"ד אחר והודו שהוזמו בב"ד פלוני ולקמן מפרש טעמא: כופרא כפרה. לכפר על זה שהרג שורו את האדם והני לאו בני כפרה נינהו שלא הרג שורם אדם: ומר סבר כופרא ממונא. שהזיק גופו של זה ונתחייב ליורשיו דמי ההרוג: כופרא כפרה. לכפר על עצמו שחייב מיתה בידי שמים לפיכך יתן דמי עצמו: בדניזק שיימינן. בהכי הויא ליה כפרה כי יהיב דמי ניזק ולקמיה מפרש טעמיה: מאי טעמייהו דרבנן. דאילו ר' ישמעאל מסתבר טעמיה כיון דכופרא כפרה דמי עצמו בעי למיתב: נאמר השתה למעלה. בנוגף אשה הרה כאשר ישית עליו בעל האשה (שם): ונאמר השתה למטה. בכופר אם כופר יושת עליו: מה להלן בדניזק. שמשלם דמי וולדות שנזוקו: פדיון נפשו. דנותן את הכופר: ורבנן. אמרי לך אין ודאי פדיון נפשו הוא דכופרא כפרה מיהו בדניזק שיימינן ובהכי הויא למזיק פדיון נפשו: דאית ליה לדידיה. שיש לו לגנב ממון לשלם דמי הגניבה אם לא הוזמו ולהם אין מה לשלם דמיגו דאיהו לא הוה מזדבן אם לא הוזמו אינהו נמי כי הוזמו לא מזדבני שהרי לא זממו למכרו: וקנס אינו משלם ע"פ עצמו. דכתיב גבי כפל אשר ירשיעון אלהים פרט למרשיע את עצמו (ב"ק דף סד:): תדע. דקנסא הוא שהרי המעידים בנפש לא הרגו אדם ולא נהרג אדם על פיהם ונהרגין ומשלמין ממון: מאי

תוספות

ומה הסוקל אינו נסקל. פי' הקונטרס כשהרגו אין נהרגין דין הוא דבאו להרוג ולא הרגו דאין נהרגין וקשה טובא חדא דה"ל למימר כדאמרינן לקמן (דף ה:) הרגו אין נהרגין ועוד מאי פריך שאני הכא דגלי קרא בהדיא דהבא לסקול ולא סקל דנסקל בההוא קרא גופיה דחזינן דהסוקל אינו נסקל כדכתיב כאשר זמם ולא כאשר עשה אבל לעולם אימא לך דאית לך שפיר ק"ו דלעיל דלענין חילול דהא לא גלי קרא בשום מקום דשייך בדבר הזה שיתחלל הזמה ועוד קשה דהוה ליה לתרץ דהתם ודאי לא עבדינן ק"ו משום דא"כ בטלת תורת עדים זוממין לגמרי ולא משכחת לה כאשר זמם אבל לעיל דלא בטלת תורת עדים זוממין שייך שפיר למיעבד ק"ו לכך פירש ר"ת דה"ק ומה הסוקל אינו נסקל פירוש אדם שסוקל חבירו באבנים ומת דנדון בסייף ולא בסקילה הבא ליסקל ולא נסקל עדים שמעידין איש פלוני שמחויב סקילה ולא נסקל על ידם אינו דין שלא יסקלנו והשתא לא בטלת לגמרי דאיכא לאוקומי קרא דועשיתם כאשר זמם כשהן מעידין שמחויב שאר מיתות ב"ד שאינו בסקילה ואפ"ה לא עבדינן האי ק"ו (ג) ט) דהכי קאמר לו לעיל דלא עבדינן ק"ו בכהאי גוונא י):

באומר

מסורת הש"ס

א) סנהדרין י., ב) [עי' תוס' שבת קנד. ד"ה בלאו וכו' פלפלו בסוגיא דהכא ועי' תוספות סנהדרין י. ד"ה וכל ותוס' כתובות מה: ד"ה ר' יהודה], ג) [לקמן ג. ד: ב"ק ה.], ד) ב"ק מ. מ., ה) גי' יעב"ץ מזדבן, ו) מהר"ם מ"ז, ז) מהר"ם הכי איתמר, ח) [קדושין יח. ע"ש], ט) רש"א והיכי קאמר לעיל דעבדינן ק"ו בכה"ג, י) [וע"ע מ"ש תוס' מנחות טו. ד"ה המפגל].

הגהות הב"ח

(א) גמ' והצדיקו כו'. נ"ב וליכא לאוקמי הך מלקות במקום שאפשר לקיים בו דין הזמה דמכדי רשעתו נפקא לן בהלו נערות משום רשעה אחת אתה מחייבו ואי אתה מחייבו משום שתי רשעיות ואי לאו הני קראי יתירא דגלי גבי בן גרושה ובגלות הו"א דקרא דוהצדיקו וכו' לא אתי אלא לעדי בן גרושה שהן ישראלים דהתם לא אפשר לקיים בו דין הזמה הלכך חייבים מלקות אבל כשהן כהנים אפשר לקיים בהו דין הזמה קמ"ל קראי: (ב) שם השתה למעלה ונאמר השתה למטה מה. נ"ב אינה גז"ש מופנה ולא היקשא אלא גילוי מלתא בעלמא למטה כלמעלה: (ג) תוס' ד"ה ומה וכו' ק"ו והכי נמי קאמרינן לעיל:

תורה אור השלם

א) וַאֲשֶׁר יָבֹא אֶת רֵעֵהוּ בַיַּעַר לַחְטֹב עֵצִים וְנִדְּחָה יָדוֹ בַגַּרְזֶן לִכְרֹת הָעֵץ וְנָשַׁל הַבַּרְזֶל מִן הָעֵץ וּמָצָא אֶת רֵעֵהוּ וָמֵת הוּא יָנוּס אֶל אַחַת הֶעָרִים הָאֵלֶּה וָחָי: [דברים יט, ה]

ב) וַעֲשִׂיתֶם לוֹ כַּאֲשֶׁר זָמַם לַעֲשׂוֹת לְאָחִיו וּבִעַרְתָּ הָרָע מִקִּרְבֶּךָ: [דברים יט, יט]

ג) כִּי יִהְיֶה רִיב בֵּין אֲנָשִׁים וְנִגְּשׁוּ אֶל הַמִּשְׁפָּט וּשְׁפָטוּם וְהִצְדִּיקוּ אֶת הַצַּדִּיק וְהִרְשִׁיעוּ אֶת הָרָשָׁע: [דברים כה, א]

ד) וְהָיָה אִם בִּן הַכּוֹת הָרָשָׁע וְהִפִּילוֹ הַשֹּׁפֵט וְהִכָּהוּ לְפָנָיו כְּדֵי רִשְׁעָתוֹ בְּמִסְפָּר: [דברים כה, ב]

ה) לֹא תִרְצָח לֹא תִנְאָף לֹא תִגְנֹב לֹא תַעֲנֶה בְרֵעֲךָ עֵד שָׁקֶר: [שמות כ, יג]

ו) אִם כֹּפֶר יוּשַׁת עָלָיו וְנָתַן פִּדְיֹן נַפְשׁוֹ כְּכֹל אֲשֶׁר יוּשַׁת עָלָיו: [שמות כא, ל]

ז) אִם זָרְחָה הַשֶּׁמֶשׁ עָלָיו דָּמִים לוֹ שַׁלֵּם יְשַׁלֵּם אִם אֵין לוֹ וְנִמְכַּר בִּגְנֵבָתוֹ: [שמות כב, ב]

רבינו חננאל

ומה הסוקל אינו נסקל כדקי"ל לא הרגו נהרגין הרגו אין נהרגין א) הבא לסקול ולא סקלו אינו דין שלא יסקל. אלא מחוורתא כדשנין מעיקר' ועשיתם לו ולא לזרעו. מעידנו באיש פלוני שחייב גלות ונמצאו זוממין אין אומרים יגלה זה תחתיו אלא לוקין ארבעים. מנא לן אמר ריש לקיש דאמר קרא הוא ינוס הוא ולא זוממין. ר' יוחנן אמר ק"ו ומה הוא אם עשה במזיד בלא התראה אינו נהרג ואינו גולה הן שאע"פ שהן במזיד לא עשו מעשה אינו דין שלא יגלו. ודחי'. היא הנותנת כלומר מדבריך ראוי הוא שיגלו כדי שתהיה להן כפרה מאחר שלא עשו מעשה אבל הוא שעשה מעשה במזיד לא תהיה כפרה בגלות. ונדחו דברי ר' יוחנן ועמדו דברי ריש לקיש: אמר עולא רמז לעדים זוממין שלוקין מן התורה מנין שנאמר והצדיקו את הצדיק והרשיעו את הרשע והיה אם בן הכות הרשע. משום והצדיקו את הצדיק והרשיעו את הרשע ילקה. אלא כגון דאתו עדים והרשיעו הצדיק והצדיקו הרשע. ואתו שהדי אחריני והצדיקו את הצדיק דמעיקרא והרשיעו את הרשע כלומר שוינהו להנהו שהדי קמאי רשעים והיה אם בן הכות הרשע. אבל מלאו דלא תענה אין לוקין משום דהוה ליה לאו שאין בו מעשה: ת"ר ד' דברים נאמרו בעדים זוממין אין נעשין בן גרושה או בן חלוצה ואין גולין לערי מקלט ואין משלמין את הכופר ואין נמכרין לעבד עברי. משום ר' עקיבא אמרו אף אין משלמין [על פי עצמן. אין נעשין בן גרושה וכו'] ואין גולין לערי מקלט שנאמר הוא ינוס הוא ולא זוממין. ואין משלמין כופר מאי טעמא כופרא כפרה הוא והני לאו בני כפרה נינהו כיצד כגון שהעידו כי שורו של פלוני הרג פלוני שמחייבין אותו כופר ונמצאו זוממין אין משלמין את הכופר: ואין נמכרין בעבד עברי. מאי טעמא אמר רבא דאמר קרא אם אין לו ונמכר בגנבתו בגנבה נמכר ולא בזממו. משום ר' עקיבא אמרו אף אין משלמין על פי עצמן. מאי טעמא קסבר ר' עקיבא עדים זוממין קנסא הוא ואין אדם משלם קנס על פי עצמו. אמר רבא תדע שהרי לא עשו מעשה ונהרגין. וכן אמר רב נחמן תדע שהרי ממון ביד בעליו ומשלמין הנה

חשק שלמה על ר"ח א) כפרש"י וכבר הקשו הראשונים על זה הפי':

ליקוטי רש"י

ומה הסוקל אינו נסקל. הרגו. שלא הוזמו עד שנהרג הנידון על פיהם [לקמן ה:]. רמז לעדים זוממין שלוקין. היכא דאין הזמה יכולה להתקיים בהם כגון מעידין אנו באיש פלוני שהוא בן גרושה ונמצאו זוממין והרי הם כהנים אין אומרים יעשה זה בן גרושה תחתיו אלא סופג את הארבעים מנלן [סנהדרין י.]. משום. דבית דין הצדיקו את הצדיק והרשיעו את הרשע והיה אם בן הכות הרשע לדקת צדיק למה הוזכרה כאן וכי משום צדקת צדיק מתחייב רשע מלקות אלא ודאי עדים זוממין רמיזי הכא דלעדים קאי האי והיה אם בן הכות והכי קאמר עדים שהרשיעו צדיק והוזמו והצדיקו עדים אחרונים את הצדיק והרי נעשו רשעים אלו העדים הראשונים וילקו ואם אינו ענין לעדות ממון דהא אין לוקין ומשלמין תניהו ענין לבן גרושה וכיוצא בו [שם]. לאו שאין בו מעשה אין לוקין עליו. דומיא דלאו דחסימה. שהוא כתוב אצל פרשת מלקות [לקמן יג:]. אין משלמין על פי עצמן. כגון אם הוזמו בבית דין זה ולא הספיק בעל דין להעמידן בדין ולתובען והלכו למקום אחר והודו שם בבית דין ואמרו הוזמנו בבית דינו של פלוני פטורין. דמודה בקנס פטור [בבא קמא ה.]. בדניזק שיימינן. בגופו של מת ובהכי מכפר מזיק [ב"ק מ.]. נאמר השתה למעלה. לענין דמי ולדות כאשר ישית עליו בעל האשה. ונאמר השתה למטה. במועד שהמית אם כופר יושת עליו [שם]. בזוממו. אם העיד בחבירו שגנב והוזם ואין לו במה לשלם אינו נמכר [קידושין יח.].

לֹא עָשׂוּ מַעֲשֶׂה [וְנֶהֱרָגִים] וּמְשַׁלְּמִין – **for they have not** actually **done anything, and yet they are executed and they pay** the reciprocal penalty! It is clear from this that the penalty they pay cannot be a form of compensation, since their victim has not suffered any loss.[37]

Another support:

אָמַר רַב נַחְמָן – **Rav Nachman said:**   תֵּדַע – **Know** that this is so, שֶׁהֲרֵי מָמוֹן בְּיַד בְּעָלִים וּמְשַׁלְּמִים – **for the money** about which they testified **is still in the hands of** its rightful **owner and yet they pay** the *hazamah* penalty!

NOTES

37. As was noted above, *zomemin* witnesses are punished by the court only if the sentence obtained against their victim has not yet been enforced. Thus, since they are subject to the penalty only if "they have not actually done anything," it is obvious that the penalty is not a payment for damages. Consequently, it must be categorized as a fine.

[Although the Gemara cites support for R' Akiva's view, not all Tannaim accept that the *hazamah* penalty is a fine. See 4b note 17 for elaboration of this other opinion.]

The Gemara asks:

מַאי נִיהוּ דְּלֹא עָשׂוּ מַעֲשֶׂה – What is the essence of **this** point made by Rav Nachman – is it not **that they did not** actually **do anything** and yet they pay? **הַיְינוּ דְּרַבָּה – But this is just what Rabbah** has said! Despite the difference in wording, their proofs are the same – that the witnesses pay the penalty even when their victim suffered no loss. What, then, is Rav Nachman adding?

The Gemara therefore concludes:

אֵימָא – Say, i.e. reword our introduction of Rav Nachman's statement to read: **וְכֵן אָמַר רַב נַחְמָן – And *so* said Rav Nachman.**[1]

The Gemara cites a statement of Rav and analyzes it:

אָמַר רַב יְהוּדָה אָמַר רַב – Rav Yehudah said in the name of Rav: עֵד זוֹמֵם מְשַׁלֵּם לְפִי חֶלְקוֹ – A *zomeim* witness pays according to his share.

The Gemara inquires:

מַאי מְשַׁלֵּם לְפִי חֶלְקוֹ – What is the meaning of **"pays according to his share"? אִילֵימָא דְּהַאי מְשַׁלֵּם פַּלְגָא וְהַאי מְשַׁלֵּם פַּלְגָא – If you say** it means **that this one pays half and that one pays half,** i.e. that after having been proven *zomemin* each of the pair pays half the *hazamah* penalty, **תְּנֵינָא – we have** already **learned** this **in a Mishnah:**[2] **מְשַׁלְּשִׁין בְּמָמוֹן וְאֵין מְשַׁלְּשִׁין בְּמַלְקוֹת – THEY** [the convicted *zomemin* witnesses] **DIVIDE**[3] the penalty **IN** the case of **MONEY, BUT THEY DO NOT DIVIDE** the penalty **IN** a case of **LASHES.** Thus, there was no need for Rav Yehudah to have taught this rule in the name of Rav.

אֶלָּא כְּגוֹן דְּאִיתַּזּוֹם חַד מִינַּיְיהוּ – Rather, you will say that Rav refers to **a case in which** only **one of [the witnesses] was proven to be a *zomeim*** but not the other,[4] **דִּמְשַׁלֵּם פַּלְגָא דִּידֵיהּ – and** Rav teaches **that he** [the *zomeim* witness] **pays the half** of the penalty **that should be his** although his partner has not been proven a *zomeim* and will consequently pay nothing. But this too cannot be. **וּמִי מְשַׁלֵּם – For does he pay** anything in such a case? **וְהָא תַּנְיָא – Why, it was taught in a Baraisa: אֵין עֵד זוֹמֵם מְשַׁלֵּם מָמוֹן עַד שֶׁיּוּזְמוּ שְׁנֵיהֶם – A *ZOMEIM* WITNESS DOES NOT PAY MONEY UNLESS BOTH OF THEM HAVE BEEN FOUND TO BE *ZOMEMIN*.**[5] Therefore, Rav's teaching cannot refer to this case. To what then does it refer?

The Gemara answers:

אָמַר רָבָא – Said Rava: The case to which Rav refers is **בְּאוֹמֵר עֵדוּת שֶׁקֶר הֵעַדְתִּי – where he** [one of the witnesses himself] **says, "I have testified falsely,"** i.e. he confesses, "I was somewhere else at the time and could not have seen what I said I saw." His partner, however, does not admit that he lied. Since this one admits to lying, he is liable to pay the penalty, but not more than his share.[6]

But, the Gemara asks:

כָּל כְּמִינֵּיהּ – Is it legally **in his power** to do so, i.e. does the court accept his retraction when he admits to perjury? Why, there is a rule that **כֵּיוָן שֶׁהִגִּיד שׁוּב אֵינוֹ חוֹזֵר וּמַגִּיד – once [a witness] has testified** and his testimony has been completed, **he cannot alter his testimony,** and anything he says that changes his original testimony is inadmissible in court.[7] Thus, the court can certainly not accept as testimony his admission that he lied! And if the court does not accept his retraction, there is no basis for obligating him to pay a *hazamah* penalty.[8] – ? –

The Gemara therefore offers another explanation:

אֶלָּא בְּאוֹמֵר – Rather, the case to which Rav refers is **where [a person]** comes before a court and **says: הֵעַדְנוּ וְהוּזַמְנוּ בְּבֵית דִּין פְּלוֹנִי – "We** [I and So-and-so] **testified and were found to be *zomemin* in such and such a court,"** i.e. in a different court. By admitting that he had been found a *zomeim* in another court, he is admitting that he owes a *hazamah* penalty. Thus, it is not a retraction of testimony that concerns the present court but an admission of liability, and there is no reason for the present court not to accept this admission and obligate him to pay.[9]

The Gemara questions this too:

כְּמַאן דְּלֹא כְּרַבִּי עֲקִיבָא – According to whom is this explanation valid? **Not according to R' Akiva! דְּאִי כְּרַבִּי עֲקִיבָא – For if** it

NOTES

1. The Gemara originally did not say "And so said Rav Nachman," because Rav Nachman himself made the statement as an independent explanation of R' Akiva's ruling (*Ritva*). Since, however, it amounts to the same thing as Rabbah's explanation, and the Gemara cited it directly after citing that explanation, the clearer introduction would have been: "And *so* said Rav Nachman."

2. Below, 5a; see there.

3. Literally: trisect. The expression מְשַׁלְּשִׁין, *trisect,* assumes an example of three witnesses; if there are [two witnesses they *bisect* the penalty, and if there are] four witnesses they *quadrisect* it etc. (*Rashi's* second explanation). Alternatively, מְשַׁלְּשִׁין means: *They* [the court] *act as a third party* [שָׁלִישׁ] to apportion the payment equally (*Rashi's* first explanation).

4. That is, the second pair of witnesses testify that one of the first pair was with them somewhere else at the time, but they offer no testimony regarding the whereabouts of the other witness.

5. [See below, 5b note 44 for the Scriptural source for this rule.]

6. The Gemara at this point is willing to allow that it is not necessary for *others* to render a witness a *zomeim;* he can even render *himself* a *zomeim,* provided that he does so in the manner of *hazamah* (i.e. he says that he was elsewhere at the time he originally claimed to have seen the incident). Furthermore, the Gemara assumes that the rule that both witnesses must be declared *zomemin* in order for either of them to be liable to the *hazamah* penalty applies only where *others* render them *zomemin.* If the witness renders *himself* a *zomeim,* he is liable to his share of the penalty even though his companion does not admit to lying (*Ritva*).

7. [This is derived from Scripture; see *Rashi* to *Kesubos* 18b ד״ה כיון שהגיד and *Ritva* there.]

8. The Gemara means as follows: Even if we grant that insofar as the rules of *hazamah* are concerned a person can render himself a *zomeim* (i.e. without recourse to two other witnesses), he would still not be liable for the *hazamah* penalty, because the law is that a witness is legally incapable of retracting his own previously submitted testimony. Thus, if he admits now that he was elsewhere at the time of the testified-about incident, the court will ignore that admission vis-a-vis the litigants and proceed to force the defendant to pay, as per the original testimony. The witness therefore does not qualify for the *hazamah* penalty, because the law is that *zomemin* pay only for what they *planned* to do, not what they *succeeded* in doing (as explained above, 2b note 1).

The Gemara does not mean to imply that the witness will not be liable to pay the defendant. To the contrary, since the court forces the defendant to pay the plaintiff as per the witness' original testimony, the witness will have caused the defendant an undeserved financial loss. [Even though there is no legally admissible *testimony* to this fact, there is the witness' own admission, and the law is that a person's own admission to monetary liability is accepted as fact vis-a-vis himself (הוֹדָאַת בַּעַל דִּין כְּמֵאָה עֵדִים דָּמֵי).] However, the fact that the court does not accept the witness' retraction as *testimony* means that the witness will have succeeded in his original plot to make the defendant pay, and the *hazamah* penalty will thus not apply to him. Accordingly, this cannot be the meaning of Rav's statement, "A ***zomeim*** witness pays according to his share" (*Ritva; Aruch LaNer* asserts that this is *Rashi's* intent as well; see also *Lechem Mishneh, Hil. Eidus* 18:8; cf. *Tosafos* and *Hagahos HaBach* for other explanations of the Gemara).

9. [Rav thus states that even though] the other witness does not admit to their having been declared *zomemin* [the one who does admit pays his share] (*Rashi*).

גמרא

[א] מאי ניהו דלא עשו מעשה היינו דרבה אימא וכן אמר ר"נ אמר רב יהודה אמר רב עד זומם משלם לפי חלקו מאי משלם לפי חלקו אילימא דהאי משלם פלגא והאי משלם פלגא תנינא [ב] משלשין בממון ואין משלשין במלקות אלא כגון דאיתזום חד מינייהו דמשלם פלגא דידיה ומי משלם והא תניא [ג] אין עד זומם משלם ממון עד שיזומו שניהם אמר רבא באומר עדות שקר (א) העדתי כל כמיניה [ד] כיון שהגיד שוב אינו חוזר ומגיד אלא באומר העדנו והוזמנו בב"ד פלוני כמאן דלא כר"ע דאי כר"ע [ה] הא אמר אף אינו משלם ע"פ עצמו אלא באומר העדנו והוזמנו בב"ד פלוני וחייבונו ממון ס"ד אמינא כיון דלחבריה לא מצי מחייב ליה איהו נמי לא מיחייב קמ"ל: **מתני'** מעידין אנו את איש פלוני שגירש את אשתו ולא נתן לה כתובתה והלא בין היום ובין למחר סופו ליתן לה כתובתה [ו] אומדין כמה אדם רוצה ליתן בכתובתה של זו שאם נתאלמנה או נתגרשה ואם מתה יירשנה בעלה: **גמ'** כיצד שמין אמר רב חסדא בבעל רב נתן בר אושעיא אומר באשה אמר רב פפא באשה ובכתובתה: **מתני'** מעידין אנו באיש פלוני שהוא חייב לחבירו אלף זוז על מנת ליתנן לו מכאן ועד שלשים יום והוא אומר מכאן ועד עשר שנים [ז] אומדים כמה אדם רוצה ליתן ויהיו בידו אלף זוז בין נותנן מכאן ועד ל' יום בין נותנן מכאן ועד עשר שנים: **גמ'** אמר רב יהודה אמר שמואל המלוה את חבירו לעשר שנים שביעית משמטתו ואע"ג

רש"י

מאי ניהו. האי ממון ביד בעליו דקאמר ר"נ היינו דלא נעשה מעשה שעדיין לא שילם אלא שנגמר דינו לשלם: **משלשין בממון.** אם שלשה עדים הן או ארבעה משלשין ביניהם בית דין נעשין שליש ביניהן להשוותם בפרעון איש לפי חלקו אי נמי האי משלשין לישנא בעלמא הוא מחלקין הפרעון בין שלשתן והוא הדין נמי אם ארבעה הן מרבעין: **כל כמיניה.** בתמיה וכי יכול הוא לחזור בו ויפטר הנדון מלשלם: **העדנו.** אני ופלוני וחבירו אינו מודה: **וחוייבנו ממון.** בב"ד שהוזמנו והעמידנו הנדון בדין על הזמתנו וחייבונו בב"ד ומההוא שעתא ממונא הוא גבייהו ואין זה מרשיע את עצמו שכבר הרשיעוהו אלהים: **כיון דלחבריה לא מצי מחייב ליה.** שאינו נאמן על חבירו: **מתני' שגירש את אשתו.** בפנינו ביום פלוני וזה אומר לא גרשתי ואיני חייב לה כתובה ונמצאו זוממין בעמנו הייתם: **והלא בין היום כו'.** כלומר מה ישלמו אלו אם תאמר כל הכתובה והלא שמא תמות או יגרשנה היום או מחר וסופו ליתן לה כתובה נמצאו שלא היו מפסידין אותו כלום: **אומדין כמה אדם רוצה ליתן בכתובתה של זו.** מספק שאם נתארמלה או נתגרשה יטלנה לוקח ואם מתה יירשנה בעלה ויפסיד מעותיו שנתן ובגמ' מפרש מאי קא מחייב להו תנא דמתני' ליתן: **גמ' כיצד שמין.** כלומר מאי קא מחייב להו למיתב דיש לפתור משנתנו לשני צדדים כיצד הרי יש לאיש ולאשה זכות ספק בכתובה זו היא מצפה שאם ימות או יגרשנה תגבה את כולה והוא מצפה שאם תמות בחייו יירשנה יפה כח זכותו מכח זכותה שהוא אוכל פירות הקרקע המיוחד לכתובתה תמיד ולא היא ועוד שהוא מוחזק ועומד והיא מחסרא גוביינא ואם באו למכור לאחר זו זכות ספיקה וזה זכות ספיקו שלו נמכר ביותר משלה ולישנא דמתני' משמע שמין זכות ספיקה דקתני כמה אדם רוצה ליתן שאם נתארמלה והא ליכא למימר שאותן דמים יתנו הזוממין שהרי לא זכות ספיקה באו להפסידו אלא זכות ספיקו שהיו מחייבין אותו לפרוע מיד ויש לומר דה"ק שמין זכות ספיקה כמה אדם רוצה ליתן בטובת הנאה שלה ואותו לא ישלמו וכל השאר ישלמו שכל השאר היו מפסידין אותו בעדותם אבל אותן דמים לא היו מפסידין אותו שהרי גם עתה כשהוזמו אם היתה רוצה למכרה יתן לה הבעל ברצון טובת הנאה זו או דלמא זכות ספיקו קאמר מתני' דלישיימו ואותן דמים יתנו העדים ולא מחייבינן להו כולי האי שיתנו כל הכתובה חוץ מטובת הנאתה דשמא לא היה נפסד בעדותן כל כך שאף עתה כשהן זוממין שמא ימות מחר ותגבה הכל כי היא לא תמכרנה לו בטובת הנאה אבל טובת הנאתו יתנו לו שכך היו מפסידין אותו שאם לא הוזמו היה פורע מיד עכשיו שהוזמו יש לו בה זכות ספיקו כבתחלה ושאם נתארמלה דמתני' ה"ק אומדין כמה אדם רוצה ליתן בכתובה זו שהיא תלויה בספק שאם נתארמלה תגבנה היא ואם מתה יירשנה בעלה ושמין ב"ד את זכות ספיקו ויתנו לו: **רב חסדא אמר בבעל.** זכות ספיקו של בעל אומדין כמה אדם רוצה ליתן בו ואותו יתנו הזוממין: **רב נתן אמר באשה.** זכות ספיקה אומדין ואותו לא ישלמו [ח] (וכל השאר ישלמו) ואומר גדול הוא אלנן: **אמר רב פפא באשה.** שמין כרב נתן ובכתובתה לא ישלמו לו אלא העודף בכתובתה על הדמים הללו אבל לא נכסי מלוג שלה ואע"פ שאף נכסי מלוג היו מפסידין אותו בעדותן מלאכול פירות בחייה ולירש אותה במותה אין משלמין דיכולין לומר אנו לא העדנו אלא על כתובתה ולא ידענו שהיו לה נכסי מלוג ואני לא כך שמעתיה וכך שמעתי רב חסדא אמר בבעל לפי מה שהן נכסי הבעל אם עידית אם זיבורית אומדין את טובת הנאתה (ג) כשהלוקח מדקדק בכך רב נתן אמר באשה ובא רב פפא ופירש מאי ובאשה דקאמר רב נתן בכתובתה שאם ייחד לה קרקע לכתובתה בו ישומו ולבי מגמגם בה חדא היכי מחייבינן להו זכות ספיקה הלא לא היו מפסידין אותו אלא זכות ספיקו ועוד דהכי איבעי ליה למיתני רב חסדא אמר בנכסי הבעל ותו היכא דייחד לה שדה לכתובתה מאי טעמא דרב חסדא דפליג:

תוספות

באומר עדות שקר העדתי. ושוב הוזם לכאורה משמע (ג) דכי אמר הכי משלם חלקו דא"כ בקש להפסיד ממון חבירו בעדותו ולא נראה דהא ליתא מאן דמשלם ממון אלא א"כ הוזם במקום פלוני עמנו הייתם לכך יש לפרש עדות שקר העדתי ושוב הוזמו שניהן דהשתא יש לפרש (ד) כדאמר עדות שקר העדתי סותר עדותו ולא שייכא ביה תורת הזמה כי אם בחבירו ופריך הא כל כמיניה אפי' הוא בעצמו אתי לידי הזמה דכיון שהגיד שוב אינו חוזר ומגיד והוי כלא סתר את דבריו וא"כ הוו שניהם זוממין ומשלמין ממון:

כיצד שמין. אותו זכות שיש לו לבעל בכתובתה דמה שהיא תחתיו יותר מאם גרשה לפי שאשה מולא אותו יפוי כח שיש לו לבעל במה שהיא תחתיו בב' דרכים האחד אם ימכור לאחר זכות ספיקו שאם מתה יירשנה והשני הוא יקנה מאשתו זכות ספיקה שאם תתאלמן או תתגרש שהיא תמכור לו בדמים מועטים ובענין זה יפה כח זכותו יותר מאם (ה) למכור הוא זכות ספיקו כילד הרי שהיתה כתובתה ק' מנה אם בא למכור זכות ספיקו יתן לו הלוקח נ' מנה נמצא שזכות הבעל כמה הוא במה שהיא תחתיו עולה לנ' מנה בדרך זה וכשהיא מוכרת כתובתה עולה זכותו ס' מנה לפי שאין זכות ספיקה שוה כמו זכות ספיקו חדא שהוא מוחזק ועומד והיא מחסרא גוביינא ועוד שהוא אוכל תמיד פירות הקרקע המיוחד לכתובתה ולא היא ולכך [ח] כשהוא מוכר זכות ספיקו בנ' מנה האשה מוכרת זכות ספיקה הן לבעל הן לאחר במ' מנה הרי לך שיקנה מאשתו זכות ספיקה שתהא לו כל הכתובה של ק' מנה במ' מנה והשתא בדרך זה עולה יפוי כח וזכות הבעל במה שהיא תחתיו לס' מנה כדפירשתי ולכך מבעי ליה כילד שמין מי אמרינן דשמין לאשה כמה אדם רוצה ליתן בזכות ספיקה דהיינו ארבעים וכל השאר דהיינו ס' מנה ישלמו שכל השאר (ו) מפסידין אותו בעדותן שמעידין שגירשה שהרי היו מחייבין אותו כל הכתובה ולישנא דמתני' משמע הכי דקתני אומדין כמה אדם רוצה ליתן שאם נתארמלה או נתגרשה משמע דשמין באשה או דלמא הא לא אמרינן לשום באשה לחייב העדים לשלם כל הכתובה חוץ מזכות ספיקה כדפי' שמא לא היה נפסד בעדותם כולי האי דשמא לא תמכור לו האשה זכות ספיקה ולכך אין לנו לשום באשה כדפירשתי אלא שמין בבעל כמה יתנו לו בזכות ספיקו אם ימכור בה דהיינו נ' מנה וכך ישלמו לו העדים שכך מפסידין אותו ושאם נתארמלה או נתגרשה דמתני' לאו למימר דשמין באשה אלא ה"ק אומדין כמה אדם רוצה ליתן בכתובה (ז) זו שהיא תלויה בספק שאם תתאלמן או תתגרש תגבנה היא ואם מתה יירשנה בעלה ושמין בית דין זכות ספיקו ויתנו לו:

מעידין אנו באיש פלוני שגירש אשתו וכו'. וא"ת וליחייבו שאר כסות [ט] (ועונה) דהא מפסידין לאשה וי"ל דמיירי שמעשה ידיה שהן [י] בידו שוין כשאר כסות (ועונה) ועוד י"ל שאומרת גירשתני וא"כ מחלה לבעלה אותן (ג') דברים ואע"ג דאמרינן האשה שאמרה לבעלה גירשתני נאמנת ה"מ היכא דליכא עדים אבל היכא דאיכא עדים לא כדאמרינן בכתובות פרק האשה שנתארמלה (דף כג:): איכא

ואע"ג

מסורת הש"ס

א) ס"א ממון ביד בעלים מאי ניהו, ב) לקמן ה., ג) [חגיגה טז:], ד) [כתובות יח: ב"ב קסח. סנהדרין מד:], ה) [לעיל ב: לקמן ד:] ב"ק ה., ו) [ב"ק פט.], ז) רש"א מ"ז, ח) רש"א כשהבעל, ט) [טעות], י) [צ"ל בידה].

הגהות הב"ח

(א) העדתי. נ"ב פירוש דכיון דאמר הכי חייב לשלם חלקו מדיני דגרמי אע"פ דלא הוזם כל עיקר ועד זומם דנקט רב לאו דוקא אלא אפי' לא הוזם אלא שאמר עדות שקר העדתי. אבל תוס' ס"ל דוקא היכא דשוב הוזם וס"ל להך שינויא דהא דתניא עד שיזומו שניהם טעמא הוי דחד שהוזם מלי למימר אמת העדתי ולא בקשתי להפסיד את חבירי מה שאין כן בשניהם הוזמו דכיון דהאמינתה תורה לעדים שבאים להזימם א"כ הראשונים בקשו להפסיד ולפ"ז בחד שהוזם נמי כיון שאמר עדות שקר העדתי א"כ בקש להפסיד ממון חבירו בעדותו הלכך חייב לשלם כשהוזם אע"פ שלא הוזם חבירו וז"ש התוס' דכיון דאמר הכי א"כ בקש להפסיד ממון חבירו בעדותו הלכך משלם חלקו והקשו ע"ז דהא ליכא למ"ד דמשלם ממון בחד שהוזם דכיון דלא אשתמיט בתלמודא בשום מקום דחייב בשום פנים לשלם בחד שהוזם א"כ קשה [והשאר חסר]: (ב) רש"י ד"ה אמר רב פפא כו' שהלוקח וכו' הלא. נ"ב ותימה אמאי לא הקשה לו לפרש אומדין את טובת הנאתה וכל השאר ישלמו ובהא אומדנא פליגי ולפשר דעיקר גמגומו במאי דקשיא לי' תו דהו"ל למיתני רב חסדא אמר בנכסי הבעל ותו כו': (ג) תוס' ד"ה באומר וכו' משמע דכיון דאמר הכי א"כ בקש וכו' ולא נראה דהא ליכא מאן דאמר דמשלם ממון אלא א"כ שניהם הוזמו במקום כצ"ל: (ד) בא"ד לפרש דכשאמר עדות: (ה) ד"ה כילד מאם בא למכור הוא זכות ספיקו לאחר כילד: (ו) בא"ד השאר היו מפסידין: (ז) בא"ד בכתובה של זו:

עין משפט נר מצוה

י **א** מיי' פ"ג מהל' עדות הלכה ה סמג עשין קט טוש"ע ח"מ סי' כט סעיף א:

יא **ב** מיי' פי"ח שם הל' ח סמג עשין קי:

יב **ג ד** מיי' פכ"א שם הלכה א סמג שם טוש"מ סי' לח:

יג **ה** מיי' שם הלכה ג סמג שם טוש"מ שם:

ליקוטי רש"י

אין עד זומם משלם ממון. עד זומם שלא הוזם אלא הוא לבדו. **עד שיזומו שניהן.** ובמסכת מכות יליף לה מקראי והנה עד שקר העד ואמר מר כל מקום שנאמר עד הרי כאן שנים [חגיגה טז:]. **עד** שיפרוט לך הכתוב אחד [לקמן ה:]. **והנה עד שקר.** כל מקום שנאמר עד סתם בשנים הכתוב מדבר [דברים יט יח].

כל כמיניה. וכי נאמן הוא [סנהדרין מד:].

כיון שהגיד שוב אינו חוזר ומגיד. דגבי עדות חדא הגדה כתיבא אם לא יגיד וגו' (ויקרא ה) [כתובות יח:]. דבר המכחיש את הראשון דכתיב (ויקרא ה) אם לא יגיד אהגדה קמייתא קפיד קרא [סנהדרין מד:].

אף אינו משלם על פי עצמו. דמודה בקנס פטור [בבא קמא ה.]. ועיין עוד בליקוטי רש"י לעיל ב: **אומדין כמה אדם רוצה ליתן בכתובתה וכו' רב נתן בר אושעיא אומר באשה.** השתא שמא אינה עתידה ליטול כתובתה לעולם שמא תמות ויירשנה בעלה ונמצא שלא היו מפסידין אותה כלום לפיכך אין אומרים ישלמו לה כתובתה אלא אומדים כמה אדם רוצה ליתן לה מיד בכתובתה על הספק שאם נתארמלה או נתגרשה יטלנה הוא ואם תמות יירשנה בעלה והוא יפסיד מה שנתן ודמים הללו יתנו לה העדים דטובת הנאה זו מפסידין אותה מיד שאם תבוא למוכרה בטובת הנאה זו לא תוכל. טובת הנאה כלומר דבר מועט [בבא קמא פט.]. [אמנם שם מיירי בציור אחר אך דברי רש"י הללו מוסיפים מאד להבנת הגמרא כאן ולכן כתבנום כאן].

רבינו חננאל

(הנה) [היינו] לא עשו מעשה ומשלמין: אמר רב יהודה אמר רב עד זומם משלם לפי חלקו. כגון שבא ואמר אנו פלוני ופלוני העדנו והוזמנו בבית דינו של פלוני וחייבונו ממון זהו משלם לפי חלקו. סד"א כיון דלחבריה לא מצי מחייב ליה איהו נמי לא משלם קמ"ל דמשלם לפי חלקו. אבל אחר שהעיד אם חוזר בו ואמר שקר העדתי לאו כל כמיניה כיון שהגיד שוב אינו חוזר ומגיד. וכי האי גוונא לא א) סגיא דאינו משלם על פי עצמו אלא עדותו שהעיד עדות נכונה חשבינן ומתקיימת. וכן אם נמצא אחד מן העדים זומם אינו משלם כלל דתניא לעולם אין משלמין ממון עד שיזומו שניהן. אבל אם הוזמו כולן משלמין כל אחד לפי חלקו דתנן משלשין במעות ואין משלשין במכות ב) אבל העידו שחייב מלקות ונמצאו זוממין כל אחד לוקה: **מתני'** מעידנו את איש פלוני שגירש את אשתו ולא נתן לה כתובתה והלא בין היום בין למחר סופו ליתן לה כתובתה אומדין כמה אדם רוצה ליתן בכתובתה של זו שאם נתאלמנה או נתגרשה ואם מתה יירשנה בעלה: **כיצד שמין.** אמר רב חסדא בבעל. רב נתן בר הושעיא אמר באשה: **אמר רב פפא באשה ובכתובתה** פי' כשם שהעידו עליה שגירשה בעלה ונתן לה כתובתה ונמצאו זוממין אינן משלמין לה כל כתובתה אלא לפי טובת הנאת כתובתה כאשר הוא מפורש בפרק החובל בחברו (פח: פט.) הלכה חרש שוטה וקטן פגיעתן רעה כו' כן בכאן משלמין לאיש לפי טובת הנאתו בכתובת אשתו והיא תחתיו: **כיצד** אומדין כמה אדם רוצה ליתן בכתובתה של זו שאם תמות אשה זו בחיי בעלה ויירשנה בעלה יזכה בה הקונה אותה מן הבעל ואם נתאלמנה או נתגרשה תגבה כתובתה ואבדו מעות הקונה וזהו שהיו מפסידין הבעל בעדותן שגירשה והוא שזממו לעשות לבעל. (וחלקו בזה רב חסדא אמר בבעל שמין אומדין כמה אדם רוצה ליתן כדי לקנות מזה הבעל מה שיירש כתובת אשתו לכשתמות והיא תחתיו כענין שפירשנו למעלה). ושומא זו רב חסדא אמר בבעל כלומר אומדין דעת זה הבעל בכמה מן המעות יתרצה זה למכור כתובת אשתו. ורב נתן בר הושעיא אמר בדעת האשה אומדין ושמין בכמה תתרצה אשה זו שתמכור כתובתה בטובת הנאה כמו שפירשנו למעלה ג). ורב פפא הוסיף על דברי רב נתן ואמר באשה ובכתובתה הן שמין ד) נמצא רב נתן ורב פפא חולקין על רב חסדא ורבו עליו: [כאן חסרים מן הכתב ג' שיטין וחצי:]

אמר

חשק שלמה על ר"ח א) פי' לא מבעיא וכ"ה בטור ח"מ סי' לח בשם רבינו וע' ש"ך שם ס"ק א' שהאריך בזה: ב) כילד כו'. ג) ע' רש"י וערוך ערך שמין א': ד) דברי ר"פ לא פירש ר"ח וע' רש"י ובעל המאור ורמב"ן מלחמות ובחידושיו וערוך שם ובריטב"א:

were to be **consistent with R' Akiva,** הָא אָמַר – **why, R' Akiva has said** in a Baraisa cited above regarding precisely this case: אַף אֵינוֹ מְשַׁלֵּם עַל פִּי עַצְמוֹ – HE ALSO DOES NOT PAY the *hazamah* penalty ON THE BASIS OF HIS OWN CONFESSION, because the *hazamah* penalty is a *fine,* for which a person does not become liable by his own confession.[10] – ? –

Accordingly the Gemara again offers another explanation:

אֶלָּא בְּאוֹמֵר – **Rather,** the case to which Rav refers is **where [a person]** comes before a court and **says:** הֵעַדְנוּ וְהוּזַמְנוּ בְּבֵית דִּין פְּלוֹנִי – **"We** [I and So-and-so] **testified and were found to be *zomemin* in such and such a court,** i.e. in a different court, וְחוּיַּבְנוּ מָמוֹן – **and we were held liable to pay money."**[11]

Having established the case to which Rav is referring, the Gemara explains the point of his teaching:

סַלְקָא דַּעְתָּךְ אָמֵינָא – Without Rav's teaching **you might have thought to say** כֵּיוָן דִּלְחַבְרֵיהּ לֹא מָצֵי מְחַיֵּיב לֵיהּ – **that since he cannot obligate his fellow** witness by his admission,[12] אִיהוּ נַמִּי לֹא מִיחַיֵּיב – **he too does not become obligated,** because *zomemin* witnesses do not become liable until the guilt of both has been established. קָא מַשְׁמַע לָן – **[Rav] therefore informs us** that the one making the admission is indeed obligated to pay his share of the penalty.[13]

Mishnah The next two Mishnahs discuss cases in which the reciprocal *hazamah* penalty is in effect but its application presents a problem. The difficulty is how to assess the damage that the accused would have suffered had the testimony of the *zomemin* been allowed to stand:

מְעִידִין אָנוּ אֶת אִישׁ פְּלוֹנִי שֶׁגֵּירַשׁ אֶת אִשְׁתּוֹ – Witnesses said, **"We testify about this-and-this person that he divorced his wife,"** i.e. they say that they saw him give her a *get* on such and such a day, וְלֹא נָתַן לָהּ כְּתוּבָּתָהּ – **and** it is known that **he did not pay her her *kesubah.***[14] The witnesses were then found to be *zomemin,* and are therefore required to pay the husband the value of the *kesubah,* since this is what he would have lost as a consequence of their false testimony. Determining this, however, presents a problem: וַהֲלֹא בֵּין הַיּוֹם וּבֵין לְמָחָר סוֹפוֹ לִיתֵּן לָהּ כְּתוּבָּתָהּ – **But may he not either today or tomorrow have to pay her her *kesubah*** anyway, if he divorces her or dies? We can therefore not consider the loss as the entire value of the *kesubah.* Rather: אוֹמְדִין כַּמָּה אָדָם רוֹצֶה לִיתֵּן בִּכְתוּבָּתָהּ שֶׁל זוֹ – **We assess how much a person would be willing to pay** now on speculation **for** the rights to **this [woman's]** ***kesubah,*** שֶׁאִם נִתְאַלְמְנָה אוֹ נִתְגָּרְשָׁה – **on the chance that she will be widowed or divorced,** which would entitle her to the *kesubah,* וְאִם מֵתָה יִירָשֶׁנָּה בַּעְלָהּ – **while if she should die** before her husband, **her husband will inherit her** and never have to pay the *kesubah.* This amount determines what the *zomemin* witnesses must pay as their penalty.[15]

NOTES

10. [And since the halachah follows R' Akiva, it is unlikely that Rav would have stated his ruling according to the opposing opinion (see *Beis Yosef, Choshen Mishpat* 38 §4-5 ד״ה ומה שמתחייבין).]

11. He not only admits that he was found to be a *zomeim* witness in another court together with his accomplice, but also that they were subsequently sued by their would-be victim and sentenced by the court to pay the *hazamah* penalty. Thus, he admits to owing a collectible debt, not merely a fine. For once the court has issued a ruling requiring a person to pay a fine, it becomes a regular monetary obligation, like any other debt. His admission that he still owes it is not *creating* an obligation but merely *confirming* that one already exists. It is therefore not subject to the rationale given above (2b note 36) for exempting a person from paying a fine by his own admission, and he is thus liable to pay it, as he would be liable to pay any other debt which he admits owing (*Rashi*). In this case, Rav teaches, he pays his share of the total *hazamah* penalty.

12. Because an admission is accepted as conclusive evidence only with respect to the person making it (*Rashi*). The admission is not effective as a general statement of testimony, because the testimony of a single witness is insufficient to establish that someone owes money.

13. The rule that *zomemin* witnesses do not become liable until both have been found *zomemin* is not applicable here, since their liability has already been established in another court. His admission in this court is therefore only an admission that he owes an unpaid debt.

14. The husband's non-payment is known by virtue of his claim that he did not divorce his wife, which is tantamount to an admission that he did not pay her *kesubah* (*Rashi,* as explained by *Aruch LaNer*). [*Rashi* does not explain that the non-payment of the *kesubah* was itself part of the witnesses' testimony (as a simple reading of the Mishnah would imply), because generally witnesses are incapable of testifying as to what did *not* occur. Perhaps the husband paid when they were not present. (See, however, *Pnei Yehoshua.*)]

In this context, the term *kesubah* (marriage contract) refers to the sum total of the husband's financial obligations toward his wife in case the marriage should dissolve. These obligations, which are written into the *kesubah* document, include: (a) The basic, statutory amount of two hundred *zuz* for a virgin and one hundred *zuz* for a widow or a divorcee, in addition to any supplementary amount voluntarily assumed by the husband [תּוֹסֶפֶת כְּתוּבָּה], and (b) the value of the wife's *tzon barzel* property. This last category is defined as follows. When a woman marries, she may ask to have her dowry (the property she brings into the marriage) assessed and its value written into the *kesubah.* If this is done, those possessions become known as נִכְסֵי צֹאן בַּרְזֶל, *tzon barzel* (literally: iron sheep) *property.* The husband assumes the responsibility of remunerating their full value – as assessed at the time the *kesubah* is written – in the event of his death or their divorce. Thus, the possessions' value to the wife is fixed and is not affected by consumption, loss or price fluctuation – they are like sheep made of iron. (Since it was customary for shepherds to accept sheep in this manner – to appraise the flock and assume responsibility for it – these properties were given the appellative *iron sheep.*)

[Additionally, a wife may also own at the time of her marriage property that she wishes to retain for herself. The value of these possessions is not recorded in the *kesubah.* By law, the husband has the right to the produce of these properties for the duration of the marriage, but they revert to the wife, in whatever condition they may be, in the event of divorce or the death of the husband. This type of property is known as נִכְסֵי מְלוֹג, *melog* (literally: plucking) *property* (usufructuary property). (It is so designated because the husband enjoys its dividends but has no rights to the property itself, analogous to plucking the feathers of a fowl, which leaves the bird itself intact.) This type of property, however, is *not* considered part of the *kesubah* (see Gemara below).]

It emerges, therefore, that in attempting to have the husband "pay the *kesubah,*" the witnesses were endeavoring to have him pay the basic one or two hundred *zuz* in addition to any supplementary amount, and the value of the *tzon barzel* property.

15. Simply understood, the Mishnah means that we evaluate what a buyer would pay the *woman* for the right to collect her *kesubah* settlement in the event that she is divorced or widowed. How this amount is a fair representation of what the *zomeim* witnesses would have caused the *husband* to lose, however – and therefore what the witnesses should rightfully pay – is not apparent. The Gemara's discussion centers on this issue (see *Rashi*).

מאי ניהו דלא עשו מעשה היינו דרבה אימא וכן אמר ר"נ אמר רב יהודה אמר רב עד זומם משלם לפי חלקו מאי משלם לפי חלקו אילימא דהאי משלם פלגא והאי משלם פלגא תנינא משלשין בממון ואין משלשין במלקות אלא כגון דאיתזום חד מינייהו דמשלם פלגא דידיה ומי משלם והא תניא אין עד זומם משלם ממון עד שיזומו שניהם אמר רבא באומר עדות שקר (א) העדתי כל כמיניה כיון שהגיד שוב אינו חוזר ומגיד אלא באומר העדנו והוזמנו בב"ד פלוני כמאן דלא כר"ע דאי כר"ע הא אמר אף אינו משלם ע"פ עצמו אלא באומר העדנו והוזמנו בב"ד פלוני וחייבונו ממון ס"ד אמינא כיון דלחבריה לא מצי מחייב ליה איהו נמי לא מיחייב קמ"ל:

מתני' מעידין אנו את איש פלוני שגירש את אשתו ולא נתן לה כתובתה והלא בין היום ובין למחר סופו ליתן לה כתובתה אומדין כמה אדם רוצה ליתן בכתובתה של זו שאם נתאלמנה או נתגרשה ואם מתה יירשנה בעלה: **גמ'** כיצד שמין אמר רב חסדא בבעל רב נתן בר אושעיא אומר באשה אמר רב פפא באשה ובכתובתה:

מתני' מעידין אנו באיש פלוני שהוא חייב לחבירו אלף זוז על מנת ליתנן לו מכאן ועד שלשים יום והוא אומר מכאן ועד עשר שנים אומדים כמה אדם רוצה ליתן ויהיו בידו אלף זוז בין נותנן מכאן ועד ל' יום בין נותנן מכאן ועד עשר שנים: **גמ'** אמר רב יהודה אמר שמואל המלוה את חבירו לעשר שנים שביעית משמטתו ואע"ג

רש"י

מאי ניהו. האי ממון ביד בעליו דקאמר ר"נ היינו דלא נעשה מעשה שעדיין לא שילם אלא שנגמר דינו לשלם: משלשין בממון. אם שלשה עדים הן או ארבעה משלשין ביניהם בית דין נעשין שליש ביניהן להשוותם בפרעון איש לפי חלקו אי נמי האי משלשין לישנא בעלמא הוא מחלקין הפרעון בין שלשתן והוא הדין נמי אם ארבעה הן מרבעין: כל כמיניה. בתמיה וכי יכול הוא לחזור בו ויפטר הנדון מלשלם: העדנו. אני ופלוני וחבירו אינו מודה: וחייבנו ממון. בב"ד שהוזמנו והעמידנו הנדון בדין על הזמתנו וחייבונו בב"ד ומההוא שעתא ממונא הוא גבייהו ואין זה מרשיע את עצמו שכבר הרשיעוהו אלהים: כיון דלחבריה לא מצי מחייב ליה. שאינו נאמן על חבירו: **מתני'** שגירש את אשתו. בפנינו ביום פלוני וזה אומר לא גרשתי ואיני חייב לה כתובה ונמצאו זוממין בעמנו הייתם: והלא בין היום כו'. כלומר מה ישלמו אלו אם תאמר כל הכתובה והלא שמא ימות או יגרשנה היום או מחר וסופו ליתן לה כתובה נמצאו שלא היו מפסידין אותו כלום: אומדין כמה אדם רוצה ליתן בכתובתה של זו. מספק שאם נתארמלה או נתגרשה יטלנה לוקח ואם מתה יירשנה בעלה ויפסיד מעותיו שנתן ובגמ' מפרש מאי קא מחייב להו תנא דמתני' ליתן: **גמ'** כיצד שמין. כלומר מאי קא מחייב להו למיתב דיש לפתור משנתנו לשני צדדים כיצד הרי יש לאיש ולאשה זכות ספק בכתובה זו היא מצפה שאם ימות או יגרשנה תגבה את כולה והוא מצפה שאם תמות בחייו יירשנה יפה כח זכותו מכח זכותה שהוא אוכל פירות הקרקע המיוחד לכתובתה תמיד ולא היא ועוד שהוא מוחזק ועומד והיא מחסרא גוביינא ואם באו למכור לאחר זו זכות ספיקה וזה זכות ספיקו שלו נמכר ביותר משלה ולישנא דמתני' משמע שמין זכות ספיקה דקתני כמה אדם רוצה ליתן שאם נתארמלה והא ליכא למימר שאותן דמים יתנו הזוממין שהרי לא זכות ספיקה באו להפסידו אלא זכות ספיקו שהיו מחייבין אותו לפרוע מיד ויש לומר דה"ק שמין זכות ספיקה כמה אדם רוצה ליתן בטובת הנאה שלה ואותו לא ישלמו וכל השאר ישלמו שכל השאר היו מפסידין אותו בעדותם אבל אותן דמים לא היו מפסידין אותו שהרי גם עתה כשהוזמו אם היתה רוצה למכרה יתן לה הבעל ברצון טובת הנאה זו או דלמא זכות ספיקו קאמר מתני' דלישיימו ואותן דמים יתנו העדים ולא מחייבינן להו כולי האי שיתנו כל הכתובה חוץ מטובת הנאתה דשמא לא היה נפסד בעדותן כל כך שאף עתה כשהן זוממין שמא ימות מחר ותגבה הכל כי היא לא תמכרנה לו בטובת הנאה אבל טובת הנאתו יתנו לו שכך היו מפסידין אותו שאם לא הוזמו היה פורע מיד עכשיו שהוזמו יש לו בה זכות ספיקו כבתחלה ושאם נתארמלה דמתני' ה"ק אומדין כמה אדם רוצה ליתן בכתובה זו שהיא תלויה בספק שאם נתארמלה תגבנה היא ואם מתה יירשנה בעלה ושמין ב"ד את זכות ספיקו ויתנו לו: רב חסדא אמר בבעל. זכות ספיקו של בעל אומדין כמה אדם רוצה ליתן בו ואותו יתנו הזוממין: רב נתן אמר באשה. זכות ספיקה אומדין ואותו לא ישלמו (וכל השאר ישלמו) וחומר גדול הוא אצלן: אמר רב פפא באשה. שמין כרב נתן ובכתובתה לא ישלמו לו אלא העודף בכתובתה על הדמים הללו אבל לא נכסי מלוג שלה ואע"פ שאף נכסי מלוג היו מפסידין אותו בעדותן מלאכול פירות בחייה ומלירש אותה במותה אין משלמין דיכולין לומר אנו לא העדנו אלא על כתובתה ולא ידענו שהיו לה נכסי מלוג ואני לא כך שמעתיה וכן שמעתי רב חסדא אמר בבעל לפי מה שהן נכסי הבעל אם עידית אם זיבורית אומדין את טובת הנאתה (ב) כשהלוקח מדקדק בכך רב נתן אמר באשה ובא רב פפא ופירש מאי ובאשה דקאמר רב נתן בכתובתה שאם ייחד לה קרקע לכתובתה בו ישומו ולבי מגמגם בה חדא היכי מחייבינן להו זכות ספיקה הלא לא היו מפסידין אותו אלא זכות ספיקו ועוד דהכי איבעי ליה למיתני רב חסדא אמר בנכסי הבעל ותו היכא דייחד לה שדה לכתובתה מאי טעמא דרב חסדא דפליג:

תוספות

באומר עדות שקר העדתי. ושוב הוזם לכאורה משמע (ג) דכי אמר הכי משלם חלקו דא"כ בקש להפסיד ממון חבירו בעדותו ולא נראה דהא ליתא מאן דמשלם ממון אלא א"כ הוזם במקום פלוני עמנו הייתם לכך יש לפרש עדות שקר העדתי ושוב הוזמו שניהן דהשתא יש לפרש (ד) כדאמר עדות שקר העדתי סותר עדותו ולא שייכא ביה תורת הזמה כי אם בחבירו ופריך הא כל כמיניה אפי' הוא בעצמו אתי לידי הזמה דכיון שהגיד שוב אינו חוזר ומגיד והוי כלא סתר את דבריו וא"כ הוו שניהם זוממין ומשלמין ממון:

כיצד שמין. אותו זכות שיש לו לבעל בכתובתה דמה שהיא תחתיו יותר מאם גרשה לפי שאתה מוצא אותו יפוי כח שיש לו לבעל במה שהיא תחתיו בב' דרכים האחד אם ימכור לאחר זכות ספיקו שאם מתה יירשנה והשני הוא יקנה מאשתו זכות ספיקה שאם תתאלמן או תתגרש שהיא תמכור לו בדמים מועטים ובענין זה יפה כח זכותו יותר מאם (ה) למכור הוא זכות ספיקו כיצד הרי שהיתה כתובתה ק' מנה אם בא למכור זכות ספיקו יתן לו הלוקח נ' מנה נמצא שזכות הבעל כמה הוא במה שהיא תחתיו עולה לנ' מנה בדרך זה וכשהיא מוכרת כתובתה עולה זכותו ס' מנה לפי שאין זכות ספיקה שוה כמו זכות ספיקו חדא שהוא מוחזק ועומד והיא מחסרא גוביינא ועוד שהוא אוכל תמיד פירות הקרקע המיוחד לכתובתה ולא היא ולכך כשהוא מוכר זכות ספיקו בנ' מנה האשה מוכרת זכות ספיקה הן לבעל הן לאחר במ' מנה הרי לך שיקנה מאשתו זכות ספיקה שתהא לו כל הכתובה של ק' מנה במ' מנה והשתא בדרך זה עולה יפוי כח וזכות הבעל במה שהיא תחתיו לס' מנה כדפירשתי ולכך מבעי ליה כיצד שמין מי אמרינן דשמין לאשה כמה אדם רוצה ליתן בזכות ספיקה דהיינו ארבעים וכל השאר דהיינו ס' מנה ישלמו שכל השאר (ו) מפסידין אותו בעדותן שמעידין שגירשה שהרי היו מחייבין אותו כל הכתובה ולישנא דמתני' משמע הכי דקתני אומדין כמה אדם רוצה ליתן שאם נתארמלה או נתגרשה משמע דשמין באשה או דלמא הא לא אמרינן לשום באשה לחייב העדים לשלם כל הכתובה חוץ מזכות ספיקה כדפי' שמא לא היה נפסד בעדותם כולי האי דשמא לא תמכור לו האשה זכות ספיקה ולכך אין לנו לשום באשה כדפירשתי אלא שמין בבעל כמה יתנו לו בזכות ספיקו אם ימכור בה דהיינו נ' מנה וכך ישלמו לו העדים שכך מפסידין אותו ושאם נתארמלה או נתגרשה דמתני' לאו למימר דשמין באשה אלא ה"ק אומדין כמה אדם רוצה ליתן בכתובה (ז) זו שהיא תלויה בספק שאם תתאלמן או תתגרש תגבנה היא ואם מתה יירשנה בעלה ושמין בית דין זכות ספיקו ויתנו לו:

מעידין אנו באיש פלוני שגירש אשתו וכו'. וא"ת וליחייבו שאר כסות (ועונה) דהא מפסידין לאשה וי"ל דמיירי שמעשה ידיה שהן בידו שוין כשאר כסות (ועונה) ועוד י"ל שאומרת גירשתני וא"כ מחלה לבעלה אותן (ג') דברים ואע"ג דאמרינן האשה שאמרה לבעלה גירשתני נאמנת ה"מ היכא דליכא עדים אבל היכא דאיכא עדים לא כדאמרינן בכתובות פרק האשה שנתארמלה (דף כג:):

מסורת הש"ס

א) ס"א ממון ביד בעלים מאי ניהו, ב) לקמן ה., ג) [חגיגה טז:], ד) [כתובות יח: ב"ב קסח. סנהדרין מד:], ה) [לעיל ב: לקמן ד:] ב"ק ה., ו) [ב"ק פט.], ז) רש"ל מ"ז, ח) רש"א כשהבעל, ט) [טעות], י) [נ"ל בידה].

הגהות הב"ח

(א) העדתי. נ"ב פירוש דכיון דאמר הכי חייב לשלם חלקו מדיני דגרמי אע"פ דלא הוזם כל עיקר ועד זומם דנקט רב לאו דוקא אלא אפי' לא הוזם אלא שאמר עדות שקר העדתי. אבל תוס' ס"ל דוקא היכא דשוב הוזם וס"ל להך שינויא דהא דתניא עד שיזומו שניהם טעמא הוי דחד שהוזם מצי למימר אמת העדתי ולא בקשתי להפסיד את חבירי מה שאין כן בששניהם הוזמו דכיון דהאמינתה תורה לעדים שבאים להזימם א"כ הראשונים בקשו להפסיד ולפ"ז בחד שהוזם נמי כיון שאמר עדות שקר העדתי א"כ בקש להפסיד ממון חבירו בעדותו הלכך חייב לשלם כשהוזם אע"פ שלא הוזם חבירו וז"ש התוס' דכיון דאמר הכי א"כ בקש להפסיד ממון חבירו בעדותו הלכך משלם חלקו והקשו ע"ז דהא ליכא למ"ד דמשלם ממון בחד שהוזם דכיון דלא אשתמיט בתלמודא בשום מקום דחייב בשום פנים לשלם בחד שהוזם א"כ קשה [והשאר חסר]: (ב) רש"י ד"ה אמר רב פפא כו' שהלוקח וכו' הלא. נ"ב ותימה אמאי לא התיישב לו לפרש אומדין את טובת הנאתה וכל השאר ישלמו [illegible]

ליקוטי רש"י

אין עד זומם משלם ממון. עד זומם שלא הוזם אלא הוא לבדו. עד שיזומו שניהן. ובמסכת מכות יליף לה מקראי והנה עד שקר העד ואמר מר כל מקום שנאמר עד הרי כאן שנים [חגיגה טז:]. עד שיפרוט לך הכתוב אחד [לקמן ה:]. והנה עד שקר. כל מקום שנאמר עד סתם בשנים הכתוב מדבר [דברים יט יח].

כל כמיניה. וכי נאמן הוא [סנהדרין מד:].

כיון שהגיד שוב אינו חוזר ומגיד. דגבי עדות חדא הגדה כתיבא אם לא יגיד וגו' (ויקרא ה) [כתובות יח:]. דבר המכחיש את הראשון דכתיב (ויקרא ה) אם לא יגיד אהגדה קמייתא קפיד קרא [סנהדרין מד:].

אף אינו משלם על פי עצמו. דמודה בקנס פטור [בבא קמא ה.]. ועיין עוד בליקוטי רש"י לעיל ב:

אומדין כמה אדם רוצה ליתן בכתובתה וכו' רב נתן בר אושעיא אומר באשה. השתא שמא אינה עתידה ליטול כתובתה לעולם שמא תמות ויירשנה בעלה ונמצא שלא היו מפסידין אותה כלום לפיכך אין אומרים ישלמו לה כתובתה אלא אומדים כמה אדם רוצה ליתן לה מיד בכתובתה על הספק שאם נתארמלה או נתגרשה יטלנה הוא ואם תמות יירשנה בעלה והוא יפסיד מה שנתן ודמים הללו יתנו לה העדים לטובת הנאה זו שמפסידין אותה מיד שאם תבוא לתובעה בטובת הנאה זו לא תוכל. טובת הנאה כלומר דבר מועט [בבא קמא פט.]. [אמנם שם מיירי בלוקח אחר אך דברי רש"י הללו מוסיפים מאד להבנת הגמרא כאן ולכן הבאתים כאן].

עין משפט נר מצוה

י א מיי' פ"ג מהל' עדות הלכה ה סמג עשין קט טוש"ע ח"מ סי' כט סעיף א:

יא ב מיי' פי"ח שם הל' ח סמג עשין קי:

יב ג ד מיי' פכ"א שם הלכה א סמג שם טוח"מ סי' לח:

יג ה מיי' שם הלכה ג סמג שם טוח"מ שם:

רבינו חננאל

(הנה) [היינו] לא עשו מעשה ומשלמין. אמר רב יהודה אמר רב עד זומם משלם לפי חלקו. כגון שבא ואמר אני ופלוני ופלוני העדנו והוזמנו בבית דינו של פלוני וחייבונו ממון והוא משלם לפי חלקו. סד"א כיון דלחבריה לא מצי מחייב ליה איהו נמי לא משלם קמ"ל דמשלם לפי חלקו. אבל אחר שהעיד אם חוזר בו ואמר שקר העדתי לאו כל כמיניה כיון שהגיד שוב אינו חוזר ומגיד. וכי האי גוונא לא א) סגיא דאינו משלם על פי עצמו אלא עדותו שהעיד עדות נכונה חשבינן ומתקיימת. וכן אם נמצא אחד מן העדים זומם אינו משלם כלל דתניא לעולם אין משלמין ממון עד שיזומו

רבינו גרשום

שניהן. אבל אם הוזמו כולן משלמין כל אחד לפי חלקו דתנן משלשין במעות ואין משלשין במלקות ונמצאו זוממין כל אחד לוקה: **מתני'** מעידנו את איש פלוני שגירש את אשתו ולא נתן לה כתובתה והלא בין היום בין למחר סופו ליתן לה כתובתה אומדין כמה אדם רוצה ליתן בכתובתה של זו שאם נתאלמנה או נתגרשה ואם מתה יירשנה בעלה: **כיצד** שמין. אמר רב חסדא בבעל. רב נתן בר הושעיא אמר באשה: **אמר** רב פפא באשה ובכתובתה פי' כשם שהעידו עליה שגירשה בעלה ונתן לה כתובתה ונמצאו זוממין אינן משלמין לה כל כתובתה אלא לפי טובת הנאת כתובתה כאשר הוא מפורש בפרק החובל בחברו (פח: פט.) הלכה חרש שוטה וקטן פגיעתן רעה כו' כן בכאן משלמין לאיש לפי טובת הנאתו בכתובת אשתו והיא תחתיו: **כיצד** אומדין כמה אדם רוצה ליתן בכתובתה של זו שאם תמות אשה זו בחיי בעלה ויירשנה בעלה יזכה בה הקונה אותה מן הבעל ואם נתאלמנה או נתגרשה תגבה כתובתה ואבדו מעות הקונה וזהו שהיו מפסידין הבעל בעדותן שגירשה והוא שזממו לעשות לבעל. (וחלקו בזה רב חסדא אמר בבעל שמין אומדין כמה אדם רוצה ליתן כדי לקנות מזה הבעל מה שיירש כתובת אשתו לכשתמות והיא תחתיו כענין שפירשנו למעלה). ושומא זו רב חסדא אמר בבעל כלומר אומדין דעת זה הבעל בכמה מן המעות יתרצה זה למכור כתובת אשתו בטובת הנאה כענין שפירשנו למעלה. ורב נתן בר הושעיא אמר בדעת האשה אומדין ושמין בכמה תתרצה אשה זו שתמכור כתובתה בטובת הנאה כמו שפירשנו למעלה ג). ורב פפא הוסיף על דברי רב נתן ואמר באשה ובכתובתה הן שמין ד) נמצא רב נתן ורב פפא חולקין על רב חסדא ורבו עליו: [כאן חסרים מן הכתב ג' שיטין וחצי]: אמר

Gemara The Gemara asks:

כֵּיצַד שָׁמִין – **How do we appraise** the amount levied upon the *zomemin*?[16] **אָמַר רַב חִסְדָּא** – **Rav Chisda says:** **בַּבַּעַל** – **By** the worth of the position of **the husband.**[17] **רַב נָתָן** **Rav Nassan bar Oshaya says:** **בָּאִשָּׁה** – **By** the worth of the position of **the wife.**[18]

Another Amora issues a definitive ruling:

אָמַר רַב פָּפָּא – **Rav Pappa said:** **בָּאִשָּׁה וּבִכְתוּבָּתָה** – **By** the worth of the position of **the wife, but** only **in regard to her *kesubah*.**[19]

Mishnah The Mishnah now presents another case in which applying the *hazamah* penalty poses a problem:

מְעִידִין אָנוּ בְּאִישׁ פְּלוֹנִי שֶׁהוּא חַיָּיב לַחֲבֵירוֹ אֶלֶף זוּז – If they said, **"We testify about this-and-this person that he owes his fellow one thousand *zuz*** **עַל מְנָת לִיתְּנָן לוֹ מִכָּאן וְעַד שְׁלֹשִׁים יוֹם** – **with the stipulation that he repay him between now and thirty days,"** **וְהוּא אוֹמֵר מִכָּאן וְעַד עֶשֶׂר שָׁנִים** – **however, [the defendant] says, "Between now and ten years."** The accused admits that he actually owes the stated amount, but maintains that the terms allowed for the debt to be repaid over *ten years* rather than the *thirty days* that the witnesses claim. The witnesses were then found to be *zomemin*. Since the defendant admits to owing the money, the damage that the *zomemin* would have caused him had their testimony been accepted is not the entire thousand *zuz*, but only the difference between having to repay a thousand *zuz* within thirty days and being able to repay them after ten years. Therefore, **וִיהוּ בְּיָדוֹ אֶלֶף זוּז** – **to have** **אוֹמְדִים כַּמָּה אָדָם רוֹצֶה לִיתֵּן** – **we assess how much a person would give one thousand *zuz* in his possession** **בֵּין נוֹתְנָן מִכָּאן וְעַד שְׁלֹשִׁים יוֹם** – **for the difference between having to repay them within thirty days,** **בֵּין נוֹתְנָן מִכָּאן וְעַד עֶשֶׂר שָׁנִים** – **and having to repay them within ten years,** i.e. how much he would pay for the privilege of having a loan of one thousand *zuz* available to him for all that extra time. The witnesses pay this amount to the accused.[20]

NOTES

16. Two possible interpretations of the Mishnah's ruling exist. Before delineating them, however, the following introduction is necessary. A *kesubah* has two current market values, one for the husband's rights and another for the wife's. When a wife sells her rights, she sells the chance to receive the *kesubah* in case she is divorced or widowed, or receive nothing if she should die before her husband. Since there is a significant element of risk in this, the *kesubah* is sold at a steep discount from its face value. Conversely, the husband can sell his right to the land designated for his wife's *kesubah* on the understanding that should he ever become liable for the *kesubah,* she will collect this land, but should his wife die before him, the land will remain the buyer's. Although the buyer assumes a significant risk this way as well, he is willing to pay more for the husband's position because he receives the use of the land immediately (with only a *chance* of eventually losing the land to the wife's claim), while if he buys the wife's position he receives nothing *but* the chance of eventually collecting. Furthermore, the husband's position is also more valuable in that the buyer will not have to do anything to collect the property should his chance prove successful. Should he be successful with the wife's position, however, he must still go through possibly tedious legal proceedings to collect the *kesubah* from the former husband or his heirs. As an illustration, if the face value of a *kesubah* is 1000 *zuz* (200 *zuz* of basic *kesubah* obligation, 100 *zuz* of supplementary payment and 700 *zuz* of *tzon barzel* property), a buyer might be willing to pay the woman only a relatively small amount, say 400 *zuz*, for her chance to collect. However, he would be willing to pay the husband more, say 500 *zuz*, for his rights to the land designated for the *kesubah*.

Now as explained in the previous note, the simple implication of the Mishnah is that the *zomeim* witnesses pay the value of her position. This, however, cannot be the Mishnah's intent, because the witnesses' plot was aimed at him, not her. What the Mishnah *may* mean, however, is that we appraise the value of her position, namely, how much a buyer would be willing to pay her for the chance to collect the *kesubah* in case she is divorced or widowed, and then — and this next step is missing from the Mishnah because it considers it to be self-evident — subtract that amount from the face value of the *kesubah*. Thus, in the case of the illustration given above, the witnesses would pay 1000 minus 400, or 600 *zuz*. The rationale for using this procedure is that had the plot succeeded, the husband's out-of-pocket loss would actually have been equal to the entire sum stipulated in the *kesubah*. This is therefore what the *hazamah* penalty should be. However, the worth of the wife's claim must be subtracted from this sum because the husband would willingly pay the wife this consideration to relinquish her claim. Consequently, the amount corresponding to this sum cannot be considered to have been part of the loss he would have suffered. The foregoing is one option for explaining the Mishnah's ruling.

Option two is to explain the Mishnah as meaning that we appraise the value of *his* chance to the *kesubah,* namely, the amount that a buyer would pay him for the rights to the land designated for her *kesubah* [500

zuz in the above illustration] and then make the witnesses pay that same amount. We do not, however, make them pay the greater amount of the *kesubah*'s face value minus the value of her chance [600 *zuz* in the illustration], as suggested in the first option, because perhaps she would be unwilling to sell him her chance. However, he definitely could have sold the land designated for the *kesubah,* so that the witnesses would have caused him this loss by forcing him to surrender that land to the woman. According to this explanation, the Mishnah's words "how much a person would be willing to pay for this woman's *kesubah* on the chance that she will be widowed etc." means how much a buyer would be willing to pay the *husband* for the land designated for his wife's *kesubah* when there is the risk that she will be widowed or divorced, in which case the buyer will lose out, and also the chance that she will predecease her husband, in which case the buyer will gain (*Rashi*).

Each of the above two interpretations is adopted by a different Amora.

17. I.e. we evaluate what the husband can get from a buyer for the land designated for her *kesubah,* and the witnesses pay this same amount (*Rashi*).

18. I.e. we evaluate what a buyer would pay her for her chance to receive the *kesubah,* and the witnesses do *not* pay this amount. Rather, they pay the *difference* between this amount and the face value of the *kesubah.* As explained above, this method of assessment results in a heavier penalty for the witnesses than Rav Chisda's method (*Rashi*).

19. Rav Pappa agrees with Rav Nassan's explanation, and merely clarifies it with the following addition. The appraisal takes into account only those costs actually recorded in the *kesubah* (viz. the statutory one or two hundred *zuz* along with any supplementary amount promised by the husband, and the worth of the *tzon barzel* property). Having been duly recorded in the *kesubah* and attested to by witnesses, these obligations can be assumed to have become public knowledge, so that the witnesses cannot believably claim that they were unaware that their false testimony would have obligated the husband to pay these amounts. The appraisal does *not,* however, take into account the *melog* property of the wife, the value of which is *not* recorded in the *kesubah.* As explained in note 14, the term *melog property* refers to assets that the wife retains for herself but which the husband may use as long as the marriage is in existence. Although the right to use these assets, and the right to inherit them if the wife predeceases the husband, would have been lost to the husband had the witnesses' plot succeeded, the witnesses cannot be penalized for this loss, because they can claim that they had no idea that such property existed, and hence did not intend to deprive him of it. For the *hazamah* penalty to be imposed, intent on the part of the *zomemin* to cause the corresponding damage has to be assumed, and no such assumption can be made for the unrecorded *melog* property (*Rashi,* with explanation of *Ritva;* cf. *Ramban, Ritva*).

20. This type of payment by the borrower to the lender would seem to be interest on a loan, which the Torah prohibits. This, however, has no bearing on the payment that the *zomemin* incur. The amount a person

מאי ניהו דלא עשו מעשה היינו דרבה אימא וכן אמר ר"נ אמר רב יהודה אמר רב עד זומם משלם לפי חלקו מאי משלם לפי חלקו אילימא דהאי משלם פלגא והאי משלם פלגא תנינא משלשין בממון ואין משלשין במלקות אלא כגון דאיתזום חד מינייהו דמשלם פלגא דידיה ומי משלם והא תניא אין עד זומם משלם ממון עד שיזומו שניהם אמר רבא באומר עדות שקר (א) העדתי כל כמיניה כיון שהגיד שוב אינו חוזר ומגיד אלא באומר העדנו והוזמנו בב"ד פלוני כמאן דלא כר"ע דאי כר"ע הא אמר אף אינו משלם ע"פ עצמו אלא באומר העדנו והוזמנו בב"ד פלוני וחייבנו ממון ס"ד אמינא כיון דלחבריה לא מצי מחייב ליה איהו נמי לא מיחייב קמ"ל:

מתני' מעידין אנו את איש פלוני שגירש את אשתו ולא נתן לה כתובתה והלא בין היום ובין למחר סופו ליתן לה כתובתה אומדין כמה אדם רוצה ליתן בכתובתה של זו שאם נתאלמנה או נתגרשה ואם מתה יירשנה בעלה: גמ' כיצד שמין אמר רב חסדא בבעל רב נתן בר אושעיא אומר באשה אמר רב פפא באשה ובכתובתה:

מתני' מעידין אנו באיש פלוני שהוא חייב לחבירו אלף זוז על מנת ליתנן לו מכאן ועד שלשים יום והוא אומר מכאן ועד עשר שנים אומדים כמה אדם רוצה ליתן ויהיו בידו אלף זוז בין נותנן מכאן ועד ל' יום בין נותנן מכאן ועד עשר שנים: גמ' אמר רב יהודה אמר שמואל המלוה את חבירו לעשר שנים שביעית משמטתו

ואע"ג

רש"י

מאי ניהו. האי ממון ביד בעליו דקאמר ר"נ היינו דלא נעשה מעשה שעדיין לא שילם אלא שנגמר דינו לשלם: משלשין בממון. אם שלשה עדים הן או ארבעה משלשין ביניהם בית דין נעשין שליש ביניהן להשוותם בפרעון איש לפי חלקו אי נמי האי משלשין לישנא בעלמא הוא מחלקין הפרעון בין שלשתן והוא הדין נמי אם ארבעה הן מרבעין: כל כמיניה. בתמיה וכי יכול הוא לחזור בו ויפטר הנדון מלשלם: העדנו. אני ופלוני וחבירו אינו מודה: וחייבנו ממון. בב"ד שהוזמנו והעמידנו הנדון בדין על הזמתנו וחייבונו בב"ד ומההוא שעתא ממונא הוא גבייהו ואין זה מרשיע את עצמו שכבר הרשיעוהו אלהים: כיון דלחבריה לא מצי מחייב ליה. שאינו נאמן על חבירו: מתני' שגירש את אשתו. בפנינו ביום פלוני וזה אומר לא גרשתי ואיני חייב לה כתובה ונמצאו זוממין בעמנו הייתם: והלא בין היום כו'. כלומר מה ישלמו אלו אם תאמר כל הכתובה והלא שמא ימות או יגרשנה היום או מחר וסופו ליתן לה כתובה נמצאו שלא היו מפסידין אותו כלום: אומדין כמה אדם רוצה ליתן בכתובתה של זו. מספק שאם נתארמלה או נתגרשה יטלנה לוקח ואם מתה יירשנה בעלה ויפסיד מעותיו שנתן ובגמ' מפרש מאי קא מחייב להו תנא דמתני' ליתן: גמ' כיצד שמין. כלומר מאי קא מחייב להו למיתב דיש לפתור משנתנו לשני צדדים כיצד הרי יש לאיש ולאשה זכות ספק בכתובה זו היא מצפה שאם ימות או יגרשנה תגבה את כולה והוא מצפה שאם תמות בחייו יירשנה יפה כח זכותו מכח זכותה שהוא אוכל פירות הקרקע המיוחד לכתובתה תמיד ולא היא ועוד שהוא מוחזק ועומד והיא מחסרא גוביינא ואם באו למכור לאחר זו זכות ספיקה וזה זכות ספיקו שלו נמכר ביותר משלה ולישנא דמתני' משמע שמין זכות ספיקה דקתני כמה אדם רוצה ליתן שאם נתארמלה והא ליכא למימר שאותן דמים יתנו הזוממין שהרי לא זכות ספיקה באו להפסידו אלא זכות ספיקו שהיו מחייבין אותו לפרוע מיד ויש לומר דה"ק שמין זכות ספיקה כמה אדם רוצה ליתן בטובת הנאה שלה ואותו לא ישלמו וכל השאר ישלמו שכל השאר היו מפסידין אותו בעדותם אבל אותן דמים לא היו מפסידין אותו שהרי גם עתה כשהוזמו אם היתה רוצה למכרה יתן לה הבעל ברצון טובת הנאה זו או דלמא זכות ספיקו קאמר מתני' דלישיימו ואותן דמים יתנו העדים ולא מחייבינן להו כולי האי שיתנו כל הכתובה חוץ מטובת הנאתה דשמא לא היה נפסד בעדותן כל כך שאף עתה כשהן זוממין שמא ימות מחר ותגבה הכל כי היא לא תמכרנה לו בטובת הנאה אבל טובת הנאתו יתנו לו שכך היו מפסידין אותו שאם לא הוזמו היה פורע מיד עכשיו שהוזמו יש לו בה זכות ספיקו כבתחלה ושאם נתארמלה דמתני' ה"ק אומדין כמה אדם רוצה ליתן בכתובה זו שהיא תלויה בספק שאם נתארמלה תגבנה היא ואם מתה יירשנה בעלה ושמין ב"ד את זכות ספיקו ויתנו לו: רב חסדא אמר בבעל. זכות ספיקו של בעל אומדין כמה אדם רוצה ליתן בו ואותו יתנו הזוממין: רב נתן אמר באשה. זכות ספיקה אומדין ואותו לא ישלמו (וכל השאר ישלמו) וחומר גדול הוא אלכן: אמר רב פפא באשה. שמין כרב נתן ובכתובתה לא ישלמו לו אלא העודף בכתובתה על הדמים הללו אבל לא נכסי מלוג שלה ואע"פ שאף נכסי מלוג היו מפסידין אותו בעדותן מלאכול פירות בחייה ומלירש אותה במותה אין משלמין דיכולין לומר אנו לא העדנו אלא על כתובתה ולא ידענו שהיו לה נכסי מלוג ואני לא כך שמעתיה וכך שמעתי רב חסדא אמר בבעל לפי מה שהן נכסי הבעל אם עידית אם זיבורית אומדין את טובת הנאתה (ג) כשהלוקח מדקדק בכך רב נתן אמר באשה ובא רב פפא ופירש מאי ובאשה דקאמר רב נתן בכתובתה שאם ייחד לה קרקע לכתובתה בו ישומו ולבי מגמגם בה חדא היכי מחייבינן להו זכות ספיקה הלא לא היו מפסידין אותו אלא זכות ספיקו ועוד דהכי איבעי ליה למיתני רב חסדא אמר בנכסי הבעל ותו היכא דייחד לה שדה לכתובתה מאי טעמא דרב חסדא דפליג:

ואע"ג

תוספות

באומר עדות שקר העדתי. ושוב הוזם לכאורה משמע (ג) דכי אמר הכי משלם חלקו דא"כ בקש להפסיד ממון חבירו בעדותו ולא נראה דהא ליתא מאן דמשלם ממון אלא א"כ הוזם במקום פלוני עמנו הייתם לכך יש לפרש עדות שקר העדתי ושוב הוזמו שניהן דהשתא יש לפרש (ד) כדאמר עדות שקר העדתי סותר עדותו ולא שייכא ביה תורת הזמה כי אם בחבירו ופריך הא כל כמיניה אפי' הוא בעצמו אתי לידי הזמה דכיון שהגיד שוב אינו חוזר ומגיד והוי כלא סתר את דבריו וא"כ הוו שניהם זוממין ומשלמין ממון:

כיצד שמין. אותו זכות שיש לו לבעל בכתובתה דמה שהיא תחתיו יותר מאם גרשה לפי שאתה מוצא אותו יפוי כח שיש לו לבעל במה שהיא תחתיו בב' דרכים האחד אם ימכור לאחר זכות ספיקו שאם מתה יירשנה והשני הוא יקנה מאשתו זכות ספיקה שאם תתאלמן או תתגרש שהיא תמכור לו בדמים מועטים ובענין זה יפה כח זכותו יותר מאם (ה) למכור הוא זכות ספיקו כילד הרי שהיתה כתובתה ק' מנה אם בא למכור זכות ספיקו יתן לו הלוקח נ' מנה נמצא שזכות הבעל כמה הוא במה שהיא תחתיו עולה לנ' מנה בדרך זה וכשהיא מוכרת כתובתה עולה זכותו ס' מנה לפי שאין זכות ספיקה שוה כמו זכות ספיקו חדא שהוא מוחזק ועומד והיא מחסרא גוביינא ועוד שהוא אוכל תמיד פירות הקרקע המיוחד לכתובתה ולא היא ולכך [ח] כשהוא מוכר זכות ספיקו בנ' מנה האשה מוכרת זכות ספיקה הן לבעל הן לאחר במ' מנה הרי לך שיקנה מאשתו זכות ספיקה שתהא לו כל הכתובה של ק' מנה במ' מנה והשתא בדרך זה עולה יפוי כח וזכות הבעל במה שהיא תחתיו לס' מנה כדפירשתי ולכך מבעי ליה כילד שמין מי אמרינן דשמין לאשה כמה אדם רוצה ליתן בזכות ספיקה דהיינו ארבעים וכל השאר דהיינו ס' מנה ישלמו שכל השאר (ו) מפסידין אותו בעדותן שמעידין שגירשה שהרי היו מחייבין אותו כל הכתובה ולישנא דמתני' משמע הכי דקתני אומדין כמה אדם רוצה ליתן שאם נתארמלה או נתגרשה משמע דשמין באשה או דלמא הא לא אמרינן לשום באשה לחייב העדים לשלם כל הכתובה חוץ מזכות ספיקה כדפי' שמא לא היה נפסד בעדותם כולי האי דשמא לא תמכור לו האשה זכות ספיקה ולכך אין לנו לשום באשה כדפירשתי אלא שמין בבעל כמה יתנו לו בזכות ספיקו אם ימכור בה דהיינו נ' מנה וכך ישלמו לו העדים שכך מפסידין אותו ושאם נתארמלה או נתגרשה דמתני' לאו למימר דשמין באשה אלא ה"ק אומדין כמה אדם רוצה ליתן בכתובה (ז) זו שהיא תלויה בספק שאם תתאלמן או תתגרש תגבנה היא ואם מתה יירשנה בעלה ושמין בית דין זכות ספיקו ויתנו לו:

מעידין אנו באיש פלוני שגירש אשתו וכו'. וא"ת וליחייבו שאר כסות [ט] (ועונה) דהא מפסידין לאשה וי"ל דמיירי שמעשה ידיה שהן [י] בידו שוין כשאר כסות (ועונה) ועוד י"ל שאומרת גירשתני וא"כ מחלה לבעלה אותן (ג') דברים ואע"ג דאמרינן האשה שאמרה לבעלה גירשתני נאמנת ה"מ היכא דליכא עדים אבל היכא דאיכא עדים לא כדאמרינן בכתובות פרק האשה שנתארמלה (דף כג:):

מסורת הש"ס

א) ס"א ממון ביד בעלים מאי ניהו, ב) לקמן ה., ג) [חגיגה טז:], ד) [כתובות יח:], ה) ב"ק קה. סנהדרין מד:], ו) [לעיל ג: לקמן ד:], ז) ב"ק ה., ח) [ב"ק פט.], ט) רש"ל מ"ז, י) רש"א כשהבעל, [טעות], [צ"ל בידה].

הגהות הב"ח

(א) גמ' באומר עדות שקר העדתי. נ"ב פירוש דכיון דאמר הכי חייב לשלם חלקו מדיני דגרמי אע"פ דלא הוזם כל עיקר ועד זומם דנקט רב לאו דוקא אלא אפי' לא הוזם אלא שאמר עדות שקר העדתי [illegible]

עין משפט נר מצוה

י א מיי' פ"ג מהל' עדות הלכה ה סמג עשין קט טוש"ע ח"מ סי' כט סעיף א:

יא ב מיי' פי"ח שם הל' ח סמג עשין קי:

יב ג ד מיי' פכ"א שם הלכה א סמג שם טוש"מ סי' לח:

יג ה מיי' שם הלכה ב סמג שם טוש"מ שם:

ליקוטי רש"י

אין עד זומם משלם ממון. עד זומם שלא הוזם אלא הוא לבדו. עד שיזומו שניהן. ובמסכת מכות יליף לה מקראי והנה עד שקר העד ואמר מר כל מקום שנאמר עד הרי כאן שנים [חגיגה טז:]. עד שיפרוט לך הכתוב אחד [לקמן ה:]. והנה עד שקר. כל מקום שנאמר עד סתם בשנים הכתוב מדבר [דברים יט יח].

כל כמיניה. וכי נאמן הוא [סנהדרין מד:].

כיון שהגיד שוב אינו חוזר ומגיד. דגבי עדות חדא הגדה כתיבא אם לא יגיד וגו' (ויקרא ה) [כתובות יח:]. דבר המכחיש את הראשון דכתיב (ויקרא ה) אם לא יגיד אהגדה קמייתא קפיד קרא [סנהדרין מד:].

אף אינו משלם על פי עצמו. דמודה בקנס פטור [בבא קמא ה.]. ועיין עוד בליקוטי רש"י לעיל ג: אומדין כמה אדם רוצה ליתן בכתובתה וכו' רב נתן בר אושעיא אומר באשה. השתא שמא אינה עתידה ליטול כתובתה לעולם שמא תמות ויירשנה בעלה ונמצא שלא היו מפסידין אותה כלום לפיכך אין אומרים ישלמו לה כתובתה אלא אומדים כמה אדם רוצה ליתן לה מיד [illegible]

רבינו חננאל

(הנה) [היינו] לא עשו מעשה ומשלמין: אמר רב יהודה אמר רב עד זומם משלם לפי חלקו. כגון שבא ואמר אני פלוני ופלוני העדנו והוזמנו בבית דינו של פלוני וחייבונו ממון זהו משלם לפי חלקו. סד"א כיון דלחבריה לא מצי מחייב ליה איהו נמי לא משלם קמ"ל דמשלם לפי חלקו. אבל אחר שהעיד אם חוזר בו ואמר שקר העדתי לאו כל כמיניה כיון שהגיד שוב אינו חוזר ומגיד. וכי האי גוונא לא א) סגיא דאינו משלם על פי עצמו אלא עדותו שהעיד עדות נכונה חשבינן ומתקיימת. וכן אם נמצא אחד מן העדים זומם אינו משלם כלל דתניא לעולם אין משלמין ממון עד שיזומו שניהן. אבל אם הוזמו כולן משלמין כל אחד לפי חלקו דתנן משלשין בממון ואין משלשין במכות ג) אבל העידו שחייב מלקות ונמצאו זוממין כל אחד לוקה: מתני' מעידנו את איש פלוני שגירש את אשתו ולא נתן לה כתובתה והלא בין היום בין למחר סופו ליתן לה כתובתה אומדין כמה אדם רוצה ליתן בכתובתה של זו שאם נתאלמנה או נתגרשה ואם מתה יירשנה בעלה: כיצד שמין. אמר רב חסדא בבעל. רב נתן בר הושעיא אמר באשה: אמר רב פפא באשה ובכתובתה פי' כשם שהעידו עליה שגירשה בעלה ונתן לה כתובתה ונמצאו זוממין אינן משלמין לה כל כתובתה אלא לפי טובת הנאת כתובתה כאשר הוא מפורש בפרק החובל בחברו (פח: פט.) הלכה חרש שוטה וקטן פגיעתן רעה כו' כן בכאן משלמין לאיש לפי טובת הנאתו בכתובת אשתו והיא תחתיו: כיצד אומדין כמה אדם רוצה ליתן בכתובתה של זו שאם תמות אשה זו בחיי בעלה ויירשנה בעלה יזכה בה הקונה אותה מן הבעל ואם נתאלמנה או נתגרשה תגבה כתובתה ואבדו מעות הקונה וזהו שהיו מפסידין הבעל בעדותן שגירשה והוא שזוממו לעשות לבעל. (וחלקו בזה רב חסדא אמר בבעל שמין אומדין כמה אדם רוצה ליתן כדי לקנות מזה הבעל מה שיירש כתובת אשתו לכשתמות והיא תחתיו כענין שפירשנו למעלה). [illegible] ורב נתן בר הושעיא אמר באשה [illegible] כמו שפירשנו למעלה ג). ורב פפא הוסיף על דברי רב נתן ואמר באשה ובכתובתה [illegible] נמצא רב נתן ורב פפא חולקין על רב חסדא ורבו עליו: [כאן חסרים מן הכתב ג' שיטין וחצי] אמר

חשק שלמה על ר"ח א) פי' לא מבעיא [illegible] ב) כילד כו'. ג) ע' רש"י ובערוך ערך שמן א': ד) [illegible] וע' רש"י ובעל המאור והמלחמות ורמב"ן במלחמות ובחידושיו ובערוך שם וברי"טב"א:

Gemara The Gemara introduces an Amoraic ruling: **אָמַר רַב יְהוּדָה אָמַר שְׁמוּאֵל – Rav Yehudah said in the name of Shmuel: הַמַּלְוֶה אֶת חֲבֵירוֹ לְעֶשֶׂר שָׁנִים – If one lends his fellow** a sum of money **for ten years, שְׁבִיעִית מְשַׁמַּטְתּוֹ – the Sabbatical year** [i.e. *shemittah*] **cancels [the loan].**[21]

would pay for the privilege to use a sum of money (were there not a prohibition against interest) is the *real worth* of that money, and this is the value of the damage the *zomemin* wished to inflict on the accused (*Beis Yosef, Yoreh Deah* 160 [end] ד״ה המעכב).

Ritva indicates a different method of evaluation. An assessment is made as to how much the *lender* would be willing to deduct from the principal owed him to have the debt repaid within thirty days instead of ten years. This avoids the problem of an assessment based on a prohibited payment of interest. However, *Rambam* (*Eidus* 21:2) indicates the method set forth in the text.

21. Every seventh year is declared a Sabbatical year by the Torah. This year is known in Talmudic parlance as *sheviis* [literally: the seventh], and is commonly referred to as *shemittah*. Most of the laws of this year relate to agricultural activity in the Land of Israel. The Torah, however, also provides for the cancellation of all loans at the close of this seventh year (this part of the law is in effect even in the Diaspora – see further, Mishnah *Sheviis* Ch. 10). The verse that teaches this law is *Deuteronomy* 15:2: וְזֶה דְּבַר הַשְּׁמִטָּה שָׁמוֹט כָּל־בַּעַל מַשֵּׁה יָדוֹ אֲשֶׁר יַשֶּׁה בְּרֵעֵהוּ לֹא־יִגֹּשׂ אֶת־רֵעֵהוּ וְאֶת־אָחִיו כִּי־קָרָא שְׁמִטָּה לַה׳, *And this is the matter of the relinquishment: Let every creditor relinquish the claim that he claims against his fellow; he may not press his fellow or his brother [for payment], for He has proclaimed a relinquishment unto Hashem.*

Rav Yehudah states that even in a case in which the loan is not due until after the next *shemittah* will have passed, such as where the date of repayment is ten years hence, the loan is still canceled at the close of the seventh year.

א) מאי ניהו דלא עשו מעשה היינו דרבה אימא וכן אמר ר"נ אמר רב יהודה אמר רב עד זומם משלם לפי חלקו מאי משלם לפי חלקו אילימא דהאי משלם פלגא והאי משלם פלגא תנינא ב) משלשין בממון ואין משלשין במלקות אלא כגון דאיתזום חד מינייהו דמשלם פלגא דידיה ומי משלם והא תניא ג) אין עד זומם משלם ממון עד שיזומו שניהם אמר רבא באומר עדות שקר א) העדתי כל כמיניה ד) א כיון שהגיד שוב אינו חוזר ומגיד אלא באומר העדנו והוזמנו בב"ד פלוני כמאן דלא כר"ע דאי כר"ע ה) הא אמר אף אינו משלם ע"פ עצמו אלא ב באומר העדנו והוזמנו בב"ד פלוני וחייבונו ממון ס"ד אמינא כיון דלחבריה לא מצי מחייב ליה איהו נמי לא מיחייב קמ"ל:

מתני' ג מעידין אנו את איש פלוני שגירש את אשתו ולא נתן לה כתובתה והלא בין היום ובין למחר סופו ליתן לה כתובתה ו) אומדין כמה אדם רוצה ליתן בכתובתה של זו שאם נתאלמנה או נתגרשה ואם מתה יירשנה בעלה: **גמ'** כיצד שמין אמר רב חסדא בבעל רב נתן בר אושעיא אומר באשה רב פפא ד באשה ובכתובתה: **מתני'** מעידין אנו באיש פלוני שהוא חייב לחבירו אלף זוז על מנת ליתנן לו מכאן ועד שלשים יום והוא אומר מכאן ועד עשר שנים ה אומדים כמה אדם רוצה ליתן ויהיו בידו אלף זוז בין נותנן מכאן ועד ל' יום בין נותנן מכאן ועד עשר שנים: **גמ'** אמר רב יהודה אמר שמואל המלוה את חבירו לעשר שנים שביעית משמטתו

ואע"ג

רש"י

מאי ניהו. האי ממון ביד בעליו דקאמר ר"נ היינו דלא נעשה מעשה שעדיין לא שילם אלא שנגמר דינו לשלם: משלשין בממון. אם שלשה עדים הן או ארבעה משלשין ביניהם בית דין נעשין שליש ביניהן להשוותם בפרעון איש לפי חלקו אי נמי האי משלשין לישנא בעלמא הוא מחלקין הפרעון בין שלשתן והוא הדין נמי אם ארבעה הן מרבעין: כל כמיניה. בתמיה וכי יכול הוא לחזור בו ויפטר הנדון מלשלם: העדנו. אני ופלוני וחבירו אינו מודה: וחייבונו ממון. בב"ד שהוזמנו והעמידנו הנדון בדין על הזמתנו וחייבונו בב"ד ומההוא שעתא ממונא הוא גבייהו ואין זה מרשיע את עצמו שכבר הרשיעוהו אלהים: כיון דלחבריה לא מצי מחייב ליה. שאינו נאמן על חבירו: **מתני'** שגירש את אשתו. בפנינו ביום פלוני וזה אומר לא גרשתי ואיני חייב לה כתובה ונמצאו זוממין בעמנו הייתם: והלא בין היום כו'. כלומר מה ישלמו אלו אם תאמר כל הכתובה והלא שמא ימות או יגרשנה היום או מחר וסופו ליתן לה כתובה נמצאו שלא היו מפסידין אותו כלום: אומדין כמה אדם רוצה ליתן בכתובתה של זו. מספק שאם נתארמלה או נתגרשה יטלנה לוקח ואם מתה יירשנה בעלה ויפסיד מעותיו שנתן ובגמ' מפרש מאי קא מחייב להו תנא דמתני' ליתן: **גמ'** כיצד שמין. כלומר מאי קא מחייב להו למיתב דיש לפתור משנתנו לשני צדדים כיצד הרי יש לאיש ולאשה זכות ספק בכתובה זו היא מצפה שאם ימות או יגרשנה תגבה את כולה והוא מצפה שאם תמות בחייו יירשנה יפה כח זכותו מכח זכותה שהוא אוכל פירות הקרקע המיוחד לכתובתה תמיד ולא היא ועוד שהוא מוחזק ועומד והיא מחסרא גוביינא ואם באו למכור לאחר זו זכות ספיקה וזה זכות ספיקו שלו נמכר ביותר משלה ולישנא דמתני' משמע ששמין זכות ספיקה דקתני כמה אדם רוצה ליתן שאם נתארמלה והא ליכא למימר שאותן דמים יתנו הזוממין שהרי לא זכות ספיקה באו להפסידו אלא זכות ספיקו שהיו מחייבין אותו לפרוע מיד ויש לומר דה"ק שמין זכות ספיקה כמה אדם רוצה ליתן בטובת הנאה שלה ואותו לא ישלמו וכל השאר ישלמו שכל השאר היו מפסידין אותו בעדותם אבל אותן דמים לא היו מפסידין אותו שהרי גם עתה כשהוזמו אם היתה רוצה למכרה יתן לה הבעל ברצון טובת הנאה זו או דלמא זכות ספיקו קאמר מתני' דלישיימו ואותן דמים יתנו העדים ולא מחייבינן להו כולי האי שיתנו כל הכתובה חוץ מטובת הנאתה דשמא לא היה נפסד בעדותן כל כך שאף עתה כשהן זוממין שמא ימות מחר ותגבה הכל כי היא לא תמכרנה לו בטובת הנאתו אבל טובת הנאתו יתנו לו שכך היו מפסידין אותו שאם לא הוזמו היה פורע מיד עכשיו שהוזמו יש לו בה זכות ספיקו כבתחלה ושאם נתארמלה דמתני' ה"ק אומדין כמה אדם רוצה ליתן בכתובה זו שהיא תלויה בספק שאם נתארמלה תגבנה היא ואם מתה יירשנה בעלה ושמין ב"ד את זכות ספיקו ויתנו לו: רב חסדא אמר בבעל. זכות ספיקו של בעל אומדין כמה אדם רוצה ליתן בו ואותו יתנו הזוממין: רב נתן אמר באשה. זכות ספיקה אומדין ואותו לא ישלמו ז) (וכל השאר ישלמו) וחומר גדול הוא אצלן: אמר רב פפא באשה. שמין כרב נתן ובכתובתה לא ישלמו לו אלא העודף בכתובתה על הדמים הללו אבל לא נכסי מלוג שלה ואע"פ שאף נכסי מלוג היו מפסידין אותו בעדותן מלאכול פירות בחייה ומלירש אותה במותה אין משלמין דיכולין לומר אנו לא העדנו אלא על כתובתה ולא ידענו שהיו לה נכסי מלוג ואני לא כך שמעתיה וכך שמעתי רב חסדא אמר בבעל אם עדית אם זיבורית אומדין את טובת הנאתה (ג) כשהלוקח מדקדק בכך רב נתן אמר באשה ובא רב פפא ופירש מאי ובאשה דקאמר רב נתן בכתובתה שאם ייחד לה קרקע לכתובתה בו ישומו ולבי מגמגם בה חדא היכי מחייבינן להו זכות ספיקה הלא לא היו מפסידין אותו אלא זכות ספיקו ועוד דהכי איבעי ליה למיתני רב חסדא אמר בנכסי הבעל ותו היכא דייחד לה שדה לכתובתה מאי טעמא דרב חסדא דפליג:

ואע"ג

תוספות

באומר עדות שקר העדתי. ושוב הוזם לכאורה משמע (ג) דכי אמר הכי משלם חלקו דא"כ בקש להפסיד ממון חבירו בעדותו ולא נראה דהא ליתא מאן דמשלם ממון אלא א"כ הוזם במקום פלוני עמנו הייתם לכך יש לפרש עדות שקר העדתי ושוב הוזמו שניהן דהשתא יש לפרש (ד) כדאמר עדות שקר העדתי סותר עדותו ולא שייכא ביה תורת הזמה כי אם בחבירו ופריך הא כל כמיניה אפי' הוא בעצמו אתי לידי הזמה דכיון שהגיד שוב אינו חוזר ומגיד והוי כלא סתר את דבריו וא"כ הוו שניהם זוממין ומשלמין ממון:

כיצד שמין. אותו זכות שיש לו לבעל בכתובתה דמה שהיא תחתיו יותר מאם גרשה לפי שאתה מוצא אותו יפוי כח שיש לו לבעל במה שהיא תחתיו בב' דרכים האחד אם ימכור לאחר זכות ספיקו שאם מתה יירשנה והשני הוא יקנה מאשתו זכות ספיקה שאם תתאלמן או תתגרש שהיא תמכור לו בדמים מועטים ובענין זה יפה כח זכותו יותר מאם (ה) למכור הוא זכות ספיקו כיצד הרי שהיתה כתובתה ק' מנה אם בא למכור זכות ספיקו יתן לו הלוקח נ' מנה נמצא שזכות הבעל כמה הוא במה שהיא תחתיו עולה לנ' מנה בדרך זה וכשהיא מוכרת כתובתה עולה זכותו ס' מנה לפי שאין זכות ספיקה שוה כמו זכות ספיקו חדא שהוא מוחזק ועומד והיא מחסרא גוביינא ועוד שהוא אוכל תמיד פירות הקרקע המיוחד לכתובתה ולא היא ולכך ח) כשהוא מוכר זכות ספיקו בנ' מנה האשה מוכרת זכות ספיקה הן לבעל הן לאחר במ' מנה הרי לך שיקנה מאשתו זכות ספיקה שתהא לו כל הכתובה של ק' מנה במ' מנה והשתא בדרך זה עולה יפוי כח וזכות הבעל במה שהיא תחתיו לס' מנה כדפירשתי ולכך מבעי ליה כיצד שמין מי אמרינן דשמין לאשה כמה אדם רוצה ליתן בזכות ספיקה דהיינו ארבעים וכל השאר דהיינו ס' מנה ישלמו שכל השאר (ו) מפסידין אותו בעדותן שמעידין שגירשה שהרי היו מחייבין אותו כל הכתובה ולישנא דמתני' משמע הכי דקתני אומדין כמה אדם רוצה ליתן שאם נתארמלה או נתגרשה משמע דשמין באשה או דלמא הא לא אמרינן לשום באשה לחייב העדים לשלם כל הכתובה חוץ מזכות ספיקה כדפי' שמא לא היה נפסד בעדותם כולי האי דשמא לא תמכור לו האשה זכות ספיקה ולכך אין לנו לשום באשה כדפירשתי אלא שמין בבעל כמה יתנו לו בזכות ספיקו אם ימכור בה דהיינו נ' מנה וכך ישלמו לו העדים שכך מפסידין אותו ושאם נתארמלה או נתגרשה דמתני' לאו למימר דשמין באשה אלא ה"ק אומדין כמה אדם רוצה ליתן בכתובה (ז) זו שהיא תלויה בספק שאם תתאלמן או תתגרש תגבנה היא ואם מתה יירשנה בעלה ושמין בית דין זכות ספיקו ויתנו לו:

מעידין אנו באיש פלוני שגירש אשתו וכו'. וא"ת וליחייבו שאר כסות ט) (ועונה) דהא מפסידין לאשה וי"ל דמיירי שמעשה ידיה שהן י) בידו שוין כשאר כסות (ועונה) ועוד י"ל שאומרת גירשתני וא"כ מחלה לבעלה אותן (ג') דברים ואע"ג דאמרינן האשה שאמרה לבעלה גירשתני נאמנת ה"מ היכא דליכא עדים אבל היכא דאיכא עדים לא כדאמרינן בכתובות פרק האשה שנתארמלה (דף כג:):

איכא

מסורת הש"ס

א) ס"א ממון ביד בעלים מאי ניהו, ב) לקמן ה., ג) [חגיגה טו:], ד) [כתובות יח: ב"ב קסא. סנהדרין מד:], ה) [לעיל ב: לקמן ד: ב"ק ה.], ו) [ב"ק פט.], ז) רש"ל מ"ז, ח) רש"א כשהבעל, ט) [טעות], י) [נ"ל בידה].

הגהות הב"ח

(א) [illegible] העדתי. נ"ב פירוש דכיון דלאמר הכי חייב לשלם [illegible] דיני דגרמי אע"פ [illegible] הוזם כל עיקר ועד [illegible] דנקט רב לאו דוקא [illegible] לא הוזם אלא [illegible] עדות שקר העדתי. [illegible] ס"ל דוקא היכא [illegible] הוזם וס"ל להך [illegible] דהא דתניא עד [illegible] שניהם טעמא הוי [illegible] הוזם מאי למימר [illegible] העדתי ולא בקשתי [illegible] את חבירי מה שאין [illegible] שניהם הוזמו דכיון [illegible] תורה לעדים [illegible] להזימם א"כ [illegible] בקשו להפסיד [illegible] שהוזם נמי כיון [illegible] עדות שקר העדתי [illegible] להפסיד ממון [illegible] בעדותו הלכך חייב [illegible] שהוזם אע"פ שלא [illegible] חבירו וז"ש התוס' [illegible] דאמר הכי א"כ בקש [illegible] ממון חבירו [illegible] הלכך משלם חלקו [illegible] ע"ז דהא ליכא [illegible] דמשלם ממון בחד [illegible] דכיון דלא אשתמיט [illegible] בשום מקום [illegible] בשום פנים לשלם [illegible] הוזם א"כ קשה [illegible] (ב) רש"י [illegible] אמר רב פפא כו' [illegible] וכו' הלא. נ"ב [illegible] ומאי לא התייבש לו [illegible] אומדין את טובת [illegible] וכל השאר ישלמו [illegible] מדנא פליגי ואפשר [illegible] גמגומו במאי [illegible] לי' תו דהו"ל [illegible] רב חסדא אמר [illegible] הבעל ותו כו': [illegible] ד"ה באומר וכו' [illegible] דכיון דלאמר הכי [illegible]

עין משפט נר מצוה

י א מיי' פ"ג מהל' עדות הלכה ה סמג עשין קט טוש"ע ח"מ סי' כט סעיף א:
יא ב מיי' פי"א שם הל' ח סמג עשין קי:
יב ג ד מיי' פכ"א שם הלכה א סמג שם טוח"מ סי' לח:
יג ה מיי' שם הלכה ב סמג שם טוח"מ שם:

ליקוטי רש"י

אין עד זומם משלם ממון. עד זומם שלא הוזם אלא הוא לבדו. **עד שיזומו שניהן.** ובמסכת מכות יליף לה מקראי והנה עד שקר העד ואמר מר כל מקום שנאמר עד הרי כאן שנים [חגיגה טו:]. **עד** שיפרוט לך הכתוב אחד [לקמן ה:]. **והנה עד שקר.** כל מקום שנאמר עד סתם בשנים הכתוב מדבר [דברים יט יח].

כל כמיניה. וכי נאמן הוא [סנהדרין מד:].

כיון שהגיד שוב אינו חוזר ומגיד. דגבי עדות חדא הגדה כתיבא אם לא יגיד וגו' (ויקרא ה) [כתובות יח:]. דבר המכחיש את הראשון דכתיב (ויקרא ה) אם לא יגיד אהגדה קמייתא קפיד קרא [סנהדרין מד:].

אף אינו משלם על פי עצמו. דמודה בקנס פטור [בבא קמא ה.]. ועיין עוד בליקוטי רש"י לעיל ב: **אומדין כמה אדם רוצה ליתן בכתובתה וכו' רב נתן בר אושעיא אומר באשה.** השתא שמא איכא עתידה ליטול כתובתה לעולם שמא תמות ויירשנה בעלה ונמצא שלא היו מפסידין אותה כלום לפיכך אין אומרים ישלמו לה כתובתה אלא אומדים כמה אדם רוצה ליתן לה מיד בכתובתה על הספק שאם נתארמלה או נתגרשה יטלנה הוא ואם תמות יירשנה בעלה והוא יפסיד מה שנתן ודמים הללו יתנו לה העדים דטובת הנאה זו מפסידין אותה מיד שאם תבוא למוכרה בטובת הנאה זו לא תוכל. טובת הנאה כלומר דבר מועט [בבא קמא פט.]. [אמנם שם מיירי בציור אחר אך דברי רש"י הללו מוסיפים מאד להבנת הגמרא כאן ולכן כתבנום כאן].

רבינו חננאל

(הנה) [היינו] לא עשו מעשה ומשלמין: אמר רב יהודה אמר רב עד זומם משלם לפי חלקו. כגון שבא ואמר אנו פלוני ופלוני העדנו והוזמנו בבית דינו של פלוני וחייבונו ממון זהו משלם לפי חלקו. סד"א כיון דלחבריה לא מצי מחייב ליה איהו נמי לא משלם קמ"ל דמשלם לפי חלקו. אבל אחר שהעיד אם חוזר בו ואמר שקר העדתי לאו כל כמיניה כיון שהגיד שוב אינו חוזר ומגיד. וכי האי גוונא לא א) סגיא דאינו משלם על פי עצמו אלא עדותו שהעיד עדות נכונה חשבינן ומתקיימת. וכן אם נמצא אחד מן העדים זומם אינו משלם כלל דתניא לעולם אין משלמין ממון עד שיזומו שניהן. אבל אם הוזמו כולן משלמין כל אחד לפי חלקו דתנן משלשין במעות ואין משלשין במכות ג) אבל העידו שחייב מלקות ונמצאו זוממין כל אחד לוקה: **מתני'** מעידנו את איש פלוני שגירש את אשתו ולא נתן לה כתובתה והלא בין היום בין למחר סופו ליתן לה כתובתה אומדין כמה אדם רוצה ליתן בכתובתה של זו שאם נתאלמנה או נתגרשה ואם מתה יירשנה בעלה: **כיצד שמין.** אמר רב חסדא בבעל. רב נתן בר הושעיא אמר באשה: אמר רב פפא באשה ובכתובתה פי' כשם שהעידו עליה שגירשה בעלה ונתן לה כתובתה ונמצאו זוממין אינן משלמין לה כל כתובתה אלא לפי טובת הנאת כתובתה כאשר הוא מפורש בפרק החובל בחברו (פח: פט.) הלכה חרש שוטה וקטן פגיעתן רעה כו' כן בכאן משלמין לאיש לפי טובת הנאתו בכתובת אשתו והיא תחתיו: **כיצד** אומדין כמה אדם רוצה ליתן בכתובתה של זו שאם תמות אשה זו בחיי בעלה ויירשנה בעלה יזכה בה הקונה אותה מן הבעל ואם נתאלמנה או נתגרשה תגבה כתובתה ואבדו מעות הקונה [illegible] שהיו מפסידים הבעל בעדותן [illegible] לבעל. (וחלוקו בזה רב חסדא אמר בבעל כלומר אומדין כמה אדם רוצה ליתן כדי לקנות מזה הבעל מה שיירש כתובת אשתו לכשתמות והיא תחתיו [illegible] שפירשנו למעלה). [illegible] רב נתן בר הושעיא [illegible] אשה זו שתמכור כתובתה בטובת הנאה כמו שפירשנו למעלה ג). ורב פפא הוסיף על דברי רב נתן ואמר באשה ובכתובתה הן שמין ד) נמצא רב נתן ורב פפא חולקין על רב חסדא ורבו עליו: [כאן חסרים מן הכתב ג' שיטין וחצין]

אמר

חשק שלמה על ר"ח א) [illegible] ב) [illegible] ג) [illegible] ד) [illegible]

ואע"ג דהשתא לא קרינן ביה א) לא יגוש סוף אתי לידי לא יגוש מתיב רב כהנא אומדים כמה אדם רוצה ליתן ויהיו אלף זוז בידו בין ליתן מכאן ועד ל' יום ובין ליתן מכאן ועד עשר שנים ואי אמרת שביעית משמטתו כולהו נמי בעי שלומי ליה אמר רבא הב"ע במלוה על המשכון ובמוסר שטרותיו לב"ד דתנן א) א המלוה על המשכון ב והמוסר שטרותיו לב"ד אין משמיטין איכא דאמרי א"ר יהודה אמר שמואל המלוה את חבירו לעשר שנים ג אין שביעית משמטתו ואע"ג דאתי לידי לא יגוש השתא מיהא לא קרינן ביה לא יגוש אמר רב כהנא אף אנן נמי תנינא אומדין כמה אדם רוצה ליתן ויהיו אלף זוז בידו בין ליתן מכאן ועד ל' יום ובין ליתן מכאן ועד עשר שנים ואי אמרת שביעית משמטתו כולהו נמי בעו שלומי ליה אמר רבא הב"ע במלוה על המשכון ובמוסר שטרותיו לב"ד דתנן המלוה על המשכון והמוסר שטרותיו לב"ד אין משמיטין ואמר רב יהודה אמר שמואל האומר לחבירו ע"מ שלא תשמטני שביעית שביעית משמטת לימא קסבר שמואל מתנה על מה שכתוב בתורה הוא ב) ד וכל המתנה על מה שכתוב בתורה תנאו בטל והא איתמר ג) האומר לחבירו על מנת שאין לך עלי אונאה רב אומר ה יש לו עליו אונאה ושמואל אומר אין לו עליו אונאה הא איתמר עלה ד) אמר רב ענן לדידי מפרשא ה) ליה מיניה דשמואל על מנת שאין לך עלי אונאה אין לו עליו אונאה על מנת שאין בו אונאה הרי יש בו אונאה ה"נ ו על מנת שלא תשמטני בשביעית אין שביעית משמטתו ע"מ שלא תשמטני שביעית שביעית משמטתו תנא ו) ז המלוה את חבירו סתם אינו רשאי לתובעו פחות מל' יום סבר רבה בר בר חנה קמיה דרב למימר ה"מ במלוה בשטר דלא עבד איניש דטרח דכתב שטר בציר מתלתין יומין אבל מלוה על פה לא אמר ליה רב הכי אמר חביבי ח אחד המלוה בשטר ואחד המלוה על פה תניא נמי הכי המלוה את חבירו סתם אינו רשאי לתובעו פחות משלשים יום אחד המלוה בשטר ואחד המלוה על פה אמר ליה שמואל לרב מתנה ז) לא תיתיב ח) אכרעיך עד דמפרשת לה להא שמעתא מנא הא מילתא דאמור רבנן המלוה את חבירו סתם אינו רשאי לתובעו פחות מל' יום אחד המלוה בשטר ואחד המלוה על פה א"ל דכתיב ב) קרבה שנת השבע שנת השמטה ממשמע שנאמר קרבה שנת השבע איני יודע שהיא שנת שמטה אלא מה תלמוד לומר שנת השמטה לומר לך [ט) יש] שמטה אחרת שהיא כזו ואיזו זו המלוה את חבירו סתם שאינו רשאי לתובעו בפחות משלשים יום י) דאמר מר שלשים יום בשנה חשוב שנה כ) ואמר רב יהודה אמר רב ט הפותח בית הצואר בשבת חייב חטאת מתקיף לה רב כהנא וכי מה בין זה למגופת חבית א"ל זה חבור וזה אינו חבור ואמר רב יהודה אמר רב י שלשת לוגין מים שנפל לתוכן קורטוב של יין ומראיהן כמראה יין ונפלו למקוה לא פסלוהו מתקיף לה רב כהנא וכי מה בין זה למי צבע דתנן ל) ר' יוסי אומר כ מי צבע פוסלין את המקוה בשלשת לוגין א"ל רבא התם מיא דצבעא מקרי הכא חמרא מזיגא מקרי והתני רבי חייא הורידו את המקוה אמר רבא לא קשיא הא רבי יוחנן בן נורי הא רבנן דתנן מ) שלשת לוגין מים

חסר

רש"י

מוסר שטרותיו לב"ד. הוא פרוזבול שהתקין הלל שכתוב בו מוסרני לכם פלוני ופלוני הדיינין שבמקום פלוני שכל חוב שיש לי שאגבנו כל זמן שארצה: אין משמיטין. דלא קרינן ביה לא יגוש שהרי אינו תובע כלום: לדידי מיפרשא לי כו' אין לו עליו אונאה. שהמתנה על מה שכתוב בתורה תנאו קיים ואם אמר לו ע"מ שאין בו אונאה אין זה מתנה שימחול לו אונאתו אלא הוא התנה עמו שאינו אונהו במכר זה והרי אנו רואים שיש בו אונאה ובהאי מודה שמואל דיש לו עליו אונאה ה"נ אם אמר לו י) לוה הלוני על מנת שלא תשמטני אתה בשביעית תנאי הוא זה ואע"פ שהתנה על מה שכתוב בתורה תנאו קיים אבל אם אמר לו על מנת שלא תשמטני שביעית השביעית אינה מסורה בידו להתנות שלא תהא השביעית משמטת לפיכך אין כאן תנאי: חביבי. תרגום של דודי רבי חייא אחי אביו היה: שהוא כזו. שקרויה שנה: הפותח בית הצואר. שעשה פה לחלוק חדש: חייב. שתיקן כלי הא דנקט לה הכא משום דאמר רב יהודה לעיל המלוה את חברו לעשר שנים כו' ואותביה רב כהנא נקט נמי לכולהו הנך מילי דשמעתין דאמרינהו רב יהודה ואותביה רב כהנא: וכי מה בין זה למגופת החבית. דאמרינן בפרק חבית שנשברה (שבת דף קמו.) דמתיז ראשה בשבת בסייף לפתוח את החבית: זה. דבית הצואר היה חיבור הלכך פתח תיקון חדש הוא זה אבל המגופה אע"פ שהיא טוחה על פי החבית בטיט אין זה חיבור והוה לה כפתוחה ועומדת: חסר קורטוב לא גרסינן ברב יהודה: לא פסלוהו. זיל בתר חזותא ויין אינו פוסל את המקוה ופסול מקוה במים שאובין מדרבנן הוא: והתני ר' חייא. שלשת לוגין מים שנפל לתוכן קורטוב יין ומראיהן כמראה יין ונפלו למקוה: הורידו את המקוה. מהכשרו לפסול: הא ר' יוחנן בן נורי. רב כרבי יוחנן בן נורי דאזיל בתר חזותא:

חסר

תוספות

איכא דאמרי המלוה חבירו (בשטר) לעשר שנים אין שביעית משמטתו. אומר ר"ת דהלכה כלישנא בתרא דה"נ מתני' מסייע ליה וקשיא ללישנא קמא (א) ובאזהרות הגיה ר"ת פ) זמן עשר ע) (כסף) כי ילוו ולא במשפט בחלי ימיו יעזבנו:

המוסר שטרותיו לב"ד. פירש הקונט' דהיינו פרוזבול ולא נראה דהא במסכת שביעית (פ"י מ"ב) תני המוסר שטרותיו לב"ד והדר קתני פרוזבול אינו משמט אלמא תרי מילי נינהו לכך נראה דתרי מילי נינהו ומוסר שטרותיו לב"ד מדאורייתא אינו משמט:

ושמואל אומר אין לו עליו אונאה. וא"ת מי דמי הכא השביעית ודאי עקר אבל התם מי יימר דעקר כדאמרי' בהזהב (ב"מ דף נא:) פ) [שמא לא יהא בו אונאה] וי"ל דה"נ מי יימר דעקר שמא יפרע לו קודם:

על מנת שאין בו אונאה הרי יש בו אונאה. פי' הקונטרס על מנת כו' כלומר אני מבטיחך מאונאה שאין בו והרי יש בו אונאה דהויא מקח טעות שכחש (ב) ולא נראה דהיכי מדמה ה"נ על מנת שלא תשמטני שביעית שביעית משמטת והתם לא שייך טעמא דמקח טעות ולכך פי' רשב"ם ע"מ שאין בו אונאה משמע שלא יחול איסור לאו דלא תונו על המקח וע"כ הוא חל שאין יכול לבטל (ג) מאותה אונאה ע"מ שאין לך עלי אונאה כלומר שלא תתבע לי האונאה אלא תמחול לי תנאו קיים וה"נ על מנת שלא תשמט שביעית כלומר שלא יחול איסור שביעית אם אקח ממך אחר השמטה שביעית משמטתו והשתא ניחא שהן שוין:

רבינו חננאל

אמר רב יהודה אמר שמואל המלוה את חברו לי' שנים אין שביעית משמטת ואע"ג דאחר עשר שנים אתי לידי לא יגוש השתא מיהא לא קרינן ביה לא יגוש. ומסייעא ליה מהא דתנן אומדין כמה אדם רוצה ליתן ויהא בידו אלף זוז בין ליתנם מיכן עד שלשים יום ובין ליתנם מיכן ועד עשר שנים ואי אמרת המלוה לעשר שנים שביעית משמטתו כולהו אלף זוז בעי לשלומי דהא אי אפשר לעשר שנים בלא שמיטה. ודחה א) רבה ואמר מתני' במלוה על המשכון או במוסר שטרותיו לב"ד דכי האי גוונא (המלוה לעשר שנים) אינו משמט דתנן המלוה את חברו על המשכון והמוסר שטרותיו לב"ד אין משמטין. ואמר רב יהודה אמר שמואל המלוה את חברו על מנת שלא תשמטנו שביעית כו'. ואסיק' אמר רב ענן לדידי מיפרשא לי מיניה דמר שמואל על מנת שאין לך עלי אונאה אין לו עליו אונאה על מנת שאין בו אונאה הרי יש בו אונאה. הכא נמי על מנת שלא תשמטנו שביעית אין שביעית משמטתו על מנת שאין השביעית משמטתו שביעית משמטתו ב): תניא המלוה את חברו סתם אין רשאי לתובעו פחות מל' יום אחד מלוה בשטר ואחד מלוה על פה. מנא הני מילי מדכתיב קרבה שנת השבע איני יודע שהיא שנת השמטה מה ת"ל שנת השמטה אלא יש לך שמטה אחרת שמשמטת כשנת השבע ואיזו היא זה המלוה את חברו סתם שאין רשאי לתובעו פחות מל' יום שהן חשובין כשנה דאמר מר שלשים יום בשנה חשובים שנה: אמר רב הפותח בית הצואר בבגד בשבת בשגגה חייב חטאת. ואינו דומה למגופת החבית שמותר כי זה חיבור ומגופת החבית אינה חיבור. אמר רב ג' לוגין מים שנפל לתוכן קורטוב יין (ומראהו) [ומראיהן] כמראה יין ונפלו למקוה לא פסלוהו. ולא דמו למי צבע דפוסלין בג' לוגין דהתם מיא דצבעא מיקרו והמים הן שפוסלין המקוה הכא חמרא מזיגא מיקרי. איני והתני ר' חייא הורידו את המקוה. כלומר ג' לוגין מים שנפל לתוכן קורטוב יין הורידו את המקוה מהכשירו. ופירק רבא רב דאמר כר' יוחנן בן נורי ור' חייא כרבנן דתנן (במקואות פ"ז מ"ה) ג' לוגין

מסורת הש"ס

א) שביעית פ"י מ"ב גיטין לז., ב) [קדושין יט: וש"נ], ג) ב"מ נא. כתובות פד., ד) [ב"מ נא:], ה) ס"א לי, ו) [תוספתא דב"מ פרק י], ז) [קדושין לו: וש"נ], ח) [עמ"ש תוס' נזיר כד: בד"ה אמר שמואל וכו' פירוש על זה], ט) גירסת מהרש"ל, י) ר"ה י: [נדה מד: מה.], כ) שבת מח., ל) עירובין כט: מקואו' פ"ז מ"ג, מ) חולין כו. מקואות פ"ז מ"ה, נ) רש"א המלוה ע"מ, ס) [יותר מבואר בתוס' דב"ב קמה: ד"ה ואין השביעית כו'], ע) רש"א מ"ז, פ) רש"ל.

הגהות הב"ח

(א) תוס' ד"ה איכא כו' קמא ובאזכרות הגיה: (ב) ד"ה על כו' שכחש לו ולא: (ג) בא"ד לבטל הלאו מאותה:

תורה אור השלם

א) וְזֶה דְּבַר הַשְּׁמִטָּה שָׁמוֹט כָּל בַּעַל מַשֵּׁה יָדוֹ אֲשֶׁר יַשֶּׁה בְּרֵעֵהוּ לֹא יִגֹּשׂ אֶת רֵעֵהוּ וְאֶת אָחִיו כִּי קָרָא שְׁמִטָּה לַייָ: [דברים טו, ב]

ב) הִשָּׁמֶר לְךָ פֶּן יִהְיֶה דָבָר עִם לְבָבְךָ בְלִיַּעַל לֵאמֹר קָרְבָה שְׁנַת הַשֶּׁבַע שְׁנַת הַשְּׁמִטָּה וְרָעָה עֵינְךָ בְּאָחִיךָ הָאֶבְיוֹן וְלֹא תִתֵּן לוֹ וְקָרָא עָלֶיךָ אֶל יְיָ וְהָיָה בְךָ חֵטְא: [דברים טו, ט]

ליקוטי רש"י

המלוה על המשכון. אין שמיטה משמטתו דאין כאן משום לא יגוש שהרי אינו נוגשו [שבועות מד:]. דלא קרינא ביה לא יגוש שהרי אינו תובעו כלום [בבא מציעא מח:].

והמוסר שטרותיו לבית דין אינו משמט. מאחר שכתב פרוסבול אינו משמט חובו בשביעית: מוסרני לכם. את שטרותי שאתם תהיו נוגשים ואני לא אגוש. ולקמן מוקי דיש כח בידם להפקיע ממונו של זה וליתן לזה במקום שיש סייג ותקנה [גיטין לו.].

המתנה ע"מ שכתוב בתורה תנאו בטל. והוי מעשה מקוים ואע"פ שלא קיים בעל התנאי את התנאי [בבא מציעא צד.]. והוי המעשה מעשה והתנאי כמאן דליתיה דכמעשה בלא תנאי דמי [רשב"ם בבא בתרא קכו:].

ע"מ שאין לך עלי אונאה. אמכור לך חפץ זה. יש לו עליו. דמתנה על של תורה הוא אל תונו (ויקרא כה) [כתובות פד.].

שאין בו אונאה. אם אמר לו בלשון זה אין זה מחילת אונאה אלא לשון תביעת אונאה דע"מ שאין בו אונאה אמר והרי יש בו ומקח טעות נמי הוי ואם רצה לחזור חוזר לגמרי [ב"מ נא:]. הפותח בית הצואר. של חלוק לכתחילה. חייב חטאת. דהשתא קמשוי ליה מנא וחייב משום מכה בפטיש והיינו גמר מלאכה. מה בין זה למגופת חבית. דתניא בפרק חבית שנשברה מביא אדם חבית ומתיז את ראשה בסייף ומניחה לפני האורחים. מגופה. אינה מן החבית עצמו ואע"פ שדבוקה בו אינו חשיב חיבור שהרי לינטל עומדת אבל הבגד כשנארג כולו חבור [שבת מח.:]. הא רבי יוחנן בן נורי. דאזיל בתר חזותא ואמר קורטוב חלב משלים לג' לוגים לפסול מקוה משום דיש להם מראה מים [חולין כו.].

חשק שלמה על ר"ח

א) לפנינו הגירסא רבא: ב) כ"ה גירסת רבינו וה"ט דעל מנת שלא תשמטנו (בבנין הפעיל) שביעית הוא כאילו אמר על מנת שלא תשמיט אתה הלוה את החוב בשביעית. כי שביעית הוא כמו בשביעית כדכתיב והשביעית תשמטנה (שמות כג יא):

וְאַף עַל גַּב דְּהַשְׁתָּא לֹא קָרֵינַן בֵּיהּ ,,לֹא־יִגֹּשׂ״ – And even though now in the seventh year **we cannot apply to [the creditor]** the injunction[1] ***he may not press*** the borrower for payment, since the debt is in any case not due until ten years have passed, **סוֹף אָתֵי לִידֵי ,,לֹא־יִגֹּשׂ״ – ultimately, [this loan] will be subject to** the injunction ***he may not press.***[2]

The Gemara questions this:

מְתִיב רַב כַּהֲנָא – Rav Kahana challenged Rav Yehudah's ruling from our Mishnah: **אוֹמְדִים כַּמָּה אָדָם רוֹצֶה לִיתֵּן וְיִהְיוּ אֶלֶף זוּז בְּיָדוֹ – WE ASSESS HOW MUCH A PERSON WOULD BE WILLING TO GIVE TO HAVE ONE THOUSAND *ZUZ* IN HIS POSSESSION בֵּין לִיתֵּן מִכָּאן וְעַד שְׁלֹשִׁים יוֹם – FOR THE DIFFERENCE BETWEEN HAVING TO REPAY WITHIN THIRTY DAYS, וּבֵין לִיתֵּן מִכָּאן וְעַד עֶשֶׂר שָׁנִים – AND HAVING TO REPAY WITHIN TEN YEARS. וְאִי אָמְרַתְּ שְׁבִיעִית מְשַׁמַּטְתּוֹ – But if you say,** as Rav Yehudah does, **that the Sabbatical year cancels [the debt]** even though it has not yet fallen due, **כּוּלְּהוּ נַמִּי בָּעֵי שַׁלּוּמֵי לֵיהּ – [the *zomemin*] should have to pay the entire sum** of a thousand *zuz* **to [the defendant],** because their false testimony would have improperly forced him to repay the loan![3] Why then does the Mishnah not obligate the witnesses to pay the *entire* amount of the loan?

Another Amora answers this objection:

אָמַר רָבָא – Rava said in defense of Rav Yehudah's position: **הָכָא בְּמַאי עַסְקִינַן – Here** in the Mishnah, **with what are we dealing? בְּמַלְוֶה עַל הַמַּשְׁכּוֹן – With** a case of **one who lends on collateral וּבְמוֹסֵר שְׁטָרוֹתָיו לְבֵית דִּין – or one who hands over his** loan **documents**[4] **to the court.** In both of these cases, *shemittah* does not cancel the obligation. **דִּתְנַן – For we have learned in a Mishnah:**[5] **הַמַּלְוֶה עַל הַמַּשְׁכּוֹן – ONE WHO LENDS ON COLLATERAL וְהַמּוֹסֵר שְׁטָרוֹתָיו לְבֵית דִּין – AND ONE WHO HANDS OVER HIS** loan **DOCUMENTS TO THE COURT**[6] **אֵין מְשַׁמְּטִין – DO NOT RELINQUISH** these debts in *shemittah.*[7] Thus, the *zomemin* would not have cost the borrower the entire sum of the loan by advancing the date that it was due.

The Gemara presents an alternative version of Rav Yehudah's ruling and the ensuing exchange:

אִיכָּא דְּאָמְרֵי – There are those who say that Rav Yehudah's statement and the discussion which followed actually ran as follows: **אָמַר רַב יְהוּדָה אָמַר שְׁמוּאֵל – Rav Yehudah said in the name of Shmuel: הַמַּלְוֶה אֶת חֲבֵירוֹ לְעֶשֶׂר שָׁנִים – If one lends his fellow** a sum of money **for ten years, אֵין שְׁבִיעִית מְשַׁמַּטְתּוֹ – the Sabbatical year does *not* cancel [the loan].**[8] **וְאַף עַל גַּב דְּאָתֵי לִידֵי ,,לֹא־יִגֹּשׂ״ – And even though this loan will eventually be subject to the injunction of *he may not press*** the borrower *for payment* when it falls due, **הַשְׁתָּא מִיהָא – nevertheless, now** when it is time for debts to be canceled in the Sabbatical year, **לֹא קָרֵינַן בֵּיהּ ,,לֹא־יִגֹּשׂ״ – we cannot apply to him** the injunction ***he may not press*** the borrower for payment, since the Sabbatical year occurs *before* the debt's due date. And since the injunction does not apply at the time the cancellation should take effect, the cancellation which is tied to it does *not* take effect either.

According to this version, Rav Kahana cites *support* for Rav Yehudah's ruling:

אָמַר רַב כַּהֲנָא – Rav Kahana said: אַף אֲנַן נַמִּי תְּנֵינָא – We have also learned this ruling **in a Mishnah: אוֹמְדִין כַּמָּה אָדָם רוֹצֶה לִיתֵּן וְיִהְיוּ אֶלֶף זוּז בְּיָדוֹ – WE ASSESS HOW MUCH A PERSON WOULD BE WILLING TO GIVE TO HAVE ONE THOUSAND *ZUZ* IN HIS POSSESSION בֵּין לִיתֵּן מִכָּאן וְעַד שְׁלֹשִׁים יוֹם וּבֵין לִיתֵּן מִכָּאן וְעַד עֶשֶׂר שָׁנִים – FOR THE DIFFERENCE BETWEEN HAVING TO REPAY WITHIN THIRTY DAYS AND HAVING TO REPAY WITHIN TEN YEARS. וְאִי אָמְרַתְּ שְׁבִיעִית מְשַׁמַּטְתּוֹ – And if you** reject Rav Yehudah's ruling and **say that the Sabbatical year *cancels* [the debt],** then the debt spoken of in the Mishnah would *not* have been collectible, since it would have been canceled by *shemittah;* **כּוּלְּהוּ נַמִּי בָּעוּ שַׁלּוּמֵי לֵיהּ – [the *zomemin*],** therefore, **should have to pay the entire sum** of one thousand *zuz* **to [the defendant],** as explained above.

Rava refutes the proof adduced by Rav Kahana for Rav Yehudah's position:

אָמַר רָבָא – Rava said: This is no proof. **הָכָא בְּמַאי עַסְקִינַן – Here** in the Mishnah **with what are we dealing? בְּמַלְוֶה עַל הַמַּשְׁכּוֹן – With** a case of **one who lends on collateral וּבְמוֹסֵר שְׁטָרוֹתָיו לְבֵית דִּין – or one who hands over his** loan **documents to the court;** in both of these cases *shemittah* does not cancel the obligation. **דִּתְנַן – For we have learned in a Mishnah: הַמַּלְוֶה עַל הַמַּשְׁכּוֹן – ONE WHO LENDS ON COLLATERAL וְהַמּוֹסֵר שְׁטָרוֹתָיו לְבֵית דִּין – AND ONE WHO HANDS OVER HIS** loan **DOCUMENTS TO THE COURT אֵין מְשַׁמְּטִין – DO NOT RELINQUISH** these debts in *shemittah.*

NOTES

1. *Deuteronomy* 15:2.

2. Rav Yehudah means as follows. The prohibition *he may not press* is juxtaposed in the Torah with the command to cancel all debts. This juxtaposition implies that the two are linked, and that the commandment *to cancel* applies only when the prohibition *not to press,* too, is in effect. Consequently, if it could be said that the prohibition against pressing for the debt's collection does not apply to a ten-year loan, because it is in any case not collectible in the seventh year, the law of cancellation would also not apply. Rav Yehudah teaches, however, that the prohibition against pressing *does* apply to a ten-year loan, because the Torah does not mean to forbid pressing the debtor *now,* at the time the cancellation takes effect. Rather, it means to forbid pressing him *when the loan comes due,* whenever that may be, because the passage of *shemittah* will have already canceled the loan beforehand (*Rashi*).

3. According to their testimony, the debt falls due at thirty days, well before the next *shemittah.* Thus the entire thousand *zuz* can be collected *before* that time. As claimed by the borrower, however, the debt is not due for *ten years,* which according to Rav Yehudah means that it can *never* be collected, since the debt will be canceled by *shemittah* before falling due.

4. I.e. the documents in which the loans are recorded, which enable him to prove his claims when he sues to collect the debts.

5. *Sheviis* 10:2.

6. I.e. he writes a *prozbul.* The *prozbul* was instituted by Hillel to be effective in circumventing the *shemittah* cancellation. The lender draws up a document stating: *I submit to you, So-and-so the judges who are in this-and-this place, that every debt due to me I will collect whenever I wish* (*Rashi;* see following note).

[*Tosafos* object to the above explanation of *Rashi* equating the handing over to the court of one's loan documents with the institution of *prozbul,* by citing indications that the Mishnah refers to *prozbul* and handing over loan documents to the court as *separate matters.* Moreover, they imply that while *prozbul* is a Rabbinic provision (see *Gittin,* 36a,b), handing over the loan documents is Scripturally effective in avoiding cancellation of the debt. They conclude that the two provisions are not identical. Whereas *prozbul* is effective with mere written proclamation, the Scriptural exclusion spoken of here entails *physically handing over* the original loan documents to the court (see *Ritva*).]

7. In both of these cases, the prohibition not to press the borrower for payment does not apply. When one holds collateral, he need not resort to *pressing* for collection, since he already *holds property* in lieu of the loan (see *Rashi;* see further in *Gittin,* end of 37a). Similarly, one who hands over his documents to the court (before the *shemittah* cancellation) has no further need to *press* for collection (see *Rashi*), since *the court* collects the debt (see *Rashi* to *Gittin* 32b and 36a ד״ה מוסרני). [Although he does the actual collecting, he is acting in the capacity of the court's agent (*Likkutei Teshuvos Chasam Sofer,* London 5725 §61)]. Since the prohibition does not apply, neither does the accompanying provision for cancellation of debts, as the Gemara explained earlier.

8. This version *reverses* the previous ruling.

ואע"ג דהשתא לא קרינן ביה א) לא יגוש סוף אתי לידי לא יגוש מתיב רב כהנא אומדים כמה אדם רוצה ליתן ויהיו אלף זוז בידו בין ליתן מכאן ועד ל' יום ובין ליתן מכאן ועד עשר שנים ואי אמרת שביעית משמטתו כולהו נמי בעי שלומי ליה אמר רבא הב"ע במלוה על המשכון ובמוסר שטרותיו לב"ד דתנן המלוה על המשכון והמוסר שטרותיו לב"ד אין משמיטין איכא דאמרי א"ר יהודה אמר שמואל המלוה את חבירו לעשר שנים אין שביעית משמטתו ואע"ג דאתי לידי לא יגוש השתא מיהא לא קרינן ביה לא יגוש אמר רב כהנא אף אנן נמי תנינא אומדין כמה אדם רוצה ליתן ויהיו אלף זוז בידו בין ליתן מכאן ועד ל' יום ובין ליתן מכאן ועד עשר שנים ואי אמרת שביעית משמטתו כולהו נמי בעו שלומי ליה אמר רבא הב"ע במלוה על המשכון ובמוסר שטרותיו לב"ד דתנן המלוה על המשכון והמוסר שטרותיו לב"ד אין משמיטין ואמר רב יהודה אמר שמואל האומר לחבירו ע"מ שלא תשמטני שביעית שביעית משמטת לימא קסבר שמואל מתנה על מה שכתוב בתורה הוא וכל המתנה על מה שכתוב בתורה תנאו בטל והא איתמר האומר לחבירו על מנת שאין לך עלי אונאה רב אומר יש לו עליו אונאה ושמואל אומר אין לו עליו אונאה הא איתמר עלה אמר רב ענן לדידי מפרשא ליה מיניה דשמואל על מנת שאין לך עלי אונאה אין לו עליו אונאה על מנת שאין בו אונאה הרי יש בו אונאה ה"נ על מנת שלא תשמטני בשביעית אין שביעית משמטתו ע"מ שלא תשמטני שביעית שביעית משמטתו תנא המלוה את חבירו סתם אינו רשאי לתובעו פחות מל' יום סבר רבה בר בר חנה קמיה דרב למימר ה"מ במלוה בשטר דלא עבד איניש דטרח דכתב שטר בציר מתלתין יומין אבל מלוה על פה לא אמר ליה רב הכי אמר חביבי אחד המלוה בשטר ואחד המלוה על פה תניא נמי הכי המלוה את חבירו סתם אינו רשאי לתובעו פחות משלשים יום אחד המלוה בשטר ואחד המלוה על פה אמר ליה שמואל לרב מתנה לא תיתיב אכרעיך עד דמפרשת לה להא שמעתא מנא הא מילתא דאמור רבנן המלוה את חבירו סתם אינו רשאי לתובעו פחות מל' יום אחד המלוה בשטר ואחד המלוה על פה א"ל דכתיב ב) קרבה שנת השבע שנת השמטה ממשמע שנאמר קרבה שנת השבע איני יודע שהיא שנת שמטה אלא מה תלמוד לומר שנת השמטה לומר לך [יש] שמטה אחרת שהיא כזו ואיזו זו המלוה את חבירו סתם שאינו רשאי לתובעו בפחות משלשים יום דאמר מר שלשים יום בשנה חשוב שנה ואמר רב יהודה אמר רב הפותח בית הצואר בשבת חייב חטאת מתקיף לה רב כהנא וכי מה בין זה למגופת חבית א"ל זה חבור וזה אינו חבור ואמר רב יהודה אמר רב שלשת לוגין מים שנפל לתוכן קורטוב של יין ומראיהן כמראה יין ונפלו למקוה לא פסלוהו מתקיף לה רב כהנא וכי מה בין זה למי צבע דתנן ר' יוסי אומר מי צבע פוסלין את המקוה בשלשת לוגין א"ל רבא התם מיא דצבעא מקרי הכא חמרא מזיגא מקרי והתני רבי חייא הורידו את המקוה אמר רבא לא קשיא הא רבי יוחנן בן נורי הא רבנן דתנן שלשת לוגין מים

חסר

רש"י

ואע"ג דהשתא. בשביעית לא קרינא ביה לא יגוש שהרי אם בא לנגשו בלא שביעית נמי אינו יכול לא אמרי' כיון דלא קרינן ביה לא יגוש לא קרינן ביה שמוט דסוף אתי לידי לא יגוש והכי משתמע ביה קרא לא יגוש בזמנו את רעהו כי קרא שמטה קודם לכן: מוסר שטרותיו לב"ד. הוא פרוזבול שהתקין הלל שכתוב בו מוסרני לכם פלוני ופלוני הדיינין שבמקום פלוני שכל חוב שיש לי שאגבנו כל זמן שארצה: אין משמיטין. דלא קרינן ביה לא יגוש שהרי אינו תובע כלום: לדידי מיפרשא לי כו' אין לו עליו אונאה. שהמתנה על מה שכתוב בתורה תנאו קיים ואם אמר לו ע"מ שאין בו אונאה אין זה מתנה שימחול לו אונאתו אלא הוא התנה עמו שאינו אונהו במכר זה והרי אנו רואים שיש בו אונאה ובהאי מודה שמואל דיש לו עליו אונאה ה"נ אם אמר לו לוה הלוני על מנת שלא תשמטני אתה בשביעית תנאי הוא זה ואע"פ שהתנה על מה שכתוב בתורה תנאו קיים אבל אם אמר לו על מנת שלא תשמטני שביעית השביעית אינה מסורה בידו להתנות שלא תהא השביעית משמטת לפיכך אין כאן תנאי: חביבי. תרגום של דודי רבי חייא אחי אביו היה: שהוא כזו. שקרויה שנה: הפותח בית הצואר. שעשה פה לחלוק חדש: חייב. שתיקן כלי והאי דנקט לה הכא משום דאמר רב יהודה לעיל המלוה את חברו לעשר שנים כו' ואותביה רב כהנא נקט נמי לכולהו הנך מילי דשמעתין דאמרינהו רב יהודה ואותביה רב כהנא: וכי מה בין זה למגופת החבית. דאמרינן בפרק חבית שנשברה (שבת דף קמו.) דמתיז ראשה בשבת בסייף לפתוח את החבית: זה. דבית הצואר היה חיבור הלכך פתח תיקון חדש הוא זה אבל המגופה אע"פ שהיא טוחה על פי החבית בטיט אין זה חיבור והוה לה כפתוחה ועומדת: חסר קורטוב לא גרסינן ברב יהודה: לא פסלוהו. זיל בתר חזותא ויין אינו פוסל את המקוה ופסול מקוה במים שאובין מדרבנן הוא: והתני ר' חייא. שלשת לוגין מים שנפל לתוכן קורטוב יין ומראיהן כמראה יין ונפלו למקוה: הורידו את המקוה. מהכשרו לפסול: הא ר' יוחנן בן נורי. רב כרבי יוחנן בן נורי דאזיל בתר חזותא:

חסר

תוספות

איכא דאמרי המלוה חבירו (בשטר) לעשר שנים אין שביעית משמטתו. אומר ר"ת דהלכה כלישנא בתרא דה"נ מתני' מסייע ליה וקשיא ללישנא קמא (א) ובאזהרות הגיה ר"ת זמן עשר (כסף) כי ילונו ולא במשפט בחצי ימיו יעזבנו:

המוסר שטרותיו לב"ד. פירש הקונט' דהיינו פרוזבול ולא נראה דהא במסכת שביעית (פ"י מ"ב) תני המוסר שטרותיו לב"ד והדר קתני פרוזבול אינו משמט אלמא תרי מילי נינהו לכך נראה דתרי מילי נינהו ומוסר שטרותיו לב"ד מדאורייתא אינו משמט:

ושמואל אומר אין לו עליו אונאה. וא"ת מי דמי הכא השביעית ודאי עקר אבל התם מי יימר דעקר כדאמרי' בהזהב (ב"מ דף נא:) [שמא לא יהא בו אונאה] וי"ל דה"נ מי יימר דעקר שמא יפרע לו קודם:

על מנת שאין בו אונאה הרי יש בו אונאה. פי' הקונטרס על מנת כו' כלומר אני מבטיחך מאונאה שאין בו והרי יש בו אונאה דהויא מקח טעות שכחם (ב) ולא נראה דהיכי מדמה ה"נ על מנת שלא תשמטני שביעית משמטת והתם לא שייך טעמא דמקח טעות ולכך פי' רשב"ם ע"מ שאין בו אונאה משמע שלא יחול איסור לאו דלא תונו על המקח וע"כ הוא חל שאין יכול לבטל (ג) מאותה אונאה ע"מ שאין לך עלי אונאה כלומר שלא תתבע לי האונאה אלא תמחול לי תנאו קיים וה"נ על מנת שלא תשמט שביעית כלומר שלא יחול איסור שביעית אם אקח ממך אחר השמטה שביעית משמטתו והשתא ניחא שהן שוין:

אמר

רבינו חננאל

אמר רב יהודה אמר שמואל המלוה את חברו לי' שנים אין שביעית משמטת ואע"ג דאחר עשר שנים אתי לידי לא יגוש השתא מיהא לא קרינן ביה לא יגוש. ומסייעא ליה מהא דתנן אומדין כמה אדם רוצה ליתן ויהא בידו אלף זוז בין ליתנם מיכן עד שלשים יום ובין ליתנם מיכן ועד עשר שנים ואי אמרת המלוה לעשר שנים שביעית משמטתו כולהו אלף זוז בעי לשלומי דהא אי אפשר לעשר שנים בלא שמיטה. ודחה א) רבה ואמר מתני' במלוה על המשכון או במוסר שטרותיו לב"ד דכי האי גוונא (המלוה לעשר שנים) אינו משמט דתנן המלוה את חברו על המשכון והמוסר שטרותיו לב"ד אין משמטין. ואמר רב יהודה אמר שמואל המלוה את חברו על מנת שלא תשמטנו שביעית כו'. ואסיק' אמר רב ענן לדידי מיפרשא לי מיניה דמר שמואל על מנת שאין לך עלי אונאה אין לו עליו אונאה על מנת שאין בו אונאה הרי יש בו אונאה. הכא נמי על מנת שלא תשמטנו שביעית אין שביעית משמטתו על מנת שאין השביעית משמטתו שביעית משמטתו ג): תניא המלוה את חברו סתם אין רשאי לתובעו פחות מל' יום אחד מלוה בשטר ואחד מלוה על פה. מנא הני מילי מדכתיב קרבה שנת השבע איני יודע שהיא שנת השמטה מה ת"ל שנת השמטה אלא יש לך שמטה אחרת שמשמטת כשנת השבע ואיזו היא זה המלוה את חברו סתם שאין רשאי לתובעו פחות מל' יום שהן חשובין כשנה דאמר מר שלשים יום בשנה חשובים שנה: אמר רב הפותח בית הצואר בבגד בשבת בשגגה חייב חטאת. ואינו דומה למגופת החבית שמותר כי זה חיבור ומגופת החבית אינה חיבור. אמר רב ג' לוגין מים שנפל לתוכן קורטוב יין (ומראהו) [ומראיהן] כמראה יין ונפלו למקוה לא פסלוהו. ולא דמו למי צבע דפוסלין בג' לוגין דהתם מיא דצבעא מיקרו והמים הן שפוסלין המקוה הכא חמרא מזיגא מיקרי. איני והתני ר' חייא הורידו את המקוה. כלומר ג' לוגין מים שנפל לתוכן קורטוב יין הורידו את המקוה מהכשירו. ופירק רבא רב דאמר כר' יוחנן בן נורי ור' חייא כרבנן דתנן (במקואות פ"ז מ"ה) ג' לוגין

מסורת הש"ס

א) שביעית פ"י מ"ב גיטין לז., ב) [קדושין יט: וש"נ], ג) ב"מ נא., כתובות פד., ד) [ב"מ נא:], ה) ס"א לי, ו) [תוספתא דב"מ פרק י], ז) [קדושין לו: וש"נ], ח) [עמ"ש תוס' נזיר כד: בד"ה אמר שמואל וכו' פירוש על זה], ט) גירסת מהרש"ל, י) ר"ה [נדה מד: מה.], כ) שבת מח., ל) עירובין כט: מקוואות פ"ז מ"ג, מ) חולין כו. מקוואות פ"ז מ"ה, נ) רש"א מלוה פ"ז, ס) [יותר מגונה עמ"ש תוס' דב"ב קמה: ד"ה ואין השביעית כו'], ע) רש"א מ"ז, פ) רש"ל.

הגהות הב"ח

(א) תוס' ד"ה איכא כו' קמא ובאזהרות הגיה: (ב) ד"ה על כו' שכחם לו ולא: (ג) בא"ד לבטל הלאו מאותה:

תורה אור השלם

א) וְזֶה דְּבַר הַשְּׁמִטָּה שָׁמוֹט כָּל בַּעַל מַשֵּׁה יָדוֹ אֲשֶׁר יַשֶּׁה בְּרֵעֵהוּ לֹא יִגֹּשׂ אֶת רֵעֵהוּ וְאֶת אָחִיו כִּי קָרָא שְׁמִטָּה לַיְיָ: [דברים טו, ב]

ב) הִשָּׁמֶר לְךָ פֶּן יִהְיֶה דָבָר עִם לְבָבְךָ בְלִיַּעַל לֵאמֹר קָרְבָה שְׁנַת הַשֶּׁבַע שְׁנַת הַשְּׁמִטָּה וְרָעָה עֵינְךָ בְּאָחִיךָ הָאֶבְיוֹן וְלֹא תִתֵּן לוֹ וְקָרָא עָלֶיךָ אֶל יְיָ וְהָיָה בְךָ חֵטְא: [דברים טו, ט]

ליקוטי רש"י

המלוה על המשכון. אין שמיטה משמטתו דאין כאן משום לא יגוש שהרי אינו נוגשו [שבועות מד:]. דלא קרינא ביה לא יגוש שהרי אינו תובעו כלום [בבא מציעא מח.]. והמוסר שטרותיו לבית דין אינו משמט. מאחר שכתב פרוזבול אינו משמט חובו בשביעית: מוסרני לכם. את שטרותי שאתם תהיו נוגשים ואני לא אגוש. ולקמן מוקי לה כגון דיש לו קרקע דלא מיפקע ליה ולהכי לא מקרי להפקיע ממונו של זה ולית לזה המקום שיש כאן ויתקנה [גיטין לו.]. המתנה ע"מ שכתוב בתורה תנאו בטל. והוי מעשה מקוים ואע"פ שלא קיים בעל התנאי את התנאי [בבא מציעא צד.]. והוי המעשה מעשה והתנאי כמאן דליתיה דכמעשה בלא תנאי דמי [רשב"ם בבא בתרא קכו:]. ע"מ שאין לך עלי אונאה. אמכור לך חפץ זה. יש לו עליו. דמתנה על של תורה הוא אל תונו (ויקרא כה) [כתובות פד.]. שאין בו אונאה. אם אמר לו בלשון זה אין זה מחילת אונאה אלא לשון תביעת אונאה דע"מ שאין בו אונאה אמר והרי יש בו ומקח טעות נמי הוי ואם רצה לחזור חוזר לגמרי [ב"מ נא:]. הפותח בית הצואר. של חלוק לכתחילה. חייב חטאת. דהשתא קמשוי ליה מנא וחייב משום מכה בפטיש והיינו גמר מלאכה. מה בין זה למגופת חבית. דתניא בפרק חבית שנשברה מביא אדם חבית ומתיז את ראשה בסייף ומניחה לפני האורחים. מגופה. אינה מן החבית עצמו ואע"פ שדבוקה בו אינו חשיב חיבור שהרי לינטל עומדת אבל הבגד כשנארג כולו חבור [שבת מח:]. הא רבי יוחנן בן נורי. דאזיל בתר חזותא ואמר קורטוב חלב משלים לג' לוגים לפסול מקוה משום דיש להם מראה מים [חולין כו.].

חשק שלמה על ר"ח א) לפנינו הגירסא רבה: ג) כ"ה גירסת רבינו ע"מ שלא תשמיטנו (בבנין הפעיל) שביעית הוא כאילו אמר על מנת שלא תשמיט אתה הלוה את החוב בשביעית. כי שביעית הוא כמו בשביעית כדכתיב והשביעית תשמטנה (שמות כג יא):

The Gemara cites another ruling of Rav Yehudah in the name of Shmuel regarding the cancellation of debts:

וְאָמַר רַב יְהוּדָה אָמַר שְׁמוּאֵל – Rav Yehudah also said in the name of Shmuel: הָאוֹמֵר לַחֲבֵירוֹ – If one says to his fellow who has requested a loan: **עַל מְנָת שֶׁלֹּא תְּשַׁמְּטֵנִי שְׁבִיעִית** – The money is lent **"on the condition that the Sabbatical year not cancel** the debt to **me," שְׁבִיעִית מְשַׁמֶּטֶת – the Sabbatical year cancels** it nonetheless.

The Gemara analyzes this ruling:

לֵימָא קָסָבַר שְׁמוּאֵל – Shall we say in explanation of this **that Shmuel holds מַתְנֶה עַל מַה שֶּׁכָּתוּב בַּתּוֹרָה הוּא – that this** stipulation **is** a case of **making a stipulation contrary to the Torah, וְכָל הַמַּתְנֶה עַל מַה שֶּׁכָּתוּב בַּתּוֹרָה – and whoever makes a stipulation contrary to the Torah, תְּנָאוֹ בָּטֵל – his stipulation is void,** even pertaining to monetary matters?[9]

But, the Gemara asks, this cannot be, because Shmuel himself has said otherwise:

וְהָא אִיתְּמַר – But it has been said: הָאוֹמֵר לַחֲבֵירוֹ – If someone says to his fellow before closing a sale: **עַל מְנָת שֶׁאֵין לְךָ עָלַי אוֹנָאָה** – This sale is **"on the condition that you have no** claim of **price fraud against me,"**[10] **רַב אוֹמֵר – Rav says: יֵשׁ לוֹ עָלָיו אוֹנָאָה – [The buyer] has** a right to claim **price fraud against him.**[11] **וּשְׁמוּאֵל אוֹמֵר – But Shmuel says: אֵין לוֹ עָלָיו אוֹנָאָה – [The buyer] does not have** a right to claim **price fraud against him,** because when he consented to the stipulation, he willingly forfeited the right provided by the Torah to have his loss redressed. Thus, we see that in cases of price fraud Shmuel *supports* the right of a person to *make a stipulation contrary to the Torah.* Why then should he not make the same allowance for the cancellation of a debt by *shemittah*?

The Gemara answers:

הָא אִיתְּמַר עֲלָהּ – But it has been said about that statement of Shmuel concerning fraud: **אָמַר רַב עָנָן – Rav Anan said: לְדִידִי מְפָרְשָׁא לֵיהּ מִינֵּיהּ דִּשְׁמוּאֵל – It was explained to me personally by Shmuel** that whether the waiver is valid depends on how the stipulation was worded: **עַל מְנָת שֶׁאֵין לְךָ עָלַי אוֹנָאָה** – If he said, **"On the condition that *you have no* claim of price fraud against me," אֵין לוֹ עָלָיו אוֹנָאָה** – then **he has no** right to claim **price fraud against him,** and the stipulation is valid even though it is contrary to the Torah's law.[12] **עַל מְנָת שֶׁאֵין בּוֹ אוֹנָאָה** – But if the stipulation was worded, **"On the condition that *there is no* price fraud,"** it is not interpreted as a stipulation by the seller that the buyer *waive* his rights, but as a stipulation on the seller's part that the transaction be valid only if there *is no* price fraud. Consequently, the transaction is invalidated, because **הֲרֵי יֵשׁ בּוֹ אוֹנָאָה** – we see that **there *is* price fraud.**

The Gemara concludes its answer by applying a similar distinction to the cancellation of debts by the Sabbatical year:

הָכָא נַמִּי – Here too, עַל מְנָת שֶׁלֹּא תְּשַׁמְּטֵנִי בַּשְּׁבִיעִית – if the stipulation was, **"On the condition that *you* not cancel** your debt to **me in the Sabbatical year,"** then the borrower has agreed to waive the cancellation and pay the debt even after the Sabbatical year; therefore, **אֵין שְׁבִיעִית מְשַׁמַּטְתּוֹ – the Sabbatical year does *not* cancel** the debt to **him,** in accordance with Shmuel's view that a person *may* waive the monetary rights provided by the Torah for his benefit. **עַל מְנָת שֶׁלֹּא תְּשַׁמְּטֵנִי שְׁבִיעִית** – But if the stipulation was, **"On the condition that the *Sabbatical year* not cancel** your debt to **me," שְׁבִיעִית מְשַׁמַּטְתּוֹ** – then **the Sabbatical year *does* cancel** the debt to **him.** This last stipulation does not imply a waiver by the borrower but rather a stipulation on the part of the lender that the Torah's law not operate in this case. Even Shmuel agrees that this cannot be stipulated.[13]

The Gemara cites a teaching:[14]

תָּנָא – It was taught in a Baraisa: הַמַּלְוֶה אֶת חֲבֵירוֹ סְתָם – IF ONE LENDS HIS FELLOW money **WITHOUT SPECIFYING** a due date,

NOTES

9. There is unquestionably a rule that stipulations made contrary to Torah law do not take effect. However, there are Tannaim who make an exception to this rule in *monetary* matters, because a person is free to dispose of his property as he sees fit (see *Kesubos* 56a). Therefore, just as one has the right to relinquish his property entirely, he may also agree to waive the rights and protections granted him by the Torah in connection with his ownership. The Gemara suggests that Shmuel rejects this exception to the rule.

10. The laws of price fraud are based on the verse (*Leviticus* 25:14): *When you make a sale to your fellow, let no man defraud his brother.* These laws can be summarized as follows: If the overcharge is more than a sixth, the transaction is not binding upon the buyer; if the overcharge is a sixth, the transaction is binding, but the seller must reimburse the buyer for the amount of the overcharge; if the overcharge is less than a sixth, no reimbursement is necessary. See *Bava Metzia* 49b-51a. In the present case the seller stipulated that the buyer would have no right to claim price fraud against him, and the buyer consented to this condition. What is the law in this case?

11. Although the buyer consented to the seller's stipulation not to claim fraud if he discovers that he was overcharged, he can now turn around and do just that. This is because the Torah's law of price fraud supersedes the right of the individuals to dispose of their property as they see fit.

12. Because, as explained above, it is Shmuel's view that the Torah permits a person to waive the rights it granted him (*Rashi*).

13. Shmuel draws a fine distinction in regard to the validity of stipulations contrary to the Torah. The basis for the validity of such stipulations is a person's prerogative to waive any rights provided by the Torah for his benefit. Consequently, such stipulations are valid only if they imply the individual's waiver of *his rights,* as when he agrees to the lender's condition that "*you* not cancel my debt." Intrinsically *the Torah law remains intact* – the individual has merely *waived his prerogatives* under the law. However, agreeing to the stipulation that the *shemittah year* not cancel the debt is meaningless, since the condition implies that the transaction *be beyond the jurisdiction* of the *shemittah* laws. But the Torah and its laws are not subject to the lender's whim as to whether or not they should apply to a given situation (*Rashi*).

[The foregoing elucidation of the Gemara, which follows *Rashi,* is subject to the following criticism by the Rishonim. The Gemara has compared the case in which a lender says, "On the condition that the Sabbatical year not cancel my debt," to the case in which a seller says, "On the condition that there is no price fraud." But the cases do not seem comparable. In the case of the price fraud, the reason the buyer may claim fraud is that the stipulation is *valid* – the seller stipulated that he was not overcharging when in fact he was. In the case of *sheviis,* however, if the Sabbatical year cancels the loan it is because the stipulation is *not* valid, i.e. it is not within the lender's power to stipulate that the transaction be beyond the jurisdiction of the Torah's laws. Apparently, we must say according to *Rashi* that the Gemara's comparison is merely that just as regarding price fraud there is a distinction between where the stipulation was phrased as a waiver ("on the condition that *you* have no claim of price fraud") and where it was worded otherwise, so too is there this distinction in regard to *sheviis* (*Tosafos* to *Bava Metzia* 51b ד״ה על מנת, in explanation of *Rashi*).

Other Rishonim (*Tosafos, Ritva*) explain that the reason the buyer may claim fraud where the seller said "on condition that there is no price fraud" is that such a stipulation implies that the transaction not be *subject* to the Torah's law of price fraud, and that is not within the seller's power to stipulate. The comparison to the case of *sheviis* is thus readily understandable, because the stipulation there, "on the condition that the Sabbatical year not cancel my loan," is invalid for the very same reason.]

14. [This discussion is inserted here because the ruling contained in it is derived from the laws of cancellation of debts in the *shemittah* year, which have been discussed above (cf. *Rashash*).]

עין משפט נר מצוה

יד א מיי' פ"ט מהל' שמיטין הל' יד סמג עשין קמט טוש"ע ח"מ סי' סז סעיף ב וסעי' יב:
טו ב מיי' שם הל' טו טוש"ע שם סעיף יא:
טז ג מיי' שם הל' ט טוש"ע שם סעיף י:
יז ד מיי' פ"ו מהלכות אישות הלכה ט סמג עשין מח טוש"ע אה"ע סי' לח סעיף ה בהג"ה:
יח ה מיי' פי"ג מהלכות מכירה הל' ג סמג לאוין קע טוש"ע ח"מ סי' רכז סעיף כא:
יט ו מיי' פ"ט מהל' שמיטין הל' י סמג עשין סז טוש"ע ח"מ סי' סז סעיף ט:
כ ז ח מיי' פי"ג מהל' מלוה הלכה ה סמג עשין צד טוש"ע ח"מ סי' עג סעיף א:
כא ט מיי' פ"י מהל' שבת הלכה י סמג לאוין סה טוש"ע א"ח סי' שיז סעיף ג:
כב י מיי' פ"ז מהל' מקואות הלכה י סמג עשין רמח טוש"ע י"ד סי' רא סעיף כג:
כג כ מיי' שם הל' ח טוש"ע שם סעיף כד וסעיף כה:

גמרא

ואע"ג דהשתא לא קרינן ביה א) לא יגוש סוף אתי לידי לא יגוש מתיב רב כהנא אומדים כמה אדם רוצה ליתן ויהיו אלף זוז בידו בין ליתן מכאן ועד ל' יום ובין ליתן מכאן ועד עשר שנים ואי אמרת שביעית משמטתו כולהו נמי בעי שלומי ליה אמר רבא הב"ע במלוה על המשכון ובמוסר שטרותיו לב"ד דתנן א) א המלוה על המשכון ב והמוסר שטרותיו לב"ד אין משמיטין איכא דאמרי א"ר יהודה אמר שמואל המלוה את חבירו לעשר שנים ג אין שביעית משמטתו ואע"ג דאתי לידי לא יגוש השתא מיהא לא קרינן ביה לא יגוש אמר רב כהנא אף אנן נמי תנינא אומדין כמה אדם רוצה ליתן ויהיו אלף זוז בידו בין ליתן מכאן ועד ל' יום ובין ליתן מכאן ועד עשר שנים ואי אמרת שביעית משמטתו כולהו נמי בעו שלומי ליה אמר רבא הב"ע במלוה על המשכון ובמוסר שטרותיו לב"ד דתנן המלוה על המשכון והמוסר שטרותיו לב"ד אין משמיטין ואמר רב יהודה אמר שמואל האומר לחבירו ע"מ שלא תשמטני שביעית שביעית משמטת לימא קסבר שמואל מתנה על מה שכתוב בתורה הוא ב) ד וכל המתנה על מה שכתוב בתורה תנאו בטל והא איתמר ג) האומר לחבירו על מנת שאין לך עלי אונאה רב אומר ה יש לו עליו אונאה ושמואל אומר אין לו עליו אונאה הא איתמר עלה ד) אמר רב ענן לדידי מפרשא ה) ליה מיניה דשמואל על מנת שאין לך עלי אונאה אין לו עליו אונאה על מנת שאין בו אונאה הרי יש בו אונאה ה"נ ו על מנת שלא תשמטני בשביעית אין שביעית משמטתו ע"מ שלא תשמטני שביעית שביעית משמטתו תנא ו) ז המלוה את חבירו סתם אינו רשאי לתובעו פחות מל' יום סבר רבה בר בר חנה קמיה דרב למימר ה"מ במלוה בשטר דלא עביד איניש דטרח דכתב שטר בציר מתלתין יומין אבל מלוה על פה לא אמר ליה רב הכי אמר חביבי ח אחד המלוה בשטר ואחד המלוה על פה תניא נמי הכי המלוה את חבירו סתם אינו רשאי לתובעו פחות משלשים יום אחד המלוה בשטר ואחד המלוה על פה אמר ליה שמואל לרב מתנה ז) לא תיתיב ח) אכרעך עד דמפרשת לה להא שמעתא מנא הא מילתא דאמור רבנן המלוה את חבירו סתם אינו רשאי לתובעו פחות מל' יום אחד המלוה בשטר ואחד המלוה על פה א"ל דכתיב ב) קרבה שנת השבע שנת השמטה ממשמע שנאמר קרבה שנת השבע איני יודע שהיא שנת שמטה אלא מה תלמוד לומר שנת השמטה לומר לך [ט) יש] שמטה אחרת שהיא כזו ואיזו זו המלוה את חבירו סתם שאינו רשאי לתובעו בפחות משלשים יום י) דאמר מר שלשים יום בשנה חשוב שנה כ) ואמר רב יהודה אמר רב ט הפותח בית הצואר בשבת חייב חטאת מתקיף לה רב כהנא וכי מה בין זה למגופת חבית א"ל זה חבור וזה אינו חבור ואמר רב יהודה אמר רב י שלשה לוגין מים שנפל לתוכן קורטוב של יין ומראיהן כמראה יין ונפלו למקוה לא פסלוהו מתקיף לה רב כהנא וכי מה בין זה למי צבע דתנן ל) ר' יוסי אומר כ מי צבע פוסלין את המקוה בשלשת לוגין א"ל רבא התם מיא דצבעא מקרי הכא חמרא מזיגא מקרי והתני רבי חייא הורידו את המקוה אמר רבא לא קשיא הא רבי יוחנן בן נורי הא רבנן דתנן מ) שלשת לוגין מים

חסר

תוספות

איכא דאמרי המלוה חבירו (בשטר) לעשר שנים אין שביעית משמטתו. אומר ר"ת דהלכה כלישנא בתרא דה"נ מתני' מסייע ליה וקשיא ללישנא קמא (א) ובאזהרות הגיה ר"ת פ) זמן עשר ע) (כסף) כי ילונו ולא במשפט בחלי ימיו יעזבנו:

המוסר שטרותיו לב"ד. פירש הקונט' דהיינו פרוזבול ולא נראה דהא במסכת שביעית (פ"י מ"ב) תני המוסר שטרותיו לב"ד והדר קתני פרוזבול אינו משמט אלמא תרי מילי נינהו לכך נראה דתרי מילי נינהו ומוסר שטרותיו לב"ד מדאורייתא אינו משמט:

ושמואל אומר אין לו עליו אונאה. וא"ת מי דמי הכא השביעית ודאי עקר אבל התם מי יימר דעקר כדאמרי' בהזהב (ב"מ דף נא:) פ) [שמא לא יהא בו אונאה] וי"ל דה"נ מי יימר דעקר שמא יפרע לו קודם:

על מנת שאין בו אונאה הרי יש בו אונאה. פי' הקונטרס על מנת כו' כלומר אני מבטיחך מאונאה שאין בו והרי יש בו אונאה דהויא מקח טעות שכחש (ב) ולא נראה דהיכי מדמה ה"נ על מנת שלא תשמטני שביעית משמטת והתם לא שייך טעמא דמקח טעות ולכך פי' רשב"ם ע"מ שאין בו אונאה משמע שלא יחול איסור לאו דלא תונו על המקח וע"כ הוא חל שאין יכול לבטל (ג) מאותה אונאה ע"מ שאין לך עלי אונאה כלומר שלא תתבע לי האונאה אלא תמחול לי תנאו קיים וה"נ על מנת שלא תשמט שביעית כלומר שלא יחול איסור שביעית אם אקח ממך אחר השמטה שביעית משמטתו והשתא ניחא שהן שוין:

אמר

רש"י

ואע"ג דהשתא. בשביעית לא קרינא ביה לא יגוש שהרי אם בא לנגשו בלא שביעית נמי אינו יכול לא אמרי' כיון דלא קרינן ביה לא יגוש לא קרינן ביה שמוט דסוף אתי לידי לא יגוש והכי משתמע ביה קרא לא יגוש בזמנו את רעהו כי קרא שמטה קודם לכן: מוסר שטרותיו לב"ד. הוא פרוזבול שהתקין הלל שכתוב בו מוסרני לכם פלוני ופלוני הדיינין שבמקום פלוני שכל חוב שיש לי שאגבנו כל זמן שארצה: אין משמיטין. דלא קרינן ביה לא יגוש שהרי אינו תובע כלום: לדידי מיפרשא לי כו' אין לו עליו אונאה. שהמתנה על מה שכתוב בתורה תנאו קיים ואם אמר לו ע"מ שאין בו אונאה אין זה מתנה שימחול לו אונאתו אלא הוא התנה עמו שאינו אונהו במכר זה והרי אנו רואים שיש בו אונאה ובהאי מודה שמואל דיש לו עליו אונאה ה"נ אם אמר לו י) לוה הלוני על מנת שלא תשמטני אתה בשביעית תנאי הוא זה ואע"פ שהתנה על מה שכתוב בתורה תנאו קיים אבל אם אמר לו על מנת שלא תשמטני שביעית השביעית אינה מסורה בידו להתנות שלא תהא השביעית משמטת לפיכך אין כאן תנאי: חביבי. תרגום של דודי רבי חייא אחי אביו היה: שהוא כזו. שקרויה שנה: הפותח בית הצואר. שעשה פה לחלוק חדש: חייב. שתיקן כלי האי דנקט לה הכא משום דאמר רב יהודה לעיל המלוה את חברו לעשר שנים כו' ואותביה רב כהנא נקט נמי לכולהו הנך מילי דשמעתין דאמרינהו רב יהודה ואותביה רב כהנא: וכי מה בין זה למגופת החבית. דאמרינן בפרק חבית שנשברה (שבת דף קמו.) דמתיז ראשה בשבת בסייף לפתוח את החבית: זה. דבית הצואר היה חיבור הלכך פתח תיקון חדש הוא זה אבל המגופה אע"פ שהיא טוחה על פי החבית בטיט אין זה חיבור והוה לה כפתוחה ועומדת: חסר קורטוב לא גרסינן ברב יהודה: לא פסלוהו. דאזיל בתר חזותא ויין אינו פוסל את המקוה ופסול מקוה במים שאובין מדרבנן הוא: והתני ר' חייא. שלשת לוגין מים שנפל לתוכן קורטוב יין ומראיהן כמראה יין ונפלו למקוה: הורידו את המקוה. מהכשרו לפסול: הא ר' יוחנן בן נורי. רב כרבי יוחנן בן נורי דאזיל בתר חזותא:

רבינו חננאל

אמר רב יהודה אמר שמואל המלוה את חברו לי' שנים אין שביעית משמטת ואע"ג דאחר עשר שנים אתי לידי לא יגוש השתא מיהא לא קרינן ביה לא יגוש. ומסייעא ליה מהא דתנן אומדין כמה אדם רוצה ליתן ויהא בידו אלף זוז בין ליתנם מיכן עד שלשים יום ובין ליתנם מיכן ועד עשר שנים ואי אמרת המלוה לעשר שנים שביעית משמטתו כולהו אלף זוז בעי לשלומי דהא אי אפשר לעשר שנים בלא שמיטה. ודחה א) רבה ואמר מתני' במלוה על המשכון או במוסר שטרותיו לב"ד דכי האי גוונא (המלוה לעשר שנים) אינו משמט דתנן המלוה את חברו על המשכון והמוסר שטרותיו לב"ד אין משמטין. ואמר רב יהודה אמר שמואל המלוה את חברו על מנת שלא תשמטנו שביעית כו'. ואסיק' אמר רב ענן לדידי מיפרשא לי מיניה דמר שמואל על מנת שאין לך עלי אונאה אין לו עליו אונאה על מנת שאין בו אונאה הרי יש בו אונאה. הכא נמי על מנת שלא תשמטנו שביעית אין שביעית משמטתו על מנת שאין השביעית משמטתו שביעית משמטתו ב): תניא המלוה את חברו סתם אין רשאי לתובעו פחות מל' יום אחד מלוה בשטר ואחד מלוה על פה. מנא הני מילי מדכתיב קרבה שנת השבע איני יודע שהיא שנת השמטה מה ת"ל שנת השמטה אלא יש לך שמטה אחרת שמשמטת כשנת השבע ואיזו היא זה המלוה את חברו סתם שאין רשאי לתובעו פחות מל' יום שהן חשובין כשנה דאמר מר שלשים יום בשנה חשובים שנה: אמר רב הפותח בית הצואר בבגד בשבת בשגגה חייב חטאת. ואינו דומה למגופת החבית שמותר כי זה חיבור ומגופת החבית אינה חיבור. אמר רב ג' לוגין מים שנפל לתוכן קורטוב יין (ומראהו) [ומראיהן] כמראה יין ונפלו למקוה לא פסלוהו. ולא דמו למי צבע דפוסלין בג' לוגין דהתם מיא דצבעא מיקרו והמים הן שפוסלין המקוה הכא חמרא מזיגא מיקרי. איני והתני ר' חייא הורידו את המקוה. כלומר ג' לוגין מים שנפל לתוכן קורטוב יין הורידו את המקוה מהכשירו. ופירק רבא רב דאמר כר' יוחנן בן נורי ור' חייא כרבנן דתנן (במקואות פ"ז מ"ה) ג' לוגין

מסורת הש"ס

א) שביעית פ"י מ"ב גיטין לז., ב) [קדושין יט: וש"נ], ג) ב"מ נא. כתובות פד., ד) [ב"מ נא:], ה) ס"א לי, ו) [תוספתא דב"מ פרק י], ז) [קדושין לו: וש"נ], ח) [עמ"ש תוס' נזיר כד: בד"ה אמר שמואל וכו' פירוש על זה], ט) גירסת מהר"ם, י) ר"ה י: [נדה מד: מה.], כ) שבת מח., ל) עירובין כט: מקואות פ"ז מ"ג, מ) חולין כו. מקואות פ"ז מ"ה, נ) רש"א המלוה ע"מ, ס) [יותר מבואר בתוס' דב"ב קמה: ד"ה ואין השביעית כו'], ע) רש"א מ"ז, פ) רש"ל.

הגהות הב"ח

(א) תוס' ד"ה איכא כו' קמא ובאזכרות הגיה: (ב) ד"ה על כו' שכחש לו ולא: (ג) בא"ד לבטל הלאו מאותה:

תורה אור השלם

א) וְזֶה דְּבַר הַשְּׁמִטָּה שָׁמוֹט כָּל בַּעַל מַשֵּׁה יָדוֹ אֲשֶׁר יַשֶּׁה בְּרֵעֵהוּ לֹא יִגֹּשׂ אֶת רֵעֵהוּ וְאֶת אָחִיו כִּי קָרָא שְׁמִטָּה לַייָ: [דברים טו, ב]

ב) הִשָּׁמֶר לְךָ פֶּן יִהְיֶה דָבָר עִם לְבָבְךָ בְלִיַּעַל לֵאמֹר קָרְבָה שְׁנַת הַשֶּׁבַע שְׁנַת הַשְּׁמִטָּה וְרָעָה עֵינְךָ בְּאָחִיךָ הָאֶבְיוֹן וְלֹא תִתֵּן לוֹ וְקָרָא עָלֶיךָ אֶל יְיָ וְהָיָה בְךָ חֵטְא: [דברים טו, ט]

ליקוטי רש"י

המלוה על המשכון. אין שמיטה משמטתו דאין כאן משום לא יגוש שהרי אינו נוגשו [שבועות מד:]. דלא קרינא ביה לא יגוש שהרי אינו תובעו כלום [בבא מציעא מח:].

והמוסר שטרותיו לבית דין אינו משמט. מאחר שכתב פרוסבול אינו משמט חובו בשביעית: מוסרני לכם. את שטרותי שאתם תהיו נוגשים ואני לא אגוש. ולקמן מוקי דיש כח בידם להפקיע ממונו של זה וליתן לזה במקום שיש סייג ותקנה [גיטין לו.].

המתנה ע"מ שכתוב בתורה תנאו בטל. והוי מעשה מקוים ואע"פ שלא קיים בעל התנאי את התנאי [בבא מציעא צד.]. והוי המעשה מעשה והתנאי כמאן דליתיה דכמעשה בלא תנאי דמי [רשב"ם בבא בתרא קכו:].

ע"מ שאין לך עלי אונאה. אמכור לך חפץ זה. יש לו עליו. דמתנה על של תורה הוא אל תונו (ויקרא כה) [כתובות פד.].

שאין בו אונאה. אם אמר לו בלשון זה אין זה מחילת אונאה אלא לשון תביעת אונאה דע"מ שאין בו אונאה אמר והרי יש בו ומקח טעות נמי הוי ואם רצה לחזור חוזר לגמרי [ב"מ נא:]. הפותח בית הצואר. של חלוק לכתחילה. חייב חטאת. דהשתא קמשוי ליה מנא וחייב משום מכה בפטיש והיינו גמר מלאכה. מה בין זה למגופת חבית. דתניא בפרק חבית שנשברה מביא אדם חבית ומתיז את ראשה בסייף ומניחה לפני האורחים. מגופה. אינה מן החבית עצמו ואע"פ שדבוקה בו אינו חשיב חיבור שהרי ליטל עומדת אבל הבגד כשנארג כולו חבור [שבת מח:]. הא רבי יוחנן בן נורי. דאזיל בתר חזותא ואמר קורטוב חלב משלים לג' לוגים לפסול מקוה משום דיש להם מראה מים [חולין כו.].

חשק שלמה על ר"ח א) לפנינו הגירסא רבא: ב) כ"ה גירסת רבינו וה"ט דעל מנת שלא תשמיטנו (בבנין הפעיל) שביעית הוא כאילו אמר על מנת שלא תשמיט אתה הלוה את החוב בשביעית. כי שביעית הוא כמו בשביעית כדכתיב והשביעית תשמטנה (שמות כג, יא):

אֵינוֹ רַשַּׁאי לְתוֹבְעוֹ פָּחוֹת מִשְּׁלֹשִׁים יוֹם – HE MAY NOT DEMAND PAYMENT BEFORE THIRTY DAYS from the day of the loan.

The Baraisa is analyzed:

סָבַר רַבָּה בַּר בַּר חָנָה קַמֵּיהּ דְּרַב לְמֵימַר – **Rabbah bar bar Chanah,** while studying **in the presence of Rav, thought to say** הָנֵי מִילֵּי בְּמַלְוֶה בִּשְׁטָר – **that this is so** only **for a loan recorded in a document,** דְּלָא עָבַד אִינִישׁ דְּטָרַח דְּכָתַב שְׁטָר – **because it would be unusual for a person to take the trouble to draw up a document** בָּצִיר מִתְּלָתִין יוֹמִין – for a loan of **less than thirty days;** אֲבָל מַלְוֶה עַל פֶּה לֹא – **but for an oral loan** it is **not** so, and he may demand payment even before thirty days have elapsed.[15]

This view of the Baraisa is rejected:

אָמַר לֵיהּ רַב – **Rav said to him** [Rabbah bar bar Chanah]: הָכִי אָמַר חֲבִיבִי – **So said my uncle** [R' Chiya]:[16] אֶחָד הַמַּלְוֶה בִּשְׁטָר – The ruling applies **whether one lends with a document** וְאֶחָד הַמַּלְוֶה עַל פֶּה – **or whether he lends orally;** in either case he may not demand payment within thirty days.

The Gemara cites another Baraisa in support of Rav's interpretation of the first Baraisa:

תַּנְיָא נַמִּי הָכִי – **It was taught so in a Baraisa as well:** הַמַּלְוֶה אֶת חֲבֵירוֹ סְתָם – IF ONE LENDS HIS FELLOW money WITHOUT SPECIFYING a due date, אֵינוֹ רַשַּׁאי לְתוֹבְעוֹ פָּחוֹת מִשְּׁלֹשִׁים יוֹם – HE MAY NOT DEMAND PAYMENT BEFORE THIRTY DAYS – אֶחָד הַמַּלְוֶה בִּשְׁטָר – WHETHER HE LENDS WITH A DOCUMENT וְאֶחָד הַמַּלְוֶה עַל פֶּה – OR WHETHER HE LENDS ORALLY.

The Gemara explains the source for this rule:

אָמַר לֵיהּ שְׁמוּאֵל לְרַב מַתְנָה – **Shmuel said to Rav Masnah:** לֹא תֵּיתִיב אַכַּרְעָיךְ – **Do not sit down**[17] עַד דִּמְפָרְשַׁתְּ לָהּ לְהָא שְׁמַעְתָּא – **until you explain this teaching:** מְנָא הָא מִילְּתָא דְּאָמוּר רַבָּנָן – **From where** do we derive **this ruling which the Rabbis stated** הַמַּלְוֶה אֶת חֲבֵירוֹ סְתָם – that **if one lends his fellow** money **without specifying** a due date, אֵינוֹ רַשַּׁאי לְתוֹבְעוֹ פָּחוֹת מִשְּׁלֹשִׁים יוֹם – **he may not demand payment before thirty days,** אֶחָד הַמַּלְוֶה בִּשְׁטָר – **whether he lends with a document** וְאֶחָד הַמַּלְוֶה עַל פֶּה – **or he lends orally?**[18]

Rav Masnah replies:

אָמַר לֵיהּ – **He answered [Shmuel]:** דִּכְתִיב – **Because it is written** in regard to the cancellation of debts in the *shemittah* year:[19] ,,קָרְבָה שְׁנַת־הַשֶּׁבַע שְׁנַת הַשְּׁמִטָּה" – ***The seventh year, the year of relinquishment, draws near.*** מִמַּשְׁמַע שֶׁנֶּאֱמַר ,,קָרְבָה שְׁנַת־הַשֶּׁבַע" – **Now from the indication of what is said, *The seventh year draws near,*** אֵינִי יוֹדֵעַ שֶׁהִיא שְׁנַת שְׁמִטָּה – **would I not have known that it is the year of the relinquishment** of debts? אֶלָּא מַה תַּלְמוּד לוֹמַר ,,שְׁנַת הַשְּׁמִטָּה" – **If so, what is the purpose of saying *the year of relinquishment?*** לוֹמַר לָךְ – **To teach you that** [יֵשׁ] שְׁמִטָּה אַחֶרֶת שֶׁהִיא כָּזוֹ – **there is** yet **another relinquishment** of debt **that is similar** but not identical **to this one,** in that it forces the lender to *temporarily* relinquish the right to call in his loan (though it is not actually canceled). וְאֵיזוֹ זוֹ – **And which is it?** הַמַּלְוֶה אֶת חֲבֵירוֹ סְתָם – It is the case of **one who lends his fellow** money **without specifying** a due date, שֶׁאֵינוֹ רַשַּׁאי לְתוֹבְעוֹ בְּפָחוֹת מִשְּׁלֹשִׁים יוֹם – **who may not demand payment before thirty days** from the day of the loan. The thirty-day ban on collection is the *other year of relinquishment* alluded to by the verse. And we find that a thirty-day period is called a "year," דְּאָמַר מַר – **for the master has said:** שְׁלֹשִׁים יוֹם בְּשָׁנָה חָשׁוּב שָׁנָה – **Thirty days within a year may be reckoned a year.**[20]

The Gemara records two more rulings that Rav Yehudah stated in the name of his teachers, which were challenged by Rav Kahana:[21]

וְאָמַר רַב יְהוּדָה אָמַר רַב – **Rav Yehudah also said in the name of Rav:** הַפּוֹתֵחַ בֵּית הַצַּוָּאר בְּשַׁבָּת חַיָּיב חַטָּאת – **One who makes a neck opening** in a garment **on the Sabbath is liable to a *chatas* offering.**[22]

This ruling is questioned:

מַתְקִיף לָהּ רַב כַּהֲנָא – **Rav Kahana challenged this.** וְכִי מָה בֵּין זֶה לִמְגוּפַת חָבִית – **How does this differ from a lid of a barrel?** We know from a Baraisa in *Shabbos* (146a) that one may lop off the top

NOTES

15. Thus, the very act of drawing up the document indicates that the lender agreed to a loan with a term of at least thirty days. No such condition is implied by an undocumented loan, and in the absence of any specified term, he may demand repayment of the loan at any time.

16. [The Aramaic word חֲבִיבִי carries the double meanings *my uncle* and *my beloved.* The same double meaning is comprised in the Hebrew word דּוֹדִי.] R' Chiya was the brother of Rav's father (*Rashi*). See *Pesachim* 4a regarding the unusual family relationship that existed between R' Chiya and Rav.

17. Literally: do not sit on your feet. [Some explain that this expression is a shortened form of "do not sit; remain on your feet" (*Ritva;* see there for alternative explanations).]

18. The Gemara previously cited a basis for this rule in regard to recorded loans, but it did not explain the basis for this in unrecorded loans. The source cited below suffices for both types.

19. *Deuteronomy* 15:9.

20. This rule is stated in regard to reckoning the age of a tree in relation to the prohibition of *orlah.* The Torah prohibits the fruit of a newly planted or transplanted tree for three years (*Leviticus* 19:23). [This fruit is known as *orlah.*] These years are not reckoned as full years from the day of the planting but by the calendar year. If a seed or tree was planted and took root thirty days or more before Rosh Hashanah, it is considered to be in its second year in regard to *orlah* once Rosh Hashanah arrives (*Rosh Hashanah* 9b).

[The implication of this Gemara is that the rule that an unspecified loan may not be collected before thirty days is more than just a presumption that the lender granted it for that amount of time (as Rabbah bar bar Chanah originally thought to say regarding loans recorded in a document). Technically speaking, the loan may be payable beforehand. However, there is a *moratorium* – i.e. a temporary *shemittah* – on collection before thirty days. (Some even go so far as to suggest that one *transgresses a prohibition* for asking for payment before thirty days, just as one does for attempting to collect a loan over which the *shemittah* year has passed.) Others assert that the law that a loan may not be collected before thirty days is in fact based on a presumption that the loan was granted by the lender for thirty days, and that the exposition from the verse *the seventh year draws near* is merely an *asmachta* (Scriptural support) for this Rabbinic presumption. A number of halachic differences between these two viewpoints are suggested by the Acharonim. See *Dvar Avraham* vol. 1 §32 and *Shiurei R' Shmuel Rozovsky* 174-7 regarding this issue, and see *Chidushei Maran Riz HaLevi, Hil. Malveh VeLoveh* 26:2.]

21. Neither of these concerns the topics of this tractate, but they are included because the participants (Rav Yehudah and Rav Kahana) are the same as those in the discussion which began this section of Gemara [3a] (*Rashi*).

22. One who performs one of the thirty-nine primary labors (אֲבוֹת מְלָאכוֹת) forbidden on the Sabbath (see Mishnah *Shabbos* 73a), or their derivatives (secondary labors or תּוֹלָדוֹת), has desecrated the Sabbath on a Biblical level. If he did so unintentionally, he must atone for his transgression by offering a *chatas* (sin offering) in the Temple. The Gemara uses the phrase *liable to a chatas offering* to indicate that the action is Biblically forbidden.

Rav Yehudah speaks of a new garment whose manufacture was complete except that it lacked an opening for the neck. By making this opening, the person has completed the garment's manufacture and thereby *completed a utensil,* a labor forbidden on the Sabbath. Completing a garment or any other article falls within the category of forbidden labor known as מַכֶּה בְּפַטִּישׁ, *striking [the final blow] with a hammer* (see *Shabbos* 73a) and is a *toladah* of it (*Rashi* here and to *Shabbos* 48a ד״ה חייב חטאת). [See *Ritva* and *Beur Halachah* 340:14 ד״ה אין for why *Rashi* did not state more simply that this violates the *melachah* of קוֹרֵעַ, *tearing.*]

איכא דאמרי אמר רב יהודה אמר שמואל המלוה את חבירו לעשר שנים אין שביעית משמטתו ואע"ג דהשתא לא קרינן ביה לא יגוש סוף אתי לידי לא יגוש מתיב רב כהנא אומדים כמה אדם רוצה ליתן ויהיו אלף זוז בידו בין ליתן מכאן ועד ל' יום ובין ליתן מכאן ועד עשר שנים ואי אמרת שביעית משמטתו כולהו נמי בעי שלומי ליה אמר רבא הב"ע במלוה על המשכון ובמוסר שטרותיו לב"ד דתנן המלוה על המשכון והמוסר שטרותיו לב"ד אין משמיטין איכא דאמרי א"ר יהודה אמר שמואל המלוה את חבירו לעשר שנים אין שביעית משמטתו ואע"ג דאתי לידי לא יגוש השתא מיהא לא קרינן ביה לא יגוש אמר רב כהנא אף אנן נמי תנינא אומדין כמה אדם רוצה ליתן ויהיו אלף זוז בידו בין ליתן מכאן ועד ל' יום ובין ליתן מכאן ועד עשר שנים ואי אמרת שביעית משמטתו כולהו נמי בעו שלומי ליה אמר רבא הב"ע במלוה על המשכון ובמוסר שטרותיו לב"ד דתנן המלוה על המשכון והמוסר שטרותיו לב"ד אין משמיטין ואמר רב יהודה אמר שמואל האומר לחבירו ע"מ שלא תשמטני שביעית שביעית משמטת לימא קסבר שמואל מתנה על מה שכתוב בתורה הוא וכל המתנה על מה שכתוב בתורה תנאו בטל והא איתמר האומר לחבירו על מנת שאין לך עלי אונאה רב אומר יש לו עליו אונאה ושמואל אומר אין לו עליו אונאה הא איתמר עלה אמר רב ענן לדידי מפרשא ליה מיניה דשמואל על מנת שאין לך עלי אונאה אין לו עליו אונאה על מנת שאין בו אונאה הרי יש בו אונאה ה"נ על מנת שלא תשמטני בשביעית אין שביעית משמטתו ע"מ שלא תשמטני שביעית שביעית משמטתו תנא המלוה את חבירו סתם אינו רשאי לתובעו פחות מל' יום סבר רבה בר בר חנה קמיה דרב למימר ה"מ במלוה בשטר דלא עביד איניש דטרח דכתב שטר בציר מתלתין יומין אבל מלוה על פה לא אמר ליה רב הכי אמר חביבי אחד המלוה בשטר ואחד המלוה על פה תניא נמי הכי המלוה את חבירו סתם אינו רשאי לתובעו פחות משלשים יום אחד המלוה בשטר ואחד המלוה על פה אמר ליה שמואל לרב מתנה לא תיתיב אכרעיך עד דמפרשת לה להא שמעתא מנא הא מילתא דאמור רבנן המלוה את חבירו סתם אינו רשאי לתובעו פחות מל' יום אחד המלוה בשטר ואחד המלוה על פה א"ל דכתיב קרבה שנת השבע שנת השמטה ממשמע שנאמר קרבה שנת השבע איני יודע שהיא שנת שמטה אלא מה תלמוד לומר שנת השמטה לומר לך [יש] שמטה אחרת שהיא כזו ואיזו זו המלוה את חבירו סתם שאינו רשאי לתובעו בפחות משלשים יום דאמר מר שלשים יום בשנה חשוב שנה ואמר רב יהודה אמר רב הפותח בית הצואר בשבת חייב חטאת מתקיף לה רב כהנא וכי מה בין זה למגופת חבית א"ל זה חבור וזה אינו חבור ואמר רב יהודה אמר רב שלשת לוגין מים שנפל לתוכן קורטוב של יין ומראיהן כמראה יין ונפלו למקוה לא פסלוהו מתקיף לה רב כהנא וכי מה בין זה למי צבע דתנן ר' יוסי אומר מי צבע פוסלין את המקוה בשלשת לוגין א"ל רבא התם מיא דצבעא מקרי הכא חמרא מזיגא מקרי והתני רבי חייא הורידו את המקוה אמר רבא לא קשיא הא רבי יוחנן בן נורי הא רבנן דתנן שלשת לוגין מים

חסר

רש"י

ואע"ג דהשתא. בשביעית לא קרינא ביה לא יגוש שהרי אם בא לנגשו בלא שביעית נמי אינו יכול לא אמרי' כיון דלא קרינן ביה לא יגוש לא קרינן ביה שמוט דסוף אתי לידי לא יגוש והכי משתמע ביה קרא לא יגוש בזמנו את רעהו כי קרא שמטה קודם לכן: מוסר שטרותיו לב"ד. הוא פרוזבול שהתקין הלל שכתוב בו מוסרני לכם פלוני ופלוני הדיינין שבמקום פלוני שכל חוב שיש לי שאגבנו כל זמן שארצה: אין משמיטין. דלא קרינן ביה לא יגוש שהרי אינו תובע כלום: לדידי מיפרשא לי כו' אין לו עליו אונאה. שהמתנה על מה שכתוב בתורה תנאו קיים ואם אמר לו ע"מ שאין בו אונאה אין זה מתנה שימחול לו אונאתו אלא הוא התנה עמו שאינו אונהו במכר זה והרי אנו רואים שיש בו אונאה ובהאי מודה שמואל דיש לו עליו אונאה ה"נ אם אמר לו לוה הלוני על מנת שלא תשמטני אתה בשביעית תנאי הוא זה ואע"פ שהתנה על מה שכתוב בתורה תנאו קיים אבל אם אמר לו על מנת שלא תשמטני שביעית השביעית אינה מסורה בידו להתנות שלא תהא השביעית משמטת לפיכך אין כאן תנאי: חביבי. תרגום של דודי רבי חייא אחי אביו היה: שהוא כזו. שקרויה שנה: הפותח בית הצואר. שעשה פה לחלוק חדש: חייב. שתיקן כלי האי דנקט לה הכא משום דאמר רב יהודה לעיל המלוה את חברו לעשר שנים כו' ואותביה רב כהנא נקט נמי לכולהו הנך מילי דשמעתין דאמרינהו רב יהודה ואותביה רב כהנא: וכי מה בין זה למגופת החבית. דאמרינן בפרק חבית שנשברה (שבת דף קמו.) דמתיז ראשה בשבת בסייף לפתוח את החבית: זה. דבית הצואר היה חיבור הלכך פתח תיקון חדש הוא זה אבל המגופה אע"פ שהיא טוחה על פי החבית בטיט אין זה חיבור והוה לה כפתוחה ועומדת: חסר קורטוב לא גרסינן ברב יהודה: לא פסלוהו. זיל בתר חזותא ויין אינו פוסל את המקוה ופסול מקוה במים שאובין מדרבנן הוא: והתני ר' חייא. שלשת לוגין מים שנפל לתוכן קורטוב יין ומראיהן כמראה יין ונפלו למקוה: הורידו את המקוה. מהכשרו לפסול: הא ר' יוחנן בן נורי. רב כרבי יוחנן בן נורי דאזיל בתר חזותא:

אמר לו בלשון זה אין זה מחילת אונאה אלא לשון תביעת אונאה דע"מ שאין בו אונאה אמר והרי יש בו ומקח טעות נמי הוי ואם רצה לחזור חוזר לגמרי [ב"מ נא:]. הפותח בית הצואר. של חלוק לכתחילה. דהשתא קמשוי ליה מנא וחייב משום מכה בפטיש והיינו גמר מלאכה. מה בין זה למגופת חבית. דתנן בפרק חבית שנשברה מביא אדם חבית ומתיז את ראשה בסייף ומניחה לפני האורחים. מגופה. אינה מן החבית עצמו ואע"פ שדבוקה בו אינו חשיב חיבור שהרי לינטל עומדת אבל הבגד כשנארג כולו חבור [שבת מח.]. הא רבי יוחנן בן נורי. דאזיל בתר חזותא ואמר קורטוב חלב משלים לג' לוגים לפסול מקוה משום דיש להם מראה מים [חולין כו.]:

תוספות

איכא דאמרי המלוה חבירו (בשטר) לעשר שנים אין שביעית משמטתו. אומר ר"ת דהלכה כלישנא בתרא דה"נ מתני' מסייע ליה וקשיא ללישנא קמא (א) ובאזהרות הגיה ר"ת זמן עשר (כסף) כי ילונו ולא במשפט בחלי ימיו יעזבנו:

המוסר שטרותיו לב"ד. פירש הקונט' דהיינו פרוזבול ולא נראה דהא במסכת שביעית (פ"י מ"ב) תני המוסר שטרותיו לב"ד והדר קתני פרוזבול אינו משמט אלמא תרי מילי נינהו לכך נראה דתרי מילי נינהו ומוסר שטרותיו לב"ד מדאורייתא אינו משמט:

ושמואל אומר אין לו עליו אונאה. וא"ת מי דמי הכא השביעית ודאי עקר אבל התם מי יימר דעקר כדאמרי' בהזהב (ב"מ דף נא:) [שמא לא יהא בו אונאה] וי"ל דה"נ מי יימר דעקר שמא יפרע לו קודם:

על מנת שאין בו אונאה הרי יש בו אונאה. פי' הקונטרס על מנת כו' כלומר אני מבטיחך מאונאה שאין בו והרי יש בו אונאה דהויא מקח טעות שכחש (ב) ולא נראה דהיכי מדמה ה"נ על מנת שלא תשמטני שביעית משמטת והתם לא שייך טעמא דמקח טעות ולכך פי' רשב"ם ע"מ שאין בו אונאה משמע שלא יחול איסור לאו דלא תונו על המקח וע"כ הוא חל שאין יכול לבטל (ג) מאותה אונאה ע"מ שאין לך עלי אונאה כלומר שלא תתבע לי האונאה אלא תמחול לי תנאו קיים וה"נ על מנת שלא תשמט שביעית כלומר שלא יחול איסור שביעית אם אקח ממך אחר השמטה שביעית משמטתו והשתא ניחא שהן שוין:

אמר

עין משפט נר מצוה

יד א מיי' פ"ט מהל' שמיטין הל' יד סמג עשין קמט טוש"ע ח"מ סי' סז סעיף ב וסעי' יב:

טו ב מיי' שם הל' טו טוש"ע שם סעיף יא:

טז ג מיי' שם הל' ט טוש"ע שם סעיף י:

יז ד מיי' פ"ו מהלכות אישות הלכה ט סמג עשין מח טוש"ע אה"ע סי' לח סעיף ה בהג"ה:

יח ה מיי' פי"ג מהלכות מכירה הל' ג סמג לאוין קע טוש"ע ח"מ סי' רכז סעיף כא:

יט ו מיי' פ"ט מהל' שמיטין הל' י סמג עשין סז טוש"ע ח"מ סי' סז סעיף ט:

כ ז ח מיי' פי"ג מהל' מלוה הלכה ה סמג עשין צד טוש"ע ח"מ סי' עג סעיף א:

כא ט מיי' פ"י מהל' שבת הלכה י סמג לאוין סה טוש"ע א"ח סי' שיז סעיף ג:

כב י מיי' פ"ז מהל' מקואות הלכה י סמג עשין רמח טוש"ע י"ד סי' רא סעיף כג:

כג כ מיי' שם הל' ח טוש"ע שם סעיף כד וסעיף כה:

רבינו חננאל

אמר רב יהודה אמר שמואל המלוה את חברו לי' שנים אין שביעית משמטת ואע"ג דאחר עשר שנים אתי לידי לא יגוש השתא מיהא לא קרינן ביה לא יגוש. ומסייעא ליה מהא דתנן אומדין כמה אדם רוצה ליתן ויהא בידו אלף זוז בין ליתנם מיכן עד שלשים יום ובין ליתנם מיכן ועד עשר שנים ואי אמרת המלוה לעשר שנים שביעית משמטתו כולהו אלף זוז בעי לשלומי דהא אי אפשר לעשר שנים בלא שמיטה. ודחה א) רבה ואמר מתני' במלוה על המשכון או במוסר שטרותיו לב"ד דכי האי גוונא (המלוה לעשר שנים) אינו משמט דתנן המלוה את חברו על המשכון והמוסר שטרותיו לב"ד אין משמטין. ואמר רב יהודה אמר שמואל המלוה את חברו על מנת שלא תשמטנו שביעית כו'. ואסיק' אמר רב ענן לדידי מיפרשא לי מיניה דמר שמואל על מנת שאין לך עלי אונאה אין לו עליו אונאה על מנת שאין בו אונאה הרי יש בו אונאה. הכא נמי על מנת שלא תשמטנו שביעית אין שביעית משמטתו על מנת שאין השביעית משמטתו שביעית משמטתו ב): תניא המלוה את חברו סתם אין רשאי לתובעו פחות מל' יום אחד מלוה בשטר ואחד מלוה על פה. מנא הני מילי מדכתיב קרבה שנת השבע איני יודע שהיא שנת השמטה מה ת"ל שנת השמטה אלא יש לך שמטה אחרת שמשמטת כשנת השבע ואיזו היא זה המלוה את חברו סתם שאין רשאי לתובעו פחות מל' יום שהן חשובין כשנה דאמר מר שלשים יום בשנה חשובים שנה: אמר רב הפותח בית הצואר בבגד בשבת בשגגה חייב חטאת. ואינו דומה למגופת החבית שמותר כי זה חיבור ומגופת החבית אינה חיבור. אמר רב ג' לוגין מים שנפל לתוכן קורטוב יין (ומראהו) [ומראיהן] כמראה יין ונפלו למקוה לא פסלוהו. ולא דמו למי צבע דפוסלין בג' לוגין דהתם מיא דצבעא מיקרו והמים הן שפוסלין המקוה הכא חמרא מזיגא מיקרי. איני והתני ר' חייא הורידו את המקוה. כלומר ג' לוגין מים שנפל לתוכן קורטוב יין הורידו את המקוה מהכשירו. ופירק רבא רב דאמר כר' יוחנן בן נורי ור' חייא כרבנן דתנן (במקואות פ"ז מ"ה) ג' לוגין

חשק שלמה על ר"ח א) לפנינו הגירסא רבא: ב) כ"ה גירסת רבינו וה"ט דעל מנת שלא תשמיטנו (בבנין הפעיל) שביעית הוא כאילו אמר על מנת שלא תשמיט אתה הלוה את החוב בשביעית. כי שביעית הוא כמו בשביעית כדכתיב והשביעית תשמטנה (שמות כג, יא):

מסורת הש"ס

א) שביעית פ"י מ"ב גיטין לו., ב) [קדושין יט: וש"נ], ג) ב"מ נא. כתובות פד., ד) [ב"מ נא:], ה) ס"א לי, ו) [תוספתא דב"מ פרק ג'], ז) [קדושין לו: וש"נ], ח) [עמ"ש תוס' נזיר כד: בד"ה אמר שמואל וכו' פירוש על זה], ט) גירסת מהרש"ל, י) ר"ה [נדה מד: מה.], כ) שבת מח., ל) עירובין כט: מקואות פ"ז מ"ג, חולין כו. מקואות פ"ז מ"ה, מ) רש"א המלוה ע"מ, ס) [יותר מבואר בתוס' דב"ב קמה: ד"ה ואין השביעית כו'], ע) רש"א מ"ג, פ) רש"ל.

הגהות הב"ח

(א) תוס' ד"ה איכא כו' קמא ובאזהרות הגיה: (ב) ד"ה על כו' שכחש ולא: (ג) בא"ד לבטל הלאו מאותה:

תורה אור השלם

א) וְזֶה דְּבַר הַשְּׁמִטָּה שָׁמוֹט כָּל בַּעַל מַשֵּׁה יָדוֹ אֲשֶׁר יַשֶּׁה בְּרֵעֵהוּ לֹא יִגֹּשׂ אֶת רֵעֵהוּ וְאֶת אָחִיו כִּי קָרָא שְׁמִטָּה לַיְיָ: [דברים טו, ב]

ב) הִשָּׁמֶר לְךָ פֶּן יִהְיֶה דָבָר עִם לְבָבְךָ בְלִיַּעַל לֵאמֹר קָרְבָה שְׁנַת הַשֶּׁבַע שְׁנַת הַשְּׁמִטָּה וְרָעָה עֵינְךָ בְּאָחִיךָ הָאֶבְיוֹן וְלֹא תִתֵּן לוֹ וְקָרָא עָלֶיךָ אֶל יְיָ וְהָיָה בְךָ חֵטְא: [דברים טו, ט]

ליקוטי רש"י

המלוה על המשכון. אין שמיטה משמטתו דלאין כאן משום לא יגוש שהרי אינו נוגשו [שבועות מד:]. דלא קרינא ביה לא יגוש שהרי אינו תובעו כלום [בבא מציעא מח:]. והמוסר שטרותיו לבית דין אינו משמט. מאחר שכתב פרוזבול אינו מוסרו אלא כותב בו. מוסרני לכם. את שטרותי שאתם תהיו נוגשים ואני לא אגוש [גיטין לו:]. המתנה ע"מ שכתוב בתורה תנאו בטל. והוי מעשה קיים ואע"פ שלא קיים בעל התנאי את התנאי [בבא מציעא צד.]. והוי המעשה מעשה והתנאי כמאן דליתיה דמעשה בלא תנאי דמי [רשב"ם בבא בתרא קכו:]. ע"מ שאין לך עלי אונאה. אמכור לך חפץ זה. יש לו עליו. דמתנה על מה שכתוב בתורה הוא [ויקרא כה] [כתובות פד.]. שאין בו אונאה. אם

of a sealed barrel with a sword in order to open the barrel and remove its contents. We see from this that the mere creation of an opening is not considered *completing a utensil.*[23] – ? –

Rav Yehudah responds:

אָמַר לֵיהּ – He said to [Rav Kahana]: זֶה חִבּוּר – This material in which the shirt opening is made **is bonded,** i.e. it is one unbroken piece of material. Therefore, opening it is considered creating something new, and in the category of *completing a utensil.* **וְזֶה אֵינוֹ חִבּוּר – But this** lid which seals the opening of the barrel **is not bonded,** i.e it is not one piece with the barrel. Therefore the barrel is considered to have had an opening even before its top was lopped off, and the opening created thereby is not in the category of *completing a utensil.*[24]

The Gemara records the third in this series of discussions:[25]

וְאָמַר רַב יְהוּדָה אָמַר רַב – Rav Yehudah also said in the name of Rav: שְׁלֹשֶׁת לוּגִין מַיִם – Three *lugin* of drawn **water שֶׁנָּפַל לְתוֹכָן קוֹרְטוֹב שֶׁל יַיִן – into which a *kortov* of wine fell**[26] **וּמַרְאֵיהֶן כְּמַרְאֵה יַיִן – and whose color is like the color of wine,** i.e. the mixture has now acquired the color of wine, thereby raising the question whether it should be treated as water [according to its majority], or as wine [according to its color], **וְנָפְלוּ לְמִקְוֶה – and** subsequently **they** [the three-*lugin*-plus mixture] **fell into a *mikveh*** that does not yet contain the forty *se'ah* needed to make it operationally valid, **לֹא פְּסָלוּהוּ – they do not invalidate it,** because the mixture is judged according to its color.[27]

This ruling is questioned:

מַתְקִיף לָהּ רַב כָּהֲנָא – Rav Kahana challenged this statement. **וְכִי מַה בֵּין זֶה לְמֵי צֶבַע – How does this differ from colored water?** Colored water too is mainly water, yet it is judged as water in accordance with its majority, and three *lugin* of colored *drawn water* invalidate a deficient *mikveh.* **דִּתְנַן – For we have learned in a Mishnah:**[28] **רַבִּי יוֹסֵי אוֹמֵר – R' YOSE SAYS: מֵי צֶבַע – COLORED WATER**[29] **פּוֹסְלִין אֶת הַמִּקְוֶה בִּשְׁלֹשֶׁת לוּגִין – INVALIDATES A *MIKVEH* WITH THREE *LUGIN*.** If three *lugin* of colored drawn water were spilled into a *mikveh* containing less than forty *se'ah* of valid water, the water in the *mikveh* is invalidated for further use in a *mikveh.* This ruling in the Mishnah contradicts Rav's ruling![30] – ? –

Another Amora defends Rav's ruling:

אָמַר לֵיהּ רָבָא – Rava said to [Rav Kahana]: הָתָם – There, in the case of the colored water, **מַיָּא דִּצְבְעָא מִקְרֵי – [the mixture] is referred to** by people **as colored water.** Since it retains the designation of water, it is treated as water, and three *lugin* of it invalidate the water in a partially filled *mikveh.* **הָכָא – But here,** in Rav's case of the wine-colored water, **חַמְרָא מְזִיגָא מִקְרֵי – [the mixture] is referred to** by people **as diluted wine.** Since it does not retain the appellation *water,* it is no longer classified as water but as wine, and three *lugin* of wine do not invalidate a *mikveh.*

Rav's ruling is challenged again:

וְהָתָנֵי רַבִּי חִיָּיא – But R' Chiya taught a Baraisa concerning three *lugin* of water colored by wine that fell into an incomplete *mikveh*: **הוֹרִידוּ אֶת הַמִּקְוֶה – THEY HAVE DOWNGRADED THE *MIKVEH*** water from a valid status to an invalid status, and that water cannot be used to complete the forty *se'ah.* This Baraisa refers to *wine,* and thus clearly contradicts Rav's ruling that wine-colored water does *not* invalidate a *mikveh's* water. – ? –

The Gemara answers:

אָמַר רָבָא – Rava said: לָא קַשְׁיָא – There is no difficulty. הָא רַבִּי יוֹחָנָן בֶּן נוּרִי – This ruling of Rav cited by Rav Yehudah that color is the determining factor **follows** the view of **R' Yochanan ben Nuri, הָא רַבָּנַן** – whereas **that** Baraisa of R' Chiya **follows** the view of **the Rabbis,** who disregard color as a factor. **דִּתְנַן – For we have learned in a Mishnah:**[31] **שְׁלֹשֶׁת לוּגִין מַיִם – THREE *LUGIN* OF** drawn **WATER**

NOTES

23. One may lop the top off the barrel below the place that the lid is connected to it (see next note), so that he cuts into the barrel proper (*Ritva* and *Aruch LaNer,* in explanation of *Rashi*). Since the barrel is unusable until it is broken open, opening it should be considered analogous to opening a neck hole in a garment. If the latter is forbidden as an act of *completing a utensil,* so should the former.

24. Although the lid is cemented to the barrel, it is not considered one with the barrel, for at the time it was cemented on it was meant to be removed. The barrel is therefore considered to already possess an opening (see *Rashi* here and to *Shabbos* 48b ד״ה מגופה). Accordingly, even breaking it open below the point where the lid is attached [so that a *new* opening is made] is not considered *completing a utensil* (*Ritva* and *Aruch LaNer,* in explanation of *Rashi*).

25. This discussion concerns the laws of *mikveh,* and requires a brief introduction.

The waters of a *mikveh* must be collected naturally (generally, they are rain-water runoff); מַיִם שְׁאוּבִין, *drawn water,* i.e. water drawn from a well or some other source in a utensil and poured into a *mikveh,* is not valid for immersion. To this basic invalidation the Rabbis added a safeguard: Any body of naturally collected water that has not yet reached the forty *se'ah* minimum necessary to form a usable *mikveh* is invalidated by the addition of three *lugin* of "drawn water." (However, a *mikveh* containing the forty *se'ah* necessary to make it operational is not invalidated by the addition of drawn water, and indeed renders any drawn water that comes in contact with it valid *mikveh* water.)

This safeguard applies only to three *lugin* of drawn *water.* However, three *lugin* of *other liquids,* even if drawn, have no invalidating property (provided they do not discolor the *mikveh*). The coming Gemara considers the question of whether three *lugin* of drawn water that have been discolored by the addition of a small amount of another liquid, and therefore have taken on the appearance of that other liquid, have the power to invalidate. Do we follow the solution's *majority,* which is water, and the solution is therefore capable of invalidating, or do we follow its *appearance,* which is that of the other liquid, and the solution cannot invalidate? (*Ritva*).

26. The term *kortov* is used here to denote a minuscule amount. [Technically a *kortov* is $1/64$ of a *log* (approx. $1/4$ fluid ounce), or $1/192$ of three *lugin* (see *Bava Basra* 90a).]

27. Since the color is that of wine, the mixture is no longer considered water, and therefore does not invalidate the rainwater into which it fell. The invalidation of a [deficient] *mikveh* through [the addition of three *lugin* of] drawn water is a Rabbinic stringency (*Rashi*). [By this last sentence, *Rashi* means to preempt the following question. Surely a minute amount of wine that falls into and discolors a vastly greater amount of water does not give the mixture the status of wine for any other law, e.g. to require the blessing of *borei pri hagafen* rather than *shehakol,* or to allow the mixture to be purchased with *maaser sheni* money (water may not be purchased with *maaser sheni* funds, but wine may). Why, then, is the mixture regarded as wine in this case? *Rashi* answers that since the law that three *lugin* of drawn water invalidate a deficient *mikveh* is merely a Rabbinic stringency, the Rabbis were lenient (*Birkas Avraham, Mahadura Tinyana*).]

28. *Mikvaos* 7:3.

29. I.e. water discolored through having had dye soaked in it (*Meiri* ibid.; cf. *Ritva*).

30. Although this ruling is quoted by the Mishnah in the name of R' Yose, no Tanna is cited as disputing it, indicating that it is unanimously accepted (*Ritva*).

31. *Mikvaos* 7:5.

שֶׁנָּפַל לְתוֹכָן קוֹרְטוֹב יַיִן – INTO חָסֵר קוֹרְטוֹב – LESS A *KORTOV* WHICH A *KORTOV* OF WINE FELL, so that there is now a total of three *lugin* of liquid in this container, וּמַרְאֵיהֶן כְּמַרְאֵה יַיִן – AND THE COLOR [OF THIS MIXTURE] IS LIKE THE COLOR OF WINE, וְנָפְלוּ לְמִקְוֶה – AND subsequently [THESE THREE *LUGIN*] FELL INTO A deficient *MIKVEH,* לֹא פְּסָלוּהוּ – THEY DO NOT INVALIDATE IT, i.e. the water in this *mikveh* can still be used to complete the required measure of forty *se'ah.* וְכֵן שְׁלֹשָׁה לוּגִּין מַיִם חָסֵר קוֹרְטוֹב – SIMILARLY, THREE *LUGIN* OF drawn WATER LESS A *KORTOV* שֶׁנָּפַל לְתוֹכָן קוֹרְטוֹב חָלָב – INTO WHICH A *KORTOV* OF MILK FELL, וּמַרְאֵיהֶן כְּמַרְאֵה מַיִם – AND THE COLOR [OF THE MIXTURE] IS LIKE THE COLOR OF WATER [i.e. colorless], וְנָפְלוּ לְמִקְוֶה – AND subsequently [THESE THREE *LUGIN*] FELL INTO A deficient *MIKVEH,* לֹא פְּסָלוּהוּ – THEY DO NOT INVALIDATE IT. רַבִּי יוֹחָנָן בֶּן נוּרִי אוֹמֵר – R' YOCHANAN BEN NURI SAYS: הַכֹּל הוֹלֵךְ אַחַר הַמַּרְאֶה – EVERYTHING DEPENDS ON THE COLOR.[1]

Now, the Rabbis [i.e. the Tanna Kamma] rule the *mikveh* valid specifically in a case in which the *kortov* of wine fell into *less* than three *lugin* of drawn water. This implies that had the wine fallen into a *full* three *lugin* of drawn water, and the mixture then fell into a deficient *mikveh,* the *mikveh would* be invalidated, despite the fact that the mixture's color is that of wine. Evidently, the Rabbis maintain that color is not the critical factor, but rather whether or not the mixture contains a full three *lugin* of water.[2] R' Yochanan ben Nuri, on the other hand, who rules that "everything depends on the color," would rule in the case of a *kortov* of wine which fell into a full three *lugin* of water that the mixture does not invalidate. Accordingly, the Baraisa of R' Chiya, which rules that such a mixture downgrades the *mikveh,* subscribes to the opinion of the Rabbis of this Baraisa, while Rav, who rules that it does not invalidate, follows R' Yochanan ben Nuri.

The Gemara is surprised at Rava's explanation that Rav's ruling is consistent only with R' Yochanan ben Nuri:

הָא מִיבַּעְיָא בָּעֵי לָהּ רַב פָּפָּא – **Why, Rav Pappa pondered this very point** [whether Rav must be assumed to follow only R' Yochanan ben Nuri or can even agree with the Tanna Kamma] without resolution.[3] דִּבְעֵי רַב פָּפָּא – For Rav Pappa pondered: רַב תָּנֵי חָסֵר קוֹרְטוֹב בְּרֵישָׁא – **Did Rav have the reading "less a *kortov*" in the** Mishnah's **first case** (as in the version cited above)?[4] If so, we would indeed infer: אֲבָל שְׁלֹשָׁה לוּגִּין לְתַנָּא קַמָּא פָּסְלֵי – But if there were a *full* **three lugin** of water besides the wine, they ***would* invalidate according to the Tanna Kamma,** because he does not consider color a factor at all. וְאָתָא רַבִּי יוֹחָנָן לְמֵימַר – **And R' Yochanan** ben Nuri **would** then **be coming to** argue with this inference and **say:** הַכֹּל הוֹלֵךְ אַחַר הַמַּרְאֶה – **Everything depends on the color.**[5] וְרַב אוֹמֵר כְּרַבִּי יוֹחָנָן בֶּן נוּרִי – **Accordingly, Rav,** who rules that a wine-colored mixture does not disqualify even if it contains three full *lugin* of water **follows R' Yochanan ben Nuri** only.[6] אוֹ דִּלְמָא – Or perhaps, רַב לֹא תָּנֵי חָסֵר קוֹרְטוֹב בְּרֵישָׁא – **Rav did not have the reading "less a *kortov*" in the** Mishnah's **first case.**[7] וְרַבִּי יוֹחָנָן בֶּן נוּרִי כִּי פָּלִיג אַסֵּיפָא הוּא דְּפָלִיג – **Accordingly, when R' Yochanan ben Nuri disagrees** with the Tanna Kamma, **he disagrees** with him **only in the** Mishnah's **latter case** of the milk. Whereas the Tanna Kamma rules that the mixture of water and milk does *not* invalidate a *mikveh* (because it lacks the full three *lugin* of water),[8] R' Yochanan ben Nuri maintains that it *does* invalidate, because the entire colorless mixture is considered water. וְרַב דְּאָמַר כְּדִבְרֵי הַכֹּל – **Accordingly, Rav** who rules that three *lugin* of water discolored by wine do *not* invalidate **is in accordance with both views,** since according to this version *both* Tannaim agree that three *lugin* of *discolored* water do not invalidate.

We see from Rav Pappa's query that it is not certain that Rav is consistent only with the view of R' Yochanan ben Nuri. Why then did Rava assume otherwise?

The Gemara responds:

לְרַב פָּפָּא מִיבַּעְיָא לֵיהּ – True, **this was a question to Rav Pappa** לְרָבָא פְּשִׁיטָא לֵיהּ – but **to Rava it was clear** that Rav was consistent *only* with R' Yochanan ben Nuri.[9]

NOTES

1. Hence, according to R' Yochanan ben Nuri in the case in which a *kortov* of milk fell into three *lugin* of water less a *kortov,* the mixture *would* invalidate a deficient *mikveh,* because the mixture has the color of water (*Rashi* ד״ה הכל).

2. According to this interpretation, the Rabbis' ruling in the Baraisa is stated in the style of לא זו אף זו, *not only this but also this* (*Rashi* to *Chullin* 26a ד״ה והכא נמי; cf. *Tos. R' Akiva Eiger* to *Mikvaos* ibid.). Not only does a mixture of less than three *lugin* of water and a *kortov* of wine, where the mixture has the appearance of wine, not invalidate, but even a mixture of less than three *lugin* of water and a *kortov* of milk, where the mixture has the appearance of water, does not invalidate, because it is not appearance that matters but whether the mixture contains three full *lugin* of water.

[Actually, the Rabbis could have made their point by giving a single case rather than two separate cases, as follows: "Three *lugin* of water less a *kortov* into which fell a *kortov* of either wine or milk and the mixture subsequently fell into a deficient *mikveh,* no matter whether the color of the mixture is the color of water or the color of wine, the mixture does not invalidate." They used two separate cases for their illustration only because it is normal for a small amount of red wine to discolor a large amount of water, while the same amount of milk does not discolor the water (*Rashi*).]

3. [The halachah follows the majority opinion of the Rabbis (the Tanna Kamma) over R' Yochanan ben Nuri's minority view. Hence, Rav Pappa pondered whether Rav's ruling was consistent only with R' Yochanan ben Nuri, in which case the halachah would not follow Rav, or whether it was consistent also with the opinion of the Rabbis, in which case Rav's ruling would be accepted as halachah. As we shall see, the question hinges on which of two versions of the Mishnah in *Mikvaos* — the one cited above or another one — is the true version.]

4. I.e. "Three *lugin* of water *less a kortov* into which a *kortov* of wine fell."

5. That is, if the Tanna Kamma meant to imply that if the *kortov* of wine fell into a *full* three *lugin* of water the mixture *does* invalidate, then in responding "everything depends on the color," R' Yochanan ben Nuri meant — in addition to arguing with the Tanna Kamma's explicit, second ruling regarding the milk (see note 1) — to dispute this implication and say that a full three *lugin* of water discolored by the addition of a *kortov* of wine does *not* invalidate.

6. [This first part of Rav Pappa's query is thus a restatement of Rava's interpretation of the dispute.]

7. Rav's reading of the Mishnah's opening case was: "Three *lugin* of [drawn] water into which a *kortov* of wine fell, and the color of [the mixture] is like the color of wine, and [these three-*lugin*-plus] then fell into a *mikveh,* they do not invalidate it." According to this version (which, incidentally, is the reading found in our versions of Tractate *Mikvaos*), the first case also speaks of where there were a *full* three *lugin* of water, and it teaches that where they are colored by wine they do not invalidate. We see from this that even the Tanna Kamma considers color a factor. That is, he maintains that there are *two* conditions that must be met before the mixture can invalidate — the presence of a full three *lugin* of water *and* the color of water.

8. [Even according to this second version of the Mishnah, the words *less a kortov* are deleted only from the Mishnah's first case (the wine mixture) but not from the Mishnah's second case (the milk mixture).]

9. Viz. that Rav had the first reading of the Mishnah, according to which even the case of the wine mixture speaks of three *lugin* of water *less a kortov* (*Rashi*).

[Why would Rava opt for saying that Rav possessed the version of the Mishnah which makes him consistent only with R' Yochanan ben Nuri, when he could have said that Rav had the version which makes him compatible with all Tannaim? *Ritva* answers that saying that Rav is consistent with all Tannaim means that R' Chiya's Baraisa, which rules that three full *lugin* of water discolored by a bit of wine does invalidate,

חסר קורטוב שנפל לתוכן קורטוב יין ומראיהן כמראה יין ונפלו למקוה לא פסלוהו [א]וכן ג' לוגין מים חסר קורטוב שנפל לתוכן קורטוב חלב ומראיהן כמראה מים ונפלו למקוה לא פסלוהו ר' יוחנן בן נורי אומר הכל הולך אחר המראה (א) הא מיבעיא בעי לה רב פפא דבעי רב פפא רב תני חסר קורטוב ברישא אבל שלשה לוגין לתנא קמא פסלי ואתא ר' יוחנן למימר הכל הולך אחר המראה ורב (ב) אומר כר' יוחנן בן נורי או דלמא [ב]רב לא תני חסר קורטוב ברישא ור' יוחנן בן נורי כי פליג אסיפא הוא דפליג ורב דאמר כדברי הכל לרב פפא מיבעיא ליה לרבא פשיטא ליה [א]אמר רב יוסף לא שמיעא לי הא שמעתא אמר ליה אביי את אמרת [ב]לה ניהלן והכי אמרת ניהלן דרב לא תני חסר קורטוב ברישא ורבי יוחנן אסיפא פליג ורב דאמר כדברי הכל ואמר רב יהודה אמר רב [ג]חבית מליאה מים שנפלה לים הגדול הטובל שם לא עלתה לו טבילה חיישינן לשלשה לוגין שלא יהו במקום אחד ודוקא לים הגדול דקאי וקיימא אבל נהרא בעלמא לא תניא נמי הכי חבית מליאה יין שנפלה לים הגדול הטובל שם לא עלתה לו טבילה חיישינן לשלשה לוגין שאובין שלא יהו במקום אחד [ג]וכן ככר של תרומה שנפל שם טמא מאי וכן מהו דתימא התם אוקי גברא אחזקיה הכא אוקי תרומה אחזקה קמ"ל: **מתני'** [ג]מעידין אנו באיש פלוני שחייב לחבירו מאתים זוז ונמצאו זוממין לוקין ומשלמין שלא השם המביאן לידי מכות מביאן לידי תשלומין דברי ר' מאיר וחכ"א [ד]כל המשלם אינו לוקה מעידין אנו באיש פלוני שהוא חייב מלקות ארבעים ונמצאו זוממין לוקין שמונים משום [א]לא תענה ברעך עד שקר ומשום [ב]ועשיתם לו כאשר זמם דברי ר' מאיר וחכ"א [ה]אין לוקין אלא ארבעים: **גמ'** בשלמא

רש"י

חסר קורטוב. גרסינן הכא ברישא ובסיפא: לא פסלוהו. משום דחסרו קורטוב אבל אי הוו מעיקרא שלשת לוגין שלמים ונפל לתוכן קורטוב יין ומראיהן כמראה יין פסלוהו והא דתני רבי חייא הורידו את המקוה כי האי תנא סבירא ליה: לא פסלוהו. טעמא דסיפא נמי משום דחסר קורטוב הוי וגבי יין נמי הוי מצי למיתני כי האי גוונא ברישא ומיתנייהו בחדא בבא הכי שלשת לוגין מים חסר קורטוב שנפל לתוכן קורטוב יין או חלב בין שמראיהן כמראה מים בין שמראיהן כמראה יין לא פסלוהו אלא כי אורחא דמילתא קתני להו שהיין שהוא אדום הופך את המים ממראיהן אבל החלב אין דרכו להפוך את מראיתן: הכל הולך אחר המראה. וגבי יין אפילו הוו מעיקרא שלשת לוגין שלמין כיון דמראיהן כמראה יין לא פסלוהו ורב כוותיה סבר ליה וגבי חלב אע"ג דמעיקרא חסר קורטוב הוו משלים להו חלב: והא מיבעיא בעי לה כו'. אהא (ג) פרכינן דאוקימנא לרב כרבי יוחנן בן נורי ולא כרבנן: דבעי רב פפא. רב דאמר לעיל לא פסלוהו היכי תני מי תני חסר קורטוב ברישא ואי הוו שלמים פסלו ודלא כרב ואיהו דאמר כר' יוחנן או דלמא רב לא תני ברישא חסר קורטוב ואמרה למילתיה דלעיל אפילו כרבנן דרבנן תרוייהו בעו שיעורא וחזותא ורב דאמר כדברי הכל דכולי עלמא חזותא מיהת בעינן: לרבא פשיטא ליה. דרב תני חסר קורטוב ברישא דלא בעי תנא קמא אלא שיעורא ורב דקפיד נמי אחזותא כר' יוחנן בן נורי אמרה למילתיה: אמר רב יוסף לא שמיעא לי הא שמעתא. תלמידו של רב יהודה היה ולא שמעתי מפיו שמועה זו דאמרן לעיל בשמיה ג' לוגין מים שנפל לתוכן כו': א"ל אביי כו'. רב יוסף חלה ושכח תלמודו [ד] והיה אביי מזכירו מה שקיבל הימנו: ואת אמרת ניהלן. בשנית משנה זו אמרת לנו עליה היא מימרא דרב יהודה אמר רב ופירשת לנו דרב לא הוה תני חסר קורטוב ברישא ואמר למילתיה לדברי הכל: הטובל שם. באותו מקום: לא עלתה לו טבילה. שמא כל מים שהיו בחבית עומדים יחד ושמא לא זה ראשו ורובו במים שאובין וזה אחד מן הפוסלין את התרומה: אי אפשר לשלשת לוגין כו'. לא גרסינן דהא ודאי אפשר אלא חיישינן לשמא וסיפא דמילתא מוכחא דמשום שמא הוא דאמרינן לקמן טעמא משום דמוקמינן גברא אחזקיה: תניא נמי הכי. דחיישינן בים הגדול למשקין הנופלין בו שהם עומדים במקומם: חבית של יין. גרסינן בברייתא והכי גרסינן בתוספתא (דמקואות פ"ה): וכן ככר של תרומה שנפל שם. אחר שטבל זה ועלה: טמא. שמא היין עומד במקומו ונטמא מחמת האדם וחזר וטימא את הככר: מאי וכן. פשיטא כיון דחיישת לשמא היין עומד במקומו איכא למיחש שנטמא הככר: מהו דתימא. אף על גב דלגבי טבילה חיישינן לגבי ככר לא חיישינן דהא מילתא ספיקא היא אי קאי יין בדוכתיה אי לא וגבי גברא הוא דאמרינן לא עלתה לו טבילה אוקי גברא אחזקיה [ה] והוא טמא היה ובטבילת ספק אתה בא לטהרו אל תטהרנו מספק והכא אוקי תרומה אחזקה והיא בחזקת טהורה קיימא קמ"ל: מתני' שלא השם המחייבו מלקות מחייבו תשלומין. מלקות משום לא תענה ותשלומין משום כאשר זמם: השם. המקרא: כל המשלם אינו לוקה. דכתיב כדי רשעתו משום רשעה אחת אתה מחייבו ואי אתה מחייבו משום שתי רשעיות ובמסכת כתובות (דף לג:) מקשינן ונימא כל הלוקה אינו משלם וילקו כל הזוממין ולא ישלמו ומשנינן בפירוש רבתה תורה עדים זוממין לתשלומין ויליף לה התם: אין לוקין אלא ארבעים. משום כאשר זמם אבל משום לא תענה לא לקי דמפרש בגמרא: גמ' מולא

תוספות

אמר רב יהודה אמר רב חבית מלאה מים. כך גיר' הקונטרס וקאמר לא עלתה לו טבילה משום מים שאובין ולא נראה דהא מדשוי להו השקה כמחוברים לטהרם מטומאה הוא הדין לענין טבילה נמי ועוד דאמרינן בביצה (דף יח: ושם) מטבילין כלי על גבי מימיו לטהרו והיכי סלקא ליה טבילה לגו מנא הא המים שבתוכו שאובין ולא מיערבי ובהשקה בעלמא [ט] עדיף להו אלא ודאי נעשין מחוברין גם לענין טבילה לכך נראה דגרסינן במילתיה דרב יהודה חבית מלאה יין ולכך לא עלתה לו טבילה דמי הים קוו וקיימי ושמא עדיין הוא צבור ועומד במקומו (ד) ואיסור ניכר וטובל ביין אבל נהרא בעלמא לא דודאי מתערב במים ואז לא היה בעין ועלתה לו טבילה ומיירי ביין לבן שאינו משנה מראית המים דאי ביין אדום ניחזי אם שינה מראית המים אם לא: **תניא** נמי הכי חבית מלאה יין. וגם רש"י לא גרים הכא מים כי אם יין דאם לא כן מאי קאמר וכן ככר של תרומה שנפל לשם טמא (ה) והא [י] [אפי'] בעינייהו ולא נתערבו מ"מ אינה מקבלת טומאה (וטהרה) [דטהרו] בהשקה דהרי הם מחוברין למקוה והכי תנן בביצה (דף יח:) מטבילין כלי ע"ג מימיו לטהרו: **לוקין** ומשלמין שלא השם המביאן לידי מכות מביאן לידי תשלומין. פי' (ו) מקרא דמביאן לידי מכות דהיינו מלא תענה אינו מביאן לידי תשלומין אלא מקרא ועשיתם לו כאשר זמם ומש"ה לוקה ומשלם משמע דאי ליכא אלא חד קרא אינו לוקה ומשלם וקשה הא אמרי' בהשוכר את הפועלים (ב"מ דף צא. ושם) החוסם פי פרה לדוש בה לוקה ומשלם אע"ג דליכא אלא חד לאו דלא תחסום לכך פירש ה"ר מאיר מבורגוני דה"ק שלא השם המביאן לידי מכות (ז) אינו צריך להביאן לידי תשלומין דתשלומין לא בעו אזהרה דאי בעו אזהרה ודאי לא לקי דלא למלקות אתא כי אם לתשלומין כדאמרינן (לקמן דף יג:) לאו שניתן לאזהרת מיתת ב"ד אין לוקין עליו אלא לא בעו אזהרה דליכא אזהרה בשן ועין וכתיב שלם ישלם בלא אזהרה הלכך לא תענה למלקות אתא וכן בהך דלא תחסום ע"כ לאזהרה דלא תחסום לא אתיא אלא למלקות דתשלומין ממילא נפקא דכיון דאינו רשאי לחסום דין הוא שישלם מה שראויה לאכול באותה שעה דליכא למימר דלאזהרה אתא לממון ולא למלקות דאם כן לכתוב קרא בלשון עשה האכל שור בדישו ושמענא שפיר דאם לא האכיל חייב אלא ע"כ אזהרה כי אתא למלקות אתא: בשלמא

מסורת הש"ס

א) [עירובין י. וש"נ], ב) נ"א לך, ג) כתובות לב:, ד) [כדאיתא בנדרים מא.], ה) והוא בחזקת טמא רש"ל, ו) נ"ל טריף, ז) גיר' רש"א.

הגהות הב"ח

(א) גמ' המראה והא מיבעיא: (ב) ורב דאמר כר' יוחנן: (ג) רש"י ד"ה והא כו' אהא פריך דאוקימנא: (ד) תום' ד"ה אמר וכו' במקומו ואינו ניכר: (ה) ד"ה תניא וכו' טמא דאע"פ דהוו בעינייהו וכו' מ"מ הככר אינה מקבלת: (ו) ד"ה לוקין וכו' פי' רש"י מקרא: (ז) בא"ד מכות מביאו לידי תשלומין כלומר אינו צריך:

תורה אור השלם

א) לֹא תִּרְצָח לֹא תִּנְאָף לֹא תִּגְנֹב לֹא תַעֲנֶה בְרֵעֲךָ עֵד שָׁקֶר: [שמות כ, יג]

ב) וַעֲשִׂיתֶם לוֹ כַּאֲשֶׁר זָמַם לַעֲשׂוֹת לְאָחִיו וּבִעַרְתָּ הָרָע מִקִּרְבֶּךָ: [דברים יט, יט]

ליקוטי רש"י

שלשה לוגין חסר קורטוב שנפל לתוכן קורטוב חלב. שאינו דוחה את מראה המים. ומראיהן כמראה מים. כיון דליכא שיעורא במים לא פסלי דרבנן תרתי בעו שיעורא וחזותא. הכל הולך אחר המראה. דכי היכי דאזלת ביה בתר חזותא ואמרת לא פסלוהו סיפא נמי אזיל בתר חזותא ואמרת פסלוהו [חולין כו.]. אמר רב יוסף לא שמיעא לי הא שמעתתא. דרב יוסף תלמידו דרב יהודה שהוא תלמיד של רב ושמואל ורב יוסף חלה ונעקר תלמודו וכששמע מימרא דרב יהודה ואינו זוכר אמר שמועה זו לא שמעתי ואביי תלמידו מזכירו. אמר ליה אביי את אמרת לן. קודם חליך [נדה לט.]. שלא השם המביאו לידי מכות כו'. המקרא המביאו לידי מלקות אינו מביאו לידי תשלומין מלקות מלא תענה ותשלומין מכאשר זמם וכיון דשני שמות הן חייב על שניהם [כתובות לב:].

עין משפט נר מצוה

כד א ב מיי' פ"ז מהל' מקואות הלכה יא סמג עשין רמח טוש"ע י"ד סי' רא סעיף כג:

כה ג מיי' שם הל' ח [נ"ל פ"ו הל'] סמג שם:

כה [ג] [שם]:

כו ד מיי' פי"ח מהל' עדות הל' א ופי"ח מהלכות סנהדרין הלכה ב טוש"מ סי' לח:

כז ה מיי' פי"ח מהל' עדות הל' א סמג עשין קי:

רבינו חננאל

[חסר קורטוב] מים שנפל לתוכן קורטוב יין ומראיהן כמראה היין ונפלו למקוה לא פסלוהו. ג' לוגין חסר קורטוב ונפל לתוכן קורטוב חלב והרי מראיהן כמראה מים ונפלו למקוה לא פסלוהו ר' יוחנן בן נורי אומר הכל הולך אחר הנראה: ואקשינן. איני דפשטה רב כר' יוחנן בן נורי ור' חייא כרבנן והא רב פפא מיבעיא הוה בעי לה (ואמר) והוה אמר רב ברישא דמתני' הכי תני לה ג' לוגין מים חסר קורטוב ונפל לתוכן קורטוב יין לא פסלו המקוה הא ג' לוגין מים שנפל לתוכן קורטוב יין פסלי המקוה ור' יוחנן בן נורי אומר הכל הולך אחר הנראה וכיון שמראיהן כמראה יין אע"פ שנפל לתוך ג' לוגין לא פסלו המקוה ורב דאמר כר' יוחנן בן נורי או דלמא רב מתניתין ג' לוגין שנפל לתוכן קורטוב יין לא פסלו המקוה תני לה ורב דאמר לדברי הכל ור' יוחנן בן נורי בחלב הוא דפליג ואסיפא דקתני ג' לוגין חסר קורטוב הוא דפליג אבל ארישא מודה. ואמרינן רב פפא הוא דמיבעיא ליה אבל רבא פשיטא ליה. וראינו משניות מדוקדקות שאין כתוב בהן ברישא דמתניתין חסר קורטוב א) וקיימא לן כרב לדברי הכל ב). קורטוב מפורש בהמוכר את הספינה (דף צ.) שהוא חלק א' מח' בשמינית: רב יוסף כשחלה איעקר ליה תלמודיה ושכח ממנו לפיכך היה אומר לא שמיעא לי הא שמעתא וכך מפורש בנדרים: אמר רב חבית מליאה מים שנפל לים הגדול הטובל באותו מקום לא עלתה לו טבילה לפי שאי אפשר ג) לג' לוגין מים שלא יהיו במקום אחד. ותניא כוותיה. ודווקא בים הגדול דקוו וקיימי מיא אבל בנהרות דמשכי לא. תניא בתוספתא ד) חבית שנשברה בים ומראי' אותו מקום כמראה יין הטובל באותו מקום לא עלתה לו טבילה ולא עוד אלא אפילו נפל שם ככר של תרומה טמא: מתני' מעידין אנו באיש פלוני שחייב לחבירו מאתים זוז ונמצאו זוממין לוקין ומשלמין דברי ר' מאיר. פי' לוקין שעברו על לא תענה ומשלמין מדכתיב ועשיתם לו כאשר זמם. וחכ"א כל המשלם אינו לוקה

חשק שלמה על ר"ח א) וכן פי' כל המפרשים דמתני' ... ב) ... ג) ... ד) ...

The Gemara records a discussion regarding Rav Yehudah's ruling in the name of Rav:

I – אָמַר רַב יוֹסֵף – Rav Yosef said: לֹא שְׁמִיעָא לִי הָא שְׁמַעְתָּא – I **have not heard this statement** of Rav Yehudah in the name of Rav, which has been the topic of discussion here.[10] אָמַר לֵיהּ אַבָּיֵי – Abaye said to him: אַתְּ אֲמַרְתְּ לָהּ נִיהֲלָן – You **told it to us,** וְהָכִי אֲמַרְתְּ נִיהֲלָן – and this is how you told it to us.[11] When you taught us the Mishnah in *Mikvaos* regarding the three *lugin* of water into which a *kortov* of wine fell, you related Rav's ruling to us, and proceeded to explain דְּרַב לֹא תָּנֵי חָסֵר קוֹרְטוֹב בְּרֵישָׁא – that Rav did *not* have the reading "less a *kortov*" in the Mishnah's **first case,** וְרַבִּי יוֹחָנָן אַסֵּיפָא פָּלִיג – and that R' Yochanan ben Nuri **disagrees with** the Tanna Kamma's ruling only in **the** Mishnah's **latter case** of the milk; וְרַב דְּאָמַר כִּדְבָרֵי הַכֹּל – and Rav's ruling is in accordance with both views.[12]

The Gemara cites another ruling by Rav Yehudah in the name of Rav:

וְאָמַר רַב יְהוּדָה אָמַר רַב – **Rav Yehudah also said in the name of Rav:** חָבִית מְלֵיאָה מַיִם – If **a barrel filled with water** שֶׁנָּפְלָה לַיָם הַגָּדוֹל – **fell into the Great Sea,**[13] הַטּוֹבֵל שָׁם – **the person who immerses** himself **there,** at the site in the sea where the contents of the barrel spilled out, לֹא עָלְתָה לוֹ טְבִילָה – **his immersion is not effective for him,** i.e. he remains *tamei.* The reason is that חַיִישִׁינַן לִשְׁלֹשָׁה לוֹגִין שֶׁלֹא יְהוּ בְּמָקוֹם אֶחָד – **we are concerned that there should not be three *lugin*** of drawn water floating **in one place,** which cause the person to remain *tamei.*[14]

Rav's ruling is further clarified.

וְדַוְקָא לַיָם הַגָּדוֹל – **And Rav's ruling applies only if the barrel fell into the Great Sea,** דְּקָאֵי וְקַיָּימָא – **which is relatively stationary.** Therefore there is a legitimate concern that part of the barrel's contents remained in one place. אֲבָל נַהֲרָא בְּעָלְמָא לֹא – **But** if the barrel fell into **an ordinary river,** this concern does **not** apply. We may safely assume that the river current has dispersed the contents of the barrel by the time the person has immersed.

NOTES

is not in consonance with *any* of the Tannaim in the Mishnah (and represents a new, third Tannaic opinion). This seemed improbable to Rava.]

10. Rav Yosef, a disciple of Rav Yehudah, was surprised that there should be a statement of his mentor with which he was not familiar (see *Rashi* here and to *Niddah* 39a ד״ה לא שמיע לי).

11. Rav Yosef experienced a sickness and suffered some memory loss. Abaye, his disciple, would remind him of things he had once said but had forgotten [usually providing a clue to refresh his mentor's memory] (*Rashi,* from *Nedarim* 41a).

12. That is, Rav Yosef had explained the Mishnah according to the second of the two readings considered by Rav Pappa.

In summary: The Mishnah in *Mikvaos* states: "Three *lugin* of [drawn] water **less a *kortov*** into which a *kortov* of wine fell and their color is like the color of wine, and then they fell into a *mikveh,* they do not invalidate it. Similarly, three *lugin* of [drawn] water less a *kortov* into which a *kortov* of milk fell and their color is like the color of water, and then they fell into a *mikveh,* they do not invalidate it. R' Yochanan ben Nuri says: Everything depends on the color.''

There are two views whether the words appearing in bold — **less a kortov** — belong in the Mishnah's opening line.

(a) According to the version that has these words, the Tanna Kamma does *not* consider color a factor in the status of drawn water — if there are a *full* three *lugin* of drawn water, they *invalidate* a *mikveh* regardless of their color; if anything other than water completes the three *log*-measure, the mixture *does not invalidate* a *mikveh* even if it has the color of water. R' Yochanan ben Nuri, however, considers color the *sole* factor and thus disputes *both* these rulings. In his view, even a *full* three *lugin* of water *do not invalidate* if they are colored. And if they are *not colored,* even a mixture of water and another liquid *does invalidate.*

(b) If the words **less a kortov** are *not* in the Mishnah's opening statement, then it is the view of the Tanna Kamma that color is *also* a factor, but not the sole factor. In order to invalidate, there must be a *full* three *lugin* of *water* and they must *not* be *colored.* Neither three *lugin* of colored water, nor three *lugin* of a colorless mixture of water and some other liquid invalidates. R' Yochanan ben Nuri, however, considers color the *sole* factor; his view is the same according to both readings.

Rav rules that even a full three *lugin* of water *do not invalidate* if they are colored. According to the first reading, Rav follows the view of R' Yochanan ben Nuri; according to the second reading, however, Rav is consistent with both the Tanna Kamma and R' Yochanan ben Nuri.

Rava states that Rav had the first reading; Rav Yosef states that Rav had the second; Rav Pappa is in doubt. (See chart below.)

13. הַיָם הַגָּדוֹל, literally: the Great Sea, is a reference to the Mediterranean Sea.

14. *Rashi* explains that the person is still *tamei* because part of his body may have emerged from the immersion in the drawn water (see *Maharsha*). The Sages promulgated that if a person who was *tamei* immersed in a valid *mikveh* to become *tahor,* he becomes *tamei* again if later on the same day he immerses his head and most of his body in [three *lugin* of (*Mishneh LaMelech,* Hil. *Avos HaTumah* 9:1 in explanation of *Rashi*)] drawn water (*Zavim* 5:12, *Shabbos* 14a). Thus the *tumah* status of the person immersing in the area where the barrel had fallen would be a Rabbinic one. [This *tumah* is a limited one, which disqualifies him from touching or eating *terumah.*] His primary *tumah,* however, would have been removed by his immersion. We are only concerned that after the valid immersion his body may have passed through the drawn water and acquired a Rabbinic *tumah.*

Tosafos raise an obvious difficulty. There is a well-known rule that when *drawn water* is brought into contact with a valid *mikveh* of forty *se'ah,* the drawn water is subsumed in the *mikveh* and assumes the status of *mikveh* water. This process is known as הַשָׁקָה, *hashakah.* If so, even if the drawn water remained *in one place* it should be of no consequence, since the water will have assumed the status of *mikveh* water through *hashakah.* Because of this problem, *Tosafos* accept a different reading of Rav Yehudah's ruling; see there.

Rashi's view, however, seems to be that although *hashakah* is effective in removing the disqualification of drawn water regarding immersion, it nevertheless still retains the designation of *drawn water* in regard to the Rabbinic *tumah* imposed on one who immersed his head and most of his body in drawn water (*Pnei Yehoshua, Aruch LaNer;* see *Kehillos Yaakov* §4 and *Shiurei R' Shmuel Rozovsky* for discussion of this seeming dichotomy).

Mixtures of water and some other liquid in which the total is at least three *lugin*					
		three *lugin* water		less than three *lugin* water	
		not colored	colored	not colored	colored
First version of the Mishnah	Tanna Kamma	invalidates	invalidates	does not invalidate	does not invalidate
	R' Yochanan ben Nuri	invalidates	does not invalidate	invalidates	does not invalidate
Second version of the Mishnah	Tanna Kamma	invalidates	does not invalidate	does not invalidate	does not invalidate
	R' Yochanan ben Nuri	invalidates	does not invalidate	invalidates	does not invalidate

חסר קורטוב שנפל לתוכן קורטוב יין ומראיהן כמראה יין ונפלו למקוה לא פסלוהו [א]וכן ג' לוגין מים חסר קורטוב שנפל לתוכן קורטוב חלב ומראיהן כמראה מים ונפלו למקוה לא פסלוהו ר' יוחנן בן נורי אומר הכל הולך אחר המראה (א) הא מיבעיא בעי לה רב פפא דבעי רב פפא רב תני חסר קורטוב ברישא אבל שלשה לוגין לתנא קמא פסלי ואתא ר' יוחנן למימר הכל הולך אחר המראה ורב (ב) אומר כר' יוחנן בן נורי או דלמא [ב]רב לא תני חסר קורטוב ברישא ור' יוחנן בן נורי כי פליג אסיפא הוא דפליג ורב דאמר כדברי הכל לרב פפא מיבעיא ליה לרבא פשיטא ליה [א]אמר רב יוסף לא שמיעא לי הא שמעתא אמר ליה אביי את אמרת [ב]לה ניהלן והכי אמרת ניהלן דרב לא תני חסר קורטוב ברישא ורבי יוחנן אסיפא פליג ורב דאמר כדברי הכל ואמר רב יהודה אמר רב [ג]חבית מליאה מים שנפלה לים הגדול הטובל שם לא עלתה לו טבילה חיישינן לשלשה לוגין שלא יהו במקום אחד ודוקא לים הגדול דקאי וקיימא אבל נהרא בעלמא לא תניא נמי הכי חבית מליאה יין שנפלה לים הגדול הטובל שם לא עלתה לו טבילה חיישינן לשלשה לוגין שאובין שלא יהו במקום אחד [ג]וכן ככר של תרומה שנפל שם טמא מאי וכן מהו דתימא התם אוקי גברא אחזקיה הכא אוקי תרומה אחזקה קמ"ל:

מתני' [ג]מעידין אנו באיש פלוני שחייב לחבירו מאתים זוז ונמצאו זוממין לוקין ומשלמין שלא השם המביאן לידי מכות מביאן לידי תשלומין דברי ר' מאיר וחכ"א [ד]כל המשלם אינו לוקה מעידין אנו באיש פלוני שהוא חייב מלקות ארבעים ונמצאו זוממין לוקין שמונים משום [א]לא תענה ברעך עד שקר ומשום [ב]ועשיתם לו כאשר זמם דברי ר' מאיר וחכ"א [ה]אין לוקין אלא ארבעים:

גמ' בשלמא

רש"י

חסר קורטוב. גרסינן הכא ברישא ובסיפא דחסרו קורטוב אבל אי הוו מעיקרא שלשת לוגין שלמים ונפל לתוכן קורטוב יין ומראיהן כמראה יין פסלוהו והא דתני רבי חייא הורידו את המקוה כי האי תנא סבירא ליה: לא פסלוהו. טעמא דסיפא נמי משום דחסר קורטוב הוי וגבי יין נמי הוי מצי למיתני כי האי גוונא ברישא וניתנינהו בחדא בבא הכי שלשת לוגין מים חסר קורטוב שנפל לתוכן קורטוב יין או חלב בין שמראיהן כמראה מים בין שמראיהן כמראה יין לא פסלוהו אלא כי אורחא דמילתא קתני להו שהיין שהוא אדום הופך את המים ממראיהן אבל החלב אין דרכו להפוך את מראיתן: הכל הולך אחר המראה. וגבי יין אפילו הוו מעיקרא שלשת לוגין שלמין כיון דמראיהן כמראה יין לא פסלוהו ורב כוותיה סבר ליה וגבי חלב אע"ג דמעיקרא חסר קורטוב הוו משלים להו חלב: והא מיבעיא בעי לה כו'. אהא (ג) פרכינן דאוקימנא לרב כרבי יוחנן בן נורי ולא כרבנן: דבעי רב פפא. רב דאמר לעיל לא פסלוהו היכי תני מי תני חסר קורטוב ברישא ואי הוו שלמים פסלו ודלא כרב ואיהו דאמר כר' יוחנן או דלמא רב לא תני ברישא חסר קורטוב ואמרה למילתיה דלעיל אפילו כרבנן דרבנן לדידהו בעו שיעורא וחזותא ורב דאמר כדברי הכל דכולי עלמא חזותא מיהת בעינן: לרבא פשיטא ליה. דרב תני חסר קורטוב ברישא דלא בעי תנא קמא אלא שיעורא ורב דקפיד נמי אחזותא כר' יוחנן בן נורי אמרה למילתיה: אמר רב יוסף לא שמיעא לי הא שמעתא. תלמידו של רב יהודה אני ולא שמעתי מפיו שמועה זו דאמרן לעיל בשמיה ג' לוגין מים שנפל לתוכן כו': א"ל אביי כו'. רב יוסף חלה ושכח תלמודו [ד]והיה אביי מזכירו מה שקיבל הימנו: ואת אמרת ניהלן. כששנית משנה זו אמרת לנו עליה הכי מימרא דרב יהודה אמר רב ופירשת לנו דרב לא הוה תני חסר קורטוב ברישא ואמר למילתיה לדברי הכל: הטובל שם. באותו מקום: לא עלתה לו טבילה. שמא כל מים שהיו בחבית עומדים יחד ושמא בא זה ראשו ורובו במים שאובין וזה אחד מן הפוסלין את התרומה: אי אפשר לשלשת לוגין כו'. לא גרסינן דהא ודאי אפשר אלא חיישינן לשמא וסיפא דמילתא מוכחא דמשום שמא הוא דאמרינן לקמן טעמא משום דמוקמינן גברא אחזקיה: תניא נמי הכי. דחיישינן בים הגדול למשקין הנופלין בו שהם עומדים במקומם: חבית של יין. גרסינן בברייתא והכי גרסינן בתוספתא (דמקואות פ"ה): וכן ככר של תרומה שנפל שם. אחר שטבל זה ועלה: טמא. שמא היין עומד במקומו ונטמא מחמת האדם וחזר וטימא את הככר: מאי וכן. פשיטא כיון דחיישת לשמא היין עומד במקומו איכא למיחש שנטמא הככר: מהו דתימא. אף על גב דלגבי טבילה חיישינן לגבי ככר לא חיישינן דהא מילתא ספיקא היא אי קאי יין בדוכתיה אי לא וגבי גברא הוא דאמרינן לא עלתה לו טבילה אוקי גברא אחזקיה [ה]והוא טמא היה ובטבילת ספק אתה בא לטהרו אל תטהרו מספק והכא אוקי תרומה אחזקה והיא בחזקת טהורה קיימא קמ"ל: מתני' שלא השם המחייבו מלקות מחייבו תשלומין. מלקות משום לא תענה ותשלומין משום כאשר זמם: השם. המקרא: כל המשלם אינו לוקה. דכתיב כדי רשעתו משום רשעה אחת אתה מחייבו ואי אתה מחייבו משום שתי רשעיות ובמסכת כתובות (דף לג.) מקשינן וניהא כל הלוקה אינו משלם ולקו כל הזוממין ולא ישלמו ומשנינן בפירוש רבתה תורה עדים זוממין לתשלומין ויליף לה התם: אין לוקין אלא ארבעים. משום כאשר זמם אבל משום לא תענה לא לקי כדמפרש בגמרא: גמ' מולא

תוספות

אמר רב יהודה אמר רב חבית מלאה מים. כך גיר' הקונטרס וקאמר לא עלתה לו טבילה משום מים שאובין ולא נראה דהא מדשוי להו השקה כמחוברים לטהרם מטומאה הוא הדין לענין טבילה נמי ועוד דאמרינן בביצה (דף יח: ושם) מטבילין כלי על גבי מימיו לטהרו והיכי סלקא ליה טבילה לגו מנא הא המים שבתוכו שאובין ולא מיערבי ובהשקה בעלמא [י]עדיף להו אלא ודאי נעשין מחוברין גם לענין טבילה לכך נראה דגרסינן במילתיה דרב יהודה חבית מלאה יין ולכך לא עלתה לו טבילה דמי הים קוו וקיימי ושמא עדיין הוא צבור ועומד במקומו (ד) ואיסור ניכר וטובל ביין אבל נהרא בעלמא לא דודאי מתערב במים ואז לא היה בעין ועלתה לו טבילה ומיירי ביין לבן שאינו משנה מראית המים דאי ביין אדום ניחזי אם שינה מראית המים אם לא: **תניא** נמי הכי חבית מלאה יין. וגם רש"י לא גרים הכא מים כי אם יין דאם לא כן מאי קאמר וכן ככר של תרומה שנפל לשם טמא (ה) והא [י][אפי'] בעינייהו ולא נתערבו מ"מ אינה מקבלת טומאה (וטהרה) [דטהרו] בהשקה דהרי הם מחוברין למקוה והכי תנן בביצה (דף יח:) מטבילין כלי ע"ג מימיו לטהרו:

לוקין ומשלמין שלא השם המביאן לידי מכות מביאן לידי תשלומין. פי' (ו) מקרא דמביאן לידי מכות דהיינו מלא תענה אינו מביאן לידי תשלומין אלא מקרא ועשיתם לו כאשר זמם ומש"ה לוקה ומשלם משמע דאי ליכא אלא חד קרא אינו לוקה ומשלם וקשה הא אמרי' בהשוכר את הפועלים (ב"מ דף צא. ושם) החוסם פי פרה לדוש בה לוקה ומשלם אע"ג דליכא אלא חד לאו דלא תחסום לכך פירש ה"ר מאיר מבורגוני דה"ק שלא השם המביאן לידי מכות (ז) אינו צריך להביאן לידי תשלומין דתשלומין לא בעו אזהרה דאי בעו אזהרה ודאי לא לקי דלא למלקות אתא כי אם לתשלומין כדאמרינן (לקמן דף יג:) לאו שניתן לאזהרת מיתת ב"ד אין לוקין עליו אלא לא בעו אזהרה דליכא אזהרה בשן ועין וכתיב שלם ישלם בלא אזהרה לכך לא תענה למלקות אתא וכן בהך דלא תחסום ע"כ לאזהרה דלא תחסום לא אתיא אלא למלקות דתשלומין ממילא נפקא דכיון דלאו רשאי לחסום דין הוא שישלם מה שראוי לאכול בשעה שעה דליכא למימר דאזהרה אתא לממון ולא למלקות דאם כן לכתוב קרא בלשון עשה האכל שור בדישו ומשמעה שפיר דאם לא האכיל חייב אלא ע"כ אזהרה כי אתא למלקות אתא: בשלמא

מסורת הש"ס

א) [עירובין י. וש"נ], ב) ב"מ לד., ג) כתובות לג:, ד) [כלאים בנדרים מא.], ה) והוא בחזקת טמא רש"ל, ו) נ"ל טריף, ז) גיר' רש"א.

הגהות הב"ח

(א) גמ' המראה והא מיבעיא: (ב) ורב דאמר כר' יוחנן: (ג) רש"י ד"ה והא פריך לדאוקימנא: (ד) תוס' ד"ה אמר וכו' במקומו ואינו ניכר: (ה) ד"ה תניא וכו' טמא דאפ"ם דהוו בעינייהו וכו' מ"מ הככר אינה מקבלת: (ו) ד"ה לוקין וכו' פי' רש"י מקרא: (ז) בא"ד מכות מביאן לידי תשלומין כלומר אינו צריך:

תורה אור השלם

א) לא תרצח לא תנאף לא תגנב לא תענה ברעך עד שקר: [שמות כ, יג]

ב) ועשיתם לו כאשר זמם לעשות לאחיו ובערת הרע מקרבך: [דברים יט, יט]

ליקוטי רש"י

שלשה לוגין חסר קורטוב שנפל לתוכן קורטוב חלב. שאינו דומה את מראה המים. ומראיהן כמראה מים. כיון דליכא שיעורא במים לא פסלי דרבנן תרתי בעו שיעורא וחזותא. הכל הולך אחר המראה. דכי היכי דלמלת ברישא בתר חזותא ולמרת לא פסלוהו סיפא נמי אזיל בתר חזותא ולימא פסלוהו [חולין כו.]. אמר רב יוסף לא שמיעא לי הא שמעתא. דרב יוסף תלמידו דרב יהודה שהוא תלמיד של רב ושמואל והלכה רב יוסף ונעקר תלמודו וכשהיה שומע מימרא דרב ושמואל ואינו מכיר לאומרה ממתוך ולא תלמידו של רב יהודה אני ולא אמר לי שמועה זו ואביי תלמידו מזכירו. אמר ליה אביי את אמרת לן. קודם חליך [נדה לט.]. שלא השם המביאו לידי מכות כו'. המקרא המביאו לידי מלקות אינו מביאו לתשלומין מלקות מלא תענה תשלומין מכאשר זמם וכיון דשני שמות הן חייב על שניהם [כתובות לב:].

עין משפט נר מצוה

כד א ב מיי' פ"ו מהל' מקואות הלכה יא סמג עשין רמח טוש"ע י"ד סי' ר' סעיף כג:

כה ג מיי' שם הל' ט [נ"ל פ"ו הל' י] סמג שם:

כה [ג] [שם]:

כו ד מיי' פי"ח מהל' עדות הל' א ופי"ח מהלכות סנהדרין הלכה ב טוש"מ סי' לח:

כז ה מיי' פי"ח מהל' עדות הל' ב סמג עשין קי:

רבינו חננאל

[חסר קורטוב] מים שנפל לתוכן קורטוב יין ומראיהן כמראה היין ונפלו למקוה לא פסלוהו. ג' לוגין חסר קורטוב ונפל לתוכן קורטוב חלב והרי מראיהן כמראה מים ונפלו למקוה לא פסלוהו ר' יוחנן בן נורי אומר הכל הולך אחר הנראה: ואקשינן. איני דפשטה לרבא כר' יוחנן בן נורי ור' חייא כרבנן והא רב פפא מיבעיא הוה בעי לה (ואמר) והוה אמר רב ברישא דמתני' הכי תני לה ג' לוגין מים חסר קורטוב ונפל לתוכן קורטוב יין לא פסלו המקוה הא ג' לוגין מים שנפל לתוך קורטוב יין פסלי המקוה ור' יוחנן בן נורי אומר הכל הולך אחר הנראה וכיון שמראיהן כמראה יין אע"פ שנפל לתוך ג' לוגין לא פסלו המקוה ורב דאמר כר' יוחנן בן נורי או דלמא רב מתניתין ג' לוגין שנפל לתוכן קורטוב יין לא פסלו המקוה תני לה ורב דאמר לדברי הכל ור' יוחנן בן נורי בחלב הוא דפליג ואסיפא דקתני ג' לוגין חסר קורטוב הוא דפליג אבל ארישא מודה ואמרינן רב פפא הוא דמיבעיא ליה אבל רבא פשיטא ליה. ורוינו משניות מדוקדקות שאין כתוב בהן ברישא דמתניתין חסר קורטוב [א] וקיימא לן כרב לדברי הכל ב). קורטוב מפורש במוכר את הספינה (דף צ.) שהוא חלק א' מח' בשמינית: רב יוסף כשחלה איעקר ליה תלמודיה ושכח ממנו לפיכך היה אומר לא שמיעא לי הא שמעתא וכך מפורש בנדרים: אמר רב חבית מליאה מים שנפל לים הגדול הטובל באותו מקום לא עלתה לו טבילה לפי שאי אפשר לג' לגין מים שלא יהיו במקום אחד. ודוקא בים הגדול דקוו וקיימי מיא אבל בנהרות דמשכי לא. תניא בתוספתא ד) חבית שנשברה בים ומראי אותו מקום כמראי יין הטובל באותו מקום לא עלתה לו טבילה ולא עוד אפילו נפל שם ככר של תרומה טמא: מתני' מעידנו באיש פלוני שחייב לחבירו מאתים זוז ונמצאו זוממין לוקין ומשלמין דברי ר' מאיר. פי' לוקין שעברו על לא תענה ומשלמין מדכתיב ועשיתם לו כאשר זמם. וחכ"א כל המשלם אינו לוקה

חשק שלמה על ר"ח א) וכן פי' כל המפרשים דמתני' ועי' תוס' רע"ק שם ועי' תוס' שנ"ץ כאן: ב) נראה שכוון רבינו בזה דאין הולכין אחר המראה רק בנפל לתוכן יין לאחר שלה היה וכ"ה אבל בנפל קוי"ר כה"ק דאין הולכין אחר המראה וכן פסקו הפוסקים: ג) עי' ריטב"א: ד) עיין בחי' הרמב"ן שכתב וכן ר"ם הביא זו התוספתא כאן בלשונה ולא שאין זה מתור ענייו וכו':

A Baraisa is cited in support of Rav's ruling; the Baraisa however speaks of wine rather than water:

תַּנְיָא נַמִּי הָכִי — This principle **was taught in a Baraisa as well:** חָבִית מְלֵיאָה יַיִן — IF A BARREL FILLED WITH WINE שֶׁנָּפְלָה לַיָּם הַגָּדוֹל — FELL INTO THE GREAT SEA, הַטּוֹבֵל שָׁם — THE PERSON WHO IMMERSES HIMSELF THERE [at the site at which the wine spilled out] לֹא עָלְתָה לוֹ טְבִילָה (חיישינן לשלשה לוגין שאובין שלא יהו במקום אחד)[15] — IS NOT PURIFIED BY HIS IMMERSION. In this case, we are concerned that part of the person's body may have been in the wine during the immersion, thereby invalidating it.[16] We see from the Baraisa that the Sages were indeed concerned with the possibility that part of the barrel's contents may remain together at the site where they fell into the sea. Rav merely extends this principle to a barrel of water.

The Baraisa continues with further ramifications of its ruling. The case which follows is a continuation of the preceding one:

וְכֵן כִּכַּר שֶׁל תְּרוּמָה — AND SO ALSO A LOAF OF *TERUMAH,*[17] שֶׁנָּפַל שָׁם — WHICH FELL into the sea AT THAT SITE after the person emerged, טָמֵא — IS *TAMEI.* Since his immersion was not valid and he is therefore still *tamei,* we must also be concerned that he contaminated the wine by touching it. Consequently, if *terumah* bread falls into the sea at that spot, it becomes *tamei* because of the assumption that it touched the now-contaminated wine.

The Gemara questions the latter part of the Baraisa:

מַאי וְכֵן — What is the purpose of the latter part of the Baraisa which begins with **"And so also"?** Obviously if the person's immersion is invalid, he has rendered the wine *tamei,* which in turn renders the bread *tamei!* — ? —

The Gemara answers:

מַהוּ דְּתֵימָא — Had the Baraisa not stated so explicitly, **you might have said** that הָתָם אוֹקֵי גַּבְרָא אַחֲזָקֵיהּ — **there** where we consider the status of the *person* who immersed, we **maintain the person in his previous status** as long as it is not clear that it has changed.[18] Since the person had been *tamei* before his immersion, and there is some doubt whether he became *tahor* by immersing, the law dictates that we resolve the doubt by assuming that his previous status did *not* change and that he is still *tamei.*[19] Following this line of reasoning it could be argued that הָכָא — **here,** where we consider the status of the *terumah* loaf that fell into that very same area, we should do the same thing and אוֹקֵי תְּרוּמָה אַחֲזָקָהּ — maintain the ***terumah* in its previous status.** Since the *terumah* had *not* been *tamei* before it fell into the sea, we should continue to assume that it did not become *tamei* as a result of falling into an area that was only possibly *tamei.* קָא מַשְׁמַע לָן — **[The Baraisa] therefore informs us** that the loaf is also *tamei,* because we do not follow this rule in this case.[20]

Mishnah

The basic *hazamah* law is that witnesses who are found to be *zomemin* are made to suffer the same punishment that they conspired to inflict on their victim. The Mishnah debates whether, in addition to this penalty, they are also lashed for having transgressed the Biblical prohibition against testifying falsely:

מְעִידִין אָנוּ בְּאִישׁ פְּלוֹנִי — If two witnesses said, **"We testify about this-and-this person** שֶׁחַיָּיב לַחֲבֵירוֹ מָאתַיִם זוּז — **that he owes his fellow two hundred *zuz,*"** וְנִמְצְאוּ זוֹמְמִין — **and they were found to be *zomemin,*** לוֹקִין וּמְשַׁלְּמִין — **they receive *malkus*** for their false testimony, ***and* they pay** their victim the amount they intended to make him lose. שֶׁלֹּא הַשֵּׁם הַמְּבִיאָן לִידֵי מַכּוֹת מְבִיאָן לִידֵי תַשְׁלוּמִין — **For the Scriptural verse that makes them liable to *malkus* is not the one that makes them liable to payment.** The Biblical verse that mandates the penalty of lashes for false testimony is not the one that dictates the reciprocal punishment of *zomemin* witnesses.[21] Since the respective penalties derive from two different verses, both are carried out; דִּבְרֵי רַבִּי מֵאִיר — these are **the words of R' Meir.** וַחֲכָמִים אוֹמְרִים — **But the Sages say:** כָּל הַמְשַׁלֵּם אֵינוֹ לוֹקֶה — **Whoever pays does not receive *malkus;*** a person cannot be liable to both lashes and monetary payment for the same crime.[22]

The Mishnah records this same dispute regarding a different case of *zomemin:*

מְעִידִין אָנוּ בְּאִישׁ פְּלוֹנִי — If they said, **"We testify against this-and-this person** שֶׁהוּא חַיָּיב מַלְקוֹת אַרְבָּעִים — **that he is liable to forty lashes"** for transgressing any of the Biblical prohibitions that are subject to this punishment, וְנִמְצְאוּ זוֹמְמִין — **and they were found to be *zomemin,*** לוֹקִין שְׁמוֹנִים — **they receive eighty lashes;** i.e. they each receive two sets of forty lashes: מִשּׁוּם "לֹא־תַעֲנֶה בְרֵעֲךָ עֵד שָׁקֶר" — one set **for** violating the prohibition:[23] ***You shall not bear false witness against your neighbor,*** וּמִשּׁוּם "וַעֲשִׂיתֶם לוֹ כַּאֲשֶׁר זָמַם" — **and** the second **for** the

NOTES

15. The words enclosed in parentheses are deleted by *Maharam* and others as incompatible with *Rashi's* reading of the Baraisa.

16. If even the smallest part of a person's body remains outside of the water of the *mikveh,* the immersion is not valid. Thus, if part of his body immersed in the wine floating in the sea, his immersion is not valid.

17. [This ruling is not limited to *terumah.* Even if the loaf were not *terumah* it would be rendered *tamei.* The Baraisa mentions *terumah* only because the problem of *tumah* has special importance to it. See, however, note 20.]

18. The general rule for resolving legal questions arising from doubtful situations is to assume that the previous legal status has not changed until it has been proven to have changed. This legal principle is known as חֲזָקָה, *chazakah.* The Gemara (*Chullin* 10b) cites Biblical sources for this principle. This principle is used both for stringency and for leniency.

19. I.e. we make the legal assumption that he *did* immerse in the wine.

20. The Gemara does not explain *why* we do not rule the *terumah* loaf *tahor* based on its *chazakah* of having previously been *tahor.* See *Siach Yitzchak* and *Birkas Avraham, Mahadura Tinyana,* who discuss this. [Possibly, we may explain the Gemara's answer as concluding that when the Rabbis decreed *tumah* upon the person who immersed in the spot where the cask fell (the Biblical *tumah* is removed by the immersion — see above, note 14), they did so because they assumed — on the Rabbinic level — that the wine had *definitely* not dispersed. Thus, included in this assumption would be the law that even a previously *tahor* object that fell there would be ruled *tamei.* This explanation fits well with the textual version found in *Ramban* and *Ritva,* according to which the Gemara states above that אִי אֶפְשַׁר לִשְׁלֹשֶׁת לוּגִין כו׳, *it is impossible that three lugin* of drawn water did not remain. However, *Rashi* rejects this version, stating that the matter is one of doubt (see *Rashi* ד״ה אי אפשר). Perforce, *Rashi* must be of the opinion that the *tumah* accorded the loaf is a Rabbinic stringency applied in the case of *terumah* (see *Shiurei R' Shmuel Rozovsky*).] See also *Oneg Yom Tov* §71, and Responsa of *Toafos Re'eim* (by the author of *Karnei Re'eim* on the *Maharsha*), *Yoreh Deah* §15.

21. They are lashed because they violated the prohibition (*Exodus* 20:13): *You shall not bear false witness,* and they pay in fulfillment of the verse (*Deuteronomy* 19:19): *You shall do to him as he conspired to do to his brother* (*Rashi*).

22. The reason for this will be explained in the Gemara.

23. *Exodus* 20:13.

חסר קורטוב. גרסינן הכא ברישא ובסיפא: **לא פסלוהו.** משום דחסרו קורטוב אבל אי הוו מעיקרא שלשת לוגין שלמים ונפל לתוכן קורטוב יין ומראיהן כמראה יין פסלוהו והא דתני רבי חייא הורידו את המקוה כי האי תנא סבירא ליה: **לא פסלוהו.** טעמא דסיפא נמי משום דחסר קורטוב הוי וגבי יין נמי הוי מצי למיתני כי האי גוונא ברישא וניתנינהו בחדא בבא הכי שלשת לוגין מים חסר קורטוב שנפל לתוכן קורטוב יין או חלב בין שמראיהן כמראה מים בין שמראיהן כמראה יין לא פסלוהו אלא כי אורחא דמילתא קתני להו שהיין שהוא אדום הופך את המים ממראיהן אבל החלב אין דרכו להפוך את מראיתן: **הכל הולך אחר המראה.** וגבי יין אפילו הוו מעיקרא שלשת לוגין שלמין כיון דמראיהן כמראה יין לא פסלוהו ורב כוותיה סבר ליה וגבי חלב אע"ג דמעיקרא חסר קורטוב הוו משלים להו חלב: **והא מיבעיא בעי לה כו'.** אהא (ג) פרכינן דאוקימנא לרב כרבי יוחנן בן נורי ולא כרבנן: **דבעי רב פפא.** רב דאמר לעיל לא פסלוהו היכי תני מי תני חסר קורטוב ברישא ואי הוו שלמים פסלו ודלא כרב ואיהו דאמר כר' יוחנן או דלמא רב לא תני ברישא חסר קורטוב ואמרה למילתיה דלעיל אפילו כרבנן דרבנן תרוייהו בעו שיעורא וחזותא ורב דאמר כדברי הכל דכולי עלמא חזותא מיהת בעינן: **לרבא פשיטא ליה.** דרב תני חסר קורטוב ברישא דלא בעי תנא קמא אלא שיעורא ורב דקפיד נמי אחזותא כר' יוחנן בן נורי אמרה למילתיה: **אמר רב יוסף לא שמיעא לי הא שמעתא.** תלמודו של רב יהודה אני ולא שמעתי מפיו שמועה זו דאמרן לעיל בשמיה ג' לוגין מים שנפל לתוכן כו': **א"ל אביי כו'.** רב יוסף חלה ושכח תלמודו [ז] והיה אביי מזכירו מה שקיבל הימנו: **ואת אמרת ניהלן.** כששנית משנה זו אמרת לנו עליה ההיא מימרא דרב יהודה אמר רב ופירשת לנו דרב לא הוה תני חסר קורטוב ברישא ואמר למילתיה לדברי הכל: **הטובל שם.** באותו מקום: **לא עלתה לו טבילה.** שמא כל מים שהיו בחבית עומדים יחד ושמא בא זה ראשו ורובו במים שאובין וזה אחד מן הפוסלין את התרומה: **אי אפשר לשלשת לוגין כו'.** לא גרסינן דהא ודאי אפשר אלא חיישינן לשמא וסיפא דמילתא מוכחא דמשום שמא הוא דאמרינן לקמן טעמא משום דמוקמינן גברא אחזקיה: **תניא נמי הכי.** דחיישינן בים הגדול למשקין הנופלין בו שהם עומדים במקומם: **חבית של יין.** גרסינן בברייתא והכי גרסינן בתוספתא (דמקואות פ"ה): **וכן ככר של תרומה שנפל שם.** אחר שטבל זה ועלה: **טמא.** שמא היין עומד במקומו ונטמא מחמת האדם וחזר וטימא את הככר: **מאי וכן.** פשיטא כיון דחיישת לשמא היין עומד במקומו איכא למיחש שנטמא הככר: **מהו דתימא.** אף על גב דלגבי טבילה חיישינן לגבי ככר לא חיישינן דהא מילתא ספיקא היא אי קאי יין בדוכתיה אי לא וגבי גברא הוא דאמרינן לא עלתה לו טבילה אוקי גברא אחזקיה [ה] והוא טמא היה ובטבילת ספק אתה בא לטהרו אל תטהרנו מספק והכא אוקי תרומה אחזקה והיא בחזקת טהורה קיימא קמ"ל: **מתני' שלא השם המחייבו מלקות מחייבו תשלומין.** מלקות משום לא תענה ותשלומין משום כאשר זמם: **השם.** המקרא: **כל המשלם אינו לוקה.** דכתיב כדי רשעתו משום רשעה אחת אתה מחייבו ואי אתה מחייבו משום שתי רשעיות ובמסכת כתובות (דף לב:) מקשינן וניהא כל הלוקה אינו משלם וילקו כל הזוממין ולא ישלמו ומשנינן בפירוש רבתה תורה עדים זוממין לתשלומין וילפי' לה התם: **אין לוקין אלא ארבעים.** משום כאשר זמם אבל משום לא תענה לא לקי כדמפרש בגמרא: מולי

חסר קורטוב שנפל לתוכן קורטוב יין ומראיהן כמראה יין ונפלו למקוה לא פסלוהו [א] וכן ג' לוגין מים חסר קורטוב שנפל לתוכן קורטוב חלב ומראיהן כמראה מים ונפלו למקוה לא פסלוהו ר' יוחנן בן נורי אומר הכל הולך אחר המראה (א) הא מיבעיא בעי לה רב פפא דבעי רב פפא רב תני חסר קורטוב ברישא אבל שלשה לוגין לתנא קמא פסלי ואתא ר' יוחנן למימר הכל הולך אחר המראה ורב (ב) אומר כר' יוחנן בן נורי או דלמא [ב] רב לא תני חסר קורטוב ברישא ור' יוחנן בן נורי כי פליג אסיפא הוא דפליג ורב דאמר כדברי הכל לרב פפא מיבעיא ליה לרבא פשיטא ליה [א] אמר רב יוסף לא שמיעא לי הא שמעתא אמר ליה אביי את אמרת [ג] לה ניהלן והכי אמרת ניהלן דרב לא תני חסר קורטוב ברישא ורבי יוחנן אסיפא פליג ורב דאמר כדברי הכל ואמר רב יהודה אמר רב [ג] חבית מליאה מים שנפלה לים הגדול הטובל שם לא עלתה לו טבילה חיישינן לשלשה לוגין שלא יהו במקום אחד ודוקא לים הגדול דקאי וקיימא אבל נהרא בעלמא לא תניא נמי הכי חבית מליאה יין שנפלה לים הגדול הטובל שם לא עלתה לו טבילה חיישינן לשלשה לוגין שאובין שלא יהו במקום אחד [ד] וכן ככר של תרומה שנפל שם טמא מאי וכן מהו דתימא התם אוקי גברא אחזקיה הכא אוקי תרומה אחזקה קמ"ל:

מתני' [ג] מעידין אנו באיש פלוני שחייב לחבירו מאתים זוז ונמצאו זוממין לוקין ומשלמין שלא השם המביאן לידי מכות מביאן לידי תשלומין דברי ר' מאיר וחכ"א [ד] כל המשלם אינו לוקה מעידין אנו באיש פלוני שהוא חייב מלקות ארבעים ונמצאו זוממין לוקין שמונים משום [א] לא תענה ברעך עד שקר ומשום [ב] ועשיתם לו כאשר זמם דברי ר' מאיר וחכ"א [ה] אין לוקין אלא ארבעים: **גמ'** בשלמא

אמר רב יהודה אמר רב חבית מלאה מים. כך גיר' הקונטרס וקאמר לא עלתה לו טבילה משום מים שאובין ולא נראה דהא מדשוי להו השקה כמחוברים לטהרם מטומאה הוא הדין לענין טבילה נמי ועוד דאמרינן בבילה (דף יח: וסס) מטבילין כלי על גבי מימיו לטהרו והיכי סלקא ליה טבילה לגו מנא הא המים שבתוכו שאובין ולא מיערבי ובהשקה בעלמא [ו] עדיף להו אלא ודאי נעשין מחוברין גם לענין טבילה לכך נראה דגרסינן במילתיה דרב יהודה חבית מלאה יין ולכך לא עלתה לו טבילה דמי הים קוו וקיימי ושמא עדיין הוא צבור ועומד במקומו (ד) ואיסור ניכר וטובל ביין אבל נהרא בעלמא לא דודאי מתערב במים ואז לא היה בעין ועלתה לו טבילה ומיירי ביין לבן שאינו משנה מראית המים דאי ביין אדום ניחזי אם שינה מראית המים אם לא: **תניא** נמי הכי חבית מלאה יין. וגם רש"י לא גריס הכא מים כי אם יין דאם לא כן מאי קאמר וכן ככר של תרומה שנפל לשם טמא (ה) והא [ז] [אפי'] בעינייהו ולא נתערבו מ"מ אינה מקבלת טומאה (וטהרה) [דטהרו] בהשקה דהרי הם מחוברין למקוה והכי תנן בבילה (דף יח:) מטבילין כלי ע"ג מימיו לטהרו:

לוקין ומשלמין שלא השם המביאן לידי מכות מביאן לידי תשלומין. פי' (ו) מקרא דמביאן לידי מכות דהיינו מלא תענה אינו מביאן לידי תשלומין אלא מקרא ועשיתם לו כאשר זמם ומש"ה לוקה ומשלם משמע דאי ליכא אלא חד קרא אינו לוקה ומשלם וקשה הא אמרי' בהשוכר את הפועלים (ב"מ דף צא. וסס) החוסם פי פרה לדוש בה לוקה ומשלם אע"ג דליכא אלא חד לאו דלא תחסום לכך פירש ה"ר מאיר מבורגוני דה"ק שלא השם המביאן לידי מכות (ז) אינו צריך להביאן לידי תשלומין דתשלומין לא בעו אזהרה דאי בעו אזהרה ודאי לא לקי דלא למלקות אתא כי אם לתשלומין כדאמרינן (לקמן דף יג:) לאו שניתן לאזהרת מיתת ב"ד אין לוקין עליו אלא לא בעו אזהרה דליכא אזהרה בשן ועין וכתיב שלם ישלם בלא אזהרה הלכך לא תענה למלקות אתא וכן בהך דלא תחסום ע"כ לאזהרה דלא תחסום לא אתיא אלא למלקות דתשלומין ממילא נפקא דכיון דאינו רשאי לחסום דין הוא שישלם מה שראויה לאכול באותה שעה דליכא למימר דאזהרה אתא לממון ולא למלקות דאם כן לכתוב קרא בלשון עשה האכל שור בדישו ושמענא שפיר דאם לא האכיל חייב אלא ע"כ אזהרה כי אתא למלקות אתא: בשלמא

מסורת הש"ס

א) [עירובין י. וש"נ], ב) נ"א לך, ג) כתובות לב:, ד) [כדאיתא בנדרים מא.], ה) והוא בחזקת טמא רש"א, ו) נ"ל טריף, ז) גיר' רש"א.

הגהות הב"ח

(א) גמ' המראה והא מיבעיא: (ב) ורב דאמר כר' יוחנן: (ג) רש"י ד"ה והא כו' אהא פריך דאוקימנא: (ד) תוס' ד"ה אמר וכו' במקומו ואינו ניכר: (ה) ד"ה תניא וכו' טמא דאע"פ דהוו בעינייהו וכו' מ"מ הככר אינה מקבלת: (ו) ד"ה לוקין וכו' פי' רש"י מקרא: (ז) בא"ד מכות מביאו לידי תשלומין כלומר אינו צריך:

תורה אור השלם

א) לֹא תִרְצָח לֹא תִנְאָף לֹא תִגְנֹב לֹא תַעֲנֶה בְרֵעֲךָ עֵד שָׁקֶר: [שמות כ, יג]

ב) וַעֲשִׂיתֶם לוֹ כַּאֲשֶׁר זָמַם לַעֲשׂוֹת לְאָחִיו וּבִעַרְתָּ הָרָע מִקִּרְבֶּךָ: [דברים יט, יט]

ליקוטי רש"י

שלשה לוגין חסר קורטוב שנפל לתוכן קורטוב חלב. שאינו דומה את מראה המים. **ומראיהן כמראה מים.** כיון דליכא שיעורא במיא לא פסלי דרבנן תרתי בעו שיעורא וחזותא. **הכל הולך אחר המראה.** דכי היכי דאזלת ברישא בתר חזותא ואמרת לא פסלוהו סיפא נמי זיל בתר חזותא ואימא פסלוהו [חולין כו.].

אמר רב יוסף לא שמיעא לי הא שמעתתא. דרב יוסף תלמידו דרב יהודה שהוא תלמיד של רב ושמואל וחלה רב יוסף ונעקר תלמודו וכשהיה שומע מימרא דרב ושמואל ואינו נזכר לאותה שמועה מתמיה ולאו תלמידיו של רב יהודה אני ולא אמר לי שמועה זו ואביי תלמידו מזכירו. **אמר ליה אביי את אמרת לן.** קודם חליך [נדה לט.].

שלא השם המביאו לידי מכות כו'. המקרא המביאו לידי מלקות אינו מביאו לתשלומין מלקות משום לא תענה תשלומין משום כאשר זמם וכיון דשני מקראות הן חייב על שניהם [כתובות לב:].

עין משפט נר מצוה

כד א ב מיי' פ"ז מהל' מקוואות הלכה יא סמג עשין רמח טוש"ע י"ד סי' רא סעיף כג:

כה ג מיי' שם הל' ט סמג שם:

כה [ג] [שם]:

כו ד מיי' פי"ח מהל' עדות הל' א ופי"ח מהלכות סנהדרין הלכה ב טוח"מ סי' לח:

כז ה מיי' פי"ח מהל' עדות הל' א סמג עשין קי:

רבינו חננאל

[חסר קורטוב] מים שנפל לתוכן קורטוב יין ומראיהן כמראה היין ונפלו למקוה לא פסלוהו. ג' לוגין חסר קורטוב ונפל לתוכן קורטוב חלב והרי מראיהן כמראה מים ונפלו למקוה לא פסלוהו ר' יוחנן בן נורי אומר הכל הולך אחר הנראה: **ואקשינן.** איני דפשטה רב כר' יוחנן בן נורי ור' חייא כרבנן והא רב פפא מיבעיא הוה בעי לה (ואמר) והוה אמר רב ברישא דמתני' הכי תני לה ג' לוגין מים חסר קורטוב ונפל לתוכן קורטוב יין לא פסלו המקוה הא ג' לוגין מים שנפל לתוכן קורטוב יין פסלי המקוה ור' יוחנן בן נורי אומר הכל הולך אחר הנראה וכיון שמראיהן כמראה יין אע"פ שנפל לתוך ג' לוגין לא פסלו המקוה ורב דאמר כר' יוחנן בן נורי או דלמא רב מתניתין ג' לוגין שנפל לתוכן קורטוב יין לא פסלו המקוה תני לה ורב דאמר לדברי הכל ור' יוחנן בן נורי בחלב הוא דפליג ואסיפא דקתני ג' לוגין חסר קורטוב הוא דפליג אבל ארישא מודה. ואמרינן רב פפא הוא דמיבעיא ליה אבל רבא פשיטא ליה. וראינו משניות מדוקדקות שאין כתוב בהן ברישא דמתניתין חסר קורטוב א) וקיימא לן כרב לדברי הכל ב). קורטוב מפורש בהמוכר את הספינה (דף צ.) שהוא חלק א' מח' בשמינית: רב יוסף כשחלה איעקר ליה תלמודיה ושכח ממנו לפיכך היה אומר לא שמיעא לי הא שמעתא וכך מפורש בנדרים: אמר רב חבית מליאה מים שנפל לים הגדול הטובל באותו מקום לא עלתה לו טבילה לפי שאי אפשר לג' לוגין מים שלא יהיו במקום אחד. ודווקא בים הגדול דקוו וקיימי מיא אבל בנהרות דמשכי לא. תניא בתוספתא ג) חבית שנשברה בים ומרא' אותו מקום כמראה יין הטובל באותו מקום לא עלתה לו טבילה ולא עוד אלא אפילו נפל שם ככר של תרומה טמא: **מתני'** מעידנו באיש פלוני שחייב לחבירו מאתים זוז ונמצאו זוממין לוקין ומשלמין דברי ר' מאיר. פי' לוקין שעברו על לא תענה ומשלמין מדכתיב ועשיתם לו כאשר זמם. וחכ"א כל המשלם אינו לוקה

חשק שלמה על ר"ח א) וכן פי' כל המפרשים דמתני' וע' תוס' רע"ק שם וע' תוס' שנ"ץ כאן: ב) נראה שכוון רבינו בזה דלא הולכין אחר המראה רק בנפל לתוכן יין לאחר מ"מ אבל בנפיל בסיפא לית לן ... ג) ע' ריטב"א: ד) עיין בחי' הרמב"ן שכתב וכן ר"ח הביא זו התוספתא כאן בלשונה וכו' לא שאין זה מחוור בעיני וכו'.

Biblical directive:[24] ***And you shall do to him as he planned*** *to do to his brother,* i.e the general *hazamah* penalty; **דִּבְרֵי רַבִּי מֵאִיר** – these are **the words of R' Meir.** **וַחֲכָמִים אוֹמְרִים** – **But the Sages say:** **אֵין לוֹקִין אֶלָּא אַרְבָּעִים** – **They receive only forty lashes,** as their *hazamah* punishment, but nothing for transgressing the prohibition against false testimony.[25]

NOTES

24. *Deuteronomy* 19:19.

25. The Gemara will explain the reason for this (*Rashi*).

חסר קורטוב שנפל לתוכן קורטוב יין ומראיהן כמראה יין ונפלו למקוה לא פסלוהו [א]וכן ג' לוגין מים חסר קורטוב שנפל לתוכן קורטוב חלב ומראיהן כמראה מים ונפלו למקוה לא פסלוהו ר' יוחנן בן נורי אומר הכל הולך אחר המראה (א) הא מיבעיא בעי לה רב פפא דבעי רב פפא רב תני חסר קורטוב ברישא אבל שלשה לוגין לתנא קמא פסלי ואתא ר' יוחנן למימר הכל הולך אחר המראה ורב (ב) אומר כר' יוחנן בן נורי או דלמא [ב]רב לא תני חסר קורטוב ברישא ור' יוחנן בן נורי כי פליג אסיפא הוא דפליג ורב דאמר כדברי הכל לרב פפא מיבעיא ליה לרבא פשיטא ליה [ה]אמר רב יוסף לא שמיעא לי הא שמעתא אמר ליה אביי את אמרת [ו]לה ניהלן והכי אמרת ניהלן דרב לא תני חסר קורטוב ברישא ורבי יוחנן אסיפא פליג ורב דאמר כדברי הכל ואמר רב יהודה אמר רב [ג]חבית מליאה מים שנפלה לים הגדול הטובל שם לא עלתה לו טבילה חיישינן לשלשה לוגין שלא יהו במקום אחד ודוקא לים הגדול דקאי וקיימא אבל נהרא בעלמא לא תניא נמי הכי חבית מליאה יין שנפלה לים הגדול הטובל שם לא עלתה לו טבילה חיישינן לשלשה לוגין שאובין שלא יהו במקום אחד [ד]וכן ככר של תרומה שנפל שם טמא מאי וכן מהו דתימא התם אוקי גברא אחזקיה הכא אוקי תרומה אחזקה קמ"ל: **מתני'** [ג]מעידין אנו באיש פלוני שחייב לחבירו מאתים זוז ונמצאו זוממין לוקין ומשלמין שלא השם המביאן לידי מכות מביאן לידי תשלומין דברי ר' מאיר וחכ"א [ד]כל המשלם אינו לוקה מעידין אנו באיש פלוני שהוא חייב מלקות ארבעים ונמצאו זוממין לוקין שמונים משום [א]לא תענה ברעך עד שקר ומשום [ב]ועשיתם לו כאשר זמם דברי ר' מאיר וחכ"א [ה]אין לוקין אלא ארבעים: **גמ'** בשלמא

רש"י

חסר קורטוב. גרסינן הכא ברישא ובסיפא: לא פסלוהו. משום דחסרו קורטוב אבל אי הוו מעיקרא שלשת לוגין שלמים ונפל לתוכן קורטוב יין ומראיהן כמראה יין פסלוהו והא דתני רבי חייא הורידו את המקוה כי האי תנא סבירא ליה: לא פסלוהו. טעמא דסיפא נמי משום דחסר קורטוב הוי וגבי יין נמי הוי מצי למיתני כי האי גוונא ברישא וניתנינהו בחדא בבא הכי שלשת לוגין מים חסר קורטוב שנפל לתוכן קורטוב יין או חלב בין שמראיהן כמראה מים בין שמראיהן כמראה יין לא פסלוהו אלא כי אורחא דמילתא קתני להו שהיין שהוא אדום הופך את המים ממראיהן אבל החלב אין דרכו להפוך את מראיתן: הכל הולך אחר המראה. וגבי יין אפילו הוו מעיקרא שלשת לוגין שלמין כיון דמראיהן כמראה יין לא פסלוהו ורב כוותיה סבר ליה וגבי חלב אע"ג דמעיקרא חסר קורטוב הוו משלים להו חלב: והא מיבעיא בעי לה כו'. אהא (ג) פרכינן דאוקימנא לרב כרבי יוחנן בן נורי ולא כרבנן: דבעי רב פפא. רב דאמר לעיל לא פסלוהו היכי תני מי תני חסר קורטוב ברישא ואי הוו שלמים פסלו ודלא כרב ואיהו דאמר כר' יוחנן או דלמא רב לא תני ברישא חסר קורטוב ואמרה למילתיה דלעיל אפילו כרבנן דרבנן תרוייהו בעו שיעורא וחזותא ורב דאמר כדברי הכל דכולי עלמא חזותא מיהת בעינן: לרבא פשיטא ליה. דרב תני חסר קורטוב ברישא דלא בעי תנא קמא אלא שיעורא ורב דקפיד נמי אחזותא כר' יוחנן בן נורי אמרה למילתיה: אמר רב יוסף לא שמיעא לי הא שמעתא. תלמידו של רב יהודה אני ולא שמעתי מפיו שמועה זו דאמרן לעיל בשמיה ג' לוגין מים שנפל לתוכן כו': א"ל אביי כו'. רב יוסף חלה ושכח תלמודו [ז]והיה אביי מזכירו מה שקיבל הימנו: ואת אמרת ניהלן. כששנית משנה זו אמרת לנו עליה ההיא מימרא דרב יהודה אמר רב ופירשת לנו דרב לא הוה תני חסר קורטוב ברישא ואמר למילתיה לדברי הכל: הטובל שם. באותו מקום: לא עלתה לו טבילה. שמא כל מים שהיו בחבית עומדים יחד ושמא בא זה ראשו ורובו במים שאובין וזה אחד מן הפוסלין את התרומה: אי אפשר לשלשת לוגין כו'. לא גרסינן דהא ודאי אפשר אלא חיישינן לשמא וסיפא דמילתא מוכחא דמשום שמא הוא דאמרינן לקמן טעמא משום דמוקמינן גברא אחזקיה: תניא נמי הכי. דחיישינן בים הגדול למשקין הנופלין בו שהם עומדים במקומם: חבית של יין. גרסינן בברייתא והכי גרסינן בתוספתא (דמקואות פ"ה): וכן ככר של תרומה שנפל שם. אחר שטבל זה ועלה: טמא. שמא היין עומד במקומו ונטמא מחמת האדם וחזר וטימא את הככר: מאי וכן. פשיטא כיון דחיישת לשמא היין עומד במקומו איכא למיחש שנטמא הככר: מהו דתימא. אף על גב דלגבי טבילה חיישינן לגבי ככר לא חיישינן דהא מילתא ספיקא היא אי קאי יין בדוכתיה אי לא וגבי גברא הוא דאמרינן לא עלתה לו טבילה אוקי גברא אחזקיה [ה]והוא טמא היה ובטבילת ספק אתה בא לטהרו אל תטהרנו מספק והכא אוקי תרומה אחזקה והיא בחזקת טהורה קיימא קמ"ל: **מתני'** שלא השם המחייבו מלקות מחייבו תשלומין. מלקות משום לא תענה ותשלומין משום כאשר זמם: השם. המקרא: כל המשלם אינו לוקה. דכתיב כדי רשעתו משום רשעה אחת אתה מחייבו ואי אתה מחייבו משום שתי רשעיות ובמסכת כתובות (דף לב:) מקשינן ונימא כל הלוקה אינו משלם וילקו כל הזוממין ולא ישלמו ומשנינן בפירוש רבתה תורה עדים זוממין לתשלומין ויליף לה התם: אין לוקין אלא ארבעים. משום כאשר זמם אבל משום לא תענה לא לקי כדמפרש בגמרא: **גמ'** מוליא

תוספות

אמר רב יהודה אמר רב חבית מלאה מים. כך גיר' הקונטרס וקאמר לא עלתה לו טבילה משום מים שאובין ולא נראה דהא מדשוי להו השקה כמחוברים לטהרם מטומאה הוא הדין לענין טבילה נמי ועוד דאמרינן בבילה (דף יח: ושם) מטבילין כלי על גבי מימיו לטהרו והיכי סלקא ליה טבילה לגו מנא הא המים שבתוכו שאובין ולא מיערבי ובהשקה בעלמא [י]עדיף להו אלא ודאי נעשין מחוברין גם לענין טבילה לכך נראה דגרסינן במילתיה דרב יהודה חבית מלאה יין ולכך לא עלתה לו טבילה דמי הים קוו וקיימי ושמא עדיין הוא צבור ועומד במקומו (ד) ואיסור ניכר וטובל ביין אבל נהרא בעלמא לא דודאי מתערב במים ואז לא היה בעין ועלתה לו טבילה ומיירי ביין לבן שאינו משנה מראית המים דאי ביין אדום ניחזי אם שינה מראית המים אם לא: **תניא** נמי הכי חבית מלאה יין. וגם רש"י לא גרים הכא מים כי אם יין דאם לא כן מאי קאמר וכן ככר של תרומה שנפל לשם טמא (ה) והא [ז] [אפי'] בעינייהו ולא נתערבו מ"מ אינה מקבלת טומאה (וטהרה) [דטהרו] בהשקה דהרי הם מחוברין למקוה והכי תנן בבילה (דף יח:) מטבילין כלי ע"ג מימיו לטהרו:

לוקין ומשלמין שלא השם המביאן לידי מכות מביאן לידי תשלומין. פי' (ו) מקרא דמביאן לידי מכות דהיינו מלא תענה אינו מביאן לידי תשלומין אלא מקרא ועשיתם לו כאשר זמם ומש"ה לוקה ומשלם משמע דאי ליכא אלא חד קרא אינו לוקה ומשלם וקשה הא אמרי' בהשוכר את הפועלים (ב"מ דף צא. ושם) החוסם פי פרה לדוש בה לוקה ומשלם אע"ג דליכא אלא חד לאו דלא תחסום לכך פירש ה"ר מאיר מבורגוני דה"ק שלא השם המביאן לידי מכות (ז) אינו צריך להביאן לידי תשלומין דתשלומין לא בעו אזהרה דאי בעו אזהרה ודאי לא לקי דלא למלקות אתא כי אם לתשלומין כדאמרינן (לקמן דף יג:) לאו שניתן לאזהרת מיתת ב"ד אין לוקין עליו אלא לא בעו אזהרה דליכא אזהרה בשן ועין וכתיב שלם ישלם בלא אזהרה הלכך לא תענה למלקות אתא וכן בהך דלא תחסום ע"כ דאזהרה דלא תחסום לא אתיא אלא למלקות דתשלומין ממילא נפקא דכיון דאינו רשאי לחסום דין הוא שישלם מה שראויה לאכול באותה שעה דליכא למימר דאזהרה אתא לממון ולא למלקות דאם כן לכתוב קרא בלשון עשה האכל שור בדישו ושמענא שפיר דאם לא האכיל חייב אלא ע"כ אזהרה כי אתא למלקות אתא: בשלמא

א) [עירובין י. וש"נ], ב) נ"א לן, ג) כתובות לב:, ד) [כדאיתא בנדרים מא.], ה) והוא בחזקת טמא רש"ל, ו) צ"ל טריף, ז) גיר' רש"א.

הגהות הב"ח

(א) גמ' המראה והא מיבעיא: (ב) ורב דאמר כר' יוחנן: (ג) רש"י ד"ה והא כו' אהא פריך דאוקימנא: (ד) תוס' ד"ה אמר וכו' במקומו ואינו ניכר: (ה) ד"ה תניא וכו' טמא דאע"פ דהוו בעינייהו וכו' מ"מ הככר אינה מקבלת: (ו) ד"ה לוקין וכו' פי' רש"י מקרא: (ז) בא"ד מכות מביאו לידי תשלומין כלומר אינו צריך:

תורה אור השלם

א) לֹא תִּרְצָח לֹא תִּנְאָף לֹא תִּגְנֹב לֹא תַעֲנֶה בְרֵעֲךָ עֵד שָׁקֶר: [שמות כ, יג]

ב) וַעֲשִׂיתֶם לוֹ כַּאֲשֶׁר זָמַם לַעֲשׂוֹת לְאָחִיו וּבִעַרְתָּ הָרָע מִקִּרְבֶּךָ: [דברים יט, יט]

ליקוטי רש"י

שלשה לוגין חסר קורטוב שנפל לתוכן קורטוב חלב. שאינו דומה את מראה המים. ומראיהן כמראה מים. כיון דליכא שיעורא במיא לא פסלי דרבנן תרתי בעו שיעורא וחזותא. הכל הולך אחר המראה. דכי היכי דאזלת ברישא בתר חזותא ואמרת לא פסלוהו סיפא נמי זיל בתר חזותא ואימא פסלוהו [חולין כו.].

אמר רב יוסף לא שמיעא לי הא שמעתתא. דרב יוסף תלמידו דרב יהודה שהוא תלמיד של רב ושמואל וחלה רב יוסף ונעקר תלמודו וכשהיה שומע מימרא דרב ושמואל ואינו נזכר לאותה שמועה מתמיה ולאו תלמידו של רב יהודה אני ולא אמר לי שמועה זו ואביי תלמידו מזכירו. אמר ליה אביי את אמרת לן. קודם חלייך [נדה לט.].

שלא השם המביאו לידי מכות כו'. המקרא המביאו לידי מלקות אינו מביאו לתשלומין מלקות מלא תענה תשלומין מכאשר זמם וכיון דשני שמות הן חייב על שניהם [כתובות לב:].

כד א ב מיי' פ"ז מהל' מקואות הלכה יא סמג עשין רמח טוש"ע י"ד סי' רא סעיף כג:

כה ג מיי' שם הל' ח [נ"ל פ"ו הל' סמג שם:

כה [ג] [שם]:

כו ד מיי' פי"ח מהל' עדות הל' א ופי"ח מהלכות סנהדרין הלכה ב טח"מ סי' לח:

כז ה מיי' פי"ח מהל' עדות הל' א סמג עשין קי:

רבינו חננאל

[חסר קורטוב] מים שנפל לתוכן קורטוב יין ומראיהן כמראה היין ונפלו למקוה לא פסלוהו. ג' לוגין חסר קורטוב ונפל לתוכן קורטוב חלב והרי מראיהן כמראה מים ונפלו למקוה לא פסלוהו ר' יוחנן בן נורי אומר הכל הולך אחר הנראה: ואקשינן. איני דפשטה רב כר' יוחנן בן נורי ור' חייא כרבנן והא רב פפא מיבעיא הוה בעי לה (ואמר) והוה אמר רב ברישא דמתני' הכי תני לה ג' לוגין מים חסר קורטוב ונפל לתוכן קורטוב יין לא פסלו המקוה הא ג' לוגין מים שנפל לתוכן קורטוב יין פסלי המקוה ור' יוחנן בן נורי אומר הכל הולך אחר הנראה וכיון שמראיהן כמראה יין אע"פ שנפל לתוך ג' לוגין לא פסלו המקוה ורב דאמר כר' יוחנן בן נורי או דלמא רב מתניתין ג' לוגין שנפל לתוכן קורטוב יין לא פסלו המקוה תני לה ורב דאמר לדברי הכל ור' יוחנן בן נורי בחלב הוא דפליג ואסיפא דקתני ג' לוגין חסר קורטוב הוא דפליג אבל ארישא מודה. ואמרינן רב פפא הוא דמיבעיא ליה אבל רבא פשיטא ליה. וראינו משניות מדוקדקות שאין כתוב בהן ברישא דמתניתין חסר קורטוב א) וקיימא לן כרב לדברי הכל ב). קורטוב מפורש בהמוכר את הספינה (דף צ.) שהוא חלק א' מח' בשמינית: רב יוסף כשחלה איעקר ליה תלמודיה ושכח ממנו לפיכך היה אומר לא שמיעא לי הא שמעתא וכך מפורש בנדרים: אמר רב חבית מליאה מים שנפל לים הגדול הטובל באותו מקום לא עלתה לו טבילה לפי שאי אפשר ג) לג' לוגין מים שלא יהיו במקום אחד. ותניא כוותיה. ודוקא בים הגדול דקוו וקיימי מיא אבל בנהרות דמשכי לא. תניא בתוספתא ד) חבית שנשברה בים ומרא' אותו מקום כמרא' יין הטובל באותו מקום לא עלתה לו טבילה ולא עוד אפילו נפל שם ככר של תרומה טמא: מתני' מעידנו באיש פלוני שחייב לחבירו מאתים זוז ונמצאו זוממין לוקין ומשלמין דברי ר' מאיר. פי' לוקין שעברו על לא תענה ומשלמין מדכתיב ועשיתם לו כאשר זמם. וחכ"א כל המשלם אינו לוקה

חשק שלמה על ר"ח א) וכן פי' כל המפרשים דמתני' ועי' תוס' רע"ק שם ועי' בתוס' שנ"ץ כאן: ב) נראה שכוון רבינו בזה דאין הולכין אחר המראה רק בנפל לתוכן יין דאתיא כד"ה אבל בסיפא קיי"ל כת"ק דאין הולכין אחר המראה וכן פסקו הפוסקים: ג) עי' ריטב"א: ד) עיין בחי' הרמב"ן שכתב וכן ר"ח הביא זו התוספתא כאן בלשונה וכו' אלא שאין זה מחוור בעיני וכו':

בשלמא לרבנן א) [א] כדי רשעתו כתיב משום רשעה אחת אתה מחייבו ואי אתה מחייבו משום שתי רשעיות אלא רבי מאיר מ"ט אמר עולא גמר ממוציא שם רע מה מוציא שם רע א לוקה ומשלם אף כל לוקה ומשלם מה למוציא שם רע שכן קנס סבר לה ג) כר' עקיבא דאמר עדים זוממין קנסא הוא איכא דמתני לה לדעולא אהא ד) דתניא ה) [ב] לא תותירו ממנו עד בקר והנותר ממנו עד בקר וגו' בא הכתוב ליתן עשה אחר ל"ת לומר ב שאין לוקין עליו דברי ר' יהודה ר' ו) עקיבא אומר לא מן השם הוא זה אלא משום דה"ל לאו שאין בו מעשה וכל לאו שאין בו מעשה אין לוקין עליו מכלל דר' יהודה סבר ז) לאו שאין בו מעשה לוקין עליו מנא ליה אמר עולא גמר ממוציא שם רע מה מוציא שם רע לאו שאין בו מעשה לוקין עליו אף כל לאו שאין בו מעשה לוקין עליו ° מה למוציא שם רע שכן לוקה ומשלם אלא אמר ריש לקיש גמר מעדים זוממין מה עדים זוממין לאו שאין בו מעשה לוקין עליו אף כל לאו שאין בו מעשה לוקין עליו מה לעדים זוממין שכן ג אין צריכין התראה מוציא שם רע יוכיח ט) וחזר הדין לא ראי זה כראי זה ולא ראי זה כראי זה הצד השוה שבהן לאו שאין בו מעשה ולוקין עליו אף כל לאו שאין בו מעשה לוקין עליו מה להצד השוה שבהן שכן קנס הא לא קשיא רבי יהודה לא סבר לה כרבי עקיבא אלא מה להצד השוה שבהן שכן י) יש בהן צד חמור ורבי יהודה צד חמור לא פריך ° ורבנן האי ג) [ג] לא תענה ברעך עד שקר מאי דרשי ביה ההוא מיבעי ליה לאזהרה לעדים זוממין ורבי מאיר אזהרה לעדים זוממין מנא ליה אמר רבי ירמיה נפקא ליה ד) [ד] מוהנשארים ישמעו ויראו ולא יוספו עוד ורבנן ההוא מיבעי ליה להכרזה

רש"י

מוציא שם רע. לא מצאתי לבתך בתולים: לוקה ומשלם. דכתיב (דברים כב) ויסרו אותו וענשו אותו ואמרי' בכתובות (דף מו.) ויסרו זה מלקות וילפינן לה מקראי: שכן קנס. וכל קנס חידוש הוא ומחידוש לא ילפינן לממונא: איכא דמתני לה. להא דעולא: לומר שאין לוקין עליו. שהעשה האמור אחריו תקנתו וכפרתו על עבירת הלאו: לא מן השם הוא זה. אין טעם זה עיקר דלאו שניתק לעשה אין לוקין עליו אלא מפני מה המותיר אינו לוקה לפי שהוא לאו שאין בו מעשה: גמר מעדים זוממין מה עדים זוממין לאו שאין בו מעשה ולוקין. עדים זוממין לוקין על דיבורם בעדי בן גרושה ובן חלוצה: עדים זוממין אין צריכין התראה. בכתובות אמרינן טעמא באלו נערות (דף לג.) נתרי בהו אימת כו' אבל כל שאר עונשין בב"ד של מטה צריכין התראה: צד חמור לא פריך. הואיל וחומרו של זה אינו חומרו של זה אין טעם המלקות תלוי בו: לאזהרה לעדים זוממין. לענשן בדין הזמה ולא ניתן לעונש מלקות אלא שלא היה לו לענשן בדין הזמה אלא א"כ הזהיר: והנשארים ישמעו ויראו ולא יוספו לעשות. הרי אזהרה בפרשת עדים זוממין כתיב: להכרזה

תוספות

בשלמא לרבנן כתיב כדי רשעתו כו'. והאי רשע רוצה לומר ממון כדמוכח בכתובות (דף לב: ושם) אלא ר' מאיר מאי טעמא פירוש הא כתיב כדי רשעתו דמשמע משום רשעה אחת אתה מחייבו וכו' וא"ת ומאי פריך והא בכתובות מוקי האי קרא ללוקין ולמיתה וי"ל דכל זה מן הפירכא אלא לר' מאיר הוה ליה למדרש ולומר רשעתו שאין אתה מחייבו משום שתי רשעיות ח) ולא ללוקין ולמיתה: גמר ממוציא שם רע. וא"ת ליליפו נמי עדים זוממין ממוציא שם רע דאע"פ (א) דהאי לאו שאין בו מעשה ולמה לי והיה אם בן הכות הרשע ויש לומר דמוציא שם רע גופיה לא ידענא דלקי אלא מוהיה אם בן הכות הרשע כדקאמר בפ' נערה שנתפתתה (כתובות דף מו.) למדנו יסרו מויסרו ויסרו מבן [ובן מבן והיה] אם בן הכות הרשע: סבר לה כר"ע דאמר עדים זוממין קנסא הוא. פי' ולהכי יליף ליה ממוציא שם רע ורבנן סברי ממונא הוא ולהכי לא ילפינן ליה ממוציא שם רע משמע דלר"מ אינו לוקה ומשלם אלא גבי קנס אבל גבי ממון לא וקשה דבפ' השוכר את הפועלים (ב"מ דף צא. ושם) תניא החוסם פי פרה ודש בה לוקה ומשלם ד' קבין לפרה וג' קבין לחמור ומוקי לה כר' מאיר דאית ליה לוקה ומשלם והתם ממון הוא ועוד דאמרינן בפ' אלו נערות (כתובות דף לד: ושם) ר"מ לוקה ומשלם אית ליה מת ומשלם לית ליה משמע בכל ענין וכן קשה (ב) מדרבנן דע"כ לא פליגי רבנן עליה דרבי מאיר אלא משום דסבירא להו דעדים זוממין ממונא הוא ולכך לא מצי יליף ממוציא שם רע אבל בקנס מודו דילפינן לוקה ומשלם ממוציא שם רע ובפרק אלו נערות (ג) (שם דף לב.) גבי קנס פריך הא קי"ל דאינו לוקה ומשלם פירוש כרבנן דר"מ אלמא פליגי רבנן אפי' גבי קנס וי"ל דודאי בין לר"מ בין לרבנן ליכא חילוק בין ממון לקנס לענין דין דלוקה ומשלם דהא מכדי רשעתו ילפינן ליה וכדי רשעתו כתיב גבי עדים זוממין הלכך לר' מאיר דסבר עדים זוממין קנסא הוא ושפיר ילפינן להו ממוציא שם רע למימרא דלוקין ומשלמין א"כ כדי רשעתו דנכתב גבי דידהו דממעט שתי רשעיות ליכא לאוקומה במלקות וממון וצריכי לאוקומי במיתה ומלקות כדאיתא בפ' אלו נערות א"כ ודאי אמר ר"מ בכל דוכתי דלוקה ומשלם אף לגבי ממון דמהיכא תיתי למעוטי אבל רבנן דסבירא להו דעדים זוממין ממונא הוא לכך לא ילפינן ממוציא שם רע דלוקה ומשלם והלכך דרשינן מקרא מכדי רשעתו במספר למעוטי שתי רשעיות במלקות וממון דאינו לוקה ומשלם מעתה יאמרו רבנן בכל מקום אף גבי קנס דאינו לוקה ומשלם מכדי רשעתו דהא משמע שפיר דאתי למעוטי כל ב' רשעיות בין ממון בין קנס: הא לא קשיא ר' יהודה לא סבר לה כר"ע. דאמר עדים זוממין קנסא הוא משמע הכא דלר"ע דאית ליה דעדים זוממין קנסא לית ליה לאו שאין בו מעשה לוקין עליו דלא מצי יליף מהאי דינא וקשה דהא ר"ע אמר (לקמן דף כא:) המקיים כלאים בכרם לוקה ופירש בערוך דהיינו שמניח אותו בסוף שדהו כשמלאה זרועה דהוי לאו שאין בו מעשה לכך נראה דהמקיים כלאים בכרם היינו שעשה גדר סביב הכלאים ט): אלא מה להצד השוה שבהן שיש בהן צד חמור. זה אין צריך התראה י) וזה לוקה ומשלם ותימה דהא אין זה פירכא שוה ופירש ר"י דפריך שכן הם משונים ביותר משאר מלקיות שאין צריך התראה כ) מה שאין כן בשאר מלקיות ועוד יש לומר שכן יש בהם צד חמור שהן לוקין על דיבורם שלא עוו אלא במוצא פיהם דהכי נמי פריך בירושלמי לעיל גבי ההיא דגמרינן ממוציא שם רע ופריך מה למוציא שם רע שכן דיבור הוא ור' יהודה (ד) סבר צד חמור לא פריך לפי' ל) דירושלמי דעדים זוממין בדיבורן איתעביד מעשה מ): ורבנן האי לא תענה מאי עבדי ליה. דהא דקאמר לעיל גבי לא תענה משום דהוי לאו שאין בו מעשה היינו אי לאו קרא דוהצדיקו אבל בתר דגלי לן קרא דוהצדיקו דשייך ביה מלקות יש לנו לומר (ה) דלקי מלא תענה ואם תאמר דלא לילקי ° משום נ) דהוי לאו שניתן לאזהרת מיתת ב"ד ואין לוקין עליו והכא האי לאו שניתן לאזהרת מיתת ב"ד עדות נפשות מיהו יש לומר דעדיפא משני דלגבי מלקות גופיה איצטריך לאזהרה כדפרי' אבל לעיל גבי מאתים זוז קשה למה לי כדי רשעתו לומר דלא לקי תיפוק ליה דלא תענה הוי לאו שניתן לאזהרת מיתת ב"ד ואין לוקין עליו וכי תימא לגבי אזהרת ממון (ו) דנפקא מינה לא חשיב לאו שניתן לאזהרת מיתת ב"ד זה אינו דהא אמרינן בפרק מי שהחשיך (שבת דף קנד. ושם) דמחמר בשבת דלא לקי משום דנפיק מלא תעשה מלאכה אתה ובהמתך וההוא הוי לאו שניתן לאזהרת מיתת ב"ד במלאכת גופו אע"ג דבמחמר גופיה ליכא שום צד דמיתת ב"ד מכל מקום חשיב ליה לאו שניתן לאזהרת מיתת בית דין כיון דלאו דידיה אתיא נמי למיתת ב"ד הכא נמי לא שנא וי"ל דשאני הכא דגלי קרא כדאמר רחמנא והיה אם בן הכות הרשע מכלל דלקי משום לא תענה דלא ענש אלא א"כ הזהיר אבל מ"מ קשה לעיל (ד' ב:) דפריך ותיפוק ליה מלא תענה ולמה לי והיה אם בן הכות הרשע לישני אי לאו דגלי קרא הוה אמינא דלא לקי משום דלא תענה (ז) לאו שניתן לאזהרת מיתת ב"ד כדפרישית וי"ל דעדיפא מיניה משני ועוד יש לומר דפריך לר"מ דנפקא ליה אזהרה לעדים זוממין מולא יוספו לעשות: לאזהרה לעדים זוממים. ואם תאמר לעיל גבי מעידים שחייב מאתים זוז לימא האי טעמא לרבנן למה ליה למימר מכדי רשעתו נפקא ויש לומר דהכי קאמר לאזהרת עדים זוממין שמעידין באיש פלוני שחייב מלקות דלא הוי לקי מכאשר זמם אי לאו הזהיר דלא ענש עונש הגוף אלא אם כן הזהיר אבל לעיל דמיירי מכאשר זמם דממון ודאי לא בעי אזהרה:

אין

עין משפט נר מצוה

כח א מיי' פ"ג מהל' נערה הלכה א סמג לאוין כז ועשין נו:
כט ב מיי' פ"י מהל' קרבן פסח הל' יא:
ל ג מיי' פי"ח מהלכות עדות הלכה ד:

רבינו חננאל

ואמרינן בשלמא לרבנן כו'. ופשוטה היא. אלא לר' מאיר דקתני לוקה ומשלם מאי טעמא. ואמרינן גמר ממוציא שם רע דכתיב ביה ויסרו אותו וכתיב ביה וענשו אותו מלקות וממון כך עדים זוממין לוקין ומשלמין. ופרכינן מה למוציא שם רע שכן קנס כדכתיב וענשו אותו. ושנינן ר' מאיר כר' עקיבא סבירא ליה דתנן (לעיל ב:) משום ר' עקיבא אמרו אף אין משלמין ע"פ עצמן מכלל דאינון קנס וקי"ל מודה בקנס פטור. איכא דמתני לשמעתא דעולא אהא דר' יהודה דמחייב א) המותיר מלקות אע"פ שאין בו מעשה. ואמר עולא גמר ר' יהודה המותיר קדשים ממוציא שם רע. ודחי' מה למוציא שם רע שכן לוקה ומשלם. אלא אמר ריש לקיש ר' יהודה מעדים זוממין שהוא לאו שאין בו מעשה ולוקין גמר המותיר. ופרכינן מה לעדים זוממין שכן אין צריכין התראה כו' ופשוטה היא. ואסיק' מה להצד השוה שבהן בעדים זוממין ובמוציא שם רע שכן תרוייהו קנס. ודחי' ר' יהודה לא סבר להא דר' עקיבא דאמר עדים זוממין קנסא הוא. ופרכינן דרך אחר מה להצד השוה שבהן שכן יש בהן צד חמור עדים זוממין לא צריכי התראה מוציא שם רע חייב מלקות וממון תאמר במותיר שאין בו אחד מאלו:

חשק שלמה על ר"ח

א) לולי הטעם דניתק לעשה:

תורה אור השלם

א) וְהָיָה אִם בִּן הַכּוֹת הָרָשָׁע וְהִפִּילוֹ הַשֹּׁפֵט וְהִכָּהוּ לְפָנָיו כְּדֵי רִשְׁעָתוֹ בְּמִסְפָּר: [דברים כה, ב]

ב) וְלֹא תוֹתִירוּ מִמֶּנּוּ עַד בֹּקֶר וְהַנֹּתָר מִמֶּנּוּ עַד בֹּקֶר בָּאֵשׁ תִּשְׂרֹפוּ: [שמות יב, י]

ג) לֹא תִרְצָח לֹא תִנְאָף לֹא תִגְנֹב לֹא תַעֲנֶה בְרֵעֲךָ עֵד שָׁקֶר: [שמות כ, יג]

ד) וְהַנִּשְׁאָרִים יִשְׁמְעוּ וְיִרָאוּ וְלֹא יֹסִפוּ לַעֲשׂוֹת עוֹד כַּדָּבָר הָרָע הַזֶּה בְּקִרְבֶּךָ: [דברים יט, כ]

ליקוטי רש"י

לא תותירו. ואם תותירו באש תשרופו הא ודאי ניתק לעשה [חולין קמא:]. באש תשרופו. עשה הוא ולאו שניתק לעשה אין לוקין עליו והמותיר בפסח פטור [חולין פב:]. בא הכתוב כו'. כל לאו שניתק לעשה אין לוקין עליו דמשמע זו היא תקנתו אם תעבור על הלאו עשה זאת והינצל ועוד דלא דמי ללאו דחסימה שהמלקות נסמך לו [פסחים פד.]. ליתן עשה. והנותר ממנו אחר לא תעשה והוי לאו שניתק לעשה [תמורה ד:]. אחר לא תעשה. אם מותיר ועברת על לאו באש תשרפנו נתקו הכתוב בעשה זה מעונשן של שאר לאוין לומר זה ענשו ותקנת עבירתו שישרפנו [שבועות ג:]. לומר שאין לוקין עליו. דמשמע שזה עונשו של לאו שאם הותירו ישרפנו ויפטר [סנהדרין סג:]. לא מן השם הוא זה. לא מטעם זה המלקות בטל בו אבל כל עצמו אין בו מלקות לפי שאין בו מעשה [שבועות ג:]. לא מן השם הוא זה. כלומר טעם זה אינו מן העיקר [סנהדרין סג:]. לא מטעם זה הוא פטור [חולין פג.]. לאו שאין בו מעשה. דכשהוא מותירו לא קעביד שום מעשה [תמורה ד:]. שאין בו מעשה. [illegible] [חולין פג.]. לאו שאין בו מעשה אין לוקין עליו. [illegible] (מכות יג:) [סנהדרין י.].

מסורת הש"ס

א) [לקמן יג: כתובות לז. ב"ק פג:], ב) [לעיל ב: ג. ב"ק ה.], ג) לקמן טז. פסחים פד. סנהדרין סג. שבועות ג: חולין פג: לא. קמא: תמורה ד:, ד) רש"א יעקב, ה) [ב"מ לא. זבחים כט: תמורה ג. סנהדרין סג. לקמן טז. כ:], ו) [קדושין ה: כא. וש"נ], ז) [פסחים עז. כתובות לב. סוטה כט:], ח) למלקות וממון רש"א, ט) [וע"ע תוס' ע"ז סד. ד"ה ר"ע אומר], י) רש"א ואין זה, כ) ולוקה ומשלם רש"ל, ל) הירושלמי משום כו' מהר"ס, מ) [ועי' תוס' כתובות לב: סד"ה שכן], נ) לא תענה משום דהוי לאו שאין בו מעשה רש"א.

הגהות הב"ח

(א) תד"ה גמר וכו' דאע"פ דהוי לאו שאין בו מעשה לוקין ולמה: (ב) ד"ה סבר כו' קשה לרבנן דע"כ לא: (ג) בא"ד אלו נערות. נ"ב ריש דף ל"ב וע"ש בתוס': (ד) ד"ה אלא וכו' ור' יהודה דסבר צד וכו' דירושלמי נמי ניחא דעדים זוממין: (ה) ד"ה ורבנן וכו' יש לנו לומר דלילקי מלא תענה וא"ת אמאי לא לקי מלא תענה משום דהוי לאו שניתן לאזהרת מיתת ב"ד דאין לוקין וכו' בעדות נפשות הוא מיהו י"ל דעדיפא מיניה משני וכו' לאזהרה אבל לעיל כצ"ל ותיבת כדפרי' נמחק: (ו) בא"ד ממון דנפיק מינה וכו' מי שהחשיך אמרינן דמחמר: (ז) בא"ד תענה הוי לאו:

גליון הש"ס

גמ' מה למוציא שם רע שכן לוקה ומשלם. קשה לי דהיא גופה נילף דלוקה ומשלם אלא דליכא למילף כן דמה למש"ר שכן קנס וא"כ לפרוך בקיצור מה למש"ר שכן קנס ואי דפירכת הש"ס דאם ילפי' ממש"ר נילף ג"כ דלוקה ומשלם א"כ הו"ל למנקט אי הכי יהא ג"כ לוקה ומשלם אבל לא בהך פירכא מה למש"ר. ולפי תירוצם בתוס' כתובות דף לב בשם הריצב"א דרבנן דר"מ ס"ל דאף אם עדים זוממין קנסא מ"מ אינו לוקה ומשלם דס"ל דכדי רשעתו משמע גם בממון ומלקות ניחא דלענין אין בו מעשה פרכינן דמה למש"ר דלוקה ומשלם משא"כ בעלמא דלאמעט מכדי רשעתו. אבל לתירוצם קמא דתוס' שם וזה שיטת תוס' הכא בסוגיין דלאי אמרי' ע"ז קנס ילפינן ממוציא שם רע יקשה כנ"ל. שם ורבנן האי לא תענה ברעך עד שקר מאי דרשי ביה. משמע דס"ד דהש"ס דלרבנן ליכא מלקות משום לא תענה וקשה לי הא בבן גרושה מפורש דלוקין ואצטריך בזה לא תענה ואי דפירכת הש"ס דלילקי שמונים חד משום כאשר זמם וחד משום לא תענה הו"ל למנקט כך הקושיא דכמו דבבן גרושה לוקין משום לא תענה לילקי הכא שמונים אבל לשון האי לא תענה ברעך עד שקר מאי דרשי ביה הוא מוקשה. תוס' ד"ה ורבנן כו' משום דהוי לאו שניתן לאזהרת מיתת ב"ד. משמע דקושייתם דהו"ל לשנויי כן אלא דעדיפא מיניה משני ולא ידעתי איך יכול לתרץ א"כ תקשי בבן גרושה אמאי לוקה. וגם לתירוצם דעדיפא מיניה משני עדיין קשה בב"ג אמאי לוקה הא הוי לאו שניתן לאזהרת מיתת ב"ד. וכן במה דהקשו דל"ל לטעמא דכדי רשעתו למה לא הקשו ביותר דלמאי לקי בב"ג וכו' צ"ע:

Gemara The Gemara seeks to understand the reasoning of the disputants in the first case of the Mishnah:

בִּשְׁלָמָא לְרַבָּנָן – **Now, the view of the Rabbis** that the witnesses do not pay the *hazamah* penalty of monetary payment and receive *malkus* as well **is understandable,** "כְּדֵי רִשְׁעָתוֹ" כְּתִיב – because **it is written** in the verse concerning *malkus*: ***In accordance with his wickedness,***[1] which teaches that מִשּׁוּם רִשְׁעָה אַחַת אַתָּה מְחַיְּיבוֹ – **you can hold him liable for one wickedness,** וְאִי אַתָּה מְחַיְּיבוֹ מִשּׁוּם שְׁתֵּי רִשְׁעָיוֹת – **but you cannot hold him liable for two wickednesses,** i.e. you cannot subject him to two different penalties for one deed.[2] אֶלָּא רַבִּי מֵאִיר מַאי טַעְמָא – **But** as for **R' Meir, what is his reason** for mandating two punishments for this single deed? Why does he not accept the Scriptural derivation of the Rabbis that one punishment is the limit?[3]

Ulla answers that R' Meir derives his rule from a different verse:

אָמַר עוּלָּא – **Said Ulla:** גָּמַר מִמּוֹצִיא שֵׁם רַע – He derives it **from** the law of **one who defames** his wife.[4] מַה מוֹצִיא שֵׁם רַע לוֹקֶה וּמְשַׁלֵּם – **Just as one who defames** his wife **receives *malkus* and pays,** since the Torah explicitly decrees both punishments for this offense, אַף כֹּל לוֹקֶה וּמְשַׁלֵּם – **so too anyone** who commits an act that carries the penalties of both *malkus* and a monetary payment **receives *malkus* and pays.**

The Gemara questions this analogy:

מַה לְמוֹצִיא שֵׁם רַע – **What** comparison can be made **to the** payment of the **defamer,** שֶׁכֵּן קְנָס – **which is a fine?** It can therefore not serve as a model for *zomemin*.[5] – ? –

The Gemara replies:

סָבַר לָהּ כְּרַבִּי עֲקִיבָא – **[R' Meir] holds like R' Akiva,** דְּאָמַר עֵדִים זוֹמְמִין קְנָסָא הוּא – **who says** that the punishment imposed upon ***zomemin* witnesses is** also **a fine,**[6] and it is thus comparable to the case of one who defames his wife.[7]

The Gemara cites a second version of Ulla's statement according to which it was made not in regard to our topic of receiving *malkus* and paying, but in regard to an altogether different topic:[8]

אִיכָּא דְּמַתְנֵי לְהָא דְּעוּלָּא אַהָא דְּתַנְיָא – **There are those who taught Ulla's statement with regard to what was taught in the following Baraisa:** "[וְ]לֹא־תוֹתִירוּ מִמֶּנּוּ עַד־בֹּקֶר וְהַנֹּתָר מִמֶּנּוּ עַד־בֹּקֶר וגו׳" – The Torah states concerning the consumption of the *pesach* offering:[9] ***AND YOU SHALL NOT LEAVE OVER FROM IT UNTIL MORNING, AND WHATEVER IS LEFT OVER FROM IT UNTIL MORNING* etc.** *[you shall burn in fire].* בָּא הַכָּתוּב לִיתֵּן עֲשֵׂה אַחַר לֹא תַעֲשֶׂה – **SCRIPTURE COMES TO PROVIDE A POSITIVE COMMANDMENT** to burn the leftover **TO FOLLOW THE PROHIBITION** of leaving over, לוֹמַר שֶׁאֵין לוֹקִין עָלָיו – **TO SAY THAT ONE DOES NOT RECEIVE *MALKUS* FOR IT,** i.e. for violating the transgression of leaving over sacrificial meat;[10] דִּבְרֵי רַבִּי יְהוּדָה – these are **THE WORDS OF R' YEHUDAH.** רַבִּי עֲקִיבָא אוֹמֵר – **R' AKIVA**[11] **SAYS:** לֹא מִן הַשֵּׁם הוּא זֶה – **THIS IS NOT THE REASON** that one does not receive *malkus* for leaving over part of the sacrifice. אֶלָּא מִשּׁוּם דַּהֲוָה לֵיהּ לָאו שֶׁאֵין בּוֹ מַעֲשֶׂה – **RATHER, IT IS** for a more fundamental reason, **BECAUSE [LEAVING OVER] IS A PROHIBITION THAT DOES NOT INVOLVE AN ACTION,** since the transgression does not result from an act, but from the failure to act (i.e. the failure to eat the entire sacrifice within the proper time), וְכָל לָאו שֶׁאֵין בּוֹ מַעֲשֶׂה אֵין לוֹקִין עָלָיו – **AND ONE DOES NOT RECEIVE *MALKUS* FOR ANY PROHIBITION THAT DOES NOT INVOLVE AN ACTION.**

The Gemara analyzes the implications of this Baraisa:

מִכְּלָל דְּרַבִּי יְהוּדָה סָבַר – **It may be inferred** from this **that R' Yehudah,** who requires the additional positive commandment to remove the penalty of *malkus,* **holds** that לָאו שֶׁאֵין בּוֹ מַעֲשֶׂה לוֹקִין עָלָיו – **a person *does* receive *malkus* for a prohibition that does not involve an action,** and were it not for the additional positive commandment, he *would* receive *malkus* for

NOTES

1. *Deuteronomy* 25:2. The verse states that if the guilty party is liable to lashes, וְהִפִּילוֹ הַשֹּׁפֵט וְהִכָּהוּ לְפָנָיו כְּדֵי רִשְׁעָתוֹ, *the judge shall cast him down and lash him before him in accordance with his wickedness.*

2. The Gemara's inference is from the singular form of the word רִשְׁעָתוֹ, *his **wickedness,*** implying that when both *malkus* and another penalty (execution or a monetary payment) are called for, the defendant can be given only *one* punishment. As regards *zomemin* who conspired to falsely obligate a defendant in a monetary payment, the Gemara in *Kesubos* 32b derives from Scripture that it is specifically the *monetary* punishment that is applied and *not* the *malkus* (*Rashi* to 4a ד״ה כל המשלם). Thus, we understand the Rabbis' statement that "whoever pays does not receive *malkus.*"

3. As the singular form *wickedness* implies.

[Actually, the Gemara in *Kesubos* (37a-b) explains that R' Meir interprets this verse to be referring to a case in which the two penalties are *malkus* and *execution.* The Gemara's question, however, is why he does not *also* interpret the verse to be referring to a case of *malkus* and a monetary payment (*Tosafos,* as explained by *Aruch LaNer*).]

4. The Torah decrees (*Deuteronomy* 22:13-19) that if a man marries a girl while she is a נַעֲרָה, *naarah* [a girl in the first six months of puberty], and then defames her by fraudulently trying to prove in court that she was unfaithful during her betrothal (*erusin*) period, that וְיִסְּרוּ אֹתוֹ, *they* [the court] *shall "punish" him.* The Gemara (*Kesubos* 46a) interprets this "punishment" to mean *malkus* (see there for the Scriptural prohibition). In addition, the Torah decrees there that he be fined one hundred silver *shekels,* which he must pay to the girl's father.

5. Since the payment imposed is not one of compensation, but rather a punitive measure, this is a חִדּוּשׁ, *chiddush,* a novel, extra-logical dictate of the Torah. Therefore, it cannot serve as a model for laws which do not share this novelty [מָמוֹנָא מִקְּנָסָא לֹא יָלְפִינַן] (*Rashi*).

6. See 2b note 37.

7. The Rabbis, however, maintain that the *zomemin* penalty is classified a compensatory payment and not a fine, and therefore they do not derive the case of *zomemin* witnesses from the case of the defamer (*Tosafos*). [The Rabbis' view will be elaborated on in note 17.]

[It would seem from this Gemara that R' Meir should admit in cases in which the payment is *compensatory* in nature – so that it is *not* similar to the payment of the defamer – that the person does *not* receive *malkus* and pay, and that the Rabbis should concede in cases of a *fine* – where the payment *is* similar to that of the defamer – that the person *does* receive *malkus* and pay. In truth, however, we find throughout the Talmud that R' Meir is cited as maintaining that a person receives *malkus* and pays in *all* cases, even where the payment is *not* a fine, and the Rabbis hold that a person *never* receives *malkus* and pays, even where the payment *is* a fine. See *Tosafos* here and to *Kesubos* 32a ד״ה דאין for discussion of this difficulty.]

8. [The discussion that follows will temporarily divert us from our topic. At the end of the *amud* the Gemara will return to the subject at hand.]

9. *Exodus* 12:10.

10. [Usually, the penalty of *malkus* "remedies" the transgression by expiating the sin. However, any prohibition for which the Torah decrees a positive commandment as a means of rectifying the transgression (לָאו הַנִּיתָּק לַעֲשֵׂה) is not subject to *malkus.* The classic example of this is the prohibition not to steal (*Leviticus* 19:13), for which there is no penalty of lashes, because the Torah prescribes that the sin be rectified by returning the stolen property (ibid. 5:23). In the present case too] the Torah has provided a positive commandment – burning the leftover meat – for remedying the transgression of leaving over, and in effect says that the commandment [and not *malkus*] is the prescribed remedy (*Rashi*).

11. *Maharsha* and *Maharam* emend the text to read R' Yaakov, rather than R' Akiva, and that is indeed the version found in the other places in the Talmud where this Baraisa is quoted. [Especially compelling about this emendation is the fact that R' Akiva was the *mentor* of R' Yehudah (see *Yevamos* 62b), making it unlikely that R' Akiva's ruling would be mentioned by the Baraisa *following* R' Yehudah's and in *response* to it (see *Hagahos Yavetz*).]

בשלמא לרבנן א) [א] כדי רשעתו כתיב משום רשעה אחת אתה מחייבו ואי אתה מחייבו משום שתי רשעיות אלא רבי מאיר מ"ט אמר עולא גמר ממוציא שם רע מה מוציא שם רע א לוקה ומשלם אף כל לוקה ומשלם מה למוציא שם רע שכן קנס סבר לה [ג] כר' עקיבא דאמר עדים זוממין קנסא הוא איכא דמתני להא דעולא אהא [ג] דתניא ב) לא תותירו ממנו עד בקר והנותר ממנו עד בקר וגו' בא הכתוב ליתן עשה אחר ל"ת לומר ב שאין לוקין עליו דברי ר' יהודה ר' [ד] עקיבא אומר לא מן השם הוא זה אלא משום דה"ל לאו שאין בו מעשה וכל לאו שאין בו מעשה אין לוקין עליו מכלל דר' יהודה סבר [ה] לאו שאין בו מעשה לוקין עליו מנא ליה אמר עולא גמר ממוציא שם רע מה מוציא שם רע לאו שאין בו מעשה לוקין עליו אף כל לאו שאין בו מעשה לוקין עליו ° מה למוציא שם רע שכן לוקה ומשלם אלא אמר ריש לקיש גמר מעדים זוממין מה עדים זוממין לאו שאין בו מעשה לוקין עליו אף כל לאו שאין בו מעשה לוקין עליו מה לעדים זוממין שכן ג אין צריכין התראה מוציא שם רע יוכיח [ו] וחזר הדין לא ראי זה כראי זה ולא ראי זה כראי זה הצד השוה שבהן לאו שאין בו מעשה ולוקין עליו אף כל לאו שאין בו מעשה לוקין עליו מה להצד השוה שבהן שכן קנס הא לא קשיא רבי יהודה לא סבר לה כרבי עקיבא אלא מה להצד השוה שבהן שכן [ז] יש בהן צד חמור ורבי יהודה צד חמור לא פריך ° ורבנן האי ג) לא תענה ברעך עד שקר מאי דרשי ביה ההוא מיבעי ליה לאזהרה לעדים זוממין ורבי מאיר אזהרה לעדים זוממין מנא ליה אמר רבי ירמיה נפקא ליה ד) מוהנשארים ישמעו ויראו ולא יוספו עוד ורבנן ההוא מיבעי ליה להכרזה

רש"י

מוציא שם רע. לא מלאתי לבתך בתולים: לוקה ומשלם. דכתיב (דברים כב) ויסרו אותו וענשו אותו ואמרי' בכתובות (דף מו.) ויסרו זה מלקות וילפינן לה מקראי: שכן קנס. וכל קנס חידוש הוא ומחידוש לא ילפינן לממונא: איכא דמתני לה. להא דעולא: לומר שאין לוקין עליו. שהעשה האמור אחריו תקנתו וכפרתו על עבירת הלאו: לא מן השם הוא זה. אין טעם זה עיקר דלאו שניתק לעשה אין לוקין עליו אלא מפני מה המותיר אינו לוקה לפי שהוא לאו שאין בו מעשה: גמר מעדים זוממין מה עדים זוממין לאו שאין בו מעשה ולוקין. עדים זוממין לוקין על דיבורם בעדי בן גרושה ובן חלוצה: עדים זוממין אין צריכין התראה. בכתובות אמרינן טעמא באלו נערות (דף לג.) נתרי בהו אימת כו' אבל כל שאר עונשין בב"ד של מטה צריכין התראה: צד חמור לא פריך. הואיל וחומרו של זה אינו חומרו של זה אין טעם המלקות תלוי בו: לאזהרה לעדים זוממין. לעונשן בדין הזמה ולא ניתן לעונש מלקות אלא שלא היה לו לענשן בדין הזמה אלא א"כ הזהיר: והנשארים ישמעו ויראו ולא יוספו לעשות. הרי אזהרה בפרשת עדים זוממין כתיב: להכרזה

תוספות

בשלמא לרבנן כתיב כדי רשעתו כו'. והאי רשע רוצה לומר ממון כדמוכח בכתובות (דף לב: ושם) אלא ר' מאיר מאי טעמא פירוש הא כתיב כדי רשעתו דמשמע משום רשעה אחת אתה מחייבו וכו' וא"ת ומאי פריך והא בכתובות מוקי האי קרא ללוקין ולמיתה וי"ל דכל זה מן הפירכא אלא לר' מאיר הוה ליה למדרש ולומר רשעתו שאין אתה מחייבו משום שתי רשעיות [ח] ולא ללוקין ולמיתה: גמר ממוציא שם רע. וא"ת לילפו נמי עדים זוממין ממוציא שם רע דאע"פ (א) דהאי לאו שאין בו מעשה ולמה לי והיה אם בן הכות הרשע וי"ל דמוציא שם רע גופיה לא ידענא דלקי אלא מוהיה אם בן הכות הרשע כדקאמר בפ' נערה שנתפתתה (כתובות דף מו.) למדנו יסרו מויסרו ויסרו מבן [ובן מבן והיה] אם בן הכות הרשע: סבר לה כר"ע דאמר עדים זוממין קנסא הוא. פי' ולהכי יליף ליה ממוציא שם רע ורבנן סברי ממונא הוא ולהכי לא ילפינן ליה ממוציא שם רע משמע דלר"מ אינו לוקה ומשלם אלא גבי קנס אבל גבי ממון לא וקשה דבפ' השוכר את הפועלים (ב"מ דף צא. ושם) תניא החוסם פי פרה ודש בה לוקה ומשלם ד' קבין לפרה וג' קבין לחמור ומוקי לה כר' מאיר דאית ליה לוקה ומשלם והתם ממון הוא ועוד דאמרינן בפ' אלו נערות (כתובות דף לד: ושם) ר"מ לוקה ומשלם אית ליה מת ומשלם לית ליה משמע בכל ענין וכן קשה (ב) מדרבנן דע"כ לא פליגי רבנן עליה דרבי מאיר אלא משום דסבירא להו דעדים זוממין ממונא הוא ולכך לא מצי יליף ממוציא שם רע אבל בקנס מודו דילפינן לוקה ומשלם ממוציא שם רע ובפרק אלו נערות (ג) (שם דף לב.) גבי קנס פריך הא קי"ל דאינו לוקה ומשלם פירוש כרבנן דר"מ אלמא פליגי רבנן אפי' גבי קנס וי"ל דודאי בין לר"מ בין לרבנן ליכא חילוק בין ממון לקנס לענין דין דלוקה ומשלם דהא מכדי רשעתו ילפינן ליה וכדי רשעתו כתיב גבי עדים זוממין הלכך לר' מאיר דסבר עדים זוממין קנסא הוא ושפיר ילפינן להו ממוציא שם רע למימרא דלוקין ומשלמין א"כ כדי רשעתו דנכתב גבי דידהו דממעט שתי רשעיות ליכא לאוקומה במלקות וממון וצריכי לאוקומי במיתה ומלקות כדאיתא בפ' אלו נערות א"כ ודאי אמר ר"מ בכל דוכתי דלוקה ומשלם אף לגבי ממון דמהיכא תיתי למעוטי אבל רבנן דסבירא להו דעדים זוממין ממונא הוא לכך לא ילפינן ממוציא שם רע דלוקה ומשלם והלכך דרשינן מקרא מכדי רשעתו במספר למעוטי שתי רשעיות במלקות וממון דאינו לוקה ומשלם מעתה יאמרו רבנן בכל מקום אף גבי קנס דאינו לוקה ומשלם מכדי רשעתו דהא משמע שפיר דאתי למעוטי כל ב' רשעיות בין ממון בין קנס: הא לא קשיא ר' יהודה לא סבר לה כר"ע. דאמר עדים זוממין קנסא הוא משמע הכא דלר"ע דאית ליה דעדים זוממין קנסא לית ליה לאו שאין בו מעשה לוקין עליו דלא מצי יליף מהאי דינא וקשה דהא ר"ע אמר (לקמן דף כא:) המקיים כלאים בכרם לוקה ופירש בערוך דהיינו שמניח אותו בסוף שדהו כשמלאה זרועה דהוי לאו שאין בו מעשה לכך נראה דהמקיים כלאים בכרם היינו שעשה גדר סביב הכלאים [ט]: אלא מה להצד השוה שבהן שיש בהן צד חמור. זה אין צריך התראה [י] וזה לוקה ומשלם ותימה דהא אין זה פירכא שוה ופירש ר"י דפריך שכן הם משונים ביותר משאר מלקיות שאין צריך התראה [כ] מה שאין כן בשאר מלקיות ועוד יש לומר שכן יש בהם צד חמור שהן לוקין על דיבורם שלא עוו אלא במוצא פיהם דהכי נמי פריך בירושלמי לעיל גבי ההיא דגמרינן ממוציא שם רע ופריך מה למוציא שם רע שכן דיבור הוא ור' יהודה (ד) סבר צד חמור לא פריך לפי' [ל] דירושלמי דעדים זוממין בדיבורן איתעביד מעשה [מ]: ורבנן האי לא תענה מאי עבדי ליה. דהא דקאמר לעיל גבי לא תענה משום דהוי לאו שאין בו מעשה היינו אי לאו קרא דוהצדיקו אבל בתר דגלי לן קרא דוהצדיקו דשייך ביה מלקות יש לנו לומר (ה) דלקי מלא תענה ואם תאמר דלא לילקי ° משום [י] דהוי לאו שניתן לאזהרת מיתת ב"ד ואין לוקין עליו והכא האי לאו שניתן לאזהרת מיתת ב"ד עדות נפשות מיהו יש לומר דעדיפא משני דלגבי מלקות גופיה איצטריך לאזהרה כדפרי' אבל לעיל גבי מאתים וזו קשה למה לי כדי רשעתו לומר דלא לקי תיפוק ליה דלא תענה הוי לאו שניתן לאזהרת מיתת ב"ד ואין לוקין עליו וכי תימא לגבי אזהרת ממון (ו) דנפקא מינה לא חשיב לאו שניתן לאזהרת מיתת ב"ד זה אינו דהא אמרינן בפרק מי שהחשיך (שבת דף קנד. ושם) דמחמר בשבת דלא לקי משום דנפיק מלא תעשה מלאכה אתה ובהמתך וההוא הוי לאו שניתן לאזהרת מיתת ב"ד במלאכת גופו אע"ג דבמחמר גופיה ליכא שום צד דמיתת ב"ד מכל מקום חשיב ליה לאו שניתן לאזהרת מיתת בית דין כיון דלאו דידיה אתיא נמי למיתת ב"ד הכא נמי לא שנא וי"ל דשאני הכא דגלי קרא כדאמר רחמנא והיה אם בן הכות הרשע מכלל דלקי משום לא תענה דלא ענש אלא א"כ הזהיר אבל מ"מ קשה לעיל (ד' ג:) דפריך ותיפוק ליה מלא תענה ולמה לי והיה אם בן הכות הרשע לישני אי לאו דגלי קרא הוה אמינא דלא לקי משום דלא תענה (ז) לאו שניתן לאזהרת מיתת ב"ד כדפרישית וי"ל דעדיפא מיניה משני ועוד יש לומר דפריך לר"מ דנפקא ליה אזהרה לעדים זוממין מולא יוספו לעשות: לאזהרה לעדים זוממים. ואם תאמר לעיל גבי מעידים שחייב מאתים וזוז לימא האי טעמא לרבנן למה ליה למימר מכדי רשעתו נפקא ויש לומר דהכי קאמר לאזהרת עדים זוממין שמעידין באיש פלוני שחייב מלקות דלא הוי לקי מכאשר זמם אי לאו הזהיר דלא ענש עונש הגוף אלא אם כן הזהיר אבל לעיל דמיירי מכאשר זמם דממון ודאי לא בעי אזהרה:

אין

עין משפט נר מצוה

כח א מיי' פ"ג מהל' נערה הלכה א סמג לאוין כז ועשין ע:

כט ב מיי' פי"ט מהל' קרבן פסח הל' יא:

ל ג מיי' פי"ח מהלכות עדות הלכה ד:

רבינו חננאל

ואמרינן בשלמא לרבנן כו'. ופשוטה היא. אלא לר' מאיר דקתני לוקה ומשלם מאי טעמא. ואמרינן גמר ממוציא שם רע דכתיב ביה ויסרו אותו וכתיב ביה וענשו אותו מלקות וממון כך עדים זוממין לוקין ומשלמין. ופרכינן מה למוציא שם רע שכן קנס כדכתיב וענשו אותו. ושנינן ר' מאיר כר' עקיבא סבירא ליה דתנן (לעיל ב:) משום ר' עקיבא אמרו אף אין משלמין ע"פ עצמן מכלל דאינון קנס וקי"ל מודה בקנס פטור. איכא דמתני לשמעתא דעולא אהא דר' יהודה דמחייב א) המותיר מלקות אע"פ שאין בו מעשה. ואמר עולא גמר ר' יהודה המותיר קדשים ממוציא שם רע. ודחי' מה למוציא שם רע שכן לוקה ומשלם. אלא אמר ריש לקיש ר' יהודה מעדים זוממין שהוא לאו שאין בו מעשה ולוקין גמר המותיר. ופרכינן מה לעדים זוממין שכן אין צריכין התראה כו' ופשוטה היא. ואסיק' מה להצד השוה שבהן בעדים זוממין ובמוציא שם רע שכן תרוייהו קנס. ודחי' ר' יהודה לא סבר להא דר' עקיבא דאמר עדים זוממין קנסא הוא. ופרכינן דרך אחר מה להצד השוה שבהן שכן יש בהן צד חמור עדים זוממין לא צריכי התראה מוציא שם רע חייב מלקות וממון תאמר במותיר שאין בו אחד מאלו:

חשק שלמה על ר"ח

א) לולי הטעם דניתק לעשה:

תורה אור השלם

א) וְהָיָה אִם בִּן הַכּוֹת הָרָשָׁע וְהִפִּילוֹ הַשֹּׁפֵט וְהִכָּהוּ לְפָנָיו כְּדֵי רִשְׁעָתוֹ בְּמִסְפָּר: [דברים כה, ב]

ב) וְלֹא תוֹתִירוּ מִמֶּנּוּ עַד בֹּקֶר וְהַנֹּתָר מִמֶּנּוּ עַד בֹּקֶר בָּאֵשׁ תִּשְׂרֹפוּ: [שמות יב, י]

ג) לֹא תִרְצַח לֹא תִנְאָף לֹא תִגְנֹב לֹא תַעֲנֶה בְרֵעֲךָ עֵד שָׁקֶר: [שמות כ, יג]

ד) וְהַנִּשְׁאָרִים יִשְׁמְעוּ וְיִרָאוּ וְלֹא יֹסִפוּ לַעֲשׂוֹת עוֹד כַּדָּבָר הָרָע הַזֶּה בְּקִרְבֶּךָ: [דברים יט, כ]

ליקוטי רש"י

לא תותירו. ואם תותירו באש תשרופו הא ודאי ניתק לעשה [חולין קמא:]. באש תשרופו. עשה הוא ולאו שניתק לעשה אין לוקין עליו והמותיר בפסח פטור [חולין פב:]. בא הכתוב כו'. כל לאו שניתק לעשה אין לוקין עליו דמשמע זו היא תקנתו אם תעבור על הלאו עשה זאת והינצל ועוד דלא דמי ללאו דחסימה שהמלקות נסמך לו [פסחים פד.]. ליתן עשה. והנותר ממנו אחר לא תעשה והוי לאו שניתק לעשה [תמורה ד:]. אחר לא תעשה. אם תותיר ועברת על לאו באש תשרפנו נתקו הכתוב בעשה זה מעונשן של שאר לאוין לומר זה ענשו ותקנת עבירתו שישרפנו. ויפטר [סנהדרין סג.]. לומר שאין לוקין עליו. דמשמע שזה עונשו של לאו שאם הותירו ישרפנו [שבועות ג:]. לא מן השם הוא זה. לא מטעם זה המלקות בטל בו אבל כל עצמו אין בו מלקות לפי שאין בו מעשה [שבועות ג:]. לא מן השם הוא זה. כלומר טעם זה אינו מן העיקר [סנהדרין סג.]. לא מטעם זה הוא פטור [חולין פג.]. לאו שאין בו מעשה. דכשהוא מותירו לא קעביד שום מעשה [תמורה ד:]. שאין בו מעשה. ישב לו ולא אכל ומאליו נעשה נותר [חולין פג.]. לאו שאין בו מעשה אין לוקין עליו. מאם לא תשמור לעשות וגו' והפלא ה' את מכותך וגו' באלו הן הלוקין (מכות יג:) [סנהדרין י.].

מסורת הש"ס

א) [לקמן יג: כתובות לז. ב"ק פג:], ב) [לעיל ג: ג. ב"ק ה.], ג) לקמן טז. פסחים פד. סנהדרין סג. שבועות ג: חולין פג: לא. קמא: תמורה ד:, ד) רש"א יעקב, ה) [ב"מ לא. זבחים כט: תמורה ג. סנהדרין סג. לקמן טז. כ:], ו) [קדושין ה: כא. וש"נ], ז) [פסחים עז. כתובות לג. סוטה כט:], ח) למלקות וממון רש"א, ט) [וע"ע תוס' ע"ז סד. ד"ה ר"ע אומר], י) רש"א ואין זה, כ) ולוקה ומשלם רש"ל, ל) הירושלמי משום כו' מהר"ס, מ) [ועי' תוס' כתובות לג: סד"ה שכן], נ) לא תענה משום דהוי לאו שאין בו מעשה רש"א.

הגהות הב"ח

(א) תד"ה גמר וכו' דאע"פ דהוי לאו שא"ב מעשה לוקין ולמה: (ב) ד"ה סבר כו' קשה לרבנן דע"כ לא: (ג) בא"ד אלו נערות. נ"ב ריש דף ל"ב וע"ש בתוס': (ד) ד"ה אלא וכו' ור' יהודה דסבר לד וכו' דירושלמי נמי ניחא לעדים זוממין: (ה) ד"ה ורבנן וכו' יש לנו לומר דלילקי מלא תענה וא"ת אכתי לא לקי מלא תענה משום דהוי לאו שניתן לאזהרת מיתת ב"ד דאין לוקין וכו' בעדות נפשות הוא מיהו י"ל דעדיפא מיניה משני וכו' לאזהרה אבל לעיל כצ"ל ותיבת כדפרי' נמחק: (ו) בא"ד ממון דנפיק מינה וכו' מי שהחשיך אמרינן דמחמר: (ז) בא"ד תענה הוי לאו:

גליון הש"ס

גמ' מה למוציא שם רע שכן לוקה ומשלם. קשה לי דהיא גופה נילף דלוקה ומשלם אלא דליכא למילף כן דמה למש"ר שכן קנס וא"כ לפרוך בקיצור מה למש"ר שכן קנס ואי דפירכת הש"ס דאם ילפי' ממש"ר נילף ג"כ דלוקה ומשלם א"כ הו"ל למנקט אי הכי יהא ג"כ לוקה ומשלם אבל לא בהך פירכא מה למש"ר. ולפי תירוצם בתוס' כתובות דף לב בשם הריצב"א דרבנן דר"מ ס"ל דאף אם עדים זוממין קנסא מ"מ אינו לוקה ומשלם דס"ל דכדי רשעתו משמע גם בממון ומלקות ניחא דלענין אין בו מעשה פרכינן דמה למש"ר דלוקה ומשלם משא"כ בעלמא דאמעט מכדי רשעתו. אבל לתירוצם קמא דתוס' שם וזה שיטת תוס' הכא בסוגיין דאי אמרי' ע"ז קנס ילפינן ממוציא שם רע יקשה כנ"ל. שם ורבנן האי לא תענה ברעך עד שקר מאי דרשי ביה. משמע דס"ד דהש"ס דלרבנן ליכא מלקות משום לא תענה וקשה לי הא בבן גרושה מפורש דלוקין ואצטריך בזה לא תענה ואי דפירכת הש"ס דלילקי שמונים חד משום כאשר זמם וחד משום לא תענה הו"ל למנקט כך הקושיא דכמו דבבן גרושה לוקין משום לא תענה לילקי הכא שמונים אבל לשון האי לא תענה ברעך עד שקר מאי דרשי ביה הוא מוקשה. תוס' ד"ה ורבנן כו' משום דהוי לאו שניתן לאזהרת מיתת ב"ד. משמע דקושייתם דהו"ל לשנויי כן אלא דעדיפא מיניה משני ולא ידעתי איך יכול לתרץ א"כ תקשי בבן גרושה אמאי לוקה. וגם לתירוצם דעדיפא מיניה משני עדיין קשה בבנ"ג אמאי לוקה הא הוי לאו שניתן לאזהרת מיתת ב"ד. וכן במה דהקשו דל"ל לטעמא דכדי רשעתו למה לא הקשו ביותר דלמאי לקי בבנ"ג וכו' וצ"ע:

leaving over the offering meat. מְנָא לֵיהּ – **From where does [R' Yehudah] know this?**[12]

It was in response to *this* question that Ulla made his previously cited statement:

אָמַר עוּלָּא – Ulla said: גָּמַר מִמּוֹצִיא שֵׁם רַע – He derives it **from** the law of **one who defames** his wife. **מַה מוֹצִיא שֵׁם רַע לָאו שֶׁאֵין בּוֹ מַעֲשֶׂה לוֹקִין עָלָיו – Just as defaming is a prohibition whose transgression involves no action** – merely defamatory speech, which is not legally considered an action – **and one receives** ***malkus*** **for it, אַף כָּל לָאו שֶׁאֵין בּוֹ מַעֲשֶׂה לוֹקִין עָלָיו – so too, one receives** ***malkus*** **for any prohibition that does not involve an action.**

The Gemara refutes Ulla's analogy:

מַה לְמוֹצִיא שֵׁם רַע שֶׁכֵּן לוֹקֶה וּמְשַׁלֵּם – What comparison can be made **to a defamer, who receives** ***malkus*** **and must** also **pay,** thus indicating that this is a prohibition of unusual severity that cannot serve as a model for less stringent laws?[13]

Having rejected Ulla's explanation, the Gemara offers another explanation of the source for R' Yehudah's opinion that one receives *malkus* even for a prohibition that does not involve an action:

אֶלָּא אָמַר רֵישׁ לָקִישׁ – Rather, Reish Lakish said: גָּמַר מֵעֵדִים זוֹמְמִין – He derives it **from** the laws of ***zomemin*** **witnesses. מַה עֵדִים זוֹמְמִין לָאו שֶׁאֵין בּוֹ מַעֲשֶׂה לוֹקִין עָלָיו – Just as** ***zomemin*** **witnesses receive** ***malkus*** **for** violating **a prohibition that does not involve an action,** only speech,[14] **אַף כָּל לָאו שֶׁאֵין בּוֹ מַעֲשֶׂה לוֹקִין עָלָיו – so too, a person receives** ***malkus*** **for any prohibition** whose violation **does not involve an action.**

The Gemara asks:

מַה לְעֵדִים זוֹמְמִין שֶׁכֵּן אֵין צְרִיכִין הַתְרָאָה – What comparison can be made **to** ***zomemin*** **witnesses, who** – in contrast to all others who receive *malkus* – **require no prior warning,** i.e. they receive *malkus* even if they were not warned in advance that the penalty for testifying falsely is lashes?[15]

To this the Gemara responds:

מוֹצִיא שֵׁם רַע יוֹכִיחַ – The law of **the defamer will prove** that *malkus* for a prohibition involving no action is not limited to sins for which the offender is punished even without a warning. The defamer does not receive *malkus* unless he was forewarned, and yet if he was warned he *does* receive *malkus* even though his sin involves no action! **וְחָזַר הַדִּין – And the argument repeats.** You could object again that the defamer has the unique stringency of being both lashed and paying, and thereby begin the same cycle of arguments and counterarguments all over. In the final analysis, therefore, neither the *zomemin* nor the defamer by itself can serve as a source for a general principle, since each has its own unique stringency. Nevertheless, between the two of them we can learn that the principle of *malkus* for a transgression involving no action is not tied to either of their unusual stringencies: **לֹא רְאִי זֶה כִּרְאִי זֶה – The nature of this one is not like the nature of that one, וְלֹא רְאִי זֶה כִּרְאִי זֶה – and the nature of that one is not like the nature of this one.** Neither defaming nor false testimony carries the unique stringency of the other. However, **הַצַּד הַשָּׁוֶה שֶׁבָּהֶן – their common characteristic** is **לָאו שֶׁאֵין בּוֹ מַעֲשֶׂה וְלוֹקִין עָלָיו** – that each is **a prohibition that involves no action, yet a person receives** ***malkus*** **for** transgressing **it. אַף כָּל לָאו שֶׁאֵין בּוֹ מַעֲשֶׂה לוֹקִין עָלָיו – So too,** we may derive that **a person receives** ***malkus*** **for any prohibition that involves no action.**[16]

The Gemara asks further:

מַה לְהַצַּד הַשָּׁוֶה שֶׁבָּהֶן שֶׁכֵּן קְנָס – What comparison can be made **to their common characteristic, when** they share another common characteristic that **each is a fine?** Since the monetary payments of both cases are fines, we cannot derive from them the law of lashes where there is no fine. – ? –

The Gemara answers:

הָא לָא קַשְׁיָא – This is not a difficulty: רַבִּי יְהוּדָה לָא סָבַר לָהּ כְּרַבִּי עֲקִיבָא – R' Yehudah does not hold R' Akiva's view that the payment imposed on *zomemin* witnesses is a fine. Rather, he considers it a form of monetary compensation.[17] Therefore, *zomemin* witnesses and the defamer do not share *any* common

NOTES

12. The laws of *malkus* are immediately followed in the Torah by the prohibition not to muzzle an ox while it is threshing [לֹא־תַחְסֹם שׁוֹר בְּדִישׁוֹ] (see *Deuteronomy* 25:3-4). From this arrangement, the Gemara (below 13b) derives that the prohibition against muzzling is the *prototype* for all *malkus*-bearing prohibitions. This is the source for the rule invoked by R' Yehudah that a prohibition that is remedied by a positive commandment does not incur *malkus*. Just as the muzzling prohibition is not remedied by a positive commandment, so too any prohibition is subject to *malkus* only if it is not remedied by a positive commandment.

Now, the muzzling prohibition also possesses the feature that it involves an action. Thus, if R' Yehudah maintains that to be liable to *malkus* a prohibition does *not* need to involve an action, it must be because he has some other source which, in his opinion, *overrides* the above source and indicates that in the matter of action, a prohibition does *not* need to be similar to the muzzling prohibition. What is that source?

13. [The Gemara accepts this objection as a refutation of Ulla's analogy. It does not respond that R' Yehudah agrees with R' Meir that in general a person receives *malkus* and pays, because R' Yehudah was never heard to embrace this minority view, to which the halachah does not subscribe (*Ritva*).]

14. That is, in those cases in which we cannot punish the witnesses as they attempted to do to their victim, e.g. where they testified that a Kohen was the son of a divorcee (*Rashi*).

[*Rashi* does not explain the case to be where they attempted to have their victim receive *malkus,* for since the *malkus* penalty in that case comes in fulfillment of the directive to *do to him as he planned* rather than as a *malkus* punishment per se, it cannot serve as a precedent for *malkus* in general (*Shiurei R' Shmuel Rozovsky* §217).]

15. For a person to be sentenced to *malkus* or death, he must be warned just before sinning that what he is about to do is forbidden and subject to that penalty. The Gemara in *Kesubos* (33a) concludes that this requirement does not apply to *zomemin* witnesses (*Rashi*). It is thus clear that the Torah treats *zomemin* witnesses, too, with unusual severity. If so, the fact that a *zomeim* witness receives lashes even without performing an action may be another unique feature of this unusual law, to which other sins cannot be compared.

16. The principle of צַד הַשָּׁוֶה, *the common characteristic,* is one of the thirteen hermeneutical principles handed down to Moses on Mt. Sinai, where it is known as בִּנְיָן אָב מִשְּׁנֵי כְתוּבִים, *a general principle derived from two verses* (see Introduction to *Sifra*). Its application is based on the assumption that if two different cases enjoy a similar law, that law is caused by a common characteristic shared by both cases. Thus, all other cases sharing that same characteristic can be assumed to have the same law, even if they differ from each of the *individual* laws which serve as the model.

17. A payment is classified as a fine only where the sum paid is *not equal* to the damage committed, such as where the guilty party pays more than what he did (e.g. a thief, who pays double the amount he stole), or where he pays a fixed sum regardless of the extent of the damage (e.g. a man who defames his wife, who pays one hundred *shekels*). *Zomemin* witnesses, however, pay *exactly* what they sought to impose, and their penalty is therefore not classified as a קְנָס, *fine,* but as מָמוֹן, *compensatory award* (*Rashi* to *Bava Kamma* 5a ד״ה עדים זוממין דממונא הוא).

[This requires further explanation, of course, because *zomemin* are liable only if the sentence they sought to impose *was not yet carried out.* Thus, while it is true that the amount they pay is equal to what they *sought* to impose, it surely exceeds the damage they *actually* inflicted. How then can their penalty be considered "compensation"?

Kovetz Beurim (§8) answers that the nature of the *hazamah* punishment is that the very verdict that the *zomemin* caused to be

עין משפט נר מצוה

כח א מיי' פ"ג מהל' נערה הלכה א סמג לאוין כ ועשין נו:
כט ב מיי' פ"י מהל' קרבן פסח הל' יא:
ל ג מיי' פי"ח מהלכות עדות הלכה ד:

רבינו חננאל

ואמרינן בשלמא לרבנן כו'. ופשוטה היא. אלא לר' מאיר דקתני לוקה ומשלם מאי טעמא. ואמרינן גמר ממוציא שם רע דכתיב ביה ויסרו אותו וכתיב ביה וענשו אותו מלקות וממון כך עדים זוממין לוקין ומשלמין. ופרכינן מה למוציא שם רע שכן קנס כדכתיב וענשו אותו. ושנינן ר' מאיר כר' עקיבא סבירא ליה דתנן (לעיל ב:) משום ר' עקיבא אמרו אף אין משלמין ע"פ עצמן מכלל דאינון קנס וקי"ל מודה בקנס פטור. איכא דמתני לשמעתא דעולא אהא דר' יהודה דמחייב א) המותיר מלקות אע"פ שאין בו מעשה. ואמר עולא גמר ר' יהודה המותיר קדשים ממוציא שם רע. ודחי' מה למוציא שם רע שכן לוקה ומשלם. אלא אמר ריש לקיש ר' יהודה מעדים זוממין שהוא לאו שאין בו מעשה ולוקין גמר המותיר. ופרכינן מה לעדים זוממין שכן אין צריכין התראה כו' ופשוטה היא. ואסיק' מה להצד השוה שבהן בעדים זוממין ובמוציא שם רע שכן תרוייהו קנס. ודחי' ר' יהודה לא סבר להא דר' עקיבא דאמר עדים זוממין קנסא הוא. ופרכינן דרך אחר מה להצד השוה שבהן שכן יש בהן צד חמור עדים זוממין לא צריכי התראה מוציא שם רע חייב מלקות וממון תאמר במותיר שאין בו אחד מאלו:

חשק שלמה על ר"ח

א) לולי הטעם דניתק לעשה:

גמ'

בשלמא לרבנן א) כדי רשעתו כתיב משום רשעה אחת אתה מחייבו ואי אתה מחייבו משום שתי רשעיות אלא רבי מאיר מ"ט אמר עולא גמר ממוציא שם רע מה מוציא שם רע א לוקה ומשלם אף כל לוקה ומשלם מה למוציא שם רע שכן קנס סבר לה ג) כר' עקיבא דאמר עדים זוממין קנסא הוא איכא דמתני להא דעולא אהא ב) דתניא ב) לא תותירו ממנו עד בקר והנותר ממנו עד בקר וגו' בא הכתוב ליתן עשה אחר ל"ת לומר ב שאין לוקין עליו דברי ר' יהודה ר' ד) עקיבא אומר לא מן השם הוא זה אלא משום דה"ל לאו שאין בו מעשה וכל לאו שאין בו מעשה אין לוקין עליו מכלל דר' יהודה סבר ה) לאו שאין בו מעשה לוקין עליו מנא ליה אמר עולא גמר ממוציא שם רע מה מוציא שם רע לאו שאין בו מעשה לוקין עליו אף כל לאו שאין בו מעשה לוקין עליו ° מה למוציא שם רע שכן לוקה ומשלם אלא אמר ריש לקיש גמר מעדים זוממין מה עדים זוממין לאו שאין בו מעשה לוקין עליו אף כל לאו שאין בו מעשה לוקין עליו מה לעדים זוממין שכן ג אין צריכין התראה מוציא שם רע יוכיח ו) וחזר הדין לא ראי זה כראי זה ולא ראי זה כראי זה הצד השוה שבהן לאו שאין בו מעשה ולוקין עליו אף כל לאו שאין בו מעשה לוקין עליו מה להצד השוה שבהן שכן קנס הא לא קשיא רבי יהודה לא סבר לה כרבי עקיבא אלא מה להצד השוה שבהן שכן ז) יש בהן צד חמור ורבי יהודה צד חמור לא פריך ° ורבנן האי ג) לא תענה ברעך עד שקר מאי דרשי ביה ההוא מיבעי ליה לאזהרה לעדים זוממין ורבי מאיר אזהרה לעדים זוממין מנא ליה אמר רבי ירמיה נפקא ליה ד) מוהנשארים ישמעו ויראו ולא יוסיפו עוד ורבנן ההוא מיבעי ליה להכרזה

רש"י

מוציא שם רע. לא מצאתי לבתך בתולים: לוקה ומשלם. דכתיב (דברים כב) ויסרו אותו וענשו אותו ואמרי' בכתובות (דף מו.) ויסרו זה מלקות וילפינן לה מקראי: שכן קנס. וכל קנס חידוש הוא ומחידוש לא ילפינן לממונא: איכא דמתני לה. להא דעולא: לומר שאין לוקין עליו. שהעשה האמור אחריו תקנתו וכפרתו על עבירת הלאו: לא מן השם הוא זה. אין טעם זה עיקר דלאו שניתק לעשה אין לוקין עליו אלא מפני מה המותיר אינו לוקה לפי שהוא לאו שאין בו מעשה: גמר מעדים זוממין מה עדים זוממין לאו שאין בו מעשה ולוקין. עדים זוממין לוקין על דיבורם בעדי בן גרושה ובן חלוצה: עדים זוממין אין צריכין התראה. בכתובות אמרינן טעמא באלו נערות (דף לג.) נתרי בהו אימת כו' אבל כל שאר עונשין בב"ד של מטה צריכין התראה: צד חמור לא פריך. הואיל וחומרו של זה אינו חומרו של זה אין טעם המלקות תלוי בו: לאזהרה לעדים זוממין. לענשן בדין הזומה ולא ניתן לעונש מלקות אלא שלא היה לו לענשן בדין הזומה אלא א"כ הזהיר: והנשארים ישמעו ויראו ולא יוסיפו לעשות. הרי אזהרה בפרשת עדים זוממין כתיב: להכרזה

תוספות

בשלמא לרבנן כתיב כדי רשעתו כו'. והאי רשע רוצה לומר ממון כדמוכח בכתובות (דף לב: ושם) אלא ר' מאיר מאי טעמא פירוש הא כתיב כדי רשעתו דמשמע משום רשעה אחת אתה מחייבו וכו' וא"ת ומאי פריך והא בכתובות מוקי האי קרא ללוקין ולמיתה וי"ל דכל זה מן הפירכא אלא לר' מאיר הוה ליה למדרש ולומר רשעתו שאין אתה מחייבו משום שתי רשעיות ח) ולא ללוקין ולמיתה: גמר ממוציא שם רע. וא"ת לילפו נמי עדים זוממין ממוציא שם רע דאע"פ (א) דהאי לאו שאין בו מעשה ולמה לי והיה אם בן הכות הרשע ויש לומר דמוציא שם רע גופיה לא ידענא דלקי אלא מוהיה אם בן הכות הרשע כדקאמר בפ' נערה שנתפתתה (כתובות דף מו.) למדנו יסרו מויסרו ויסרו מבן [ובן מבן והיה] אם בן הכות הרשע: סבר לה כר"ע דאמר עדים זוממין קנסא הוא. פי' ולהכי יליף ליה ממוציא שם רע ורבנן סברי ממונא הוא ולהכי לא ילפינן ליה ממוציא שם רע משמע דלר"מ אינו לוקה ומשלם אלא גבי קנס אבל גבי ממון לא וקשה דבפ' השוכר את הפועלים (ב"מ דף צא. ושם) תניא החוסם פי פרה ודש בה לוקה ומשלם ד' קבין לפרה וג' קבין לחמור ומוקי לה כר' מאיר דאית ליה לוקה ומשלם והתם ממון הוא ועוד דאמרינן בפ' אלו נערות (כתובות דף לד: ושם) ר"מ לוקה ומשלם אית ליה מת ומשלם לית ליה משמע בכל ענין וכן קשה (ב) מדרבנן דע"כ לא פליגי רבנן עליה דרבי מאיר אלא משום דסבירא להו דעדים זוממין ממונא הוא ולכך לא מצי יליף ממוציא שם רע אבל בקנס מודו דילפינן לוקה ומשלם ממוציא שם רע ובפרק אלו נערות (ג) (שם דף לב.) גבי קנס פריך הא קי"ל דאינו לוקה ומשלם פירוש כרבנן דר"מ אלמא פליגי רבנן אפי' גבי קנס וי"ל דודאי בין לר"מ בין לרבנן ליכא חילוק בין ממון לקנס לענין דין דלוקה ומשלם דהא מכדי רשעתו ילפינן ליה וכדי רשעתו כתיב גבי עדים זוממין הלכך לר' מאיר דסבר עדים זוממין קנסא הוא ושפיר ילפינן להו ממוציא שם רע למימרא דלוקין ומשלמין א"כ כדי רשעתו דנכתב גבי דידהו דממעט שתי רשעיות ליכא לאוקומה במלקות וממון וצריכי לאוקומי במיתה ומלקות כדאיתא בפ' אלו נערות א"כ ודאי אמר ר"מ בכל דוכתי דלוקה ומשלם אף לגבי ממון דמהיכא תיתי למעוטי אבל רבנן דסבירא להו דעדים זוממין ממונא הוא לכך לא ילפינן ממוציא שם רע דלוקה ומשלם והלכך דרשינן מקרא מכדי רשעתו במספר למעוטי שתי רשעיות במלקות וממון דאינו לוקה ומשלם מעתה יאמרו רבנן בכל מקום אף גבי קנס דאינו לוקה ומשלם מכדי רשעתו דהא משמע שפיר דאתי למעוטי כל ב' רשעיות בין ממון בין קנס: הא לא קשיא ר' יהודה לא סבר לה כר"ע. דאמר עדים זוממין קנסא הוא משמע הכא דלר"ע דאית ליה דעדים זוממין קנסא לית ליה לאו שאין בו מעשה לוקין עליו דלא מצי יליף מהאי דינא וקשה דהא ר"ע אמר (לקמן דף כא:) המקיים כלאים בכרם לוקה ופירש בערוך דהיינו שמניח אותו בסוף שדהו כשמלאה זרועה דהוי לאו שאין בו מעשה לכך נראה דהמקיים כלאים בכרם היינו שעשה גדר סביב הכלאים ט): אלא מה להצד השוה שבהן שיש בהן צד חמור. זה אין צריך התראה י) וזה לוקה ומשלם ותימה דהא אין זה פירכא שוה ופירש ר"י דפריך שכן הם משונים ביותר משאר מלקיות שאין צריך התראה כ) מה שאין כן בשאר מלקיות ועוד יש לומר שכן יש בהם צד חמור שהן לוקין על דיבורם שלא עוו אלא במולא פיהם דהכי נמי פריך בירושלמי לעיל גבי ההיא דגמרינן ממוציא שם רע ופריך מה למוציא שם רע שכן דיבור הוא ור' יהודה (ד) סבר צד חמור לא פריך לפי' ל) דירושלמי דעדים זוממין בדיבורן איתעביד מעשה מ): ורבנן האי לא תענה מאי עבדי ליה. דהא דקאמר לעיל גבי לא תענה משום דהוי לאו שאין בו מעשה היינו אי לאו קרא דוהצדיקו אבל בתר דגלי לן קרא דוהצדיקו דשייך ביה מלקות יש לנו לומר (ה) דלקי מלא תענה ואם תאמר דלא לילקי ° משום נ) דהוי לאו שניתן לאזהרת מיתת ב"ד ואין לוקין עליו והכא האי לאו שניתן לאזהרת מיתת ב"ד עדות נפשות מיהו יש לומר דעדיפא משני דלגבי מלקות גופיה איצטריך לאזהרה כדפרי' אבל לעיל גבי מאתים זוז קשה למה לי כדי רשעתו לומר דלא לקי תיפוק ליה דלא תענה הוי לאו שניתן לאזהרת מיתת ב"ד ואין לוקין עליו וכי תימא לגבי אזהרת ממון (ו) דנפקא מינה לא חשיב לאו שניתן לאזהרת מיתת ב"ד זה אינו דהא אמרינן בפרק מי שהחשיך (שבת דף קנד. ושם) דמחמר בשבת דלא לקי משום דנפיק מלא תעשה מלאכה אתה ובהמתך וההוא הוי לאו שניתן לאזהרת מיתת ב"ד במלאכת גופו אע"ג דבמחמר גופיה ליכא שום לד דמיתת ב"ד מכל מקום חשיב ליה לאו שניתן לאזהרת מיתת בית דין כיון דלאו דידיה אתיא נמי למיתת ב"ד הכא נמי לא שנא וי"ל דשאני הכא דגלי קרא כדאמר רחמנא והיה אם בן הכות הרשע מכלל דלקי משום לא תענה דלא ענש אלא א"כ הזהיר אבל מ"מ קשה לעיל (ד' ב:) דפריך ותיפוק ליה מלא תענה ולמה לי והיה אם בן הכות הרשע לישני אי לאו דגלי קרא הוה אמינא דלא לקי משום דלא תענה (ז) לאו שניתן לאזהרת מיתת ב"ד כדפרישית וי"ל דעדיפא מיניה משני ועוד יש לומר דפריך לר"מ דנפקא ליה אזהרה לעדים זוממין מולא יוסיפו לעשות: לאזהרה לעדים זוממים. ואם תאמר לעיל גבי מעידים שחייב מאתים זוז לימא האי טעמא לרבנן למה ליה למימר מכדי רשעתו נפקא ויש לומר דהכי קאמר לאזהרת עדים זוממין שמעידין באיש פלוני שחייב מלקות דלא הוי לקי מכאשר זמם אי לאו הזהיר דלא ענש עונש הגוף אלא אם כן הזהיר אבל לעיל דמיירי מכאשר זמם דממון ודאי לא בעי אזהרה: אין

תורה אור השלם

א) וְהָיָה אִם בִּן הַכּוֹת הָרָשָׁע וְהִפִּילוֹ הַשֹּׁפֵט וְהִכָּהוּ לְפָנָיו כְּדֵי רִשְׁעָתוֹ בְּמִסְפָּר: [דברים כה, ב]
ב) וְלֹא תוֹתִירוּ מִמֶּנּוּ עַד בֹּקֶר וְהַנֹּתָר מִמֶּנּוּ עַד בֹּקֶר בָּאֵשׁ תִּשְׂרֹפוּ: [שמות יב, י]
ג) לֹא תִרְצָח לֹא תִנְאָף לֹא תִגְנֹב לֹא תַעֲנֶה בְרֵעֲךָ עֵד שָׁקֶר: [שמות כ, יג]
ד) וְהַנִּשְׁאָרִים יִשְׁמְעוּ וְיִרָאוּ וְלֹא יֹסִפוּ לַעֲשׂוֹת עוֹד כַּדָּבָר הָרָע הַזֶּה בְּקִרְבֶּךָ: [דברים יט, כ]

ליקוטי רש"י

לא תותירו. ואם תותירו באש תשרפוהו ולאי ניתק לעשה [חולין קמא:]. באש תשרופו. עשה הוא ולאו שניתק לעשה אין לוקין עליו והמותיר בפסח פטור [חולין פב:]. בא הכתוב כו'. כל לאו שניתק לעשה אין לוקין עליו דמשמע זו היא תקנתו אם תעבור על הלאו עשה זאת והינצל ועוד דלא דמי ללאו דחסימה שהמלקות נסמך לו [פסחים פד.]. ליתן עשה. והנותר ממנו אחר לא תעשה והוי לאו שניתק לעשה [תמורה ד:]. אחר לא תעשה. אם תותיר ועברת על לאו בא"ש תשרפנו נתקו הכתוב בעשה זה מעונשן של שאר לאוין לומר זה ענשו ותקנת עבירתו שישרפנו. [שבועות ג:]. לומר שאין לוקין עליו. דמשמע שזה עונשו של לאו שאם הותירו ישרפנו ויפטר [סנהדרין סג:]. לא מן השם הוא זה. לא מטעם זה המלקות בטל בו אבל כל עצמו אין בו מלקות לפי שאין בו מעשה [שבועות ג:]. לא מן השם הוא זה. כלומר טעם זה אינו מן העיקר [סנהדרין סג:]. לא מטעם זה הוא פטור [חולין פג.]. לאו שאין בו מעשה. דכשהוא מותירו לא קעביד שום מעשה [תמורה ד:]. שאין בו מעשה. ישב לו ולא אכל ומאליו נעשה נותר [חולין פג.]. לאו שאין בו מעשה אין לוקין עליו. מאם לא תשמור לעשות וגו' והפלא ה' את מכותך וגו' באלו הן הלוקין (מכות יג:) [סנהדרין י.].

מסורת הש"ס

א) [לקמן יג: כתובות לז. ב"ק פג:], ב) [לעיל ג: ג. ב"ק ה.], ג) לקמן טז. פסחים פד. סנהדרין סג. שבועות ג. חולין פג: לא. קמא: תמורה ד:, ד) רש"א יעקב, ה) [ב"מ לא. זבחים כט: תמורה ג. סנהדרין סג. לקמן טז. כ:], ו) [קדושין ה: לא. וש"נ], ז) [פסחים עז. כתובות לב. סוטה כט:], ח) למלקות וממון רש"א, ט) [וע"ע תוס' ע"ז סד. ד"ה ר"ע אומר], י) רש"א ואין זה, כ) ולוקה ומשלם רש"ל, ל) הירושלמי משום כו' מהרש"א, מ) [וע' תוס' כתובות לב: סד"ה שכן], נ) לא תענה משום דהוי לאו שאין בו מעשה רש"א.

הגהות הב"ח

(א) תד"ה גמר וכו' דאע"פ דהוי לאו שא"ב מעשה לוקין ולמה: (ב) ד"ה סבר כו' קשה לרבנן דע"כ לא: (ג) בא"ד אלו נערות. נ"ב ריש דף ל"ב וע"ש בתוס': (ד) ד"ה אלא וכו' ור' יהודה סבר לד וכו' דירושלמי נמי ניחא לעדים זוממין: (ה) ד"ה ורבנן וכו' יש לנו לומר דלילקי מלא תענה וא"ת אמאי לא לקי מלא תענה משום דהוי לאו שניתן לאזהרת מיתת ב"ד לאין לוקין וכו' בעדות נפשות הוא מיהו י"ל דעדיפא מיניה משני וכו' לאזהרה אבל לעיל כל"ל ותיבת כדפרי' נמחק: (ו) בא"ד ממון דנפיק מינה וכו' מי שהחשיך אמרינן דממחמר: (ז) בא"ד תענה הוי לאו:

גליון הש"ס

גמ' מה למוציא שם רע שכן לוקה ומשלם. קשה לי דהיא גופא נילף לוקה ומשלם אלא דליכא למילף כן דמה למש"ר שכן קנס וא"כ לפרוך בקיצור מה למש"ר שכן קנס ואי דפירכת הש"ס דאם לפי' ממש"ר נילף ג"כ דלוקה ומשלם א"כ הו"ל למנקט אי הכי יהא ג"כ לוקה ומשלם אבל לא בהך פירכא מה למש"ר. ולפי תירוץ בתוס' כתובות דף לב בשם הריצב"א דלרבנן דר"מ ס"ל דאף אם עדים זוממין קנסא מ"מ אינו לוקה ומשלם דס"ל דכדי רשעתו משמע גם בממון ומלקות ניחא דלענין אין בו מעשה פרכינן דמה למש"ר דלוקה ומשלם משא"כ בעלמא דאתמעט מכדי רשעתו. אבל לתירוץ קמא דתוס' שם וזה שיטת תוס' הכא בסוגיין דלא אמרי' ע"ז קנס ילפינן ממוציא שם רע יקשה כנ"ל. שם ורבנן האי לא תענה ברעך עד שקר מאי דרשי ביה. משמע דס"ד דהש"ס דלרבנן ליכא מלקות משום לא תענה וקשה לי הא בבן גרושה מפורש דלוקין ואצטריך בזה לא תענה ואי דפירכת הש"ס דלילקי שמונים חד משום כאשר זמם וחד משום לא תענה הו"ל למנקט כך הקושיא דכמו דבבן גרושה לוקין משום לא תענה נילקי הכא שמונים אבל לשון האי לא תענה ברעך עד שקר מאי דרשי ביה הוא מוקשה. תוס' ד"ה ורבנן כו' משום דהוי לאו שניתן לאזהרת מיתת ב"ד. משמע דקושייתם דהו"ל לשנויי כן אלא דעדיפא מיניה משני ולא ידעתי איך יכול לתרץ כן א"כ תקשי בבן גרושה אמאי לוקה. וגם לתירוצם דעדיפא מיניה משני עדיין קשה בב"ג אמאי לוקה לאזהרת מיתת ב"ד. וכן במה דהקשו דל"ל לטעמא דכדי רשעתו למה לא הקשו ביותר דלמאי לי קרא בב"ג וכו' וצ"ע:

stringency which should prevent us from deriving other prohibitions from them.

The Gemara again seeks to refute the analogy:

אֶלָּא מַה לְהַצַּד הַשָּׁוֶה שֶׁבָּהֶן שֶׁכֵּן יֵשׁ בָּהֶן צַד חָמוּר – Still, what comparison can be made **to the common characteristic between them when** they share another common characteristic that **each has a stringent aspect?**[18]

The Gemara responds:

וְרַבִּי יְהוּדָה צַד חָמוּר לֹא פָּרִיךְ – R' Yehudah does not recognize the refutation of a stringent aspect.[19]

The Gemara returns to analyze the Mishnah.[20] R' Meir states in the second half of the Mishnah that *zomemin* who attempted to have the defendant receive *malkus* are lashed eighty stripes, forty for having violated the prohibition *you shall not bear false witness* etc., and forty in fulfillment of the verse *as he planned.* The Rabbis, however, maintain that they are lashed only forty stripes, in fulfillment of *as he planned.* The Gemara asks:

וְרַבָּנָן – And the Rabbis, הַאי ,,לֹא־תַעֲנֶה בְרֵעֲךָ עֵד שָׁקֶר" מַאי **דָּרְשֵׁי בֵּיהּ – what do they derive from this** verse: ***you shall not bear false witness against your fellow man?***[21]

The Gemara replies:

הַהוּא מִיבָּעֵי לֵיהּ לְאַזְהָרָה לְעֵדִים זוֹמְמִין – They need that verse **for the** basic **warning to *zomemin* witnesses,** upon which their reciprocal punishment is based.[22]

The Gemara asks:

וְרַבִּי מֵאִיר – If so, **then R' Meir,** who imposes lashes as punishment for the sin of false testimony in addition to the reciprocal penalty, **אַזְהָרָה לְעֵדִים זוֹמְמִין מְנָא לֵיהּ – from where does *he* derive the warning to *zomemin* witnesses** for their reciprocal penalty? He cannot derive it from this injunction, since if he did, there would be no separate *malkus* for violating the injunction; its punishment would be limited to the *hazamah* penalty. – ? –

The Gemara answers:

אָמַר רַבִּי יִרְמְיָה – R' Yirmiyah said: נַפְקָא לֵיהּ – He derives it מִ,,וְהַנִּשְׁאָרִים יִשְׁמְעוּ וְיִרָאוּ וְלֹא־יֹסִפוּ . . . עוֹד" **– from** the verse:[23] ***And all who remain shall hear and fear and they shall not continue** to do **further** like this evil thing in your midst,* which is stated in reference to *zomemin* witnesses.

The Gemara asks:

וְרַבָּנָן – And the Rabbis, how do they explain the need for this verse, since, according to them, it is not required for the basic prohibition against *zomemin* witnesses?

The Gemara answers:

הַהוּא מִיבָּעֵי לֵיהּ – That verse **is needed**

NOTES

handed down against their victim devolves upon their own heads. Accordingly, since for their victim the verdict would have been a monetary payment and not a fine (because even if what they sought to impose on their victim was a fine, once the court orders its payment it becomes a monetary obligation no different than any other), for them too it is a monetary payment. See also *Rashba* to *Bava Kamma* 5a.]

18. Although the defamer and *zomeim* witnesses do not share the *same* stringency, they both nevertheless possess *unique* stringencies (the defamer pays in addition to receiving *malkus,* and *zomemin* witnesses require no warning). Perhaps, then, the stringency that the sinner receives *malkus* even though he did not perform any action is linked to the fact that there is a stringent aspect (see next note).

19. Since the unique stringency of each law is not present in the other.

Tosafos find difficulty with the Gemara's suggested objection to R' Yehudah's צַד הַשָּׁוֶה. The basic premise of the צַד הַשָּׁוֶה derivation is that each stringency unique to each individual case cannot be the determining factor for the common rule. If we are to say, as the Gemara appears to have suggested, that the fact that each one has a stringent aspect is in itself considered a common characteristic, it would never be possible to derive anything through a צַד הַשָּׁוֶה!

Tosafos suggest that our Gemara does not mean to say simply that they share the common characteristic of having a stringent aspect, but rather that they share the common characteristic of having a *highly unusual* stringent aspect. Being subject to the double penalties of *malkus* and monetary payment and not requiring a warning before being corporally punished are stringent aspects that are not found anywhere else in the Torah. See *Ritva* here and *Maharam Schif* to *Kesubos* 32a בתוס' ד"ה שכן for other resolutions to this difficulty.

20. [Some prints of the Talmud insert here, as an introductory heading to the coming Gemara, the phrase from the Mishnah מְעִידִין אָנוּ כו' (see *Dikdukei Soferim*), indicating that the give-and-take that follows refers particularly to the *second* dispute recorded in the Mishnah (see *Cheshek Shlomo*). *Tosafos'* comments (see ד"ה לאזהרה) demonstrate that this is indeed how they understood the Gemara.]

21. *Exodus* 20:13. I.e. how do they explain the verse such that they dispute R' Meir and maintain that the witnesses in this case receive only one set of lashes, for the verse *as he planned,* and not also a second set, for the verse *you shall not bear false witness*? (see *Rashash;* cf. *Gilyon HaShas*).

[The Gemara does not simply assume, as it did regarding the first dispute in the Mishnah, that the Rabbis' reason is the verse כְּדֵי רִשְׁעָתוֹ, *his wickedness,* which teaches that a person cannot receive two punishments for a single deed. For כְּדֵי רִשְׁעָתוֹ precludes receiving only *malkus* and another *type* of penalty (i.e. execution or a monetary payment). However, receiving more than one set of lashes is *not* excluded by this principle, since they are both the same type of punishment (*Rashash;* see *Tosafos* to *Moed Katan* 2b ד"ה חייב שתים).]

22. [The Gemara takes as axiomatic in various places that the Torah would not state a punishment for a particular act without warning that that act is forbidden. Thus, it is not uncommon to find that after identifying the Scriptural source for the punishment for a particular sin, the Gemara will ask עוֹנֶשׁ שָׁמַעְנוּ אַזְהָרָה מִנַּיִן, *we have learned the punishment, but from where [do we derive] the Scriptural warning?* (*Sefer HaChinuch* §69).] Accordingly, the Gemara answers that the Rabbis maintain that there is no separate penalty of *malkus* administered for the verse *you shall not bear false witness,* because that verse is needed for the Scriptural warning upon which the punishment *you shall do to him as he planned* is based. The Torah would not impose this punishment for the false testimony without warning that false testimony is forbidden (*Rashi*).

The question arises: In light of this answer, why did the Gemara need to state at the beginning of the *amud,* when it discussed the first case of the Mishnah in which *zomemin* attempted to make their victim pay money, that the reason for the Rabbis' opinion that the witnesses do not both receive *malkus* (for the prohibition *you shall not bear false witness*) and pay (on account of *as he planned*) is the verse כְּדֵי רִשְׁעָתוֹ? Why not use the same explanation as given here, that the verse *you shall not bear false witness* cannot serve as a source for a *malkus* penalty because it is needed as a warning for the reciprocal penalty of *as he planned*? *Tosafos* answer that the requirement that a punishment have a Scriptural warning is true only of *corporal* punishment. *Monetary* punishments, however, require no Scriptural warning. Cf. *Ritva,* top of the *amud* ד"ה בשלמא לרבנן.

23. *Deuteronomy* 19:20.

לְהַכְרָזָה – **for** the principle of **proclamation.** The verse teaches that the court must publicly proclaim after punishing the *zomemin* witnesses, "So-and-so and So-and-so were executed for having testified falsely!" in order to serve as a warning to others.[1]

The Gemara explains the other view:

וְרַבִּי מֵאִיר – **And R' Meir,** הַכְרָזָה מִ,,יִשְׁמְעוּ וְיִרָאוּ'' נַפְקָא – **he derives** the principle of **proclamation from** the verse's earlier phrase ***they shall hear and they shall fear,*** leaving the end of the verse – *and they shall not continue to do further* – to serve as the warning to *zomemin* witnesses.

Mishnah מְשַׁלְּשִׁין בְּמָמוֹן – **They** [the convicted *zomemin* witnesses] **divide**[2] the penalty **in** the case of **money,** וְאֵין מְשַׁלְּשִׁין בְּמַכּוֹת – **but they do not divide** the penalty **in** the case of ***malkus.*** כֵּיצַד – **How so?** הֶעִידוּהוּ שֶׁהוּא חַיָּיב לַחֲבֵירוֹ מָאתַיִם זוּז – **If they testified about [a person] that he owed his fellow two hundred *zuz*** וְנִמְצְאוּ זוֹמְמִין – **and they were found to be *zomemin,*** and were thus sentenced to pay two hundred *zuz* to their intended victim, מְשַׁלְּשִׁין בֵּינֵיהֶם – **they divide** the payment **among themselves.**[3] אֲבָל אִם הֶעִידוּהוּ שֶׁהוּא חַיָּיב מַלְקוֹת אַרְבָּעִים – **But if they testified about him that he was liable to forty lashes** וְנִמְצְאוּ זוֹמְמִין – **and they were found to be *zomemin,*** and were thus sentenced to a reciprocal punishment of forty lashes, כָּל אֶחָד וְאֶחָד לוֹקֶה אַרְבָּעִים – **each one receives forty lashes;**[4] the lashes are not divided among them.[5]

Gemara The Gemara seeks the source for the law that each *zomeim* witness receives the full set of lashes:

מְנָא הָנֵי מִילֵּי – **From where is this derived?** אָמַר אַבַּיֵי – **Abaye said:** נֶאֱמַר ,,רָשָׁע'' בְּחַיָּיבֵי מַלְקִיּוֹת – **The word *rasha* is stated** in regard to **those who are liable to *malkus,***[6] וְנֶאֱמַר ,,רָשָׁע'' בְּחַיָּיבֵי מִיתוֹת בֵּית דִּין – **and** the word ***rasha* is stated in regard to those who are liable to execution by the courts.**[7] מַה לְהַלָּן אֵין מִיתָה לְמֶחֱצָה – **Just as there** in the case of the death sentence, **there is no execution by half,** אַף כָּאן אֵין מַלְקוֹת לְמֶחֱצָה – **so too here, there are no lashes by half;** i.e. the punishment of lashes is not meted out by the courts in half measures.[8]

Another basis for the Mishnah's rule is offered:

רָבָא אָמַר – **Rava said:** בְּעֵינַן ,,כַּאֲשֶׁר זָמַם לַעֲשׂוֹת לְאָחִיו'' – **We need** to do to the false witness ***as he planned to do to his brother,*** וְלֵיכָּא – **and this is lacking** if we give them each just a share of the lashes they sought to impose.[9]

The Gemara asks:

אִי הָכִי מָמוֹן נַמֵּי – **If so,** in the case of **money too** we should exact full payment from each of the witnesses to fulfill the requirement of a reciprocal penalty! – ? –

The Gemara answers:

מָמוֹן מִצְטָרֵף – **Money** from two different people **combines** to form a single reciprocal payment, מַלְקוֹת לֹא מִצְטָרֵף – but **lashes** inflicted on two different people **do not combine** to form a single set of lashes, since one person's lashes have no link whatsoever to the other's.[10]

Mishnah The Mishnah will now define the type of testimony that is considered *hazamah*:

אֵין הָעֵדִים נַעֲשִׂים זוֹמְמִין – **Witnesses do not become *zomemin*** עַד שֶׁיָּזִימּוּ אֶת עַצְמָן – **until [other witnesses] discredit them personally.**[11] כֵּיצַד – **How so?** אָמְרוּ – **If they said** in their testimony: מְעִידִין אָנוּ בְּאִישׁ פְּלוֹנִי שֶׁהָרַג אֶת הַנֶּפֶשׁ – **"We testify against this-and-this person that he killed someone,"** אָמְרוּ לָהֶם – **and [other witnesses] said to them,** הֵיאַךְ אַתֶּם מְעִידִין – **"How can you testify** about this event שֶׁהֲרֵי נֶהֱרַג זֶה אוֹ הַהוֹרֵג זֶה – **when this murder victim, or this** alleged **murderer,** הָיָה עִמָּנוּ אוֹתוֹ הַיּוֹם בְּמָקוֹם פְּלוֹנִי – **was with us that day in this-and-this place,"** אֵין אֵלּוּ זוֹמְמִין – **these** first witnesses **are not** rendered ***zomemin.***[12] אֲבָל

NOTES

1. The Gemara in *Sanhedrin* (89a) derives from Scripture that the case of *zomemin* is one of four cases of execution in which such a proclamation is required (*Rashi*). [*Rambam* (*Hil. Eidus* 18:7) states that *all* punishments decreed upon *zomemin* witnesses – whether capital, corporal or monetary – are publicly proclaimed.]

2. See *Rashi* 3a ד"ה משלשין and note 3 there for the etymology of this word.

3. Thus, in a standard case of two witnesses, each would pay 100 *zuz.* If there were more witnesses in the group, they would divide the payment accordingly (*Rambam, Hil. Eidus* 18:1).

4. That is, thirty-nine lashes, as explained by the Mishnah on 22a.

5. The Gemara will explain why.

6. וְהָיָה אִם־בִּן הַכּוֹת הָרָשָׁע, *And it shall be that if the* ***rasha*** [guilty one] *is liable to lashes* (*Deuteronomy* 25:2).

7. אֲשֶׁר־הוּא רָשָׁע לָמוּת, *that he is a* ***rasha*** [guilty] *to die* (*Numbers* 35:31).

8. Although execution is not susceptible to division whereas lashes are, a *gezeirah shavah* may nevertheless be used to derive the law in the case of the possible from the situation in the case of the impossible [דָּנִין אֶפְשָׁר מִשֶּׁאִי אֶפְשָׁר]. [*Tosafos* (*Menachos* 82b ד"ה והשתא, *Bechoros* 56a ד"ה ומה בכך and *Yevamos* 46a ד"ה אמר ליה) question how our law would be derived according to R' Akiva's general view that the law in the case of the possible cannot be derived from the situation in the case of the impossible. *Ramban* and *Ritva* conclude that Abaye holds that a *gezeirah shavah* derivation is different in this respect. See *Ritva* and *Tos. Yeshanim* to *Yevamos* 46a for other resolutions.]

9. Since they sought to impose a full set of lashes on their victim, the law of reciprocal punishment requires that they suffer a full set of lashes in return (*Rashi*).

10. In the case of money, two half-payments combine to form a full payment when they are collected and paid over to the intended victim. He indeed receives the full amount of which they sought to deprive him. [Thus, a "reciprocal penalty" may be said to have been imposed.] In the case of *malkus,* however, there is no point at which the half-set inflicted on one can be said to combine with the half-set inflicted on the other, since the lashes are not "collected" by anyone. [Thus, a reciprocal penalty has not been meted out unless each witness receives a full set of lashes] (*Ritva; Rabbeinu Yehonasan*). [Others suggest that lashes given to two different people cannot combine because the pain of each successive lash is progressively worse. Hence, two witnesses each suffering half a set of lashes do not together suffer the same amount as one person who receives a full set. Dividing lashes between witnesses would therefore not constitute a reciprocal penalty (*Beis HaLevi,* end of *Parashas Beshalach*).]

[*R' Eliezer of Metz,* in his *Sefer Yerei'im* §243, wonders what the Biblical source is for the Gemara's assumption that the monetary penalty of *zomemin* witnesses is paid to the intended victim rather than to the court to distribute as it sees fit. See *Teshuvos Radvaz* 3:1049 and *Gilyonei HaShas* for answers to this question.]

11. I.e. until their testimony challenges the first set of witnesses in matters relating to their own actions, and not those of the victim or his assailant, as the Mishnah will now explain (*Rashi, Tosafos, Rif;* cf. *Geonim,* cited by *Rabbeinu Chananel* and elaborated by *Teshuvos Chasam Sofer, Choshen Mishpat* §141).

12. [For they have not discredited the persons of the first witnesses, merely contradicted them on the facts. Whereas the first set of witnesses say the victim or the accused was present in a certain place at a certain time, the second set say that he was not, and the crime could therefore not have taken place as described.] This form of refutation is called

להכרזה ורבי מאיר הכרזה מישמעו ויראו נפקא: **מתני'** משלשין בממון ואין משלשין במכות כיצד העידוהו שהוא חייב לחבירו מאתים זוז ונמצאו זוממין משלשין ביניהם אבל אם העידוהו שהוא חייב מלקות ארבעים ונמצאו זוממין כל אחד ואחד לוקה ארבעים: **גמ'** מנא ה"מ אמר אביי נאמר רשע בחייבי מלקיות ונאמר רשע בחייבי מיתות ב"ד מה להלן אין מיתה למחצה אף כאן אין מלקות למחצה רבא אמר בעינן כאשר זמם לעשות לאחיו וליכא אי הכי ממון נמי ממון מצטרף מלקות לא מצטרף: **מתני'** אין העדים נעשים זוממין עד שיזומו את עצמן כיצד אמרו מעידין אנו באיש פלוני שהרג את הנפש אמרו להם היאך אתם מעידין שהרי נהרג זה או ההורג זה היה עמנו אותו היום במקום פלוני אין אלו זוממין אבל אמרו להם היאך אתם מעידין שהרי אתם הייתם עמנו אותו היום במקום פלוני הרי אלו זוממין ונהרגין על פיהם באו אחרים והזימום באו אחרים והזימום אפי' מאה כולם יהרגו רבי יהודה אומר איסטטית היא זו ואינו נהרג אלא כת הראשונה בלבד: **גמ'** מנא הני מילי אמר רב אדא דאמר קרא והנה עד שקר העד שקר ענה עד שתשקר גופה של עדות דבי ר' ישמעאל תנא לענות בו סרה עד שתסרה גופה של עדות אמר רבא באו שנים ואמרו במזרח בירה הרג פלוני את הנפש ובאו שנים ואמרו והלא במערב בירה עמנו הייתם חזינן אי בדקיימי במערב בירה מיחזא חזו למזרח בירה אין אלו זוממין ואם לאו הרי אלו זוממין פשיטא מהו דתימא ליחוש לנהורא בריא קמשמע לן ואמר רבא באו שנים ואמרו בסורא בצפרא בחד בשבתא הרג פלוני את הנפש ובאו שנים ואמרו בפניא בחד בשבתא עמנו הייתם בנהרדעא חזינן אי מצפרא לפניא מצי אזיל מסורא לנהרדעא לא הוו זוממין ואי לאו הוו זוממין פשיטא מהו דתימא ליחוש לגמלא פרחא קמ"ל ואמר רבא באו שנים ואמרו בחד בשבתא הרג פלוני את הנפש ובאו שנים ואמרו עמנו הייתם בחד בשבתא אלא בתרי בשבתא הרג פלוני את הנפש ולא עוד אלא אפי' אמרו ערב שבת הרג פלוני את הנפש נהרגין דבעידנא דקא מסהדי גברא לאו בר קטלא הוא מאי קמ"ל תנינא לפיכך נמצאת אחת מהן זוממת הוא והן נהרגין והשניה פטורה סיפא מה שאין כן בגמר דין איצטריכא ליה באו שנים ואמרו בחד בשבתא נגמר דינו של פלוני ובאו שנים ואמרו בחד בשבתא עמנו הייתם אלא בערב שבת נגמר דינו של פלוני ולא עוד אלא אפי' אמרו בתרי בשבתא נגמר דינו של פלוני אין אלו נהרגין דבעידנא דקא מסהדי גברא בר קטלא הוא וכן לענין תשלומי קנס באו שנים ואמרו בחד בשבתא גנב וטבח ומכר ובאו שנים ואמרו בחד בשבתא עמנו הייתם אלא בתרי בשבתא גנב וטבח ומכר משלמין ולא עוד אלא אפילו אמרו בערב שבת גנב וטבח ומכר משלמין דבעידנא דקא מסהדי גברא לאו בר תשלומין הוא באו שנים ואמרו בחד בשבתא גנב וטבח ומכר ונגמר דינו ובאו שנים ואמרו בחד בשבתא עמנו הייתם אלא ערב שבת גנב וטבח ומכר ונגמר דינו ולא עוד אלא אפי' אמרו בחד בשבתא גנב וטבח ומכר ובתרי בשבתא נגמר דינו אין משלמין דבעידנא דקא מסהדי גברא בר תשלומין הוא: רבי יהודה אומר איסטטית היא זו כו':

אי

רש"י

להכרזה. דאמרינן בסנהדרין באלו הן הנחנקין (דף פט.) ארבעה צריכין הכרזה לאחר שנענשו בב"ד צריכין ב"ד להכריז כך וכך נסקל פלוני בב"ד על עבירה פלונית כדי לרדות את השומעין: **מישמעו ויראו נפקא.** ואזהרה מלא יוסיפו: **מתני' משלשין בממון.** כדמפרש ואזיל: **גמ' מנהני מילי.** דכל אחד סופג את הארבעים: **רשע בחייבי מיתות.** אשר הוא רשע למות: **בחייבי מלקות.** אם בן הכות הרשע: **כאשר זמם.** שיקבל הנדון מלקות שלימה: **ממון מצטרף.** והרי קיבל מה שרצו להפסידו בין כולם: **מתני' שיזומו את עצמן.** שיזימו אותן בעסקי גופן ולא בעסקי ההורג וההרוג כדמפרש ואזיל: **באו אחרים.** שהעידו עליו כעדות הראשונים: **והזימום.** אלו השנים שהזימו את הראשונים הזימו גם את האחרונים: **אפילו.** אם הן מאה כתות זו אחר זו וכת אחת הזימתן כולן יהרגו: **איסטטית היא זו.** הכת הזאת כת של עדות סרה וסטיא היא כך נטלו עלה ביניהם להזים את כל הבא להעיד עליו: **גמ' גופה של עדות.** גופן של עדים: **לענות בו סרה.** בפרשת עדים זוממין כתיב סרה עדות המוסרת שהוסרו משם: **בירה.** טרקלין גדול: **לנהורא בריא.** שמא מאור עיניהם של אלו בריא וצופין למרחוק יותר ממנו: **גמלא פרחא.** מין גמלים יש שהם קלים במרוצתם כעוף הפורח: **ולא עוד אלא אפי' אמרו.** המזימין בערב שבת הרגו שהקדימו חובתו יותר מן הראשונים: **הרי אלו.** הזוממין נהרגין ולא אמרינן בגברא קטילא אסהוד: **מאי טעמא דבעידנא דקא מסהדי.** כשבאו יום שלישי בשבת להעיד עליו אכתי גברא לאו בר קטלא שלא הועד עליו בבית דין ואילו הוה אתי ומודה הוה מיפטר נמצא שהם היו מחייבין מיתה את מי שאינו ראוי למות: **מאי קמ"ל.** דאע"ג דאיהו מיקטיל אינהו מיקטלי תנינא במתני' בפרקין (דף ו:) גבי שנים רואין אותם מחלון זה כו' הוא והן נהרגים: **מה שאין כן.** בהזמת עדי גמר דין: **ולא עוד כו'.** שאע"פ שאלו האחרונים מאחרים את זמן גמר דינו מ"מ מודים הן שביום שבאו הזוממין להעיד עליו בשלישי בשבת כבר היה דינו נגמר מאתמול ובגברא קטילא אסהוד: **וכן לענין תשלומי קנס.** שהמודה בו פטור דינו נמי בזה כדיני נפשות ויש חילוק בין עדות גוף המעשה לעדות של גמר דין: הכי גרסינן באו שנים ואמרו בחד בשבתא גנב וטבח ומכר ובאו שנים ואמרו בחד בשבתא עמנו הייתם אלא בתרי בשבתא גנב וטבח ומכר ולא עוד אלא אפי' אמרו בערב שבת גנב וטבח ומכר משלמין דבעידנא דקא מסהדי גברא לאו בר תשלומין הוא. ופירושו משום דהוה מצי למיפטר נפשיה בהודאה אשתכח דאינהו הוו מפסדי ליה ודוקא קנס אבל בעדות ממון פטורין שהרי לא היו מפסידין אותו כלום אחר שהוא מחויב ועומד: **גברא בר תשלומין הוא.** כשהעידו אלו עליו כבר חייבוהו בית דין ואי הוה מודי לא הוה מיפטר:

שקדמו

תוספות

אין העדים נעשים זוממין עד שיזומו עצמן. פי' עצמן של עדים שיאמרו להם אתם במקום פלוני עמנו הייתם ולא שיזומו (ג) שיאמרו ההורג או הנהרג היה עמנו:

דבעידנא דאסהידו עדים לאו בר קטלא הוא. פ"ה משום דאי הוה מודה מיפטר ולא נראה דזה לא מצינו דאם כן כל חייבי מיתות בית דין יכול להודות ולפטור עצמו ונראה לפרש לאו בר קטלא הוא פירוש קודם שנגמר דינו הוא דשמא לא יבואו עדים ואם יבואו עדים לא יהא עדותן קיים ועוד שאסור להורגו עד שיגמר דינו וכשנגמר דינו כבר ודאי בר חיובא הוא הואיל וכבר באו עדים ונתקבל עדותן וההורגו פטור:

וכן לענין קנס. אבל ודאי לענין ממון לא דכשמעידין דבחד בשבת גנב ובאו שנים ואמרו דבערב שבת גנב ובחד בשבת עמנו הייתם ודאי אין משלמין ממון דבההיא שעתא דמסהדי גנבא בר חיובא אע"ג דלגבי נפשות לא (ד) תדמנו לבר חיובא דכל כמה דלא נגמר דינו (נמי הוי בר חיובא משום שאינו ספק כל כך עדות) בממון [הוי] קרוב לודאי שיבואו עדים ויעידו אבל בעדות נפשות דבעינן דרישה וחקירה אז ודאי אמרינן דקודם שנגמר דינו לאו הוי בר חיובא:

עין משפט נר מצוה

לא א מיי' פי"ח מהל' עדות הלכה ז סמג עשין קי:
לב ב מיי' שם הלכה א סמג שם טוש"מ סימן לח:
לג ג מיי' שם הלכה ב:
לד ד מיי' שם הל' ג ופ"כ הל' ה והל' ו טוש"מ סימן לח:
לה ה ו מיי' שם פי"ט הלכה א סמג שם טוש"מ שם:
לו ז ח ט מיי' שם הל' ב סמג שם (טוש"ע שם):

ליקוטי רש"י

משלשין בממון. אם שלשה עדים הן או ארבעה משלשין ביניהם בית דין נעשין שלים ביניהן להשוותם בפרעון איש לפי חלקו אי נמי האי משלשין לישנא בעלמא הוא מחלקין הפרעון בין שלשתן והוא הדין נמי אם ארבעה הן מרבעין [לעיל ג.].

לענות בו סרה. דבר שאינו, שהוסר העד הזה מכל העדות הזאת, כיצד שאמרו להם והלא עמנו הייתם באותו היום, במקום פלוני [דברים יט טז].

בגמלא פרחא. הולך מהר כעוף פורח [יבמות קטז.].

מתני' משלשין בממון ואין משלשין במכות. פי' העידו עליו שחייב לחברו מנה ונמצאו זוממין זה נותן חמשים וזה נותן חמשים זהו משלשין בממון. מאי טעמא דהני זוזי והני זוזי מצטרפי והוו להו כולהו מנה ונתקיים ועשיתם לו כאשר זמם הן זממו להענישו מנה לפיכך משלמין לו מנה. אבל מלקות דאי אפשר להצטרף כל אחד לוקה ארבעים: מתני' אין העדים נעשין זוממין עד שיזומו עצמן כו'. ראינו לרבותינו הגאונים ז"ל כי פירשו עד שיזומו עצמן עד שיחרישו ולא יכחישו המוזמן את המזימין א) ואנו קבלנו עד שיזימו עצמן [היינו] עד שיזומו העדים עצמן ויאמרו להן אתם הייתם עמנו במקום פלוני באותו היום שהעדתם שהרג פלוני את פלוני במקום פלוני ואותו המקום צריך להיות רחוק מן המקום שהעידו בו העדים הללו. הלא תראה משנתינו דתני אין העדים נעשין זוממין עד שיזומו עצמן מפרש כיצד מעידנו בפלוני שהרג נפש במקום פלוני כו' אמרו להם כו' אבל אמרו להם היאך אתם מעידין והלא אותו היום הייתם עמנו הרי אלו זוממין ונהרגין על פיהן. ואמרינן בגמרא מנא הני מילי. אמר רבה דאמר קרא והנה עד שקר העד עד שתישקר גופה של עדות. כלומר עד שישקר העד. וכן לענות בו סרה. אמר רבה ב) באו ב' ואמרו במזרח בירה הרג פלוני את הנפש ובאו אחרים ואמרו באותה שעה הייתם עמנו במערב בירה חזינן אי כי קיימי במערב בירה מצו חזו במזרח בירה האי דקטיל אינן זוממין דאמרינן הני והני קושטא קאמרי ואם לא יכלי למיחזא הרי אלו זוממין ולא אמרינן נהורא (דהאי) [דהני] בריא. וכן אם העידו ב' דבצפרא בחדא בשבא הרג פלוני את פלוני בסורא ובאו ב' ואמרו עמנו הייתם בו ביום בנהרדעא כו'. ואסיקנא לגמלא פרחא לא חיישינן. אמר רבא באו ב' ואמרו בחד בשבא הרג פלוני את פלוני ובאו ב' ואמרו בחד [בשבא] עמנו הייתם אלא בתרי בשבא הרגו ולא עוד אלא אפילו אם אמרו בערב שבת הרגו נהרגין דבעידנא דקא משהדי גברא לאו בר קטלא הוא. כלומר כיון שעדיין לא נגמר דינו להריגה נהרגין עליו. אבל אם באו ב' ואמרו בחד בשבא נגמר דינו של פלוני ובאו ב' ואמרו בחד בשבא עמנו הייתם אלא בערב [שבת] נגמר דינו ולא עוד אלא אפי' אמרו בתרי בשבא נגמר דינו אינן נהרגין דבעידנא דמשהדי גברא בר קטלא הוא דהא נגמר דינו דנגמר דינו מקמי הכי בזמן רב וכיון דנגמר דינו מקמי הכי בזמן רב כאילו הרוג מאותה (העד) [העת]. וכן לענין תשלומין וכו': באו אחרים והזימו העדים באו אחרים והזימו המזימין ובאו עוד אחרים והזימו מזימי המזימין כולן ימותו. פי' המוזמין ג) כולן ימותו שאומרים לעולם עם האחרונים האמת עד שיזומו ד) ר' יהודה אומר איסטסית היא זו. פי' לא נכון הוא זה ה)

חשק שלמה על ר"ח א) נראה שהם היו מפרשים כילד כמו וכחיזה לך נעשין זוממין אם יחרישו. ואמר דדוקא כשאמרו המזומין עמנו הייתם. הלא"ה אפילו החרישו אין נעשין זוממין וכיוצא בזה מצינו בכ"מ: ב) לפי גירסת רבינו רבה בהני תרי מימרות קמאי י"ל קושית התוס' דיבמות דף קטז ד"ה הכא ועי' ריטב"א כאן: ג) כלומר אותן שהזמה חלה עליהן כולן חייבין וכן מפורש בתוספתא ויש ט"ס שם שבמקום כולן פטורין צריך להגיה כולן חייבין כמו שגרס הרמב"ן בחדושיו: ד) עי' רי"ף ורמב"ן בחדושיו: ה) כ"ה בערוך ערך איסטסס בשם רבינו:

מסורת הש"ס

א) לעיל ג. [וע"ש בפרש"י], ב) [סנהדרין י. וש"נ], ג) [לרבי עקיבא דאמר אין דנין אפשר משאי אפשר קשה, ועיין תוס' מנחות פב: ד"ה והשתא כו', ובתוספות דבכורות נו. ד"ה ומה בכך כו', ועי' עוד תוס' יבמות מו. ד"ה אמר ליה שהניחו בצ"ע], ד) לעיל ג., ה) [עי' תוס' לקמן עמוד ב ד"ה איסטטית], ו) [עי' תוספות יבמות קטז. ד"ה הכא], ז) [לקמן ו:], ח) גירסת רש"א אמרו בתרי בשבת גנב וטבח ומכר ונגמר דינו, ט) [צ"ל אותו], י) [וע"ע תוס' זבחים עא. ד"ה ע"פ עד אחד], כ) רש"א כל, ל) רש"א מ"ז.

הגהות הב"ח

(א) גמ' הרג פלוני את הנפש הרי אלו נהרגין: (ב) שם לפיכך אם נמצאת: (ג) תוס' ד"ה אין וכו' ולא שיזומו ע"י אחרים שיאמרו ההורג: (ד) ד"ה וכן וכו' לא תדינו לבר חיובא וכו' ספק כל כך בעדות בממון וקרוב לודאי:

גליון הש"ס

גמ' רבא אמר בעינן כאשר זמם. עיין כתובות לה ע"א תוס' ד"ה רבא: תוס' ד"ה וכן וכו' אבל בעדות נפשות. תמיהני למאי הוצרכו לזה ולא בפשוטו דבממון אף דליכא עדים כלל אלא הוא בעצמו אומר לא כי אלא לויתי בע"ש או בב' בשבת מ"מ ליכא דין הזמה דהעידו בבר חיובא דאף דבלא עדים לא היה הב"ד יכולים לחייבו מ"מ הוא בעצמו שיודע האמת בר חיובא הוא ומוטל עליו לשלם משא"כ בקנס דלקושטא דמלתא אינו מוטל עליו לשלם דכ"ז שלא חייבוהו ב"ד אינו מחויב כלל. ועי' תוס' כתובות דף לג ע"ב ד"ה לאו. וכן בד"נ דבמה שיודע האמת שהרג לאו בר קטלא ואין עליו חיוב כלל להמית את עצמו וליכא חיוב רק ע"פ פסק ב"ד. והחילוק נראה נכון וברור בעזה"י:

תורה אור השלם

א) וְהָיָה אִם בִּן הַכּוֹת הָרָשָׁע וְהִפִּילוֹ הַשֹּׁפֵט וְהִכָּהוּ לְפָנָיו כְּדֵי רִשְׁעָתוֹ בְּמִסְפָּר: [דברים כה, ב]

ג) וַעֲשִׂיתֶם לוֹ כַּאֲשֶׁר זָמַם לַעֲשׂוֹת לְאָחִיו וּבִעַרְתָּ הָרָע מִקִּרְבֶּךָ: [דברים יט, יט]

ד) וְדָרְשׁוּ הַשֹּׁפְטִים הֵיטֵב וְהִנֵּה עֵד שֶׁקֶר הָעֵד שֶׁקֶר עָנָה בְאָחִיו: [דברים יט, יח]

ה) כִּי יָקוּם עֵד חָמָס בְּאִישׁ לַעֲנוֹת בּוֹ סָרָה: [דברים יט, טז]

אָמְרוּ לָהֶם – **But if they** [the second set] **said to them,** הֵיאַךְ אַתֶּם מְעִידִין – **"How can you testify** about this event שֶׁהֲרֵי אַתֶּם הֱיִיתֶם עִמָּנוּ אוֹתוֹ הַיּוֹם בְּמָקוֹם פְּלוֹנִי – **when you were with us that day in this-and-this place,"** הֲרֵי אֵלּוּ זוֹמְמִין – **these** first witnesses **are *zomemin*,** וְנֶהֱרָגִין עַל פִּיהֶם – **and they are executed on their word,** i.e. on the testimony of the second set of witnesses.[13]

The Mishnah considers a development of this last case:

בָּאוּ אֲחֵרִים – **If other witnesses came** after the first set had already been discredited, and the new set testified to the same crime as did the first set, וֶהֱזִימּוּם – **and they** [the witnesses who discredited the first set] **discredited them through *hazamah*** as well, by testifying that these new witnesses were also with them somewhere else at the time of the alleged crime; בָּאוּ אֲחֵרִים – and still **others came** with the same testimony as the first two sets of witnesses, וֶהֱזִימּוּם – **and they discredited them through *hazamah*** as well, אֲפִילוּ מֵאָה – **even** if **a hundred** such sets testified one after the other, and the same set of witnesses discredited them all through *hazamah,*[14] כּוּלָּם יֵהָרְגוּ – **all of those** who were thus discredited **are executed** as *zomemin* witnesses. The testimony of the two witnesses that the other hundred sets were all with them somewhere else is believed to establish all hundred sets as *zomemin.* רַבִּי יְהוּדָה אוֹמֵר – **R' Yehudah says:** אִיסְטָסִית הִיא זוֹ – **This is a group of plotters,** who have conspired to discredit anyone who testifies against the accused,[15] וְאֵינוֹ נֶהֱרָג אֶלָּא כַּת הָרִאשׁוֹנָה בִּלְבַד – **and only the first set** of witnesses **alone is executed.**[16]

Gemara The Gemara seeks the source for the principle that *hazamah* requires a challenge to the person of the witnesses:

מְנָא הָנֵי מִילֵּי – **From where is this derived?** אָמַר רַב אַדָּא – **Rav Adda said:** דְּאָמַר קְרָא – **For the verse says:**[17] "וְהִנֵּה עֵד־שֶׁקֶר הָעֵד שֶׁקֶר עָנָה" – ***and behold the witness is a false witness, he has testified falsely against his brother*** – עַד שֶׁתִּשָּׁקֵר גּוּפָהּ שֶׁל עֵדוּת – **until the body of the set of witnesses has been falsified.**[18]

The Gemara offers another source:

דְּבֵי רַבִּי יִשְׁמָעֵאל תָּנָא – **A Baraisa of the academy of R' Yishmael taught** that this principle is derived from the verse describing the testimony of the *zomemin*: "לַעֲנוֹת בּוֹ סָרָה" – ***to testify against him*** [the victim] ***something removed from reality,***[19] an expression implying that *hazamah* is not accomplished עַד שֶׁתְּסָרֵה גּוּפָהּ שֶׁל עֵדוּת – **until the body of the set of witnesses is removed** from the scene of the event by the testimony of the second set.[20]

The Gemara now discusses various instances of *hazamah*:

אָמַר רָבָא – **Rava said:** בָּאוּ שְׁנַיִם וְאָמְרוּ – **If two** witnesses **came** to court **and said,** בְּמִזְרַח בִּירָה הָרַג פְּלוֹנִי אֶת הַנֶּפֶשׁ – **"By the east** wing **of the palace, So-and-so killed someone,"** וּבָאוּ שְׁנַיִם וְאָמְרוּ – **and two** other witnesses **came and said,** וַהֲלֹא בְּמַעֲרַב בִּירָה עִמָּנוּ הֱיִיתֶם – **"But you were with us at the west** wing **of the palace** at the time of the alleged crime!" חָזֵינַן – **we must see:** אִי בְּדְקָיְימֵי בְּמַעֲרַב בִּירָה מִיחְזָא חָזוּ לְמִזְרַח בִּירָה – **If while standing by the west** wing **of the palace one can see to the east** wing **of the palace,** אֵין אֵלּוּ זוֹמְמִין – **then these** first witnesses **are not *zomemin*;**[21] וְאִם לָאו – **but if** the east wing is

NOTES

הַכְחָשָׁה, *contradictory testimony,* and the court is left not knowing whom to believe. The matter therefore remains in a state of legal doubt, and the court does not act upon the testimony of either set of witnesses (*Rambam, Hil. Eidus* 18:2).

[Although one of these sets of witnesses is lying, they each remain qualified to testify in other cases, since each has a חֶזְקַת כַּשְׁרוּת, *a previous status of qualification,* which tells us to resolve the doubt about their continued qualification in their favor. However, a witness from one pair cannot join with a witness from the other pair to testify together, because we would then be certain that one of them has been a false witness (opinion of Rav Huna in *Bava Basra* 31b; *Rambam, Hil. Eidus* 22:1).]

13. In this case, the second set of witnesses do not challenge the testimony of the first witnesses per se, rather their ability to have seen what they claim to have seen. Their testimony is thus directed against the *persons* of the first witnesses. This is the case of *hazamah* in which the Torah says we believe the second set of witnesses and declare the first set to be *zomemin* (*Rambam* ibid.). The Gemara will explain the source for this.

14. *Rashi;* see *Rif* who cites a different explanation in the name of the *Geonim* and rejects it. See, however, *Ramban* (here and on 5b) for a defense of the *Geonim's* explanation.

15. *Rashi;* cf. *Rif.*

16. The Gemara will question why even the first set should be executed if we assume that the *hazamah* witnesses are plotters.

[Although R' Yehudah discounts the testimony of the *hazamah* witnesses and exempts the witnesses they discredited from the *hazamah* penalty, he would agree that the *accused* is also not executed. The suspicion that the *hazamah* witnesses are plotters does not *prove* that they are liars; it merely casts doubt on their credibility. Thus, we cannot be sure that the witnesses to the crime are telling the truth either (*Teshuvos Sho'eil U'Meishiv, Mahadura* 4, 3:26).]

17. *Deuteronomy* 19:18.

18. For the verse states that the עֵד, *witness,* is false, not that his עֵדוּת, *testimony,* was false (*Rambam's Commentary* to this Mishnah). This indicates that the witness himself must be falsified, not his testimony. Alternatively, the exposition is from the word שֶׁקֶר, *false* [and the associated word עֵד, *witness*]. This word is used twice in this verse, and the first mention appears unnecessary. The redundancy teaches that it is the *person* of the witness that must be proven false (*Ritva*).

19. Ibid. v. 16.

20. *Rashi.* Alternatively, the word בּוֹ, *against him,* is redundant, unless we say that it means that the counter-testimony must be directed against him personally (*Ritva*).

Whatever the source, it emerges that the law that we believe the second set of witnesses over the first is a Biblical decree (*Rambam, Hil. Eidus* 18:3, as explained by *Kesef Mishneh* and *Radvaz*). *Tur* (*Choshen Mishpat* 38), however, offers a rationale for this rule. As long as the second set of witnesses contradict the first set in regard to the substance of their testimony, there is indeed no reason to believe the second set over the first. But when the second set testifies against the *persons* of the first set by placing them somewhere else at the time, they have in effect made defendants out of the first witnesses by accusing them of having testified about something they could not have seen. For the issue is now not whether the events they testified about actually occurred, but whether they were present to have witnessed them. In regard to *this* issue their words do not carry the weight of testimony, any more so than the denials of two defendants accused of any other crime (e.g. desecrating the Sabbath) would be considered testimony. Thus, there is every reason to believe the second set over the first. [This reason is given as well by *Ramban* in his commentary to *Deuteronomy* 19:18, and by *Sefer HaChinuch, Mitzvah* 524. It is evident from both that they mean this merely as a rationale for the Biblical decree. *Lechem Mishneh* (to *Ramban, Hil. Eidus* 18:2), however, takes this to be an independent reason for the law. See there for his explanation of our Gemara.]

21. For both sets of witnesses may be assumed to be telling the truth (*Rabbeinu Chananel*). Although the witnesses testifying to the crime could not have warned the accused from this distance, it is possible that a third person standing closer to the scene of the crime (whom these

להכרזה ורבי מאיר הכרזה מישמעו ויראו נפקא: **מתני'** (א) משלשין בממון ואין משלשין במכות כיצד העידוהו שהוא חייב לחבירו מאתים זוז ונמצאו זוממין משלשין ביניהם אבל אם העידוהו שהוא חייב מלקות ארבעים ונמצאו זוממין כל אחד ואחד לוקה ארבעים: **גמ'** מנא ה"מ אמר אביי נאמר א) רשע בחייבי מלקות ונאמר ב) רשע בחייבי מיתות ב"ד מה להלן אין מיתה למחצה אף כאן אין מלקות למחצה רבא אמר בעינן ג) כאשר זמם לעשות לאחיו וליכא אי הכי ממון נמי ממון מצטרף מלקות לא מצטרף: **מתני'** אין העדים נעשים זוממין עד שיזומו את עצמן כיצד אמרו מעידין אנו באיש פלוני שהרג את הנפש אמרו להם היאך אתם מעידין שהרי נהרג זה או ההורג זה היה עמנו אותו היום במקום פלוני אין אלו זוממין אבל אמרו להם היאך אתם מעידין שהרי אתם הייתם עמנו אותו היום במקום פלוני הרי אלו זוממין ונהרגין על פיהם באו אחרים והזימום באו אחרים והזימום אפי' מאה כולם יהרגו רבי יהודה אומר איסטטית היא זו ואינו נהרג אלא כת הראשונה בלבד: **גמ'** מנא הני מילי אמר רב אדא דאמר קרא ד) והנה עד שקר העד שקר ענה עד שתשקר גופה של עדות דבי ר' ישמעאל תנא ה) לענות בו סרה עד שתסרה גופה של עדות אמר רבא באו שנים ואמרו במזרח בירה הרג פלוני את הנפש ובאו שנים ואמרו והלא במערב בירה עמנו הייתם חזינן אי כדקיימי במערב בירה מיחזא חזו למזרח בירה אין אלו זוממין ואם לאו הרי אלו זוממין פשיטא מהו דתימא ליחוש לנהורא בריא קמשמע לן ואמר רבא באו שנים ואמרו בסורא בצפרא בחד בשבתא הרג פלוני את הנפש ובאו שנים ואמרו בפניא בחד בשבתא עמנו הייתם בנהרדעא חזינן אי מצפרא לפניא מצי אזיל מסורא לנהרדעא לא הוו זוממין ואי לאו הוו זוממין פשיטא מהו דתימא ליחוש לגמלא פרחא קמ"ל ואמר רבא באו שנים ואמרו בחד בשבתא הרג פלוני את הנפש ובאו שנים ואמרו עמנו הייתם בחד בשבתא אלא בתרי בשבתא הרג פלוני את הנפש ולא עוד אלא אפי' אמרו ערב שבת הרג פלוני את הנפש (א) נהרגין דבעידנא דקא מסהדי גברא לאו בר קטלא הוא מאי קמ"ל תנינא לפיכך (ב) נמצאת אחת מהן זוממת הוא והן נהרגין והשניה פטורה סיפא מה שאין כן בגמר דין איצטריכא ליה באו שנים ואמרו בחד בשבתא נגמר דינו של פלוני ובאו שנים ואמרו בחד בשבתא עמנו הייתם אלא בערב שבת נגמר דינו של פלוני ולא עוד אלא אפי' אמרו בתרי בשבתא נגמר דינו של פלוני אין אלו נהרגין דבעידנא דקא מסהדי גברא בר קטלא הוא וכן לענין תשלומי קנס באו שנים ואמרו בחד בשבתא גנב וטבח ומכר ובאו שנים ואמרו בחד בשבתא עמנו הייתם אלא בתרי בשבתא גנב וטבח ומכר משלמין ולא עוד אלא אפילו אמרו בערב שבת גנב וטבח ומכר משלמין דבעידנא דקא מסהדי גברא לאו בר תשלומין הוא באו שנים ואמרו בחד בשבתא גנב וטבח ומכר ונגמר דינו ובאו שנים ואמרו בחד בשבתא עמנו הייתם אלא ערב שבת גנב וטבח ומכר ונגמר דינו ולא עוד אלא אפי' אמרו בחד בשבתא גנב וטבח ומכר ובתרי בשבתא נגמר דינו אין משלמין דבעידנא דקא מסהדי גברא בר תשלומין הוא: רבי יהודה אומר איסטטית היא זו כו':

אי שקדמו

רש"י

להכרזה. דאמרינן בסנהדרין באלו הן הנחנקין (דף פט.) ארבעה צריכין הכרזה לאחר שנענשו בב"ד צריכין ב"ד להכריז כך וכך נהרג פלוני בב"ד על עבירה פלונית כדי לרדות את השומעין: מוישמעו ויראו נפקא. ואזהרה מלא יוסיפו: **מתני'** משלשין בממון. כדמפרש ואזיל: **גמ'** מנהני מילי. דכל אחד סופג את הארבעים: רשע בחייבי מיתות. אשר הוא רשע למות: בחייבי מלקות. אם בן הכות הרשע: כאשר זמם. שיקבל הנדון מלקות שלימה: ממון מצטרף. והרי קיבל מה שרצו להפסידו בין כולם: **מתני'** שיזומו את עצמן. שיזימו אותן בעסקי גופן ולא בעסקי ההורג וההרוג כדמפרש ואזיל: באו אחרים. שהעידו עליו כעדות הראשונים: והזימו. אלו השנים שהזימו את הראשונים הזימו גם את האחרונים: אפילו. אם הן מאה כתות זו אחר זו וכת אחת הזימתן כולן יהרגו: איסטטית היא זו. הכת הזאת כת של עדות סרה וסטיא היא כך נטלו עצה ביניהם להזים את כל הבא להעיד עליו: **גמ'** גופה של עדות. גופן של עדים: לענות בו סרה. בפרשת עדים זוממין כתיב סרה עדות המוסרת שהוסרו משם: בירה. טרקלין גדול: לנהורא בריא. שמא מאור עיניהם של אלו בריא וצופין למרחוק יותר ממנו: גמלא פרחא. מין גמלים יש שהם קלים במרוצתם כעוף הפורח: ולא עוד אלא אפי' אמרו. המזימין בערב שבת הרגו שהקדימו חובתו יותר מן הראשונים: הרי אלו. הזוממין נהרגין ולא אמרינן בגברא קטילא אסהוד: מאי טעמא דבעידנא דקא מסהדי. כשבאו יום שלישי בשבת להעיד עליו אכתי גברא לאו בר קטלא שלא הועד עליו בבית דין ואילו הוה אתי ומודה הוה מיפטר נמצא שהם היו מחייבין מיתה את מי שאינו ראוי למות: מאי קמ"ל. דאע"ג דאיהו מיקטיל אינהו מיקטלי תנינא במתני' בפרקין (דף ו:) גבי שנים רואין ט) אותם מחלון זה כו' הוא והן נהרגים: מה שאין כן. בהזמת עדי גמר דין: ולא עוד כו'. שאע"פ שאלו האחרונים מאחרים את זמן גמר דינו מ"מ מודים הן שביום שבאו הזוממין להעיד עליו בשלישי בשבת כבר היה דינו נגמר מאתמול ובגברא קטילא אסהוד: וכן לענין תשלומי קנס. שהמודה בו פטור דינו נמי בזה כדיני נפשות ויש חילוק בין עדות גוף המעשה לעדות של גמר דין: הכי גרסינן באו שנים ואמרו בחד בשבתא גנב וטבח ומכר ובאו שנים ואמרו בחד בשבתא עמנו הייתם אלא בתרי בשבתא גנב וטבח ומכר ולא עוד אלא אפי' אמרו בערב שבת גנב וטבח ומכר משלמין דבעידנא דקא מסהדי גברא לאו בר תשלומין הוא. ופירושו משום דהוה מצי למיפטר נפשיה בהודאה אישתכח דאינהו הוו מפסדי ליה ודוקא קנס אבל בעדות ממון פטורין שהרי לא היו מפסידין אותו כלום אחר שהוא מחויב ועומד: גברא בר תשלומין הוא. כשהעידו אלו עליו כבר חייבוהו בית דין ואי הוה מודי לא הוה מיפטר:

תוספות

אין העדים נעשים זוממין עד שיזומו עצמן. פי' עצמן של עדים שיאמרו להם אתם במקום פלוני עמנו הייתם ולא שיזומו (ג) שיאמרו ההורג או הנהרג היה עמנו:

דבעידנא דאסהידו עדים לאו בר קטלא הוא. פ"ה משום דאי הוה מודה מיפטר ולא נראה דזה לא מצינו דאם כן כל חייבי מיתות בית דין יכול להודות ולפטור י) עצמו ונראה לפרש לאו בר קטלא הוא פירוש קודם שנגמר דינו הוא דשמא לא יבואו עדים ואם יבואו עדים לא יהא עדותן קיים ועוד שאסור להורגו עד שיגמר דינו וכשנגמר דינו כבר ודאי בר חיובא הוא הואיל וכבר באו עדים ונתקבל עדותן וההורגו פטור:

וכן לענין קנס. אבל ודאי לענין ממון לא דכשמעידין דבחד בשבת גנב ובאו שנים ואמרו דבערב שבת גנב ובחד בשבת עמנו הייתם ודאי אין משלמין ממון דבההיא שעתא דמסהדי גנבא בר חיובא הוא אע"ג דלגבי נפשות לא (ד) תדמנו לבר חיובא כ) דכל כמה דלא נגמר דינו ל) (נמי הוי בר חיובא משום שאינו ספק כל כך עדות) בממון [הוי] קרוב לודאי שיבואו עדים ויעידו מ) אבל בעדות נפשות דבעינן דרישה וחקירה אז ודאי אמרינן דקודם שנגמר דינו לאו הוי בר חיובא:

עין משפט נר מצוה

לא א מיי' פי"ח מהל' עדות הלכה ז סמג עשין קי:
לב ב מיי' שם הלכה א סמג שם טוש"מ סימן לח:
לג ג מיי' שם הלכה ב:
לד ד מיי' שם הל' ג ופ"כ הל' ה והל' ו טוש"מ סימן לח:
לה ה ו מיי' שם פי"ט הלכה א סמג שם טוש"מ שם:
לו ז ח ט מיי' שם הל' ב סמג שם (טוש"ע שם):

ליקוטי רש"י

משלשין בממון. אם שלשה עדים הן או ארבעה משלשין ביניהם בית דין נעשין שליש ביניהן להשוותם בפרעון איש לפי חלקו אי נמי האי משלשין לישנא בעלמא הוא מחלקין הפרעון בין שלשתן והוא הדין נמי אם ארבעה הן מרבעין [לעיל ג.]. לענות בו סרה. דבר שאינו, שהוסר העד הזה מכל העדות הזאת, כיצד שאמרו להם והלא עמנו הייתם באותו היום, במקום פלוני [דברים יט טז]. בגמלא פרחא. הולך מהר כעוף פורח [יבמות קטז.].

רבינו חננאל

מתני' משלשין בממון ואין משלשין במכות. פי' העידו עליו שחייב לחברו מנה ונמצאו זוממין זה נותן חמשים וזה נותן חמשים זהו משלשין בממון. מאי טעמא דהני זוזי והני זוזי מצטרפי והוו להו כולהו מנה ונתקיים ועשיתם לו כאשר זמם הן זממו להענישו מנה לפיכך משלמין לו מנה. אבל מלקות דאי אפשר להצטרף כל אחד לוקה ארבעים: מתני' אין העדים נעשין זוממין עד שיזומו עצמן כו'. ראינו לרבותינו הגאונים ז"ל כי פירשו עד שיזומו עצמן עד שיחרישו ולא יכחישו המוזמין את המזימין א) ואנו קבלנו עד שיזימו עצמן [היינו] עד שיזומו העדים עצמן ויאמרו להן אתם הייתם עמנו במקום פלוני באותו היום שהעדתם שהרג פלוני את פלוני במקום פלוני ואותו המקום צריך להיות רחוק מן המקום שהעידו בו העדים הללו. הלא תראה משנתינו דתני אין העדים נעשין זוממין עד שיזומו עצמן מפרש כיצד מעידנו בפלוני שהרג נפש במקום פלוני כו' אמרו להם כו' אבל אמרו להם היאך אתם מעידין והלא אותו היום הייתם עמנו הרי אלו זוממין ונהרגין על פיהן. ואמרינן בגמרא מנא הני מילי. אמר רבה דאמר קרא והנה עד שקר העד עד שתישקר גופה של עדות. כלומר עד שישקר העד. וכן לענות בו סרה. אמר רבה ב) באו ב' ואמרו במזרח בירה הרג פלוני את הנפש ובאו אחרים ואמרו באותה שעה הייתם עמנו במערב בירה חזינן אי כי קיימי במערב בירה מצו חזו במזרח בירה האי דקטיל אינן זוממין דאמרינן הני והני קושטא קאמרי ואם לא יכלי למיחזא הרי אלו זוממין ולא אמרינן נהורא (דהאי) [דהני] בריא. וכן אם העידו ב' דבצפרא בחדא בשבא הרג פלוני את פלוני בסורא ובאו ב' ואמרו עמנו הייתם בו ביום בנהרדעא כו'. ואסיקנא לגמלא פרחא לא חיישינן. אמר רבא באו ב' ואמרו בחד בשבא הרג פלוני את פלוני ובאו ב' ואמרו בחד [בשבא] עמנו הייתם אלא בתרי בשבא הרגו ולא עוד אלא אפילו אם אמרו בערב שבת הרגו נהרגין דבעידנא דקא משהדי גברא לאו בר קטלא הוא. כלומר כיון שעדיין לא נגמר דינו להריגה נהרגין עליו. אבל אם באו ב' ואמרו בחד בשבא נגמר דינו של פלוני ובאו ב' ואמרו בחד בשבא עמנו הייתם אלא בערב [שבת] נגמר דינו ולא עוד אלא אפי' אמרו בתרי בשבא נגמר דינו אינן נהרגין דבעידנא דמשהדי גברא בר קטלא הוא דהא נגמר דינו מקמי הכי בזמן רב וכיון דנגמר דינו מקמי הכי בזמן רב כאילו הרוג מאותה (העד) [העת]. וכן לענין תשלומין וכו': באו אחרים והזימו העדים באו אחרים והזימו המזימין ובאו עוד אחרים והזימו מזימי המזימין כולן ימותו. פי' המוזמין ג) כולן ימותו שאומרים לעולם עם האחרונים האמת עד שיוזמו ד) ר' יהודה אומר איסטטית היא זו. פי' לא נכון הוא זה ה)

מסורת הש"ס

א) לעיל ג. [וע"ש בפרש"י], ב) [סנהדרין י. וש"נ], ג) [לרבי עקיבא דאמר אין דנין אפשר משאי אפשר קשה, ועיין תוס' מנחות פב: ד"ה והשתא כו', ובתוספות דבכורות נו. ד"ה ומה בכך כו', ועי' עוד תוס' יבמות מו. ד"ה אמר ליה שהניחו בצ"ע], ד) לעיל ג., ה) [עי' תוס' לקמן עמוד ב ד"ה איסטטית], ו) [עי' תוספות יבמות קטז. ד"ה הכא], ז) [לקמן ו:], ח) גירסת רש"א אמרו בתרי בשבת גנב וטבח ומכר ונגמר דינו, ט) [צ"ל אותו], י) [וע"ע תוס' זבחים עא. ד"ה ע"פ עד אחד], כ) רש"א כל, ל) רש"א מ"ז.

הגהות הב"ח

(א) גמ' הרג פלוני את הנפש הרי אלו נהרגין: (ב) שם לפיכך אם נמצאת: (ג) תוס' ד"ה אין וכו' ולא שיזומו ע"י אחרים שיאמרו ההורג: (ד) ד"ה וכן וכו' לא תדינו לבר חיובא וכו' ספק כל כך בעדות בממון וקרוב לודאי:

גליון הש"ס

גמ' רבא אמר בעינן כאשר זמם. עיין כתובות לה ע"א תוס' ד"ה רבא: תוס' ד"ה וכן וכו' אבל בעדות נפשות. תמיהני למאי הוצרכו לזה ולא בפשוטו דבממון אף דליכא עדים כלל אלא הוא בעצמו אומר לא כי אלא גנבתי בע"ש או בב' בשבת מ"מ ליכא דין הזמה דהעידו בבר חיובא דאף דבלא עדים לא היה הב"ד יכולים לחייבו מ"מ הוא בעצמו שיודע האמת בר חיובא הוא ומוטל עליו לשלם משא"כ בקנס דלקושטא דמלתא אינו מוטל עליו לשלם דכ"ז שלא חייבוהו ב"ד אינו מחויב כלל. ועי' תוס' כתובות דף לג ע"ב ד"ה לאו. וכן בד"נ דבמה שיודע האמת שהרג לאו בר קטלא ואין עליו חיוב כלל להמית את עצמו וליכא חיוב רק ע"פ פסק ב"ד. והחילוק נראה נכון וברור בעזה"י:

תורה אור השלם

א) וְהָיָה אִם בִּן הַכּוֹת הָרָשָׁע וְהִפִּילוֹ הַשֹּׁפֵט וְהִכָּהוּ לְפָנָיו כְּדֵי רִשְׁעָתוֹ בְּמִסְפָּר: [דברים כה, ב]
ב) וְלֹא תִקְחוּ כֹפֶר לְנֶפֶשׁ רֹצֵחַ אֲשֶׁר הוּא רָשָׁע לָמוּת כִּי מוֹת יוּמָת: [במדבר לה, לא]
ג) וַעֲשִׂיתֶם לוֹ כַּאֲשֶׁר זָמַם לַעֲשׂוֹת לְאָחִיו וּבִעַרְתָּ הָרָע מִקִּרְבֶּךָ: [דברים יט, יט]
ד) וְדָרְשׁוּ הַשֹּׁפְטִים הֵיטֵב וְהִנֵּה עֵד שֶׁקֶר הָעֵד שֶׁקֶר עָנָה בְאָחִיו: [דברים יט, יח]
ה) כִּי יָקוּם עֵד חָמָס בְּאִישׁ לַעֲנוֹת בּוֹ סָרָה: [דברים יט, טז]

חשק שלמה על ר"ח

א) נראה שהם היו מפרשים כילד כמו ובאיזה לד נעשין זוממין אם יחרישו. ואמר דדוקא כשאמרו המזימין עמנו הייתם. הלא"ה אפילו החרישו אין נעשין זוממין וכיולא בזה מלינו בכ"מ: ב) לפי גירסת רבינו רבה בהני תרי מימרות קמאי י"ל קושית התוס' ביבמות דף קטז ד"ה הכא ועי' ריטב"א כאן: ג) כלומר אותן שהוזמה הלה עליהן כולן חייבין וכן מפורש בתוספתא ויש ט"ס שם שבמקום כולן פטורין לריך להגיה כולן חייבין כמו שגרס הרמב"ן בחדושיו: ד) עי' רי"ף ורמב"ן בחדושיו: ה) כ"ה בערוך ערך איסטטס בשם רבינו:

not visible from the west wing, הֲרֵי אֵלּוּ זוֹמְמִין – **they are** ***zomemin.***

The Gemara wonders:

פְּשִׁיטָא – **It is obvious** that this is the law! Why is it necessary for Rava to teach this?

The Gemara answers:

מַהוּ דְּתֵימָא לֵיחוּשׁ לִנְהוֹרָא בָּרְיָא – **You might have said that we should consider the possibility** that the witnesses have **unusually strong eyesight,** enabling them to see across the grounds of the palace even if we cannot;[22] קָמַשְׁמַע לָן – **[Rava] therefore informs us** that we do not consider this possibility.

The Gemara cites a similar ruling of Rava:

וְאָמַר רָבָא – **Rava also said:** בָּאוּ שְׁנַיִם וְאָמְרוּ – **If two witnesses came and said,** בְּסוּרָא בְּצַפְרָא בְּחַד בְּשַׁבְּתָא – **"In Sura on Sunday morning,** הָרַג פְּלוֹנִי אֶת הַנֶּפֶשׁ – **So-and-so killed someone,"** וּבָאוּ שְׁנַיִם וְאָמְרוּ – **and two** others **came and said,** בְּפַנְיָא בְּחַד בְּשַׁבְּתָא עִמָּנוּ הֱיִיתֶם בִּנְהַרְדְּעָא – **"On Sunday evening you were with us in Nehardea!"** חָזֵינַן – **we** must **see:** אִי מִצַּפְרָא לְפַנְיָא מָצֵי אָזִיל מִסּוּרָא לִנְהַרְדְּעָא – **If between morning and evening one can go from Sura to Nehardea,** לָא הָווּ זוֹמְמִין – then **they are not** ***zomemin;*** וְאִי לָאו הָווּ זוֹמְמִין – **but if not, they are** ***zomemin.***

The Gemara asks as above:

פְּשִׁיטָא – **This is obvious!** – ? –

The Gemara answers:

מַהוּ דְּתֵימָא לֵיחוּשׁ לְגַמְלָא פָּרְחָא – **You might have said** that even if the time is ordinarily insufficient, **we should consider the possibility of a flying** (i.e. unusually swift) **camel** that can make the trip in a shorter time;[23] קָא מַשְׁמַע לָן – **[Rava] therefore informs us** that we do not consider this possibility.[24]

The Gemara cites another series of rulings by Rava, in regard to witnesses who testify falsely about having seen something that did in fact occur:

וְאָמַר רָבָא – **Rava also said:** בָּאוּ שְׁנַיִם וְאָמְרוּ – **If two witnesses came and said,** בְּחַד בְּשַׁבְּתָא הָרַג פְּלוֹנִי אֶת הַנֶּפֶשׁ – **"On Sunday So-and-so killed someone,"** וּבָאוּ שְׁנַיִם וְאָמְרוּ – **and two** others **came and said,** עִמָּנוּ הֱיִיתֶם בְּחַד בְּשַׁבְּתָא – **"You were with us on Sunday** at another location and could not have seen the killing; אֶלָּא בִּתְרֵי בְּשַׁבְּתָא הָרַג פְּלוֹנִי אֶת הַנֶּפֶשׁ – **on Monday, however, So-and-so killed someone."** Thus, the second set of witnesses agrees that the accused is in fact guilty of a capital crime, and that he was guilty of it before the first witnesses actually testified against him.[25] וְלֹא עוֹד – **And moreover,** אֶלָּא אֲפִילּוּ אָמְרוּ עֶרֶב שַׁבָּת הָרַג פְּלוֹנִי אֶת הַנֶּפֶשׁ – **even if they said, "On the** previous **Friday So-and-so killed someone,"** so that the accused was already guilty of a capital crime on the day falsely claimed by the first witnesses,[26] נֶהֱרָגִין – **they** [the first witnesses] **are** nevertheless **executed** as *zomemin* witnesses. Why? דִּבְעִידָּנָא דְּקָא מַסְהֲדֵי – **For at the time they testified** falsely, גַּבְרָא לָאו בַּר קְטָלָא הוּא – **the person** they accused **was not yet subject to execution,** since witnesses had not yet testified against him in court.[27] They are therefore liable to the reciprocal penalty for their false testimony.[28]

The Gemara asks why Rava needs to teach this law:

מַאי קָא מַשְׁמַע לָן – **What is [Rava] informing us?** Seemingly, that *zomemin* witnesses are executed for testifying falsely even when the victim is actually guilty of the crime and is in the end executed for it. תְּנֵינָא – But **we have already learned this in a Mishnah** below, which states: לְפִיכָךְ – THEREFORE, since they are considered two separate sets of witnesses, נִמְצֵאת אַחַת מֵהֶן

NOTES

witnesses saw and heard) issued the required warning (*Meiri*). [It is not clear, however, whether the accused would be executed on the basis of these assumptions, for it is possible that the failure of the second set of witnesses to see the murder constitutes a contradiction [הַכְחָשָׁה] to the testimony of the first set. See *Derishah, Choshen Mishpat* 38:15, for a discussion of this question.]

22. We should therefore exonerate them from the charge of being *zomemin* and spare them from execution. We would not, however, execute the accused because of this remote possibility (*Ritva; Meiri;* cf. *Tos. Shantz*).

23. [And thereby exonerate the *zomemin* witnesses (see previous note).]

24. Rather, in all cases we base our assessment only on known and common possibilities (*Meiri*).

[It is apparent from *Meiri* (see also *Ritva*) that it is the court that judges whether or not it is possible to see that far, and they do not consider unusual possibilities in making their judgment (see also *Ritva*). *Achiezer* (3:15 ד"ה אגב) discusses whether the witnesses are believed in Rava's first case if they claim that they indeed have exceptional eyesight and are able to demonstrate that ability.]

25. *Ritva.* For example, the first witnesses came to court on Tuesday to testify about a murder they claim to have seen on Sunday. The *hazamah* witnesses then testify that the first witnesses were not present at that location on Sunday, but the accused did in fact commit a murder on Monday. The second set thus agrees that by the time the first set testified on Tuesday, the accused had indeed committed a murder.

26. [I.e. not only did he deserve to be sentenced to death when the first set of witnesses actually testified against him, but he already deserved that sentence on the day falsely claimed by the first witnesses.]

27. Thus, had the accused confessed at that point, he would have been exempt. Accordingly, when the false witnesses testified against him, they were attempting to execute by their testimony someone who was not yet *subject* to being executed (*Rashi*).

Tosafos and *Ritva* understand *Rashi* to mean that the murderer could have *exempted* himself from the death penalty by confessing, in keeping with the principle stated in regard to monetary fines, that one who confesses is exempt [מוֹדֶה בִּקְנָס פָּטוּר]. Thus, the false witnesses subjected him to a death sentence from which he could actually have escaped. *Tosafos* and *Ritva* challenge this explanation on the grounds that we never find this rule being applied to death penalties, nor does it stand to reason. For if there were such a rule, every person committing a capital crime would rush to court to confess his guilt and thereby exempt himself from the death penalty! [See *Tosafos, Zevachim* 71a ד"ה על פי עד אחד for other challenges and *Aruch LaNer* for a discussion of another problem related to *Rashi's* view.] *Tosafos* and *Ritva* therefore explain Rava's point differently.

Some suggest that *Rashi* does not mean that the accused could have *exempted* himself by confessing, but simply that he would not have been *convicted* had he confessed. The fact that one cannot be executed on the basis of his own confession (see *Rambam, Hil. Sanhedrin* 18:6) demonstrates that a person is not inherently subject to execution until witnesses testify against him and the court convicts him. One who knows himself to be guilty of a capital crime is not under any obligation to have himself killed. He becomes *subject* to execution only when the court imposes that penalty upon him. Accordingly, the false witnesses attempted to have someone executed who was not actually subject to the death penalty. [This stands in contrast to a monetary liability, where witnesses are needed merely to clarify the facts of what occurred, but the obligation exists independently of their testimony or any court proceeding. Someone who knows that he borrowed money or damaged property is obligated to pay even in the absence of a court ruling.] Since they attempted to bring about the execution of someone who was not actually *subject* to execution, they are liable to the reciprocal penalty when they are found to be *zomemin* (*R' Eliyahu Ragaler,* cited in *Cheshek Shlomo,* who questions whether *Rashi* means this; see *R' Akiva Eiger* in *Gilyon HaShas* who offers this explanation as well, though he does not attribute it to *Rashi;* see *Pnei Yehoshua* for yet another explanation of *Rashi's* view.)

28. Had he actually been subject to a death sentence, however, the false witnesses would not be executed for attempting to have him executed for another crime, because they would have been attempting to kill someone who was already legally "dead" [גַּבְרָא קְטִילָא], as the Gemara will explain below (*Rashi*).

אין העדים נעשים זוממין עד שיזומו עצמן. פי' עלמן של עדים שיאמרו להם אתם במקום פלוני עמנו הייתם ולא שיזומו (ג) שיאמרו ההורג או הנהרג היה עמנו:

דבעידנא דאסהידו עדים לאו בר קטלא הוא. פ"ה משום דאי הוה מודה מיפטר ולא נראה דזה לא מלינו דאם כן כל חייבי מיתות בית דין יכול להודות ולפטור עלמו ונראה לפרש לאו בר קטלא הוא פירוש קודם שנגמר דינו הוא דשמא לא יבואו עדים ואם יבואו עדים לא יהא עדותן קיים ועוד שאסור להורגו עד שיגמר דינו וכשנגמר דינו כבר ודאי בר חיובא הוא ואזיל וכבר באו עדים ונתקבל עדותן והורגו פטור:

וכן לענין קנס. אבל ודאי לענין ממון לא כשמעידין דבחד בשבת גנב ובאו שנים ואמרו דבערב שבת גנב ובחד בשבת עמנו הייתם ודאי אין משלמין ממון דהכסיפ שעתא דמסהדי גנבה בר חיובא הוא דלגבי נפשות לא (ד) תדמנו לבר חיובא דכל כמה דלא נגמר דינו (נמי הוי בר חיובא) משום שאינו ספק כל כך עדות בממון [הוי] קרוב לודאי שיבואו עדים ויעידו אבל בעדות נפשות דבעינן דרישה וחקירה אז ודאי אמרינן דקודם שנגמר דינו לאו הוי בר חיובא:

להכרזה ורבי מאיר הכרזה מישמעו ויראו נפקא: **מתני'** משלשין בממון ואין משלשין במכות כיצד העידוהו שהוא חייב לחבירו מאתים זוז ונמצאו זוממין משלשין ביניהם אבל אם העידוהו שהוא חייב מלקות ארבעים ונמצאו זוממין כל אחד ואחד לוקה ארבעים: **גמ'** מנא ה"מ אמר אביי נאמר רשע בחייבי מלקיות ונאמר רשע בחייבי מיתות ב"ד מה להלן אין מיתה למחצה אף כאן אין מלקות למחצה רבא אמר בעינן כאשר זמם לעשות לאחיו וליכא אי הכי ממון נמי ממון מצטרף מלקות לא מצטרף: **מתני'** אין העדים נעשים זוממין עד שיזומו את עצמן כיצד אמרו מעידין אנו באיש פלוני שהרג את הנפש אמרו להם היאך אתם מעידין שהרי נהרג זה או ההורג זה היה עמנו אותו היום במקום פלוני אין אלו זוממין אבל אמרו להם היאך אתם מעידין שהרי אתם הייתם עמנו אותו היום במקום פלוני הרי אלו זוממין ונהרגין על פיהם באו אחרים והזימום באו אחרים והזימום אפי' מאה כולם יהרגו רבי יהודה אומר איסטטית היא זו ואינו נהרג אלא כת הראשונה בלבד: **גמ'** מנא הני מילי אמר רב אדא דאמר קרא והנה עד שקר העד שקר ענה עד שתשקר גופה של עדות תנא דבי ר' ישמעאל לענות בו סרה עד שתסרה גופה של עדות אמר רבא באו שנים ואמרו במזרח בירה הרג פלוני את הנפש ובאו שנים ואמרו והלא במערב בירה הייתם עמנו חזינן אי כדקיימי במערב בירה מיחזא חזו למזרח בירה אין אלו זוממין ואם לאו הרי אלו זוממין פשיטא מהו דתימא ליחוש לנהורא בריא קמשמע לן ואמר רבא באו שנים ואמרו בסורא בצפרא בחד בשבתא הרג פלוני את הנפש ובאו שנים ואמרו בפניא בחד בשבתא עמנו הייתם בנהרדעא חזינן אי מצפרא לפניא מצי אזיל מסורא לנהרדעא לא הוו זוממין ואי לאו הוו זוממין פשיטא מהו דתימא ליחוש לגמלא פרחא קמ"ל ואמר רבא באו שנים ואמרו בחד בשבתא הרג פלוני את הנפש ובאו שנים ואמרו עמנו הייתם בחד בשבתא אלא בתרי בשבתא הרג פלוני את הנפש ולא עוד אלא אפי' אמרו ערב שבת הרג פלוני את הנפש נהרגין דבעידנא דקא מסהדי גברא לאו בר קטלא הוא מאי קמ"ל תנינא לפיכך נמצאת אחת מהן זוממת הוא והן נהרגין והשניה פטורה סיפא מה שאין כן בגמר דין איצטריכא ליה באו שנים ואמרו בחד בשבתא נגמר דינו של פלוני ובאו שנים ואמרו בחד בשבתא עמנו הייתם אלא בערב שבת נגמר דינו של פלוני ולא עוד אלא אפי' אמרו בתרי בשבתא נגמר דינו של פלוני אין אלו נהרגין דבעידנא דקא מסהדי גברא בר קטלא הוא וכן לענין תשלומי קנס באו שנים ואמרו בחד בשבתא גנב וטבח ומכר ובאו שנים ואמרו בחד בשבתא עמנו הייתם אלא בתרי בשבתא גנב וטבח ומכר משלמין ולא עוד אלא אפילו אמרו בערב שבת גנב וטבח ומכר משלמין דבעידנא דקא מסהדי גברא לאו בר תשלומין הוא באו שנים ואמרו בחד בשבתא גנב וטבח ומכר ונגמר דינו ובאו שנים ואמרו בחד בשבתא עמנו הייתם אלא ערב שבת גנב וטבח ומכר ונגמר דינו ולא עוד אלא אפי' אמרו בחד בשבתא גנב וטבח ומכר ובתרי בשבתא נגמר דינו אין משלמין דבעידנא דקא מסהדי גברא בר תשלומין הוא: רבי יהודה אומר איסטטית היא זו כו': אי

להכרזה. דאמרינן בסנהדרין באלו הן הנחנקין (דף פט.) ארבעה צריכין הכרזה לאחר שנענשו בב"ד צריכין ב"ד להכריז כך וכך נהרג פלוני בב"ד על עבירה פלונית כדי לרדות את השומעין: **מוישמעו ויראו נפקא.** והזהרה מלא יוסיפו: **מתני' משלשין בממון.** כלמפרש ואזיל: **גמ' מנהני מילי.** דכל אחד סופג את הארבעים: **רשע בחייבי מיתות.** אשר הוא רשע למות: **בחייבי מלקות.** אם בן הכות הרשע: **כאשר זמם.** שיקבל הנדון מלקות שלימה: **ממון מצטרף.** והרי קיבל מה שרצו להפסידו בין כולם: **מתני' שיזומו את עצמן.** שיזימו אותן בעסקי גופן ולא בעסקי ההורג וההרוג כלמפרש ואזיל: **באו אחרים.** שהעידו עליו כעדות הראשונים: **והזימום.** אלו השנים שהזימו את הראשונים הזימו גם את האחרונים: **אפילו.** אם הן מאה כתות זו אחר זו וכת אחת הזימתן כולן יהרגו: **איסטטית היא זו.** הכת הזאת כת של עדות סרה וסטיה היא כך נטלו עצה ביניהם להזים את כל הבא להעיד עליו: **גמ' גופה של עדות.** גופן של עדים: **לענות בו סרה.** בפרשת עדים זוממין כתיב סרה עדות המוסרת שהוסרו משם: **בירה.** טרקלין גדול: **לנהורא בריא.** שמא מאור עיניהם של אלו בריא וצופין למרחוק יותר ממנו: **גמלא פרחא.** מין גמלים יש שהם קלים במרוצתם כעוף הפורח: **ולא עוד אלא אפי' אמרו.** המזימין בערב שבת הרגו שהקדימו חובתו יותר מן הראשונים: **הרי אלו.** הזוממין נהרגין ולא אמרינן בגברא קטילא אסהוד: **מאי טעמא דבעידנא דקא מסהדי.** כשבאו יום שלישי בשבת להעיד עליו אכתי גברא לאו בר קטלא הוא שלא הועד עליו בבית דין ואילו הוה אתי ומודה הוה מיפטר נמצא שהם היו מחייבין מיתה את מי שאינו ראוי למות: **מאי קמ"ל.** דאע"ג דלאיהו מיקטיל איניהו מיקטלי תנינא במתני' בפרקין (דף ו:) גבי שניה רואין אותם מחלון זה כו' הוא והן נהרגים: **מה שאין כן.** בהזמת עדי גמר דין: **ולא עוד כו'.** שאע"פ שאלו האחרונים מאחרים את זמן גמר דינו מ"מ מודים הן שביום שבאו הזוממין להעיד עליו בשלישי בשבת כבר היה דינו נגמר מאתמול ובגברא קטילא אסהוד: **וכן לענין תשלומי קנס.** שהמודה בו פטור דינו נמי בזה כדיני נפשות ויש חילוק בין עדות גוף המעשה לעדות של גמר דין: **הכי גרסינן** באו שנים ואמרו בחד בשבתא גנב וטבח ומכר ובאו שנים ואמרו בחד בשבתא עמנו הייתם אלא בתרי בשבתא גנב וטבח ומכר ולא עוד אלא אפי' אמרו בערב שבת גנב וטבח ומכר משלמין דבעידנא דקא מסהדי גברא לאו בר תשלומין הוא. ופירושו משום דהוה מצי למיפטר נפשיה בהודאה אשתכח דאינהו הוו מפסדי ליה ודוקא קנס אבל בעדות ממון פטורין שהרי לא היו מפסידין אותו כלום אחר שהוא מחויב ועומד: **גברא בר תשלומין הוא.** כשהעידו אלו עליו כבר חייבוהו בית דין ואי הוה מודי לא הוה מיפטר:

שקמו

מסורת הש"ס

א) לעיל ג. [וע"ש בפרש"י], ב) [סנהדרין י. וש"נ], ג) [לרבי עקיבא דלמאר אין דנין אפשר משאי אפשר קשה, ועיין תוס' מנחות פב: ד"ה והשתא כו', ובתוספות בכורות נו. ד"ה ומה בכך כו', ועי' עוד תוס' יבמות מו. ד"ה אמר ליה שכינהו בב"ע], ד) לעיל ג. ה) [עי' תוס' לקמן עמוד ב ד"ה איסטטית], ו) [עי' תוספות יבמות קטו. ד"ה הכא], ז) [לקמן ו:], ח) גירסת רש"א אמרו בתרי בשבת גנב וטבח ומכר ונגמר דינו, ט) [צ"ל אותו], י) [וע"ש תוס' ודברים עה. ד"ה ע"פ עד אחד], כ) רש"א כל, ל) רש"א מ"ז.

הגהות הב"ח

(א) גמ' הרג פלוני את הנפש הרי אלו נהרגין: (ב) שם לפיכך אם נמצאת: (ג) תוס' ד"ה אין וכו' ולא שיזומו ע"י אחרים שיאמרו ההורג: (ד) ד"ה וכן וכו' לא תדמנו לבר חיובא וכו' ספק כל כך בעדות בממון וקרוב לודאי:

גליון הש"ס

גמ' רבא אמר בעינן כאשר זמם. עיין כתובות לב ע"א תוס' ד"ה כגון: תוס' ד"ה וכן וכו' אבל בעדות נפשות. תמיהני דהא כתבו התוס' לעיל דבפשוטו דבממון לא ליכלה עדים כלל אלא בעלמא אומר לא כי אלא לוייתי בע"ש או בא' בשבת עכ"פ ליכא דין הזמה דהעידו כבר חיובא דלאו דלא עדים לא הוי הב"ד יכולים להוכיח מ"מ הוא בעלמא לא ידע האמת בר מיובא הוא ומוטל עליו לשלם אחר בקנס דאינו לדקוקשת למלתא אינו מוטל עליו לשלם כל"ל שלא חייבוהו ב"ד אינו מחויב כלל. ועי' תוס' כתובות דף לג ע"ב ד"ה לאו. וכן כד"ע דכמה שיודע האמת שהרג בשוגג ואין עליו חיוב כלל להמית את עצמו ולגלות אינו חייב רק ע"פ פסק ב"ד. והחילוק הנ"ל נכון וברור בעזה"י:

תורה אור השלם

א) וְהָיָה אִם בִּן הַכּוֹת הָרָשָׁע וְהִפִּילוֹ הַשֹּׁפֵט וְהִכָּהוּ לְפָנָיו כְּדֵי רִשְׁעָתוֹ בְּמִסְפָּר: [דברים כה, ב]

ב) וְלֹא תִקְחוּ כֹפֶר לְנֶפֶשׁ רֹצֵחַ אֲשֶׁר הוּא רָשָׁע לָמוּת כִּי מוֹת יוּמָת: [במדבר לה, לא]

ג) וַעֲשִׂיתֶם לוֹ כַּאֲשֶׁר זָמַם לַעֲשׂוֹת לְאָחִיו וּבִעַרְתָּ הָרָע מִקִּרְבֶּךָ:

ד) וְדָרְשׁוּ הַשֹּׁפְטִים הֵיטֵב וְהִנֵּה עֵד שֶׁקֶר הָעֵד שֶׁקֶר עָנָה בְאָחִיו: [דברים יט, יח] ה) כִּי יָקוּם עֵד חָמָס בְּאִישׁ לַעֲנוֹת בּוֹ סָרָה: [דברים יט, טז]

עין משפט נר מצוה

לא א מיי' פי"ח מהל' עדות הלכה ז סמג עשין קי:

לב ב מיי' שם הלכה א סמג שם טוש"מ סימן לח:

לג ג מיי' שם הלכה ב:

לד ד מיי' שם הל' ב ופ"כ הל' ה והל' ו טוש"מ סימן לח:

לה ה ו מיי' שם פי"ט הלכה א סמג שם טוש"מ סם:

לו ז ח ט מיי' שם הל' ג סמג שם (טוש"ע שם):

ליקוטי רש"י

משלשין בממון. אם שלשה עדים הן או ארבעה משלשין ביניהם בית דין מחלקין ביניהם בשוה ולא כפי שנתבעו איש לפי חלקו אי נמי דאי משלשין ליתנגא בעלמא הוא מחלקין הפרעון בין שלשתן והוא הדין נמי אם ארבעה הן מרבעין [לעיל ג.].

לענות בו סרה. דבר שאינו, שהוסר העד הזה מכל העדות הזאת, כיצד שאמרו להם והלא עמנו הייתם באותו היום, במקום פלוני [דברים יט טז].

בגמלא פרחא. הולך מהר כעוף פורח [יבמות קטז.].

רבינו חננאל

מתני' משלשין בממון ואין משלשין במכות. פי' העידו עליו שחייב לחבירו מנה ונמצאו זוממין זה נותן חמשים וזה נותן חמשים זהו משלשין בממון. מאי טעמא דהני זוזי והני זוזי מצטרפי והוו להו כולהו מנה ונתקיים ועשיתם לו כאשר זמם הן זממו להענישו מנה לפיכך משלמין לו מנה. אבל מלקות דאי אפשר להצטרף כל אחד לוקה ארבעים: מתני' אין העדים נעשין זוממין עד שיזומו עצמן כו'. ראינו לרבותינו הגאונים ז"ל כך פירשו עד שיזומו עצמן עד שיחרישו ולא יכחישו המוזמין את המזימין (א) ואנו קבלנו עד שיזומו עצמן [היינו] עד שיזומו העדים עצמן ויאמרו להן אתם הייתם עמנו במקום פלוני באותו היום שהעדתם שהרג איש פלוני את פלוני במקום פלוני ואותו המקום צריך להיות רחוק מן המקום שהעידו בו העדים הללו. הלא תראה משנתינו דתני אין העדים נעשין זוממין עד שיזומו עצמן מפרש כיצד מעידים בפלוני שהרג נפש במקום פלוני כו' אמרו להם כו' אבל אמרו להם היאך אתם מעידין והלא אותו היום הייתם עמנו הרי אלו זוממין ונהרגין על פיהן. ואמרינן בגמרא מנא הני מילי. אמר רבה דאמר קרא והנה עד שקר העד עד שתשקר גופה של עדות. וכן לענות בו סרה. אמר רבה (ג) באו ב' ואמרו במזרח בירה הרג פלוני את הנפש ובאו

אחרים ואמרו באותה שעה הייתם עמנו במערב בירה חזינן אי כד קיימי במערב בירה מצו חזו במזרח בירה האי דקטיל אינן זוממין דאמרינן הני והני קושטא קאמרי ואם לא יכלי למיחזא הרי אלו זוממין ולא אמרינן נהורא (דהאי) [דהני] בריא. וכן אם העידו ב' בצפרא בחדא בשבא הרג פלוני את פלוני בסורא ובאו ב' ואמרו עמנו הייתם ביום בנהרדעא כו'. ואסיקנא לגמלא פרחא לא חיישינן. אמר רבא באו ב' ואמרו בחד בשבא הרג פלוני ובאו ב' ואמרו בחד [בשבא] עמנו הייתם אלא בתרי בשבא הרג ולא עוד אלא אפילו בערב שבת הרג נהרגין דבעידנא דמסהדי ביה לאו בר קטלא הוא. כלומר כיון שעדיין לא נגמר דינו להריגה נהרגין עליו. אבל אם באו ב' ואמרו בחד בשבא נגמר דינו של פלוני ובאו ב' ואמרו בחד בשבא עמנו הייתם אלא בערב [שבת] נגמר דינו ולא עוד אלא אפי' אמרו בתרי בשבא נגמר דינו אינן נהרגין דבעידנא דמשהדי גברא בר קטלא הוא דהא נגמר דינו מקמי הכי בזמן רב וכיון דנגמר דינו הוה כאילו הרוג מאותה (העד) [העת]. וכן לענין תשלומין וכו': באו אחרים והזימום. באו אחרים והזימום כולן יהרגו. פי' המוזמין ג) כולן ימותו. ר' יהודה אומר איסטטית היא זו. פי' לא נכון הוא זה ה) המזימין והמזימי המזימין לעולם שאומרים האחרונים האמת עד שיזומו

חשק שלמה על ר"ח א) נראה שכ"ה היו מפרשים כיצד כמו ובלבד לא יד נעשין זוממין אם יחרישו. הלא"ה אפילו החרישו אין נעשין זוממין ועוכוח דזה מלינו בכ"מ. ב) לפי גירסת רבינו רבה בכאי מימרות דמקמי י"ל קושית התוס' דיבמות דף קטז ד"ה הכא ועי' ריטב"א כאן. ג) כלומר אותן שהוזמו מלה עליהן כולן חייבין וכן פטורין לריך להגיה כולן חייבין כמו שגרס הרמב"ן בחדושיו. ד) עי' רי"ף ורמב"ן בחדושיו. ה) כ"ה בערוך ערך איסטטס בשם רבינו.

זוֹמֶמֶת — IF ONE OF [THE TWO SETS] IS FOUND TO BE *ZOMEMIN*, הוּא וְהֵן נֶהֱרָגִין — HE [the accused] **AND THEY** [the *zomemin* set] **ARE EXECUTED, וְהַשְּׁנִיָּה פְּטוּרָה — AND THE SECOND [SET] IS EXEMPT** from any punishment.[29] Thus, we see from that Mishnah that even when the accused is found guilty and is executed for murder, those who testified falsely about the murder are also executed as *zomemin.* What does Rava add to this?

The Gemara responds that the first part of Rava's ruling is indeed implied by the Mishnah, but he says it to introduce the second part of his ruling:

סֵיפָא מַה שֶּׁאֵין כֵּן בִּגְמַר דִּין אִיצְטְרִיכָא לֵיהּ — The latter part of Rava's ruling, which states, **"which is not the case** where they testified **with** regard to **a verdict that has been handed down,"**[30] **is what [Rava] needed** to teach. The Gemara now gives the remainder of Rava's ruling: **בָּאוּ שְׁנַיִם וְאָמְרוּ — If two** witnesses **came and said, בְּחַד בְּשַׁבְּתָא נִגְמַר דִּינוֹ שֶׁל פְּלוֹנִי — "On Sunday a verdict was handed down against So-and-so** sentencing him to death," **וּבָאוּ שְׁנַיִם וְאָמְרוּ — and two** others **came and said, בְּחַד בְּשַׁבְּתָא עִמָּנוּ הֱיִיתֶם — "On Sunday you were with us** at another location and could not have seen a verdict being handed down; **אֶלָּא בְּעֶרֶב שַׁבָּת נִגְמַר דִּינוֹ שֶׁל פְּלוֹנִי — however, a verdict was** indeed **handed down against So-and-so on** the previous **Friday,"** so that he had in fact been sentenced to death before the first witnesses claim to have seen this happen and certainly before they testified. **וְלֹא עוֹד — And moreover, אֶלָּא אֲפִילוּ אָמְרוּ בִּתְרֵי בְּשַׁבְּתָא נִגְמַר דִּינוֹ שֶׁל פְּלוֹנִי — even if [the second set] said, "On Monday a verdict was handed down against So-and-so** sentencing him to death," so that the sentencing took place after the *zomemin* claimed it did but before they testified — **אֵין אֵלוּ נֶהֱרָגִין — they** [the *zomemin* witnesses] **are not executed.** Why not? **דִּבְעִידְנָא דְּקָא מַסְהֲדֵי — For at the time they testified** falsely, **גַּבְרָא בַּר קְטָלָא הוּא — the person** they accused **was** already **subject to execution.** Thus, it is as if they testified against a legally dead person.[31] This facet of the law was not stated in the Mishnah cited above, and it is the novel point taught by Rava.

Rava goes on to extend this distinction to cases of fines, using as an example the fines levied against thieves:[32]

וְכֵן לְעִנְיַן תַּשְׁלוּמֵי קְנָס — And so too with regard to payments of fines.[33] **בָּאוּ שְׁנַיִם וְאָמְרוּ — If two** witnesses **came and said, בְּחַד בְּשַׁבְּתָא גָּנַב וְטָבַח וּמָכַר — "On Sunday [So-and-so] stole** a sheep or an ox **and** then **slaughtered or sold it," וּבָאוּ שְׁנַיִם וְאָמְרוּ — and two** others **came and said, בְּחַד בְּשַׁבְּתָא עִמָּנוּ הֱיִיתֶם — "On Sunday you were with us** at another location and could not have seen this, **אֶלָּא בִּתְרֵי בְּשַׁבְּתָא גָּנַב וְטָבַח וּמָכַר — however, on Monday he stole and** then **slaughtered or sold** it," **מְשַׁלְּמִין — they pay** their intended victim. **וְלֹא עוֹד — And moreover, אֶלָּא אֲפִילוּ אָמְרוּ בְּעֶרֶב שַׁבָּת גָּנַב וְטָבַח וּמָכַר — even if they** (the second pair) **said, "On** the previous **Friday he stole and** then **slaughtered or sold** it," **מְשַׁלְּמִין — they pay** their intended victim. Why? **דִּבְעִידְנָא דְּקָא מַסְהֲדֵי — For at the time they testified, גַּבְרָא לָאו בַּר תַּשְׁלוּמִין הוּא — the man** against whom they testified **was not subject to paying** the fine, since the obligation had not yet been established in court.[34]

Rava now gives the parallel rule for witnesses testifying about a fine that had already been assessed:

בָּאוּ שְׁנַיִם וְאָמְרוּ — However, if **two** witnesses **came and said, בְּחַד בְּשַׁבְּתָא גָּנַב וְטָבַח וּמָכַר וְנִגְמַר דִּינוֹ — "On Sunday [So-and-so] stole and** then **slaughtered or sold** it, **and a verdict was handed down** sentencing him to pay the fine," **וּבָאוּ שְׁנַיִם וְאָמְרוּ — and two** others **came and said, בְּחַד בְּשַׁבְּתָא עִמָּנוּ הֱיִיתֶם — "On Sunday you were with us** at another location and could not have witnessed the verdict being handed down. **אֶלָּא עֶרֶב שַׁבָּת גָּנַב וְטָבַח וּמָכַר וְנִגְמַר דִּינוֹ — On** the previous **Friday, however, he stole and** then **slaughtered or sold** it, and **his verdict was handed down." וְלֹא עוֹד — And moreover, אֶלָּא אֲפִילוּ אָמְרוּ בְּחַד בְּשַׁבְּתָא גָּנַב וְטָבַח וּמָכַר — even if they said, "On Sunday he stole and** then **slaughtered or sold** it," **וּבִתְרֵי בְּשַׁבְּתָא נִגְמַר דִּינוֹ — and his verdict was handed down on Monday,**[35] **אֵין מְשַׁלְּמִין — [the *zomemin* witnesses] do not pay.** Why not? **דִּבְעִידְנָא דְּקָא מַסְהֲדֵי — For at the time they testified, גַּבְרָא בַּר תַּשְׁלוּמִין הוּא — the man was** already **subject to paying the fine** the *zomemin* had sought to impose upon him.[36]

The Gemara now discusses the final portion of the Mishnah:

רַבִּי יְהוּדָה אוֹמֵר אִיסְטַסִית הִיא זוֹ כוּ׳ — R' YEHUDAH SAYS: THIS IS A GROUP OF PLOTTERS etc. [and only the first set of witnesses is executed].

NOTES

29. The Mishnah on 6b speaks of two pairs of witnesses who claim to have viewed a murder from different vantage points, from which they could not see each other. The Mishnah teaches that their failure to see each other renders them two separate sets of witnesses. Thus, even if one pair is discredited through *hazamah,* the testimony of the other still stands and the accused is executed. The *zomemin* are executed because they testified falsely against someone who was not at that time subject to a death penalty. [The reason the Mishnah states that "the second set is exempt" when in fact we even accept their testimony, will be explained on 6b; see note 6 there.]

30. [When witnesses come before a court and testify that they saw a person be convicted of a capital offense in another court from which he then escaped, the second court does not retry the original case, but considers only whether the testimony of these witnesses proves that the defendant had been sentenced to death by the earlier court (see Mishnah 7a). If it does, they execute him.]

31. Once a person has been condemned to be executed, he is legally considered a גַּבְרָא קְטִילָא, *dead person.* One is therefore not liable even for killing him (see *Sanhedrin* 78a), and surely not for trying to kill him judicially by means of false testimony (*Rabbeinu Chananel;* see also *Tosafos* ד״ה דבעידנא).

32. A thief who is caught must not only return what he has stolen (or pay for it, if it is no longer intact), he must also pay a fine equal to the value of that which he stole; thus he pays a total of double what he stole [כֶּפֶל] (*Exodus* 22:3). If he stole cattle or sheep and subsequently slaughtered them or sold them, he pays a total of fourfold for the sheep and fivefold for the cattle (ibid. 21:37).

33. For here too one who confesses to a crime for which he would have to pay a fine is exempted from paying it. Thus, the distinction made above between testifying falsely in regard to the crime itself and testifying falsely in regard to the verdict having been handed down applies here as well, as Rava proceeds to explain (*Rashi*).

34. Thus, he could still exempt himself from the fine by confessing. [He would then be obligated to pay only the principal but not the additional fine.] This is because of the rule that one who confesses to a crime that is subject to a fine is exempt from paying the fine [even if witnesses later attest to his guilt (*Bava Kamma* 75a; see Rava's view there; see above, 2b, note 25)]. Accordingly, these witnesses would indeed have caused him a loss by their testimony. They are therefore obligated to pay [the amount of the fine] (*Rashi*).

[Rava makes this distinction in regard to fines. In regard to ordinary monetary obligations (e.g. loans, damages), the obligation to repay exists independently of any court ruling or testimony. Thus, the false witnesses did not attempt to impose upon their victim anything he was not in any case obligated to pay. They are therefore exempt regardless of when they testify (*Rashi*).]

35. Seemingly, the Gemara should have said that they testify that *everything* happened on Monday, as it said in regard to Friday. Indeed, *Maharsha* emends the text to read this way. See, however, *Rambam, Hil. Eidus* 19:2.

36. Obviously, we speak of a case where it is clear that the second set is testifying about the theft and slaughter of the same animal that the first set spoke of (*Aruch LaNer; Tzlach* ד״ה אבל אי קשיא).

[א] להכרזה ורבי מאיר הכרזה מישמעו ויראו נפקא: **מתני'** [ב] משלשין בממון ואין משלשין במכות כיצד העידוהו שהוא חייב לחבירו מאתים זוז ונמצאו זוממין משלשין ביניהם אבל אם העידוהו שהוא חייב מלקות ארבעים ונמצאו זוממין כל אחד ואחד לוקה ארבעים: **גמ'** מנא ה"מ אמר אביי נאמר [א] רשע בחייבי מלקיות ונאמר [ב] רשע בחייבי מיתות ב"ד מה להלן אין מיתה למחצה אף כאן אין מלקות למחצה רבא אמר בעינן [ג] כאשר זמם לעשות לאחיו וליכא אי הכי ממון נמי ממון מצטרף מלקות לא מצטרף: **מתני'** [ג] אין העדים נעשים זוממין עד שיזומו את עצמן כיצד אמרו מעידין אנו באיש פלוני שהרג את הנפש אמרו להם היאך אתם מעידין שהרי נהרג זה או ההורג זה היה עמנו אותו היום במקום פלוני אין אלו זוממין אבל אמרו להם היאך אתם מעידין שהרי אתם הייתם עמנו אותו היום במקום פלוני הרי אלו זוממין ונהרגין על פיהם [ד] באו אחרים והזימום באו אחרים והזימום אפי' מאה כולם יהרגו רבי יהודה אומר [ה] איסטטית היא זו ואינו נהרג אלא כת הראשונה בלבד: **גמ'** מנא הני מילי אמר רב אדא דאמר קרא [ד] והנה עד שקר העד שקר ענה עד שתשקר גופה של עדות דבי ר' ישמעאל תנא [ה] לענות בו סרה עד שתסרה גופה של עדות אמר רבא [ו] באו שנים ואמרו במזרח בירה הרג פלוני את הנפש ובאו שנים ואמרו והלא במערב בירה עמנו הייתם חזינן אי כדקיימי במערב בירה מיחזא חזו למזרח בירה אין אלו זוממין ואם לאו הרי אלו זוממין פשיטא מהו דתימא ליחוש לנהורא בריא קמשמע לן ואמר רבא [ז] באו שנים ואמרו בסורא בצפרא בחד בשבתא הרג פלוני את הנפש ובאו שנים ואמרו בפניא בחד בשבתא עמנו הייתם בנהרדעא חזינן אי מצפרא לפניא מצי אזיל מסורא לנהרדעא לא הוו זוממין ואי לאו הוו זוממין פשיטא מהו דתימא [י] ליחוש לגמלא פרחא קמ"ל ואמר רבא [ז] באו שנים ואמרו בחד בשבתא הרג פלוני את הנפש ובאו שנים ואמרו עמנו הייתם בחד בשבתא אלא בתרי בשבתא הרג פלוני את הנפש ולא עוד אלא אפי' אמרו ערב שבת הרג פלוני את הנפש (א) נהרגין דבעידנא דקא מסהדי גברא לאו בר קטלא הוא מאי קמ"ל תנינא [ז] לפיכך (ב) נמצאת אחת מהן זוממת הוא והן נהרגין והשניה פטורה סיפא מה שאין כן בגמר דין איצטריכא ליה [ח] באו שנים ואמרו בחד בשבתא נגמר דינו של פלוני ובאו שנים ואמרו בחד בשבתא עמנו הייתם אלא בערב שבת נגמר דינו של פלוני ולא עוד אלא אפי' אמרו בתרי בשבתא נגמר דינו של פלוני אין אלו נהרגין דבעידנא דקא מסהדי גברא בר קטלא הוא [ט] וכן לענין תשלומי קנס באו שנים ואמרו בחד בשבתא גנב וטבח ומכר ובאו שנים ואמרו בחד בשבתא עמנו הייתם אלא בתרי בשבתא גנב וטבח ומכר משלמין ולא עוד אלא אפילו אמרו בערב שבת גנב וטבח ומכר משלמין דבעידנא דקא מסהדי גברא לאו בר תשלומין הוא באו שנים ואמרו בחד בשבתא גנב וטבח ומכר ונגמר דינו ובאו שנים ואמרו בחד בשבתא עמנו הייתם אלא ערב שבת גנב וטבח ומכר ונגמר דינו ולא עוד אלא אפי' אמרו [י] בחד בשבתא גנב וטבח ומכר ובתרי בשבתא נגמר דינו אין משלמין דבעידנא דקא מסהדי גברא בר תשלומין הוא: רבי יהודה אומר איסטטית היא זו כו':

אי

רש"י

להכרזה. דאמרינן בסנהדרין באלו הן הנחנקין (דף פט.) ארבעה צריכין הכרזה לאחר שנענשו בב"ד צריכין ב"ד להכריז כך וכך נהרג פלוני בב"ד על עבירה פלונית כדי לרדות את השומעין: מוישמעו ויראו נפקא. ואזהרה מלא יוסיפו: **מתני'** משלשין בממון. כדמפרש ואזיל: **גמ'** מנהני מילי. דכל אחד סופג את הארבעים: רשע בחייבי מיתות. אשר הוא רשע למות: בחייבי מלקות. אם בן הכות הרשע: כאשר זמם. שיקבל הנדון מלקות שלימה: ממון מצטרף. והרי קיבל מה שרצו להפסידו בין כולם: **מתני'** שיזומו את עצמן. שיזימו אותן בעסקי גופן ולא בעסקי ההורג וההרוג כדמפרש ואזיל: באו אחרים. שהעידו עליו כעדות הראשונים: והזימו. אלו השנים שהזימו את הראשונים הזימו גם את האחרונים: אפילו. אם הן מאה כתות זו אחר זו וכת אחת הזימתן כולן יהרגו: איסטטית היא זו. הכת הזאת כת של עדות סרה וסטיא היא כך נטלו עצה ביניהם להזים את כל הבא להעיד עליו: **גמ'** גופה של עדות. גופן של עדים: לענות בו סרה. בפרשת עדים זוממין כתיב סרה עדות המוסרת שהוסרו משם: בירה. טרקלין גדול: לנהורא בריא. שמא מאור עיניהם של אלו בריא וצופין למרחוק יותר ממנו: גמלא פרחא. מין גמלים יש שהם קלים במרוצתם כעוף הפורח: ולא עוד אלא אפי' אמרו. המזימין בערב שבת הרגו שהקדימו חובתו יותר מן הראשונים: הרי אלו. הזוממין נהרגין ולא אמרינן בגברא קטילא אסהוד: מאי טעמא דבעידנא דקא מסהדי. כשבאו יום שלישי בשבת להעיד עליו אכתי גברא לאו בר קטלא שלא הועד עליו בבית דין ואילו הוה אתי ומודה הוה מיפטר נמצא שהם היו מחייבין מיתה את מי שאינו ראוי למות: מאי קמ"ל. דאע"ג דאינהו מיקטיל אינהו מיקטלי תנינא במתני' בפרקין (דף ו:) גבי שנים רואין [ט] אותם מחלון זה כו' הוא והן נהרגים: מה שאין כן. בהזמת עדי גמר דין: ולא עוד כו'. שאע"פ שאלו האחרונים מאחרים את זמן גמר דינו מ"מ מודים הן שביום שבאו הזוממין להעיד עליו בשלישי בשבת כבר היה דינו נגמר מאתמול ובגברא קטילא אסהוד: וכן לענין תשלומי קנס. שהמודה בו פטור דינו נמי בזה כדיני נפשות ויש חילוק בין עדות גוף המעשה לעדות של גמר דין: הכי גרסינן באו שנים ואמרו בחד בשבתא גנב וטבח ומכר ובאו שנים ואמרו בחד בשבתא עמנו הייתם אלא בתרי בשבתא גנב וטבח ומכר ולא עוד אלא אפי' אמרו בערב שבת גנב וטבח ומכר משלמין דבעידנא דקא מסהדי גברא לאו בר תשלומין הוא. ופירושו משום דהוה מצי למיפטר נפשיה בהודאה אישתכח דאינהו הוו מפסדי ליה ודוקא קנס אבל בעדות ממון פטורין שהרי לא היו מפסידין אותו כלום אחר שהוא מחויב ועומד: גברא בר תשלומין הוא. כשהעידו אלו עליו כבר חייבוהו בית דין ואי הוה מודי לא הוה מיפטר:

תוספות

אין העדים נעשים זוממין עד שיזומו עצמן. פי' עצמן של עדים שיאמרו להם אתם במקום פלוני עמנו הייתם ולא שיזומו (ג) שיאמרו ההורג או הנהרג היה עמנו:

דבעידנא דאסהידו עדים לאו בר קטלא הוא. פ"ה משום דאי הוה מודה מיפטר ולא נראה דזה לא מצינו דאם כן כל חייבי מיתות בית דין יכול להודות ולפטור [י] עצמו ונראה לפרש לאו בר קטלא הוא פירוש קודם שנגמר דינו הוא דשמא לא יבואו עדים ואם יבואו עדים לא יהא עדותן קיים ועוד שאסור להורגו עד שיגמר דינו וכשנגמר דינו כבר ודאי בר חיובא הוא הואיל וכבר באו עדים ונתקבל עדותן וההורגו פטור:

וכן לענין קנס. אבל ודאי לענין ממון לא דכשמעידין דבחד בשבת גנב ובאו שנים ואמרו דבערב שבת גנב ובחד בשבת עמנו הייתם ודאי אין משלמין ממון דבההיא שעתא דמסהדי גנבא בר חיובא אע"ג דלגבי נפשות לא (ד) תדמנו לבר חיובא [כ] דכל כמה דלא נגמר דינו [ל] (נמי הוי בר חיובא משום שאינו ספק כל כך עדות) בממון [הוי] קרוב לודאי שיבואו עדים ויעידו [מ] אבל בעדות נפשות דבעינן דרישה וחקירה אז ודאי אמרינן דקודם שנגמר דינו לאו הוי בר חיובא:

עין משפט נר מצוה

לא א מיי' פי"ח מהל' עדות הלכה ז סמג עשין קי:
לב ב מיי' שם הלכה א סמג שם טוש"מ סימן לח:
לג ג מיי' שם הלכה ב:
לד ד מיי' שם הל' ג ופ"כ הל' ה והל' ו טוש"מ סימן לח:
לה ה ו מיי' שם פי"ט הלכה א סמג שם טוש"מ שם:
לו ז ח ט מיי' שם הל' ב סמג שם (טוש"ע שם):

ליקוטי רש"י

משלשין בממון. אם שלשה עדים הן או ארבעה משלשין ביניהם בית דין נעשין שלים ביניהן להשוותם בפרעון איש לפי חלקו אי נמי האי משלשין לישנא בעלמא הוא מחלקין הפרעון בין שלשתן והוא הדין נמי אם ארבעה הן מרבעין [לעיל ג.].
לענות בו סרה. דבר שאינו, שהוסר העד הזה מכל העדות הזאת, כילד שאמרו להם והלא עמנו הייתם באותו היום, במקום פלוני [דברים יט טז].
בגמלא פרחא. הולך מהר כעוף פורח [יבמות קטז.].

רבינו חננאל

מתני' משלשין בממון ואין משלשין במכות. פי' העידו עליו שחייב לחברו מנה ונמצאו זוממין זה נותן חמשים וזה נותן חמשים זהו משלשין בממון. מאי טעמא דהני זוזי והני זוזי מצטרפי והוו להו כולהו מנה ונתקיים ועשיתם לו כאשר זמם הן זממו להענישו מנה לפיכך משלמין לו מנה. אבל מלקות דאי אפשר להצטרף כל אחד לוקה ארבעים: **מתני'** אין העדים נעשין זוממין עד שיזומו עצמן כו'. ראינו לרבותינו הגאונים ז"ל כי פירשו עד שיזומו עצמן עד שיחרישו ולא יכחישו המוזמין את המזימין א) ואנו קבלנו עד שיזימו עצמן [היינו] עד שיזומו העדים עצמן ויאמרו להן אתם הייתם עמנו במקום פלוני באותו היום שהעדתם שהרג פלוני את פלוני במקום פלוני ואותו המקום צריך להיות רחוק מן המקום שהעידו בו העדים הללו. הלא תראה משנתינו דתני אין העדים נעשין זוממין עד שיזומו עצמן מפרש כיצד מעידנו בפלוני שהרג נפש במקום פלוני כו' אמרו להם כו' אבל אמרו להם היאך אתם מעידין והלא אותו היום הייתם עמנו הרי אלו זוממין ונהרגין על פיהן. ואמרינן בגמרא מנא הני מילי. אמר רבה דאמר קרא והנה עד שקר העד עד שתישקר גופה של עדות. כלומר עד שישקר העד. וכן לענות בו סרה. אמר רבה ב) באו ב' ואמרו במזרח בירה הרג פלוני את הנפש ובאו אחרים ואמרו באותה שעה הייתם עמנו במערב בירה חזינן אי כי קיימי במערב בירה מצו חזו במזרח בירה האי דקטיל אינן זוממין דאמרינן הני והני קושטא קאמרי ואם לא יכלי למיחזא הרי אלו זוממין ולא אמרינן נהורא (דהאי) [דהני] בריא. וכן אם העידו ב' דבצפרא בחדא בשבא הרג פלוני את פלוני בסורא ובאו ב' ואמרו עמנו הייתם בו ביום בנהרדעא כו'. ואסיקנא לגמלא פרחא לא חיישינן. אמר רבא באו ב' ואמרו בחד בשבא הרג פלוני את פלוני ובאו ב' ואמרו בחד [בשבא] עמנו הייתם אלא בתרי בשבא הרגו ולא עוד אלא אפילו אם אמרו בערב שבת הרגו נהרגין דבעידנא דקא משהדי גברא לאו בר קטלא הוא. כלומר כיון שעדיין לא נגמר דינו להריגה נהרגין עליו. אבל אם באו ב' ואמרו בחד בשבא נגמר דינו של פלוני ובאו ב' ואמרו בחד בשבא עמנו הייתם אלא בערב [שבת] נגמר דינו ולא עוד אלא אפי' אמרו בתרי בשבא נגמר דינו אינן נהרגין דבעידנא דמשהדי גברא בר קטלא הוא דהא נגמר דינו מקמי הכי בזמן רב וכיון דנגמר דינו מקמי הכי בזמן רב כאילו הרוג מאותה (העד) [העת]. וכן לענין תשלומין וכו': באו אחרים והזימו העדים באו אחרים והזימו המזימין ובאו עוד אחרים והזימו מזימי המזימין כולן ימותו. פי' המוזמין ג) כולן ימותו שאומרים לעולם עם האחרונים האמת עד שיוזמו ד) ר' יהודה אומר איסטסית היא זו. פי' לא נכון הוא זה ה)

מסורת הש"ס

א) לעיל ג. [וע"ש בפרש"י], ב) [סנהדרין י. וש"נ], ג) [לרבי עקיבא דאמר אין דנין אפשר משאי אפשר קשה, ועיין תוס' מנחות פב: ד"ה והשתא כו', ובתוספות דבכורות נו. ד"ה ומה בכך כו', ועי' עוד תוס' יבמות מו. ד"ה אמר ליה שהניחו בצ"ע], ד) לעיל ג., ה) [עי' תוס' לקמן עמוד ב ד"ה איסטטית], ו) [עי' תוספות יבמות קטז. ד"ה הכא], ז) [לקמן ו:], ח) גירסת רש"א אמרו בתרי בשבת גנב וטבח ומכר ונגמר דינו, ט) [נ"ל אותו], י) [וע"ע תוס' זבחים עא. ד"ה ע"פ עד אחד], כ) רש"א כל, ל) רש"א מ"ז.

הגהות הב"ח

(א) גמ' הרג פלוני את הנפש הרי אלו נהרגין: (ב) שם לפיכך אם נמצאת: (ג) תוס' ד"ה אין וכו' ולא שיזומו ע"י אחרים שיאמרו ההורג: (ד) ד"ה וכן וכו' לא תדינהו לבר חיובא וכו' ספק כל כך בעדות בממון וקרוב לודאי:

גליון הש"ס

גמ' רבא אמר בעינן כאשר זמם. עיין כתובות לה ע"א תוס' ד"ה רבא: תוס' ד"ה וכן וכו' אבל בעדות נפשות. תמיהני למאי הוצרכו לזה ולא בפשוטו דבממון אף דליכא עדים כלל אלא הוא בעצמו אומר לא כי אלא לויתי בע"ש או בב' בשבת מ"מ ליכא דין הזמה דהעידו בבר חיובא דאף דבלא עדים לא היה הב"ד יכולים לחייבו מ"מ הוא בעצמו שיודע האמת בר חיובא הוא ומוטל עליו לשלם משא"כ בקנס דלקושטא דמלתא אינו מוטל עליו לשלם דכ"ז שלא חייבוהו ב"ד אינו מחויב כלל. ועי' תוס' כתובות דף לג ע"ב ד"ה לאו. וכן בד"נ דבמה שיודע האמת שהרג לאו בר קטלא ואין עליו חיוב כלל להמית את עצמו וליכא חיוב רק ע"פ פסק ב"ד. והחילוק נראה נכון וברור בעזה"י:

תורה אור השלם

א) וְהָיָה אִם בִּן הַכּוֹת הָרָשָׁע וְהִפִּילוֹ הַשֹּׁפֵט וְהִכָּהוּ לְפָנָיו כְּדֵי רִשְׁעָתוֹ בְּמִסְפָּר: [דברים כה, ב]
ב) וְלֹא תִקְחוּ כֹפֶר לְנֶפֶשׁ רֹצֵחַ אֲשֶׁר הוּא רָשָׁע לָמוּת כִּי מוֹת יוּמָת: [במדבר לה, לא]
ג) וַעֲשִׂיתֶם לוֹ כַּאֲשֶׁר זָמַם לַעֲשׂוֹת לְאָחִיו וּבִעַרְתָּ הָרָע מִקִּרְבֶּךָ: [דברים יט, יט]
ד) וְדָרְשׁוּ הַשֹּׁפְטִים הֵיטֵב וְהִנֵּה עֵד שֶׁקֶר הָעֵד שֶׁקֶר עָנָה בְאָחִיו: [דברים יט, יח]
ה) כִּי יָקוּם עֵד חָמָס בְּאִישׁ לַעֲנוֹת בּוֹ סָרָה: [דברים יט, טז]

חשק שלמה על ר"ח

א) נראה שהם היו מפרשים כילד כמו ובאיזה לד נעשין זוממין אם יחרישו. ואמר דדוקא כשאמרו המזימין עמנו הייתם. הלא"ה אפילו החרישו אין נעשין זוממין וכיוצא בזה מצינו בכ"מ: ב) לפי גירסת רבינו רבה בהני תרי מימרות קמאי י"ל קושית התוס' יבמות דף קטז ד"ה הכא ועי' ריטב"א כאן: ג) כלומר אותן שהזמה חלה עליהן כולן חייבין וכן מפורש בתוספתא ויש ט"ס שם שבמקום כולן פטורין צריך להגיה כולן חייבין כמו שגרס הרמב"ן בחדושיו: ד) עי' רי"ף ורמב"ן בחדושיו: ה) כ"ה בערוך ערך איסטסס בשם רבינו:

גמרא

אי איסטטית היא זו אפי' כת ראשונה נמי לא אמר ר' אבהו שקדמו והרגו מאי דהוה הוה אלא אמר רבא הכי קאמר אם אינה אלא כת אחת נהרגת אי איכא טפי אין נהרגין הא בלבד קאמר קשיא ההיא איתתא דאתאי סהדי ואישתקור אייתי סהדי ואישתקור אזלה אייתי סהדי אחריני דלא אישתקור אמר ריש לקיש הוחזקה זו א"ל ר' אלעזר א) א אם היא הוחזקה כל ישראל מי הוחזקו זימנין הוו יתבי קמיה דרבי יוחנן אתא כי האי מעשה לקמייהו אמר ריש לקיש הוחזקה זו א"ל רבי יוחנן אם הוחזקה זו כל ישראל מי הוחזקו ב) הדר חזיה לרבי אלעזר בישות אמר ליה שמעת מילי ג) מבר נפחא ולא אמרת לי משמיה לימא ריש לקיש דאמר כרבי יהודה ורבי יוחנן דאמר כרבנן אמר לך ריש לקיש אנא דאמרי לך אפי' לרבנן עד כאן לא קא אמרי רבנן התם דליכא דקא מהדר אבל הכא איכא הא דקא מהדרא ורבי יוחנן אמר לך אנא דאמרי אפי' לרבי יהודה עד כאן לא קאמר רבי יהודה התם דאמרינן אטו כולי עלמא גבי הני הוו קיימי אבל הכא הני ידעי בסהדותא והני לא ידעי בסהדותא: **מתני'** ד) ב אין העדים זוממין נהרגין עד שיגמר הדין שהרי הצדוקין אומרים עד שיהרג ה) שנאמר א) נפש [א] תחת נפש אמרו להם חכמים והלא כבר נאמר ב) ועשיתם לו כאשר זמם לעשות לאחיו והרי אחיו קיים ואם כן למה נאמר נפש [ב] תחת נפש יכול משעה שקבלו עדותן יהרגו תלמוד לומר נפש [ג] תחת נפש הא אינן נהרגין עד שיגמר הדין: **גמ'** ו) ג תנא בריבי אומר לא הרגו נהרגין הרגו אין נהרגין אמר אביו בני לאו קל וחומר הוא אמר לו לימדתנו רבינו שאין עונשין מן הדין דתניא ג) איש אשר יקח [את] אחותו בת אביו או בת אמו אין לי אלא בת אביו שלא בת אמו ובת אמו שלא בת אביו בת אביו ובת אמו מנין ת"ל ערות אחותו גילה עד שלא יאמר יש לי בדין אם ענש על בת אביו שלא בת אמו ובת אמו שלא בת אביו בת אביו ובת אמו לא כל שכן הא למדת ז) שאין עונשין מן הדין עונש שמענו אזהרה מנין תלמוד לומר ד) ערות אחותך בת אביך או בת אמך אין לי אלא בת אביו שלא בת אמו ובת אמו שלא בת אביו בת אביו ובת אמו מנין תלמוד לומר ה) ערות בת אשת אביך מולדת אביך אחותך היא עד שלא יאמר יש לי מן הדין מה אם הוזהר על בת אמו שלא בת אביו ובת אביו שלא בת אמו בת אביו ובת אמו לא כל שכן הא למדת ח) שאין מזהירין מן הדין ט) חייבי מלקיות מנין תלמוד לומר י) רשע רשע חייבי גליות מנין אתיא רוצח רוצח תניא כ) אמר רבי יהודה בן טבאי אראה בנחמה אם לא הרגתי עד זומם להוציא מלבן של צדוקים שהיו אומרים אין העדים זוממין נהרגין עד שיהרג הנדון אמר לו שמעון בן שטח אראה בנחמה אם לא ל) שפכת דם נקי שהרי אמרו חכמים מ) אין העדים זוממין נהרגין עד שיזומו שניהם ואין לוקין עד שיזומו שניהם מיד קבל עליו ר' יהודה בן טבאי שאינו מורה הוראה אלא לפני שמעון בן שטח וכל ימיו של ר' יהודה בן טבאי היה משתטח על קברו של אותו העד והיה קולו נשמע וכסבורין העם לומר קולו של הרוג אמר קולי שלי הוא תדעו למחר הוא מת אין קולו נשמע אמר ליה רב אחא בריה דרבא לרב אשי דלמא בדינא קם בהדיה אי נמי פיוסי פייסיה: **מתני'** נ) על פי [ד] שנים עדים או שלשה עדים יומת המת אם מתקיימת העדות בשנים למה פרט הכתוב בשלשה אלא ס) להקיש ס) (שלשה לשנים) מה שלשה מזימין את השנים אף השנים יזומו את הג' ומנין ד אפי' מאה ת"ל עדים ר' שמעון אומר מה שנים אינן נהרגין עד שיהיו שניהם זוממין ה אף שלשה אינן נהרגין עד שיהיו שלשתן זוממין ומנין אפי' מאה ת"ל עדים ע) רבי עקיבא אומר לא בא השלישי להקל אלא להחמיר עליו ולעשות דינו כיוצא באלו ואם כן ענש הכתוב לנטפל לעוברי עבירה כעוברי עבירה על אחת כמה וכמה ישלם שכר לנטפל לעושי מצוה כעושי מצוה ומה שנים נמצא אחד מהן קרוב או פסול עדותן בטלה ו אף שלשה נמצא אחד מהן קרוב או פסול עדותן בטלה מנין אפי' מאה ת"ל עדים

אמר

תוספות

ר) **איסטטית** היא. ברב אלפס פי' לשון סטיס (שבת דף פט:): **חייבי** מלקיות מנין. פי' מנין דאין לוקין עד שיגמר הדין על פיהם וא"ת ואמאי לא בעי נמי (א) כן חייבי ממון מנין דאין משלמין ממון עד שיגמר דינו על פיהם וי"ל דכמו דבדיני נפשות דרשינן עד שיגמר דינו מקרא דנפש בנפש דכתיב בעדים זוממין כמו כן כתיב ממון בעדים זוממין דכתיב ש) יד ליד לא ינקה דמפקי מיניה (כתובות דף לג:) דממונא משלמין ודרשינן מיניה עד שיגמר הדין:

חייבי גליות מנין. פירוש מנין דאין לוקין עד שיגמר דינו וקשיא דהא כשהעידו אחייבי גליות הרי הן חייבי מלקות וחייבי מלקות כבר גמרנו מרשע רשע ופ"ה דמההיא לא ילפינן אלא עדים הזוממין שהרשיעו הנדון ת) ללקות או למיתה דהאי קרא דרשע רשע בנידונין כתיב אבל כשהרשיעו הנדון לגלות לא גמרינן:

אף השנים מזימין הג' ומנין אפי' הן מאה ת"ל עדים. תימה אימא דעדים אתא אפי' לארבעה ת*) ונמצא אחד קרוב או פסול יותר מן הג' דכתיבי בקרא אבל טפי מארבעה לא וי"ל כיון שכת אחת מזמת שתי כתות הוא הדין מאה:

רש"י

שקדמו והרגו. את הכת הראשונה קודם שתבוא כת שניה: מאי דהוה הוה. ולמה לי למיתני אלא כת ראשונה: בלבד. משמע שיש עוד אחרת: אישתקור. הכחישו זה את זה בדרישות בית דין כשבדקום: הוחזקה זו. להביא עדי שקר ולא נקבל עוד עדות אחרת: אם היא הוחזקה. לחזר אחריהם כל ישראל מי הוחזקו לשמוע לה שתחזיק את האחרים כשקרים: זמנין. פעם אחרת: הדר חזייה לר' אלעזר בישות. החזיר ריש לקיש את פניו ונסתכל ברבי אלעזר בפנים זועפות שהבין ריש לקיש ששמע ר' אלעזר דבר זה מפי רבי יוחנן וכשאמרה לו לא אמרה בשמו: דאמר כר' יהודה. במתניתין איסטטית היא זו והוחזקה להזים: דליכא דקא מהדר. שאין אדם מחזר אחריהם לשכרם ולהרגילם תמיד לבוא לבית דין ולהזים את כל הבאים: דקא מהדרא. לבקש ולשכור עדי שקר: הני ידעי בסהדותא. אלו האחרונים ידעי בעדותה של זו: מתני' עד שיגמר הדין. אלא אם כן נגמר תחלה הדין של הנדון ליהרג ואחר כך הוזמו: נפש בנפש. בעדים זוממין כתיב לא תחוס עינך נפש בנפש: לעשות לאחיו. משמע שהרי אחיו עדיין קיים: יכול משקבלו עדותן. ובאה להם הזמה מיד קודם גמר דינו של נדון יהרגו: גמ' בריבי אומר. כך היה שמו פ): הרגו. שלא הוזמו עד שנהרג הנדון על פיהם: חייבי מלקיות מנלן. אמתניתין קאי דאמר אין עושין דין הזמה עד שיגמר הדין וליף לה מנפש בנפש דמשתעי בחייבי מיתות חייבי מלקות מנלן העידוהו שחייב מלקות והוזמו מנלן דאין לוקין אלא אם כן נגמר הדין תחלה על פיהם: חייבי גליות מנלן. העידוהו שחייב לגלות והוזמו ותנן במתניתין סופג את הארבעים מנלן עד שיגמר הדין דהני הואיל ולאו מדין כאשר זמם קא מתרבו לא אתי מלקות דידהו מגזירה שוה דרשע רשע דמההוא לא ילפינן אלא עדים זוממין שהרשיעו הנידון ללקות ל) (או למיתה) דהאי רשע רשע בנידונין כתיב: אראה בנחמה. לא אראה בנחמה וגמרא הפכו לברכה פ"א אראה בנחמה נשבע ימותו בניו ואראה בנחמתן: אם לא הרגתי עד זומם. שלא הוזם אלא אחד מהם והרגתיו: שהרי אמרו חכמים כו'. מתניתין היא מה שנים אין נהרגין עד שיזומו שניהם דכתיב והנה עד שקר העד ואמר מר (סוטה דף ב:) כל מקום שנאמר עד הרי כאן שנים עד שיפרוט לך הכתוב אחד: אלא בפני שמעון. שאם יטעה יורהו: כסבורין. הכל בלילה או ביום ואינן רואין אותו: **מתני'** מה שנים אין נהרגין עד שיזומו שניהם. כדפרישית לעיל: ר' עקיבא אומר לא בא השלישי כו'. לא הוצרך ללמדנו זאת דממילא ידעינן ששנים מזימין את השלשה שהרי השנים כשרים לכל עדיות וממילא ידעינן שאין זוממין עד שיזומו כולם שהרי כולם כאחד נעשו עדים וקרא כתיב והנה עד שקר העד ולא בא אלא להחמיר עליו שלא תאמר הואיל ובלאו הוא היתה העדות מתקיימת לא יעשו בו דין הזמה לימדך הכתוב שאף הוא מן מקיימי דבר: על אחת כמה וכמה כו'. ם) שמצינו מדה הטובה מרובה ממדת פורענות במדה טובה הוא אומר (שמות לד) ק) נוצר חסד לאלפים במדת פורענות הוא אומר (שם) על שלשים ועל רבעים:

בדיני

עין משפט נר מצוה

לז א מיי' פכ"ג מהל' עדות הלכה ה סמג עשין קי טוש"ע ח"מ סי' לח סעיף ד:

לח ב מיי' שם פ"כ הל' א סמג שם ולאוין ריג טוח"מ סימן לח:

לט ג מיי' שם הל' ג סמג שם טור חו"מ שם:

מ ד מיי' שם פי"ח הל' ג טוח"מ שם:

מא ה מיי' שם פ"כ הלכה ג סמג שם טור ח"מ שם:

מב ו מיי' שם פ"ה הל' ג סמג לאוין ריג טוש"ע ח"מ סי' לו ס"א:

רבינו חננאל

ואוקמה ר' אבהו לטעמא דר' יהודה בשקדמו והרגו הראשונה ולולי כן אפי' הראשונה אינה נהרגת. ההיא דמייתי סהדי ואישתקור אייתי אחריני ואישתקור אייתי שהדי אחריני אמר ריש לקיש הוחזקה זו. א"ר יוחנן אם היא הוחזקה כל ישראל מי הוחזקו כלומר כשרין הן כרבנן דמתניתין דאמרי כל זמן שלא הוזמו כשרין הן. ואמר לך ר' יוחנן אפילו ר' יהודה לא פסלינהו אלא דאמר אטו הני הוו בהדי הני והני בהדי הני דקא מסהדי הכי א) אבל הכא אפי' ר' יהודה מודה דכשרין מ"ט הני הוא דהוו ידעי בשהדותא אבל הני דאישתקור לא הוו ידעי. והלכתא כר' יוחנן. פי' הדר חזא (ליה ר') [לר'] אלעזר בישות. החזיר פניו ריש לקיש ונסתכל בר' אלעזר בן פדת תלמיד ר' יוחנן בפנים רעות כלומר תשמע השמועות מפי ר' יוחנן ואינך אומרן משמו אילו הגדת לי כי ר' יוחנן אמר כך לא הייתי שונה בפניו: **אין העדים זוממין נהרגין עד שיגמר הדין.** תניא רבי ב) אומר לא הרגו נהרגין הרגו אין נהרגין. א"ל אביו ק"ו הוא. א"ל לימדתנו רבינו שאין עונשין מן הדין דתניא ואיש אשר יקח את אחותו בת אביו או בת אמו אין לי אלא כו' ופשוטה היא. ואסיק' שאין עונשין מן הדין ואין מזהירין מן הדין. וכן בחייבי מלקיות אתיא רשע (הוא) [רשע]. כתיב בחייבי מיתות אשר הוא רשע למות ובחייבי מלקיות כתיב והיה אם בן הכות הרשע מה בחייבי כריתות ובחייבי מיתות אין עונשין ואין מזהירין מן הדין כך חייבי מלקיות. בחייבי גליות נמי אתיא רוצח רוצח. תניא אין העדים זוממין נהרגין עד שיזומו שניהן וכך אין לוקין ואין משלמין ממון עד שיזומו שניהן. הצדוקין היו אומרים אין העדים זוממין נהרגין עד שיהרג הנידון: **על פי שנים עדים או שלשה עדים כו' עד מנין אפילו הן מאה ת"ל עדים.** פי' כשם שג' עדים מזימין ב' כך ב' מזימין ג' ומנין אפילו ק' שהעידו שב' באין ומזימין אותן ת"ל עדים. כלומר כי דין העדות מתקיימת בב' כמו שמתקיימת בק' נמצאת עדות ק' כעדות ב' כך לענין דין הזמה (ק"ב) [ק' וב'] שוים

חשק שלמה על ר"ח

א) לפי גירסת רבינו אזלא קושית הרי"ף ע"ש: ב) לפנינו הגירסא בריבי:

מסורת הש"ס

א) [כתובות לו:], ב) [כתובות כה:], ג) [עי' פרש"י בסנהדרין לו. ד"ה טבא], ד) סנהדרין לג:, ה) רש"א שנאמר נפש בנפש [והוא דברים יט וכן בכל המשנה], ו) חולין יא:, ז) [לקמן יד. יז. סנהדרין נד. וש"נ ועי' תוס' סנהדרין נג: ד"ה השתא], ח) [פסחים כד. יבמות כב:], ט) סנהדרין נג.], י) [סנהדרין י. וש"נ], כ) חגיגה טז: [תוס' סנהדרין פ"ו], ל) [עי' תוס' שבת יב: ד"ה רבי נתן], מ) [סנהדרין כח.], נ) ב"ב קטו:, ס) [נ"ל להקיש שנים לשלשה כ"א בהרא"ש], ע) סנהדרין ט. [ס.], פ) [עי' פרש"י בחולין יא: ד"ה והתניא], צ) רש"א מ"ז, ק) [נ"ל עושה וכ"כ בפרש"י לקמן כג. ד"ה על אחת ע"ש שהאריך בביאור יפה], ר) [שייך לעיל במשנה], ש) גירסת רש"א ומהר"ם יד ביד דמפקי, ת) רש"א למלקות ממיתה, ת*) [מהר"ם הגיה ומפרש].

הגהות הב"ח

(א) תוס' ד"ה חייבי מלקיות וכו' ואמאי לא בעי נמי הכי חייבי ממון:

הגהות הגר"א

[א ב ג] במשנה נפש בנפש כצ"ל (וכ"ה ברש"י ובספרי ועי' תוי"ט): **[ד] במשנה על פי שני עדים או [ע"פ] שלשה עדים יקום דבר** כצ"ל. והוא בדברים יט:

גליון הש"ס

רש"י ד"ה על אחת וכו' שמצינו מדה הטובה. עי' לקמן דף כג ע"א ברש"י ד"ה על אחת כמה וכמה:

תורה אור השלם

א) וְאִם אָסוֹן יִהְיֶה וְנָתַתָּה נֶפֶשׁ תַּחַת נָפֶשׁ: [שמות כא, כג]

ב) וַעֲשִׂיתֶם לוֹ כַּאֲשֶׁר זָמַם לַעֲשׂוֹת לְאָחִיו וּבִעַרְתָּ הָרָע מִקִּרְבֶּךָ: [דברים יט, יט]

ג) וְאִישׁ אֲשֶׁר יִקַּח אֶת אֲחֹתוֹ בַּת אָבִיו אוֹ בַת אִמּוֹ וְרָאָה אֶת עֶרְוָתָהּ וְהִיא תִרְאֶה אֶת עֶרְוָתוֹ חֶסֶד הוּא וְנִכְרְתוּ לְעֵינֵי בְּנֵי עַמָּם עֶרְוַת אֲחֹתוֹ גִּלָּה עֲוֹנוֹ יִשָּׂא: [ויקרא כ, יז]

ד) עֶרְוַת אֲחוֹתְךָ בַת אָבִיךָ אוֹ בַת אִמֶּךָ מוֹלֶדֶת בַּיִת אוֹ מוֹלֶדֶת חוּץ לֹא תְגַלֶּה עֶרְוָתָן: [ויקרא יח, ט]

ה) עֶרְוַת בַּת אֵשֶׁת אָבִיךָ מוֹלֶדֶת אָבִיךָ אֲחוֹתְךָ הִוא לֹא תְגַלֶּה עֶרְוָתָהּ: [ויקרא יח, יא]

ו) עַל פִּי שְׁנַיִם עֵדִים אוֹ שְׁלֹשָׁה עֵדִים יוּמַת הַמֵּת לֹא יוּמַת עַל פִּי עֵד אֶחָד: [דברים יז, ו]

ליקוטי רש"י

אם הוא הוחזק. לחזור אחר עידי שקר. **כל ישראל מי הוחזקו.** להיות שומעין לו לזייף [כתובות לו:]. **הדר. ריש לקיש. חזייה לרבי אלעזר בישות.** החזיר פניו ונסתכל ברבי אלעזר בעין רעה שהבין שמפי ר' יוחנן שמע לשון זה וכשאמר לשון זה לא אמרה בשם רבי יוחנן לפיכך לא קיבלה הימנו [כתובות כה:]. **מבר נפחא.** רבי יוחנן דמקרי בר נפחא בכולא הש"ס כמו (ב"מ דף פה:) מאן עייל בר נפחא. נראה למורי דאביו של ר' יוחנן הוי נפחא ולהכי מיקרי בר נפחא ואית דמפרשי בר נפחא על שם יופיו [סנהדרין צו.]. **בריבי אומר.** לא ידעינן מנו אלא אחד גדול בדורו היה ועל שם כך נקרא בריבי כדאשכחן בכילד מעברין בעירובין (דף נג.) אמר רבי אושעיא בריבי ובפ"ב (לקמן כח.) רבי אלעזר הקפר בריבי. אדם גדול בדורו וכל היכא דקרי בריבי הכי פירושו [עירובין נג.].

The Gemara wonders:

אִי אִיסְטָטִית הִיא זוֹ – If this set of discrediting witnesses **is** assumed to be **a group of plotters,** אֲפִילוּ כַּת רִאשׁוֹנָה נַמִי לֹא – **then even the first set** of witnesses who testified to the crime should **also not** be executed. Yet R' Yehudah's opinion is that they are! – ? –

The Gemara answers:

אָמַר רַבִּי אַבָּהוּ – R' Abahu said: שֶׁקְּדָמוּ וְהָרְגוּ – R' Yehudah is discussing a case **where [the court] had** already **gone ahead and executed** the first set of witnesses before the second set came and were discredited by the same group of *hazamah* witnesses.[1] But if this should occur before the first set of witnesses is executed, they too would be spared.

The Gemara asks:

מַאי דַּהֲוָה הֲוָה – If so, then **what happened, happened!** What is the point in mentioning an execution that has already taken place in error?[2]

Rava therefore offers another explanation:

אֶלָּא אָמַר רָבָא – Rather, said Rava: הָכִי קָאָמַר – **This is what [R' Yehudah] means to say** when he states that the first set of witnesses is executed: אִם אֵינָה אֶלָּא כַּת אַחַת נֶהֱרֶגֶת – **If there is only one set** of witnesses being discredited, **they are executed** on the basis of the *hazamah* testimony because there is nothing suspicious about it. אִי אִיכָּא טְפֵי – **If,** however, **there is more** than one set being discredited by this single set of *hazamah* witnesses, אֵין נֶהֱרָגִין – **they are not executed** – even the first set, for the *hazamah* testimony is suspicious.[3]

The Gemara asks:

הָא בִּלְבַד קָאָמַר – **But [R' Yehudah] says** that "only the first set of witnesses ALONE is executed," indicating that there are also *other* sets of witnesses that testified about the crime who are not executed![4] – ? –

The Gemara responds:

קַשְׁיָא – **This is** indeed **a difficulty.**[5]

The Gemara now discusses a case similar to that of the Mishnah:

הַהִיא אִיתְּתָא דְּאַתְאֵי סַהֲדֵי וְאִישְׁתַּקּוּר – **There was this woman who brought witnesses** to testify on her behalf, **and they were discredited** by the courts on account of contradictions between them that emerged during their examination by the judges.[6] אַיְיתֵי סַהֲדֵי וְאִישְׁתַּקּוּר – **She** then **brought** other **witnesses** to testify for her, **and they** too **were discredited** in this manner. אָזְלָה אַיְיתֵי סַהֲדֵי אַחֲרִינֵי דְּלֹא אִישְׁתַּקּוּר – Finally, **she went and brought** still **other witnesses, and these were not discredited.** אָמַר רֵישׁ לָקִישׁ – **Said Reish Lakish:** הוּחְזְקָה זוֹ – **This [woman] has been established** to be a person who seeks out false witnesses, and we should therefore not accept the testimony of this third set, even though we have not managed to discredit them.[7]

This is disputed:

אָמַר לֵיהּ רַבִּי אֶלְעָזָר – **R' Elazar said to him:** אִם הִיא הוּחְזְקָה – Even **if she has been established** to be disreputable, כָּל יִשְׂרָאֵל מִי הוּחְזְקוּ – **have all of Israel been established** to be so? Since there is nothing in *their* testimony to indicate that they are dishonest, we cannot discredit them merely because they come and testify on behalf of a disreputable person!

R' Yochanan's view:

זִימְנִין הֲווּ יָתְבֵי קַמֵּיהּ דְּרַבִּי יוֹחָנָן – **One time they were sitting before R' Yochanan** אָתָא כִּי הַאי מַעֲשֶׂה לְקַמַּיְיהוּ – **and such a case came before them:** אָמַר רֵישׁ לָקִישׁ הוּחְזְקָה זוֹ – **Reish Lakish said: This [woman] has been established** to be disreputable. אָמַר לֵיהּ רַבִּי יוֹחָנָן – **R' Yochanan said to [Reish Lakish]:** אִם הוּחְזְקָה זוֹ כָּל יִשְׂרָאֵל מִי הוּחְזְקוּ – **If this [woman] has been established** to be disreputable, **have all of Israel been established** to be so? הֲדַר חַזְיֵהּ לְרַבִּי אֶלְעָזָר בִּישׁוּת – **[Reish Lakish] turned and looked at R' Elazar crossly.** אָמַר לֵיהּ – **[Reish Lakish] said to him:** שָׁמַעְתְּ מִילֵּי מִבַּר נַפְחָא וְלֹא אָמַרְתְּ לִי מִשְּׁמֵיהּ – **You heard** these **words from bar Nafcha**[8] **and you did not tell** them to **me in his name!**[9]

The Gemara now analyzes the basis of this dispute:

לֵימָא רֵישׁ לָקִישׁ דְּאָמַר כְּרַבִּי יְהוּדָה – **Shall we say that Reish Lakish sides with R' Yehudah** of our Mishnah – who rejects the testimony of the discrediting witnesses on the basis of an established pattern of suspicious behavior,[10] וְרַבִּי יוֹחָנָן דְּאָמַר כְּרַבָּנָן – **while R' Yochanan sides with the Rabbis** [i.e. Tanna Kamma] of the Mishnah – who do not reject witnesses on the basis of such a pattern?[11]

NOTES

1. [Thus, R' Yehudah does not mean to say that we *should* execute the first witnesses. He means that we do not execute *any* witnesses on the basis of this group's *hazamah* testimony – except for the set of witnesses that was unfortunately executed before we had reason to be suspicious of the *hazamah* witnesses.]

2. [Since R' Yehudah is not teaching us anything about when the first set of witnesses *should be* executed,] there was no need for him to add that "only the first set of witnesses is executed" (*Rashi*). For it is obvious that witnesses that were already executed are executed (*Ritva*).

3. Accordingly, R' Yehudah's statement should be understood as follows: "These [*hazamah* witnesses] are a group of plotters. Therefore, we execute [witnesses as *zomemin*] only when there is a single set of witnesses (the 'first set of witnesses') being discredited [by one set of *hazamah* witnesses]."

4. The Gemara could also have asked that referring to a single set of witnesses as the "first" set is inappropriate (*Ritva*).

5. The term קַשְׁיָא, *a difficulty,* indicates that, despite the difficulty, the explanation is not rejected. It implies that the question has an answer, albeit a strained one (*Rashi, Sanhedrin* 72a ד״ה קשיא), or one that was not known at the time (*Rabbeinu Chananel* cited by *Rashbam, Bava Basra* 52b ד״ה קשיא). When the term תְּיוּבְתָּא, *a refutation,* is used, it indicates that the position has been discredited (*Rashi* ibid.). In connection with our Gemara, *Ritva* suggests that the actual answer is that the citation of R' Yehudah's statement in our Mishnah is somewhat inaccurate and needs to be emended to read, "They are not executed unless the *hazamah* witnesses discredit only the first set of witnesses alone."

6. *Rashi.* [This is a form of הַכְחָשָׁה, *contradicted testimony,* not הֲזָמָה, *hazamah,* and in such cases the testimony is discredited – see *Sanhedrin* 40a.] *Rambam* (*Eidus* 22:5), however, understands the Gemara to be speaking of a case where they were discredited through *hazamah. Ramban* (in his commentary and in *Milchamos*) explains the Gemara to be speaking of a case where each set of witnesses brought by the woman was separately contradicted by another set of witnesses.

7. Since she has twice brought witnesses that have proven to be false, a pattern of dishonesty has been established. The court therefore refuses to accept any further testimony on behalf of her claim (*Rashi*). In this, Reish Lakish follows the view of Rebbi (*Yevamos* 64b) who maintains that two incidents suffice to a establish a *chazakah.* Alternatively, Reish Lakish's ruling is based on the principle of אוּמְדְּנָא, *assessment of intent,* i.e. the court's ability to act upon what it assesses to be the *clearly evident* intent of a person (*Ritva*).

[See *Shevuos* 30b-31a for the source for a judge's obligation not to act on the basis of testimony he knows to be fraudulent even though he cannot prove it. See *Choshen Mishpat* 15:3 for the parameters of this rule.]

8. A *nafcha* is a blacksmith. R' Yochanan was often referred to by his colleagues in this way because his father had been a blacksmith (*Rashi, Sanhedrin* 96a ד״ה טבא מליה; see there for another explanation).

9. Had I known that this was R' Yochanan's view, I would not have ruled contrarily in his presence (*Rabbeinu Chananel*).

10. For the *hazamah* witnesses have established a *chazakah* of discrediting anyone who testifies against the accused (*Rashi, Baal HaMaor;* see also *Ritva*).

11. *Baal HaMaor, Ritva.* See *Rif* and *Ramban* for a different explanation of the connection between the two disputes.

אי איסטטית היא זו אפי' כת ראשונה נמי לא אמר ר' אבהו שקדמו והרגו מאי דהוה הוה אלא אמר רבא הכי קאמר אם אינה אלא כת אחת נהרגת אי איכא טפי אין נהרגין הא בלבד קאמר קשיא ההיא איתתא דאתאי סהדי ואישתקור אייתי סהדי ואישתקור אזלה אייתי סהדי אחריני דלא אישתקור אמר ריש לקיש הוחזקה זו א"ל ר' אלעזר (א) א אם היא הוחזקה כל ישראל מי הוחזקו זימנין הוו יתבי קמיה דרבי יוחנן אתא כי האי מעשה לקמייהו אמר ריש לקיש הוחזקה זו א"ל רבי יוחנן אם הוחזקה זו כל ישראל מי הוחזקו (ב) הדר חזיה לרבי אלעזר בישות אמר ליה שמעת מילי (ג) מבר נפחא ולא אמרת לי משמיה לימא ריש לקיש דאמר כרבי יהודה ורבי יוחנן דאמר כרבנן אמר לך ריש לקיש אנא דאמרי לך אפי' לרבנן עד כאן לא קא אמרי רבנן התם דליכא דקא מהדר אבל הכא איכא הא דקא מהדרא ורבי יוחנן אמר לך אנא דאמרי אפי' לרבי יהודה עד כאן לא קאמר רבי יהודה התם דאמרינן אטו כולי עלמא גבי הני הוו קיימי אבל הכא הני ידעי בסהדותא והני לא ידעי בסהדותא: **מתני'** (ד) ב אין העדים זוממין נהרגין עד שיגמר הדין שהרי הצדוקין אומרים עד שיהרג (ה) שנאמר (א) נפש [א] תחת נפש אמרו להם חכמים והלא כבר נאמר (ב) ועשיתם לו כאשר זמם לעשות לאחיו והרי אחיו קיים ואם כן למה נאמר נפש [ב] תחת נפש יכול משעה שקבלו עדותן יהרגו תלמוד לומר נפש [ג] תחת נפש הא אינן נהרגין עד שיגמר הדין: **גמ'** (ו) ג תנא בריבי אומר לא הרגו נהרגין הרגו אין נהרגין אמר אביו בני לאו קל וחומר הוא אמר לו לימדתנו רבינו שאין עונשין מן הדין דתניא (ג) איש אשר יקח [את] אחותו בת אביו או בת אמו אין לי אלא בת אביו שלא בת אמו ובת אמו שלא בת אביו בת אביו ובת אמו מנין ת"ל ערות אחותו גילה עד שלא יאמר יש לי בדין אם ענש על בת אביו שלא בת אמו ובת אמו שלא בת אביו בת אביו ובת אמו לא כל שכן הא למדת (ז) שאין עונשין מן הדין עונש שמענו אזהרה מנין תלמוד לומר (ד) ערות אחותך בת אביך או בת אמך אין לי אלא בת אביו שלא בת אמו ובת אמו שלא בת אביו בת אביו ובת אמו מנין תלמוד לומר (ה) ערות בת אשת אביך מולדת אביך אחותך היא עד שלא יאמר יש לי מן הדין מה אם הוזהר על בת אמו שלא בת אביו ובת אביו שלא בת אמו בת אביו ובת אמו לא כל שכן הא למדת (ח) שאין מזהירין מן הדין (ט) חייבי מלקיות מנין תלמוד לומר (י) רשע רשע חייבי גליות מנין אתיא רוצח רוצח תניא (כ) אמר רבי יהודה בן טבאי אראה בנחמה אם לא הרגתי עד זומם להוציא מלבן של צדוקים שהיו אומרים אין העדים זוממין נהרגין עד שיהרג הנדון אמר לו שמעון בן שטח אראה בנחמה אם לא (ל) שפכת דם נקי שהרי אמרו חכמים (מ) אין העדים זוממין נהרגין עד שיזומו שניהם ואין לוקין עד שיזומו שניהם מיד קבל עליו ר' יהודה בן טבאי שאינו מורה הוראה אלא לפני שמעון בן שטח וכל ימיו של ר' יהודה בן טבאי היה משתטח על קברו של אותו העד והיה קולו נשמע וכסבורין העם לומר קולו של הרוג אמר קולי שלי הוא תדעו למחר הוא מת אין קולו נשמע אמר ליה רב אחא בריה דרבא לרב אשי דלמא בדינא קם בהדיה אי נמי פיוסי פייסיה: **מתני'** (נ) על פי [ד] שנים עדים או שלשה עדים יומת המת אם מתקיימת העדות בשנים למה פרט הכתוב בשלשה אלא (ס) להקיש (ע) (שלשה לשנים) מה שלשה מזימין את השנים אף השנים יזומו את הג' ומנין ד אפי' מאה ת"ל עדים ר' שמעון אומר מה שנים אינן נהרגין עד שיהיו שניהם זוממין ה אף שלשה אינן נהרגין עד שיהיו שלשתן זוממין ומנין אפי' מאה ת"ל עדים (פ) רבי עקיבא אומר לא בא השלישי להקל אלא להחמיר עליו ולעשות דינו כיוצא באלו ואם כן ענש הכתוב לנטפל לעוברי עבירה כעוברי עבירה על אחת כמה וכמה ישלם שכר לנטפל לעושי מצוה כעושי מצוה ומה שנים נמצא אחד מהן קרוב או פסול עדותן בטלה ו אף שלשה נמצא אחד מהן קרוב או פסול עדותן בטלה מנין אפי' מאה ת"ל עדים

אמר

רש"י

שקדמו והרגו. את הכת הראשונה קודם שתבוא כת שניה: מאי דהוה הוה. ולמה לי למיתני אלא כת ראשונה: בלבד. משמע שיש עוד אחרת: אישתקור. הכחישו זה את זה בדרישות בית דין כשבדקום: הוחזקה זו. להביא עדי שקר ולא נקבל עוד עדות אחרת: אם היא הוחזקה. לחזור אחריהם כל ישראל מי הוחזקו לשמוע לה שתחזיק את האחרים כשקרים: זמנין. פעם אחרת: הדר חזייה לר' אלעזר בישות. החזיר ריש לקיש את פניו ונסתכל ברבי אלעזר בפנים זועפות שהבין ריש לקיש ששמע ר' אלעזר דבר זה מפי רבי יוחנן וכשאמרה לו לא אמרה בשמו: דאמר כר' יהודה. במתניתין איסטטית היא זו והוחזקה להזים: דליכא דקא מהדר. שאין אדם מחזר אחריהם לשכרם ולהרגילם תמיד לבוא לבית דין ולהזים את כל הבאים: דקא מהדרא. לבקש ולשכור עדי שקר: הני ידעי בסהדותא. אלו האחרונים ידעי בעדותה של זו: **מתני'** עד שיגמר הדין. אלא אם כן נגמר תחלה הדין של הנדון ליהרג ואחר כך הוזמו: נפש בנפש. בעדים זוממין כתיב לא תחוס עינך נפש בנפש: לעשות לאחיו. משמע שהרי אחיו עדיין קיים: יכול משקבלו עדותן. ובאו להם הזמה מיד קודם גמר דינו של נדון יהרגו: **גמ'** בריבי אומר. כך היה שמו (פ): הרגו. שלא הוזמו עד שנהרג הנדון על פיהם: חייבי מלקיות מנלן. אמתניתין קאי דאמר אין עושין דין הזמה עד שיגמר הדין ויליף לה מנפש בנפש דמשתעי בחייבי מיתות חייבי מלקות מנלן העידוהו שחייב מלקות והוזמו מנלן דאין לוקין אלא אם כן נגמר הדין תחלה על פיהם: חייבי גליות מנלן. העידוהו שחייב לגלות והוזמו ותנן במתניתין סופג את הארבעים מנלן עד שיגמר הדין דהני הואיל ולאו מדין כאשר זמם קא מתרבו לא אתי מלקות דידהו מגזירה שוה דרשע רשע דמההוא לא ילפינן אלא עדים זוממין שהרשיעו הנידון ללקות (ל) (או למיתה) דהאי רשע רשע בנידונין כתיב: אראה בנחמה. לא אראה בנחמה וגמרא הפכו לברכה פ"א אראה בנחמה נשבע ימותו בניו ואראה בנחמתן: אם לא הרגתי עד זומם. שלא הוזם אלא אחד מהם והרגתיו: שהרי אמרו חכמים כו'. מתניתין היא מה שנים אין נהרגין עד שיזומו שניהם דכתיב והנה עד שקר העד ואמר מר (סוטה דף ב:) כל מקום שנאמר עד הרי כאן שנים עד שיפרוט לך הכתוב אחד: אלא בפני שמעון. שאם יטעה יורהו: כסבורין. הכל בלילה או ביום ואינן רואין אותו: **מתני'** מה שנים אין נהרגין עד שיזומו שניהם. כדפרישית לעיל: ר' עקיבא אומר לא בא השלישי כו'. לא הוצרך ללמדנו זאת דממילא ידעינן ששנים מזימין את השלשה שהרי השנים כשרים לכל עדיות וממילא ידעינן שאין זוממין עד שיזומו כולם שהרי כולם כאחד נעשו עדים וקרא כתיב והנה עד שקר העד ולא בא אלא להחמיר עליו שלא תאמר הואיל ובלאו הוא היתה העדות מתקיימת לא יעשו בו דין הזמה לימדך הכתוב שאף הוא מן מקיימי דבר: על אחת כמה וכמה כו'. (ס) שמצינו מדה הטובה מרובה ממדת פורעניות במדה טובה הוא אומר (שמות לד) (ק) נוצר חסד לאלפים במדת פורענות הוא אומר (שם) על שלשים ועל רבעים:

בדיני

תוספות

(ר) **איסטטית** היא. ברב אלפס פי' לשון סטיס (שבת דף פט:): **חייבי** מלקיות מנין. פי' מנין דאין לוקין עד שיגמר הדין על פיהם וא"ת ואמאי לא בעי נמי (א) כן חייבי ממון מנין דאין משלמין ממון עד שיגמר דינו על פיהם וי"ל דכמו דבדיני נפשות דרשינן עד שיגמר דינו מקרא דנפש בנפש דכתיב בעדים זוממין כמו כן כתיב ממון בעדים זוממין דכתיב (ש) יד ליד לא ינקה דמפקי מיניה (כתובות דף לב:) דממונא משלמין ודרשינן מיניה עד שיגמר הדין: **חייבי** גליות מנין. פירוש מנין דאין לוקין עד שיגמר דינו וקשיא דהא כשהעידו אחייבי גליות הרי הן חייבי מלקות וחייבי מלקות כבר גמרנו מרשע רשע ופ"ה דמהאי לא ילפינן אלא עדים הזוממין שהרשיעו הנדון (ת) ללקות או למיתה דהאי קרא דרשע רשע בנידונין כתיב אבל כשהרשיעו הנדון לגלות לא גמרינן: **אף** השנים מזימין הג' ומנין אפי' הן מאה ת"ל עדים. תימה אימא דעדים אתא אפי' לארבעה (ת*) ונמצא אחד קרוב או פסול יותר מן הג' דכתיבי בקרא אבל טפי מארבעה לא וי"ל כיון שכת אחת מזמת שתי כתות הוא הדין מאה:

אמר

עין משפט נר מצוה

מב ו מיי' שם פ"ה הל' ג סמג לאוין ריג טוש"ע ח"מ סי' לו ס"א:

רבינו חננאל

ואוקמה ר' אבהו לטעמא דר' יהודה בשקדמו והרגו הראשונה ולולי כן אפי' הראשונה אינה נהרגת. ההיא דמייתי סהדי ואישתקור אייתי אחריני ואישתקור אייתי שהדי אחריני אמר ריש לקיש הוחזקה זו. א"ר יוחנן אם היא הוחזקה כל ישראל מי הוחזקו כלומר כשרין הן כרבנן דמתניתין דאמרי כל זמן שלא הוזמו כשרין הן. ואמר לך ר' יוחנן אפילו ר' יהודה לא פסלינהו אלא דאמר אטו הני הוו בהדי הני והני בהדי הני דקא מסהדי הכי א) אבל הכא אפי' ר' יהודה מודה דכשרין מ"ט הני הוא דהוו ידעי בשהדותא אבל הני דאישתקור לא הוו ידעי. והלכתא כר' יוחנן. פי' הדר חזא (ליה ר') [לר'] אלעזר בישות. החזיר פניו ריש לקיש ונסתכל בר' אלעזר בן פדת תלמיד ר' יוחנן בפנים רעות כלומר תשמע השמועות מפי ר' יוחנן ואינך אומרן משמו אילו הגדת לי כי ר' יוחנן אמר כך לא הייתי שונה בפניו: אין העדים זוממין נהרגין עד שיגמר הדין. תניא רבי ב) אומר לא הרגו נהרגין הרגו אין נהרגין. א"ל אביו ק"ו הוא. א"ל לימדתנו רבינו שאין עונשין מן הדין דתניא ואיש אשר יקח את אחותו בת אביו או בת אמו אין לי אלא כו' ופשוטה היא. ואסיק' שאין עונשין מן הדין ואין מזהירין מן הדין. וכן בחייבי מלקיות אתיא רשע (הוא) [רשע]. כתיב בחייבי מיתות אשר הוא רשע למות ובחייבי מלקיות כתיב והיה אם בן הכות הרשע מה בחייבי כריתות ובחייבי מיתות אין עונשין ואין מזהירין מן הדין כך חייבי מלקיות. בחייבי גליות נמי אתיא רוצח רוצח. תניא אין העדים זוממין נהרגין עד שיזומו שניהן וכך אין לוקין ואין משלמין ממון עד שיזומו שניהן. הצדוקין היו אומרים אין העדים זוממין נהרגין עד שיהרג הנידון: על פי שנים עדים או שלשה עדים כו' עד מנין אפילו הן מאה ת"ל עדים. פי' כשם שג' עדים מזימין ב' כך ב' מזימין ג' ומנין אפילו ק' שהעידו שב' באין ומזימין אותן ת"ל עדים. כלומר כי דין העדות מתקיימת בב' כמו שמתקיימת בק' נמצאת עדות ק' כעדות ב' כך לענין דין הזמה (ק"ב) [ק' וב'] שוים

חשק שלמה על ר"ח

א) לפי גירסת רבינו אזדא קושית הרי"ף ע"ש: ב) לפנינו הגירסא בריבי:

מסורת הש"ס

א) [כתובות לו:], ב) [כתובות כה:], ג) [עי' פרש"י בסנהדרין לו. ד"ה טבא], ד) סנהדרין לג:, ה) רש"א שנאמר נפש בנפש [והוא דברים יט וכן בכל המשנה], ו) חולין יא:, ז) [לקמן יד. יז. סנהדרין נד. וש"נ ועי' תוס' סנהדרין עג: ד"ה השתא], ח) [פסחים כד. יבמות כב:], ט) סנהדרין לג.], י) [סנהדרין י. וש"נ], כ) חגיגה טז: [תוס' סנהדרין פ"ו], ל) [עי' תוס' שבת יב: ד"ה רבי נתן], מ) [סנהדרין כח.], נ) ב"ב קטו:, ס) [נ"ל להקיש שנים לשלשה כ"א בהרא"ש], ע) סנהדרין ט. [ס.], פ) [עי' פרש"י בחולין יא: ד"ה והתניא], צ) רש"א מ"ז, ק) [נ"ל עושה וכ"כ בפרש"י לקמן כג. ד"ה על אחת ע"ש שהאריך בביאור יפה], ר) [שייך לעיל במשנה], ש) גירסת רש"א ומהרש"ס יד ביד דמפקי, ת) רש"א למלקות ממיתה, ת*) [מהר"ס הגיה ומפרש].

הגהות הב"ח

(א) תוס' ד"ה חייבי מלקיות וכו' ואמאי לא בעי נמי הכי חייבי ממון:

הגהות הגר"א

[א ב ג] במשנה נפש בנפש כצ"ל (וכ"ה ברש"י ובספרי ועי' תוי"ט): [ד] במשנה על פי שני עדים או [ע"פ] שלשה עדים יקום דבר כצ"ל. והוא בדברים יט:

גליון הש"ס

רש"י ד"ה על אחת וכו' שמצינו מדה הטובה. עי' לקמן דף כג ע"א ברש"י ד"ה על אחת כמה וכמה:

תורה אור השלם

א) וְאִם אָסוֹן יִהְיֶה וְנָתַתָּה נֶפֶשׁ תַּחַת נָפֶשׁ: [שמות כא, כג]

ב) וַעֲשִׂיתֶם לוֹ כַּאֲשֶׁר זָמַם לַעֲשׂוֹת לְאָחִיו וּבִעַרְתָּ הָרָע מִקִּרְבֶּךָ: [דברים יט, יט]

ג) וְאִישׁ אֲשֶׁר יִקַּח אֶת אֲחֹתוֹ בַּת אָבִיו אוֹ בַת אִמּוֹ וְרָאָה אֶת עֶרְוָתָהּ וְהִיא תִרְאֶה אֶת עֶרְוָתוֹ חֶסֶד הוּא וְנִכְרְתוּ לְעֵינֵי בְּנֵי עַמָּם עֶרְוַת אֲחֹתוֹ גִּלָּה עֲוֹנוֹ יִשָּׂא: [ויקרא כ, יז]

ד) עֶרְוַת אֲחוֹתְךָ בַת אָבִיךָ אוֹ בַת אִמֶּךָ מוֹלֶדֶת בַּיִת אוֹ מוֹלֶדֶת חוּץ לֹא תְגַלֶּה עֶרְוָתָן: [ויקרא יח, ט]

ה) עֶרְוַת בַּת אֵשֶׁת אָבִיךָ מוֹלֶדֶת אָבִיךָ אֲחוֹתְךָ הִוא לֹא תְגַלֶּה עֶרְוָתָהּ: [ויקרא יח, יא]

ו) עַל פִּי שְׁנַיִם עֵדִים אוֹ שְׁלֹשָׁה עֵדִים יוּמַת הַמֵּת לֹא יוּמַת עַל פִּי עֵד אֶחָד: [דברים יז, ו]

ליקוטי רש"י

אם הוא הוחזק. לחזור אחר עדי שקר. כל ישראל מי הוחזקו. להיות שומעין לו לזייף [כתובות לו:]. הדר. ריש לקיש. חזייה לרבי אלעזר בישות. החזיר פניו ונסתכל ברבי אלעזר בעין רעה שהבין שמפי ר' יוחנן שמע לשון זה וכשאמר לשון זה לא אמרה בשם רבי יוחנן לפיכך לא קיבלה הימנו [כתובות כה:]. מבר נפחא. רבי יוחנן דמקרי בר נפחא בכולא הש"ס כמו (ב"מ דף פה:) מאן עייל בר נפחא. נראה למורי דאביו של ר' יוחנן הוי נפחא ולהכי מיקרי בר נפחא ואית דמפרשי בר נפחא על שם יופיו [סנהדרין צו.]. בריבי אומר. לא ידעינן מנו אלא אחד גדול בדורו היה ועל שם כך נקרא ברבי כדאשכחן בכילד מעברין בעירובין (דף נג.) אמר רבי אושעיא ברבי ובפ"ב (לקמן כח.) רבי אלעזר הקפר ברבי [חולין יא:]. אדם גדול בדורו וכל היכא דקרי בריבי הכי פירושו [עירובין נג.].

The Gemara rejects this interpretation of the dispute:

אֲנָא אָמַר לָךְ רֵישׁ לָקִישׁ – In fact, **Reish Lakish could say to you:** **דְּאָמְרִי לָךְ אֲפִילּוּ לְרַבָּנָן** – **What I have said to you is** valid **even according to the Rabbis.** **עַד כָּאן לֹא קָא אָמְרֵי רַבָּנָן הָתָם** – For **so far** you **have not** heard **the Rabbis say there,** in the case of the Mishnah, that we accept the multiple *hazamah* testimonies of a single set of witnesses, **דְּלֵיכָּא דְּקָא מְהַדֵּר** – except **because there is no one seeking out** witnesses and inducing them to testify falsely, and there is thus no established pattern of dishonesty.[12] **אֲבָל הָכָא אִיכָּא הָא דְּקָא מְהַדְּרָא** – **But here,** in Reish Lakish's case, **there is this** woman **who is seeking out** false witnesses to testify on her behalf. Thus, a conspiracy to use false testimony has been established and we therefore do not accept any further witnesses on behalf of her claim.[13]

אֲנָא וְרַבִּי יוֹחָנָן אָמַר לָךְ – **And R' Yochanan could say to you:** **דְּאָמְרִי אֲפִילּוּ לְרַבִּי יְהוּדָה** – **What I have said is** valid **even according to R' Yehudah.** **עַד כָּאן לֹא קָאָמַר רַבִּי יְהוּדָה הָתָם** – For **so far** you **have not** heard **R' Yehudah say there,** in the case of the Mishnah, that we discredit the multiple testimonies of the *hazamah* witnesses **דְּאָמְרִינַן אַטּוּ כּוּלֵּי עָלְמָא גַּבֵּי הָנֵי הֲווּ קַיְימֵי** – except **because we say, "Was the entire world standing in the presence of these** witnesses" who claim to have been together with every set of witnesses at the time the crime was supposed to have been committed? **אֲבָל הָכָא** – **But here** in the case of the woman who kept looking for witnesses to support her case, **הָנֵי יָדְעֵי בְּסָהֲדוּתָא וְהָנֵי לֹא יָדְעֵי בְּסָהֲדוּתָא** – it is quite possible that **these** last witnesses **knew the testimony** that would vindicate this woman, **while these** earlier witnesses **did not know the testimony.** The discrediting of the first two groups should therefore not reflect on the credibility of the later one.[14]

Mishnah

Although *hazamah* discredits the testimony of witnesses at any point in the judicial process,[15] the reciprocal penalty is imposed only if the witnesses are found to be *zomemin* at a certain point, which the Mishnah now defines:

אֵין הָעֵדִים זוֹמְמִין נֶהֱרָגִין – ***Zomemin*** **witnesses are not executed** for testifying falsely that someone was liable to execution **עַד שֶׁיִּגָּמֵר הַדִּין** – **unless the verdict** condemning the accused **has been handed down** before they are found to be *zomemin.*

The Mishnah introduces the Scriptural source for this law by relating a famous historical dispute of the time:

שֶׁהֲרֵי הַצְּדוֹקִין אוֹמְרִים – **For the Sadducees**[16] **say:** **עַד שֶׁיֵּהָרֵג** – They are not executed **unless [the accused] has been executed** as a result of their false testimony; **שֶׁנֶּאֱמַר** – **as it says** in reference to punishing *zomemin*: **(נפש תחת נפש) [,,נֶפֶשׁ בְּנֶפֶשׁ"]** – *Your eye shall not take pity;* ***a life for a life...***,[17] implying that the *hazamah* penalty is reserved for a case in which a life has actually been taken. **אָמְרוּ לָהֶם חֲכָמִים** – **The Sages replied to them:** **וַהֲלֹא כְּבָר נֶאֱמַר** – **But has it not already been stated** in regard to *zomemin* witnesses: **,,וַעֲשִׂיתֶם לוֹ כַּאֲשֶׁר זָמַם לַעֲשׂוֹת לְאָחִיו"** – ***And you shall do to him as he planned to do to his brother,***[18] **וַהֲרֵי אָחִיו קַיָּים** – **that is, while his brother is still alive!**[19]

NOTES

12. As there is in the case of the woman, who clearly brought false witnesses to testify on her behalf (*Rashi*). [Therefore, Reish Lakish might agree in the case of the Mishnah that we accept multiple *hazamah* testimonies despite our suspicions.]

13. For the likelihood is great that just as she induced the first two sets to testify falsely, so too she induced this latest set to do so. The likelihood of the *hazamah* witnesses being part of a conspiracy, however, is not so great, and the Rabbis therefore do not reject their multiple testimonies (*Ritva*).

14. For though there is a pattern of dishonesty running through the *woman's* actions, there is nothing in the behavior of this last set of witnesses to call its credibility into question. It would therefore be wrong for us to assume that they too must be liars simply because they testify on behalf of an untrustworthy woman [as R' Yochanan said above]. Nor does the fact that she induced other witnesses to testify falsely on behalf of her claim prove that her claim is dishonest. It is possible she hired false witnesses to testify for her only because she could not find true witnesses who knew what happened. Thus, the fact that her methods are dishonest does not prove that her claim is so (*Ritva*). [In the case of the Mishnah, however, it is the behavior of the witnesses themselves that casts doubt on their truthfulness. Therefore, even R' Yochanan might accept R' Yehudah's view that we should not accept their repeated *hazamah* testimonies.]

15. According to most Rishonim, witnesses discredited through *hazamah* are considered *zomemin* even if the *hazamah* penalty cannot be applied for some reason. Thus, they are disqualified from future testimony (see *Rambam, Eidus* 20:1 and *Radvaz* there §2; *Ritva* above, 2b end of ד״ה תרע; see also *Teshuvos Rivash* §266; cf. *Meiri* above, 5a, who is in doubt about the matter, and *Shach, Choshen Mishpat* 38:1, at the end; see also *Nesivos HaMishpat* there and the responsa of *Maharalbach* §131 and *Maharit, Even HaEzer* §2:37 quoted in the margin of the *Shulchan Aruch* there). [From the rationale of *Ramban* cited below (at the end of note 39) it seems that he assumed that where *zomemin* witnesses are not punished because they were discredited *after* the accused was put to death, the witnesses are also *not* disqualified. (See also *Teshuvos Chasam Sofer, Choshen Mishpat* §32).]

16. The Sadducees were a heretical sect in the Mishnaic era whose beginnings are traced to Tzaddok, a disciple of Antigonos of Socho (c. 3500-3550/260-210 B.C.E.). Tzaddok denied the Divine origin of the Oral Tradition and refused to accept the interpretation of the Written Torah handed down by the Sages (see *Avos* 1:3 with commentary; *Avos DeRabbi Nassan* 5:2). This sect wielded considerable power during the last two centuries of the Second Temple era, and for a while during the rule of the Hasmonean king (Alexander) Yannai (3658-85/103-76) the entire Sanhedrin consisted of Sadducees (see *Kiddushin* 66a). *Megillas Taanis* (28 Teves) relates that Shimon ben Shatach was able to secure the resignation of the Sadducean judges through a series of debates in which he demonstrated the untenability of Sadducean positions, and the strength of the Sages' tradition.

17. *Deuteronomy* 19:21. [The verse cited in the standard versions of the Mishnah – נֶפֶשׁ תַּחַת נָפֶשׁ, *a life in place of a life* – appears in *Exodus* 21:23 in the context of a passage dealing with bodily assault and murder; it has nothing to do with *hazamah. Maharsha, Tos. Yom Tov* and *Gra* point out that an error has crept into the standard version and that the real reference is to the almost identical verse – נֶפֶשׁ בְּנֶפֶשׁ, *a life for a life* – that appears in the section on *zomemin* witnesses. It is evident from *Rashi* that he too had this latter reading. We have emended the text accordingly.]

18. *Deuteronomy* 19:19.

19. The term "brother" implies a living person. The Torah thus makes it clear that the *zomemin* witnesses are held accountable for what they attempted to do while the accused *is still alive* (*Rashi* as explained by *Rashash* to *Sanhedrin* 10a ד״ה א״ק ונקלה). [The Torah's emphasis of this point further indicates that they are punished *only* for what they *planned* to do – but *not* for what they *actually did* do. Thus, the verse teaches that if they succeeded in having him executed they are not subject to the reciprocal penalty (see *Rashi* above, 2b ד״ה מה הסוקל, *Tosafos* there and *Bava Kamma* 4b ד״ה ועדים זוממין, *Ramban* to this verse, *Rambam, Eidus* 20:2 – all of whom cite this Mishnah as saying that the verse teaches that we do to the false witness כַּאֲשֶׁר זָמַם וְלֹא כַּאֲשֶׁר עָשָׂה, *as he planned, and not as he did;* see further in *Tos. R' Akiva Eiger* to this Mishnah, §7 and in *Malbim* and *HaKesav VeHaKabbalah* to this verse).]

[*Ritva* questions *Rashi's* explanation by noting several instances in which Scripture refers to a dead person by the term brother (e.g. in regard to the law of *yibum;* see *Deuteronomy* 25:9). He therefore

ה: כיצד העדים פרק ראשון מכות

אי איסטטית היא זו אפי' בת ראשונה נמי לא אמר ר' אבהו שקדמו והרגו מאי דהוה הוה אלא אמר רבא הכי קאמר אם אינה אלא בת אחת נהרגת אי איכא טפי אין נהרגין הא בלבד קאמר קשיא ההיא איתתא דאתאי סהדי ואישתקור אייתי סהדי ואישתקור אזלה אייתי סהדי אחריני דלא אישתקור אמר ריש לקיש הוחזקה זו א"ל ר' אלעזר אם היא הוחזקה כל ישראל מי הוחזקו זימנין הוו יתבי קמיה דרבי יוחנן אתא כי האי מעשה לקמייהו אמר ריש לקיש הוחזקה זו א"ל רבי יוחנן אם הוחזקה זו כל ישראל מי הוחזקו הדר חזיה לרבי אלעזר בישות אמר ליה שמעת מילי מבר נפחא ולא אמרת לי משמיה לימא ריש לקיש דאמר כרבי יהודה ורבי יוחנן דאמר כרבנן אמר לך ריש לקיש אנא דאמרי לך אפי' לרבנן עד כאן לא קא אמרי רבנן התם דליכא דקא מהדר אבל הכא איכא הא דקא מהדרא ורבי יוחנן אמר לך אנא דאמרי אפי' לרבי יהודה עד כאן לא קאמר רבי יהודה התם דאמרינן אטו כולי עלמא גבי הני הוו קיימי אבל הכא הני ידעי בסהדותא והני לא ידעי בסהדותא: **מתני'** [ב] אין העדים זוממין נהרגין עד שיגמר הדין שהרי הצדוקין אומרים עד שיהרג שנאמר נפש [א] תחת נפש אמרו להם חכמים והלא כבר נאמר ועשיתם לו כאשר זמם לעשות לאחיו והרי אחיו קיים ואם כן למה נאמר נפש [ב] תחת נפש יכול משעה שקבלו עדותן יהרגו תלמוד לומר נפש [ג] תחת נפש הא אינן נהרגין עד שיגמר הדין: **גמ'** תנא בריבי אומר לא הרגו נהרגין הרגו אין נהרגין אמר אביו בני לאו קל וחומר הוא אמר לו לימדתנו רבינו שאין עונשין מן הדין דתניא איש אשר יקח [את] אחותו בת אביו או בת אמו אין לי אלא בת אביו שלא בת אמו ובת אמו שלא בת אביו בת אביו ובת אמו מנין ת"ל ערות אחותו גילה עד שלא יאמר יש לי בדין אם ענש על בת אביו שלא בת אמו ובת אמו שלא בת אביו בת אביו ובת אמו לא כל שכן הא למדת שאין עונשין מן הדין עונש שמענו אזהרה מנין תלמוד לומר ערות אחותך בת אביך או בת אמך אין לי אלא בת אביו שלא בת אמו ובת אמו שלא בת אביו בת אביו ובת אמו מנין תלמוד לומר ערות בת אשת אביך מולדת אביך אחותך היא עד שלא יאמר יש לי מן הדין מה אם הוזהר על בת אמו שלא בת אביו ובת אביו שלא בת אמו בת אביו ובת אמו לא כל שכן הא למדת שאין מזהירין מן הדין חייבי מלקיות מנין תלמוד לומר רשע רשע חייבי גליות מנין אתיא רוצח רוצח תניא אמר רבי יהודה בן טבאי אראה בנחמה אם לא הרגתי עד זומם להוציא מלבן של צדוקים שהיו אומרים אין העדים זוממין נהרגין עד שיהרג הנדון אמר לו שמעון בן שטח אראה בנחמה אם לא שפכת דם נקי שהרי אמרו חכמים אין העדים זוממין נהרגין עד שיזומו שניהם ואין לוקין עד שיזומו שניהם מיד קבל עליו ר' יהודה בן טבאי שאינו מורה הוראה אלא לפני שמעון בן שטח וכל ימיו של ר' יהודה בן טבאי היה משתטח על קברו של אותו העד והיה קולו נשמע וכסבורין העם לומר קולו של הרוג אמר קולי שלי הוא תדעו למחר הוא מת אין קולו נשמע אמר ליה רב אחא בריה דרבא לרב אשי דלמא בדינא קם בהדיה אי נמי פיוסי פייסיה: **מתני'** [ד] על פי שנים עדים או שלשה עדים יומת המת אם מתקיימת העדות בשנים למה פרט הכתוב בשלשה אלא להקיש (שלשה לשנים) מה שלשה מזימין את השנים אף השנים יזומו את הג' ומנין אפי' מאה ת"ל עדים ר' שמעון אומר מה שנים אינן נהרגין עד שיהיו שניהם זוממין אף שלשה אינן נהרגין עד שיהיו שלשתן זוממין ומנין אפי' מאה ת"ל עדים רבי עקיבא אומר לא בא השלישי להקל אלא להחמיר עליו ולעשות דינו כיוצא באלו ואם כן ענש הכתוב לנטפל לעוברי עבירה כעוברי עבירה על אחת כמה וכמה ישלם שכר לנטפל לעושי מצוה כעושי מצוה ומה שנים נמצא אחד מהן קרוב או פסול עדותן בטלה אף שלשה נמצא אחד מהן קרוב או פסול עדותן בטלה מנין אפי' מאה ת"ל עדים אמר

רש"י

שקדמו והרגו. את הבת הראשונה קודם שתבוא בת שניה: מאי דהוה הוה. ולמה לי למיתני אלא בת ראשונה: בלבד. משמע שיש עוד אחרת: אישתקור. הכחישו זה את זה בדרישות בית דין כשבדקום: הוחזקה זו. להביא עדי שקר ולא נקבל עוד עדות אחרת: אם היא הוחזקה. לחזור אחריהם כל ישראל מי הוחזקו לשמוע לה שתחזיק את האחרים כשקרים: זמנין. פעם אחרת: הדר חזייה לר' אלעזר בישות. החזיר ריש לקיש את פניו ונסתכל ברבי אלעזר בפנים זועפות שהבין ריש לקיש ששמע ר' אלעזר דבר זה מפי רבי יוחנן וכשאמרה לו לא אמרה בשמו: דאמר כר' יהודה. במתניתין איסטטית היא זו והוחזקה להזים: דליכא דקא מהדר. שאין אדם מחזר אחריהם לשכרם ולהרגילם תמיד לבוא לבית דין ולהזים את כל הבאים: דקא מהדרא. לבקש ולשכור עדי שקר: הני ידעי בסהדותא. אלו האחרונים ידעי בעדותה של זו: מתני' עד שיגמר הדין. אלא אם כן נגמר תחלה הדין של הנדון ליהרג ואחר כך הוזמו: נפש בנפש. בעדים זוממין כתיב לא תחוס עינך נפש בנפש: לעשות לאחיו. משמע שהרי אחיו עדיין קיים: יכול משקבלו עדותן. ובאה להם הזמה מיד קודם גמר דינו של נדון יהרגו: גמ' בריבי אומר. כך היה שמו: הרגו. שלא הוזמו עד שנהרג הנדון על פיהם: חייבי מלקיות מנלן. אמתניתין קאי דאמר אין עושין דין הזמה עד שיגמר הדין ויליף לה מנפש בנפש דמשתעי בחייבי מיתות חייבי מלקות מנלן העידוהו שחייב מלקות והוזמו מנלן דאין לוקין אלא אם כן נגמר הדין תחלה על פיהם: חייבי גליות מנלן. העידוהו שחייב לגלות והוזמו ותנן במתניתין סופג את הארבעים מנלן עד שיגמר הדין דהני הואיל ולאו מדין כאשר זמם קא מתרבו לא אתי מלקות דידהו מגזירה שוה דרשע רשע דמההוא לא ילפינן אלא עדים זוממין שהרשיעו הנידון ללקות (או למיתה) דהאי רשע רשע בנידונין כתיב: אראה בנחמה. לא אראה בנחמה וגמרא הפכו לברכה פ"א אראה בנחמה נשבע ימותו בניו ואראה בנחמתן: אם לא הרגתי עד זומם. שלא הוזם אלא אחד מהם והרגתיו: שהרי אמרו חכמים כו'. מתניתין היא מה שנים אין נהרגין עד שיזומו שניהם דכתיב והנה עד שקר העד ואמר מר (סוטה דף ב:) כל מקום שנאמר עד הרי כאן שנים עד שיפרוט לך הכתוב אחד: אלא בפני שמעון. שאם יטעה יורהו: כסבורין. הכל בלילה או ביום ואינן רואין אותו: מתני' מה שנים אין נהרגין עד שיזומו שניהם. כדפרישית לעיל: ר' עקיבא אומר לא בא השלישי כו'. לא הוצרך ללמדנו זאת דממילא ידעינן ששנים מזימין את השלשה שהרי השנים כשרים לכל עדיות וממילא ידעינן שאין זוממין עד שיזומו כולם שהרי כולם כאחד נעשו עדים וקרא כתיב והנה עד שקר העד ולא בא אלא להחמיר עליו שלא תאמר הואיל ובלאו הוא היתה העדות מתקיימת לא יעשו בו דין הזמה לימדך הכתוב שאף הוא מן מקיימי דבר: על אחת כמה וכמה כו'. שמצינו מדה הטובה מרובה ממדת פורענות במדה טובה הוא אומר (שמות לד) נוצר חסד לאלפים במדת פורענות הוא אומר (שם) על שלשים ועל רבעים:

בדיני

תוספות

איסטטית היא. ברב אלפס פי' לשון סטיס (שבת דף פט:): חייבי מלקיות מנין. פי' מנין דאין לוקין עד שיגמר הדין על פיהם וא"ת ואמאי לא בעי נמי (א) כן חייבי ממון מנין דאין משלמין ממון עד שיגמר דינו על פיהם וי"ל דכמו דבדיני נפשות דרשינן עד שיגמר דינו מקרא דנפש בנפש דכתיב בעדים זוממין כמו כן כתיב ממון בעדים זוממין דכתיב יד ליד לא ינקה דמפקי מיניה (כתובות דף לב:) דממונא משלמין ודרשינן מיניה עד שיגמר הדין: חייבי גליות מנין. פירוש מנין דאין לוקין עד שיגמר דינו וקשיא דהא כשהעידו אחייבי גליות הרי הן חייבי מלקות וחייבי מלקות כבר גמרנו מרשע רשע ופ"ה דמההיא לא ילפינן אלא עדים הזוממין שהרשיעו הנדון ללקות או למיתה דהאי קרא דרשע רשע בנידונין כתיב אבל כשהרשיעו הנדון לגלות לא גמרינן: אף השנים מזימין הג' ומנין אפי' הן מאה ת"ל עדים. תימה אימא דעדים אתא אפי' לארבעה ת*) ונמצא אחד קרוב או פסול יותר מן הג' דכתיבי בקרא אבל טפי מארבעה לא וי"ל כיון שכת אחת מוזמת שתי כתות הוא הדין מאה:

אמר

עין משפט נר מצוה

לז א מיי' פכ"ב מהל' עדות הלכה ה סמג עשין קי טוש"ע ח"מ סי' לא סעיף ד:
לח ב מיי' שם פ"כ הל' א סמג שם ולאוין ריג טוח"מ סימן לח:
לט ג מיי' שם הל' ב סמג שם טור חו"מ שם:
מ ד מיי' שם פי"ח הל' ג טוח"מ שם:
מא ה מיי' שם פ"כ הלכה ג סמג שם טור ח"מ שם:
מב ו מיי' שם פ"ה הל' ג סמג לאוין ריג טוש"ע ח"מ סי' לו ס"א:

רבינו חננאל

ואוקמה ר' אבהו לטעמא דר' יהודה בשקדמו והרגו הראשונה ולולי כן אפי' הראשונה אינה נהרגת. ההיא דמייתי סהדי ואישתקור אייתי אחריני ואישתקור אייתי שהדי אחריני אמר ריש לקיש הוחזקה זו. א"ר יוחנן אם היא הוחזקה כל ישראל מי הוחזקו כלומר כשרין הן כרבנן דמתניתין דאמרי כל זמן שלא הוזמו כשרין הן. ואמר לך ר' יוחנן אפילו ר' יהודה לא פסלינהו אלא דאמר אטו הני הוו בהדי הני והני בהדי הני דקא מסהדי הכי א) אבל הכא אפי' ר' יהודה מודה דכשרין מ"ט הני הוא דהוו ידעי בשהדותא אבל הני דאישתקור לא הוו ידעי. והלכתא כר' יוחנן. פי' הדר חזא (ליה ר') [לר'] אלעזר בישות. החזיר פניו ריש לקיש ונסתכל בר' אלעזר בן פדת תלמיד ר' יוחנן בפנים רעות כלומר תשמע השמועות מפי ר' יוחנן ואינך אומרן משמו אילו הגדת לי כי ר' יוחנן אמר כך לא הייתי שונה בפניו: **אין העדים זוממין נהרגין עד שיגמר הדין.** תניא רבי ב) אומר לא הרגו נהרגין הרגו אין נהרגין. א"ל אביו ק"ו הוא. א"ל לימדתנו רבינו שאין עונשין מן הדין דתניא ואיש אשר יקח את אחותו בת אביו או בת אמו אין לי אלא כו' ופשוטה היא. ואסיק' שאין עונשין מן הדין ואין מזהירין מן הדין. וכן בחייבי מלקיות אתיא רשע (הוא) [רשע]. כתיב בחייבי מיתות אשר הוא רשע למות ובחייבי מלקיות כתיב והיה אם בן הכות הרשע מה בחייבי כריתות ובחייבי מיתות אין עונשין ואין מזהירין מן הדין כך חייבי מלקיות. בחייבי גליות נמי אתיא רוצח רוצח. תניא אין העדים זוממין נהרגין עד שיזומו שניהן וכך אין לוקין ואין משלמין ממון עד שיזומו שניהן. הצדוקין היו אומרים אין העדים זוממין נהרגין עד שיהרג הנידון: **על פי שנים עדים או שלשה עדים כו' עד מנין אפילו הן מאה ת"ל עדים.** פי' כשם שג' עדים מזימין ב' כך ב' מזימין ג' ומנין אפילו ק' שהעידו שב' באין ומזימין אותן ת"ל עדים. כלומר כי דין העדות מתקיימת בב' כמו שמתקיימת בק' נמצאת עדות ק' כעדות ב' כך לענין דין הזמה (ק"ב) [ק' וב'] שוים

חשק שלמה על ר"ח

א) לפי גירסת רבינו אזלא קושית הרי"ף ע"ש: ב) לפנינו הגירסא בריבי:

מסורת הש"ס

א) [כתובות לו:], ב) [כתובות כה:], ג) [עי' פרש"י בסנהדרין לו. ד"ה טבא], ד) סנהדרין לג:, ה) רש"א שנאמר נפש בנפש [והוא דברים יט וכן בכל המשנה], ו) חולין יא:, ז) [לקמן יד. ח. סנהדרין נד. וש"נ ועי' תוס' סנהדרין נג: ד"ה השתא], ח) [פסחים כד. יבמות כב:], ט) סנהדרין לג., י) [סנהדרין י. וש"נ], כ) חגיגה טז: [תוס' סנהדרין פ"ו], ל) [עי' תוס' שבת יב: ד"ה רבי נתן], מ) [סנהדרין כח.], נ) ב"ב קטו., ס) [נ"ל להקיש שנים לשלשה כ"א בהרא"ש], ע) סנהדרין ט. [ס.], פ) [עי' פרש"י בחולין יא: ד"ה והתניא], צ) רש"א מ"ז, ק) [נ"ל עושה וכ"כ בפרש"י לקמן כג. ד"ה על אחת ע"ש שהאריך בביאור יפה], ר) [שייך לעיל במשנה], ש) גירסת רש"א ומהר"ם יד ביד דמפקי, ת) רש"א ללקות ממיתה, ת*) [מהר"ם הגיה ומפרש].

הגהות הב"ח

(א) תוס' ד"ה חייבי מלקיות וכו' ואמאי לא בעי נמי הכי חייבי ממון:

הגהות הגר"א

[א ב ג] במשנה נפש בנפש כצ"ל (וכ"ה ברש"י ובספרי ועי' תוי"ט): [ד] במשנה על פי שני עדים או [ע"פ] שלשה עדים יקום דבר כצ"ל. והוא בדברים יט:

גליון הש"ס

רש"י ד"ה על אחת וכו' שמצינו מדה הטובה. עי' לקמן דף כג ע"א ברש"י ד"ה על אחת כמה וכמה:

תורה אור השלם

א) וְאִם אָסוֹן יִהְיֶה וְנָתַתָּה נֶפֶשׁ תַּחַת נָפֶשׁ: [שמות כא, כג]
ב) וַעֲשִׂיתֶם לוֹ כַּאֲשֶׁר זָמַם לַעֲשׂוֹת לְאָחִיו וּבִעַרְתָּ הָרָע מִקִּרְבֶּךָ: [דברים יט, יט]
ג) וְאִישׁ אֲשֶׁר יִקַּח אֶת אֲחֹתוֹ בַּת אָבִיו אוֹ בַת אִמּוֹ וְרָאָה אֶת עֶרְוָתָהּ וְהִיא תִרְאֶה אֶת עֶרְוָתוֹ חֶסֶד הוּא וְנִכְרְתוּ לְעֵינֵי בְּנֵי עַמָּם עֶרְוַת אֲחֹתוֹ גִּלָּה עֲוֹנוֹ יִשָּׂא: [ויקרא כ, יז]
ד) עֶרְוַת אֲחוֹתְךָ בַת אָבִיךָ אוֹ בַת אִמֶּךָ מוֹלֶדֶת בַּיִת אוֹ מוֹלֶדֶת חוּץ לֹא תְגַלֶּה עֶרְוָתָן: [ויקרא יח, ט]
ה) עֶרְוַת בַּת אֵשֶׁת אָבִיךָ מוֹלֶדֶת אָבִיךָ אֲחוֹתְךָ הִוא לֹא תְגַלֶּה עֶרְוָתָהּ: [ויקרא יח, יא]
ו) עַל פִּי שְׁנַיִם עֵדִים אוֹ שְׁלֹשָׁה עֵדִים יוּמַת הַמֵּת לֹא יוּמַת עַל פִּי עֵד אֶחָד: [דברים יז, ו]

ליקוטי רש"י

אם הוא הוחזק. לחזור אחר עידי שקר. כל ישראל מי הוחזקו. להיות שומעין לו לזייף [כתובות לו:]. הדר. ריש לקיש. חזייה לרבי אלעזר בישות. החזיר פניו ונסתכל ברבי אלעזר בעין רעה שהבין שמפי ר' יוחנן שמע לשון זה וכשאמר לשון זה לא אמרה בשם רבי יוחנן לפיכך לא קיבלה הימנו [כתובות כה:]. מבר נפחא. רבי יוחנן דמקרי בר נפחא בכולא הש"ס כמו (ב"מ דף פה:) מאן עייל בר נפחא. נראה למורי דאביו של ר' יוחנן הוי נפחא ולהכי מיקרי בר נפחא ואית דמפרשי בר נפחא על שם יופיו [סנהדרין צו.]. בריבי אומר. לא ידעינן מנו אלא אחד גדול בדורו היה ועל שם כך נקרא בריבי כדאשכחן בכילד מעברין בעירובין (דף נג.) אמר רבי אושעיא בריבי ובפ"ב (לקמן כח.) רבי אלעזר הקפר בריבי [חולין יא:]. אדם גדול בדורו וכל היכא דקרי בריבי הכי פירושו [עירובין נג.].

Having produced Biblical proof for their position, the Rabbis explain what the verse adduced by the Sadducees teaches: וְאִם כֵּן – **But if so,** that the reciprocal punishment is imposed only if the verdict has not yet been carried out, לָמָּה נֶאֱמַר (נפש תחת נפש) [,,נֶפֶשׁ בְּנֶפֶשׁ''] – **why does [the verse] state** in regard to punishing *zomemin*: ***a life for a life,*** which implies that the accused's life has actually been taken? יָכוֹל מִשָּׁעָה שֶׁקִּבְּלוּ עֵדוּתָן יֵהָרְגוּ – Because **it might have been** thought **that from the time their testimony is accepted** by the court, and even before a verdict is handed down, **[the witnesses] are** subject to being **executed,** because at that point it can already be said that they planned to harm the accused; תַּלְמוּד לוֹמַר (נפש תחת נפש) [,,נֶפֶשׁ בְּנֶפֶשׁ''] – **[the Torah] therefore states: *a life for a life.*** הָא אֵינָן נֶהֱרָגִין עַד שֶׁיִּגָּמֵר הַדִּין – **This** teaches **that they are not executed unless a verdict has been handed down.**[20] This is the source for the Mishnah's ruling.

Gemara The Gemara cites a lengthy Baraisa:

תָּנָא – **A Baraisa has taught:** בְּרִיבִּי אוֹמֵר – BERIBI[21] SAYS: לֹא הָרְגוּ נֶהֱרָגִין – IF [THE WITNESSES] who testified falsely HAVE NOT yet KILLED their victim when they are found to be *zomemin,* THEY ARE EXECUTED for their false testimony; הָרְגוּ אֵין נֶהֱרָגִין – but IF THEY HAVE KILLED him, i.e. if by the time the witnesses are proven to be *zomemin* the court has already executed the accused on the basis of their testimony, THEY ARE NOT EXECUTED for their false testimony.[22]

This is questioned:

אָמַר אָבִיו – HIS FATHER SAID to him: בְּנִי לָאו קַל וָחוֹמֶר הוּא – MY SON, IS IT NOT A *KAL VACHOMER?*[23] If false witnesses are killed for *attempting* to have someone executed, surely they should be killed for *succeeding* in having someone falsely executed! אָמַר לוֹ – [BERIBI] SAID TO [HIS FATHER]: לִימַּדְתָּנוּ רַבֵּינוּ שֶׁאֵין עוֹנְשִׁין מִן הַדִּין – YOU, OUR TEACHER, HAVE TAUGHT US THAT WE CANNOT ESTABLISH PUNISHMENT ON THE BASIS OF the LOGIC of *kal vachomer.*[24] Therefore, since our verse specifies a case in which the witnesses merely *planned* (i.e. attempted) to kill their victim, we cannot extend the punishment by the logic of *kal vachomer* to the case in which their plan did succeed and the accused was executed.[25]

The Gemara quotes a Baraisa that establishes the source for this principle:

דְּתַנְיָא – **For we have learned in a Baraisa,** which comments upon the following verse: ,,אִישׁ אֲשֶׁר־יִקַּח [אֶת־]אֲחֹתוֹ בַּת־אָבִיו אוֹ־בַת־אִמּוֹ'' – IF A MAN SHALL TAKE HIS SISTER, THE DAUGHTER OF HIS FATHER OR THE DAUGHTER OF HIS MOTHER . . . *they shall be cut off in the sight of the members of their people.*[26] אֵין לִי אֶלָּא בַּת אָבִיו שֶׁלֹּא בַּת אִמּוֹ – From this I HAVE knowledge of a *kares* penalty for incest with a sister ONLY in the case of [A SISTER] WHO IS THE DAUGHTER OF HIS FATHER AND NOT THE DAUGHTER OF HIS MOTHER, וּבַת אִמּוֹ שֶׁלֹּא בַּת אָבִיו – AND in the case of [A SISTER] WHO IS THE DAUGHTER OF HIS MOTHER AND NOT THE DAUGHTER OF HIS FATHER.[27] בַּת אִמּוֹ וּבַת אָבִיו מִנַּיִן – FROM WHERE do I know that there is a *kares* penalty for incest with [A SISTER WHO IS] both THE DAUGHTER OF HIS FATHER AND THE DAUGHTER OF HIS MOTHER?[28] תַּלְמוּד לוֹמַר – [THE TORAH] THEREFORE STATES at the end of that verse: ,,עֶרְוַת אֲחֹתוֹ גִּלָּה'' – *HE HAS UNCOVERED*

NOTES

interprets this Gemara differently. *Rashash* (*Sanhedrin* 10a), however, notes that all those instances use the word "brother" in regard to a sibling. *Rashi's* point refers to where the term "brother" is used in the more general sense of a fellow Jew (all Jews are "brothers" in the respect that they are all united in the bond to observe the mitzvos). In this usage it refers specifically to someone who is still alive (for a dead person is no longer obligated in mitzvos). See *Rashash* there for further explanation.]

20. Once a guilty verdict has been handed down condemning the accused to death, it can be said, at least on the legal level, that a life has been taken. For in a legal sense, the condemned is considered a גַּבְרָא קְטִילָא, *dead person,* as soon as the death sentence has been pronounced, as explained on 5a (see note 31 there for the legal ramifications of this). Consequently, executing the *zomemin* can be termed a "life for a life" (*Tos. Yom Tov*).

21. This rendering of Beribi as a personal name follows *Rashi* here. In *Chullin* 11b, *Rashi* interprets this word as a title of honor, meaning "a scholar preeminent in his generation"; see also *Sotah* 29b with *Rashi* ד״ה טעם בריבי et al. *Rashi* does not explain it here as he does there because the Baraisa quotes a discussion between Beribi and his father without identifying the father's name, which would be very odd if Beribi is also an unidentified Tanna (*Chochmas Shlomo*).

22. [Beribi concisely summarizes the Mishnah's rulings and clarifies that once the court has carried out the sentence, the *zomemin* are no longer liable to execution.]

23. Although the verse that teaches the punishment of *zomemin* witnesses refers to an instance in which the accused was not yet executed, it can be demonstrated by means of a *kal vachomer* argument that they should certainly be punished if their plot was successful and he was executed!

[The Baraisa's question seems difficult to understand. The Mishnah did more than just cite a source that they are punished even before the accused was executed. The Mishnah expounded the verse to teach that they are punished *only* then. How then can the Baraisa ask that we should derive from a *kal vachomer* that they are punished even after the accused has been executed? *Pnei Yehoshua* answers that the Tanna of the Baraisa indeed disputes the Mishnah's exposition and derives the rule from another source. Others explain that the Tanna of the Baraisa does not dispute the Mishnah but argues that since there is a compelling *kal vachomer* to the contrary, we should explain the verse to mean that they are punished *even* if the accused has not yet been executed (and not *only* in that case). The verse's inferences to the contrary would then have to be explained in other ways. It is only once the implication of the *kal vachomer* is rejected that we conclude that the verse means to *exclude* punishing them when they have succeeded in killing the accused (*Or HaChaim* to this verse; see, however, *Tosafos, Bava Kamma* 4b ד״ה ועדים זוממין and *Shiurei R' Shmuel Rozovsky* here §245).

24. [It is a general principle of Torah law that corporeal punishments (execution or lashes) can be imposed only in situations where the Torah clearly decrees them, either explicitly or in a Scriptural allusion. Logical arguments, no matter how compelling, are not valid to extend a corporeal punishment to another situation, as another Baraisa will now demonstrate.]

25. [The guilt of the *zomemin* for having caused the victim's execution is not viewed as being merely additional to the guilt they already incurred for planning to have him executed. Were that the case, they could still be punished for their attempt even after the verdict had been carried out. Rather, once the accused has been executed, their crime is transformed from a simple one of merely planning to kill, to the greater one of actually causing his death. Hence, they can no longer be punished for the crime of planning his death but must now be punished for the greater crime of causing his death. But since the Torah speaks only of punishing the lesser crime of planning, the punishment for causing must be inferred by means of a *kal vachomer.* This, however, cannot be used to infer punishment, as the Gemara has stated.]

The Torah's rationale for not punishing *zomemin* witnesses who have succeeded in having their victim put to death will be discussed at the end of note 39.

26. *Leviticus* 20:17. This is the verse that introduces the penalty of *kares* – and thus *malkus* – for incest with a sister. [Most sins bearing the penalty of *kares* also carry the court-imposed penalty of *malkus* (lashes); see below, 13a,b.]

27. That is, for a half-sister.

28. [The brother-sister kinship through both parents is not viewed as two separate blood ties coinciding in one person, one through the mother and the other through the father. If it were, a full sister would still be "the daughter of his father" and "the daughter of his mother," and no

אי איסטטית היא זו אפי' בת ראשונה נמי לא אמר ר' אבהו שקדמו והרגו מאי דהוה הוה אלא אמר רבא הכי קאמר אם אינה אלא כת אחת נהרגת אי איכא טפי אין נהרגין הא בלבד קאמר קשיא ההיא איתתא דאתאי סהדי ואישתקור אייתי סהדי ואישתקור אזלה אייתי סהדי אחריני דלא אישתקור אמר ריש לקיש הוחזקה זו א"ל ר' אלעזר א אם היא הוחזקה כל ישראל מי הוחזקו זימנין הוו יתבי קמיה דרבי יוחנן אתא כי האי מעשה לקמייהו אמר ריש לקיש הוחזקה זו א"ל רבי יוחנן אם הוחזקה זו כל ישראל מי הוחזקו ג) הדר חזיה לרבי אלעזר בישות אמר ליה שמעת מילי ד) מבר נפחא ולא אמרת לי משמיה לימא ריש לקיש דאמר כרבי יהודה ורבי יוחנן דאמר כרבנן אמר לך ריש לקיש אנא דאמרי לך אפי' לרבנן עד כאן לא קא אמרי רבנן התם דליכא דקא מהדר אבל הכא איכא הא דקא מהדרא ורבי יוחנן אמר לך אנא דאמרי אפי' לרבי יהודה עד כאן לא קאמר רבי יהודה התם דאמרינן אמטו כולי עלמא גבי הני הוו קיימי אבל הכא הני ידעי בסהדותא והני לא ידעי בסהדותא: מתני' ה) אין העדים זוממין נהרגין עד שיגמר הדין שהרי הצדוקין אומרים עד שיהרג ו) שנאמר א) נפש [א]תחת נפש אמרו להם חכמים והלא כבר נאמר ב) ועשיתם לו כאשר זמם לעשות לאחיו והרי אחיו קיים ואם כן למה נאמר נפש [ב]תחת נפש יכול משעה שקבלו עדותן יהרגו תלמוד לומר נפש [ג] תחת נפש הא אינן נהרגין עד שיגמר הדין: גמ' ז) תנא ברבי אומר לא הרגו נהרגין הרגו אין נהרגין אמר אביו בני לאו קל וחומר הוא אמר לו לימדתנו רבינו שאין עונשין מן הדין דתניא ג) איש אשר יקח [את] אחותו בת אביו או בת אמו אין לי אלא בת אביו שלא בת אמו ובת אמו שלא בת אביו בת אביו ובת אמו מנין ת"ל ערות אחותו גילה עד שלא יאמר יש לי בדין אם ענש על בת אביו שלא בת אמו ובת אמו שלא בת אביו בת אביו ובת אמו לא כל שכן הא למדת ח) שאין עונשין מן הדין עונש שמענו אזהרה מנין תלמוד לומר ד) ערות אחותך בת אביך או בת אמך אין לי אלא בת אביו שלא בת אמו ובת אמו שלא בת אביו בת אביו ובת אמו מנין תלמוד לומר ה) ערות בת אשת אביך מולדת אביך אחותך היא עד שלא יאמר יש לי מן הדין מה אם הוזהר על בת אמו שלא בת אביו ובת אביו שלא בת אמו בת אביו ובת אמו לא כל שכן הא למדת ט) שאין מזהירין מן הדין י) חייבי מלקיות מנין תלמוד לומר רשע רשע חייבי גליות מנין אתיא רוצח רוצח תניא כ) אמר רבי יהודה בן טבאי אראה בנחמה אם לא הרגתי עד זומם להוציא מלבן של צדוקים שהיו אומרים אין העדים זוממין נהרגין עד שיהרג הנדון אמר לו שמעון בן שטח אראה בנחמה אם לא ל) שפכת דם נקי שהרי אמרו חכמים מ) אין העדים זוממין נהרגין עד שיזומו שניהם ואין לוקין עד שיזומו שניהם ואין משלמין ממון עד שיזומו שניהם מיד קבל עליו ר' יהודה בן טבאי שאינו מורה הוראה אלא לפני שמעון בן שטח וכל ימיו של ר' יהודה בן טבאי היה משתטח על קברו של אותו העד והיה קולו נשמע וכסבורין העם לומר קולו של הרוג אמר קולי שלי הוא תדעו למחר הוא מת אין קולו נשמע אמר ליה רב אחא בריה דרבא לרב אשי דלמא בדינא קם בהדיה אי נמי פיוסי פייסיה: מתני' ו) על פי [ד]שנים עדים או שלשה עדים יומת המת אם מתקיימת העדות בשנים למה פרט הכתוב בשלשה אלא נ) להקיש ס) (שלשה לשנים) מה שלשה מזימין את השנים אף השנים יזומו את הג' ומנין ע) אפי' מאה ת"ל עדים ר' שמעון אומר מה שנים אינן נהרגין עד שיהיו שניהם זוממין פ) אף שלשה אינן נהרגין עד שיהיו שלשתן זוממין ומנין אפי' מאה ת"ל עדים צ) רבי עקיבא אומר לא בא השלישי להקל אלא להחמיר עליו ולעשות דינו כיוצא באלו ואם כן ענש הכתוב לנטפל לעוברי עבירה כעוברי עבירה על אחת כמה וכמה ישלם שכר לנטפל לעושי מצוה כעושי מצוה ומה שנים נמצא אחד מהן קרוב או פסול עדותן בטלה ק) אף שלשה נמצא אחד מהן קרוב או פסול עדותן בטלה מנין אפי' מאה ת"ל עדים אמר

רש"י

שקדמו והרגו. את הכת הראשונה קודם שתבוא כת שניה: מאי דהוה הוה. ולמה לי למיתני אלא כת ראשונה: בלבד. משמע שיש עוד אחרת. הכחישו זה את זה בדרישות בית דין כשבדקום: הוחזקה זו. להביא עדי שקר ולא נקבל עוד עדות אחרת: אם היא הוחזקה. לחזור אחריהם כל ישראל מי הוחזקו לשמוע לה שתחזיק את האחרים כשקרים: זמנין. פעם אחרת: הדר חזייה לר' אלעזר בישות. החזיר ריש לקיש את פניו ונסתכל ברבי אלעזר בפנים זועפות שהבין ריש לקיש ששמע ר' אלעזר דבר זה מפי רבי יוחנן וכשאמרה לו לא אמרה בשמו: דאמר כר' יהודה. במתניתין איסטטית היא זו והוחזקה להזים: דליכא דקא מהדר. שאין אדם מחזר אחריהם לשכרם ולהרגילם תמיד לבוא לבית דין ולהזים את כל הבאים: דקא מהדרא. לבקש ולשכור עדי שקר: הני ידעי בסהדותא. אלו האחרונים ידעי בעדותה של זו: מתני' עד שיגמר הדין. אלא אם כן נגמר תחלה הדין של הנדון ליהרג ואחר כך הוזמו: נפש בנפש. בעדים זוממין כתיב לא תחוס עינך נפש בנפש: לעשות לאחיו. משמע שהרי אחיו עדיין קיים: יכול משקבלו עדותן. ובאה להם הזמה מיד קודם גמר דינו של נדון יהרגו: גמ' ברבי אומר. כך היה שמו פ): הרגו. שלא הוזמו עד שנהרג הנדון על פיהם: חייבי מלקיות מנלן. אמתניתין קאי דאמר אין עושין דין הזמה עד שיגמר הדין ויליף לה מנפש בנפש דמשתעי בחייבי מיתות חייבי מלקות מנלן העידוהו שחייב מלקות והוזמו מנלן דאין לוקין אלא אם כן נגמר הדין תחלה על פיהם: חייבי גליות מנלן. העידוהו שחייב לגלות והוזמו ותנן במתניתין סופג את הארבעים מנלן עד שיגמר הדין דהני הואיל ולאו מדין כאשר זמם קא מתרבו לא אתי מלקות דידהו מגזירה שוה דרשע רשע דמההוא לא ילפינן אלא עדים זוממין שהרשיעו הנידון ללקות ל) (או למיתה) דהאי רשע רשע בנידונין כתיב: אראה בנחמה. לא אראה בנחמה וגמרא הפכו לברכה פ"א אראה בנחמה נשבע ימותו בניו ואראה בנחמתן: אם לא הרגתי עד זומם. שלא הוזם אלא אחד מהם והרגתיו: שהרי אמרו חכמים כו'. מתניתין היא מה שנים אין נהרגין עד שיזומו שניהם דכתיב והנה עד שקר העד ואמר מר (סוטה דף ג:) כל מקום שנאמר עד הרי כאן שנים עד שיפרוט לך הכתוב אחד: אלא בפני שמעון. שאם יטעה יורהו: כסבורין. הכל בלילה או ביום ואין רואין אותו: מתני' מה שנים אין נהרגין עד שיזומו שניהם. כדפרישית לעיל: ר' עקיבא אומר לא בא השלישי כו'. לא הוצרך ללמדנו זאת דממילא ידעינן ששנים מזימין את השלשה שהרי השנים כשרים לכל עדיות וממילא ידעינן שאין זוממין עד שיזומו כולם שהרי כולם כאחד נעשו עדים וקרא כתיב והנה עד שקר העד ולא בא אלא להחמיר עליו שלא תאמר הואיל ובלאו הוא היתה העדות מתקיימת לא יעשו בו דין הזמה לימדך הכתוב שאף הוא מן מקיימי דבר: על אחת כמה וכמה כו'. ° שמצינו מדה הטובה מרובה ממדת פורענות במדה טובה הוא אומר (שמות לד) ק) נוצר חסד לאלפים במדת פורענות הוא אומר (שם) על שלשים ועל רבעים:

בדיני

תוספות

ר) איסטטית היא. ברב אלפס פי' לשון סטיס (שבת דף פט.)

חייבי מלקיות מנין. פי' מנין דאין לוקין עד שיגמר הדין על פיהם וא"ת ואמאי לא בעי נמי (א) כן חייבי ממון מנין דאין משלמין ממון עד שיגמר דינו על פיהם וי"ל דכמו לדיני נפשות דרשינן עד שיגמר דינו מקרא דנפש בנפש דכתיב בעדים זוממין כמו כן כתיב ממון בעדים זוממין דכתיב ש) יד ליד לא ינקה דמפקי מיניה (כתובות דף לג:) דממונא משלמין ודרשינן מיניה עד שיגמר הדין:

חייבי גליות מנין. פירוש מנין דאין לוקין עד שיגמר דינו וקשיא דהא כשהעידו אחייבי גליות הרי הן חייבי מלקות וחייבי מלקות כבר גמרנו מרשע רשע ופ"ה דמההיא לא ילפינן אלא עדים הזוממין שהרשיעו הנדון ת) ללקות או למיתה דהאי קרא דרשע רשע בנידונין כתיב אבל כשהרשיעו הנדון לגלות לא גמרינן:

אף השנים מזימין הג' ומנין אפי' הן מאה ת"ל עדים. תימה אימא דעדים אתא אפי' לארבעה ת*) ונמצא אחד קרוב או פסול יותר מן הג' דכתיבי בקרא אבל טפי מארבעה לא וי"ל כיון שכת אחת מוזמת שתי כתות הוא הדין מאה:

אמר

עין משפט נר מצוה

לז א מיי' פכ"ב מהל' עדות הלכה ה סמג עשין קי טוש"ע ח"מ סי' לא סעיף ד:
לח ב מיי' שם פ"כ הל' א סמג שם ולאוין ריג טוח"מ סימן לח:
לט ג מיי' שם הל' ב סמג שם טור חו"מ שם:
מ ד מיי' שם פי"ח הל' ג טוח"מ שם:
מא ה מיי' שם פ"כ הלכה ג סמג שם טור ח"מ שם:
מב ו מיי' שם פ"ה הל' ג סמג לאוין ריג טוש"ע ח"מ סי' לו ס"א:

רבינו חננאל

ואוקמה ר' אבהו לטעמא דר' יהודה בשקדמו והרגו הראשונה ולולי כן אפי' הראשונה אינה נהרגת. ההיא דמייתי סהדי ואישתקור אייתי אחריני ואישתקור אייתי שהדי אחריני אמר ריש לקיש הוחזקה זו. א"ר יוחנן אם היא הוחזקה כל ישראל מי הוחזקו כלומר כשרין הן כרבנן דמתניתין דאמרי כל זמן שלא הוזמו כשרין הן. ואמר לך ר' יוחנן אפילו ר' יהודה לא פסלינהו אלא דאמר אטו הני הוו בהדי הני והני בהדי הני דקא מסהדי הכי א) אבל הכא אפי' ר' יהודה מודה דכשרין מ"ט הני הוא דהוו ידעי בשהדותא אבל הני דאישתקור לא הוו ידעי. והלכתא כר' יוחנן. פי' הדר חזא (ליה ר') [לר'] אלעזר בישות. החזיר פניו ריש לקיש ונסתכל בר' אלעזר בן פדת תלמיד ר' יוחנן בפנים רעות כלומר תשמע השמועות מפי ר' יוחנן ואינך אומרן משמו אילו הגדת לי כי ר' יוחנן אמר כך לא הייתי שונה בפניו: **אין העדים זוממין נהרגין עד שיגמר הדין.** תניא רבי ב) אומר לא הרגו נהרגין הרגו אין נהרגין. א"ל אביו ק"ו הוא. א"ל לימדתנו רבינו שאין עונשין מן הדין דתניא ואיש אשר יקח את אחותו בת אביו או בת אמו אין לי אלא כו' ופשוטה היא. ואסיק' שאין עונשין מן הדין ואין מזהירין מן הדין. וכן בחייבי מלקיות אתיא רשע (הוא) [רשע]. כתיב בחייבי מיתות אשר הוא רשע למות ובחייבי מלקיות כתיב והיה אם בן הכות הרשע מה בחייבי כריתות ובחייבי מיתות אין עונשין ואין מזהירין מן הדין כך חייבי מלקיות. בחייבי גליות נמי אתיא רוצח רוצח. תניא אין העדים זוממין נהרגין עד שיזומו שניהן וכך אין לוקין ואין משלמין ממון עד שיזומו שניהן. הצדוקין היו אומרים אין העדים זוממין נהרגין עד שיהרג הנידון: **על פי שנים עדים או שלשה עדים כו'** עד מנין אפילו הן מאה ת"ל עדים. פי' כשם שג' עדים מזימין ב' כך ב' מזימין ג' ומנין אפילו ק' שהעידו שב' באין ומזימין אותן ת"ל עדים. כלומר כי דין העדות מתקיימת בב' כמו שמתקיימת בק' נמצאת עדות ק' כעדות ב' כך לענין דין הזמה (ק"ב) [ק' וב'] שוים

חשק שלמה על ר"ח

א) לפי גירסת רבינו אולה קושית הרי"ף ע"ש: ב) לפנינו הגירסא ברבי:

מסורת הש"ס

א) [כתובות לו:], ב) [כתובות כה:], ג) [עי' פרש"י בסנהדרין לו. ד"ה טבא], ד) סנהדרין לג:, ה) רש"א שנאמר נפש בנפש [והוא דברים יט וכן בכל המשנה], ו) חולין יא:, ז) [לקמן יד. יח. סנהדרין נד. וש"נ ועי' תוס' סנהדרין נג: ד"ה השתא], ח) [פסחים כד. יבמות כב:], ט) סנהדרין לג.], י) [סנהדרין י. וש"נ], כ) חגיגה טז: [תוס' סנהדרין פ"ו], ל) [עי' תוס' שבת יב: ד"ה רבי נתן], מ) [סנהדרין כח.], נ) ב"ב קטו:, ס) [צ"ל להקיש שנים לשלשה כ"א בהרש"ל], ע) סנהדרין ט. [ס.], פ) [עי' פרש"י בחולין יא: ד"ה והתניא], צ) רש"א מ"ז, ק) [צ"ל עושה וכ"כ בפרש"י דלקמן כג. ד"ה על אחת ע"ש שהאריך בביאור יפה], ר) [שייך לעיל במשנה], ש) גירסת רש"א ומהר"ם יד ביד דמפקי, ת) רש"א למלקות ממיתה, ת*) [מהר"ם הגיה ומפרש].

הגהות הב"ח

(א) תוס' ד"ה חייבי מלקיות וכו' ואמאי לא בעי נמי הכי חייבי ממון:

הגהות הגר"א

[א ב ג] במשנה נפש בנפש כצ"ל (וכ"ה ברש"י ובספרי ועי' תוי"ט): [ד] במשנה על פי שני עדים או [ע"פ] שלשה עדים יקום דבר כצ"ל. והוא בדברים יט:

גליון הש"ס

רש"י ד"ה על אחת וכו' שמצינו מדה הטובה. עי' לקמן דף כג ע"א ברש"י ד"ה על אחת כמה וכמה:

תורה אור השלם

א) וְאִם אָסוֹן יִהְיֶה וְנָתַתָּה נֶפֶשׁ תַּחַת נָפֶשׁ: [שמות כא, כג]
ב) וַעֲשִׂיתֶם לוֹ כַּאֲשֶׁר זָמַם לַעֲשׂוֹת לְאָחִיו וּבִעַרְתָּ הָרָע מִקִּרְבֶּךָ: [דברים יט, יט]
ג) וְאִישׁ אֲשֶׁר יִקַּח אֶת אֲחֹתוֹ בַּת אָבִיו אוֹ בַת אִמּוֹ וְרָאָה אֶת עֶרְוָתָהּ וְהִיא תִרְאֶה אֶת עֶרְוָתוֹ חֶסֶד הוּא וְנִכְרְתוּ לְעֵינֵי בְּנֵי עַמָּם עֶרְוַת אֲחֹתוֹ גִּלָּה עֲוֹנוֹ יִשָּׂא: [ויקרא כ, יז]
ד) עֶרְוַת אֲחוֹתְךָ בַת אָבִיךָ אוֹ בַת אִמֶּךָ מוֹלֶדֶת בַּיִת אוֹ מוֹלֶדֶת חוּץ לֹא תְגַלֶּה עֶרְוָתָן: [ויקרא יח, ט]
ה) עֶרְוַת בַּת אֵשֶׁת אָבִיךָ מוֹלֶדֶת אָבִיךָ אֲחוֹתְךָ הִוא לֹא תְגַלֶּה עֶרְוָתָהּ: [ויקרא יח, יא]
ו) עַל פִּי שְׁנַיִם עֵדִים אוֹ שְׁלֹשָׁה עֵדִים יוּמַת הַמֵּת לֹא יוּמַת עַל פִּי עֵד אֶחָד: [דברים יז, ו]

ליקוטי רש"י

אם הוא הוחזק. לחזור אחר עדי שקר. **כל ישראל מי הוחזקו.** להיות שומעין לו לזייף [כתובות לו:]. **הדר.** ריש לקיש. **חזייה לרבי אלעזר בישות.** החזיר פניו ונסתכל ברבי אלעזר בעין רעה שהבין שמפי ר' יוחנן שמע לשון זה וכשאמר לשון זה לא אמרה בשם רבי יוחנן לפיכך לא קיבלה הימנו [כתובות כה:]. **מבר נפחא.** רבי יוחנן דמקרי בר נפחא בכולא הש"ס כמו (ב"מ דף פה:) מאן עייל בר נפחא. נראה למורי דאביו של ר' יוחנן הוי נפחא ולהכי מיקרי בר נפחא ואית דמפרשי בר נפחא על שם יופיו [סנהדרין צו.]. **ברבי אומר.** לא ידעינן מנו אלא אחד גדול בדורו היה ועל שם כך נקרא ברבי כדאשכחן בכילד מעברין בעירובין (דף נג.) אמר רבי אושעיא ברבי ובפ"ב (לקמן כח.) רבי אלעזר הקפר ברבי [חולין יא:]. אדם גדול בדורו וכל היכא דקרי בריבי הכי פירושו [עירובין נג.].

THE NAKEDNESS OF HIS SISTER.[29]

The Baraisa now questions the need for this exposition and thereby draws a general conclusion from it:

עַד שֶׁלֹּא יֹאמַר יֵשׁ לִי בְּדִין – **NOW EVEN IF [THE TORAH] HAD NOT STATED** the last part of the verse to teach the punishment for a full sister, **I COULD HAVE DEDUCED IT FROM** a *kal vachomer* **ARGUMENT:** אִם עָנַשׁ עַל בַּת אָבִיו שֶׁלֹּא בַּת אִמּוֹ – **FOR IF [THE TORAH] DECREED PUNISHMENT FOR [A SISTER] WHO IS THE DAUGHTER OF HIS FATHER AND NOT THE DAUGHTER OF HIS MOTHER,** וּבַת אִמּוֹ שֶׁלֹּא בַּת אָבִיו – **AND** for **[A SISTER] WHO IS THE DAUGHTER OF HIS MOTHER AND NOT THE DAUGHTER OF HIS FATHER,** as stated explicitly in that verse, בַּת אָבִיו וּבַת אִמּוֹ לֹא כָּל שֶׁכֵּן – then **IS [THE SISTER] WHO IS** both **THE DAUGHTER OF HIS FATHER AND THE DAUGHTER OF HIS MOTHER NOT SURELY** subject to the *kares* punishment for incest!? If so, why is a separate Biblical source necessary to establish the *kares* punishment for a full sister? הָא לָמַדְתָּ – **FROM THIS YOU LEARN** שֶׁאֵין עוֹנְשִׁין מִן הַדִּין – **THAT WE CANNOT ESTABLISH PUNISHMENT ON THE BASIS OF** the **LOGIC** of *kal vachomer.*[30]

The Baraisa now extends this principle to the prohibition:

עוֹנֶשׁ שָׁמַעְנוּ – **WE HAVE LEARNED** this principle in regard to **PUNISHMENT;**[31] אַזְהָרָה מִנַּיִן – **FROM WHERE** do we know that the **SCRIPTURAL PROHIBITION** necessary to qualify a transgression for corporeal punishment can also not be derived from a *kal vachomer* argument?[32] תַּלְמוּד לוֹמַר – **THE TORAH THEREFORE STATES** in the verse that states the prohibition of incest with a sister: "עֶרְוַת אֲחוֹתְךָ בַת־אָבִיךָ אוֹ בַת־אִמֶּךָ..." – ***THE NAKEDNESS OF YOUR SISTER, THE DAUGHTER OF YOUR FATHER OR THE DAUGHTER OF YOUR MOTHER,*** *born in the house or born outside the house, you shall not uncover their nakedness.*[33] אֵין לִי אֶלָּא בַּת אָבִיו שֶׁלֹּא בַּת אִמּוֹ – From this **I HAVE** knowledge of a prohibition **ONLY** in the cases of **[A SISTER] WHO IS THE DAUGHTER OF HIS FATHER AND NOT THE DAUGHTER OF HIS MOTHER,** וּבַת אִמּוֹ שֶׁלֹּא בַּת אָבִיו – **AND [A SISTER] WHO IS THE DAUGHTER OF HIS MOTHER AND NOT THE DAUGHTER OF HIS FATHER.** בַּת אָבִיו וּבַת אִמּוֹ מִנַּיִן – **FROM WHERE** do I know that there is a prohibition of incest with **[A SISTER] WHO IS** both **THE DAUGHTER OF HIS FATHER AND THE DAUGHTER OF HIS MOTHER?** תַּלְמוּד לוֹמַר – **THE TORAH THEREFORE STATES** yet another prohibition regarding incest with a sister: "עֶרְוַת בַּת־אֵשֶׁת אָבִיךָ מוֹלֶדֶת אָבִיךָ אֲחוֹתְךָ הִוא..." – ***THE NAKEDNESS OF THE DAUGHTER OF YOUR FATHER'S WIFE, BORN OF YOUR FATHER, SHE IS YOUR SISTER, YOU SHALL NOT UNCOVER HER NAKEDNESS.***[34]

The Baraisa now draws its conclusion:

עַד שֶׁלֹּא יֹאמַר יֵשׁ לִי מִן הַדִּין – **NOW EVEN IF [THE TORAH] HAD NOT STATED** this extra clause to teach the prohibition of incest with a full sister, **I COULD HAVE DEDUCED IT** from a *kal vachomer* **ARGUMENT:** מָה אִם הוּזְהַר עַל בַּת אִמּוֹ שֶׁלֹּא בַּת אָבִיו – **FOR IF ONE HAS BEEN PROHIBITED** to engage in incestuous relations **WITH THE DAUGHTER OF HIS MOTHER WHO IS NOT THE DAUGHTER OF HIS FATHER,** וּבַת אָבִיו שֶׁלֹּא בַּת אִמּוֹ – **AND** with **THE DAUGHTER OF HIS FATHER WHO IS NOT THE DAUGHTER OF HIS MOTHER,** as stated explicitly in the verse quoted above, בַּת אָבִיו וּבַת אִמּוֹ לֹא כָּל שֶׁכֵּן – then **IS [THE SISTER] WHO IS** both **THE DAUGHTER OF HIS FATHER AND THE DAUGHTER OF HIS MOTHER NOT SURELY** subject to the prohibition of incest!? If so, why is a separate prohibition necessary to teach the incest prohibition for a full sister? הָא לָמַדְתָּ – **FROM THIS YOU LEARN** שֶׁאֵין מַזְהִירִין מִן הַדִּין – **THAT WE CANNOT ESTABLISH A SCRIPTURAL PROHIBITION ON THE BASIS OF** the **LOGIC** of *kal vachomer.*

The Gemara now returns to the Mishnah's rule that *zomemin* witnesses are not punished unless the verdict had been handed down before they were found out. The Mishnah stated the Scriptural source for this rule in regard to capital cases. The Gemara now seeks the source for this rule in other instances of *hazamah*:[35]

חַיָּיבֵי מַלְקִיּוֹת מִנַּיִן – **From where** do we know this rule in regard to testimony about **those liable to *malkus*?**[36] תַּלְמוּד לוֹמַר "רָשָׁע" "רָשָׁע" – **[The Torah] teaches** this in a *gezeirah shavah* between the word ***rasha*** said in regard to someone liable to execution and the word ***rasha*** said in regard to a transgressor liable to *malkus.*[37] This teaches that the rules of *hazamah* punishment are the same for offenses subject to *malkus* as they are for capital offenses.

The Gemara inquires further:

חַיָּיבֵי גָלֻיּוֹת מִנַּיִן – **From where** do we know this rule in regard to testimony about **those liable to exile?**[38] אַתְיָא "רֹצֵחַ" "רֹצֵחַ" – **This is derived from** a *gezeirah shavah* between the word ***rotze'ach*** used in regard to the deliberate murderer and the word ***rotze'ach*** used in regard to the inadvertent killer.[39]

NOTES

further source would be needed. Rather, it is viewed as a different, closer relationship than either of the half-sister blood ties, so that the punishment for incest with a full sister is not explicitly stated, and can be derived only by logical inference or Biblical allusion.]

29. [This part of the verse does not detail the relationship, indicating that all brother-sister relationships – including a full sister – are included in the *kares* punishment.]

30. [A number of rationales are proposed by the commentators for this principle. The obvious explanation is that fallible human reason cannot be trusted to impose capital or even corporeal punishment, no matter how logical the argument may seem, since there may after all be some refutatation of the *kal vachomer* (*Halichos Olam* 4:2;). *Smag* (in a different context) states that a punishment imposed for one transgression is not necessarily appropriate for a more grievous sin, because an important aspect of any punishment is atonement (see *Sanhedrin* 43b), and a more grievous sin may require a greater punishment to achieve its atonement (see Gemara above, 2b, in regard to exile). Utilizing this concept, *Maharsha* (*Sanhedrin* 64b) argues that for this reason the Torah does not allow punishment to be assigned on the basis of logical inferences. The basic logic of a *kal vachomer* is that a stringency applied to a less stringent matter should surely be applied to a more stringent one – but this very logic is not relevant to punishments!]

31. The verse cited above (*Leviticus* 20:17) appears in the section detailing the punishments for incest and other prohibited cohabitations.

32. In order for a sin to be subject to a court-imposed corporeal punishment, the Torah must not only state the punishment for that activity but it must also separately state that it is prohibited.

33. *Leviticus* 18:9.

34. Ibid. v. 11. The final words – *she is your sister* – are redundant and are therefore expounded to teach the prohibition of a full sister (*Rashi* below, 14a ד״ה גמר עונש מאזהרה).

35. *Rashi; Tosafos; Ritva;* cf. *Rabbeinu Chananel.*

36. For this law was derived by the Sages in the case of capital cases from the verse *a life for a life* (see note 20), which speaks of death sentences (*Rashi*).

37. See above, 5a with notes 6 and 7.

38. That is, how do we know that *zomemin* witnesses who testified about someone being liable to exile do not receive *malkus* for their false testimony (see Mishnah 2a) unless the accused had already been sentenced to exile before they were found to be *zomemin.* This cannot be derived from the previous *gezeirah shavah* because the *malkus* penalty in this case is not the result of doing to them as they planned to do to their victim [but a separate penalty; see above, 2a]. Thus, it cannot be derived from the word *rasha* used in the *malkus* passage, because that word refers specifically to someone who is accused of committing a *malkus* offense [and it can therefore only serve as a bridge to teach what happens to false witnesses who testify about such an offense] (*Rashi; Tosafos*).

39. With regard to cases of deliberate murder, the Torah states מוֹת יוּמַת הָרֹצֵחַ, *the rotze'ach* [murderer] *shall die* (*Numbers* 35:16). With regard to the law of exile resulting from an inadvertent killing, the Torah states (*Deuteronomy* 4:42): לָנֻס שָׁמָּה רוֹצֵחַ, *that a killer may flee there* (*Rashi,*

אי איסטטית היא זו אפי' כת ראשונה נמי לא אמר ר' אבהו שקדמו והרגו מאי דהוה הוה אלא אמר רבא הכי קאמר אם אינה אלא כת אחת נהרגת אי איכא טפי אין נהרגין הא בלבד קאמר קשיא ההיא איתתא דאתאי סהדי ואישתקור אייתי סהדי ואישתקור אזלה אייתי סהדי אחריני דלא אישתקור אמר ריש לקיש הוחזקה זו א"ל ר' אלעזר [א] אם היא הוחזקה כל ישראל מי הוחזקו זימנין הוו יתבי קמיה דרבי יוחנן אתא כי האי מעשה לקמייהו אמר ריש לקיש הוחזקה זו א"ל רבי יוחנן אם הוחזקה זו כל ישראל מי הוחזקו [ב] הדר חזיה לרבי אלעזר בישות אמר ליה שמעת מילי [ג] מבר נפחא ולא אמרת לי משמיה לימא ריש לקיש דאמר כרבי יהודה ורבי יוחנן דאמר כרבנן אמר לך ריש לקיש אנא דאמרי לך אפי' לרבנן עד כאן לא קא אמרי רבנן התם דליכא דקא מהדר אבל הכא איכא הא דקא מהדרא ורבי יוחנן אמר לך אנא דאמרי אפי' לרבי יהודה עד כאן לא קאמר רבי יהודה התם דאמרינן אטו כולי עלמא גבי הני הוו קיימי אבל הכא הני ידעי בסהדותא והני לא ידעי בסהדותא: **מתני'** [ד] [ב] אין העדים זוממין נהרגין עד שיגמר הדין שהרי הצדוקין אומרים עד שיהרג [ה] שנאמר [א] נפש [א] תחת נפש אמרו להם חכמים והלא כבר נאמר [ב] ועשיתם לו כאשר זמם לעשות לאחיו והרי אחיו קיים ואם כן למה נאמר נפש [ב] תחת נפש יכול משעה שקבלו עדותן יהרגו תלמוד לומר נפש [ג] תחת נפש הא אינן נהרגין עד שיגמר הדין: **גמ'** [ו] [ג] תנא ברבי אומר לא הרגו נהרגין הרגו אין נהרגין אמר אביו בני לאו קל וחומר הוא אמר לו לימדתנו רבינו שאין עונשין מן הדין דתניא [ג] איש אשר יקח [את] אחותו בת אביו או בת אמו אין לי אלא בת אביו שלא בת אמו ובת אמו שלא בת אביו בת אביו ובת אמו מנין ת"ל ערות אחותו גילה עד שלא יאמר יש לי בדין אם ענש על בת אביו שלא בת אמו ובת אמו שלא בת אביו בת אביו ובת אמו לא כל שכן הא למדת [ז] שאין עונשין מן הדין עונש שמענו אזהרה מנין תלמוד לומר [ד] ערות אחותך בת אביך או בת אמך אין לי אלא בת אביו שלא בת אמו ובת אמו שלא בת אביו בת אביו ובת אמו מנין תלמוד לומר [ה] ערות בת אשת אביך מולדת אביך אחותך היא עד שלא יאמר יש לי מן הדין מה אם הוזהר על בת אמו שלא בת אביו ובת אביו שלא בת אמו בת אביו ובת אמו לא כל שכן הא למדת [ח] שאין מזהירין מן הדין [ט] חייבי מלקיות מנין תלמוד לומר [י] רשע רשע חייבי גליות מנין אתיא רוצח רוצח תניא [כ] אמר רבי יהודה בן טבאי אראה בנחמה אם לא הרגתי עד זומם להוציא מלבן של צדוקים שהיו אומרים אין העדים זוממין נהרגין עד שיהרג הנדון אמר לו שמעון בן שטח אראה בנחמה אם לא [ל] שפכת דם נקי שהרי אמרו חכמים [מ] אין העדים זוממין נהרגין עד שיזומו שניהם ואין לוקין עד שיזומו שניהם מיד קבל עליו ר' יהודה בן טבאי שאינו מורה הוראה אלא לפני שמעון בן שטח וכל ימיו של ר' יהודה בן טבאי היה משתטח על קברו של אותו העד והיה קולו נשמע וכסבורין העם לומר קולו של הרוג אמר קולי שלי הוא תדעו למחר הוא מת אין קולו נשמע אמר ליה רב אחא בריה דרבא לרב אשי דלמא בדינא קם בהדיה אי נמי פיוסי פייסיה: **מתני'** [נ] על פי [ד] שנים עדים או שלשה עדים יומת המת אם מתקיימת העדות בשנים למה פרט הכתוב בשלשה אלא [ס] להקיש [ע] (שלשה לשנים) מה שלשה מזימין את השנים אף השנים יזומו את הג' ומנין [ד] אפי' מאה ת"ל עדים ר' שמעון אומר מה שנים אינן נהרגין עד שיהיו שניהם זוממין [ה] אף שלשה אינן נהרגין עד שיהיו שלשתן זוממין ומנין אפי' מאה ת"ל עדים [ע] רבי עקיבא אומר לא בא השלישי להקל אלא להחמיר עליו ולעשות דינו כיוצא באלו ואם כן ענש הכתוב לנטפל לעוברי עבירה כעוברי עבירה על אחת כמה וכמה ישלם שכר לנטפל לעושי מצוה כעושי מצוה ומה שנים נמצא אחד מהן קרוב או פסול עדותן בטלה [ו] אף שלשה נמצא אחד מהן קרוב או פסול עדותן בטלה מנין אפי' מאה ת"ל עדים

אמר

שקדמו והרגו. את הכת הראשונה קודם שתבוא כת שניה: מאי דהוה הוה. ולמה לי למיתני אלא כת ראשונה: בלבד. משמע שיש עוד אחרת: אישתקור. הכחישו זה את זה בדרישות בית דין כשבדקום: הוחזקה זו. להביא עדי שקר ולא נקבל עוד עדות אחרת: אם היא הוחזקה. לחזור אחריהם כל ישראל מי הוחזקו לשמוע לה שתחזיק את האחרים כשקרים: זמנין. פעם אחרת: הדר חזייה לר' אלעזר בישות. החזיר ריש לקיש את פניו ונסתכל ברבי אלעזר בפנים זועפות שהבין ריש לקיש ששמע ר' אלעזר דבר זה מפי רבי יוחנן וכשאמרה לו לא אמרה בשמו: דאמר כר' יהודה. במתניתין איסטטית היא זו והוחזקה להזים: דליכא דקא מהדר. שאין אדם מחזר אחריהם לשכרם ולהרגילם תמיד לבוא לבית דין ולהזים את כל הבאים: דקא מהדרא. לבקש ולשכור עדי שקר: הני ידעי בסהדותא. אלו האחרונים ידעי בעדותה של זו: מתני' עד שיגמר הדין. אלא אם כן נגמר תחלה הדין של הנדון ליהרג ואחר כך הוזמו: נפש בנפש. בעדים זוממין כתיב לא תחוס עינך נפש בנפש: לעשות לאחיו. משמע שהרי אחיו עדיין קיים: יכול משקבלו עדותן. ובאו להם הזמה מיד קודם גמר דינו של נדון יהרגו: גמ' ברבי אומר. כך היה שמו [פ]: הרגו. שלא הוזמו עד שנהרג הנדון על פיהם: חייבי מלקיות מנלן. אמתניתין קאי דקאמר אין עושין דין הזמה עד שיגמר הדין ויליף לה מנפש בנפש דמשתעי בחייבי מיתות חייבי מלקות מנלן העידוהו שחייב מלקות והוזמו מנלן דאין לוקין אלא אם כן נגמר הדין תחלה על פיהם: חייבי גליות מנלן. העידוהו שחייב לגלות והוזמו ותנן במתניתין סופג את הארבעים מנלן עד שיגמר הדין דהני הואיל ולאו מדין כאשר זמם קא מתרבו לא אתי מלקות דידהו מגזירה שוה דרשע רשע דמההוא לא ילפינן אלא עדים זוממין שהרשיעו הנידון ללקות [צ] (או למיתה) דהאי רשע רשע בנידונין כתיב: אראה בנחמה. לא אראה בנחמה וגמרא הפכו לברכה פ"א אראה בנחמה נשבע ימותו בניו ואראה בנחמתן: אם לא הרגתי עד זומם. שלא הוזם אלא אחד מהם והרגתיו: שהרי אמרו חכמים כו'. מתניתין היא מה שנים אין נהרגין עד שיזומו שניהם דכתיב והנה עד שקר העד ואמר מר (סוטה דף ב:) כל מקום שנאמר עד הרי כאן שנים עד שיפרוט לך הכתוב אחד: אלא בפני שמעון. שאם יטעה יורהו: כסבורין. הכל בלילה או ביום ואינן רואין אותו: **מתני'** מה שנים אין נהרגין עד שיזומו שניהם. כדפרישית לעיל: ר' עקיבא אומר לא בא השלישי כו'. לא הוצרך ללמדנו זאת דממילא ידעינן ששנים מזימין את השלשה שהרי השנים כשרים לכל עדיות וממילא ידעינן שאין זוממין עד שיזומו כולם שהרי כולם כאחד נעשו עדים וקרא כתיב והנה עד שקר העד ולא בא אלא להחמיר עליו שלא תאמר הואיל ובלאו הוא היתה העדות מתקיימת לא יעשו בו דין הזמה לימדך הכתוב שאף הוא מן מקיימי דבר: על אחת כמה וכמה כו'. [ק] שמלינו מדה הטובה מרובה ממדת פורענות במדה טובה הוא אומר (שמות לד) נוצר חסד לאלפים במדת פורענות הוא אומר (שם) על שלשים ועל רבעים:

בדיני

[ר] **איסטטית** היא. ברב אלפס פי' לשון סטיס (שבת דף פט:): **חייבי** מלקיות מנין. פי' מנין דאין לוקין עד שיגמר הדין על פיהם וא"ת ואמאי לא בעי נמי (א) כן חייבי ממון מנין דאין משלמין ממון עד שיגמר דינו על פיהם וי"ל דכמו דבדיני נפשות דרשינן עד שיגמר דינו מקרא דנפש בנפש דכתיב בעדים זוממין כמו כן כתיב ממון בעדים זוממין דכתיב [ש] יד ליד לא ינקה דמפקי מיניה (כתובות דף לב:) דממונא משלמין ודרשינן מיניה עד שיגמר הדין:

חייבי גליות מנין. פירוש מנין דאין לוקין עד שיגמר דינו וקשיא דהא כשהעידו אחייבי גליות הרי הן חייבי מלקות וחייבי מלקות כבר גמרנו מרשע רשע ופ"ה דמההיא לא ילפינן אלא עדים הזוממין שהרשיעו הנדון [ת] ללקות או למיתה דהאי קרא דרשע רשע בנידונין כתיב אבל כשהרשיעו הנדון לגלות לא גמרינן:

אף השנים מזימין הג' ומנין אפי' הן מאה ת"ל עדים. תימה אימא דעדים אתא אפי' לארבעה [ת*] ונמצא אחד קרוב או פסול יותר מן הג' דכתיבי בקרא אבל טפי מארבעה לא וי"ל כיון שכת אחת מוזמת שתי כתות הוא הדין מאה:

אמר

עין משפט
נר מצוה

לז א מיי' פכ"ב מהל' עדות הלכה ה סמג עשין קי טוש"ע ח"מ סי' לא סעיף ז:

לח ב מיי' שם פ"כ הל' א סמג שם ולאוין ריג טוח"מ סימן לח:

לט ג מיי' שם הל' ב סמג שם טור חו"מ שם:

מ ד מיי' שם פי"ח הל' ג טוח"מ שם:

מא ה מיי' שם פ"כ הלכה ג סמג שם טור ח"מ שם:

מב ו מיי' שם פ"ה הל' ג סמג לאוין ריג טוש"ע ח"מ סי' לו ס"א:

רבינו חננאל

ואוקמה ר' אבהו לטעמא דר' יהודה בשקדמו והרגו הראשונה ולולי כן אפי' הראשונה אינה נהרגת. ההיא דמייתי סהדי ואישתקור אייתי אחריני ואישתקור אייתי שהדי אחריני אמר ריש לקיש הוחזקה זו. א"ר יוחנן אם היא הוחזקה כל ישראל מי הוחזקו כלומר כשרין הן כרבנן דמתניתין דאמרי כל זמן שלא הוזמו כשרין הן. ואמר לך ר' יוחנן אפילו ר' יהודה לא פסלינהו אלא דאמר אטו הני הוו בהדי הני והני בהדי הני דקא מסהדי הכי א) אבל הכא אפי' ר' יהודה מודה דכשרין מ"ט הני הוא דהוו ידעי בשהדותא אבל הני דאישתקור לא הוו ידעי. והלכתא כר' יוחנן. פי' הדר חזא (ליה ר') [לר'] אלעזר בישות. החזיר פניו ריש לקיש ונסתכל בר' אלעזר בן פדת תלמיד ר' יוחנן בפנים רעות כלומר תשמע השמועות מפי ר' יוחנן ואינך אומרן משמו אילו הגדת לי כי ר' יוחנן אמר כך לא הייתי שונה בפניו: **אין העדים זוממין נהרגין עד שיגמר הדין.** תניא רבי ב) אומר לא הרגו נהרגין הרגו אין נהרגין. א"ל אביו ק"ו הוא. א"ל לימדתנו רבינו שאין עונשין מן הדין דתניא ואיש אשר יקח את אחותו בת אביו או בת אמו אין לי אלא כו' ופשוטה היא. ואסיק' שאין עונשין מן הדין ואין מזהירין מן הדין. וכן בחייבי מלקיות אתיא רשע (הוא) [רשע]. כתיב בחייבי מיתות אשר הוא רשע למות ובחייבי מלקיות כתיב והיה אם בן הכות הרשע מה בחייבי כריתות ובחייבי מיתות אין עונשין ואין מזהירין מן הדין כך חייבי מלקיות. בחייבי גליות נמי אתיא רוצח רוצח. תניא אין העדים זוממין נהרגין עד שיזומו שניהן וכך אין לוקין ואין משלמין ממון עד שיזומו שניהן. הצדוקין היו אומרים אין העדים זוממין נהרגין עד שיהרג הנידון: **על פי שנים עדים או שלשה עדים כו' עד מנין אפילו הן מאה ת"ל עדים.** פי' כשם שג' עדים מזימין ב' כך ב' מזימין ג' ומנין אפילו ק' שהעידו שב' באין ומזימין אותן ת"ל עדים. כלומר כי דין העדות מתקיימת בב' כמו שמתקיימת בק' נמצאת עדות ק' כעדות ב' כך לענין דין הזמה (ק"ב) [ק' וב'] שוים

חשק שלמה על ר"ח

א) לפי גירסת רבינו אזלא קושית הרי"ף ע"ש: ב) לפנינו הגירסא ברבי:

מסורת הש"ס

א) [כתובות לו:], ב) [כתובות כה:], ג) [עי' פרש"י בסנהדרין לו. ד"ה טבא], ד) סנהדרין לג:, ה) רש"א שנאמר נפש בנפש [והוא דברים יט וכן בכל המשנה], ו) חולין יא:, ז) [לקמן יד. יח. סנהדרין נד. וש"נ ועי' תוס' סנהדרין נג: ד"ה השתא], ח) [פסחים כד. יבמות כב:], ט) סנהדרין לג., י) [סנהדרין י. וש"נ], כ) חגיגה טז: [תוס' סנהדרין פ"ו], ל) [עי' תוס' שבת יב: ד"ה רבי נתן], מ) [סנהדרין כח.], נ) ב"ב קטו:, ס) [צ"ל להקיש שנים לשלשה כ"א בהרא"ש], ע) סנהדרין ט. [ס.], פ) [עי' פרש"י בחולין יא: ד"ה והתניא], צ) רש"א מ"ז, ק) [צ"ל עושה וכ"כ בפרש"י דלקמן כג. ד"ה על אחת ע"ש שהאריך בביאור יפה], ר) [שייך לעיל במשנה], ש) גירסת רש"א ומהר"ם יד ביד דמפקי, ת) רש"א ללקות ממיתה, ת*) [מהר"ם הגיה ומפרש].

הגהות הב"ח

(א) תוס' ד"ה חייבי מלקיות וכו' ואמאי לא בעי נמי הכי חייבי ממון:

הגהות הגר"א

[א ב ג] במשנה נפש בנפש כצ"ל (וכ"ה ברש"י ובספרי ועי' תוי"ט): [ד] במשנה על פי שני עדים או [ע"פ] שלשה עדים יקום דבר כצ"ל. והוא בדברים יט:

גליון הש"ס

רש"י ד"ה על אחת וכו' שמצינו מדה הטובה. עי' לקמן דף כג ע"א ברש"י ד"ה על אחת כמה וכמה:

תורה אור השלם

א) וְאִם אָסוֹן יִהְיֶה וְנָתַתָּה נֶפֶשׁ תַּחַת נָפֶשׁ: [שמות כא, כג]

ב) וַעֲשִׂיתֶם לוֹ כַּאֲשֶׁר זָמַם לַעֲשׂוֹת לְאָחִיו וּבִעַרְתָּ הָרָע מִקִּרְבֶּךָ: [דברים יט, יט]

ג) וְאִישׁ אֲשֶׁר יִקַּח אֶת אֲחֹתוֹ בַּת אָבִיו אוֹ בַת אִמּוֹ וְרָאָה אֶת עֶרְוָתָהּ וְהִיא תִרְאֶה אֶת עֶרְוָתוֹ חֶסֶד הוּא וְנִכְרְתוּ לְעֵינֵי בְּנֵי עַמָּם עֶרְוַת אֲחֹתוֹ גִּלָּה עֲוֹנוֹ יִשָּׂא: [ויקרא כ, יז]

ד) עֶרְוַת אֲחוֹתְךָ בַת אָבִיךָ אוֹ בַת אִמֶּךָ מוֹלֶדֶת בַּיִת אוֹ מוֹלֶדֶת חוּץ לֹא תְגַלֶּה עֶרְוָתָן: [ויקרא יח, ט]

ה) עֶרְוַת בַּת אֵשֶׁת אָבִיךָ מוֹלֶדֶת אָבִיךָ אֲחוֹתְךָ הִוא לֹא תְגַלֶּה עֶרְוָתָהּ: [ויקרא יח, יא]

ו) עַל פִּי שְׁנַיִם עֵדִים אוֹ שְׁלֹשָׁה עֵדִים יוּמַת הַמֵּת לֹא יוּמַת עַל פִּי עֵד אֶחָד: [דברים יז, ו]

ליקוטי רש"י

אם הוא הוחזק. לחזור אחר עידי שקר. **כל ישראל מי הוחזקו.** להיות שומעין לו לזייף [כתובות לו:]. **הדר.** ריש לקיש. **חזייה לרבי אלעזר בישות.** החזיר פניו ונסתכל ברבי אלעזר בעין רעה שהבין שמפי ר' יוחנן שמע לשון זה וכשאמר לשון זה לא אמרה בשם רבי יוחנן לפיכך לא קיבלה הימנו [כתובות כה:]. **מבר נפחא.** רבי יוחנן דמקרי בר נפחא בכולא הש"ס כמו (ב"מ דף פה:) מאן עייל בר נפחא. נראה למורי דאביו של ר' יוחנן הוי נפחא ולהכי מיקרי בר נפחא ולית דמפרשי בר נפחא על שם יופיו [סנהדרין צו.]. **בריבי אומר.** לא ידעינן מנו אלא אחד גדול בדורו היה ועל שם כך נקרא ברבי כדאשכחן בכילד מעברין בעירובין (דף נג.) אמר רבי אושעיא ברבי ובפ"ב (לקמן כח.) רבי אלעזר הקפר ברבי [חולין יא:]. אדם גדול בדורו וכל היכא דקרי בריבי הכי פירושו [עירובין נג.].

The Gemara cites a Baraisa:

תַּנְיָא — **A Baraisa has taught:** אָמַר רַבִּי יְהוּדָה בֶּן טַבַּאי — **R' YEHUDAH BEN TABBAI SAID:** אֶרְאֶה בְּנֶחָמָה — **MAY I SEE CONSOLATION**[40] אִם לֹא הָרַגְתִּי עֵד זוֹמֵם — **IF I DID NOT EXECUTE A** lone *ZOMEIM* WITNESS[41] for testifying falsely about a capital crime, לְהוֹצִיא מִלִּבָּן שֶׁל צְדוֹקִים — **TO COUNTER THE VIEW OF THE SADDUCEES** שֶׁהָיוּ אוֹמְרִים אֵין הָעֵדִים זוֹמְמִין נֶהֱרָגִין עַד שֶׁיֵּהָרֵג הַנִּדּוֹן — **WHO USED TO SAY THAT *ZOMEMIN* WITNESSES ARE NOT EXECUTED UNLESS THE ACCUSED HAS BEEN EXECUTED** on account of their false testimony. אָמַר לוֹ שִׁמְעוֹן בֶּן שָׁטַח — **SHIMON BEN**

אֶרְאֶה בְּנֶחָמָה אִם לֹא שָׁפַכְתָּ דָּם נָקִי **SHATACH SAID TO HIM:** **MAY I SEE CONSOLATION IF YOU HAVE NOT SHED INNOCENT BLOOD!** אֵין הָעֵדִים — **FOR THE SAGES HAVE SAID:**[42] שֶׁהֲרֵי אָמְרוּ חֲכָמִים זוֹמְמִין נֶהֱרָגִין עַד שֶׁיִּזּוֹמּוּ שְׁנֵיהֶם — *ZOMEMIN* **WITNESSES ARE NOT EXECUTED UNLESS BOTH ARE PROVEN TO BE *ZOMEMIN*,** וְאֵין לוֹקִין עַד שֶׁיִּזּוֹמּוּ שְׁנֵיהֶם — **NOR DO THEY SUFFER** the punishment of *MALKUS*[43] **UNLESS BOTH ARE PROVEN TO BE *ZOMEMIN*.**[44] Thus, R' Yehudah ben Tabbai had no right to execute him as long as his fellow witness had not been similarly discredited by *hazamah*.[45]

NOTES

Sanhedrin 33b ד"ה כתיב; see also *Rashi* to *Bava Kamma* 86b ד"ה אתיא).

See *Tosafos* who explain why the Gemara did not ask for the source that monetary cases are subject to this rule as well.

In concluding this discussion, there are several points that should be noted. The Sages, in their argument with the Sadducees, dispute two points of law. Whereas the Sadducees maintain that *zomemin* witnesses are not punished unless the accused was executed, the Sages rule that they are punished if the verdict has been handed down. Moreover, the Sages rule that if the accused has been executed, the witnesses are *not* punished. The Gemara has demonstrated that the first rule also applies to *malkus* cases (as well as monetary cases; see *Tosafos*), but the Gemara has not discussed whether the second rule applies to *malkus* and monetary cases.

Many Rishonim are of the opinion that the rule of not punishing witnesses once the sentence has been carried out does *not* apply in monetary cases. Thus, *zomemin* witnesses are liable even if they are found to be *zomemin* after the accused has already paid (*Rambam, Eidus* 20:2; *Raavad* there, as understood by *Radvaz* and *Meiri* on 3a). This is also the view of *Tosafos* (*Bava Kamma* 4b ד"ה ועדים זוממין) who give two reasons for this. One is that a verdict in monetary cases is never completely final because money can always be returned once it is discovered that it was collected on false testimony. Thus, even after the accused has paid, it cannot be said that the witnesses have succeeded in "doing" what they planned to do (*Riva*). Alternatively, since monetary punishments *can* be derived from a *kal vachomer* (unlike death and *malkus* punishments), we derive from the *kal vachomer* of Beribi's father that in monetary cases *zomemin* witnesses are surely punished if they succeeded in forcing the accused to pay (*Ri*). However, *Ritva* on 3a disputes this and rules that even in monetary cases *zomemin* witnesses are not punished once the accused has been forced to pay. This is also the view of *Rabbeinu Ye-honasan* (cited by *Shitah Mekubetzes* to *Bava Kamma* 4b).

Rambam (ibid.) maintains that the rule of not punishing witnesses once the sentence has been carried out also does *not* apply to *malkus* cases. Thus, even if the accused already received lashes, the witnesses are punished when they are proven to be *zomemin*. This is also the view of *Meiri* (on 3a), who explains that since the verse cited by the Mishnah requires only that "the brother still be alive," there is no reason to apply this rule in the case of *malkus* (see also *Radvaz* and *Pnei Yehoshua* who give this explanation for *Rambam's* ruling; for other explanations see *Kesef Mishneh* ibid; *Mirkeves HaMishneh* to *Rambam*; *Gevuras Ari* here and *R' Chaim HaLevi* to *Rambam* ibid.). Other Rishonim, however, dispute this and rule that once the accused has received *malkus,* the witnesses are no longer punished (see *Raavad* there, *Ritva* on 3a, and *Tosafos* cited in the previous paragraph, whose rationales regarding monetary cases make it clear that *malkus* cases would be treated the same as capital cases). [*Rashi's* view in this matter is not explicit. *Gevuras Ari* (ד"ה חייבי מלקיות מנין) is of the opinion that *Rashi* agrees with *Rambam. Rabbeinu Yerocham* (in the *Meisharim* section of his work, *Nesiv* 2 *Chelek* 7) attributes the opposite view to *Rashi*).]

Although the law exempting *zomemin* witnesses from death once the accused has been executed is a Scriptural decree, the Rishonim suggest several rationales for understanding this counterintuitive law. The *Geonim* (cited by *Meiri* on 3a) explain that the sin of plotting to murder someone in cold blood through false testimony is so grave that it can only be atoned for if the plot has not been successful. Thus, once the plot has succeeded and the victim has been executed, the Torah does not empower the courts to execute the false witnesses, so that they not receive atonement for their sin. *Meiri* himself suggests that the reason is to maintain respect for the courts. For were the courts to execute *zomemin* witnesses after the accused was already put to death, it would become known that an innocent person had been executed and people

would begin to assume that the courts are prone to acting irresponsibly and rushing to judgment without sufficient cross-examination of the witnesses. To protect against this loss of faith in the judiciary, the Torah preferred to let the witnesses escape their just desserts once the accused has been executed (see also *Abarbanel* at the end of *Deuteronomy* Ch. 19, who cites this explanation in the name of *R' Chisdai Crescas* in *Or Hashem;* see *Pnei Yehoshua* who gives both of the explanations cited). *Ramban* (to *Deuteronomy* 19:19) explains that there is a metaphysical principle at work here. Just two verses earlier the Torah characterizes the court proceeding as taking place לִפְנֵי ה׳, *before God.* This demonstrates the principle that God is, so to speak, present in the courtroom to guide righteous judges to a just verdict. Now the rule that a second set of witnesses is believed to discredit the first through *hazamah* is, as we have seen, a Scriptural decree. Its underlying premise is that God's guiding hand guarantees the integrity of the judicial process and insures that *hazamah* will occur only when the first witnesses are truly culpable. Where the verdict has already been carried out and the accused has been put to death, this principle has the opposite effect. Were he guiltless, Divine providence would have intervened to insure that the *hazamah* would occur *prior* to the implementation of the verdict. Since it did not, there is no longer any reason to assume that the second set of witnesses is telling the truth.

40. What R' Yehudah ben Tabbai actually said was that he should *never* see consolation. The Gemara, however, omits the word *never* so that the declaration be worded as a portent of blessing rather than tragedy [in keeping with the principle not to make statements portending tragedy, lest they come true (see *Berachos* 60a) (*Rashi;* see *Ritva* who asserts that R' Yehudah ben Tabbai said it this way himself for this very reason). Alternatively, he meant that he should see the consolation of those who would come to console for the loss of his children if he had not in fact done what he was about to report (*Rashi;* see further, *Tosafos, Chagigah* 16b ד"ה אראה). Whatever the explanation, the use of this interjection is meant to convey the importance he attached to his action.

41. I.e. a single witness proven to be a *zomeim* [after a verdict had been reached] without his partner being discredited as a *zomeim* (*Rashi*).

42. In the next Mishnah: "Just as two witnesses are not executed [for their false testimony] unless both are proven to be *zomemin,* so too three witnesses …" (*Rashi;* see below, note 53).

43. Where they testified that the accused was liable to *malkus* (*Rashi, Chagigah* 16b ד"ה ואין לוקין).

44. The verse that introduces the law of the reciprocal penalty for *zomemin* witnesses states (*Deuteronomy* 19:18): וְהִנֵּה עֵד־שֶׁקֶר הָעֵד, *and behold the witness is a false witness.* Although the Torah uses the singular עֵד, *witness,* a minimum of two witnesses is meant. For the Gemara in *Sotah* (2b) demonstrates that wherever the Torah speaks of an עֵד, *witness,* without specifying that he is a *single* witness, it actually means *two* witnesses. Thus, when the verse says *and behold the witness is a false witness,* it means that *both* witnesses testifying in the matter have been proven to be *zomemin.* It follows, then, that when the next verse states: *And you shall do to him as he planned to do to his brother,* it refers specifically to this case (*Rashi*).

[The version of the Baraisa cited in *Chagigah* 16b also adds that *zomemin* witnesses do not have to pay unless both are proven to be *zomemin* (see also *Rabbeinu Chananel* here and the Baraisa cited above on 3a; cf. *Gevuras Ari* here).]

45. R' Yehudah ben Tabbai's statement indicates that he too was aware that the witness was not liable to execution under the strict rules of law, but that he executed him anyway in order to counter the heretical views of the Sadducees. [The Torah, in fact, grants special authority to the Sages to impose extra-legal punishments when the times call for

עין משפט
נר מצוה

לז א מיי' פכ"ב מהל' עדות הלכה ה סמג עשין קי טוש"ע ח"מ סי' לח סעיף ד:
לח ב מיי' שם פ"כ הל' א סמג שם ולאוין ריג טוח"מ סימן לח:
לט ג מיי' שם הל' ב סמג שם טור חו"מ שם:
מ ד מיי' שם פי"ח הל' ג טוח"מ שם:
מא ה מיי' שם פ"כ הלכה ג סמג שם טור ח"מ שם:
מב ו מיי' שם פ"ה הל' ג סמג לאוין ריג טוש"ע ח"מ סי' לו ס"א:

ר) **איסטטית** היא. ברב אלפס פי' לשון סטיס (שבת דף פט:): **חייבי** מלקיות מנין. פי' מנין דאין לוקין עד שיגמר הדין על פיהם וא"ת ואמאי לא בעי נמי (א) כן חייבי ממון מנין דאין משלמין ממון עד שיגמר דינו על פיהם וי"ל דכמו דלדיני נפשות דרשינן עד שיגמר דינו מקרא דנפש בנפש דכתיב בעדים זוממין כמו כן כתיב ממון בעדים זוממין דכתיב ש) יד ליד לא ינקה דמפקי מיניה (כתובות דף לב:) דממונא משלמין ודרשינן מיניה עד שיגמר הדין: **חייבי** גליות מנין. פירוש מנין דאין לוקין עד שיגמר דינו וקשיא דהא כשהעידו אחייבי גליות הרי הן חייבי מלקות וחייבי מלקות כבר גמרנו מרשע רשע ופ"ה דמההיא לא ילפינן אלא עדים הזוממין שהרשיעו הנדון ת) ללקות או למיתה דהאי קרא דרשע רשע בנידונין כתיב אבל כשהרשיעו הנדון לגלות לא גמרינן: **אף** השנים מזימין הג' ומנין אפי' הן מאה ת"ל עדים. תימה אימא דעדים אתא אפי' לארבעה ת*) ונמצא אחד קרוב או פסול יותר מן הג' דכתיבי בקרא אבל טפי מארבעה לא וי"ל כיון שכת אחת מזמת שתי כתות הוא הדין מאה: אמר

שקדמו והרגו. את הכת הראשונה קודם שתבוא כת שניה: **מאי** דהוה הוה. ולמה לי למיתני אלא כת ראשונה: **בלבד**. משמע שיש עוד אחרת: **אישתקור**. הכחישו זה את זה בדרישות בית דין כשבדקום: **הוחזקה זו**. להביא עדי שקר ולא נקבל עוד עדות אחרת: **אם היא הוחזקה**. לחזר אחריהם כל ישראל מי הוחזקו לשמוע לה שתחזיק את האחרים כשקרים: **זמנין**. פעם אחרת: **הדר חזייה לר' אלעזר בישות**. החזיר ריש לקיש את פניו ונסתכל ברבי אלעזר בפנים זועפות שהבין ריש לקיש ששמע ר' אלעזר דבר זה מפי רבי יוחנן וכשאמרה לו לא אמרה בשמו: **דאמר כר' יהודה**. במתניתין איסטטית היא זו והוחזקה להזים: **דליכא דקא מהדר**. שאין אדם מחזר אחריהם לשכרם ולהרגילם תמיד לבוא לבית דין ולהזים את כל הבאים: **דקא מהדרא**. לבקש ולשכור עדי שקר: **הני ידעי בסהדותא**. אלו האחרונים ידעי בעדותה של זו: **מתני'** עד שיגמר הדין. אלא אם כן נגמר תחלה הדין של הנדון ליהרג ואחר כך הוזמו: **נפש בנפש**. בעדים זוממין כתיב לא תחוס עינך נפש בנפש: **לעשות לאחיו**. משמע שהרי אחיו עדיין קיים: **יכול משקבלו** עדותן. ובאה להם הזמה מיד קודם גמר דינו של נדון יהרגו: **גמ' ברבי אומר**. כך היה שמו פ): **הרגו**. שלא הוזמו עד שנהרג הנדון על פיהם: **חייבי מלקיות מנלן**. אמתניתין קאי דאמר אין עושין דין הזמה עד שיגמר הדין וליף לה מנפש בנפש דמשתעי בחייבי מיתות חייבי מלקות מנלן העידוהו שחייב מלקות והוזמו מנלן דאין לוקין אלא אם כן נגמר הדין תחלה על פיהם: **חייבי גליות מנלן**. העידוהו שחייב לגלות והוזמו ותנן במתניתין סופג את הארבעים מנלן עד שיגמר הדין דהני הואיל ולאו מדין כאשר זמם קא מתרבו לא אתי מלקות דידהו מגזירה שוה דרשע רשע דמההוא לא ילפינן אלא עדים זוממין שהרשיעו הנידון ללקות צ) (או למיתה) דהאי רשע רשע בנידונין כתיב: **אראה בנחמה**. לא אראה בנחמה וגמרא הפכו לברכה פ"א אראה בנחמה נשבע ימותו בניו ואראה בנחמתן: **אם לא הרגתי עד זומם**. שלא הוזם אלא אחד מהם והרגתיו: **שהרי אמרו חכמים כו'**. מתניתין היא מה שנים אין נהרגין עד שיזומו שניהם דכתיב והנה עד שקר העד ואמר מר (סוטה דף ב:) כל מקום שנאמר עד הרי כאן שנים עד שיפרוט לך הכתוב אחד: **אלא בפני שמעון**. שאם יטעה יורהו: **כסבורין**. הכל בלילה או ביום ואינן רואין אותו: **מתני'** מה שנים אין נהרגין עד שיזומו שניהם. כדפרישית לעיל: **ר' עקיבא אומר לא בא השלישי כו'**. לא הוצרך ללמדנו זאת דממילא ידעינן ששנים מזימין את השלשה שהרי השנים כשרים לכל עדיות וממילא ידעינן שאין זוממין עד שיזומו כולם שהרי כולם כאחד נעשו עדים וקרא כתיב והנה עד שקר העד ולא בא אלא להחמיר עליו שלא תאמר הואיל ובלאו הוא היתה העדות מתקיימת לא יעשו בו דין הזמה לימדך הכתוב שאף הוא מן מקיימי דבר: **על אחת כמה וכמה כו'**. ק) שמצינו מדה הטובה מרובה ממדת פורענות במדה טובה הוא אומר (שמות לד) ק) נוצר חסד לאלפים במדת פורענות הוא אומר (שם) על שלשים ועל רבעים: בדיני

אי איסטטית היא זו אפי' כת ראשונה נמי
לא אמר ר' אבהו שקדמו והרגו מאי דהוה
הוה אלא אמר רבא הכי קאמר אם אינה
אלא כת אחת נהרגת אי איכא טפי אין
נהרגין הא בלבד קאמר קשיא ההיא איתתא
דאתאי סהדי ואישתקור אייתי סהדי ואישתקור
אזלה אייתי סהדי אחריני דלא אישתקור
אמר ריש לקיש הוחזקה זו א"ל ר' אלעזר א) אם
היא הוחזקה כל ישראל מי הוחזקו זמנין
הוו יתבי קמיה דרבי יוחנן אתא כי האי מעשה
לקמייהו אמר ריש לקיש הוחזקה זו א"ל רבי
יוחנן אם היא הוחזקה זו כל ישראל מי הוחזקו
ג) הדר חזיה לרבי אלעזר בישות אמר ליה
שמעת מילי ג) מבר נפחא ולא אמרת לי
משמיה לימא ריש לקיש דאמר כרבי יהודה
ורבי יוחנן דאמר כרבנן אמר לך ריש לקיש
אנא דאמרי לך אפי' לרבנן עד כאן לא קא
אמרי רבנן התם דליכא דקא מהדר אבל
הכא איכא הא דקא מהדרא ורבי יוחנן אמר
לך אנא דאמרי אפי' לרבי יהודה עד כאן
לא קאמר רבי יהודה התם דאמרינן אטו כולי עלמא גבי הני הוו קיימי
אבל הכא הני ידעי בסהדותא והני לא ידעי בסהדותא: **מתני'** ד) ב אין
העדים זוממין נהרגין עד שיגמר הדין שהרי הצדוקין אומרים עד שיהרג
ה) שנאמר א) נפש [א]תחת נפש אמרו להם חכמים והלא כבר נאמר ב) ועשיתם לו
כאשר זמם לעשות לאחיו והרי אחיו קיים ואם כן למה נאמר נפש [ב]תחת נפש
יכול משעה שקבלו עדותן יהרגו תלמוד לומר נפש [ג]תחת נפש הא אינן
נהרגין עד שיגמר הדין: **גמ'** ו) ג תנא ברבי אומר לא הרגו נהרגין הרגו אין
נהרגין אמר אביי בני לאו קל וחומר הוא אמר לו לימדתנו רבינו שאין עונשין
מן הדין דתניא ג) איש אשר יקח [את] אחותו בת אביו או בת אמו אין לי אלא
בת אביו שלא בת אמו ובת אמו שלא בת אביו בת אביו ובת אמו מנין ת"ל
ערות אחותו גילה עד שלא יאמר יש לי בדין אם ענש על בת אביו שלא בת
אמו ובת אמו שלא בת אביו ובת אביו ובת אמו לא כל שכן הא למדת ז) שאין
עונשין מן הדין עונש שמענו אזהרה מנין תלמוד לומר ד) ערות אחותך בת אביך
או בת אמך אין לי אלא בת אביו שלא בת אמו ובת אמו שלא בת אביו בת
אביו ובת אמו מנין תלמוד לומר ה) ערות בת אשת אביך מולדת אביך אחותך
היא עד שלא יאמר יש לי מן הדין מה אם הוזהר על בת אמו שלא בת אביו
ובת אביו שלא בת אמו בת אביו ובת אמו לא כל שכן הא למדת ח) שאין
מזהירין מן הדין ט) חייבי מלקיות מנין תלמוד לומר י) רשע רשע חייבי גליות
מנין אתיא רוצח רוצח תניא כ) אמר רבי יהודה בן טבאי אראה בנחמה אם לא
הרגתי עד זומם להוציא מלבן של צדוקים שהיו אומרים אין העדים זוממין נהרגין
עד שיהרג הנדון אמר לו שמעון בן שטח אראה בנחמה אם לא ל) שפכת דם
נקי שהרי אמרו חכמים מ) אין העדים זוממין נהרגין עד שיזומו שניהם ואין לוקין
עד שיזומו שניהם מיד קבל עליו ר' יהודה בן טבאי שאינו מורה הוראה אלא
לפני שמעון בן שטח וכל ימיו של ר' יהודה בן טבאי היה משתטח על קברו
של אותו העד והיה קולו נשמע וכסבורין העם לומר קולו של הרוג אמר קולי
שלי הוא תדעו למחר הוא מת אין קולו נשמע אמר ליה רב אחא בריה דרבא
לרב אשי דלמא בדינא קם בהדיה אי נמי פיוסי פייסיה: **מתני'** ו) על פי
ו[ד]שנים עדים או שלשה עדים יומת המת אם מתקיימת העדות בשנים למה פרט
הכתוב בשלשה אלא ס) להקיש ע) (שלשה לשנים) מה שלשה מזימין את השנים
אף השנים יזומו את הג' ומנין ז) אפי' מאה ת"ל עדים ר' שמעון אומר מה שנים
אינן נהרגין עד שיהיו שניהם זוממין ה) אף שלשה אינן נהרגין עד שיהיו שלשתן
זוממין ומנין אפי' מאה ת"ל עדים ע) רבי עקיבא אומר לא בא השלישי להקל אלא
להחמיר עליו ולעשות דינו כיוצא באלו ואם כן ענש הכתוב לנטפל לעוברי
עבירה כעוברי עבירה על אחת כמה וכמה ישלם שכר לנטפל לעושי מצוה
כעושי מצוה ומה שנים נמצא אחד מהן קרוב או פסול עדותן בטלה י) אף
שלשה נמצא אחד מהן קרוב או פסול עדותן בטלה מנין אפי' מאה ת"ל עדים
אמר

מסורת הש"ס

א) [כתובות לו:], ב) [כתובות כה:], ג) [עי' פרש"י בסנהדרין לו. ד"ה טבא], ד) סנהדרין לג:, ה) רש"א שנאמר נפש בנפש [והוא דברים יט וכן בכל המשנה], ו) חולין יא:, ז) [לקמן יד. יז. סנהדרין נד. וש"נ ועי' תוס' סנהדרין נג: ד"ה השתא], ח) [פסחים כד. יבמות כב:], ט) סנהדרין לג.], י) [סנהדרין י. וש"נ], כ) חגיגה טז: [תוס' סנהדרין פ"ו], ל) [עי' תוס' שבת יב: ד"ה רבי נתן], מ) [סנהדרין כח.], נ) ב"ב קטו:, ס) [צ"ל להקיש שנים לשלשה כ"א בהרא"ש], ע) סנהדרין ט. [ס.], פ) [עי' פרש"י בחולין יא: ד"ה והתניא], צ) רש"א מ"ז, ק) [צ"ל עושה וכ"כ בפרש"י דלקמן כג. ד"ה על אחת ע"ש שהאריך בביאור יפה], ר) [שייך לעיל במשנה], ש) גירסת רש"א ומהר"ם יד ביד דמפקי, ת) רש"א למלקות ממיתה, ת*) [מהר"ם הגיה ומפרש].

הגהות הב"ח

(א) תוס' ד"ה חייבי מלקיות וכו' ואמאי לא בעי נמי הכי חייבי ממון:

הגהות הגר"א

[א ב ג] במשנה נפש בנפש כצ"ל (וכ"ה ברש"י וספרי ועי' תוי"ט): [ד] במשנה על פי שני עדים או [ע"פ] שלשה עדים יקום דבר כצ"ל. והוא בדברים יט:

גליון הש"ס

רש"י ד"ה על אחת וכו' שמצינו מדה הטובה. עי' לקמן דף כג ע"א ברש"י ד"ה על אחת כמה וכמה:

תורה אור השלם

א) וְאִם אָסוֹן יִהְיֶה וְנָתַתָּה נֶפֶשׁ תַּחַת נָפֶשׁ: [שמות כא, כג]
ב) וַעֲשִׂיתֶם לוֹ כַּאֲשֶׁר זָמַם לַעֲשׂוֹת לְאָחִיו וּבִעַרְתָּ הָרָע מִקִּרְבֶּךָ: [דברים יט, יט]
ג) וְאִישׁ אֲשֶׁר יִקַּח אֶת אֲחֹתוֹ בַּת אָבִיו אוֹ בַת אִמּוֹ וְרָאָה אֶת עֶרְוָתָהּ וְהִיא תִרְאֶה אֶת עֶרְוָתוֹ חֶסֶד הוּא וְנִכְרְתוּ לְעֵינֵי בְּנֵי עַמָּם עֶרְוַת אֲחֹתוֹ גִּלָּה עֲוֹנוֹ יִשָּׂא: [ויקרא כ, יז]
ד) עֶרְוַת אֲחוֹתְךָ בַת אָבִיךָ אוֹ בַת אִמֶּךָ מוֹלֶדֶת בַּיִת אוֹ מוֹלֶדֶת חוּץ לֹא תְגַלֶּה עֶרְוָתָן: [ויקרא יח, ט]
ה) עֶרְוַת בַּת אֵשֶׁת אָבִיךָ מוֹלֶדֶת אָבִיךָ אֲחוֹתְךָ הִוא לֹא תְגַלֶּה עֶרְוָתָהּ: [ויקרא יח, יא]
ו) עַל פִּי שְׁנַיִם עֵדִים אוֹ שְׁלֹשָׁה עֵדִים יוּמַת הַמֵּת לֹא יוּמַת עַל פִּי עֵד אֶחָד: [דברים יז, ו]

ליקוטי רש"י

אם הוא הוחזק. לחזור אחר עידי שקר. **כל ישראל מי הוחזקו.** להיות שומעין לו לזייף [כתובות לו:]. **הדר.** ריש לקיש. **חזייה לרבי אלעזר בישות.** החזיר פניו ונסתכל ברבי אלעזר בעין רעה שהבין שמפי ר' יוחנן שמע לשון זה וכשאמר לשון זה לא אמרה בשם רבי יוחנן לפיכך לא קיבלה הימנו [כתובות כה:]. **מבר נפחא.** רבי יוחנן דמקרי בר נפחא בכולא הש"ס כמו (ב"מ דף פה:) מאן עייל בר נפחא. נראה למורי דאביו של ר' יוחנן הוי נפחא ולהכי מיקרי בר נפחא ואית דמפרשי בר נפחא על שם יופיו [סנהדרין צו.]. **ברבי אומר.** לא ידעינן מנו אלא אחד גדול בדורו היה ועל שם כך נקרא ברבי כדאשכחן בכילד מעברין בעירובין (דף נג.) אמר רבי אושעיא ברבי ובפ"ב (לקמן כח.) רבי אלעזר הקפר ברבי [חולין יא:]. אדם גדול בדורו וכל היכא דקרי ברבי הכי פירושו [עירובין נג.].

רבינו חננאל

ואוקמה ר' אבהו לטעמא דר' יהודה בשקדמו והרגו הראשונה ולולי כן אפי' הראשונה אינה נהרגת. ההיא דמייתי סהדי ואישתקור אייתי אחריני ואישתקור אייתי שהדי אחריני אמר ריש לקיש הוחזקה זו. א"ר יוחנן אם היא הוחזקה כל ישראל מי הוחזקו כלומר כשרין הן כרבנן דמתניתין דאמרי כל זמן שלא הוזמו כשרין הן. ואמר לך ר' יוחנן אפילו ר' יהודה לא פסלינהו אלא דאמר אטו הני הוו בהדי הני והני בהדי הני דקא מסהדי הכי א) אבל הכא אפי' ר' יהודה מודה דכשרין מ"ט הני הוא דהוו ידעי בשהדותא אבל הני דאישתקור לא הוו ידעי. והלכתא כר' יוחנן. פי' הדר חזא (ליה ר') [לר'] אלעזר בישות. החזיר פניו ריש לקיש ונסתכל בר' אלעזר בן פדת תלמיד ר' יוחנן בפנים רעות כלומר תשמע השמועות מפי ר' יוחנן ואינך אומרן משמו אילו הגדת לי כי ר' יוחנן אמר כך לא הייתי שונה בפניו: **אין העדים זוממין נהרגין עד שיגמר הדין.** תניא רבי ב) אומר לא הרגו נהרגין הרגו אין נהרגין. א"ל אביו ק"ו הוא. א"ל לימדתנו רבינו שאין עונשין מן הדין דתניא ואיש אשר יקח את אחותו בת אביו או בת אמו אין לי אלא כו' ופשוטה היא. ואסיק' שאין עונשין מן הדין ואין מזהירין מן הדין. וכן בחייבי מלקיות אתיא רשע (הוא) [רשע]. כתיב בחייבי מיתות אשר הוא רשע למות ובחייבי מלקיות כתיב והיה אם בן הכות הרשע מה בחייבי כריתות ובחייבי מיתות אין עונשין ואין מזהירין מן הדין כך חייבי מלקיות. בחייבי גליות נמי אתיא רוצח רוצח. תניא אין העדים זוממין נהרגין עד שיזומו שניהן וכך אין לוקין ואין משלמין ממון עד שיזומו שניהן. הצדוקין היו אומרים אין העדים זוממין נהרגין עד שיהרג הנידון: **על פי שנים עדים או שלשה עדים כו' עד מנין אפילו הן מאה ת"ל עדים.** פי' כשם שג' עדים מזימין ב' כך ב' מזימין ג' ומנין אפילו ק' שהעידו שב' באין ומזימין אותן ת"ל עדים. כלומר כי דין העדות מתקיימת בב' כמו שמתקיימת בק' נמצאת עדות ק' כעדות ב' כך לענין דין הזמה (ק"ב) [ק' וב'] שוים

חשק שלמה על ר"ח

א) לפי גירסת רבינו אזדא קושית הרי"ף ע"ש: ב) לפנינו הגירסא ברבי:

The Baraisa describes R' Yehudah ben Tabbai's repentance: מִיָּד קִבֵּל עָלָיו רַבִּי יְהוּדָה בֶּן טַבַּאי – **THEREUPON, R' YEHUDAH BEN TABBAI TOOK UPON HIMSELF** שֶׁאֵינוֹ מוֹרֶה הוֹרָאָה אֶלָּא לִפְנֵי שִׁמְעוֹן בֶּן שָׁטַח – **NEVER TO RULE UPON A MATTER OF LAW EXCEPT IN THE PRESENCE OF SHIMON BEN SHATACH,** so that Shimon ben Shatach could correct any mistake that R' Yehudah ben Tabbai might make. וְכָל יָמָיו שֶׁל רַבִּי יְהוּדָה בֶּן טַבַּאי – **AND** for **ALL** the rest of **R' YEHUDAH BEN TABBAI'S DAYS,** הָיָה מִשְׁתַּטֵּחַ עַל קִבְרוֹ שֶׁל אוֹתוֹ הָעֵד – **HE WOULD** go and **PROSTRATE HIMSELF ON THE GRAVE OF THAT WITNESS** to beg his forgiveness, וְהָיָה קוֹלוֹ נִשְׁמָע – **AND HIS VOICE WOULD BE HEARD** by people in the vicinity. However, they were not able to positively identify the source of the voice.[46] וְכִסְבוּרִין הָעָם לוֹמַר קוֹלוֹ שֶׁל הָרוּג – **THE PEOPLE ASSUMED THAT IT WAS THE VOICE OF THE EXECUTED [WITNESS]** that they heard coming from the grave, and therefore supposed that the aggrieved witness had not yet forgiven R' Yehudah ben Tabbai. אָמַר – **[R' YEHUDAH BEN TABBAI] SAID:** קוֹלִי שֶׁלִּי הוּא – **IT IS MY VOICE** that you hear. תֵּדְעוּ – **YOU MAY RECOGNIZE** that **THIS** is so, לְמָחָר הוּא מֵת אֵין קוֹלוֹ נִשְׁמָע – **FOR TOMORROW** (i.e. in due course) **HE** [R' Yehudah ben Tabbai] **WILL DIE**[47] **AND HIS VOICE WILL NO LONGER BE HEARD,** making it clear that the voice you hear now is mine, not that of the dead witness.[48]

The Gemara questions this:

אָמַר לֵיהּ רַב אַחָא בְּרֵיהּ דְּרָבָא לְרַב אַשִׁי – **Rav Acha the son of Rava said to Rav Ashi:** How would the cessation of the voice at R' Yehudah ben Tabbai's death prove this? דִּלְמָא בְּדִינָא קָם בַּהֲדֵיהּ – **Perhaps** the cessation of the voice would be due to **[R' Yehudah ben Tabbai] having stood trial with him** before the Heavenly Court, whose just verdict then settled the case and caused the dead witness to cease complaining. אִי נַמִּי פִּיּוּסֵי פַּיְיסֵיהּ – **Alternatively, perhaps [R' Yehudah ben Tabbai] appeased the witness** in the next world and only then obtained his forgiveness. Either of these possibilities would account for the cessation of the voice even if it had been the witness'.[49]

Mishnah The following Mishnah contains expositions of the verse that defines the basic law of testimony. The first two expositions have bearing on the laws of *hazamah:*

"עַל־פִּי שְׁנַיִם עֵדִים אוֹ שְׁלֹשָׁה עֵדִים יוּמַת הַמֵּת" – ***By the word of two witnesses or three witnesses shall the one who [is to] die be put to death.***[50] אִם מִתְקַיֶּימֶת הָעֵדוּת בִּשְׁנַיִם – **If testimony is established by** the word of **two** witnesses, לָמָּה פֵּרַט הַכָּתוּב בִּשְׁלֹשָׁה – **why did Scripture specify** that it is also established **by** the word of **three?** אֶלָּא לְהַקִּישׁ שְׁלֹשָׁה לִשְׁנַיִם – **Rather,** the purpose must be **to draw an analogy between three** witnesses **and two** and teach the following: מַה שְׁלֹשָׁה מְזִימִין אֶת הַשְּׁנַיִם – **Just as** it is obvious that **three witnesses can discredit two through *hazamah,***[51] אַף הַשְּׁנַיִם יָזוֹמּוּ אֶת הַשְּׁלֹשָׁה – **so too, two** witnesses **can discredit three through *hazamah.*** וּמִנַּיִן אֲפִילוּ מֵאָה – **And from where** do we know that two can discredit through *hazamah* **even a hundred?**[52] תַּלְמוּד לוֹמַר "עֵדִים" – **The Torah therefore states** in the verse cited above: ***witnesses.***[53]

NOTES

unusual measures to stem the erosion of Torah observance; see *Yevamos* 96a.] What then was Shimon ben Shatach's criticism of him, and why did R' Yehudah ben Tabbai feel such remorse for his actions? *Meiri* answers that though we do find the Sages instituting various practices to counter heretical views (see, for example, *Parah* 3:7), it is not proper for them to execute someone for this purpose. (See *Aruch LaNer,* and *Menachem Meishiv Nefesh* to *Chagigah* 16b, for other answers.)

The Rishonim ask how such a terrible error could have befallen R' Yehudah ben Tabbai when the Gemara says (*Gittin* 7a, *Chullin* 5a) that God does not allow errors to occur even through the animals of the righteous! *Ramban* and *Ritva* answer that though the witness had not deserved to die for giving false testimony, he had been guilty of other capital crimes [for which he had not been prosecuted]. Thus, his execution was not in fact a miscarriage of justice [though it was a violation of the rules of law]. *Tosafos* (*Chagigah* 16b ד"ה אם) answer that the special Divine providence bestowed upon the righteous to protect them from inadvertent violations of the law is granted only in regard to food consumption, as in the cases cited by the Gemara in *Gittin* and *Chullin.*

46. Either because it was nighttime, or because they were not close enough to see and hear accurately (*Rashi*).

47. [He spoke of his own death in the third person because one should not speak of bad things happening to himself (see note 40).]

48. [Thus, it is I who continue to beg his forgiveness for the wrong I did him, even though I may already have been forgiven (see *Aruch LaNer,* who suggests that R' Yehudah ben Tabbai continued to visit the grave to teach this very lesson – that one must not assume that he has been forgiven, but rather must continue to ask for forgiveness).]

49. Of course these Amoraim did not doubt R' Yehudah ben Tabbai's assurance that it had been his voice all along. They merely pointed out that his proof was not conclusive (*Ritva*). The Gemara does not offer any answer to this challenge.

In passing, it is worth noting that this Gemara demonstrates the possibility of obtaining forgiveness from someone even after death and thereby escaping Heavenly punishment (*Ritva;* see also *Shulchan Aruch Orach Chaim* 606:2; see *Einayim LaMishpat* for a list of sources regarding this issue).

50. *Deuteronomy* 17:6. This verse sets forth the minimum number of witnesses necessary to establish the facts on which a death sentence is based. Some commentators have a different reading of the text of the Mishnah, in which the verse quoted is: עַל־פִּי שְׁנֵי עֵדִים אוֹ עַל־פִּי שְׁלֹשָׁה־עֵדִים יָקוּם דָּבָר, *by the word of two witnesses or by the word of three witnesses shall a matter be established* (*Hagahos HaGra*), a verse in *Deuteronomy* 19:15 that introduces the section of the *zomemin* witnesses. [This verse refers to all manner of cases, not specifically those involving the death penalty.] This appears to have been *Rashi's* reading (see 6a ד"ה יקום דבר and note 17 there; see also note 59 below). However, *Rashi* in his commentary to *Deuteronomy* cites the Mishnah's teaching in connection with the verse found in our readings. *Tosafos* (6a ד"ה אמר רבי יוסי) also seem to have had the reading found in our text of the Mishnah (see *Imrei Binyamin*). See *Aruch LaNer.*

51. [The law of *hazamah* must surely have been said in regard to a case of three witnesses who discredit two, for three clearly have more credibility than two.]

52. [That is, one hundred witnesses who testify to something and two other witnesses then testify that they saw all one hundred of them somewhere else at that very time.] Since the law that the second set is believed over the first is a novelty, it might be thought that the Torah decreed this novelty only when the number of witnesses in each set is the same. Granted that we learn from the analogy cited that two can discredit even three, logic would dictate that we limit the novelty to that case (see *Meiri*).

53. The verse states: *By the word of two* ***witnesses*** *or three witnesses,* where it would have sufficed to say, *two or three witnesses.* The repetition of the word *witnesses* teaches that all groups of witnesses, whatever their number, are treated equally in regard to *hazamah.*

We learned in the Mishnah on 5a that R' Yehudah rejects the testimony of one group of witnesses who discredit group after group of other witnesses. His argument was (as explained by the Gemara above) that it is not reasonable to assume that all of these additional sets of witnesses happened to be with these two *hazamah* witnesses. But what then of the law of our Mishnah? Why do we accept two witnesses to discredit a hundred witnesses at one time, and not accept two witnesses who discredit two groups of witnesses at two different times? *Aruch LaNer* suggests in one answer that indeed the ruling of our Mishnah is not consistent with R' Yehudah's view above. [Alternatively, there is nothing inherently implausible about two witnesses having been together somewhere with a hundred other people. There are certainly occasions when this occurs (e.g. at weddings). If, however, this were the case, then it should have emerged during the questions of the *hazamah*

אי איסטטית היא זו אפי' כת ראשונה נמי לא אמר ר' אבהו שקדמו והרגו מאי דהוה הוה אלא אמר רבא הכי קאמר אם אינה אלא כת אחת נהרגת אי איכא טפי אין נהרגין הא בלבד קאמר קשיא ההיא איתתא דאתאי סהדי ואישתקור אייתי סהדי ואישתקור אזלה אייתי סהדי אחריני דלא אישתקור אמר ריש לקיש הוחזקה זו א"ל ר' אלעזר (א) [א] אם היא הוחזקה כל ישראל מי הוחזקו זימנין הוו יתבי קמיה דרבי יוחנן אתא כי האי מעשה לקמייהו אמר ריש לקיש הוחזקה זו א"ל רבי יוחנן אם הוחזקה זו כל ישראל מי הוחזקו (ב) הדר חזיה לרבי אלעזר בישות אמר ליה שמעת מילי (ג) מבר נפחא ולא אמרת לי משמיה לימא ריש לקיש דאמר כרבי יהודה ורבי יוחנן דאמר כרבנן אמר לך ריש לקיש אנא דאמרי לך אפי' לרבנן עד כאן לא קא אמרי רבנן התם דליכא דקא מהדר אבל הכא איכא הא דקא מהדרא ורבי יוחנן אמר לך אנא דאמרי אפי' לרבי יהודה עד כאן לא קאמר רבי יהודה התם דאמרינן אטו כולי עלמא גבי הני הוו קיימי אבל הכא הני ידעי בסהדותא והני לא ידעי בסהדותא: **מתני'** (ד) [ב] אין העדים זוממין נהרגין עד שיגמר הדין שהרי הצדוקין אומרים עד שיהרג (ה) שנאמר (א) נפש [א] תחת נפש אמרו להם חכמים והלא כבר נאמר (ב) ועשיתם לו כאשר זמם לעשות לאחיו והרי אחיו קיים ואם כן למה נאמר נפש [ב] תחת נפש יכול משעה שקבלו עדותן יהרגו תלמוד לומר נפש [ג] תחת נפש הא אינן נהרגין עד שיגמר הדין: **גמ'** (ו) [ג] תנא בריבי אומר לא הרגו נהרגין הרגו אין נהרגין אמר אביו בני לאו קל וחומר הוא אמר לו לימדתנו רבינו שאין עונשין מן הדין דתניא (ג) איש אשר יקח [את] אחותו בת אביו או בת אמו אין לי אלא בת אביו שלא בת אמו ובת אמו שלא בת אביו בת אביו ובת אמו מנין ת"ל ערות אחותו גילה עד שלא יאמר יש לי בדין אם ענש על בת אביו שלא בת אמו ובת אמו שלא בת אביו בת אביו ובת אמו לא כל שכן הא למדת (ז) שאין עונשין מן הדין עונש שמענו אזהרה מנין תלמוד לומר (ד) ערות אחותך בת אביך או בת אמך אין לי אלא בת אביו שלא בת אמו ובת אמו שלא בת אביו בת אביו ובת אמו מנין תלמוד לומר (ה) ערות בת אשת אביך מולדת אביך אחותך היא עד שלא יאמר יש לי מן הדין מה אם הוזהר על בת אמו שלא בת אביו ובת אביו שלא בת אמו בת אביו ובת אמו לא כל שכן הא למדת (ח) שאין מזהירין מן הדין (ט) חייבי מלקיות מנין תלמוד לומר (י) רשע רשע חייבי גליות מנין אתיא רוצח רוצח תניא (כ) אמר רבי יהודה בן טבאי אראה בנחמה אם לא הרגתי עד זומם להוציא מלבן של צדוקים שהיו אומרים אין העדים זוממין נהרגין עד שיהרג הנדון אמר לו שמעון בן שטח אראה בנחמה אם לא (ל) שפכת דם נקי שהרי אמרו חכמים (מ) אין העדים זוממין נהרגין עד שיזומו שניהם ואין לוקין עד שיזומו שניהם מיד קבל עליו ר' יהודה בן טבאי שאינו מורה הוראה אלא לפני שמעון בן שטח וכל ימיו של ר' יהודה בן טבאי היה משתטח על קברו של אותו העד והיה קולו נשמע וכסבורין העם לומר קולו של הרוג אמר קולי שלי הוא תדעו למחר הוא מת אין קולו נשמע אמר ליה רב אחא בריה דרבא לרב אשי דלמא בדינא קם בהדיה אי נמי פיוסי פייסיה: **מתני'** (נ) על פי [ד] שנים עדים או שלשה עדים יומת המת אם מתקיימת העדות בשנים למה פרט הכתוב בשלשה אלא (ס) להקיש (ס) (שלשה לשנים) מה שלשה מזימין את השנים אף השנים יזומו את הג' ומנין [ד] אפי' מאה ת"ל עדים ר' שמעון אומר מה שנים אינן נהרגין עד שיהיו שניהם זוממין [ה] אף שלשה אינן נהרגין עד שיהיו שלשתן זוממין ומנין אפי' מאה ת"ל עדים (ע) רבי עקיבא אומר לא בא השלישי להקל אלא להחמיר עליו ולעשות דינו כיוצא באלו ואם כן ענש הכתוב לנטפל לעוברי עבירה כעוברי עבירה על אחת כמה וכמה ישלם שכר לנטפל לעושי מצוה כעושי מצוה ומה שנים נמצא אחד מהן קרוב או פסול עדותן בטלה [ו] אף שלשה נמצא אחד מהן קרוב או פסול עדותן בטלה מנין אפי' מאה ת"ל עדים אמר

שקדמו והרגו. את הכת הראשונה קודם שתבוא כת שניה: מאי דהוה הוה. ולמה לי למיתני אלא כת ראשונה: בלבד. משמע שיש עוד אחרת: אישתקור. הכחישו זה את זה בדרישות בית דין כשבדקום: הוחזקה זו. להביא עדי שקר ולא נקבל עוד עדות אחרת: אם היא הוחזקה. לחזור אחריהם כל ישראל מי הוחזקו לשמוע לה שתחזיק את האחרים כשקרים: זמנין. פעם אחרת: הדר חזייה לר' אלעזר בישות. החזיר ריש לקיש את פניו ונסתכל ברבי אלעזר בפנים זועפות שהבין ריש לקיש ששמע ר' אלעזר דבר זה מפי רבי יוחנן וכשאמרה לו לא אמרה בשמו: דאמר כר' יהודה. במתניתין איסטטית היא זו והוחזקה להזים: דליכא דקא מהדר. שאין אדם מחזר אחריהם לשכרם ולהרגילם תמיד לבוא לבית דין ולהזים את כל הבאים: דקא מהדרא. לבקש ולשכור עדי שקר: הני ידעי בסהדותא. אלו האחרונים ידעי בעדותה של זו: מתני' עד שיגמר הדין. אלא אם כן נגמר תחלה הדין של הנדון ליהרג ואחר כך הוזמו: נפש בנפש. בעדים זוממין כתיב לא תחוס עינך נפש בנפש: לעשות לאחיו. משמע שהרי אחיו עדיין קיים: יכול משקבלו עדותן. ובאה להם הזמה מיד קודם גמר דינו של נדון יהרגו: גמ' בריבי אומר. כך היה שמו (פ): הרגו. שלא הוזמו עד שנהרג הנדון על פיהם: חייבי מלקיות מנלן. אמתניתין קאי דאמר אין עושין דין הזמה עד שיגמר הדין ויליף לה מנפש בנפש דמשתעי בחייבי מיתות חייבי מלקות מנלן העידוהו שחייב מלקות והוזמו מנלן דאין לוקין אלא אם כן נגמר הדין תחלה על פיהם: חייבי גליות מנלן. העידוהו שחייב לגלות והוזמו ותנן במתניתין סופג את הארבעים מנלן עד שיגמר הדין דהני הואיל ולאו מדין כאשר זמם קא מתרבו לא אתי מלקות דידהו מגזירה שוה דרשע רשע דמההוא לא ילפינן אלא עדים זוממין שהרשיעו הנידון ללקות (צ) (או למיתה) דהאי רשע בנידונין כתיב: אראה בנחמה. לא אראה בנחמה וגמרא הפכו לברכה פ"א אראה בנחמה נשבע ימותו בניו ואראה בנחמתן: אם לא הרגתי עד זומם. שלא הוזם אלא אחד מהם והרגתיו: שהרי אמרו חכמים כו'. מתניתין היא מה שנים אין נהרגין עד שיזומו שניהם דכתיב והנה עד שקר העד ואמר מר (סוטה דף ב:) כל מקום שנאמר עד הרי כאן שנים עד שיפרוט לך הכתוב אחד: אלא בפני שמעון. שאם יטעה יורהו: כסבורין. הכל בלילה או ביום ואינן רואין אותו: מתני' מה שנים אין נהרגין עד שיזומו שניהם. כדפרישית לעיל: ר' עקיבא אומר לא בא השלישי כו'. לא הוצרך ללמדנו זאת דממילא ידעינן שסנים מזימין את השלשה שהרי השנים כשרים לכל עדיות וממילא ידעינן שאין זוממין עד שיזומו כולם שהרי כולם כאחד נעשו עדים וקרא כתיב והנה עד שקר העד ולא בא אלא להחמיר עליו שלא תאמר הואיל ובלאו הוא היתה העדות מתקיימת לא יעשו בו דין הזמה לימדך הכתוב שאף הוא מן מקיימי דבר: על אחת כמה וכמה כו'. (ס) שמצינו מדה הטובה מרובה ממדת פורענות במדה טובה הוא אומר (שמות לד) (ק) נוצר חסד לאלפים במדת פורענות הוא אומר (שם) על שלשים ועל רבעים: בדיני

(ר) **איסטטית** היא. ברב אלפס פי' לשון סטיס (שבת דף פט:): **חייבי** מלקיות מנין. פי' מנין דאין לוקין עד שיגמר הדין על פיהם וא"ת ואמאי לא בעי נמי (א) כן חייבי ממון מנין דאין משלמין ממון עד שיגמר דינו על פיהם וי"ל דכמו דבדיני נפשות דרשינן עד שיגמר דינו מקרא דנפש בנפש דכתיב בעדים זוממין כמו כן כתיב ממון בעדים זוממין דכתיב (ש) יד ליד לא ינקה דמפקי מיניה (כתובות דף לג:) דממונא משלמין ודרשינן מיניה עד שיגמר הדין: **חייבי** גליות מנין. פירוש מנין דאין לוקין עד שיגמר דינו וקשיא דהא כשהעידו אחייבי גליות הרי הן חייבי מלקות וחייבי מלקות כבר גמרנו מרשע רשע ופ"ה דמההיא לא ילפינן אלא עדים הזוממין שהרשיעו הנדון (ת) ללקות או למיתה דהאי קרא דרשע רשע בנידונין כתיב אבל כשהרשיעו הנדון לגלות לא גמרינן: **אף** השנים מזימין הג' ומנין אפי' הן מאה ת"ל עדים. תימה אימא דעדים אתא אפי' לארבעה (ת*) ונמלא אחד קרוב או פסול יותר מן הג' דכתיבי בקרא אבל טפי מארבעה לא וי"ל כיון שכת אחת מוזמת שתי כתות הוא הדין מאה: אמר

עין משפט נר מצוה

לז א מיי' פכ"ב מהל' עדות הלכה ה סמג עשין קי טוש"ע ח"מ סי' לח סעיף ד:
לח ב מיי' שם פ"כ הל' א סמג שם ולאוין ריג טוח"מ סימן לח:
לט ג מיי' שם הל' ב סמג שם טור חו"מ שם:
מ ד מיי' שם פי"ח הל' ג טוח"מ שם:
מא ה מיי' שם פ"כ הלכה ג סמג שם טור ח"מ שם:
מב ו מיי' שם פ"ה הל' ג סמג לאוין ריג טוש"ע ח"מ סי' לו ס"א:

רבינו חננאל

ואוקמה ר' אבהו לטעמא דר' יהודה בשקדמו והרגו הראשונה ולולי כן אפי' הראשונה אינה נהרגת. ההיא דמייתי סהדי ואישתקור אייתי אחריני ואישתקור אייתי שהדי אחריני אמר ריש לקיש הוחזקה זו. א"ר יוחנן אם היא הוחזקה כל ישראל מי הוחזקו כלומר כשרין הן כרבנן דמתניתין דאמרי כל זמן שלא הוזמו כשרין הן. ואמר לך ר' יוחנן אפילו ר' יהודה לא פסלינהו אלא דאמר אטו הני הוו בהדי הני והני בהדי הני דקא מסהדי הכי א) אבל הכא אפי' ר' יהודה מודה דכשרין מ"ט הני הוא דהוו ידעי בשהדותא אבל הני דאישתקור לא הוו ידעי. והלכתא כר' יוחנן. פי' הדר חזא (ליה ר') [לר'] אלעזר בישות. החזיר פניו ריש לקיש ונסתכל בר' אלעזר בן פדת תלמיד ר' יוחנן בפנים רעות כלומר תשמע השמועות מפי ר' יוחנן ואינך אומרן משמו אילו הגדת לי כי ר' יוחנן אמר כך לא הייתי שונה בפניו: **אין העדים זוממין נהרגין עד שיגמר הדין.** תניא רבי ב) אומר לא הרגו נהרגין הרגו אין נהרגין. א"ל אביו ק"ו הוא. א"ל לימדתנו רבינו שאין עונשין מן הדין דתניא ואיש אשר יקח את אחותו בת אביו או בת אמו אין לי אלא כו' ופשוטה היא. ואסיק' שאין עונשין מן הדין ואין מזהירין מן הדין. וכן בחייבי מלקיות אתיא רשע (הוא) [רשע]. כתיב בחייבי מיתות אשר הוא רשע למות ובחייבי מלקיות כתיב והיה אם בן הכות הרשע מה בחייבי כריתות ובחייבי מיתות אין עונשין ואין מזהירין מן הדין כך חייבי מלקיות. בחייבי גליות נמי אתיא רוצח רוצח. תניא אין העדים זוממין נהרגין עד שיזומו שניהן וכך אין לוקין ואין משלמין ממון עד שיזומו שניהן. הצדוקין היו אומרים אין העדים זוממין נהרגין עד שיהרג הנידון: **על פי שנים עדים או שלשה עדים כו'** עד מנין אפילו הן מאה ת"ל עדים. פי' כשם שג' עדים מזימין ב' כך ב' מזימין ג' ומנין אפילו ק' שהעידו שב' באין ומזימין אותן ת"ל עדים. כלומר כי דין העדות מתקיימת בב' כמו שמתקיימת בק' נמצאת עדות ק' כעדות ב' כך לענין דין הזמה (ק"ב) [ק' וב'] שוים

חשק שלמה על ר"ח

א) לפי גירסת רבינו אודא קושית הרי"ף ע"ש: ב) לפנינו הגירסא בריבי:

מסורת הש"ס

א) [כתובות לו:], ב) [כתובות כה:], ג) [עי' פרש"י בסנהדרין לו. ד"ה טבא], ד) סנהדרין לג:, ה) רש"א שנאמר נפש בנפש [והוא דברים יט וכן בכל המשנה], ו) חולין יא:, ז) [לקמן יד. יז. סנהדרין נד. וש"נ ועי' תוס' סנהדרין נג: ד"ה השתא], ח) [פסחים כד. יבמות כב:], ט) סנהדרין לג.], י) [סנהדרין י. וש"נ], כ) חגיגה טז: [תוס' סנהדרין פ"ו], ל) [עי' תוס' שבת יב: ד"ה רבי נתן], מ) [סנהדרין כח.], נ) ב"ב קטו:, ס) [צ"ל להקיש שנים לשלשה כ"א בהרא"ש], ע) סנהדרין ט. [ס.], פ) [עי' פרש"י בחולין יא: ד"ה והתניא], צ) רש"א מ"ז, ק) [צ"ל עושה וכ"כ בפרש"י לקמן כג. ד"ה על אחת ע"ש שהאריך בביאור יפה], ר) [שייך לעיל במשנה], ש) גירסת רש"א ומהר"ם יד ביד דמפקי, ת) רש"א למלקות ממיתה, ת*) [מהר"ם הגיה ומפרש].

הגהות הב"ח

(א) תוס' ד"ה חייבי מלקיות וכו' ואמאי לא בעי נמי הכי חייבי ממון:

הגהות הגר"א

[א ב ג] במשנה נפש בנפש כצ"ל (וכ"ה ברש"י ובספרי ועי' תוי"ט): [ד] במשנה על פי שני עדים או [ע"פ] שלשה עדים יקום דבר כצ"ל. והוא בדברים יט:

גליון הש"ס

רש"י ד"ה על אחת וכו' שמצינו מדה הטובה. עי' לקמן דף כג ע"א ברש"י ד"ה על אחת כמה וכמה:

תורה אור השלם

א) וְאִם אָסוֹן יִהְיֶה וְנָתַתָּה נֶפֶשׁ תַּחַת נָפֶשׁ: [שמות כא, כג]
ב) וַעֲשִׂיתֶם לוֹ כַּאֲשֶׁר זָמַם לַעֲשׂוֹת לְאָחִיו וּבִעַרְתָּ הָרָע מִקִּרְבֶּךָ: [דברים יט, יט]
ג) וְאִישׁ אֲשֶׁר יִקַּח אֶת אֲחֹתוֹ בַּת אָבִיו אוֹ בַת אִמּוֹ וְרָאָה אֶת עֶרְוָתָהּ וְהִיא תִרְאֶה אֶת עֶרְוָתוֹ חֶסֶד הוּא וְנִכְרְתוּ לְעֵינֵי בְּנֵי עַמָּם עֶרְוַת אֲחֹתוֹ גִּלָּה עֲוֹנוֹ יִשָּׂא: [ויקרא כ, יז]
ד) עֶרְוַת אֲחוֹתְךָ בַת אָבִיךָ אוֹ בַת אִמֶּךָ מוֹלֶדֶת בַּיִת אוֹ מוֹלֶדֶת חוּץ לֹא תְגַלֶּה עֶרְוָתָן: [ויקרא יח, ט]
ה) עֶרְוַת בַּת אֵשֶׁת אָבִיךָ מוֹלֶדֶת אָבִיךָ אֲחוֹתְךָ הִוא לֹא תְגַלֶּה עֶרְוָתָהּ: [ויקרא יח, יא]
ו) עַל פִּי שְׁנַיִם עֵדִים אוֹ שְׁלשָׁה עֵדִים יוּמַת הַמֵּת לֹא יוּמַת עַל פִּי עֵד אֶחָד: [דברים יז, ו]

ליקוטי רש"י

אם הוא הוחזק. לחזור אחר עידי שקר. **כל ישראל מי הוחזקו.** להיות שומעין לו לזייף [כתובות לו:]. **הדר.** ריש לקיש. **חזייה לרבי אלעזר בישות.** החזיר פניו ונסתכל ברבי אלעזר בעין רעה שהבין שמפי ר' יוחנן שמע לשון זה וכשאמר לשון זה לא אמרה בשם רבי יוחנן לפיכך לא קיבלה הימנו [כתובות כה:]. **מבר נפחא.** רבי יוחנן דמקרי בר נפחא בכולא הש"ס כמו (ב"מ דף פה:) מאן עייל בר נפחא. נראה למורי דאביו של ר' יוחנן הוי נפחא ולהכי מיקרי בר נפחא ואית דמפרשי בר נפחא על שם יופיו [סנהדרין צו.]. **בריבי אומר.** לא ידעינן מנו אלא אחד גדול בדורו היה ועל שם כך נקרא ברבי כדאשכחן בכילד מעברין בעירובין (דף נג.) אמר רבי אושעיא ברבי ובפ"ב (לקמן כח.) רבי אלעזר הקפר ברבי [חולין יא:]. אדם גדול בדורו וכל היכא דקרי בריבי הכי פירושו [עירובין נג.].

The Mishnah presents other rules drawn from this analogy:

רַבִּי שִׁמְעוֹן אוֹמֵר – R' Shimon says: מַה שְּׁנַיִם אֵינָן נֶהֱרָגִין עַד שֶׁיִּהְיוּ שְׁנֵיהֶם זוֹמְמִין – Just as two witnesses are not executed for their false testimony **unless both are proven to be *zomemin,***[54] **אַף שְׁלֹשָׁה אֵינָן נֶהֱרָגִין עַד שֶׁיִּהְיוּ שְׁלָשְׁתָּן זוֹמְמִין – so too, three witnesses are not executed** for false testimony **unless all three of them are proven to be *zomemin.***[55] **וּמִנַּיִן אֲפִילוּ מֵאָה – And from where** do we know that this is so **even** for **a hundred?**[56] **תַּלְמוּד לוֹמַר ,,עֵדִים" – The Torah therefore states: *witnesses.***[57]

רַבִּי עֲקִיבָא אוֹמֵר – R' Akiva says: לֹא בָא הַשְּׁלִישִׁי לְהָקֵל אֶלָּא לְהַחֲמִיר עָלָיו – The mention of **the third [witness] does not come to** teach that we should **deal more leniently,** rather **to** teach that we should **deal more stringently with him** [the third witness], **וְלַעֲשׂוֹת דִּינוֹ כַּיּוֹצֵא בָּאֵלּוּ – to make his sentence the same as theirs.**[58] The verse teaches that although his testimony was unnecessary, since the court would have convicted the accused on the strength of the testimony of the first two witnesses alone, he nevertheless shares their punishment if they are all found to be *zomemin.*[59] **וְאִם כֵּן עָנַשׁ הַכָּתוּב – And if this is how Scripture punished לְנִטְפָּל לְעוֹבְרֵי עֲבֵירָה כְּעוֹבְרֵי עֲבֵירָה – one who was merely an accomplice to transgressors,** treating him **like the transgressors** themselves, **עַל אַחַת כַּמָּה וְכַמָּה יְשַׁלֵּם שָׂכָר – how much more so will He** [God] **reward לְנִטְפָּל לְעוֹשֵׂי מִצְוָה כְּעוֹשֵׂי מִצְוָה – one who becomes an accomplice to the performers of a mitzvah,** and treat him **like the performers of the mitzvah** themselves.[60]

R' Akiva derives further lessons from the analogy:[61]

וּמַה שְּׁנַיִם נִמְצָא אֶחָד מֵהֶן קָרוֹב אוֹ פָּסוּל – And just as with **two** witnesses, **if one of them was found to be a relative or a disqualified [witness]**[62] **עֵדוּתָן בְּטֵלָה – their testimony is invalidated,** since only one qualified witness remains,[63] **אַף שְׁלֹשָׁה – so too with three** witnesses, **נִמְצָא אֶחָד מֵהֶן קָרוֹב אוֹ פָּסוּל – if one of them was found to be a relative or a disqualified [witness],** so that there are still two qualified witnesses left, **עֵדוּתָן בְּטֵלָה – their testimony is** nonetheless **invalidated** by the disqualification of the third member of their group. **מִנַּיִן אֲפִילוּ מֵאָה – From where** do we know that this is so **even** in the case of **a hundred** witnesses?[64] **תַּלְמוּד לוֹמַר ,,עֵדִים" – The Torah therefore states: *witnesses.***[65]

NOTES

witnesses during the first *hazamah* trial that the first witnesses were with them somewhere else in the presence of a large group of people. If this did not emerge during the detailed examination of the *hazamah* witnesses, then the only way the second set of witnesses can be discredited is by the *hazamah* witnesses testifying that they were with *them* at a slightly different time, but one that still made it impossible for them to have witnessed the crime. It is this coincidence of the *hazamah* witnesses just happening to have been together with two different sets at different times that makes their testimony implausible (see *Aruch LaNer's* second answer; see also *Birkas Avraham*).]

54. See above, note 44.

55. But if only two of the three have been rendered *zomemin,* the testimony of the entire set is discredited, but they are not punished (see *Rambam, Eidus* 20:3).

56. [That if one hundred witnesses testified to something, all one hundred of the witnesses must be discredited through *hazamah* before any of them can be punished.]

57. The verse's repetition of the word *witnesses* is unnecessary, as explained above, and thereby indicates that all groups of witnesses are treated alike, regardless of their numbers.

58. According to R' Shimon, the analogy between two and three teaches a leniency – that if two out of a group of three witnesses are found to be *zomemin,* they are not executed – even though they would have been executed had they come without the third witness. R' Shimon's view is in turn predicated on the Tanna Kamma's assumption that if not for the analogy, we would assume that when the Torah speaks of a "witness," it might refer specifically to two witnesses, and the law for three would be different. R' Akiva takes exception to this assumption and to the expositions deriving from it.

R' Akiva does not disagree with the laws stated by the earlier Tannaim; he merely maintains that no new Scriptural source is needed to teach them, for they can be established logically. Since the testimony of two witnesses is universally accepted by the Torah, and the Torah has established that two witnesses have the power to discredit other witnesses by *hazamah,* why should we question the ability of two to discredit even a hundred? Thus, the Tanna Kamma's exposition is unnecessary. And once we know that the Torah treats sets of two witnesses and sets of three equally, we must conclude that the term עֵד, *witness,* used in regard to *zomemin* refers to any set of witnesses, regardless of its size. Since three (or a hundred) witnesses become one set when they testify together, the phrase וְהִנֵּה עֵד־שֶׁקֶר הָעֵד, *and behold the witness is a false witness,* teaches that the entire group must be discredited for the *hazamah* penalty to apply. Thus, R' Shimon's exposition is unnecessary. The point of the analogy must therefore be to teach a stringency in regard to three (*Rashi;* see also *Rambam's Commentary; Ritva* here and *Tosafos, Sanhedrin* 9a ד״ה לא בא השלישי, suggest that R' Akiva may dispute R' Shimon's view and hold that two witnesses found to be *zomemin* are executed even when the third has not been so proven; *Nimukei Yosef* cites this view in the name of *Riva;* see yet another view cited there in the name of *R' Yitzchak ibn Gei'as*).

59. [Although all three are considered part of a single set of witnesses,] it can be argued that the third witness to testify did not attempt to harm the accused, since he would have been convicted even without his testimony. Accordingly, the third witness should not suffer the *hazamah* punishment. The verse therefore states its analogy to teach that when a third witness testifies, he too is considered one of "those whose testimony establish the matter" of the accused's guilt, and he is therefore punished (*Rashi;* see *Ritva*).

[*Rashi's* reference to "those who establish the matter" is an allusion to *Deuteronomy* 19:15, indicating that his text of our Mishnah cited this verse and not the one found in our texts; see above, note 50.]

60. For we find that the reward allotted to those who perform good deeds is proportionately greater than the punishment meted out to sinners, as stated in the Torah (*Exodus* 34:7): *Preserver of Kindness for thousands of generations . . . recalling the iniquity of parents upon children and grandchildren, to the third and fourth generations.* Kindness is bestowed upon thousands of generations, while iniquity is punished only until the fourth generation (*Rashi;* see *Rashi* below, 23a ד״ה על אחת).

61. *Ritva* 6a; first explanation of *Nimukei Yosef,* who also suggests that this may be an anonymous statement accepted by all.

62. Relatives of the defendant or litigants in the case are disqualified from testifying [either for or against them]. Also disqualified are people who are considered untrustworthy because of their professions, and sinners (see Mishnah *Sanhedrin* 24b and 27a).

63. One witness has no standing at all in regard to capital cases (see *Tosafos* and *Ritva* to 6a ד״ה אמר ר׳ יוסי). See further, *Tos. Yom Tov, Pnei Yehoshua* and *Rashash.*

64. That if there were a hundred witnesses in a group and one was disqualified, the testimony of the remaining ninety-nine is also invalidated.

65. *Deuteronomy* 17:6.

אָמַר רַבִּי יוֹסֵי – **R' Yose said:** בַּמֶּה דְּבָרִים אֲמוּרִים – **Regarding what was this said,** that the disqualification of one of three or more witnesses invalidates the testimony of the entire group? בְּדִינֵי נְפָשׁוֹת – **Regarding capital cases.** אֲבָל בְּדִינֵי מָמוֹנוֹת – **But in regard to monetary cases,** תִּתְקַיֵּים הָעֵדוּת בַּשְּׁאָר – **the testimony may be established** by the remaining [witnesses] who have not been disqualified.[1] רַבִּי אוֹמֵר – **Rebbi says:** אֶחָד דִּינֵי מָמוֹנוֹת וְאֶחָד – **Whether** in **monetary cases** or in **capital cases,** the disqualification of a single witness invalidates the testimony of the entire group. דִּינֵי נְפָשׁוֹת – **But when** is this so? וְאֵימָתַי – **Only when [the disqualified** בִּזְמַן שֶׁהִתְרוּ בָּהֶן – **witnesses] warned them** [the transgressors] prior to their commission of the crime.[2] For by participating in the warning, the disqualified witnesses become joined to the larger group of witnesses.[3] אֲבָל בִּזְמַן שֶׁלֹא הִתְרוּ בָּהֶן – **But if [the disqualified witnesses] did not warn them,** and did not intend to serve as witnesses,[4] they are not automatically considered part of the group of witnesses, and do not invalidate the testimony of the entire group. This must be so, since otherwise, מַה יַּעֲשׂוּ שְׁנֵי אַחִין שֶׁרָאוּ בְּאֶחָד שֶׁהָרַג אֶת הַנֶּפֶשׁ – **what should two brothers do who saw** someone murder a person?[5]

Gemara

Rava qualifies the Mishnah's ruling that a hundred witnesses are treated the same as two:[6] אָמַר רָבָא – **Rava said:** וְהוּא שֶׁהֵעִידוּ כּוּלָם בְּתוֹךְ כְּדֵי דִיבּוּר – **This is so only if they all testified within the time required for an utterance.**[7] Statements made within this brief interval are legally considered continuous and part of a single statement. Thus, the witnesses who testify within this time frame are considered a single set. Those who testify after this amount of time has elapsed are considered a new set of witnesses.[8]

Rava's ruling is questioned: אָמַר לֵיהּ רַב אַחָא מִדִּפְתֵּי לְרָבִינָא – **Rav Acha of Difti said to Ravina:** מִכְּדֵי – **Now** let us see: תּוֹךְ כְּדֵי דִיבּוּר הֵיכִי דָמֵי – **"Within the time required for an utterance" is how long?** כְּדֵי שְׁאִילַת תַּלְמִיד לְרַב – It is **the time required for a disciple to greet his teacher.**[9] Yet the Mishnah states that even a hundred witnesses may be invalidated by one disqualified witness. מֵאָה טוּבָא הָווּ – But **a hundred** witnesses **are far too many** to testify within that brief interval!

Ravina answers: אָמַר לֵיהּ – **[Ravina] said to [Rav Acha]:** כָּל חַד וְחַד בְּתוֹךְ כְּדֵי – Rava means that **each one** testified **within the time of an utterance of his colleague.**[10]

NOTES

1. According to R' Yose, the exposition should be understood to be limited to death penalty cases because the Torah commands us to try and save a defendant from the death penalty (see *Numbers* 35:25) and look for reasons to exonerate him (*Rashi*). It is therefore reasonable to suppose that the Torah would invalidate the entire testimony for such a minor reason (*Tosafos,* in explanation of *Rashi*). We should not, however, extend this invalidation to monetary cases, since logically there is no reason to invalidate the qualified witnesses merely because they were joined by a disqualified witness (*Ritva,* in explanation of *Rashi*).

2. A person cannot be executed for a crime unless he commits it immediately after being warned that the act he is about to do is forbidden and subject to the death penalty (Baraisa, *Sanhedrin* 80b; see 4b note 15).

3. According to Rebbi, disqualified witnesses must become part of the larger set of witnesses from the very beginning in order for their disqualification to invalidate the testimony of the others (*Rashi*). What joins them is their intention to serve as witnesses at the time they see the event. This is demonstrated by their participation in the warning (*Ritva,* in explanation of *Rashi;* see *Rashi* here ד״ה אבל אם לא התרו and in the Gemara below ד״ה היכי אמרינן להו).

Clearly, this mode of demonstration is relevant only to capital cases, not monetary ones (*Rashi*). Since Rebbi is of the opinion that the rule invalidating an entire set of witnesses because of the disqualification of one of them applies even in monetary cases (in which warnings are not given), there must be other ways of determining whether those who witnessed an event intended to serve as witnesses. Moreover, the Mishnah's use of the past tense in regard to warning ("when they *warned* them," and not "if they *warn* them") indicates that even in capital cases warning is only *one* of the ways of determining that witnesses intended to testify from the very beginning. The Gemara below will give another method for doing so (*Ritva,* in explanation of *Rashi*).

4. *Rashi;* see previous note.

5. If everyone who witnessed a crime were automatically considered part of the set witnesses, a murderer who killed in the presence of two brothers and a third (unrelated) person would always go free. For two brothers are disqualified from testifying together, and the automatic inclusion of both of them in the set would therefore disqualify them and the unrelated witness. Since this is not plausible, it is evident that a disqualified witness does not automatically become part of the set of witnesses merely by *seeing* the crime (*Rashi*). Rather, he becomes part of the group only by *intending to be a witness.* Thus, as long as one of the brothers does not participate in the warning, the other brother can still come and testify together with the unrelated witness.

[Seemingly, this problem could be easily resolved by having one of the brothers not come to court to testify. Since Rebbi does not consider this

option, it is evident that even if the disqualified witness does not actually testify, he becomes part of the set — and thereby invalidates their testimony — simply by intending to serve as a witness. However, according to many Rishonim (*Tosafos, Rosh* and *Ritva*), the Gemara reverses itself on this point in its conclusion. How these Rishonim explain Rebbi's remark will be explained in note 17 below.]

6. *Rashi;* see note 8.

7. This is a very short span of time, which the Gemara will define below.

8. Accordingly, the first group can be punished for *hazamah* even without the second set being proven *zomemin,* and vice versa (*Tosafos*).

[There is a question whether Rava's qualification also applies to the Mishnah's last ruling — that disqualifying one witness invalidates the testimony of all the witnesses. *Rashi's* statement that if they do not testify within the time required for an utterance "they are considered two separate sets of witnesses in regard to *every matter*" indicates that it does. *Tosafos,* however, dispute this and maintain that it applies only to the case of punishing *zomemin* witnesses. Since their testimony has been found to be false, the only factor that can serve to unite them as a group is that they testified together. This is not the case in regard to the invalidation of presumably true testimonies because one witness was found to be disqualified. Here the group is joined by their common witnessing of the action, and it is therefore unnecessary for them to testify as one in order to be defined as one set. Consequently, if one of them was found to be disqualified, he would invalidate the testimony of the other witnesses even if he had not testified immediately after them.

It is evident from *Rif* and *Rosh* (who cite Rava's teaching immediately after the first part of the Mishnah) that they follow *Tosafos'* view. This appears to be *Rambam's* view as well (see *Kesef Mishneh* to *Eidus* 20:3). [It should also be noted that a different reading of *Rashi* appears in the *Rashi* appended to the *Rif,* which also agrees with the view of *Tosafos.*] The Acharonim, however, adopt the view that *Rashi* disputes *Tosafos* and applies Rava's rule even to the Mishnah's last ruling (see *Kesef Mishneh* and *Radvaz* to Rambam ibid.; *Bach, Choshen Mishpat* 36:2 and 38:14; cf. *Shach, Choshen Mishpat* 36:6). *Ramah* (cited in *Tur Choshen Mishpat* 36 and in *Nimukei Yosef* here) clearly understood Rava to mean this as well.]

9. The time it takes to say the words: שָׁלוֹם עָלֶיךָ רַבִּי וּמוֹרִי, *Peace upon you, my teacher and master* (Bava Kamma 73b; *Taz, Orach Chaim* 206:4). According to many authorities the last word is omitted and the interval is only the time needed to say the first three words (*Rambam, Hil. Shevuos* 2:17; see *Hil. Talmud Torah* 5:5; *Magen Avraham, Orach Chaim* 206:3; see *Hagahos R' Akiva Eiger* to *Yoreh Deah* 242:17).

10. As long as there is no lapse of this amount of time between the conclusion of one witness' testimony and the start of the next one's, all

אמר רבי יוסי במה דברים אמורים בדיני נפשות אבל בדיני ממונות תתקיים העדות בשאר רבי אומר * א אחד דיני ממונות ואחד דיני נפשות ואימתי בזמן שהתרו בהן אבל בזמן שלא התרו בהן מה יעשו שני אחין שראו באחד שהרג את הנפש: גמ' אמר רבא ב והוא שהעידו כולם בתוך כדי דיבור א) אמר ליה רב אחא מדפתי לרבינא מכדי תוך כדי דיבור היכי דמי ג כדי שאילת תלמיד לרב מאה טובא הוו אמר ליה ד כל חד וחד בתוך כדי דיבור של חבירו: ג) רבי עקיבא אומר לא בא שלישי כו' ומה שנים כו': אמר ליה רב פפא לאביי אלא מעתה הרוג יציל כשהרגו מאחוריו נרבע יציל כשרבעו מאחוריו הורג ורובע יצילו אישתיק כי אתא לקמיה דרבא אמר ליה ה יקום דבר במקיימי דבר הכתוב מדבר: ד) אמר רבי יוסי במה דברים אמורים וכו' מה יעשו שני אחים כו': היכי אמרינן להו לאסהודי רבא ה הכי אמרי' להו למיחזי אתיתו או לאסהודי אתיתו אי אמרי לאסהודי אתו נמצא אחד מהן קרוב או פסול עדותן בטלה אי אמרי למיחזי אתו ה) ו מה יעשו שני אחין שראו באחד שהרג את הנפש: איתמר אמר רב יהודה אמר שמואל הלכה כר' יוסי ורב נחמן אומר ו הלכה כרבי:

מתני'

רש"י

בדיני נפשות. דכתיב והצילו העדה ומהדרינן אזכותא: אחד דיני ממונות. נמי עדותן בטלה: בזמן שהתרו בהן. ובדיני נפשות כי אמרינן בטלה בזמן שהקרוב או הפסול נשתתף בעדות מתחלה להיות מן המתרין בעוברי עבירה: אבל אם לא התרו בהן ולא כוונו להיות עדים בדבר לא בטלה עדות האחרים בשביל ראייתן של אלו דמה יעשו שני אחין שראו עם שלישי מן השוק באחד שהרג את הנפש: גמ' והוא שהעידו כולן בתוך כדי דיבור. התם קאמרה מתני' מאה כשנים אבל אם העידו השנים ולאחר זמן העידו האחרים הרי הן כשתי כתות לכל דבר: וכל אחד ואחד. התחיל להעיד בתוך כדי דיבור של סיומו של חבירו: הרוג יציל. לרבי יוסי דאמר אף בלא התרו שלא נתכוין להעיד הוא מציל את הנדון מפני קורבה הרוג נמי יציל את הנדון שהרי גם הוא ראה והוא קרוב אצל עצמו: כשהרגו מאחוריו. מתקיימין כל המקראות שמחייבין את הרוצח ליהרג: יקום דבר. כתיב בהאי קרא שעשאן לכולם כשנים דהיינו העדים אבל לא בעושי הדבר: היכי אמרינן להו. לקרוב ופסול למבדקינהו אם מתחלה לעדות נתכוונו:

תוספות

אמר רבי (א) יוסי במה דברים אמורים בדיני נפשות. פי' הקונטרס משום דכתיב והצילו העדה דמצוה לבטל העדות בקל כדי להציל הנפש וקשה לפירושו דא"כ דיני ממונות נילף מינייהו דהא כתיב משפט אחד יהיה לכם ועוד דבדיני ממונות נמי כתיב ע"פ שנים או ע"פ שלשה ונקיש ג' לב' לכך פירש ר"י דבדיני נפשות שייך שפיר למילף משנים דעדותן בטלה משום דמה שנים כי נמצא אחד מהן קרוב או פסול עדותן בטלה לגמרי ומעתה אינה מועלת לכלום הלכך בשלשה נמי כולם בטלים לגמרי אבל בדיני ממונות דבשנים נמי כי נמצא אחד מהן קרוב או פסול השני אינו בטל לגמרי דחייב לו שבועה לכך ז) [שלשה] נמי נמצא אחד מהן קרוב או פסול תתקיים העדות בשאר עדים:

אמר רבא והוא שהעידו כולם בתוך כדי דיבור. [פ"ה] והא קאמרה מתניתין דמאה כשנים אבל אם העידו השנים ולאחר זמן העידו האחרים הרי הן שתי כתי עדים לכל דבר משמע דקאי אף לענין קרוב או פסול וקשה דהא משמע בסמוך דלענין דין דקרוב או פסול אינו תלוי בהעדאה בתוך כדי דיבור אלא ח) בראיית מעשה גמרה עדותן אף כי העידו אחר תוך כדי דיבור דקאמר הרוג יציל לכך נראה דלא קאי רק אדין דעדים זוממין דקאמר עד שיזומו כולם והא דקאמר דוקא כי העידו כולם בתוך כדי דיבור דזה הוי עדות אחד ובעינן עד שיזומו כולם אבל העידו מקצתן בתוך כדי דיבור ומקצתן אחר כדי דיבור א"כ הוי שתי כתות ולא בעינן עד שיזומו כולם אבל לענין נמצא קרוב או פסול אף אם נמצא מהני שהעידו לאחר כדי דיבור עדותן בטלה וא"ת מ"ש ויש לומר שנא ושנא דדוקא גבי נמצא אחד קרוב או פסול חשיב כחד עדות כשהעידו לאחר כדי דיבור משום שהם אומרים אמת וא"כ עדותן התחיל מראייה שלהם וראייה היתה בבת אחת עם העדים אבל בעדים זוממין שאינן אומרים אמת אם כן לא בא עדותן אלא כשיעידו בבית דין וכיון דלא העידו בבת אחת רק לאחר כדי דיבור לא חשבינן כחד עדות כן נראה למשי"ח: ט) אלא מעתה הרוג יציל. פירוש שהוא בעל דין אי נמי שהוא שונא ושונא פסול לעדות [ועיין תוס' יבמות כה. ד"ה הוא וכו' באריכות]: נרבע יציל. מפני שהוא שונא של רובעו בעל אונסו ולא נראה דהא מוכח פ"ק דסנהדרין (דף ט: ושם) דנרבע לאנסו כשר לעדות ויש לייחב דמנרבע לרצונו פריך דהכי איירי קרא דכתיב ומתו גם שניהם דהיינו ברצון ולהכי פריך יציל הנרבע אפילו יש עדים הרבה בדבר ולא מפני ששונאו כיון שהוא לרצונו אלא מפני שהוא י) קרוב לעצמו וקשה דבמסכת סנהדרין (שם) אמרינן פלוני רבעני לרצוני הוא ואחר מצטרפין להרגו וי"ל דהני מילי כי ליכא אלא מעלמא דרבעו לרצונו וליכא סהדותא אלא מהוא עצמו ואחר ולכך פלגינן לדיבוריה דלגבי דידיה לא מהימנין ליה דקרוב הוא אצל עצמו אבל הכא דאיכא עדים שנרבע לרצונו ומעדותן נקרא רשע ופסול לעדות ואין אנו צריכין לעדותו כלל ועוד אמר הר' יוסף בכור שור דפריך הכי נרבע שהוא קרוב לרובע יציל וכן הרוג שהוא קרוב להורג יציל כ): היכי אמרינן להו. קאי אדיני ממונות בשלמא אדיני נפשות לא קשה היכי אמרינן כו' דניחזי אנן אם התרו בו הקרוב ופסול אם לאו אלא פריך בדיני ממונות דליכא התראה:

לאסהודי אתיתו. קשה דאם כן לא יהרג אדם לעולם דהקרובים יבואו ויאמרו לאסהודי אתינן ופירש רבינו חיים כהן דאמרינן לעדים כשרים לאסהודי עם הפסולין אתיתו או למיחזי אתיתו בלא הפסולין ואי אמרי הכשרים למיחזי אתינו בלא הפסולים הוי עדותן בטלה אפילו אם נמצא אחד מהן קרוב או פסול אבל אי אמרי לאסהודי אתינו עם הפסולין הוי עדותן בטילה ומכל מקום קצת תימה היאך יהיו גם העדים כשרים נאמנים לומר לאסהודי אתינן כדי לבטל העדות הוו ליה כחוזר ומגיד כיון שכבר העידו וי"ל דסברא (ב) דכיון דבאין לבית דין עם הכשרים עכשיו נראין הדברים שמתחלה כולהו לאסהודי קא אתו דהוכיח סופן על תחלתן:

שמואל אומר הלכה כרבי יוסי. קשה היאך מלינו ידינו ורגלינו כשנותנין גט שיש במעמד קרובים והיה לנו לומר דעדות הכשרים בטל והאי דומיא דדיני נפשות דשרינן אשת איש שיש בה מיתת בית דין וטעם דפרישית לעיל (ג) גבי עדות נפשות שייך נמי בגט וגם נמי קשה שפעמים יתכוין אחד מן הקרובים להעיד לכן נראה לר"י דגם לר' יוסי לא אמרו דעדותן בטלה אלא דוקא באותן שמעידים בפני ב"ד אבל בשביל ראייה לחודה לא וא"ת א"כ מאי פריך הרוג יציל והא אינו הולך להעיד בבית דין ואומר הר"י דודאי מתחלה היה סבור הש"ס לרבי יוסי כי נמי אינן באין להעיד בב"ד עדותן בטלה ומשני במקיימי דבר הכתוב מדבר כלומר כשבאין לקיים הדבר בבית דין אמר רבי יוסי נמצא אחד מהן קרוב או פסול דעדותן בטלה ואם תאמר א"כ מאי פריך לעיל מה יעשו שני אחין וכו' והלא אין שום חשש אם לא יבאו להעיד בבית דין כדפירשתי ויש לומר משום דפעמים שלא ידע זה בזה ויעיד האחד אע"פ שכבר העיד אחיו בב"ד ואפילו אירע לאחר כדי דיבור מכל מקום עדותן בטלה משום דמקשינן שלשה לשנים (ד) נמצא קרוב או פסול בזה אחר זה אע"פ דלענין הזמה בעינן תוך כדי דיבור:

היו

מסורת הש"ס

א) [שבועות לב. ע"ש], ב) [שבועות לב. ע"ש נזיר כ: נדרים פז. ב"ק עג: ב"ב קכט:], ג) נ"ל א"ר יוסי וכו' מהר"ס, ד) נ"ל רבי אומר וכו'. מהר"ס, ה) נ"ל עדותן מתקיימת. מהר"ס, ו) מה יעשו כו' פיסקא בפ"ע. מהר"ס, ז) גירסת מהר"ס, ח) גי' רש"א דראיית מעשה גרמה, ט) זה הדיבור וד"ה נרבע הד"א. מהר"ס, י) גי' מהר"ס רשע ופסול לעדות ומיהו קשה כו' אמר רבא כו' מפני שאדם קרוב אצל עצמו וי"ל, כ) [ועי' תוס' יבמות כה. ד"ה הוא וכו'].

הגהות הב"ח

(א) תוס' ד"ה אמר ר' יוסי. נ"ב ע"ל בתוס' סוף דף זה בד"ה בדיני: (ב) ד"ה לאסהודי וכו' וי"ל דסברא הוא דכיון: (ג) ד"ה שמואל וכו' דפרישית לעיל. נ"ב בד"ה א"ר יוסי: (ד) בא"ד דמקשינן שלשה לשנים לענין נמצא:

גליון הש"ס

גמ' אחד דיני ממונות. עי' שבועות דף לה ע"א תוד"ה או: תוס' ד"ה אמר רבא וכו' אבל לענין נמצא כו'. עי' סנהדרין לא ע"א תוד"ה שב"ש:

תורה אור השלם

א) לֹא יָקוּם עֵד אֶחָד בְּאִישׁ לְכָל עָוֹן וּלְכָל חַטָּאת בְּכָל חֵטְא אֲשֶׁר יֶחֱטָא עַל פִּי שְׁנֵי עֵדִים אוֹ עַל פִּי שְׁלֹשָׁה עֵדִים יָקוּם דָּבָר: [דברים יט, טו]

ליקוטי רש"י

שאין עונשין מן הדין. אבל מקל וחומר שאדם דן ק"ו מעצמו אע"פ שלא קבלו מרבו אין עונשין ממנו כדילפינן במכות [סנהדרין ע"ג ע"א בד"ה הקישא]. אין עונשין מן הדין. ונאמר דכשם שהזהיר עליה כך ענש עליה [כעי"ז כריתות ג.]. שהרי ענש על בת אמו שלא בת אביו ובת אביו שלא בת אמו שנאמר בת אביו או בת אמו ויש לומר כל שכן שענש על בת אביו ובת אמו אבל אם אמרת כך ענשת מן הדין לכך נאמר אחותו דסיפא [לקמן יד.]. [וכעי"ז בזבחים קו:]. אחותך היא. דלענין אזהרה כתיב אחותך היא יתירא להזהיר על אחותו בת אביו ובת אמו וכו' [לקמן י"ד ע"א בד"ה גמר]. אין מזהירין. מדין קל וחומר אף על פי שאדם דן קל וחומר מעצמו אינה אזהרה ללאו [פסחים כד.]. אין מזהירין מן הדין. מק"ו אם על בת אביו שלא בת אמו הזהיר על בת אביו ואמו לא כל שכן [יבמות כב:]. רשע רשע. כתיב בדיני נפשות (במדבר לה) אשר הוא רשע למות וכתיב בחייבי מלקות (דברים כה) והיה אם בן הכות הרשע. רוצח רוצח. כתיב בחייבי מיתות (במדבר לה) יומת הרוצח וכתיב (שם) בחייבי גלות לנוס שמה רוצח [סנהדרין לג:]. ואין לוקין. אם העידוהו שחייב מלקות [חגיגה טז:]. בפני שמעון בן שטח. שאם יטעה ילמדהו [חגיגה טז:]. על פי שנים עדים או שלשה עדים. אם מתקיימת עדות בשנים למה פרט לך בשלשה להקיש שלשה לשנים מה שנים עדות אחת אף שלשה עדות אחת ואין נעשין זוממין עד שיזומו כולם [דברים יז, ו]. לא בא השלישי וכו'. דממשמע שנאמר (דברים יט) על פי שנים עדים כל שכן שלשה למה נאמר או שלשה עדים אלא להחמיר עליו ליתן חומר בעדי שקר ששלישי זה אע"פ שלא היה זה נידון על פיו למיתה שהרי בשנים שהעידו תחלה נמי היה נידון אפילו הכי עשה הכתוב את דינו כיוצא באלו שאם הוזמו יהרג אף השלישי מפני שניטפל לעוברי עבירה [סנהדרין ט.]. לא בא השלישי. דמקיש שלשה לשנים דאם נמצא שלישי קרוב או פסול עדות של כולן בטלין הלכך בדקינן ליה בהדייהו דאי מתזם או מתכחש מבטלין לסהדותייהו [סנהדרין ס.]. על אחת כמה וכמה. קל וחומר שישלם שכר וכו' דקיימא לן מדה טובה מרובה ממדת פורעניות הלכך קל וחומר הוא [סנהדרין ט.]. על אחת כמה וכמה. דמדה טובה מרובה ממדת פורעניות אחד מחמש מאות דבמדת פורעניות כתיב (שמות כ) פוקד עון אבות על בנים על שלשים ועל רבעים ובמדה טובה כתיב (שם) עושה חסד לאלפים ומתרגמינן לאלפין דרי ארבעה דורות כנגד אלפים דורות היינו אחד מחמש מאות מיעוט לאלפים אינו פחות משני אלפים וכל שכן אם כפשוטו דמשמע אלפים עד סוף כל הדורות [מכות כג.]. [ע"כ שייך לדף ה ע"ב] אמר רבי יוסי במה דברים אמורים. דעדותן בטלה. בדיני נפשות. דרחמנא אמר (במדבר לה) והצילו העדה דמהדרינן בתר זכותא לבטל העדות ולא יהרג לא הוא ולא הם. רבי אומר אחד דיני ממונות ואחד דיני נפשות שוין בכך דעדותן בטלה. ואימתי. בדיני נפשות עדותן בטלה. בזמן שהתרו. הקרוב או הפסול בעוברי עבירה שגילו דעתם שאף הם נעשים עדים והרי הכתוב הקיש שלשה לבטל העדות אם יש קרוב או פסול אבל לא התרו הקרוב והפסול בעוברי עבירה אלא שתקו והכשרים התרו בהן אין אלו נעשים עדים ותתקיים העדות בשאר [סנהדרין ט.]. תוך כדי דיבור. כל שני דברים שאדם מוציא מפיו זה אחר זה בתוך כדי דיבור שסיים דבור הראשון התחיל דיבור האחרון. [רשב"ם בבא בתרא קכט.]. תלמיד לרב. שלום עליך רבי [שבועות לב.]. כל חד וחד בתוך כדי דיבור של חבירו. כשגמר זה וכו' התחיל זה לדבר בתוך כדי שאילת שלום [שבועות לב.]. הכי אמרינן להו וכו'. כלומר כשבאתם לראות את המעשה לאיזה דעת באתם לראות או להעיד וכו' נמצינו למדין שהבא לראות מעשה כדי להעיד חשבינן ליה עד ואפילו לפסול כל חביריו לבטל עדותן אם הוא פסול [רשב"ם ב"ב קי"ג ע"ב בד"ה ג' שנכנסו]. ורב נחמן אומר הלכה כרבי. וקי"ל הלכה כרב נחמן בדיני [שם].

עין משפט נר מצוה

מג א מיי' פ"ה מהלכות עדות הלכה ג סמג לאוין ריג:
מד ב מיי' שם פ"כ הלכה ג סמג שם טוש"מ שם:
מה ג מיי' פ"ג מהלכות שבועות הלכה יז:
מו ד מיי' פ"כ מהלכות עדות הלכה ג סמג עשין קי טוש"מ סי' לח:
מז ה ו מיי' שם פ"ה הלכה ג והלכה ד ה סמג לאוין ריג טוש"ע ח"מ סימן לו סעיף א:

רבינו חננאל

ואוקימ' למתני' בזמן שק' כולן כל אחד מהן העיד בתוך כדי דבור של חברו דקי"ל תוך כדי דיבור כדיבור דמי וכאילו כולן בבת אחת העידו ואינן יכולים האחרונים לומר כי הראשונים הן שחייבוהו ואנחנו לא עשינו כלום: כיון ששנינו מה שנים נמצא אחד מהן קרוב או פסול עדותן בטילה אף ג' נמצא א' מהן קרוב או פסול כו'. ואקשינן אי הכי לא תתקיים עדות לעולם שהרי ההרוג מגיד עם העדים על ההורג והנה הוא קרוב א) מבטל העדות ויציל ההורג. ודחי' כגון שבא והכהו הכאת מות מאחוריו שאינו מכיר מי הכהו כדי להעיד אלא העדים הן בלבד שראוהו והן המעידין עליו וכן הנרבע כיוצא בו כשרבעו מאחריו ולא ראהו. ואקשינן ההורג (והנרבע) [והרובע] שאי אפשר לומר שלא ראו אם יודו ינצלו ותבטל העדות כולה שהרי נכללו עמהן קרובין. ואוקימ' על פי שנים עדים או על פי שלשה עדים יקום דבר במקיימי דבר הכתוב מדבר. כלומר אם נמצא במעידי עדות קרוב או פסול בטלה העדות אבל בבעלי הדין לא. מדחזינן לרבא דהוא בתרא מפרש טעמא דרבי (שמעון) [שמעינן] מינה דהילכתא כוותיה סבירא ליה. ודאמר רבי במשנתנו בזמן שהתרו בהן אמר רבא היכי אמרינן להו כלומר (אין) [איזו] דרך זו התראה ששנה במשנתנו. ואמר אמרינן להו למיחזי אתיתו שמא שמעתם צעקה ורצתם לראות מה היא ולא לעדות נקבצתם ונזדמן לכם וראיתם שזה הרג את זה או נזדמן לכם וראיתם שזה הלוה לזה כך וכך ממון אם כן ראיתם מה יעשו שני אחין שראו באחד שהרג את הנפש תיבטל העדות בכך והן לא באו להעיד אלא לראות בלבד. ועמד הדבר כי אין העדות מתבטלת אלא אם אומרים להעיד נתכוונו ונתקבצו לכך ונמצא א' מאלו שנתוועדו לעדות קרוב או פסול. ויש מי שמפרש כי בזמן ההגדה אומרים להן לראות באתם (אין) [או] להגיד העדות באתם. ויש על הפירוש הזה ב) פירכא ולא חפצנו להאריך. אמנם הדבר שקבלנו מרבותינו הוא שפירשנו. וקי"ל כרבי דאמר רב נחמן הלכתא כרבי ועוד דהא רבא מפרש לטעמיה. ודייקא מתני' בעדות ממון עדות על פה דומיא דעדות נפשות אבל עדות בשטר לא מיפרשא הכא כל עיקר וקי"ל בעדות בשטר תתקיים העדות בשאר וכדחזקיה דאמר בגמרא דגט פשוט (דף קסב:) מילאהו בקרובים כשר ג) וכבר פירשנוהו במקומו:

חשק שלמה על ר"ח א) נראה דצ"ל והנה הוא קרוב אבל עצמו יבטל העדות וכו'. ב) בריטב"א כ' שנראה מפי' ר"ח ז"ל כפי' הזה וצ"ע. ג) דברי ר"ח אלו מובאין בחי' הרמב"ן ור"ן.

A quote from the Mishnah:

רַבִּי עֲקִיבָא אוֹמֵר לֹא בָא בָא שְׁלִישִׁי כו׳ וּמַה שְׁנַיִם כו׳ — **R' AKIVA SAID: THE THIRD IS NOT MENTIONED etc. AND JUST AS** with **TWO** etc. [if one of them was found to be a relative or a disqualified witness, their testimony is invalidated, so too with three, if one of them was found to be a relative or a disqualified witness, their testimony is invalidated].

Rav Pappa questions this:

אֶלָּא מֵעַתָּה אָמַר לֵיהּ רַב פַּפָּא לְאַבַּיֵּי — **Rav Pappa said to Abaye:** הֵרוּג יַצִּיל — **If so, let** the presence of **the murdered man save** the murderer by invalidating the testimony of the others! Since the victim was a witness to his own murder, and is disqualified to testify about it[11] (even if this were physically possible), he should invalidate the testimony of all the other witnesses and make it impossible to convict the murderer![12] — ? —

Abaye answers:

כְּשֶׁהֲרָגוֹ מֵאֲחוֹרָיו — It is possible for a murderer to be convicted **when [the murderer] killed [his victim] from behind.**[13] In this manner the victim was not witness to his own murder and would therefore not invalidate the testimony of the actual witnesses.

Rav Pappa asks again of Abaye:

נִרְבַּע יַצִּיל — **Let** the presence of **a sodomized man save** the sodomizer from being convicted![14] — ? —

Abaye again replies:

כְּשֶׁרְבָעוֹ מֵאֲחוֹרָיו — It is possible for a sodomizer to be convicted **when he sodomized him from behind** in such a way that the one sodomized was unable to see him. Thus, he was not a witness to the act.

But, Rav Pappa asks:

הוֹרֵג וְרוֹבֵעַ יַצִּילוּ — **Let** the presence of **the murderer and the sodomizer save** themselves. Since they certainly witnessed their own actions but are ineligible to testify against themselves, they should invalidate the testimony of everyone else as well.[15]

אִישְׁתִּיק — **[Abaye] remained silent;** he had no answer.

Rava replies:

כִּי אֲתָא לְקַמֵּיהּ דְּרָבָא — **When [Rav Pappa] came before Rava** he asked Rava the same questions he had asked Abaye. אָמַר לֵיהּ — **[Rava] said to him:** ,,יָקוּם דָּבָר״ — The verse states: *By the word of two witnesses or by the word of three witnesses* ***a matter shall be established.***[16] בְּמִקַּיְּמֵי דָּבָר הַכָּתוּב מְדַבֵּר — This indicates that when Scripture speaks of witnesses, **it is with regard to those who establish** the facts of **the matter that Scripture speaks,** and not with regard to the participants in the matter.[17] Hence, neither the murderer or his victim, nor the

---

NOTES

the testimonies are joined, and the witnesses are considered to belong to one set.

11. The murdered man is disqualified to testify because he is a relative of one of the principals in the case — himself! (*Rashi;* cf. *Mordechai* to *Sanhedrin* §695 who rules that a murdered man's relatives are eligible to testify against the murderer; *Radvaz* vol. 4 §1302 sides with *Rashi; Rama, Choshen Mishpat* 33:16 rules according to *Mordechai;* see *Afikei Yam* §39 at length). *Tosafos* suggest that the victim may also be disqualified as an enemy of the defendant, since he hates the person who kills him. For still other explanations, see *R' Yosef Bechor Shor,* cited in *Tosafos* ד״ה נרבע יציל and *Riva* cited in *Mordechai* ibid.; see also *Shach, Choshen Mishpat* ibid.

12. [Rav Pappa's question is obviously not intended to prove that murderers cannot be tried — since the Torah clearly states otherwise. Rather, his argument is that the rule asserted by the Tanna of the Mishnah cannot be true since it would lead to the impossible conclusion that murderers cannot be convicted!]

Rav Pappa's argument is directed at R' Yose's view. Unlike Rebbi, R' Yose does not require a disqualified witness to participate in the warning to become part of the group. Rather, he considers anyone who saw the crime part of the group even if they did not intend to testify. Thus, the victim should also be considered one of the witnesses to the crime of his murder, and his presence should disqualify all the others who witnessed the crime (*Rashi*). According to Rebbi, however, this would not pose a problem since the victim would not become part of the set unless he warned the murderer.

[Clearly, the Gemara assumes at this point that it is not necessary for the disqualified witness to actually testify in court in order to invalidate the rest of the testimonies (see note 5 above).]

13. That is, all the Scriptural sources that speak of executing a murderer must be speaking of just such a case (*Rashi*).

14. A man who commits sodomy upon another man is liable to execution, as is the one sodomized if he is a willing participant (*Leviticus* 20:13). Here too, the victim of the sodomy should be counted as a witness and he should disqualify the entire set of witnesses because he is a relative to one of the principals — himself (*Teshuvos Radvaz* vol. 4 §1302, according to the view of *Rashi;* see note 11).

[The Gemara in *Sanhedrin* 9b states that an unwilling victim of sodomy is actually *qualified* to bear witness against his sodomizer, and it is only a willing partner who is disqualified — because his participation in the perverse act brands him a sinner. For this reason, *Tosafos* explain that Rav Pappa's question refers specifically to the case of a willing participant. This does not, however, appear to be *Rashi's* understanding. See *Radvaz* (ibid.) who suggests several ways of reconciling the Gemara in *Sanhedrin* with our Gemara according to the view of *Rashi.*]

15. [Murderers and sodomizers are principals in their respective cases as well as sinners. They are therefore disqualified to testify about it.]

16. *Deuteronomy* 19:15.

17. Thus, when we derive from this verse that even a large set of witnesses is treated the same as a set of two [so that the disqualification of one invalidates the testimony of all], the verse refers only to those who observed the incident [מְקַיְּמֵי הַדָּבָר] and not to those who participated in it [עוֹשֵׂי הַדָּבָר] (*Rashi*). [*Rashi's* statement that this verse serves as the source for the Mishnah's rule that three witnesses are treated the same as two indicates that this verse was quoted in his text of the Mishnah. See above, 5b note 51.]

According to many Rishonim (*Tosafos* ד״ה שמואל; *Rosh; Ritva*), the Gemara now abandons the view that disqualified witnesses become part of the set (according to R' Yose) merely by seeing. Once Rava makes the point that the verse speaks specifically of those who establish the facts of the matter, we also learn from the verse that only those who actually come to court and testify about it are considered witnesses, since only these can be said to be "establishing the matter." Rebbi, too, agrees with this (*Tosafos* ד״ה שמואל; see *Ritva*). If so, what does Rebbi mean when he asks: "What should two brothers do who saw someone commit a murder?" Surely there is the option of having one of the brothers refrain from coming to testify! *Tosafos* answer that the question is as follows: What can two brothers do who, unbeknown to each other, saw someone commit a murder? Each will surely do his duty and come forward to testify. Yet in doing so, the second brother coming to testify will unwittingly invalidate all the testimony to the crime. If, however, the invalidation is restricted to those who participated in the warning, we can assume that one brother will know of the other's participation and one will refrain from testifying. See *Rosh* and *Ritva* for other answers.

[*Rashi* nowhere indicates that he understands the Gemara to be retracting its basic premise that witnesses become joined simply by intending to testify. Indeed, his explanation that "those who establish the matter" comes to exclude "the participants in the matter" (and not "those who fail to testify about the matter") indicates that he does *not* share the view of these Rishonim (see *Shiurei R' Shmuel* §268). But if indeed he does not, then how does *Rashi* explain Rava's earlier statement that witnesses must testify תּוֹךְ כְּדֵי דִּיבּוּר, *within the time required for an utterance* of each other in order for disqualified witnesses to invalidate the testimony of the others? If they need not even come to court in order to invalidate, then surely it is not necessary for them to testify within this brief time if they do come! (This is a problem specifically according to *Rashi,* who maintains that Rava's earlier ruling applies to this law as well; see note 8.)

The simplest answer would seem to be that *Rashi* shares the view of *Ramah* (cited in *Tur Choshen Mishpat* 36 and *Nimukei Yosef*) that disqualified witnesses become joined to the others *either* by intending to testify *or* by coming to court and testifying within this brief span of each

אמר רבי יוסי במה דברים אמורים בדיני נפשות אבל בדיני ממונות תתקיים העדות בשאר רבי אומר ° א אחד דיני ממונות ואחד דיני נפשות ואימתי בזמן שהתרו בהן אבל בזמן שלא התרו בהן מה יעשו שני אחין שראו באחד שהרג את הנפש: **גמ'** אמר רבא ב והוא שהעידו כולם בתוך כדי דיבור א) אמר ליה רב אחא מדפתי לרבינא מכדי תוך כדי דיבור היכי דמי ב) ג כדי שאילת תלמיד לרב מאה טובא הוו אמר ליה ד כל חד וחד בתוך כדי דיבור של חבירו: ג) רבי עקיבא אומר לא בא שלישי כו' ומה שנים כו': אמר ליה רב פפא לאביי אלא מעתה הרוג יציל כשהרגו מאחוריו נרבע יציל כשרבעו מאחוריו הורג ורובע יצילו אישתיק כי אתא לקמיה דרבא אמר ליה א) יקום דבר במקיימי דבר הכתוב מדבר: ד) אמר רבי יוסי במה דברים אמורים וכו' מה יעשו שני אחים כו': היכי אמרינן להו אמר רבא ה הכי אמרי' להו למיחזי אתיתו או לאסהודי אתיתו אי אמרי לאסהודי אתו נמצא אחד מהן קרוב או פסול עדותן בטלה אי אמרי למיחזי אתו ° ו) מה יעשו שני אחין שראו באחד שהרג את הנפש: איתמר אמר רב יהודה אמר שמואל הלכה כר' יוסי ורב נחמן אומר י הלכה כרבי:

מתני'

רש"י

בדיני נפשות. דכתיב והצילו העדה ומהדרינן אזכותא: **אחד דיני ממונות.** נמי עדותן בטלה: **בזמן שהתרו בהן.** ובדיני נפשות כי אמרינן בטלה בזמן שהקרוב או הפסול נשתתף בעדות מתחלה להיות מן המתרין בעוברי עבירה: אבל אם לא התרו בהן ולא כוונו להיות עדים בדבר לא בטלה עדות האחרים בשביל ראייתן של אלו דמה יעשו שני אחין שראו עם שלישי מן השוק באחד שהרג את הנפש: **גמ' והוא שהעידו כולן בתוך כדי דיבור.** התם קאמרה מתני' מאה כשנים אבל אם העידו השנים ולאחר זמן העידו האחרים הרי הן כשתי כתות לכל דבר: **וכל אחד ואחד.** התחיל להעיד בתוך כדי דיבור של סיומו של חבירו: **הרוג יציל.** לרבי יוסי דאמר אף בלא התרו שלא נתכוון להעיד הוא מציל את הנדון מפני קורבה הרוג נמי יציל את הנדון שהרי גם הוא ראה והוא קרוב אצל עצמו: **כשהרגו מאחוריו.** מתקיימין כל המקראות שמחייבין את הרוצח ליהרג: **יקום דבר.** כתיב בהאי קרא שעשאן לכולם כשנים דהיינו העדים אבל לא בעושי הדבר: **היכי אמרינן להו.** לקרוב ופסול למבדקינהו אם מתחלה לעדות נתכוונו:

תוספות

אמר רבי (א) יוסי במה דברים אמורים בדיני נפשות. פי' הקונטרס משום דכתיב והצילו העדה דמצוה לבטל העדות בקל כדי להציל הנפש וקשה לפירושו דא"כ דיני ממונות נילף מינייהו דהא כתיב משפט אחד יהיה לכם ועוד דבדיני ממונות נמי כתיב ע"פ שנים או ע"פ שלשה ומקיש ג' לב' לכך פירש ר"י דבדיני נפשות שייך שפיר למילף משנים דעדותן בטלה משום דמה שנים כי נמצא אחד מהן קרוב או פסול עדותן בטלה לגמרי ומעתה אינה מועלת לכלום הלכך בשלשה נמי כולם בטלים לגמרי אבל בדיני ממונות דבשנים נמי כי נמצא אחד מהן קרוב או פסול השני אינו בטל לגמרי דחייב לו שבועה לכך ז) [שלשה] נמי נמצא אחד מהן קרוב או פסול תתקיים העדות בשאר עדים:

אמר רבא והוא שהעידו כולם בתוך כדי דיבור. [פ"ה] ובהא קאמרה מתניתין דמאה כשנים אבל אם העידו השנים ולאחר זמן העידו האחרים הרי הן שתי כתי עדים לכל דבר משמע דקאי אף לענין קרוב או פסול וקשה דהא משמע בסמוך דלענין דין דקרוב או פסול אינו תלוי בהעדאה בתוך כדי דיבור אלא ח) בראיית מעשה גמרה עדותן אף כי העידו אחר תוך כדי דיבור דקאמר הרוג יציל לכך נראה דלא קאי רק אדין דעדים זוממין דקאמר עד שיזומו כולם ובהא קאמר דוקא כי העידו כולם בתוך כדי דיבור דזה הוי עדות אחד ובעינן עד שיזומו כולם אבל העידו מקצתן בתוך כדי דיבור ומקצתן אחר כדי דיבור א"כ הוי שתי כתות ולא בעינן עד שיזומו כולם ° אבל לענין נמצא אחד קרוב או פסול אף אם נמצא מהני שהעידו לאחר כדי דיבור עדותן בטלה וא"ת מ"ש ויש לומר שנא ושנא דדוקא גבי נמצא אחד מהן קרוב או פסול חשיב כחד עדות כשהעידו לאחר כדי דיבור משום שהם אומרים אמת וא"כ עדותן התחיל מראייה שלהם וראייה שלהם היתה בבת אחת עם העדים אבל בעדים זוממין שאינן אומרים אמת אם כן לא בא עדותן אלא כשיעידו בבית דין וכיון דלא העידו בבת אחת רק לאחר כדי דיבור לא חשבינן כחד עדות כן נראה למשי"ח: ט) **אלא** מעתה הרוג יציל. פירוש שהוא בעל דין אי נמי מפני שהוא שונא ושונא פסול לעדות [ועיין תוס' יבמות כה. ד"ה הוא וכו' באריכות]: **נרבע** יציל. מפני שהוא שונא של רובעו בעל אונסו ולא נראה דהא מוכח פ"ק דסנהדרין (דף ט: ושם) דנרבע לאנסו כשר לעדות ויש ליישב דמנרבע לרצונו פריך דבהכי איירי קרא דכתיב ומתו גם שניהם דהיינו ברצון ולהכי פריך יציל הנרבע אפילו יש עדים הרבה בדבר ולא מפני ששונאו כיון שהוא לרצונו אלא מפני שהוא י) קרוב לעצמו וקשה דבמסכת סנהדרין (שם) אמרינן פלוני רבעני לרצוני הוא ואחר מצטרפין להרגו וי"ל דהני מילי כי ליכא סהדותא מעלמא דרבעו לרצונו וליכא סהדותא אלא מהוא עצמו ואחר ולכך פלגינן לדיבוריה דלגבי דידיה לא מהימנין ליה דקרוב הוא אצל עצמו אבל הכא דאיכא עדים שנרבע לרצונו ומעדותן נקרא רשע ופסול לעדות ואין אנו צריכין לעדותו כלל ועוד אמר הר' יוסף בכור שור דפריך הכי נרבע שהוא קרוב לרובע יציל וכן הרוג שהוא קרוב להורג יציל כ): **היכי** אמרינן להו. קאי אדיני ממונות בשלמא אדיני נפשות לא קשה היכי אמרינן כו' דניחזי אנן אם התרו בו הקרוב והפסול אם לאו אלא פריך בדיני ממונות דליכא התראה:

לאסהודי אתיתו. קשה דאם כן לא יהרג אדם לעולם דהקרובים יבואו ויאמרו לאסהודי אתינן ופירש רבינו חיים כהן דאמרינן לעדים כשרים לאסהודי עם הפסולין אתיתו או למיחזי אתיתו בלא הפסולין ואי אמרי הכשרים למיחזי אתינו בלא הפסולים אז לא הוי עדותן בטלה אפילו אם נמצא אחד מהן קרוב או פסול אבל אי אמרי לאסהודי אתינו עם הפסולין הוי עדותן בטילה ומכל מקום תימה קצת היאך יהיו גם העדים כשרים נאמנים לומר לאסהודי אתינן כדי לבטל העדות הוו ליה כחוזר ומגיד כיון שכבר העידו וי"ל דסברא (ב) דכיון דבאין לבית דין עם הכשרים עכשיו נראין הדברים שמתחלה כולהו לאסהודי קא אתו דהוכיח סופן על תחלתן:

שמואל אומר הלכה כרבי יוסי. קשה היאך מלינו ידינו ורגלינו כשנותנין גט שיש במעמד קרובים והיה לנו לומר דעדות הכשרים בטל והאי דומיא דדיני נפשות דשרינן אשת איש שיש בה מיתת בית דין וטעם דפרישית לעיל (ג) גבי עדות נפשות שייך נמי בגט וגם לרבי נמי קשה שפעמים יתכוין אחד מן הקרובים להעיד לכן נראה לר"י דגם לר' יוסי לא אמרו דעדותן בטלה אלא דוקא באותן שמעידים בפני ב"ד אבל בשביל ראייה לחודה לא וא"ת א"כ מאי פריך הרוג יציל והא אינו הולך להעיד בבית דין ואומר הר"י דודאי מתחלה היה סבור הש"ס לרבי יוסי כי נמי אינן באין להעיד בב"ד עדותן בטלה ומשני במקיימי דבר הכתוב מדבר כלומר כשבאין לקיים הדבר בבית דין אמר רבי יוסי נמצא אחד מהן קרוב או פסול דעדותן בטלה ואם תאמר א"כ מאי פריך לעיל מה יעשו שני אחין וכו' והלא אין שום חשש אם לא יבאו להעיד בבית דין כדפירשתי ויש לומר משום דפעמים שלא ידע זה בזה ויעיד האחד אע"פ שכבר העיד אחיו בב"ד ואפילו אירע לאחר כדי דיבור מכל מקום עדותן בטלה משום דמקשינן שלשה לשנים (ד) נמצא קרוב או פסול בזה אחר זה אע"פ דלענין הזמה בעינן תוך כדי דיבור:

היו

עין משפט נר מצוה

מג א מיי' פ"ה מהלכות עדות הלכה ג סמג לאוין ריג:
מד ב מיי' שם פ"כ הלכה ג סמג שם טוש"ע ח"מ שם:
מה ג מיי' פ"ב מהלכות שבועות הלכה יז:
מו ד מיי' פ"כ מהלכות עדות הלכה ג סמג עשין קי טוש"ע ח"מ סי' לח:
מז ה ו מיי' שם פ"ה הלכה ג והלכה ד ה סמג לאוין ריג טוש"ע ח"מ סימן לו סעיף א:

רבינו חננאל

ואוקימ' למתני' בזמן שק' כולן כל אחד מהן העיד בתוך כדי דבור של חברו דקי"ל תוך כדי דיבור כדיבור דמי וכאילו כולן בבת אחת העידו ואינן יכולים האחרונים לומר כי הראשונים הן שחייבוהו ואנחנו לא עשינו כלום: כיון ששנינו מה שנים נמצא אחד מהן קרוב או פסול עדותן בטילה אף ג' נמצא א' מהן קרוב או פסול כו'. ואקשינן אי הכי לא תתקיים עדות לעולם שהרי ההרוג מגיד עם העדים על ההורג והנה הוא קרוב א) מבטל העדות ויציל ההורג. ודחי' כגון שבא והכהו הכאת מות מאחוריו שאינו מכיר מי הכהו כדי להעיד אלא העדים הן בלבד שראוהו והן המעידין עליו וכן הנרבע כיוצא בו כשרבעו מאחריו ולא ראהו. ואקשינן ההורג (והנרבע) [והרובע] שאי אפשר לומר שלא ראו אם יודו ינצלו ותבטל העדות כולה שהרי נכללו עמהן קרובין. ואוקימ' על פי שנים עדים או על פי שלשה עדים יקום דבר במקיימי דבר הכתוב מדבר. כלומר אם נמצא במעידי עדות קרוב או פסול בטלה העדות אבל בבעלי הדין לא. מדחזינן לרבא דהוא בתרא מפרש טעמא דרבי (שמעון) [שמעינן] מינה דהילכתא כוותיה סבירא ליה. ודאמר רבי במשנתנו בזמן שהתרו בהן אמר רבא היכי אמרינן להו כלומר (אין) [איזו] דרך זו התראה ששנה במשנתנו. ואמר אמרינן להו למיחזי אתיתו שמא שמעתם צעקה ורצתם לראות מה היא ולא לעדות נקבצתם ונזדמן לכם וראיתם שזה הרג את זה או נזדמן לכם וראיתם שזה הלוה לזה כך וכך ממון אם כן ראיתם מה יעשו שני אחין שראו באחד שהרג את הנפש תיבטל העדות בכך והן לא באו להעיד אלא לראות בלבד. ועמד הדבר כי אין העדות מתבטלת אלא אם אומרים להעיד נתכוונו ונתקבצו לכך ונמצא א' מאלו שנתוועדו לעדות קרוב או פסול. ויש מי שמפרש כי בזמן ההגדה אומרים להן לראות באתם (אין) [או] להגיד העדות באתם. ויש על הפירוש הזה ב) פירכא ולא חפצנו להאריך. אמנם הדבר שקבלנו מרבותינו הוא שפירשנו. וקי"ל כרבי דאמר רב נחמן הלכתא כרבי ועוד דהא רבא מפרש לטעמיה. ודייקא מתני' בעדות ממון עדות על פה דומיא דעדות נפשות אבל עדות בשטר לא מיפרשא הכא כל עיקר וקי"ל בעדות בשטר תתקיים העדות בשאר וכדחזקיה דאמר בגמרא דגט פשוט (דף קסב:) מילאהו בקרובים כשר ג) וכבר פירשנוהו במקומו:

חשק שלמה על ר"ח א) נראה דל"ל והנה הוא קרוב אצל עצמו יבטל העדות וכו'. ב) בריטב"א כ' שנראה מפי' ר"ח ז"ל כפי' הזה ול"ע. ג) דברי ר"ח אלו מובאין בחי' הרמב"ן והר"ן.

מסורת הש"ס

א) [שבועות לב. ע"ש], ב) [שבועות לב. ע"ש נזיר כ: נדרים פז. ב"ק עג: ב"ב קכט:], ג) צ"ל א"ר יוסי וכו' מהרש"ל, ד) צ"ל רבי אומר וכו'. מהרש"ל, ה) צ"ל עדותן מתקיימת. מהרש"ל, ו) מה יעשו כו' פיסקא בפ"ע. מהרש"ל, ז) גירסת מהרש"ל, ח) גי' רש"א דראיית מעשה גרמה, ט) זה הדיבור וד"ה נרבע הד"א. מהרש"ל, י) גי' מהרש"ל רשע ופסול לעדות ומיהו קשה כו' אמר רבא כו' מפני שאדם קרוב אצל עצמו וי"ל, כ) [ועי' תוס' יבמות כה. ד"ה הוא וכו'].

הגהות הב"ח

(א) תוס' ד"ה אמר ר' יוסי. נ"ב ע"ל בתוס' סוף דף זה בד"ה בדיני: (ב) ד"ה לאסהודי וכו' וי"ל דסברא הוא דכיון: (ג) ד"ה שמואל וכו' דפרישית לעיל. נ"ב בד"ה א"ר יוסי: (ד) בא"ד דמקשינן שלשה לשנים לענין נמצא:

גליון הש"ס

גמ' אחד דיני ממונות. עי' שבועות דף לה ע"א תוד"ה או: תוס' ד"ה אמר רבא וכו' אבל לענין נמצא כו'. עי' סנהדרין לא ע"א תוד"ה שב"ש:

תורה אור השלם

א) לֹא יָקוּם עֵד אֶחָד בְּאִישׁ לְכָל עָוֹן וּלְכָל חַטָּאת בְּכָל חֵטְא אֲשֶׁר יֶחֱטָא עַל פִּי שְׁנֵי עֵדִים אוֹ עַל פִּי שְׁלֹשָׁה עֵדִים יָקוּם דָּבָר: [דברים יט, טו]

ליקוטי רש"י

שאין עונשין מן הדין. אבל מקל וחומר שאדם דן ק"ו מעצמו אע"פ שלא קבלו מרבו אין עונשין ממנו כדילפינן במכות [סנהדרין ע"ג ע"א בד"ה הקישא]. **אין עונשין מן הדין.** ונאמר דכשם שהזהיר עליה כך ענש עליה [כעי"ז כריתות ג.]. שהרי ענש על בת אמו שלא בת אביו ובת אביו שלא בת אמו שנאמר בת אביו או בת אמו ויש לומר כל שכן שענש על בת אביו ובת אמו אבל אם אמרת כך ענשת מן הדין לכך נאמר אחותו דסיפא [לקמן יד.]. [וכעי"ז בזבחים קו:]. **אחותך היא.** דלענין אזהרה כתיב אחותך היא יתירא להזהיר על אחותו בת אביו ובת אמו וכו' [לקמן י"ד ע"א בד"ה גמר]. **אין מזהירין.** מדין קל וחומר אף על פי שאדם דן קל וחומר מעצמו אינה אזהרה ללאו [פסחים כד.]. **אין מזהירין מן הדין.** מק"ו אם על בת אביו שלא בת אמו הוזהר על בת אביו ואמו לא כל שכן [יבמות כב:]. **רשע רשע.** כתיב בדיני נפשות (במדבר לה) אשר הוא רשע למות וכתיב בחייבי מלקות (דברים כה) והיה אם בן הכות הרשע. **רוצח רוצח.** כתיב בחייבי מיתות (במדבר לה) יומת הרוצח וכתיב (שם) בחייבי גלות לנוס שמה רוצח [סנהדרין לג:]. **ואין לוקין.** אם העידוהו שחייב מלקות [חגיגה טז:]. **בפני שמעון בן שטח.** שאם יטעה ילמדהו [חגיגה טז:]. **על פי שנים עדים או שלשה עדים.** אם מתקיימת עדות בשנים למה פרט לך בשלשה להקיש שלשה לשנים מה שנים עדות אחת אף שלשה עדות אחת ואין נעשין זוממין עד שיזומו כולם [דברים יז, ו]. **לא בא השלישי וכו'.** דממשמע שנאמר (דברים יט) על פי שנים עדים כל שכן שלשה למה נאמר או שלשה עדים אלא להחמיר עליו ליתן חומר בעדי שקר ששלישי זה אע"פ שלא היה זה נידון על פיו למיתה שהרי בשנים שהעידו תחלה נמי היה נידון אפילו הכי עשה הכתוב את דינו כיוצא באלו אם הוזמו יהרג אף השלישי מפני שניטפל לעוברי עבירה [סנהדרין ט.]. **לא בא השלישי.** דמקיש שלשה לשנים דאם נמצא שלישי קרוב או פסול עדות של כולן בטלין הלכך בדקינן ליה בהדייהו דאי מתזם או מתכחש מבטלין לסהדותייהו [סנהדרין ס.]. **על אחת כמה וכמה.** קל וחומר שישלם שכר וכו' דקיימא לן מדה טובה מרובה ממדת פורענות הלכך קל וחומר הוא [סנהדרין ט.]. **על אחת כמה וכמה.** דמדה טובה מרובה ממדת פורענות אחד מחמש מאות דבמדת פורענות כתיב (שמות כ) פוקד עון אבות על בנים על שלשים ועל רבעים ובמדה טובה כתיב (שם) עושה חסד לאלפים ומתרגמינן לאלפין דרי ארבעה דורות כנגד אלפים דורות היינו אחד מחמש מאות מיעוט לאלפים אינו פחות משני אלפים וכל שכן אם כפשוטו דמשמע אלפים עד סוף כל הדורות [מכות כג.]. [ע"כ שייך לדף ה ע"ב] **אמר רבי יוסי במה דברים אמורים.** דעדותן בטלה. **בדיני נפשות.** דרחמנא אמר (במדבר לה) והצילו העדה דמהדרינן בתר זכותא לבטל העדות ולא יהרג לא הוא ולא הם. **רבי אומר אחד דיני ממונות ואחד דיני נפשות** שוין בכך דעדותן בטלה. **ואימתי.** בדיני נפשות עדותן בטלה. **בזמן שהתרו.** הקרוב או הפסול בעוברי עבירה שגילו דעתם שאף הם נעשים עדים והרי הכתוב הקיש שלשה לבטל העדות אם יש קרוב או פסול אבל לא התרו הקרוב והפסול בעוברי עבירה אלא שתקו והכשרים התרו בהן אין אלו נעשים עדים ומתקיים העדות בשאר: [סנהדרין ט.]. **תוך כדי דיבור.** כל שני דברים שאדם מוציא מפיו זה אחר זה בתוך כדי דיבור שסיים דבור הראשון התחיל דיבור האחרון. [רשב"ם בבא בתרא]. **תלמיד לרב.** שלום עליך רבי [שבועות לב.]. **כל חד וחד בתוך כדי דיבור של חבירו.** כשגמר זה וכו' התחיל זה לדבר בתוך כדי שאילת שלום [שבועות לב.]. **הכי אמרינן להו וכו'.** כלומר כשבאתם לראות את המעשה לאיזה דעת באתם לראות או להעיד וכו' נמצינו למדין שבאו לראות מעשה כדי להעיד חשבינן ליה עד ואפילו לפסול כל חביריו לבטל עדותן אם הוא פסול [רשב"ם ב"ב קי"ג ע"ב בד"ה ג' שנכנסו]. **ורב נחמן אומר הלכה כרבי.** וקי"ל הלכה כרב נחמן בדיני [שם].

sodomizer and his partner, can be considered "witnesses" in this context, and they do not invalidate the testimony of others.

An abbreviated quote from the Mishnah introduces the next section:

אָמַר רַבִּי יוֹסֵי בַּמֶּה דְּבָרִים אֲמוּרִים וכו׳ מַה יַּעֲשׂוּ שְׁנֵי אַחִים כו׳ – **R' YOSE SAID: REGARDING WHAT WAS THIS SAID** etc. Rebbi says: Whether in monetary cases or in capital cases [the disqualification of a single witness invalidates the testimony of the entire group]. But when is this so? Only when they [the disqualified witnesses] warned them. But if they did not warn them, **WHAT SHOULD TWO BROTHERS DO?** etc. [who saw someone murder a person].

According to Rebbi, those seeing an event must intend from the very beginning to serve as witnesses in order for the disqualification of one of them to invalidate the testimony of the others.[18] Although Rebbi stated that this intention is determined by their participation in the warning, the Gemara nevertheless assumes that there must be other ways to establish this, since warning is relevant only to capital cases, while Rebbi extends the invalidation even to monetary cases.[19] The Gemara therefore asks:

הֵיכִי אַמְרִינַן לְהוּ – **What do we** [the court] **say to** [the disquali-

fied witnesses] to determine whether they had intended to serve as witnesses when they observed the incident?[20]

The Gemara answers:

אָמַר רָבָא – **Rava said:** הָכִי אַמְרִינַן לְהוּ – **This is what we say to them:** לְמֶיחֱזֵי אֲתִיתוּ – **Did you come** to the scene of the crime merely **to see** what was happening,[21] אוֹ לְאַסְהוֹדֵי אֲתִיתוּ – **or did you come** in order to be able **to testify** about it?[22] אִי אָמְרִי לְאַסְהוֹדֵי אֲתוּ – **If they say they came** to be able **to testify,** they join the set of other witnesses, so that נִמְצָא אֶחָד מֵהֶן קָרוֹב אוֹ פָּסוּל – **if one of them is found to be a relative or a disqualified** [witness] עֵדוּתָן בְּטֵלָה – **their testimony** [the testimony of the entire set] **is invalid.** אִי אָמְרִי לְמֶיחֱזֵי אֲתוּ – **But if they say they came** merely **to see,** the testimony of the others is valid, for if it were not so, מַה יַּעֲשׂוּ שְׁנֵי אַחִין שֶׁרָאוּ בְּאֶחָד שֶׁהָרַג אֶת הַנֶּפֶשׁ – **what should two brothers do who saw someone murder a person?**[23]

The halachah is decided:

אִיתְּמַר – **It has been said:** אָמַר רַב יְהוּדָה אָמַר שְׁמוּאֵל – **Rav Yehudah said in the name of Shmuel:** הֲלָכָה כְּרַבִּי יוֹסֵי – **The halachah is in accord with R' Yose.** וְרַב נַחְמָן אוֹמֵר – **But Rav Nachman says:** הֲלָכָה כְּרַבִּי – **The halachah is in accord with Rebbi.**[24]

NOTES

other. The Mishnah discusses only the first method, and it is in regard to this method that Rebbi comments that simply *seeing* a crime cannot join the witnesses, for what would we then do when two brothers saw a murder being committed? From this Rebbi proves that as long as they did not both *intend* to testify, there is no problem. Rava then adds that even if they did not intend to testify, if they nevertheless *do both testify* within the time of an utterance, they invalidate the testimony of the others (*Shiurei R' Shmuel* §268; see also *Derishah, Choshen Mishpat* 36:1; cf. *Shach, Choshen Mishpat* 36:6). For another answer to this problem see *Gevuras Ari* and *Shiurei R' Shmuel* ibid.]

18. See *Rashi* ד״ה היכי אמרינן להו and note 3 above.

19. *Ritva* ד״ה אימתי, in explanation of *Rashi; Tosafos.* Moreover, while issuing a warning certainly establishes the witness' intention to testify, refraining from warning does not establish that he did not intend to testify. Hence, the court needs another procedure to make this determination (*Ritva*).

20. *Rashi;* see note 22.

21. For example, you heard shouting in the street and ran out to see what was happening (*Rabbeinu Chananel*).

22. *Ritva* in explanation of *Rashi; Rabbeinu Chananel;* see also *Rambam, Eidus* 5:4. Others explain this to mean that we ask the disqualified witnesses whether they came *to court* to testify or merely to observe (*Ritva*, in his first explanation; see *Tosafos, Ritva* and note 24 for yet another interpretation of this Gemara).

23. **In conclusion:** In order for disqualified witnesses to invalidate the testimony of all the witnesses, they must become joined to them in some manner. The Gemara gives several criteria for this. According to Rebbi, they must intend to testify at the time they witness the event; R' Yose, however, does not require this. According to many Rishonim, they must also come to court and testify, as taught by Rava in his exposition of the verse יָקוּם דָּבָר, *a matter shall be established* (see note 17). According to *Rashi's* understanding of Rava's first statement in our Gemara, they must also testify within תּוֹךְ כְּדֵי דִיבּוּר, *the time required for an utterance,* of each other. This, however, is disputed by many Rishonim who maintain that Rava's ruling there does not apply to this law (see note 8).

Since the halachah follows Rebbi (see next note), disqualified witnesses do not invalidate the testimony of other witnesses unless they both intended to testify (when they saw the incident) and then came to court to testify (*Rosh*). Other Rishonim maintain that the only criterion is that the disqualified witnesses intend to testify (*Rambam, Eidus* 5:4; see *Tur* and *Beis Yosef, Choshen Mishpat* 36:1). The view of *Ramah* is that *either* intending to testify *or* testifying together within the time of an utterance causes the disqualified witnesses to become joined to the other witnesses and invalidate their testimony. As noted above (note 17), this may be *Rashi's* view as well.

[It should be noted that every facet of this Gemara is subject to numerous explanations in the commentaries of the Rishonim and Acharonim, among the commentators on the *Shulchan Aruch,* and in the classic *Teshuvos.* To deal with these would take us far beyond the scope of our work. We have therefore limited ourselves to explaining the views of *Rashi* and the Rishonim whose views most directly impact on our understanding of *Rashi.* Even so, much has of necessity been left undiscussed.]

24. *Rambam* (*Eidus* 5:3,4) rules in accord with Rebbi. See also *Rosh* and *Choshen Mishpat* 36:1.

Tosafos raise an interesting question: A divorce is not valid unless it takes place before qualified witnesses. Since relatives are often present and therefore witnesses to the proceeding, why do these relatives not invalidate all the other witnesses? This is especially problematic according to R' Yose who automatically considers everyone who sees an event part of the set of witnesses. However, it is a problem even according to Rebbi, since it is possible that one of the relatives will unwittingly intend to view the proceedings as a witness, which would make him part of the set and disqualify all the witnesses.

It could be argued that for this reason it is customary to designate specific witnesses for the proceeding. Doing so effectively disqualifies everyone but the designees from serving as witnesses and thereby prevents any disqualified witnesses from becoming part of the set. However, *Ritva* (who asks *Tosafos'* question in regard to *kiddushin,* which must also be performed before witnesses) demonstrates that it is not necessary to designate witnesses, and that it was not customary to do so in Talmudic times.

Tosafos and *Ritva* answer that since (in their view) a disqualified witness invalidates the rest of the testimony only if he actually testifies in court, the mere presence of relatives at a divorce would not disqualify the set of witnesses even if the relatives intended to serve as witnesses. *Ritva* offers another answer, based on the view of *Rif,* who maintains that a disqualified witness does not invalidate the testimony of the other witnesses unless the *qualified* witnesses intended to testify with him (see also *Ramban* and *Rabbeinu Chaim Kohen,* cited by *Tosafos* ד״ה לאסהודי). Accordingly, as long as the witnesses to the divorce intend not to join with the relatives, the divorce is valid. However, *Rashi* clearly does not accept the latter principle, for he states explicitly that it is the *disqualified* witnesses who are asked about their intentions to testify (see note 22). And as noted above, it is unclear whether he accepts the principle upon which the first answer is based (see note 17). *Ketzos HaChoshen* (36:6) proposes yet another remedy for this problem, but concludes that it is best to designate specific witnesses so that there be no question about the validity of the divorce proceeding (see also *Ritva,* who notes that the custom to do so is based on the concern for *Rashi's* view). The custom today is indeed to designate witnesses (see *Shach, Choshen Mishpat* 36:8 and *Pischei Teshuvah, Even HaEzer* 42:12).

אמר רבי יוסי במה דברים אמורים בדיני נפשות אבל בדיני ממונות תתקיים העדות בשאר רבי אומר [א] אחד דיני ממונות ואחד דיני נפשות ואימתי בזמן שהתרו בהן אבל בזמן שלא התרו בהן מה יעשו שני אחין שראו באחד שהרג את הנפש: גמ' אמר רבא [ב] והוא שהעידו כולם בתוך כדי דיבור [א] אמר ליה רב אחא מדפתי לרבינא מכדי תוך כדי דיבור היכי דמי [ב] [ג] כדי שאילת תלמיד לרב מאה טובא הוו אמר ליה [ד] כל חד וחד בתוך כדי דיבור של חבירו: [ג] רבי עקיבא אומר לא בא שלישי כו' ומה שנים כו': אמר ליה רב פפא לאביי אלא מעתה הרוג יציל כשהרגו מאחוריו נרבע יציל כשרבעו מאחוריו הורג ורובע יצילו אישתיק כי אתא לקמיה דרבא אמר ליה [א] יקום דבר במקיימי דבר הכתוב מדבר: [ד] אמר רבי יוסי במה דברים אמורים וכו' מה יעשו שני אחים כו': היכי אמרינן להו אמר רבא [ה] הכי אמרי' להו למיחזי אתיתו או לאסהודי אתיתו אי אמרי לאסהודי אתו נמצא אחד מהן קרוב או פסול עדותן בטלה אי אמרי למיחזי אתו [ה] [ו] מה יעשו שני אחין שראו באחד שהרג את הנפש: איתמר אמר רב יהודה אמר שמואל הלכה כר' יוסי ורב נחמן אומר [י] הלכה כרבי: מתני'

רש"י

בדיני נפשות. דכתיב והצילו העדה ומהדרינן אזכותא: אחד דיני ממונות. נמי עדותן בטלה: בזמן שהתרו בהן. ובדיני נפשות כי אמרינן בטלה בזמן שהקרוב או הפסול נשתתף בעדות מתחלה להיות מן המתרין בעוברי עבירה: אבל אם לא התרו בהן ולא כוונו להיות עדים בדבר לא בטלה עדות האחרים בשביל ראייתן של אלו דמה יעשו שני אחין שראו עם שלישי מן השוק באחד שהרג את הנפש: גמ' והוא שהעידו כולן בתוך כדי דיבור. הא דקאמרה מתני' מאה כשנים אבל אם העידו השנים ולאחר זמן העידו האחרים הרי הן כשתי כתות לכל דבר: וכל אחד ואחד. התחיל להעיד בתוך כדי דיבור של סיומו של חבירו: הרוג יציל. לרבי יוסי דאמר אף בלא התרו שלא נתכוון להעיד הוא מציל את הנדון מפני קורבה הרוג נמי יציל את הנדון שהרי גם הוא ראה והוא קרוב אצל עצמו: כשהרגו מאחוריו. מתקיימין כל המקראות שמחייבין את הרוצח ליהרג: יקום דבר. כתיב בהאי קרא שעשאן לכולם כשנים דהיינו העדים אבל לא בעושי הדבר: היכי אמרינן להו. לקרוב ופסול למבדקינהו אם מתחלה לעדות נתכוונו:

תוספות

אמר רבי (א) יוסי במה דברים אמורים בדיני נפשות. פי' הקונטרס משום דכתיב והצילו העדה דמצוה לבטל העדות בקל כדי להציל הנפש וקשה לפירושו דא"כ דיני ממונות נילף מינייהו דהא כתיב משפט אחד יהיה לכם ועוד דבדיני ממונות נמי כתיב ע"פ שנים או ע"פ שלשה ונקיש ג' לב' לכך פירש ר"י דבדיני נפשות שייך שפיר למילף משנים דעדותן בטלה משום דמה שנים כי נמצא אחד מהן קרוב או פסול עדותן בטלה לגמרי ומעתה אינה מועלת לכלום הלכך בשלשה נמי כולם בטלים לגמרי אבל בדיני ממונות דבשנים נמי כי נמצא אחד מהן קרוב או פסול השני אינו בטל לגמרי דחייב לו שבועה לכך [ז] [שלשה] נמי נמצא אחד מהן קרוב או פסול תתקיים העדות בשאר עדים:

אמר רבא והוא שהעידו כולם בתוך כדי דיבור. [פ"ה] והא קאמרה מתניתין דמאה כשנים אבל אם העידו השנים ולאחר זמן העידו האחרים הרי הן שתי כתי עדים לכל דבר משמע דקאי אף לענין קרוב או פסול וקשה דהא משמע בסמוך דלענין דין דקרוב או פסול אינו תלוי בהעדאה בתוך כדי דיבור אלא [ח] בראיית מעשה גמרה עדותן אף כי העידו אחר תוך כדי דיבור דקאמר הרוג יציל לכך נראה דלא קאי רק אדין דעדים זוממין דקאמר עד שיזומו כולם והא דקאמר דוקא כי העידו כולם בתוך כדי דיבור דזה הוי עדות אחד ובעינן עד שיזומו כולם ° אבל לענין נמצא אחד קרוב או פסול אף אם נמצא מהני שהעידו לאחר כדי דיבור עדותן בטלה וא"ת מ"ש ויש לומר שנא ושנא דדוקא גבי נמצא אחד מהן קרוב או פסול חשיב כחד עדות כשהעידו לאחר כדי דיבור משום שהם אומרים אמת וא"כ עדותן התחיל מראייה שלהם וראייה היתה בבת אחת עם העדים אבל בעדים זוממין שאינן אומרים אמת אם כן לא בא עדותן אלא כשיעידו בבית דין וכיון דלא העידו בבת אחת רק לאחר כדי דיבור לא חשבינן כחד עדות כן נראה למשי"ח:

[ט] אלא מעתה הרוג יציל. פירוש שהוא בעל דין אי נמי מפני שהוא שונא ושונא פסול לעדות [ועיין תוס' יבמות כה. ד"ה הוא וכו' באריכות]: נרבע יציל. מפני שהוא שונא של רובעו בעל אונסו ולא נראה דהא מוכח פ"ק דסנהדרין (דף ט: ושם) דנרבע לאנסו כשר לעדות ויש ליישב דמנרבע לרצונו פריך דבהכי איירי קרא דכתיב ומתו גם שניהם דהיינו ברצון ולהכי פריך יציל הנרבע אפילו יש עדים הרבה בדבר ולא מפני ששונאו כיון שהוא לרצונו אלא מפני שהוא [י] קרוב לעצמו וקשה דבמסכת סנהדרין (שם) אמרינן פלוני רבעני לרצוני הוא ואחר מצטרפין להרגו וי"ל דהני מילי כי ליכא מעלמא דרבעו לרצונו וליכא סהדותא אלא מהוא עצמו ואחר ולכך פלגינן לדיבוריה דלגבי דידיה לא מהימנין ליה דקרוב הוא אצל עצמו אבל הכא דאיכא עדים שנרבע לרצונו ומעדותן נקרא רשע ופסול לעדות ואין אנו צריכין לעדותו כלל ועוד אמר הר' יוסף בכור שור דפריך הכי נרבע שהוא קרוב לרובע יציל וכן הרוג שהוא קרוב להורג יציל [כ]:

היכי אמרינן להו. קאי אדיני ממונות בשלמא דיני נפשות לא קשה היכי אמרינן כו' דניחזי אנן אם התרו בו הקרוב ופסול אם לאו אלא פריך בדיני ממונות דליכא התראה:

לאסהודי אתיתו. קשה דאם כן לא יהרג אדם לעולם דהקרובים יבואו ויאמרו לאסהודי אתינן ופירש רבינו חיים כהן דאמרינן לעדים כשרים לאסהודי עם הפסולין אתיתו או למיחזי אתיתו בלא הפסולין ואי אמרי הכשרים למיחזי אתינו בלא הפסולים הוי עדותן בטלה אפילו אם נמצא אחד מהן קרוב או פסול אבל אי אמרי לאסהודי אתינו עם הפסולין הוי עדותן בטילה ומכל מקום תימה קצת היאך יהיו גם העדים כשרים נאמנים לומר לאסהודי אתינן כדי לבטל העדות הוו ליה כחוזר ומגיד כיון שכבר העידו וי"ל דסברא (ב) דכיון דבאין לבית דין עם הכשרים עכשיו נראין הדברים שמתחלה כולהו לאסהודי קא אתו דהוכיח סופן על תחלתן:

שמואל אומר הלכה כרבי יוסי. קשה היאך מלינו ידינו ורגלינו כשנותנין גט שיש במעמד קרובים והיה לנו לומר דעדות הכשרים בטל והאי דומיא דדיני נפשות דשרינן אשת איש שיש בה מיתת בית דין וטעם דפרישית לעיל (ג) גבי עדות נפשות שייך נמי בגט וגם קשה שפעמים יתכוין אחד מן הקרובים להעיד לכן נראה לר"י דגם לר' יוסי לא אמרו דעדותן בטלה אלא דוקא באותן שמעידים בפני ב"ד אבל בשביל ראייה לחודה לא וא"ת א"כ מאי פריך הרוג יציל והא אינו הולך להעיד בבית דין ואומר הר"י דודאי מתחלה היה סבור הש"ס לרבי יוסי כי נמי אינן באין להעיד בב"ד עדותן בטלה ומשני במקיימי דבר הכתוב מדבר כלומר כשבאין לקיים הדבר בבית דין אמר רבי יוסי נמצא אחד מהן קרוב או פסול דעדותן בטלה ואם תאמר א"כ מאי פריך לעיל מה יעשו שני אחין וכו' והלא אין שום חששא אם לא יבאו להעיד בבית דין כדפירשתי ויש לומר משום דפעמים שלא ידע זה בזה ויעיד האחד אע"פ שכבר העיד אחיו בב"ד ואפילו אירע לאחר כדי דיבור דלכל מקום עדותן בטלה משום דמקשינן שלשה לשנים (ד) נמצא קרוב או פסול בזה אחר זה אע"פ דלענין הזמה בעינן תוך כדי דיבור:

היו

עין משפט נר מצוה

מג א מיי' פ"ה מהלכות עדות הלכה ג סמג לאוין ריג:
מד ב מיי' שם פ"כ הלכה ג סמג שם טוש"מ שם:
מה ג מיי' פ"ב מהלכות שבועות הלכה יז:
מו ד מיי' פ"כ מהלכות עדות הלכה ג סמג עשין קי טוש"מ סי' לח:
מז ה ו מיי' שם פ"ה הלכה ג והלכה ד ה סמג לאוין ריג טוש"ע ח"מ סימן לו סעיף א:

רבינו חננאל

ואוקימ' למתני' בזמן שק' כולן כל אחד מהן העיד בתוך כדי דבור של חברו דקי"ל תוך כדי דיבור כדיבור דמי וכאילו כולן בבת אחת העידו ואינן יכולים האחרונים לומר כי הראשונים הן שחייבוהו ואנחנו לא עשינו כלום: כיון ששנינו מה שנים נמצא אחד מהן קרוב או פסול עדותן בטילה אף ג' נמצא א' מהן קרוב או פסול כו'. ואקשינן אי הכי לא תתקיים עדות לעולם שהרי ההרוג מגיד עם העדים על ההורג והנה הוא קרוב א) מבטל העדות ויציל ההורג. ודחי' כגון שבא והכהו הכאת מות מאחוריו שאינו מכיר מי הכהו כדי להעיד אלא העדים הן בלבד שראוהו והן המעידין עליו וכן הנרבע כיוצא בו כשרבעו מאחריו ולא ראהו. ואקשינן ההורג (והנרבע) [והרובע] שאי אפשר לומר שלא ראו אם יודו ינצלו ותבטל העדות כולה שהרי נכללו עמהן קרובין. ואוקימ' על פי שנים עדים או על פי שלשה עדים יקום דבר במקיימי דבר הכתוב מדבר. כלומר אם נמצא במעידי עדות קרוב או פסול בטלה העדות אבל בבעלי הדין לא. מדחזינן לרבא דהוא בתרא מפרש טעמא דרבי (שמעון) [שמעינן] מינה דהילכתא כוותיה סבירא ליה. ודאמר רבי במשנתנו בזמן שהתרו בהן אמר רבא היכי אמרינן להו כלומר (אין) [איזו] דרך זו התראה ששנה במשנתנו. ואמר אמרינן להו למיחזי אתיתו שמא שמעתם צעקה ורצתם לראות מה היא ולא לעדות נקבצתם ונזדמן לכם וראיתם שזה הרג את זה או נזדמן לכם וראיתם שזה הלוה לזה כך וכך ממון אם כן ראיתם מה יעשו שני אחין שראו באחד שהרג את הנפש תיבטל העדות בכך והן לא באו להעיד אלא לראות בלבד. ועמד הדבר כי אין העדות מתבטלת אלא אם אומרים להעיד נתכוונו ונתקבצו לכך ונמצא א' מאלו שנתוועדו לעדות קרוב או פסול. ויש מי שמפרש כי בזמן ההגדה אומרים להן לראות באתם (אין) [או] להגיד העדות באתם. ויש על הפירוש הזה ב) פירכא ולא חפצנו להאריך. אמנם הדבר שקבלנו מרבותינו הוא שפירשנו. וקי"ל כרבי דאמר רב נחמן הלכתא כרבי ועוד דהא רבא מפרש לטעמיה. ודייקא מתני' בעדות ממון עדות על פה דומיא דעדות נפשות אבל עדות בשטר לא מיפרשא הכא כל עיקר וקי"ל בעדות בשטר תתקיים העדות בשאר וכדחזקיה דאמר בגמרא דגט פשוט (דף קסב:) מילאהו בקרובים כשר ג) וכבר פירשנוהו במקומו:

חשק שלמה על ר"ח א) נראה דצ"ל והנה הוא קרוב אבל עצמו יבטל העדות וכו'. ב) בריטב"א כ' שנראה מפי' ר"ח ז"ל כפי' הזה וצ"ע. ג) דברי ר"ח אלו מובאים בחי' הרמב"ן ובר"ן.

מסורת הש"ס

א) [שבועות לב. ע"ש], ב) [שבועות לב. ע"ש נזיר כ: נדרים פז. ב"ק עג: ב"ב קכט:], ג) צ"ל א"ר יוסי וכו' מהרש"ם, ד) צ"ל רבי אומר וכו'. מהרש"ם, ה) צ"ל עדותן מתקיימת. מהרש"ם, ו) מה יעשו כו' פיסקא בפ"ע. מהרש"ם, ז) גירסת מהרש"ם, ח) גי' רש"א דראיית מעשה גרמה, ט) זה הדיבור וד"ה נרבע הד"א. מהרש"ם, י) גי' מהרש"ם רשע ופסול לעדות ומיהו קשה כו' אמר רבא כו' מפני שאדם קרוב אצל עצמו וי"ל, כ) [ועי' תוס' יבמות כה. ד"ה הוא וכו'].

הגהות הב"ח

(א) תוס' ד"ה אמר ר' יוסי. נ"ב ע"ל בתוס' סוף דף זה בד"ה בדיני: (ב) ד"ה לאסהודי וכו' וי"ל דסברא הוא דכיון: (ג) ד"ה שמואל וכו' דפרישית לעיל. נ"ב בד"ה א"ר יוסי: (ד) בא"ד דמקשינן שלשה לשנים לענין נמצא:

גליון הש"ס

גמ' אחד דיני ממונות. עי' שבועות דף לה ע"א תוד"ה או: תוס' ד"ה אמר רבא וכו' אבל לענין נמצא כו'. עי' סנהדרין לא ע"א תוד"ה סב"ש:

תורה אור השלם

א) לֹא יָקוּם עֵד אֶחָד בְּאִישׁ לְכָל עָוֹן וּלְכָל חַטָּאת בְּכָל חֵטְא אֲשֶׁר יֶחֱטָא עַל פִּי שְׁנֵי עֵדִים אוֹ עַל פִּי שְׁלֹשָׁה עֵדִים יָקוּם דָּבָר: [דברים יט, טו]

ליקוטי רש"י

שאין עונשין מן הדין. אבל מקל וחומר שאדם דן ק"ו מעצמו אע"פ שלא קבלו מרבו אין עונשין ממנו כדילפינן במכות [סנהדרין ע"ג ע"א בד"ה הקישא].

אין עונשין מן הדין. ונאמר דכשם שהזהיר עליה כך ענש עליה [כעי"ז כריתות ג.]. שהרי ענש על בת אמו שלא בת אביו ובת אביו שלא בת אמו שנאמר בת אביו או בת אמו ויש לומר כל שכן שענש על בת אביו ובת אמו אבל אם אמרת בת אביו ובת אמו לא הייתי אומר כל שכן ... הדין לכך נאמר אחותו סיפיה [לקמן ה:].

אחותך היא. לענין אזהרה כתיב אחותך היא יתירה להזהיר על אחותו בת אביו ובת אמו וכו' [לקמן ה:].

אין מזהירין. מדין קל וחומר אף על פי שאדם דן קל וחומר מעצמו אינה מוזהר ללאו [פסחים כד.]. אין מזהירין מן הדין. מק"ו אם על בת אביו שלא בת אמו הזהיר על בת אביו ואמו לא כל שכן [יבמות כב.]. רשע רשע. כתיב בדיני נפשות (במדבר לה) אשר הוא רשע למות וכתיב בחייבי מלקות (דברים כה) והיה אם בן הכות הרשע. רוצח רוצח. כתיב בחייבי מיתות (במדבר לה) יומת הרוצח וכתיב (שם) בחייבי גלות לנוס שמה רוצח [סנהדרין לג:]. ואין לוקין. אם העידוהו חייב מלקות [חגיגה טז:]. בפני שמעון בן שטח. שאם יטעה ילמדהו [חגיגה טז:]. על פי שנים עדים או שלשה עדים. אם מתקיימת עדות בשנים למה פרט לך בשלשה להקיש שלשה לשנים מה שנים עדות ... ממין עד סיומו כולם [דברים יז, ו]. לא בא השלישי וכו'. דממשמע שנאמר ... שלשה למה נאמר או שלשה עדים אלא להחמיר עליו ליתן חומר בעדי שקר שלשלישי זה ... [סנהדרין ט.]. על אחת כמה וכמה. ... מדה טובה מרובה ממדת פורענות ... [מכות כג.]. אמר רבי יוסי במה דברים אמורים. בדיני נפשות. ... רבי אומר אחד דיני ממונות ואחד דיני נפשות. ... תוך כדי דיבור. ... [סנהדרין ט.]. תלמיד לרב. שלום עליך רבי [שבועות לב.]. כל חד וחד בתוך כדי דיבור של חבירו. ... הכי אמרינן להו וכו'. ... לראות או להעיד וכו' ... [רשב"ם ב"ב קי"ג ע"ב בד"ה ג' שנכנסו]. ורב נחמן אומר הלכה כרבי. וקי"ל הלכה כרב נחמן בדיני [שם].

מתני' [א]היו שנים רואין אותו מחלון זה ושנים רואין אותו מחלון זה ואחד מתרה בו באמצע בזמן שמקצתן רואין אלו את אלו הרי אלו עדות אחת ואם לאו הרי אלו שתי עדיות [ב]לפיכך אם נמצאת אחת מהן זוממת הוא והן נהרגין והשניה פטורה [ג]רבי יוסי אומר לעולם אין נהרגין עד שיהו [ד]שני עדיו מתרין בו שנאמר [א]על פי שנים עדים דבר אחר על פי שנים עדים [ה]שלא תהא סנהדרין שומעת מפי התורגמן: גמ' אמר רב בר טוביא אמר רב מנין [ו]לעדות מיוחדת שהיא פסולה שנאמר [א]לא יומת על פי עד אחד מאי עד אחד אילימא עד אחד ממש מרישא שמעינן לה על פי שנים עדים אלא מאי עד אחד אחד אחד תניא נמי הכי לא יומת על פי עד אחד להביא שנים שרואים אותו אחד מחלון זה ואחד מחלון זה ואין רואין זה את זה שאין מצטרפין ולא עוד אלא אפילו בזה אחר זה בחלון אחד אין מצטרפין אמר ליה רב פפא לאביי השתא ומה אחד מחלון זה ואחד מחלון זה דהאי קא חזי כולו מעשה והאי קא חזי כולו מעשה אמרת לא מצטרפי בזה אחר זה דהאי חזי פלגא דמעשה והאי חזי פלגא דמעשה מיבעיא א"ל לא נצרכא אלא לבועל את הערוה אמר רבא [ג]אם היו רואין את המתרה או המתרה רואה אותן מצטרפין [ז]ואמר רבא [ד]מתרה שאמרו אפילו מפי עצמו ואפילו מפי השד אמר רב נחמן [ה]עדות מיוחדת כשירה בדיני ממונות דכתיב לא יומת על פי עד אחד בדיני נפשות הוא דאין כשירה אבל בדיני ממונות כשירה מתקיף לה רב זוטרא אלא מעתה בדיני נפשות תציל אלמה תנן הוא והן נהרגין קשיא: רבי יוסי אומר וכו': א"ל רב פפא לאביי ומי אית ליה לרבי יוסי האי סברא והתנן [ח]רבי יוסי אומר השונא נהרג מפני שהוא כמועד [ו]ומותרה א"ל ההוא רבי יוסי בר יהודה היא דתניא [ז]רבי יוסי בר יהודה אומר חבר אין צריך התראה לפי שלא ניתנה התראה אלא להבחין בין שוגג למזיד: דבר אחר ע"פ שנים עדים שלא תהא סנהדרין שומעת מפי התורגמן: (א) הנהו לעוזי דאתו לקמיה דרבא אוקי רבא תורגמן בינייהו והיכי עביד הכי והתנן שלא תהא סנהדרין שומעת מפי התורגמן רבא [ח]מידע הוה ידע מה דהוו אמרי ואהדורי הוא דלא הוה ידע

אילעא

רש"י

מתני' הרי אלו עדות אחת. ואם (ב) הוזם אחד מהם [ח](או שנים) ולא הוזמו כולן אין נהרגין: שלא תהא סנהדרין שומעת. עדות העדים מפי התורגמן צריכין הדיינין שיהיו מכירין בלשון העדים ולא שיעמדו מליץ בינותם: גמ' עדות מיוחדת. אחד רואה אותו מחלון זה ואחד רואה מחלון זה ואינן רואין זה את זה: לבועל את הערוה. שיש די בראיית כל אחד ואפ"ה לא מצטרפו: מפי עצמו. ההרוג עצמו התרה בו: אלא מעתה. דכשרים בעלמא ומצטרפי: בדיני נפשות. כששנים רואין מחלון זה ושנים מחלון זה והוזמה כת האחת תצטרף עדות זו להיות כולם ככת אחת להציל את הזוממין ואת הנדון שתהא עדותן בטלה כיון דבעלמא מצטרפת יש טעם כאן להצילו ורחמנא אמר והצילו העדה: ומי אית ליה לרבי יוסי. התראה כלל: והתנן רבי יוסי אומר השונא. שאמר בשוגג הרגתי נהרג מפני שהוא כמועד ומותרה: לעוזי. בעלי לשון אחרת שאין הדיינין מכירין בה:

אילעא

תוספות

היו שנים רואים אותו מחלון זה ושנים מחלון זה וכו'. ולא גרסי' במתני' אחד בחלון זה וכו': ואחד מתרה באמצע. תימה ואמאי הוצרך לומר ואחד מתרה שאין מן העדים ויש מפרשים דנקטיה משום רישא דקתני רואין אלו את אלו ומסתמא היינו ע"י המתרה שאומר לעדים לאלו ולאלו ראו את המעשה הרע שזה עשה ונראה למשי"ח דנקטיה לאפוקי מדרבי יוסי דאמר בסיפא אינו חייב עד שיהו פי שנים עדים מתרין בו: שמקצתן רואין אלו את אלו. מצטרפין יחד אף אותם שאין רואים: הרי אלו עדות אחת. שאם נמצא אחד מהן קרוב או פסול עדות כולם בטלה וכן שאם נמצאת אחת מהן זוממת אין נהרגין עד שיזומו כולם ובטלין נמי עדות כולם בהזמה אחת מהן דהזמה הוי כנמצא אחד מהן קרוב או פסול: הוא והן נהרגים. הן נהרגים אע"פ שלא הוזמו כת שניה כיון שהוזמו הן הוא נהרג משום כת שניה דלא בטלה עדות כת שניה בהזמת הראשונה כיון דהוי שתי עדיות יש מפרשים שצריך שתהא כל כת וכת רואה המתרה או המתרה רואה אותן אז מצטרף המתרה לזו ולזו דאם לא כן אין המתרה מצטרף עמהן ולא יהרג על פיהם דלעולם אינו נהרג אא"כ המתרה מעדות שבאין לחייבו והא דקתני נמי נמצא אחת מהן זוממת שהוזם גם המתרה עמהם דהא מעדותן הוא כדפרישית ומ"מ הוו השתי כתות שתי עדיות כיון שאין כת זו רואה את זו וקשה למשי"ח מאי קאמר דאדרבה לא מיתוקמא מתני' אלא כשאין רואין המתרה וכן אין המתרה רואה אותן דאי רואין המתרה או המתרה רואה אותם הוו השתי כתות עדות אחת אע"פ שאין רואין זה את זה דהמתרה מצרפן כדקתני רישא בזמן שמקצתן רואין אלו את אלו אלמא לא בעינן שיהא כל השנים שמכאן רואין את אלו מכאן אלא בחד סגי ועוד קשה לפי' דצריך שיהא המתרה מעדותן הא אמרינן בגמ' מתרה שאמרו אפי' מפי עצמו אפי' מפי שד ואז ודאי לא הוי המתרה מעדותן כלל לכן נראה דודאי מיירי כשאין רואין המתרה ולא המתרה רואה אותם אלא שמעו המתרה שמתרה (ג) כן ובכן סגי דהא קיימינן לרבנן דפליגי ארבי יוסי דבסמוך ולא בעו פי שנים עדים מתרין בו כמו רבי יוסי: לעדות מיוחדת שהוא פסול. פי' אחד מחלון זה ואחד מחלון זה ומילתא באפי נפשה היא ולא קאי אמתני' ולא מיירי בהכי: תניא נמי הכי וכו'. מייתי תניא נמי הכי דמלא יומת על פי עד אחד נפקא דאילו עיקרא דמילתא שמענו ממתניתין דנהי דמתניתין לא איירי באחד מחלון זה מ"מ מדאשמעינן בשתי כתות דחשבינן שתי עדיות כשאין רואין אלו את אלו מינה שמעינן דה"ה בכת אחת מכל מקום נראה יותר לפרש דעיקר מילתא מייתי דאי ממתניתין הוה אמינא דוקא בשתי כתות דכל חדא חשיב עדות באפי נפשה אבל בכת אחת מצטרפי שפיר וכן נראה דיותר דוחק לומר דלא מייתי תניא נמי הכי רק (ד) הפסוק כיון דליכא מאן דפליג עליה. כן נראה למשי"ח: אמר רבא אם הן רואין את המתרה או המתרה וכו'. מכאן מייתי (ה) המפרש ראיה במתניתין גבי סיפא דקתני הרי אלו שתי עדיות דמכל מקום מיירי (ו) שהן רואין המתרה כדפרישי' ולאו מילתא היא דהכא לעדות מיוחדת דברייתא קאי דקתני אחד מחלון זה וכו' שאין מצטרפין ועלה קאמר דאם העד מכאן [והעד מכאן] רואין המתרה או המתרה רואה אותן מצטרפין להיות עדות אחת גבי העד שמכאן והעד שמכאן אע"פ שאין רואין אלו את אלו דהמתרה מצרפן כמו מקצתן רואין אלו את אלו דמתניתין ותדע דלעדות מיוחדת דברייתא קאי דאי אמתניתין קאי דקתני הרי (ז) אלו שתי עדיות כדפירשתי אם כן הוה ליה למימר ואם לאו אין מצטרפין שזהו עיקר החידוש: או מתרה רואה אותן מצטרפין. פירוש על פיהם נהרג דלא חשיבא עדות מיוחדת ואם תאמר והיכי מהימני ליה למתרה לומר שראה אותן להרוג את זה דבשלמא כשרואין המתרה הרי הן שנים אבל מתרה רואה אותן קשיא ויש לומר דמיירי שיש עדים שמעידין שהמתרה רואה אותן אך לא ראו המעשה אותן העדים: בדיני נפשות הוא דלא כשירה הא בדיני ממונות כשירה. הקשה רבינו אברהם מאורלינ"ש דהא קרובים נפקא לן (סנהדרין כז:) דפסולין מלא יומתו אבות על בנים ודיני ממונות גמרינן מיניה (שם כח.) דכתיב משפט אחד יהיה לכם א"כ ה"נ נילף ממונות מנפשות להך מילתא דעדות מיוחדת ונראה דעל כרחך האי קרא לאו בדיני ממונות קאי דעד אחד מועיל לממון דלשבועה מיהא איתיה:

אי

עין משפט נר מצוה

מח א מיי' פ"ד מהל' עדות הלכה א סמג עשין קט:

מט ב מיי' פ"ג מהל' סנהדרין הלכה ו ופכ"א שם הלכה ח סמג עשין לו טוש"ע ח"מ סימן כח סעיף ו:

נ ג מיי' פ"ד מהלכות עדות הלכה א סמג שם:

נא ד מיי' פי"ב מהלכות סנהדרין הלכה ב:

נב ה מיי' פ"ד מהלכות עדות הלכה ב סמג עשין קט טוש"ע ח"מ סימן ל סעיף ו:

נג ו מיי' פכ"א מהלכות סנהדרין הלכה ח סמג עשין קו טוש"ע ח"מ סימן יז סעיף ו:

תורה אור השלם

א) עַל פִּי שְׁנַיִם עֵדִים אוֹ שְׁלֹשָׁה עֵדִים יוּמַת הַמֵּת לֹא יוּמַת עַל פִּי עֵד אֶחָד: [דברים יז, ו]

ליקוטי רש"י

מפי המתורגמן. כשבאין עדי לועזים להעיד בפניהם לא יצטרכו להעמיד מליצים ביניהם דהוה ליה עד מפי עד [סנהדרין יז.]. שלא יחליף התורגמן טענותיו ויקייבוהו [מנחות סה.].

לעדות מיוחדת שהיא פסולה. דשנים מעידין עליו ועדותן אמת אלא שאין מיתתו מסורה לב"ד כגון שנים רואין אותו אחד מחלון זה ואחד מחלון זה דאמר במסכת מכות דלא מיקטיל עליה וכו' [סנהדרין פא:].

מפני שהוא כמועד. כמותרה עליו ועובר על התראה דודאי לדעת הרגו [לקמן ט:].

ר' יוסי בר יהודה היא. דאפילו בהרוגי בי"ד לא בעי התראה אלא להבחין [סנהדרין עב:].

אלא להבחין. שלא יכול לומר סבור הייתי שמותר [שם ח:]. שלא יכול לומר לא הייתי יודע שאסור [לקמן ט:].

רבינו חננאל

היו שנים רואין מחלון זה כו'. אמר רב מניין לעדות מיוחדת שפסולה שנאמר לא יומת על פי עד אחד מאי אחד אילימא אחד ממש מדכתיב על פי שנים עדים או שלשה עדים יומת המת ממילא שמעינן דאין ממיתין על פי עד אחד מה תלמוד לומר לא יומת על פי עד אחד אלא מאי אחד אחד אחד. כדתניא ב' רואין אותו א' מחלון זה וא' מחלון זה ואין רואין זה את זה אין מצטרפין אע"פ ששניהם ראו העדות כולה מתחלה ועד סוף כיון שלא היו רואין זה את זה אין מצטרפין. והא דתניא ולא עוד אלא אפילו ראו ב' בזה אחר זה בחלון אחד אין מצטרפין. אוקימ' בבועל הערוה (שהיו) [שחייב] בהכנסת העטרה וכיון שהראשון ראה הכנסת העטרה והשני ראה (כחו) [הביאה] כאילו זה ראה המעשה כולו וזה ראה המעשה כולו. אמר רבא אם העדים רואין המתרה או המתרה רואה העדים מצטרפין ומתרה זה שאמרו אפי' מפי ההרוג עצמו או מפי שד. אמר רב יהודה עדות מיוחדת כשרה בדיני ממונות. כגון זה שאמרנו שראו העדות אחד אחד. והאי דכתיב לא יומת על פי עד אחד והיא עדות מיוחדת הני מילי בעדות נפשות שהתורה חסה עליו אבל בדיני ממונות עדות מיוחדת כשרה היא ומצטרפין ואע"פ שאין רואין זה את זה. ואקשינן עליה אי הכי דעדות מיוחדת עדות מעליא היא ומצטרפין ולא הצריכה התורה שיראו שניהן ביחד זה לזה אלא משום דחס עליה. אלא מעתה ב' כתות שראו (בבת) [אחת] אחת ונמצא בכת א' מהן קרוב או פסול יצטרפו ב' הכתות ונאמר כיון [שיש] בהן קרוב או פסול בטלה עדות הכל וינצל ההורג ולמה שנינו במשנתנו ב' רואין אותו מחלון זה וב' מחלון זה ואחד מתרה באמצע בזמן שמקצתן רואין אלו את אלו הרי אלו עדות אחת ואם לאו שתי עדיות הן נמצאת אחת זוממת הוא נהרג והן נהרגין הוא נהרג על פי הכת שלא הוזמה והן נהרגין מפני שהוזמו ועלתה זו בקשיא שמעינן מינה דראיה אחר ראיה ואפילו הודאה אחר הודאה אינה כשרה בדיני ממונות א) (ואפילו) [ואלו] הברייתות ב) סיוע לפירוש שפירשנו [בהא] דאמרינן לסהדי למיחזי אתיתו או לאסהודי אתיתו: תניא ר' יוסי ב"ר יהודה אומר חבר אין צריך התראה שלא ניתנה התראה [אלא] להבחין בין שוגג למזיד. הנהו לעוזאי דאתו לקמיה דרבא בדינא אוקי רבא תורגמן בינייהו. איני והתנן שלא תהא סנהדרין שומעת מפי התורגמן. ופרקי' רבא הוה ידע מאי דאמרי ואהדורי להון הוא דלא ידע.

סוגיין

מסורת הש"ס

א) [לעיל ה.], ב) סנהדרין ט:, ג) [גירסת סה"מ פי שנים], ד) סנהדרין פא:, ה) לקמן ט:, ו) [ע"ל במשנה ט: גם פרש"י שם ד"ה מפני שהוא כמועד], ז) לקמן ט: סנהדרין ח: מא. עב:, ח) רש"א מ"ז וצ"ל הוזמה א' מהם ולא וכו'.

הגהות הב"ח

(א) גמ' הנהו לעוזי דאתו. נ"ב הנהו לעוזי עדים [הוו מדאקשינן] לרבא ממתניתין אבל ברמב"ם בפ' כא מהל' סנהדרין משמע דלעוזי בעלי דינין הוו ועי' בחו"מ סימן יז ר"ל דאין חילוק בין עדים לבעלי דינים מדאקשי' ממתני' להך עובדא וכן משמע פשט הלשון דאתו לקמיה דרבא דמשמע [דבעלי דינים הוו]: (ב) רש"י ד"ה הרי וכו'. ואם הוזמה אחת מהם הראשונה או השניה ולא הוזמו: (ג) תוד"ה הוא והן וכו' המתרה שמתרה כך ובהכי סגי דהא וכו' דלא בעי' פי שני עדים: (ד) ד"ה תניא וכו' רק אפסוק כיון: (ה) ד"ה אמר רבא וכו' מכאן מייתי יש מפרשים ראיה דמתניתין. נ"ב י"מ סבירא להו דרבא ארישא דמתני' קאי לאורויי דאין מצטרפין במקצתן רואין אלו את אלו אא"כ דאיכא תרתי לטיבותא דרואים נמי את המתרה כו' וא"כ [מיירי נמי סיפא דקתני] הרי אלו ב' עדיות אע"פ שהן רואין את המתרה והתוס' ס"ל דאברייתא קאי ואיכא למידק אמאי לא פי' התוס' דאסיפא דמתני' קאי לאורויי דברואים את המתרה מצטרפין אע"ג דאין רואין אלו את אלו וי"ל דא"כ ה"ל לרבא לתפוס בסיפא דמתניתין ולקבוע דבריו עלה ומדלא עבד הכי ש"מ [דלאו אמתני'] קאי אבל אם נפרש דאברייתא דסמיך ליה קאי ניחא ומ"מ ארבא גופיה קשה אמאי לא קבע דבריו אסיפא דמתני' דלאפי' בשתי כתות דכל חדא

גליון הש"ס

גמ' ואמר רבא מתרה שאמרו. עי' סנהדרין עח ע"א תוס' ד"ה מתרין בו ול"ע.

חשק שלמה על ר"ח

א) וכ"כ במרדכי פ"ג דסנהדרין ובהג"מ הל' עדות בשם רבינו והב"י בחו"מ סימן ל' נדחק בטעמו והכא מפורש טעמו אבל לפ"ד התוס' סנ"ך וריטב"א כאן אין הוכחה דהכא מיירי הכל לרבנן דריב"ק.

Mishnah Having discussed the consequences of many witnesses being considered part of a single set, the Mishnah now defines a circumstance that causes witnesses to be separated into different sets:[1]

הָיוּ שְׁנַיִם רוֹאִין אוֹתוֹ מֵחַלּוֹן זֶה – **If there were two** witnesses **who saw him from one window** as he committed a crime for which the penalty is death, **וּשְׁנַיִם רוֹאִין אוֹתוֹ מֵחַלּוֹן זֶה** – **and** there were **two** other witnesses **who saw him from another window, וְאֶחָד מַתְרֶה בּוֹ בָּאֶמְצַע** – **and** there was **one** person **standing in between warning him** that the act he was about to commit was forbidden and punishable by death,[2] the law is as follows: **בִּזְמַן שֶׁמִּקְצָתָן רוֹאִין אֵלּוּ אֶת אֵלּוּ** – **When some of them saw one another,**[3] **הֲרֵי אֵלּוּ עֵדוּת אַחַת** – **they are** considered **one set of witnesses;**[4] **וְאִם לָאו** – **and if not, הֲרֵי אֵלּוּ שְׁתֵּי עֵדֻיּוֹת** – **they are** considered **two sets of witnesses. לְפִיכָךְ אִם נִמְצֵאת אַחַת מֵהֶן זוֹמֶמֶת** – **Therefore,** in this latter case, **if one of [the two sets] was found to be *zomemin,* הוּא וְהֵן נֶהֱרָגִין** – **he** [the accused] **and they** [the set found to be *zomemin*] **are executed,**[5] **וְהַשְּׁנִיָּה פְּטוּרָה** – **while the second [set] is exempt** from any punishment.[6]

A dissenting opinion:

רַבִּי יוֹסֵי אוֹמֵר – **R' Yose says: לְעוֹלָם אֵין נֶהֱרָגִין עַד שֶׁיְּהוּ שְׁנֵי עֵדָיו מַתְרִין בּוֹ** – **They are never executed unless the two witnesses [who testify against him]** both **warn him; שֶׁנֶּאֱמַר ,,עַל־פִּי שְׁנַיִם עֵדִים"** – **for it says: *By the word of two witnesses*** *. . . shall the one [who is] to die be executed.*[7] Since the defendant in our case had not been warned by the two witnesses, but by a third party, he cannot be executed.[8]

דָּבָר אַחֵר – **Another interpretation: ,,עַל־פִּי שְׁנַיִם עֵדִים"** – ***By the word of two witnesses*** teaches **שֶׁלֹּא תְּהֵא סַנְהֶדְרִין שׁוֹמַעַת מִפִּי הַתּוּרְגְּמָן** – **that the sanhedrin should not hear** the testimony of the witnesses **through an interpreter.** Rather, they must themselves understand the language spoken by the witnesses.

Gemara The Mishnah has taught that groups of witnesses do not become one set unless they see each other. The Gemara now states that the same holds true for single witnesses who do not see each other, and cites a Scriptural source for this:

אָמַר רַב זוּטְרָא בַּר טוֹבִיָּא אָמַר רַב – **Rav Zutra bar Toviya said in**

NOTES

1. *Meiri,* Introduction to the chapter.

2. See 6a note 2.

3. *Aruch LaNer* (based on *Ritva,* cited in the next note) understands this to mean that at least one witness in *each* group saw a witness in the other group. *Rashash,* however, contends that it is not necessary for members of both groups to see each other. It is only necessary for a witness in *one* group to see a witness from the other group.

Whether the witnesses must also see the person giving the warning is a matter of dispute among the Rishonim. See note 18.

4. That is, even the ones who did not see each other are considered part of the set. For the fact that some members saw each other unites *all* the members of both groups into a single set of witnesses (see *Tosafos* ד״ה הוא; *Ritva*).

Accordingly, if one of these two groups was found to be *zomemin,* they cannot be punished as long as the other group has not also been proven to be *zomemin* (*Rashi; Ritva*). [For the Mishnah on 5b has taught that *zomemin* witnesses are not punished until all members of their set have been proven to be *zomemin.*] Similarly, if one member of one group was found to be a relative or a disqualified witness, the testimony of both groups is invalidated (*Tosafos; Ritva*).

For one of these groups to have been found *zomemin,* it means that witnesses must have come forward and testified that they saw them elsewhere at the time the crime was committed. But this presents a problem. For in our case, the members of the second group – whose testimony was *not* discredited – say that *they* saw the members of the first group standing at a window overlooking the scene of the crime! There is thus a הַכְחָשָׁה, *contradiction,* between the *hazamah* witnesses and the second group of witnesses whether the members of the first group were, or were not, at the scene of the crime. Since the *hazamah* testimony itself has been contradicted, we cannot know whether to believe it. Hence, the members of the first group could not be punished as *zomemin* regardless of whether we considered the two groups one set of witnesses or two! How then can the Mishnah make their punishment dependent on this issue?

Ritva answers that the Mishnah must therefore speak of a case in which only *one* member of each group saw someone in the other group. In such a case, there is only a single witness contradicting the testimony of the *hazamah* witnesses and the *hazamah* witnesses would therefore be believed (cf. *Gevuras Ari*). Alternatively, the Mishnah can be speaking of a case in which the members of the second group saw the members of the first group clearly enough to identify them only before the crime took place. At the moment of the crime, however, they merely sensed their continued presence but did not actually see them. Or they saw them but not clearly enough to identify them positively. Thus, they cannot actually contradict the *hazamah* witnesses who claim that at the moment of the crime the members of the first group were elsewhere (*Ritva*).

5. The accused is executed because the set that was not discredited has testified that he committed the crime. The witnesses who were found to be *zomemin* are put to death because it has been established that they testified falsely. Since they are a separate set, the *hazamah* penalty can be imposed on them as long as both of them have been proven to be *zomemin* (*Tosafos*). [As we learned on 5a, *zomemin* are punished for their false testimony even when the events they described happen to be true.]

However, in the Mishnah's first case, where the two sets of witnesses are treated as one, the accused is *not* executed, even though two acceptable witnesses remain who testify to his guilt. This is because the *hazamah* of some of the members of a set invalidates the testimony of the entire set, just the same as the disqualification of some witnesses invalidates the testimony of an entire set [Mishnah 5b] (*Tosafos;* see also *Rashi* below ד״ה בדיני נפשות and *Rambam, Hil. Eidus* 20:3; cf. *Ramban* below ד״ה אלמה תנן, *Ritva* there ד״ה אלא מעתה, and *Raavad* ibid., all of whom maintain that the discrediting of some members of a set through *hazamah* does *not* automatically invalidate the testimony of the other witnesses; see *Gevuras Ari*).

6. Taken simply, the Mishnah's statement that the second set is exempt seems unnecessary. Since they were not discredited, why should they be liable? *Nimukei Yosef* therefore explains this ruling of the Mishnah to mean that once the accused is executed, the second pair is exempt even if they, too, are then discredited by *hazamah,* as we learned in the Mishnah on 5b. This, however, raises the problem of why this Mishnah should have to repeat that rule. See *Siach Yitzchak* and *Shiurei R' Shmuel* §289 for answers to this question.

7. *Deuteronomy* 17:6. The full text of the verse reads: *By the word of two witnesses or three witnesses shall the one [who is] to die be executed; he shall not be executed by the word of one witness.* R' Yose understands this verse to mean that every component of the testimony necessary to convict him – including the warning – must come from at least two witnesses (*Nimukei Yosef*). The Tanna Kamma, however, rejects this broad interpretation and rules that a warning is valid even if given by someone who is not a witness at all (*Tosafos*).

[Others explain the exposition to be from the word פִּי, literally: the mouth, i.e. the mouths of the two witnesses must bring about his death – by their participation in the warning (*Siach Yitzchak;* this is based on the alternative reading noted by *Mesoras HaShas,* also found in *Tosafos* ד״ה ואחד).]

8. [By the same token, the witnesses found to be *zomemin* are also not executed because their testimony could not have convicted the accused.

מתני' היו שנים רואין אותו מחלון זה ושנים רואין אותו מחלון זה ואחד מתרה בו באמצע בזמן שמקצתן רואין אלו את אלו הרי אלו עדות אחת ואם לאו הרי אלו שתי עדיות לפיכך אם נמצאת אחת מהן זוממת הוא והן נהרגין והשניה פטורה רבי יוסי אומר לעולם אין נהרגין עד שיהו שני עדיו מתרין בו שנאמר על פי שנים עדים דבר אחר על פי שנים עדים שלא תהא סנהדרין שומעת מפי התורגמן: גמ' אמר רב זוטרא בר טוביא אמר רב מנין לעדות מיוחדת שהיא פסולה שנאמר לא יומת על פי עד אחד מאי אחד אילימא עד אחד ממש מרישא שמעינן לה על פי שנים עדים אלא מאי אחד אחד אחד תניא נמי הכי לא יומת על פי עד אחד להביא שנים שרואים אותו אחד מחלון זה ואחד מחלון זה ואין רואין זה את זה שאין מצטרפין ולא עוד אלא אפילו בזה אחר זה בחלון אחד אין מצטרפין אמר ליה רב פפא לאביי השתא ומה אחד מחלון זה ואחד מחלון זה דהאי קא חזי כולו מעשה והאי קא חזי כולו מעשה אמרת לא מצטרפי בזה אחר זה דהאי חזי פלגא דמעשה והאי חזי פלגא דמעשה מיבעיא א"ל לא נצרכא אלא לבועל את הערוה אם היו רואין את המתרה או המתרה רואה אותן מצטרפין ואמר רבא מתרה שאמרו אפילו מפי עצמו ואפילו מפי השד אמר רב נחמן עדות מיוחדת כשירה בדיני ממונות דכתיב לא יומת על פי עד אחד בדיני נפשות הוא דאין כשירה אבל בדיני ממונות כשירה מתקיף לה רב זוטרא אלא מעתה בדיני נפשות תציל אלמה תנן הוא והן נהרגין קשיא: רבי יוסי אומר וכו': א"ל רב פפא לאביי ומי אית ליה לרבי יוסי האי סברא והתנן רבי יוסי אומר השונא נהרג מפני שהוא כמועד ומותרה א"ל ההוא רבי יוסי בר יהודה היא דתניא רבי יוסי בר יהודה אומר חבר אין צריך התראה לפי שלא ניתנה התראה אלא להבחין בין שוגג למזיד: דבר אחר ע"פ שנים עדים שלא תהא סנהדרין שומעת מפי התורגמן: (א) הנהו לעוזי דאתו לקמיה דרבא אוקי רבא תורגמן בינייהו והיכי עביד הכי והתנן שלא תהא סנהדרין שומעת מפי התורגמן רבא מידע הוה ידע מה דהוו אמרי ואהדורי הוא דלא הוה ידע

אילעא

מתני' הרי אלו עדות אחת. ואם (ב) הוזם אחד מהם [ח] (או שנים) ולא הוזמו כולן אין נהרגין: שלא תהא סנהדרין שומעת. עדות העדים מפי התורגמן צריכין הדיינין שיהיו מכירין בלשון העדים ולא שיעמדו מליץ בינותם: גמ' עדות מיוחדת. אחד רואה אותו מחלון זה ואחד רואה מחלון זה ואינן רואין זה את זה: לבועל את הערוה. שיש די בראיית כל אחד ואפ"ה לא מצטרפו: מפי עצמו. ההרוג עצמו התרה בו: אלא מעתה. דכשרים בעלמא ומצטרפי: בדיני נפשות. כששנים רואין מחלון זה ושנים מחלון זה והוזמה כת האחת תצטרף עדות זו להיות כולם ככת אחת להציל את הזוממין ואת הנדון שתהא עדותן בטלה כיון דבעלמא מצטרפת יש טעם כאן להצילו ורחמנא אמר והצילו העדה: ומי אית ליה לרבי יוסי. התראה כלל: והתנן רבי יוסי אומר השונא. שאמר בשוגג הרגתי נהרג מפני שהוא כמועד ומותרה: לעוזי. בעלי לשון אחרת שאין הדיינין מכירין בה:

היו שנים רואים אותו מחלון זה ושנים מחלון זה וכו'. ולא גרסי' במתני' אחד בחלון זה וכו': ואחד מתרה באמצע. תימה ואמאי הוצרך לומר ואחד מתרה שאין מן העדים ויש מפרשים דנקטיה משום רישא דקתני רואין אלו את אלו ומסתמא היינו ע"י המתרה שאומר לעדים לאלו ואלו ראו את המעשה הרע שזה עשה ונראה למשי"ח דנקטיה לאפוקי מדרבי יוסי דאמר בסיפא אינו חייב עד שיהו פי שנים עדים מתרין בו: שמקצתן רואין אלו את אלו. מצטרפין יחד אף אותם שאין רואים: הרי אלו עדות אחת. שאם נמצא אחד מהן קרוב או פסול עדות כולם בטלה וכן שאם נמצא אחת מהן זוממת אין נהרגין עד שיזומו כולם ובטלין נמי עדות כולם בהזמה אחת מהן דהזמה הוי כנמצא אחד מהן קרוב או פסול: הוא והן נהרגים. הן נהרגים אע"פ שלא הוזמו כת שניה כיון שהוזמו הן הוא נהרג משום כת שניה דלא בטלה עדות כת שניה בהזמת הראשונה כיון דהוי שתי עדיות יש מפרשים שצריך שתהא כל כת וכת רואה המתרה או המתרה רואה אותן אז מצטרף המתרה לזו ולזו דאם לא כן אין המתרה מצטרף עמהן ולא יהרג על פיהם דלעולם אינו נהרג אא"כ המתרה מעדות שבאין לחייבו והא דקתני נמי נמצא אחת מהן זוממת שהוזם גם המתרה עמהם דהא מעדותן הוא כדפרישית ומ"מ הוו השתי כתות שתי עדיות כיון שאין כת זו רואה את זו וקשה למשי"ח מאי קאמר דאדרבה לא מיתוקמא מתני' אלא כשאין רואין המתרה וכן אין המתרה רואה אותן דאי רואין המתרה או המתרה רואה אותם הוו השתי כתות עדות אחת אע"פ שאין רואין זה את זה דהמתרה מצרפן כדקתני רישא בזמן שמקצתן רואין אלו את אלו אלמא לא בעינן שיהא כל השנים שמכאן רואין את אלו מכאן אלא בחד סגי ועוד קשה לפי' דצריך שיהא המתרה מעדותן הא אמרינן בגמ' מתרה שאמרו אפי' מפי עצמו אפי' מפי שד ואז ודאי לא הוי המתרה מעדותן כלל לכן נראה דודאי מיירי כשאין רואין המתרה ולא המתרה רואה אותם אלא שמעו המתרה שמתרה (ג) כן ובכן סגי דהא קיימינן לרבנן דפליגי ארבי יוסי דבסמוך ולא בעו פי שנים עדים מתרין בו כמו רבי יוסי: לעדות מיוחדת שהוא פסול. פי' אחד מחלון זה ואחד מחלון זה ומילתא באפי נפשה היא ולא קאי אמתני' ולא מיירי בהכי: תניא נמי הכי וכו'. מייתי תניא נמי הכי דמלא יומת על פי עד אחד נפקא דאילו עיקרא דמילתא שמעו ממתניתין דנהי דמתניתין לא איירי באחד מחלון זה מ"מ מדאשמעינן בשתי כתות דחשבינן שתי עדיות כשאין רואין אלו את אלו מינה שמעינן דה"ה בכת אחת מכל מקום נראה יותר לפרש דעיקר מילתא מייתי דאי ממתניתין הוה אמינא דוקא בשתי כתות דכל חדא חשיב עדות באפי נפשה אבל בכת אחת מצטרפי שפיר וכן נראה דיותר דוחק לומר דלא מייתי תניא נמי הכי רק (ד) הפסוק כיון דליכא מאן דפליג עליה. כן נראה למשי"ח: אמר רבא אם הן רואין את המתרה או המתרה וכו'. מכאן מייתי (ה) המפרש ראיה במתניתין גבי סיפא דקתני הרי אלו שתי עדיות דמכל מקום מיירי (ו) שהן רואין המתרה כדפרישי' ולאו מילתא היא דהכא אעדות מיוחדת דברייתא קאי דקתני אחד מחלון זה וכו' שאין מצטרפין ועלה קאמר דאם העד מכאן [והעד מכאן] רואין המתרה או המתרה רואה אותן מצטרפין להיות עדות אחת גבי העד שמכאן והעד שמכאן אע"פ שאין רואין אלו את אלו דהמתרה מצרפן כמו מקצתן רואין אלו את אלו דמתניתין ותדע דאעדות מיוחדת דברייתא קאי דאי אמתניתין קאי דקתני הרי (ז) אלו שתי עדיות כדפירשתי אם כן הוה ליה למימר ואם לאו אין מצטרפין שזהו עיקר החידוש: או מתרה רואה אותן מצטרפין. פירוש על פיהם נהרג דלא חשיבא עדות מיוחדת ואם תאמר והיכי מהימני ליה למתרה לומר שראה אותן להרוג את זה דבשלמא כשרואין המתרה הרי הן שנים אבל מתרה רואה אותן קשיא ויש לומר דמיירי שיש עדים שמעידין שהמתרה רואה אותן אף לא ראו המעשה אותן העדים: בדיני נפשות הוא דלא כשירה הא בדיני ממונות כשירה. הקשה רבינו אברהם מאורליינ"ש דהא קרובים נפקא לן (סנהדרין כז:) דפסולין מלא יומתו אבות על בנים ודיני ממונות גמרינן מיניה (שם כח.) דכתיב משפט אחד יהיה לכם א"כ ה"נ נילף ממונות מנפשות להך מילתא דעדות מיוחדת ונראה דעל כרחך האי קרא לאו בדיני ממונות קאי דעד אחד מועיל לממון לשבועה מיהא איתיה:

אי

עין משפט נר מצוה

מח א מיי' פ"ד מהל' עדות הלכה א סמג עשין קט:
מט ב מיי' פ"ג מהל' סנהדרין הלכה ו ופכ"א שם הלכה ח סמג עשין צז טוש"ע ח"מ סימן כח סעיף ו:
נ ג מיי' פ"ד מהלכות עדות הלכה א סמג שם:
נא ד מיי' פי"ג מהלכות סנהדרין הלכה ב:
נב ה מיי' פ"ד מהלכות עדות הלכה ב סמג עשין קט טוש"ע ח"מ סימן ל סעיף ו:
נג ו מיי' פכ"א מהלכות סנהדרין הלכה ח סמג עשין קו טוש"ע ח"מ סימן יז סעיף ו:

תורה אור השלם

א) עַל פִּי שְׁנַיִם עֵדִים אוֹ שְׁלֹשָׁה עֵדִים יוּמַת הַמֵּת לֹא יוּמַת עַל פִּי עֵד אֶחָד: [דברים יז, ו]

ליקוטי רש"י

מפי המתורגמן. כשבאין עדי לועזים להעיד בפניהם לא יצטרכו להעמיד מליצים ביניהם דהוה ליה עד מפי עד [סנהדרין יז.]. שלא יחליף התורגמן טענותיו ויחייבוהו [מנחות סה.].

לעדות מיוחדת שהיא פסולה. דשנים מעידין עליו ועדותן אמת אלא שאין מיתתו מסורה לב"ד כגון שנים רואין אותו אחד מחלון זה ואחד מחלון זה דאמר במסכת מכות דלא מיקטיל עליה וכו' [סנהדרין פא:].

מפני שהוא כמועד. כמותרה עליו ועובר על התראה דודאי לדעת הרגו [לקמן ט:].

ר' יוסי בר יהודה היא. דאפילו בהרוגי בי"ד לא בעי התראה אלא להבחין [סנהדרין עב:].

אלא להבחין. שלא יכול לומר סבור הייתי שמותר [שם ח:]. שלא יכול לומר לא הייתי יודע שאסור [לקמן ט:].

רבינו חננאל

היו שנים רואין מחלון זה כו'. אמר רב מניין לעדות מיוחדת שפסולה שנאמר לא יומת על פי עד אחד מאי אחד אילימא אחד ממש מדכתיב על פי שנים עדים או שלשה עדים יומת המת ממילא שמעינן דאין ממיתין על פי עד אחד מה תלמוד לומר לא יומת על פי עד אחד אלא מאי אחד אחד אחד. כדתניא ב' רואין אותו א' מחלון זה וא' מחלון זה ואין רואין זה את זה אין מצטרפין אע"פ ששניהם ראו העדות כולה מתחלה ועד סוף כיון שלא היו רואין זה את זה אין מצטרפין. והא דתניא ולא עוד אלא אפילו ראו ב' בזה אחר זה בחלון אחד אין מצטרפין. אוקימ' בבועל הערוה (שהיו) [שחייב] בהכנסת העטרה וכיון שהראשון ראה הכנסת העטרה והשני ראה (כחו) [הביאה] כאילו זה ראה המעשה כולו וזה ראה המעשה כולו. אמר רבא אם העדים רואין המתרה או המתרה רואה העדים מצטרפין ומתרה זה שאמרו אפי' מפי ההרוג עצמו או מפי שד. אמר רב יהודה עדות מיוחדת כשרה בדיני ממונות. כגון זה שאמרנו שראו העדות אחד אחד. והאי דכתיב לא יומת על פי עד אחד והיא עדות מיוחדת הני מילי בעדות נפשות שהתורה חסה עליו אבל בדיני ממונות עדות מיוחדת כשרה היא ומצטרפין ואע"פ שאין רואין זה את זה. ואקשינן עליה אי הכי דעדות מיוחדת עדות מעליא היא ומצטרפין ולא הצריכה התורה שיראו שניהן ביחד זה לזה אלא משום דחס עליה. אלא מעתה ב' כתות שראו (בבת) [אחת] אחת ונמצא בכת א' מהן קרוב או פסול יצטרפו ב' הכתות ונאמר כיון [שיש] בהן קרוב או פסול בטלה עדות הכל וינצל ההורג ולמה שנינו במשנתנו ב' רואין אותו מחלון זה וב' מחלון זה ואחד מתרה באמצע בזמן שמקצתן רואין אלו את אלו הרי אלו עדות אחת ואם לאו שתי עדיות הן נמצאת אחת זוממת הוא נהרג והן נהרגין הוא נהרג על פי הכת שלא הוזמה והן נהרגין מפני שהוזמו ועלתה בקשיא. ודייקינן מדסלקא בקשיא שמעינן מינה דראיה אחר ראיה ואפילו הודאה אחר הודאה אינה כשרה בדיני ממונות א) (ואפילו) [ואלו] הברייתות ב) סיוע לפירוש שפירשנו [בהא] דאמרינן לסהדי למיחזי אתיתו או לאסהודי אתיתו: תניא ר' יוסי ב"ר יהודה אומר חבר אין צריך התראה שלא ניתנה התראה [אלא] להבחין בין שוגג למזיד. הנהו לעוזי דאתו לקמיה דרבא בדינא אוקי רבא תורגמן בינייהו. איני והתנן שלא תהא סנהדרין שומעת מפי התורגמן. ופרקי' רבא הוה ידע מאי דאמרי ואהדורי להן הוא דלא ידע.

סוגיין

חשק שלמה על ר"ח א) וכ"כ במרדכי פ"ג דסנהדרין ובהגה"מ הל' עדות בשם רבינו והב"י בחו"מ סימן ל' נדחק בטעמו והכא מפורש טעמו אבל לפ"ד התוס' שנ"ן וריטב"א כאן אין הוכחה דהכא מיירי הכל לרבנן דריב"ק. ועי' רשב"ם ב"ב נ"ב ב' ד"ה ופסק בשם רבינו וכ"כ הרי"ף ורא"ש רפ"ד דברכות וש"מ. וגם בסנהדרין ל' ע"ב כ' בפר"ח שם דקי"ל כנהרדעי וצ"ע. ב) ט"ס כאן וצ"ע.

מסורת הש"ס

א) [לעיל ה.], ב) סנהדרין ט:, ג) [גירסת סה"מ פי שני], ד) סנהדרין פא:, ה) לקמן ט:, ו) [ע"ל במשנה ט: גם פרש"י שם ד"ה מפני שהוא כמועד], ז) לקמן ט: סנהדרין ח: מא. עב:, ח) רש"א מ"ז וצ"ל הוזמה א' מהם ולא וכו'.

הגהות הב"ח

(א) גמ' הנהו לעוזי דאתו. נ"ב הנהו לעוזי עדים [הוו מדאקשינן] לרבא ממתניתין אבל ברמב"ם בפ' כא מהל' סנהדרין משמע דלעוזי בעלי דינין הוו ועי' בחו"מ סימן יז צ"ל דאין חילוק בין עדים לבעלי דינים מדאקשי' ממתני' להך עובדא וכן משמע פשט הלשון דאתו לקמיה דרבא דמשמע [דבעלי דינים הוו]: (ב) רש"י ד"ה הרי וכו'. ואם הוזמה אחת מהם הראשונה או השניה ולא הוזמו: (ג) תוד"ה הוא והן וכו' המתרה שמתרה כך ובהכי סגי דהא וכו' דלא בעי' פי שני עדים: (ד) ד"ה תניא וכו' רק אפסוק כיון: (ה) ד"ה אמר רבא וכו' מכאן מייתי יש מפרשים ראיה דמתניתין. נ"ב י"מ סבירא להו דרבא ארישא דמתני' קאי לאורויי דאין מצטרפין במקצתן רואין אלו את אלו א"כ דאיכא תרתי לטיבותא דרואים נמי את המתרה כו' וא"כ [מיירי נמי סיפא דקתני] הרי אלו ב' עדיות אע"פ שהן רואין את המתרה והתוס' ס"ל דאברייתא קאי ואיכא למידק אמאי לא פי' התוס' דאסיפא דמתני' קאי לאורויי דברואים את המתרה מצטרפין אע"ג דאין רואין אלו את אלו וי"ל דא"כ ה"ל לרבא לתפוס בסיפא דמתניתין ולקבוע דבריו עלה ומדלא עבד הכי ש"מ [דלאו אמתני'] קאי אבל אם נפרש דאברייתא דסמיך ליה קאי ניחא ומ"מ ארבא גופיה קשה אמאי לא קבע דבריו אסיפא דמתני' דלאפי' בשתי כתות דכל חדא חשיבי עדות באפי נפשה מצטרפי ע"י המתרה וכדכתבו התוס' בסמוך בד"ה תנ"ה: (ו) בא"ד דמכל מקום מיירי אע"פ שהן רואין המתרה: (ז) בא"ד דאי אמתניתין קאי דקתני הרי אלו. נ"ב פי' דאי אמתני' ארישא קאי לאורויי דהא דקתני הרי אלו ב' עדיות מיירי אע"פ שרואין את המתרה וכדכתבתי בסמוך:

גליון הש"ס

גמ' ואמר רבא מתרה שאמרו. עי' סנהדרין עא ע"א ברש"י ד"ה מתרין בו וצ"ע:

the name of Rav: מִנַּיִן לְעֵדוּת מְיוּחֶדֶת שֶׁהִיא פְּסוּלָה – **From where** do we know **that a set of isolated [witnesses] is invalid?**[9] שֶׁנֶּאֱמַר ,,לֹא יוּמַת עַל־פִּי עֵד אֶחָד" – **For [the verse] says:**[10] ***He shall not be executed by the word of one witness.*** ,,אֶחָד" מַאי – **What is** meant by *one* witness? אִילֵימָא עֵד אֶחָד מַמָּשׁ – **If you say** it means **literally one witness,** מֵרֵישָׁא שָׁמְעִינַן לָהּ – **this** rule **can be inferred from the first part** of the verse, which states: ,,עַל־פִּי שְׁנַיִם עֵדִים" – ***By the word of two witnesses*** *shall the one [who is] to die be executed.* It would be redundant for the verse to state explicitly that one witness is insufficient. ,,אֶחָד" אֶלָּא מַאי – **Rather, what is** the verse referring to when it speaks of ***one*** witness? אֶחָד אֶחָד – Witnesses who observe a crime **one by one,** i.e. individuals who witness an event in isolation from each other. The verse teaches that although there are two witnesses to the crime, their testimony is not sufficient to sentence a person to death, because they do not combine to form a *set* of witnesses.[11]

תַּנְיָא נַמִּי הָכִי – **We have learned this in a Baraisa as well:**[12] ,,לֹא יוּמַת עַל־פִּי עֵד אֶחָד" – When the verse states: ***HE SHALL NOT BE EXECUTED BY THE WORD OF ONE WITNESS,*** לְהָבִיא שְׁנַיִם שֶׁרוֹאִים אוֹתוֹ – it comes **TO INCLUDE** the case of **TWO WITNESSES WHO SEE HIM** committing an offense, אֶחָד מֵחַלּוֹן זֶה וְאֶחָד מֵחַלּוֹן זֶה – **ONE FROM ONE WINDOW AND ONE FROM ANOTHER WINDOW,** וְאֵין רוֹאִין זֶה אֶת זֶה – **BUT THEY DO NOT SEE ONE ANOTHER,** שֶׁאֵין מִצְטָרְפִין – and it teaches **THAT THEY DO NOT COMBINE** to form a set of witnesses. Rather, their testimony remains the separate testimonies of single witnesses, which are not acceptable in capital cases. וְלֹא עוֹד – **AND MOREOVER,** אֶלָּא אֲפִילוּ בְּזֶה אַחַר זֶה בְּחַלּוֹן אֶחָד – **EVEN IF** the two witnesses viewed the crime **ONE AFTER THE OTHER FROM ONE WINDOW,**[13] אֵין מִצְטָרְפִין – **THEY DO NOT COMBINE** to form a set of witnesses, since they did not witness one event simultaneously.

The Gemara questions the need for the Baraisa's second ruling:

אָמַר לֵיהּ רַב פָּפָּא לְאַבָּיֵי – **Rav Pappa said to Abaye:** הַשְׁתָּא וּמָה אֶחָד מֵחַלּוֹן זֶה וְאֶחָד מֵחַלּוֹן זֶה – **Now if even** in a case where **one** witness saw **from one window and one** witness saw **from another window,** דְּהַאי קָא חָזֵי כּוּלּוֹ מַעֲשֶׂה – **in which** case **this one observed the entire incident** וְהַאי קָא חָזֵי כּוּלּוֹ מַעֲשֶׂה – **and that one also observed the entire incident,** אָמְרַתְּ לֹא מִצְטָרְפִי – nevertheless **you say** that **they do not combine** to form a set of witnesses, בְּזֶה אַחַר זֶה – then in a case **where** they observed from the same window, but **one after the other,** דְּהַאי חָזֵי פַּלְגָא דְּמַעֲשֶׂה – **in which** case **this one observed** only **half the incident** וְהַאי חָזֵי פַּלְגָא דְּמַעֲשֶׂה – **and that one observed** only **half the incident,** מִיבַּעְיָא – **is it even necessary** for the Tanna to teach that they do not combine to form a set of witnesses concerning this crime?[14]

Abaye replies:

אָמַר לֵיהּ – **[Abaye] said to [Rav Pappa]:** לֹא נִצְרְכָא אֶלָּא לְבוֹעֵל אֶת הָעֶרְוָה – **This** second ruling of the Baraisa **is necessary only for** the case of **a person who cohabits with** a woman forbidden to him as **an *ervah.***[15] In this case, each of the two witnesses may briefly observe a part of the forbidden act and still testify about a complete transgression.[16] The Baraisa must therefore teach that they nevertheless do not combine to form the set of witnesses necessary to have him executed, since they did not witness the act simultaneously.[17]

The Gemara cites a ruling about combining witnesses:

אָמַר רָבָא – **Rava said:** אִם הָיוּ רוֹאִין אֶת הַמַּתְרֶה – **If [the witnesses in different windows] saw the person giving the warning,** אוֹ הַמַּתְרֶה רוֹאֶה אוֹתָן – **or the person giving the warning saw them,** מִצְטָרְפִין – **they combine** to form a set.[18]

NOTES

For this reason R' Yose states: "*They* are never executed" – i.e. neither the accused nor his *zomemin* witnesses. (See, however, *Rif* who has the reading: "*He* is never executed." This is also the reading found in *Sanhedrin* 9b.)]

9. I.e. a set composed of two witnesses, one of whom watched from one window and the other from another window, without their seeing each other (*Rashi*).

10. *Deuteronomy* 17:6.

11. [Thus, the second part of the verse (*he shall not be executed by the word of one witness*) teaches that even where there are two witnesses to the crime, the accused should still not be put to death if those witnesses are in some respect like single witnesses – e.g. individuals who did not see each other.]

12. Seemingly, the Gemara could have cited our Mishnah as proof for Rav's law. It does not do so because the Mishnah deals with a case in which there are two witnesses in each window. Since each of these groups would form a set in any case, their failure to see each other does not lead to the loss of their testimony, merely to their being considered two sets rather than one. This does not prove that we do not accept the testimony of two single witnesses at all, simply because they did not see each other (*Tosafos*).

13. [That is, they each saw him commit part of the crime, as the Gemara will explain.]

14. [Surely it is obvious that they cannot combine, since neither of them actually saw the entire crime being committed! They are at most two single witnesses each testifying about half the crime.]

15. [These are the forbidden unions listed in *Leviticus* Chapter 18. Cohabitation with some of these (e.g. another man's wife, a father's wife, or a daughter-in-law) is punishable by death, as taught in Chapter 20 of *Leviticus.*]

16. To execute a person for cohabiting with an *ervah,* it is not necessary for the witnesses to observe the act from beginning to end [merely to see enough of it to make it clear that they are engaged in a conjugal act] (see *Rashi*). The Gemara will explain on 7a what exactly the witnesses must see to be able to testify.

17. This too is a form of "isolated witnessing," since neither one saw the other witness at the moment that he himself witnessed. Now the Baraisa, which uses the phrase "And moreover" to introduce this ruling, indicates that there is a greater novelty in disqualifying two who saw from the same window one after the other than in disqualifying two who saw simultaneously from different windows. The reason for this is that in the case of two who saw one after another from the same window, the two witnesses to the act were each also aware that the other witnessed the same act that he did. It is just that they did not witness it together at the same time (*Ritva*). The Baraisa teaches that this too constitutes a pair of isolated witnesses.

18. Rava refers to the case of the Baraisa. If the single witnesses in each of the windows both saw the person giving the warning, or he saw them, then even though the two witnesses did not see each other, they combine to form a set. Thus, the accused would be convicted by their testimony (*Tosafos*). Others explain Rava's ruling to refer back to the Mishnah. If the two witnesses in each of the windows saw the person giving the warning, or he saw them, then even though the two groups of witnesses did not see each other, they combine to form a single set. Thus, if only some of them were found to be *zomemin* they would not be punished, and if even one of them was found to be disqualified, the testimony of all would be invalidated (*Ritva*). [*Tosafos* also agree that this is the law (see ד״ה תניא נמי הכי). It is merely that they interpret Rava's statement as being directed at the Baraisa rather than the Mishnah (see *Hagahos HaBach* §5).]

[From both *Tosafos* and *Ritva* it emerges that the Mishnah does not require the witnesses to see the person giving the warning, or he them (see also *Rambam, Hil. Eidus* 4:1). Rather, the involvement of that person merely adds *another* way for combining witnesses into a set. According to *Ritva,* Rava means to say that this possibility is actually alluded to in the Mishnah's reference to "some of them seeing each other" – i.e either some of the witnesses saw each other, or they saw the person giving the warning, or he saw them. *Tosafos* also cite

מתני' א היו שנים רואין אותו מחלון זה ושנים רואין אותו מחלון זה ואחד מתרה בו באמצע בזמן שמקצתן רואין אלו את אלו הרי אלו עדות אחת ואם לאו הרי אלו שתי עדיות ח) לפיכך אם נמצאת אחת מהן זוממת הוא והן נהרגין והשניה פטורה ג רבי יוסי אומר לעולם אין נהרגין עד שיהו ג שני עדיו מתרין בו שנאמר א) על פי שנים עדים דבר אחר על פי שנים עדים ב שלא תהא סנהדרין שומעת מפי התורגמן: **גמ'** אמר רב זוטרא בר טוביא אמר רב מנין ד לעדות מיוחדת שהיא פסולה שנאמר א) לא יומת על פי עד אחד מאי אחד אילימא עד אחד ממש מרישא שמעינן לה על פי שנים עדים אלא מאי אחד אחד אחד תניא נמי הכי לא יומת על פי עד אחד להביא שנים שרואים אותו אחד מחלון זה ואחד מחלון זה ואין רואין זה את זה שאין מצטרפין ולא עוד אלא אפילו בזה אחר זה בחלון אחד אין מצטרפין אמר ליה רב פפא לאביי השתא ומה אחד מחלון זה ואחד מחלון זה דהאי קא חזי כולו מעשה והאי קא חזי כולו מעשה אמרת לא מצטרפי בזה אחר זה דהאי חזי פלגא דמעשה והאי חזי פלגא דמעשה מיבעיא א"ל לא נצרכא אלא לבועל את הערוה ג אמר רבא אם היו רואין את המתרה או המתרה רואה אותן מצטרפין ו ואמר רבא ד מתרה שאמרו אפילו מפי עצמו ואפילו מפי השד אמר רב נחמן ה עדות מיוחדת כשירה בדיני ממונות דכתיב לא יומת על פי עד אחד בדיני נפשות הוא דאין כשירה אבל בדיני ממונות כשירה מתקיף לה רב זוטרא אלא מעתה בדיני נפשות תציל אלמה תנן הוא והן נהרגין קשיא: רבי יוסי אומר וכו': א"ל רב פפא לאביי ומי אית ליה לרבי יוסי האי סברא והתנן ז רבי יוסי אומר השונא נהרג מפני שהוא כמועד ו ומותרה א"ל ההוא רבי יוסי בר יהודה היא דתניא ח רבי יוסי בר יהודה אומר חבר אין צריך התראה לפי שלא ניתנה התראה אלא להבחין בין שוגג למזיד: דבר אחר ע"פ שנים עדים שלא תהא סנהדרין שומעת מפי התורגמן: (א) הנהו לעוזי דאתו לקמיה דרבא אוקי רבא תורגמן בינייהו והיכי עביד הכי והתנן שלא תהא סנהדרין שומעת מפי התורגמן רבא ז מידע הוה ידע מה דהוו אמרי ואהדורי הוא דלא הוה ידע

אילעא

מתני' הרי אלו עדות אחת. ואם (ב) הוזם אחד מהם ח) (או שנים) ולא הוזמו כולן אין נהרגין: **שלא תהא סנהדרין שומעת.** עדות העדים מפי התורגמן דצריכין הדיינין שיהיו מכירין בלשון העדים ולא שיעמדו מליץ בינותם: **גמ' עדות מיוחדת.** אחד רואה אותו מחלון זה ואחד רואה מחלון זה ואינן רואין זה את זה: **לבועל את הערוה.** שיש די בראיית כל אחד ואפ"ה לא מצטרפו: **מפי עצמו.** ההרוג עצמו התרה בו: **אלא מעתה.** דכשרים בעלמא ומצטרפי: **בדיני נפשות.** כששנים רואין מחלון זה ושנים מחלון זה והוזמה כת האחת תצטרף עדות זו להיות כולם ככת אחת להציל את הזוממין ואת הנדון שתהא עדותן בטלה כיון דבעלמא מצטרפת יש טעם כאן להצילו ורחמנא אמר והצילו העדה: **ומי אית ליה לרבי יוסי.** התראה כלל: **והתנן רבי יוסי אומר השונא.** שאמר בשוגג הרגתי נהרג מפני שהוא כמועד ומותרה: **לעוזי.** בעלי לשון אחרת שאין הדיינין מכירין בה:

אילעא

תוספות

היו שנים רואים אותו מחלון זה ושנים מחלון זה וכו'. ולא גרסי' במתני' אחד בחלון זה וכו': **ואחד** מתרה באמצע. תימה ולמאי הוצרך לומר ואחד מתרה שאין מן העדים ויש מפרשים דנקטיה משום רישא דקתני רואין אלו את אלו ומשמע היינו ע"י המתרה שאומר לעדים לאלו ואלו ראו את המעשה הרע שזה עשה ונראה למשי"ח דנקטיה לאפוקי מדרבי יוסי דאמר בסיפא אינו חייב עד שיהו פי שנים עדים מתרין בו: **שמקצתן** רואין אלו את אלו. מצטרפין יחד אף אותם שאין רואים: **הרי** אלו עדות אחת. שאם נמצא אחד מהן קרוב או פסול עדות כולם בטלה וכן שאם נמצא אחת מהן זוממת אין נהרגין עד שיזומו כולם ובטלין נמי עדות כולם בהזמה אחת מהן דהזמה הוי כנמצא אחד מהן קרוב או פסול: **הוא** והן נהרגים. הן נהרגים אע"פ שלא הוזמו כת שניה כיון שהוזמו הן הוא נהרג משום כת שניה דלא בטלה עדות כת שניה בהזמת הראשונה כיון דהוי שתי עדיות יש מפרשים שצריך שתהא כל כת וכת רואה המתרה או המתרה רואה אותן או מצטרף המתרה לזו ולזו דאם לא כן אין המתרה מצטרף עמהן ולא יהרג על פיהם דלעולם אינו נהרג אא"כ המתרה מעדות שבאין לחייבו והא דקתני נמי נמצא אחת מהן זוממת שהוזם גם המתרה עמהם דהא מעדותן הוא כדפרישית ומ"מ הוו השתי כתות שתי עדיות כיון שאין כת זו רואה את זו וקשה למשי"ח מאי קאמר דאדרבה לא מיתוקמא מתני' אלא כשאין רואין המתרה וכן אין המתרה רואה אותן דאי רואין המתרה או המתרה רואה אותם הוו השתי כתות עדות אחת אע"פ שאין רואין זה את זה דהמתרה מצרפן כדקתני רישא בזמן שמקצתן רואין אלו את אלו אלמא לא בעינן שיהא כל השנים שמכאן רואין את אלו מכאן אלא בחד סגי ועוד קשה לפי' דצריך שיהא המתרה מעדותן הא אמרינן בגמ' מתרה שאמרו אפי' מפי עצמו אפי' מפי שד ואז ודאי לא הוי המתרה מעדותן כלל לכן דודאי מיירי כשאין רואין המתרה ולא המתרה רואה אותם אלא שמעו המתרה שמתרה (ג) כן וככן סגי דהא קיימינן לרבנן דפליגי ארבי יוסי דבסמוך ולא בעו פי שנים עדים מתרין בו כמו רבי יוסי: **לעדות** מיוחדת שהוא פסול. פי' אחד מחלון זה ואחד מחלון זה ומילתא באפי נפשה היא ולא קאי אמתני' ולא מיירי בהכי: **תניא** נמי הכי וכו'. מייתי תניא נמי הכי דמלא על פי עד אחד נפקא דאילו עיקרא דמילתא שמעו ממתניתין דנהי דמתניתין לא איירי באחד מחלון זה מ"מ מדאשמעינן בשתי דחשבינן שתי עדיות כשאין רואין אלו את אלו מינה שמעינן דה"ה בכת אחת מכל מקום נראה יותר לפרש דעיקר מילתא מייתי דאי ממ הוה אמינא דוקא בשתי כתות דכל חדא חשיב עדות באפי נפשה אבל בכת אחת מצטרפי שפיר וכן נראה דיותר דוחק לומר דלא מייתי נמי הכי רק (ד) הפסוק כיון דליכא מאן דפליג עליה. כן נראה למשי"ח: **אמר** רבא אם הן רואין את המתרה או המתרה וכו'. מכאן (ה) המפרש ראיה במתניתין גבי סיפא דקתני הרי אלו שתי עדיות דמכל מקום מיירי (ו) שהן רואין המתרה כדפרישי' ולאו מילתא היא לעדות מיוחדת דברייתא קאי דקתני אחד מחלון זה וכו' שאין מצטרפין ועלה קאמר דאם העד מכאן [והעד מכאן] רואין המתרה או המתרה רואה אותן מצטרפין להיות עדות אחת גבי העד שמכאן והעד שמכאן אע"פ שאין רואין אלו את אלו דהמתרה מצרפן ותדע דאעדות מיוחדת דברייתא קאי דאי אמתניתין קאי דקתני הרי (ז) אלו שתי עדיות כדפירשתי מקצתן רואין אלו את אלו דמתניתין הוה ליה למימר ואם לאו אין מצטרפין שזהו עיקר החידוש: **או** מתרה רואה אותן מצטרפין. פירוש על פיהם נהרג דלא חשיבא מיוחדת ואם תאמר והיכי מהימני ליה למתרה לומר שראה אותן להרוג את זה דבשלמא כשרואין המתרה הרי הן שנים אבל מתרה רואה אותן קשיא ויש לומר דמיירי שיש עדים שמעידין שהמתרה רואה אותן אך לא ראו המעשה אותן העדים: **בדיני** נפשות הוא דלא כשירה הא בדיני ממונות כשירה. הקשה רבינו אברהם מאורליינ"ש דהא קרובים נפקא לן (סנהדרין כח:) דפסולין מלא יומתו אבות על בנים ודיני ממונות גמרינן מיניה (שם כח.) דכתיב משפט אחד יהיה לכם א"כ ה"נ נילף ממונות מנפשות להך מילתא דעדות מיוחדת ונראה דעל כרחך האי קרא לאו בדיני ממונות קאי דעד אחד מועיל לממון דלשבועה מיהא איתיה:

אי

עין משפט נר מצוה

מח א מיי' פ"ד מהל' עדות הלכה א סמג עשין קט:

מט ב מיי' פ"ב מהל' סנהדרין הלכה ו ופכ"א שם הלכה ח סמג עשין לו טוש"ע ח"מ סימן כח סעיף ו:

נ ג מיי' פ"ד מהלכות עדות הלכה א סמג שם:

נב ה מיי' פ"ד מהלכות עדות הלכה ב סמג עשין קט טוש"ע ח"מ סימן ל סעיף ו:

נג ו מיי' פכ"א מהלכות סנהדרין הלכה ח סמג עשין קו טוש"ע ח"מ סימן יז סעיף ו:

תורה אור השלם

א) עַל פִּי שְׁנַיִם עֵדִים אוֹ שְׁלֹשָׁה עֵדִים יוּמַת הַמֵּת לֹא יוּמַת עַל פִּי עֵד אֶחָד: [דברים יז, ו]

לעדות מיוחדת שהיא פסולה. דשנים מעידין עליו ועדותן אמת אלא שאין מיתתו מסורה לב"ד כגון שנים רואין אותו אחד מחלון זה ואחד מחלון זה דאמר במסכת מכות דלא מיקטיל עליה וכו' [סנהדרין פא:].

ר' יוסי בר יהודה היא. דאפילו בהרוגי בי"ד לא בעי התראה אלא להבחין [סנהדרין עב:].

היו שנים רואין מחלון זה כו'. אמר רב מניין לעדות מיוחדת שפסולה שנאמר לא יומת על פי עד אחד מאי אחד אילימא אחד ממש מדכתיב על פי שנים עדים או שלשה עדים יומת המת ממילא שמעינן דאין ממיתין על פי עד אחד מה תלמוד לומר לא יומת על פי עד אחד אלא מאי אחד אחד אחד. כדתניא ב' רואין אותו א' מחלון זה וא' מחלון זה ואין רואין זה את זה אין מצטרפין אע"פ ששניהם ראו העדות כולה מתחלה ועד סוף כיון שלא היו רואין זה את זה אין מצטרפין. והא דתניא ולא עוד אלא אפילו ראו ב' בזה אחר זה בחלון אחד אין מצטרפין. אוקימ' בבועל הערוה (שהיו) [שחייב] בהכנסת העטרה וכיון שהראשון ראה הכנסת העטרה והשני ראה (כחו) [הביאה] כאילו זה ראה המעשה כולו וזה ראה המעשה כולו. אמר רבא אם העדים רואין המתרה או המתרה רואה העדים מצטרפין ומתרה זה שאמרו אפי' מפי ההרוג עצמו או מפי שד. אמר רב יהודה עדות מיוחדת כשרה בדיני ממונות. כגון זה שאמרנו שראו העדות אחד אחד. והאי דכתיב לא יומת על פי עד אחד והיא עדות מיוחדת הני מילי בעדות נפשות שהתורה חסה עליו אבל בדיני ממונות עדות מיוחדת כשרה היא ומצטרפין ואע"פ שאין רואין זה את זה. ואקשינן עליה אי הכי דעדות מיוחדת עדות מעליא היא ומצטרפין ולא הצריכה התורה שיראו שניהן ביחד זה לזה אלא משום דחס עליה. אלא מעתה ב' כתות שראו (בבת) [אחת] אחת ונמצא בכת א' מהן קרוב או פסול יצטרפו ב' הכתות ונאמר כיון [שיש] בהן קרוב או פסול בטלה עדות הכל וינצל ההורג ולמה שנינו במשנתנו ב' רואין אותו מחלון זה וב' מחלון זה ואחד מתרה באמצע בזמן שמקצתן רואין אלו את אלו הרי אלו עדות אחת ואם לאו שתי עדיות הן נמצאת אחת מהן זוממת הוא נהרג והן נהרגין הוא נהרג על פי הכת שלא הוזמה והן נהרגין מפני שהוזמו ועלתה בקשיא. ודייקינן מדסלקא בקשיא שמעינן מינה דראיה אחר ראיה ואפילו הודאה אחר הודאה אינה כשרה בדיני ממונות א) (ואפילו) [ואלו] הברייתות ב) סיוע לפירוש שפירשנו [בהא] דאמרינן לסהדי למיחזי אתיתו או לאסהודי אתיתו: **תניא** ר' יוסי ב"ר יהודה אומר חבר אין צריך התראה שלא ניתנה התראה [אלא] להבחין בין שוגג למזיד. הנהו לעוזאי דאתו לקמיה דרבא בדינא אוקי רבא תורגמן בינייהו. איני והתנן שלא תהא סנהדרין שומעת מפי התורגמן. ופרקי' רבא הוה ידע מאי דאמרי ואהדורי להן הוא דלא ידע.

סוגיין

חשק שלמה על ר"ח א) וכ"כ במרדכי פ"ג דסנהדרין ובהג"מ הל' עדות בשם רבינו והב"י בחו"מ סימן ל' נדחק בטעמו והכא מפורש טעמו אבל לפ"ד התוס' שנ"ך וריטב"א כאן אין הוכחה דהכא מיירי הכל לרבנן דריב"ק. ועי' רשב"ס ב"ב נ"ב ב' ד"ה ופסק בשם רבינו וכ"כ הרי"ף ורא"ש רפ"ד דברכות וש"מ. וגם בסנהדרין ל' ע"ב כ' בפר"ח שם דקי"ל כנהרדעי וצ"ע. ב) ט"ס כאן וצ"ע.

א) [לעיל ה.], ב) סנהדרין ט:, ג) [גירסת סה"מ פי שנים], ד) סנהדרין פא:, ה) לקמן ט:, ו) [ע"ל במשנה ט: גם פרש"י שם ד"ה מפני שהוא כמועד], ז) לקמן ט: סנהדרין ח: מא. עב:, ח) רש"א מ"ז וצ"ל הוזמה א' מהם ולא וכו'.

(א) גמ' הנהו לעוזי דאתו. נ"ב הנהו לעוזי עדים [הוו מדאקשינן] לרבא ממתניתין אבל ברמב"ם בפ' כא מהל' סנהדרין משמע דלעוזי בעלי דינין הוו ועי' בחו"מ סימן יז נ"ל דאין חילוק בין עדים לבעלי דינים מדאקשי' ממתני' להך עובדא וכן משמע פשט הלשון דאתו לקמיה דרבא דמשמע [דבעלי דינים הוו]: (ב) רש"י ד"ה הרי וכו'. ואם הוזמה אחת מהם הראשונה או השניה ולא הוזמו: (ג) תוד"ה הוא והן וכו' המתרה שמתרה כך ובהכי סגי דהא וכו' דלא בעי' פי שני עדים: (ד) ד"ה תניא וכו' רק אפסוק כיון: (ה) ד"ה אמר רבא וכו' מכאן מייתי יש מפרשים ראיה דמתניתין. נ"ב י"מ סבירא להו דרבא ארישא דמתני' קאי לאורויי דאין מצטרפין במקצתן רואין אלו את אלו אא"כ דאיכא תרתי לטיבותא דרואים נמי את המתרה כו' וא"כ [מיירי נמי סיפא דקתני] הרי אלו ב' עדיות אע"פ שהן רואין את המתרה והתוס' ס"ל דאברייתא קאי ואיכא למידק אמאי לא פי' התוס' דאסיפא דמתני' קאי לאורויי דברואים את המתרה מצטרפין אע"ג דאין רואין אלו את אלו וי"ל דא"כ ה"ל לרבא לתפוס בסיפא דמתניתין ולקבוע דבריו עלה ומדלא עבד הכי ש"מ [דלאו אמתני'] קאי אבל אם נפרש דאברייתא דסמיך ליה קאי ניחא ומ"מ ארבא גופיה קשה אמאי לא קבע דבריו אסיפא דמתני' דאפי' בשתי כתות דכל חדא חשיבי עדות באפי נפשה מצטרפי ע"י המתרה וכדכתבו התוס' בסמוך בד"ה תנ"ה: (ו) בא"ד דמכל מקום מיירי אע"פ שהן רואין המתרה: (ז) בא"ד דאי אמתניתין קאי דקתני הרי אלו. נ"ב פי' דאי אמתני' ארישא קאי לאורויי דהא דקתני הרי אלו ב' עדיות מיירי אע"פ שרואין את המתרה וכדכתבתי בסמוך:

גמ' ואמר רבא מתרה שאמרו. עי' סנהדרין עא ע"א ברש"י ד"ה מתרין בו וצ"ע:

Another ruling of Rava regarding warning:

וְאָמַר רָבָא – And Rava said: מַתְרֶה שֶׁאָמְרוּ – The one giving the warning of whom they spoke אֲפִילוּ מִפִּי עַצְמוֹ – may even be [the victim] himself,[19] **וַאֲפִילוּ מִפִּי הַשֵּׁד – and even a demon.**[20] The warning necessary to convict the offender need not come from one of the witnesses, but is acceptable from any source.[21]

The Gemara now returns to the rule of isolated witnesses:

אָמַר רַב נַחְמָן – Rav Nachman said: עֵדוּת מְיוּחֶדֶת כְּשֵׁירָה בְּדִינֵי מָמוֹנוֹת – A set of isolated [witnesses] is valid in monetary cases, even though these too require the testimony of two witnesses. **דִּכְתִיב – For it is written** in the verse from which we derive the rule that isolated witnesses do not combine: **"לֹא יוּמַת עַל־פִּי עֵד אֶחָד" – *He shall not be executed by the word of one witness.*** From this we may conclude that **בְּדִינֵי נְפָשׁוֹת הוּא דְּאֵין כְּשֵׁירָה – it is in regard to capital cases that [isolated witnesses] are not valid, אֲבָל בְּדִינֵי מָמוֹנוֹת כְּשֵׁירָה – but they are valid in regard to monetary cases.**

The Gemara questions this ruling:

מַתְקִיף לָהּ רַב זוּטְרָא – Rav Zutra challenged this on the following grounds: **אֶלָּא מֵעַתָּה – If so,** that isolated witnesses are valid in noncapital cases, **בְּדִינֵי נְפָשׁוֹת תַּצִּיל – they should** combine to **save** the defendant even **in capital cases!** For it is a Torah principle to lean toward leniency in capital cases more so than in monetary cases.[22] Thus, if we combine isolated witnesses in monetary cases, we should do so in capital cases as well, when this would serve to spare the defendant. **אַלְמָּה תְּנַן – Why then has our Mishnah taught** that if two witnesses saw from one window and two from another window, without their seeing each other, and one group was found to be *zomemin,* **הוּא וְהֵן נֶהֱרָגִין – HE** [the accused] **AND THEY** [the *zomemin*] **ARE EXECUTED,** because the two groups of isolated witnesses do not combine to form one set?[23] – ? –

The Gemara responds:

קַשְׁיָא – This is indeed a difficulty.[24]

An abbreviated quote from the Mishnah introduces the next discussion:

רַבִּי יוֹסֵי אוֹמֵר וכו' – R' YOSE SAYS etc. that no person can be executed unless the two witnesses who testify against him both warned him.

R' Yose's ruling makes it clear that he considers warning to be a formal, legal requirement for issuing a death sentence.[25] The Gemara challenges this:

וּמִי אִית לֵיהּ – אָמַר לֵיהּ רַב פָּפָּא לְאַבָּיֵי – Rav Pappa said to Abaye: **לְרַבִּי יוֹסֵי הַאי סְבָרָא – Does R' Yose indeed subscribe to this view? וְהָתְנַן – But we have learned in a Mishnah:**[26] **רַבִּי יוֹסֵי אוֹמֵר – R' YOSE SAYS: הַשּׂוֹנֵא נֶהֱרָג – AN ENEMY IS EXECUTED** for killing his foe even if he was not warned prior to doing so, **מִפְּנֵי שֶׁהוּא כְּמוּעָד וּמוּתְרֶה – BECAUSE HE IS CONSIDERED ON NOTICE AND FOREWARNED.** He can therefore not claim that the killing was inadvertent.[27] Thus we see that R' Yose does not require a warning as a formal precondition for a death sentence wherever the transgressor's intent is clear. – ? –

Abaye replies:

אָמַר לֵיהּ – [Abaye] said to [Rav Pappa]: הַהוּא רַבִּי יוֹסֵי בַּר יְהוּדָה הִיא – The R' Yose of [that Mishnah] is actually R' Yose bar Yehudah, and not the Tanna generally referred to as R' Yose.[28] **דְּתַנְיָא – For a Baraisa has taught: רַבִּי יוֹסֵי בַּר יְהוּדָה אוֹמֵר – R' YOSE BAR YEHUDAH SAYS: חָבֵר אֵין צָרִיךְ הַתְרָאָה – A SCHOLAR DOES NOT NEED A WARNING, לְפִי שֶׁלֹּא נִיתְּנָה הַתְרָאָה אֶלָּא לְהַבְחִין בֵּין שׁוֹגֵג לְמֵזִיד – BECAUSE A WARNING WAS NOT REQUIRED** by the Torah **EXCEPT AS A MEANS OF DIFFERENTIATING BETWEEN AN INADVERTENT [OFFENDER] AND AN INTENTIONAL ONE.** We see from this Baraisa that R' Yose bar Yehudah is of the opinion that a warning is *not* required as a formal precondition for a death sentence. Accordingly, we may say that he is the Tanna of the Mishnah that states that an enemy is executed for killing his foe even without being warned.[29] The Tanna of our Mishnah, however, is R' Yose

NOTES

another view regarding this matter and reject it (see further in *Hagahos HaBach* §5 and *Nimukei Yosef*).]

The Rishonim raise the following question. Where each of the two isolated witnesses (or sets of witnesses) states that he saw the person giving the warning, we have the testimony of two witnesses to establish that they are indeed combined. However, when he saw the witnesses without their seeing him, how can the combination be effective? For if we rely on his statement that he saw them both, we are in effect executing a man on the word of a single witness, since without his statement we could not combine the witnesses and convict the accused! *Tosafos* and *Ritva* answer that this method of combining witnesses would be effective where there were two other witnesses who testify that they saw that the person giving the warning had seen the witnesses in the windows. These latter witnesses, however, did not see the crime itself. Since they (unlike the warner) play no role in establishing the crime, their observation of the witnesses in the windows cannot combine them. Yet their testimony can prove that the person giving the warning did see the witnesses in the windows (*Ritva*).

19. [Literally: from his own mouth.] Our explanation follows *Rashi. Rambam* (*Hil. Sanhedrin* 12:2) says it refers to the offender himself, who declared aloud that he was aware of the criminality of what he was about to do [and of the punishment he would incur].

20. *Rambam* (ibid.) explains this to refer to any voice whose source could not be observed (see *Kesef Mishneh* and *Radvaz* there).

21. This, of course, accords with the view of the Tanna Kamma of our Mishnah. R' Yose's opinion, however, is that the warning must come from the witnesses.

22. This is based on the verse in *Numbers* 35:25: וְהִצִּילוּ הָעֵדָה אֶת־הָרֹצֵחַ, *And the assembly shall save the murderer [from the hand of the avenger of blood],* which commands us to look for reasons to avoid executing someone accused of a capital crime (see above, 6a note 1). Thus, whatever leniency is effective in a monetary case should surely be effective in exonerating a defendant in a capital case (*Rashi;* cf. *Ramban; Ritva*).

23. See note 5 above. Since Rav Nachman would rule that these two isolated groups of witnesses would combine in noncapital cases, he should combine them as well in the capital case described by the Mishnah. This would result in invalidating the testimony of all four witnesses, thereby sparing the accused (*Rashi;* cf. *Ramban, Ritva;* see note 5). It would also cause the *zomemin* themselves to be spared, since *zomemin* witnesses are not executed unless all the members of the set have been proven to be *zomemin,* as the Mishnah taught on 5b (*Rashi*).

24. Despite this difficulty, Rav Nachman's ruling is the accepted halachah (*Rambam, Hil. Eidus* 4:2; *Choshen Mishpat* 30:6). The response קַשְׁיָא, *this is a difficulty,* does not necessarily imply a refutation [unlike its counterpart תְּיוּבְתָּא, *a refutation*]. See 5b note 5.

25. [For if the warning is needed only to demonstrate that the offender was aware that what he was doing was forbidden and subject to a death penalty, there would be no reason to require a warning from *both* witnesses. That R' Yose requires this is proof that he considers the warning a Biblically decreed prerequisite for a death sentence, in addition to a way of demonstrating the intent of the accused.]

26. Below, 9b.

27. Since he hated his victim, it may be assumed that he killed him intentionally (*Rashi* 9b ד"ה מפני). See below, 9b note 9.

28. Who is R' Yose bar Chalafta; see *Shabbos* 121b.

29. For we may assume that he killed him intentionally. Nevertheless, we must still have evidence that he knew that he would be liable to the death penalty for doing so (see *Ritva*). This point will be explained more fully in the Gemara on 9b; see note 23 there.

גמרא

מתני' [א] היו שנים רואין אותו מחלון זה ושנים רואין אותו מחלון זה ואחד מתרה בו באמצע בזמן שמקצתן רואין אלו את אלו הרי אלו עדות אחת ואם לאו הרי אלו שתי עדיות [א] לפיכך אם נמצאת אחת מהן זוממת הוא והן נהרגין והשניה פטורה [ב] רבי יוסי אומר לעולם אין נהרגין עד שיהו [ג] שני עדיו מתרין בו שנאמר א) על פי שנים עדים דבר אחר על פי שנים עדים [ב] שלא תהא סנהדרין שומעת מפי התורגמן: גמ' אמר רב זוטרא בר טוביא אמר רב מנין [ד] לעדות מיוחדת שהיא פסולה שנאמר א) לא יומת על פי עד אחד מאי עד אחד אילימא עד אחד ממש מרישא שמעינן לה על פי שנים עדים אלא מאי עד אחד עד אחד עד אחד תניא נמי הכי לא יומת על פי עד אחד להביא שנים שרואים אותו אחד מחלון זה ואחד מחלון זה ואין רואין זה את זה שאין מצטרפין ולא עוד אלא אפילו בזה אחר זה בחלון אחד אין מצטרפין אמר ליה רב פפא לאביי השתא ומה אחד מחלון זה ואחד מחלון זה דהאי קא חזי כולו מעשה והאי קא חזי כולו מעשה אמרת לא מצטרפי בזה אחר זה דהאי חזי פלגא דמעשה והאי חזי פלגא דמעשה מיבעיא א"ל לא נצרכא אלא לבועל את הערוה אמר רבא [ג] אם היו רואין את המתרה או המתרה רואה אותן מצטרפין ואמר רבא [ד] מתרה שאמרו אפילו מפי עצמו ואפילו מפי השד אמר רב נחמן [ה] עדות מיוחדת כשירה בדיני ממונות דכתיב לא יומת על פי עד אחד בדיני נפשות הוא דאין כשירה אבל בדיני ממונות כשירה מתקיף לה רב זוטרא אלא מעתה בדיני נפשות תציל אלמה תנן הוא והן נהרגין קשיא: רבי יוסי אומר וכו': א"ל רב פפא לאביי ומי אית ליה לרבי יוסי האי סברא והתנן [ה] רבי יוסי אומר השונא נהרג מפני שהוא כמועד [ו] ומותרה א"ל ההוא רבי יוסי בר יהודה היא דתניא [ז] רבי יוסי בר יהודה אומר חבר אין צריך התראה לפי שלא ניתנה התראה אלא להבחין בין שוגג למזיד: דבר אחר ע"פ שנים עדים שלא תהא סנהדרין שומעת מפי התורגמן: (א) הנהו לעוזי דאתו לקמיה דרבא אוקי רבא תורגמן בינייהו והיכי עביד הכי והתנן שלא תהא סנהדרין שומעת מפי התורגמן רבא [ח] מידע הוה ידע מה דהוו אמרי ואהדורי הוא דלא הוה ידע

אילעא

רש"י

מתני' הרי אלו עדות אחת. ואם (ב) הוזם אחד מהם [ח] (או שנים) ולא הוזמו כולן אין נהרגין: שלא תהא סנהדרין שומעת. עדות העדים מפי התורגמן צריכין הדיינין שיהיו מכירין בלשון העדים ולא שיעמדו מליץ בינותם: גמ' עדות מיוחדת. אחד רואה אותו מחלון זה ואחד רואה מחלון זה ואין רואין זה את זה: לבועל את הערוה. שיש די בראיית כל אחד ואפ"ה לא מצטרפו: מפי עצמו. ההרוג עצמו התרה בו: אלא מעתה. דכשרים בעלמא ומצטרפי: בדיני נפשות. כששנים רואין מחלון זה ושנים מחלון זה והוזמה כת האחת תצטרף עדות זו להיות כולם ככת אחת להציל את הזוממין ואת הנדון שתהא עדותן בטלה כיון דבעלמא מצטרפת יש טעם כאן להצילו ורחמנא אמר והצילו העדה: ומי אית ליה לרבי יוסי. התראה כלל: והתנן רבי יוסי אומר השונא. שאמר בשוגג הרגתי נהרג מפני שהוא כמועד ומותרה: לעוזי. בעלי לשון אחרת שאין הדיינין מכירין בה:

תוספות

היו שנים רואים אותו מחלון זה ושנים מחלון זה וכו'. ולא גרסי' במתני' אחד בחלון זה וכו': ואחד מתרה באמצע. תימה ואמאי הוצרך לומר ואחד מתרה שאין מן העדים ויש מפרשים דנקטיה משום רישא דקתני רואין אלו את אלו ומסתמא היינו ע"י המתרה שאומר לעדים לאלו ואלו ראו את המעשה הרע שזה עשה ונראה למשי"ח דנקטיה לאפוקי מדרבי יוסי דאמר בסיפא אינו חייב עד שיהו פי שנים עדים מתרין בו: שמקצתן רואין אלו את אלו. מצטרפין יחד אף אותם שאין רואים: הרי אלו עדות אחת. שאם נמצא אחד מהן קרוב או פסול עדות כולם בטלה וכן שאם נמצא אחת מהן זוממת אין נהרגין עד שיוזמו כולם ובטלין נמי עדות כולם בהזמה אחת מהן דהזמה הוי כנמצא אחד מהן קרוב או פסול: הוא והן נהרגים. הן נהרגים אע"פ שלא הוזמו כת שניה כיון שהוזמו הן הוא נהרג משום כת שניה דלא בטלה עדות כת שניה בהזמת הראשונה כיון דהוי שתי עדיות יש מפרשים שצריך שתהא כל כת וכת רואה המתרה או המתרה רואה אותן אז מצטרף המתרה לזו ולזו דאם לא כן אין המתרה מצטרף עמהן ולא יהרג על פיהם דלעולם אינו נהרג אא"כ המתרה מעדות שבאין לחייבו והא דקתני נמי נמצא אחת מהן זוממת שהוזם גם המתרה עמהם דהא מעדותן הוא כדפרישית ומ"מ הוו השתי כתות שתי עדיות כיון שאין כת זו רואה את זו וקשה למשי"ח מאי קאמר דאדרבה לא מיתוקמא מתני' אלא כשאין רואין המתרה וכן אין המתרה רואה אותן דאי רואין המתרה או המתרה רואה אותם הוו השתי כתות עדות אחת אע"פ שאין רואין זה את זה דהמתרה מצרפן כדקתני רישא בזמן שמקצתן רואין אלו את אלו אלמא לא בעינן שיהא כל השנים שמכאן רואין את אלו מכאן אלא באחד סגי ועוד קשה לפי' דצריך שיהא המתרה מעדותן הא אמרינן בגמ' מתרה שאמרו אפי' מפי עצמו אפי' מפי שד ואז ודאי לא הוי המתרה מעדותן כלל לכן נראה דודאי מיירי כשאין רואין המתרה ולא המתרה רואה אותם אלא שמעו המתרה שמתרה (ג) כן ובכן סגי דהא קיימינן לרבנן דפליגי ארבי יוסי דבסמוך ולא בעו פי שנים עדים מתרין בו כמו רבי יוסי: לעדות מיוחדת שהוא פסול. פי' אחד מחלון זה ואחד מחלון זה ומילתא באפי נפשה היא ולא קאי אמתני' ולא מיירי בהכי: תניא נמי הכי וכו'. מייתי תניא נמי הכי דמלא יומת על פי עד אחד נפקא דאילו עיקרא דמילתא שמעו ממתניתין דנהי דמתניתין לא איירי באחד מחלון זה מ"מ מדאשמעינן בשתי כתות דחשבינן שתי עדיות כשאין רואין אלו את אלו מינה שמעינן דה"ה בכת אחת מכל מקום נראה יותר לפרש דעיקר מילתא מייתי דאי ממתניתין הוה אמינא דוקא בשתי כתות דכל חדא חשיב עדות באפי נפשה אבל בכת אחת מצטרפי שפיר וכן נראה דיותר דוחק לומר דלא מייתי תניא נמי הכי רק (ד) הפסוק כיון דליכא מאן דפליג עליה. כן נראה למשי"ח: אמר רבא אם הן רואין את המתרה או המתרה וכו'. מכאן מייתי (ה) המפרש ראיה במתניתין גבי סיפא דקתני הרי אלו שתי עדיות דמכל מקום מיירי (ו) שהן רואין המתרה כדפריש' ולאו מילתא היא דהכא אעדות מיוחדת דברייתא קאי דקתני אחד מחלון זה וכו' שאין מצטרפין ועלה קאמר דאם העד מכאן [והעד מכאן] רואין המתרה או המתרה רואה אותן מצטרפין להיות עדות אחת גבי העד שמכאן והעד שמכאן אע"פ שאין רואין אלו את אלו דהמתרה מצרפן כמו מקצתן רואין אלו את אלו דמתניתין ותדע דאעדות מיוחדת דברייתא קאי דאי אמתניתין קאי דקתני הרי (ז) אלו שתי עדיות כדפירשתי אם כן הוה ליה למימר ואם לאו אין מצטרפין שזהו עיקר החידוש: או מתרה רואה אותן מצטרפין. פירוש על פיהם נהרג דלא חשיבא עדות מיוחדת ואם תאמר והיכי מהימני ליה למתרה לומר שראה אותן להרוג את זה דבשלמא כשרואין המתרה הרי הן שנים אבל מתרה רואה אותן קשיא ויש לומר דמיירי שיש עדים שמעידין שהמתרה רואה אותן אך לא ראו המעשה אותן העדים: בדיני נפשות הוא דלא כשירה הא בדיני ממונות כשירה. הקשה רבינו אברהם מאורלינ"ש דהא קרובים נפקא לן (סנהדרין כח:) דפסולין מלא יומתו אבות על בנים ודיני ממונות גמרינן מיניה (שם כח.) דכתיב משפט אחד יהיה לכם א"כ ה"נ נילף ממונות מנפשות להך מילתא דעדות מיוחדת ונראה דעל כרחך האי קרא לאו בדיני ממונות קאי דעד אחד מועיל לממון לשבועה מיהא איתיה:

אי

עין משפט נר מצוה

מח א מיי' פ"ד מהל' עדות הלכה א סמג עשין קט:
מט ב מיי' פ"ג מהל' סנהדרין הלכה ו ופכ"א שם הלכה ח סמג עשין צו טוש"ע ח"מ סימן כח סעיף ו:
נ ג מיי' פ"ד מהלכות עדות הלכה א סמג שם:
נא ד מיי' פי"ג מהלכות סנהדרין הלכה ב:
נב ה מיי' פ"ד מהלכות עדות הלכה ב סמג עשין קט טוש"ע ח"מ סימן ל סעיף ו:
נג ו מיי' פכ"א מהלכות סנהדרין הלכה ח סמג עשין קו טוש"ע ח"מ סימן יז סעיף ו:

תורה אור השלם

א) עַל פִּי שְׁנַיִם עֵדִים אוֹ שְׁלֹשָׁה עֵדִים יוּמַת הַמֵּת לֹא יוּמַת עַל פִּי עֵד אֶחָד: [דברים יז, ו]

ליקוטי רש"י

מפי המתורגמן. כשבאין עדי לועזים להעיד בפניהם לא יצטרכו להעמיד מליצים ביניהם דהוה ליה עד מפי עד [סנהדרין יז.]. שלא יחליף התורגמן טענותיו ויחייבוהו [מנחות סה.].

לעדות מיוחדת שהיא פסולה. דשנים מעידין עליו ועדותן אמת אלא שאין מיתתו מסורה לב"ד כגון שנים רואין אותו אחד מחלון זה ואחד מחלון זה דאמר במסכת מכות דלא מיקטיל עליה וכו' [סנהדרין פא:].

מפני שהוא כמועד. כמותרה עליו ועובר על התראה דודאי לדעת הרגו [לקמן ט:].

ר' יוסי בר יהודה היא. דאפילו בהרוגי בי"ד לא בעי התראה אלא להבחין [סנהדרין עב:].

אלא להבחין. שלא יכול לומר סבור הייתי שמותר [שם ח:]. שלא יכול לומר לא הייתי יודע שאסור [לקמן ט:].

רבינו חננאל

היו שנים רואין מחלון זה כו'. אמר רב מניין לעדות מיוחדת שפסולה שנאמר לא יומת על פי עד אחד מאי אחד אילימא אחד ממש מדכתיב על פי שנים עדים או שלשה עדים יומת המת ממילא שמעינן דאין ממיתין על פי עד אחד מה תלמוד לומר לא יומת על פי עד אחד אלא מאי אחד אחד אחד. כדתניא ב' רואין אותו א' מחלון זה וא' מחלון זה ואין רואין זה את זה אין מצטרפין אע"פ ששניהם ראו העדות כולה מתחלה ועד סוף כיון שלא היו רואין זה את זה אין מצטרפין. והא דתניא ולא עוד אלא אפילו ראו ב' בזה אחר זה בחלון אחד אין מצטרפין. אוקימ' בבועל הערוה (שהיו) [שחייב] בהכנסת העטרה וכיון שהראשון ראה הכנסת העטרה והשני ראה (כחו) [הביאה] כאילו זה ראה המעשה כולו וזה ראה המעשה כולו. אמר רבא אם העדים רואין המתרה או המתרה רואה העדים מצטרפין ומתרה זה שאמרו אפי' מפי ההרוג עצמו או מפי שד. אמר רב יהודה עדות מיוחדת כשרה בדיני ממונות. כגון זה שאמרנו שראו העדות אחד אחד. והאי דכתיב לא יומת על פי עד אחד והיא עדות מיוחדת הני מילי בעדות נפשות שהתורה חסה עליו אבל בדיני ממונות עדות מיוחדת כשרה היא ומצטרפין ואע"פ שאין רואין זה את זה. ואקשינן עליה אי הכי דעדות מיוחדת עדות מעליא היא ומצטרפין ולא הצריכה התורה שיראו שניהן ביחד זה לזה אלא משום דחס עליה. אלא מעתה ב' כתות שראו (בבת) [אחת] אחת ונמצא בכת א' מהן קרוב או פסול יצטרפו ב' הכתות ונאמר כיון [שיש] בהן קרוב או פסול בטלה עדות הכל וינצל ההורג ולמה שנינו במשנתנו ב' רואין אותו מחלון זה וב' מחלון זה ואחד מתרה באמצע בזמן שמקצתן רואין אלו את אלו הרי אלו עדות אחת ואם לאו שתי עדיות הן נמצאת אחת זוממת הוא נהרג והן נהרגין הוא נהרג על פי הכת שלא הוזמה והן נהרגין מפני שהוזמו ועלתה בקשיא. ודייקינן מדסלקא בקשיא שמעינן מינה דראיה אחר ראיה ואפילו הודאה אחר הודאה אינה כשרה בדיני ממונות א) (ואפילו) [ואלו] הברייתות ב) סיוע לפירוש שפירשנו [בהא] דאמרינן לסהדי למיחזי אתיתו או לאסהודי אתיתו: תניא ר' יוסי ב"ר יהודה אומר חבר אין צריך התראה שלא ניתנה התראה [אלא] להבחין בין שוגג למזיד. הנהו לעוזאי דאתו לקמיה דרבא בדינא אוקי רבא תורגמן בינייהו. איני והתנן שלא תהא סנהדרין שומעת מפי התורגמן. ופרקי' רבא הוה ידע מאי דאמרי ואהדורי להן הוא דלא ידע.

סוגיין

חשק שלמה על ר"ח א) וכ"כ במרדכי פ"ג דסנהדרין ובהג"מ הל' עדות בשם רבינו והב"י בחו"מ סימן ל' נדחק בטעמו והכא מפורש טעמו אבל לפ"ד התוס' שנ"ך וריטב"א כאן אין הוכחה דהכא מיירי הכל לרבנן דריב"ק. ועי' רשב"ס ב"ב נ"ב ב' ד"ה ופסק בשם רבינו וכ"כ הרי"ף ורא"ש רפ"ד דברכות וש"מ. וגם בסנהדרין ל' ע"ב כ' בפר"ח שם דקי"ל כנהרדעי וצ"ע. ב) ט"ס כאן וצ"ע.

מסורת הש"ס

א) [לעיל ה.], ב) סנהדרין ט:, ג) [גירסת סה"מ פי שני], ד) סנהדרין פא:, ה) לקמן ט:, ו) [ע"ל במשנה ט: גם פרש"י שם ד"ה מפני שהוא כמועד], ז) לקמן ט: סנהדרין ח: מא. עב:, ח) רש"א מ"ז וצ"ל הוזמה א' מהם ולא וכו'.

הגהות הב"ח

(א) גמ' הנהו לעוזי דאתו. נ"ב הנהו לעוזי עדים [הוו מדאקשינן] לרבא ממתניתין אבל ברמב"ם בפ' כא מהל' סנהדרין משמע דלעוזי בעלי דינין הוו ועי' בחו"מ סימן יז ז"ל דאין חילוק בין עדים לבעלי דינים מדאקשי' ממתני' להך עובדא וכן משמע פשט הלשון דאתו לקמיה דרבא דמשמע [דבעלי דינים הוו]: (ב) רש"י ד"ה הרי וכו'. ואם הוזמה אחת מהם הראשונה או השניה ולא הוזמו: (ג) תוד"ה הוא והן וכו' המתרה שמתרה כך ובהכי סגי דהא וכו' דלא בעי' פי שני עדים: (ד) ד"ה תניא וכו' רק אפסוק כיון: (ה) ד"ה אמר רבא וכו' מכאן מייתי יש מפרשים ראיה דמתניתין. נ"ב י"מ סבירא להו דרבא ארישא דמתני' קאי לאורויי דאין מצטרפין במקצתן רואין אלו את אלו אא"כ דאיכא תרתי לטיבותא דרואים נמי את המתרה כו' וא"כ [מיירי נמי סיפא דקתני] הרי אלו ב' עדיות אע"פ שהן רואין את המתרה והתוס' ס"ל דאברייתא קאי ואיכא למידק אמאי לא פי' התוס' דאסיפא דמתני' קאי לאורויי דברואים את המתרה מצטרפין אע"ג דאין רואין אלו את אלו וי"ל דא"כ ה"ל לרבא לתפוס בסיפא דמתניתין ולקבוע דבריו עלה ומדלא עבד הכי ש"מ [דלאו אמתני'] קאי אבל אם נפרש דאברייתא דסמיך ליה קאי ניחא ומ"מ ארבא גופיה קשה אמאי לא קבע דבריו אסיפא דמתני' דאפי' בשתי כתות דכל חדא חשיבי עדות באפי נפשה מצטרפי ע"י המתרה וכדכתבו התוס' בסמוך בד"ה תני"ה: (ו) בא"ד דמכל מקום מיירי אע"פ שהן רואין המתרה: (ז) בא"ד דאי אמתניתין קאי דקתני הרי אלו. נ"ב פי' דאי אמתני' ארישא קאי לאורויי דהא דקתני הרי אלו ב' עדיות מיירי אע"פ שרואין את המתרה וכדכתבתי בסמוך:

גליון הש"ס

גמ' ואמר רבא מתרה שאמרו. עי' סנהדרין עא ע"א ברש"י ד"ה מתרין בו וצ"ע:

(bar Chalafta), and he indeed considers a warning to be a formal, legal precondition for the imposition of a death sentence.

The Gemara quotes from the Mishnah:

דָּבָר אַחֵר ,,עַל־פִּי שְׁנַיִם עֵדִים״ שֶׁלֹּא תְּהֵא סַנְהֶדְרִין שׁוֹמַעַת מִפִּי הַתּוּרְגְּמָן — ANOTHER TEACHING: *BY THE TESTIMONY OF TWO WITNESSES* — THAT THE SANHEDRIN SHOULD NOT LISTEN THROUGH AN INTERPRETER.

The Gemara reports an incident:

הַנְהוּ לַעוֹזֵי — **There were these people who spoke** only **a foreign language** **דְּאָתוּ לְקַמֵּיהּ דְּרָבָא** — **who came before Rava** in a court proceeding, **אוֹקֵי רָבָא תּוּרְגְּמָן בֵּינַיְיהוּ** — and **Rava appointed** someone to serve as **an interpreter between them.**

The Gemara asks:

וְהֵיכִי עָבִיד הָכִי — **But how could [Rava] do this?** **וְהָתְנַן** — **Why, we learned in our Mishnah:** **שֶׁלֹּא תְּהֵא סַנְהֶדְרִין שׁוֹמַעַת מִפִּי הַתּוּרְגְּמָן** — THAT THE SANHEDRIN SHOULD NOT LISTEN THROUGH AN INTERPRETER.[30] — ? —

The Gemara answers:

רָבָא מֵידַע הֲוָה יָדַע מָה דַּהֲווּ אָמְרֵי — **Rava was able to understand what they were saying,** **וְאַהְדּוּרֵי הוּא דְּלָא הֲוָה יָדַע** — **and it was replying** properly to them in their language **that he did not know** how to do. And the use of an interpreter to relay the judge's comments is permitted.

30. The expression "coming before a judge" generally refers to litigants coming before the court to have their case judged. If this is its meaning here as well, then the Mishnah's injunction not to use an interpreter applies not only to hearing the testimony of the witnesses but even to hearing the claims of the litigants (see *Rabbeinu Chananel* and *Rambam, Hil. Sanhedrin* 21:8; *Tur* and *Shulchan Aruch, Choshen Mishpat* 17:6, with *Sma* §14). Others, however, explain that the foreigners in this incident were coming as witnesses (see *Ritva; Radvaz* I:331). See *Hagahos HaBach* here §1.

The Gemara records another court proceeding, in which the validity of witnesses was questioned on grounds of kinship:[1] [2]אִילְעָא וְטוֹבִיָּה קְרִיבֵיהּ דְּעַרְבָא (הוה) [הֲווּ] – **Ila'a and Toviyah were the relatives of a cosigner** to a loan, and were witnesses to that loan.[3] When litigation regarding that loan came before the court, סָבַר רַב פָּפָּא לְמֵימַר – **Rav Pappa thought to say** that they are eligible to testify about the loan because גַּבֵּי לֹוֶה וּמַלְוֶה רְחִיקֵי נִינְהוּ – **they were unrelated to the borrower or the lender,** who were the principals of the case. אָמַר לֵיהּ רַב הוּנָא בְּרֵיהּ דְּרַב יְהוֹשֻׁעַ לְרַב פָּפָּא – **But Rav Huna the son of Rav Yehoshua said to Rav Pappa:** אִי לֵית לֵיהּ לְלֹוֶה – **If the borrower will not have** the money to repay the debt, לָאו בָּתַר עַרְבָא אָזִיל מַלְוֶה – **will the lender not go after the cosigner** to collect the debt? Thus, the cosigner, too, must be considered a principal in this case, which disqualifies his relatives from testifying about it.[4]

Mishnah

The final Mishnah of this chapter concludes with some general rules relating to court procedures. The first concerns a fugitive from justice:

מִי שֶׁנִּגְמַר דִּינוֹ וּבָרַח – **If a person was sentenced** to die **and he escaped** before the court could execute him, וּבָא לִפְנֵי אוֹתוֹ בֵּית דִּין – **and he** then **came before the very same court** that had originally sentenced him,[5] אֵין סוֹתְרִין אֶת דִּינוֹ – **they do not reconsider his sentence** to see if they can find new grounds to acquit him. Rather, they carry out their previous sentence immediately.[6]

A second law concerning a fugitive:

כָּל מָקוֹם שֶׁיַּעַמְדוּ שְׁנַיִם וְיֹאמְרוּ – **Wherever two** witnesses **stand up and declare,** מְעִידִים אָנוּ בְּאִישׁ פְּלוֹנִי שֶׁנִּגְמַר דִּינוֹ בְּבֵית דִּין שֶׁל פְּלוֹנִי – **"We testify against such-and-such a person that he was sentenced** to die **in So-and-so's court,**[7] וּפְלוֹנִי וּפְלוֹנִי עֵדָיו – **and So-and-so and So-and-so were his witnesses,"**[8] הֲרֵי זֶה יֵהָרֵג – **he is executed.**[9]

To judge capital cases, a court of twenty-three justices, called a sanhedrin, is required. The Mishnah teaches:

סַנְהֶדְרִין נוֹהֶגֶת בָּאָרֶץ וּבְחוּצָה לָאָרֶץ – **The** law of **sanhedrin applies both in the** Holy **Land and outside the** Holy **Land.**[10]

The Mishnah teaches that convictions in capital cases are far from common:

סַנְהֶדְרִין הַהוֹרֶגֶת אֶחָד בְּשָׁבוּעַ – **A sanhedrin that executes once in seven years** נִקְרֵאת חוֹבְלָנִית – **is called a destroyer.**[11] רַבִּי אֱלִיעֶזֶר בֶּן עֲזַרְיָה אוֹמֵר אֶחָד לְשִׁבְעִים שָׁנָה – **R' Eliezer ben Azaryah says: Once in seventy years.** רַבִּי טַרְפוֹן וְרַבִּי עֲקִיבָא אוֹמְרִים – **R' Tarfon and R' Akiva say:** אִילּוּ הָיִינוּ בְּסַנְהֶדְרִין – **Had we been on a sanhedrin** at the time when they still performed executions, לֹא נֶהֱרַג אָדָם מֵעוֹלָם – **no person would ever have been executed.**[12] רַבָּן שִׁמְעוֹן בֶּן גַּמְלִיאֵל אוֹמֵר – **Rabban Shimon ben Gamliel says:** אַף הֵן מַרְבִּין שׁוֹפְכֵי דָמִים בְּיִשְׂרָאֵל

NOTES

1. Thus, it is related to the previous discussions about invalidating the testimony of an entire set of witnesses because some of them were found to be relatives. But why did the Gemara not present it above, immediately after those discussions on 6b? Perhaps, this case may have been brought to Rava's court at the same time as the previous case involving foreign witnesses (*Hagahos HaBach;* cf. *Ritva*). [Accordingly, the discussion below between Rav Pappa and Rav Huna the son of Rav Yehoshua took place in the presence of Rava.]

2. Emendation follows *Hagahos Yavetz.*

3. *Rashi.* Cf. *Raavad,* cited in *Baal HaMaor, Milchamos, Rosh* and *Ritva.*

4. Relatives of a principal are disqualified from testifying even if their testimony is damaging to their relative. In our case, Rav Huna rules that the cosigner, too, is regarded as a principal. [See *Siach Yitzchak* for an explanation of the dispute between Rav Pappa and Rav Huna the son of Rav Yehoshua.]

[The Rishonim discuss this disqualification in light of the *sugya* in *Sanhedrin* (9b-10a), which allows פַּלְגִינַן דִּיבּוּרָא (literally: we divide the statement) – "dividing" a statement and accepting it as regards the nonrelative and rejecting it as regards the relative. Here, too, we should believe the witnesses as regards the nonrelatives but not as regards the relatives – see *Baal HaMaor, Milchamos, Rosh* and *Ritva.*]

5. He was recaptured and brought before the same court (*Meiri;* cf. *Shoshanim LeDavid,* quoted by *Likkutim* in the standard *Yachin U'Boaz* Mishnayos).

6. [Why we might think that the same court should retry the case will become evident in the Gemara.]

7. ["So-and-so" refers to the chief justice.]

8. They must testify who the witnesses were so that in the event that they [the first witnesses] are false, other witnesses may be able to refute or contradict them (*Tos. Yom Tov*) [They must also, for the same reason, state the date, time and place that the first witnesses said they saw the accused commit his crime (*Rashash,* based on *Sanhedrin* 43a, where it is stated that even as the accused is being led out to his execution, this information is proclaimed publicly by a court herald, so as to enable people who might not have heard of the case before to come forward and perform a last-minute *hazamah*).

9. [That a person can be executed through a second pair of witnesses testifying that he was convicted by a first pair is true only regarding the crime of murder. For other capital crimes, however, we require that the *original* pair testify against him (*Rambam, Hil. Sanhedrin* 13:7, based on *Sanhedrin* 45b).]

10. To serve on a sanhedrin of twenty-three capable of judging capital cases, one had to be ordained with the classical *semichah,* and such *semichah* can only be given in Eretz Yisrael. The Mishnah teaches that judges who receive such *semichah* in Eretz Yisrael could judge even outside the Land. However, they could judge capital cases in the Diaspora only as long as the Great Sanhedrin still sat in the Holy Temple (*Rambam, Commentary to Mishnah,* see also *Ritva;* cf. *Yad Ramah* to *Sanhedrin* 41a ד״ה ודייקינן).

11. Because the court should always seek ways of exonerating the defendant. When this procedure is adhered to, executions are rare. If a court executes too frequently (once in seven years, or more often), it is a sign either that that court is not sufficiently acquainted with the intricacies of capital judgment, or that it is not trying hard enough to find a defense for the defendant. It therefore merits the title "destroyer" (*Rashi,* printed in *Ein Yaakov*). [However, if it should happen that despite the court's deliberations the evidence is so strong that the court must convict and execute – even if this means putting to death a thousand criminals on a single day – the court is obligated to do so, and no blame attaches to it (*Rambam, Commentary to Mishnah*).]

12. Because we would have cross-examined the witnesses with questions that they could not possibly answer [thereby disqualifying their testimony – see *Tosafos* ד״ה דילמא and *Aruch LaNer*] (*Rashi;* see Gemara below). Alternatively, we would have cross-examined them so relentlessly that they would have eventually contradicted each other, thereby invalidating their testimony (*Tosafos*).

[R' Tarfon and R' Akiva *were* in fact members of the Great Sanhedrin, certainly at the time it was located in Yavneh after the Temple was destroyed (see *Sanhedrin* 17b), and possibly even beforehand. However they were not, as *Rashi* adds, members of the Sanhedrin *at the time it still performed executions,* because the Talmud (*Sanhedrin* 41a) states that the Sanhedrin ceased adjudicating capital cases forty years before the Destruction (*Aruch LaNer,* and *Poras Yosef,* in explanation of *Rashi;* see also *Ritva*).]

אילעא וטוביה קריביה דערבא [א] הוה (א) סבר רב פפא למימר גבי לוה ומלוה רחיקי נינהו א"ל רב הונא בריה דרב יהושע לרב פפא אי לית ליה ללוה לאו בתר ערבא אזיל מלוה: **מתני'** [ב] מי שנגמר דינו וברח ובא לפני אותו ב"ד אין סותרין את דינו [ג] כל מקום שיעמדו שנים ויאמרו מעידים אנו באיש פלוני שנגמר דינו בב"ד של פלוני ופלוני ופלוני עדיו הרי זה יהרג [ג] [ג]סנהדרין נוהגת בארץ ובחוצה לארץ [ד]סנהדרין ההורגת אחד בשבוע נקראת חובלנית רבי אליעזר בן עזריה אומר אחד לשבעים שנה רבי טרפון ורבי עקיבא אומרים אילו היינו בסנהדרין לא נהרג אדם מעולם רשב"ג אומר אף הן מרבין שופכי דמים בישראל: **גמ'** לפני אותו בית דין הוא דאין סותרין הא לפני בית דין אחר סותרין הא תני סיפא כל מקום שיעמדו שנים ויאמרו מעידין אנו את איש פלוני שנגמר דינו בבית דין פלוני ופלוני ופלוני עדיו הרי זה נהרג אמר אביי לא קשיא [ה]כאן בארץ ישראל כאן בחוצה לארץ דתניא [ד] רבי יהודה בן דוסתאי אומר משום רבי שמעון בן שטח [ו]ברח מארץ לחוצה לארץ אין סותרין את דינו מחוצה לארץ לארץ סותרין את דינו מפני זכותה של ארץ ישראל: סנהדרין נוהגת כו': מנא ה"מ דתנו רבנן [א] [ה] והיו אלה לכם לחוקת [ו]משפט לדורותיכם למדנו לסנהדרין שנוהגת בארץ ובחוצה לארץ א"כ מה תלמוד לומר [ב] [ז]בשעריך אתה מושיב בתי דינים בכל פלך ופלך ובכל עיר ועיר ובחו"ל אתה מושיב בכל פלך ופלך ואי אתה מושיב בכל עיר ועיר: סנהדרין ההורגת וכו': איבעיא להו אחת לשבעים שנה נקראת חבלנית או דלמא אורח ארעא היא תיקו: רבי טרפון ורבי עקיבא אומרים אילו היינו וכו': היכי הוו עבדי רבי יוחנן ורבי אלעזר דאמרי תרוייהו ראיתם טריפה הרג שלם הרג אמר רב אשי אם תמצא לומר שלם היה דלמא במקום סייף נקב הוה בבועל את הערוה היכי הוו עבדי אביי ורבא דאמרי תרוייהו ראיתם כמכחול בשפופרת ורבנן היכי דיינו כשמואל [ז] דאמר שמואל [ח]במנאפים משיראו כמנאפים:

הדרן עלך כיצד העדים

אלו הן הגולין [ט] ההורג נפש בשגגה [י]היה מעגל במעגילה ונפלה עליו והרגתו היה משלשל בחבית ונפלה עליו והרגתו היה יורד בסולם ונפל עליו [ח] והרגתו הרי זה גולה אבל אם היה מושך במעגילה ונפלה עליו והרגתו היה דולה בחבית ונפסק החבל ונפלה עליו והרגתו היה

אילעא וטוביה. עדי הלואה היו קרובין אל הערב: **מתנ'** לפני אותו בית דין. שנתחייב בו: אין סותרין. לחזור ולישא וליתן אולי יזכה: אילו היינו. בימים שסנהדרין דנו דיני נפשות לא נהרג בה אדם כדמפרש בגמרא שבדקו את העדים בדבר שלא ידעו להשיב: אף. אם היו עושים כן היו מרבין שופכי דמים שלא יראו מב"ד: **גמ'** מפני זכותה של ארץ ישראל. אולי תועיל למצוא לו פתח של זכות: מה ת"ל בשעריך. שופטים ושוטרים תתן לך וגו': אתה מושיב כו'. אתה חייב להושיב בכל פלך ופלך כו' פלך הפרכיא: **אם תמצא** לומר שלם הרג. שיאמרו דבדקוהו לאחר מיתתו מכל שמונה עשרה טריפות: ראיתם כמכחול בשפופרת. ואין עדים מסתכלין בכך שפופרת קנה חלול שנותנין בו כחול לכחול עיניים מכחול הוא קיסם דק שבו נוטלין הצבע מתוך הקנה: ורבנן. דמחייבי מיתה על הערוה היכי דייני בלאו עדות הם הורגים הואיל ולאו הכי בדקי: משיראו כמנאפים. משיראו כמנאפים עניין ניאוף שנוכבין בקירוב בשר ועוגבים כדרך תשמיש:

הדרן עלך כיצד העדים

היה מעגל במעגילה. טוחן היו גגותיהן בטיט והגגות לא היו משופעין אבל הטיט משפעין מעט כדי שיזובו המים וטוחן אותן במחליקת עץ עבה ותלקה ובה בית יד ודוחפה לצד השיפוע וחוזר ומושכה אליו וחוזר ודוחפה (לצד) והטיט מתמרח ומתחליק ובדחיפתו קורהו מעגל ובמשיכתו קורהו מושך ושם העץ מעגילה: היה משלשל חבית. מן הגג: היה יורד. הסולם בסולם ונפל מן הסולם והרג בגופו את חבירו גולה דכל הני דרך ירידה נינהו וגבי גלות דרך ירידה בעינן כדמפרש בגמרא ויפל עליו: אבל היה מושך. ונשמטה מעגילה מידו ונפלה: גמ'

אי ליתיה ללוה לאו בתר ערבא אזיל. מכאן יש ליזהר בעדי ממון שלא יהו קרובים לא ללוה [ט] ולא לערב:

דלמא במקום סייף נקב הוה. קשה לר"ת דאמרינן פ"ק דחולין (דף יא: ושם) ומפיק ליה מקרא דלא חיישינן להא דאזלינן בתר רובא ואומר ר"ת דודאי (ג) לא חיישינן אלא היכא שאלו להם [י] (כדי) שאם [י] יכחישו זה את זה (או) אמרו דלא ידעינן יבטל העדות מידי דהוה אסייף ואריכן דאי [י] דלא שיילינן חייב [י] וזה אומר בסייף וזה אומר בארכן [מ] אין זה נכון אע"ג דבסייף ואריכן כו' אמרו אין אנו יודעין הרי זה נכון זה גרוע הואיל והכרוז גופיה אין יודעים (ג) ומיהו טעם זה אינו מיושב ומאיזה טעם הוא זה דאם לא נשאל להם יהא חייב ואם נשאל ואמרו אין אנו יודעין יהיה פטור ורואה שהביא מסייף ואריכן אין הנדון דומה לראיה דהתם כל כמה דלא שיילינן להו אין לבדות מהלב שיכחישו זה את זה אבל כשמכחישין בהדיא דומה שקר שדבר זה אדם רגיל לעלות בדעתו במה הרגו טפי מכליו שחורים או מכליו לבנים אבל דבר שפירש ר"ת דלא טעם הוא שכשאין שואלים להם ואין אנו יודעים אם טריפה (ד) הוא או שלם נהרג חייב ובשביל ששאל להם ואמרו אין אנו יודעים יהיה פטור לכן נראה דהא דקאמר לא נהרג אדם מעולם לאו דוקא אלא רוב פעמים לא היה נהרג שעל ידי שהוא מרבה בבדיקות אי אפשר שלא יכחיש אחד מהם (ה) חבירו אבל אין לומר דר' עקיבא לטעמיה דחייש למיעוטא גבי חלב [י] פוטר (בכורות כ:) דהא לא מלינו שום תנא דחייש למיעוטא טפי מרבי מאיר ואפ"ה מודה (ו) היכא דלא אפשר דלא חיישינן למיעוטא בפ"ק דחולין (דף יא:) והכא היינו דלא אפשר מיהו י"ל דאיכא למיקם עלה דמילתא כגון שהיה קרוס של מות מגולה ורוא שהיה שלם וכלו זה ונקבו והרגו [פ]:

כמכחול בשפופרת. תימה דהא אי לא חזו אימא דר' עקיבא פטר ולדבריהם שבת מאי איכא למימר דהתם לא מלינו למיפטריה והא היכי קאמר לא היה אדם נהרג (ז) וי"ל דמ"מ קאמר שפיר לא היה אדם נהרג משום דלא שכיחי כולי האי כי אם ברולת ועריות ועוד י"ל דאיכא למימר ראיתם שמחלל אינו טריפה דאם הוא טריפה א"כ אם הזימו לא יהיו חייבין מיתה משום דמצו למימר גברא קטילא בעינן למיקטל והויא ליה עדות שאי אתה יכול להזימה:

הדרן עלך כיצד העדים

אלו הן הגולין וכו' היה מעגל במעגילה. בימיהן (ח) שהיו הגגים שוין ולא היו משופעים כמו שלנו והטעמים הגג טוחין אותו בטיט ורולים להשוות טיח הגג ולוקחין אבן עגולה ארוכה קצת ויש לו ב' ביתים ארוכים ומעגלים אותה על פני כל הגג להשוות (נמי) והיינו (נמי) מעגילה: **משלשל** בחבית כו'. קצת קשה מאי לא קאמר ונפסק החבל ונפל עליו דלך דקתני בסיפא ונראה שהוא דנפלה (ט) שנשמטה מידו ולכך לא הוי לימר נפסק דאם כן לא הוי כרכי [י] דהאמר לקמן (דף ט:) נפסק אינו גולה:

היה יורד בסולם. יש אומרים דהנא לא זו אף זו קתני לא זו מעגל דודאי יש לחייבו גלות דלמא לא זוהר אלא אף משלשל חבית דספיר מיזהר שלא ישבר חביתו אם נפל והרג חייב ועוד דלא זו אלא אף זו יורד בסולם דטפי מיזהר כדי שלא יפול אם הרג חייב:

פשיטא

מסורת הש"ס

א) נ"ל הוו. יעב"ץ, ב) סנהדרין מה: גיטין כח: כט., ג) [סנהדרין יד.], ד) [תוספתא סנהדרין פ"ג ע"ש], ה) [תוספתא שם], ו) [נ"ל משפט לדורותיכם בכל מושבותיכם למדנו כו'], ז) ב"מ לא., ח) נ"ל והרגו. יעב"ץ וכ"ה במשניות, ט) נ"ל ולא למלוה ולא לערב, י) נ"ל מ"ז, כ) נ"ל לא, ל) [סנהדרין מא.], מ) עי' מהרש"ל ורש"א, נ) נ"ל אינו פוטר, ס) [וע"ע בתוס' בכורות כ. סד"ה חלב פוטר], ע) רש"ל גורס כדאמר.

הגהות הב"ח

(א) גמ' סבר רב פפא למימר. נ"ב כן עובדא קבעה תלמודא הכא משום דשייכא למאי דתני לעיל נמלא אחד מהן קרוב או פסול כו' ומימה מאי לא קבעה לעיל וי"ל דהך עובדא אתי נמי לקמיה דרבא בהדי הך שכבו כו': (ב) תוס' ד"ה דלמא וכו' ואומר ר"ת דודאי לא חיישינן אלא היכא דשיילינן להו אי חיישי' לא: (ג) בא"ד הואיל והכרוז גופיה אין יודעין בעינן מכחישין זה את זה ומיהו טעם זה: (ד) בא"ד טריפה הוא או שלם הרג חייב ובשביל ששאל: (ה) בא"ד אחד מהם את חבירו: (ו) בא"ד היכא דלא אפשר דלא חיישינן למיעוטא כדאמרינן פ"ק דחולין: (ז) ד"ה כמכחול וכו' נהרג מעולם וי"ל דמ"מ וכו' שמחלל אינו טריפה וכו' א"כ אם הזימו לא יהיו חייבין: (ח) ד"ה אלו הן וכו' בימיהן היו וכו' ארוכה קצת ויש לו בית יד ארוכה ומעגלים אותה על כל הגג להשוות הטיח והיינו מעגילה: (ט) ד"ה משלשל וכו' דנפלה דקאמר שנשמטה מידו:

הגהות הגר"א

[א] גמ' מ"ל בכל שעריך כל"ל (וכ"ה בירושלמי):

ליקוטי רש"י

והיו אלה לכם לחוקת משפט לדורותיכם. למד שתהא סנהדרין קטנה נוהגת בחוצה לארץ כל זמן שנוהגת בארץ ישראל [במדבר לה כט].

בכל שעריך. בכל עיר ועיר [דברים טז יח].

מכחול בשפופרת. קיסם או כנף שמכחלין בשפופרת חלולה שהכחול לתוכה ומוציאין מן הכחול במכחול ומעביר על העין [בבא מציעא צא.].

במנאפים. מעידין עליהם העדים לחייבן מיתה ומלקות משישכבו כדרך מנאפים ואע"פ שלא ראו לעדים שירא מכחול בשפופרת דלא הוקיקתן תורה להסתכל כ"כ [שם].

היה משלשל בחבית. השפיל. כמו היה משלשל בחבל [שבת ה.].

עין משפט נר מצוה

נד א טוש"ע חו"מ סי' לג סעיף טז:

נה ב מיי' פי"ג מהל' סנהדרין הלכה ז:

נו ג מיי' שם פי"ד הל' יד סמג עשין קב:

נז ד מיי' שם הלכה י:

נח ה ו מיי' שם פי"ג הלכה ח:

נט ז מיי' פ"א מהלכות סנהדרין הלכה ב [עיין כ"מ] טוש"ע חו"מ סימן א:

ס ח מיי' פ"א מהלכות איסורי ביאה הלכה יט סמג לאוין לד טור ש"ע אה"ע סימן כ סעיף א' בהג"ה [וכל אלפס עוד ביבמות פרק ג (דף ז:) ובכ"מ פ"ז (דף קח:)]:

א ט מיי' פ"ה מהלכות רוצח הלכה א סמג עשין עה:

ב י מיי' שם פ"ו הלכה יב סמג שם:

רבינו חננאל

סוגיין דשמעתין דעדים הקרובין בין למלוה בין ללוה בין לערב כולן פסולין: מי שנגמר דינו וברח ובא לפני אותו ב"ד אין סותרין את דינו כו'. תניא ברח מארץ לחוצה לארץ אין סותרין את דינו מחוצה לארץ לארץ סותרין את דינו מפני זכותה של ארץ ישראל. מתני' סנהדרין נוהגת בארץ ובחוצה לארץ. מנא הני מילי. דת"ר והיו אלה לכם לחוקת משפט לדורותיכם בכל מושבותיכם למדנו לסנהדרין שנוהגת בארץ ובחוצה לארץ. אם כן מה ת"ל בשעריך. אתה מושיב בתי דינין בכל פלך ופלך [ובכל עיר ועיר ובחו"ל אתה מושיב בכל פלך ופלך] ואי אתה מושיב בכל עיר ועיר. ואסקינן דרבנן בסנהדרין הוו דייני בבועל את הערוה כשמואל דאמר במנאפים כיון שיראו כמנאפין מתחייבין ולא בעינן עד דמסהדי כמכחול בשפופרת. ולית הלכתא כר' טרפון ור' עקיבא דהוו אמרין ראיתם טריפה הרג או שלם הרג וא"ת שלם שמא במקום ההכאה נקב הוה כו' ירושלמי. כתב כל נכסיו לב' בני אדם כאחת והעדים כשרים לזה ופסולים לזה ר' יוחנן אמר מאחר שפסולין לזה פסולין לזה וריש לקיש אמר לא כו':

הדרן עלך כיצד העדים

פ"ב ואלו הן הגולין ההורג נפש בשגגה כו' עד

תורה אור השלם

א) וְהָיוּ אֵלֶּה לָכֶם לְחֻקַּת מִשְׁפָּט לְדֹרֹתֵיכֶם בְּכֹל מוֹשְׁבֹתֵיכֶם: [במדבר לה, כט]

ב) שֹׁפְטִים וְשֹׁטְרִים תִּתֶּן לְךָ בְּכָל שְׁעָרֶיךָ אֲשֶׁר יְיָ אֱלֹהֶיךָ נֹתֵן לְךָ לִשְׁבָטֶיךָ וְשָׁפְטוּ אֶת הָעָם מִשְׁפַּט צֶדֶק: [דברים טז, יח]

– **They too would have increased** the number of **spillers of blood in Israel,** because they would have eliminated the criminals' fear of retribution.[13]

Gemara The Gemara notes a seeming contradiction in the Mishnah's statements regarding a person who escaped before his death sentence could be carried out: לִפְנֵי אוֹתוֹ בֵּית דִּין הוּא דְּאֵין סוֹתְרִין – The Mishnah's first statement indicates that **it is only** if the recaptured defendant came **before that *same* court** in which he had originally been convicted **that they do not reconsider** his sentence, since they were the ones who had convicted him the first time. הָא לִפְנֵי בֵּית דִּין אַחֵר סוֹתְרִין – **This implies** that if he came **before a *different* court, they *would* reconsider** it. הָא תָּנֵי סֵיפָא – **But the end** of this section **of the Mishnah teaches:** כָּל מָקוֹם שֶׁיַּעַמְדוּ שְׁנַיִם וְיֹאמְרוּ – WHEREVER TWO STAND UP AND DECLARE: מְעִידִין אָנוּ אֶת אִישׁ פְּלוֹנִי – "WE TESTIFY AGAINST SUCH-AND-SUCH A PERSON שֶׁנִּגְמַר דִּינוֹ בְּבֵית דִּין פְּלוֹנִי – THAT HE WAS SENTENCED to die IN SUCH-AND-SUCH A COURT, וּפְלוֹנִי וּפְלוֹנִי עֵדָיו – AND SO-AND-SO AND SO-AND-SO WERE HIS WITNESSES," הֲרֵי זֶה נֶהֱרָג – HE IS EXECUTED. From this last ruling it is clear that even if the escaped defendant comes before a *different* court, he is executed without a retrial. – ? –

The Gemara responds:

אָמַר אַבַּיֵי לֹא קַשְׁיָא – **Abaye said: There is no difficulty.** כָּאן בְּאֶרֶץ יִשְׂרָאֵל – **Here** in the Mishnah's first statement we speak of where the court he is now coming to was located **in Eretz Yisrael.** In that case his sentence is reconsidered by a second court, as the Gemara will explain. כָּאן בְּחוּצָה לָאָרֶץ – **Here** in the Mishnah's second statement we speak of where the court he is now coming to was located **outside Eretz** Yisrael. In that case, his sentence is not reconsidered by a second court.

Abaye proves this distinction from a Baraisa, which also explains the rationale behind it:

דְּתַנְיָא – **For it was taught in a Baraisa:** רַבִּי יְהוּדָה בֶּן דּוֹסְתַּאי אוֹמֵר מִשּׁוּם רַבִּי שִׁמְעוֹן בֶּן שָׁטַח – R' YEHUDAH BEN DOSTAI SAYS IN THE NAME OF R' SHIMON BEN SHATACH: בָּרַח מֵאֶרֶץ לְחוּצָה לָאָרֶץ – IF HE ESCAPED FROM THE Holy LAND TO OUTSIDE THE Holy LAND, and came before a court there where witnesses testified that he had been sentenced to death in a court in Eretz Yisrael, אֵין סוֹתְרִין אֶת דִּינוֹ – THEY DO NOT RECONSIDER HIS SENTENCE. מֵחוּצָה לָאָרֶץ לָאָרֶץ – However, if he escaped FROM OUTSIDE THE Holy LAND TO THE Holy LAND, סוֹתְרִין אֶת דִּינוֹ – THEY DO RECONSIDER HIS SENTENCE, מִפְּנֵי זְכוּתָהּ שֶׁל אֶרֶץ יִשְׂרָאֵל – BECAUSE OF THE MERIT OF ERETZ YISRAEL, which may help the judges find some loophole to exonerate him.[14]

The Mishnah stated:

סַנְהֶדְרִין נוֹהֶגֶת כּו' – THE law of SANHEDRIN APPLIES etc. [outside of Eretz Yisrael as well].

The Gemara seeks the Biblical source for this law:

מְנָא הָנֵי מִילֵּי – **From where is this derived?** דְּתָנוּ רַבָּנָן – **For the Rabbis taught in a Baraisa:** ,,וְהָיוּ אֵלֶּה לָכֶם לְחֻקַּת מִשְׁפָּט לְדֹרֹתֵיכֶם" – The verse states:[15] *THESE WILL BE FOR YOU THE LAWS OF JUDGMENT FOR YOUR GENERATIONS in all of your dwelling places.* לָמַדְנוּ לְסַנְהֶדְרִין שֶׁנּוֹהֶגֶת בָּאָרֶץ וּבְחוּצָה לָאָרֶץ – WE LEARN from this verse THAT the law of SANHEDRIN IS IN EFFECT BOTH IN THE Holy LAND AND OUTSIDE THE Holy LAND.[16] אִם כֵּן מַה תַּלְמוּד לוֹמַר ,,בִּשְׁעָרֶיךָ" – IF SO, WHAT DOES IT mean to TEACH WHEN IT SAYS elsewhere: *IN all of YOUR GATES,*[17] which implies that the courts are found only in the gates of the Holy Land? ,,בִּשְׁעָרֶיךָ" אַתָּה מוֹשִׁיב בָּתֵּי דִינִים בְּכָל פֶּלֶךְ וּפֶלֶךְ וּבְכָל עִיר וָעִיר – *IN YOUR GATES* in the Holy Land YOU MUST ESTABLISH COURTS IN EACH AND EVERY PROVINCE AND EACH AND EVERY CITY; וּבְחוּצָה לָאָרֶץ אַתָּה מוֹשִׁיב בְּכָל פֶּלֶךְ וּפֶלֶךְ – WHEREAS OUTSIDE THE Holy LAND YOU MUST ESTABLISH COURTS IN EACH AND EVERY PROVINCE, וְאִי אַתָּה מוֹשִׁיב בְּכָל עִיר וָעִיר – BUT YOU ARE NOT REQUIRED TO ESTABLISH them IN EACH AND EVERY CITY.[18]

NOTES

13. Just as there is a mitzvah for the court to exert itself to save an innocent man from being executed undeservedly, so is there a mitzvah for them to punish the guilty, in order to instill fear in other would-be criminals (*Meiri*).

Rabban Shimon ben Gamliel's concern is particularly with allowing *murderers* to escape execution. Murder concerned him more than other crimes in this respect because murder is both sinful against God and destructive to mankind (*Tos. Yom Tov;* see further *Rambam, Hil. Rotze'ach* 4:9).

[R' Tarfon and R' Akiva seem undisturbed by Rabban Shimon ben Gamliel's argument. *Tiferes Yisrael* suggests that this is because there is a law that when the evidence for guilt against an accused murderer is compelling but the court cannot execute him due to a legal technicality, such as where the witnesses tripped up on questions inessential to the conviction, the defendant is not freed. Instead, he is put to death *indirectly.* He is locked in a cell and fed scant amounts of bread and water until his stomach shrinks, after which he is fed barley. When this food is devoured by the starving prisoner, it swells and causes his stomach to burst, killing him (see *Sanhedrin* 81b; see also *Rambam, Hil. Rotze'ach* 2:4-5). The prospect of this treatment is a sufficient deterrent to would-be murderers according to R' Tarfon and R' Akiva.]

14. According to this explanation, the first part of the Mishnah is specifically discussing a case in which the first trial took place *outside* of Eretz Yisrael and now the defendant is brought before a court *inside* Eretz Yisrael. The Mishnah teaches that if he comes before the same court that tried him the first time (i.e. the court had previously been situated in the Diaspora and subsequently relocated to the Holy Land), he is not retried. However if when recaptured he is brought before a *different* court in Eretz Yisrael, he is granted a retrial, since the extra merit of the Holy Land may stand by him to cause the new judges to find reason for acquittal. [Nevertheless, this extra merit is insufficient to cause the *same* court to find new grounds for acquittal. This is why the Mishnah needs to tell us that he is not retried by the same court (see above, note 6).] The second half of the Mishnah discusses a case in which the court before whom the witnesses testified was located *outside* of Eretz Yisrael (regardless of whether the first trial took place inside or outside). Since the defendant does not have to his credit the merit of Eretz Yisrael, we have no reason to expect a different result, even from a new court (see *Rambam, Hil. Sanhedrin* 13:8). [This same law of no retrial would also apply if *both* courts were located in Eretz Yisrael (*Meiri*), since no *new* merit of the Holy Land has been added to the defendant's credit since the first trial.]

15. *Numbers* 35:29. The previous verses had given the rules for adjudicating murder cases.

16. *In all your dwelling places* implies wherever you live, including the Diaspora (*Aruch LaNer*).

17. *Deuteronomy* 16:18 (see *Hagahos HaGra*).

18. שַׁעַר, *gate,* in this context means *city* (see *Targum* ad loc.). Thus when the Torah states בִּשְׁעָרֶיךָ, *in **your** cities,* it means in the cities of Eretz Yisrael, to the exclusion of cities in the Diaspora. However we cannot say that *no* courts are required in the Diaspora, for then how would the verse *in all your dwelling places* be accounted for? Rather, courts are required there only in each province, but not in each city.

[Why is this law, which discusses courts and seemingly belongs in Tractate *Sanhedrin,* inserted here in Tractate *Makkos,* which discusses the laws of witnesses? In view of the Gemara's explanation of the previous two sections of the Mishnah, it may be that its purpose is to elucidate those sections. That is, since the system of courts applies both inside and outside the Holy Land, we understand that the Mishnah's first ruling refers to a court within Eretz Yisrael while the second refers to one in the Diaspora (*Aruch LaNer, Gevuras Ari*).]

עין משפט נר מצוה

נה ב מיי' פי"ג מהל' סנהדרין הלכה ז:
נט ז מיי' פ"א מהלכות סנהדרין הלכה ב [עיין כ"מ] טוח"מ סימן א:

מסורת הש"ס

א) נ"ל הוו. יעב"ץ, ב) סנהדרין מה: גיטין כח: כט., ג) [סנהדרין יד.], ד) [תוספתא סנהדרין פ"ג ע"ש], ה) [תוספתא שם], ו) [נ"ל משפט לדורותיכם בכל מושבותיכם למדנו כו'], ז) ב"מ צא., ח) נ"ל והרגו. יעב"ץ וכ"ה במשניות, ט) נ"ל ולא למלוה ולא לערב, י) רש"ל מ"ז, כ) נ"ל לא, ל) [סנהדרין מא.], מ) עי' מהרש"ל ורש"א, נ) נ"ל אינו פוטר, ס) [וע"ע בתוס' בכורות כא. סד"ה חלב פוטר], ע) רש"ל גורס כדאמר.

גמרא

אילעא וטוביה קריביה דערבא [א] הוה (א) סבר רב פפא למימר גבי לוה ומלוה רחיקי נינהו א"ל רב הונא בריה דרב יהושע לרב פפא [א] אי לית ליה ללוה לאו בתר ערבא אזיל מלוה: **מתני'** [ב] מי שנגמר דינו וברח ובא לפני אותו ב"ד אין סותרין את דינו [ב] כל מקום שיעמדו שנים ויאמרו מעידים אנו באיש פלוני שנגמר דינו בב"ד של פלוני ופלוני ופלוני עדיו הרי זה יהרג [ג] [ג] סנהדרין נוהגת בארץ ובחוצה לארץ [ד] סנהדרין ההורגת אחד בשבוע נקראת חובלנית רבי אליעזר בן עזריה אומר אחד לשבעים שנה רבי טרפון ורבי עקיבא אומרים אילו היינו בסנהדרין לא נהרג אדם מעולם רשב"ג אומר אף הן מרבין שופכי דמים בישראל: **גמ'** לפני אותו בית דין הוא דאין סותרין הא לפני בית דין אחר סותרין הא תני סיפא כל מקום שיעמדו שנים ויאמרו מעידין אנו את איש פלוני שנגמר דינו בבית דין פלוני ופלוני עדיו הרי זה נהרג אמר אביי לא קשיא [ה] כאן בארץ ישראל כאן בחוצה לארץ דתניא [ד] רבי יהודה בן דוסתאי אומר משום רבי שמעון בן שטח [ו] ברח מארץ לחוצה לארץ אין סותרין את דינו מחוצה לארץ לארץ סותרין את דינו מפני זכותה של ארץ ישראל: סנהדרין נוהגת כו': מנא ה"מ דתנו רבנן [א] [ה] והיו אלה לכם לחוקת [ו] משפט לדורותיכם למדנו לסנהדרין שנוהגת בארץ ובחוצה לארץ א"כ מה תלמוד לומר [א] [ב] בשעריך [ז] בשעריך אתה מושיב בתי דינים בכל פלך ופלך ובכל עיר ועיר ובחו"ל אתה מושיב בכל פלך ופלך ואי אתה מושיב בכל עיר ועיר: סנהדרין ההורגת וכו': איבעיא להו אחת לשבעים שנה נקראת חבלנית או דלמא אורח ארעא היא תיקו: רבי טרפון ורבי עקיבא אומרים אילו היינו וכו': היכי הוו עבדי רבי יוחנן ורבי אלעזר דאמרי תרוייהו ראיתם טריפה הרג שלם הרג אמר רב אשי אם תמצא לומר שלם הוה דלמא במקום סייף נקב הוה בבועל את הערוה היכי הוו עבדי אביי ורבא דאמרי תרוייהו ראיתם כמכחול בשפופרת ורבנן היכי דיינו כשמואל [ז] דאמר שמואל [ח] במנאפים משיראו כמנאפים:

הדרן עלך כיצד העדים

אלו הן הגולין [ט] ההורג נפש בשגגה [י] היה מעגל במעגילה ונפלה עליו והרגתו היה משלשל בחבית ונפלה עליו והרגתו היה יורד בסולם ונפל עליו [ח] והרגתו הרי זה גולה אבל אם היה מושך במעגילה ונפלה עליו והרגתו היה דולה בחבית ונפסק החבל ונפלה עליו והרגתו היה

רש"י

אילעא וטוביה. עדי הלואה היו קרובין אל הערב: **מתני'** לפני אותו בית דין. שנתחייב בו: אין סותרין. לחזור ולישא וליתן אולי יזכה: אילו היינו. בימים שסנהדרין דנו דיני נפשות לא נהרג בה אדם כדמפרש בגמרא שבדקו את העדים בדבר שלא ידעו להשיב: אף. אם היו עושים כן היו מרבין שופכי דמים שלא יראו מב"ד: **גמ'** מפני זכותה של ארץ ישראל. אולי תועיל למצוא לו פתח של זכות: מה ת"ל בשעריך. שופטים ושוטרים תתן לך וגו': אתה מושיב כו'. אתה חייב להושיב בכל פלך ופלך כו' פלך הפרכיא: אם תמצא לומר שלם הרג. שיאמרו בדקנוהו לאחר מיתתו מכל שמונה עשרה טריפות: ראיתם כמכחול בשפופרת. ואין עדים מסתכלין בכך שפופרת קנה חלול שנותנין בו כחול לכחול עינים מכחול הוא קיסם דק שבו נוטלין הצבע מתוך הקנה: ורבנן. דמחייבי מיתה על הערוה היכי דייני באיזו עדות הם הורגים הואיל ולאו הכי בדקי: משיראו כמנאפים. משינהגו ענין ניאוף ששוכבין בקירוב בשר ונוהגים כדרך תשמיש:

הדרן עלך כיצד העדים

היה מעגל במעגילה. טחין היו גגותיהן בטיט והגגות לא היו משופעין אבל הטיט משפעין מעט כדי שיזובו המים וטחין אותן בחתיכת עץ עבה וחלקה ובה בית יד ודוחפה לצד השיפוע וחוזר ומושכה אליו וחוזר ודוחפה (לצד) והטיט מתמרח ומחליק ובדחיפתו קורהו מעגל ובמשיכתו קורהו מושך ושם העץ מעגילה: היה משלשל חבית. מן הגג: היה יורד. ההורג בסולם ונפל מן הסולם והרג בגופו את חבירו גולה דכל הני דרך ירידה נינהו וגבי גלות דרך ירידה בעינן כדמפרש בגמרא ויפל עליו: אבל היה מושך. ונשמטה מעגילה מידו ונפלה: גמ'

תוספות

אי ליתיה ללוה לאו בתר ערבא אזיל. מכאן דיש ליזהר בעדי ממון שלא יהו קרובים לא ללוה [ט] ולא לערב:

דלמא במקום סייף נקב הוה. קשה לר"ת דאמרינן פ"ק דחולין (דף יא: ושם) ומפיק ליה מקרא דלא חיישינן להא דאזלינן בתר רובא ואומר ר"ת דודאי (ב) לא חיישינן אלא היה שואל להם [י] (כדי) שאם [י] (יכחישו זה את זה או) אמרו דלא ידעינן יבטל העדות מידי דהוה אסייף ואריכן דאי [כ] דלא שיילינן חייב [ל] וזה אומר בסייף וזה אומר באריכן [מ] אין זה נכון אע"ג דבסייף ואריכן כו' אמרו אין אנו יודעין הרי זה נכון זה גרוע הואיל והרוג גופיה אין יודעים (ג) ומיהו טעם זה אינו מיושב ומאיזה טעם הוא זה דאם לא נשאל להם יהא חייב ואם נשאל ואמרו אין אנו יודעין יהיה פטור וראיה שהביא מסייף ואריכן אין הנדון דומה לראיה דהתם כל כמה דלא שיילינן להו אין לבדות מהלב שיכחישו זה את זה אבל כשמכחישין בהדיא דומה שקר שדבר זה אדם רגיל לעלות בדעתו במה הרגו טפי מכליו שחורים או מכליו לבנים אבל דבר שפירש ר"ת בלא טעם הוא שכשאין שואלים להם ואין אנו יודעים אם טריפה (ד) הוא או שלם נהרג חייב ובשביל שנשאל להם ואמרו אין אנו יודעים יהיה פטור לכן נראה דהא דקאמר לא נהרג אדם מעולם לאו דוקא אלא רוב פעמים לא היה נהרג שעל ידי שהוא מרבה בבדיקות אי אפשר שלא יכחיש אחד מהם (ה) חבירו אבל אין לומר דר' עקיבא לטעמיה דחייש למיעוטא גבי חלב [נ] פוטר (בכורות כ:) דהא לא מצינו שום תנא דחייש למיעוטא טפי מרבי מאיר ואפ"ה מודה (ו) היכא דלא אפשר דלא חיישינן למיעוטא בפ"ק דחולין (דף יא:) והכא היינו דלא אפשר מיהו י"ל דאיכא למיקם עלה דמילתא כגון שהיה קרוס של מוח מגולה וראו שהיה שלם ובא זה ונקבו והרגו [ס]:

כמכחול בשפופרת. תימה עובד ע"ז ומחלל שבת מאי איכא למימר דהתם לא מצינו למיפטריה והא היכי קאמר לא היה אדם נהרג (ז) וי"ל דמ"מ קאמר שפיר לא היה אדם נהרג משום דלא שכיחי כולי האי כי אם ברוצח ועריות ועוד י"ל דאיכא למימר ראיתם שמחלל אינו טריפה דאם הוא טריפה א"כ אם תזימן לא יהיו חייבין מיתה משום דמצו למימר גברא קטילא בעינן למיקטל והויא ליה עדות שאי אתה יכול להזימה:

הדרן עלך כיצד העדים

אלו הן הגולין וכו' היה מעגל במעגילה. בימיהן (ח) שהיו הגגים שוין ולא היו משופעים כמו שלנו וכשעושים הגג טוחין אותו בטיט ורוצים להשוות טיח הגג ולוקחין אבן עגולה ארוכה קצת ויש לו ב' ביים ארוכים ומעגלים אותה על פני כל הגג להשוות' (נמי) והיינו (נמי) מעגילה: **משלשל** בחבית כו'. קצת קשה אמאי לא קאמר ונפסק החבל ונפל עליו כדקתני בסיפא ונראה לומר דנפלה (ט) שנשמט מידו ולכך לא רצה לומר נפסק דאם כן לא אתיין כרבי [ע] דאמר לקמן (דף ט:) נפסק אינו גולה:

היה יורד בסולם. יש אומרים דתנא לא זו אף זו קתני לא זו מעגל דודאי יש לחייבו גלות דלמה לא נזהר אלא אף משלשל חבית דשפיר מיזהר שלא ישבר חביתו אם נפל והרג חייב ועוד דלא זו אלא אף זו יורד בסולם דטפי מיזהר כדי שלא יפול אם הרג חייב:

פשיטא

רבינו חננאל

סוגיין דשמעתין דעדים הקרובין בין למלוה בין ללוה בין לערב כולן פסולין: מי שנגמר דינו וברח ובא לפני אותו ב"ד אין סותרין את דינו כו'. תניא ברח מארץ לחוצה לארץ אין סותרין את דינו מחוצה לארץ לארץ סותרין את דינו מפני זכותה של ארץ ישראל: **מתני' סנהדרין נוהגת בארץ ובחוצה לארץ.** מנא הני מילי. דת"ר והיו אלה לכם לחוקת משפט לדורתיכם בכל מושבותיכם למדנו לסנהדרין שנוהגת בארץ ובחוצה לארץ. אם כן מה ת"ל בשעריך. בשעריך אתה מושיב בתי דינין בכל פלך ופלך [ובכל עיר ועיר ובחו"ל אתה מושיב בכל פלך ופלך] ואי אתה מושיב בכל עיר ועיר. ואסקינן דרבנן בסנהדרין הוו דייני בבועל את הערוה כשמואל דאמר במנאפים כיון שיראו כמנאפין מתחייבין ולא בעינן עד דמסהדי כמכחול בשפופרת. ולית הלכתא כר' טרפון ור' עקיבא דהוו אמרין ראיתם טריפה הרג או שלם הרג וא"ת שלם שמא במקום ההכאה נקב הוה כו': ירושלמי. כתב כל נכסיו לב' בני אדם כאחת והעדים כשרים לזה ופסולים לזה ר' יוחנן אמר מאחר שפסולין לזה פסולין לזה וריש לקיש אמר לא כו':

הדרן עלך כיצד העדים:

פ"ב ואלו הן הגולין ההורג נפש בשגגה כו' עד

תורה אור השלם

א) וְהָיוּ אֵלֶּה לָכֶם לְחֻקַּת מִשְׁפָּט לְדֹרֹתֵיכֶם בְּכֹל מוֹשְׁבֹתֵיכֶם: [במדבר לה, כט]

ב) שֹׁפְטִים וְשֹׁטְרִים תִּתֶּן לְךָ בְּכָל שְׁעָרֶיךָ אֲשֶׁר יְיָ אֱלֹהֶיךָ נֹתֵן לְךָ לִשְׁבָטֶיךָ וְשָׁפְטוּ אֶת הָעָם מִשְׁפַּט צֶדֶק: [דברים טז, יח]

הגהות הב"ח

(א) גמ' סבר רב פפא למימר. נ"ב הך עובדא קבעה תלמודא הכא משום דשייכא למאי דתני לעיל נמצא אחד מהן קרוב או פסול כו' ותימה אמאי לא קבעה לעיל וי"ל דהך עובדא אתי נמי לקמיה דרבא בהדי הך הנהו לעוזי כו': (ב) תוס' ד"ה דלמא וכו' ואומר ר"ת דודאי אי לא שיילינן להו לא חיישי' אלא: (ג) בא"ד הואיל והרוג גופיה אין יודעין לא בעינן מכחישין זה את זה ומיהו טעם זה: (ד) בא"ד טרפה הרג או שלם הרג חייב ובשביל שנשאל: (ה) בא"ד אחד מהם את חבירו: (ו) בא"ד דהיכא דלא אפשר דלא חיישינן למיעוטא כדאיתא פ"ק דחולין: (ז) ד"ה כמכחול וכו' נהרג מעולם וי"ל דמ"מ וכו' נהרג מעולם משום וכו' שהמחלל אינו טרפה וכו' א"כ אם הוזמו לא יהיו חייבין: (ח) ד"ה אלו הן וכו' בימיהן היו וכו' ארוכה קצת ויש לה בית יד ארוכה ומעגלים אותה על פני כל הגג להשוות הטיח והיינו דקרו לה מעגילה: (ט) ד"ה משלשל וכו' דנפלה דרישא שנשמט מידו:

הגהות הגר"א

[א] גמ' ת"ל בכל שעריך כצ"ל (וכ"ה בירושלמי):

ליקוטי רש"י

והיו אלה לכם לחוקת משפט לדורותיכם. למד שתהא סנהדרין קטנה נוהגת בחוצה לארץ כל זמן שנוהגת בארץ ישראל [במדבר לה כט].

בכל שעריך. בכל עיר ועיר [דברים טז יח].

מכחול בשפופרת. קיסם או כנף שמכניסין בשפופרת חלולה שהכחול לתוכה ומוציאין מן הכחול במכחול ומעביר על העין [בבא מציעא צא.].

במנאפים. מעידין עליהם העדים לחייבן מיתה ומלקות משישכבו זה על זה כדרך מנאפים וא"צ לעדים שיראו כמכחול בשפופרת דלא הזקיקתן תורה להסתכל כ"כ [שם].

היה משלשל בחבית. השפיל. כמו היה משלשל בחבל [שבת ה.].

The Mishnah states:

סַנְהֶדְרִין הַהוֹרֶגֶת וכו׳ — A SANHEDRIN THAT EXECUTES etc. [once in seven years is called a destroyer].

The anonymous first Tanna of this section of the Mishnah held that one execution in seven years was extreme. The Gemara now seeks to clarify R' Elazar ben Azaryah's dissenting opinion of once in seventy years:

אִיבַּעְיָא לְהוּ — They inquired: אַחַת לְשִׁבְעִים שָׁנָה נִקְרֵאת חֳבְלָנִית — Did R' Elazar mean that a court that executes **once in seventy years is called a destroyer; אוֹ דִּלְמָא אוֹרַח אַרְעָא הִיא — or perhaps** he meant that **this is an acceptable number of executions?**[19]

The Gemara concludes:

תֵּיקוּ — Let it stand. That is, it cannot be determined.

The Mishnah continues:

רַבִּי טַרְפוֹן וְרַבִּי עֲקִיבָא אוֹמְרִים אִילּוּ הָיִינוּ וכו׳ — R' TARFON AND R' AKIVA SAY: HAD WE BEEN etc. [on the Sanhedrin, no person would ever have been executed].

The Gemara asks:

הֵיכִי הֲווּ עָבְדִי — What would they have done to prevent executions?

The Gemara answers:

רַבִּי יוֹחָנָן וְרַבִּי אֶלְעָזָר דְּאָמְרֵי תַּרְוַיְיהוּ — R' Yochanan and R' Elazar both say: רְאִיתֶם טְרֵיפָה הָרַג שָׁלֵם הָרַג — They would have asked the witnesses to a murder: **Did you see if he killed a *treifah,*** whose murder is not punishable by death, **or a whole person?**[20] **אָמַר רַב אַשִׁי — Rav Ashi added: אִם תִּמְצָא לוֹמַר שָׁלֵם הֲוָה —** Even **if you should** be able to say **that he was whole,**[21] it would still have been possible for R' Tarfon and R' Akiva to save the defendant from execution by asking: **דִּלְמָא בִּמְקוֹם סַיִיף נֶקֶב הֲוָה — Perhaps there was a hole** in a vital organ **at the point where the blade** pierced the body? Such a hole would render the victim a *tereifah* but the evidence of its existence would have been obliterated by the fatal wound. Thus, the witnesses could *never* be sure that the victim was not a *tereifah*![22]

The Gemara asks:

בְּבוֹעֵל אֶת הָעֶרְוָה הֵיכִי הֲווּ עָבְדִי — What would they [R' Tarfon and R' Akiva] **have done in adultery cases** to avoid handing down a death sentence?

The Gemara responds:

אַבַּיֵי וְרָבָא דְּאָמְרֵי תַּרְוַיְיהוּ — Abaye and Rava both answered: רְאִיתֶם כְּמִכְחוֹל בְּשְׁפוֹפֶרֶת — They would have asked the witnesses: **Did you witness the equivalent of an applicator** inserted **in a tube** of eye shadow?[23] Since the witnesses would almost certainly have to answer in the negative, these sages could have prevented any death sentence for adultery.[24]

The Gemara now asks how the Tannaim who disagree with R' Tarfon and R' Akiva could impose a death penalty for adultery:

וְרַבָּנָן הֵיכִי דַּיְינוּ — How would the Rabbis judge an adultery case so as to sentence the adulterers to death, since it is almost impossible for them to witness the act that closely?[25]

The Gemara responds:

כִּשְׁמוּאֵל — They would judge **as Shmuel** does: **דְּאָמַר שְׁמוּאֵל — For Shmuel ruled: בִּמְנָאֲפִים מִשֶּׁיֵּרָאוּ כִּמְנָאֲפִים — In a case of adulterers,** the witnesses may testify that they saw the couple commit adultery **when they appear** to be acting **in the manner of adulterers,** i.e. they appear to be engaged in an act which anyone would assume was a conjugal act. Testimony of this nature is sufficient to sentence the adulterers to death.

הדרן עלך כיצד העדים

WE SHALL RETURN TO YOU, KEITZAD HA'EIDIM

NOTES

19. Literally: it is the way of the land. [R' Elazar ben Azaryah's statement, "Once in seventy years" can be understood in two ways. It can be understood as an emendation of the Tanna Kamma's statement that a sanhedrin which executes once in seven years is called a destroyer. To this R' Elazar ben Azaryah responds that the correct number is seventy, not seven. It can also be understood as a statement by itself: Once in seventy years is an acceptable amount of executions (cf. *Aruch LaNer*). Which interpretation is the correct one?]

20. A *tereifah* is a person suffering from any of eighteen specified defects which will cause him to die within twelve months. Such a person is deemed legally dead in many respects, and his murderer is therefore exempt from the penalty of execution (*Sanhedrin* 78a). Thus, R' Tarfon and R' Akiva would have asked the witnesses if they had examined the corpse after the murder to see if it had one of these defects (*Rashi,* printed in *Ein Yaakov;* cf. *Ramban*).

21. I.e. that the witnesses say that they examined the corpse and did not find one of these defects (*Rashi*).

22. Although it is possible that the victim had such a fatal defect, the vast majority of people are not afflicted with such life-threatening conditions. The question therefore arises why, according to R' Tarfon and R' Akiva, the court would not apply the principle of זִיל בָּתַר רוּבָּא, *follow the majority,* to establish the legal assumption that there was no hole where the blade entered and therefore sentence the murderer to death. [Precisely this reasoning is used by the Gemara (*Chullin* 11b) to establish the principle of following the majority.]

Rabbeinu Tam explains that the court would in fact execute a murderer on the basis of this rule if they had not asked the witnesses anything about the victim's *tereifah* status. However, once they question the witnesses and the witnesses reply that they do not know the victim's status, their testimony is invalid, since this question is an integral part of their testimony.

[*Tosafos,* however, object to the logic of this explanation. If, they argue, the defendant could have been executed even though the witnesses were not questioned about the victim's *tereifah* status, how could the witnesses' reply that they do not know anything about this status disqualify their testimony? Rather, *Tosafos* explain the Gemara to mean that R' Tarfon and R' Akiva would have questioned the witnesses so relentlessly, and about such obscure details, that eventually the witnesses would have contradicted each other on some point, and *this* would have disqualified their testimony. According to this explanation, the question about the victim's *tereifah* status is merely an example of the niggling questions to which these sages would have subjected the witnesses in order to elicit a contradiction.]

23. [I.e. the actual penetration.]

24. There are many other capital offenses, such as idolatry and desecration of the Sabbath. R' Tarfon and R' Akiva were perhaps less concerned about those offenses because they were relatively rare [and it was therefore unlikely that anyone would be executed for them anyway] (*Tosafos*). Alternatively, there are other strategies similar to the ones outlined for murder for finding technicalities by which to acquit the defendant (see *Tosafos*).

25. The Gemara questions how these Sages would execute an adulterer but not how they would execute a murderer. This is because they may hold (in contrast to R' Tarfon and R' Akiva) that in cases of murder we rely in all cases on the principle of רוֹב, *majority,* to establish that there was no previous hole where the blade entered the victim, as explained in note 22 (*Aruch LaNer*).

אילעא וטוביה. עדי הלואה היו קרובין אל הערב: מתני' לפני אותו בית דין. שנתחייב בו: אין סותרין. לחזור ולישא וליתן אולי יזכה: אילו היינו. בימים שסנהדרין דנו דיני נפשות לא נהרג בה אדם כדמפרש בגמרא שבדקו את העדים בדבר שלא ידעו להשיב: אף. אם היו עושים כן היו מרבין שופכי דמים שלא יראו מב"ד: גמ' מפני זכותה של ארץ ישראל. אולי תועיל למצוא לו פתח של זכות: מה ת"ל בשעריך. שופטים ושוטרים תתן לך וגו': אתה מושיב כו'. אתה חייב להושיב בכל פלך ופלך כו' פלך הפרכיא: אם תמצא לומר שלם הרג. שיאמרו בדקנוהו לאחר מיתתו מכל שמונה עשרה טריפות: ראיתם כמכחול בשפופרת. ואין עדים מסתכלין בכך שפופרת קנה חלול שנותנין בו כחול לכחול עינים מכחול הוא קיסם דק שבו נוטלין הצבע מתוך הקנה: ורבנן. דמחייבי מיתה על הערוה היכי דייני באיזו עדות הם הורגים הואיל ולאו הכי בדקי: משיראו כמנאפים. משינהגו ענין ניאוף שוכבין בקירוב בשר ונוהגים כדרך תשמיש:

הדרן עלך כיצד העדים

היה מעגל במעגילה. טחין היו גגותיהן בטיט והגגות לא היו משופעין אבל הטיט משפעין מעט כדי שיזובו המים וטחין אותן בחתיכת עץ עבה וחלקה ובה בית יד ודוחפה לצד השיפוע וחוזר ומושכה אליו וחוזר ודוחפה (לצד) והטיט מתמרח ומחליק ובדחיפתו קורהו מעגל ובמשיכתו קורהו מושך ושם העץ מעגילה: היה משלשל חבית. מן הגג: היה יורד. ההורג בסולם ונפל מן הסולם והרג בגופו את חבירו גולה דכל הני דרך ירידה נינהו וגבי גלות דרך ירידה בעינן כדמפרש בגמרא ויפל עליו: אבל היה מושך. ונשמטה מעגילה מידו ונפלה: גמ'

אילעא וטוביה קריביה דערבא [א] הוה (א) סבר רב פפא למימר גבי לוה ומלוה רחיקי נינהו א"ל רב הונא בריה דרב יהושע לרב פפא [א] אי לית ליה ללוה לאו בתר ערבא אזיל מלוה: **מתני'** [ב] מי שנגמר דינו וברח ובא לפני אותו ב"ד אין סותרין את דינו [ב] כל מקום שיעמדו שנים ויאמרו מעידים אנו באיש פלוני שנגמר דינו בב"ד של פלוני ופלוני ופלוני עדיו הרי זה יהרג [ג] [ג] סנהדרין נוהגת בארץ ובחוצה לארץ [ד] סנהדרין ההורגת אחד בשבוע נקראת חובלנית רבי אליעזר בן עזריה אומר אחד לשבעים שנה רבי טרפון ורבי עקיבא אומרים אילו היינו בסנהדרין לא נהרג אדם מעולם רשב"ג אומר אף הן מרבין שופכי דמים בישראל: **גמ'** לפני אותו בית דין הוא דאין סותרין הא לפני בית דין אחר סותרין הא תני סיפא כל מקום שיעמדו שנים ויאמרו מעידין אנו את איש פלוני שנגמר דינו בבית דין פלוני ופלוני ופלוני עדיו הרי זה נהרג אמר אביי לא קשיא [ה] כאן בארץ ישראל כאן בחוצה לארץ דתניא [ד] רבי יהודה בן דוסתאי אומר משום רבי שמעון בן שטח [ו] ברח מארץ לחוצה לארץ אין סותרין את דינו מחוצה לארץ לארץ סותרין את דינו מפני זכותה של ארץ ישראל: סנהדרין נוהגת כו': מנא ה"מ דתנו רבנן [א] [ה] והיו אלה לכם לחוקת [ו] משפט לדורותיכם למדנו לסנהדרין שנוהגת בארץ ובחוצה לארץ א"כ מה תלמוד לומר [א] [ב] בשעריך [ז] בשעריך אתה מושיב בתי דינים בכל פלך ופלך ובכל עיר ועיר ובחו"ל אתה מושיב בכל פלך ופלך ואי אתה מושיב בכל עיר ועיר: סנהדרין ההורגת וכו': איבעיא להו אחת לשבעים שנה נקראת חבלנית או דלמא אורח ארעא היא תיקו: רבי טרפון ורבי עקיבא אומרים אילו היינו וכו': היכי הוו עבדי רבי יוחנן ורבי אלעזר דאמרי תרוייהו ראיתם טריפה הרג שלם הרג אמר רב אשי אם תמצא לומר שלם הוה דלמא במקום סייף נקב הוה בבועל את הערוה היכי הוו עבדי אביי ורבא דאמרי תרוייהו ראיתם כמכחול בשפופרת ורבנן היכי דיינו כשמואל [ז] דאמר שמואל [ח] במנאפים משיראו כמנאפים:

הדרן עלך כיצד העדים

אלו הן הגולין [ט] ההורג נפש בשגגה [י] היה מעגל במעגילה ונפלה עליו והרגתו היה משלשל בחבית ונפלה עליו והרגתו היה יורד בסולם ונפל עליו [כ] והרגתו הרי זה גולה אבל אם היה מושך במעגילה ונפלה עליו והרגתו היה דולה בחבית ונפסק החבל ונפלה עליו והרגתו היה

אי ליתיה ללוה לאו בתר ערבא אזיל. מכאן דיש ליזהר בעדי ממון שלא יהו קרובים לא ללוה [ט] ולא לערב:

דלמא במקום סייף נקב הוה. קשה לר"ת דאמרינן פ"ק דחולין (דף יא: ושם) ומפיק ליה מקרא דלא חיישינן להא דאזלינן בתר רובא ואומר ר"ת דודאי (ב) לא חיישינן אלא היה שואל להם [י] (כדי) שאם [י] (יכחישו זה את זה או) אמרו דלא ידעינן יבטל העדות מידי דהוה אסייף ואריכן דאי [כ] דלא שיילינן חייב [ל] וזה אומר בסייף וזה אומר בארירן [מ] אין זה נכון אע"ג דבסייף ואריכן כו' אמרו אין אנו יודעין הרי זה נכון זה גרוע הואיל ובהרוג גופיה אין יודעים (ג) ומיהו טעם זה אינו מיושב ומאיזה טעם הוא זה דאם לא נשאל להם יהא חייב ואם נשאל ואמרו אין אנו יודעין יהיה פטור ורא"ה שהביא מסייף ואריכן אין הנדון דומה לראיה דהתם כל כמה דלא שיילינן להו אין לבדות מהלב שיכחישו זה את זה אבל כשמכחישין בהדיא דומה שקר שדבר זה אדם רגיל לעלות בדעתו במה הרגו טפי מכליו שחורים או מכליו לבנים אבל דבר שפירש ר"ת בלא טעם הוא שכשאין שואלים להם ואין אנו יודעים אם טריפה (ד) הוא או שלם נהרג חייב ובשביל שנשאל להם ואמרו אין אנו יודעים יהיה פטור לכן נראה דהא דקאמר לא נהרג אדם מעולם לאו דוקא אלא רוב פעמים לא היה נהרג שעל ידי שהוא מרבה בבדיקות אי אפשר שלא יכחיש אחד מהם (ה) חבירו אבל אין לומר דר' עקיבא לטעמיה דחייש למיעוטא גבי חלב [י] פוטר (בכורות כ:) דהא לא מלינו שום תנא דחייש למיעוטא טפי מרבי מאיר ואפ"ה מודה (ו) היכא דלא אפשר דלא חיישינן למיעוטא בפ"ק דחולין (דף יא:) והכא היינו דלא אפשר מיהו י"ל דאיכא למיקם עלה דמילתא כגון שהיה קרום של מוח מגולה ורא שהיה שלם ובא זה ונקבו והרגו [ס]:

כמכחול בשפופרת. תימה עובד ע"ז ומחלל שבת מאי איכא למימר דהתם לא מלינו למיפטריה והא היכי קאמר לא היה אדם נהרג (ז) וי"ל דמ"מ קאמר שפיר לא היה אדם נהרג משום דלא שכיחי כולי האי כי אם ברולא ועריות ועוד י"ל דאיכא למימר ראיתם שמחלל אינו טריפה דאם הוא טריפה א"כ אם תוזמן לא יהיו חייבין מיתה משום דמצו למימר גברא קטילא בעינן למיקטל והויא ליה עדות שאי אתה יכול להזימה:

הדרן עלך כיצד העדים

אלו הן הגולין וכו' היה מעגל במעגילה. בימיהן (ח) שהיו הגגים שוין ולא היו משופעים כמו שלנו וכשעושים הגג טוחין אותו בטיט ורולים להשוות טיח הגג ולוקחין אבן עגולה ארוכה קצת ויש לו ב' ביתים ארוכים ומעגלים אותה על פני כל הגג להשוות' (נמי) והיינו (נמי) מעגילה: **משלשל** בחבית כו'. קצת קשה אמאי לא קאמר ונפסק החבל ונפל עליו כדקתני בסיפא ונראה לומר דנפלה (ט) שנשמט מידו ולכך לא רצה לומר נפסק דאם כן לא אתיין כרבי [ע] דאמר לקמן (דף ט:) נפסק אינו גולה:

היה יורד בסולם. יש אומרים דתנא לא זו אף זו קתני לא זו מעגל דודאי יש לחייבו גלות דלמה לא נזהר אלא אף משלשל חבית דשפיר מיזהר שלא ישבר חביתו אם נפל והרג חייב ועוד דלא זו אלא אף זו יורד בסולם דטפי מיזהר כדי שלא יפול אם הרג חייב:

פשיטא

עין משפט נר מצוה

נד א טוש"ע חו"מ סי' לג סעיף טז:
נה ב מיי' פי"ג מהל' סנהדרין הלכה ז:
נו ג מיי' שם פי"ד הל' יד סמג עשין קז:
נז ד מיי' שם הלכה י:
נח ה ו מיי' שם פי"ג הלכה ח:
נט ז מיי' פ"א מהלכות סנהדרין הלכה ב [עיין כ"מ] טוש"מ סימן א:
ס ח מיי' פ"א מהלכות איסורי ביאה הלכה יט סמג לאוין לד טור ש"ע אה"ע סימן כ סעיף א' בהג"ה [ורב אלפס עוד ביבמות פרק ב (דף ז:) ובב"מ פ"ז (דף קיז:)]:
א ט מיי' פ"ה מהלכות רוצח הלכה א סמג עשין עה:
ב י מיי' שם פ"ו הלכה יב סמג שם:

רבינו חננאל

סוגיין דשמעתין דעדים הקרובין בין למלוה בין ללוה בין לערב כולן פסולין: מי שנגמר דינו וברח ובא לפני אותו ב"ד אין סותרין את דינו כו'. תניא ברח מארץ לחוצה לארץ אין סותרין את דינו מחוצה לארץ לארץ סותרין את דינו מפני זכותה של ארץ ישראל: מתני' סנהדרין נוהגת בארץ ובחוצה לארץ. מנא הני מילי. דת"ר והיו אלה לכם לחוקת משפט לדורותיכם בכל מושבותיכם למדנו לסנהדרין שנוהגת בארץ ובחוצה לארץ. אם כן מה ת"ל בשעריך. בשעריך אתה מושיב בתי דינין בכל פלך ופלך [ובכל עיר ועיר ובחו"ל אתה מושיב בכל פלך ופלך] ואי אתה מושיב בכל עיר ועיר. ואסקינן דרבנן בסנהדרין הוו דייני בבועל את הערוה כשמואל דאמר במנאפים כיון שיראו כמנאפין מתחייבין ולא בעינן עד דמסהדי כמכחול בשפופרת. ולית הלכתא כר' טרפון ור' עקיבא דהוו אמרין ראיתם טריפה הרג או שלם הרג וא"ת שלם שמא במקום ההכאה נקב הוה כו': ירושלמי. כתב כל נכסיו לב' בני אדם כאחת והעדים כשרים לזה ופסולים לזה ר' יוחנן אמר מאחר שפסולין לזה פסולין לזה וריש לקיש אמר לא כו':

הדרן עלך כיצד העדים:

פ"ב ואלו הן הגולין ההורג נפש בשגגה כו' עד

תורה אור השלם

א) וְהָיוּ אֵלֶּה לָכֶם לְחֻקַּת מִשְׁפָּט לְדֹרֹתֵיכֶם בְּכֹל מוֹשְׁבֹתֵיכֶם: [במדבר לה, כט]

ב) שֹׁפְטִים וְשֹׁטְרִים תִּתֶּן לְךָ בְּכָל שְׁעָרֶיךָ אֲשֶׁר יְיָ אֱלֹהֶיךָ נֹתֵן לְךָ לִשְׁבָטֶיךָ וְשָׁפְטוּ אֶת הָעָם מִשְׁפַּט צֶדֶק: [דברים טז, יח]

מסורת הש"ס

א) נ"ל הוו. יעב"ץ, ב) סנהדרין מה: גיטין כח: כט., ג) [סנהדרין יז.], ד) [תוספתא סנהדרין פ"ג ע"ש], ה) [תוספתא שם], ו) [נ"ל משפט לדורותיכם בכל מושבותיכם למדנו כו'], ז) ב"מ לא., ח) נ"ל והרגו. יעב"ץ וכ"ה במשניות, ט) נ"ל ולא למלוה ולא לערב, י) רש"ל מ"ז, כ) נ"ל לא, ל) [סנהדרין מא.], מ) עי' מהרש"ל ורש"א, נ) נ"ל אינו פוטר, ס) [וע"ע תוס' בכורות כה. סד"ה חלב פוטר], ע) רש"ל גורס כדאמר.

הגהות הב"ח

(א) גמ' סבר רב פפא למימר. נ"ב הך עובדא קבעה תלמודא הכא משום דשייכא למאי דתני לעיל נמצא אחד מהן קרוב או פסול כו' ותימה אמאי לא קבעה לעיל וי"ל דהך עובדא אתי נמי לקמיה דרבא בהדי הך הכהו לעוזי כו': (ב) תוס' ד"ה דלמא וכו' ואומר ר"ת דודאי אי לא שיילינן להו לא חיישי' הלא: (ג) בא"ד הואיל והרוג גופיה אין יודעין לא בעינן מכחישין זה את זה ומיהו טעם זה: (ד) בא"ד טריפה הרג או שלם הרג חייב ובשביל שנשאל: (ה) בא"ד אחד מהם את חבירו: (ו) בא"ד היכא דלא אפשר דלא חיישינן למיעוטא כדאיתא פ"ק דחולין: (ז) ד"ה כמכחול וכו' נהרג מעולם וי"ל דמ"מ וכו' נהרג מעולם משום וכו' שמחלל אינו טריפה וכו' א"כ אם הוזמו לא יהיו חייבין: (ח) ד"ה אלו הן וכו' בימיהן היו וכו' ארוכה קצת ויש לה בית יד ארוכה ומעגלים אותה על פני כל הגג להשוות הטיט והיינו דקרו לה מעגילה: (ט) ד"ה משלשל וכו' דנפלה דרישא שנשמט מידו:

הגהות הגר"א

[א] גמ' מ"ל בכל שעריך כצ"ל (וכ"ה בירושלמי):

ליקוטי רש"י

והיו אלה לכם לחוקת משפט לדורותיכם. למד שתהא סנהדרין קטנה נוהגת בחוצה לארץ כל זמן שנוהגת בארץ ישראל [במדבר לה כט]. **בכל שעריך.** בכל עיר ועיר [דברים טז יח]. **מכחול בשפופרת.** קיסם או כנף שמכניסין בשפופרת חלולה שהכחול בתוכה ומוציאין מן הכחול במכחול ומעביר על העין [בבא מציעא צא.]. **במנאפים.** מעידין עליהם העדים לחייבן מיתה ומלקות משישכבו זה על זה כדרך מנאפים וא"צ לעדים שיראו כמכחול בשפופרת דלא הזקיקתן תורה להסתכל כ"כ [שם]. **היה משלשל בחבית.** השפיל. כמו היה משלשל בחבל [שבת ה.].

Chapter Two

Introduction

The second chapter of the tractate deals with the laws of גָּלוּת, *exile,* decreed by the Torah for one who kills another person בְּשׁוֹגֵג, *inadvertently* (*Exodus* 21:12-13; *Numbers* 35:9-34; *Deuteronomy* 4:41-43; 19:1-13).

◆§ Intentional Killing Murder is a capital offense. As with all capital crimes, a murderer cannot be executed unless there are two valid witnesses to the crime, and he was warned immediately prior to committing the crime that murder is forbidden and punishable by death (Mishnah, *Sanhedrin* 40a; Gemara there 40b, 41a).

◆§ Unintentional Killing Though unintentional killing does not carry the death penalty, the killer is not completely free from retribution, as we will learn in this chapter. The Torah decrees a sentence of *galus* [exile] for certain types of unintentional killings, depending on the level of negligence. Furthermore, the Torah permits the close relative of the victim to avenge his death by slaying the killer.

The Gemara in this chapter will delineate three levels of unintentional killing.

(a) שׁוֹגֵג, **Inadvertent Killing** This refers to a death which resulted from some measure of negligence, but not gross negligence. This is the type of unintentional killing for which the Torah decrees *galus,* and for which the relative may exact vengeance.

(b) אוֹנֶס, **Complete Accident** This refers to a killing which resulted from an accident that the killer had no reason to anticipate. No responsibility attaches to the killer in this case, and once it has been determined by the court that he is not responsible, he is set free; he is not subject to the vengeance of the relative.

(c) קָרוֹב לְמֵזִיד, **Bordering on the Intentional** This refers to a killing which resulted from gross negligence and an obvious disregard for the safety of the victim. The Torah does not decree exile in this case; the crime is considered too severe to be atoned for by mere exile. In such a case, ultimate punishment is left in the hands of Heaven, as in the case of one who murders intentionally but without witnesses or proper warning.

Moreover, the killer is subject to the vengeance of the victim's relatives. But, since he is not sentenced to exile, the *cities of refuge* (see below) afford him no protection; therefore, he is subject to the vengeance of the relatives even inside those cities. The same is true in cases of intentional murder where the court, for whatever reason, cannot carry out the death penalty (*Rambam, Hil. Rotze'ach* 6:1-5).

◆§ עָרֵי מִקְלָט, Cities of Refuge Exile is served in one of the six Levite cities in Eretz Yisrael. These are known as *arei miklat* [cities of refuge]; (sing., *ir miklat*). The killer serves out his sentence in the city of refuge, which provides him sanctuary from the avenging relatives. The other forty-two Levite cities also serve as sanctuaries, with minor differences between them and the six cities of refuge (see Gemara 10a and 13a).

◆§ Term of Exile A killer sentenced to exile must remain in the city of his exile until the death of the Kohen Gadol [High Priest] who is in office at the time the killer's sentence is handed

down. Once the Kohen Gadol dies, the killer may leave the city of refuge, and he is no longer subject to vengeance at the hands of the relative.

גּוֹאֵל הַדָּם, Redeemer of the Blood The close relative empowered to kill the murderer is known as the *goel hadam,* literally: the redeemer of the blood. To protect the killer against his vengeance, the Torah provides for a killer to flee to a city of refuge (*ir miklat*) pending his trial. Once the killer is inside any of these cities, the *goel hadam* (avenging relative) is no longer permitted to kill him. Should the avenger kill him there, the avenger is considered a murderer and is subject to all the penalties of the law. However, should the killer set foot outside the boundaries of the city, the avenging relative is permitted to kill him. The city provides refuge only while the killer is inside its protective boundary, and only to those killers for whom the Torah prescribes such a sentence (as noted above).

There is a disagreement among the Tannaim whether it is obligatory (מִצְוָה) for the avenger to kill the murderer, or whether it is merely permissible (Mishnah below, 11b).

TERMS RELEVANT TO CHAPTER TWO [See also Glossary at end of volume.]

city of refuge — see *ir miklat.*

galus — the term of exile for a person convicted of inadvertent murder.

goel hadam — the close relative of the victim permitted to avenge his death by killing his killer.

ir miklat — one of six designated cities to which a killer flees to be protected from the vengeance of the *goel hadam* until his trial. These also serve as the cities in which an inadvertent killer serves his sentence of exile. The plural is *arei miklat*.

redeemer of the blood — see *goel hadam.*

shogeg — as regards the law of exile, the state of inadvertence which is nevertheless subject to a sentence of *galus* because of the degree of negligence involved.

Chapter Two

Mishnah This chapter deals with the laws of one who killed another inadvertently and the sentence of exile that is imposed upon him:[1]

אֵלּוּ הֵן הַגּוֹלִין – These are the ones who are exiled to a city of refuge:[2] **הַהוֹרֵג נֶפֶשׁ בִּשְׁגָגָה – one who kills a person inadvertently.**[3]

The Mishnah gives three examples of this and teaches an important distinction:

הָיָה מְעַגֵּל בְּמַעְגִּילָה – If **he was pushing a roller** to plaster a roof[4] **וְנָפְלָה עָלָיו וַהֲרָגַתּוּ – and it** slipped from his hand and **fell on [a bystander] and killed him; הָיָה מְשַׁלְשֵׁל בְּחָבִית** – or if **he was lowering a cask** from a roof with a rope **וְנָפְלָה עָלָיו וַהֲרָגַתּוּ – and it fell**[5] **on [a bystander] and killed him; הָיָה יוֹרֵד בְּסוּלָּם** – or if **he was descending a ladder, וְנָפַל עָלָיו וַהֲרָגַתּוּ**[6] **– and he fell on [a bystander] and killed him** with the weight of his own body, **הֲרֵי זֶה גוֹלֶה – [the killer]** in all three of these cases **is exiled.**[7] **אֲבָל אִם הָיָה מוֹשֵׁךְ בְּמַעְגִּילָה – However, if he was pulling the roller**[8] **וְנָפְלָה עָלָיו וַהֲרָגַתּוּ – and it fell on [the bystander] and killed him; הָיָה דוֹלֶה בְּחָבִית** – or if **he was raising the cask וְנִפְסַק הַחֶבֶל – and the rope broke**[9] **וְנָפְלָה עָלָיו וַהֲרָגַתּוּ – and [the cask] fell on [the bystander] and killed him;**

NOTES

1. Having touched upon this subject in the first Mishnah of the tractate, the Tanna now elaborates upon it (*Ritva*).

2. See the Introduction to this chapter.

3. In fact, this law is stated explicitly in the Torah (see, for example, *Numbers* Ch. 35). The Mishnah's point here is that one is liable to exile only in a *standard* case of שְׁגָגָה, *inadvertence,* i.e. he acted with some degree of negligence, but not gross negligence. If he was not negligent at all, he remains free; and if he was grossly negligent, exile does not suffice to atone for him [as explained in the Introduction to this Chapter] (*Ritva*). For other interpretations of this clause, see *Meiri* and *Pnei Yehoshua.*

4. Roofs in Mishnaic times were flat rather than slanted. In order to allow water to run off, the plaster applied to the roof [to waterproof it] was smoothed to form a slight incline. To apply the plaster, the roofer used a roller, which he pushed out toward the edge of the roof [an act called מְעַגֵּל] and then drew back toward himself [an act called מוֹשֵׁךְ], repeating these motions until the roof had the desired smoothness and slope (*Rashi;* cf. *Tosafos* with *Aruch LaNer*). Thus, pushing the roller was in effect a downward motion (since the plaster inclined downward in that direction), while drawing the roller back toward himself was an upward motion (*Meiri*).

The roller was a rounded stone not unlike a rolling pin (*Tosafos;* cf. *Hagahos HaBach* §8). From *Rashi,* however, it seems that it may have been just a flat wooden block attached to a handle.

5. The rope slipped from his hands and the cask crashed down (see note 9).

6. The text should be emended to read וַהֲרָגוֹ, *and he killed him* (*Hagahos Yavetz, Rashash*), as it appears in the Mishnayos.

7. In each of these cases, the accident occurred in the course of a downward motion, i.e. the assailant himself was descending or he was lowering an object. The Gemara (7b) derives from the expression וַיַּפֵּל עָלָיו, *he caused [it] to fall on him* (*Numbers* 35:23), that exile is imposed only for an inadvertent killing that resulted from a downward motion (*Rashi;* see 7b note 5 for a possible rationale).

Each of Mishnah's three examples adds an additional point. Had the Mishnah taught only the case of the roofer, we might have attributed his decree of exile to the fact that he should have been more cautious not to let his roller fall. However, one lowering a cask was surely trying to be careful that the rope should not slip, since he does not want his cask to break. Nevertheless, the Mishnah teaches that he is liable to exile. The third case goes one step further by teaching that even one descending a ladder, who can be assumed to have exercised great caution for his own well-being, is held accountable if he falls and kills someone, and he too must be exiled (*Tosafos*).

8. I.e. he was drawing the roller *upward* toward himself when it slipped from his hand (*Rashi*).

9. The commentators ask why the Mishnah mentions that the rope broke only in this case of raising the cask, but not in the earlier case of lowering the cask. *Tosafos* answer that Tannaim dispute whether a person is liable to exile where the rope breaks (see 9b note 30). Therefore, in the earlier case, where the killer is exiled, the Mishnah deliberately avoided saying that the rope broke, so that its ruling would be consistent with all opinions. In the second case, however, where the perpetrator is not exiled, this ruling applies regardless of whether the rope broke or it slipped from his hand (*Tosafos* ד״ה משלשל; cf. *Meiri, Rashash, Aruch LaNer*).

אילעא וטוביה קריביה דערבא א) הוה (א) סבר רב פפא למימר גבי לוה ומלוה רחיקי נינהו א״ל רב הונא בריה דרב יהושע לרב פפא אאי לית ליה ללוה לאו בתר ערבא אזיל מלוה: **מתני׳** במי שנגמר דינו וברח ובא לפני אותו ב״ד אין סותרין את דינו ג) כל מקום שיעמדו שנים ויאמרו מעידים אנו באיש פלוני שנגמר דינו בב״ד של פלוני ופלוני ופלוני עדיו הרי זה יהרג ג) גסנהדרין נוהגת בארץ ובחוצה לארץ דסנהדרין ההורגת אחד בשבוע נקראת חובלנית רבי אליעזר בן עזריה אומר אחד לשבעים שנה רבי טרפון ורבי עקיבא אומרים אילו היינו בסנהדרין לא נהרג אדם מעולם רשב״ג אומר אף הן מרבין שופכי דמים בישראל: **גמ׳** לפני אותו בית דין הוא דאין סותרין הא לפני בית דין אחר סותרין הא תני סיפא כל מקום שיעמדו שנים ויאמרו מעידין אנו את איש פלוני שנגמר דינו בבית דין פלוני ופלוני ופלוני עדיו הרי זה נהרג אמר אביי לא קשיא הכאן בארץ ישראל כאן בחוצה לארץ דתניא ד) ורבי יהודה בן דוסתאי אומר משום רבי שמעון בן שטח וברח מארץ לחוצה לארץ אין סותרין את דינו מחוצה לארץ לארץ סותרין את דינו מפני זכותה של ארץ ישראל: סנהדרין נוהגת כו׳: מנא ה״מ דתנו רבנן א) ה) והיו אלה לכם לחוקת ו) משפט לדורותיכם למדנו לסנהדרין שנוהגת בארץ ובחוצה לארץ א״כ מה תלמוד לומר [א] ב) בשעריך זבשעריך אתה מושיב בתי דינים בכל פלך ופלך ובכל עיר ועיר ובחו״ל אתה מושיב בכל פלך ופלך ואי אתה מושיב בכל עיר ועיר: סנהדרין ההורגת וכו׳: איבעיא להו אחת לשבעים שנה נקראת חבלנית או דלמא אורח ארעא היא תיקו: רבי טרפון ורבי עקיבא אומרים אילו היינו וכו׳: היכי הוו עבדי רבי יוחנן ורבי אלעזר דאמרי תרוייהו ראיתם טריפה הרג שלם הרג אמר רב אשי אם תמצא לומר שלם הוה דלמא במקום סייף נקב הוה בבועל את הערוה היכי הוו עבדי אביי ורבא דאמרי תרוייהו ראיתם כמכחול בשפופרת ורבנן היכי דיינו כשמואל י) דאמר שמואל חבמנאפים משיראו כמנאפים:

הדרן עלך כיצד העדים

אלו הן הגולין טההורג נפש בשגגה יהיה מעגל במעגילה ונפלה עליו והרגתו היה משלשל בחבית ונפלה עליו והרגתו היה יורד בסולם ונפל עליו כ) והרגתו הרי זה גולה אבל אם היה מושך במעגילה ונפלה עליו והרגתו היה דולה בחבית ונפסק החבל ונפלה עליו והרגתו היה

רש״י

אילעא וטוביה. עדי הלואה היו קרובין אל הערב: **מתני׳** לפני אותו בית דין. שנתחייב בו: אין סותרין. לחזור ולישא וליתן אולי יזכה: אילו היינו. בימים שסנהדרין דנו דיני נפשות לא נהרג בה אדם כדמפרש בגמרא שבדקו את העדים בדבר שלא ידעו להשיב: אף. אם היו עושים כן היו מרבין שופכי דמים שלא יראו מב״ד: **גמ׳** מפני זכותה של ארץ ישראל. אולי תועיל למצוא לו פתח של זכות: מה ת״ל בשעריך. שופטים ושוטרים תתן לך וגו׳: אתה מושיב כו׳. אתה חייב להושיב בכל פלך ופלך כו׳ פלך הפרכיא: אם תמצא לומר שלם הרג. שיאמרו בדקנוהו לאחר מיתתו מכל שמונה עשרה טריפות: ראיתם כמכחול בשפופרת. ואין עדים מסתכלין בכך שפופרת קנה חלול שנותנין בו כחול לכחול עיניים מכחול הוא קיסם דק שבו נוטלין הצבע מתוך הקנה: ורבנן. דמחייבי מיתה על הערוה היכי דייני באיזו עדות הם הורגים הואיל ולאו הכי בדקי: משיראו כמנאפים. משינהגו ענין ניאוף שסוכבין בקירוב בשר ונוהגים כדרך תשמיש:

הדרן עלך כיצד העדים

היה מעגל במעגילה. טחין היו גגותיהן בטיט והגגות לא היו משופעין אבל הטיט משפעין מעט כדי שיזובו המים וטחין אותן בחתיכת עץ עבה וחלקה ובה בית יד ודוחפה לצד השיפוע וחוזר ומושכה אליו וחוזר ודוחפה (לצד) והטיט מתמרח ומחליק ובדחיפתו קורהו מעגל ובמשיכתו קורהו מושך ושם העץ מעגילה: היה משלשל חבית. מן הגג: היה יורד. ההורג בסולם ונפל מן הסולם והרג בגופו את חבירו גולה דכל הני דרך ירידה נינהו וגבי גלות דרך ירידה בעינן כדמפרש בגמרא ויפל עליו: אבל היה מושך. ונשמטה מעגילה מידו ונפלה: גמ׳

תוספות

אי ליתיה ללוה לאו בתר ערבא אזיל. מכאן דיש ליזהר בעדי ממון שלא יהו קרובים לא ללוה ט) ולא לערב:

דלמא במקום סייף נקב הוה. קשה לר״ת דאמרינן פ״ק דחולין (דף יא: ושם) ומפיק ליה מקרא דלא חיישינן להא דאזלינן בתר רובא ואומר ר״ת דודאי (ב) לא חיישינן אלא היה שואל להם י) (כדי) שאם י) (יכחישו זה את זה או) אמרו דלא ידעינן יבטל העדות מידי דהוה אסייף וארירן דאי כ) דלא שיילינן חייב ל) וזה אומר בסייף וזה אומר בארירן מ) אין זה נכון אע״ג דבסייף וארירן כו׳ אמרו אין אנו יודעין הרי זה נכון זה גרוע הואיל והרוג גופיה אין יודעים (ג) ומיהו טעם זה אינו מיושב ומאיזה טעם הוא זה דאם לא נשאל להם יהא חייב ואם נשאל ואמרו אין אנו יודעין יהיה פטור וראיה שהביא מסייף וארירן אין הנדון דומה לראיה דהתם כל כמה דלא שיילינן להו אין לבדות מהלב שיכחישו זה את זה אבל כשמכחישין בהדיא דומה שקר שדבר זה אדם רגיל לעלות בדעתו במה הרגו טפי מכליו שחורים או מכליו לבנים אבל דבר שפירש ר״ת דלא טעם הוא שכשאין שואלים להם ואין אנו יודעים אם טריפה (ד) הוא או שלם נהרג חייב ובשביל שנשאל להם ואמרו אין אנו יודעים יהיה פטור לכן נראה דהא דקאמר לא נהרג אדם מעולם לאו דוקא אלא רוב פעמים לא היה נהרג שעל ידי שהוא מרבה בבדיקות אי אפשר שלא יכחיש אחד מהם (ה) חבירו אבל אין לומר דר׳ עקיבא לטעמיה דחייש למיעוטא גבי חלב נ) פוטר (בכורות כ:) דהא לא מצינו שום תנא דחייש למיעוטא טפי מרבי מאיר ואפ״ה מודה (ו) היכא דלא אפשר דלא חיישינן למיעוטא בפ״ק דחולין (דף יא:) והכא היינו דלא אפשר מיהו י״ל דאיכא למיקם עלה דמילתא כגון שהיה קרוס של מוח מגולה וראו שהיה שלם ובא זה ונקבו והרגו ס):

כמכחול בשפופרת. תימה עובד ע״ז ומחלל שבת מאי איכא למימר דהתם לא מצינו למיפטריה והא היכי קאמר לא היה אדם נהרג (ז) וי״ל דמ״מ קאמר שפיר לא היה אדם נהרג משום דלא שכיחי כולי האי כי אם ברוצח ועריות ועוד י״ל דאיכא למימר ראיתם שמחלל אינו טריפה דאם הוא טריפה א״כ אם הוזמו לא יהיו חייבין מיתה משום דמצו למימר גברא קטילא בעינן למיקטל והויא ליה עדות שאי אתה יכול להזימה:

הדרן עלך כיצד העדים

אלו הן הגולין וכו׳ היה מעגל במעגילה. בימיהן (ח) שהיו הגגים שוין ולא היו משופעים כמו שלנו וכשעושים הגג טוחין אותו בטיט ורוצים להשוות טיח הגג ולוקחין אבן עגולה ארוכה קצת ויש לו ב׳ שיניים ארוכים ומעגלים אותה על פני כל הגג להשוות׳ (נמי) והיינו (נמי) מעגילה: **משלשל** בחבית כו׳. קצת קשה אמאי לא קאמר ונפסק החבל ונפל עליו כדקתני בסיפא ונראה לומר דנפלה (ט) שנשמט מידו ולכך לא רצה לומר נפסק דאם כן לא אתיין כרבי ע) דאמר לקמן (דף ט:) נפסק אינו גולה:

היה יורד בסולם. יש אומרים דתנא לא זו אף זו קתני לא זו מעגל דודאי יש לחייבו גלות דלמה לא נזהר אלא אף משלשל חבית דשפיר מיזהר שלא ישבר חביתו אם נפל והרג חייב ועוד דלא זו אלא אף זו יורד בסולם דטפי מיזהר כדי שלא יפול אם הרג חייב:

פשיטא

מסורת הש״ס

א) נ״ל הוו. יעב״ץ, ב) סנהדרין מה: גיטין כח: כט., ג) [סנהדרין יד.], ד) [תוספתא סנהדרין פ״ג ע״ש], ה) [תוספתא שם], ו) [נ״ל משפט לדורותיכם בכל מושבותיכם למדנו כו׳], ז) ב״מ לא., ח) נ״ל והרגו. יעב״ץ וכ״ה במשניות, ט) נ״ל ולא למלוה ולא לערב, י) רש״ל מ״ז, כ) נ״ל לא, ל) [סנהדרין מא.], מ) עי׳ מהרש״ל ורש״א, נ) נ״ל אינו פוטר, ס) [וע״ע בתוס׳ בכורות כא. סד״ה חלב פוטר], ע) רש״ל גורס כדאמר.

הגהות הב״ח

(א) גמ׳ סבר רב פפא למימר. נ״ב הך עובדא קבעה תלמודא הכא משום דשייכא למאי דתני לעיל נמצא אחד מהן קרוב או פסול כו׳ ותימה אמאי לא קבעה לעיל וי״ל דהך עובדא אתי נמי לקמיה דרבא בהדי הך הנהו לעוזי כו׳: (ב) תוס׳ ד״ה דלמא וכו׳ ואומר ר״ת דודאי אי לא שיילינן להו לא חיישי׳ אלא: (ג) בא״ד הואיל והרוג גופיה אין יודעין לא בעינן מכחישין זה את זה ומיהו טעם זה: (ד) בא״ד טרפה הרג או שלם הרג חייב ובשביל שנשאל: (ה) בא״ד אחד מהם את חבירו: (ו) בא״ד דהיכא דלא אפשר דלא חיישינן למיעוטא כדאיתא פ״ק דחולין: (ז) ד״ה כמכחול וכו׳ נהרג מעולם וי״ל דמ״מ וכו׳ נהרג מעולם משום וכו׳ שהמחלל אינו טרפה וכו׳ א״כ אם הוזמו לא יהיו חייבין: (ח) ד״ה אלו הן וכו׳ בימיהן היו וכו׳ ארוכה קצת ויש לה בית יד ארוכה ומעגלים אותה על פני כל הגג להשוות הטיח והיינו דקרו לה מעגילה: (ט) ד״ה משלשל וכו׳ דנפלה דרישא שנשמט מידו:

הגהות הגר״א

[א] גמ׳ ת״ל בכל שעריך כל״ל (וכ״ה בירושלמי):

ליקוטי רש״י

והיו אלה לכם לחוקת משפט לדורותיכם. למד שתהא סנהדרין קטנה נוהגת בחוצה לארץ כל זמן שנוהגת בארץ ישראל [במדבר לה כט].

בכל שעריך. בכל עיר ועיר [דברים טז יח].

מכחול בשפופרת. קיסם או כנף שמכניסין בשפופרת חלולה שהכחול לתוכה ומוציאין מן הכחול במכחול ומעביר על העין [בבא מציעא צא.].

במנאפים. מעידין עליהם העדים לחייבן מיתה ומלקות משישכבו זה על זה כדרך מנאפים וא״צ לעדים שיראו כמכחול בשפופרת דלא הזקיקתן תורה להסתכל כ״כ [שם].

היה משלשל בחבית. השפיל. כמו היה משלשל בחבל [שבת ה.].

עין משפט נר מצוה

נד א טוש״ע חו״מ סי׳ לג סעיף טז:

נה ב מיי׳ פי״ג מהל׳ סנהדרין הלכה ז:

נו ג מיי׳ שם פי״ד הל׳ יד סמג עשין קב:

נז ד מיי׳ שם הלכה י:

נח ה ו מיי׳ שם פי״ג הלכה ח:

נט ז מיי׳ פ״א מהלכות סנהדרין הלכה ב [עיין כ״מ] טוש״מ סימן א:

ס ח מיי׳ פ״א מהלכות איסורי ביאה הלכה יט סמג לאוין לד טור ש״ע אה״ע סימן כ סעיף א׳ בהג״ה [ורב אלפס עוד ביבמות פרק ב (דף ז:) ובב״מ פ״ז (דף קיז:)]:

א ט מיי׳ פ״ה מהלכות רוצח הלכה א סמג עשין עה:

ב י מיי׳ שם פ״ו הלכה יב סמג שם:

רבינו חננאל

סוגיין דשמעתין דעדים הקרובין בין למלוה בין ללוה בין לערב כולן פסולין: מי שנגמר דינו וברח ובא לפני אותו ב״ד אין סותרין את דינו כו׳. תניא ברח מארץ לחוצה לארץ אין סותרין את דינו מחוצה לארץ לארץ סותרין את דינו מפני זכותה של ארץ ישראל: מתני׳ סנהדרין נוהגת בארץ ובחוצה לארץ. מנא הני מילי. דת״ר והיו אלה לכם לחוקת משפט לדורותיכם בכל מושבותיכם למדנו לסנהדרין שנוהגת בארץ ובחוצה לארץ. אם כן מה ת״ל בשעריך. בשעריך אתה מושיב בתי דינין בכל פלך ופלך [ובכל עיר ועיר ובחו״ל אתה מושיב בכל פלך ופלך] ואי אתה מושיב בכל עיר ועיר. ואסקינן דרבנן בסנהדרין הוו דייני בבועל את הערוה כשמואל דאמר במנאפים כיון שיראו כמנאפין מתחייבין ולא בעינן עד דמסהדי כמכחול בשפופרת. ולית הלכתא כר׳ טרפון ור׳ עקיבא דהוו אמרין ראיתם טריפה הרג או שלם הרג וא״ת שלם שמא במקום ההכאה נקב הוה כו׳: ירושלמי. כתב כל נכסיו לב׳ בני אדם כאחת והעדים כשרים לזה ופסולים לזה ר׳ יוחנן אמר מאחר שפסולין לזה פסולין לזה וריש לקיש אמר לא כו׳:

הדרן עלך כיצד העדים:

פ״ב ואלו הן הגולין ההורג נפש בשגגה כו׳ עד

תורה אור השלם

א) וְהָיוּ אֵלֶּה לָכֶם לְחֻקַּת מִשְׁפָּט לְדֹרֹתֵיכֶם בְּכֹל מוֹשְׁבֹתֵיכֶם: [במדבר לה, כט]

ב) שֹׁפְטִים וְשֹׁטְרִים תִּתֶּן לְךָ בְּכָל שְׁעָרֶיךָ אֲשֶׁר יְיָ אֱלֹהֶיךָ נֹתֵן לְךָ לִשְׁבָטֶיךָ וְשָׁפְטוּ אֶת הָעָם מִשְׁפַּט צֶדֶק: [דברים טז, יח]

עין משפט נר מצוה

ג א מיי' פ"ו מהלכות רוצח הלכה יג סמג עשין עה:
ד ב ג ד ה ו מיי' שם הלכה י:
ה ז מיי' שם הלכה יג ולפטור ועי' בכ"מ:
ו ח מיי' שם הלכה יד:
ז ט מיי' שם הלכה י:
ח י מיי' שם הלכה יא:
ט כ מיי' שם הלכה יד ולפטור:
י ל מיי' שם הלכה יג ועיין בכסף משנה:
יא מ מיי' שם הלכה טו:

תורה אור השלם

א) אוֹ בְכָל אֶבֶן אֲשֶׁר יָמוּת בָּהּ בְּלֹא רְאוֹת וַיַּפֵּל עָלָיו וַיָּמֹת וְהוּא לֹא אוֹיֵב לוֹ וְלֹא מְבַקֵּשׁ רָעָתוֹ: [במדבר לה, כג]

ב) וְהִקְרִיתֶם לָכֶם עָרִים עָרֵי מִקְלָט תִּהְיֶינָה לָכֶם וְנָס שָׁמָּה רֹצֵחַ מַכֵּה נֶפֶשׁ בִּשְׁגָגָה: [במדבר לה, יא] לִבְנֵי יִשְׂרָאֵל וְלַגֵּר וְלַתּוֹשָׁב בְּתוֹכָם תִּהְיֶינָה שֵׁשׁ הֶעָרִים הָאֵלֶּה לְמִקְלָט לָנוּס שָׁמָּה כָּל מַכֵּה נֶפֶשׁ בִּשְׁגָגָה: [במדבר לה, טו]

ג) וְזֶה דְּבַר הָרֹצֵחַ אֲשֶׁר יָנוּס שָׁמָּה וָחָי אֲשֶׁר יַכֶּה אֶת רֵעֵהוּ בִּבְלִי דַעַת וְהוּא לֹא שֹׂנֵא לוֹ מִתְּמֹל שִׁלְשֹׁם: [דברים יט, ד]

ד) וְאִם בְּפֶתַע בְּלֹא אֵיבָה הֲדָפוֹ אוֹ הִשְׁלִיךְ עָלָיו כָּל כְּלִי בְּלֹא צְדִיָּה: [במדבר לה, כב] [ועי' תוס' סוד"ה אלא]

ה) וַאֲשֶׁר לֹא צָדָה וְהָאֱלֹהִים אִנָּה לְיָדוֹ וְשַׂמְתִּי לְךָ מָקוֹם אֲשֶׁר יָנוּס שָׁמָּה: [שמות כא, יג]

ו) וַאֲשֶׁר יָבֹא אֶת רֵעֵהוּ בַיַּעַר לַחְטֹב עֵצִים וְנִדְּחָה יָדוֹ בַגַּרְזֶן לִכְרֹת הָעֵץ וְנָשַׁל הַבַּרְזֶל מִן הָעֵץ וּמָצָא אֶת רֵעֵהוּ וָמֵת הוּא יָנוּס אֶל אַחַת הֶעָרִים הָאֵלֶּה וָחָי: [דברים יט, ה]

רבינו חננאל

עד זה הכלל כל שכדרך ירידתו גולה שלא כדרך ירידתו אינו גולה. מנא הני מילי. אמר שמואל דאמר קרא ויפל עליו וימות עד שיפיל עליו דרך נפילה: ת"ר בשגגה פרט למזיד. כלומר אינו גולה. אוקמה רבא דהאי מזיד שאינו גולה באומר מותר שהאומר מותר קרוב למזיד הוא ולא מיכפר ליה בגלות. אבל המזיד בר קטלא הוא. בבלי דעת אוקמה רבא פרט למתכוין להרוג בהמה והרג אדם לכותי והרג ישראל לנפלים והרג בן קיימא שאינו גולה: ת"ר אם בפתע פרט לקרן זוית דהוה ליה לעיוני. בלא איבה פרט לשונא. כלומר הני לא סגי להו בגלות. הדפו שדחפו בגופו. או השליך עליו להביא ירידה שהיא צורך עלייה. בלא צדיה פרט למתכוין לצד זה והלכה לה לצד אחר. ואשר לא צדה פרט למתכוין לזרוק ב' אמות וזרק ד' אמות והיה שם אדם והכהו דלא מיכפר להו בגלות א) ואשר יבא את רעהו ביער מה יער רשות לניזק ולמזיק ליכנס שם אף כל שיש רשות לניזק ולמזיק ליכנס שם דינו הכי. בעא ר' אבהו מר' יוחנן היה עולה בסולם ונשמטה שליבה מתחתיו ונפלה והרגה מהו. ופשט ליה דהיא ירידה צורך עלייה. ומותיב ליה הא דתנן כל שלא כדרך ירידתו אינו גולה מאי לאו כי האי גוונא. ופריק ליה לא לעולם כי האי גוונא גולה ומתניתין כעין קצב שהיה מקצב דתנו ביה ד' בבי. תני חדא לפניו חייב לאחריו פטור כו' ופרקינן לא קשיא. פי' דרך המקצב להעלות הקופיץ מלפניו ולהורידו לאחריו ואח"כ מחזירו ומעלהו מאחריו ומורידו לפניו ומכה בבהמה הא דתני לפניו חייב לאחריו פטור דרך ירידה לפניו חייב. פי' בעת שמחזיר הקופיץ מאחוריו להכות על הבהמה כדי לנתחה שזו היא ירידה ממש ובירידה שלאחריו בהחזרת הקופיץ שהיא כעין עלייה פטור. והא דתניא לאחריו חייב לפניו פטור הוא בהגבהת הקופיץ מלפניו עד שיחזירו לאחריו פטור שהוא דרך עלייה לאחריו חייב שהוא דרך ירידה ב) (ופירשנוהו) [ופירשוהו] בתלמוד ארץ ישראל. א"ר ינאי טבח שהיה מקצב והכה בין מלמעלה גולה ואתיא כדמר בר רב הונא ג) טבח שהיה מקצב והכה לפניו למטה גולה. למעלה אינו גולה. לאחריו למעלה גולה. למטה אינו גולה. והא דתני' בין לפניו בין לאחריו חייב בירידה שלפניו ושל אחריו. והא דתניא בין לפניו בין לאחריו פטור בעלייה שלפניו ושל אחריו כאשר כבר פירשנו. והא דבעי רבי אבהו מר' יוחנן היה עולה בסולם ושמטה שליבה מתחתיו והרגה תני חדא חייב. ואוקימ' לנזיקין ואע"ג דעלייה היא לענין ניזקא חייב. ותני חדא פטור מגלות. איבעית אימא הא והא לגלות והא דקתני חייב כגון דאתלע דכיון דאתלע ולא חזי לעלייה מעיקרא ירידה היא. איבעית אימא דלא אתלע כלל והאי דקתני חייב כגון דלא מיהדק כיון דלא מיהדק לא חזי למיסק ביה ומעיקרא ירידה היא: נשמט הברזל מקתו. קודם שיכה על העץ לבקעו והרג רבי אומר אינו גולה דהאי קרוב למזיד הוא שאילו לא היה רפוי לא היה נשמט. ואמרינן מאי טעמא קסבר יש אם למסורת ונשל ד) כתיב כלומר ונשל הברזל [מן העץ]. מן העץ המתבקע רבי אומר גולה וחכ"א אינו גולה. כגון שנתזה בקעת מן העץ והלכה והרגה. או נשמט הברזל. כלומר מכח הכאתו בעץ לבקעו נשמט והלך והרג ה) ואם יש לומר
והלא

חשק שלמה על ר"ח א) וכן פי' ר"ח נב"ק דף כ"ו ע"ב הובא בחידושי הרשב"א ובשיטה מקובצת שם: ב) וכן נראה מפסק הרמב"ם הל' רוצח פ"ו הי"ג כפירוש ר"ח דלא כרש"י: ג) בירושלמי איתא כי דמר רב הונא: ד) אפשר דט"ס הוא והג' צריך להנקד בחירק וצ"ע: ה) לפי פירוש זה אשר אחריו הלך הרמב"ם ספ"ו מהל' רוצח מדויק לישנא דמתניתין דמן העץ המתבקע נמי אנשמט הברזל קאי:

גמרא

היה עולה בסולם ונפל עליו והרגו הרי זה אינו גולה זה הכלל כל שבדרך ירידתו גולה ושלא בדרך ירידתו אינו גולה: **גמ'** מנא ה"מ אמר שמואל דאמר קרא ויפל עליו וימות עד שיפול דרך נפילה תנו רבנן בשגגה פרט למזיד בבלי דעת פרט למתכוין מזיד פשיטא בר קטלא הוא (אלא) אמר רבא אימא פרט לאומר מותר א"ל אביי אי אומר מותר אנוס הוא אמר ליה שאני אומר האומר מותר קרוב למזיד הוא בבלי דעת פרט למתכוין מתכוין פשיטא בר קטלא הוא אמר רבה פרט למתכוין להרוג את הבהמה והרג את האדם לכותי והרג את ישראל לנפל והרג בן קיימא ת"ר אם בפתע פרט לקרן זוית בלא איבה פרט לשונא הדפו שדחפו בגופו או השליך עליו להביא ירידה שהיא צורך עליה בלא צדיה פרט למתכוין לצד זה והלכה לה לצד אחר ואשר לא צדה פרט למתכוין לזרוק שתים וזרק ארבע ואשר יבא את רעהו ביער מה יער רשות לניזק ולמזיק ליכנס לשם אף כל רשות לניזק ולמזיק ליכנס לשם בעא מיניה רבי אבהו מרבי יוחנן היה עולה בסולם ונשמטה השליבה מתחתיו ונפלה והרגה מהו כי האי גוונא עליה היא או ירידה היא א"ל כבר נגעת בירידה שהיא צורך עליה איתיביה זה הכלל כל שבדרך ירידתו גולה שלא בדרך ירידתו אינו גולה שלא בדרך ירידתו לאיתויי מאי לאו לאיתויי כה"ג ולטעמיך כל שבדרך ירידתו לאיתויי מאי אלא לאיתויי קצב הכא נמי לאיתויי קצב דתניא קצב שהיה מקצב תנא חדא לפניו חייב לאחריו פטור ותניא אידך לאחריו חייב לפניו פטור ותניא אידך בין לפניו בין לאחריו חייב ותניא אידך בין לפניו בין לאחריו פטור ולא קשיא כאן בירידה שלפניו ועליה שלאחריו כאן בעליה שלפניו וירידה שלאחריו כאן בירידה שלפניו ושל אחריו כאן בעליה שלפניו ושל אחריו לימא כתנאי היה עולה בסולם ונשמטה שליבה מתחתיו תני חדא חייב ותניא אידך פטור מאי לאו בהא קא מיפלגי דמר סבר ירידה היא ומר סבר עליה היא לא דכ"ע עליה היא ולא קשיא כאן לניזקין כאן לגלות איבעית אימא הא והא לגלות ולא קשיא הא דאתליע הא דלא אתליע ואיבעית אימא הא והא דלא אתליע ולא קשיא הא דמיהדק והא דלא מיהדק: **מתני'** נשמט הברזל מקתו והרג רבי אומר אינו גולה וחכמים אומרים גולה מן העץ המתבקע רבי אומר גולה וחכמים אומרים אינו גולה: **גמ'** תניא אמר להם רבי לחכמים וכי נאמר ונשל הברזל מעצו והלא לא נאמר אלא מן העץ ועוד נאמר עץ למטה ונאמר עץ למעלה מה עץ האמור למעלה מן העץ המתבקע אף עץ האמור למטה מן העץ המתבקע אמר רב חייא בר אשי אמר רב ושניהם מקרא אחד דרשו ונשל הברזל מן העץ רבי סבר יש אם למסורת ונישל כתיב ורבנן סברי יש אם למקרא ונשל קרינן ורבי יש אם למסורת סבירא ליה
והאמר

רש"י

גמ' אמר רבא גרסינן ולא גרסינן אלא: באומר מותר. סבור שמותר להרוג את ישראל וזהו מזיד שלו: אנוס הוא. והיאך הוא קורהו מזיד: בפתע פרט לקרן זוית. שלשון פתע הוא בסמוך כדמתרגמי' בתכיף פרט לקרן זוית אם היה זה יוצא ממבוי זה ונכנס לזה לפנות לימין או לשמאל וסכינו בידו וזה בא כנגדו בקרן זוית ולא ראהו והרגו: שדחפו בגופו. בלא מתכוין: להביא ירידה שהיא צורך עליה. כגון הרוצה להריס ידו בכח וגרזן בידו ומשפיל תחלה את גופו ושוחה לפניו כדי להריס בכח ובהשפלתו הרג דלא תימא הואיל וצורך עליה היא פטור מגלות דהא כתיב ויפל: בלא צדיה. לשון צידוד שלא נתכוין לצדד לצד שני: ואשר לא צדה. שלא נתכוין לזרוק בצדו ובסמוך לו אלא למקום שזרק אבל לא היה יודע שיש שם אדם: פרט למתכוין לזרוק שתים וזרק ארבע. א] וכן לזרוק ארבע וזרק שמונה: אף כל שיש לו רשות לניזק כו'. יצאה חצר של בעל הבית: עליה היא או ירידה היא. בתר דידיה אזלינן והוא היה עסוק בעליה או בתר שליבה אזלינן והעולה עליה היה דוחקה ומשפילה כלפי מטה: כבר נגעת כו'. הרי נגעת כאן בירידה שהיא צורך עליה והא רבינן לה לעיל לחיובא: לפניו חייב. הרג לפניו חייב: ה"ג כאן בירידה שלפניו ועליה שלאחריו כאן בעליה שלפניו וירידה שלאחריו כאן בירידה שלפניו ושל אחריו כאן בעליה שלפניו ולאחריו. כל דרך עליה פטור וכל דרך ירידה חייב הלכך הא דתניא לפניו חייב לאחריו פטור בירידה שלפניו ועליה של אחריו השפיל זרועו כדי להריס בכח והריס (א) מכח לפניו בהשפלתו חייב הרג בעלייתו לאחוריו פטור והא דתניא לאחריו חייב לפניו פטור בעליה שלפניו וירידה שלאחריו כגון המריס ידו בכח עד שהשפילו דרך אחוריו ממעל לכתפיו וחזר והגביהן להכות לפניו הרג בהשפלתו דרך אחוריו חייב הרג בהגבהתו פטור והא דתניא בין לפניו ובין לאחריו חייב בירידה שלפניו או שלאחריו והא דתניא בין לפניו בין לאחריו פטור בעליה שלפניו ושל אחריו: לימא כתנאי. הך בעיא דרבי אבהו: לנזקין. חייב אם לא הרגו אלא הזיקו חייב דלנזקין לא שני לן בין שוגג למזיד בין ירידה לעליה כדאמרינן בב"ק (דף כו:) פצע תחת פצע לחייב על השוגג כמזיד ואונס כרצון: הא דאתליע. חייב שכל שליבה שהתליעה כשדורסין עליה נכפפת היא למטה וירידה היא ואם לא התליעה אין כאן ירידה: הא דמהדק. אם היתה השליבה מלא הנקב שהיא תחובה בו ואחוזה יפה יפה אין כאן דרך ירידה ופטור לא מהדק ירידה יש כאן וחייב: מתני' מן העץ המתבקע. יצא קיסם וניתז למרחוק והרג: גמ' נאמר עץ למטה. ונשל הברזל מן העץ: ונאמר עץ למעלה. לכרות העץ: יש אם למסורת. כמה שנמסרה כתב של תיבה למשה אנו צריכין לדורשה ולא לפי המקרא כשאתה קורא ונשל אתה מוסיף הברה של אל"ף או של ה"א בין נו"ן לשי"ן ולפי המסורת וניסל כתיב ופירושו ניסל שהשיל הברזל מן העץ המתבקע ומלא את רעהו ורבנן סברי יש אם למקרא ונשל קרינן לשון פעל הברזל עצמו נשל מעל עצו:
הא

תוספות

פשיטא בר קטלא הוא. תימה אימא במזיד ולא התרו בו וי"ל דהא נמי נפקא לן מבלי דעת דאיכא מבלי דעת יתירא עוד י"ל דהא נמי פשיטא דלא יגלה דעל כרחך קרא בלא מתכוין איירי מדכתיב והוא לא שונא:

אלא פרט לאומר מותר. וקשה (ב) דגבי חלב וגבי שבת דכתיב בשניהם שגגה וחייבין פרק כלל גדול (שבת דף סח: ושם) בתינוק שנשבה לבין הנכרים וי"ל דשאני הכא דכתיב שגגה יתירא למעוטי אומר מותר [כ]:

ואשר לא צדה פרט למתכוין לזרוק. בכילד הרגל (ב"ק דף כו: ושם) פירש רש"י (ג) ממעט ליה ממיתה אבל גלות אית ביה ולא נראה דא"כ לא הוי כמו אידך לכן נראה לפרש דפטור [ל] (ממיתה) מגלות [מ] כדאמרינן פרק כילד הרגל (שם ד"ה פרט): **מה** יער שיש לו רשות לניזק ולמזיק ליכנס לשם וכו'. וקשה דמסתמא כמו כן נימא מה יער מקום שעומד שם המזיק ויש רשות לניזק להיות לשם וא"כ קשה דתנן הזורק אבן לרשות הרבים הרי הוא גולה ומוקי לה בסותר כתלו שהוא ברשותו והרג הניזק שהוא ברשות הרבים ואמאי גולה והא בעינן מקום שיהא רשות לניזק ולמזיק ושיהא הניזק במקום שהמזיק עומד בו וי"ל דלא יליף מיניה מקום ההכאה אלא שיש רשות לשניהם לעכב במקום ההכאה: **נשמטה** השליבה (ד). והרגתו השליבה אבל אם הרגו אדם פטור דבעינן דרך ירידה:

ואי בעית אימא הא דאיתלע והא דלא איתלע. ולפי האי איבעית אימא כולי עלמא סברי ירידה היא וקשה א"כ אמאי לא קאמר דכולי עלמא ירידה היא הא דאתלע והא דלא אתלע ועוד קשה כי קאמר מעיקרא דכ"ע עליה היא א"כ קשה ברייתא זו לברייתא דלעיל או השליך עליו להביא ירידה שהיא צורך עליה ונראה לפרש דה"ק דכ"ע דעליה הוי ומיירי במיהדק [נ] ובדלא אתלע ולא מיירי בירידה שהיא צורך לעליה דבהא לא פליגי ברייתות והכא הכי קאמר איבעית אימא הא והא לגלות ומיירי הברייתא שמחייבה בירידה שהיא צורך לעליה:
היינו

מסורת הש"ס

א) [לקמן ט:], ב) ל"ל רבה תוס' בסנהדרין דף סב. רש"ל, ג) [לקמן ט.], ד) [שם.], ה) [שם:], ו) [עי' תוס' ב"ק כו: ד"ה פרט, ותוספות סנהדרין עז: ד"ה סתם, ותוס' לקמן ט. ד"ה ורב חסדא], ז) [עי' תוס' לקמן ח. ד"ה בלא איבה], ח) ב"ק כו:, ט) [עי' תוספות סנהדרין עז: ד"ה סתם ותוס' ב"ק כו: סד"ה פרט וכו' מה שהניחו בתימה], י) ל"ל רבה. רש"ל, כ) [וע"ע בתוס' שבת עב: ד"ה באומר, ותוספות סנהדרין סב. ד"ה ורבא], ל) רש"א מ"ז, מ) כדפירשנו בפרק כילד הרגל. מהר"ם, נ) עי' במהרש"ל ובמהרש"א.

הגהות הב"ח

(א) רש"י ד"ה ה"ג כאן וכו' והריס בכח הרג לפניו בהשפלתו חייב: (ב) תוס' ד"ה אלא וכו' וקשה ומ"ש דגבי וכו' וחייבין כדאיתא פרק כלל גדול: (ג) ד"ה ואשר וכו' פרש"י דממעט: (ד) ד"ה נשמטה השליבה מתחתיו ונפלה והרגתו השליבה אבל אם נפל האדם והרגו אדם פטור:

גליון הש"ס

גמ' בבלי דעת פרט למתכוין. עי' לקמן דף ט' ע"ב ובתוס' שם ד"ה ור"י: שם מה יער רשות. עי' לקמן דף ח' ע"א:

הגהות הגר"א

[א] גמ' הא והא לגלות נ"ב גירסת הרמב"ם לנזקין ומתורץ בגירסתו קושית התוס' (ועמ"ש רבינו בח"מ סי' שע"ח ס"ק י"א):

הגהות מהר"ב רנשבורג

א] רש"י ד"ה פרט וכו' וכן לזרוק ארבע וזרק שמונה. נ"ב ל"ל וזרק שתים וכ"ה בסנהדרין דף עז: בלשון התוס' ד"ה סתם. [בגמ' דב"ק כ"ו ב' מבואר כמ"ש רש"י כאן ואל"ל]:

ליקוטי רש"י

ויפל עליו וימות. מכאן אמרו ההורג דרך ירידה גולה דרך עלייה אינו גולה [במדבר לה כג].

האומר מותר קרוב למזיד. שהיה לו ללמוד [לקמן ט.].

בפתע. באונס. ותרגומו בתכיף, שהיה סמוך לו ולא היה לו שהות להזהר עליו [במדבר לה כב]. להכי כתיב פתע דהוי שוגג לגלות על פתאום [כריתות ט.].

ואשר לא צדה. לא ארב לו ולא נתכוין. צדה. לשון ארב [שמות כא יג].

פרט למתכוין לזרוק שתים וזרק ארבע. לענין גלות חייב דכתיב ואשר לא צדה ושמתי לך מקום וגו' פרט למתכוין לזרוק שתים וזרק ארבע שאינו בתורת וכי יזיד איש וגו' אלא בתורת ושמתי לך מקום וגו' לישנא אחרינא ואשר לא צדה פרט למתכוין כו' דפטור מגלות דהכי משמע שלא צדה שלא נתכוין לצדד ולזרוק

הָיָה עוֹלֶה בַּסּוּלָם – or if **he was ascending the ladder** וְנָפַל עָלָיו וַהֲרָגוֹ – **and he fell on [the bystander] and killed him;** הֲרֵי זֶה אֵינוֹ גוֹלֶה – **[the killer] is not exiled.**[1]

The Mishnah presents a rule that summarizes the distinction between the first three cases and the last three:

זֶה הַכְּלָל – **This is the rule:** כָּל שֶׁבְּדֶרֶךְ יְרִידָתוֹ גּוֹלֶה – **Whoever** killed inadvertently **while he was** engaged **in a downward motion is exiled;** וְשֶׁלֹּא בְּדֶרֶךְ יְרִידָתוֹ אֵינוֹ גוֹלֶה – **but** if he killed **while he was** engaged **in a motion that was not downward, he is not exiled.**[2]

Gemara The Gemara gives the Biblical source for the rule that exile is imposed only for an inadvertent killing resulting from a downward motion:

מְנָא הָנֵי מִילֵּי – **From where is this matter derived?** אָמַר שְׁמוּאֵל – **Shmuel says:** דְּאָמַר קְרָא – **For the verse states:** "וַיַּפֵּל עָלָיו וַיָּמֹת" – ***he caused [the instrument of death] to fall on him and he died,***[3] עַד שֶׁיִּפּוֹל דֶּרֶךְ נְפִילָה – which teaches that one is not sentenced to exile **unless [the instrument] falls**[4] when he is engaged **in a falling,** i.e. downward, **motion.**[5]

The Torah uses two different terms to describe the type of accidental killing for which exile is decreed – בִּשְׁגָגָה, *inadvertently,*[6] and בִּבְלִי־דַעַת, *without awareness.*[7] A Baraisa derives the following rulings from these terms:

תָּנוּ רַבָּנָן – **The Rabbis taught in a Baraisa:** "בִּשְׁגָגָה", – The term *INADVERTENTLY* פְּרָט לְמֵזִיד – EXCLUDES one who kills DELIBERATELY.[8] "בִּבְלִי־דַעַת", – The term *WITHOUT AWARENESS* פְּרָט לְמִתְכַּוֵּין – EXCLUDES one who kills INTENTIONALLY.[9]

The Gemara analyzes this Baraisa and questions the meaning of the first exemption from exile:

מֵזִיד פְּשִׁיטָא – Is it necessary for the verse to exclude one who kills **deliberately?** But it is **obvious** that he is not exiled, בַּר קְטָלָא הוּא – for **he is subject to execution!**[10]

The Gemara answers:

(אלא) אָמַר רָבָא – **(Rather,)**[11] **Rava**[12] **said:** אֵימָא פְּרָט לְאוֹמֵר מוּתָּר – **Say** that **it** [the word *inadvertently*] **excludes from the penalty of exile one who thinks** that it is **permitted** to murder.[13]

This explanation of the Baraisa is challenged:

אָמַר לֵיהּ אַבַּיֵי – **Abaye said to him** [Rava]: אִי אוֹמֵר מוּתָּר – **If** the exemption refers to **one who thinks** that it is **permitted** to murder, the following difficulty arises: אָנוּס הוּא – **He is** legally equivalent to **a victim of unavoidable circumstances,** because one cannot be held responsible for something he did not know was forbidden. How then can the Baraisa refer to him as having acted "deliberately"?[14]

NOTES

1. The last three clauses describe killings that result from an upward motion (the assailant himself was ascending or he was raising an object), in which case the sentence of exile does not apply.

2. The Gemara will explain why the Mishnah adds this general rule.

3. *Numbers* 35:23.

4. The text of *Rabbeinu Chananel* reads: עַד שֶׁיַּפִּיל, *unless he causes [it] to fall,* etc.

5. *Rambam* (*Hil. Rotze'ach* 6:12) explains: Since it is common for an object (or person) that is being lowered to fall and cause damage, because it is the nature of heavy things to fall quickly, it is a person's responsibility to be especially careful to see that everything is in proper order during the descent. For failing to exercise greater caution, he deserves exile. However, when engaged in an upward motion, in which he is exerting force in a direction opposite to that of gravity, the fall of the object is unlikely and hence regarded as an unforeseeable accident [קָרוֹב לְאוֹנֵס] (*Meiri* to Mishnah, 7a; *Pnei Yehoshua;* see also *Tiferes Yisrael* §8).

The Torah alludes to this distinction with the otherwise unnecessary statement וַיַּפֵּל עָלָיו, *he caused [it] to fall on him,* which is interpreted as referring to a circumstance where objects are *likely* to fall [i.e. while being lowered], excluding a situation where objects are *unlikely* to fall [i.e. while being raised] (*Aruch LaNer;* see *Pnei Yehoshua*). [Regarding one who kills when engaged in a *horizontal* motion, see end of note 21.]

6. Ibid. vs. 11, 15 (see note 13).

7. *Deuteronomy* 4:42, 19:4 (see *Tosafos* ד"ה פשיטא with *Maharsha*).

8. The word מֵזִיד, *deliberately,* usually refers to one who sins with full awareness that his deed is prohibited. In this context, however, it carries a different meaning, as the Gemara will explain.

9. This too is explained below.

10. [If he is executed, he obviously cannot be exiled. See, however, *Siach Yitzchak*.]

The commentators ask why the Gemara does not answer that the verse exempts from exile those cases in which the murderer acted deliberately but is not subject to execution (e.g. there were fewer than two valid witnesses to the crime or the murderer was not warned beforehand). For solutions of this problem, see *Tosafos, Ritva, Pnei Yehoshua, Aruch LaNer* and *Melo HaRo'im*.

11. The word אֶלָּא, *rather,* should be deleted (*Rashi, Maharsha*).

12. The name of the respondent should be רַבָּה, *Rabbah,* not Rava (*Maharsha;* see *Tosafos* to *Sanhedrin* 62a ד"ה ורבא; see also *Rosh, Bava Metzia* Ch. 4 §19).

13. A person who ignorantly believes that the law permits murder is not executed for committing this crime. Hence, it is possible that he is liable to exile. The Torah must therefore teach that exile does not apply to him either. Although he is not guilty of murder (since he did not know it was wrong), he sinned insofar as he kept himself in ignorance and failed to learn the law. This willful sin makes his act of murder "close to deliberate" [קָרוֹב לְמֵזִיד], for which exile does not suffice as an atonement (see *Rashi* here and to 9a ד"ה כסבור בהמה; *Tosafos* ibid. ד"ה דאומר).

There is a difference in this respect between murder and other sins. If one commits a different sin (e.g. he eats *cheilev* or desecrates the Sabbath) believing that it is permitted, his act is classified as an "inadvertent" one (שְׁגָגָה), for which it is possible to receive atonement (by bringing an offering). But if one committed murder under the belief that it is permitted, his crime is not regarded as "inadvertent" and he cannot receive atonement (by going into exile). The Torah teaches this by repeating the word שְׁגָגָה, *inadvertent* (see note 6), which limits this term to its purest sense – excluding even one who acted "deliberately" only insofar as he kept himself ignorant of the law (see *Tosafos* ד"ה אלא and *Ritva;* see also *Ramban*).

14. The term אָנוּס generally means *the victim of an accident,* or *one who acted against his will.* In this case it is being used in a legal rather than literal sense. Since he is unaware of the prohibition, his crime is the legal equivalent of an accident, for which a person cannot be held responsible.

Abaye disagrees with Rava's reasoning that a person's failure to learn the law renders his transgresssion "close to deliberate" [קָרוֹב לְמֵזִיד]. Rather, Abaye holds to the contrary: If one sins under the belief that the law permits him to do so, he is guiltless. [Abaye and Rava also debate this issue in the Gemara below, 9a.]

The killer is exempt from exile regardless of whether he is classified as a deliberate sinner or as one who bears no responsibility. Abaye is arguing only that the Baraisa's term מֵזִיד, *deliberately,* cannot refer to one who thinks he is permitted to kill, since it would be inaccurate to call his crime "deliberate" (*Rashi;* see *Aruch LaNer;* see also *Tosafos* to 9a ד"ה ורב חסדא).

Although Abaye and Rava agree that a killer who thought murder is permitted does not go into exile, there is a practical difference between their views. As we noted in the introduction to this chapter from *Rambam,* where the exemption from exile is due to the act's being close to deliberate, the killer is still subject to the vengeance of the *goel hadam* (the victim's relative). Since he is excluded from exile, even the *ir miklat* (city of refuge) does not protect him, and he must live in perpetual guard against the *goel hadam's* attack. If, however, the exclusion from exile is because the death was completely accidental or close to that, the killer is not subject to the *goel hadam's* vengeance. Thus, according to Abaye,

עין משפט
נר מצוה

ג א מיי' פ"ו מהלכות רוצח הלכה יג סמג עשין עה:
ד ב ג ד ה ו מיי' שם הלכה י:
ה ז מיי' שם הלכה יג ולפטור ועי' בכ"מ:
ו ח מיי' שם הלכה יד:
ז ט מיי' שם הלכה י:
ח י מיי' שם הלכה יא:
ט כ מיי' שם הלכה יד ולפטור:
י ל מיי' שם הלכה יג ועיין בכסף משנה:
יא מ מיי' שם הלכה טו:

תורה אור השלם

א) אוֹ בְכָל אֶבֶן אֲשֶׁר יָמוּת בָּהּ בְּלֹא רְאוֹת וַיַּפֵּל עָלָיו וַיָּמֹת וְהוּא לֹא אוֹיֵב לוֹ וְלֹא מְבַקֵּשׁ רָעָתוֹ: [במדבר לה, כג]
ב) וְהִקְרִיתֶם לָכֶם עָרִים עָרֵי מִקְלָט תִּהְיֶינָה לָכֶם וְנָס שָׁמָּה רֹצֵחַ מַכֵּה נֶפֶשׁ בִּשְׁגָגָה: [במדבר לה, יא] לִבְנֵי יִשְׂרָאֵל וְלַגֵּר וְלַתּוֹשָׁב בְּתוֹכָם תִּהְיֶינָה שֵׁשׁ הֶעָרִים הָאֵלֶּה לְמִקְלָט לָנוּס שָׁמָּה כָּל מַכֵּה נֶפֶשׁ בִּשְׁגָגָה: [במדבר לה, טו]
ג) וְזֶה דְּבַר הָרֹצֵחַ אֲשֶׁר יָנוּס שָׁמָּה וָחָי אֲשֶׁר יַכֶּה אֶת רֵעֵהוּ בִּבְלִי דַעַת וְהוּא לֹא שֹׂנֵא לוֹ מִתְּמֹל שִׁלְשֹׁם: [דברים יט, ד]
ד) וְאִם בְּפֶתַע בְּלֹא אֵיבָה הֲדָפוֹ אוֹ הִשְׁלִיךְ עָלָיו כָּל כְּלִי בְּלֹא צְדִיָּה: [במדבר לה, כב] [ועי' תוס' סוד"ה אלא]
ה) וַאֲשֶׁר לֹא צָדָה וְהָאֱלֹהִים אִנָּה לְיָדוֹ וְשַׂמְתִּי לְךָ מָקוֹם אֲשֶׁר יָנוּס שָׁמָּה: [שמות כא, יג]
ו) וַאֲשֶׁר יָבֹא אֶת רֵעֵהוּ בַיַּעַר לַחְטֹב עֵצִים וְנִדְּחָה יָדוֹ בַגַּרְזֶן לִכְרֹת הָעֵץ וְנָשַׁל הַבַּרְזֶל מִן הָעֵץ וּמָצָא אֶת רֵעֵהוּ וָמֵת הוּא יָנוּס אֶל אַחַת הֶעָרִים הָאֵלֶּה וָחָי: [דברים יט, ה]

רבינו חננאל

עד זה הכלל כל שכדרך ירידתו גולה שלא כדרך ירידתו אינו גולה. מנא הני מילי. אמר שמואל דאמר קרא ויפל עליו וימות עד שיפיל עליו דרך נפילה: ת"ר בשגגה פרט למזיד. כלומר אינו גולה. אוקמה רבא דהאי מזיד שאינו גולה באומר מותר שהאומר מותר קרוב למזיד הוא ולא מיכפר ליה בגלות. אבל המזיד בר קטלא הוא. בבלי דעת אוקמה רבא פרט למתכוין להרוג בהמה והרג אדם לכותי והרג ישראל לנפלים והרג בן קיימא שאינו גולה: ת"ר אם בפתע פרט לקרן זוית דהוה ליה לעיוני. בלא איבה פרט לשונא. כלומר הני לא סגי להו בגלות. הדפו שדחפו בגופו. או השליך עליו להביא ירידה שהיא צורך עלייה. בלא צדיה פרט למתכוין לצד זה והלכה לה לצד אחר. ואשר לא צדה פרט למתכוין לזרוק ב' אמות וזרק ד' אמות והיה שם אדם והכהו דלא מיכפר להו בגלות (ה) ואשר יבא את רעהו ביער מה יער רשות לניזק ולמזיק ליכנס שם אף כל שיש רשות לניזק ולמזיק ליכנס שם דינו הכי. בעא ר' אבהו מר' יוחנן היה עולה בסולם ונשמטה שליבה מתחתיו ונפלה והרגה מהו. ופשט ליה דהיא ירידה צורך עלייה. ומותיב ליה הא דתנן כל שלא כדרך ירידתו אינו גולה מאי לאו כי האי גוונא. ופריק ליה לא לעולם כי האי גוונא גולה ומתניתין כעין קצב שהיה מקצב דתנו ביה ד' בבי. תני חדא לפניו חייב לאחריו פטור כו' ופרקינן לא קשיא. פי' דרך המקצב להעלות הקופיץ מלפניו ולהורידו לאחריו ואח"כ מחזירו ומעלהו מאחריו ומורידו לפניו ומכה בבהמה הא דתני לפניו חייב לאחריו פטור דרך ירידה לפניו חייב. פי' בעת שמחזיר הקופיץ מאחוריו להכות על הבהמה כדי לנתחה שזו היא ירידה ממש ובירידה שלאחריו בהחזרת הקופיץ שהיא כעין עלייה פטור. והא דתניא לאחריו חייב לפניו פטור הוא בהגבהת הקופיץ מלפניו עד שיחזירו לאחריו פטור שהוא דרך עלייה לאחריו חייב שהוא דרך ירידה ג) (ופירשנוהו) [ופירשוהו] בתלמוד ארץ ישראל. א"ר ינאי טבח שהיה מקצב והכה בין מלמעלה בין מלמטה גולה ואתיא כדמר בר רב הונא ג) טבח שהיה מקצב והכה לפניו למטה גולה. למעלה אינו גולה. לאחריו למעלה גולה. למטה אינו גולה. והא דתני' בין לפניו בין לאחריו חייב בירידה שלפניו ושל אחריו. והא דתניא בין לפניו בין לאחריו פטור בעלייה שלפניו ושל אחריו. והא דבעי רבי אבהו מר' יוחנן היה עולה בסולם ושמטה שליבה מתחתיו והרגה תני חדא חייב. ואוקימ' לנזיקין ואע"ג דעלייה היא לענין ניזקא חייב. ותני חדא פטור מגלות. איבעית אימא הא והא לגלות והא דקתני חייב כגון דאתלע דכיון דאתלע ולא חזי לעלייה מעיקרא ירידה היא. איבעית אימא דלא אתלע כלל והאי דקתני חייב כגון דלא מיהדק כיון דלא מיהדק לא חזי למיסק ביה ומעיקרא ירידה היא: נשמט הברזל מקתו. קודם שיכה על העץ לבקעו והרג רבי אומר אינו גולה דהאי קרוב למזיד הוא שאילו לא היה רפוי לא היה נשמט. ואמרינן מאי טעמא קסבר יש אם למסורת ונשל ד) כתיב כלומר ונשל הברזל [מן העץ]. מן העץ המתבקע רבי אומר גולה וחכ"א אינו גולה. כגון שנתזה בקעת מן העץ והלכה והרגה. או נשמט הברזל. כלומר מכח הכאתו בעץ לבקעו נשמט והלך והרג ה) ואם יש לומר והלא

פשיטא בר קטלא הוא. תימה אימא במזיד ולא התרו בו וי"ל דהא נמי נפקא לן מבלי דעת דאיכא מבלי דעת יתירא עוד י"ל דהא נמי פשיטא דלא יגלה דעל כרחך קרא בלא מתכוין איירי מדכתיב והוא לא שונא:

אלא פרט לאומר מותר. וקשה (ב) דגבי חלב וגבי שבת דכתיב בשניהם שגגה וחייבין פרק כלל גדול (שבת דף סח: ושם) בתינוק שנשבה לבין הנכרים וי"ל דשאני הכא דכתיב שגגה יתירא למעוטי אומר מותר כ):

ואשר לא צדה פרט למתכוין לזרוק. בכילד הרגל (ב"ק דף כו: ושם) פירש רש"י (ג) ממעט ליה ממיתה אבל גלות אית ביה ולא נראה דא"כ לא הוי כמו אידך לכן נראה לפרש דפטור ל) (ממיתה) מגלות מ) כדאמרינן פרק כילד הרגל (שם ד"ה פרט):

מה יער שיש לו רשות לניזק ולמזיק ליכנס לשם וכו'. וקשה דמסתמא כמו כן נימא מה יער מקום שעומד שם המזיק ויש רשות לניזק להיות לשם וא"כ קשה דתנן הזורק אבן לרשות הרבים הרי הוא גולה ומוקי לה בסותר כתלו שהוא ברשותו והרג הניזק שהוא ברשות הרבים ואמאי גולה והא בעינן מקום שיהא רשות לניזק ולמזיק ושיהא הניזק במקום שהמזיק עומד בו וי"ל דלא יליף מיניה מקום ההכאה אלא שיש רשות לשניהם לעכב במקום ההכאה:

נשמטה השליבה (ד). והרגתו השליבה אבל אם הרגו אדם פטור דבעינן דרך ירידה:

ואי בעית אימא הא דאיתלע והא דלא איתלע. ולפי האי איבעית אימא כולי עלמא סברי ירידה היא וקשה א"כ אמאי לא קאמר דכולי עלמא ירידה היא הא דאתלע והא דלא אתלע ועוד קשה כי קאמר מעיקרא דכ"ע עליה היא א"כ קשה ברייתא זו לברייתא דלעיל או השליך עליו להביא ירידה שהיא צורך עליה ונראה לפרש דה"ק דכ"ע דעליה הוי ומיירי במיהדק נ) ובדלא אתלע ולא מיירי בירידה שהיא צורך לעליה דהא לא פליגי ברייתות והכא הכי קאמר איבעית אימא הא והא לגלות ומיירי הברייתא שמחייבה בירידה שהיא צורך לעליה:

היינו

גמ' אמר י) רבא גרסינן ולא גרסינן אלא: באומר מותר. סבור שמותר להרוג את ישראל וזהו מזיד שלו: אנוס הוא. והיאך הוא קורהו מזיד: בפתע פרט לקרן זוית. שלשון פתע הוא בסמוך כדמתרגמי' בתכיף פרט לקרן זוית אם היה זה יוצא ממבוי זה ונכנס לזה לפנות לימין או לשמאל וסכינו בידו וזה בא כנגדו בקרן זוית ולא ראהו והרגו: שדחפו בגופו. בלא מתכוין: להביא ירידה שהיא צורך עליה. כגון הרוצה להרים ידו בכח וגרזן בידו ומשפיל תחלה את גופו ושוחה לפניו כדי להרים בכח ובהשפלתו הרג דלא תימא הואיל וצורך עליה היא פטור מגלות דהא כתיב ויפל: בלא צדיה. לשון צידוד שלא נתכוין לצדד לצד שני: ואשר לא צדה. שלא נתכוין לזרוק בצדו ובסמוך לו אלא למקום שזרק אבל לא היה יודע שיש שם אדם: פרט למתכוין לזרוק שתים וזרק ארבע. אן וכן לזרוק ארבע וזרק שמונה: אף כל שיש לו רשות לניזק כו'. יצאה חצר של בעל הבית: עליה היא או ירידה היא. בתר דידיה אזלינן והוא היה עסוק בעליה או בתר שליבה אזלינן והעולה עליה היה דוחקה ומשפילה כלפי מטה: כבר נגעת כו'. הרי נגעת כאן בירידה שהיא צורך עליה והא רבינן לה לעיל לחיובא: לפניו חייב. הרג לפניו חייב: ה"ג כאן בירידה שלפניו ועליה שלאחריו כאן בעליה שלפניו וירידה שלאחריו כאן בירידה שלפניו ושל אחריו כאן בעליה שלפניו ולאחריו. כל דרך עליה פטור וכל דרך ירידה חייב הלכך הא דתניא לפניו חייב לאחריו פטור בירידה שלפניו ועליה של אחריו השפיל זרועו כדי להרים בכח והריס (א) מכה לפניו בהשפלתו חייב הרג בעלייתו לאחוריו פטור והא דתניא לאחריו חייב לפניו פטור בעליה שלפניו וירידה שלאחריו כגון המרים ידו בכח עד שהשפילו דרך אחוריו ממעל לכתפיו וחזר והגביהן להכות לפניו הרג בהשפלתו דרך אחוריו חייב הרג בהגבהתו פטור והא דתניא בין לפניו ובין לאחריו חייב בירידה שלפניו או שלאחריו והא דתניא בין לפניו בין לאחריו פטור בעליה שלפניו ושל אחריו: לימא כתנאי. הך בעיא דרבי אבהו: לנזיקין. חייב אם לא הרגו אלא הזיקו חייב דלנזקין לא שני לן בין שוגג למזיד בין ירידה לעליה כדאמרינן בב"ק (דף כו:) פצע תחת פצע לחייב על השוגג כמזיד ואונס כרצון: הא דאתליע. חייב שכל שליבה שהתליעה כשדורסין עליה נכפפת היא למטה וירידה היא ואם לא התליעה אין כאן ירידה: הא דמהדק. אם היתה השליבה מלא הנקב שהיא תחובה בו ואחוזה יפה יפה אין כאן דרך ירידה ופטור לא מהדק ירידה יש כאן וחייב: מתני' מן העץ המתבקע. יצא קיסם וניתז למרחוק והרג: גמ' נאמר עץ למטה. ונשל הברזל מן העץ: ונאמר עץ למעלה. לכרות העץ: יש אם למסורת. כמה שנמסרה כתב של תיבה למשה אנו צריכין לדורשה ולא לפי המקרא כשאתה קורא ולא אתה מוסיף הברה של אל"ף או של ה"א בין נו"ן לשי"ן ולפי המסורת וניש"ל כתיב ופירושו ניש"ל שהשיל הברזל מן העץ המתבקע ומלא את רעהו ורבנן סברי יש אם למקרא ונשל קרינן לשון פעל הברזל עצמו נשל מעל עצו: הא ושמתי לך מקום וגו' לישנא אחרינא ואשר לא צדה פרט למתכוין כו' דפטור מגלות דהכי משמע שלא צדה שלא נתכוין לצדד ולזרוק

היה עולה בסולם ונפל עליו והרגו הרי זה אינו גולה א זה הכלל כל שבדרך ירידתו גולה ושלא בדרך ירידתו אינו גולה: **גמ'** מנא ה"מ אמר שמואל דאמר קרא א) ויפל עליו וימות עד שיפול דרך נפילה תנו רבנן ב) בשגגה פרט למזיד ° ג) בבלי דעת א) פרט למתכוין מזיד פשיטא בר קטלא הוא (אלא) אמר ב) רבא ב אימא פרט לאומר מותר א"ל אביי ג) אי אומר מותר אנוס הוא אמר ליה שאני אומר ד) האומר מותר קרוב למזיד הוא ג) בבלי דעת ה) פרט למתכוין מתכוין פשיטא בר קטלא הוא אמר רבה ג פרט ו) למתכוין להרוג את הבהמה והרג את האדם לכותי והרג את ישראל לנפל והרג בן קיימא ת"ר ד) אם בפתע ד פרט לקרן זוית בלא איבה ז) ה פרט לשונא הדפו ו שדחפו בגופו או השליך עליו להביא ז ירידה שהיא צורך עליה בלא צדיה ח פרט למתכוין לצד זה והלכה לה לצד אחר ה) ואשר לא צדה ט פרט למתכוין לזרוק שתים וזרק ארבע ו) ואשר יבא את רעהו ביער י מה יער רשות לניזק ולמזיק ליכנס לשם אף כל רשות לניזק ולמזיק ליכנס לשם בעא מיניה רבי אבהו מרבי יוחנן היה עולה בסולם ונשמט השליבה מתחתיו ונפלה והרגה מהו כי האי גוונא עליה היא או ירידה היא א"ל כ כבר נגעת בירידה שהיא צורך עליה איתיביה זה הכלל כל שבדרך ירידתו גולה שלא בדרך ירידתו אינו גולה שלא בדרך ירידתו לאיתויי מאי לאו לאיתויי כה"ג ולטעמיך כל שבדרך ירידתו לאיתויי מאי אלא לאיתויי קצב הכא נמי לאיתויי קצב דתניא קצב שהיה מקצב תנא חדא לפניו חייב לאחריו פטור ותניא אידך לאחריו חייב לפניו פטור ותניא אידך בין לפניו בין לאחריו חייב ותניא אידך בין לפניו בין לאחריו פטור ולא קשיא ל כאן בירידה שלפניו ועליה שלאחריו כאן בעליה שלפניו וירידה שלאחריו כאן בירידה שלפניו ושל אחריו כאן בעליה שלפניו ושל אחריו לימא כתנאי היה עולה בסולם ונשמטה שליבה מתחתיו תני חדא חייב ותניא אידך פטור מאי לאו בהא קא מיפלגי דמר סבר ירידה היא ומר סבר עליה היא לא דכ"ע עליה היא ולא קשיא כאן לניזקין כאן לגלות איבעית אימא הא והא [א] לגלות ולא קשיא הא דאתליע הא דלא אתליע ואיבעית אימא הא והא דלא אתליע ולא קשיא הא דמיהדק והא דלא מיהדק: **מתני'** ט) נשמט הברזל מקתו והרג רבי אומר אינו גולה וחכמים אומרים גולה מן העץ המתבקע רבי אומר גולה וחכמים אומרים מ אינו גולה: **גמ'** תניא אמר להם רבי לחכמים וכי נאמר י) ונשל הברזל מעצו והלא לא נאמר אלא מן העץ ועוד נאמר עץ למטה ונאמר עץ למעלה מה עץ האמור למעלה מן העץ המתבקע אף עץ האמור למטה מן העץ המתבקע אמר רב חייא בר אשי אמר רב ושניהם מקרא אחד דרשו ונשל הברזל מן העץ רבי סבר יש אם למסורת וניש"ל כתיב ורבנן סברי יש אם למקרא ונשל קרינן ורבי יש אם למסורת סבירא ליה והאמר

מסורת הש"ס

א) [לקמן ט:], ב) נ"ל רבה תוס' בסנהדרין דף סב. רש"ל, ג) [לקמן ט.], ד) [שם.], ה) [שם:], ו) [עי' תוס' ב"ק כו: ד"ה פרט, ותוספות סנהדרין עז: ד"ה סתם, ותוס' לקמן ט. ד"ה ורב חסדא], ז) [עי' תוס' לקמן ח. ד"ה בלא איבה], ח) ב"ק כו:, ט) [עי' תוספות סנהדרין עז: ד"ה סתם ותוס' ב"ק כו: סד"ה פרט וכו' מה שהניחו בתימה], י) נ"ל רבה. רש"ל, כ) [וע"ע בתוס' שבת עב: ד"ה באומר, ותוספות סנהדרין סב. ד"ה ורבא], ל) רש"א מ"ז, מ) כדפירשנו בפרק כילד הרגל. מהר"ם, נ) עי' במהרש"ל ובמהרש"א.

הגהות הב"ח

(א) רש"י ד"ה ה"ג כאן וכו' והריס בכח הרג לפניו בהשפלתו חייב: (ב) תוס' ד"ה אלא וכו' וקשה ומ"ש דגבי וכו' וחייבין כדאיתא פרק כלל גדול: (ג) ד"ה ואשר וכו' פרש"י דממעט: (ד) ד"ה נשמטה השליבה מתחתיו ונפלה והרגתו השליבה אבל אם נפל האדם והרגו אדם פטור:

גליון הש"ס

גמ' בבלי דעת פרט למתכוין. עי' לקמן דף ט' ע"ב ובתוס' שם ד"ה ור"י: שם מה יער רשות. עי' לקמן דף ח' ע"א:

הגהות הגר"א

[א] גמ' הא והא לגלות נ"ב גירסת הרמב"ם לנזקין ומתורץ בגירסתו קושית התוס' (ועמ"ש רבינו בח"מ סי' שע"ח ס"ק י"א):

הגהות מהר"ב רנשבורג

א] רש"י ד"ה פרט וכו' וכן לזרוק ארבע וזרק שמונה. נ"ב נ"ל וזרק שתים וכ"ה בסנהדרין דף עז: בלשון התוס' ד"ה סתם. [בגמ' דב"ק כ"ו ב' מבואר כמ"ש רש"י כאן ואל"נ]:

ליקוטי רש"י

ויפל עליו וימות. מכאן אמרו ההורג דרך ירידה גולה דרך עלייה אינו גולה [במדבר לה כג].
האומר מותר קרוב למזיד. שהיה לו ללמוד [לקמן ט.].
בפתע. באונס. ותרגומו בִּתְכֵיף, שהיה סמוך לו ולא היה לו שהות להזהר עליו [במדבר לה כב]. להכי כתיב פתע דהוי שוגג לגלות על פתאום [כריתות ט.].
ואשר לא צדה. לא ארב לו ולא נתכוין. צדה. לשון ארב [שמות כא יג].
פרט למתכוין לזרוק שתים וזרק ארבע. לענין גלות חייב דכתיב ואשר לא צדה ושמתי לך מקום וגו' פרט למתכוין לזרוק שתים וזרק ארבע שאינו בתורת וכי יזיד איש וגו' אלא בתורת

חשק שלמה על ר"ח א) וכן פי' ר"ח בב"ק דף כ"ו ע"ב הובא בחידושי הרשב"א ובשיטה מקובצת שם: ב) וכן נראה מפסק הרמב"ם הל' רוצח פ"ו הי"ג כפירוש ר"ח דלא כרש"י: ג) בירושלמי איתא כיי דמר רב הונא: ד) אפשר דט"ס הוא והג' צריך להנקד בחירק וצ"ע: ה) לפי פירוש זה אשר אחריו הלך הרמב"ם ספ"ו מהל' רוצח מדוייק לישנא דמתניתין דמן העץ המתבקע נמי אנשמט הברזל קאי:

Rava responds:

אָמַר לֵיהּ – He replied to [Abaye]: שֶׁאֲנִי אוֹמֵר – The Baraisa's terminology is appropriate, הָאוֹמֵר מוּתָּר קָרוֹב לְמֵזִיד הוּא – **for I maintain** that **one who thinks** a crime is **permitted is close to** being **deliberate.**[15]

The Gemara questions the meaning of the Baraisa's second exemption, which reads:

,,בִּבְלִי־דַעַת" פְּרָט לְמִתְכַּוֵּין – The phrase *WITHOUT AWARENESS* **EXCLUDES** one who kills **INTENTIONALLY.**

The Gemara asks:

מִתְכַּוֵּין פְּשִׁיטָא – Is it necessary for the verse to exclude one who kills **intentionally?** But it is **obvious** that he is not exiled, בַּר קְטָלָא הוּא – for **he is subject to execution!**

Rabbah answers by reinterpreting the Baraisa:

אָמַר רַבָּה – **Rabbah said:** פְּרָט לְמִתְכַּוֵּין לַהֲרוֹג אֶת הַבְּהֵמָה וְהָרַג אֶת הָאָדָם – The Baraisa means that *without awareness* **excludes** from exile **a person who intended to kill an animal and** instead **killed a human;**[16] לְכוּתִי וְהָרַג אֶת יִשְׂרָאֵל – or who intended **to** kill **a Cuthean**[17] **but** instead **killed an Israelite;** לְנֵפֶל וְהָרַג בֶּן קַיָּימָא – or who intended **to** kill **a non-viable infant but** instead **killed a viable infant.**[18] In these cases, since the killing he actually committed was inadvertent, it could have been thought that he is sentenced to exile. To preclude this, the verse teaches that his *intention* to kill excludes him from exile.[19]

The Gemara quotes another Baraisa that further defines the type of inadvertent killing for which the Torah decrees exile. The Baraisa extracts a law from each phrase of the following verse: וְאִם־בְּפֶתַע בְּלֹא־אֵיבָה הֲדָפוֹ אוֹ־הִשְׁלִיךְ עָלָיו כָּל־כְּלִי בְּלֹא צְדִיָּה, *But if suddenly, without malice, he pushed him; or he threw any implement upon him without [lying in] ambush:*[20]

תָּנוּ רַבָּנָן – **The Rabbis taught in a Baraisa:** ,,אִם־בְּפֶתַע" – By stating *IF SUDDENLY,* פְּרָט לְקֶרֶן זָוִית – the Torah **EXCLUDES** a death resulting from turning **A CORNER;** for example, when a person walking with a knife in his hand reaches a corner and inadvertently kills somebody.[21] ,,בְּלֹא־אֵיבָה" – The next phrase *WITHOUT MALICE* פְּרָט לְשׂוֹנֵא – **EXCLUDES** a killer who is **AN ENEMY** of the victim.[22] ,,הֲדָפוֹ" – The verb *HE PUSHED HIM* שֶׁדְּחָפוֹ בְּגוּפוֹ – means **THAT HE PUSHED HIM** inadvertently **WITH HIS BODY.**[23] ,,אוֹ־הִשְׁלִיךְ עָלָיו" – The words *OR HE THREW [ANY IMPLEMENT] UPON HIM* לְהָבִיא יְרִידָה שֶׁהִיא צוֹרֶךְ עֲלִיָּה – serve **TO INCLUDE** one who killed with **A DOWNWARD MOTION THAT IS NEEDED FOR AN UPWARD MOTION.**[24] ,,בְּלֹא צְדִיָּה" – The phrase

NOTES

the killer who thought murder is permitted would be free from vengeance, whereas according to Rava, he would have to protect himself for the rest of his life (*Siach Yitzchak*).

15. As explained in note 13.

16. The offender is not liable to execution, because the killing he attempted is not a capital offense, and the killing he committed was unintended. On the other hand, he is not eligible for the atonement of exile either, because he was grossly negligent. When intending to kill an animal, one must be aware of the possibility of striking a human. Thus, if he does kill a human, he is not classified as "inadvertent" [שׁוֹגֵג], but as "close to deliberate" [קָרוֹב לְמֵזִיד] (*Meiri; Rambam, Hil. Rotze'ach* 6:10). [The Gemara refers to a case in which the assailant mistook the human for an animal (*Meiri;* cf. *Tosafos* to 9a ד״ה ורב חסדא), or the human and the animal were next to each other (see *Tosafos* to *Sanhedrin* 77b סוד״ה סתם; *Tosafos* to *Bava Kamma* 26b ד״ה פרט למתכוין with gloss; see, however, *Siach Yitzchak*).]

17. The Cutheans were a non-Jewish tribe brought by Sancheiriv king of Assyria to populate the part of Eretz Yisrael he had left desolate when he exiled the ten tribes. [See 8b note 40.] Though it is forbidden to kill them, the Jewish courts could not execute a Jew for doing so.

18. Certain infants that were born in the eighth month of pregnancy [or during the first six months] are assumed to be non-viable, and killing them is therefore not a capital offense (see *Sanhedrin* 84b, *Yevamos* 80a-b, and *Shabbos* 135b-136a). [This was true only in earlier generations; the physical nature of man has subsequently changed (*Chazon Ish, Even HaEzer* 115:4).]

19. The Torah's expression בִּבְלִי־דַעַת, *without awareness,* indicates that the person has no intent for killing at all. It thus excludes these cases, where the perpetrator does have some intent to kill. See note 16.

[The Gemara does not mention the case of one who intended to kill an Israelite but instead killed a different Israelite, because one Tannaic opinion holds (*Sanhedrin* 79a) that the killer in such a case *is* liable to execution (*Aruch LaNer*).]

20. *Numbers* 35:22.

21. The word בְּפֶתַע literally means "near," as indicated by *Targum Onkelos,* which renders it as בִּתְכַף. The verse thus refers to a situation in which the victim and the perpetrator were *near* each other – that is, the victim was so near the perpetrator when he first noticed the danger that he could not get out of harm's way in time. Only in such a case does the Torah impose exile. This is in contrast to a situation where the victim could have avoided the danger and yet failed to do so. For example, the perpetrator was walking toward a corner with a knife in his hand and the victim was approaching the same corner from a different direction. Their different approaches to the corner were such that the victim saw the perpetrator before the perpetrator saw him. Since the victim saw the danger coming but did not move out of the way, it is he who acted negligently, and the perpetrator is deemed free of responsibility (see *Ritva's* explanation of *Rashi*).

Other Rishonim, though, give a diametrically opposed explanation. They rule that any man walking around a corner with a knife in his hand has an obligation to consider that someone may be coming from the other direction. Not exercising the proper degree of caution in this situation is criminally negligent, bordering on the deliberate (*Rabbeinu Chananel; Meiri; Rambam, Hil. Rotze'ach* 6:10; see note 14 for the practical difference between these explanations).

[Were it not for the verse that exempts him, this assailant *would* be exiled, although he committed the killing while engaged in a horizontal motion. From here it seems that although the Torah limits exile to one who kills with a *downward* motion, its intent is only to exclude an *upward* movement. In the case of of *horizontal* motion, however, it is possible that exile does apply (see *Aruch LaNer* ד״ה במתניתין and to 7a; see also *Meromei Sadeh* and *Tiferes Yisrael* §8).]

22. A person's enemy is defined as someone who deliberately avoided speaking to him for three days because of hatred (*Meiri* and *Rambam, Hil. Rotze'ach* 6:10, from Mishnah *Sanhedrin* 27b). If the killer was an enemy of the victim, then even if the killing appeared inadvertent, it is assumed that he acted with negligence bordering on the deliberate (*Meiri, Rambam*). This matter is discussed further on 9b.

The commentators ask why this derivation is necessary. The law that exile does not apply in the case of an enemy is stated *explicitly* in several verses, e.g. וְהוּא לֹא־שֹׂנֵא לוֹ, *and he was not his enemy* (*Deuteronomy* 19:4). For solutions of this problem, see *Tosafos* printed on 8a ד״ה בלא with *Maharsha; Ramban, Ritva; Meiri;* see also *Aruch LaNer.*

23. He is liable to exile in this case, because this is deemed neither a complete accident nor close to deliberate. The Baraisa's point is that the verb הֲדָפוֹ, *he pushed him,* means a body shove (*Ritva,* explaining *Rashi*).

Other Rishonim, however, understand this to be an *exclusion* from the laws of exile. In their view, an accidental body shove which results in death comes close to being deliberate (*Meiri; Rambam, Hil. Rotze'ach* 6:10). See *Kesef Mishneh,* who explains how the Baraisa is read according to this opinion; see also *Aruch LaNer* ד״ה שם פרט לשונא.

24. For example, before swinging his axe upward, a person bent his body downward in order to give the upward thrust more power. If he killed someone with the axe as he was lowering it, he is sentenced to exile. In light of the rule that exile is imposed only for accidents resulting from *downward* motions, it could have been thought that since this movement was made for the sake of an *upward* one, it should not warrant exile. The verse therefore teaches that exile does apply even here [since the actual direction of the movement was downward] (*Rashi; Meiri*).

Here as well, *Rambam* (*Hil. Rotze'ach* 6:13) explains the Baraisa as making an *exclusion* from the sentence of exile; see *Kesef Mishneh* and *Aruch LaNer.*

ג א מיי' פ"ו מהלכות רוצח הלכה יג סמג עשין עה:
ד ב ג ד ה ו מיי' שם הלכה י:
ה ז מיי' שם הלכה יג ולפטור ועי' בכ"מ:
ו ח מיי' שם הלכה יד:
ז ט מיי' שם הלכה י:
ח י מיי' שם הלכה יא:
ט כ מיי' שם הלכה יד ולפטור:
י ל מיי' שם הלכה יג ועיין בכסף משנה:
יא מ מיי' שם הלכה טו:

תורה אור השלם

א) אוֹ בְכָל אֶבֶן אֲשֶׁר יָמוּת בָּהּ בְּלֹא רְאוֹת וַיַּפֵּל עָלָיו וַיָּמֹת וְהוּא לֹא אוֹיֵב לוֹ וְלֹא מְבַקֵּשׁ רָעָתוֹ: [במדבר לה, כג]

ב) וְהִקְרִיתֶם לָכֶם עָרִים עָרֵי מִקְלָט תִּהְיֶינָה לָכֶם וְנָס שָׁמָּה רֹצֵחַ מַכֵּה נֶפֶשׁ בִּשְׁגָגָה: [במדבר לה, יא] לִבְנֵי יִשְׂרָאֵל וְלַגֵּר וְלַתּוֹשָׁב בְּתוֹכָם תִּהְיֶינָה שֵׁשׁ הֶעָרִים הָאֵלֶּה לְמִקְלָט לָנוּס שָׁמָּה כָּל מַכֵּה נֶפֶשׁ בִּשְׁגָגָה: [במדבר לה, טו]

ג) וְזֶה דְּבַר הָרֹצֵחַ אֲשֶׁר יָנוּס שָׁמָּה וָחָי אֲשֶׁר יַכֶּה אֶת רֵעֵהוּ בִּבְלִי דַעַת וְהוּא לֹא שֹׂנֵא לוֹ מִתְּמֹל שִׁלְשֹׁם: [דברים יט, ד]

ד) וְאִם בְּפֶתַע בְּלֹא אֵיבָה הֲדָפוֹ אוֹ הִשְׁלִיךְ עָלָיו כָּל כְּלִי בְּלֹא צְדִיָּה: [במדבר לה, כב] [ועי' תוס' סוד"ה אלא]

ה) וַאֲשֶׁר לֹא צָדָה וְהָאֱלֹהִים אִנָּה לְיָדוֹ וְשַׂמְתִּי לְךָ מָקוֹם אֲשֶׁר יָנוּס שָׁמָּה: [שמות כא, יג]

ו) וַאֲשֶׁר יָבֹא אֶת רֵעֵהוּ בַיַּעַר לַחְטֹב עֵצִים וְנִדְּחָה יָדוֹ בַגַּרְזֶן לִכְרֹת הָעֵץ וְנָשַׁל הַבַּרְזֶל מִן הָעֵץ וּמָצָא אֶת רֵעֵהוּ וָמֵת הוּא יָנוּס אֶל אַחַת הֶעָרִים הָאֵלֶּה וָחָי: [דברים יט, ה]

היה עולה בסולם ונפל עליו והרגו הרי זה אינו גולה א זה הכלל כל שבדרך ירידתו גולה ושלא בדרך ירידתו אינו גולה: **גמ'** מנא ה"מ אמר שמואל דאמר קרא א) ויפל עליו וימות עד שיפול דרך נפילה תנו רבנן ב) בשגגה פרט למזיד ג) בבלי דעת א) פרט למתכוין מזיד פשיטא בר קטלא הוא (אלא) אמר ב) רבא ב אימא פרט לאומר מותר א"ל אביי ג) אי אומר מותר אנוס הוא אמר ליה שאני אומר ד) האומר מותר קרוב למזיד הוא ג) בבלי דעת ה) פרט למתכוין מתכוין פשיטא בר קטלא הוא אמר רבה ג פרט ו) למתכוין להרוג את הבהמה והרג את האדם לכותי והרג את ישראל לנפל והרג בן קיימא ת"ר ד) אם בפתע ד פרט לקרן זוית בלא איבה ז) ה פרט לשונא הדפו ו שדחפו בגופו או השליך עליו להביא ז ירידה שהיא צורך עליה בלא צדיה ח פרט למתכוין לצד זה והלכה לה לצד אחר ה) ואשר לא צדה ח) ט פרט למתכוין לזרוק שתים וזרק ארבע ו) ואשר יבא את רעהו ביער י מה יער רשות לניזק ולמזיק ליכנס לשם אף כל רשות לניזק ולמזיק ליכנס לשם בעא מיניה רבי אבהו מרבי יוחנן היה עולה בסולם ונשמט השליבה מתחתיו ונפלה והרגה מהו כי האי גוונא עליה היא או ירידה היא א"ל כ כבר נגעת בירידה שהיא צורך עליה איתיביה זה הכלל כל שבדרך ירידתו גולה שלא בדרך ירידתו אינו גולה שלא בדרך ירידתו לאיתויי מאי לאו לאיתויי כה"ג ולטעמיך כל שבדרך ירידתו לאיתויי מאי אלא לאיתויי קצב הכא נמי לאיתויי קצב דתניא קצב שהיה מקצב תנא חדא לפניו חייב לאחריו פטור ותניא אידך לאחריו חייב לפניו פטור ותניא אידך בין לפניו בין לאחריו חייב ותניא אידך בין לפניו בין לאחריו פטור ולא קשיא ל כאן בירידה שלפניו ועליה שלאחריו כאן בעליה שלפניו וירידה שלאחריו כאן בירידה שלפניו ושל אחריו כאן בעליה שלפניו ושל אחריו לימא כתנאי היה עולה בסולם ונשמטה שליבה מתחתיו תני חדא חייב ותניא אידך פטור מאי לאו בהא קא מיפלגי דמר סבר ירידה היא ומר סבר עליה היא לא דכ"ע עליה היא ולא קשיא כאן לניזקין כאן לגלות איבעית אימא הא והא [א] לגלות ולא קשיא הא דאתליע והא דלא אתליע ואיבעית אימא הא והא דלא אתליע ולא קשיא הא דמיהדק והא דלא מיהדק: **מתני'** ט) נשמט הברזל מקתו והרג רבי אומר אינו גולה וחכמים אומרים גולה מן העץ המתבקע רבי אומר גולה וחכמים אומרים מ אינו גולה: **גמ'** תניא אמר להם רבי לחכמים וכי נאמר י) ונשל הברזל מעצו והלא לא נאמר אלא מן העץ ועוד נאמר עץ למטה ונאמר עץ למעלה מה עץ האמור למעלה מן העץ המתבקע אף עץ האמור למטה מן העץ המתבקע אמר רב חייא בר אשי אמר רב ושניהם מקרא אחד דרשו ונשל הברזל מן העץ רבי סבר יש אם למסורת ונישל כתיב ורבנן סברי יש אם למקרא ונשל קרינן ורבי יש אם למסורת סבירא ליה והאמר

גמ' אמר י) רבא גרסינן ולא גרסינן אלא: **באומר מותר.** סבור שמותר להרוג את ישראל וזהו מזיד שלו: **אנוס הוא.** והיאך הוא קורהו מזיד: **בפתע פרט לקרן זוית.** שלשון פתע הוא בסמוך כדמתרגמי' בתכיף פרט לקרן זוית אם היה זה יוצא ממבוי זה ונכנס לזה לפנות לימין או לשמאל וסכינו בידו וזה בא כנגדו בקרן זוית ולא ראהו והרגו: **שדחפו בגופו.** בלא מתכוין: **להביא ירידה שהיא צורך עליה.** כגון הרוצה להריס ידו בכח וגרזן בידו ומשפיל תחלה את גופו ושוחה לפניו כדי להריס בכח ובהשפלתו הרג דלא תימא הואיל וצורך עליה היא פטור מגלות דהא כתיב ויפל: **בלא צדיה.** לשון לידוד שלא נתכוון לצדד לצד שני: **ואשר לא צדה.** שלא נתכוון לזרוק בלדו ובסמוך לו אלא למקום שזרק אבל לא היה יודע שיש שם אדם: **פרט למתכוין לזרוק שתים וזרק ארבע.** אן וכן לזרוק ארבע וזרק שמונה: **אף כל שיש לו רשות לניזק כו'.** יצאה חצר של בעל הבית: **עליה היא או ירידה היא.** בתר דידיה אזלינן והוא היה עסוק בעליה או בתר שליבה אזלינן והעולה עליה היה דוחקה ומשפילה כלפי מטה: **כבר נגעת כו'.** הרי נגעת כאן בירידה שהיא צורך עליה והא רבינן לה לעיל לחיובא: **לפניו חייב.** הרג לפניו חייב: ה"ג כאן בירידה שלפניו ועליה שלאחריו כאן בעליה שלפניו וירידה שלאחריו כאן בירידה שלפניו ושל אחריו כאן בעליה שלפניו ולאחריו. כל דרך עליה פטור וכל דרך ירידה חייב הלכך הא דתניא לפניו חייב לאחריו פטור בירידה שלפניו ועליה של אחריו השפיל זרועו כדי להריס בכח והריס (א) מכח לפניו בהשפלתו חייב הרג בעלייתו לאחוריו פטור והא דתניא לאחריו חייב לפניו פטור בעליה שלפניו וירידה שלאחריו כגון המריס ידו בכח עד שהשפילו דרך אחוריו ממעל לכתפיו וחזר והגביהן להכות לפניו הרג בהשפלתו דרך אחוריו חייב הרג בהגבהתו פטור והא דתניא בין לפניו ובין לאחריו חייב בירידה שלפניו או שלאחריו והא דתניא בין לפניו בין לאחריו פטור בעליה שלפניו ושל אחריו: **לימא כתנאי.** הך בעיא דרבי אבהו: **לנזקין.** חייב אם לא הרגו אלא הזיקו חייב דלמזקין לא שני לן בין שוגג למזיד בין ירידה לעליה כדאמרינן בב"ק (דף כו:) פלע תחת פלע לחייב על השוגג כמזיד ואונס כרצון: **הא דאתליע.** חייב שכל שליבה שהתליעה כשדורסין עליה נכפפת היא למטה וירידה היא ואם לא התליעה אין כאן ירידה: **הא דמהדק.** אם היתה השליבה מלא הנקב שהיא תחובה בו ואחוזה יפה יפה אין כאן דרך ירידה ופטור לא מהדק ירידה יש כאן וחייב: **מתני' מן העץ המתבקע.** יצא קיסם וניתז למרחוק והרג: **גמ' נאמר עץ למטה.** ונשל הברזל מן העץ: **ונאמר עץ למעלה.** לכרות העץ: **יש אם למסורת.** כמה שנמסרה כתב של תיבה למשה אנו צריכין לדורשה ולא לפי המקרא כשאתה קורא ונשל אתה מוסיף הברה של אל"ף או של ה"א בין נו"ן לשי"ן ולפי המסורת ונשל כתיב ופירושו וישל שהשיל הברזל מן העץ המתבקע ומצא את רעהו ורבנן סברי יש אם למקרא ונשל קרינן לשון פעל הברזל עצמו נשל מעל עצו: הא

פשיטא בר קטלא הוא. תימה אימא במזיד ולא התרו בו וי"ל דהא נמי נפקא לן מבלי דעת דאיכא מבלי דעת יתירא עוד י"ל דהא נמי פשיטא דלא יגלה דעל כרחך קרא בלא מתכוין איירי מדכתיב והוא לא שונא:

אלא פרט לאומר מותר. וקשה (ב) דגבי חלב וגבי שבת דכתיב בשניהם שגגה וחייבין פרק כלל גדול (שבת דף סח: ושם) בתינוק שנשבה לבין הנכרים וי"ל דשאני הכא דכתיב שגגה יתירא למעוטי אומר מותר ס):

ואשר לא צדה פרט למתכוין לזרוק. בכילד הרגל (ב"ק דף כו: ושם) פירש רש"י (ג) ממעט ליה ממיתה אבל גלות אית ביה ולא נראה דא"כ לא הוי כמו אידך לכן נראה לפרש דפטור ל) (ממיתה) מגלות מ) כדאמרינן פרק כילד הרגל (שם ד"ה פרט): **מה** יער שיש לו רשות לניזק ולמזיק ליכנס לשם וכו'. וקשה דמסתמא כמו כן נימא מה יער מקום שעומד שם המזיק ויש רשות לניזק להיות לשם וא"כ קשה דתנן הזורק אבן לרשות הרבים הרי הוא גולה ומוקי לה בסותר כתלו שהוא ברשותו והרג הניזק שהוא ברשות הרבים ואמאי גולה והא בעינן מקום שיהא רשות לניזק ולמזיק ושיהא הניזק במקום שהמזיק עומד בו וי"ל דלא יליף מיניה מקום ההכאה אלא שיש רשות לניזק ליכנס לעכב במקום ההכאה: **נשמטה** השליבה (ד). והרגתו השליבה אבל אם הרגו אדם פטור דבעינן דרך ירידה:

ואי בעית אימא הא דאיתלע והא דלא איתלע. ולפי האי איבעית אימא כולי עלמא סברי ירידה היא וקשה א"כ אמאי לא קאמר דכולי עלמא ירידה היא הא דאתלע והא דלא אתלע ועוד קשה כי קאמר מעיקרא דכ"ע עליה היא א"כ קשה ברייתא דלעיל או השליך עליו להביא ירידה שהיא צורך עליה ונראה לפרש דה"ק דכ"ע עליה הוי ומיירי במיהדק י) ובדלא אתלע ולא מיירי בירידה שהיא צורך לעליה דבהא לא פליגי ברייתות והכא הכי קאמר איבעית אימא הא והא לגלות ומיירי ברייתא שמחייבה בירידה שהיא צורך לעליה:

היינו

רבינו חננאל

עד זה הכלל כל שבדרך ירידתו גולה שלא כדרך ירידתו אינו גולה. מנא הני מילי. אמר שמואל דאמר קרא ויפל עליו וימות עד שיפול דרך נפילה: ת"ר בשגגה פרט למזיד. כלומר למזיד אינו גולה. אוקמה רבא דהאי מזיד שאינו גולה בשאומר מותר קרוב למזיד ולא מיכפר ליה בגלות. אבל המזיד בר קטלא הוא. בבלי דעת אוקמה רבא פרט למתכוין להרוג בהמה והרג אדם לכותי והרג ישראל לנפלים והרג בן קיימא שאינו גולה: ת"ר אם בפתע פרט לקרן זוית דהוה ליה לעיוני. בלא איבה פרט לשונא. כלומר הני לא סגי להו בגלות. הדפו שדחפו בגופו. או השליך עליו להביא ירידה שהיא צורך עלייה. בלא צדיה פרט למתכוין לצד זה והלכה לה לצד אחר. ואשר לא צדה פרט למתכוין לזרוק ב' אמות וזרק ד' אמות והיה שם אדם והכהו דלא מיכפר להו בגלות א) ואשר יבא את רעהו ביער מה יער רשות לניזק ולמזיק ליכנס שם אף כל שיש רשות לניזק ולמזיק ליכנס שם דינו הכי. בעא ר' אבהו מר' יוחנן היה עולה בסולם ונשמטה שליבה מתחתיו ונפלה והרגה מהו. ופשט ליה דהיא ירידה צורך עלייה. ומותיב ליה הא דתנן כל שלא כדרך ירידתו אינו גולה מאי לאו כי האי גוונא. ופריק ליה לא לעולם כי האי גוונא גולה ומתניתין כעין קצב שהיה מקצב דתניא בבי. תני חדא לפניו חייב לאחריו פטור כו' ופרקינן לא קשיא. פי' דרך המקצב להעלות הקופיץ מלפניו ולהורידו לאחריו ואח"כ מחזירו ומעלהו מאחריו ומורידו לפניו ומכה בבהמה הא דתני לפניו חייב לאחריו פטור דרך ירידה לפניו חייב. שמחזיר הקופיץ מאחוריו להכות על הבהמה כדי לנחתה שזו היא ירידה ממש ובירידה שלאחריו בהחזרת הקופיץ שהיא כעין עלייה פטור. והא דתניא לאחריו חייב לפניו פטור הוא בהגבהת הקופיץ מלפניו עד שיחזירו לאחריו שמחזיר הקופיץ מאחוריו להכות ... לאחריו חייב שהוא דרך ירידה ב) (ופירשנוהו) [ופירשוהו] בתלמוד ארץ ישראל. א"ר ינאי טבח שהיה מקצב והכה בין מלמעלה בין מלמטה גולה ואתיא כדמר בר רב הונא ג) טבח שהיה מקצב והכה לפניו למטה גולה. למעלה אינו גולה. למעלה גולה. למטה אינו גולה. והא דתני' בין לפניו בין לאחריו חייב בירידה שלפניו ושל אחריו. והא דתניא בין לפניו בין לאחריו פטור בעלייה שלפניו ושל אחריו כאשר כבר פירשנו. והא דבעי רבי אבהו מר' יוחנן היה עולה בסולם ושמטה שליבה מתחתיו והרגה תני חדא חייב. ואוקימ' לנזיקין ואע"ג דעלייה היא לענין נזקא חייב. ותני חדא פטור מגלות. איבעית אימא הא והא לגלות והא דקתני חייב כגון דאתלע דכיון דאתלע ולא חזי לעלייה מעיקרא ירידה היא. איבעית אימא דלא אתלע והאי דקתני חייב כגון דלא מיהדק כיון דלא מיהדק לא חזי למיסק ביה ומעיקרא ירידה היא: **נשמט הברזל מקתו.** קודם שיכה על העץ לבקעו והרג רבי אומר אינו גולה דהאי קרוב למזיד הוא שאילו לא היה רפוי לא היה נשמט. ואמרינן מאי טעמא קסבר יש אם למסורת ונשל ד) כתיב כלומר ונשל הברזל [מן העץ]. מן העץ המתבקע רבי אומר גולה וחכ"א אינו גולה. כגון שנתזה בקעת מן העץ והלכה והרגה. או נשמט הברזל. כלומר מכח הכאתו בעץ לבקעו נשמט והלך והרג ה) ואם יש לומר והלא

ושמתי לך מקום וגו' לישנא אחרינא ואשר לא צדה פרט למתכוין כו' דפטור מגלות דהכי משמע שלא צדה שלא נתכוון לצדד ולזרוק

מסורת הש"ס

א) [לקמן ט:], ב) נ"ל רבה תוס' בסנהדרין דף סב. רש"ל, ג) [לקמן ט.], ד) [שם.], ה) [שם:], ו) [עי' תוס' ב"ק כו: ד"ה פרט, ותוספות סנהדרין עז: ד"ה סתם, ותוס' לקמן ט. ד"ה ורב חסדא], ז) [עי' תוס' לקמן ח. ד"ה בלא איבה], ח) ב"ק כו:, ט) [עי' תוספות סנהדרין עז: ד"ה סתם ותוס' ב"ק כו: סד"ה פרט וכו' ומה שהניחו בתימה], י) נ"ל רבה. רש"ל, כ) [וע"ע בתוס' שבת עב: ד"ה באומר, ותוספות סנהדרין סב. ד"ה ורבא], ל) רש"א מ"ז, מ) כדפירשנו בפרק כילד הרגל. מהר"ם, נ) עי' במהרש"ל ובמהרש"א.

הגהות הב"ח

(א) רש"י ד"ה ה"ג כאן וכו' והריס בכח הרג לפניו בהשפלתו חייב: (ב) תום' ד"ה אלא וכו' וקשה ומ"ש דגבי וכו' וחייבין כדאיתא פרק כלל גדול: (ג) ד"ה ואשר וכו' פרש"י דממעט: (ד) ד"ה נשמטה השליבה מתחתיו ונפלה והרגתו השליבה אבל אם נפל האדם והרגו אדם פטור:

גליון הש"ס

גמ' בבלי דעת פרט למתכוין. עי' לקמן דף ט' ע"ב ובתוס' שם ד"ה ור"י: שם מה יער רשות. עי' לקמן דף ח' ע"א:

הגהות הגר"א

[א] גמ' הא והא לגלות נ"ב גירסת הרמב"ם לנזקין ומתורץ בגירסתו קושית התוס' (ועמ"ש רבינו בח"מ סי' שע"ח ס"ק י"א):

הגהות מהר"ב רנשבורג

א] רש"י ד"ה פרט וכו' וכן לזרוק ארבע וזרק שמונה. נ"ב נ"ל וזרק שתים וכ"ה בסנהדרין דף עז: בלשון התוס' ד"ה סתם. [בגמ' דב"ק כ"ו ב' מבואר כמו רש"י ...]:

ליקוטי רש"י

ויפל עליו וימות. מכאן אמרו ההורג דרך ירידה גולה דרך עליה אינו גולה [במדבר לה, כג]. האומר מותר קרוב למזיד. שהיה לו ללמוד [לקמן ט.]. בפתע. באונס, ותרגומו בתכיף, שהיה סמוך לו ולא היה לו שהות להזהר עליו [במדבר לה, כב]. ... [כריתות ט.]. ואשר לא צדה. לא ארב לו ולא נתכוין. צדה. לשון ארב [שמות כא, יג]. פרט למתכוין לזרוק שתים וזרק ארבע. ...

WITHOUT AMBUSH פְּרָט לְמִתְכַּוֵּין לְצַד זֶה וְהָלְכָה לָהּ לְצַד אַחֵר – EXCLUDES A PERSON WHO AIMED TO ONE SIDE BUT [THE PROJECTILE] WENT TO ANOTHER SIDE, where it hit someone and killed him.[25]

The Baraisa now cites a verse from another passage about exile which uses a similar terminology and therefore teaches a similar law:[26]

"וַאֲשֶׁר לֹא צָדָה", – By stating *AND ONE WHO DID NOT [LIE IN] AMBUSH,*[27] פְּרָט לְמִתְכַּוֵּין לִזְרוֹק שְׁתַּיִם וְזָרַק אַרְבַּע – the Torah EXCLUDES ONE WHO INTENDED TO THROW something a distance of TWO *amos* BUT HE THREW it FOUR *amos,*[28] where it hit someone and killed him.[29]

Lastly, the Baraisa derives a law from a third passage about exile:

"וַאֲשֶׁר יָבֹא אֶת־רֵעֵהוּ בַיַּעַר", – The Torah states: *OR IF ONE COMES WITH HIS FELLOW INTO THE FOREST.*[30] The Torah specifies a "forest" to teach that מַה יַּעַר רְשׁוּת לַנִּיזָּק וְלַמַּזִּיק לִיכָּנֵס לְשָׁם – JUST AS A FOREST IS A PLACE THAT both THE VICTIM AND THE ASSAILANT HAVE A RIGHT TO ENTER, אַף כֹּל רְשׁוּת לַנִּיזָּק וְלַמַּזִּיק לִיכָּנֵס לְשָׁם – SO TOO ANY area must be a PLACE THAT both THE VICTIM AND THE ASSAILANT HAVE A RIGHT TO ENTER before a killing that occurs there can warrant exile.[31]

The Mishnah taught that one who kills inadvertently is liable to exile only if he was engaged in a downward motion. The Gemara poses a question relevant to this rule:

בְּעָא מִינֵּיהּ רַבִּי אַבָּהוּ מֵרַבִּי יוֹחָנָן – **R' Abahu inquired of R' Yochanan:** הָיָה עוֹלֶה בְּסוּלָּם – If **one was ascending a ladder,** וְנִשְׁמַט הַשְּׁלִיבָה מִתַּחְתָּיו וְנָפְלָה וְהָרְגָה מַהוּ – **and the rung was dislodged from beneath him and it fell** on someone **and killed, what is [the law]?** כִּי הַאי גַּוְונָא עֲלִיָּה הִיא – **Is** the movement in **such a case** deemed **an upward motion,** since he was going up the ladder, and thus he would be exempt from exile? אוֹ יְרִידָה הִיא – **Or is it a downward motion,** since he was pressing the rung downward, and thus he *would* be exiled?[32]

R' Yochanan replies:

אָמַר לֵיהּ – **He said to [R' Abahu]:** כְּבָר נָגַעְתָּ בִּירִידָה שֶׁהִיא צוֹרֶךְ עֲלִיָּה – **You have just touched upon** the case of **a downward motion that is needed for an upward motion,** where the law is that the perpetrator is exiled, as taught in the Baraisa cited above.[33]

R' Abahu responds to this answer:

אֵיתִיבֵיהּ – **He challenged [R' Yochanan]** from our Mishnah, which stated: זֶה הַכְּלָל – THIS IS THE RULE: כֹּל שֶׁבְּדֶרֶךְ יְרִידָתוֹ גּוֹלֶה – WHOEVER killed inadvertently WHILE HE WAS engaged IN A DOWNWARD MOTION IS EXILED; שֶׁלֹּא בְּדֶרֶךְ יְרִידָתוֹ אֵינוֹ גּוֹלֶה – but if he killed inadvertently WHILE HE WAS engaged IN A MOTION THAT WAS NOT DOWNWARD, HE IS NOT EXILED. שֶׁלֹּא בְּדֶרֶךְ יְרִידָתוֹ לְאֵיתוּיֵי מַאי – When the Mishnah says in the second part of its rule "WHILE HE WAS engaged IN A MOTION THAT WAS NOT DOWNWARD," **what** does it serve **to add?** What law does it teach that we would not have known from the laws already stated?[34] לָאו לְאֵיתוּיֵי כִּי הַאי גַּוְונָא – **Does it not** serve **to add** to the *exemption* from exile **cases such as this,** in which the climber dislodged a rung during his ascent and the rung fell and killed someone? If so, it contradicts R' Yochanan's view that the climber *is* exiled. – ? –

NOTES

25. This exposition relates צְדִיָּה (*ambush*) to צַד, *side*. The words בְּלֹא צְדִיָּה are thus interpreted to mean *without [aiming toward the] side [opposite the victim]*. That is, he aimed the projectile to the side where the victim was standing [e.g. to the assailant's right], and not to the other side [the left] (*Rashi*). Since the projectile went where he intended it to go, he is liable to exile (provided he did not know that the victim was there, and thus the killing was inadvertent). By specifying this case, the verse implies that if he would have thrown the projectile *away* from the victim, and then some mishap caused it to hit him, the perpetrator is exempt from exile. This is close to being a complete accident [קָרוֹב לְאוֹנֶס] (*Ritva; Rambam, Hil. Rotze'ach* 6:14; cf. *Rabbeinu Chananel* and *Meiri,* cited at the end of note 29).

26. *Ritva.*

27. *Exodus* 21:13.

28. The same applies where he intended to throw it four *amos* and it went eight *amos* (*Rashi,* from *Bava Kamma* 26b; see *Aruch LaNer,* who explains why *Rashi* added this; cf. *Hagahos R' Betzalel Ronsburg*).

29. Like the previous exposition, this one also relates the verb צָדָה (*ambush*) to צַד, *side*. Here, however, the words לֹא צָדָה are interpreted to mean *he did not [intend the projectile to fall at his] side,* i.e. the assailant did not intend the object to fall close to himself ("at his side"); rather, he threw it with enough force to go as far as the victim. He is then liable to exile – provided he did not know that anyone was there (*Rashi*). If, however, he did not intend the projectile to go that far, but he accidentally overthrew his mark and hit the victim, he is exempt from exile, because this is close to being a complete accident [קָרוֹב לְאוֹנֶס] (see *Ritva*).

Rambam differentiates between the two types of misses mentioned in the Baraisa. Although he rules that where the projectile sails in the wrong direction the killing is close to accidental (as stated in note 25), he maintains that overthrowing the mark borders on being deliberate (*Hil. Rotze'ach* 6:10). According to *Rabbeinu Chananel* and *Meiri,* both cases border on the deliberate.

30. *Deuteronomy* 19:5. The Torah illustrates the type of accidental death subject to exile with the case of two men who entered a forest to cut wood and an accident occurred which killed one of them (see Mishnah below). By choosing this example, the Torah indicates that the guidelines for the type of situation where exile applies are drawn from the characteristics of a forest.

31. Accordingly, if one entered someone else's property without permission, and the owner killed him there inadvertently, the owner would not go into exile (*Rashi,* from Mishnah 8a; *Meiri; Rambam Hil. Rotze'ach* 6:11). See below, 8a note 14; see also *Tos. Shantz* and *Aruch LaNer* to *Tos.* ד״ה מה יער.

32. Two movements took place simultaneously. As this person boosted *himself* upward, he pressed the *rung* downward. R' Abahu asks whether the critical factor is the direction of the person or the direction of the rung [which was the instrument of death] (*Rashi*).

This should not be confused with the case of our Mishnah. The Mishnah spoke of where the man himself fell while ascending the ladder. Since the killing resulted from the impact of his body against the victim, the person committing the act and the instrument of death are identical. Thus, whether we judge by the person or by the instrument, that is clearly considered a case of upward motion, since the person was ascending at the time he slipped and fell (*Tos. Shantz;* see *Tosafos* ד״ה נשמטה).

33. R' Yochanan maintains that the determinant is the direction of the rung, not the direction of the person. The sentence of exile consequently applies, since the rung was being pushed downward. Although the climber pressed the rung down solely for the purpose of boosting himself up, such a motion falls under the category of "a downward motion needed for an upward motion," which, as the Baraisa taught above, also warrants exile (see note 24).

From the wording of R' Yochanan's reply it appears that R' Abahu also knew this Baraisa. According to R' Abahu, however, the Baraisa's ruling has no bearing on his question; rather, it refers only to situations in which a purely downward movement took place at the moment of the accident (e.g. he was lowering his axe). Only in that circumstance does the Baraisa deem it a downward motion which renders one liable to exile. But as for our case, where the person was engaged in both upward and downward movements simultaneously, perhaps the determinant is the upward motion, for which exile does not apply (see *Ritva, Maharam, Melo HaRo'im, Siach Yitzchak;* see, however, *Tosafos* ד״ה ואי with *Maharam*).

34. It is the Mishnah's way to teach the law in a specific case (or cases) and then leave it to the student to infer the general rule. The Mishnah usually does not state the rule explicitly. When the Mishnah does so, therefore, we may assume that its intent is to broaden the rule to include a point not evident from the specific cases already given.

היה עולה בסולם ונפל עליו והרגו הרי זה אינו גולה [א]זה הכלל כל שבדרך ירידתו גולה ושלא בדרך ירידתו אינו גולה: **גמ'** מנא ה"מ אמר שמואל דאמר קרא (א) ויפל עליו וימות עד שיפול דרך נפילה תנו רבנן (ב) בשגגה פרט למזיד (ג) בבלי דעת פרט למתכוין מזיד פשיטא בר קטלא הוא (אלא) אמר רבא [ב]אימא פרט לאומר מותר א"ל אביי אי אומר מותר אנוס הוא אמר ליה שאני אומר האומר מותר קרוב למזיד הוא (ג) בבלי דעת פרט למתכוין מתכוין פשיטא בר קטלא הוא אמר רבה [ג]פרט למתכוין להרוג את הבהמה והרג את האדם לכותי והרג את ישראל לנפל והרג בן קיימא ת"ר (ד) אם בפתע [ד]פרט לקרן זוית בלא איבה [ה]פרט לשונא הדפו [ו]שדחפו בגופו או השליך עליו להביא [ז]ירידה שהיא צורך עליה בלא צדיה [ח]פרט למתכוין לצד זה והלכה לה לצד אחר (ה) ואשר לא צדה [ט]פרט למתכוין לזרוק שתים וזרק ארבע (ו) ואשר יבא את רעהו ביער [י]מה יער רשות לניזק ולמזיק ליכנס לשם אף כל רשות לניזק ולמזיק ליכנס לשם בעא מיניה רבי אבהו מרבי יוחנן היה עולה בסולם ונשמט השליבה מתחתיו ונפלה והרגה מהו כי האי גוונא עליה היא או ירידה היא א"ל [כ]כבר נגעת בירידה שהיא צורך עליה איתיביה זה הכלל כל שבדרך ירידתו גולה שלא בדרך ירידתו אינו גולה לאיתויי מאי לאו לאיתויי כה"ג וליטעמיך כל שבדרך ירידתו לאיתויי מאי אלא לאיתויי קצב הכא נמי לאיתויי קצב דתניא קצב שהיה מקצב תנא חדא לפניו חייב לאחריו פטור ותניא אידך לאחריו חייב לפניו פטור ותניא אידך בין לפניו בין לאחריו חייב ותניא אידך בין לפניו בין לאחריו פטור ולא קשיא [ל]כאן בירידה שלפניו ועליה שלאחריו כאן בעליה שלפניו וירידה שלאחריו כאן בירידה שלפניו ושל אחריו כאן בעליה שלפניו ושל אחריו לימא כתנאי היה עולה בסולם ונשמטה שליבה מתחתיו תני חדא חייב ותניא אידך פטור מאי לאו בהא קא מיפלגי דמר סבר ירידה היא ומר סבר עליה היא לא דכ"ע עליה היא ולא קשיא כאן לניזקין כאן [א] לגלות איבעית אימא הא והא לגלות ולא קשיא הא דאתליע הא דלא אתליע ואיבעית אימא הא והא דלא אתליע ולא קשיא הא דמיהדק והא דלא מיהדק: **מתני'** נשמט הברזל מקתו והרג רבי אומר אינו גולה וחכמים אומרים גולה מן העץ המתבקע רבי אומר גולה וחכמים אומרים [מ]אינו גולה: **גמ'** תניא אמר להם רבי לחכמים וכי נאמר (ו) ונשל הברזל מעצו והלא לא נאמר אלא מן העץ ועוד נאמר עץ למטה ונאמר עץ למעלה מה עץ האמור למעלה מן העץ המתבקע אף עץ האמור למטה מן העץ המתבקע אמר רב חייא בר אשי אמר רב ושניהם מקרא אחד דרשו ונשל הברזל מן העץ רבי סבר יש אם למסורת וניש״ל כתיב ורבנן סברי יש אם למקרא ונשל קרינן ורבי יש אם למסורת סבירא ליה והאמר

רש"י

גמ' אמר רבא גרסינן ולא גרסינן אלא: **באומר מותר.** סבור שמותר להרוג את ישראל וזהו מזיד שלו: **אנוס הוא.** והיאך הוא קורהו מזיד: **בפתע פרט לקרן זוית.** שלשון פתע הוא בסמוך כדמתרגמי' בתכיף פרט לקרן זוית אם היה זה יוצא ממבוי זה ונכנס לזה לפנות לימין או לשמאל וסכינו בידו וזה בא כנגדו בקרן זוית ולא ראהו והרגו: **שדחפו** בגופו. בלא מתכוין: **להביא ירידה שהיא צורך עליה.** כגון הרוצה להריס ידו בכח וגרזן בידו ומשפיל תחלה את גופו ושוחה לפניו כדי להריס בכח ובהשפלתו הרג דלא תימא הואיל וצורך עליה היא פטור מגלות דהא כתיב ויפל: **בלא צדיה.** לשון לידוד שלא נתכוין לצדד לצד שני: **ואשר לא צדה.** שלא נתכוין לזרוק בצדו ובסמוך לו אלא למקום שזרק אבל לא היה יודע שיש שם אדם: **פרט למתכוין לזרוק שתים וזרק ארבע.** א] וכן לזרוק ארבע וזרק שמונה: **אף כל שיש לו רשות לניזק** כו'. יצאה חצר של בעל הבית: **עליה היא או ירידה היא.** בתר דידיה אזלינן והוא היה עסוק בעליה או בתר שליבה אזלינן והעולה עליה היה דוחקה ומשפילה כלפי מטה: **כבר נגעת** כו'. הרי נגעת כאן בירידה שהיא צורך עליה והא רבינן לה לעיל לחיובא: **לפניו חייב.** הרג לפניו חייב: ה"ג כאן בירידה שלפניו ועליה שלאחריו כאן בעליה שלפניו וירידה שלאחריו כאן בירידה שלפניו ושל אחריו כאן בעליה שלפניו ולאחריו. כל דרך עליה פטור וכל דרך ירידה חייב הלכך הא דתניא לפניו חייב לאחריו פטור בירידה שלפניו ועליה של אחריו השפיל זרועו כדי להריס בכח והריס (א) מכח לפניו בהשפלתו חייב הרג בעלייתו לאחוריו פטור והא דתניא לאחריו חייב לפניו פטור בעליה שלפניו וירידה שלאחריו כגון המריס ידו בכח עד שהשפילו דרך אחוריו ממעל לכתפיו וחזר והגביהן להכות לפניו הרג בהשפלתו דרך אחוריו חייב הרג בהגבהתו פטור והא דתניא בין לפניו ובין לאחריו חייב בירידה שלפניו או שלאחריו והא דתניא בין לפניו בין לאחריו פטור בעליה שלפניו ושל אחריו: **לימא כתנאי.** הך בעיא דרבי אבהו: **לנזקין.** חייב אם לא הרגו אלא הזיקו חייב דלמזקין לא שני לן בין שוגג למזיד בין ירידה לעליה כדאמרינן בב"ק (דף כו:) פלע תחת פלע לחייב על השוגג כמזיד ואונס כרצון: **הא דאתליע.** חייב שכל שליבה שהתליעה כשדורסין עליה נכפפת היא למטה וירידה היא ואם לא התליעה אין כאן ירידה: **הא דמהדק.** אם היתה השליבה מלאה הנקב שהיא תחובה בו ואחוזה יפה יפה אין כאן דרך ירידה ופטור לא מהדק ירידה יש כאן וחייב: **מתני' מן העץ המתבקע.** יצא קיסם וניתז למרחוק והרג: **גמ' נאמר** עץ למטה. ונשל הברזל מן העץ: **ונאמר עץ למעלה.** לכרות העץ: **יש אם למסורת.** כמה שנמסרה כתב של תיבה למשה אנו צריכין לדורשה ולא לפי המקרא כשאתה קורא ונשל אתה מוסיף הברה של אל"ף או של ה"א בין נו"ן לשי"ן ולפי המסורת וניש״ל כתיב ופירושו ישל שהשיל הברזל מן העץ המתבקע ומצא את רעהו ורבנן סברי יש אם למקרא ונשל קרינן לשון פעל הברזל עצמו נשל מעל עצו: הא

תוספות

פשיטא בר קטלא הוא. תימה אימא במזיד ולא התרו בו וי"ל דהא נמי נפקא לן מבלי דעת דאיכא מבלי דעת יתירא עוד י"ל דהא נמי פשיטא דלא יגלה דעל כרחך קרא בלא מתכוין איירי מדכתיב והוא לא שונא:

אלא פרט לאומר מותר. וקשה (ב) דגבי חלב וגבי שבת דכתיב בשניהם שגגה וחייבין פרק כלל גדול (שבת דף סח: ושם) בתינוק שנשבה לבין הנכרים וי"ל דשאני הכא דכתיב שגגה יתירא למעוטי אומר מותר (כ):

ואשר לא צדה פרט למתכוין לזרוק. בכילד הרגל (ב"ק דף כו: ושם) פירש רש"י (ג) ממעט ליה ממיתה אבל גלות אית ביה ולא נראה דא"כ לא הוי כמו אידך לכן נראה לפרש דפטור (ל) (ממיתה) מגלות (מ) כדאמרינן פרק כילד הרגל (שם ד"ה פרט): **מה** יער שיש לו רשות לניזק ולמזיק ליכנס לשם וכו'. וקשה דמסתמא כמו כן נימא מה יער מקום שעומד שם המזיק ויש רשות לניזק להיות לשם וא"כ קשה דתנן הזורק אבן לרשות הרבים הרי הוא גולה ומוקי לה בסותר כתלו שהוא ברשותו והרג הניזק שהוא ברשות הרבים ואמאי גולה והא בעינן מקום שיהא רשות לניזק ולמזיק ושיהא הניזק במקום שהמזיק עומד בו וי"ל דלא יליף מיניה מקום ההכאה אלא שיש רשות לשניהם לעכב במקום ההכאה: **נשמטה** השליבה (ד). והרגתו השליבה אבל אם הרגו אדם פטור דבעינן דרך ירידה:

ואי בעית אימא הא דאיתלע והא דלא איתלע. ולפי האי איבעית אימא כולי עלמא סברי ירידה היא וקשה א"כ אמאי לא קאמר דכולי עלמא ירידה היא הא דאתלע והא דלא אתלע ועוד קשה כי קאמר מעיקרא דכ"ע עליה היא א"כ קשה ברייתא זו לברייתא דלעיל או השליך עליו להביא ירידה שהיא צורך עליה ונראה לפרש דה"ק דכ"ע דעליה הוי ומיירי במיהדק (נ) ובדלא אתלע ולא מיירי בירידה שהיא צורך לעליה דבהא לא פליגי ברייתות והכא הכי קאמר איבעית אימא הא והא לגלות ומיירי הברייתא שמחייבה בירידה שהיא צורך לעליה:

היינו

עין משפט נר מצוה

ג א מיי' פ"ו מהלכות רוצח הלכה יג סמג עשין עה:
ד ב ג ד ה ו מיי' שם הלכה י:
ה ז מיי' שם הלכה יג ולפטור ועי' בכ"מ:
ו ח מיי' שם הלכה יד:
ז ט מיי' שם הלכה י:
ח י מיי' שם הלכה יא:
ט כ מיי' שם הלכה יד ולפטור:
י ל מיי' שם הלכה יג ועיין בכסף משנה:
יא מ מיי' שם הלכה טו:

תורה אור השלם

א) אוֹ בְכָל אֶבֶן אֲשֶׁר יָמוּת בָּהּ בְּלֹא רְאוֹת וַיַּפֵּל עָלָיו וַיָּמֹת וְהוּא לֹא אוֹיֵב לוֹ וְלֹא מְבַקֵּשׁ רָעָתוֹ: [במדבר לה, כג]

ב) וְהִקְרִיתֶם לָכֶם עָרִים עָרֵי מִקְלָט תִּהְיֶינָה לָכֶם וְנָס שָׁמָּה רֹצֵחַ מַכֵּה נֶפֶשׁ בִּשְׁגָגָה: [במדבר לה, יא] לִבְנֵי יִשְׂרָאֵל וְלַגֵּר וְלַתּוֹשָׁב בְּתוֹכָם תִּהְיֶינָה שֵׁשׁ הֶעָרִים הָאֵלֶּה לְמִקְלָט לָנוּס שָׁמָּה כָּל מַכֵּה נֶפֶשׁ בִּשְׁגָגָה: [במדבר לה, טו]

ג) וְזֶה דְּבַר הָרֹצֵחַ אֲשֶׁר יָנוּס שָׁמָּה וָחָי אֲשֶׁר יַכֶּה אֶת רֵעֵהוּ בִּבְלִי דַעַת וְהוּא לֹא שֹׂנֵא לוֹ מִתְּמֹל שִׁלְשֹׁם: [דברים יט, ד]

ד) וְאִם בְּפֶתַע בְּלֹא אֵיבָה הֲדָפוֹ אוֹ הִשְׁלִיךְ עָלָיו כָּל כְּלִי בְּלֹא צְדִיָּה: [במדבר לה, כב] [ועי' תוס' סד"ה אלא]

ה) וַאֲשֶׁר לֹא צָדָה וְהָאֱלֹהִים אִנָּה לְיָדוֹ וְשַׂמְתִּי לְךָ מָקוֹם אֲשֶׁר יָנוּס שָׁמָּה: [שמות כא, יג]

ו) וַאֲשֶׁר יָבֹא אֶת רֵעֵהוּ בַיַּעַר לַחְטֹב עֵצִים וְנִדְּחָה יָדוֹ בַגַּרְזֶן לִכְרֹת הָעֵץ וְנָשַׁל הַבַּרְזֶל מִן הָעֵץ וּמָצָא אֶת רֵעֵהוּ וָמֵת הוּא יָנוּס אֶל אַחַת הֶעָרִים הָאֵלֶּה וָחָי: [דברים יט, ה]

רבינו חננאל

עד זה הכלל כל שכדרך ירידתו גולה שלא כדרך ירידתו אינו גולה. מנא הני מילי. אמר שמואל דאמר קרא ויפל עליו וימות עד שיפיל עליו דרך נפילה: ת"ר בשגגה פרט למזיד. כלומר אינו גולה. אוקמה רבא דהאי מזיד שאינו גולה באומר מותר שהאומר מותר קרוב למזיד הוא ולא מיכפר ליה בגלות. אבל המזיד בר קטלא הוא. בבלי דעת אוקמה רבא פרט למתכוין להרוג בהמה והרג אדם לכותי והרג ישראל לנפלים והרג בן קיימא שאינו גולה: ת"ר אם בפתע פרט לקרן זוית דהוה ליה לעיוני. בלא איבה פרט לשונא. כלומר הני לא סגי להו בגלות. הדפו שדחפו בגופו. או השליך עליו להביא ירידה שהיא צורך עלייה. בלא צדיה פרט למתכוין לצד זה והלכה לה לצד אחר. ואשר לא צדה פרט למתכוין לזרוק ב' אמות וזרק ד' אמות והיה שם אדם והכהו דלא מיכפר להו בגלות א) ואשר יבא את רעהו ביער מה יער רשות לניזק ולמזיק ליכנס שם אף כל שיש רשות לניזק ולמזיק ליכנס שם דינו הכי. בעא ר' אבהו מר' יוחנן היה עולה בסולם ונשמטה שליבה מתחתיו ונפלה והרגה מהו. ופשט ליה דהיא ירידה צורך עלייה. ומותיב ליה הא דתנן כל שלא כדרך ירידתו אינו גולה מאי לאו כי האי גוונא. ופריק ליה לא לעולם כי האי גוונא גולה ומתניתין כעין קצב שהיה מקצב דתנו ביה ד' בבי. תני חדא לפניו חייב לאחריו פטור כו' ופרקינן לא קשיא. פי' דרך המקצב להעלות הקופיץ מלפניו ולהורידו לאחריו ואח"כ מחזירו ומעלהו מאחריו ומורידו לפניו ומכה בבהמה הא דתני לפניו חייב לאחריו פטור דרך ירידה לפניו חייב. פי' בעת שמחזיר הקופיץ מאחוריו להכות על הבהמה כדי לנתחה שזו היא ירידה ממש ובירידה שלאחריו בהחזרת הקופיץ שהיא כעין עלייה פטור. והא דתניא לאחריו חייב לפניו פטור הוא בהגבהת הקופיץ מלפניו עד שיחזירו לאחריו פטור שהוא דרך עלייה לאחריו חייב שהוא דרך ירידה ב) (ופירשנוהו) [ופירשוהו] בתלמוד ארץ ישראל. א"ר ינאי טבח שהיה מקצב והכה בין מלמעלה בין מלמטה גולה ואתיא כדמר בר רב הונא ג) טבח שהיה מקצב והכה לפניו למטה גולה. למעלה אינו גולה. לאחריו למעלה גולה. למטה אינו גולה. והא דתני' בין לפניו בין לאחריו חייב בירידה שלפניו ושל אחריו. והא דתניא בין לפניו בין לאחריו פטור בעלייה שלפניו ושל אחריו. והא דבעי רבי אבהו מר' יוחנן היה עולה בסולם ונשמטה שליבה מתחתיו והרגה תני חדא פטור מגלות. ותני חדא חייב. ואוקי' לנזיקין ואע"ג דעלייה היא לענין ניזקא חייב. איבעית אימא הא והא לגלות והא דקתני חייב כגון דאתלע דכיון דאתלע ולא חזי לעלייה מעיקרא ירידה היא. איבעית אימא דלא אתלע כלל והאי דקתני חייב כגון דלא מיהדק כיון דלא מיהדק לא חזי למיסק ביה ומעיקרא ירידה היא: **נשמט הברזל מקתו.** קודם שיכה על העץ לבקעו והרג רבי אומר אינו גולה דהאי קרוב למזיד הוא שאילו לא היה רפוי לא היה נשמט. ואמרינן מאי טעמא קסבר יש אם למסורת ונשל ד) כתיב כלומר ונשל הברזל [מן העץ]. מן העץ המתבקע רבי אומר גולה וחכ"א אינו גולה. כגון שנתזה בקעת מן העץ והלכה והרגה. או נשמט הברזל. כלומר מכח הכאתו בעץ לבקעו נשמט והלך והרג ה) ואם יש לומר והלא

מסורת הש"ס

א) [לקמן ט:], ב) נ"ל רבה תוס' בסנהדרין דף סב. רש"ל, ג) [לקמן ט.], ד) [שם.], ה) [שם:], ו) [עי' תוס' ב"ק כו: ד"ה פרט, ותוספות סנהדרין עז: ד"ה פטם, ותוס' לקמן ט. ד"ה ורב חסדא], ז) [עי' תוס' לקמן ח. ד"ה בלא איבה], ח) ב"ק כו:, ט) [עי' תוספות סנהדרין עז: ד"ה פטם ותוס' ב"ק כו: סד"ה פרט וכו' מה שהניחו בתימה], י) נ"ל רבה. רש"ל, כ) [וע"ע בתוס' שבת עב: ד"ה באומר, ותוספות סנהדרין סב. ד"ה ורבא], ל) רש"א מ"ז, מ) כדפירשנו בפרק כילד הרגל. מהר"ם, נ) עי' במהרש"ל ובמהרש"א.

הגהות הב"ח

(א) רש"י ד"ה ה"ג כאן וכו' והריס בכח הרג לפניו בהשפלתו חייב: (ב) תוס' ד"ה אלא וכו' וקשה ומ"ש דגבי וכו' וחייבין כדאיתא פרק כלל גדול: (ג) ד"ה ואשר וכו' פרש"י דממעט: (ד) ד"ה נשמטה השליבה מתחתיו ונפלה והרגתו השליבה אבל אם נפל האדם והרגו אדם פטור:

גליון הש"ס

גמ' בבלי דעת פרט למתכוין. עי' לקמן דף ט' ע"ב ובתוס' שם ד"ה ור"י: שם מה יער רשות. עי' לקמן דף ח' ע"א:

הגהות הגר"א

[א] גמ' הא והא לגלות נ"ב גירסת הרמב"ם לנזקין וממורך בגירסתו קושית התוס' (ועמ"ש רבינו בח"מ סי' שע"ח ס"ק י"א):

הגהות מהר"ב רנשבורג

א] רש"י ד"ה פרט וכו' וכן לזרוק ארבע וזרק שמונה. נ"ב נ"ל וזרק שתים וכ"ה בסנהדרין דף עז: בלשון התוס' ד"ה פטם. [בגמ' דב"ק כ"ו ב' מבואר כמ"ש רש"י כאן ואכ"מ]:

ליקוטי רש"י

ויפל עליו וימות. מכאן אמרו ההורג דרך ירידה גולה דרך עליה אינו גולה [במדבר לה כג]. **האומר מותר קרוב למזיד.** שהיה לו ללמוד [לקמן ט.]. **בפתע.** באונס. ותרגומו בְּתְכֵיף, שהיה סמוך לו ולא היה לו שהות להזהר עליו [במדבר לה כב]. לכך כתיב פתע דהוי שוגג לגלות על פתאום [כריתות ט.]. **ואשר לא צדה.** לא ארב לו ולא נתכוין. צדה. לשון ארב [שמות כא יג]. **פרט למתכוין לזרוק שתים וזרק ארבע.** לענין גלות חייב דכתיב ואשר לא צדה ושמתי לך מקום וגו' פרט למתכוין לזרוק שתים וזרק ארבע שאינו בתורת וכי יזיד איש וגו' אלא בתורת ושמתי לך מקום וגו' לישנא אחרינא ואשר לא צדה פרט למתכוין כו' דפטור מגלות דהכי משמע שלא צדה שלא נתכוין לצדד ולזרוק

חשק שלמה על ר"ח

א) וכן פי' ר"ח בב"ק דף כ"ו ע"ב הובא בחידושי הרשב"א ובשיטה מקובצת שם: ב) וכן נראה מפסק הרמב"ם הל' רוצח פ"ו הי"ג כפירוש ר"ח דלא כרש"י: ג) בירושלמי איתא כי דמר רב הונא: ד) אפשר דט"ס הוא והג' צריך להנקד בחירק וצ"ע: ה) לפי פירוש זה אשר אחריו הלך הרמב"ם ספ"ו מהל' רוצח מדויק לישנא דמתניתין דמן העץ המתבקע נמי אנשמט הברזל קאי:

R' Yochanan responds with a counterargument:

כֹּל שֶׁבְּדֶרֶךְ וְלִיטַעְמִיךְ – **But according to your reasoning,**[35] יְרִידָתוֹ לְאֵיתוּיֵי מַאי – when the Mishnah states in the *first* part of the rule, "WHOEVER kills inadvertently WHILE engaged IN A DOWNWARD MOTION is exiled," **what** does it serve **to add?**[36]

Having rejected R' Abahu's explanation of the Mishnah's rule, R' Yochanan offers his own:

אֶלָּא לְאֵיתוּיֵי קַצָּב – **Rather,** the first part of the rule serves **to add** the case of the **butcher,** which will be explained below. הָכָא נַמִּי לְאֵיתוּיֵי קַצָּב – So **here too,** in the *second* part of the rule, the purpose is **to add** another aspect of the case of the **butcher.**

R' Yochanan explains the case of the butcher:

דְּתַנְיָא – **For it was taught in a Baraisa:** קַצָּב שֶׁהָיָה מְקַצֵּב – IF A BUTCHER WAS CHOPPING meat and he inadvertently killed someone with his cleaver etc. The law is stated differently in each of four Baraisos:

(1) תָּנָא חֲדָא – **One Baraisa states:** לְפָנָיו חַיָּיב – If the killing occurred when the butcher was moving his arm FORWARD,[37] HE IS LIABLE to exile; לְאַחֲרָיו פָּטוּר – if it occurred when he was moving his arm BACKWARD, HE IS EXEMPT from exile.

(2) וְתַנְיָא אִידָךְ – **But it was taught in another Baraisa** to the contrary: לְאַחֲרָיו חַיָּיב – If the killing occurred when he was moving his arm BACKWARD, HE IS LIABLE to exile; לְפָנָיו פָּטוּר – if it occurred when he was moving his arm FORWARD, HE IS EXEMPT.

(3) וְתַנְיָא אִידָךְ – **And it was taught in another Baraisa:** בֵּין לְפָנָיו בֵּין לְאַחֲרָיו חַיָּיב – WHETHER he was moving his arm FORWARD OR BACKWARD, HE IS LIABLE.

(4) וְתַנְיָא אִידָךְ – **And it was taught in another Baraisa:** בֵּין לְפָנָיו בֵּין לְאַחֲרָיו פָּטוּר – WHETHER he was moving his arm FORWARD OR BACKWARD, HE IS EXEMPT.

The four Baraisos are reconciled:

וְלֹא קַשְׁיָא – **And there is no contradiction** between these four Baraisos, because they each refer to different parts of the butcher's swing.[38] כָּאן – **Here,** in the first Baraisa (which states that moving forward renders him liable, whereas moving backward does not), בִּירִידָה שֶׁלְּפָנָיו וַעֲלִיָּה שֶׁלְּאַחֲרָיו – the reference is **to** his **downswing forward and the upswing backward.**[39] כָּאן – **Here,** in the second Baraisa (which states the opposite: moving backward renders him liable, whereas moving forward does not), בַּעֲלִיָּה שֶׁלְּפָנָיו וִירִידָה שֶׁלְּאַחֲרָיו – the reference is to **the upswing forward and the downswing backward.**[40]

כָּאן – **Here,** in the third Baraisa (which rules that moving forward or backward renders him liable), בִּירִידָה שֶׁלְּפָנָיו וְשֶׁל אַחֲרָיו – the reference is **to the downswings forward and backward.**[41]

כָּאן – **Here,** in the final Baraisa (which rules that moving forward or backward does not render him liable), בַּעֲלִיָּה שֶׁלְּפָנָיו וְשֶׁל אַחֲרָיו – the reference is **to the upswings forward and backward.**[42]

These are the laws our Mishnah means to add with its rule that the sentence of exile depends on the direction of the motion.[43]

The Gemara suggests that the question raised by the Amora R' Abahu (regarding one who dislodges a rung while ascending a ladder) has been debated by Tannaim:

לֵימָא כְּתַנָּאֵי – **Let us say** that it **corresponds to** the following dispute betweeen **Tannaim:** הָיָה עוֹלֶה בְּסוּלָּם וְנִשְׁמְטָה שְׁלִיבָה מִתַּחְתָּיו – If ONE WAS ASCENDING A LADDER AND A RUNG WAS DISLODGED FROM BENEATH HIM and killed someone etc. The ruling in this case is disputed by two Baraisos. תָּנֵי חֲדָא – **One Baraisa teaches:** חַיָּיב – HE IS LIABLE to exile. וְתַנְיָא אִידָךְ – **But it was taught in another Baraisa:** פָּטוּר – HE IS EXEMPT. מַאי לַאו בְּהָא קָא מִיפַּלְגִי – **Do they not disagree about the following?** דְּמַר סָבַר יְרִידָה הִיא – **That one master** (i.e. the Tanna of the first Baraisa) **considers it a downward motion,** which would require exile; וּמַר סָבַר עֲלִיָּה הִיא – **while** the other **master considers it an upward motion,** for which there is no exile.

The Gemara rejects this explanation of the Baraisos:

לֹא – **No,** you need not say that the two Baraisos reflect differing opinions, דְּכוּלֵּי עָלְמָא עֲלִיָּה הִיא – **for everyone** could agree that **it is an upward motion,** for which there is no exile,[44] וְלֹא קַשְׁיָא – **and** yet there is **no contradiction** between the Baraisos. כָּאן

NOTES

35. Namely, that the Mishnah's rule refers to our case of a climber who killed someone by dislodging a rung.

36. The first part of the rule presumably parallels the second part. Hence, the first part would serve to teach the opposite law – that there *is* exile in such a situation (*Ritva;* see *Aruch LaNer* ד״ה מאי לאו). Evidently, then, the rule does not refer to this case at all, because if it did the two parts of the rule would contradict each other.

37. The word לְפָנָיו usually means "in front of him." In this context, however, *Rashi* understands it as describing the *direction* of the swing, rather than its *location.* Hence, it is translated as "toward his front" or "forward." We have followed *Rashi's* explanation. See, however, *Rabbeinu Chananel* and *Rambam, Hil. Rotze'ach* 6:13 (who apparently had a different version of the text – *Siach Yitzchak*).

38. To increase the velocity and force of his chop, the butcher first arches the cleaver back behind his head and then brings it forward onto the chopping block. His swing has five parts to it altogether. Beginning with the cleaver in front of him, (A) he lowers it, before (B) raising it back towards his shoulder, and (C) lowering it behind his back; he then (D) brings the cleaver back up to his shoulder and finally (E) down onto the chopping block. The rule for all of these motions is that those which are downward (A,C,E) would render him liable to exile, while those which are upward (B,D) would not (see *Rashi*).

39. The first Baraisa defines the law for motions A and B. When the butcher initially lowers his arm (A), any death that results from this *downward* motion sends him into exile. But when he then swings his arm back towards his shoulder (B), he is engaged in an *upward* motion, which would not warrant exile (*Rashi*). [The law stated for motion A certainly applies to motion E.]

40. The second Baraisa refers to the next two parts of his swing – motions C and D. As he draws the cleaver back behind his shoulder (C), this backward motion is *downward,* which would require exile. When he begins to come forward again (D), the motion is *upward,* for which there is no exile (*Rashi*).

41. The third Baraisa speaks of the *downswings,* whether toward the front (motion A) or toward the back (motion C). It therefore rules that he is exiled in every instance.

42. The fourth Baraisa refers to the *upswings,* whether backward (motion B) or forward (motion D). Hence, it exempts him from exile in both situations.

43. In all the cases of these Baraisos, the motion in one direction was preparatory to an opposite motion that followed. The Baraisos teach that the sentence of exile depends on whether the part of the motion that actually killed was upward or downward, without regard to the ultimate purpose of that motion (see *Rashi;* cf. *Rabbeinu Chananel, Meiri's* first explanation; *Rambam* ibid.).

According to this interpretation of the Mishnah's rule, the first part ("Whoever killed while engaged in a downward motion is exiled") adds that even a downward motion made to facilitate an upward motion warrants exile. The second part (". . . while engaged in a motion that was not downward, he is not exiled") excludes from the laws of exile even an upward motion that is needed for a downward one.

44. I.e. the Tannaim of both Baraisos maintain that the determinant is the direction of the person, as opposed to the direction of the rung (see note 32). Therefore, since the person is moving up, any death that results from this action does not subject him to exile.

[The Gemara reconciles the Baraisos only according to the view which classifies the motion as an upward one. According to R' Yochanan, however, it is certainly deemed a downward movement (see note 33). R' Yochanan is therefore compelled to accept that the matter is indeed the subject of a dispute of Tannaim. See, however, *Tosafos;* see also note 47.]

עין משפט
נר מצוה

ג א מיי' פ"ו מהלכות רוצח הלכה יג סמג עשין עה:
ד ב ג ד ה ו מיי' שם הלכה י:
ה ז מיי' שם הלכה יג ולפטור ועי' בכ"מ:
ו ח מיי' שם הלכה יד:
ז ט מיי' שם הלכה י:
ח י מיי' שם הלכה יא:
ט כ מיי' שם הלכה יד ולפטור:
י ל מיי' שם הלכה יג ועיין בכסף משנה:
יא מ מיי' שם הלכה טו:

תורה אור השלם

א) אוֹ בְכָל אֶבֶן אֲשֶׁר יָמוּת בָּהּ בְּלֹא רְאוֹת וַיַּפֵּל עָלָיו וַיָּמֹת וְהוּא לֹא אוֹיֵב לוֹ וְלֹא מְבַקֵּשׁ רָעָתוֹ: [במדבר לה, כג]

ב) וְהִקְרִיתֶם לָכֶם עָרִים עָרֵי מִקְלָט תִּהְיֶינָה לָכֶם וְנָס שָׁמָּה רֹצֵחַ מַכֵּה נֶפֶשׁ בִּשְׁגָגָה: [במדבר לה, יא] לִבְנֵי יִשְׂרָאֵל וְלַגֵּר וְלַתּוֹשָׁב בְּתוֹכָם תִּהְיֶינָה שֵׁשׁ הֶעָרִים הָאֵלֶּה לְמִקְלָט לָנוּס שָׁמָּה כָּל מַכֵּה נֶפֶשׁ בִּשְׁגָגָה: [במדבר לה, טו]

ג) וְזֶה דְּבַר הָרֹצֵחַ אֲשֶׁר יָנוּס שָׁמָּה וָחָי אֲשֶׁר יַכֶּה אֶת רֵעֵהוּ בִּבְלִי דַעַת וְהוּא לֹא שֹׂנֵא לוֹ מִתְּמֹל שִׁלְשֹׁם: [דברים יט, ד]

ד) וְאִם בְּפֶתַע בְּלֹא אֵיבָה הֲדָפוֹ אוֹ הִשְׁלִיךְ עָלָיו כָּל כְּלִי בְּלֹא צְדִיָּה: [במדבר לה, כב] [ועי' תוס' סד"ה אלא]

ה) וַאֲשֶׁר לֹא צָדָה וְהָאֱלֹהִים אִנָּה לְיָדוֹ וְשַׂמְתִּי לְךָ מָקוֹם אֲשֶׁר יָנוּס שָׁמָּה: [שמות כא, יג]

ו) וַאֲשֶׁר יָבֹא אֶת רֵעֵהוּ בַיַּעַר לַחְטֹב עֵצִים וְנִדְּחָה יָדוֹ בַגַּרְזֶן לִכְרֹת הָעֵץ וְנָשַׁל הַבַּרְזֶל מִן הָעֵץ וּמָצָא אֶת רֵעֵהוּ וָמֵת הוּא יָנוּס אֶל אַחַת הֶעָרִים הָאֵלֶּה וָחָי: [דברים יט, ה]

רבינו חננאל

עד זה הכלל כל שכדרך ירידתו גולה שלא כדרך ירידתו אינו גולה. מנא הני מילי. אמר שמואל דאמר קרא ויפל עליו וימות עד שיפיל עליו דרך נפילה: ת"ר בשגגה פרט למזיד. כלומר אינו גולה. אוקמה רבא דהאי מזיד שאינו גולה באומר מותר שהאומר מותר קרוב למזיד הוא ולא מיכפר ליה בגלות. אבל המזיד בר קטלא הוא. בבלי דעת אוקמה רבא פרט למתכוין להרוג בהמה והרג אדם לכותי והרג ישראל לנפלים והרג בן קיימא שאינו גולה: ת"ר אם בפתע פרט לקרן זוית דהוה ליה לעיוני. בלא איבה פרט לשונא. כלומר הני לא סגי להו בגלות. הדפו שדחפו בגופו. או השליך עליו להביא ירידה שהיא צורך עלייה. בלא צדיה פרט למתכוין לצד זה והלכה לה לצד אחר. ואשר לא צדה פרט למתכוין לזרוק ב' אמות וזרק ד' אמות והיה שם אדם והכהו דלא מיכפר להו בגלות א) ואשר יבא את רעהו ביער מה יער רשות לניזק ולמזיק ליכנס שם אף כל שיש רשות לניזק ולמזיק ליכנס שם דינו הכי. בעא ר' אבהו מר' יוחנן היה עולה בסולם ונשמטה שליבה מתחתיו ונפלה והרגה מהו. ופשט ליה דהיא ירידה צורך עלייה. ומותיב ליה הא דתנן כל שלא כדרך ירידתו אינו גולה מאי לאו כי האי גוונא. ופריק ליה לא לעולם כי האי גוונא גולה ומתניתין כעין קצב שהיה מקצב דתנו ביה ד' בבי. תני חדא לפניו חייב לאחריו פטור כו' ופרקינן לא קשיא. פי' דרך המקצב להעלות הקופיץ מלפניו ולהורידו לאחריו ואח"כ מחזירו ומעלהו מאחריו ומורידו לפניו ומכה בבהמה הא דתני לפניו חייב לאחריו פטור דרך ירידה לפניו חייב. פי' בעת שמחזיר הקופיץ מאחוריו להכות על הבהמה כדי לנתחה שזו היא ירידה ממש ובירידה שלאחריו בהחזרת הקופיץ שהיא כעין עלייה פטור. והא דתניא לאחריו חייב לפניו פטור הוא בהגבהת הקופיץ מלפניו עד שיחזירו לאחריו פטור שהוא דרך עלייה לאחריו חייב שהוא דרך ירידה ג) (ופירשנוהו) [ופירשוהו] בתלמוד ארץ ישראל. א"ר ינאי טבח שהיה מקצב והכה בין מלמעלה בין מלמטה גולה ואתיא כדמר בר רב הונא ג) טבח שהיה מקצב והכה לפניו למטה גולה. למעלה אינו גולה. לאחריו למעלה גולה. למטה אינו גולה. והא דתני' בין לפניו בין לאחריו חייב בירידה שלפניו ושל אחריו. והא דתניא בין לפניו בין לאחריו פטור בעלייה שלפניו ושל אחריו. והא דבעי רבי אבהו מר' יוחנן היה עולה בסולם ושמטה שליבה מתחתיו והרגה תני חדא חייב. ואוקימ' לנזיקין ואע"ג דעלייה היא לענין נזיקא חייב. ותני חדא פטור מגלות. איבעית אימא הא והא לגלות והא דקתני חייב כגון דאתלע דכיון דאתלע ולא חזי לעלייה מעיקרא ירידה היא. איבעית אימא הא דלא אתלע כלל והאי דקתני חייב כגון דלא מיהדק כיון דלא מיהדק לא חזי למיסק ביה ומעיקרא ירידה היא: נשמט הברזל מקתו. קודם שיכה על העץ לבקעו והרג רבי אומר אינו גולה דהאי קרוב למזיד הוא שאילו לא היה רפוי לא היה נשמט. ואמרינן מאי טעמא קסבר יש אם למסורת ונשל ד) כתיב כלומר ונשל הברזל [מן העץ]. מן העץ המתבקע רבי אומר גולה וחכ"א אינו גולה. כגון שנתזה בקעת מן העץ והלכה והרגה. או נשמט הברזל. כלומר מכח הכאתו בעץ לבקעו נשמט והלך והרג ה) ואם יש לומר והלא

פשיטא בר קטלא הוא. תימה אימא במזיד ולא התרו בו וי"ל דהא נמי נפקא לן מבלי דעת דאיכא מבלי דעת יתירא עוד י"ל דהא נמי פשיטא דלא יגלה דעל כרחך קרא בלא מתכוין איירי מדכתיב והוא לא שונא:

אלא פרט לאומר מותר. וקשה (ב) דגבי חלב וגבי שבת דכתיב בשניהם שגגה וחייבין פרק כלל גדול (שבת דף סח: ושם) בתינוק שנשבה לבין הנכרים וי"ל דשאני הכא דכתיב שגגה יתירא למעוטי אומר מותר [י]:

ואשר לא צדה פרט למתכוין לזרוק. בכילד הרגל (ב"ק דף כו: ושם) פירש רש"י (ג) ממעט ליה ממיתה אבל גלות אית ביה ולא נראה דא"כ לא הוי כמו אידך לכן נראה לפרש דפטור [ל] (ממיתה) מגלות [מ] כדאמרינן פרק כילד הרגל (שם ד"ה פרט):

מה יער שיש לו רשות לניזק ולמזיק ליכנס לשם וכו'. וקשה דמסתמא כמו כן נימא מה יער מקום שעומד שם המזיק ויש רשות לניזק להיות לשם וא"כ קשה דתנן הזורק אבן לרשות הרבים הרי הוא גולה ומוקי לה בסותר כתלו שהוא ברשותו והרג הניזק שהוא ברשות הרבים ואמאי גולה והא בעינן מקום שיהא רשות לניזק ולמזיק ושיהא הניזק במקום שהמזיק עומד בו וי"ל דלא יליף מיניה מקום ההכאה אלא שיש רשות לשניהם לעכב במקום ההכאה:

נשמטה השליבה (ד). והרגתו השליבה אבל אם הרגו אדם פטור דבעינן דרך ירידה:

ואי בעית אימא הא דאיתלע והא דלא איתלע. ולפי האי איבעית אימא כולי עלמא סברי ירידה היא וקשה א"כ אמאי לא קאמר דכולי עלמא ירידה היא הא דאתלע והא דלא אתלע ועוד קשה כי קאמר מעיקרא דכ"ע עליה היא א"כ קשה ברייתא זו לברייתא דלעיל או השליך עליו להביא ירידה שהיא צורך עליה ונראה לפרש דה"ק דכ"ע דעליה הוי ומיירי במיהדק [י] ובדלא אתלע ולא מיירי בירידה שהיא צורך לעליה דבהא לא פליגי ברייתות והכא הכי קאמר איבעית אימא הא והא לגלות ומיירי הברייתא שמחייבה בירידה שהיא צורך לעליה:

היינו

היה עולה בסולם ונפל עליו והרגו הרי זה אינו גולה [א] זה הכלל כל שבדרך ירידתו גולה ושלא בדרך ירידתו אינו גולה: **גמ'** מנא ה"מ אמר שמואל דאמר קרא [א] ויפל עליו וימות עד שיפול דרך נפילה תנו רבנן [ב] בשגגה פרט למזיד [ג] בבלי דעת [א] פרט למתכוין מזיד פשיטא בר קטלא הוא (אלא) אמר [ב] רבא [ב] אימא פרט לאומר מותר א"ל אביי [ג] אי אומר מותר אנוס הוא אמר ליה שאני אומר [ד] האומר מותר קרוב למזיד הוא [ג] בבלי דעת [ה] פרט למתכוין מתכוין פשיטא בר קטלא הוא אמר רבה [ג] פרט [ו] למתכוין להרוג את הבהמה והרג את האדם לכותי והרג את ישראל לנפל והרג בן קיימא ת"ר [ד] אם בפתע [ד] פרט לקרן זוית בלא איבה [ז] [ה] פרט לשונא הדפו [ו] שדחפו בגופו או השליך עליו להביא [ז] ירידה שהיא צורך עליה בלא צדיה [ח] פרט למתכוין לצד זה והלכה לה לצד אחר [ה] ואשר לא צדה [ח] [ט] פרט למתכוין לזרוק שתים וזרק ארבע [ו] ואשר יבא את רעהו ביער [ט] [י] מה יער רשות לניזק ולמזיק ליכנס לשם אף כל רשות לניזק ולמזיק ליכנס לשם בעא מיניה רבי אבהו מרבי יוחנן היה עולה בסולם ונשמט השליבה מתחתיו ונפלה והרגה מהו כי האי גוונא עליה היא או ירידה היא א"ל [כ] כבר נגעת בירידה שהיא צורך עליה איתיביה זה הכלל כל שבדרך ירידתו גולה שלא בדרך ירידתו אינו גולה שלא בדרך ירידתו לאיתויי מאי לאו לאיתויי כה"ג וליטעמיך כל שבדרך ירידתו לאיתויי מאי אלא לאיתויי קצב הכא נמי לאיתויי קצב דתניא קצב שהיה מקצב תנא חדא לפניו חייב לאחריו פטור ותניא אידך לאחריו חייב לפניו פטור ותניא אידך בין לפניו בין לאחריו חייב ותניא אידך בין לפניו בין לאחריו פטור ולא קשיא [ל] כאן בירידה שלפניו ועליה שלאחריו כאן בעליה שלפניו וירידה שלאחריו כאן בירידה שלפניו ושל אחריו כאן בעליה שלפניו ושל אחריו לימא כתנאי היה עולה בסולם ונשמטה שליבה מתחתיו תני חדא חייב ותניא אידך פטור מאי לאו בהא קא מיפלגי דמר סבר ירידה היא ומר סבר עליה היא לא דכ"ע עליה היא ולא קשיא כאן לניזקין כאן לגלות איבעית אימא הא והא [א] לגלות ולא קשיא הא דאתליע הא דלא אתליע ואיבעית אימא הא והא דלא אתליע ולא קשיא הא דמיהדק והא דלא מיהדק: **מתני'** [ט] נשמט הברזל מקתו והרג רבי אומר אינו גולה וחכמים אומרים גולה מן העץ המתבקע רבי אומר גולה וחכמים אומרים [מ] אינו גולה: **גמ'** תניא אמר להם רבי לחכמים וכי נאמר [ו] ונשל הברזל מעצו והלא לא נאמר אלא מן העץ ועוד נאמר עץ למטה ונאמר עץ למעלה מה עץ האמור למעלה מן העץ המתבקע אף עץ האמור למטה מן העץ המתבקע אמר רב חייא בר אשי אמר רב ושניהם מקרא אחד דרשו ונשל הברזל מן העץ רבי סבר יש אם למסורת ונישל כתיב ורבנן סברי יש אם למקרא ונשל קרינן ורבי יש אם למסורת סבירא ליה

והאמר

גמ' אמר [י] רבא גרסינן ולא גרסינן אלא: באומר מותר. סבור שמותר להרוג את ישראל וזהו מזיד שלו: אנוס הוא. והיאך הוא קורהו מזיד: בפתע פרט לקרן זוית. שלשון פתע הוא בסמוך כדמתרגמי' בתכיף פרט לקרן זוית אם היה זה יוצא ממבוי זה ונכנס לזה לפנות לימין או לשמאל וסכינו בידו וזה בא כנגדו בקרן זוית ולא ראהו והרגו: שדחפו בגופו. בלא מתכוין: להביא ירידה שהיא צורך עליה. כגון הרוצה להריס ידו בכח וגרזן בידו ומשפיל תחלה את גופו ושוחה לפניו כדי להריס בכח ובהשפלתו הרג דלא תימא הואיל וצורך עליה היא פטור מגלות דהא כתיב ויפל: בלא צדיה. לשון צידוד שלא נתכוון לצדד לצד שני: ואשר לא צדה. שלא נתכוון לזרוק בצדו ובסמוך לו אלא למקום שזרק אבל לא היה יודע שיש שם אדם: פרט למתכוין לזרוק שתים וזרק ארבע. אן וכן לזרוק ארבע וזרק שמונה: אף כל שיש לו רשות לניזק כו'. יצאה חצר של בעל הבית: עליה היא או ירידה היא. בתר דידיה אזלינן והוא היה עסוק בעליה או בתר שליבה אזלינן והעולה עליה היה דוחקה ומשפילה כלפי מטה: כבר נגעת כו'. הרי נגעת כאן בירידה שהיא צורך עליה והא רבינן לה לעיל לחיובא: לפניו חייב. הרג לפניו חייב: ה"ג כאן בירידה שלפניו ועליה שלאחריו כאן בעליה שלפניו וירידה שלאחריו כאן בירידה שלפניו ושל אחריו כאן בעליה שלפניו ולאחריו. כל דרך עליה פטור וכל דרך ירידה חייב הלכך הא דתניא לפניו חייב לאחריו פטור בירידה שלפניו ועליה של אחריו השפיל זרועו כדי להריס בכח והריס (א) מכח לפניו בהשפלתו חייב הרג בעלייתו לאחוריו פטור והא דתניא לאחריו חייב לפניו פטור בעליה שלפניו וירידה שלאחריו כגון המריס ידו בכח עד שהשפילו דרך אחוריו ממעל לכתפיו וחזר והגביהן להכות לפניו הרג בהשפלתו דרך אחוריו חייב הרג בהגבהתו פטור והא דתניא בין לפניו ובין לאחריו חייב בירידה שלפניו או שלאחריו והא דתניא בין לפניו בין לאחריו פטור בעליה שלפניו ושל אחריו: לימא כתנאי. הך בעיא דרבי אבהו: לנזקין. חייב אם לא הרגו אלא הזיקו חייב דלמזקין לא שני לן בין שוגג למזיד בין ירידה לעליה כדאמרינן בב"ק (דף כו:) פצע תחת פצע לחייב על השוגג כמזיד ואונס כרצון: הא דאתליע. חייב שכל שליבה שהתליעה כשדורסין עליה נכפפת היא למטה וירידה היא ואם לא התליעה אין כאן ירידה: הא דמהדק. אם היתה השליבה מלא הנקב שהיא תחובה בו ואחוזה יפה יפה אין כאן דרך ירידה ופטור לא מהדק ירידה יש כאן וחייב: מתני' מן העץ המתבקע. יצא קיסם וניתז למרחוק והרג: גמ' נאמר עץ למטה. ונשל הברזל מן העץ: ונאמר עץ למעלה. לכרות העץ: יש אם למסורת. כמה שנמסרה כתב של תיבה למשה אנו צריכין לדורשה ולא לפי המקרא כשאתה קורא ונשל אתה מוסיף הברה של אל"ף או של ה"א בין נו"ן לשי"ן ולפי המסורת ונישל כתיב ופירושו נישל שהשיל הברזל מן העץ המתבקע ומצא את רעהו ורבנן סברי יש אם למקרא ונשל קרינן לשון פעל הברזל עצמו נשל מעל עצו:

הא

מסורת הש"ס

א) [לקמן ט:], ב) ל"ל רבה הוס' בסנהדרין דף סב. רש"ל, ג) [לקמן ט.], ד) [שם], ה) [שם], ו) [עי' תוס' ב"ק כו: ד"ה פרט, ותוספות סנהדרין עז: ד"ה סתם, ותוס' לקמן ט. ד"ה וזה מכלל], ז) [עי' תוס' לקמן ח: ד"ה בלא איבה], ח) ב"ק כו:, ט) [עי' תוספות סנהדרין עז: סד"ה ותוס' ב"ק כו: סד"ה פרט וכו' מה שהקשו בתימה], י) ל"ל רבה. רש"ל, כ) [וע"ע תוס' שבת עב: ד"ה באומר, ותוספות סנהדרין סב. ד"ה ולבן], ל) ב"ק דף מ"ג, מ) כדפירשנו בפרק כילד הרגל. מהר"ם, נ) עי' במהרש"ל ובמהר"ם.

הגהות הב"ח

(א) רש"י ד"ה ה"ג כאן וכו' והריס בכח הרג לפניו בהשפלתו חייב: (ב) תוס' ד"ה אלא וכו' וקשה ומ"ש דגבי וכו' וחייבין דלאפוקי פרק כלל גדול: (ג) ד"ה ואשר וכו' פרש"י ממעט: (ד) ד"ה נשמטה השליבה מתחתיו ונפלה והרגתו השליבה אבל אם נפל האדם והרגו אדם פטור:

גליון הש"ס

גמ' בבלי דעת פרט למתכוין. עי' לקמן דף ט' ע"ב ובתוס' שם ד"ה ור"י: שם מה יער רשות. עי' לקמן דף ח' ע"א:

הגהות הגר"א

[א] גמ' הא והא לגלות. נ"ב גירסת הרמב"ם לנזקין ומתורץ בגירסתו קושית התוס' (ומש"כ רבינו בח"מ סי' שע"ח ס"ק י' י"א):

הגהות מהר"ב רנשבורג

אן רש"י ד"ה פרט וכו' וכן לזרוק ארבע וזרק שמונה. נ"ב נ"ל וזרק שתים וכו' עי' סנהדרין דף עז: בלשון התוס' ד"ה סתם. [בגמ'] דב"ק כ"ו ב' מבואר כן בדברי רש"י כאן ודו"ק:

ליקוטי רש"י

ויפל עליו וימות. מכאן אמרו ההורג דרך ירידה גולה דרך עליה אינו גולה [במדבר לה כג]. האומר מותר קרוב למזיד. שהיה לו ללמוד [לקמן ט.]. בפתע. באונס. ותרגומו בתכיף, שהיה סמוך לו ולא היה לו שהות להזהר ועליו [במדבר לה כב]. להכי כתיב פתע שאינו שוגג לגלות על פתאום [כריתות ט.]. ואשר לא צדה. לא ארב לו ולא נתכוון. צדה. לשון ארב [שמות כא יג]. פרט למתכוין לזרוק שתים וזרק ארבע. לענין גלות חייב דכתיב ואשר לא צדה ושמתי לך מקום וגו' פרט למתכוין לזרוק שתים וזרק ארבע שאינו בתורת וכי יזיד איש וגו' אלא בתורת ושמתי לך מקום וגו' לישנא אחרינא ואשר לא צדה פרט למתכוין כו' דפטור מגלות דהכי משמע שלא צדה שלא נתכוון לצדד ולזרוק

חשק שלמה על ר"ח א) וכן פי' ר"ח בב"ק דף כ"ו ע"ב ... ב) וכן נראה מפסק הרמב"ם ... ג) בירושלמי איתא כי דמר רב הונא: ד) אפשר דט"ס הוא ...

לְנִיזָקִין – Here, in the first Baraisa, the reference is **to damages,** i.e. the victim was not killed but harmed in some other way. The Baraisa teaches that though the person ascending the ladder is exempt from *exile* for a death caused by the falling rung, he is nonetheless liable to pay for any *damages* caused by the rung.[45] **כָּאן לְגָלוּת – Here,** in the second Baraisa, the reference is **to exile,** i.e. the victim was killed. The Baraisa therefore rules that he is exempt.[46]

The Gemara offers another possible solution of the contradiction between the Baraisos:

אִיבָּעִית אֵימָא – If you prefer, say: **הָא וְהָא לְגָלוּת** – Both **this** Baraisa **and that** Baraisa refer **to exile,** i.e. to a case where someone was killed, **וְלֹא קַשְׁיָא – and** yet there is **no contradiction** between them. **הָא דְּאַתְלִיעַ – This** first Baraisa, which imposes exile, refers to a rung **that was worm-eaten,** which therefore sagged before it was dislodged, qualifying the motion as downward. **הָא דְּלֹא אַתְלִיעַ – The other** Baraisa, which exempts him from exile, refers to a rung **that was not worm-eaten,** and hence did not sag.[47]

The Gemara offers yet another option:

וְאִיבָּעִית אֵימָא – Or, if you prefer, say: **הָא וְהָא דְּלֹא אַתְלִיעַ –** Both **this** Baraisa **and that** Baraisa refer to a rung **that was not worm-eaten,** **וְלֹא קַשְׁיָא – and** yet there is **no contradiction** between them. **הָא דְּמִיהֲדַק – This** second Baraisa, which exempts him from exile, refers to a rung **that was securely attached,** so that it does not move downward; **וְהָא דְּלֹא מִיהֲדַק – and the other** Baraisa, which requires his exile, refers to a rung **that was not securely attached.**[48]

Mishnah To illustrate the type of inadvertent killing that renders one liable to exile, the Torah uses the example of one who kills while chopping wood. In describing the object that flies off and fatally hits the victim, the Torah states: וְנָשַׁל הַבַּרְזֶל מִן־הָעֵץ.[49] Tannaim disagree in the following Mishnah whether this means *the iron [axe-head] slips off the wooden [handle],*[50] or: *the iron [axe-head] dislodges [a chip of wood] from the tree*:[51]

נִשְׁמַט הַבַּרְזֶל מִקַּתּוֹ וְהָרַג – If the iron blade of one's axe **slipped off its handle** while he was chopping wood **and killed** a bystander, **רַבִּי אוֹמֵר אֵינוֹ גוֹלֶה – Rebbi says he is not exiled,**[52] **וַחֲכָמִים אוֹמְרִים גּוֹלֶה – but the Sages say he is exiled.**[53] **מִן הָעֵץ הַמִּתְבַּקֵּעַ –** If the death was caused by a woodchip propelled **from the tree that was being chopped,**[54] **רַבִּי אוֹמֵר גּוֹלֶה – Rebbi says he is exiled,**[55] **וַחֲכָמִים אוֹמְרִים אֵינוֹ גוֹלֶה – but the Sages say he is not exiled.**[56]

NOTES

45. One who inflicted personal injury or property damage must compensate the victim regardless of whether the harm was done deliberately or inadvertently, whether it was caused by an upward or downward motion, or even if it resulted from a complete accident [אוֹנֶס]. The Gemara in *Bava Kamma* (26b) derives these laws from the otherwise superfluous verse (*Exodus* 21:25): פֶּצַע תַּחַת פָּצַע, *a wound in place of a wound* (*Rashi;* see *Rashi* to *Bava Kamma* ibid. ד״ה פצע; see also *Aruch LaNer* on *Rashi* ד״ה לנזקין).

46. As explained in note 44.

47. According to this explanation as well, both Baraisos classify the motion under discussion as an upward one, for which there is no exile (see note 44). The Baraisa which rules that he *is* exiled refers to a rung that was rotten. In such a case, the rung begins to move downward as soon as the climber puts a foot on it and even before he boosts himself up. At this point, there is only a single motion – he is pressing the rung downward. Therefore, if the rung gives way at this point, the accident results from a purely downward motion, as opposed to a combination of upward and downward movements. Although even this downward motion is for the purpose of an upward one (the ascent of the climber), all agree that he is subject to exile, since the movement itself is purely downward (see notes 24 and 33). In the case of a solid rung, though, there is no sag in the rung until the climber brings the full weight of his body to bear on it. At this point, two movements are taking place – the rung is pressed down while the climber boosts himself up. If the rung breaks at this point, the accident is viewed as resulting from an upward motion, for which there is no exile (see *Ritva's* explanation of *Rashi;* cf. *Ramban, Tosafos;* cf. *Rambam, Hil. Choveil U'Mazik* 6:4 with *Maggid Mishneh*). [It follows that according to this explanation as well, both Baraisos conflict with R' Yochanan's ruling that ascending a ladder is a downward motion for the purpose of an upward motion, where exile does apply.]

An alternative approach: In the case of the rotten rung, the perpetrator is *exempt* from exile, because using such a ladder is grossly negligent (provided that the defect is clearly visible). The Baraisa that does impose exile refers to a solid rung, in which case there is no unusual level of negligence. According to this, both Baraisos follow the view of R' Yochanan that the motion is deemed a downward one, which requires exile (*Ritva;* see *Meiri*).

48. A securely attached rung completely fills the holes in the ladder into which it is inserted. Held firmly in this manner, it does not move downward [until the climber puts his full weight on it]. But a rung that is not securely attached slips down slightly [as soon as he puts one foot on it] (*Rashi,* as explained by *Ritva*). This is essentially the same explanation as the previous one, with just the circumstance being different. The two approaches cited in the previous note apply here as well.

49. *Deuteronomy* 19:5. The entire verse reads: וַאֲשֶׁר יָבֹא אֶת־רֵעֵהוּ בַיַּעַר לַחְטֹב עֵצִים וְנִדְּחָה יָדוֹ בַגַּרְזֶן לִכְרֹת הָעֵץ וְנָשַׁל הַבַּרְזֶל מִן־הָעֵץ וּמָצָא אֶת־רֵעֵהוּ וָמֵת הוּא יָנוּס אֶל־אַחַת הֶעָרִים־הָאֵלֶּה וָחָי, *Or if one comes with his fellow into the forest to hew trees, and his hand swings the axe to cut the tree, and "the iron slips off the wood" and finds his fellow man who dies – he shall flee to one of these cities and live.* [This translation follows one Tannaic opinion.]

50. According to this interpretation, נשל (*slip*) is an intransitive verb (referring to the iron axe-head itself), which means "slips off." The word עֵץ (*wood, tree*) is understood as the axe's wooden handle.

51. According to this, נשל is transitive (referring to the effect of the axe on the *tree*) and it means "causes to slip off" or "dislodges." עֵץ denotes the tree that is being chopped.

52. Rebbi maintains that this is *not* the case of the verse, where the perpetrator is sentenced to exile. Rather, in his opinion, one is exempt from exile in this circumstance, because it constitutes *gross* negligence [קָרוֹב לְמֵזִיד], since it likely would not have happened unless the axe-head had been loose to begin with (*Rabbeinu Chananel*). The woodchopper should have checked his axe before using it (*Meiri*).

According to some commentators, Rebbi deems this an unlikely occurrence, falling under the category of an unavoidable accident [אוֹנֶס], which does not warrant exile (*Rabbeinu Yehonasan MiLunel; Aruch LaNer* on *Rashi* ד״ה מן העץ).

53. The Sages render וְנָשַׁל הַבַּרְזֶל מִן־הָעֵץ as *the iron slips off the wood* (i.e. the iron axe-head flies off its wooden handle). Hence, the sentence of exile mentioned in the verse applies in this situation. In their view, the Torah does not consider it a case of *gross* negligence (where exile would not apply), because even if he had checked the axe it could still have broken apart. An axe-head often seems to be fastened securely, when in fact it is not (*Meiri*).

[This dispute between Rebbi and the Rabbis is not limited to this particular situation. They rule likewise in similar cases, where one uses equipment that breaks and causes a fatality (see Gemara below, 9b; see also 7a note 9).]

54. The blow of the axe propelled a chip of wood from the tree to some distance away, where it fatally struck a bystander (*Rashi*). [Some Rishonim give a different explanation of this case – see *Rabbeinu Chananel, Meiri* and *Rambam, Hil. Rotze'ach* 6:15; see also *Aruch LaNer* ibid.]

55. Rebbi understands the verse as referring to this very situation, for in his opinion, וְנָשַׁל הַבַּרְזֶל מִן־הָעֵץ means: *the iron dislodges [a chip] from the tree.*

56. The Sages consider this an unlikely occurrence, for which there is no exile (*Meiri;* cf. *Aruch LaNer* ibid.).

היה עולה בסולם ונפל עליו והרגו הרי זה אינו גולה [א] זה הכלל כל שבדרך ירידתו גולה ושלא בדרך ירידתו אינו גולה: **גמ'** מנא ה"מ אמר שמואל דאמר קרא [א] ויפל עליו וימות עד שיפול דרך נפילה. תנו רבנן [ב] בשגגה פרט למזיד [ג] בבלי דעת פרט למתכוין מזיד פשיטא בר קטלא הוא (אלא) אמר רבא אימא פרט לאומר מותר א"ל אביי אי אומר מותר אנוס הוא אמר ליה שאני אומר האומר מותר קרוב למזיד הוא בבלי דעת פרט למתכוין פשיטא בר קטלא הוא אמר רבה פרט למתכוין להרוג את הבהמה והרג את האדם לכותי והרג את ישראל לנפל והרג בן קיימא ת"ר [ד] אם בפתע פרט לקרן זוית בלא איבה פרט לשונא הדפו שדחפו בגופו או השליך עליו להביא ירידה שהיא צורך עליה בלא צדיה פרט למתכוין לצד זה והלכה לה לצד אחר [ה] ואשר לא צדה פרט למתכוין לזרוק שתים וזרק ארבע [ו] ואשר יבא את רעהו ביער מה יער רשות לניזק ולמזיק ליכנס לשם אף כל רשות לניזק ולמזיק ליכנס לשם בעא מיניה רבי אבהו מרבי יוחנן היה עולה בסולם ונשמט השליבה מתחתיו ונפלה והרגה מהו כי האי גוונא עליה היא או ירידה היא א"ל כבר נגעת בירידה שהיא צורך עליה איתיביה זה הכלל כל שבדרך ירידתו גולה שלא בדרך ירידתו אינו גולה שלא בדרך ירידתו לאיתויי מאי לאו לאיתויי כה"ג ולטעמיך כל שבדרך ירידתו לאיתויי מאי אלא לאיתויי קצב הכא נמי לאיתויי קצב דתניא קצב שהיה מקצב תנא חדא לפניו חייב לאחריו פטור ותניא אידך לאחריו חייב לפניו פטור ותניא אידך בין לפניו בין לאחריו חייב ותניא אידך בין לפניו בין לאחריו פטור ולא קשיא כאן בירידה שלפניו ועליה שלאחריו כאן בעליה שלפניו וירידה שלאחריו כאן בירידה שלפניו ושל אחריו כאן בעליה שלפניו ושל אחריו לימא כתנאי היה עולה בסולם ונשמטה שליבה מתחתיו תני חדא חייב ותניא אידך פטור מאי לאו בהא קא מיפלגי דמר סבר ירידה היא ומר סבר עליה היא לא דכ"ע עליה היא ולא קשיא כאן לניזקין כאן לגלות איבעית אימא הא והא [א] לגלות ולא קשיא הא דאתליע הא דלא אתליע ואיבעית אימא הא והא דלא אתליע ולא קשיא הא דמיהדק והא דלא מיהדק: **מתני'** נשמט הברזל מקתו והרג רבי אומר אינו גולה וחכמים אומרים גולה מן העץ המתבקע רבי אומר גולה וחכמים אומרים אינו גולה: **גמ'** תניא אמר להם רבי לחכמים וכי נאמר ונשל הברזל מעצו והלא לא נאמר אלא מן העץ ועוד נאמר עץ למטה ונאמר עץ למעלה מה עץ האמור למעלה מן העץ המתבקע אף עץ האמור למטה מן העץ המתבקע אמר רב חייא בר אשי אמר רב ושניהם מקרא אחד דרשו ונשל הברזל מן העץ רבי סבר יש אם למסורת ונישל כתיב ורבנן סברי יש אם למקרא ונשל קרינן ורבי יש אם למסורת סבירא ליה והאמר

רש"י

גמ' אמר רבא גרסינן ולא גרסינן אלא: **באומר מותר.** סבור שמותר להרוג את ישראל וזהו מזיד שלו: **אנוס הוא.** והיאך הוא קורהו מזיד: **בפתע פרט לקרן זוית.** שלשון פתע הוא בסמוך כדמתרגמי' בתכיף פרט לקרן זוית אם היה זה יוצא ממבוי זה ונכנס לזה לפנות לימין או לשמאל וסכינו בידו וזה בא כנגדו בקרן זוית ולא ראהו והרגו: **שדחפו** בגופו. בלא מתכוין: **להביא ירידה** שהיא צורך עליה. כגון הרוצה להריס ידו בכח וגרזן בידו ומשפיל תחלה את גופו ושוחה לפניו כדי להריס בכח ובהשפלתו הרג דלא תימא הואיל וצורך עליה היא פטור מגלות דהא כתיב ויפל: **בלא צדיה.** לשון לידוד שלא נתכוין לצדד לצד שני: **ואשר לא צדה.** שלא נתכוין לזרוק בצדו ובסמוך לו אלא למקום שזרק אבל לא היה יודע שיש שם אדם: **פרט למתכוין לזרוק שתים וזרק ארבע.** [א] וכן לזרוק ארבע וזרק שמונה: **אף כל שיש לו רשות לניזק** כו'. יצאה חצר של בעל הבית: **עליה היא או ירידה היא.** בתר דידיה אזלינן והוא היה עסוק בעליה או בתר שליבה אזלינן והעולה עליה היה דוחקה ומשפילה כלפי מטה: **כבר נגעת** כו'. הרי נגעת כאן בירידה שהיא צורך עליה והא רבינן לה לעיל לחיובא: **לפניו חייב.** הרג לפניו חייב: ה"ג כאן בירידה שלפניו ועליה שלאחריו כאן בעליה שלפניו וירידה שלאחריו כאן בירידה שלפניו ושל אחריו כאן בעליה שלפניו ולאחריו. כל דרך עליה פטור וכל דרך ירידה חייב הלכך הא דתניא לפניו חייב לאחריו פטור בירידה שלפניו ועליה של אחריו השפיל זרועו כדי להריס בכח והריס (א) מכח לפניו בהשפלתו חייב הרג בעלייתו לאחוריו פטור והא דתניא לאחריו חייב לפניו פטור בעליה שלפניו וירידה שלאחריו כגון המריס ידו בכח עד שהשפילו דרך אחוריו ממעל לכתפיו וחזר והגביהן להכות לפניו הרג בהשפלתו דרך אחוריו חייב הרג בהגבהתו פטור והא דתניא בין לפניו ובין לאחריו חייב בירידה שלפניו או שלאחריו והא דתניא בין לפניו בין לאחריו פטור בעליה שלפניו ושל אחריו: **לימא כתנאי.** הך בעיא דרבי אבהו: **לנזקין.** חייב אם לא הרגו אלא הזיקו חייב דלמזקין לא שני לן בין שוגג למזיד בין ירידה לעליה כדאמרינן בב"ק (דף כו:) פלע תחת פלע לחייב על השוגג כמזיד ואונס כרצון: **הא דאתליע.** חייב שכל שליבה שהתליעה כשדורסין עליה נכפפת היא למטה וירידה היא ואם לא התליעה אין כאן ירידה: **הא דמהדק.** אם היתה השליבה מלא הנקב שהיא תחובה בו ואחוזה יפה יפה אין כאן דרך ירידה ופטור לא מהדק ירידה יש כאן וחייב: **מתני' מן העץ המתבקע.** יצא קיסס וניתז למרחוק והרג: **גמ' נאמר** עץ למטה. ונשל הברזל מן העץ: **ונאמר עץ למעלה.** לכרות העץ: **יש אם למסורת.** כמה שנמסרה כתב של תיבה למשה אנו צריכין לדורשה ולא לפי המקרא כשאתה קורא ונשל אתה מוסיף הברה של אל"ף או של ה"א בין נו"ן לשי"ן ולפי המסורת ונישל כתיב ופירושו נישל שהשיל הברזל מן העץ המתבקע ומצא את רעהו ורבנן סברי יש אם למקרא ונשל קרינן לשון פעל הברזל עצמו נשל מעל עצו: הא

תוספות

פשיטא בר קטלא הוא. תימה אימא במזיד ולא התרו בו וי"ל דהא נמי נפקא לן מבלי דעת דאיכא מבלי דעת יתירא עוד י"ל דהא נמי פשיטא דלא יגלה דעל כרחך קרא בלא מתכוין איירי מדכתיב והוא לא שונא:

אלא פרט לאומר מותר. וקשה (ב) דגבי חלב וגבי שבת דכתיב בשניהם שגגה וחייבין פרק כלל גדול (שבת דף סח: ושם) בתינוק שנשבה לבין הנכרים וי"ל דשאני הכא דכתיב שגגה יתירא למעוטי אומר מותר [כ]:

ואשר לא צדה פרט למתכוין לזרוק. בכילד הרגל (ב"ק דף כו: ושם) פירש רש"י (ג) ממעט ליה ממיתה אבל גלות אית ביה ולא נראה דא"כ לא הוי כמו אידך לכן נראה לפרש דפטור [ל] (ממיתה) מגלות [מ] כדאמרינן פרק כילד הרגל (שם ד"ה פרט):

מה יער שיש לו רשות לניזק ולמזיק ליכנס לשם וכו'. וקשה דמסתמא כמו כן נימא מה יער מקום שעומד שם המזיק ויש רשות לניזק להיות לשם וא"כ קשה דתנן הזורק אבן לרשות הרבים הרי הוא גולה ומוקי לה בסותר כתלו שהוא ברשותו והרג הניזק שהוא ברשות הרבים ואמאי גולה והא בעינן מקום שיהא רשות לניזק ולמזיק ושיהא הניזק במקום שהמזיק עומד בו וי"ל דלא יליף מיניה מקום ההכאה אלא שיש רשות לשניהם לעכב במקום ההכאה:

נשמטה השליבה (ד). והרגתו השליבה אבל אם הרגו אדם פטור דבעינן דרך ירידה:

ואי בעית אימא הא דאיתלע והא דלא איתלע. ולפי האי איבעית אימא כולי עלמא סברי ירידה היא וקשה א"כ אמאי לא קאמר דכולי עלמא ירידה היא הא דאתלע והא דלא אתלע ועוד קשה כי קאמר מעיקרא דכ"ע עליה היא א"כ קשה ברייתא זו לברייתא דלעיל או השליך עליו להביא ירידה שהיא צורך עליה ונראה לפרש דה"ק דכ"ע דעליה הוי ומיירי במיהדק [נ] ובדלא אתלע ולא מיירי בירידה שהיא צורך לעליה דבהא לא פליגי ברייתות והכא הכי קאמר איבעית אימא הא והא לגלות ומיירי הברייתא שמחייבה בירידה שהיא צורך לעליה:

היינו

ושמתי לך מקום וגו' ליסנא אחרינא ואשר לא צדה פרט למתכוין כו' דפטור מגלות דהכי משמע שלא צדה שלא נתכוין לצדד ולזרוק

עין משפט נר מצוה

ג א מיי' פ"ו מהלכות רוצח הלכה יג סמג עשין עה:
ד ב ג ד ה ו מיי' שם הלכה י:
ה ז מיי' שם הלכה יג ולפטור ועי' בכ"מ:
ו ח מיי' שם הלכה יד:
ז ט מיי' שם הלכה י:
ח י מיי' שם הלכה יא:
ט כ מיי' שם הלכה יד ולפטור:
י ל מיי' שם הלכה יג ועיין בכסף משנה:
יא מ מיי' שם הלכה טו:

תורה אור השלם

א) אוֹ בְכָל אֶבֶן אֲשֶׁר יָמוּת בָּהּ בְּלֹא רְאוֹת וַיַּפֵּל עָלָיו וַיָּמֹת וְהוּא לֹא אוֹיֵב לוֹ וְלֹא מְבַקֵּשׁ רָעָתוֹ: [במדבר לה, כג]

ב) וְהִקְרִיתֶם לָכֶם עָרִים עָרֵי מִקְלָט תִּהְיֶינָה לָכֶם וְנָס שָׁמָּה רֹצֵחַ מַכֵּה נֶפֶשׁ בִּשְׁגָגָה: [במדבר לה, יא] לִבְנֵי יִשְׂרָאֵל וְלַגֵּר וְלַתּוֹשָׁב בְּתוֹכָם תִּהְיֶינָה שֵׁשׁ הֶעָרִים הָאֵלֶּה לְמִקְלָט לָנוּס שָׁמָּה כָּל מַכֵּה נֶפֶשׁ בִּשְׁגָגָה: [במדבר לה, טו]

ג) וְזֶה דְּבַר הָרֹצֵחַ אֲשֶׁר יָנוּס שָׁמָּה וָחָי אֲשֶׁר יַכֶּה אֶת רֵעֵהוּ בִּבְלִי דַעַת וְהוּא לֹא שֹׂנֵא לוֹ מִתְּמֹל שִׁלְשֹׁם: [דברים יט, ד]

ד) וְאִם בְּפֶתַע בְּלֹא אֵיבָה הֲדָפוֹ אוֹ הִשְׁלִיךְ עָלָיו כָּל כְּלִי בְּלֹא צְדִיָּה: [במדבר לה, כב] [ועי' תוס' סוד"ה אלא]

ה) וַאֲשֶׁר לֹא צָדָה וְהָאֱלֹהִים אִנָּה לְיָדוֹ וְשַׂמְתִּי לְךָ מָקוֹם אֲשֶׁר יָנוּס שָׁמָּה: [שמות כא, יג]

ו) וַאֲשֶׁר יָבֹא אֶת רֵעֵהוּ בַיַּעַר לַחְטֹב עֵצִים וְנִדְּחָה יָדוֹ בַגַּרְזֶן לִכְרֹת הָעֵץ וְנָשַׁל הַבַּרְזֶל מִן הָעֵץ וּמָצָא אֶת רֵעֵהוּ וָמֵת הוּא יָנוּס אֶל אַחַת הֶעָרִים הָאֵלֶּה וָחָי: [דברים יט, ה]

רבינו חננאל

עד זה הכלל כל שבדרך ירידתו גולה שלא כדרך ירידתו אינו גולה. מנא הני מילי. אמר שמואל דאמר קרא ויפל עליו וימות עד שיפיל עליו דרך נפילה: ת"ר בשגגה פרט למזיד. כלומר אינו גולה. אוקמה רבא דהאי מזיד שאינו גולה באומר מותר שהאומר מותר קרוב למזיד הוא ולא מיכפר ליה בגלות. אבל המזיד בר קטלא הוא. בבלי דעת אוקמה רבא פרט למתכוין להרוג בהמה והרג אדם לכותי והרג ישראל לנפלים והרג בן קיימא שאינו גולה: ת"ר אם בפתע פרט לקרן זוית דהוה ליה לעיוני. בלא איבה פרט לשונא. כלומר הני לא סגי להו בגלות. הדפו שדחפו בגופו. או השליך עליו להביא ירידה שהיא צורך עלייה. בלא צדיה פרט למתכוין לצד זה והלכה לה לצד אחר. ואשר לא צדה פרט למתכוין לזרוק ב' אמות וזרק ד' אמות והיה שם אדם והכהו דלא מיכפר להו בגלות א) ואשר יבא את רעהו ביער מה יער רשות לניזק ולמזיק ליכנס שם אף כל שיש רשות לניזק ולמזיק ליכנס שם דינו הכי. בעא ר' אבהו מר' יוחנן היה עולה בסולם ונשמטה שליבה מתחתיו ונפלה והרגה מהו. ופשט ליה דהיא ירידה צורך עלייה. ומותיב ליה הא דתנן כל שלא כדרך ירידתו אינו גולה מאי לאו כי האי גוונא. ופריק ליה לא לעולם כי האי גוונא גולה ומתניתין כעין קצב שהיה מקצב דתנו ביה ד' בבי. תני חדא לפניו חייב לאחריו פטור כו' ופרקינן לא קשיא. פי' דרך המקצב להעלות הקופיץ מלפניו ולהורידו לאחריו ואח"כ מחזירו ומעלהו מאחריו ומורידו לפניו ומכה בבהמה הא דתני לפניו חייב לאחריו פטור דרך ירידה לפניו חייב. פי' בעת שמחזיר הקופיץ מאחוריו להכות על הבהמה כדי לנתחה שזו היא ירידה ממש ובירידה שלאחריו בהחזרת הקופיץ שהיא כעין עלייה פטור. והא דתניא לאחריו חייב לפניו פטור הוא בהגבהת הקופיץ מלפניו עד שיחזירו לאחריו פטור שהוא דרך עלייה לאחריו חייב שהוא דרך ירידה ב) (ופירשנוהו) [ופירשוהו] בתלמוד ארץ ישראל. א"ר ינאי טבח שהיה מקצב והכה בין מלמעלה בין מלמטה גולה ואתיא כדמר בר רב הונא ג) טבח שהיה מקצב והכה לפניו למטה גולה. למעלה אינו גולה. לאחריו למעלה גולה. למטה אינו גולה. והא דתני' בין לפניו בין לאחריו חייב בירידה שלפניו ושל אחריו. והא דתניא בין לפניו בין לאחריו פטור בעלייה שלפניו ושל אחריו. והא דבעי רבי אבהו מר' יוחנן היה עולה בסולם ונשמטה שליבה מתחתיו והרגה תני חדא חייב. ואוקי' לנזיקין ואע"ג דעלייה היא לענין נזיקא חייב. ותני חדא פטור מגלות. איבעית אימא הא והא לגלות והא דקתני חייב כגון דאתלע דכיון דאתלע ולא חזי לעלייה מעיקרא ירידה היא. איבעית אימא דלא אתלע כלל והאי דקתני חייב כגון דלא מיהדק כיון דלא מיהדק לא חזי למיסק ביה ומעיקרא ירידה היא: נשמט הברזל מקתו. קודם שיכה על העץ לבקעו והרג רבי אומר אינו גולה דהאי קרוב למזיד הוא שאילו לא היה רפוי לא היה נשמט. ואמרינן מאי טעמא קסבר יש אם למסורת ונשל ד) כתיב כלומר ונשל הברזל [מן העץ]. מן העץ המתבקע רבי אומר גולה וחכ"א אינו גולה. כגון שנתזה בקעת מן העץ והלכה והרגה. או נשמט הברזל. כלומר מכח הכאתו בעץ לבקעו נשמט והלך והרג ה) ואם יש לומר והלא

חשק שלמה על ר"ח

א) וכן פי' ר"ח בב"ק דף כ"ו ע"ב הובא בחידושי הרשב"א ובשיטה מקובצת שם: ב) וכן נראה מפסק הרמב"ם הל' רוצח פ"ו הי"ג כפירוש ר"ח דלא כרש"י: ג) בירושלמי איתא כי דמר רב הונא: ד) אפשר דט"ס הוא והכ' צריך להנקד בחירק וצ"ע: ה) לפי פירוש זה אשר אחריו הלך הרמב"ם ספ"ו מהל' רוצח מדויק לישנא דמתניתין דמן העץ המתבקע נמי אנשמט הברזל קאי:

מסורת הש"ס

א) [לקמן ט:], ב) ג"ל רבה תוס' סנהדרין דף סב. רש"ל, ג) [לקמן ט.], ד) [שם.], ה) [שם:], ו) [עי' תוס' ב"ק כו: ד"ה פרט, ותוספות סנהדרין עז: ד"ה שם, ותוס' לקמן ט. ד"ה ורב חסדא], ז) [עי' תוס' לקמן ח. ד"ה בלא איבה], ח) ב"ק כו:, ט) [עי' תוספות סנהדרין עז: ד"ה שם ותוס' ב"ק כו: סד"ה פרט וכו' מה שהניחו בתימה], י) ג"ל רבה. רש"ל, כ) [וע"ע בתוס' שבת עב: ד"ה באומר, ותוספות סנהדרין סב. ד"ה ורבא], ל) רש"א מ"ז, מ) כדפירשנו בפרק כילד הרגל. מהרש"ל, נ) עי' במהרש"ל ובמהרש"א.

הגהות הב"ח

(א) רש"י ד"ה ה"ג כאן וכו' והריס בכח הרג לפניו בהשפלתו חייב: (ב) תוס' ד"ה אלא וכו' וקשה ומ"ש דגבי וכו' וחייבין כדאיתא פרק כלל גדול: (ג) ד"ה ואשר וכו' פרש"י דממעט: (ד) ד"ה נשמטה השליבה מתחתיו ונפלה והרגתו השליבה אבל אם נפל האדם והרגו אדם פטור:

גליון הש"ס

גמ' בבלי דעת פרט למתכוין. עי' לקמן דף ט' ע"ב ובתוס' שם ד"ה ור"י: שם מה יער רשות. עי' לקמן דף מ' ע"א:

הגהות הגר"א

[א] גמ' הא והא לגלות נ"ב גירסת הרמב"ם לנזקין ומתורץ בגירסתו קושית התוס' (ועמ"ש רבינו במ"מ סי' שע"ח ס"ק י"א):

הגהות מהר"ב רנשבורג

א] רש"י ד"ה פרט וכו' וכן לזרוק ארבע וזרק שמונה. נ"ב ג"ל וזרק שתים וכ"ה בסנהדרין דף עז: בלשון התוס' ד"ה שם. [בגמ' דב"ק כ"ו ב' מבואר כמ"ש רש"י כאן ואל"ל]:

ליקוטי רש"י

ויפל עליו וימות. מכאן אמרו ההורג דרך ירידה גולה דרך עלייה אינו גולה [במדבר לה כג].

האומר מותר קרוב למזיד. שהיה לו ללמוד [לקמן ט.].

בפתע. באונס. ותרגומו בתכיף, שהיה סמוך לו ולא היה לו שהות להזהר עליו [במדבר לה כב]. להכי כתיב פתע דהוי שוגג לגלות על פתאום [כריתות ט.].

ואשר לא צדה. לא ארב לו ולא נתכוין. צדה. לשון ארב [שמות כא יג].

פרט למתכוין לזרוק שתים וזרק ארבע. לענין גלות חייב דכתיב ואשר לא צדה ושמתי לך מקום וגו' פרט למתכוין לזרוק שתים וזרק ארבע שאינו בתורת וכי יזיד איש וגו' אלא בתורת

Gemara The Gemara cites a Baraisa in which Rebbi gives two reasons for his interpretation of the verse:

תַּנְיָא – It was taught in a Baraisa: אָמַר לָהֶם רַבִּי לַחֲכָמִים – REBBI SAID TO THE SAGES: **וְכִי נֶאֱמַר וְנָשַׁל הַבַּרְזֶל מֵעֵצוֹ –** DOES [THE VERSE] SAY, "AND THE IRON SLIPS OFF *ITS* WOOD," which would clearly refer to the axe-handle? **וַהֲלֹא לֹא נֶאֱמַר אֶלָּא ,,מִן־הָעֵץ" –** IN FACT IT SAYS ONLY "FROM *THE* WOOD," without any reference to the axe-handle.[57] **וְעוֹד –** FURTHERMORE, **נֶאֱמַר ,,עֵץ" לְמַטָּה –** the word *EITZ* IS SAID BELOW, i.e. in the phrase under dispute, **וְנֶאֱמַר ,,עֵץ" לְמַעְלָה –** AND the word *EITZ* IS also SAID ABOVE, earlier in the same verse.[58] **מָה ,,עֵץ" הָאָמוּר לְמַעְלָה מִן הָעֵץ הַמִּתְבַּקֵּעַ –** Therefore, JUST AS the word *EITZ* SAID ABOVE clearly refers to wood FROM THE TREE BEING CHOPPED, **אַף ,,עֵץ" הָאָמוּר לְמַטָּה מִן הָעֵץ הַמִּתְבַּקֵּעַ –** SO TOO, the word *EITZ* SAID BELOW (in the phrase describing the object that flew off and killed) refers to wood FROM THE TREE BEING CHOPPED.[59]

The Gemara offers further analysis of why Rebbi and the Sages give different interpretations of the verse:[60]

אָמַר רַב חִיָּיא בַּר אַשִׁי אָמַר רַב – Rav Chiya bar Ashi said in the name of Rav: וּשְׁנֵיהֶם מִקְרָא אֶחָד דָּרְשׁוּ – Both of them [Rebbi and the Sages] **interpreted the same verse,** which states: **,,וְנָשַׁל הַבַּרְזֶל מִן־הָעֵץ" – *"v'nashal" the iron from the wood.*** **רַבִּי סָבַר יֵשׁ אֵם לַמָּסוֹרֶת – Rebbi maintains that** when expounding a word for its legal details, **the transmitted** (i.e. written) **form** of the word **has primacy;** that is, the derivation is based on the way the word is *written,* but not necessarily how it should be pronounced.[61] **,,וְנִישֵׁל" כְּתִיב –** In our case, **it is written *v'nisheil,*** which means that the iron dislodged something (a chip).[62] **וְרַבָּנָן סָבְרֵי יֵשׁ אֵם לַמִּקְרָא – But the Sages maintain** that **the *pronounced* form** of the word **has primacy; ,,וְנָשַׁל" קָרֵינַן –** and **we pronounce** the word as ***v'nashal,*** meaning that the iron itself became dislodged.[63]

The Gemara questions this explanation of Rebbi's view:

וְרַבִּי יֵשׁ אֵם לַמָּסוֹרֶת סְבִירָא לֵיהּ – And does Rebbi indeed **maintain that the transmitted** (i.e. written) **form has primacy?**

NOTES

57. Hence, the word עֵץ (*wood, tree*) signifies not the axe's wooden handle, but the tree being chopped. The verse thus means that the axe caused a chip to be propelled from the *tree* and kill someone. [If so, the verb נשל must be transitive, referring to the effect of the axe on the *tree.* See note 62.]

58. The word עֵץ (*eitz*) appears twice in this verse fragment: וְנִדְּחָה יָדוֹ בַגַּרְזֶן לִכְרֹת הָעֵץ וְנָשַׁל הַבַּרְזֶל מִן־הָעֵץ, which Rebbi renders as: *his hand swings the axe to cut the "eitz," and the iron dislodges [a chip] from the "eitz"* (*Rashi;* cf. *Rabbeinu Chananel* on 8a).

59. [See note 57.] The reason why the Sages reject Rebbi's arguments is given below, note 63.

60. The following analysis is not intended to supersede the reasons given in the preceding Baraisa, but to supplement them. See *Ritva* and *Aruch LaNer* ד״ה ושניהם; see also Gemara on 8a.

61. The מָסוֹרֶת (literally: transmission) denotes the way each word of the Torah should be written, as transmitted to Moses at Sinai (*Rashi*). Since the Torah is written without vowels, the apparent way to read a word might differ from its correct pronunciation. When such a situation arises, there is a question whether we derive laws from the apparent reading of the word's written form or from the proper pronunciation.

[Although both the written and pronounced forms of the Torah were given to Moses and transmitted from generation to generation, it is the written form that the Gemara calls מָסוֹרֶת, since Moses literally "handed over" the Torah scroll he had written to the Israelites. The pronunciation, however, was taught to them orally, and was not physically "handed over" (see *Rashi* to *Succah* 6b ד״ה יש אם למסורת). Alternatively, the written form is termed מָסוֹרֶת, because its details were transmitted to and carefully preserved by a select group of scholars in each generation. The pronunciation, by contrast, did not have to be transmitted in this special manner, since most of the people were fluent in Scripture (*Yad Ramah* to *Sanhedrin* 3b סוד״ה ואסיקניה).]

62. In the Torah the word appears with three letters נשל. But if one reads it as נָשַׁל, *nashal* [בִּנְיַן קַל], one is in effect reading it as though it were spelled with an א (נאשל) or ה (נהשל). Thus, according to the written form – which omits the א or ה – it should be read נִשֵּׁל, *nisheil* [בִּנְיַן פִּעֵל]. The form נִשֵּׁל has a transitive sense, which in this context would refer to the effect of the axe on the tree, i.e. the axe caused a chip to shoot out of the tree and strike someone (*Rashi;* see *Rashash;* cf. *Tos. Yom Tov*).

Ritva finds difficulty with this approach. He argues that the Torah never uses the letter א or ה to indicate the vowel in such verb forms; hence, its omission does not signify anything. [For a defense of *Rashi,* see *Nasan Piryo.*] Rather, *Ritva* explains that whereas the pronounced form is *limited* to נָשַׁל, the written form (נשל) could be read as *either* נָשַׁל *or* נִשֵּׁל. In the Baraisa cited above, Rebbi proved from the fact that the Torah says "*the* wood" (as opposed to "*its* wood") that the projectile is a piece of wood from the tree. If so, the axe itself did not fly out of the chopper's hand; rather, it caused a chip to fly away from the tree. Hence, נשל must be read as נִשֵּׁל (the transitive form), which is possible only according to the written version. [For further discussion, see the essay entitled דבור על מאמר רז״ל יש אם למקרא ולמסרת appended to *Havanas HaMikra* by R' W. Heidenheim.]

63. According to the Sages, there is no choice but to expound the word the way it should be pronounced, נָשַׁל. This is an intransitive verb, which refers to the axe itself. Hence, regardless of Rebbi's arguments to the contrary, the verse must mean that the axe-head slipped off its handle (see *Ritva*).

וְהָאָמַר רַב יִצְחָק בַּר יוֹסֵף אָמַר רַבִּי יוֹחָנָן – **But Rav Yitzchak bar Yosef has said in the name of R' Yochanan:** רַבִּי וְרַבִּי יְהוּדָה בֶּן רוֹעֵץ וּבֵית שַׁמַּאי וְרַבִּי שִׁמְעוֹן וְרַבִּי עֲקִיבָא – **Rebbi, R' Yehudah ben Ro'etz, Beis Shammai, R' Shimon and R' Akiva** כּוּלְּהוּ סְבִירִי לְהוּ יֵשׁ אֵם לַמִּקְרָא – **all maintain** that **the pronounced form has primacy.**[1] Therefore, how could Rav say that Rebbi's position in our Mishnah is based on the view that the transmitted (i.e. written) form has primacy?

The Gemara answers:

הַיְינוּ דְּקָאָמַר לְהוּ וְעוֹד – **This is** precisely **why [Rebbi] said to the [Sages]** in the Baraisa cited at the beginning of this discussion: **FURTHERMORE** etc.; i.e. Rebbi gave a *second* reason for his position. Since Rebbi holds that in general the pronounced form has primacy, he found it necessary to give an additional reason for switching to the written form in this case.[2]

The Gemara concludes its discussion of the Mishnah by dealing with a related case:

אָמַר רַב פָּפָּא – **Rav Pappa said:** מַאן דִּשְׁדָא פִּיסָא לְדִיקְלָא – **If one threw a clump of earth at a palm tree** וְאַתַּר תַּמְרֵי – **and** dislodged dates וְאָזוּל תַּמְרֵי וְקַטוּל – **and the dates proceeded to kill** someone,[3] בָּאנוּ לְמַחֲלוֹקֶת דְּרַבִּי וְרַבָּנָן – **we have arrived at the** point of **controversy between Rebbi and the Sages.**[4]

The Gemara asks:

פְּשִׁיטָא – But **it is obvious** that dislodging a date from a tree parallels the case of propelling a wood chip from a tree. What is Rav Pappa adding?

The Gemara answers:

מַהוּ דְּתֵימָא כְּחוֹ בְּכַח דָּמֵי – **You might have said** that the death caused by the dates **is** treated **as** one resulting from **his secondary force,** rather than his primary force; and consequently even Rebbi would exempt the perpetrator from exile.[5] קָא מַשְׁמַע לָן – **[Rav Pappa] therefore teaches us** that in fact it does parallel the case of our Mishnah, and thus Rebbi would render him liable to exile.[6]

If so, the Gemara asks:

אֶלָּא כֹּחַ בְּכֹחַ לְרַבִּי הֵיכִי מַשְׁכַּחַת לָהּ – **How then could you find** a case of **a secondary force according to Rebbi,** in which he would agree that there is no exile?[7]

The Gemara answers:

כְּגוֹן דִּשְׁדָא פִּיסָא – **For example, where he threw a clump of earth** at a tree וּמַחְיֵיהּ לְגַרְמָא – **and hit a twig** וְאָזֵיל גַּרְמָא – וּמַחְיֵיהּ לִכְבָאסָא – **and the twig proceeded to hit a cluster of dates** וְאַתַּר תַּמְרֵי – **and dislodged dates** וְאָזוּל תַּמְרֵי וְקַטוּל – **and the dates proceeded to kill.** Here, even Rebbi would agree that this is considered a secondary force, for which the offender would not be exiled.[8]

Mishnah הַזּוֹרֵק אֶבֶן לִרְשׁוּת הָרַבִּים וְהָרַג – **If one throws a stone into the public domain and kills** a bystander, הֲרֵי זֶה גוֹלֶה – **he is exiled.**[9] רַבִּי אֱלִיעֶזֶר בֶּן יַעֲקֹב אוֹמֵר – **R' Eliezer ben Yaakov says:** אִם מִכְּשֶׁיָּצְאָתָה הָאֶבֶן מִיָּדוֹ – **If** it was **after the stone left [the thrower's] hand** הוֹצִיא הַלָּה אֶת רֹאשׁוֹ וְקִבְּלָהּ – that **[the victim] thrust his head** into the stone's path[10] **and received [the stone's blow],** הֲרֵי זֶה פָּטוּר – **[the thrower] is exempt** from exile.[11]

The Mishnah now discusses the throwing of a stone into a *private* area:

זָרַק אֶת הָאֶבֶן לַחֲצֵרוֹ וְהָרַג – In the case of **one who threw a stone into his own yard and killed,** the law is as follows:

NOTES

1. Rav Yitzchak bar Yosef's teaching is found in *Sanhedrin* 4a (*Rashi*), where he demonstrates that each of these Tannaim attach primacy to the pronounced form.

2. According to each of the two reasons given in the Baraisa (above, 7b), the verse means that the axe propelled a chip of wood from the tree. This interpretation, however, is not viable unless the verb נשל is read as נָשַׁל, *nisheil* (the iron *dislodged* a chip), which is possible only according to its *written* form (see 7b note 62). Since this runs counter to the general rule that the *pronounced* form has primacy (a position to which Rebbi himself subscribes), each reason would have to justify treating this case differently from the rest of the Torah. Rebbi held that the first reason alone provided this justification. But since he was aware that other scholars might disagree, he added the second reason (*Ritva;* see also *Tosafos* with *Maharsal* and *Maharam*).

3. E.g. an infant (*Meiri*).

4. I.e. this situation is parallel to the one in which the woodchopper caused a chip to shoot out of the tree and fatally strike someone (*Rashi*). Rebbi, who renders the woodchopper liable to exile, would rule likewise in this case of one who ejected dates from a tree. The Sages, who exempt the woodchopper, would also exempt the perpetrator in this case.

5. In several areas of law — including killing — the halachah recognizes only an outcome effected by a person's direct ("primary") force. An outcome effected by his less direct ("secondary") force is not attributable to him (see *Sanhedrin* 77b and *Bava Kamma* 18a,19a; see also *Rashash*). Thus, one is liable for murder (or an inadvertent killing) only if he consummated the deed with his "primary" force.

In the Gemara's case, it is possible to think that although the clod of earth carried the perpetrator's "primary" force, the dates (which it dislodged) were driven by his "secondary" force (*Rashi*). [Since it was not the perpetrator himself, but his projectile, that struck the dates, they could be viewed as having been propelled by him indirectly.]

If so, this case would be different from that of the woodchopper, because the woodchopper was in direct contact with the chip [through the axe in his hand] when he sent it flying. Hence, it is as though he threw the chip with his own hand, giving it his "primary" force. In the case of the dates,

however, he was no longer in contact with the clod when it dislodged the dates. At that point, therefore, the "primary" force manifest in the clod was converted to a "secondary" force in the dates (*Tosafos, Ritva, Tos. Shantz;* cf. *Siach Yitzchak* ד"ה גמרא ארי״פ, explaining *Rambam*).

6. Rav Pappa teaches that the clod of earth is equivalent to the axe, and the dates are equivalent to the chip of wood (*Rashi*). Although the assailant was not in contact with the clod when it dislodged the dates, nevertheless, the dates carried his "primary" force. Therefore, Rebbi would impose exile here, as he does in the parallel case of our Mishnah. [The Sages could agree that this is an instance of "primary" force, but they would exempt the assailant for the reason given in 7b note 56 (based on *Rashi;* cf. *Rambam* and the other Rishonim listed in 7b note 54; see also *Shiurei R' Shmuel Rozovsky,* who compares our Gemara to other cases of "primary" and "secondary" forces in other contexts).]

7. The Gemara is not raising a difficulty with Rav Pappa's teaching, since there is no *known* case in which Rebbi exempts a killer from exile on the grounds that only his "secondary" force was used. The Gemara merely assumes that there is such a case and seeks to define it (*Ritva;* see, however, *Siach Yitzchak* ד"ה שם אלא כח כחו).

8. [Rav Pappa's teaching indicates that even after one has thrown a missile and it strikes another item, the second item carries his "primary" force. Once the second projectile hits a *third* object, however, the latter is sufficiently removed from his original action to be viewed as carrying his "secondary" force.]

9. The term רְשׁוּת הָרַבִּים usually refers to a public *thoroughfare.* Here, however, it has a different meaning, as the Gemara will explain.

10. E.g. he stuck his head out a window (*Rashi* ד"ה פרט לממציא).

11. The basis for this law is given in the Gemara (*Rashi*). [This exemption applies even if the stone was thrown into a "public domain," and certainly if it was thrown into a more secluded area.]

The commentators discuss whether the Tanna Kamma disagrees with R' Eliezer ben Yaakov — see *Ritva, Aruch LaNer* and *Kos HaYeshuos.* See also *Birkas Avraham* and *Shiurei R' Shmuel Rozovsky,* regarding the dispute about this case, which is cited in *Bava Kamma* 33a, with respect to monetary liability.

והאמר רב יצחק בר' יוסף אמר רבי יוחנן רבי ורבי יהודה בן רועץ וב"ש ור"ש ור"ע כולהו סבירי להו יש אם למקרא היינו דקאמר להו ועוד אמר רב פפא מאן דשדא פיסא לדיקלא ואתר תמרי ואזול תמרי וקטול באנו למחלוקת דרבי ורבנן פשיטא מהו דתימא ככח כחו דמי קמ"ל אלא כח כחו לרבי היכי משכחת לה כגון דשדא פיסא ומחיה לגרמא ואזיל גרמא ומחיה לכבאסא ואתר תמרי ואזול תמרי וקטול: **מתני'** הזורק אבן לרה"ר והרג ה"ז גולה ר"א בן יעקב אומר אם מכשיצאתה האבן מידו הוציא הלה את ראשו וקבלה ה"ז פטור זרק את האבן לחצרו והרג אם יש רשות לניזק ליכנס לשם גולה ואם לאו אינו גולה שנאמר ואשר יבא את רעהו ביער מה היער רשות לניזק ולמזיק ליכנס לשם אף כל רשות לניזק ולמזיק להכנס לשם יצא חצר בעל הבית שאין רשות לניזק (ולמזיק) ליכנס לשם אבא שאול אומר מה חטבת עצים רשות אף כל רשות יצא האב המכה את בנו והרב הרודה את תלמידו ושליח ב"ד: **גמ'** לרה"ר מזיד הוא אמר רב שמואל בר יצחק בסותר את כותלו איבעי ליה לעיוני בסותר את כותלו בלילה נמי איבעי ליה לעיוני בסותר את כותלו לאשפה האי אשפה ה"ד אי שכיחי בה רבים פושע הוא אי לא שכיחי בה רבים אנוס הוא א"ר פפא לא צריכא אלא לאשפה העשויה ליפנות בה בלילה ואין עשויה ליפנות בה ביום ואיכא דמקרי ויתיב פושע לא הוי דהא אינה עשויה ליפנות בה ביום אונס נמי לא הוי דהא איכא דמקרי ויתיב: רבי אליעזר בן יעקב אומר וכו': ת"ר ומצא פרט לממציא את עצמו מכאן אמר רבי אליעזר בן יעקב אם משיצתה האבן מידו הוציא הלה את ראשו וקבלה פטור למימרא דמצא מעיקרא משמע ורמינהי ומצא פרט למצוי שלא ימכור ברחוק ויגאול בקרוב ברעה ויגאול ביפה אמר רבא (א) הכא מענייניה דקרא והתם מענייניה דקרא ומצא דומיא דוהשיגה ידו מה השיגה ידו מהשתא אף מצא נמי מהשתא הכא מענייניה דקרא ומצא דומיא דיער מה יער מידי דאיתיה מעיקרא אף ומצא נמי מידי דאיתיה מעיקרא: הזורק את האבן וכו': א"ל ההוא מרבנן לרבא ממאי דמחטבת עצים דרשות דלמא מחטבת עצים דסוכה ומחטבת עצים דמערכה ואפ"ה אמר רחמנא ליגלי א"ל כיון דאם מצא חטוב (אינו חוטב) לאו מצוה השתא נמי לאו מצוה איתיביה רבינא לרבא יצא האב המכה את בנו והרב הרודה את תלמידו ושליח ב"ד לימא כיון דאילו גמיר לאו מצוה השתא נמי לאו מצוה התם אע"ג דגמיר מצוה דכתיב יסר בנך ויניחך ויתן מעדנים לנפשך הדר אמר רבא לאו מילתא היא דאמרי ואשר יבא את רעהו ביער (מה יער) דאי בעי עייל ואי בעי לא עייל ואי סלקא דעתך מצוה מי סגיא דלא עייל אמר ליה רב אדא בר אהבה לרבא כל היכא דכתיב אשר דאי בעי הוא אלא מעתה ואיש אשר יטמא ולא יתחטא אי בעי מיטמא אי בעי לא מיטמא מת מצוה דלא סגי דלא מיטמא הכי נמי דפטור שאני התם דאמר קרא טמא

רש"י

הא דרב יצחק בר' יוסף בסנהדרין בשמעתא קמייתא (דף ד.): היינו. דקא הדר רבי ואמר ועוד למילפיה בגזירה שוה: פיסא. רגב גוש עפר כליסני"א בלע"ז: ואתר תמרי. והשיר תמרים: באנו למחלוקת. דהיינו דומיא דמן העץ המתבקע: מהו דתימא. הא לרבי ככח כחו דמי ופטור שהרגב היה כח ראשון ונשירת התמרים היה כח שני קמ"ל שהרגב כגרזן והתמרים כקיסם הניתז: לגרמא. הוא עץ האחריות שהתמרים תלוין אצלו: ומחיה לכובסא. הוא אשכול התמרים המקובצים יחד: **מתני'** ר"א בן יעקב. מפרש טעמא בגמרא: האב המכה את בנו. להטותו לדרך (ב) אחרת: ושליח ב"ד. המלקה ארבעים לחייב מלקות: **גמ'** ליפנות בה. בני אדם לנקביהם: ואיכא דמיקרי ויתיב. ליפנות ביום: ומצא. משמע שהוא שם ומצאו נשירת נשל הברזל: פרט לממציא עצמו. אחרי כן הוציא הלה את ראשו מן החלון וקיבל האבן במצחו: ומצא פרט למצוי. במוכר שדה אחוזתו (וגא לגואלו) כתיב והשיגה ידו ומצא פרט למצוי (ג) אם היתה גאולה זו מצויה בידו כשמכרה אין כופין את הלוקח להחזירה לו ליפדות: השתא נמי. כי לא מצא חטובה אין החטבה מצוה אלא עשיית הסוכה: לאו מצוה. להכותו: לאו מילתא היא דאמרי. ראיה טובה מזו היה לי להשיבו מן המקרא עצמו דלאו בחטבה דמצוה איירי: דאי בעי מיטמא אי בעי לא מיטמא. אותו חייב לך הכתוב כרת אם נכנס למקדש בטומאה זו: ה"נ דפטור. מכרת:

תוספות

היינו דקאמר להו ועוד. פירוש משמע דמעיקרא ה"א טעמא משום אם למסורת ובתר הכי קאמר ועוד כלומר אע"ג דס"ל שאם למקרא מ"מ הכא איכא למשמע מגזירה שוה ותימה דמעיקרא נמי לא תלי טעמא במסורת אלא משום דלא כתיב מעצו ואמר ה"ר יוסף בכור שור דהיא היא וה"ק וכי נאמר ונשל הברזל מעצו דאי (ד) כתיב כן אז הוי מיושב לומר יש אם למקרא לקרות ונשל כדקרי וכדאמרי רבנן והלא לא נאמר אלא מן העץ וא"כ אין לשון המקרא דקרינן ונשל מיושב על זה אלא ודאי מן העץ מוכיח דיש אם למסורת שהוא ונישל כמו והשיל וזה הלשון מיושב על מן העץ דמן העץ המתבקע (ה) והשתא ניחא הא דקאמר ועוד וכן פירש בסנהדרין גבי יראה יראה דמשמע שפיר מן המסורת דהיינו יראה משום דפשטיה דקרא משמע דכתיב בתריה את פני האדון וגו' א"כ משמע יראה זכורך פני האדון והיינו לפי המסורת אבל לפי המקרא דקרינן יראה הל"ל לפני האדון:

מהו דתימא ככח כחו דמי. ולא דמי לעץ המתבקע דהתם נגע במה שבידו בשעת התזת העץ אבל הכא שכבר יצא מידו בשעת התזת תמרים דמי שפיר לכח כחו אימא לא ליחייב קמ"ל:

לא צריכא אלא כו'. פירוש דמהשתא לא צריך לאוקומא בסותר דהוא הדין בזורק ממש:

באשפה העשויה וכו'. והשתא מיירי ביום ובזורק לאשפה ולא בסותר כותלו וא"ת ולינקוט באינה עשויה ליפנות כלל (ו) וגם בלילה איכא דמקרי ויתיב וכדקאמר השתא וי"ל דא"כ אנוס הוא דלית ליה לאסוקי אדעתיה הוא דמקרי ויתיב כיון שאינה עשויה ליפנות כלל אבל השתא (ז) בעשויה ליפנות בלילה אית ליה לאסוקי גם ביום הוא דמקרי ויתיב: **אף** ע"ג דגמיר מצוה קא עביד כו'. וא"ת מ"מ קשה משליח ב"ד דכיון דאילו לקה כבר לאו מצוה קא עביד וכו' וי"ל דמ"מ איכא מצוה מתחילה מה שאין כן בחטיבת עצים דסוכה (ח) ואם מצאן חטובות לא היה שם חטיבת מצוה מעולם שהרי לא נחטבו לכך וליכא למימר נמי כיון דאילו לא חטא לאו מצוה היא וכו' דההיא לאו שליח ב"ד מיקרי ולא דמי לרבו ואביו דלעולם שמו (ט) זה על בנו וזה על תלמידו: (לעיל) **בלא** איבה פרט לשונא. תימה אמאי איצטריך האי קרא תיפוק ליה דכתיב במשנה תורה והוא לא שונא (י) וצ"ע ושמא י"ל דבמשנה תורה נחזרת ונשנית בשביל דבר שנתחדש מיער והרבה פרשיות יש בענין זה במשנה תורה אבל לא קשה מולא אויב לו דבאלה מסעי דההוא איצטריך למימר אפילו (כ) לא אויב לו [לעדים ולדיינים] כדאמרי' בסנהדרין (דף כט.) (במשנה תורה כתיב נמי כי לא שונא הוא לו (ל) משום פרשה שנשנית) כך נראה למשי"ח:

עין משפט נר מצוה

יב א מיי' פ"ו מהלכות רוצח הלכה טו סמג עשין עה:
יג ב מיי' שם הל' יא:
יד ג ד מיי' שם הלכה ו:
טו ה ו ז מיי' שם הל' ז:
טז ח מיי' שם הלכה ח:
יז ט מיי' שם הל' ט:
יח י מיי' פי"א מהל' שמיטין הלכה יז סמג לאוין ערה:
יט כ מיי' פ"ה מהלכות רוצח הלכה ה ו סמג עשין עה:

ליקוטי רש"י

אלו יגום פרט לזה שלדה [ב"ק כו:]. דלא נתקיימת מחשבתו וכו' אלמא כיון דלא ניחא ליה דניזיל לא [סנהדרין ע"ז ע"ב בד"ה אפי' טובא].

כאן לנזקין. דהא אפקינן שוגג כמזיד ואונס כרצון. **כאן לגלות** כגון אם נפלה על האדם ומת. פטור. דגבי גלות כתיב מכה נפש בשגגה ולא מיקרי שגגה אלא היכא דהוה ליה ידיעה מעיקרא [בבא קמא כו:].

נשמט הברזל מקתו. שנשאר האגד בידו. **מן העץ המתבקע.** שאין נשאר בידו כלום [לקמן ט' ע"ב]. **ונשל הברזל מן העץ.** יש מרבותינו אומרים נשמט הברזל מקתו. ויש מהם אומרים שישל הברזל לחתיכה מן העץ המתבקע והיא נתזה והרגה [דברים יט ה]. **ונשל.** נשלף ויצא [שמות ג ה]. או לשון השלכה והתזה [דברים ז א].

יש אם למקרא. בתר קרייה אזלינן דהיא עיקר [סנהדרין ד.].

יש אם למסורת. שנמסרה כתיבתו לכתבו חסירה [סנהדרין ד.]. כמה שכתב משה ומסר בספר תורה לישראל היא האם והעיקר ולא כמו שהוא נקרא [סוכה ו:].

[ע"כ שייך לדף ז ע"ב]

ליפנות. בני אדם נפנין בה לנקביהם [בבא קמא לב:].

ומצא את רעהו ומת. שהיה חבירו מצוי שם בשעה שהרים זה הגרזן חייב פרט לממציא את עצמו דפטור זה מגלות. **מה השיגה ידו מהשתא.** דודאי מעיקרא כשמכרה לא היתה ידו משגת לדכתיב (ויקרא כה) כי ימוך אחיך ומכר מאחוזתו [ערכין ל:].

רבינו חננאל

והלא מפורש בתחלת סנהדרין כי רבי יש אם למקרא סבירא ליה. אמר לך כתב למעלה לחטוב עצים וכתב למטה ונשל הברזל מן העץ מה העצים הכתובים למעלה העצים המתבקעין הן אף עץ הכתוב למטה מן העץ המתבקע. וחכ"א גולה מאי טעמא ונשל כתיב מכל מקום א) אמר רב פפא האי דשדא פיסא. פי' טיט שיבש ונעשה כאבן לדיקלא ואתר תמרי ואזול תמרי וקטול לרבי דמחייב בהתזת בקעת חייב דתמרי במקום בקעת עומדין לרבנן כח כחו הוא ופטור. אלא לרבי כח כחו היכי הוי. כגון דשדא פיסא ומחייה לגדמא ב) ואזול גדמא ומחייה לכבסא פירוש סנסני (של) תמרים ג) ואתר תמרי אזול תמרי וקטול היינו כח כחו ופטור: **הזורק** אבן ברשות הרבים והרג הא ודאי מזיד הוא והאי דתנן גולה אוקימנא בסותר את כותלו. **ירושלמי** כגון שהיה כותלו גוהה והיה סותרו לאשפה העשויה להיפנות בה בלילה ואינה עשויה להיפנות בה ביום ואיכא דמיקרי יתיב ומיפנה בה פושע לא הוי דהא אינה עשויה להיפנות בה ביום אנוס נמי לא הוי דהא איכא דמיקרי ויתיב לפיכך גולה. ת"ר ומצא את רעהו פרט לממציא את עצמו מיכן א"ר אליעזר בן יעקב אם משיצאת האבן מידו הוציא הלה את ראשו וקיבלה פטור. ואסיק'. האי ומצא מידי דהוה מעיקרא משמע דומיא דיער והאי דכתב ומצא כדי גאולתו מידי דלא הוה מעיקרא אלא השתא איזדמן ליה דומיא דהשיגה ידו: הזורק אבן לחצרו והרג אם יש רשות לניזק ליכנס לשם גולה כו'. אבא שאול אומר מה חטבת עצים רשות אף כל רשות יצא האב המכה בנו והרב הרודה את תלמידו ושליח ב"ד. ומקשו עליה וממאי דהאי דכתב לחטוב עצים דרשות הן דלמא חטבת עצים למערכה או עצים לעשות סוכה דאינון מצוה ואפילו הכי גולה. ודחי רבא כיון דאי מצא עצים חטובים למערכה ולסוכה [אינו חוטב] חטבת עצים דהשתא לאו מצוה היא. ואקשינן עליה אי הכי הני נמי האב לבנו והרב לתלמידו כיון דאילו גמירי לאו מצוה קא עביד בהכאתן אף בדלא גמירי אינה מצוה. ופרקינן הני אע"ג דגמירי מצוה קא עביד דכתב יסר בנך ויניחך וגו'. והדר אמר רבא לאו מילתא היא דאמרי דאפילו משום דאי מצא חטובין לאו מצוה היא למחטב השתא נמי לאו מצוה קא עביד אלא חטבת רשות היא מדכתב ואשר יבא את רעהו ביער ומשמע ואשר אי בעי עייל אי בעי לא עייל מכלל דחטבת רשות היא אבל חטבת מצוה מי סגי ליה דלא עייל. ואקשינן עליה והכתיב גבי טומאה אשר יטמא הכי נמי דטומאה דרשות היא הא אם נטמא בטומאת מצוה כגון טומאת מת מצוה הכי נמי דפטור מחיטוי וטבילה. ומשני שאני התם דכתב

מסורת הש"ס

א) סנהדרין ד., ב) ב"ק לב:, ג) רש"א מ"ז, ד) בסה"מ ל"ג אף כל רשות, ה) ב"ק לב:, ו) שם לג., ז) ערכין ל:, ח) רש"א מ"ז, ט) [שבת סג: וש"נ], י) רש"א מ"ז, כ) רש"א מ"ז, ל) רש"א בפר"ק, מ) רש"א נמי, נ) רש"א מ"ז.

הגהות הב"ח

(א) גמ' הכא מענייניה דקרא. נ"ב עיין בסנהדרין דף פא בתוס': (ב) רש"י ד"ה האב וכו' לדרך האמת הס"ד: (ג) ד"ה ומצא פרט וכו' פרט למצוי לפדות אם היתה וכו' להחזירה לו הס"ד: (ד) תוס' ד"ה היינו וכו' דאי הוה כתיב כן אז: (ה) בא"ד המתבקע קאמר והשתא ניחא וכו' דמשמע שפיר דיש אם למסורת דהיינו יִרְאֶה משום דפשטיה דקרא משמע הכי דכתיב וכו' משמע יִרְאֶה זכורך את פני האדון וכו' לפי המקרא דקרינן יֵרָאֶה הל"ל: (ו) ד"ה לאשפה וכו' ליפנות כלל גם בלילה ואיכא דמקרי: (ז) בא"ד אבל השתא דעשויה: (ח) ד"ה אע"ג דגמיר וכו' דאם מצאן: (ט) בא"ד שמו עליו זה על בנו: (י) ד"ה בלא איבה וכו' לא שונא לו וצ"ע וכו' שנתחדש בה מיער: (כ) בא"ד איצטריך למימר אפילו ולא אויב לו דבמשנה תורה כתיב נמי כי לא שונא הוא לו משום פרשה שנשנית כצ"ל ועל תיבות אפילו ולא אויב לו נ"ב פי' שונא גרע מאויב ואי לאו קרא הוה אמינא שונא דוקא אינו גולה איצטריך ולא אויב לו לאורויי דאף אינו אויב לו הלכך גולה אבל אויב אינו גולה ואין להקשות השתא דכתיב ולא אויב לו למה לי בלא איבה השתא אויב אינו גולה כל שכן שונא דיי"ל [והשאר חסר]: (ל) בא"ד משום פרשה שנשנית. נ"ב פי' תרתי קראי כתובי במ"ת לא שונא לו ולא אצטריכו אלא משום פרשה שנשנית [והשאר חסר]:

גליון הש"ס

מתני' אם יש רשות לניזק. עי' ב"ק דף לג ע"ב תוד"ה דלא סגי: שם מה היער. לעיל ז ע"ב: גמ' הכא מענייניה. עי' סוטה דף מה ע"א:

לעזי רש"י

כלישני"א. פירוש רגב, גוש עפר:

תורה אור השלם

א) וַאֲשֶׁר יָבֹא אֶת רֵעֵהוּ בַיַּעַר לַחְטֹב עֵצִים וְנִדְּחָה יָדוֹ בַגַּרְזֶן לִכְרֹת הָעֵץ וְנָשַׁל הַבַּרְזֶל מִן הָעֵץ וּמָצָא אֶת רֵעֵהוּ וָמֵת הוּא יָנוּס אֶל אַחַת הֶעָרִים הָאֵלֶּה וָחָי: [דברים יט, ה]
ב) וְאִישׁ כִּי לֹא יִהְיֶה לּוֹ גֹּאֵל וְהִשִּׂיגָה יָדוֹ וּמָצָא כְּדֵי גְאֻלָּתוֹ: [ויקרא כה, כו]
ג) יַסֵּר בִּנְךָ וִינִיחֶךָ וְיִתֵּן מַעֲדַנִּים לְנַפְשֶׁךָ: [משלי כט, יז]
ד) וְאִישׁ אֲשֶׁר יִטְמָא וְלֹא יִתְחַטָּא וְנִכְרְתָה הַנֶּפֶשׁ הַהִוא מִתּוֹךְ הַקָּהָל כִּי אֶת מִקְדַּשׁ יְיָ טִמֵּא מֵי נִדָּה לֹא זֹרַק עָלָיו טָמֵא הוּא: [במדבר יט, כ]

חשק שלמה על ר"ח א) כלומר אפילו אם מעצמו נשל ולא על ידי העץ: ב) גדמא. כ"ה ג"כ גירסת הערוך ערך גדם: ג) וכ"ה בערוך ערך כבס:

אִם יֵשׁ רְשׁוּת לַנִּיזָּק לִיכָּנֵס לְשָׁם – If the victim had permission to enter there, גּוֹלֶה – [the thrower] is exiled; וְאִם לָאו אֵינוֹ גּוֹלֶה – but if not, he is not exiled; שֶׁנֶּאֱמַר ,,וַאֲשֶׁר יָבֹא אֶת־רֵעֵהוּ בַיַּעַר" – as it is stated: *Or if one comes with his fellow into the forest.* [12] **מָה הַיַּעַר** – The Torah chooses the example of a forest to teach that **just as the forest רְשׁוּת לַנִּיזָּק וְלַמַּזִּיק לִיכָּנֵס לְשָׁם – is a place that** both **the victim and the assailant have a right to enter, אַף כָּל רְשׁוּת לַנִּיזָּק וְלַמַּזִּיק לְהִכָּנֵס לְשָׁם – so too any** area must be a **place that** both **the victim and the assailant have a right to enter** before a killing that occurs there can warrant exile. **יָצָא חֲצַר בַּעַל הַבַּיִת – This excludes** from the laws of exile a killing that takes place in **the owner's yard, שֶׁאֵין רְשׁוּת לַנִּיזָּק (וְלַמַּזִּיק) לִיכָּנֵס לְשָׁם – which the victim (or the assailant)**[13] **does not have permission to enter.**[14]

Another law derived from the Torah's example of chopping wood:

אַבָּא שָׁאוּל אוֹמֵר – Abba Shaul says that the Torah specifies chopping wood to teach that **מַה חֲטָבַת עֵצִים רְשׁוּת – just as chopping wood is voluntary, אַף כֹּל רְשׁוּת – so too any** act causing death must be **voluntary** in order for the law of exile to apply. **יָצָא הָאָב הַמַּכֶּה אֶת בְּנוֹ – This excludes** from exile **the father who hits his son** and inadvertently kills him, **וְהָרַב הָרוֹדֶה אֶת תַּלְמִידוֹ – the teacher who chastises his pupil** and inadvertently kills him **וּשְׁלִיחַ בֵּית דִּין – and an agent of the court** who inadvertently kills someone, since they killed while engaged in a mitzvah.[15]

Gemara The Gemara questions the Mishnah's first ruling that one who killed by throwing a stone into the public domain is liable to exile:

לִרְשׁוּת הָרַבִּים – One who throws a stone **into the public domain** is exiled? **מֵזִיד הוּא – But he is a deliberate** killer! That is, his act was so negligent that it bordered on the deliberate, for which exile does not atone.[16] – ? –

The Gemara answers:

אָמַר רַב שְׁמוּאֵל בַּר יִצְחָק – Rav Shmuel bar Yitzchak said: בְּסוֹתֵר אֶת כּוֹתְלוֹ – The Mishnah speaks of **a person who was dismantling his wall** adjacent to the public domain, and in the process a stone fell and someone was killed.[17]

The Gemara questions this too:

אִיבָּעֵי לֵיהּ לְעַיּוּנֵי – Nevertheless, **he should have checked** to see whether anyone was in harm's way. His failure to do so constitutes gross negligence.[18] – ? –

The Gemara answers:

בְּסוֹתֵר אֶת כּוֹתְלוֹ בַּלַּיְלָה – The Mishnah speaks of a case **where he was dismantling his wall at night** and therefore had no reason to expect anyone to be nearby.

The Gemara persists:

בַּלַּיְלָה נַמִּי אִיבָּעֵי לֵיהּ לְעַיּוּנֵי – Even at night he should have checked, and not doing so is also considered grossly negligent. – ? –

The Gemara answers by adding:

בְּסוֹתֵר אֶת כּוֹתְלוֹ לְאַשְׁפָּה – The Mishnah speaks of **where he was dismantling his wall adjacent to a trash pile,** where he need not expect anyone to be.[19]

The Gemara questions this too:

הַאי אַשְׁפָּה הֵיכִי דָּמֵי – What are the circumstances surrounding this trash pile? אִי שְׁכִיחֵי בָּהּ רַבִּים – If it is frequented by the public, who use it as a latrine, **פּוֹשֵׁעַ הוּא** – then **he is** deemed grossly **negligent** and is therefore not subject to exile; **אִי לֹא שְׁכִיחֵי בָּהּ רַבִּים** – and **if it is not frequented by the public, אָנוּס הוּא – he is the victim of an** unforseeable **accident,** for which there is no exile either!

The Gemara concludes:

אָמַר רַב פַּפָּא – Rav Pappa said: לֹא צְרִיכָא אֶלָּא לְאַשְׁפָּה הָעֲשׂוּיָה לִיפָּנוֹת בָּהּ בַּלַּיְלָה – It [the Mishnah's ruling] **is warranted only in the case of a trash pile that is used** by people **to relieve themselves at night, וְאֵין עֲשׂוּיָה לִיפָּנוֹת בָּהּ בַּיּוֹם – and is not used** by people **to relieve themselves during the day, וְאִיכָּא דְּמִקְרֵי וְיָתִיב – but there are** occasionally **some who happen by and sit** there to use it during the day. **פּוֹשֵׁעַ לֹא הָוֵי** – Therefore,

NOTES

12. *Deuteronomy* 19:5. The entire verse is quoted in 7b note 49.

13. *Maharsha* deletes the word וְלַמַּזִּיק, *or the assailant.* It is inappropriate, because the Mishnah apparently speaks of the assailant's yard, which the assailant certainly *is* allowed to enter. See, however, next note.

14. Thus if one entered the property of another without permission and the owner killed him there inadvertently, the owner is not liable to exile (*Meiri; Rambam, Hil. Rotze'ach* 6:11; see *Tosafos* to *Bava Kamma* 32b ד״ה מאן דמתני; *Aruch LaNer* on *Tosafos* to 7b ד״ה מה יער). In the reverse case, where the *assailant* entered another's property without permission and inadvertently killed the owner, exile does not apply either (*Meiri;* cf. *Tos. Shantz* to 7b). [Accordingly, there is no need to delete וְלַמַּזִּיק, *or the assailant,* from the Mishnah's text, because it could be explained as referring to this case, where it was the assailant who trespassed (*Aruch LaNer* here; see also *Meiri* and *Tos. Yom Tov*).]

It is not clear whether exile applies where the killing took place on the property of a *third* party, which was off-limits to both the assailant and the victim (see *Tos. Shantz* to 7b and *Aruch LaNer* on *Tosafos* ibid. ד״ה מה יער).

15. It is a mitzvah for a father to punish his child and thereby train him to take the proper path in life (*Rashi* with *Hagahos HaBach;* see *Shemos Rabbah* 1:1 at length; see also note 33). The same is true for one who teaches Torah. The agent of the court is enforcing the ruling of the court. The Mishnah teaches that if any of these killed inadvertently in the course of performing his respective mitzvah, he is not liable to exile. [But if the killing did not result from the mitzvah (e.g. a father fell off a ladder and killed his son), the perpetrator *is* exiled (*Ramban* here; *Tosafos* to 8b).]

According to several Rishonim, the "agent of the court" mentioned here is assigned the task of flogging someone who has been sentenced to *malkus* [lashes] (*Rashi, Tosafos* ד״ה אע״ג, *Ritva* ד״ה אע״ג, *Raavad* to *Hil. Rotze'ach* 5:6; see *Even HaAzel*). Others object, however, that before the court may administer lashes, it medically evaluates the offender and determines how many lashes he can sustain without dying. If the agent killed the offender by applying this number of lashes, he should be exempt from exile because the death was not his fault (אוֹנֶס). Why then does the Mishnah state he is not exiled only because he was performing a mitzvah? (*Meiri;* see *Ramban*). To resolve this problem, some explain that the agent inadvertently killed the victim by applying an *extra* lash (*Raavad* ibid.; see, however, *Rashash;* for alternative readings in *Raavad,* see *Rambam* ibid. in the Frankel edition). [Regarding *Rashi's* view, see *Aruch LaNer* and *Even HaAzel*).]

According to *Rambam* (*Hil. Rotze'ach* 5:6), the agent mentioned here was serving as a marshal, which entitles him to use force to compel people summoned by the court to appear.

16. See *Tosafos* to *Bava Kamma* 32b ד״ה מיתיבי.

17. Thus the perpetrator did not cast stones into the public domain needlessly (*Aruch LaNer* to *Tosafos* ד״ה לא צריכא). According to the *Yerushalmi* (cited by *Rabbeinu Chananel*), the wall was leaning precariously and had to be demolished (see *Siach Yitzchak*).

18. The constructive purpose of his act notwithstanding, he should have done it only when the way was clear (see *Aruch LaNer* and *Siach Yitzchak*).

19. According to this answer, the Mishnah uses the term רְשׁוּת הָרַבִּים not in its usual sense of a public thoroughfare, but to denote an area open to the public.

והאמר רב יצחק בר' יוסף אמר רבי יוחנן רבי ורבי יהודה בן רועץ וב"ש ור"ש ור"ע כולהו סבירי להו יש אם למקרא היינו דקאמר להו ועוד אמר רב פפא מאן דשדא פיסא לדיקלא ואתר תמרי ואזול תמרי וקטול באנו למחלוקת דרבי ורבנן פשיטא מהו דתימא ככח כחו דמי קמ"ל אלא כח כחו לרבי היכי משכחת לה כגון דשדא פיסא ומחיה לגרמא ואזיל גרמא ומחיה לכבאסא ואתר תמרי ואזול תמרי וקטול: **מתני'** הזורק אבן לרה"ר והרג ה"ז גולה ר"א בן יעקב אומר אם מכשיצאתה האבן מידו הוציא הלה את ראשו וקבלה ה"ז פטור זרק את האבן לחצרו והרג אם יש רשות לניזק ליכנס לשם גולה ואם לאו אינו גולה שנאמר א) ואשר יבא את רעהו ביער מה היער רשות לניזק ולמזיק ליכנס לשם אף כל רשות לניזק ולמזיק להכנס לשם יצא חצר בעל הבית שאין רשות לניזק (ולמזיק) ליכנס לשם אבא שאול אומר מה חטבת עצים רשות אף כל רשות יצא האב המכה את בנו והרב הרודה את תלמידו ושליח ב"ד: **גמ'** לרה"ר מזיד הוא אמר רב שמואל בר יצחק בסותר את כותלו איבעי ליה לעיוני בסותר את כותלו בלילה נמי איבעי ליה לעיוני בסותר את כותלו לאשפה האי אשפה ה"ד אי שכיחי בה רבים פושע הוא אי לא שכיחי בה רבים אנוס הוא א"ר פפא לא צריכא אלא לאשפה העשויה ליפנות בה בלילה ואין עשויה ליפנות בה ביום ואיכא דמקרי ויתיב פושע לא הוי דהא אינה עשויה ליפנות בה ביום אונס נמי לא הוי דהא איכא דמקרי ויתיב: רבי אליעזר בן יעקב אומר וכו': ת"ר א) ומצא פרט לממציא את עצמו מכאן אמר רבי אליעזר בן יעקב אם משיצתה האבן מידו הוציא הלה את ראשו וקבלה פטור למימרא דמצא מעיקרא משמע ורמינהי ב) ומצא פרט למצוי שלא ימכור ברחוק ויגאול בקרוב ברעה ויגאול ביפה אמר רבא (א) הכא מענייניה דקרא והתם מענייניה דקרא ומצא דומיא דוהשיגה ידו מה השיגה ידו מהשתא אף מצא נמי מהשתא הכא מענייניה דקרא ומצא דומיא דיער מה יער מידי דאיתיה מעיקרא אף ומצא נמי מידי דאיתיה מעיקרא: הזורק את האבן וכו': א"ל ההוא מרבנן לרבא ממאי דמחטבת עצים דרשות דלמא מחטבת עצים דסוכה ומחטבת עצים דמערכה ואפ"ה אמר רחמנא ליגלי א"ל כיון דאם מצא חטוב (אינו חוטב) לאו מצוה השתא נמי לאו מצוה איתיביה רבינא לרבא יצא האב המכה את בנו והרב הרודה את תלמידו ושליח ב"ד לימא כיון דאילו גמיר לאו מצוה השתא נמי לאו מצוה התם אע"ג דגמיר מצוה דכתיב ג) יסר בנך ויניחך ויתן מעדנים לנפשך הדר אמר רבא לאו מילתא היא דאמרי א) ואשר יבא את רעהו ביער (מה יער) דאי בעי עייל ואי בעי לא עייל ואי סלקא דעתך מצוה מי סגיא דלא עייל אמר ליה רב אדא בר אהבה לרבא כל היכא דכתיב אשר דאי בעי הוא אלא מעתה ד) ואיש אשר יטמא ולא יתחטא אי בעי מיטמא אי בעי לא מיטמא מת מצוה דלא סגי דלא מיטמא הכי נמי דפטור שאני התם דאמר קרא

טמא

רש"י

הא דרב יצחק בר' יוסף בסנהדרין בשמעתא קמייתא (דף ד.): **היינו.** דקא הדר רבי ואמר ועוד למילפיה בגזירה שוה: **פיסא.** רגב גוש עפר כלישני"א בלע"ז: **ואתר תמרי.** והשיר תמרים: **באנו למחלוקת.** דהיינו דומיא דמן העץ המתבקע: **מהו דתימא.** הא לרבי ככח כחו דמי ופטור שהרגב היה כח ראשון ונשירת התמרים היה כח שני קמ"ל שהרגב כגרזן והתמרים כקיסם הניתז: **לגרמא.** הוא עץ החריות שהתמרים תלוין אללו: **ומחיה לכובסא.** הוא אשכול התמרים המקובצים יחד: **מתני' ר"א בן יעקב.** מפרש טעמא בגמרא: **האב המכה את בנו.** להטותו לדרך (ב) אחרת: **ושליח ב"ד.** המלקה ארבעים לחייב מלקות: **גמ' ליפנות בה.** בני אדם לנקביהם: **ואיכא דמיקרי ויתיב.** ליפנות ביום: **ומצא.** משמע שהוא שם ומצאו נשירת נשל הברזל: **פרט לממציא עצמו.** אחרי כן הוציא הלה את ראשו מן החלון וקיבל האבן במצחו: **ומצא פרט למצוי.** במוכר שדה אחוזתו (ובא לגואלו) כתיב והשיגה ידו ומצא פרט למצוי (ג) אם היתה גאולה זו מצויה בידו כשמכרה אין כופין את הלוקח להחזירה לו ליפדות: **השתא נמי.** כי לא מצא חטובה אין החטבה מצוה אלא עשיית הסוכה: **לאו מצוה.** להכותו: **לאו מילתא היא דאמרי.** ראיה טובה מזו היה לי להשיבו מן המקרא עצמו דלאו בחטבה דמצוה איירי: **דאי בעי מיטמא אי בעי לא מיטמא.** אותו חייב לך הכתוב כרת אם נכנס למקדש בטומאה זו: **ה"נ דפטור.** מכרת:

תוספות

היינו דקאמר להו ועוד. פירוש משמע דמעיקרא ה"א טעמא משום אם למסורת ובתר הכי קאמר ועוד כלומר אע"ג דס"ל שאם למקרא מ"מ הכא איכא למשמע מגזירה שוה ותימה דמעיקרא נמי לא תלי טעמא במסורת אלא משום דלא כתיב מעצו ואמר ה"ר יוסף בכור שור דהיא היא וה"ק וכי נאמר ונשל הברזל מעצו דאי (ד) כתיב כן אז הוי מיושב לומר יש אם למקרא לקרות ונשל כדקרי וכדאמרי רבנן והלא לא נאמר אלא מן העץ וא"כ אין לשון המקרא דקרינן ונשל מיושב על זה אלא ודאי מן העץ מוכיח דיש אם למסורת שהוא ונישל כמו והשיל וזה הלשון מיושב על מן העץ דמן העץ המתבקע (ה) והשתא ניחא הא דקאמר ועוד וכן [ל] פירש בסנהדרין גבי יראה יראה דמשמע שפיר [מ] מן המסורת דהיינו יראה משום דפשטיה דקרא משמע דכתיב בתריה את פני האדון וגו' א"כ משמע יראה זכורך פני האדון והיינו לפי המסורת אבל לפי המקרא דקרינן יראה הל"ל לפני האדון:

מהו דתימא ככח כחו דמי. ולא דמי לעץ המתבקע דהתם נגע במה שבידו בשעת התזת העץ אבל הכא שכבר יצא מידו בשעת התזת תמרים דמי שפיר לכח כחו אימא לא ליחייב קמ"ל:

לא צריכא אלא כו'. פירוש דמהשתא לא צריך לאוקומא בסותר דהוא הדין בזורק ממש:

באשפה העשויה וכו'. והשתא מיירי ביום ובזורק לאשפה ולא בסותר כותלו וא"ת ולינקוט באינה עשויה ליפנות כלל (ו) וגם בלילה איכא דמקרי ויתיב וכדקאמר השתא וי"ל דא"כ אנוס הוא דלית ליה לאסוקי אדעתיה הוא דמקרי ויתיב כיון שאינה עשויה ליפנות כלל אבל השתא (ז) בעשויה ליפנות בלילה אית ליה לאסוקי גם ביום הוא דמקרי ויתיב:

אף ע"ג דגמיר מצוה קא עביד כו'. וא"ת מ"מ קשה משליח ב"ד דכיון דאילו לקה כבר לאו מצוה קא עביד וכו' וי"ל דמ"מ איכא מצוה מתחילה מה שאין כן בחטיבת עצים דסוכה (ח) ואם מצאן חטובות לא היה שם חטיבת מצוה מעולם שהרי לא נחטבו לכך וליכא למימר נמי כיון דאילו לא חטא לאו מצוה היא וכו' דההיא לאו שליח ב"ד מיקרי ולא דמי לרבו ואביו דלעולם שמו (ט) זה על בנו וזה על תלמידו:

בלא (לעיל) איבה פרט לשונא. תימה אמאי איצטריך האי קרא תיפוק ליה דכתיב במשנה תורה והוא לא שונא (י) ול"ע ושמא י"ל דבמשנה תורה נחזרת ונשנית בשביל דבר שנתחדש מיער והרבה פרשיות יש בענין זה במשנה תורה אבל לא קשה מולא אויב לו דבאלה מסעי דההוא איצטריך למימר אפילו (כ) לא אויב לו [לעדים ולדיינים] כדאמרי' בסנהדרין (דף כט.) [י] (במשנה תורה כתיב נמי כי לא שונא הוא לו (ל) משום פרשה שנשנית) כך נראה למשי"ח:

טמא

עין משפט נר מצוה

יב א מיי' פ"ו מהלכות רוצח הלכה טו סמג עשין עה:
יג ב מיי' שם הל' יא:
יד ג ד מיי' שם הלכה ו:
טו ה ו ז מיי' שם הל' ז:
טז ח מיי' שם הלכה ח:
יז ט מיי' שם הל' ט:
יח י מיי' פי"א מהל' שמיטין הלכה יז סמג לאוין ערה:
יט כ מיי' פ"ה מהלכות רוצח הלכה ה ו סמג עשין עה:

ליקוטי רש"י

אללו ינוס פרט לזה שגלה [ב"ק כו:]. דלא נתקיימת מחשבתו וכו' אלמא כיון דלא ניחא ליה דניזיל לא [סנהדרין ע"ז ע"ב בד"ה אפי' טובא].

כאן לנזקין. דהא אפקינן שוגג כמזיד ואונס כרצון. **כאן לגלות** כגון אם נפלה על האדם ומת. פטור. דגבי גלות כתיב מכה נפש בשגגה ולא מיקרי שגגה אלא היכא דהוה ליה ידיעה מעיקרא [בבא קמא כו:].

נשמט הברזל מקתו. שנשאר האגד בידו. **מן העץ המתבקע.** שאין נשאר בידו כלום [לקמן ט' ע"ב]. **ונשל הברזל מן העץ.** יש מרבותינו אומרים נשמט הברזל מקתו. ויש מהם אומרים שישל הברזל לחתיכה מן העץ המתבקע והיא נתזה והרגה [דברים יט ה]. **ונשל.** נשלף ויצא [שמות ג ה]. או לשון השלכה והתזה [דברים ז א].

יש אם למקרא. בתר קרייה אזלינן דהיא עיקר [סנהדרין ד.].

יש אם למסורת. שנמסרה כתיבתו לכתבו חסירה [סנהדרין ד.]. כמה שכתב משה ומסר בספר תורה לישראל היא האם והעיקר ולא כמו שהוא נקרא [סוכה ו:].

[ע"כ שייך לדף ז ע"ב]

ליפנות. בני אדם נפנין בה לנקביהם [בבא קמא לב:].

ומצא את רעהו ומת. שהיה חבירו מצוי שם בשעה שהיה זה הגרזן חייב פרט לממציא את עצמו אחר שהוא זה מגלות. **מה השיגה ידו מהשתא.** דודאי מעיקרא כשמכרה לא היתה ידו משגת דכתיב (ויקרא כה) כי ימוך אחיך ומכר מאחוזתו [ערכין ל:].

רבינו חננאל

והלא מפורש בתחלת סנהדרין כי רבי יש אם למקרא סבירא ליה. אמר לך כתב למעלה לחטוב עצים וכתב למטה ונשל הברזל מן העץ מה העצים הכתובים למעלה העצים המתבקעין הן אף עץ הכתוב למטה מן העץ המתבקע. וחכ"א גולה מאי טעמא ונשל כתיב מכל מקום א) אמר רב פפא האי דשדא פיסא. פי' טיט שיבש ונעשה כאבן לדיקלא ואתר תמרי ואזול תמרי וקטול לרבי דמחייב בהתזת בקעת חייב דתמרי במקום בקעת עומדין לרבנן כח כחו הוא ופטור. אלא לרבי כח כחו היכי הוי. כגון דשדא פיסא ומחייה לגדמא ב) ואזל גדמא ומחייה לכבסא פירוש סנסני (של) תמרים ג) ואתר תמרי אזול תמרי וקטול היינו כח כחו ופטור: הזורק אבן ברשות הרבים והרג הא ודאי מזיד הוא והאי דתנן גולה אוקימנא בסותר את כותלו. ירושלמי כגון שהיה כותלו גוהה והיה סותרו לאשפה העשויה להיפנות בה בלילה ואינה עשויה להיפנות בה ביום ואיכא דמיקרי יתיב ומיפנה בה פושע לא הוי דהא אינה עשויה להיפנות בה ביום אנוס נמי לא הוי דהא איכא דמיקרי ויתיב לפיכך גולה. ת"ר ומצא את רעהו פרט לממציא את עצמו מיכן א"ר אליעזר בן יעקב אם משיצאת האבן מידו הוציא הלה את ראשו וקיבלה פטור. ואסיק'. האי ומצא מידי דהוה מעיקרא משמע דומיא דיער והאי דכתב ומצא כדי גאולתו מידי דלא הוה מעיקרא אלא השתא איזדמן ליה דומיא דהשיגה ידו: הזורק אבן לחצרו והרג אם יש רשות לניזק ליכנס לשם גולה כו'. אבא שאול אומר מה חטבת עצים רשות אף כל רשות יצא האב המכה בנו והרב הרודה את תלמידו ושליח ב"ד. ומקשו עליה וממאי דהאי דכתב לחטוב עצים דרשות הן דלמא חטבת עצים למערכה או עצים לעשות סוכה דאינון מצוה ואפילו הכי גולה. ודחי רבא כיון דאי מצא עצים חטובים למערכה ולסוכה [אינו חוטב] חטבת עצים דהשתא לאו מצוה היא. ואקשינן עליה אי הכי הני נמי האב לבנו והרב לתלמידו כיון דאילו גמירי לאו מצוה קא עביד בהכאתן אף בדלא גמירי אינה מצוה. ופרקינן הני אע"ג דגמירי מצוה קא עביד דכתב יסר בנך ויניחך וגו'. והדר אמר רבא לאו מילתא היא דאמרי דאפילו חטבת מצוה היא ומשום דאי מצא חטובין לאו מצוה היא למחטב השתא נמי לאו מצוה קא עביד אלא חטבת רשות היא מדכתב ואשר יבא את רעהו ביער ומשמע ואשר אי בעי עייל אי בעי לא עייל מכלל דחטבת רשות היא אבל חטבת מצוה מי סגי ליה דלא עייל. ואקשינן עליה והכתיב גבי טומאה אשר יטמא הכי נמי דטומאה דרשות היא הא אם נטמא בטומאת מצוה כגון טומאת מת מצוה הכי נמי דפטור מחיטוי וטבילה. ומשני שאני התם

דכתב

מסורת הש"ס

א) סנהדרין ד., ב) ב"ק לב:, ג) רש"א מ"ז, ד) בסה"מ ל"ג אף כל רשות, ה) ב"ק לב:, ו) שם לג., ז) ערכין ל:, ח) רש"א מ"ז, ט) [שבת סג: וש"נ], י) רש"א מ"ז, כ) רש"א מ"ז, ל) רש"א בפר"ק, מ) רש"א נמי, נ) רש"א מ"ז.

הגהות הב"ח

(א) גמ' הכא מענייניה דקרא. נ"ב עיין בסנהדרין דף פא בתוס': (ב) רש"י ד"ה האב וכו' לדרך האמת הס"ד: (ג) ד"ה ומצא פרט וכו' פרט למצוי לפדות אם היתה וכו' להחזירה לו הס"ד: (ד) תוס' ד"ה היינו וכו' דאי הוה כתיב כן אז: (ה) בא"ד המתבקע קאמר והשתא ניחא וכו' דמשמע שפיר דיש אם למסורת דהיינו יֵרָאֶה משום דפשטיה דקרא משמע הכי דכתיב וכו' משמע יֵרָאֶה זכורך את פני האדון וכו' לפי המקרא דקרינן יִרְאֶה הל"ל: (ו) ד"ה לאשפה וכו' ליפנות כלל גם בלילה ואיכא דמקרי: (ז) בא"ד אבל השתא דעשויה: (ח) ד"ה אע"ג דגמיר וכו' דאם מצאן: (ט) בא"ד שמו עליו זה על בנו: (י) ד"ה בלא איבה וכו' לא שונא לו ול"ע וכו' שנתחדש בה מיער: (כ) בא"ד איצטריך למימר אפילו ולא אויב לו דבמשנה תורה כתיב נמי כי לא שונא הוא לו משום פרשה שנשנית כצ"ל ועל תיבות אפילו ולא אויב לו כי פי' שונא גרע מאויב ולאו לאו קרא הוא למינה שונא דוקא אינו גולה איצטריך דאף אויב אינו לאוסורי דלא אויב לו הלכך גולה אבל אויב גולה ואין להקשות השתא דכתיב ולא אויב לו בלא איבה השתא הא איבה גולה כל שכן שונא דו"ל (והשאר חסר): (ל) בא"ד פי' מתחי קראי כתובי במ"ת לא שונא לו ולא אצטריכו לא משום פרשה שנשנית [והשאר חסר]:

גליון הש"ס

מתני' אם יש רשות לניזק. עי' ב"ק דף לב ע"ב תוד"ה לא שנו: שם מה היער. לעיל ז ע"ב: גמ' הכא מענייניה. עי' סוטה דף מג ע"א:

לעזי רש"י

כלישני"א. פירוש רגב, גוש עפר.

תורה אור השלם

א) וַאֲשֶׁר יָבֹא אֶת רֵעֵהוּ בַיַּעַר לַחְטֹב עֵצִים וְנִדְּחָה יָדוֹ בַגַּרְזֶן לִכְרֹת הָעֵץ וְנָשַׁל הַבַּרְזֶל מִן הָעֵץ וּמָצָא אֶת רֵעֵהוּ וָמֵת הוּא יָנוּס אֶל אַחַת הֶעָרִים הָאֵלֶּה וָחָי: [דברים יט, ה] ב) וְאִישׁ כִּי לֹא יִהְיֶה לּוֹ גֹּאֵל וְהִשִּׂיגָה יָדוֹ וּמָצָא כְּדֵי גְאֻלָּתוֹ: [ויקרא כה, כו] ג) יַסֵּר בִּנְךָ וִינִיחֶךָ וְיִתֵּן מַעֲדַנִּים לְנַפְשֶׁךָ: [משלי כט, יז] ד) וְאִישׁ אֲשֶׁר יִטְמָא וְלֹא יִתְחַטָּא וְנִכְרְתָה הַנֶּפֶשׁ הַהִוא מִתּוֹךְ הַקָּהָל כִּי אֶת מִקְדַּשׁ יְיָ טִמֵּא מֵי נִדָּה לֹא זֹרַק עָלָיו טָמֵא הוּא: [במדבר יט, כ]

חשק שלמה על ר"ח א) כלומר אפילו אם מעצמו נשל ולא על ידי העץ: ב) גדמא. כ"ה ג"כ גירסת הערוך ערך גדם: ג) וכ"ה בערוך ערך כבס:

he is not considered grossly **negligent,** דְּהָא אֵינָהּ עֲשׂוּיָה לִיפָּנוֹת בָּהּ בַּיּוֹם – **because it is not** generally **used** by people **to relieve themselves during the day.** אוֹנֵס נַמִּי לָא הָוֵי – **He is also not** considered **the victim of an** unforeseeable **accident** דְּהָא אִיכָּא דְּמִקְרֵי וְיָתִיב – **because there are** occasionally **some who happen by and sit** there.[20] Thus, when the Mishnah states that a person is exiled for throwing a stone into a public area, it refers to this situation.[21]

The Gemara explains the next section of the Mishnah:

רַבִּי אֱלִיעֶזֶר בֶּן יַעֲקֹב אוֹמֵר וכו׳ – **R' ELIEZER BEN YAAKOV SAYS etc.** If the victim placed himself in the stone's path after it was released, the thrower is not subject to exile.

A Baraisa gives the Scriptural source for this ruling:

תָּנוּ רַבָּנָן – **The Rabbis taught in a Baraisa:** ,,וּמָצָא" פְּרָט לְמַמְצִיא אֶת עַצְמוֹ – By stating *IT FINDS,*[22] the Torah **EXCLUDES ONE WHO CAUSES HIMSELF TO BE FOUND.**[23] מִכָּאן אָמַר רַבִּי אֱלִיעֶזֶר בֶּן יַעֲקֹב – **FROM HERE R' ELIEZER BEN YAAKOV DERIVED** that אִם מִשֶּׁיָּצְתָה הָאֶבֶן מִיָּדוֹ – **IF** it was **AFTER THE STONE LEFT [THE THROWER'S] HAND** הוֹצִיא הַלָּה אֶת רֹאשׁוֹ וְקִבְּלָה – that **[THE VICTIM] THRUST HIS HEAD** into the stone's path **AND RECEIVED [THE BLOW],** פָּטוּר – **[THE THROWER] IS EXEMPT** from exile.

The Gemara examines the premise on which this derivation is based:

לְמֵימְרָא דְּ,,מָצָא" מֵעִיקָּרָא מַשְׁמַע – Do you mean **to say that** the verb ***finds*** **implies** finding something that was there **from before?**[24] וּרְמִינְהִי – **But contrast [this premise]** with the following Baraisa, which deals with the redemption of ancestral land.[25] ,,וּמָצָא" פְּרָט לְמָצוּי – By stating ***HE FINDS*** *enough for its redemption,*[26] the Torah **EXCLUDES THAT WHICH IS** already **FOUND.** That is, if the original owner already had other assets when he sold his ancestral land, he cannot later force the buyer to let him redeem it. שֶׁלֹּא יִמְכּוֹר בְּרָחוֹק וְיִגְאוֹל בְּקָרוֹב – This teaches **THAT,** for example, **HE CANNOT SELL A MORE DISTANT** field **AND REDEEM ONE CLOSER BY,** בְּרָעָה וְיִגְאוֹל בְּיָפָה – or **AN INFERIOR** field **AND REDEEM A SUPERIOR ONE.** Since he owned the distant (or inferior) land at the time he sold the nearby (or superior) one, he had assets that are already "found," in which case the right of redemption does not apply.[27] We see from this Baraisa that the verb "finds" is taken as referring to something one finds later that he did not have before. How then can the Baraisa about exile deduce from this same word that there is no exile unless the victim was in the projectile's path *before* it left the thrower's hand?

The Gemara responds that the word's connotation must be judged from its context:

אָמַר רָבָא – **Rava answers:** הָכָא מֵעִנְיָינֵיהּ דִּקְרָא – **Here,** in the case of the wood-chopping accident, we interpret **according to the context of the verse,** וְהָתָם מֵעִנְיָינֵיהּ דִּקְרָא – **and there,** in the case of the ancestral land, we interpret **according to the context of the verse.** הָתָם מֵעִנְיָינֵיהּ דִּקְרָא – **There, according to the context of the verse,** ,,וּמָצָא" דּוּמְיָא דְּ,,וְהִשִּׂיגָה יָדוֹ" – the term ***he finds*** should be **similar** in meaning **to** the preceding words ***he acquires the means.***[28] מָה ,,הִשִּׂיגָה יָדוֹ" מֵהַשְׁתָּא – **Just as** the words ***he acquires the means*** imply from now forward, אַף ,,מָצָא" נַמִּי מֵהַשְׁתָּא – so **too** the term ***he finds*** implies **from now** forward, and therefore excludes someone who had assets at the time of the sale. הָכָא מֵעִנְיָינֵיהּ דִּקְרָא – **Here,** in the case of the wood-chopping accident, **according to the context of the verse** ,,וּמָצָא" דּוּמְיָא דְּ,,יַעַר" – the term ***it finds*** should be **similar** in meaning **to** the preceding word ***forest.*** מָה יַעַר מִידֵּי דְּאִיתֵיהּ מֵעִיקָּרָא – **Just as the forest is something that was there before** the accident occurred, אַף ,,וּמָצָא" נַמִּי מִידֵּי דְּאִיתֵיהּ מֵעִיקָּרָא – so **too** the term ***it finds*** implies that it found **something that was there before** the accident occurred.

The Gemara examines the next section of the Mishnah:

הַזּוֹרֵק אֶת הָאֶבֶן וכו׳ – **ONE WHO THROWS A STONE etc.** Abba Shaul derives from the Torah's wood-chopping case that exile is only for a death resulting from a voluntary act, as opposed to a mitzvah.

This is questioned:

אָמַר לֵיהּ הַהוּא מֵרַבָּנָן לְרָבָא – **A certain Rabbi asked Rava:** מִמַּאי דִּמְחַטֶּבֶת עֵצִים דִּרְשׁוּת – **On what** grounds does Abba Shaul assume **that** the verse refers to an act of **wood-chopping that is voluntary?** דִּלְמָא מְחַטֶּבֶת עֵצִים דְּסוּכָּה – **Perhaps** it refers to **chopping wood for a succah** וּמְחַטֶּבֶת עֵצִים דְּמַעֲרָכָה – **or chopping wood for the pyre** on the Altar, both of which are acts required for a mitzvah, rather than matters of choice, וַאֲפִילּוּ הָכִי אָמַר רַחֲמָנָא לִיגְלֵי – **and *still* the Merciful One said** that **[the killer] should be exiled. – ? –**

Rava replies:

אָמַר לֵיהּ – **He said to him:** לָאו[29](אינו חוטב) כֵּיוָן דְּאִם מָצָא חָטוּב מִצְוָה – Even in those cases,[30] **since if he were to find** wood that has already been **chopped** it would **not** be **a mitzvah** to chop

NOTES

20. There is consequently an element of negligence involved, which makes him liable to exile.

The Gemara adds that the trash pile is used as a latrine at night, because otherwise one would have no reason even to suspect that it is used during the day (*Tosafos, Meiri*).

21. According to this conclusion, it is no longer necessary to interpret the Mishnah as referring to someone dismantling a wall. This Mishnah can now be explained to be speaking simply about a person who throws a stone into a trash pile of the type described here. Since it is generally not used by the public during the day, throwing a stone there is not considered grossly negligent (*Tosafos, Meiri*). Others, though, maintain that the Mishnah must still be understood as dealing with the demolition of a wall. Throwing a stone, by contrast, is a purposeless act, which is deemed grossly negligent even if the stone was thrown into a trash pile not frequented by people (*Rambam,* as explained by *Aruch LaNer* and *Siach Yitzchak;* see *Rabbeinu Chananel* and *Ritva;* see also the text of the Gemara in *Bava Kamma* 32b).

22. *Deuteronomy* 19:5. The Torah states concerning the wood-chopping accident: וּמָצָא אֶת־רֵעֵהוּ וָמֵת, *it* (i.e. the axe-head or wood chip) *finds his fellow and he dies.*

23. מָצָא, *finds,* implies that the victim was already in position and the projectile "found" him. This is in contrast to a case where the victim caused himself to be found, by putting himself into the line of flight *after* the projectile was thrown (*Rashi*).

24. Since you understand it as excluding the case of one who put himself into the stone's path *after* it was thrown.

25. If one sells his ancestral land and then finds the means to buy it back, the Torah requires the purchaser to sell it back to him (see *Leviticus* 25:25-28).

26. *Leviticus* 25:26, which states: וְהִשִּׂיגָה יָדוֹ וּמָצָא כְּדֵי גְאֻלָּתוֹ, *he acquires the means and finds enough for its redemption.*

27. The Baraisa refers to a person who owns two fields: one that was nearby (or of superior quality) and one that was distant (or of inferior quality). He sold the nearby (or superior) field, and later decided to redeem it by selling his other field and using the proceeds for the first one's redemption (see *Ritva,* who explains why the Baraisa chose these examples). Thus, at the time of the first field's sale, he already owned sufficient assets to buy it back should he want to. In such a case, the Torah does not require the purchaser to sell it back to him. The Torah gives the right of redemption only for changed financial circumstances, not merely for a change of heart.

28. See note 26.

29. The words in parentheses are deleted by *Maharsha;* see, however, *Ramban* and *Meiri.*

30. I.e. chopping wood for a succah or the Altar's pyre.

הא דרב יצחק בר' יוסף בסנהדרין בשמעתא קמייתא (דף ז.): היינו. דקא הדר רבי ואמר ועוד למילפיה בגזירה שוה: פיסא. רגב גוש עפר כלישני"א בלע"ז: ואתר תמרי. והשיר תמרים: באנו למחלוקת. דהיינו דומיא דמן העץ המתבקע: מהו דתימא. הא לרבי ככח כחו דמי ופטור שהרגב היה כח ראשון ונשירת התמרים היה כח שני קמ"ל שהרגב כגרזן והתמרים כקיסם הניתז: לגרמא. הוא עץ האחריות שהתמרים תלוין אצלו: ומחיה לכובסא. הוא אשכול התמרים המקובצים יחד: מתני' ר"א בן יעקב. מפרש טעמא בגמרא: האב המכה את בנו. להטותו לדרך (ג) אחרת: ושליח ב"ד. המלקה ארבעים לחייב מלקות: גמ' ליפנות בה. בני אדם לנקביהם: ואיכא דמיקרי ויתיב. ליפנות ביום: ומצא. משמע שהוא שם ומאליו נשירת נשל הברזל: פרט לממציא עצמו. אחרי כן הוציא הלה את ראשו מן החלון וקיבל האבן במוחו: ומצא פרט למצוי. במוכר שדה אחוזתו (וכא לגואלו) כתיב והשיגה ידו ומצא פרט למצוי (ג) אם היתה גאולה זו מצויה בידו כשמכרה אין כופין את הלוקח להחזירה לו ליפדות: השתא נמי. כי לא מצא חטובה אין החטבה מצוה אלא עשיית הסוכה: לאו מצוה. להכותו: לאו מילתא היא דאמרי. ראיה טובה מזו היה לי להשיבו מן המקרא עצמו דלאו בחטבה דמצוה איירי: דאי בעי מיטמא אי בעי לא מיטמא. אותו חייב לך הכתוב כרת אם נכנס למקדש בטומאה זו: ה"נ דפטור. מכרת:

היינו דקאמר להו ועוד. פירוש משמע דמעיקרא ה"א טעמא משום אם למסורת ובתר הכי קאמר ועוד כלומר אע"ג דס"ל שאם למקרא מ"מ הכא איכא למשמע מגזירה שוה ותימה הא דמעיקרא נמי לא תלי טעמא במסורת אלא משום דלא כתיב מעלו ואמר ה"ר יוסף בכור שור דהיא היא וה"ק וכי נאמר ונשל הברזל מעלו דאי (ד) כתיב כן אז הוי מיושב לומר יש אם למקרא לקרות ונשל כדקרי וכדאמרי רבנן והלא לא נאמר אלא מן העץ וא"כ אין לשון המקרא דקרינן ונשל מיושב על זה אלא ודאי מן העץ מוכיח דיש אם למסורת שהוא ונישל כמו והשיל וזה הלשון מיושב על מן העץ דמן העץ המתבקע (ה) והשתא ניחא הא דקאמר ועוד וכן פירש בסנהדרין גבי יראה יראה דמשמע שפיר מן המסורת דהיינו יראה משום דפשטיה דקרא משמע דכתיב בתריה את פני האדון וגו' א"כ משמע יראה זכורך פני האדון והיינו לפי המסורת אבל לפי המקרא דקרינן יראה הל"ל לפני האדון:

מהו דתימא ככח כחו דמי. ולא דמי לעץ המתבקע דהתם נגע במה שבידו בשעת התזת העץ אבל הכא שכבר יצא מידו בשעת התזת תמרים דמי שפיר לכח כחו אימא לא ליחייב קמ"ל:

לא צריכא אלא כו'. פירוש דמהשתא לא צריך לאוקומא בסותר דהוא הדין בזורק ממש:

באשפה העשויה וכו'. והשתא מיירי ביום ובזורק לאשפה ולא בסותר כותלו וא"ת ולינקוט באינה עשויה ליפנות כלל (ו) וגם בלילה איכא דמקרי ויתיב וכדקאמר השתא וי"ל דא"כ אנוס הוא דלית ליה לאסוקי אדעתיה הוא דמקרי ויתיב כיון שאינה עשויה ליפנות כלל אבל השתא (ז) בעשויה ליפנות בלילה אית ליה לאסוקי גם ביום הוא דמקרי ויתיב:

אף ע"ג דגמיר מצוה קא עביד כו'. וא"ת מ"מ קשה משליח ב"ד דכיון דאילו לקה כבר לאו מצוה קא עביד וכו' וי"ל דמ"מ איכא מצוה מתחילה מה שאין כן בחטיבת עצים דסוכה (ח) ואם מצאן חטובות לא היה שם חטיבת מצוה מעולם שהרי לא נחטבו לכך וליכא למימר נמי כיון דאילו לא חטא לאו מצוה היא וכו' דההיא לאו שליח ב"ד מיקרי ולא דמי לרבו ואביו דלעולם שמו (ט) זה על בנו וזה על תלמידו:

(לעיל) **בלא** איבה פרט לשונא. תימה אמאי איצטריך האי קרא תיפוק ליה דכתיב במשנה תורה והוא לא שונא (י) ול"ע ושמא י"ל דבמשנה תורה נחזרת ונשנית בשביל דבר שנתחדש מיער והרבה פרשיות יש בענין זה במשנה תורה אבל לא קשה מולא אויב לו דבאלה מסעי דההוא איצטריך למימר אפילו (כ) לא אויב לו [לעדים ולדיינים] כדאמרי' בסנהדרין (דף כט.) (במשנה תורה כתיב נמי כי לא שונא הוא לו (ל) משום פרשה שנשנית) כך נראה למשי"ח:

והאמר רב יצחק בר' יוסף אמר רבי יוחנן רבי ורבי יהודה בן רועץ וב"ש ור"ש ור"ע כולהו סבירי להו יש אם למקרא היינו דקאמר להו ועוד אמר רב פפא מאן דשדא פיסא לדיקלא ואתר תמרי ואזול תמרי וקטול באנו למחלוקת דרבי ורבנן פשיטא מהו דתימא ככח כחו דמי קמ"ל אלא כח כחו לרבי היכי משכחת לה כגון דשדא פיסא ומחיה לגרמא ואזיל גרמא ומחיה לכבאסא ואתר תמרי ואזול תמרי וקטול: **מתני'** הזורק אבן לרה"ר והרג ה"ז גולה ר"א בן יעקב אומר אם מכשיצאתה האבן מידו הוציא הלה את ראשו וקבלה ה"ז פטור זרק את האבן לחצרו והרג אם יש רשות לניזק ליכנס לשם גולה ואם לאו אינו גולה שנאמר ואשר יבא את רעהו ביער מה היער רשות לניזק ולמזיק ליכנס לשם אף כל רשות לניזק ולמזיק להכנס לשם יצא חצר בעל הבית שאין רשות לניזק (ולמזיק) ליכנס לשם אבא שאול אומר מה חטבת עצים רשות אף כל רשות יצא האב המכה את בנו והרב הרודה את תלמידו ושליח ב"ד: **גמ'** לרה"ר מזיד הוא אמר רב שמואל בר יצחק בסותר את כותלו איבעי ליה לעיוני בלילה נמי איבעי ליה לעיוני בסותר את כותלו לאשפה האי אשפה ה"ד אי שכיחי בה רבים פושע הוא אי לא שכיחי בה רבים אנוס הוא א"ר פפא לא צריכא אלא לאשפה העשויה ליפנות בה בלילה ואין עשויה ליפנות בה ביום ואיכא דמקרי ויתיב פושע לא הוי דהא אינה עשויה ליפנות בה ביום אונס נמי לא הוי דהא איכא דמקרי ויתיב: רבי אליעזר בן יעקב אומר וכו': ת"ר ומצא פרט לממציא את עצמו מכאן אמר רבי אליעזר בן יעקב אם משיצתה האבן מידו הוציא הלה את ראשו וקבלה פטור למימרא דמצא מעיקרא משמע ורמינהי ומצא פרט למצוי שלא ימכור ברחוק ויגאול בקרוב ברעה ויגאול ביפה אמר רבא הכא מענייניה דקרא והתם מענייניה דקרא ומצא דומיא דוהשיגה ידו מה השיגה ידו מהשתא אף מצא נמי מהשתא הכא מענייניה דקרא ומצא דומיא דיער מה יער מידי דאיתיה מעיקרא אף ומצא נמי מידי דאיתיה מעיקרא: הזורק את האבן וכו': א"ל ההוא מרבנן לרבא ממאי דמחטבת עצים דרשות דלמא מחטבת עצים דסוכה ומחטבת עצים דמערכה ואפ"ה אמר רחמנא ליגלי א"ל כיון דאם מצא חטוב (אינו חוטב) לאו מצוה השתא נמי לאו מצוה איתיביה רבינא לרבא יצא האב המכה את בנו והרב הרודה את תלמידו ושליח ב"ד לימא כיון דאילו גמיר לאו מצוה השתא נמי לאו מצוה התם אע"ג דגמיר מצוה דכתיב יסר בנך ויניחך ויתן מעדנים לנפשך הדר אמר רבא לאו מילתא היא דאמרי ואשר יבא את רעהו ביער (מה יער) דאי בעי עייל ואי בעי לא עייל ואי סלקא דעתך מצוה מי סגיא דלא עייל אמר ליה רב אדא בר אהבה לרבא כל היכא דכתיב אשר דאי בעי הוא אלא מעתה ואיש אשר יטמא ולא יתחטא אי בעי מיטמא אי בעי לא מיטמא מת מצוה דלא סגי דלא מיטמא הכי נמי דפטור שאני התם דאמר קרא טמא

רבינו חננאל

והלא מפורש בתחלת סנהדרין כי רבי יש אם למקרא סבירא ליה. אמר לך כתב למעלה לחטוב עצים וכתב למטה ונשל הברזל מן העץ מה העצים הכתובים למעלה העצים המתבקעין הן אף עץ הכתוב למטה מן העץ המתבקע. וחכ"א גולה מאי טעמא ונשל כתיב מכל מקום א) אמר רב פפא האי דשדא פיסא. פי' טיט שיבש ונעשה כאבן לדיקלא ואתר תמרי ואזול תמרי וקטול לרבי דמחייב בהתזת בקעת חייב דתמרי במקום בקעת עומדין לרבנן כח כחו הוא ופטור. אלא לרבי כח כחו היכי הוי. כגון דשדא פיסא ומחייה לגדמא ב) ואזל גדמא ומחייה לכבסא פירוש סנסני (של) תמרים ג) ואתר תמרי אזול תמרי וקטול היינו כח כחו ופטור: הזורק אבן ברשות הרבים והרג הא ודאי מזיד הוא והאי דתנן גולה אוקימנא בסותר את כותלו. ירושלמי כגון שהיה כותלו גוהה והיה סותרו לאשפה העשויה להיפנות בה בלילה ואינה עשויה להיפנות בה ביום ואיכא דמיקרי יתיב ומיפנה בה פושע לא הוי דהא אינה עשויה להיפנות בה ביום אנוס נמי לא הוי דהא איכא דמיקרי ויתיב לפיכך גולה. ת"ר ומצא את רעהו פרט לממציא את עצמו מיכן א"ר אליעזר בן יעקב אם משיצאת האבן מידו הוציא הלה את ראשו וקיבלה פטור. ואסיק'. האי ומצא מידי דהוה מעיקרא משמע דומיא דיער והאי דכתב ומצא כדי גאולתו מידי דלא הוה מעיקרא אלא השתא איזדמן ליה דומיא דהשיגה ידו: הזורק אבן לחצרו והרג אם יש רשות לניזק ליכנס לשם גולה כו'. אבא שאול אומר מה חטבת עצים רשות אף כל רשות יצא האב המכה בנו והרב הרודה את תלמידו ושליח ב"ד. ומקשו עליה וממאי דהאי דכתב לחטוב עצים רשות הן דלמא חטבת עצים למערכה או עצים לעשות סוכה דאינון מצוה ואפילו הכי גולה. ודחי רבא כיון דאי מצא עצים חטובים למערכה ולסוכה [אינו חוטב] חטבת עצים דהשתא לאו מצוה היא. ואקשינן עליה אי הכי הני האב לבנו והרב לתלמידו כיון דאילו גמירי לאו מצוה קא עביד בהכאתן אף בדלא גמירי אינה מצוה. ופרקינן הני אע"ג דגמירי מצוה קא עביד דכתב יסר בנך ויניחך וגו'. והדר אמר רבא לאו מילתא היא דאמרי דאפילו חטבת מצוה היא ומשום דאי מצא חטובין לאו מצוה היא למחטב השתא נמי לאו מצוה קא עביד אלא חטבת רשות היא מדכתב ואשר יבא את רעהו ביער ומשמע ואשר אי בעי עייל אי בעי לא עייל מכלל דחטבת רשות היא אבל חטבת מצוה מי סגי ליה דלא עייל. ואקשינן עליה והכתיב גבי טומאה אשר יטמא הכי נמי דטומאה דרשות היא הא אם נטמא בטומאת מצוה כגון טומאת מת מצוה הכי נמי דפטור מחיטוי וטבילה. ומשני שאני התם דכתב

חשק שלמה על ר"ח א) כלומר אפילו אם מעלמו נשל ולא על ידי העץ: ב) גדמא. כ"ה ג"כ גירסת הערוך ערך גדם: ג) וכ"ה בערוך ערך כבס:

תורה אור השלם

א) וַאֲשֶׁר יָבֹא אֶת רֵעֵהוּ בַיַּעַר לַחְטֹב עֵצִים וְנִדְּחָה יָדוֹ בַגַּרְזֶן לִכְרֹת הָעֵץ וְנָשַׁל הַבַּרְזֶל מִן הָעֵץ וּמָצָא אֶת רֵעֵהוּ וָמֵת הוּא יָנוּס אֶל אַחַת הֶעָרִים הָאֵלֶּה וָחָי: [דברים יט, ה] ב) וְאִישׁ כִּי לֹא יִהְיֶה לּוֹ גֹּאֵל וְהִשִּׂיגָה יָדוֹ וּמָצָא כְּדֵי גְאֻלָּתוֹ: [ויקרא כה, כו] ג) יַסֵּר בִּנְךָ וִינִיחֶךָ וְיִתֵּן מַעֲדַנִּים לְנַפְשֶׁךָ: [משלי כט, יז] ד) וְאִישׁ אֲשֶׁר יִטְמָא וְלֹא יִתְחַטָּא וְנִכְרְתָה הַנֶּפֶשׁ הַהִוא מִתּוֹךְ הַקָּהָל כִּי אֶת מִקְדַּשׁ יְיָ טִמֵּא מֵי נִדָּה לֹא זֹרַק עָלָיו טָמֵא הוּא: [במדבר יט, כ]

עין משפט נר מצוה

יב א מיי' פ"ו מהלכות רוצח הלכה טו סמג עשין עה:
יג ב מיי' שם הל' יא:
יד ג ד מיי' שם הלכה ו:
טו ה ו ז מיי' שם הל' ז:
טז ח מיי' שם הלכה ח:
יז ט מיי' שם הל' ט:
יח י מיי' פ"ו מהל' שמיטין הלכה יז סמג לאוין ערה:
יט כ מיי' פ"ה מהלכות רוצח הלכה ה ו סמג עשין עה:

ליקוטי רש"י

אלא יום פרט לזה שלא... [ב"ק כו:]. דלא נתקיימה מחשבתו וכו' [סנהדרין עט עי"ש]. כאן לנזקין. כאן לגלות. נשמט הברזל מקתו. ונשל הברזל. יש אם למקרא. יש אם למסורת. ליפנות. ומצא את רעהו ומת.

גליון הש"ם

מתני' אם יש רשות לניזק. עי' ב"ק דף לב ע"ב תוד"ה בזה וכו'. שם מה היער. לעיל ו ע"ב. גמ' הכא מענייניה. עי' סוטה דף מה ע"א.

לעזי רש"י

כלישני"א. פירוש רגב, גוש עפר.

more, הַשְׁתָּא נַמִּי לָאו מִצְוָה – so **now too** that there is no wood and he must obtain some, chopping is still **not a mitzvah.**[31]

This is questioned:

אֵיתִיבֵיהּ רָבִינָא לְרָבָא – Ravina challenged Rava from our Mishnah: **יָצָא הָאָב הַמַּכֶּה אֶת בְּנוֹ** – This EXCLUDES from exile THE FATHER WHO HITS HIS SON and inadvertently kills him, **וְהָרַב הָרוֹדֶה אֶת תַּלְמִידוֹ** – THE TEACHER WHO CHASTISES HIS PUPIL and inadvertently kills him **וּשְׁלִיחַ בֵּית דִּין** – AND AN AGENT OF THE COURT who killed while performing his duty, since they killed while performing a mitzvah. Now, if Rava's reasoning is correct, **לֵימָא כֵּיוָן דְּאִילּוּ גָּמִיר לָאו מִצְוָה – we should say** that **since if he** [the son or student] **would learn** his lesson without being hit, it would **not** be **a mitzvah** to hit him, **הַשְׁתָּא נַמִּי לָאו מִצְוָה** – so **now too** that he must be forced to learn, hitting him is still **not a mitzvah.**[32] – ? –

Rava answers:

הָתָם אַף עַל גַּב דְּגָמִיר מִצְוָה – There, even if he would learn his lesson without being hit, it is still **a mitzvah** to hit him; **דִּכְתִיב** ,,יַסֵּר בִּנְךָ וִינִיחֶךָ וְיִתֵּן מַעֲדַנִּים לְנַפְשֶׁךָ" – **for it is written:** ***Chastise your son and he will bring you rest, and he will bring delights to your soul.***[33]

Rava offers another response to the Rabbi's question of why Abba Shaul assumes that the verse refers to an act of chopping wood that is voluntary:

הֲדַר אָמַר רָבָא – Rava then said: לָאו מִילְּתָא הִיא דְּאָמְרִי – What I said before **is not of significance.**[34] Rather, the fact that the verse does not refer to a mitzvah can be derived from the wording of the verse itself: ,,וַאֲשֶׁר יָבֹא אֶת־רֵעֵהוּ בַיַּעַר" – ***Or if*** *(asher)* ***one comes with his fellow into the forest.***[35] (מה יער)[36] **דְּאִי בָּעֵי עָיֵיל וְאִי בָּעֵי לָא עָיֵיל** – Since it states "if" (*asher*), the verse evidently speaks of one who **if he wants enters** the forest, **and if he wants does not enter** it. **וְאִי סָלְקָא דַּעְתָּךְ מִצְוָה – Now, should you think that** the verse refers to one going to perform **a mitzvah** (such as chopping wood for a succah or the Altar pyre), **מִי סַגְיָא דְּלָא עָיֵיל – would it be an option for him not to enter?!**[37]

This answer assumes that the word אֲשֶׁר, *asher,* implies a voluntary situation. The Gemara questions this premise:

אָמַר לֵיהּ רַב אַדָּא בַּר אַהֲבָה לְרָבָא – Rav Adda bar Ahavah said to Rava: כָּל הֵיכָא דִּכְתִיב ,,אֲשֶׁר" דְּאִי בָּעֵי הוּא – Is it true that **wherever** ***asher*** **is written, it** refers to an act **that** one does only **if he wants? אֶלָּא מֵעַתָּה – But then,** consider the following verse: ,,וְאִישׁ אֲשֶׁר־יִטְמָא וְלֹא יִתְחַטָּא" – ***And if*** *(asher)* ***a man becomes tamei and does not purify himself*** [he is liable to *kares* should he enter the Temple].[38] **אִי בָּעֵי מִיטַּמֵּא אִי בָּעֵי לָא מִיטַּמֵּא** – Does this refer only to one who **if he wants becomes** ***tamei,*** **and if he wants does not become** ***tamei*****?**[39] **מֵת מִצְוָה** – If so, in the case of **an abandoned corpse,**[40] **דְּלָא סַגֵי דְּלָא מִיטַּמֵּא – where the only option is for him to become** ***tamei,*** **הָכִי נַמִּי דְּפָטוּר – would he indeed be exempt** from *kares* for subsequently entering the Temple with this *tumah*? Unquestionably, he *is* liable to *kares* in this case, demonstrating that the term *asher* is not limited to a voluntary situation.

The Gemara answers:

שָׁאנֵי הָתָם – There, in the case of *tumah,* **it is different, דְּאָמַר קְרָא – because the verse states:**

NOTES

31. If one already has an adequate supply of wood, he does not fulfill a mitzvah by chopping more. This proves that chopping wood is only a *hechsher mitzvah* (preparation for a mitzvah). According to Rava, a *hechsher mitzvah* is not a mitzvah in its own right under any circumstances. Therefore, even where one does not have wood, chopping is not a mitzvah (see *Ritva*).

[*Rashi* adds that the *building* of the succah *is* a mitzvah. For discussion of this comment, see *Aruch LaNer* and *Nasan Piryo.*]

32. Hitting a son (or student) also serves to facilitate a mitzvah – in this case, the son's education. According to Rava's reasoning, since this act is not a mitzvah where it is *not* needed for the son's education, it is only a *hechsher mitzvah,* which is never a mitzvah in its own right. But this conclusion is not true. Where hitting is necessary, it *is* a mitzvah (as stated in our Mishnah). This proves – contrary to Rava – that a *hechsher mitzvah* (such as hitting for the sake of education, chopping wood for a succah) can indeed be a mitzvah in its own right.

33. *Proverbs* 29:17. The benefit of the chastisement mentioned here is not immediate, but will be realized in the future ("he *will* bring you rest . . . he *will* bring delights"). The verse thus refers to a son who does not need discipline in order to learn his *current* lesson; it nevertheless recommends chastisement in light of the results it will produce in the long term (*Ritva;* see, however, end of note 37).

[Rava has thus shown that chastising a child for the sake of his education is a mitzvah even where it is not actually needed to make him learn his lesson. However, the punishment must be of some benefit to the child. Where it would be counterproductive, it is forbidden. The Gemara in *Moed Katan* (17a) states that hitting one's mature son violates the commandment (*Leviticus* 19:14): לִפְנֵי עִוֵּר לֹא תִתֵּן מִכְשֹׁל, *you shall not place a stumbling block before the blind* (i.e. do not cause another to stumble in sin), because the son might strike back at his father or curse him (*Ritva* ibid.; see *Shulchan Aruch, Yoreh Deah* 240:19,20). Severe discipline is Rabbinically prohibited, because it could cause a child to rebel against his studies and harm himself even to the point of suicide (see Tractate *Semachos* 2:6, cited by *Chidushei R' Akiva Eiger, Yoreh Deah* 240:20; *Sotah* 47a with *Rashi* ד"ה יצר; *Sanhedrin* 107b with *Rashi* ד"ה תינוק ואשה; *Rashi* to *Kiddushin* 30a ד"ה משיתסר).]

34. I.e. I could have given the questioner a *better* answer (*Rashi;* see note 37).

35. *Deuteronomy* 19:5.

36. The words מַה יַּעַר (*just as a forest . . .*) should be deleted (*Maharsha, Maharam*), because the following derivation is based not on the verse's mention of a forest, but on the word וַאֲשֶׁר, and *if.*

37. Evidently, then, the verse refers only to an act of chopping wood that is voluntary. The Torah thus teaches that if one kills in the course of an *obligatory* act (such as chastising his son), exile does not apply, as Abba Shaul stated in our Mishnah.

As mentioned in note 34, Rava merely considers this a better answer than the previous one. Thus he still subscribes to his prior position that chopping wood for a succah or the Altar's pyre is not a mitzvah (*Ritva,* explaining *Rashi*). Others, though, maintain that Rava indeed abandoned his earlier position (*Ramban* סוד"ה הא דמקשינן; see *Einei Shmuel*). According to the latter view, if someone killed accidentally while chopping the wood necessary for a succah, Rava would rule that he is exempt from exile because he was performing a mitzvah (*Tos. Shantz*).

38. *Numbers* 19:20. The Torah decrees that one who enters the Temple in a state of *tumah* is subject to the punishment of *kares* (see *Meiri*).

39. That is, the verse impose *kares* only on one who entered the Temple after becoming *tamei* voluntarily (*Rashi;* cf. *Rabbeinu Chananel*).

40. A מֵת מִצְוָה, *abandoned corpse,* is a corpse found with no one to attend to its burial. One who discovers such a corpse is *obligated* by the Torah to bury it (see *Nazir* 43b et al.).

דרבי ורבנן פשיטא מהו דתימא ככח כחו דמי קמ"ל אלא כח כחו לרבי היכי משכחת לה כגון דשדא פיסא ומחיה לגרמא ואזיל גרמא ומחיה לכבאסא ואתר תמרי ואזול תמרי וקטול:

א) והאמר רב יצחק בר' יוסף אמר רבי יוחנן רבי ורבי יהודה בן רועץ וב"ש ור"ש ור"ע כולהו סבירי להו יש אם למקרא היינו דקאמר להו ועוד אמר רב פפא מאן דשדא פיסא לדיקלא ואתר תמרי ואזול תמרי וקטול באנו למחלוקת דרבי א ורבנן פשיטא מהו דתימא ככח כחו דמי קמ"ל אלא כח כחו לרבי היכי משכחת לה כגון דשדא פיסא ומחיה לגרמא ואזיל גרמא ומחיה לכבאסא ואתר תמרי ואזול תמרי וקטול: **מתני'** ג) הזורק אבן לרה"ר והרג ה"ז גולה ר"א בן יעקב אומר אם מכשיצאתה האבן מידו הוציא הלה את ראשו וקבלה ה"ז פטור זרק את האבן לחצרו והרג ב אם יש רשות לניזק ליכנס לשם גולה ואם לאו אינו גולה שנאמר א) ואשר יבא את רעהו ביער מה היער רשות לניזק ולמזיק ליכנס לשם אף כל רשות לניזק ולמזיק להכנס לשם יצא חצר בעל הבית שאין רשות לניזק ג) (ולמזיק) ליכנס לשם אבא שאול אומר מה חטבת עצים רשות ד) אף כל רשות יצא האב המכה את בנו והרב הרודה את תלמידו ושליח ב"ד: **גמ'** ג לרה"ר מזיד הוא ה) אמר רב שמואל בר יצחק בסותר את כותלו איבעי ליה לעיוני בסותר את כותלו ד בלילה נמי איבעי ליה לעיוני ה בסותר את כותלו לאשפה האי אשפה ה"ד אי שכיחי בה רבים ו פושע הוא אי לא שכיחי בה רבים ז אנוס הוא א"ר פפא ח לא צריכא אלא לאשפה העשויה ליפנות בה בלילה ואין עשויה ליפנות בה ביום ואיכא דמקרי ויתיב פושע לא הוי דהא אינה עשויה ליפנות בה ביום אונס נמי לא הוי דהא איכא דמקרי ויתיב: רבי אליעזר בן יעקב אומר וכו': י) ת"ר א) ומצא פרט לממציא את עצמו ט מכאן אמר רבי אליעזר בן יעקב אם משיצתה האבן מידו הוציא הלה את ראשו וקבלה פטור למימרא דמצא מעיקרא משמע ורמינהי ב) ומצא ו) פרט למצוי שלא ימכור ברחוק ויגאול בקרוב ברעה ויגאול ביפה אמר רבא (א) הכא מענייניה דקרא והתם מענייניה דקרא ומצא דומיא דוהשיגה ידו מה השיגה ידו מהשתא אף מצא נמי מהשתא הכא מענייניה דקרא ומצא דומיא דיער מה יער מידי דאיתיה מעיקרא אף ומצא נמי מידי דאיתיה מעיקרא: הזורק את האבן וכו': א"ל ההוא מרבנן לרבא ממאי דמחטבת עצים דרשות דלמא מחטבת עצים דסוכה ומחטבת עצים דמערכה ואפ"ה אמר רחמנא ליגלי א"ל כיון דאם מצא חטוב ח) (אינו חוטב) לאו מצוה השתא נמי לאו מצוה איתיביה רבינא לרבא כ יצא האב המכה את בנו והרב הרודה את תלמידו ושליח ב"ד לימא כיון דאילו גמיר לאו מצוה השתא נמי לאו מצוה התם אע"ג דגמיר מצוה דכתיב ג) יסר בנך ויניחך ויתן מעדנים לנפשך ט) הדר אמר רבא לאו מילתא היא דאמרי א) ואשר יבא את רעהו ביער י) (מה יער) דאי בעי עייל ואי בעי לא עייל ואי סלקא דעתך מצוה מי סגיא דלא עייל אמר ליה רב אדא בר אהבה לרבא כל היכא דכתיב אשר דאי בעי הוא אלא מעתה ד) ואיש אשר יטמא ולא יתחטא אי בעי מיטמא אי בעי לא מיטמא מת מצוה דלא סגי דלא מיטמא הכי נמי דפטור שאני התם דאמר קרא

טמא

רש"י

הא דרב יצחק בר' יוסף בסנהדרין בשמעתא קמייתא (דף ד.): היינו. דקא הדר רבי ואמר ועוד למילפיה בגזירה שוה: פיסא. רגב גוש עפר כלישני"א בלע"ז: ואתר תמרי. והשיר תמרים: באנו למחלוקת. דהיינו דומיא דמן העץ המתבקע: מהו דתימא. הא לרבי ככח כחו דמי ופטור שהרגב היה כח ראשון ונשירת התמרים היה כח שני קמ"ל שהרגב כגרזן והתמרים כקיסם הניתז: לגרמא. הוא עץ האחריות שהתמרים תלוין אלו: ומחיה לכובסא. הוא אשכול התמרים המקובצים יחד: **מתני'** ר"א בן יעקב. מפרש טעמא בגמרא: האב המכה את בנו. להטותו לדרך (ב) אחרת: ושליח ב"ד. המלקה ארבעים לחייב מלקות: **גמ'** ליפנות בה. בני אדם לנקביהם: ואיכא דמיקרי ויתיב. ליפנות ביום: ומצא. משמע שהוא שם ומאליו נשירת נשל הברזל: פרט לממציא עצמו. אחרי כן הוציא הלה את ראשו מן החלון וקיבל האבן במצחו: ומצא פרט למצוי. במוכר שדה אחוזתו כ) (ובא לגואלו) כתיב והשיגה ידו ומצא פרט למצוי (ג) אם היתה גאולה זו מצויה בידו כשמכרה אין כופין את הלוקח להחזירה לו ליפדות: השתא נמי. כי לא מצא חטובה אין החטבה מצוה אלא עשיית הסוכה: לאו מצוה. להכותו: לאו מילתא היא דאמרי. ראיה טובה מזו היה לי להשיבו מן המקרא עצמו דלאו בחטבה דמצוה איירי: דאי בעי מיטמא אי בעי לא מיטמא. אותו חייב לך הכתוב כרת אם נכנס למקדש בטומאה זו: ה"נ דפטור. מכרת:

תוספות

היינו דקאמר להו ועוד. פירוש משמע דמעיקרא ה"א טעמא משום אם למסורת ובתר הכי קאמר ועוד כלומר אע"ג דס"ל שאם למקרא מ"מ הכא איכא למשמע מגזירה שוה ותימה דמעיקרא נמי לא תלי טעמא במסורת אלא משום דלא כתיב מעלו ואמר ה"ר יוסף בכור שור דהיא היא וה"ק וכי נאמר ונשל הברזל מעלו דאי (ד) כתיב כן אז הוי מיושב לומר יש אם למקרא לקרות ונשל כדקרי וכדאמרי רבנן והלא לא נאמר אלא מן העץ וא"כ אין לשון המקרא דקרינן ונשל מיושב על זה אלא ודאי מן העץ מוכיח דיש אם למסורת שהוא ונישל כמו והשיל וזה הלשון מיושב על מן העץ דמן העץ המתבקע (ה) והשתא ניחא הא דקאמר ועוד וכן ל) פירש בסנהדרין גבי יראה יראה דמשמע שפיר מ) מן המסורת דהיינו יראה משום דפשטיה דקרא משמע דכתיב בתריה את פני האדון וגו' א"כ משמע יראה זכורך פני האדון והיינו לפי המסורת אבל לפי המקרא דקרינן יראה הל"ל לפני האדון:

מהו דתימא ככח כחו דמי. ולא דמי לעץ המתבקע דהתם נגע במה שבידו בשעת התזת העץ אבל הכא שכבר יצא מידו בשעת התזת תמרים דמי שפיר לכח כחו אימא לא ליחייב קמ"ל:

לא צריכא אלא כו'. פירוש דמהשתא לא צריך לאוקומא בסותר דהוא הדין בזורק ממש:

באשפה העשויה וכו'. והשתא מיירי ביום ובזורק לאשפה ולא בסותר כותלו וא"ת ולינקוט באינה עשויה ליפנות כלל (ו) וגם בלילה איכא דמקרי ויתיב וכדקאמר השתא וי"ל דא"כ אנוס הוא דלית ליה לאסוקי אדעתיה הוא דמקרי ויתיב כיון שאינה עשויה ליפנות כלל אבל השתא (ז) בעשויה ליפנות בלילה אית ליה לאסוקי גם ביום הוא דמקרי ויתיב: **אף** ע"ג דגמיר מצוה קא עביד כו'. וא"ת מ"מ קשה משליח ב"ד דכיון דאילו לקה כבר לאו מצוה קא עביד וכו' וי"ל דמ"מ איכא מצוה מתחילה מה שאין כן בחטיבת עצים דסוכה (ח) ואם מצאן חטובות לא היה שם חטיבת מצוה מעולם שהרי לא נחטבו לכך וליכא למימר נמי כיון דאילו לא חטא לאו מצוה היא וכו' דההיא לאו שליח ב"ד מיקרי ולא דמי לרבו ואביו דלעולם שמו (ט) זה על בנו וזה על תלמידו: (לעיל) **בלא** איבה פרט לשונא. תימה אמאי איצטריך האי קרא תיפוק ליה דכתיב במשנה תורה והוא לא שונא (י) וצ"ע ושמא י"ל דבמשנה תורה נחזרת ונשנית בשביל דבר שנתחדש מיער והרבה פרשיות יש בענין זה במשנה תורה אבל לא קשה מולא אויב לו דבאלה מסעי דההוא איצטריך למימר אפילו (כ) לא אויב לו [לעדים ולדיינים] כדאמרי' בסנהדרין (דף כט.) י) (במשנה תורה כתיב נמי כי לא שונא הוא לו (נ) משום פרשה שנשנית) כך נראה למשי"ח:

טמא

עין משפט נר מצוה

יב א מיי' פ"ו מהלכות רוצח הלכה טו סמג עשין עה:
יג ב מיי' שם הל' יא:
יד ג ד מיי' שם הלכה ו:
טו ה ו ז מיי' שם הל' ז:
טז ח מיי' שם הלכה ח:
יז ט מיי' שם הל' ט:
יח י מיי' פי"א מהל' שמיטין הלכה יז סמג לאוין ערה:
יט כ מיי' פ"ה מהלכות רוצח הלכה ה ו סמג עשין עה:

ליקוטי רש"י

אלו יגום פרט לזה שלדה [ב"ק כו:]. דלא נתקיימת מחשבתו וכו' אלמא כיון דלא ניחא ליה דניזיל לא [סנהדרין ע"ז ע"ב בד"ה אפי' טובא].

כאן לנזקין. דהא אפקינן שוגג כמזיד ואונס כרצון. כאן לגלות כגון אם נפלה על האדם ומת. פטור. דגבי גלות כתיב מכה נפש בשגגה ולא מיקרי שגגה אלא היכא דהוה ליה ידיעה מעיקרא [בבא קמא כו:].

נשמט הברזל מקתו. שנשאר האגד בידו. מן העץ המתבקע. שאין נשאר בידו כלום [לקמן ט' ע"ב]. ונשל הברזל מן העץ. יש מרבותינו אומרים נשמט הברזל מקתו. ויש מהם אומרים שישל הברזל לחתיכה מן העץ המתבקע והיא נתזה והרגה [דברים יט ה]. ונשל. נשלף ויצא [שמות ג ה]. או לשון השלכה והתזה [דברים ז א].

יש אם למקרא. בתר קרייה אזלינן דהיא עיקר [סנהדרין ד.].

יש אם למסורת. שנמסרה כתיבתו לכתבו חסירה [סנהדרין ד.]. כמה שכתב משה ומסר בספר תורה לישראל היא האם והעיקר ולא כמו שהוא נקרא [סוכה ו:].

[ע"כ שייך לדף ז ע"ב] ליפנות. בני אדם נפנין בה לנקביהם [בבא קמא לב:].

ומצא את רעהו ומת. שהיה חבירו מצוי שם בשעה שהריס זה הגרזן חייב פרט לממציא את עצמו דפטור זה מגלות. מה השיגה ידו מהשתא. דודאי מעיקרא כשמכרה לא היתה ידו משגת כדכתיב (ויקרא כה) כי ימוך אחיך ומכר מאחוזתו [ערכין ל:].

רבינו חננאל

והלא מפורש בתחלת סנהדרין כי רבי יש אם למקרא סבירא ליה. אמר לך כתב למעלה לחטוב עצים וכתב למטה ונשל הברזל מן העץ מה העצים הכתובים למעלה העצים המתבקעין הן אף עץ הכתוב למטה מן העץ המתבקע. וחכ"א גולה מאי טעמא ונשל כתיב מכל מקום א) אמר רב פפא האי דשדא פיסא. פי' טיט שיבש ונעשה כאבן לדיקלא ואתר תמרי ואזול תמרי וקטול לרבי דמחייב בהתזת בקעת חייב דתמרי במקום בקעת עומדין לרבנן כח כחו הוא ופטור. אלא לרבי כח כחו היכי הוי. כגון דשדא פיסא ומחייה לגדמא ב) ואזל גדמא ומחייה לכבסא פירוש סנסני (של) תמרים ג) ואתר תמרי אזול תמרי וקטול היינו כח כחו ופטור: הזורק אבן ברשות הרבים והרג הא ודאי מזיד הוא והאי דתנן גולה אוקימנא בסותר את כותלו. ירושלמי כגון שהיה כותלו גוהה והיה סותרו לאשפה העשויה להיפנות בה בלילה ואינה עשויה להיפנות בה ביום ואיכא דמיקרי יתיב ומיפנה בה פושע לא הוי דהא אינה עשויה להיפנות בה ביום אנוס נמי לא הוי דהא איכא דמיקרי ויתיב לפיכך גולה. ת"ר ומצא את רעהו פרט לממציא את עצמו מיכן א"ר אליעזר בן יעקב אם משיצאת האבן מידו הוציא הלה את ראשו וקיבלה פטור. ואסיק'. האי ומצא מידי דהוה מעיקרא משמע דומיא דיער והאי דכתב ומצא כדי גאולתו מידי דלא הוה מעיקרא אלא השתא איזדמן ליה דומיא דהשיגה ידו: הזורק אבן לחצרו והרג אם יש רשות לניזק ליכנס לשם גולה כו'. אבא שאול אומר מה חטבת עצים רשות אף כל רשות יצא האב המכה בנו והרב הרודה את תלמידו ושליח ב"ד. ומקשו עליה דרשות הן דלמא חטבת עצים למערכה או עצים לעשות סוכה דאינון מצוה ואפילו הכי גולה. ודחי רבא כיון דאי מצא עצים חטובים למערכה ולסוכה [אינו חוטב] חטבת עצים דהשתא לאו מצוה היא. ואקשינן עליה אי הכי הני נמי האב לבנו והרב לתלמידו כיון דאילו גמירי לאו מצוה קא עביד בהכאתן אף בדלא גמירי אינה מצוה. ופרקינן הני אע"ג דגמירי מצוה קא עביד דכתב יסר בנך ויניחך וגו'. והדר אמר רבא לאו מילתא היא דאמרי דאפילו חטבת מצוה היא ומשום דאי מצא חטובין לאו מצוה היא למחטב השתא נמי לאו מצוה קא עביד אלא חטבת רשות היא מדכתב ואשר יבא את רעהו ביער ומשמע ואשר אי בעי עייל אי בעי לא עייל מכלל דחטבת רשות היא אבל חטבת מצוה מי סגי ליה דלא עייל. ואקשינן עליה והכתיב גבי טומאה אשר יטמא הכי נמי דטומאה דרשות היא הא אם נטמא בטומאת מצוה כגון טומאת מת מצוה הכי נמי דפטור מחיטוי וטבילה. ומשני שאני התם דכתב

מסורת הש"ס

א) סנהדרין ד., ב) ב"ק לב:, ג) רש"א מ"ז, ד) בסה"מ ל"ג אף כל רשות, ה) ב"ק לב:, ו) שם לג., ז) ערכין ל:, ח) רש"א מ"ז, ט) [שבת סג: וש"נ], י) רש"א מ"ז, כ) רש"א מ"ז, ל) רש"א בפר"ק, מ) רש"א נמי, נ) רש"א מ"ז.

הגהות הב"ח

(א) גמ' הכא מענייניה דקרא. נ"ב עיין בסנהדרין דף פא בתוס': (ב) רש"י ד"ה האב וכו' לדרך האמת הס"ד: (ג) ד"ה ומצא פרט וכו' פרט למצוי לפדות אם היתה וכו' להחזירה לו הס"ד: (ד) תוס' ד"ה היינו וכו' דאי הוה כתיב כן אז: (ה) בא"ד המתבקע קאמר והשתא ניחא וכו' דמשמע שפיר דיש אם למסורת דהיינו יראה משום דפשטיה דקרא משמע הכי דכתיב וכו' משמע יראה זכורך את פני האדון וכו' לפי המקרא דקרינן יראה הל"ל: (ו) ד"ה לאשפה וכו' ליפנות כלל גם בלילה ואיכא דמקרי: (ז) בא"ד אבל השתא דעשויה: (ח) ד"ה אע"ג דגמיר וכו' דאם מצאן: (ט) בא"ד שמו עליו זה על בנו: (י) ד"ה בלא איבה וכו' לא שונא לו וצ"ע וכו' שנתחדש בה מיער: (כ) בא"ד איצטריך למימר אפילו ולא אויב לו דבמשנה תורה כתיב נמי כי לא שונא הוא לו משום פרשה שנשנית כצ"ל ועל תיבות אפילו ולא אויב לו נ"ב פי' שונא גרע מאויב ואי לאו קרא הוה אמינא שונא דוקא אינו גולה איצטריך ולא אויב לו לאורויי דאף אינו אויב לו הלכך גולה אבל אויב אינו גולה ואין להקשות השתא דכתיב ולא אויב לו למה לי בלא איבה השתא אויב אינו גולה כל שכן שונא די"ל [והשאר חסר]: (ל) בא"ד משום פרשה שנשנית. נ"ב פי' תרתי קראי כתובי במ"ת לא שונא לו ולא אצטריכו אלא משום פרשה שנשנית [והשאר חסר]:

גליון הש"ס

מתני' אם יש רשות לניזק. עי' ב"ק דף לב ע"ב תוד"ה דלא סגי: שם מה היער. לעיל ז ע"ב: גמ' הכא מענייניה. עי' סוטה דף מה ע"א:

לעזי רש"י

כלישני"א. פירוש רגב, גוש עפר:

תורה אור השלם

א) ואשר יבא את רעהו ביער לחטב עצים ונדחה ידו בגרזן לכרת העץ ונשל הברזל מן העץ ומצא את רעהו ומת הוא ינוס אל אחת הערים האלה וחי: [דברים יט, ה]
ב) ואיש כי לא יהיה לו גאל והשיגה ידו ומצא כדי גאלתו: [ויקרא כה, כו]
ג) יסר בנך ויניחך ויתן מעדנים לנפשך: [משלי כט, יז]
ד) ואיש אשר יטמא ולא יתחטא ונכרתה הנפש ההוא מתוך הקהל כי את מקדש יי טמא מי נדה לא זרק עליו טמא הוא: [במדבר יט, כ]

חשק שלמה על ר"ח

א) כלומר אפילו אם מעצמו נשל ולא על ידי העץ: ב) גדמא. כ"ה ג"כ גירסת הערוך ערך גדם: ג) וכ"ה בערוך ערך כבס:

טמא יהיה מ"מ ההוא מיבעי ליה א) לכדתניא טמא יהיה א לרבות טבול יום טומאתו בו ב לרבות מחוסר כיפורים א"ל אנא מעוד ג) (טומאתו) קא אמינא איכא דמתני לה אהא ב) בחריש ובקציר תשבות ג ר"ע אומר אינו צ"ל חריש של שביעית וקציר של שביעית שהרי כבר נאמר ג שדך לא תזרע וכרמך לא תזמור אלא אפילו חריש של ערב שביעית שנכנס לשביעית וקציר של שביעית שיצא למוצאי שביעית רבי ישמעאל אומר מה חריש רשות אף קציר רשות ג יצא קציר העומר שהוא מצוה א"ל ההוא מרבנן לרבא ממאי דחרישה דרשות דלמא חרישת עומר דמצוה ואפ"ה אמר רחמנא תשבות א"ל כיון דאם מצא חרוש אינו חורש לאו מצוה איתיביה רבינא לרבא יצא האב המכה את בנו והרב הרודה את תלמידו ושליח ב"ד ואמאי לימא כיון דאילו גמיר לאו מצוה השתא נמי לאו מצוה התם אע"ג דגמיר נמי מצוה קא עביד דכתיב ד) יסר בנך ויניחך ז הדר אמר רבא לאו מילתא היא דאמרי (א) קצירה דומיא דחרישה מה חרישה מצא חרוש אינו חורש אף קצירה נמי ה (מצא קצור אינו קוצר) ואי ס"ד מצוה מצא קצור אינו קוצר מצוה לקצור ולהביא: **מתני'** ד האב גולה על ידי הבן והבן גולה ע"י האב ה הכל גולין על ידי ישראל וישראל גולין על ידיהן חוץ ו מגר תושב וגר תושב [א] אינו גולה אלא על ידי גר תושב: **גמ'** האב גולה ע"י הבן והאמרת יצא האב המכה את בנו והאמרת אע"ג דגמיר מצוה קעביד בשוליא דנגרי שוליא דנגרי חיותא היא דלמדיה ז דגמיר אומנותא אחריתי: והבן גולה ע"י האב כו': ורמינהי ה) מכה נפש פרט למכה אביו אמר רב כהנא לא קשיא הא ר"ש והא רבנן ח לר"ש דאמר חנק חמור מסייף שגגת סייף ניתנה לכפרה שגגת חנק לא ניתנה לכפרה לרבנן דאמרי סייף חמור מחנק הורג אביו [בשוגג] שגגת סייף הוא ושגגת סייף ניתנה לכפרה רבא אמר ט פרט לעושה חבורה באביו בשוגג ס"ד אמינא כיון דבמזיד בר קטלא הוא בשוגג נמי לא ליגלי קמ"ל: הכל גולין על ידי ישראל וכו': הכל גולין על ידי ישראל לאיתויי מאי לאיתויי עבד וכותי תנינא להא דת"ר ט עבד וכותי גולה ולוקה ע"י ישראל וישראל גולה ולוקה ע"י כותי ועבד בשלמא עבד וכותי גולה ע"י ישראל ולוקה גולה דקטליה ולוקה דלטייה אלא ישראל גולה ולוקה ע"י כותי בשלמא גולה דקטליה אלא לוקה אמאי דלטייה ו) ונשיא בעמך לא תאור ח בעושה מעשה עמך אלא אמר רב אחא בר יעקב כגון שהעיד בו והוזם דכוותיה גבי עבד שהעיד בו והוזם עבד בר עדות הוא אלא אמר רב אחא בריה דרב איקא הכא במאי עסקינן י כגון שהכהו הכאה שאין

רש"י

לרבות טבול יום. שאם נכנס למקדש ענוש כרת: לרבות מחוסר כיפורים. מאותן טומאות הצריכות קרבן וטבל והעריב שמשו ולא הביא כפרתו ונכנס למקדש חייב וארבע טומאות הן הטעונות קרבן הזב והזבה והיולדת והמצורע: מעוד קאמינא. עוד טומאתו בו עוד קרא יתירא לדרשא הוא: איכא דמתני לה. להא דא"ל ההוא מרבנן לרבא והא דאותביה רבינא אהא: אין צ"ל חריש וקציר של שביעית כו'. דעל כרחך בשביעית דשמיטה הכתוב מדבר דאי כדכתיב דאיום השביעי קאי מאי שנא חריש וקציר דנקט אלא ה"ק ששת ימים תעבוד ובשביעי תשבות והששה שאתה עובד בהן בחריש ובקציר תשבות (ב): הנכנס לשביעית. ט) (וחריש של שביעית) שלא יחרוש בששית חרישה המועלת לשביעית: וקציר של שביעית היוצא למוצאי שביעית. שאם הביאה שליש בשביעית מאז היא ראויה ליקצר ואם קצרה בשמינית צריך לנהוג בה קדושת שביעית: רבי ישמעאל אומר מה חריש רשות כו'. ובשבת קאי ולהכי נקט חריש וקציר לומר לך מה החריש שאני אוסר לך בשבת חריש של רשות הוא שאין לנו חריש של מצוה אף קציר איני אוסר לך אלא של רשות יצא קציר העומר: אם מצא חרוש אינו צריך לחרוש. אבל קציר אפילו מצא קצור מצוה לקצור לשמה דכתיב וקצרתם והבאתם את עומר: לאו מילתא היא דאמרי. שהיה לי להשיבו תשובה נכחת דקרא לאו במצוה איירי: מאי טעמא קציר דומיא דחריש. מה חריש בכל מקום מצא חרוש אין מצוה לחרוש אף קציר בהכי עסקי' שאם מצא קצור אין מצוה לקצור יצא קציר העומר שאפילו מצא קצור מצוה לקצור: ואי ס"ד מצוה. בקציר של מצוה מצא קצור אינו קוצר תמיהא היא זו: מתני' ע"י הבן. אם הרגו לבנו בשוגג: חוץ מגר תושב. שאין ישראל גולה על ידו: (ג) הכל גולין. מפרש בגמרא לאיתויי מאי: גמ' בשוליא דנגרי. בלימוד חרש עצים שאינו מלמדו תורה אלא אומנות שוליא יויינד"ריו: חיותיה הוא. ואף זו מצוה על האב ללמדו דילפינן לה מקרא בפרק קמא דקדושין (דף ל:) דכתיב ראה חיים עם אשה אשר אהבת הקיש אומנות שהוא חיותו לאשה כשם שאביו חייב להשיאו אשה כדכתיב וקחו לבניכם נשים כך חייב ללמדו אומנות: מכה נפש. גבי הורג בשגגה כתיב לנוס שמה מכה נפש בשגגה: פרט למכה אביו. שלא חייב גלות אלא למי שהכאתו תלויה בנפש שאינו חייב עליו אלא אם כן הרגו יצא מכה אביו שהוא חייב עליו מיתה בחבורה בעלמא וקא ס"ד דממעט ליה מגלות אפילו הרגו: לרבן שמעון דאמר. בסנהדרין בפ' ד' מיתות (דף מט:) חנק חמור מסייף ולדידיה ההורג את אביו בחנק דתנן (שם דף פא.) מי שנתחייב ב' מיתות ב"ד נידון בחמורה וההורג אביו חייב שתי מיתות שהעושה חבורה באביו מן הנחנקין הן והמכה נפש מן הנהרגין וכאן יש חבורת אביו ורציחה ולר"ש דאמר חנק חמור אם היה זה מזיד היה בחנק ועכשיו שהוא שוגג לא נתנה שגגתו לכפרה בגלות אם נתנה תורה כפרה לשגגת סייף שהיא קלה לא נתנה כפרה לשגגת חנק: ולרבנן דאמרי סייף חמור מחנק הורג אביו שגגת סייף הוא. שהרי אילו מזיד היה נידון בחמורה שהיא סייף ושגגת סייף נתנה לכפרה בגלות: רבא אמר. ברייתא נמי רבנן וההורג את אביו נמי גולה דשגגת סייף היא והא דקתני פרט למכה אביו לאו להורגו קא ממעיט אלא בעושה בו חבורה בשוגג: לוקה דלטייה. ואמרינן [בשבועות] (דף לה.) המקלל את חבירו עובר בלא תעשה ואתיא במה הצד מהמקלל דיין ונשיא וחרש (סנהדרין דף סו.): שהעיד בו. שהוא חייב מלקות:

תוספות

טמא יהיה מכל מקום. קשה לישתוק מאשר ומיהיה ויש לומר דאשר אורחיה דקרא הוא: דלמא חרישת העומר דמצוה ואמר רחמנא תשבות. קצת קשה לישתוק מיניה דתשבות ומהיכי תיתי לן דהא למישרי מצרכינן קרא וי"ל דהא לא חייש רק לסתור דרשא דאשמעינן מה חריש רשות ומעתה נאמר דאתא לדרשא אחרינא: אינו צ"ל חריש וקציר של שביעית כו'. תימה דבשלמא קציר כתיב בהאי עניינא את ספיח קצירך לא תקצור אבל חרישה לא כתיב כלל התם וכ"ת דילפינן מקראי דכתיבי כל שאר עבודות קרקע הא איכא מ"ד פ"ק דמו"ק (דף ג.) דדוקא אהנך דכתיבי בהדיא מיחייב אבל אינך לא וחרישה גופה ממעט התם מדקאמר החורש בשביעית אינו לוקה (ד) וי"ל דכיון דקסבר דקציר אתי לתוספת חריש נמי אתא לתוספת: והא אמרת יצא האב המכה בנו. קשה (ה) [לר"י] דהיינו דוקא כשמייסרו ומכהו בתוכחתו אבל אם הלך ביער והורגו בשוגג למה לא יגלה וי"ל דמשמע ליה דמיירי בכל ענין אף אם מכהו לייסרו דאם לא כן אמאי נקט טפי בן מאדם אחר: אלמא

רבינו חננאל

דכתב עוד טומאתו בו עוד לרבויי למת מצוה. טמא יהיה לרבות טבול יום. טומאתו בו לרבות מחוסר כפורים. איכא דמתני לה להא דאמר ליה ההוא מרבנן לרבא ושינויא דשני ליה רבא אהא בחריש ובקציר תשבות ר' עקיבא אומר אין צ"ל חריש של שביעית וקציר של שביעית כו' ופשוטה היא: האב גולה על ידי הבן. כלומר אם הכה האב את בנו והרגו הרי זה גולה ואוקמה שלא הכהו ללמדו תורה ולא מוסר אלא הכהו ללמדו אומנות והוא דידע אומנות אחרת דכיון דאית ליה אומנות אחרת הא אית ליה חיותא נמצא האב מכהו שלא ברשות לפיכך גולה אבל המכהו ללמדו תורה או מוסר אינו גולה. רמינן ברייתא דקתני בן המכה אביו אינו גולה. כלומר לא סגי ליה בגלות. אמתני' דקתני הבן גולה ע"י האב. ופריק רב כהנא ברייתא ר' שמעון מתני' לרבנן ופשוטה היא. ורבא אמר בשהרגו הבן לאביו דברי הכל גולה ובריית' שעשה בו חבורה ולא הרגו והכי קתני מכה נפש פרט למכה אביו בשוגג ועשה בו חבורה שאינו גולה מ"ט דסד"א כיון שהבן עושה חבורה באביו במזיד אע"פ שלא הרגו נהרג בשוגג נמי כיון שעשה בו חבורה ליגלי קמ"ל דלא: הכל גולין ע"י ישראל כלומר כל ההורג ישראל גולה. וישראל גולה על ידיהן לאיתויי עבד וכותי שאם הרגן ישראל גולה על ידיהן. כדתניא עבד וכותי גולה ע"י ישראל אם הרגו ואם קללו לוקה מדכתב נשיא בעמך לא תאור. ישראל גולה ע"י עבד וכותי אם הרגן ואם הכהו הכאה

תורה אור השלם

א) כָּל הַנֹּגֵעַ בְּמֵת בְּנֶפֶשׁ הָאָדָם אֲשֶׁר יָמוּת וְלֹא יִתְחַטָּא אֶת מִשְׁכַּן יְיָ טִמֵּא וְנִכְרְתָה הַנֶּפֶשׁ הַהִוא מִיִּשְׂרָאֵל כִּי מֵי נִדָּה לֹא זֹרַק עָלָיו טָמֵא יִהְיֶה עוֹד טֻמְאָתוֹ בוֹ: [במדבר יט, יג] ב) שֵׁשֶׁת יָמִים תַּעֲבֹד וּבַיּוֹם הַשְּׁבִיעִי תִּשְׁבֹּת בֶּחָרִישׁ וּבַקָּצִיר תִּשְׁבֹּת: [שמות לד, כא]
ג) וּבַשָּׁנָה הַשְּׁבִיעִת שַׁבַּת שַׁבָּתוֹן יִהְיֶה לָאָרֶץ שַׁבָּת לַיְיָ שָׂדְךָ לֹא תִזְרָע וְכַרְמְךָ לֹא תִזְמֹר: [ויקרא כה, ד]
ד) יַסֵּר בִּנְךָ וִינִיחֶךָ וְיִתֵּן מַעֲדַנִּים לְנַפְשֶׁךָ: [משלי כט, יז] ה) לִבְנֵי יִשְׂרָאֵל וְלַגֵּר וְלַתּוֹשָׁב בְּתוֹכָם תִּהְיֶינָה שֵׁשׁ הֶעָרִים הָאֵלֶּה לְמִקְלָט לָנוּס שָׁמָּה כָּל מַכֵּה נֶפֶשׁ בִּשְׁגָגָה: [במדבר לה, טו] ו) אֱלֹהִים לֹא תְקַלֵּל וְנָשִׂיא בְעַמְּךָ לֹא תָאֹר: [שמות כב, כז]

מסורת הש"ם

א) נזיר מה., ב) לרש"י לא גרסי' רש"ל, ג) שביעית פ"א מ"ד מו"ק ג: [ר"ה ט.], ד) [שבת סג: וש"נ], ה) רש"א מ"ז, ו) [בסה"מ הגי' חוץ מעל ידי גר], ז) [סנהדרין מט:], ח) ב"מ מח: סב. סנהדרין פה. [ב"ק לד: יבמות כב: ב"ב ד.], ט) רש"א מ"ז.

הגהות הב"ח

(א) גמ' לאו מלתא היא דאמרי מ"ט קצירה וכו' אף קצירה נמי מצא קצור אינו קוצר יצא קציר העומר שאפי' מצא קצור מצוה לקצור ולהביא ואי ס"ד מצוה מצא קצור אינו קוצר מצוה כצ"ל: (ב) רש"י ד"ה אין צריך לומר וכו' תשבות הס"ד ואח"כ מ"ה חריש של שביעית הנכנס לשביעית שלא יחרוש בששית: (ג) ד"ה הכל גולין נ"ל קודם ד"ה חוץ מגר: (ד) תוס' ד"ה אינו וכו' וי"ל כיון דקסבר דקציר אתי לתוספת. נ"ב פי' דהא דקאמר א"צ לומר חריש לאו דוקא דאפי' צריך לומר חריש מ"מ כיון דאינו צריך לומר קציר ובע"כ דקציר אתא לתוספת בקציר הנכנס למ"ש א"כ חריש נמי אתא לתוספת בחריש הנכנס לשביעית וא"כ השתא חשבינן לקרא דכתיב חריש כאילו א"צ אלא לענין תוספת ודו"ק: (ה) ד"ה והא וכו' קשה לרש"י דהיינו:

הגהות הגר"א

[א] במשנה וגר תושב גולה ע"י גר תושב כצ"ל. (וכן הוא לקמן ט' א' ובירושלמי):

לעזי רש"י

יויינדרינ"ו. פירוש תלמידו של אומן המלמדו אומנות (עיין רש"י פסחים דף קח ע"א ד"ה בשוליא דנגרי):

ליקוטי רש"י

לרבות טבול יום. שאינו צריך להביא כפרה [שאין יכול ליכנס עד שיעריב שמשו]. לרבות מחוסר כפרה. דאע"ג דהעריב שמשו אינו יכול ליכנס עד שיביא כפרתו [נזיר מה.]. אין צ"ל חריש וקציר של שביעית. דעל כרחך אע"ג דרישא דקרא בשבת קאי דכתיב ששת ימים תעבוד סיפיה אשביעית קאי דאי אשבת חריש וקציר הוא דאסור שאר מלאכות מי שרו. חריש של ערב שביעית. שלא יחרוש שדה אילן ערב שביעית חריש שיועיל לשביעית [ר"ה ט.]. שנכנס לשביעית. כל שיש לו ליכנס לשביעית שאסור לחרוש לפני ראש השנה [מועד קטן ד.]. בחריש ובקציר תשבות. חריש של ערב שביעית וכו' ללמדך שמוסיפין מחול על הקודש. וכך משמעו ששת ימים תעבוד וביום השביעי תשבות ועבודת ו' הימים שהתרתי לך, יש שנה שהחריש והקציר אסור ואין צריך לומר חריש וקציר של שביעית שהרי נאמר שדך לא תזרע וגו' [שמות לד כא]. [בשביעית משמע קרא, דאי בשבת מאי איריא חורש וקוצר אפילו משאר מלאכות צריכה שביתה אלא בשביעית משתעי קרא, והכי קאמר ששת ימים תעבוד ואותן ששת ימים שהתרתי לך לעבוד, בחריש ובקציר תשבות דהיינו בשביעית, ואם אינו צריך לחריש וקציר של שביעית תנהו ענין לחריש לפני שביעית הנכנסת לשביעית, כגון הנך שלשים יום לפני ראש השנה [מכת"י רש"י מועד קטן ג:]]. מה חריש רשות. בכל מקום. יצא קציר העומר. מותר לקצור בשבת. שהיא של מצוה. אע"פ שמצא קצור קוצר דבעינן קצירה לשמה אבל אם מצא חרוש אינו חורש [מועד קטן ד.]. בעושה מעשה עמך. בעמך דרשינן הכי וכו' [ב"מ מח:].

"טָמֵא יִהְיֶה" – ***he shall be tamei,***[1] מִכָּל מָקוֹם – which includes one who became *tamei* **in any event,** even in an obligatory manner, such as contact with an abandoned corpse.[2]

The Gemara questions this:

הַהוּא מִיבָּעֵי לֵיהּ לִכְדְתַנְיָא – But that phrase **is needed for** the law **that was taught in the** following **Baraisa:** "טָמֵא יִהְיֶה" לְרַבּוֹת טְבוּל יוֹם – The phrase ***HE SHALL BE TAMEI*** serves **TO INCLUDE A *TEVUL YOM*** in the *kares*-penalty for entering the Temple while *tamei*,[3] "טֻמְאָתוֹ בוֹ" לְרַבּוֹת מְחוּסַּר כִּיפּוּרִים – and the next phrase, ***HIS TUMAH IS WITH HIM,*** serves **TO INCLUDE A PERSON WHO LACKS ATONEMENT.**[4] Since the words *he shall be tamei* teach this other law, how can Rava derive from them a *kares*-penalty for entering the Temple with *tumah* acquired in an obligatory manner?

Rava answers his challenger:

אָמַר לֵיהּ – He said to him: אֲנָא מֵ"עוֹד (טֻמְאָתוֹ)" קָא אֲמִינָא – **I meant** to derive this law **from *(his tumah is)***[5] ***still*** *with him*.[6]

The Gemara cites a different version of the previous discussion, which relates Rava's statements to the laws of the *shemittah* (seventh) year, rather than the laws of inadvertent killing:

אִיכָּא דְּמַתְנֵי לָהּ אַהָא – There are those who teach this discussion **in regard to the following:**[7] "בֶּחָרִישׁ וּבַקָּצִיר תִּשְׁבֹּת" – The Torah states: ***AT THE PLOWING AND AT THE REAPING YOU SHALL REST.***[8] רַבִּי עֲקִיבָא אוֹמֵר – **R' AKIVA,** who understands these words as referring to the *shemittah* year,[9] **SAYS:** אֵינוֹ צָרִיךְ לוֹמַר חָרִישׁ שֶׁל שְׁבִיעִית וְקָצִיר שֶׁל שְׁבִיעִית – **IT IS UNNECESSARY** for the verse **TO SPEAK OF** the prohibition against **PLOWING IN THE SEVENTH YEAR OR REAPING IN THE SEVENTH YEAR,** שֶׁהֲרֵי כְּבָר נֶאֱמַר "שָׂדְךָ לֹא תִזְרָע וְכַרְמְךָ לֹא תִזְמֹר" – **FOR IT HAS ALREADY BEEN SAID** with regard to the seventh year: ***YOUR FIELD YOU SHALL NOT SOW AND YOUR VINEYARD YOU SHALL NOT PRUNE.***[10] אֶלָּא אֲפִילּוּ חָרִישׁ שֶׁל עֶרֶב שְׁבִיעִית שֶׁנִּכְנָס לִשְׁבִיעִית – **RATHER,** this verse (*at the plowing and at the reaping you shall rest*) teaches that one must desist **EVEN** from **THE PLOWING OF [THE YEAR] BEFORE THE SEVENTH,** the benefit of **WHICH ENTERS THE SEVENTH,**[11] וְקָצִיר שֶׁל שְׁבִיעִית שֶׁיּוֹצֵא לְמוֹצָאֵי שְׁבִיעִית – **AND** that one must accord *shemittah* sanctity to **THE REAPINGS OF** the **SEVENTH,** the growth of **WHICH CONTINUES INTO [THE YEAR] AFTER THE SEVENTH.**[12]

A dissenting interpretation of this verse (*at the plowing and at the reaping you shall rest*):

רַבִּי יִשְׁמָעֵאל אוֹמֵר – But **R' YISHMAEL,** who understands these words as referring to the Sabbath (rather than *shemittah*),[13] **SAYS:** מָה חָרִישׁ רְשׁוּת – The juxtaposition of plowing and reaping teaches that **JUST AS PLOWING IS** always **VOLUNTARY** (i.e. it is never a mitzvah),[14] אַף קָצִיר רְשׁוּת – **SO TOO** the **REAPING** prohibited by the verse **IS VOLUNTARY.** That is, the verse prohibits reaping on the Sabbath only if the reaping is voluntary, and not if it is a mitzvah. יָצָא קְצִיר הָעוֹמֶר שֶׁהוּא מִצְוָה – Thus, **REAPING** grain **FOR THE *OMER* OFFERING, WHICH IS A MITZVAH, IS EXCLUDED** from the prohibition.[15]

NOTES

1. *Numbers* 19:13. This verse speaks of the *kares*-penalty for entering the Temple in a state of *tumah*. It reads in part: וְנִכְרְתָה הַנֶּפֶשׁ הַהִוא מִיִּשְׂרָאֵל כִּי מֵי נִדָּה לֹא־זֹרַק עָלָיו טָמֵא יִהְיֶה עוֹד טֻמְאָתוֹ בוֹ, *that person shall be cut off from Israel, for the purification water had not been thrown on him, he shall be tamei, his tumah is still with him.*

2. The words טָמֵא יִהְיֶה, *he shall be tamei,* which would otherwise be redundant, are interpreted as including one who contracted *tumah* by fulfilling the obligation to bury an abandoned corpse.

3. A person who has purified himself from *tumah* by immersing in a *mikveh* retains a vestige of his *tumah* until the end of that day. Such a person is known as a *tevul yom,* literally: one who has immersed himself [that] day. The residue of *tumah* that remains until nightfall bars him from entering the Temple [or eating *terumah* or sacrificial foods]. The Torah teaches here that even in this reduced state of *tumah* he is liable to the penalty of *kares* for entering the Temple (*Rashi*).

4. A *mechussar kippurim* is a *tamei* person who has not yet brought the atonement offerings required to complete his purification process. There are four such *tamei* people: a *zav, zavah, metzora* and woman who has given birth. They bring their offerings the day after the (final) immersion. Hence, even after the nightfall following the immersion, some *tumah* remains until the offerings are brought. A person in this interim state is known as a *mechussar kippurim,* literally: one lacking atonement. This verse teaches that if a *mechusar kippurim* enters the Temple, he is liable to *kares* (*Rashi*).

5. [The term טֻמְאָתוֹ, *his tumah,* appears in parentheses, because it is omitted from *Rashi's* version of the text.]

6. See note 1. The word עוֹד, *still,* is redundant unless it is meant to include some other type of *tumah* which might have been thought to be excluded (*Rashi*). This, Rava explains, is the *tumah* acquired while performing the mitzvah of burying an abandoned corpse. [See *Ritva,* who explains why the Gemara initially attributed the words טָמֵא יִהְיֶה, *he shall be tamei,* to Rava.]

7. [The quotation that follows is similar to the Mishnah in *Sheviis* 1:4. But since it includes several points not found in that Mishnah, it is apparently a Baraisa. Indeed, the Gemara in *Rosh Hashanah* (9a) prefaces this quotation with the word דְּתַנְיָא, which is usually used to introduce a Baraisa (as opposed to a Mishnah). See also *Mesoras HaShas* to *Moed Katan* 3b.]

8. *Exodus* 34:21. The entire verse reads: שֵׁשֶׁת יָמִים תַּעֲבֹד וּבַיּוֹם הַשְּׁבִיעִי תִּשְׁבֹּת בֶּחָרִישׁ וּבַקָּצִיר תִּשְׁבֹּת, *Six days you shall work and on the seventh day you shall rest; at the plowing and at the reaping you shall rest.*

9. The first part of the verse (*Six days you shall work and on the seventh day you shall rest*) is definitely speaking of the Sabbath. The second part, however, is difficult to interpret as discussing the Sabbath, for why should the Torah single out the *melachos* of plowing and reaping from all the thirty-nine categories of forbidden labor? R' Akiva therefore interprets this part of the verse as referring to the *shemittah* year (see 3a note 21). The verse thus means that although plowing and reaping are generally permissible on the six weekdays, during the *shemittah* they are forbidden even then (*Rashi;* see also *Ritva*).

10. *Leviticus* 25:4. Although this verse mentions only sowing and pruning, the Gemara in *Moed Katan* (3a) expounds it as banning all manner of agricultural labor during the *shemittah* year. [Furthermore, the following verse prohibits reaping explicitly.] Accordingly, there is no need for the Torah to state: *at the plowing and at the reaping you shall rest* (*Rash* to *Sheviis* 1:4; see, however, *Tosafos* here; see also *Tosafos* to *Moed Katan* 3b ד״ה שהרי and *Siach Yitzchak* here; see also *Ritva*).

11. That is, one may not do any plowing in advance of *shemittah* that would benefit growth during *shemittah* itself (*Rashi;* see *Rashi* to *Rosh Hashanah* 9a ד״ה חריש).

12. This refers to grain that attained (at least) one third of its full growth during the seventh year, but was harvested in the eighth year. The verse teaches that although it was not actually harvested during *shemittah,* it assumes the sanctity of *shemittah* produce, since it was *fit* to be harvested then (*Rashi*). This means that it may not be used for commercial purposes, or any of the other purposes for which *shemittah* produce is prohibited (enumerated in *Rambam, Hil. Shemittah V'Yovel* Ch. 5). It is also subject to the laws of *biur* (removal) – i.e. when this type of produce is no longer available in the fields, one must remove his supplies of it from his home, and abandon them for the use of others (see *Tosafos* to *Rosh Hashanah* 12b ד״ה מנהג שביעית; *Rash* to *Sheviis* 1:4).

13. As in the first part of the verse: *Six days you shall work and on the seventh day you shall rest.* R' Yishmael proceeds to explain why the verse singles out plowing and reaping.

14. There is no instance in which the Torah obligates one to perform an act of plowing. Perforce, when the verse prohibits plowing on the Sabbath, it refers to a voluntary act (*Rashi*).

15. The *Omer* is the *minchah* (meal) offering brought on the second day of the Pesach festival; it consists of fine flour made from the new barley crop. The barley for the *Omer* is reaped on the night before the offering is brought. R' Yishmael derives from this verse that even if the night of the reaping falls on the Sabbath, the reaping may be performed then, for this mitzvah overrides the Sabbath restrictions.

א) טמא יהיה מ"מ ההוא מיבעי ליה א) לכדתניא טמא יהיה א לרבות טבול יום טומאתו בו ב לרבות מחוסר כיפורים א"ל אנא מעוד ג) (טומאתו) קא אמינא איכא דמתני לה אהא ב) בחריש ובקציר תשבות ג ר"ע אומר אינו צ"ל חריש של שביעית וקציר של שביעית שהרי כבר נאמר ג) שדך לא תזרע וכרמך לא תזמור אלא אפילו חריש של ערב שביעית שנכנס לשביעית וקציר של שביעית שיצא למוצאי שביעית רבי ישמעאל אומר מה חריש רשות אף קציר רשות ג יצא קציר העומר שהוא מצוה א"ל ההוא מרבנן לרבא ממאי דחרישה דרשות דלמא חרישת עומר דמצוה ואפ"ה אמר רחמנא תשבות א"ל כיון דאם מצא חרוש אינו חורש לאו מצוה איתיביה רבינא לרבא יצא האב המכה את בנו והרב הרודה את תלמידו ושליח ב"ד ואמאי לימא כיון דאילו גמיר לאו מצוה השתא נמי לאו מצוה התם אע"ג דגמיר נמי מצוה קא עביד דכתיב ד) יסר בנך ויניחך ד) הדר אמר רבא לאו מילתא היא דאמרי (א) קצירה דומיא דחרישה מה חרישה מצא חרוש אינו חורש אף קצירה נמי ה) (מצא קצור אינו קוצר) ואי ס"ד מצוה מצא קצור קוצר ולהביא: **מתני'** ד האב גולה על ידי הבן והבן גולה ע"י האב ה הכל גולין על ידי ישראל וישראל גולין על ידיהן חוץ ו) מגר תושב ו וגר תושב [א] אינו גולה אלא על ידי גר תושב: **גמ'** האב גולה ע"י הבן והאמרת יצא האב המכה את בנו והאמרת אע"ג דגמיר מצוה קעביד בשוליא דנגרי שוליא דנגרי חיותא היא דלמדיה ז דגמיר אומנותא אחריתי: והבן גולה ע"י האב כו': ורמינהי ה) מכה נפש פרט למכה אביו אמר רב כהנא לא קשיא הא ר"ש והא רבנן ז) לר"ש דאמר חנק חמור מסייף שגגת סייף ניתנה לכפרה שגגת חנק לא ניתנה לכפרה לרבנן דאמרי סייף חמור מחנק הורג אביו [בשוגג] שגגת סייף הוא ושגגת סייף ניתנה לכפרה רבא אמר ח פרט לעושה חבורה באביו בשוגג ס"ד אמינא כיון דבמזיד בר קטלא הוא בשוגג נמי ליגלי קמ"ל: הכל גולין על ידי ישראל וכו': הכל גולין על ידי ישראל לאיתויי מאי לאיתויי עבד וכותי תנינא להא דת"ר ט עבד וכותי גולה ולוקה ע"י ישראל וישראל גולה ולוקה ע"י כותי ועבד בשלמא עבד וכותי גולה ולוקה ע"י ישראל גולה דקטליה ולוקה דלטייה אלא ישראל גולה ולוקה ע"י כותי בשלמא גולה דקטליה אלא לוקה אמאי דלטייה ו) ונשיא בעמך לא תאור ח) בעושה מעשה עמך אלא אמר רב אחא בר יעקב כגון שהעיד בו והוזם דכוותיה גבי עבד שהעיד בו והוזם עבד בר עדות הוא אלא אמר רב אחא בריה דרב איקא הכא במאי עסקינן י כגון שהכהו הכאה

שאין

רש"י

לרבות טבול יום. שאם נכנס למקדש ענוש כרת: **לרבות מחוסר כיפורים.** מאותן טומאות הצריכות קרבן וטבל והעריב שמשו ולא הביא כפרתו ונכנס למקדש חייב וארבע טומאות הן הטעונות קרבן הזב והזבה והיולדת והמצורע: **מעוד קאמינא.** עוד טומאתו בו עוד קרא יתירא לדרשא הוא: **איכא דמתני לה.** להא דא"ל ההוא מרבנן לרבא והא דאותביה רבינא אהא: **אין צ"ל חריש וקציר של שביעית כו'.** דעל כרחך בשביעית דשמיטה הכתוב מדבר דאי כדכתיב דאיום השביעי קאי מאי שנא חריש וקציר דנקט אלא ה"ק ששת ימים תעבוד ובשביעי תשבות והששה שאתה עובד בהן בחריש ובקציר תשבות (ב): **הנכנס לשביעית.** ט) (וחריש של שביעית) שלא יחרוש בששית חרישה המועלת לשביעית: **וקציר של שביעית היוצא למוצאי שביעית.** שאם הביאה שליש בשביעית מאז היא ראויה ליקצר ואם קצרה בשמינית צריך לנהוג בה קדושת שביעית: **רבי ישמעאל אומר מה חריש רשות כו'.** ובשבת קאי ולהכי נקט חריש וקציר לומר לך מה החריש שאני אוסר לך בשבת חריש של רשות הוא שאין לנו חריש של מצוה אף קציר איני אוסר לך אלא של רשות יצא קציר העומר: **אם מצא חרוש אינו צריך לחרוש.** אבל קציר אפילו מצא קצור מצוה לקצור לשמה דכתיב וקצרתם והבאתם את עומר: **לאו מילתא היא דאמרי.** שהיה לי להשיבו תשובה נצחת דקרא לאו במצוה איירי: **מאי טעמא קציר דומיא דחריש.** מה חריש בכל מקום מצא חרוש אין מצוה לחרוש אף קציר בהכי עסקי' שאם מצא קצור אין מצוה לקצור יצא קציר העומר שאפילו מצא קצור מצוה לקצור: **ואי ס"ד מצוה.** בקציר של מצוה מצא קצור אינו קוצר תמיהא היא זו: **מתני' ע"י הבן.** אם הרגו לבנו בשוגג: **חוץ מגר תושב.** שאין ישראל גולה על ידו: (ג) **הכל גולין.** מפרש בגמרא לאיתויי מאי: **גמ' בשוליא דנגרי.** בלימוד חרש עצים שאינו מלמדו תורה אלא אומנות שוליא יוינד"ריגו: **חיותיה הוא.** ואף זו מצוה על האב ללמדו דילפינן לה מקרא בפרק קמא דקדושין (דף ל:) דכתיב ראה חיים עם אשה אשר אהבת הקים אומנות שהוא חיותו לאשה כשם שאביו חייב להשיאו אשה כדכתיב וקחו לבניכם נשים כך חייב ללמדו אומנות: **מכה נפש.** גבי הורג בשגגה כתיב לנוס שמה מכה נפש בשגגה: **פרט למכה אביו.** שלא חייב גלות אלא למי שהכאתו תלויה בנפש שאינו חייב עליו אלא אם כן הרגו יצא מכה אביו שהוא חייב עליו מיתה בחבורה בעלמא וקא ס"ד דממעט ליה מגלות אפילו הרגו: **לרבן שמעון דאמר.** בסנהדרין בפ' ד' מיתות (דף מט:) חנק חמור מסייף ולדידיה ההורג את אביו בחנק דתנן (שם דף פא.) מי שנתחייב ב' מיתות ב"ד נידון בחמורה וההורג אביו חייב שתי מיתות שהעושה חבורה באביו מן הנחנקין הן והמכה נפש מן הנהרגין וכאן יש חבורת אביו ורציחה ולר"ש דאמר חנק חמור אם היה זה מזיד היה בחנק ועכשיו שהוא שוגג לא נתנה שגגתו לכפרה בגלות אם נתנה תורה כפרה לשגגת סייף שהיא קלה לא נתנה כפרה לשגגת חנק: **ולרבנן דאמרי סייף חמור מחנק הורג אביו שגגת סייף הוא.** שהרי אילו מזיד היה נידון בחמורה שהיא סייף ושגגת סייף נתנה לכפרה בגלות: **רבא אמר.** ברייתא נמי רבנן וההורג את אביו נמי גולה דשגגת סייף היא והא דקתני פרט למכה אביו לאו להורגו קא ממעיט אלא בעושה בו חבורה בשוגג: **לוקה דלטייה.** ואמרינן [בשבועות] (דף לה.) המקלל את חבירו עובר בלא תעשה ואתיא במה הצד מהמקלל דיין ונשיא וחרש (סנהדרין דף סו.): **שהעיד בו.** שהוא חייב מלקות:

תוספות

טמא יהיה מכל מקום. קשה לישתוק מאשר ומיהיה ויש לומר דאשר אורחיה דקרא הוא: **דלמא** חרישת העומר דמצוה ואמר רחמנא תשבות. קצת קשה לישתוק מיניה דתשבות ומהיכי תיתי לן דהא למישרי מצרכינן קרא וי"ל דהא לא חייש רק לסתור דרשא דאשמעינן מה חריש רשות ומעתה נאמר דאתא לדרשא אחרינא: **אינו** צ"ל חריש וקציר של שביעית כו'. תימה דבשלמא קציר כתיב בהאי עניינא את ספיח קצירך לא תקצור אבל חרישה לא כתיב כלל התם וכ"ת דילפינן מקראי דכתיבי כל שאר עבודות קרקע הא איכא מ"ד פ"ק דמו"ק (דף ג:) דדוקא אהנך דכתיבי בהדיא מיחייב אבל אינך לא וחרישה גופה ממעט התם מדקאמר החורש בשביעית אינו לוקה (ד) וי"ל דכיון דקסבר דקציר אתי לתוספת חריש נמי אתא לתוספת: **והא** אמרת יצא האב המכה בנו. קשה (ה) [לר"י] דהיינו דוקא כשמייסרו ומכהו בתוכחתו אבל אם הלך ביער והורגו בשוגג למה לא יגלה וי"ל דמשמע ליה דמיירי בכל ענין אף אם מכהו לייסרו דאם לא כן אמאי נקט טפי בן מאדם אחר:

אלמא

עין משפט נר מצוה

כ א ב מיי' פ"ג מהלכות ביאת מקדש הלכה ו ז והלכה יד:
כא ג מיי' פ"ז מהלכות תמידין הלכה ו סמג עשין קלט:
כב ד מיי' פ"ה מהלכות רוצח הלכה ה סמג עשין עה:
כג ה מיי' שם הל' ג:
כד ו מיי' שם [עיין כ"מ]:
כה ז מיי' שם הל' ה:
כו ח מיי' פ"ז שם הלכה טו:
כז ט מיי' פ"ה שם הלכה ג:
כח י מיי' פט"ז מהל' סנהדרין הלכה יב סמג לאוין קלט:

רבינו חננאל

דכתב עוד טומאתו בו עוד לרבויי למת מצוה. טמא יהיה לרבות טבול יום. טומאתו בו לרבות מחוסר כפורים. איכא דמתני לה להא דאמר ליה ההוא מרבנן לרבא ושינויא דשני ליה רבא אהא בחריש ובקציר תשבות ר' עקיבא אומר אין צ"ל חריש של שביעית וקציר של שביעית כו' ופשוטה היא: האב גולה על ידי הבן. כלומר אם הכה האב את בנו והרגו הרי זה גולה ואוקמה שלא הכהו ללמדו תורה ולא מוסר אלא הכהו ללמדו אומנות והוא דידע אומנות אחרת דכיון דאית ליה אומנות אחרת הא אית ליה חיותא נמצא האב מכהו שלא ברשות לפיכך גולה אבל המכהו ללמדו תורה או מוסר אינו גולה. רמינן ברייתא דקתני בן המכה אביו אינו גולה. כלומר לא סגי ליה בגלות. אמתני' דקתני הבן גולה ע"י האב. ופריק רב כהנא ברייתא ר' שמעון מתני' לרבנן ופשוטה היא. ורבא אמר בשהרגו הבן לאביו דברי הכל גולה וברייתא שעשה בו חבורה ולא הרגו והכי קתני מכה נפש פרט למכה אביו בשוגג ועשה בו חבורה שאינו גולה מ"ט דסד"א כיון שהבן עושה חבורה באביו במזיד אע"פ שלא הרגו נהרג בשוגג נמי כיון שעשה בו חבורה ליגלי קמ"ל דלא: הכל גולין ע"י ישראל כלומר כל ההורג ישראל גולה. וישראל גולה על ידיהן לאיתויי עבד וכותי שאם הרגן ישראל גולה על ידיהן. כדתניא עבד וכותי גולה ע"י ישראל אם הרגו ואם קללו לוקה מדכתב נשיא בעמך לא תאור. ישראל גולה ע"י עבד וכותי אם הרגן ואם הכהו הכאה

תורה אור השלם

א) כָּל הַנֹּגֵעַ בְּמֵת בְּנֶפֶשׁ הָאָדָם אֲשֶׁר יָמוּת וְלֹא יִתְחַטָּא אֶת מִשְׁכַּן יְיָ טִמֵּא וְנִכְרְתָה הַנֶּפֶשׁ הַהִוא מִיִּשְׂרָאֵל כִּי מֵי נִדָּה לֹא זֹרַק עָלָיו טָמֵא יִהְיֶה עוֹד טֻמְאָתוֹ בוֹ: [במדבר יט, יג] ב) שֵׁשֶׁת יָמִים תַּעֲבֹד וּבַיּוֹם הַשְּׁבִיעִי תִּשְׁבֹּת בֶּחָרִישׁ וּבַקָּצִיר תִּשְׁבֹּת: [שמות לד, כא] ג) וּבַשָּׁנָה הַשְּׁבִיעִת שַׁבַּת שַׁבָּתוֹן יִהְיֶה לָאָרֶץ שַׁבָּת לַייָ שָׂדְךָ לֹא תִזְרָע וְכַרְמְךָ לֹא תִזְמֹר: [ויקרא כה, ד] ד) יַסֵּר בִּנְךָ וִינִיחֶךָ וְיִתֵּן מַעֲדַנִּים לְנַפְשֶׁךָ: [משלי כט, יז] ה) לִבְנֵי יִשְׂרָאֵל וְלַגֵּר וְלַתּוֹשָׁב בְּתוֹכָם תִּהְיֶינָה שֵׁשׁ הֶעָרִים הָאֵלֶּה לְמִקְלָט לָנוּס שָׁמָּה כָּל מַכֵּה נֶפֶשׁ בִּשְׁגָגָה: [במדבר לה, טו] ו) אֱלֹהִים לֹא תְקַלֵּל וְנָשִׂיא בְעַמְּךָ לֹא תָאֹר: [שמות כב, כז]

מסורת הש"ס

א) נזיר מה., ב) לרש"י לא גרסי' רש"ל, ג) שביעית פ"א מ"ד מו"ק ג: [ר"ה ט.], ד) [שבת סג: וש"נ], ה) רש"א מ"ז, ו) [בסה"מ הגי' חוץ מעל ידי גר], ז) [סנהדרין מט:], ח) ב"מ מח: סב. סנהדרין פה. [ב"ק לד: יבמות כב: ב"ב ד.], ט) רש"א מ"ז.

הגהות הב"ח

(א) גמ' לאו מלתא היא דאמרי מ"ט קצירה וכו' אף קצירה נמי מצא קצור אינו קוצר יצא קציר העומר שאפי' מצא קצור מצוה לקצור ולהביא ואי ס"ד מצוה מצא קצור אינו קוצר מצוה כצ"ל: (ב) רש"י ד"ה אין צריך לומר וכו' תשבות הס"ד ואח"כ מ"ה חריש של שביעית הנכנס לשביעית שלא יחרוש בששית: (ג) ד"ה הכל גולין נ"ל קודם ד"ה חוץ מגר: (ד) תוס' ד"ה אינו וכו' וי"ל כיון דקסבר דקציר אתי לתוספת. נ"ב פי' דהא דקאמר א"צ לומר חריש לאו דוקא דאפי' צריך לומר חריש מ"מ כיון דאינו צריך לומר קציר ובע"כ דקציר אתא לתוספת בקציר הנכנס למ"ש א"כ חריש נמי אתא לתוספת בחריש הנכנס לשביעית וא"כ השתא חשבינן לקרא דכתיב חריש כאילו א"צ אלא לענין תוספת ודו"ק: (ה) ד"ה והא וכו' קשה לרש"י דהיינו:

הגהות הגר"א

[א] במשנה וגר תושב גולה ע"י גר תושב כצ"ל. (וכן הוא לקמן ט' א' ובירושלמי):

לעזי רש"י

יוינדרינ"ו. פירוש תלמידו של אומן המלמדו אומנות (עיין רש"י פסחים דף קח ע"א ד"ה בשוליא דנגרי):

ליקוטי רש"י

לרבות טבול יום. שאינו צריך להביא כפרה [שאין יכול ליכנס עד שיעריב שמשו]. **לרבות מחוסר כפרה.** דאע"ג דהעריב שמשו אינו יכול ליכנס עד שיביא כפרתו [נזיר מה.]. **אין צ"ל חריש וקציר של שביעית.** דעל כרחך אע"ג דרישא דקרא בשבת קאי דכתיב ששת ימים תעבוד סיפיה אשביעית קאי דאי אשבת חריש וקציר הוא דאסור שאר מלאכות מי שרו. **חריש של ערב שביעית.** שלא יחרוש שדה אילן ערב שביעית חריש שיועיל לשביעית [ר"ה ט.]. **שנכנס לשביעית.** כל שיש לו ליכנס לשביעית שאסור לחרוש לפני ראש השנה [מועד קטן ד.]. **בחריש ובקציר תשבות.** חריש של ערב שביעית וכו' ללמדך שמוסיפין מחול על הקודש. וכן משמעו ששת ימים תעבוד וביום השביעי תשבות ועבודת ו' הימים שהתרתי לך, יש שנה שהחריש והקציר אסור ואין צריך לומר חריש וקציר של שביעית שהרי נאמר שדך לא תזרע וגו' [שמות לד כא]. [בשביעית משמע קרא, דאי בשבת מאי איריא חורש וקוצר אפילו משאר מלאכות צריכה שביתה אלא בשביעית משתעי קרא, והכי קאמר ששת ימים תעבוד ואותן ששת ימים שהתרתי לך לעבוד, בחריש ובקציר תשבות דהיינו בשביעית, ואם אינו צריך לחריש וקציר של שביעית תנהו ענין לחריש לפני שביעית הנכנסת לשביעית, כגון הנך שלשים יום לפני ראש השנה [מכת"י רש"י מועד קטן ג:]]. **מה חריש רשות.** בכל מקום. **יצא קציר העומר.** מותר לקצור בשבת. **שהיא של מצוה.** אע"פ שמצא קצור קוצר דבעינן קצירה לשמה אבל אם מצא חרוש אינו חורש [מועד קטן ד.]. **בעושה מעשה עמך.** בעמך דרשינן הכי וכו' [ב"מ מח:].

R' Yishmael's exposition is questioned:

אָמַר לֵיהּ הַהוּא מֵרַבָּנַן לְרָבָא – A certain rabbi asked Rava: מִמַּאי **דַּחֲרִישָׁה דִּרְשׁוּת – On what** grounds does R' Yishmael assume **that** the verse refers to an act of **plowing that is voluntary? דִּלְמָא חֲרִישַׁת עוֹמֶר דְּמִצְוָה – Perhaps** it refers to the **plowing** done to prepare grain **for the *Omer* offering, which is a mitzvah, וַאֲפִילּוּ הָכִי אָמַר רַחֲמָנָא ,,תִּשְׁבֹּת'' – and *still* the Merciful One said: *You shall rest,*** i.e. you shall refrain from such plowing on the Sabbath.[16] – ? –

Rava replies:

אָמַר לֵיהּ – He answered him: כֵּיוָן דְּאִם מָצָא חָרוּשׁ אֵינוֹ חוֹרֵשׁ – Since if one were to find a field that has already been **plowed, he would not** have to **plow** another field for the sake of the *Omer* offering, **לָאו מִצְוָה –** it is evident that plowing is **not a mitzvah** under any circumstance, even where one does need to plow.[17]

This is questioned:

אֵיתִיבֵיהּ רָבִינָא לְרָבָא – Ravina challenged Rava from our Mishnah: **יָצָא הָאָב הַמַּכֶּה אֶת בְּנוֹ –** This **EXCLUDES** from exile **THE FATHER WHO HITS HIS SON** and inadvertently kills him, **וְהָרַב הָרוֹדֶה אֶת תַּלְמִידוֹ – THE TEACHER WHO CHASTISES HIS PUPIL** and inadvertently kills him, **וּשְׁלִיחַ בֵּית דִּין – AND THE AGENT OF THE COURT** who killed while performing his duty. **וְאַמַּאי – Now, why** is hitting one's son or student a mitzvah? If Rava's reasoning is correct, **לֵימָא כֵּיוָן דְּאִילּוּ גָּמִיר לָאו מִצְוָה – we should say that since if he** [the son or student] **would learn his lesson** without being hit, it would **not be a mitzvah** to hit him, **הַשְׁתָּא נַמִּי לָאו מִצְוָה – so now too,** that he must be forced to learn, hitting him is still **not a mitzvah.**[18] – ? –

Rava answers:

הָתָם אַף עַל גַּב דְּגָמִיר נַמִּי מִצְוָה קָא עָבִיד – There, even if he would learn his lesson without being hit, **one would still perform a mitzvah** by hitting him, **דִּכְתִיב ,,יַסֵּר בִּנְךָ וִינִיחֶךָ'' – for it is written: *Chastise your son and he will bring you rest.***[19]

Rava offers another solution to the Rabbi's difficulty with R' Yishmael's derivation:

הָדַר אָמַר רָבָא – Rava then said: לָאו מִילְּתָא הִיא דְּאָמְרִי – What I said before **is not of significance.**[20] Rather, I should have answered that R' Yishmael means as follows: **קְצִירָה דּוּמְיָא דַּחֲרִישָׁה – The reaping** mentioned in the verse **is analogous to** the **plowing** mentioned there. **מָה חֲרִישָׁה מָצָא חָרוּשׁ אֵינוֹ חוֹרֵשׁ – Just as** in the case of **plowing,** if **he found** a field that was already **plowed, he does not** have to **plow** another one,[21] **אַף קְצִירָה נַמִּי – so too** the verse speaks only of such cases of **reaping,** (**מָצָא קָצוּר אֵינוֹ קוֹצֵר –** where if **he found** grain that was already **reaped, he does not** have to **reap** additional grain).[22] **וְאִי סַלְקָא דַּעְתָּךְ מִצְוָה – Now, should you think** that the verse also refers to the reaping for the *Omer* offering, which is **a mitzvah, מָצָא קָצוּר אֵינוֹ קוֹצֵר –** can you say that if **he found** grain that was already **reaped, he does not** have to **reap** additional grain? **מִצְוָה לִקְצוֹר וּלְהָבִיא – But it is a mitzvah to reap and bring** new grain for the *Omer* offering, even if there is other grain available![23]

Mishnah **הָאָב גּוֹלֶה עַל יְדֵי הַבֵּן – A father is exiled as a result of** inadvertently killing **his son, וְהַבֵּן גּוֹלֶה עַל יְדֵי הָאָב – and a son is exiled as a result of** inadvertently killing **his father. הַכֹּל גּוֹלִין עַל יְדֵי יִשְׂרָאֵל – All**[24] **are exiled as a result of** inadvertently killing **an Israelite, וְיִשְׂרָאֵל גּוֹלִין עַל יְדֵיהֶן – and an Israelite is exiled as a result of** inadvertently killing **them; חוּץ מִגֵּר תּוֹשָׁב – with the exception of a resident alien.**[25] **וְגֵר תּוֹשָׁב אֵינוֹ גּוֹלֶה אֶלָּא עַל יְדֵי גֵר תּוֹשָׁב – A resident alien is not exiled except as a result of** inadvertently killing another **resident alien.**

Gemara The Mishnah stated:

הָאָב גּוֹלֶה עַל יְדֵי הַבֵּן – A FATHER IS EXILED AS A RESULT OF inadvertently killing **HIS SON.**

The Gemara asks:

וְהָאָמַרְתְּ – But you said in the previous Mishnah: **יָצָא הָאָב הַמַּכֶּה אֶת בְּנוֹ –** The verse **EXCLUDES** from exile **A FATHER WHO HITS HIS SON** and inadvertently kills him.[26] – ? –

The Gemara answers:

דְּגָמִיר – Our Mishnah speaks of a case where [the son] would learn without being forced.

The Gemara counters:

וְהָאָמַרְתְּ אַף עַל גַּב דְּגָמִיר מִצְוָה קָעָבִיד – But you said in the Gemara

NOTES

16. And if plowing is prohibited on the Sabbath even for the sake of a mitzvah (see *Aruch LaNer* for when such plowing would be taking place), then reaping must be similarly prohibited.

17. [See 8a note 31.] This is in contrast to *reaping* the barley for the *Omer* offering, which is always a mitzvah. Even if reaped barley is available, it is still a mitzvah to reap more barley specifically for the *Omer* offering, as stated in *Leviticus* (23:10): וּקְצַרְתֶּם אֶת־קְצִירָהּ וַהֲבֵאתֶם אֶת־עֹמֶר, *you shall reap its harvest and you shall bring [the] Omer* (*Rashi*).

18. See 8a note 32.

19. See ibid. note 33.

20. For I could have given him an irrefutable proof that the verse does not speak of [reaping that is] a mitzvah (*Rashi;* see ibid. notes 34 and 37).

21. Everyone agrees that if a plowed field is already available, it is never a mitzvah to plow another one (*Rashi*).

22. The enclosed words are deleted by *Maharsha* from the text of the Gemara, but this remains the explanation of the Gemara (see *Rashi*).

23. Hence, the verse refers only to that type of reaping which – like plowing – would be obligatory only where necessary. It thus excludes reaping for the *Omer* offering, which is obligatory even where barley has already been reaped (*Rashi;* see note 17).

The difference between Rava's two answers is that according to the first answer, plowing is never a mitzvah, even where it is needed. According to the second answer, even if plowing *is* a mitzvah where needed, it nevertheless differs from reaping [for the *Omer*] which is a mitzvah in every instance (*Aruch LaNer* סוד״ה שם דלמא; see also *Chidushei R' Akiva Eiger*).

24. The Gemara will explain what "all" includes (*Rashi*).

25. A resident alien (*ger toshav*) is a non-Jew who has accepted upon himself (before a *beis din*) to observe the seven laws commanded to Noah and his descendants. He is called a "resident," because we may let him reside in Eretz Yisrael (*Rambam, Hil. Isurei Biah* 14:7).

The Gemara (9a) initially assumes that the Mishnah excludes a *ger toshav* from *both* of its previous clauses. Thus, exile is imposed neither in the case of a *ger toshav* who inadvertently kills an Israelite nor in the case of an Israelite who inadvertently kills a *ger toshav* (see notes 3-6 ibid.). [For discussion of *Rashi's* comment here, see *Aruch LaNer.*]

The text of the Mishnah as it appears in the Mishnayos and as quoted in the Gemara (9a) reads: חוּץ מֵעַל יְדֵי גֵר תּוֹשָׁב. That version, however, is rejected by *Ritva,* based on the Gemara there (see 9a note 6; cf. *Meiri* and *Tos. Yom Tov*).

26. The Rishonim note that the previous Mishnah exempts a father from exile only where he was engaged in the mitzvah of educating and raising his son when he inadvertently killed him. Nevertheless, the Gemara does not solve this problem by interpreting our Mishnah as referring to a case where the killing was unrelated to the son's education (e.g. the father fell off a ladder), because it is *obvious* that the father is exiled in such a case (*Ramban; Meiri;* see *Tosafos;* cf. *Siach Yitzchak* ד״ה גמרא האב; see also *Aruch LaNer* and *Siach Yitzchak* ד״ה גמרא והאמרת).

כ א ב מיי' פ"ג מהלכות ביאת מקדש הלכה ו ז והלכה יב:
כא ג מיי' פ"ו מהלכות תמידין הלכה ו סמג עשין קעו:
כב ד מיי' פ"ה מהלכות רוצח הלכה ה סמג עשין עה:
כג ה מיי' שם הל' ג:
כד ו מיי' שם [עיין כ"מ]:
כה ז מיי' שם הל' ה:
כו ח מיי' פ"ו שם הלכה טו:
כז ט מיי' פ"ה שם הלכה ג:
כח י מיי' פט"ו מהל' סנהדרין הלכה יב סמג לאוין קעב:

טמא יהיה מ"מ ההוא מיבעי ליה [א] לכדתניא טמא יהיה [א] לרבות טבול יום טומאתו בו [ב] לרבות מחוסר כיפורים א"ל אנא מעוד (טומאתו) קא אמינא איכא דמתני לה אהא [ב] בחריש ובקציר תשבות [ג] ר"ע אומר אינו צ"ל חריש של שביעית וקציר של שביעית שהרי כבר נאמר [ג] שדך לא תזרע וכרמך לא תזמור אלא אפילו חריש של ערב שביעית שנכנס לשביעית וקציר של שביעית שיצא למוצאי שביעית רבי ישמעאל אומר מה חריש רשות אף קציר רשות [ג] יצא קציר העומר שהוא מצוה א"ל ההוא מרבנן לרבא ממאי דחרישה דרשות דלמא חרישת עומר דמצוה ואפ"ה אמר רחמנא תשבות א"ל כיון דאם מצא חרוש אינו חורש לאו מצוה איתיביה רבינא לרבא יצא האב המכה את בנו והרב הרודה את תלמידו ושליח ב"ד ואמאי לימא כיון דאילו גמיר לאו מצוה השתא נמי לאו מצוה התם אע"ג דגמיר נמי מצוה קא עביד דכתיב [ד] יסר בנך ויניחך [ד] הדר אמר רבא לאו מילתא היא דאמרי (א) קצירה דומיא דחרישה מה חרישה מצא חרוש אינו חורש אף קצירה נמי [ה] (מצא קצור אינו קוצר) ואי ס"ד מצוה מצא קצור אינו קוצר מצוה לקצור ולהביא:

מתני' [ד] האב גולה על ידי הבן והבן גולה ע"י האב [ה] הכל גולין על ידי ישראל וישראל גולין על ידיהן חוץ [ו] מגר תושב [ו] וגר תושב [א] אינו גולה אלא על ידי גר תושב:

גמ' האב גולה ע"י הבן והאמרת יצא האב המכה את בנו דגמיר והאמרת אע"ג דגמיר מצוה קעביד בשוליא דנגרי שוליא דנגרי חיותא היא דלמדיה [ז] דגמיר אומנותא אחריתי: והבן גולה ע"י האב כו': ורמינהי [ה] מכה נפש פרט למכה אביו אמר רב כהנא לא קשיא הא ר"ש והא רבנן [ז] לר"ש דאמר חנק חמור מסייף שגגת סייף ניתנה לכפרה שגגת חנק לא ניתנה לכפרה לרבנן דאמרי סייף חמור מחנק הורג אביו [בשוגג] שגגת סייף הוא ושגגת סייף ניתנה לכפרה רבא אמר [ח] פרט לעושה חבורה באביו בשוגג ס"ד אמינא כיון דבמזיד בר קטלא הוא בשוגג נמי לגלי קמ"ל: הכל גולין על ידי ישראל וכו': הכל גולין על ידי ישראל לאיתויי מאי לאיתויי עבד וכותי תנינא להא דת"ר [ט] עבד וכותי גולה ולוקה ע"י ישראל וישראל גולה ולוקה ע"י כותי ועבד בשלמא עבד וכותי גולה ולוקה גולה דקטליה ולוקה דלטייה אלא ישראל גולה ולוקה ע"י כותי בשלמא גולה דקטליה אלא לוקה אמאי דלטייה [ו] ונשיא בעמך לא תאור [ח] בעושה מעשה עמך אלא אמר רב אחא בר יעקב כגון שהעיד בו והוזם דכוותיה גבי עבד שהעיד בו והוזם עבד בר עדות הוא אלא אמר רב אחא בריה דרב איקא הכא במאי עסקינן [י] כגון שהכהו הכאה שאין

רש"י

לרבות טבול יום. שאם נכנס למקדש ענוש כרת: לרבות מחוסר כיפורים. מאותן טומאות הצריכות קרבן וטבל והעריב שמשו ולא הביא כפרתו ונכנס למקדש חייב וארבע טומאות הן הטעונות קרבן הזב והזבה והיולדת והמצורע: מעוד קאמינא. עוד טומאתו בו עוד קרא יתירא לדרשא הוא: איכא דמתני לה. להא דא"ל ההוא מרבנן לרבא והא דאותביה רבינא אהא: אין צ"ל חריש וקציר של שביעית כו'. דעל כרחך בשביעית דשמיטה הכתוב מדבר דאי כדכתיב דאיום השביעי קאי מאי שנא חריש וקציר דנקט אלא ה"ק ששת ימים תעבוד ובשביעי תשבות והששה שאתה עובד בהן בחריש ובקציר תשבות (ג): הנכנס לשביעית. [ט] (וחריש של שביעית) שלא יחרוש בששית חרישה המועלת לשביעית: וקציר של שביעית היוצא למוצאי שביעית. שאם הביאה שליש בשביעית מאז היא ראויה ליקצר ואם קצרה בשמינית צריך לנהוג בה קדושת שביעית: רבי ישמעאל אומר מה חריש רשות כו'. ובשבת קאי ולהכי נקט חריש וקציר לומר לך מה החריש שאני אוסר לך בשבת חריש של רשות הוא שאין לנו חריש של מצוה אף קציר איני אוסר לך אלא של רשות יצא קציר העומר: אם מצא חרוש אינו צריך לחרוש. אבל קציר אפילו מצא קצור מצוה לקצור לשמה דכתיב וקצרתם והבאתם את עומר: לאו מילתא היא דאמרי. שהיה לי להשיבו תשובה נכונה דקרא לאו במצוה איירי: מאי טעמא קציר דומיא דחריש. מה חריש בכל מקום מצא חרוש אין מצוה לחרוש אף קציר בהכי עסקי' שאם מצא קצור אין מצוה לקצור יצא קציר העומר שאפילו מצא קצור מצוה לקצור: ואי ס"ד מצוה. בקציר של מצוה מצא קצור אינו קוצר תמיהא היא זו: מתני' ע"י הבן. אם הרגו לבנו בשוגג: חוץ מגר תושב. שאין ישראל גולה על ידו: (ג) הכל גולין. מפרש בגמרא לאיתויי מאי: גמ' בשוליא דנגרי. בלימוד חרש עצים שאינו מלמדו תורה אלא אומנות שוליא יוויינד"ריו: חיותיה הוא. ואף זו מצוה על האב ללמדו דילפינן לה מקרא בפרק קמא דקדושין (דף ל:) דכתיב ראה חיים עם אשה אשר אהבת הקיש אומנות שהוא חיותו לאשה כשם שאביו חייב להשיאו אשה כדכתיב וקחו לבניכם נשים כך חייב ללמדו אומנות: מכה נפש. גבי הורג בשגגה כתיב לנוס שמה מכה נפש בשגגה: פרט למכה אביו. שלא חייב גלות אלא למי שהכאתו תלויה בנפש שאינו חייב עליו אלא אם כן הרגו יצא מכה אביו שהוא חייב עליו מיתה בחבורה בעלמא וקא ס"ד דממעט ליה מגלות אפילו הרגו: לרבן שמעון דאמר. בסנהדרין בפ' ד' מיתות (דף מט:) חנק חמור מסייף ולדידיה ההורג את אביו בחנק דתנן (שם דף פא.) מי שנתחייב ב' מיתות ב"ד נידון בחמורה וההורג אביו חייב שתי מיתות שהעושה חבורה באביו מן הנחנקין הן והמכה נפש מן הנהרגין וכאן יש חבורת אביו ורציחה ולר"ש דאמר חנק חמור אם היה זה מזיד היה בחנק ועכשיו שהוא שוגג לא נתנה שגגתו לכפרה בגלות אם נתנה תורה כפרה לשגגת סייף שהיא קלה לא נתנה כפרה לשגגת חנק: ולרבנן דאמרי סייף חמור מחנק הורג אביו שגגת סייף הוא. שהרי אילו מזיד היה נידון בחמורה שהיא סייף ושגגת סייף נתנה לכפרה בגלות: רבא אמר. ברייתא נמי רבנן וההורג את אביו נמי גולה דשגגת סייף היא והא דקתני פרט למכה אביו לאו להורגו קא ממעיט אלא בעושה בו חבורה בשוגג: לוקה דלטייה. ואמרינן [בשבועות] (דף לה.) המקלל את חבירו עובר בלא תעשה ואתיא במה הצד מהמקלל דיין ונשיא וחרש (סנהדרין דף סו.): שהעיד בו. שהוא חייב מלקות:

תוספות

טמא יהיה מכל מקום. קשה לישתוק מאשר ומיניה ויש לומר דאשר אורחיה דקרא הוא: **דלמא** חרישת העומר דמצוה ואמר רחמנא תשבות. קצת קשה לישתוק מיניה דתשבות ומהיכי תיתי לן דהא למישרי מצרכינן קרא וי"ל דהא לא חייש רק לסתור דרשא דאשמעינן מה חריש רשות ומעתה נאמר דאתא לדרשא אחרינא: **אינו** צ"ל חריש וקציר של שביעית כו'. תימה דבשלמא קציר כתיב בהאי עניינא את ספיח קצירך לא תקצור אבל חרישה לא כתיב כלל התם וכ"ת דילפינן מקראי דכתיבי כל שאר עבודות קרקע הא איכא מ"ד פ"ק דמו"ק (דף ג:) דדוקא אהנך דכתיבי בהדיא מיחייב אבל אינך לא וחרישה גופה ממעט התם מדקאמר החורש בשביעית אינו לוקה (ד) וי"ל דכיון דקסבר דקציר אתי לתוספת חריש נמי אתא לתוספת:

והא אמרת יצא האב המכה בנו. קשה (ה) [לר"י] דהיינו דוקא כשמייסרו ומכהו בתוכחתו אבל אם הלך ביער והורגו בשוגג למה לא יגלה וי"ל דמשמע ליה דמיירי בכל ענין אף אם מכהו לייסרו דאם לא כן אמאי נקט טפי בן מאדם אחר: אלמא

א) נזיר מה., ב) לרש"ל גרסי' רש"ל, ג) שביעית פ"א מ"ד מו"ק ג: [ר"ה ט.], ד) [שבת קג. וש"נ], ה) רש"א מ"ז, ו) [בפסח הגי' חוץ מעל ידי גר], ז) [סנהדרין מט:], ח) ב"מ מח: סנהדרין פה. [ב"ק לב: יבמות כב: ב"ב ד.], ט) רש"א מ"ו.

הגהות הב"ח

(א) גמ' לאו מלתא היא דאמרי מ"מ קצירה וכו' אף קצירה נמי מצא קצור אינו קוצר ולא קציר העומר שאפי' מצא קצור מצוה לקצור ולהביא ואי ס"ד מצוה מצא קצור אינו קוצר כצ"ל: (ב) רש"י ד"ה אין צריך לומר וכו' תשבות הס"ד ואח"כ מ"ה חריש של שביעית הנכנס לשביעית שלא יחרוש בששית: (ג) ד"ה הכל גולין נ"ב קודש ד"ה חוץ מגר: (ד) תוס' ד"ה אינו וכו' וי"ל כיון דקסבר דקציר אתי לתוספת. נ"ב פי' דקרא לא דוקא לאפי' צריך לומר חריש מ"מ כיון דאיירי לא צריך לומר קציר ובע"ג דקציר אתא לתוספת כהנך לתוספת נמי אתא לשביעית ולמ"ה אחרים נמי אתא לתוספת בקציר הנכנס לשביעית ולמ"ה כהאי אחרי לכתוב חריש כלאים מ"ל אלא לענין תוספת ודו"ק: (ה) ד"ה והא וכו' קשה לר"י הס"ד דהיינו:

הגהות הגר"א

[א] במשנה וגר תושב אינו גולה אלא ע"י גר תושב כו' ל. (וכן הוא לקמן ט' א' וכירושלמי):

לעזי רש"י

יוויינדריו. פירוש תלמידו של אומן המלמדו אומנות (עיין רש"י פסחים דף קח ע"א ד"ה בשוליא דנגרי):

ליקוטי רש"י

לרבות טבול יום. שאינו צריך להביא כפרה [שאין יכול ליכנס עד שיעריב שמשו]. לרבות מחוסר כפרה. דאע"ג דהעריב שמשו אינו יכול ליכנס עד שיביא כפרתו [נזיר מה.]. אין צ"ל חריש וקציר של שביעית. דעל כרחך אע"ג דרישא דקרא בשבת קאי שאין לאי לשבת חריש וקציר קאי אלא שמשת ימים תעבוד ששית שבת חריש של ערב שביעית. שלא יחרוש ערב שביעית שדה אין ערב שביעית חריש שיועיל לשביעית [ר"ה ט.]. שנכנס לשביעית. כל שיש לו ליכנס לשביעית שאסור לחרוש לפני ראש השנה [מועד קטן ד.]. בחריש ובקציר תשבות. חריש של ערב שביעית וכו' ללמדך שמוסיפין מחול על הקודש. וכך משמעו ששת ימים תעבוד וביום השביעי תשבות ועבודת ו' הימים שהתרתי לך, יש שנה שהחריש והקציר אסור ואין צריך לומר חריש וקציר של שביעית שהרי נאמר שדך לא תזרע וגו' [שמות לד כא]. [בשביעית משמע קרא, דאי בשבת מאי איריא חורש וקוצר אפילו משאר מלאכות צריכה שביתה אלא בשביעית משתעי קרא, והכי קאמר ששת ימים תעבוד ואותן ששת ימים שהתרתי לך לעבוד, בחריש ובקציר תשבות דהיינו בשביעית, ואם אינו צריך לחריש וקציר של שביעית תנהו ענין לחריש לפני שביעית הנכנסת לשביעית, כגון הנך שלשים יום לפני ראש השנה [מכת"י רש"י מועד קטן ג:]]. מה חריש רשות. בכל מקום. יצא קציר העומר. מותר לקצור בשבת. שהיא של מצוה. אע"פ שמצא קצור קוצר דבעינן קצירה לשמה אבל אם מצא חרוש אינו חורש [מועד קטן ד.]. בעושה מעשה עמך. בעמך דרשינן הכי וכו' [ב"מ מח:].

רבינו חננאל

דכתב עוד טומאתו בו עוד לרבויי למת מצוה. טמא יהיה לרבות טבול יום. טומאתו בו לרבות מחוסר כפורים. איכא דמתני לה להא דאמר ליה ההוא מרבנן לרבא ושינויא דשני ליה רבא אהא בחריש ובקציר תשבות ר' עקיבא אומר אין צ"ל חריש של שביעית וקציר של שביעית כו' ופשוטה היא: האב גולה על ידי הבן. כלומר אם הכה האב את בנו והרגו הרי זה גולה ואוקמה שלא הכהו ללמדו תורה ולא מוסר אלא הכהו ללמדו אומנות והוא דידע אומנות אחרת דכיון דאית ליה אומנות אחרת הא אית ליה חיותא ונמצא האב מכהו שלא ברשות לפיכך גולה אבל המכהו ללמדו תורה או מוסר אינו גולה. רמינן ברייתא דקתני בן המכה אביו אינו גולה. כלומר לא סגי ליה בגלות. אמתני' דקתני הבן גולה ע"י האב. ופריק רב כהנא ברייתא ר' שמעון מתני' לרבנן ופשוטה היא. ורבא אמר בשהרגו הבן לאביו דברי הכל גולה וברייתא שעשה בו חבורה ולא הרגו והכי קתני מכה נפש פרט למכה אביו בשוגג ועשה בו חבורה שאינו גולה מ"ט דסד"א כיון שחבן עושה חבורה באביו במזיד אע"פ שלא הרגו נהרג בשוגג נמי כיון שעשה בו חבורה ליגלי קמ"ל דלא: הכל גולין ע"י ישראל כלומר כל הכל שהרג ישראל גולה. וישראל גולה על ידיהן לאיתויי עבד וכותי שאם הרגן ישראל גולה על ידיהן. כדתניא עבד וכותי גולה ע"י ישראל ולוקה ע"י ישראל ואם הרגו ישראל וכו' ולוקה ע"י ישראל. וישראל גולה ולוקה ע"י עבד וכותי אם הרגן גולה על ידיהן ואם הכהו הכאה

א) כָּל הַנֹּגֵעַ בְּמֵת בְּנֶפֶשׁ הָאָדָם אֲשֶׁר יָמוּת וְלֹא יִתְחַטָּא אֶת מִשְׁכַּן יְיָ טִמֵּא וְנִכְרְתָה הַנֶּפֶשׁ הַהִוא מִיִּשְׂרָאֵל כִּי מֵי נִדָּה לֹא זֹרַק עָלָיו טָמֵא יִהְיֶה עוֹד טֻמְאָתוֹ בוֹ: [במדבר יט, יג]
ב) שֵׁשֶׁת יָמִים תַּעֲבֹד וּבַיּוֹם הַשְּׁבִיעִי תִּשְׁבֹּת בֶּחָרִישׁ וּבַקָּצִיר תִּשְׁבֹּת: [שמות לד, כא]
ג) וּבַשָּׁנָה הַשְּׁבִיעִת שַׁבַּת שַׁבָּתוֹן יִהְיֶה לָאָרֶץ שַׁבָּת לַייָ שָׂדְךָ לֹא תִזְרָע וְכַרְמְךָ לֹא תִזְמֹר: [ויקרא כה, ד]
ד) יַסֵּר בִּנְךָ וִינִיחֶךָ וְיִתֵּן מַעֲדַנִּים לְנַפְשֶׁךָ: [משלי כט, יז]
ה) לִבְנֵי יִשְׂרָאֵל וְלַגֵּר וְלַתּוֹשָׁב בְּתוֹכָם תִּהְיֶינָה שֵׁשׁ הֶעָרִים הָאֵלֶּה לְמִקְלָט לָנוּס שָׁמָּה כָּל מַכֵּה נֶפֶשׁ בִּשְׁגָגָה: [במדבר לה, טו]
ו) אֱלֹהִים לֹא תְקַלֵּל וְנָשִׂיא בְעַמְּךָ לֹא תָאֹר: [שמות כב, כז]

above that **even if [the son] would learn** without being hit, **[the father] would still perform a mitzvah** by hitting him!

The Gemara therefore gives a different answer:

בְּשׁוּלְיָא דְנַגָּרֵי – The Mishnah refers **to an apprenticeship of carpentry,** i.e. the father struck and killed his son not while teaching him Torah, but while teaching him a trade.

The Gemara still asks:

שׁוּלְיָא דְנַגָּרֵי חִיּוּתָא הִיא דְּלַמְּדֵיהּ – In the case of **a carpentry apprenticeship, he was teaching him a livelihood,** which is also a mitzvah.[27] – ? –

The Gemara answers:

דְּגָמִיר אוּמָּנוּתָא אַחֲרִיתִי – The Mishnah refers to a son **who** already **knows a different trade,** which would suffice for his livelihood.[28]

The Gemara analyzes the next part of the Mishnah:

וְהַבֵּן גּוֹלֶה עַל יְדֵי הָאָב כו' – AND A SON IS EXILED AS A RESULT OF inadvertently killing HIS FATHER etc.

This is questioned:

וּרְמִינְהִי – **They pointed out a contradiction** to this from the following Baraisa: **"מַכֵּה־נֶפֶשׁ"** – By stating, ***ONE WHO STRIKES A PERSON DEAD,***[29] **פְּרָט לְמַכֶּה אָבִיו** – the Torah EXCLUDES from exile ONE WHO STRIKES HIS FATHER.[30]

The contradiction is resolved:

אָמַר רַב כַּהֲנָא – **Rav Kahana answered:** **לֹא קַשְׁיָא** – **There is no difficulty.** **הָא רַבִּי שִׁמְעוֹן** – **This** [the Baraisa] **reflects the view of R' Shimon,** **וְהָא רַבָּנָן** – **while this** [our Mishnah] **reflects the view of the Rabbis.** R' Shimon and the Rabbis disagree over which is the more severe form of execution – beheading (the punishment for murder) or strangulation (the punishment for wounding a parent).[31] **לְרַבִּי שִׁמְעוֹן דְּאָמַר חֶנֶק חָמוּר מִסַּיִף** – **According to R' Shimon, who says that strangulation is more severe than beheading,**[32] if a person *deliberately* killed his parent, he would be executed by strangulation, rather than beheading.[33] Therefore, if he killed his parent *inadvertently*, exile would not suffice to atone for him, **שִׁגְגַת סַיִף נִיתְּנָה לְכַפָּרָה** – because **the inadvertent commission of** a crime subject to **beheading is given to atonement** through exile, **שִׁגְגַת חֶנֶק לֹא נִיתְּנָה לְכַפָּרָה** – whereas **the inadvertent commission of** a crime subject to **strangulation is not given to atonement** through exile.[34] This is the view of the Baraisa, which therefore rules that a son is *not* exiled for killing his father. **לְרַבָּנָן דְּאָמְרֵי סַיִף חָמוּר מֵחֶנֶק** – However, **according to the Rabbis who say that beheading is more severe than strangulation,** **הוֹרֵג אָבִיו [בְּשׁוֹגֵג] שִׁגְגַת סַיִף הוּא** – **killing one's father inadvertently is an inadvertent commission of** a crime subject to **beheading,** **וְשִׁגְגַת סַיִף נִיתְּנָה לְכַפָּרָה** – **and the inadvertent commission of** a crime subject to **beheading is given to atonement** through exile.[35] This is the view of the Mishnah, which rules that a son *is* exiled for killing his father.

Rava reconciles the Mishnah and Baraisa differently:

רָבָא אָמַר – **Rava says:** **פְּרָט לְעוֹשֶׂה חַבּוּרָה בְּאָבִיו בְּשׁוֹגֵג** – The verse quoted in the Baraisa **excludes** a son **who inadvertently inflicts a wound upon his father,** but does not kill him.[36] **סַלְקָא דַעְתָּךְ אָמֵינָא** – **You might have thought to say** that **כֵּיוָן דִּבְמֵזִיד בַּר קְטָלָא הוּא בְּשׁוֹגֵג נַמִּי לִיגְלֵי** – **since he is liable to a death penalty for deliberately** wounding his father, **he should also be exiled** for doing so **inadvertently.**[37] **קָא מַשְׁמַע לָן** – **The verse therefore teaches us** that in fact there is no exile for the crime of inadvertently wounding one's father.[38]

NOTES

27. There is an obligation, derived from Scripture, for a father to teach his son a livelihood (*Rashi,* citing *Kiddushin* 30b). Hence, this father, who was teaching his son carpentry, should be exempt from exile because he killed in the performance of a mitzvah.

28. Since the son already has a trade to support himself, the father is not performing any mitzvah by compelling him to learn a second trade (in this case, carpentry). Therefore, if he inadvertently killed him while instructing him in the second trade, he is liable to exile.

29. *Numbers* 35:15, which reads in part: לָנוּס שָׁמָּה כָּל־מַכֵּה־נֶפֶשׁ בִּשְׁגָגָה, *[these cities shall be a refuge] for anyone who strikes a person dead inadvertently to flee there* (*Rashi;* cf. *Rashash* and *Aruch LaNer;* see *Hagahos Poras Yosef*).

30. The Gemara assumes that this refers to one who strikes and *kills* his father (*Rashi*). Exile does not suffice to atone for him (*Rabbeinu Chananel*).

The words מַכֵּה־נֶפֶשׁ, *one who strikes a person dead,* limit exile to an assailant who – if he would have acted deliberately – would be liable to execution only for striking the victim *dead.* Hence, exile does not apply to one who inadvertently kills his parent, because if *he* would have acted deliberately, he would be executed just for wounding the parent, even without killing him [as stated in *Exodus* 21:15] (*Rashi, Ritva;* cf. *Rashash*). This contradicts our Mishnah, which maintains that exile *does* apply to a son who inadvertently kills his father.

31. The Torah decrees four modes of execution, depending on the crime: stoning, burning, beheading (by sword) and strangulation. R' Shimon and the Rabbis dispute the order of their severity (Mishnah *Sanhedrin* 49b). This makes a practical difference in the case of a person who is subject to *two* death penalties, since he must be executed with the more severe form (Mishnah *Sanhedrin* 81a).

32. [סַיִף literally means *sword.* This term signifies beheading, because a sword was used to behead the offender (see *Sanhedrin* 52b).]

33. One who murders his parent is subject to two different modes of execution: strangulation (the punishment for wounding a parent; see, however, *Aruch LaNer*) and beheading (the punishment for murdering anyone). In light of the rule that a criminal liable to two death penalties incurs the more severe one, R' Shimon would sentence this murderer to death by strangulation, since he considers strangulation more severe than beheading (*Rashi, Ritva*).

34. The Torah provides exile to atone for inadvertent killing, which is a crime that – if done deliberately – carries the penalty of death by beheading. According to R' Shimon, however, one who deliberately kills his parent is executed by *strangulation,* which he considers more severe than beheading. Therefore, exile should not suffice to atone for the inadvertent commission of this transgression (*Rashi, Ritva*). [A verse is still needed to teach this law, because the logic on its own is not compelling (*Aruch LaNer* ד״ה שם שגגת חנק).]

35. The Rabbis maintain that one who deliberately killed his parent is subject to death by beheading (since they regard beheading as more severe than strangulation). This is the same mode of execution as that for deliberately killing any other person. Therefore, in the case of an inadvertent crime, exile should suffice to atone for killing a parent, just as it suffices for killing anyone else (*Rashi, Ritva*).

36. In Rava's explanation, both the Mishnah and the Baraisa are consistent with the Rabbis' view (*Rashi, Ritva;* see next note; cf. *Rabbeinu Chananel*). Hence, if a son killed his father, he would go into exile, as the Rabbis maintain (see previous note). The Baraisa, however, exempts the son from exile, because it deals with one who only wounded his parent, without killing him (*Rashi*). A verse is still needed to teach that he is not exiled, as Rava proceeds to explain.

37. We know that exile atones for the crime of inadvertent killing, which, if done deliberately, carries the death penalty. Therefore, it should also atone for the crime of inadvertently wounding a parent, whose deliberate commission also carries the death penalty.

[This follows the view of the Rabbis, who consider beheading more severe than strangulation. Thus, it might have been thought that since exile atones for the crime of inadvertent killing, whose deliberate commission warrants beheading, it should certainly atone for the crime of inadvertently wounding a parent, whose deliberate commission warrants the less severe death of strangulation (*Ritva*).]

38. According to this approach, the derivation from the verse is more simple than was previously thought. By stating מַכֵּה־נֶפֶשׁ, *one who strikes a person dead,* the Torah limits exile to one who actually kills his victim, as opposed to merely wounding him (*Ritva*).

(א) טמא יהיה מ"מ ההוא מיבעי ליה (א) לכדתניא טמא יהיה א לרבות טבול יום טומאתו בו ב לרבות מחוסר כיפורים א"ל אנא מעוד (ב) (טומאתו) קא אמינא איכא דמתני לה אהא (ב) בחריש ובקציר תשבות (ג) ר"ע אומר אינו צ"ל חריש של שביעית וקציר של שביעית שהרי כבר נאמר (ג) שדך לא תזרע וכרמך לא תזמור אלא אפילו חריש של ערב שביעית שנכנס לשביעית וקציר של שביעית שיצא למוצאי שביעית רבי ישמעאל אומר מה חריש רשות אף קציר רשות ג יצא קציר העומר שהוא מצוה א"ל ההוא מרבנן לרבא ממאי דחרישה דרשות דלמא חרישת עומר דמצוה ואפ"ה אמר רחמנא תשבות א"ל כיון דאם מצא חרוש אינו חורש לאו מצוה איתיביה רבינא לרבא יצא האב המכה את בנו והרב הרודה את תלמידו ושליח ב"ד ואמאי לימא כיון דאילו גמיר לאו מצוה השתא נמי לאו מצוה התם אע"ג דגמיר נמי מצוה קא עביד דכתיב (ד) יסר בנך ויניחך (ד) הדר אמר רבא לאו מילתא היא דאמרי (א) קצירה דומיא דחרישה מה חרישה מצא חרוש אינו חורש אף קצירה נמי (ה) (מצא קצור אינו קוצר) ואי ס"ד מצוה מצא קצור אינו קוצר מצוה לקצור ולהביא: **מתני'** ד האב גולה על ידי הבן והבן גולה ע"י האב ה הכל גולין על ידי ישראל וישראל גולין על ידיהן חוץ (ו) מגר תושב ו וגר תושב [א] אינו גולה אלא על ידי גר תושב: **גמ'** האב גולה ע"י הבן והאמרת יצא האב המכה את בנו דגמיר והאמרת אע"ג דגמיר מצוה קעביד בשוליא דנגרי שוליא דנגרי חיותא היא דלמדיה ז דגמיר אומנותא אחריתי: והבן גולה ע"י האב כו': ורמינהי (ה) מכה נפש פרט למכה אביו אמר רב כהנא לא קשיא הא ר"ש והא רבנן (ז) לר"ש דאמר חנק חמור מסייף שגגת סייף ניתנה לכפרה שגגת חנק לא ניתנה לכפרה לרבנן דאמרי סייף חמור מחנק הורג אביו [בשוגג] שגגת סייף הוא ושגגת סייף ניתנה לכפרה רבא אמר ח פרט לעושה חבורה באביו בשוגג ס"ד אמינא כיון דבמזיד בר קטלא הוא בשוגג נמי ליגלי קמ"ל: הכל גולין על ידי ישראל וכו': הכל גולין על ידי ישראל לאיתויי מאי לאיתויי עבד וכותי תנינא להא דת"ר ט עבד וכותי גולה ולוקה ע"י ישראל וישראל גולה ולוקה ע"י כותי ועבד בשלמא עבד וכותי גולה ע"י ישראל ולוקה גולה דקטליה ולוקה דלטייה אלא ישראל גולה ולוקה ע"י כותי בשלמא גולה דקטליה אלא לוקה אמאי דלטייה (ו) ונשיא בעמך לא תאור (ח) בעושה מעשה עמך אלא אמר רב אחא בר יעקב כגון שהעיד בו והוזם דכוותיה גבי עבד שהעיד בו והוזם עבד בר עדות הוא אלא אמר רב אחא בריה דרב איקא הכא במאי עסקינן י כגון שהכהו הכאה

שאין

רש"י

לרבות טבול יום. שאם נכנס למקדש ענוש כרת: לרבות מחוסר כיפורים. מאותן טומאות הצריכות קרבן וטבל והעריב שמשו ולא הביא כפרתו ונכנס למקדש חייב וארבע טומאות הן הטעונות קרבן הזב והזבה והיולדת והמצורע: מעוד קאמינא. עוד טומאתו בו עוד קרא יתירא לדרשא הוא: איכא דמתני לה. להא דא"ל ההוא מרבנן לרבא והא דאותביה רבינא אהא: אין צ"ל חריש וקציר של שביעית כו'. דעל כרחך בשביעית דשמיטה הכתוב מדבר דאי כדכתיב דאיום השביעי קאי מאי שנא חריש וקציר דנקט אלא ה"ק ששת ימים תעבוד ובשביעי תשבות והששה שאתה עובד בהן בחריש ובקציר תשבות (ב): הנכנס לשביעית. (ט) (וחריש של שביעית) שלא יחרוש בששית חרישה המועלת לשביעית: וקציר של שביעית היוצא למוצאי שביעית. שאם הביאה שליש בשביעית מאז היא ראויה ליקצר ואם קצרה בשמינית צריך לנהוג בה קדושת שביעית: רבי ישמעאל אומר מה חריש רשות כו'. ובשבת קאי ולהכי נקט חריש וקציר לומר לך מה החריש שאני אוסר לך בשבת חריש של רשות הוא שאין לנו חריש של מצוה אף קציר איני אוסר לך אלא של רשות יצא קציר העומר: אם מצא חרוש אינו צריך לחרוש. אבל קציר אפילו מצא קצור מצוה לקצור לשמה דכתיב וקצרתם והבאתם את עומר: לאו מילתא היא דאמרי. שהיה לי להשיבו תשובה נצחת דקרא לאו במצוה איירי: מאי טעמא קציר דומיא דחריש. מה חריש בכל מקום מצא חרוש אין מצוה לחרוש אף קציר בהכי עסקי' שאם מצא קצור אין מצוה לקצור יצא קציר העומר שאפילו מצא קצור מצוה לקצור: ואי ס"ד מצוה. בקציר של מצוה מצא קצור אינו קוצר תמיהא היא זו: **מתני'** ע"י הבן. אם הרגו לבנו בשוגג: חוץ מגר תושב. שאין ישראל גולה על ידו: (ג) הכל גולין. מפרש בגמרא לאיתויי מאי: **גמ'** בשוליא דנגרי. בלימוד חרש עצים שאינו מלמדו תורה אלא אומנות שוליא יוייגד"ריגו: חיותיה הוא. ואף זו מצוה על האב ללמדו דילפינן לה מקרא בפרק קמא דקדושין (דף ל:) דכתיב ראה חיים עם אשה אשר אהבת הקים אומנות שהוא חיותו לאשה כשם שאביו חייב להשיאו אשה כדכתיב וקחו לבניכם נשים כך חייב ללמדו אומנות: מכה נפש. גבי הורג בשגגה כתיב לנוס שמה מכה נפש בשגגה: פרט למכה אביו. שלא חייב גלות אלא למי שהכאתו תלויה בנפש שאינו חייב עליו אלא אם כן הרגו יצא מכה אביו שהוא חייב עליו מיתה בחבורה בעלמא וקא ס"ד דממעט ליה מגלות אפילו הרגו: לרבן שמעון דאמר. בסנהדרין בפ' ד' מיתות (דף מט:) חנק חמור מסייף ולדידיה ההורג את אביו בחנק דתנן (שם דף פה.) מי שנתחייב ב' מיתות ב"ד נידון בחמורה וההורג אביו חייב שתי מיתות שהעושה חבורה באביו מן הנחנקין הן והמכה נפש מן הנהרגין וכאן יש חבורת אביו ורציחה ולר"ש דאמר חנק חמור אם היה זה מזיד היה בחנק ועכשיו שהוא שוגג לא נתנה שגגתו לכפרה בגלות אם נתנה תורה כפרה לשגגת סייף שהיא קלה לא נתנה כפרה לשגגת חנק: ולרבנן דאמרי סייף חמור מחנק הורג אביו שגגת סייף הוא. שהרי אילו מזיד היה נידון בחמורה שהיא סייף ושגגת סייף נתנה לכפרה בגלות: רבא אמר. ברייתא נמי רבנן וההורג את אביו נמי גולה דשגגת סייף היא והא דקתני פרט למכה אביו לאו להורגו קא ממעיט אלא בעושה בו חבורה בשוגג: לוקה דלטייה. ואמרינן [בשבועות] (דף לה.) המקלל את חבירו עובר בלא תעשה ואתיא במה הצד מהמקלל דיין ונשיא וחרש (סנהדרין דף סו.): שהעיד בו. שהוא חייב מלקות:

תוספות

טמא יהיה מכל מקום. קשה לישתוק מאשר ומיהיה ויש לומר דאשר אורחיה דקרא הוא: **דלמא** חרישת העומר דמצוה ואמר רחמנא תשבות. קצת קשה לישתוק מיניה דתשבות ומהיכי תיתי לן דהא למישרי מצרכינן קרא וי"ל דהא לא חייש רק לסתור דרשא דאשמעינן מה חריש רשות ומעתה נאמר דאתא לדרשא אחרינא: **אינו** צ"ל חריש וקציר של שביעית כו'. תימה דבשלמא קציר כתיב בהאי ענינא את ספיח קצירך לא תקצור אבל חרישה לא כתיב כלל התם וכ"ת דילפינן מקראי דכתיבי כל שאר עבודות קרקע הא איכא מ"ד פ"ק דמו"ק (דף ג:) דדוקא אהנך דכתיבי בהדיא מיחייב אבל אינך לא וחרישה גופה ממעט התם מדקאמר החורש בשביעית אינו לוקה (ד) וי"ל דכיון דקסבר דקציר אתי לתוספת חריש נמי אתא לתוספת: **והא** אמרת יצא האב המכה בנו. קשה (ה) [לר"י] דהיינו דוקא כשמייסרו ומכהו בתוכחתו אבל אם הלך ביער והורגו בשוגג למה לא יגלה וי"ל דמשמע ליה דמיירי בכל ענין אף אם מכהו לייסרו דאם לא כן אמאי נקט טפי בן מאדם אחר:

אלמא

עין משפט נר מצוה

כ א ב מיי' פ"ג מהלכות ביאת מקדש הלכה ו ז והלכה יד:
כא ג מיי' פ"ז מהלכות תמידין הלכה ו סמג עשין קנט:
כב ד מיי' פ"ה מהלכות רוצח הלכה ה סמג עשין עה:
כג ה מיי' שם הל' ג:
כד ו מיי' שם [עיין כ"מ]:
כה ז מיי' שם הל' ה:
כו ח מיי' פ"ז שם הלכה טו:
כז ט מיי' פ"ה שם הלכה ג:
כח י מיי' פט"ז מהל' סנהדרין הלכה יב סמג לאוין קנט:

רבינו חננאל

דכתב עוד טומאתו בו עוד לרבויי למת מצוה. טמא יהיה לרבות טבול יום. טומאתו בו לרבות מחוסר כפורים. איכא דמתני לה להא דאמר ליה ההוא מרבנן לרבא ושינויא דשני ליה רבא אהא בחריש ובקציר תשבות ר' עקיבא אומר אין צ"ל חריש של שביעית וקציר של שביעית כו' ופשוטה היא: האב גולה על ידי הבן. כלומר אם הכה האב את בנו והרגו הרי זה גולה ואוקמה שלא הכהו ללמדו תורה ולא מוסר אלא הכהו ללמדו אומנות והוא דידע אומנות אחרת דכיון דאית ליה אומנות אחרת הא אית ליה חיותא נמצא האב מכהו שלא ברשות לפיכך גולה אבל המכהו ללמדו תורה או מוסר אינו גולה. רמינן ברייתא דקתני בן המכה אביו אינו גולה. כלומר לא סגי ליה בגלות. אמתני' דקתני הבן גולה ע"י האב. ופריק רב כהנא ברייתא ר' שמעון מתני' לרבנן ופשוטה היא. ורבא אמר בשהרגו הבן לאביו דברי הכל גולה וברייתא שעשה בו חבורה ולא הרגו והכי קתני מכה נפש פרט למכה אביו בשוגג ועשה בו חבורה שאינו גולה מ"ט דסד"א כיון שהבן עושה חבורה באביו במזיד אע"פ שלא הרגו נהרג בשוגג נמי כיון שעשה בו חבורה ליגלי קמ"ל דלא: הכל גולין ע"י ישראל כלומר כל ההורג ישראל גולה. וישראל גולה על ידיהן לאיתויי עבד וכותי שאם הרגן ישראל גולה על ידיהן. כדתניא עבד וכותי גולה ע"י ישראל אם הרגו ואם קללו לוקה מדכתב נשיא בעמך לא תאור. ישראל גולה ע"י עבד וכותי אם הרגן ואם הכהו הכאה

תורה אור השלם

א) כָּל הַנֹּגֵעַ בְּמֵת בְּנֶפֶשׁ הָאָדָם אֲשֶׁר יָמוּת וְלֹא יִתְחַטָּא אֶת מִשְׁכַּן יְיָ טִמֵּא וְנִכְרְתָה הַנֶּפֶשׁ הַהִוא מִיִּשְׂרָאֵל כִּי מֵי נִדָּה לֹא זֹרַק עָלָיו טָמֵא יִהְיֶה עוֹד טֻמְאָתוֹ בוֹ: [במדבר יט, יג]
ב) שֵׁשֶׁת יָמִים תַּעֲבֹד וּבַיּוֹם הַשְּׁבִיעִי תִּשְׁבֹּת בֶּחָרִישׁ וּבַקָּצִיר תִּשְׁבֹּת: [שמות לד, כא]
ג) וּבַשָּׁנָה הַשְּׁבִיעִת שַׁבַּת שַׁבָּתוֹן יִהְיֶה לָאָרֶץ שַׁבָּת לַייָ שָׂדְךָ לֹא תִזְרָע וְכַרְמְךָ לֹא תִזְמֹר: [ויקרא כה, ד]
ד) יַסֵּר בִּנְךָ וִינִיחֶךָ וְיִתֵּן מַעֲדַנִּים לְנַפְשֶׁךָ: [משלי כט, יז]
ה) לִבְנֵי יִשְׂרָאֵל וְלַגֵּר וְלַתּוֹשָׁב בְּתוֹכָם תִּהְיֶינָה שֵׁשׁ הֶעָרִים הָאֵלֶּה לְמִקְלָט לָנוּס שָׁמָּה כָּל מַכֵּה נֶפֶשׁ בִּשְׁגָגָה: [במדבר לה, טו]
ו) אֱלֹהִים לֹא תְקַלֵּל וְנָשִׂיא בְעַמְּךָ לֹא תָאֹר: [שמות כב, כז]

מסורת הש"ס

א) נזיר מה., ב) לרש"י לא גרסי' רש"ל, ג) שביעית פ"א מ"ד מו"ק ג: [ר"ה ט.], ד) [שבת סג: וש"נ], ה) רש"א מ"ז, ו) [בסה"מ הגי' חוץ מעל ידי גר], ז) [סנהדרין מט:], ח) ב"מ מח: סב. סנהדרין פה. [ב"ק לד: יבמות כב: ב"ב ד.], ט) רש"א מ"ז.

הגהות הב"ח

(א) גמ' לאו מלתא היא דאמרי מ"ט קצירה וכו' אף קצירה נמי מצא קצור אינו קוצר יצא קציר העומר שאפי' מצא קצור מצוה לקצור ולהביא ואי ס"ד מצוה מצא קצור אינו קוצר מצוה כצ"ל: (ב) רש"י ד"ה אין צריך לומר וכו' תשבות הס"ד ואח"כ מ"ה חריש של שביעית הנכנס לשביעית שלא יחרוש בששית: (ג) ד"ה הכל גולין נ"ל קודם ד"ה חוץ מגר: (ד) תוס' ד"ה אינו וכו' וי"ל כיון דקסבר דקציר אתי לתוספת. נ"ב פי' דהא דקאמר א"נ לומר חריש לאו דוקא דאפי' צריך לומר חריש מ"מ כיון דאינו צריך לומר קציר ובע"כ דקציר אתא לתוספת בקציר הנכנס למ"ש א"כ חריש נמי אתא לתוספת בחריש הנכנס לשביעית וא"כ השתא חשבינן לקרא דכתיב חריש כאילו א"נ אלא לענין תוספת ודו"ק: (ה) ד"ה והא וכו' קשה לרש"י דהיינו:

הגהות הגר"א

[א] במשנה וגר תושב גולה ע"י גר תושב כצ"ל. (וכן הוא לקמן ט' א' ובירושלמי):

לעזי רש"י

יויינדרינ"ו. פירוש תלמידו של אומן המלמדו אומנות (עיין רש"י פסחים דף קח ע"א ד"ה בשוליא דנגרי):

ליקוטי רש"י

לרבות טבול יום. שאינו צריך להביא כפרה [שאין יכול ליכנס עד שיעריב שמשו]. לרבות מחוסר כפרה. דאע"ג דהעריב שמשו אינו יכול ליכנס עד שיביא כפרתו [נזיר מה.].

אין צ"ל חריש וקציר של שביעית. דעל כרחך אע"ג דרישא דקרא בשבת קאי דכתיב ששת ימים תעבוד סיפיה אשביעית קאי דאי אשבת חריש וקציר הוא דאסור שאר מלאכות מי שרו. חריש של ערב שביעית. שלא יחרוש שדה אילן ערב שביעית חריש שיועיל לשביעית [ר"ה ט.].

שנכנס לשביעית. כל שיש לו ליכנס לשביעית שאסור לחרוש לפני ראש השנה [מועד קטן ד.]. בחריש ובקציר תשבות. חריש של ערב שביעית וכו' ללמדך שמוסיפין מחול על הקודש. וכן משמעו ששת ימים תעבוד וביום השביעי תשבות ועבודת ו' הימים שהתרתי לך, יש שנה שהחריש והקציר אסור ואין צריך לומר חריש וקציר של שביעית שהרי נאמר שדך לא תזרע וגו' [שמות לד כא]. [בשביעית משמע קרא, דאי בשבת מאי איריא חורש וקוצר אפילו משאר מלאכות צריכה שביתה אלא בשביעית משתעי קרא, והכי קאמר ששת ימים תעבוד ואותן ששת ימים שהתרתי לך לעבוד, בחריש ובקציר תשבות דהיינו בשביעית, ואם אינו צריך לחריש וקציר של שביעית תנהו ענין לחריש לפני שביעית הנכנסת לשביעית, כגון הנך שלשים יום לפני ראש השנה [מכת"י רש"י מועד קטן ג:]]. מה חריש רשות. בכל מקום. יצא קציר העומר. מותר לקצור בשבת. שהיא של מצוה. אע"פ שמצא קצור קוצר דבעינן קצירה לשמה אבל אם מצא חרוש אינו חורש [מועד קטן ד.]. בעושה מעשה עמך. בעמך דרשינן הכי וכו' [ב"מ מח:].

The Mishnah stated:
הַכֹּל גּוֹלִין עַל יְדֵי יִשְׂרָאֵל וכו׳ — ALL ARE EXILED AS A RESULT OF inadvertently killing AN ISRAELITE etc.

The Gemara asks:
הַכֹּל גּוֹלִין עַל יְדֵי יִשְׂרָאֵל לְאֵיתוּיֵי מַאי — When the Mishnah says, "ALL ARE EXILED AS A RESULT OF inadvertently killing AN ISRAELITE," **what** does it serve **to include?**[39]

The Gemara answers:
לְאֵיתוּיֵי עֶבֶד וְכוּתִי — It serves **to include a slave and a Cuthean,** teaching that they too are exiled for an inadvertent killing.[40]

This law is corroborated:
תָּנִינָא לְהָא דְּתָנוּ רַבָּנַן — **We have** thus **learned** by inference **from the Mishnah that which the Rabbis taught** explicitly **in a Baraisa:** עֶבֶד וְכוּתִי גּוֹלֶה וְלוֹקֶה עַל יְדֵי יִשְׂרָאֵל — A SLAVE OR A CUTHEAN IS EXILED AND RECEIVES LASHES AS A RESULT OF what he did TO AN ISRAELITE, וְיִשְׂרָאֵל גּוֹלֶה וְלוֹקֶה עַל יְדֵי כּוּתִי וְעֶבֶד — AND AN ISRAELITE IS EXILED AND RECEIVES LASHES AS A RESULT OF what he did TO A CUTHEAN OR A SLAVE.

The Gemara analyzes the Baraisa:
בִּשְׁלָמָא עֶבֶד וְכוּתִי גּוֹלֶה עַל יְדֵי יִשְׂרָאֵל וְלוֹקֶה — **We can understand** the Baraisa's ruling that **a slave or a Cuthean is exiled as a result of** what he did to **an Israelite, or receives lashes** because of what he did to an Israelite. גּוֹלֶה דְּקַטְלֵיהּ וְלוֹקֶה דְּלַטְיֵיהּ — This means that **he is exiled if he** inadvertently **killed [an Israelite] and he receives lashes if he** deliberately **cursed [an Israelite].**[41] אֶלָּא יִשְׂרָאֵל גּוֹלֶה וְלוֹקֶה עַל יְדֵי כּוּתִי — **However,** the Baraisa's ruling that **an Israelite is exiled and receives lashes as a result of** what he did to **a Cuthean** is problematic. בִּשְׁלָמָא גּוֹלֶה דְּקַטְלֵיהּ — The ruling about **exile is understandable** in a case **where [the Israelite]** inadvertently **killed [the Cuthean].**[42] אֶלָּא לוֹקֶה אַמַּאי — **But why would [the Israelite] receive lashes?** דְּלַטְיֵיהּ — **Because he cursed [the Cuthean]?** This cannot be, for the Torah states: "וְנָשִׂיא בְעַמְּךָ לֹא תָאֹר" — ***and a prince among your people you shall not curse.***[43] בְּעוֹשֶׂה מַעֲשֵׂה עַמְּךָ — The phrase *among your people* teaches that the prohibition applies only **when [the prince] acts** in accord with **the conduct of your people,** i.e. according to the laws of the Torah.[44] But since Cutheans do not act according to the law, someone who cursed a Cuthean would not receive lashes.[45] — ? —

The Gemara explains how an Israelite could receive lashes because of what he did to a Cuthean:
אֶלָּא אָמַר רַב אַחָא בַּר יַעֲקֹב — **Rather, Rav Acha bar Yaakov said:** כְּגוֹן שֶׁהֵעִיד בּוֹ וְהוּזַם — **The case is where [the Israelite] testified against [the Cuthean]** that he was guilty of a crime punishable by lashes **and [the Israelite] was** then **found to be a *zomeim*** [false witness].[46]

This presents a difficulty:
דִּכְווֹתֵיהּ גַּבֵּי עֶבֶד — If so, **the corresponding case regarding a slave,** in which the Baraisa states that a slave receives lashes because of what he did to an Israelite, would also have to refer to שֶׁהֵעִיד בּוֹ וְהוּזַם — **where [the slave] testified against [the Israelite]** that he was guilty of a crime punishable by lashes **and he was** then **found to be a *zomeim*.**[47] עֶבֶד בַּר עֵדוּת הוּא — **But is a slave qualified to testify!?**[48]

The Gemara must therefore give another explanation for the Baraisa's ruling that an Israelite receives lashes for an act committed against a Cuthean:
אֶלָּא אָמַר רַב אַחָא בְּרֵיהּ דְּרַב אִיקָא — **Therefore, Rav Acha the son of Rav Ikka explained:** הָכָא בְּמַאי עַסְקִינַן — **Here we are dealing with** כְּגוֹן שֶׁהִכָּהוּ הַכָּאָה — **a case in which [an Israelite] struck [a Cuthean] a blow**

NOTES

39. [It cannot mean all nationalities, because non-Jews are not subject to exile.]

40. The slave referred to here is an עֶבֶד כְּנַעֲנִי, *Canaanite slave,* who enjoys a quasi-Jewish status, being obligated to perform those mitzvos incumbent upon women. Therefore, he is also subject to exile.

The Cutheans were a non-Jewish tribe brought by Sancheiriv king of Assyria to populate the part of Eretz Yisrael he had left desolate when he exiled the ten tribes (*II Kings* 17:24-41). These people converted to Judaism in response to outbreaks of lion attacks, fearing that they were being punished for not observing the religion of the land. Their status as Jews is debated by the Sages (*Kiddushin* 75b et al.), inasmuch as their conversion was less than sincere. The Mishnah and Gemara here follow the opinion that considers them Jewish (see *Siach Yitzchak* ד״ה אמנם). [In later Talmudic times, the Cutheans were discovered to be worshiping the image of a dove on Mt. Gerizim and as a result the later Sages categorically declared them to be non-Jewish (*Chullin* 6a).]

41. It is prohibited by a negative commandment to curse a fellow Jew with a Name of God [e.g. "May God strike you"] (Mishnah *Shevuos* 35a). The punishment for this transgression is *malkus* (*Temurah* 3a). The Torah states this prohibition explicitly in regard to cursing a prince, judge or a deaf person, and the prohibition to curse anyone else is derived from these (*Rashi,* from *Sanhedrin* 66a).

42. Similarly, an Israelite is executed for deliberately killing a Canaanite slave (see *Exodus* 21:20,21), and he is therefore exiled for inadvertently killing one (see *Minchas Chinuch* mitzvah 410, §3 in the Mechon Yerushalayim ed.).

43. *Exodus* 22:27.

44. [The phrase *among your people* modifies *prince,* limiting it to one whose personal conduct does not set him apart from the masses of his people.] Since the prohibition and penalty for cursing an ordinary Israelite is derived in part from this verse (see note 41), they apply only where the person being cursed meets these standards of conduct.

45. Even according to the opinion that Cutheans converted to Judaism sincerely, they soon departed from the ways of the Torah [e.g. they denied the validity of the Oral Law] (see *Meiri* and *Aruch LaNer* ד״ה שם שהעיד; see, however, *Ritva*). Hence, the penalty of *malkus* does not apply to someone who curses a Cuthean.

[Some Rishonim maintain that one who curses a Canaanite slave is also exempt from lashes (*Rabbeinu Chananel, Ritva;* cf. *Meiri*). According to this, however, it is difficult to understand why the Gemara specifies a Cuthean (see *Rashash, Aruch LaNer* ד״ה שם בעושה, *Siach Yitzchak* and *Nasan Piryo*).]

46. A *zomeim* witness is subjected to the very penalty he sought to impose, as we learned in Chapter 1.

47. All the Baraisa's rulings presumably refer to the same circumstance. Thus, if the case in which an Israelite receives *malkus* for acting against a Cuthean is where he testified falsely against him, this must also be the case in which a Cuthean or a slave receives *malkus* for acting against an Israelite.

48. A Canaanite slave is not qualified to serve as a witness (*Bava Kamma* 88a; see, however, *Chidushei R' Akiva Eiger*). [Regarding the status of a Cuthean in this regard, see *Meiri, Poras Yosaf, Siach Yitzchak* and *Aruch LaNer* ד״ה שם שהעיד.]

שֶׁאֵין בָּהּ שָׁוֶה פְּרוּטָה – for **which** the compensation **does not amount to a *perutah.*** דְּאָמַר רַבִּי אַמִּי אָמַר רַבִּי יוֹחָנָן – **For R' Ami said in the name of R' Yochanan:** הִכָּהוּ הַכָּאָה שֶׁאֵין בָּהּ שָׁוֶה פְּרוּטָה לוֹקֶה – **If one struck [his fellow] a blow** for **which** the compensation **does not amount to a *perutah*, he receives lashes.**[1] וְלֹא מַקְשִׁינַן הַכָּאָה לִקְלָלָה – **And we do not compare** the laws of **striking to** the laws of **cursing.**[2] Therefore, even though an Israelite does not receive lashes for *cursing* a Cuthean (as explained above), he is nonetheless liable to lashes for *striking* him.

The Gemara quotes and discusses the next statement of the Mishnah:

חוּץ מֵעַל יְדֵי[3] גֵּר תּוֹשָׁב וכו׳ – All are exiled for inadvertently killing an Israelite, and an Israelite is exiled for inadvertently killing them, **WITH THE EXCEPTION OF A RESIDENT ALIEN etc.**

The Gemara notes a contradiction:

אַלְמָא גֵּר תּוֹשָׁב עוֹבֵד כּוֹכָבִים הוּא – It is **evident** from this part of the Mishnah **that a resident alien is** treated as **an idolater.**[4] אֵימָא סֵיפָא – But then **consider the end** of the Mishnah: גֵּר תּוֹשָׁב גּוֹלֶה עַל יְדֵי גֵּר תּוֹשָׁב – **A RESIDENT ALIEN IS EXILED AS A RESULT OF** inadvertently killing another **RESIDENT ALIEN.** Here the Mishnah states that a resident alien is subject to exile, unlike an idolater. – ? –

The Gemara solves the contradiction:

אָמַר רַב כַּהֲנָא – **Rav Kahana said:** לֹא קַשְׁיָא – **There is no difficulty.** כָּאן בְּגֵר תּוֹשָׁב שֶׁהָרַג גֵּר תּוֹשָׁב – **Here,** in the end of the Mishnah (which imposes exile on a resident alien), the reference is **to a resident alien who killed** another **resident alien;**[5] כָּאן בְּגֵר תּוֹשָׁב שֶׁהָרַג יִשְׂרָאֵל – while **here,** in the earlier part of the Mishnah (which excludes him from exile), the reference is **to a resident alien who killed an Israelite.**[6]

The Gemara records an alternative version of the previous discussion, in which Rav Kahana's answer was given in response to a different contradiction:

אִיכָּא דְּרָמֵי קְרָאֵי אַהֲדָדֵי – **Some report that** at first **they contrasted** two **verses with each other.** כְּתִיב ,,לִבְנֵי יִשְׂרָאֵל וְלַגֵּר וְלַתּוֹשָׁב בְּתוֹכָם תִּהְיֶינָה שֵׁשׁ־הֶעָרִים" – In one verse **it is written: *For the children of Israel, for the convert and for the resident [alien] among them shall the six cities* be *a refuge.***[7] Here the Torah teaches that a resident alien is subject to exile. וּכְתִיב ,,וְהָיוּ לָכֶם הֶעָרִים לְמִקְלָט" – **But** in another verse **it is written: *The cities shall be a refuge for you,***[8] which implies: ,,לָכֶם" וְלֹא לְגֵרִים – ***for you,* but not for aliens.** This verse *excludes* resident aliens from the law of exile!

The Gemara answers:

אָמַר רַב כַּהֲנָא – **Rav Kahana said:** לֹא קַשְׁיָא – **There is no difficulty.** כָּאן בְּגֵר תּוֹשָׁב שֶׁהָרַג יִשְׂרָאֵל – **Here,** in the verse that excludes a resident alien, the Torah refers **to a resident alien who killed an Israelite;** כָּאן בְּגֵר תּוֹשָׁב שֶׁהָרַג גֵּר תּוֹשָׁב – while **here,** in the verse that includes him, the Torah refers **to a resident alien who killed** another **resident alien.**

The Gemara notes another contradiction to the last part of our Mishnah, which states that a resident alien is exiled for killing another resident alien:

וּרְמִינְהִי – **But contrast it** with the following Baraisa, which comments on the law that an idolater can be sentenced to death for transgressing one of the seven Noahide laws even without having been warned in advance.[9] לְפִיכָךְ גֵּר וְעוֹבֵד כּוֹכָבִים שֶׁהָרְגוּ נֶהֱרָגִין – **THEREFORE, A [RESIDENT] ALIEN AND AN IDOLATER WHO KILLED** even inadvertently **ARE EXECUTED.**[10] קָתָנֵי גֵּר דּוּמְיָא דְּעוֹבֵד כּוֹכָבִים – **The Baraisa teaches** that the law of **a [resident]**

NOTES

1. It is prohibited by a negative commandment to strike another person (*Deuteronomy* 25:3, *Kesubos* 33a). The punishment for this transgression is *malkus* [lashes]. If, however, the assailant must pay damages, he does not receive *malkus,* in light of the rule that only one punishment can be imposed for a single crime (see *Kesubos* 32b-33a). R' Yochanan therefore specifies that the damages amount to less than a *perutah* [in which case they are too small to be collected through the courts], because then the assailant does receive *malkus* (*Rashi*).

2. This matter is debated in *Sanhedrin* 85b, where one opinion states that striking is equated with cursing (see *Rashi* to *Yevamos* 101a ד״ה איתקש and to *Exodus* 21:16 ד״ה מות יומת). Such an analogy would mean that just as one is exempt from *malkus* for cursing a non-observant person (8b note 44), so too one would be exempt from *malkus* for hitting him (*Rashi*). Thus, our Baraisa, which does impose *malkus* on one who hits a non-observant person, clearly maintains that the rules of hitting and cursing are unrelated (see *Ritva*). [The question of whether hitting and cursing are analogous has other ramifications as well – see *Sanhedrin* ibid., *Yevamos* ibid.]

3. *Hagahos HaBach* emends the text to read חוץ מגר תושב, as in the Mishnah (see 8b note 25). Our translation follows this emendation.

4. The Gemara currently understands this phrase of the Mishnah to be excluding a *ger toshav* (resident alien) from the law of exile completely. He is not exiled for killing, nor is one exiled for killing him (*Rashi*). This is the same law that applies to idolaters (see *Siach Yitzchak*).

[A *ger toshav* is certainly not a Jew, since he did not convert to Judaism. On the other hand, since he formally accepted the Noahide laws upon himself, he is treated like a Jew in certain respects. The Gemara will cite a verse (*Numbers* 35:15) which apparently means that a *ger toshav* has the same status as a Jew regarding the laws of exile. The Gemara infers from our Mishnah, however, that this is not so (see *Kos HaYeshuos*).]

5. As the Mishnah itself states explicitly (*Rashi*).

6. Rav Kahana's point is that when the Mishnah says "with the exception of a *ger toshav*" it does not refer to *both* of the earlier clauses. Rather, this exception applies only where someone kills an Israelite. In that case, the Mishnah teaches, if the assailant is a *ger toshav,* he is not subject to exile. But in the reverse case, where an Israelite kills someone, then even if the victim is a *ger toshav,* the assailant *is* exiled. The reason for this distinction is that a *ger toshav* is generally included in the laws of exile, but where he kills an Israelite, his crime is too serious for exile to serve as an atonement (*Ritva,* explaining *Rashi;* cf. *Tosafos;* see *Aruch LaNer* ד״ה שם ברש״י). Since this part of the Mishnah holds that the basic law of exile does apply to a *ger toshav,* it is fully consistent with the next part, which imposes exile on a *ger toshav* who inadvertently kills another *ger toshav.*

[In accordance with this approach, *Rambam* rules that an Israelite who inadvertently kills a *ger toshav* is exiled (*Hil. Rotze'ach* 5:3, as explained by *Tos. Yom Tov* and *Mirkeves HaMishneh;* cf. *Kesef Mishneh*). However, *Raavad* (ibid.) and *Tosafos* (ד״ה אלמא) dispute this ruling.]

7. *Numbers* 35:15.

8. Ibid. v. 12.

9. See *Sanhedrin* 57a. This is in contrast to a Jew, who cannot be punished unless he was warned before transgressing.

10. A warning serves to establish that the transgressor acted with full knowledge of the consequences of his act (Gemara below, 9b). Accordingly, since a Noahite does not require a warning, it follows that he is legally responsible for his transgressions even if they were not done with full knowledge, but were inadvertent. The Baraisa therefore rules that a Noahite (an idolater or a *ger toshav*) can be executed even for killing inadvertently (*Rashi*).

Ramban objects to this. He contends that nobody can be punished by the courts for transgressions that were inadvertent. Although a Noahite need not receive a formal *warning* in order to be punished, it must still be clear that his transgression was intentional. This is also the view of *Rambam* (*Hil. Melachim* 10:1; see *Lechem Mishneh* ibid.; *Ketzos HaChoshen* 28:7). [The Gemara's current understanding of this Baraisa is consistent with *Rashi's* approach (*Ritva*). In the Gemara's conclusion, though, *Rashi* possibly agrees with *Ramban* (see *Aruch LaNer* on *Rashi* ד״ה לפיכך; see note 13).]

עין משפט נר מצוה

כט א מיי' פט"ז מהל' סנהדרין הל' י"ב ופ"ה מהל' חובל הל' ג סמג עשין ע טוש"ע ח"מ סי' תכ סעיף ג:
ל ב מיי' פ"ה מהל' רוצח הלכה ג והל' ד:
לא ג מיי' שם הל' ד ופ"י מהל' מלכים הלכה א:

רבינו חננאל

שאין בה שוה פרוטה לוקה. ולא מקשינן הכאת עבד וכותי לקללתו ולא אמרינן כשם שישראל המקלל עבד וכותי פטור ולא קרינן ביה ונשיא בעמך לא תאור כך המכה אותן פטור אלא ישראל המכה עבד או כותי חייב: חוץ מעל ידי גר תושב. כלומר אין ישראל גולה אם הרג גר תושב. אלמא גר תושב עובד כוכבים הוא ואסיקנא גר תושב שהרג ישראל נהרג וכ"ש עובד כוכבים שהרג ישראל. גר תושב שהרג גר תושב גולה שנאמר לבני ישראל לגר ולתושב בתוכם תהיינה שש הערים האלה למקלט וגו': כסבור בהמה ונמצא אדם כו'. פי' גר תושב שהרג כסבור בהמה ונמצא אדם כנעני ונמצא גר תושב (רבה) [רבא] אמר חייב אומר מותר קרוב למזיד הוא רב חסדא אמר פטור אומר מותר אנוס הוא. איתיביה רבא לרב חסדא הנך מת על האשה אשר לקחת והנה הוא לא לקחה אלא [שסבר] שהוא מותר וקתני הנך מת מאי לאו בידי אדם וש"מ אומר מותר חייב. ודחי לא הנך מת בידי שמים ופטור מדיני אדם. ודייקא מדכתב מחטוא לי ש"מ בידי שמים הוא. אלא הכי האי דכתב ביוסף לאשת אדוניו וחטאתי לאלהים הכי נמי דדינו לשמים והא אשת איש (הא) [היא] (ודינם) [ודינה] בידי אדם. אלא הכי קאמר החטא לאלהים ודינו בידי אדם. ומותיב אביי לרבא וכי אומר מותר חייב והכתיב הגוי גם צדיק תהרוג מכלל שאינו חייב. ומשני

ליקוטי רש"י

מקשינן. כלומר גמרינן במה מלוה לאמרי היקשא דכתיב מכה אביו ומקלל אביו גבי הדדי כאלה המשפטים אלא שמקרא אחד מפסיק ביניהם [סנהדרין פה.].

לא מקשינן. דגבי קללה לא כתיב בעמך להכי שאינו עושה מעשה עמך והאי תנא סבר לא מקשינן הכאה לקללה מפני המקרא המפסיק ביניהם [שם ע"ב בד"ה מכה].

באומר מותר. סבור שמותר להרוג את ישראל וזהו מזיד הוא. אנוס הוא. והיאך הוא קורהו מזיד [בבא קמא צד.].

רש"י

שאין בה שוה פרוטה. שאם יש בה תשלומי פרוטה משלם ואינו לוקה דילפינן בכתובות באלו נערות (דף לג:) בפירוש ריבתה תורה חובל בחבירו לתשלומין וכי אין בה שוה פרוטה לוקה שעבר על לא תוסיף פן יוסיף (דברים כה): ולא מקשינן הכאה לקללה. לומר שכשם שאינו לוקה על קללתו דכתיב בעמך כך לא ילקה על הכאתו ופלוגתא היא בסנהדרין דאיכא דמקיש ואיכא דלא מקיש: חוץ מגר תושב. ומשמע דמתרוייהו ממעט ליה דלא הוא גולה ע"י הריגתו אלא נהרג ולא ישראל גולה עליו: ל"ק כו' גר תושב שהרג גר תושב. גולה כדקתני בהדיא ורישא כשהרג את ישראל אינו גולה דלא סגי ליה בגלות: לפיכך. אשבע מצות שנצטוו בני נח קאי (ו) וקיי"ל אזהרתן זו היא מיתתן לפיכך גר תושב או עובד כוכבים שהרגו נהרגין ואפי' בשוגג שאין בני נח צריכין התראה כדאמרינן בסנהדרין (דף נז.): מה עובד כוכבים ל"ש קטל בר מיניה. עובד כוכבים כמותו: לאו בר מיניה. ישראל: אף גר תושב לא שנא קטל בר מיניה. גר תושב כמותו: דלאו בר מיניה. ישראל: באומר מותר. נהרג דלאו בר גלות הוא: ואזדו לטעמייהו. רב חסדא דלא בעי לשנויי באומר מותר דקסבר אנוס הוא (ז) ורבא דאמר נהרג: כסבור בהמה. ה"ז כאומר מותר שהיה לו ללמוד ואף זה היה לו לעיין ובגר תושב עסקינן: חייב. מיתה: מאי לאו בידי אדם. בדיני בני נח וזה אומר מותר היה כסבור אחות אברהם היא: לאלהים ולא לאדם. והלא יודע שהיא אשת איש: הגוי גם צדיק תהרוג. קס"ד שהודה לו הקב"ה אלמא אנוס הוא: כדקא מהדרי ליה עילויה. לא הודה לדבריו שהשיב לו תשובה שחייב מיתה שאינו נזיק בדבר שהיה לו ללמוד דרך ארץ כדמפרש ואזיל:

גמרא

שאין בה שוה פרוטה [א] דא"ר אמי א"ר יוחנן [א] הכהו הכאה שאין בה שוה פרוטה לוקה [ב] ולא מקשינן הכאה לקללה: חוץ (א) מעל ידי גר תושב וכו': אלמא גר תושב עובד כוכבים הוא אימא סיפא גר תושב גולה ע"י גר תושב אמר רב כהנא לא קשיא [ב] כאן בגר תושב שהרג גר תושב כאן בגר תושב שהרג ישראל איכא דרמי קראי אהדדי כתיב [א] לבני ישראל ולגר ולתושב בתוכם תהיינה שש הערים וכתיב [ב] והיו לכם הערים למקלט (ב) לכם ולא לגרים אמר רב כהנא ל"ק כאן בגר תושב שהרג ישראל כאן בגר תושב שהרג גר תושב ורמינהי לפיכך גר ועובד כוכבים שהרגו נהרגין קתני גר דומיא דעובד כוכבים מה עובד כוכבים לא שנא דקטל בר מיניה ולא שנא דקטל דלאו בר מיניה נהרג אף גר לא שנא דקטל בר מיניה ולא שנא קטל דלאו בר מיניה נהרג אמר רב חסדא ל"ק כאן שהרגו דרך ירידה כאן שהרגו דרך עלייה דרך ירידה דישראל גלי איהו נמי סגי ליה בגלות דרך עלייה דישראל פטור הוא נהרג א"ל (ג) רבא ולאו ק"ו הוא ומה דרך ירידה דישראל גלי איהו נמי סגי ליה בגלות דרך עלייה דישראל פטור איהו נהרג אלא אמר (ד) רבא [ג] באומר מותר א"ל אביי [ג] אומר מותר אנוס הוא א"ל שאני אומר אומר מותר קרוב למזיד הוא ואזדו לטעמייהו דאיתמר כסבור בהמה ונמצא אדם כנעני ונמצא גר תושב רבא אומר חייב [ד] אומר מותר קרוב למזיד הוא רב חסדא אומר פטור אומר מותר אנוס הוא איתיביה רבא לרב חסדא [ג] הנך מת על האשה אשר לקחת מאי לאו בידי אדם לא בידי שמים דיקא נמי דכתיב [ד] מחטוא לי ולטעמיך [ה] וחטאתי לאלהים ולא לאדם אלא דינו מסור לאדם הכא נמי דינו מסור לאדם איתיביה אביי לרבא [ו] הגוי גם צדיק תהרוג התם כדקא מהדרי (ה) עלויה [ז] ועתה השב אשת האיש כי נביא הוא

אשת

תוספות

אלמא גר תושב עובד כוכבים הוא. [ה] (אינו) מדקדק מדאתי למעוטי גר תושב לפי שאינו ממעט אלא גר תושב שהרג ישראל שאינו גולה אלא נהרג וכן ישראל שהרג גר תושב דפטור דכן מוכיח לשון מתני' דקתני הכל גולין ע"י ישראל וישראל ע"י כולן חוץ מגר תושב דלא הוי בכלל דהאי הכל דאין גולין ע"י ישראל וכן ישראל אינו גולה על ידו (אלא) קא סלקא דעתיה דכיון דישראל אינו גולה ע"י גר תושב ולא גר תושב ע"י ישראל אלמא גר תושב דינו כעובד כוכבים א"כ הוא הדין גר תושב לגר תושב מידי דהוה אעובד כוכבים לעובד כוכבים ולכך קאמר אימא סיפא וכו' ומשני רישא דוקא קאמר גר תושב לישראל אבל גר תושב לגר תושב לא וכדמייתי בתר הכי מקראי ובתוספ' ראיתי שדחק לפרש דמעיקרא סלקא דעתיה דגר תושב וישראל גולין זה ע"י זה וחוץ דגר תושב דקתני במתני' אתא למעוטי שאין גר תושב גולה ע"י הכל ולא הכל על ידו ולא ידענא מאי קאמר חדא דכל היכא דקתני [י] חוץ וכו' קאי אכל מה דלעיל מיניה ואף את"ל דהאי חוץ אתי למעוטי דלא הוי בכלל ישראל לגלות ע"י הכל והכל על ידו (מ"מ) קשה דהא לא קתני כללא גבי ישראל וחוץ משמע דאתי לאפוקי מכללא ועוד דגר תושב לאו בכלל ישראל הוא ואמאי איצטריך לאפוקי וע"ק דא"כ דס"ד מעיקרא דישראל וגר תושב גולין זה ע"י זה מאי קאמר אלמא עובד כוכבים הוא אי עובד כוכבים (ח) לא יגלה ישראל על ידו ולא הוא ע"י ישראל: **דרך** עלייה דישראל פטור הוא נהרג. וא"ת אכתי לא הויא דומיא דעובד כוכבים דאפי' דרך ירידה נהרג וי"ל דמ"מ הוא דומיא דעובד כוכבים מה עובד כוכבים לא שנא בר מיניה ל"ש לאו בר מיניה כו' ובכך הוי סגי דומיא דעובד כוכבים בחדא מילתא: **אמר** ליה (ט) רבא לא כ"ש הוא ומה דרך ירידה וכו'. וא"ת אדרבה היא הנותנת דרך ירידה ניתן לישראל לכפרה דסגי ליה בגלות אבל דרך עלייה לא ניתן לישראל לכפרה חמור הוא ואינו גולה דלא סגי בגלות דה"נ אמרינן ברפ"ק (לעיל דף ב:) וי"ל דלית ליה האי טעמא דדרך עלייה לאו משום דלא סגי ליה בגלות אלא משום דקיל הוא ביותר מירידה דהוי אנוס ביותר והלכך לא מלי אמרת דחמור ביותר מירידה: **ואזדו** לטעמייהו. רב חסדא דמוקי לה דרך עלייה ואז נהרג ולא מוקי לה באומר מותר משום דס"ל דאומר מותר אנוס הוא ולא מיקטל (י) ורבא אית ליה איפכא דדרך עלייה לא מיקטל [ו] אבל אומר מותר מיקטל דהיה לו ללמוד ולא למד: **כסבור** בהמה ונמצא אדם. רבא אמר חייב דהיה לו לעיין אם אדם אם בהמה [ח] וא"נ אומר מותר היה לו ללמוד וצ"ל שנמצא אדם גר תושב מדקאמר ונמצא גר תושב וכן הא דקאמר חייב איירי בגר תושב דאי בישראל לא מיחייב אגר תושב ועוד דאי בישראל א"כ חייב דקאמר (כ) רבא חייב גלות קאמר וזה אינו דהא לעיל ממעטינן אומר מותר מגלות אלא על כרחך מיירי שההורג נמי גר תושב ורבא דאמר חייב חייב מיתה קאמר: **דאומר** מותר קרוב למזיד הוא. פי' משום דהיה לו ללמוד והכא נמי היה לו לעיין: **ורב** חסדא אומר פטור דאומר מותר אנוס הוא. וא"ת רב חסדא היכי מתרץ ברייתא דלעיל (דף ז:) דקתני פרט למזיד ואוקימנא דר"ל לאומר מותר ולדידיה הא אומר מותר לא הוי מזיד וי"ל דרב חסדא סבר דמ"מ קרי ליה מזיד משום דבמזיד נהרג שיודע בטוב שהוא הורגו וא"ת דבריש פירקין (דף ז:) אמרינן בבלי דעת פרט למתכוין לבהמה והרג לאדם ולמה לי קרא תיפוק ליה משום דחשיב אומר מותר כדמשמע הכא ואומר מותר הוינא ממעט מבשגגה וי"ל דלעיל מיירי כגון דאיכא בהמה ואדם לפניו ונתכוין לבהמה והרג אדם אבל הכא שלאותו דבר שנתכוין נמצא שהוא אדם ומשום הכי קאמר (ל) רבא שהוא קרוב למזיד: **אלא** דינו מסור לאדם וכו'. לפי הגי' ה"פ אלא אע"ג דכתיב וחטאתי לאלהים מ"מ הוי דינו מסור לאדם פי' חייב בדיני אדם וקשה דלישנא לא משמע הכי לכן נראה כאידך גירסא אלא דינו מסור לשמים וכו' פי' אלא לכך נקט וחטאתי לאלהים דאע"ג דחייב אף בדיני אדם משום דדינו היה מסור לשמים לפי שלא היו שם עדים הלכך אין דינו מסור אלא לשמים ה"נ דכתיב מחטוא לי היינו דדינו מסור לשמים ולא לאדם לפי שלא [ט] ידע מעולם שהיא אשת איש ולעולם חייב בדיני אדם. כך נראה למשי"ח: **התם** כדאהדרו ליה. שלא היה נזיק כדמסיק ואזיל השב אשת האיש כי נביא הוא דה"ל ללמוד ורב חסדא לית ליה האי דרשא דכי נביא הוא אבל ליכא לפרושי דאהדרו ליה דכתיב ואם אינך משיב דע כי מות תמות שאחרי שהודיעו שהיא אשת איש א"ל הכי ומ"מ י"ל מדאיצטריך לומר לו כן ש"מ שהיה אומר לו שכך דינו גם למי שטעה לפי שהיה לו ללמוד ולא למד והא דקאמר אשת נביא הוא וכו' מילתא באפי נפשיה היא ולא משנה הוא כמו לפירוש הקונט' והמסקינן דהיה לו ללמוד מדרך ארץ יש לו ללמוד ומיהו נמי ניחא לשיטת קונטרס:

מסורת הש"ס

א) כתובות לב: סנהדרין פה., ב) [סנהדרין פה:], ג) [לעיל ז:], ד) [שם], ה) רש"א מ"ז, ו) רש"א חוץ אתי למעוטי מכללא ולא נאמר לאתי למעוטי כו' ע"י וקשה, ז) דאנוס הוא ואומר מותר מיקטל דהיה לו כו'. רש"א, ח) גי' רש"א והכי נמי אמרינן אומר מותר כו', ט) ס"י ידעו העולם.

הגהות הב"ח

(א) גמ' בפיסקא חוץ מגר תושב כצ"ל ותיבה מעל ידי נמחק: (ב) שם לכם ולא לגרים. נ"ב עיין לקמן דף יג ע"א: (ג) שם א"ל רבא ולאו ק"ו: (ד) שם אמר רבא באומר מותר: (ה) שם כדקא מהדרי ליה עילויה: (ו) רש"י ד"ה לפיכך וכו' דקיימא לן: (ז) ד"ה ואזדו וכו' ורבא דאמר: (ח) תוס' ד"ה אלמא וכו' אי עובד כוכבים הוא לא יגלה ישראל: (ט) ד"ה דרך וכו' ולא דינין לישראל לכפרה סגי ליה בגלות אבל דרך עלייה לא: (י) ד"ה ואזדו וכו' ורבא אית ליה איפכא: (כ) ד"ה כסבור וכו' דקאמר רבא חייב וכו' ורבא דאמר חייב: (ל) ד"ה ורב חסדא קרוב למזיד:

תורה אור השלם

א) לִבְנֵי יִשְׂרָאֵל וְלַגֵּר וְלַתּוֹשָׁב בְּתוֹכָם תִּהְיֶינָה שֵׁשׁ הֶעָרִים הָאֵלֶּה לְמִקְלָט לָנוּס שָׁמָּה כָּל מַכֵּה נֶפֶשׁ בִּשְׁגָגָה: [במדבר לה, טו]

ב) וְהָיוּ לָכֶם הֶעָרִים לְמִקְלָט מִגֹּאֵל וְלֹא יָמוּת הָרֹצֵחַ עַד עָמְדוֹ לִפְנֵי הָעֵדָה לַמִּשְׁפָּט: [במדבר לה, יב]

ג) וַיָּבֹא אֱלֹהִים אֶל אֲבִימֶלֶךְ בַּחֲלוֹם הַלָּיְלָה וַיֹּאמֶר לוֹ הִנְּךָ מֵת עַל הָאִשָּׁה אֲשֶׁר לָקַחְתָּ וְהִוא בְּעֻלַת בָּעַל: [בראשית כ, ג]

ד) וַיֹּאמֶר אֵלָיו הָאֱלֹהִים בַּחֲלֹם גַּם אָנֹכִי יָדַעְתִּי כִּי בְתָם לְבָבְךָ עָשִׂיתָ זֹּאת וָאֶחְשֹׂךְ גַּם אָנֹכִי אוֹתְךָ מֵחֲטוֹ לִי עַל כֵּן לֹא נְתַתִּיךָ לִנְגֹּעַ אֵלֶיהָ: [בראשית כ, ו]

ה) אֵינֶנּוּ גָדוֹל בַּבַּיִת הַזֶּה מִמֶּנִּי וְלֹא חָשַׂךְ מִמֶּנִּי מְאוּמָה כִּי אִם אוֹתָךְ בַּאֲשֶׁר אַתְּ אִשְׁתּוֹ וְאֵיךְ אֶעֱשֶׂה הָרָעָה הַגְּדֹלָה הַזֹּאת וְחָטָאתִי לֵאלֹהִים: [בראשית לט, ט]

ו) וַאֲבִימֶלֶךְ לֹא קָרַב אֵלֶיהָ וַיֹּאמַר אֲדֹנָי הֲגוֹי גַּם צַדִּיק תַּהֲרֹג: [בראשית כ, ד]

ז) וְעַתָּה הָשֵׁב אֵשֶׁת הָאִישׁ כִּי נָבִיא הוּא וְיִתְפַּלֵּל בַּעַדְךָ וֶחְיֵה וְאִם אֵינְךָ מֵשִׁיב דַּע כִּי מוֹת תָּמוּת אַתָּה וְכָל אֲשֶׁר לָךְ: [בראשית כ, ז]

alien is similar to that of **an idolater.**[11] מָה עוֹבֵד כּוֹכָבִים – Therefore, **just as** in the case of **an idolater,** לֹא שְׁנָא דְּקָטַל בַּר מִינֵיהּ – **it does not make a difference whether he killed one of his own kind** [another idolater], וְלֹא שְׁנָא דְּקָטַל דְּלָאו בַּר מִינֵיהּ – **or whether he killed one not of his own kind** [an Israelite], נֶהֱרָג – **he is executed** in either case; אַף גֵּר – **so too with a [resident] alien,** לֹא שְׁנָא דְּקָטַל בַּר מִינֵיהּ – **it does not make a difference whether he killed one of his own kind** [another resident alien], וְלֹא שְׁנָא קָטַל דְּלָאו בַּר מִינֵיהּ – **or whether he killed one not of his kind** [an Israelite], נֶהֱרָג – **he should be executed** in either case.[12] The Baraisa thus contradicts our Mishnah which rules that a resident alien who inadvertently kills another resident alien is not executed, but exiled. – ? –

The Gemara solves the contradiction:

אָמַר רַב חִסְדָּא – **Rav Chisda said:** לֹא קַשְׁיָא – **There is no difficulty.** כָּאן שֶׁהֲרָגוֹ דֶּרֶךְ יְרִידָה – **Here,** in the Mishnah (which rules that he is exiled for killing another resident alien), the reference is to **where he killed him** while engaged in **a downward motion;** כָּאן שֶׁהֲרָגוֹ דֶּרֶךְ עֲלִיָּיה – while **here,** in the Baraisa (which rules that he is executed), the reference is to **where he killed him** while engaged in **an upward motion.** דֶּרֶךְ יְרִידָה דְּיִשְׂרָאֵל גָּלֵי – If he killed him in the course of **a downward motion, where** the law is that **an Israelite is exiled,** אִיהוּ נַמִּי סַגֵּי לֵיהּ בְּגָלוּת – then **exile suffices for [the resident alien] as well.** דֶּרֶךְ עֲלִיָּיה דְּיִשְׂרָאֵל פָּטוּר – But if he killed him in the course of **an upward motion, where** the law is that **an Israelite is exempt** even from exile, הוּא נֶהֱרָג – then **[the resident alien] is executed.**[13]

An objection is raised:

אָמַר לֵיהּ רָבָא – **Rava**[14] **asked [Rav Chisda]:** וְלָאו קַל וָחוֹמֶר הוּא – **But is it not** obvious by the logic of **a *kal vachomer*** that just the opposite should be true?! וּמָה דֶּרֶךְ יְרִידָה דְּיִשְׂרָאֵל גָּלֵי – **If** even in the case of **a downward motion, where an Israelite is exiled,** אִיהוּ נַמִּי סַגֵּי לֵיהּ בְּגָלוּת – **exile suffices for [the resident alien] as well,**[15] דֶּרֶךְ עֲלִיָּיה דְּיִשְׂרָאֵל פָּטוּר – then in the case of **an upward motion, where an Israelite is exempt** even from exile, אִיהוּ נֶהֱרָג – can it be that **he should be killed?!**[16]

Rava therefore gives a different explanation of the Baraisa:

אֶלָּא אָמַר רָבָא – **Rather, Rava says:** בְּאוֹמֵר מוּתָּר – The Baraisa speaks of a case **where he** [the resident alien] **thinks** that it is **permitted** to kill.[17]

This explanation of the Baraisa is challenged:

אָמַר לֵיהּ אַבָּיֵי – **Abaye said to him** [Rava]: אוֹמֵר מוּתָּר אָנוּס הוּא – **One who thinks** that murder is **permitted is** legally equivalent to **a victim of unavoidable circumstances,** because one cannot be held responsible for something he did not know was forbidden.[18] Why then is he executed?

Rava responds:

אָמַר לֵיהּ – **He replied to [Abaye]:** שֶׁאֲנִי אוֹמֵר – **For I maintain** that אוֹמֵר מוּתָּר קָרוֹב לְמֵזִיד הוּא – **one who thinks** a crime is **permitted is close to** being **deliberate.** Therefore, a resident alien is executed for this type of killing.[19]

It emerges from the preceding passage that Rav Chisda and Rava disagree as to whether a person is held responsible for an act he thought is permitted by law; they disagree whether one is held liable for failing to learn that which he should know.[20] The Gemara notes that they have debated this matter elsewhere:

וְאָזְדוּ לְטַעְמַיְיהוּ – **And they** [Rav Chisda and Rava] **follow their** previously expressed **opinions,** דְּאִיתְּמַר – **for it has been stated:** כִּסְבוּר בְּהֵמָה וְנִמְצָא אָדָם – If a resident alien deliberately killed his victim **thinking** that **it was an animal and it turned out to be a human,**[21] כְּנַעֲנִי וְנִמְצָא גֵּר תּוֹשָׁב – or thinking that the target was **a Canaanite and it turned out to be a resident alien,**[22] רָבָא אוֹמֵר חַיָּיב – **Rava says he is liable** to the death

NOTES

11. By mentioning the idolater together with the *ger toshav,* the Baraisa teaches that some aspect of the idolater's law applies to a *ger toshav* as well (see *Ritva*).

12. [But a *ger toshav* is not executed for killing an idolater (*Ritva's* inference from *Rashi;* see *Aruch LaNer* on *Rashi*).]

13. The first Mishnah of this chapter (7a-b) teaches that one is not exiled for an inadvertent killing that happened as a result of an upward motion. It was explained earlier that such a killing does not warrant exile, because it is so unexpected the killer is not responsible for it [קָרוֹב לְאוֹנֶס] (see 7b note 5). Rav Chisda, however, disagrees with that explanation. In his view, exile does not *suffice* to atone for a death resulting from an upward motion, because it borders on the deliberate [קָרוֹב לְמֵזִיד] (*Ritva;* cf. *Ramban*). It is in such circumstances that the Baraisa deems a *ger toshav* liable to *execution* for killing another *ger toshav.* Hence, the Baraisa does not contradict our Mishnah (which imposes exile), because the Mishnah refers only to killings that are clearly inadvertent.

Since the Baraisa is drawing a parallel between a *ger toshav* and an idolater, it emerges that an idolater too is not executed for killing one of his own kind unless the deed was of a deliberate nature (*Ramban; Rambam, Hil. Melachim* 10:1; cf. *Tosafos* ד״ה דרך). [Although *Rashi* stated earlier that an idolater is liable even for inadvertent transgressions (note 10), that explanation was given for the Gemara's initial understanding of the Baraisa. According to the Gemara's conclusion, however, *Rashi* agrees that inadvertent transgressions are generally not punishable by the courts (*Aruch LaNer* on *Rashi* ד״ה לפיכך; *Siach Yitzchak* ד״ה ורמינהו; see also *Chazon Ish Bava Kamma* 10:15 ד״ה וב״נ).]

14. *Bach* emends this throughout the passage to read רַבָּה, *Rabbah* (see 7b note 12).

15. Thus, we see that he is not treated more strictly than an Israelite.

16. According to Rava, killing through an upward motion is not punishable by exile because it is an unexpected mishap [קָרוֹב לְאוֹנֶס] (*Ritva;* see also *Tosafos*). [Our explanation of the Gemara throughout the earlier part of this chapter follows Rava's view.] Rava therefore argues that since a *ger toshav* is exiled for killing through a *downward* motion (as taught in our Mishnah), it is illogical to subject him to a more severe punishment for killing through an *upward* motion.

17. The assailant killed his victim intentionally, but he thought that the law permitted him to do so. In this case an Israelite would not be exiled, because his guilt is too great to be atoned for by exile (as Rava explains below). Therefore, the Baraisa rules that a *ger toshav* is executed (*Rashi*). However, in an ordinary case of inadvertent killing, where an Israelite *would* be exiled, a *ger toshav* is also exiled for killing another *ger toshav,* and not executed. [Rava agrees with Rav Chisda that the Baraisa refers to killing of a deliberate nature (see note 13); they disagree only about the specific circumstance.]

18. The term אָנוּס generally means *the victim of an accident,* or *one who acted against his will.* In this case it is being used in a legal rather than literal sense. Since he is unaware of the prohibition, his crime is the legal equivalent of an accident, for which a person cannot be held responsible.

19. According to Rava, a person is considered criminally at fault for never having learned the law that killing is forbidden (*Rashi* ד״ה כסבור; *Tosafos*).

20. Since Rav Chisda did not give Rava's resolution of the preceding problem, he evidently rejects Rava's premise that a person is responsible for committing a sin out of ignorance. Rather, Rav Chisda maintains [like Abaye] that he is free from any liability (*Rashi*). [The Gemara apparently understands that Rav Chisda's own answer is forced, and that he would not have given it unless he had no other option. See, however, *Aruch LaNer* on *Rashi* ד״ה ואזדו.]

21. That is, he killed another *ger toshav,* as in the next case (*Tosafos;* see *Maharsha* and *Chidushei R' Akiva Eiger* ד״ה שם איתיביה).

The killer was criminally negligent insofar as he failed to check whether the target was an animal or a person. In this sense, he is legally equivalent to one who thought that killing is permitted, who can be faulted for not having learned the law (*Rashi*).

22. A *ger toshav* is executed for deliberately killing another *ger toshav,* but not for killing an idolater.

In this case, the murderer was *prohibited* to kill the victim even

שאין בה שוה פרוטה א) דא"ר אמי א"ר יוחנן א הכהו הכאה שאין בה שוה פרוטה לוקה ב) ולא מקשינן הכאה לקללה: חוץ (א) מעל ידי גר תושב וכו': אלמא גר תושב עובד כוכבים הוא אימא סיפא גר תושב גולה ע"י גר תושב אמר רב כהנא לא קשיא ב כאן בגר תושב שהרג גר תושב כאן בגר תושב שהרג ישראל איכא דרמי קראי אהדדי כתיב א) לבני ישראל ולגר ולתושב בתוכם תהיינה שש הערים וכתיב ב) והיו לכם הערים למקלט (ב) לכם ולא לגרים אמר רב כהנא ל"ק כאן בגר תושב שהרג ישראל כאן בגר תושב שהרג גר תושב ורמינהי לפיכך גר ועובד כוכבים שהרגו נהרגין קתני גר דומיא דעובד כוכבים מה עובד כוכבים לא שנא דקטל בר מיניה ולא שנא דקטל דלאו בר מיניה נהרג אף גר לא שנא דקטל בר מיניה ולא שנא קטל דלאו בר מיניה נהרג אמר רב חסדא ל"ק כאן שהרגו דרך ירידה כאן שהרגו דרך עלייה דרך ירידה דישראל גלי איהו נמי סגי ליה בגלות דרך עלייה דישראל פטור הוא נהרג א"ל (ג) רבא ולאו ק"ו הוא ומה דרך ירידה דישראל גלי איהו נמי סגי ליה בגלות דרך עלייה דישראל פטור איהו נהרג אלא אמר (ד) רבא ג באומר מותר א"ל אביי ג) אומר מותר אנוס הוא א"ל שאני אומר אומר מותר קרוב למזיד הוא ואזדו לטעמייהו דאיתמר כסבור בהמה ונמצא אדם כנעני ונמצא גר תושב רבא אומר חייב ד) אומר מותר קרוב למזיד הוא רב חסדא אומר פטור אומר מותר אנוס הוא איתיביה רבא לרב חסדא ג) הנך מת על האשה אשר לקחת מאי לאו בידי אדם לא בידי שמים דיקא נמי דכתיב ד) מחטוא לי ולטעמיך ה) וחטאתי לאלהים ולא לאדם אלא דינו מסור לאדם הכא נמי דינו מסור לאדם איתיביה אביי לרבא ו) הגוי גם צדיק תהרוג התם כדקא מהדרי (ה) עלויה ז) ועתה השב אשת האיש כי נביא הוא

אשת

רש"י

שאין בה שוה פרוטה. שאם יש בה תשלומי פרוטה משלם ואינו לוקה דילפינן בכתובות באלו נערות (דף לב:) בפירוש ריבתה תורה חובל בחבירו לתשלומין וכי אין בה שוה פרוטה לוקה שעבר על לא תוסיף פן יוסיף (דברים כה): ולא מקשינן הכאה לקללה. לומר שכשם שאינו לוקה על קללתו דכתיב בעמך כך לא ילקה על הכאתו ופלוגתא היא בסנהדרין דאיכא דמקיש ואיכא דלא מקיש: חוץ מגר תושב. ומשמע דמתרוייהו ממעט ליה דלא הוא גולה ע"י הריגתו אלא נהרג ולא ישראל גולה עליו: ל"ק כו' גר תושב שהרג גר תושב. גולה כדקתני בהדיא ורישא כשהרג את ישראל אינו גולה דלא סגי ליה בגלות: לפיכך. אשבע מלות שנצטוו בני נח קאי (ו) וקיי"ל אזהרתן זו היא מיתתן לפיכך גר תושב או עובד כוכבים שהרגו נהרגין ואפי' בשוגג שאין בני נח צריכין התראה כדאמרינן בסנהדרין (דף נז.): מה עובד כוכבים ל"ש קטל בר מיניה. עובד כוכבים כמותו: לאו בר מיניה. ישראל: אף גר תושב לא שנא קטל בר מיניה. גר תושב כמותו: דלאו בר מיניה. ישראל: באומר מותר. נהרג דלאו בר גלות הוא: ואזדו לטעמייהו. רב חסדא דלא בעי לשנויי באומר מותר דקסבר אנוס הוא (ז) ורבא דאמר נהרג: כסבור בהמה. ה"ז כאומר מותר שהיה לו ללמוד ואף זה היה לו לעיין ובגר תושב עסקינן: חייב. מיתה: מאי לאו בידי אדם. בדיני בני נח וזה אומר מותר היה כסבור אחות אברהם היא: לאלהים ולא לאדם. והלא יודע שהיא אשת איש: הגוי גם צדיק תהרוג. קס"ד שהודה לו הקב"ה אלמא אנוס הוא: כדקא מהדרי ליה עלויה. לא הודה לדבריו שהשיב לו תשובה שחייב מיתה שאינו צדיק לדבר שהיה לו ללמוד דרך ארץ כדמפרש ואזיל:

מתני'

תוספות

אלמא גר תושב עובד כוכבים הוא. ה) (אינו) מדקדק מדאתי למעוטי גר תושב לפי שאינו ממעט אלא גר תושב שהרג ישראל שאינו גולה אלא נהרג וכן ישראל שהרג גר תושב דפטור דכן מוכיח לשון מתני' דקתני הכל גולין ע"י ישראל וישראל ע"י כולן חוץ מגר תושב דלא הוי בכלל דהאי הכל דאין גולין ע"י ישראל וכן ישראל אינו גולה על ידו (אלא) קא סלקא דעתיה דכיון דישראל אינו גולה ע"י גר תושב ולא גר תושב ע"י ישראל אלמא גר תושב דינו כעובד כוכבים א"כ הוא הדין גר תושב לגר תושב מידי דהוה אעובד כוכבים לעובד כוכבים ולכך קאמר אימא סיפא וכו' ומשני רישא דוקא קאמר גר תושב לישראל אבל גר תושב לגר תושב לא וכדמייתי בתר הכי מקראי ובתוספ' ראיתי שדחק לפרש דמעיקרא סלקא דעתיה דגר תושב וישראל גולין זה ע"י זה וחוץ דגר תושב דקתני במתני' אתא למעוטי שאין גר תושב גולה ע"י הכל ולא הכל על ידו ולא ידענא מאי קאמר חדא דכל היכא דקתני ו) חוץ וכו' קאי אכל מה דלעיל מיניה ואף את"ל דהאי חוץ אתי למעוטי דלא הוי בכלל ישראל לגלות ע"י הכל והכל על ידו (מ"מ) קשה דהא לא קתני כללא גבי ישראל וחוץ משמע דאתי לאפוקי מכללא ועוד דגר תושב לאו בכלל ישראל הוא ואמאי איצטריך לאפוקי וע"ק דא"כ דס"ד מעיקרא דישראל וגר תושב גולין זה ע"י זה מאי קאמר אלמא עובד כוכבים הוא אי עובד כוכבים (ח) לא יגלה ישראל על ידו ולא הוא ע"י ישראל: **דרך** עלייה דישראל פטור הוא נהרג. וא"ת אכתי לא הויא דומיא לעובד כוכבים דאפי' דרך ירידה נהרג וי"ל דמ"מ הוא דומיא דעובד כוכבים מה עובד כוכבים לא שנא בר מיניה ל"ש לאו בר מיניה כו' ובכך הוי סגי דומיא דעובד כוכבים בחדא מילתא: **אמר** ליה (ט) רבא לא כ"ש הוא ומה דרך ירידה וכו'. וא"ת אדרבה היא הנותנת דרך ירידה ניתן לישראל לכפרה דסגי ליה בגלות אבל דרך עלייה לא ניתן לישראל לכפרה חמור הוא ואינו גולה דלא סגי בגלות דה"נ אמרינן בפ"ק (לעיל דף ב:) וי"ל דלית ליה האי טעמא דדרך עלייה לאו משום דלא סגי ליה בגלות אלא משום דקיל הוא ביותר מירידה דהוי אנוס ביותר והלכך לא מצי אמרת דחמור ביותר מירידה: **ואזדו** לטעמייהו. רב חסדא דמוקי לה דרך עלייה ואז נהרג ולא מוקי לה באומר מותר משום דס"ל דאומר מותר אנוס הוא ולא מיקטל (י) ורבא אית ליה איפכא דדרך עלייה לא מיקטל ז) אבל אומר מותר מיקטל דהיה לו ללמוד ולא למד: **כסבור** בהמה ונמצא אדם. רבא אמר חייב דהיה לו לעיין אם אדם אם בהמה ח) וא"כ אומר מותר היה לו ללמוד וצ"ל שנמצא אדם גר תושב מדקאמר ונמצא גר תושב וכן הא דקאמר חייב איירי בגר תושב דאי בישראל לא מיחייב אגר תושב ועוד דאי בישראל א"כ חייב דקאמר (כ) רבא חייב גלות קאמר וזה אינו דהא לעיל ממעטינן אומר מותר מגלות אלא על כרחך איירי שההורג נמי גר תושב ורבא דאמר חייב מיתה קאמר: **דאומר** מותר קרוב למזיד הוא. פי' משום דהיה לו ללמוד והכא נמי היה לו לעיין: **ורב** חסדא אומר פטור דאומר מותר אנוס הוא. וא"ת רב חסדא היכי מתרץ ברייתא דלעיל (דף ז:) דקתני פרט למזיד ואוקימנא דר"ל לאומר מותר ולדידיה הא אומר מותר לא הוי מזיד וי"ל דרב חסדא סבר דמ"מ קרי ליה מזיד משום דבמזיד נהרג שיודע בטוב שהוא הורגו וא"ת דבריש פירקין (דף ז:) אמרינן בבלי דעת פרט למתכוין לבהמה והרג לאדם ולמה לי קרא תיפוק ליה משום דחשיב אומר מותר כדמשמע הכא ואומר מותר הוינא ממעט מבשגגה וי"ל דלעיל איירי כגון דאיכא בהמה ואדם לפניו ונתכוין לבהמה והרג אדם אבל הכא שלאותו דבר שנתכוין נמצא שהוא אדם ומשום הכי קאמר (ל) רבא שהוא קרוב למזיד: **אלא** דינו מסור לאדם וכו'. לפי הגי' ה"פ אלא אע"ג דכתיב וחטאתי לאלהים מ"מ הוי דינו מסור לאדם פי' חייב בדיני אדם וקשה דלישנא לא משמע הכי לכן נראה כאידך גירסא אלא דינו מסור לשמים וכו' פי' אלא לכך נקט וחטאתי לאלהים דאע"ג דחייב אף בדיני אדם משום דדינו היה מסור לשמים לפי שלא היו שם עדים הלכך אין דינו מסור אלא לשמים ה"נ דכתיב מחטוא לי היינו דדינו מסור לשמים ולא לאדם לפי שלא ט) ידע מעולם שהיא אשת איש ולעולם חייב בדיני אדם. כך נראה למשי"ח: **התם** כדאהדרו ליה. שלא היה צדיק כדמסיק ואזיל השב אשת האיש כי נביא הוא דה"ל ללמוד ורב חסדא לית ליה האי דרשא דכי נביא הוא אבל ליכא לפרושי דאהדרו ליה דכתיב ואם אינך משיב דע כי מות תמות שאחרי שהודיעו שהיא אשת איש א"ל הכי ומ"מ י"ל מדאיצטריך לומר לו כן ש"מ שהיה אומר לו שכך דינו גם למי שטעה לפי שהיה לו ללמוד ולא למד והא דקאמר אשת נביא הוא וכו' מילתא באפי נפשיה היא ולא משניא הוא כמו לפירוש הקונט' והא דמסיק דהיה לו ללמוד כו' מיתוקמא שפיר גם כרב חסדא דמדרך ארץ יש לו ללמוד ומיהו נמי ניחא לשיטת קונטרס:

עין משפט נר מצוה

כט א מיי' פט"ז מהל' סנהדרין הל' י"ב ופ"ה מהל' חובל הל' ג סמג עשין ע טוש"ע ח"מ סי' תכ סעיף ב:
ל ב מיי' פ"ה מהל' רוצח הלכה ג והל' ד:
לא ג מיי' שם הל' ד ופ"י מהל' מלכים הלכה א:

רבינו חננאל

שאין בה שוה פרוטה לוקה. ולא מקשינן הכאת עבד וכותי לקללתו ולא אמרינן כשם שישראל המקלל עבד וכותי פטור ולא קרינן ביה ונשיא בעמך לא תאור כך המכה אותן פטור אלא ישראל המכה עבד או כותי חייב: חוץ מעל ידי גר תושב. כלומר אין ישראל גולה אם הרג גר תושב. אלמא גר תושב עובד כוכבים הוא ואסיקנא גר תושב שהרג ישראל נהרג וכ"ש עובד כוכבים שהרג ישראל. גר תושב שהרג גר תושב גולה שנאמר לבני ישראל לגר ולתושב בתוכם תהיינה שש הערים האלה למקלט וגו': כסבור בהמה ונמצא אדם כו'. פי' גר תושב שהרג כסבור בהמה ונמצא אדם כנעני ונמצא גר תושב (רבה) [רבא] אמר חייב אומר מותר קרוב למזיד הוא רב חסדא אמר פטור אומר מותר אנוס הוא. איתיביה רבא לרב חסדא הנך מת על האשה אשר לקחת והנה הוא לא לקחה אלא [שסבר] שהוא מותר וקתני הנך מת מאי לאו בידי אדם וש"מ אומר מותר חייב. ודחי לא הנך מת בידי שמים ופטור מדיני אדם. ודייקא מדכתב מחטוא לי ש"מ בידי שמים הוא. אי הכי האי דכתב ביוסף לאשת אדוניו וחטאתי לאלהים הכי נמי דדינו לשמים והא אשת איש (הא) [היא] (ודינם) [ודינה] בידי אדם. אלא הכי קאמר החטא לאלהים ודינו בידי אדם. ומותיב אביי לרבא וכי האומר מותר חייב והכתיב הגוי גם צדיק תהרוג מכלל שאינו חייב. ומשני

ליקוטי רש"י

מקשינן. כלומר גמרינן במה מצינו ואיכא דאמרי היקשא דכתיב מכה אביו ומקלל אביו גבי הדדי באלה המשפטים אלא שמקרא אחד מפסיק בינתים [סנהדרין פה.].

לא מקשינן. דגבי הכאה לא כתיב בעמך למעוטי שאינו עושה מעשה עמך והאי תנא סבר לא מקשינן הכאה לקללה מפני המקרא המפסיק בינתים [שם ע"ב בד"ה מכה].

באומר מותר. סבור שמותר להרוג את ישראל וזהו מזיד הוא. אנוס הוא. והיאך הוא קורהו מזיד [בבא קמא צד.].

מסורת הש"ס

א) כתובות לב: סנהדרין פה., ב) [סנהדרין פה:], ג) [לעיל ז:], ד) [שם], ה) רש"א מ"ז, ו) רש"א חוץ אתי למעוטי מכללא ואם נאמר דאתי למעוטי כו' ע"י וקשה, ז) דאנוס הוא ואומר מותר מיקטל דהיה לו כו'. רש"א, ח) גי' רש"א והכי נמי אמרינן אומר מותר כו', ט) ס"י ידעו העולם.

הגהות הב"ח

(א) גמ' בפיסקא חוץ מגר תושב כצ"ל ותיבו' מעל ידי נמחק: (ב) שם לכם ולא לגרים. נ"ב עיין לקמן ד' יג ע"א: (ג) שם א"ל רבא ולאו ק"ו: (ד) שם אמר רבא באומר מותר: (ה) שם כדקא מהדרי ליה עילויה: (ו) רש"י ד"ה לפיכך וכו' דקיימא לן: (ז) ד"ה ואזדו וכו' ורבא דאמר: (ח) תוס' ד"ה אלמא וכו' אי עובד כוכבים הוא לא יגלה ישראל: (ט) ד"ה אמר ליה רבא ולא וכו' דניתן לישראל לכפרה סגי ליה בגלות אבל דרך עלייה דלא: (י) ד"ה ואזדו וכו' ורבא אית ליה איפכא: (כ) ד"ה כסבור וכו' דקאמר רבא חייב וכו' ורבא דאמר חייב: (ל) ד"ה ורב חסדא וכו' קאמר רבא שהוא קרוב למזיד:

תורה אור השלם

א) לִבְנֵי יִשְׂרָאֵל וְלַגֵּר וְלַתּוֹשָׁב בְּתוֹכָם תִּהְיֶינָה שֵׁשׁ הֶעָרִים הָאֵלֶּה לְמִקְלָט לָנוּס שָׁמָּה כָּל מַכֵּה נֶפֶשׁ בִּשְׁגָגָה: [במדבר לה, טו]

ב) וְהָיוּ לָכֶם הֶעָרִים לְמִקְלָט מִגֹּאֵל וְלֹא יָמוּת הָרֹצֵחַ עַד עָמְדוֹ לִפְנֵי הָעֵדָה לַמִּשְׁפָּט: [במדבר לה, יב]

ג) וַיָּבֹא אֱלֹהִים אֶל אֲבִימֶלֶךְ בַּחֲלוֹם הַלָּיְלָה וַיֹּאמֶר לוֹ הִנְּךָ מֵת עַל הָאִשָּׁה אֲשֶׁר לָקַחְתָּ וְהִוא בְּעֻלַת בָּעַל: [בראשית כ, ג]

ד) וַיֹּאמֶר אֵלָיו הָאֱלֹהִים בַּחֲלֹם גַּם אָנֹכִי יָדַעְתִּי כִּי בְתָם לְבָבְךָ עָשִׂיתָ זֹּאת וָאֶחְשֹׂךְ גַּם אָנֹכִי אוֹתְךָ מֵחֲטוֹ לִי עַל כֵּן לֹא נְתַתִּיךָ לִנְגֹּעַ אֵלֶיהָ: [בראשית כ, ו]

ה) אֵינֶנּוּ גָדוֹל בַּבַּיִת הַזֶּה מִמֶּנִּי וְלֹא חָשַׂךְ מִמֶּנִּי מְאוּמָה כִּי אִם אוֹתָךְ בַּאֲשֶׁר אַתְּ אִשְׁתּוֹ וְאֵיךְ אֶעֱשֶׂה הָרָעָה הַגְּדֹלָה הַזֹּאת וְחָטָאתִי לֵאלֹהִים: [בראשית לט, ט]

ו) וַאֲבִימֶלֶךְ לֹא קָרַב אֵלֶיהָ וַיֹּאמַר אֲדֹנָי הֲגוֹי גַּם צַדִּיק תַּהֲרֹג: [בראשית כ, ד]

ז) וְעַתָּה הָשֵׁב אֵשֶׁת הָאִישׁ כִּי נָבִיא הוּא וְיִתְפַּלֵּל בַּעַדְךָ וֶחְיֵה וְאִם אֵינְךָ מֵשִׁיב דַּע כִּי מוֹת תָּמוּת אַתָּה וְכָל אֲשֶׁר לָךְ: [בראשית כ, ז]

ורבי

penalty, אוֹמֵר מוּתָּר קָרוֹב לְמֵזִיד הוּא – because **a person who thinks** that an act is **permissible** when it is in fact prohibited comes **close to** being **deliberate.**[23] רַב חִסְדָּא אוֹמֵר פָּטוּר – But **Rav Chisda says** that **he is exempt** from punishment, אוֹמֵר מוּתָּר אָנוּס הוּא – because **one who thinks** that an act is **permissible**[24] **is** tantamount to **the victim of an accident,** and is not liable for committing the act.

Rav Chisda's position is questioned:

אֵיתִיבֵיהּ רָבָא לְרַב חִסְדָּא – **Rava challenged Rav Chisda** from the verse in which punishment was decreed for Avimelech, king of Gerar, for having taken Abraham's wife, Sarah, after being told that she was Abraham's sister. God appeared to Avimelech in a dream and said: "הִנְּךָ מֵת עַל־הָאִשָּׁה אֲשֶׁר־לָקַחְתָּ" – ***Behold you should die because of the woman you have taken.***[25] מַאי לָאו בִּידֵי אָדָם – **Does this not** mean that he should die **at the hands of a human** court, i.e. a Noahite court upholding Noahide law? If so, we see that Avimelech was held liable for taking another man's wife even though he was under the impression that she was Abraham's sister, not wife, and therefore permitted to him![26]

Rav Chisda replies:

לֹא – **No,** בִּידֵי שָׁמַיִם – the verse means that he should die **at the hands of Heaven.**[27] However, a human court could not have convicted Avimelech. דַּיְקָא נַמִּי דִּכְתִיב "מֵחֲטוֹ־לִי" – **This** explanation **is even implied** by the wording of the verse, **where it is written:** *I prevented you* ***from sinning against Me.***[28] By stating that it was a sin against "Me" (i.e. God), the verse implies that only God would hold him accountable, not a human court.

This inference from the verse's wording poses a problem for Rava, to which he now responds:

וּלְטַעְמֵיךְ – **But according to your premise,**[29] when Joseph said: "וְחָטָאתִי לֵאלֹהִים" – ***I would have sinned against God,***[30] "לֵאלֹהִים" וְלֹא לְאָדָם – does it mean ***against God*** **and not against man** (i.e. the crime could not be punished by human courts)? This cannot be correct, because Joseph was refusing to commit adultery with a woman he *knew* to be his master's wife, for which he certainly *could* have been punished in a human court! אֶלָּא דִּינוֹ מָסוּר לְאָדָם – **Rather,** you must say that though the sin would have been "against God," **its judgment would have been submitted to man** (i.e. a human court) to enforce. הָכָא נַמִּי – So **here too,** in the verse about Avimelech, where God speaks of "sinning against Me," דִּינוֹ מָסוּר לְאָדָם – it may nevertheless mean a sin **whose judgment is submitted to man** to enforce.

Abaye offers a proof in support of Rav Chisda's position that a person is not held accountable for something he thought was permissible:

אֵיתִיבֵיהּ אַבַּיֵי לְרָבָא – **Abaye challenged Rava** from Avimelech's response to God: "הֲגוֹי גַּם־צַדִּיק תַּהֲרֹג" – ***Would You execute a nation though it is innocent?*** *Did he not himself tell me: "She is my sister," and she, too, herself, said: "He is my brother"?*[31] Avimelech argued that he was not liable for the sin, because he thought that Sarah was permitted to him. And it appears that God accepted this defense.[32]

Rava responds that in fact God rejected Avimelech's claim:

הָתָם כִּדְקָא מַהְדְּרֵי עִלָּוֵיהּ – The truth **there is as he was answered:** "וְעַתָּה הָשֵׁב אֵשֶׁת־הָאִישׁ כִּי־נָבִיא הוּא" – ***But now return the man's wife, for he is a prophet.***[33] Why does God add that Sarah's husband was a prophet?

NOTES

according to his mistaken impression of the victim's identity. Even an Israelite is forbidden to cause the death of an idolater (*Avodah Zarah* 26a-b; *Rambam, Hil. Rotze'ach* 4:11), and surely a resident alien is forbidden to do so. Nevertheless, since in his mind he was not committing a *capital* crime, his act is deemed unintentional with respect to the death penalty (see *Shabbos* 69a).

23. If someone thought that murder is permitted by law, Rava holds him responsible for failing to learn the truth. Likewise, he holds this person liable for failing to check the identity of his target (see note 21).

24. Or even that it is not a capital offense (see note 22).

25. *Genesis* 20:3.

26. This is similar to the case cited above, in which a killer thought that his target was an animal but it turned out to be a person. Here too, Avimelech thought that Sarah was unmarried, when in fact she was Abraham's wife. Nevertheless, he was liable to execution for the capital crime of adultery, because he should not have taken Sarah without investigating her marital status. [Although Abraham had told Avimelech that Sarah was not his wife, he should not have relied on Abraham's word, as explained below (see 9b note 5).] The verse thus contradicts Rav Chisda's opinion that one is *not* held accountable for doing something he thought was permissible.

[In fact, Avimelech did not go near Sarah (*Genesis* ibid. v. 4), because an angel prevented him from doing so (*Rashi* ad loc.). Consequently, he would not have been liable to execution in any event. Some commentators therefore understand this verse to mean that *if* he would have committed adultery, he would have been deserving of execution (*Aruch LaNer* ד״ה ולענ״ד פי׳ הפסוק; see *Siach Yitzchak*).]

27. Heavenly justice can be stricter than human justice, with God holding man accountable even for deeds that do not appear to us as criminal. Human justice must follow prescribed rules of evidence, and certain assumptions have to be made by the courts in accord with the law. According to Rav Chisda, someone who does something he thought was permissible must be acquitted by a human court, because they do not hold him responsible for his ignorance. In some instances, however, the transgressor's ignorance may actually be due to gross negligence. Thus, although the human court would have to acquit him, the Heavenly court, which is privy to a person's innermost thoughts, will punish him (see *Ritva;* see also *Maharsha, Chidushei Aggados*).

28. Ibid. v. 6. As mentioned earlier, God sent an angel to prevent Avimelech from approaching Sarah.

29. Namely, that a sin described as being "against God" is not punishable by a human court.

30. Ibid. 39:9. This is from Joseph's reply to the wife of Potiphar when he rejected her advances: וְאֵיךְ אֶעֱשֶׂה הָרָעָה הַגְּדֹלָה הַזֹּאת וְחָטָאתִי לֵאלֹהִים, *how then can I perpetrate this great evil? I would have sinned against God!*

31. Ibid. 20:4-5. The commentators (ad loc.) suggest reasons why Avimelech spoke of a "nation."

[According to the approach cited at the end of note 26, Avimelech meant that he should be acquitted even if he *had* committed adultery (*Siach Yitzchak*).]

32. As implied by God's response in verse 6. (See, however, *Ritva*.)

It has been established that even according to Rav Chisda, Avimelech was deserving of death in the Heavenly Court. However, he misunderstood God's words, *Behold you should die because of the woman you have taken,* as meaning that he was liable to execution in a *human* court. Hence, he responded, *Would You execute a nation* etc., arguing that a human court could not punish him, because he thought that Sarah was permitted. (The verb הרג, *execute,* signifies death at the hand of man.) Since God apparently agreed with this claim, it is evident that one who does something he thought was permissible is not held accountable by a human court (*Maharsha, Chidushei Aggados,* with *Kisei Shlomo,* cited by *Otzar Mefarshei HaTalmud,* col. 406).

33. Ibid. v. 7. This verse indicates that God indeed considered Avimelech liable to death [in a human court], as Rava proceeds to demonstrate (*Rashi*).

שאין בה שוה פרוטה א) דא"ר אמי א"ר יוחנן אהכהו הכאה שאין בה שוה פרוטה לוקה ב) ולא מקשינן הכאה לקללה: חוץ (א) מעל ידי גר תושב וכו': אלמא גר תושב עובד כוכבים הוא אימא סיפא גר תושב גולה ע"י גר תושב אמר רב כהנא לא קשיא בכאן בגר תושב שהרג גר תושב כאן בגר תושב שהרג ישראל איכא דרמי קראי אהדדי כתיב א) לבני ישראל ולגר ולתושב בתוכם תהיינה שש הערים וכתיב ב) והיו לכם הערים למקלט (ב) לכם ולא לגרים אמר רב כהנא ל"ק כאן בגר תושב שהרג ישראל כאן בגר תושב שהרג גר תושב ורמינהי לפיכך גר ועובד כוכבים שהרגו נהרגין קתני גר דומיא דעובד כוכבים מה עובד כוכבים לא שנא דקטל בר מיניה ולא שנא דקטל דלאו בר מיניה נהרג אף גר לא שנא דקטל בר מיניה ולא שנא קטל דלאו בר מיניה נהרג אמר רב חסדא ל"ק כאן שהרגו דרך ירידה כאן שהרגו דרך עלייה דרך ירידה דישראל גלי איהו נמי סגי ליה בגלות דרך עלייה דישראל פטור הוא נהרג א"ל (ג) רבא ולאו ק"ו הוא ומה דרך ירידה דישראל גלי איהו נמי סגי ליה בגלות דרך עלייה דישראל פטור איהו נהרג אלא אמר (ד) רבא גבאומר מותר א"ל אביי ג) אומר מותר אנוס הוא א"ל שאני אומר אומר מותר קרוב למזיד הוא ואזדו לטעמייהו דאיתמר כסבור בהמה ונמצא אדם כנעני ונמצא גר תושב רבא אומר חייב ד) אומר מותר קרוב למזיד הוא ורב חסדא אומר פטור אומר מותר אנוס הוא איתיביה רבא לרב חסדא ה) הנך מת על האשה אשר לקחת מאי לאו בידי אדם לא בידי שמים דיקא נמי דכתיב ד) מחטוא לי ולטעמיך ה) וחטאתי לאלהים ולא לאדם אלא דינו מסור לאדם הכא נמי דינו מסור לאדם איתיביה אביי לרבא ו) הגוי גם צדיק תהרוג התם בדקא מהדרי (ה) עלויה ז) ועתה השב אשת האיש כי נביא הוא אשת

רש"י

שאין בה שוה פרוטה. שאם יש בה תשלומי פרוטה משלם ואינו לוקה דילפינן בכתובות באלו נערות (דף לב:) בפירוש ריבתה תורה חובל בחבירו לתשלומין וכי אין בה שוה פרוטה לוקה שעבר על לא תוסיף פן יוסיף (דברים כה): ולא מקשינן הכאה לקללה. לומר שכשם שאינו לוקה על קללתו דכתיב בעמך כך לא ילקה על הכאתו ופלוגתא היא בסנהדרין דאיכא דמקיש ואיכא דלא מקיש: חוץ מגר תושב. ומשמע דמתרוייהו ממעט ליה דלא הוא גולה ע"י הריגתו אלא נהרג ולא ישראל גולה עליו: ל"ק כו' גר תושב שהרג גר תושב. גולה כדקתני בהדיא ורישא כשהרג את ישראל אינו גולה דלא סגי ליה בגלות: לפיכך. אשבע מצות שנצטוו בני נח קאי (ו) וקיי"ל אזהרתן זו היא מיתתן לפיכך גר תושב או עובד כוכבים שהרגו נהרגין ואפי' בשוגג שאין בני נח צריכין התראה כדאמרינן בסנהדרין (דף נז.): מה עובד כוכבים ל"ש קטל בר מיניה. עובד כוכבים כמותו: לאו בר מיניה. ישראל: אף גר תושב לא שנא קטל בר מיניה. גר תושב כמותו: דלאו בר מיניה. ישראל: באומר מותר. נהרג דלאו בר גלות הוא: ואזדו לטעמייהו. רב חסדא דלא בעי לשנויי באומר מותר דקסבר אנוס הוא (ז) ורבא דאמר נהרג: כסבור בהמה. ה"ז כאומר מותר שהיה לו ללמוד ואף זה היה לו לעיין ובגר תושב עסקינן: חייב. מיתה: מאי לאו בידי אדם. בדיני בני נח וזה אומר מותר היה כסבור אחות אברהם היא: לאלהים ולא לאדם. והלא יודע שהיא אשת איש: הגוי גם צדיק תהרוג. קס"ד שהודה לו הקב"ה אלמא אנוס הוא: בדקא מהדרי ליה עלויה. לא הודה לדבריו שהשיב לו תשובה שחייב מיתה שאינו צדיק בדבר שהיה לו ללמוד דרך ארץ כדמפרש ואזיל: מתני'

תוספות

אלמא גר תושב עובד כוכבים הוא. (א)(אינו) מדקדק מדלאתי למעוטי גר תושב לפי שאינו ממעט אלא גר תושב שהרג ישראל שאינו גולה אלא נהרג וכן ישראל שהרג גר תושב דפטור דכן מוכיח לשון מתני' דקתני הכל גולין ע"י ישראל וישראל ע"י כולן חוץ מגר תושב דלא הוי בכלל דהאי הכל דאין גולין ע"י ישראל וכן ישראל אינו גולה על ידו (אלא) קא סלקא דעתיה דכיון דישראל אינו גולה ע"י גר תושב ולא גר תושב על ידו אלמא גר תושב דינו כעובד כוכבים א"כ הוא הדין גר תושב לגר תושב מידי דהוה אעובד כוכבים לעובד כוכבים ולכך קאמר אימא סיפא וכו' ומשני רישא דוקא קאמר גר תושב לישראל אבל גר תושב לגר תושב לא וכדמייתי בתר הכי מקראי ובתוספ' ראיתי שדחק לפרש דמעיקרא סלקא דעתיה דגר תושב וישראל גולין זה ע"י זה וחוץ דגר תושב דקתני במתני' אתא למעוטי שאין גר תושב גולה ע"י הכל ולא הכל על ידו ולא ידענא מאי קאמר חדא דלכל היכא דקתני חוץ וכו' קאי אכל מה דלעיל מיניה ועוד אם ה"ל דהאי חוץ אתי למעוטי דלא הוי בכלל ישראל לגלות ע"י הכל והכל על ידו (מ"מ) קשה דהא לא קתני כללא גבי ישראל וחוץ משמע דאתי לאפוקי מכללא ועוד דגר תושב לאו בכלל ישראל הוא ולמאי איצטריך לאפוקי וע"ק דא"כ דס"ד מעיקרא דישראל וגר תושב גולין זה ע"י זה מאי קאמר אלמא עובד כוכבים הוא אי עובד כוכבים (ח) לא יגלה ישראל על ידו ולא הוא ע"י ישראל: דרך עלייה דישראל פטור הוא נהרג. וא"ת אמאי לא הויא דומיא דעובד כוכבים דאפי' דרך ירידה נהרג וי"ל דמ"מ הוא דומיא דעובד כוכבים מה עובד כוכבים לא שנא בר מיניה ל"ש לאו בר מיניה כו' ובכך הוי סגי דומיא דעובד כוכבים בחדא מילתא: אמר ליה (ט) רבא לא כ"ש הוא ומה דרך ירידה וכו'. וא"ת דלרבה היא הנותנת דרך ירידה ניתן לישראל לכפרה לפיכך סגי ליה בגלות אבל דרך עלייה לא ניתן לישראל לכפרה חמור הוא ואינו גולה אלא לא סגי בגלות דה"נ אמרינן ברפ"ק (לעיל דף ג:) וי"ל דלית ליה האי טעמא דדרך עלייה לאו משום דלא סגי ליה בגלות אלא משום דקיל הוא טפי מירידה דהוי אנוס ביותר והלכך לא מצי אמרת דחמור ביותר מירידה: ואזדו לטעמייהו. רב חסדא דמוקי לה דרך עלייה ולא מוקי לה באומר מותר משום דס"ל דאומר מותר אנוס הוא ולא מיקטל (י) ורבא אית ליה איפכא דדרך עלייה לא מיקטל אבל אומר מותר מיקטל דהיה לו ללמוד ולא למד: כסבור בהמה ונמצא אדם. רבא אמר חייב דהיה לו לעיין אם אדם אם בהמה וא"ת אומר מותר היה לו ללמוד וי"ל שנמצא אדם גר תושב כדקאמר ונמצא גר תושב וכן הא דקאמר חייב מיירי בגר תושב דאי בישראל לא מיחייב אגר תושב ועוד דאי בישראל א"כ חייב דקאמר (כ) רבא חייב גלות קאמר וזה אינו דהא לעיל ממעטינן אומר מותר מגלות אלא על כרחך מיירי שההורג נמי גר תושב ורבא דאמר חייב חייב מיתה קאמר. פי' משום דהיה לו ללמוד והכא נמי היה לו לעיין: ורב חסדא אומר פטור דאומר מותר אנוס הוא. וא"ת רב חסדא היכי מתרץ ברייתא דלעיל (דף ז:) דקתני פרט למזיד ואוקימנא דר"ל לאומר מותר ולדידיה הא אומר מותר לא הוי מזיד וי"ל דרב חסדא סבר דמ"מ קרי ליה מזיד משום דמזיד נהרג שיודע בטוב שהוא נהרגו וא"ת דברים פירקין (דף ז:) אמרינן בבלי דעת פרט למתכוין לבהמה והרג לאדם ולמה לי קרא תיפוק ליה משום דחשיב אומר מותר כדמשמע הכא ואומר מותר הוינא ממעט מבשגגה וי"ל דלעיל מיירי כגון דאיכא בהמה ואדם לפניו ונתכוין לבהמה והרג אדם אבל הכא שלאותו דבר שנתכוין נמצא שהוא אדם ומשום הכי קאמר (ל) רבא שהוא קרוב למזיד: אלא דינו מסור לאדם וכו'. לפי הגי' ה"פ אע"ג דכתיב וחטאתי לאלהים מ"מ הוי דינו מסור לאדם פי' חייב בדיני אדם וקשה לגירסא זו דמשמע לשמים וכו' פי' אלא לכך נקט וחטאתי לאלהים דאע"ג דחייב אף בדיני אדם משום דלדינו היה מסור לשמים לפי שלא היו שם עדים הלכך אין דינו מסור אלא לשמים ה"נ דכתיב מחטוא לי היינו דדינו מסור לשמים ולא לאדם לפי שלא ידע מעולם שהיא אשת איש ולא היה חייב בדיני אדם. כך נראה למשי"ח:

התם כדאהדרו ליה. שלא היה צדיק כדמפיק ואזיל השב אשת האיש כי נביא הוא דס"ל ללמוד ורב חסדא לית ליה האי דרשא דכי נביא הוא אבל ליכא לפרושי דאהדרו ליה דכתיב ואם אינך משיב דע כי מות תמות שאתה חייב שהודיעו שהיא אשת איש א"ל הכי ומ"מ י"ל מדאיצטריך לומר לו כן ש"מ שהיה אומר לו שכך דינו גם כי שטעה לפי שהיה לו ללמוד ולא למד והא דקאמר אשת נביא הוא וכו' מילתא באפי נפשיה היא ולא משנינא הוא כמו לפירוש הקונט' והא דמפיק גם כרב חסדא דמדרך ארץ יש לו ללמוד ומיהו נמי ניחא לשיטת קונטרס:

ורבי

מסורת הש"ס

א) כתובות לב: סנהדרין פה., ב) [סנהדרין פה:], ג) [לעיל ז:], ד) [שם], ה) רש"א מ"ז, ו) רש"א חוץ אתי למעוטי מכללא ואם נאמר דאתי למעוטי כו' ע"י וקשה, ז) דאנוס הוא ואומר מותר מיקטל דהיה לו כו'. רש"א, ח) גי' רש"א והכי נמי אמרינן אומר מותר כו', ט) ס"י ידעו העולם.

הגהות הב"ח

(א) גמ' בפיסקא חוץ מגר תושב כצ"ל ותיבו' מעל ידי נמחק: (ב) שם לכם ולא לגרים. נ"ב עיין לקמן ד' יג ע"א: (ג) שם א"ל רבה ולאו ק"ו: (ד) שם אמר רבה באומר מותר: (ה) שם כדקא מהדרי ליה עילויה: (ו) רש"י ד"ה לפיכך וכו' דקיימא לן: (ז) ד"ה ואזדו וכו' ורבה דאמר: (ח) תוס' ד"ה אלמא וכו' אי עובד כוכבים הוא לא יגלה ישראל: (ט) ד"ה אמר ליה רבה ולא וכו' דניתן לישראל לכפרה סגי ליה בגלות אבל דרך עלייה לא: (י) ד"ה ואזדו וכו' ורבה אית ליה איפכא: (כ) ד"ה כסבור וכו' דקאמר רבה חייב וכו' ורבה דאמר חייב: (ל) ד"ה ורב חסדא וכו' קאמר רבה שהוא קרוב למזיד:

תורה אור השלם

א) לִבְנֵי יִשְׂרָאֵל וְלַגֵּר וְלַתּוֹשָׁב בְּתוֹכָם תִּהְיֶינָה שֵׁשׁ הֶעָרִים הָאֵלֶּה לְמִקְלָט לָנוּס שָׁמָּה כָּל מַכֵּה נֶפֶשׁ בִּשְׁגָגָה: [במדבר לה, טו]

ב) וְהָיוּ לָכֶם הֶעָרִים לְמִקְלָט מִגֹּאֵל וְלֹא יָמוּת הָרֹצֵחַ עַד עָמְדוֹ לִפְנֵי הָעֵדָה לַמִּשְׁפָּט: [במדבר לה, יב]

ג) וַיָּבֹא אֱלֹהִים אֶל אֲבִימֶלֶךְ בַּחֲלוֹם הַלָּיְלָה וַיֹּאמֶר לוֹ הִנְּךָ מֵת עַל הָאִשָּׁה אֲשֶׁר לָקַחְתָּ וְהִוא בְּעֻלַת בָּעַל: [בראשית כ, ג]

ד) וַיֹּאמֶר אֵלָיו הָאֱלֹהִים בַּחֲלֹם גַּם אָנֹכִי יָדַעְתִּי כִּי בְתָם לְבָבְךָ עָשִׂיתָ זֹּאת וָאֶחְשֹׂךְ גַּם אָנֹכִי אוֹתְךָ מֵחֲטוֹ לִי עַל כֵּן לֹא נְתַתִּיךָ לִנְגֹּעַ אֵלֶיהָ: [בראשית כ, ו]

ה) אֵינֶנּוּ גָדוֹל בַּבַּיִת הַזֶּה מִמֶּנִּי וְלֹא חָשַׂךְ מִמֶּנִּי מְאוּמָה כִּי אִם אוֹתָךְ בַּאֲשֶׁר אַתְּ אִשְׁתּוֹ וְאֵיךְ אֶעֱשֶׂה הָרָעָה הַגְּדֹלָה הַזֹּאת וְחָטָאתִי לֵאלֹהִים: [בראשית לט, ט]

ו) וַאֲבִימֶלֶךְ לֹא קָרַב אֵלֶיהָ וַיֹּאמַר אֲדֹנָי הֲגוֹי גַּם צַדִּיק תַּהֲרֹג: [בראשית כ, ד]

ז) וְעַתָּה הָשֵׁב אֵשֶׁת הָאִישׁ כִּי נָבִיא הוּא וְיִתְפַּלֵּל בַּעַדְךָ וֶחְיֵה וְאִם אֵינְךָ מֵשִׁיב דַּע כִּי מוֹת תָּמוּת אַתָּה וְכָל אֲשֶׁר לָךְ: [בראשית כ, ז]

עין משפט נר מצוה

כט א מיי' פט"ז מהל' סנהדרין הל' י"ב ופ"ה מהל' חובל הל' ג סמג עשין ע טוש"ע ח"מ סי' תכ סעיף ב:

ל ב מיי' פ"ה מהל' רוצח הלכה ג והל' ד:

לא ג מיי' שם הל' ד ופ"י מהל' מלכים הלכה א:

רבינו חננאל

שאין בה שוה פרוטה לוקה. ולא מקשינן הכאת עבד וכותי לקללתו ולא אמרינן כשם שישראל המקלל עבד וכותי פטור ולא קרינן ביה ונשיא בעמך לא תאור כך המכה אותן פטור אלא ישראל המכה עבד או כותי חייב: חוץ מעל ידי גר תושב. כלומר אין ישראל גולה אם הרג גר תושב. אלמא גר תושב עובד כוכבים הוא ואסיקנא גר תושב שהרג ישראל נהרג וכ"ש עובד כוכבים שהרג ישראל. גר תושב שהרג גר תושב גולה שנאמר לבני ישראל לגר ולתושב בתוכם תהיינה שש הערים האלה למקלט וגו': כסבור בהמה ונמצא אדם כו'. פי' גר תושב שהרג כסבור בהמה ונמצא אדם כנעני ונמצא גר תושב (רבה) [רבא] אמר חייב אומר מותר קרוב למזיד הוא רב חסדא אמר פטור אומר מותר אנוס הוא. איתיביה רבא לרב חסדא הנך מת על האשה אשר לקחת והנה הוא לא לקחה אלא [שסבר] שהוא מותר וקתני הנך מת מאי לאו בידי אדם וש"מ אומר מותר חייב. ודחי לא הנך מת בידי שמים ופטור מדיני אדם. ודייקא מדכתב מחטוא לי ש"מ בידי שמים הוא. אי הכי האי דכתב ביוסף לאשת אדוניו וחטאתי לאלהים הכי נמי דדינו לשמים והא אשת איש (הא) [היא] (ודינם) [ודינה] בידי אדם. אלא הכי קאמר החטא לאלהים ודינו בידי אדם. ומותיב אביי לרבא וכי האומר מותר חייב והכתיב הגוי גם צדיק תהרוג מכלל שאינו חייב. ומשני

ליקוטי רש"י

מקשינן. כלומר גמרינן במה מצינו ואיכא דאמרי היקשא דכתיב מכה אביו ומקלל אביו גבי הדדי באלה המשפטים אלא שמקרא אחד מפסיק בינתים [סנהדרין פה.].

לא מקשינן. דגבי הכאה לא כתיב בעמך למעוטי שאינו עושה מעשה עמך והאי תנא סבר לא מקשינן הכאה לקללה מפני המקרא המפסיק בינתים [שם ע"ב בד"ה מכה].

באומר מותר. סבור שמותר להרוג את ישראל וזהו מזיד שלו. אנוס הוא. והיאך הוא קורהו מזיד [בבא קמא כו.].

עין משפט
נר מצוה

לב א מיי' פ"י מהל' מלכים הלכה א:
לג ב מיי' פ"ו מהל' רוצח הל' יד סמג עשין עה:
לד ג מיי' שם הל' י סמג שם:
לה ד מיי' שם פ"ה הל' א סמג שם:
לו ה מיי' שם פ"ח הל' ב סמג עשין עו:
לז ו מיי' שם הל' ג:
לח ז מיי' שם הל' ה:
לט ח מיי' שם פ"ה הל' ח:
מ ט מיי' שם פ"ה הלכה ז:
מא י מיי' שם פ"ח הל' ב:
מב כ מיי' שם הלכה ז:

רבינו חננאל

הכי קאמר דקאמרת הגוי גם צדיק תהרוג הלא הוא אמר לי אחותי היא נביא הוא וממך למד. כלומר כיון שראה אותך שואלו על עסקי אשתו נתיירא שלא תהרגנו ולפיכך אמר לך אחותי היא מיכן לבן נח שנהרג שהיה לו ללמוד ולא למד: הסומא אינו גולה כו'. ת"ר בלא ראות מכלל שיכול לראות פרט לסומא שאינו גולה דברי ר' יהודה. ר' מאיר אומר בלא ראות למעט הסומא בבלי דעת למעט הסומא הוי מיעוט אחר מיעוט ואין מיעוט אחר מיעוט אלא לרבות אפי' סומא גולה. השונא אינו גולה. ר' יוסי אומר השונא (אינו) נהרג מפני שהוא כמועד. וכר' יוסי בר יהודה דתני חבר אינו צריך התראה לפי שלא ניתנה התראה אלא להבחין בין שוגג למזיד והאי כיון דשונא הוא ודאי מזיד הוא. תניא כיצד א"ר שמעון יש שונא גולה כגון שנפסק. אבל נשמט אינו גולה דכיון שהוא שונא במזיד שמט. איני והתניא ר' שמעון אומר לעולם אינו גולה עד שישמט מחצלו מידו ושנינן לא קשיא הא דתני נשמט אינו גולה כרבי דתני נשמט הברזל מקתו והרג רבי אומר אינו גולה והא דתנא גולה כרבנן דאמרי גולה א): להיכן גולין לערי מקלט לשלש שבעבר הירדן ושלש שבארץ כנען: ת"ר שלש ערים הבדיל משה בעבר הירדן וכנגדן הבדיל יהושע בארץ כנען. ומכוונות היו חברון ביהודה כנגד בצר במדבר כו'. ושלשת שתהיינה משולשות מדרום לחברון כמחברון לשכם כו'. אמר אביי בגלעד שכיחי רצחנים

חשק שלמה על ר"ח

א) פירוש זה דתאוהו הראשונים. עי' רש"י רמב"ן וריטב"א:

לעזי רש"י

טרואיל"ה. פירוש מחצלים, מעגילה (רש"י מכות דף ז ע"א ד"ה היה מעגל במעגילה), כף של סיידים (רש"י שבת דף פ ע"ב ד"ה על מלא כף סיד ועיין רש"י לרי"ף מו"ק דף ד ע"א ד"ה מחצלים):

ורבי יהודה ההוא מבעי ליה פרט למתכוין וכו'. (ד) לר' מאיר סבר פרט למתכוין וכו' שמעינן משגגה ותרתי שמע מינה והיא דברייתא דלעיל אתיא כר' יהודה: ל) **נשמט** אנשמט לא קשיא כאן באוהב כאן בשונא נפסק אנפסק לא קשיא הא רבי הא רבנן. וא"ת לרבי היכי משכחת לה שונא שיגלה דבנשמט אוהב גולה ולא שונא ואם בנפסק אפי' אוהב אינו גולה ואין מ) זו סברא לומר דלית ליה לרבי דר' שמעון ס) דהוי רביה ויש לומר דמכל מקום משכחת לה כגון שנפל מן הגג עליו דידוע לכל שלא נפל מדעת שהרי היה בסכנת מות:

(ה) **משולשות.** שיהא מתחלת ארץ ישראל עד ראשונה כמו מראשונה לשניה שלחלוקה שוה היה א"י ובאמצע היו ערי מקלט וכן יש לפרש ההיא דמגילה (דף יט. ושם) דקאמר נקראת אגרת שאם תפרה הכל שלשה חוטין גידין כשרה ובלבד שיהא משולשין ופירושו הוי כי הכא שצריך שמתחלת התפירה עד חוט של גידין כמו עד שניה של גידין ומשניה עד שלישית כמו משלישית עד סוף התפירה ולא כדברי המפרשים משולשות אחד בתחלה ואחד באמצע ואחד בסוף י):

בגלעד שכיחי רוצחים. פי' ולהכי הוצרכו לערי מקלט (ו) לפי כשהורגים מזיד בלא עדים הקב"ה מזמן לפונדק אחד כדאמרי' לקמן (דף י:) פ):

והא

א) אשת נביא הוא דתיהדר דלאו נביא לא תיהדר אלא כדאמר ר' שמואל בר נחמני דאמר ר' שמואל בר נחמני אמר ר' יונתן הכי קאמר ליה א) ועתה השב (את) אשת האיש מכל מקום ודקאמרת הגוי גם צדיק תהרוג הלא הוא אמר לי אחותי היא וגו' נביא הוא וממך למד אכסנאי (א) הוא שבא לעיר על עסקי אכילה ושתייה שואלין אותו כלום שואלין אותו אשתך זו אחותך זו מכאן א שבן נח נהרג שהיה לו ללמוד ולא למד: **מתני'** ב הסומא אינו גולה דברי רבי יהודה ר' מאיר אומר גולה ג השונא אינו גולה ג) רבי יוסי אומר השונא נהרג מפני שהוא כמועד רבי שמעון אומר יש שונא גולה ויש שונא שאינו גולה זה הכלל כל שהוא יכול לומר לדעת הרג אינו גולה ושלא לדעת הרג הרי זה גולה: **גמ'** ג) ת"ר ב) בלא ראות פרט לסומא דברי רבי יהודה רבי מאיר אומר בלא ראות לרבות את הסומא מאי טעמא דרבי יהודה דכתיב ג) ואשר יבא את רעהו ביער אפילו סומא אתא בלא ראות מעטיה ורבי מאיר בלא ראות למעט בבלי דעת למעט הוי מיעוט אחר מיעוט ד) ואין מיעוט אחר מיעוט אלא לרבות ורבי יהודה בבלי דעת ה) פרט למתכוין הוא דאתא: ר' יוסי אומר השונא נהרג כו': והא לא אתרו ביה מתניתין רבי יוסי בר יהודה היא דתניא ו) רבי יוסי בר יהודה אומר חבר אינו צריך התראה לפי שלא ניתנה התראה אלא להבחין בין שוגג למזיד: רבי שמעון אומר יש שונא גולה וכו': תניא כיצד אמר רבי שמעון יש שונא גולה ויש שונא שאינו גולה נפסק גולה נשמט אינו גולה והתניא ר' שמעון אומר לעולם אינו גולה עד שישמט מחצלו מידו קשיא נפסק אנפסק קשיא נשמט אנשמט (ב) נפסק אנפסק לא קשיא הא באוהב והא בשונא נשמט אנשמט לא קשיא הא רבי והא רבנן: **מתני'** להיכן גולין ד לערי מקלט לשלש שבעבר הירדן ולשלש שבארץ כנען ה שנאמר ד) את שלש הערים תתנו מעבר לירדן ואת שלש הערים תתנו בארץ כנען וגו' עד שלא נבחרו שלש שבארץ ישראל ו לא היו שלש שבעבר הירדן קולטות שנאמר שש ערי מקלט תהיינה עד שיהיו ז) ששתן קולטות כאחת ז ומכוונות להן דרכים מזו לזו שנאמר ה) תכין לך הדרך ושלשת וגו' ח ומוסרין להן שני ת"ח שמא יהרגנו בדרך וידברו אליו רבי מאיר אומר (ח) אף) הוא מדבר ע"י עצמו שנאמר ו) וזה דבר הרוצח רבי יוסי ט) בר יהודה אומר ט בתחלה אחד שוגג ואחד מזיד מקדימין לערי מקלט וב"ד שולחין ומביאין אותו משם מי שנתחייב מיתה בב"ד הרגוהו ושלא נתחייב מיתה פטרוהו מי שנתחייב גלות מחזירין אותו למקומו שנאמר ז) והשיבו אותו העדה אל עיר מקלטו וגו': **גמ'** תנו רבנן י) י שלש ערים הבדיל משה בעבר הירדן וכנגדן הבדיל יהושע בארץ כנען ומכוונות היו כמין שתי שורות שבכרם ח) חברון ביהודה כנגד ט) בצר במדבר שכם בהר אפרים כנגד רמות בגלעד קדש בהר נפתלי כנגד גולן בבשן ושלשת כ שיהו משולשין שיהא מדרום לחברון כמחברון לשכם ומחברון לשכם כמשכם לקדש ומשכם לקדש כמקדש לצפון בעבר הירדן תלת בארץ ישראל תלת אמר אביי בגלעד שכיחי רוצחים דכתיב

מתני' מפני שהוא כמועד. כמותרה עליו ועובר על התראה דודאי לדעת הרגו: ויש שונא שאינו גולה. ולא נהרג: כל. הריגה שיכולין לומר על הריגה זו שלדעת היתה אינו גולה לפי שחשוד הוא על כך: שלא לדעת הרג. כשהריגה זו ודאי שלא לדעת שאין אדם יכול לומר עליה לדעת היתה גולה ובגמ' מפרש לה: **גמ'** בלא ראות פרט לסומא. דמשמע כאן לא ראה אבל רואה במקום אחר פרט לסומא שאינו רואה בשום מקום: פרט למתכוין. כדאמרן לעיל (דף ז:): להבחין בין שוגג למזיד. שלא יכול לומר לא הייתי יודע שאסור: נפסק. החבל ונפל עליו אין לומר בא לדעת זה: נשמט. החבל מידו ונפלה עליו אינו גולה שיש לומר לדעת עשה: לעולם אינו גולה. לא אוהב ולא שונא בנפסק אלא בנשמט: מחצלו. הוא מעגילה שפעמים שטחין במחצלים שהוא כלי אומנות של בונים ובלע"ז טרואיל"ה: הכי גרסי' נשמט אנשמט לא קשיא הא באוהב הא בשונא נפסק אנפסק לא קשיא הא רבי והא רבנן. (ג) הא דקתני נשמט גולה באוהב דלא חשיד דעביד מדעת ודקתני נשמט אינו גולה בשונא כדקתני בהדיא בברייתא יש שונא שאינו גולה ומפרש מילתיה נשמט אינו גולה: נפסק אנפסק לא קשיא הא רבי והא רבנן. הא דקתני נפסק גולה אפי' בשונא וכל שכן באוהב ק) רבנן ואליבא דר' שמעון הוא דאמר נשמט הברזל מקתו והרג גולה ונפסק החבל דומיא דנשמט הברזל מקתו היא שנשאר האגד בידו והא דקתני נפסק אינו גולה רבי היא דאמר נשמט הברזל מקתו אינו גולה והוא הדין לחבל הנפסק עד שישמט מחצלו מידו שאין נשאר בידו כלום דומיא דמן העץ המתבקע ולרבי אליבא דר' שמעון אין לך שונא גולה כך מצאתי גירסא בתשובות הגאונים וכן עיקר וגירסת הספרים משובשת היא וטעו לדמות נשמט החבל לנשמט הברזל ואי אפשר להעמידה ולפרש נפסק אנפסק לא קשיא הא באוהב הא בשונא דהא על כרחך הא דתני נפסק גולה בשונא מפורשת והיאך תאמר הא דתני נפסק אינו גולה באוהב השתא בשונא גולה באוהב לא כל שכן וכי יש לך לומר שגולה בשונא ואינו גולה באוהב ועוד נשמט אנשמט לא קשי' הא רבי והא רבנן היאך תאמר הא דתני נשמט אינו גולה רבי היא דאמר נשמט אינו גולה אפי' באוהב אם כן אין הטעם מפני שיכול לומר לדעת נהרג ור' שמעון תלי טעמא בהכי: **מתני'** עד שלא נבחרו שלש שבארץ כנען. היינו כל ארבע עשרה שכבשו וחלקו ואח"כ הבדילן יהושע: לא היו שלש. שהבדיל משה בעבר הירדן קולטות: וידברו אליו. אל גואל הדם ואומרין לו אל תנהג בו מנהג שופכי דמים בשגגה בא מעשה לידו: בתחלה. כלומר תחלת משפט כל הרוצחים ואפילו מזידין ויליף טעמא בסיפרא דבי רב וארב לו וגו' ונס אל אחת וגו': **גמ'** ומכוונות היו. אלו נגד אלו בשתי שורות כמו שתי שורות שבכרם: ושלשת את גבול ארצך וגו' שיהו משולשות. כלומר שמתחלקת הארץ חלקות רחבה של ארץ ישראל לארבעת רבעים כמו שמפרש והולך שיהא מדרומה שבארץ ישראל לחברון כמחברון לשכם כו': בעבר הירדן תלת כו'. בתמיה בנחלת שני שבטים שלש כמו בנחלת עשרה שבטים: בגלעד. שהיא בעבר הירדן שכיחי רוצחים:

עוקבין

מסורת הש"ס

א) ב"ק צב., ב) לעיל ז:, ג) ב"ק פו: נדרים פז:, ד) [יומא מג. וש"נ], ה) [לעיל ז:], ו) סנהדרין ח: מא. עב: לעיל ו:, ז) [גיר' ירושלמי שלשתן], ח) [ע' תוי"ט], ט) [בסה"מ ר"י ברבי יהודה], י) [תוספת' פ"ב], כ) דרבנן דר"ש היא דאמרו נשמט כו' רש"ל, ל) לפי גירסת תוספות לא גרסינן בברייתא ר"ש. מהרש"א ומהר"ם, מ) [עי' מהרש"א ומהר"ם], נ) [וע"ע תוספות בכורות לט. ד"ה שיהיו], ס) [והרמב"ן בפי' החומש כתב בזה"ל ואע"פ שאין המקלט אלא בשוגגין היו שופכים דמים במרמה ומראין עצמן כשוגגין והוצרך להרבות להם ערי מקלט לקלוט את כולן שלא נודע מי המזיד וכו'].

הגהות הב"ח

(א) גמ' אכסנאי שבא לעיר כצ"ל ותיבת הוא נמחק: (ב) שם קשיא נשמט אנשמט (נפסק אנפסק וכו' והא רבנן) תא"מ ונ"ב ס"א נשמט אנשמט ל"ק הא באוהב והא בשונא נפסק אנפסק ל"ק הא רבי והא רבנן: (ג) רש"י ד"ה הכי גרסי' וכו' והא רבנן פי' הא דקתני: (ד) תוס' ד"ה ור' יהודה וכו' ור' מאיר סבר פרט למתכוין שמעינן כצ"ל ותיבת וכו' נמחק: (ה) ד"ה משולשין וכו' שלחלוקה שוה היו ערי מקלט באמצע ארץ ישראל וכן יש לפרש: (ו) ד"ה בגלעד וכו' לערי מקלט הרבה לפי שכשהורגים מזיד בלא עדים. נ"ב ומ"מ איכא שוגגין הרבה בגלעד:

גליון הש"ס

תוס' ד"ה נשמט וכו' דהוי רביה. כדאיתא שבת דף קמז ע"ב:

ליקוטי רש"י

שהיה לו ללמוד. דרך ארץ ולא למד מדקאמר ליה רחמנא נביא הוא דמשמע שאין ממש בדבריך וראוי אתה ליהרג [ב"ק צב.].

ר' יוסי אומר השונא נהרג. שאמר בשוגג הרגתי נהרג מפני שהוא כמועד ומותרה [לעיל ו:]. **בלא ראות פרט לסומא.** שהרג בשוגג אינו גולה. והכי קאמר בלא ראות זה שהרגו לא ראהו דאילו ראהו לא היה הורגו מכלל דיש ספק בידו לראות ואינו רואה דאינו גולה דסד"א מקלט ידיעה לסומא באומנתא דליבא תליא דרוב סומין מבינים לקול הברה מהיכן היא יוצא ואותן קלת ידיעה בכלל ידיעה היא דקרא לא מיירי אלא היכא דידע לחבריה דהוה התם אלא דלא מיכוין למיקטליה כדכתיב ואשר יבוא את רעהו ביער דהוה ידיע ליה אבל סומא אע"פ שלא ראהו שעם הוא, על ידי שמיעה ידע שהוא לשם וניחא דחייב גלות להכי איצטריך קרא בלא ראות פרט לסומא דאינו חייב גלות. **רבי מאיר אומר בלא ראות לרבות את הסומא.** שגולה דהא אינו רואה והיינו דאיצטריך קרא לרבויי מי שהוא בלא ראות העין דלא אמר מקלט ידיעה לאו ככל ידיעה וניחא דהואיל ומקלט ידיעה לאו ככל ידיעה לא יהא גולה להכי איצטריך לן ריבויא דקרא לחייבו גלות [נדרים פז:]. **מאי טעמא דרבי יהודה וכו'.** כל מי שיכול ליכנס ליער אלא ואפי' סומא במשמע ואתא בלא ראות דלא איצטריך דכי היכי דמתרבי מבלא ראות מתרבי נמי מיעט והוי ריבוי אחר ריבוי ואין רבוי אחר רבוי אלא למעט ובלא ראות ממעט לסומא. **בבלי דעת למעט.** כלומר כל שיש לו שום ידיעה כשזורק אבן להיכן נופלת וסומא לאו בר מידע הוא [שם]. **בתחילה.** תחלת משפטן של רוצחים ועיקרו זהו אחד שוגג ואחד מזיד כו' ויליף טעמא מקרא וכי יהיה איש שונא לרעהו וארב לו וקם עליו וגו' משמע אם הורגו בכוונה ינוס וכתיב בתריה ושלחו זקני עירו וגו' [לקמן י:].

תורה אור השלם

א) וְעַתָּה הָשֵׁב אֵשֶׁת הָאִישׁ כִּי נָבִיא הוּא וְיִתְפַּלֵּל בַּעַדְךָ וֶחְיֵה וְאִם אֵינְךָ מֵשִׁיב דַּע כִּי מוֹת תָּמוּת אַתָּה וְכָל אֲשֶׁר לָךְ: [בראשית כ, ז]
ב) אוֹ בְכָל אֶבֶן אֲשֶׁר יָמוּת בָּהּ בְּלֹא רְאוֹת וַיַּפֵּל עָלָיו וַיָּמֹת וְהוּא לֹא אוֹיֵב לוֹ וְלֹא מְבַקֵּשׁ רָעָתוֹ: [במדבר לה, כג]
ג) וַאֲשֶׁר יָבֹא אֶת רֵעֵהוּ בַיַּעַר לַחְטֹב עֵצִים וְנִדְּחָה יָדוֹ בַגַּרְזֶן לִכְרֹת הָעֵץ וְנָשַׁל הַבַּרְזֶל מִן הָעֵץ וּמָצָא אֶת רֵעֵהוּ וָמֵת הוּא יָנוּס אֶל אַחַת הֶעָרִים הָאֵלֶּה וָחָי: [דברים יט, ה]
ד) אֵת שְׁלֹשׁ הֶעָרִים תִּתְּנוּ מֵעֵבֶר לַיַּרְדֵּן וְאֵת שְׁלֹשׁ הֶעָרִים תִּתְּנוּ בְּאֶרֶץ כְּנָעַן עָרֵי מִקְלָט תִּהְיֶינָה: [במדבר לה, יד]
ה) תָּכִין לְךָ הַדֶּרֶךְ וְשִׁלַּשְׁתָּ אֶת גְּבוּל אַרְצְךָ אֲשֶׁר יַנְחִילְךָ יְיָ אֱלֹהֶיךָ וְהָיָה לָנוּס שָׁמָּה כָּל רֹצֵחַ: [דברים יט, ג]
ו) וְזֶה דְּבַר הָרֹצֵחַ אֲשֶׁר יָנוּס שָׁמָּה וָחָי אֲשֶׁר יַכֶּה אֶת רֵעֵהוּ בִּבְלִי דַעַת וְהוּא לֹא שֹׂנֵא לוֹ מִתְּמֹל שִׁלְשֹׁם: [דברים יט, ד]
ז) וְהִצִּילוּ הָעֵדָה אֶת הָרֹצֵחַ מִיַּד גֹּאֵל הַדָּם וְהֵשִׁיבוּ אֹתוֹ הָעֵדָה אֶל עִיר מִקְלָטוֹ אֲשֶׁר נָס שָׁמָּה וְיָשַׁב בָּהּ עַד מוֹת הַכֹּהֵן הַגָּדֹל אֲשֶׁר מָשַׁח אֹתוֹ בְּשֶׁמֶן הַקֹּדֶשׁ: [במדבר לה, כה]
ח) וַיַּקְדִּשׁוּ אֶת קֶדֶשׁ בַּגָּלִיל בְּהַר נַפְתָּלִי וְאֶת שְׁכֶם בְּהַר אֶפְרָיִם וְאֶת קִרְיַת אַרְבַּע הִיא חֶבְרוֹן בְּהַר יְהוּדָה: [יהושע כ, ז]
ט) אֶת בֶּצֶר בַּמִּדְבָּר בְּאֶרֶץ הַמִּישֹׁר לָרְאוּבֵנִי וְאֶת רָאמֹת בַּגִּלְעָד לַגָּדִי וְאֶת גּוֹלָן בַּבָּשָׁן לַמְנַשִּׁי: [דברים ד, מג]

אֵשֶׁת נָבִיא הוּא דְּתִיהַדַּר – **Is it** only **the wife of a prophet that you must return,** דְּלָאו נָבִיא לֹא תִּיהַדַּר – **but** the wife of **one who is not a prophet you** need **not return?** Obviously, she would have to be returned either way! אֶלָּא כִּדְאָמַר רַבִּי שְׁמוּאֵל בַּר נַחְמָנִי – **Rather,** the reason the verse specifies that Abraham was a prophet is **as R' Shmuel bar Nachmani said,** דְּאָמַר רַבִּי שְׁמוּאֵל בַּר נַחְמָנִי אָמַר רַבִּי יוֹנָתָן – **for R' Shmuel bar Nachmani said in the name of R' Yonasan:** הָכִי קָאָמַר לֵיהּ – **This is what [God] said to [Avimelech]:** ,,וְעַתָּה הָשֵׁב (את) אֵשֶׁת־הָאִישׁ" מִכָּל מָקוֹם – ***But now return the man's wife*** **in any case,** because she is another man's wife.[1] וּדְקָאָמְרַתְּ ,,הֲגוֹי גַּם־צַדִּיק תַּהֲרֹג הֲלֹא הוּא אָמַר־לִי אֲחֹתִי הִוא וגו'" – **And as for what you said** in attempting to defend yourself: ***Would You execute a nation though it is innocent? Did not he himself tell me, "She is my sister," etc.?***[2] נָבִיא הוּא – Abraham told you that, because **he is a prophet,**[3] וּמִמְּךָ לָמַד – **and** thus **he learned from you** that it would be dangerous to admit that Sarah was his wife, for he reasoned: עַל עִסְקֵי אֲכִילָה וּשְׁתִיָּה שׁוֹאֲלִין אוֹתוֹ – **When a visitor arrives in a city,** אַכְסְנַאי הוּא שֶׁבָּא לָעִיר – proper people **ask him about matters of food and drink,** i.e. whether he needs food and drink. כְּלוּם שׁוֹאֲלִין אוֹתוֹ אִשְׁתְּךָ זוֹ אֲחוֹתְךָ זוֹ – **They do not ask him, "Is this** woman **your wife** or **is she your sister?"** By this question, therefore, Abraham understood that your intentions were not proper, and that his life would be in danger if it were known that Sarah was his wife.[4] Thus, the verse's mention of "a prophet" hinted to Avimelech that he was to blame for causing Abraham to lie about Sarah. In this way, God told Avimelech that in fact he was not innocent; rather, he was liable to execution for adultery. מִכָּאן שֶׁבֶּן נֹחַ נֶהֱרָג שֶׁהָיָה לוֹ לִלְמוֹד וְלֹא לָמַד – We see **from here that a Noahite is executed** for committing an offense he thought was permissible, **because it was his** responsibility **to have learned, and he did not.**[5]

Mishnah

הַסּוּמָא אֵינוֹ גּוֹלֶה – **A blind person** who killed inadvertently **is not exiled;** דִּבְרֵי רַבִּי יְהוּדָה – these are **the words of R' Yehudah.** רַבִּי מֵאִיר אוֹמֵר – **But R' Meir says:** גּוֹלֶה – **He is exiled.**[6]

The Mishnah cites three opinions concerning a killer who was an enemy of his victim:

הַשּׂוֹנֵא אֵינוֹ גּוֹלֶה – **An enemy**[7] **is not exiled** for killing inadvertently.[8] רַבִּי יוֹסֵי אוֹמֵר – **R' Yose says:** הַשּׂוֹנֵא נֶהֱרָג – **An enemy is executed,** even though he was not warned before the killing, מִפְּנֵי שֶׁהוּא כְּמוּעָד – **because he is considered forewarned.**[9] רַבִּי שִׁמְעוֹן אוֹמֵר – **R' Shimon says:** יֵשׁ שׂוֹנֵא גּוֹלֶה וְיֵשׁ שׂוֹנֵא שֶׁאֵינוֹ גּוֹלֶה – **There is an enemy who is exiled, and there is an enemy who is not exiled.** זֶה הַכְּלָל – **This is the rule:** כָּל שֶׁהוּא יָכוֹל לוֹמַר לְדַעַת הָרַג – **Whenever one can say that he killed intentionally,** אֵינוֹ גּוֹלֶה – **he is not exiled.** וְשֶׁלֹּא לְדַעַת הָרַג – **But if** it is certain **that he did not kill intentionally,** הֲרֵי זֶה גּוֹלֶה – **he *is* exiled.**[10]

Gemara

The Gemara cites a Baraisa that gives the Scriptural basis of the dispute between R' Meir and R' Yehudah regarding a blind person:

תָּנוּ רַבָּנָן – **The Rabbis taught in a Baraisa:** ,,בְּלֹא רְאוֹת" – The phrase ***WITHOUT SEEING***[11] פְּרָט לְסוּמָא – **EXCLUDES A BLIND PERSON** from the penalty of exile;[12] דִּבְרֵי רַבִּי יְהוּדָה –

NOTES

1. *Genesis* 20:7. R' Shmuel bar Nachmani explains that the verse's description of Abraham as a *prophet* had nothing to do with Avimelech's obligation to return Sarah. Rather, the verse comprises two parts: First, God told Avimelech to *return the man's wife.* Second, God added that *he is a prophet,* in order to teach the lesson given below.

2. Ibid. vs. 4,5 (see 9a note 31).

3. I.e. he has powers of discernment (see next note). [The parallel passage in *Bava Kamma* 92a reads: נָבִיא הוּא וּכְבָר לִימֵּד אַכְסְנַאי שֶׁבָּא וכו׳, *he is a prophet and has already taught: When a visitor arrives* etc. (see *Maharsha* and *Mareh Kohen*). According to that version, "prophet" is used in the sense of one who spreads the word of God. The word נָבִיא (prophet) derives from a root denoting *speech,* as in the verse (*Isaiah* 57:19): נִיב שְׂפָתָיִם, *speech of the lips.*]

4. Upon Abraham's arrival in Gerar, Avimelech did not ask him about his arrangements regarding food and drink; rather, he asked Abraham about his wife. Avimelech thus displayed a lack of decency which led Abraham to think that he might be killed if it became known that Sarah was married to him. To avoid this fate, he claimed that Sarah was his sister (*Rabbeinu Chananel, Meiri, Maharsha;* see also *Ritva*).

5. Avimelech should have learned proper behavior [דֶּרֶךְ אֶרֶץ] (*Rashi,* end of 9a). Had he done so, he would have known that his question regarding Sarah was improper, and that it might have prompted Abraham to lie. Therefore, he cannot absolve himself by claiming he had been told that Sarah was Abraham's sister, since it was his own negligence that led to this deception. This episode consequently proves that a Noahite who commits a capital crime he thought was permissible is held accountable for not having learned the required information (see *Ritva, Meiri* and *Aruch LaNer,* end of 7a).

6. Each opinion is derived from verses in the Torah, as explained in the Gemara.

7. A person's enemy is defined as someone who deliberately avoided speaking to him for three days because of hatred (*Rambam, Hil. Rotze'ach* 6:10, from Mishnah *Sanhedrin* 27b).

8. A Baraisa cited earlier (7b) derives from the words: בְּלֹא־אֵיבָה, *without malice* (*Numbers* 35:22), that only someone who lacks malice is exiled, thus excluding an enemy who kills his foe. Based on this verse, the Tanna Kamma of our Mishnah rules that even if the enemy killed in a manner that was certainly inadvertent (and could not possibly have been intentional), he still does not go into exile (*Rashi,* as explained by *Aruch LaNer* ד״ה במתניתין; see also *Rashash* and *Poras Yosef;* cf. *Ramban* and *Ritva* to 7b).

9. According to R' Yose, since the killer hated the victim, it is certain that he killed him intentionally. Therefore, he is liable to execution even though he was not forewarned (*Rashi*). [This ruling applies only where the killing *could* have been intentional; R' Yose only means that there *are* enemies that will be executed, not that *all* enemies are (see *Nasan Piryo* and *Aruch LaNer* ibid.).]

The Gemara will explain that this Tanna does not consider *hasraah* (the warning that must be given before the crime) an *absolute requirement.* In his opinion, its only purpose is to determine whether the offender intended to commit the crime or not. Since he does not consider there to be any doubt in the case of an enemy, he rules that an enemy who killed is executed even without having received *hasraah* (see note 23).

10. Unlike the Tanna Kamma, R' Shimon rules that an enemy is exempt from exile only where it is possible that the killing was intentional. In that case, he assumes that it was indeed intentional, since an enemy is suspected of such a crime. Thus, the transgression is too serious for the atonement of exile. (However, he is not executed either.) But if the killing was certainly inadvertent, R' Shimon maintains that even an enemy is exiled. The Gemara provides examples to illustrate this distinction (*Rashi;* cf. *Ramban* and *Ritva* to 7b; see also *Tosafos* to 2a [ד״ה מעידין ב]).

11. *Numbers* 35:23. Among its examples of inadvertent killings that carry the penalty of exile, the Torah states: בְּלֹא רְאוֹת וַיַּפֵּל עָלָיו וַיָּמֹת, *without seeing, he caused [the instrument of death] to fall on [another person], who died.*

12. The words בְּלֹא רְאוֹת, *without seeing,* imply that the killer had the capacity of sight, but failed to use it in this situation [i.e. he did not check to see whether anyone was in the stone's path]. The Torah thus excludes a blind person, who does not see at all (*Rashi*).

Rambam (*Hil. Rotze'ach* 6:14) explains that an inadvertent killing by a blind person is regarded as virtually a complete accident (see *Aruch LaNer* ד״ה בלא ראות).

עין משפט
נר מצוה

לב א מיי' פ"י מהל' מלכים הלכה א:
לג ב מיי' פ"ו מהל' רוצח הל' יד סמג עשין עה:
לד ג מיי' שם הל' י סמג שם:
לה ד מיי' שם פ"ה הל' א סמג שם:
לו ה מיי' שם פ"ח הל' ב סמג עשין עו:
לז ו מיי' שם הל' ג:
לח ז מיי' שם הל' ה:
לט ח מיי' שם פ"ה הל' ח:
מ ט מיי' שם פ"ה הלכה ז:
מא י מיי' שם פ"ח הל' ב:
מב כ מיי' שם הלכה ז:

רבינו חננאל

הכי קאמר דקאמרת הגוי גם צדיק תהרוג הלא הוא אמר לי אחותי היא נביא הוא וממך למד. כלומר כיון שראה אותך שואלו על עסקי אשתו נתיירא שלא תהרגנו ולפיכך אמר לך אחותי היא מיכן לבן נח שנהרג שהיה לו ללמוד ולא למד: הסומא אינו גולה כו'. ת"ר בלא ראות מכלל שיכול לראות פרט לסומא שאינו גולה דברי ר' יהודה. ר' מאיר אומר בלא ראות למעט הסומא בבלי דעת למעט הסומא הוי מיעוט אחר מיעוט ואין מיעוט אחר מיעוט אלא לרבות אפי' סומא גולה. השונא אינו גולה. ר' יוסי אומר השונא (אינו) נהרג מפני שהוא כמועד. וכר' יוסי בר יהודה דתני חבר אינו צריך התראה לפי שלא ניתנה התראה אלא להבחין בין שוגג למזיד והאי כיון דשונא הוא ודאי מזיד הוא. תניא כיצד א"ר שמעון יש שונא גולה כגון שנפסק. אבל נשמט אינו גולה דכיון שהוא שונא במזיד שמט. איני והתניא ר' שמעון אומר לעולם אינו גולה עד שישמט מחצלו מידו ושנינן לא קשיא הא דתני נשמט אינו גולה כרבי דתני נשמט הברזל מקתו והרג רבי אומר אינו גולה והא דתנא גולה כרבנן דאמרי גולה א): להיכן גולין לערי מקלט לשלש שבעבר הירדן ושלש שבארץ כנען: ת"ר שלש ערים הבדיל משה בעבר הירדן וכנגדן הבדיל יהושע בארץ כנען. ומכוונות היו חברון ביהודה כנגד בצר במדבר כו'. ושלשת שתהיינה משולשות מדרום לחברון כמחברון לשכם כו'. אמר אביי בגלעד שכיחי רצחנים

חשק שלמה על ר"ח

א) פירוש זה דאתוהו הראשונים. עי' רש"י רמב"ן וריטב"א:

לעזי רש"י

טרואיל"ה. פירוש מחללים, מעגילה (רש"י מכות דף ז ע"א ד"ה היה מעגל במעגילה), כף של סיידים (רש"י שבת דף פ ע"ב ד"ה על מלא כף סיד ועיין רש"י לרי"ף מו"ק דף ד ע"א ד"ה מחללים):

ורבי יהודה ההוא מבעי ליה פרט למתכוין וכו'. (ד) דר' מאיר סבר פרט למתכוין וכו' שמעינן משגגה ותרתי שמע מינה והיא דברייתא דלעיל אתיא כר' יהודה: ל) נשמט אנשמט לא קשיא כאן באוהב כאן בשונא נפסק אנפסק לא קשיא הא רבי הא רבנן. וא"ת לרבי היכי משכחת לה שונא שיגלה דבנשמט אוהב גולה ולא שונא ואם בנפסק אפי' אוהב אינו גולה ואין מ) זו סברא לומר דלית ליה לרבי דר' שמעון ° דהוי רביה ויש לומר דמכל מקום משכחת לה כגון שנפל מן הגג עליו דידוע לכל שלא נפל מדעת שהרי היה בסכנת מות:

(ה) משולשות. שיהא מתחלת ארץ ישראל עד ראשונה כמו מראשונה לשניה שלחלוקה שוה היה א"י ובאמצע היו ערי מקלט וכן יש לפרש ההיא דמגילה (דף יט. ושם) דקאמר נקראת אגרת שאם תפרה הכל שלשה חוטין גידין כשרה ובלבד שיהא משולשין ופירושו הוי כי הכא שצריך שמתחלת התפירה עד חוט של גידין כמו עד שניה של גידין ומשניה עד שלישית כמו משלישית עד סוף התפירה ולא כדברי המפרשים משולשות אחד בתחלה ואחד באמצע ואחד בסוף נ):

בגלעד שכיחי רוצחים. פי' ולהכי הוצרכו לערי מקלט (ו) לפי כשהורגים מזיד בלא עדים הקב"ה מזמן לפונדק אחד כדאמרי' לקמן (דף י:) ס):

והא

א אשת נביא הוא דתיהדר דלאו נביא לא תיהדר אלא כדאמר ר' שמואל בר נחמני דאמר ר' שמואל בר נחמני אמר ר' יונתן הכי קאמר ליה א) ועתה השב (את) אשת האיש מכל מקום ודקאמרת הגוי גם צדיק תהרוג הלא הוא אמר לי אחותי היא וגו' נביא הוא וממך למד אכסנאי (א) הוא שבא לעיר על עסקי אכילה ושתייה שואלין אותו כלום שואלין אותו אשתך זו אחותך זו מכאן א שבן נח נהרג שהיה לו ללמוד ולא למד: **מתני'** ב הסומא אינו גולה דברי רבי יהודה ר' מאיר אומר גולה ג השונא אינו גולה ג) רבי יוסי אומר השונא נהרג מפני שהוא כמועד רבי שמעון אומר יש שונא גולה ויש שונא שאינו גולה זה הכלל כל שהוא יכול לומר לדעת הרג אינו גולה ושלא לדעת הרג הרי זה גולה: **גמ'** ד ת"ר ב) בלא ראות פרט לסומא דברי רבי יהודה רבי מאיר אומר בלא ראות לרבות את הסומא מאי טעמא דרבי יהודה דכתיב ג) ואשר יבא את רעהו ביער אפילו סומא אתא בלא ראות מעטיה ורבי מאיר בלא ראות למעט בבלי דעת למעט הוי מיעוט אחר מיעוט ד) ואין מיעוט אחר מיעוט אלא לרבות ורבי יהודה בבלי דעת ה) פרט למתכוין הוא דאתא: ר' יוסי אומר השונא נהרג כו': והא לא אתרו ביה מתניתין רבי יוסי בר יהודה היא דתניא י) רבי יוסי בר יהודה אומר חבר אינו צריך התראה לפי שלא ניתנה התראה אלא להבחין בין שוגג למזיד: רבי שמעון אומר יש שונא גולה וכו': תניא כיצד אמר רבי שמעון יש שונא גולה ויש שונא שאינו גולה נפסק גולה נשמט אינו גולה והתניא ר' שמעון אומר לעולם אינו גולה עד שישמט מחצלו מידו קשיא נפסק אנפסק קשיא נשמט אנשמט (ב) נפסק אנפסק לא קשיא הא באוהב והא בשונא נשמט אנשמט לא קשיא הא רבי והא רבנן: **מתני'** להיכן גולין ה לערי מקלט לשלש שבעבר הירדן ולשלש שבארץ כנען ו שנאמר ד) את שלש הערים תתנו מעבר לירדן ואת שלש הערים תתנו בארץ כנען וגו' עד שלא נבחרו שלש שבארץ ישראל ז לא היו שלש שבעבר הירדן קולטות שנאמר שש ערי מקלט תהיינה עד שיהיו ו) ששתן קולטות כאחת ז ומכוונות להן דרכים מזו לזו שנאמר ה) תכין לך הדרך ושלשת וגו' ח ומוסרין להן שני ת"ח שמא יהרגנו בדרך וידברו אליו רבי מאיר אומר (ז) אף הוא מדבר ע"י עצמו שנאמר ו) וזה דבר הרוצח רבי יוסי ט בר יהודה אומר ט בתחלה אחד שוגג ואחד מזיד מקדימין לערי מקלט וב"ד שולחין ומביאין אותו משם מי שנתחייב מיתה בב"ד הרגוהו ושלא נתחייב מיתה פטרוהו מי שנתחייב גלות מחזירין אותו למקומו שנאמר ז) והשיבו אותו העדה אל עיר מקלטו וגו': **גמ'** תנו רבנן י שלש ערים הבדיל משה בעבר הירדן וכנגדן הבדיל יהושע בארץ כנען ומכוונות היו כמין שתי שורות שבכרם ח) חברון ביהודה כנגד ט) בצר במדבר שכם בהר אפרים כנגד רמות בגלעד קדש בהר נפתלי כנגד גולן בבשן ושלשת כ שיהו משולשין שיהא מדרום לחברון כמחברון לשכם ומחברון לשכם כמשכם לקדש ומשכם לקדש כמקדש לצפון בעבר הירדן תלת בארץ ישראל תלת אמר אביי בגלעד שכיחי רוצחים דכתיב

מתני' מפני שהוא כמועד. כמותרה עליו ועובר על התראה דודאי לדעת הרגו: ויש שונא שאינו גולה. ולא נהרג: כל. הריגה שיכולין לומר על הריגה זו שלדעת היתה אינו גולה לפי שחשוד הוא על כך: שלא לדעת הרג. כשהריגה זו ודאי שלא לדעת שאין אדם יכול לומר עליה לדעת היתה גולה ובגמ' מפרש לה: גמ' בלא ראות פרט לסומא. דמשמע כאן לא ראה אבל רואה במקום אחר פרט לסומא שאינו רואה בשום מקום: פרט למתכוין. כדאמרן לעיל (דף ז:): להבחין בין שוגג למזיד. שלא יכול לומר לא הייתי יודע שאסור: נפסק. החבל ונפל עליו אין לומר בא לדעת זה: נשמט. החבל מידו ונפלה עליו אינו גולה שיש לומר לדעת עשה: לעולם אינו גולה. לא אוהב ולא שונא בנפסק אלא בנשמט: מחצלו. הוא מעגילה שפעמים שטחין במחצלים שהוא כלי אומנות של בונים ובלע"ז טרואיל"ה: הכי גרסי' נשמט אנשמט לא קשיא הא באוהב הא בשונא נפסק אנפסק לא קשיא הא רבי והא רבנן. (ג) הא דקתני נשמט גולה באוהב דלא חשיד דעביד מדעת ודקתני נשמט אינו גולה בשונא כדקתני בהדיא בברייתא יש שונא שאינו גולה ומפרש מילתיה נשמט אינו גולה: נפסק אנפסק לא קשיא הא רבי והא רבנן. הא דקתני נפסק גולה אפי' בשונא וכל שכן באוהב כ) רבנן ואליבא דר' שמעון הוא דאמר נשמט הברזל מקתו והרג גולה ונפסק החבל דומיא דנשמט הברזל מקתו היא שנשאר האגד בידו והא דקתני נפסק אינו גולה רבי היא דאמר נשמט הברזל מקתו אינו גולה והוא הדין לחבל הנפסק עד שישמט מחצלו מידו שאין נשאר בידו כלום דומיא דמן העץ המתבקע ולרבי אליבא דר' שמעון אין לך שונא גולה כך מצאתי גירסא בתשובות הגאונים וכן עיקר וגירסת הספרים משובשת היא וטעו לדמות נשמט החבל לנשמט הברזל ואי אפשר להעמידה ולפרש נפסק אנפסק לא קשיא הא באוהב הא בשונא דהא על כרחך הא דתני נפסק גולה בשונא מפורשת והיאך תאמר הא דתני נפסק אינו גולה באוהב השתא בשונא גולה באוהב לא כל שכן וכי יש לך לומר שגולה בשונא ואינו גולה באוהב ועוד נשמט אנשמט לא קשי' הא רבי והא רבנן היאך תאמר הא דתני נשמט אינו גולה רבי היא דאמר נשמט אינו גולה אפי' באוהב אם כן אין הטעם מפני שיכול לומר לדעת נהרג ור' שמעון תלי טעמא בהכי: מתני' עד שלא נבחרו שלש שבארץ כנען. היינו כל ארבע עשרה שכבשו וחלקו ואח"כ הבדילן יהושע: לא היו שלש. שהבדיל משה בעבר הירדן קולטות: וידברו אליו. אל גואל הדם ואומרין לו אל תנהג בו מנהג שופכי דמים בשגגה בא מעשה לידו: בתחלה. כלומר תחלת משפט כל הרוצחים ואפילו מזידין ויליף טעמא בספרא דבי רב מוארב לו וגו' ונס אל אחת וגו': גמ' ומכוונות היו. אלו נגד אלו בשתי שורות כמו שתי שורות שבכרם: ושלשת את גבול ארצך וגו' שיהו משולשות. כלומר שמתחלקת הארץ חלקות רחבה של ארץ ישראל לארבעת רבעים כמו שמפרש והולך שיהא מדרום שבארץ ישראל לחברון כמחברון לשכם כו': בעבר הירדן תלת כו'. בתמיה בנחלת שני שבטים שלש כמו בנחלת עשרה שבטים: בגלעד. שהיא בעבר הירדן שכיחי רוצחים:

עוקצין

מסורת הש"ס

א) ב"ק לב., ב) לעיל ז:, ג) ב"ק פו: נדרים פז:, ד) [יומא מג. וש"נ], ה) [לעיל ז:], ו) סנהדרין ח: מא. עב: לעיל ו:, ז) [גיר' ירושלמי שלשתן], ח) [ע' תוי"ט], ט) [בסה"מ ר"י ברבי יהודה], י) [תוספת' פ"ב], כ) דרבנן דר"ש היא דאמרו נשמט כו' רש"ל, ל) לפי גירסת תוספות לא גרסינן בברייתא ר"ש. מהרש"א ומהר"ם, מ) [עי' מהרש"א ומהר"ם], נ) [וע"ע תוספות בכורות לט. ד"ה שיהיו], ס) [והרמב"ן בפי' החומש כתב בזה"ל ואע"פ שאין המקלט אלא בשוגגין היו שופכים דמים במרמה ומראין עצמן כשוגגין והוצרך להרבות להם ערי מקלט לקלוט את כולן שלא נודע מי המזיד וכו'].

הגהות הב"ח

(א) גמ' אכסנאי שבא לעיר כצ"ל ותיבת הוא נמחק: (ב) שם קשיא נשמט אנשמט (נפסק אנפסק וכו' והא רבנן) תא"מ ונ"ב ס"א נשמט אנשמט ל"ק הא באוהב והא בשונא נפסק אנפסק ל"ק הא רבי והא רבנן: (ג) רש"י ד"ה הכי גרסי' וכו' והא רבנן פי' הא דקתני: (ד) תוס' ד"ה ור' יהודה וכו' ור' מאיר סבר פרט למתכוין שמעינן כצ"ל ותיבת וכו' נמחק: (ה) ד"ה משולשין וכו' שלחלוקה שוה היו ערי מקלט באמצע ארץ ישראל וכן יש לפרש: (ו) ד"ה בגלעד וכו' לערי מקלט הרבה לפי שכשהורגים מזיד בלא עדים. נ"ב ומ"מ איכא שוגגין הרבה בגלעד:

גליון הש"ס

תוס' ד"ה נשמט וכו' דהוי רביה. כדאיתא שבת דף קמז ע"ב:

ליקוטי רש"י

שהיה לו ללמוד. דרך ארץ ולא למד מדקאמר ליה רחמנא נביא הוא דמשמע שאין ממש בדבריך וראוי אתה ליהרג [ב"ק צב.]. ר' יוסי אומר השונא נהרג. שאמר בשוגג הרגתי נהרג מפני שהוא כמועד ומותרה [לעיל ו:]. בלא ראות פרט לסומא. שהרג בשוגג אינו גולה. והכי קאמר בלא ראות זה שהרגו לא ראהו דאילו ראהו לא היה הורגו מכלל דיש ספק בידו לראות ואינו רואה דאינו גולה דסד"א מקלת ידיעה לסומא באומנתא דליבא תליא דרוב סומין מבינים לקול הברה מהיכן היא יוצא ואותן קלת ידיעה בכלל ידיעה היא דקרא לא איירי אלא היכא דידע לחבריה דהוה התם אלא דלא מיכוין למיקטליה כדכתיב ואשר יבוא את רעהו ביער דהוה ידיע ליה אבל סומא אע"פ שלא ראהו ששם הוא, על ידי שמיעה ידע שהוא לשם ונימא דחייב גלות להכי איצטריך קרא בלא ראות פרט לסומא דאינו חייב גלות. **רבי מאיר אומר בלא ראות לרבות את הסומא.** שגולה דהא אינו רואה והיינו דאיצטריך קרא לרבויי מי שהוא בלא ראות העין דלא אמר מקלת ידיעה לאו ככל ידיעה ונימא דהואיל ומקלת ידיעה לאו ככל ידיעה לא יהא גולה להכי איצטריך לן ריבויא דקרא לחייבו גלות [נדרים פז: פח.]. **מאי טעמא דרבי יהודה וכו'.** כל מי שיכול ליכנס ליער גולה ואפי' סומא במשמע ואתא בלא ראות דלא איצטריך דכי היכי דמתרבי מבלא ראות מתרבי נמי מיער והוי ריבוי אחר ריבוי ואין רבוי אחר רבוי אלא למעט ובלא ראות ממעט לסומא. **בבלי דעת למעט.** כלומר כל שיש לו ידיעה כשזורק אבן להיכן נופלת וסומא לאו בר מידע הוא [שם]. **בתחילה.** תחלת משפטן של רוצחים ועיקרו זהו אחד שוגג ואחד מזיד כו' ויליף טעמא מקרא וכי יהיה איש שונא לרעהו וארב לו וקם עליו וגו' משמע אם הורגו בכוונה ינוס וכתיב בתריה ושלחו זקני עירו וגו' [לקמן י:].

תורה אור השלם

א) וְעַתָּה הָשֵׁב אֵשֶׁת הָאִישׁ כִּי נָבִיא הוּא וְיִתְפַּלֵּל בַּעַדְךָ וֶחְיֵה וְאִם אֵינְךָ מֵשִׁיב דַּע כִּי מוֹת תָּמוּת אַתָּה וְכָל אֲשֶׁר לָךְ: [בראשית כ, ז]
ב) אוֹ בְכָל אֶבֶן אֲשֶׁר יָמוּת בָּהּ בְּלֹא רְאוֹת וַיַּפֵּל עָלָיו וַיָּמֹת וְהוּא לֹא אוֹיֵב לוֹ וְלֹא מְבַקֵּשׁ רָעָתוֹ: [במדבר לה, כג]
ג) וַאֲשֶׁר יָבֹא אֶת רֵעֵהוּ בַיַּעַר לַחְטֹב עֵצִים וְנִדְּחָה יָדוֹ בַגַּרְזֶן לִכְרֹת הָעֵץ וְנָשַׁל הַבַּרְזֶל מִן הָעֵץ וּמָצָא אֶת רֵעֵהוּ וָמֵת הוּא יָנוּס אֶל אַחַת הֶעָרִים הָאֵלֶּה וָחָי: [דברים יט, ה]
ד) אֵת שְׁלֹשׁ הֶעָרִים תִּתְּנוּ מֵעֵבֶר לַיַּרְדֵּן וְאֵת שְׁלֹשׁ הֶעָרִים תִּתְּנוּ בְּאֶרֶץ כְּנָעַן עָרֵי מִקְלָט תִּהְיֶינָה: [במדבר לה, יד]
ה) תָּכִין לְךָ הַדֶּרֶךְ וְשִׁלַּשְׁתָּ אֶת גְּבוּל אַרְצְךָ אֲשֶׁר יַנְחִילְךָ יְיָ אֱלֹהֶיךָ וְהָיָה לָנוּס שָׁמָּה כָּל רֹצֵחַ: [דברים יט, ג]
ו) וְזֶה דְּבַר הָרֹצֵחַ אֲשֶׁר יָנוּס שָׁמָּה וָחָי אֲשֶׁר יַכֶּה אֶת רֵעֵהוּ בִּבְלִי דַעַת וְהוּא לֹא שֹׂנֵא לוֹ מִתְּמֹל שִׁלְשֹׁם: [דברים יט, ד]
ז) וְהִצִּילוּ הָעֵדָה אֶת הָרֹצֵחַ מִיַּד גֹּאֵל הַדָּם וְהֵשִׁיבוּ אֹתוֹ הָעֵדָה אֶל עִיר מִקְלָטוֹ אֲשֶׁר נָס שָׁמָּה וְיָשַׁב בָּהּ עַד מוֹת הַכֹּהֵן הַגָּדֹל אֲשֶׁר מָשַׁח אֹתוֹ בְּשֶׁמֶן הַקֹּדֶשׁ: [במדבר לה, כה]
ח) וַיַּקְדִּשׁוּ אֶת קֶדֶשׁ בַּגָּלִיל בְּהַר נַפְתָּלִי וְאֶת שְׁכֶם בְּהַר אֶפְרָיִם וְאֶת קִרְיַת אַרְבַּע הִיא חֶבְרוֹן בְּהַר יְהוּדָה: [יהושע כ, ז]
ט) אֶת בֶּצֶר בַּמִּדְבָּר בְּאֶרֶץ הַמִּישֹׁר לָראוּבֵנִי וְאֶת רָאמֹת בַּגִּלְעָד לַגָּדִי וְאֶת גּוֹלָן בַּבָּשָׁן לַמְנַשִּׁי: [דברים ד, מג]

these are THE WORDS OF R' YEHUDAH. רַבִּי מֵאִיר אוֹמֵר – But R' MEIR SAYS: "בְּלֹא רְאוֹת" – The phrase *WITHOUT SEEING* לְרַבּוֹת אֶת הַסּוּמָא – serves TO INCLUDE A BLIND PERSON.[13]

The Gemara explores the dispute:

מַאי טַעְמָא דְּרַבִּי יְהוּדָה – What is R' Yehudah's reason? דִּכְתִיב "וַאֲשֶׁר יָבֹא אֶת־רֵעֵהוּ בַיַּעַר" – **For it is written** in another verse dealing with the penalty of exile for inadvertent killing: ***Or if one comes with his fellow into the forest.***[14] Based on these words, one would conclude that **אֲפִילּוּ סוּמָא – even a blind person** can be liable to exile, since he too is able to "come into the forest."[15] **אָתָא** "בְּלֹא רְאוֹת" **מַעֲטֵיהּ** – The phrase ***without seeing*** must therefore **serve to exclude [a blind person].**[16]

The Gemara clarifies R' Meir's position:

וְרַבִּי מֵאִיר – And as for R' Meir, what is his reasoning? "בְּלֹא רְאוֹת" לְמַעֵט – He agrees in principle that ***without seeing*** serves **to exclude** a blind person. "בִּבְלִי־דַעַת" לְמַעֵט – However, the phrase, ***without awareness,***[17] also serves **to exclude** a blind person.[18] **הָוֵי מִיעוּט אַחַר מִיעוּט – This is** therefore a case of one **exclusion following** another **exclusion,** **וְאֵין מִיעוּט אַחַר מִיעוּט אֶלָּא לְרַבּוֹת – and** the purpose of one **exclusion following** another **exclusion is only to include.**[19] Hence, this double exclusion of a blind person results in his *inclusion* in the laws of exile.

The Gemara re-examines R' Yehudah's position:

וְרַבִּי יְהוּדָה – And as for **R' Yehudah,** how does he interpret the verse cited by R' Meir? "בִּבְלִי־דַעַת" – He explains that the verse ***without awareness*** does not exclude a blind person at all; **פְּרַט לְמִתְכַּוֵּין הוּא דְּאָתָא** – rather, **it comes to exclude** one who kills **intentionally.**[20] Consequently, in R' Yehudah's view there is only *one* exclusion regarding a blind person, with the result that a blind person is *excluded* from the law of exile.

The Gemara explains the next passage of the Mishnah:

רַבִּי יוֹסֵי אוֹמֵר הַשּׂוֹנֵא נֶהֱרָג כו׳ – R' YOSE SAYS: AN ENEMY IS EXECUTED etc.

The Gemara asks how R' Yose can hold that an enemy is executed:

וְהָא לֹא אַתְרוּ בֵּיהּ – But he was not warned![21]

The Gemara answers.

מַתְנִיתִין רַבִּי יוֹסֵי בַּר יְהוּדָה הִיא – The R' Yose of our Mishnah is R' Yose bar Yehudah,[22] who holds that a warning is not always necessary, **דְּתַנְיָא – as it was taught in a Baraisa:** רַבִּי יוֹסֵי בַּר יְהוּדָה אוֹמֵר – R' YOSE BAR YEHUDAH SAYS: חָבֵר אֵינוֹ צָרִיךְ הַתְרָאָה – A SCHOLAR DOES NOT NEED A WARNING, לְפִי שֶׁלֹּא נִיתְּנָה הַתְרָאָה אֶלָּא לְהַבְחִין בֵּין שׁוֹגֵג לְמֵזִיד – BECAUSE A WARNING WAS NOT REQUIRED by the Torah EXCEPT as a means of DIFFERENTIATING BETWEEN AN INADVERTENT [OFFENDER] AND AN INTENTIONAL ONE.[23]

The Gemara explains the next passage of the Mishnah:

רַבִּי שִׁמְעוֹן אוֹמֵר יֵשׁ שׂוֹנֵא גּוֹלֶה וכו׳ – R' SHIMON SAYS: THERE IS AN ENEMY WHO IS EXILED etc.

The Gemara cites a Baraisa that clarifies R' Shimon's position:

תַּנְיָא – It was taught in a Baraisa: כֵּיצַד אָמַר רַבִּי שִׁמְעוֹן – IN WHAT CIRCUMSTANCES DID R' SHIMON SAY that יֵשׁ שׂוֹנֵא גּוֹלֶה וְיֵשׁ שׂוֹנֵא שֶׁאֵינוֹ גּוֹלֶה – THERE IS AN ENEMY WHO IS EXILED AND THERE IS AN ENEMY WHO IS NOT EXILED? To illustrate R' Shimon's rule, the Baraisa uses an example of a person lowering an object with a rope; the rope either broke or slipped out of his hand, and the object fell on his foe, killing him. נִפְסַק – If IT [the rope] BROKE, גּוֹלֶה – HE IS EXILED. Here it is obvious that the occurrence was unintentional, even if the perpetrator was an enemy of the victim. נִשְׁמַט – But if IT SLIPPED out of his hand, אֵינוֹ גּוֹלֶה – HE IS NOT EXILED. A rope slipping out of someone's hands may be accidental or intentional; in the case of an enemy it is suspected of having been intentional.[24]

NOTES

13. [The Gemara will explain this derivation.] Although a blind person cannot know the exact position of the victim, nevertheless, since he can sense the victim's presence (e.g. through hearing), he has sufficient awareness for his deed to warrant exile (*Ran* to *Nedarim* 87b; see also *Meiri* here).

14. *Deuteronomy* 19:5. The full verse is cited in 7b note 49.

15. *Nedarim* 88a.

16. It could have been thought that the words בְּלֹא רְאוֹת, *without seeing,* serve to *include* a blind person, since he too does not see. However, such a derivation would be redundant, because a blind person is included in another verse: וַאֲשֶׁר יָבֹא אֶת־רֵעֵהוּ בַיַּעַר, *Or if one comes with his fellow into the forest.* Therefore, *without seeing* must mean to *exclude* a blind person [as explained in note 12] (*Ramban,* from *Nedarim* 88a; cf. *Kos HaYeshuos, Mareh Kohen*).

17. Ibid. v. 4, which states: אֲשֶׁר יַכֶּה אֶת־רֵעֵהוּ בִּבְלִי־דַעַת, *who strikes his fellow man without awareness.*

18. By stating בִּבְלִי־דַעַת, *without awareness,* the Torah implies that the perpetrator had the capacity to know what his action might bring, but in this instance he acted without awareness. A blind person does not have this capability, since he cannot know the exact whereabouts of his fellow (*Nedarim* 88a, with *Ran*).

19. This is a general rule of Scriptural interpretation.

20. The Gemara above (7b) cites a Baraisa in which the words בִּבְלִי־דַעַת, *without awareness,* are expounded to exclude certain types of intentional killings [e.g. one intended to kill an animal but instead killed a human] (*Rashi*). That Baraisa follows the view of R' Yehudah (*Tosafos*).

R' Meir maintains that these intentional killings are excluded by the term בִּשְׁגָגָה, *inadvertent* [*Numbers* 35:11,15] (*Tosafos*). In his view, therefore, *without awareness* is available to exclude a blind person, resulting in a double exclusion.

21. As we have learned several times before, a person cannot be sentenced to corporal punishment – either death or *malkus* – unless he was warned before he sinned that what he was about to do was forbidden and subject to that punishment.

22. R' Yose is generally R' Yose bar Chalafta unless otherwise specified. Our Mishnah is an exception in that it refers to R' Yose bar Yehudah simply as "R' Yose," without mentioning his father's name (*Ritva* to 6b; cf. *Rambam, Commentary to the Mishnah; Rav MiBartenura*).

23. I.e. a warning serves to deprive the defendant of the claim that he thought the act was permitted (*Rashi*). Therefore, if the offender is a scholar, who assumedly knows the law, a warning is not needed for this purpose. R' Yose's ruling in our Mishnah (viz. that an enemy does not require a warning) applies to an enemy who is a scholar (*Ritva* to 6b).

A warning fills another function as well: It serves to establish that the perpetrator intended to commit the act for which he is now being punished. To this end, the warning must inform him of all the circumstances surrounding the act that make it forbidden. For example, he might have to be told that his intended target was a person, not an animal; or that his food was from a non-kosher animal; or that the day was the Sabbath etc. (*Ritva* ibid.; *Aruch LaNer* ibid.; *Rabbeinu Yonah* to *Sanhedrin* 8b; *Gilyon* to *Yad Ramah* ibid.; *Tosafos* ibid. 49a ד״ה מאי; see *Rambam, Hil. Sanhedrin* 12:2 with *Kesef Mishneh* and *Lechem Mishneh;* and *Rambam, Hil. Isurei Biah* 1:3 with *Maggid Mishneh*). In the case of an enemy, though, a warning is not required for this purpose, because there is no doubt that he intended to commit murder (see *Rashi* ד״ה מפני, cited in note 9). [It emerges that if the enemy is not a scholar, he would need to be told that murder is forbidden and its punishment, but he would not have to be informed of the circumstances surrounding this particular act of murder. In the case of a scholar who is not an enemy, the reverse is true: He would have to be informed of the act's circumstances, but not of its forbidden nature.]

The preceding follows the opinion of R' Yose bar Yehudah. According to the majority Tannaic view, a warning is required by Biblical decree in every situation – even when it is clear that the defendant knew what he was doing and that it was forbidden (see *Ketzos HaChoshen* 28:8; see also *Tosafos* to *Sanhedrin* 40b ד״ה מנין; cf. *Kesef Mishneh* and *Maggid Mishneh* ibid.).

24. See note 10.

אשת נביא הוא דתיהדר דלאו נביא לא תיהדר אלא כדאמר ר' שמואל בר נחמני דאמר ר' שמואל בר נחמני אמר ר' יונתן הכי קאמר ליה ועתה השב (את) אשת האיש מכל מקום ודקאמרת הגוי גם צדיק תהרוג הלא הוא אמר לי אחותי היא וגו' נביא הוא וממך למד אכסנאי הוא שבא לעיר על עסקי אכילה ושתיה שואלין אותו כלום שואלין אותו אשתך זו אחותך זו מכאן שבן נח נהרג שהיה לו ללמוד ולא למד: **מתני'** הסומא אינו גולה דברי רבי יהודה ר' מאיר אומר גולה השונא אינו גולה רבי יוסי אומר השונא נהרג מפני שהוא כמועד רבי שמעון אומר יש שונא גולה ויש שונא שאינו גולה זה הכלל כל שהוא יכול לומר לדעת הרג אינו גולה ושלא לדעת הרג הרי זה גולה: **גמ'** ת"ר בלא ראות פרט לסומא דברי רבי יהודה רבי מאיר אומר בלא ראות לרבות את הסומא מאי טעמא דרבי יהודה דכתיב ואשר יבא את רעהו ביער אפילו סומא אתא בלא ראות מעטיה ורבי מאיר בלא ראות למעוטי בבלי דעת הוי מיעוט אחר מיעוט ואין מיעוט אחר מיעוט אלא לרבות ורבי יהודה בבלי דעת פרט למתכוין הוא דאתא: ר' יוסי אומר השונא נהרג כו': והא לא אתרו ביה מתניתין רבי יוסי בר יהודה היא דתניא רבי יוסי בר יהודה אומר חבר אינו צריך התראה לפי שלא ניתנה התראה אלא להבחין בין שוגג למזיד: רבי שמעון אומר יש שונא גולה וכו': תניא כיצד אמר רבי שמעון יש שונא גולה ויש שונא שאינו גולה נשמט גולה נפסק אינו גולה והתניא ר' שמעון אומר לעולם אינו גולה עד שישמט מחצלו מידו קשיא נפסק אנפסק קשיא נשמט אנשמט (נ) נפסק אנפסק לא קשיא הא באוהב והא בשונא נשמט אנשמט לא קשיא הא רבי והא רבנן: **מתני'** להיכן גולין לערי מקלט לשלש שבעבר הירדן ולשלש שבארץ כנען שנאמר את שלש הערים תתנו מעבר לירדן ואת שלש הערים תתנו בארץ כנען וגו' עד שלא נבחרו שלש שבארץ ישראל לא היו שלש שבעבר הירדן קולטות שנאמר שש ערי מקלט תהיינה עד שיהיו ששתן קולטות כאחת ומכוונות להן דרכים מזו לזו שנאמר תכין לך הדרך ושלשת וגו' ומוסרין להן שני ת"ח שמא יהרגנו בדרך וידברו אליו רבי מאיר אומר אף הוא מדבר ע"י עצמו שנאמר וזה דבר הרוצח רבי יוסי בר יהודה אומר בתחלה אחד שוגג ואחד מזיד מקדימין לערי מקלט וב"ד שולחין ומביאין אותו משם מי שנתחייב מיתה בב"ד הרגוהו ושלא נתחייב מיתה פטרוהו מי שנתחייב גלות מחזירין אותו למקומו שנאמר והשיבו אותו העדה אל עיר מקלטו וגו': **גמ'** תנו רבנן שלש ערים הבדיל משה בעבר הירדן וכנגדן הבדיל יהושע בארץ כנען ומכוונות היו כמין שתי שורות שבכרם חברון ביהודה כנגד בצר במדבר שכם בהר אפרים כנגד רמות בגלעד קדש בהר נפתלי כנגד גולן בבשן ושלשת שיהו משולשין שיהא מדרום לחברון כמחברון לשכם ומחברון לשכם כמשכם לקדש ומשכם לקדש כמקדש לצפון בעבר הירדן תלת בארץ ישראל תלת אמר אביי בגלעד שכיחי רוצחים דכתיב

מתני' מפני שהוא כמועד. כמותרה עליו ועובר על התראה דודאי לדעת הרגו: ויש שונא שאינו גולה. ולא נהרג: כל. הריגה שיכולין לומר עליו הריגה זו שלדעת היתה אינו גולה לפי שחשוד הוא על כך: שלא לדעת הרג. כשהריגה זו ודאי שלא לדעת שאין אדם יכול לומר עליה לדעת היתה גולה ובגמ' מפרש לה: **גמ'** בלא ראות פרט לסומא. דמשמע כאן לא ראה אבל רואה במקום אחר פרט לסומא שאינו רואה בשום מקום: פרט למתכוין. כדאמרן לעיל (דף ז:): להבחין בין שוגג למזיד. שלא יכול לומר לא הייתי יודע שאסור: נפסק. החבל ונפל עליו אין לומר בא לדעת זה: נשמט. החבל מידו ונפלה עליו אינו גולה שיש לומר לדעת עשה: לעולם אינו גולה. לא אוהב ולא שונא בנפסק אלא בנשמט: מחצלו. הוא מעגילה שפעמים שטחין במחצלים שהוא כלי אומנות של בונים ובלע"ז טרואיל"ה: הכי גרסי' נשמט אנשמט לא קשיא הא באוהב הא בשונא נפסק אנפסק לא קשיא הא רבי והא רבנן. (ג) הא דקתני נשמט גולה באוהב דלא חשיד דעביד מדעת ודקתני נשמט אינו גולה בשונא כדקתני בהדיא בברייתא יש שונא שאינו גולה ומפרש מילתיה נשמט אינו גולה: נפסק אנפסק לא קשיא הא רבי והא רבנן. הא דקתני נפסק גולה אפי' בשונא וכל שכן באוהב רבנן ואליבא דר' שמעון הוא דאמר נשמט הברזל מקתו והרג גולה ונפסק החבל דומיא דנשמט הברזל מקתו היא שנשאר האגד בידו והא דקתני נפסק אינו גולה רבי היא דאמר נשמט הברזל מקתו אינו גולה והוא הדין לחבל הנפסק עד שישמט מחצלו מידו שאין נשאר בידו כלום דומיא דמן העץ המתבקע ולרבי אליבא דר' שמעון אין לך שונא גולה כך מצאתי גירסא בתשובות הגאונים וכן עיקר וגירסת הספרים משובשת היא וטעו לדמות נשמט החבל לנשמט הברזל ואי אפשר להעמידה ולפרש נפסק אנפסק לא קשיא הא באוהב הא בשונא דהא על כרחך הא דתני נפסק גולה בשונא מפורשת והיאך תאמר הא דתני נפסק אינו גולה באוהב השתא בשונא גולה באוהב לא כל שכן וכי יש לך לומר שגולה בשונא ואינו גולה באוהב ועוד נשמט אנשמט לא קשי' הא רבי והא רבנן היאך תאמר הא דתני נשמט אינו גולה רבי היא דאמר נשמט אינו גולה אפי' באוהב אם כן אין הטעם מפני שיכול לומר לדעת נהרג ור' שמעון תלי טעמא בהכי: **מתני'** עד שלא נבחרו שלש שבארץ כנען. היינו כל ארבע עשרה שכבשו וחלקו ואח"כ הבדילן יהושע: לא היו שלש. שהבדיל משה בעבר הירדן קולטות: וידברו אליו. אל גואל הדם ואומרין לו אל תנהג בו מנהג שופכי דמים בשגגה בא מעשה לידו: בתחלה. כלומר תחלת משפט כל הרוצחים ואפילו מזידין וליף טעמא בסיפרא דכי רב מוארב לו וגו' ונס אל אחת וגו': **גמ'** ומכוונות היו. אלו נגד אלו בשתי שורות כמו שתי שורות שבכרם: ושלשת את גבול ארצך וגו' שיהו משולשות. כלומר שמתחלקת הארץ חלקות רחבה של ארץ ישראל לארבעת רבעים כמו שמפרש והולך שיהא מדרומה שבארץ ישראל לחברון כמחברון לשכם כו': בעבר הירדן תלת כו'. בתמיה בנחלת שני שבטים שלש כמו בנחלת עשרה שבטים: בגלעד. שהיא בעבר הירדן שכיחי רוצחים:

עוקבין

ורבי יהודה ההוא מבעי ליה פרט למתכוין וכו'. (ד) דר' מאיר סבר פרט למתכוין וכו' שמעינן משגגה ותרתי שמע מינה והיא דברייתא דלעיל אתיא כר' יהודה: **נשמט** אנשמט לא קשיא כאן באוהב כאן בשונא נפסק אנפסק לא קשיא הא רבי והא רבנן. וא"ת לרבי היכי משכחת לה שונא שיגלה דבנשמט אוהב גולה ולא שונא ואם בנפסק אפי' אוהב אינו גולה ואין זו סברא לומר דלית ליה לרבי דר' שמעון דהוי רביה ויש לומר דמכל מקום משכחת לה כגון שנפל מן הגג עליו דידוע לכל שלא נפל מדעת שהרי היה בסכנת מות: (ה) **משולשות.** שיהא מתחלת ארץ ישראל עד ראשונה כמו מראשונה לשניה שלאחלוקה שוה היה א"י ובאמצע היו ערי מקלט וכן יש לפרש ההיא דמגילה (דף יט. ושם) דקאמר נקראת אגרת שאם תפרה הכל שלשה חוטין גידין כשרה ובלבד שיהא משולשין ופירושו הוי כי הכא שצריך שמתחלת התפירה עד חוט של גידין כמו עד שניה של גידין ומשניה עד שלישית כמו משלישית עד סוף התפירה ולא כדברי המפרשים משולשות אחד בתחלה ואחד באמצע ואחד בסוף: **בגלעד** שכיחי רוצחים. פי' ולהכי הוצרכו לערי מקלט (ו) לפי שהורגים מזיד בלא עדים הקב"ה מזמנן לפונדק אחד כדאמרי' לקמן (דף י:):

והא

שהוא לשם ונימא דחייב גלות להכי איצטריך קרא בלא ראות פרט לסומא דאינו חייב גלות. **רבי מאיר אומר בלא ראות לרבות את הסומא.** שגולה דהא אינו רואה והיינו דאיצטריך קרא לרבויי מי שהוא בלא ראות העין דלא אמרי' מקלת ידיעה לאו ככל ידיעה ונימא דהואיל ומקלת ידיעה לאו ככל ידיעה לא יהא גולה להכי איצטריך לן ריבויא דקרא לחייבו גלות [נדרים פח.]. **מאי טעמא דרבי יהודה וכו'.** כל מי שיכול ליכנס ליער גולה ואפי' סומא במשמע ואתא בלא ראות למעט דכי היכי דמתרבי מבלא ראות מתרבי נמי מיער והוי ריבוי אחר ריבוי ואין רבוי אחר רבוי אלא למעט ובלא ראות **בבלי דעת למעט.** כלומר כל שיש לו ידיעה כשזורק אבן להיכן נופלת וסומא לאו בר מידע הוא [שם]. משפטן של רוצחים ועיקרו זהו אחד שוגג ואחד מזיד כו' וליף טעמא מקרא וכי יהיה איש שונא לרעהו וארב לו וגו' משמע אם הורגו בכוונה ינוס וכתיב בתריה ושלחו זקני עירו וגו' [לקמן י:].

עין משפט נר מצוה

לב א מיי' פ"י מהל' מלכים הלכה א:
לג ב מיי' פ"ו מהל' רוצח הל' יד סמג עשין עה:
לד ג מיי' שם הל' י סמג שם:
לה ד מיי' שם פ"ה הל' א סמג שם:
לו ה מיי' שם פ"ח הל' ב סמג עשין עו:
לז ו מיי' שם הל' ג:
לח ז מיי' שם הל' ה:
לט ח מיי' שם פ"ה הל' ח:
מ ט מיי' שם פ"ה הלכה ז:
מא י מיי' שם פ"ח הל' ב:
מב כ מיי' שם הלכה ז:

רבינו חננאל

הכי קאמר דקאמרת הגוי גם צדיק תהרוג הלא הוא אמר לי אחותי היא נביא הוא וממך למד. כלומר כיון שראה אותך שואלו על עסקי אשתו נתיירא שלא תהרגנו ולפיכך אמר לך אחותי היא מיכן לבן נח שנהרג שהיה לו ללמוד ולא למד: הסומא אינו גולה כו'. ת"ר בלא ראות מכלל שיכול לראות פרט לסומא שאינו גולה דברי ר' יהודה. ר' מאיר אומר בלא ראות למעט הסומא בבלי דעת למעט הסומא הוי מיעוט אחר מיעוט ואין מיעוט אחר מיעוט אלא לרבות אפי' סומא גולה. השונא אינו גולה. ר' יוסי אומר השונא (אינו) נהרג מפני שהוא כמועד. וכר' יוסי בר יהודה דתני חבר אינו צריך התראה לפי שלא ניתנה התראה אלא להבחין בין שוגג למזיד והאי כיון דשונא הוא ודאי מזיד הוא. תניא כיצד א"ר שמעון יש שונא גולה כגון שנפסק. אבל נשמט אינו גולה דכיון שהוא שונא במזיד שמט. איני והתניא ר' שמעון אומר לעולם אינו גולה עד שישמט מחצלו מידו ושנינן לא קשיא הא דתני נשמט אינו גולה כרבי דתני נשמט הברזל מקתו והרג רבי אומר אינו גולה והא דתנא גולה כרבנן דאמרי גולה א): להיכן גולין לערי מקלט לשלש שבעבר הירדן ושלש שבארץ כנען: ת"ר שלש ערים הבדיל משה בעבר הירדן וכנגדן הבדיל יהושע בארץ כנען. ומכוונות היו חברון ביהודה כנגד בצר במדבר כו'. ושלשת שתהיינה משולשות מדרום לחברון כמחברון לשכם כו'. אמר אביי בגלעד שכיחי רצחנים

חשק שלמה על ר"ח

א) פירוש זה דמאוהו הראשונים. עי' רש"י רמב"ן וריטב"א:

לעזי רש"י

טרואיל"ה. פירוש מחללים, מעגילה (רש"י מכות דף ז ע"א ד"ה היה מעגל במעגילה), כף של סיידים (רש"י שבת דף פ ע"ב ד"ה על מלא כף סיד ועיין רש"י לרי"ף מו"ק דף ד ע"א ד"ה מחללים):

תורה אור השלם

א) וְעַתָּה הָשֵׁב אֵשֶׁת הָאִישׁ כִּי נָבִיא הוּא וְיִתְפַּלֵּל בַּעַדְךָ וֶחְיֵה וְאִם אֵינְךָ מֵשִׁיב דַּע כִּי מוֹת תָּמוּת אַתָּה וְכָל אֲשֶׁר לָךְ: [בראשית כ, ז]
ב) אוֹ בְכָל אֶבֶן אֲשֶׁר יָמוּת בָּהּ בְּלֹא רְאוֹת וַיַּפֵּל עָלָיו וַיָּמֹת וְהוּא לֹא אוֹיֵב לוֹ וְלֹא מְבַקֵּשׁ רָעָתוֹ: [במדבר לה, כג]
ג) וַאֲשֶׁר יָבֹא אֶת רֵעֵהוּ בַיַּעַר לַחְטֹב עֵצִים וְנִדְּחָה יָדוֹ בַגַּרְזֶן לִכְרֹת הָעֵץ וְנָשַׁל הַבַּרְזֶל מִן הָעֵץ וּמָצָא אֶת רֵעֵהוּ וָמֵת הוּא יָנוּס אֶל אַחַת הֶעָרִים הָאֵלֶּה וָחָי: [דברים יט, ה]
ד) אֵת שְׁלֹשׁ הֶעָרִים תִּתְּנוּ מֵעֵבֶר לַיַּרְדֵּן וְאֵת שְׁלֹשׁ הֶעָרִים תִּתְּנוּ בְּאֶרֶץ כְּנָעַן עָרֵי מִקְלָט תִּהְיֶינָה: [במדבר לה, יד]
ה) תָּכִין לְךָ הַדֶּרֶךְ וְשִׁלַּשְׁתָּ אֶת גְּבוּל אַרְצְךָ אֲשֶׁר יַנְחִילְךָ יְיָ אֱלֹהֶיךָ וְהָיָה לָנוּס שָׁמָּה כָּל רֹצֵחַ: [דברים יט, ג]
ו) וְזֶה דְּבַר הָרֹצֵחַ אֲשֶׁר יָנוּס שָׁמָּה וָחָי אֲשֶׁר יַכֶּה אֶת רֵעֵהוּ בִּבְלִי דַעַת וְהוּא לֹא שֹׂנֵא לוֹ מִתְּמֹל שִׁלְשֹׁם: [דברים יט, ד]
ז) וְהִצִּילוּ הָעֵדָה אֶת הָרֹצֵחַ מִיַּד גֹּאֵל הַדָּם וְהֵשִׁיבוּ אֹתוֹ הָעֵדָה אֶל עִיר מִקְלָטוֹ אֲשֶׁר נָס שָׁמָּה וְיָשַׁב בָּהּ עַד מוֹת הַכֹּהֵן הַגָּדֹל אֲשֶׁר מָשַׁח אֹתוֹ בְּשֶׁמֶן הַקֹּדֶשׁ: [במדבר לה, כה]
ח) וַיַּקְדִּשׁוּ אֶת קֶדֶשׁ בַּגָּלִיל בְּהַר נַפְתָּלִי וְאֶת שְׁכֶם בְּהַר אֶפְרָיִם וְאֶת קִרְיַת אַרְבַּע הִיא חֶבְרוֹן בְּהַר יְהוּדָה: [יהושע כ, ז]
ט) אֶת בֶּצֶר בַּמִּדְבָּר בְּאֶרֶץ הַמִּישֹׁר לָראוּבֵנִי וְאֶת רָאמֹת בַּגִּלְעָד לַגָּדִי וְאֶת גּוֹלָן בַּבָּשָׁן לַמְנַשִּׁי: [דברים ד, מג]

מסורת הש"ס

א) ב"ק לב., ב) לעיל ו:, ג) ב"ק פו: נדרים פז:, ד) [יומא מג. וש"נ], ה) [לעיל ז:], ו) סנהדרין ח: מא. עב: לעיל ו:, ז) [גיר' ירושלמי שלשתן], ח) [ע' תוי"ט], ט) [בסה"מ ר"י ברבי יהודה], י) [תוספת' פ"ב], כ) דרבנן דר"ש היא דאמרו נשמט כו' רש"ל, ל) לפי גירסת תוספות לא גרסינן בברייתא ר"ש. מהרש"א ומהר"ם, מ) [עי' מהרש"א ומהר"ם], נ) [וע"ע תוספות בכורות לט. ד"ה שיהיו], ס) [והרמב"ן בפי' החומש כתב בזה"ל ואע"פ שאין המקלט אלא בשוגגין היו שופכים דמים במרמה ומראין עצמן כשוגגין והוצרך להרבות להם ערי מקלט לקלוט את כולן שלא נודע מי המזיד וכו'].

(א) גמ' אכסנאי שבא לעיר כל"ל ותיבת הוא נמחק: (ב) שם קשיא נשמט אנשמט (נפסק אנפסק וכו' והא רבנן) תא"מ ונ"ב ס"א נשמט אנשמט ל"ק הא באוהב והא בשונא נפסק אנפסק ל"ק הא רבי והא רבנן: (ג) רש"י ד"ה הכי גרסי' וכו' והא רבנן פי' הא דקתני: (ד) תוס' ד"ה ור' יהודה וכו' ור' מאיר סבר פרט למתכוין שמעינן כל"ל ותיבת וכו' נמחק: (ה) ד"ה משולשין וכו' שלאחלוקה שוה היו ערי מקלט באמצע ארץ ישראל וכן יש לפרש: (ו) ד"ה בגלעד וכו' לערי מקלט הרבה לפי שכשהורגים מזיד בלא עדים. נ"ב ומ"מ איכא שוגגין הרבה בגלעד:

גליון הש"ס

תוס' ד"ה נשמט וכו' דהוי רביה. כדאיתא שבת דף קמז ע"ב:

ליקוטי רש"י

שהיה לו ללמוד. דרך ארץ ולא למד מדקאמר ליה רחמנא נביא הוא דמשמע שאין ממש בדבריך ולאו אתה ליהרג [ב"ק צב.].

ר' יוסי אומר השונא נהרג. שאמר בשוגג הרגתי מפני שהוא כמועד ומותרה [לעיל ו:]. בלא ראות פרט לסומא. שהרג בשוגג אינו גולה. [illegible]

The Gemara presents a conflicting Baraisa:

וְהָתַנְיָא – **But it was taught in another Baraisa:** רַבִּי שִׁמְעוֹן אוֹמֵר – R' SHIMON SAYS: לְעוֹלָם אֵינוֹ גּוֹלֶה – ONE IS NEVER EXILED עַד שֶׁיִּשָּׁמֵט מַחֲצֵלוֹ מִיָּדוֹ – UNLESS HIS TROWEL[25] SLIPPED OUT OF HIS HAND and fatally struck someone. That is, neither a friend nor an enemy is exiled where his equipment *broke,* but only where something *slipped* out of his hand. קַשְׁיָא נִפְסַק אַנִּפְסַק – Thus, there is **a contradiction between** one Baraisa's ruling about an object that **broke and** the other Baraisa's ruling about an object that **broke.** The first Baraisa rules that exile applies in a case of breaking, while the second Baraisa teaches that it does not. קַשְׁיָא נִשְׁמַט אַנִּשְׁמַט – There is also **a contradiction between** one Baraisa's ruling about an object that **slipped and** the other Baraisa's ruling about an object that **slipped.** The first Baraisa rules that exile does *not* apply in a case of slipping, while the second Baraisa states that it does.

The Gemara answers the two contradictions, beginning with the second one:

(נפסק אנפסק) [נִשְׁמַט אַנִּשְׁמַט][26] לֹא קַשְׁיָא – One ruling about an object that **slipped does not contradict** the other ruling about an object that **slipped,** הָא בְּאוֹהֵב – because **this** second Baraisa, which imposes exile in a case of slipping, refers **to a friend** (i.e. a person who was not an enemy of the victim),[27] וְהָא בְּשׂוֹנֵא – **while that** first Baraisa, which does *not* impose exile in a case of slipping, refers **to an enemy,** as stated clearly in the Baraisa.[28]

The Gemara now resolves the first contradiction:

(נשמט אנשמט) [נִפְסַק אַנִּפְסַק][26] לֹא קַשְׁיָא – The ruling about an object that **broke does not contradict** the other ruling about an object that **broke,** because each reflects the view of a different Tanna: הָא רַבִּי – **This** second Baraisa, which does not impose exile in a case of breaking, follows **Rebbi,** who rules that a woodchopper is not exiled if the head of his axe flew off the handle and killed someone.[29] Just as Rebbi does not impose exile for an axe that broke, leaving the handle in his hand, so too he does not impose exile in the case of other objects that break and leave a piece in his hand. וְהָא רַבָּנָן – **And this** first Baraisa, which does impose exile in a case of breaking, follows the **Sages,** who rule that one whose axe broke *is* exiled.[30]

Mishnah The Mishnah discusses the location of the cities of refuge, to which those who kill inadvertently are exiled:

לְהֵיכָן גּוֹלִין – **To where are they** [those who kill inadvertently] **exiled?** לְעָרֵי מִקְלָט – **To the cities of refuge** – לְשָׁלֹשׁ שֶׁבְּעֵבֶר הַיַּרְדֵּן – **to the three in the TransJordan,** to the east, וּלְשָׁלֹשׁ שֶׁבְּאֶרֶץ כְּנַעַן – **and to the three in the land of Canaan.**[31] שֶׁנֶּאֱמַר ,,אֵת שְׁלֹשׁ הֶעָרִים תִּתְּנוּ מֵעֵבֶר לַיַּרְדֵּן וְאֵת שְׁלֹשׁ הֶעָרִים תִּתְּנוּ בְּאֶרֶץ כְּנָעַן וגו׳ " – **For it is stated:** ***Three of the cities you shall designate across the Jordan and three of the cities you shall designate in the land of Canaan* etc.**[32] עַד שֶׁלֹּא נִבְחֲרוּ שָׁלֹשׁ שֶׁבְּאֶרֶץ יִשְׂרָאֵל – **As long as the three in Eretz Yisrael** proper **had not been selected,**[33] לֹא הָיוּ שָׁלֹשׁ שֶׁבְּעֵבֶר הַיַּרְדֵּן קוֹלְטוֹת – **the three** cities **in the TransJordan did not provide refuge,** שֶׁנֶּאֱמַר ,,שֵׁשׁ־עָרֵי מִקְלָט תִּהְיֶינָה" – **for the verse states:**[34] ***[they] shall be six cities of refuge** for you;* עַד שֶׁיִּהְיוּ שִׁשְׁתָּן קוֹלְטוֹת כְּאַחַת – this verse teaches that none of the cities provide refuge **until** all **six of them can provide refuge simultaneously.**[35] וּמְכֻוָּנוֹת לָהֶן דְּרָכִים מִזּוֹ לְזוֹ – **And direct roads were laid out from [city] to [city],**[36] שֶׁנֶּאֱמַר ,,תָּכִין לְךָ הַדֶּרֶךְ וְשִׁלַּשְׁתָּ וגו׳ " – **for the verse states:**[37] ***You shall prepare the way for yourself and divide into thirds* etc.**

NOTES

25. He was using the trowel to plaster [a roof] (*Rashi;* see Mishnah above, 7a; cf. *Meiri*).

26. This emendation follows *Rashi* et al. The reading found in the standard texts is rejected by the Rishonim as being impossible to explain (see *Rashi, Ramban, Ritva;* see also *Hagahos HaBach*; cf. *Rabbeinu Chananel*). [For a defense of the standard version, see *Aruch LaNer* on *Rashi;* see also *Milchamos Hashem* and *Baal HaMaor.*]

27. Since he is not known to have hated the victim, he is not suspected of letting the rope slip intentionally (*Rashi*). The mishap is assumed to have been inadvertent, for which one is sentenced to exile.

28. An enemy is not exiled, because he is suspected of letting the rope slip intentionally.

29. Rebbi's ruling, as well as the dissenting view of the Sages, appears in the Mishnah on 7b. See notes 52 and 53 there.

A rope that broke is analogous to the case of the axe-head. Here too the instrument that killed separated from the object being held by the perpetrator, and he is left holding the remainder (*Rashi*).

30. In summary: An enemy is generally not exiled, because he is suspected of having killed intentionally. If, however, the killing could not have been intentional, R' Shimon rules that even an enemy is exiled. Therefore, where a death results from something *slipping* from the perpetrator's hand, an enemy is not exiled, because such an "accident" could have been intentional. Only a person who is not an enemy is exiled for such a death. But where a death results from something that *breaks,* R' Shimon maintains that even an enemy cannot be considered to have killed intentionally.

However, the question of whether *anyone* is exiled in the case of something that *breaks* depends on a separate issue: the dispute between Rebbi and the Sages. According to Rebbi, no one – neither friend or foe – is exiled for it. According to the Sages, there is exile for such a mishap; hence, in their view, even an enemy (and certainly a friend) can be exiled for a death resulting from an object that breaks (*Rashi*).

It follows from this that according to Rebbi, there is no case in which R' Shimon would exile an enemy (*Rashi*). [If the object *slipped,* only a friend is exiled, not an enemy; and if it *broke,* no one is exiled.] *Tosafos,* however, state that there is such a case – where the enemy fell off a roof and killed his foe. Such an accident is unlikely to have been intentional, since the killer risked being killed himself. And this case bears no resemblance to that of the broken axe, in which Rebbi rules that exile does not apply.

31. The Mishnah speaks of the cities of refuge that were designated as such by the courts. In addition, the forty-two cities of the Leviim served as cities of refuge; see further in the Gemara below (10a). See also *Aruch LaNer,* who discusses what novel law the Mishnah intends to teach here.

32. *Numbers* 35:14.

33. During the fourteen years in which the Children of Israel conquered and divided the land, the three cities in Eretz Yisrael proper were not yet designated. Only at the end of this time did Joshua designate them (*Rashi;* see below, 11a). The three cities in the TransJordan, however, had been designated by Moses before his death (*Deuteronomy* 4:41ff); nevertheless, the Mishnah teaches that they did not provide refuge until the second set of cities had been selected by Joshua. See *Siach Yitzchak.*

34. *Numbers* 35:13.

35. [The passage goes on to state in the following verses that there were to be three cities in the TransJordan and three cities in Eretz Yisrael proper, for a total of six cities; thus, this verse could have simply stated *there shall be cities of refuge for you.* The seemingly superfluous mention of *six* is expounded to teach that the power of refuge applies only when the unit of six has been completed.]

36. The roads were constructed in such a manner so that from any city there was a direct road leading to one of the refuge cities (*Meiri;* cf. *Aruch LaNer*).

37. *Deuteronomy* 19:3. This verse teaches that the roads must be prepared so that swift travel to the cities of refuge is possible (see below, 10b, and *Aruch LaNer*).

It was the responsibility of the courts to maintain the roads in good

רבינו חננאל

הכי קאמר דקאמרת הגוי גם צדיק תהרוג הלא הוא אמר לי אחותי היא נביא הוא וממך למד. כלומר כיון שראה אותך שואלו על עסקי אשתו נתיירא שלא תהרגנו ולפיכך אמר לך אחותי היא מיכן לבן נח שנהרג שהיה לו ללמוד ולא למד: הסומא אינו גולה כו'. ת"ר בלא ראות מכלל שיכול לראות פרט לסומא שאינו גולה דברי ר' יהודה. ר' מאיר אומר בלא ראות למעט הסומא בבלי דעת למעט הסומא הוי מיעוט אחר מיעוט ואין מיעוט אחר מיעוט אלא לרבות אפי' סומא גולה. השונא אינו גולה. ר' יוסי אומר השונא (אינו) נהרג מפני שהוא כמועד. וכר' יוסי בר יהודה דתני חבר אינו צריך התראה לפי שלא ניתנה התראה אלא להבחין בין שוגג למזיד והאי כיון דשונא הוא ודאי מזיד הוא. תניא כיצד א"ר שמעון יש שונא גולה כגון שנפסק. אבל נשמט אינו גולה דכיון שהוא שונא במזיד שמט. איני והתניא ר' שמעון אומר לעולם אינו גולה עד שישמט מחצלו מידו ושנינן לא קשיא הא דתני נשמט אינו גולה כרבי דתני נשמט הברזל מקתו והרג רבי אומר אינו גולה והא דתנא גולה כרבנן דאמרי גולה א): להיכן גולין לערי מקלט לשלש שבעבר הירדן ושלש שבארץ כנען: ת"ר שלש ערים הבדיל משה בעבר הירדן וכנגדן הבדיל יהושע בארץ כנען. ומכוונות היו חברון ביהודה כנגד בצר במדבר כו'. ושלשת שתהיינה משולשות מדרום לחברון כמחברון לשכם כו'. אמר אביי בגלעד שכיחי רצחנים

חשק שלמה על ר"ח

א) פירוש זה דמאוהו הראשונים. עי' רש"י רמב"ן וריטב"א:

לעזי רש"י

טרואיל"ה. פירוש מחללים, מעגילה (רש"י מכות דף ז ע"א ד"ה היה מעגל במעגילה), כף של סיידים (רש"י שבת דף פ ע"ב ד"ה על מלא כף סיד ועיין רש"י לרי"ף מו"ק דף ד ע"א ד"ה מחללים):

תוספות

ורבי יהודה ההוא מבעי ליה פרט למתכוין וכו'. (ד) דר' מאיר סבר פרט למתכוין וכו' שמעינן משגגה ותרתי שמע מינה והיא דברייתא דלעיל אתיא כר' יהודה: ל) **נשמט** אנשמט לא קשיא כאן באוהב כאן בשונא נפסק אנפסק לא קשיא הא רבי הא רבנן. וא"ת לרבי היכי משכחת לה שונא שיגלה דבנשמט אוהב גולה ולא שונא ואם בנפסק אפי' אוהב אינו גולה ואין מ) זו סברא לומר דלית ליה לרבי דר' שמעון ס) דהוי רביה ויש לומר דמכל מקום משכחת לה כגון שנפל מן הגג עליו דידוע לכל שלא נפל מדעת שהרי היה בסכנת מות:

(ה) **משולשות.** שיהא מתחלת ארץ ישראל עד ראשונה כמו מראשונה לשניה שלחלוקה שוה היה א"י ובאמצע היו ערי מקלט וכן יש לפרש ההיא דמגילה (דף יט. ושם) דקאמר נקראת אגרת שאם תפרה הכל שלשה חוטין גידין כשרה ובלבד שיהא משולשין ופירושו הוי כי הכא שצריך שמתחלת התפירה עד חוט של גידין כמו עד שניה של גידין ומשניה עד שלישית כמו משלישית עד סוף התפירה ולא כדברי המפרשים משולשות אחד בתחלה ואחד באמצע ואחד בסוף י):

בגלעד שכיחי רוצחים. פי' ולהכי הוצרכו לערי מקלט (ו) לפי כשהורגים מזיד בלא עדים הקב"ה מזמנן לפונדק אחד כדאמרי' לקמן (דף י:) פ):

והא

גמרא

א) אשת נביא הוא דתיהדר דלאו נביא לא תיהדר אלא כדאמר ר' שמואל בר נחמני דאמר ר' שמואל בר נחמני אמר ר' יונתן הכי קאמר ליה א) ועתה השב (את) אשת האיש מכל מקום ודקאמרת הגוי גם צדיק תהרוג הלא הוא אמר לי אחותי היא וגו' נביא הוא וממך למד אכסנאי (א) הוא שבא לעיר על עסקי אכילה ושתייה שואלין אותו כלום שואלין אותו אשתך זו אחותך זו מכאן א שבן נח נהרג שהיה לו ללמוד ולא למד: **מתני'** ב הסומא אינו גולה דברי רבי יהודה ר' מאיר אומר גולה ג השונא אינו גולה ג) רבי יוסי אומר השונא נהרג מפני שהוא כמועד רבי שמעון אומר יש שונא גולה ויש שונא שאינו גולה זה הכלל כל שהוא יכול לומר לדעת הרג אינו גולה ושלא לדעת הרג הרי זה גולה: **גמ'** ג) ת"ר ב) בלא ראות פרט לסומא דברי רבי יהודה רבי מאיר אומר בלא ראות לרבות את הסומא מאי טעמא דרבי יהודה דכתיב ג) ואשר יבא את רעהו ביער אפילו סומא אתא בלא ראות מעטיה ורבי מאיר בלא ראות למעט בבלי דעת למעט הוי מיעוט אחר מיעוט ד) ואין מיעוט אחר מיעוט אלא לרבות ורבי יהודה בבלי דעת ס) פרט למתכוין הוא דאתא: ר' יוסי אומר השונא נהרג כו': והא לא אתרו ביה מתניתין רבי יוסי בר יהודה היא דתניא י) רבי יוסי בר יהודה אומר חבר אינו צריך התראה לפי שלא ניתנה התראה אלא להבחין בין שוגג למזיד: רבי שמעון אומר יש שונא גולה וכו': תניא כיצד אמר רבי שמעון יש שונא גולה ויש שונא שאינו גולה נפסק גולה נשמט אינו גולה והתניא ר' שמעון אומר לעולם אינו גולה עד שישמט מחצלו מידו קשיא נפסק אנפסק קשיא נשמט אנשמט (ב) נפסק אנפסק לא קשיא הא באוהב והא בשונא נשמט אנשמט לא קשיא הא רבי והא רבנן: **מתני'** להיכן גולין ד לערי מקלט לשלש שבעבר הירדן ולשלש שבארץ כנען ה שנאמר ד) את שלש הערים תתנו מעבר לירדן ואת שלש הערים תתנו בארץ כנען וגו' עד שלא נבחרו שלש שבארץ ישראל ו לא היו שלש שבעבר הירדן קולטות שנאמר שש ערי מקלט תהיינה עד שיהיו י) ששתן קולטות כאחת ז ומכוונות להן דרכים מזו לזו שנאמר ה) תכין לך הדרך ושלשת וגו' ח ומוסרין להן שני ת"ח שמא יהרגנו בדרך וידברו אליו רבי מאיר אומר (ס) אף) הוא מדבר ע"י עצמו שנאמר ו) וזה דבר הרוצח רבי יוסי ט) בר יהודה אומר ט בתחלה אחד שוגג ואחד מזיד מקדימין לערי מקלט וב"ד שולחין ומביאין אותו משם מי שנתחייב מיתה בב"ד הרגוהו ושלא נתחייב מיתה פטרוהו מי שנתחייב גלות מחזירין אותו למקומו שנאמר ז) והשיבו אותו העדה אל עיר מקלטו וגו': **גמ'** תנו רבנן י) י שלש ערים הבדיל משה בעבר הירדן וכנגדן הבדיל יהושע בארץ כנען ומכוונות היו כמין שתי שורות שבכרם ח) חברון ביהודה כנגד ט) בצר במדבר שכם בהר אפרים כנגד רמות בגלעד קדש בהר נפתלי כנגד גולן בבשן ושלשת כ שיהו משולשין שיהא מדרום לחברון כמחברון לשכם ומחברון לשכם כמשכם לקדש ומשכם לקדש כמקדש לצפון בעבר הירדן תלת בארץ ישראל תלת אמר אביי בגלעד שכיחי רוצחים דכתיב

רש"י

מתני' מפני שהוא כמועד. כמותרה עליו ועובר על התראה דודאי לדעת הרגו: **ויש שונא שאינו גולה.** ולא נהרג: כל. הריגה שיכולין לומר על הריגה זו שלדעת היתה אינו גולה לפי שחשוד הוא על כך: **שלא לדעת הרג.** כשהריגה זו ודאי שלא לדעת שאין אדם יכול לומר עליה לדעת היתה גולה ובגמ' מפרש לה: **גמ' בלא ראות פרט לסומא.** דמשמע כאן לא ראה אבל רואה במקום אחר פרט לסומא שאינו רואה בשום מקום: **פרט למתכוין.** כדאמרן לעיל (דף ז:): **להבחין בין שוגג למזיד.** שלא יכול לומר לא הייתי יודע שאסור: **נפסק.** החבל ונפל עליו אין לומר בא לדעת זה: **נשמט.** החבל מידו ונפלה עליו אינו גולה שיש לומר לדעת עשה: **לעולם אינו גולה.** לא אוהב ולא שונא בנפסק אלא בנשמט: **מחצלו.** הוא מעגילה שפעמים שטחין במחללים שהוא כלי אומנות של בונים ובלע"ז טרואיל"ה: **הכי גרסי'** נשמט אנשמט לא קשיא הא באוהב הא בשונא נפסק אנפסק לא קשיא הא רבי והא רבנן. (ג) הא דקתני נשמט גולה באוהב דלא חשיד דעביד מדעת ודקתני נשמט אינו גולה בשונא כדקתני בהדיא בברייתא יש שונא שאינו גולה ומפרש מילתיה נשמט אינו גולה: **נפסק אנפסק לא קשיא הא רבי והא רבנן.** הא דקתני נפסק גולה אפי' בשונא וכל שכן באוהב כ) רבנן ואליבא דר' שמעון הוא דאמר נשמט הברזל מקתו והרג גולה ונפסק החבל דומיא דנשמט הברזל מקתו היא שנשאר האגד בידו והא דקתני נפסק אינו גולה רבי היא דאמר נשמט הברזל מקתו אינו גולה והוא הדין לחבל הנפסק עד שישמט מחללו מידו שאין נשאר בידו כלום דומיא דמן העץ המתבקע ולרבי אליבא דר' שמעון אין לך שונא גולה כך מצאתי גירסא בתשובות הגאונים וכן עיקר וגירסת הספרים משובשת היא וטעו לדמות נשמט החבל לנשמט הברזל ואי אפשר להעמידה ולפרש נפסק אנפסק לא קשיא הא באוהב הא בשונא דהא על כרחך הא דתני נפסק גולה בשונא מפורשת והיאך תאמר הא דתני נפסק אינו גולה באוהב השתא בשונא גולה באוהב לא כל שכן וכי יש לך לומר שגולה בשונא ואינו גולה באוהב ועוד נשמט אנשמט לא קשי' הא רבי והא רבנן היאך תאמר הא דתני נשמט אינו גולה רבי היא דאמר נשמט אינו גולה אפי' באוהב אם כן אין הטעם מפני שיכול לומר לדעת נהרג ור' שמעון תלי טעמא בהכי: **מתני'** עד שלא נבחרו שלש שבארץ כנען. היינו כל ארבע עשרה שכבשו וחלקו ואח"כ הבדילן יהושע: **לא היו שלש.** שהבדיל משה בעבר הירדן קולטות: **וידברו אליו.** אל גואל הדם ואומרין לו אל תנהג בו מנהג שופכי דמים בשגגה בא מעשה לידו:

בתחלה. כלומר תחלת משפט כל הרולחים ואפילו מזידין וילפ טעמא בסיפרא דכי רב מוארב לו וגו' ונס אל אחת וגו': **גמ' ומכוונות היו.** אלו נגד אלו בשתי שורות כמו שתי שורות שבכרם: **ושלשת את גבול ארצך וגו'** שיהו משולשות. כלומר שמחלקת הארץ חלקות רחבה של ארץ ישראל לארבעת רבעים כמו שמפרש והולך שיהא מדרומה שבארץ ישראל לחברון כמחברון לשכם כו': **בעבר הירדן תלת כו'.** בתמיה בנחלת שני שבטים שלש כמו בנחלת עשרה שבטים: **בגלעד.** שהיא בעבר הירדן שכיחי רולחים:

עוקבין

מסורת הש"ס

א) ב"ק צב., ב) לעיל ו:, ג) ב"ק פו: נדרים פז:, ד) [יומא מג. וש"נ], ה) [לעיל ז:], ו) סנהדרין מ: מא. עב: לעיל ו:, ז) [גיר' ירושלמי שלשתן], ח) [ע' תוי"ט], ט) [בכס"מ ר"י ברבי יהודה], י) [תוספת' פ"ג], כ) דרבנן דר"ש הוא דאמרו נשמט כו' רש"ל, ל) לפי גירסת תוספות שאין בברייתא ר"ש. מהרש"א ומהר"ס, מ) [ע' מהרש"א ומהר"ם], נ) [וע"ע תוספות בכורות לט. ד"ה שיהיו], ס) [והרמב"ן בפי' התורה כתב בזה"ל ואע"פ שאין המקלט אלא לשוגגין היו שופכי דמים במרמה ומראין עצמן כשוגגין והולכין להרגה לכך שלח מקלט לקלוט את הרולח שלא נודע מי המזיד וכו'].

הגהות הב"ח

(א) גמ' אכסנאי שבא לעיר כצ"ל ותיבת הוא נמחק: (ב) שם קשיא נשמט אנשמט (נפסק אנפסק וכו' והא רבנן) תא"מ ונ"ב ס"א נשמט אנשמט לא קשיא הא רבי והא רבנן: (ג) רש"י ד"ה הכי גרסי' וכו' והא רבנן פי' הא דקתני: (ד) תום' ד"ה ור' יהודה וכו' ור' מאיר סבר פרט למתכוין שמעינן כצ"ל ותיבת וכו' נמחק: (ה) ד"ה משולשות וכו' שלחלוקה שוה היו ערי מקלט באמצע ארץ ישראל וכן יש לפרש: (ו) ד"ה בגלעד וכו' לערי מקלט הרבה לפי שכשהורגים מזיד בלא עדים כצ"ל ומ"ה איכא שוגגין הרבה בגלעד:

גליון הש"ס

תוס' ד"ה נשמט וכו' דהוי רביה. כלומר שבת דף קמו ע"ב:

ליקוטי רש"י

שהיה לו ללמוד. דרך ארץ היה לו ללמוד מדקאמר ליה רחמנא נביא הוא דמשמע שאין ממש בדבריך ולאו אתה ליהרג [ב"ק צב.]. ר' יוסי אומר השונא נהרג. שאמר שוגג הרגתי נהרג מפני שהוא כמועד ומותרה [לעיל ז:]. בלא ראות פרט לסומא. שהרג בשוגג אינו גולה. והכי קאמר בלא ראות זה שהרגו לא היה רואהו דאילו ראהו לא היה הורגו מכלל דיש בידו לראות ולאינו רואה לאינו גולה אלא דלא מיכוין למיקטליה כדכתיב ואשר יבוא את רעהו ביער דהוה ידיע ליה אבל סומא אע"פ שלא ראהו שסם הוא, על ידי שמיעה ידע שהוא לשם ונימא דחייב גלות להכי איצטריך קרא בלא ראות פרט לסומא דאינו חייב גלות. **רבי מאיר אומר בלא ראות לרבות את הסומא.** שגולה דהא אינו רואה והיינו דאיצטריך קרא לרבויי מי שהוא בלא ראות העין דלא אמר מקלת ידיעה לאו ככל ידיעה ונימא דהואיל ומקלת ידיעה לאו ככל ידיעה לא יהא גולה להכי איצטריך לן ריבויא דקרא לחייבו גלות [נדרים פז: פח.]. **מאי טעמא דרבי יהודה וכו'.** כל מי שיכול ליכנס ליער גולה ואפי' סומא במשמע ואתא בלא ראות דלא איצטריך דכי היכי דמתרבי מבלא ראות מתרבי נמי מיער והוי ריבוי אחר ריבוי ואין רבוי אחר רבוי אלא למעט ובלא ראות ממעט לסומא. **בבלי דעת למעט.** כלומר כל שיש לו ידיעה כשזורק אבן להיכן נופלת וסומא לאו בר מידע הוא [שם]. **בתחילה.** תחלת משפטן של רולחים ועיקרו זהו אחד שוגג ואחד מזיד כו' וליף טעמא מקרא וכי יהיה איש שונא לרעהו וארב לו וקם עליו וגו' משמע אם הורגו בכוונה ינוס וכתיב בתריה ושלחו זקני עירו וגו' [לקמן י:].

תורה אור השלם

א) וְעַתָּה הָשֵׁב אֵשֶׁת הָאִישׁ כִּי נָבִיא הוּא וְיִתְפַּלֵּל בַּעַדְךָ וֶחְיֵה וְאִם אֵינְךָ מֵשִׁיב דַּע כִּי מוֹת תָּמוּת אַתָּה וְכָל אֲשֶׁר לָךְ: [בראשית כ, ז]
ב) אוֹ בְכָל אֶבֶן אֲשֶׁר יָמוּת בָּהּ בְּלֹא רְאוֹת וַיַּפֵּל עָלָיו וַיָּמֹת וְהוּא לֹא אוֹיֵב לוֹ וְלֹא מְבַקֵּשׁ רָעָתוֹ: [במדבר לה, כג]
ג) וַאֲשֶׁר יָבֹא אֶת רֵעֵהוּ בַיַּעַר לַחְטֹב עֵצִים וְנִדְּחָה יָדוֹ בַגַּרְזֶן לִכְרֹת הָעֵץ וְנָשַׁל הַבַּרְזֶל מִן הָעֵץ וּמָצָא אֶת רֵעֵהוּ וָמֵת הוּא יָנוּס אֶל אַחַת הֶעָרִים הָאֵלֶּה וָחָי: [דברים יט, ה]
ד) אֵת שְׁלֹשׁ הֶעָרִים תִּתְּנוּ מֵעֵבֶר לַיַּרְדֵּן וְאֵת שְׁלֹשׁ הֶעָרִים תִּתְּנוּ בְּאֶרֶץ כְּנָעַן עָרֵי מִקְלָט תִּהְיֶינָה: [במדבר לה, יד]
ה) תָּכִין לְךָ הַדֶּרֶךְ וְשִׁלַּשְׁתָּ אֶת גְּבוּל אַרְצְךָ אֲשֶׁר יַנְחִילְךָ יי אֱלֹהֶיךָ וְהָיָה לָנוּס שָׁמָּה כָּל רֹצֵחַ: [דברים יט, ג]
ו) וְזֶה דְּבַר הָרֹצֵחַ אֲשֶׁר יָנוּס שָׁמָּה וָחָי אֲשֶׁר יַכֶּה אֶת רֵעֵהוּ בִּבְלִי דַעַת וְהוּא לֹא שֹׂנֵא לוֹ מִתְּמֹל שִׁלְשֹׁם: [דברים יט, ד]
ז) וְהִצִּילוּ הָעֵדָה אֶת הָרֹצֵחַ מִיַּד גֹּאֵל הַדָּם וְהֵשִׁיבוּ אֹתוֹ הָעֵדָה אֶל עִיר מִקְלָטוֹ אֲשֶׁר נָס שָׁמָּה וְיָשַׁב בָּהּ עַד מוֹת הַכֹּהֵן הַגָּדֹל אֲשֶׁר מָשַׁח אֹתוֹ בְּשֶׁמֶן הַקֹּדֶשׁ: [במדבר לה, כה]
ח) וַיַּקְדִּשׁוּ אֶת קֶדֶשׁ בַּגָּלִיל בְּהַר נַפְתָּלִי וְאֶת שְׁכֶם בְּהַר אֶפְרָיִם וְאֶת קִרְיַת אַרְבַּע הִיא חֶבְרוֹן בְּהַר יְהוּדָה: [יהושע כ, ז]
ט) אֶת בֶּצֶר בַּמִּדְבָּר בְּאֶרֶץ הַמִּישֹׁר לָרְאוּבֵנִי וְאֶת רָאמֹת בַּגִּלְעָד לַגָּדִי וְאֶת גּוֹלָן בַּבָּשָׁן לַמְנַשִּׁי: [דברים ד, מג]

The Mishnah speaks of protection that was afforded the unintentional killer before he reached the city of refuge: **וּמוֹסְרִין לָהֶן שְׁנֵי תַלְמִידֵי חֲכָמִים – And they [the court] would provide for them** (inadvertent killers who were sentenced to exile) an escort of **two Torah scholars,** to accompany them to the city of refuge,[38] **שֶׁמָּא יַהַרְגֶנּוּ בַּדֶּרֶךְ – lest he [the avenger] kill him on the way.**[39] **וִידַבְּרוּ אֵלָיו – And they** should **speak to him,** i.e. to the avenging relative, if he should approach and wish to attack the killer as he was traveling to the city of refuge, and attempt to dissuade him from taking revenge.[40] **רַבִּי מֵאִיר אוֹמֵר (אַף) הוּא מְדַבֵּר עַל יְדֵי עַצְמוֹ – R' Meir says: He (too) speaks for himself,** i.e. the killer, too, should speak up on his own behalf, **שֶׁנֶּאֱמַר ,,וְזֶה דְּבַר הָרֹצֵחַ" – for it is stated:** ***And this is the word of the killer.***[41]

The Mishnah describes the process used to bring a killer to trial:

רַבִּי יוֹסֵי בַּר יְהוּדָה אוֹמֵר – R' Yose bar Yehudah says: בַּתְּחִלָּה אֶחָד שׁוֹגֵג וְאֶחָד מֵזִיד מַקְדִּימִין לְעָרֵי מִקְלָט – Initially, i.e. as soon as a killing has taken place, before the court has a chance to judge the matter, **both inadvertent and intentional killers hasten to the cities of refuge.**[42] **וּבֵית דִּין שׁוֹלְחִין וּמְבִיאִין אוֹתוֹ מִשָּׁם – And the court sends** for the killer **and brings him from there. מִי שֶׁנִּתְחַיֵּיב מִיתָה בְּבֵית דִּין הֲרָגוּהוּ – He who is found to be liable to death by the court, they execute; וְשֶׁלֹּא נִתְחַיֵּיב מִיתָה פְּטָרוּהוּ – and he who is found not to be liable to death,** i.e. anyone declared totally innocent (e.g. because the mishap was judged to be an unavoidable accident), **they exonerate. מִי שֶׁנִּתְחַיֵּיב גָּלוּת – He who is found to be liable to exile מַחֲזִירִין אוֹתוֹ לִמְקוֹמוֹ – is returned to his place,** i.e. to the city of refuge from whence he came, **שֶׁנֶּאֱמַר ,,וְהֵשִׁיבוּ אֹתוֹ הָעֵדָה אֶל־עִיר מִקְלָטוֹ וגו' " – for it is stated:**[43] ***and the tribunal shall return him to the city of his refuge* etc.**[44]

Gemara The Gemara cites a Baraisa that identifies and locates the six cities of refuge:

תָּנוּ רַבָּנָן – The Rabbis taught in a Baraisa: שָׁלֹשׁ עָרִים הִבְדִּיל מֹשֶׁה בְּעֵבֶר הַיַּרְדֵּן – MOSES DESIGNATED THREE CITIES IN THE TRANSJORDAN as cities of refuge, **וּכְנֶגְדָּן הִבְדִּיל יְהוֹשֻׁעַ בְּאֶרֶץ כְּנַעַן – AND JOSHUA DESIGNATED THREE CITIES OPPOSITE THEM IN THE LAND OF CANAAN. וּמְכֻוּוָנוֹת הָיוּ כְּמִין שְׁתֵּי שׁוּרוֹת שֶׁבְּכֶרֶם – AND THEY** (those in Canaan and those east of the Jordan) **WERE PARALLEL TO EACH OTHER LIKE TWO** parallel **ROWS IN A VINEYARD.** The six cities were: **חֶבְרוֹן בִּיהוּדָה כְּנֶגֶד בֶּצֶר בַּמִּדְבָּר – HEBRON IN JUDAH, OPPOSITE BETZER IN THE DESERT; שְׁכֶם בְּהַר אֶפְרַיִם כְּנֶגֶד רָמוֹת בַּגִּלְעָד – SHECHEM ON MOUNT EPHRAIM, OPPOSITE RAMAH IN GILEAD; קֶדֶשׁ בְּהַר נַפְתָּלִי כְּנֶגֶד גּוֹלָן בַּבָּשָׁן – [AND] KEDESH ON MOUNT NAFTALI, OPPOSITE GOLAN IN THE BASHAN.**[45]

The Baraisa continues, discussing the placement of the cities of refuge:

,,וְשִׁלַּשְׁתָּ" – The verse states: ***AND YOU SHALL DIVIDE INTO THREE*** *the boundary of your land . . .*[46] **שֶׁיְּהוּ מְשׁוּלָּשִׁין –** This verse teaches **THAT [THE CITIES] SHOULD BE** spaced so they lie upon each of **THREE** dividing lines in such a manner that there are equal stretches of land between them.[47] **שֶׁיְּהֵא מִדָּרוֹם לְחֶבְרוֹן כְּמֵחֶבְרוֹן לִשְׁכֶם –** Thus, we are taught that **THERE SHOULD BE FROM THE SOUTHERN** border of Eretz Yisrael **TO HEBRON THE SAME DISTANCE AS FROM HEBRON TO SHECHEM, וּמֵחֶבְרוֹן לִשְׁכֶם כְּמִשְּׁכֶם לְקֶדֶשׁ – AND FROM HEBRON TO SHECHEM THE SAME DISTANCE AS FROM SHECHEM TO KEDESH, וּמִשְּׁכֶם לְקֶדֶשׁ כְּמִקֶּדֶשׁ לְצָפוֹן – AND FROM SHECHEM TO KEDESH THE SAME DISTANCE AS FROM KEDESH TO THE NORTHERN** border.[48]

NOTES

repair, free from obstructions or anything that might delay a fleeing person. If the courts failed to carry out this responsibility, thus slowing the flight of a killer and causing him to die at the hands of the avenging relative, it was as if the courts were guilty of bloodshed (see *Rambam, Hil. Rotze'ach* 8:5,6).

38. From *Rambam* (*Hil. Rotze'ach* 5:7,8) it seems that the Mishnah's law applies to a killer who is being returned to the city of refuge after he has been sentenced to exile in court; see also *Tos. Yom Tov,* and Gemara below, 10b, with note 25 there.

39. The *goel hadam* [avenger] – literally: the redeemer of the blood – is the closest relative of the victim, whom the Torah permits to avenge the victim's death by killing his murderer (see further, 11b note 32). The city of refuge [*ir miklat*] serves as a sanctuary, and the *goel hadam* has no right to take revenge upon the killer as long as he is within the boundaries of the city. See below, 10b, and 11b-12a.

See *Aruch LaNer,* who discusses the source for this law.

40. They would say to him, "Do not deal with this person as with a murderer; he acted inadvertently" (*Rashi,* from Gemara 10b).

The Sages prescribed that Torah scholars accompany the killer, rather than bodyguards. They reasoned that an appeal to the conscience of the *goel hadam* would be efficacious, while physical protection might spur the *goel hadam* to arrange a large attacking force – an act that would result in even more bloodshed (see *Tiferes Yisrael;* see also *Meiri;* see also *Chazon Ish* 17:1 ד"ה והנה and in *Likkutim* §23, comments to 10b).

41. *Deuteronomy* 19:4. The idiomatic meaning of the word דְּבַר is *matter.* Thus, simply understood, the verse means to state that "this is the matter of the murderer," i.e. this is the law of how to deal with him. The Mishnah, however, homiletically interprets the word in its literal sense – this is the *word* of the murderer – teaching that he must speak up for himself as well. See Gemara below, 10b, and *Aruch LaNer* there ד"ה ר"מ אומר.

[Other versions of the Mishnah do not have the word אַף, *too,* in the text of R' Meir's statement. According to this reading, R' Meir disputes the Tanna Kamma, and rules that it is the killer's obligation to speak up; he holds that we do not send scholars to speak with the *goel hadam* (see *Rambam, Commentary to the Mishnah; Ritva* to Gemara below, 10b).

42. According to the Tanna of the Mishnah, the city of refuge protects even an intentional murderer, pending his trial. This is derived by *Sifrei* to *Deuteronomy* 19:11 (see *Rashi*). However, see below, 10b, where a dissenting Tannaic view is cited.

43. *Numbers* 35:25.

44. [There is a fourth category of killer that is not dealt with by the Mishnah: namely, one who is not subject to execution but who is nonetheless liable to death at the hands of the *goel hadam* because he killed intentionally (but without having been warned), or with such gross negligence that the killing bordered on the intentional [קָרוֹב לְמֵזִיד]. These killers are not afforded protection by the cities of refuge, and they remain subject to the vengeance of the *goel hadam* (see *Rambam, Hil. Rotze'ach* 6:1-5).]

45. The designation of the three cities in the TransJordan is described in the Torah (*Deuteronomy* 4:43), and that of the cities in Eretz Yisrael proper in the Book of *Joshua* (20:7). The first of each pair mentioned in the Baraisa was in Eretz Yisrael proper.

46. *Deuteronomy* 19:3.

47. That is, the land was actually divided into *four* sections, from north to south, as the Baraisa proceeds to explain. On each of the three dividing lines a city of refuge was situated. Thus, the land was divided by the cities three times [although it was actually divided into fourths] (see *Rashi,* and *Tosafos* ד"ה משולשת; see also *Aruch LaNer*).

48. This requirement of dividing the land three times applied to Eretz Yisrael proper; the three cities in the Transjordan did not divide it in this manner, for they were situated parallel to the cities in Eretz Yisrael, as mentioned in the Baraisa above (*Siach Yitzchak;* see further there).

[א] אשת נביא הוא דתיהדר דלאו נביא לא תיהדר אלא כדאמר ר' שמואל בר נחמני דאמר ר' שמואל בר נחמני אמר ר' יונתן הכי קאמר ליה [א] ועתה השב (את) אשת האיש מכל מקום ודקאמרת הגוי גם צדיק תהרוג הלא הוא אמר לי אחותי היא וגו' נביא הוא וממך למד אכסנאי (א) הוא שבא לעיר על עסקי אכילה ושתיה שואלין אותו כלום שואלין אותו אשתך זו אחותך זו מכאן [א] שבן נח נהרג שהיה לו ללמוד ולא למד: **מתני'** [ב] הסומא אינו גולה דברי רבי יהודה ר' מאיר אומר גולה [ג] השונא אינו גולה [ג] רבי יוסי אומר השונא נהרג מפני שהוא כמועד רבי שמעון אומר יש שונא גולה ויש שונא שאינו גולה זה הכלל כל שהוא יכול לומר לדעת הרג אינו גולה ושלא לדעת הרג הרי זה גולה: **גמ'** [ג] ת"ר [ב] בלא ראות פרט לסומא דברי רבי יהודה רבי מאיר אומר בלא ראות לרבות את הסומא מאי טעמא דרבי יהודה דכתיב [ג] ואשר יבא את רעהו ביער אפילו סומא אתא בלא ראות מעטיה ורבי מאיר בלא ראות למעט בבלי דעת למעט הוי מיעוט אחר מיעוט [ד] ואין מיעוט אחר מיעוט אלא לרבות ורבי יהודה בבלי דעת [ה] פרט למתכוין הוא דאתא: ר' יוסי אומר השונא נהרג כו': והא לא אתרו ביה מתניתין רבי יוסי בר יהודה היא דתניא [ו] רבי יוסי בר יהודה אומר חבר אינו צריך התראה לפי שלא ניתנה התראה אלא להבחין בין שוגג למזיד: רבי שמעון אומר יש שונא גולה וכו': תניא כיצד אמר רבי שמעון יש שונא גולה ויש שונא שאינו גולה נפסק גולה נשמט אינו גולה והתניא ר' שמעון אומר לעולם אינו גולה עד שישמט מחצלו מידו קשיא נפסק אנפסק קשיא נשמט אנשמט (ב) נפסק אנפסק לא קשיא הא באוהב והא בשונא נשמט אנשמט לא קשיא הא רבי והא רבנן: **מתני'** להיכן גולין [ד] לערי מקלט לשלש שבעבר הירדן ולשלש שבארץ כנען [ה] שנאמר [ד] את שלש הערים תתנו מעבר לירדן ואת שלש הערים תתנו בארץ כנען וגו' עד שלא נבחרו שלש שבארץ ישראל [ו] לא היו שלש שבעבר הירדן קולטות שנאמר שש ערי מקלט תהיינה עד שיהיו [ז] ששתן קולטות כאחת [ז] ומכוונות להן דרכים מזו לזו שנאמר [ה] תכין לך הדרך ושלשת וגו' [ח] ומוסרין להן שני ת"ח שמא יהרגנו בדרך וידברו אליו רבי מאיר אומר [ט] (אף) הוא מדבר ע"י עצמו שנאמר [ו] וזה דבר הרוצח רבי יוסי [ט] בר יהודה אומר [ט] בתחלה אחד שוגג ואחד מזיד מקדימין לערי מקלט וב"ד שולחין ומביאין אותו משם מי שנתחייב מיתה בב"ד הרגוהו ושלא נתחייב מיתה פטרוהו מי שנתחייב גלות מחזירין אותו למקומו שנאמר [ז] והשיבו אותו העדה אל עיר מקלטו וגו': **גמ'** תנו רבנן [י] [י] שלש ערים הבדיל משה בעבר הירדן וכנגדן הבדיל יהושע בארץ כנען ומכוונות היו כמין שתי שורות שבכרם [ח] חברון ביהודה כנגד [ט] בצר במדבר שכם בהר אפרים כנגד רמות בגלעד קדש בהר נפתלי כנגד גולן בבשן ושלשת [כ] שיהו משולשין שיהא מדרום לחברון כמחברון לשכם ומחברון לשכם כמשכם לקדש ומשכם לקדש כמקדש לצפון בעבר הירדן תלת בארץ ישראל תלת אמר אביי בגלעד שכיחי רוצחים דכתיב

מתני' מפני שהוא כמועד. כמותרה עליו ועובר על התראה דודאי לדעת הרגו: ויש שונא שאינו גולה. ולא נהרג: כל. הריגה שיכולין לומר על הריגה זו שלדעת היתה אינו גולה לפי שחשוד הוא על כך: שלא לדעת הרג. כשהריגה זו ודאי שלא לדעת שאין אדם יכול לומר עליה לדעת היתה גולה ובגמ' מפרש לה: **גמ'** בלא ראות פרט לסומא. דמשמע כאן לא ראה אבל רואה במקום אחר פרט לסומא שאינו רואה בשום מקום: פרט למתכוין. כדאמרן לעיל (דף ז:): להבחין בין שוגג למזיד. שלא יכול לומר לא הייתי יודע שאסור: נפסק. החבל ונפל עליו אין לומר בא לדעת זה: נשמט. החבל מידו ונפלה עליו אינו גולה שיש לומר לדעת עשה: לעולם אינו גולה. לא אוהב ולא שונא בנפסק אלא בנשמט: מחצלו. הוא מעגילה שפעמים שטחין במחצלים שהוא כלי אומנות של בונים ובלע"ז טרואיל"ה: הכי גרסי' נשמט אנשמט לא קשיא הא באוהב הא בשונא נפסק אנפסק לא קשיא הא רבי והא רבנן. (ג) הא דקתני נשמט גולה באוהב דלא חשיד דעביד מדעת ודקתני נשמט אינו גולה בשונא כדקתני בהדיא בברייתא יש שונא שאינו גולה ומפרש מילתיה נשמט אינו גולה: נפסק אנפסק לא קשיא הא רבי והא רבנן. הא דקתני נפסק גולה אפי' בשונא וכל שכן באוהב [כ] רבנן ואליבא דר' שמעון הוא דאמר נשמט הברזל מקתו והרג גולה ונפסק החבל דומיא דנשמט הברזל מקתו היא שנשאר האגד בידו והא דקתני נפסק אינו גולה רבי היא דאמר נשמט הברזל מקתו אינו גולה והוא הדין לחבל הנפסק עד שישמט מחצלו מידו שאין נשאר בידו כלום דומיא דמן העץ המתבקע ולרבי אליבא דר' שמעון אין לך שונא גולה כך מצאתי גירסא בתשובות הגאונים וכן עיקר וגירסת הספרים משובשת היא וטעו לדמות נשמט החבל לנשמט הברזל ואי אפשר להעמידה ולפרש נפסק אנפסק לא קשיא הא באוהב הא בשונא דהא על כרחך הא דתני נפסק גולה בשונא מפורשת והיאך תאמר הא דתני נפסק אינו גולה באוהב השתא בשונא גולה באוהב לא כל שכן וכי יש לך לומר שגולה בשונא ואינו גולה באוהב ועוד נשמט אנשמט לא קשי' הא רבי והא רבנן היאך תאמר הא דתני נשמט אינו גולה רבי היא דאמר נשמט אינו גולה אפי' באוהב אם כן אין הטעם מפני שיכול לומר לדעת נהרג ור' שמעון תלי טעמא בהכי: **מתני'** עד שלא נבחרו שלש שבארץ כנען. היינו כל ארבע עשרה שכבשו וחלקו ואח"כ הבדילן יהושע: לא היו שלש. שהבדיל משה בעבר הירדן קולטות: וידברו אליו. אל גואל הדם ואומרין לו אל תנהג בו מנהג שופכי דמים בשגגה בא מעשה לידו: בתחלה. כלומר תחלת משפט כל הרוצחים ואפילו מזידין ויליף טעמא בסיפרא דבי רב מוארב לו וגו' ונס אל אחת וגו': **גמ'** ומכוונות היו. אלו נגד אלו בשתי שורות כמו שתי שורות שבכרם: ושלשת את גבול ארצך וגו' שיהו משולשות. כלומר שמתחלקת הארץ חלקות רחבה של ארץ ישראל לארבעת רבעים כמו שמפרש והולך שיהא מדרומה שבארץ ישראל לחברון כמחברון לשכם כו': בעבר הירדן תלת כו'. בתמיה בנחלת שני שבטים שלש כמו בנחלת עשרה שבטים: בגלעד. שהיא בעבר הירדן שכיחי רוצחים:

עוקבין

ורבי יהודה ההוא מבעי ליה פרט למתכוין וכו'. (ד) דר' מאיר סבר פרט למתכוין וכו' שמעינן משגגה ותרתי שמע מינה והיא דברייתא דלעיל אתיא כר' יהודה: [ל] **נשמט** אנשמט לא קשיא כאן באוהב כאן בשונא נפסק אנפסק לא קשיא הא רבי הא רבנן. וא"ת לרבי היכי משכחת לה שונא שיגלה דבנשמט אוהב גולה ולא שונא ואם בנפסק אפי' אוהב אינו גולה ואין [מ] זו סברא לומר דלית ליה לרבי דר' שמעון [ס] דהוי רביה ויש לומר דמכל מקום משכחת לה כגון שנפל מן הגג עליו דידוע לכל שלא נפל מדעת שהרי היה בסכנת מות: (ה) **משולשות.** שיהא מתחלת ארץ ישראל עד ראשונה כמו מראשונה לשניה שלחלוקה שוה היה א"י ובאמצע היו ערי מקלט וכן יש לפרש ההיא דמגילה (דף יט. ושם) דקאמר נקראת אגרת שאם תפרה הכל שלשה חוטין גידין כשרה ובלבד שיהא משולשין ופירושו הוי כי הכא שצריך שמתחלת התפירה עד חוט של גידין כמו עד שניה של גידין ומשניה עד שלישית כמו משלישית עד סוף התפירה ולא כדברי המפרשים משולשות אחד בתחלה ואחד באמצע ואחד בסוף [נ]: **בגלעד** שכיחי רוצחים. פי' ולהכי הוצרכו לערי מקלט (ו) לפי כשהורגים מזיד בלא עדים הקב"ה מזמנן לפונדק אחד כדאמרי' לקמן (דף י:) [ס]:

והא

עין משפט נר מצוה

לב א מיי' פ"י מהל' מלכים הלכה א:
לג ב מיי' פ"ו מהל' רוצח הל' יד סמג עשין עה:
לד ג מיי' שם הל' י סמג שם:
לה ד מיי' שם פ"ה הל' א סמג שם:
לו ה מיי' שם פ"ח הל' ב סמג עשין עו:
לז ו מיי' שם הל' ג:
לח ז מיי' שם הל' ה:
לט ח מיי' שם פ"ה הל' ח:
מ ט מיי' שם פ"ה הלכה ז:
מא י מיי' שם פ"ח הל' ב:
מב כ מיי' שם הלכה ז:

רבינו חננאל

הכי קאמר דקאמרת הגוי גם צדיק תהרוג הלא הוא אמר לי אחותי היא נביא הוא וממך למד. כלומר כיון שראה אותך שואלו על עסקי אשתו נתיירא שלא תהרגנו ולפיכך אמר לך אחותי היא מיכן לבן נח שנהרג שהיה לו ללמוד ולא למד: **הסומא אינו גולה כו'.** ת"ר בלא ראות מכלל שיכול לראות פרט לסומא שאינו גולה דברי ר' יהודה. ר' מאיר אומר בלא ראות למעט הסומא בבלי דעת למעט הסומא הוי מיעוט אחר מיעוט ואין מיעוט אחר מיעוט אלא לרבות אפי' סומא גולה. השונא אינו גולה. ר' יוסי אומר השונא (אינו) נהרג מפני שהוא כמועד. וכר' יוסי בר יהודה דתני חבר אינו צריך התראה לפי שלא ניתנה התראה אלא להבחין בין שוגג למזיד והאי כיון דשונא הוא ודאי מזיד הוא. **תניא** כיצד א"ר שמעון יש שונא גולה כגון שנפסק. אבל נשמט אינו גולה דכיון שהוא שונא במזיד שמט. איני והתניא ר' שמעון אומר לעולם אינו גולה עד שישמט מחצלו מידו ושנינן לא קשיא הא דתני נשמט אינו גולה כרבי דתני נשמט הברזל מקתו והרג רבי אומר אינו גולה והא דתנא גולה כרבנן דאמרי גולה א): להיכן גולין לערי מקלט לשלש שבעבר הירדן ושלש שבארץ כנען: ת"ר שלש ערים הבדיל משה בעבר הירדן וכנגדן הבדיל יהושע בארץ כנען. ומכוונות היו חברון ביהודה כנגד בצר במדבר כו'. ושלשת שתהיינה משולשות מדרום לחברון כמחברון לשכם כו'. אמר אביי בגלעד שכיחי רצחנים

חשק שלמה על ר"ח

א) פירוש זה דתאוהו הראשונים. עי' רש"י רמב"ן וריטב"א:

לעזי רש"י

טרואיל"ה. פירוש מחללים, מעגילה (רש"י מכות דף ז ע"א ד"ה היה מעגל במעגילה), כף של סיידים (רש"י שבת דף פ ע"ב ד"ה על מלא כף סיד ועיין רש"י לרי"ף מו"ק דף ד ע"א ד"ה מחללים):

תורה אור השלם

א) וְעַתָּה הָשֵׁב אֵשֶׁת הָאִישׁ כִּי נָבִיא הוּא וְיִתְפַּלֵּל בַּעַדְךָ וֶחְיֵה וְאִם אֵינְךָ מֵשִׁיב דַּע כִּי מוֹת תָּמוּת אַתָּה וְכָל אֲשֶׁר לָךְ: [בראשית כ, ז]
ב) אוֹ בְכָל אֶבֶן אֲשֶׁר יָמוּת בָּהּ בְּלֹא רְאוֹת וַיַּפֵּל עָלָיו וַיָּמֹת וְהוּא לֹא אוֹיֵב לוֹ וְלֹא מְבַקֵּשׁ רָעָתוֹ: [במדבר לה, כג]
ג) וַאֲשֶׁר יָבֹא אֶת רֵעֵהוּ בַיַּעַר לַחְטֹב עֵצִים וְנִדְּחָה יָדוֹ בַגַּרְזֶן לִכְרֹת הָעֵץ וְנָשַׁל הַבַּרְזֶל מִן הָעֵץ וּמָצָא אֶת רֵעֵהוּ וָמֵת הוּא יָנוּס אֶל אַחַת הֶעָרִים הָאֵלֶּה וָחָי: [דברים יט, ה]
ד) אֵת שְׁלֹשׁ הֶעָרִים תִּתְּנוּ מֵעֵבֶר לַיַּרְדֵּן וְאֵת שְׁלֹשׁ הֶעָרִים תִּתְּנוּ בְּאֶרֶץ כְּנָעַן עָרֵי מִקְלָט תִּהְיֶינָה: [במדבר לה, יד]
ה) תָּכִין לְךָ הַדֶּרֶךְ וְשִׁלַּשְׁתָּ אֶת גְּבוּל אַרְצְךָ אֲשֶׁר יַנְחִילְךָ יְיָ אֱלֹהֶיךָ וְהָיָה לָנוּס שָׁמָּה כָּל רֹצֵחַ: [דברים יט, ג]
ו) וְזֶה דְּבַר הָרֹצֵחַ אֲשֶׁר יָנוּס שָׁמָּה וָחָי אֲשֶׁר יַכֶּה אֶת רֵעֵהוּ בִּבְלִי דַעַת וְהוּא לֹא שֹׂנֵא לוֹ מִתְּמֹל שִׁלְשֹׁם: [דברים יט, ד]
ז) וְהִצִּילוּ הָעֵדָה אֶת הָרֹצֵחַ מִיַּד גֹּאֵל הַדָּם וְהֵשִׁיבוּ אֹתוֹ הָעֵדָה אֶל עִיר מִקְלָטוֹ אֲשֶׁר נָס שָׁמָּה וְיָשַׁב בָּהּ עַד מוֹת הַכֹּהֵן הַגָּדֹל אֲשֶׁר מָשַׁח אֹתוֹ בְּשֶׁמֶן הַקֹּדֶשׁ: [במדבר לה, כה]
ח) וַיַּקְדִּשׁוּ אֶת קֶדֶשׁ בַּגָּלִיל בְּהַר נַפְתָּלִי וְאֶת שְׁכֶם בְּהַר אֶפְרָיִם וְאֶת קִרְיַת אַרְבַּע הִיא חֶבְרוֹן בְּהַר יְהוּדָה: [יהושע כ, ז]
ט) אֶת בֶּצֶר בַּמִּדְבָּר בְּאֶרֶץ הַמִּישֹׁר לָראוּבֵנִי וְאֶת רָאמֹת בַּגִּלְעָד לַגָּדִי וְאֶת גּוֹלָן בַּבָּשָׁן לַמְנַשִּׁי: [דברים ד, מג]

מסורת הש"ס

א) ב"ק צב., ב) לעיל ו:, ג) ב"ק פו: נדרים פז:, ד) [יומא מג. וש"נ], ה) [לעיל ז:], ו) סנהדרין ח: מא. עב: לעיל ו:, ז) [גיר' ירושלמי שלשתן], ח) [ע' תוי"ט], ט) [בסה"מ ר"י ברבי יהודה], י) [תוספת' פ"ב], כ) דרבנן דר"ש היא דאמרו נשמט כו' רש"ל, ל) לפי גירסת תוספות לא גרסינן בברייתא ר"ש. מהרש"א ומהר"ם, מ) [עי' מהרש"א ומהר"ם], נ) [וע"ע תוספות בכורות לט. ד"ה שיהיו], ס) [והרמב"ן בפי' החומש כתב בזה"ל ואע"פ שאין המקלט אלא בשוגגין היו שופכים דמים במרמה ומראין עצמן כשוגגין והוצרך להרבות להם ערי מקלט לקלוט את כולן שלא נודע מי המזיד וכו'].

הגהות הב"ח

(א) גמ' אכסנאי שבא לעיר כצ"ל ותיבת הוא נמחק: (ב) שם קשיא נשמט אנשמט (נפסק אנפסק וכו' והא רבנן) תא"מ ונ"ב ס"א נשמט אנשמט ל"ק הא באוהב והא בשונא נפסק אנפסק ל"ק הא רבי והא רבנן: (ג) רש"י ד"ה הכי גרסי' וכו' והא רבנן פי' הא דקתני: (ד) תוס' ד"ה ור' יהודה וכו' ור' מאיר סבר פרט למתכוין שמעינן כצ"ל ותיבת וכו' נמחק: (ה) ד"ה משולשין וכו' שלחלוקה שוה היו ערי מקלט באמצע ארץ ישראל וכן יש לפרש: (ו) ד"ה בגלעד וכו' לערי מקלט הרבה לפי שכשהורגים מזיד בלא עדים. נ"ב ומ"מ איכא שוגגין הרבה בגלעד:

גליון הש"ס

תוס' ד"ה נשמט וכו' דהוי רביה. כדאיתא שבת דף קמז ע"ב:

ליקוטי רש"י

שהיה לו ללמוד. דרך ארץ ולא למד מדקאמר ליה רחמנא נביא הוא דמשמע שאין ממש בדבריך ורואי אתה ליהרג [ב"ק צב.].

ר' יוסי אומר השונא נהרג. שאמר בשוגג הרגתי נהרג מפני שהוא כמועד ומותרה [לעיל ו:]. **בלא ראות פרט לסומא.** שהרג בשוגג אינו גולה. והכי קאמר בלא ראות זה שהרגו לא ראהו דאילו ראהו לא היה הורגו מכלל דיש ספק בידו לראות ואינו רואה דאינו גולה דסד"א מקלט ידיעה לסומא באומנתא דליכא תליא דרוב סומין מבינים לקול הברה מהיכן היא יוצא ואותן קלת ידיעה בכלל ידיעה היא דקרא לא איירי אלא היכא דידע לחבריה דהוה התם אלא דלא מיכוין למיקטליה כדכתיב ואשר יבוא את רעהו ביער דהוה ידיע ליה אבל סומא אע"פ שלא ראהו ששם הוא, על ידי שמיעה ידע שהוא לשם ונימא דחייב גלות להכי איצטריך קרא בלא ראות פרט לסומא דאינו חייב גלות. **רבי מאיר אומר בלא ראות לרבות את הסומא.** שגולה דהא אינו רואה והיינו דאיצטריך קרא לרבויי מי שהוא בלא ראות העין דלא אמר מקלת ידיעה לאו ככל ידיעה ונימא דהואיל ומקלת ידיעה לאו ככל ידיעה לא יהא גולה להכי איצטריך לן ריבויא דקרא לחייבו גלות [נדרים פז: פח.]. **מאי טעמא דרבי יהודה וכו'.** כל מי שיכול ליכנס ליער גולה ואפי' סומא במשמע ואתא בלא ראות דלא איצטריך דכי היכי דמתרבי מבלא ראות מתרבי נמי מיער והוי ריבוי אחר ריבוי ואין רבוי אחר רבוי אלא למעט ובלא ראות ממעט לסומא. **בבלי דעת למעט.** כלומר כל שיש לו ידיעה כשזורק אבן להיכן נופלת וסומא לאו בר מידע הוא [שם]. **בתחילה.** תחלת משפטן של רוצחים ועיקרו זהו אחד שוגג ואחד מזיד כו' ויליף טעמא מקרא וכי יהיה איש שונא לרעהו וארב לו וקם עליו וגו' משמע אם הורגו בכוונה ינוס וכתיב בתריה ושלחו זקני עירו וגו' [לקמן י:].

The Gemara wonders at the statistical imbalance implied by the designation of the same number of cities for both sides of the Jordan: **בְּעֵבֶר הַיַּרְדֵּן תְּלָת בְּאֶרֶץ יִשְׂרָאֵל תְּלָת** — But is it reasonable to designate **three in the TransJordan** to serve only the tribes of Reuben and Gad and half of Menasheh, and to also designate **three in Eretz Yisrael** proper to serve all of the rest of the tribes?![49]

The Gemara answers:

אָמַר אַבַּיֵי — **Abaye said:** **בְּגִלְעָד שְׁכִיחֵי רוֹצְחִים** — **In Gilead,** on the east bank of the Jordan, **murderers were** more **common,**[50]

NOTES

49. See *Ramban* to *Numbers* 35:14, who discusses the Gemara's question.

50. Although the prevalence of [Jewish] murderers in Gilead had obviously not yet occurred, God commanded that the cities be separated in this manner in light of what was to come in the future (see *Ramban* to *Numbers* ibid.).

דִּכְתִיב ,,גִּלְעָד קִרְיַת פֹּעֲלֵי אָוֶן עֲקֻבָּה מִדָּם" – **for it is written:**[1] ***Gilead is a city of evildoers, filled with those who waylay for blood.*** מַאי ,,עֲקֻבָּה מִדָּם" – **What is** meant by the words ***who waylay for blood?*** אָמַר רַבִּי אֶלְעָזָר – **R' Elazar said:** שֶׁהָיוּ עוֹקְבִין לַהֲרוֹג נְפָשׁוֹת – This means **that they would wait in ambush in order to murder people.**[2]

The Gemara questions another seeming imbalance:

וּמַאי שְׁנָא מֵהַאי גִּיסָא וּמֵהַאי גִּיסָא דִּמְרַחֲקֵי – **And what was unique that** the people living **on this side and on this side** – i.e. north of Kedesh and south of Hebron, in Eretz Yisrael proper – **were far** from cities of refuge, וּמַאי שְׁנָא מְצִיעָאֵי דִּמְקָרְבֵי – **while those** living **in the middle** of the country **were close?**[3]

The Gemara answers:

אָמַר אַבַּיֵּי – **Abaye said:** בִּשְׁכֶם נַמִּי שְׁכִיחֵי רוֹצְחִים – **In Shechem, too,** which was in the central part of Eretz Yisrael, **murderers were common,** דִּכְתִיב ,,וּכְחַכֵּי אִישׁ גְּדוּדִים חֶבֶר כֹּהֲנִים דֶּרֶךְ יְרַצְּחוּ־שֶׁכְמָה וגו' " – **as it is written:** ***And like gangs awaiting a man, a band of Kohanim murders on the road to Shechem* etc.**[4]

Having cited this verse, the Gemara inquires:

מַאי ,,חֶבֶר כֹּהֲנִים" – **What is** meant by the phrase ***a band of Kohanim?*** Surely the Kohanim were not killers; why are the murderers in this verse referred to as Kohanim?

The Gemara explains:

אָמַר רַבִּי אֶלְעָזָר – **R' Elazar answered:** שֶׁהָיוּ מִתְחַבְּרִין לַהֲרוֹג נְפָשׁוֹת – **Because they would band together to kill people** כְּכֹהֲנִים הַלָּלוּ שֶׁמִּתְחַבְּרִין לַחֲלוֹק תְּרוּמוֹת בְּבֵית הַגְּרָנוֹת – **like those Kohanim who gather to receive portions of tithes in the threshing places.**[5]

Reverting to its analysis of the Mishnah, the Gemara asks:

וְהָא וְתוּ לֵיכָּא – **But are there no more** cities of refuge than six? כְּתִיב ,,וַעֲלֵיהֶם תִּתְּנוּ אַרְבָּעִים וּשְׁתַּיִם עִיר" – **Why, it is written:** ***and in addition to them [the six cities of refuge] you shall add forty-two cities.***[6] – ? –

אָמַר אַבַּיֵּי – **Abaye said:** הַלָּלוּ קוֹלְטוֹת בֵּין לְדַעַת בֵּין שֶׁלֹּא לְדַעַת – **These** six **provide refuge whether [the killer] is aware** that they provide sanctuary **or whether he is not aware;** הַלָּלוּ לְדַעַת קוֹלְטוֹת שֶׁלֹּא לְדַעַת אֵינָן קוֹלְטוֹת – but **these** other forty-two **provide refuge** only **when he is aware, but they do not provide refuge when he is not aware.**[7]

One of the cities specified above as a city of refuge was the city of Hebron. The Gemara asks:

וְחֶבְרוֹן עִיר מִקְלָט הוּא – **But was Hebron a city of refuge?** וְהָכְתִיב ,,וַיִּתְּנוּ לְכָלֵב אֶת־חֶבְרוֹן כַּאֲשֶׁר דִּבֶּר מֹשֶׁה" – **Why, it is written:** ***And they gave Hebron to Calev as Moses had spoken.***[8] Now Calev was from the tribe of Judah, whereas the cities of refuge were all Levite cities. How, then, could Hebron have been a city of refuge?

The Gemara replies:

אָמַר אַבַּיֵּי – **Abaye said:** פַּרְוָודָהָא – They gave to Calev Hebron's **surrounding areas.**[9] The city itself, however, was designated a city of refuge and assigned to the Leviim, דִּכְתִיב

NOTES

1. *Hosea* 6:8.

2. The Rishonim raise an obvious difficulty with Abaye's answer. These cities provided refuge only for those who had killed *inadvertently*. How, then, can the Gemara state that because *intentional* murderers were common in Gilead, more cities of refuge were necessary?

Ramban (here and to *Numbers* 35:14) explains that many of the intentional murderers would attempt to escape capital punishment by making their killings seem accidental. Therefore, those murderers would ultimately be sentenced to exile in the cities of refuge. Thus, more cities were needed to accommodate all of the killers (see also *Ritva*). *Tosafos* here (as explained by *Maharsha* and *Maharam*) offer a different explanation. The Gemara below teaches that premeditated and inadvertent killers who escaped punishment by the courts would be punished by God. He would bring them together to a place where witnesses were present. The inadvertent killer would then fall off a ladder carelessly, killing the intentional murderer, so that the murderer would be dead and the one who caused his death would be exiled. Thus, both people would be punished as they deserved to be. Because of the presence of many unpunished intentional murderers in Gilead, God caused numerous inadvertent killers who had avoided being exiled to come from other places to Gilead. Mishaps would then occur in Gilead, in which the unexiled killers would inadvertently kill intentional murderers. Owing to the unusual number of intentional murderers in Gilead, mishaps resulting in exile occurred with greater frequency there than anywhere else.

Gur Aryeh (*Numbers* 35:14) explains that inadvertent killings are the result of negligence caused by a callous disregard for human life, which was prevalent in Gilead. Thus, in a place where murder was more common, inadvertent killings would also be more common. See also *Nasan Piryo*.

3. As we learned above (9b), the Land was divided into four sections. Hebron in the south, and Kedesh in the north, were at a distance of one-quarter of the Land from their respective borders, meaning that people living near either border had to flee up through a full quarter of the Land to reach a city of refuge. People living in the center of the country, however, were never more than an eighth of the Land away from a city of refuge [since there were cities of refuge both to the north and south of them] (*Rashi*). Seemingly, it would have been more equitable to place one city of refuge at a distance of one-sixth of the Land from each border, and the third city in the exact middle of the Land. In that way, no person would ever have to flee more than one sixth of the Land to reach a city of refuge (see *Aruch LaNer*).

4. *Hosea* 6:9. The simple meaning of the word שֶׁכְמָה – as interpreted by the commentators there – is *with one will*. The Sages, however, homiletically interpret it as referring to the city of Shechem.

[Although the Gemara states that murderers were common in Shechem, they were even more common in Gilead; thus, an equal number of cities were needed for both sides of the Jordan (*Maharsha*; see *Aruch LaNer*).]

5. These murderers would attack their victim as a group, so no one would be able to determine who had actually delivered the death blow. Thus, they would all escape punishment (*Aruch LaNer*). See *Nasan Piryo* for further discussion of the prophet's comparison.

6. *Numbers* 35:6. The full verse reads: וְאֵת הֶעָרִים אֲשֶׁר תִּתְּנוּ לַלְוִיִּם אֵת שֵׁשׁ־עָרֵי הַמִּקְלָט אֲשֶׁר תִּתְּנוּ לָנֻס שָׁמָּה הָרֹצֵחַ וַעֲלֵיהֶם תִּתְּנוּ אַרְבָּעִים וּשְׁתַּיִם עִיר, *And the cities that you shall give to the Leviim, [they are] the six cities of refuge that you shall give, for the murderer to flee there; and in addition to them, forty-two cities.* The Leviim were given these forty-eight cities in place of a portion of the Land. The verse teaches that all of the forty-eight Levite cities served as sanctuaries.

[See *Maharsha* and *Siach Yitzchak,* who discuss why the Gemara chose to ask this question at this point of our *sugya.*]

7. That is, he fled to the city but did not realize that it provides legal refuge (*Rashi*; see also *Ritva*). However, the six cities designated as *arei miklat* provide refuge even when he is unaware. Thus, although the other forty-two Levite cities are also refuges, the six specifically designated as *arei miklat* possess a greater capacity to give refuge.

The commentators discuss other differences that exist between the six *arei miklat* and the forty-two Levite cities. The Gemara below (13a) notes that a killer who is exiled to one of the six *arei miklat* need not pay rent for his lodgings; one who lives in the forty-two other cities, however, must pay rent to the Leviim (according to one view). [See *Rashash*, who discusses why this difference was not mentioned by the Gemara here.] *Aruch HaShulchan* (*Choshen Mishpat* 425:62), citing *Tosefta*, writes that direct roads are not laid out to the other Levite cities, nor is the court obligated to ensure that provisions and water are available in those cities (as they are with respect to the six *arei miklat*; see Gemara below). He explains that the Gemara here wished only to note the distinction that existed between the cities with respect to their ability to provide refuge.

8. *Judges* 1:20.

9. The villages and open areas surrounding Hebron, that were referred to as ["the villages/fields of"] Hebron, were given to Calev (*Rashi*).

מסורת הש"ס

א) ב"ב קכב., ב) ס"א הואי, ג) [לפי מ"ש הערוך בערך פרוור ע"ש צ"ל פרוורהא ברי"ש והעיר המוסף הערוך שם פירושו בלשון יוני מגרשי הערים וכפרים נקרא פרוור], ד) (ערכין לג: ע"ש), ה) [שם לג:], ו) [תוספתא פ"ב ע"ש], ז) נ"א א"ר זירא, ח) חולין קלג. ע"ש, ט) הוריות יג: מגילה יח., י) בדפו"י ליתא, כ) תענית ז. ברכות סג:, ל) [תענית ז. ע"ש], מ) [שבת ל.], נ) [תוספתא פ"ב], ס) צ"ל רביעית.

הגהות הב"ח

(א) גמ' אמר אביי הללו. נ"ב פירוש הני שש: (ב) רש"י ד"ה נואלו שרי צוען נשאו. נ"ב נשאו פרש"י נתעו:

גליון הש"ס

גמ' כי הא דרב חסדא. עיין שבת דף ל ע"ב: רש"י ד"ה רב אשי וכו' גרסי' ללמוד. רצה לתרץ דלמה הקדים לשון דברי רב אשי לדרבינא הא רבינא קשיש מיניה לזה כתב רש"י דדברי רב אשי ללמוד ודרבינא ללמד מש"ה נקט כסדר ללמוד ואח"כ ללמד:

תורה אור השלם

א) גלעד קרית פעלי און עקבה מדם: [הושע ו, ח]

ב) וכחכי איש גדודים חבר כהנים דרך ירצחו שכמה כי זמה עשו: [הושע ו, ט]

ג) ואת הערים אשר תתנו ללוים את שש ערי המקלט אשר תתנו לנס שמה הרצח ועליהם תתנו ארבעים ושתים עיר: [במדבר לה, ו]

ד) ויתנו לכלב את חברון כאשר דבר משה ויורש משם את שלשה בני הענק: [שופטים א, כ]

ה) ואת שדה העיר ואת חצריה נתנו לכלב בן יפנה באחזתו: [יהושע כא, יב]

ו) וערי מבצר הצדים צר וחמת רקת וכנרת: [יהושע יט, לה]. ואדמה והרמה וחצור: [שם, לו]. וקדש ואדרעי ועין חצור: [שם, לז]

ז) לנס שמה רוצח אשר ירצח את רעהו בבלי דעת והוא לא שנא לו מתמל שלשם ונס אל אחת מן הערים האל וחי: [דברים ד, מב]

ח) את בצר במדבר בארץ המישר לראובני ואת ראמת בגלעד לגדי ואת גולן בבשן למנשי: [דברים ד, מג]

ט) וזאת התורה אשר שם משה לפני בני ישראל: [דברים ד, מד]

י) וישמע ראובן ויצלהו מידם ויאמר לא נכנו נפש: [בראשית לז, כא]

כ) אז יבדיל משה שלש ערים בעבר הירדן מזרחה שמש: [דברים ד, מא]

ל) אהב כסף לא ישבע כסף ומי אהב בהמון לא תבואה גם זה הבל: [קהלת ה, ט]

מ) מי ימלל גבורות יי ישמיע כל תהלתו: [תהלים קו, ב]

נ) חרב אל הבדים ונאלו חרב אל גבוריה וחתו: [ירמיה נ, לו]

ס) ויאמר אהרן אל משה בי אדני אל נא תשת עלינו חטאת אשר נואלנו ואשר חטאנו: [במדבר יב, יא]

ע) נואלו שרי צען נשאו שרי נף התעו את מצרים פנת שבטיה: [ישעיה יט, יג]

פ) עמדות היו רגלינו בשעריך ירושלם: [תהלים קכב, ב]

צ) שיר המעלות לדוד שמחתי באמרים לי בית יי נלך: [תהלים קכב, א]

ק) כי טוב יום בחצריך מאלף בחרתי הסתופף בבית אלהי מדור באהלי רשע: [תהלים פד, יא]

גמרא

דכתיב א) גלעד קרית פועלי און עקובה מדם מאי עקובה מדם א"ר אלעזר שהיו עוקבין להרוג נפשות ומאי שנא מהאי גיסא ומהאי גיסא דמרחקי ומאי שנא מציעאי דמקרבי אמר אביי בשכם נמי שכיחי רוצחים דכתיב ב) וכחכי איש גדודים חבר כהנים דרך ירצחו שכמה וגו' מאי חבר כהנים א"ר אלעזר שהיו מתחברין להרוג נפשות ככהנים הללו שמתחברין לחלוק תרומות בבית הגרנות ותו ליכא והא כתיב ג) ועליהם תתנו ארבעים ושתים עיר אמר אביי (א) הללו קולטות בין לדעת בין שלא לדעת הללו לדעת קולטות שלא לדעת אינן קולטות וחברון עיר מקלט הוא והכתיב ד) ויתנו לכלב את חברון כאשר דבר משה אמר אביי פרוודהא דכתיב ה) ואת שדה העיר ואת חצריה נתנו לכלב בן יפנה וקדש עיר מקלט הואי והכתיב ו) וערי מבצר הצדים צר וחמת רקת וכנרת [וגו'] וקדש ואדרעי ועין חצור ותניא ערים הללו אין עושין אותן לא טירין קטנים ולא כרכים גדולים אלא עיירות בינוניות אמר רב יוסף תרתי קדש הואי אמר רב אשי כגון סליקום ואקרא דסליקום גופא ערים הללו אין עושין אותן לא טירין קטנים ולא כרכין גדולים אלא עיירות בינוניות ואין מושיבין אותן אלא במקום מים ואם אין שם מים מביאין להם מים ואין מושיבין אותן אלא במקום שווקים ואין מושיבין אותן אלא במקום אוכלוסין נתמעטו אוכלוסיהן מוסיפין עליהן נתמעטו דיוריהן מביאין להם כהנים לוים וישראלים ואין מוכרין בהן לא כלי זיין ולא כלי מצודה דברי רבי נחמיה וחכמים מתירין ושוין שאין פורסין בתוכן מצודות ואין מפשילין לתוכן חבלים כדי שלא תהא רגל גואל הדם מצויה שם א"ר יצחק מאי קרא ז) וחי עביד ליה מידי דתהוי ליה חיותא תנא תלמיד שגלה מגלין רבו עמו שנאמר וחי עביד ליה מידי דתהוי ליה חיותא אמר ר' זעירא מכאן שלא ישנה אדם לתלמיד שאינו הגון א"ר יוחנן הרב שגלה מגלין ישיבתו עמו איני והא א"ר יוחנן מנין לדברי תורה שהן קולטין שנאמר ח) את בצר במדבר וגו' [וכתיב בתריה] ט) וזאת התורה לא קשיא הא בעידנא דעסיק בה הא בעידנא דלא עסיק בה ואי בעית אימא מאי קולטין ממלאך המות כי הא דרב חסדא הוה יתיב וגריס בבי רב ולא הוה קא יכול שליחא [דמלאכא דמותא] למיקרב לגביה דלא הוה שתיק פומיה מגירסא סליק ויתיב אארזא דבי רב פקע ארזא ושתיק ויכיל ליה א"ר תנחום בר חנילאי מפני מה זכה ראובן לימנות בהצלה תחלה מפני שהוא פתח בהצלה תחלה שנאמר י) וישמע ראובן ויצילהו מידם דרש רבי שמלאי מאי דכתיב כ) אז יבדיל משה שלש ערים בעבר הירדן מזרחה [שמש] אמר לו הקב"ה למשה הזרח שמש לרוצחים איכא דאמרי א"ל הזרחת שמש לרוצחים דרש רבי סימאי מאי דכתיב ל) אוהב כסף לא ישבע כסף ומי אוהב בהמון לא תבואה גם זה הבל אוהב כסף לא ישבע כסף זה משה רבינו שהיה יודע שאין שלש ערים שבעבר הירדן קולטות עד שלא נבחרו שלש בארץ כנען ואמר מצוה שבאה לידי אקיימנה ומי אוהב בהמון לא תבואה למי נאה ללמד בהמון מי שכל תבואה שלו והיינו דא"ר אלעזר מאי דכתיב מ) מי ימלל גבורות ה' ישמיע כל תהלתו (ללמד) [למלל] גבורות ה' מי שיכול להשמיע כל תהלתו ורבנן ואיתימא רבה בר מרי אמר מי אוהב בהמון לו תבואה כל האוהב (למלמד) בהמון לו תבואה יהבו ביה רבנן עינייהו ברבא בריה דרבה (סימן אשי ללמוד רבינא ללמד) רב אשי אמר כל האוהב ללמוד בהמון לו תבואה והיינו דא"ר יוסי בר' חנינא מאי דכתיב נ) חרב אל הבדים ונואלו חרב על צוארי שונאיהם של ת"ח שיושבין ועוסקין בתורה בד בבד ולא עוד אלא שמטפשין כתיב הכא ונואלו וכתיב התם ס) אשר נואלנו ולא עוד אלא שחוטאין שנאמר ואשר חטאנו ואיבעית אימא מהכא ע) נואלו שרי צוען רבינא אמר כל האוהב ללמד בהמון לו תבואה והיינו דאמר רבי הרבה תורה למדתי מרבותי ומחבירי יותר מהם ומתלמידי יותר מכולן א"ר יהושע בן לוי מאי דכתיב פ) עומדות היו רגלינו בשעריך ירושלם מי גרם לרגלינו שיעמדו במלחמה שערי ירושלם שהיו עוסקים בתורה וא"ר יהושע בן לוי מאי דכתיב צ) שיר המעלות לדוד שמחתי באומרים לי בית ה' נלך אמר דוד לפני הקדוש ברוך הוא רבש"ע שמעתי בני אדם שהיו אומרים מתי ימות זקן זה ויבא שלמה בנו ויבנה בית הבחירה ונעלה לרגל ושמחתי אמר לו הקב"ה ק) כי טוב יום בחצריך מאלף טוב לי יום אחד שאתה עוסק בתורה לפני מאלף עולות שעתיד שלמה בנך להקריב לפני על גבי המזבח: ומכוונות להם דרכים וכו': תניא ר' אליעזר בן יעקב אומר

מקלט

רש"י

עוקבין. אורבין: מהאי גיסא ומהאי גיסא דמרחקי. חברון וקדש רחוקות מגבולי הארץ שני רביעי הארץ וההורג בסוף הגבול צריך לנוס רביע הארץ: ומ"ש מציעאי דמקרבי. ההורג בין חברון לשכם ובין שכם לקדש קרוב למקלט מיכן ומיכן: בין לדעת בין שלא לדעת. בין שברח שם לדעת קליטה בין [שלא] ברח שם (שלא) לדעת [קליטה] שלא היה יודע שהיא קולטת: פרוודהא. כפרים וחצרים הסמוכות לה ונקראות על שמה נתנו לכלב: וערי מבצר. כרכים גדולים שהיו בנחלת נפתלי הצדים צר וגו': ערים הללו. ערי מקלט: טירין קטנים. לפי שאין מזונות מצויין שם: ולא כרכים גדולים. שהכל נקבצים שם תמיד ויהא רגל גואל הדם מצויה שם ויארוב לו: כגון סליקום. עיר מבצר ויש כפר סמוך הנקרא אקרא דסליקוס כך קדש העיר מבצר ועיר בינוני סמוכה לה הנקראת על שמה: ואם אין שם מים. כשנפלו בגורל בימי יהושע ללוים הביאו להם אמות מים אחרי כן מן הנהרות הרחוקים: במקום שווקים. שימצאו מזונות לקנות: במקום אוכלוסין. שיהו כפרים ויישוב סמוכים להם שלא יבואו גואלי הדם מרודים על העיר בחיל: כלי זיין. שלא יקנה גואל הדם שם זיין ויהרוג אלא יביא כלי זיין ממקומו ירגישו בו: וכלי מצודה. אף בהם הורגין חיות: מאי קרא. דמתקנינן להו לרוצחין דבר שצריכין לו: לתלמיד שאינו הגון. שלא יביאוהו עונותיו לידי הריגה בשוגג ויגלה דאמרי' לקמן (עמוד ב) שאינו מגלי אלא ברשעים: לימנות בהצלה תחלה. שפתח הכתוב בו בערי מקלט תחלה: הזרח שמש לרוצחים. להכין להם חיותם כגון הנך מילי דלעיל: הזרחת שמש לרוצחים. בהבדלה זו ויפה עשית: ללמד בהמון. לדרוש ברבים: שכל תבואה שלו. שבקי במקרא במשנה ובהלכות ובאגדות: ורבנן ואיתימא רב מרי אמרי מי אוהב בהמון וגו' האוהב ת"ח לו תבואה. התורה מחזרת עליו ועל זרעו כדאמרינן בעלמא (שבת דף כג:) האי מאן דרחים רבנן הויין ליה בנין רבנן: [יהבו רבנן עינייהו ברבה. שהיה אוהב תלמידי חכמים ביותר והיו לו בנים ת"ח]: רב אשי אמר כו'. בדרב אשי גרסי' ללמוד בדרבינא גרסי' ללמד: ללמוד בהמון. עם חברים רבים: נואלו שרי צוען (ב) נשאו שרי נוף. אלמא הנואל נשא לחטוא: ללמד בהמון. מרבה תלמידים: לו תבואה. לפי שעל ידיהם ירבה הפלפול ונותן לב לתרץ קושיותיהם: בשעריך. בשביל שעריך: מאלף עולות כו'. מקרא כתוב אלף עולות יעלה שלמה וגו' (מלכים א ג):

מקלט

עין משפט נר מצוה

מג א מיי' פ"ח מהל' רוצח הל' ט והל' י סמג עשין עז:

מד ב ג מיי' שם הלכה ח הכל שם:

מה ד מיי' שם פ"ז הל' א סמג עשין עו:

מו ה מיי' פ"ד מהל' ת"ת הלכה א סמג עשין יב טוש"ע י"ד סימן רמו ס"ז:

מז ו מיי' פ"ז מהל' רוצח הלכה א סמג עשין עו:

ליקוטי רש"י

וחברון עיר מקלט הוא. כדכתיב ביהושע ולבני אהרן הכהנים נתנו את עיר מקלט הרוצח את חברון ואת מגרשיה [רשב"ם בבא בתרא קכב:].

פרוורהא. כפרים ושדות שסביב להעיר חוצה למגרש [שם].

ערים הללו. הניתנים ללוים. אין עושין אותן טירין קטנים. לפי שהן ערי מקלט ובעינן שיהא שם יישוב לבית מנוס לרוצחים. ולא כרכים גדולים. לפי שמתקבצין שם מכל מקומות לסחורה ותהא רגל גואל הדם מצויה שם ויארוב את הרוצח ויהרגנו. אלא עיירות בינוניות. בלא חומה [ערכין לג:].

ולא הוה קא יכול שליחא וכו' למיקרב. שהתורה מגינה ממות כדאמרינן בסוטה דף כא. [שבת ל:].

אז יבדיל משה. נתן לב להיות חרד לדבר שיבדילם ואף על פי שאינן קולטות עד שיבדלו אותן של ארץ כנען. אמר משה מצוה שאפשר לקיימה אקיימנה [דברים ד מא].

ולא עוד אלא שמטפשין. אשר נואלנו מתרגם דאטפשנא. שחוטאין. דכתיב נואלו גבי חטאנו. ואיבעית אימא מהכא נואלו שרי צוען. וגו' והתעו את מצרים ותועה היינו חוטא [תענית ז.].

כי טוב יום בחצריך. כלומר כבר אמרת לפני טוב יום שאתה עומד בחצרי ועוסק בתורה מאלף עולות שעתיד בנך שלמה להעלות כדכתיב (מלכים א ג) אלף עולות יעלה שלמה וגו' [שבת ל.].

רבינו חננאל

שנאמר גלעד קרית פועלי און עקובה מדם. א"ר אלעזר שהיו עוקבים להרוג נפשות. ובשכם נמי שכיחי רצחנים שנאמר דרך ירצחו שכמה. חבר כהנים שהיו מתחברים גדודים להרוג כחבורת כהנים על הגרנות בחילוק תרומה. ואסיק' אלו שש ערי מקלט קולטות לדעת ושלא לדעת והאי דכתיב ועליהם תתנו ארבעים ושתים עיר אינן קולטות אלא לדעת. חברון היתה עיר מקלט ושדה העיר וחצריה נתנו לכלב. וקדש עיר מקלט הואי והכתיב וערי מבצר הצדים צר וחמת רקת וכנרת [וגו'] וקדש ואדרעי. ושנינן תרתי קדש הוו. ואין עושין בערי מקלט דברים שגורמין להיות רגלו של גואל הדם מצויה שם. תנא תלמיד שגלה מגלין רבו עמו שנאמר וחי עביד ליה מידי דתיהוי ליה חיותא. א"ר זירא מיכן שלא ישנה אדם לתלמיד שאינו הגון. א"ר יוחנן הרב שגלה מגלין ישיבתו עמו. איני שרב גולה והאמר ר' יוחנן מנין לדברי תורה שקולטין שנאמר את בצר במדבר וכתיב וזאת התורה. ופרקינן קולטין ממלאך המות בעדנא דעסק בה כדרב חסדא דהוה גריס יתיב בבי רב ולא הוה יכול שליחא א) למיקרב גביה דלא הוה שתיק פומיה מגרסא. סליק יתיב אארזא דבי רב פקע ארזא ושתיק ויכיל ליה: אוהב כסף לא ישבע כסף זה מרע"ה שהיה אוהב המצות ולא היה שבע מהן. ומי אוהב בהמון לא תבואה. למי נאה להלן ב) בהמון מי שכל תבואה שלו והיינו דא"ר אלעזר מי ימלל גבורות ה' ישמיע כל תהלתו למי נאה למלל גבורות ה' מי שיכול להשמיע כל תהלתו. ג) יהבו ביה רבנן עינייהו ברבה בריה דרבא ד): ירושלמי (סוף פירקין) ה' דברים היה הבית האחרון חסר מן הראשון שנאמר ואכבד. ה' חסר. אלו ה' דברים שהיה הבית האחרון חסר מן הראשון. ואלו הן. אש. וארון. ואורים ותומים. ושמן המשחה. ורוח הקדש. אמר אביי ת"ח צריך לפרסם עצמו. היך בר נש דחכם חדא מכילא ואזל לאתר ואינון מוקרין ליה דהוא חכם תרתי מכילי צריך למימר לון חדא מכילא אנא חכים: רב אשי אמר כל אוהב ללמוד בהמון (לא) [לו] תבואה. כרבי יוסי בר חנינא דאמר חרב (על) [אל] הבדים ונואלו. חרב על צוארי ת"ח שיושבין ועוסקין בתורה בד בבד ולא עוד כו'. רבינא אמר כל (האומר) [האוהב] ללמד בהמון (לא) [לו] תבואה. והיינו דאמר רבי הרבה תורה למדתי מרבותי ומחברי יותר מהן ומתלמידי יותר מכולן: עומדות היו רגלינו בשעריך ירושלים מי גרם להיות עומדות רגלינו במלחמה שערי ירושלים שהיו מצויינים בהלכה. וכן אמר הקב"ה לדוד טוב לי יום שאתה מתעסק בתורה בחצריך מאלף

עולות

חשק שלמה על ר"ח א) מלות דמלאכא דמותא ליתא בגמ' בכל הדפו"י: ב) להלל. כך היא ג"כ גי' הערוך ערך אהובה: ג) אולי חסר כאן וצ"ל כמ"ש בגמ' ורבנן כו': ד) כ"ה הגירסא ג"כ בע"י:

,,וְאֶת־שְׂדֵה הָעִיר וְאֶת־חֲצֵרֶיהָ נָתְנוּ לְכָלֵב בֶּן־יְפֻנֶּה'' – **as it is written:** ***And the fields of the city and its open areas they gave to Calev son of Yephunneh.***[10]

The Gemara asks further:

וְקֶדֶשׁ עִיר מִקְלָט הֲוַאי – But was Kedesh a city of refuge? וְהָכְתִיב ,,וְעָרֵי מִבְצָר הַצִּדִּים צֵר וְחַמַּת רַקַּת וְכִנָּרֶת [וגו'] וְקֶדֶשׁ וְאֶדְרֶעִי וְעֵין חָצוֹר'' – **Why, it is written:** ***And the fortified cities: Ziddim, Zer, Hamath, Rakkath, and Kinnereth ... and Kedesh, and Edre'i, and Ein Hazor.***[11] **וְתַנְיָא – And it was taught in a Baraisa:** עָרִים הַלָּלוּ אֵין עוֹשִׂין אוֹתָן לֹא טִירִין קְטַנִּים – **WE DO NOT MAKE THESE CITIES** of refuge[12] from among **SMALL VILLAGES**[13] וְלֹא כְּרַכִּים גְּדוֹלִים – **NOR LARGE CITIES,** אֶלָּא עֲיָירוֹת בֵּינוֹנִיּוֹת – but **ONLY** from **MEDIUM-SIZED TOWNS.**[14] It is thus clear that Kedesh, one of the large fortified cities listed in the verse, could not have been a city of refuge. – ? –

The Gemara answers:

אָמַר רַב יוֹסֵף – Rav Yosef said: תַּרְתֵּי קֶדֶשׁ הֲוַאי – **There were two** cities named **Kedesh. אָמַר רַב אַשִׁי – Rav Ashi said:** כְּגוֹן סְלִיקוּם וְאַקְרָא דִסְלִיקוּם – They were **similar to Seleucia and the village of Seleucia.**[15]

The Gemara now quotes the full text of the Baraisa just cited: **גּוּפָא – The Baraisa itself** stated: עָרִים הַלָּלוּ אֵין עוֹשִׂין אוֹתָן לֹא טִירִין קְטַנִּים – **WE DO NOT MAKE THESE CITIES** of refuge from among **SMALL VILLAGES** וְלֹא כְּרַכִּין גְּדוֹלִים – **NOR LARGE CITIES,** אֶלָּא עֲיָירוֹת בֵּינוֹנִיּוֹת – **BUT ONLY** from **MEDIUM-SIZED TOWNS.** וְאֵין מוֹשִׁיבִין אוֹתָן אֶלָּא בִּמְקוֹם מַיִם – **AND WE DO NOT ESTABLISH THEM EXCEPT WHERE THERE IS WATER,** וְאִם אֵין שָׁם מַיִם מְבִיאִין לָהֶם מַיִם – **AND IF THERE IS NO WATER THERE, WE BRING** them **WATER.**[16] וְאֵין מוֹשִׁיבִין אוֹתָן אֶלָּא בִּמְקוֹם שְׁוָוקִים – **AND WE DO NOT ESTABLISH THEM EXCEPT WHERE THERE ARE MARKETPLACES,** so that provisions will be readily available. וְאֵין מוֹשִׁיבִין אוֹתָן אֶלָּא בִּמְקוֹם אוּכְלוּסִין – **AND WE DO NOT ESTABLISH THEM EXCEPT WHERE THERE ARE POPULATION CENTERS** nearby.[17] נִתְמַעֲטוּ אוּכְלוּסֵיהֶן מוֹסִיפִין עֲלֵיהֶן – **IF THE SURROUNDING AREA'S POPULATION DIMINISHED, WE ADD TO THEM,** by bringing other people in to live in the area. נִתְמַעֲטוּ דִּיוֹרֵיהֶן מְבִיאִין לָהֶם כֹּהֲנִים לְוִיִּם וְיִשְׂרְאֵלִים – **IF THE INHABITANTS OF [THE CITY OF REFUGE] DIMINISHED, WE BRING KOHANIM, LEVIIM, AND ISRAELITES** to live **THERE.**[18] וְאֵין מוֹכְרִין בָּהֶן לֹא כְּלֵי זַיִין וְלֹא כְּלֵי מְצוּדָה – **AND WE MAY NOT SELL IN THOSE [CITIES] EITHER WEAPONS OR HUNTING GEAR;**[19] דִּבְרֵי רַבִּי נְחֶמְיָה – these are **THE WORDS OF R' NECHEMYAH.** וַחֲכָמִים מַתִּירִין – **BUT THE SAGES PERMIT** the sale of weapons. וְשָׁוִין שֶׁאֵין פּוֹרְסִין בְּתוֹכָן מְצוּדוֹת וְאֵין מַפְשִׁילִין לְתוֹכָן חֲבָלִים – **AND THEY** (R' Nechemyah and the Sages) **AGREE THAT TRAPS MAY NOT BE LAIN WITHIN THEM, NOR MAY ROPES BE SPUN**[20] **WITHIN THEM,** כְּדֵי שֶׁלֹּא תְּהֵא רֶגֶל גּוֹאֵל הַדָּם מְצוּיָה שָׁם – **SO THAT THE REDEEMER OF THE BLOOD SHOULD NOT** have a ready excuse to **BE FOUND THERE.**[21]

The Gemara teaches the Scriptural source for the laws taught in the Baraisa:

אָמַר רַבִּי יִצְחָק – R' Yitzchak said: מַאי קְרָא – **What is the verse** that teaches us these laws? ,,וְנָס אֶל־אַחַת מִן־הֶעָרִים הָאֵל וָחָי'' – The verse states: ***and he shall flee to one of these cities and live.***[22] עֲבִיד לֵיהּ מִידֵי דְּתֶהֱוֵי לֵיהּ חִיּוּתָא – This verse teaches us that **we must provide him with arrangements that will enable him to live.**

The Gemara cites a Baraisa which teaches us that "life" in this context has the further implication of Torah study:

תָּנָא – A Baraisa taught: תַּלְמִיד שֶׁגָּלָה מַגְלִין רַבּוֹ עִמּוֹ – **IF A DISCIPLE WAS EXILED** to a city of refuge, **WE EXILE HIS TEACHER WITH HIM,** שֶׁנֶּאֱמַר ,,וָחָי'' – **AS IT IS STATED:** ***AND HE SHALL LIVE,*** which implies: עֲבִיד לֵיהּ מִידֵי דְּתֶהֱוֵי לֵיהּ חִיּוּתָא – **PROVIDE HIM WITH ARRANGEMENTS THAT WILL ENABLE HIM TO LIVE.** And a student cannot survive without the one who teaches him Torah.[23]

The Gemara derives a lesson from this law:

אָמַר רַבִּי זְעֵירָא – R' Z'eira said: מִכָּאן שֶׁלֹּא יִשְׁנֶה אָדָם לְתַלְמִיד שֶׁאֵינוֹ הָגוּן – **From here** we see **that a person should not teach a disciple who is not of good character.**[24]

A related law:

אָמַר רַבִּי יוֹחָנָן – R' Yochanan said: הָרַב שֶׁגָּלָה מַגְלִין יְשִׁיבָתוֹ עִמּוֹ – **If a teacher is exiled, his academy is exiled with him.**[25]

NOTES

10. *Joshua* 21:12.

11. Ibid. 19:35-37.

12. *Rashi* here seems to understand this ruling as referring only to the six *arei miklat.* In Tractate *Arachin* (33b), however, it is clear that it refers to all forty-eight Levitical cities, as *Rashi* there also explains. See also *Rashi* below ד"ה אין שם מים, and note 16 below.

13. See *Hagahos Cheshek Shlomo,* who notes that in the parallel Gemara in *Arachin* (33b), the text reads כְּפָרִים קְטַנִּים, *small villages*.

14. Small villages do not have sufficient supplies to provide for the exile's needs, whereas large cities attract multitudes of people, making it easy for the *goel hadam* to enter undetected and lay in wait for the killer (*Rashi*; see also *Ritva*).

15. Seleucia was a large fortified city, with a medium-sized suburb nearby, known as the village of Seleucia. The same situation existed in Kedesh – there was a large fortified city of that name, and a mid-sized town nearby bearing the same name (*Rashi*). The latter was designated as the *ir miklat*, city of refuge.

16. If a city with no natural water supply fell to the Levites through the lots drawn by Joshua, they were required to dig canals to bring water to it, even from a distant river (*Rashi*). The same was true if the water supply dried up (*Ritva, Meiri*). [As noted above, it was the responsibility of the courts to insure the proper functioning of the cities of refuge (see 9b note 37). Thus, if a refuge lacked water, it was the public responsibility to provide it with an adequate water supply.]

17. This is in order to provide protection for the *ir miklat*, so that the *goel hadam* would be unable to gather a band of men and attack the city (*Rashi*).

18. These individuals, whose Jewish lineage has been clearly verified, will possess the Jewish traits of modesty and compassion. They will not be party to injustice, and can be trusted not to turn an exile over to the *goel hadam* (*Ritva*; see *Aruch LaNer*, who discusses why all three types of lineage were required).

19. These laws were enacted so that it would be impossible for a *goel hadam* to obtain weapons within the city of refuge. Thus, if he were to come seeking vengeance, he would have to enter the city carrying his own weapons, which would be detected (*Rashi*).

[Hunting gear includes weaponry, which is used to kill the wild animals (*Rashi*).]

20. See *Megilllah* 3:3 with *Rav* and *Tiferes Yisrael*.

21. Trapping is not permitted in an *ir miklat* because it attracts numerous people to the area, enabling a *goel hadam* to enter unnoticed (see *Aruch LaNer*, who explains that the making of ropes was also an industry that attracted large numbers of people). Moreover, trappers tend to have weapons with them (see previous note), and allowing the presence of trappers would thus allow the *goel hadam* to enter the city with weapons (see *Meiri*).

22. *Deuteronomy* 4:42.

23. To those who seek the wisdom of the Torah, living without studying is equivalent to death (*Rambam*, *Hil. Rotze'ach* 7:1).

Ritva states that this law applies even if there is an academy in place in the city of refuge, for not every student merits to study successfully under every teacher.

24. For the sins of the student may lead him to an inadvertent killing, causing him to be exiled (see Gemara below, 10b), and forcing his teacher into exile with him (*Rashi*).

25. The commentators suggest various reasons for this law. See *Iyun Yaakov, Maharsha,* and *Aruch LaNer*; see also *Meiri*.

דכתיב א) גלעד קרית פועלי און עקובה מדם מאי עקובה מדם א"ר אלעזר שהיו עוקבין להרוג נפשות ומאי שנא מהאי גיסא ומהאי גיסא דמרחקי ומאי שנא מציעאי דמקרבי אמר אביי בשכם נמי שכיחי רוצחים דכתיב ב) וכחכי איש גדודים חבר כהנים דרך ירצחו שכמה וגו' מאי חבר כהנים א"ר אלעזר שהיו מתחברין להרוג נפשות ככהנים הללו שמתחברין לחלוק תרומות בבית הגרנות ותו ליכא והא כתיב ג) ועליהם תתנו ארבעים ושתים עיר אמר אביי א הללו (א) קולטות בין לדעת בין שלא לדעת הללו לדעת קולטות שלא לדעת אינן קולטות ה) וחברון עיר מקלט ב) הוא והכתיב ד) ויתנו לכלב את חברון כאשר דבר משה אמר אביי ג) פרוודהא דכתיב ה) ואת שדה העיר ואת חצריה נתנו לכלב בן יפנה וקדש עיר מקלט הואי והכתיב ו) וערי מבצר הצדים צר וחמת רקת וכנרת [וגו'] וקדש ואדרעי ועין חצור ד) ותניא ערים הללו אין עושין אותן לא טירין קטנים ולא כרכים גדולים אלא עיירות בינוניות ה) אמר רב יוסף תרתי קדש הואי אמר רב אשי כגון סליקום ואקרא דסליקום גופא ב ערים הללו אין עושין אותן לא טירין קטנים ולא כרכין גדולים אלא עיירות בינוניות ו) ואין מושיבין אותן אלא במקום מים ואם אין שם מים מביאין להם מים ואין מושיבין אותן אלא במקום שווקים ואין מושיבין אותן אלא במקום אוכלוסין נתמעטו אוכלוסיהן מוסיפין עליהן נתמעטו דיוריהן מביאין להם כהנים לוים וישראלים ואין מוכרין בהן לא כלי זיין ולא כלי מצודה דברי רבי נחמיה וחכמים מתירין ג ושוין שאין פורסין בתוכן מצודות ואין מפשילין לתוכן חבלים כדי שלא תהא רגל גואל הדם מצויה שם א"ר יצחק מאי קרא ז) ונס אל אחת מן הערים האל וחי עביד ליה מידי דתהוי ליה חיותא תנא ד תלמיד שגלה מגלין רבו עמו שנאמר וחי עביד ליה מידי דתהוי ליה חיותא ז) אמר ר' זעירא מכאן ה שלא ישנה אדם ח) לתלמיד שאינו הגון א"ר יוחנן ו הרב שגלה מגלין ישיבתו עמו איני והא א"ר יוחנן מנין לדברי תורה שהן קולטין שנאמר ח) את בצר במדבר וגו' [וכתיב בתריה] ט) וזאת התורה לא קשיא הא בעידנא דעסיק בה הא בעידנא דלא עסיק בה ואי בעית אימא מאי קולטין ממלאך המות ° כי הא דרב חסדא הוה יתיב וגריס בבי רב ולא הוה קא יכול שליחא [דמלאכא דמותא] למיקרב לגביה דלא הוה שתיק פומיה מגירסא סליק ויתיב אארזא דבי רב פקע ארזא ושתיק ויכיל ליה א"ר תנחום בר חנילאי מפני מה זכה ראובן לימנות בהצלה תחלה מפני שהוא פתח בהצלה תחלה שנאמר י) וישמע ראובן ויצילהו מידם דרש רבי שמלאי מאי דכתיב כ) אז יבדיל משה שלש ערים בעבר הירדן מזרחה [שמש] אמר לו הקב"ה למשה הזרח שמש לרוצחים איכא דאמרי א"ל הזרחת שמש לרוצחים דרש רבי סימאי מאי דכתיב ל) אוהב כסף לא ישבע כסף ומי אוהב בהמון לא תבואה אוהב כסף לא ישבע כסף זה משה רבינו שהיה יודע שאין שלש ערים שבעבר הירדן קולטות עד שלא נבחרו שלש בארץ כנען ואמר מצוה שבאה לידי אקיימנה ומי אוהב בהמון לא תבואה למי נאה ללמד בהמון מי שכל תבואה שלו והיינו ט) דא"ר אלעזר מאי דכתיב מ) מי ימלל גבורות ה' ישמיע כל תהלתו מי שיכול להשמיע כל תהלתו (ללמד) [למלל] גבורות ה' למי נאה (ללמד) [למלל] גבורות ה' מי שיכול להשמיע כל תהלתו ורבנן ואיתימא רבה בר מרי אמר מי אוהב בהמון לו תבואה כל האוהב י) (למלמד) בהמון לו תבואה יהבו ביה רבנן עינייהו ברבא בריה דרבה (סימן אשי ללמוד רבינא ללמד) רב אשי אמר כל האוהב ללמוד בהמון לו תבואה והיינו כ) דא"ר יוסי בר' חנינא מאי דכתיב נ) חרב אל הבדים ונואלו חרב על צוארי שונאיהם של ת"ח שיושבין ועוסקין בתורה בד בבד ולא עוד אלא שמטפשין כתיב הכא ונואלו וכתיב התם ס) אשר נואלנו ולא עוד אלא שחוטאין שנאמר ואשר חטאנו ואיבעית אימא מהכא ע) נואלו שרי צוען רבינא אמר כל האוהב ללמד בהמון לו תבואה והיינו דאמר ל) רבי הרבה תורה למדתי מרבותי ומחבירי יותר מהם ומתלמידי יותר מכולן א"ר יהושע בן לוי מאי דכתיב פ) עומדות היו רגלינו בשעריך ירושלם מי גרם לרגלינו שיעמדו במלחמה שערי ירושלם שהיו עוסקים בתורה וא"ר יהושע בן לוי מאי דכתיב צ) שיר המעלות לדוד שמחתי באומרים לי בית ה' נלך אמר דוד לפני הקדוש ברוך הוא רבש"ע שמעתי בני אדם שהיו אומרים מתי ימות זקן זה ויבא שלמה בנו ויבנה בית הבחירה ונעלה לרגל ושמחתי מ) אמר לו הקב"ה ק) כי טוב יום בחצריך מאלף טוב לי יום אחד שאתה עוסק בתורה לפני מאלף עולות שעתיד שלמה בנך להקריב לפני על גבי המזבח: ומכוונות להם דרכים וכו': תניא נ) ר' אליעזר בן יעקב אומר מקלט

רש"י

עוקבין. אורבין: מהאי גיסא ומהאי גיסא דמרחקי. חברון וקדש רחוקות מגבולי הארץ ס) שני רביעי הארץ וההורג בסוף הגבול צריך לנוס רביע הארץ: ומ"ש מציעאי דמקרבי. ההורג בין חברון לשכם ובין שכם לקדש קרוב למקלט מיכן ומיכן: בין לדעת בין שלא לדעת. בין שברח שם לדעת קליטה בין [שלא] ברח שם (שלא) לדעת [קליטה] שלא היה יודע שהיא קולטת: פרוודהא. כפרים וחצרים הסמוכות לה ונקראות על שמה נתנו לכלב: וערי מבצר. כרכים גדולים שהיו בנחלת נפתלי הצדים צר וגו': ערים הללו. ערי מקלט: טירין קטנים. לפי שאין מזונות מצויין שם: ולא כרכים גדולים. שהכל נקבצים שם תמיד ויהא רגל גואל הדם מצויה שם ויארוב לו: כגון סליקום. עיר מבצר ויש כפר סמוך הנקרא אקרא דסליקום כך קדש העיר מבצר ועיר בינוני סמוכה לה הנקראת על שמה: ואם אין שם מים. כשנפלו בגורל בימי יהושע ללוים הביאו להם אמות מים אחרי כן מן הנהרות הרחוקים: במקום שווקים. שימצאו מזונות לקנות: במקום אוכלוסין. שיהו כפרים ויישוב סמוכים להם שלא יבואו גואלי הדם מרודים על העיר בחיל: כלי זיין. שלא יקנה גואל הדם שם זיין ויהרוג שאם יביא כלי זיין ממקומו ירגישו בו: וכלי מצודה. אף בהם הורגין חיות: מאי קרא. דמתקנינן להו לרוצחין דבר שצריכין לו: לתלמיד שאינו הגון. שלא יביאוהו עונותיו לידי הריגה בשוגג ויגלה דאמרי' לקמן (עמוד ב) שאינו מגלי אלא ברשעים: לימנות בהצלה תחלה. שפתח הכתוב בו בערי מקלט תחלה: הזרח שמש לרוצחים. להכין להם חיותם כגון הנך מילי דלעיל: הזרחת שמש לרוצחים. בהבדלה זו ויפה עשית: ללמד בהמון. לדרוש ברבים: שכל תבואה שלו. שבקי במקרא במשנה ובהלכות ובאגדות: ורבנן ואיתימא רב מרי אמרי מי אוהב בהמון וגו' האוהב ת"ח לו תבואה. התורה מחזרת עליו ועל זרעו כדאמרינן בעלמא (שבת דף כג:) האי מאן דרחים רבנן הויין ליה בנין רבנן: [יהבו רבנן עינייהו ברבה. שהיה אוהב תלמידי חכמים ביותר והיו לו בניס ת"ח]: רב אשי אמר כו'. בדרב אשי ° גרסי' ללמוד בדרבינא גרסי' ללמד: ללמוד בהמון. עם חברים רבים: נואלו שרי צוען (ב) נשאו שרי נוף. אלמא הנואל נשא לחטוא: ללמד בהמון. מרבה תלמידים: לו תבואה. לפי שעל ידיהם ירבה הפלפול ונותן לב לתרץ קושיותיהם: בשעריך. בשביל שעריך: מאלף עולות כו'. מקרא כתוב אלף עולות יעלה שלמה וגו' (מלכים א ג):

עין משפט נר מצוה

מג א מיי' פ"ח מהל' רוצח הל' ט והל' י סמג עשין עז:
מד ב ג מיי' שם הלכה ח הכל שם:
מה ד מיי' שם פ"ז הל' א סמג עשין עו:
מו ה מיי' פ"ד מהל' ת"ת הלכה א סמג עשין יב טוש"ע י"ד סימן רמו ס"ז:
מז ו מיי' פ"ז מהל' רוצח הלכה א סמג עשין עו:

מסורת הש"ס

א) ב"ב קכב., ב) ס"א הואי, ג) [לפי מ"ש הערוך בערך פרוור ע"ש צ"ל פרוורהא ברי"ש והעיר המוסף הערוך שם פירושו בלשון יוני מגרשי העריס וכפרים נקרא פרוור], ד) (ערכין לג: ע"ש), ה) [שם לג:], ו) [תוספתא פ"ב ע"ש], ז) ג"א א"ר זירא, ח) חולין קלג. ע"ש, ט) הוריות יג: מגילה יח., י) בדפו"י ליתא, כ) תענית ז. ברכות סג., ל) [תענית ז. ע"ש], מ) [שבת ל.], נ) [תוספתא פ"ב], ס) צ"ל רביעית.

הגהות הב"ח

(א) גמ' אמר אביי הללו. נ"ב פירוש הני שש: (ב) רש"י ד"ה נואלו שרי צוען נשאו. נ"ב נשאו פרש"י נתעו:

גליון הש"ס

גמ' כי הא דרב חסדא. עיין שבת דף ל ע"ב: רש"י ד"ה רב אשי וכו' גרסי' ללמוד. רלה לתרץ דלמה הקדים ראשון דברי רב אשי לדרבינא הא רבינא קשיש מיניה לזה כתב רש"י דדברי רב אשי ללמוד ודרבינא ללמד מש"ה נקט כסדר ללמוד ואח"כ ללמד:

תורה אור השלם

א) גִּלְעָד קִרְיַת פֹּעֲלֵי אָוֶן עֲקֻבָּה מִדָּם: [הושע ו, ח]
ב) וּכְחַכֵּי אִישׁ גְּדוּדִים חֶבֶר כֹּהֲנִים דֶּרֶךְ יְרַצְּחוּ שֶׁכְמָה כִּי זִמָּה עָשׂוּ: [הושע ו, ט]
ג) וְאֵת הֶעָרִים אֲשֶׁר תִּתְּנוּ לַלְוִיִּם אֵת שֵׁשׁ עָרֵי הַמִּקְלָט אֲשֶׁר תִּתְּנוּ לָנֻס שָׁמָּה הָרֹצֵחַ וַעֲלֵיהֶם תִּתְּנוּ אַרְבָּעִים וּשְׁתַּיִם עִיר: [במדבר לה, ו]
ד) וַיִּתְּנוּ לְכָלֵב אֶת חֶבְרוֹן כַּאֲשֶׁר דִּבֶּר מֹשֶׁה וַיּוֹרֶשׁ מִשָּׁם אֶת שְׁלֹשָׁה בְּנֵי הָעֲנָק: [שופטים א, כ]
ה) וְאֶת שְׂדֵה הָעִיר וְאֶת חֲצֵרֶיהָ נָתְנוּ לְכָלֵב בֶּן יְפֻנֶּה בַּאֲחֻזָּתוֹ: [יהושע כא, יב]
ו) וְעָרֵי מִבְצָר הַצִּדִּים צֵר וְחַמַּת רַקַּת וְכִנָּרֶת: [יהושע יט, לה]
וַאֲדָמָה וְהָרָמָה וְחָצוֹר: [שם, לו]
וְקֶדֶשׁ וְאֶדְרֶעִי וְעֵין חָצוֹר: [שם, לז]
ז) לָנֻס שָׁמָּה רוֹצֵחַ אֲשֶׁר יִרְצַח אֶת רֵעֵהוּ בִּבְלִי דַעַת וְהוּא לֹא שֹׂנֵא לוֹ מִתְּמֹל שִׁלְשֹׁם וְנָס אֶל אַחַת מִן הֶעָרִים הָאֵל וָחָי: [דברים ד, מב]
ח) אֶת בֶּצֶר בַּמִּדְבָּר בְּאֶרֶץ הַמִּישֹׁר לָראוּבֵנִי וְאֶת רָאמֹת בַּגִּלְעָד לַגָּדִי וְאֶת גּוֹלָן בַּבָּשָׁן לַמְנַשִּׁי: [דברים ד, מג] ט) וְזֹאת הַתּוֹרָה אֲשֶׁר שָׂם מֹשֶׁה לִפְנֵי בְּנֵי יִשְׂרָאֵל: [דברים ד, מד] י) וַיִּשְׁמַע רְאוּבֵן וַיַּצִּלֵהוּ מִיָּדָם וַיֹּאמֶר לֹא נַכֶּנּוּ נָפֶשׁ: [בראשית לז, כא] כ) אָז יַבְדִּיל מֹשֶׁה שָׁלֹשׁ עָרִים בְּעֵבֶר הַיַּרְדֵּן מִזְרְחָה שָׁמֶשׁ: [דברים ד, מא] ל) אֹהֵב כֶּסֶף לֹא יִשְׂבַּע כֶּסֶף וּמִי אֹהֵב בֶּהָמוֹן לֹא תְבוּאָה גַּם זֶה הָבֶל: [קהלת ה, ט] מ) מִי יְמַלֵּל גְּבוּרוֹת יְיָ יַשְׁמִיעַ כָּל תְּהִלָּתוֹ: [תהלים קו, ב] נ) חֶרֶב אֶל הַבַּדִּים וְנֹאָלוּ חֶרֶב אֶל גִּבּוֹרֶיהָ וָחָתּוּ: [ירמיה נ, לו] ס) וַיֹּאמֶר אַהֲרֹן אֶל מֹשֶׁה בִּי אֲדֹנִי אַל נָא תָשֵׁת עָלֵינוּ חַטָּאת אֲשֶׁר נוֹאַלְנוּ וַאֲשֶׁר חָטָאנוּ: [במדבר יב, יא] ע) נוֹאֲלוּ שָׂרֵי צֹעַן נִשְּׁאוּ שָׂרֵי נֹף הִתְעוּ אֶת מִצְרַיִם פִּנַּת שְׁבָטֶיהָ: [ישעיה יט, יג] פ) עֹמְדוֹת הָיוּ רַגְלֵינוּ בִּשְׁעָרַיִךְ יְרוּשָׁלָם: [תהלים קכב, ב] צ) שִׁיר הַמַּעֲלוֹת לְדָוִד שָׂמַחְתִּי בְּאֹמְרִים לִי בֵּית יְיָ נֵלֵךְ: [תהלים קכב, א] ק) כִּי טוֹב יוֹם בַּחֲצֵרֶיךָ מֵאָלֶף בָּחַרְתִּי הִסְתּוֹפֵף בְּבֵית אֱלֹהַי מִדּוּר בְּאָהֳלֵי רֶשַׁע: [תהלים פד, יא]

ליקוטי רש"י

וחברון עיר מקלט הוא. כדכתיב ביהושע ולבני אהרן הכהנים נתנו את עיר מקלט הרוצח את חברון ואת מגרשיה [רשב"ם בבא בתרא קכב:].

פרוורהא. כפרים ושדות שסביב להעיר חוצה למגרש [שם].

ערים הללו. הניתנים ללוים. אין עושין אותן טירין קטנים. לפי שהן ערי מקלט ובעינן שיהא שם יישוב לבית מנוס לרוצחים. ולא כרכים גדולים. לפי שמתקבצין שם מכל מקומות לסחורה ותהא רגל גואל הדם מצויה שם ויארוב את הרוצח ויהרגנו. אלא עיירות בינוניות. בלא חומה [ערכין לג:].

ולא הוה קא יכול שליחא וכו' למיקרב. שהתורה מגינה ממות כדאמרינן בסוטה דף כא. [שבת ל:].

אז יבדיל משה. נתן לב להיות חרד לדבר שיבדילם ואף על פי שאינן קולטות עד שיבדלו אותן של ארץ כנען. אמר משה מצוה שאפשר לקיימה אקיימנה [דברים ד מא].

ולא עוד אלא שמטפשין. אשר נואלנו מתרגם דאטפשנא. שחוטאין. דכתיב נואלו גבי חטאנו. ואיבעית אימא מהכא נואלו שרי צוען. וגו' והתעו את מצרים ותועה היינו חוטא [תענית ז.].

כי טוב יום בחצריך. כלומר כבר אמרת לפני טוב יום שאתה עומד בחצרי ועוסק בתורה מאלף עולות שעתיד בנך שלמה להעלות כדכתיב (מלכים א ג) אלף עולות יעלה שלמה וגו' [שבת ל.].

רבינו חננאל

שנאמר גלעד קרית פועלי און עקובה מדם. א"ר אלעזר שהיו עוקבים להרוג נפשות. ובשכם נמי שכיחי רצחנים שנאמר דרך ירצחו שכמה. חבר כהנים שהיו מתחברים גדודים להרוג כחבורת כהנים על הגרנות בחילוק תרומה. ואסיק' אלו שש ערי מקלט קולטות לדעת ושלא לדעת והאי דכתיב ועליהם תתנו ארבעים ושתים עיר אינן קולטות אלא לדעת. חברון היתה עיר מקלט ושדה העיר וחצריה נתנו לכלב. וקדש עיר מקלט הואי והכתיב וערי מבצר הצדים צר וחמת רקת וכנרת [וגו'] וקדש ואדרעי. ושנינן תרתי קדש הוו. ואין עושין בערי מקלט דברים שגורמין להיות רגלו של גואל הדם מצויה שם. תנא תלמיד שגלה מגלין רבו עמו שנאמר וחי עביד ליה מידי דתיהוי ליה חיותא. א"ר זירא מיכן שלא ישנה אדם לתלמיד שאינו הגון. א"ר יוחנן הרב שגלה מגלין ישיבתו עמו. איני שרב גולה והאמר ר' יוחנן מנין לדברי תורה שקולטין שנאמר את בצר במדבר וכתיב וזאת התורה. ופרקינן קולטין ממלאך המות בעדנא דעסק בה כדרב חסדא דהוה גריס יתיב בבי רב ולא הוה יכול שליחא א) למיקרב גביה דלא הוה שתיק פומיה מגרסא. סליק יתיב אארזא דבי רב פקע ארזא ושתיק ויכיל ליה: אוהב כסף לא ישבע כסף זה מרע"ה שהיה אוהב המצות ולא היה שבע מהן. ומי אוהב בהמון לא תבואה. למי נאה להלן ב) בהמון מי שכל תבואה שלו והיינו דא"ר אלעזר מי ימלל גבורות ה' ישמיע כל תהלתו למי נאה למלל גבורות ה' מי שיכול להשמיע כל תהלתו. ג) יהבו ביה רבנן עינייהו ברבה בריה דרבא ד): ירושלמי (סוף פירקין) ה' דברים היה הבית האחרון חסר מן הראשון שנאמר ואכבד. ה' חסר. אלו ה' דברים שהיה הבית האחרון חסר מן הראשון. ואלו הן. אש. וארון. ואורים ותומים. ושמן המשחה. ורוח הקדש. אמר אביי ת"ח צריך לפרסם עצמו. היך בר נש דחכם חדא מכילא ואזל לאתר ואינון מוקרין ליה דהוא חכם תרתי מכילי צריך למימר לון חדא מכילא אנא חכים: רב אשי אמר כל אוהב ללמוד בהמון (לא) [לו] תבואה. כרבי יוסי בר חנינא דאמר חרב (על) [אל] הבדים ונואלו. חרב על צוארי ת"ח שיושבין ועוסקין בתורה בד בבד ולא עוד כו'. רבינא אמר כל (האומר) [האוהב] ללמד בהמון (לא) [לו] תבואה. והיינו דאמר רבי הרבה תורה למדתי מרבותי ומחברי יותר מהן ומתלמידי יותר מכולן: עומדות היו רגלינו בשעריך ירושלים מי גרם להיות עומדות רגלינו במלחמה שערי ירושלים שהיו מצויינים בהלכה. וכן אמר הקב"ה לדוד טוב לי יום שאתה מתעסק בתורה בחצריך מאלף עולות

חשק שלמה על ר"ח א) מלות דמלאכא דמותא ליתא בגמ' בכל הדפוסי': ב) להלן. כך היא ג"כ גי' הערוך ערך אהובה: ג) אולי חסר כאן וצ"ל כמ"ש בגמ' ורבנן כו': ד) כ"ה הגירסא ג"כ בע"י:

The Gemara questions why a Torah scholar would require exile: אִינִי – **Is this** indeed **so?** וְהָא אָמַר רַבִּי יוֹחָנָן – **Why, R' Yochanan said:** מִנַּיִן לְדִבְרֵי תוֹרָה שֶׁהֵן קוֹלְטִין – **From where do we know that the** very **words of Torah provide refuge** to one who studies them, and that they protect him from all evil? שֶׁנֶּאֱמַר ,,אֶת־בֶּצֶר בַּמִּדְבָּר וגו׳ " – **For it is stated** concerning the cities designated by Moses for refuge: ***Betzer in the desert,* etc.**[26] [וּכְתִיב בַּתְרֵיהּ] ,,וְזֹאת הַתּוֹרָה" – **And** immediately **following that [verse] it is written:** ***This is the Torah*** *that Moses placed before the Children of Israel*, indicating that the Torah, too, is a source of refuge. Why, then, should a teacher of Torah require the asylum of a city of refuge?[27]

The Gemara answers:

לָא קַשְׁיָא – There is **no difficulty.** הָא בְּעִידָּנָא דְּעָסִיק בָּהּ – **This** statement, that the Torah provides refuge, applies only **during the time that he is engaged in studying** it; הָא בְּעִידָּנָא דְּלָא עָסִיק בָּהּ – while **this** rule, that a Torah teacher must flee to a city of refuge to be protected, applies **during the time that he is not engaged in studying** it.[28]

A second answer:

וְאִי בָּעֵית אֵימָא – **Or, if you prefer, say:** מַאי קוֹלְטִין – **What is** the meaning of the Torah **"providing refuge"?** מִמַּלְאַךְ הַמָּוֶת – That it protects one **from the Angel of Death,** i.e. from death caused by natural means. But Torah study does not provide refuge from the vengeance of a redeemer of the blood.[29]

The Gemara recounts an incident where Torah provided refuge from the Angel of Death:

כִּי הָא דְּרַב חִסְדָּא – **Like that** which occurred **with Rav Chisda,** הֲוָה יָתִיב וְגָרִיס בְּבֵי רַב – **who was sitting and learning in the house of study,** וְלָא הֲוָה קָא יָכוֹל שְׁלִיחָא [דְּמַלְאֲכָא דְמוֹתָא] לְמִיקְרַב לְגַבֵּיהּ – **and the agent of the Angel of Death could not approach him,** דְּלָא הֲוָה שָׁתִיק פּוּמֵּיהּ מִגִּירְסָא – **for his mouth did not pause from learning** even for an instant. סְלִיק וְיָתִיב אַאַרְזָא דְּבֵי רַב – **He** (the agent of the Angel of Death) **went outside** of the house of study, **and sat on a cedar** on the grounds **of the house of study.** פְּקַע אַרְזָא וְשָׁתִיק – **The cedar split, and [Rav Chisda] paused** momentarily, distracted by the noise; וְיָכִיל לֵיהּ – **and he** [the agent of the Angel of Death] **was able to** prevail over **him.**[30]

The Gemara continues to discuss the cities of refuge:

אָמַר רַבִּי תַּנְחוּם בַּר חֲנִילַאי – **R' Tanchum bar Chanilai said:** מִפְּנֵי מָה זָכָה רְאוּבֵן לִימָּנוֹת בְּהַצָּלָה תְּחִלָּה – **Why did Reuben merit** that Betzer, the refuge city in the territory of the tribe of Reuben, **be listed first in regard to rescue,** in the list of cities that provide refuge?[31] מִפְּנֵי שֶׁהוּא פָּתַח בְּהַצָּלָה תְּחִלָּה – **Because he was the first to pursue rescue** in the case of Joseph, שֶׁנֶּאֱמַר ,,וַיִּשְׁמַע רְאוּבֵן וַיַּצִּלֵהוּ מִיָּדָם" – **as it is stated:** ***And Reuben heard and he saved him from their hands.***[32]

דָּרַשׁ רַבִּי שִׂמְלַאי – **R' Simlai expounded:** מַאי דִּכְתִיב ,,אָז יַבְדִּיל מֹשֶׁה שָׁלֹשׁ עָרִים בְּעֵבֶר הַיַּרְדֵּן מִזְרְחָה [שָׁמֶשׁ]" – **What is** the meaning **of that which is written:** ***Then Moses designated three cities in the TransJordan, toward the rising sun?***[33] What is the significance of the phrase *toward the rising sun*? אָמַר לוֹ הַקָּדוֹשׁ בָּרוּךְ הוּא לְמֹשֶׁה – **The Holy One, Blessed is He, said to Moses:** הַזְרַח שֶׁמֶשׁ לְרוֹצְחִים – **Cause the sun to shine for killers,** by providing for their needs while they are in exile, as the Gemara enumerated previously. אִיכָּא דְּאָמְרֵי – **There are those who say:** אָמַר לוֹ הִזְרַחְתָּ שֶׁמֶשׁ לְרוֹצְחִים – **[God] said to him: You have caused the sun to rise for killers** by separating three cities to provide for their refuge.[34]

The Gemara derives an ethical lesson from Moses' designation of the three cities of refuge:

דָּרַשׁ רַבִּי סִימַאי – **R' Simai expounded:** מַאי דִּכְתִיב ,,אֹהֵב כֶּסֶף לֹא־יִשְׂבַּע כֶּסֶף וּמִי־אֹהֵב בֶּהָמוֹן לֹא תְבוּאָה" – **What is** the meaning of **that which is written:** ***A lover of silver shall not be satiated with silver, and whoever loves a multitude has no produce?***[35] ,,אֹהֵב כֶּסֶף לֹא־יִשְׂבַּע כֶּסֶף" – ***A lover of silver shall not be satiated with silver*** – זֶה מֹשֶׁה רַבֵּינוּ – **this is Moses our Teacher,** שֶׁהָיָה יוֹדֵעַ שֶׁאֵין שָׁלֹשׁ עָרִים שֶׁבְּעֵבֶר הַיַּרְדֵּן קוֹלְטוֹת – **who knew that the three cities in the TransJordan would not provide refuge** עַד שֶׁלֹּא נִבְחֲרוּ שָׁלֹשׁ בְּאֶרֶץ כְּנַעַן – **as long as the three in the land of Canaan were not chosen;** וְאָמַר מִצְוָה שֶׁבָּאָה לְיָדִי אֲקַיְּימֶנָּה – **but he** nonetheless **said: "The mitzvah that has come into my hand, I shall fulfill,"** and he selected the cities of refuge in the TransJordan.[36]

R' Simai now expounds the next part of the verse.

,,וּמִי־אֹהֵב בֶּהָמוֹן לֹא תְבוּאָה" – ***and whoever loves a multitude has no produce*** – לְמִי נָאֶה לְלַמֵּד בֶּהָמוֹן – **for whom is it proper to teach a multitude?** מִי שֶׁכָּל תְּבוּאָה שֶׁלּוֹ – **One to whom all produce** – i.e. Scripture, Mishnah, and Gemara – **belongs.**[37] That is, he is expert in all branches of the Torah.

NOTES

26. *Deuteronomy* 4:43.

27. The Gemara assumes at this point that if a Torah scholar inadvertently killed, the study hall will serve as his sanctuary, and the *goel hadam* may not kill him there (*Ritva*; see *Aruch LaNer,* who discusses why the Gemara does not ask why Torah study does not protect the student who is exiled).

28. See *Aruch LaNer.*

29. See *Nasan Piryo*, who cites *Or HaChaim* to *Genesis* 37:21.

30. The Gemara in *Shabbos* (30b) relates an almost identical incident concerning the death of King David. *Aruch LaNer* explains that the Gemara does not cite that incident here because it wishes to prove that Torah study protects from the Angel of Death even when the person studying is unaware of the danger to his life, and does not intend to avail himself of the protection of the Torah. David, however, knew that he was in danger, and intended that the Torah should protect him (see Gemara ibid.). See *Nasan Piryo* for further discussion.

31. Scripture (*Joshua* 20:7,8) lists the cities designated for refuge in Eretz Yisrael proper from north to south, and the same course should seemingly have been followed when listing the parallel cities in the TransJordan. However, it first mentions the city of Betzer, in the territory of Reuben, which was the southernmost of the three, as the Torah does in *Deuteronomy* 4:43 (see *Siach Yitzchak*).

32. *Genesis* 37:21. When Joseph's brothers seized him and would have killed him outright, Reuben intervened and directed that he be thrown into a pit. The verse (ibid.) testifies that Reuben did so with the intent of later removing Joseph from the pit and returning him to his father.

33. *Deuteronomy* 4:41.

34. [Thus, according to the first explanation, the phrase "toward the rising sun" refers to *additional* acts that God was directing Moses to perform, while according to the other interpretation it was a sign of God's approval for the separation that had already been performed.]

35. *Ecclesiastes* 5:9.

36. Although the cities in the TransJordan did not actually provide refuge until the cities in Eretz Yisrael had also been selected, there was nevertheless a mitzvah to *select* the cities (see *Rambam, Hil. Rotze'ach* 8:1, and *Sefer HaChinuch* §420).

37. The word לֹא, *not*, is expounded here as if it were spelled לוֹ, *to him*, and it is so spelled further in the Gemara. However, the Gemara does not intend to construe this word in a manner contrary to its spelling. Rather, the Gemara's statement conveys the message implied by the verse. As interpreted here, the verse should be rendered as follows: . . . *and whoever loves to teach a multitude and has no produce* – i.e. he is not a master of Torah knowledge – גַּם־זֶה הָבֶל, *this too is foolishness* (this is the conclusion of the verse). The verse thus implies that only one who is a true master of Torah – who possesses all facets of Torah – is a proper teacher for the multitudes. The further Aggadic interpretations of this

עוקבין. אורבין: מהאי גיסא ומהאי גיסא דמרחקי. חברון וקדש רחוקות מגבולי הארץ ס) שני רביעי הארץ והרוצח בסוף הגבול צריך לנוס רביע הארץ: ומ"ש מציעאי דמקרבי. ההורג בין חברון לשכם ובין שכם לקדש קרוב למקלט מיכן ומיכן: בין לדעת בין שלא לדעת. בין שברח שם לדעת קליטה בין [שלא] ברח שם (שלא) לדעת [קליטה] שלא היה יודע שהיא קולטת: פרוודהא. כפרים וחצרים הסמוכות לה ונקראות על שמה נתנו לכלב: וערי מבצר. כרכים גדולים שהיו בנחלת נפתלי הצדים צר וגו': ערים הללו. ערי מקלט: טירין קטנים. לפי שאין מזונות מצויין שם: ולא כרכים גדולים. שהכל נקבצים שם תמיד ויהא רגל גואל הדם מצויה שם ויארוב לו: כגון סליקום. עיר מבצר ויש כפר סמוך הנקרא אקרא דסליקוס כך קדש העיר מבצר ועיר בינוני סמוכה לה הנקראת על שמה: ואם אין שם מים. כשנפלו בגורל בימי יהושע ללוים הביאו להם אמות מים אחרי כן מן הנהרות הרחוקים: במקום שווקים. שימצאו מזונות לקנות: במקום אוכלוסין. שיהו כפרים ויישוב סמוכים להם שלא יבואו גואלי הדם מרודים על העיר בחיל: כלי זיין. שלא יקנה גואל הדם שם זיין ויהרוג שאם יביא כלי זיין ממקומו ירגישו בו: וכלי מצודה. אף בהם הורגין חיות: מאי קרא. דמתקנין להו לרוצחין דבר שצריכין לו: לתלמיד שאינו הגון. שלא יביאוהו עונותיו לידי הריגה בשוגג ויגלה דאמרי' לקמן (עמוד ב) שאינו מצוי אלא ברשעים: לימנות בהצלה תחלה. שפתח הכתוב בו בערי מקלט תחלה: הזרח שמש לרוצחים. להכין להם חיותם כגון הנך מילי דלעיל: הזרחת שמש לרוצחים. בהבדלה זו ויפה עשית: ללמד בהמון. לדרוש ברבים: שכל תבואה שלו. שבקי במקרא במשנה ובהלכות ובאגדות: ורבנן ואיתימא רב מרי אמרי מי אוהב בהמון וגו' האוהב ת"ח לו תבואה. התורה מחזרת עליו ועל זרעו כדאמרינן בעלמא (שבת דף כג:) האי מאן דרחים רבנן הויין ליה בנין רבנן: [יהבו רבנן עינייהו ברבה. שהיה אוהב תלמידי חכמים ביותר והיו לו בנים ת"ח]: רב אשי אמר כו'. בדרב אשי ° גרסי' ללמוד בדרבינא גרסי' ללמד: ללמוד בהמון. עם חברים רבים: נואלו שרי צוען (ב) נשאו שרי נוף. אלמא הנואל נשא לחטוא: ללמד בהמון. מרבה תלמידים: לו תבואה. לפי שעל ידיהם ירבה הפלפול ונותן לב לתרץ קושיותיהם: בשעריך. בשביל שעריך: מאלף עולות כו'. מקרא כתוב אלף עולות יעלה שלמה וגו' (מלכים א ג):

מקלט

דכתיב א) גלעד קרית פועלי און עקובה מדם מאי עקובה מדם א"ר אלעזר שהיו עוקבין להרוג נפשות ומאי שנא מהאי גיסא ומהאי גיסא דמרחקי ומאי שנא מציעאי דמקרבי אמר אביי בשכם נמי שכיחי רוצחים דכתיב ב) וכחכי איש גדודים חבר כהנים דרך ירצחו שכמה וגו' מאי חבר כהנים א"ר אלעזר שהיו מתחברין להרוג נפשות ככהנים הללו שמתחברין לחלוק תרומות בבית הגרנות ותו ליכא והא כתיב ג) ועליהם תתנו ארבעים ושתים עיר אמר אביי א הללו (א) קולטות בין לדעת בין שלא לדעת הללו לדעת קולטות שלא לדעת אינן קולטות ב) וחברון עיר מקלט ג) הוא והכתיב ד) ויתנו לכלב את חברון כאשר דבר משה אמר אביי ג) פרוודהא דכתיב ה) ואת שדה העיר ואת חצריה נתנו לכלב בן יפנה וקדש עיר מקלט הואי והכתיב ו) וערי מבצר הצדים צר וחמת רקת וכנרת [וגו'] וקדש ואדרעי ועין חצור ז) ותניא ערים הללו אין עושין אותן לא טירין קטנים ולא כרכים גדולים אלא עיירות בינוניות ה) אמר רב יוסף תרתי קדש הואי אמר רב אשי כגון סליקום ואקרא דסליקום גופא ב ערים הללו אין עושין אותן לא טירין קטנים ולא כרכין גדולים אלא עיירות בינוניות ו) ואין מושיבין אותן אלא במקום מים ואם אין שם מים מביאין להם מים ואין מושיבין אותן אלא במקום שווקים ואין מושיבין אותן אלא במקום אוכלוסין נתמעטו אוכלוסיהן מוסיפין עליהן נתמעטו דיוריהן מביאין להם כהנים לוים וישראלים ואין מוכרין בהן לא כלי זיין ולא כלי מצודה דברי רבי נחמיה וחכמים מתירין ג ושוין שאין פורסין בתוכן מצודות ואין מפשילין לתוכן חבלים כדי שלא תהא רגל גואל הדם מצויה שם א"ר יצחק מאי קרא ז) ונס אל אחת מן הערים האל וחי עביד ליה מידי דתהוי ליה חיותא תנא ד תלמיד שגלה מגלין רבו עמו שנאמר וחי עביד ליה מידי דתהוי ליה חיותא ח) אמר ר' זעירא מכאן ה שלא ישנה אדם ט) לתלמיד שאינו הגון א"ר יוחנן ו הרב שגלה מגלין ישיבתו עמו איני והא א"ר יוחנן מנין לדברי תורה שהן קולטין שנאמר ח) את בצר במדבר וגו' [וכתיב בתריה] ט) וזאת התורה לא קשיא הא בעידנא דעסיק בה הא בעידנא דלא עסיק בה ואי בעית אימא מאי קולטין ממלאך המות ° כי הא דרב חסדא הוה יתיב וגריס בבי רב ולא הוה קא יכול שליחא [דמלאכא דמותא] למיקרב לגביה דלא הוה שתיק פומיה מגירסא סליק ויתיב אארזא דבי רב פקע ארזא ושתיק ויכיל ליה א"ר תנחום בר חנילאי מפני מה זכה ראובן לימנות בהצלה תחלה מפני שהוא פתח בהצלה תחלה שנאמר י) וישמע ראובן ויצילהו מידם דרש רבי שמלאי מאי דכתיב כ) אז יבדיל משה שלש ערים בעבר הירדן מזרחה [שמש] אמר לו הקב"ה למשה הזרח שמש לרוצחים איכא דאמרי א"ל הזרחת שמש לרוצחים דרש רבי סימאי מאי דכתיב ל) אוהב כסף לא ישבע כסף ומי אוהב בהמון לא תבואה אוהב כסף לא ישבע כסף זה משה רבינו שהיה יודע שאין שלש ערים שבעבר הירדן קולטות עד שלא נבחרו שלש בארץ כנען ואמר מצוה שבאה לידי אקיימנה ומי אוהב בהמון לא תבואה למי נאה ללמד בהמון מי שכל תבואה שלו והיינו ט) דא"ר אלעזר מאי דכתיב מ) מי ימלל גבורות ה' ישמיע כל תהלתו למי נאה (ללמד) [למלל] גבורות ה' מי שיכול להשמיע כל תהלתו ורבנן ואיתימא רבה בר מרי אמר מי אוהב בהמון לו תבואה כל האוהב י) (למלמד) בהמון לו תבואה יהבו ביה רבנן עינייהו ברבא בריה דרבה (סימן אשי ללמוד רבינא ללמד) רב אשי אמר כל האוהב ללמוד בהמון לו תבואה והיינו ס) דא"ר יוסי בר' חנינא מאי דכתיב נ) חרב אל הבדים ונואלו חרב על צוארי שונאיהם של ת"ח שיושבין ועוסקין בתורה בד בבד ולא עוד אלא שמטפשין כתיב הכא ונואלו וכתיב התם ס) אשר נואלנו ולא עוד אלא שחוטאין שנאמר ואשר חטאנו ואיבעית אימא מהכא ע) נואלו שרי צוען רבינא אמר כל האוהב ללמד בהמון לו תבואה והיינו דאמר ל) רבי הרבה תורה למדתי מרבותי ומחבירי יותר מהם ומתלמידי יותר מכולן א"ר יהושע בן לוי מאי דכתיב פ) עומדות היו רגלינו בשעריך ירושלם מי גרם לרגלינו שיעמדו במלחמה שערי ירושלים שהיו עוסקים בתורה וא"ר יהושע בן לוי מאי דכתיב צ) שיר המעלות לדוד שמחתי באומרים לי בית ה' נלך אמר דוד לפני הקדוש ברוך הוא רבש"ע שמעתי בני אדם שהיו אומרים מתי ימות זקן זה ויבא שלמה בנו ויבנה בית הבחירה ונעלה לרגל ושמחתי מ) אמר לו הקב"ה ק) כי טוב יום בחצריך מאלף טוב לי יום אחד שאתה עוסק בתורה לפני מאלף עולות שעתיד שלמה בנך להקריב לפני על גבי המזבח: ומכוונות להם דרכים וכו': תניא נ) ר' אליעזר בן יעקב אומר

מקלט

מסורת הש"ס

א) ב"ב קכב:, ב) ס"א הואי, ג) [לפי מ"ש הערוך בערך פרוור ע"ש צ"ל פרוורהא ברי"ש והעיר המוסף הערוך שם פירושו בלשון יוני מגרשי העריס וכפריס נקרא פרוור], ד) (ערכין לג: ע"ש), ה) [שם לג:], ו) [תוספתא פ"ב ע"ש], ז) נ"א א"ר זירא, ח) חולין קלג. ע"ש, ט) הוריות יג: מגילה יח., י) בדפו"י ליתא, כ) תענית ז. ברכות סג:, ל) [תענית ז. ע"ש], מ) [שבת ל.], נ) [תוספתא פ"ב], ס) צ"ל רביעית.

הגהות הב"ח

(א) גמ' אמר אביי הללו. נ"ב פירוש הני שש: (ב) רש"י ד"ה נואלו שרי צוען נשאו. נ"ב נשאו פרש"י נתעו:

גליון הש"ס

גמ' כי הא דרב חסדא. עיין שבת דף ל ע"ב: רש"י ד"ה רב אשי וכו' גרסי' ללמוד. רלה לתרץ דלמה הקדים לשון דברי רב אשי לדרבינא הא רבינא קשיש מיניה לזה כתב רש"י דדברי רב אשי ללמוד ודרבינא ללמד מש"ה נקט כסדר ללמוד ואח"כ ללמד:

תורה אור השלם

א) גִּלְעָד קִרְיַת פֹּעֲלֵי אָוֶן עֲקֻבָּה מִדָּם: [הושע ו, ח]

ב) וּכְחַכֵּי אִישׁ גְּדוּדִים חֶבֶר כֹּהֲנִים דֶּרֶךְ יְרַצְּחוּ שֶׁכְמָה כִּי זִמָּה עָשׂוּ: [הושע ו, ט]

ג) וְאֵת הֶעָרִים אֲשֶׁר תִּתְּנוּ לַלְוִיִּם אֵת שֵׁשׁ עָרֵי הַמִּקְלָט אֲשֶׁר תִּתְּנוּ לָנֻס שָׁמָּה הָרֹצֵחַ וַעֲלֵיהֶם תִּתְּנוּ אַרְבָּעִים וּשְׁתַּיִם עִיר: [במדבר לה, ו]

ד) וַיִּתְּנוּ לְכָלֵב אֶת חֶבְרוֹן כַּאֲשֶׁר דִּבֶּר מֹשֶׁה וַיּוֹרֶשׁ מִשָּׁם אֶת שְׁלֹשָׁה בְּנֵי הָעֲנָק: [שופטים א, כ]

ה) וְאֶת שְׂדֵה הָעִיר וְאֶת חֲצֵרֶיהָ נָתְנוּ לְכָלֵב בֶּן יְפֻנֶּה בַּאֲחֻזָּתוֹ: [יהושע כא, יב]

ו) וְעָרֵי מִבְצָר הַצִּדִּים צֵר וְחַמַּת רַקַּת וְכִנָּרֶת: [יהושע יט, לה]

וַאֲדָמָה וְהָרָמָה וְחָצוֹר: [שם, לו]

וְקֶדֶשׁ וְאֶדְרֶעִי וְעֵין חָצוֹר: [שם, לז]

ז) לָנֻס שָׁמָּה רוֹצֵחַ אֲשֶׁר יִרְצַח אֶת רֵעֵהוּ בִּבְלִי דַעַת וְהוּא לֹא שֹׂנֵא לוֹ מִתְּמֹל שִׁלְשֹׁם וְנָס אֶל אַחַת מִן הֶעָרִים הָאֵל וָחָי: [דברים ד, מב]

ח) אֶת בֶּצֶר בַּמִּדְבָּר בְּאֶרֶץ הַמִּישֹׁר לָראוּבֵנִי וְאֶת רָאמֹת בַּגִּלְעָד לַגָּדִי וְאֶת גּוֹלָן בַּבָּשָׁן לַמְנַשִּׁי: [דברים ד, מג]

ט) וְזֹאת הַתּוֹרָה אֲשֶׁר שָׂם מֹשֶׁה לִפְנֵי בְּנֵי יִשְׂרָאֵל: [דברים ד, מד]

י) וַיִּשְׁמַע רְאוּבֵן וַיַּצִּלֵהוּ מִיָּדָם וַיֹּאמֶר לֹא נַכֶּנּוּ נָפֶשׁ: [בראשית לז, כא]

כ) אָז יַבְדִּיל מֹשֶׁה שָׁלֹשׁ עָרִים בְּעֵבֶר הַיַּרְדֵּן מִזְרְחָה שָׁמֶשׁ: [דברים ד, מא]

ל) אֹהֵב כֶּסֶף לֹא יִשְׂבַּע כֶּסֶף וּמִי אֹהֵב בֶּהָמוֹן לֹא תְבוּאָה גַּם זֶה הָבֶל: [קהלת ה, ט]

מ) מִי יְמַלֵּל גְּבוּרוֹת יְיָ יַשְׁמִיעַ כָּל תְּהִלָּתוֹ: [תהלים קו, ב]

נ) חֶרֶב אֶל הַבַּדִּים וְנֹאָלוּ חֶרֶב אֶל גִּבּוֹרֶיהָ וָחָתּוּ: [ירמיה נ, לו]

ס) וַיֹּאמֶר אַהֲרֹן אֶל מֹשֶׁה בִּי אֲדֹנִי אַל נָא תָשֵׁת עָלֵינוּ חַטָּאת אֲשֶׁר נוֹאַלְנוּ וַאֲשֶׁר חָטָאנוּ: [במדבר יב, יא]

ע) נוֹאֲלוּ שָׂרֵי צֹעַן נִשְּׁאוּ שָׂרֵי נֹף הִתְעוּ אֶת מִצְרַיִם פִּנַּת שְׁבָטֶיהָ: [ישעיה יט, יג]

פ) עֹמְדוֹת הָיוּ רַגְלֵינוּ בִּשְׁעָרַיִךְ יְרוּשָׁלִָם: [תהלים קכב, ב]

צ) שִׁיר הַמַּעֲלוֹת לְדָוִד שָׂמַחְתִּי בְּאֹמְרִים לִי בֵּית יְיָ נֵלֵךְ: [תהלים קכב, א]

ק) כִּי טוֹב יוֹם בַּחֲצֵרֶיךָ מֵאָלֶף בָּחַרְתִּי הִסְתּוֹפֵף בְּבֵית אֱלֹהַי מִדּוּר בְּאָהֳלֵי רֶשַׁע: [תהלים פד, יא]

עין משפט נר מצוה

מג א מיי' פ"ח מהל' רוצח הל' ט והל' י סמג עשין עז:

מד ב ג מיי' שם הלכה ח הכל שם:

מה ד מיי' שם פ"ז הל' א סמג עשין עו:

מו ה מיי' פ"ד מהל' ת"ת הלכה א סמג עשין יב טוש"ע י"ד סימן רמו ס"ז:

מז ו מיי' פ"ז מהל' רוצח הלכה א סמג עשין עו:

ליקוטי רש"י

וחברון עיר מקלט הוא. כדכתיב ביהושע ולבני אהרן הכהנים נתנו את עיר מקלט הרוצח את חברון ואת מגרשיה [רשב"ם בבא בתרא קכב:].

פרוורדא. כפרים ושדות שסביב להעיר חוצה למגרש [שם].

ערים הללו. הניתנים ללוים. אין עושין אותן טירין קטנים. לפי שהן ערי מקלט ובעינן שיהא שם ישוב לבית מנוס לרוצחים. ולא כרכים גדולים. לפי שמתקבצין שם מכל מקומות לסחורה ותהא רגל גואל הדם מצויה שם ויארוב את הרוצח ויהרגנו. אלא עיירות בינוניות. בלא חומה [ערכין לג:].

ולא הוה קא יכול שליחא וכו' למיקרב. שהתורה מגינה ממות כדאמרינן בסוטה דף כא. [שבת ל:].

אז יבדיל משה. נתן לב להיות חרד לדבר שיבדילם ואף על פי שאינן קולטות עד שיבדלו אותן של ארץ כנען. אמר משה מצוה שאפשר לקיימה אקיימנה [דברים ד מא].

ולא עוד אלא שמטפשין. אשר נואלנו מתרגם דאטפשנא. שחוטאין. דכתיב נואלו גבי חטאנו. ואיבעית אימא מהכא נואלו שרי צוען. וגו' והתעו את מצרים ותועה היינו חוטא [תענית ז.].

כי טוב יום בחצריך. כלומר כבר אמרת לפני טוב יום שאתה עומד בחצרי ועוסק בתורה מאלף עולות שעתיד בנך שלמה להעלות לפני כדכתיב (מלכים א ג) אלף עולות יעלה שלמה וגו' [שבת ל.].

רבינו חננאל

שנאמר גלעד קרית פועלי און עקובה מדם. א"ר אלעזר שהיו עוקבים להרוג נפשות. ובשכם נמי שכיחי רצחנים שנאמר דרך ירצחו שכמה. חבר כהנים שהיו מתחברים גדודים להרוג כחבורת כהנים על הגרנות בחילוק תרומה. ואסיק' אלו שש ערי מקלט קולטות לדעת ושלא לדעת והאי דכתיב ועליהם תתנו ארבעים ושתים עיר אינן קולטות אלא לדעת. חברון היתה עיר מקלט ושדה העיר וחצריה נתנו לכלב. וקדש עיר מקלט הואי והכתיב וערי מבצר הצדים צר וחמת רקת וכנרת [וגו'] וקדש ואדרעי. ושנינן תרתי קדש הוו. ואין עושין בערי מקלט דברים שגורמין להיות רגלו של גואל הדם מצויה שם. תנא תלמיד שגלה מגלין רבו עמו שנאמר וחי עביד ליה מידי דתיהוי ליה חיותא. א"ר זירא מיכן שלא ישנה אדם לתלמיד שאינו הגון. א"ר יוחנן הרב שגלה מגלין ישיבתו עמו. איני שרב גולה והאמר ר' יוחנן מנין לדברי תורה שקולטין שנאמר את בצר במדבר וכתיב וזאת התורה. ופרקינן קולטין ממלאך המות בעדנא דעסק בה כדרב חסדא דהוה גריס יתיב בבי רב ולא הוה יכול שליחא א) למיקרב גביה דלא הוה שתיק פומיה מגרסא. סליק יתיב ארזא דבי רב פקע ארזא ושתיק ויכיל ליה: אוהב כסף לא ישבע כסף זה מרע"ה שהיה אוהב המצות ולא היה שבע מהן. ומי אוהב בהמון לא תבואה. למי נאה להלן ב) בהמון מי שכל תבואה שלו והיינו דא"ר אלעזר מי ימלל גבורות ה' ישמיע למי נאה למלל גבורות ה' מי שיכול להשמיע כל תהלתו. ג) יהבו ביה רבנן עינייהו ברבה בריה דרבא ד): ירושלמי (סוף פירקין) ה' דברים היה הבית האחרון חסר מן הראשון שנאמר ואכבד. ה' חסר. אלו ה' דברים שהיה הבית האחרון חסר מן הראשון. ואלו הן. אש. וארון. ואורים ותומים. ושמן המשחה. ורוח הקדש. אמר אביי ת"ח צריך לפרסם עצמו. היך בר נש דחכם חדא מכילא ואזל לאתר ואינון מוקרין ליה דהוא חכם תרתי מכילי צריך למימר לון חדא מכילא אנא חכים: רב אשי אמר כל אוהב ללמוד בהמון (לא) [לון] תבואה. כרבי יוסי בר חנינא דאמר חרב (על) [אל] הבדים ונואלו. חרב על צוארי ת"ח שיושבין ועוסקין בתורה בד בבד ולא עוד כו'. רבינא אמר כל (האומר) [האוהב] ללמד בהמון (לא) [לון] תבואה. והיינו דאמר רבי הרבה תורה למדתי מרבותי ומחברי יותר מהן ומתלמידי יותר מכולן: עומדות היו רגלינו בשעריך ירושלים מי גרם להיות עומדות רגלינו במלחמה שערי ירושלים שהיו מצויינים בהלכה. וכן אמר הקב"ה לדוד טוב לי יום שאתה מתעסק בתורה בחצריך מאלף עולות

חשק שלמה על ר"ח א) מלות דמלאכא דמותא ליתא בגמ' בכל הדפו"י: ב) להלן. כך היא ג"כ גי' הערוך ערך אהובה: ג) אולי חסר כאן וצ"ל כמ"ש בגמ' ורבנן כו': ד) כ"ה הגירסא ג"כ בע"י:

וְהַיְינוּ דְּאָמַר רַבִּי אֶלְעָזָר – And this is as R' Elazar said: מַאי דִּכְתִיב ,,מִי יְמַלֵּל גְּבוּרוֹת ה' יַשְׁמִיעַ כָּל־תְּהִלָּתוֹ" – **What is** the meaning of **that which is written: *Who shall utter the mighty acts of Hashem, [who] can declare all of His praise?***[38] The verse teaches: לְמִי נָאֶה (ללמד) [לְמַלֵּל] גְּבוּרוֹת ה' – **For whom is it fitting to utter the mighty acts of Hashem** publicly? מִי שֶׁיָּכוֹל לְהַשְׁמִיעַ כָּל תְּהִלָּתוֹ – **One who is able to declare all His praise,** due to his broad knowledge of Torah.[39]

The Gemara now cites an alternate interpretation of the previously cited verse:

וְרַבָּנָן וְאִיתֵימָא רַבָּה בַּר מָרִי אָמַר – **But the Rabbis, and some say it was Rabbah bar Mari, say** that the verse means: מִי אוֹהֵב בֶּהָמוֹן לוֹ תְבוּאָה – **He who loves a multitude, [to him] is produce,** which implies: כָּל הָאוֹהֵב (למלמד) בֶּהָמוֹן לוֹ תְבוּאָה – **Whoever loves abundance,** i.e. those who possess an abundance of Torah knowledge, **to him** shall be granted **produce** of Torah.[40] יְהַבוּ בֵּיהּ רַבָּנָן עֵינַיְיהוּ בְּרָבָא בְּרֵיהּ דְּרַבָּה – Upon hearing this, **the Rabbis focused their eyes on Rava the son of Rabbah.**[41]

The Gemara offers two insights into the importance of studying with and teaching others. They are introduced with a mnemonic formula:

(סִימָן אַשִׁי לִלְמוֹד רָבִינָא לְלַמֵּד – **A mnemonic:** ***Ashi lilmod, Ravina lelameid.***[42]) רַב אַשִׁי אָמַר – **Rav Ashi said:** כָּל הָאוֹהֵב לִלְמוֹד בֶּהָמוֹן לוֹ תְבוּאָה – **Whoever loves to learn in a multitude, to him shall be produce.** True success in Torah study comes to those who study together with others. וְהַיְינוּ דְּאָמַר רַבִּי יוֹסֵי בְּרַבִּי חֲנִינָא – **And this is as R' Yose the son of R' Chanina said:** מַאי דִּכְתִיב ,,חֶרֶב אֶל־הַבַּדִּים וְנֹאָלוּ" – **What is** the meaning of **that which is written: *The sword to the individuals, and they shall become fools?***[43] It means: חֶרֶב עַל צַוְּארֵי שׂוֹנְאֵיהֶם שֶׁל תַּלְמִידֵי חֲכָמִים – **A sword upon the necks of the enemies of scholars,**[44] שֶׁיּוֹשְׁבִין וְעוֹסְקִין בַּתּוֹרָה בַּד בְּבַד – **who sit and engage in Torah study individually,** i.e. without study partners. וְלֹא עוֹד אֶלָּא שֶׁמִּטַּפְּשִׁין – **And not only that, but they become foolish** as well: כְּתִיב הָכָא ,,וְנֹאָלוּ" – For **it is written here:** ***and they shall become fools*** (v'no'alu), וּכְתִיב הָתָם ,,אֲשֶׁר נוֹאַלְנוּ" – **and it is written elsewhere:** ***that which we have acted foolishly*** *(no'alnu).*[45] This proves that the word *no'alu* means *to become foolish.*[46] וְלֹא עוֹד אֶלָּא שֶׁחוֹטְאִין – **And not only that, but they sin** because of this behavior, שֶׁנֶּאֱמַר ,,וַאֲשֶׁר חָטָאנוּ" – **as it is stated** in that very verse: ***and that which we have sinned.*** וְאִיבָּעִית אֵימָא מֵהָכָא – **And if you prefer, say** that this is derived **from here:** ,,נוֹאֲלוּ שָׂרֵי צֹעַן" – ***The officers of Zoan have become fools.***[47]

The Gemara offers another interpretation of the original verse:

רָבִינָא אָמַר – **Ravina said:** כָּל הָאוֹהֵב לְלַמֵּד בֶּהָמוֹן לוֹ תְבוּאָה – **Whoever loves to teach the multitude, to him** shall be granted **produce.**[48] וְהַיְינוּ דְּאָמַר רַבִּי – **And this is as Rabbi [Yehudah HaNasi] said:** הַרְבֵּה תּוֹרָה לָמַדְתִּי מֵרַבּוֹתַי – **I learned much Torah from my teachers,** וּמֵחֲבֵירַי יוֹתֵר מֵהֶם – **and from my colleagues** I learned even **more than from [my teachers],** וּמִתַּלְמִידַי יוֹתֵר מִכּוּלָּן – **but from my disciples** I learned **more than from all of them.**[49]

The Gemara continues to discuss the greatness of Torah study:

אָמַר רַבִּי יְהוֹשֻׁעַ בֶּן לֵוִי – **R' Yehoshua ben Levi said:** מַאי דִּכְתִיב ,,עֹמְדוֹת הָיוּ רַגְלֵינוּ בִּשְׁעָרַיִךְ יְרוּשָׁלָם" – **What is** the meaning of **that which is written: *Our feet were standing in your gates, Jerusalem?***[50] מִי גָּרַם לְרַגְלֵינוּ שֶׁיַּעַמְדוּ בַּמִּלְחָמָה – **Who caused our feet to remain standing in battle,** i.e. what gave us the strength to stand and prevail in battle and not be cut down? שַׁעֲרֵי יְרוּשָׁלַיִם – **The gates of Jerusalem,**[51] שֶׁהָיוּ עוֹסְקִים בַּתּוֹרָה – **where they were engaged in the study of Torah.**

The Gemara quotes another Scriptural exposition of R' Yehoshua ben Levi:

וְאָמַר רַבִּי יְהוֹשֻׁעַ בֶּן לֵוִי – **And R' Yehoshua ben Levi said:** מַאי דִּכְתִיב ,,שִׁיר הַמַּעֲלוֹת לְדָוִד שָׂמַחְתִּי בְּאֹמְרִים לִי בֵּית ה' נֵלֵךְ" – **What is** the meaning of **that which is written: *A song of ascents to David: I rejoiced when they said to me, "Let us go to the house of Hashem"?***[52] אָמַר דָּוִד לִפְנֵי הַקָּדוֹשׁ בָּרוּךְ הוּא – **David said before the Holy One, Blessed is He:** רִבּוֹנוֹ שֶׁל עוֹלָם – **"Master** of the universe, שָׁמַעְתִּי בְּנֵי אָדָם שֶׁהָיוּ אוֹמְרִים – **I have heard people that are saying,** מָתַי יָמוּת זָקֵן זֶה – **'When will this old man die** וְיָבֹא שְׁלֹמֹה בְנוֹ וְיִבְנֶה בֵּית הַבְּחִירָה – **so that his son Solomon will come and build the Chosen Temple [of God],** וְנַעֲלֶה לָרֶגֶל – **and we will ascend for the pilgrimage festival?'**[53] וְשָׂמַחְתִּי – **And I rejoiced** over the people's desire to serve You." אָמַר לוֹ הַקָּדוֹשׁ בָּרוּךְ הוּא – **The Holy One, Blessed**

NOTES

verse should also be understood in this manner (*Maharsha*; see also *Ritva; cf. Iyun Yaakov*).

38. *Psalms* 106:2.

39. See *Horayos* 13b; cf. *Megillah* 18a, and see *Maharsha, Chidushei Aggados* to *Horayos* ibid.

40. *Rashi* explains: Whoever loves Torah scholars, to him shall be granted the produce of Torah, i.e. the Torah will remain with him and his children. This is in line with another Talmudic teaching: One who loves Torah scholars will have children who are Torah scholars (*Shabbos* 23b; see *Maharsha* and *Rashash*).

41. For Rabbah was outstanding in his love for Torah scholars, and indeed he had sons who were scholars (*Rashi*).

42. This phrase translates as: "Ashi to learn, Ravina to teach." Since Ravina and Rav Ashi expound the same verse here, their teachings can become confused. To prevent such confusion, the formula tells us that Rav Ashi speaks of studying Torah (to learn) while Ravina speaks of teaching Torah (to teach). [See also *Gilyon HaShas*.]

43. *Jeremiah* 50:36. The translation reflects the exposition of the Gemara here. The simple meaning of the verse is understood by the commentators as referring to practitioners of sorcery.

44. [This euphemism refers to the scholars themselves. As is common in the writings of the Sages, they do not refer directly to Israel, Torah scholars, or the like with a statement that implies punishment. Rather, they refer to "the enemies of . . ."]

45. *Numbers* 12:11.

46. One who learns on his own and is not exposed to the thoughts and insights of others will not refine his ideas and correct his errors. Consequently, he is likely to make foolish mistakes that will almost inevitably lead to inadvertent transgression of the laws of the Torah; see below (*Maharsha*).

47. *Isaiah* 19:13. The verse serves as a further source for inferring from the word נוֹאֲלוּ that they commit a sin, as evidenced by the second part of the verse: נִשְּׁאוּ שָׂרֵי נֹף, *the nobles of Noph have been misled.* The prophet proclaims that foolishness leads to sin (Rashi).

48. One who teaches a multitude of disciples shall thereby become wise, for in discussing the topic with them and answering their questions, he broadens his own understanding of the subject (*Rashi*).

49. One who teaches a subject must perfect his knowledge thereof, so as to be able to accurately answer his students' questions (see previous note).

50. *Psalms* 122:2.

51. בִּשְׁעָרַיִךְ – which literally means *within your gates* – is thus rendered, *because* of your gates (*Rashi*). [The term שַׁעַר, gate, is often understood as a reference to the gates of the study hall.]

52. Ibid. v. 1.

53. God had told David that he was not to erect the Temple, but that his son Solomon, the heir to his throne, would do so (see *II Samuel* 7:5-13).

עין משפט נר מצוה

מג א מיי' פ"ח מהל' רוצח הל' ט והל' י סמג עשין עז:
מד ב ג מיי' שם הלכה א הל' שם:
מה ד מיי' שם פ"ז הל' א סמג עשין עו:
מו ה מיי' פ"ד מהל' ת"ת הלכה א סמג עשין יב טוש"ע י"ד סימן רמו ס"ז:
מז ו מיי' פ"ז מהל' רוצח הלכה א סמג עשין עה:

מסורת הש"ס

א) ב"ב קכב., ב) [פי' מ"א הוא], ג) [פי' ערוך בערך פרוזר ע"ש], ד) פרוודהא ערוך, ה) [ערכין לג:], ו) [תוספתא פ"ב ע"ש], ז) נ"א א"ר זירא, ח) חולין קלג. ע"ש, ט) הוריות יב: מגילה יח., י) בדפוי' ליתא, כ) תענית ז. ברכות סג., ל) [תענית ז. ע"ש], מ) [שבת ל.], נ) [תוספתא פ"ב], ס) ב"ל רביעית.

גמרא

דכתיב א) גלעד קרית פועלי און עקובה מדם מאי עקובה מדם א"ר אלעזר שהיו עוקבין להרוג נפשות ומאי שנא מהאי גיסא ומהאי גיסא דמרחקי ומאי שנא מציעאי דמקרבי אמר אביי בשכם נמי שכיחי רוצחים דכתיב ב) וכחכי איש גדודים חבר כהנים דרך ירצחו שכמה וגו' מאי חבר כהנים א"ר אלעזר שהיו מתחברין להרוג נפשות ככהנים הללו שמתחברין לחלוק תרומות בבית הגרנות ותו ליכא והא כתיב ג) ועליהם תתנו ארבעים ושתים עיר אמר אביי [א] הללו (א) קולטות בין לדעת בין שלא לדעת הללו לדעת קולטות שלא לדעת אינן קולטות [ו] וחברון עיר מקלט [ג] הוא והכתיב ד) ויתנו לכלב את חברון כאשר דבר משה אמר אביי [ג] פרוודהא דכתיב ה) ואת שדה העיר ואת חצריה נתנו לכלב בן יפנה וקדש עיר מקלט הואי והכתיב ו) וערי מבצר הצדים צר וחמת רקת וכנרת [וגו'] וקדש ואדרעי ועין חצור ז) ותניא ערים הללו אין עושין אותן לא טירין קטנים ולא כרכים גדולים אלא עיירות בינוניות ח) אמר רב יוסף תרתי קדש הואי אמר רב אשי כגון סליקום ואקרא דסליקום גופא [ב] ערים הללו אין עושין אותן לא טירין קטנים ולא כרכין גדולים אלא עיירות בינוניות י) ואין מושיבין אותן אלא במקום מים ואם אין שם מים מביאין להם מים ואין מושיבין אותן אלא במקום שווקים ואין מושיבין אותן אלא במקום אוכלוסין נתמעטו אוכלוסיהן מוסיפין עליהן נתמעטו דיוריהן מביאין להם כהנים לוים וישראלים ואין מוכרין בהן לא כלי זיין ולא כלי מצודה דברי רבי נחמיה וחכמים מתירין [ג] ושוין שאין פורסין בתוכן מצודות ואין מפשילין לתוכן חבלים כדי שלא תהא רגל גואל הדם מצויה שם א"ר יצחק מאי קרא ז) ונס אל אחת מן הערים האל וחי עביד ליה מידי דתהוי ליה חיותא תנא [ד] תלמיד שגלה מגלין רבו עמו שנאמר וחי עביד ליה מידי דתהוי ליה חיותא ז) אמר ר' זעירא מכאן [ה] שלא ישנה אדם ט) לתלמיד שאינו הגון א"ר יוחנן [ו] הרב שגלה מגלין ישיבתו עמו איני והא א"ר יוחנן מנין לדברי תורה שהן קולטין שנאמר ח) את בצר במדבר וגו' [וכתיב בתריה] ט) וזאת התורה לא קשיא הא בעידנא דעסיק בה הא בעידנא דלא עסיק בה ואי בעית אימא מאי קולטין ממלאך המות ° כי הא דרב חסדא הוה יתיב וגריס בבי רב ולא הוה קא יכול שליחא [דמלאכא דמותא] למיקרב לגביה דלא הוה שתיק פומיה מגירסא סליק ויתיב אארזא דבי רב פקע ארזא ושתיק ויכיל ליה א"ר תנחום בר חנילאי מפני מה זכה ראובן לימנות בהצלה תחלה מפני שהוא פתח בהצלה תחלה שנאמר י) וישמע ראובן ויצילהו מידם דרש רבי שמלאי מאי דכתיב כ) אז יבדיל משה שלש ערים בעבר הירדן מזרחה [שמש] אמר לו הקב"ה למשה הזרח שמש לרוצחים איכא דאמרי א"ל הזרחת שמש לרוצחים דרש רבי סימאי מאי דכתיב ל) אוהב כסף לא ישבע כסף ומי אוהב בהמון לא תבואה אוהב כסף לא ישבע כסף זה משה רבינו שהיה יודע שאין שלש ערים שבעבר הירדן קולטות עד שלא נבחרו שלש בארץ כנען ואמר מצוה שבאה לידי אקיימנה ומי אוהב בהמון לא תבואה למי נאה ללמד בהמון מי שכל תבואה שלו והיינו ט) דא"ר אלעזר מאי דכתיב מ) מי ימלל גבורות ה' ישמיע כל תהלתו למי נאה (ללמד) [למלל] גבורות ה' מי שיכול להשמיע כל תהלתו ורבנן ואיתימא רבה בר מרי אמר מי אוהב בהמון לו תבואה כל האוהב י) (למלמד) בהמון לו תבואה יהבו ביה רבנן עינייהו ברבא בריה דרבה (סימן אשי ללמוד רבינא ללמד) רב אשי אמר כל האוהב ללמוד בהמון לו תבואה והיינו כ) דא"ר יוסי בר' חנינא מאי דכתיב נ) חרב אל הבדים ונואלו חרב על צוארי שונאיהם של ת"ח שיושבין ועוסקין בתורה בד בבד ולא עוד אלא שמטפשין כתיב הכא ונואלו וכתיב התם ס) אשר נואלנו ולא עוד אלא שחוטאין שנאמר ואשר חטאנו ואיבעית אימא מהכא ע) נואלו שרי צוען רבינא אמר כל האוהב ללמד בהמון לו תבואה והיינו דאמר ל) רבי הרבה תורה למדתי מרבותי ומחבירי יותר מהם ומתלמידי יותר מכולן א"ר יהושע בן לוי מאי דכתיב פ) עומדות היו רגלינו בשעריך ירושלם מי גרם לרגלינו שיעמדו במלחמה שערי ירושלם שהיו עוסקים בתורה וא"ר יהושע בן לוי מאי דכתיב צ) שיר המעלות לדוד שמחתי באומרים לי בית ה' נלך אמר דוד לפני הקדוש ברוך הוא רבש"ע שמעתי בני אדם שהיו אומרים מתי ימות זקן זה ויבא שלמה בנו ויבנה בית הבחירה ונעלה לרגל ושמחתי מ) אמר לו הקב"ה ק) כי טוב יום בחצריך מאלף טוב לי יום אחד שאתה עוסק בתורה לפני מאלף עולות שעתיד שלמה בנך להקריב לפני על גבי המזבח: ומכוונות להם דרכים וכו': תניא נ) ר' אליעזר בן יעקב אומר מקלט

רש"י

עוקבין. אורבין: מהאי גיסא ומהאי גיסא דמרחקי. חברון וקדש רחוקות מגבולי הארץ ° שני רביעי הארץ וההורג בסוף הגבול צריך לנוס רביע הארץ: ומ"ש מציעאי דמקרבי. ההורג בין חברון לשכם ובין שכם לקדש קרוב למקלט מיכן ומיכן: בין לדעת בין שלא לדעת. בין שברח שם לדעת קליטה בין [שלא] ברח שם (שלא) לדעת [קליטה] שלא היה יודע שהיא קולטת: פרוודהא. כפרים וחצרים הסמוכות לה ונקראות על שמה נתנו לכלב: וערי מבצר. כרכים גדולים שהיו בנחלת נפתלי הצדים צר וגו': ערים הללו. ערי מקלט: טירין קטנים. לפי שאין מזונות מצויין שם: ולא כרכים גדולים. שהכל נקבצים שם תמיד ויהא רגל גואל הדם מצויה שם ויארוב לו: כגון סליקום. עיר מבצר ויש כפר סמוך הנקרא אקרא דסליקוס כך קדש העיר מבצר ועיר בינוני סמוכה לה הנקראת על שמה: ואם אין שם מים. כשנפלו בגורל בימי יהושע ללוים הביאו להם אמות מים אחרי כן מן הנהרות הרחוקים: במקום שווקים. שימצאו מזונות לקנות: במקום אוכלוסין. שיהו כפרים וישוב סמוכים להם שלא יבואו גואלי הדם מרודים על העיר בחיל: כלי זיין. שלא יקנה גואל הדם שם זיין ויהרוג שאם יצא כלי זיין ממקומו ירגישו בו: וכלי מצודה. אף בהם הורגין חיות: מאי קרא. דמתקנינן להו לרוצחין דבר שצריכין לו: לתלמיד שאינו הגון. שלא יביאוהו עונותיו לידי הריגה בשוגג ויגלה דאמרי' לקמן (עמוד ב) שאינו מגלי אלא ברשעים: לימנות בהצלה תחלה. שפתח הכתוב בו בערי מקלט תחלה: הזרח שמש לרוצחים. להכין להם חיותם כגון הנך מילי דלעיל: הזרחת שמש לרוצחים. בהבדלה זו ויפה עשית: ללמד בהמון. לדרוש ברבים: שכל תבואה שלו. שבקי במקרא במשנה ובהלכות ובאגדות: ורבנן ואיתימא רב מרי אמרי מי אוהב בהמון וגו' האוהב ת"ח לו תבואה. התורה מחזרת עליו ועל זרעו כדאמרינן בעלמא (שבת דף כג:) האי מאן דרחים רבנן הויין ליה בנין רבנן: [יהבו רבנן עינייהו ברבה. שהיה אוהב תלמידי חכמים ביותר והיו לו בנים ת"ח]: רב אשי אמר כו'. בדרב אשי ° גרסי' ללמוד בדרבינא גרסי' ללמד: ללמוד בהמון. עם חברים רבים: נואלו שרי צוען (ג) נשאו שרי נוף. אלמא הנואל נשא לחטאת: ללמד בהמון. מרבה תלמידים: לו תבואה. לפי שעל ידיהם ירבה הפלפול ונותן לב לתרץ קושיותיהם: בשעריך. בשביל שעריך: מאלף עולות כו'. מקרא כתוב אלף עולות יעלה שלמה וגו' (מלכים א ג):

הגהות הב"ח

(א) גמ' אמר אביי הללו. נ"ב פירוש הני שש: (ב) רש"י ד"ה רב אשי כו'. (ג) ד"ה נואלו שרי צוען נשאו. נ"ב נשאו פרש"י נתעו:

גמ' כי הא דרב חסדא. עיין שבת דף ל ע"ב: רש"י ד"ה רב אשי וכו' גרסי' ללמוד. לא לתרץ למה הקדים הלשון דברי רב אשי לדרבינא קשה מינייהו לזה כתב לדרבינא ללמד ללמוד מש"ה נקט כסדר ללמוד ואח"כ ללמד:

תורה אור השלם

א) גִּלְעָד קִרְיַת פֹּעֲלֵי אָוֶן עֲקֻבָּה מִדָּם: [הושע ו, ח]
ב) וּכְחַכֵּי אִישׁ גְּדוּדִים חֶבֶר כֹּהֲנִים דֶּרֶךְ יְרַצְּחוּ שֶׁכְמָה כִּי זִמָּה עָשׂוּ: [הושע ו, ט]
ג) וְאֵת הֶעָרִים אֲשֶׁר תִּתְּנוּ לַלְוִיִּם אֵת שֵׁשׁ עָרֵי הַמִּקְלָט אֲשֶׁר תִּתְּנוּ לָנֻס שָׁמָּה הָרֹצֵחַ וַעֲלֵיהֶם תִּתְּנוּ אַרְבָּעִים וּשְׁתַּיִם עִיר: [במדבר לה, ו]
ד) וַיִּתְּנוּ לְכָלֵב אֶת חֶבְרוֹן כַּאֲשֶׁר דִּבֶּר מֹשֶׁה וַיּוֹרֶשׁ מִשָּׁם אֶת שְׁלֹשָׁה בְּנֵי הָעֲנָק: [שופטים א, כ]
ה) וְאֶת שְׂדֵה הָעִיר וְאֶת חֲצֵרֶיהָ נָתְנוּ לְכָלֵב בֶּן יְפֻנֶּה בַּאֲחֻזָּתוֹ: [יהושע כא, יב]
ו) וְעָרֵי מִבְצָר הַצִּדִּים צֵר וְחַמַּת רַקַּת וְכִנָּרֶת: [יהושע יט, לה]
וַאֲדָמָה וְהָרָמָה וְחָצוֹר: [שם, לו]
וְקֶדֶשׁ וְאֶדְרֶעִי וְעֵין חָצוֹר: [שם, לז]
ז) לָנוּס שָׁמָּה רוֹצֵחַ אֲשֶׁר יִרְצַח אֶת רֵעֵהוּ בִּבְלִי דַעַת וְהוּא לֹא שֹׂנֵא לוֹ מִתְּמֹל שִׁלְשֹׁם וְנָס אֶל אַחַת מִן הֶעָרִים הָאֵל וָחָי: [דברים ד, מב]
ח) אֶת בֶּצֶר בַּמִּדְבָּר בְּאֶרֶץ הַמִּישֹׁר לָראוּבֵנִי וְאֶת רָאמֹת בַּגִּלְעָד לַגָּדִי וְאֶת גּוֹלָן בַּבָּשָׁן לַמְנַשִּׁי: [דברים ד, מג]
ט) וְזֹאת הַתּוֹרָה אֲשֶׁר שָׂם מֹשֶׁה לִפְנֵי בְּנֵי יִשְׂרָאֵל: [דברים ד, מד]
י) וַיִּשְׁמַע רְאוּבֵן וַיַּצִּלֵהוּ מִיָּדָם וַיֹּאמֶר לֹא נַכֶּנּוּ נָפֶשׁ: [בראשית לז, כא]
כ) אָז יַבְדִּיל מֹשֶׁה שָׁלֹשׁ עָרִים בְּעֵבֶר הַיַּרְדֵּן מִזְרְחָה שָׁמֶשׁ: [דברים ד, מא]
ל) אֹהֵב כֶּסֶף לֹא יִשְׂבַּע כֶּסֶף וּמִי אֹהֵב בֶּהָמוֹן לֹא תְבוּאָה גַּם זֶה הָבֶל: [קהלת ה, ט]
מ) מִי יְמַלֵּל גְּבוּרוֹת יְיָ יַשְׁמִיעַ כָּל תְּהִלָּתוֹ: [תהלים קו, ב]
נ) חֶרֶב אֶל הַבַּדִּים וְנֹאָלוּ חֶרֶב אֶל גִּבּוֹרֶיהָ וָחָתּוּ: [ירמיה נ, לו]
ס) וַיֹּאמֶר אַהֲרֹן אֶל מֹשֶׁה בִּי אֲדֹנִי אַל נָא תָשֵׁת עָלֵינוּ חַטָּאת אֲשֶׁר נוֹאַלְנוּ וַאֲשֶׁר חָטָאנוּ: [במדבר יב, יא]
ע) נוֹאֲלוּ שָׂרֵי צֹעַן נִשְּׁאוּ שָׂרֵי נֹף הִתְעוּ אֶת מִצְרַיִם פִּנַּת שְׁבָטֶיהָ: [ישעיה יט, יג]
פ) עֹמְדוֹת הָיוּ רַגְלֵינוּ בִּשְׁעָרַיִךְ יְרוּשָׁלָםִ: [תהלים קכב, ב]
צ) שִׁיר הַמַּעֲלוֹת לְדָוִד שָׂמַחְתִּי בְּאֹמְרִים לִי בֵּית יְיָ נֵלֵךְ: [תהלים קכב, א]
ק) כִּי טוֹב יוֹם בַּחֲצֵרֶיךָ מֵאָלֶף בָּחַרְתִּי הִסְתּוֹפֵף בְּבֵית אֱלֹהַי מִדּוּר בְּאָהֳלֵי רֶשַׁע: [תהלים פד, יא]

ליקוטי רש"י

וחברון עיר מקלט הוא. דכתיב ביהושע ולבני אהרן הכהנים נתנו את עיר מקלט הרוצח את חברון ואת מגרשיה [רשב"ם בבא בתרא קכב:].
פרוודהא. כפרים ושדות שסביב להעיר הולך למגרש [שם].
ערים הללו. הניתנים ללוים. אין עושין אותן טירין קטנים. לפי שכן ערי מקלט ובענין שיהא שם ישוב לבית מנוס לרוצחים. ולא כרכים גדולים. לפי שמתקבצין שם מכל מקומות לסחורה והוא רגל גואל הדם מצויה שם ויארוב את הרוצח ויהרגנו. אלא עיירות בינוניות. כלל מזה [ערכין לג:].
ולא הוה קא יכול שליחא וכו' למיקרב. שהתורה מגינה כדאמרינן בסוטה דף כא. [שבת ל:].
אז יבדיל משה. נתן לב להיות חרד לדבר שיבדלו ואף על פי שאינן קולטות עד שיבדלו אותן של ארץ כנען. אמר משה מצוה שאפשר לקיימה אקיימנה [דברים ד מא].
ולא עוד אלא שמטפשין. אשר נואלנו מתרגם דאטפשנא. שחוטאין. דכתיב נואלו גבי חטאנו. ואיבעית אימא מהכא נואלו שרי צוען. וגו' והתעו את מצרים ותועה היינו חוטא [תענית ז.].
כי טוב יום בחצריך. כלומר כבר אמרת לפני טוב יום שאתה בחצרי ועוסק בתורה מאלף עולות שעתיד בנך להעלות כדכתיב (מלכים א ג) אלף עולות יעלה שלמה וגו' [שבת ל.].

רבינו חננאל

שנאמר גלעד קרית פועלי און עקובה מדם. א"ר אלעזר שהיו עוקבים להרוג נפשות. ובשכם נמי שכיחי רצחנים שנאמר דרך ירצחו שכמה. חבר כהנים שהיו מתחברים גדודים להרוג כהנים על הגרנות בחילוק תרומה. ואסיק' אלו שש ערי מקלט קולטות לדעת ושלא לדעת והאי דכתיב ועליהם תתנו ארבעים ושתים עיר אינן קולטות אלא לדעת. חברון היתה עיר מקלט ושדה העיר וחצריה נתנו לכלב. וקדש עיר מקלט הואי והכתיב וערי מבצר הצדים צר וחמת רקת וכנרת [וגו'] וקדש ואדרעי. ושנינן תרתי קדש הוו. ואין עושין בערי מקלט דברים שגורמין להיות רגלו של גואל הדם מצויה שם. תנא תלמיד שגלה מגלין רבו עמו שנאמר וחי עביד ליה מידי דתיהוי ליה חיותא. א"ר זירא מיכן שלא ישנה אדם לתלמיד שאינו הגון. א"ר יוחנן הרב שגלה מגלין ישיבתו עמו. איני גולה והאמר ר' יוחנן מנין לדברי תורה שקולטין שנאמר את בצר במדבר וכתיב וזאת התורה. ופרקינן קולטין ממלאך המות בעדנא דעסק בה כדרב חסדא דהוה גריס יתיב בבי רב ולא הוה יכול שליחא א) למיקרב גביה דלא הוה שתיק פומיה מגרסא. סליק יתיב אארזא דבי רב פקע ארזא ושתיק ויכיל ליה: אוהב כסף לא ישבע כסף זה מרע"ה שהיה אוהב המצות ולא היה שבע מהן. ומי אוהב בהמון לא תבואה. למי נאה להלן ב) בהמון מי שכל תבואה שלו והיינו דא"ר אלעזר מי ימלל גבורות ה' ישמיע כל תהלתו למי נאה למלל גבורות ה' מי שיכול להשמיע כל תהלתו. ג) יהבו ביה רבנן עינייהו ברבה בריה דרבא ד) [illegible]

חשק שלמה על ר"ח א) מלות דמלאכא דמותא ליתא בגמ' [illegible]

is He, replied to [David]: ,,כִּי טוֹב־יוֹם בַּחֲצֵרֶיךָ מֵאָלֶף" – ***For a day in Your courtyards is better than a thousand.***[54] טוֹב לִי יוֹם אֶחָד שֶׁאַתָּה עוֹסֵק בַּתּוֹרָה לְפָנַי – The **one day during which you engage in** the study of **Torah before Me is more pleasing to Me** מֵאֶלֶף עוֹלוֹת שֶׁעָתִיד שְׁלֹמֹה בִנְךָ לְהַקְרִיב לְפָנַי עַל גַּבֵּי הַמִּזְבֵּחַ – **than the thousand burnt offerings**[55] **that Solomon your son is destined to offer before Me upon the Altar.**[56]

The Gemara explains the next part of the Mishnah:

'וּמְכֻוָּנוֹת לָהֶם דְּרָכִים וכו – **AND DIRECT ROADS WERE LAID OUT etc.**

The Gemara cites a Baraisa that expands upon the mishnah's ruling:

תַּנְיָא – **It was taught in a Baraisa:** רַבִּי אֱלִיעֶזֶר בֶּן יַעֲקֹב אוֹמֵר – **R' ELIEZER BEN YAAKOV SAYS:**

NOTES

54. *Psalms* 84:11.

55. This is an allusion to the thousand animals offered by Solomon on the altar in Gibeon (*Rashi*; see *I Kings* 3:4; see also *Aruch LaNer*).

56. The site of the Temple had already been acquired by King David, but it was standing empty – a mere courtyard – awaiting the day that the Temple would be built by Solomon. Thus, the Almighty stated: "Your Torah study, even while the site of the Temple is an empty courtyard, is more precious to Me than its eventual function as a *Beis HaMikdash*" (*Maharsha*).

מסורת הש"ס

א) ב"ב קכב., ב) ס"א הואי, ג) [לפי מ"ש הערוך בערך פרוור ע"ש צ"ל פרוורהא ברי"ש והעיר המוסף הערוך שם פירושו בלשון יוני מגרשי הערים וכפרים נקרא פרוור], ד) (ערכין לג: ע"ש), ה) [שם לג:], ו) [תוספתא פ"ב ע"ש], ז) כ"א א"ר זירא, ח) חולין קלג. ע"ש, ט) הוריות יג: מגילה יח., י) בדפו"י ליתא, כ) תענית ז. ברכות סג:, ל) [תענית ז. ע"ש], מ) [שבת ל.], נ) [תוספתא פ"ב], ס) צ"ל רביעית.

הגהות הב"ח

(א) גמ' אמר אביי הללו. נ"ב פירוש הני שש: (ב) רש"י ד"ה נואלו שרי צוען נשאו. נ"ב נשאו פרש"י נטעו:

גליון הש"ס

גמ' כי הא דרב חסדא. עיין שבת דף ל ע"ב: רש"י ד"ה רב אשי וכו' גרסי' ללמוד. רצה לתרץ דלמה הקדים לשון דברי רב אשי לדרבינא הא רבינא קשיש מיניה לזה כתב רש"י דדברי רב אשי ללמוד ודרבינא ללמד מש"ה נקט כסדר ללמוד ואח"כ ללמד:

תורה אור השלם

א) גִּלְעָד קִרְיַת פֹּעֲלֵי אָוֶן עֲקֻבָּה מִדָּם: [הושע ו, ח]

ב) וּכְחַכֵּי אִישׁ גְּדוּדִים חֶבֶר כֹּהֲנִים דֶּרֶךְ יְרַצְּחוּ שֶׁכְמָה כִּי זִמָּה עָשׂוּ: [הושע ו, ט]

ג) וְאֵת הֶעָרִים אֲשֶׁר תִּתְּנוּ לַלְוִיִּם אֵת שֵׁשׁ עָרֵי הַמִּקְלָט אֲשֶׁר תִּתְּנוּ לָנֻס שָׁמָּה הָרֹצֵחַ וַעֲלֵיהֶם תִּתְּנוּ אַרְבָּעִים וּשְׁתַּיִם עִיר: [במדבר לה, ו]

ד) וַיִּתְּנוּ לְכָלֵב אֶת חֶבְרוֹן כַּאֲשֶׁר דִּבֶּר מֹשֶׁה וַיּוֹרֶשׁ מִשָּׁם אֶת שְׁלֹשָׁה בְּנֵי הָעֲנָק: [שופטים א, כ]

ה) וְאֶת שְׂדֵה הָעִיר וְאֶת חֲצֵרֶיהָ נָתְנוּ לְכָלֵב בֶּן יְפֻנֶּה בַּאֲחֻזָּתוֹ: [יהושע כא, יב]

ו) וְעָרֵי מִבְצָר הַצִּדִּים צֵר וְחַמַּת רַקַּת וְכִנָּרֶת: [יהושע יט, לה]. וַאֲדָמָה וְהָרָמָה וְחָצוֹר: [שם, לו]. וְקֶדֶשׁ וְאֶדְרֶעִי וְעֵין חָצוֹר: [שם, לז]

ז) לָנֻס שָׁמָּה רוֹצֵחַ אֲשֶׁר יִרְצַח אֶת רֵעֵהוּ בִּבְלִי דַעַת וְהוּא לֹא שֹׂנֵא לוֹ מִתְּמֹל שִׁלְשֹׁם וְנָס אֶל אַחַת מִן הֶעָרִים הָאֵל וָחָי: [דברים ד, מב]

ח) אֶת בֶּצֶר בַּמִּדְבָּר בְּאֶרֶץ הַמִּישֹׁר לָראוּבֵנִי וְאֶת רָאמֹת בַּגִּלְעָד לַגָּדִי וְאֶת גּוֹלָן בַּבָּשָׁן לַמְנַשִּׁי: [דברים ד, מג] ט) וְזֹאת הַתּוֹרָה אֲשֶׁר שָׂם מֹשֶׁה לִפְנֵי בְּנֵי יִשְׂרָאֵל: [דברים ד, מד] י) וַיִּשְׁמַע רְאוּבֵן וַיַּצִּלֵהוּ מִיָּדָם וַיֹּאמֶר לֹא נַכֶּנּוּ נָפֶשׁ: [בראשית לז, כא] כ) אָז יַבְדִּיל מֹשֶׁה שָׁלֹשׁ עָרִים בְּעֵבֶר הַיַּרְדֵּן מִזְרְחָה שָׁמֶשׁ: [דברים ד, מא] ל) אֹהֵב כֶּסֶף לֹא יִשְׂבַּע כֶּסֶף וּמִי אֹהֵב בֶּהָמוֹן לֹא תְבוּאָה גַּם זֶה הָבֶל: [קהלת ה, ט] מ) מִי יְמַלֵּל גְּבוּרוֹת יְיָ יַשְׁמִיעַ כָּל תְּהִלָּתוֹ: [תהלים קו, ב] נ) חֶרֶב אֶל הַבַּדִּים וְנֹאָלוּ חֶרֶב אֶל גִּבּוֹרֶיהָ וָחָתּוּ: [ירמיה נ, לו] ס) וַיֹּאמֶר אַהֲרֹן אֶל מֹשֶׁה בִּי אֲדֹנִי אַל נָא תָשֵׁת עָלֵינוּ חַטָּאת אֲשֶׁר נוֹאַלְנוּ וַאֲשֶׁר חָטָאנוּ: [במדבר יב, יא] ע) נוֹאֲלוּ שָׂרֵי צֹעַן נִשְּׁאוּ שָׂרֵי נֹף הִתְעוּ אֶת מִצְרַיִם פִּנַּת שְׁבָטֶיהָ: [ישעיה יט, יג] פ) עֹמְדוֹת הָיוּ רַגְלֵינוּ בִּשְׁעָרַיִךְ יְרוּשָׁלִָם: [תהלים קכב, ב] צ) שִׁיר הַמַּעֲלוֹת לְדָוִד שָׂמַחְתִּי בְּאֹמְרִים לִי בֵּית יְיָ נֵלֵךְ: [תהלים קכב, א] ק) כִּי טוֹב יוֹם בַּחֲצֵרֶיךָ מֵאָלֶף בָּחַרְתִּי הִסְתּוֹפֵף בְּבֵית אֱלֹהַי מִדּוּר בְּאָהֳלֵי רֶשַׁע: [תהלים פד, יא]

רש"י

עוקבין. אורבין: מהאי גיסא ומהאי גיסא דמרחקי. חברון וקדש רחוקות מגבולי הארץ ס) שני רביעי הארץ וההורג בסוף הגבול צריך לנוס רביע הארץ: ומ"ש מציעאי דמקרבי. ההורג בין חברון לשכם ובין שכם לקדש קרוב למקלט מיכן ומיכן: בין לדעת בין שלא לדעת. בין שברח שם לדעת קליטה בין [שלא] ברח שם (שלא) לדעת [קליטה] שלא היה יודע שהיא קולטת: פרוודהא. כפרים וחצרים הסמוכות לה ונקראות על שמה נתנו לכלב: וערי מבצר. כרכים גדולים שהיו בנחלת נפתלי הצדים צר וגו': ערים הללו. ערי מקלט: טירין קטנים. לפי שאין מזונות מצויין שם: ולא כרכים גדולים. שהכל נקבצים שם תמיד ויהא רגל גואל הדם מצויה שם ויארוב לו: כגון סליקום. עיר מבצר ויש כפר סמוך הנקרא אקרא דסליקוס כך קדש העיר מבצר ועיר בינוני סמוכה לה הנקראת על שמה: ואם אין שם מים. כשנפלו בגורל בימי יהושע ללוים הביאו להם אמות מים אחרי כן מן הנהרות הרחוקים: במקום שווקים. שימצאו מזונות לקנות: במקום אוכלוסין. שיהו כפרים ויישוב סמוכים להם שלא יבואו גואלי הדם מרודים על העיר בחיל: כלי זיין. שלא יקנה גואל הדם

שם

שם זיין ויהרוג שאם יביא כלי זיין ממקומו ירגישו בו: וכלי מצודה. אף בהם הורגין חיות: מאי קרא. דמתקנינן להו לרוצחין דבר שצריכין לו: לתלמיד שאינו הגון. שלא יביאוהו עונותיו לידי הריגה בשוגג ויגלה דאמרי' לקמן (עמוד ב) שאינו מצוי אלא ברשעים: לימנות בהצלה תחלה. שפתח הכתוב בו בערי מקלט תחלה: הזרח שמש לרוצחים. להכין להם חיותם כגון הנך מילי דלעיל: הזרחת שמש לרוצחים. בהבדלה זו ויפה עשית: ללמד בהמון. לדרוש ברבים: שכל תבואה שלו. שבקי במקרא במשנה ובהלכות ובאגדות: ורבנן ואיתימא רב מרי אמרי מי אוהב בהמון וגו' האוהב ת"ח לו תבואה. התורה מחזרת עליו ועל זרעו כדאמרינן בעלמא (שבת דף כג:) האי מאן דרחים רבנן הויין ליה בנין רבנן: [יהבו רבנן עינייהו ברבה. שהיה אוהב תלמידי חכמים ביותר והיו לו בנים ת"ח]: רב אשי אמר כו'. בדרב אשי ° גרסי' ללמוד בדרבינא גרסי' ללמד: ללמוד בהמון. עם חברים רבים: נואלו שרי צוען (ב) נשאו שרי נוף. אלמא הנואל נשא לחטוא: ללמד בהמון. מרבה תלמידים: לו תבואה. לפי שעל ידיהם ירבה הפלפול ונותן לב לתרץ קושיותיהם: בשעריך. בשביל שעריך: מאלף עולות כו'. מקרא כתוב אלף עולות יעלה שלמה וגו' (מלכים א ג):

מקלט

גמרא

דכתיב א) גלעד קרית פועלי און עקובה מדם מאי עקובה מדם א"ר אלעזר שהיו עוקבין להרוג נפשות ומאי שנא מהאי גיסא ומהאי גיסא דמרחקי ומאי שנא מציעאי דמקרבי אמר אביי בשכם נמי שכיחי רוצחים דכתיב ב) וכחכי איש גדודים חבר כהנים דרך ירצחו שכמה וגו' מאי חבר כהנים א"ר אלעזר שהיו מתחברין להרוג נפשות ככהנים הללו שמתחברין לחלוק תרומות בבית הגרנות ותו ליכא והא כתיב ג) ועליהם תתנו ארבעים ושתים עיר אמר אביי א) הללו (א) קולטות בין לדעת בין שלא לדעת הללו לדעת קולטות שלא לדעת אינן קולטות ב) וחברון עיר מקלט ג) הוא והכתיב ד) ויתנו לכלב את חברון כאשר דבר משה אמר אביי ג) פרוודהא דכתיב ה) ואת שדה העיר ואת חצריה נתנו לכלב בן יפנה וקדש עיר מקלט הואי והכתיב ו) וערי מבצר הצדים צר וחמת רקת וכנרת [וגו'] וקדש ואדרעי ועין חצור ד) ותניא ערים הללו אין עושין אותן לא טירין קטנים ולא כרכים גדולים אלא עיירות בינוניות ה) אמר רב יוסף תרתי קדש הואי אמר רב אשי כגון סליקום ואקרא דסליקום גופא ב) ערים הללו אין עושין אותן לא טירין קטנים ולא כרכין גדולים אלא עיירות בינוניות ו) ואין מושיבין אותן אלא במקום מים ואם אין שם מים מביאין להם מים ואין מושיבין אותן אלא במקום שווקים ואין מושיבין אותן אלא במקום אוכלוסין נתמעטו אוכלוסיהן מוסיפין עליהן נתמעטו דיוריהן מביאין להם כהנים לוים וישראלים ואין מוכרין בהן לא כלי זיין ולא כלי מצודה דברי רבי נחמיה וחכמים מתירין ג) ושוין שאין פורסין בתוכן מצודות ואין מפשילין לתוכן חבלים כדי שלא תהא רגל גואל הדם מצויה שם א"ר יצחק מאי קרא ז) ונס אל אחת מן הערים האל וחי עביד ליה מידי דתהוי ליה חיותא תנא ד) תלמיד שגלה מגלין רבו עמו שנאמר וחי עביד ליה מידי דתהוי ליה חיותא ז) אמר ר' זעירא מכאן ה) שלא ישנה אדם ח) לתלמיד שאינו הגון א"ר יוחנן ו) הרב שגלה מגלין ישיבתו עמו איני והא א"ר יוחנן מנין לדברי תורה שהן קולטין שנאמר ח) את בצר במדבר וגו' [וכתיב בתריה] ט) וזאת התורה לא קשיא הא בעידנא דעסיק בה הא בעידנא דלא עסיק בה ואי בעית אימא מאי קולטין ממלאך המות ° כי הא דרב חסדא הוה יתיב וגריס בבי רב ולא הוה קא יכול שליחא [דמלאכא דמותא] למיקרב לגביה דלא הוה שתיק פומיה מגירסא סליק ויתיב אארזא דבי רב פקע ארזא ושתיק ויכיל ליה א"ר תנחום בר חנילאי מפני מה זכה ראובן לימנות בהצלה תחלה מפני שהוא פתח בהצלה תחלה שנאמר י) וישמע ראובן ויצילהו מידם דרש רבי שמלאי מאי דכתיב כ) אז יבדיל משה שלש ערים בעבר הירדן מזרחה [שמש] אמר לו הקב"ה למשה הזרח שמש לרוצחים איכא דאמרי א"ל הזרחת שמש לרוצחים דרש רבי סימאי מאי דכתיב ל) אוהב כסף לא ישבע כסף ומי אוהב בהמון לא תבואה אוהב כסף לא ישבע כסף זה משה רבינו שהיה יודע שאין שלש ערים שבעבר הירדן קולטות עד שלא נבחרו שלש בארץ כנען ואמר מצוה שבאה לידי אקיימנה ומי אוהב בהמון לא תבואה למי נאה ללמד בהמון מי שכל תבואה שלו והיינו ט) דא"ר אלעזר מאי דכתיב מ) מי ימלל גבורות ה' ישמיע כל תהלתו למי נאה (ללמד) [למלל] גבורות ה' מי שיכול להשמיע כל תהלתו ורבנן ואיתימא רבה בר מרי אמר מי אוהב בהמון לו תבואה כל האוהב י) (למלמד) בהמון לו תבואה יהבו ביה רבנן עינייהו ברבא בריה דרבה (סימן אשי ללמוד רבינא ללמד) רב אשי אמר כל האוהב ללמוד בהמון לו תבואה והיינו כ) דא"ר יוסי בר' חנינא מאי דכתיב נ) חרב אל הבדים ונואלו חרב על צוארי שונאיהם של ת"ח שיושבין ועוסקין בתורה בד בבד ולא עוד אלא שמטפשין כתיב הכא ונואלו וכתיב התם ס) אשר נואלנו ולא עוד אלא שחוטאין שנאמר ואשר חטאנו ואיבעית אימא מהכא ע) נואלו שרי צוען רבינא אמר כל האוהב ללמד בהמון לו תבואה והיינו דאמר ל) רבי הרבה תורה למדתי מרבותי ומחבירי יותר מהם ומתלמידי יותר מכולן א"ר יהושע בן לוי מאי דכתיב פ) עומדות היו רגלינו בשעריך ירושלם מי גרם לרגלינו שיעמדו במלחמה שערי ירושלם שהיו עוסקים בתורה וא"ר יהושע בן לוי מאי דכתיב צ) שיר המעלות לדוד שמחתי באומרים לי בית ה' נלך אמר דוד לפני הקדוש ברוך הוא רבש"ע שמעתי בני אדם שהיו אומרים מתי ימות זקן זה ויבא שלמה בנו ויבנה בית הבחירה ונעלה לרגל ושמחתי מ) אמר לו הקב"ה ק) כי טוב יום בחצריך מאלף טוב לי יום אחד שאתה עוסק בתורה לפני מאלף עולות שעתיד שלמה בנך להקריב לפני על גבי המזבח: ומכוונות להם דרכים וכו': תניא ס) ר' אליעזר בן יעקב אומר

מקלט

עין משפט נר מצוה

מג א מיי' פ"ח מהל' רוצח הל' ט והל' י סמג עשין עז:
מד ב ג מיי' שם הלכה ח הל' שם:
מה ד מיי' שם פ"ז הל' א סמג עשין עו:
מו ה מיי' פ"ד מהל' ת"ת הלכה א סמג עשין יב טוש"ע י"ד סימן רמו ס"ז:
מז ו מיי' פ"ז מהל' רוצח הלכה א סמג עשין עו:

ליקוטי רש"י

וחברון עיר מקלט הוא. כדכתיב ביהושע ולבני אהרן הכהנים נתנו את עיר מקלט הרוצח את חברון ואת מגרשיה [רשב"ם בבא בתרא קכב:].

פרוורהא. כפרים ושדות שסביב להעיר חוצה למגרש [שם].

ערים הללו. הניתנים ללוים. אין עושין אותן טירין קטנים. לפי שהן ערי מקלט ובעינן שיהא שם יישוב לבית מנוס לרוצחים. ולא כרכים גדולים. לפי שמתקבצין שם מכל מקומות לסחורה ותהא רגל גואל הדם מצויה שם ויארוב את הרוצח ויהרגנו. אלא עיירות בינוניות. בלא חומה [ערכין לג:].

ולא הוה קא יכול שליחא וכו' למיקרב. שהתורה מגינה ממות כדאמרינן בסוטה דף כא. [שבת ל:].

אז יבדיל משה. נתן לב להיות חרד לדבר שיבדילם ואף על פי שאינן קולטות עד שיבדלו אותן של ארץ כנען. אמר משה מצוה שאפשר לקיימה אקיימנה [דברים ד מא].

ולא עוד אלא שמטפשין. אשר נואלנו מתרגם דאטפשנא. שחוטאין. דכתיב נואלנו גבי חטאנו. ואיבעית אימא מהכא נואלו שרי צוען. וגו' והתעו את מצרים ותועה היינו חוטא [תענית ז.].

כי טוב יום בחצריך. כלומר כבר אמרת לפני טוב יום שאתה עומד בחצרי ועוסק בתורה מאלף עולות שעתיד בנך שלמה להעלות כדכתיב (מלכים א ג) אלף עולות יעלה שלמה וגו' [שבת ל.].

רבינו חננאל

שנאמר גלעד קרית פועלי און עקובה מדם. א"ר אלעזר שהיו עוקבים להרוג נפשות. ובשכם נמי שכיחי רצחנים שנאמר דרך ירצחו שכמה. חבר כהנים שהיו מתחברים גדודים להרוג כחבורת כהנים על הגרנות בחילוק תרומה. ואסיק' אלו שש ערי מקלט קולטות לדעת ושלא לדעת והאי דכתיב ועליהם תתנו ארבעים ושתים עיר אינן קולטות אלא לדעת. חברון היתה עיר מקלט ושדה העיר וחצריה נתנו לכלב. וקדש עיר מקלט הואי והכתיב וערי מבצר הצדים צר וחמת רקת וכנרת [וגו'] וקדש ואדרעי. ושנינן תרתי קדש הוו. ואין עושין בערי מקלט דברים שגורמין להיות רגלו של גואל הדם מצויה שם. תנא תלמיד שגלה מגלין רבו עמו שנאמר וחי עביד ליה מידי דתיהוי ליה חיותא. א"ר זירא מיכן שלא ישנה אדם לתלמיד שאינו הגון. א"ר יוחנן הרב שגלה מגלין ישיבתו עמו. איני שרב גולה והאמר ר' יוחנן מנין לדברי תורה שקולטין שנאמר את בצר במדבר וכתיב וזאת התורה. ופרקינן קולטין ממלאך המות בעדנא דעסק בה כדרב חסדא דהוה גריס יתיב בבי רב ולא הוה יכול שליחא א) למיקרב גביה דלא הוה שתיק פומיה מגרסא. סליק יתיב אארזא דבי רב פקע ארזא ושתיק ויכיל ליה: אוהב כסף לא ישבע כסף זה מרע"ה שהיה אוהב המצות ולא היה שבע מהן. ומי אוהב בהמון לא תבואה. למי נאה להלן ב) בהמון מי שכל תבואה שלו והיינו דא"ר אלעזר מי ימלל גבורות ה' ישמיע כל תהלתו למי נאה למלל גבורות ה' מי שיכול להשמיע כל תהלתו. ג) יהבו ביה רבנן עינייהו ברבה בריה דרבא ד): ירושלמי (סוף פירקין) ה' דברים היה הבית האחרון חסר מן הראשון שנאמר ואכבד. ה' חסר. אלו ה' דברים שהיה הבית האחרון חסר מן הראשון. ואלו הן. אש. וארון. ואורים ותומים. ושמן המשחה. ורוח הקדש. אמר אביי ת"ח צריך לפרסם עצמו. היך בר נש דחכם חדא מכילא ואזל לאתר ואינון מוקרין ליה דהוא חכם תרתי מכילי צריך למימר לון חדא מכילא אנא חכים: רב אשי אמר כל אוהב ללמוד בהמון (לא) [לו] תבואה. כרבי יוסי בר חנינא דאמר חרב (על) [אל] הבדים ונואלו. חרב על צוארי ת"ח שיושבין ועוסקין בתורה בד בבד ולא עוד כו'. רבינא אמר כל (האומר) [האוהב] ללמד בהמון (לא) [לו] תבואה. והיינו דאמר רבי הרבה תורה למדתי מרבותי ומחברי יותר מהן ומתלמידי יותר מכולן: עומדות היו רגלינו בשעריך ירושלים מי גרם להיות עומדות רגלינו במלחמה שערי ירושלים שהיו מצויינים בהלכה. וכן אמר הקב"ה לדוד טוב לי יום שאתה מתעסק בתורה בחצריך מאלף

עולות

חשק שלמה על ר"ח א) מלות דמלאכא דמותא ליתא בגמ' בכל הדפוסי': ב) להלן. כך היא ג"כ גי' הערוך ערך אהבה: ג) אולי חסר כאן וצ"ל כמ"ש בגמ' ורבנן כו': ד) כ"ה הגירסא ג"כ בע"י:

מקלט היה כתוב על פרשת דרכים כדי שיכיר הרוצח ויפנה לשם אמר (א) רב כהנא מאי קרא א) תכין לך הדרך עשה [לך] הכנה לדרך רב חמא בר חנינא פתח לה פתחא להאי פרשתא מהכא ב) טוב וישר ה' על כן יורה חטאים בדרך אם לחטאים יורה ק"ו לצדיקים ר"ש בן לקיש פתח לה פתחא להאי פרשתא מהכא ג) ואשר לא צדה והאלהים אנה לידו וגו' (א) ד) כאשר יאמר משל הקדמוני מרשעים יצא רשע וגו' במה הכתוב מדבר בשני בני אדם שהרגו את הנפש אחד הרג בשוגג ואחד הרג במזיד לזה אין עדים ולזה אין עדים הקב"ה מזמינן לפונדק אחד זה שהרג במזיד יושב תחת הסולם וזה שהרג בשוגג יורד בסולם ונפל עליו והרגו ° זה שהרג במזיד נהרג וזה שהרג בשוגג גולה אמר רבה בר רב הונא אמר רב הונא ואמרי לה אמר רב הונא א"ר אלעזר מן התורה ומן הנביאים ומן הכתובים ב בדרך שאדם רוצה לילך בה מוליכין אותו מן התורה דכתיב ה) לא תלך עמהם וכתיב ו) קום לך אתם מן הנביאים דכתיב ז) אני ה' אלהיך מלמדך להועיל מדריכך בדרך (זו) תלך מן הכתובים דכתיב ח) אם ללצים הוא יליץ ולענוים יתן חן אמר רב הונא ג רוצח שגלה לעיר מקלט ומצאו גואל הדם והרגו פטור קסבר ט) ולו אין משפט מות בגואל הדם הוא דכתיב מיתיבי ולו אין משפט מות ברוצח הכתוב מדבר אתה אומר ברוצח או אינו אלא בגואל הדם כשהוא אומר (ב) י) והוא לא שונא לו מתמול שלשום הוי אומר ברוצח הכתוב מדבר הוא דאמר כי האי תנא דתניא ולו אין משפט מות בגואל הדם הכתוב מדבר אתה אומר בגואל הדם הכתוב מדבר או אינו אלא ברוצח כשהוא אומר ט) כי לא שונא הוא לו מתמול שלשום הרי רוצח אמור הא מה אני מקיים ולו אין משפט מות בגואל הדם הכתוב מדבר תנן מוסרין לו שני ת"ח שמא יהרגנו בדרך וידברו אליו מאי לאו דמתרו ביה דאי קטיל בר קטלא הוא לא כדתניא וידברו אליו דברים הראוים לו ד אומרים לו אל תנהג בו מנהג שופכי דמים בשגגה בא מעשה לידו ר"מ אומר הוא מדבר ע"י עצמו שנאמר י) וזה דבר הרוצח אמרו לו הרבה שליחות עושה אמר מר בשגגה בא מעשה לידו פשיטא דאי במזיד בר גלות הוא אין והא תניא ר' יוסי בר' יהודה אומר בתחלה אחד שוגג ואחד מזיד מקדימין לערי מקלט וב"ד שולחין ומביאין אותם משם מי שנתחייב מיתה הרגוהו שנאמר כ) ושלחו זקני עירו ולקחו אותו משם ונתנו אותו ביד גואל הדם ומת מי שלא נתחייב פטרוהו שנאמר ל) והצילו העדה את הרוצח מיד גואל הדם מי שנתחייב גלות מחזירין אותו למקומו שנא' ל) והשיבו אותו העדה אל עיר מקלטו אשר נס שמה רבי אומר מעצמן הן גולין כסבורין הן אחד שוגג ואחד מזיד קולטות והן אינן יודעין שבשוגג קולטות במזיד אינן קולטות א"ר אלעזר ה עיר שרובה רוצחים אינה קולטת שנאמר מ) ודבר באזני זקני העיר ההיא את דבריו ולא שהושוו דבריהן לדבריו וא"ר אלעזר ו עיר שאין בה זקנים אינה קולטת דבעינן זקני העיר וליכא איתמר עיר שאין בה זקנים רבי אמי ור' אסי חד אומר קולטת וחד אומר אינה קולטת למאן דאמר אינה קולטת בעינן זקני העיר וליכא למאן דאמר קולטת מצוה בעלמא ועיר שאין בה זקנים ר' אמי ורבי אסי חד אמר נעשה בה בן סורר ומורה וחד אמר אין נעשה בה בן סורר ומורה למ"ד אין נעשה בה בן סורר ומורה בעינן נ) זקני עירו וליכא למ"ד נעשה בה בן סורר ומורה מצוה בעלמא ועיר שאין בה זקנים ר' אמי ור' אסי חד אמר מביאה עגלה ערופה וחד אמר אינה מביאה עגלה ערופה למ"ד אינה מביאה עגלה ערופה בעינן ס) זקני העיר ההיא וליכא למאן דאמר מביאה עגלה ערופה מצוה בעלמא א"ר חמא בר חנינא מפני מה נאמרה פרשת רוצחים בלשון

רש"י

מקלט היה כתוב על פרשת דרכים. בכל מקום שהיו שני דרכים מפוצלים אחד פונה לעיר מקלט היה עץ תקוע באותו דרך וכתוב בו מקלט: פתח ליה פיתחא. כשהיה רוצה לדרוש בפרשת רוצחים היה מתחיל כן: והאלהים אנה לידו. זהו שאמר הכתוב כאשר יאמר משל הקדמוני מרשעים יצא רשע משל הקדמוני היא התורה שהיא משל הקב"ה שהוא קדמונו של עולם והיא אמרה מרשעים יצא רשע והיכן אמרה והאלהים אנה לידו והיאך הקב"ה ממציא מכשול לאדם לחטוא אלא ע"י שהיו שניהם רשעים ההורג והנהרג ההורג היה חייב גלות ואין עד בדבר והוא לא גלה והנהרג היה חייב מיתה ואין עד בדבר ולא נהרג לפיכך הקב"ה מזמנן לפונדק אחד כו': במה הכתוב מדבר. והאלהים אנה לידו: נופל עליו והורגו. ויש עדים ויגלה על כרחו: בדרך תלך. בדרך אשר תבחר לילך: אם ללצים. בא אדם להתחבר: הוא יליץ. אין מעכבין בידו: ומצאו גואל הדם. בדרך (ב) בהליכתו: בגואל הדם הכתוב מדבר. וה"ק פן ירדוף גואל הדם אחרי הרוצח והשיגו והכהו נפש ולא יתיירא מב"ד כי לו אין משפט מות וסוף המקרא האומר כי לא שונא הוא וגו' מוסב על ראשו פן ירדוף גואל הדם אני אומר לך להכין לו הדרך כי לא שונא היה לו ולא הרגו מדעת: ברוצח הכתוב מדבר. וה"ק פן ירדוף והשיגו והכהו והוא לא היה ראוי למות כי לא שונא היה להרוג ולא הרגו מדעת: הרי רוצח אמור כו'. שאין לו משפט מות ולא היה צריך לכתוב בשבילו ולו אין משפט מות: הרבה שליחות עושה. דברים שאינן נעשים ע"י האדם נעשים ומתקבלים על ידי הרבה שלוחים: פשיטא. כיון דהוא גולה ודאי בשוגג הרג דאי במזיד הרג וכי גולה היה: ה"ג דאי במזיד בר גלות הוא בתמיהה: בתחלה. תחלת משפטן של רוצחים ועיקרו זהו אחד שוגג ואחד מזיד כו' ויליף טעמא מקרא וכי יהיה איש שונא לרעהו וארב לו וקם עליו וגו' משמע אם הורגו בכוונה יום וכתיב בתריה ושלחו זקני עירו וגו': רבי אומר. לא אמר הכתוב שיגלה אלא הוא טועה וגולה ולימדך הכתוב שיקחוהו משם ויהרגוהו: ודבר באזני זקני העיר ההיא. מקרא בספר יהושע: מצוה בעלמא. מלוה שיהו שם זקנים ומיהו כי אין בה זקנים נמי קלטה: בבן סורר ומורה. כתיב (דברים כא) והוציאו אותו אל זקני עירו: בלשון

תוספות

והא תניא רבי יוסי בר יהודה אומר וכו'. וא"ת ואמאי לא מייתי ממלתיה דר' יוסי בר יהודה דמתני' וי"ל דמתני' איכא למימר דלא חייבים קאמר אלא מאליהם היו גולין בשביל שהיו טועים כדקאמר רבי הכא בברייתא אבל בברייתא מוכח שפיר דחייבין קאמר מדמייתי פסוק גבי מזיד אבל דמתני' לא מייתי קרא גבי מזיד כן נראה למשי"ח ועוד נראה דע"כ בברייתא ליכא למימר דמאליהן קאמר ג) דע"כ היינו רבי:

חד אמר מביאין עגלה ערופה. תימה דהא תנן (סוטה דף מד:) עגלה ערופה אין מודדין אלא מעיר שיש בה ב"ד וי"ל דהתם מיירי כגון דאיכא עיירות טובא ובחדא מינייהו יש ב"ד כיון דמצי לאוקומי קרא דמקיימי ליה אבל הכא מיירי כגון שאין שם ב"ד בכל העיירות הסמוכות הלכך אמרינן דמ"מ מודדין מינייהו: אפילו

עין משפט נר מצוה

מח א מיי' פ"ח מהל' רוצח הלכה ה סמג עשין עו:
מט ב מיי' פ"ה מהל' תשובה הל' א ופ"ו כל הפרק ע"ש:
נ ג מיי' פ"ה מהל' רוצח הלכה ט:
נא ד מיי' שם הל' ח:
נב ה ו מיי' שם פ"ז הלכה ו:

רבינו חננאל

עולות שעתיד שלמה בנך להקריב על גבי המזבח. תניא רבי אלעזר בן יעקב אומר מקלט מקלט היה כתוב על פרשת דרכים כדי שיכיר הרוצח ויפנה לשם שנאמר תכין לך הדרך. עשה הכנה לדרך: מרשעים יצא רשע. כגון אחד שהרג בשוגג ואחד שהרג במזיד ואין בהן עדים זימנם הקב"ה למקום אחד זה שהרג במזיד ישב תחת הסולם וזה שהרג שוגג היה יורד מן הסולם נפל עליו והרגו זה שהרג במזיד נהרג וזה שהרג בשוגג גולה: מן התורה ומן הנביאים ומן הכתובים בדרך שאדם רוצה לילך שם מוליכין אותו. מן התורה דכתיב לא תלך עמהם כיון שרצה נאמר לו קום לך אתם. מן הנביאים אני ה' אלהיך מלמדך להועיל מדריכך בדרך תלך. מן הכתובים אם ללצים הוא יליץ ולענוים יתן חן: ולו אין משפט מות בגואל [הדם] שמצא הרוצח והרגו הכתוב מדבר. (ודברו) [וידברו] אליו דברים הראויין לו אומרין להן אל תנהגו בו מנהג הרצחנים בשגגה בא לידו. א"ר אלעזר עיר שרובה רצחנין אינה קולטת שנאמר ודבר באזני זקני העיר ההיא את דבריו ולא שהשוו דבריהם לדבריו. וכן עיר שאין בה זקנים אינה קולטת ואין נעשה בה בן סורר ומורה. וכן אינה מביאה עגלה ערופה דבעינא בה זקני העיר ההיא וליכא. מפני מה נאמר פרשת רצחנים בלשון

ליקוטי רש"י

תכין לך הדרך. מקלט מקלט היה כתוב על פרשת דרכים [דברים יט ג].

אם ללצים יליץ. אדם נמשך אחריהם לסוף אף הוא יהיה לץ עמהם. ולענוים יתן חן. אם לענוים יתחבר סוף שיתנו מעשיו חן בעיניהם של בריות [משלי ג לד].

בתחילה. כלומר תחילת משפט כל הרוצחים ואפילו מזידין וכו' [לעיל ט:].

מסורת הש"ס

א) נ"א רב הונא, ב) [נ"ל כי לא שונא הוא לו], ג) רש"א דא"כ.

הגהות הב"ח

(א) גמ' אנה לידו וגו' זהו שאמר הכתוב כאשר יאמר משל: (ב) רש"י ד"ה ומצאו גואל הדם בדרך בהליכתו. נ"ב כלומר דאילו כבר היה בעיר מקלט ויצא חוץ לתחום ומצאו והרגו פלוגתא דתנאי היא לקמן במתני' דף יא ע"ב ובגמ' דף יב ע"א:

גליון הש"ס

גמ' זה שהרג במזיד נהרג. עיין סוטה דף ח ע"ב תוס' ד"ה מי:

תורה אור השלם

א) תָּכִין לְךָ הַדֶּרֶךְ וְשִׁלַּשְׁתָּ אֶת גְּבוּל אַרְצְךָ אֲשֶׁר יַנְחִילְךָ יְיָ אֱלֹהֶיךָ וְהָיָה לָנוּס שָׁמָּה כָּל רֹצֵחַ: [דברים יט, ג]

ב) טוֹב וְיָשָׁר יְיָ עַל כֵּן יוֹרֶה חַטָּאִים בַּדָּרֶךְ: [תהלים כה, ח]

ג) וַאֲשֶׁר לֹא צָדָה וְהָאֱלֹהִים אִנָּה לְיָדוֹ וְשַׂמְתִּי לְךָ מָקוֹם אֲשֶׁר יָנוּס שָׁמָּה: [שמות כא, יג]

ד) כַּאֲשֶׁר יֹאמַר מְשַׁל הַקַּדְמֹנִי מֵרְשָׁעִים יֵצֵא רֶשַׁע וְיָדִי לֹא תִהְיֶה בָּךְ: [ש"א כד, יג]

ה) וַיֹּאמֶר אֱלֹהִים אֶל בִּלְעָם לֹא תֵלֵךְ עִמָּהֶם לֹא תָאֹר אֶת הָעָם כִּי בָרוּךְ הוּא: [במדבר כב, יב]

ו) וַיָּבֹא אֱלֹהִים אֶל בִּלְעָם לַיְלָה וַיֹּאמֶר לוֹ אִם לִקְרֹא לְךָ בָּאוּ הָאֲנָשִׁים קוּם לֵךְ אִתָּם וְאַךְ אֶת הַדָּבָר אֲשֶׁר אֲדַבֵּר אֵלֶיךָ אֹתוֹ תַעֲשֶׂה: [במדבר כב, כ]

ז) כֹּה אָמַר יְיָ גֹּאַלְךָ קְדוֹשׁ יִשְׂרָאֵל אֲנִי יְיָ אֱלֹהֶיךָ מְלַמֶּדְךָ לְהוֹעִיל מַדְרִיכֲךָ בְּדֶרֶךְ תֵּלֵךְ: [ישעיה מח, יז]

ח) אִם לַלֵּצִים הוּא יָלִיץ וְלַעֲנָיִים יִתֶּן חֵן: [משלי ג, לד]

ט) פֶּן יִרְדֹּף גֹּאֵל הַדָּם אַחֲרֵי הָרֹצֵחַ כִּי יֵחַם לְבָבוֹ וְהִשִּׂיגוֹ כִּי יִרְבֶּה הַדֶּרֶךְ וְהִכָּהוּ נָפֶשׁ וְלוֹ אֵין מִשְׁפַּט מָוֶת כִּי לֹא שֹׂנֵא הוּא לוֹ מִתְּמוֹל שִׁלְשׁוֹם: [דברים יט, ו]

י) וְזֶה דְּבַר הָרֹצֵחַ אֲשֶׁר יָנוּס שָׁמָּה וָחָי אֲשֶׁר יַכֶּה אֶת רֵעֵהוּ בִּבְלִי דַעַת וְהוּא לֹא שֹׂנֵא לוֹ מִתְּמֹל שִׁלְשֹׁם: [דברים יט, ד]

כ) וְשָׁלְחוּ זִקְנֵי עִירוֹ וְלָקְחוּ אֹתוֹ מִשָּׁם וְנָתְנוּ אֹתוֹ בְּיַד גֹּאֵל הַדָּם וָמֵת: [דברים יט, יב] ל) וְהִצִּילוּ הָעֵדָה אֶת הָרֹצֵחַ מִיַּד גֹּאֵל הַדָּם וְהֵשִׁיבוּ אֹתוֹ הָעֵדָה אֶל עִיר מִקְלָטוֹ אֲשֶׁר נָס שָׁמָּה וְיָשַׁב בָּהּ עַד מוֹת הַכֹּהֵן הַגָּדֹל אֲשֶׁר מָשַׁח אֹתוֹ בְּשֶׁמֶן הַקֹּדֶשׁ: [במדבר לה, כה] מ) וְנָס אֶל אַחַת מֵהֶעָרִים הָאֵלֶּה וְעָמַד פֶּתַח שַׁעַר הָעִיר וְדִבֶּר בְּאָזְנֵי זִקְנֵי הָעִיר הַהִיא אֶת דְּבָרָיו וְאָסְפוּ אֹתוֹ הָעִירָה אֲלֵיהֶם וְנָתְנוּ לוֹ מָקוֹם וְיָשַׁב עִמָּם: [יהושע כ, ד] נ) וְתָפְשׂוּ בוֹ אָבִיו וְאִמּוֹ וְהוֹצִיאוּ אֹתוֹ אֶל זִקְנֵי עִירוֹ וְאֶל שַׁעַר מְקֹמוֹ: [דברים כא, יט] ס) וְהָיָה הָעִיר הַקְּרֹבָה אֶל הֶחָלָל וְלָקְחוּ זִקְנֵי הָעִיר הַהִוא עֶגְלַת בָּקָר אֲשֶׁר לֹא עֻבַּד בָּהּ אֲשֶׁר לֹא מָשְׁכָה בְּעֹל: [דברים כא, ג]

מִקְלָט הָיָה כָּתוּב עַל פָּרָשַׁת דְּרָכִים – "REFUGE" WAS INSCRIBED on signposts located AT THE CROSSROADS, כְּדֵי שֶׁיַּכִּיר הָרוֹצֵחַ – SO THAT THE KILLER SHOULD RECOGNIZE the correct path to take to reach the city of refuge, וְיִפְנֶה לְשָׁם – AND HE WOULD TURN TOWARD THERE. אָמַר רַב כָּהֲנָא – **Rav Kahana said:** מַאי קְרָא – **What is the verse** from which this is derived? The Torah states:[1] "תָּכִין לְךָ הַדֶּרֶךְ" – ***You shall prepare the way for yourself.*** The verse instructs: עֲשֵׂה [לְךָ] הֲכָנָה לַדֶּרֶךְ – **Make for yourself a preparation for the way.** I.e. make preparations for yourself so that a fleeing killer will be able to find his way with a minimum of difficulty.[2]

It was the practice of the Rabbis to introduce their lectures on Scriptural portions with an exposition giving a homiletical insight into the topic to be discussed. The Gemara offers several examples of the insights that various Sages used to introduce the topic of inadvertent killers and their laws:

רַב חָמָא בַּר חֲנִינָא פָּתַח לָהּ פִּתְחָא לְהַאי פַּרְשְׁתָא מֵהָכָא – **Rav Chama bar Chanina opened his lecture on this portion** dealing with inadvertent killers **from here.** The verse states:[3] "טוֹב־וְיָשָׁר ה׳ עַל־כֵּן יוֹרֶה חַטָּאִים בַּדָּרֶךְ" – ***Good and upright is Hashem, therefore He guides sinners on the way.*** אִם לְחַטָּאִים יוֹרֶה – This verse leads us to the following inescapable conclusion: **If He guides sinners,** קַל וָחוֹמֶר לְצַדִּיקִים – He **surely** guides **the righteous!**[4]

רַבִּי שִׁמְעוֹן בֶּן לָקִישׁ פָּתַח לָהּ פִּתְחָא לְהַאי פַּרְשְׁתָא מֵהָכָא – **R' Shimon ben Lakish opened his lecture on this portion from here.** The verse concerning an inadvertent killer states:[5] "וַאֲשֶׁר לֹא צָדָה וְהָאֱלֹהִים אִנָּה לְיָדוֹ וגו׳ " – ***But if he did not lie in wait, but God caused it to come to his hand*** **etc.** And it is regarding this verse that the verse in *Samuel* states:[6] "כַּאֲשֶׁר יֹאמַר מְשַׁל הַקַּדְמֹנִי מֵרְשָׁעִים יֵצֵא רֶשַׁע וגו׳ " – ***As the proverb of the Ancient One says, "From the wicked comes forth wickedness etc."***[7] בְּמָה הַכָּתוּב מְדַבֵּר – **What is this verse talking about?** בִּשְׁנֵי בְנֵי אָדָם – **About two people** שֶׁהָרְגוּ אֶת הַנֶּפֶשׁ – **[each of] whom killed a person.** אֶחָד הָרַג בְּשׁוֹגֵג וְאֶחָד הָרַג בְּמֵזִיד – **One killed inadvertently and one killed intentionally.** לָזֶה אֵין עֵדִים – **This one has no witnesses** to testify against him, וְלָזֶה אֵין עֵדִים – **and this one has no witnesses** to testify against him. Since neither event was witnessed, the unintentional killer was not exiled and the intentional killer was not executed. However, God arranges matters so that both receive their punishment. How so? הַקָּדוֹשׁ בָּרוּךְ הוּא מְזַמְּנָן לְפוּנְדָק אֶחָד – **The Holy One, Blessed is He, summons them to the same inn,** זֶה שֶׁהָרַג בְּמֵזִיד יוֹשֵׁב תַּחַת הַסּוּלָּם – where **this one, who killed intentionally, sits under a ladder,** וְזֶה שֶׁהָרַג בְּשׁוֹגֵג יוֹרֵד בַּסּוּלָּם – **while this one, who killed inadvertently, descends the ladder.** וְנָפַל עָלָיו וַהֲרָגוֹ – **And [the one who killed inadvertently] falls upon [the murderer] and kills him,** in the presence of witnesses. זֶה שֶׁהָרַג בְּמֵזִיד נֶהֱרָג – As a result, **this one, who had killed intentionally, is killed** (as he deserved), וְזֶה שֶׁהָרַג בְּשׁוֹגֵג גּוֹלֶה – **while this one, who had** previously **killed inadvertently, is exiled,** since he has now killed inadvertently in the presence of witnesses.[8]

The Gemara goes on to a new homiletical teaching:

אָמַר רַבָּה בַּר רַב הוּנָא אָמַר רַב הוּנָא – **Rabbah bar Rav Huna said in the name of Rav Huna,** וְאָמְרִי לָהּ אָמַר רַב הוּנָא אָמַר רַבִּי אֶלְעָזָר – **and some say that Rav Huna said it in the name of R' Elazar:** מִן הַתּוֹרָה וּמִן הַנְּבִיאִים וּמִן הַכְּתוּבִים – **From the Torah, from the Prophets, and from the** Holy **Writings,** we can derive that בְּדֶרֶךְ שֶׁאָדָם רוֹצֶה לֵילֵךְ – **in the way that a man wishes to go,** בָּהּ מוֹלִיכִין אוֹתוֹ – **in that [way] they lead him.**[9] מִן הַתּוֹרָה – It can be derived **from the Torah,** through analysis of the following verses. דִּכְתִיב "לֹא תֵלֵךְ עִמָּהֶם" – **For it is written** that God said to Bilam: ***You shall not go with them*** .[10] God forbade Bilam to go with the princes of Moab, who wanted to hire him to come to Moab and curse the nation of Israel. וּכְתִיב – **Yet it is written** further that God told Bilam: "קוּם לֵךְ אִתָּם" – ***Arise, go with them.***[11] Since Bilam showed that he wished to go with them,[12] God allowed him to do so. מִן הַנְּבִיאִים – It can be derived **from the** following passage in **the Prophets,** דִּכְתִיב "אֲנִי ה׳ אֱלֹהֶיךָ מְלַמֶּדְךָ לְהוֹעִיל – **for it is written:**[13] ***I am Hashem your God, Who teaches you for your***

NOTES

1. *Deuteronomy* 19:3.

2. Although the Mishnah above (9b) derived from this verse that direct roads must be laid out to the cities of refuge, the verse may be used for this exposition as well, for signposts are merely another manifestation of the obligation to afford the killer every assistance in enabling him to reach the city of refuge easily (*Aruch LaNer;* see there).

3. *Psalms* 25:8.

4. Rav Chama homiletically expounded the verse as referring to the guidance that the Torah mandates to enable killers to find refuge (mentioned in the Gemara above). Now, if the Merciful One concerned himself even with the welfare of killers ("sinners"), certainly He provides guidance for those who perform His will!

[The killer is referred to as a "sinner" because even inadvertent killing (that results in exile) is the result of some level of carelessness (see above 10a note 24).]

5. *Exodus* 21:13.

6. *I Samuel* 24:14; see next note.

7. The "proverb of the Ancient One" is a reference to the Torah, which is the word of God, the Ancient One of the world. Thus, the verse in *Samuel* states that it is stated in the Torah that wickedness comes forth from the wicked. Now, the Torah never makes such a statement explicitly. R' Shimon ben Lakish explained that the verse in *Samuel* is referring to the verse in *Exodus* that states regarding an inadvertent killer: *but God caused it to come into his hand.* This verse is difficult to understand, for why would God cause a man to sin? R' Shimon explains that it is not God that *causes* him to sin; rather, it is his previous wickedness that went unpunished (as the Gemara proceeds to explain) that prompts God to arrange matters so that the sin *comes into his hand* (*Rashi*). [Thus, the "proverb of the Ancient One" states that wickedness comes forth from the wicked, when it teaches that God will arrange that the man who sinned previously will commit another sin, for which he will be brought to justice.]

8. [Although the Gemara does not discuss this, the first pair of victims must have also committed some sins that caused them to be liable to Heavenly retribution (see *Maharsha*).]

The Gemara states in *Sotah* (8b) that nowadays a person who commits a sin that was punishable by court-imposed execution in the times that the *Sanhedrin* sat will be killed through Heavenly intervention in a manner similar to the court-imposed execution he would have received. Regarding why this murderer is killed by having someone fall on him (a punishment akin to *stoning* – see *Sotah* ibid.), rather than a punishment akin to beheading, which is the court-imposed punishment for murder, see *Tosafos* to *Sotah* ibid. and *Aruch LaNer* and *Hagahos Melo HaRo'im* here.

9. "They" refers to the angels that are created by man's deeds (*Maharsha, Chidushei Aggados;* see below, note 16).

10. *Numbers* 22:12.

11. Ibid. v. 20.

12. [When Bilam refused the overtures of the first delegation of princes, Balak king of Moab assumed that Bilam had been affronted by the fact that his emissaries had not been from among the highest nobles of the land; thus, he sent a second delegation, larger in number and greater in stature. Had Bilam not wished to accompany them, he could have refused them simply by reiterating that God had told him not to do so. Instead, he told them that he would seek God's reply a second time, to see if he was permitted to go this time. This was an indication that Bilam really did want to accompany them. Moreover, the verse states that God replied (ibid.): *If the men came to summon you, arise and go with them.* Now, God certainly knew that the men had come to summon Bilam! Thus, the reply must be understood as saying: If you think it will be to your benefit to go, then you may do so. This shows that Bilam actually wished to go, and God allowed him to go for that reason (see *Rashi* to *Numbers* ibid.).]

13. *Isaiah* 48:17.

א) מקלט היה כתוב על פרשת דרכים כדי שיכיר הרוצח ויפנה לשם אמר א) רב כהנא מאי קרא א) תכין לך הדרך עשה [לך] הכנה לדרך רב חמא בר חנינא פתח לה פתחא להאי פרשתא מהכא ב) טוב וישר ה' על כן יורה חטאים בדרך אם לחטאים יורה ק"ו לצדיקים ר"ש בן לקיש פתח לה פתחא להאי פרשתא מהכא ג) ואשר לא צדה והאלהים אנה לידו וגו' (א) ד) כאשר יאמר משל הקדמוני מרשעים יצא רשע וגו' במה הכתוב מדבר בשני בני אדם שהרגו את הנפש אחד הרג בשוגג ואחד הרג במזיד לזה אין עדים ולזה אין עדים הקב"ה מזמינן לפונדק אחד זה שהרג במזיד יושב תחת הסולם וזה שהרג בשוגג יורד בסולם ונפל עליו והרגו ° זה שהרג במזיד נהרג וזה שהרג בשוגג גולה אמר רבה בר רב הונא אמר רב הונא ואמרי לה אמר רב הונא א"ר אלעזר מן התורה ומן הנביאים ומן הכתובים ב) בדרך שאדם רוצה לילך בה מוליכין אותו מן התורה דכתיב ה) לא תלך עמהם וכתיב ו) קום לך אתם מן הנביאים דכתיב ז) אני ה' אלהיך מלמדך להועיל מדריכך בדרך (זו) תלך מן הכתובים דכתיב ח) אם ללצים הוא יליץ ולענוים יתן חן אמר רב הונא ג) רוצח שגלה לעיר מקלט ומצאו גואל הדם והרגו פטור קסבר ט) ולו אין משפט מות בגואל הדם הוא דכתיב מיתיבי ולו אין משפט מות ברוצח הכתוב מדבר אתה אומר ברוצח או אינו אלא בגואל הדם כשהוא אומר ב) י) והוא לא שונא לו מתמול שלשום הוי אומר ברוצח הכתוב מדבר הוא דאמר כי האי תנא דתניא ולו אין משפט מות בגואל הדם הכתוב מדבר אתה אומר בגואל הדם הכתוב מדבר או אינו אלא ברוצח כשהוא אומר ט) כי לא שונא הוא לו מתמול שלשום הרי רוצח אמור הא מה אני מקיים ולו אין משפט מות בגואל הדם הכתוב מדבר תנן מוסרין לו שני ת"ח שמא יהרגנו בדרך וידברו אליו מאי לאו דמתרו ביה דאי קטיל בר קטלא הוא לא כדתניא וידברו אליו דברים הראוים לו ד) אומרים לו אל תנהג בו מנהג שופכי דמים בשגגה בא מעשה לידו ר"מ אומר הוא מדבר ע"י עצמו שנאמר י) וזה דבר הרוצח אמרו לו הרבה שליחות עושה אמר מר בשגגה בא מעשה לידו פשיטא דאי במזיד בר גלות הוא אין והא תניא ר' יוסי בר' יהודה אומר בתחלה אחד שוגג ואחד מזיד מקדימין לערי מקלט וב"ד שולחין ומביאין אותם משם מי שנתחייב מיתה הרגוהו שנאמר כ) ושלחו זקני עירו ולקחו אותו משם ונתנו אותו ביד גואל הדם ומת מי שלא נתחייב פטרוהו שנאמר ל) והצילו העדה את הרוצח מיד גואל הדם מי שנתחייב גלות מחזירין אותו למקומו שנא' ל) והשיבו אותו העדה אל עיר מקלטו אשר נס שמה רבי אומר מעצמן הן גולין כסבורין הן אחד שוגג ואחד מזיד קולטות והן אינן יודעין שבשוגג קולטות במזיד אינן קולטות א"ר אלעזר ה) עיר שרובה רוצחים אינה קולטת שנאמר מ) ודבר באזני זקני העיר ההיא את דבריו ולא שהושוו דבריהן לדבריו וא"ר אלעזר ו) עיר שאין בה זקנים אינה קולטת דבעינן זקני העיר וליכא איתמר עיר שאין בה זקנים רבי אמי ור' אסי חד אומר קולטת וחד אומר אינה קולטת למאן דאמר אינה קולטת בעינן זקני העיר וליכא למאן דאמר קולטת מצוה בעלמא ועיר שאין בה זקנים ר' אמי ורבי אסי חד אמר נעשה בה בן סורר ומורה וחד אמר אין נעשה בה בן סורר ומורה למ"ד אין נעשה בה בן סורר ומורה בעינן נ) זקני עירו וליכא למ"ד נעשה בה בן סורר ומורה מצוה בעלמא ועיר שאין בה זקנים ר' אמי ור' אסי חד אמר מביאה עגלה ערופה וחד אמר אינה מביאה עגלה ערופה למ"ד אינה מביאה עגלה ערופה בעינן ס) זקני העיר ההיא וליכא למאן דאמר מביאה עגלה ערופה מצוה בעלמא א"ר חמא בר חנינא מפני מה נאמרה פרשת רוצחים בלשון

מקלט היה כתוב על פרשת דרכים. בכל מקום שהיו שני דרכים מפולגים אחד פונה לעיר מקלט היה עץ תקוע בתוך דרך וכתוב בו מקלט: פתח ליה פיתחא. כשהיה רוצה לדרוש בפרשת רוצחים היה מתחיל כן: והאלהים אנה לידו. זהו שאמר הכתוב כאשר יאמר משל הקדמוני מרשעים יצא רשע משל הקדמוני היא התורה שהיא משל הקב"ה שהוא קדמונו של עולם והיא אמרה מרשעים יצא רשע והיכן אמרה והאלהים אנה לידו והיאך הקב"ה ממציא מכשול לאדם לחטוא אלא ע"י שהיו שניהם רשעים ההורג והנהרג ההורג היה חייב גלות ואין עד בדבר והוא לא גלה והנהרג היה חייב מיתה ואין עד בדבר ולא נהרג לפיכך הקב"ה מזמנן לפונדק אחד כו': במה הכתוב מדבר. והאלהים אנה לידו: נופל עליו והורגו. ויש עדים ויגלה על כרחו: בדרך תלך. בדרך אשר תבחר לילך: אם ללצים. בא אדם להתחבר: הוא יליץ. אין מעכבין בידו: ומצאו גואל הדם. בדרך (ב) בהליכתו: בגואל הדם הכתוב מדבר. וה"ק פן ירדוף גואל הדם אחרי הרוצח והשיגו והכהו נפש ולא יתיירא מב"ד כי לו אין משפט מות וסוף המקרא האומר כי לא שונא הוא וגו' מוסב על ראשו פן ירדוף גואל הדם אני אומר לך להכין לו הדרך כי לא שונא היה לו ולא הרגו מדעת: ברוצח הכתוב מדבר. וה"ק פן ירדוף והשיגו והכהו והוא לא היה ראוי למות כי לא שונא היה להרוג ולא הרגו מדעת: הרי רוצח אמור כו'. שאין לו משפט מות ולא היה צריך לכתוב בשבילו ולו אין משפט מות: הרבה שליחות עושה. דברים שאינן נעשים ע"י האדם נעשים ומתקבלים על ידי הרבה שלוחים: פשיטא. כיון דהוא גולה ודאי בשוגג הרג דאי במזיד הרג וכי גולה היה: ה"ג דאי במזיד בר גלות הוא בתמיהה: בתחלה. תחלת משפטן של רוצחים ועיקרו זהו אחד שוגג ואחד מזיד כו' ויליף טעמא מקרא וכי יהיה איש שונא לרעהו וארב לו וקם עליו וגו' משמע אם הורגו בכוונה ינוס וכתיב בתריה ושלחו זקני עירו וגו': רבי אומר. לא אמר הכתוב שיגלה אלא הוא טועה וגולה ולימדך הכתוב שיקחוהו משם ויהרגוהו: ודבר באזני זקני העיר ההיא. מקרא בספר יהושע: מצוה בעלמא. מלוה שיהו שם זקנים ומיהו כי אין בה זקנים נמי קלטה: בבן סורר ומורה. כתיב (דברים כא) והוציאו אותו אל זקני עירו: בלשון

והא תניא רבי יוסי בר יהודה אומר וכו'. וא"ת ואמאי לא מייתי ממלתיה דר' יוסי בר יהודה דמתני' וי"ל דמתני' איכא למימר דלא חייבים קאמר אלא מאיליהם היו גולין בשביל שהיו טועים כדקאמר רבי הכא בברייתא אבל בברייתא מוכח שפיר דחייבין קאמר מדמייתי פסוק גבי מזיד אבל דמתני' לא מייתי קרא גבי מזיד כן נראה למשי"ח ועוד נראה דע"כ בברייתא ליכא למימר דמאיליהן קאמר ג) דע"כ היינו רבי:

חד אמר מביאין עגלה ערופה. תימה דהא תנן (סוטה דף מד:) עגלה ערופה אין מודדין אלא מעיר שיש בה ב"ד וי"ל דהתם מיירי כגון דאיכא עיירות טובא ובחדא מינייהו יש ב"ד כיון דמצי לאוקומי קרא דמקיימי ליה אבל הכא מיירי כגון שאין שם ב"ד בכל העיירות הסמוכות הלכך אמרינן דמ"מ מודדין מינייהו: אפילו

עין משפט נר מצוה

מח א מיי' פ"ח מהל' רוצח הלכה ה סמג עשין עו:

מט ב מיי' פ"ה מהל' תשובה הל' א ופ"ו כל הפרק ע"ש:

נ ג מיי' פ"ה מהל' רוצח הלכה ט:

נא ד מיי' שם הל' ח:

נב ה ו מיי' שם פ"ז הלכה ו:

מסורת הש"ס

א) נ"א רב הונא, ב) [ל"ל כי לא שונא הוא לו], ג) רש"א דא"כ.

הגהות הב"ח

(א) גמ' אנה לידו וגו' זהו שאמר הכתוב כאשר יאמר משל: (ב) רש"י ד"ה ומצאו גואל הדם בדרך בהליכתו. נ"ב כלומר דאילו כבר היה בעיר מקלט ויצא חוץ לתחום ומצאו והרגו פלוגתא דתנאי היא לקמן במתני' דף יא ע"ב ובגמ' דף יב ע"א:

גליון הש"ס

גמ' זה שהרג במזיד נהרג. עיין סוטה דף ח ע"ב תוס' ד"ה מי:

תורה אור השלם

א) תָּכִין לְךָ הַדֶּרֶךְ וְשִׁלַּשְׁתָּ אֶת גְּבוּל אַרְצְךָ אֲשֶׁר יַנְחִילְךָ יְיָ אֱלֹהֶיךָ וְהָיָה לָנוּס שָׁמָּה כָּל רֹצֵחַ: [דברים יט, ג]

ב) טוֹב וְיָשָׁר יְיָ עַל כֵּן יוֹרֶה חַטָּאִים בַּדָּרֶךְ: [תהלים כה, ח]

ג) וַאֲשֶׁר לֹא צָדָה וְהָאֱלֹהִים אִנָּה לְיָדוֹ וְשַׂמְתִּי לְךָ מָקוֹם אֲשֶׁר יָנוּס שָׁמָּה: [שמות כא, יג]

ד) כַּאֲשֶׁר יֹאמַר מְשַׁל הַקַּדְמֹנִי מֵרְשָׁעִים יֵצֵא רֶשַׁע וְיָדִי לֹא תִהְיֶה בָּךְ: [ש"א כד, יג]

ה) וַיֹּאמֶר אֱלֹהִים אֶל בִּלְעָם לֹא תֵלֵךְ עִמָּהֶם לֹא תָאֹר אֶת הָעָם כִּי בָרוּךְ הוּא: [במדבר כב, יב]

ו) וַיָּבֹא אֱלֹהִים אֶל בִּלְעָם לַיְלָה וַיֹּאמֶר לוֹ אִם לִקְרֹא לְךָ בָּאוּ הָאֲנָשִׁים קוּם לֵךְ אִתָּם וְאַךְ אֶת הַדָּבָר אֲשֶׁר אֲדַבֵּר אֵלֶיךָ אֹתוֹ תַעֲשֶׂה: [במדבר כב, כ]

ז) כֹּה אָמַר יְיָ גֹּאַלְךָ קְדוֹשׁ יִשְׂרָאֵל אֲנִי יְיָ אֱלֹהֶיךָ מְלַמֶּדְךָ לְהוֹעִיל מַדְרִיכֲךָ בְּדֶרֶךְ תֵּלֵךְ: [ישעיה מח, יז]

ח) אִם לַלֵּצִים הוּא יָלִיץ וְלַעֲנָיִים יִתֶּן חֵן: [משלי ג, לד]

ט) פֶּן יִרְדֹּף גֹּאֵל הַדָּם אַחֲרֵי הָרֹצֵחַ כִּי יֵחַם לְבָבוֹ וְהִשִּׂיגוֹ כִּי יִרְבֶּה הַדֶּרֶךְ וְהִכָּהוּ נָפֶשׁ וְלוֹ אֵין מִשְׁפַּט מָוֶת כִּי לֹא שֹׂנֵא הוּא לוֹ מִתְּמוֹל שִׁלְשׁוֹם: [דברים יט, ו]

י) וְזֶה דְּבַר הָרֹצֵחַ אֲשֶׁר יָנוּס שָׁמָּה וָחָי אֲשֶׁר יַכֶּה אֶת רֵעֵהוּ בִּבְלִי דַעַת וְהוּא לֹא שֹׂנֵא לוֹ מִתְּמֹל שִׁלְשֹׁם: [דברים יט, ד]

כ) וְשָׁלְחוּ זִקְנֵי עִירוֹ וְלָקְחוּ אֹתוֹ מִשָּׁם וְנָתְנוּ אֹתוֹ בְּיַד גֹּאֵל הַדָּם וָמֵת: [דברים יט, יב]

ל) וְהִצִּילוּ הָעֵדָה אֶת הָרֹצֵחַ מִיַּד גֹּאֵל הַדָּם וְהֵשִׁיבוּ אֹתוֹ הָעֵדָה אֶל עִיר מִקְלָטוֹ אֲשֶׁר נָס שָׁמָּה וְיָשַׁב בָּהּ עַד מוֹת הַכֹּהֵן הַגָּדֹל אֲשֶׁר מָשַׁח אֹתוֹ בְּשֶׁמֶן הַקֹּדֶשׁ: [במדבר לה, כה]

מ) וְנָס אֶל אַחַת מֵהֶעָרִים הָאֵלֶּה וְעָמַד פֶּתַח שַׁעַר הָעִיר וְדִבֶּר בְּאָזְנֵי זִקְנֵי הָעִיר הַהִיא אֶת דְּבָרָיו וְאָסְפוּ אֹתוֹ הָעִירָה אֲלֵיהֶם וְנָתְנוּ לוֹ מָקוֹם וְיָשַׁב עִמָּם: [יהושע כ, ד]

נ) וְתָפְשׂוּ בוֹ אָבִיו וְאִמּוֹ וְהוֹצִיאוּ אֹתוֹ אֶל זִקְנֵי עִירוֹ וְאֶל שַׁעַר מְקֹמוֹ: [דברים כא, יט]

ס) וְהָיָה הָעִיר הַקְּרֹבָה אֶל הֶחָלָל וְלָקְחוּ זִקְנֵי הָעִיר הַהִוא עֶגְלַת בָּקָר אֲשֶׁר לֹא עֻבַּד בָּהּ אֲשֶׁר לֹא מָשְׁכָה בְּעֹל: [דברים כא, ג]

רבינו חננאל

עולות שעתיד שלמה בנך להקריב על גבי המזבח. תניא רבי אלעזר בן יעקב אומר מקלט מקלט היה כתוב על פרשת דרכים כדי שיכיר הרוצח ויפנה לשם שנאמר תכין לך הדרך. עשה הכנה לדרך: מרשעים יצא רשע. כגון אחד שהרג בשוגג ואחד שהרג במזיד ואין בהן עדים זימנם הקב"ה למקום אחד זה שהרג במזיד ישב תחת הסולם וזה שהרג שוגג היה יורד מן הסולם נפל עליו והרגו זה שהרג במזיד נהרג וזה שהרג בשוגג גולה: מן התורה ומן הנביאים ומן הכתובים בדרך שאדם רוצה לילך שם מוליכין אותו. מן התורה דכתיב לא תלך עמהם כיון שרצה נאמר לו קום לך אתם. מן הנביאים אני ה' אלהיך מלמדך להועיל מדריכך בדרך תלך. מן הכתובים אם ללצים הוא יליץ ולענוים יתן חן: ולו אין משפט מות בגואל [הדם] שמצא הרוצח והרגו הכתוב מדבר. (ודברו) [וידברו] אליו דברים הראויין לו אומרין להן אל תנהגו בו מנהג הרצחנים בשגגה בא לידו. א"ר אלעזר עיר שרובה רצחנין אינה קולטת שנאמר ודבר באזני זקני העיר ההיא את דבריו ולא שהשוו דבריהם לדבריו. וכן עיר שאין בה זקנים אינה קולטת ואין נעשה בה בן סורר ומורה. וכן אינה מביאה עגלה ערופה דבעינא בה זקני העיר ההיא וליכא. מפני מה נאמר פרשת רצחנים בלשון

ליקוטי רש"י

תכין לך הדרך. מקלט מקלט היה כתוב על פרשת דרכים [דברים יט ג].

אם ללצים יליץ. אדם נמשך אחריהם לסוף אף הוא יהיה לץ עמהם. ולענוים יתן חן. אם לענוים יתחבר סוף שיתנו מעשיו חן בעיניהם של בריות [משלי ג לד].

בתחילה. כלומר תחילת משפט כל הרוצחים ואפילו מזידין וכו' [לעיל ט:].

benefit. The verse states that God teaches man that which is good for him. Yet the verse continues: "מַדְרִיכְךָ בְּדֶרֶךְ (זו) תֵּלֵךְ" – ***Who leads you in the path you will go***, which implies that although God shows man the correct path, He leads man in the path he chooses to take.[14] מִן הַכְּתוּבִים – It can be derived **from the** Holy **Writings,** דִּכְתִיב – **for it is written:**[15] "אִם־לַלֵּצִים הוּא־יָלִיץ" – ***If [one goes] to the scoffers, he will scoff*** (i.e. he will become a scoffer), "וְלַעֲנָוִים יִתֶּן־חֵן" – ***but if [he goes] to the humble, he will evoke grace.*** Thus, we see that a person's decision as to the environment he goes to will ultimately cause him to be influenced by it.[16]

Rav Huna returns to the laws of an inadvertent killer:

אָמַר רַב הוּנָא – **Rav Huna said:** רוֹצֵחַ שֶׁגָּלָה לְעִיר מִקְלָט – **If a killer was exiled to a city of refuge,** וּמְצָאוֹ גּוֹאֵל הַדָּם וַהֲרָגוֹ – **and the redeemer of the blood found him** on his way there **and killed him,** פָּטוּר – **he is exempt** from punishment.[17] קָסָבַר – **He [Rav Huna] holds** that the verse: "וְלוֹ אֵין מִשְׁפַּט־מָוֶת" – ***but there is no death penalty upon him,***[18] בְּגוֹאֵל הַדָּם הוּא דִּכְתִיב – **is written in reference to the redeemer of the blood,** and it teaches that if he kills the killer even before he had a chance to reach a city of refuge, he is absolved from any punishment for killing him.

The Gemara questions Rav Huna's ruling from a Baraisa that seems to understand the verse otherwise:

מֵיתִיבֵי – **They challenged this** from a Baraisa, which states: When the verse states: "וְלוֹ אֵין מִשְׁפַּט־מָוֶת" – ***BUT THERE IS NO DEATH PENALTY UPON HIM,*** בְּרוֹצֵחַ הַכָּתוּב מְדַבֵּר – **THE VERSE IS REFERRING TO THE KILLER,** and it teaches that he is not subject to death at the hands of the avenging relative while he is attempting to reach the city of refuge.[19] אַתָּה אוֹמֵר בְּרוֹצֵחַ – **YOU SAY** that it refers **TO THE KILLER** – אוֹ אֵינוֹ אֶלָּא בְּגוֹאֵל הַדָּם – **OR PERHAPS** it is **NOT** so; **RATHER,** perhaps the verse is referring **TO THE REDEEMER OF THE BLOOD,** telling us, as Rav Huna interpreted the verse, that he is not liable for killing the inadvertent killer. כְּשֶׁהוּא אוֹמֵר – **WHEN [THE TORAH] STATES:** "וְהוּא לֹא־שֹׂנֵא לוֹ מִתְּמוֹל שִׁלְשׁוֹם" – ***FOR HE DID NOT HATE HIM YESTERDAY OR THE DAY BEFORE YESTERDAY,***[20] הֱוֵי אוֹמֵר – **YOU ARE COMPELLED TO SAY** בְּרוֹצֵחַ הַכָּתוּב מְדַבֵּר – **THAT THIS** section of the verse **IS REFERRING TO THE KILLER.** Since the verse's concluding phrase, *he did not hate him,* can refer only to the killer, it makes sense to explain the unidentified subject of the previous phrase as referring to the same person – the killer, not the redeemer of the blood.[21] Hence we find a Baraisa that contradicts Rav Huna.[22]

The Gemara answers that there is a second Baraisa that supports Rav Huna:

הוּא דְּאָמַר כִּי הַאי תַּנָּא – **He [Rav Huna] stated his ruling in accordance with this** second **Tanna.** דְּתַנְיָא – **For it was taught in** another **Baraisa:** When the Torah states: "וְלוֹ אֵין מִשְׁפַּט־מָוֶת" – ***BUT THERE IS NO DEATH PENALTY UPON HIM,*** בְּגוֹאֵל הַדָּם הַכָּתוּב מְדַבֵּר – **THE VERSE IS REFERRING TO THE REDEEMER OF THE BLOOD.** אַתָּה אוֹמֵר בְּגוֹאֵל הַדָּם הַכָּתוּב מְדַבֵּר – **YOU SAY** that **THE VERSE IS REFERRING TO THE REDEEMER OF THE BLOOD;** אוֹ אֵינוֹ אֶלָּא בְּרוֹצֵחַ – **OR PERHAPS** it is **NOT** so; **RATHER,** it refers **TO THE KILLER.** כְּשֶׁהוּא אוֹמֵר – **WHEN [THE TORAH] STATES:** "כִּי לֹא שֹׂנֵא הוּא לוֹ מִתְּמוֹל שִׁלְשׁוֹם" – ***FOR HE DID NOT HATE HIM YESTERDAY OR THE DAY BEFORE YESTERDAY,*** הֲרֵי רוֹצֵחַ אָמוּר – **THE KILLER IS ALREADY MENTIONED;** i.e. the final phrase of the verse explains why the killer does not deserve death. There is thus no reason for the previous phrase to also state that there is no death penalty for this killer. הָא מָה אֲנִי מְקַיֵּים "וְלוֹ אֵין מִשְׁפַּט־מָוֶת" – **SO HOW AM I TO UNDERSTAND** the phrase: ***BUT THERE IS NO DEATH PENALTY UPON HIM?*** בְּגוֹאֵל הַדָּם הַכָּתוּב מְדַבֵּר – It must be that **THE VERSE IS**

NOTES

14. [The second part of the verse is explained as teaching that God will "lead" man upon the path that "he is traveling," i.e. that which he wishes to follow.]

[The word זו does not appear in the Scriptural verse, and should be deleted from the text of the Gemara.]

15. *Proverbs* 3:34.

16. *Maharsha* explains that this principle is not happenstance; rather, it is based on the *results* of a person's will. Every thought, expression, and action of a person causes an angel to be created in its image. If they are meritorious, good angels are created; if evil, God forbid, destructive angels are created. Should he choose to perform mitzvos, the good angels created by his will to do mitzvos will lead him on the way to perform the mitzvos. Should he choose, God forbid, to commit sins, the destructive angels created by his evil thoughts and urges will lead him further on the path of destruction and sin.

17. In the Mishnah below, 11b, there is a dispute regarding the law in a case where an exiled killer leaves the city of refuge and is killed – see there. In the case being discussed here, the *goel hadam* killed the killer on his way to the city of refuge. *Chazon Ish* (*Choshen Mishpat* 17:1) states that in this case, it is certainly forbidden for anyone – even the *goel hadam* – to kill him. However, while another person who killed him would be subject to capital punishment, the *goel hadam* is exempt. *Chazon Ish* also writes (*Likkutim* §23) that according to Rav Huna, even if the *goel hadam* kills the killer as he flees to the city of refuge *before* the trial, he is also exempt (see there).

18. The full verse (*Deuteronomy* 19:6) reads: פֶּן־יִרְדֹּף גֹּאֵל הַדָּם אַחֲרֵי הָרֹצֵחַ כִּי יֵחַם לְבָבוֹ וְהִשִּׂיגוֹ כִּי־יִרְבֶּה הַדֶּרֶךְ וְהִכָּהוּ נָפֶשׁ וְלוֹ אֵין מִשְׁפַּט־מָוֶת כִּי לֹא שֹׂנֵא הוּא לוֹ מִתְּמוֹל שִׁלְשׁוֹם, *Lest the redeemer of the blood chase after the murderer, for his heart will become enraged, and he will overtake him, for the distance will be great, and he will strike him dead – but there is no death penalty upon him, for he did not hate him yesterday and before yesterday.* The Gemara will discuss who is the subject of the phrase, *but there is no death penalty upon him.*

19. According to this Baraisa, it is forbidden – as a capital crime – to kill the killer as he attempts to reach a city of refuge, for the verse states that the killer is *not* deserving of death in such an instance. Only after the exile has begun may the *goel hadam* kill him, if he sets foot outside the *ir miklat.* See *Ritva.*

20. See next note.

21. [We have explained the Gemara as citing here the concluding phrase of *Deuteronomy* 19:6 – כִּי לֹא שֹׂנֵא הוּא לוֹ מִתְּמוֹל שִׁלְשׁוֹם – rather than *Deuteronomy* 19:4, וְהוּא לֹא־שֹׂנֵא לוֹ מִתְּמֹל שִׁלְשֹׁם, which appears in our printed texts. This reading is followed by *Mesoras HaShas* who emends our text accordingly, and seems to have been the reading of *Rashi* as well. See, however, *Aruch LaNer,* for an explanation of the printed text.]

22. According to Rav Huna, the last two phrases of the verse, (a) *but there is no death penalty upon him,* and (b) *for he did not hate him . . .,* do not both refer to the same person. The first phrase refers to the *goel hadam,* and teaches the law that he is not liable for killing the killer as he attempts to reach an *ir miklat.* The second phrase refers to the killer. The sense of the verse is that we are commanded to prepare the roads to help the killer reach safety in an *ir miklat* for a combination of reasons: (a) The *goel hadam* will pursue and try to kill the person who killed his relative, especially since he will not be held liable for doing so; (b) the killer deserves our help, because he was not the enemy of the person he killed (*Rashi;* cf. *Ritva*).

The difficulty with Rav Huna's explanation of the verse is that it forces us to explain the two pronouns – *him* and *he* – in these phrases as referring to two different people. For this reason, this Baraisa rejects this view and explains that even the first phrase, *but there is no death penalty upon him,* is referring to the person who killed. The sense of the verse, according to this view, is that we must do all we can to save the killer from the vengeance of the *goel hadam* because he [the killer] is not subject to a death sentence for his crime, since he killed inadvertently, without enmity. It follows from this that the Torah never permits the *goel hadam* to kill the person attempting to reach a city of refuge, but enjoins us to help the killer escape the natural rage of the *goel hadam,* who might try to avenge the death even though he is not permitted to do so (*Rashi*).

עין משפט נר מצוה

מח א מיי' פ"ח מהל' רוצח הלכה ה סמג עשין עו:
מט ב מיי' פ"ה מהל' תשובה הל' א ופ"ו כל הפרק ע"ש:
נ ג מיי' פ"ה מהל' רוצח הלכה ט:
נא ד מיי' שם הל' ח:
נב ה ו מיי' שם פ"ז הלכה ו:

רבינו חננאל

עולות שעתיד שלמה בנך להקריב על גבי המזבח. תניא רבי אלעזר בן יעקב אומר מקלט מקלט היה כתוב על פרשת דרכים כדי שיכיר הרוצח ויפנה לשם שנאמר תכין לך הדרך. עשה הכנה לדרך: מרשעים יצא רשע. כגון אחד שהרג בשוגג ואחד שהרג במזיד ואין בהן עדים זימנם הקב"ה למקום אחד זה שהרג במזיד ישב תחת הסולם וזה שהרג שוגג היה יורד מן הסולם נפל עליו והרגו זה שהרג במזיד נהרג וזה שהרג בשוגג גולה: מן התורה ומן הנביאים ומן הכתובים בדרך שאדם רוצה לילך שם מוליכין אותו. מן התורה דכתיב לא תלך עמהם כיון שרצה נאמר לו קום לך אתם. מן הנביאים אני ה' אלהיך מלמדך להועיל מדריכך בדרך תלך. מן הכתובים אם ללצים הוא יליץ ולענוים יתן חן: ולו אין משפט מות בגואל [הדם] שמצא הרוצח והרגו הכתוב מדבר. (ודברו) [וידברו] אליו דברים הראויין לו אומרין להן אל תנהגו בו מנהג הרצחנים בשגגה בא לידו. א"ר אלעזר עיר שרובה רצחנין אינה קולטת שנאמר ודבר באזני זקני העיר ההיא את דבריו ולא שהשוו דבריהם לדבריו. וכן עיר שאין בה זקנים אינה קולטת ואין נעשה בה בן סורר ומורה. וכן אינה מביאה עגלה ערופה דבעינא בה זקני העיר ההיא וליכא. מפני מה נאמר פרשת רצחנים בלשון

גמרא

א מקלט היה כתוב על פרשת דרכים כדי שיכיר הרוצח ויפנה לשם אמר (א) רב כהנא מאי קרא א) תכין לך הדרך עשה [לך] הכנה לדרך רב חמא בר חנינא פתח לה פתחא להאי פרשתא מהכא ב) טוב וישר ה' על כן יורה חטאים בדרך אם לחטאים יורה ק"ו לצדיקים ר"ש בן לקיש פתח לה פתחא להאי פרשתא מהכא ג) ואשר לא צדה והאלהים אנה לידו וגו' (א) ד) כאשר יאמר משל הקדמוני מרשעים יצא רשע וגו' במה הכתוב מדבר בשני בני אדם שהרגו את הנפש אחד הרג בשוגג ואחד הרג במזיד לזה אין עדים ולזה אין עדים הקב"ה מזמינן לפונדק אחד זה שהרג במזיד יושב תחת הסולם וזה שהרג בשוגג יורד בסולם ונפל עליו והרגו ° זה שהרג במזיד נהרג וזה שהרג בשוגג גולה אמר רבה בר רב הונא אמר רב הונא ואמרי לה אמר רב הונא א"ר אלעזר מן התורה ומן הנביאים ומן הכתובים ב בדרך שאדם רוצה לילך בה מוליכין אותו מן התורה דכתיב ה) לא תלך עמהם וכתיב ו) קום לך אתם מן הנביאים דכתיב ז) אני ה' אלהיך מלמדך להועיל מדריכך בדרך (זו) תלך מן הכתובים דכתיב ח) אם ללצים הוא יליץ ולענוים יתן חן אמר רב הונא ג רוצח שגלה לעיר מקלט ומצאו גואל הדם והרגו פטור קסבר ט) ולו אין משפט מות בגואל הדם הוא דכתיב מיתיבי ולו אין משפט מות ברוצח הכתוב מדבר אתה אומר ברוצח או אינו אלא בגואל הדם כשהוא אומר (ב) י) והוא לא שונא לו מתמול שלשום הוי אומר ברוצח הכתוב מדבר הוא דאמר כי האי תנא דתניא ולו אין משפט מות בגואל הדם הכתוב מדבר אתה אומר בגואל הדם הכתוב מדבר או אינו אלא ברוצח כשהוא אומר ט) כי לא שונא הוא לו מתמול שלשום הרי רוצח אמור הא מה אני מקיים ולו אין משפט מות בגואל הדם הכתוב מדבר תנן מוסרין לו שני ת"ח שמא יהרגנו בדרך וידברו אליו מאי לאו דמתרו ביה דאי קטיל בר קטלא הוא לא כדתניא וידברו אליו דברים הראוים לו ד אומרים לו אל תנהג בו מנהג שופכי דמים בשגגה בא מעשה לידו ר"מ אומר הוא מדבר ע"י עצמו שנאמר י) וזה דבר הרוצח אמרו לו הרבה שליחות עושה אמר מר בשגגה בא מעשה לידו פשיטא דאי במזיד בר גלות הוא אין והא תניא ר' יוסי בר' יהודה אומר בתחלה אחד שוגג ואחד מזיד מקדימין לערי מקלט וב"ד שולחין ומביאין אותם משם מי שנתחייב מיתה הרגוהו שנאמר כ) ושלחו זקני עירו ולקחו אותו משם ונתנו אותו ביד גואל הדם ומת מי שלא נתחייב פטרוהו שנאמר ל) והצילו העדה את הרוצח מיד גואל הדם מי שנתחייב גלות מחזירין אותו למקומו שנא' ל) והשיבו אותו העדה אל עיר מקלטו אשר נס שמה רבי אומר מעצמן הן גולין כסבורין הן אחד שוגג ואחד מזיד קולטות והן אינן יודעין שבשוגג קולטות במזיד אינן קולטות א"ר אלעזר ה עיר שרובה רוצחים אינה קולטת שנאמר מ) ודבר באזני זקני העיר ההיא את דבריו ולא שהושוו דבריהן לדבריו וא"ר אלעזר ו עיר שאין בה זקנים אינה קולטת דבעינן זקני העיר וליכא איתמר עיר שאין בה זקנים רבי אמי ור' אסי חד אומר קולטת וחד אומר אינה קולטת למאן דאמר אינה קולטת בעינן זקני העיר וליכא למאן דאמר קולטת מצוה בעלמא ועיר שאין בה זקנים ר' אמי ורבי אסי חד אמר נעשה בה בן סורר ומורה וחד אמר אין נעשה בה בן סורר ומורה למ"ד אין נעשה בה בן סורר ומורה בעינן נ) זקני עירו וליכא למ"ד נעשה בה בן סורר ומורה מצוה בעלמא ועיר שאין בה זקנים ר' אמי ור' אסי חד אמר מביאה עגלה ערופה וחד אמר אינה מביאה עגלה ערופה למ"ד אינה מביאה עגלה ערופה בעינן ס) זקני העיר ההיא וליכא למאן דאמר מביאה עגלה ערופה מצוה בעלמא א"ר חמא בר חנינא מפני מה נאמרה פרשת רוצחים בלשון

רש"י

מקלט היה כתוב על פרשת דרכים. בכל מקום שהיו שני דרכים מפוצלים אחד פונה לעיר מקלט היה עץ תקוע באותו דרך וכתוב בו מקלט: פתח ליה פיתחא. כשהיה רוצה לדרוש בפרשת רוצחים היה מתחיל כן: והאלהים אנה לידו. זהו שאמר הכתוב כאשר יאמר משל הקדמוני מרשעים יצא רשע משל הקדמוני היא התורה שהיא משל הקב"ה שהוא קדמונו של עולם והיא אמרה מרשעים יצא רשע והיכן אמרה והאלהים אנה לידו והיאך הקב"ה ממציא מכשול לאדם לחטוא אלא ע"י שהיו שניהם רשעים ההורג והנהרג ההורג היה חייב גלות ואין עד בדבר והוא לא גלה והנהרג היה חייב מיתה ואין עד בדבר ולא נהרג לפיכך הקב"ה מזמנן לפונדק אחד כו': במה הכתוב מדבר. והאלהים אנה לידו: נופל עליו והורגו. ויש עדים ויגלה על כרחו: בדרך תלך. בדרך אשר תבחר לילך: אם ללצים. בא אדם להתחבר: הוא יליץ. אין מעכבין בידו: ומצאו גואל הדם. בדרך (ב) בהליכתו: בגואל הדם הכתוב מדבר. וה"ק פן ירדוף גואל הדם אחרי הרוצח והשיגו והכהו נפש ולא יתיירא מב"ד כי לו אין משפט מות וסוף המקרא האומר כי לא שונא הוא וגו' מוסב על ראשו פן ירדוף גואל הדם אני אומר לך להכין לו הדרך כי לא שונא היה לו ולא הרגו מדעת: ברוצח הכתוב מדבר. וה"ק פן ירדוף והשיגו והכהו והוא לא היה ראוי למות כי לא שונא היה להרוג ולא הרגו מדעת: הרי רוצח אמור כו'. שאין לו משפט מות ולא היה צריך לכתוב בשבילו ולו אין משפט מות: הרבה שליחות עושה. דברים שאינן נעשים ע"י האדם נעשים ומתקבלים על ידי הרבה שלוחים: פשיטא. כיון דהוא גולה ודאי בשוגג הרג דאי במזיד הרג וכי גולה היה: ה"ג דאי במזיד בר גלות הוא בתמיהה: בתחלה. תחלת משפטן של רוצחים ועיקרו זהו אחד שוגג ואחד מזיד כו' ויליף טעמא מקרא וכי יהיה איש שונא לרעהו וארב לו וקם עליו וגו' משמע אם הורגו בכוונה ינוס וכתיב בתריה ושלחו זקני עירו וגו': רבי אומר. לא אמר הכתוב שיגלה אלא הוא טועה וגולה ולימדך הכתוב שיקחוהו משם ויהרגוהו: ודבר באזני זקני העיר ההיא. מקרא בספר יהושע: מצוה בעלמא. מלוה שיהו שם זקנים ומיהו כי אין בה זקנים נמי קלטה: בבן סורר ומורה. כתיב (דברים כא) והוציאו אותו אל זקני עירו:
בלשון

תוספות

והא תניא רבי יוסי בר יהודה אומר וכו'. וא"ת ואמאי לא מייתי ממלתיה דר' יוסי בר יהודה דמתני' וי"ל דמתני' איכא למימר דלא חייבים קאמר אלא מאיליהם היו גולין בשביל שהיו טועים כדקאמר רבי הכא בברייתא אבל בברייתא מוכח שפיר דחייבין קאמר מדמייתי פסוק גבי מזיד אבל דמתני' לא מייתי קרא גבי מזיד כן נראה למשי"ח ועוד נראה דע"כ בברייתא ליכא למימר דמאיליהן קאמר (ג) דע"כ היינו רבי:
חד אמר מביאין עגלה ערופה. תימה דהא תנן (סוטה דף מד:) עגלה ערופה אין מודדין אלא מעיר שיש בה ב"ד וי"ל דהתם מיירי כגון דאיכא עיירות טובא ובחדא מינייהו יש ב"ד כיון דמצי לאוקומי קרא דמקיימי ליה אבל הכא מיירי כגון שאין שם ב"ד בכל העיירות הסמוכות הלכך אמרינן דמ"מ מודדין מינייהו:
אפילו

מסורת הש"ס

א) נ"א רב הונא, ב) [נ"ל כי לא שונא הוא לו], ג) רש"א דא"כ.

הגהות הב"ח

(א) גמ' אנה לידו וגו' זהו שאמר הכתוב כאשר יאמר משל: (ב) רש"י ד"ה ומצאו גואל הדם בדרך בהליכתו. נ"ב כלומר דאילו כבר היה בעיר מקלט ויצא חוץ לתחום ומצאו והרגו פלוגתא דתנאי היא לקמן במתני' דף יא ע"ב ובגמ' דף יב ע"א:

גליון הש"ס

גמ' זה שהרג במזיד נהרג. עיין סוטה דף ח ע"ב תוס' ד"ה מי:

תורה אור השלם

א) תָּכִין לְךָ הַדֶּרֶךְ וְשִׁלַּשְׁתָּ אֶת גְּבוּל אַרְצְךָ אֲשֶׁר יַנְחִילְךָ יְיָ אֱלֹהֶיךָ וְהָיָה לָנוּס שָׁמָּה כָּל רֹצֵחַ: [דברים יט, ג]
ב) טוֹב וְיָשָׁר יְיָ עַל כֵּן יוֹרֶה חַטָּאִים בַּדָּרֶךְ: [תהלים כה, ח]
ג) וַאֲשֶׁר לֹא צָדָה וְהָאֱלֹהִים אִנָּה לְיָדוֹ וְשַׂמְתִּי לְךָ מָקוֹם אֲשֶׁר יָנוּס שָׁמָּה: [שמות כא, יג]
ד) כַּאֲשֶׁר יֹאמַר מְשַׁל הַקַּדְמֹנִי מֵרְשָׁעִים יֵצֵא רֶשַׁע וְיָדִי לֹא תִהְיֶה בָּךְ: [ש"א כד, יג]
ה) וַיֹּאמֶר אֱלֹהִים אֶל בִּלְעָם לֹא תֵלֵךְ עִמָּהֶם לֹא תָאֹר אֶת הָעָם כִּי בָרוּךְ הוּא: [במדבר כב, יב]
ו) וַיָּבֹא אֱלֹהִים אֶל בִּלְעָם לַיְלָה וַיֹּאמֶר לוֹ אִם לִקְרֹא לְךָ בָּאוּ הָאֲנָשִׁים קוּם לֵךְ אִתָּם וְאַךְ אֶת הַדָּבָר אֲשֶׁר אֲדַבֵּר אֵלֶיךָ אֹתוֹ תַעֲשֶׂה: [במדבר כב, כ]
ז) כֹּה אָמַר יְיָ גֹּאַלְךָ קְדוֹשׁ יִשְׂרָאֵל אֲנִי יְיָ אֱלֹהֶיךָ מְלַמֶּדְךָ לְהוֹעִיל מַדְרִיכְךָ בְּדֶרֶךְ תֵּלֵךְ: [ישעיה מח, יז]
ח) אִם לַלֵּצִים הוּא יָלִיץ וְלַעֲנָיִים יִתֶּן חֵן: [משלי ג, לד]
ט) פֶּן יִרְדֹּף גֹּאֵל הַדָּם אַחֲרֵי הָרֹצֵחַ כִּי יֵחַם לְבָבוֹ וְהִשִּׂיגוֹ כִּי יִרְבֶּה הַדֶּרֶךְ וְהִכָּהוּ נָפֶשׁ וְלוֹ אֵין מִשְׁפַּט מָוֶת כִּי לֹא שֹׂנֵא הוּא לוֹ מִתְּמוֹל שִׁלְשׁוֹם: [דברים יט, ו]
י) וְזֶה דְּבַר הָרֹצֵחַ אֲשֶׁר יָנוּס שָׁמָּה וָחָי אֲשֶׁר יַכֶּה אֶת רֵעֵהוּ בִּבְלִי דַעַת וְהוּא לֹא שֹׂנֵא לוֹ מִתְּמֹל שִׁלְשֹׁם: [דברים יט, ד]
כ) וְשָׁלְחוּ זִקְנֵי עִירוֹ וְלָקְחוּ אֹתוֹ מִשָּׁם וְנָתְנוּ אֹתוֹ בְּיַד גֹּאֵל הַדָּם וָמֵת: [דברים יט, יב] ל) וְהִצִּילוּ הָעֵדָה אֶת הָרֹצֵחַ מִיַּד גֹּאֵל הַדָּם וְהֵשִׁיבוּ אֹתוֹ הָעֵדָה אֶל עִיר מִקְלָטוֹ אֲשֶׁר נָס שָׁמָּה וְיָשַׁב בָּהּ עַד מוֹת הַכֹּהֵן הַגָּדֹל אֲשֶׁר מָשַׁח אֹתוֹ בְּשֶׁמֶן הַקֹּדֶשׁ: [במדבר לה, כה] מ) וְנָס אֶל אַחַת מֵהֶעָרִים הָאֵלֶּה וְעָמַד פֶּתַח שַׁעַר הָעִיר וְדִבֶּר בְּאָזְנֵי זִקְנֵי הָעִיר הַהִיא אֶת דְּבָרָיו וְאָסְפוּ אֹתוֹ הָעִירָה אֲלֵיהֶם וְנָתְנוּ לוֹ מָקוֹם וְיָשַׁב עִמָּם: [יהושע כ, ד] נ) וְתָפְשׂוּ בוֹ אָבִיו וְאִמּוֹ וְהוֹצִיאוּ אֹתוֹ אֶל זִקְנֵי עִירוֹ וְאֶל שַׁעַר מְקֹמוֹ: [דברים כא, יט] ס) וְהָיָה הָעִיר הַקְּרֹבָה אֶל הֶחָלָל וְלָקְחוּ זִקְנֵי הָעִיר הַהִוא עֶגְלַת בָּקָר אֲשֶׁר לֹא עֻבַּד בָּהּ אֲשֶׁר לֹא מָשְׁכָה בְּעֹל: [דברים כא, ג]

ליקוטי רש"י

תכין לך הדרך. מקלט מקלט היה כתוב על פרשת דרכים [דברים יט ג].
אם ללצים יליץ. אדם נמשך אחריהם לסוף אף הוא יהיה לץ עמהם. ולענוים יתן חן. אם לענוים יתחבר סוף שיתנו מעשיו חן בעיניהם של בריות [משלי ג לד].
בתחילה. כלומר תחילת משפט כל הרוצחים ואפילו מזידין וכו' [לעיל ט:].

REFERRING TO THE REDEEMER OF THE BLOOD with these words, teaching us, as Rav Huna said, that the avenging relative is not punished if he kills the murderer.[23]

The Gemara seeks to contradict Rav Huna from the Mishnah: **תְּנַן – We learned in the Mishnah: מוֹסְרִין לוֹ שְׁנֵי תַלְמִידֵי חֲכָמִים – THEY WOULD PROVIDE FOR HIM** an escort of **TWO TORAH SCHOLARS, שֶׁמָּא יַהַרְגֶנּוּ בַּדֶּרֶךְ – LEST HE KILL HIM ON THE WAY. וִידַבְּרוּ אֵלָיו – AND THEY** should **SPEAK TO HIM.**[24] **מַאי לָאו – Does this not mean דְּמַתְרוּ בֵּיהּ – that they warn him דְּאִי קָטִיל – that if he** [the avenging relative] **kills** him [the killer], **בַּר קְטָלָא הוּא – he will be liable to death?**[25] Thus, we see from the Mishnah that the redeemer of the blood is not permitted to kill the killer as he attempts to reach a city of refuge, contradicting Rav Huna's ruling. **– ? –**

The Gemara responds:

לֹא – No. The Mishnah does not mean that they warn him that he is liable to the death penalty. Rather, it means that they say to him **כִּדְתַנְיָא – as it was taught in a Baraisa: וִידַבְּרוּ אֵלָיו דְּבָרִים הָרְאוּיִם לוֹ – AND THEY SPEAK TO HIM – WORDS THAT ARE SUITED TO HIM. אוֹמְרִים לוֹ – THEY SAY TO HIM: אַל תִּנְהַג בּוֹ מִנְהַג שׁוֹפְכֵי דָמִים – "DO NOT BEHAVE TOWARD HIM AS IS CUSTOMARY WITH A MURDERER; בִּשְׁגָגָה בָּא מַעֲשֶׂה לְיָדוֹ – THE DEED CAME TO HIS HAND INADVERTENTLY." רַבִּי מֵאִיר אוֹמֵר – R' MEIR SAYS: הוּא מְדַבֵּר עַל יְדֵי עַצְמוֹ – [THE KILLER] SPEAKS FOR HIMSELF, שֶׁנֶּאֱמַר ,,וְזֶה דְּבַר הָרֹצֵחַ" – AS IT IS STATED:**[26] ***THIS IS THE WORD OF THE KILLER.***[27] **אָמְרוּ לוֹ – THEY** (the Rabbis) **SAID TO HIM** in reply: **הַרְבֵּה שְׁלִיחוּת עוֹשָׂה – MORE WILL BE ACCOMPLISHED BY** the pleading of **AN EMISSARY** than by the pleading of the killer himself.[28] At any rate, we see from this Baraisa that the "speaking" of the people accompanying the killer is in the nature of a plea, rather than a formal warning.

The Gemara examines the Baraisa:

אָמַר מַר – The master [the Tanna of the Baraisa] **said: בִּשְׁגָגָה בָּא מַעֲשֶׂה לְיָדוֹ –** They say to the redeemer of the blood: **THE DEED CAME TO HIS HAND INADVERTENTLY. פְּשִׁיטָא – But this is obvious! דְּאִי בְּמֵזִיד – For if it had been intentional, בַּר גָּלוּת הוּא – would he be liable to exile?**[29]

The Gemara responds:

אֵין – Yes, there is a case when even an intentional murderer goes to the city of exile. **וְהָא תַנְיָא – And so it was taught in a Baraisa: רַבִּי יוֹסֵי בְּרַבִּי יְהוּדָה אוֹמֵר – R' YOSE THE SON OF R' YEHUDAH SAYS: בַּתְּחִלָּה – INITIALLY,** i.e. as soon as the killing occurs, **אֶחָד שׁוֹגֵג וְאֶחָד מֵזִיד – BOTH INADVERTENT AND INTENTIONAL KILLERS מַקְדִּימִין לְעָרֵי מִקְלָט – HASTEN TO THE CITIES OF REFUGE. וּבֵית דִּין שׁוֹלְחִין וּמְבִיאִין אוֹתָם מִשָּׁם – AND THE COURT**[30] **SENDS** for them **AND BRINGS THEM FROM THERE TO TRIAL. מִי שֶׁנִּתְחַיֵּיב מִיתָה הֲרָגוּהוּ – WHOEVER IS FOUND TO BE LIABLE TO DEATH, THEY EXECUTE, שֶׁנֶּאֱמַר – AS IT IS STATED: ,,וְשָׁלְחוּ זִקְנֵי עִירוֹ וְלָקְחוּ אֹתוֹ מִשָּׁם וְנָתְנוּ אֹתוֹ בְּיַד גֹּאֵל הַדָּם וָמֵת" –** ***AND THE ELDERS OF THE CITY SHALL SEND, AND TAKE HIM FROM THERE, AND THEY SHALL DELIVER HIM INTO THE HANDS OF THE REDEEMER OF THE BLOOD, AND HE SHALL DIE.***[31] **מִי שֶׁלֹּא נִתְחַיֵּיב – WHOEVER IS FOUND NOT TO BE LIABLE TO DEATH, פְּטָרוּהוּ – THEY EXONERATE, שֶׁנֶּאֱמַר ,,וְהִצִּילוּ הָעֵדָה אֶת־הָרֹצֵחַ מִיַּד גֹּאֵל הַדָּם" – AS IT IS STATED:** ***AND THE TRIBUNAL SHALL RESCUE THE KILLER FROM THE HANDS OF THE REDEEMER OF THE BLOOD.***[32] I.e. the court shall save the killer from the avenging relative by declaring him innocent. **מִי שֶׁנִּתְחַיֵּיב גָּלוּת – WHOEVER IS FOUND TO BE LIABLE TO EXILE, מַחֲזִירִין אוֹתוֹ לִמְקוֹמוֹ – THEY RETURN HIM TO HIS PLACE** [the city of refuge **FROM WHENCE HE CAME**], **שֶׁנֶּאֱמַר – AS IT IS STATED** in that very verse: **,,וְהֵשִׁיבוּ אֹתוֹ הָעֵדָה אֶל־עִיר מִקְלָטוֹ אֲשֶׁר־נָס שָׁמָּה" –** ***AND THE TRIBUNAL SHALL RETURN HIM TO THE CITY OF REFUGE TO WHICH HE HAD FLED.***[33] **רַבִּי אוֹמֵר – REBBI SAYS: מֵעַצְמָן הֵן גּוֹלִין –** Initially, **THEY** (intentional murderers) **FLEE INTO EXILE OF THEIR OWN ACCORD, כִּסְבוּרִין הֵן אֶחָד שׁוֹגֵג וְאֶחָד מֵזִיד קוֹלְטוֹת – BECAUSE THEY THINK THAT [THE CITIES] PROVIDE REFUGE FOR BOTH INADVERTENT AND INTENTIONAL KILLERS. וְהֵן אֵינָן יוֹדְעִין – BUT THEY DO NOT KNOW שֶׁבְּשׁוֹגֵג קוֹלְטוֹת בְּמֵזִיד אֵינָן קוֹלְטוֹת – THAT THEY PROVIDE REFUGE FOR INADVERTENT KILLERS, BUT THEY DO NOT PROVIDE REFUGE FOR INTENTIONAL KILLERS.**[34] Thus, when the Baraisa states that the scholars tell the redeemer of the blood that the killer killed unintentionally, they are informing him that the killer was *not* an intentional killer who was fleeing to the city of refuge, but an unintentional killer.[35]

The Gemara introduces a new ruling:

אָמַר רַבִּי אֶלְעָזָר – R' Elazar said: עִיר שֶׁרוּבָּהּ רוֹצְחִים – A city of

NOTES

23. The difficulty with the explanation of the verse presented by the first Baraisa (see previous note) is that both phrases of the verse say essentially the same thing – that the killer does not deserve to die for his crime. Since we would understand this from the second phrase alone, the second Baraisa rejects this explanation, and explains the verse as Rav Huna does, that the two phrases refer to two different people (*Rashi*).

24. See above, 9b note 40.

25. The Gemara assumes at this point that the Torah scholars dissuade the *goel hadam* by teaching him that he is forbidden to revenge himself upon the killer at this time, and formally warning him that he will be liable to the death penalty if he does so. *Chazon Ish* (*Choshen Mishpat* 17:1) states that these Torah scholars would be sent to accompany him after the verdict of exile, not during his initial flight to the *ir miklat* after the killing; see above, 9b note 38. [See *Aruch LaNer,* who explains why scholars were sent, and why two were needed.]

[See also *Chazon Ish* (*Choshen Mishpat, Likkutim* to *Makkos* §23) who suggests that the Gemara's assumption here concerns only the opinion of the Tanna Kamma, who holds that Torah scholars do the speaking. According to R' Meir, who holds that the killer speaks for himself, the purpose of the speaking is certainly not a formal warning, for such a warning cannot be issued by the killer. See further there.]

26. *Deuteronomy* 19:4.

27. See *Aruch LaNer.*

28. *Rashi.* See *Ritva,* who cites a slightly different text of *Rashi;* see there also for a discussion of whether R' Meir holds that the scholars should *not* speak (see above, 9b note 41); see also *Aruch LaNer* and *Maharatz Chayes.*

29. [The very fact that the killer is fleeing to a city of refuge makes it obvious that the killing was inadvertent. They are thus not telling the *goel hadam* anything he does not already know. See *Chazon Ish* (*Likkutim to Makkos* §28), who suggests a different interpretation of the Gemara's question.]

30. This refers to the court of the city in which the killing took place (*Rambam, Hil Rotze'ach* 5:7; see *Aruch LaNer* as to the source for this law).

31. *Deuteronomy* 19:12.

Ritva explains that this section of the Baraisa deals with an intentional murderer who killed without being warned, so he cannot be executed by the court; therefore, they hand him over to (i.e. leave him at the mercy of) the *goel hadam.* Alternatively, it speaks of one who kills through gross negligence (see *Rambam, Hil. Rotze'ach* 6:4; see however, *Aruch LaNer,* who takes issue with these interpretations and explains the Gemara differently.

32. *Numbers* 35:25.

33. R' Yose's opinion in the Baraisa is identical with his opinion in the Mishnah. Nevertheless, the Gemara prefers to cite the Baraisa, despite the Mishnah's superior authority. This is because the Mishnah could be interpreted to mean that it was the *practice* of intentional murderers to flee to a city of refuge, but not that this was the required procedure. In the Baraisa, however, it is clear that R' Yose holds that they were required to go to a city of refuge even if they had committed intentional murder, since the Baraisa cites a verse to support this ruling (*Tosafos;* see also *Ritva*).

34. According to Rebbi, the verse in *Deuteronomy* teaches that if an intentional killer attempts to find shelter in a city of refuge, the court removes him from the city to be put to death (*Rashi*).

35. *Chazon Ish* (*Likkutim* to *Makkos* §23) suggests that the Gemara's

עין משפט נר מצוה

מח א מיי' פ"ח מהל' רוצח הלכה ה סמג עשין עו:
מט ב מיי' פ"ה מהל' תשובה הל' א ופ"ו כל הפרק ע"ש:
נ ג מיי' פ"ה מהל' רוצח הלכה ט:
נא ד מיי' שם הל' ח:
נב ה ו מיי' שם פ"ז הלכה ו:

רבינו חננאל

עולות שעתיד שלמה בנך להקריב על גבי המזבח. תניא רבי אלעזר בן יעקב אומר מקלט מקלט היה כתוב על פרשת דרכים כדי שיכיר הרוצח ויפנה לשם שנאמר תכין לך הדרך. עשה הכנה לדרך: מרשעים יצא רשע. כגון אחד שהרג בשוגג ואחד שהרג במזיד ואין בהן עדים זימנם הקב"ה למקום אחד זה שהרג במזיד ישב תחת הסולם וזה שהרג שוגג היה יורד מן הסולם נפל עליו והרגו זה שהרג במזיד נהרג וזה שהרג בשוגג גולה: מן התורה ומן הנביאים ומן הכתובים בדרך שאדם רוצה לילך שם מוליכין אותו. מן התורה דכתיב לא תלך עמהם כיון שרצה נאמר לו קום לך אתם. מן הנביאים אני ה' אלהיך מלמדך להועיל מדריכך בדרך תלך. מן הכתובים אם ללצים הוא יליץ ולענוים יתן חן: ולו אין משפט מות בגואל [הדם] שמצא הרוצח והרגו הכתוב מדבר. (ודברו) [וידברו] אליו דברים הראויין לו אומרין להן אל תנהגו בו מנהג הרצחנים בשגגה בא לידו. א"ר אלעזר עיר שרובה רצחנין אינה קולטת שנאמר ודבר באזני זקני העיר ההיא את דבריו ולא שהשוו דבריהם לדבריו. וכן עיר שאין בה זקנים אינה קולטת ואין נעשה בה בן סורר ומורה. וכן אינה מביאה עגלה ערופה דבעינא בה זקני העיר ההיא וליכא. מפני מה נאמר פרשת רצחנים בלשון

ליקוטי רש"י

תכין לך הדרך. מקלט מקלט היה כתוב על פרשת דרכים [דברים יט ג].

אם ללצים יליץ. אדם נמשך אחריהם לסוף אף הוא יהיה לץ עמהם. **ולענוים יתן חן.** אם לענוים יתחבר סוף שיתנו מעשיו חן בעיניהם של בריות [משלי ג לד].

בתחילה. כלומר תחילת משפט כל הרוצחים ואפילו מזידין וכו' [לעיל ט:].

תוספות

והא תניא רבי יוסי בר יהודה אומר וכו'. וא"ת ואמאי לא מייתי ממלתיה דר' יוסי בר יהודה דמתני' וי"ל דמתני' איכא למימר דלאו חייבים קאמר אלא מאליהם היו גולין בשביל שהיו טועים כדקאמר רבי הכא בברייתא אבל בברייתא מוכח שפיר דחייבין קאמר מדמייתי פסוק גבי מזיד אבל דמתני' לא מייתי קרא גבי מזיד כן נראה למשי"ח ועוד נראה דע"כ בברייתא ליכא למימר דמאליהן קאמר [ג] דע"כ היינו רבי:

חד אמר מביאין עגלה ערופה. תימה דהא תנן (סוטה דף מד:) עגלה ערופה אין מודדין אלא מעיר שיש בה ב"ד וי"ל דהתם מיירי כגון דאיכא עיירות טובא ובחדא מינייהו יש ב"ד כיון דמצי לאוקומי קרא דמקיימי ליה אבל הכא מיירי כגון שאין שם ב"ד בכל העיירות הסמוכות הלכך אמרינן דמ"מ מודדין מינייהו: אפילו

גמרא

והא [א] מקלט היה כתוב על פרשת דרכים כדי שיכיר הרוצח ויפנה לשם אמר [א] רב כהנא מאי קרא
א) תכין לך הדרך עשה [לך] הכנה לדרך רב חמא בר חנינא פתח לה פתחא להאי פרשתא מהכא ב) טוב וישר ה' על כן יורה חטאים בדרך אם לחטאים יורה ק"ו לצדיקים ר"ש בן לקיש פתח לה פתחא להאי פרשתא מהכא ג) ואשר לא צדה והאלהים אנה לידו וגו' (א) ד) כאשר יאמר משל הקדמוני מרשעים יצא רשע וגו' במה הכתוב מדבר בשני בני אדם שהרגו את הנפש אחד הרג בשוגג ואחד הרג במזיד לזה אין עדים ולזה אין עדים הקב"ה מזמינן לפונדק אחד זה שהרג במזיד יושב תחת הסולם וזה שהרג בשוגג יורד בסולם ונפל עליו והרגו ° זה שהרג במזיד נהרג וזה שהרג בשוגג גולה אמר רבה בר רב הונא אמר רב הונא ואמרי לה אמר רב הונא א"ר אלעזר מן התורה ומן הנביאים ומן הכתובים [ב] בדרך שאדם רוצה לילך בה מוליכין אותו מן התורה דכתיב ה) לא תלך עמהם וכתיב ו) קום לך אתם מן הנביאים דכתיב ז) אני ה' אלהיך מלמדך להועיל מדריכך בדרך (זו) תלך מן הכתובים דכתיב ח) אם ללצים הוא יליץ ולענוים יתן חן אמר רב הונא [ג] רוצח שגלה לעיר מקלט ומצאו גואל הדם והרגו פטור קסבר ט) ולו אין משפט מות בגואל הדם הוא דכתיב מיתיבי ולו אין משפט מות ברוצח הכתוב מדבר אתה אומר ברוצח או אינו אלא בגואל הדם כשהוא אומר [ב] י) והוא לא שונא לו מתמול שלשום הוי אומר ברוצח הכתוב מדבר הוא דאמר כי האי תנא דתניא ולו אין משפט מות בגואל הדם הכתוב מדבר אתה אומר בגואל הדם הכתוב מדבר או אינו אלא ברוצח כשהוא אומר ט) כי לא שונא הוא לו מתמול שלשום הרי רוצח אמור הא מה אני מקיים ולו אין משפט מות בגואל הדם הכתוב מדבר תנן מוסרין לו שני ת"ח שמא יהרגנו בדרך וידברו אליו מאי לאו דמתרו ביה דאי קטיל בר קטלא הוא לא כדתניא וידברו אליו דברים הראוים לו [ד] אומרים לו אל תנהג בו מנהג שופכי דמים בשגגה בא מעשה לידו ר"מ אומר הוא מדבר ע"י עצמו שנאמר י) וזה דבר הרוצח אמרו לו הרבה שליחות עושה אמר מר בשגגה בא מעשה לידו פשיטא דאי במזיד בר גלות הוא אין והא תניא ר' יוסי בר' יהודה אומר בתחלה אחד שוגג ואחד מזיד מקדימין לערי מקלט וב"ד שולחין ומביאין אותם משם מי שנתחייב מיתה הרגוהו שנאמר כ) ושלחו זקני עירו ולקחו אותו משם ונתנו אותו ביד גואל הדם ומת מי שלא נתחייב פטרוהו שנאמר ל) והצילו העדה את הרוצח מיד גואל הדם מי שנתחייב גלות מחזירין אותו למקומו שנא' ל) והשיבו אותו העדה אל עיר מקלטו אשר נס שמה רבי אומר מעצמן הן גולין כסבורין הן אחד שוגג ואחד מזיד קולטות והן אינן יודעין שבשוגג קולטות במזיד אינן קולטות א"ר אלעזר [ה] עיר שרובה רוצחים אינה קולטת שנאמר מ) ודבר באזני זקני העיר ההיא את דבריו ולא שהושוו דבריהן לדבריו וא"ר אלעזר [ו] עיר שאין בה זקנים אינה קולטת דבעינן זקני העיר וליכא איתמר עיר שאין בה זקנים רבי אמי ור' אסי חד אומר קולטת וחד אומר אינה קולטת למאן דאמר אינה קולטת בעינן זקני העיר וליכא למאן דאמר קולטת מצוה בעלמא ועיר שאין בה זקנים ר' אמי ורבי אסי חד אמר נעשה בה בן סורר ומורה וחד אמר אין נעשה בה בן סורר ומורה למ"ד אין נעשה בה בן סורר ומורה בעינן נ) זקני עירו וליכא למ"ד נעשה בה בן סורר ומורה מצוה בעלמא ועיר שאין בה זקנים ר' אמי ור' אסי חד אמר מביאה עגלה ערופה וחד אמר אינה מביאה עגלה ערופה למ"ד אינה מביאה עגלה ערופה בעינן ס) זקני העיר ההיא וליכא למאן דאמר מביאה עגלה ערופה מצוה בעלמא א"ר חמא בר חנינא מפני מה נאמרה פרשת רוצחים בלשון

רש"י

מקלט היה כתוב על פרשת דרכים. בכל מקום שהיו שני דרכים מפולגים אחד פונה לעיר מקלט היה עץ תקוע באותו דרך וכתוב בו מקלט: **פתח ליה פיתחא.** כשהיה רוצה לדרוש בפרשת רוצחים היה מתחיל כן: **והאלהים אנה לידו.** זהו שאמר הכתוב כאשר יאמר משל הקדמוני מרשעים יצא רשע משל הקדמוני היא התורה שהיא משל הקב"ה שהוא קדמונו של עולם והיא אמרה מרשעים יצא רשע והיכן אמרה והאלהים אנה לידו והיאך הקב"ה ממציא מכשול לאדם לחטוא אלא ע"י שהיו שניהם רשעים ההורג והנהרג ההורג היה חייב גלות ואין עד בדבר והוא לא גלה והנהרג היה חייב מיתה ואין עד בדבר ולא נהרג לפיכך הקב"ה מזמנן לפונדק אחד כו': **במה הכתוב מדבר.** והאלהים אנה לידו: **נופל עליו והורגו.** ויש עדים ויגלה על כרחו: **בדרך תלך.** בדרך אשר תבחר לילך: **אם ללצים.** בא אדם להתחבר: **הוא יליץ.** אין מעכבין בידו: **ומצאו גואל הדם.** בדרך (ג) בהליכתו: **בגואל הדם הכתוב מדבר.** וה"ק פן ירדוף גואל הדם אחרי הרוצח והשיגו והכהו נפש ולא יתיירא מב"ד כי לו אין משפט מות וסוף המקרא האומר כי לא שונא הוא וגו' מוסב על ראשו פן ירדוף גואל הדם אני אומר לך להכין לו הדרך כי לא שונא היה לו ולא הרגו מדעת: **ברוצח הכתוב מדבר.** וה"ק פן ירדוף והשיגו והכהו והוא לא היה ראוי למות כי לא שונא היה להרוג ולא הרגו מדעת: **הרי רוצח אמור כו'.** שאין לו משפט מות ולא היה צריך לכתוב בשבילו ולו אין משפט מות: **הרבה שליחות עושה.** דברים שאינן נעשים ע"י האדם נעשים ומתקבלים על ידי הרבה שלוחים: **פשיטא.** כיון דהוא גולה ודאי בשוגג הרג דאי במזיד הרג וכי גולה היה: ה"ג דאי במזיד בר גלות הוא בתמיהה: **בתחלה.** תחלת משפטן של רוצחים ועיקרו זהו אחד שוגג ואחד מזיד כו' ויליף טעמא מקרא וכי יהיה איש שונא לרעהו וארב לו וקם עליו וגו' משמע אם הורגו בכוונה ינוס וכתיב בתריה ושלחו זקני עירו וגו': **רבי אומר.** לא אמר הכתוב שיגלה אלא הוא טועה וגולה ולימדך הכתוב שיקחוהו משם ויהרגוהו: **ודבר באזני זקני העיר ההיא.** מקרא בספר יהושע: **מצוה בעלמא.** מלוה שיהו שם זקנים ומיהו כי אין בה זקנים נמי קלטה: **בבן סורר ומורה.** כתיב (דברים כא) והוציאו אותו אל זקני עירו: בלשון

מסורת הש"ס

א) נ"א רב הונא, ב) [נ"ל כי לא שונא הוא לו], ג) רש"א דא"כ.

הגהות הב"ח

(א) גמ' אנה לידו וגו' זהו שאמר הכתוב כאשר יאמר משל: (ב) רש"י ד"ה ומצאו גואל הדם בדרך בהליכתו. נ"ב כלומר דאילו כבר היה בעיר מקלט ויצא חוץ לתחום ומצאו והרגו פלוגתא דתנאי היא לקמן במתני' דף יא ע"ב ובגמ' דף יב ע"א:

גליון הש"ס

גמ' זה שהרג במזיד נהרג. עיין סוטה דף ח ע"ב תוס' ד"ה מי:

תורה אור השלם

א) תכין לך הדרך ושלשת את גבול ארצך אשר ינחילך יי אלהיך והיה לנוס שמה כל רצח: [דברים יט, ג]
ב) טוב וישר יי על כן יורה חטאים בדרך: [תהלים כה, ח]
ג) ואשר לא צדה והאלהים אנה לידו ושמתי לך מקום אשר ינוס שמה: [שמות כא, יג]
ד) כאשר יאמר משל הקדמני מרשעים יצא רשע וידי לא תהיה בך: [ש"א כד, יג]
ה) ויאמר אלהים אל בלעם לא תלך עמהם לא תאר את העם כי ברוך הוא: [במדבר כב, יב]
ו) ויבא אלהים אל בלעם לילה ויאמר לו אם לקרא לך באו האנשים קום לך אתם ואך את הדבר אשר אדבר אליך אתו תעשה: [במדבר כב, כ]
ז) כה אמר יי גאלך קדוש ישראל אני יי אלהיך מלמדך להועיל מדריכך בדרך תלך: [ישעיה מח, יז]
ח) אם ללצים הוא יליץ ולענוים יתן חן: [משלי ג, לד]
ט) פן ירדף גאל הדם אחרי הרצח כי יחם לבבו והשיגו כי ירבה הדרך והכהו נפש ולו אין משפט מות כי לא שנא הוא לו מתמול שלשום: [דברים יט, ו]
י) וזה דבר הרצח אשר ינוס שמה וחי אשר יכה את רעהו בבלי דעת והוא לא שנא לו מתמל שלשם: [דברים יט, ד]
כ) ושלחו זקני עירו ולקחו אתו משם ונתנו אתו ביד גאל הדם ומת: [דברים יט, יב] ל) והצילו העדה את הרצח מיד גאל הדם והשיבו אתו העדה אל עיר מקלטו אשר נס שמה וישב בה עד מות הכהן הגדל אשר משח אתו בשמן הקדש: [במדבר לה, כה] מ) ונס אל אחת מהערים האלה ועמד פתח שער העיר ודבר באזני זקני העיר ההיא את דבריו ואספו אתו העירה אליהם ונתנו לו מקום וישב עמם: [יהושע כ, ד] נ) ותפשו בו אביו ואמו והוציאו אתו אל זקני עירו ואל שער מקמו: [דברים כא, יט] ס) והיה העיר הקרבה אל החלל ולקחו זקני העיר ההוא עגלת בקר אשר לא עבד בה אשר לא משכה בעל: [דברים כא, ג]

refuge with a majority of killers אֵינָהּ קוֹלֶטֶת **– does not provide refuge,**[36] שֶׁנֶּאֱמַר ,,וְדִבֶּר בְּאָזְנֵי זִקְנֵי הָעִיר־הַהִיא אֶת־דְּבָרָיו" **– as it is stated:** ***and [the killer who has fled to the city of refuge] shall speak his matters to the ears of the elders of that city,***[37] which implies וְלֹא שֶׁהוּשְׁווּ דִּבְרֵיהֶן לִדְבָרָיו – that this law does **not** apply **when their matters are the same as his matters,** meaning that they cannot be killers like him.[38]

Another ruling of R' Elazar:

וְאָמַר רַבִּי אֶלְעָזָר **– And R' Elazar said** further: עִיר שֶׁאֵין בָּהּ זְקֵנִים **– A city that has no elders in it,** i.e. it has no *beis din,*[39] אֵינָהּ קוֹלֶטֶת **– does not provide refuge,** דִּבְעִינַן ,,זִקְנֵי הָעִיר" **– for we require** that there be elders of the city, as indicated by the verse above, וְלֵיכָּא **– and there are none.**[40]

The Gemara cites a dispute regarding this last ruling:

אִיתְּמַר **– It was said:** עִיר שֶׁאֵין בָּהּ זְקֵנִים **– A city that has no elders in it** רַבִּי אַמִּי וְרַבִּי אַסִּי – is the subject of a controversy between **R' Ami and R' Assi:** חַד אוֹמֵר קוֹלֶטֶת **– One says that it provides refuge,** וְחַד אוֹמֵר אֵינָהּ קוֹלֶטֶת **– and one says that it does not provide refuge.** לְמַאן דְּאָמַר אֵינָהּ קוֹלֶטֶת **– According to the one who says** that **it does not provide refuge,** בְּעִינַן ,,זִקְנֵי הָעִיר" וְלֵיכָּא – this is because **we require** that there be ***elders of the city,***[41] **and there are none.** לְמַאן דְּאָמַר קוֹלֶטֶת **– According to the one who says** that **it does provide refuge,** מִצְוָה בְּעָלְמָא **– it is merely a mitzvah.** That is, the verse teaches that it is proper that the city have elders, but it provides refuge even without them.[42]

Similarly, in other cases where the Torah speaks of elders, the same Amoraic dispute exists as to whether these functions can be performed in the absence of a *beis din:*

וְעִיר שֶׁאֵין בָּהּ זְקֵנִים **– And** with regard to **a city that has no elders** רַבִּי אַמִּי וְרַבִּי אַסִּי – there is another disagreement between **R' Ami and R' Assi.** חַד אָמַר נַעֲשֶׂה בָּהּ בֵּן סוֹרֵר וּמוֹרֶה **– One says** that a boy from that city **can be sentenced as a wayward and rebellious son,**[43] וְחַד אָמַר אֵין נַעֲשֶׂה בָּהּ בֵּן סוֹרֵר וּמוֹרֶה **– and one says** that a boy from that city **cannot be sentenced as a wayward and rebellious son.** לְמַאן דְּאָמַר אֵין נַעֲשֶׂה בָּהּ בֵּן סוֹרֵר וּמוֹרֶה **– According to the one who says** that he **cannot be sentenced as a wayward and rebellious son,** בְּעִינַן ,,זִקְנֵי עִירוֹ" – it is because **we require** that there be ***"the elders of his city,"***[44] וְלֵיכָּא **– and there are none.** לְמַאן דְּאָמַר נַעֲשֶׂה בָּהּ בֵּן סוֹרֵר וּמוֹרֶה **– According to the one who says** that he **can be sentenced as a wayward and rebellious son** from a city lacking elders, מִצְוָה בְּעָלְמָא **– it is merely a mitzvah** that he be tried before the elders of his city, but it is not essential for this judgment.[45]

The Gemara cites another instance of this dispute, that concerning the law of *eglah arufah,* the calf that is decapitated:[46]

וְעִיר שֶׁאֵין בָּהּ זְקֵנִים **– And** regarding **a city that has no elders,** רַבִּי אַמִּי וְרַבִּי אַסִּי – there is also a dispute between **R' Ami and R' Assi.** חַד אָמַר מְבִיאָה עֶגְלָה עֲרוּפָה **– One says** that **it brings an** ***eglah arufah***, i.e. it is subject to the requirement of bringing a calf and decapitating it; וְחַד אָמַר אֵינָהּ מְבִיאָה עֶגְלָה עֲרוּפָה **– and one says** that **it does not bring an** ***eglah arufah*****.** לְמַאן דְּאָמַר אֵינָהּ מְבִיאָה עֶגְלָה עֲרוּפָה **– According to the one who says** that **it does not bring an** ***eglah arufah*****,** בְּעִינַן ,,זִקְנֵי הָעִיר הַהוּא" – it is because **we require** that the ***eglah arufah*** be offered by the ***elders of that city,***[47] וְלֵיכָּא **– and there are none.** לְמַאן דְּאָמַר מְבִיאָה עֶגְלָה עֲרוּפָה **– According to the one who says** that **it does bring an** ***eglah arufah,*** מִצְוָה בְּעָלְמָא **– it is merely a mitzvah** that the calf be brought by the city elders, but it is not essential for the performance of the rite.[48]

The Gemara discusses the passage in *Joshua* that speaks of the cities of refuge:

אָמַר רַב חָמָא בַּר חֲנִינָא **– Rav Chama bar Chanina said:** מִפְּנֵי מָה נֶאֶמְרָה פָּרָשַׁת רוֹצְחִים **– Why was the section** found in *Joshua* **dealing with** inadvertent **killers**[49] **stated**

NOTES

answer can apply both according to the view of R' Yose bar Yehudah and that of Rebbi, for in fact, all agree that the intentional killer *does* flee to the city of refuge. Alternatively, it is possible that the Baraisa accords only with the view of R' Yose, who holds that the intentional killer is *commanded* to flee there initially. [See there, where he discusses how it could happen that two Torah scholars will be with him during his initial flight.] See also *Nasan Piryo* at length.

36. That is, if the majority of the *ir miklat's* population is exiled killers, it can no longer provide protection against a *goel hadam.*

37. *Joshua* 20:4. See *Aruch LaNer,* who discusses how we can derive a law from a verse in Prophets; see also *Siach Yitzchak* to 11a ד"ה מפני מה.

38. The Gemara's derivation is difficult to understand. Seemingly, this verse would indicate only that the *elders* of the city must not be killers. How can we derive from it that if a majority of the city are killers, the city does not provide protection? *Aruch HaShulchan* (*Choshen Mishpat* 425:56) explains the derivation thus: The purpose of the killer speaking to the elders is to convince them to take him in although he has killed. Now, this would be unnecessary if a majority of the populace were killers, for they would certainly have no reason to turn him away in such a case! Therefore, the verse must be speaking of a case where the *populace* were not mostly killers. [Thus, the city would not provide refuge if the majority of the citizens were killers even if they were *intentional* killers (whose matters are not exactly the same as this killer's). See, however, *Aruch LaNer;* but see *Ritva* above, top of 10a; see also *Siach Yitzchak.*

39. See *Minchas Chinuch* §410, who discusses whether this means that the city does not possess even a minor *beis din* of three judges, or whether it means that it has no sanhedrin of twenty-three judges. *Mirkeves HaMishneh* (*Hil. Rotze'ach* 9:4) writes that it must be lacking even a three-judge *beis din;* cf. *Siach Yitzchak.*

40. See *Ritva,* who seems to relate this dispute, as well as the ones that follow, to the Gemara in *Sanhedrin* (45b) concerning whether the procedures in the verse must always be followed exactly as stated. See, however, *Aruch LaNer,* who suggests various distinctions; see also Responsa of *Chavos Yair, Choshen Mishpat* §167.

41. As mentioned in the verse in *Joshua.*

42. See previous note; see also *Chazon Ish, Negaim* 12:20-22 for discussion of the principle that procedures must be fulfilled exactly as written in a verse.

43. A בֵּן סוֹרֵר וּמוֹרֶה, *wayward and rebellious son,* is a boy just past the age of thirteen who steals money from his parents to indulge in feasting on meat and wine. If he persists in his behavior after being admonished and punished by the court, and meets several other conditions, he is executed. See Tractate *Sanhedrin* Ch. 8.

44. *Deuteronomy* 21:19 states that the wayward and rebellious son must be brought before the elders of his city.

45. [Since that city has no *beis din* to try the case, the opinion that maintains that he can be sentenced must hold that his parents can bring him to the court of a neighboring city to be tried.]

46. If a person is found murdered between two cities, and the identity of the murderer is unknown, the elders of the Great Sanhedrin must measure the distance to the surrounding cities and determine which city is closest to the corpse. Afterwards, the *beis din* of *that* city must then bring a female calf that was never worked with and decapitate it in an untilled valley, as delineated in *Deuteronomy* 21:1-9 and Tractate *Sotah* Ch. 9. If the city has no *beis din,* the Amoraim differ as to whether the city is required to bring and decapitate a calf. See *Tosafos* ד"ה חד אמר.

47. As mandated by the verse (*Deuteronomy* 21:3).

48. That is, if the city has a *beis din,* they are the ones who perform the rite. If the city lacks a *beis din,* the rite is performed in any case (see *Tosafos* ibid.).

49. *Joshua* Ch. 20.

בְּלָשׁוֹן עַזָּה – in firm language, דִּכְתִיב **– as it is written:** ,,וַיְדַבֵּר ה׳ אֶל־יְהוֹשֻׁעַ לֵאמֹר. דַּבֵּר אֶל־בְּנֵי יִשְׂרָאֵל לֵאמֹר תְּנוּ לָכֶם אֶת־עָרֵי הַמִּקְלָט אֲשֶׁר־דִּבַּרְתִּי אֲלֵיכֶם וגו׳ ״ – ***And Hashem spoke to Joshua saying, speak** (dabeir) **to the Children of Israel saying, designate the cities of refuge of which I spoke to you** through Moses* **etc.?**[1] מִפְּנֵי שֶׁהֵן שֶׁל תּוֹרָה **– Because they are words of Torah;** i.e. because this was an instruction to Joshua to fulfill a commandment of the Torah.[2]

The Gemara questions the characterization of the verb "speaking" as denoting firmness:

לְמֵימְרָא – Does this mean **to say** דְּכָל דִּיבּוּר לָשׁוֹן קָשָׁה – **that every** use of the verb ***dibbur*** (speech) **denotes firm language?**

The Gemara replies:

אִין – **Yes,** כִּדְכְתִיב ,,דִּבֶּר הָאִישׁ אֲדֹנֵי הָאָרֶץ אִתָּנוּ קָשׁוֹת״ – **as it is written:** ***The man, the lord of the land, spoke** (dibeir) **harshly to us.***[3] This verse serves as the source for this rule.

The Gemara seeks to contradict the above dictum:

וְהָתַנְיָא – **Why, it has been taught in a Baraisa:** The verse states:[4] ,,נִדְבְּרוּ״ – *Then those who fear Hashem **spoke*** *(nidberu) to one another.* אֵין נִדְבְּרוּ אֶלָּא לָשׁוֹן נַחַת – In this verse, THE TERM "SPOKE" *(nidberu)* DENOTES NOTHING BUT MILD SPEECH. וְכֵן הוּא אוֹמֵר – AND SIMILARLY, we find that [THE VERSE] STATES: ,,יַדְבֵּר עַמִּים תַּחְתֵּינוּ״ – ***HE SHALL LEAD** (yadbeir) **NATIONS UNDER US.***[5] Thus, we see that the verb *dibbur* implies an air of gentleness rather than firmness.[6] – ? –

The Gemara replies:

דַּבֵּר לְחוּד – The connotation of the word ***dabeir* is distinct,** יְדַבֵּר לְחוּד – and the connotion of the word ***yadbeir* is distinct.** Although the root of both words is the same, they have different meanings, depending on the construction of the word.

(סימני״ן רבנ״ן מהמנ״י וספר״י – The Gemara presents a mnemonic for the next three sections of the Gemara, which are all disputes involving R' Yehudah and other Tannaim:[7])

פְּלִיגֵי בָהּ רַבִּי יְהוּדָה וְרַבָּנָן **– R' Yehudah and the Rabbis differ** as to why the section in *Joshua* dealing with cities of refuge was stated in harsh language. חַד אוֹמֵר מִפְּנֵי שֶׁשִּׁיהָם **– One says** the firm language was a rebuke to Joshua **because he delayed them;** that is, Joshua did not designate the three cities of refuge until God ordered him to do so.[8] וְחַד אוֹמֵר מִפְּנֵי שֶׁהֵן שֶׁל תּוֹרָה **– And one says because they are** words **of Torah,** as Rav Chamah bar Chanina said above.

The Gemara records a second dispute:

,,וַיִּכְתֹּב יְהוֹשֻׁעַ אֶת־הַדְּבָרִים הָאֵלֶּה בְּסֵפֶר תּוֹרַת אֱלֹהִים״ – The verse states: ***And Joshua wrote these words in the Book of the Torah of God.***[9] This verse implies that part of the Torah was written by Joshua. But surely the entire Torah was written by Moses!?

פְּלִיגֵי בָהּ רַבִּי יְהוּדָה וְרַבִּי נְחֶמְיָה **– R' Yehudah and R' Nechemyah differ concerning** the explanation of **this** matter. חַד אוֹמֵר שְׁמוֹנָה פְסוּקִים **– One says** that it refers to the last **eight verses** of the Torah,[10] וְחַד אוֹמֵר עָרֵי מִקְלָט **– and one says** that the verse refers to the passage about **the cities of refuge,** recorded in *Joshua* 20:1-9.

The Gemara asks:

בִּשְׁלָמָא לְמַאן דְּאָמַר שְׁמוֹנָה פְסוּקִים – Now, **it is understandable according to the one who says** that Joshua wrote the Torah's last **eight verses,** הַיְינוּ דִּכְתִיב ,,בְּסֵפֶר תּוֹרַת אֱלֹהִים״ – for **this is why it is written** that Joshua wrote the verses ***in the Book of the Torah of God,*** because these verses are actually part of the Torah. אֶלָּא לְמַאן דְּאָמַר עָרֵי מִקְלָט **– But according to the one who says** that the verse refers to his writing the section in the Book of *Joshua* dealing with **the cities of refuge,** מַאי ,,בְּסֵפֶר תּוֹרַת אֱלֹהִים״ – **what is** the meaning of the phrase, ***in the Book of the Torah of God***? This passage is not found in the Torah!

The Gemara replies:

הָכִי קָאָמַר **– This is what it means:** וַיִּכְתּוֹב יְהוֹשֻׁעַ בְּסִפְרוֹ אֶת הַדְּבָרִים הָאֵלֶּה הַכְּתוּבִים בְּסֵפֶר תּוֹרַת אֱלֹהִים **– And Joshua wrote in his Book these words** about the cities of refuge, **which are written in the Book of the Torah of God.** That is, Joshua repeated in the Book of *Joshua* the matter that had been discussed in the Torah.[11]

The Gemara now cites the third dispute involving R' Yehudah:

סֵפֶר שֶׁתְּפָרוֹ בְּפִשְׁתָּן **– A [Torah] scroll that was sewn** together **with linen –** פְּלִיגֵי בָהּ רַבִּי יְהוּדָה וְרַבִּי מֵאִיר **– R' Yehudah and**

NOTES

1. *Joshua* 20:1,2. The term *dabeir,* speak – as opposed to *emor,* say – is always taken as an indication of firmness. Throughout the Book of *Joshua,* the common term used is וַיֹּאמֶר ה׳, *and Hashem said,* whereas here the expression is וַיְדַבֵּר ה׳, *And Hashem spoke.* The general rule of Scriptural interpretation is דִּיבּוּר לָשׁוֹן קָשָׁה, אֲמִירָה לָשׁוֹן רַכָּה – *saying denotes gentleness, speech denotes firmness* (*Rashi;* see *Ritva*).

2. This is the only instance in the Book of *Joshua* where God instructed Joshua to fulfill a commandment of the Torah. Consequently, it is expressed in a way that indicates firmness. [The Torah itself is referred to as עֹז, *might,* as in *Psalms* 29:11; *Hashem will give might to his people* (*Maharshal*).] God's other statements to Joshua, however, do not relate to Torah commandments, and they are therefore introduced with the softer expression of אֲמִירָה, *saying* (*Rashi*).

Alternatively, since this commandment to Joshua is a continuation of the commandment given Moses regarding the designation of the cities of refuge, it is expressed in terms of speaking, as was the original commandment to Moses [found in *Numbers* 35:9] (*Beur HaGra* to *Joshua* 20:7). Furthermore, the exalted nature of the Torah makes it appropriate that its commandments be expressed in more serious terms denoting its higher stature (*Aruch LaNer*).

3. *Genesis* 42:30. This is the statement made by the sons of Jacob after they returned from buying grain in Egypt, where they had been accused of spying by the ruler of the land (Joseph), and had been forced to leave their brother, Shimon, behind as a hostage. When the brothers wished to emphasize to Jacob that the ruler had treated them harshly, they used the expression דִּבֶּר, *spoke.*

4. *Malachi* 3:16.

5. *Psalms* 47:4. The Gemara assumes at this point that since the Hebrew word used for "lead," *yadbeir,* is from the same root as the word used for "speaking," *dibbur,* it should therefore have the same connotation. Now, the "leadership" of the verse refers to the End of Days, when all nations will willingly accept their role as servants of God. So the word *dibbur* should also carry the same meaning.

6. For a discussion of why the Gemara asks its question both from the verse in *Malachi* and the verse in *Psalms,* see *Maharsha, Aruch LaNer* and *Rashash.*

7. *Rashash* states that he is at a loss for an explanation of this mnemonic; see, however, *Poras Yosef* for a possible explanation; see also *Aruch LaNer.*

8. See *Siach Yitzchak.*

9. *Joshua* 24:26.

10. The last eight verses of *Deuteronomy* (34:5-12) commence with: *And Moses died there.* Since the Torah says that Moses died, someone else, namely Joshua, must have written those verses.

[There is a Tannaic view that Moses did indeed write the last eight verses of the Torah. The dispute in our Gemara indeed parallels a dispute concerning this, found in Tractates *Bava Basra* 15a and *Menachos* 30a (see *Aruch LaNer*). For an explanation of how Moses could have written these verses, see *Bava Basra* and *Menachos* ibid.; see also *Gra* in *Divrei Eliyahu.*]

11. See *Siach Yitzchak,* who explains that many of the details of the laws of the cities of refuge were told to Joshua, and we derive them from the verses that are found in *Joshua;* see above, 10b note 37, and see *Aruch LaNer.*

בלשון עזה דכתיב א) וידבר ה' אל יהושע לאמר
דבר אל בני ישראל לאמר תנו לכם את ערי
המקלט אשר דברתי אליכם וגו' מפני שהן
של תורה למימרא דכל דיבור לשון קשה
אין כדכתיב ב) דבר האיש אדוני הארץ אתנו
קשות והתניא א) ג) נדברו אין נדברו אלא לשון
נחת וכן הוא אומר ד) ידבר עמים תחתינו דבר
לחוד ידבר לחוד: (סימנ"י רבנ"ן מהמנ"י
וספר"י) פליגי בה רבי יהודה ורבנן חד אומר
מפני ששיהם וחד אומר מפני שהן של תורה
ה) ויכתוב יהושע את הדברים האלה בספר
תורת אלהים פליגי בה ° ר' יהודה ור' נחמיה
חד אומר שמנה פסוקים וחד אומר ערי מקלט
בשלמא למ"ד ח' פסוקים היינו דכתיב בספר
תורת אלהים אלא למ"ד ערי מקלט מאי
בספר תורת אלהים ה"ק ויכתוב יהושע בספרו
את הדברים האלה הכתובים בספר תורת
אלהים ° ספר שתפרו בפשתן פליגי בה ר'
יהודה ור"מ חד אומר כשר וחד אומר א פסול
למ"ד פסול דכתיב ו) למען תהיה תורת ה'
בפיך ב) ואיתקש כל התורה כולה לתפילין מה
תפילין ב הלכה למשה מסיני לתופרן בגידין
אף כל לתופרן בגידין ואידך כי איתקש
ג) למותר בפיך להלכותיו לא איתקש אמר רב
חזינן להו ד) לתפילין דבי חביבי דתפירי
בכיתנא ולית הלכתא כוותיה: מתני' ג אחד
משוח בשמן המשחה ואחד המרובה בבגדים
ואחד שעבר ממשיחותו ה) מחזירין את הרוצח
ו) רבי יהודה אומר אף משוח מלחמה מחזיר
את הרוצח לפיכך אימותיהן של כהנים
מספקות להן מחיה וכסות כדי שלא יתפללו
על בניהם שימותו: גמ' מנא הני מילי אמר
רב כהנא דאמר קרא ז) וישב בה עד מות
הכהן הגדול וכתיב ח) כי בעיר מקלטו ישב עד
מות הכהן הגדול וכתיב ח) ואחרי מות הכהן הגדול ור' יהודה כתיב קרא
אחרינא ט) לשוב לשבת בארץ עד מות הכהן (וגו') ואידך מדלא כתיב הגדול חד מהנך הוא: לפיכך אימותיהן
של כהנים וכו': טעמא דלא מצלו הא מצלו מייתי והכתיב י) כצפור לנוד כדרור לעוף כן קללת חנם לא תבא
ז) (א"ל) ההוא סבא מפירקיה דרבא שמיע לי שהיה להן לבקש רחמים על דורן ולא בקשו ואיכא ח) דמתני כדי
שיתפללו על בניהם שלא ימותו טעמא דמצלו הא לא מצלו מייתי מאי הוה ליה למעבד הכא ט) אמרינן
טוביה חטא וזיגוד מנגיד התם אמרי שכם נסיב ומבגאי י) גזיר אמר (ליה) ההוא סבא מפירקיה דרבא שמיע
לי שהיה להן לבקש רחמים על דורן ולא בקשו כי הא דההוא גברא דאכליה אריא ברחוק תלתא פרסי מיניה
דר' יהושע בן לוי ולא אישתעי אליהו בהדיה תלתא יומי כ) אמר רב יהודה אמר רב קללת חכם אפי' בחנם
היא באה מנלן מאחיתופל ל) שבשעה שכרה דוד שיתין קפא תהומא בעא למישטפא לעלמא אמר
ס) מהו לכתוב שם אחספא ומישדא בתהומא דליקו אדוכתיה ליכא דאמר ליה מידי אמר כל היודע דבר זה
ואינו אומרו יחנק בגרונו נשא אחיתופל ק"ו בעצמו אמר ע) ומה לעשות שלום בין איש לאשתו אמרה התורה
שמי שנכתב בקדושה ימחה על המים לכל העולם כולו לא כל שכן א"ל שרי כתב שם אחספא שדי
אתהומא נחת וקם אדוכתיה ואפ"ה כתיב כ) ואחיתופל ראה כי לא נעשתה עצתו ויחבוש את החמור ויקם וילך
אל ביתו (ו)אל עירו ויצו אל ביתו ויחנק וגו' א"ר אבהו קללת חכם אפילו על תנאי היא באה מנלן
מעלי דקאמר ליה [עלי] לשמואל ל) כה יעשה לך אלהים וכה יוסיף אם תכחד ממני דבר ואף על גב
דכתיב מ) ויגד לו שמואל את כל הדברים ולא כחד ממנו [ואפ"ה] כתיב נ) ולא הלכו בניו בדרכיו וגו'
אמר

רש"י

בלשון עזה. בכל יהושע כתיב ויאמר ה' וכאן נאמר וידבר ה' אל יהושע ודיבור לשון עז הוא: מפני שהן של תורה. אבל שאר אמירות שאמר לא אמר דבר לקיים מצוה הכתובה בתורה חוץ מזו: ידבר עמים. ינהל עמים תחתינו: מפני ששיהם. שלא הפריש לאחר שחלקו מיד עד שנאמר לו מפי הקב"ה: פליגי בה. בפירושא דהאי קרא מה כתב יהושע בס"ת: חד אמר שמנה פסוקים. מוימת שם משה עד סיפא וחד אמר בפרשת ערי מקלט הוא אומר שכתובה בספר יהושע: למען תהיה תורת וגו'. ורישיה דקרא משתעי בתפילין ואיתקש הכא תורה לתפילין: כי איתקש למותר בפיך. דכתיב בהאי קרא בפיך מן המותר בפיך שאין נכתבין על עור בהמה טמאה: להלכותיהן. לדבר שאינו כתוב בתורה ובתפילין גופייהו לא גמרינן ליה אלא מהלכה למשה מסיני לא ילפי' בהיקשא: דבי חביבי. דודי אחי אבא והוא רבי חייא: מתני' אחד כהן משוח בשמן המשחה. הם כהנים גדולים שהיו עד יאשיהו: ואחד המרובה בבגדים. הם ששימשו מיאשיהו ואילך שנגנז שמן המשחה כדאמרינן בהוריות (דף יב.) ושוב לא נמשחו כהנים ולא היתה ניכרת כהונה גדולה בהם אלא בריבוי בגדים שמשמש בח' בגדים: ואחד שעבר ממשיחותו. שאירע פסול בכ"ג ושימש אחר תחתיו וכשנתרפא כהן חזר לעבודתו ועבר זה ממשיחותו: מחזירין את הרוצח. במיתתן כמו שנאמר ואחרי מות הכהן הגדול ישוב הרוצח: משוח מלחמה. כהן המשוח לומר במלחמה לרכי המלחמה אל ירך לבבכם וכל הענין (דברים כ): גמ' וישב בה עד מות הכהן הגדול. הא חד כי בעיר מקלטו ישב עד מות הכהן הגדול הא תרי ואחרי מות הכהן הגדול ישוב הרוצח הא תלתא: שהיה להן לבקש רחמים על דורן. הלכך לאו קללת חנם היא: הכא אמרי. בבבל אומרין משל זה על אדם שלוקה בשביל סרחון של אחרים: טוביה חטא וזיגוד מנגיד. משום ההיא דאמרי' בערבי פסחים טוביה חטא וזיגוד אסהיד ביה ביחידי שלא היה עד שני בדבר ונגדי' רב פפא לזיגוד א"ל טוביה חטא וזיגוד מנגיד ומאז היתה למשל: התם אמרי'. בא"י אומרין משל זה: שכם נסיב מבגאי גזר. שכם בן חמור לקח את דינה בת יעקב וההנאה שלו ושאר בני העיר שלא נהנו מלו עצמן ונצטערו. מבגאי שם איש מבני העיר: שכרה דוד שיתין. יסודות של בית המקדש ובגמרת ירושלמי (סנהדרין פ"י) מצינו תימוליוס של בית המקדש והוא יסוד בלשון יוני: קפא תהומא. צף התהום בגמרת ירושלמי (שם) שמצא שם חרס שהגביה קולו ואמר לו אל תטלני מכאן שאני כבוש על התהום מיום מתן תורה שרעדה כל הארץ ולא שמע דוד לדבריו ונטלו: מי שרי למכתב שם. פן ימחקוהו המים ועובר משום ואבדתם את שמם (דברים יב) ולא תעשון כן וגו' (שם): נשא אחיתופל כו'. יש תימה בדבר שהרי לא קנה דוד את הגורן מארונה היבוסי עד מעשה דהסתה שהיתה לאחר מיתת אחיתופל ג' שנים ולפי דברים הללו צריכין אנו לומר שאע"פ שלא קנה הגורן יודע היה מנעוריו מיום [שנמשח] וישבו הוא ושמואל בנוית הרמה ובדקו בספר יהושע ומצאו מקום לבית המקדש כדכתיב עד אמצא מקום וגו' וכדדרשינן ליה בזבחים באיזהו מקומן (דף נד:) וחפר היסודות ברשותו: ימחה על המים. דכתיב בסוטה (במדבר ה) ומחה אל מי המרים והרבה הזכרות בפרשה ואפ"ה כתיב ומחה כו'. וקללה זו בחנם היתה שלא היה מקללו אלא אם אינו אומר: אפי' על תנאי. ולא נתקיים התנאי אעפ"כ היא באה דהא קללה על תנאי היתה אם תכחד ממני ולא נתקיים שלא כיחד ואעפ"כ נתקיימה הקללה דכתיב ולא הלכו בניו בדרכיו וגו' וזו קללה קללו עלי כה יעשה לך כמו שנעשה לי שאין בני מהוגנין:
וחטאתי

מסורת הש"ס

א) שבת סג., ב) [קדושין לה.], ג) [שבת כח: קח.], ד) ס"א לספרי, ה) [ירושל' ל"ג], ו) [הוריות יב:], ז) [צ"ל אמר ההוא], ח) ס"י דאמרי, ט) פסחים קיג:, י) [מלשון בגא כלומר עובדי אדמה. ערוך], כ) [גיר' הערוך קטע], ל) [סנהדרין ל:] ברכות נו., מ) סוכה נג., נ) נ"א מי איכא דידע אי שרי כו', ס) [שבת קטז. סוכה נג: נדרים סו: חולין קמא.].

גליון הש"ס

גמ' ר"י ור' נחמיה חד אמר. עי' ב"ב טו ע"א: שם ספר שתפרו בפשתן. עיין מגילה דף ח ע"ב ודף יט ע"א:

ליקוטי רש"י

ידבר עמים תחתינו. ישפיל וכל שפלות בנחת [שבת סג. וע"ש בפרש"י].
לתופרן בגידין וכו'. כל ספריהן עשויין בגליון והלכה למשה מסיני הוא בתפילין ומזוזות שיהו תפורין בגידין ובספר תורה נחלקו במסכת מכות בספר תורה שתפרה בפשתן וכו' [מגילה ח:].
דבי חביבי. תרגום של דודי רבי חייא אחי אביו היה [לעיל ג:].
עד מות הכהן הגדול. שהוא בא להשרות שכינה בישראל, ולהאריך ימיהם והרוצח בא לסלק את השכינה מישראל מקצר את ימי החיים אינו כדאי שיהא לפני כהן גדול, דבר אחר לפי שהיה לו לכהן גדול להתפלל שלא תארע תקלה זו לישראל בחייו [במדבר לה כה].
בשעה שכרה דוד שיתין. ולא סבירא ליה שמששת ימי בראשית נבראו ואי סבירא ליה שמא נתמלאו עפר או צרורות וצריך לכרותן. קפא תהומא. צף התהום למעלה ויצא. ויצף הברזל מתרגמינן וקפא פרזלא [מלכים ב' ו'].
מי איכא דידע כו'. דוד לא היה מורה הלכה בפני רבו אחיתופל והוא היה שם. אחספא. מפני שהחרס נוצל ויורד ואינו צף כדי שירד וינוח על הנקב ובאגדת דספר שמואל מפורש שמצאו דוד על פני נקב התהום וכתוב בו שהיה שם מששת ימי בראשית.
לעשות שלום בין איש לאשתו. לבדוק את הסוטה ואם טהורה היא יהא שלום ביניהם. שמי שנכתב בקדושה. שכתב במגילה יתן ה' אותך וגו' כדכתיב וכתב את האלות האלה וגו' (במדבר ה) [סוכה נג.].
ימחה על המים. פרשת סוטה יש בה הזכרות הרבה [חולין קמא.].

עין משפט נר מצוה

נג א מיי' פ"ט מהל' ס"ת הלכה יג סמג עשין כה טוש"ע י"ד סי' רעח סעיף א:
נד ב מיי' פ"ג מהל' תפילין הלכה ט סמג עשין כב טוש"ע א"ח סי' לב סעיף מט:
נה ג מיי' פ"ז מהל' רוצח הלכה ט סמג עשין עו:

רבינו חננאל

בלשון עז שנאמר וידבר ה' אל יהושע לאמר דבר אל בני ישראל לאמר תנו לכם את ערי המקלט וכו'. ומנא לן דכל דבור לשון קשה הוא שנאמר דבר האיש אדוני הארץ אתנו קשות וגו'. איני והתניא אז נדברו ואין נדברו אלא לשון נחת שנאמר ידבר עמים תחתינו. ושנינן דבר לחוד ידבר לחוד. כלומר דבר קשה ידבר ניחותא: מאי בספר תורת אלהים. הכי קאמר ויכתוב יהושע את הדברים האלה בספרו הכתובין בספר תורת אלהים: ספר שתפרו בפשתן רבי יהודה ור' מאיר חד אמר פסול שנאמר למען תהיה תורת ה' בפיך ואיתקש כל התורה לתפילין הלכה למשה מסיני לתפרן בגידין אף כל התורה כולה בגידין. וחד אמר כשר כי איתקשא תורה לתפילין להיכתב במותר בפיך להלכותיו לא איתקש. אמר רב חזינא להו לתפילין דבי חביבי דתפירי בכיתנא ולית הלכתא כוותיה: אחד משוח (מלחמה) בשמן המשחה ואחד מרובה בגדים כו' וישב בה עד מות הכהן הגדול לפיכך אימותיהן של כהנים גדולים היו מספקין א) בגדים לרצחנים כו' ואקשינן למימרא דאי מצלו צלותייהו מתקבלא והכתיב כן קללת חנם לא תבא. ופרקינן היה להם לבקש רחמים על דורם שלא יארע כזה בימיהם כההוא דאכליה אריה ברחוק ג' פרסי מאתריה דרבי יהושע בן לוי ולא אישתעי אליהו בהדיה ג' יומי: פי' טוביה חטא וזיגוד מינגד. העיד על טוביה שחטא ומפני שהיה עד אחד נתחייב מלקות ונעשה לו כמו משל בפי הכל אחד חטא וזה לוקה. והוא כמו שכם שביקש לישא דינה והעיר כולה נימולים. פי' מבגאי לשון באגי. כלומר כן זה הדבר. כלומר זה הרג והכהן הגדול מתחייב. ופריק שהיה לו לבקש רחמים על דורו ולא ביקש: ירושלמי רבי יוסי בן חלפתא אומר עתים הם לתפלה. שנא' ואני תפלתי לך ה' עת רצון. שאלו לחכמה מהו עונשו של חוטא. אמרה להם חטאים תרדף רעה. והנבואה אמרה הנפש החוטאת היא תמות. והתורה אמרה יביא קרבן ויתכפר לו. שנאמר ונרצה לו. והקב"ה אמר יעשה תשובה שנאמר טוב וישר ה' על כן יורה חטאים בדרך כלומר יורה להן דרך תשובה. אמר רב קללת חכם אפילו בחנם מתקיימת. מנא לן מאחיתופל שקללו דוד ואמר כל היודע אם מותר לכתוב שם אחספא ולמשדייא בתהומא לאוקומיה ולא אמר יחנק בגרונו. ואע"ג דבתר הכי אמר ליה אחיתופל שרי. נתקיימה בו הקללה שנאמר ויצו אל ביתו ויחנק. א"ר אבהו קללת חכם אפילו על תנאי באה מעלי דאמר לשמואל כה יעשה לך אלהים. יבעטו גם בניך. ואע"ג דכתיב ויגד לו שמואל את כל הדברים ולא הלכו בניו בדרכיו:
אמר

חשק שלמה על ר"ח א) אולי צ"ל מזון ובגדים.

תורה אור השלם

א) וַיְדַבֵּר יְהֹוָה אֶל יְהוֹשֻׁעַ לֵאמֹר: דַּבֵּר אֶל בְּנֵי יִשְׂרָאֵל לֵאמֹר תְּנוּ לָכֶם אֶת עָרֵי הַמִּקְלָט אֲשֶׁר דִּבַּרְתִּי אֲלֵיכֶם בְּיַד מֹשֶׁה: [יהושע כ, א-ב] ב) דִּבֶּר הָאִישׁ אֲדֹנֵי הָאָרֶץ אִתָּנוּ קָשׁוֹת וַיִּתֵּן אֹתָנוּ כִּמְרַגְּלִים אֶת הָאָרֶץ: [בראשית מב, ל] ג) אָז נִדְבְּרוּ יִרְאֵי יְהֹוָה אִישׁ אֶל רֵעֵהוּ וַיַּקְשֵׁב יְהֹוָה וַיִּשְׁמָע וַיִּכָּתֵב סֵפֶר זִכָּרוֹן לְפָנָיו לְיִרְאֵי יְהֹוָה וּלְחֹשְׁבֵי שְׁמוֹ: [מלאכי ג, טז] ד) יַדְבֵּר עַמִּים תַּחְתֵּינוּ וּלְאֻמִּים תַּחַת רַגְלֵינוּ: [תהלים מז, ד] ה) וַיִּכְתֹּב יְהוֹשֻׁעַ אֶת הַדְּבָרִים הָאֵלֶּה בְּסֵפֶר תּוֹרַת אֱלֹהִים וַיִּקַּח אֶבֶן גְּדוֹלָה וַיְקִימֶהָ שָּׁם תַּחַת הָאַלָּה אֲשֶׁר בְּמִקְדַּשׁ יְהֹוָה: [יהושע כד, כו] ו) וְהָיָה לְךָ לְאוֹת עַל יָדְךָ וּלְזִכָּרוֹן בֵּין עֵינֶיךָ לְמַעַן תִּהְיֶה תּוֹרַת יְהֹוָה בְּפִיךָ כִּי בְּיָד חֲזָקָה הוֹצִאֲךָ יְהֹוָה מִמִּצְרָיִם: [שמות יג, ט] ז) וְהִצִּילוּ הָעֵדָה אֶת הָרֹצֵחַ מִיַּד גֹּאֵל הַדָּם וְהֵשִׁיבוּ אֹתוֹ הָעֵדָה אֶל עִיר מִקְלָטוֹ אֲשֶׁר נָס שָׁמָּה וְיָשַׁב בָּהּ עַד מוֹת הַכֹּהֵן הַגָּדֹל אֲשֶׁר מָשַׁח אֹתוֹ בְּשֶׁמֶן הַקֹּדֶשׁ: [במדבר לה, כה] ח) כִּי בְעִיר מִקְלָטוֹ יֵשֵׁב עַד מוֹת הַכֹּהֵן הַגָּדֹל וְאַחֲרֵי מוֹת הַכֹּהֵן הַגָּדֹל יָשׁוּב הָרֹצֵחַ אֶל אֶרֶץ אֲחֻזָּתוֹ: [במדבר לה, כח] ט) וְלֹא תִקְחוּ כֹפֶר לָנוּס אֶל עִיר מִקְלָטוֹ לָשׁוּב לָשֶׁבֶת בָּאָרֶץ עַד מוֹת הַכֹּהֵן: [במדבר לה, לב] י) כַּצִּפּוֹר לָנוּד כַּדְּרוֹר לָעוּף כֵּן קִלְלַת חִנָּם לֹא תָבֹא: [משלי כו, ב] כ) וַאֲחִיתֹפֶל רָאָה כִּי לֹא נֶעֶשְׂתָה עֲצָתוֹ וַיַּחֲבֹשׁ אֶת הַחֲמוֹר וַיָּקָם וַיֵּלֶךְ אֶל בֵּיתוֹ אֶל עִירוֹ וַיְצַו אֶל בֵּיתוֹ וַיֵּחָנַק וַיָּמָת וַיִּקָּבֵר בְּקֶבֶר אָבִיו: [ש"ב יז, כג] ל) וַיֹּאמֶר מָה הַדָּבָר אֲשֶׁר דִּבֶּר אֵלֶיךָ אַל נָא תְכַחֵד מִמֶּנִּי כֹּה יַעֲשֶׂה לְּךָ אֱלֹהִים וְכֹה יוֹסִיף אִם תְּכַחֵד מִמֶּנִּי דָּבָר מִכָּל הַדָּבָר אֲשֶׁר דִּבֶּר אֵלֶיךָ: [ש"א ג, יז] מ) וַיַּגֶּד לוֹ שְׁמוּאֵל אֶת כָּל הַדְּבָרִים וְלֹא כִחֵד מִמֶּנּוּ וַיֹּאמַר יְהֹוָה הוּא הַטּוֹב בְּעֵינָיו יַעֲשֶׂה: [ש"א ג, יח] נ) וְלֹא הָלְכוּ בָנָיו בִּדְרָכָיו וַיִּטּוּ אַחֲרֵי הַבָּצַע וַיִּקְחוּ שֹׁחַד וַיַּטּוּ מִשְׁפָּט: [ש"א ח, ג]

R' Meir differ concerning it. חַד אוֹמֵר כָּשֵׁר – **One says** that **it is valid,** וְחַד אוֹמֵר פָּסוּל – **and one says that it is invalid.** לְמַאן דְּאָמַר פָּסוּל – **According to the one who says** that it is **invalid,** דִּכְתִיב – that is **because it is written** in the Torah in connection with the mitzvah of wearing tefillin: "לְמַעַן תִּהְיֶה תּוֹרַת ה' בְּפִיךָ" – *so that the Torah of Hashem may be in your mouth.*[12] וְאִיתְּקַשׁ כָּל הַתּוֹרָה כּוּלָּה לִתְפִילִּין – **Thus, the Torah as a whole is likened to tefillin.**[13] מָה תְּפִילִּין – **Just as** in the case of **tefillin** הֲלָכָה לְמֹשֶׁה מִסִּינַי – there is a ***Halachah LeMoshe MiSinai*** לְתוֹפְרָן בְּגִידִין – that requires us **to sew them with sinews,** אַף כֹּל לְתוֹפְרָן בְּגִידִין – **so too the entire** [Torah] **must be sewn with sinews.** וְאִידָךְ – **And the other** Tanna, who rules that the Torah scroll is valid even if it is sewn together with linen, will rejoin: כִּי אִיתְּקַשׁ – **In what respect was it compared** to tefillin? לְמוּתָּר בְּפִיךָ – Only **to** teach us that it must be written on parchment that is made from the skin of an animal that is **permissible to your mouth;** i.e. a species of animal that may be eaten.[14] The comparison teaches us that skins of unclean animals may be used neither to produce parchment for Torah scrolls nor for tefillin. לְהִלְכוֹתָיו – **But as regards its** other **laws,** which are not written in the Torah, לֹא אִיתְּקַשׁ – **it was not compared.**[15]

The Gemara concludes:

אָמַר רַב – **Rav said:** חֲזֵינַן לְהוּ לִתְפִילִּין דְּבֵי חֲבִיבִי – **I saw the tefillin of the house of my uncle** [R' Chiya],[16] דִּתְפִירֵי בְּכִיתְּנָא – **and they were sewn with linen.**[17] וְלֵית הִלְכְתָא כְּוָותֵיהּ – **But the halachah is not in accordance with him;** rather, they must be sewn with sinews.

Mishnah The Torah provides that the exile of an inadvertent killer ends upon the death of the Kohen Gadol.[18] Our Mishnah identifies those who are considered Kohanim Gedolim in this regard.

אֶחָד מָשׁוּחַ בְּשֶׁמֶן הַמִּשְׁחָה – **Both [a Kohen Gadol] anointed with the anointing oil,**[19] וְאֶחָד הַמְּרוּבֶּה בִּבְגָדִים – **and one** garbed **in additional vestments,**[20] וְאֶחָד שֶׁעָבַר מִמְּשִׁיחוּתוֹ – **and one who has stepped down from his anointment,**[21] מַחֲזִירִין אֶת הָרוֹצֵחַ – **return the killer** to his home with their deaths.[22] If these Kohanim Gedolim die, the killer's exile is over and he is allowed to leave the city of refuge. רַבִּי יְהוּדָה אוֹמֵר – **R' Yehudah says:** אַף מְשׁוּחַ מִלְחָמָה – The death of **even the Anointed for Battle** מַחֲזִיר אֶת הָרוֹצֵחַ – **returns the killer** to his home.[23]

NOTES

12. *Exodus* 13:9.

13. By stating in the verse regarding tefillin the phrase "the Torah of Hashem," Scripture creates a *hekeish* (analogy) between tefillin and Torah (see *Rashi*).

14. See *Shabbos* 28b, where it is derived from this verse that tefillin may be written only on parchment that is produced from the hide of a kosher animal (i.e. one [whose consumption is permitted to one's mouth).

15. See note 17; see also *Aruch LaNer*.

16. R' Chiya was the brother of Rav's father (*Rashi*). See *Pesachim* 4a and above, 3b note 16.

17. *Ritva* objects to this reading of the Gemara. He maintains that everyone agrees that tefillin must be sewn with sinews, not with linen, since that is an incontrovertible Oral Law transmitted to Moses at Sinai. The controversy regarding linen or sinew involves only a Torah scroll. Hence, R' Chiya certainly would not have had tefillin sewn with linen! Therefore, *Ritva* favors the reading: חֲזֵינָא לְסִיפְרֵי דְּבֵי חֲבִיבִי, *I saw the sefarim* [i.e. Torah scrolls] *of the house of my uncle.* See also *Mesoras HaShas;* see *Poras Yosef* for an explanation of our version of the text.

18. See *Numbers* 35:25,28.

Why does his release depend upon the death of the Kohen Gadol? *Rashi* (*Numbers* 35:25, first explanation) quotes *Sifrei* as follows: The Kohen Gadol causes the Divine Presence to rest upon Israel, and prolongs the lives of the people. The killer does the opposite: He removes the Divine Presence from Israel, and shortens the lives of others. Since he undermined the purpose of the Kohen Gadol, it is not fitting that he remain at large while the Kohen Gadol lives. Once the Kohen Gadol dies, he may return to his home. For another explanation, see *Daas Zekeinim MiBaalei HaTosafos* there; for yet another, see below, note 33.

19. These were the Kohanim Gedolim who served before the time of King Yoshiah (*Rashi;* see following note).

20. These were the Kohanim Gedolim who served from the time of King Yoshiah and on (*Rashi;* see, however, following note).

The Kohen Gadol and the Temple vessels were inaugurated with a special blend of olive oil and spices known as שֶׁמֶן הַמִּשְׁחָה, *the anointing oil* (*Exodus* 30:22-33). However, once King Yoshiah hid the anointing oil (see Schottenstein edition of *Yoma* 52b, notes 37 and 38), Kohanim Gedolim were no longer inaugurated by anointment. They were differentiated from other Kohanim solely by their vestments. A Kohen Gadol wore eight vestments; an ordinary Kohen wore four (*Rashi*).

[The source to inaugurate Kohanim Gedolim by means of their additional vestments is the verse (*Leviticus* 16:32): וְכִפֶּר הַכֹּהֵן אֲשֶׁר־יִמְשַׁח אֹתוֹ וַאֲשֶׁר יְמַלֵּא אֶת־יָדוֹ לְכַהֵן, *And the Kohen who has been anointed or who has been inaugurated to serve shall effect atonement.* The words *or who has been inaugurated to serve* refer to one inaugurated by means of vestments. Although he was not anointed, he is a Kohen Gadol (*Rashi* ad loc., from *Toras Kohanim*).]

21. This refers to a Kohen who served as a replacement for the Kohen Gadol. For example, if [on Yom Kippur] a Kohen Gadol becomes disqualified (e.g. through emission of semen), another Kohen Gadol is appointed in his place to perform the day's *avodah* (which can be performed only by a Kohen Gadol). When the first Kohen Gadol becomes eligible again, he returns to his post and his replacement steps down. The replacement is then known as "one who stepped down from his anointment" (*Rashi*). The Mishnah teaches that even after he steps down, he retains his Kohen Gadol status with regard to the law of exile.

The replacement Kohen Gadol is garbed in the eight vestments, but is not anointed, for there cannot be more than one anointed Kohen Gadol at any time. When the Mishnah refers to the replacement as having "stepped down from his *anointment,*" it is not speaking literally (*Ritva; Ramban* here and to *Leviticus* 16:32; see *Rashash*). However, others maintain that a replacement Kohen Gadol *is* elevated through anointment (see *Tos. Rabbeinu Peretz* and *Tos. Shantz* to 11b; *Mefareish, Nazir* 47b ד״ה ומשוח שעבר; *Tos. Yeshanim, Yoma* 12a ד״ה במה; see also *Tosafos, Nazir* 47a ד״ה וכן משוח; *Tos. HaRosh, Horayos* 13a ד״ה מרובה בגדים; see also *Aruch LaNer*).

[Those who hold that replacement Kohanim Gedolim are designated with vestments (and not anointment) are perforce of the opinion that when the Mishnah speaks of "one garbed in additional vestments," it refers also to the replacement Kohanim Gedolim who served *before* Yoshiah's time. Although *Rashi* identifies the Kohanim Gedolim of additional vestments as those who came after Yoshiah, he does not mean that they are the *only* ones in this category; he is simply giving the case in which they are the *primary* Kohanim Gedolim (*Ritva; Ramban* ibid.; see *Aruch LaNer; Tal Torah*). This is actually implicit in *Rashi* on 11b; see note 16 there for discussion. However, according to those who hold that replacement Kohanim Gedolim *are* anointed, it is only the Kohanim Gedolim after Yoshiah's time who fall into the category of "one garbed with additional vestments."]

22. I.e. when they die, the killer returns home. As the verse states (*Numbers* 35:28): וְאַחֲרֵי־מוֹת הַכֹּהֵן הַגָּדֹל יָשׁוּב הָרֹצֵחַ אֶל־אֶרֶץ אֲחֻזָּתוֹ, *And after the death of the Kohen Gadol, the killer returns to the land of his [ancestral] holdings* (*Rashi;* see also *Rashi, Yoma* 73a ד״ה ומחזיר; cf. *Tos. Rid* there; see *Chidushei R' Y.F. Perla* to *Sefer HaMitzvos of R' Saadiah Gaon* vol. III p. 188).

[The law of return is derived from three verses that mention the Kohen Gadol (see Gemara). *Rashi* singles out this verse (even though it is the third) because it states clearly that he returns *home* upon the death of the Kohen Gadol. The others, by contrast, simply state that he may leave the city of refuge, but do not say whether he may return home (see *Siach Yitzchak*).]

23. "The Anointed for Battle" was a Kohen designated through anointment to address the people when they went out to war. He would proclaim before them the verse: אַל־יֵרַךְ לְבַבְכֶם, *let not your heart become*

גמרא

בלשון עזה דכתיב א) וידבר ה' אל יהושע לאמר דבר אל בני ישראל לאמר תנו לכם את ערי המקלט אשר דברתי אליכם וגו' מפני שהן של תורה למימרא דכל דיבור לשון קשה אין כדכתיב ב) דבר האיש אדוני הארץ אתנו קשות והתניא א) ג) נדברו אין נדברו אלא לשון נחת וכן הוא אומר ד) ידבר עמים תחתינו דבר לחוד ידבר לחוד: (סימנ"י רבנ"ן מהמנ"י וספר"י) פליגי בה רבי יהודה ורבנן חד אומר מפני ששיהם וחד אומר מפני שהן של תורה ה) ויכתוב יהושע את הדברים האלה בספר תורת אלהים פליגי בה ° ר' יהודה ור' נחמיה חד אומר שמנה פסוקים וחד אומר ערי מקלט בשלמא למ"ד ח' פסוקים היינו דכתיב בספר תורת אלהים אלא למ"ד ערי מקלט מאי בספר תורת אלהים ה"ק ויכתוב יהושע בספרו את הדברים האלה הכתובים בספר תורת אלהים ° ספר שתפרו בפשתן פליגי בה ר' יהודה ור"מ חד אומר כשר וחד אומר א פסול למ"ד פסול דכתיב ו) למען תהיה תורת ה' בפיך ב) ואיתקש כל התורה כולה לתפילין מה תפילין ב הלכה למשה מסיני לתופרן בגידין אף כל לתופרן בגידין ואידך כי איתקש ג) למותר בפיך להלכותיו לא איתקש אמר רב חזינן להו ד) לתפילין דבי חביבי דתפירי בכיתנא ולית הלכתא כוותיה: **מתני'** ג אחד משוח בשמן המשחה ואחד המרובה בבגדים ואחד שעבר ממשיחותו ה) מחזירין את הרוצח ו) רבי יהודה אומר אף משוח מלחמה מחזיר את הרוצח לפיכך אימותיהן של כהנים מספקות להן מחיה וכסות כדי שלא יתפללו על בניהם שימותו: **גמ'** מנא הני מילי אמר רב כהנא דאמר קרא ז) וישב בה עד מות הכהן הגדול וכתיב ח) כי בעיר מקלטו ישב עד מות הכהן הגדול וכתיב ח) ואחרי מות הכהן הגדול ור' יהודה כתיב קרא אחרינא ט) לשוב לשבת בארץ עד מות הכהן (וגו') ואידך מדלא כתיב הגדול חד מהנך הוא: לפיכך אימותיהן של כהנים וכו': טעמא דלא מצלו הא מצלו מייתי והכתיב י) כצפור לנוד כדרור לעוף כן קללת חנם לא תבא ז) (א"ל) ההוא סבא מפירקיה דרבא שמיע לי שהיה להן לבקש רחמים על דורן ולא בקשו ואיכא ח) דמתני כדי שיתפללו על בניהם שלא ימותו טעמא דמצלו הא לא מצלו מייתי מאי הוה ליה למעבד הכא ט) אמרינן טוביה חטא וזיגוד מנגיד התם אמרי שכם נסיב י) ומבגאי כ) גזיר אמר (ליה) ההוא סבא מפירקיה דרבא שמיע לי שהיה להן לבקש רחמים על דורן ולא בקשו כי הא דההוא גברא דאכליה אריא ברחוק תלתא פרסי מיניה דר' יהושע בן לוי ולא אישתעי אליהו בהדיה תלתא יומי ל) אמר רב יהודה אמר רב קללת חכם אפי' בחנם היא באה מנלן מאחיתופל מ) שבשעה שכרה דוד שיתין קפא תהומא בעא למישטפא לעלמא אמר נ) מהו לכתוב שם אחספא ומישדא בתהומא דליקו אדוכתיה ליכא דאמר ליה מידי אמר כל היודע דבר זה ואינו אומרו יחנק בגרונו נשא אחיתופל ק"ו בעצמו אמר ס) ומה לעשות שלום בין איש לאשתו אמרה התורה שמי שנכתב בקדושה ימחה על המים לכל העולם כולו לא כל שכן א"ל שרי כתב שם אחספא שדי אתהומא נחת וקם אדוכתיה ואפ"ה כתיב כ) ואחיתופל ראה כי לא נעשתה עצתו ויחבוש את החמור ויקם וילך אל ביתו (ו)אל עירו ויצו אל ביתו ויחנק וגו' א"ר אבהו קללת חכם אפילו על תנאי היא באה מנלן מעלי דקאמר ליה [עלי] לשמואל ל) כה יעשה לך אלהים וכה יוסיף אם תכחד ממני דבר ואף על גב דכתיב מ) ויגד לו שמואל את כל הדברים ולא כחד ממנו [ואפ"ה] כתיב נ) ולא הלכו בניו בדרכיו וגו'

אמר

רש"י

בלשון עזה. בכל יהושע כתיב ויאמר ה' וכאן נאמר וידבר ה' אל יהושע ודיבור לשון עז הוא: מפני שהן של תורה. אבל שאר אמירות שאמר לא אמר דבר לקיים מצוה הכתובה בתורה חוץ מזו: ידבר עמים. ינהל עמים תחתינו: מפני ששיהם. שלא הפריסם לאחר שחלקו מיד עד שנאמר לו מפי הקב"ה: פליגי בה. בפירושא דהאי קרא מה כתב יהושע בס"ת: חד אמר שמנה פסוקים. מוימת שם משה עד סיפא וחד אמר בפרשת ערי מקלט הוא אומר שכתובה בספר יהושע: למען תהיה תורת וגו'. ורישיה דקרא משתעי בתפילין ואיתקש הכא תורה לתפילין: כי איתקש למותר בפיך. דכתיב בהאי קרא בפיך מן המותר בפיך שאין נכתבין על עור בהמה טמאה: להלכותיהן. לדבר שאינו כתוב בתורה ובתפילין גופייהו לא גמרינן ליה אלא מהלכה למשה מסיני לא ילפי' בהיקשא: דבי חביבי. דודי אחי אבא והוא רבי חייא: **מתני'** אחד כהן משוח בשמן המשחה. הם כהנים גדולים שהיו עד יאשיהו: ואחד המרובה בבגדים. הם ששימשו מיאשיהו ואילך שנגנז שמן המשחה כדאמרינן בהוריות (דף יב.) ושוב לא נמשחו כהנים ולא היתה ניכרת כהונה גדולה בהם אלא בריבוי בגדים שמשמש בח' בגדים: ואחד שעבר ממשיחותו. שאירע פסול בכ"ג ושימש אחר תחתיו וכשנתרפא כהן חזר לעבודתו ועבר זה ממשיחותו: מחזירין את הרוצח. במיתתן כמו שנאמר ואחרי מות הכהן הגדול ישוב הרוצח: משוח מלחמה. כהן המשוח לומר במלחמה צרכי המלחמה אל ירך לבבכם וכל הענין (דברים כ): **גמ'** וישב בה עד מות הכהן הגדול. הא חד כי בעיר מקלטו ישב עד מות הכהן הגדול הא תרי ואחרי מות הכהן הגדול ישוב הרוצח הא תלתא: שהיה להן לבקש רחמים על דורן. הלכך לאו קללת חנם היא: הכא אמרי. בבבל אומרין משל

תוספות

משל זה על אדם שלוקה בשביל סרחון של אחרים: טוביה חטא וזיגוד מנגיד. משום ההיא דאמרי' בערבי פסחים טוביה חטא וזיגוד אסהיד ביה ביחידי שלא היה עד שני בדבר ונגדי' רב פפא לזיגוד א"ל טוביה חטא וזיגוד מנגיד ומאז היתה למשל: התם אמרי'. בא"י אומרין משל זה: שכם נסיב מבגאי גזר. שכם בן חמור לקח את דינה בת יעקב והנאה שלו ושאר בני העיר שלא נהנו מלו עצמן ונצטערו. מבגאי שם איש מבני העיר: שכרה דוד שיתין. יסודות של בית המקדש ובגמרת ירושלמי (סנהדרין פ"י) מלינו תימוליוס של בית המקדש והוא יסוד בלשון יוני: קפא תהומא. לף התהום בגמרת ירושלמי (שם) שמלא שם חרס שהגביה קולו ואמר לו אל תטלני מכאן שאני כבוש על התהום מיום מתן תורה שרעדה כל הארץ ולא שמע דוד לדבריו ונטלו: מי שרי למכתב שם. פן ימחקוהו המים ועובר משום ואבדתם את שמם (דברים יב) ולא תעשון כן וגו' (שם): נשא אחיתופל כו'. יש תימה בדבר שהרי לא קנה דוד את הגורן מארונה היבוסי עד מעשה דהסתה שהיתה לאחר מיתת אחיתופל ג' שנים ולפי דברים הללו צריכין אנו לומר שאע"פ שלא קנה הגורן יודע היה מנעוריו מיום [שנמשח] וישבו הוא ושמואל בנוית הרמה ובדקו בספר יהושע ומצאו מקום לבית המקדש כדכתיב עד אמצא מקום וגו' וכדדרשינן ליה בזבחים באיזהו מקומן (דף נד:) וחפר היסודות ברשותו: ימחה על המים. דכתיב בסוטה (במדבר ה) ומחה אל מי המרים והרבה הזכרות בפרשה ואפ"ה כתיב ומחה כו'. וקללה זו בחנם היתה שלא היה מקללו אלא אם אינו אומר: אפי' על תנאי. ולא נתקיים התנאי אעפ"כ היא באה דהא קללה על תנאי היתה אם תכחד ממני ולא נתקיים שלא כיחד ואעפ"כ נתקיימה הקללה דכתיב ולא הלכו בניו בדרכיו וגו' וזו קללה קללו עלי כה יעשה לך כמו שנעשה לי שאין בני מהוגנין:

וחטאתי

עין משפט נר מצוה

נג א מיי' פ"ט מהל' ס"ת הלכה יג סמג עשין כה טוש"ע י"ד סי' רעח סעיף א:

נד ב מיי' פ"ג מהל' תפילין הלכה ט סמג עשין כב טוש"ע א"ח סי' לב סעיף מט:

נה ג מיי' פ"ז מהל' רוצח הלכה ט סמג עשין עז:

רבינו חננאל

בלשון עז שנאמר וידבר ה' אל יהושע לאמר דבר אל בני ישראל לאמר תנו לכם את ערי המקלט וכו'. ומנא לן דכל דבור לשון קשה הוא שנאמר דבר האיש אדוני הארץ אתנו קשות וגו'. איני והתניא אז נדברו ואין נדברו אלא לשון נחת שנאמר ידבר עמים תחתינו. ושנינן דבר לחוד ידבר לחוד. כלומר דבר קשה ידבר ניחותא: מאי בספר תורת אלהים. הכי קאמר ויכתוב יהושע את הדברים האלה בספרו הכתובין בספר תורת אלהים: ספר שתפרו בפשתן רבי יהודה ור' מאיר חד אמר פסול שנאמר למען תהיה תורת ה' בפיך ואיתקש כל התורה לתפילין מה תפילין הלכה למשה מסיני לתפרן בגידין אף כל התורה כולה בגידין. וחד אמר כשר כי איתקשא תורה לתפילין להיכתב במותר בפיך להלכותיו לא איתקיש. אמר רב חזינא להו לתפילין דבי חביבי דתפירי בכיתנא ולית הלכתא כוותיה: אחד משוח (מלחמה) בשמן המשחה ואחד מרובה בגדים כו' וישב בה עד מות הכהן הגדול לפיכך אימותיהן של כהנים גדולים היו מספקין א) בגדים לרצחנים כו' ואקשינן למימרא דאי מצלו צלותיה מתקבלא והכתיב כן קללת חנם לא תבא. ופרקינן היה להם לבקש רחמים על דורם שלא יארע כזה בימיהם. כההוא דאכליה אריה ברחוק ג' פרסי מאתריה דרבי יהושע בן לוי ולא אישתעי אליהו בהדיה ג' יומי: פי' טוביה חטא וזיגוד מינגיד. העיד זיגוד על טוביה שחטא ומפני שהיה עד אחד נתחייב מלקות ונעשה כמו משל בפי הכל אחד חטא וזה לוקה. והוא כמו שכם שביקש לישא דינה והעיר כולה נימולים. פי' מבגאי לשון באגי. כן זה הדבר. כלומר זה הרג וכהן הגדול מתחייב. ופריק שהיה לו לבקש רחמים על דורו ולא ביקש: ירושלמי רבי יוסי בן חלפתא אומר עתים עתים הם לתפלה. שנא' ואני תפלתי לך ה' עת רצון. שאלו לחכמה מהו עונשו של חוטא. אמרה להם חטאים תרדף רעה. והנבואה אמרה הנפש החוטאת היא תמות. והתורה אמרה יביא קרבן ויתכפר לו שנאמר ונרצה לו. והקב"ה אמר יעשה תשובה שנאמר טוב וישר ה' על כן יורה חטאים בדרך כלומר יורה להן דרך תשובה. אמר רב קללת חכם אפילו בחנם מתקיימת. מנא לן מאחיתופל שקללו דוד ואמר כל היודע אם מותר לכתוב שם אחספא ולמשדייא בתהומא לאוקומיה ולא יאמר יחנק בגרונו. ואע"ג דבתר הכי אמר ליה אחיתופל שרי. נתקיימה בו הקללה שנאמר ויצו אל ביתו ויחנק. א"ר אבהו קללת חכם אפילו על תנאי באה מנא לן מעלי דאמר ליה לשמואל כה יעשה לך אלהים. יבעטו גם בניך. ואע"ג דכתיב ויגד לו שמואל את כל הדברים ולא כחד ממנו. הא כתיב ולא הלכו בניו בדרכיו:

אמר

חשק שלמה על ר"ח א) אולי צ"ל מזון ובגדים:

מסורת הש"ס

א) שבת סג., ב) [קדושין לה.], ג) [שבת כח: קח.], ד) ס"א לספרי, ה) [ירושל' ל"ג], ו) [הוריות יב:], ז) [צ"ל אמר ההוא], ח) ס"י דאמרי, ט) פסחים קיג:, י) [מלשון בגא כלומר עובדי אדמה. ערוך], כ) [גיר' הערוך קטע], ל) [סנהדרין ל:] ברכות נו., מ) סוכה נג., נ) נ"א מי איכא דידע אי שרי כו', ס) [שבת קטז. סוכה נג: נדרים סו: חולין קמא.].

גליון הש"ס

גמ' ר"י ור' נחמיה חד אמר. עי' ב"ב טו ע"א: שם ספר שתפרו בפשתן. עיין מגילה דף ח ע"ב ודף יט ע"א:

ליקוטי רש"י

ידבר עמים תחתינו. ישפיל וכל שפלות בנחת [שבת סג. וע"ש בפרש"י].

לתופרן בגידין וכו'. כל ספריהן עשוין בגליון והלכה למשה מסיני הוא בתפילין ומזוזות שיהו תפורין בגידין ובספר תורה נחלקו במסכת מכות בספר תורה שתפרה בפשתן וכו' [מגילה ח:].

דבי חביבי. תרגום של דודי רבי חייא אחי אביו היה [לעיל ג:].

עד מות הכהן הגדול. שהוא בא להשרות שכינה בישראל, ולהאריך ימיהם והרוצח בא לסלק את השכינה מישראל מקצר את ימי החיים אינו כדאי שיהא לפני כהן גדול, דבר אחר לפי שהיה לו לכהן גדול להתפלל שלא תארע תקלה זו לישראל בחייו [במדבר לה כה].

בשעה שכרה דוד שיתין. ולא סבירא ליה דמששת ימי בראשית נבראו ואי סבירא ליה שמא נתמלאו עפר או צרורות וצריך לכרותן. קפא תהומא. לף התהום למעלה ועלה. ויקף הברזל מתרגמינן וקפא פרזלא [מלכים ב' ו].

מי איכא דידע כו'. דוד לא היה מורה הלכה בפני רבו אחיתופל והוא היה שם. אחספא. מפני שהחרס נוזל ויורד ואינו צף כדי שירד וינוח על הנקב ובאגדת דספר שמואל דורש שמצאו דוד על פני התהום וכתוב בו שהיה מששת ימי בראשית.

לעשות שלום בין איש לאשתו. לבדוק את הסוטה ואם טהורה היא יהא שלום ביניהם. שמי שנכתב בקדושה. שכתב במגילה יתן ה' אותך וגו' כדכתיב וכתב את האלות האלה וגו' (במדבר ה) [סוכה נג:].

ימחה על המים. פרשת סוטה יש בה הזכרות הרבה כתובות [חולין קמא.].

תורה אור השלם

א) וידבר יי אל יהושע לאמר: דבר אל בני ישראל לאמר תנו לכם את ערי המקלט אשר דברתי אליכם ביד משה: [יהושע כ, א-ב]
ב) דבר האיש אדני הארץ אתנו קשות ויתן אתנו כמרגלים את הארץ: [בראשית מב, ל]
ג) אז נדברו יראי יהוה איש אל רעהו ויקשב יהוה וישמע ויכתב ספר זכרון לפניו ליראי יהוה ולחשבי שמו: [מלאכי ג, טז]
ד) ידבר עמים תחתינו ולאמים תחת רגלינו: [תהלים מז, ד]
ה) ויכתב יהושע את הדברים האלה בספר תורת אלהים ויקח אבן גדולה ויקימה שם תחת האלה אשר במקדש יהוה: [יהושע כד, כו]
ו) והיה לך לאות על ידך ולזכרון בין עיניך למען תהיה תורת יהוה בפיך כי ביד חזקה הוצאך יהוה ממצרים: [שמות יג, ט]
ז) והצילו העדה את הרצח מיד גאל הדם והשיבו אתו העדה אל עיר מקלטו אשר נס שמה וישב בה עד מות הכהן הגדל אשר משח אתו בשמן הקדש: [במדבר לה, כה]
ח) כי בעיר מקלטו ישב עד מות הכהן הגדל ואחרי מות הכהן הגדל ישוב הרצח אל ארץ אחזתו: [במדבר לה, כח]
ט) ולא תקחו כפר לנוס אל עיר מקלטו לשוב לשבת בארץ עד מות הכהן: [במדבר לה, לב]
י) כצפור לנוד כדרור לעוף כן קללת חנם לא תבא: [משלי כו, ב]
כ) ואחיתפל ראה כי לא נעשתה עצתו ויחבש את החמור ויקם וילך אל ביתו אל עירו ויצו אל ביתו ויחנק וימת ויקבר בקבר אביו: [ש"ב יז, כג]
ל) ויאמר מה הדבר אשר דבר אליך אל נא תכחד ממני כה יעשה לך אלהים וכה יוסיף אם תכחד ממני דבר מכל הדבר אשר דבר אליך: [ש"א ג, יז]
מ) ויגד לו שמואל את כל הדברים ולא כחד ממנו ויאמר יהוה הוא הטוב בעינו יעשה: [ש"א ג, יח]
נ) ולא הלכו בניו בדרכיו ויטו אחרי הבצע ויקחו שחד ויטו משפט: [ש"א ח, ג]

לְפִיכָךְ – **Therefore,** i.e. since the exiles go free upon the death of the Kohen Gadol, אִימּוֹתֵיהֶן שֶׁל כֹּהֲנִים – **the mothers of the Kohanim** Gedolim מְסַפְּקוֹת לָהֶן מִחְיָה וּכְסוּת – **would supply [the exiles] with food and clothing,** כְּדֵי שֶׁלֹּא יִתְפַּלְּלוּ עַל בְּנֵיהֶם שֶׁיָּמוּתוּ – **so that they would not pray for their sons to die.** By providing generously for the exiles, the mothers hoped to prevail upon them not to pray for the death of the Kohen Gadol.[24]

Gemara The Mishnah identified three who are considered Kohanim Gedolim with regard to their deaths freeing the killer from the city of refuge. The Gemara seeks the source of this ruling:

מְנָא הָנֵי מִילֵּי – **From where do we know this?** אָמַר רַב כַּהֲנָא – **Rav Kahana said:** דְּאָמַר קְרָא – **For the verse states:**[25] "וְיָשַׁב בָּהּ עַד־מוֹת הַכֹּהֵן הַגָּדֹל" – ***and he shall dwell there until the death of the Kohen Gadol.*** וּכְתִיב – **And it is written:**[26] "כִּי בְעִיר מִקְלָטוֹ יֵשֵׁב עַד־מוֹת הַכֹּהֵן הַגָּדֹל" – ***For he shall dwell in his city of refuge until the death of the Kohen Gadol.*** וּכְתִיב – **And it is written:**[27] "וְאַחֲרֵי־מוֹת הַכֹּהֵן הַגָּדֹל" – ***and after the death of the Kohen Gadol,*** *the killer returns to the land of his [ancestral] holdings.* By repeating three times that the killer may return home after the death of the Kohen Gadol, the Torah indicates that there are three types of Kohanim Gedolim whose deaths release him from his city of refuge.[28]

The Gemara asks:

וְרַבִּי יְהוּדָה – **And** what about **R' Yehudah?** What is his source that the death of even the Kohen Anointed for Battle allows the killer to return home?

The Gemara explains:

כְּתִיב קְרָא אַחֲרִינָא – **Another verse is written:**[29] "לָשׁוּב לָשֶׁבֶת בָּאָרֶץ עַד־מוֹת הַכֹּהֵן" (וגו׳) – ***to return to dwell in the land before the death of the Kohen.*** This fourth mention of "Kohen" indicates that there is yet another whose death permits the exile to return – the Anointed for Battle.

The Gemara asks:

וְאִידָךְ – **And** what about **the other [Tanna],** i.e. the Tanna Kamma? Why does he not use this fourth verse to include the Anointed for Battle?

The Gemara replies:

מִדְּלָא כְּתִיב הַגָּדוֹל – **Since it is not written** in this verse **"the** Kohen **Gadol,"** but only "the Kohen," חַד מֵהָנָךְ הוּא – **it refers to** the death of **one of those** already mentioned, and not to a fourth type of Kohen Gadol.[30]

The Mishnah stated:

לְפִיכָךְ אִימּוֹתֵיהֶן שֶׁל כֹּהֲנִים וכו׳ – THEREFORE, THE MOTHERS OF THE KOHANIM **etc.** [would supply the exiles with food and clothing, so that they would not pray for their sons to die].

The Gemara draws an inference from the Mishnah, and questions it:

טַעְמָא דְּלָא מְצַלּוּ – The Mishnah implies that **the reason** the Kohanim Gedolim do not die **is that [the killers] do not pray** for their deaths, הָא מְצַלּוּ – **but if they would pray,** מַיְיתֵי – **the [Kohanim Gedolim] would die.** וְהָכְתִיב – **But it is written:**[31] "כַּצִּפּוֹר לָנוּד כַּדְּרוֹר לָעוּף כֵּן קִלְלַת חִנָּם לֹא תָבֹא" – ***Like a wandering bird, like a flying swallow, so an undeserved curse: it will not come,*** i.e. upon the one at whom it is directed.[32] In our case, too, why should the Kohen Gadol die because the exiles pray for his death? Their prayer is an undeserved curse! – ? –

The Gemara responds:

אָמַר (ליה) הַהוּא סָבָא – **A certain elder said:** מִפִּירְקֵיהּ דְּרָבָא שְׁמִיעַ לִי – **From Rava's lecture I learned** the reason – שֶׁהָיָה לָהֶן לְבַקֵּשׁ רַחֲמִים עַל דּוֹרָן – **because they** (i.e. the Kohanim Gedolim) **should have beseeched** God **for mercy upon their generation** that inadvertent killings should not happen, וְלֹא בִּקְשׁוּ – **but they did not beseech** Him. Therefore, the curse is not undeserved.[33]

NOTES

faint (*Deuteronomy* 20:3), and all of the Scriptural passage of which it is a part (ibid.:1-10) [see *Sotah* 42a-44b] (*Rashi*).

This Kohen was anointed with the anointing oil of the Temple [שֶׁמֶן הַמִּשְׁחָה]; this was the source of his title (*Rambam, Melachim* 7:1; *Meiri, Sotah* 42a; see *Rashi, Yoma* 72a ד״ה משוח מלחמה). [There is some question as to whether anointment is *essential* to the designation of the Anointed for Battle; for discussion, see *Minchas Chinuch* §107; *Dvar Avraham* 2:22; see our first note to the eighth chapter of *Sotah*).]

24. Why did the mothers provide for the exiles? Why not the Kohanim Gedolim themselves? *Tiferes Yisrael* (§40) explains that the honor of the Kohen Gadol does not permit him to show that he is concerned for what the exiles might do (see also *Ben Yehoyada*). See *Tiferes Yisrael* for other explanations; see also *Aruch LaNer.*

[This segment of the Mishnah begins with the word "therefore." The term implies that the practice of the mothers is somehow contingent upon the Mishnah's previous ruling – that there are three Kohanim Gedolim whose deaths return a killer from exile. For suggestions as to the nature of this connection, see *Aruch LaNer; Likkutei Shlomo,* cited in *Otzar Meforshei HaTalmud* cols. 475-6.]

25. *Numbers* 35:25. [This verse ends: *whom he anointed with the holy oil.* Clearly, it refers to the Mishnah's first Kohen – the one elevated to his position by means of the anointing oil. See *Targum Yonasan* ad loc.]

26. Ibid. v. 28.

27. Ibid.

28. Each mention of "Kohen Gadol" teaches the inclusion of another of the Kohanim Gedolim mentioned in the Mishnah (*Rashi*).

29. *Numbers* 35:32. The full text of this verse reads: וְלֹא־תִקְחוּ כֹפֶר לָנוּס אֶל־עִיר מִקְלָטוֹ לָשׁוּב לָשֶׁבֶת בָּאָרֶץ עַד־מוֹת הַכֹּהֵן, *And you shall not take a ransom from one who has fled to his city of refuge to return to dwell in the land before the death of the Kohen.* Translation follows *Rashi* there.

30. *Siach Yitzchak* questions this reasoning. He argues that since the Anointed for Battle was actually *not* a Kohen Gadol, it makes no sense to insist that the verse should refer to him as one! He answers that although the Anointed for Battle is not really a Kohen Gadol, the verse could have referred to him as such, since he *is* elevated above his fellows and *does* share some of the laws of a Kohen Gadol (see *Horayos* 12b). The Tanna Kamma therefore assumes that had the Torah wished to make reference to the Anointed for Battle, it would have described him as "Gadol," just as it did in the earlier verses cited. By omitting "Gadol" here, the Torah indicates that this verse does *not* refer to another Kohen whose death is capable of freeing the exiled killers.

31. *Proverbs* 26:2.

32. The Gemara expounds the verse according to the written version – לֹא תָבֹא, *it will not come.* According to Masoretic tradition, however, the verse is read as לוֹ תָבֹא, *it will come upon him,* meaning upon the one who uttered it (*Rashi* ad loc.; see *Sanhedrin* 48b). Together, the two versions teach that when one utters a gratuitous curse, it takes effect not upon the one at whom it is directed, but upon the one who uttered it (*Ibn Ezra* ad loc.).

The comparison to birds coincides with the Masoretic reading: Just as birds always return to their nests, so too does an undeserved curse return to the one who pronounced it (*Rashi; Ibn Ezra; Metzudas David* ad loc.).

33. *Targum Yonasan* (*Numbers* 35:25) states that it is in the Kohen Gadol's hands to ensure – by praying in the Holy of Holies on Yom Kippur – that Israel will not err in the three deadly sins: murder, adultery and idolatry. The event of an inadvertent killing demonstrates that the Kohen Gadol neglected his duty. See *Maharsha.* See also *Berachos* 12b, which teaches: כָּל שֶׁאֶפְשָׁר לוֹ לְבַקֵּשׁ רַחֲמִים עַל חֲבֵירוֹ וְאֵינוֹ מְבַקֵּשׁ

בלשון עזה דכתיב א) וידבר ה' אל יהושע לאמר דבר אל בני ישראל לאמר תנו לכם את ערי המקלט אשר דברתי אליכם וגו' מפני שהן של תורה למימרא דכל דיבור לשון קשה הוא כדכתיב ב) דבר האיש אדוני הארץ אתנו קשות והתניא א) ג) נדברו אין נדברו אלא לשון נחת וכן הוא אומר ד) ידבר עמים תחתינו דבר לחוד ידבר לחוד: (סימנ"י רבנ"ן מהמנ"י וספר"י) פליגי בה רבי יהודה ורבנן חד אומר מפני ששיהם וחד אומר מפני שהן של תורה ה) ויכתוב יהושע את הדברים האלה בספר תורת אלהים פליגי בה ° ר' יהודה ור' נחמיה חד אומר שמנה פסוקים וחד אומר ערי מקלט בשלמא למ"ד ח' פסוקים היינו דכתיב בספר תורת אלהים אלא למ"ד ערי מקלט מאי בספר תורת אלהים ה"ק ויכתוב יהושע בספרו את הדברים האלה הכתובים בספר תורת אלהים ° ספר שתפרו בפשתן פליגי בה ר' יהודה ור"מ חד אומר כשר וחד אומר א פסול למ"ד פסול דכתיב ו) למען תהיה תורת ה' בפיך ב) ואיתקש כל התורה כולה לתפילין מה תפילין ב הלכה למשה מסיני לתופרן בגידין אף כל לתופרן בגידין ואידך כי איתקש ג) למותר בפיך להלכותיו לא איתקש אמר רב חזינן להו ד) לתפילין דבי חביבי דתפירי בכיתנא ולית הלכתא כוותיה: **מתני'** ג אחד משוח בשמן המשחה ואחד המרובה בבגדים ואחד שעבר ממשיחותו ה) מחזירין את הרוצח ו) רבי יהודה אומר אף משוח מלחמה מחזיר את הרוצח לפיכך אימותיהן של כהנים מספקות להן מחיה וכסות כדי שלא יתפללו על בניהם שימותו: **גמ'** מנא הני מילי אמר רב כהנא דאמר קרא ז) וישב בה עד מות הכהן הגדול וכתיב ח) כי בעיר מקלטו ישב עד מות הכהן הגדול וכתיב ח) ואחרי מות הכהן הגדול ור' יהודה כתיב קרא אחרינא ט) לשוב לשבת בארץ עד מות הכהן (וגו') ואידך מדלא כתיב הגדול חד מהנך הוא: לפיכך אימותיהן של כהנים וכו': טעמא דלא מצלו הא מצלו מייתי והכתיב י) כצפור לנוד כדרור לעוף כן קללת חנם לא תבא ז) (א"ל) ההוא סבא מפירקיה דרבא שמיע לי שהיה להן לבקש רחמים על דורן ולא בקשו ואיכא ח) דמתני כדי שיתפללו על בניהם שלא ימותו טעמא דמצלו הא לא מצלו מייתי מאי הוה ליה למעבד הכא ט) אמרינן טוביה חטא וזיגוד מנגד התם אמרי שכם נסיב י) ומבגאי כ) גזיר אמר (ליה) ההוא סבא מפירקיה דרבא שמיע לי שהיה להן לבקש רחמים על דורן ולא בקשו כי הא דההוא גברא דאכליה אריא ברחוק תלתא פרסי מיניה דר' יהושע בן לוי ולא אישתעי אליהו בהדיה תלתא יומי ל) אמר רב יהודה אמר רב קללת חכם אפי' בחנם היא באה מנלן מאחיתופל מ) שבשעה שכרה דוד שיתין קפא תהומא בעא למישטפא לעלמא אמר נ) מהו לכתוב שם אחספא ומישדא בתהומא דליקו אדוכתיה ליכא דאמר ליה מידי אמר כל היודע דבר זה ואינו אומרו יחנק בגרונו נשא אחיתופל ק"ו בעצמו אמר ס) ומה לעשות שלום בין איש לאשתו אמרה התורה שמי שנכתב בקדושה ימחה על המים לכל העולם כולו לא כל שכן א"ל שרי כתב שם אחספא שדי אתהומא נחת וקם אדוכתיה ואפ"ה כתיב כ) ואחיתופל ראה כי לא נעשתה עצתו ויחבוש את החמור ויקם וילך אל ביתו (ו)אל עירו ויצו אל ביתו ויחנק וגו' א"ר אבהו קללת חכם אפילו על תנאי היא באה מנלן מעלי דקאמר ליה [עלי] לשמואל ל) כה יעשה לך אלהים וכה יוסיף אם תכחד ממני דבר ואף על גב דכתיב מ) ויגד לו שמואל את כל הדברים ולא כחד ממנו [ואפ"ה] כתיב נ) ולא הלכו בניו בדרכיו וגו'

אמר

רש"י

בלשון עזה. בכל יהושע כתיב ויאמר ה' וכאן נאמר וידבר ה' אל יהושע ודיבור לשון עז הוא: מפני שהן של תורה. אבל שאר אמירות שאמר לא אמר דבר לקיים מצוה הכתובה בתורה חוץ מזו: ידבר עמים. ינהל עמים תחתינו: מפני ששיהם. שלא הפריסם לאחר שחלקו מיד עד שנאמר לו מפי הקב"ה: פליגי בה. בפירושא דהאי קרא מה כתב יהושע בס"ת: חד אמר שמנה פסוקים. מוימת שם משה עד סיפא וחד אמר בפרשת ערי מקלט הוא אומר שכתובה בספר יהושע: למען תהיה תורת וגו'. ורישיה דקרא משתעי בתפילין ואיתקש הכא תורה לתפילין: כי איתקש למותר בפיך. דכתיב בהאי קרא בפיך מן המותר בפיך שאין נכתבין על עור בהמה טמאה: להלכותיהן. לדבר שאינו כתוב בתורה ובתפילין גופייהו לא גמרינן ליה אלא מהלכה למשה מסיני לא ילפי' בהיקשא: דבי חביבי. דודי אחי אבא והוא רבי חייא: **מתני'** אחד כהן משוח בשמן המשחה. הם כהנים גדולים שהיו עד יאשיהו: ואחד המרובה בבגדים. הם שנשתמשו מיאשיהו ואילך שנגנז שמן המשחה כדאמרינן בהוריות (דף יב.) ושוב לא נמשחו כהנים ולא היתה ניכרת כהונה גדולה בהם אלא בריבוי בגדים שמשמש בח' בגדים: ואחד שעבר ממשיחותו. שאירע פסול בכ"ג ושימש אחר תחתיו וכשנתרפא כהן חזר לעבודתו ועבר זה ממשיחותו: מחזירין את הרוצח. במיתתן כמו שנאמר ואחרי מות הכהן הגדול ישוב הרוצח: משוח מלחמה. כהן המשוח לומר במלחמה צרכי המלחמה אל ירך לבבכם וכל הענין (דברים כ): **גמ'** וישב בה עד מות הכהן הגדול. הא חד כי בעיר מקלטו ישב עד מות הכהן הגדול הא תרי ואחרי מות הכהן הגדול ישוב הרוצח הא תלתא: שהיה להן לבקש רחמים על דורן. הלכך לאו קללת חנם היא: הכא אמרי. בבבל אומרין משל

משל זה על אדם שלוקה בשביל סרחון של אחרים: טוביה חטא וזיגוד מנגד. משום ההיא דאמרי' בערבי פסחים טוביה חטא וזיגוד אסהיד ביה ביחידי שלא היה עד שני בדבר ונגדי' רב פפא לזיגוד א"ל טוביה חטא וזיגוד מנגד ומאז היתה למשל: התם אמרי. בא"י אומרין משל זה: שכם נסיב מבגאי גזר. שכם בן חמור לקח את דינה בת יעקב והנאה שלו ושאר בני העיר שלא נהנו מלו עצמן ונלטערו. מבגאי שם איש מבני העיר: שכרה דוד שיתין. יסודות של בית המקדש ובגמרת ירושלמי (סנהדרין פ"י) מלינו תימוליוס של בית המקדש והוא יסוד בלשון יוני: קפא תהומא. לף התהום בגמרת ירושלמי (שם) שמלא שם חרס שהגביה קולו ואמר לו אל תטלני מכאן שאני כבוש על התהום מיום מתן תורה שרעדה כל הארץ ולא שמע דוד לדבריו ונטלו: מי שרי למכתב שם. פן ימחקוהו המים ועובר משום ואבדתם את שמם (דברים יב) ולא תעשון כן וגו' (שם): נשא אחיתופל כו'. יש תימה בדבר שהרי לא קנה דוד את הגורן מארונה היבוסי עד מעשה דהספתה שהיתה לאחר מיתת אחיתופל ג' שנים ולפי דברים הללו לריכין אנו לומר שאע"פ שלא קנה הגורן יודע היה מנעוריו מיום [שנמשח] וישבו הוא ושמואל בנוית הרמה ובדקו בספר יהושע ומלאו מקום לבית המקדש כדכתיב עד אמצא מקום וגו' וכדדרשינן ליה בזבחים באיזהו מקומן (דף נד:) וחפר היסודות ברשותו: ימחה על המים. דכתיב בסוטה (במדבר ה) ומחה אל מי המרים והרבה הזכרות בפרשה ואפ"ה כתיב ומחה כו'. וקללה זו בחנם היתה שלא היה מקללו אלא אם אינו אומר: אפי' על תנאי. ולא נתקיים התנאי אעפ"כ היא באה דהא קללה על תנאי היתה אם תכחד ממני ולא נתקיים שלא כיחד ואעפ"כ נתקיימה הקללה דכתיב ולא הלכו בניו בדרכיו וגו' וזו קללה קללו עלי כה יעשה לך כמו שנעשה לי שאין בני מהוגנין: ושטאתי

עין משפט נר מצוה

נג א מיי' פ"ט מהל' ס"ת הלכה יג סמג עשין כה טוש"ע י"ד סי' רעח סעיף א:
נד ב מיי' פ"ג מהל' תפילין הלכה ט סמג עשין כב טוש"ע א"ח סי' לב סעיף מט:
נה ג מיי' פ"ז מהל' רוצח הלכה ט סמג עשין עז:

רבינו חננאל

בלשון עז שנאמר וידבר ה' אל יהושע לאמר דבר אל בני ישראל לאמר תנו לכם את ערי המקלט וכו'. ומנא לן דכל דבור לשון קשה הוא שנאמר דבר האיש אדוני הארץ אתנו קשות וגו'. איני והתניא אז נדברו ואין נדברו אלא לשון נחת שנאמר ידבר עמים תחתינו. ושנינן דבר לחוד ידבר לחוד. כלומר דבר קשה ידבר ניחותא: מאי בספר תורת אלהים. הכי קאמר ויכתוב יהושע את הדברים האלה בספרו הכתובין בספר תורת אלהים: ספר שתפרו בפשתן רבי יהודה ור' מאיר חד אמר פסול שנאמר למען תהיה תורת ה' בפיך ואיתקש כל התורה לתפילין מה תפילין הלכה למשה מסיני לתפרן בגידין אף כל התורה כולה בגידין. וחד אמר כשר כי איתקשא תורה לתפילין להיכתב במותר בפיך להלכותיו לא איתקיש. אמר רב חזינא להו לתפילין דבי חביבי דתפירי בכיתנא ולית הלכתא כוותיה: אחד משוח (מלחמה) בשמן המשחה ואחד מרובה בגדים כו' וישב בה עד מות הכהן הגדול לפיכך אימותיהן של כהנים גדולים היו מספקין א) בגדים לרצחנים כו' ואקשינן למימרא דאי מצלו צלותיה מתקבלא והכתיב כן קללת חנם לא תבא. ופרקינן היה להם לבקש רחמים על דורם שלא יארע כזה בימיהם. כההוא דאכליה אריה ברחוק ג' פרסי מאתריה דרבי יהושע בן לוי ולא אישתעי אליהו בהדיה ג' יומי: פי' טוביה חטא וזיגוד מינגיד. העיד זיגוד על טוביה שחטא ומפני שהיה עד אחד נתחייב מלקות ונעשה כמו משל בפי הכל אחד חטא וזה לוקה. והוא כמו שכם שביקש לישא דינה והעיר כולה נימולים. פי' מבגאי לשון באגי. כן זה הדבר. כלומר זה הרג וכהן הגדול מתחייב. ופריק שהיה לו לבקש רחמים על דורו ולא ביקש: ירושלמי רבי יוסי בן חלפתא אומר עתים עתים הם לתפלה. שנא' ואני תפלתי לך ה' עת רצון. שאלו לחכמה מהו עונשו של חוטא. אמרה להם חטאים תרדף רעה. והנבואה אמרה הנפש החוטאת היא תמות. והתורה אמרה יביא קרבן ויתכפר לו שנאמר ונרצה לו. והקב"ה אמר יעשה תשובה שנאמר טוב וישר ה' על כן יורה חטאים בדרך כלומר יורה להן דרך תשובה. אמר רב קללת חכם אפילו בחנם מתקיימת. מנא לן מאחיתופל שקללו דוד ואמר כל היודע אם מותר לכתוב שם אחספא ולמשדייא בתהומא לאוקומיה ולא יאמר יחנק בגרונו. ואע"ג דבתר הכי אמר ליה אחיתופל שרי. נתקיימה בו הקללה שנאמר ויצו אל ביתו ויחנק. א"ר אבהו קללת חכם אפילו על תנאי באה מנא לן מעלי דאמר ליה לשמואל כה יעשה לך אלהים. יבעטו גם בניך. ואע"ג דכתיב ויגד לו שמואל את כל הדברים ולא כחד ממנו. הא כתיב ולא הלכו בניו בדרכיו:

אמר

חשק שלמה על ר"ח א) אולי צ"ל מזון ובגדים:

מסורת הש"ס

א) שבת סג., ב) [קדושין לה.], ג) [שבת כח: קח.], ד) ס"א לספרי, ה) [ירושל' ל"ג], ו) [הוריות יב.], ז) [צ"ל אמר ההוא], ח) ס"י דאמרי, ט) פסחים קיג:, י) [מלשון בגא כלומר עובדי אדמה. ערוך], כ) [גיר' הערוך קטע], ל) [סנהדרין ל:] ברכות ו., מ) סוכה נג., נ) נ"א מי איכא דידע אי שרי כו', ס) [שבת קטז. סוכה נג: נדרים סו: חולין קמא.].

גליון הש"ס

גמ' ר"י ור' נחמיה חד אמר. עי' ב"ב טו ע"א: שם ספר שתפרו בפשתן. עיין מגילה דף ח ע"ב ודף יט ע"א:

ליקוטי רש"י

ידבר עמים תחתינו. ישפיל וכל שפלות בנחת [שבת סג. וע"ש בפרש"י].

לתופרן בגידין וכו'. כל ספריהן עשוין בגליון והלכה למשה מסיני הוא בתפילין ומזוזות שיהו תפורין בגידין ובספר תורה נחלקו במסכת מכות בספר תורה שתפרה בפשתן וכו' [מגילה ח:].

דבי חביבי. תרגום של דודי רבי חייא אחי אביו היה [לעיל ג:].

עד מות הכהן הגדול. שהוא בא להשרות שכינה בישראל, והאריך ימיהם והרוצח בא לסלק את השכינה מישראל מקצר את ימי החיים אינו כדאי שיהא לפני כהן גדול, דבר אחר לפי שהיה לו לכהן גדול להתפלל שלא תארע תקלה זו לישראל בחייו [במדבר לה כה].

בשעה שכרה דוד שיתין. ולא סבירא ליה שמששת ימי בראשית נבראו ואי סבירא ליה שמא נתמלאו עפר או צרורות וצריך לכרותן. קפא תהומא. לף התהום למעלה ויצא. ויצף הברזל מתרגמינן וקפא פרזלא [מלכים ב' ו'].

מי איכא דידע כו'. דוד לא היה מורה הלכה בפני רבו אחיתופל והוא היה שם. אחספא. מפני שהחרס נוזל ויורד ואינו צף כדי שירד וינוח על הנקב ובאגדת דספר שמואל מפורש שמצאו דוד על פני נקב התהום וכתוב בו שהיה שם מששת ימי בראשית. לעשות שלום בין איש לאשתו. לבדוק את הסוטה ואם טהורה היא יהא שלום ביניהם. שמי שנכתב בקדושה. שכתב במגילה יתן ה' אותך וגו' כדכתיב וכתב את האלות האלה וגו' (במדבר ה) [סוכה נג.:].

ימחה על המים. פרשת סוטה יש בה הזכרות הרבה כתובות [חולין קמא.].

תורה אור השלם

א) וַיְדַבֵּר יְיָ אֶל יְהוֹשֻׁעַ לֵאמֹר: דַּבֵּר אֶל בְּנֵי יִשְׂרָאֵל לֵאמֹר תְּנוּ לָכֶם אֶת עָרֵי הַמִּקְלָט אֲשֶׁר דִּבַּרְתִּי אֲלֵיכֶם בְּיַד מֹשֶׁה: [יהושע כ, א-ב] ב) דִּבֶּר הָאִישׁ אֲדֹנֵי הָאָרֶץ אִתָּנוּ קָשׁוֹת וַיִּתֵּן אֹתָנוּ כִּמְרַגְּלִים אֶת הָאָרֶץ: [בראשית מב, ל] ג) אָז נִדְבְּרוּ יִרְאֵי יְהוָה אִישׁ אֶל רֵעֵהוּ וַיַּקְשֵׁב יְהוָה וַיִּשְׁמָע וַיִּכָּתֵב סֵפֶר זִכָּרוֹן לְפָנָיו לְיִרְאֵי יְהוָה וּלְחֹשְׁבֵי שְׁמוֹ: [מלאכי ג, טז] ד) יַדְבֵּר עַמִּים תַּחְתֵּינוּ וּלְאֻמִּים תַּחַת רַגְלֵינוּ: [תהלים מז, ד] ה) וַיִּכְתֹּב יְהוֹשֻׁעַ אֶת הַדְּבָרִים הָאֵלֶּה בְּסֵפֶר תּוֹרַת אֱלֹהִים וַיִּקַּח אֶבֶן גְּדוֹלָה וַיְקִימֶהָ שָּׁם תַּחַת הָאַלָּה אֲשֶׁר בְּמִקְדַּשׁ יְהוָה: [יהושע כד, כו] ו) וְהָיָה לְךָ לְאוֹת עַל יָדְךָ וּלְזִכָּרוֹן בֵּין עֵינֶיךָ לְמַעַן תִּהְיֶה תּוֹרַת יְהוָה בְּפִיךָ כִּי בְּיָד חֲזָקָה הוֹצִאֲךָ יְהוָה מִמִּצְרָיִם: [שמות יג, ט] ז) וְהִצִּילוּ הָעֵדָה אֶת הָרֹצֵחַ מִיַּד גֹּאֵל הַדָּם וְהֵשִׁיבוּ אֹתוֹ הָעֵדָה אֶל עִיר מִקְלָטוֹ אֲשֶׁר נָס שָׁמָּה וְיָשַׁב בָּהּ עַד מוֹת הַכֹּהֵן הַגָּדֹל אֲשֶׁר מָשַׁח אֹתוֹ בְּשֶׁמֶן הַקֹּדֶשׁ: [במדבר לה, כה] ח) כִּי בְעִיר מִקְלָטוֹ יֵשֵׁב עַד מוֹת הַכֹּהֵן הַגָּדֹל וְאַחֲרֵי מוֹת הַכֹּהֵן הַגָּדֹל יָשׁוּב הָרֹצֵחַ אֶל אֶרֶץ אֲחֻזָּתוֹ: [במדבר לה, כח] ט) וְלֹא תִקְחוּ כֹפֶר לָנוּס אֶל עִיר מִקְלָטוֹ לָשׁוּב לָשֶׁבֶת בָּאָרֶץ עַד מוֹת הַכֹּהֵן: [במדבר לה, לב] י) כַּצִּפּוֹר לָנוּד כַּדְּרוֹר לָעוּף כֵּן קִלְלַת חִנָּם לֹא תָבֹא: [משלי כו, ב] כ) וַאֲחִיתֹפֶל רָאָה כִּי לֹא נֶעֶשְׂתָה עֲצָתוֹ וַיַּחֲבֹשׁ אֶת הַחֲמוֹר וַיָּקָם וַיֵּלֶךְ אֶל בֵּיתוֹ אֶל עִירוֹ וַיְצַו אֶל בֵּיתוֹ וַיֵּחָנַק וַיָּמָת וַיִּקָּבֵר בְּקֶבֶר אָבִיו: [ש"ב יז, כג] ל) וַיֹּאמֶר מָה הַדָּבָר אֲשֶׁר דִּבֶּר אֵלֶיךָ אַל נָא תְכַחֵד מִמֶּנִּי כֹּה יַעֲשֶׂה לְּךָ אֱלֹהִים וְכֹה יוֹסִיף אִם תְּכַחֵד מִמֶּנִּי דָּבָר מִכָּל הַדָּבָר אֲשֶׁר דִּבֶּר אֵלֶיךָ: [ש"א ג, יז] מ) וַיַּגֶּד לוֹ שְׁמוּאֵל אֶת כָּל הַדְּבָרִים וְלֹא כִחֵד מִמֶּנּוּ וַיֹּאמַר יְהוָה הוּא הַטּוֹב בְּעֵינָו יַעֲשֶׂה: [ש"א ג, יח] נ) וְלֹא הָלְכוּ בָנָיו בִּדְרָכָיו וַיִּטּוּ אַחֲרֵי הַבָּצַע וַיִּקְחוּ שֹׁחַד וַיַּטּוּ מִשְׁפָּט: [ש"א ח, ג]

The Gemara notes a different version of the Mishnah:

וְאִיכָּא דְּמַתְנֵי – Others learn the Mishnah as follows: **כְּדֵי שֶׁיִּתְפַּלְּלוּ עַל בְּנֵיהֶם שֶׁלֹּא יָמוּתוּ** – The mothers supplied food and clothing SO THAT [THE EXILES] *SHOULD* PRAY FOR THEIR SONS THAT THEY SHOULD *NOT* DIE.[34]

The Gemara draws an inference from this version and questions it:

טַעְמָא דִּמְצַלּוּ – This implies that **the reason** the Kohanim Gedolim do not die **is that [the killers] pray** for them, **הָא לֹא מְצַלּוּ – but if they would not pray, מַיְיתֵי – [the Kohanim Gedolim] would die.** Seemingly, the exile of the killers renders the Kohen Gadol deserving of punishment. **מַאי הֲוָה לֵיהּ לְמֶעֱבַד** – But **what should he have done?** Why is *he* punished for the killer's misdeed? **הָכָא אָמְרִינַן** – As **we say here** in Babylon, as a proverb regarding one person suffering for the sins of another: **טוֹבִיָּה חָטָא וְזִיגוּד מִנְגִּיד – Toviah sinned and Zigud was given lashes!**[35] **הָתָם אָמְרֵי** – Or as **they say there** in Eretz Yisrael: **שְׁכֶם נָסִיב וּמַבְגָּאִי גָּזִיר – Shechem is getting married and Mavgai must circumcise himself!**[36] Here too, the exiles killed, and the Kohen Gadol is threatened with death. Why?

The Gemara answers:

אָמַר (לֵיהּ) הַהוּא סָבָא – A certain elder said: מִפִּירְקֵיהּ דְּרָבָא שְׁמִיעַ לִי – From Rava's lecture I learned the reason – **שֶׁהָיָה לָהֶן לְבַקֵּשׁ רַחֲמִים עַל דּוֹרָן – because they** (i.e. the Kohanim Gedolim) **should have beseeched** God **for mercy upon their generation, וְלֹא בִּקְּשׁוּ – but they did not beseech** Him. Thus, they bear some of the responsibility for the inadvertent killing.

The Gemara presents an incident that illustrates this principle:

כִּי הָא דְּהַהוּא גַּבְרָא דְּאַכְלֵיהּ אַרְיָא – This is like the incident of the man who was devoured by a lion בְּרָחוֹק תְּלָתָא פַּרְסֵי מִינֵּיהּ דְּרַבִּי יְהוֹשֻׁעַ בֶּן לֵוִי – at a distance of three *parsaos* from R' Yehoshua ben Levi, וְלֹא אִישְׁתָּעֵי אֵלִיָּהוּ בַּהֲדֵיהּ תְּלָתָא יוֹמֵי – and as a result, **Elijah** the Prophet **did not speak with [R' Yehoshua ben Levi] for three days.** We see that a sage is held responsible for misfortunes that befall the people.[37] Similarly, the Kohen Gadol's failure to avert inadvertent killings is held against him, so that he requires the prayers of the exiles to escape punishment.[38]

The Gemara proceeds to a new principle. It is related to the above subject because it illustrates a way in which suffering can come upon a person even if he has perpetrated no evil:[39]

אָמַר רַב יְהוּדָה אָמַר רַב – Rav Yehudah said in the name of Rav: קִלְלַת חָכָם אֲפִילּוּ בְּחִנָּם הִיא בָּאָה – The curse of a sage, even if it is undeserved, will come to pass. מְנָלַן מֵאֲחִיתוֹפֶל – From where do we know this? From an incident with **Achithophel.**[40] **שֶׁבְּשָׁעָה שֶׁכָּרָה דָּוִד שִׁיתִּין – For at the time that David excavated the foundations** for the Temple,[41] **קָפָא תְּהוֹמָא** – **the** waters of the **deep came up בְּעָא לְמִישְׁטְפָא לְעָלְמָא** – and **threatened to flood the world.**[42] **אָמַר – David said: מַהוּ לִכְתּוֹב שֵׁם אַחַסְפָּא וּמִישְׁדָא בִּתְהוֹמָא – What is** the law: **May one write the [Divine] Name on an** earthenware **shard and cast it into the deep דְּלִיקוּ אַדּוּכְתֵּיהּ – so that [the water] will stay in its place?**[43] The Divine Name has the power to stop the flood, but the water might erase the Name. Is it permitted to write the Name under such circumstances?[44] **לֵיכָּא דְּאָמַר לֵיהּ מִידִי – No one told him**

NOTES

נִקְרָא חוֹטֵא, *Anyone who has the opportunity to beseech God for mercy on behalf of his fellow and does not beseech Him is called a sinner.*

Rashi (*Numbers* ibid., second explanation) writes that the exiles return upon the death of the Kohen Gadol *because* the Kohen Gadol failed to pray. *Levush HaOrah* (there) explains that this is the Torah's way of punishing the Kohen Gadol. By making their freedom contingent upon his death, the Torah in effect encourages them to pray for his death (see also 11b with *Rashi* ד״ה מאי הוה ליה; cf., however, *Maharal, Chidushei Aggados* here and *Gur Aryeh* there).

[How can the Kohen Gadol pray for others not to sin? Is this not a violation of the principle of free will? For discussion, see *Einayim LaMishpat;* see also Schottenstein edition of *Sotah,* 34b note 31.]

34. The difference between the two versions is this: According to the first version, the exiles were asked to refrain from praying for the Kohen Gadol's death. According to the second, they were asked to pray for his life.

35. This proverb is derived from *Pesachim* 113b, from an incident concerning two men, Toviah and Zigud. Toviah sinned and Zigud testified against him alone before Rav Pappa. The testimony of a single witness is invalid; Zigud, then, offered no legal testimony, but simply defamed Toviah. For the sin of defamation, Rav Pappa subjected Zigud to lashes [by Rabbinic law]. Zigud protested, "Toviah sinned and Zigud is given lashes?!" The incident became well known, and Zigud's exclamation became a byword (*Rashi*).

36. The Torah relates (*Genesis* Ch. 34) that Shechem son of Chamor abducted Dinah daughter of Jacob and wished to marry her. The sons of Jacob agreed, on condition that the men of Shechem's city (also called Shechem) circumcise themselves, and Shechem convinced the people to comply. It emerged that Shechem received the benefit of marrying Dinah, while the villagers, who received no benefit, suffered the pain of circumcision. One of the villagers was named Mavgai. Thus there arose a proverb: "Shechem is getting married and Mavgai must circumcise himself!" (*Rashi;* cf. *Aruch* [א׳] ע׳ מבגאי; cf. also *Tosafos, Eruvin* 64b ד״ה שכוון; see *Aruch LaNer; Rashash*).

[The first incident occurred in Babylon, the second in Eretz Yisrael. From each came a byword in that place (*Aruch LaNer*).]

37. For a sage should pray for the people around him (*Chida* in *Mar'is HaAyin*).

Ben Yehoyada notes that mauling by a wild beast is a legitimate form of punishment for sin, replacing in post-Sanhedrin days the court-imposed death of stoning. Why then was R' Yehoshua ben Levi held responsible for the man's death? Perhaps the man had earned this punishment! *Ben Yehoyada* answers that he may have deserved to be mauled, but he did not deserve to be devoured.

See *Ben Yehoyada* for why R' Yehoshua ben Levi's punishment lasted three days.

38. The reason he requires *their* prayers in particular is because God does not remove punishment from one who wronged another until the victim himself begs mercy upon him (*Aruch LaNer,* from *Bava Kamma* 92a).

39. *Meiri* demonstrates an even closer relationship between the forthcoming teaching and the preceding one. The Gemara above explained why the prayers of the exiles pose a danger to the Kohanim Gedolim. The Gemara now offers another explanation: because one of the exiles might be a Torah sage, and the curse of a sage, even if undeserved, will come to pass.

40. Achithophel was the teacher and advisor of King David (see *Sanhedrin* 106b; *II Samuel* 15:12). He was a preeminent Torah scholar (*Sanhedrin* 106b).

41. *Rashi;* see *Rashi, Succah* 53a ד״ה בשעה שכרה דוד שיתין, and *Rashi* there, 49a ד״ה שיתין; see *Maharsha* there, 49a ד״ה בראשית, and 53a ד״ה ומשם; see *Hagahos Yavetz* here.

42. While excavating, David found an earthenware shard that raised its voice and said: "Do not remove me! For I am fastened over the opening to the deep since the day of the giving of the Torah, when the whole earth quaked [and the deep almost surged forth onto the surface of the earth]." David ignored the warning and picked it up, causing the waters of the deep to surge up and threaten to inundate the world (*Rashi,* from *Yerushalmi Sanhedrin* 10:2; see *Rashi* to *Succah* 53b ד״ה אחספא, citing *Midrash Shmuel;* see *Maharsha* there, 53a ד״ה ומשם).

43. David suggested using an earthenware shard because earthenware sinks. He intended the shard to sink down to the opening of the deep [where the Divine Name written on it would stop the upsurging waters] (*Rashi, Succah* ibid., first explanation). Alternatively, he used the very shard he had found (see *Rashi* ibid.; see previous note).

44. Erasing the Divine Name transgresses the prohibition of (*Deuteronomy* 12:3,4): וְאִבַּדְתֶּם אֶת שְׁמָם ... לֹא תַעֲשׂוּן כֵּן לַה׳ אֱלֹהֵיכֶם, *and you shall*

בלשון עזה דכתיב א) וידבר ה' אל יהושע לאמר דבר אל בני ישראל לאמר תנו לכם את ערי המקלט אשר דברתי אליכם וגו' מפני שהן של תורה למימרא דכל דיבור לשון קשה אין כדכתיב ב) דבר האיש אדוני הארץ אתנו קשות והתניא א) ג) נדברו אין נדברו אלא לשון נחת וכן הוא אומר ד) ידבר עמים תחתינו דבר לחוד ידבר לחוד: (סימן' רבנ"ן מהמנ"י וספר"י) פליגי בה רבי יהודה ורבנן חד אומר מפני ששיהם וחד אומר מפני שהן של תורה ה) ויכתוב יהושע את הדברים האלה בספר תורת אלהים פליגי בה ר' יהודה ור' נחמיה חד אומר שמנה פסוקים וחד אומר ערי מקלט בשלמא למ"ד ח' פסוקים היינו דכתיב בספר תורת אלהים אלא למ"ד ערי מקלט מאי בספר תורת אלהים ה"ק ויכתוב יהושע בספרו את הדברים האלה הכתובים בספר תורת אלהים ספר שתפרו בפשתן פליגי בה ר' יהודה ור"מ חד אומר כשר וחד אומר פסול למ"ד פסול דכתיב ו) למען תהיה תורת ה' בפיך ואיתקש כל התורה כולה לתפילין מה תפילין הלכה למשה מסיני לתופרן בגידין אף כל לתופרן בגידין ואידך כי איתקש למותר בפיך להלכותיו לא איתקש אמר רב חזינן להו לתפילין דבי חבובי דתפירי בביתנא ולית הלכתא כוותיה: מתני' אחד משוח בשמן המשחה ואחד המרובה בבגדים ואחד שעבר ממשיחותו מחזירין את הרוצח רבי יהודה אומר אף משוח מלחמה מחזיר את הרוצח לפיכך אימותיהן של כהנים מספקות להן מחיה וכסות כדי שלא יתפללו על בניהם שימותו: גמ' מנא הני מילי אמר רב כהנא דאמר קרא ז) וישב בה עד מות הכהן הגדול וכתיב ח) כי בעיר מקלטו ישב עד מות הכהן הגדול וכתיב ח) ואחרי מות הכהן הגדול ור' יהודה כתיב קרא אחרינא ט) לשוב לשבת בארץ עד מות הכהן (וגו') ואידך מדלא כתיב הגדול חד מהנך הוא: לפיכך אימותיהן של כהנים וכו': טעמא דלא מצלו הא מצלו מייתי והכתיב י) כצפור לנוד כדרור לעוף כן קללת חנם לא תבא (א"ל) ההוא סבא מפירקיה דרבא שמיע לי שהיה להן לבקש רחמים על דורן ולא בקשו ואיכא דמתני כדי שיתפללו על בניהם שלא ימותו טעמא דמצלו הא לא מצלו מייתי מאי הוה ליה למעבד הכא אמרינן טוביה חטא וזיגוד מנגיד התם אמרי שכם נסיב ומבגאי גזיר אמר (ליה) ההוא סבא מפירקיה דרבא שמיע לי שהיה להן לבקש רחמים על דורן ולא בקשו כי הא דההוא גברא דאכליה אריא ברחוק תלתא פרסי מיניה דר' יהושע בן לוי ולא אישתעי אליהו בהדיה תלתא יומי: אמר רב יהודה אמר רב קללת חכם אפי' בחנם היא באה מנלן מאחיתופל שבשעה שכרה דוד שיתין קפא תהומא בעא למישטפא לעלמא אמר מהו לכתוב שם אחספא ומישדיא בתהומא דליקו אדוכתיה ליכא דאמר ליה מידי אמר כל היודע דבר זה ואינו אומרו יחנק בגרונו נשא אחיתופל ק"ו בעצמו אמר ומה לעשות שלום בין איש לאשתו אמרה התורה שמי שנכתב בקדושה ימחה על המים לכל העולם כולו לא כל שכן א"ל שרי כתב שם אחספא שדי אתהומא נחת וקם אדוכתיה ואפ"ה כתיב כ) ואחיתופל ראה כי לא נעשתה עצתו ויחבוש את החמור ויקם וילך אל ביתו (ו)אל עירו ויצו אל ביתו ויחנק וגו' א"ר אבהו קללת חכם אפילו על תנאי היא באה מנלן מעלי דקאמר ליה [עלי] לשמואל ל) כה יעשה לך אלהים וכה יוסיף אם תכחד ממני דבר ואף על גב דכתיב מ) ויגד לו שמואל את כל הדברים ולא כחד ממנו [ואפ"ה] כתיב נ) ולא הלכו בניו בדרכיו וגו' אמר

רש"י

בלשון עזה. בכל יהושע כתיב ויאמר ה' וכאן נאמר וידבר ה' אל יהושע ודיבור לשון עז הוא: מפני שהן של תורה. אבל שאר אמירות שאמר לא אמר דבר לקיים מלוה הכתובה בתורה חוץ מזו: ידבר עמים. ינהל עמים תחתינו: מפני ששיהם. שלא הפרישם לאחר שחלקו מיד עד שנאמר לו מפי הקב"ה: פליגי בה. בפירושא דהאי קרא מה כתב יהושע בס"ת: חד אמר שמנה פסוקים. מוימת שם משה עד סיפא וחד אמר בפרשת ערי מקלט הוא אומר שכתובה בספר יהושע: למען תהיה תורת וגו'. ורישיה דקרא משתעי בתפילין ואיתקש הכא תורה לתפילין: כי איתקש למותר בפיך. דכתיב בהאי קרא בפיך מן המותר בפיך שאין נכתבין על עור בהמה טמאה: להלכותיהן. לדבר שאינו כתוב בתורה ובתפילין גופייהו לא גמרינן ליה אלא מהלכה למשה מסיני לא ילפי' בהיקשא: דבי חביבי. דודי אחי אבא והוא רבי חייא: מתני' אחד כהן משוח בשמן המשחה. הם כהנים גדולים שהיו עד יאשיהו: ואחד המרובה בבגדים. הם שמשמשו מיאשיהו ואילך שנגנז שמן המשחה כדאמרינן בהוריות (דף יב.) ושוב לא נמשחו כהנים ולא היתה ניכרת כהונה גדולה בהם אלא בריבוי בגדים שמשמש בח' בגדים: ואחד שעבר ממשיחותו. שאירע בו פסול בכ"ג ושימש אחר תחתיו וכשנתרפא כהן חזר לעבודתו ועבר זה ממשיחותו: מחזירין את הרוצח. במיתתן כמו שנאמר ואחרי מות הכהן הגדול ישוב הרוצח: משוח מלחמה. כהן המשוח לומר במלחמה ערכי המלחמה אל ירך לבבכם וכל הענין (דברים כ): גמ' וישב בה עד מות הכהן הגדול. הא חד כי בעיר מקלטו ישב עד מות הכהן הגדול הא תרי ואחרי מות הכהן הגדול ישוב הרוצח הא תלתא: שהיה להן לבקש רחמים על דורן. הלכך לאו קללת חנם היא: הכא אמרי. בבבל אומרין משל

תוספות

משל זה על אדם שלוקה בשביל סרחון של אחרים: טוביה חטא וזיגוד מנגיד. משום דהוה דאמרי' בערבי פסחים טוביה חטא וזיגוד אסהיד ביה ביחידי שלא היה עד שני בדבר ונגדי' רב פפא לזיגוד א"ל טוביה חטא וזיגוד מנגיד ומאי היתה למשל: התם אמרי. בא"י אומרין משל זה: שכם נסיב מבגאי גזר. שכם בן חמור לקח את דינה בת יעקב והסכלה שלו ושאר בני העיר שלא נהנו מלו עצמן ולעטרו. מבגאי שם איש מבני העיר: שכרה דוד שיתין. יסודות של בית המקדש ובגמרת ירושלמי (סנהדרין פ"י) מליכו תימוליום של בית המקדש והוא יסוד בלשון יוני: קפא תהומא. לף התהום ובגמרת ירושלמי (שם) שמצא שם חרס שהגביה קולו ואמר לו אל תטלני מכאן שאני כבוש על התהום מיום מתן תורה שרעדה כל הארץ ולא שמע דוד לדבריו ונטלו: מי שרי למכתב שם. פן ימחקוהו המים ועובר משום ואבדתם את שמם (דברים יב) ולא תעשון כן וגו' (שם): נשא אחיתופל כו'. יש תימה בדבר שהרי לא קנה דוד את הגורן מארונה היבוסי עד מעשה דהספירה שהיתה לאחר מיתת אחיתופל ג' שנים ולפי דברים הללו צריכין אנו לומר שאע"פ שלא קנה הגורן יודע היה מגנוזיו מיום [שנמשח] וישבו הוא ושמואל בנוית הרמה ודקדו בספר יהושע ומצאו מקום לבית המקדש דכתיב עד אמצא מקום וגו' וכדדרשינן ליה בזבחים באיזהו מקומן (דף נד:) וחפר היסודות ברשותו: ימחה על המים. דכתיב בסוטה (במדבר ה) ומחה אל מי המרים והכהן הזכרות בפרשה ואפ"ה כתיב ומחה כו'. וקללה זו בחנם היתה שלא היה מקללו אלא אם אינו אומר: אפי' על תנאי. ולא נתקיים התנאי אעפ"כ היא באה דהא קללה על תנאי שלא היתה אם תכחד ממני ולא נתקיים שלא כיחד ואעפ"כ נתקיימה הקללה דכתיב ולא הלכו בניו בדרכיו וגו' וזו קללה קללו עלי כה יעשה לך כמו שנעשה לי שאין בני מהוגנין:

עין משפט נר מצוה

נג א מיי' פ"ט מהל' ס"ת הלכה יג סמג עשין כה טוש"ע י"ד סי' רעח סעיף א:

נד ב מיי' פ"ג מהל' תפילין הלכה ט סמג עשין כב טוש"ע א"ח סי' לב סעיף מט:

נה ג מיי' פ"ז מהל' רוצח הלכה ט סמג עשין עז:

רבינו חננאל

בלשון עז שנאמר וידבר ה' אל יהושע לאמר דבר אל בני ישראל לאמר תנו לכם את ערי המקלט וכו'. ומנא לן דכל דבור לשון קשה הוא שנאמר דבר האיש אדוני הארץ אתנו קשות וגו'. איני והתניא אז נדברו ואין נדברו אלא לשון נחת שנאמר ידבר עמים תחתינו. ושנינן דבר לחוד ידבר לחוד. כלומר דבר קשה ידבר ניחותא: מאי בספר תורת אלהים. הכי קאמר ויכתוב יהושע את הדברים האלה בספרו הכתובין בספר תורת אלהים: ספר שתפרו בפשתן רבי יהודה ור' מאיר חד אמר פסול שנאמר למען תהיה תורת ה' בפיך ואיתקש כל התורה לתפילין מה תפילין הלכה למשה מסיני לתפרן בגידין אף כל התורה כולה בגידין. וחד אמר כשר כי איתקשא תורה לתפילין להיכתב במותר בפיך להלכותיו לא איתקיש. אמר רב חזינא להו לתפילין דבי חביבי דתפירי בכיתנא ולית הלכתא כוותיה: אחד משוח (מלחמה) בשמן המשחה ואחד מרובה בגדים כו' וישב בה עד מות הכהן הגדול לפיכך אימותיהן של כהנים גדולים היו מספקין א) בגדים לרצחנים כו' ואקשינן למימרא דאי מצלו צלותיה מתקבלא והכתיב כן קללת חנם לא תבא. ופרקינן היה להם לבקש רחמים על דורם שלא יארע כזה בימיהם. כההוא דאכליה אריה ברחוק ג' פרסי מאתריה דרבי יהושע בן לוי ולא אישתעי אליהו בהדיה ג' יומי: פי' טוביה חטא וזיגוד מינגיד. העיד זיגוד על טוביה שחטא ומפני שהיה עד אחד נתחייב מלקות ונעשה כמו משל בפי הכל אחד חטא וזה לוקה. והוא כמו שכם שביקש לישא דינה והעיר כולה נימולים. פי' מבגאי לשון באגי. כן זה הדבר. כלומר זה הרג וכהן הגדול מתחייב. ופריק שהיה לו לבקש רחמים על דורו ולא ביקש: ירושלמי רבי יוסי בן חלפתא אומר עתים עתים הם לתפלה. שנא' ואני תפלתי לך ה' עת רצון. שאלו לחכמה מהו עונשו של חוטא. אמרה להם חטאים תרדף רעה. והנבואה אמרה הנפש החוטאת היא תמות. והתורה אמרה יביא קרבן ויתכפר לו שנאמר ונרצה לו. והקב"ה אמר יעשה תשובה שנאמר טוב וישר ה' על כן יורה חטאים בדרך כלומר יורה להן דרך תשובה. אמר רב קללת חכם אפילו בחנם מתקיימת. מנא לן מאחיתופל שקללו דוד ואמר כל היודע אם מותר לכתוב שם אחספא ולמשדייא בתהומא לאוקומיה ולא יאמר יחנק בגרונו. ואע"ג דבתר הכי אמר ליה אחיתופל שרי. נתקיימה בו הקללה שנאמר ויצו אל ביתו ויחנק. א"ר אבהו קללת חכם אפילו על תנאי באה מנא לן מעלי דאמר ליה לשמואל כה יעשה לך אלהים. יבעטו גם בניך. ואע"ג דכתיב ויגד לו שמואל את כל הדברים ולא כחד ממנו. הא כתיב ולא הלכו בניו בדרכיו:

חשק שלמה על ר"ח א) אולי צ"ל מזון ובגדים:

מסורת הש"ס

א) שבת סג., ב) [קדושין לה.], ג) [שבת כח: קח.], ד) ס"א לספרי, ה) [ירושל' ל"ג], ו) [הוריות יב:], ז) [צ"ל אמר ההוא], ח) ס"י דאמרי, ט) פסחים קיג:, י) [מלשון בגא כלומר עובדי אדמה. ערוך], כ) [גיר' הערוך קטע], ל) [סנהדרין ל:] ברכות נו., מ) סוכה נג., נ) נ"א מי איכא דידע אי שרי כו', ס) [שבת קטז. סוכה נג: נדרים סו: חולין קמא.].

גליון הש"ס

גמ' ר"י ור' נחמיה חד אמר. עי' ב"ב טו ע"א: שם ספר שתפרו בפשתן. עיין מגילה דף ח ע"ב ודף יט ע"א:

ליקוטי רש"י

ידבר עמים תחתינו. ישפיל וכל שפלות בנחת [שבת סג. וע"ש בפרש"י].

לתופרן בגידין וכו'. כל ספריהן עשויין בגליון והלכה למשה מסיני הוא בתפילין ומזוזות שיהו תפורין בגידין ובספר תורה נחלקו במסכת מכות בספר תורה שתפרה בפשתן וכו' [מגילה ח:].

דבי חביבי. תרגום של דודי רבי חייא אחי אביו היה [לעיל ג:].

עד מות הכהן הגדול. שהוא בא להשרות שכינה בישראל, ולהאריך ימיהם והרוצח בא לסלק את השכינה מישראל מקצר את ימי החיים אינו כדאי שיהא לפני כהן גדול, דבר אחר לפי שהיה לו לכהן גדול להתפלל שלא תארע תקלה זו לישראל בחייו [במדבר לה כה].

בשעה שכרה דוד שיתין. ולא סבירא ליה שמששת ימי בראשית נבראו ואי סבירא ליה שמא נתמלאו עפר או צרורות וצריך לכרותן. קפא תהומא. צף התהום למעלה ויצא. ויצף הברזל מתרגמינן וקפא פרזלא [מלכים ב' ו'].

מי איכא דידע כו'. דוד לא היה מורה הלכה בפני רבו אחיתופל והוא היה שם. אחספא. מפני שהחרס צולל ויורד ואינו צף כדי שירד וינוח על הנקב ובאגדת דספר שמואל מפורש שמצאו דוד על פני נקב התהום וכתוב בו שהיה שם מששת ימי בראשית. לעשות שלום בין איש לאשתו. לבדוק את הסוטה ואם טהורה היא יהא שלום ביניהם. שמי שנכתב בקדושה. שכתב במגילה יתן ה' אותך וגו' כדכתיב וכתב את האלות האלה וגו' (במדבר ה) [סוכה נג:].

ימחה על המים. פרשת סוטה יש בה הזכרות הרבה כתובות [חולין קמא.].

תורה אור השלם

א) וידבר יי אל יהושע לאמר: דבר אל בני ישראל לאמר תנו לכם את ערי המקלט אשר דברתי אליכם ביד משה: [יהושע כ, א-ב] ב) דבר האיש אדני הארץ אתנו קשות ויתן אתנו כמרגלים את הארץ: [בראשית מב, ל] ג) אז נדברו יראי יהוה איש אל רעהו ויקשב יהוה וישמע ויכתב ספר זכרון לפניו ליראי יהוה ולחשבי שמו: [מלאכי ג, טז] ד) ידבר עמים תחתינו ולאמים תחת רגלינו: [תהלים מז, ד] ה) ויכתב יהושע את הדברים האלה בספר תורת אלהים ויקח אבן גדולה ויקימה שם תחת האלה אשר במקדש יהוה: [יהושע כד, כו] ו) והיה לך לאות על ידך ולזכרון בין עיניך למען תהיה תורת יהוה בפיך כי ביד חזקה הוצאך יהוה ממצרים: [שמות יג, ט] ז) והצילו העדה את הרצח מיד גאל הדם והשיבו אתו העדה אל עיר מקלטו אשר נס שמה וישב בה עד מות הכהן הגדל אשר משח אתו בשמן הקדש: [במדבר לה, כה] ח) כי בעיר מקלטו ישב עד מות הכהן הגדל ואחרי מות הכהן הגדל ישוב הרצח אל ארץ אחזתו: [במדבר לה, כח] ט) ולא תקחו כפר לנוס אל עיר מקלטו לשוב לשבת בארץ עד מות הכהן: [במדבר לה, לב] י) כצפור לנוד כדרור לעוף כן קללת חנם לו תבא: [משלי כו, ב] כ) ואחיתפל ראה כי לא נעשתה עצתו ויחבש את החמור ויקם וילך אל ביתו אל עירו ויצו אל ביתו ויחנק וימת ויקבר בקבר אביו: [ש"ב יז, כג] ל) ויאמר מה הדבר אשר דבר אליך אל נא תכחד ממני כה יעשה לך אלהים וכה יוסיף אם תכחד ממני דבר מכל הדבר אשר דבר אליך: [ש"א ג, יז] מ) ויגד לו שמואל את כל הדברים ולא כחד ממנו ויאמר יהוה הוא הטוב בעינו יעשה: [ש"א ג, יח] נ) ולא הלכו בניו בדרכיו ויטו אחרי הבצע ויקחו שחד ויטו משפט: [ש"א ח, ג]

anything. אָמַר – **He said:** כָּל הַיּוֹדֵעַ דָּבָר זֶה וְאֵינוֹ אוֹמְרוֹ – **Whoever knows this matter, and does not tell it,** יֵחָנֵק בִּגְרוֹנוֹ – **let him strangle by his throat.** These words constituted a curse.[45] נָשָׂא אֲחִיתוֹפֶל קַל וָחוֹמֶר בְּעַצְמוֹ – **Achithophel,** David's **mentor, reasoned to himself by means of a *kal vachomer*.** אָמַר – **He said:** וּמַה לַעֲשׂוֹת שָׁלוֹם בֵּין אִישׁ לְאִשְׁתּוֹ אָמְרָה הַתּוֹרָה – **If to make peace between a husband and wife the Torah states:** שְׁמִי שֶׁנִּכְתַּב בִּקְדוּשָּׁה יִמָּחֶה עַל הַמַּיִם – **Let My Name, which was written in holiness, be erased into the water,** לְכָל הָעוֹלָם כּוּלּוֹ – then **for** the sake of saving **the whole world,** לֹא כָּל שֶׁכֵּן – **how much more so!** Surely it is permitted to let the Divine Name be erased when the existence of the world is at stake.[46] אָמַר לֵיהּ שָׁרֵי – **[Achithophel]** therefore **said to him: It is permissible.** כָּתַב שֵׁם אַחַסְפָּא – **[David] wrote the [Divine] Name on a shard.** שְׁדֵי אַתְּהוֹמָא – **He cast it into the deep.** נָחַת וְקָם אַדּוּכְתֵּיהּ – **[The water] subsided and remained in its place.** Since Achithophel answered when he was able, he deserved no curse.[47] וַאֲפִילוּ הָכִי כְּתִיב – **But nevertheless it is written,** regarding a later incident:[48] ,,וַאֲחִיתֹפֶל רָאָה כִּי לֹא נֶעֶשְׂתָה עֲצָתוֹ – ***And Achithophel saw that his counsel was not carried out,*** וַיַּחֲבֹשׁ אֶת־הַחֲמוֹר וַיָּקָם וַיֵּלֶךְ אֶל־בֵּיתוֹ (ו)אֶל־עִירוֹ – ***and he saddled the donkey, arose and went to his home, to his city,*** וַיְצַו אֶל־בֵּיתוֹ וַיֵּחָנַק וגו׳ '' – ***gave charge to his household and strangled himself*** **etc.** Even though David's curse was undeserved, it still came to fruition. We see that a sage's curse, even if undeserved, will come to pass.[49]

The Gemara gives another principle regarding a sage's curse: אָמַר רַבִּי אַבָּהוּ – **R' Abahu said:** קִלְלַת חָכָם אֲפִילוּ עַל תְּנַאי הִיא בָּאָה – **The curse of a sage, even if made conditionally, is fulfilled.**[50] מְנָלַן – **From where do we know this?** מֵעֵלִי – **From** an incident with **Eli.**[51] דְּקָאָמַר לֵיהּ [עֵלִי] לִשְׁמוּאֵל – **For Eli said to Samuel,** regarding a prophecy that came to Samuel foretelling the premature death of Eli's sons: ,,כֹּה יַעֲשֶׂה־לְּךָ אֱלֹהִים וְכֹה יוֹסִיף אִם־תְּכַחֵד מִמֶּנִּי דָּבָר'' – ***so shall God do to you and so shall He continue, if you conceal anything from me.***[52]

NOTES

destroy their name [i.e. the name of the idols] . . . *You shall not do so to Hashem, your God.* This teaches that while Israel is commanded to destroy the names of the idols, they are forbidden to do the same to the Divine Name (*Rashi;* see below, 22a). [There may be a difference between directly erasing a Divine Name and indirectly causing it to be erased (see *Shabbos* 120b). For how this might bear on the incident recounted here, see *Siach Yitzchak; Avnei Nezer, Yoreh Deah* §370; *Einayim LaMishpat.*]

King David did not wish to rule on this matter himself because, as the Gemara goes on to relate, his mentor Achithophel was present, and it would have been improper for him to issue a ruling in front of his teacher (*Rashi, Succah* 53a ד״ה מי איכא; see *Aruch LaNer* there; see *Emes LeYaakov* here).

[*Aruch LaNer* (here and to *Succah* ibid.) wonders why the issue should have been in doubt in light of the well-known principle that saving human life overrides all Torah prohibitions (besides murder, idolatry and adultery). See there for answers. See also *Rashash; Siach Yitzchak; Einayim LaMishpat; Emes LeYaakov.*]

45. David spoke thus because he was anguished that Achithophel was not giving the matter his fullest concentration (see *Ritva;* see note 47).

He cursed him measure for measure – that since he held back an answer in his throat, he should strangle in his throat (*Tanna DeVei Eliyahu,* Ch. 31). Alternatively, he cursed him with strangulation because that was the danger that loomed – i.e. strangulation by drowning. One who would allow others to die in this manner deserved to be cursed with this death (*Maharsha;* see *Aruch LaNer* to *Succah* ibid.).

46. Achithophel was referring to the law of a *sotah.* This is a married woman who, after being warned by her husband against secluding herself with a particular man, was seen by witnesses to have secluded herself with him. Although the witnesses did not observe an act of adultery, she becomes forbidden to her husband until her innocence is established. This is accomplished in the following manner. The woman is brought to the Temple Courtyard. Certain Scriptural verses (see *Sotah* 17a) dealing with the law of a *sotah* are written onto a scroll, and the words are erased into a mixture of water drawn from the Temple laver and earth taken from beneath the Temple floor. The resultant mix is called the מֵי הַמְּאָרְרִים, the *curse-causing water.* The *sotah* is forced to drink this water; if she is guilty, the water kills her, if she is innocent, she lives, and is again permitted to her husband. Now, the Name of God appears several times in the verses that are erased into the water. God permits His Name to be thus dishonored because of the possibility that it will lead to the reunification of husband and wife. Achithophel reasoned that if God permits His honor to be slighted for the purpose of saving a marriage, He certainly permits His honor to be slighted for the purpose of saving the entire world (*Rashi*).

47. David placed the curse upon Achithophel because he felt that Achithophel was withholding the answer. But Achithophel did supply the answer. Therefore, the curse was undeserved (*Rashi*). *Ritva* explains that at first Achithophel was truly unaware of the answer, for he had not yet arrived at the *kal vachomer;* therefore, the curse was undeserved (see *Ramban;* see *Aruch LaNer; Rashash*).

This, unlike the case that follows, was not a *conditional* curse, for David made no stipulation regarding it. He unconditionally cursed Achithophel because he thought Achithophel was witholding the answer (see *Ramban*).

48. *II Samuel* 17:23. This verse discusses a plot devised by Achithophel to enable the rebel Absalom to defeat David. Absalom rejected Achithophel's advice in favor of that of Cushai the Archite. Realizing that Absalom would be defeated and David would return to power, Achithophel hanged himself.

49. The Gemara assumes that the fact that Achithophel's counsel was not carried out was not sufficient grounds for him to strangle himself; it was merely the apparent, proximate, cause. The primary force behind this behavior was David's curse. We see that a sage's undeserved curse comes to fulfillment (*Maharsha;* cf. *Metzudas David* ad loc.).

Ritva qualifies this rule by saying that Achithophel was susceptible to the curse because David's suspicions were to a degree correct – Achithophel had not been exerting himself fully to discover the answer. He was therefore not entirely undeserving of a curse. One, however, who is entirely guiltless, is impervious to curses, for the protection expressed by the verse *Like a wandering bird, like a flying swallow* is effective even against the curse of a sage (see *Ramban;* cf., however, *Maharal, Nesivos Olam, Nesiv HaTorah* §12).

[The account of the exchange between David and Achithophel is puzzling. David did not purchase the Temple site from Aravnah the Jebusite until after he sinned by counting the people (*II Samuel* Ch. 24) – an event that took place three years after Achithophel's death! (see ibid. 21:1). How could he possibly have collaborated with Achithophel on digging the Temple's foundations? Perforce we must say that although David did not purchase the field until years later, he had known the intended site since his youth, when he was anointed by Samuel. At that time, David and Samuel studied the Book of *Joshua* until they located the Temple site. This is alluded to in *Psalms,* in the verse (132:5): *Before I find a place for Hashem, resting place for the Strong One of Jacob* (see *Zevachim* 54b). Knowing where the Temple would be built, David secured Aravnah's permission to dig its foundations even before he purchased the area (*Rashi; Tos. Shantz*). *Maharsha* (to *Succah* 53b) finds this answer difficult to accept; see there for a different explanation.]

50. I.e. it is fulfilled even if the condition is not met (*Rashi*).

51. Eli was Kohen Gadol, leader of the Jewish people, and mentor of the prophet Samuel.

52. *I Samuel* 3:17. Eli's curse was that whatever had befallen Eli should befall Samuel as well. Just as Eli's sons were unvirtuous, so too should Samuel's sons be unvirtuous. The curse was conditional on Samuel not revealing his prophecy to Eli (*Rashi;* see *Maharsha*). The prophecy foretold that Eli's two sons, Chafni and Pinchas, would die, and that all Eli's descendants, from then on, would die at the young age of eighteen (*Rashi* to *I Samuel* 3:12).

[Why was it *permissible* for Eli to curse Samuel? For discussion, see *Ayeles HaShachar.*]

עין משפט נר מצוה

נג א מיי' פ"ט מהל' ס"ת הלכה יג סמג עשין כה טוש"ע י"ד סי' רעח סעיף א:

נד ב מיי' פ"ג מהל' תפילין הלכה ט סמג עשין כב טוש"ע א"ח סי' לב סעיף מט:

נה ג מיי' פ"ז מהל' רוצח הלכה ט סמג עשין עז:

גמרא

בלשון עזה דכתיב א) וידבר ה' אל יהושע לאמר דבר אל בני ישראל לאמר תנו לכם את ערי המקלט אשר דברתי אליכם וגו' מפני שהן של תורה למימרא דכל דיבור לשון קשה אין כדכתיב ב) דבר האיש אדוני הארץ אתנו קשות והתניא א) ג) נדברו אין נדברו אלא לשון נחת וכן הוא אומר ד) ידבר עמים תחתינו דבר לחוד ידבר לחוד: (סימנ"י רבנ"ן מהמנ"י וספר"י) פליגי בה רבי יהודה ורבנן חד אומר מפני ששיהם וחד אומר מפני שהן של תורה ה) ויכתוב יהושע את הדברים האלה בספר תורת אלהים פליגי בה ° ר' יהודה ור' נחמיה חד אומר שמנה פסוקים וחד אומר ערי מקלט בשלמא למ"ד ח' פסוקים היינו דכתיב בספר תורת אלהים אלא למ"ד ערי מקלט מאי בספר תורת אלהים ה"ק ויכתוב יהושע בספרו את הדברים האלה הכתובים בספר תורת אלהים ° ספר שתפרו בפשתן פליגי בה ר' יהודה ור"מ חד אומר כשר וחד אומר א פסול למ"ד פסול דכתיב ו) למען תהיה תורת ה' בפיך ב ואיתקש כל התורה כולה לתפילין מה תפילין ב הלכה למשה מסיני לתופרן בגידין אף כל לתופרן בגידין ואידך כי איתקש ג) למותר בפיך להלכותיו לא איתקש אמר רב חזינן להו ד) לתפילין דבי חביבי דתפירי בכיתנא ולית הלכתא כוותיה: **מתני'** ג אחד משוח בשמן המשחה ואחד המרובה בבגדים ואחד שעבר ממשיחותו ה) מחזירין את הרוצח ו) רבי יהודה אומר אף משוח מלחמה מחזיר את הרוצח לפיכך אימותיהן של כהנים מספקות להן מחיה וכסות כדי שלא יתפללו על בניהם שימותו: **גמ'** מנא הני מילי אמר רב כהנא דאמר קרא ז) וישב בה עד מות הכהן הגדול וכתיב ח) כי בעיר מקלטו ישב עד מות הכהן הגדול וכתיב ח) ואחרי מות הכהן הגדול ור' יהודה כתיב קרא אחרינא ט) לשוב לשבת בארץ עד מות הכהן (וגו') ואידך מדלא כתיב הגדול חד מהנך הוא: לפיכך אימותיהן של כהנים וכו': טעמא דלא מצלו הא מצלו מייתי והכתיב י) כצפור לנוד כדרור לעוף כן קללת חנם לא תבא ז) (א"ל) ההוא סבא מפירקיה דרבא שמיע לי שהיה להן לבקש רחמים על דורן ולא בקשו ואיכא ח) דמתני כדי שיתפללו על בניהם שלא ימותו טעמא דמצלו הא לא מצלו מייתי מאי הוה ליה למעבד הכא ט) אמרינן טוביה חטא וזיגוד מנגיד התם אמרי שכם נסיב י) ומבגאי כ) גזיר אמר (ליה) ההוא סבא מפירקיה דרבא שמיע לי שהיה להן לבקש רחמים על דורן ולא בקשו כי הא דההוא גברא דאכליה אריא ברחוק תלתא פרסי מיניה דר' יהושע בן לוי ולא אישתעי אליהו בהדיה תלתא יומי ל) אמר רב יהודה אמר רב קללת חכם אפי' בחנם היא באה מנלן מאחיתופל מ) שבשעה שכרה דוד שיתין קפא תהומא בעא למישטפא לעלמא אמר נ) מהו לכתוב שם אחספא ומישדא בתהומא דליקו אדוכתיה ליכא דאמר ליה מידי אמר כל היודע דבר זה ואינו אומרו יחנק בגרונו נשא אחיתופל ק"ו בעצמו אמר ס) ומה לעשות שלום בין איש לאשתו אמרה התורה שמי שנכתב בקדושה ימחה על המים לכל העולם כולו לא כל שכן א"ל שרי כתב שם אחספא שדי אתהומא נחת וקם אדוכתיה ואפ"ה כתיב כ) ואחיתופל ראה כי לא נעשתה עצתו ויחבוש את החמור ויקם וילך אל ביתו (ו)אל עירו ויצו אל ביתו ויחנק וגו' א"ר אבהו קללת חכם אפילו על תנאי היא באה מנלן מעלי דקאמר ליה [עלי] לשמואל ל) כה יעשה לך אלהים וכה יוסיף אם תכחד ממני דבר ואף על גב דכתיב מ) ויגד לו שמואל את כל הדברים ולא כחד ממנו [ואפ"ה] כתיב נ) ולא הלכו בניו בדרכיו וגו'

אמר

רש"י

בלשון עזה. בכל יהושע כתיב ויאמר ה' וכאן נאמר וידבר ה' אל יהושע ודיבור לשון עז הוא: מפני שהן של תורה. אבל שאר אמירות שאמר לא אמר דבר לקיים מצוה הכתובה בתורה חוץ מזו: ידבר עמים. ינהל עמים תחתינו: מפני ששיהם. שלא הפריסם לאחר שחלקו מיד עד שנאמר לו מפי הקב"ה: פליגי בה. בפירושא דהאי קרא מה כתב יהושע בס"ת: חד אמר שמנה פסוקים. מוימת שם משה עד סיפא וחד אמר בפרשת ערי מקלט הוא אומר שכתובה בספר יהושע: למען תהיה תורת וגו'. ורישיה דקרא משתעי בתפילין ואיתקש הכא תורה לתפילין: כי איתקש למותר בפיך. דכתיב בהאי קרא בפיך מן המותר בפיך שאין נכתבין על עור בהמה טמאה: להלכותיהן. לדבר שאינו כתוב בתורה ובתפילין גופייהו לא גמרינן ליה אלא מהלכה למשה מסיני לא ילפי' בהיקשא: דבי חביבי. דודי אחי אבא והוא רבי חייא: **מתני'** אחד כהן משוח בשמן המשחה. הם כהנים גדולים שהיו עד יאשיהו: ואחד המרובה בבגדים. הם ששימשו מיאשיהו ואילך שנגנז שמן המשחה כדאמרינן בהוריות (דף יב.) ושוב לא נמשחו כהנים ולא היתה ניכרת כהונה גדולה בהם אלא בריבוי בגדים שמשמש בח' בגדים: ואחד שעבר ממשיחותו. שאירע פסול בכ"ג ושימש אחר תחתיו וכשנתרפא כהן חזר לעבודתו ועבר זה ממשיחותו: מחזירין את הרוצח. במיתתן כמו שנאמר ואחרי מות הכהן הגדול ישוב הרוצח: משוח מלחמה. כהן המשוח לומר במלחמה צרכי המלחמה אל ירך לבבכם וכל הענין (דברים כ): **גמ'** וישב בה עד מות הכהן הגדול. הא חד כי בעיר מקלטו ישב עד מות הכהן הגדול הא תרי ואחרי מות הכהן הגדול ישוב הרוצח הא תלתא: שהיה להן לבקש רחמים על דורן. הלכך לאו קללת חנם היא: הכא אמרי. בבבל אומרין משל

משל זה על אדם שלוקה בשביל סרחון של אחרים: טוביה חטא וזיגוד מנגיד. משום ההיא דאמרי' בערבי פסחים טוביה חטא וזיגוד אסהיד ביה ביחידי שלא היה עד שני בדבר ונגדי' רב פפא לזיגוד א"ל טוביה חטא וזיגוד מנגיד ומאז היתה למשל: התם אמרי'. בא"י אומרין

משל זה: שכם נסיב מבגאי גזר. שכם בן חמור לקח את דינה בת יעקב וההכאה שלו ושאר בני העיר שלא נהנו מלו עצמן ונלטערו. מבגאי שם איש מבני העיר: שכרה דוד שיתין. יסודות של בית המקדש ובגמרת ירושלמי (סנהדרין פ"י) מליצו תימוליוס של בית המקדש והוא יסוד בלשון יוני: קפא תהומא. לף התהום בגמרת ירושלמי (שם) שמצא שם חרס שהגביה קולו ואמר לו אל תטלני מכאן שאני כבוש על התהום מיום מתן תורה שרעדה כל הארץ ולא שמע דוד לדבריו ונטלו: מי שרי למכתב שם. פן ימחקוהו המים ועובר משום ואבדתם את שמם (דברים יב) ולא תעשון כן וגו' (שם): נשא אחיתופל כו'. יש תימה בדבר שהרי לא קנה דוד את הגורן מארונה היבוסי עד מעשה דהסתה שהיתה לאחר מיתת אחיתופל ג' שנים ולפי דברים הללו צריכין אנו לומר שאע"פ שלא קנה הגורן יודע היה מנעוריו מיום [שנמשח] וישבו הוא ושמואל בנוית הרמה ובדקו בספר יהושע ומצאו מקום לבית המקדש כדכתיב עד אמצא מקום וגו' וכדדרשינן ליה בזבחים באיזהו מקומן (דף נד:) וחפר היסודות ברשותו: ימחה על המים. דכתיב בסוטה (במדבר ה) ומחה אל מי המרים והרבה הזכרות בפרשה ואפ"ה כתיב ומחה כו'. וקללה זו בחנם היתה שלא היה מקללו אלא אם אינו אומר: אפי' על תנאי. ולא נתקיים התנאי אעפ"כ היא באה דהא קללה על תנאי היתה אם תכחד ממני ולא נתקיים שלא כיחד ואעפ"כ נתקיימה הקללה דכתיב ולא הלכו בניו בדרכיו וגו' וזו קללה קללו עלי כה יעשה לך כמו שנעשה לי שאין בני מהוגנין:

וחטאתי

רבינו חננאל

בלשון עז שנאמר וידבר ה' אל יהושע לאמר דבר אל בני ישראל לאמר תנו לכם את ערי המקלט וכו'. ומנא לן דכל דבור לשון קשה הוא שנאמר דבר האיש אדוני הארץ אתנו קשות וגו'. איני והתניא אז נדברו ואין נדברו אלא לשון נחת שנאמר ידבר עמים תחתינו. ושנינן דבר לחוד ידבר לחוד. כלומר דבר קשה ידבר ניחותא: מאי בספר תורת אלהים. הכי קאמר ויכתוב יהושע את הדברים האלה בספרו הכתובין בספר תורת אלהים: ספר שתפרו בפשתן רבי יהודה ור' מאיר חד אמר פסול שנאמר למען תהיה תורת ה' בפיך ואיתקש כל התורה לתפילין מה תפילין הלכה למשה מסיני לתפרן בגידין אף כל התורה כולה בגידין. וחד אמר כשר כי איתקשא תורה לתפילין להיכתב במותר בפיך להלכותיו לא איתקיש. אמר רב חזינא להו לתפילין דבי חביבי דתפירי בכיתנא ולית הלכתא כוותיה: אחד משוח (מלחמה) בשמן המשחה ואחד מרובה בגדים כו' וישב בה עד מות הכהן הגדול לפיכך אימותיהן של כהנים גדולים היו מספקין א) בגדים לרצחנים כו' ואקשינן למימרא דאי מצלו צלותיה מתקבלא והכתיב כן קללת חנם לא תבא. ופרקינן היה להם לבקש רחמים על דורם שלא יארע כזה בימיהם. כההוא דאכליה אריה ברחוק ג' פרסי מאתריה דרבי יהושע בן לוי ולא אישתעי אליהו בהדיה ג' יומי: פי' טוביה חטא וזיגוד מינגיד. העיד זיגוד על טוביה שחטא ומפני שהיה עד אחד נתחייב מלקות ונעשה כמו משל בפי הכל אחד חטא וזה לוקה. והוא כמו שכם שביקש לישא דינה והעיר כולה נימולים. פי' מבגאי לשון באגי. כן זה הדבר. כלומר זה הרג וכהן הגדול מתחייב. ופריק שהיה לו לבקש רחמים על דורו ולא ביקש: ירושלמי רבי יוסי בן חלפתא אומר עתים עתים הם לתפלה. שנא' ואני תפלתי לך ה' עת רצון. שאלו לחכמה מהו עונשו של חוטא. אמרה להם חטאים תרדף רעה. והנבואה אמרה הנפש החוטאת היא תמות. והתורה אמרה יביא קרבן ויתכפר לו שנאמר ונרצה לו. והקב"ה אמר יעשה תשובה שנאמר טוב וישר ה' על כן יורה חטאים בדרך כלומר יורה להן דרך תשובה. אמר רב קללת חכם אפילו בחנם מתקיימת. מנא לן מאחיתופל שקללו דוד ואמר כל היודע אם מותר לכתוב שם אחספא ולמשדייא בתהומא לאוקומיה ולא יאמר יחנק בגרונו. ואע"ג דבתר הכי אמר ליה אחיתופל שרי. נתקיימה בו הקללה שנאמר ויצו אל ביתו ויחנק. א"ר אבהו קללת חכם אפילו על תנאי באה מנא לן מעלי דאמר ליה לשמואל כה יעשה לך אלהים. יבעטו גם בניך. ואע"ג דכתיב ויגד לו שמואל את כל הדברים ולא כחד ממנו. הא כתיב ולא הלכו בניו בדרכיו:

אמר

חשק שלמה על ר"ח א) אולי צ"ל מזון ובגדים:

מסורת הש"ס

א) שבת סג., ב) [קדושין לה.], ג) [שבת כח: קח.], ד) ס"א לספרי, ה) [ירושל' ל"ג], ו) [הוריות יב:], ז) [נ"ל אמר ההוא], ח) ס"י דאמרי, ט) פסחים קיג., י) [מלשון בגא כלומר עובדי אדמה. ערוך], כ) [גיר' הערוך קטע], ל) [סנהדרין ל:] ברכות נו., מ) סוכה נג., נ) נ"א מי איכא דידע אי שרי כו', ס) [שבת קטז. סוכה נג: נדרים סו: חולין קמא.].

גליון הש"ס

גמ' ר"י ור' נחמיה חד אמר. עי' ב"ב טו ע"א: שם ספר שתפרו בפשתן. עיין מגילה דף ח ע"ב ודף יט ע"א:

ליקוטי רש"י

ידבר עמים תחתינו. ישפיל וכל שפלות בנחת [שבת סג. וע"ש בפרש"י].

לתופרן בגידין וכו'. כל ספריהן עשויין בגליון והלכה למשה מסיני הוא בתפילין ומזוזות שיהו תפורין בגידין ובספר תורה נחלקו במסכת מכות בספר תורה שתפרה בפשתן וכו' [מגילה ח:].

דבי חביבי. תרגום של דודי רבי חייא אחי אביו היה [לעיל ג:].

עד מות הכהן הגדול. שהוא בא להשרות שכינה בישראל, ולהאריך ימיהם והרוצח בא לסלק את השכינה מישראל מקצר את ימי החיים אינו כדאי שיהא לפני כהן גדול, דבר אחר לפי שהיה לו לכהן גדול להתפלל שלא תארע תקלה זו לישראל בחייו [במדבר לה כה].

בשעה שכרה דוד שיתין. ולא סבירא ליה שמששת ימי בראשית נבראו ואי סבירא ליה שמא נתמלאו עפר או צרורות וצריך לכרותן. קפא תהומא. לף התהום למעלה וצא. ויצף הברזל מתרגמינן וקפא פרזלא [מלכים ב' ו'].

מי איכא דידע כו'. דוד לא היה מורה הלכה בפני רבו אחיתופל והוא היה שם. אחספא. מפני שהחרס צולל ויורד ואינו צף כדי שירד וינוח על הנקב ובאגדת דספר שמואל מפורש שמצאו דוד על פני נקב התהום וכתוב בו שהיה שם מששת ימי בראשית. לעשות שלום בין איש לאשתו. לבדוק את הסוטה ואם טהורה היא יהא שלום ביניהם. שמי שנכתב בקדושה. שכתב במגילה יתן ה' אותך וגו' כדכתיב וכתב את האלות האלה וגו' (במדבר ה) [סוכה נג:].

ימחה על המים. פרשת סוטה יש בה הזכרות הרבה כתובות [חולין קמא.].

תורה אור השלם

א) וַיְדַבֵּר יְיָ אֶל יְהוֹשֻׁעַ לֵאמֹר: דַּבֵּר אֶל בְּנֵי יִשְׂרָאֵל לֵאמֹר תְּנוּ לָכֶם אֶת עָרֵי הַמִּקְלָט אֲשֶׁר דִּבַּרְתִּי אֲלֵיכֶם בְּיַד מֹשֶׁה: [יהושע כ, א-ב] ב) דִּבֶּר הָאִישׁ אֲדֹנֵי הָאָרֶץ אִתָּנוּ קָשׁוֹת וַיִּתֵּן אֹתָנוּ כִּמְרַגְּלִים אֶת הָאָרֶץ: [בראשית מב, ל] ג) אָז נִדְבְּרוּ יִרְאֵי יְהוָה אִישׁ אֶל רֵעֵהוּ וַיַּקְשֵׁב יְהוָה וַיִּשְׁמָע וַיִּכָּתֵב סֵפֶר זִכָּרוֹן לְפָנָיו לְיִרְאֵי יְהוָה וּלְחֹשְׁבֵי שְׁמוֹ: [מלאכי ג, טז] ד) יַדְבֵּר עַמִּים תַּחְתֵּינוּ וּלְאֻמִּים תַּחַת רַגְלֵינוּ: [תהלים מז, ד] ה) וַיִּכְתֹּב יְהוֹשֻׁעַ אֶת הַדְּבָרִים הָאֵלֶּה בְּסֵפֶר תּוֹרַת אֱלֹהִים וַיִּקַּח אֶבֶן גְּדוֹלָה וַיְקִימֶהָ שָּׁם תַּחַת הָאַלָּה אֲשֶׁר בְּמִקְדַּשׁ יְהוָה: [יהושע כד, כו] ו) וְהָיָה לְךָ לְאוֹת עַל יָדְךָ וּלְזִכָּרוֹן בֵּין עֵינֶיךָ לְמַעַן תִּהְיֶה תּוֹרַת יְהוָה בְּפִיךָ כִּי בְּיָד חֲזָקָה הוֹצִאֲךָ יְהוָה מִמִּצְרָיִם: [שמות יג, ט] ז) וְהִצִּילוּ הָעֵדָה אֶת הָרֹצֵחַ מִיַּד גֹּאֵל הַדָּם וְהֵשִׁיבוּ אֹתוֹ הָעֵדָה אֶל עִיר מִקְלָטוֹ אֲשֶׁר נָס שָׁמָּה וְיָשַׁב בָּהּ עַד מוֹת הַכֹּהֵן הַגָּדֹל אֲשֶׁר מָשַׁח אֹתוֹ בְּשֶׁמֶן הַקֹּדֶשׁ: [במדבר לה, כה] ח) כִּי בְעִיר מִקְלָטוֹ יֵשֵׁב עַד מוֹת הַכֹּהֵן הַגָּדֹל וְאַחֲרֵי מוֹת הַכֹּהֵן הַגָּדֹל יָשׁוּב הָרֹצֵחַ אֶל אֶרֶץ אֲחֻזָּתוֹ: [במדבר לה, כח] ט) וְלֹא תִקְחוּ כֹפֶר לָנוּס אֶל עִיר מִקְלָטוֹ לָשׁוּב לָשֶׁבֶת בָּאָרֶץ עַד מוֹת הַכֹּהֵן: [במדבר לה, לב] י) כַּצִּפּוֹר לָנוּד כַּדְּרוֹר לָעוּף כֵּן קִלְלַת חִנָּם לֹא תָבֹא: [משלי כו, ב] כ) וַאֲחִיתֹפֶל רָאָה כִּי לֹא נֶעֶשְׂתָה עֲצָתוֹ וַיַּחֲבֹשׁ אֶת הַחֲמוֹר וַיָּקָם וַיֵּלֶךְ אֶל בֵּיתוֹ אֶל עִירוֹ וַיְצַו אֶל בֵּיתוֹ וַיֵּחָנַק וַיָּמָת וַיִּקָּבֵר בְּקֶבֶר אָבִיו: [ש"ב יז, כג] ל) וַיֹּאמֶר מָה הַדָּבָר אֲשֶׁר דִּבֶּר אֵלֶיךָ אַל נָא תְכַחֵד מִמֶּנִּי כֹּה יַעֲשֶׂה לְּךָ אֱלֹהִים וְכֹה יוֹסִיף אִם תְּכַחֵד מִמֶּנִּי דָּבָר מִכָּל הַדָּבָר אֲשֶׁר דִּבֶּר אֵלֶיךָ: [ש"א ג, יז] מ) וַיַּגֶּד לוֹ שְׁמוּאֵל אֶת כָּל הַדְּבָרִים וְלֹא כִחֵד מִמֶּנּוּ וַיֹּאמַר יְהוָה הוּא הַטּוֹב בְּעֵינָו יַעֲשֶׂה: [ש"א ג, יח] נ) וְלֹא הָלְכוּ בָנָיו בִּדְרָכָו וַיִּטּוּ אַחֲרֵי הַבָּצַע וַיִּקְחוּ שֹׁחַד וַיַּטּוּ מִשְׁפָּט: [ש"א ח, ג]

This was a conditional curse, to compel Samuel to reveal a prophecy to Eli. וְאַף עַל גַּב דִּכְתִיב – **And although it is written:** ,,וַיַּגֶּד־לוֹ שְׁמוּאֵל אֶת־כָּל־הַדְּבָרִים וְלֹא כִחֵד מִמֶּנּוּ'' – **And Samuel told him all the things and did not conceal from him.**[53] [וַאֲפִילוּ הָכִי] כְּתִיב – **But nevertheless, it is written** of Samuel:

,,וְלֹא־הָלְכוּ בָנָיו בִּדְרָכָיו וגו' '' – **And his sons did not walk in his ways etc.**[54] Thus, Eli's curse came to pass. Just as the sons of Eli were unvirtuous, so too were the sons of Samuel. We see that a sage's conditional curse takes effect even if the condition is not met.[55]

NOTES

53. *I Samuel* 3:18. Thus, the condition was not met (*Rashi*).

54. Ibid. 8:3. The verse continues: וַיִּטּוּ אַחֲרֵי הַבָּצַע וַיִּקְחוּ־שֹׁחַד וַיַּטּוּ מִשְׁפָּט, *and they turned toward gain, and they took bribes, and they bent justice.* [Thus, their deeds mirrored those of Chafni and Pinchas, who also abused their powerful positions (see ibid. 2:12-16).] See, however,

Shabbos 55b-56a.

55. *Ramban* states that Eli should have formally removed the curse after Samuel revealed the information. Since he did not, it was fulfilled. This implies that if a conditional curse *is* removed, it poses no danger. Presumably, the same is true of an undeserved curse.

בלשון עזה דכתיב א) וידבר ה' אל יהושע לאמר דבר אל בני ישראל לאמר תנו לכם את ערי המקלט אשר דברתי אליכם וגו' מפני שהן של תורה למימרא דכל דיבור לשון קשה אין כדכתיב ב) דבר האיש אדוני הארץ אתנו קשות והתניא [א] ג) נדברו אין נדברו אלא לשון נחת וכן הוא אומר ד) ידבר עמים תחתינו דבר לחוד ידבר לחוד: (סימנ"י רבנ"ן מהמנ"י וספר"י) פליגי בה רבי יהודה ורבנן חד אומר מפני ששיהם וחד אומר מפני שהן של תורה ה) ויכתוב יהושע את הדברים האלה בספר תורת אלהים פליגי בה ° ר' יהודה ור' נחמיה חד אומר שמנה פסוקים וחד אומר ערי מקלט בשלמא למ"ד ח' פסוקים היינו דכתיב בספר תורת אלהים אלא למ"ד ערי מקלט מאי בספר תורת אלהים ה"ק ויכתוב יהושע בספרו את הדברים האלה הכתובים בספר תורת אלהים ° ספר שתפרו בפשתן פליגי בה ר' יהודה ור"מ חד אומר כשר וחד אומר [א] פסול למ"ד פסול דכתיב ו) למען תהיה תורת ה' בפיך [ב] ואיתקש כל התורה כולה לתפילין מה תפילין [ב] הלכה למשה מסיני לתופרן בגידין אף כל לתופרן בגידין ואידך כי איתקש [ג] למותר בפיך להלכותיו לא איתקש אמר רב חזינן להו [ד] לתפילין דבי חביבי דתפירי בכיתנא ולית הלכתא כוותיה: **מתני'** [ג] אחד משוח בשמן המשחה ואחד המרובה בבגדים ואחד שעבר ממשיחותו [ה] מחזירין את הרוצח [ו] רבי יהודה אומר אף משוח מלחמה מחזיר את הרוצח לפיכך אימותיהן של כהנים מספקות להן מחיה וכסות כדי שלא יתפללו על בניהם שימותו: **גמ'** מנא הני מילי אמר רב כהנא דאמר קרא ז) וישב בה עד מות הכהן הגדול וכתיב ח) כי בעיר מקלטו ישב עד מות הכהן הגדול וכתיב ח) ואחרי מות הכהן הגדול ור' יהודה כתיב קרא אחרינא ט) לשוב לשבת בארץ עד מות הכהן (וגו') ואידך מדלא כתיב הגדול חד מהנך הוא: לפיכך אימותיהן של כהנים וכו': טעמא דלא מצלו הא מצלו מייתי והכתיב י) כצפור לנוד כדרור לעוף כן קללת חנם לא תבא [ז] (א"ל) ההוא סבא מפירקיה דרבא שמיע לי שהיה להן לבקש רחמים על דורן ולא בקשו ואיכא [ח] דמתני כדי שיתפללו על בניהם שלא ימותו טעמא דמצלו הא לא מצלו מייתי מאי הוה ליה למעבד הכא [ט] אמרינן טוביה חטא וזיגוד מנגיד התם אמרי שכם נסיב [י] ומבגאי [כ] גזיר אמר (ליה) ההוא סבא מפירקיה דרבא שמיע לי שהיה להן לבקש רחמים על דורן ולא בקשו כי הא דההוא גברא דאכליה אריא ברחוק תלתא פרסי מיניה דר' יהושע בן לוי ולא אישתעי אליהו בהדיה תלתא יומי [ל] אמר רב יהודה אמר רב קללת חכם אפי' בחנם היא באה מנלן מאחיתופל [מ] שבשעה שכרה דוד שיתין קפא תהומא בעא למישטפא לעלמא אמר [נ] מהו לכתוב שם אחספא ומישדא בתהומא דליקו אדוכתיה ליכא דאמר ליה מידי אמר כל היודע דבר זה ואינו אומרו יחנק בגרונו נשא אחיתופל ק"ו בעצמו אמר [ס] ומה לעשות שלום בין איש לאשתו אמרה התורה שמי שנכתב בקדושה ימחה על המים לכל העולם כולו לא כל שכן א"ל שרי כתב שם אחספא שדי אתהומא נחת וקם אדוכתיה ואפ"ה כתיב כ) ואחיתופל ראה כי לא נעשתה עצתו ויחבוש את החמור ויקם וילך אל ביתו (ו)אל עירו ויצו אל ביתו ויחנק וגו' א"ר אבהו קללת חכם אפילו על תנאי היא באה מנלן מעלי דקאמר ליה [עלי] לשמואל ל) כה יעשה לך אלהים וכה יוסיף אם תכחד ממני דבר ואף על גב דכתיב מ) ויגד לו שמואל את כל הדברים ולא כחד ממנו [ואפ"ה] כתיב נ) ולא הלכו בניו בדרכיו וגו'

אמר

רש"י

בלשון עזה. בכל יהושע כתיב ויאמר ה' וכאן נאמר וידבר ה' אל יהושע ודיבור לשון עז הוא: מפני שהן של תורה. אבל שאר אמירות שאמר לא אמר דבר לקיים מצוה הכתובה בתורה חוץ מזו: ידבר עמים. ינהל עמים תחתינו: מפני ששיהם. שלא הפריסם לאחר שחלקו מיד עד שנאמר לו מפי הקב"ה: פליגי בה. בפירושא דהאי קרא מה כתב יהושע בס"ת: חד אמר שמנה פסוקים. מוימת שם משה עד סיפא וחד אמר בפרשת ערי מקלט הוא אומר שכתובה בספר יהושע: למען תהיה תורת וגו'. ורישיה דקרא משתעי בתפילין ואיתקש הכא תורה לתפילין: כי איתקש למותר בפיך. דכתיב בהאי קרא בפיך מן המותר בפיך שאין נכתבין על עור בהמה טמאה: להלכותיהן. לדבר שאינו כתוב בתורה ובתפילין גופייהו לא גמרינן ליה אלא מהלכה למשה מסיני לא ילפי' בהיקשא: דבי חביבי. דודי אחי אבא והוא רבי חייא: **מתני'** אחד כהן משוח בשמן המשחה. הם כהנים גדולים שהיו עד יאשיהו: ואחד המרובה בבגדים. הם ששימשו מיאשיהו ואילך שנגנז שמן המשחה כדאמרינן בהוריות (דף יב.) ושוב לא נמשחו כהנים ולא היתה ניכרת כהונה גדולה בהם אלא בריבוי בגדים שמשמש בח' בגדים: ואחד שעבר ממשיחותו. שאירע פסול בכ"ג ושימש אחר תחתיו וכשנתרפא כהן חזר לעבודתו ועבר זה ממשיחותו: מחזירין את הרוצח. במיתתן כמו שנאמר ואחרי מות הכהן הגדול ישוב הרוצח: משוח מלחמה. כהן המשוח לומר במלחמה ערכי המלחמה אל ירך לבבכם וכל הענין (דברים כ): **גמ'** וישב בה עד מות הכהן הגדול. הא חד כי בעיר מקלטו ישב עד מות הכהן הגדול הא תרי ואחרי מות הכהן הגדול ישוב הרוצח הא תלתא: שהיה להן לבקש רחמים על דורן. הלכך לאו קללת חנם היא: הכא אמרי. בבבל אומרין משל

תוספות

משל זה על אדם שלוקה בשביל סרחון של אחרים: טוביה חטא וזיגוד מנגיד. משום הכיא דאמרי' בערבי פסחים טוביה חטא וזיגוד אסהיד ביה ביחידי שלא היה עד שני בדבר ונגדי' רב פפא לזיגוד א"ל טוביה חטא וזיגוד מנגיד ומאז היתה למשל: התם אמרי'. בא"י אומרין משל זה: שכם נסיב מבגאי גזר. שכם בן חמור לקח את דינה בת יעקב והנאה שלו ושאר בני העיר שלא נהנו מלו עצמן ונלטערו. מבגאי שם איש מבני העיר: שכרה דוד שיתין. יסודות של בית המקדש ובגמרת ירושלמי (סנהדרין פ"י) מלינו תימוליוס של בית המקדש והוא יסוד בלשון יוני: קפא תהומא. לף התהום בגמרת ירושלמי (שם) שמלא שם חרש שהגביה קולו ואמר לו אל תטלני מכאן שאני כבוש על התהום מיום מתן תורה שרעדה כל הארץ ולא שמע דוד לדבריו ונטלו: מי שרי למכתב שם. פן ימחקוהו המים ועובר משום ואבדתם את שמם (דברים יב) ולא תעשון כן וגו' (שם): נשא אחיתופל כו'. יש תימה בדבר שהרי לא קנה דוד את הגורן מארונה היבוסי עד מעשה דהסתה שהיתה לאחר מיתת אחיתופל ג' שנים ולפי דברים הללו נריכין אנו לומר שאע"פ שלא קנה הגורן יודע היה מנעוריו מיום [שנמשח] וישבו הוא ושמואל בנוית הרמה ובדקו בספר יהושע ומצאו מקום לבית המקדש כדכתיב עד אמצא מקום וגו' וכדדרשינן ליה בזבחים באיזהו מקומן (דף נד:) וחפר היסודות ברשותו: ימחה על המים. דכתיב בסוטה (במדבר ה) ומחה אל מי המרים והרבה הזכרות בפרשה ואפ"ה כתיב ומחה כו'. וקללה זו בחנם היתה שלא היה מקללו אלא אם אינו אומר: אפי' על תנאי. ולא נתקיים התנאי אעפ"כ היא באה דהא קללה על תנאי היתה אם תכחד ממני ולא נתקיים שלא כיחד ואעפ"כ נתקיימה הקללה דכתיב ולא הלכו בניו בדרכיו וגו' וזו קללה קללו עלי כה יעשה לך כמו שנעשה לי שאין בני מהוגנין: וחטאתי

מסורת הש"ס

א) שבת סג., ב) [קדושין לה.], ג) [שבת כח: קח.], ד) ס"א לספרי, ה) [ירושל' ל"ג], ו) [הוריות יב:], ז) [נ"ל אמר ההוא], ח) ס"י דאמרי, ט) פסחים קיג., י) [מלשון בגא כלומר עובדי אדמה. ערוך], כ) [גיר' הערוך קטע], ל) [סנהדרין ל:] ברכות נו., מ) סוכה נג., נ) נ"א מי איכא דידע אי שרי כו', ס) [שבת קטז. סוכה נג: נדרים סו: חולין קמא.].

גליון הש"ס

גמ' ר"י ור' נחמיה חד אמר. עי' ב"ב טו ע"א: שם ספר שתפרו בפשתן. עיין מגילה דף ח ע"ב ודף יט ע"א:

ליקוטי רש"י

ידבר עמים תחתינו. ישפיל וכל שפלות בנחת [שבת סג. וע"ש בפרש"י]. לתופרן בגידין וכו'. כל ספריהן עשויין בגליון והלכה למשה מסיני הוא בתפילין ומזוזות שיהו תפורין בגידין ובספר תורה נחלקו במסכת מכות בספר תורה שתפרה בפשתן וכו' [מגילה ח:].

דבי חביבי. תרגום של דודי רבי חייא אחי אביו היה [לעיל ג:].

עד מות הכהן הגדול. שהוא בא להשרות שכינה בישראל, ולהאריך ימיהם והרוצח בא לסלק את השכינה מישראל ומקצר את ימי החיים אינו כדאי שיהא לפני כהן גדול, דבר אחר לפי שהיה לו לכהן גדול להתפלל שלא תארע תקלה זו לישראל בחייו [במדבר לה כה].

בשעה שכרה דוד שיתין. ולא סבירא ליה שמששת ימי בראשית נבראו ואי סבירא ליה שמא נתמלאו עפר או צרורות וצריך לכרותן. קפא תהומא. צף התהום למעלה ויצא. ויצף הברזל מתרגמינן וקפא פרזלא [מלכים ב' ו'].

מי איכא דידע כו'. דוד לא היה מורה הלכה בפני רבו אחיתופל והוא היה שם. אחספא. מפני שהחרס גולל ויורד ואינו צף כדי שירד וינוח על הנקב ובאגדת דספר שמואל מפורש שמצאו דוד על פני נקב התהום וכתוב בו שהיה שם מששת ימי בראשית. לעשות שלום בין איש לאשתו. לבדוק את הסוטה ואם טהורה היא יהא שלום ביניהם. שמי שנכתב בקדושה. שכתב במגילה יתן ה' אותך וגו' כדכתיב וכתב את האלות האלה וגו' (במדבר ה) [סוכה נג:].

ימחה על המים. פרשת סוטה יש בה הזכרות הרבה כתובות [חולין קמא.].

עין משפט נר מצוה

נג א מיי' פ"ט מהל' ס"ת הלכה יג סמג עשין כה טוש"ע י"ד סי' רעח סעיף א:

נד ב מיי' פ"ג מהל' תפילין הלכה ט סמג עשין כב טוש"ע א"ח סי' לב סעיף מט:

נה ג מיי' פ"ז מהל' רוצח הלכה ט סמג עשין עז:

רבינו חננאל

בלשון עז שנאמר וידבר ה' אל יהושע לאמר דבר אל בני ישראל לאמר תנו לכם את ערי המקלט וכו'. ומנא לן דכל דבור לשון קשה הוא שנאמר דבר האיש אדוני הארץ אתנו קשות וגו'. איני והתניא אז נדברו ואין נדברו אלא לשון נחת שנאמר ידבר עמים תחתינו. ושנינן דבר לחוד ידבר לחוד. כלומר דבר קשה ידבר ניחותא: מאי בספר תורת אלהים. הכי קאמר ויכתוב יהושע את הדברים האלה בספרו הכתובין בספר תורת אלהים: ספר שתפרו בפשתן רבי יהודה ור' מאיר חד אמר פסול שנאמר למען תהיה תורת ה' בפיך ואיתקש כל התורה לתפילין מה תפילין הלכה למשה מסיני לתפרן בגידין אף כל התורה כולה בגידין. וחד אמר כשר כי איתקשא תורה לתפילין להיכתב במותר בפיך להלכותיו לא איתקיש. אמר רב חזינא להו לתפילין דבי חביבי דתפירי בכיתנא ולית הלכתא כוותיה: אחד משוח (מלחמה) בשמן המשחה ואחד מרובה בגדים כו' וישב בה עד מות הכהן הגדול לפיכך אימותיהן של כהנים גדולים היו מספקין א) בגדים לרצחנים כו' ואקשינן למימרא דאי מצלו צלותיה מתקבלא והכתיב כן קללת חנם לא תבא. ופרקינן היה להם לבקש רחמים על דורם שלא יארע כזה בימיהם. כההוא דאכליה אריה ברחוק ג' פרסי מאתריה דרבי יהושע בן לוי ולא אישתעי אליהו בהדיה ג' יומי: פי' טוביה חטא וזיגוד מינגיד. העיד זיגוד על טוביה שחטא ומפני שהיה עד אחד נתחייב מלקות ונעשה כמו משל בפי הכל אחד חטא וזה לוקה. והוא כמו שכם שביקש לישא דינה והעיר כולה נימולים. פי' מבגאי לשון באגי. כן זה הדבר. כלומר זה הרג וכהן הגדול מתחייב. ופריק שהיה לו לבקש רחמים על דורו ולא ביקש: ירושלמי רבי יוסי בן חלפתא אומר עתים עתים הם לתפלה. שנא' ואני תפלתי לך ה' עת רצון. שאלו לחכמה מהו עונשו של חוטא. אמרה להם חטאים תרדף רעה. והנבואה אמרה הנפש החוטאת היא תמות. והתורה אמרה יביא קרבן ויתכפר לו שנאמר ונרצה לו. והקב"ה אמר יעשה תשובה שנאמר טוב וישר ה' על כן יורה חטאים בדרך כלומר יורה להן דרך תשובה. אמר רב קללת חכם אפילו בחנם מתקיימת. מנא לן מאחיתופל שקללו דוד ואמר כל היודע אם מותר לכתוב שם אחספא ולמשדייא בתהומא לאוקומיה ולא יאמר יחנק בגרונו. ואע"ג דבתר הכי אמר ליה אחיתופל שרי. נתקיימה בו הקללה שנאמר ויצו אל ביתו ויחנק. א"ר אבהו קללת חכם אפילו על תנאי באה מנא לן מעלי דאמר ליה לשמואל כה יעשה לך אלהים. יבעטו גם בניך. ואע"ג דכתיב ויגד לו שמואל את כל הדברים ולא כחד ממנו. הא כתיב ולא הלכו בניו בדרכיו:

אמר

חשק שלמה על ר"ח א) אולי צ"ל מזון ובגדים:

תורה אור השלם

א) וַיְדַבֵּר יְיָ אֶל יְהוֹשֻׁעַ לֵאמֹר: דַּבֵּר אֶל בְּנֵי יִשְׂרָאֵל לֵאמֹר תְּנוּ לָכֶם אֶת עָרֵי הַמִּקְלָט אֲשֶׁר דִּבַּרְתִּי אֲלֵיכֶם בְּיַד מֹשֶׁה: [יהושע כ, א-ב] ב) דִּבֶּר הָאִישׁ אֲדֹנֵי הָאָרֶץ אִתָּנוּ קָשׁוֹת וַיִּתֵּן אֹתָנוּ כִּמְרַגְּלִים אֶת הָאָרֶץ: [בראשית מב, ל] ג) אָז נִדְבְּרוּ יִרְאֵי יְהוָה אִישׁ אֶל רֵעֵהוּ וַיַּקְשֵׁב יְהוָה וַיִּשְׁמָע וַיִּכָּתֵב סֵפֶר זִכָּרוֹן לְפָנָיו לְיִרְאֵי יְהוָה וּלְחֹשְׁבֵי שְׁמוֹ: [מלאכי ג, טז] ד) יַדְבֵּר עַמִּים תַּחְתֵּינוּ וּלְאֻמִּים תַּחַת רַגְלֵינוּ: [תהלים מז, ד] ה) וַיִּכְתֹּב יְהוֹשֻׁעַ אֶת הַדְּבָרִים הָאֵלֶּה בְּסֵפֶר תּוֹרַת אֱלֹהִים וַיִּקַּח אֶבֶן גְּדוֹלָה וַיְקִימֶהָ שָּׁם תַּחַת הָאַלָּה אֲשֶׁר בְּמִקְדַּשׁ יְהוָה: [יהושע כד, כו] ו) וְהָיָה לְךָ לְאוֹת עַל יָדְךָ וּלְזִכָּרוֹן בֵּין עֵינֶיךָ לְמַעַן תִּהְיֶה תּוֹרַת יְהוָה בְּפִיךָ כִּי בְּיָד חֲזָקָה הוֹצִאֲךָ יְהוָה מִמִּצְרָיִם: [שמות יג, ט] ז) וְהִצִּילוּ הָעֵדָה אֶת הָרֹצֵחַ מִיַּד גֹּאֵל הַדָּם וְהֵשִׁיבוּ אֹתוֹ הָעֵדָה אֶל עִיר מִקְלָטוֹ אֲשֶׁר נָס שָׁמָּה וְיָשַׁב בָּהּ עַד מוֹת הַכֹּהֵן הַגָּדֹל אֲשֶׁר מָשַׁח אֹתוֹ בְּשֶׁמֶן הַקֹּדֶשׁ: [במדבר לה, כה] ח) כִּי בְעִיר מִקְלָטוֹ יֵשֵׁב עַד מוֹת הַכֹּהֵן הַגָּדֹל וְאַחֲרֵי מוֹת הַכֹּהֵן הַגָּדֹל יָשׁוּב הָרֹצֵחַ אֶל אֶרֶץ אֲחֻזָּתוֹ: [במדבר לה, כח] ט) וְלֹא תִקְחוּ כֹפֶר לָנוּס אֶל עִיר מִקְלָטוֹ לָשׁוּב לָשֶׁבֶת בָּאָרֶץ עַד מוֹת הַכֹּהֵן: [במדבר לה, לב] י) כַּצִּפּוֹר לָנוּד כַּדְּרוֹר לָעוּף כֵּן קִלְלַת חִנָּם לֹא תָבֹא: [משלי כו, ב] כ) וַאֲחִיתֹפֶל רָאָה כִּי לֹא נֶעֶשְׂתָה עֲצָתוֹ וַיַּחֲבֹשׁ אֶת הַחֲמוֹר וַיָּקׇם וַיֵּלֶךְ אֶל בֵּיתוֹ אֶל עִירוֹ וַיְצַו אֶל בֵּיתוֹ וַיֵּחָנַק וַיָּמׇת וַיִּקָּבֵר בְּקֶבֶר אָבִיו: [ש"ב יז, כג] ל) וַיֹּאמֶר מָה הַדָּבָר אֲשֶׁר דִּבֶּר אֵלֶיךָ אַל נָא תְכַחֵד מִמֶּנִּי כֹּה יַעֲשֶׂה לְּךָ אֱלֹהִים וְכֹה יוֹסִיף אִם תְּכַחֵד מִמֶּנִּי דָּבָר מִכׇּל הַדָּבָר אֲשֶׁר דִּבֶּר אֵלֶיךָ: [ש"א ג, יז] מ) וַיַּגֶּד לוֹ שְׁמוּאֵל אֶת כׇּל הַדְּבָרִים וְלֹא כִחֵד מִמֶּנּוּ וַיֹּאמַר יְהוָה הוּא הַטּוֹב בְּעֵינָו יַעֲשֶׂה: [ש"א ג, יח] נ) וְלֹא הָלְכוּ בָנָיו בִּדְרָכָיו וַיִּטּוּ אַחֲרֵי הַבָּצַע וַיִּקְחוּ שֹׁחַד וַיַּטּוּ מִשְׁפָּט: [ש"א ח, ג]

עין משפט
נר מצוה

נו א מיי' פ"ז מהל' ת"ת הלכה יא סמג לאוין רח טוש"ע י"ד סי' שלד סעיף ל:
נז ב מיי' פ"ז מהל' רוצח הלכה ט:
נח ג מיי' שם הלכה יא:
נט ד מיי' שם הל' י:
ס ה מיי' שם הל' ח:
סא ו מיי' שם פ"ח הלכה יא:
סב ז מיי' שם פ"ה הלכה י:
סג ח ט מיי' שם פ"ז הל' ג:
סד י מיי' שם הל' יב:
סה כ מיי' פ"ו מהל' ביאת מקדש הל' י:

אמר רב יהודה אמר רב א נידוי על תנאי א) צריך הפרה מנלן מיהודה דכתיב א) אם לא הביאותיו אליך וגו' וא"ר שמואל בר נחמני א"ר יונתן מאי דכתיב ב) יחי ראובן ואל ימות וגו' וזאת ליהודה כל אותן מ' שנה שהיו ישראל במדבר עצמותיו של יהודה היו מגולגלין בארון עד שעמד משה ובקש עליו רחמים אמר לפניו רבונו של עולם מי גרם לראובן שיודה יהודה ג) וזאת ליהודה שמע ה' קול יהודה עאל איבריה לשפא לא הוה קא מעיילי ליה למתיבתא דרקיע ג) ואל עמו תביאנו לא הוה קא ידע למישקל ג) ומיטרח בשמעתא בהדי רבנן ג) ידיו רב לו לא הוה ידע לפרוקי קושיא ג) ועזר מצריו תהיה איבעיא להו במיתת כולן הוא חוזר או דלמא ב במיתת אחד מהן ת"ש נגמר דינו בלא כ"ג אינו יוצא משם לעולם ואם איתא ליהדר ד) (ביה) בדהנך בדליכא: מתני' ג משנגמר דינו מת כ"ג ה"ז אינו גולה אם עד שלא נגמר דינו מת כ"ג ומנו אחר תחתיו ולאחר מכן נגמר דינו חוזר במיתתו של שני ד נגמר דינו בלא כ"ג וההורג כ"ג וכ"ג שהרג אינו יוצא משם לעולם ה ואינו יוצא לא לעדות מצוה ולא לעדות ממון ולא לעדות נפשות ואפי' ישראל צריכים לו ואפי' שר צבא ישראל כיואב בן צרויה אינו יוצא משם לעולם שנאמר ד) אשר נס שמה ה) שם ו) תהא דירתו שם תהא מיתתו שם תהא קבורתו ו כשם שהעיר קולטת כך תחומה קולט רוצח שיצא חוץ לתחום ומצאו גואל הדם רבי יוסי הגלילי אומר מצוה ביד גואל הדם ורשות ביד כל אדם רבי עקיבא אומר ז רשות ביד גואל הדם וכל אדם ח) [א] חייבין עליו: גמ' מ"ט אמר אביי ק"ו ומה מי שגלה כבר יצא עכשיו מי שלא גלה אינו דין שלא יגלה ודלמא האי דגלה איכפר ליה האי דלא גלה לא מידי גלות קא מכפרא מיתת כהן הוא דמכפרא: אם עד שלא נגמר דינו וכו': מנא הני מילי אמר רב כהנא דאמר קרא ד) וישב בה עד מות הכהן הגדול אשר משח אותו בשמן הקדש וכי הוא מושחו אלא זה שנמשח בימיו מאי הוה ליה למעבד היה לו לבקש רחמים שיגמור דינו לזכות ולא ביקש אמר אביי ט) נקטינן ח נגמר דינו ומת מוליכין את עצמותיו לשם דכתיב ה) לשוב לשבת בארץ עד מות הכהן ואיזהו ישיבה שהיא בארץ הוי אומר זו קבורה תנא ט מת קודם שמת כ"ג מוליכין עצמותיו על קברי אבותיו דכתיב ו) ישוב הרוצח אל ארץ אחוזתו איזהו ישיבה שהיא בארץ אחוזתו הוי אומר זו קבורה נגמר דינו ונעשה כהן בן גרושה או בן חלוצה פליגי בה רבי אמי ור' יצחק נפחא חד אומר מתה כהונה וחד אומר י בטלה כהונה לימא בפלוגתא דר"א ורבי יהושע קא מיפלגי דתנן י) היה עומד ומקריב ע"ג המזבח ונודע שהוא בן גרושה או בן חלוצה ר"א אומר כל קרבנות שהקריב פסולין ורבי יהושע כ מכשיר מאן דאמר מתה כר' יהושע ומאן דאמר בטלה כרבי אליעזר אליבא

וחטאתי לך. לשון נידוי הוא שיהא מנודה לאביו: מאי דכתיב יחי ראובן וגו' וזאת ליהודה. מה ראה לסמוך יהודה לראובן ומה ראה להתחיל בברכת יהודה בלשון וזאת ליהודה אלא לפי שהיו עצמות כל השבטים שלדן קיים ושל יהודה מגולגלין אמר לשון זה יחי ראובן כלומר ראובן שלדו קיימת כאילו הוא חי וזאת תהיה ליהודה שהם מגולגלין. עצמות כל השבטים יצאו ממצרים ונשאום בניהם במדבר וזהו שאמר יוסף לאחיו (שמות יג) והעליתם (א) עצמותי מזה אתכם עם עצמותיכם: על איבריה לשפא. נכנסו עצמותיו למקום חיבורם ששפו משם כמו דשף מדוכתיה (חולין דף מג: נד.:) לשפא אישלויי"ש דורא: למשקל ולמטרח. לישא וליתן: ידיו רב לו. יהי בו כח לריב ריבו לעצמו נגד חביריו: ליהדר בהנך. במיתת מרובה בבגדים או בשעבר ממשיחותו אלא לאו ש"מ כולהו: מתני' ה"ז אינו גולה. מפרש טעמא בגמ' מק"ו: חוזר במיתתו של שני. יליף טעמא בגמ': נגמר דינו בלא כ"ג. שלא מינו אחר תחתיו עד שנגמר דינו של זה לגלות: גמ' שנמשח בימיו. משנעשה זה רוצח: מאי הוה ליה. להאי כהן למיעבד מאחר שעדיין לא היה כ"ג כשהרג זה למה הוא נענש: תנא מת. רוצח בערי מקלט ומת כ"ג אחר זמן: (ב) לשבת בארץ. בתוך הקרקע: ונעשה כ"ג בן גרושה. יצא עליו עדות שהוא חלל: מתה כהונה. הרי הוא כמת ואין הרוצח גולה: בטלה כהונה. איגלאי מילתא למפרע שלא היה כ"ג והוה ליה האי רוצח נגמר דינו בלא כהן גדול ואינו חוזר לעולם:

תוספות

אפילו על תנאי צריך הפרה מנלן מיהודה. יש מדקדקין מכאן דנידויים שלנו אפי' אותם שיש להם זמן אין לנדות עצמן מספק (ג) שהרי הכא התנה בדבר שלא היה בידו לקיים שמא היה מעכבו יוסף או יקראנו אסון בדרך ולכך חל מעיקרו גם הנידוי על התנאי אבל שאר תנאים דבידו לקיים כגון שמנדין את האדם שלא יעשה הדבר ודאי לא חל הנידוי כלל מעיקרו דכיון דבידו הוא משעת הנידוי אנו יודעים בודאי שלא בדעתו לעשות הדבר ודאי לא חל הנידוי כלל מעיקרו י):
מי גרם לראובן שהודה יהודה. תימה דהא אמרינן במדרש וישב ראובן אל הבור מהיכן שב מבית אביו שישב בתענית על מעשה בלהה וזה היה קודם מעשה דיהודה וי"ל דמ"מ לא הודה ברבים עד מעשה דיהודה:
מי גרם לראובן שהודה. ולכל יש לנו סמך מן המקרא יהודה אתה יודוך אחיך ומתרגמינן את הודית ל) כך יודוך אחיך פירוש (ד) הודית ולא בוש כך יודוך אחיך שבשביל שהתחלת להודות בא ראובן והודה:
אמר אביי ק"ו ומה מי שגלה כו'. תימה מהאי דינא נילף נמי לנגמר דינו בלא כ"ג שלא יגלה כלל ומה מי שגלה כבר לפני מיתת כ"ג יוצא במיתתו של כ"ג מי שלא גלה לפני מותו אינו דין שלא יגלה אחר מותו דהכי אמרינן בערכין (דף כט: ושם) מכורה כבר יוצאה שאינה מכורה אינו דין שלא תמכר ונפקא לן מהאי דינא דאינה נמכרת כלל אחר הבאת סימנין עד עולם ונראה דלא קשיא מידי דהא מיתת הכהן כפרה הוא כדאמר בסמוך וכפרה לא שייכא אלא למי שמחויב מ) בבריא והלכך דוקא לפי שנגמר ונתחייב גלות ואח"כ מת כ"ג מכפרת מיתת כ"ג שלא יגלה כלל מק"ו כדקאמר הש"ס אבל נגמר דינו בלא כ"ג שכבר מת כ"ג קודם גמר דין של זה ודאי ליכא למילף מק"ו דהיאך תכפר מיתת כ"ג וליכא למימר דתתכפר לו מיתת כ"ג השתא כשנגמר דינו דהא לא מיכפרא אלא בשעת מיתה י) ולאחר כך ובשעת מיתה לא היה זה חייב ולא דמי להיא דערכין דמכורה כבר יוצאה וכו' דהתם משעת הבאת סימנין מתחלת גדלותה ושוב לא יפסיק ממנה הגדלות לעולם ולכך שייך למילף שפיר דלא תמכר כלל אחר התחלת סימנין עד עולם כן נראה למשי"ח: מידי גלות קא מכפרא. תימה אין ה"נ מדאמר בריש מכילתין (דף ב:) הם שלא עשו מעשה נגלו כי היכי דתהוי להו כפרה אלמא גלות מכפרת וי"ל דהכא כפרה לפטרו מגלות קאמר דהא בעי למילף דמי שלא גלה עדיין דמיתת כ"ג תועיל לפטרו מגלות מק"ו הלכך שפיר משני מידי גלות מכפרת מיתת כ"ג מכפרת פירוש (ה) מיפטרא מגלות שהרי אפילו לא גלה אלא יום אחד ומת הכ"ג הוא חוזר ואילו לא מת הכהן אפילו שהה שם זמן מרובה אינו יוצא על כרחך כפרה זו במיתת כהן תלויה כדפירשתי כן נראה למשי"ח:

אילן

רבינו חננאל

אמר רב יהודה אמר רב נידוי על תנאי אפי' מעצמו א) צריך הפרה. מנא לן מיהודה שנאמר אם לא הביאותיו אליך והצגתיו לפניך וחטאתי לך כל הימים ואשכחנן שהיו עצמותיו מגולגלין בארון עד שבקש עליהם רחמים מרע"ה שנאמר שמע ה' קול יהודה: נגמר דינו לגלות ומת הכהן הגדול אינו גולה. מיתת כהן גדול מכפרת לו. אמר אביי נקיטינן נגמר דינו ומת מוליכין עצמותיו של הורג בעיר מקלט. שנא' לשוב לשבת בארץ עד מות הכהן הגדול ואיזו היא ישיבה בארץ הוי אומר זו קבורה. תנא מת הרוצח ומת כהן גדול [וכו'] בן גרושה או בן חלוצה. רבי אמי ורבי יצחק חד אמר מתה כהונה. וחד אמר בטלה כהונה. ובפלוגתא דתנן היה עומד ומקריב ונודע שהוא בן גרושה או בן חלוצה רבי אליעזר אומר כל קרבנות שהקריב פסולין הן ורבי יהושע מכשיר. ואסיק' כי

חשק שלמה על ר"ח

א) וכן הגיה הרש"א וכ"ה ברי"ף ורא"ש פ"ג דמ"ק:

אישלוויי"ש דור"א. פירוש פרק (של עלם) (עיין רש"י שבת דף קמז ע"א ד"ה נפרקה וחולין דף מג ע"ב ד"ה דשף מדוכתיה):

א) אָנֹכִי אֶעֶרְבֶנּוּ מִיָּדִי תְּבַקְשֶׁנּוּ אִם לֹא הֲבִיאֹתִיו אֵלֶיךָ וְהִצַּגְתִּיו לְפָנֶיךָ וְחָטָאתִי לְךָ כָּל הַיָּמִים: [בראשית מג, ט]
ב) יְחִי רְאוּבֵן וְאַל יָמֹת וִיהִי מְתָיו מִסְפָּר: [דברים לג, ו]
ג) וְזֹאת לִיהוּדָה וַיֹּאמַר שְׁמַע יְיָ קוֹל יְהוּדָה וְאֶל עַמּוֹ תְּבִיאֶנּוּ יָדָיו רָב לוֹ וְעֵזֶר מִצָּרָיו תִּהְיֶה: [דברים לג, ז]
ד) וְהִצִּילוּ הָעֵדָה אֶת הָרֹצֵחַ מִיַּד גֹּאֵל הַדָּם וְהֵשִׁיבוּ אֹתוֹ הָעֵדָה אֶל עִיר מִקְלָטוֹ אֲשֶׁר נָס שָׁמָּה וְיָשַׁב בָּהּ עַד מוֹת הַכֹּהֵן הַגָּדֹל אֲשֶׁר מָשַׁח אֹתוֹ בְּשֶׁמֶן הַקֹּדֶשׁ: [במדבר לה, כה]
ה) וְלֹא תִקְחוּ כֹפֶר לָנוּס אֶל עִיר מִקְלָטוֹ לָשׁוּב לָשֶׁבֶת בָּאָרֶץ עַד מוֹת הַכֹּהֵן: [במדבר לה, לב]
ו) כִּי בְעִיר מִקְלָטוֹ יֵשֵׁב עַד מוֹת הַכֹּהֵן הַגָּדֹל וְאַחֲרֵי מוֹת הַכֹּהֵן הַגָּדֹל יָשׁוּב הָרֹצֵחַ אֶל אֶרֶץ אֲחֻזָּתוֹ: [במדבר לה, כח]

א) רש"א אפילו מעצמו וכן נוסחת שאלתות, ב) ב"ק צב. סוטה ז: ע"ש, ג) [בשאלתות איתא ולמיטרא], ד) הגריעב"ץ מחק ת"ו, ה) סנהדרין יח:, ו) לקמן יב., ז) [בתוספ' פ"ב דרש לה דכתיב שלש פעמים שמה], ח) [ועי' תוי"ט דגרס אין חייבין לאפוקי מרש"ל שהגיה ומחק מלת אין ע"ש וכן העתיק הכ"מ אין חייבין ולדבריהם גם בברייתא דלקמן יב. ר"ע אומר רשות וכו' וכל אדם חייבין צריכין אנו להגיה דצ"ל אין חייבין וניחא לפ"ז דלא שאל הש"ס לקמן גם אהך פלוגתא דכל אדם מ"ט דר"י הגלילי ומ"ט דרבי עקיבא משום דלדעת התוי"ט אין שום פלוגתא בזה דכל אדם ע"ש], ט) [פירושו עיין רש"י בעירובין ה. בד"ה והאמר רב נחמן], י) פסחים עב: קדושין סו: [תרומות פ"ח מ"א], כ) [ובדרב אלפס עוד במ"ק פ"ג דף רפז. גרס נידוי על תנאי אפי' מעצמו צריך וכו'], ל) [ודע דבת"א שלפנינו איתא כן יודין אחיך גם בשאר תרגום לא מצאתי לפי שעה ועי' תרגום יונתן וירושלמי], מ) נ"א כפרה, נ) רש"א ולא לאחר כך.

(א) רש"י ד"ה מאי וכו' והעליתם את עצמותי: (ב) ד"ה לשבת נ"ל קודס ד"ה תנא: (ג) תוס' ד"ה אפי' וכו' אין לנדות עצמן מספק ולאו מילתא הוא שהרי הכא התנה וכו' דמשעת הנדוי: (ד) ד"ה מי גרם וכו' פירוש אתה הודית ולא בושת כך יודוך: (ה) ד"ה מידי וכו' פירוש למיפטרי' וכו' אינו יוצא ואם כן על כרחך כפרה:

גליון הש"ס

גמ' נגמר דינו. עיין יומא דף עג ע"א תוס' ד"ה וכולן: תוס' ד"ה אפי' וכו' לא חל הנידוי כלל מעיקרו. עיין כתובות דף סט ע"א תוס' ד"ה ובשמתא:

[א] משנה וכל אדם אין חייבין כצ"ל (וכ"ה בדפו"י ובמשניות וירושלמי ובכל הראשונים וגירסא שלפנינו הוגה ע"פ הרש"ל ועי' תוי"ט):

יחי ראובן וגו' וזאת ליהודה. ועוד פירשו רבותינו שכל ארבעים שנה שהיו ישראל במדבר, היו עצמות יהודה מתגלגלין בארון, מפני נידוי שקבל עליו שנאמר וחטאתי לאבי כל הימים אמר משה מי גרם לראובן שיודה יהודה וכו' [דברים לג. ז]. יחי ראובן וזאת ליהודה. אין לך בברכת כל השבטים מתחלת וזאת חוץ מזו [סוטה ז:]. עצמותיו של יהודה. כל השבטים יצאו עצמותיהם ממצרים ונקברו בארץ ישראל שנאמר והעליתם את עצמותי מזה אתכם (שמות יג) משמע שאף עצמותם העלו ולא נכתב יוסף אלא להודיעך שבחו של משה שכל ישראל נתעסקו בביזה והוא עסק במצוה [ב"ק צב.]. מגולגלין בארון. והיו עצמות כל השבטים שלדן קיימת ויהודה איבריו מתפרקין ומתגלגלין בארונו מפני שנידה את עצמו בערבונו של בנימין וחטאתי לך כל הימים אפי' לעולם הבא ומהכא נפקא לן נידוי על תנאי צריך הפרה. מי גרם לראובן שהודה. במעשה יצועי אביו. יהודה. שהודה במעשה תמר וכן היה מסורת בידיהם ומדרש אגדה דר' תנחומא כשאמר יהודה צדקה ממני עמד ראובן ואמר בלבלתי יצועי אבי ועכשיו יחי ראובן שלדו קיימת כאילו הוא חי וזאת ליהודה שהוא מתגלגל. ידיו רב לו. יהא לו נצחון לריב ריבו והאי דכתיב ידיו לשון מלחמה הוא מלחמתה של תורה. אליבא דהלכתא. לא היה זוכה לומר דבר המתקבל [סוטה שם]. ההורג כ"ג. בשוגג גולה לעיר מקלט ואינו יוצא משם לעולם דכיון דאין כהן גדול במקדש כשהוא גולה במיתת מי ישוב וכן כהן גדול שהרג את הנפש בשוגג במיתת מי ישוב הא ליכא כהן גדול [סנהדרין יח:]. וישב בה עד מות הכהן הגדול אשר משח אותו בשמן. רבותינו דרשוהו במסכת מכות לראיית דבר ללמד שאם עד שלא נגמר דינו מת הכהן הגדול ומינו אחר תחתיו ולאחר מכאן נגמר דינו חוזר במיתתו של שני שנאמר אשר משח אותו וכי הוא משחו לכהן או הכהן משח אותו אלא להביא את הנמשח בימיו שמחזירו במיתתו [במדבר לה כה]. נקטינן. מסורת מאבותינו. מנהג מרבותינו [עירובין ה.]. בן גרושה. כהן חלל זר גמור הוא דכתיב בכהן הנושא גרושה (ויקרא כא) לא יחלל זרעו שמחללו מדין כהונה [פסחים עב:].

The Gemara gives yet another case in which a conditional declaration takes effect even though the condition was not fulfilled:

אָמַר רַב יְהוּדָה אָמַר רַב – Rav Yehudah said in the name of Rav: נִידּוּי עַל תְּנַאי צָרִיךְ הֲפָרָה – **An** excommunicatory **ban imposed conditionally requires annulment.** I.e. even if the condition has not been met, the ban is in force and must be formally annulled.[1] מְנָלַן – **From where do we learn this?** מִיהוּדָה – **From Judah,** son of Jacob. דִּכְתִיב – **For it is written** that Judah said to Jacob: ,,אִם־לֹא הֲבִיאֹתִיו אֵלֶיךָ וגו׳ " – ***If I do not bring him to you*** *and stand him before you, then I will have sinned to you for all time.*[2] This is an expression of a ban, meaning that if he would fail to bring Benjamin back to Jacob, Judah would be banned for all time, both in this world and in the next.[3] Judah accepted the ban only if he should fail to bring Benjamin back safely. As things transpired, he kept his promise and returned Benjamin to Jacob. וְאָמַר רַבִּי שְׁמוּאֵל בַּר נַחְמָנִי אָמַר רַבִּי יוֹנָתָן – **Yet, R' Shmuel bar Nachmani said in the name of R' Yonasan:** מַאי דִּכְתִיב – What is the meaning of **that which is written** in Moses' final blessings to the Jewish people:[4] ,,יְחִי רְאוּבֵן וְאַל־יָמֹת וגו׳ וְזֹאת לִיהוּדָה" – ***May Reuben live and not die etc. And this is for Judah?*** Why did Moses place Judah's blessing immediately after Reuben's,[5] and why does Judah's blessing commence with the expresssion, *And this is for Judah?*[6] He explained: כָּל אוֹתָן אַרְבָּעִים שָׁנָה שֶׁהָיוּ יִשְׂרָאֵל בַּמִּדְבָּר – **All those forty years that Israel was in the Wilderness,** עַצְמוֹתָיו שֶׁל יְהוּדָה הָיוּ מְגוּלְגָּלִין בָּאָרוֹן – **Judah's bones were rolling in the coffin,**[7] because of his self-imposed ban, עַד שֶׁעָמַד מֹשֶׁה וּבִקֵּשׁ עָלָיו רַחֲמִים – **until Moses stood up and beseeched** God **for mercy upon him.** אָמַר לְפָנָיו – **He said before Him:** רִבּוֹנוֹ שֶׁל עוֹלָם – **Master of the Universe!** מִי גָּרַם לִרְאוּבֵן שֶׁיּוֹדֶה – **Who caused Reuben to confess** his sin? יְהוּדָה – It was **Judah!** When Reuben heard Judah confess his sin, Reuben confessed his own.[8] But Reuben's skeleton is intact, as if he were still alive,[9] ,,וְזֹאת לִיהוּדָה" – ***and this is for Judah?*** Is it fitting that Judah's bones should rattle in their coffin, when it was Judah who caused Reuben's bones to rest in peace?[10] Moses now prayed: ,,שְׁמַע ה׳ קוֹל יְהוּדָה" – ***Hearken, Hashem, to the voice of Judah***[11] and allow his remains to find rest in the coffin. עָאל אֵיבְרֵיהּ לְשָׁפָא – Moses's prayer was answered, and **[Judah's] limbs entered their joints.**[12] לֹא הֲוָה קָא מְעַיְּילֵי לֵיהּ לִמְתִיבְתָּא דִּרְקִיעַ – But still **they did not admit him to the Heavenly**

NOTES

1. A person who has been placed under a נִדּוּי, *a ban of excommunication,* is ostracized by the community in a variety of ways, and must conduct himself personally as if he were in the seven days of mourning (*Rambam, Talmud Torah* 7:4). See *Rambam* ibid. 6:14, for the twenty-four reasons to place a person in *nidui.*

A ban is removed with annulment. It must be annulled by the one who pronounced it or by one of equal stature (*Ritva; Hasagos HaRaavad* to *Rambam, Talmud Torah* 7:7; cf. *Rambam* there). The Gemara teaches that even a conditional ban whose condition has not been met requires annulment (see, however, below, note 15, for various qualifications to this rule). [A conditional vow or oath (*neder* or *shevuah*) does not take effect unless the condition is met. For why a conditional ban is different, see *Ritva; Rashba, Teshuvos* 4:274.]

[Some read in the Gemara: נִידּוּי עַל תְּנַאי וַאֲפִילּוּ מֵעַצְמוֹ צָרִיךְ הֲפָרָה, "A ban imposed conditionally, *and even if self-imposed,* requires annulment." This too is implicit in the Gemara's forthcoming proof (*Ritva; Rambam, Hil. Talmud Torah* 7:11; *Rabbeinu Chananel; Maharsha*).]

2. *Genesis* 43:9. This occurred when Jacob refused to allow his sons to take Benjamin to Egypt. Joseph had forbidden them to reenter the country without Benjamin, but Jacob feared to send him. With this personal guarantee, Judah persuaded Jacob to entrust Benjamin to him.

3. See *Rashi* ad loc. and to *Genesis* 44:32; see *Zohar, Vayigash* 306a; cf. *Teshuvos Tashbatz* 2:72.

4. *Deuteronomy* 33:6,7.

5. I.e. instead of following the order of their births, in which case Levi would have come between Reuben and Judah (*Maharsha*).

6. This is the only one of Moses' blessings to the tribes to begin with the phrase וְזֹאת, *and this* (*Rashi, Sotah* 7b ד״ה יחי ראובן).

7. I.e. his skeleton was no longer intact. The remains of all his brothers, by contrast, were intact (*Rashi*).

The remains of all Jacob's sons were taken out of Egypt by Israel and carried through the Wilderness for reburial in Eretz Yisrael. This is what Joseph meant when he adjured his brothers (*Exodus* 13:19): *and you shall bring up my bones from here with you. With you* means "together with your own remains" (*Rashi* here and to *Bava Kamma* 92a ד״ה כל השבטים).

8. This refers to Reuben's sin in the matter of moving Jacob's bed. The incident is mentioned in a verse that states (*Genesis* 35:22): *And Reuben went and lay with Bilhah, his father's concubine.* The Gemara in *Shabbos* (55b) teaches that this verse is not to be taken literally. This is what actually occurred: After the death of Rachel, Jacob's primary wife, Jacob moved his bed from Rachel's tent to that of his concubine Bilhah. Reuben regarded this as an affront to his mother Leah, so he removed the bed from Bilhah's tent. For one of such exalted stature as Reuben, such interference in his father's marital arrangements was tantamount to an act of adultery with his father's concubine.

The events leading to Judah's confession are recorded in *Genesis* Ch. 38. Briefly, Judah's firstborn son Er married a woman named Tamar and soon afterward died childless. Tamar was subsequently given in marriage to Judah's second son, Onan, in accordance with the practice of *yibum* (see *Ramban* ad loc.). When Onan too died, Judah held back his youngest son, Shelah. Tamar, desiring children from Judah, posed as a harlot, and lured Judah into cohabiting with her. She conceived from the union. When Judah was informed of her pregnancy, he, unaware that he was the father, sentenced her to death for harlotry. On her way to be executed, Tamar sent Judah the personal belongings he had given her as pledges for her harlot's pay, thereby demonstrating that she had conceived from a permissible union. Upon receiving the articles, Judah, despite the shame of the admission, immediately confessed that it was he who had impregnated Tamar (צָדְקָה מִמֶּנִּי, *she is right; it is from me!* – *Genesis* 38:26).

R' Yonasan, following an oral tradition of the Rabbis, teaches that Judah's confession influenced Reuben to confess *his* sin too. And so it is taught in a *Midrash Tanchuma:* When Judah said, *"She is right; it is from me,"* Reuben arose and said, "I switched my father's bed" (*Rashi, Sotah* ibid. ד״ה יהודה). *Tosafos* teach an allusion to this in the verse that records Jacob's blessing to Judah. It reads (*Genesis* 49:8): יְהוּדָה אַתָּה יוֹדוּךָ אַחֶיךָ. Rendered simply this means: *Judah, to your [kingship] your brothers admit.* But the *Targum* renders it as: *Judah, you admitted [your sin] and so too your brothers* (meaning Reuben). [See, however, our version of *Targum Onkelos* there, which differs from the *Targum* quoted by *Tosafos.*]

[*Tosafos* note that Reuben did penance for his act even *before* Judah's confession (see *Rashi, Genesis* 37:29). However, he did not confess *publicly* until Judah set the example. As for whether it is generally proper to publicly confess a sin, see *Sotah* ibid.; *Berachos* 34b. For why Reuben needed Judah to teach him to confess, see *Perashas Derachim, Derush* §1 (pp. 20,21); *Aruch LaNer.*]

9. Moses' opening words, *May Reuben live,* intimate that Reuben's remains (like those of his brothers) were intact, as though he were still alive (*Rashi*).

10. Reuben's confession earned him "the life of the World to Come" (*Sotah* ibid.). Thus it was Judah who, by teaching Reuben to confess, caused Reuben's sin against their father to be forgiven, and earned Reuben peace in the next world. It was only fitting, then, that Judah's own sin against their father should also be forgiven, and that he too should find peace in the next world (*Aruch LaNer*).

11. These words are the continuation of the verse *And this is for Judah.* From this point on the Gemara expounds the remainder of Moses's blessing to Judah.

12. The word שָׁף means *detached.* Hence, the sense of לְשָׁפָא is: "to the place from which they were detached" (*Rashi* here and to *Sotah* ibid. ד״ה לשפא).

אפילו על תנאי צריך הפרה מנלן מיהודה. יש מדקדקין מכאן דנידויים שלנו אפי' אותם שיש להם זמן אין לנדות עצמן מספק (ג) שהרי הכא התנה בדבר שלא היה בידו לקיים דשמא היה מעכבו יוסף או יקראנו אסון בדרך ולכך חל מעיקרו גם הנידוי על התנאי אבל שאר תנאים דבידו לקיים כגון שמנדין את האדם שלא יעשה הדבר ודאי לא חל הנידוי כלל מעיקרו דכיון דבידו הוא משעת הנידוי אנו יודעים בודאי שלא בדעתו לעשות הדבר ודאי ° לא חל הנידוי כלל מעיקרו [כ]: **מי** גרם לראובן שהודה יהודה. תימה דהא אמרינן במדרש וישב ראובן אל הבור מהיכן שב מבית אביו שישב בתענית על מעשה בלהה וזה היה קודם מעשה דיהודה וי"ל דמ"מ לא הודה ברבים עד מעשה דיהודה: **מי** גרם לראובן שהודה. ולכל יש לנו סמך מן המקרא יהודה אתה יודוך אחיך ומתרגמינן את הודית [ל] כך יודוך אחיך פירוש (ד) הודית ולא בוש כך יודוך אחיך שבשביל שהתחלת להודות בא ראובן והודה: **אמר** אביי ק"ו ומה מי שגלה כו'. תימה מהאי דינא נילף נמי לנגמר דינו בלא כ"ג שלא יגלה כלל ומה מי שגלה כבר לפני מיתת כ"ג יוצא במיתתו של כ"ג מי שלא גלה לפני מותו אינו דין שלא יגלה אחר מותו דהכי אמרינן בערכין (דף כט: ושם) מכורה כבר יוצאה שאינה מכורה אינו דין שלא תמכר ונפקא לן מהאי דינא דאינה נמכרת כלל אחר הבאת סימנין עד עולם ונראה דלא קשיא מידי דהא מיתת הכהן כפרה הוא כדאמר בסמוך וכפרה לא שייכא אלא למי שמחויב [מ] בגריא והלכך דוקא לפי שנגמר ונתחייב גלות ואח"כ מת כ"ג מכפרת מיתת כ"ג שלא יגלה כלל מק"ו כדקאמר הש"ס אבל נגמר דינו בלא כ"ג שכבר מת כ"ג קודם גמר דין של זה ודאי ליכא למילף מק"ו דהיאך תכפר מיתת כ"ג וליכא למימר דתתכפר לו מיתת כ"ג השתא כשנגמר דינו דהא לא מיכפרא אלא בשעת מיתה [נ] ולאחר כך ובשעת מיתה לא היה זה חייב ולא דמי להההיא דערכין דמכורה כבר יוצאה וכו' דהתם משעת הבאת סימנין מתחלת גדלותה ושוב לא יפסיק ממנה הגדלות לעולם ולכך שייך למילף שפיר דלא תמכר כלל אחר התחלת סימנין עד עולם כן נראה למשי"ח: **מידי** גלות קא מכפרא. תימה אין ה"נ מדאמר בריש מכילתין (דף ב:) הם שלא עשו מעשה לגלו כי היכי דתהוי להו כפרה אלמא גלות מכפרת וי"ל דהכא כפרה לפטרו מגלות קאמר דהא בעי למילף דמי שלא גלה עדיין דמיתת כ"ג תועיל לפטרו מגלות מק"ו הלכך שפיר משני מידי גלות מכפרת מיתת כ"ג מכפרת פירוש (ה) מיפטרא מגלות שהרי אפילו לא גלה אלא יום אחד ומת הכ"ג הוא חוזר ואילו לא מת הכהן אפילו שהה שם זמן מרובה אינו יוצא על כרחך כפרה זו במיתת כהן תלויה כדפירשתי כן נראה למשי"ח:

אמר רב יהודה אמר רב [א] נידוי על תנאי [א] צריך הפרה מנלן מיהודה דכתיב [א] אם לא הביאותיו אליך וגו' [ב] וא"ר שמואל בר נחמני א"ר יונתן מאי דכתיב [ב] יחי ראובן ואל ימות וגו' וזאת ליהודה כל אותן מ' שנה שהיו ישראל במדבר עצמותיו של יהודה היו מגולגלין בארון עד שעמד משה ובקש עליו רחמים אמר לפניו רבונו של עולם מי גרם לראובן שיודה יהודה [ג] וזאת ליהודה שמע ה' קול יהודה עאל איבריה לשפא לא הוה קא מעיילי ליה למתיבתא דרקיע [ג] ואל עמו תביאנו לא הוה קא ידע למישקל [ג] ומיטרח בשמעתא בהדי רבנן [ג] ידיו רב לו לא הוה ידע לפרוקי קושיא [ג] ועזר מצריו תהיה איבעיא להו במיתת כולן הוא חוזר או דלמא [ב] במיתת אחד מהן ת"ש נגמר דינו בלא כ"ג אינו יוצא משם לעולם ואם איתא לידהדר [ד] (ביה) בדהנך בדליכא:

מתני' [ג] משנגמר דינו מת כ"ג ה"ז אינו גולה אם עד שלא נגמר דינו מת כ"ג ומנו אחר תחתיו ולאחר מכן נגמר דינו חוזר במיתתו של שני ° [ד] נגמר דינו בלא כ"ג [ה] וההורג כ"ג וכ"ג שהרג אינו יוצא משם לעולם [ה] ואינו יוצא לא לעדות מצוה ולא לעדות ממון ולא לעדות נפשות ואפי' ישראל צריכים לו ואפי' שר צבא ישראל כיואב בן צרויה אינו יוצא משם לעולם שנאמר [ד] אשר נס שמה [ו] שם [ז] תהא דירתו שם תהא מיתתו שם תהא קבורתו [ו] כשם שהעיר קולטת כך תחומה קולט רוצח שיצא חוץ לתחום ומצאו גואל הדם רבי יוסי הגלילי אומר מצוה ביד גואל הדם ורשות ביד כל אדם רבי עקיבא אומר [ז] רשות ביד גואל הדם וכל אדם [ח] [א] חייבין עליו: **גמ'** מ"ט אמר אביי ק"ו ומה מי שגלה כבר יצא עכשיו מי שלא גלה אינו דין שלא יגלה ודלמא האי דגלה איכפר ליה האי דלא גלה לא מידי גלות קא מכפרא מיתת כהן הוא דמכפרא: אם עד שלא נגמר דינו וכו': מנא הני מילי אמר רב כהנא דאמר קרא [ד] וישב בה עד מות הכהן הגדול אשר משח אותו בשמן הקדש וכי הוא מושחו אלא זה שנמשח בימיו מאי הוה ליה למעבד היה לו לבקש רחמים שיגמור דינו לזכות ולא ביקש אמר אביי [ט] נקטינן [ח] נגמר דינו ומת מוליכין את עצמותיו לשם דכתיב [ה] לשוב לשבת בארץ עד מות הכהן ואיזהו ישיבה שהיא בארץ הוי אומר זו קבורה תנא [ט] מת קודם שמת כ"ג מוליכין עצמותיו על קברי אבותיו דכתיב [ו] ישוב הרוצח אל ארץ אחוזתו איזהו ישיבה שהיא בארץ אחוזתו הוי אומר זו קבורה נגמר דינו ונעשה כהן בן גרושה או בן חלוצה פליגי בה רבי אמי ור' יצחק נפחא חד אומר מתה כהונה וחד אומר [י] בטלה כהונה לימא בפלוגתא דר"א ורבי יהושע קא מיפלגי דתנן [י] היה עומד ומקריב ע"ג המזבח ונודע שהוא בן גרושה או בן חלוצה ר"א אומר כל קרבנות שהקריב פסולין ורבי יהושע [כ] מכשיר מאן דאמר מתה כר' יהושע ומאן דאמר בטלה כרבי אליעזר אליבא

וחטאתי לך. לשון נידוי הוא שיהא מנודה לאביו: מאי דכתיב יחי ראובן וגו' וזאת ליהודה. מה ראה לסמוך יהודה לראובן ומה ראה להתחיל בברכת יהודה בלשון וזאת ליהודה אלא לפי שהיו עצמות כל השבטים שלהן קיים ושל יהודה מגולגלין אמר לשון זה יחי ראובן כלומר ראובן שלו קיימת כאילו הוא חי וזאת תהיה ליהודה שהם מגולגלין. עצמות כל השבטים יצאו ממצרים ונשאום בניהם במדבר וזהו שאמר יוסף לאחיו (שמות יג) והעליתם (א) עצמותי מזה אתכם עם עצמותיכם: על איבריה לשפא. נכנסו עצמותיו למקום חיבורם שספו משם כמו דשף מדוכתיה (חולין דף מב: נד.:) לשפא אישלויי"ש דורא: למשקל ולמטרח. לישא וליתן: ידיו רב לו. יהי בו כח לריב ריבו לעצמו נגד חביריו: לידהדר בהנך. במיתת מרובה בבגדים או בשעבר ממשיחותו אלא לאו ש"מ כולהו: **מתני'** ה"ז אינו גולה. מפרש טעמא בגמ' מק"ו: חוזר במיתתו של שני. יליף טעמא בגמ': נגמר דינו בלא כ"ג. שלא מינו אחר תחתיו עד שנגמר דינו של זה לגלות: **גמ'** שנמשח בימיו. משנעשה זה רוצח: מאי הוה ליה. להאי כהן למיעבד מאחר שעדיין לא היה כ"ג כשהרג זה למה הוא נענש: תנא מת. רוצח בעירי מקלט ומת כ"ג אחר זמן: (ב) לשבת בארץ. בתוך הקרקע: ונעשה כ"ג בן גרושה. יצא עליו עדות שהוא חלל: מתה כהונה. הרי הוא כמת ואין הרוצח גולה: בטלה כהונה. איגלאי מילתא למפרע שלא היה כ"ג והוה ליה האי רוצח נגמר דינו בלא כהן גדול ואינו חוזר לעולם:

עין משפט
נר מצוה

נו א מיי' פ"ז מהל' ת"ת הלכה יא סמג לאוין רח טוש"ע י"ד סי' שלד סעיף ל:
נז ב מיי' פ"ז מהל' רוצח הלכה ט:
נח ג מיי' שם הלכה יא:
נט ד מיי' שם הל' י:
ס ה מיי' שם הל' ח:
סא ו מיי' שם פ"ח הלכה יא:
סב ז מיי' שם פ"ה הלכה י:
סג ח ט מיי' שם פ"ז הל' ג:
סד י מיי' שם הל' יב:
סה כ מיי' פ"ו מהל' ביאת מקדש הל' י:

רבינו חננאל

אמר רב יהודה אמר רב נידוי על תנאי אפי' מעצמו א) צריך הפרה. מנא לן מיהודה שנאמר אם לא הביאותיו אליך והצגתיו לפניך וחטאתי לך כל הימים ואשכחנן שהיו עצמותיו מגולגלין בארון עד שבקש עליהם רחמים מרע"ה שנאמר שמע ה' קול יהודה: נגמר דינו לגלות ומת הכהן הגדול אינו גולה. מיתת כהן גדול מכפרת לו. אמר אביי נקיטינן נגמר דינו ומת מוליכין עצמותיו של הורג בעיר מקלט. שנא' לשוב לשבת בארץ עד מות הכהן הגדול ואיזו היא ישיבה בארץ הוי אומר זו קבורה. תנא מת הרוצח ומת כהן גדול [וכו'] בן גרושה או בן חלוצה. רבי אמי ורבי יצחק חד אמר מתה כהונה. וחד אמר בטלה כהונה. ובפלוגתא דתנן היה עומד ומקריב ונודע שהוא בן גרושה או בן חלוצה רבי אליעזר אומר כל קרבנות שהקריב פסולין הן ורבי יהושע מכשיר. ואסיק' כי

חשק שלמה על ר"ח

א) וכן הגיה הרש"א וכ"ה בר"ף ורא"ש פ"ג דמ"ק:

לעזי רש"י

אישלויי"ש דור"א. פירוש פרק (של עצם) (עיין רש"י שבת דף קמז ע"א ד"ה נפרקה וחולין דף מב ע"ב ד"ה דשף מדוכתיה):

תורה אור השלם

א) אָנֹכִי אֶעֶרְבֶנּוּ מִיָּדִי תְּבַקְשֶׁנּוּ אִם לֹא הֲבִיאֹתִיו אֵלֶיךָ וְהִצַּגְתִּיו לְפָנֶיךָ וְחָטָאתִי לְךָ כָּל הַיָּמִים: [בראשית מג, ט]
ב) יְחִי רְאוּבֵן וְאַל יָמֹת וִיהִי מְתָיו מִסְפָּר: [דברים לג, ו]
ג) וְזֹאת לִיהוּדָה וַיֹּאמַר שְׁמַע יְיָ קוֹל יְהוּדָה וְאֶל עַמּוֹ תְּבִיאֶנּוּ יָדָיו רָב לוֹ וְעֵזֶר מִצָּרָיו תִּהְיֶה: [דברים לג, ז]
ד) וְהִצִּילוּ הָעֵדָה אֶת הָרֹצֵחַ מִיַּד גֹּאֵל הַדָּם וְהֵשִׁיבוּ אֹתוֹ הָעֵדָה אֶל עִיר מִקְלָטוֹ אֲשֶׁר נָס שָׁמָּה וְיָשַׁב בָּהּ עַד מוֹת הַכֹּהֵן הַגָּדֹל אֲשֶׁר מָשַׁח אֹתוֹ בְּשֶׁמֶן הַקֹּדֶשׁ: [במדבר לה, כה]
ה) וְלֹא תִקְחוּ כֹפֶר לָנוּס אֶל עִיר מִקְלָטוֹ לָשׁוּב לָשֶׁבֶת בָּאָרֶץ עַד מוֹת הַכֹּהֵן: [במדבר לה, לב]
ו) כִּי בְעִיר מִקְלָטוֹ יֵשֵׁב עַד מוֹת הַכֹּהֵן הַגָּדֹל וְאַחֲרֵי מוֹת הַכֹּהֵן הַגָּדֹל יָשׁוּב הָרֹצֵחַ אֶל אֶרֶץ אֲחֻזָּתוֹ: [במדבר לה, כח]

מסורת הש"ס

א) רש"א אפילו מעצמו וכן נוסחת שאלתות, ב) ב"ק צב. סוטה ז: ע"ש, ג) [בשאלתות איתא ולמיטרא], ד) הגריע"ן מחק ת"ז, ה) סנהדרין יח:, ו) לקמן יב., ז) [בתוספ' פ"ב דרש לה דכתיב שלש פעמים שמה], ח) [ועי' תוי"ט דגרס אין חייבין לאפוקי מרש"ל שהגיה ומחק מלת אין ע"ש וכן העתיק הכ"מ אין חייבין ולדבריהם גם בברייתא דלקמן יב. ר"ע אומר רשות וכו' וכל אדם חייבין צריכין אנו להגיה דל"ל אין חייבין ויתא לפ"ז דלא שאל הש"ס לקמן גם אהך פלוגתא דכל אדם מ"ט דר"י הגלילי ומ"ט דרבי עקיבא משום דלדעת התוי"ט אין שום פלוגתא בזה דכל אדם ע"ש], ט) [פירושו עיין רש"י בעירובין ה. בד"ה והאמר רב נחמן], י) פסחים עב: קדושין סו: [תרומות פ"ח מ"א], כ) [וברב אלפס עוד במ"ק פ"ג דף רפז. גרם נידוי על תנאי אפי' מעצמו צריך וכו'], ל) [ודע דבת"א שלפנינו איתא כן יודין אחיך גם בשאר תרגום לא מצאתי לפי שעה ועי' תרגום יונתן וירושלמי], מ) נ"א כפרה, נ) רש"א ולא לאחר כך.

הגהות הב"ח

(א) רש"י ד"ה מאי וכו' והעליתם את עצמותי: (ב) ד"ה לשבת נ"ל קודם ד"ה תנא: (ג) תום' ד"ה אפי' וכו' אין לנדות עצמן מספק ולאו מילתא הוא שהרי הכא התנה וכו' דמשעת הנדוי: (ד) ד"ה מי גרם וכו' פירוש אתה הודית ולא בושת כך יודוך: (ה) ד"ה מידי וכו' פירוש למיפטרי' וכו' אינו יוצא ואם כן על כרחך כפרה:

גליון הש"ס

גמ' נגמר דינו. עיין יומא דף עג ע"א תוס' ד"ה וכולן: תוס' ד"ה אפי' וכו' לא חל הנידוי כלל מעיקרו. עיין כתובות דף סט ע"א תוס' ד"ה ובשמתא:

הגהות הגר"א

[א] משנה וכל אדם אין חייבין כצ"ל (וכ"ה בדפוי' ובמשניות ובירושלמי ובכל הראשונים וגירסא שלפנינו הוגה ע"פ הרש"ל ועי' תוי"ט):

ליקוטי רש"י

וחטאתי לך כל הימים. לעולם הבא [בראשית מג ט]. יחי ראובן וגו' וזאת ליהודה. ועוד פירשו רבותינו שבכל ארבעים שנה שהיו ישראל במדבר, היו עצמות יהודה מתגלגלין בארון, מפני נידוי שקבל עליו שנאמר וחטאתי לאבי כל הימים אמר משה מי גרם לראובן שיודה יהודה וכו' [דברים לג. ז]. יחי ראובן וזאת ליהודה. אין לך בברכת כל השבטים מתחלת וזאת חוץ מזו [סוטה ז:]. עצמותיו של יהודה. כל השבטים יצאו עצמותיהם ממצרים ונקברו בארץ ישראל שנאמר והעליתם את עצמותי מזה אתכם (שמות יג) משמע שאף עצמותם העלו ולא נכתב יוסף אלא להודיעך שבחו של משה שכל ישראל נתעסקו בביזה והוא עסק במצוה [ב"ק צב.]. מגולגלין בארון. והיו עצמות כל השבטים שלהן קיימת ויהודה איבריו מתפרקין ומתגלגלין בארונו מפני שנידה את עצמו בערבונו של בנימין וחטאתי לך כל הימים אפי' לעולם הבא ומהכא נפקא לן נידוי על תנאי צריך הפרה. מי גרם לראובן שהודה. במעשה יצועי אביו. יהודה. שהודה במעשה תמר וכן היה מסורת בידיהם ומדרש אגדה דר' תנחומא כשאמר יהודה צדקה ממני עמד ראובן ואמר בלבלתי יצועי אבי ועכשיו יחי ראובן שלו קיימת כאילו הוא חי וזאת ליהודה שהוא מתגלגל. ידיו רב לו. יהא לו נלחם לריב ריבו והאי דכתיב ידיו לשון מלחמה הוא מלחמתה של תורה. אליבא דהלכתא. לא היה זוכה לומר דבר המתקבל [סוטה שם]. ההורג כ"ג. בשוגג גולה לעיר מקלט ואינו יוצא משם לעולם דכיון דאין כהן גדול במקדש כשהוא גולה במיתת מי ישוב וכן כהן גדול שהרג את הנפש בשוגג במיתת מי ישוב הא ליכא כהן גדול [סנהדרין יח:]. וישב בה עד מות הכהן הגדול אשר משח אותו בשמן. רבותינו דרשוהו במסכת מכות לראיית דבר ללמד שאם עד שלא נגמר דינו מת הכהן הגדול ומינו אחר תחתיו ולאחר מכאן נגמר דינו חוזר במיתתו של שני שנאמר אשר משח אותו וכי הוא משחו לכהן או הכהן משח אותו אלא להביא את הנמשח בימיו שמחזירו במיתתו [במדבר לה כה]. נקטינן. מסורת מאבותינו. מנהג מרבותינו [עירובין ה.]. בן גרושה. כהן חלל זר גמור הוא דכתיב בכהן הנושא גרושה (ויקרא כא) לא יחלל זרעו שמחללו מדין כהונה [פסחים עב:].

Academy.[13] Moses therefore continued: „וְאֶל־עַמּוֹ תְּבִיאֶנּוּ" — *and you shall bring him to his people.* This prayer too was accepted, and Judah was admitted to the Heavenly Academy. לֹא הֲוָה קָא יָדַע לְמִישְׁקַל וּמִיטְרָח בַּהֲדֵי רַבָּנָן — However, **he did not know how to debate the Law with the Rabbis.** I.e. he was not at the level of the other Sages. Moses therefore prayed: „יָדָיו רָב לוֹ" — *may his hands contend for him,* meaning: may he be able to engage in the debate of Torah study. This prayer too was accepted. לֹא הֲוָה יָדַע לְפָרוּקֵי קוּשְׁיָא — Still, **he did not know how to answer** the **challenges** that the other Sages raised against his contentions.[14] Moses therefore added: „וְעֵזֶר מִצָּרָיו תִּהְיֶה" — *and You shall be a help against his adversaries,* to find the proper counterarguments.

Although Judah proclaimed his ban only if he should not bring Benjamin back to his father — and he *did* bring him back — he was under the ban until Moses prayed for its annulment. We see that even a ban conditionally imposed must be annulled.[15]

The Gemara returns to the Mishnah's teaching that an inadvertent killer returns home upon the death of three types of Kohen Gadol:

אִיבַּעְיָא לְהוּ — **They inquired:** בְּמִיתַת כּוּלָּן הוּא חוֹזֵר — Is it **with the death of all of them** that **he returns,** אוֹ דִלְמָא בְּמִיתַת אֶחָד מֵהֶן — **or** is it perhaps **with the death of** only **one of them?**[16]

NOTES

13. Although Judah's remains found rest, his soul was still under the ban. Therefore, he was denied entry into the Heavenly Academy.

In this world, one under a ban may not eat or drink with others. In the next world, attendance in the Heavenly Academy takes the place of food and drink. As the Gemara states (*Berachos* 17a): *In the World to Come there is no eating or drinking . . . Rather, the righteous ones sit . . . and delight in the radiance of the Divine Presence.* Thus, Judah was denied entry into the Heavenly Academy in fulfillment of the ban (*Maharsha*).

14. This discussion is repeated in *Sotah* (ibid.) and *Bava Kamma* (92a). There, however, the Gemara reads differently at this point: לֹא הֲוָה קָא סַלְקָא לֵיהּ שְׁמַעְתָּא אַלִּיבָּא דְהִילְכְתָא, *He could not conclude legal discussions in accordance with the law,* i.e. his rulings were not accepted as law (see *Rashi* ad loc.). *Aruch LaNer* explains that the meaning is identical to that of our Gemara: His rulings were not accepted *because* he was unable to defend his contentions against the challenges raised by his colleagues.

15. *Tosafos* qualify this: An unfulfilled conditional ban takes effect only in a case like Judah's, where the ability to keep his promise was never in his own hands (for perhaps Joseph would detain Benjamin or an accident would befall them along the way). Since it was not in Judah's power to prevent the condition from being fulfilled, it was as if he made no condition at all. Therefore, the ban took effect at the moment it was uttered. Ordinarily, however, one *is* able to control whether the condition of a ban will be fulfilled — for example, if the court issues a ban against a person to take effect if he performs a certain act, it is in his power to refrain from that act. Therefore, the ban does not take effect automatically, but only if he actually performs the forbidden act (*Tosafos* here and to *Kesubos* 69a ד"ה ובשמתא, and as explained by *Ritva;* see also *Tos. Shantz; Rabbeinu Bachya, Genesis* 45:24). [According to *Tosafos,* Judah's ban took effect the moment it was uttered. Hence, he and the brothers should have been required to act in accordance with the laws of excommunication. Yet, Scripture states that Judah and the brothers ate together and that Joseph embraced Judah! For discussion of this difficulty, see *Teshuvos Tashbatz* 2:72.]

Ritva suggests that the ban afflicted Judah because he did not fulfill his promise to the letter — although Benjamin was safe, Judah did not physically return him to Jacob as he had promised (*If I do not bring him to you and stand him before you*), but left him in Egypt with Joseph. [By failing to *completely* honor his promise, he allowed the condition to be met, at least in some small measure; this sufficed for the ban to take effect.] Had Judah fulfilled the promise to the letter, the ban — notwithstanding its conditional nature — would not have come to fruition (see further, *Meiri;* see *Tzafnas Pane'ach*). However, others maintain that Judah *did* bring Benjamin back to Jacob (see *Rabbeinu Bachya* ibid.; *Or HaChaim* there).

Or HaChaim (*Genesis* 43:9) qualifies this rule differently. He writes that Judah's stipulation lacked the "doubling" that defines a legally valid stipulation (i.e. it was not stated in both the negative and the positive — "if I do not bring him to you, then . . . *but if I do bring him to you,* then . . ." — see *Gittin* 75a-b). Thus, the condition was invalid; therefore, the ban took effect even though the condition had not been met. Had the correct formula been used in stating the stipulation, the ban would never have taken effect. See *Nasan Piryo* for further discussion.

[A sage who places a ban upon himself may annul it himself (see *Moed Katan* 17a; *Nedarim* 7b). Why then did Judah not annul his own ban? (*Ritva;* see *Hasagos HaRaavad* to *Rambam, Talmud Torah* 7:11). *Ritva* answers that whereas one can annul a ban that affects only himself, one cannot annul a ban that enforces his promise to another (see also *Kesef Mishneh* ad loc.; cf. *Or HaChaim* ibid.). *Hasagos HaRaavad* (ibid.) wonders why *Jacob* did not annul Judah's ban. One answer is that a ban that takes effect in the next world can be annulled only by the Almighty Himself (*Mordechai, Bava Metzia* §354; *Mizrachi* to *Genesis* 43:9; see *Yoreh Deah* 228:45; 334:32). But *Rashba* (*Teshuvos* 3:326) disagrees. He maintains that a sage's annulment uproots a ban retroactively. After annulment, then, it is as if the ban had never been made. Thus, the annulment is effective even with respect to the next world. *Rashba* explains that Judah thought annulment unnecessary, since he had fulfilled the condition of bringing Benjamin back to Jacob — see *Kesef Mishneh* (ibid.) in a similar vein. For other explanations, see *Or HaChaim* ibid.; *Teshuvos Tashbatz* 2:72.]

16. I.e. must all three of the Kohanim mentioned in the Mishnah die for the exile to return home, or does the death of one of them suffice? (see *Rashi* ד"ה ליהדר).

The inquiry concerns a case in which all three types of Kohen Gadol are in existence. The Gemara wishes to determine whether all who exist must die (i.e. one of each existing type), or if the death of only one of those who exist is sufficient. If, however, only *one* Kohen Gadol exists, there is no question that his death returns the killer to his home; the lack of the other two Kohanim cannot condemn the killer to lifelong exile (*Gevuras Ari;* see *Rambam, Commentary to the Mishnah*). *Aruch LaNer* disagrees. He maintains that the point of the inquiry is to determine whether the death of all three types of Kohanim is a necessary criterion for freedom. Accordingly, the inquiry applies also where only one type of Kohen Gadol exists. If the deaths of all three are required, the exiles do not return; if it is not required, they return with the death of the existing Kohen. For extensive discussion of these conflicting opinions, see *Imrei Binyamin.* [Note that even if we were to say that all three types of Kohen Gadol must die, if there exist *several* Kohanim Gedolim who stepped down from their positions, they need not all die. All that is necessary is the death of *one* Kohen from each category (see *Siach Yitzchak* to the Mishnah below).]

The inquiry also concerns R' Yehudah, who allows exiles to return with the death of the Anointed for Battle. Does R' Yehudah permit return upon the death of any *one* of these four Kohanim, or does he require the death of all four? (see *Ramban* to the Mishnah; *Gevuras Ari* here; *Shoshanim LeDavid* to the Mishnah). [R' Yehudah's position is generally understood to be a leniency — he provides another opportunity for the inadvertent killer to return home. If, however, all the Kohanim need die, R' Yehudah's position represents a stringency as well. To wit, when all four types of Kohanim exist, all four must die for the killer to return. According to the Tanna Kamma, only three need die (*Gevuras Ari*).]

Rashi (ד"ה ליהדר בהן) implies that the phrase *all of them,* used in the Gemara's inquiry, refers to all the Kohanim Gedolim mentioned in the Mishnah, even those garbed in additional vestments. This constitutes proof that the additional-vestment category is not limited to the Kohanim Gedolim who served after the time of King Yoshiah — otherwise, it would be impossible for all three types of Kohanim to exist in a single era. Rather, "those garbed in additional vestments" includes those serving as temporary replacements for Kohanim Gedolim (as explained on 11a, note 21). These existed even before Yoshiah's days (see *Ritva* to 11a; *Ramban, Leviticus* 17:32; cf. *Maharshal* and *Maharsha's* understanding of *Rashi*).

[Others, however, *do* limit the additional-vestment category to the Kohanim Gedolim that came after Yoshiah's time. The phrase *all of them* is difficult to understand according to their view, for it implies that all three sorts of Kohanim Gedolim could exist concurrently, when in fact those anointed and those garbed in additional vestments were of

עין משפט נר מצוה

נו א מיי' פ"ז מהל' ת"ת הלכה יא סמג לאוין רח טוש"ע י"ד סי' שלד סעיף לז:
נז ב מיי' פ"ז מהל' רוצח הלכה ט:
נח ג מיי' שם הלכה יא:
נט ד מיי' שם הל' י:
ס ה מיי' שם הל' ח:
סא ו מיי' שם פ"ח הלכה יא:
סב ז מיי' שם פ"ה הלכה י:
סג ח ט מיי' שם פ"ז הל' ג:
סד י מיי' שם הל' יב:
סה כ מיי' פ"ו מהל' ביאת מקדש הל' י:

רבינו חננאל

אמר רב יהודה אמר רב נידוי על תנאי אפי' מעצמו א) צריך הפרה. מנא לן מיהודה שנאמר אם לא הביאותיו אליך והצגתיו לפניך וחטאתי לך כל הימים ואשכחנן שהיו עצמותיו מגולגלין בארון עד שבקש עליהם רחמים מרע"ה שנאמר שמע ה' קול יהודה: **נגמר** דינו לגלות ומת הכהן הגדול אינו גולה. מיתת כהן גדול מכפרת לו. אמר אביי נקיטינן נגמר דינו ומת מוליכין עצמותיו של הורג בעיר מקלט. שנא' לשוב לשבת בארץ עד מות הכהן הגדול ואיזו היא ישיבה בארץ הוי אומר זו קבורה. תנא מת הרוצח ומת כהן גדול [וכו'] בן גרושה או בן חלוצה. רבי אמי ורבי יצחק חד אמר מתה כהונה. וחד אמר בטלה כהונה. ובפלוגתא דתנן היה עומד ומקריב ונודע שהוא בן גרושה או בן חלוצה רבי אליעזר אומר כל קרבנות שהקריב פסולין הן ורבי יהושע מכשיר. ואסיק' כי

חשק שלמה על ר"ח

א) וכן הגיה הרש"א וכ"ה ברי"ף ורא"ש פ"ג דמ"ק:

לעזי רש"י

אישלויי"ש דור"א. פירוש פרק (של עצם) (עיין רש"י שבת דף קמז ע"א ד"ה נפרקה וחולין דף מג ע"ב ד"ה דשף מדוכתיה):

תורה אור השלם

א) אָנֹכִי אֶעֶרְבֶנּוּ מִיָּדִי תְּבַקְשֶׁנּוּ אִם לֹא הֲבִיאֹתִיו אֵלֶיךָ וְהִצַּגְתִּיו לְפָנֶיךָ וְחָטָאתִי לְךָ כָּל הַיָּמִים: [בראשית מג, ט]
ב) יְחִי רְאוּבֵן וְאַל יָמֹת וִיהִי מְתָיו מִסְפָּר: [דברים לג, ו]
ג) וְזֹאת לִיהוּדָה וַיֹּאמַר שְׁמַע יְיָ קוֹל יְהוּדָה וְאֶל עַמּוֹ תְּבִיאֶנּוּ יָדָיו רָב לוֹ וְעֵזֶר מִצָּרָיו תִּהְיֶה: [דברים לג, ז]
ד) וְהִצִּילוּ הָעֵדָה אֶת הָרֹצֵחַ מִיַּד גֹּאֵל הַדָּם וְהֵשִׁיבוּ אֹתוֹ הָעֵדָה אֶל עִיר מִקְלָטוֹ אֲשֶׁר נָס שָׁמָּה וְיָשַׁב בָּהּ עַד מוֹת הַכֹּהֵן הַגָּדֹל אֲשֶׁר מָשַׁח אֹתוֹ בְּשֶׁמֶן הַקֹּדֶשׁ: [במדבר לה, כה]
ה) וְלֹא תִקְחוּ כֹפֶר לָנוּס אֶל עִיר מִקְלָטוֹ לָשׁוּב לָשֶׁבֶת בָּאָרֶץ עַד מוֹת הַכֹּהֵן: [במדבר לה, לב]
ו) כִּי בְעִיר מִקְלָטוֹ יֵשֵׁב עַד מוֹת הַכֹּהֵן הַגָּדֹל וְאַחֲרֵי מוֹת הַכֹּהֵן הַגָּדֹל יָשׁוּב הָרֹצֵחַ אֶל אֶרֶץ אֲחֻזָּתוֹ: [במדבר לה, כח]

גמרא

אמר רב יהודה אמר רב א נידוי על תנאי א) צריך הפרה מנלן מיהודה דכתיב א) אם לא הביאותיו אליך וגו' ב) וא"ר שמואל בר נחמני א"ר יונתן מאי דכתיב ב) יחי ראובן ואל ימות וגו' וזאת ליהודה כל אותן מ' שנה שהיו ישראל במדבר עצמותיו של יהודה היו מגולגלין בארון עד שעמד משה ובקש עליו רחמים אמר לפניו רבונו של עולם מי גרם לראובן שיודה יהודה ג) וזאת ליהודה שמע ה' קול יהודה עאל איבריה לשפא לא הוה קא מעיילי ליה למתיבתא דרקיע ג) ואל עמו תביאנו לא הוה קא ידע למישקל ג) ומיטרח בשמעתא בהדי רבנן ג) ידיו רב לו לא הוה ידע לפרוקי קושיא ג) ועזר מצריו תהיה איבעיא להו במיתת כולן הוא חוזר או דלמא ב במיתת אחד מהן ת"ש נגמר דינו בלא כ"ג אינו יוצא משם לעולם ואם איתא ליהדר ד) (ביה) בדהנך בדליכא:

מתני' ג משנגמר דינו מת כ"ג ה"ז אינו גולה אם עד שלא נגמר דינו מת כ"ג ומנו אחר תחתיו ולאחר מכן נגמר דינו חוזר במיתתו של שני ד נגמר דינו בלא כ"ג וההורג כ"ג וכ"ג שהרג אינו יוצא משם לעולם ה ואינו יוצא לא לעדות מצוה ולא לעדות ממון ולא לעדות נפשות ואפי' ישראל צריכים לו ואפי' שר צבא ישראל כיואב בן צרויה אינו יוצא משם לעולם שנאמר ה) אשר נס שמה ו) שם ה) תהא דירתו שם תהא מיתתו שם תהא קבורתו ו כשם שהעיר קולטת כך תחומה קולט רוצח שיצא חוץ לתחום ומצאו גואל הדם רבי יוסי הגלילי אומר מצוה ביד גואל הדם ורשות ביד כל אדם רבי עקיבא אומר ז רשות ביד גואל הדם וכל אדם ח) [א] חייבין עליו:

גמ' מ"ט אמר אביי ק"ו ומה מי שגלה כבר יצא עכשיו מי שלא גלה אינו דין שלא יגלה ודלמא האי דגלה איכפר ליה האי דלא גלה לא מידי גלות קא מכפרא מיתת כהן הוא דמכפרא: אם עד שלא נגמר דינו וכו': מנא הני מילי אמר רב כהנא דאמר קרא ד) וישב בה עד מות הכהן הגדול אשר משח אותו בשמן הקדש וכי הוא מושחו אלא זה שנמשח בימיו מאי הוה ליה למעבד היה לו לבקש רחמים שיגמור דינו לזכות ולא ביקש אמר אביי ט) נקיטינן ח נגמר דינו ומת מוליכין את עצמותיו לשם דכתיב ה) לשוב לשבת בארץ עד מות הכהן ואיזהו ישיבה שהיא בארץ הוי אומר זו קבורה תנא ט מת קודם שמת כ"ג מוליכין עצמותיו על קברי אבותיו דכתיב ו) ישוב הרוצח אל ארץ אחוזתו איזהו ישיבה שהיא בארץ אחוזתו הוי אומר זו קבורה נגמר דינו ונעשה כהן בן גרושה או בן חלוצה פליגי בה רבי אמי ור' יצחק נפחא חד אומר מתה כהונה וחד אומר י בטלה כהונה לימא בפלוגתא דר"א ורבי יהושע קא מיפלגי דתנן י) היה עומד ומקריב ע"ג המזבח ונודע שהוא בן גרושה או בן חלוצה ר"א אומר כל קרבנות שהקריב פסולין ורבי יהושע כ מכשיר מאן דאמר מתה כר' יהושע ומאן דאמר בטלה כרבי אליעזר אליבא

רש"י

וחטאתי לך. לשון נידוי הוא שיהא מנודה לאביו: מאי דכתיב יחי ראובן וגו' וזאת ליהודה. מה ראה לסמוך יהודה לראובן ומה ראה להתחיל בברכת יהודה בלשון וזאת ליהודה אלא לפי שהיו עצמות כל השבטים שלדן קיים ושל יהודה מגולגלין אמר לשון זה יחי ראובן כלומר ראובן שלדו קיימת כאילו הוא חי וזאת תהיה ליהודה שהם מגולגלין. עצמות כל השבטים יצאו ממצרים ונשאום בניהם במדבר וזהו שאמר יוסף לאחיו (שמות יג) והעליתם (א) עצמותי מזה אתכם עם עצמותיכם: על איבריה לשפא. נכנסו עצמותיו למקום חיבורם ששפו משם כמו דשף מדוכתיה (חולין דף מג: נד.:) לשפא אישלויי"ש דורא: למשקל ולמטרח. לישא וליתן: ידיו רב לו. יהי בו כח לריב ריבו לעצמו נגד חביריו: ליהדר בהנך. במיתת מרובה בבגדים או בשעבר ממשיחותו אלא לאו ש"מ כולהו: **מתני'** ה"ז אינו גולה. מפרש טעמא בגמ' מק"ו: חוזר במיתתו של שני. יליף טעמא בגמ': נגמר דינו בלא כ"ג. שלא מינו אחר תחתיו עד שנגמר דינו של זה לגלות: **גמ'** שנמשח בימיו. משנעשה זה רוצח: מאי הוה ליה. להאי כהן למיעבד מאחר שעדיין לא היה כ"ג כשהרג זה למה הוא נענש: תנא מת. רוצח בערי מקלט ומת כ"ג אחר זמן: (ב) לשבת בארץ. בתוך הקרקע: ונעשה כ"ג בן גרושה. יצא עליו עדות שהוא חלל: מתה כהונה. הרי הוא כמת ואין הרוצח גולה: בטלה כהונה. איגלאי מילתא למפרע שלא היה כ"ג והוה ליה האי רוצח נגמר דינו בלא כהן גדול ואינו חוזר לעולם:

רבותינו שכל ארבעים שנה שהיו ישראל במדבר, היו עצמות יהודה מתגלגלין בארון, מפני נידוי שקבל עליו שנאמר וחטאתי לאבי כל הימים אמר משה מי גרם לראובן שיודה יהודה וכו' [דברים לג. ז]. **יחי ראובן וזאת ליהודה.** אין לך בברכת כל השבטים מתחלת וזאת חוץ מזו [סוטה ז:]. **עצמותיו של יהודה.** כל השבטים יצאו עצמותיהם ממצרים ונקברו בארץ ישראל שנאמר והעליתם את עצמותי מזה אתכם (שמות יג) משמע שאף עצמותם העלו ולא נכתב יוסף אלא להודיעך שבחו של משה שכל ישראל נתעסקו בביזה והוא עסק במצוה [ב"ק צב.]. **מגולגלין בארון.** והיו עצמות כל השבטים שלדן קיימת ויהודה איבריו מתפרקין ומתגלגלין בארונו מפני שנידה את עצמו בערבונו של בנימין וחטאתי לך כל הימים אפי' לעולם הבא ומהכא נפקא לן נידוי על תנאי צריך הפרה. **מי גרם לראובן שהודה.** יהודה. שהודה במעשה תמר וכן היה מסורת בידיהם ומדרש אגדה דר' תנחומא כשאמר יהודה צדקה ממני עמד ראובן ואמר בלבלתי יצועי אבי ועכשיו יחי ראובן שלדו קיימת כאילו הוא חי וזאת ליהודה שהוא מתגלגל. **ידיו רב לו.** יהא לו נצחון לריב ריבו והאי דכתיב ידיו לשון מלחמה הוא מלחמתה של תורה. **אליבא דהלכתא.** לא היה זוכה לומר דבר המתקבל [סוטה שם]. **ההורג כ"ג.** בשוגג גולה לעיר מקלט ואינו יוצא משם לעולם דכיון דאין כהן גדול במקדש כשהוא גולה במיתת מי ישוב הא ליכא כהן גדול [סנהדרין יח:]. **וישב בה עד מות הכהן הגדול אשר משח אותו בשמן.** רבותינו דרשוהו במסכת מכות לראיה דבר ללמד שאם עד שלא נגמר דינו מת הכהן הגדול ומינו אחר תחתיו ולאחר מכאן נגמר דינו חוזר במיתתו של שני שנאמר אשר משח אותו וכי הוא משחו לכהן או הכהן משח אותו אלא להביא את הנמשח בימיו שמחזירו במיתתו [במדבר לה כה]. **נקטינן.** מסורת מאבותינו. מנהג מרבותינו [עירובין ה.]. **בן גרושה.** כהן חלל זר גמור הוא דכתיב בכהן הנושא גרושה (ויקרא כא) לא יחלל זרעו שמחללו מדין כהונה [פסחים עב:].

תוספות

אפילו על תנאי צריך הפרה מנלן מיהודה. יש מדקדקין מכאן לנידויים שלנו אפי' אותם שיש להם זמן אין לנדות עצמן מספק (ג) שהרי הכא התנה בדבר שלא היה בידו לקיים דשמא היה מעכבו יוסף או יקראנו אסון בדרך ולכך חל מעיקרו גם הנידוי על התנאי אבל שאר תנאים דבידו לקיים כגון שמנדין את האדם שלא יעשה הדבר ודאי לא חל הנידוי כלל מעיקרו דכיון דבידו הוא משעת הנידוי אנו יודעים בודאי שלא בדעתו לעשות הדבר ודאי ס) לא חל הנידוי כלל מעיקרו ט):

מי גרם לראובן שהודה יהודה. תימה דהא אמרינן במדרש וישב ראובן אל הבור מהיכן שב מבית אביו שישב בתענית על מעשה בלהה וזה היה קודם מעשה דיהודה וי"ל דמ"מ לא הודה ברבים עד מעשה דיהודה:

מי גרם לראובן שהודה. ולכל יש לנו סמך מן המקרא יהודה אתה יודוך אחיך ומתרגמינן את הודית ל) כך יודוך אחיך פירוש (ד) הודית ולא בוש כך יודוך אחיך שבשביל שהתחלת להודות בא ראובן והודה:

אמר אביי ק"ו ומה מי שגלה כו'. תימה מהאי דינא נילף נמי לנגמר דינו בלא כ"ג שלא יגלה כלל ומה מי שגלה כבר לפני מיתת כ"ג יוצא במיתתו של כ"ג מי שלא גלה לפני מותו אינו דין שלא יגלה אחר מותו דהכי אמרינן בערכין (דף כט: ושם) מכורה כבר יוצאה שאינה מכורה אינו דין שלא תמכר ונפקא לן מהאי דינא דאינה נמכרת כלל אחר הבאת סימנין עד עולם ונראה דלא קשיא מידי דהא מיתת הכהן כפרה הוא כדאמר בסמוך וכפרה לא שייכא אלא למי שמחויב מ) בגריא והלכך דוקא לפי שנגמר ונתחייב גלות ואח"כ מת כ"ג מכפרת מיתת כ"ג שלא יגלה כלל מק"ו כדקאמר הש"ס אבל נגמר דינו בלא כ"ג שכבר מת כ"ג קודם גמר דין של זה ודאי ליכא למילף מק"ו דהיאך תכפר מיתת כ"ג וליכא למימר דתתכפר לו מיתת כ"ג השתא כשנגמר דינו דהא לא מיכפרא אלא בשעת מיתה ו) ולאחר כך ובשעת מיתה לא היה זה חייב ולא דמי להההיא דערכין דמכורה כבר יוצאה וכו' דהתם משעת הבאת סימנין מתחלת גדלותה ושוב לא יפסיק ממנה הגדלות לעולם ולכך שייך למילף שפיר דלא תמכר כלל אחר התחלת סימנין עד עולם כן נראה למשי"ח:

מידי גלות קא מכפרא. תימה אין ה"נ מדאמר בריש מכילתין (דף ב:) הם שלא עשו מעשה יגלו כי היכי דתהוי להו כפרה אלמא גלות מכפרת וי"ל דהכא כפרה לפטרו מגלות קאמר דהא בעי למילף דמי שלא גלה עדיין דמיתת כ"ג תועיל לפטרו מגלות מק"ו הלכך שפיר משני מידי גלות מכפרת מיתת כ"ג מכפרת פירוש (ה) מיפטרא מגלות שהרי אפילו לא גלה אלא יום אחד ומת הכ"ג הוא חוזר ואילו לא מת הכהן אפילו שהה שם זמן מרובה אינו יוצא על כרחך כפרה זו במיתת כהן תלויה כדפירשתי כן נראה למשי"ח:

אילן

מסורת הש"ס

א) רש"א אפילו מעצמו וכן נוסחת שאלתות, ב) ב"ק צב. סוטה ז: ע"ש, ג) [בשאלתות איתא ולמיטרא], ד) הגריעב"ן מחק ת"ז, ה) סנהדרין יח:, ו) לקמן יב., ז) [בתוספ' פ"ב דרש לה דכתיב שלש פעמים שמה], ח) [ועי' תוי"ט דגרס **אין** חייבין לאפוקי מרש"ל שהגיה ומחק מלת **אין** ע"ש וכן העתיק הכ"מ **אין חייבין** ולדבריהם גם בברייתא דלקמן יב. ר"ע אומר רשות וכו' וכל אדם חייבין צריכין אנו להגיה דל"ל **אין חייבין** ויתא לפ"ז דלא שאל הש"ס לקמן גם אהך פלוגתא דכל אדם מ"ט דר"י הגלילי ומ"ט דרבי עקיבא משום דלדעת התוי"ט אין שום פלוגתא בזה דכל אדם ע"ש], ט) [פירושו עיין רש"י בעירובין ה. בד"ה והאמר רב נחמן], י) פסחים עב: קדושין סו: [תרומות פ"ח מ"א], כ) [וברב אלפס עוד במ"ק פ"ג דף רפז. גרס נידוי על תנאי אפי' מעצמו צריך וכו'], ל) [ודע דבת"א שלפנינו איתא בך יודון אחיך גם בשאר תרגום לא מצאתי לפי שעה ועי' תרגום יונתן וירושלמי], מ) נ"א כפרה, נ) רש"א ולא לאחר כך.

הגהות הב"ח

(א) רש"י ד"ה מאי וכו' והעליתם את עצמותי: (ב) ד"ה לשבת נ"ל קודם ד"ה תנא: (ג) תוס' ד"ה אפי' וכו' אין לנדות עצמן מספק ולאו מילתא הוא שהרי הכא התנה וכו' דמשעת הנדוי: (ד) ד"ה מי גרם וכו' פירוש אתה הודית ולא בושת כך יודוך: (ה) ד"ה מידי וכו' פירוש למיפטרי' וכו' אינו יוצא ואם כן על כרחך כפרה:

גליון הש"ס

גמ' נגמר דינו. עיין יומא דף עג ע"א תוס' ד"ה וכולן: תוס' ד"ה אפי' וכו' **לא** חל הנידוי כלל מעיקרו. עיין כתובות דף סט ע"א תוס' ד"ה ובשמתא:

הגהות הגר"א

[א] משנה וכל אדם אין חייבין כצ"ל (וכ"ה בדפו"י ובמשניות ובירושלמי ובכל הראשונים וגירסא שלפנינו הוגה ע"פ הרש"ל ועי' תוי"ט):

ליקוטי רש"י

וחטאתי לך כל הימים. לעולם הבא [בראשית מג ט]. **יחי ראובן וגו' וזאת ליהודה.** ועוד פירשו

The Gemara offers a proof:

תָּא שְׁמַע — **Come, learn** a proof. We learned in the next Mishnah: נִגְמַר דִּינוֹ בְּלֹא כֹהֵן גָּדוֹל — In the case of **[ONE] WHOSE SENTENCE** for exile **WAS FINALIZED WITHOUT** there being **A KOHEN GADOL** at the time of sentencing, אֵינוֹ יוֹצֵא מִשָּׁם לְעוֹלָם — **HE DOES NOT LEAVE THERE EVER** (i.e. the city of refuge). The death of a Kohen Gadol releases the killer from exile *only* if the Kohen Gadol was appointed prior to the killer's sentencing. וְאִם אִיתָא — **Now if it is true** that a killer is released upon the death of any *one* of the three, then even if there is no acting Kohen Gadol at the time of sentencing, לְיַהְדַר (בֵּיהּ) בִּדְהַנַּךְ — **let him return upon** the death of one of **the others,** i.e. one garbed in additional vestments or one who stepped down from his anointment.[17] The fact that he does not return proves that his release is contingent upon the death of all three.

The Gemara deflects the proof:

בִּדְלֵיכָּא — The Mishnah is perhaps speaking of a case **in which there are not** any Kohanim Gedolim at all at the time of sentencing.[18] If, however, there would exist even one Kohen Gadol, his death would perhaps suffice to free the killer.

Mishnah The Mishnah continues its discussion of the killer's return from exile upon the death of the Kohen Gadol:

מִשֶּׁנִּגְמַר דִּינוֹ מֵת כֹּהֵן גָּדוֹל — If after [the killer's] **sentence** to exile **was finalized,** before he went off to exile, **the Kohen Gadol died,** הֲרֵי זֶה אֵינוֹ גוֹלֶה — [the killer] **is not exiled.** He is spared by the death of the Kohen Gadol.[19] אִם עַד שֶׁלֹּא נִגְמַר דִּינוֹ מֵת כֹּהֵן גָּדוֹל — **If before [the killer's] sentence was finalized the Kohen Gadol died,** וּמִנּוּ וּלְאַחַר מִכֵּן נִגְמַר דִּינוֹ — **and they appointed another Kohen Gadol in his place,**[20] **and afterwards** [the killer's] **sentence was finalized,** חוֹזֵר בְּמִיתָתוֹ שֶׁל שֵׁנִי — **he returns** from exile **upon the death of the second** Kohen Gadol, i.e. the newly appointed one. נִגְמַר דִּינוֹ בְּלֹא כֹהֵן גָּדוֹל — In the case of **[one] whose sentence was finalized without** there being **a Kohen Gadol** at the time of sentencing,[21] וְהַהוֹרֵג כֹּהֵן גָּדוֹל — **or one who** inadvertently **killed a Kohen Gadol,** וְכֹהֵן גָּדוֹל שֶׁהָרַג — **or a Kohen Gadol who** inadvertently **killed,** אֵינוֹ יוֹצֵא מִשָּׁם לְעוֹלָם — **he** (i.e. the killer) **does not leave there ever.** The death of a Kohen Gadol who was appointed subsequent to a killer's sentencing cannot release the killer from exile.[22]

The Mishnah sets forth the extent of the exile of an inadvertent killer:[23]

וְאֵינוֹ יוֹצֵא — **And he does not leave** the city of refuge for any reason: לֹא לְעֵדוּת מִצְוָה — **not for testimony**

NOTES

different eras! Some resolve this difficulty by demonstrating that it *was* historically feasible, in the period immediately following the hiding of the anointing oil, for both an anointed Kohen and one of additional vestments to have existed concurrently (see *Tos. Shantz; Tos. Rabbeinu Peretz;* see also *Tosafos, Nazir* 47a ד״ה וכן משוח). *Meiri* (to the Mishnah) understands the phrase *all of them* to be referring to *two* of the three Kohanim — the one currently serving, who before Yoshiah's time was anointed and after his time was garbed in additional vestments, and the one who stepped down from his position.]

For a thorough treatment of this issue, see *Imrei Binyamin* to the Mishnah.

17. *Rashi.*

The Gemara assumes that the Mishnah quoted refers to the primary Kohen Gadol — i.e. the anointed one, who serves in the Holy Temple. It speaks of a case where this sort of Kohen Gadol does not exist at the time of sentencing. The other sorts of Kohanim Gedolim, however, [i.e. those garbed in additional vestments or those who stepped down from their anointments] might very well have been in existence at that time (*Ritva*).

18. I.e. when the Mishnah says: *If his sentence was handed down when there was no Kohen Gadol,* it means that none of the three types were to be found.

The Gemara does not mean that the Mishnah is *definitely* speaking of this case; it is simply demonstrating that nothing can be proved from the Mishnah, since it *might* be speaking of this case. Thus, the inquiry is not resolved (*Mishneh LaMelech* to *Rambam, Hil. Rotze'ach* 7:10; *Shoshanim LeDavid* to the Mishnah; see *Emes LeYaakov*). Alternatively, the Gemara means that this is definitely the Mishnah's case. If so, we may infer from the Mishnah that where there are other Kohanim Gedolim in existence, the death of even a single one of them would free the killer. According to this understanding, the inquiry *is* resolved (see *Rambam* there and in *Commentary to the Mishnah,* as explained by *Aruch HaShulchan, Choshen Mishpat* 425:58; *Aruch LaNer*).

19. I.e. not only does the death of the Kohen Gadol return a person from exile, it also spares a person exile to begin with, so long as it occurs after his sentence was finalized. The Gemara will give the reasoning by which this law is derived.

20. "They" refers to the Sanhedrin which sat in the Temple, which is charged with the appointment of the Kohen Gadol (see *Rambam, Klei HaMikdash* 4:15).

21. [I.e. the Kohen Gadol died] and they did not appoint a new Kohen

Gadol until after the killer's sentence was finalized (*Rashi*).

22. The Gemara does not give a reason for this halachah. *Tos. Yom Tov* explains that a Kohen Gadol appointed after the sentencing bears no responsibility for the killing or for the subsequent sentence. Therefore, he is not liable to the punishment of having the killer's release made dependent upon his death (see also *Aruch LaNer;* see below, notes 40 and 41; 11a note 33).

The case of one who killed a Kohen Gadol, as well as that of a Kohen Gadol who killed, is in effect identical to the case of one whose sentence was finalized without there being a Kohen Gadol at the time of sentencing. For when a Kohen Gadol kills or is killed, there is [generally] no acting Kohen Gadol at the time of exile. Therefore, the killers do not return (*Rashi, Sanhedrin* 18b ד״ה ההורג כהן גדול).

This implies that if a new Kohen Gadol was appointed before sentencing, one who killed a Kohen Gadol and a Kohen Gadol who killed *would* return upon the death of the new Kohen Gadol (*Tosafos, Sanhedrin* ibid. ד״ה אינו יוצא; *Rashi,* as quoted by *Ritva*). Likewise, if one of the other types of Kohen Gadol is alive at the time of sentencing, these killers would return upon *his* death [according to that side of the inquiry in the previous Gemara] (*Tosafos* ibid., and to *Yoma* 73a ד״ה וכולן נוהגות, second explanation; *Rambam, Hil. Rotze'ach* 7:10).

Ritva disagrees. He argues that if this were true, the Mishnah would have qualified its ruling accordingly. Instead the Mishnah states, without adornment, that these killers remain forever exiled. This implies that such is *always* the case. *Ritva* also questions the redundancy of this ruling: Why would the Mishnah trouble to teach two cases that duplicate one already taught — that of a killer sentenced without a reigning Kohen Gadol? *Ritva* therefore concludes that in the two cases involving a Kohen Gadol, even if a new Kohen Gadol was appointed before the sentencing, his death would *not* permit a return from the city of refuge. The Mishnah is saying that no matter what transpires, these killers are condemned to lifelong exile (*Ritva;* see also *Meiri*). *Ritva* reasons that a Kohen Gadol who kills or one who kills a Kohen Gadol has committed a sin far more serious than ordinary killing; with a transgression of this magnitude, the Torah does not permit return from exile. See *Ritva* for another possible understanding; see also *Tosafos, Yoma* ibid., first explanation; see *Chazon Ish, Likkutim* §23, comments to 11b; *Shiurei R' Shmuel* [*Rozovsky*] here §373 and §377.

23. I.e. of *any* inadvertent killer, whether one condemned to stay forever in the city of refuge, or one who returns home with the death of the Kohen Gadol (*Meiri;* see *Rambam, Hil. Rotze'ach* 7:8; cf. *Rabbeinu Chananel,* printed on 12a, with gloss §1).

אמר רב יהודה אמר רב נידוי על תנאי צריך הפרה מנלן מיהודה דכתיב אם לא הביאותיו אליך וגו' וא"ר שמואל בר נחמני א"ר יונתן מאי דכתיב יחי ראובן ואל ימות וגו' וזאת ליהודה כל אותן מ' שנה שהיו ישראל במדבר עצמותיו של יהודה היו מגולגלין בארון עד שעמד משה ובקש עליו רחמים אמר לפניו רבונו של עולם מי גרם לראובן שיודה יהודה וזאת ליהודה שמע ה' קול יהודה עאל איבריה לשפא לא הוה קא מעיילי ליה למתיבתא דרקיע ואל עמו תביאנו לא הוה קא ידע למישקל ומיטרח בשמעתא בהדי רבנן ידיו רב לו לא הוה ידע לפרוקי קושיא ועזר מצריו תהיה איבעיא להו במיתת כולן הוא חוזר או דלמא במיתת אחד מהן ת"ש נגמר דינו בלא כ"ג אינו יוצא משם לעולם ואם איתא ליהדר (ביה) בדהנך בדליכא:

מתני' משנגמר דינו מת כ"ג ה"ז אינו גולה אם עד שלא נגמר דינו מת כ"ג ומנו אחר תחתיו ולאחר מכן נגמר דינו חוזר במיתתו של שני נגמר דינו בלא כ"ג וההורג כ"ג וכ"ג שהרג אינו יוצא משם לעולם ואינו יוצא לא לעדות מצוה ולא לעדות ממון ולא לעדות נפשות ואפי' ישראל צריכים לו ואפי' שר צבא ישראל כיואב בן צרויה אינו יוצא משם לעולם שנאמר אשר נס שמה שם תהא דירתו שם תהא מיתתו שם תהא קבורתו כשם שהעיר קולטת כך תחומה קולט רוצח שיצא חוץ לתחום ומצאו גואל הדם רבי יוסי הגלילי אומר מצוה ביד גואל הדם ורשות ביד כל אדם רבי עקיבא אומר רשות ביד גואל הדם וכל אדם [א] חייבין עליו:

גמ' מ"ט אמר אביי ק"ו ומה מי שגלה כבר יצא עכשיו מי שלא גלה אינו דין שלא יגלה ודלמא האי דגלה איכפר ליה האי דלא גלה לא מידי גלות קא מכפרא מיתת כהן הוא דמכפרא: אם עד שלא נגמר דינו וכו': מנא הני מילי אמר רב כהנא דאמר קרא וישב בה עד מות הכהן הגדול אשר משח אותו בשמן הקדש וכי הוא מושחו אלא זה שנמשח בימיו מאי הוה ליה למעבד היה לו לבקש רחמים שיגמור דינו לזכות ולא ביקש אמר אביי נקטינן נגמר דינו ומת מוליכין את עצמותיו לשם דכתיב לשוב לשבת בארץ עד מות הכהן ואיזהו ישיבה שהיא בארץ הוי אומר זו קבורה תנא מת קודם שמת כ"ג מוליכין עצמותיו על קברי אבותיו דכתיב ישוב הרוצח אל ארץ אחוזתו איזהו ישיבה שהיא בארץ אחוזתו הוי אומר זו קבורה נגמר דינו ונעשה כהן בן גרושה או בן חלוצה פליגי בה רבי אמי ור' יצחק נפחא חד אומר מתה כהונה וחד אומר בטלה כהונה לימא בפלוגתא דר"א ורבי יהושע קא מיפלגי דתנן היה עומד ומקריב ע"ג המזבח ונודע שהוא בן גרושה או בן חלוצה ר"א אומר כל קרבנות שהקריב פסולין ורבי יהושע מכשיר מאן דאמר מתה כר' יהושע ומאן דאמר בטלה כרבי אליעזר אליבא

רש"י

וחטאתי לך. לשון נידוי הוא שיהא מנודה לאביו: מאי דכתיב יחי ראובן וגו' וזאת ליהודה. מה ראה לסמוך יהודה לראובן ומה ראה להתחיל בברכת יהודה בלשון וזאת ליהודה אלא לפי שהיו עצמות כל השבטים שלהן קיים ושל יהודה מגולגלין אמר לשון זה יחי ראובן כלומר ראובן שלדו קיימת כאילו הוא חי וזאת תהיה ליהודה שהם מגולגלין. עצמות כל השבטים יצאו ממצרים ונשאום בניהם במדבר וזהו שאמר יוסף לאחיו (שמות יג) והעליתם (א) עצמותי מזה אתכם עם עצמותיכם: על איבריה לשפא. נכנסו עצמותיו למקום חיבורם ששפו משם כמו דשף מדוכתיה (חולין דף מב: נד.:) לשפא אישלוויי"ש דורא: למשקל ולמטרח. לישא וליתן: ידיו רב לו. יהי בו כח לריב ריבו לעצמו נגד חביריו: ליהדר בהנך. במיתת מרובה בבגדים או בשעבר ממשיחותו אלא לאו ש"מ כולהו: מתני' ה"ז אינו גולה. מפרש טעמא בגמ' מק"ו: חוזר במיתתו של שני. יליף טעמא בגמ': נגמר דינו בלא כ"ג. שלא מינו אחר תחתיו עד שנגמר דינו של זה לגלות: גמ' שנמשח בימיו. משנעשה זה רוצח: מאי הוה ליה. להאי כהן למיעבד מאחר שעדיין לא היה כ"ג כשהרג זה למה הוא נענש: תנא מת. רוצח בערי מקלט ומת כ"ג אחר זמן: (ב) לשבת בארץ. בתוך הקרקע: ונעשה כ"ג בן גרושה. יצא עליו עדות שהוא חלל: מתה כהונה. הרי הוא כמת ואין הרוצח גולה: בטלה כהונה. איגלאי מילתא למפרע שלא היה כ"ג והוה ליה האי רוצח נגמר דינו בלא כהן גדול ואינו חוזר לעולם:

תוספות

אפילו על תנאי צריך הפרה מנלן מיהודה. יש מדקדקין מכאן דנידויים שלנו אפי' אותם שיש להם זמן אין לנדות עצמן מספק (ג) שהרי הכא התנה בדבר שלא היה בידו לקיים דשמא היה מעכבו יוסף או יקראנו אסון בדרך ולכך חל מעיקרו גם הנידוי על התנאי אבל שאר תנאים דבידו לקיים כגון שמנדין את האדם שלא יעשה הדבר ודאי לא חל הנידוי כלל מעיקרו דכיון דבידו הוא משעת הנידוי אנו יודעים בודאי שלא בדעתו לעשות הדבר ודאי לא חל הנידוי כלל מעיקרו [נ]:

מי גרם לראובן שהודה יהודה. תימה דהא אמרינן במדרש וישב ראובן אל הבור מהיכן בא מבית אביו שישב בתענית על מעשה בלהה וזה היה קודם מעשה דיהודה וי"ל דמ"מ לא הודה ברבים עד מעשה דיהודה:

מי גרם לראובן שהודה. ולכך יש לנו סמך מן המקרא יהודה אתה יודוך אחיך ומתרגמינן את הודית [ל] כך יודוך אחיך פירוש (ד) הודית ולא בוש כך יודוך אחיך שבשביל שהתחלת להודות בא ראובן והודה:

אמר אביי ק"ו ומה מי שגלה כו'. תימה מהאי דינא נילף נמי לנגמר דינו בלא כ"ג שלא יגלה כלל ומה מי שגלה כבר לפני מיתת כ"ג יוצא במיתתו של כ"ג מי שלא גלה לפני מותו אינו דין שלא יגלה אחר מותו דהכי אמרינן בערכין (דף כט: ושם) מכורה כבר יוצאה שאינה מכורה אינו דין שלא תמכר ונפקא לן מהאי דינא דאינה נמכרת כלל אחר הבאת סימנין עד עולם ונראה דלא קשיא מידי דהא מיתת הכהן כפרה הוא כדאמר בסמוך וכפרה לא שייכא אלא למי שמחויב [מ] בבריא והלכך דוקא לפי שנגמר ונתחייב גלות ואח"כ מת כ"ג מכפרת מיתת כ"ג שלא יגלה כלל מק"ו כדקאמר הש"ס אבל נגמר דינו בלא כ"ג שכבר מת כ"ג קודם גמר דין של זה ודאי ליכא למילף מק"ו דהיאך תכפר מיתת כ"ג וליכא למימר דתתכפר לו מיתת כ"ג השתא כשנגמר דינו דהא לא מיכפרא אלא בשעת מיתה [י] ולאחר כך ובשעת מיתה לא היה זה חייב ולא דמי להיא דערכין דמכורה כבר יוצאה וכו' דהתם משעת הבאת סימנין מתחלת גדלותה ושוב לא יפסיק ממנה הגדלות לעולם ולכך שייך למילף שפיר דלא תמכר כלל אחר התחלת סימנין עד עולם כן נראה למשי"ח:

מידי גלות קא מכפרא. תימה אין ה"נ מדאמר בריש מכילתין (דף ב:) הם שלא עשו מעשה נגלו כי היכי דתהוי להו כפרה אלמא גלות מכפרת וי"ל דהכא כפרה לפטרו מגלות קאמר דהא בעי למילף דמי שלא גלה עדיין דמיתת כ"ג תועיל לפטרו מגלות מק"ו הלכך שפיר משני מידי גלות מכפרת מיתת כ"ג מכפרת פירוש (ה) מיפטרא מגלות שהרי אפילו לא גלה אלא יום אחד ומת הכ"ג הוא חוזר ואילו לא מת הכהן אפילו שהה שם זמן מרובה אינו יוצא על כרחך כפרה זו במיתת כהן תלויה כדפירשתי כן נראה למשי"ח:

אילן

עין משפט נר מצוה

נו א מיי' פ"ז מהל' ת"ת הלכה יא סמג לאוין רח טוש"ע י"ד סי' שלד סעיף ל:
נז ב מיי' פ"ז מהל' רוצח הלכה ט:
נח ג מיי' שם הלכה יא:
נט ד מיי' שם הל' י:
ס ה מיי' שם הל' ח:
סא ו מיי' שם פ"ח הלכה יא:
סב ז מיי' שם פ"ה הלכה י:
סג ח ט מיי' שם פ"ז הל' ג:
סד י מיי' שם הל' יב:
סה כ מיי' פ"ו מהל' ביאת מקדש הל' י:

רבינו חננאל

אמר רב יהודה אמר רב נידוי על תנאי אפי' מעצמו א) צריך הפרה. מנא לן מיהודה שנאמר אם לא הביאותיו אליך והצגתיו לפניך וחטאתי לך כל הימים ואשכחנן שהיו עצמותיו מגולגלין בארון עד שבקש עליהם רחמים מרע"ה שנאמר שמע ה' קול יהודה: נגמר דינו לגלות ומת הכהן הגדול אינו גולה. מיתת כהן גדול מכפרת לו. אמר אביי נקיטינן נגמר דינו ומת מוליכין עצמותיו של הורג בעיר מקלט. שנא' לשוב לשבת בארץ עד מות הכהן הגדול ואיזו היא ישיבה בארץ הוי אומר זו קבורה. תנא מת הרוצח ומת כהן גדול [וכו'] בן גרושה או בן חלוצה. רבי אמי ורבי יצחק חד אמר מתה כהונה. וחד אמר בטלה כהונה. ובפלוגתא דתנן היה עומד ומקריב ונודע שהוא בן גרושה או בן חלוצה רבי אליעזר אומר כל קרבנות שהקריב פסולין הן ורבי יהושע מכשיר. ואסיק' כי

חשק שלמה על ר"ח

א) וכן הגיה הרש"א וכ"ה ברי"ף ורא"ש פ"ג דמ"ק:

לעזי רש"י

אישלוויי"ש דור"א. פירוש פרק (של עצם) (עיין רש"י שבת דף קמז ע"א ד"ה נפרקה וחולין דף מג ע"ב ד"ה דשף מדוכתיה):

תורה אור השלם

א) אָנֹכִי אֶעֶרְבֶנּוּ מִיָּדִי תְּבַקְשֶׁנּוּ אִם לֹא הֲבִיאֹתִיו אֵלֶיךָ וְהִצַּגְתִּיו לְפָנֶיךָ וְחָטָאתִי לְךָ כָּל הַיָּמִים: [בראשית מג, ט]
ב) יְחִי רְאוּבֵן וְאַל יָמֹת וִיהִי מְתָיו מִסְפָּר: [דברים לג, ו]
ג) וְזֹאת לִיהוּדָה וַיֹּאמַר שְׁמַע יְיָ קוֹל יְהוּדָה וְאֶל עַמּוֹ תְּבִיאֶנּוּ יָדָיו רָב לוֹ וְעֵזֶר מִצָּרָיו תִּהְיֶה: [דברים לג, ז]
ד) וְהִצִּילוּ הָעֵדָה אֶת הָרֹצֵחַ מִיַּד גֹּאֵל הַדָּם וְהֵשִׁיבוּ אֹתוֹ הָעֵדָה אֶל עִיר מִקְלָטוֹ אֲשֶׁר נָס שָׁמָּה וְיָשַׁב בָּהּ עַד מוֹת הַכֹּהֵן הַגָּדֹל אֲשֶׁר מָשַׁח אֹתוֹ בְּשֶׁמֶן הַקֹּדֶשׁ: [במדבר לה, כה]
ה) וְלֹא תִקְחוּ כֹפֶר לָנוּס אֶל עִיר מִקְלָטוֹ לָשׁוּב לָשֶׁבֶת בָּאָרֶץ עַד מוֹת הַכֹּהֵן: [במדבר לה, לב]
ו) כִּי בְעִיר מִקְלָטוֹ יֵשֵׁב עַד מוֹת הַכֹּהֵן הַגָּדֹל וְאַחֲרֵי מוֹת הַכֹּהֵן הַגָּדֹל יָשׁוּב הָרֹצֵחַ אֶל אֶרֶץ אֲחֻזָּתוֹ: [במדבר לה, כח]

מסורת הש"ס

א) רש"א אפילו מעצמו וכן נוסחת שאלתות, ב) ב"ק צב. סוטה ז: ע"ש, ג) [בשאלתות איתא ולמיטרא], ד) הגריעב"ץ מחק ת"ז, ה) סנהדרין יח:, ו) לקמן יג., ז) [בתוספ' פ"ב דרש לה דכתיב שלש פעמים שמה], ח) [ועי' תוי"ט דגרס אין חייבין לאפוקי מרש"ל שהגיה ומחק מלת אין ע"ש וכן העתיק הכ"מ אין חייבין ולדבריהם גם בברייתא דלקמן יב. ר"ע אומר רשות וכו' וכל אדם חייבין צריכין אנו להגיה דל"ל אין חייבין ויתא לפ"ז דלא שאל הש"ס לקמן גם אהך פלוגתא דכל אדם מ"ט דר"י הגלילי ומ"ט דרבי עקיבא משום דלדעת התוי"ט אין שום פלוגתא בזה דכל אדם ע"ש], ט) [פירושו עיין רש"י בעירובין ה. בד"ה והאמר רב נחמן], י) פסחים עב: קדושין סו: [תרומות פ"ח מ"א], כ) [וברב אלפס עוד במ"ק פ"ג דף רפז. גרס נידוי על תנאי אפי' מעצמו צריך וכו'], ל) [ודע דבת"א שלפנינו איתא כן יודין אחיך גם בשאר תרגום לא מצאתי לפי שעה ועי' תרגום יונתן וירושלמי], מ) נ"א כפרה, נ) רש"א ולא לאחר כך.

הגהות הב"ח

(א) רש"י ד"ה מאי וכו' והעליתם את עצמותי: (ב) ד"ה לשבת נ"ל קודם ד"ה תנא: (ג) תוס' ד"ה אפי' וכו' אין לנדות עצמן מספק ולאו מילתא הוא שהרי הכא התנה וכו' למשעת הנדוי: (ד) ד"ה מי גרם וכו' פירוש אתה הודית ולא בושת כך יודוך: (ה) ד"ה מידי וכו' פירוש למיפטרי' וכו' אינו יוצא ואם כן על כרחך כפרה:

גליון הש"ס

גמ' נגמר דינו. עיין יומא דף עג ע"א תוס' ד"ה וכולן: תוס' ד"ה אפי' וכו' לא חל הנידוי כלל מעיקרו. עיין כתובות דף סט ע"א תוס' ד"ה ובשמתא:

הגהות הגר"א

[א] משנה וכל אדם אין חייבין כצ"ל (וכ"ה בדפו"י ובמשניות ובירושלמי ובכל הראשונים וגירסא שלפנינו הוגה ע"פ הרש"ל ועי' תוי"ט):

ליקוטי רש"י

וחטאתי לך כל הימים. לעולם הבא [בראשית מג ט]. יחי ראובן וגו' וזאת ליהודה. ועוד פירשו רבותינו שכל ארבעים שנה שהיו ישראל במדבר, היו עצמות יהודה מתגלגלין בארון, מפני נידוי שקבל עליו שנאמר וחטאתי לאבי כל הימים אמר משה מי גרם לראובן שיודה יהודה וכו' [דברים לג ז]. יחי ראובן וזאת ליהודה. אין [...] מתחלת וזאת חוץ מזו [סוטה ז:]. עצמותיו של יהודה. כל השבטים יצאו עצמותיהם ממצרים ונקברו [...] והעליתם את עצמותי מזה אתכם (שמות יג) משמע שאף עצמותם העלו ולא נכתב יוסף אלא להודיעך שבח [...] נתעסקו בביזה והוא עסק במצוה [ב"ק צב.]. מגולגלין בארון. והיו עצמות כל השבטים שלהן קיימת [...] ומתגלגלין בארונו מפני שנידה את עצמו בערבונו של בנימין וחטאתי לך כל הימים אפי' לעולם הבא ומהכא [...]
[...]ך הפרה. מי גרם לראובן שהודה. יהודה. שהודה במעשה תמר וכן היה מסורת בידיהם ומדרש אגדה דר' תנחומא כשאמר יהודה צדקה ממני עמד ראובן ואמר בלבלתי יצועי אבי ועכשיו יחי ראו[...]
[...] מי וזאת ליהודה שהוא מתגלגל. ידיו רב לו. יהא לו נצחון לריב ריבו והאי דכתיב ידיו לשון מלחמה הוא מלחמתה של תורה. אליבא דהלכתא. לא היה זוכה לומר דבר המתקבל [סוטה שם]. ההורג כ"ג. בשוגג [...]
[...] משם לעולם דכיון דאין כהן גדול במקדש כשהוא גולה במיתת מי ישוב וכן כהן גדול שהרג את הנפש בשוגג במיתת מי ישוב הא ליכא כהן גדול [סנהדרין יח:]. וישב בה עד מות הכהן הגדול אשר משח או[...]
[...] במסכת מכות לראיית דבר ללמד שאם עד שלא נגמר דינו מת הכהן הגדול ומינו אחר תחתיו ולאחר מכאן נגמר דינו חוזר במיתתו של שני שנאמר אשר משח אותו וכי הוא משחו לכהן או הכהן משח אותו אלא [...]
שמחזירו במיתתו [במדבר לה כה]. נקטינן. מסורת מאבותינו. מנהג מרבותינו [עירובין ה.]. בן גרושה. כהן חלל זר גמור הוא דכתיב בכהן הנושא גרושה (ויקרא כא) לא יחלל זרעו שמחללו מדין כהונה [פסחי[...]

regarding a mitzvah,[24]　וְלֹא לְעֵדוּת מָמוֹן – nor for testimony regarding a monetary [dispute],　וְלֹא לְעֵדוּת
נְפָשׁוֹת – nor for testimony regarding capital punishment.[25]　וַאֲפִילוּ יִשְׂרָאֵל צְרִיכִים לוֹ – And even if Israel
needs him to save them,　וַאֲפִילוּ שַׂר צְבָא יִשְׂרָאֵל כְּיוֹאָב בֶּן צְרוּיָה – and even if he is a chief general of Israel like
Yoav the son of Zeruyah, unequalled and irreplaceable –　אֵינוֹ יוֹצֵא מִשָּׁם לְעוֹלָם – he does not leave there ever.[26]
שֶׁנֶּאֱמַר – For it is stated:　,,אֲשֶׁר־נָס שָׁמָּה'' – His city of refuge that he fled there.[27] The word there teaches that:
שָׁם תְּהֵא – שָׁם תְּהֵא מִיתָתוֹ – there shall be his death;[28]　שָׁם תְּהֵא דִירָתוֹ – There shall be his dwelling place;
קְבוּרָתוֹ – there shall be his burial.[29] He does not leave the city of refuge for any reason, not even for a mitzvah, not
even to die, not even to be buried.[30]

A law regarding the range of the city's protective area:
כְּשֵׁם שֶׁהָעִיר קוֹלֶטֶת – Just as the city itself affords refuge to the inadvertent killer, protecting him from the
vengeance of the redeemer of the blood,　כָּךְ תְּחוּמָה קוֹלֵט – so too does its techum afford him refuge. Thus, the
killer is protected within 2,000 cubits of the edge of the city.[31]

The Mishnah concludes with a law regarding a killer who left his city of refuge before the death of the Kohen
Gadol:
רוֹצֵחַ שֶׁיָּצָא חוּץ לַתְּחוּם וּמְצָאוֹ גּוֹאֵל הַדָּם – If a killer left the techum of the city and the redeemer of the blood found
him,　רַבִּי יוֹסֵי הַגְּלִילִי אוֹמֵר – R' Yose HaGlili says:　מִצְוָה בְּיַד גּוֹאֵל הַדָּם – It is a mitzvah for the redeemer of the
blood to kill him,[32]　וּרְשׁוּת בְּיַד כָּל אָדָם – and it is permissible for anyone else to do so.　רַבִּי עֲקִיבָא אוֹמֵר – R'

NOTES

24. Such as to testify about having seen the new moon so that the court may declare the new month (Rav). [Nor does he leave for any other mitzvah matter (Rambam ibid.), such as to save someone from bandits or from a fire (Meiri). See Tiferes Yisrael, Boaz §2; Siach Yitzchak.]

25. These three rulings progress from lesser to greater novelty. Suppression of testimony regarding a mitzvah violates no prohibition; suppression of testimony regarding a monetary dispute does violate a prohibition [stated in Leviticus 5:1] (see Shevuos 33b; Sefer HaChinuch §122). Still, he is forbidden to leave the city of refuge not only for the former but even for the latter. Testimony regarding a monetary dispute is of far less urgency than testimony regarding the death penalty. Still, he is forbidden to leave not only for the former but even for the latter (Ritva).

26. That is to say, not until the Kohen Gadol dies. "He does not leave there ever" is not meant literally. Alternatively, it is meant literally; however, it refers to the three who never go free — i.e. one whose sentence was finalized without there being a Kohen Gadol, one who killed a Kohen Gadol and a Kohen Gadol who killed (Meiri; see Rabbeinu Chananel, cited above, note 23).

Many commentators ask an obvious question: It is a well-known principle that the saving of human life — and certainly the saving of all Israel — overrides all Torah prohibitions (besides murder, idolatry and adultery). Why then should an indispensable war general not be permitted to leave the city temporarily? For discussion see: Tiferes Yisrael, Boaz §2; Or Same'ach, Rotze'ach 7:8; Cheshek Shlomo; Siach Yitzchak; Aruch HaShulchan, Choshen Mishpat 425:57; Emes LeYaakov; see Einayim LaMishpat at length.

27. Numbers 35:25. The verse reads, in pertinent part: וְהֵשִׁיבוּ אֹתוֹ הָעֵדָה אֶל־עִיר מִקְלָטוֹ אֲשֶׁר־נָס שָׁמָּה, and the congregation shall return him to his city of refuge that he fled there. The verse could have said simply: to his city of refuge. The words that he fled there are superfluous (Shoshanim LeDavid).

28. I.e. even if he is terminally ill he may not return home to die. One might have thought that when the Torah states and he shall live (in the verse and [the inadvertent killer] shall flee to one of these cities and he shall live — Deuteronomy 4:42), it means that the obligation to remain in exile lasts only as long as the city keeps him alive (i.e. by protecting him from the goel hadam). But if he is soon to die in any case, perhaps he is permitted to leave the city. The Mishnah rules otherwise (Aruch LaNer). For other interpretations, see Gevuras Ari; Shoshanim LeDavid; Lechem Shamayim; Tiferes Yisrael §51; Tzafnas Pane'ach.

29. One might have thought that he shall live (see previous note) teaches that once he is dead, his body may be taken from the city. The Mishnah rules otherwise (Aruch LaNer).

30. The word שָׁמָּה, there, recurs repeatedly in the two Scriptural passages that discuss the exile of an inadvertent killer. The Mishnah expounds three of these recurrences to teach these three laws (Sifrei to Deuteronomy 19:4; Tosefta 2:2; Meiri). [The verse cited is representative of the ones being expounded; it does not constitute the whole exposition.]

If the exile ignores these strictures and leaves, he has given himself over to death, as the Mishnah will explain shortly (Rambam, Rotze'ach 7:8; Meiri; see Emes LeYaakov).

31. This means that if the redeemer of the blood (the goel hadam) discovers the exile outside the city of refuge, but within its techum (literally: perimeter), he may not kill him. The techum of the city protects the killer. [See following note for the law of "the redeemer of the blood."]

This ruling is derived from the verses (Numbers 35:26,27) that emphasize that the goel hadam can kill the exile if he leaves the "border" (גְּבוּל) of the city. The border refers to the techum (Sifri Zuta to Numbers 35:27, cited by Aruch LaNer). Alternatively, it is derived from the verse that states regarding the city of refuge (Numbers 35:25): And he shall dwell in it until the death of the Kohen Gadol. And he shall dwell in it, meaning the city, implies that he shall not dwell in its techum (see Gemara 12a). The prohibition against "dwelling" implies that although the killer may not dwell in the techum, the techum does afford him refuge (Tos. Yom Tov; see also Siach Yitzchak to 12a ד"ה ורמינהו).

All Levite cities — including the six specifically designated as arei miklat — were bounded by a perimeter consisting of open area and of tillage (see Numbers 35:4-7; see 12a note 26). This perimeter is what the Mishnah refers to as the techum. It is as a part of the city; therefore, it harbors the killer (Minchas Chinuch §410; Divrei Malkiel vol. II §5). According to some, the perimeter measures 2,000 amos (Rashi to Numbers 35:4,5 and to Sotah 27b ד"ה שדות וכרמים). According to others, it measures 3,000 amos (Rambam, Hil. Shemittah 13:2). See Siach Yitzchak to 12a for further discussion regarding the bounds of the techum.

32. The mitzvah is stated in the verse (Numbers 35:27): וְרָצַח גֹּאֵל הַדָּם אֶת־הָרֹצֵחַ, and the goel hadam will kill the killer. See 12a for discussion; see there also for a differentiation between one who leaves the techum deliberately and one who does so inadvertently.

Any relative, male or female, fit to inherit the person who was killed can be the goel hadam (Rambam, Hil. Rotze'ach 1:2,3). Some understand Rambam to be referring to the actual heir of the deceased. Accordingly, even a very distant relative could be the goel hadam, if he or she is the closest heir (Kiryas Sefer to Rotze'ach ibid.; Aruch LaNer to 12a; Teshuvos Tzemach Tzedek by R' M.M. of Nikolsburg §111; Mirkeves HaMishneh to Rotze'ach ibid.). However, Chazon Ish (Sanhedrin 19:3) writes that Rambam's wording — "fit to inherit" — describes the six close relatives who, even if they are not presently inheriting, are classified as direct heirs. These are: a father, mother, brother, sister, son, and daughter. (In the absence of any of these six heirs, other relatives inherit, but they do not inherit directly — e.g. a cousin inherits through his father, who in turn is the heir of the deceased's father, who is himself a direct heir.) Rambam is ruling that only a direct heir — i.e. one of these six — may act as goel hadam. Furthermore [says Chazon Ish], reason dictates that only these six are sufficiently close to the deceased to feel the hot anger that motivates the goel hadam (as per Deuteronomy 19:6). [According to the first opinion, only one person at a time can be the goel hadam; specifically, the closest existing relative (Kiryas Sefer ibid.; Mirkeves HaMishneh ibid.). According to Chazon Ish, the role can be filled by any of the six.]

עין משפט נר מצוה

נו א מיי' פ"ז מהל' ת"ת הלכה יא סמג לאוין רח טוש"ע י"ד סי' שלד סעיף ל:
נז ב מיי' פ"ז מהל' רוצח הלכה ט:
נח ג מיי' שם הלכה יא:
נט ד מיי' שם הל' י:
ס ה מיי' שם הל' ח:
סא ו מיי' שם פ"ח הלכה יא:
סב ז מיי' שם פ"ה הלכה [illegible]:
סג ח ט מיי' שם פ"ז הל' ג:
סד י מיי' שם הל' יב:
סה כ מיי' פ"ו מהל' ביאת מקדש הל' י:

גמרא

אמר רב יהודה אמר רב [א] נידוי על תנאי (א) צריך הפרה מנלן מיהודה דכתיב (א) אם לא הביאותיו אליך וגו' (ג) וא"ר שמואל בר נחמני א"ר יונתן מאי דכתיב (ב) יחי ראובן ואל ימות וגו' וזאת ליהודה כל אותן מ' שנה שהיו ישראל במדבר עצמותיו של יהודה היו מגולגלין בארון עד שעמד משה ובקש עליו רחמים אמר לפניו רבונו של עולם מי גרם לראובן שיודה יהודה (ג) וזאת ליהודה שמע ה' קול יהודה עאל איבריה לשפא לא הוה קא מעיילי ליה למתיבתא דרקיע (ג) ואל עמו תביאנו לא הוה קא ידע למישקל (ג) ומיטרח בשמעתא בהדי רבנן (ג) ידיו רב לו לא הוה ידע לפרוקי קושיא (ג) ועזר מצריו תהיה איבעיא להו במיתת כולן הוא חוזר או דלמא [ב] במיתת אחד מהן ת"ש נגמר דינו בלא כ"ג אינו יוצא משם לעולם ואם איתא ליהדר (ד) (ביה) בדהנך בדליכא:

מתני' [ג] משנגמר דינו מת כ"ג ה"ז אינו גולה אם עד שלא נגמר דינו מת כ"ג ומנו אחר תחתיו ולאחר מכן נגמר דינו חוזר במיתתו של שני [ד] נגמר דינו בלא כ"ג (ה) וההורג כ"ג וכ"ג שהרג אינו יוצא משם לעולם [ה] ואינו יוצא לא לעדות מצוה ולא לעדות ממון ולא לעדות נפשות ואפי' ישראל צריכים לו ואפי' שר צבא ישראל כיואב בן צרויה אינו יוצא משם לעולם שנאמר (ד) אשר נס שמה (ו) שם (ז) תהא דירתו שם תהא מיתתו שם תהא קבורתו [ו] כשם שהעיר קולטת כך תחומה קולט רוצח שיצא חוץ לתחום ומצאו גואל הדם רבי יוסי הגלילי אומר מצוה ביד גואל הדם ורשות ביד כל אדם רבי עקיבא אומר [ז] רשות ביד גואל הדם וכל אדם (ח) [א] חייבין עליו:

גמ' מ"ט אמר אביי ק"ו ומה מי שגלה כבר יצא עכשיו מי שלא גלה אינו דין שלא יגלה ודלמא האי דגלה איכפר ליה האי דלא גלה לא מידי גלות קא מכפרא מיתת כהן הוא דמכפרא: אם עד שלא נגמר דינו וכו': מנא הני מילי אמר רב כהנא דאמר קרא (ה) וישב בה עד מות הכהן הגדול אשר משח אותו בשמן הקדש וכי הוא מושחו אלא זה שנמשח בימיו מאי הוה ליה למעבד היה לו לבקש רחמים שיגמור דינו לזכות ולא ביקש אמר אביי (ט) נקטינן [ח] נגמר דינו ומת מוליכין את עצמותיו לשם דכתיב (ה) לשוב לשבת בארץ עד מות הכהן ואיזהו ישיבה שהיא בארץ הוי אומר זו קבורה תנא [ט] מת קודם שמת כ"ג מוליכין עצמותיו על קברי אבותיו דכתיב (ו) ישוב הרוצח אל ארץ אחזתו איזהו ישיבה שהיא בארץ אחוזתו הוי אומר זו קבורה נגמר דינו ונעשה כהן בן גרושה או בן חלוצה פליגי בה רבי אמי ור' יצחק נפחא חד אומר מתה כהונה וחד אומר [י] בטלה כהונה לימא בפלוגתא דר"א ורבי יהושע קא מיפלגי דתנן (י) היה עומד ומקריב ע"ג המזבח ונודע שהוא בן גרושה או בן חלוצה ר"א אומר כל קרבנות שהקריב פסולין ורבי יהושע [כ] מכשיר מאן דאמר מתה כר' יהושע ומאן דאמר בטלה כרבי אליעזר אליבא

רש"י

וחטאתי לך. לשון נידוי הוא שיהא מנודה לאביו: **מאי דכתיב יחי ראובן וגו' וזאת ליהודה.** מה ראה לסמוך יהודה לראובן ומה ראה להתחיל בברכת יהודה בלשון וזאת ליהודה אלא לפי שהיו עצמות כל השבטים שלהן קיים ושל יהודה מגולגלין אמר לשון זה יחי ראובן כלומר ראובן שלדו קיימת כאילו הוא חי וזאת תהיה ליהודה שהם מגולגלין. עצמות כל השבטים יצאו ממצרים ונשאום בניהם במדבר וזהו שאמר יוסף לאחיו (שמות יג) והעליתם (א) עצמותי מזה אתכם עם עצמותיכם: **על איבריה לשפא.** נכנסו עצמותיו למקום חיבורם ששפו משם כמו דשף מדוכתיה (חולין דף מב: נד.:) לשפא אישלויי"ש דורא: **למשקל ולמטרח.** לישא וליתן: **ידיו רב לו.** יהי בו כח לריב ריבו לעצמו נגד חביריו: **ליהדר בהנך.** במיתת מרובה בבגדים או בשעבר ממשיחותו אלא לאו ש"מ כולהו: **מתני'** ה"ז אינו גולה. מפרש טעמא בגמ' מק"ו: **חוזר במיתתו של שני.** יליף טעמא בגמ': **נגמר דינו בלא כ"ג.** שלא מינו אחר תחתיו עד שנגמר דינו של זה לגלות: **גמ' שנמשח בימיו.** משנעשה זה רוצח: **מאי הוה ליה.** להאי כהן למיעבד מאחר שעדיין לא היה כ"ג כשהרג זה למה הוא נענש: **תנא מת.** רוצח בערי מקלט ומת כ"ג אחר זמן: (ב) **לשבת בארץ.** בתוך הקרקע: **ונעשה כ"ג בן גרושה.** יצא עליו עדות שהוא חלל: **מתה כהונה.** הרי הוא כמת ואין הרוצח גולה: **בטלה כהונה.** איגלאי מילתא למפרע שלא היה כ"ג והוה ליה האי רוצח נגמר דינו בלא כהן גדול ואינו חוזר לעולם:

תוספות

אפילו על תנאי צריך הפרה מנלן מיהודה. יש מדקדקין מכאן דנידויים שלנו אפי' אותם שיש להם זמן אין לנדות עצמן מספק (ג) שהרי הכא התנה בדבר שלא היה בידו לקיים דשמא היה מעכבו יוסף או יקראנו אסון בדרך ולכך חל מעיקרו גם הנידוי על התנאי אבל שאר תנאים דבידו לקיים כגון שמנדין את האדם שלא יעשה הדבר ודאי לא חל הנידוי כלל מעיקרו דכיון דבידו הוא משעת הנידוי אנו יודעים בודאי שלא בדעתו לעשות הדבר ודאי ° לא חל הנידוי כלל מעיקרו (ל):

מי גרם לראובן שהודה יהודה. תימה דהא אמרינן במדרש וישב ראובן אל הבור מהיכן שב מבית אביו שישב בתענית על מעשה בלהה וזה היה קודם מעשה דיהודה וי"ל דמ"מ לא הודה ברבים עד מעשה דיהודה:

מי גרם לראובן שהודה. ולכל יש לנו סמך מן המקרא יהודה אתה יודוך אחיך ומתרגמינן את הודית (ל) כך יודון אחיך פירוש (ד) הודית ולא בוש כך יודון אחיך שבשביל שהתחלת להודות בא ראובן והודה:

אמר אביי ק"ו ומה מי שגלה כו'. תימה מהאי דינא נילף נמי לנגמר דינו בלא כ"ג שלא יגלה כלל ומה מי שגלה כבר לפני מיתת כ"ג יוצא במיתתו של כ"ג מי שלא גלה לפני מותו אינו דין שלא יגלה אחר מותו דהכי אמרינן בערכין (דף כט: ושם) מכורה כבר יוצאה שאינה מכורה אינו דין שלא תמכר ונפקא לן מהאי דינא דאינה נמכרת כלל אחר הבאת סימנין עד עולם ונראה דלא קשיא מידי דהא מיתת הכהן כפרה הוא כדאמר בסמוך וכפרה לא שייכא אלא למי שמחויב (מ) בבריא והלכך דוקא לפי שנגמר ונתחייב גלות ואח"כ מת כ"ג מכפרת מיתת כ"ג שלא יגלה כלל מק"ו כדקאמר הש"ס אבל נגמר דינו בלא כ"ג שכבר מת כ"ג קודם גמר דין של זה ודאי ליכא למילף מק"ו דהיאך תכפר מיתת כ"ג וליכא למימר דתתכפר לו מיתת כ"ג השתא כשנגמר דינו דהא לא מיכפרא אלא בשעת מיתה (י) ולאחר כך ובשעת מיתה לא היה זה חייב ולא דמי להא דערכין דמכורה כבר יוצאה וכו' דהתם משעת הבאת סימנין מתחלת גדלותה וסוב לא יפסיק ממנה הגדלות לעולם ולכך שייך למילף שפיר דלא תמכר כלל אחר התחלת סימנין עד עולם כן נראה למשי"ח:

מידי גלות קא מכפרא. תימה אין ה"נ מדאמר בריש מכילתין (דף ב:) הם שלא עשו מעשה לגלו כי היכי דתהוי להו כפרה אלמא גלות מכפרת וי"ל דהכא כפרה לפטרו מגלות קאמר דהא בעי למילף דמי שלא גלה עדיין דמיתת כ"ג תועיל לפטרו מגלות מק"ו הלכך שפיר משני מידי גלות מכפרת מיתת כ"ג מכפרת פירוש (ה) מיפטרא מגלות שהרי אפילו לא גלה אלא יום אחד ומת הכ"ג הוא חוזר ואילו לא מת הכהן אפילו שהה שם זמן מרובה אינו יוצא אלא על כרחך כפרה זו במיתת כהן תלויה כדפירשתי כן נראה למשי"ח:

אלן

רבינו חננאל

אמר רב יהודה אמר רב נידוי על תנאי אפי' מעצמו א) צריך הפרה. מנא לן מיהודה שנאמר אם לא הביאותיו אליך והצגתיו לפניך וחטאתי לך כל הימים ואשכחנן שהיו עצמותיו מגולגלין בארון עד שבקש עליהם רחמים מרע"ה שנאמר שמע ה' קול יהודה: **נגמר** דינו לגלות ומת הכהן הגדול אינו גולה. מיתת כהן גדול מכפרת לו. אמר אביי נקיטינן נגמר דינו ומת מוליכין עצמותיו של הורג בעיר מקלט. שנא' לשוב לשבת בארץ עד מות הכהן הגדול ואיזו היא ישיבה בארץ הוי אומר זו קבורה. תנא מת הרוצח ומת כהן גדול [וכו'] בן גרושה או בן חלוצה. רבי אמי ורבי יצחק חד אמר מתה כהונה. וחד אמר בטלה כהונה. ובפלוגתא דתנן היה עומד ומקריב ונודע שהוא בן גרושה או בן חלוצה רבי אליעזר אומר כל קרבנות שהקריב פסולין הן ורבי יהושע מכשיר. ואסיק' כי

חשק שלמה על ר"ח

א) וכן הגיה הרש"א וכ"ה בר"ף ורא"ש פ"ג דמ"ק:

לעזי רש"י

אישלויי"ש דור"א. פירוש פרק (של עצם) (עיין רש"י שבת דף קמז ע"א ד"ה נפרקה וחולין דף מב ע"ב ד"ה דשף מדוכתיה):

תורה אור השלם

א) אָנֹכִי אֶעֶרְבֶנּוּ מִיָּדִי תְּבַקְשֶׁנּוּ אִם לֹא הֲבִיאֹתִיו אֵלֶיךָ וְהִצַּגְתִּיו לְפָנֶיךָ וְחָטָאתִי לְךָ כָּל הַיָּמִים: [בראשית מג, ט]

ב) יְחִי רְאוּבֵן וְאַל יָמֹת וִיהִי מְתָיו מִסְפָּר: [דברים לג, ו]

ג) וְזֹאת לִיהוּדָה וַיֹּאמַר שְׁמַע יְיָ קוֹל יְהוּדָה וְאֶל עַמּוֹ תְּבִיאֶנּוּ יָדָיו רָב לוֹ וְעֵזֶר מִצָּרָיו תִּהְיֶה: [דברים לג, ז]

ד) וְהִצִּילוּ הָעֵדָה אֶת הָרֹצֵחַ מִיַּד גֹּאֵל הַדָּם וְהֵשִׁיבוּ אֹתוֹ הָעֵדָה אֶל עִיר מִקְלָטוֹ אֲשֶׁר נָס שָׁמָּה וְיָשַׁב בָּהּ עַד מוֹת הַכֹּהֵן הַגָּדֹל אֲשֶׁר מָשַׁח אֹתוֹ בְּשֶׁמֶן הַקֹּדֶשׁ: [במדבר לה, כה]

ה) וְלֹא תִקְחוּ כֹפֶר לָנוּס אֶל עִיר מִקְלָטוֹ לָשׁוּב לָשֶׁבֶת בָּאָרֶץ עַד מוֹת הַכֹּהֵן: [במדבר לה, לב]

ו) כִּי בְעִיר מִקְלָטוֹ יֵשֵׁב עַד מוֹת הַכֹּהֵן הַגָּדֹל וְאַחֲרֵי מוֹת הַכֹּהֵן הַגָּדֹל יָשׁוּב הָרֹצֵחַ אֶל אֶרֶץ אֲחֻזָּתוֹ: [במדבר לה, כח]

מסורת הש"ס

א) רש"א אפילו מעצמו וכן נוסחת שאלתות, ב) ב"ק צב. סוטה ז: ע"ש, ג) [בשאלתות איתא ולמיטרא], ד) הגריעב"ץ מחק ת"ז, ה) סנהדרין יח:, ו) לקמן יב., ז) [בתוספ' פ"ב דרש לה דכתיב שלש פעמים שמה], ח) [ועי' תוי"ט דגרס אין חייבין לאפוקי מרש"ל שהגיה ומחק מלת אין ע"ש וכן העתיק הכ"מ אין חייבין ולדבריהם גם בברייתא דלקמן יב. ר"ע אומר רשות וכו' וכל אדם חייבין צריכין אנו להגיה דצ"ל אין חייבין וניחא לפ"ז דלא שאל הש"ס לקמן גם אהך פלוגתא דכל אדם מ"ט דר"י הגלילי ומ"ט דרבי עקיבא משום דלדעת התוי"ט אין שום פלוגתא בזה דכל אדם ע"ש], ט) [פירושו עיין רש"י בעירובין ה. בד"ה והאמר רב נחמן], י) פסחים עב: קדושין סו: [תרומות פ"ח מ"א], כ) [וברב אלפס עוד במ"ק פ"ג דף רפו. גרס נידוי על תנאי אפי' מעצמו צריך [illegible]], ל) [illegible], מ) נ"א כפרה, נ) רש"א ולא לאחר כך.

הגהות הב"ח

(א) רש"י ד"ה מאי וכו' והעליתם את עצמותי: (ב) ד"ה לשבת בארץ בתוך הקרקע: (ג) תוס' ד"ה אפי' וכו' אין לנדות עצמן מספק וכו' שהרי הכא התנה וכו' למשמעות הנדוי: (ד) ד"ה מי גרם וכו' פירוש אתה הודית ולא בוש כך יודון: (ה) ד"ה מידי וכו' פירוש ולמיפטר מגלות וכו' אינו יוצא אלא על כרחך כפרה:

גליון הש"ס

גמ' נגמר דינו. עיין יומא דף עג ע"א תוס' ד"ה וכולן: תוס' ד"ה אפי' וכו' לא חל הנידוי כלל מעיקרו. עיין תוס' גיטין דף סט ע"א תוס' ד"ה ונשמתא:

הגהות הגר"א

[א] משנה וכל אדם אין חייבין כצ"ל (וכ"ה בדפוסי' ובמשניות וירושלמי ובכל הראשונים וגירסא שלפנינו הוגה ע"פ הרש"ל ועי' תוי"ט):

ליקוטי רש"י

וחטאתי לך כל הימים. לעולם הבא [בראשית מג ט]. יחי ראובן וגו' וזאת ליהודה. [illegible]

רבותינו שכל ארבעים שנה שהיו ישראל במדבר, היו עצמות יהודה מתגלגלין בארון, מפני נידוי שקבל עליו שנאמר וחטאתי לאבי כל הימים [illegible]

Akiva says: רְשׁוּת בְּיַד גּוֹאֵל הַדָּם – **It is permissible,** but not a mitzvah, **for the redeemer of the blood** to kill him, וְכָל אָדָם חַיָּבִין עָלָיו – **and any others** who do so **are liable** to death **for** killing **him.**[33]

Gemara The Mishnah ruled that if the Kohen Gadol dies after the killer is sentenced, the killer is absolved from exile. The Gemara examines this ruling:

מַאי טַעְמָא – **What is the reason?** אָמַר אַבַּיֵי – **Abaye said:** קַל וָחוֹמֶר – It follows from **a *kal vachomer*** argument: וּמַה מִי שֶׁגָּלָה כְּבָר יוֹצֵא עַכְשָׁיו – **If someone who was already in exile goes out now** that the Kohen Gadol has died, מִי שֶׁלֹּא גָּלָה – then **someone who was not yet in exile,** אֵינוֹ דִּין שֶׁלֹּא יִגְלֶה – **is it not logical that he should not go into exile** now that the Kohen Gadol has died? If the death of the Kohen Gadol removes one from exile, it should certainly prevent one from being exiled in the first place![34]

The Gemara questions the logic of this argument:

וְדִלְמָא הַאי דִּגְלָה אִיכַּפֵּר לֵיהּ – **But perhaps this one who was exiled has achieved atonement** through his exile, and is therefore released upon the death of the Kohen Gadol. הַאי דְּלֹא גָלָה לֹא – **This one who was not** yet **exiled,** however, has **not** yet achieved atonement. Therefore, the Kohen Gadol's death should not prevent him from being exiled. – ? –

The Gemara counters this objection:

מִידִי גָּלוּת קָא מְכַפְּרָא – **Is it exile that atones?** מִיתַת כֹּהֵן הוּא דִּמְכַפְּרָא – **It is the death of the Kohen** Gadol **that atones!** There is thus no difference between one who was not exiled and one who was.[35]

The Mishnah stated:

אִם עַד שֶׁלֹּא נִגְמַר דִּינוֹ וכו׳ – **IF BEFORE [THE KILLER'S] SENTENCE WAS FINALIZED etc.** [the Kohen Gadol died, and they appointed another Kohen Gadol in his place, and afterwards the killer's sentence was finalized, he returns from exile upon the death of the second Kohen Gadol].

The Gemara seeks the source of this ruling:

מְנָא הָנֵי מִילֵּי – **From where** in Scripture **is this derived?**[36] אָמַר רַב כַּהֲנָא – **Rav Kahana said:** דְּאָמַר קְרָא – **Because the verse states:** "וְיָשַׁב בָּהּ עַד־מוֹת הַכֹּהֵן הַגָּדֹל אֲשֶׁר־מָשַׁח אֹתוֹ בְּשֶׁמֶן הַקֹּדֶשׁ" – ***And he*** (the inadvertent killer) ***shall dwell in it*** (the city of refuge) ***until the death of the Kohen Gadol whom he anointed with the holy oil.***[37] וְכִי הוּא מוֹשְׁחוֹ – Now consider: **Is it then [the killer] who anoints [the Kohen Gadol]?** Of course not! What then does the verse mean with the words *whom he anointed*? אֶלָּא זֶה שֶׁנִּמְשַׁח בְּיָמָיו – **Rather,** these words refer to **the one who was anointed in his** (i.e. the killer's) **days** – meaning, after he became a killer.[38] Although the anointment of this Kohen Gadol came only after the killing, his death frees the killer from exile.

The Gemara questions the ruling:

מַאי הֲוָה לֵיהּ לְמֶעְבַּד – But **what should he** (i.e. the newly appointed Kohen Gadol) **have done** to prevent this exile? The reason the Kohen Gadol is made the means of the killer's freedom

NOTES

33. The version of the Mishnah's final clause that appears in the standard text – וְכָל אָדָם חַיָּבִין עָלָיו, *and any others are liable for [killing] him* – is the product of an emendation by *Maharshal.* The original reading was: וְכָל אָדָם אֵין חַיָּבִין עָלָיו, *and any others are **not** liable for [killing] him.* Many authorities retain the original reading; see *Ritva* and *Rabbeinu Chananel* to 12a; *Rambam, Hil. Rotze'ach* 5:10 with *Kesef Mishneh; Hagahos HaGra* §1; *Tos. Yom Tov.* Others have readings that agree with that of *Maharshal;* see *Chidushei HaRan* to *Sanhedrin* 45b, and *Mitzvos Asei L'Ramban* §13.

According to the original reading, if the exile is found outside the city of refuge, he may be killed with impunity by anyone at all. The difference between the *goel hadam* and others according to this reading is as follows: The *goel hadam* is absolutely within his rights to kill the exile; he is permitted to kill him *lechatchilah* (before the fact). Others are *forbidden* to kill him; if, however, they do so, they are exempt from death *post facto* (*bedi'avad*) (*Ritva* to 12a; see also *Tosefos Chadashim*).

Those who retain the original reading derive the exemption of an outsider who kills the exile (and according to R' Yose, his permit to do so) from the same verse that gives the *goel hadam* a permit to kill him. The verse reads (*Numbers* 35:27): וְרָצַח גֹּאֵל הַדָּם אֶת־הָרֹצֵחַ אֵין לוֹ דָּם, *and the redeemer of the blood will kill the killer, he has no blood.* The final clause – *he has no blood* – teaches that one cannot be liable for killing the exile, for he is as a dead man, who has no blood (see *Rambam* ibid.; *Rabbeinu Hillel* to *Sifrei* ad loc.; *Rashi* ad loc.; *Tos. Yom Tov;* see at length *Chidushei Maran Riz HaLevi* to *Rambam, Hil. Rotze'ach* 1:13; cf. *Targum Yonasan* ad loc.). For other opinions as to the source of this permit, see *Malbim* to *Sifrei* there; *Sifri Zuta* ad loc., with *Amabuha D'Sifri* §76; *Siach Yitzchak* to 12a ד״ה מצוה; *R' Shlomo Eiger,* cited in *Chidushei Maran Riz HaLevi* ibid.

Tos. Yom Tov explains *Maharshal's* reasoning in emending the Mishnah. *Maharshal* was troubled by the difference in terminology between R' Akiva's ruling regarding the *goel hadam,* who is "permitted" to kill the exile, and his ruling regarding all others, who are simply "not liable." The different terms indicate different laws; *Maharshal* emends the second clause to reflect this (cf. *Aruch LaNer* to 12a). *Tos. Yom Tov* responds that the term "permitted" reflects the Torah's *explicit* permit to the *goel hadam* to kill the exile. Others, by contrast, are not *explicitly* permitted to kill him (see above); therefore, R' Akiva describes their permit as: *they are not liable.* (It would seem that *Tos. Yom Tov's* view of R' Akiva's ruling differs somewhat from the view of *Ritva* cited above. According to *Ritva,* the difference in terminology reflects not the distinction between an explicit permit and an implicit one, but the difference between a before-the-fact permit and an after-the-fact one; see *Tosefos Chadashim; Tos. R' Akiva Eiger* §12; *Rishon LeTziyon.*)

34. *Tosafos* ask: This same *kal vachomer* can also be used to teach that if the Kohen Gadol dies *before* the killer's sentence is finalized, the killer is exempt from exile, even though his sentence is finalized without there being a Kohen Gadol. Consider: If one who is already in exile goes out, then this fellow, who has not yet gone into exile, should certainly "go out" (i.e. not be exiled). Yet, the Mishnah rules that not only is this person exiled, he must remain there forever! *Tosafos* dismiss the question. For it is obvious that until one has become liable to exile, the death of the Kohen Gadol cannot absolve him of exile. Since liability comes only with finalization of one's sentence, death that precedes finalization cannot absolve the killer.

35. This is not to say that exile does not atone for the killing, for of course it does. Indeed, that is its purpose! (see above, 2b). However, exile alone does not so completely cleanse him of his sin that he will be free of exile and of the vengeance of the *goel hadam. This* level of cleansing can be accomplished *only* with the death of the Kohen Gadol (*Tosafos; Ritva*). The proof of this is that whether one is in exile many years, or whether he is there a single day, he goes free with the death of the Kohen Gadol. Clearly, the atonement that *frees* the killer is the Kohen Gadol's death, not the time spent in exile (*Tosafos;* cf. *Meiri; Rav* to the Mishnah; see *Tos. Yom Tov* there).

[The atonement afforded by the Kohen Gadol's death exemplifies the well-known Talmudic teaching (*Moed Katan* 28a): מִיתָתָן שֶׁל צַדִּיקִים מְכַפֶּרֶת, *the deaths of the righteous provide atonement* (see *Maharal, Chidushei Aggados*).]

36. [I.e. that even a Kohen Gadol appointed after the killing will free the killer from exile.]

37. *Numbers* 35:25.

"The holy oil" is the שֶׁמֶן הַמִּשְׁחָה, *the anointing oil;* see 11a note 20.

38. *Rashi.* [The verse under discussion speaks of the killer]; accordingly, *whom he anointed* refers to an anointment performed when he was *already* a killer. This is what the Gemara means when it says "in his days" – in his days, but not in the days of the one who was killed, i.e. *after* the death of the victim (*Ritva;* see *Meshech Chochmah* to the verse).

עין משפט
נר מצוה

נו א מיי' פ"ז מהל' ת"ת הלכה יא סמג לאוין רח טוש"ע י"ד סי' שלד סעיף לו:
נז ב מיי' פ"ז מהל' רוצח הלכה ט:
נח ג מיי' שם הלכה יא:
נט ד מיי' שם הל' י:
ס ה מיי' שם הל' ח:
סא ו מיי' שם פ"ח הלכה יא:
סב ז מיי' שם פ"ה הלכה י:
סג ח ט מיי' שם פ"ז הל' ג:
סד י מיי' שם הל' יב:
סה כ מיי' פ"ו מהל' ביאת מקדש הל' י:

רבינו חננאל

אמר רב יהודה אמר רב נידוי על תנאי אפי' מעצמו א) צריך הפרה. מנא לן מיהודה שנאמר אם לא הביאותיו אליך והצגתיו לפניך וחטאתי לך כל הימים ואשכחנן שהיו עצמותיו מגולגלין בארון עד שבקש עליהם רחמים מרע"ה שנאמר שמע ה' קול יהודה: נגמר דינו לגלות ומת הכהן הגדול אינו גולה. מיתת כהן גדול מכפרת לו. אמר אביי נקיטינן נגמר דינו ומת מוליכין עצמותיו של הורג בעיר מקלט. שנא' לשוב לשבת בארץ עד מות הכהן הגדול ואיזו היא ישיבה בארץ הוי אומר זו קבורה. תנא מת הרוצח ומת כהן גדול [וכו'] בן גרושה או בן חלוצה. רבי אמי ורבי יצחק חד אמר מתה כהונה. וחד אמר בטלה כהונה. ובפלוגתא דתנן היה עומד ומקריב ונודע שהוא בן גרושה או בן חלוצה רבי אליעזר אומר כל קרבנות שהקריב פסולין הן ורבי יהושע מכשיר. ואסיק' כי

חשק שלמה על ר"ח

א) וכן הגיה הרש"א וכ"ה ברי"ף ורא"ש פ"ג דמ"ק:

לעזי רש"י

אישלוויי"ש דור"א. פירוש פרק (של עצם) (עיין רש"י שבת דף קמז ע"א ד"ה נפרקה וחולין דף מג ע"ב ד"ה דשף מדוכתיה):

תורה אור השלם

א) אָנֹכִי אֶעֶרְבֶנּוּ מִיָּדִי תְּבַקְשֶׁנּוּ אִם לֹא הֲבִיאֹתִיו אֵלֶיךָ וְהִצַּגְתִּיו לְפָנֶיךָ וְחָטָאתִי לְךָ כָּל הַיָּמִים: [בראשית מג, ט]
ב) יְחִי רְאוּבֵן וְאַל יָמֹת וִיהִי מְתָיו מִסְפָּר: [דברים לג, ו]
ג) וְזֹאת לִיהוּדָה וַיֹּאמַר שְׁמַע יְיָ קוֹל יְהוּדָה וְאֶל עַמּוֹ תְּבִיאֶנּוּ יָדָיו רָב לוֹ וְעֵזֶר מִצָּרָיו תִּהְיֶה: [דברים לג, ז]
ד) וְהִצִּילוּ הָעֵדָה אֶת הָרֹצֵחַ מִיַּד גֹּאֵל הַדָּם וְהֵשִׁיבוּ אֹתוֹ הָעֵדָה אֶל עִיר מִקְלָטוֹ אֲשֶׁר נָס שָׁמָּה וְיָשַׁב בָּהּ עַד מוֹת הַכֹּהֵן הַגָּדֹל אֲשֶׁר מָשַׁח אֹתוֹ בְּשֶׁמֶן הַקֹּדֶשׁ: [במדבר לה, כה]
ה) וְלֹא תִקְחוּ כֹפֶר לָנוּס אֶל עִיר מִקְלָטוֹ לָשׁוּב לָשֶׁבֶת בָּאָרֶץ עַד מוֹת הַכֹּהֵן: [במדבר לה, לב]
ו) כִּי בְעִיר מִקְלָטוֹ יֵשֵׁב עַד מוֹת הַכֹּהֵן הַגָּדֹל וְאַחֲרֵי מוֹת הַכֹּהֵן הַגָּדֹל יָשׁוּב הָרֹצֵחַ אֶל אֶרֶץ אֲחֻזָּתוֹ: [במדבר לה, כח]

אמר רב יהודה אמר רב א נידוי על תנאי א) צריך הפרה מנלן מיהודה דכתיב א) אם לא הביאותיו אליך וגו' ב) וא"ר שמואל בר נחמני א"ר יונתן מאי דכתיב ב) יחי ראובן ואל ימות וגו' וזאת ליהודה כל אותן מ' שנה שהיו ישראל במדבר עצמותיו של יהודה היו מגולגלין בארון עד שעמד משה ובקש עליו רחמים אמר לפניו רבונו של עולם מי גרם לראובן שיודה יהודה ג) וזאת ליהודה שמע ה' קול יהודה עאל איבריה לשפא לא הוה קא מעיילי ליה למתיבתא דרקיע ג) ואל עמו תביאנו לא הוה קא ידע למישקל ג) ומיטרח בשמעתא בהדי רבנן ג) ידיו רב לו לא הוה ידע לפרוקי קושיא ג) ועזר מצריו תהיה איבעיא להו במיתת כולן הוא חוזר או דלמא ב במיתת אחד מהן ת"ש נגמר דינו בלא כ"ג אינו יוצא משם לעולם ואם איתא ליהדר ד) (ביה) בדהנך בדליכא: **מתני'** ג משנגמר דינו מת כ"ג ה"ז אינו גולה אם עד שלא נגמר דינו מת כ"ג ומנו אחר תחתיו ולאחר מכן נגמר דינו חוזר במיתתו של שני ° ד נגמר דינו בלא כ"ג ה) וההורג כ"ג וכ"ג שהרג אינו יוצא משם לעולם ה ואינו יוצא לא לעדות מצוה ולא לעדות ממון ולא לעדות נפשות ואפי' ישראל צריכים לו ואפי' שר צבא ישראל כיואב בן צרויה אינו יוצא משם לעולם שנאמר ד) אשר נס שמה ו) שם ו) תהא דירתו שם תהא מיתתו שם תהא קבורתו ו כשם שהעיר קולטת כך תחומה קולט רוצח שיצא חוץ לתחום ומצאו גואל הדם רבי יוסי הגלילי אומר מצוה ביד גואל הדם ורשות ביד כל אדם רבי עקיבא אומר ז רשות ביד גואל הדם וכל אדם ח) [א] חייבין עליו: **גמ'** מ"ט אמר אביי ק"ו ומה מי שגלה כבר יצא עכשיו מי שלא גלה אינו דין שלא יגלה ודלמא האי דגלה איכפר ליה האי דלא גלה לא מידי גלות קא מכפרא מיתת כהן הוא דמכפרא: אם עד שלא נגמר דינו וכו': מנא הני מילי אמר רב כהנא דאמר קרא ד) וישב בה עד מות הכהן הגדול אשר משח אותו בשמן הקדש וכי הוא מושחו אלא זה שנמשח בימיו מאי הוה ליה למעבד היה לו לבקש רחמים שיגמור דינו לזכות ולא ביקש אמר אביי ט) נקטינן ח נגמר דינו ומת מוליכין את עצמותיו לשם דכתיב ה) לשוב לשבת בארץ עד מות הכהן ואיזהו ישיבה שהיא בארץ הוי אומר זו קבורה תנא ט מת קודם שמת כ"ג מוליכין עצמותיו על קברי אבותיו דכתיב ו) ישוב הרוצח אל ארץ אחוזתו איזהו ישיבה שהיא בארץ אחוזתו הוי אומר זו קבורה נגמר דינו ונעשה כהן בן גרושה או בן חלוצה פליגי בה רבי אמי ור' יצחק נפחא חד אומר מתה כהונה וחד אומר י בטלה כהונה לימא בפלוגתא דר"א ורבי יהושע קא מיפלגי דתנן י) היה עומד ומקריב ע"ג המזבח ונודע שהוא בן גרושה או בן חלוצה ר"א אומר כל קרבנות שהקריב פסולין ורבי יהושע כ מכשיר מאן דאמר מתה כר' יהושע ומאן דאמר בטלה כרבי אליעזר אליבא

רש"י

וחטאתי לך. לשון נידוי הוא שיהא מנודה לאביו: מאי דכתיב יחי ראובן וגו' וזאת ליהודה. מה ראה לסמוך יהודה לראובן ומה ראה להתחיל בברכת יהודה בלשון וזאת ליהודה אלא לפי שהיו עצמות כל השבטים שלהן קיים ושל יהודה מגולגלין אמר לשון זה יחי ראובן כלומר ראובן שלדו קיימת כאילו הוא חי וזאת תהיה ליהודה שהם מגולגלין. עצמות כל השבטים יצאו ממצרים ונשאום בניהם במדבר וזהו שאמר יוסף לאחיו (שמות יג) והעליתם (א) עצמותי מזה אתכם עם עצמותיכם: על איבריה לשפא. נכנסו עצמותיו למקום חיבורם ששפו משם כמו דשף מדוכתיה (חולין דף מג: נד.:) לשפא אישלויי"ש דורא: למשקל ולמטרח. לישא וליתן: ידיו רב לו. יהי בו כח לריב ריבו לעצמו נגד חביריו: ליהדר בהנך. במיתת מרובה בבגדים או בשעבר ממשיחותו אלא לאו ש"מ כולהו: **מתני'** ה"ז אינו גולה. מפרש טעמא בגמ' מק"ו: חוזר במיתתו של שני. יליף טעמא בגמ': נגמר דינו בלא כ"ג. שלא מינו אחר תחתיו עד שנגמר דינו של זה לגלות: גמ' שנמשח בימיו. משנעשה זה רוצח: מאי הוה ליה. להאי כהן למיעבד מאחר שעדיין לא היה כ"ג כשהרג זה למה הוא נענש: תנא מת. רוצח בערי מקלט ומת כ"ג אחר זמן: (ב) לשבת בארץ. בתוך הקרקע: ונעשה כ"ג בן גרושה. יצא עליו עדות שהוא חלל: מתה כהונה. הרי הוא כמת ואין הרוצח גולה: בטלה כהונה. איגלאי מילתא למפרע שלא היה כ"ג והוה ליה האי רוצח נגמר דינו בלא כהן גדול ואינו חוזר לעולם:

תוספות

אפילו על תנאי צריך הפרה מנלן מיהודה. יש מדקדקין מכאן דנידויים שלנו אפי' אותם שיש להם זמן אין לנדות עצמן מספק (ג) שהרי הכא התנה בדבר שלא היה בידו לקיים דשמא היה מעכבו יוסף או יקראנו אסון בדרך ולכך חל מעיקרו גם הנידוי על התנאי אבל שאר תנאים דבידו לקיים כגון שמנדין את האדם שלא יעשה הדבר ודאי לא חל הנידוי כלל מעיקרו דכיון דבידו הוא משעת הנידוי אנו יודעים בודאי שלא בדעתו לעשות הדבר ודאי ° לא חל הנידוי כלל מעיקרו כ):

מי גרם לראובן שהודה יהודה. תימה דהא אמרינן במדרש וישב ראובן אל הבור מהיכן שב מבית אביו שישב בתענית על מעשה בלהה וזה היה קודם מעשה דיהודה וי"ל דמ"מ לא הודה ברבים עד מעשה דיהודה:

מי גרם לראובן שהודה. ולכך יש לנו סמך מן המקרא יהודה אתה יודוך אחיך ומתרגמינן את הודית ל) כך יודוך אחיך פירוש (ד) הודית ולא בוש כך יודוך אחיך שבשביל שהתחלת להודות בא ראובן והודה:

אמר אביי ק"ו ומה מי שגלה כו'. תימה מהאי דינא נילף נמי לנגמר דינו בלא כ"ג שלא יגלה כלל ומה מי שגלה כבר לפני מיתת כ"ג יוצא במיתתו של כ"ג מי שלא גלה לפני מותו אינו דין שלא יגלה אחר מותו דהכי אמרינן בערכין (דף כט: ושם) מכורה כבר יוצאה שאינה מכורה אינו דין שלא תמכר ונפקא לן מהאי דינא דאינה נמכרת כלל אחר הבאת סימנין עד עולם ונראה דלא קשיא מידי דהא מיתת הכהן כפרה הוא כדאמר בסמוך וכפרה לא שייכא אלא למי שמחויב מ) בבריא והלכך דוקא לפי שנגמר ונתחייב גלות ואח"כ מת כ"ג מכפרת מיתת כ"ג שלא יגלה כלל מק"ו כדקאמר הש"ס אבל נגמר דינו בלא כ"ג שכבר מת כ"ג קודם גמר דין של זה ודאי ליכא למילף מק"ו דהיאך תכפר מיתת כ"ג וליכא למימר דתתכפר לו מיתת כ"ג השתא כשנגמר דינו דהא לא מיכפרא אלא בשעת מיתה י) ולאחר כך ובשעת מיתה לא היה זה חייב ולא דמי להיא דערכין דמכורה כבר יוצאה וכו' דהתם משעת הבאת סימנין מתחלת גדלותה ושוב לא יפסיק ממנה הגדלות לעולם ולכך שייך למילף שפיר דלא תמכר כלל אחר התחלת סימנין עד עולם כן נראה למשי"ח:

מידי גלות קא מכפרא. תימה אין ה"נ מדאמר בריש מכילתין (דף ב:) הם שלא עשו מעשה לגלו כי היכי דתהוי להו כפרה אלמא גלות מכפרת וי"ל דהכא כפרה לפטרו מגלות קאמר דהא בעי למילף דמי שלא גלה עדיין דמיתת כ"ג תועיל לפטרו מגלות מק"ו הלכך שפיר משני מידי גלות מכפרת מיתת כ"ג מכפרת פירוש (ה) מיפטרא מגלות שהרי אפילו לא גלה אלא יום אחד ומת הכ"ג הוא חוזר ואילו לא מת הכהן אפילו שהה שם זמן מרובה אינו יוצא על כרחך כפרה זו במיתת כהן תלויה כדפירשתי כן נראה למשי"ח:

אילן

מסורת הש"ס

א) רש"א אפילו מעצמו וכן נוסחת שאלתות, ב) ב"ק לב. סוטה ז: ע"ש, ג) [בשאלתות איתא ולמיטרא], ד) הגריעב"ץ מחק ת"ז, ה) סנהדרין יח., ו) לקמן יב., ז) [בתוספ' פ"ב דרש לה דכתיב שלש פעמים שמה], ח) [ועי' תוי"ט דגרס אין חייבין לאפוקי מרש"ל שהגיה ומחק מלת אין ע"ש וכן העתיק הכ"מ אין חייבין ולדבריהם גם בברייתא דלקמן יב. ר"ע אומר רשות וכו' וכל אדם חייבין צריכין אנו להגיה דל"ל אין חייבין וניחא לפ"ז דלא שאל הש"ס לקמן גם אהך פלוגתא דכל אדם מ"ט דר"י הגלילי ומ"ט דרבי עקיבא משום דלדעת התוי"ט אין שום פלוגתא בזה דכל אדם ע"ש], ט) [פירושו עיין רש"י בעירובין ה. בד"ה והאמר רב נחמן], י) פסחים עב: קדושין סו: [תרומות פ"ח מ"א], כ) [וברב אלפס עוד במ"ק פ"ג דף רפז. גרס נידוי על תנאי אפי' מעצמו צריך וכו'], ל) [ודע דבת"א שלפנינו איתא כך יודין אחיך גם בשאר תרגום לא מצאתי לפי שעה ועי' תרגום יונתן וירושלמי], מ) נ"א כפרה, נ) רש"א ולא לאחר כך.

הגהות הב"ח

(א) רש"י ד"ה מאי וכו' והעליתם את עצמותי: (ב) ד"ה לשבת נ"ל קודם ד"ה תנא: (ג) תוס' ד"ה אפי' וכו' אין לנדות עצמן מספק ולאו מילתא הוא שהרי הכא התנה וכו' למשעת הנדוי: (ד) ד"ה מי גרם וכו' פירוש אתה הודית ולא בושת כך יודוך: (ה) ד"ה מידי וכו' פירוש למיפטרי' וכו' אינו יוצא ואם כן על כרחך כפרה:

גליון הש"ס

גמ' נגמר דינו. עיין יומא דף עג ע"א תוס' ד"ה וכולן: תוס' ד"ה אפי' וכו' לא חל הנידוי כלל מעיקרו. עיין כתובות דף סט ע"א תוס' ד"ה ובשמתא:

הגהות הגר"א

[א] משנה וכל אדם אין חייבין כצ"ל (וכ"ה בדפו"י ובמשניות ובירושלמי ובכל הראשונים וגירסא שלפנינו הוגה ע"פ הרש"ל ועי' תוי"ט):

ליקוטי רש"י

וחטאתי לך כל הימים. לעולם הבא [בראשית מג ט]. יחי ראובן וגו' וזאת ליהודה. ועוד פירשו רבותינו שכל ארבעים שנה שהיו ישראל במדבר, היו עצמות יהודה מתגלגלין בארון, מפני נידוי שקבל עליו שנאמר וחטאתי לאבי כל הימים אמר משה מי גרם לראובן שיודה יהודה וכו' [דברים לג. ז]. יחי ראובן וזאת ליהודה. אין לך בברכת כל השבטים מתחלת וזאת חוץ מזו [סוטה ז:]. עצמותיו של יהודה. כל השבטים יצאו עצמותיהם ממצרים ונקברו בארץ ישראל שנאמר והעליתם את עצמותי מזה אתכם (שמות יג) משמע שאף עצמותם העלו ולא נכתב יוסף אלא להודיעך שבחו של משה שכל ישראל נתעסקו בביזה והוא עסק במצוה [ב"ק צב.]. מגולגלין בארון. והיו עצמות כל השבטים שלדן קיימת ויהודה איבריו מתפרקין ומתגלגלין בארונו מפני שנידה את עצמו בערבונו של בנימין וחטאתי לך כל הימים אפי' לעולם הבא ומהכא נפקא לן נידוי על תנאי צריך הפרה. מי גרם לראובן שהודה. במעשה יצועי אביו. יהודה. שהודה במעשה תמר וכן היה מסורת בידיהם ומדרש אגדה דר' תנחומא כשאמר יהודה צדקה ממני עמד ראובן ואמר בלבלתי יצועי אבי ועכשיו יחי ראובן שלדו קיימת כאילו הוא חי וזאת ליהודה שהוא מתגלגל. ידיו רב לו. יהא לו נלחם לריב ריבו והאי דכתיב ידיו לשון מלחמה הוא מלחמתה של תורה. אליבא דהלכתא. לא היה זוכה לומר דבר המתקבל [סוטה שם]. ההורג כ"ג. בשוגג גולה לעיר מקלט ואינו יוצא משם לעולם דכיון דאין כהן גדול במקדש כשהוא גולה במיתת מי ישוב וכן כהן גדול שהרג את הנפש בשוגג במיתת מי ישוב הא ליכא כהן גדול [סנהדרין יח:]. וישב בה עד מות הכהן הגדול אשר משח אותו בשמן. רבותינו דרשוהו במסכת מכות לראיית דבר ללמד שאם עד שלא נגמר דינו מת הכהן הגדול ומינו אחר תחתיו ולאחר מכאן נגמר דינו חוזר במיתתו של שני שנאמר אשר משח אותו וכי הוא משחו לכהן או הכהן משח אותו אלא להביא את הנמשח בימיו שמחזירו במיתתו [במדבר לה כה]. נקטינן. מסורת מאבותינו. מנהג מרבותינו [עירובין ה.]. בן גרושה. כהן חלל זר גמור הוא דכתיב בכהן הנושא גרושה (ויקרא כא) לא יחלל זרעו שמחללו מדין כהונה [פסחים עב:].

and thus the object of their curses is to punish him for having failed to prevent the killings.[39] But the new Kohen cannot be held accountable for this killing, since he had not yet been appointed when it occurred. Why then should he be punished by having the killer's freedom made contingent upon his death?[40] – ? –

The Gemara answers:

הָיָה לוֹ לְבַקֵּשׁ רַחֲמִים שֶׁיִּגָּמוֹר דִּינוֹ לִזְכוּת – Because **he should have beseeched** God **for mercy that [the killer's] sentence be finalized in his favor,** to exonerate him from exile, וְלֹא בִיקֵּשׁ – **but he did not beseech** Him. He is therefore liable to punishment.[41]

The Gemara now discusses the law of a killer who dies before his exile begins:

אָמַר אַבַּיֵי – **Abaye said:** נַקְטִינַן – **We hold** as a tradition:[42] נִגְמַר דִּינוֹ וּמֵת – **If [the killer's] sentence was finalized and he died** immmediately, before going into exile, מוֹלִיכִין אֶת עַצְמוֹתָיו לְשָׁם – **they take his bones there,** i.e. to the city of refuge to be buried. דִּכְתִיב – **For it is written:**[43] "לָשׁוּב לָשֶׁבֶת בָּאָרֶץ עַד־מוֹת הַכֹּהֵן" – *And you shall not take a ransom from one who has fled to his city of refuge* ***to return to dwell in the land before the Kohen dies.*** וְאֵיזֶהוּ יְשִׁיבָה שֶׁהִיא בָּאָרֶץ – **Now, what** kind of **"dwelling" is it that is** described as **"in the land"?** הֱוֵי אוֹמֵר זוֹ קְבוּרָה – **You must say: This is burial.** Thus, the words *to dwell in the land* teach that a killer who dies before his exile begins is transported to the city of refuge and buried there.[44]

The Gemara teaches the law of a killer who dies in exile:

תָּנָא – **A Baraisa taught:** מֵת קוֹדֶם שֶׁמֵּת כֹּהֵן גָּדוֹל – IF [THE KILLER] DIED BEFORE THE KOHEN GADOL DIED, i.e. he died and was buried in the city of refuge, and after a time the Kohen Gadol died, מוֹלִיכִין עַצְמוֹתָיו עַל קִבְרֵי אֲבוֹתָיו – [THE KILLER'S] BONES ARE TRANSPORTED TO THE BURIAL GROUND OF HIS ANCESTORS. דִּכְתִיב – FOR IT IS WRITTEN:[45] "יָשׁוּב הָרֹצֵחַ אֶל־אֶרֶץ אֲחֻזָּתוֹ" – *And after the death of the Kohen Gadol,* ***THE KILLER RETURNS TO THE LAND OF HIS [ANCESTRAL] HOLDINGS.*** אֵיזֶהוּ יְשִׁיבָה שֶׁהִיא בְּאֶרֶץ אֲחֻזָּתוֹ – WHAT kind of DWELLING IS IT THAT IS described as "IN THE LAND OF HIS [ANCESTRAL] HOLDINGS"? הֱוֵי אוֹמֵר זוֹ קְבוּרָה – YOU MUST SAY: THIS IS BURIAL.[46]

The Gemara proceeds to the Mishnah's next segment, which states that one whose sentence was finalized without there being a Kohen Gadol at the time of sentencing remains exiled forever. The Gemara cites a possibly related dispute:

נִגְמַר דִּינוֹ – If **[the killer's] sentence was finalized** וְנַעֲשָׂה כֹּהֵן בֶּן גְּרוּשָׁה אוֹ בֶן חֲלוּצָה – **and the Kohen [Gadol] was** then **established** by witnesses **to be the son of a divorcee or the son of a *chalutzah*,** meaning that he is disqualified from serving as a Kohen,[47] פְּלִיגֵי בָהּ רַבִּי אַמִי וְרַבִּי יִצְחָק נַפָּחָא – **it** (i.e. the killer's law) **is a matter of dispute between R' Ami and R' Yitzchak Nafcha:** חַד אוֹמֵר מֵתָה כְּהוּנָּה – **One says the Kehunah has died.** That is, the Kohen Gadol's unfitness for office begins from the moment it is discovered. Thus, it is as if the Kohen Gadol has died; therefore, the killer is not exiled.[48] וְחַד אוֹמֵר בָּטְלָה כְּהוּנָּה – **And one says the Kehunah has been nullified.** That is, since it has now been revealed that the Kohen Gadol was *never* fit for his office, his status as Kohen Gadol is nullified *retroactively.* It

NOTES

39. See 11a note 33.

40. Since this Kohen had not yet been appointed when the killing occurred, he could not possibly have prevented it through his prayers. Why then is he punished? (*Rashi*).

41. If, however, he is anointed after the sentence is finalized, no blame attaches to him; therefore, his death does not free the killer (see *Tos. Yom Tov;* see above, note 22).

Some ask: How can the Kohen Gadol pray for the killer's sentence to be finalized in his favor? Doing so is tantamount, if the accused is guilty, to praying that the court err in their judgment! For answers to this question, see *Aruch LaNer; Iyun Yaakov; R' Yeshaya Pik's Chidushei HaShas.*

42. I.e. the forthcoming exposition was handed down to us from our fathers (see *Rashi, Gittin* 59b ד״ה נקטינן, *Eruvin* 5a ד״ה והאמר רב נחמן נקיטינן). See, however, *Siach Yitzchak.*

43. *Numbers* 35:32. This verse prohibits an exile to return before the death of the Kohen Gadol. Translation follows *Rashi* there.

44. *Meiri.*

The verse could have stated simply: לָשׁוּב עַד־מוֹת הַכֹּהֵן, *to return before the Kohen dies.* The words לָשֶׁבֶת בָּאָרֶץ, *to dwell in the land* are superfluous (see *Aruch HaShulchan, Choshen Mishpat* 425:54). [The Gemara therefore expounds them as an independent clause commanding the killer "to dwell in the land."] *In the land* means "in the *ground,*" i.e. burial (*Rashi*). Thus, the verse is teaching that a killer who dies before traveling to the city of refuge must be transported to the city and buried there (*Meiri*).

45. *Numbers* 35:28.

46. [The phrase *to the land of his ancestral holdings* is superfluous, for the verse could simply have written: *the killer returns.* The Baraisa expounds it as referring to burial. Thus the verse teaches that upon the death of the Kohen Gadol, the remains of a killer buried in the city of refuge are exhumed and reburied in his ancestral burial grounds.]

Seemingly, the Baraisa means only to *permit* moving the killer's bones; it is not *obligating* us to do so (*Minchas Chinuch* §410). However, *Siach Yitzchak* maintains that it is obligatory to remove the bones from the city of refuge after the death of the Kohen Gadol. This appears also to be the view of *Meiri* (to 12a; see note 21 there); see also *Rambam, Rotze'ach* 7:3; see also *Tzafnas Pane'ach* (12a).

[This Baraisa serves as the source to permit the exhumation of a person's remains in order to rebury them in an ancestral burial ground (see *Rama, Yoreh Deah* 363:2 with *Beur HaGra* §4; see *Einayim LaMishpat* and *Nasan Piryo* for discussion).]

47. A Kohen is forbidden to marry a divorcee or a *chalutzah* (a *chalutzah* is a widow who has undergone *chalitzah,* the alternate rite for one who does not wish to perform *yibum*). The child of a union between a Kohen and a divorcee or *chalutzah* is a *chalal.* A *chalal* may not perform *avodah* (sacrificial service).

48. For the Kohen Gadol's disqualification, like his death, frees the killer from exile (*Rashi; Ritva*).

According to this view, the disqualification takes effect from that day forward; it does not invalidate the Kohen retroactively (*Ritva;* see Gemara below).

This ruling holds true also with regard to one who has *already* traveled to the city of refuge. If the Kohen Gadol is found to be the son of a divorcee or the son of a *chalutzah,* the exile returns home (*Ritva*).

One might ask: The Gemara spoke previously of the death of the Kohen Gadol atoning for the killer. Although disqualification does spell the end of the Kohen Gadol's reign, it would not seem to provide the necessary atonement. *Ritva* explains that the anguish visited upon the Kohen Gadol through his disqualification is tantamount to death. Thus, it affords atonement. [This is not to say that *any* form of suffering visited upon the Kohen Gadol frees the killers from exile. It is only the termination of the Kohen Gadol's Kehunah – whether by death or by disqualification – that frees them. *Ritva* is simply explaining that termination of the Kehunah must be accompanied by suffering; otherwise, it cannot atone for the killer (*Dvar Avraham* vol. I 26:8).]

[It is difficult to understand why the discovery that the Kohen Gadol is the son of a *chalutzah* should cause the exile to go free. The prohibition against a Kohen marrying a *chalutzah,* and consequently the disqualification of his offspring, is of Rabbinic origin. How can the disclosure of a *Rabbinic* disqualification negate the killer's *Biblical* exile? Some answer that indeed, discovering that the Kohen Gadol is the son of a *chalutzah* does not free the exile; the case is included here only as an adjunct to that of a divorcee, because, as a figure of speech, the two cases are generally spoken of together (see *Tosafos* 13a ד״ה גרושה). For other answers, see *Otzar Mefarshei HaTalmud,* cols. 512, 513.]

אמר רב יהודה אמר רב נידוי על תנאי צריך הפרה מנלן מיהודה דכתיב אם לא הביאותיו אליך וגו' וא"ר שמואל בר נחמני א"ר יונתן מאי דכתיב יחי ראובן ואל ימות וגו' וזאת ליהודה כל אותן מ' שנה שהיו ישראל במדבר עצמותיו של יהודה היו מגולגלין בארון עד שעמד משה ובקש עליו רחמים אמר לפניו רבונו של עולם מי גרם לראובן שיודה יהודה וזאת ליהודה שמע ה' קול יהודה עאל איבריה לשפא לא הוה קא מעיילי ליה למתיבתא דרקיע ואל עמו תביאנו לא הוה קא ידע למישקל ומיטרח בשמעתא בהדי רבנן ידיו רב לו לא הוה ידע לפרוקי קושיא ועזר מצריו תהיה איבעיא להו במיתת כולן הוא חוזר או דלמא במיתת אחד מהן ת"ש נגמר דינו בלא כ"ג אינו יוצא משם לעולם ואם איתא ליהדר (ביה) בדהנך בדליכא:

מתני' משנגמר דינו מת כ"ג ה"ז אינו גולה אם עד שלא נגמר דינו מת כ"ג ומנו אחר תחתיו ולאחר מכן נגמר דינו חוזר במיתתו של שני נגמר דינו בלא כ"ג וההורג כ"ג וכ"ג שהרג אינו יוצא משם לעולם ואינו יוצא לא לעדות מצוה ולא לעדות ממון ולא לעדות נפשות ואפי' ישראל צריכים לו ואפי' שר צבא ישראל כיואב בן צרויה אינו יוצא משם לעולם שנאמר אשר נס שמה שם תהא דירתו שם תהא מיתתו שם תהא קבורתו כשם שהעיר קולטת כך תחומה קולט רוצח שיצא חוץ לתחום ומצאו גואל הדם רבי יוסי הגלילי אומר מצוה ביד גואל הדם ורשות ביד כל אדם רבי עקיבא אומר רשות ביד גואל הדם וכל אדם [א] חייבין עליו:

גמ' מ"ט אמר אביי ק"ו ומה מי שגלה כבר יצא עכשיו מי שלא גלה אינו דין שלא יגלה ודלמא האי דגלה איכפר ליה האי דלא גלה לא מידי גלות קא מכפרא מיתת כהן הוא דמכפרא: אם עד שלא נגמר דינו וכו': מנא הני מילי אמר רב כהנא דאמר קרא וישב בה עד מות הכהן הגדול אשר משח אותו בשמן הקדש וכי הוא מושחו אלא זה שנמשח בימיו מאי הוה ליה למעבד היה לו לבקש רחמים שיגמור דינו לזכות ולא ביקש אמר אביי נקטינן נגמר דינו ומת מוליכין את עצמותיו לשם דכתיב לשוב לשבת בארץ עד מות הכהן ואיזהו ישיבה שהיא בארץ הוי אומר זו קבורה תנא מת קודם שמת כ"ג מוליכין עצמותיו על קברי אבותיו דכתיב ישוב הרוצח אל ארץ אחוזתו איזהו ישיבה שהיא בארץ אחוזתו הוי אומר זו קבורה נגמר דינו ונעשה כהן בן גרושה או בן חלוצה פליגי בה רבי אמי ור' יצחק נפחא חד אומר מתה כהונה וחד אומר בטלה כהונה לימא בפלוגתא דר"א ורבי יהושע קא מיפלגי דתנן היה עומד ומקריב ע"ג המזבח ונודע שהוא בן גרושה או בן חלוצה ר"א אומר כל קרבנות שהקריב פסולין ורבי יהושע מכשיר מאן דאמר מתה כר' יהושע ומאן דאמר בטלה כרבי אליעזר אליבא

וחטאתי לך. לשון נידוי הוא שיהא מנודה לאביו: מאי דכתיב יחי ראובן וגו' וזאת ליהודה. מה ראה לסמוך יהודה לראובן ומה ראה להתחיל בברכת יהודה בלשון וזאת ליהודה אלא לפי שהיו עצמות כל השבטים שלהן קיים ושל יהודה מגולגלין אמר לשון זה יחי ראובן כלומר ראובן שלדו קיימת כאילו הוא חי וזאת תהיה ליהודה שהם מגולגלין. עצמות כל השבטים יצאו ממצרים ונשאום בניהם במדבר וזהו שאמר יוסף לאחיו (שמות יג) והעליתם (א) עצמותי מזה אתכם עם עצמותיכם: על איבריה לשפא. נכנסו עצמותיו למקום חיבורם שספו משם כמו דשף מדוכתיה (חולין דף מב: נד.:) לשפא אישלויי"ש דורא: למשקל ולמטרח. לישא וליתן: ידיו רב לו. יהי בו כח לריב ריבו לעצמו נגד חביריו: ליהדר בהנך. במיתת מרובה בבגדים או בשעבר ממשיחותו אלא לאו ש"מ כולהו: **מתני'** ה"ז אינו גולה. מפרש טעמא בגמ' מק"ו: חוזר במיתתו של שני. יליף טעמא בגמ': נגמר דינו בלא כ"ג. שלא מינו אחר תחתיו עד שנגמר דינו של זה לגלות: **גמ'** שנמשח בימיו. משנעשה זה רוצח: מאי הוה ליה. להאי כהן למיעבד מאחר שעדיין לא היה כ"ג כשהרג זה למה הוא נענש: תנא מת. רוצח בערי מקלט ומת כ"ג אחר זמן: (ב) לשבת בארץ. בתוך הקרקע: ונעשה כ"ג בן גרושה. יצא עליו עדות שהוא חלל: מתה כהונה. הרי הוא כמת ואין הרוצח גולה: בטלה כהונה. איגלאי מילתא למפרע שלא היה כ"ג והוה ליה האי רוצח נגמר דינו בלא כהן גדול ואינו חוזר לעולם:

אפילו על תנאי צריך הפרה מנלן מיהודה. יש מדקדקין מכאן לנידויים שלנו אפי' אותם שיש להם זמן אין לנדות עצמן מספק (ג) שהרי הכא התנה בדבר שלא היה בידו לקיים דשמא היה מעכבו יוסף או יקראנו אסון בדרך ולכך חל מעיקרו גם הנידוי על התנאי אבל שאר תנאים דבידו לקיים כגון שמנדין את האדם שלא יעשה הדבר ודאי לא חל הנידוי כלל מעיקרו דכיון דבידו הוא משעת הנידוי אנו יודעים בודאי שלא בדעתו לעשות הדבר ודאי לא חל הנידוי כלל מעיקרו:

מי גרם לראובן שהודה יהודה. תימה דהא אמרינן במדרש וישב ראובן אל הבור מהיכן שב מבית אביו שישב בתענית על מעשה בלהה וזה היה קודם מעשה דיהודה וי"ל דמ"מ לא הודה ברבים עד מעשה דיהודה:

מי גרם לראובן שהודה. ולכל יש לנו סמך מן המקרא יהודה אתה יודוך אחיך ומתרגמינן את הודית כך יודוך אחיך פירוש (ד) הודית ולא בוש כך יודוך אחיך שבשביל שהתחלת להודות בא ראובן והודה:

אמר אביי ק"ו ומה מי שגלה כו'. תימה מהאי דינא נילף נמי לנגמר דינו בלא כ"ג שלא יגלה כלל ומה מי שגלה כבר לפני מיתת כ"ג יוצא במיתתו של כ"ג מי שלא גלה לפני מותו אינו דין שלא יגלה אחר מותו דהכי אמרינן בערכין (דף כט: ושם) מכורה כבר יוצאה שאינה מכורה אינו דין שלא תמכר ונפקא לן מהאי דינא דאינה נמכרת כלל אחר הבאת סימנין עד עולם ונראה דלא קשיא מידי דהא מיתת הכהן כפרה הוא כדאמר בסמוך וכפרה לא שייכא אלא למי שמחויב בבריא והלכך דוקא לפי שנגמר ונתחייב גלות ואח"כ מת כ"ג מכפרת מיתת כ"ג שלא יגלה כלל מק"ו כדקאמר הש"ס אבל נגמר דינו בלא כ"ג שכבר מת כ"ג קודם גמר דין של זה ודאי ליכא למילף מק"ו דהיאך תכפר מיתת כ"ג וליכא למימר דתתכפר לו מיתת כ"ג השתא כשנגמר דינו דהא לא מיכפרא אלא בשעת מיתה ולאחר כך ובשעת מיתה לא היה זה חייב ולא דמי להיא דערכין דמכורה כבר יוצאה וכו' דהתם משעת הבאת סימנין מתחלת גדלותה ושוב לא יפסיק ממנה הגדלות לעולם ולכך שייך למילף שפיר דלא תמכר כלל אחר התחלת סימנין עד עולם כן נראה למשי"ח:

מידי גלות קא מכפרא. תימה אין ה"נ מדאמר בריש מכילתין (דף ב:) הם שלא עשו מעשה לגלו כי היכי דתהוי להו כפרה אלמא גלות מכפרת וי"ל דהכא כפרה לפטרו מגלות קאמר דהא בעי למילף דמי שלא גלה עדיין דמיתת כ"ג תועיל לפטרו מגלות מק"ו הלכך שפיר משני מידי גלות מכפרת מיתת כ"ג מכפרת פירוש (ה) מיפטרא מגלות שהרי אפילו לא גלה אלא יום אחד ומת הכ"ג הוא חוזר ואילו לא מת הכהן אפילו שהה שם זמן מרובה אינו יוצא על כרחך כפרה זו במיתת כהן תלויה כדפירשתי כן נראה למשי"ח:

ד) וְהִצִּילוּ הָעֵדָה אֶת הָרֹצֵחַ מִיַּד גֹּאֵל הַדָּם וְהֵשִׁיבוּ אֹתוֹ הָעֵדָה אֶל עִיר מִקְלָטוֹ ... בָּהּ עַד מוֹת הַכֹּהֵן הַגָּדֹל אֲשֶׁר מָשַׁח אֹתוֹ בְּשֶׁמֶן הַקֹּדֶשׁ: [במדבר לה, כה] ה) וְלֹא ... עִיר מִקְלָטוֹ לָשׁוּב לָשֶׁבֶת בָּאָרֶץ עַד מוֹת הַכֹּהֵן: [במדבר לה, לב] ו) כִּי בְעִיר מִקְלָטוֹ ... הַכֹּהֵן הַגָּדֹל וְאַחֲרֵי מוֹת הַכֹּהֵן הַגָּדֹל יָשׁוּב הָרֹצֵחַ אֶל אֶרֶץ אֲחֻזָּתוֹ: [במדבר לה, כח]

emerges that there was no Kohen Gadol at the time of sentencing. Therefore, the exile must remain in the city of refuge forever.[49]

The Gemara relates this dispute to a dispute between Tannaim: **לֵימָא בִּפְלוּגְתָּא דְרַבִּי אֱלִיעֶזֶר וְרַבִּי יְהוֹשֻׁעַ קָא מִיפַּלְגִי – Let us say that they** (i.e. R' Ami and R' Yitzchak Nafcha) **disagree over the** very **issue that is the subject of a disagreement between R' Eliezer and R' Yehoshua. דִּתְנַן – For we have learned in a Mishnah:**[50] הָיָה עוֹמֵד וּמַקְרִיב עַל גַּבֵּי הַמִּזְבֵּחַ – IF [A KOHEN] WAS STANDING AND OFFERING SACRIFICES UPON THE ALTAR, וְנוֹדַע שֶׁהוּא בֶּן גְּרוּשָׁה אוֹ בֶּן חֲלוּצָה – AND IT BECAME KNOWN through testimony THAT HE WAS THE SON OF A DIVORCEE OR THE SON OF A *CHALUTZAH,* and was therefore disqualified from serving as a Kohen: רַבִּי אֱלִיעֶזֶר אוֹמֵר – R' ELIEZER SAYS: כָּל קָרְבָּנוֹת שֶׁהִקְרִיב פְּסוּלִין – ALL THE OFFERINGS HE HAS OFFERED ARE retroactively INVALID. וְרַבִּי יְהוֹשֻׁעַ מַכְשִׁיר – BUT R' YEHOSHUA VALIDATES all his previous offerings. **מַאן דְּאָמַר מֵתָה כְּרַבִּי יְהוֹשֻׁעַ** – Seemingly, **the one who said** that the Kehunah has **died is in accord with** the view of **R' Yehoshua.**[51] **וּמַאן דְּאָמַר בָּטְלָה כְּרַבִּי אֱלִיעֶזֶר – And the one who said** that [the Kehunah] has been **nullified is in accord with** the view of **R' Eliezer.**[52]

NOTES

49. *Rashi; Ritva.*

According to this view, the Kohen Gadol's disqualification invalidates him retroactively (*Ritva*).

[With regard to a Kohen Gadol who contracts a disqualifying blemish (a מום), see *Aruch HaShulchan, Choshen Mishpat* 425:58; *Minchas Chinuch, Kometz HaMinchah* to §410; *Tzafnas Pane'ach;* see *Imrei Binyamin* at length.]

50. *Terumos* 8:1.

51. Since R' Yehoshua validates the offerings the Kohen made before his disqualification, he evidently holds that his Kehunah is not retroactively nullified. Rather, the disqualification is effective from the moment of discovery. Accordingly, when the Kohen Gadol is revealed as the son of a divorcee or a *chalutzah,* it is as if he died at that moment.

52. R' Eliezer invalidates the Kohen's previous offerings; clearly he holds the Kehunah to have been nullified retroactively. This means that a Kohen discovered to be the son of a divorcee or *chalutzah* never really possessed Kohanic status, and, in the case of a Kohen Gadol, never really filled the office. Since during his tenure there was no Kohen Gadol, one sentenced during that period remains in exile forever.

The Gemara distinguishes between the dispute of R' Ami and R' Yitzchak Nafcha and the dispute of R' Eliezer and R' Yehoshua:

אַלִיבָּא דְּרַבִּי אֱלִיעֶזֶר כּוּלֵי עָלְמָא לָא פְּלִיגֵי – According to R' Eliezer, all (i.e. both R' Ami and R' Yitzchak Nafcha) **agree** that the Kehunah is nullified. By retroactively invalidating the Kohen's offerings, R' Eliezer indicates that he was never regarded as a Kohen. Therefore, his disqualification does not return the killer from exile. **כִּי פְּלִיגֵי – According to whom do [R' Ami and R' Yitzchak Nafcha] disagree – אַלִיבָּא דְּרַבִּי יְהוֹשֻׁעַ – according to R' Yehoshua.** The opinions of *both* R' Ami and R' Yitzchak Nafcha can accord perfectly with R' Yehoshua's view.[1]

The Gemara explains:

מַאן דְּאָמַר מֵתָה כְּרַבִּי יְהוֹשֻׁעַ – The one who said that the Kehunah **died is** certainly **in accord with R' Yehoshua.** He holds that just as R' Yehoshua validates the offerings of one found to be disqualified, so too would he permit the exile to return on the basis of the Kohen Gadol's disqualification. **וּמַאן דְּאָמַר בָּטְלָה – But even the one who said** that the Kehunah is **nullified** can also agree with R' Yehoshua. For he can argue thus: **עַד כָּאן לֹא קָאָמַר רַבִּי יְהוֹשֻׁעַ הָתָם – Until now R' Yehoshua only said** his ruling **there** (i.e. regarding the offerings of a disqualified Kohen) **דִּכְתִיב ,,בָּרֵךְ ה' חֵילוֹ וּפֹעַל יָדָיו תִּרְצֶה" – because** regarding the service of the Kohanim **it is written:**[2] ***Bless his belongings, Hashem, and the deeds of his hands*** [i.e. his service] ***accept,*** which teaches that **אֲפִילוּ חֲלָלִין שֶׁבּוֹ – even the disqualified Kohanim among [the tribe],** if they inadvertently bring sacrificial offerings, the offerings are accepted.[3] **אֲבָל הָכָא אֲפִילוּ רַבִּי יְהוֹשֻׁעַ מוֹדֶה – But here** (i.e. regarding return from exile), **even R' Yehoshua agrees** that the Kohen Gadol is retroactively disqualified.[4]

Thus, the dispute of R' Ami and R' Yitzchak Nafcha is not necessarily that of R' Eliezer and R' Yehoshua.

The Mishnah stated:

נִגְמַר דִּינוֹ וכו' – IF HIS SENTENCE WAS PASSED etc.[5]

The Mishnah rules that even someone like Yoav the son of Zeruyah may not leave the city of refuge. Since the Mishnah mentioned Yoav, the Gemara discusses his death. Also, his death bears some relevance to the general topic of this chapter – the exile of killers.

אָמַר רַב יְהוּדָה אָמַר רַב – Rav Yehudah said in the name of Rav: שְׁתֵּי טָעֻיּוֹת טָעָה יוֹאָב בְּאוֹתָהּ שָׁעָה – Yoav committed two errors at that time, i.e. when Solomon sent Benayahu to execute him as a murderer.[6] **דִּכְתִיב – For it is written:**[7] **,,וַיָּנָס יוֹאָב אֶל־אֹהֶל ה' וַיַּחֲזֵק בְּקַרְנוֹת הַמִּזְבֵּחַ" –** ***and Yoav fled to the tent of Hashem and grabbed onto the horns of the Altar.*** Yoav hoped to be saved from death in accordance with the law that the top of the Altar affords sanctuary to a murderer.[8] **טָעָה שֶׁאֵינוֹ קוֹלֵט אֶלָּא גַּגּוֹ –** However, **he erred in that only [the Altar's] roof affords refuge, וְהוּא תָּפַס בְּקַרְנוֹתָיו – but he grabbed its horns.**[9]

NOTES

1. You are thus correct in saying that the one who holds that the Kehunah has died cannot be in accord with R' Eliezer. He perforce follows the view of R' Yehoshua. You are incorrect, however, in saying that the one who holds that the Kehunah has been nullified must follow the view of R' Eliezer. In fact, he can accord with R' Yehoshua as well, as the Gemara will now demonstrate (*Rashi*).

2. *Deuteronomy* 33:11.

3. We know this verse discusses Kohanim because of the verse that precedes it, which states in reference to the *avodah* of the Kohanim: יָשִׂימוּ קְטוֹרָה בְּאַפֶּךָ וְכָלִיל עַל־מִזְבְּחֶךָ, *they shall place incense before You and burnt offerings upon Your Altar.* The Gemara interprets our verse's mention of *cheilo* [חֵילוֹ] (literally: his belongings) as a reference to *chalalim* [חֲלָלִים], or disqualified Kohanim. [חֵילוֹ is thus related to חולין, *non-holy.*] The verse teaches that their *avodah,* if performed inadvertently, is valid (*Rashi, Pesachim* 72b ד"ה ועבודה וד"ה ברך ה' חילו).

[We stated (in the previous paragraph and in the text) that the *avodah* of *chalalim* is valid only if performed inadvertently; i.e. *before* they discover that they are *chalalim. Avodah* performed after their lineage is known, however, is not valid. This is the opinion of *Rashi* (*Pesachim* ibid.) and of *Tos. HaRosh* (*Kiddushin* 66b). However, *Rambam* (*Hil. Bi'as HaMikdash* 6:10) rules that although a *chalal should not* perform *avodah* after discovering his lineage, if he does so (illegally), the *avodah* possesses *post facto* validity (see *Kesef Mishneh* there). Many commentators question *Rambam* on the basis of our *sugya.* See in this vein: *Gevuras Ari* to 11b; *Aruch LaNer* to 11b; see *Shaar HaMelech* and *Even HaAzel* to *Rambam* ibid. for discussion.

4. The Gemara explains that the one who holds that the Kehunah is nullified can argue that R' Yehoshua's validation of the offerings of the disqualified Kohen is an anomaly, based on the special teaching of the verse. With respect to other matters pertaining to the priesthood, however, even R' Yehoshua will agree that he was never a Kohen and that his appointment as a Kohen Gadol was never valid (*Rashi*). We therefore regard the killer as having been sentenced without a Kohen Gadol, so he remains forever in exile.

For the underlying factors in the dispute between R' Ami and R' Yitzchak Nafcha, see *Siach Yitzchak; Dvar Avraham* vol. 1 26:9.

5. The discussion that follows relates to the abbreviated part of the quote, represented by the word וכו', *etc.*

6. Before David died, he commanded his son Solomon to execute Yoav, for having years earlier killed two righteous men: Avner ben Ner and Amasa ben Yeser (*I Kings* 2:5,6). After David's death, Solomon found a pretext (Yoav's support of a plot to supplant Solomon with his brother Adoniyahu), and sent Benayahu ben Yehoyada to kill Yoav (see ibid. v. 29 with *Radak* to v. 28; see *Kesef Mishneh* to *Hil. Rotze'ach* 5:14; cf. *Tosafos, Sanhedrin* 49a ד"ה מאי טעמא; *Teshuvos Mekom Shmuel* §20; see, however, the understanding of *Tosafos* offered by *Sridei Eish,* vol. 3 §77).

7. *I Kings* 2:28.

8. The verse (*Exodus* 21:14) states in regard to a murderer: מֵעִם מִזְבְּחִי תִּקָּחֶנּוּ לָמוּת, *from beside My Altar you shall take him to die.* The Gemara (*Yoma* 85a) deduces from the word מֵעִם, *from beside,* that the murderer is taken only if he is *beside* the Altar, but not if he is on top of the Altar. We see that the top of the Altar protects a murderer (*Rashi;* cf. *Rashi, Yoma* 85a ד"ה ולא מעל מזבחי; see *Chazos Kashos* and *Yad Yitzchak* to *Yoma* ibid., cited in *Otzar Mefarshei HaTalmud* col. 523; see also *Sridei Eish* ibid.). Yoav erroneously assumed that to take him from the horns of the Altar that stood in the tent of Hashem would violate the prohibition of "and not from upon My Altar." Therefore, he grabbed the horns (*Rashi;* cf. *Rambam, Rotze'ach* 5:12). See the next two notes for discussion of his error.

[Yoav knew that ultimately the Altar would not save his life, for even if Solomon's men could not forcibly remove him from it, they could still prevent him from leaving it, in which case he would eventually starve to death. The reason he grabbed onto the Altar was to save his possessions for his heirs. The possessions of one killed by the king are appropriated by the king; Yoav therefore sought to ensure that his death would not come at the hands of the king. Alternatively, he wished to prolong his life as much as possible; it was to this end that he took hold of the Altar (see *Sanhedrin* 48b with *Tosafos* ד"ה בשלמא and *Tos. HaRosh* there; cf. *Rashi* there, *Yerushalmi,* cited in *Tosafos* there and *Rabbeinu Chananel* here).]

[The verse *from beside My Altar* concerns one who killed deliberately; it teaches that the Altar protects even a deliberate murderer (see *Rashi* to the verse; *Teshuvos HaRashba* 1:524). *Rambam* (ibid.), however, writes that the Altar does *not* protect a deliberate murderer; see *Mishneh LaMelech* there, *Aruch LaNer* and *Siach Yitzchak.*]

9. Yoav thought that the horns were also considered "upon My Altar" and would protect him (*Rashi,* as explained by *Ritva*). Alternatively, Yoav knew well that the horns are not included in "*upon* My Altar." However, he understood the verse *from beside My Altar* to be excluding *any* part of the Altar, not just its roof. He expounded the verse in this manner: *from beside My Altar you shall take him to die,* and not from the Altar itself. According to *his* exposition, the verse implies protection for one perched on *any* part of the Altar, even its horns. There was no need to be *upon* the Altar (*Ritva*).

אליבא דרבי אליעזר כולי עלמא לא פליגי כי פליגי אליבא דר' יהושע מאן דאמר מתה כרבי יהושע ומאן דאמר בטלה עד כאן לא קאמר רבי יהושע התם דכתיב (א) ברך ה' חילו ופועל ידיו תרצה (ה) אפי' חללין שבו אבל הכא אפי' רבי יהושע מודה: נגמר דינו וכו': אמר רב יהודה אמר רב שתי טעיות טעה יואב באותה שעה דכתיב (ב) וינס יואב אל אהל ה' ויחזק בקרנות המזבח טעה א שאינו קולט אלא גגו והוא תפס בקרנותיו טעה ב שאינו קולט אלא מזבח בית עולמים והוא תפס מזבח של שילה אביי אומר בהא נמי מיטעא טעה ג שאינו קולט אלא כהן ועבודה בידו והוא זר היה אמר ריש לקיש שלש טעיות עתיד שרו של רומי לטעות דכתיב (ג) מי זה בא מאדום חמוץ בגדים מבצרה טועה שאינה קולטת אלא בצר והוא גולה לבצרה טועה שאינה קולטת אלא שוגג והוא מזיד היה טועה שאינה קולטת אלא אדם והוא מלאך הוא אמר ר' אבהו ד ערי מקלט לא נתנו לקבורה דכתיב (ד) ומגרשיהם יהיו לבהמתם ולרכושם ולכל חייתם לחיים נתנו ולא לקבורה מיתיבי (ג) שמה ה שם תהא דירתו שם תהא מיתתו שם תהא קבורתו רוצח שאני דגלי ביה רחמנא: כשם שהעיר קולטת וכו': ורמינהו (ה) וישב בה ו בה ולא בתחומה אמר אביי לא קשיא ז כאן לקלוט כאן לדור לדור (ד) תיפוק ליה ח דאין עושין שדה מגרש ולא מגרש שדה לא מגרש עיר ולא עיר מגרש אמר רב ששת לא נצרכה אלא למחילות: רוצח שיצא חוץ לתחום וכו': ת"ר (ו) ורצח גואל הדם את הרוצח (ט) מצוה ביד גואל הדם אין (א) גואל הדם רשות ביד כל אדם דברי רבי יוסי הגלילי ר' עקיבא אומר רשות ביד גואל הדם וכל אדם [א] חייבין עליו מאי טעמא דרבי יוסי הגלילי מי כתיב אם רצח ורבי עקיבא מי כתיב ירצח אמר מר זוטרא בר טוביה אמר רב רוצח שיצא חוץ לתחום ומצאו גואל הדם והרגו נהרג עליו כמאן לא כר' יוסי הגלילי ולא כר"ע הוא דאמר כי האי תנא דתניא ר' אליעזר אומר (ז) עד עמדו (ב) לפני העדה למשפט מה ת"ל לפי שנאמר (ו) ורצח גואל הדם את הרוצח יכול מיד ת"ל עד עמדו לפני העדה למשפט ורבי יוסי ורבי עקיבא האי עד עמדו לפני העדה למשפט מאי דרשי ביה ההוא מיבעי ליה לכדתניא רבי עקיבא אומר (י) ט מנין לסנהדרין שראו אחד שהרג את הנפש שאין ממיתין אותו עד שיעמוד בב"ד אחר ת"ל עד עמדו לפני העדה למשפט עד שיעמוד בב"ד אחר ת"ר (ח) אם יצא יצא הרוצח אין לי אלא במזיד בשוגג מנין ת"ל אם יצא יצא מ"מ והתניא [ב] (ז) (והרוגו) במזיד נהרג כ בשוגג גולה לא קשיא הא כמאן דאמרינן (ח) דברה תורה כלשון בני אדם הא כמאן דאמר לא אמרינן דברה תורה כלשון בני אדם אמר אביי (ט) מסתברא כמ"ד דברה תורה כלשון בני אדם שלא יהא סופו חמור מתחלתו מה תחלתו במזיד נהרג בשוגג גולה אף סופו במזיד נהרג בשוגג גולה תני חדא אב שהרג בנו נעשה לו גואל הדם ותניא אידך ל אין בנו נעשה לו גואל הדם לימא הא רבי יוסי הגלילי והא ר"ע ותסברא בין למ"ד מצוה בין למ"ד רשות מי שרי (י) והאמר רבה בר רב הונא וכן תנא דבי רבי ישמעאל מ לכל אין הבן נעשה שליח לאביו להכותו ולקללתו נ חוץ ממסית שהרי אמרה תורה (ט) לא תחמול ולא תכסה עליו אלא לא קשיא ס הא בבנו והא בבן בנו:

מתני' ע אילן שהוא עומד בתוך התחום ונופו נוטה חוץ לתחום או עומד חוץ לתחום ונופו נוטה בתוך התחום הכל הולך אחר הנוף:

גמ' ורמינהי (כ) אילן שהוא עומד [ג] (ל) (בתוך הפנים) ונוטה לחוץ או עומד בחוץ ונוטה לפנים מכנגד החומה ולפנים כלפנים מכנגד החומה ולחוץ כלחוץ מעשר אערי מקלט קא רמית מעשר בחומה תלה רחמנא ערי מקלט בדירה תלה רחמנא בנופו מתדר ליה בעיקרו לא מתדר ליה ורמי מעשר אמעשר (מ) דתניא (נ) בירושלים הלך אחר הנוף בערי מקלט הלך אחר הנוף אמר רב כהנא לא קשיא הא ר' יהודה והא רבנן דתניא

ר'

רש"י

אליבא דרבי אליעזר כ"ע לא פליגי. כלומר מאן דאמר מתה ודאי כרבי יהושע אמר ולא כרבי אליעזר דאליבא דרבי אליעזר ליכא למ"ד מתה כיון דלגבי עבודותיו אמר פסולות למפרע ודאי אין זה כהן: כי פליגי אליבא דרבי יהושע. כלומר אין אנו צריכין לומר מ"ד בטלה כרבי אליעזר ולא כרבי יהושע דאליבא דרבי יהושע איכא למימר דפליגי: פועל ידיו תרצה. עבודותיו כשירות אבל לענין שאר דבריו אינו כהן: טעה יואב. בדרשא דמעם מזבחי תקחנו (ס) ולא מעל מזבחי וכסבור דהיינו מעל מזבחי: מזבח בית עולמים. דכתיב מזבחי המיוחד לי: ה"ג והוא תפס במזבח של במה שעשה דוד לפני הארון שהיה באהל אשר נטה לו דוד בעיר דוד כדכתיב וינס יואב אל אהל ה' ומצינו בדברי הימים שעשה דוד מזבח לפניו ואי אפשר לומר מזבח של שילה שהוא היה בימי דוד ושלמה (ס) (היה בגבעון): שרו של רומי. סמאל שיברח לבצרה שבתחלה יפרע ממנו כשיגיע הקץ להחרב כדכתיב (ישעיה כד) יפקוד ה' על צבא המרום במרום ואחר כך על מלכי האדמה על האדמה: חמוץ בגדים. מדמו של סמאל ואף על פי שאין המלאכים בשר ודם כתב בו הכתוב כענין הריגת האדם לשבר את האוזן מה שהיא יכולה לשמוע: לא נתנו לקבורה. ללוים שהן שלהם: תיפוק ליה. דאין בונין בית במגרש דא"כ הוה ליה מגרש עיר: אין עושין. שדה של לוים: מגרש. שנתנו ללוים אלפים אמה סביב העיר כדכתיב (במדבר לה) ומדותם מחוץ לעיר (ג) (ע) וכתיב מקיר העיר וחוצה אלף אמה וגו' הא כיצד אלף אמה מגרש שאין בו לא בית ולא שדה והשאר שדות וכרמים: למחילות. תחת הקרקע שאין אוכלות במגרש כלום מלמעלה ואי לאו דכתיב בה ולא בתחומה הייתי אומר ידור בתחומה במערה: ורצח. איכא לפרושי לשון ליווי כמו (שמות לו) ועשה בצלאל ואהליאב ואיכא לפרושי לשון רשות כמו ועשה ה' להם וגו' (דברים לא): סופו חמור מתחלתו. סופו יציאתו חוץ לתחום תחלתו הרציחה: אב שהרג את הבן. בנו השני נעשה גואל הדם של אחיו והורג את אביו: הא דתניא נעשה. רבי יוסי הגלילי היא דאמר מצוה לגואל הדם: לכל אין הבן נעשה וכו'. לכל עבירות שבתורה אין הבן נעשה שליח ב"ד על אביו לא להלקותו ולא לנדותו חוץ ממסית: ה"ג אלא לא קשיא הא בבנו הא בבן בנו. הא דתניא אין בנו נעשה גואל הדם בבנו של רוצח קאמר והא דתניא בנו נעשה לו גואל הדם בבנו של הרוג קאמר שהוא בן בנו של רוצח (ס) ואינו מוזהר על כבודו: מתני' הכל הולך אחר הנוף. אפי' הוא בעיקרו שבתוך התחום הרי הוא כיוצא חוץ לתחום ואם עיקרו חוץ לתחום ונופו בתוך התחום אף העיקר קולט: גמ' אילן שהוא עומד בפנים. בירושלים (ד) ולענין אכילת מעשר שני בירושלים היא שנויה: מכנגד החומה וכו'. אלמא לא נופו שדינן בתר עיקר ולא עיקר בתר נוף: בחומה תלה רחמנא. דכתיב (דברים יב) לפני ה' אלהיך תאכלנו: בדירה תלה רחמנא. דכתיב (במדבר לה) כי בעיר מקלטו ישב ונופו ראוי לדירה יותר מעיקרו: בירושלים. לענין מעשר הלך אחר הנוף:

רבי

תוספות

אילן שהוא (פ) לפנים מכנגד החומה ולפנים כלפנים. תימה דבשילהי כילד צולין (פסחים דף פה: ושם) אמרי' (ה) דגגות לא נתקדשו ואם כן (צ) (הוו) מעשר שני אין אוכלין על האילן וי"ל דמיירי שענפיו מועטין שאין בהן ארבע' דלא חשיבי והוי כאילו עומדת באויר כנגד הקרקע עוד יש לומר דמיירי (ק) [אפי'] באילן שענפיו מרובין ואויר ירושלים כירושלים:

אימור

עין משפט נר מצוה

סו א ב ג מיי' פ"ה מהל' רוצח הלכה יג סמג עשין עה:
סז ד מיי' שם פ"ח הל' ד ופי"ג מהל' הל"ג סמג עשין קלה:
סח ה מיי' פ"ז מהל' רוצח הל"ג והל"ח סמג עשין עה עו:
סט ו ז מיי' שם פ"ה הלכה יא סמג שם:
ע ח מיי' פי"ג מהלכות שמיטין הלכה ד סמג עשין קלה:
עא ט מיי' פ"א מהלכות רוצח הלכה ה:
עב י מיי' שם פ"ה הל"ב:
עג כ מיי' שם הלכה יא:
עד ל מיי' שם פ"ה הל' י:
עה מ מיי' פ"ה מהל' ממרים הל"ד סמג לאוין ריג טוש"ע יו"ד סי' רמא סעיף ה:
עו נ מיי' שם:
עז ס מיי' פ"א מהלכות רוצח הלכה ג:
עח ע מיי' שם פ"ח הלכה יא:

ליקוטי רש"י

ברך ה' חילו. בכהנים כתיב ישימו קטורה באפך וגו' וסמיך ליה ברך ה' חילו חללים שבו [פסחים עב:].

חללין שבו. חללין שבשבט לוי דקרא בשבט לוי כתיב [קידושין סו:].

מעם מזבחי. אם כהן הוא שבא לעבוד עבודה. ולא מעל מזבחי. אם התחיל בעבודה אין מפסיק לבא לידון אלא משלים עבודתו [יומא פה.].

ולכל חיתם. לכל צרכיהם [במדבר לה ב].

ומגרש. ריוח. מקום חלק חוץ לעיר סביב, להיות לנוי לעיר, ואין רשאין לבנות שם בית, ולא לנטוע כרם, ולא לזרוע זריעה [במדבר לה ב].

רבינו חננאל

כי פליגי אליבא דרבי יהושע מאן דאמר מתה כרבי יהושע כלומר קרבנותיו כשרין (בחי עכשיו) [כחי ועכשיו] מת ומאן דאמר בטלה אמר לך עד כאן לא מכשר רבי יהושע התם אלא משום דכתיב ברך ה' חילו ופועל ידיו תרצה אפילו חולין שבו תרצה אבל הכא אפילו רבי יהושע מודה דבטלה כהונה: נגמר דינו בלא כהן גדול ואח"כ נתמנה כ"ג ומי שהרג כ"ג וכ"ג שהרג אינו יוצא משם לעולם א) לא לעדות מצוה ולא לעדות ממון ולא לעדות נפשות ואפילו כל ישראל צריכין לו כיואב כו': א"ר יהודה אמר רב שתי טעיות טעה יואב כו': ירושלמי רבי יוחנן שלח לרבנן דתמן תרין מילין אתון אמרין בשם רב (ולי) [ולית] אינון כן אתון אמרין בשם רב לא התירו ביפת תואר אלא בעילה ראשונה ואני אומר לא ראשונה ולא אחרונה אלא אחר כל המעשים שנאמר ואחר כן תבא אליה ובעלתה ותוב אמריתו כי טעה יואב והחזיק בקרנות המזבח ואין הקרנות קולטות אלא גגו ולא גג שבשילה קולט אלא גג בית העולמים קולט ואני אומר לא הקרנות קולטות ולא הגג קולט לא של שילה ולא של בית העולמים ואינן קולטות אלא ערי מקלט בלבד. ואפשר יואב תחכמוני ראש השלישים היה טועה בדבר זה אלא לסנהדרין ברח אמר מוטב יהרג בבית [דין] שירשוהו בניו דתנן הרוגי ב"ד נכסיהן ליורשין הרוגי מלכות נכסיהן למלך מיד אמר שלמה וכי לממונו אני צריך להסיר דמי חנם אני צריך ב): כשם שהעיר קולטת כך תחומה קולטת ואע"פ שאינו דר בתחומה ג) אם יש שם מחילה אבל קולטת ואין רשות לגואל הדם להורגו בתחומה. הריגת הרוצח מצוה ביד גואל הדם וביד כל אדם רשות דברי ר' יוסי הגלילי ר' עקיבא אומר גואל הדם רשות וכל אדם אין ד) חייבין עליו משום דרב אמרו רוצח שיצא חוץ לתחום ה) קודם שיגמר דינו לגלות ומצאו גואל הדם והרגו נהרג עליו. ומתמהינן כמאן אמר רב לשמעתיה לא כר' יוסי הגלילי דאמר מצוה ולא כר' עקיבא דאמר רשות מ"מ לתרוייהו פטור. ואמרינן רב דאמר כר' אליעזר כו': ת"ר ואם יצא יצא הרוצח אין לי אלא במזיד כו' אמר אביי מסתברא כמאן דאמר דברה תורה כלשון בני אדם אלא במזיד נהרג בשוגג גולה שלא יהא סופו חמור מתחלתו תחלתו שבשוגג גולה יהיה אחריתו בשוגג נהרג אלא בשוגג גולה: תני חדא אב שהרג בנו נעשה גואל הדם ותניא אידך אין בנו נעשה גואל הדם. פרקינן אם עשו הרג תימן בן אליפז ו) אליפז נעשה גואל הדם של בנו שלו והורג עשו אביו אבל אם הרג עשו [illegible] (שלו אין) אליפז גואל דם אחיו מיד אביו: [מתני'] אילן שהוא עומד בתוך התחום ונופו נוטה חוץ לתחום כו' עד הכל הולך אחר הנוף. ורמינן עלה הא דתנן במעשר שני פ"ג אילן שהוא עומד בפנים ונוטה לחוץ או עומד בחוץ ונוטה לפנים מכנגד החומה ולפנים כלפנים מכנגד החומה ולחוץ כלחוץ. ופרקינן שאני מעשר דבחומה תלה רחמנא שנאמר ואכלת לפני ה' אלהיך במקום וגו' פי' אין נאכלין חוץ לחומת ירושלים בלא פדיון ואין נפדין לפנים מן החומה אלא נאכלין בתורת מעשר שני וכן מפורש בתלמוד ארץ ישראל במקומו לפיכך כל הפירות שהן חוץ לחומה חשובין כחוץ ומה שהן בפנים כלפנים אבל ערי מקלט ישיבה כתב [illegible] בעיקרו לא: ורמי מעשר אמעשר דהא תנן במעשרות סוף פ"ג [מ"י] בערי מקלט הכל הולך אחר הנוף ובירושלים הכל הולך אחר הנוף. ופריק רב כהנא לא קשיא הא דתני אחר הנוף לר"י והא

חשק שלמה על ר"ח

[illegible]

מסורת הש"ס

א) קדושין סו., ב) [עי' תוס' בע"ז נח: ד"ה בלר], ג) [לעיל יא:], ד) ב"ב כד: ערכין לג: [תוספ' פ"ה], ה) [סנהדרין מה:], ו) [עי' תוס' ר"ה כו. ד"ה דרחמנא], ז) [ילקוט ליתא וכן בכ"מ אית' והתניא במזיד וכו'], ח) [ברכות לא: קדושין יז: וש"נ], ט) [עי' תוס' סוטה כד. בד"ה ור' יונתן וכו' מה שכתבו בסוף דבריהם ותוס' מנחות יז: ד"ה מאי כו'], י) סנהדרין פה., כ) מעשר פ"ג מ"ז, ל) [צ"ל בפנים כך איתא במשנה דמע"ש פ"ג מ"ז], מ) [צ"ל דתנן], נ) פ"ג מ" דמעשרות, ס) [צ"ל בגבעון ואנן אמרינן זבחים קיח: יום שמת בו עלי נאמר בו ויטוש משכן שילה כך איתא ברש"י בע"י], ע) [צ"ל את פאת קדמה אלפים באמה], פ) [צ"ל שהוא עומד וכו' ונוטה לפנים וכו'], צ) מהר"ם מ"ז, ק) רש"א.

הגהות הב"ח

(א) גמ' אין לו גואל הדם: (ב) שם רבי אליעזר אומר עד עמדו. נ"ב רישיה דקרא ולא ימות הרוצח עד עמדו וגו': (ג) רש"י ד"ה מגרש וכו' ומדותם מחוץ לעיר אלפים אמה וכתב מקיר: (ד) ד"ה אילן וכו' לענין כצ"ל ואות ו' נמחק: (ה) תוס' ד"ה אילן וכו' אמרינן דגגין לא נתקדשו וא"כ אי הוי מעשר שני וכו' וי"ל דמיירי שענפיו שבהן מועטין וכו' כאילו עומדין באויר וכו' ועוד י"ל וכו' ואויר ירושלים וגגה שוין לקרקע הס"ד:

גליון הש"ס

רש"י ד"ה טעה יואב וכו' ולא מעל מזבחי. עי' יומא דף פה ע"א ברש"י ד"ה ולא מעל מזבחי וצ"ע: בד"ה ה"ג אלא וכו' ואינו מוזהר על כבודו. עי' בדרשות הרמב"ן פרשת תולדות:

הגהות הגר"א

[א] גמ' וכל אדם אין חייבין כצ"ל: [ב] שם והרוגו. נמחק (וכן ליתא בדפוסים ישנים): [ג] שם עומד בפנים כצ"ל:

תורה אור השלם

א) בָּרֵךְ יְיָ חֵילוֹ וּפֹעַל יָדָיו תִּרְצֶה מְחַץ מָתְנַיִם קָמָיו וּמְשַׂנְאָיו מִן יְקוּמוּן: [דברים לג, יא]

ב) וְהַשְּׁמֻעָה בָּאָה עַד יוֹאָב כִּי יוֹאָב נָטָה אַחֲרֵי אֲדֹנִיָּה וְאַחֲרֵי אַבְשָׁלוֹם לֹא נָטָה וַיָּנָס יוֹאָב אֶל אֹהֶל יְיָ וַיַּחֲזֵק בְּקַרְנוֹת הַמִּזְבֵּחַ: [מ"א ב, כח]

ג) מִי זֶה בָּא מֵאֱדוֹם חֲמוּץ בְּגָדִים מִבָּצְרָה זֶה הָדוּר בִּלְבוּשׁוֹ צֹעֶה בְּרֹב כֹּחוֹ אֲנִי מְדַבֵּר בִּצְדָקָה רַב לְהוֹשִׁיעַ: [ישעיה סג, א]

ד) וְהָיוּ הֶעָרִים לָהֶם לָשָׁבֶת וּמִגְרְשֵׁיהֶם יִהְיוּ לִבְהֶמְתָּם וְלִרְכֻשָׁם וּלְכֹל חַיָּתָם: [במדבר לה, ג]

ה) וְהִצִּילוּ הָעֵדָה אֶת הָרֹצֵחַ מִיַּד גֹּאֵל הַדָּם וְהֵשִׁיבוּ אֹתוֹ הָעֵדָה אֶל עִיר מִקְלָטוֹ אֲשֶׁר נָס שָׁמָּה וְיָשַׁב בָּהּ עַד מוֹת הַכֹּהֵן הַגָּדֹל אֲשֶׁר מָשַׁח אֹתוֹ בְּשֶׁמֶן הַקֹּדֶשׁ: [במדבר לה, כה]

ו) וּמָצָא אֹתוֹ גֹּאֵל הַדָּם מִחוּץ לִגְבוּל עִיר מִקְלָטוֹ וְרָצַח גֹּאֵל הַדָּם אֶת הָרֹצֵחַ אֵין לוֹ דָּם: [במדבר לה, כז]

ז) וְהָיוּ לָכֶם הֶעָרִים לְמִקְלָט מִגֹּאֵל וְלֹא יָמוּת הָרֹצֵחַ עַד עָמְדוֹ לִפְנֵי הָעֵדָה לַמִּשְׁפָּט: [במדבר לה, יב]

ח) וְאִם יָצֹא יֵצֵא הָרֹצֵחַ אֶת גְּבוּל עִיר מִקְלָטוֹ אֲשֶׁר יָנוּס שָׁמָּה: [במדבר לה, כו]

ט) לֹא תֹאבֶה לוֹ וְלֹא תִשְׁמַע אֵלָיו וְלֹא תָחוֹס עֵינְךָ עָלָיו וְלֹא תַחְמֹל וְלֹא תְכַסֶּה עָלָיו: [דברים יג, ט]

טָעָה שֶׁאֵינוֹ קוֹלֵט אֶלָּא מִזְבַּח בֵּית עוֹלָמִים – And he erred further in that only the Altar of the Eternal Temple affords refuge, וְהוּא תָּפַס מִזְבַּח שֶׁל שִׁילֹה – but he grabbed the Altar of Shiloh.[10]

The Gemara cites a view that holds that Yoav erred in another matter as well:

אַבַּיֵי אוֹמֵר – Abaye says: בְּהָא נַמִּי מִיטְעָא טָעָה – In this too he erred: טָעָה שֶׁאֵינוֹ קוֹלֵט אֶלָּא כֹּהֵן וַעֲבוֹדָה בְּיָדוֹ – He erred in that it affords refuge only to a Kohen performing the service,[11] **וְהוּא זָר הָיָה – but he was a non-Kohen.**

The Gemara cites another instance of mistaken refuge:

אָמַר רֵישׁ לָקִישׁ – Reish Lakish said: שָׁלֹשׁ טָעֻיּוֹת עָתִיד שָׂרוֹ שֶׁל רוֹמִי לִטְעוֹת – At "the end of days," the Heavenly minister of Rome is destined to make three mistakes when he flees to Batzrah for protection.[12] **דִּכְתִיב – For it is written:**[13] ***"מִי־זֶה בָּא מֵאֱדוֹם חֲמוּץ בְּגָדִים מִבָּצְרָה" – Who is this who comes from Edom, garments stained, from Batzrah?*** The verse refers to the Almighty, who comes from Batzrah with "garments stained" with the blood of the Heavenly minister of Rome (Edom).[14] We see that this angel will be executed; the city of Batzrah will not protect him. **טוֹעֶה שֶׁאֵינָה קוֹלֶטֶת אֶלָּא בֶּצֶר – He errs in that only the** city of **Betzer affords refuge, וְהוּא גוֹלֶה לְבָצְרָה – but he exiles himself to Batzrah.**[15] **טוֹעֶה שֶׁאֵינָה קוֹלֶטֶת אֶלָּא שׁוֹגֵג – He errs in that [the city] affords refuge only to an inadvertent [killer], וְהוּא מֵזִיד הָיָה – but he was a deliberate [killer].**[16] **טוֹעֶה שֶׁאֵינָה קוֹלֶטֶת אֶלָּא אָדָם** – Finally, **he errs in that [the city] affords refuge only to a human, וְהוּא – but he, מַלְאָךְ הוּא – he is an angel.**[17]

The next portion of the Mishnah mandates that the killer be buried in the city of refuge. The Gemara cites an Amoraic teaching regarding burial in these cities:

אָמַר רַבִּי אַבָּהוּ – R' Abahu said: עָרֵי מִקְלָט לֹא נִתְּנוּ לִקְבוּרָה – The cities of refuge were not given to the Leviim **for burial. דִּכְתִיב – For** with regard to the Levite cities **it is written:**[18] ***"וּמִגְרְשֵׁיהֶם יִהְיוּ לִבְהֶמְתָּם וְלִרְכֻשָׁם וּלְכֹל חַיָּתָם" – and their open areas will be for their animals, and for their belongings, and for all their life's needs*** (*chayasam*).[19] This teaches that **לְחַיִּים נִתְּנוּ וְלֹא לִקְבוּרָה – they** (i.e. the open areas) **were given** to the Leviim **for living, but not for burying.**[20] This means that Levite cities (which includes cities of refuge) could not be used for burial.

This teaching is challenged:

מֵיתִיבֵי – They challenged it from our Mishnah, which states: **"שָׁמָּה"** – The word ***THERE*** teaches that: **שָׁם תְּהֵא דִירָתוֹ – THERE SHALL BE HIS DWELLING PLACE; שָׁם תְּהֵא מִיתָתוֹ – THERE SHALL BE HIS DEATH; שָׁם תְּהֵא קְבוּרָתוֹ – THERE SHALL BE HIS BURIAL.** We see that burial *was* permitted – and indeed required – in a city of refuge! – ? –

The Gemara explains:

דְּגַלֵּי בֵּיהּ רַחֲמָנָא – for the Merciful One revealed regarding him that he must be buried **רוֹצֵחַ שָׁאנֵי – A killer is different,**

NOTES

10. The verse states: *from beside* ***My*** *Altar,* which implies the Altar specially dedicated to God, i.e. that of the Holy Temple (*Rashi*) [and not the *bamah-altar* onto which Yoav grabbed – see next paragraph; see *Aruch LaNer*]. This incident occurred before the Temple had been built, so Yoav could not have grabbed onto the Temple Altar.

Shiloh is the name of the place where the Tabernacle (Mishkan) long stood. However, at the time of the incident with Yoav, the Tabernacle at Shiloh had been destroyed, and its Altar had been re-established at Giveon. Yoav could not possibly have grabbed onto the horns of the Altar of Shiloh! Therefore, *Rashi* emends the text to read מִזְבַּח שֶׁל בָּמָה, *the bamah-altar,* referring to the *bamah* that David erected before the Holy Ark, which was located at that time in a tent in the City of David in Jerusalem. When the verse states that Yoav fled to "the tent of Hashem," it refers to the tent of the Holy Ark. He grabbed onto the horns of the *bamah* that was there (*Rashi;* cf. *Ritva*). In this he erred, for only the Temple Altar protects a murderer.

We know that David erected a *bamah* before the Holy Ark from a verse (*I Chronicles* 16:1) that states that David offered *olah* and *shelamim* offerings before the Ark (see *Rashi; Ritva; Radak, I Kings* 2:28). [The term *bamah* (literally: high place) generally refers to altars other than those of the Tabernacle or Holy Temple.]

Others emend the Gemara to read: מִזְבַּח שֶׁל גִּבְעוֹן, *the Altar of Giveon.* According to this reading, Yoav grabbed onto the horns of the Altar in the Tabernacle in Giveon (*Ritva*). Still others retain the reading "the Altar of Shiloh"; see *Ritva* for an explanation of their view.

11. I.e. who has begun performing it, *while* he is performing it. Once, however, his *avodah* is completed, the Altar ceases to protect him (see *Rashi, Yoma* 85a ד״ה ולא מעל מזבחי; see *Chazos Kashos* and *Yad Yitzchak* cited in note 8; see also *Sridei Eish* cited there).

Rav omitted this error because he disputes Abaye. He holds that Yoav was *correct* in assuming that the Altar would protect him even though he was a non-Kohen. Although the Altar would not normally afford refuge to a non-Kohen, Rav holds that Yoav was different, since his death was ordered by the king [and it thus was not a court-imposed execution] (*Meiri;* see *Rambam, Hil. Rotze'ach* 5:14). Others maintain that according to Rav, the Altar protects *all* non-Kohanim (see *Chazos Kashos* and *Yad Yitzchak* ibid.; *Klei Chemdah, Parashas Yisro* §2; *Kos HaYeshuos* here). For yet another interpretation of the dispute between Rav and Abaye, see *Sridei Eish* ibid.

12. "The Heavenly minister of Rome" is Samael (*Rashi*), guardian angel of Esau (Edom) and his descendants (*Rashi, Succah* 29a ד״ה אלהיה and *Sotah* 10b ד״ה סימניה). In Rabbinic literature, Rome is synonymous with Edom (see *Maharsha*).

At the "end of days" (i.e. at the coming of the Messiah), God will exact retribution [from those who afflicted Israel through the ages]. He will begin with Samael. As the verse states (*Isaiah* 24:21): יִפְקֹד ה׳ עַל־צְבָא הַמָּרוֹם בַּמָּרוֹם וְעַל־מַלְכֵי הָאֲדָמָה עַל־הָאֲדָמָה, *Hashem will bring down a reckoning upon the Heavenly legions on high, and upon the earthly kings on earth.* This teaches that punishment will come first upon the guardian angels of the nations, and only afterwards upon their earthly rulers (*Rashi*).

13. *Isaiah* 63:1.

14. Even though an angel has no blood, the verse portrays his punishment in human terms (*Rashi*).

15. Betzer was one of the three cities of refuge designated by Moses across the Jordan (*Deuteronomy* 4:43; Gemara above, 9b). Samael, confusing Betzer and Batzrah, will flee to Batzrah for protection (*Rashi* to *Isaiah* ibid.; *Ritva;* see *Aruch LaNer*).

The Gemara in *Avodah Zarah* (58b) teaches that Reish Lakish himself once confused Betzer and Batzrah (see *Rashi* there ד״ה חזא דאכלי), whereupon R' Yochanan informed him that they were different places. Having made this error himself, Reish Lakish realized that this would be Samael's mistake as well (*Tosafos* there ד״ה בצר).

16. I.e. he deliberately brought death to Israel through the ages (*Rashi* to *Isaiah* ibid.).

17. The *goel hadam* of a human being is another human being; against a human the city of refuge can protect. The *goel hadam* of the Jewish nation is the Almighty Himself, Whose glory fills all Creation; against His vengeance no city of refuge can protect (*Maharsha*).

[In the version of this Gemara cited in *Rashi* to *Isaiah* (ibid.), Samael makes only *two* errors – confusing Batzrah with Betzer and deliberate killing with inadvertent killing. See *Maharsha* for one explanation of that reading; see *Aruch LaNer* for another.]

18. *Numbers* 35:3.

19. The root of חַיָּתָם (*chayasam*) is חיה. It is connotative of *living* – see *Nedarim* 81a.

20. See *Nedarim* ibid. for an explanation of why the verse is available for this exposition. See also *Aruch LaNer;* see *Or HaChaim* to the verse.

[Where were Leviim buried? They were given burial grounds of their own outside the *techum* (*Rambam, Shemittah* 13:3; *Meiri*).]

אליבא דרבי אליעזר כ"ע לא פליגי. כלומר מאן דאמר מתה ודאי כרבי יהושע אמר ולא כרבי אליעזר דאליבא דרבי אליעזר ליכא למ"ד מתה כיון דלגבי עבודותיו אמר פסולות למפרע ודאי אין זה כהן: **כי פליגי אליבא דרבי יהושע.** כלומר אין אנו צריכין לומר מ"ד בטלה כרבי אליעזר ולא כרבי יהושע דאליבא דרבי יהושע איכא למימר דפליגי: **פועל ידיו תרצה.** עבודותיו כשירות אבל לענין שאר דבריו אינו כהן: **טעה יואב.** בדרשא דמעם מזבחי תקחנו ° ולא מעל מזבחי וכסבור דהיינו מעל מזבחי: **מזבח בית עולמים.** דכתיב מזבחי המיוחד לי: ה"ג והוא תפס במזבח של במה שעשה דוד לפני הארון שהיה באהל אשר נטה לו דוד בעיר דוד כדכתיב וינס יואב אל אהל ה' ומצינו בדברי הימים שעשה דוד מזבח לפניו ואי אפשר לומר מזבח של שילה שהוא היה בימי דוד ושלמה (היה בגבעון): **שרו של רומי.** סמאל שיברח לבצרה שבתחלה יפרע ממנו כשיגיע הקץ להחרב דכתיב (ישעיה כד) יפקוד ה' על צבא המרום במרום ואחר כך על מלכי האדמה על האדמה: **חמוץ בגדים.** אדמו של סמאל ואף על פי שאין המלאכים בשר ודם כתב בו הכתוב כעין הריגת האדם לשבר את האוזן מה שהיא יכולה לשמוע: **לא נתנו לקבורה.** ללוים שהן שלהם: **תיפוק ליה.** דאין בונין בית במגרש דא"כ הוה ליה מגרש עיר: **אין עושין.** שדה של לוים: **מגרש.** שנתנו ללוים אלפים אמה סביב העיר כדכתיב (במדבר לה) ומדותם מחוץ לעיר (ג) וכתיב מקיר העיר וחוצה אלף אמה וגו' הא כיצד אלף אמה מגרש שאין בו לא בית ולא שדה והשאר שדות וכרמים: **למחילות.** תחת הקרקע שאין אוכלות מגרש כלום מלמעלה ואי לאו דכתיב בה ולא בתחומה הייתי אומר ידור בתחומה במערה: **ורצח.** איכא לפרושי לשון ליווי כמו (שמות לו) ועשה בצלאל ואהליאב ואיכא לפרושי לשון רשות כמו ועשה ה' להם וגו' (דברים לא): **סופו חמור מתחלתו.** סופו לאתו חוץ לתחום תחלתו הרציחה: **אב שהרג את הבן.** בנו השני נעשה גואל הדם של אחיו והורג את אביו: **הא דתניא נעשה.** רבי יוסי הגלילי היא דאמר מצוה לגואל הדם: **לכל אין הבן נעשה וכו'.** לכל עבירות שבתורה אין הבן נעשה שליח ב"ד על אביו לא להלקותו ולא לנדותו חוץ ממסית: ה"ג **אלא לא קשיא הא בבנו הא בבן בנו.** הא דתניא אין בנו נעשה גואל הדם בבנו של רוצח קאמר והא דתניא בנו נעשה לו גואל הדם בבנו של הרוג קאמר שהוא בן בנו של רוצח ° ואינו מוזהר על כבודו: **מתני' הכל הולך אחר הנוף.** אפי' הוא בעיקרו שבתוך התחום הרי הוא כיוצא חוץ לתחום ואם עיקרו חוץ לתחום ונופו בתוך התחום אף העיקר קולט: **גמ' אילן שהוא עומד בפנים. בירושלים** (ד) ולענין אכילת מעשר שני בירושלים היא שנויה: **מכנגד החומה וכו'.** אלמא לא נופו שדינן בתר עיקר ולא עיקר בתר נוף: **בחומה תלה רחמנא.** דכתיב (דברים יב) לפני ה' אלהיך תאכלנו: **בדירה תלה רחמנא.** דכתיב (במדבר לה) כי בעיר מקלטו ישב ונופו ראוי לדירה יותר מעיקרו: **בירושלים.** לענין מעשר הלך אחר הנוף:

אליבא דרבי אליעזר כולי עלמא לא פליגי כי פליגי אליבא דר' יהושע מאן דאמר מתה כרבי יהושע ומאן דאמר בטלה עד כאן לא קאמר רבי יהושע התם דכתיב א) ברך ה' חילו ופועל ידיו תרצה א) אפי' חללין שבו אבל הכא אפי' רבי יהושע מודה: נגמר דינו וכו': אמר רב יהודה אמר רב שתי טעיות טעה יואב באותה שעה דכתיב ב) וינס יואב אל אהל ה' ויחזק בקרנות המזבח טעה א שאינו קולט אלא גגו והוא תפס בקרנותיו טעה ב שאינו קולט אלא מזבח בית עולמים והוא תפס מזבח של שילה אביי אומר בהא נמי מיטעא טעה ג שאינו קולט אלא כהן ועבודה בידו והוא זר היה אמר ריש לקיש שלש טעיות עתיד שרו של רומי לטעות דכתיב ג) מי זה בא מאדום חמוץ בגדים מבצרה טועה שאינה קולטת אלא ב) בצר והוא גולה לבצרה טועה שאינה קולטת אלא שוגג והוא מזיד היה טועה שאינה קולטת אלא אדם והוא מלאך הוא אמר ר' אבהו ד ערי מקלט לא נתנו לקבורה דכתיב ד) ומגרשיהם יהיו לבהמתם ולרכושם ולכל חייתם לחיים נתנו ולא לקבורה מיתיבי ג) שמה ה שם תהא דירתו שם תהא מיתתו שם תהא קבורתו רוצח שאני דגלי ביה רחמנא: כשם שהעיר קולטת וכו': ורמינהו ה) וישב בה ו בה ולא בתחומה אמר אביי לא קשיא ז כאן לקלוט כאן לדור לדור ד) תיפוק ליה ח דאין עושין שדה מגרש ולא מגרש שדה לא מגרש עיר ולא עיר מגרש אמר רב ששת לא נצרכה אלא למחילות: רוצח שיצא חוץ לתחום וכו': ת"ר ו) ורצח גואל הדם את הרוצח ה) מצוה ביד גואל הדם אין (א) גואל הדם רשות ביד כל אדם דברי רבי יוסי הגלילי ר' עקיבא אומר רשות ביד גואל הדם וכל אדם [א] חייבין עליו מאי טעמא דרבי יוסי הגלילי מי כתיב אם רצח ורבי עקיבא מי כתיב ירצח אמר מר זוטרא בר טוביה אמר רב רוצח שיצא חוץ לתחום ומצאו גואל הדם והרגו נהרג עליו כמאן לא כר' יוסי הגלילי ולא כר"ע הוא דאמר כי האי תנא דתניא ר' אליעזר אומר ז) עד עמדו (ב) לפני העדה למשפט מה ת"ל לפי שנאמר ו) ורצח גואל הדם את הרוצח יכול מיד ת"ל עד עמדו לפני העדה למשפט ורבי יוסי ורבי עקיבא האי עד עמדו לפני העדה למשפט מאי דרשי ביה ההוא מיבעי ליה לכדתניא רבי עקיבא אומר ו) ט מנין לסנהדרין שראו אחד שהרג את הנפש שאין ממיתין אותו עד שיעמוד בב"ד אחר ת"ל עד עמדו לפני העדה למשפט עד שיעמוד בב"ד אחר ת"ר ח) אם יצא יצא הרוצח אין לי אלא במזיד בשוגג מנין ת"ל אם יצא יצא מ"מ והתניא [ב] ו) (והורגו) במזיד נהרג כ בשוגג גולה לא קשיא הא כמאן דאמר אמרינן ח) דברה תורה כלשון בני אדם הא כמאן דאמר לא אמרינן דברה תורה כלשון בני אדם אמר אביי ט) מסתברא כמ"ד דברה תורה כלשון בני אדם שלא יהא סופו חמור מתחלתו מה תחלתו במזיד נהרג בשוגג גולה אף סופו במזיד נהרג בשוגג גולה תני חדא אב שהרג בנו נעשה לו גואל הדם ותניא אידך ל אין בנו נעשה לו גואל הדם לימא הא רבי יוסי הגלילי והא ר"ע ותסברא בין למ"ד מצוה בין למ"ד רשות מי שרי י) והאמר רבה בר רב הונא וכן תנא דבי רבי ישמעאל מ לכל אין הבן נעשה שליח לאביו להכותו ולקללתו נ חוץ ממסית שהרי אמרה תורה ט) לא תחמול ולא תכסה עליו אלא לא קשיא ס הא בבנו והא בבן בנו: **מתני'** ע אילן שהוא עומד בתוך התחום ונופו נוטה חוץ לתחום או עומד חוץ לתחום ונופו נוטה בתוך התחום הכל הולך אחר הנוף: **גמ'** ורמינהי כ) אילן שהוא עומד [ג] ל) (בתוך הפנים) ונוטה לחוץ או עומד בחוץ ונוטה לפנים מכנגד החומה ולפנים כלפנים מכנגד החומה ולחוץ כלחוץ מעשר אערי מקלט קא רמית מעשר בחומה תלה רחמנא ערי מקלט בדירה תלה רחמנא בנופו מתדר ליה בעיקרו לא מתדר ליה ורמי מעשר אמעשר מ) דתניא י) בירושלים הלך אחר הנוף בערי מקלט הלך אחר הנוף אמר רב כהנא לא קשיא הא ר' יהודה והא רבנן דתניא ר'

אילן שהוא פ) לפנים מכנגד החומה ולפנים כלפנים. תימה דבשילהי כילד צולין (פסחים דף פה: ושם) אמרי' (ה) דגגות לא נתקדשו ואם כן ו) (הוו) מעשר שני אין אוכלין על האילן וי"ל דמיירי שענפיו מועטין שאין בהן ארבע' דלא חשיבי והוי כאילו עומדת באויר כנגד הקרקע עוד יש לומר דמיירי ק) [אפי'] באילן שענפיו מרובין ואויר ירושלים כירושלים: אימור

עין משפט נר מצוה

סו א ב ג מיי' פ"ה מהל' רוצח הלכה יג סמג עשין עה:
סז ד מיי' שם פ"ז הל' ד ופי"ג מהל' שמיטין הל"ג סמג עשין קלה:
סח ה מיי' פ"ז מהל' רוצח הל"ג והל"ח סמג עשין עה עו:
סט ו ז מיי' שם פ"ה הלכה יא סמג שם:
ע ח מיי' פי"ג מהלכות שמיטין הלכה ד סמג עשין קלה:
עא ט מיי' פ"א מהלכות רוצח הלכה ה:
עב י מיי' שם פ"ה הל"ט:
עג כ מיי' שם הלכה יא:
עד ל מיי' שם פ"ה הל"ג:
עה מ מיי' פ"ה מהל' ממרים הל"ג סמג לאוין רי"ג טוש"ע יו"ד סי' רמא סעיף ה:
עו נ מיי' שם:
עז ס מיי' פ"א מהלכות רוצח הלכה ג:
עח ע מיי' שם פ"ח הלכה יא:

ליקוטי רש"י

ברך ה' חילו. בכהנים כתיב ישימו קטורה באפך וגו' וסמיך ליה ברך ה' חילו חללים שבו [פסחים עב:].

חללין שבו. חללין שבשבט לוי דקרא בשבט לוי כתיב [קידושין סו:].

מעם מזבחי. אם כהן הוא שבא לעבוד עבודה. ולא מעל מזבחי. אם התחיל בעבודה אין מפסיק לבא לידון אלא משלים עבודתו [יומא פה.].

ולכל חיתם. לכל צרכיהם [במדבר לה ב].

ומגרש. ריוח. מקום חלק חוץ לעיר סביב, להיות לנוי לעיר, ואין רשאין לבנות שם בית, ולא לנטוע כרם, ולא לזרוע זריעה [במדבר לה ב].

רבינו חננאל

כי פליגי אליבא דרבי יהושע מאן דאמר מתה כרבי יהושע כלומר קרבנותיו כשרין (בחי עכשיו) [כחי ועכשיו] מת ומאן דאמר בטלה אמר לך עד כאן לא מכשר רבי יהושע התם אלא משום דכתיב ברך ה' חילו ופועל ידיו תרצה אפילו חולין שבו תרצה אבל הכא אפילו רבי יהושע מודה דבטלה כהונה: נגמר דינו בלא כהן גדול ואח"כ נתמנה כ"ג ומי שהרג כ"ג וכ"ג שהרג אינו יוצא משם לעולם א) לא לעדות מצוה ולא לעדות ממון ולא לעדות נפשות ואפילו כל ישראל צריכין לו כיואב כו': א"ר יהודה אמר רב שתי טעיות טעה יואב כו': ירושלמי רבי יוחנן שלח לרבנן דתמן תרין מילין אתון אמרין בשם רב (ולי) [ולית] אינון כן אתון אמרין בשם רב לא התירו ביפת תואר אלא בעילה ראשונה ואני אומר לא ראשונה ולא אחרונה אלא אחר כל המעשים שנאמר ואחר כן תבא אליה ובעלתה ותוב אמריתו כי טעה יואב והחזיק בקרנות המזבח ואין הקרנות קולטות אלא גגו ולא גג שבשילה קולט אלא גג בית העולמים קולט ואני אומר לא הקרנות קולטות והגג קולט לא של שילה ולא של בית העולמים ואינן קולטות אלא ערי מקלט בלבד ...

מסורת הש"ס

א) קדושין סו:, ב) [עי' תוס' בע"ז נח: ד"ה בלר], ג) [לעיל יא:], ד) ב"ב כד: ערכין לג: [תוספ' פ"ה], ה) [סנהדרין מה:], ו) [עי' תוס' ר"ה כו. ד"ה דלמשמע], ז) [בילקוט ליתא וכן בכ"מ איתא והתניא במזיד וכו'], ח) [ברכות לא: קדושין יז:, וש"נ], ט) [עי' תוס' סוטה כד. בד"ה ור' יונתן וכו' מה שכתבו בסוף דבריהם ותוס' מנחות יז: ד"ה מאי כו'], י) סנהדרין פה:, כ) מעש"ש פ"ג מ"ז, ל) [נ"ל בפנים כך איתא במשנה דמעש"ש פ"ג מ"ז], מ) [נ"ל דתניא], נ) פ"ג מ"י דמעשרות, ס) [נ"ל בגבעון ואכן אמרינן זבחים קיח: יום שמת בו עלי נחרבה שילו ובאו לנוב וכו' ויוצאו משכן שילה לא איתא ברש"י בע"י], ע) [נ"ל את קדמה אלפים באמה], פ) [נ"ל שהוא עומד וכו' ונוטה לפנים וכו'], צ) מהרש"ל, ק) רש"ל.

הגהות הב"ח

(א) גמ' אין גואל הדם: (ב) שם רבי אליעזר אומר עד עמדו, נ"ב ריש"י דקלף ולא ימות הרוצח עד עמדו וגו': (ג) רש"י ד"ה מגרש וכו' ומדותם מחוץ לעיר אלפים אמה וכתב מקיר: (ד) ד"ה אילן וכו' לענין כצ"ל והוא נ' נמחק: (ה) תוס' ד"ה אילן וכו' אמרינן דגגין לא נתקדשו וא"כ הוי מעשר שני וכו' וי"ל דמיירי שענפיו שבהן מועטין וכו' כאילו עומדין באויר וכו' ועוד י"ל וכו' ואויר ירושלים וגגה שוין לקרקע הס"ד:

גליון הש"ס

רש"י ד"ה טעה יואב וכו' ולא מעל מזבחי. עי' יומא דף פה ע"א ברש"י ד"ה ולא מעל מזבחי וצ"ע: בד"ה ה"ג אלא וכו' ואינו מוזהר על כבודו. עי' בדרשות הרלב"ח פרשת תולדות:

הגהות הגר"א

[א] גמ' וכל אדם אין חייבין כצ"ל: [ב] שם והורגו. נמחק (וכן ליתא בדפוסים ישנים): [ג] שם עומד בפנים כצ"ל:

תורה אור השלם

א) בָּרֵךְ יְיָ חֵילוֹ וּפֹעַל יָדָיו תִּרְצֶה מְחַץ מָתְנַיִם קָמָיו וּמְשַׂנְאָיו מִן יְקוּמוּן: [דברים לג, יא]

ב) וְהַשְּׁמֻעָה בָּאָה עַד יוֹאָב כִּי יוֹאָב נָטָה אַחֲרֵי אֲדֹנִיָּה וְאַחֲרֵי אַבְשָׁלוֹם לֹא נָטָה וַיָּנָס יוֹאָב אֶל אֹהֶל יְיָ וַיַּחֲזֵק בְּקַרְנוֹת הַמִּזְבֵּחַ: [מ"א ב, כח]

ג) מִי זֶה בָּא מֵאֱדוֹם חֲמוּץ בְּגָדִים מִבָּצְרָה זֶה הָדוּר בִּלְבוּשׁוֹ צֹעֶה בְּרֹב כֹּחוֹ אֲנִי מְדַבֵּר בִּצְדָקָה רַב לְהוֹשִׁיעַ: [ישעיה סג, א]

ד) וְהָיוּ הֶעָרִים לָהֶם לָשָׁבֶת וּמִגְרְשֵׁיהֶם יִהְיוּ לִבְהֶמְתָּם וְלִרְכֻשָׁם וּלְכֹל חַיָּתָם: [במדבר לה, ג]

ה) וְהִצִּילוּ הָעֵדָה אֶת הָרֹצֵחַ מִיַּד גֹּאֵל הַדָּם וְהֵשִׁיבוּ אֹתוֹ הָעֵדָה אֶל עִיר מִקְלָטוֹ אֲשֶׁר נָס שָׁמָּה וְיָשַׁב בָּהּ עַד מוֹת הַכֹּהֵן הַגָּדֹל אֲשֶׁר מָשַׁח אֹתוֹ בְּשֶׁמֶן הַקֹּדֶשׁ: [במדבר לה, כה]

ו) וּמָצָא אֹתוֹ גֹּאֵל הַדָּם מִחוּץ לִגְבוּל עִיר מִקְלָטוֹ וְרָצַח גֹּאֵל הַדָּם אֶת הָרֹצֵחַ אֵין לוֹ דָּם: [במדבר לה, כז]

ז) וְהָיוּ לָכֶם הֶעָרִים לְמִקְלָט מִגֹּאֵל וְלֹא יָמוּת הָרֹצֵחַ עַד עָמְדוֹ לִפְנֵי הָעֵדָה לַמִּשְׁפָּט: [במדבר לה, יב]

ח) וְאִם יָצֹא יֵצֵא הָרֹצֵחַ אֶת גְּבוּל עִיר מִקְלָטוֹ אֲשֶׁר יָנוּס שָׁמָּה: [במדבר לה, כו]

ט) לֹא תֹאבֶה לוֹ וְלֹא תִשְׁמַע אֵלָיו וְלֹא תָחוֹס עֵינְךָ עָלָיו וְלֹא תַחְמֹל וְלֹא תְכַסֶּה עָלָיו: [דברים יג, ט]

חשק שלמה על ר"ח

there.[21] Normally, it is forbidden to bury the dead in a city of refuge.

The Mishnah stated:

כְּשֵׁם שֶׁהָעִיר קוֹלֶטֶת וכו׳ – JUST AS THE CITY itself **AFFORDS REFUGE** to the inadvertent killer **etc.** [so too does its *techum* afford him refuge].

The Gemara cites a Baraisa that seems to contradict this ruling:

וּרְמִינְהוּ – But contrast [our Mishnah with the following Baraisa]: ,,וְיָשַׁב בָּהּ" – The verse states regarding the exile:[22] ***AND HE SHALL DWELL IN IT*** (i.e. in the city of refuge). ,,בָּהּ" וְלֹא בִּתְחוּמָהּ – The phrase ***IN IT*** implies: **BUT NOT IN ITS *TECHUM*.**

This Baraisa teaches that an exile may not live in the city's *techum* area. This contradicts our Mishnah, which rules that the *techum* area provides the exile with refuge. – ? –

The Gemara resolves the contradiction:

אָמַר אַבַּיֵי – Abaye said: לֹא קַשְׁיָא – There is no difficulty. כָּאן לִקְלוֹט – Here in our Mishnah we are concerned with the *techum's* ability **to afford refuge;** the Mishnah rules that it does provide the killer with refuge. **כָּאן לָדוּר – Here** in the Baraisa we are concerned with his permit **to dwell** in the *techum.*[23] The Baraisa rules that he may not make the *techum* his permanent dwelling place. The Baraisa agrees, however, that the *techum* does afford him refuge, protecting him from the vengeance of the redeemer of the blood.[24]

The Gemara questions Abaye's solution:

לָדוּר – But if the Baraisa's sole concern is to forbid him to dwell in the *techum,* **תֵּיפּוּק לֵיהּ דְּאֵין עוֹשִׂין שָׂדֶה מִגְרָשׁ – let [this law] emerge from** the Mishnah[25] that states **that THEY MAY NOT MAKE A FIELD INTO AN OPEN AREA, וְלֹא מִגְרָשׁ שָׂדֶה – NOR AN OPEN AREA INTO A FIELD, לֹא מִגְרָשׁ עִיר – NOR AN OPEN AREA INTO A CITY, וְלֹא עִיר מִגְרָשׁ – NOR A CITY INTO AN OPEN AREA.**[26] This Mishnah teaches that to build houses and dwell in the perimeter of a Levite city is forbidden, for the area is set aside for fields and open space. We see that it is *generally* prohibited to dwell in the *techum* of a Levite city. Why then must the Baraisa propound a special exposition to prohibit a killer from dwelling there?

The Gemara explains why, notwithstanding this Mishnah, the Baraisa's teaching is necessary:

אָמַר רַב שֵׁשֶׁת – Rav Sheishess said: לֹא נִצְרְכָה אֶלָּא לִמְחִילוֹת – It (i.e. the Baraisa's exposition) **is needed only in the case of underground tunnels** extending beneath the *techum.* Since these tunnels do not protrude aboveground, it is permissible for Levites to dig them and dwell therein.[27] Without the Baraisa, we would assume that a killer too may dwell in such a tunnel. The Baraisa therefore expounds the verse *in it* to teach that a killer must dwell in the city proper. He may not take up residence in a tunnel in the *techum.*

The Mishnah's final rule:

רוֹצֵחַ שֶׁיָּצָא חוּץ לַתְּחוּם וכו׳ – IF A KILLER LEFT THE *TECHUM* [of the city, and the redeemer of the blood found him] **etc.**

The Mishnah cites a dispute between R' Yose HaGlili and R' Akiva regarding who may kill an exile who left the city, and whether there is a mitzvah to do so. The Gemara cites a Baraisa in which their dispute appears:

תָּנוּ רַבָּנָן – The Rabbis taught in a Baraisa: ,,וְרָצַח גֹּאֵל הַדָּם אֶת־הָרֹצֵחַ" – When the verse states:[28] ***AND THE REDEEMER OF***

NOTES

21. This was revealed with the verse *there;* see 11b note 30.

The questioner assumed that if the city may be used to bury an outsider (the killer), then it is certainly may be used to bury its regular residents (the Leviim). The Gemara now explains that the permit to bury a killer in a city of refuge is an anomaly; it cannot be extended to the city's usual residents (see *Ritva*). [Burial of a killer is part of his exile; it is thus a proper function of the city of refuge. Burial of ordinary residents, however, is not.]

Meiri adds that the burial of a killer is different, because it is only temporary [for after the death of the Kohen Gadol, the killer's bones are disinterred from the city of refuge and transported to his ancestral burial grounds].

22. *Numbers* 35:25.

23. This differentiation is implicit in the different wordings of the Mishnah and Baraisa. The Mishnah speaks of the city "affording refuge" to the killer (כְּשֵׁם שֶׁהָעִיר קוֹלֶטֶת וכו׳); its focus is protection. The Baraisa speaks of the killer "dwelling" in the city (וְיָשַׁב בָּהּ); its focus is his right to dwell there (*Ritva*).

24. This holds true not only for one who is temporarily located in the *techum,* but also for one who dwells there (albeit illegally). Although his dwelling there is forbidden, he does not forfeit his protection (see *Rambam, Rotze'ach* 8:11; *Ritva; Chazon Ish, Likkutim* §23, comments to 12a). [However, *Meiri* writes that a killer dwelling in the *techum* has given himself over to death at the hands of the *goel hadam* (see *Einayim LaMishpat*).]

Ritva draws a distinction between the city's *techum* and its *ibbur* (עִבּוּר, *extension*). The *ibbur* is a perimeter of up to 70⅔ *amos* added to the city, calculated by identifying the farthest outlying residence within 70⅔ *amos* from the edge of the city, and extending the perimeter of the city (all around) until that point. The *ibbur* is regarded as a part of the city; therefore, the killer may dwell in the *ibbur* even though it is outside the city proper (*Ritva;* see also *R' Yeshaya Pik's Chidushei HaShas* to 11b).

25. *Arachin* 33b.

26. Levite cities (in which are included *arei miklat*) were surrounded by a perimeter of 2,000 *amos.* The inner 1,000 *amos* were known as the מִגְרָשׁ (*migrash*), or the *open area.* Nothing was built in this area; the open space made the city beautiful and airy. The outer 1,000 *amos* were designated for tillage – the planting of fields and vineyards. This division arises from an apparent discrepancy between two verses describing the perimeter of Levite cities. The first (*Numbers* 35:4) states that the open areas given to the Leviim measure "from the wall of the city outward, one thousand *amos* all around." This gives the measure of the perimeter as 1,000 *amos.* The second verse (ibid. v. 5) states that in determining the perimeter of a Levite city, you must measure "from outside the city, the eastern side two thousand *amos,* the southern side two thousand *amos,*" and so with each of the sides of the city. This implies that the perimeter measured 2,000 *amos*! The answer is that the inner 1,000 *amos* were for *migrash;* the outer 1,000 for tillage (*Rashi* here, to *Arachin* ibid. ד״ה שדה מגרש, and to *Numbers* 35:4, from the Mishnah on *Sotah* 27b; cf. *Rambam, Shemittah* 13:2).

It was forbidden to convert any part of the tillage area into *migrash,* open area. For cultivation of the land is a fulfillment of the mitzvah to settle Eretz Yisrael; destroying fields negates this mitzvah (*Rashi, Arachin* ibid. ד״ה אין עושין שדה מגרש). It was forbidden to use the *migrash* area for tillage because this would diminish the beauty of the city (*Rashi* ibid. ד״ה ולא מגרש שדה). It was forbidden to build houses in the *migrash* area ("an open area into a city") because this too would detract from the city's beauty (*Rashi* ibid. ד״ה מגרש אין עושין עיר). It was forbidden to make part of the city into an open area by demolishing its houses because one may not destroy a settled area [for this negates the mitzvah to settle Eretz Yisrael] (*Rashi* ibid.). The Mishnah does not say so explicitly, but it was forbidden also to build houses in the area set aside for tillage (*Aruch LaNer,* from *Rambam, Shemittah* 13:5). It emerges that building houses was forbidden throughout the *techum* area – both in the 1,000 *amos* of *migrash,* and in the 1,000 *amos* of tillage.

27. Although the tunnels opened into the *techum,* their existence did not violate the prohibition against building in the *techum.* For the opening of a tunnel is flush with the ground; it has no profile aboveground. It adds no clutter to the landscape, and in no way detracts from the openness of the area. Therefore, it is permitted (*Rashi;* see *Aruch LaNer*).

[*Chazon Ish* (ibid.) notes that the Gemara's answer shows that underground tunnels are an integral part of the city. Accordingly, if a tunnel is *within* the Levite city, the killer is permitted to reside therein.]

28. *Numbers* 35:27.

This verse, along with the one that precedes it, reads thus: וְאִם־יָצֹא יֵצֵא הָרֹצֵחַ אֶת־גְּבוּל עִיר מִקְלָטוֹ אֲשֶׁר יָנוּס שָׁמָּה. וּמָצָא אֹתוֹ גֹּאֵל הַדָּם מִחוּץ לִגְבוּל עִיר מִקְלָטוֹ וְרָצַח גֹּאֵל הַדָּם אֶת־הָרֹצֵחַ אֵין לוֹ דָּם, *And if the killer will go out of the border*

אליבא דרבי אליעזר כולי עלמא לא פליגי כי פליגי אליבא דר' יהושע מאן דאמר מתה כרבי יהושע ומאן דאמר בטלה עד כאן לא קאמר רבי יהושע התם דכתיב [א] ברך ה' חילו ופועל ידיו תרצה [א] אפי' חללין שבו אבל הכא אפי' רבי יהושע מודה: נגמר דינו וכו': אמר רב יהודה אמר רב שתי טעיות טעה יואב באותה שעה דכתיב [ב] וינס יואב אל אהל ה' ויחזק בקרנות המזבח טעה [א] שאינו קולט אלא גגו והוא תפס בקרנותיו טעה [ב] שאינו קולט אלא מזבח בית עולמים והוא תפס מזבח של שילה אביי אומר בהא נמי מיטעא טעה [ג] שאינו קולט אלא כהן ועבודה בידו והוא זר היה אמר ריש לקיש שלש טעיות עתיד שרו של רומי לטעות דכתיב [ג] מי זה בא מאדום חמוץ בגדים מבצרה טועה שאינה קולטת אלא [ב] בצר והוא גולה לבצרה טועה שאינה קולטת אלא שוגג והוא מזיד היה טועה שאינה קולטת אלא אדם והוא מלאך הוא אמר ר' אבהו [ד] ערי מקלט לא נתנו לקבורה דכתיב [ד] ומגרשיהם יהיו לבהמתם ולרכושם ולכל חייתם לחיים נתנו ולא לקבורה מיתיבי [ג] שמה [ה] שם תהא דירתו שם תהא מיתתו שם תהא קבורתו רוצח שאני דגלי ביה רחמנא: כשם שהעיר קולטת וכו': ורמינהו [ה] וישב בה [ו] בה ולא בתחומה אמר אביי לא קשיא [ז] כאן לקלוט כאן לדור [ו] תיפוק ליה [ח] דאין עושין שדה מגרש ולא מגרש שדה לא מגרש עיר ולא עיר מגרש אמר רב ששת לא נצרכה אלא למחילות: רוצח שיצא חוץ לתחום וכו': ת"ר [ז] ורצח גואל הדם את הרוצח [ט] מצוה ביד גואל הדם אין לו גואל הדם רשות ביד כל אדם דברי רבי יוסי הגלילי ר' עקיבא אומר רשות ביד גואל הדם וכל אדם [א] חייבין עליו מאי טעמא דרבי יוסי הגלילי מי כתיב אם רצח ורבי עקיבא מי כתיב ירצח אמר מר זוטרא בר טוביה אמר רב רוצח שיצא חוץ לתחום ומצאו גואל הדם והרגו נהרג עליו כמאן לא כר' יוסי הגלילי ולא כר"ע הוא דאמר כי האי תנא דתניא ר' אליעזר אומר [ח] עד עמדו [ב] לפני העדה למשפט מה ת"ל לפי שנאמר [ז] ורצח גואל הדם את הרוצח יכול מיד ת"ל עד עמדו לפני העדה למשפט ורבי יוסי ורבי עקיבא האי עד עמדו לפני העדה למשפט מאי דרשי ביה ההוא מיבעי ליה לכדתניא רבי עקיבא אומר [י] מנין לסנהדרין שראו אחד שהרג את הנפש שאין ממיתין אותו עד שיעמוד בב"ד אחר ת"ל עד עמדו לפני העדה למשפט עד שיעמוד בב"ד אחר ת"ר [ח] אם יצא יצא הרוצח אין לי אלא במזיד בשוגג מנין ת"ל אם יצא יצא מ"מ והתניא [ב] [י] (והורגו) במזיד נהרג [כ] בשוגג גולה לא קשיא הא כמאן דאמר אמרינן [מ] דברה תורה כלשון בני אדם הא כמאן דאמר לא אמרינן דברה תורה כלשון בני אדם אמר אביי [ט] מסתברא כמ"ד דברה תורה כלשון בני אדם שלא יהא סופו חמור מתחלתו מה תחלתו במזיד נהרג בשוגג גולה אף סופו במזיד נהרג בשוגג גולה תני חדא אב שהרג בנו נעשה לו גואל הדם ותניא אידך [ל] אין בנו נעשה לו גואל הדם לימא הא רבי יוסי הגלילי והא ר"ע ותסברא בין למ"ד מצוה בין למ"ד רשות מי שרי והאמר רבה בר רב הונא וכן תנא דבי רבי ישמעאל [מ] לכל אין הבן נעשה שליח לאביו להכותו ולקללתו [נ] חוץ ממסית שהרי אמרה תורה [ט] לא תחמול ולא תכסה עליו אלא לא קשיא [ס] הא בבנו והא בבן בנו: **מתני'** [ע] אילן שהוא עומד בתוך התחום ונופו נוטה חוץ לתחום או עומד חוץ לתחום ונופו נוטה בתוך התחום הכל הולך אחר הנוף: **גמ'** ורמינהי [פ] אילן שהוא עומד [ג] [בתוך הפנים) ונוטה לחוץ או עומד בחוץ ונוטה לפנים מכנגד החומה ולפנים כלפנים מכנגד החומה ולחוץ כלחוץ מעשר אערי מקלט קא רמית מעשר תלה רחמנא בחומה ערי מקלט בדירה תלה רחמנא בנופו מתדר ליה בעיקרו לא מתדר ליה ורמי מעשר אמעשר [מ] דתניא [י] בירושלים הלך אחר הנוף בערי מקלט הלך אחר הנוף אמר רב כהנא לא קשיא הא ר' יהודה והא רבנן דתניא ר'

רש"י

אליבא דרבי אליעזר כ"ע לא פליגי. כלומר מאן דאמר מתה ודאי כרבי יהושע אמר ולא כרבי אליעזר דאליבא דרבי אליעזר ליכא למ"ד מתה כיון דלגבי עבודותיו אמר פסולות למפרע ודאי אין זה כהן: כי פליגי אליבא דרבי יהושע. כלומר אין אנו צריכין לומר מ"ד בטלה כרבי אליעזר ולא כרבי יהושע דאליבא דרבי יהושע איכא למימר דפליגי: פועל ידיו תרצה. עבודותיו כשירות אבל לענין שאר דבריו אינו כהן: טעה יואב. בדרשא דמעם מזבחי תקחנו ° ולא מעל מזבחי וכסבור דהיינו מעל מזבחי: מזבח בית עולמים. דכתיב מזבחי המיוחד לי: ה"ג והוא תפס במזבח של במה שעשה דוד לפני הארון שהיה באהל אשר נטה לו דוד בעיר דוד כדכתיב וינס יואב אל אהל ה' ומצינו בדברי הימים שעשה דוד מזבח לפניו ואי אפשר לומר מזבח של שילה שהוא היה בימי דוד ושלמה [ס] (היה בגבעון): שרו של רומי. סמאל שיברח לבצרה שבתחלה יפרע ממנו כשיגיע הקץ להחרב כדכתיב (ישעיה כד) יפקוד ה' על צבא המרום במרום ואחר כך על מלכי האדמה על האדמה: חמוץ בגדים. מדמו של סמאל ואף על פי שאין המלאכים בשר ודם כתב בו הכתוב כענין הריגת האדם לשבר את האזן מה שהיא יכולה לשמוע: לא נתנו לקבורה. ללוים שהן שלהם: תיפוק ליה. דאין בונין בית במגרש דא"כ הוה ליה מגרש עיר: אין עושין. שדה של לוים: מגרש. שנתנו ללוים אלפים אמה סביב העיר כדכתיב (במדבר לה) ומדותם מחוץ לעיר (ג) [ע] וכתיב מקיר העיר וחוצה אלף אמה וגו' הא כיצד אלף אמה מגרש שאין בו לא בית ולא שדה והשאר שדות וכרמים: למחילות. תחת הקרקע שאין אוכלות במגרש כלום מלמעלה ואי לאו דכתיב בה ולא בתחומה הייתי אומר ידור בתחומה במערה: ורצח. איכא לפרושי לשון ליווי כמו (שמות לו) ועשה בצלאל ואהליאב ואיכא לפרושי לשון רשות כמו ועשה ה' להם וגו' (דברים לא): סופו חמור מתחלתו. סופו לאחר חוץ לתחום תחלתו הרציחה: אב שהרג את הבן. בנו השני נעשה גואל הדם של אחיו והורג את אביו: הא דתניא נעשה. רבי יוסי הגלילי היא דאמר מצוה לגואל הדם: לכל אין הבן נעשה וכו'. לכל עבירות שבתורה אין הבן נעשה שליח ב"ד על אביו לא להלקותו ולא לנדותו חוץ ממסית: ה"ג אלא לא קשיא הא בבנו הא בבן בנו. הא דתניא אין בנו נעשה גואל הדם בבנו של רוצח קאמר והא דתניא בנו נעשה גואל הדם בבנו של הרוג קאמר שהוא בן בנו של רוצח ° ואינו מוזהר על כבודו: מתני' הכל הולך אחר הנוף. אפי' הוא בעיקרו שבתוך התחום הרי הוא כיוצא חוץ לתחום ואם עיקרו חוץ לתחום ונופו בתוך התחום אף העיקר קולט: גמ' אילן שהוא עומד בפנים. בירושלים ולענין אכילת מעשר שני בירושלים היא שנויה: מכנגד החומה וכו'. אלמא לא נופו שדינן בתר עיקר ולא עיקר בתר נוף: בחומה תלה רחמנא. דכתיב (דברים יב) לפני ה' אלהיך תאכלנו: בדירה תלה רחמנא. דכתיב (במדבר לה) כי בעיר מקלטו ישב ונופו ראוי לדירה יותר מעיקרו: בירושלים. לענין מעשר הלך אחר הנוף:

רבי

תוספות

אילן שהוא [פ] לפנים מכנגד החומה ולפנים כלפנים. תימה דבשילהי כילד צולין (פסחים דף פה: ושם) אמרי' (ה) דגגות לא נתקדשו ואם כן [ל] (הוו) מעשר שני אין אוכלין על האילן וי"ל דמיירי שענפיו מועטין שאין בהן ארבע' דלא חשיבי והוי כאילו עומדת באויר כנגד הקרקע עוד יש לומר דמיירי [ק] [אפי'] באילן שענפיו מרובין ואויר ירושלים כירושלים:

אימור

עין משפט נר מצוה

סו א ב ג מיי' פ"ה מהל' רוצח הלכה יג סמג עשין עה:

סז ד מיי' שם פ"ז הל' ד ופי"ג מהל' שמיטין הל"ג סמג עשין קלה:

סח ה מיי' פ"ז מהל' רוצח הל"ג והל"ח סמג עשין עה עו:

סט ו ז מיי' שם פ"ח הלכה יא סמג שם:

ע ח מיי' פי"ג מהלכות שמיטין הלכה ד סמג עשין קלה:

עא ט מיי' פ"א מהלכות רוצח הלכה ה:

עב י מיי' שם פ"ה הל"י:

עג כ מיי' שם הלכה יא:

עד ל מיי' שם פ"א הל"ג:

עה מ מיי' פ"ה מהל' ממרים הלי"ד סמג לאוין ריג טוש"ע יו"ד סי' רמא סעיף ה:

עו נ מיי' שם:

עז ס מיי' פ"א מהלכות רוצח הלכה ג:

עח ע מיי' שם פ"ח הלכה יא:

ליקוטי רש"י

ברך ה' חילו. בכהנים כתיב ישימו קטורה באפך וגו' וסמיך ליה ברך ה' חילו חללים שבו [פסחים עב:].

חללין שבו. חללין שבשבט לוי דקרא בשבט לוי כתיב [קידושין סו:].

מעם מזבחי. אם כהן הוא שבא לעבוד עבודה. ולא מעל מזבחי. אם התחיל בעבודה אין מפסיק לבא לידון אלא משלים עבודתו [יומא פה.].

ולכל חיתם. לכל צרכיהם [במדבר לה ב].

ומגרש. ריוח. מקום חלק חוץ לעיר סביב, להיות לנוי לעיר, ואין רשאין לבנות שם בית, ולא לנטוע כרם, ולא לזרוע זריעה [במדבר לה ב].

רבינו חננאל

כי פליגי אליבא דרבי יהושע מאן דאמר מתה כרבי יהושע כלומר קרבנותיו כשרין (בחי עכשיו) [כחי ועכשיו] מת ומאן דאמר בטלה אמר לך עד כאן לא מכשר רבי יהושע התם אלא משום דכתיב ברך ה' חילו ופועל ידיו תרצה אפילו חולין שבו תרצה אבל הכא אפילו רבי יהושע מודה דבטלה כהונה: נגמר דינו בלא כהן גדול ואח"כ נתמנה כ"ג ומי שהרג כ"ג וכ"ג שהרג אינו יוצא משם לעולם א) לא לעדות מצוה ולא לעדות ממון ולא לעדות נפשות ואפילו כל ישראל צריכין לו כיואב כו': א"ר יהודה אמר רב שתי טעיות טעה יואב כו': ירושלמי רבי יוחנן שלח לרבנן דתמן תרין מילין אתון אמרין בשם רב (ולי) [ולית] אינון כן אתון אמרין בשם רב לא התירו ביפת תואר אלא בעילה ראשונה ואני אומר לא ראשונה ולא אחרונה אלא אחר כל המעשים שנאמר ואחר כן תבא אליה ובעלתה ותוב אמריתו כי טעה יואב והחזיק בקרנות המזבח ואין הקרנות קולטות אלא גגו ולא גג שבשילה קולט אלא גג בית העולמים קולט ואני אומר לא הקרנות קולטות ולא הגג קולט לא של שילה ולא של בית העולמים ואינן קולטות אלא ערי מקלט בלבד. ואפשר יואב תחכמוני ראש השלישים היה טועה בדבר זה אלא לסנהדרין ברח אמר מוטב יהרג בבית [דין] שירשוהו בניו דתנן הרוגי ב"ד נכסיהן ליורשין הרוגי מלכות נכסיהן למלך מיד אמר שלמה וכי לממונו אני צריך להסיר דמי חנם אני צריך ב): כשם שהעיר קולטת כך תחומה קולטת ואע"פ שאינו דר בתחומה ג) אם יש שם מחילה אבל קולטת ואין רשות לגואל הדם להורגו בתחומה. הריגת הרוצח מצוה ביד גואל הדם וביד כל אדם רשות דברי ר' יוסי הגלילי ר' עקיבא אומר גואל הדם רשות וכל אדם אין ד) חייבין עליו משום דרב אמרו רוצח שיצא חוץ לתחום ה) קודם שיגמר דינו לגלות ומצאו גואל הדם והרגו נהרג עליו. ומתמהינן כמאן אמר רב לשמעתיה לא כר' יוסי הגלילי דאמר מצוה ולא כר' עקיבא דאמר רשות מ"מ לתרוייהו פטור. ואמרינן רב דאמר כר' אליעזר כו': ת"ר ואם יצא יצא הרוצח אין לי אלא במזיד כו' אמר אביי מסתברא כמאן דאמר דברה תורה כלשון בני אדם אלא במזיד נהרג בשוגג גולה שלא יהא סופו חמור מתחלתו תחלתו שבשוגג גולה אחריתו בשוגג נהרג אלא בשוגג גולה: תני חדא אב שהרג בנו נעשה גואל הדם ותניא אידך אין בנו נעשה גואל הדם. פרקינן אם עשו הרג תימן בן אליפז ו) אליפז נעשה גואל הדם של בנו שלו והורג עשו אביו אבל אם עשו הרג רעואל בנו (של) [שלו אין] אליפז גואל דם אחיו מיד אביו: [מתני'] אילן שהוא עומד בתוך התחום ונופו נוטה חוץ לתחום כו' עד הכל הולך אחר הנוף. ורמינן עלה הא דתנן במעשר שני פ"ג אילן שהוא עומד בפנים ונוטה לחוץ או עומד בחוץ ונוטה לפנים מכנגד החומה ולפנים כלפנים מכנגד החומה ולחוץ כלחוץ. ופרקינן שאני מעשר דבחומה תלה רחמנא שנאמר ואכלת לפני ה' אלהיך במקום וגו' פי' אין נאכלין חוץ לחומת ירושלים בלא פדיון ואין נפדין לפנים מן החומה אלא נאכלין בתורת מעשר שני וכן מפורש בתלמוד ארץ ישראל במקומו לפיכך כל הפירות שהן חוץ לחומה חשובין כחוץ ומה שהן בפנים כלפנים אבל ערי מקלט ישיבה כתב בהו רחמנא בנוף אפשר להיות ישיבה בעיקרו לא: ורמי מעשר אמעשר דהא תנן במעשרות סוף פ"ג [מ"י] בערי מקלט הכל הולך אחר הנוף ובירושלים הכל הולך אחר הנוף. ופריק רב כהנא לא קשיא הא דתני אחר הנוף לר"י והא

חשק שלמה על ר"ח א) במשנה איתא ואינו יוצא לא לעדות מצוה וכו' ומשמע דקאי אכולהו רוצחים דיוצאים במיתת כה"ג ואולי דרבינו היה לו גירסא אחרת או דחסר בדברי רבינו וצ"ל ואינו יוצא וכו'. ב) עי' סנהדרין מח ע"ב ותוס' שם ד"ה בשלמא. ג) ר"ל אף יש שם מחילה מ"מ אינו רשאי לדור שם. ד) כ"ה הגירסא בגמ' בדפוס ווינליא וכ"ה בהגהות הגר"א ז"ל כאן. ה) עי' לעיל דף י ע"ב בתחילה וכו' מי שנתחייב גלות מחזירין. ו) פי' רבינו צ"ע ואולי ט"ס כאן.

מסורת הש"ס

א) קדושין סו:, ב) [עי' תוס' בע"ז נח: ד"ה כלבך], ג) [לעיל יא:], ד) ב"ב כד: ערכין לג: [תוספ' פ"ה], ה) [סנהדרין מה:], ו) [עי' תוס' ר"ה כו. ד"ה דרמגנא], ז) [בילקוט ליתא וכן בכ"מ אית' והתניא במזיד וכו'], ח) [ברכות לא: קדושין יז:], ט) [עי' תוס' סוטה כד. ד"ה ור' יונתן וכו' מה שכתבו בסוף דבריהם ותוס' מנחות יז: ד"ה מאי כו'], י) סנהדרין פה., כ) מע"ש פ"ג מ"ז, ל) [צ"ל בפנים כך איתא במשנה דמע"ש פ"ג מ"ז], מ) [צ"ל דתנן], נ) פ"ג מ"י מעשרות, ס) [צ"ל בגבעון ואתן אמרינן זבחים קיח: יום שמת בו עלי נאמר בו ויטוש משכן שילה כך איתא ברש"י בע"י], ע) [צ"ל את פאת קדמה אלפים באמה], פ) [צ"ל שהוא עומד וכו' ונוטה לפנים וכו'], צ) מהרש"ם מ"ז, ק) רש"א.

הגהות הב"ח

(א) גמ' אין לו גואל הדם: (ב) שם רבי אליעזר אומר עד עמדו. נ"ב רישיה דקרא ולא ימות הרוצח עד עמדו וגו': (ג) רש"י ד"ה מגרש וכו' ומדותם מחוץ לעיר אלפים אמה וכתב מקיר: (ד) ד"ה אילן וכו' לענין כצ"ל ואות ו' נמחק: (ה) תוס' ד"ה אילן וכו' אמרינן דגגין לא נתקדשו וא"כ לא הוי מעשר שני וכו' וי"ל דמיירי שענפיו שבהן מועטין וכו' כאילו עומדין באויר וכו' ועוד י"ל וכו' ואויר ירושלים וגגה שוין לקרקע הס"ד:

גליון הש"ס

רש"י ד"ה טעה יואב וכו' ולא מעל מזבחי. עי' יומא דף פה ע"א תוס' ד"ה ולא מעל מזבחי: בא"ד ה"ג אלא וכו' ואינו מוזהר על כבודו. עי' בדרשות הר"ן פרשת תולדות:

הגהות הגר"א

[א] גמ' וכל אדם אין חייבין כצ"ל: [ב] שם והורגו. נמחק וכן בדפוסים ישנים: [ג] שם עומד בפנים כצ"ל:

תורה אור השלם

א) בָּרֵךְ יְיָ חֵילוֹ וּפֹעַל יָדָיו תִּרְצֶה מְחַץ מָתְנַיִם קָמָיו וּמְשַׂנְאָיו מִן יְקוּמוּן: [דברים לג, יא]

ב) וְהַשְּׁמֻעָה בָּאָה עַד יוֹאָב כִּי יוֹאָב נָטָה אַחֲרֵי אֲדֹנִיָּה וְאַחֲרֵי אַבְשָׁלוֹם לֹא נָטָה וַיָּנָס יוֹאָב אֶל אֹהֶל יְיָ וַיַּחֲזֵק בְּקַרְנוֹת הַמִּזְבֵּחַ: [מ"א ב, כח]

ג) מִי זֶה בָּא מֵאֱדוֹם חֲמוּץ בְּגָדִים מִבָּצְרָה זֶה הָדוּר בִּלְבוּשׁוֹ צֹעֶה בְּרֹב כֹּחוֹ אֲנִי מְדַבֵּר בִּצְדָקָה רַב לְהוֹשִׁיעַ: [ישעיה סג, א]

ד) וְהָיוּ הֶעָרִים לָהֶם לָשָׁבֶת וּמִגְרְשֵׁיהֶם יִהְיוּ לִבְהֶמְתָּם וְלִרְכֻשָׁם וּלְכֹל חַיָּתָם: [במדבר לה, ג]

ה) וְהִצִּילוּ הָעֵדָה אֶת הָרֹצֵחַ מִיַּד גֹּאֵל הַדָּם וְהֵשִׁיבוּ אֹתוֹ הָעֵדָה אֶל עִיר מִקְלָטוֹ אֲשֶׁר נָס שָׁמָּה וְיָשַׁב בָּהּ עַד מוֹת הַכֹּהֵן הַגָּדֹל אֲשֶׁר מָשַׁח אֹתוֹ בְּשֶׁמֶן הַקֹּדֶשׁ: [במדבר לה, כה]

ו) וּמָצָא אֹתוֹ גֹּאֵל הַדָּם מִחוּץ לִגְבוּל עִיר מִקְלָטוֹ וְרָצַח גֹּאֵל הַדָּם אֶת הָרֹצֵחַ אֵין לוֹ דָּם: [במדבר לה, כז]

ז) וְהָיוּ לָכֶם הֶעָרִים לְמִקְלָט מִגֹּאֵל וְלֹא יָמוּת הָרֹצֵחַ עַד עָמְדוֹ לִפְנֵי הָעֵדָה לַמִּשְׁפָּט: [במדבר לה, יב]

ח) וְאִם יָצֹא יֵצֵא הָרֹצֵחַ אֶת גְּבוּל עִיר מִקְלָטוֹ אֲשֶׁר יָנוּס שָׁמָּה: [במדבר לה, כו]

ט) לֹא תֹאבֶה לוֹ וְלֹא תִשְׁמַע אֵלָיו וְלֹא תָחוֹס עֵינְךָ עָלָיו וְלֹא תַחְמֹל וְלֹא תְכַסֶּה עָלָיו: [דברים יג, ט]

THE BLOOD WILL KILL THE KILLER, מִצְוָה בְּיַד גּוֹאֵל הַדָּם – it constitutes A MITZVAH FOR THE REDEEMER OF THE BLOOD to kill him. אֵין גּוֹאֵל הַדָּם רְשׁוּת בְּיַד כָּל אָדָם – IF THERE IS NO REDEEMER OF THE BLOOD, IT IS PERMISSIBLE FOR ANYONE ELSE to kill him.[29] דִּבְרֵי רַבִּי יוֹסֵי הַגְּלִילִי – THESE ARE THE WORDS OF R' YOSE HAGLILI. רַבִּי עֲקִיבָא אוֹמֵר – R' AKIVA SAYS: רְשׁוּת בְּיַד גּוֹאֵל הַדָּם – IT IS PERMISSIBLE, but not a mitzvah, FOR THE REDEEMER OF THE BLOOD to kill him, וְכָל אָדָם חַיָּיבִין עָלָיו – AND ANY OTHERS who do so ARE LIABLE to death FOR killing HIM.[30]

The Gemara explains the basis of the dispute:

מַאי טַעְמָא דְּרַבִּי יוֹסֵי הַגְּלִילִי – **What is the reasoning of R' Yose HaGlili?** It is as follows: מִי כְּתִיב אִם רָצַח – **Is it then written, "*if* he kills,"** which would indicate that the killing is discretionary, not a mitzvah? No, the verse states: *[he] will kill,* without the qualifier "if." This is a command, a mitzvah.[31]

The Gemara turns to R' Akiva:

וְרַבִּי עֲקִיבָא – **And R' Akiva,** his reasoning is as follows: מִי כְּתִיב יִרְצַח – **Is it then written, "he *shall* kill,"** a wording indicating obligation and duty? No, the verse states: *[he] will kill,* without the imperative "shall." Since the Torah does not explicitly demand the death of the killer, we may presume that while it is permissible to kill him, it is not a mitzvah.[32]

The Gemara cites an Amoraic teaching that appears to be at odds with both R' Yose HaGlili and R' Akiva:

אָמַר מַר זוּטְרָא בַּר טוֹבִיָּה אָמַר רַב – **Mar Zutra bar Toviah said in the name of Rav:** רוֹצֵחַ שֶׁיָּצָא חוּץ לַתְּחוּם – **If a killer left the *techum*** of the city, וּמְצָאוֹ גּוֹאֵל הַדָּם וַהֲרָגוֹ – **and the redeemer of the blood found him** and killed him, נֶהֱרַג עָלָיו – **[the redeemer] is killed** by the courts as punishment **for** killing **him.**

The Gemara protests this ruling:

כְּמַאן – **With whom** is Mar Zutra's opinion **in accord?** לֹא כְּרַבִּי יוֹסֵי הַגְּלִילִי וְלֹא כְּרַבִּי עֲקִיבָא – It is **in accord with neither R' Yose HaGlili nor R' Akiva.** R' Yose HaGlili *requires* the redeemer to kill the exile; R' Akiva *permits* him to do so. *Neither* sentences the redeemer to death. Mar Zutra bar Toviah's ruling, then, is contradicted by the words of these Tannaim. – ? –

The Gemara presents Mar Zutra bar Toviah's source:

הוּא דְּאָמַר כִּי הַאי תַּנָּא – **He stated** his ruling **in accordance with this** following **Tanna.** דְּתַנְיָא – **For it has been taught in a Baraisa:** רַבִּי אֱלִיעֶזֶר אוֹמֵר – R' ELIEZER SAYS: ,,עַד־עָמְדוֹ לִפְנֵי הָעֵדָה לַמִּשְׁפָּט" מַה תַּלְמוּד לוֹמַר – When the verse states,[33] *the killer shall not die UNTIL HE STANDS BEFORE THE COURT FOR JUDGMENT,* WHAT DOES THIS TEACH? לְפִי שֶׁנֶּאֱמַר – FOR IT IS STATED:[34] ,,וְרָצַח גֹּאֵל הַדָּם אֶת־הָרֹצֵחַ" – *AND THE REDEEMER OF THE BLOOD WILL KILL THE KILLER.* יָכוֹל מִיָּד – IT COULD BE thought that he does so AT ONCE, i.e. as soon as he finds him outside the city of refuge. תַּלְמוּד לוֹמַר – [THE TORAH] therefore STATES: ,,עַד־עָמְדוֹ לִפְנֵי הָעֵדָה לַמִּשְׁפָּט" – *UNTIL HE STANDS BEFORE THE COURT FOR JUDGMENT.* This teaches that the redeemer of the blood may take the killer's life only after the court orders him killed.[35] Mar Zutra's case is where the redeemer killed the exile as a consequence of his having left the city of refuge, *without* the court's participation. Having killed him unlawfully, he is himself liable to death.

R' Yose HaGlili and R' Akiva, however, do not require the participation of the court. They allow the redeemer to kill the exile the moment he sets foot outside the city of refuge. The Gemara now explains the verse *until he stands before the court for judgment* according to their view:

וְרַבִּי יוֹסֵי וְרַבִּי עֲקִיבָא – **And R' Yose** HaGlili **and R' Akiva,** הַאי ,,עַד־עָמְדוֹ לִפְנֵי הָעֵדָה לַמִּשְׁפָּט" מַאי דָּרְשֵׁי בֵּיהּ – **how do they expound this verse *until he stands before the court for judgment?***[36] הַהוּא מִיבָּעֵי לֵיהּ לִכְדְתַנְיָא – **They need this [verse] for**

NOTES

of the city of refuge to which he shall flee and the redeemer of the blood will find him outside the border of his city of refuge, and the redeemer of the blood will kill the killer, he has no blood.

29. The qualification "if there is no redeemer of the blood" implies that if there *is* a redeemer, it is *not* permissible for others to kill the exile. The Mishnah, however, issues no such qualification, from which we may infer that even if there *is* a redeemer, others may still act.

Siach Yitzchak resolves this seeming contradiction as follows: Others are indeed permitted to kill the exile even if a *goel hadam* exists, as the Mishnah implies. The Baraisa is simply saying that the *goel hadam* has first rights; others may act *only* if the *goel hadam* refuses to perform his duty. When the Baraisa says "if there is no redeemer of the blood," it means, if the redeemer will not fulfill his obligation.

For another solution, see *Aruch LaNer.*

30. Many authorities read this clause as: *and any others are **not** liable for [killing] him.* For discussion, see 11b note 33.

31. The word וְרָצַח can be read as connoting command *or* discretion. This is evident from Scripture's dual use of the similarly constructed word וְעָשָׂה (of the root עשה). In *Exodus* (36:1) the verse states: וְעָשָׂה בְצַלְאֵל וְאָהֳלִיאָב, *And Betzalel and Ahaliav shall do,* expressing Moses's command that they perform their work. In *Deuteronomy* (31:4) the verse warns: וְעָשָׂה ה׳ לָכֶם, *And God will do to you;* Moses is obviously not *commanding* God, he is speaking of what God will *choose* to do. We see that verbs of this construction can denote both a mode of command and one of possibility. This tells us that וְרָצַח can bear one of two interpretations: that the *goel hadam must* kill the exile, or that he may *choose* to kill him (*Rashi;* see *Ritva*).

R' Yose HaGlili maintains that this formulation *usually* denotes command. Therefore, had the Torah wished to make the killing discretionary, it would not have used this formulation, but would have expressed itself clearly, with the words: אִם רָצַח, ***if** [the redeemer of the blood] kills.* By using וְרָצַח, it implies obligation (*Ritva*).

32. R' Akiva maintains that although this sort of formulation usually denotes command, in this case it does not. For the promulgation of a mitzvah to kill another human being is a matter of enormous weight. Surely the Torah would have taken care to avoid even the *slightest* ambiguity in expressing such a mitzvah. Had the Torah wished to make the killing obligatory, it would have employed the explicit term יִרְצַח, *[the redeemer of the blood] **shall** kill.* By using a formulation that *can* imply choice, the Torah indicates that there is no mitzvah (*Ritva*).

The Gemara has presented the basis of the dispute between R' Yose HaGlili and R' Akiva regarding the *goel hadam.* It does not deal with their dispute regarding an outsider who kills the exile. *Ritva* explains that according to both Tannaim, the status of an outsider is always one level beneath the status of the *goel hadam.* If the *goel hadam* is obligated to kill the exile, an outsider is only permitted to do so; if the *goel hadam* possesses a before-the-fact (*lechatchilah*) permit to kill, an outsider possesses only an after-the-fact (*bedi'avad*) permit. The latter dispute is tied to the former. See *Chidushei Maran Riz HaLevi* (to *Rambam, Hil. Rotze'ach* 1:13) for a similar approach.

This follows the reading in the Mishnah of *and any others are **not** liable for [killing] him.* According to the reading of *and any others are liable for [killing] him,* they disagree as to whether the words אֵין לוֹ דָּם, *he has no blood* (*Numbers* 35:27), represent a permit for outsiders to kill the exile. R' Yose HaGlili holds they do; R' Akiva holds they do not (see *Aruch LaNer* for particulars; see 11b note 33).

33. Ibid. v. 12.

34. Ibid. v. 27.

35. *Tos. Rabbeinu Peretz; Siach Yitzchak; Chazon Ish, Nezikin, Likkutim* §23, comments to 10b; see *Sifrei* to *Numbers* 35:12 and 35:30; cf. *Ritva; Aruch LaNer; Melo HaRo'im.*

According to this view, the main function of the redeemer of the blood is not to kill the exile, but to ensure that he is taken to the court, where he will be judged and killed (*Tos. Rabbeinu Peretz*). Once the court orders him killed, the *goel hadam* may kill him (*Siach Yitzchak;* see *Numbers* 35:30 with *Malbim,* and *Malbim* to 35:12).

36. [The Gemara assumes that R' Yose HaGlili and R' Akiva allow the redeemer to kill the exile the moment he sets foot outside the city of refuge. Presumably, the assumption is based on the plain wording of the Mishnah, which states, without qualification, that as soon as the exile steps out of the city, he is liable to death at the hands of the redeemer.]

אליבא דרבי אליעזר כולי עלמא לא פליגי כי פליגי אליבא דר' יהושע מאן דאמר מתה כרבי יהושע ומאן דאמר בטלה עד כאן לא קאמר רבי יהושע התם דכתיב א) ברך ה' חילו ופועל ידיו תרצה אפי' חללין שבו אבל הכא אפי' רבי יהושע מודה: נגמר דינו וכו': אמר רב יהודה אמר רב שתי טעיות טעה יואב באותה שעה דכתיב ב) וינס יואב אל אהל ה' ויחזק בקרנות המזבח טעה שאינו קולט אלא גגו והוא תפס בקרנותיו טעה שאינו קולט אלא מזבח בית עולמים והוא תפס מזבח של שילה אביי אומר בהא נמי מיטעא טעה שאינו קולט אלא כהן ועבודה בידו והוא זר היה אמר ריש לקיש שלש טעיות עתיד שרו של רומי לטעות דכתיב ג) מי זה בא מאדום חמוץ בגדים מבצרה טועה שאינה קולטת אלא בצר והוא גולה לבצרה טועה שאינה קולטת אלא שוגג והוא מזיד היה טועה שאינה קולטת אלא אדם והוא מלאך הוא אמר ר' אבהו ערי מקלט לא נתנו לקבורה דכתיב ד) ומגרשיהם יהיו לבהמתם ולרכושם ולכל חייתם לחיים נתנו ולא לקבורה מיתיבי ה) שמה שם תהא דירתו שם תהא מיתתו שם תהא קבורתו רוצח שאני דגלי ביה רחמנא: כשם שהעיר קולטת וכו': ורמינהו ה) וישב בה בה ולא בתחומה אמר אביי לא קשיא כאן לקלוט כאן לדור ד) תיפוק ליה דאין עושין שדה מגרש ולא מגרש שדה לא עיר מגרש אמר רב ששת לא נצרכה אלא למחילות: רוצח שיצא חוץ לתחום וכו': ת"ר ו) ורצח גואל הדם את הרוצח מצוה ביד גואל הדם אין [א] גואל הדם רשות ביד כל אדם דברי רבי יוסי הגלילי ר' עקיבא אומר רשות ביד גואל הדם וכל אדם [א] חייבין עליו מאי טעמא דרבי יוסי הגלילי מי כתיב ורבי עקיבא מי כתיב ירצח אמר מר זוטרא בר טוביה אמר רב רוצח שיצא חוץ לתחום ומצאו גואל הדם והרגו נהרג עליו כמאן לא כר' יוסי הגלילי ולא כר"ע הוא דאמר כי האי תנא דתניא ר' אליעזר אומר ו) עד עמדו [ג] לפני העדה למשפט מה ת"ל לפי שנאמר ו) ורצח גואל הדם את הרוצח יכול מיד ת"ל עד עמדו לפני העדה למשפט ורבי יוסי ורבי עקיבא האי עד עמדו לפני העדה למשפט מאי דרשי ביה ההוא מיבעי ליה לכדתניא רבי עקיבא אומר ז) מנין לסנהדרין שראו אחד שהרג את הנפש שאין ממיתין אותו עד שיעמוד בב"ד אחר ת"ל עד עמדו לפני העדה למשפט עד שיעמוד בב"ד אחר ת"ר ח) אם יצא יצא הרוצח אין לי אלא במזיד בשוגג מנין ת"ל אם יצא יצא מ"מ והתניא [ב] ז) (והורגו) במזיד נהרג בשוגג גולה לא קשיא הא כמאן דאמר ח) דברה תורה כלשון בני אדם הא כמאן דאמר לא אמרינן דברה תורה כלשון בני אדם אמר אביי ט) מסתברא כמ"ד דברה תורה כלשון בני אדם שלא יהא סופו חמור מתחלתו מה תחלתו במזיד נהרג בשוגג גולה אף סופו במזיד נהרג בשוגג גולה תני חדא אב שהרג בנו בנו נעשה לו גואל הדם ותניא אידך אין בנו נעשה לו גואל הדם לימא הא רבי יוסי הגלילי והא ר"ע ותסברא בין למ"ד מצוה בין למ"ד רשות מי שרי והאמר רבה בר רב הונא וכן תנא דבי רבי ישמעאל מ) לכל אין הבן נעשה שליח לאביו להכותו ולקללתו חוץ ממסית שהרי אמרה תורה ט) לא תחמול ולא תכסה עליו אלא לא קשיא הא בבנו והא בבן בנו:

מתני' אילן שהוא עומד בתוך התחום ונופו נוטה חוץ לתחום או עומד חוץ לתחום ונופו נוטה בתוך התחום הכל הולך אחר הנוף:

גמ' ורמינהו י) אילן שהוא עומד [ג] (בתוך הפנים) ונוטה לחוץ או עומד בחוץ ונוטה לפנים מכנגד החומה ולפנים כלפנים מכנגד החומה ולחוץ כלחוץ מעשר אערי מקלט קא רמית מעשר בחומה תלה רחמנא ערי מקלט בדירה תלה רחמנא בנופו מתדר ליה בעיקרו לא מתדר ליה ורמי מעשר אמעשר ח) דתניא י) בירושלים הלך אחר הנוף הלך אחר הנוף אמר רב כהנא לא קשיא הא ר' יהודה והא רבנן דתניא ר'

רש"י

אליבא דרבי אליעזר כ"ע לא פליגי. כלומר מאן דאמר מתה ודאי כרבי יהושע אמר ולא כרבי אליעזר דאליבא דרבי אליעזר ליכא למ"ד מתה כיון דלגבי עבודותיו אמר פסולות למפרע ודאי אין זה כהן: כי פליגי אליבא דרבי יהושע. כלומר אין אנו צריכין לומר מ"ד בטלה כרבי אליעזר ולא כרבי יהושע דאליבא דרבי יהושע איכא למימר דפליגי: פועל ידיו תרצה. עבודותיו כשירות אבל לענין שאר דבריו אינו כהן: טעה יואב. בדרשא דמעם מזבחי ° ולא מעל מזבחי וכסבור דהיינו מעל מזבחי: מזבח בית עולמים. דכתיב מזבחי המיוחד לי: ה"ג והוא תפס במזבח של במה שעשה דוד לפני הארון שהיה באהל אשר נטה לו דוד בעיר דוד כדכתיב וינס יואב אל אהל ה' ומצינו בדברי הימים שעשה דוד מזבח לפניו ואי אפשר לומר מזבח של שילה שהוא היה בימי דוד ושלמה ס) (היה בגבעון): שרו של רומי. סמאל שיברח לבצרה שבתחלה יפרע ממנו כשיגיע הקץ להחרב כדכתיב (ישעיה כד) יפקוד ה' על צבא המרום במרום ואחר כך על מלכי האדמה על האדמה: חמוץ בגדים. מדמו של סמאל ואף על פי שאין המלאכים בשר ודם כתב בו הכתוב כענין הריגת האדם לשבר את האוזן מה שהיא יכולה לשמוע: לא נתנו לקבורה. ללוים שהן שלהם: תיפוק ליה. דאין בונין בית במגרש דא"כ הוה ליה מגרש עיר: אין עושין. שדה של לוים: מגרש. שנתנו ללוים אלפים אמה סביב העיר כדכתיב (במדבר לה) ומדותם מחוץ לעיר (ג) ע) וכתיב מקיר העיר וחוצה אלף אמה וגו' הא כיצד אלף אמה מגרש שאין בו לא בית ולא שדה והשאר שדות וכרמים: למחילות. תחת הקרקע שאין אוכלות במגרש כלום מלמעלה ואי לאו דכתיב בה ולא בתחומה הייתי אומר ידור בתחומה במערה: ורצח. איכא לפרושי לשון ליווי כמו (שמות לו) ועשה בצלאל ואהליאב ואיכא לפרושי לשון רשות כמו ועשה ה' להם וגו' (דברים לא): סופו חמור מתחלתו. סופו לאתו חוץ לתחום תחלתו הרציחה: אב שהרג את הבן. בנו השני נעשה גואל הדם של אחיו והורג את אביו: הא דתניא נעשה. רבי יוסי הגלילי היא דאמר מצוה לגואל הדם: לכל אין הבן נעשה שליח. לכל עבירות שבתורה אין הבן נעשה שליח ב"ד על אביו לא להלקותו ולא לנדותו חוץ ממסית: ה"ג אלא לא קשיא הא בבנו הא בבן בנו. הא דתניא אין בנו נעשה גואל הדם בבנו של רוצח קאמר והא דתניא בנו נעשה גואל הדם בבנו של הרוג קאמר שהוא בן בנו של רוצח ° ואינו מוזהר על כבודו: **מתני'** הכל הולך אחר הנוף. אפי' הוא בעיקרו שבתוך התחום הרי הוא כיוצא חוץ לתחום ואם עיקרו חוץ לתחום ונופו בתוך התחום אף העיקר קולט: **גמ'** אילן שהוא עומד בפנים. בירושלים ולענין אכילת מעשר שני בירושלים שנויה: מכנגד החומה וכו'. אלמא לא נופו שדינן בתר עיקר ולא עיקר בתר נוף: בחומה תלה רחמנא. דכתיב (דברים יב) לפני ה' אלהיך תאכלנו: בדירה תלה רחמנא. דכתיב (במדבר לה) כי בעיר מקלטו ישב ונופו ראוי לדירה יותר מעיקרו: בירושלים. לענין מעשר הלך אחר הנוף: רבי

תוספות

אילן שהוא ס) לפנים מכנגד החומה ולפנים כלפנים. תימה דבשילהי כילד צולין (פסחים דף פה: ושם) אמרי' (ה) דגגות לא נתקדשו ואם כן (הוו) מעשר שני אין אוכלין על האילן וי"ל דמיירי שענפיו מועטין שאין בהן ארבע דלא חשיבי והוי כאילו עומדת באויר כנגד הקרקע עוד יש לומר דמיירי ק) [אפי'] באילן שענפיו מרובין ובאויר ירושלים מירושלים: מימר

עין משפט נר מצוה

סו א ב ג מיי' פ"ה מהל' רוצח הלכה יג סמג עשין עה:

סז ד מיי' שם פ"ז הל' ד ופי"ג מהל' שמיטין הל"ג סמג עשין קלה:

סח ה מיי' פ"ז מהל' רוצח הל"ג והל"ח סמג עשין עה עו:

סט ו ז מיי' שם פ"ח הלכה יא סמג שם:

ע ח מיי' פי"ג מהלכות שמיטין הלכה ד סמג עשין קלה:

עא ט מיי' פ"א מהלכות רוצח הלכה ה:

עב י מיי' שם פ"ה הל' יא:

עג כ מיי' שם הלכה יא:

עד ל מיי' פ"ה הלכה י:

עה מ מיי' פ"ה מהל' ממרים הל"ד סמג לאוין ריג טוש"ע יו"ד סי' רמא סעיף ה:

עו נ מיי' שם:

עז ס מיי' פ"ח מהלכות רוצח הלכה ג:

עח ע מיי' שם פ"ח הלכה יא:

ליקוטי רש"י

ברך ה' חילו. בכהנים כתיב שימו קטורה באפך וכליל על מזבחך וסמיך ליה ברך ה' חילו חללים שבו [פסחים עב:].

חללין שבו. חללין שבשבט לוי דקרא בשבט לוי כתיב [קידושין סו:].

מעם מזבחי. אם כהן הוא שבא לעבוד עבודה, אם התחיל בעבודה אין מפסיק לבא לידון אלא משלים עבודתו [יומא פה.].

ולכל חיתם. לכל צרכיהם [במדבר לה ב].

ומגרש. ריוח. מקום חלק חוץ לעיר סביב, להיות נוי לעיר, ולא רשאין לבנות שם בית, ולא לנטוע כרם, ולא לזרוע זריעה [במדבר לה ב].

רבינו חננאל

כי פליגי אליבא דרבי יהושע מאן דאמר מתה כרבי יהושע כלומר קרבנותיו כשרין [בחי עכשיו] [בחי ועכשיו] מת ומאן דאמר בטלה אמר לך עד כאן לא מכשר רבי יהושע התם אלא משום דכתיב ברך ה' חילו ופועל ידיו תרצה אפילו חולין שבו אבל הכא אפילו רבי יהושע מודה דבטלה כהונה. נגמר דינו ולא כהן גדול ואח"כ נתמנה כ"ג ומי שהרג כ"ג וכ"ג שהרג אינו יוצא משם לעולם לא לעדות מצוה ולא לעדות ממון ולא לעדות נפשות ואפילו כל ישראל צריכין לו כיואב כו': א"ר יהודה אמר רב שתי טעיות טעה יואב כו': ירושלמי רבי יוחנן שלח לרבנן דתמן תרין מילין אתון אמרין בשם רב ולית [ולית] אינון כן אתון אמרין בשם רב לא התירו ביפת תואר אלא בעילה ראשונה ואני אומר לא ראשונה ולא אחרונה אלא אחר כל המעשים שנאמר ואחר כן תבא אליה ובעלתה והוב אמריתו כי

מסורת הש"ס

א) קדושין סו:, ב) [עי' תוס' בע"ז נח: ד"ה בלר], ג) [לעיל יא:], ד) ב"ב כד: ערכין לג: [תוספ' פ"ה], ה) [סנהדרין מה:], ו) [עי' תוס' ר"ה כו. ד"ה דרחמנא], ז) [בילקוט ליתא וכן בכ"מ אית' והתניא במזיד וכו'], ח) [ברכות לא: קדושין יז: וש"נ], ט) [עי' תוס' סוטה כד. בד"ה ור' יונתן וכו' מה שכתבו בסוף דבריהם ותוס' מנחות יז: ד"ה מאי כו'], י) סנהדרין פה:, כ) מע"ש פ"ג מ"ז, ל) [צ"ל בפנים כך איתא במשנה דמע"ש פ"ג מ"ז], מ) [צ"ל דתנן], נ) פ"ג מ"י דמעשרות, ס) [צ"ל בגבעון ואנן אמרינן זבחים קיח: יום שמת בו עלי נאמר בו ויטוש משכן שילה כך איתא ברש"י בע"י], ע) [צ"ל את פאת קדמה אלפים באמה], פ) [צ"ל שהוא עומד וכו' ונוטה לפנים וכו'], צ) מהר"ם מ"ז, ק) רש"א.

הגהות הב"ח

(א) גמ' אין לו גואל הדם: (ב) שם רבי אליעזר אומר עד עמדו. נ"ב רישיה דקרא ולא ימות הרוצח עד עמדו וגו': (ג) רש"י ד"ה מגרש וכו' ומדותם מחוץ לעיר אלפים אמה וכתב מקיר: (ד) ד"ה אילן וכו' מעשר כו' נ"ב ועיין בדברי רבינו שבתוס' ד"ה אילן וכו' ונמחק: (ה) תוס' ד"ה אילן וכו' אמרינן דגגות לא נתקדשו וא"כ הוי מעשר שני וכו' וי"ל דמיירי שענפיו מועטין וכו' ובאויר ירושלים וכו' ועוד י"ל וכו' ואויר ירושלים וגגה שוין לקרקע הס"ד:

גליון הש"ס

רש"י ד"ה טעה יואב וכו' ולא מעל מזבחי. עי' יומא לף פה ע"א ברש"י ד"ה ולא מעל מזבחי ול"ע: בד"ה הא אלא וכו' ואינו מוזהר על כבודו. עי' בדרשות הר"ן פרשת תולדות:

הגהות הגר"א

[א] גמ' וכל אדם חייבין כל"ל: [ב] שם והורגו, נמחק (וליתא בדפוסים ישנים): [ג] שם עומד בפנים כל"ל:

תורה אור השלם

א) בָּרֵךְ יְיָ חֵילוֹ וּפֹעַל יָדָיו תִּרְצֶה מְחַץ מָתְנַיִם קָמָיו וּמְשַׂנְאָיו מִן יְקוּמוּן: [דברים לג, יא]

ב) וְהַשְּׁמֻעָה בָּאָה עַד יוֹאָב כִּי יוֹאָב נָטָה אַחֲרֵי אֲדֹנִיָּה וְאַחֲרֵי אַבְשָׁלוֹם לֹא נָטָה וַיָּנָס יוֹאָב אֶל אֹהֶל יְיָ וַיַּחֲזֵק בְּקַרְנוֹת הַמִּזְבֵּחַ: [מ"א ב, כח]

ג) מִי זֶה בָּא מֵאֱדוֹם חֲמוּץ בְּגָדִים מִבָּצְרָה זֶה הָדוּר בִּלְבוּשׁוֹ צֹעֶה בְּרֹב כֹּחוֹ אֲנִי מְדַבֵּר בִּצְדָקָה רַב לְהוֹשִׁיעַ: [ישעיה סג, א]

ד) וְהָיוּ הֶעָרִים לָהֶם לָשָׁבֶת וּמִגְרְשֵׁיהֶם יִהְיוּ לִבְהֶמְתָּם וְלִרְכֻשָׁם וּלְכֹל חַיָּתָם: [במדבר לה, ג]

ה) וְהִצִּילוּ הָעֵדָה אֶת הָרֹצֵחַ מִיַּד גֹּאֵל הַדָּם וְהֵשִׁיבוּ אֹתוֹ הָעֵדָה אֶל עִיר מִקְלָטוֹ אֲשֶׁר נָס שָׁמָּה וְיָשַׁב בָּהּ עַד מוֹת הַכֹּהֵן הַגָּדֹל אֲשֶׁר מָשַׁח אֹתוֹ בְּשֶׁמֶן הַקֹּדֶשׁ: [במדבר לה, כה]

ו) וּמָצָא אֹתוֹ גֹּאֵל הַדָּם מִחוּץ לִגְבוּל עִיר מִקְלָטוֹ וְרָצַח גֹּאֵל הַדָּם אֶת הָרֹצֵחַ אֵין לוֹ דָּם: [במדבר לה, כז]

ז) וְהָיוּ לָכֶם הֶעָרִים לְמִקְלָט מִגֹּאֵל וְלֹא יָמוּת הָרֹצֵחַ עַד עָמְדוֹ לִפְנֵי הָעֵדָה לַמִּשְׁפָּט: [במדבר לה, יב]

ח) וְאִם יָצֹא יֵצֵא הָרֹצֵחַ אֶת גְּבוּל עִיר מִקְלָטוֹ אֲשֶׁר יָנוּס שָׁמָּה: [במדבר לה, כו]

ט) לֹא תֹאבֶה לוֹ וְלֹא תִשְׁמַע אֵלָיו וְלֹא תָחוֹס עֵינְךָ עָלָיו וְלֹא תַחְמֹל וְלֹא תְכַסֶּה עָלָיו: [דברים יג, ט]

יואב והחזיק בקרנות המזבח ואין הקרנות קולטות אלא גגו ולא גג בית העולמים קולט אלא גג שבשילה קולט אלא לא הקרנות קולטות ולא הגג קולט לא של שילה ולא של בית העולמים ואינן קולטות אלא ערי מקלט בלבד. ואפשר יואב תחכמוני ראש השלישים היה טועה בדבר זה אלא לסנהדרין ברח [דין] שירושלים בכתוב ביואב בזמן ההרוגי ב"ד נכסיהן ליורשין הרוגי מלכות נכסיהן למלך מיד אמר שלמה וכי לממונו אני צריך [ב] כשם שהעיר קולטת כך תחומה קולטת ואע"פ שאינו דר בתחומה [ג] גם יש שם מחילה אבל קולטת ואין רשות לגואל הדם להורגו בה ומי שיצא חוץ לתחום הרוצח מצוה ביד גואל הדם להורגו ורשות ביד כל אדם דברי ר' יוסי הגלילי ר' עקיבא אומר רשות ביד גואל הדם רשות ורשות ביד כל אדם ד) חייבין עליו אלא משום דרב אמרו רוצח שיצא חוץ לתחום קודם שיגמר דינו לגלות ומצאו גואל הדם והרגו נהרג עליו. ומהתכמין כמאן אמר רב לשמעתיה לא כר' יוסי הגלילי דאמר מצוה ולא כר' עקיבא דאמר רשות אלא כר' אליעזר דאמר תלמוד לומר עד עמדו לפני העדה למשפט שנגמר דינו לגלות ומצאו גואל הדם פטור. ואמרינן כי האי תנא רבי אליעזר כו': ת"ר אם יצא יצא הרוצח בשוגג יצא מזיד כו' אמר אביי מסתברא כמאן דאמר דברה תורה כלשון בני אדם שלא יהא סופו חמור מתחילתו מה תחילתו במזיד נהרג בשוגג גולה אף סופו כן

יהיה אחריתו בשוגג נהרג אלא בשוגג גולה: תני חדא אב שהרג בנו נעשה לו גואל הדם ותניא אידך אין בנו נעשה לו גואל הדם. ופרקינן אם עשו הרג תימן בן אליפז [שלו אין] אליפז נעשה לו גואל הדם ותשום אביו של בנו בן הרג עשו ראובל בנו שלו נעשה לו גואל הדם לבן אחיו מיד אבי: [מתני'] אילן שהוא עומד בתוך התחום ונופו נוטה חוץ לתחום הכל הולך אחר הנוף. ורמינן עלה הא דתנן במעשר שני פ"ג אילן שהוא עומד בפנים ונוטה לחוץ או עומד בחוץ ונוטה לפנים מכנגד החומה ולפנים כלפנים מכנגד החומה ולחוץ כלחוץ. ופרקינן שאני מעשר דבחומה תלה רחמנא שנאמר ואכלת לפני ה' אלהיך במקום וכו' פי' אין נאכלין חוץ לחומה ירושלים בלא פדיון ואין נפדין לפנים מן החומה אלא אוכלין בתורת מעשר שני וכן מפורש בתלמוד ארץ ישראל למקום לפיכך כל הפירות חשובין לחומה ומה שהן בפנים מן החומה כל הפירות מכנגד החומה ולפנים כלפנים לפיכך בעי נוף ועיקר אבל ערי מקלט ישיבה כתב בהו הלכך בנוף תליא מילתא וברייתא דתניא בירושלים הלך אחר הנוף הא רבי יהודה והא רבנן דתניא ר' יהודה אומר

חשק שלמה על ר"ח

א) במשנה ליתא והא רשאי לבנות בו ולא הלא [הוא] ולדבריו ליתא לכל הגירסא דלפנינו במתחלתו כדתנן ס"ג ולבסוף אלו הם המחוייבות ליצה והא ג) כ"ל שם מחילה אבל תחומה וכו'. ד) ב"מ נעשו ד) ואם כמ' הגהות הגר"א [א] ז"ל כאן. ב) ב"ב סנהדרין מה ע"ב ותוס' שם ד"ה בשלמא. ג) צ"ל סנהדרין מח ע"ב ותוס' שם ד"ה בשלמא. ה) עי' לעיל דף יב ע"ב מתחלתו וכו'. ו) פי' רבינו ע"ב ואולי ע"ם כאן.

that which was taught in the following **Baraisa:** רַבִּי עֲקִיבָא אוֹמֵר – R' AKIVA SAYS: מִנַּיִן לְסַנְהֶדְרִין שֶׁרָאוּ אֶחָד שֶׁהָרַג אֶת הַנֶּפֶשׁ – FROM WHERE DO WE KNOW REGARDING A SANHEDRIN[37] (i.e. a court) THAT SAW ONE PERSON MURDER ANOTHER, שֶׁאֵין מְמִיתִין אוֹתוֹ עַד שֶׁיַּעֲמוֹד בְּבֵית דִּין אַחֵר – THAT THEY MAY NOT EXECUTE HIM UNTIL HE STANDS BEFORE ANOTHER COURT to be judged?[38] תַּלְמוּד לוֹמַר – [THE TORAH] therefore STATES: ,,עַד־עָמְדוֹ לִפְנֵי הָעֵדָה לַמִּשְׁפָּט" – *UNTIL HE STANDS BEFORE THE COURT FOR JUDGMENT.* עַד שֶׁיַּעֲמוֹד בְּבֵית דִּין אַחֵר – This teaches that he is not executed UNTIL HE STANDS to be judged BEFORE ANOTHER COURT. The court that witnessed the murder may not be the ones to judge the case.[39]

According to R' Yose HaGlili and R' Akiva, this verse is needed for this law. It is not used to mandate court sanction for the death of an exile who left the city of refuge.[40]

Both R' Yose HaGlili and R' Akiva permit the redeemer of the blood to kill an exile who leaves the city of refuge. The Gemara now qualifies this permit:

תָּנוּ רַבָּנַן – **The Rabbis have taught in a Baraisa:** ,,אִם־יָצֹא יֵצֵא הָרֹצֵחַ" – When the verse states:[41] *IF THE KILLER WILL GO OUT of the border of the city of refuge . . . the redeemer of the blood will kill the killer,* אֵין לִי אֶלָּא בְּמֵזִיד – I KNOW ONLY that if the killer leaves DELIBERATELY the redeemer may kill him. בְּשׁוֹגֵג מִנַּיִן – FROM WHERE DO WE KNOW that he may kill him even if he leaves INADVERTENTLY?[42] תַּלְמוּד לוֹמַר – [THE TORAH] therefore STATES: ,,אִם־יָצֹא יֵצֵא" מִכָּל מָקוֹם – *IF GOING OUT, HE WILL GO OUT,*[43] the double phrasing indicating that IN ALL SITUATIONS, whether he leaves deliberately or inadvertently, the killer may be killed by the redeemer of the blood.

The Gemara questions this ruling on the basis of another Baraisa:

וְהָתַנְיָא – **But it has been taught in a Baraisa:** Regarding a killer who leaves the city of refuge: (וההורגו) בְּמֵזִיד נֶהֱרָג בְּשׁוֹגֵג גּוֹלֶה – If he does so DELIBERATELY, HE MAY BE KILLED; IF INADVERTENTLY, HE IS re-EXILED.[44]

This Baraisa rules that the exile is killed only if he leaves deliberately. It thus contradicts the previous Baraisa.

The Gemara resolves the contradiction:

לָא קַשְׁיָא – **There is no difficulty.** הָא – **This one** (i.e. the Baraisa that protects an exile who inadvertently leaves the city of refuge) כְּמַאן דְּאָמַר אַמְרִינַן דִּבְּרָה תּוֹרָה כִּלְשׁוֹן בְּנֵי אָדָם – **is in accord with the one who says** that in instances of double phrasing **we say that the Torah speaks in the language of people.** Just as people make use of double phrasing, so too does the Torah; the repetition does not indicate a new law. Accordingly, the phrase *if going out, he will go out* does not indicate that one who leaves inadvertently is liable to death. הָא – But **this one** (i.e. the Baraisa that allows the killing of an exile who leaves inadvertently) כְּמַאן דְּאָמַר לָא אַמְרִינַן דִּבְּרָה תּוֹרָה כִּלְשׁוֹן בְּנֵי אָדָם – **is in accord with the one who says that we do not say that the Torah speaks in the language of people.**[45] Accordingly, when Scripture employs double phrasing, it is always introducing a new law. In our case, the phrase *if going out, he will go out* indicates that one who leaves inadvertently is also liable to death.

Abaye offers a support for the former view:

אָמַר אַבַּיֵי – **Abaye said:** מִסְתַּבְּרָא כְּמַאן דְּאָמַר דִּבְּרָה תּוֹרָה כִּלְשׁוֹן בְּנֵי אָדָם – In our case, the view of **the one who says that the Torah speaks in the language of people is** more **reasonable,** שֶׁלֹּא יְהֵא סוֹפוֹ חָמוּר מִתְּחִלָּתוֹ – **so that** the law of [the killer's] **end,** i.e. when he leaves the city, **will not be more severe than** the law of **his beginning,** i.e. when he first kills. מַה תְּחִלָּתוֹ בְּמֵזִיד נֶהֱרָג בְּשׁוֹגֵג גּוֹלֶה – **Just as** in **his beginning,** if he killed **deliberately he is killed,** if he killed **inadvertently he is exiled,** אַף סוֹפוֹ בְּמֵזִיד נֶהֱרָג בְּשׁוֹגֵג גּוֹלֶה – **so too at his end,** if he leaves the city **deliberately he is killed,** if he leaves **inadvertently he is** re-**exiled.**[46]

NOTES

37. "Sanhedrin" refers in this context to a court of twenty-three judges, the number needed to judge capital cases.

38. I.e. that the court that witnessed the murder is disqualified from judging the case, even on the testimony of *other* witnesses (*Meiri*).

39. *Ramban; Ritva* et al.; cf. *Rambam, Rotze'ach* 1:5. *Meiri* explains: Those who witnessed a killing are incapable of giving proper weight to exculpatory evidence; therefore, they may not pass judgement.

The Rishonim note other places in Talmud where this law is seemingly derived from other sources. For discussion and solutions, see *Ramban; Ritva; Tos. Shantz; Tosafos, Rosh Hashanah* 26a ד"ה דרחמנא; see also *Turei Even, Rosh Hashanah* ibid; *Lechem Mishneh, Eidus* 5:9. See also *Siach Yitzchak,* who discusses *Rambam's* view.

40. There are thus three opinions regarding a killer who left his city of refuge: R' Yose HaGlili holds that the *goel hadam* is commanded to kill him; R' Akiva holds he is permitted to kill him; R' Eliezer holds he is forbidden to kill him.

There is some question as to whether these views hold true in the case of a killer on his way to the city of refuge. On 10b, Rav Huna stated that if the *goel hadam* dispatches the killer on his way to the city of refuge, the *goel hadam* is not liable to death (see there). Some Rishonim state that this follows the view of R' Yose HaGlili and R' Akiva, who allow the killing of an exile who leaves the *ir miklat* (see above, 10b note 17). Rav Huna would agree, however, that according to R' Eliezer, one who kills an inadvertent killer making his way to exile is killed (*Ritva,* in the name of his teacher, *Ra'ah,* and *Ramah;* see also *Rambam, Rotze'ach* 5:10, with *Kesef Mishneh* and *Aruch LaNer;* see *Chazon Ish, Nezikin, Likkutim* §23, comments to 10b). Others suggest that the law of a killer traveling *to* the *ir miklat* is not like the law of one who leaves the city. It may very well be that *ir miklat* protection is extended to a killer even after he leaves the city, so long as he plans to return there; accordingly, Rav Huna might agree that a *goel hadam* who kills an exile after he leaves is liable to death. On the other hand, R' Yose and R' Akiva might hold that the exile is killed only when he flouts the law by leaving the city. Where, however, he is making his way to the city, he may not be killed; perhaps they agree that in that case the *goel hadam* is liable for the exile's death (*Ritva*).

41. *Numbers* 35:26. See note 28 for the full text of the verse.

42. I.e. where he does not realize that he has exited the city, or where he does not know that he is forbidden to exit (*Ritva*).

43. The phrase אם־יצא יצא has been idiomatically translated as *If he will go out.* However, the verb יצא, *go out,* is actually repeated in the Scriptural form. The literal translation of this would be: *If going out, he will go out.* The double expression is taken by the Gemara to indicate two types of exits – one deliberate and the other inadvertent – teaching that no matter what the circumstances, the killer is subject to the vengeance of the *goel hadam.*

44. I.e. to the city of refuge that he left (*Ritva*).

The word וְהַהוֹרְגוֹ is deleted by *Hagahos HaGra* §2 and by *Mesoras HaShas,* who cites as authorities *Yalkut Shimoni* and *Kesef Mishneh* (to *Rotze'ach* 5:10). See, however, *Rambam* (ibid.:11) and *Meiri;* see *Aruch LaNer* and *Rashash.*

45. The Tannaic disagreement regarding whether the Torah speaks in the idiom of men is recorded in many places; see, for example, *Bava Metzia* 31b.

46. Logic dictates that leaving the *ir miklat* is a less severe infraction than the original killing. Accordingly, it should be punished less severely. But according to the one who says that the Torah does not speak in the idiom of men, it is punished *more* severely. For he allows the redeemer to *kill* an exile who left inadvertently; the act of killing, by contrast, is punishable with death only if performed deliberately. This is unreasonable; perforce, says Abaye, we follow the one who holds that the Torah speaks according to the idiom of men. This means that one who inadvertently exited the *ir miklat* may return there unscathed; the *goel hadam* may not kill him.

Abaye is not offering a *universal* proof to the view of "the Torah speaks in the language of people." He is simply demonstrating that in

אליבא דרבי אליעזר כולי עלמא לא פליגי כי פליגי אליבא דר' יהושע מאן דאמר מתה כרבי יהושע ומאן דאמר בטלה עד כאן לא קאמר רבי יהושע התם דכתיב א) ברך ה' חילו ופועל ידיו תרצה א) אפי' חללין שבו אבל הכא אפי' רבי יהושע מודה: נגמר דינו וכו': אמר רב יהודה אמר רב שתי טעיות טעה יואב באותה שעה דכתיב ב) וינס יואב אל אהל ה' ויחזק בקרנות המזבח טעה א שאינו קולט אלא גגו והוא תפס בקרנותיו טעה ב שאינו קולט אלא מזבח בית עולמים והוא תפס מזבח של שילה אביי אומר בהא נמי מיטעא טעה ג שאינו קולט אלא כהן ועבודה בידו והוא זר היה אמר ריש לקיש שלש טעיות עתיד שרו של רומי לטעות דכתיב ג) מי זה בא מאדום חמוץ בגדים מבצרה טועה שאינה קולטת אלא ג) בצר והוא גולה לבצרה טועה שאינה קולטת אלא שוגג והוא מזיד היה טועה שאינה קולטת אלא אדם והוא מלאך הוא אמר ר' אבהו ד עיר מקלט לא נתנו לקבורה דכתיב ד) ומגרשיהם יהיו לבהמתם ולרכושם ולכל חייתם לחיים נתנו ולא לקבורה מיתיבי ג) שמה ה שם תהא דירתו שם תהא מיתתו שם תהא קבורתו רוצח שאני דגלי ביה רחמנא: כשם שהעיר קולטת וכו': ורמינהו ה) וישב בה ו בה ולא בתחומה אמר אביי לא קשיא ז כאן לקלוט כאן לדור ד) תיפוק ליה ח דאין עושין שדה מגרש ולא מגרש שדה לא מגרש עיר ולא עיר מגרש אמר רב ששת לא נצרכה אלא למחילות: רוצח שיצא חוץ לתחום וכו': ת"ר ו) ורצח גואל הדם את הרוצח ט מצוה ביד גואל הדם אין (א) גואל הדם רשות ביד כל אדם דברי רבי יוסי הגלילי ר' עקיבא אומר רשות ביד גואל הדם וכל אדם [א] חייבין עליו מאי טעמא דרבי יוסי הגלילי מי כתיב אם רצח ורבי עקיבא מי כתיב ירצח אמר מר זוטרא בר טוביה אמר רב רוצח שיצא חוץ לתחום ומצאו גואל הדם והרגו נהרג עליו כמאן לא כר' יוסי הגלילי ולא כר"ע הוא דאמר כי האי תנא דתניא ר' אליעזר אומר ז) עד עמדו (ב) לפני העדה למשפט מה ת"ל לפי שנאמר ו) ורצח גואל הדם את הרוצח יכול מיד ת"ל עד עמדו לפני העדה למשפט ורבי יוסי ורבי עקיבא האי עד עמדו לפני העדה למשפט מאי דרשי ביה ההוא מיבעי ליה לכדתניא רבי עקיבא אומר ו) ט מנין לסנהדרין שראו אחד שהרג את הנפש שאין ממיתין אותו עד שיעמוד בב"ד אחר ת"ל עד עמדו לפני העדה למשפט עד שיעמוד בב"ד אחר ת"ר ח) אם יצא יצא הרוצח אין לי אלא במזיד בשוגג מנין ת"ל אם יצא יצא מ"מ והתניא [ב] (והרגו) ז) במזיד נהרג כ בשוגג גולה לא קשיא הא כמאן דאמר אמרינן דברה תורה כלשון בני אדם הא כמאן דאמר לא אמרינן דברה תורה כלשון בני אדם אמר אביי ל מסתברא כמ"ד דברה תורה כלשון בני אדם שלא יהא סופו חמור מתחלתו מה תחלתו במזיד נהרג בשוגג גולה אף סופו במזיד נהרג בשוגג גולה תני חדא אב שהרג בנו נעשה לו גואל הדם ותניא אידך מ אין בנו נעשה לו גואל הדם לימא הא רבי יוסי הגלילי והא ר"ע ותסברא בין למ"ד מצוה בין למ"ד רשות מי שרי והאמר רבה בר רב הונא וכן תנא דבי רבי ישמעאל נ לכל אין הבן נעשה שליח לאביו להכותו ולקללתו ס חוץ ממסית שהרי אמרה תורה ט) לא תחמול ולא תכסה עליו אלא לא קשיא ע הא בבנו והא בבן בנו: מתני' ח) אילן שהוא עומד בתוך התחום ונופו נוטה חוץ לתחום או עומד חוץ לתחום ונופו נוטה בתוך התחום הכל הולך אחר הנוף: גמ' ורמינהי ט) אילן שהוא עומד [ג] (בתוך הפנים) ונוטה לחוץ או עומד בחוץ ונוטה לפנים מכנגד החומה ולפנים כלפנים מכנגד החומה ולחוץ כלחוץ מעשר אערי מקלט קא רמית מעשר בחומה תלה רחמנא ערי מקלט בדירה תלה רחמנא בנופו מתדר ליה בעיקרו לא מתדר ליה ורמי מעשר אמעשר מ) דתניא י) בירושלים הלך אחר הנוף בערי מקלט הלך אחר הנוף אמר רב כהנא לא קשיא הא ר' יהודה והא רבנן דתניא ר'

רש"י

אינו כהן: טעה יואב. בדרשא דמעט מזבחי תקנתו ולא מעל מזבחי וכסבור דהיינו מעל מזבחי: מזבח בית עולמים. דכתיב מזבחי המיוחד לי: ה"ג והוא תפס במזבח של במה שעשה דוד לפני הארון שהיה באהל אשר נטה לו דוד בעיר דוד כדכתיב וינס יואב אל אהל ה' ומצינו בדברי הימים שעשה דוד מזבח לפניו ואי אפשר לומר מזבח של שילה שהוא היה בימי דוד ושלמה פ) (היה בגבעון): שרו של רומי. סמאל שיברח לבצרה שבתחלה יפרע ממנו כשיגיע הקץ להחרב כדכתיב (ישעיה כד) יפקוד ה' על צבא המרום במרום ואחר כך על מלכי האדמה על האדמה: חמוץ בגדים. מדמו של סמאל ואף על פי שאין המלאכים בשר ודם כתב בו הכתוב כעין הריגת האדם לשבר את האזן מה שהיא יכולה לשמוע: לא נתנו לקבורה. ללוים שהן שלהם: תיפוק ליה. דאין בונין בית במגרש דא"כ הוה ליה מגרש עיר: אין עושין. שדה של לוים: מגרש. שנתנו ללוים אלפים אמה סביב העיר כדכתיב (במדבר לה) ומדותם מחוץ לעיר (ג) ע) וכתיב מקיר העיר וחוצה אלף אמה וגו' הא כיצד אלף אמה מגרש שאין בו לא בית ולא שדה והשאר שדות וכרמים: למחילות. תחת הקרקע שאין אוכלות במגרש כלום מלמעלה ואי לאו דכתיב בה ולא בתחומה הייתי אומר ידור בתחומה במערה: ורצח. איכא לפרושי לשון ליווי כמו (שמות לו) ועשה בצלאל ואהליאב ואיכא לפרושי לשון רשות כמו ועשה ה' להם וגו' (דברים לא): סופו חמור מתחלתו. סופו לאחר חוץ לתחום תחלתו הרציחה: אב שהרג את הבן. בנו השני נעשה גואל הדם של אחיו והורג את אביו: הא דתניא נעשה. רבי יוסי הגלילי היא דאמר מצוה לגואל הדם: לכל אין הבן נעשה וכו'. לכל עבירות שבתורה אין הבן נעשה שליח ב"ד על אביו לא להלקותו ולא לנדותו חוץ ממסית: ה"ג אלא לא קשיא הא בבנו הא בבן בנו. הא דתניא אין בנו נעשה גואל הדם בבנו של רוצח קאמר והא דתניא בנו נעשה לו גואל הדם בבנו של הרוג קאמר שהוא בן בנו של רוצח צ) ואינו מוזהר על כבודו: מתני' הכל הולך אחר הנוף. אפי' הוא בעיקרו שבתוך התחום הרי הוא כיוצא חוץ לתחום ואם עיקרו חוץ לתחום ונופו בתוך התחום אף העיקר קולט: גמ' אילן שהוא עומד בפנים. בירושלים (ד) ולענין אכילת מעשר שני בירושלים היא שנויה: מכנגד החומה וכו'. אלמא לא נופו מדינן בתר עיקר ולא עיקר בתר נוף: בחומה תלה רחמנא. דכתיב (דברים יד) לפני ה' אלהיך תאכלנו: בדירה תלה רחמנא. דכתיב (במדבר לה) כי בעיר מקלטו ישב ונופו ראוי לדירה יותר מעיקרו: בירושלים. לענין מעשר הלך אחר הנוף: רבי

תוספות

אליבא דרבי אליעזר כ"ע לא פליגי. כלומר מאן דאמר מתה ודאי כרבי יהושע אמר ולא כרבי אליעזר דאליבא דרבי אליעזר ליכא למ"ד מתה כיון דלגבי עבודותיו אמר פסולות למפרע ודאי אין זה כהן: כי פליגי אליבא דרבי יהושע. כלומר אין אנו צריכין לומר מ"ד בטלה כרבי אליעזר ולא כרבי יהושע דאליבא דרבי יהושע איכא למימר דפליגי: פועל ידיו תרצה. עבודותיו כשירות אבל לענין שאר דבריו אינו כהן: טעה יואב. בדרשא דמעט מזבחי תקנתו ° ולא מעל מזבחי וכסבור דהיינו מעל מזבחי: מזבח בית עולמים. דכתיב מזבחי המיוחד

אילן שהוא ק) לפנים מכנגד החומה ולפנים כלפנים. תימה דבשילהי כילד צולין (פסחים דף פה: ושם) אמרי' (ה) דגגות לא נתקדשו ואם כן ר) (הוו) מעשר שני אין אוכלין על האילן וי"ל דמיירי שענפיו מועטין שאין בהן ארבע' דלא חשיבי והוי כאילו עומדת באויר כנגד הקרקע עוד יש לומר דמיירי [אפי'] באילן שענפיו מרובין ואויר ירושלים כירושלים: אימור

עין משפט נר מצוה

סו א ב ג מיי' פ"ה מהל' רוצח הלכה יג סמג עשין עה:
סז ד מיי' שם פ"ז הל' ד ופי"ג מהל' שמיטין הל"ג סמג עשין קלה:
סח ה מיי' פ"ז מהל' רוצח הל"ג והל"ח סמג עשין עה עו:
סט ו ז מיי' שם פ"ח הלכה יא סמג שם:
ע ח מיי' פי"ג מהלכות שמיטין הלכה ד סמג עשין קלה:
עא ט מיי' פ"א מהלכות רוצח הלכה ה:
עב י מיי' שם פ"ה הל"י:
עג כ מיי' שם הלכה יא:
עד ל מיי' שם פ"א הל"ג:
עה מ מיי' פ"ה מהל' ממרים הלי"ד סמג לאוין ריג טוש"ע יו"ד סי' רמא סעיף ה:
עו נ מיי' שם:
עז ס מיי' פ"א מהלכות רוצח הלכה ג:
עח ע מיי' שם פ"ח הלכה יא:

ליקוטי רש"י

ברך ה' חילו. בכהנים כתיב ישימו קטורה באפך וגו' וסמיך ליה ברך ה' חילו חללים שבו [פסחים עב:].
חללין שבו. חללין שבשבט לוי דקרא בשבט לוי כתיב [קידושין סו:].
מעם מזבחי. אם כהן הוא שבא לעבוד עבודה. ולא מעל מזבחי. אם התחיל בעבודה אין מפסיק לבא לידון אלא משלים עבודתו [יומא פה.].
ולכל חיתם. לכל צרכיהם [במדבר לה ב].
ומגרש. ריוח. מקום חלק חוץ לעיר סביב, להיות לנוי לעיר, ואין רשאין לבנות שם בית, ולא לנטוע כרם, ולא לזרוע זריעה [במדבר לה ב].

רבינו חננאל

כי פליגי אליבא דרבי יהושע מאן דאמר מתה כרבי יהושע כלומר קרבנותיו כשרין (בחי עכשיו) [כחי ועכשיו] מת ומאן דאמר בטלה אמר לך עד כאן לא מכשר רבי יהושע התם אלא משום דכתיב ברך ה' חילו ופועל ידיו תרצה אפילו חולין שבו תרצה אבל הכא אפילו רבי יהושע מודה דבטלה כהונה: נגמר דינו בלא כהן גדול ואח"כ נתמנה כ"ג ומי שהרג כ"ג וכ"ג שהרג אינו יוצא משם לעולם א) לא לעדות מצוה ולא לעדות ממון ולא לעדות נפשות ואפילו כל ישראל צריכין לו כיואב כו': א"ר יהודה אמר רב שתי טעיות טעה יואב כו': ירושלמי רבי יוחנן שלח לרבנן דתמן תרין מילין אתון אמרין בשם רב (ולי) [ולית] אינון כן אתון אמרין בשם רב לא התירו ביפת תואר אלא בעילה ראשונה ואני אומר לא ראשונה ולא אחרונה אלא אחר כל המעשים שנאמר ואחר כן תבא אליה ובעלתה ותוב אמריתו כי טעה יואב והחזיק בקרנות המזבח ואין הקרנות קולטות אלא גגו ולא גג שבשילה קולט אלא גג בית העולמים קולט ואני אומר לא הקרנות קולטות ולא הגג קולט לא של שילה ולא של בית העולמים ואינן קולטות אלא ערי מקלט בלבד. ואפשר יואב תחכמוני ראש השלישים היה טועה בדבר זה אלא לסנהדרין ברח אמר מוטב יהרג בבית [דין] שירשוהו בניו דתנן הרוגי ב"ד נכסיהן ליורשין הרוגי מלכות נכסיהן למלך מיד אמר שלמה וכי לממונו אני צריך להסיר דמי חנם אני צריך ב): כשם שהעיר קולטת כך תחומה קולטת ואע"פ שאינו דר בתחומה ג) אם יש שם מחילה אבל קולטת ואין רשות לגואל הדם להורגו בתחומה. הריגת הרוצח מצוה ביד גואל הדם וביד כל אדם רשות דברי ר' יוסי הגלילי ר' עקיבא אומר גואל הדם רשות וכל אדם אין ד) חייבין עליו משום דרב אמרו רוצח שיצא חוץ לתחום ה) קודם שיגמר דינו לגלות ומצאו גואל הדם והרגו נהרג עליו. ומתמהינן כמאן אמר רב לשמעתיה לא כר' יוסי הגלילי דאמר מצוה ולא כר' עקיבא דאמר רשות מ"מ לתרוייהו פטור. ואמרינן רב דאמר כר' אליעזר כו': ת"ר ואם יצא יצא הרוצח אין לי אלא במזיד כו' אמר אביי מסתברא כמאן דאמר דברה תורה כלשון בני אדם אלא במזיד נהרג בשוגג גולה שלא יהא סופו חמור מתחלתו תחלתו שבשוגג גולה יהיה אחריתו בשוגג נהרג אלא בשוגג גולה: תני חדא אב שהרג בנו נעשה גואל הדם ותניא אידך אין בנו נעשה גואל הדם. פרקינן אם עשו הרג תימן בן אליפז ו) אליפז נעשה גואל הדם של בנו שלו והורג עשו אביו אבל אם הרג עשו רעואל בנו (של) [שלו אין] אליפז גואל דם אחיו מיד אביו: [מתני'] אילן שהוא עומד בתוך התחום ונופו נוטה חוץ לתחום כו' עד הכל הולך אחר הנוף. ורמינן עלה הא דתנן במעשר שני פ"ג אילן שהוא עומד בפנים ונוטה לחוץ או עומד בחוץ ונוטה לפנים מכנגד החומה ולפנים כלפנים ולחוץ כלחוץ. ופרקינן שאני מעשר דבחומה תלה רחמנא שנאמר ואכלת לפני ה' אלהיך במקום וגו' פי' אין נאכלין חוץ לחומת ירושלים בלא פדיון ואין נפדין לפנים מן החומה אלא נאכלין בתורת מעשר שני וכן מפורש בתלמוד ארץ ישראל במקומו לפיכך כל הפירות שהן חוץ לחומה חשובין כחוץ ומה שהן בפנים כלפנים אבל ערי מקלט ישיבה כתב בהו בנוף אפשר להיות ישיבה בעיקרו לא: ורמי מעשר אמעשר דהא תנן במעשרות סוף פ"ג [מ"י] בערי מקלט הכל הולך אחר הנוף ובירושלים הכל הולך אחר הנוף. ופריק רב כהנא לא קשיא הא דתני אחר הנוף לר"י והא

מסורת הש"ס

א) קדושין סו:, ב) [עי' תוס' בע"ז נח: ד"ה בלר], ג) [לעיל יא:], ד) ב"ב כד: ערכין לג: [תוספ' פ"ה], ה) [סנהדרין מה:], ו) [עי' תוס' ר"ה כו. ד"ה דרחמנא], ז) [בילקוט ליתא וכן בכ"מ איתא והתניא במזיד וכו'], ח) [ברכות לא: קדושין יז: וש"נ], ט) [עי' תוס' סוטה כד. בד"ה ור' יונתן וכו' מה שכתבו בסוף דבריהם ותוס' מנחות יז: ד"ה מאי כו'], י) סנהדרין פה:, כ) מע"ש פ"ג מ"ז, ל) [צ"ל בפנים כך איתא במשנה דמע"ש פ"ג מ"ז], מ) [צ"ל דתנן], נ) פ"ג מ"י דמעשרות, ס) [צ"ל בגבעון ואנן אמרינן זבחים קיח: יום שמת בו עלי נאמר בו ויטוש משכן שילה כך איתא ברש"י בע"י], ע) [צ"ל את פאת קדמה אלפים באמה], פ) [צ"ל שהוא עומד וכו' ונוטה לפנים וכו'], צ) מהר"ם מ"ז, ק) רש"א.

הגהות הב"ח

(א) גמ' אין לו גואל הדם: (ב) שם רבי אליעזר אומר עד עמדו. נ"ב רישיה דקרא ולא ימות הרוצח עד עמדו וגו': (ג) רש"י ד"ה מגרש וכו' ומדותם מחוץ לעיר אלפים אמה וכתב מקיר: (ד) ד"ה אילן וכו' לענין כצ"ל ואות ו' נמחק: (ה) תוס' ד"ה אילן וכו' אמרינן דגגין לא נתקדשו וא"כ אי הוי מעשר שני וכו' וי"ל דמיירי שענפיו שבהן מועטין וכו' כאילו עומדין באויר וכו' ועוד י"ל וכו' ואויר ירושלים וגגה שוין לקרקע הס"ד:

גליון הש"ס

רש"י ד"ה טעה יואב וכו' ולא מעל מזבחי. עי' יומא דף פה ע"א ברש"י ד"ה ולא מעל מזבחי ול"ע: בד"ה ה"ג אלא וכו' ואינו מוזהר על כבודו. עי' בדרשות הרא"ח פרשת תולדות:

הגהות הגר"א

[א] גמ' וכל אדם אין חייבין כצ"ל: [ב] שם והורגו. נמחק (וכן ליתא בדפוסים ישנים): [ג] שם עומד בפנים כצ"ל:

תורה אור השלם

א) בָּרֵךְ יְיָ חֵילוֹ וּפֹעַל יָדָיו תִּרְצֶה מְחַץ מָתְנַיִם קָמָיו וּמְשַׂנְאָיו מִן יְקוּמוּן: [דברים לג, יא]

ב) וְהַשְּׁמֻעָה בָּאָה עַד יוֹאָב כִּי יוֹאָב נָטָה אַחֲרֵי אֲדֹנִיָּה וְאַחֲרֵי אַבְשָׁלוֹם לֹא נָטָה וַיָּנָס יוֹאָב אֶל אֹהֶל יְיָ וַיַּחֲזֵק בְּקַרְנוֹת הַמִּזְבֵּחַ: [מ"א ב, כח]

ג) מִי זֶה בָּא מֵאֱדוֹם חֲמוּץ בְּגָדִים מִבָּצְרָה זֶה הָדוּר בִּלְבוּשׁוֹ צֹעֶה בְּרֹב כֹּחוֹ אֲנִי מְדַבֵּר בִּצְדָקָה רַב לְהוֹשִׁיעַ: [ישעיה סג, א] ד) וְהָיוּ הֶעָרִים לָהֶם לָשָׁבֶת וּמִגְרְשֵׁיהֶם יִהְיוּ לִבְהֶמְתָּם וְלִרְכֻשָׁם וּלְכֹל חַיָּתָם: [במדבר לה, ג] ה) וְהִצִּילוּ הָעֵדָה אֶת הָרֹצֵחַ מִיַּד גֹּאֵל הַדָּם וְהֵשִׁיבוּ אֹתוֹ הָעֵדָה אֶל עִיר מִקְלָטוֹ אֲשֶׁר נָס שָׁמָּה וְיָשַׁב בָּהּ עַד מוֹת הַכֹּהֵן הַגָּדֹל אֲשֶׁר מָשַׁח אֹתוֹ בְּשֶׁמֶן הַקֹּדֶשׁ: [במדבר לה, כה] ו) וּמָצָא אֹתוֹ גֹּאֵל הַדָּם מִחוּץ לִגְבוּל עִיר מִקְלָטוֹ וְרָצַח גֹּאֵל הַדָּם אֶת הָרֹצֵחַ אֵין לוֹ דָּם: [במדבר לה, כז] ז) וְהָיוּ לָכֶם הֶעָרִים לְמִקְלָט מִגֹּאֵל וְלֹא יָמוּת הָרֹצֵחַ עַד עָמְדוֹ לִפְנֵי הָעֵדָה לַמִּשְׁפָּט: [במדבר לה, יב] ח) וְאִם יָצֹא יֵצֵא הָרֹצֵחַ אֶת גְּבוּל עִיר מִקְלָטוֹ אֲשֶׁר יָנוּס שָׁמָּה: [במדבר לה, כו] ט) לֹא תֹאבֶה לוֹ וְלֹא תִשְׁמַע אֵלָיו וְלֹא תָחוֹס עֵינְךָ עָלָיו וְלֹא תַחְמֹל וְלֹא תְכַסֶּה עָלָיו: [דברים יג, ט]

חשק שלמה על ר"ח

א) במשנה איתא ואינו יוצא לא לעדות מצוה וכו' ומשמע דקאי אכולהו רוצחים דיוצאים במיתת כה"ג ואולי דרבינו היה לו גירסא אחרת או דחסר בדברי רבינו וצ"ל ואינו יוצא וכו'. ב) עי' סנהדרין מח ע"ב ותוס' שם ד"ה בשלמא. ג) ר"ל אף יש שם מחילה מ"מ אינו רשאי לדור שם. ד) כ"ה הגירסא בגמ' בדפוס ווילנא וכ"ה בהגהות הגר"א ז"ל כאן. ה) עי' לעיל דף י ע"ב בתחילה וכו' מי שנתחייב גלות מחזירין. ו) פי' רבינו צ"ע ואולי ט"ס כאן.

This reasoning holds true only according to the one who says that the Torah speaks in the language of people. In our case, then, that is the more reasonable view.

The Gemara presents a contradiction between Baraisos:

תָּנֵי חֲדָא – One Baraisa taught: אָב שֶׁהָרַג – IF A FATHER KILLED his son inadvertently,[47] בְּנוֹ נַעֲשֶׂה לוֹ גּוֹאֵל הַדָּם – HIS other SON BECOMES A REDEEMER OF THE BLOOD AGAINST HIM. I.e. he is permitted, or even obligated, to kill his father. **וְתַנְיָא אִידָךְ – And it has been taught in another Baraisa:** אֵין בְּנוֹ נַעֲשֶׂה לוֹ גּוֹאֵל הַדָּם – HIS other SON DOES NOT BECOME A REDEEMER OF THE BLOOD AGAINST HIM. He may not kill his father.

The Gemara resolves the contradiction by relating the two Baraisos to the dispute between R' Yose HaGlili and R' Akiva:

לֵימָא הָא רַבִּי יוֹסֵי הַגְּלִילִי – Let us say that this one (i.e. the Baraisa that allows a son to redeem his brother's blood from his own father) **is in accord with the view of R' Yose HaGlili,** who rules that it is a mitzvah for the redeemer to kill the exile. Since it is a mitzvah, it may be performed even by a son against his own father.[48] **וְהָא רַבִּי עֲקִיבָא – But this one** (i.e. the Baraisa that forbids a son to redeem his brother's blood from his father) **is in accord with the view of R' Akiva,** who rules that killing the exile is not a mitzvah. Since it is not an act of mitzvah, it is forbidden to the son.[49]

The Gemara rejects this resolution:

וְתִסְבְּרָא – And is it reasonable to resolve the contradiction in this manner? **בֵּין לְמַאן דְּאָמַר מִצְוָה – Whether according to the one who says** that killing the exile is **a mitzvah,** **בֵּין לְמַאן דְּאָמַר רְשׁוּת – whether according to the one who says** that **it is** merely **permissible,** **מִי שָׁרֵי – is it permissible** for a son to serve as the agent to punish his father? Of course not! **וְהָאָמַר רַבָּה בַּר רַב הוּנָא וְכֵן תָּנָא דְּבֵי רַבִּי יִשְׁמָעֵאל – For Rabbah bar Rav Huna said, and so it was taught in the academy of R' Yishmael:** לַכֹּל – With regard to punishment **for any [sin],** **אֵין הַבֵּן נַעֲשֶׂה שָׁלִיחַ לְאָבִיו לְהַכּוֹתוֹ וּלְקַלְּלוֹ – the son may not become a** court **agent against his father to strike him or to** utter **a curse against him,**[50] **חוּץ מִמֵּסִית – except for** the son of **one who instigates** others to engage in idolatry, who may even execute his father.[51] **שֶׁהֲרֵי אָמְרָה תּוֹרָה – For behold, the Torah stated** regarding an instigator:[52] **"לֹא תַחְמֹל וְלֹא־תְכַסֶּה עָלָיו" – *Do not show [him] compassion and do not cover for him.*** From here we learn that the instigator is killed even by his own son.[53]

We see, at any rate, that a son is generally forbidden to implement a punishment against his father. Accordingly, even if there is a mitzvah to kill the exile, it cannot permit a son to execute his father.[54] Hence, the resolution offered for the contradiction regarding a son – i.e. that the one Baraisa follows R' Yose HaGlili while the other follows R' Akiva – cannot be sustained.

The Gemara therefore resolves the contradiction differently:

אֶלָּא לֹא קַשְׁיָא – Rather, although we reject our original explanation, **there is** still **no difficulty** for the following reason: **הָא בִּבְנוֹ – This one** (i.e. the Baraisa that forbids a son to redeem his brother's blood from his father) **is speaking regarding [the killer's] son.** He is not permitted to kill his own father. **וְהָא בְּבֶן בְּנוֹ – But this one** (i.e. the Baraisa that permits a son to redeem his brother's blood from his father) **is speaking regarding his son's son,** i.e. the son of the victim. He is only the *grandson* of the killer; therefore, he may put him to death.[55]

NOTES

our case it is the more reasonable view (*Tosafos* to *Menachos* 17b ד״ה מאי האכל יאכל and to *Sotah* 24a-b (סד״ה ורבי יונתן). [In general, the proponents of the view that the Torah employs the idiom of men make use of the principle only when reason so dictates, as in our case (*Tosafos* ibid.). For numerous proofs to this, see *Tosafos* ibid.; see also *Tosafos* to *Bava Metzia* 31b ד״ה דברה and to *Kesubos* 67b ד״ה וחכ״א. See also *Sefer Melo HaRo'im,* vol. 2 ע׳ דברה תורה כלשון בני אדם, §21.]

47. *Ritva* ד״ה ותסברא; *Meiri;* cf. *Rambam, Rotze'ach* 1:3; see *Aruch LaNer; Chazon Ish, Sanhedrin* 19:4; *Einayim LaMishpat.*

48. Notwithstanding the general obligation to honor one's father (see *Rashi* below ד״ה ה״ג אלא לא קשיא) [and the specific prohibition against striking him (see note 50)].

49. For it violates the obligation to honor one's father [and the prohibition against striking him].

50. That is, not to punish him with lashes nor to pronounce a ban of excommunication [נדוי, *nidui*] against him (*Rashi*), and certainly not to put him to death (*Ritva*). The prohibition against striking one's father is taught in the verse (*Exodus* 21:15): וּמַכֵּה אָבִיו וְאִמּוֹ מוֹת יוּמָת, *And one who strikes his father or his mother shall surely be put to death* (see *Sanhedrin* 84b).] The prohibition against cursing one's father is taught in the verse (ibid. v. 17): וּמְקַלֵּל אָבִיו וְאִמּוֹ מוֹת יוּמָת, *One who curses his father or mother shall surely be put to death* (see *Sanhedrin* 85a).

51. One who attempts to convince others to worship idols is executed by stoning (*Sanhedrin* 67a).

52. *Deuteronomy* 13:9.

53. The verse tells us that even a son, who would normally be required to show compassion to his father, acts as an agent to kill him if he is an instigator.

This emerges from a sequence of verses in the Scriptural passage dealing with an instigator. The passage opens with a verse (*Deuteronomy* 13:7) discussing instigation by close relatives, among them a father who instigates his son (see *Sifrei* and *Rashi* ד״ה אשר כנפשך there). Two verses later, the Torah forbids showing compassion to an instigator (v. 9), and follows that with a command to the instigator's victim to put the instigator to death (v. 10) (see *Rashi* there). As we have explained, one of the victims mentioned is the instigator's son; thus, the verse is in effect telling us that even the son of an instigator may act as an agent of the court to execute his father (*Toras Chaim* to *Sanhedrin* 85b; *Chidushei R' Y.F. Perla* to *Sefer HaMitzvos of R' Saadiah Gaon,* vol. 3 p. 135; *Sefer Chafetz Chaim, Hil. Isurei Rechilus* §3, *Be'er Mayim Chaim* §7).

54. One might ask: Does the prohibition to act as court agent truly constitute proof that the son may not act as *goel hadam*? Consider: There is no mitzvah for the son to act as agent of the court. There is a mitzvah, however, for him to act as *goel hadam*! Perhaps, then, he is permitted to do so. The answer is that executing a father who instigated him is *also* a mitzvah for a son (see previous note); by allowing only *that* execution to override the prohibition because of the verse, Rabbah bar Rav Huna demonstrates that the prohibition *normally* applies even where administering the punishment is a mitzvah for him, such as in the case of a *goel hadam* (*Chidushei R' Y.F. Perla* ibid.; see there for another approach; see *Mirkeves HaMishneh, Hil. Rotze'ach* 1:2).

55. In the Baraisa forbidding a son to be the redeemer, the pronoun "his" refers to the killer; i.e. the father. Thus, "his son" is the son of the killer. In the Baraisa permitting the son to be the redeemer, "his" refers to the victim, i.e. the son who was killed. Thus, "his son" is the grandson of the killer (*Rashi; Ritva;* cf. *Rabbeinu Chananel*).

The obligation to honor one's father does not extend to a grandfather. Therefore, a grandson may act as court agent to strike or curse his own grandfather (*Rashi;* see also *Rashi, Sotah* 49a ד״ה בר ברתך אנא; see *Maharsha* there).

[Whether a grandson must honor his grandfather is actually a matter of dispute. *Maharik* (*Shoresh* §44) rules that a grandson is not obligated to honor his grandfather. His source is our Gemara (*Beur HaGra, Yoreh Deah* 240:33). *Maharik's* view is clearly supported by *Rashi* here and to *Sotah* ibid. (*Eliyahu Zuta,* cited in *Chidushei R' Akiva Eiger, Yoreh Deah* ibid.; *Beur HaGra* ibid.; but see *Teshuvos Shevus Yaakov,* vol. II §94). But *Rama* (*Yoreh Deah* 240:24) maintains that a grandson *is* obligated to honor his grandfather, though not to the extent that he must honor his father (for elaboration, see *Eliyahu Zuta* ibid.); see *Rashi, Genesis* 46:1; see *Taz, Yoreh Deah* ibid. §20. For an explanation of our Gemara according to those who dispute *Rashi* and *Maharik,* see *Raanach's Imrei Shefer* to *Parashas Toldos* (cited in *Chidushei R' Akiva Eiger, Yoreh Deah* ibid.); see also *Einayim LaMishpat.*]

אליבא דרבי אליעזר כ"ע לא פליגי. כלומר מאן דאמר מתה ודאי כרבי יהושע אמר ולא כרבי אליעזר דאליבא דרבי אליעזר ליכא למ"ד מתה כיון דלגבי עבודותיו אמר פסולות למפרע ודאי אין זה כהן: כי פליגי אליבא דרבי יהושע. כלומר אין אנו צריכין לומר מ"ד בטלה כרבי אליעזר ולא כרבי יהושע דאליבא דרבי יהושע איכא למימר דפליגי: פועל ידיו תרצה. עבודותיו כשירות אבל לענין שאר דבריו אינו כהן: טעה יואב. בדרשא דמעם מזבחי תקחנו ° ולא מעל מזבחי וכסבור דהיינו מעל מזבחי: מזבח בית עולמים. דכתיב מזבחי המיוחד לי: ה"ג והוא תפס במזבח של במה שעשה דוד לפני הארון שהיה באהל אשר נטה לו דוד בעיר דוד כדכתיב וינס יואב אל אהל ה' ומצינו בדברי הימים שעשה דוד מזבח לפניו ואי אפשר לומר מזבח של שילה שהוא היה בימי דוד ושלמה ס) (היה בגבעון): שרו של רומי. סמאל שיברח לבצרה שבתחלה יפרע ממנו כשיגיע הקץ להחרב כדכתיב (ישעיה כד) יפקוד ה' על צבא המרום במרום ואחר כך על מלכי האדמה על האדמה: חמוץ בגדים. מדמו של סמאל ואף על פי שאין המלאכים בשר ודם כתב בו הכתוב כענין הריגת האדם לשבר את האזן מה שהיא יכולה לשמוע: לא נתנו לקבורה. ללוים שהן שלהם: תיפוק ליה. דאין בונין בית במגרש דא"כ הוה ליה מגרש עיר: אין עושין. שדה של לוים: מגרש. שנתנו ללוים אלפים אמה סביב העיר כדכתיב (במדבר לה) ומדותם מחוץ לעיר (ג) ע) וכתיב מקיר העיר וחוצה אלף אמה וגו' הא כיצד אלף אמה מגרש שאין בו לא בית ולא שדה והשאר שדות וכרמים: למחילות. תחת הקרקע שאין אוכלות במגרש כלום מלמעלה ואי לאו דכתיב בה ולא בתחומה הייתי אומר ידור בתחומה במערה: ורצח. איכא לפרושי לשון ציווי כמו (שמות לו) ועשה בצלאל ואהליאב ואיכא לפרושי לשון רשות כמו ועשה ה' להם וגו' (דברים לא): סופו חמור מתחלתו. סופו לאתו חוץ לתחום תחלתו הריגה: אב שהרג את הבן. בנו השני נעשה גואל הדם של אחיו והורג את אביו: הא דתניא נעשה. רבי יוסי הגלילי היא דאמר מצוה לגואל הדם: לכל אין הבן נעשה וכו'. לכל עבירות שבתורה אין הבן נעשה שליח ב"ד על אביו לא להלקותו ולא לנדותו חוץ ממסית: ה"ג אלא לא קשיא הא בבנו הא בבן בנו. הא דתניא אין בנו נעשה גואל הדם בבנו של רוצח קאמר והא דתניא בנו נעשה לו גואל הדם בבנו של הרוג קאמר שהוא בן בנו של רוצח ° ואינו מוזהר על כבודו: מתני' הכל הולך אחר הנוף. אפי' הוא בעיקרו שבתוך התחום הרי הוא כיוצא חוץ לתחום ואם עיקרו חוץ לתחום ונופו בתוך התחום אף העיקר קולט: גמ' אילן שהוא עומד בפנים. בירושלים (ד) ולענין אכילת מעשר שני בירושלים היא שנויה: מכנגד החומה וכו'. אלמא לא נופו שדינן בתר עיקר ולא עיקר בתר נוף: בחומה תלה רחמנא. דכתיב (דברים יב) לפני ה' אלהיך תאכלנו: בדירה תלה רחמנא. דכתיב (במדבר לה) כי בעיר מקלטו ישב ונופו ראוי לדירה יותר מעיקרו: בירושלים. לענין מעשר הלך אחר הנוף:

רבי

אליבא דרבי אליעזר כולי עלמא לא פליגי כי פליגי אליבא דר' יהושע מאן דאמר מתה כרבי יהושע ומאן דאמר בטלה עד כאן לא קאמר רבי יהושע התם דכתיב א) ברך ה' חילו ופועל ידיו תרצה א) אפי' חללין שבו אבל הכא אפי' רבי יהושע מודה: נגמר דינו וכו': אמר רב יהודה אמר רב שתי טעיות טעה יואב באותה שעה דכתיב ב) וינס יואב אל אהל ה' ויחזק בקרנות המזבח טעה א שאינו קולט אלא גגו והוא תפס בקרנותיו טעה ב שאינו קולט אלא מזבח בית עולמים והוא תפס מזבח של שילה אביי אומר בהא נמי מיטעא טעה ג שאינו קולט אלא כהן ועבודה בידו והוא זר היה אמר ריש לקיש שלש טעיות עתיד שרו של רומי לטעות דכתיב ג) מי זה בא מאדום חמוץ בגדים מבצרה טועה שאינה קולטת אלא ג) בצר והוא גולה לבצרה טועה שאינה קולטת אלא שוגג והוא מזיד היה טועה שאינה קולטת אלא אדם והוא מלאך הוא אמר ר' אבהו ד ערי מקלט לא נתנו לקבורה דכתיב ד) ומגרשיהם יהיו לבהמתם ולרכושם ולכל חייתם לחיים נתנו ולא לקבורה מיתיבי ג) שמה ה שם תהא דירתו שם תהא מיתתו שם תהא קבורתו רוצח שאני דגלי ביה רחמנא: כשם שהעיר קולטת וכו': ורמינהו ה) וישב בה ו בה ולא בתחומה אמר אביי לא קשיא ז כאן לקלוט כאן לדור ד) תיפוק ליה ח דאין עושין שדה מגרש ולא מגרש שדה לא מגרש עיר ולא עיר מגרש אמר רב ששת לא נצרכה אלא למחילות: רוצח שיצא חוץ לתחום וכו': ת"ר ו) ורצח גואל הדם את הרוצח ט) מצוה ביד גואל הדם אין (א) גואל הדם רשות ביד כל אדם דברי רבי יוסי הגלילי ר' עקיבא אומר רשות ביד גואל הדם וכל אדם [א] חייבין עליו מאי טעמא דרבי יוסי הגלילי מי כתיב אם רצח ורבי עקיבא מי כתיב ירצח אמר מר זוטרא בר טוביה אמר רב רוצח שיצא חוץ לתחום ומצאו גואל הדם והרגו נהרג עליו כמאן לא כר' יוסי הגלילי ולא כר"ע הוא דאמר כי האי תנא דתניא ר' אליעזר אומר (ב) עד עמדו לפני העדה למשפט מה ת"ל לפי שנאמר ו) ורצח גואל הדם את הרוצח יכול מיד ת"ל עד עמדו לפני העדה למשפט ורבי יוסי ורבי עקיבא האי עד עמדו לפני העדה למשפט מאי דרשי ביה ההוא מיבעי ליה לכדתניא רבי עקיבא אומר י מנין לסנהדרין שראו אחד שהרג את הנפש שאין ממיתין אותו עד שיעמוד בב"ד אחר ת"ל עד עמדו לפני העדה למשפט עד שיעמוד בב"ד אחר ת"ר ח) אם יצא יצא הרוצח אין לי אלא במזיד בשוגג מנין ת"ל אם יצא יצא מ"מ והתניא [ב] ז) (והורגו) במזיד נהרג כ בשוגג גולה לא קשיא הא כמאן דאמר אמרינן ח) דברה תורה כלשון בני אדם הא כמאן דאמר לא אמרינן דברה תורה כלשון בני אדם אמר אביי ט) מסתברא כמ"ד דברה תורה כלשון בני אדם שלא יהא סופו חמור מתחלתו מה תחלתו במזיד נהרג בשוגג גולה אף סופו במזיד נהרג בשוגג גולה תני חדא אב שהרג בנו נעשה בנו גואל הדם ותניא אידך ל אין בנו נעשה לו גואל הדם לימא הא רבי יוסי הגלילי והא ר"ע ותסברא בין למ"ד מצוה בין למ"ד רשות מי שרי י) והאמר רבה בר רב הונא וכן תנא דבי רבי ישמעאל מ לכל אין הבן נעשה שליח לאביו להכותו ולקללתו נ חוץ ממסית שהרי אמרה תורה ט) לא תחמול ולא תכסה עליו אלא לא קשיא ס הא בבנו והא בבן בנו: מתני' ע אילן שהוא עומד בתוך התחום ונופו נוטה חוץ לתחום או עומד חוץ לתחום ונופו נוטה בתוך התחום הכל הולך אחר הנוף: גמ' ורמינהי כ) אילן שהוא עומד [ג] ל) (בתוך הפנים) ונוטה לחוץ או עומד בחוץ ונוטה לפנים מכנגד החומה ולפנים כלפנים מכנגד החומה ולחוץ כלחוץ מעשר אערי מקלט קא רמית מעשר בחומה תלה רחמנא ערי מקלט בדירה תלה רחמנא בנופו מתדר ליה בעיקרו לא מתדר ליה ורמי מעשר אמעשר מ) דתניא נ) בירושלים הלך אחר הנוף בערי מקלט הלך אחר הנוף אמר רב כהנא לא קשיא הא ר' יהודה והא רבנן דתניא ר'

אילן שהוא פ) לפנים מכנגד החומה ולפנים כלפנים. תימה דבשילהי כילד צולין (פסחים דף פה: ושם) אמרי' (ה) דגגות לא נתקדשו ואם כן צ) (הוו) מעשר שני אין אוכלין על האילן וי"ל דמיירי שענפיו מועטין שאין בהן ארבע' דלא חשיבי והוי כאילו עומדת באויר כנגד הקרקע עוד יש לומר דמיירי ק) [אפי'] באילן שענפיו מרובין ואויר ירושלים כירושלים:

אימור

עין משפט נר מצוה

סו א ב ג מיי' פ"ה מהל' רוצח הלכה יג סמג עשין עה:

סז ד מיי' שם פ"ז הל' ד ופי"ג מהל' שמיטין הל"ג סמג עשין קלה:

סח ה מיי' פ"ז מהל' רוצח הל"ג והל"ח סמג עשין עה עו:

סט ו ז מיי' שם פ"ח הלכה יא סמג שם:

ע ח מיי' פי"ג מהלכות שמיטין הלכה ד סמג עשין קלה:

עא ט מיי' פ"א מהלכות רוצח הלכה ה:

עב י מיי' שם פ"ה הל"י:

עג כ מיי' שם הלכה יא:

עד ל מיי' שם פ"א הל"ג:

עה מ מיי' פ"ה מהל' ממרים הל"ד סמג לאוין ריג טוש"ע יו"ד סי' רמא סעיף ה:

עו נ מיי' שם:

עז ס מיי' פ"א מהלכות רוצח הלכה ג:

עח ע מיי' שם פ"ח הלכה יא:

ליקוטי רש"י

ברך ה' חילו. בכהנים כתיב ישימו קטורה באפך וגו' וסמיך ליה ברך ה' חילו חללים שבו [פסחים עב:].

חללין שבו. חללין שבשבט לוי דקרא בשבט לוי כתיב [קידושין סו:].

מעם מזבחי. אם כהן הוא שבא לעבוד עבודה. ולא מעל מזבחי. אם התחיל בעבודה אין מפסיק לבא לידון אלא משלים עבודתו [יומא פה.].

ולכל חיתם. לכל צרכיהם [במדבר לה ב].

ומגרש. ריוח. מקום חלק חוץ לעיר סביב, להיות לנוי לעיר, ואין רשאין לבנות שם בית, ולא לנטוע כרם, ולא לזרוע זריעה [במדבר לה ב].

רבינו חננאל

כי פליגי אליבא דרבי יהושע מאן דאמר מתה כרבי יהושע כלומר קרבנותיו כשרין (בחי עכשיו) [כחי ועכשיו] מת ומאן דאמר בטלה אמר לך עד כאן לא מכשר רבי יהושע התם אלא משום דכתיב ברך ה' חילו ופועל ידיו תרצה אפילו חולין שבו תרצה אבל הכא אפילו רבי יהושע מודה דבטלה כהונה: נגמר דינו בלא כהן גדול ואח"כ נתמנה כ"ג ומי שהרג כ"ג וכ"ג שהרג אינו יוצא משם לעולם א) לא לעדות מצוה ולא לעדות ממון ולא לעדות נפשות ואפילו כל ישראל צריכין לו כיואב כו': א"ר יהודה אמר רב שתי טעיות טעה יואב כו': ירושלמי רבי יוחנן שלח לרבנן דתמן תרין מילין אתון אמרין בשם רב (ולי) [ולית] אינון כן אתון אמרין בשם רב לא התירו ביפת תואר אלא בעילה ראשונה ואני אומר לא ראשונה ולא אחרונה אלא אחר כל המעשים שנאמר ואחר כן תבא אליה ובעלתה ותוב אמריתו כי טעה יואב והחזיק בקרנות המזבח ואין הקרנות קולטות אלא גגו ולא גג בית העולמים קולט אלא גג שבשילה קולט ואני אומר לא הקרנות קולטות ולא הגג קולט לא של שילה ולא של בית העולמים ואינן קולטות אלא ערי מקלט בלבד. ואפשר יואב תחכמוני ראש השלישים היה טועה בדבר זה אלא לסנהדרין ברח אמר מוטב יהרג בבית [דין] שירשוהו בניו דתנן הרוגי ב"ד נכסיהן ליורשין הרוגי מלכות נכסיהן למלך מיד אמר שלמה וכי לממונו אני צריך להסיר דמי חנם אני צריך ב): כשם שהעיר קולטת כך תחומה קולטת ואע"פ שאינו דר בתחומה ג) אם יש שם מחילה אבל קולטת ואין רשות לגואל הדם להורגו בתחומה. הריגת הרוצח מצוה ביד גואל הדם וביד כל אדם רשות דברי ר' יוסי הגלילי ר' עקיבא אומר גואל הדם רשות וכל אדם אין ד) חייבין עליו משום דרב אמרו רוצח שיצא חוץ לתחום ה) קודם שיגמר דינו לגלות ומצאו גואל הדם והרגו נהרג עליו. ומתמהינן כמאן אמר רב לשמעתיה לא כר' יוסי הגלילי דאמר מצוה ולא כר' עקיבא דאמר רשות מ"מ לתרווייהו פטור. ואמרינן רב דאמר כר' אליעזר כו': ת"ר ואם יצא יצא הרוצח אין לי אלא במזיד כו' אמר אביי מסתברא כמאן דאמר דברה תורה כלשון בני אדם שלא יהא סופו חמור מתחלתו תחלתו שבשוגג גולה ...ה אחריתו בשוגג נהרג אלא בשוגג גולה: תני חדא אב שהרג בנו נעשה בנו גואל הדם ותניא אידך אין בנו נעשה גואל הדם. פרקינן אם עשו הרג תימן בן אליפז ו) אליפז נעשה גואל הדם של בנו שלו והורג עשו אביו אבל אם הרג עשו רעואל בנו (של) [שלו אין] אליפז גואל דם אחיו מיד אביו: [מתני'] אילן שהוא עומד בתוך התחום ונופו נוטה חוץ לתחום כו' עד הכל הולך אחר הנוף. ורמינן עלה הא דתנן במעשר שני פ"ג אילן שהוא עומד בפנים ונוטה לחוץ או עומד בחוץ ונוטה לפנים מכנגד החומה ולפנים כלפנים מכנגד החומה ולחוץ כלחוץ. ופרקינן שאני מעשר דבחומה תלה רחמנא שנאמר ואכלת לפני ה' אלהיך במקום וגו' פי' אין נאכלין חוץ לחומת ירושלים בלא פדיון ואין נפדין לפנים מן החומה אלא נאכלין בתורת מעשר שני וכן מפורש בתלמוד ארץ ישראל במקומו לפיכך כל הפירות שהן חוץ לחומה חשובין כחוץ ומה שהן בפנים כלפנים אבל ערי מקלט ישיבה כתב בהו בנוף אפשר להיות ישיבה בעיקרו לא: ורמי מעשר אמעשר דהא תנן במעשרות סוף פ"ג [מ"י] בערי מקלט הכל הולך אחר הנוף ובירושלים הכל הולך אחר הנוף. ופריק רב כהנא לא קשיא הא דתני אחר הנוף לר"י והא

חשק שלמה על ר"ח א) במשנה איתא ואינו יוצא לא לעדות מצוה וכו' ומשמע דקאי אכולהו רוצחים דיוצאים במיתת כה"ג ואולי דרבינו היה לו גירסא אחרת או דחסר בדברי רבינו וצ"ל ואינו יוצא וכו'. ב) עי' סנהדרין מח ע"ב ותוס' שם ד"ה בשלמא. ג) כ"ל אף אם יש שם מחילה מ"מ אינו רשאי לדור שם. ד) כ"ה הגירסא בגמ' בדפוס ווילנא וכ"ה בהגהות הגר"א ז"ל ...

מסורת הש"ס

א) קדושין סו:, ב) [עי' תוס' בע"ז נח: ד"ה בלבר], ג) [לעיל יא:], ד) ב"ב כד: ערכין לג: [תוספ' פ"ה], ה) [סנהדרין מה:], ו) [עי' תוס' ר"ה כו. ד"ה דרחמנא], ז) [בילקוט ליתא וכן בכ"מ איתא והתניא במזיד וכו'], ח) [ברכות לא: קדושין יז: וש"נ], ט) [עי' תוס' סוטה כד. בד"ה ור' יונתן וכו' מה שכתבו בסוף דבריהם ותוס' מנחות יז: ד"ה מאי כו'], י) סנהדרין פה., כ) מע"ש פ"ג מ"ז, ל) [צ"ל בפנים כך איתא במשנה דמע"ש פ"ג מ"ז], מ) [צ"ל דתנן], נ) פ"ג מ"י דמעשרות, ס) [צ"ל בגבעון ואנן אמרינן זבחים קיח: יום שמת בו עלי נאמר בו ויטוש משכן שילה כך איתא ברש"י בע"י], ע) [צ"ל את פאת קדמה אלפים באמה], פ) [צ"ל שהוא עומד וכו' ונוטה לפנים וכו'], צ) מהרש"ם מ"ז, ק) רש"א.

הגהות הב"ח

(א) גמ' אין לו גואל הדם: (ב) שם רבי אליעזר אומר עד עמדו. נ"ב רישיה דקרא ולא ימות הרוצח עד עמדו וגו': (ג) רש"י ד"ה מגרש וכו' ומדותם מחוץ לעיר אלפים אמה וכתב מקיר: (ד) ד"ה אילן וכו' לענין כצ"ל ואות ו' נמחק: (ה) תוס' ד"ה אילן וכו' אמרינן דגגין לא נתקדשו וא"כ אי הוי מעשר שני וכו' וי"ל דמיירי שענפיו מועטין וכו' כאילו עומדין באויר וכו' ועוד י"ל וכו' ואויר ירושלים וגגה שוין לקרקע הס"ד:

גליון הש"ס

רש"י ד"ה טעה יואב וכו' ולא מעל מזבחי. עי' יומא דף פה ע"א ברש"י ד"ה ולא מעל מזבחי וצ"ע: בד"ה ה"ג אלא וכו' ואינו מוזהר על כבודו. עי' בדרשות הרא"ח פרשת תולדות:

הגהות הגר"א

[א] גמ' וכל אדם אין חייבין כצ"ל: [ב] שם והורגו. נמחק (וכן ליתא בדפוסים ישנים): [ג] שם עומד בפנים כצ"ל:

תורה אור השלם

א) בָּרֵךְ יְיָ חֵילוֹ וּפֹעַל יָדָיו תִּרְצֶה מְחַץ מָתְנַיִם קָמָיו וּמְשַׂנְאָיו מִן יְקוּמוּן: [דברים לג, יא]

ב) וְהַשְּׁמֻעָה בָּאָה עַד יוֹאָב כִּי יוֹאָב נָטָה אַחֲרֵי אֲדֹנִיָּה וְאַחֲרֵי אַבְשָׁלוֹם לֹא נָטָה וַיָּנָס יוֹאָב אֶל אֹהֶל יְיָ וַיַּחֲזֵק בְּקַרְנוֹת הַמִּזְבֵּחַ: [מ"א ב, כח]

ג) מִי זֶה בָּא מֵאֱדוֹם חֲמוּץ בְּגָדִים מִבָּצְרָה זֶה הָדוּר בִּלְבוּשׁוֹ צֹעֶה בְּרֹב כֹּחוֹ אֲנִי מְדַבֵּר בִּצְדָקָה רַב לְהוֹשִׁיעַ: [ישעיה סג, א] ד) וְהָיוּ הֶעָרִים לָהֶם לָשָׁבֶת וּמִגְרְשֵׁיהֶם יִהְיוּ לִבְהֶמְתָּם וְלִרְכֻשָׁם וּלְכֹל חַיָּתָם: [במדבר לה, ג] ה) וְהִצִּילוּ הָעֵדָה אֶת הָרֹצֵחַ מִיַּד גֹּאֵל הַדָּם וְהֵשִׁיבוּ אֹתוֹ הָעֵדָה אֶל עִיר מִקְלָטוֹ אֲשֶׁר נָס שָׁמָּה וְיָשַׁב בָּהּ עַד מוֹת הַכֹּהֵן הַגָּדֹל אֲשֶׁר מָשַׁח אֹתוֹ בְּשֶׁמֶן הַקֹּדֶשׁ: [במדבר לה, כה] ו) וּמָצָא אֹתוֹ גֹּאֵל הַדָּם מִחוּץ לִגְבוּל עִיר מִקְלָטוֹ וְרָצַח גֹּאֵל הַדָּם אֶת הָרֹצֵחַ אֵין לוֹ דָּם: [במדבר לה, כז] ז) וְהָיוּ לָכֶם הֶעָרִים לְמִקְלָט מִגֹּאֵל וְלֹא יָמוּת הָרֹצֵחַ עַד עָמְדוֹ לִפְנֵי הָעֵדָה לַמִּשְׁפָּט: [במדבר לה, יב] ח) וְאִם יָצֹא יֵצֵא הָרֹצֵחַ אֶת גְּבוּל עִיר מִקְלָטוֹ אֲשֶׁר יָנוּס שָׁמָּה: [במדבר לה, כו] ט) לֹא תֹאבֶה לוֹ וְלֹא תִשְׁמַע אֵלָיו וְלֹא תָחוֹס עֵינְךָ עָלָיו וְלֹא תַחְמֹל וְלֹא תְכַסֶּה עָלָיו: [דברים יג, ט]

Mishnah The previous Mishnah taught that it is permissible to kill an exile who leaves the boundaries of the city of refuge. This Mishnah discusses the law of an exile found in a tree located partly inside and partly outside the city:

אִילָן שֶׁהוּא עוֹמֵד בְּתוֹךְ הַתְּחוּם – **If a tree is standing inside the *techum*** of a city of refuge, וְנוֹפוֹ נוֹטֶה חוּץ לַתְּחוּם – **but its branches are leaning outside the *techum*,** אוֹ עוֹמֵד חוּץ לַתְּחוּם – **or if it is standing outside the *techum*,** וְנוֹפוֹ נוֹטֶה בְּתוֹךְ הַתְּחוּם – **but its branches are leaning inside the *techum*,** הַכֹּל הוֹלֵךְ אַחַר הַנּוֹף – **everything goes by** the location of **the branches.** If they are within the *techum,* then even if the exile is clinging to the trunk outside the *techum,* the redeemer of the blood may not kill him. If the branches are outside the *techum,* then even if the exile is on the trunk inside the *techum,* the redeemer may kill him.[56]

Gemara Our Mishnah rules that all parts of the tree are classified by the location of the branches. The Gemara raises a contradiction to our Mishnah from a Mishnah concerning *maaser sheni:*

וּרְמִינְהִי – **But contrast [our Mishnah with the Mishnah in Tractate *Maaser Sheni*],** which states:[57] אִילָן שֶׁהוּא עוֹמֵד [בתוך הפנים] (בִּפְנִים) – IF A TREE IS STANDING INSIDE the walls of Jerusalem, וְנוֹטֶה לַחוּץ – BUT ITS BRANCHES ARE LEANING OUTSIDE the walls, אוֹ עוֹמֵד בַּחוּץ – OR if IT IS STANDING OUTSIDE the walls, וְנוֹטֶה לִפְנִים – BUT ITS BRANCHES ARE LEANING INSIDE the walls, this is its law: מִכְּנֶגֶד הַחוֹמָה וְלִפְנִים כְּלִפְנִים – The segment located FROM THE WALL AND INWARD IS treated AS INSIDE THE CITY; מִכְּנֶגֶד הַחוֹמָה וְלַחוּץ כְּלַחוּץ – the segment located FROM THE WALL AND OUTWARD IS treated AS OUTSIDE THE CITY. Thus, one perched on the tree inside the walls may consume *maaser sheni;* one perched on the tree outside the walls may not.

This Mishnah rules that all parts of a tree are classified according to their actual location. The trunk does not follow the branches, nor the branches the trunk. This contradicts the ruling of our Mishnah. – ? –

The Gemara differentiates between the two cases:

מַעֲשֵׂר אַעָרֵי מִקְלָט קָא רָמִית – **Do you** then **contrast** the law of ***maaser** sheni* **with** the law of **cities of refuge?** But their laws are not comparable. מַעֲשֵׂר בְּחוֹמָה תָּלָה רַחֲמָנָא – In the case of ***maaser sheni,* the Merciful One made** consumption **dependent upon** being inside **the wall.**[58] Therefore, one is judged by whether he is actually located within the wall. The status of the tree is irrelevant. עָרֵי מִקְלָט בְּדִירָה תָּלָה רַחֲמָנָא – But in the case **of cities of refuge, the Merciful One made** their protection **dependent on** one's **dwelling** therein.[59] Accordingly, the tree is judged by its usability as a dwelling. בְּנוֹפוֹ מִתְּדַר לֵיהּ – **In the branches, one can dwell;** בְּעִיקָּרוֹ לֹא מִתְּדַר לֵיהּ – **on the trunk, one cannot dwell.**[60] Since the tree's status as a dwelling depends entirely upon its branches, everything follows the location of the branches. If the branches are within the *techum,* the tree is regarded as a dwelling located in the city of refuge; therefore, even if the killer is on the trunk outside the *techum,* he is protected. If the branches are outside the *techum,* the tree is regarded as a dwelling located outside the *techum;* therefore, even if the killer is on the trunk inside the *techum,* he is not protected.[61]

Having resolved this contradiction by differentiating between the law of cities of refuge and that of *maaser sheni,* the Gemara points out that there remains a contradiction between the Mishnah in Tractate *Maaser Sheni* and another Mishnah dealing with *maaser sheni:*

וּרְמֵי מַעֲשֵׂר אַמַּעֲשֵׂר – **But contrast** the law of ***maaser** sheni* stated in the Mishnah just cited **with** the law of ***maaser** sheni* cited in another Mishnah, and note the contradiction. דְּתַנְיָא – **For we have learned in a Mishnah** in Tractate *Maasros:*[62] בִּירוּשָׁלַיִם הַלֵּךְ אַחַר הַנּוֹף – IN JERUSALEM, i.e. as regards consumption of *maaser sheni,* GO BY the location of THE BRANCHES; בְּעָרֵי מִקְלָט

NOTES

56. *Rashi.* This is the straightforward meaning of the Mishnah. The Gemara will question this interpretation and ultimately modify it.

57. *Maaser Sheni* 3:7.

This Mishnah discusses the law of *maaser sheni. Maaser sheni* is the second tithe taken from the produce of Eretz Yisrael in the first, second, fourth and fifth years of the seven-year *shemittah* cycle. [In the third and sixth years it is replaced by *maaser ani,* the tithe given to the poor.] *Maaser sheni* remains the property of its owner, but must be brought to Jerusalem and eaten there, or else be redeemed for money which is then taken to Jerusalem and used to buy food to be eaten there. The Mishnah discusses one who wishes to consume *maaser sheni* while perched on a tree that is located partly inside and partly outside of Jerusalem (*Rashi; Ritva*).

The Mishnah also concerns a person who wishes to *redeem* his *maaser sheni* while on the tree. The rule is that *maaser sheni* may be redeemed only *outside* Jerusalem. If the tree is regarded as inside the wall, he may not redeem the *maaser sheni* there (see *Rash* to *Maasros* 3:10; *Rabbeinu Chananel* here).

58. As the verse states regarding the consumption of *maaser sheni* (*Deuteronomy* 12:18): לִפְנֵי ה׳ אֱלֹהֶיךָ תֹּאכְלֶנּוּ, *before Hashem, your God, you shall eat it* (*Rashi; Ritva*). [The wall of Jerusalem marks the area referred to as "before Hashem, your God," for it is the environ of the Holy Temple.]

59. As the verse states (*Numbers* 35:28): כִּי בְעִיר מִקְלָטוֹ יֵשֵׁב, *For in his city of refuge he shall dwell* (*Rashi; Ritva*).

60. I.e. the branches are more fit for dwelling than the trunk (*Rashi*). [That is to say, they are at least *minimally* fit for dwelling upon; the trunk is not fit at all.] See *Rambam, Commentary to the Mishnah,* and *Meiri,* who refer to "*under* the branches," rather than "*in* the branches."

61. *Ritva* asks: Since the killer is forbidden to dwell in the *techum* (as we learned above), the *entire techum* should be regarded as unfit for him to dwell in, and should not afford him refuge. Yet, the Mishnah rules that the *techum does* afford him refuge! We thus see that the protection of the *techum* does *not* depend upon it being suitable for dwelling. If so, even if one finds himself in a place in the *techum* that is *physically* unfit for residence, such as on the trunk of a tree, the *techum* should still protect him. *Ritva* answers that the mere fact that being forbidden to live in the *techum* does not render it unfit for dwelling. Since the *techum* is *physically* suited for residence, it is regarded as a place fit for dwelling. Therefore, it protects the killer. The trunk of a tree, by contrast, is *physically* unfit for dwelling. Therefore, it does not protect the killer (see *Rashash*).

62. *Maasros* 3:10. [In the standard editions of Mishnayos, the clauses quoted here are reversed. The law of cities of refuge precedes that of Jerusalem.]

The Gemara prefaces its quote with the word דְּתַנְיָא, which denotes a Baraisa. This quote, however, is really from a Mishnah in *Maasros,* not from a Baraisa (see *Rabbeinu Chananel*). Therefore, *Mesoras HaShas* emends דְּתַנְיָא to read דְּתְנַן, which denotes a Mishnah. But *Aruch LaNer* maintains that the quote is actually from a Baraisa. Seemingly, this idea is supported by *Rashi* on 12b (ד״ה אילן וד״ה רב אשי), who describes this teaching as a Baraisa. However, *Hagahos HaGra* there (§1) writes that *Rashi* and *Tosafos* commonly refer to Mishnahs as Baraisos (see, for example, *Rashi, Sanhedrin* 48a ד״ה אזמניה ולא צר ביה; *Tosafos, Yoma* 6b ד״ה סיפא). *Gra* cites *Shitah Mekubetzes* to *Bava Kamma* (75b), who states that when the Gemara compares a localized Mishnah to one from another tractate, it can refer to the outside Mishnah as a Baraisa. See *Rashash* to *Nedarim* (26b) and *Margaliyos HaYam, Sanhedrin* ibid. §14 in this vein.

אלו הן הגולין פרק שני מכות יב.

אליבא דרבי אליעזר כולי עלמא לא פליגי כי פליגי אליבא דר' יהושע מאן דאמר מתה כרבי יהושע ומאן דאמר בטלה עד כאן לא קאמר רבי יהושע התם דכתיב (א) ברך ה' חילו ופועל ידיו תרצה אפי' חללין שבו אבל הכא אפי' רבי יהושע מודה: נגמר דינו וכו': אמר רב יהודה אמר רב שתי טעיות טעה יואב באותה שעה דכתיב (ב) וינס יואב אל אהל ה' ויחזק בקרנות המזבח טעה שאינו קולט אלא גגו והוא תפס בקרנותיו טעה שאינו קולט אלא מזבח בית עולמים והוא תפס מזבח של שילה אביי אומר בהא נמי מיטעא טעה שאינו קולט אלא כהן ועבודה בידו והוא זר היה אמר ריש לקיש שלש טעיות עתיד שרו של רומי לטעות דכתיב (ג) מי זה בא מאדום חמוץ בגדים מבצרה טועה שאינה קולטת אלא בצר והוא גולה לבצרה טועה שאינה קולטת אלא שוגג והוא מזיד היה טועה שאינה קולטת אלא אדם והוא מלאך הוא אמר ר' אבהו ערי מקלט לא נתנו לקבורה דכתיב (ד) ומגרשיהם יהיו לבהמתם ולרכושם ולכל חייתם לחיים נתנו ולא לקבורה מיתיבי שמה שם תהא דירתו שם תהא מיתתו שם תהא קבורתו רוצח שאני דגלי ביה רחמנא: כשם שהעיר קולטת וכו': ורמינהו (ה) וישב בה בה ולא בתחומה אמר אביי לא קשיא כאן לקלוט כאן לדור תיפוק ליה דאין עושין שדה מגרש ולא מגרש שדה לא מגרש עיר ולא עיר מגרש אמר רב ששת לא נצרכה אלא למחילות: רוצח שיצא חוץ לתחום וכו': ת"ר (ו) ורצח גואל הדם את הרוצח מצוה ביד גואל הדם רשות ביד כל אדם דברי רבי יוסי הגלילי ר' עקיבא אומר רשות ביד גואל הדם וכל אדם [א] חייבין עליו מאי טעמא דרבי יוסי הגלילי ורבי עקיבא מי כתיב ירצח אמר מר זוטרא בר טוביה אמר רב רוצח שיצא חוץ לתחום ומצאו גואל הדם והרגו נהרג עליו כמאן לא כר' יוסי הגלילי ולא כר"ע הוא דאמר כי האי תנא דתניא ר' אליעזר אומר (ז) עד עמדו (ב) לפני העדה למשפט מה ת"ל לפי שנאמר (ו) ורצח גואל הדם את הרוצח יכול מיד ת"ל עד עמדו לפני העדה למשפט ורבי יוסי ורבי עקיבא האי עד עמדו לפני העדה למשפט מאי דרשי ביה ההוא מיבעי ליה לכדתניא רבי עקיבא אומר מנין לסנהדרין שראו אחד שהרג את הנפש שאין ממיתין אותו עד שיעמוד בב"ד אחר ת"ל עד עמדו לפני העדה למשפט עד שיעמוד בב"ד אחר ת"ר (ח) אם יצא יצא הרוצח אין לי אלא במזיד בשוגג מנין ת"ל אם יצא יצא מ"מ והתניא [ב] (והורגו) במזיד נהרג בשוגג גולה לא קשיא הא כמאן דאמר אמרינן דברה תורה כלשון בני אדם הא כמאן דאמר לא אמרינן דברה תורה כלשון בני אדם אמר אביי מסתברא כמ"ד דברה תורה כלשון בני אדם שלא יהא סופו חמור מתחלתו מה תחלתו במזיד נהרג בשוגג גולה אף סופו במזיד נהרג בשוגג גולה תני חדא אב שהרג בנו נעשה לו גואל הדם ותניא אידך אין בנו נעשה לו גואל הדם לימא הא רבי יוסי הגלילי והא ר"ע ותסברא בין למ"ד מצוה בין למ"ד רשות מי שרי והאמר רבה בר רב הונא וכן תנא דבי רבי ישמעאל לכל אין הבן נעשה שליח לאביו להכותו ולקללתו חוץ ממסית שהרי אמרה תורה (ט) לא תחמול ולא תכסה עליו אלא לא קשיא הא בבנו והא בבן בנו:

מתני' אילן שהוא עומד בתוך התחום ונופו נוטה חוץ לתחום או עומד חוץ לתחום ונופו נוטה בתוך התחום הכל הולך אחר הנוף:

גמ' ורמינהי אילן שהוא עומד [ג] (בתוך הפנים) ונוטה לחוץ או עומד בחוץ ונוטה לפנים מכנגד החומה ולפנים כלפנים מכנגד החומה ולחוץ כלחוץ מעשר אערי מקלט קא רמית מעשר בחומה תלה רחמנא ערי מקלט בדירה תלה רחמנא בנופו מתדר ליה בעיקרו לא מתדר ליה ורמי מעשר אמעשר דתניא בירושלים הלך אחר הנוף בערי מקלט הלך אחר הנוף אמר רב כהנא לא קשיא הא ר' יהודה והא רבנן דתניא ר'

רש"י

אליבא דרבי אליעזר כ"ע לא פליגי. כלומר מאן דאמר מתה ודאי כרבי יהושע אמר ולא כרבי אליעזר דאליבא דרבי אליעזר ליכא למ"ד מתה כיון דלגבי עבודותיו אמר פסולות למפרע ודאי אין זה כהן: **כי פליגי אליבא דרבי יהושע.** כלומר אין אנו צריכין לומר מ"ד בטלה כרבי אליעזר ולא כרבי יהושע דאליבא דרבי יהושע איכא למימר דפליגי: **פועל ידיו תרצה.** עבודותיו כשירות אבל לענין שאר דבריו אינו כהן: **טעה יואב.** בדרשא דמעם מזבחי תקחנו ולא מעל מזבחי וכסבור דהיינו מעל מזבחי: **מזבח בית עולמים.** דכתיב מזבחי המיוחד לי: ה"ג והוא תפס במזבח של במה שעשה דוד לפני הארון שהיה באהל אשר נטה לו דוד בעיר דוד כדכתיב וינס יואב אל אהל ה' ומצינו בדברי הימים שעשה דוד מזבח לפניו ואי אפשר לומר מזבח של שילה שהוא היה בימי דוד ושלמה (היה בגבעון): **שרו של רומי.** סמאל שיברח לבצרה שבתחלה יפרע ממנו כשיגיע הקץ להחרב כדכתיב (ישעיה כד) יפקוד ה' על צבא המרום במרום ואחר כך על מלכי האדמה על האדמה: **חמוץ בגדים.** אדמו של סמאל ואף על פי שאין המלאכים בשר ודם כתב בו הכתוב כעין הריגת האדם לשבר את האזן מה שהיא יכולה לשמוע: **לא נתנו לקבורה.** ללוים שהן שלהם: **תיפוק ליה.** דאין בונין בית במגרש דא"כ הוה ליה מגרש עיר: **אין עושין.** שדה של לוים: **מגרש.** שנתנו ללוים אלפים אמה סביב העיר כדכתיב (במדבר לה) ומדותם מחוץ לעיר (ג) וכתיב מקיר העיר וחוצה אלף אמה וגו' הא כיצד אלף אמה מגרש שאין בו לא בית ולא שדה והשאר שדות וכרמים: **למחילות.** תחת הקרקע שאין אוכלות מגרש כלום מלמעלה ואי לאו דכתיב בה ולא בתחומה הייתי אומר ידור בתחומה במערה: **ורצח.** איכא לפרושי לשון ליווי כמו (שמות לו) ועשה בצלאל ואהליאב ואיכא לפרושי לשון רשות כמו ועשה ה' להם וגו' (דברים לא): **סופו חמור מתחלתו.** סופו לאחר חוץ לתחום תחלתו הרציחה: **אב שהרג את הבן.** בנו השני נעשה גואל הדם של אחיו והורג את אביו: **הא דתניא נעשה.** רבי יוסי הגלילי היא דאמר מצוה לגואל הדם: **לכל אין הבן נעשה וכו'.** לכל עבירות שבתורה אין הבן נעשה שליח ב"ד על אביו לא להלקותו ולא לנדותו חוץ ממסית: ה"ג **אלא לא קשיא הא בבנו הא בבן בנו.** הא דתניא אין בנו נעשה גואל הדם בבנו של רוצח קאמר והא דתניא בנו נעשה גואל הדם בבנו של הרוג קאמר שהוא בן בנו של רוצח ואינו מוזהר על כבודו: **מתני' הכל הולך אחר הנוף.** אפי' הוא בעיקרו שבתוך התחום הרי הוא כיוצא חוץ לתחום ואם עיקרו חוץ לתחום ונופו בתוך התחום אף העיקר קולט: **גמ' אילן שהוא עומד בפנים.** בירושלים (ד) ולענין אכילת מעשר שני בירושלים היא שנויה: **מכנגד החומה וכו'.** אלמא לא נופו שדינן בתר עיקר ולא עיקר בתר נוף: **בחומה תלה רחמנא.** דכתיב (דברים יב) לפני ה' אלהיך תאכלנו: **בדירה תלה רחמנא.** דכתיב (במדבר לה) כי בעיר מקלטו ישב ונופו ראוי לדירה יותר מעיקרו: **בירושלים.** לענין מעשר הלך אחר הנוף:

רבי

תוספות

אילן שהוא לפנים מכנגד החומה ולפנים כלפנים. תימה דבשילהי כילד צולין (פסחים דף פה: ושם) אמרי' (ה) דגגות לא נתקדשו ואם כן (הוו) מעשר שני אין אוכלין על האילן וי"ל דמיירי שענפיו מועטין שאין בהן ארבע' דלא חשיבי והוי כאילו עומדת באויר כנגד הקרקע עוד יש לומר דמיירי [אפי'] באילן שענפיו מרובין ואויר ירושלים כירושלים:

אימור

רבינו חננאל

כי פליגי אליבא דרבי יהושע מאן דאמר מתה כרבי יהושע כלומר קרבנותיו כשרין (בחי עכשיו) [כחי עכשיו] מת ומאן דאמר בטלה אמר לך עד כאן לא קאמר רבי יהושע התם אלא משום דכתיב ברך ה' חילו ופועל ידיו תרצה אפילו חולין שבו אבל הכא אפילו רבי יהושע מודה דבטלה כהונה. נגמר דינו בלא כהן גדול ואח"כ נתמנה כ"ג ומי שהרג כו' א"ר יהודה אמר רב שתי טעיות טעה יואב כו': ירושלמי אמר רבי יוחנן שלח לרבנן דתמן תרין מילין אתון אמרין בשם רב (ולי) [ולית] אינון כן אתון אמרין בשם רב התירו ביפת תואר אלא בעילה ראשונה ואני אומר לא ראשונה ולא אחרונה אלא אחר כל המעשים שנאמר ואחר כן תבא אליה ובעלתה ותוב אמריתו כי טעה יואב והחזיק בקרנות המזבח ואין הקרנות קולטות אלא גגו ולא גג שבשילה קולט אלא גג בית העולמים קולט ואני אומר לא הקרנות קולטות ולא הגג קולט לא של שילה ולא של בית העולמים ואינן קולטות אלא ערי מקלט בלבד. ואפשר יואב תחכמוני ראש השלישים היה טועה בדבר זה אלא לסנהדרין ברח אמר מוטב יהרג בבית [דין] שירשוהו בניו דתנינן הרוגי ב"ד נכסיהן ליורשין הרוגי מלכות נכסיהן למלך מיד אמר שלמה וכי לממונו אני צריך להסיר דמי חנם אני צריך. כשם שהעיר קולטת כך תחומה קולטת ואע"פ שאינו דר בתחומה ג) אם יש שם מחילה אבל קולטת ואין רשות לגואל הדם להורגו בתחומה. הריגת הרוצח מצוה ביד גואל הדם וביד כל אדם רשות דברי ר' יוסי הגלילי ר' עקיבא אומר גואל הדם רשות וכל אדם אין ד) חייבין עליו משום דרב אמרו רוצח שיצא חוץ לתחום ה) קודם שיגמר דינו לגלות ומצאו גואל הדם והרגו נהרג עליו. ומתמהינן כמאן אמר רב לשמעתיה לא כר' יוסי הגלילי דאמר מצוה ולא כר' עקיבא דאמר רשות לתרווייהו פטור. ואמרינן רב דאמר כר' אליעזר כו': ת"ר ואם יצא יצא הרוצח אין לי אלא במזיד כו' אמר אביי מסתברא כמאן דאמר דברה תורה כלשון בני אדם אלא במזיד נהרג בשוגג גולה שלא יהא סופו חמור מתחלתו תחלתו שבשוגג גולה אף סופו בשוגג גולה: תני חדא אב שהרג בנו נעשה גואל הדם ותניא אידך אין בנו נעשה גואל הדם. פרקינן אם עשו הרג תימן בן אליפז ו) אליפז נעשה גואל הדם של בנו שלו והורג עשו אביו אבל אם הרג עשו רעואל בנו (של) [שלו אין] אליפז גואל דם אחיו מיד אביו: [מתני'] אילן שהוא עומד בתוך התחום ונופו נוטה חוץ לתחום כו' עד הכל הולך אחר הנוף. ורמינן עלה הא דתנן במעשר שני פ"ג אילן שהוא עומד בפנים ונוטה לחוץ או עומד בחוץ ונוטה לפנים מכנגד החומה ולפנים כלפנים מכנגד החומה ולחוץ כלחוץ. ופרקינן שאני מעשר דבחומה תלה רחמנא שנאמר ואכלת לפני ה' אלהיך במקום וגו' פי' אין נאכלין חוץ לחומה אין לפנים מן החומה אלא נאכלין בתורת מעשר שני וכן מפורש בתלמוד ארץ ישראל במקומו לפיכך כל הפירות שהן חוץ לחומה חשובין כחוץ ומה שהן בפנים כלפנים אבל ערי מקלט ישיבה כתיב בהו ובנופו מתדר ליה בעיקרו לא: ורמי מעשר אמעשר דהא תנן במעשרות סוף פ"ג [מ"י] בערי מקלט הלך אחר הנוף ובירושלים הכל הולך אחר הנוף. ופריק רב כהנא לא קשיא הא דתני אחר הנוף לר"י והא

עין משפט נר מצוה

סו א ב ג מיי' פ"ה מהל' רוצח הלכה יג סמג עשין עה:
סז ד מיי' שם פ"ה הל' ד ופי"ג מהל' שמיטין הל"ג סמג עשין קלה:
סח ה מיי' פ"ז מהל' רוצח הל"ג והל"ח סמג עשין עה עו:
סט ו ז מיי' שם פ"ח הלכה יא סמג שם:
ע ח מיי' פי"ג מהלכות שמיטין הלכה ד סמג עשין קלה:
עא ט מיי' פ"ה מהלכות רוצח הלכה ה:
עב י מיי' שם פ"ה הל"ט:
עג כ מיי' שם פ"ה הל"י:
עד ל מיי' שם פ"ה הל"ג:
עה מ מיי' פ"ה מהל' ממרים הל"ז סמג לאוין ריג טוש"ע יו"ד סי' רמא סעיף ה:
עו נ מיי' שם:
עז ס מיי' פ"א מהלכות רוצח הלכה ג:
עח ע מיי' שם פ"ח הלכה יא:

ליקוטי רש"י

ברך ה' חילו. בכהנים כתיב ישימו קטורה באפך וגו' וסמיך ליה ברך ה' חילו חללים שבו [פסחים עב:]. חללין שבו. חללין שבשבט לוי דקרא בשבט לוי כתיב [קידושין סו:]. מעם מזבחי. אם כהן הוא שבא לעבוד עבודה. ולא מעל מזבחי. אם התחיל בעבודה אין מפסיק לבא לידון אלא משלים עבודתו [יומא פה.]. ולכל חיתם. לכל צרכיהם [במדבר לה ג]. ומגרש. ריוח. מקום חלק חוץ לעיר סביב, להיות לנוי לעיר, ואין רשאין לבנות שם בית, ולא לנטוע כרם, ולא לזרוע זריעה [במדבר לה ב].

מסורת הש"ס

א) קדושין סו:, ב) [ער' תוס' בע"ז נח: ד"ה בלבר], ג) [לעיל יא.], ד) ב"ב כד: ערכין לג: [תוספ' פ"ה], ה) [סנהדרין מה:], ו) [ער' תוס' ב"ק כו. ד"ה דרחמנא], ז) [ילקוט], ח) [ברכות לא: קדושין יז:], ט) [סנהדרין פה: ע"ש], י) [מעשרות פ"ג מ"י], ק) רש"א.

הגהות הב"ח

(א) גמ' אין גואל הדם: (ב) שם רבי אליעזר אומר עד עמדו: (ג) רש"י ד"ה מגרש וכו' מחוץ לעיר אלפים אמה וכתיב מקיר: (ד) ד"ה אילן וכו' בפנים ולענין כצ"ל ותיבת בירושלים נמחק: (ה) תוס' ד"ה אילן וכו' אמרינן דגגות לא נתקדשו וא"כ לא הוי מעשר שני וכו' מועטין וכו' וכאלו עומדין באויר וכו' ועוד י"ל דמיירי ואויר ירושלים וכו' הס"ד:

גליון הש"ס

רש"י ד"ה טעה יואב וכו' ולא מעל מזבחי. עי' יומא דף פה ע"א תוס' ד"ה ולא מעל מזבחי: בד"ה ה"ג אלא וכו' ואינו מוזהר על כבודו. עי' בדרשות הר"ן פרשת תולדות.

הגהות הגר"א

[א] גמ' וכל אדם אין חייבין כצ"ל: [ב] שם והורגו. נמחק ונ"ב במסורת דפוסים ישנים: [ג] שם עומד בפנים כצ"ל.

תורה אור השלם

א) בָּרֵךְ יְיָ חֵילוֹ וּפֹעַל יָדָיו תִּרְצֶה מְחַץ מָתְנַיִם קָמָיו וּמְשַׂנְאָיו מִן יְקוּמוּן: [דברים לג, יא]
ב) וְהַשְּׁמֻעָה בָּאָה עַד יוֹאָב כִּי יוֹאָב נָטָה אַחֲרֵי אֲדֹנִיָּה וְאַחֲרֵי אַבְשָׁלוֹם לֹא נָטָה וַיָּנָס יוֹאָב אֶל אֹהֶל יְיָ וַיַּחֲזֵק בְּקַרְנוֹת הַמִּזְבֵּחַ: [מ"א ב, כח]
ג) מִי זֶה בָּא מֵאֱדוֹם חֲמוּץ בְּגָדִים מִבָּצְרָה זֶה הָדוּר בִּלְבוּשׁוֹ צֹעֶה בְּרֹב כֹּחוֹ אֲנִי מְדַבֵּר בִּצְדָקָה רַב לְהוֹשִׁיעַ: [ישעיה סג, א]
ד) וְהָיוּ הֶעָרִים לָהֶם לָשָׁבֶת וּמִגְרְשֵׁיהֶם יִהְיוּ לִבְהֶמְתָּם וְלִרְכֻשָׁם וּלְכֹל חַיָּתָם: [במדבר לה, ג]
ה) וְהִצִּילוּ הָעֵדָה אֶת הָרֹצֵחַ מִיַּד גֹּאֵל הַדָּם וְהֵשִׁיבוּ אֹתוֹ הָעֵדָה אֶל עִיר מִקְלָטוֹ אֲשֶׁר נָס שָׁמָּה וְיָשַׁב בָּהּ עַד מוֹת הַכֹּהֵן הַגָּדֹל אֲשֶׁר מָשַׁח אֹתוֹ בְּשֶׁמֶן הַקֹּדֶשׁ: [במדבר לה, כה]
ו) וּמָצָא אֹתוֹ גֹּאֵל הַדָּם מִחוּץ לִגְבוּל עִיר מִקְלָטוֹ וְרָצַח גֹּאֵל הַדָּם אֶת הָרֹצֵחַ אֵין לוֹ דָּם: [במדבר לה, כז]
ז) וְהָיוּ לָכֶם הֶעָרִים לְמִקְלָט מִגֹּאֵל וְלֹא יָמוּת הָרֹצֵחַ עַד עָמְדוֹ לִפְנֵי הָעֵדָה לַמִּשְׁפָּט: [במדבר לה, יב]
ח) וְאִם יָצֹא יֵצֵא הָרֹצֵחַ אֶת גְּבוּל עִיר מִקְלָטוֹ אֲשֶׁר יָנוּס שָׁמָּה: [במדבר לה, כו]
ט) לֹא תֹאבֶה לוֹ וְלֹא תִשְׁמַע אֵלָיו וְלֹא תָחוֹס עֵינְךָ עָלָיו וְלֹא תַחְמֹל וְלֹא תְכַסֶּה עָלָיו: [דברים יג, ט]

חשק שלמה על ר"ח

א) במשנה איתא ואינו יוצא לא לעדות מצוה וכו' ומשמע דקאי אכולהו רוצחים דיוצאים במיתת כה"ג ואולי דרבינו היה לו גירסא אחרת או דחסר בדברי רבינו וצ"ל ואינו יוצא וכו'. ב) עי' סנהדרין מה ע"ב ותוס' שם. ג) יש שם מחילה מ"מ אינו רשאי לדור שם. ד) כ"ה הגירסא בגמ' בדפוס ווינציא וכ"ה בהגהות הגר"א ז"ל כאן. ה) עי' לעיל דף י ע"ב בתחילה וכו' מי שנתחייב גלות מחזירין. ו) פי' רבינו צ"ע ואולי ט"ס כאן.

הַלַּךְ אַחַר הַנּוֹף — **IN CITIES OF REFUGE,** i.e. as regards providing refuge to a killer, **GO BY** the location of **THE BRANCHES.**

This Mishnah states that with regard to *maaser sheni,* the entire tree is classified according to the location of its branches. It thus contradicts the Mishnah in *Maaser Sheni,* which rules that with regard to *maaser sheni,* all parts of a tree are classified according to their actual location.

Faced with this difficulty, the Gemara is forced to reassess its previous solution to the contradiction between *our* Mishnah and the Mishnah in *Maaser Sheni.*[63] It now offers a solution that resolves *both* contradictions — the one between our Mishnah and the Mishnah in *Maaser Sheni,* and the one between the Mishnah in *Maasros* and the Mishnah in *Maaser Sheni:*

אָמַר רַב כַּהֲנָא — **Rav Kahana said:** לֹא קַשְׁיָא — **There is no difficulty.** הָא רַבִּי יְהוּדָה — **This one** (i.e. our Mishnah and the Mishnah in *Maasros,* which judge the entire tree by its branches) represents the view of **R' Yehudah.** וְהָא רַבָּנָן — **This one** (i.e. the Mishnah in *Maaser Sheni,* which classifies each part of a tree according to its actual location) represents the view of **the Rabbis.** דְּתַנְיָא — **For it has been taught in a Baraisa:**

NOTES

63. [The solution offered for the contradiction between our Mishnah and the Mishnah in *Maaser Sheni* — i.e. that the laws of *maaser sheni* and a city of refuge are different — cannot be applied to the contradiction between the Mishnah in *Maaser Sheni* and the Mishnah in *Maasros.* For both those Mishnahs deal with *maaser sheni;* clearly, their different rulings do not arise from a difference in subject matter. This being so, our Gemara is forced to reconsider its approach to the discrepancy between our Mishnah and that of *Maaser Sheni* as well — perhaps it too arises from something other than the difference in subject matter. To this end, the Gemara now offers a solution that lays to rest *both* contradictions (see *Rashi* 12b ד״ה הלך אחר נופו באילן; *Ritva* here).]

אליבא דרבי אליעזר כולי עלמא לא פליגי כי פליגי אליבא דר' יהושע מאן דאמר מתה כרבי יהושע ומאן דאמר בטלה עד כאן לא קאמר רבי יהושע התם דכתיב א) ברך ה' חילו ופועל ידיו תרצה אפי' חללין שבו אבל הכא אפי' רבי יהושע מודה: נגמר דינו וכו': אמר רב יהודה אמר רב שתי טעיות טעה יואב באותה שעה דכתיב ב) וינס יואב אל אהל ה' ויחזק בקרנות המזבח טעה שאינו קולט אלא גגו והוא תפס בקרנותיו טעה שאינו קולט אלא מזבח בית עולמים והוא תפס מזבח של שילה אביי אומר בהא נמי מיטעא טעה שאינו קולט אלא כהן ועבודה בידו והוא זר היה אמר ריש לקיש שלש טעיות עתיד שרו של רומי לטעות דכתיב ג) מי זה בא מאדום חמוץ בגדים מבצרה טועה שאינה קולטת אלא בצר והוא גולה לבצרה טועה שאינה קולטת אלא שוגג והוא מזיד היה טועה שאינה קולטת אלא אדם והוא מלאך הוא אמר ר' אבהו עיר מקלט לא נתנו לקבורה דכתיב ד) ומגרשיהם יהיו לבהמתם ולרכושם ולכל חייתם לחיים נתנו ולא לקבורה מיתיבי ה) שמה שם תהא דירתו שם תהא מיתתו שם תהא קבורתו רוצח שאני דגלי ביה רחמנא: כשם שהעיר קולטת וכו': ורמינהו ה) וישב בה בה ולא בתחומה אמר אביי לא קשיא כאן לקלוט כאן לדור תיפוק ליה דאין עושין שדה מגרש ולא מגרש שדה לא מגרש עיר ולא עיר מגרש אמר רב ששת לא נצרכה אלא למחילות: רוצח שיצא חוץ לתחום וכו': ת"ר ו) ורצח גואל הדם את הרוצח מצוה ביד גואל הדם אין (א) גואל הדם רשות ביד כל אדם דברי רבי יוסי הגלילי ר' עקיבא אומר רשות ביד גואל הדם וכל אדם [א] חייבין עליו מאי טעמא דרבי יוסי הגלילי מי כתיב אם רצח ורבי עקיבא מי כתיב ירצח אמר מר זוטרא בר טוביה אמר רב רוצח שיצא חוץ לתחום ומצאו גואל הדם והרגו נהרג עליו כמאן לא כר' יוסי הגלילי ולא כר"ע הוא דאמר כי האי תנא דתניא ר' אליעזר אומר ז) עד עמדו (ב) לפני העדה למשפט מה ת"ל לפי שנאמר ורצח גואל הדם את הרוצח יכול מיד ת"ל עד עמדו לפני העדה למשפט ורבי יוסי ורבי עקיבא האי עד עמדו לפני העדה למשפט מאי דרשי ביה ההוא מיבעי ליה לכדתניא רבי עקיבא אומר מנין לסנהדרין שראו אחד שהרג את הנפש שאין ממיתין אותו עד שיעמוד בב"ד אחר ת"ל עד עמדו לפני העדה למשפט עד שיעמוד בב"ד אחר ת"ר ח) אם יצא יצא הרוצח אין לי אלא במזיד בשוגג מנין ת"ל אם יצא יצא מ"מ והתניא [ב] (והרוגו) במזיד נהרג בשוגג גולה לא קשיא הא כמאן דאמר אמרינן דברה תורה כלשון בני אדם הא כמאן דאמר לא אמרינן דברה תורה כלשון בני אדם אמר אביי מסתברא כמ"ד דברה תורה כלשון בני אדם שלא יהא סופו חמור מתחלתו מה תחלתו במזיד נהרג בשוגג גולה אף סופו במזיד נהרג בשוגג גולה תני חדא אב שהרג בנו נעשה לו גואל הדם ותניא אידך אין בנו נעשה לו גואל הדם לימא הא רבי יוסי הגלילי והא ר"ע ותסברא בין למ"ד מצוה בין למ"ד רשות מי שרי והאמר רבה בר רב הונא וכן תנא דבי רבי ישמעאל לכל אין הבן נעשה שליח לאביו להכותו ולקללתו חוץ ממסית שהרי אמרה תורה ט) לא תחמול ולא תכסה עליו אלא לא קשיא הא בבנו והא בבן בנו: **מתני'** אילן שהוא עומד בתוך התחום ונופו נוטה חוץ לתחום או עומד חוץ לתחום ונופו נוטה בתוך התחום הכל הולך אחר הנוף: **גמ'** ורמינהי אילן שהוא עומד [ג] (בתוך הפנים) ונוטה לחוץ או עומד בחוץ ונוטה לפנים מכנגד החומה ולפנים כלפנים מכנגד החומה ולחוץ כלחוץ מעשר אערי מקלט קא רמית מעשר בחומה תלה רחמנא ערי מקלט בדירה תלה רחמנא בנופו מתדר ליה בעיקרו לא מתדר ליה ורמי מעשר אמעשר דתניא בירושלים הלך אחר הנוף בערי מקלט הלך אחר הנוף אמר רב כהנא לא קשיא הא ר' יהודה והא רבנן דתניא ר'

רש"י

אליבא דרבי אליעזר כ"ע לא פליגי. כלומר מאן דאמר מתה ודאי כרבי יהושע אמר ולא כרבי אליעזר דאליבא דרבי אליעזר ליכא למ"ד מתה כיון דלגבי עבודותיו אמר פסולות למפרע ודאי אין זה כהן: **כי פליגי אליבא דרבי יהושע.** כלומר אין אנו צריכין לומר מ"ד בטלה כרבי אליעזר ולא כרבי יהושע דאליבא דרבי יהושע איכא למימר דפליגי: **פועל ידיו תרצה.** עבודותיו כשירות אבל לענין שאר דבריו אינו כהן: **טעה יואב.** בדרשא דמעם מזבחי תקחנו ולא מעל מזבחי וכסבור דהיינו מעל מזבחי: **מזבח בית עולמים.** דכתיב מזבחי המיוחד לי: ה"ג והוא תפס במזבח של במה שעשה דוד לפני הארון שהיה באהל אשר נטה לו דוד בעיר דוד כדכתיב וינס יואב אל אהל ה' ומצינו בדברי הימים שעשה דוד מזבח לפניו ואי אפשר לומר מזבח של שילה שהוא היה בימי דוד ושלמה (היה בגבעון): **שרו של רומי.** סמאל שיברח לבצרה שבתחלה יפרע ממנו כשיגיע הקץ להחרב כדכתיב (ישעיה כד) יפקוד ה' על צבא המרום במרום ואחר כך על מלכי האדמה על האדמה: **חמוץ בגדים.** מדמו של סמאל ואף על פי שאין המלאכים בשר ודם כתב בו הכתוב כעין הריגת האדם לשבר את האזן מה שהיא יכולה לשמוע: **לא נתנו לקבורה.** ללוים שהן שלהם: **תיפוק ליה.** דאין בונין בית במגרש דא"כ הוה ליה מגרש עיר: **אין עושין.** שדה של לוים: **מגרש.** שנתנו ללוים אלפים אמה סביב העיר כדכתיב (במדבר לה) ומדותם מחוץ לעיר (ג) וכתיב מקיר העיר וחוצה אלף אמה וגו' הא כיצד אלף אמה מגרש שאין בו לא בית ולא שדה והשאר שדות וכרמים: **למחילות.** תחת הקרקע שאין אוכלות במגרש כלום מלמעלה ואי לאו דכתיב בה ולא בתחומה הייתי אומר ידור בתחומה במערה: **ורצח.** איכא לפרושי לשון ציווי כמו (שמות לו) ועשה בצלאל ואהליאב ואיכא לפרושי לשון רשות כמו ועשה ה' להם וגו' (דברים לא): **סופו חמור מתחלתו.** סופו לאחר חוץ לתחום תחלתו הרציחה: **אב שהרג את הבן.** בנו השני נעשה גואל הדם של אחיו והורג את אביו: **הא דתניא נעשה.** רבי יוסי הגלילי היא דאמר מצוה לגואל הדם: **לכל אין הבן נעשה וכו'.** לכל עבירות שבתורה אין הבן נעשה שליח ב"ד על אביו לא להלקותו ולא לנדותו חוץ ממסית: ה"ג **אלא לא קשיא הא בבנו הא בבן בנו.** הא דתניא אין בנו נעשה גואל הדם בבנו של רוצח קאמר והא דתניא בנו נעשה לו גואל הדם בבנו של הרוג קאמר שהוא בן בנו של רוצח ואינו מוזהר על כבודו: **מתני' הכל הולך אחר הנוף.** אפי' הוא בעיקרו שבתוך התחום הרי הוא כיוצא חוץ לתחום ואם עיקרו חוץ לתחום ונופו בתוך התחום אף העיקר קולט: **גמ' אילן שהוא עומד בפנים.** בירושלים (ד) ולענין אכילת מעשר שני בירושלים היא שנויה: **מכנגד החומה וכו'.** אלמא לא נופו שדינן בתר עיקר ולא עיקר בתר נוף: **בחומה תלה רחמנא.** דכתיב (דברים יב) לפני ה' אלהיך תאכלנו: **בדירה תלה רחמנא.** דכתיב (במדבר לה) כי בעיר מקלטו ישב ונופו ראוי לדירה יותר מעיקרו: **בירושלים.** לענין מעשר הלך אחר הנוף:

רבי

תוספות

אילן שהוא לפנים מכנגד החומה ולפנים כלפנים. תימה דבשילהי כילד צולין (פסחים דף פה: ושם) אמרי' (ה) דגגות לא נתקדשו ואם כן (הוו) מעשר שני אין אוכלין על האילן וי"ל דמיירי שענפיו מועטין שאין בהן ארבע' דלא חשיבי והוי כאילו עומדת באויר כנגד הקרקע עוד יש לומר דמיירי [אפי'] באילן שענפיו מרובין ואויר ירושלים כירושלים:

אימור

עין משפט נר מצוה

סו א ב ג מיי' פ"ה מהל' רוצח הלכה יג סמג עשין עה:

סז ד מיי' שם פ"ז הל' ד ופי"ג מהל' ... הל"ג סמג עשין ...:

סח ה מיי' פ"ז מהל' ... הל"ג והל"ח סמג עשין עה עו:

סט ו ז מיי' שם פ"ה הלכה יא סמג שם:

ע ח מיי' פי"ג מהלכות שמיטין הלכה ד סמג עשין קלה:

עא ט מיי' פ"ה מהלכות רוצח הלכה ה:

עב י מיי' שם פ"ה הל"ט:

עג כ מיי' שם הלכה יא:

עד ל מיי' שם פ"ה הל"ג:

עה מ מיי' פ"ה מהל' ממרים הל"ד סמג לאוין ריג טוש"ע יו"ד סי' רמא סעיף ...:

עו נ מיי' שם:

עז ס מיי' פ"א מהלכות רוצח הלכה ג:

עח ע מיי' שם פ"ח הלכה יא:

ליקוטי רש"י

ברך ה' חילו. בכהנים כתיב ישימו קטורה באפך וגו' וסמיך ליה ברך ה' חילו חללים שבו [פסחים עב:].

חללין שבו. חללין שבשבט לוי דקרא בשבט לוי כתיב [קידושין סו:].

מעם מזבחי. אם כהן הוא שבא לעבוד עבודה. **ולא מעל מזבחי.** אם התחיל בעבודה אין מפסיק לבא לידון אלא משלים עבודתו [יומא פה.].

ולכל חיתם. לכל צרכיהם [במדבר לה ב].

ומגרש. ריוח. מקום חלק חוץ לעיר סביב, להיות לנוי לעיר, ואין רשאין לבנות שם בית, ולא לנטוע כרם, ולא לזרוע זריעה [במדבר לה ב].

רבינו חננאל

כי פליגי אליבא דרבי יהושע מאן דאמר מתה כרבי יהושע כלומר קרבנותיו כשרין (בחי עכשיו) [כחי ועכשיו] מת ומאן דאמר בטלה אמר לך עד כאן לא מכשר רבי יהושע התם אלא משום דכתיב ברך ה' חילו ופועל ידיו תרצה אפילו חולין שבו תרצה אבל הכא אפילו רבי יהושע מודה דבטלה כהונה: נגמר דינו בלא כהן גדול ואח"כ נתמנה כ"ג ומי שהרג כ"ג וכ"ג שהרג אינו יוצא משם לעולם א) לא לעדות מצוה ולא לעדות ממון ולא לעדות נפשות ואפילו כל ישראל צריכין לו כיואב כו': א"ר יהודה אמר רב שתי טעיות טעה יואב כו': ירושלמי רבי יוחנן שלח לרבנן דתמן תרין מילין אתון אמרין בשם רב (ולי) [ולית] אינון כן אתון אמרין בשם רב לא התירו ביפת תואר אלא בעילה ראשונה ואני אומר לא ראשונה ולא אחרונה אלא אחר כל המעשים שנאמר ואחר כן תבא אליה ובעלתה ותוב אמריתו כי טעה יואב והחזיק בקרנות המזבח ואין הקרנות קולטות אלא גגו ולא גג אלא גג שבשילה קולט אלא גג בית העולמים קולט ואני אומר לא הקרנות קולטות ולא הגג קולט לא של שילה ולא של בית העולמים ואינן קולטות אלא ערי מקלט בלבד. ואפשר יואב תחכמוני ראש השלישים היה טועה בדבר זה אלא לסנהדרין ברח אמר מוטב יהרג בבית [דין] שירשוהו בניו דתנן הרוגי ב"ד נכסיהן ליורשין הרוגי מלכות נכסיהן למלך מיד אמר שלמה וכי לממונו אני צריך להסיר דמי חנם אני צריך ב): כשם שהעיר קולטת כך תחומה קולטת ואע"פ שאינו דר בתחומה ג) אם יש שם מחילה אבל קולטת ואין רשות לגואל הדם להורגו בתחומה. הריגת הרוצח מצוה ביד גואל הדם וביד כל אדם רשות דברי ר' יוסי הגלילי ר' עקיבא אומר גואל הדם רשות וכל אדם אין ד) חייבין עליו משום דרב אמרו רוצח שיצא חוץ לתחום ה) קודם שיגמר דינו לגלות ומצאו גואל הדם והרגו נהרג עליו. ומתמהינן כמאן אמר רב לשמעתיה לא כר' יוסי הגלילי דאמר מצוה ולא כר' עקיבא דאמר רשות מ"מ לתרווייהו פטור. ואמרינן רב דאמר כר' אליעזר כו': ת"ר ואם יצא יצא הרוצח אין לי אלא במזיד כו' אמר אביי מסתברא כמאן דאמר דברה תורה כלשון בני אדם אלא במזיד נהרג בשוגג גולה שלא יהא סופו חמור מתחלתו תחלתו שבשוגג גולה [illegible] בשוגג נהרג אלא בשוגג גולה: תני חדא אב שהרג בנו נעשה לו גואל הדם ותניא אידך אין בנו נעשה גואל הדם. פרקינן אם עשו הרג תימן בן אליפז ו) אליפז נעשה גואל הדם של בנו שלו והורג עשו אביו אבל אם [illegible] גואל בנו (של) [שלו אין] אליפז גואל דם אחיו מיד אביו: [מתני'] אילן שהוא עומד בתוך התחום ונופו נוטה חוץ לתחום כו' עד הכל הולך אחר הנוף. ורמינן עלה הא דתנן במעשר שני פ"ג אילן שהוא עומד לחוץ או עומד בחוץ ונוטה לפנים כלפנים מכנגד החומה ולחוץ כלחוץ. ופרקינן שאני מעשר דבחומה תלה רחמנא שנאמר ואכלת לפני ה' אלהיך במקום וגו' פי' אין נאכלין חוץ לחומת ... פדיון ואין נפדין לפנים מן החומה אלא נאכלין בתורת מעשר שני וכן מפורש בתלמוד ארץ ישראל במקומו לפיכך כל הפירות שהן חוץ לחומה חשובין כחוץ ומה שהן בפנים כלפנים אבל ערי מקלט ישיבה כתב ... אפשר להיות ישיבה בעיקרו לא: ורמי מעשר אמעשר דהא תנן במעשרות סוף פ"ג [מ"י] בערי מקלט הכל הולך אחר הנוף ובירושלים הכל הולך אחר הנוף. ופריק רב כהנא לא קשיא הא דתני אחר הנוף לר"י והא ...

מסורת הש"ס

א) קדושין סו:, ב) [עי' תוס' בע"ז נח: ד"ה בלר], ג) [לעיל יא:], ד) ב"ב כד: ערכין לג: [תוספ' פ"ה], ה) [סנהדרין מה:], ו) [עי' תוס' ר"ה כו. ד"ה דרחמנא], ז) [בילקוט ליתא וכן בכ"מ אית' והתניא במזיד וכו'], ח) [ברכות לא: קדושין יז: וש"נ], ט) [עי' תוס' סוטה כד. בד"ה ור' יונתן וכו' מה שכתבו בסוף דבריהם ותוס' מנחות יז: ד"ה מאי כו'], י) סנהדרין פה:, כ) מע"ש פ"ג מ"ז, ל) [צ"ל בפנים כך איתא במשנה דמע"ש פ"ג מ"ז], מ) [צ"ל דתנן], נ) פ"ג מ"י דמעשרות, ס) [צ"ל בגבעון ואנן אמרינן זבחים קיח: יום שמת בו עלי נאמר בו ויטוש משכן שילה כך איתא ברש"י בע"י], ע) [צ"ל את פאת קדמה אלפים באמה], פ) [צ"ל שהוא עומד וכו' ונוטה לפנים וכו'], צ) מהרי"ס מ"ז, ק) רש"א.

הגהות הב"ח

(א) גמ' אין לו גואל הדם: (ב) שם רבי אליעזר אומר עד עמדו. נ"ב רישיה דקרא ולא ימות הרוצח עד עמדו וגו': (ג) רש"י ד"ה מגרש וכו' ומדותם מחוץ לעיר אלפים אמה וכתב מקיר: (ד) ד"ה אילן וכו' לענין כצ"ל ואות ו' נמחק: (ה) תוס' ד"ה אילן וכו' אמרינן דגגין לא נתקדשו וא"כ אי הוי מעשר שני וכו' וי"ל דמיירי שענפיו שבהן מועטין וכו' כאילו עומדין באויר וכו' ועוד י"ל וכו' ואויר ירושלים וגגה שוין לקרקע הס"ד:

גליון הש"ס

רש"י ד"ה טעה יואב וכו' ולא מעל מזבחי. עי' יומא דף פה ע"א ברש"י ד"ה ולא מעל מזבחי וצ"ע: בד"ה ה"ג אלא וכו' ואינו מוזהר על כבודו. עי' בדרשות הרא"ח פרשת תולדות:

הגהות הגר"א

[א] גמ' וכל אדם אין חייבין כצ"ל: [ב] שם והרוגו. נמחק (וכן ליתא בדפוסים ישנים): [ג] שם עומד בפנים כצ"ל:

תורה אור השלם

א) בָּרֵךְ יְיָ חֵילוֹ וּפֹעַל יָדָיו תִּרְצֶה מְחַץ מָתְנַיִם קָמָיו וּמְשַׂנְאָיו מִן יְקוּמוּן: [דברים לג, יא]

ב) וְהַשְּׁמֻעָה בָּאָה עַד יוֹאָב כִּי יוֹאָב נָטָה אַחֲרֵי אֲדֹנִיָּה וְאַחֲרֵי אַבְשָׁלוֹם לֹא נָטָה וַיָּנָס יוֹאָב אֶל אֹהֶל יְיָ וַיַּחֲזֵק בְּקַרְנוֹת הַמִּזְבֵּחַ: [מ"א ב, כח]

ג) מִי זֶה בָּא מֵאֱדוֹם חֲמוּץ בְּגָדִים מִבָּצְרָה זֶה הָדוּר בִּלְבוּשׁוֹ צֹעֶה בְּרֹב כֹּחוֹ אֲנִי מְדַבֵּר בִּצְדָקָה רַב לְהוֹשִׁיעַ: [ישעיה סג, א] ד) וְהָיוּ הֶעָרִים לָהֶם לָשָׁבֶת וּמִגְרְשֵׁיהֶם יִהְיוּ לִבְהֶמְתָּם וְלִרְכֻשָׁם וּלְכֹל חַיָּתָם: [במדבר לה, ג] ה) וְהִצִּילוּ הָעֵדָה אֶת הָרֹצֵחַ מִיַּד גֹּאֵל הַדָּם וְהֵשִׁיבוּ אֹתוֹ הָעֵדָה אֶל עִיר מִקְלָטוֹ אֲשֶׁר נָס שָׁמָּה וְיָשַׁב בָּהּ עַד מוֹת הַכֹּהֵן הַגָּדֹל אֲשֶׁר מָשַׁח אֹתוֹ בְּשֶׁמֶן הַקֹּדֶשׁ: [במדבר לה, כה] ו) וּמָצָא אֹתוֹ גֹּאֵל הַדָּם מִחוּץ לִגְבוּל עִיר מִקְלָטוֹ וְרָצַח גֹּאֵל הַדָּם אֶת הָרֹצֵחַ אֵין לוֹ דָּם: [במדבר לה, כז] ז) וְהָיוּ לָכֶם הֶעָרִים לְמִקְלָט מִגֹּאֵל וְלֹא יָמוּת הָרֹצֵחַ עַד עָמְדוֹ לִפְנֵי הָעֵדָה לַמִּשְׁפָּט: [במדבר לה, יב] ח) וְאִם יָצֹא יֵצֵא הָרֹצֵחַ אֶת גְּבוּל עִיר מִקְלָטוֹ אֲשֶׁר יָנוּס שָׁמָּה: [במדבר לה, כו] ט) לֹא תֹאבֶה לוֹ וְלֹא תִשְׁמַע אֵלָיו וְלֹא תָחוֹס עֵינְךָ עָלָיו וְלֹא תַחְמֹל וְלֹא תְכַסֶּה עָלָיו: [דברים יג, ט]

חשק שלמה על ר"ח

א) במשנה איתא ואינו יוצא לא לעדות מצוה וכו' ומשמע דקאי אכולהו רוצחים דיוצאים במיתת כה"ג ואולי דרבינו היה לו גירסא אחרת או דחסר בדברי רבינו וצ"ל ואינו יוצא וכו'. ב) עי' סנהדרין מח ע"ב ותוס' שם ד"ה בשלמא. ג) ר"ל אף יש שם מחילה מ"מ אינו רשאי לדור שם. ד) כ"ה הגירסא בגמ' בדפוס ווינציא וכ"ה בהגהות הגר"א ז"ל כאן. ה) עי' לעיל דף י ע"ב דתחלה וכו'. ו) ...

ר' יהודה אומר במערה הולך אחר פתחה באילן הולך אחר נופו אימור דשמעת ליה לר"י גבי מעשר לחומרא עיקרו בחוץ ונופו בפנים כי היכי דבנופו לא מצי פריק בעיקרו נמי לא מצי פריק עיקרו מבפנים ונופו מבחוץ כי היכי דבנופו לא מצי אכיל בלא פדייה בעיקרו נמי לא מצי אכיל בלא פדייה אלא גבי ערי מקלט בשלמא עיקרו בחוץ ונופו בפנים כי היכי דבנופו לא מצי קטיל ליה בעיקרו נמי לא מצי קטיל ליה אלא עיקרו בפנים ונופו בחוץ כי היכי דבנופו מצי קטיל ליה בעיקרו נמי מצי קטיל ליה הא גואי קאי אמר (א) רבא בעיקרו דכולי עלמא לא פליגי דלא מצי קטיל קאי בנופו ויכול להורגו בחצים ובצרורות דכ"ע לא פליגי דמצי קטיל ליה כי פליגי במהוי עיקרו דרגא לנופו מר סבר הוי עיקרו דרגא לנופו ומר סבר לא הוי עיקרו דרגא לנופו רב אשי אמר [א] מאי אחר הנוף אף אחר הנוף: **מתני'** [ב] הרג באותה העיר גולה משכונה לשכונה ובן לוי גולה מעיר לעיר: **גמ'** [א] ת"ר [א] ושמתי לך מקום וגו' ושמתי לך בחייך מקום (ב) ממקומך אשר ינום שמה מלמד שהיו ישראל מגלין במדבר להיכן מגלין למחנה לויה [ג] מכאן אמרו בן לוי שהרג גולה מפלך לפלך ואם גלה לפלכו פלכו קולטו אמר רב אחא בריה דרב איקא מאי קרא [ב] כי בעיר מקלטו ישב עיר שקלטתו כבר: (ג) **מתני'** [ב] [ד] כיוצא בו רוצח שגלה לעיר מקלטו ורצו אנשי העיר לכבדו יאמר להם רוצח אני אמרו לו אף על פי כן יקבל מהן שנאמר [ג] וזה דבר הרוצח

מעלים

רש"י

רבי יהודה. לענין מעשר אמרה למילתיה: הלך אחר פתחה. כולה בפנים ופתוחה לחוץ כלחוץ כולה בחוץ ופתוחה לפנים כלפנים: באילן הלך אחר נופו. ומתניתין דהכא [א] [ג] ובריית' רבי יהודה ומתני' דאילן שהוא עומד בפנים כו' רבנן ושינויא קמא ליתא: אימור דשמעת ליה כו'. כלומר היכי בעית לאוקמא להא דתניא בירושלים הלך אחר הנוף כו' כר' יהודה הניחא אי תנא בה חדא בירושלים הלך אחר הנוף ולא תנא בה בערי מקלט הלך אחר הנוף מצית מוקמת לה כרבי יהודה אבל השתא מאן ליית לך אימור דשמעת ליה לרבי יהודה גבי מעשר באילן הלך אחר הנוף משום דאיכא למימר לחומרא בין עיקרו בפנים ונופו בחוץ בין עיקרו בחוץ ונופו בפנים דגבי מעשר איכא בין בפנים בין בחוץ חדא לחומרא וחדא לקולא חומר בפנים מבחוץ שבחוץ יכול לפדותו ובפנים אינו יכול לפדותו דקלטי ליה מחילות וחומר בחוץ מבפנים שאינו נאכל בחוץ בלא פדייה ובפנים אוכלו בלא פדייה ואיכא למימר כי אמר רבי יהודה הלך אחר הנוף לחומרא אמרה כדמפרש ואזיל: עיקרו בחוץ ונופו בפנים כו'. הלך אחר הנוף לענין פדייה: עיקרו בפנים ונופו לחוץ. הלך אחר הנוף לענין אכילה דמישדי עיקרו בתר נופו ואסור לאוכלו בעיקרו אא"כ פדאו (ד) מקודם שנכנס: אלא בערי מקלט. על כרחך עיקרו בפנים ונופו לחוץ לא משכחת לה אלא לקולא: אמר רבא בעיקרו כולי עלמא לא פליגי כו'. לעולם כדקא משנינן הא רבי יהודה והא רבנן דלרבנן לא שדינן לא נוף בתר עיקרו ולא עיקרו בתר נוף לא במעשר ולא בערי מקלט כדקתני קמייתא מכנגד החומה ולפנים כלפנים ורבי יהודה פליג ואמר שדי עיקרו בתר נופו ודקאמרת דלמא לחומרא קאמר אנן נמי לחומרא אמרינן לה לענין מעשר כדאמרן ולענין מקלט היכא דעיקרו בחוץ ונופו בפנים דחומרא הוא שדי עיקרו בתר נופו ואם רוצח בעיקרו לא מצי קטיל ליה והיכא דעיקרו בפנים ונופו בחוץ דקאמר בה רבי יהודה הלך אחר הנוף לאו למישדי עיקרו בתר נופו ולמימר (ה) דכי היכי בנופו מצי קטיל ליה בעיקרו נמי מצי קטיל קאמר דבעיקרו שבפנים כולי עלמא לא פליגי דלא מצי קטיל והיכא דקאי רוצח בנופו שבחוץ ויכול גואל הדם לעמוד חוץ לתחום ולהורגו בחצים ובצרורות כולי עלמא לא פליגי דמצי קטיל דלכולי עלמא נוף בתר עיקר לא שדינן כי פליגי דקאמר ר' יהודה הלך אחר הנוף למהוי עיקרו דרגא לנופו שיכנס גואל הדם בתוך התחום ויעלה דרך העיקר ויהרגנו בנופו קאמר וכי הך קולא אית ליה לר' יהודה דהא לאו עיקר שדי בתר נוף אלא כל חד כדקאי: רב אשי אמר מאי אחר הנוף. דקאמר מתני' דהכא וכן ברייתא [ד] בערי מקלט אף אחר הנוף ורבי יהודה היא וכולהו לחומרא ולענין מעשר כדשנינן ולענין מקלט אף אחר הנוף קאמר דהיכא דעיקרו בחוץ ונופו בפנים שדי עיקרו בתר נופו לחומרא ולא תימא כדקאי קאי אבל היכא דעיקרו בפנים ונופו בחוץ שדי נופו בתר עיקרו ולא מצי קטיל בנופו ומשום דבכולי גמרא שדינן נוף בתר עיקר אצטריך הכא למימר דלענין מקלט זמנין דשדינן עיקר בתר נוף לחומרא: **מתני'** הרג באותה העיר. רוצח שגלה לעיר מקלט וחזר והרג באותה העיר בשוגג: גולה משכונה לשכונה. בתוך העיר כי מן העיר אינו רשאי לצאת מפני רציחה ראשונה: ובן לוי. שהוא מיושבי העיר והרג בשוגג גולה מעיר לעיר שהוא רשאי לצאת מן העיר שלא גלה שם: **גמ'** ושמתי לך בחייך. כאן הבטיחו הקדוש ברוך הוא למשה שיזכה למצוה זו בחייו שהבדיל שלש ערים: מקום (ו) ממקומך. שתהא מחנה לויה קולטת ואף ערי מקלט יהיו ערי לויה: פלך. מדינה (ז): מאי קרא. דפלכו קולטו ודמתני' נמי דקתני גולה משכונה לשכונה: בעיר מקלטו. קרא יתירא הוא דמצי למכתב כי שם ישב: **מתני'** אם אמרו לו אעפ"כ. אנו רוצים לכבדך יקבל מהם:

מעלים

תוספות

אימור דשמעת ליה לרבי יהודה (ח) לחומרא. וצריך עיון מנא ליה דלא אמרינן גם להקל וי"ל דמסברא אית ליה דלא פליגי רבי יהודה ורבנן כולי האי כי אם בחומרא בעלמא: גבי מעשר לחומרא עיקרו בחוץ ונופו בפנים כי היכי דבנופו לא מצי פריק כו'. פי' לא אזלינן בתר נוף לקולא לומר דכי היכי דבנופו דבפנים מצי אכיל בלא פדייה הכי נמי בעיקרו מבחוץ מצי אכיל ליה בלא פדייה אלא לחומרא דוקא לומר דלא מצי פריק ליה בעיקרו ומשמע דפשיטא ליה דבנוף גופיה מצי אכיל דנהי דשדינן עיקר בתר נוף לחומרא מ"מ נוף לא שדינן בתר עיקרו גם לחומרא: מר סבר עיקרו הוי דרגא כו'. קצת קשה מנא ליה לאפלוגי רבנן ארבי יהודה בהא ויש לומר דמשמע מתוך הברייתא דפליגי (ט) לרבי יהודה בתרתי בין במעשר בין בערי מקלט מדנקט ערי מקלט גבי ירושלים: רב אשי אמר מאי אחר הנוף. פי' רב אשי בא (י) למידק הא דפרכינן אלא עיקרו בפנים ונופו לחוץ הכא נמי דבעיקרו מצי קטיל וקאמר דאף אחר הנוף קתני מתני' דגם אחר הנוף אזלינן היכי דהוי חומרא (כ) כמו דעיקרו בחוץ ונופו בפנים דשדינן עיקרו בתר נופו ואף בעיקר לא מצי קטיל וה"ה דאזלינן בתר עיקר למישדייה נופו בתר עיקרו לחומרא כגון בעיקרו בפנים ונופו לחוץ דאף בנופו לא קטלינן דאזלינן בתר עיקרו וקשה דא"כ כי היכי דקתני הולך אחר הנוף דהיינו אף אחר הנוף ה"ה דהוה מצי למתני (ל) הכל הולך אחר העיקר ועוד קשה דהא לעיל גבי מעשר כי קאמר דאזלינן בתר הנוף לחומרא משמע דמכל מקום פשיטא ליה דדין נוף עצמו לא היה בטל כלל דלא שדינן ליה בתר עיקרו כדפרישית לעיל ולכך ניחא פירוש הר"ס דודאי דין נוף עצמו לא היה בטל לעולם גם לחומרא כדפירשתי והכי קאמר אף לאחר הנוף שדינן ליה עיקר לחומרא (מ) כמו עיקרו בחוץ ונופו בפנים כי היכי דנופו לא מצי קטיל בעיקר נמי לא מצי קטיל והוא הדין דעיקר אזיל בתר נפשיה שיש לעיקר דין עצמו כגון דעיקרו בפנים ונופו בחוץ אע"ג דבנופו מצי קטיל כדפירש דלעולם יש לו לנוף דין עצמו גם להקל מכל מקום דעיקר מבפנים לא מצי קטיל דלא שדינן העיקר בתר הנוף לקולא רק לחומרא אבל הקונטרס פירש אף אחר הנוף משום דבכולי הש"ס שדינן לנוף בתר העיקר אצטריך למימר הכא גבי מקלט דזימנין דשדינן עיקר בתר הנוף לחומרא לפי זה ניחא קצת הא דנקט אחר הנוף טפי מאחר העיקר מיהו גם זה קשיא דהא לענין מעשר לא שדינן לעולם בתר עיקרו כדפ"ל לכך ניחא (נ) לפי' הר"ס: פלכו קולטו. קשה דהא אמרינן כבר גולה מפלך [לפלך] ועוד הא קאמר בן לוי גולה מעיר לעיר ויש לומר דאם גולה מעיר לעיר יהיה רשאי לילך בכל העיר ובתחומיה ואם יגלה לפלכו פלכו קולטו בו שלא יצא משכונה לשכונה [ה]:

מעלים

עין משפט נר מצוה

עט א מיי' פ"ב מהלכות מעשר שני הלכה טו וע"ש בכ"מ:
פ ב ג מיי' פ"ז מהל' רוצח הלכה ה סמג עשין מה מו:
פא ד מיי' שם הלכה ז:

רבינו חננאל

דתני במקום שהוא נוטה לרבנן. ודחינן אימור דשמעת ליה לר' יהודה דאזיל בתר הנוף לחומרא כו' כדמפרש ופשוטה היא: אמר רבא אי קאי בעיקרו ועיקרו לפנים מן התחום דברי הכל לא מצי קטיל ליה דקלטיה עיקרו קאי בנופו והוא חוץ לתחום ויכול להורגו בדבר הנזרק דברי הכל מצי קטיל ליה כי פליגי במהוי עיקרו דרגא לנופו לעלות משם להרגו ר' יהודה סבר [הוי] עיקרו דרגא לנופו דאחר הנוף אזלינן ורבנן סברי לא. רב אשי אמר מאי אחר הנוף דקתני הכל אנה נוטה (אף) [ואף] אחר הנוף [א]

חשק שלמה על ר"ח

א) אולי ר"ל דמזין אנה נוטה האילן ומה שנוטה לפנים ודאי קולט בין עיקר בין נוף ועוד אזלינן לחומרא אף אחר הנוף דאם הנוף בפנים אף העיקר שבחוץ קולט. וכפי' הר"ס בתוס':

תורה אור השלם

א) וַאֲשֶׁר לֹא צָדָה וְהָאֱלֹהִים אִנָּה לְיָדוֹ וְשַׂמְתִּי לְךָ מָקוֹם אֲשֶׁר יָנוּס שָׁמָּה: [שמות כא, יג]
ב) כִּי בְעִיר מִקְלָטוֹ יֵשֵׁב עַד מוֹת הַכֹּהֵן הַגָּדֹל וְאַחֲרֵי מוֹת הַכֹּהֵן הַגָּדֹל יָשׁוּב הָרֹצֵחַ אֶל אֶרֶץ אֲחֻזָּתוֹ: [במדבר לה, כח]
ג) וְזֶה דְּבַר הָרֹצֵחַ אֲשֶׁר יָנוּס שָׁמָּה וָחָי אֲשֶׁר יַכֶּה אֶת רֵעֵהוּ בִּבְלִי דַעַת וְהוּא לֹא שֹׂנֵא לוֹ מִתְּמֹל שִׁלְשֹׁם: [דברים יט, ד]

ליקוטי רש"י

שדה מגרש. מגרש הוי אלף אמה סביב לעיר מדכתיב מקיר העיר וחוצה אלף אמה סביב וחוץ לאותו אלף היה להם ללוים אלף אמה לשדות וכרמים כדכתיב ומדותם מחוץ לעיר וגו' לא מהם אלף אמה מגרש והשאר שדות וכרמים מגרש פנוי מכלום ואין בו בית ואין זורעין אותו אלא נוי הוא לעיר [ערכין לג:].

דאין עושין מגרש שדה. מגרש אלף אמה הוא וכל אלף אמה אסור לעשותו שדה [בבא בתרא כד:].

מגרש. שאין נוטעין ולא זורעין שם אלא מניחין אותן לנוי העיר. כדמתרגם רווחי קרויא [עירובין נו:]. רחבה פנויה מזריעה ומבתים ומאילנות לנוי העיר להיות לה לאויר [סוטה כז:].

מסורת הש"ס

א) זבחים קיז. ע"ש, ב) שביעית פ"י מ"ח [עי' רש"ל ותוי"ט], ג) [קל"ע דהא משנה היא], ד) [לע"ק שהרי משנה היא], ה) [עי' תוס' זבחים קיז. ד"ה עיר].

הגהות הב"ח

(א) גמ' אמר רבה קאי בעיקרו וכו' קטיל ליה קאי: (ב) שם בחייך מקום במקומך אשר ינוס וכו' ישראל גולין במדבר להיכן גולין למחנה לויה. נ"ב דדרש לך דנדרש לפניו ולאחריו לך מקום משמע מקום שהוא שלך דהיינו מחנה לויה: (ג) שם שקלטתו כבר כיוצא בו הוא סוף גמרא ואח"כ מתחיל המשנה רוצח: (ד) רש"י ד"ה עיקרו בפנים וכו' מקודם שנכנס. נ"ב עי' בתוי"ט בפירוש משניות סוף פ"ג דמעשרות ותמלא מבואר מה שכוון רש"י בתיבת שנכנס ודוק שם היטב: (ה) ד"ה אמר רבא וכו' ולמימר כי היכי דבנופו מצי וכו' וכי הך קולא לית ליה לר' יהודה וכו' כדקאי קאי הס"ד: (ו) ד"ה מקום במקומך. נ"ב עי' בזבחים דף קיז ע"א: (ז) ד"ה פלך מדינה. נ"ב פי' עיר: (ח) תוס' ד"ה אימור וכו' לר' יהודה גבי מעשר לחומרא: (ט) ד"ה מר סבר וכו' דפליגי אר' יהודה בתרתי וכו' בערי מקלט מדנקט ירושלים בבא באפי נפשיה הס"ד: (י) ד"ה רב אשי וכו' הנוף כו' פי' רב אשי בא לתרץ הא דפרכינן וכו' הכי נמי דבעיקרו: (כ) בא"ד היכי דהוי חומרא כגון בעיקרו בחוץ וכו' הוא הדין כצ"ל ואות ו' נמחק: (ל) בא"ד הוא הדין דהוה מצי למיתני הלך כצ"ל ותיבת הכל נמחק: (מ) בא"ד עיקר לחומרא כגון עיקרו בחוץ וכו' כי היכי דבנופו לא מצי וכו' מכל מקום בעיקר מבפנים: (נ) בא"ד פי' הר"ס כצ"ל ואות ל' נמחק:

הגהות הגר"א

[א] רש"י ד"ה באילן. ובריית' רשום קו על מלת ובריית' (כלומר דמתניתין היא. אבל מלינו כה"ג בכ"מ ברש"י ותוס' ועי' שיטה מקובצת ב"ק עה ע"ב):

אין עושין שדה מגרש. משום יישוב ארץ ישראל והיינו חורבן שממעט את הזריעה. ולא מגרש שדה. שמחריב את נוי העיר. שיעשו בו בתים שאין עיר נאה בלא מגרש וכ"ש שאין עושין עיר מגרש שאין מחריבין את יישוב העיר [ערכין לג:]. דברה תורה כלשון בני אדם. הכי משתעו בני אדם ודברה תורה כלשון בני אדם וליכא למידרש מיניה כלום. לא אמרינן דיברה תורה כלשון בני אדם. דכל היכא דכתב ייתור לשון כהאי גוונא לדרשה קא אתי ולא משום דמשתעי בלשון בני אדם [נדרים ג.]. בחומה תלה רחמנא. לפני ה' תאכלנו. לפנים מן החומה [דברים יב יח]. [ע"כ שייך לעמוד א'] ושמתי לך מקום בחייך. רמז לו הקב"ה למשה במתן תורה שיזכה למצוה זו כדכתיב (דברים ד) אז יבדיל משה אף במדבר סיום שמה, ואי זה מקום קולטו זה מחנה לויה [שמות כא. יג]. לך מקום. המקום שלך דהיינו מחנה לויה אף הוא נקלט. מכאן אמרו בן לוי. [אע"פ] שהיה דר בערי מקלט שכל ארבעים ושמנה עיירות של לוים ערי מקלט היו כדאמרי' במס' מכות ואם שלש ערים בסוף ארבעים שנה. הרג בשוגג גולה לאחד מערי חביריו דדריש ביה נמי הכי ושמתי לך מקום אף הלוים גולים. ואם גלה בפלכו. עצמו כגון משכונה לשכונה. פלכו קולטו. דומיא דמדבר שהיתה מחנה לויה קולטת [זבחים קיז.].

בִּמְעָרָה הוֹלֵךְ אַחַר פִּתְחָהּ – רַבִּי יְהוּדָה אוֹמֵר – R' YEHUDAH SAYS: WITH regard to the interior of A CAVE, ONE GOES BY the location of ITS OPENING;[1] בְּאִילָן הוֹלֵךְ אַחַר נוֹפוֹ – WITH regard to the parts of A TREE, ONE GOES BY the location of ITS BRANCHES.

R' Yehudah speaks with regard to maaser sheni. He classifies the entire tree according to the location of its branches. The Rabbis dispute R' Yehudah. They rule that each part of the tree is classified according to its own location.[2] Our Mishnah and the Mishnah in Maasros are in accord with the view of R' Yehudah. They therefore rule that with respect to the laws of a city of refuge and maaser sheni, we follow the location of the branches. The Mishnah in Maaser Sheni is in accord with the view of the Rabbis. It therefore rules that each part of a tree is classified according to its actual location.[3]

The Gemara objects to Rav Kahana's attribution of our Mishnah and the Mishnah in Maasros to R' Yehudah:

אֵימוּר דְּשָׁמַעְתְּ לֵיהּ לְרַבִּי יְהוּדָה גַּבֵּי מַעֲשֵׂר לְחוּמְרָא – But I could say that you heard R' Yehudah express this view about maaser sheni – i.e. that the entire tree is classified by the location of its branches – only because it represents a stringency,[4] as follows:

עִיקָּרוֹ בַּחוּץ וְנוֹפוֹ בִּפְנִים – If [the tree's] trunk is outside the wall of Jerusalem and its branches are inside, we classify the entire tree as inside the city; כִּי הֵיכִי דִּבְנוֹפוֹ לֹא מָצֵי פָּרִיק – accordingly, just as one perched on its branches may not redeem maaser sheni,[5] בְּעִיקָּרוֹ נַמִי לֹא מָצֵי פָּרִיק – so too may one perched on its trunk not redeem maaser sheni. For although the trunk is physically outside the city, it is regarded as within the city. This represents a stringency. עִיקָּרוֹ מִבִּפְנִים וְנוֹפוֹ מִבַּחוּץ – Similarly, if [the tree's] trunk is inside the wall and its branches are outside, we classify the entire tree as outside the city; כִּי הֵיכִי – דִּבְנוֹפוֹ לֹא מָצֵי אָכִיל בְּלָא פְּדִיָּיה – accordingly, just as one perched on its branches may not eat maaser sheni without redeeming it,[6] בְּעִיקָּרוֹ נַמִי לֹא מָצֵי אָכִיל בְּלָא פְּדִיָּיה – so too may one perched on its trunk not eat maaser sheni without redeeming it. For although the trunk is physically inside the city, it is considered to be outside. This too represents a stringency. With regard to maaser sheni, then, classifying the tree according to the location of its branches yields a restrictive, stringent ruling whether the branches are inside or outside Jerusalem.[7] אֶלָּא גַּבֵּי עָרֵי מִקְלָט – But when applied with regard to cities of refuge, R'

NOTES

1. R' Yehudah rules that a cave is classified according to the location of its opening. Accordingly, a cave that is entirely within the bounds of the city of Jerusalem, but whose opening is outside, is regarded as being entirely outside; therefore, one may not consume maaser sheni anywhere in its interior. A cave that is located entirely outside of the city, but whose opening is inside, is regarded as being entirely inside; therefore, one may not redeem maaser sheni anywhere in its interior (Rashi).

2. Ritva to 12a.
In general, when a Tannaic view is cited in the name of a specific Tanna, it is assumed to be disputed by other Tannaim, since if it were universally accepted, it would be cited anonymously. The Gemara therefore assumes that R' Yehudah's ruling is disputed by "the Rabbis."

3. Previously, the Gemara resolved the contradiction between our Mishnah and the Mishnah in Maaser Sheni by differentiating between the law of an ir miklat and the law of maaser sheni. The Gemara is now abandoning that approach (because of the Mishnah in Maasros, which accords with our Mishnah, but deals also with maaser sheni). The Gemara explains that our Mishnah and the Mishnah in Maasros follow the view of R' Yehudah. The Mishnah in Maaser Sheni, however, follows the view of the Rabbis (Rashi; see Maharsha). According to this understanding, our Mishnah's ruling is based not on a special rule for arei miklat, but on the general position that the law views the branches of a tree as its main component and all other tree parts as legally subsidiary to them. [For discussion of Rashi's reference to the Mishnah in Maasros as a Baraisa, see 12a note 62.]

4. That is to say, had the Mishnah in Maasros (which discusses both arei miklat and maaser sheni) limited its ruling to maaser sheni, it would have made sense to attribute it to R' Yehudah. But now that the Mishnah speaks of both maaser sheni and arei miklat, the attribution is difficult to support. For one could argue that R' Yehudah classifies a tree by the location of its branches only where doing so represents a stringent, restrictive ruling. In the case of maaser sheni, such a ruling would emerge no matter where the branches and trunk are located – the Gemara will demonstrate that whether the trunk is inside and the branches outside or the branches inside and the trunk outside, classifying the tree by the location of the branches represents a stringency. But in the case of arei miklat, classifying a tree by the location of its branches represents a stringency only when the branches are inside, not when they are outside. This would mean that if the tree's branches are outside the city of refuge, R' Yehudah agrees that the tree is not classified by its branches. But the Mishnah rules that the tree is judged by its branches in both cases – i.e. both where the trunk is outside and the branches inside and where the trunk is inside and the branches outside! Perforce, it does not accord with R' Yehudah (Rashi).

The Gemara prefers to assume that R' Yehudah applies his ruling only where it represents a stringency because this minimizes the area of dispute between R' Yehudah and the Rabbis to cases of stringency (Tosafos; see Ramban; Ritva to 12a for another explanation; see Aruch

LaNer and Siach Yitzchak).
The reasoning behind this approach is that R' Yehudah is in doubt as to whether a tree is judged by the location of its branches or whether each part of the tree is judged by its actual location. He rules stringently out of doubt (see Ritva to 12a).

5. Since maaser sheni may not be redeemed inside Jerusalem (Rashi; see 12a note 57).

6. Since unredeemed maaser sheni may be eaten only in Jerusalem.

7. In the case of maaser sheni, there are stringencies and leniencies inherent in being inside the city, and stringencies and leniencies inherent in being outside the city. Inside the city, one is forbidden to redeem maaser sheni – a stringency – but is permitted to consume unredeemed maaser sheni – a leniency. Outside the city, one is forbidden to consume unredeemed maaser sheni – a stringency – but is permitted to redeem maaser sheni – a leniency. Accordingly, no matter whether the tree's trunk is inside and its branches outside or whether its trunk is outside and its branches inside, classifying it according to its branches will always yield a stringency. If the branches are inside, the stringency is that the maaser sheni may not be redeemed on the trunk of the tree outside the city. If the branches are outside, the stringency is that maaser sheni may not be consumed on the trunk of the tree inside the city.

The Gemara accordingly argues that as far as the maaser sheni portion of the Mishnah in Maasros is concerned, it is reasonable to attribute this Mishnah to R' Yehudah. For R' Yehudah applies his ruling wherever it will yield stringency; as we have shown, it always produces a stringency when applied to maaser sheni, whether the trunk is inside or outside. Thus, the maaser sheni ruling of that Mishnah can be explained as consistent with R' Yehudah's view. The Mishnah's arei miklat segment, however, is another matter. The Gemara will demonstrate that in that case, classifying a tree by the location of its branches represents a stringency only when the branches are inside, not when they are outside. It is accordingly difficult to attribute the Mishnah to R' Yehudah (Rashi).

[We have stated that R' Yehudah does not classify a tree by its branches where this represents a leniency. Accordingly, if the trunk of a tree is outside Jerusalem and its branches are inside, R' Yehudah would not permit maaser sheni to be eaten on the trunk, for this constitutes a leniency. Rather, with regard to eating maaser sheni, the trunk is classified according to its actual location (see Rashi; cf. Ritva). Likewise, in the case of a tree whose trunk is inside and whose branches are outside, R' Yehudah would not permit maaser sheni to be redeemed on the trunk inside the city, for this too would constitute a leniency. With regard to redemption, then, the trunk is classified according to its actual location (see Rashi ד"ה עיקרו בפנים). If one would wish to eat maaser sheni on the trunk inside the city, he would be permitted to do so only if it had already been redeemed before he climbed onto the trunk. He could not redeem and eat it while on the trunk (Rashi ibid.; see Baal HaMaor; see Tos. Yom Tov to Maasros 3:10; see also Rashash here, Tos. R' Akiva Eiger

ר' יהודה אומר במערה הולך אחר פתחה באילן הולך אחר נופו אימור דשמעת ליה לר"י גבי מעשר לחומרא עיקרו בחוץ ונופו בפנים כי היכי דבנופו לא מצי פריק בעיקרו נמי לא מצי פריק עיקרו מבפנים ונופו מבחוץ כי היכי דבנופו לא מצי אכיל בלא פדייה בעיקרו נמי לא מצי אכיל בלא פדייה אלא גבי ערי מקלט בשלמא עיקרו בחוץ ונופו בפנים כי היכי דבנופו לא מצי קטיל ליה בעיקרו נמי לא מצי קטיל ליה אלא עיקרו בפנים ונופו בחוץ כי היכי דבנופו מצי קטיל ליה בעיקרו נמי מצי קטיל ליה הא גואי קאי אמר (א) רבא בעיקרו דכולי עלמא לא פליגי דלא מצי קטיל קאי בנופו ויכול להורגו בחצים ובצרורות דכ"ע לא פליגי דמצי קטיל ליה כי פליגי במהוי עיקרו דרגא לנופו מר סבר הוי עיקרו דרגא לנופו ומר סבר לא הוי עיקרו דרגא לנופו רב אשי אמר א מאי אחר הנוף אף אחר הנוף: **מתני'** ב הרג באותה העיר גולה משכונה לשכונה ובן לוי גולה מעיר לעיר: **גמ'** (א) ת"ר א) ושמתי לך מקום לך בחייך מקום (ב) ממקומך אשר ינוס שמה מלמד שהיו ישראל מגלין במדבר להיכן מגלין למחנה לויה ג מכאן אמרו בן לוי שהרג גולה מפלך לפלך ואם גלה לפלכו פלכו קולטו אמר רב אחא בריה דרב איקא מאי קרא ב) כי בעיר מקלטו ישב עיר שקלטתו כבר: (ג) **מתני'** ד כיוצא בו רוצח שגלה לעיר מקלטו ורצו אנשי העיר לכבדו יאמר להם רוצח אני אמרו לו אף על פי כן יקבל מהן שנאמר ג) וזה דבר הרוצח

מעלים

רבי יהודה. לענין מעשר אמרה למילתיה: **הלך אחר פתחה.** כולה בפנים ופתוחה לחוץ כלחוץ כולה בחוץ ופתוחה לפנים כלפנים: **באילן הלך אחר נופו.** ומתניתין דהכא [א] ג) וברייתא רבי יהודה ומתני' דאילן שהוא עומד בפנים כו' רבנן ושינויא קמא ליתא: **אימור דשמעת ליה כו'.** כלומר היכי בעית לאוקמא להא דתניא בירושלים הלך אחר הנוף כו' כר' יהודה הניחא אי תנא בה חדא בירושלים הלך אחר הנוף ולא תנא בה בערי מקלט הלך אחר הנוף מצית מוקמת לה כרבי יהודה אבל השתא מאן לייה לך אימור דשמעת ליה לרבי יהודה גבי מעשר באילן הלך אחר הנוף משום דאיכא למימר לחומרא בין עיקרו בפנים ונופו בחוץ בין עיקרו בחוץ ונופו בפנים דגבי מעשר איכא בין בפנים בין בחוץ חדא לחומרא וחדא לקולא חומר בפנים מבחוץ שבחוץ יכול לפדותו ובפנים אינו יכול לפדותו דקלטי ליה מחילות וחומר בחוץ מבפנים שאינו נאכל בחוץ בלא פדייה ובפנים אוכלו בלא פדייה ואיכא למימר כי אמר רבי יהודה הלך אחר הנוף לחומרא אמרה כדמפרש ואזיל: **עיקרו בחוץ ונופו בפנים כו'.** הלך אחר הנוף לענין פדייה: **עיקרו בפנים** ונופו לחוץ. הלך אחר הנוף לענין אכילה דמישדי עיקרו בתר נופו ואסור לאוכלו בעיקרו אא"כ פדאו (ד) מקודם שנכנס: **אלא בערי מקלט.** על כרחך עיקרו בפנים ונופו לחוץ לא משכחת לה אלא לקולא: **אמר רבא בעיקרו כולי עלמא לא פליגי כו'.** לעולם כדקא משנינן הא רבי יהודה והא רבנן דלרבנן לא שדינן לא נוף בתר עיקרו ולא עיקרו בתר נוף לא במעשר ולא בערי מקלט כדקתני קמייתא מכנגד החומה ולפנים כלפנים ורבי יהודה פליג ואמר שדי עיקרו בתר נופו ודקאמרת דלמא לחומרא קאמר אנן נמי לחומרא אמרינן לה לענין מעשר כדאמרן ולענין מקלט היכא דעיקרו בחוץ ונופו בפנים לחומרא הוא שדי עיקרו בתר נופו ואם רוצח בעיקרו לא מצי קטיל ליה והיכא דעיקרו בפנים ונופו בחוץ דקאמר בה רבי יהודה הלך אחר הנוף לאו למישדי עיקרו בתר נופו ולמימר (ה) דכי היכי בנופו מצי קטיל ליה בעיקרו נמי מצי קטיל קאמר דבעיקרו שבפנים כולי עלמא לא פליגי דלא מצי קטיל והיכא דקאי רוצח בנופו שבחוץ ויכול גואל הדם לעמוד חוץ לתחום ולהורגו בחצים ובצרורות כולי עלמא לא פליגי דמצי קטיל דלכולי עלמא נוף בתר עיקר לא שדינן כי פליגי דקאמר ר' יהודה הלך אחר הנוף למהוי עיקרו דרגא לנופו שיכנס גואל הדם בתוך התחום ויעלה דרך העיקר ויהרגנו בנופו קאמר וכי הך קולא אית ליה לר' יהודה דהא לאו עיקר שדי בתר נוף אלא כל חד כדקאי: **רב אשי אמר מאי אחר הנוף.** דקאמר מתני' דהכא וכן ברייתא ד) בערי מקלט אף אחר הנוף ורבי יהודה היא וכולהו לחומרא ולענין מעשר כדשנינן ולענין מקלט אף אחר הנוף קאמר דהיכא דעיקרו בחוץ ונופו בפנים שדי עיקרו בתר נופו לחומרא ולא תימא כדקאי קאי אבל היכא דעיקרו בפנים ונופו בחוץ שדי נופו בתר עיקרו ולא מצי קטיל בנופו ומשום דבכולי גמרא שדינן נוף בתר עיקר אצטריך הכא למימר דלענין מקלט זמנין דשדינן עיקר בתר נוף לחומרא: **מתני' הרג באותה העיר.** רוצח שגלה לעיר מקלט וחזר והרג באותה העיר בשוגג: **גולה משכונה לשכונה.** בתוך העיר כי מן העיר אינו רשאי לצאת מפני רציחה ראשונה: **ובן לוי.** שהוא מיושבי העיר והרג בשוגג גולה מעיר לעיר שהוא רשאי לצאת מן העיר שלא גלה שם: **גמ' ושמתי לך בחייך.** כאן הבטיחו הקדוש ברוך הוא למשה שיזכה למצוה זו בחייו שהבדיל שלש ערים: **מקום (ו) ממקומך.** שתהא מחנה לויה קולטת ואף ערי מקלט יהיו ערי לויה: **פלך.** מדינה (ז): **מאי קרא.** דפלכו קולטו ודמתני' נמי דקתני גולה משכונה לשכונה: **בעיר מקלטו.** קרא יתירא הוא דמצי למכתב כי שם ישב: **מתני' אם אמרו לו אעפ"כ.** אנו רוצים לכבדך יקבל מהם:

מעלים

אימור דשמעת ליה לרבי יהודה (ח) לחומרא. וצריך עיון מנא ליה דלא אמרינן גם להקל וי"ל דמסברא אית ליה דלא פליגי רבי יהודה ורבנן כולי האי כי אם בחומרא בעלמא: **גבי מעשר** לחומרא עיקרו בחוץ ונופו בפנים כי היכי דבנופו לא מצי פריק כו'. פי' לא אזלינן בתר נוף לקולא לומר דכי היכי דבנופו דבפנים מצי אכיל בלא פדייה הכי נמי בעיקרו מבחוץ מצי אכיל ליה בלא פדייה אלא לחומרא דוקא לומר דלא מצי פריק ליה בעיקרו ומשמע דפשיטא ליה דבנוף גופיה מצי אכיל דנהי דשדינן עיקר בתר נוף לחומרא מ"מ נוף לא שדינן בתר עיקרו גם לחומרא: **מר** סבר עיקרו הוי דרגא כו'. קצת קשה מנא ליה לאפלוגי רבנן ארבי יהודה בהא ויש לומר דמשמע מתוך הברייתא דפליגי (ט) לרבי יהודה בתרתי בין במעשר בין בערי מקלט מדנקט ערי מקלט גבי ירושלים: **רב** אשי אמר מאי אחר הנוף. פי' רב אשי בא (י) למידק הא דפרכינן אלא עיקרו בפנים ונופו לחוץ הכא נמי דבעיקרו מצי קטיל וקאמר דאף אחר הנוף קתני מתני' דגם אחר הנוף אזלינן היכי דהוי חומרא (כ) כמו דעיקרו בחוץ ונופו בפנים דשדינן עיקרו בתר נופו ואף בעיקר לא מצי קטיל וה"ה דאזלינן בתר עיקר למישדייה נופו בתר עיקרו לחומרא כגון בעיקרו בפנים ונופו לחוץ דאף בנופו לא קטלינן דאזלינן בתר עיקרו וקשה דא"כ כי היכי דקתני הולך אחר הנוף דהיינו אף אחר הנוף ה"ה דהוה מצי למתני (ל) הכל הולך אחר העיקר ועוד קשה דהא לעיל גבי מעשר כי קאמר דאזלינן בתר הנוף לחומרא משמע דמכל מקום פשיטא ליה דדין נוף עצמו לא היה בטל כלל דלא שדינן ליה בתר עיקרו כדפרישית לעיל ולכך ניחא פירוש הר"ס דודאי דין נוף עצמו לא היה בטל לעולם גם לחומרא כדפירשתי והכי קאמר אף לאחר הנוף שדינן ליה עיקר לחומרא (מ) כמו עיקרו בחוץ ונופו בפנים כי היכי דנופו לא מצי קטיל בעיקר נמי לא מצי אזיל בתר נפשיה שיש לעיקר דין עצמו כגון דעיקרו בפנים ונופו בחוץ אע"ג דבנופו מצי קטיל כדפירש דלעולם יש לו לנוף דין עצמו גם להקל מכל מקום דעיקר מבפנים לא מצי קטיל דלא שדינן העיקר בתר הנוף לקולא רק לחומרא אבל הקונטרס פירש אף אחר הנוף משום דבכולי הש"ס שדינן לנוף בתר העיקר אצטריך למימר הכא גבי מקלט דזימנין דשדינן עיקר בתר הנוף לחומרא לפי זה ניחא קצת הא דנקט אחר הנוף טפי מאחר העיקר מיהו גם זה קשיא דהא לענין מעשר לא שדינן לעולם בתר עיקרו כדפ"ל לכך ניחא (נ) לפי' הר"ס: **פלכו** קולטו. קשה דהא אמרינן כבר גולה מפלך [לפלך] ועוד הא קאמר בן לוי גולה מעיר לעיר ויש לומר דאם גולה מעיר לעיר יהיה רשאי לילך בכל העיר ובתחומיה ואם יגלה לפלכו פלכו קולטו בו שלא יצא משכונה לשכונה ה):

מעלים

עין משפט נר מצוה

עט א מיי' פ"ב מהלכות מעשר שני הלכה טו וע"ש בכ"מ:

פ ב ג מיי' פ"ז מהל' רוצח הלכה ה סמג עשין מה מו:

פא ד מיי' שם הלכה ז:

רבינו חננאל

דתני במקום שהוא נוטה לרבנן. ודחינן אימור דשמעת ליה לר' יהודה דאזיל בתר הנוף לחומרא כו' כדמפרש ופשוטה היא: אמר רבא אי קאי בעיקרו ועיקרו לפנים מן התחום דברי הכל לא מצי קטיל ליה דקלטיה עיקרו קאי בנופו והוא חוץ לתחום ויכול להורגו בדבר הנזרק דברי הכל מצי קטיל ליה כי פליגי במהוי עיקרו דרגא לנופו לעלות משם להרגו ר' יהודה סבר [הוי] עיקרו דרגא לנופו דאחר הנוף אזלינן ורבנן סברי לא. רב אשי אמר מאי אחר הנוף דקתני הכל אנה נוטה (אף) [ואף] אחר הנוף א)

חשק שלמה על ר"ח

א) אולי ר"ל דחזינן אנה נוטה האילן ומה שנוטה לפנים ודאי קולט בין עיקר בין נוף ועוד אזלינן לחומרא אף אחר הנוף דאם הנוף בפנים אף העיקר שבחוץ קולט. וכפי' הר"ס בתוס':

תורה אור השלם

א) וַאֲשֶׁר לֹא צָדָה וְהָאֱלֹהִים אִנָּה לְיָדוֹ וְשַׂמְתִּי לְךָ מָקוֹם אֲשֶׁר יָנוּס שָׁמָּה: [שמות כא, יג]

ב) כִּי בְעִיר מִקְלָטוֹ יֵשֵׁב עַד מוֹת הַכֹּהֵן הַגָּדֹל וְאַחֲרֵי מוֹת הַכֹּהֵן הַגָּדֹל יָשׁוּב הָרֹצֵחַ אֶל אֶרֶץ אֲחֻזָּתוֹ: [במדבר לה, כח]

ג) וְזֶה דְּבַר הָרֹצֵחַ אֲשֶׁר יָנוּס שָׁמָּה וָחָי אֲשֶׁר יַכֶּה אֶת רֵעֵהוּ בִּבְלִי דַעַת וְהוּא לֹא שֹׂנֵא לוֹ מִתְּמֹל שִׁלְשֹׁם: [דברים יט, ד]

ליקוטי רש"י

שדה מגרש. מגרש הוי אלף אמה סביב לעיר מדכתיב מקיר העיר וחוצה אלף אמה סביב וחוץ לאותו אלף היה להם ללוים אלף אמה לשדות וכרמים כדכתיב ומדותם מחוץ לעיר וגו' לא מהם אלף אמה מגרש והשאר שדות וכרמים מגרש פנוי מכלום ואין בו בית ואין זורעין אותן אלא נוי הוא לעיר [ערכין לג:].

דאין עושין מגרש שדה. מגרש אלף אמה הוא וכל אלף אמה אסור לעשותו שדה [בבא בתרא כד:].

מגרש. שאין נוטעין ולא זורעין שם אלא מניחין אותן לנוי העיר. כדמתרגם רוחי קרויא [עירובין נו:]. רחבה פנויה מזריעה ומבתים ומאילנות לנוי העיר להיות לה לאויר [סוטה כז:].

אין עושין שדה מגרש. משום יישוב ארץ ישראל והיינו חורבן שממעט את הזריעה. ולא מגרש שדה. שמחריב את נוי העיר. ולא מגרש עיר. שיעשו בו בתים שאין עיר נאה בלא מגרש וכ"ש שאין עושין עיר מגרש שאין מחריבין את יישוב העיר [ערכין לג:]. דברה תורה כלשון בני אדם. הכי משתעו בני אדם ודברה תורה כלשון בני אדם וליכא למידרש מינה כלום. לא אמרינן דיברה תורה כלשון בני אדם. דכל היכא דכתב ייתור לשון כהאי גוונא לדרשא קא אתי ולא משום דמשתעי בלשון בני אדם [נדרים ג.]. בחומה תלה רחמנא. לפני ה' תאכלנו. לפנים מן החומה [דברים יב יח]. [ע"כ שייך לעמוד א'] ושמתי לך מקום. אף במדבר שינוס שמה, ואי זה מקום קולטו זה מחנה לויה [שמות כא. יג]. ושמתי לך מקום בחייך. רמז לו הקב"ה למשה במתן תורה שיזכה למצוה זו כדכתיב (דברים ד) אז יבדיל משה שלש ערים בסוף ארבעים שנה. לך מקום. המקום שלך דהיינו מחנה לויה אף הוא נקלט. [אע"פ] שהיה דר בערי מקלט שכל ארבעים ושמונה עיירות של לוים ערי מקלט היו כדאמרי' במס' מכות ואם הרג בשוגג גולה לאחד מערי חביריו דדריש ביה נמי הכי ושמתי לך מקום אף הלוים גולים. ואם גלה בפלכו. עצמו כגון משכונה לשכונה. פלכו קולטו. דומיא דמדבר שהיתה מחנה לויה קולטת [זבחים קי"ז.].

מסורת הש"ס

א) זבחים קיז. ע"ש, ב) שביעית פ"י מ"ח [עי' רש"ל ותוי"ט], ג) [קל"ע דהא משנה היא], ד) [לע"ק שהרי משנה היא], ה) [עי' תוס' זבחים קיז. ד"ה עיר].

הגהות הב"ח

(א) גמ' אמר רבה קאי בעיקרו וכו' קטיל ליה קאי: (ב) שם בחייך מקום במקומך אשר ינוס וכו' ישראל גולין במדבר להיכן גולין למחנה לויה. נ"ב דדרש לך דנדרש לפניו ולאחריו לך מקום משמע מקום שהוא שלך דהיינו מחנה לויה: (ג) שם שקלטתו כבר כיוצא בו הוא סוף גמרא ואח"כ מתחיל המשנה רוצח: (ד) רש"י ד"ה עיקרו בפנים וכו' מקודם שנכנס. נ"ב עי' בתוי"ט בפירוש משניות סוף פ"ג דמעשרות ותמצא מבואר מה שכוון רש"י בתיבת שנכנס ודוק שם היטב: (ה) ד"ה אמר רבא וכו' ולמימר כי היכי דבנופו מצי וכו' וכי הך קולא לית ליה לר' יהודה וכו' כדקאי קאי הס"ד: (ו) ד"ה מקום במקומך. נ"ב עי' בזבחים דף קיז ע"א: (ז) ד"ה פלך מדינה. נ"ב פי' עיר: (ח) תוס' ד"ה אימור וכו' לר' יהודה גבי מעשר לחומרא: (ט) ד"ה מר סבר וכו' דפליגי אר' יהודה בתרתי וכו' בערי מקלט מדנקט ירושלים בבא באפי נפשיה הס"ד: (י) ד"ה רב אשי וכו' הנוף כו' פי' רב אשי בא לתרץ הא דפרכינן וכו' הכי נמי דבעיקרו: (כ) בא"ד היכי דהוי חומרא כגון בעיקרו בחוץ וכו' הוא הדין כצ"ל ואות ו' נמחק: (ל) בא"ד הוא הדין דהוה מצי למיתני הלך כצ"ל ותיבת הכל נמחק: (מ) בא"ד עיקר לחומרא כגון עיקרו בחוץ וכו' כי היכי דבנופו לא מצי וכו' מכל מקום בעיקר מבפנים: (נ) בא"ד פי' הר"ס כצ"ל ואות ל' נמחק:

הגהות הגר"א

[א] רש"י ד"ה באילן. וברייתא רשום קו על מלת וברייתא (כלומר דמתניתין היא. אבל מצינו כה"ג בכ"מ ברש"י ותוס' ועי' שיטה מקובצת ב"ק עה ע"ב]

Yehudah's ruling does not always yield a stringency.[8] **בִּשְׁלָמָא** **עִיקָרוֹ בַּחוּץ וְנוֹפוֹ בִּפְנִים** — Consider: If **[the tree's] trunk is outside** the city's boundary **and its branches are inside, all is well** with classifying the tree by its branches, for this leads to the following stringency: **כִּי הֵיכִי דְּבְנוֹפוֹ לֹא מָצֵי קָטִיל לֵיה** — **Just as when** the exiled killer is perched **on [the tree's] branches, [the redeemer of the blood] may not kill him,**[9] **בְּעִיקָרוֹ נַמֵּי לֹא מָצֵי קָטִיל לֵיה** — **so too** when the killer is perched **on its trunk, [the redeemer of the blood] may not kill him.** For although the trunk is physically outside the city, it is regarded as being within. This represents a stringency.[10] **אֶלָּא עִיקָרוֹ בִּפְנִים וְנוֹפוֹ בַּחוּץ** — **But** when **[the tree's] trunk is inside** the city **and its branches are outside,** then classifying the tree by its branches would yield *this* result: **כִּי הֵיכִי דְּבְנוֹפוֹ מָצֵי קָטִיל לֵיה** — **Just as when** the killer is perched **in [the tree's] branches, [the redeemer of the blood]** *may* **kill him,**[11] **בְּעִיקָרוֹ נַמֵּי מָצֵי קָטִיל לֵיה** — **so too** when the killer is perched **on its trunk, [the redeemer of the blood]** *may* **kill him.** **הָא גַּוַּאי קָאֵי** — **But the trunk is** physically **inside** the *techum!* To permit the redeemer to kill the exile *inside* the *techum* is to apply R' Yehudah's rule as a leniency, *not* a stringency.

It emerges that insofar as a city of refuge is concerned, classifying a tree by its branches yields a stringency only when the trunk is outside and the branches are inside. If, however, the trunk is inside and the branches outside, such classification yields a leniency. Now, the Mishnah in *Maasros* (as well as our Mishnah) stated its ruling in *both* these cases.[12] This means that the Mishnah cannot accord with R' Yehudah. For the Mishnah applies its ruling not only to *maaser sheni,* but also to a city of refuge, which means that it classifies a tree with its trunk inside a city of refuge by the location of its branches. R' Yehudah, however, would *not* classify this tree by its branches, for this would create a leniency![13] Since the Mishnah in *Maasros* (and our Mishnah) cannot accord with R' Yehudah, we must reject Rav Kahana's solution to the contradiction between Mishnahs. — ? —

The Gemara proposes a way to align the Mishnah in *Maasros* with R' Yehudah *despite* the fact that the Mishnah states its ruling concerning a city of refuge *both* where the trunk is outside and the branches inside and where the trunk is inside and the branches outside. The Gemara addresses the case of a tree whose trunk is inside the city and whose branches are outside: **אָמַר רָבָא** — Rava said: **בְּעִיקָרוֹ** — If the killer is **on its trunk** (which is inside the city), **דְּכוּלֵּי עָלְמָא לֹא פְּלִיגֵי דְּלֹא מָצֵי קָטִיל** — **all** (i.e. R' Yehudah and the Rabbis) **agree that [the redeemer of the blood] may not kill [the exile],** for he is within the protective boundary of the city. **קָאֵי בְּנוֹפוֹ** — If **[the killer] is in its branches** (which are outside the city), **וְיָכוֹל לְהוֹרְגוֹ בְּחִצִּים וּבְצְרוֹרוֹת** — **and [the redeemer] is able to kill him** from outside the city **with arrows or rocks,** **דְּכוּלֵּי עָלְמָא לֹא פְּלִיגֵי דְּמָצֵי קָטִיל לֵיה** — **all agree that he** *may* **kill him,** for he is located outside the city's protective boundary. **כִּי פְּלִיגֵי** — **With regard to what do they disagree?** **בְּמֶהֱוֵי עִיקָרוֹ דַּרְגָּא לְנוֹפוֹ** — **With regard to the trunk being a stepladder for** the redeemer of the blood to reach **the branches** and kill the exile there. **מַר סָבַר הָוֵי עִיקָרוֹ דַּרְגָּא לְנוֹפוֹ** — **One master** (i.e. R' Yehudah) **holds that the trunk may be** used as **a stepladder to the branches;** i.e. the redeemer may enter the boundary of the city and climb the trunk in order to kill the exile on the branches outside the city. **וּמַר סָבַר לֹא הָוֵי עִיקָרוֹ דַּרְגָּא לְנוֹפוֹ** — **But the** other **master** (i.e. the Rabbis) **holds that the trunk may not be** used as **a stepladder to the branches.**

Thus, when the Mishnah in *Maasros* (as well as our Mishnah) states regarding a tree with its trunk inside the city of refuge and its branches outside: "Go by the location of its branches," this is what it means — that the redeemer of the blood may reach the branches by ascending the trunk inside the city. It does not mean that we classify this tree as being entirely outside the city and allow an exile clinging to the trunk to be killed. Since the Mishnah is not propounding a leniency in classifying the tree, it can very well be in accord with R' Yehudah.[14]

NOTES

and *Tiferes Yisrael, Boaz* §2 there; see *Aruch LaNer*).]

[R' Yehudah's doubt is confined to whether the tree is classified according to the location of its branches or whether each section is classified by its actual location. His doubt does not extend, however, to classifying a tree according to the location of its trunk. Therefore, in the case of a tree whose trunk is inside and whose branches are outside, one may redeem *maaser sheni* on the branches outside. In the case of a tree whose trunk is outside and whose branches are inside, one may eat unredeemed *maaser sheni* on the branches inside the city. The branches definitely do not follow the trunk (*Tosafos;* see, however, *Ritva* to 12a).]

8. As regards an inadvertent killer's association with his *ir miklat,* it is only being inside the city that yields a stringency: the restriction against killing him there. Being outside the city yields only a leniency: the permit to kill him. Perforce, classifying a tree that is part in and part out of the city as being entirely outside must *inevitably* lead to leniency (*Rashi*).

9. Since the branches are inside the city.

10. I.e. classifying the entire tree by the branches effects the stringency of restricting the *goel hadam* from killing the exiled killer.

11. Since the branches (and consequently the killer perched in them) are physically outside the city.

12. I.e. in both a case where the trunk is inside and the branches outside, and in one where the trunk is outside and the branches inside.

[Our Mishnah speaks explicitly of both cases.] The Mishnah in *Maasros,* however, does not, for it simply states: *In cities of refuge, go by the location of the branches,* without specifying whether the branches are inside or outside. Why, then, does the Gemara assume that it intends both scenarios? The answer is that by lumping together the laws of *arei miklat* and *maaser sheni,* the Mishnah implies that just as the law of *maaser sheni* applies whether the branches are inside or outside, so too does the law of *arei miklat* apply whether the branches are inside or

outside. Thus, that Mishnah too addresses both cases (see *Tosafos*).

13. I.e. the leniency of allowing a redeemer to kill an exile perched on the trunk inside the city.

14. Rava maintains that, in fact, the solution to the contradiction between Mishnahs is as Rav Kahana has said: Our Mishnah and the one in *Maasros* follow R' Yehudah, while the Mishnah in *Maaser Sheni* follows the Rabbis. The Rabbis are of the opinion that with regard to both *arei miklat* and *maaser sheni,* no part of a tree is ever classified according to the location of another part; each segment is judged by its own location. This is expressed in the Mishnah in *Maaser Sheni* in this manner: *From the wall and inward are as inside the city; from the wall and outward are as outside the city.* According to R' Yehudah, the trunk of a tree *is* classified by the location of its branches, with regard to *both* *arei miklat* and *maaser sheni.* Of course, R' Yehudah applies this ruling only where it leads to stringency. In the case of *maaser sheni* this means that where the trunk is inside and the branches outside one may not consume *maaser sheni* on the trunk, and where the trunk is outside and the branches inside one may not redeem *maaser sheni* on the trunk. In the case of *arei miklat* it means that when the trunk is outside and the branches inside the *goel hadam* may not kill an exile perched on the trunk.

The difficulty comes, as explained above, when the trunk of the tree is inside the *ir miklat* and its branches are outside, for to follow the location of the branches in *that* case leads to a leniency. To this Rava answers that while R' Yehudah does indeed propound a leniency in that case, it is not the leniency of classifying the tree according to the location of the branches. Rather, R' Yehudah agrees that in this case, each part of the tree is judged by its own location. Thus, according to both R' Yehudah and the Rabbis, a killer clinging to the trunk inside the *ir miklat* is safe from attack, for his perch is regarded as within the city. The status of the trunk does not follow the branches. Likewise, both agree that a killer perched on the branches outside the city is open to

עין משפט נר מצוה

עט א מיי' פ"ב מהלכות מעשר שני הלכה טו וע"ש בכ"מ:
פ ב ג מיי' פ"ז מהל' רוצח הלכה ה סמג עשין מה מו:
פא ד מיי' שם הלכה ז:

ר' יהודה אומר במערה הולך אחר פתחה באילן הולך אחר נופו אימור דשמעת ליה לר"י גבי מעשר לחומרא עיקרו בחוץ ונופו בפנים כי היכי דבנופו לא מצי פריק בעיקרו נמי לא מצי פריק עיקרו מבפנים ונופו מבחוץ כי היכי דבנופו לא מצי אכיל בלא פדייה בעיקרו נמי לא מצי אכיל בלא פדייה אלא גבי ערי מקלט בשלמא עיקרו בחוץ ונופו בפנים כי היכי דבנופו לא מצי קטיל ליה בעיקרו נמי לא מצי קטיל ליה אלא עיקרו בפנים ונופו בחוץ כי היכי דבנופו מצי קטיל ליה בעיקרו נמי מצי קטיל ליה הא גואי קאי אמר (א) רבא בעיקרו דכולי עלמא לא פליגי דלא מצי קטיל קאי בנופו ויכול להורגו בחצים ובצרורות דכ"ע לא פליגי דמצי קטיל ליה כי פליגי במהוי עיקרו דרגא לנופו מר סבר הוי עיקרו דרגא לנופו ומר סבר לא הוי עיקרו דרגא לנופו רב אשי אמר [א] מאי אחר הנוף אף אחר הנוף: **מתני'** [ב] הרג באותה העיר גולה משכונה לשכונה ובן לוי גולה מעיר לעיר: **גמ'** [א] ת"ר [א] ושמתי לך מקום וגו' ושמתי לך בחייך מקום (ב) ממקומך אשר ינוס שמה מלמד שהיו ישראל מגלין במדבר להיכן מגלין למחנה לויה [ג] מכאן אמרו בן לוי שהרג גולה מפלך לפלך ואם גלה לפלכו פלכו קולטו אמר רב אחא בריה דרב איקא מאי קרא [ב] כי בעיר מקלטו ישב עיר שקלטתו כבר: (ג) **מתני'** [ב] [ד] כיוצא בו רוצח שגלה לעיר מקלטו ורצו אנשי העיר לכבדו יאמר להם רוצח אני אמרו לו אף על פי כן יקבל מהן שנאמר [ג] וזה דבר הרוצח

מעלים

רבי יהודה. לענין מעשר אמרה למילתיה: **הלך אחר פתחה.** כולה בפנים ופתוחה לחוץ כלחוץ כולה בחוץ ופתוחה לפנים כלפנים: **באילן הלך אחר נופו.** ומתניתין דהכא [א] [ג] וברייתא רבי יהודה ומתני' דאילן שהוא עומד בפנים כו' רבנן ושינויא קמא ליתא: **אימור דשמעת ליה כו'.** כלומר היכי בעית לאוקמא להא דתניא בירושלים הלך אחר הנוף כו' כר' יהודה הניחא אי תנא בה חדא בירושלים הלך אחר הנוף ולא תנא בה בערי מקלט הלך אחר הנוף מצית מוקמת לה כרבי יהודה אבל השתא מאן לייט לך אימור דשמעת ליה לרבי יהודה גבי מעשר באילן הלך אחר הנוף משום דאיכא למימר לחומרא בין עיקרו בפנים ונופו בחוץ בין עיקרו בחוץ ונופו בפנים דגבי מעשר איכא בין בפנים בין בחוץ חדא לחומרא וחדא לקולא חומר בפנים מבחוץ שבחוץ יכול לפדותו ובפנים אינו יכול לפדותו דקלטי ליה מחיצות וחומר בחוץ מבפנים שאינו נאכל בחוץ בלא פדייה ובפנים אוכלו בלא פדייה ואיכא למימר כי אמר רבי יהודה הלך אחר הנוף לחומרא אמרה כדמפרש ואזיל: **עיקרו בחוץ ונופו בפנים כו'.** הלך אחר הנוף לענין פדייה: **עיקרו בפנים ונופו לחוץ.** הלך אחר הנוף לענין אכילה דמישדי עיקרו בתר נופו ואסור לאוכלו בעיקרו אא"כ פדאו (ד) מקודם שנכנס: **אלא בערי מקלט.** על כרחך עיקרו בפנים ונופו לחוץ לא משכחת לה אלא לקולא: **אמר רבא בעיקרו כולי עלמא לא פליגי כו'.** לעולם כדקא משנינן הא רבי יהודה והא רבנן דלרבנן לא שדינן לא נוף בתר עיקרו ולא עיקרו בתר נוף לא במעשר ולא בערי מקלט כדקתני קמייתא מכנגד החומה ולפנים כלפנים ורבי יהודה פליג ואמר שדי עיקרו בתר נופו ודקאמרת דלמא לחומרא קאמר אנן נמי לחומרא אמרינן לה לענין מעשר כדאמרן ולענין מקלט היכא דעיקרו בחוץ ונופו בפנים דלחומרא הוא שדי עיקרו בתר נופו ואם רוצח בעיקרו לא מצי קטיל ליה והיכא דעיקרו בפנים ונופו בחוץ דקאמר בה רבי יהודה הלך אחר הנוף לאו למישדי עיקרו בתר נופו ולמימר (ה) דכי היכי בנופו מצי קטיל ליה בעיקרו נמי מצי קטיל קאמר דבעיקרו שבפנים כולי עלמא לא פליגי דלא מצי קטיל והיכא דקאי רוצח בנופו שבחוץ ויכול גואל הדם לעמוד חוץ לתחום ולהורגו בחצים ובצרורות כולי עלמא לא פליגי דמצי קטיל דלכולי עלמא נוף בתר עיקר לא שדינן כי פליגי דקאמר ר' יהודה הלך אחר הנוף למהוי עיקרו דרגא לנופו שיכנס גואל הדם בתוך התחום ויעלה דרך העיקר ויהרגנו בנופו קאמר וכי הך קולא אית ליה לר' יהודה דהא לאו עיקר שדי בתר נוף אלא כל חד כדקאי: **רב אשי אמר מאי אחר הנוף.** דקאמר מתני' דהכא וכן ברייתא [ד] בערי מקלט אף אחר הנוף ורבי יהודה היא וכולהו לחומרא ולענין מעשר כדשנינן ולענין מקלט אף אחר הנוף קאמר דהיכא דעיקרו בחוץ ונופו בפנים שדי עיקרו בתר נופו לחומרא ולא תימא כדקאי קאי אבל היכא דעיקרו בפנים ונופו בחוץ שדי נופו בתר עיקרו ולא מצי קטיל בנופו ומשום דבכולי גמרא שדינן נוף בתר עיקר אצטריך הכא למימר לענין מקלט זמנין דשדינן עיקר בתר נוף לחומרא: **מתני' הרג באותה העיר.** רוצח שגלה לעיר מקלט וחזר והרג באותה העיר בשוגג: **גולה משכונה לשכונה.** בתוך העיר כי מן העיר אינו רשאי לצאת מפני רציחה ראשונה: **ובן לוי.** שהוא מיושבי העיר והרג בשוגג גולה מעיר לעיר שהוא רשאי לצאת מן העיר שלא גלה שם: **גמ' ושמתי לך בחייך.** כאן הבטיחו הקדוש ברוך הוא למשה שיזכה למצוה זו בחייו שהבדיל שלש ערים: **מקום** (ו) **ממקומך.** שהיא מחנה לויה קולטת ואף ערי מקלט יהיו ערי לויה: **פלך.** מדינה (ז): **מאי קרא.** דפלכו קולטו ודמתני' נמי דקתני גולה משכונה לשכונה: **בעיר מקלטו.** קרא יתירא הוא דמצי למכתב כי שם ישב: **מתני' אם אמרו לו אעפ"כ.** אנו רוצים לכבדך יקבל מהם:

מעלים

אימור דשמעת ליה לרבי יהודה (ח) לחומרא. וצריך עיון מנא ליה דלא אמרינן גם להקל וי"ל דמסברא אית ליה דלא פליגי רבי יהודה ורבנן כולי האי כי אם בחומרא בעלמא: **גבי** מעשר לחומרא עיקרו בחוץ ונופו בפנים כי היכי דבנופו לא מצי פריק כו'. פי' לא אזלינן בתר נוף לקולא לומר דכי היכי דבנופו דבפנים מצי אכיל בלא פדייה הכי נמי בעיקרו מבחוץ מצי אכיל ליה בלא פדייה אלא לחומרא דוקא לומר דלא מצי פריק ליה בעיקרו ומשמע דפשיטא ליה דבנוף גופיה מצי אכיל דנהי דשדינן עיקר בתר נוף לחומרא מ"מ נוף לא שדינן בתר עיקרו גם לחומרא:

מר סבר עיקרו הוי דרגא כו'. קצת קשה מנא ליה לאפלוגי רבנן ארבי יהודה בהא ויש לומר דמשמע מתוך הברייתא דפליגי (ט) לרבי יהודה בתרתי בין במעשר בין בערי מקלט מדנקט ערי מקלט גבי ירושלים:

רב אשי אמר מאי אחר הנוף. פי' רב אשי בא (י) למידק הא דפרכינן אלא עיקרו בפנים ונופו לחוץ הכא נמי דבעיקרו מצי קטיל וקאמר דאף אחר הנוף קתני מתני' דגם אחר הנוף אזלינן היכי דהוי חומרא (כ) כמו דעיקרו בחוץ ונופו בפנים דשדינן עיקרו בתר נופו ואף בעיקר לא מצי קטיל וה"ה דאזלינן בתר עיקר למישדייה נופו בתר עיקרו לחומרא כגון בעיקרו בפנים ונופו לחוץ דאף בנופו לא קטלינן דאזלינן בתר עיקרו וקשה דא"כ כי היכי דקתני הולך אחר הנוף דהיינו אף אחר הנוף ה"ה דהוה מצי למתני (ל) הכל הולך אחר העיקר ועוד קשה דהא לעיל גבי מעשר כי קאמר דאזלינן בתר הנוף לחומרא משמע דמכל מקום פשיטא ליה דדין נוף עצמו לא היה בטל כלל דלא שדינן ליה בתר עיקרו כדפרישית לעיל ולכך ניחא פירוש הר"ס דודאי דין נוף עצמו לא היה בטל לעולם גם לחומרא כדפירשתי והכי קאמר אף לאחר הנוף שדינן ליה עיקר לחומרא (מ) כמו עיקרו בחוץ ונופו בפנים כי היכי דנופו לא מצי קטיל בעיקר נמי לא מצי קטיל והוא הדין דעיקר אזיל בתר נפשיה שיש לעיקר דין עצמו כגון דעיקרו בפנים ונופו בחוץ אע"ג דבנופו מצי קטיל כדפירש דלעולם יש לו לנוף דין עצמו גם להקל מכל מקום דעיקר מבפנים לא מצי קטיל דלא שדינן העיקר בתר הנוף לקולא רק לחומרא אבל הקונטרס פירש אף אחר הנוף משום דבכולי הש"ס שדינן לנוף בתר העיקר אצטריך למימר הכא גבי מקלט דזימנין דשדינן עיקר בתר הנוף לחומרא לפי זה ניחא קצת הא דנקט אחר הנוף טפי מאחר העיקר מיהו גם זה קשיא דהא לענין מעשר לא שדינן לעולם בתר עיקרו כדפ"ל לכך ניחא (נ) לפי' הר"ס:

פלכו קולטו. קשה דהא אמרינן כבר גולה מפלך [לפלך] ועוד הא קאמר בן לוי גולה מעיר לעיר ויש לומר דאם גולה מעיר לעיר יהיה רשאי לילך בכל העיר ובתחומיה ואם יגלה לפלכו פלכו קולטו בו שלא יצא משכונה לשכונה [ה]:

מעלים

רבינו חננאל

דתני במקום שהוא נוטה לרבנן. ודחינן אימור דשמעת ליה לר' יהודה דאזיל בתר הנוף לחומרא כו' כדמפרש ופשוטה היא: אמר רבא אי קאי בעיקרו ועיקרו לפנים מן התחום דברי הכל לא מצי קטיל ליה דקלטיה עיקרו קאי בנופו והוא חוץ לתחום ויכול להורגו בדבר הנזרק דברי הכל מצי קטיל ליה כי פליגי במהוי עיקרו דרגא לנופו לעלות משם להרגו ר' יהודה סבר [הוי] עיקרו דרגא לנופו דאחר הנוף אזלינן ורבנן סברי לא. רב אשי אמר מאי אחר הנוף דקתני הכל אנה נוטה (אף) [ואף] אחר הנוף [א]

חשק שלמה על ר"ח

א) אולי ר"ל דחזינן אנה נוטה האילן ומה שנוטה לפנים ודאי קולט בין עיקר בין נוף ועוד אזלינן לחומרא אף אחר הנוף דאם הנוף בפנים אף העיקר שבחוץ קולט. וכפי' הר"ס בתוס':

תורה אור השלם

א) וַאֲשֶׁר לֹא צָדָה וְהָאֱלֹהִים אִנָּה לְיָדוֹ וְשַׂמְתִּי לְךָ מָקוֹם אֲשֶׁר יָנוּס שָׁמָּה: [שמות כא, יג]

ב) כִּי בְעִיר מִקְלָטוֹ יֵשֵׁב עַד מוֹת הַכֹּהֵן הַגָּדֹל וְאַחֲרֵי מוֹת הַכֹּהֵן הַגָּדֹל יָשׁוּב הָרֹצֵחַ אֶל אֶרֶץ אֲחֻזָּתוֹ: [במדבר לה, כח]

ג) וְזֶה דְּבַר הָרֹצֵחַ אֲשֶׁר יָנוּס שָׁמָּה וָחָי אֲשֶׁר יַכֶּה אֶת רֵעֵהוּ בִּבְלִי דַעַת וְהוּא לֹא שֹׂנֵא לוֹ מִתְּמֹל שִׁלְשֹׁם: [דברים יט, ד]

ליקוטי רש"י

שדה מגרש. מגרש הוי אלף אמה סביב לעיר מדכתיב מקיר העיר וחוצה אלף אמה סביב וחוץ לאותו אלף היה להם ללוים אלף אמה לשדות וכרמים כדכתיב ומדותם מחוץ לעיר וגו' לא מהם אלף אמה מגרש והשאר שדות וכרמים מגרש פנוי מכלום ואין בו בית ואין זורעין אותו אלא נוי הוא לעיר [ערכין לג:].

דאין עושין מגרש שדה. מגרש אלף אמה הוא וכל אלף אמה אסור לעשותו שדה [בבא בתרא כד:].

מגרש. שאין נוטעין ולא זורעין שם אלא מניחין אותן לנוי העיר. כדמתרגם רוחי קרויא [עירובין נו:]. רחבה פנויה מזריעה ומבתים ומאילנות לנוי העיר להיות לה לאויר [סוטה כז:].

אין עושין שדה מגרש. משום יישוב ארץ ישראל והיינו חורבן שממעט את הזריעה. ולא מגרש עיר. שיעשו בו בתים שאין עיר נאה בלא מגרש וכ"ש שאין עושין עיר מגרש שאין מחריבין את יישוב העיר [ערכין לג:]. דברה תורה כלשון בני אדם. הכי משתעו בני אדם ודברה תורה כלשון בני אדם וליכא למידרש מינה כלום. לא אמרינן דיברה תורה כלשון בני אדם. דכל היכא דכתב ייתור לשון כהאי גוונא לדרשא קא אתי ולא משום דמשתעי בלשון בני אדם [נדרים ג.]. בחומה תלה רחמנא. לפני ה' תאכלנו. לפנים מן החומה [דברים יב יח]. [ע"כ שייך לעמוד א']

ושמתי לך מקום בחייך. רמז לו הקב"ה למשה במתן תורה שיזכה למצוה זו כדכתיב (דברים ד) אז יבדיל משה שלש ערים בסוף ארבעים שנה. לך מקום. אף במדבר שיגום שמה, ואי זה מקום קולטו זה מחנה לויה [שמות כא. יג]. ושמתי לך מקום. המקום שלך דהיינו מחנה לויה אף הוא נקלט. מכאן אמרו בן לוי. [אע"פ] שהיה דר בערי מקלט שכל ארבעים ושמנה עיירות של לוים ערי מקלט היו כדאמרי' במס' מכות ואם הרג בשוגג גולה לאחד מערי חביריו דדרים ביה נמי הכי ושמתי לך מקום אף הלוים גולים. ואם גלה בפלכו. פלכו קולטו. עצמו כגון משכונה לשכונה. דומיא דמדבר שהיתה מחנה לויה קולטת [זבחים קיז.].

מסורת הש"ס

א) זבחים קיז. ע"ש, ב) שביעית פ"י מ"ח [עי' רש"ל ותוי"ט], ג) [קל"ע דהא משנה היא], ד) [לע"ק שהרי משנה היא], ה) [עי' תוס' זבחים קיז. ד"ה עיר].

הגהות הב"ח

(א) גמ' אמר רבא קאי בעיקרו וכו' קטיל ליה קאי: (ב) שם בחייך מקום במקומך אשר ינוס וכו' ישראל גולין במדבר להיכן גולין למחנה לויה. נ"ב דדרש לך דנדרש לפניו ולאחריו לך מקום משמע מקום שהוא שלך דהיינו מחנה לויה: (ג) שם שקלטתו כבר כיוצא בו הוא סוף גמרא ואח"כ מתחיל המשנה רוצח: (ד) רש"י ד"ה עיקרו בפנים וכו' מקודם שנכנס. נ"ב עי' בתוי"ט בפירוש משניות סוף פ"ג דמעשרות ותמצא מבואר מה שכוון רש"י בתיבת שנכנס ודוק שם היטב: (ה) ד"ה אמר רבא וכו' ולמימר כי היכי דבנופו מצי וכו' וכי הך קולא לית ליה לר' יהודה וכו' כדקאי קאי הס"ד: (ו) ד"ה מקום במקומך. נ"ב עי' בזבחים דף קיז ע"א: (ז) ד"ה פלך מדינה. נ"ב פי' עיר: (ח) תוס' ד"ה אימור וכו' לר' יהודה גבי מעשר לחומרא: (ט) ד"ה מר סבר וכו' דפליגי אר' יהודה בתרתי וכו' בערי מקלט מדנקט ירושלים בהא באפי נפשיה הס"ד: (י) ד"ה רב אשי וכו' הנוף כו' פי' רב אשי בא לתרץ הא דפרכינן וכו' הכי נמי דבעיקרו: (כ) בא"ד היכי דהוי חומרא כגון בעיקרו בחוץ וכו' הוא הדין כנ"ל ואות ו' נמחק: (ל) בא"ד הוא הדין דהוה מצי למיתני הלך כנ"ל ותיבת הכל נמחק: (מ) בא"ד עיקר לחומרא כגון עיקרו בחוץ וכו' כי היכי דבנופו לא מצי וכו' מכל מקום בעיקר מבפנים: (נ) בא"ד פי' הר"ס כנ"ל ואות ל' נמחק:

הגהות הגר"א

[א] רש"י ד"ה באילן. וברייתא רשום קו על מלת וברייתא (כלומר דמתניתין היא. אבל מצינו כה"ג בכ"מ ברש"י ותוס' ועי' שיטה מקובצת ב"ק עה ע"ב):

Rav Ashi proposes another way to align these Mishnahs (i.e. ours and the one in *Maasros*) with R' Yehudah's ruling: רַב אַשִׁי אָמַר – **Rav Ashi says:** מַאי אַחַר הַנּוֹף – **What is** the Mishnah's meaning when it says that we go **BY** the location of **THE BRANCHES?** אַף אַחַר הַנּוֹף – It means that we go **even by** the location of **the branches.** I.e. not only do we classify a tree

according to the location of its trunk, we sometimes even classify it according to the location of its branches. According to this understanding, the Mishnah *always* teaches stringency: to wit, that we go by the branches when the trunk is outside, and by the trunk when the trunk is inside. It is thus in perfect accord with the view of R' Yehudah.[15]

Mishnah

הָרַג בְּאוֹתָהּ הָעִיר – If **[an exiled killer]** inadvertently **killed** someone else **in that city** (i.e. in his city of refuge), גּוֹלֶה מִשְּׁכוּנָה לִשְׁכוּנָה – **he is exiled from** his **neighborhood to** a different **neighborhood** in the same city.[16] וּבֶן לֵוִי – **But a Levite** who inadvertently killed someone in his home city (which, like all Levitical cities, serves also as a city of refuge) גּוֹלֶה מֵעִיר לְעִיר – **is exiled from** his **city to** a different **city.**[17]

Gemara

The Mishnah stated that an exile who kills inadvertently is exiled from one neighborhood to another in the same city. The Gemara cites a parallel Baraisa: תָּנוּ רַבָּנָן – **The Rabbis taught in a Baraisa:** The verse states in regard to one who killed inadvertently:[18] ״וְשַׂמְתִּי לְךָ מָקוֹם וגו׳ ״

– **AND I** [God] **WILL SET FOR YOU A PLACE etc.** *to which he shall flee.* The Baraisa expounds the verse: ״וְשַׂמְתִּי לְךָ״ – **AND I WILL SET FOR YOU** – בְּחַיֶּיךָ – i.e. **IN YOUR** (Moses's) **LIFETIME.** God assured Moses that he himself would have the opportunity to designate at least some of the cities of refuge.[19] ״מָקוֹם״ – A

NOTES

attack from below (with arrows or rocks), for he is located outside the city, and all agree that the status of the branches *never* follows the location of the trunk [even when following the location of the trunk would produce a stringency].

Where do they disagree? Or, stated differently, what does R' Yehudah mean when he rules (in our Mishnah and in the Mishnah in *Maasros*) that in the case of a tree with its trunk inside the *ir miklat* and its branches outside, we "go by the location of its branches"? He means that if the killer is sitting in the branches, the *goel hadam* is permitted to enter the *techum* of the *ir miklat*, climb the trunk of the tree that stands there and [proceeding outside the *techum* to the branches] kill the exile on its branches. This is indeed a leniency, but it is not predicated on classifying the trunk by the location of the branches (when the exile is killed, both he and the *goel hadam* are on the branches outside the city); therefore, it can certainly be attributed to R' Yehudah. The Rabbis disagree with R' Yehudah. They hold that a *goel hadam* is forbidden to climb the trunk inside the city to reach the killer on the branches outside the city (*Rashi*).

The reasoning underlying this dispute is as follows: R' Yehudah holds that the branches are the primary part of a tree; the trunk is subordinate to them (as is evidenced by the fact that he entertains the possibility that the trunk is classified by the location of the branches). Since the trunk is subordinate to the branches, climbing it is like ascending directly to the branches. Therefore, despite being inside the city, the trunk may be used to reach the killer. The Rabbis, however, give no primacy to the branches (as is evidenced by their policy of treating each part of the tree according to its actual location). Since the trunk is in no way subordinate to the branches, it is forbidden for the *goel hadam* to climb it to reach the killer [for the *goel hadam* is prohibited to utilize the city of refuge for the purpose of attacking the killer] (see *Baal HaMaor;* see *Aruch LaNer*).

[According to Rava's answer, when our Mishnah and the Mishnah in *Maasros* say that a tree partly inside and partly outside the *ir miklat* is judged by its branches, it means different things in different cases. When the trunk is outside and the branches inside, it means that the tree is classified according to the location of its branches. Thus, a killer on the trunk is safe from attack. When the trunk is inside and the branches outside, it means that the *goel hadam* may ascend the trunk to get at the killer.]

15. [Rav Ashi, like Rava, agrees with Rav Kahana that our Mishnah and the Mishnah in *Maasros* follow R' Yehudah, while the Mishnah in *Maaser Sheni* follows the Rabbis. According to the Rabbis a tree is never classified according to the location of one of its parts; according to R' Yehudah it is so classified only if this leads to a stringency.] With regard to *maaser sheni*, the stringency is as was explained above; with regard to a tree whose trunk is outside an *ir miklat* and whose branches are inside, the stringency is that a killer on the trunk is safe from attack, for the trunk is classified by the location of the branches.

However, Rav Ashi differs from Rava with regard to R' Yehudah's ruling in the case of a tree whose trunk is located inside an *ir miklat* and whose branches are located outside. Rav Ashi maintains that in this case too R' Yehudah rules stringently, by classifying the *branches* of the tree according to the location of the *trunk.* Since the trunk is inside, the branches too are regarded as if they are inside. Accordingly, a killer

perched on the branches outside the city is regarded as inside the *ir miklat,* and may not be killed by the *goel hadam.* According to this understanding, the Mishnah is ruling stringently in *both* cases — where the trunk is inside and the branches outside and vice versa. Therefore, it can be attributed to R' Yehudah.

The difficulty, of course, is that the Mishnah states that the *trunk* follows the *branches;* how does Rav Ashi deduce from this that the *branches* follow the *trunk?* Rav Ashi explains that when the Mishnah says that we classify a tree in an *ir miklat* by the location of its branches, it is not stating a categorical rule. It does not mean that we *always* classify it by its branches, it means that we *even* classify it by its branches. If, however, a stringency will be obtained by following the location of the trunk, then we will follow the location of the trunk! In other words, all depends upon obtaining the greatest stringency. If following the location of the branches represents a stringency, we follow the branches. If following the location of the trunk represents a stringency, we follow the trunk (*Rashi; Ritva;* see *Baal HaMaor; Aruch LaNer* to *Tosafos;* cf. *Tosafos;* cf. *Rambam, Maaser Sheni* 2:15 with *Kesef Mishneh;* cf. also *Rabbeinu Shimshon,* cited in *Tos. Rabbeinu Peretz* and *Tos. Shantz*).

Rav Ashi's reasoning in always classifying the tree in a way that will represent stringency is that R' Yehudah is in doubt as to whether the trunk is judged by the location of the branches, or the branches are judged by the location of the trunk. The Talmudic rule is that in the event of doubt concerning a Biblical law, one must act stringently; accordingly, where classifying a tree by its branches represents stringency, R' Yehudah classifies it *that* way, where classifying it by its trunk represents stringency, he classifies it *that* way (based on *Ritva*).

[One might ask: If we sometimes follow the branches, and sometimes the trunk, why does the Mishnah state that we go by the location of the branches? It could just as well say that we go by the location of the trunk! The answer is that with regard to many other laws, a tree's branches are classified by the location of its trunk (see the first part of the Mishnah in *Maasros*). We would assume that it is the same with regard to *arei miklat;* the Mishnah must therefore state otherwise, that with regard to *arei miklat,* the trunk sometimes follows the branches (*Rashi;* see *Tosafos*).]

16. The exile he is undergoing for the first killing bars him from leaving this city; he is therefore unable to travel to a different city of refuge to serve his exile there (*Rashi;* cf. *Tos. Rid*).

[The Mishnah speaks of the exile killing someone *in that city.* But what if he leaves the city (illicitly) and kills someone *outside*? Does the Mishnah's ruling apply? See *Siach Yitzchak* for discussion.]

17. Since he is not in the city as an exile, he is able to leave for another city (*Rashi;* cf. *Tos. Rid*).

18. *Exodus* 21:13.

19. The verse addresses Moses. When God taught Moses this verse at Sinai, He intended the words "I will set for *you*" to indicate to Moses that he would have the opportunity to participate in this mitzvah. And indeed, at the end of the forty years of wandering in the Wilderness, Moses designated three cities of refuge in the TransJordan. As Scripture relates (*Deuteronomy* 4:41): אָז יַבְדִּיל מֹשֶׁה שָׁלֹשׁ עָרִים בְּעֵבֶר הַיַּרְדֵּן מִזְרְחָה שָׁמֶשׁ,

ר' יהודה אומר במערה הולך אחר פתחה באילן הולך אחר נופו אימור דשמעת ליה לר"י גבי מעשר לחומרא עיקרו בחוץ ונופו בפנים כי היכי דבנופו לא מצי פריק בעיקרו נמי לא מצי פריק עיקרו מבפנים ונופו מבחוץ כי היכי דבנופו לא מצי אכיל בלא פדייה בעיקרו נמי לא מצי אכיל בלא פדייה אלא גבי ערי מקלט בשלמא עיקרו בחוץ ונופו בפנים כי היכי דבנופו לא מצי קטיל ליה בעיקרו נמי לא מצי קטיל ליה אלא עיקרו בפנים ונופו בחוץ כי היכי דבנופו מצי קטיל ליה בעיקרו נמי מצי קטיל ליה הא גואי קאי אמר (א) רבא בעיקרו דכולי עלמא לא פליגי דלא מצי קטיל קאי בנופו ויכול להורגו בחצים ובצרורות דכ"ע לא פליגי דמצי קטיל ליה כי פליגי במהוי עיקרו דרגא לנופו מר סבר הוי עיקרו דרגא לנופו ומר סבר לא הוי עיקרו דרגא לנופו רב אשי אמר [א] מאי אחר הנוף אף אחר הנוף: **מתני'** [ב] הרג באותה העיר גולה משכונה לשכונה ובן לוי גולה מעיר לעיר: **גמ'** [א] ת"ר א) ושמתי לך מקום וגו' ושמתי לך בחייך מקום (ב) ממקומך אשר ינום שמה מלמד שהיו ישראל מגלין במדבר להיכן מגלין למחנה לויה [ג] מכאן אמרו בן לוי שהרג גולה מפלך לפלך ואם גלה לפלכו פלכו קולטו אמר רב אחא בריה דרב איקא מאי קרא ב) כי בעיר מקלטו ישב עיר שקלטתו כבר: (ג) **מתני'** [ב] [ד] כיוצא בו רוצח שגלה לעיר מקלטו ורצו אנשי העיר לכבדו יאמר להם רוצח אני אמרו לו אף על פי כן יקבל מהן שנאמר ג) וזה דבר הרוצח

מעלים

רבי יהודה. לענין מעשר אמרה למילתיה: הלך אחר פתחה. כולה בפנים ופתוחה לחוץ כלחוץ כולה בחוץ ופתוחה לפנים כלפנים: באילן הלך אחר נופו. ומתניתין דהכא [א] [ג] ובריית' רבי יהודה ומתני' דאילן שהוא עומד בפנים כו' רבנן ושינויא קמא ליתא: אימור דשמעת ליה כו'. כלומר היכי בעית לאוקמא להא דתניא בירושלים הלך אחר הנוף כו' כר' יהודה הניחא אי תנא בה חדא בירושלים הלך אחר הנוף ולא תנא בה בערי מקלט הלך אחר הנוף מצית מוקמת לה כרבי יהודה אבל השתא מאן שמעת ליה אימור דשמעת ליה לרבי יהודה גבי מעשר באילן הלך אחר הנוף משום דאיכא למימר לחומרא בין עיקרו בפנים ונופו בחוץ בין עיקרו בחוץ ונופו בפנים דגבי מעשר איכא בין בפנים בין בחוץ חדא לחומרא וחדא לקולא חומר בפנים מבחוץ שבחוץ יכול לפדותו ובפנים אינו יכול לפדותו דקלטי ליה מחיצות וחומר בחוץ מבפנים שאינו נאכל בחוץ בלא פדייה ובפנים אוכלו בלא פדייה ואיכא למימר כי אמר רבי יהודה הלך אחר הנוף לחומרא אמרה כדמפרש ואזיל: עיקרו בחוץ ונופו בפנים כו'. הלך אחר הנוף לענין פדייה: עיקרו בפנים ונופו לחוץ. הלך אחר הנוף לענין אכילה דמישדי עיקרו בתר נופו ואסור לאוכלו בעיקרו אא"כ פדאו (ד) מקודם שנכנס: אלא בערי מקלט. על כרחך עיקרו בפנים ונופו לחוץ לא משכחת לה אלא לקולא: אמר רבא בעיקרו כולי עלמא לא פליגי כו'. לעולם כדקא משנינן הא רבי יהודה והא רבנן דלרבנן לא שדינן לא נוף בתר עיקרו ולא עיקרו בתר נוף לא במעשר ולא בערי מקלט כדקתני קמייתא מכנגד החומה ולפנים כלפנים ורבי יהודה פליג ואמר שדי עיקרו בתר נופו ודקאמרת דלמא לחומרא קאמר אנן נמי לחומרא אמרינן לה לענין מעשר כדאמרן ולענין מקלט היכא דעיקרו בחוץ ונופו בפנים דחומרא הוא שדי עיקרו בתר נופו ואם רוצח בעיקרו לא מצי קטיל ליה והיכא דעיקרו בפנים ונופו בחוץ דקאמר בה רבי יהודה הלך אחר הנוף לאו למישדי עיקרו בתר נופו ולמימר (ה) דכי היכי בנופו מצי קטיל ליה בעיקרו נמי מצי קטיל קאמר דבעיקרו שבפנים כולי עלמא לא פליגי דלא מצי קטיל והיכא דקאי רוצח בנופו שבחוץ ויכול גואל הדם לעמוד חוץ לתחום ולהורגו בחצים ובצרורות כולי עלמא לא פליגי דמצי קטיל דלכולי עלמא נוף בתר עיקר לא שדינן כי פליגי דקאמר ר' יהודה הלך אחר הנוף למהוי עיקרו דרגא לנופו שיכנס גואל הדם בתוך התחום ויעלה דרך העיקר ויהרגנו בנופו קאמר וכי הך קולא אית ליה לר' יהודה דהא לאו עיקר שדי בתר נוף אלא כל חד כדקאי: רב אשי אמר מאי אחר הנוף. דקאמר מתני' דהכא וכן ברייתא [ד] בערי מקלט אף אחר הנוף ורבי יהודה היא וכולהו לחומרא ולענין מעשר כדשנינן ולענין מקלט אף אחר הנוף קאמר דהיכא דעיקרו בחוץ ונופו בפנים שדי עיקרו בתר נופו לחומרא ולא תימא כדקאי קאי אבל היכא דעיקרו בפנים ונופו בחוץ שדי נופו בתר עיקרו ולא מצי קטיל בנופו ומשום דבכולי גמרא שדינן נוף בתר עיקר אצטריך הכא למימר דלענין מקלט זמנין דשדינן עיקר בתר נוף לחומרא: **מתני'** הרג באותה העיר. רוצח שגלה לעיר מקלט וחזר והרג באותה העיר בשוגג: גולה משכונה לשכונה. בתוך העיר כי מן העיר אינו רשאי לצאת מפני רציחה ראשונה: ובן לוי. שהוא מיושבי העיר והרג בשוגג גולה מעיר לעיר שהוא רשאי לצאת מן העיר שלא גלה שם: **גמ'** ושמתי לך בחייך. כאן הבטיחו הקדוש ברוך הוא למשה שיזכה למצוה זו בחייו שהבדיל שלש ערים: מקום (ו) ממקומך. שתהא מחנה לויה קולטת ואף ערי מקלט יהיו ערי לויה: פלך. מדינה (ז): מאי קרא. דפלכו קולטו ודמתני' נמי דקתני גולה משכונה לשכונה: בעיר מקלטו. קרא יתירא הוא דמצי למכתב כי שם ישב: **מתני'** אם אמרו לו אעפ"כ. אנו רוצים לכבדך יקבל מהם:

מעלים

אימור דשמעת ליה לרבי יהודה (ח) לחומרא. וצריך עיון מנא ליה דלא אמרינן גם להקל וי"ל דמסברא אית ליה דלא פליגי רבי יהודה ורבנן כולי האי כי אם בחומרא בעלמא: **גבי** מעשר לחומרא עיקרו בחוץ ונופו בפנים כי היכי דבנופו לא מצי פריק כו'. פי' לא אזלינן בתר נוף לקולא לומר דכי היכי דבנופו דבפנים מצי אכיל בלא פדייה הכי נמי בעיקרו מבחוץ מצי אכיל ליה בלא פדייה אלא לחומרא דוקא לומר דלא מצי פריק ליה בעיקרו ומשמע דפשיטא ליה דבנוף גופיה מצי אכיל דנהי דשדינן עיקר בתר נוף לחומרא מ"מ נוף לא שדינן בתר עיקרו גם לחומרא:

מר סבר עיקרו הוי דרגא כו'. קצת קשה מנא ליה לאפלוגי רבנן ארבי יהודה בהא ויש לומר דמשמע מתוך הברייתא דפליגי (ט) לרבי יהודה בתרתי בין במעשר בין בערי מקלט מדנקט ערי מקלט גבי ירושלים:

רב אשי אמר מאי אחר הנוף. פי' רב אשי בא (י) למידק הא דפרכינן אלא עיקרו בפנים ונופו לחוץ הכא נמי דבעיקרו מצי קטיל וקאמר דאף אחר הנוף קתני מתני' דגם אחר הנוף אזלינן היכי דהוי חומרא (כ) כמו דעיקרו בחוץ ונופו בפנים דשדינן עיקרו בתר נופו ואף בעיקר לא מצי קטיל וה"ה דאזלינן בתר עיקר למישדייה נופו בתר עיקרו לחומרא כגון בעיקרו בפנים ונופו לחוץ דאף בנופו לא קטלינן דאזלינן בתר עיקרו וקשה דא"כ כי היכי דקתני הולך אחר הנוף דהיינו אף אחר הנוף ה"ה דהוה מצי למתני (ל) הכל הולך אחר העיקר ועוד קשה דהא לעיל גבי מעשר כי קאמר דאזלינן בתר הנוף לחומרא משמע דמכל מקום פשיטא ליה דדין נוף עצמו לא היה בטל כלל דלא שדינן ליה בתר עיקרו כדפרישית לעיל ולכך ניחא פירוש הר"ס דודאי דין נוף עצמו לא היה בטל לעולם גם לחומרא כדפירשתי והכי קאמר אף לאחר הנוף שדינן ליה עיקר לחומרא (מ) כמו עיקרו בחוץ ונופו בפנים כי היכי דנופו לא מצי קטיל בעיקר נמי לא מצי קטיל והוא הדין דעיקר אזיל בתר נפשיה שיש לעיקר דין עצמו כגון דעיקרו בפנים ונופו בחוץ אע"ג דבנופו מצי קטיל כדפירש דלעולם יש לו לנוף דין עצמו גם להקל מכל מקום דעיקר מבפנים לא מצי קטיל דלא שדינן העיקר בתר הנוף לקולא רק לחומרא אבל הקונטרס פירש אף אחר הנוף משום דבכולי הש"ס שדינן לנוף בתר העיקר אצטריך למימר הכא גבי מקלט דזימנין דשדינן עיקר בתר הנוף לחומרא לפי זה ניחא קצת הא דנקט אחר הנוף טפי מאחר העיקר מיהו גם זה קשיא דהא לענין מעשר לא שדינן לעולם בתר עיקרו כדפ"ל לכך ניחא (נ) לפי' הר"ס:

פלכו קולטו. קשה דהא אמרינן כבר גולה מפלך [לפלך] ועוד הא קאמר בן לוי גולה מעיר לעיר ויש לומר דאם גולה מעיר לעיר יהיה רשאי לילך בכל העיר ובתחומיה ואם יגלה לפלכו פלכו קולטו בו שלא יצא משכונה לשכונה [ה]:

מעלים

עין משפט נר מצוה

עט א מיי' פ"ב מהלכות מעשר שני הלכה טו וע"ש בכ"מ:

פ ב ג מיי' פ"ז מהל' רוצח הלכה ה סמג עשין מה מו:

פא ד מיי' שם הלכה ז:

רבינו חננאל

דתני במקום שהוא נוטה לרבנן. ודחינן אימור דשמעת ליה לר' יהודה דאזיל בתר הנוף לחומרא כו' כדמפרש ופשוטה היא: אמר רבא אי קאי בעיקרו ועיקרו לפנים מן התחום דברי הכל לא מצי קטיל ליה דקלטיה עיקרו קאי בנופו והוא חוץ לתחום ויכול להורגו בדבר הנזרק דברי הכל מצי קטיל ליה כי פליגי במהוי עיקרו דרגא לנופו לעלות משם להרגו ר' יהודה סבר [הוי] עיקרו דרגא לנופו דאחר הנוף אזלינן ורבנן סברי לא. רב אשי אמר מאי אחר הנוף דקתני הכל אנה נוטה (אף) [ואף] אחר הנוף א)

חשק שלמה על ר"ח

א) אולי ר"ל דחזינן אנה נוטה האילן ומה שנוטה לפנים ודאי קולט בין עיקר בין נוף ועוד אזלינן לחומרא אף אחר הנוף דאם הנוף בפנים אף העיקר שבחוץ קולט. וכפי' הר"ס בתוס':

תורה אור השלם

א) וַאֲשֶׁר לֹא צָדָה וְהָאֱלֹהִים אִנָּה לְיָדוֹ וְשַׂמְתִּי לְךָ מָקוֹם אֲשֶׁר יָנוּס שָׁמָּה: [שמות כא, יג]

ב) כִּי בְעִיר מִקְלָטוֹ יֵשֵׁב עַד מוֹת הַכֹּהֵן הַגָּדֹל וְאַחֲרֵי מוֹת הַכֹּהֵן הַגָּדֹל יָשׁוּב הָרֹצֵחַ אֶל אֶרֶץ אֲחֻזָּתוֹ: [במדבר לה, כח]

ג) וְזֶה דְּבַר הָרֹצֵחַ אֲשֶׁר יָנוּס שָׁמָּה וָחָי אֲשֶׁר יַכֶּה אֶת רֵעֵהוּ בִּבְלִי דַעַת וְהוּא לֹא שֹׂנֵא לוֹ מִתְּמֹל שִׁלְשֹׁם: [דברים יט, ד]

ליקוטי רש"י

שדה מגרש. מגרש הוי אלף אמה סביב לעיר מדכתיב מקיר העיר וחוצה אלף אמה סביב וחוץ לאותו אלף היה להם ללוים אלף אמה לשדות וכרמים כדכתיב ומדותם מחוץ לעיר וגו' לא מהם אלף אמה מגרש והשאר שדות וכרמים מגרש פנוי מכלום ואין בו בית ואין זורעין אותן אלא נוי הוא לעיר [ערכין לג:].

דאין עושין מגרש שדה. מגרש אלף אמה הוא וכל אלף אמה אסור לעשותו שדה [בבא בתרא כד:].

מגרש. שאין נוטעין ולא זורעין שם אלא מניחין אותן לנוי העיר. כדמתרגם רוחי קרויא [עירובין נו:]. רחבה פנויה מזריעה ומבתים ומאילנות לנוי העיר להיות לה לאויר [סוטה כז:].

אין עושין שדה מגרש. משום ייסוב ארץ ישראל והיינו חורבן שממעט את הזריעה. ולא מגרש עיר. שיעשו בו בתים שאין עיר נאה בלא מגרש וכ"ש שאין עושין עיר מגרש שאין מחריבין את ייסוב העיר [ערכין לג:]. דברה תורה כלשון בני אדם. הכי משתעו בני אדם ודברה תורה כלשון בני אדם וליכא למידרש מינה כלום. לא אמרינן דיברה תורה כלשון בני אדם. דכל היכא דכתב ייתור לשון כהאי גוונא לדרשא קא אתי ולא משום דמשתעי בלשון בני אדם [נדרים ג.]. בחומה תלה רחמנא. לפני ה' תאכלנו. לפנים מן החומה [דברים יב יח]. [ע"כ שייך לעמוד א'] ושמתי לך מקום. אף במדבר שינוס שמה, ואי זה מקום קולטו זה מחנה לויה [שמות כא. יג]. ושמתי לך מקום בחייך. רמז לו הקב"ה למשה במתן תורה שיזכה למצוה זו כדכתיב (דברים ד) אז יבדיל משה שלש ערים [illegible] ארבעים שנה. לך מקום. המקום שלך דהיינו מחנה לויה אף הוא נקלט. מכאן אמרו בן לוי. [אע"פ] שהיה דר בערי מקלט שכל ארבעים ושמנה עיירות של לוים ערי מקלט היו כדאמרי' במס' מכות ואם הרג בשוגג גולה לאחד מערי חבריו דדריש ביה נמי הכי ושמתי לך מקום אף הלוים גולים. ואם גלה בפלכו. פלכו קולטו. עצמו כגון משכונה לשכונה. דומיא דמדבר שהיתה מחנה לויה קולטת [זבחים קי"ז.].

מסורת הש"ס

א) זבחים קיז. ע"ש, ב) שביעית פ"י מ"ח [עי' רש"ל ותוי"ט], ג) [קל"ע דהא משנה היא], ד) [לע"ק שהרי משנה היא], ה) [עי' תוס' זבחים קיז. ד"ה עיר].

הגהות הב"ח

(א) גמ' אמר רבה קאי בעיקרו וכו' קטיל ליה קאי: (ב) שם בחייך מקום במקומך אשר ינוס וכו' ישראל גולין במדבר להיכן גולין למחנה לויה. נ"ב דדרש לך דנדרש לפניו ולאחריו לך מקום משמע מקום שהוא שלך דהיינו מחנה לויה: (ג) שם שקלטתו כבר כיוצא בו הוא סוף גמרא ואח"כ מתחיל המשנה רוצח: (ד) רש"י ד"ה עיקרו בפנים וכו' מקודם שנכנס. נ"ב עי' בתוי"ט בפירוש משניות סוף פ"ג דמעשרות ותמצא מבואר מה שכוון רש"י בתיבת שנכנס ודוק שם היטב: (ה) ד"ה אמר רבא וכו' ולמימר כי היכי דבנופו מצי וכו' וכי הך קולא לית ליה לר' יהודה וכו' כדקאי קאי הס"ד: (ו) ד"ה מקום במקומך. נ"ב עי' בזבחים דף קיז ע"א: (ז) ד"ה פלך מדינה. נ"ב פי' עיר: (ח) תוס' ד"ה אימור וכו' לר' יהודה גבי מעשר לחומרא: (ט) ד"ה מר סבר וכו' דפליגי אר' יהודה בתרתי וכו' בערי מקלט מדנקט ירושלים בבא באפי נפשיה הס"ד: (י) ד"ה רב אשי וכו' הנוף כו' פי' רב אשי בא לתרץ הא דפרכינן וכו' הכי נמי דבעיקרו: (כ) בא"ד היכי דהוי חומרא כגון בעיקרו בחוץ וכו' הוא הדין כצ"ל ואות ו' נמחק: (ל) בא"ד הוא הדין דהוה מצי למיתני הלך כצ"ל ותיבת הכל נמחק: (מ) בא"ד עיקר לחומרא כגון עיקרו בחוץ וכו' כי היכי דבנופו לא מצי וכו' מכל מקום בעיקר מבפנים: (נ) בא"ד פי' הר"ס כצ"ל ואות ל' נמחק:

הגהות הגר"א

[א] רש"י ד"ה באילן. וברייתא רשום קו על מלת וברייתא (כלומר דמתניתין היא. אבל מלינו כה"ג בכ"מ ברש"י ותוס' ועי' שיטה מקובצת ב"ק עה ע"ב):

PLACE – מְקוֹמְךָ – i.e. **IN YOUR PLACE.** The place of refuge is to be the area in which you, Moses, reside, i.e. the Levite camp surrounding the Tabernacle.[20] "אֲשֶׁר יָנוּס שָׁמָּה" – ***TO WHICH HE SHALL FLEE*** – מְלַמֵּד שֶׁהָיוּ יִשְׂרָאֵל מַגְלִין בַּמִּדְבָּר – **THIS TEACHES THAT THE ISRAELITES EXILED** inadvertent **KILLERS** even during their sojourn **IN THE WILDERNESS,** before there were cities of refuge.[21] לְהֵיכָן מַגְלִין – **TO WHERE DID THEY EXILE THEM?** לְמַחֲנֵה לְוִיָּה – **TO THE LEVITE CAMP.** מִכָּאן אָמְרוּ – **FROM HERE** (i.e. from this verse) **[THE RABBIS] CONCLUDED** that בֶּן לֵוִי שֶׁהָרַג גּוֹלֶה מִפֶּלֶךְ לְפֶלֶךְ – **A MEMBER OF THE TRIBE OF LEVI WHO KILLED** inadvertently **IS EXILED FROM** his **CITY TO** a different **CITY.**[22] וְאִם גָּלָה לְפִלְכּוֹ פִּלְכּוֹ קוֹלְטוֹ – **BUT IF HE WENT INTO EXILE IN HIS OWN CITY,** i.e. to a different neighborhood in his city, **HIS CITY AFFORDS HIM REFUGE.**[23]

This Baraisa teaches that a Levite exiled within his own city is afforded refuge. Our Mishnah says the same of an Israelite killer exiled within his city of refuge. The Gemara seeks the source of these rulings:[24]

אָמַר רַב אַחָא בְּרֵיהּ דְּרַב אִיקָא – **Rav Acha the son of Rav Ikka said:** מַאי קְרָא – **What is the verse** that teaches these rulings? It is as follows. "כִּי בְעִיר מִקְלָטוֹ יֵשֵׁב" – ***For he must dwell in his city of refuge.***[25] This teaches that refuge is possible even in עִיר שֶׁקְּלָטַתּוּ כְּבָר – **a city that has already afforded him refuge** (i.e. the city to which he was previously exiled).[26]

Mishnah כַּיּוֹצֵא בּוֹ – **Likewise,** רוֹצֵחַ שֶׁגָּלָה לְעִיר מִקְלָטוֹ – **if a killer was exiled to his city of refuge** וְרָצוּ אַנְשֵׁי הָעִיר לְכַבְּדוֹ – **and the townspeople of that city wished to honor him** יֹאמַר לָהֶם רוֹצֵחַ אָנִי – **he must tell them: "I am a killer."** I am thus unworthy of honor.[27] אָמְרוּ לוֹ – **If they** then **said to him:**

NOTES

Then Moses set aside three cities in the TransJordan, east of the sun (*Rashi* here and to *Zevachim* 117a ד״ה ושמתי לך). [However, the ability of these three cities to afford refuge was delayed until after the three cities in Eretz Yisrael were also designated, as we learned above (9b).]

20. The word לְךָ in the phrase וְשַׂמְתִּי לְךָ מָקוֹם serves two functions. It is read *both* with the word that precedes it (see previous note) *and* with the word that follows it. Accordingly, the verse contains two clauses – וְשַׂמְתִּי לְךָ, *and I will set for you,* and לְךָ מָקוֹם, *for you a place* (see *Rashi* to *Zevachim* ibid. ד״ה לך מקום; *Hagahos HaBach* here §2; *Mesoras HaShas, Zevachim* ibid.; cf. *Aruch LaNer*). The latter clause teaches that refuge is found in the Levite camp (*Rashi* here and to *Zevachim* ibid.). This is the *reason* that the six *arei miklat* were given to the Levites – it was *because* in the Wilderness the *ir miklat* was the Levite camp (*Ritva;* see *Rashi*).

[Our rendering of this phrase as "*in* your place" follows *Hagahos HaBach's* (§2,6) emendation of ממקומך to במקומך.]

21. Simply understood, this segment of the verse provides the context for the previous exposition, as follows: The verse states: לְךָ מָקוֹם, *for you a place* (meaning the Levite camp). But what is the purpose of this place? The verse tells us: אֲשֶׁר יָנוּס שָׁמָּה, *to which he shall flee* – it is for inadvertent killers to flee to.

However, from *Ritva* it appears that this segment of the verse teaches that Israelites (i.e. Yisraelim, as differentiated from Leviim) were *also* exiled in the Wilderness. We will see in the following note that the verse's earlier clause tells us that *Leviim* underwent exile in the Wilderness. This clause teaches that also those who would need to "flee" (יָנוּס) to the Levite camp – i.e. Israelites, who did not live there – were obligated to do so (see *Ritva;* see also *Hagahos HaBach* §2).

22. This is known from the words *I will set for you a place.* "For you" refers to Moses and his fellow Leviim. It teaches that Leviim – who *already* live in the cities of refuge and Levite cities – must remain exiled in these places if they kill inadvertently (*Rashi* to *Zevachim* 117a ד״ה מכאן אמרו). However, a Levi cannot simply remain sequestered in his home in *his* Levite city, for exile demands that he leave his place. Therefore, he must travel to another city of refuge (*Ritva,* first explanation) [or to another neighborhood in his own city, as we will see in the next note].

[*Rashi* translates פֶּלֶךְ as מְדִינָה, *a state* (see above, 7a). However, *Hagahos HaBach* (§7) explains that *Rashi* means a city. Our translation accords with *Hagahos HaBach's* interpretation. See *Imrei Binyamin* for discussion.]

23. I.e. whether he moves to another city or only to another neighborhood in his own city, he has fulfilled the requirement of exile. When the Baraisa (in its previous clause) and the Mishnah speak of leaving for another city, they are not *obligating* him to do so, they are simply presenting his best option. If he is exiled to a different city, he is permitted to move about throughout the city and its *techum.* But if he opts to remain in his own city, he is restricted to the neighborhood he chooses (*Tosafos;* see *Tos. Rabbeinu Peretz* and *Tos. Shantz;* cf. *Tosafos, Zevachim* ibid. ד״ה עיר, first explanation; *Ritva* here, second explanation; cf. *Rambam, Rotze'ach* 7:5 with *Mishneh LaMelech*). [*Tosafos* assume that one who opts to remain in his own city may not set foot outside of the neighborhood he chooses (but see *Aruch LaNer*). Others maintain that he can move throughout the city; he is simply forbidden to return to his original neighborhood (see *Meiri; Tosafos, Zevachim* ibid., second explanation).]

This permit for a Levi to move to a different neighborhood in his own city is not being derived from the verse expounded by the Baraisa. The Gemara will shortly inquire after its source (*Rashi* ד״ה מאי קרא; cf. *Rashi, Zevachim* ibid., cited end of this note; cf. also *Tosafos, Zevachim* ibid.).

[If the killer violates his exile to a new neighborhood, the *goel hadam* may kill him (*Siach Yitzchak* to the Mishnah ד״ה גולה משכונה לשכונה; *Aruch LaNer*). However, it is only the second *goel hadam* who profits from the new restrictions; the first *goel hadam* may kill him *only* if he finds him outside the city, for as far as he is concerned, the second killing changes nothing (*Siach Yitzchak* ibid.).]

[According to the way we have explained the Baraisa, the thrust of the Baraisa's words מִכָּאן אָמְרוּ, *from here [the Rabbis] concluded,* is to teach that a Levi who kills inadvertently is required to flee to a city of refuge. This is derived from the Baraisa's verse (see previous note). מִכָּאן אָמְרוּ does *not* refer to the Levi's right to choose exile in his home city. Another approach is that the point of מִכָּאן אָמְרוּ is to teach *both* laws – that a Levi who kills must undergo exile *and* that he may choose to be exiled in his home city. According to this understanding, the latter ruling is *also* derived from the Baraisa's verse, as follows: The verse teaches that the law of exile applied even in the Wilderness, and applies even to Leviim. Since Leviim in the Wilderness lived only in the refuge area (the Levite camp), we are compelled to say that they fulfilled their exile requirement by moving from one part of the camp to another. Nowadays too, Leviim fulfill the exile requirement by moving from one part of the Levite city to another (*Rashi, Zevachim* ibid. ד״ה פלכו קולטו; see *Ritva* here, second explanation).]

24. *Rashi;* cf. *Rashi* and *Tosafos* to *Zevachim* ibid.

25. *Numbers* 35:28.

26. Since the entire passage deals with exile to a city of refuge, it would have sufficed had the verse simply said, *For he must dwell* ***there.*** By repeating the phrase *in his city of refuge,* the verse indicates an additional law – that even his own city of refuge will harbor him [if he is exiled to another neighborhood within the city] (*Rashi*).

This verse speaks of an inadvertent killer who killed again while in a city of refuge. We extrapolate from here to the case of a Levite who killed inadvertently in his home city. In that case too, exile to another part of the city protects him (*Ritva*).

[According to the alternative explanation given above (end of note 23), this verse is needed *only* for the law of an inadvertent killer who killed again while in a city of refuge. The permit for a Levite who killed in his home city to remain there, however, is known from the verse cited in the Baraisa (see *Rashi* and *Tosafos* to *Zevachim* ibid.).]

27. Some omit the introductory phrase כַּיּוֹצֵא בּוֹ, *likewise.* For our Mishnah has no apparent connection with the preceding one. But others retain this phrase. They explain the connection thus: The previous Mishnah required a Levi who killed to leave his city for another even though his city is an *ir miklat.* This is done to humble the killer. The requirement that a killer refuse honors is also intended to humble him. Thus, the two Mishnahs are related (*Ritva*). Others explain that our

ר' יהודה אומר במערה הולך אחר פתחה באילן הולך אחר נופו אימור דשמעת ליה לר"י גבי מעשר לחומרא עיקרו בחוץ ונופו בפנים כי היכי דבנופו לא מצי פריק בעיקרו נמי לא מצי פריק עיקרו מבפנים ונופו מבחוץ כי היכי דבנופו לא מצי אכיל בלא פדייה בעיקרו נמי לא מצי אכיל בלא פדייה אלא גבי ערי מקלט בשלמא עיקרו בחוץ ונופו בפנים כי היכי דבנופו לא מצי קטיל ליה בעיקרו נמי לא מצי קטיל ליה אלא עיקרו בפנים ונופו בחוץ כי היכי דבנופו מצי קטיל ליה בעיקרו נמי מצי קטיל ליה הא גואי קאי אמר (א) רבא בעיקרו דכולי עלמא לא פליגי דלא מצי קטיל קאי בנופו ויכול להורגו בחצים ובצרורות דכ"ע לא פליגי דמצי קטיל ליה כי פליגי במהוי עיקרו דרגא לנופו מר סבר הוי עיקרו דרגא לנופו ומר סבר לא הוי עיקרו דרגא לנופו רב אשי אמר [א] מאי אחר הנוף אף אחר הנוף: **מתני'** [ב] הרג באותה העיר גולה משכונה לשכונה ובן לוי גולה מעיר לעיר: **גמ'** (א) ת"ר א) ושמתי לך מקום וגו' ושמתי לך בחייך מקום (ב) ממקומך אשר ינום שמה מלמד שהיו ישראל מגלין במדבר להיכן מגלין למחנה לויה [ג] מכאן אמרו בן לוי שהרג גולה מפלך לפלך ואם גלה לפלכו פלכו קולטו אמר רב אחא בריה דרב איקא מאי קרא ב) כי בעיר מקלטו ישב עיר שקלטתו כבר: (ג) **מתני'** (ב) [ד] כיוצא בו רוצח שגלה לעיר מקלטו ורצו אנשי העיר לכבדו יאמר להם רוצח אני אמרו לו אף על פי כן יקבל מהן שנאמר ג) וזה דבר הרוצח

מעלים

רש"י

רבי יהודה. לענין מעשר אמרה למילתיה: הלך אחר פתחה. כולה בפנים ופתוחה לחוץ כלחוץ כולה בחוץ ופתוחה לפנים כלפנים: באילן הלך אחר נופו. ומתניתין דהכא [א] [ג] וברייתא רבי יהודה ומתני' דאילן שהוא עומד בפנים כו' רבנן ושינויא קמא ליתא: אימור דשמעת ליה כו'. כלומר היכי בעית לאוקמא להא דתניא בירושלים הלך אחר הנוף כו' כר' יהודה הניחא אי תנא בה חדא בירושלים הלך אחר הנוף ולא תנא בה בערי מקלט הלך אחר הנוף מצית מוקמת לה כרבי יהודה אבל השתא מאן שמעת ליה אימור דשמעת ליה לרבי יהודה גבי מעשר באילן הלך אחר הנוף משום דאיכא למימר לחומרא בין עיקרו בפנים ונופו בחוץ בין עיקרו בחוץ ונופו בפנים דגבי מעשר איכא בין בפנים בין בחוץ חדא לחומרא וחדא לקולא חומר בפנים מבחוץ שבחוץ יכול לפדותו ובפנים אינו יכול לפדותו דקלטי ליה מחיצות וחומר בחוץ מבפנים שאינו נאכל בחוץ בלא פדייה ובפנים אוכלו בלא פדייה ואיכא למימר כי אמר רבי יהודה הלך אחר הנוף לחומרא אמרה כדמפרש ואזיל: עיקרו בחוץ ונופו בפנים כו'. הלך אחר הנוף לענין פדייה: עיקרו בפנים ונופו לחוץ. הלך אחר הנוף לענין אכילה דמישדי עיקרו בתר נופו ואסור לאוכלו בעיקרו אא"כ פדאו (ד) מקודם שנכנס: אלא בערי מקלט. על כרחך עיקרו בפנים ונופו לחוץ לא משכחת לה אלא לקולא: אמר רבא בעיקרו כולי עלמא לא פליגי כו'. לעולם כדקא משנינן הא רבי יהודה והא רבנן דלרבנן לא שדינן לא נוף בתר עיקרו ולא עיקרו בתר נוף לא במעשר ולא בערי מקלט כדקתני קמייתא מכנגד החומה ולפנים כלפנים ורבי יהודה פליג ואמר שדי עיקרו בתר נופו ודקאמרת דלמא לחומרא קאמר אנן נמי לחומרא אמרינן לה לענין מעשר כדאמרן ולענין מקלט היכא דעיקרו בחוץ ונופו בפנים לחומרא הוא שדי עיקרו בתר נופו ואם רוצח בעיקרו לא מצי קטיל ליה והיכא דעיקרו בפנים ונופו בחוץ דקאמר בה רבי יהודה הלך אחר הנוף לאו למישדי עיקרו בתר נופו ולמימר (ה) דכי היכי בנופו מצי קטיל ליה בעיקרו נמי מצי קטיל קאמר דבעיקרו שבפנים כולי עלמא לא פליגי דלא מצי קטיל והיכא דקאי רוצח בנופו שבחוץ ויכול גואל הדם לעמוד חוץ לתחום ולהורגו בחצים ובצרורות כולי עלמא לא פליגי דמצי קטיל דלכולי עלמא נוף בתר עיקר לא שדינן כי פליגי דקאמר ר' יהודה הלך אחר הנוף למהוי עיקרו דרגא לנופו שיכנס גואל הדם בתוך התחום ויעלה דרך העיקר ויהרגנו בנופו קאמר וכי הך קולא אית ליה לר' יהודה דהא לאו עיקר שדי בתר נוף אלא כל חד כדקאי: רב אשי אמר מאי אחר הנוף. דקאמר מתני' דהכא וכן ברייתא [ז] בערי מקלט אף אחר הנוף ורבי יהודה היא וכולהו לחומרא ולענין מעשר כדשנינן ולענין מקלט אף אחר הנוף קאמר דהיכא דעיקרו בחוץ ונופו בפנים שדי עיקרו בתר נופו לחומרא ולא תימא כדקאי קאי אבל היכא דעיקרו בפנים ונופו בחוץ שדי נופו בתר עיקרו ולא מצי קטיל בנופו ומשום דבכולי גמרא שדינן נוף בתר עיקר אצטריך הכא למימר דלענין מקלט זמנין דשדינן עיקר בתר נוף לחומרא: **מתני'** הרג באותה העיר. רוצח שגלה לעיר מקלט וחזר והרג באותה העיר בשוגג: גולה משכונה לשכונה. בתוך העיר כי מן העיר אינו רשאי לצאת מפני רציחה ראשונה: ובן לוי. שהוא מיושבי העיר והרג בשוגג גולה מעיר לעיר שהוא רשאי לצאת מן העיר שלא גלה שם: **גמ'** ושמתי לך בחייך. כאן הבטיחו הקדוש ברוך הוא למשה שיזכה למצוה זו בחייו שהבדיל שלש ערים: מקום (ו) ממקומך. שהיא מחנה לויה קולטת ואף ערי מקלט יהיו ערי לויה: פלך. מדינה (ז): מאי קרא. דפלכו קולטו ודמתני' נמי דקתני גולה משכונה לשכונה: בעיר מקלטו. קרא יתירא הוא דמצי למכתב כי שם ישב: **מתני'** אם אמרו לו אעפ"כ. אנו רוצים לכבדך יקבל מהם:

מעלים

תוספות

אימור דשמעת ליה לרבי יהודה (ח) לחומרא. וצריך עיון מנא ליה דלא אמרינן גם להקל וי"ל דמסברא אית ליה דלא פליגי רבי יהודה ורבנן כולי האי כי אם בחומרא בעלמא: **גבי** מעשר לחומרא עיקרו בחוץ ונופו בפנים כי היכי דבנופו לא מצי פריק כו'. פי' לא אזלינן בתר נוף לקולא לומר כי היכי דבנופו דבפנים מצי אכיל בלא פדייה הכי נמי בעיקרו מבחוץ מצי אכיל ליה בלא פדייה אלא לחומרא דוקא לומר דלא מצי פריק ליה בעיקרו ומשמע דפשיטא ליה דבנוף גופיה מצי אכיל דנהי דשדינן עיקר בתר נוף לחומרא מ"מ נוף לא שדינן בתר עיקרו גם לחומרא:

מר סבר עיקרו הוי דרגא כו'. קצת קשה מנא ליה לאפלוגי רבנן ארבי יהודה בהא ויש לומר דמשמע מתוך הברייתא דפליגי (ט) לרבי יהודה בתרתי בין במעשר בין בערי מקלט מדנקט ערי מקלט גבי ירושלים:

רב אשי אמר מאי אחר הנוף. פי' רב אשי בא (י) למידק הא דפרכינן אלא עיקרו בפנים ונופו לחוץ הכא נמי דבעיקרו מצי קטיל וקאמר דאף אחר הנוף קתני מתני' דגם אחר הנוף אזלינן היכי דהוי חומרא (כ) כמו דעיקרו בחוץ ונופו בפנים דשדינן עיקרו בתר נופו ואף בעיקר לא מצי קטיל וה"ה דאזלינן בתר עיקר למישדייה נופו בתר עיקרו לחומרא כגון בעיקרו בפנים ונופו לחוץ דאף בנופו לא קטלינן דאזלינן בתר עיקרו וקשה דא"כ כי היכי דקתני הולך אחר הנוף דהיינו אף אחר הנוף ה"ה דהוה מצי למתני (ל) הכל הולך אחר העיקר ועוד קשה דהא לעיל גבי מעשר כי קאמר דאזלינן בתר הנוף לחומרא משמע דמכל מקום פשיטא ליה דדין נוף עצמו לא היה בטל כלל דלא שדינן ליה בתר עיקרו כדפרישית לעיל ולכך ניחא פירוש הר"ס דודאי דין נוף עצמו לא היה בטל לעולם גם לחומרא כדפירשתי והכי קאמר אף לאחר הנוף שדינן ליה עיקר לחומרא (מ) כמו עיקרו בחוץ ונופו בפנים כי היכי דנופו לא מצי קטיל בעיקר נמי לא מצי קטיל והוא הדין דעיקר אזיל בתר נפשיה שיש לעיקר דין עצמו כגון דעיקרו בפנים ונופו בחוץ אע"ג דבנופו מצי קטיל כדפירש דלעולם יש לו לנוף דין עצמו גם להקל מכל מקום דעיקר מבפנים לא מצי קטיל דלא שדינן העיקר בתר הנוף לקולא רק לחומרא אבל הקונטרס פירש אף אחר הנוף משום דבכולי הש"ס שדינן לנוף בתר העיקר אצטריך למימר הכא גבי מקלט דזימנין דשדינן עיקר בתר הנוף לחומרא לפי זה ניחא קצת הא דנקט אחר הנוף טפי מאחר העיקר מיהו גם זה קשיא דהא לענין מעשר לא שדינן לעולם בתר עיקרו כדפ"ל לכך ניחא (נ) לפי' הר"ס:

פלכו קולטו. קשה דהא אמרינן כבר גולה מפלך [לפלך] ועוד הא קאמר בן לוי גולה מעיר לעיר ויש לומר דאם גולה מעיר לעיר יהיה רשאי לילך בכל העיר ובתחומיה ואם יגלה לפלכו פלכו קולטו בו שלא יצא משכונה לשכונה [ח]:

מעלים

עין משפט נר מצוה

עט א מיי' פ"ב מהלכות מעשר שני הלכה טו וע"ש בכ"מ:
פ ב ג מיי' פ"ז מהל' רוצח הלכה ה סמג עשין מה מו:
פא ד מיי' שם הלכה ז:

רבינו חננאל

דתני במקום שהוא נוטה לרבנן. ודחינן אימור דשמעת ליה לר' יהודה דאזיל בתר הנוף לחומרא כו' כדמפרש ופשוטה היא: אמר רבא אי קאי בעיקרו ועיקרו לפנים מן התחום דברי הכל לא מצי קטיל ליה דקלטיה עיקרו קאי בנופו והוא חוץ לתחום ויכול להורגו בדבר הנזרק דברי הכל מצי קטיל ליה כי פליגי במהוי עיקרו דרגא לנופו לעלות משם להרגו ר' יהודה סבר [הוי] עיקרו דרגא לנופו דאחר הנוף אזלינן ורבנן סברי לא. רב אשי אמר מאי אחר הנוף דקתני הכל אנה נוטה (אף) [ואף] אחר הנוף א)

חשק שלמה על ר"ח

א) אולי ר"ל דחזינן אנה נוטה האילן ומה שנוטה לפנים ודאי קולט בין עיקר בין נוף ועוד אזלינן לחומרא אף אחר הנוף דאם הנוף בפנים אף העיקר שבחוץ קולט. וכפי' הר"ס בתוס':

תורה אור השלם

א) וַאֲשֶׁר לֹא צָדָה וְהָאֱלֹהִים אִנָּה לְיָדוֹ וְשַׂמְתִּי לְךָ מָקוֹם אֲשֶׁר יָנוּס שָׁמָּה: [שמות כא, יג]
ב) כִּי בְעִיר מִקְלָטוֹ יֵשֵׁב עַד מוֹת הַכֹּהֵן הַגָּדֹל וְאַחֲרֵי מוֹת הַכֹּהֵן הַגָּדֹל יָשׁוּב הָרֹצֵחַ אֶל אֶרֶץ אֲחֻזָּתוֹ: [במדבר לה, כח]
ג) וְזֶה דְּבַר הָרֹצֵחַ אֲשֶׁר יָנוּס שָׁמָּה וָחָי אֲשֶׁר יַכֶּה אֶת רֵעֵהוּ בִּבְלִי דַעַת וְהוּא לֹא שֹׂנֵא לוֹ מִתְּמֹל שִׁלְשֹׁם: [דברים יט, ד]

ליקוטי רש"י

שדה מגרש. מגרש הוי אלף אמה סביב לעיר מדכתיב מקיר העיר וחוצה אלף אמה סביב וחוץ לאותו אלף היה להם ללוים אלף אמה לשדות וכרמים כדכתיב ומדותם מחוץ לעיר וגו' לא מהם אלף אמה מגרש והשאר שדות וכרמים מגרש פנוי מכלום ואין בו בית ואין זורעין אותו אלא נוי הוא לעיר [ערכין לג:].
דאין עושין מגרש שדה. מגרש אלף אמה הוא וכל אלף אמה אסור לעשותו שדה [בבא בתרא כד:].
מגרש. שאין נוטעין ולא זורעין שם אלא מניחין אותן לנוי העיר. כדמתרגם רוחי קרויא [עירובין נו:]. רחבה פנויה מזריעה ומבתים ומאילנות לנוי העיר להיות לה לאויר [סוטה כז:].
אין עושין שדה מגרש. משום ישוב ארץ ישראל והיינו חורבן שממעט את הזריעה. ולא מגרש שדה. שמחריב את נוי העיר. שיעשו בו בתים שאין עיר נאה בלא מגרש וכ"ש שאין עושין עיר מגרש שאין מחריבין את ישוב העיר [ערכין לג:]. דברה תורה כלשון בני אדם. הכי משתעו בני אדם ודברה תורה כלשון בני אדם וליכא למידרש מינה כלום. לא אמרינן דיברה תורה כלשון בני אדם. דכל היכא דכתב ייתור לשון כהאי גוונא לדרשא קא אתי ולא משום דמשתעי בלשון בני אדם [נדרים ג.]. בחומה תלה רחמנא. לפני ה' תאכלנו. לפנים מן החומה [דברים יב יח]. [ע"כ שייך לעמוד א']
ושמתי לך מקום. אף במדבר שינוס שמה, ואי זה מקום קולטו זה מחנה לויה [שמות כא. יג]. ושמתי לך מקום בחייך. רמז לו הקב"ה למשה במתן תורה שיזכה למצוה זו כדכתיב (דברים ד) אז יבדיל משה שלש ערים בסוף ארבעים שנה. לך מקום. המקום שלך דהיינו מחנה לויה אף הוא נקלט. [אע"פ] שהיה דר בערי מקלט שכל ארבעים ושמנה עיירות של לוים ערי מקלט היו כדאמרי' במס' מכות ואם הרג בשוגג גולה לאחד מערי חביריו דדריש ביה נמי הכי ושמתי לך מקום אף הלוים גולים. ואם גלה בפלכו. עצמו כגון משכונה לשכונה. פלכו קולטו. דומיא דמדבר שהיתה מחנה לויה קולטת [זבחים קי"ז.].

מסורת הש"ס

א) זבחים קיז. ע"ש, ב) שביעית פ"י מ"ח [עי' רש"ל ותוי"ט], ג) [קל"ע דהא משנה היא], ד) [לע"ק שהרי משנה היא], ה) [עי' תוס' זבחים קיז. ד"ה עיר].

(א) גמ' אמר רבה קאי בעיקרו וכו' קטיל ליה קאי: (ב) שם בחייך מקום במקומך אשר ינום וכו' ישראל גולין במדבר להיכן גולין למחנה לויה. נ"ב דדרש לך דנדרש לפניו ולאחריו לך מקום משמע מקום שהוא שלך דהיינו מחנה לויה: (ג) שם שקלטתו כבר כיוצא בו הוא סוף גמרא ואח"כ מתחיל המשנה רוצח: (ד) רש"י ד"ה עיקרו בפנים וכו' מקודם שנכנס. נ"ב עי' בתוי"ט בפירוש משניות סוף פ"ג דמעשרות ותמצא מבואר מה שכוון רש"י בתיבת שנכנס ודוק שם היטב: (ה) ד"ה אמר רבה וכו' ולמימר כי היכי דבנופו מצי וכו' וכי הך קולא לית ליה לר' יהודה וכו' כדקאי קאי הס"ד: (ו) ד"ה מקום במקומך. נ"ב עי' בזבחים דף קיז ע"א: (ז) ד"ה פלך מדינה. נ"ב פי' עיר: (ח) תוס' ד"ה אימור וכו' לר' יהודה גבי מעשר לחומרא: (ט) ד"ה מר סבר וכו' דפליגי אר' יהודה בתרתי וכו' בערי מקלט מדנקט ירושלים בהא באפי נפשיה הס"ד: (י) ד"ה רב אשי וכו' הנוף כו' פי' רב אשי בא לתרץ הא דפרכינן וכו' הכי נמי דבעיקרו: (כ) בא"ד היכי דהוי חומרא כגון בעיקרו בחוץ וכו' הוא הדין כצ"ל ואות ו' נמחק: (ל) בא"ד הוא הדין דהוה מצי למיתני הלך כצ"ל ותיבת הכל נמחק: (מ) בא"ד עיקר לחומרא כגון עיקרו בחוץ וכו' כי היכי דבנופו לא מצי וכו' מכל מקום דעיקר מבפנים: (נ) בא"ד פי' הר"ס כצ"ל ואות ו' נמחק:

[א] רש"י ד"ה באילן. וברייתא דשם קוץ על מלת וברייתא (כלומר דמתניתין היא. אבל מלינו כה"ג בכ"מ ברש"י ותוס' ועי' שיטה מקובצת ב"ק עה ע"ב).

אַף עַל פִּי כֵן — **"Even so,"** i.e. we still wish to honor you, יְקַבֵּל מֵהֶן — **he may accept** the honor **from them.** He need utter no further protest. What is the source that he may accept the honor after a single protestation? שֶׁנֶּאֱמַר — **For it is stated:**[28] „וְזֶה דְּבַר הָרֹצֵחַ‟ — **And this is the word of the killer.**[29] "The word of the killer" refers to an oral admission of his deed. The singular form (*this is the word*) teaches that he is required to do nothing more than utter a single "word" of protest. After protesting once, he may accept the honor.[30]

Mishnah is copied from an identical Mishnah in *Sheviis* (10:8), where the introduction is very much in place. That entire Mishnah was simply reproduced here, despite the inappropriateness of its introduction (*Tos. Yom Tov;* see *Maharsha*). Still others maintain that כַּיּוֹצֵא בּוֹ should be appended to the preceding Gemara (which would accordingly end with the words עִיר שֶׁקְּלָטַתּוּ כְּבָר כַּיּוֹצֵא בּוֹ) — the Mishnah, however, begins with the word רוֹצֵחַ, a killer (*Maharshal; Hagahos HaBach* §3). See *Siach Yitzchak* and *Kos HaYeshuos* for other approaches.

28. *Deuteronomy* 19:4.

29. The Mishnah expounds this verse according to its literal translation. Its idiomatic meaning is: *And this is the matter* (i.e. the rule) *of the killer.*

30. *Rash* and *Rav* to *Sheviis* 10:8, from *Tosefta, Makkos* 2:2; *Tos. Yom Tov* here.

Others have a reading in the Mishnah in which the verse is given not as the source that a single protestation suffices, but as the source that he must inform them of his status (see *Smag, Positive Commandments* §75). See *Siach Yitzchak* for how it can serve as the source for *both* rulings.

The Mishnah cites a dispute:

מַעֲלִים הָיוּ שָׂכָר לַלְּוִיִּם – **[The cities of refuge] provided rental income to the Leviim,**[1] for the inadvertent killers quartered therein were obligated to pay rent for their lodgings. דִּבְרֵי רַבִּי יְהוּדָה – These are **the words of R' Yehudah.**[2] רַבִּי מֵאִיר אוֹמֵר – **R' Meir says:** לֹא הָיוּ מַעֲלִים לָהֶן שָׂכָר – **[The cities] did not provide** the Leviim with **rental income.** The killers were not obligated to pay for their lodgings.

The Mishnah cites another dispute between R' Meir and R' Yehudah, concerning the law of one freed from the city of refuge by the death of the Kohen Gadol:

וְחוֹזֵר לִשְׂרָרָה שֶׁהָיָה בָּהּ – **And [the killer] returns to the** position of **authority that he had occupied** before his exile.[3] דִּבְרֵי רַבִּי מֵאִיר – These are **the words of R' Meir.** רַבִּי יְהוּדָה אוֹמֵר – **R' Yehudah said:** לֹא הָיָה חוֹזֵר לִשְׂרָרָה שֶׁהָיָה בָּהּ – **He does not return to the** position of **authority that he had occupied.**[4]

Gemara The Mishnah cited a dispute as to whether the exiles are obligated to pay rent. The Gemara qualifies the dispute:

אָמַר רַב כַּהֲנָא – **Rav Kahana said:** מַחְלוֹקֶת בְּשֵׁשׁ – **The disagreement is in regard to the six** cities specially designated as "cities of refuge." Regarding these cities the Torah states:[5] *And the cities shall be for you* [i.e. the killers] *for refuge.* The dispute revolves around this verse. דְּמַר סָבַר ,,לָכֶם" לִקְלִיטָה – **The one master** (R' Yehudah) **holds that** ***for you*** simply means **"for your refuge."**[6] It implies no entitlement to lodging; therefore, the killers must pay for their living quarters. וּמַר סָבַר ,,לָכֶם" לְכָל צָרְכֵיכֶם – **But the** other **master** (R' Meir) **holds** that ***for you*** means **"for all your needs."**[7] It thus implies an entitlement to such basic needs as lodging; therefore, the killers may live in the city free of charge. אֲבָל בְּאַרְבָּעִים וּשְׁתַּיִם – **But as regards the** other **forty-two** Levitical cities, דִּבְרֵי הַכֹּל הָיוּ מַעֲלִין לָהֶם שָׂכָר – **all** (i.e. both R' Yehudah and R' Meir) **agree that [the cities] provided** the Leviim with **rental income.** For the Scriptural expression *for you* does not appear in reference to these cities.

Rava disputes this:

אָמַר לֵיהּ רָבָא – **Rava said to [Rav Kahana]:** הָא וַדַּאי ,,לָכֶם" לְכָל צָרְכֵיכֶם מַשְׁמַע – ***For you*** **certainly means "for all your needs."**[8] Hence, both R' Yehudah and R' Meir agree that killers living in the *six* cities of refuge do not pay rent. In regard to what, then, do they disagree? אֶלָּא אָמַר רָבָא – **Rather, Rava said:** מַחְלוֹקֶת בְּאַרְבָּעִים וּשְׁתַּיִם – **The disagreement is in regard to the forty-two** cities granted the Leviim in addition to the cities of refuge. The dispute centers on the verse that states:[9] *and you shall give in addition to them* [i.e. the six cities] *forty-two cities.* The words *in addition to them* imply an analogy between the six and the forty-two. Hence, this dispute: דְּמַר סָבַר ,,וַעֲלֵיהֶם תִּתְּנוּ" כִּי הַנָּךְ לִקְלִיטָה – **The one master** (R' Yehudah) **holds** that the phrase ***and you shall give in addition to them*** simply means that the forty-two cities are **like those** six cities **in regard to** affording **refuge.**[10] It does not, however, imply equivalency in the matter of lodging. Therefore, exiles residing in the forty-two cities, unlike those residing in the six cities, must pay rent. וּמַר סָבַר ,,וַעֲלֵיהֶם תִּתְּנוּ" כִּי הַנָּךְ – **But the** other **master** (R' Meir) **holds** that the phrase ***and you shall give in addition to them*** implies that these forty-two cities are **just like those** six cities – i.e. in *all* ways. מָה הַנָּךְ לְכָל צָרְכֵיכֶם – **Just as those** six are given to the killers **"for all your needs,"** including lodging, אַף הָנֵי נַמִּי לְכָל צָרְכֵיכֶם – **so too are these** forty-two given to them **"for all your needs,"** including lodging. Therefore, exiles residing in the forty-two cities do not pay rent for their quarters. אֲבָל בְּשֵׁשׁ – **But as regards the six** cities specifically designated as "cities of refuge," דִּבְרֵי הַכֹּל לֹא הָיוּ מַעֲלִים לָהֶן שָׂכָר – **all** (i.e. both R' Yehudah and R' Meir) **agree** that **[the cities] did not provide** the Leviim with **rental income.** For regarding these six cities the verse states *for you* – i.e. for all your needs.

The Mishnah stated:

חוֹזֵר לִשְׂרָרָה שֶׁהָיָה בָּהּ כו' – HE RETURNS TO THE position of AUTHORITY THAT HE HAD OCCUPIED before his exile **etc.** [These are the words of R' Meir. R' Yehudah says: He does not return to the position of authority that he had occupied.]

The Gemara cites a Baraisa that teaches R' Meir's source. It opens with a similar dispute concerning the return of a Hebrew servant after his period of servitude:

תָּנוּ רַבָּנָן – **The Rabbis taught in a Baraisa:** The verse states:[11] ,,וְשָׁב אֶל־מִשְׁפַּחְתּוֹ וְאֶל־אֲחֻזַּת אֲבֹתָיו יָשׁוּב" – ***AND HE*** (i.e. the Hebrew servant) ***SHALL RETURN TO HIS FAMILY, AND TO THE HOLDINGS OF HIS ANCESTORS HE SHALL RETURN.*** The phrase *to his family* is a limiting term, implying that: לְמִשְׁפַּחְתּוֹ הוּא שָׁב – TO HIS FAMILY HE RETURNS, וְאֵינוֹ שָׁב לְמַה שֶּׁהֶחֱזִיקוּ אֲבוֹתָיו – BUT HE DOES NOT RETURN TO THAT WHICH HIS ANCESTORS HELD, i.e. to

NOTES

1. Translation follows *Rashi;* see also *Rabbeinu Chananel,* with gloss §1; see *Meiri;* see *Shoshanim LeDavid;* cf. *Rav.*

2. All cities of refuge were Levitical cities. R' Yehudah rules that killers who took refuge in these cities were required to pay rent to the Leviim for their quarters (*Rashi;* cf. *Tosafos;* cf. *Tos. Rid;* see *Aruch LaNer* to *Rashi; Shoshanim LeDavid*).

3. For example, if before his exile the killer was a *Nasi* or a family patriarch (רֹאשׁ בֵּית אָב), he regains his position upon his return after the death of the Kohen Gadol (*Rashi;* see *Meiri*). ["*Nasi*" could mean king, tribal head or *Av Beis Din.* For discussion, see *Siach Yitzchak; Minchas Chinuch, Kometz HaMinchah* §410.]

[Some maintain that according to R' Meir the returning exile may reclaim even a position that in the interim had been filled by another. He pushes the other aside, and returns to his former status (see *Harei Besamim,* cited in *Otzar Meforshei HaTalmud,* cols. 572,573).]

4. According to R' Yehudah, one who brought about the death of another, even if inadvertently, is unworthy of a position of prominence (*Rambam, Rotze'ach* 7:14; *Meiri*). The Gemara will provide a Scriptural source for R' Yehudah's ruling.

5. The verse reads (*Numbers* 35:12): וְהָיוּ לָכֶם הֶעָרִים לְמִקְלָט מִגֹּאֵל, *And the cities shall be for you for refuge from the redeemer.* "For you" refers to the exiled killers (*Rashi;* see *Hagahos HaBach* §1 and *Aruch LaNer; Mareh Kohen*).

6. [In accordance with the plain meaning of the verse, which explicitly mentions refuge (see above, 10a).]

7. See following note.

8. *Imrei Binyamin* writes that Rava's assertion is based on the numerous instances throughout Talmud where the Tannaim understand *for you* (לָכֶם or לְךָ) to mean "for all your needs"; see, for example, *Beitzah* 28b; *Kiddushin* 52b.

9. After commanding that the six designated *arei miklat* be granted to the Leviim, the Torah states (*Numbers* 35:6): וַעֲלֵיהֶם תִּתְּנוּ אַרְבָּעִים וּשְׁתַּיִם עִיר, *and you shall give in addition to them forty-two cities.* These are the Levitical cities, which serve also as cities of refuge.

10. [For this feature of the six cities is explicitly mentioned in this verse.]

11. *Leviticus* 25:41.

The verse discusses the liberation of a Hebrew slave in the *Yovel,* or Jubilee year, the fiftieth and final year of the Sabbatical cycle. However, its teachings apply also to a slave released after his six years of servitude (see *Rashi* with *Imrei Binyamin;* see *Aruch LaNer*).

מעלים היו שכר ללוים דברי רבי יהודה רבי מאיר אומר לא היו מעלים להן שכר וחוזר לשררה שהיה בה דברי רבי מאיר רבי יהודה אומר לא היה חוזר לשררה שהיה בה: **גמ'** אמר רב כהנא מחלוקת בשש דמר סבר לכם לקליטה ומר סבר לכם לכל צרכיכם אבל בארבעים ושתים דברי הכל היו מעלין להם שכר א"ל רבא הא ודאי (א) לכם לכל צרכיכם משמע אלא אמר רבא מחלוקת בארבעים ושתים דמר סבר ועליהם תתנו כי הנך לקליטה ומר סבר ועליהם תתנו כי הנך מה הנך לכל צרכיכם אף הני נמי לכל צרכיכם אבל בשש דברי הכל לא היו מעלים להן שכר: חוזר לשררה שהיה בה כו': תנו רבנן ושב אל משפחתו ואל אחוזת אבותיו ישוב למשפחתו הוא שב ואינו שב למה שהחזיקו אבותיו דברי ר"י ר"מ אומר אף הוא שב למה שהחזיקו אבותיו אל אחוזת אבותיו כאבותיו וכן בגולה [א]כשהוא אומר ישוב לרבות את הרוצח מאי וכן בגולה כדתניא ישוב הרוצח אל ארץ אחוזתו לארץ אחוזתו הוא שב ואינו שב למה שהחזיקו אבותיו דברי רבי יהודה ר"מ אומר אף הוא שב למה שהחזיקו אבותיו גמר שיבה שיבה מהתם:

הדרן עלך אלו הן הגולין

ואלו הן הלוקין הבא על אחותו ועל אחות אביו ועל אחות אמו ועל אחות אשתו ועל אשת אחיו ועל אשת אחי אביו ועל הנדה אלמנה לכהן גדול גרושה וחלוצה לכהן הדיוט ממזרת ונתינה לישראל בת ישראל לנתין ולממזר אלמנה וגרושה חייבין עליה משום (ב) שני שמות גרושה וחלוצה אינו חייב אלא משום אחת בלבד: הטמא שאכל את הקדש והבא אל המקדש טמא והאוכל חלב ודם ונותר ופגול וטמא והשוחט ומעלה בחוץ והאוכל חמץ בפסח והאוכל והעושה מלאכה ביום הכפורים והמפטם את השמן והמפטם את הקטורת והסך בשמן המשחה והאוכל נבילות וטריפות שקצים ורמשים אכל טבל ומעשר ראשון שלא נטלה תרומתו ומעשר שני והקדש שלא נפדו כמה יאכל מן הטבל ויהא חייב רבי שמעון אומר כל שהוא וחכמים אומרים כזית אמר להן רבי שמעון אי אתם מודים לי באוכל נמלה כל שהוא שהוא חייב אמרו לו מפני שהיא כברייתה אמר להן אף חטה אחת כברייתה: **גמ'** חייבי כריתות קא תני חייבי מיתות ב"ד לא קתני מתניתין מני רבי עקיבא היא דתניא אחד חייבי כריתות ואחד חייבי מיתות בית דין
ישנו

מעלים היו. הערים שכר ללוים שרוצחים שוכרים מהם את בתי הדירה: **חוזר לשררה שהיה בה.** אם היה נשיא או ראש בית אב חוזר לגדולתו כשישוב לעירו במיתת כה"ג: **גמ' מחלוקת בשש.** ערי מקלט: **לכם.** לרוצחים נאמר והיו לכם הערים למקלט: **ושב אל משפחתו.** בעבד עברי כתיב כשיוצא חפשי בשש או ביובל: **למה שהוחזקו אבותיו.** לשררה: **אל אחוזת אבותיו כאבותיו.** סיפא דמילתיה דרבי מאיר היא ומביא ראיה לדבריו מסוף המקרא שחוזר לגדולתו שנאמר ואל אחוזת אבותיו אל כל חזקת אבותיו: **וכן בגולה.** כמחלוקת בעבד עברי כך מחלוקת ברוצח שגלה וחזר במיתת הכהן ומהכא יליף דכשהוא אומר כאן ישוב קרא יתירא דמצי למכתב ושב אל משפחתו ואל אחוזת אבותיו ולשתוק: **לרבות את הרוצח.** דמופנה לדון הימנו גזירה שוה נאמר כאן ישוב ונאמר ברוצח ישוב הרוצח אל ארץ אחוזתו כדמפרש ואזיל מאי וכן בגולה ומסקנא גמר שיבה שיבה מהתם:

הדרן עלך אלו הן הגולין

אלו הן הלוקין. אלו לאו דוקא דתנא ושייר לוקין טובא אלא תנא חייבי כריתות לאשמועינן דיש מלקות בחייבי כריתות ותנא אלמנה וגרושה לאשמועינן (ג) אלמנה וגרושה חייב עליה משום שתי שמות וכו' ותנא טבל ומעשר ראשון שלא נטלה תרומתו דלא מפרש לאו דידהו בהדיא וכן הקדש שלא נפדה ואיידי דתנא הקדש תנא מעשר שני (ד) בהדיא דתרוייהו מלקות דידהו משום מחוסרי פדייה וכן ברובן יש דבר חדש: (ה) **נתינה.** מן הגבעונין היא ומלקות משום לא תתחתן בם (דברים ז): **אלמנה וגרושה.** שנתאלמנה מאיש אחד ונתגרשה מאיש אחר חייב עליה שתי מלקות משום שתי שמות משום שתי אזהרות ששתיהן מפורשות במקרא ואזהרה אתרוייהו קיימא: **גרושה וחלוצה.** גרושה והיא חלוצה אינו חייב עליה אלא משום גרושה שהחלוצה אינה כתובה אלא מרבויא מייתינן לה דתניא בקדושין (דף עח.) גרושה אין לי אלא גרושה חלוצה מנין ת"ל ואשה: **טמא שאכל את הקודש.** אזהרתו מפרש בגמרא: **נותר.** כתיב ביה (שמות כט) ושרפת את הנותר באש לא יאכל כי קדש הוא ואזהרת פגול נמי מהכא מדכתיב כי קדש הוא כלומר מפני שהוא קודש שנפסל למדנו מכאן כל שבקדש פסול בא הכתוב ליתן לא תעשה על אכילתו והכי אמרינן לקמן ואזהרת טמא והבשר אשר יגע בכל טמא לא יאכל (ויקרא ז): **והשוחט.** קדשים בחוץ או המעלה קדשים בחוץ אזהרת מעלה השמר לך פן תעלה וגו' (דברים יב) אזהרת שוחט ילפינן בזבחים בפרק השוחט והמעלה (דף קו.) איכא דיליף מלא יזבחו עוד וגו' ואיכא דיליף לה מגזירה שוה דהבאה הבאה שוחט ממעלה: **האוכל ביום הכפורים.** ויליף אזהרתיה בפרק בתרא דיומא (דף פא.): **המפטם את השמן.** העושה שמן בדוגמת שמן המשחה ואזהרתיה ובמתכונתו לא תעשו כמוהו (שמות ל) וכן בקטורת ובמתכונתה לא תעשו לכם (שם): **והסך בשמן המשחה.** מאותו שעשה משה במדבר דכתיב על בשר אדם לא ייסך (שם): **אכל טבל.** אזהרתיה מולא יחללו את קדשי בני ישראל אשר ירימו שעתידין לתרום הכתוב מדבר והכי מפרש לה בסנהדרין באלו הן הנשרפין (דף פג.): **ומעשר ראשון שלא נטלה תרומתו.** אף הוא טבל: **ומעשר שני שלא נפדה.** והוא אוכלו חוץ לירושלים וכתיב לא תוכל לאכול בשעריך וגו' (דברים יב): **הקדש שלא נפדה.** אזהרתו אינו מפורשת כל כך ונראה בעיני דמהכא אתא דתניא (סנהדרין שם) הזיד במעילה רבי אומר במיתה וחכמים אומרים באזהרה ואמרי' מאי טעמיה דרבי אתיא חטא חטא מתרומה ורבנן מיעט רחמנא ומתו בו ולא במעילה ממיתה הוא דמעטיה וגזירה שוה כדקיימא קיימא וילפינן אזהרה דמעילה מאזהרה דתרומה דכתיב בה וכל זר לא יאכל קדש ורוב הלכות מעילה היא למדה מתרומה בתורת כהנים בגזירה שוה זו: **באוכל נמלה** גרסינן **שהוא חייב.** משום שרץ השורץ על הארץ: **גמ' חייבי כריתות קתני.** כל חייבי כריתות שאין בהן מיתת ב"ד הוזכרו במשנתנו לענין מלקות ואחד מכל חייבי מיתות בית דין לא הוזכר בה ללקות אם התרו בו למלקות:

מעלים היו שכר ללוים. פי' רוצחים הבאים ודרים שם צריכין להעלות מס וארנונא ללוים דלא תימא גזירת המלך על הלוים לעכב אותם בעירן: **לכם** לכל צרכיכם. דאין צריכים להעלות שום דבר ללוים: **גמר** שיבה שיבה. נראה דהיינו דוקא לרבי מאיר דאצטריך לג"ש אבל לרבי יהודה הא איכא קרא בהדיא גבי רוצח וא"כ הא דקתני לעיל וכן בגולה כו' ממילתא דר' מאיר הוא:

הדרן עלך אלו הן הגולין

ואלו הן הלוקין הבא על אחותו כו'. תנא ושייר טמא ששימש זר שאכל תרומה ובעל מום ששימש אונן מקריב מזיח חושן מכבה גחלת על גבי מערכה אלא לא חשיב לאוי גרידי אלא באותן שיש בהן חידוש והא דקא חשיב כריתות דאין בהן מיתת ב"ד לאשמועינן דאע"ג דאיכא כרת לוקין ואין צריך למצוא בהם חידוש בהנך כריתות דקתני ובקונטרס דחק למצוא בהם חידוש אלמנה לכהן גדול נקט משום דבעי למיתני אלמנה וגרושה חייב משום שתי שמות: **גרושה** וחלוצה אינו חייב אלא אחת. פי' הקונט' משום גרושה דחלוצה מייתי לה (ו) ואשה גרושה משמע לפירושו דבחלוצה לחודא איכא מלקות דאורייתא וזה אינו דהא אמרינן בפ' עשרה יוחסין (קדושין דף עח.) (אחות) חלוצה דרבנן והא דלעיל תנא וחלוצה אגב גרושה תניא אי נמי מכת מרדות דרבנן ובהא כיון דהיא גם גרושה לוקה בה מלקות דגרושה שהיא דאורייתא ולא לקי מכת מרדות דרבנן:
רבי

מסורת הש"ס

א) [ביצה כח: סוכה מ. מגילה ז: ב"ק קב.], ב) כתובות לא:, ג) קדושין עח., ד) [עי' תוס' זבחים מה. ד"ה דומיא], ה) [בסה"מ אין], ו) [עי' תוס' חולין לו. בסוף ד"ה מ"ט דרבנן וכו' מה שהניחו בתימה], ז) [שם פד.], ח) רש"א משום דחלוצה מגרושה.

הגהות הב"ח

(א) גמ' לכם לכל צרכיכם. נ"ב ע"ל דף ט ע"א דדרשינן ליה למעוטי דוקא לכם ולא לגרים: (ב) במשנה משום שתי שמות וכו' והאוכל חלב: (ג) רש"י ד"ה אלו וכו' לאשמועי' דאלמנה וגרושה: (ד) שם בא"ד מעשר שני בהדיא: (ה) ד"ה נתיניס מן הגבעונים הן ומלקות: (ו) תוס' ד"ה גרושה וכו' דחלוצה מייתי לה מוי"ו ואשה גרושה משמע דבא לפרש דבחלוצה לחודא:

הגהות הגר"א

[א] גמ' כשהוא אומר נ"ל שנאמר:

ליקוטי רש"י

ואל אחוזת אבותיו. אל כבוד אבותיו. ואין לזלזלו על כך [שהוא עבד] [ויקרא כה. מא].

אלו הן הלוקין. אם התרו בהן [כתובות לא:].

אשת אחיו. שנתקדשה לו לאחיו וגירשה שאין בה מיתה אלא כרת. **ועל אשת אחי אביו.** שנתקדשה לו וגירשה [שם כט.].

נתינה. מן הגבעונים והיא אסורה לקהל דדוד גזר עליהם כדאמרינן ביבמות (דף עח:) ועל שם ויתנם יהושע חוטבי עצים ושואבי מים וגו' (יהושע ט) קרי להו נתינים [שם].

אלמנה וגרושה. בא על אלמנה שהיא גרושה. **משום שני שמות** משום אלמנה ומשום גרושה [קידושין עח.].

גרושה וחלוצה אינו חייב אלא משום אחת. על שם גרושה הוא חייב על כל חיובים התלויים בה אבל על חלוצה לא דחלוצה לאו דאורייתא אלא דרבנן [שם].

השוחט והמעלה בחוץ. בהעלם אחד. חייב על השחיטה וחייב על העליה, שהן שני גופי עבירה דתרווייהו כתיבי (ויקרא יז) אשר ישחט ואשר יעלה [זבחים קו.].

אכל טבל. [ילפינן מולא יחללו את קדשי בני ישראל אשר ירימו] שעתידין לתרום וקאמר דלא יחללום שאסור לאכלם בטיבלם [סנהדרין פג.].

באוכל נמלה וכו'. וכן כל בריה קטנה לדברי הכל חייב מלקות וכו' [שבועות כא: בד"ה והרי נמלה].

עין משפט נר מצוה

פב א מיי' פ"ח מהל' רוצח הלכה י:
פג ב מיי' שם פ"ז הלי"ד:
פד ג ד מיי' שם פ"ח הל"י:
פה [דד] מיי' פ"ג מהל' עבדים דין ח:
א ה מיי' פי"ט מהל' סנהדרין הלכה א [מן סי' א עד סי' ז] ופ"א מהל' איסורי ביאה הל"ז:
ב ו מיי' פי"ט מהל' סנהדרין הל"ד [סי' קנא קנג] ופי"ז מהלכות איסורי ביאה הלכה ב ג:
ג ז מיי' פי"ט מהלכות סנהדרין הל"ד [סי' קנז] ופט"ו מהל' א"ב הל"ב:
ד ח מיי' פי"ז מהלכות איסורי ביאה הל' ט:
ה ט מיי' שם הלכה ז:
ו י הכל במיי' פי"ט מהל' סנהדרין:
ז כ מיי' פ"י מהלכות מאכלות אסורות הל' יט והלכה כד:
ח ל מ מיי' שם פ"ב הל' כא סמג לאוין קלב:

רבינו חננאל

מעלות א) היו שכר ללוים מפני ששוכנין בהן: חוזר לשררה שהיה בה דברי ר' מאיר ר' יהודה אומר לא היה חוזר לשררה: אחד הרוצח שגלה ואחד הנמכר לעבד עברי כשחוזרין אין חוזרין לשררה שהיו בה דברי רבי יהודה:

הדרן עלך אלו הן הגולין

ואלו הן הלוקין הבא על אחותו ועל אחות אביו כו'. דייקינן מדקתני חייבי כריתות במתניתין וחייבי מיתות לא קתני ש"מ מתניתין ר' עקיבא היא דתני ר'

חשק שלמה על ר"ח

א) כ"ה הגיר' בירושל' וכנ"ל בגרס"י וח"ש היו הערים כו'.

תורה אור השלם

א) וְהָיוּ לָכֶם הֶעָרִים לְמִקְלָט מִגֹּאֵל וְלֹא יָמוּת הָרֹצֵחַ עַד עָמְדוֹ לִפְנֵי הָעֵדָה לַמִּשְׁפָּט: [במדבר לה, יב]

ב) וְאֵת הֶעָרִים אֲשֶׁר תִּתְּנוּ לַלְוִיִּם אֵת שֵׁשׁ עָרֵי הַמִּקְלָט אֲשֶׁר תִּתְּנוּ לָנֻס שָׁמָּה הָרֹצֵחַ וַעֲלֵיהֶם תִּתְּנוּ אַרְבָּעִים וּשְׁתַּיִם עִיר: [במדבר לה, ו]

ג) וְיָצָא מֵעִמָּךְ הוּא וּבָנָיו עִמּוֹ וְשָׁב אֶל מִשְׁפַּחְתּוֹ וְאֶל אֲחֻזַּת אֲבֹתָיו יָשׁוּב: [ויקרא כה, מא]

ד) כִּי בְעִיר מִקְלָטוֹ יֵשֵׁב עַד מוֹת הַכֹּהֵן הַגָּדֹל וְאַחֲרֵי מוֹת הַכֹּהֵן הַגָּדֹל יָשׁוּב הָרֹצֵחַ אֶל אֶרֶץ אֲחֻזָּתוֹ: [במדבר לה, כח]

the hereditary position of authority he occupied before his sale.[12] דִּבְרֵי רַבִּי יְהוּדָה – THESE ARE THE WORDS OF R' YEHUDAH. רַבִּי מֵאִיר אוֹמֵר – R' MEIR SAYS: אַף הוּא שָׁב לְמַה שֶּׁהֶחֱזִיקוּ אֲבוֹתָיו – HE RETURNS EVEN TO THAT WHICH HIS ANCESTORS HELD. As the verse states: "וְאֶל־אֲחֻזַּת אֲבֹתָיו" – *AND TO THE HOLDINGS OF HIS ANCESTORS HE SHALL RETURN.* "The holdings of his ancestors" are the hereditary offices held by his ancestors.[13] כַּאֲבוֹתָיו – Thus, the verse teaches that he is LIKE HIS ANCESTORS in regard to these offices. Just as they held these positions of authority, so too does he.

The Baraisa continues:

וְכֵן בְּגוֹלֶה – AND SO TOO IN THE CASE OF ONE WHO WAS EXILED for an inadvertent killing.[14] כְּשֶׁהוּא אוֹמֵר "יָשׁוּב" – For WHEN [THE VERSE] that speaks of a Hebrew servant STATES: *HE SHALL RETURN,* לְרַבּוֹת אֶת הָרוֹצֵחַ – it comes TO INCLUDE THE inadvertent KILLER.[15]

The Gemara examines the Baraisa's final clause:

מַאי וְכֵן בְּגוֹלֶה – **What is** meant by AND SO TOO IN THE CASE OF ONE WHO WAS EXILED?[16]

The Gemara explains that the phrase identifies another dispute between R' Yehudah and R' Meir, identical to the one concerning a Hebrew servant. The new dispute concerns an exile who returns after the death of the Kohen Gadol:

כִּדְתַנְיָא – **As it has been taught in a Baraisa:** The verse states:[17] "יָשׁוּב הָרֹצֵחַ אֶל־אֶרֶץ אֲחֻזָּתוֹ" – *And after the death of the Kohen Gadol, THE KILLER RETURNS TO THE LAND OF HIS [ANCESTRAL] HOLDINGS.* לְאֶרֶץ אֲחוּזָּתוֹ הוּא שָׁב – TO THE LAND OF HIS HOLDINGS HE RETURNS, וְאֵינוֹ שָׁב לְמַה שֶּׁהֶחֱזִיקוּ אֲבוֹתָיו – BUT HE DOES NOT RETURN TO THAT WHICH HIS ANCESTORS HELD, i.e. to his hereditary positions of authority. דִּבְרֵי רַבִּי יְהוּדָה – THESE ARE THE WORDS OF R' YEHUDAH. רַבִּי מֵאִיר אוֹמֵר – R' MEIR SAYS: אַף הוּא שָׁב לְמַה שֶּׁהֶחֱזִיקוּ אֲבוֹתָיו – HE EVEN RETURNS TO THAT WHICH HIS ANCESTORS HELD.

We see that just as R' Meir and R' Yehudah disagree with regard to a Hebrew servant returning to his position of authority, so too do they disagree with regard to an exile returning to his position of authority. This is the meaning of "and so too in the case of one who was exiled" – i.e. their disagreement is duplicated in that case.

The earlier Baraisa states that the verse concerning a Hebrew servant is the source of their disagreement regarding an exile. The Gemara explains:

גָּמַר שִׁיבָה שִׁיבָה מֵהָתָם – **[The Baraisa] derives** the law of an exile **from there** (i.e. from the verse regarding a Hebrew servant) through the *gezeirah shavah* of **"return," "return."** The *gezeirah shavah* teaches that the law of a freed exile is identical to that of a freed slave. Just as R' Yehudah and R' Meir disagree with regard to a freed servant, so too do they disagree with regard to a freed exile.[18]

הדרן עלך אלו הן הגולין
WE SHALL RETURN TO YOU, EILU HEIN HAGOLIN

NOTES

12. *Rashi.* R' Yehudah considers one who spent time in servitude too lowly to hold authority over others (*Meiri*).

Ritva points out that the Mishnah speaks of an exile's *own* position of authority ("the authority that *he* had occupied"), while the Baraisa (which, as we will see, concerns the law of an exile also) speaks of a position inherited from one's forebears ("that which his ancestors held"). *Ritva* explains that the Mishnah's case represents R' Yehudah's most extreme position – he denies the exile the right to return even to an office that he had obtained himself. The Baraisa represents R' Meir's most extreme position – R' Meir allows the exile to return even to a hereditary position that he himself had not yet occupied. Alternatively, the Baraisa refers to one's position of authority as "that which his ancestors held" because prestigious positions were generally inherited by descendants of the original appointees (*Tos. Yom Tov;* see *Avnei Nezer, Yoreh Deah* 313:13; *Teshuvos Chasam Sofer, Orach Chaim* §12; see also *Aruch LaNer;* see *Ritva* to end of chapter). At any rate, the dispute concerns the exile's right to return to *either* sort of position.

13. R' Meir understands the words וְאֶל־אֲחֻזַּת אֲבֹתָיו יָשׁוּב, *and to the holdings of his ancestors he shall return,* as indicating that he returns to *all* the holdings of his ancestors, including the offices that they occupied (*Rashi*).

[See *Aruch LaNer* for the underlying factors in the dispute of R' Meir and R' Yehudah regarding a Hebrew servant.]

14. I.e. just as R' Yehudah and R' Meir disagree with regard to the return of a Hebrew servant, so too do they disagree with regard to the return of an exile (*Rashi,* from Gemara below).

15. The verse could have stated simply: וְשָׁב אֶל־מִשְׁפַּחְתּוֹ וְאֶל־אֲחֻזַּת אֲבֹתָיו, *and he shall return to his family and to the holdings of his ancestors.* The closing word יָשׁוּב, *he shall return,* is superfluous. The Baraisa expounds this superfluity to teach that the law of a freed exile is like that of a freed Hebrew servant (*Rashi;* see note 18). The Gemara will explain further.

16. See *Ritva.*

17. *Numbers* 35:28.

18. According to R' Yehudah, the *gezeirah shavah* teaches that the exile, like the servant, may not return to his position of authority. According to R' Meir, it teaches that he, like the servant, *may* return to his position. (*Ritva;* see *Rashi; Rav;* cf. *Tosafos; Tos. Rabbeinu Peretz;* cf. *Hagahos HaGra* to *Toras Kohanim* on *Leviticus* ibid.; see *Aruch LaNer; Siach Yitzchak; Kos HaYeshuos*).

The *gezeirah shavah* is based on the similarity between the phrasing employed in the verse concerning a Hebrew servant and that employed in the verse concerning an exile. With regard to an exile the verse states: יָשׁוּב הָרֹצֵחַ, *the killer returns.* With regard to the Hebrew servant it states: יָשׁוּב, *he shall return.* We demonstrated above (note 15) that the phrase regarding the servant is superfluous. It is therefore available to be used as one side of a *gezeirah shavah* linking the law of a servant with that of a freed exile (*Rashi*).

[The dispute is limited to one returning to a prior position; all agree, however, that neither servant nor exile may be appointed to a *new* position [except where it is a hereditary office] (*Ritva;* cf. *Aruch LaNer*). For discussion regarding the propriety of appointing repentant sinners to communal positions, see *Ritva; Meiri; Mishnah Berurah* 153:115.]

ᵃמעלים היו שכר ללוים דברי רבי יהודה רבי מאיר אומר לא היו מעלים להן שכר וחוזר לשררה שהיה בה דברי רבי מאיר רבי יהודה אומר ᵇלא היה חוזר לשררה שהיה בה: גמ' אמר רב כהנא מחלוקת בשש דמר סבר א) לכם לקליטה ומר סבר לכם לכל צרכיכם אבל בארבעים ושתים דברי הכל היו מעלין להם שכר א"ל רבא הא ודאי (א) א) לכם לכל צרכיכם משמע אלא אמר רבא ᵍמחלוקת בארבעים ושתים דמר סבר ב) ועליהם תתנו כי הנך לקליטה ומר סבר ועליהם תתנו כי הנך מה הנך לכל צרכיכם אף הני נמי לכל צרכיכם אבל בשש ᵈדברי הכל לא היו מעלים להן שכר: חוזר לשררה שהיה בה כו': תנו רבנן ג) ושב אל משפחתו ואל אחוזת אבותיו ישוב למשפחתו הוא שב [דד] ואינו שב למה שהחזיקו אבותיו דברי ר"י ר"מ אומר אף הוא שב למה שהחזיקו אבותיו אל אחוזת אבותיו כאבותיו וכן בגולה [א]כשהוא אומר ישוב לרבות את הרוצח מאי וכן בגולה כדתניא ד) ישוב הרוצח אל ארץ אחוזתו לארץ אחוזתו הוא שב ואינו שב למה שהחזיקו אבותיו דברי רבי יהודה ר"מ אומר אף הוא שב למה שהחזיקו אבותיו גמר שיבה שיבה מהתם:

הדרן עלך אלו הן הגולין

ואלו ג) הן הלוקין ᵉהבא על אחותו ועל אחות אביו ועל אחות אמו ועל אחות אשתו ועל אשת אחיו ועל אשת אחי אביו ועל הנדה ᵛאלמנה לכהן גדול גרושה וחלוצה לכהן הדיוט ᶻממזרת ונתינה לישראל בת ישראל לנתין ולממזר ג) ᵗאלמנה וגרושה חייבין עליה משום (ב) שני שמות ᵗגרושה וחלוצה אינו חייב אלא משום אחת בלבד: ᵛהטמא שאכל את הקדש והבא אל המקדש טמא ואוכל חלב ודם ונותר ופגול וטמא והשוחט ומעלה בחוץ והאוכל חמץ בפסח והאוכל והעושה מלאכה ביום הכפורים והמפטם את השמן והמפטם את הקטורת והסך בשמן המשחה והאוכל נבילות וטריפות שקצים ורמשים אכל טבל ומעשר ראשון שלא נטלה תרומתו ומעשר שני ד) והקדש שלא נפדו כמה יאכל מן הטבל ויהא חייב רבי שמעון אומר כל שהוא וחכמים אומרים ᶻכזית אמר להן רבי שמעון ᵗאי אתם מודים לי ᵇבאוכל נמלה כל שהוא שהוא חייב אמרו לו ᵐמפני שהיא כברייתה אמר להן אף ᵛחטה אחת כברייתה: גמ' חייבי כריתות קא תני חייבי מיתות ב"ד לא קתני מתניתין מני רבי עקיבא היא דתניא אחד חייבי כריתות ואחד חייבי מיתות בית דין ישנו

רש"י

מעלים היו. הערים שכר ללוים שרוצחים שוכרים מהם את בתי הדירה: חוזר לשררה שהיה בה. אם היה נשיא או ראש בית אב חוזר לגדולתו כשישוב לעירו במיתת כה"ג: גמ' מחלוקת בשש. ערי מקלט: לכם. לרוצחים נאמר והיו לכם הערים למקלט: ושב אל משפחתו. בעבד עברי כתיב כשיוצא חפשי בשש או ביובל: למה שהוחזקו אבותיו. לשררה: אל אחוזת אבותיו כאבותיו. סיפא דמילתיה דרבי מאיר היא ומביא ראיה לדבריו מסוף המקרא שחוזר לגדולתו שנאמר ואל אחוזת אבותיו אל כל חזקת אבותיו: וכן בגולה. כמחלוקת בעבד עברי כך מחלוקת ברוצח שגלה וחזר במיתת הכהן ומהכא יליף דכשהוא אומר כאן ישוב קרא יתירא דמצי למכתב ושב אל משפחתו ואל אחוזת אבותיו ולשתוק: לרבות את הרוצח. דמופנה לדון הימנו גזירה שוה נאמר כאן ישוב ונאמר ברוצח ישוב הרוצח אל ארץ אחוזתו כדמפרש ואזיל מאי וכן בגולה ומסקנא גמר שיבה שיבה מהתם:

הדרן עלך אלו הן הגולין

אלו הן הלוקין. אלו לאו דוקא דתנא ושייר לוקין טובא אלא תנא חייבי כריתות לאשמועינן דיש מלקות בחייבי כריתות ותנא אלמנה וגרושה לאשמועינן (ג) אלמנה וגרושה חייב עליה משום שתי שמות וכו' ותנא טבל ומעשר ראשון שלא נטלה תרומתו דלא מפרש לאו דידהו בהדיא וכן הקדש שלא נפדה ואיידי דתנא הקדש תנא מעשר שני (ד) בהדיא דתרוייהו מלקות דידהו משום מחוסרי פדייה וכן ברובן יש דבר חדש: (ה) נתינה. מן הגבעונין היא ומלקות משום לא תתחתן בם (דברים ז): אלמנה וגרושה. שנתאלמנה מאיש אחד ונתגרשה מאיש אחר חייב עליה שתי מלקות משום שתי שמות משום שתי אזהרות ששתיהן מפורשות במקרא ואזהרה אתרוייהו קיימא: גרושה וחלוצה. גרושה והיא חלוצה אינו חייב עליה אלא משום גרושה שהחלוצה אינה כתובה אלא מרבויא מייתינן לה דתניא בקדושין (דף עח.) גרושה אין לי אלא גרושה חלוצה מנין ת"ל ואשה: טמא שאכל את הקודש. אזהרתו מפרש בגמרא: נותר. כתיב ביה (שמות כט) ושרפת את הנותר באש לא יאכל כי קדש הוא ואזהרת פגול נמי מהכא מדכתיב כי קדש הוא כלומר מפני שהוא קודש שנפסל למדנו מכאן כל שבקדש פסול בא הכתוב ליתן לא תעשה על אכילתו והכי אמרינן לקמן ואזהרת טמא והבשר אשר יגע בכל טמא לא יאכל (ויקרא ז): והשוחט. קדשים בחוץ או המעלה קדשים בחוץ אזהרת מעלה השמר לך פן תעלה וגו' (דברים יב) אזהרת שוחט ילפינן בזבחים בפרק השוחט והמעלה (דף קו.) איכא דיליף מלא יזבחו עוד וגו' ואיכא דיליף לה מגזירה שוה דהבאה הבאה שוחט ממעלה: האוכל ביום הכפורים. ויליף אזהרתיה בפרק בתרא דיומא (דף פא.): המפטם את השמן. העושה שמן בדוגמת שמן המשחה ואזהרתיה ובמתכונתו לא תעשו כמוהו (שמות ל) וכן בקטורת ובמתכונתה לא תעשו לכם (שם): והסך בשמן המשחה. מאותו שעשה משה במדבר דכתיב על בשר אדם לא ייסך (שם): אכל טבל. אזהרתיה מולא יחללו את קדשי בני ישראל אשר ירימו בעתידין לתרום הכתוב מדבר והכי מפרש לה בסנהדרין באלו הן הנשרפין (דף פג.): ומעשר ראשון שלא נטלה תרומתו. אף הוא טבל: ומעשר שני שלא נפדה. והוא אוכלו חוץ לירושלים וכתיב לא תוכל לאכול בשעריך וגו' (דברים יב): הקדש שלא נפדה. אזהרתו אינו מפורשת כל כך ונראה בעיני דמהכא אתא דתניא (סנהדרין שם) הזיד במעילה רבי אומר במיתה וחכמים אומרים באזהרה ואמרי' ז) מאי טעמיה דרבי אתיא חטא חטא מתרומה ורבנן מיעט רחמנא ומתו בו ולא במעילה ממיתה הוא דמעטיה וגזירה שוה כדקיימא קיימא וילפינן אזהרה למעילה מאזהרה דתרומה דכתיב בה וכל זר לא יאכל קדש ורוב הלכות מעילה היא למדה מתרומה בתורת כהנים בגזירה שוה זו: באוכל נמלה גרסינן שהוא חייב. משום שרץ השורץ על הארץ: גמ' חייבי כריתות קתני. כל חייבי כריתות שאין בהן מיתת ב"ד הוזכרו במשנתנו לענין מלקות ואחד מכל חייבי מיתות בית דין לא הוזכר בה ללקות אם התרו בו למלקות:
ישנו

תוספות

מעלים היו שכר ללוים. פי' רוצחים הבאים ודרים שם צריכין להעלות מס וארנונא ללוים דלא תימא גזירת המלך על הלוים לעכב אותם בעירן: **לכם** לכל צרכיכם. דאין צריכים להעלות שום דבר ללוים: **גמר** שיבה שיבה. נראה דהיינו דוקא לרבי מאיר דאצטריך לג"ש אבל לרבי יהודה הא איכא קרא בהדיא גבי רוצח וא"כ הא דקתני לעיל וכן בגולה כו' ממילתא דר' מאיר הוא:

הדרן עלך אלו הן הגולין

ואלו הן הלוקין הבא על אחותו כו'. תנא ושייר טמא ששימש זר שאכל תרומה ובעל מום ששימש אונן מקריב מזיח חושן מכבה גחלת על גבי מערכה אלא לא חשיב לאוי גרידי אלא באותן שיש בהן חידוש והא דקא חשיב כריתות דאין בהן מיתת ב"ד לאשמועינן דאע"ג דאיכא כרת לוקין ואין צריך למצוא בהם חידוש בהנך כריתות דקתני ובקונטרס דחק למצוא בהם חידוש אלמנה לכהן גדול נקט משום דבעי למיתני אלמנה וגרושה חייב משום שתי שמות: **גרושה** וחלוצה אינו חייב אלא אחת. פי' הקונט' משום ח) גרושה דחלוצה מייתי לה (ו) ואשה גרושה משמע לפירושו דבחלוצה לחודא איכא מלקות דאורייתא וזה אינו דהא אמרינן בפ' עשרה יוחסין (קדושין דף עח.) (אחות) חלוצה דרבנן והא דלעיל תנא וחלוצה אגב גרושה תניא אי נמי מכת מרדות דרבנן ובהא כיון דהיא גם גרושה לוקה בה מלקות דגרושה שהיא דאורייתא ולא לקי מכת מרדות דרבנן:
רבי

מסורת הש"ס

א) [ביצה כח: סוכה מ. מגילה ז: ב"ק קב.], ב) כתובות לא:, ג) קדושין עח., ד) [עי' תוס' זבחים מה. ד"ה דומיא], ה) [בסה"מ אין], ו) [עי' תוס' חולין לו. בסוף ד"ה מ"ט דרבנן וכו' מה שהניחו בתימה], ז) [שם פד.], ח) רש"א משום דחלוצה מגרושה.

הגהות הב"ח

(א) גמ' לכם לכל צרכיכם. נ"ב ע"ל דף ט ע"א דדרשינן ליה למעוטי דוקא לכם ולא לגרים: (ב) במשנה משום שתי שמות וכו' והאוכל חלב: (ג) רש"י ד"ה אלו וכו' לאשמועי' דאלמנה וגרושה: (ד) שם בא"ד מעשר שני בהדיא: (ה) ד"ה נתינים מן הגבעונים הן ומלקות: (ו) תוס' ד"ה גרושה וכו' דחלוצה מייתי לה מוי"ו ואשה גרושה משמע דלא לפרש דבחלוצה לחודא:

הגהות הגר"א

[א] גמ' כשהוא אומר נ"ל שנאמר:

ליקוטי רש"י

ואל אחוזת אבותיו. אל כבוד אבותיו. ואין לזלזלו על כך [שהוא עבד] [ויקרא כה. מא].

אלו הן הלוקין. אם התרו בהן [כתובות לא:].

אשת אחיו. שנתקדשה לו לאחיו וגירשה שאין בה מיתה אלא כרת. ועל אשת אחי אביו. שנתקדשה לו וגירשה [שם כט.].

נתינה. מן הגבעונים והיא אסורה לקהל דדוד גזר עליהם כדאמרינן ביבמות (דף עח:) ועל שם ויתנם יהושע חוטבי עצים ושואבי מים וגו' (יהושע ט) קרי להו נתינים [שם].

אלמנה וגרושה. בא על אלמנה שהיא גרושה. משום שני שמות משום אלמנה ומשום גרושה [קידושין עח.].

גרושה וחלוצה אינו חייב אלא משום אחת. על שם גרושה הוא חייב על כל חיובים התלויים בה אבל על חלוצה לא דחלוצה לאו דאורייתא אלא דרבנן [שם].

השוחט והמעלה בחוץ. בהעלם אחד. חייב על השחיטה וחייב על העליה, שהן שני גופי עבירה דתרווייהו כתיבי (ויקרא יז) אשר ישחט ואשר יעלה [זבחים קו.].

אכל טבל. [ילפינן מולא יחללו את קדשי בני ישראל אשר ירימו] שעתידין לתרום וקאמר דלא יחללום שאסור לאכלם בטיבלם [סנהדרין פג.].

באוכל נמלה וכו'. וכן כל בריה קטנה דלדברי הכל חייב מלקות וכו' [שבועות כא: בד"ה והרי נמלה].

עין משפט נר מצוה

פב א מיי' פ"ח מהל' רוצח הלכה י:
פג ב מיי' שם פ"ז הלי"ד:
פד ג ד מיי' שם פ"ח הלי"י:
פה [דד] מיי' פ"ג מהל' עבדים דין ח:
א ה מיי' פי"ט מהל' סנהדרין הלכה א [מן סי' א עד סי' ז] ופ"א מהל' איסורי ביאה הל"ז:
ב ו מיי' פי"ט מהל' סנהדרין הל"ד [סי' קנא קנג] ופי"ז מהלכות איסורי ביאה הלכה ב ג:
ג ז מיי' פי"ט מהלכות סנהדרין הל"ד [סי' קנז] ופט"ו מהל' א"ב הל"ב:
ד ח מיי' פי"ז מהלכות איסורי ביאה הל' ט:
ה ט מיי' שם הלכה ז:
ו י הכל במיי' פי"ט מהל' סנהדרין:
ז כ מיי' פ"י מהלכות מאכלות אסורות הל' יט והלכה כד:
ח ל מ מיי' שם פ"ב הל' כא סמג לאוין קלב:

רבינו חננאל

מעלות א) היו שכר ללוים מפני ששוכנין בהן: חוזר לשררה שהיה בה דברי ר' מאיר ר' יהודה אומר לא היה חוזר לשררה: אחד הרוצח שגלה ואחד הנמכר לעבד עברי כשחוזרין אין חוזרין לשררה שהיו בה דברי רבי יהודה:

הדרן עלך אלו הן הגולין

ואלו הן הלוקין הבא על אחותו ועל אחות אביו כו'. דייקינן מדקתני חייבי כריתות במתניתין וחייבי מיתות לא קתני ש"מ מתניתין ר' עקיבא היא דתני ר'

חשק שלמה על ר"ח

א) כ"ה הגיר' בירושל' וכצ"ל ברש"י וז"ש היו הערים כו'.

תורה אור השלם

א) וְהָיוּ לָכֶם הֶעָרִים לְמִקְלָט מִגֹּאֵל וְלֹא יָמוּת הָרֹצֵחַ עַד עָמְדוֹ לִפְנֵי הָעֵדָה לַמִּשְׁפָּט: [במדבר לה, יב]

ב) וְאֵת הֶעָרִים אֲשֶׁר תִּתְּנוּ לַלְוִיִּם אֵת שֵׁשׁ עָרֵי הַמִּקְלָט אֲשֶׁר תִּתְּנוּ לָנֻס שָׁמָּה הָרֹצֵחַ וַעֲלֵיהֶם תִּתְּנוּ אַרְבָּעִים וּשְׁתַּיִם עִיר: [במדבר לה, ו]

ג) וְיָצָא מֵעִמָּךְ הוּא וּבָנָיו עִמּוֹ וְשָׁב אֶל מִשְׁפַּחְתּוֹ וְאֶל אֲחֻזַּת אֲבֹתָיו יָשׁוּב: [ויקרא כה, מא]

ד) כִּי בְעִיר מִקְלָטוֹ יֵשֵׁב עַד מוֹת הַכֹּהֵן הַגָּדֹל וְאַחֲרֵי מוֹת הַכֹּהֵן הַגָּדֹל יָשׁוּב הָרֹצֵחַ אֶל אֶרֶץ אֲחֻזָּתוֹ: [במדבר לה, כח]

Chapter Three

Introduction

The third and final chapter of the tractate deals with the penalty of מַלְקוּת, *malkus* [lashes], which the Torah imposes for violating many of its prohibitions (see *Deuteronomy* 25:1-3). In this chapter, the Mishnah provides a lengthy — but not exhaustive — list of prohibitions for which *malkus* is incurred.[1]

⋖§ Types of Biblical Transgressions

מִצְוַת עֲשֵׂה, *a positive commandment* [also called simply עֲשֵׂה, *asei*]: Of the Torah's 613 commandments, 248 are positive commandments. That is, the Torah's command is expressed as a requirement *to do* something (e.g. put on tefillin or relinquish loans in the Sabbatical year). [The first example illustrates a positive commandment that must be *actively* fulfilled, the second illustrates one that is *passively* fulfilled.] The Torah generally does not prescribe a specific punishment for a person who transgresses a positive commandment.[2]

מִצְוַת לֹא תַעֲשֶׂה, *a negative commandment* or *prohibition* [also called simply לַאו, *lav*]: The remaining 365 commandments in the Torah are prohibitions. That is, the Torah's command is expressed as an injunction *not to do* something (e.g. do not steal, or do not keep *chametz* in your possession on Pesach). [The first example illustrates a prohibition that is *actively* violated, the second illustrates one that is *passively* violated.] These Biblical prohibitions can be divided into four classes, based on the severity of the penalties that the Torah prescribes for their violation:

(1) Transgressions that carry מִיתַת בֵּית דִּין, *the court-imposed death penalty*. Examples of this are performing forbidden labor on the Sabbath, adultery and murder.

(2) Transgressions that carry the penalty of כָּרֵת, *kares* [Divinely imposed premature death]. Examples of this are eating or performing forbidden labor on Yom Kippur, or cohabiting with a *niddah* [menstruant who has not immersed herself in the *mikveh*].

(3) Transgressions that incur מִיתָה בִּידֵי שָׁמַיִם, *death by an act of Heaven*.[3] Examples of this are a non-Kohen who eats *terumah* [the Kohen's portion of produce grown in Eretz Yisrael] or who performs the service in the Temple.

(4) Ordinary prohibitions. That is, prohibitions for which the Torah does not prescribe one of the three more severe penalties mentioned above. An ordinary prohibition is punishable by מַלְקוּת, *malkus* [thirty-nine lashes], provided that the sinner committed it willfully, after receiving advance *warning*. This warning [הַתְרָאָה] must apprise the person who is about to commit the sin about both the forbidden nature of his intended act and the specific penalty that he will incur if he commits it. (Advance warning is also a prerequisite for imposing the death penalty.)

NOTES

1. The actual number of prohibitions punishable by *malkus* is 207 (see *Rambam, Hil. Sanhedrin* Chs. 18-19).

2. The exceptions to this are the positive commandments of bringing the *pesach* offering and circumcision, for whose willful neglect the Torah prescribes the penalty of *kares* [Divinely imposed premature death — see next note].

3. I.e. premature death. This is a less severe punishment than *kares*. Some explain that *kares* is an earlier death than is *death by an act of Heaven*. Others explain that the person who incurs *kares* dies prematurely and *childless*, which is not an aspect of punishment in the case of *death by an act of Heaven*. A third view holds the severity of *kares* to be the additional punishment that the sinner receives in the World to Come. [See *Tosafos* and Rishonim to *Yevamos* 2a.]

According to the view of the first Mishnah in this chapter, *malkus* does not apply to capital offenses, but it *is* incurred for committing sins involving *kares* and death by an act of Heaven [see Gemara 13a-b].

❧ Specific Categories of Prohibitions

There are several categories of prohibitions that appear repeatedly in the course of this chapter. These are:

לַאו שֶׁאֵין בּוֹ מַעֲשֶׂה — *A prohibition [whose violation] does not involve any action.* Certain prohibitions are violated passively. An example of such a prohibition is the injunction against having *chametz* in one's possession during Pesach. The owner violates this injunction by remaining passive — i.e. by *not* acting to remove it. There is a dispute in the Gemara whether one incurs *malkus* for violating such a prohibition.

לַאו שֶׁנִּיתָּק לַעֲשֵׂה — *A prohibition that has been removed [from the ordinary remedy of lashes] to [the remedy of] a positive commandment.* In the case of certain prohibitions, the Torah provides a way of remedying the transgression. For example, the Torah forbids a person to steal. If he does, the Torah commands him to remedy his violation by returning the stolen item to its rightful owner. The sinner does not incur *malkus* for his initial violation of the prohibition, unless he neglects the corrective positive commandment. [The nature of this neglect is discussed at length in the Gemara below and commentary there (15a ff).]

לַאו שֶׁנִּיתָּן לְאַזְהָרַת מִיתַת בֵּית דִּין — *A prohibition that is subject to the warning against incurring the death penalty.* That is, a prohibition whose violation carries, in principle, the death penalty. For example, a person willfully performed a forbidden labor on the Sabbath, but the witnesses warned him only that he would incur *malkus* for doing so, not that he would be liable to the death penalty. Even though the death penalty cannot be imposed in the absence of an adequate warning, the violation remains that of a prohibition that carries the death penalty *in principle*. There is a dispute in the Gemara whether *malkus* can be incurred in such a case (see 13b).

TERMS RELEVANT TO CHAPTER THREE [See also Glossary at end of volume.]

azharah — Scriptural warning; the basic prohibition stated in the Torah, which serves to warn the potential sinner against incurring the punishment prescribed for a particular action.

chatas — a sin-offering brought for unintentionally violating a prohibition punishable by *kares*.

death penalty — this refers to a court-imposed death penalty, in contrast to one imposed by Heaven.

hasraah — the warning that apprises a person about the forbidden nature of his proposed act and the punishment to which it will make him liable.

kares — premature death imposed by Heaven.

malkus — lashes imposed by the court for violations of Biblical prohibitions.

positive commandment — a Torah commandment expressed as a requirement *to do* a particular action.

prohibition — a negative commandment, which the Torah expresses as a command *not to do* a particular action.

Chapter Three

Mishnah **וְאֵלּוּ הֵן הַלּוֹקִין – And these are the ones who receive *malkus*:**[1] **הַבָּא עַל אֲחוֹתוֹ – One who cohabits with his sister,**[2] **וְעַל אֲחוֹת אָבִיו – or with his father's sister, וְעַל אֲחוֹת אִמּוֹ – or with his mother's sister, וְעַל אֲחוֹת אִשְׁתּוֹ – or with his wife's sister, וְעַל אֵשֶׁת אָחִיו – or with his brother's wife,**[3] **וְעַל אֵשֶׁת אֲחִי אָבִיו – or with the wife of his father's brother, וְעַל הַנִּדָּה – or with a *niddah*.**[4]

All the above are prohibited on pain of *kares*[5] as well as *malkus*. The prohibitions listed in the Mishnah's next series carry no *kares,* but only *malkus*:

אַלְמָנָה לְכֹהֵן גָּדוֹל – *Malkus* is incurred if **a Kohen Gadol** cohabits **with a widow,**[6] **גְּרוּשָׁה וַחֲלוּצָה לְכֹהֵן הֶדְיוֹט – or if an ordinary Kohen** cohabits[7] **with a divorcee or with a *chalutzah*,**[8] **מַמְזֶרֶת וּנְתִינָה לְיִשְׂרָאֵל – or** if even **an ordinary Jew** cohabits **with a *mamzeress***[9] **or with a *nesinah*,**[10] **בַּת יִשְׂרָאֵל לְנָתִין וּלְמַמְזֵר – or if a *nasin* or *mamzer*** cohabits **with a Jewess. אַלְמָנָה וּגְרוּשָׁה** – If a Kohen Gadol cohabits with **a widow who is also a divorcee, חַיָּיבִין עָלֶיהָ מִשּׁוּם שְׁנֵי שֵׁמוֹת – he is liable for** violating **two** distinct **commandments.**[11] **גְּרוּשָׁה וַחֲלוּצָה** – If a Kohen cohabits with **a divorcee who is also a *chalutzah*, אֵינוֹ חַיָּיב אֶלָּא מִשּׁוּם אַחַת בִּלְבַד – he is liable for** violating **only one commandment.**[12]

NOTES

1. Although the word אלו, *these,* implies that the list is exhaustive, many *malkus*-bearing transgressions are omitted (see Introduction to this chapter, note 1). The prohibitions listed here were chosen almost invariably because of some novel point the Tanna wished to teach. For example, the *kares*-bearing transgressions are mentioned in order to teach that even though they are punishable by *kares,* they carry the penalty of *malkus* as well (*Rashi;* see *Tosafos;* see also *Ritva* 14b ד״ה מתני׳ טמא שאכל). *Rashi* also gives the reason for the listing of some of the other transgressions mentioned in the Mishnah – see notes 6 and 28.

2. Although the Mishnah mentions only that the male partner in unions with relatives or a *niddah* incurs punishment, the same punishment applies to the female partner (Mishnah *Kereisos* 10b).

3. A person may not cohabit with his brother's wife even if she is subsequently divorced or widowed [except when the law of *yibum* applies]. The same applies to the prohibitions against cohabiting with other relatives' wives forbidden in the Torah. While the wives are still married, they are also forbidden under the more serious prohibition of adultery. [The sister of one's wife, however, is prohibited only as long as one's wife is alive.]

4. A *niddah* is a woman who has menstruated, but who has not yet gone through the process of purification, which ends with immersion in a *mikveh.*

5. *Leviticus* Ch. 18.

6. The Mishnah includes this prohibition (as well as those that immediately follow) in order to introduce the next segment: "If a Kohen Gadol cohabits with a widow who is *also* a divorcee etc." (*Rashi* ד״ה אלו; see note 1).

7. *Rambam* (*Isurei Biah* 15:2) rules concerning unions forbidden only on pain of *malkus* that *malkus* is not incurred for that prohibition unless the parties are *married* to each other. Thus, an ordinary Kohen who cohabits with a divorcee who is *not* his wife is not liable to *malkus* for that prohibition. [The exception to this is a Kohen Gadol, who is liable to *malkus* if he cohabits with a widow even if he is not married to her.] *Raavad* (there) disputes this distinction and rules that *malkus* is incurred even in the case of an out-of-wedlock union.

8. [The term *chalutzah* has been explained in 2a note 2.] The prohibition against a *chalutzah* is derived from the prohibition against a divorcee. The Torah states (*Leviticus* 21:7): וְאִשָּׁה גְּרוּשָׁה מֵאִישָׁהּ לֹא יִקָּחוּ, *and a woman who is a divorcee from her husband they [Kohanim] shall not take.* The word וְאִשָּׁה, *and a woman,* which seems unnecessary, is interpreted to include a *chalutzah* (*Rashi* ד״ה גרושה, citing *Kiddushin* 78a).

From *Rashi* (ד״ה גרושה) it appears that a *chalutzah* is *Biblically* forbidden to a Kohen. However, the Gemara in *Kiddushin* (ibid.) concludes that the prohibition is only Rabbinic and that the preceding derivation is just an *asmachta* (a Scriptural allusion to a Rabbinic law). Thus, if a Kohen cohabits with a *chalutzah,* he does *not* incur Biblically-mandated *malkus* (see *Yevamos* 9:4 with *R' Ovadiah MiBartenura* and *Tos. Yom Tov; Sefer HaKovetz* on *Rambam, Hil. Ishus* 1:7; *Meshech Chochmah, Parashas Emor* ד״ה שם בתו״כ). Why then does our Mishnah mention the *chalutzah*? One explanation is that since the *chalutzah* and the divorcee are frequently listed together, our Mishnah too follows that pattern. Alternatively, the Mishnah mentions the *chalutzah* in order to teach that if a Kohen cohabits with her, he receives *makkas mardus* [lashes for violating a Rabbinic law] (*Tosafos*). See further, note 12.

9. A *mamzer* (m.) and a *mamzeress* (f.) are the offspring of a union punishable by *kares* or capital punishment, or the children of a *mamzer* or a *mamzeress* (*Yevamos* 49a; *Kiddushin* 66b). They are forbidden in marriage to anyone except a *mamzer* (or *mamzeress*), a convert or a freed Canaanite slave (see *Deuteronomy* 23:3; *Even HaEzer* 4:22,24).

10. A *nasin* (m.) or *nesinah* (f.) is a descendant of the Gibeonites, who deceptively concluded a peace treaty with Joshua under the pretense that they were not from the Seven Canaanite Nations, whom the Jews were commanded to destroy. Although the treaty was concluded under false pretenses, Joshua abided by it. After the episode, he "assigned" them to be woodcutters and water-drawers for the Temple (*Joshua* 9:27); hence, a Gibeonite came to be known as a *nasin,* which means *assigned one* (*Rashi* to *Kesubos* 29a ד״ה נתינה). Although the Gibeonites converted to Judaism, they may not intermarry with other Jews because of the Biblical prohibition against marrying a member of the Seven Canaanite Nations (*Deuteronomy* 7:3): וְלֹא תִתְחַתֵּן בָּם, *You shall not intermarry with them* (see *Rashi* and *Ritva; Rabbeinu Tam* in *Tosafos, Kesubos* 29a ד״ה אלו נערות).

Rashi adopts this approach in order to explain our Mishnah, which evidently holds that *nesinim* (Gibeonites) are *Biblically* prohibited. Elsewhere, however, *Rashi* writes that the prohibition is Rabbinic (see *Rashi* to *Kesubos* ibid. and to *Sotah* 24a ד״ה נתינה, citing *Yevamos* 78b-79a). According to the latter opinion, the Biblical prohibition against marrying a member of the Seven Canaanite Nations applies only to gentile Canaanites but not to a Canaanite who has converted to Judaism (see *Tosafos* to *Kesubos* 29a ד״ה אלו נערות; *Ran* ibid.; see also *Rambam, Hil. Isurei Biah* 12:22-24 with *Maggid Mishneh*).

11. If a Kohen Gadol cohabits with a woman who was widowed from one husband and then divorced from another, he is liable to *two* sets of *malkus.* Although the phrase: אַלְמָנָה וּגְרוּשָׁה ... לֹא יִקָּח, *A widow or a divorcee . . . he may not take* (*Leviticus* 21:14), contains only one verb, this verb refers to each woman separately. Hence, each of the two commandments carries its own penalty even when both are transgressed through the same act (*Rashi;* see next note).

The sequence (widowhood and then divorce) is critical, because of the general rule: אֵין אִיסוּר חָל עַל אִיסוּר, *One prohibition cannot take effect on another* (*Kiddushin* 77b). Once an object (or person) is forbidden by one prohibition, it cannot become forbidden by another prohibition as well. Therefore, once a woman is forbidden to a Kohen Gadol through being divorced, she cannot become additionally forbidden to him by becoming a widow. The reverse, however, is possible, because there is an exception to the above rule in the case of an אִיסוּר מוֹסִיף, *a broader prohibition,* i.e. the second prohibition is greater in scope than the first. For example, whereas a widow is forbidden only to a Kohen Gadol, a divorcee is forbidden to all Kohanim. Thus, if a woman was first a widow and then a divorcee, the second prohibition takes effect not only in relation to ordinary Kohanim, but also in relation to a Kohen Gadol (see *Rambam, Hil. Isurei Biah* 17:8-10).

12. As taught above, *Rashi* here follows the view that a *chalutzah* is Biblically prohibited to a Kohen. This prohibition, however, is not stated explicitly in the Torah; rather, it is derived from the divorcee prohibition

א מעלים היו שכר ללוים דברי רבי יהודה רבי מאיר אומר לא היו מעלים להן שכר וחוזר לשררה שהיה בה דברי רבי מאיר רבי יהודה אומר ב לא היה חוזר לשררה שהיה בה: גמ' אמר רב כהנא מחלוקת בשש דמר סבר (א) לכם לקליטה ומר סבר לכם לכל צרכיכם אבל בארבעים ושתים דברי הכל היו מעלין להם שכר א"ל רבא הא ודאי (א) לכם לכל צרכיכם משמע אלא אמר רבא ג מחלוקת בארבעים ושתים דמר סבר ב) ועליהם תתנו כי הנך לקליטה ומר סבר ועליהם תתנו כי הנך מה הנך לכל צרכיכם אף הני נמי לכל צרכיכם אבל בשש ד דברי הכל לא היו מעלים להן שכר: חוזר לשררה שהיה בה כו': תנו רבנן ג) ושב אל משפחתו ואל אחוזת אבותיו ישוב למשפחתו הוא שב [דד] ואינו שב למה שהחזיקו אבותיו דברי ר"י ר"מ אומר אף הוא שב למה שהחזיקו אבותיו אל אחוזת אבותיו כאבותיו וכן בגולה [א]כשהוא אומר ישוב לרבות את הרוצח מאי וכן בגולה כדתניא ד) ישוב הרוצח אל ארץ אחוזתו לארץ אחוזתו הוא שב ואינו שב למה שהחזיקו אבותיו דברי רבי יהודה ר"מ אומר אף הוא שב למה שהחזיקו אבותיו גמר שיבה שיבה מהתם:

הדרן עלך אלו הן הגולין

ואלו ג) הן הלוקין ה הבא על אחותו ועל אחות אביו ועל אחות אמו ועל אחות אשתו ועל אשת אחיו ועל אשת אחי אביו ועל הנדה ו אלמנה לכהן גדול גרושה וחלוצה לכהן הדיוט ז ממזרת ונתינה לישראל בת ישראל לנתין ולממזר ג) ח אלמנה וגרושה חייבין עליה משום (ב) שני שמות ט גרושה וחלוצה אינו חייב אלא משום אחת בלבד: י הטמא שאכל את הקדש והבא אל המקדש טמא ואוכל חלב ודם ונותר ופגול וטמא והשוחט ומעלה בחוץ והאוכל חמץ בפסח והאוכל והעושה מלאכה ביום הכפורים והמפטם את השמן והמפטם את הקטורת והסך בשמן המשחה והאוכל נבילות וטריפות שקצים ורמשים אכל טבל ומעשר ראשון שלא נטלה תרומתו ומעשר שני ז) והקדש שלא נפדו כמה יאכל מן הטבל ויהא חייב רבי שמעון אומר כל שהוא וחכמים אומרים כ כזית אמר להן רבי שמעון ח) אי אתם מודים לי ל באוכל נמלה כל שהוא שהוא חייב אמרו לו מ מפני שהיא כברייתה אמר להן אף י) חטה אחת כברייתה: גמ' חייבי כריתות קא תני חייבי מיתות ב"ד לא קתני מתניתין מני רבי עקיבא היא דתניא אחד חייבי כריתות ואחד חייבי מיתות בית דין

ישנו

רש"י

מעלים היו. הערים שכר ללוים שרוצחים שוכרים מהם את בתי הדירה: חוזר לשררה שהיה בה. אם היה נשיא או ראש בית אב חוזר לגדולתו כשישוב לעירו במיתת כה"ג: גמ' מחלוקת בשש. ערי מקלט: לכם. לרוצחים נאמר והיו לכם הערים למקלט: ושב אל משפחתו. בעבד עברי כתיב כשיוצא חפשי בשש או ביובל: למה שהוחזקו אבותיו. לשררה: אל אחוזת אבותיו כאבותיו. סיפא דמילתיה דרבי מאיר היא ומביא ראיה לדבריו מסוף המקרא שחוזר לגדולתו שנאמר ואל אחוזת אבותיו אל כל חזקת אבותיו: וכן בגולה. כמחלוקת בעבד עברי כך מחלוקת ברוצח שגלה וחזר במיתת הכהן ומהכא יליף דכשהוא אומר כאן ישוב קרא יתירא דמצי למכתב ושב אל משפחתו ואל אחוזת אבותיו ולשתוק: לרבות את הרוצח. דמופנה לדון הימנו גזירה שוה נאמר כאן ישוב ונאמר ברוצח ישוב הרוצח אל ארץ אחוזתו כדמפרש ואזיל מאי וכן בגולה ומסקנא גמר שיבה שיבה מהתם:

הדרן עלך אלו הן הגולין

אלו הן הלוקין. אלו לאו דוקא דתנא ושייר לוקין טובא אלא תנא חייבי כריתות לאשמועינן דיש מלקות בחייבי כריתות ותנא אלמנה וגרושה לאשמועינן (ג) אלמנה וגרושה חייב עליה משום שתי שמות וכו' ותנא טבל ומעשר ראשון שלא נטלה תרומתו דלא מפרש לאו דידהו בהדיא וכן הקדש שלא נפדה ואיידי דתנא הקדש תנא מעשר שני (ד) בהדיא דתרוייהו מלקות דידהו משום מחוסרי פדייה וכן ברובן יש דבר חדש: (ה) נתינה. מן הגבעונין היא ומלקות משום לא תתחתן בם (דברים ז): אלמנה וגרושה. שנתאלמנה מאיש אחד ונתגרשה מאיש אחר חייב עליה שתי מלקות משום שתי שמות משום שתי אזהרות ששתיהן מפורשות במקרא ואזהרה אתרוייהו קיימא: גרושה וחלוצה. גרושה והיא חלוצה אינו חייב עליה אלא משום גרושה שהחלוצה אינה כתובה אלא מרבויא מייתינן לה דתניא בקדושין (דף עח.) גרושה אין לי אלא גרושה חלוצה מנין ת"ל ואשה: טמא שאכל את הקודש. אזהרתו מפרש בגמרא: נותר. כתיב ביה (שמות כט) ושרפת את הנותר באש לא יאכל כי קדש הוא ואזהרת פגול נמי מהכא מדכתיב כי קדש הוא כלומר מפני שהוא קודש שנפסל למדנו מכאן כל שבקדש פסול בא הכתוב ליתן לא תעשה על אכילתו והכי אמרינן לקמן ואזהרת טמא והבשר אשר יגע בכל טמא לא יאכל (ויקרא ז): והשוחט. קדשים בחוץ או המעלה קדשים בחוץ אזהרת מעלה השמר לך פן תעלה וגו' (דברים יב) אזהרת שוחט ילפינן בזבחים בפרק השוחט והמעלה (דף קו.) איכא דיליף מלא יזבחו עוד וגו' ואיכא דיליף לה מגזירה שוה דהבאה הבאה שוחט ממעלה: האוכל ביום הכפורים. ויליף אזהרתיה בפרק בתרא דיומא (דף פא.): המפטם את השמן. העושה שמן בדוגמת שמן המשחה ואזהרתיה ובמתכונתו לא תעשו כמוהו (שמות ל) וכן בקטורת ובמתכונתה לא תעשו לכם (שם): והסך בשמן המשחה. מאותו שעשה משה במדבר דכתיב על בשר אדם לא ייסך (שם): אכל טבל. אזהרתיה מולא יחללו את קדשי בני ישראל אשר ירימו בעתידין לתרום הכתוב מדבר והכי מפרש לה בסנהדרין באלו הן הנשרפין (דף פג.): ומעשר ראשון שלא נטלה תרומתו. אף הוא טבל: ומעשר שני שלא נפדה. והוא אוכלו חוץ לירושלים וכתיב לא תוכל לאכול בשעריך וגו' (דברים יב): הקדש שלא נפדה. אזהרתו אינו מפורשת כל כך ונראה בעיני דמהכא אתא דתניא (סנהדרין שם) הזיד במעילה רבי אומר במיתה וחכמים אומרים באזהרה ואמרי' ז) מאי טעמיה דרבי אתיא חטא חטא מתרומה ורבנן מיעט רחמנא ומתו בו ולא במעילה ממיתה הוא דמעטיה וגזירה שוה כדקיימא קיימא ולפינן אזהרה למעילה מאזהרה דתרומה דכתיב בה וכל זר לא יאכל קדש ורוב הלכות מעילה היא למדה מתרומה בתורת כהנים בגזירה שוה זו: באוכל נמלה גרסינן שהוא חייב. משום שרץ השורץ על הארץ: גמ' חייבי כריתות קתני. כל חייבי כריתות שאין בהן מיתת ב"ד הוזכרו במשנתנו לענין מלקות ואחד מכל חייבי מיתות בית דין לא הוזכר בה ללקות אם התרו בו למלקות:

ישנו

תוספות

מעלים היו שכר ללוים. פי' רוצחים הבאים ודרים שם צריכין להעלות מס וארנונא ללוים דלא תימא גזירת המלך על הלוים לעכב אותם בעינן: **לכם** לכל צרכיכם. דאין צריכים להעלות שום דבר ללוים: **גמר** שיבה שיבה. נראה דהיינו דוקא לרבי מאיר דאצטריך לג"ש אבל לרבי יהודה הא איכא קרא בהדיא גבי רוצח וא"כ הא דקתני לעיל וכן בגולה כו' ממילתא דר' מאיר הוא:

הדרן עלך אלו הן הגולין

ואלו הן הלוקין הבא על אחותו כו'. תנא ושייר טמא ששימש זר שאכל תרומה ובעל מום ששימש אונן מקריב מזיח חושן מכבה גחלת על גבי מערכה אלא לא חשיב לאוי גרידי אלא באותן שיש בהן חידוש והא דקא חשיב כריתות דאין בהן מיתת ב"ד לאשמועינן דאע"ג דאיכא כרת לוקין ואין צריך למצוא בהם חידוש בהנך כריתות דקתני ובקונטרס דחק למצוא בהם חידוש אלמנה לכהן גדול נקט משום דבעי למיתני אלמנה וגרושה חייב משום שתי שמות:

גרושה וחלוצה אינו חייב אלא אחת. פי' הקונט' משום ח) גרושה דחלוצה מייתי לה (ו) ואשה גרושה משמע לפירושו דבחלוצה לחודא איכא מלקות דאורייתא וזה אינו דהא אמרינן בפ' עשרה יוחסין (קדושין דף עח.) (אחות) חלוצה דרבנן והא דלעיל תנא וחלוצה אגב גרושה תניא אי נמי מכת מרדות דרבנן ובהא כיון דהיא גם גרושה לוקה בה מלקות דגרושה שהיא דאורייתא ולא לקי מכת מרדות דרבנן:

רבי

מסורת הש"ס

א) [ביצה כח: סוכה מ. מגילה ז: ב"ק קב.], ב) כתובות לא:, ג) קדושין עח., ד) [עי' תוס' זבחים מה. ד"ה דומיא], ה) [בסה"מ אין], ו) [עי' תוס' חולין לו. בסוף ד"ה מ"ט דרבנן וכו' מה שהניחו בתימה], ז) [שם פד.], ח) רש"א משום דחלוצה מגרושה.

הגהות הב"ח

(א) גמ' לכם לכל צרכיכם. נ"ב ע"ל דף ט ע"א דדרשינן ליה למעוטי דוקא לכם ולא לגרים: (ב) במשנה משום שתי שמות וכו' והאוכל חלב: (ג) רש"י ד"ה אלו וכו' לאשמועי' דאלמנה וגרושה: (ד) שם בא"ד מעשר שני בהדיא: (ה) ד"ה נתינים מן הגבעונים הן ומלקות: (ו) תום' ד"ה גרושה וכו' דחלוצה מייתי לה מוי"ו ואשה גרושה משמע דבא לפרש דבחלוצה לחודא:

הגהות הגר"א

[א] גמ' כשהוא אומר נ"ל שנאמר:

ליקוטי רש"י

ואל אחוזת אבותיו. אל כבוד אבותיו. ואין לזלזלו על כך [שהוא עבד] [ויקרא כה. מא].

אלו הן הלוקין. אם התרו בהן [כתובות לא:].

אשת אחיו. שנתקדשה לו לאחיו וגירשה שאין בה מיתה אלא כרת. ועל אשת אחי אביו. שנתקדשה לו וגירשה [שם כט.].

נתינה. מן הגבעונים והיא אסורה לקהל דדוד גזר עליהם כדאמרינן ביבמות (דף עח:) ועל שם ויתנם יהושע חוטבי עצים ושואבי מים וגו' (יהושע ט) קרי להו נתינים [שם].

אלמנה וגרושה. בא על אלמנה שהיא גרושה. משום שני שמות משום אלמנה ומשום גרושה [קידושין עח.].

גרושה וחלוצה אינו חייב אלא משום אחת. על שם גרושה הוא חייב על כל חיובים התלויים בה אבל על חלוצה לא דחלוצה לאו דאורייתא אלא דרבנן [שם].

השוחט והמעלה בחוץ. בהעלם אחד. חייב על השחיטה וחייב על העליה, שהן שני גופי עבירה דתרווייהו כתיבי (ויקרא יז) אשר ישחט ואשר יעלה [זבחים קו.].

אכל טבל. [ילפינן מולא יחללו את קדשי בני ישראל אשר ירימו] שעתידין לתרום וקאמר דלא יחללום שאסור לאכלם בטיבלם [סנהדרין פג.].

באוכל נמלה וכו'. וכן כל בריה קטנה לדברי הכל חייב מלקות וכו' [שבועות כא: בד"ה והרי נמלה].

עין משפט נר מצוה

פב א מיי' פ"ח מהל' רוצח הלכה י:
פג ב מיי' שם פ"ז הל"ד:
פד ג ד מיי' שם פ"ח הל"י:
פה [דד] מיי' פ"ג מהל' עבדים דין ח:
א ה מיי' פי"ט מהל' סנהדרין הלכה א [מן סי' א עד סי' ז] ופ"א מהל' איסורי ביאה הל"ז:
ב ו מיי' פי"ט מהל' סנהדרין הל"ד [סי' קנא קנג] ופי"ז מהלכות איסורי ביאה הלכה ב ג:
ג ז מיי' פי"ט מהלכות סנהדרין הל"ד [סי' קנז] ופט"ו מהל' א"ב הל"ב:
ד ח מיי' פי"ז מהלכות איסורי ביאה הל' ט:
ה ט מיי' שם הלכה ז:
ו י הכל במיי' פי"ט מהל' סנהדרין:
ז כ מיי' פ"י מהלכות מאכלות אסורות הל' יט והלכה כד:
ח ל מ מיי' שם פ"ב הל' כא סמג לאוין קלב:

רבינו חננאל

מעלות א) היו שכר ללוים מפני ששוכנין בהן: חוזר לשררה שהיה בה דברי ר' מאיר ר' יהודה אומר לא היה חוזר לשררה: אחד הרוצח שגלה ואחד הנמכר לעבד עברי כשחוזרין אין חוזרין לשררה שהיו בה דברי רבי יהודה:

הדרן עלך אלו הן הגולין

ואלו הן הלוקין הבא על אחותו ועל אחות אביו כו'. דייקינן מדקתני חייבי כריתות במתניתין וחייבי מיתות לא קתני ש"מ מתניתין ר' עקיבא היא דתני ר'

חשק שלמה על ר"ח

א) כ"ה הגיר' בירושל' וכצ"ל ברש"י וז"ש היו הערים כו'.

תורה אור השלם

א) וְהָיוּ לָכֶם הֶעָרִים לְמִקְלָט מִגֹּאֵל וְלֹא יָמוּת הָרֹצֵחַ עַד עָמְדוֹ לִפְנֵי הָעֵדָה לַמִּשְׁפָּט: [במדבר לה, יב]

ב) וְאֵת הֶעָרִים אֲשֶׁר תִּתְּנוּ לַלְוִיִּם אֵת שֵׁשׁ עָרֵי הַמִּקְלָט אֲשֶׁר תִּתְּנוּ לָנֻס שָׁמָּה הָרֹצֵחַ וַעֲלֵיהֶם תִּתְּנוּ אַרְבָּעִים וּשְׁתַּיִם עִיר: [במדבר לה, ו]

ג) וְיָצָא מֵעִמָּךְ הוּא וּבָנָיו עִמּוֹ וְשָׁב אֶל מִשְׁפַּחְתּוֹ וְאֶל אֲחֻזַּת אֲבֹתָיו יָשׁוּב: [ויקרא כה, מא]

ד) כִּי בְעִיר מִקְלָטוֹ יֵשֵׁב עַד מוֹת הַכֹּהֵן הַגָּדֹל וְאַחֲרֵי מוֹת הַכֹּהֵן הַגָּדֹל יָשׁוּב הָרֹצֵחַ אֶל אֶרֶץ אֲחֻזָּתוֹ: [במדבר לה, כח]

The Mishnah returns to its list of those who incur *kares* in addition to *malkus*:

הַטָּמֵא שֶׁאָכַל אֶת הַקֹּדֶשׁ — A *tamei* person who eats sacrificial foods,[13] **וְהַבָּא אֶל הַמִּקְדָּשׁ טָמֵא — or one who enters the Temple while he is *tamei*,** **וְאוֹכֵל חֵלֶב — or [a person] who eats** forbidden animal **fats,**[14] **וְדָם — or** animal **blood,** **וְנוֹתָר — or *nossar*,**[15] **וּפִגּוּל — or *piggul***[16] **וְטָמֵא — or** sacrificial food that has become ***tamei*.**[17] **וְהַשּׁוֹחֵט וּמַעֲלֶה בַּחוּץ — One who slaughters or offers up** a sacrificial animal **outside the Temple,**[18] **וְהָאוֹכֵל חָמֵץ בְּפֶסַח — or who eats *chametz* on Pesach,** **וְהָאוֹכֵל וְהָעוֹשֶׂה מְלָאכָה בְּיוֹם הַכִּפּוּרִים — or who eats or performs work on Yom Kippur,**[19] **וְהַמְפַטֵּם אֶת הַשֶּׁמֶן — or who compounds** a replica of **the** anointing **oil,**[20] **וְהַמְפַטֵּם אֶת הַקְּטֹרֶת — or who compounds** for non-Temple use **the incense** used in the Temple,[21] **וְהַסָּךְ בְּשֶׁמֶן הַמִּשְׁחָה — or who anoints with the** original **anointing oil.**[22]

This concludes the Mishnah's list of *kares*-bearing prohibitions. Those that follow are punishable by *malkus,* but carry no *kares*:

וְהָאוֹכֵל נְבֵילוֹת — *Malkus* is **also** incurred by one **one who eats *neveilos*,**[23] **וּטְרֵיפוֹת — or *tereifos*,**[24] **שְׁקָצִים וּרְמָשִׂים — or abominable creatures, or crawling creatures.**[25]

אָכַל טֶבֶל — *Malkus* is also incurred if **one ate *tevel*,**[26] **וּמַעֲשֵׂר רִאשׁוֹן שֶׁלֹּא נִטְּלָה תְרוּמָתוֹ — or *maaser rishon* from**

NOTES

(see note 8). Consequently, a Kohen who marries a divorcee-*chalutzah* is said to have transgressed only a single prohibition, and incurs only one set of lashes. She is like a woman who was divorced twice, who is prohibited to a Kohen only by the single prohibition against marrying a divorcee (*Rabbeinu Yehonasan*).

Tosafos and other authorities, however, maintain that a *chalutzah* is prohibited to a Kohen only Rabbinically. According to this view, the Mishnah teaches here that if a Kohen cohabits with a woman who is both a divorcee and a *chalutzah,* he incurs the Biblical penalty of *malkus* but not the Rabbinic penalty of *makkas mardus.* [Since the purpose of *makkas mardus* is to serve as a deterrent, it is not necessary in this case, where the offender receives lashes in any event] (*Mishneh LaMelech, Hil. Isurei Biah* 17:7; cf. *Pri Megadim,* Introduction to *Orach Chaim* §28).

13. The *kares* penalty for a *tamei* person who eats sacrificial food is stated in *Leviticus* 7:20. The Scriptural warning against this act is derived by the Gemara below, 14b (*Rashi*).

There is a general rule that every Biblically punishable sin must have a Scriptural source for the basic prohibition. This is known as the אַזְהָרָה, *azharah,* the Scriptural "warning" against committing the sin (see *Sefer HaChinuch* §69; see also 13b note 37). [This should not be confused with הַתְרָאָה, *hasraah,* the pre-crime warning given by witnesses (see the Introduction to this chapter).]

14. Not all animal fats are forbidden. The permissible ones are called שׁוּמָן, *shuman,* in Talmudic terminology, whereas the forbidden ones are referred to as חֵלֶב, *cheilev.* The forbidden *cheilev* are those fats of kosher animals [except for the אַלְיָה, *fat-tail*] whose counterparts in sacrificial animals were placed on the Altar — see *Leviticus* 7:23.

15. *Nossar* [literally: leftover] is sacrificial food that has been left over beyond the time allotted for its consumption. The Torah warns against eating *nossar* in the verse (*Exodus* 29:34): וְשָׂרַפְתָּ אֶת־הַנּוֹתָר בָּאֵשׁ לֹא יֵאָכֵל כִּי־קֹדֶשׁ הוּא, *you shall burn the leftover in the fire; it may not be eaten, because it is holy* (*Rashi*). [The Scriptural prohibition against eating blood is found in *Leviticus* 7:26,27.]

16. *Piggul* [literally: abomination] refers to a sacrifice that has become disqualified in the following manner (see *Leviticus* 7:18): During the Kohen's performance of any of the four blood services (slaughter, receiving the blood, transporting it to the Altar, or throwing the blood on the Altar), he had the intent of eating the sacrifice's meat or burning its sacrificial parts on the Altar after the time allotted by the Torah. For example, a Kohen received the blood of a *shelamim* offering with the intent that its meat would be eaten for three days rather than the prescribed two. This intent disqualifies the offering *immediately* as *piggul,* even if the Kohen's improper intent is never carried out. One is prohibited — on pain of *kares* — to eat the meat of this sacrifice even within the usual time limit.

The Scriptural warning against eating *piggul* is derived from the verse about *nossar* quoted in the previous note. Since, as stated there, *nossar* is forbidden "because it is holy," the same applies to anything that was holy and became disqualified, such as *piggul* (*Rashi*).

17. The Scriptural warning against eating *tamei* sacrificial food appears in *Leviticus* (7:19): וְהַבָּשָׂר אֲשֶׁר יִגַּע בְּכָל־טָמֵא לֹא יֵאָכֵל, *And the meat that touches anything tamei may not be eaten* (*Rashi*). This is the only prohibition listed in this group that is punishable by *malkus* alone, and not *kares.*

18. Should one offer a sacrificial animal outside the Temple, he violates the commandment: הִשָּׁמֶר לְךָ פֶּן־תַּעֲלֶה עֹלֹתֶיךָ בְּכָל־מָקוֹם אֲשֶׁר תִּרְאֶה, *Beware for yourself lest you offer up your olah sacrifices in any place that you see* (*Deuteronomy* 12:13). This verse warns against *offering up* the sacrifice — i.e. burning its *emurin* (fats) or meat on an altar outside the Temple. The warning against *slaughtering* a sacrifice outside the Temple is not stated explicitly in the Torah. The Gemara in *Zevachim* (106a) records that some derive it from *Leviticus* 17:7 (see *Rashi* to *Zevachim* ibid. ד״ה קרי), while others derive it through the following *gezeirah shavah*: In regard to *slaughtering* a sacrifice outside the Temple, the verse says (ibid. v. 4): וְאֶל־פֶּתַח אֹהֶל מוֹעֵד לֹא הֱבִיאוֹ, *And to the entrance of the Tent of Meeting he did not "bring" it.* In regard to *offering* it up outside, it says (v. 9): וְאֶל־פֶּתַח אֹהֶל מוֹעֵד לֹא יְבִיאֶנּוּ, *And to the entrance of the Tent of Meeting he will not "bring" it.* The *gezeirah shavah* formed by these two expressions of הֲבָאָה, *bringing,* creates a link between the verses, which teaches that just as *offering up* outside the Temple is prohibited by a negative commandment, so is *slaughtering* (*Rashi*).

19. The commandment against eating on Yom Kippur is derived by the Gemara in *Yoma* 81a (*Rashi*).

20. In order for the Mishkan, its vessels and the Kohanim to attain their sanctified state, they were anointed with a special oil, which was produced according to the formula given in *Exodus* 30:23-24. To precisely duplicate the formula of this oil is forbidden by the warning (ibid. v. 32): וּבְמַתְכֻּנְתּוֹ לֹא תַעֲשׂוּ כָּמֹהוּ, *and in its measure you shall not make like it* (*Rashi*).

21. This is prohibited by the warning (ibid. v. 37): בְּמַתְכֻּנְתָּהּ לֹא תַעֲשׂוּ לָכֶם, *in its measure you shall not make for yourselves* (*Rashi*).

22. One who anoints with the anointing oil made by Moses in the Wilderness violates the warning (ibid. v. 32): עַל־בְּשַׂר אָדָם לֹא יִיסָךְ, *It shall not be smeared on human flesh* (*Rashi*). [The only valid anointing oil ever made was that produced by Moses. Despite its copious use, the amount of this oil was miraculously never reduced, and its location will be revealed in Messianic times (*Kereisos* 5b).] [The sources for all *kares* prohibitions can be found listed in *Kereisos* 2a, with *Rashi* there.]

23. A *neveilah* (pl. *neveilos*) is an animal that died without being properly slaughtered.

24. A *treifah* (pl. *tereifos*) is an animal that suffers from one of the eighteen fatal defects that cause it to die within twelve months. See *Chullin* Ch. 3.

25. שְׁקָצִים, *abominable creatures,* is a generic term that includes all prohibited species that multiply through the male/female union. This includes unkosher fish, birds, insects, reptiles and rodents. רְמָשִׂים, *swarming things,* are those creatures that seem to reproduce spontaneously, e.g. from dung or rotting carcasses (*Tos. Yom Tov; Tiferes Yisrael;* see however, Schottenstein edition of *Nedarim,* 13b note 6 [Ch. 2]).

26. The Torah mandates that certain produce of Eretz Yisrael may not be eaten until various tithes are designated: *terumah* (to be given to a Kohen); *maaser rishon* (first tithe, to be given to a Levi [the Levi then gives one-tenth of that tithe to a Kohen as *terumas maaser*]); and *maaser sheni* (second tithe, to be taken to Jerusalem by the owner and eaten there). In the third and sixth years of every *Shemittah* cycle, *maasar ani* (poor man's tithe) is substituted for *maaser sheni,* and is distributed to the poor. Until all the applicable tithes have been designated, the produce is called *tevel,* and it may not be eaten. Similarly, the Levi may not eat the *maaser rishon* that he receives until he designates its *terumas maaser.*

The Torah warns against eating *tevel* in the verse (*Leviticus* 22:15): וְלֹא יְחַלְּלוּ אֶת־קָדְשֵׁי בְּנֵי יִשְׂרָאֵל אֵת אֲשֶׁר־יָרִימוּ לַה׳, *They shall not profane the*

אמעלים היו שכר ללוים דברי רבי יהודה רבי מאיר אומר לא היו מעלים להן שכר וחוזר לשררה שהיה בה דברי רבי מאיר רבי יהודה אומר בלא היה חוזר לשררה שהיה בה: גמ' אמר רב כהנא מחלוקת בשש דמר סבר (א) לכם לקליטה ומר סבר לכם לכל צרכיכם אבל בארבעים ושתים דברי הכל היו מעלין להם שכר א"ל רבא הא ודאי (א) א) לכם לכל צרכיכם משמע אלא אמר רבא גמחלוקת בארבעים ושתים דמר סבר ב) ועליהם תתנו כי הנך לקליטה ומר סבר ועליהם תתנו כי הנך מה הנך לכל צרכיכם אף הני נמי לכל צרכיכם אבל בשש דדברי הכל לא היו מעלים להן שכר: חוזר לשררה שהיה בה כו': תנו רבנן ג) ושב אל משפחתו ואל אחוזת אבותיו ישוב למשפחתו הוא שב [דד] ואינו שב למה שהחזיקו אבותיו דברי ר"י ר"מ אומר אף הוא שב למה שהחזיקו אבותיו אל אחוזת אבותיו כאבותיו וכן בגולה [א]כשהוא אומר ישוב לרבות את הרוצח מאי וכן בגולה כדתניא ד) ישוב הרוצח אל ארץ אחוזתו לארץ אחוזתו הוא שב ואינו שב למה שהחזיקו אבותיו דברי רבי יהודה ר"מ אומר אף הוא שב למה שהחזיקו אבותיו גמר שיבה שיבה מהתם:

הדרן עלך אלו הן הגולין

ואלו ב) הן הלוקין ההבא על אחותו ועל אחות אביו ועל אחות אמו ועל אחות אשתו ועל אשת אחיו ועל אשת אחי אביו ועל הנדה יאלמנה לכהן גדול גרושה וחלוצה לכהן הדיוט זממזרת ונתינה לישראל בת ישראל לנתין ולממזר ג) חאלמנה וגרושה חייבין עליה משום (ב) שני שמות טגרושה וחלוצה אינו חייב אלא משום אחת בלבד: יהטמא שאכל את הקדש והבא אל המקדש טמא ואוכל חלב ודם ונותר ופגול וטמא והשוחט ומעלה בחוץ והאוכל חמץ בפסח והאוכל והעושה מלאכה ביום הכפורים והמפטם את השמן והמפטם את הקטורת והסך בשמן המשחה והאוכל נבילות וטריפות שקצים ורמשים אכל טבל ומעשר ראשון שלא נטלה תרומתו ומעשר שני ד) והקדש שלא נפדו כמה יאכל מן הטבל ויהא חייב רבי שמעון אומר כל שהוא וחכמים אומרים כזית אמר להן רבי שמעון ה) אי אתם מודים לי לבאוכל נמלה כל שהוא שהוא חייב אמרו לו ממפני שהיא כברייתה אמר להן אף ו) חטה אחת כברייתה: גמ' חייבי כריתות קא תני חייבי מיתות ב"ד לא קתני מתניתין מני רבי עקיבא היא דתניא אחד חייבי כריתות ואחד חייבי מיתות בית דין ישנו

רש"י

מעלים היו. הערים שכר ללוים שרולחים שוכרים מהם את בתי הדירה: חוזר לשררה שהיה בה. אם היה נשיא או ראש בית אב חוזר לגדולתו כשישוב לעירו במיתת כה"ג: גמ' מחלוקת בשש. ערי מקלט: לכם. לרולחים נאמר והיו לכם הערים למקלט: ושב אל משפחתו. בעבד עברי כתיב כשיולא חפשי בשש או ביובל: למה שהוחזקו אבותיו. לשררה: אל אחוזת אבותיו כאבותיו. סיפא דמילתיה דרבי מאיר היא ומביא ראיה לדבריו מסוף המקרא שחוזר לגדולתו שנאמר ואל אחוזת אבותיו אל כל חזקת אבותיו: וכן בגולה. כמחלוקת בעבד עברי כך מחלוקת ברולח שגלה וחזר במיתת הכהן ומהכא יליף דכשהוא אומר כאן ישוב קרא יתירא דמאי למכתב ושב אל משפחתו ואל אחוזת אבותיו ולשתוק: לרבות את הרוצח. דמופנה לדון הימנו גזירה שוה נאמר כאן ישוב ונאמר ברולח ישוב הרולח אל ארץ אחוזתו כדמפרש ואזיל מאי וכן בגולה ומסקנא גמר שיבה שיבה מהתם:

הדרן עלך אלו הן הגולין

אלו הן הלוקין. אלו לאו דוקא דתנא ושייר לוקין טובא אלא תנא חייבי כריתות לאשמועינן דיש מלקות בחייבי כריתות ותנא אלמנה וגרושה לאשמועינן (ג) אלמנה וגרושה חייב עליה משום שתי שמות וכו' ותנא טבל ומעשר ראשון שלא נטלה תרומתו דלא מפרש לאו דידהו בהדיא וכן הקדש שלא נפדה ואיידי דתנא הקדש תנא מעשר שני (ד) בהדיא דתרוייהו מלקות דידהו משום מחוסרי פדייה וכן ברובן יש דבר חדש: (ה) נתינה. מן הגבעונין היא ומלקות משום לא תתחתן בם (דברים ז): אלמנה וגרושה. שנתאלמנה מאיש אחד ונתגרשה מאיש אחר חייב עליה שתי מלקות משום שתי שמות משום שתי אזהרות ששתיהן מפורשות במקרא ואזהרה אתרוייהו קיימא: גרושה וחלוצה. גרושה והיא חלוצה אינו חייב עליה אלא משום גרושה שהחלוצה אינה כתובה אלא מרבויא מייתינן לה דתניא בקדושין (דף עח.) גרושה אין לי אלא גרושה חלוצה מנין ת"ל ואשה: טמא שאכל את הקודש. אזהרתו מפרש בגמרא: נותר. כתיב ביה (שמות כט) ושרפת את הנותר באש לא יאכל כי קדש הוא ואזהרת פגול נמי מהכא מדכתיב כי קדש הוא כלומר מפני שהוא קודש שנפסל למדנו מכאן כל שבקדש פסול בא הכתוב ליתן לא תעשה על אכילתו והכי אמרינן לקמן ואזהרת טמא והבשר אשר יגע בכל טמא לא יאכל (ויקרא ז): והשוחט. קדשים בחוץ או המעלה קדשים בחוץ אזהרת מעלה השמר לך פן תעלה וגו' (דברים יב) אזהרת שוחט ילפינן בזבחים בפרק השוחט והמעלה (דף קו.) איכא דיליף מלא יזבחו עוד וגו' ואיכא דיליף לה מגזירה שוה דהבאה הבאה שוחט ממעלה: האוכל ביום הכפורים. ויליף אזהרתיה בפרק בתרא דיומא (דף פא.): המפטם את השמן. העושה שמן בדוגמת שמן המשחה ואזהרתיה ובמתכונתו לא תעשו כמוהו (שמות ל) וכן בקטורת ובמתכונתה לא תעשו לכם (שם): והסך בשמן המשחה. מאותו שעשה משה במדבר דכתיב על בשר אדם לא ייסך (שם): אכל טבל. אזהרתיה מולא יחללו את קדשי בני ישראל אשר ירימו בעתידין לתרום הכתוב מדבר והכי מפרש לה בסנהדרין באלו הן הנשרפין (דף פג.): ומעשר ראשון שלא נטלה תרומתו. אף הוא טבל: ומעשר שני שלא נפדה. והוא אוכלו חוץ לירושלים וכתיב לא תוכל לאכול בשעריך וגו' (דברים יב): הקדש שלא נפדה. אזהרתו אינו מפורשת כל כך ונראה בעיני דמהכא אתא דתניא (סנהדרין שם) הזיד במעילה רבי אומר במיתה וחכמים אומרים באזהרה ואמרי' ז) מאי טעמיה דרבי אתיא חטא חטא מתרומה ורבנן מיעט רחמנא ומתו בו ולא במעילה ממיתה הוא דמעטיה וגזירה שוה כדקיימא קיימא וילפינן אזהרה דמעילה מאזהרה דתרומה דכתיב בה וכל זר לא יאכל קדש ורוב הלכות מעילה היא למדה מתרומה בתורת כהנים בגזירה שוה זו: באוכל נמלה גרסינן שהוא חייב. משום שרץ השורץ על הארץ: גמ' חייבי כריתות קתני. כל חייבי כריתות שאין בהן מיתת ב"ד הוזכרו במשנתנו לענין מלקות ואחד מכל חייבי מיתות בית דין לא הוזכר בה ללקות אם התרו בו למלקות:

תוספות

מעלים היו שכר ללוים. פי' רולחים הבאים ודרים שם לריכין להעלות מס וארנונא ללוים דלא תימא גזירת המלך על הלוים לעכב אותם בעירן: **לכם** לכל צרכיכם. דאין לריכים להעלות שום דבר ללוים: **גמר** שיבה שיבה. נראה דהיינו דוקא לרבי מאיר דאצטריך לג"ש אבל לרבי יהודה הא איכא קרא בהדיא גבי רולח וא"כ הא דקתני לעיל וכן בגולה כו' ממילתא דר' מאיר הוא:

הדרן עלך אלו הן הגולין

ואלו הן הלוקין הבא על אחותו כו'. תנא ושייר טמא ששימש זר שאכל תרומה ובעל מום ששימש אונן מקריב מזיח חושן מכבה גחלת על גבי מערכה אלא לא חשיב לאוי גרידי אלא באותן שיש בהן חידוש והא דקא חשיב כריתות דאין בהן מיתת ב"ד לאשמועינן דאע"ג דאיכא כרת לוקין ואין צריך למצוא בהם חידוש בהנך כריתות דקתני ובקונטרס דחק למצוא בהם חידוש אלמנה לכהן גדול נקט משום דבעי למיתני אלמנה וגרושה חייב משום שתי שמות: **גרושה** וחלוצה אינו חייב אלא אחת. פי' הקונט' משום ח) גרושה דחלוצה מייתי לה (ו) ואשה גרושה משמע לפירושו דבחלוצה לחודא איכא מלקות דאורייתא וזה אינו דהא אמרינן בפ' עשרה יוחסין (קדושין דף עח.) (אחות) חלוצה דרבנן והא דלעיל תנא וחלוצה אגב גרושה תניא אי נמי מכת מרדות דרבנן ובהא כיון דהיא גם גרושה לוקה בה מלקות דגרושה שהיא דאורייתא ולא לקי מכת מרדות דרבנן:

רבי

מסורת הש"ס

א) [בילה כח: סוכה מ. מגילה ז: ב"ק קב.], ב) כתובות לא:, ג) קדושין עח., ד) [עי' תוס' זבחים מה. ד"ה דומיא], ה) [בפס"מ אין], ו) [עי' תוס' חולין לו. בסוף ד"ה מ"ט דרבנן וכו' מה שהניחו בתימה], ז) [שם פד.], ח) רש"א משום דחלוצה מגרושה.

הגהות הב"ח

(א) גמ' לכם לכל צרכיכם. נ"ב ע"ל דף ט ע"א דדרשינן ליה למעוטי דוקא לכם ולא לגרים: (ב) במשנה משום שתי שמות וכו' והאוכל חלב: (ג) רש"י ד"ה אלו וכו' לאשמוע' דאלמנה וגרושה: (ד) שם בא"ד מעשר שני בהדיא: (ה) ד"ה נתינה מן הגבעונים הן ומלקות: (ו) תוס' ד"ה גרושה וכו' דחלוצה מייתי לה מוי"ו ואשה גרושה משמע דבא לפרש דבחלוצה לחודא:

הגהות הגר"א

[א] גמ' כשהוא אומר נ"ל שנאמר:

ליקוטי רש"י

ואל אחוזת אבותיו. אל כבוד אבותיו. ואין לזלזלו על כך [שהוא עבד] [ויקרא כה, מא].

אלו הן הלוקין. אם התרו בהן [כתובות לא:].

אשת אחיו. שנתקדשה לו לאחיו וגירשה שאין בה מיתה אלא כרת. **ועל אשת אחי אביו.** שנתקדשה לו וגירשה [שם כט.].

נתינה. מן הגבעונים והיא אסורה לקהל דדוד גזר עליהם כדאמרינן ביבמות (דף עח:) ועל שם ויתנם יהושע חוטבי עצים ושואבי מים וגו' (יהושע ט) קרי להו נתינים [שם].

אלמנה וגרושה. בא על אלמנה שהיא גרושה. **משום שני שמות** משום אלמנה ומשום גרושה [קידושין עח.].

גרושה וחלוצה אינו חייב אלא משום אחת. על שם גרושה הוא חייב על כל חיובים התלויים בה אבל על חלוצה לא דחלוצה לאו דאורייתא אלא דרבנן [שם].

השוחט והמעלה בחוץ. בהעלם אחד. חייב על השחיטה וחייב על העליה, שהן שני גופי עבירה דתרווייהו כתיבי (ויקרא יז) אשר ישחט ואשר יעלה [זבחים קו.].

אכל טבל. [ילפינן מולא יחללו את קדשי בני ישראל אשר ירימו] שעתידין לתרום וקאמר דלא יחללום שאסור לאכלם בטיבלם [סנהדרין פג.].

באוכל נמלה וכו'. וכן כל בריה קטנה לדברי הכל חייב מלקות וכו' [שבועות כא: בד"ה והרי נמלה].

עין משפט נר מצוה

פב א מיי' פ"ח מהל' רוצח הלכה י:

פג ב מיי' שם פ"ז הל' ד:

פד ג ד מיי' שם פ"ח הל' י:

פה [דד] מיי' פ"ג מהל' עבדים דין ח:

א ה מיי' פי"ט מהל' סנהדרין הלכה א [מן סי' א עד סי' ז] ופ"א מהל' איסורי ביאה הל' ז:

ב ו מיי' פי"ט מהל' סנהדרין הל' ד [סי' קנא קנג] ופי"ז מהלכות איסורי ביאה הלכה ב ג:

ג ז מיי' פי"ט מהלכות סנהדרין הל' ד [סי' קנז] ופט"ו מהל' א"ב הל' ב:

ד ח מיי' פי"ז מהלכות איסורי ביאה הל' ט:

ה ט מיי' שם הלכה ז:

ו י הכל במיי' פי"ט מהל' סנהדרין:

ז כ מיי' פ"ו מהלכות מאכלות אסורות הל' יט והלכה כד:

ח ל מ מיי' שם פ"ב הל' כא סמג לאוין קלב:

רבינו חננאל

מעלות א) היו שכר ללוים מפני ששוכנין בהן: חוזר לשררה שהיה בה דברי ר' מאיר ר' יהודה אומר לא היה חוזר לשררה: אחד הרוצח שגלה ואחד הנמכר לעבד עברי כשחוזרין אין חוזרין לשררה שהיו בה דברי רבי יהודה:

הדרן עלך אלו הן הגולין

ואלו הן הלוקין הבא על אחותו ועל אחות אביו כו'. דייקינן מדקתני חייבי כריתות במתניתין וחייבי מיתות לא קתני ש"מ מתניתין ר' עקיבא היא דתני ר'

חשק שלמה על ר"ח

א) כ"ה הגיר' בירושל' וכצ"ל ברש"י וח"ש היו הערים כו'.

תורה אור השלם

א) וְהָיוּ לָכֶם הֶעָרִים לְמִקְלָט מִגֹּאֵל וְלֹא יָמוּת הָרֹצֵחַ עַד עָמְדוֹ לִפְנֵי הָעֵדָה לַמִּשְׁפָּט: [במדבר לה, יב]

ב) וְאֵת הֶעָרִים אֲשֶׁר תִּתְּנוּ לַלְוִיִּם אֵת שֵׁשׁ עָרֵי הַמִּקְלָט אֲשֶׁר תִּתְּנוּ לָנֻס שָׁמָּה הָרֹצֵחַ וַעֲלֵיהֶם תִּתְּנוּ אַרְבָּעִים וּשְׁתַּיִם עִיר: [במדבר לה, ו]

ג) וְיָצָא מֵעִמָּךְ הוּא וּבָנָיו עִמּוֹ וְשָׁב אֶל מִשְׁפַּחְתּוֹ וְאֶל אֲחֻזַּת אֲבֹתָיו יָשׁוּב: [ויקרא כה, מא]

ד) כִּי בְעִיר מִקְלָטוֹ יֵשֵׁב עַד מוֹת הַכֹּהֵן הַגָּדֹל וְאַחֲרֵי מוֹת הַכֹּהֵן הַגָּדֹל יָשׁוּב הָרֹצֵחַ אֶל אֶרֶץ אֲחֻזָּתוֹ: [במדבר לה, כח]

which *terumah* (i.e. *terumas maaser*) **was not taken,**[27] וּמַעֲשֵׂר שֵׁנִי וְהֶקְדֵּשׁ שֶׁלֹּא נִפְדּוּ — **or *maaser sheni* or *hekdesh* that has not been redeemed.**[28]

The Mishnah inquires:

כַּמָּה יֹאכַל מִן הַטֶּבֶל וִיהֵא חַיָּיב — **How much *tevel* must one eat in order to be liable** to punishment? רַבִּי שִׁמְעוֹן אוֹמֵר כָּל שֶׁהוּא — **R' Shimon says: Any amount.**[29] וַחֲכָמִים אוֹמְרִים כְּזַיִת — **But the Sages say: The volume of an olive.**[30] אָמַר לָהֶן רַבִּי שִׁמְעוֹן — **R' Shimon replied to [the Sages]:** אִי אַתֶּם מוֹדִים לִי — **Do you not agree with me** that בְּאוֹכֵל נְמָלָה כָּל שֶׁהוּא שֶׁהוּא חַיָּיב — **if one eats an ant of any size, he is liable** to *malkus*? Thus, argues R' Shimon, we see that *malkus* is incurred for eating even less than a *kezayis*! אָמְרוּ לוֹ — **The Sages replied to [R' Shimon]:** מִפְּנֵי שֶׁהִיא כִּבְרִיָּיתָהּ — The case of an ant is different **because it is in the form that it was created.**[31] אָמַר לָהֶן — **[R' Shimon] replied to [the Sages]:** אַף חִטָּה אַחַת כִּבְרִיָּיתָהּ — **A single** kernel of **wheat is also in the form that it was created!**[32]

Gemara The Gemara draws an inference from the Mishnah:

חַיָּיבֵי כְּרֵיתוֹת קָא תָנֵי — **The Mishnah includes *kares*-bearing sins** in its list of *malkus*-bearing prohibitions; חַיָּיבֵי מִיתוֹת בֵּית דִּין לֹא קָתָנֵי — but **the Mishnah does not include** in its list any **offenses that bear the court-imposed death penalty.**[33] This implies that *kares*-bearing sins carry the additional penalty of *malkus,* but capital offenses do not. מַתְנִיתִין מַנִּי — **Whose view does the Mishnah reflect?** רַבִּי עֲקִיבָא הִיא — **It reflects the view of R' Akiva,** who rules this way, as seen from the following Baraisa: דְּתַנְיָא — **For it was taught in a Baraisa:** אֶחָד חַיָּיבֵי כְּרֵיתוֹת וְאֶחָד חַיָּיבֵי מִיתוֹת בֵּית דִּין — BOTH THOSE WHO ARE LIABLE TO *KARES* AND THOSE WHO ARE LIABLE TO THE COURT-IMPOSED DEATH PENALTY

NOTES

sacred [foods] of the Children of Israel, that which they will separate for Hashem. The future tense — אֲשֶׁר־יָרִימוּ, *which they will separate* — indicates that the present sanctity of these foods derives from the portions that *will* be separated from them. The verse thus refers to *tevel,* produce whose *terumah* (or other tithes) has not yet been taken from it (*Rashi,* from *Sanhedrin* 83a).

27. This too is a form of *tevel* (see previous note).

28. *Maaser sheni* (see note 26) can be redeemed for money. The redeemed produce may then be eaten anywhere, and the redemption money is taken to Jerusalem to purchase foods that must be eaten there (*Deuteronomy* 14:24-26). Eating unredeemed *maaser sheni* outside Jerusalem is forbidden by the verse (*Deuteronomy* 12:17): לֹא־תוּכַל לֶאֱכֹל בִּשְׁעָרֶיךָ, *You may not eat [it] within your gates* (*Rashi*). [The Gemara (19b) concludes that our Mishnah refers to unredeemed *maaser sheni* that became *tamei. Malkus* is incurred for eating such contaminated *maaser sheni* even inside Jerusalem.]

Hekdesh is property that belongs to the Temple. It may not be eaten or misappropriated in any other way unless it is first redeemed. This transgression is known as *me'ilah.* The Torah does not give any explicit warning against *me'ilah,* but *Rashi* proposes that its source is the following *gezeirah shavah* which is recorded in *Sanhedrin* 84a: In regard to *me'ilah* it is written (*Leviticus* 5:15): נֶפֶשׁ כִּי־תִמְעֹל מַעַל וְחָטְאָה בִּשְׁגָגָה מִקָּדְשֵׁי ה׳, *If a person commits treachery and sins unintentionally against Hashem's holies.* In regard to *terumah,* it is written (ibid. 22:9): וְשָׁמְרוּ אֶת־מִשְׁמַרְתִּי וְלֹא־יִשְׂאוּ עָלָיו חֵטְא וּמֵתוּ בוֹ כִּי יְחַלְּלֻהוּ, *They shall protect My charge and not bear a sin thereby and die because of it, for they will have profaned it.* The root חטא, *sin,* which appears in both verses, forms a *gezeirah shavah* between them. Most of the laws of *me'ilah* are derived through this *gezeirah shavah,* as stated in *Toras Kohanim* (*Parshah* 11:2-7). Hence, this could also be the source for the basic warning against *me'ilah* (*Rashi;* cf. *Rambam, Hil. Me'ilah* 1:3, who presents a different source).

It was mentioned earlier (note 1) that most of the transgressions in this Mishnah are mentioned for a specific reason. In the case of eating *tevel* (which includes *maaser rishon* from which *terumas maaser* has not been taken), the reason is that the warning against it is not stated explicitly (see note 26). The same reason applies in the case of *hekdesh* (see previous paragraph). And once the Tanna lists *hekdesh,* he also mentions *maaser sheni,* since it too is forbidden only as long as it is not redeemed (*Rashi* ד״ה אלו).

29. Even one kernel (see note 32).

30. A *kezayis,* the volume of an olive, is the standard minimum when the Torah deals with eating.

Although eating a forbidden food is *punishable* only if the person eats a *kezayis* [or a kernel, according to R' Shimon], nevertheless, eating the slightest amount is certainly *forbidden.* The Gemara (*Yoma* 73b-74a), however, records a dispute between R' Yochanan and Reish Lakish as to whether eating less than the minimum is Biblically or only Rabbinically forbidden. The halachah follows the view of R' Yochanan that this is Biblically forbidden [חֲצִי שִׁיעוּר אָסוּר מִן הַתּוֹרָה] (*Rambam, Hil. Shevisas Assor* 2:3).

31. An ant is a בְּרִיָּה, *beriyah,* a whole creature in its original state. For eating a forbidden *beriyah* of any size, one incurs the relevant penalty, and the standard *kezayis*-minimum does not apply.

32. R' Shimon extends the principle of *beriyah* to a single kernel of *tevel,* since it too is a whole creation with nothing missing from it. Therefore, he rules that eating a mere kernel of *tevel* incurs *malkus.* The Sages, however, disagree, for reasons discussed below on 17a.

33. The *malkus* penalty could theoretically be imposed for a death-bearing crime if the offender was warned before committing the crime that it would render him liable to *malkus.* Yet the Mishnah does not list one death-bearing crime as being subject to *malkus* (*Rashi*). [As noted in the Introduction to this chapter, advance warning (*hasraah*) is a prerequisite to being punished physically by the courts.]

ᵃמעלים היו שכר ללוים דברי רבי יהודה רבי מאיר אומר לא היו מעלים להן שכר וחוזר לשררה שהיה בה דברי רבי מאיר רבי יהודה אומר ᵇלא היה חוזר לשררה שהיה בה: גמ' אמר רב כהנא מחלוקת בשש דמר סבר א) לכם לקליטה ומר סבר לכם לכל צרכיכם אבל בארבעים ושתים דברי הכל היו מעלין להם שכר א"ל רבא הא ודאי (א) א) לכם לכל צרכיכם משמע אלא אמר רבא ᵍמחלוקת בארבעים ושתים דמר סבר ב) ועליהם תתנו כי הנך לקליטה ומר סבר ועליהם תתנו כי הנך מה הנך לכל צרכיכם אף הני נמי לכל צרכיכם אבל בשש ᵈדברי הכל לא היו מעלים להן שכר: חוזר לשררה שהיה בה כו': תנו רבנן ג) ושב אל משפחתו ואל אחוזת אבותיו ישוב למשפחתו הוא שב [דד] ואינו שב למה שהחזיקו אבותיו דברי ר"י ר"מ אומר אף הוא שב למה שהחזיקו אבותיו אל אחוזת אבותיו כאבותיו וכן בגולה [א]כשהוא אומר ישוב לרבות את הרוצח מאי וכן בגולה כדתניא ד) ישוב הרוצח אל ארץ אחוזתו לארץ אחוזתו הוא שב ואינו שב למה שהחזיקו אבותיו דברי רבי יהודה ר"מ אומר אף הוא שב למה שהחזיקו אבותיו גמר שיבה שיבה מהתם:

הדרן עלך אלו הן הגולין

ואלו ג) הן הלוקין ᵉהבא על אחותו ועל אחות אביו ועל אחות אמו ועל אחות אשתו ועל אשת אחיו ועל אשת אחי אביו ועל הנדה ᵛאלמנה לכהן גדול גרושה וחלוצה לכהן הדיוט ᶻממזרת ונתינה לישראל בת ישראל לנתין ולממזר ג) ᵗאלמנה וגרושה חייבין עליה משום (ב) שני שמות ᵗגרושה וחלוצה אינו חייב אלא משום אחת בלבד: ᶦהטמא שאכל את הקדש והבא אל המקדש טמא ואוכל חלב ודם ונותר ופגול וטמא והשוחט ומעלה בחוץ והאוכל חמץ בפסח והאוכל והעושה מלאכה ביום הכפורים והמפטם את השמן והמפטם את הקטורת והסך בשמן המשחה והאוכל נבילות וטריפות שקצים ורמשים אכל טבל ומעשר ראשון שלא נטלה תרומתו ומעשר שני ד) והקדש שלא נפדו כמה יאכל מן הטבל ויהא חייב רבי שמעון אומר כל שהוא וחכמים אומרים ᵏכזית אמר להן רבי שמעון ה) אי אתם מודים לי ˡבאוכל נמלה כל שהוא שהוא חייב אמרו לו ᵐמפני שהיא כברייתה אמר להן אף ו) חטה אחת כברייתה: גמ' חייבי כריתות קא תני חייבי מיתות ב"ד לא קתני מתניתין מני רבי עקיבא היא דתניא אחד חייבי כריתות ואחד חייבי מיתות בית דין ישנו

רש"י

מעלים היו. הערים שכר ללוים שרוצחים שוכרים מהם את בתי הדירה: חוזר לשררה שהיה בה. אם היה נשיא או ראש בית אב חוזר לגדולתו כשישוב לעירו במיתת כה"ג: גמ' מחלוקת בשש. ערי מקלט: לכם. לרוצחים נאמר והיו לכם הערים למקלט: ושב אל משפחתו. בעבד עברי כתיב כשיוצא חפשי בשש או ביובל: למה שהוחזקו אבותיו. לשררה: אל אחוזת אבותיו כאבותיו. סיפא דמילתיה דרבי מאיר היא ומביא ראיה לדבריו מסוף המקרא שחוזר לגדולתו שנאמר ואל אחוזת אבותיו אל כל חזקת אבותיו: וכן בגולה. כמחלוקת בעבד עברי כך מחלוקת ברוצח שגלה וחזר במיתת הכהן ומהכא יליף דכשהוא אומר כאן ישוב קרא יתירא דמלי למכתב ושב אל משפחתו ואל אחוזת אבותיו ולשתוק: לרבות את הרוצח. דמופנה לדון הימנו גזירה שוה נאמר כאן ישוב ונאמר ברוצח ישוב הרוצח אל ארץ אחוזתו כדמפרש ואזיל מאי וכן בגולה ומסקנא גמר שיבה שיבה מהתם:

הדרן עלך אלו הן הגולין

אלו הן הלוקין. אלו לאו דוקא דתנא ושייר לוקין טובא אלא תנא חייבי כריתות לאשמועינן דיש מלקות בחייבי כריתות ותנא אלמנה וגרושה לאשמועינן (ג) אלמנה וגרושה חייב עליה משום שתי שמות וכו' ותנא טבל ומעשר ראשון שלא נטלה תרומתו דלא מפרש לאו דידהו בהדיא וכן הקדש שלא נפדה ואיידי דתנא הקדש תנא מעשר שני (ד) בהדיא דתרוייהו מלקות דידהו משום מחוסרי פדייה וכן ברובן יש דבר חדש: (ה) נתינה. מן הגבעונין היא ומלקות משום לא תתחתן בם (דברים ז): אלמנה וגרושה. שנתאלמנה מאיש אחד ונתגרשה מאיש אחר חייב עליה שתי מלקות משום שתי שמות משום שתי אזהרות ששתיהן מפורשות במקרא ואזהרה אתרוייהו קיימא: גרושה וחלוצה. גרושה והיא חלוצה אינו חייב עליה אלא משום גרושה שהחלוצה אינה כתובה אלא מרבויא מייתינן לה דתניא בקדושין (דף עח.) גרושה אין לי אלא גרושה חלוצה מנין ת"ל ואשה: טמא שאכל את הקודש. אזהרתו מפרש בגמרא: נותר. כתיב ביה (שמות כט) ושרפת את הנותר באש לא יאכל כי קדש הוא ואזהרת פגול נמי מהכא מדכתיב כי קדש הוא כלומר מפני שהוא קודש שנפסל למדו מכאן כל שבקדש פסול בא הכתוב ליתן לא תעשה על אכילתו והכי אמרינן לקמן ואזהרת טמא והבשר אשר יגע בכל טמא לא יאכל (ויקרא ז): והשוחט. קדשים בחוץ או המעלה קדשים בחוץ אזהרת מעלה השמר לך פן תעלה וגו' (דברים יב) אזהרת שוחט ילפינן בזבחים בפרק השוחט והמעלה (דף קו.) איכא דיליף מלא יזבחו עוד וגו' ואיכא דיליף לה מגזירה שוה דהבאה הבאה שוחט ממעלה: האוכל ביום הכפורים. ויליף אזהרתיה בפרק בתרא דיומא (דף פא.): המפטם את השמן. העושה שמן בדוגמת שמן המשחה ואזהרתיה ובמתכונתו לא תעשו כמוהו (שמות ל) וכן בקטורת ובמתכונתה לא תעשו לכם (שם): והסך בשמן המשחה. מאותו שעשה משה במדבר דכתיב על בשר אדם לא ייסך (שם): אכל טבל. אזהרתיה מולא יחללו את קדשי בני ישראל אשר ירימו בעתידין לתרום הכתוב מדבר והכי מפרש לה בסנהדרין באלו הן הנשרפין (דף פג.): ומעשר ראשון שלא נטלה תרומתו. אף הוא טבל: ומעשר שני שלא נפדה. והוא אוכלו חוץ לירושלים וכתיב לא תוכל לאכול בשעריך וגו' (דברים יב): הקדש שלא נפדה. אזהרתו אינו מפורשת כל כך ונראה בעיני דמהכא אתא דתניא (סנהדרין שם) הזיד במעילה רבי אומר במיתה וחכמים אומרים באזהרה ואמרי' ז) מאי טעמיה דרבי אתיא חטא חטא מתרומה ורבנן מיעט רחמנא ומתו בו ולא במעילה ממיתה הוא דמעטיה וגזירה שוה כדקיימא קיימא וילפינן אזהרה למעילה מאזהרה דתרומה דכתיב בה וכל זר לא יאכל קדש ורוב הלכות מעילה היא למדה מתרומה בתורת כהנים בגזירה שוה זו: באוכל נמלה גרסינן שהוא חייב. משום שרץ השורץ על הארץ: גמ' חייבי כריתות קתני. כל חייבי כריתות שאין בהן מיתת ב"ד הוזכרו במשנתנו לענין מלקות ואחד מכל חייבי מיתות בית דין לא הוזכר בה ללקות אם התרו בו למלקות:
ישנו

תוספות

מעלים היו שכר ללוים. פי' רוצחים הבאים ודרים שם צריכין להעלות מס וארנונא ללוים דלא תימא גזירת המלך על הלוים לעכב אותם בעירן: **לכם** לכל צרכיכם. דאין צריכים להעלות שום דבר ללוים: **גמר** שיבה שיבה. נראה דהיינו דוקא לרבי מאיר דאצטריך לג"ש אבל לרבי יהודה הא איכא קרא בהדיא גבי רוצח וא"כ הא דקתני לעיל וכן בגולה כו' ממילתא דר' מאיר הוא:

הדרן עלך אלו הן הגולין

ואלו הן הלוקין הבא על אחותו כו'. תנא ושייר טמא ששימש זר שאכל תרומה ובעל מום ששימש אונן מקריב מזיח חושן מכבה גחלת על גבי מערכה אלא לא חשיב לאוי גרידי אלא באותן שיש בהן חידוש והא דקא חשיב כריתות דאין בהן מיתת ב"ד לאשמועינן דאע"ג דאיכא כרת לוקין ואין צריך למנות בהם חידוש בהנך כריתות דקתני ובקונטרס דחק למצוא בהם חידוש אלמנה לכהן גדול נקט משום דבעי למיתני אלמנה וגרושה חייב משום שתי שמות:

גרושה וחלוצה אינו חייב אלא אחת. פי' הקונט' משום ח) גרושה דחלוצה מייתי לה (ו) ואשה גרושה משמע לפירושו דבחלוצה לחודא איכא מלקות דאורייתא וזה אינו דהא אמרינן בפ' עשרה יוחסין (קדושין דף עח.) (אחות) חלוצה דרבנן והא דלעיל תנא וחלוצה אגב גרושה תניא אי נמי מכת מרדות דרבנן ובהא כיון דהיא גם גרושה לוקה בה מלקות דגרושה שהיא דאורייתא ולא לקי מכת מרדות דרבנן:
רבי

מסורת הש"ס

א) [ביצה כח: סוכה מ. מגילה ז: ב"ק קב.], ב) כתובות לא:, ג) קדושין עח., ד) [עי' תוס' זבחים מה. ד"ה דומיא], ה) [בסה"מ אין], ו) [עי' תוס' חולין לו. בסוף ד"ה מ"ע דרבנן וכו' מה שהניחו בתימה], ז) [שם פד.], ח) רש"א משום דחלוצה מגרושה.

הגהות הב"ח

(א) גמ' לכם לכל צרכיכם. נ"ב ע"ל דף ט ע"א דדרשינן ליה למעוטי דוקא לכם ולא לגרים: (ב) במשנה משום שתי שמות וכו' והאוכל חלב: (ג) רש"י ד"ה אלו וכו' לאשמועי' דאלמנה וגרושה: (ד) שם בא"ד מעשר שני בהדיה: (ה) ד"ה נתינים מן הגבעונים הן ומלקות: (ו) תוס' ד"ה גרושה וכו' דחלוצה מייתי לה מוי"ו ואשה גרושה משמע דלא לפרש דבחלוצה לחודא:

הגהות הגר"א

[א] גמ' כשהוא אומר נ"ל שנאמר:

ליקוטי רש"י

ואל אחוזת אבותיו. אל כבוד אבותיו. ואין לזלזלו על כך [שהוא עבד] [ויקרא כה. מא].

אלו הן הלוקין. אם התרו בהן [כתובות לא:].

אשת אחיו. שנתקדשה לו לאחיו וגירשה שאין בה מיתה אלא כרת. **ועל אשת אחי אביו.** שנתקדשה לו וגירשה [שם כט.].

נתינה. מן הגבעונים והיא אסורה לקהל דדוד גזר עליהם כדאמרינן ביבמות (דף עח:) ועל שם ויתנם יהושע חוטבי עצים ושואבי מים וגו' (יהושע ט) קרי להו נתינים [שם].

אלמנה וגרושה. בא על אלמנה שהיא גרושה. משום שני שמות משום אלמנה ומשום גרושה [קידושין עח.].

גרושה וחלוצה אינו חייב אלא משום אחת. על שם גרושה הוא חייב על כל חיובים התלויים בה אבל על חלוצה לא דחלוצה לאו דאורייתא אלא דרבנן [שם].

השוחט והמעלה בחוץ. בהעלם אחד. חייב על השחיטה וחייב על העליה, שהן שני גופי עבירה דתרוייהו כתיבי (ויקרא יז) אשר ישחט ואשר יעלה [זבחים קו.].

אכל טבל. [ילפינן מולא יחללו את קדשי בני ישראל אשר ירימו] שעתידין לתרום וקאמר דלא יחללום שאסור לאכלם בטיבלם [סנהדרין פג.].

באוכל נמלה וכו'. וכן כל בריה קטנה לאכלה הכל חייב מלקות וכו' [שבועות כא: בד"ה והרי נמלה].

עין משפט נר מצוה

פב א מיי' פ"ח מהל' רוצח הלכה י:
פג ב מיי' שם פ"ז הל"ד:
פד ג ד מיי' שם פ"ח הל"י:
פה [דד] מיי' פ"ג מהל' עבדים דין ח:
א ה מיי' פי"ט מהל' סנהדרין הלכה א [מן סי' א עד סי' ז] ופ"א מהל' איסורי ביאה הל"ז:
ב ו מיי' פי"ט מהל' סנהדרין הל"ד [סי' קנא קנג] ופי"ז מהלכות איסורי ביאה הלכה ב ג:
ג ז מיי' פי"ט מהלכות סנהדרין הל"ד [סי' קנז] ופט"ו מהל' א"ב הל"ב:
ד ח מיי' פי"ז מהלכות איסורי ביאה הל' ט:
ה ט מיי' שם הלכה ז:
ו י הכל במיי' פי"ט מהל' סנהדרין:
ז כ מיי' פ"י מהלכות מאכלות אסורות הל' יט והלכה כד:
ח ל מ מיי' שם פ"ב הל' כא סמג לאוין קלב:

רבינו חננאל

מעלות א) היו שכר ללוים מפני ששוכנין בהן: **חוזר** לשררה שהיה בה דברי ר' מאיר ר' יהודה אומר לא היה חוזר לשררה: **אחד** הרוצח שגלה ואחד הנמכר לעבד עברי כשחוזרין אין חוזרין לשררה שהיו בה דברי רבי יהודה:

הדרן עלך אלו הן הגולין

ואלו הן הלוקין הבא על אחותו ועל אחות אביו כו'. דייקינן מדקתני חייבי כריתות במתניתין וחייבי מיתות לא קתני ש"מ מתניתין ר' עקיבא היא דתני ר'

חשק שלמה על ר"ח

א) כ"ה הגיר' בירושל' וכל"ל ברש"י וז"ש היו הערים כו'.

תורה אור השלם

א) וְהָיוּ לָכֶם הֶעָרִים לְמִקְלָט מִגֹּאֵל וְלֹא יָמוּת הָרֹצֵחַ עַד עָמְדוֹ לִפְנֵי הָעֵדָה לַמִּשְׁפָּט: [במדבר לה, יב]

ב) וְאֵת הֶעָרִים אֲשֶׁר תִּתְּנוּ לַלְוִיִּם אֵת שֵׁשׁ עָרֵי הַמִּקְלָט אֲשֶׁר תִּתְּנוּ לָנֻס שָׁמָּה הָרֹצֵחַ וַעֲלֵיהֶם תִּתְּנוּ אַרְבָּעִים וּשְׁתַּיִם עִיר: [במדבר לה, ו]

ג) וְיָצָא מֵעִמָּךְ הוּא וּבָנָיו עִמּוֹ וְשָׁב אֶל מִשְׁפַּחְתּוֹ וְאֶל אֲחֻזַּת אֲבֹתָיו יָשׁוּב: [ויקרא כה, מא]

ד) כִּי בְעִיר מִקְלָטוֹ יֵשֵׁב עַד מוֹת הַכֹּהֵן הַגָּדֹל וְאַחֲרֵי מוֹת הַכֹּהֵן הַגָּדֹל יָשׁוּב הָרֹצֵחַ אֶל אֶרֶץ אֲחֻזָּתוֹ: [במדבר לה, כח]

ישנו בכלל מלקות ארבעים דברי רבי ישמעאל ר"ע אומר א) חייבי כריתות ישנו בכלל מלקות ארבעים שאם עשו תשובה ב"ד של מעלה מוחלין להן חייבי מיתות ב"ד אינו בכלל מלקות ארבעים שאם עשו תשובה אין ב"ד של מטה מוחלין להן ב) ר' יצחק אומר חייבי כריתות בכלל היו ולמה יצאת כרת באחותו לדונו בכרת ולא במלקות מ"ט דר' ישמעאל דכתיב א) אם לא תשמור לעשות את כל דברי התורה הזאת וכתיב ב) והפלא ה' את מכותך ג) הפלאה זו איני יודע מה היא כשהוא אומר ג) והפילו השופט והכהו לפניו הוי אומר הפלאה זו מלקות היא וכתיב א) אם לא תשמור לעשות את כל וגו' אי הכי חייבי עשה נמי אם לא תשמור כתיב וכדרבי אבין א"ר אילעי ג) דאמר רבי אבין א"ר אילעי כל מקום שנאמר השמר פן ואל אינו אלא לא תעשה אי הכי לאו שאין בו מעשה נמי א) לעשות כתיב לאו שניתק לעשה נמי דומיא ד) דלאו דחסימה השתא דאתית להכי כולהו נמי דומיא דלאו דחסימה ור"ע מאי טעמא ג) כדי רשעתו ה) משום רשעה אחת אתה מחייבו ואי אתה מחייבו משום שתי רשעיות ור' ישמעאל הני מילי מיתה וממון או מלקות וממון אבל מיתה ומלקות מיתה אריכתא היא ולרבי עקיבא אי הכי חייבי כריתות נמי מאי אמרת שאם עשו תשובה השתא מיהת לא עבדי אמר רבי אבהו (א) בפירוש ריבתה תורה חייבי כריתות למלקות דגמר ד) לעיני ה) מלעיניך מתקיף לה ר' אבא בר ממל אי הכי חייבי מיתות ב"ד נמי נגמרם ו) מעיני מלעיניך דנין לעיני מלעיניך ואין דנין מעיני מלעיניך ומאי נפקא מיניה והא ז) תנא דבי ר' ישמעאל ז) ושב הכהן ח) ובא הכהן זו היא שיבה וזו היא ביאה ועוד לגמור מעיני מלעיני דהא גמור לעיני מלעיניך קבלה מיניה רבי שמואל בר רב יצחק כדי רשעתו משום רשעה אחת אתה מחייבו ואי אתה מחייבו משום שתי רשעיות ברשעה המסורה לב"ד הכתוב מדבר ◦ רבא אמר אתרו ביה לקטלא כ"ע לא פליגי דאין לוקה ומת כי פליגי דאתרו ביה למלקות ◦ י) רבי ישמעאל סבר לאו שניתן לאזהרת מיתת ב"ד לוקין עליו ור"ע סבר ח) ב) לאו שניתן לאזהרת מיתת ב"ד אין לוקין עליו ור"ע אי הכי חייבי כריתות נמי לאו שניתן לאזהרת כרת הוא א"ל רב מרדכי לרב אשי הכי אמר אבימי מהגרוניא משמיה דרבא ◦ ג) חייבי כריתות לא צריכי התראה שהרי פסח ומילה ענש אף על פי שלא הזהיר ודלמא אזהרה לקרבן ט) דהא פסח ומילה דלית בהו אזהרה ד) לא מייתי קרבן ◦ התם לאו היינו טעמא אלא משום י) דאיתקש כל התורה כולה לעבודת כוכבים מה עבודת כוכבים שב ואל תעשה אף כל שב ואל תעשה לאפוקי הני דקום עשה רבינא אמר לעולם כדאמרינן

רש"י

ישנו בכלל מלקות ארבעים. השתא סלקא (ב) דעתך שאם התרו בו מיתה ומלקות לוקה ומת: שאם עשו תשובה כו'. לא גרסי' לה בדרבי ישמעאל: רבי עקיבא אומר חייבי כריתות. אם התרו בהם מלקות ישנו בכלל מלקות ולוקין ואין כאן משום חייבי שתי רשעיות שאתה עונשו מלקות עם הכרת ולמה אינן שתי רשעיות לפי שיכול לפטור עצמו מעונש הכרת על ידי תשובה מב"ד של מעלה אבל חייבי מיתות אינן בכלל מלקות שיש כאן שתי פורעניות מלקות ומיתה ומשילקה סופו ליהרג שאפי' יעשה תשובה אין ב"ד שלמטה מוחלין לו את המיתה: רבי יצחק אומר. אף חייבי כריתות שהתרו בהן למלקות אינן בכלל מלקות לפי שכל חייבי כריתות של עריות בכלל היו דכתיב (ויקרא יח) כי כל אשר יעשה מכל התועבות האלה ונכרתו הנפשות וגו': למה יצאת כרת באחותו. לעצמה דכתיב בקדושים תהיו ואיש ל) (כי) יקח את אחותו וגו': לדונו בכרת. לכך שנה בכרת שלהן לומר שאין בהן עונש אלא כרת לבדו: לאו שאין בו מעשה נמי. אלמה אמרינן בכמה דוכתי לאו שאין בו מעשה אין לוקין עליו: דומיא דלאו דחסימה. שהוא כתוב אצל פרשת מלקות: ורבי עקיבא. כיון דאמר אי אתה מחייבו משום שתי רשעיות חייבי כריתות נמי לא לילקו דהא שתי רשעיות נינהו שעדיין עונש הכרת עליו: מאי אמרת. לשנויי הך קושיא: שאם עשה תשובה. הטעם שנתן למעלה שהוא יכול לפטור את עצמו מן הכרת ע"י תשובה השתא מיהא עדיין לא שב ואתה מלקהו בעוד עונש הכרת עליו: לעיני. ונכרתו לעיני בני עמם וכתיב במלקות ונקלה אחיך לעיניך: נגמר מעיני. דכתיב בעבודת כוכבים אם מעיני העדה נעשתה לשגגה: זו היא שיבה כו'. למידין זה מזה גזירה שוה מה שיבה חולץ וקוצה וטח אף ביאה חולץ וקוצה וטח: ועוד נגמר מעיני. דמיתות ב"ד מלעיני דכריתות מה כריתות לוקה דהא גמרת לעיני מלעיניך אף מיתות ב"ד ילקה: קיבלה מיניה רבי שמואל. לתשובה זו מרבי אבא בר ממל ושני עלה ברשעה המסורה לב"ד הכתוב מדבר ב"ד הוזהרו שהם לא יחייבוהו שתי רשעיות כגון ממון ומלקות או מיתה ומלקות או מיתה וממון אבל כרת לא ע"י ב"ד הוא ויש לפרש קיבלה מיניה רבי שמואל מרבי אבהו תירוץ זה על אתקפתא דר' אבא בר ממל: דאתרו ביה למלקות. לחודיה: לאזהרת מיתת ב"ד. לאזהרת דבר שחייבין עליו מיתת ב"ד: אין לוקין עליו. כשהתרו בו מלקות בלא מיתה לפי שלא ניתן לאו זה לאזהרת עונש מלקות כשאר לאוין שהרי הוצרך להזהירו שאם לא כן לא היה יכול לחייבו מיתה: פסח ומילה. אין בהן לא תעשה וענש (ג) להם כרת: לקרבן. שאם יעשה שוגג יביא קרבן: פסח ומילה. אין קרבן בשוגג שלהן כדאמרינן בכריתות בפ"ק הפסח והמילה מצות עשה כלומר אינו בכלל שאר כריתות למנותן עם שאר כריתות שנמנו שם כולם לומר שאם עשאום כולם בהעלם אחד חייב קרבנות כמספר הכריתות: התם לאו היינו טעמא. מה שאין מביאין קרבן על פסח ומילה אין הטעם בשביל שאין בהם אזהרה אלא בשביל שהם מצות עשה דהוקשה כל התורה כולה לענין קרבן לעבודת כוכבים שנאמר בפרשת שלח לך אנשים אצל קרבן עבודת כוכבים תורה אחת יהיה לכם לעושה בשגגה כאן הוקשו כל עבירות שבתורה בשגגתן לעבודת כוכבים לענין קרבן מה עבודת כוכבים כרת שלו על דבר שהוא שב ולא תעשה כן והוא עמד ועשאו אף כל שב ואל תעשה אבל כרת של עמוד ועשה והוא ישב ולא עשה אין בו קרבן ופסח ומילה עמוד ועשה הוא אבל חייבי כריתות כגון אשר יעשה מכל ל) (אלה) ונכרתו (ויקרא יח) לשון שב ואל תעשה הוא ואפילו לא נאמרה בו אזהרת לאו היה קרבן בא עליו: כדאמרינן

תוספות

רבי יצחק אומר חייבי כריתות בכלל היו. פי' בקונטרס בכלל כל העריות דכתיב ונכרתו (כל) הנפשות ולמה יצאה כרת באחותו דכתיב ואיש אשר יקח את אחותו וקשה דהיה לו לומר דאחותו בכלל כל העריות היתה לכן נראה לפרש דחייבי כריתות בכלל מלקות (ד) הן דהא גמרינן דבכל לאו איכא מלקות מן והיה אם בן הכות הרשע ולמה יצאת כרת באחותו שהרי אחותו כתובה היתה עם העריות באחרי מות ונכרתו הנפשות אלא לכך יצאת בקדושים לדונו בכרת ולא במלקות כלומר אין חייבי כריתות לוקין:

רבי יצחק אומר חייבי כריתות כו'. וקשה (ה) לרבי יצחק לאו דכל כריתות למה לי דהא אסיקנן דקרבן לא בעי אזהרה ושמא יש לומר דנכתבו לעונש יתירא מידי דהוה אלאו שבכללות ולאו הניתק לעשה:

ורבי עקיבא מאי טעמא. נהי (ו) דאם חייבי מיתות אם עשו תשובה אין ב"ד של מטה מוחלין לו (ז) ומה בכך וליעבד ליה תרתי:

ברשעה המסורה לב"ד הכתוב מדבר. וטעמא דרבי עקיבא משום כדי רשעתו ולפי זה בחייבי מיתות דלא התרו בו למיתה ליכא מיתה והתרו בו למלקות דהשתא ליכא אלא רשעה דמלקות לקי וקשה דבעלמא (שבת קנד.) מ) פריך גבי לאו דמחמר לאו שניתן לאזהרת מיתת ב"ד הוא ואין לוקין עליו ואף כי ליכא התם רשעה דמיתה וי"ל דהתם היינו כרבא דמוקי למילתיה דרבי עקיבא בהתרו בו למלקות ואפילו הכי לא לקי דהוי לאו שניתן לאזהרת מיתת בית דין ואין לוקין עליו נ):

מה עבודת כוכבים שב ואל תעשה אף כו'. לאפוקי הני דהוי קום ועשה וקשה דא"כ מה אמר פרק בתרא דעירובין (דף צו.) לר"ע דאמר כי כתיב ושמרת את החוקה לפסח ואי איתא לר' אבין דאמר השמר לא תעשה הוא הא דתנן (כריתות דף ב.) פסח אין לו קרבן מפני שהוא קום ועשה ואם איתא קום ולא תעשה הוא ומאי פריך הא מ"מ אינה דומיא דעבודת כוכבים דהוי שב ואל תעשה וזה מה שתעשה וי"ל דמכל מקום קשה

עין משפט נר מצוה

ט א מיי' פי"ח מהלכות סנהדרין הל"א ופ"א מהל' איסורי ביאה הל"ז סמג לאוין קה:

י ב מיי' פי"ח מהלכות סנהדרין הלכה ג:

יא ג מיי' פ"א מהל' איסורי ביאה הל"א והל"ג:

יב ד מיי' פ"א מהלכות שגגות הלכה ב סמג עשין ריג:

תורה אור השלם

א) אִם לֹא תִשְׁמֹר לַעֲשׂוֹת אֶת כָּל דִּבְרֵי הַתּוֹרָה הַזֹּאת הַכְּתֻבִים בַּסֵּפֶר הַזֶּה לְיִרְאָה אֶת הַשֵּׁם הַנִּכְבָּד וְהַנּוֹרָא הַזֶּה אֵת יְיָ אֱלֹהֶיךָ: [דברים כח, נח]

ב) וְהִפְלָא יְיָ אֶת מַכֹּתְךָ וְאֵת מַכּוֹת זַרְעֶךָ מַכּוֹת גְּדֹלֹת וְנֶאֱמָנוֹת וָחֳלָיִם רָעִים וְנֶאֱמָנִים: [דברים כח, נט]

ג) וְהָיָה אִם בִּן הַכּוֹת הָרָשָׁע וְהִפִּילוֹ הַשֹּׁפֵט וְהִכָּהוּ לְפָנָיו כְּדֵי רִשְׁעָתוֹ בְּמִסְפָּר: [דברים כה, ב]

ד) וְאִישׁ אֲשֶׁר יִקַּח אֶת אֲחֹתוֹ בַּת אָבִיו אוֹ בַת אִמּוֹ וְרָאָה אֶת עֶרְוָתָהּ וְהִיא תִרְאֶה אֶת עֶרְוָתוֹ חֶסֶד הוּא וְנִכְרְתוּ לְעֵינֵי בְּנֵי עַמָּם עֶרְוַת אֲחֹתוֹ גִּלָּה עֲוֹנוֹ יִשָּׂא: [ויקרא כ, יז]

ה) אַרְבָּעִים יַכֶּנּוּ לֹא יֹסִיף פֶּן יֹסִיף לְהַכֹּתוֹ עַל אֵלֶּה מַכָּה רַבָּה וְנִקְלָה אָחִיךָ לְעֵינֶיךָ: [דברים כה, ג]

ו) וְהָיָה אִם מֵעֵינֵי הָעֵדָה נֶעֶשְׂתָה לִשְׁגָגָה וְעָשׂוּ כָל הָעֵדָה פַּר בֶּן בָּקָר אֶחָד לְעֹלָה לְרֵיחַ נִיחֹחַ לַייָ וּמִנְחָתוֹ וְנִסְכּוֹ כַּמִּשְׁפָּט וּשְׂעִיר עִזִּים אֶחָד לְחַטָּת: [במדבר טו, כד]

ז) וְשָׁב הַכֹּהֵן בַּיּוֹם הַשְּׁבִיעִי וְרָאָה וְהִנֵּה פָּשָׂה הַנֶּגַע בְּקִירֹת הַבָּיִת: [ויקרא יד, לט]

ח) וּבָא הַכֹּהֵן וְרָאָה וְהִנֵּה פָּשָׂה הַנֶּגַע בַּבָּיִת צָרַעַת מַמְאֶרֶת הִוא בַּבַּיִת טָמֵא הוּא: [ויקרא יד, מד]

רבינו חננאל

עקיבא חייבי כריתות ישנן בכלל מלקות ארבעים שאם עשו תשובה ב"ד של מעלה מוחלין להן חייבי מיתות ב"ד אינן בכלל מלקות ארבעים שאם עשו תשובה אין ב"ד של מטה מוחלין להן: ותניא אחד חייבי כריתות ואחד חייבי מיתות ב"ד ישנן בכלל מלקות ארבעים דברי ר' ישמעאל שנא' והפלא ה' הפלאה זו היא מלקות וכתיב אם לא תשמור לעשות את כל דברי התורה הזאת: כל חיובין שבתורה שיש בהן לאו ישנן בכלל מלקות ארבעים חוץ מלאו שאין בו מעשה ולאו שניתק לעשה דבעינן לאו דומיא דלא תחסום שור בדישו וסמיך ליה קרא לחייבי מלקות וקסבר מלקות ומיתה מיתה אריכתא היא ואינה שתי רשעיות כגון ממון ומלקות. ובא ר' אבהו ופירש טעמא דר' עקיבא ואמר בפירוש ריבתה תורה חייבי כריתות למלקות דגמר לה ג"ש לעיני מלעיניך. בחייבי מלקיות כתיב ונקלה אחיך לעיניך ובחייבי כריתות כתיב ונכרתו לעיני בני עמם מה לעיניך דכתיב התם מלקות אף לעיני דכתיב בחייבי כריתות מלקות ואקשינן ליגמר נמי ג"ש מעיני דכתי' באשת איש שזינתה דהיא חייבי מיתות ב"ד ונעלם מעיני אישה מלעיניך דמלקות ויהיו חייבי מיתות ב"ד במלקות: ודחי' ואסיקנא כתיב כדי רשעתו משום רשעה אחת אתה מחייבו ואי אתה מחייבו משום שתי רשעיות. ברשעה המסורה בב"ד כגון מיתה ומלקות הכתוב מדבר אבל חייבי כריתות (שהיא) [היא] רשעה המסורה בידי שמים: רבא אמר בחייבי מיתות ב"ד בדאתרו ביה למלקות ולא התרו ביה למיתה פליגי ר' ישמעאל סבר לאו שניתן לאזהרת מיתת ב"ד לוקין עליו ור' עקיבא סבר אין לוקין עליו. ואקשינן לר' עקיבא חייבי כריתות נמי לאו שניתן לאזהרת כרת הוא. ודחו משמיה דרבא חייבי כריתות לאו בני אזהרה נינהו שהרי פסח ומילה ענש אע"פ שלא הזהיר: א) ודלמא פסח ומילה משום דלא מייתי קרבן הוא דלא כתיבא בהו אזהרה דהא לא אתיא אזהרה אלא לחייב השוגג בקרבן. ודחי' לאו משום האי טעמא לא מייתי קרבן בפסח ומילה אלא משום דאיתקש כל התורה כולה לעבודת כוכבים מה עבודת כוכבים שב ולא תעשה ועשה בשגגה (מי' חייב) [מיחייב] קרבן למעוטי פסח ומילה דקום עשה נינהו רבינא אמר (רבי) [טעמא דרבי

חשק שלמה על ר"ח א) אולי צ"ל ודלמא אזהרה לקרבן דפסח ומילה וכו' לא כתיבא בהו אזהרה ומ"כ י"ל דלא אתיא אזהרה כו'.

מסורת הש"ס

א) [לקמן כג: מגילה ז: כתובות לה: כריתות ג:], ב) [שבת קלא: ע"ש תמורה ג:], ג) שבועות ד. לו. סוטה ה. עירובין צו. זבחים קו. ע"ש מנחות לו: לט: ע"ז נא:, ד) [פסחים מא: לקמן טו.], ה) כתובות לז. [לעיל ד: וש"נ], ו) עירובין נא. חולין פה. יבמות יז: נדה כב: יומא ג: נזיר ה: הוריות ח: מנחות ד. מה: בכורות לב., ז) שבועות ד., ח) [שבת קנד. עירובין יז: ב"ק עד: סנהדרין פו: שבועות שם], ט) כריתות ג:, י) [שם שבת סט. קנג: קנד.], כ) [צ"ל אשר], ל) [צ"ל התועבות האלה], מ) [צ"ל אמר], נ) [ועמ"ש תוס' ב"ק עד: ד"ה הוה ליה כו' וע"ע תוס' שבת קנד. ד"ה בלאו].

הגהות הב"ח

(א) גמ' בפירוש ריבתה תורה חייבי כריתות למלקות. נ"ב והא דקאמר ר"ע שאם עשו תשובה כו' הכי קאמר מ"ש דחייבה תורה טפי בכרת מבחייבי מיתות ב"ד שאם עשו וכו' אך קשה הניחא לפירוש ראשון שברש"י דר' אבהו לא בא לקושיית [ר"א בר ממל] דהך ג"ש לא גמיר אבל לפי' שני קשה דא"כ דמכדי רשעתו נפקא לן לא אצטריך ג"ש מלעיניך ומלשון רש"י משמע דר' אבהו תירץ כך על אתקפתא דר"א בר ממל ולעולם איהו גופיה נראה דעיקר טעמיה מכדי רשעתו אלא [לאורויי] דהך כדי רשעתו לא איירי אלא ברשעה המסורה לב"ד לחודיה גמר מלעיניך דהך ג"ש איגה אלא גלוי מילתא משום שהקשה ליה ר"א בר ממל ליגמר מעיני מלעיני דאף חייבי מיתות ב"ד לוקה ומת ומשני כדי רשעתו וכו' ברשעה המסורה לב"ד הכתוב מדבר דגז"ש גלי לן דלא דיבר הכתוב אלא דחייבי מיתות לא לקי וק"ל: (ב) רש"י ד"ה ישנו וכו' השתא סלקא אדעתיה שאם. נ"ב כלומר מדקאמר מתניתין דתנא כרת ולא תנא מיתות ב"ד כר"ע דלא פסיקא ליה לומר באתרו ביה מודה ר' ישמעאל דאינו לוקה ומת: (ג) שם ד"ה פסח וכו' וענש עליהם כרת: (ד) תוס' ד"ה ר' יצחק וכו' בכלל מלקות היו דהא: (ה) שם ד"ה ר' יצחק וכו' וקשה דלרבי יצחק כו' דהא אסיקנא: (ו) שם ד"ה ור' עקיבא וכו' נהי דחייבי כצ"ל ותיבת דאם נמחק: (ז) בא"ד מה בכך כצ"ל ואות ו' נמחק:

גליון הש"ס

גמ' רבא אמר אתרו ביה לקטלא. עי' בר"ן ורמב"ן סוף מסכתין: שם ר"י סבר לאו שניתן. עי' סנהדרין דף ט ע"א: שם חייבי כריתות ל"צ התראה. עי' יבמות דף נה ע"א ברש"י ד"ה לכרת נתנה: שם התם לאו ה"ט. עי' ב"ק דף קה ע"ב תוספות ד"ה מאי. שבועות דף יח ע"ב תד"ה ל"ת. זבחים דף קז ע"א תד"ה אזהרה:

ליקוטי רש"י

ר' יצחק אומר. דאין מלקין בלאו הניתן לאזהרת כרת אפילו התרו בו למלקות ויליף טעמיה מהאי קרא. כל חייבי כריתות. של עריות היו בכלל ונכרתו הנפשות העושות וגו' שכתוב בפרשת עריות. ולמה יצאת וגו' לדונו בכרת ולא במלקות. אם התרו בהן ואף על גב דנדה נמי נשנית באותה פרשה לדבר שנתחדש בה נשנית להערלא [מגילה ז:]. לדונו בכרת ולא במלקות. והיא מלמד על הכלל כולו דלית ליה חייבי כריתות שלקו נפטרו מידי כריתות כדאמרינן באלו הן הלוקין [כריתות ב:].

יֶשְׁנוֹ בִּכְלַל מַלְקוֹת אַרְבָּעִים – ARE SUBJECT TO FORTY LASHES. דִּבְרֵי רַבִּי יִשְׁמָעֵאל – THIS IS THE OPINION OF R' YISHMAEL. R' Yishmael's view is that every capital or *kares*-bearing offense also carries the *malkus* penalty.[1]

רַבִּי עֲקִיבָא אוֹמֵר – R' AKIVA disagrees and SAYS: חַיָּיבֵי כְּרֵיתוֹת יֶשְׁנוֹ בִּכְלַל מַלְקוֹת אַרְבָּעִים – THOSE WHO ARE LIABLE TO *KARES* ARE SUBJECT TO FORTY LASHES, שֶׁאִם עָשׂוּ תְּשׁוּבָה – BECAUSE IF THEY REPENT, בֵּית דִּין שֶׁל מַעְלָה מוֹחֲלִין לָהֶן – THE HEAVENLY COURT FORGIVES THEM the *kares* penalty. חַיָּיבֵי מִיתוֹת בֵּית דִּין אֵינוֹ בִּכְלַל מַלְקוֹת אַרְבָּעִים – But THOSE WHO ARE LIABLE TO THE COURT-IMPOSED DEATH PENALTY ARE NOT SUBJECT TO FORTY LASHES, שֶׁאִם עָשׂוּ תְּשׁוּבָה – BECAUSE even IF [SUCH SINNERS] REPENT, אֵין בֵּית דִּין שֶׁל מַטָּה מוֹחֲלִין לָהֶן – THE EARTHLY COURT DOES NOT FORGIVE THEM the death penalty.[2]

The Baraisa now cites a third opinion that even *kares*-bearing sins do not carry an additional penalty of *malkus*:

רַבִּי יִצְחָק אוֹמֵר – R' YITZCHAK SAYS: חַיָּיבֵי כְּרֵיתוֹת בִּכְלָל הָיוּ – ALL forbidden unions that bear *KARES* PENALTIES WERE INCLUDED IN THE Torah's GENERAL STATEMENT: *Whoever commits any of these abominations will incur kares.*[3] וְלָמָּה יָצְאת כָּרֵת בַּאֲחוֹתוֹ – WHY, THEN, WAS *KARES* SINGLED OUT FOR MENTION IN THE CASE OF one who cohabits with HIS SISTER?[4] לְדוּנוֹ בְּכָרֵת וְלֹא בְּמַלְקוֹת – TO PUNISH HIM WITH *KARES* AND NOT WITH *MALKUS*. Although we would normally impose *malkus* on anyone who violates a negative commandment, nevertheless, in the case of incest with one's sister, he is liable *only* to *kares,* because the Torah emphasized the *kares* penalty in that case. By extension, R' Yitzchak derives hermeneutically that all *kares*-bearing sins carry that penalty exclusively, and not the penalty of *malkus.*[5]

The Gemara now analyzes R' Yishmael's position:

מַאי טַעְמָא דְּרַבִּי יִשְׁמָעֵאל – **What is R' Yishmael's reason** for ruling that transgressions carrying the death penalty or *kares* are also punishable by *malkus*? דִּכְתִיב ,,אִם־לֹא תִשְׁמֹר לַעֲשׂוֹת אֶת־כָּל־דִּבְרֵי הַתּוֹרָה הַזֹּאת'' – **For it is written: *If you will not be vigilant to perform all the commands of this Torah;***[6] וּכְתִיב – **and** the result of such wrongdoing is **written** in the next verse: ,,וְהִפְלָא ה' אֶת־מַכֹּתְךָ'' – ***Hashem will make extraordinary** (hifla) **your blows.*** The only clue that we have as to the nature of this punishment is that the Torah uses an expression of *haflaah* (*hifla*) to describe it. הַפְלָאָה זוֹ אֵינִי יוֹדֵעַ מַה הִיא – **But I do not know what** suffering **is meant by this** term ***haflaah*** until its meaning is clarified by another verse. כְּשֶׁהוּא אוֹמֵר ,,וְהִפִּילוֹ הַשֹּׁפֵט וְהִכָּהוּ לְפָנָיו'' – **Since Scripture states** in the verse dealing with *malkus*: ***the judge shall cast him down** (hipil) **and have him lashed in his presence,***[7] thereby linking *haflaah* (*hipil*) with *malkus,*[8] הֱוֵי אוֹמֵר הַפְלָאָה זוֹ מַלְקוֹת הִיא – **I would say** that **this** term ***haflaah*** is a reference to ***malkus.*** וּכְתִיב ,,אִם־לֹא תִשְׁמֹר לַעֲשׂוֹת אֶת־כָּל וגו' '' – **And it is written** in the first verse that this punishment (*malkus*) will be incurred ***If you will not be vigilant to perform "all"* etc.** *[the commands of this Torah].* The expression "*all* the commands of this Torah" includes all the prohibitions, even if they already bear the *kares* or death penalties. Hence, even these prohibitions are subject to *malkus.*

The Gemara, however, asks:

אִי הָכִי חַיָּיבֵי עֲשֵׂה נַמִּי – **If so,** the violation of **positive commandments** should **also** incur *malkus,* because these commandments are also covered by the expression "*all* the commands of this Torah." Yet, it is known that the violation of a positive precept does not incur *malkus.* – ? –

The Gemara answers:

,,אִם־לֹא תִשְׁמֹר'' כְּתִיב – **Scripture writes** in that very verse: ***If you will not be vigilant*** etc. The term "vigilance" refers exclusively to prohibitions, which a person must avoid. It does not refer to positive precepts, which mandate proper *action* and not the *avoidance* of improper action.

The Gemara now proves that "vigilance" is used exclusively in the context of prohibitions:

וְכִדְרַבִּי אָבִין אָמַר רַבִּי אִילְעָאִי – **As taught by R' Avin in the name of R' Il'ai.** דְּאָמַר רַבִּי אָבִין אָמַר רַבִּי אִילְעָאִי – **For R' Avin said in the name of R' Il'ai:** כָּל מָקוֹם שֶׁנֶּאֱמַר ,,הִשָּׁמֶר'' ,,פֶּן'' וְ,,אַל'' – **Wherever it is stated** in the Torah ***be vigilant* or *lest* or *do not,*** אֵינוֹ אֶלָּא לֹא תַעֲשֶׂה – **it is nothing other than a prohibition.**

Still, the Gemara asks:

אִי הָכִי – **If so,** that the term *vigilance* refers to any prohibition, לָאו שֶׁאֵין בּוֹ מַעֲשֶׂה נַמִּי – then **a prohibition whose violation does not involve any action**[9] should **also** be subject to *malkus,* since it too is apparently included in the statement: *if you will not be vigilant to perform all the commands of this Torah.* But this would contradict the halachically accepted rule that there is no penalty of *malkus* for violating such a prohibition. – ? –

The Gemara answers:

,,לַעֲשׂוֹת'' כְּתִיב – **It is written** in that verse: *If you will not be vigilant* ***to perform*** *all the commands.* Thus, the verse clearly

NOTES

1. The Gemara initially understands this to mean that if the perpetrator was warned that the act would render him liable to *malkus* and execution, he would indeed incur *both* penalties (*Rashi*).

2. There is a rule which states that two different penalties cannot be administered for the same crime (see below for the Scriptural source). R' Akiva explains here that the imposition of *malkus* for a *kares*-bearing transgression does not violate this rule, because the offender could avoid *kares* by repenting, in which case the only punishment would be *malkus.* The penalty of execution, by contrast, is imposed by the human court even if the offender repents. Hence, in view of the one-penalty-per-crime rule, one cannot incur *malkus* for a crime subject to execution (*Rashi*). [The Gemara will ask why this distinction should apply in the case of someone who has not yet repented.]

3. After listing the forbidden unions, the Torah states (*Leviticus* 18:29): כִּי כָּל־אֲשֶׁר יַעֲשֶׂה מִכֹּל הַתּוֹעֵבֹת הָאֵלֶּה וְנִכְרְתוּ הַנְּפָשׁוֹת הָעֹשֹׂת מִקֶּרֶב עַמָּם, *For whoever commits any of these abominations, the ones who did [so] will be cut off from the midst of their people.* [Thus, we know there is a penalty of *kares* for each of these forbidden unions] (*Rashi;* cf. *Tosafos*).

4. The Torah states in a later passage (*Leviticus* 20:17): וְאִישׁ אֲשֶׁר־יִקַּח אֶת־אֲחֹתוֹ . . . וְנִכְרְתוּ, *And a man who takes his sister . . . they shall be cut off.* This point – that incest with one's sister incurs *kares* – would appear to be redundant: We know already that this union incurs *kares* since it is included in the list of forbidden unions covered by the general statement *whoever commits any of these abominations will be cut off* (see previous note). Why then does the Torah reiterate that in this case one is liable to *kares*? (*Rashi*).

5. The eighth of the Thirteen Hermeneutic Principles is כָּל דָּבָר שֶׁהָיָה בִּכְלָל וְיָצָא מִן הַכְּלָל לְלַמֵּד, לֹא לְלַמֵּד עַל עַצְמוֹ יָצָא אֶלָּא לְלַמֵּד עַל הַכְּלָל כֻּלּוֹ יָצָא, *If anything was included in a general statement but was then singled out from the general statement in order to teach something, it was not singled out to teach only about itself, but to apply its teaching to the entire generality.* In the present case, the Torah reiterates the *kares* penalty for one who cohabits with his sister, even though that was already included in the generality of all forbidden unions which the Torah punishes with *kares.* This reiteration – which teaches that *kares* is the *only* punishment – applies not only to incest with a sister, but to all the forbidden unions [as well as other sins] punishable by *kares* (see *Ritva;* see also *Kereisos* 2b).

6. *Deuteronomy* 28:58.

7. Ibid. 25:2.

8. The letters of the word וְהִפִּיל are similar to those of וְהִפְלָא.

9. An example of such a prohibition is the injunction against having *chametz* in one's possession during Pesach. The owner violates this injunction by remaining passive, i.e. by *not* acting to remove it.

גמרא

ישנו בכלל מלקות ארבעים דברי רבי ישמעאל ר"ע אומר חייבי כריתות ישנו בכלל מלקות ארבעים שאם עשו תשובה ב"ד של מעלה מוחלין להן חייבי מיתות ב"ד אינו בכלל מלקות ארבעים שאם עשו תשובה אין ב"ד של מטה מוחלין להן ר' יצחק אומר חייבי כריתות בכלל היו ולמה יצאת כרת באחותו לדונו בכרת ולא במלקות מ"ט דר' ישמעאל דכתיב א) אם לא תשמור לעשות את כל דברי התורה הזאת וכתיב ב) והפלא ה' את מכותך הפלאה זו איני יודע מה היא כשהוא אומר ג) והפילו השופט והכהו לפניו הוי אומר הפלאה זו מלקות היא וכתיב א) אם לא תשמור לעשות את כל וגו' אי הכי חייבי עשה נמי אם לא תשמור כתיב וכדרבי אבין א"ר אילעי דאמר רבי אבין א"ר אילעי כל מקום שנאמר השמר פן ואל אינו אלא לא תעשה אי הכי לאו שאין בו מעשה נמי לעשות כתיב לאו שניתק לעשה נמי דומיא דלאו דחסימה השתא דאתית להכי כולהו נמי דומיא דלאו דחסימה ור"ע מאי טעמא כדי רשעתו משום רשעה אחת אתה מחייבו ואי אתה מחייבו משום שתי רשעיות ור' ישמעאל הני מילי מיתה וממון או מלקות וממון אבל מיתה ומלקות מיתה אריכתא היא ולרבי עקיבא אי הכי חייבי כריתות נמי מאי אמרת שאם עשו תשובה השתא מיהת לא עבדי אמר רבי אבהו (א) בפירוש ריבתה תורה חייבי כריתות למלקות דגמר ד) לעיני ה) מלעיניך מתקיף לה ר' אבא בר ממל אי הכי חייבי מיתות ב"ד נמי נגמרם ו) מעיני מלעיניך דנין לעיני מלעיניך ואין דנין מעיני מלעיניך ומאי נפקא מיניה והא תנא דבי ר' ישמעאל ז) ושב הכהן ח) ובא הכהן זו היא שיבה וזו היא ביאה ועוד לגמור מעיני מלעיני דהא גמור לעיני מלעיניך קבלה מיניה רבי שמואל בר רב יצחק כדי רשעתו משום רשעה אחת אתה מחייבו ואי אתה מחייבו משום שתי רשעיות ברשעה המסורה לב"ד הכתוב מדבר רבא אמר אתרו ביה לקטלא כ"ע לא פליגי דאין לוקה ומת כי פליגי דאתרו ביה למלקות רבי ישמעאל סבר לאו שניתן לאזהרת מיתת ב"ד לוקין עליו ור"ע סבר לאו שניתן לאזהרת מיתת ב"ד אין לוקין עליו ור"ע אי הכי חייבי כריתות נמי לאו שניתן לאזהרת כרת הוא א"ל רב מרדכי לרב אשי הכי אמר אבימי מהגרוניא משמיה דרבא חייבי כריתות לא צריכי התראה שהרי פסח ומילה ענש אף על פי שלא הזהיר ודלמא אזהרה לקרבן דהא פסח ומילה דלית בהו אזהרה לא מייתי קרבן התם לאו היינו טעמא אלא משום דאיתקש כל התורה כולה לעבודת כוכבים מה עבודת כוכבים שב ואל תעשה אף כל שב ואל תעשה לאפוקי הני דקום עשה רבינא אמר לעולם כדאמרינן

ישנו בכלל מלקות ארבעים. השתא סלקא (ב) דעתך שאם התרו בו מיתה ומלקות לוקה ומת: שאם עשו תשובה כו'. לא גרסי' לה בדרבי ישמעאל: רבי עקיבא אומר חייבי כריתות. אם התרו בהם מלקות ישנו בכלל מלקות ולוקין ואין כאן משום חייבי שתי רשעיות שאתה עונשו מלקות עם הכרת ולמה אין שתי רשעיות לפי שיכול לפטור עצמו מעונש הכרת על ידי תשובה מב"ד של מעלה אבל חייבי מיתות אינן בכלל מלקות שיש כאן שתי פורעניות מלקות ומיתה ומשילקה סופו ליהרג שאפי' יעשה תשובה אין ב"ד שלמטה מוחלין לו את המיתה: רבי יצחק אומר. אף חייבי כריתות שהתרו בהן למלקות אינן בכלל מלקות לפי שכל חייבי כריתות של עריות בכלל היו דכתיב (ויקרא יח) כי כל אשר יעשה מכל התועבות האלה ונכרתו הנפשות וגו': למה יצאת כרת באחותו. לעצמה דכתיב בקדושים תהיו ואיש (כי) יקח את אחותו וגו': לדונו בכרת. לכך שנה בכרת שלהן לומר שאין בהן עונש אלא כרת לבדו: לאו שאין בו מעשה נמי. אלמה אמרינן בכמה דוכתי לאו שאין בו מעשה אין לוקין עליו: דומיא דלאו דחסימה. שהוא כתוב אצל פרשת מלקות: ורבי עקיבא. כיון דאמר אי אתה מחייבו משום שתי רשעיות חייבי כריתות נמי לא לילקו דהא שתי רשעיות נינהו שעדיין עונש הכרת עליו: מאי אמרת. לשנויי הך קושיא: שאם עשה תשובה. הטעם שנתן למעלה שהוא יכול לפטור את עצמו מן הכרת ע"י תשובה השתא מיהא עדיין לא שב ואתה מלקהו בעוד עונש הכרת עליו: לעיני. ונכרתו לעיני בני עמם וכתיב במלקות ונקלה אחיך לעיניך: נגמר מעיני. דכתיב בעבודת כוכבים אם מעיני העדה נעשתה לשגגה: זו היא שיבה כו'. למידין זה מזה גזירה שוה מה שיבה חולץ וקוצה וטח אף ביאה חולץ וקוצה וטח: ועוד נגמר מעיני. דמיתות ב"ד מלעיני דכריתות מה כריתות לוקה דהא גמרת לעיני מלעיניך אף מיתות ב"ד ילקה: קיבלה מיניה רבי שמואל. לתשובה זו מרבי אבא בר ממל ושני עלה ברשעה המסורה לב"ד הכתוב מדבר ב"ד הוזהרו שהם לא יחייבוהו שתי רשעיות כגון ממון ומלקות או מיתה ומלקות או מיתה וממון אבל כרת לא ע"י ב"ד הוא ויש לפרש קיבלה מיניה רבי שמואל מרבי אבהו תירוץ זה על אתקפתא דר' אבא בר ממל: דאתרו ביה למלקות. לחודיה: לאזהרת מיתת ב"ד. לאזהרת דבר שחייבין עליו מיתת ב"ד: אין לוקין עליו. כשהתרו בו מלקות בלא מיתה לפי שלא ניתן לאו זה לאזהרת עונש מלקות כשאר לאוין שהרי הוצרך להזהירו שאם לא כן לא היה יכול לחייבו מיתה: פסח ומילה. אין בהן לא תעשה וענש (ג) להם כרת: לקרבן. שאם יעשה שוגג יביא קרבן: פסח ומילה. אין קרבן בשוגג שלהן כדאמרינן בכריתות בפ"ק הפסח והמילה מצות עשה כלומר אינו בכלל שאר כריתות למנותן עם שאר כריתות שנמנו שם כולם לומר שאם עשאום כולם בהעלם אחד חייב קרבנות כמספר הכריתות: התם לאו היינו טעמא. מה שאין מביאין קרבן על פסח ומילה אין הטעם בשביל שאין בהם אזהרה אלא בשביל שהם מצות עשה דהוקשה כל התורה כולה לענין קרבן לעבודת כוכבים שנאמר בפרשת שלח לך אנשים אבל קרבן עבודת כוכבים תורה אחת יהיה לכם לעושה בשגגה כאן הוקשו כל עבירות שבתורה בשגגתן לעבודת כוכבים לענין קרבן מה עבודת כוכבים כרת שלו על דבר שהוא שב ולא תעשה כן והוא עמד ועשאו אף כל שב ואל תעשה אבל כרת של עמוד ועשה והוא ישב ולא עשה אין בו קרבן ופסח ומילה עמוד ועשה הוא אבל חייבי כריתות כגון אשר יעשה מכל (אלה) ונכרתו (ויקרא יח) לשון שב ואל תעשה הוא ואפילו לא נאמרה בו אזהרת לאו היה קרבן בא עליו: כדאמרינן

תוספות

רבי יצחק אומר חייבי כריתות בכלל היו. פי' בקונטרס בכלל כל העריות דכתיב ונכרתו (כל) הנפשות ולמה יצא כרת באחותו דכתיב ואיש אשר יקח את אחותו וקשה דהיה לו לומר דאחותו בכלל כל העריות היתה לכן נראה לפרש דחייבי כריתות בכלל מלקות (ד) הן דהא גמרינן דבכלל לאו איכא מלקות מן והיה אם בן הכות הרשע ולמה יצאת כרת באחותו שהרי אחותו כתובה היתה עם העריות באחרי מות ונכרתו הנפשות אלא לכך יצאת בקדושים לדונו בכרת ולא במלקות כלומר אין חייבי כריתות לוקין:

רבי יצחק אומר חייבי כריתות כו'. וקשה (ה) לרבי יצחק לאו דכל כריתות למה לי דהא אסיקנן דקרבן לא בעי אזהרה ושמא יש לומר דנכתבו לעונש יתירא מידי דהוה אלאו שבכללות ולאו הניתק לעשה:

ורבי עקיבא מאי טעמא. נהי (ו) דאם חייבי מיתות אם עשו תשובה אין ב"ד של מטה מוחלין לו (ז) ומה בכך וליעבד ליה תרתי:

ברשעה המסורה לב"ד הכתוב מדבר. וטעמא דרבי עקיבא משום כדי רשעתו ולפי זה בחייבי מיתות דלא התרו בו למיתה דליכא מיתה והתרו בו למלקות דהשתא ליכא אלא רשעה דמלקות לקי וקשה דבעלמא (שבת קנד.) מ) פריך גבי לאו דמחמר לאו שניתן לאזהרת מיתת ב"ד הוא ואין לוקין עליו ואף כי ליכא התם רשעה דמיתה וי"ל דהתם היינו כרבא דמוקי למילתיה דרבי עקיבא בהתרו בו למלקות ואפילו הכי לא לקי דהוי לאו שניתן לאזהרת מיתת בית דין ואין לוקין עליו י):

מה עבודת כוכבים שב ואל תעשה אף כו'. לאפוקי הני דהוי קום ועשה וקשה דא"כ מה אמר פרק בתרא דעירובין (דף צו.) לר"ע דאמר כי כתיב ושמרת את החוקה לפסח ואי איתא לר' אבין דאמר השמר לא תעשה הוא הא דתנן (כריתות דף ג.) פסח אין לו קרבן מפני שהוא קום ועשה ואם איתא קום ולא תעשה הוא ומאי פריך הא מ"מ אינה דומיא דעבודת כוכבים דהוי שב ואל תעשה וזה מה שתעשה וי"ל דמכל מקום קשה

עין משפט נר מצוה

ט א מיי' פי"ח מהלכות סנהדרין הל"א ופ"א מהל' איסורי ביאה הל"ז סמג לאוין קה:
י ב מיי' פי"ח מהלכות סנהדרין הלכה ב:
יא ג מיי' פ"א מהל' איסורי ביאה הל"א והל"ג:
יב ד מיי' פ"א מהלכות שגגות הלכה ב סמג עשין ריג:

עקיבא חייבי כריתות ישנן בכלל מלקות ארבעים שאם עשו תשובה ב"ד של מעלה מוחלין להן חייבי מיתות ב"ד אינן בכלל מלקות ארבעים שאם עשו תשובה אין ב"ד של מטה מוחלין להן: ותניא אחד חייבי כריתות ואחד חייבי מיתות ב"ד ישנן בכלל מלקות ארבעים דברי ר' ישמעאל שנא' והפלא ה' הפלאה זו היא מלקות וכתיב אם לא תשמור לעשות את כל דברי התורה הזאת: כל חיובין שבתורה שיש בהן לאו ישנן בכלל מלקות ארבעים חוץ מלאו שאין בו מעשה ולאו שניתק לעשה דבעינן לאו דומיא דלא תחסום שור בדישו וסמיך ליה קרא לחייבי מלקות וקסבר מלקות ומיתה מיתה אריכתא היא ואינה שתי רשעיות כגון ממון ומלקות. ובא ר' אבהו ופירש טעמא דר' עקיבא ואמר בפירוש ריבתה תורה חייבי כריתות למלקות דגמר לה ג"ש לעיני מלעיניך. בחייבי מלקיות כתיב ונקלה אחיך לעיניך ובחייבי כריתות כתיב ונכרתו לעיני בני עמם מה לעיניך דכתיב התם מלקות אף לעיני דכתיב בחייבי כריתות מלקות ואקשינן ליגמר נמי ג"ש מעיני דכתי' באשת איש שזינתה דהיא חייבי מיתות ב"ד ונעלם מעיני אישה מלעיניך דמלקות ויהיו חייבי מיתות ב"ד במלקות: ודחי' ואסיקנא כתיב כדי רשעתו משום רשעה אחת אתה מחייבו ואי אתה מחייבו משום שתי רשעיות. ברשעה המסורה בב"ד כגון מיתה ומלקות הכתוב מדבר אבל חייבי כריתות (שהיא) [היא] רשעה המסורה בידי שמים: רבא אמר בחייבי מיתות ב"ד בדאתרו ביה למלקות ולא התרו ביה למיתה פליגי ר' ישמעאל סבר לאו שניתן לאזהרת מיתת ב"ד לוקין עליו ור' עקיבא סבר אין לוקין עליו. ואקשינן לר' עקיבא חייבי כריתות נמי לאו שניתן לאזהרת כרת הוא. ודחו משמיה דרבא חייבי כריתות לאו בני אזהרה נינהו שהרי פסח ומילה ענש אע"פ שלא הזהיר: א) ודלמא פסח ומילה משום דלא מייתי קרבן הוא דלא כתיבא בהו אזהרה דהא לא אתיא אזהרה אלא לחייב השוגג בקרבן. ודחי' לאו משום האי טעמא לא מייתי קרבן בפסח ומילה אלא משום דאיתקש כל התורה כולה לעבודת כוכבים מה עבודת כוכבים שב ולא תעשה ועשה בשגגה (מי' חייב) [מיחייב] קרבן למעוטי פסח ומילה דקום עשה נינהו רבינא אמר (רבי) [טעמא] דרבי

חשק שלמה על ר"ח א) אולי צ"ל ודלמא אזהרה לקרבן דפסח ומילה וכו' לא כתיבא בהו אזהרה ומ"כ י"ל דלא אתיא אזהרה כו'.

מסורת הש"ס

א) [לקמן כג: מגילה ז: כתובות לה: כריתות ב:], ב) [שבת קלא: ע"ש תמורה ג.], ג) שבועות ד. לו. סוטה ה. עירובין צו. זבחים קו. ע"ש מנחות לו: לט: ע"ז נא:, ד) [פסחים מא: לקמן טו.], ה) כתובות לז. [לעיל ד: וש"נ], ו) עירובין נא. חולין פה. יבמות יז: נדה כב: יומא ב: נזיר ה: הוריות ח: מנחות ד. מה: בכורות לב., ז) שבועות ד., ח) [שבת קנד. עירובין יז: ב"ק עד: סנהדרין פו: שבועות שם], ט) כריתות ג:, י) [שם שבת סט. קנג: קנד.], כ) [צ"ל אשר], ל) [צ"ל התועבות האלה], מ) [צ"ל אמר], נ) [ועמ"ש תוס' ב"ק עד: ד"ה הוה ליה כו' וע"ע תוס' שבת קנד. ד"ה בלאו].

הגהות הב"ח

(א) גמ' בפירוש ריבתה תורה חייבי כריתות למלקות. נ"ב והא דקאמר ר"ע שאם עשו תשובה כו' הכי קאמר מ"ט דחייבה תורה טפי בכרת מבחייבי מיתות ב"ד שאם עשו וכו' אך קשה הניחא לפירוש ראשון שברש"י דר' אבהו לא חש לקושיית [ר"א בר ממל] דהך ג"ש לא גמיר אבל לפי' שני קשה דא"כ דמכדי רשעתו נפקא לן לא אצטריך ג"ש מלעיניך ומלשון רש"י משמע דר' אבהו תירץ כך על אתקפתא דר"א בר ממל ולעולם איהו גופיה נראה דעיקר טעמיה מכדי רשעתו אלא [לאורויי] דהך כדי רשעתו לא איירי אלא ברשעה המסורה לב"ד לחודיה גמר מלעיניך דהך ג"ש איצה אלא גלוי מילתא משום שהקשה ליה ר"א בר ממל ליגמר מעיני מלעיני דאף חייבי מיתות ב"ד לוקה ומת ומשני כדי רשעתו וכו' ברשעה המסורה לב"ד הכתוב מדבר דגז"ש גלי לן דלא דיבר הכתוב אלא דחייבי מיתות לא לקי וק"ל: (ב) רש"י ד"ה ישנו וכו' השתא סלקא אדעתיה שאם. נ"ב כלומר מדקאמר מתניתין דתנא כרת ולא תנא מיתות ב"ד כר"ע דלא פסיקא ליה לומר באתרו ביה מודה ר' ישמעאל דאינו לוקה ומת: (ג) שם ד"ה פסח וכו' וענש עליהם כרת: (ד) תוס' ד"ה ר' יצחק וכו' בכלל מלקות היו דהא: (ה) שם ד"ה ר' יצחק וכו' וקשה דלרבי יצחק כו' דהא אסיקנא: (ו) שם ד"ה ור' עקיבא וכו' נהי דחייבי כצ"ל ותיבת דאם נמחק: (ז) בא"ד מה בכך כצ"ל ואות ו' נמחק:

גליון הש"ס

גמ' רבא אמר אתרו ביה לקטלא. עי' ברז"ה ורמב"ן סוף מסכתין: שם ר"י סבר לאו שניתן. עי' סנהדרין דף ט ע"א: שם חייבי כריתות ל"צ התראה. עי' יבמות דף נה ע"א ברש"י ד"ה לכרת נתנה: שם התם לאו ה"ט. עי' ב"ק דף קה ע"ב תוספות ד"ה מאי. שבועות דף יח ע"ב תד"ה ל"ת. זבחים דף קז ע"א תד"ה אזהרה:

ר' יצחק אומר. דאין מלקין בלאו הניתן לאזהרת כרת אפילו התרו בו למלקות ויליף טעמיה מהאי קרא. כל חייבי כריתות. של עריות היו בכלל ונכרתו הנפשות העושות וגו' שכתוב בפרשת עריות. ולמה יצאת וגו' לדונו בכרת ולא במלקות. אם התרו בהן ואף על גב דנדה נמי נשנית באותה פרשה לדבר שנתחדש בה נשנית להערלה [מגילה ז:]. לדונו בכרת ולא במלקות. והיה מלמד על הכלל כולו דלית ליה חייבי כריתות שלקו נפטרו מידי כריתות כדאמרינן באלו הן הלוקין [כריתות ב:].

refers only to sins that are *performed* – that is, prohibitions violated through action.

Still, the Gemara asks:

לָאו שֶׁנִּיתָּק לַעֲשֵׂה נַמִּי – A prohibition removed to the remedy of **a positive commandment**[10] should **also** be subject to *malkus,* since it too is included in the statement: *if you will not be vigilant to perform all the commands,* and it is violated through action. But this would contradict the accepted rule that there is no penalty of *malkus* for violating such a prohibition. – ? –

The Gemara answers:

דוּמְיָא דְלָאו דַּחֲסִימָה – In order to incur *malkus,* the prohibition must be **similar to the prohibition against muzzling** an animal while it threshes grain, which is the prototype of *malkus*-bearing prohibitions.[11] In the case of muzzling an animal, the Torah does not prescribe any positive precept to remedy the violation. Accordingly, a prohibition that *can* be remedied by a positive precept is not similar to the prototypical prohibition of muzzling, and therefore not subject to *malkus.*

The Gemara notes that this last answer also answers the earlier questions:

הַשְׁתָּא דְאָתֵית לְהָכִי – Now that you have resorted to this answer, namely, that the prototype of "muzzling" determines which prohibitions are subject to *malkus,* **כּוּלְּהוּ נַמִּי – all of them** (i.e. positive commandments, and prohibitions whose violation does not involve any action) **are likewise** excluded from *malkus* on the basis that they are not **דוּמְיָא דְלָאו דַּחֲסִימָה – similar to the** prototypical **prohibition against muzzling.** Hence, the Scriptural proofs previously adduced to exclude them from *malkus* are now unnecessary.

The Gemara now analyzes R' Akiva's view, that capital crimes are excluded from *malkus*:

וְרַבִּי עֲקִיבָא מַאי טַעְמָא – And what is R' Akiva's reason? "כְּדֵי רִשְׁעָתוֹ" – The Torah states that *malkus* should be administered ***according to his wickedness.***[12] The use of the singular noun (wickedness) teaches that **מִשּׁוּם רִשְׁעָה אַחַת אַתָּה מְחַיְּיבוֹ – you punish him** [the sinner] **for one wickedness, וְאִי אַתָּה מְחַיְּיבוֹ מִשּׁוּם שְׁתֵּי רִשְׁעָיוֹת – but you do not punish him for two wickednesses.**[13] That is, there cannot be two dissimilar penalties administered for the same crime. Thus, a capital offender cannot receive both *malkus* and the death penalty.[14]

Assuming that R' Yishmael also subscribes to the one-penalty-per-crime rule, the Gemara explains his ruling that capital crimes are also punishable by *malkus*:

וְרַבִּי יִשְׁמָעֵאל – But R' Yishmael holds: **הָנֵי מִילֵּי מִיתָה וּמָמוֹן – This** one-penalty **rule** applies only to unrelated penalties such as **the death penalty and a monetary payment, אוֹ מַלְקוּת וּמָמוֹן – or *malkus* and a monetary payment. אֲבָל מִיתָה וּמַלְקוּת מִיתָה אֲרִיכְתָּא הִיא – But the death penalty and *malkus* are like one prolonged death.**[15]

The Gemara returns to the view of R' Akiva:

וּלְרַבִּי עֲקִיבָא – But according to R' Akiva, אִי הָכִי חַיָּיבֵי כְּרֵיתוֹת נַמִּי – if so,[16] ***kares*-bearing prohibitions** should **also** not carry the additional penalty of *malkus.* **מַאי אָמְרַתְּ – What would you say** to solve this difficulty? **שֶׁאִם עָשׂוּ תְּשׁוּבָה – That** it is not considered two penalties, because **if they repent,** the *kares* is forgiven (as R' Akiva himself explains in the Baraisa)? **הַשְׁתָּא מִיהַת לֹא עָבְדֵי – But presently they have not done** so! I.e. the courts administer *malkus* even to a sinner who has not yet repented and is still liable to *kares.* Why does this not violate the one-penalty rule?

The Gemara answers that the Torah makes *kares*-bearing sins a special exception to the one-penalty rule:

אָמַר רַבִּי אֲבָהוּ – R' Abahu said: בְּפֵירוּשׁ רִיבְּתָה תּוֹרָה חַיָּיבֵי כְּרֵיתוֹת לְמַלְקוּת – The Torah explicitly included *kares*-bearing sins as bearing the penalty of ***malkus*** as well, **"דְּגָמַר "לְעֵינֵי – for we expound** the expression ***before the eyes of*** (which is stated in regard to *kares*)[17] **מִ"לְעֵינֶיךָ" – as being derived from** the expression ***before your eyes*** (stated in regard to *malkus*).[18] These two nearly identical phrases form a *gezeirah shavah* between their respective contexts – *kares* and *malkus.* Thus, the penalty of *malkus,* which is stated in one verse, applies even in the case of *kares*-bearing sins, which are mentioned in the other verse.[19]

This explanation is challenged:

מַתְקִיף לָהּ רַבִּי אַבָּא בַּר מַמָּל – R' Abba bar Mammal objected to it, as follows: **אִי הָכִי – If so,** that R' Akiva's ruling is based on this *gezeirah shavah,* **חַיָּיבֵי מִיתוֹת בֵּית דִּין נַמִּי נִגְמְרֵם – let us infer** that *malkus* applies even in the case of **capital crimes** using a similar *gezeirah shavah.* "מֵעֵינֵי" – We can expound the expression ***from the eyes of*** (which is stated in the context of a

NOTES

10. For example, the Torah forbids a person to steal. If he does, the Torah commands him to remedy his violation by returning the stolen item to its rightful owner. This class of prohibition is discussed at length in the Gemara below (14b ff).

11. By stating the prohibition against muzzling (*Deuteronomy* 25:4) immediately after the law of *malkus* (ibid. v. 3), the Torah indicates that the prohibition against muzzling is the prototype for all prohibitions that incur *malkus* (*Rashi*).

12. *Deuteronomy* 25:2.

13. [This rule dictates that even if someone committed *two* wickednesses (i.e. sins) with a single act, he is punished for only one (see, for example, *Kesubos* 32a-33b). Hence, he certainly cannot incur more than one punishment for *a single sin.*]

14. [The Gemara will ask why R' Akiva does not apply this rule to *kares*-bearing crimes as well.]

According to this approach, *malkus* is excluded from capital offenses only when the offender was warned about the death penalty. In that case, since he actually receives the death penalty for his offense, the single-penalty rule prevents him from receiving *malkus* as well. But if he was not warned about the death penalty and therefore cannot be executed, he does indeed receive *malkus* [assuming, of course, that he was forewarned about the *malkus* penalty] (see *Tosafos* ד"ה ברשעה).

15. The flogging is considered the beginning of the sinner's execution, which culminates when he is actually put to death. Thus, in combination they are a single penalty, rather than distinct ones, and both can be imposed for a single crime.

16. I.e. if (as asserted above) R' Akiva's reason is that only one penalty may be imposed for one crime (*Rashi*).

17. *Leviticus* 20:17, which reads: וְנִכְרְתוּ לְעֵינֵי בְּנֵי עַמָּם, *they* [the sinners] *will be cut off "before the eyes of" their people* (*Rashi*).

18. *Deuteronomy* 25:3. This verse states: וְנִקְלָה אָחִיךָ לְעֵינֶיךָ, *and your brother* [i.e. the sinner] *will be demeaned "before your eyes"* (*Rashi*). The Torah commands that the sinner not be given extra lashes, lest he be unduly demeaned.

19. The Rishonim ask: How can this approach of R' Abahu, which takes the *gezeirah shavah* to be R' Akiva's reason for ruling that *kares*-bearing sins carry the penalty of *malkus,* be reconciled with the Baraisa, which records a different reason for R' Akiva's view – namely, that repentance revokes the *kares* penalty but not the death penalty? *Ritva* explains that the two reasons are complementary. R' Abahu shows how R' Akiva's ruling emerges from Scripture (there is a *gezeirah shavah* that applies *malkus* to *kares*-bearing sins, but not to capital offenses). The Baraisa explains *why* the Torah applied the additional penalty of *malkus* only to *kares*-bearing sins – because capital offenses already have another *absolute* penalty, whereas *kares*-bearing sins do not. See also *Ramban.*

עין משפט נר מצוה

ט א מיי' פי"ח מהלכות סנהדרין הל"א ופ"א מהל' איסורי ביאה הל"ז סמג לאוין קה:

י ב מיי' פי"ח מהלכות סנהדרין הלכה ב:

יא ג מיי' פ"א מהל' איסורי ביאה הל"א והל"ג:

יב ד מיי' פ"א מהלכות שגגות הלכה ב סמג עשין ריג:

תורה אור השלם

א) אם לא תשמר לעשות את כל דברי התורה הזאת הכתבים בספר הזה ליראה את השם הנכבד והנורא הזה את יי אלהיך: [דברים כח, נח]

ב) והפלא יי את מכתך ואת מכות זרעך מכות גדלת ונאמנות וחלים רעים ונאמנים: [דברים כח, נט]

ג) והיה אם בן הכות הרשע והפילו השפט והכהו לפניו כדי רשעתו במספר: [דברים כה, ב]

ד) ואיש אשר יקח את אחתו בת אביו או בת אמו וראה את ערותה והיא תראה את ערותו חסד הוא ונכרתו לעיני בני עמם ערות אחתו גלה עונו ישא: [ויקרא כ, יז]

ה) ארבעים יכנו לא יסיף פן יסיף להכתו על אלה מכה רבה ונקלה אחיך לעיניך: [דברים כה, ג]

ו) והיה אם מעיני העדה נעשתה לשגגה ועשו כל העדה פר בן בקר אחד לעלה לריח ניחח ליי ומנחתו ונסכו כמשפט ושעיר עזים אחד לחטת: [במדבר טו, כד]

ז) ושב הכהן ביום השביעי וראה והנה פשה הנגע בקירת הבית: [ויקרא יד, לט]

ח) ובא הכהן וראה והנה פשה הנגע בבית צרעת ממארת הוא בבית טמא הוא: [ויקרא יד, מד]

גמרא

ישנו בכלל מלקות ארבעים דברי רבי ישמעאל ר"ע אומר חייבי כריתות ישנו בכלל מלקות ארבעים שאם עשו תשובה ב"ד של מעלה מוחלין להן חייבי מיתות ב"ד אינו בכלל מלקות ארבעים שאם עשו תשובה אין ב"ד של מטה מוחלין להן ר' יצחק אומר חייבי כריתות בכלל היו ולמה יצאת כרת באחותו לדונו בכרת ולא במלקות מ"ט דר' ישמעאל דכתיב אם לא תשמור לעשות את כל דברי התורה הזאת וכתיב והפלא ה' את מכותך הפלאה זו איני יודע מה היא כשהוא אומר והפילו השופט והכהו לפניו הוי אומר הפלאה זו מלקות היא וכתיב אם לא תשמור לעשות את כל וגו' אי הכי חייבי עשה נמי אם לא תשמור כתיב וכדרבי אבין א"ר אילעי דאמר רבי אבין א"ר אילעי כל מקום שנאמר השמר פן ואל אינו אלא לא תעשה אי הכי לאו שאין בו מעשה נמי לעשות כתיב לאו שניתק לעשה נמי דומיא דלאו דחסימה השתא דאתית להכי כולהו נמי דומיא דלאו דחסימה ור"ע מאי טעמא כדי רשעתו משום רשעה אחת אתה מחייבו ואי אתה מחייבו משום שתי רשעיות ור' ישמעאל הני מילי מיתה וממון או מלקות וממון אבל מיתה ומלקות מיתה אריכתא היא ולרבי עקיבא אי הכי חייבי כריתות נמי מאי אמרת שאם עשו תשובה השתא מיהת לא עבדי אמר רבי אבהו (א) בפירוש ריבתה תורה חייבי כריתות למלקות דגמר לעיני מלעיניך מתקיף לה ר' אבא בר ממל אי הכי חייבי מיתות ב"ד נמי נגמרם מעיני מלעיניך דנין לעיני מלעיניך ואין דנין מעיני מלעיניך ומאי נפקא מיניה והא תנא דבי ר' ישמעאל ושב הכהן ובא הכהן זו היא שיבה וזו היא ביאה ועוד לגמור מעיני מלעיני דהא גמור לעיני מלעיניך קבלה מיניה רבי שמואל בר רב יצחק כדי רשעתו משום רשעה אחת אתה מחייבו ואי אתה מחייבו משום שתי רשעיות ברשעה המסורה לב"ד הכתוב מדבר רבא אמר אתרו ביה לקטלא כ"ע לא פליגי דאין לוקה ומת כי פליגי דאתרו ביה למלקות רבי ישמעאל סבר לאו שניתן לאזהרת מיתת ב"ד לוקין עליו ור"ע סבר לאו שניתן לאזהרת מיתת ב"ד אין לוקין עליו ור"ע אי הכי חייבי כריתות נמי לאו שניתן לאזהרת כרת הוא א"ל רב מרדכי לרב אשי הכי אמר אבימי מהגרוניא משמיה דרבא חייבי כריתות לא צריכי התראה שהרי פסח ומילה ענש אף על פי שלא הזהיר ודלמא אזהרה לקרבן דהא פסח ומילה דלית בהו אזהרה לא מייתי קרבן התם לאו היינו טעמא אלא משום דאיתקש כל התורה כולה לעבודת כוכבים מה עבודת כוכבים שב ואל תעשה אף כל שב ואל תעשה לאפוקי הני דקום עשה רבינא אמר לעולם כדאמרינן

רש"י

ישנו בכלל מלקות ארבעים. השתא סלקא (ג) דעתך שאם התרו בו מיתה ומלקות לוקה ומת: שאם עשו תשובה כו'. לא גרסי' לה בדרבי ישמעאל: רבי עקיבא אומר חייבי כריתות. אם התרו בהם מלקות ישנו בכלל מלקות ולוקין ואין כאן משום חייבי שתי רשעיות שאתה עונשו מלקות עם הכרת ולמה אינן שתי רשעיות לפי שיכול לפטור עצמו מעונש הכרת על ידי תשובה מב"ד של מעלה אבל חייבי מיתות אינן בכלל מלקות שיש כאן שתי פורעניות מלקות ומיתה ומשילקה סופו ליהרג שאפי' יעשה תשובה אין ב"ד שלמטה מוחלין לו את המיתה: רבי יצחק אומר. אף חייבי כריתות שהתרו בהן למלקות אינן בכלל מלקות לפי שכל חייבי כריתות של עריות בכלל היו דכתיב (ויקרא יח) כי כל אשר יעשה מכל התועבות האלה ונכרתו הנפשות וגו': למה יצאת כרת באחותו. לעצמה דכתיב בקדושים תהיו ואיש (כי) יקח את אחותו וגו': לדונו בכרת. לכך שנה בכרת שלהן לומר שאין בהן עונש אלא כרת לבדו: לאו שאין בו מעשה נמי. אלמה אמרינן בכמה דוכתי לאו שאין בו מעשה אין לוקין עליו: דומיא דלאו דחסימה. שהוא כתוב אצל פרשת מלקות: ורבי עקיבא. כיון דאמר אי אתה מחייבו משום שתי רשעיות חייבי כריתות נמי לא לילקו דהא שתי רשעיות נינהו שעדיין עונש הכרת עליו: מאי אמרת. לשנויי הך קושיא: שאם עשה תשובה. הטעם שנתן למעלה שהוא יכול לפטור את עצמו מן הכרת ע"י תשובה השתא מיהא עדיין לא שב ואתה מלקהו בעוד עונש הכרת עליו: לעיני. ונכרתו לעיני בני עמם וכתיב במלקות ונקלה אחיך לעיניך: נגמר מעיני. דכתיב בעבודת כוכבים אם מעיני העדה נעשתה לשגגה: זו היא שיבה כו'. למידין זה מזה גזירה שוה מה שיבה חולץ וקוצה וטח אף ביאה חולץ וקוצה וטח: ועוד נגמר מעיני. דמיתות ב"ד מלעיני דכריתות מה כריתות לוקה דהא גמרת לעיני מלעיניך אף מיתות ב"ד ילקה: קיבלה מיניה רבי שמואל. לתשובה זו מרבי אבא בר ממל ושני עלה ברשעה המסורה לב"ד הכתוב מדבר ב"ד הוזהרו שהם לא יחייבוהו שתי רשעיות כגון ממון ומלקות או מיתה ומלקות או מיתה וממון אבל כרת לא ע"י ב"ד הוא ויש לפרש קיבלה מיניה רבי שמואל מרבי אבהו תירוץ זה על אתקפתא דר' אבא בר ממל: דאתרו ביה למלקות. לחודיה: לאזהרת מיתת ב"ד. לאזהרת דבר שחייבין עליו מיתת ב"ד: אין לוקין עליו. כשהתרו בו מלקות בלא מיתה לפי שלא ניתן לאו זה לאזהרת עונש מלקות כשאר לאוין שהרי הוצרך להזהירו שאם לא כן לא היה יכול לחייבו מיתה: פסח ומילה. אין בהן לא תעשה וענש (ג) להם כרת: לקרבן. שאם יעשה שוגג יביא קרבן: פסח ומילה. אין קרבן בשוגג שלהן כדאמרינן בכריתות בפ"ק הפסח והמילה מצות עשה כלומר אינו בכלל שאר כריתות למנותן עם שאר כריתות שנמנו שם כולם לומר שאם עשאום כולם בהעלם אחד חייב קרבנות כמספר הכריתות: התם לאו היינו טעמא. מה שאין מביאין קרבן על פסח ומילה אין הטעם בשביל שאין בהם אזהרה אלא בשביל שהם מצות עשה דהוקשה כל התורה כולה לענין קרבן לעבודת כוכבים שנאמר בפרשת שלח לך אנשים אצל קרבן עבודת כוכבים תורה אחת יהיה לכם לעושה בשגגה כאן הוקשו כל עבירות שבתורה בשגגתן לעבודת כוכבים לענין קרבן מה עבודת כוכבים כרת שלו על דבר שהוא שב ולא תעשה כן והוא עמד ועשאו אף כל שב ואל תעשה אבל כרת של עמוד ועשה והוא ישב ולא עשה אין בו קרבן ופסח ומילה עמוד ועשה הוא אבל חייבי כריתות כגון אשר יעשה מכל (אלה) ונכרתו (ויקרא יח) לשון שב ואל תעשה הוא ואפילו לא נאמרה בו אזהרה לאו היה קרבן בא עליו:

כדאמרינן

תוספות

רבי יצחק אומר חייבי כריתות בכלל היו. פי' בקונטרס בכלל כל העריות דכתיב ונכרתו (כל) הנפשות ולמה יצאת כרת באחותו דכתיב ואיש אשר יקח את אחותו וקשה דהיה לו לומר דאחותו בכלל כל העריות היתה לכן נראה לפרש דחייבי כריתות בכלל מלקות (ד) הן דהא גמרינן דבכל לאו איכא מלקות מן והיה אם בן הכות הרשע ולמה יצאת כרת באחותו שהרי אחותו כתובה היתה עם העריות באחרי מות ונכרתו הנפשות אלא לכך יצאת בקדושים לדונו בכרת ולא במלקות כלומר אין חייבי כריתות לוקין:

רבי יצחק אומר חייבי כריתות כו'. וקשה (ה) לרבי יצחק לאו דכל כריתות למה לי דהא אסיקנא דקרבן לא בעי אזהרה ושמא יש לומר דנכתבו לעונש יתירא מידי דהוה אלאו שבכללות ולאו הניתק לעשה:

ורבי עקיבא מאי טעמא. נהי (ו) דאם חייבי מיתות אם עשו תשובה אין ב"ד של מטה מוחלין לו (ז) ומה בכך וליעבד ליה תרתי:

ברשעה המסורה לב"ד הכתוב מדבר. וטעמא דרבי עקיבא משום כדי רשעתו ולפי זה בחייבי מיתות דלא התרו בו למיתה דליכא מיתה והתרו בו למלקות דהשתא ליכא אלא רשעה דמלקות לקי וקשה דבעלמא (שבת קנד.) פריך גבי לאו דמחמר לאו שניתן לאזהרת מיתת ב"ד הוא ואין לוקין עליו ואף כי ליכא התם רשעה דמיתה וי"ל דהתם היינו כרבא דמוקי למילתיה דרבי עקיבא בהתרו בו למלקות ואפילו הכי לא לקי דהוי לאו שניתן לאזהרת מיתת בית דין ואין לוקין עליו:

מה עבודת כוכבים שב ואל תעשה אף כו'. לאפוקי הני דהוי קום ועשה וקשה דא"כ מה אמר פרק בתרא דעירובין (דף צו.) לר"ע דאמר כי כתיב ושמרת את החוקה לפסח ואי איתא לר' אבין דאמר השמר לא תעשה הוא הא דתנן (כריתות דף ג.) פסח אין לו קרבן מפני שהוא קום ועשה ואם איתא קום ולא תעשה הוא ומאי פריך הא מ"מ אינה דומיא לעבודת כוכבים דהוי שב ואל תעשה וזה מה שתעשה וי"ל דמכל מקום קשה

מסורת הש"ס

א) [לקמן כג: מגילה ז: כתובות לה: כריתות ב:], ב) [שבת קלח: ע"ש תמורה ג:], ג) שבועות ד. לו. סוטה ה. עירובין נו. זבחים קו. ע"ש מנחות לו: לט: ע"ז נא:, ד) [פסחים מא: לקמן טו.], ה) כתובות לז. [לעיל ד: וש"נ], ו) עירובין נא. חולין פה. יבמות יז: נדה כב: יומא ב: נזיר ה: הוריות ח: מנחות ד. מה: בכורות לב., ז) שבועות ד., ח) [שבת קנד. עירובין יז: ב"ק עד: סנהדרין פו: שבועות סט], ט) כריתות ג:, י) [שם שבת סט. קנג: קנד.], כ) [צ"ל אשר], ל) [צ"ל התועבות האלה], מ) [צ"ל אמר], נ) [ועמ"ש תוס' ב"ק עד: ד"ה הוה ליה כו' וע"ע תוס' שבת קנד. ד"ה בלאו].

הגהות הב"ח

(א) גמ' בפירוש ריבתה תורה חייבי כריתות למלקות. נ"ב והא דקאמר ר"ע שאם עשו תשובה כו' הכי קאמר מ"ש דמייבה תורה טפי בכרת מבחייבי מיתות ב"ד שאם עשו וכו' אך קשה הניחא לפירוש ראשון שברש"י דר' אבהו לא חש לקושיית [ר"א בר ממל] דהך ג"ש לא גמיר אבל לפי' שני קשה דא"כ דמכדי רשעתו נפקא לן לא אצטריך ג"ש מלעיניך ומלשון רש"י משמע דר' אבהו תירץ כך על אתקפתא דר"א בר ממל ולעולם איהו גופיה נראה דעיקר טעמיה מכדי רשעתו אלא [לאורויי] דהך כדי רשעתו לא איירי אלא ברשעה המסורה לב"ד לחודיה גמר מלעיניך דהך [illegible]

גליון הש"ס

גמ' רבא אמר אתרו ביה לקטלא. עי' ברמב"ה ורמב"ן סוף מסכתין: שם ר"י סבר לאו שניתן. עי' סנהדרין דף ט ע"א: שם חייבי כריתות ל"צ התראה. עי' יבמות דף נה ע"א ברש"י ד"ה לכרת נתנה: שם התם לאו ה"ט. עי' ב"ק דף קה ע"ב תוספות ד"ה מאי. שבועות דף יח ע"ב תד"ה ל"ת. זבחים דף קז ע"א תד"ה אזהרה:

ליקוטי רש"י

ר' יצחק אומר. דאין מלקין בלאו הניתן לאזהרת כרת אפילו התרו בו למלקות וילפ' טעמיה מהאי קרא. כל חייבי כריתות. של עריות היו בכלל ונכרתו הנפשות העושות וגו' שכתוב בפרשת עריות. ולמה יצאת וגו' לדונו בכרת ולא במלקות. אם התרו בהן ואף על גב דנדה נמי נשנית באותה פרשה לדבר שנתחדש בה נשנית להערלה [מגילה ז:]. לדונו בכרת ולא במלקות. והיה מלמד על הכלל כולו דלית ליה חייבי כריתות שלקו נפטרו מידי כריתות כדאמרינן באלו הן הלוקין [כריתות ב:].

רבינו חננאל

עקיבא חייבי כריתות ישנן בכלל מלקות ארבעים שאם עשו תשובה ב"ד של מעלה מוחלין להן חייבי מיתות ב"ד אינן בכלל מלקות ארבעים שאם עשו תשובה אין ב"ד של מטה מוחלין להן: ותניא אחד חייבי כריתות ואחד חייבי מיתות ב"ד ישנן בכלל מלקות ארבעים דברי ר' ישמעאל שנא' והפלא ה' הפלאה זו היא מלקות וכתיב אם לא תשמור לעשות את כל דברי התורה הזאת: כל חיובין שבתורה שיש בהן לאו ישנן בכלל מלקות ארבעים חוץ מלאו שאין בו מעשה ולאו שניתק לעשה דבעינן לאו דומיא דלא תחסום שור בדישו וסמיך ליה קרא לחייבי מלקות וקסבר מלקות ומיתה מיתה אריכתא היא ואינה שתי רשעיות כגון ממון ומלקות. ובא ר' אבהו ופירש טעמא דר' עקיבא ואמר בפירוש ריבתה תורה חייבי כריתות למלקות דגמר לה ג"ש לעיני מלעיניך. בחייבי מלקיות כתיב ונקלה אחיך לעיניך ובחייבי כריתות כתיב ונכרתו לעיני בני עמם מה לעיניך דכתיב התם מלקות אף לעיני דכתיב בחייבי כריתות מלקות ואקשינן ליגמר נמי ג"ש מעיני דכתי' באשת איש שזינתה דהיא חייבי מיתות ב"ד ונעלם מעיני אישה מלעיניך דמלקות ויהיו חייבי מיתות ב"ד במלקות: ודחי' ואסיקנא כתיב כדי רשעתו משום רשעה אחת אתה מחייבו ואי אתה מחייבו משום שתי רשעיות. ברשעה המסורה בב"ד כגון מיתה ומלקות הכתוב מדבר אבל חייבי כריתות (שהיא) [היא] רשעה המסורה בידי שמים: רבא אמר בחייבי מיתות ב"ד בדאתרו ביה למלקות ולא התרו ביה למיתה פליגי ר' ישמעאל סבר לאו שניתן לאזהרת מיתת ב"ד לוקין עליו ור' עקיבא סבר לאו שניתן לאזהרת מיתת ב"ד אין לוקין עליו. ואקשינן לר' עקיבא חייבי כריתות נמי לאו שניתן לאזהרת כרת הוא. ודחו משמיה דרבא חייבי כריתות לאו בני אזהרה נינהו שהרי פסח ומילה ענש אע"פ שלא הזהיר: א) ודלמא פסח ומילה משום דלא מייתי קרבן הוא דלא כתיבא בהו אזהרה דהא לא אתיא אזהרה אלא לחייב השוגג בקרבן. ודחי' לאו משום האי טעמא לא מייתי קרבן בפסח ומילה אלא משום דאיתקש כל התורה כולה לעבודת כוכבים מה עבודת כוכבים שב ולא תעשה ועשה בשגגה (מ' חייב) [מיחייב] קרבן למעוטי פסח ומילה דקום עשה נינהו רבינא אמר (רבי) [טעמא דרבי

חשק שלמה על ר"ח

א) אולי צ"ל ודלמא אזהרה לקרבן דפסח ומילה וכו' לא כתיבא בהו אזהרה ומ"כ י"ל דלא אתיא אזהרה כו'.

capital crime)[20] מִ,,לְעֵינֶיךָ'' – as being derived **from** the expression ***before your eyes*** (stated in regard to *malkus*). This *gezeirah shavah* would teach that capital crimes carry the additional penalty of *malkus.*[21] – ? –

The Gemara explains why only the first *gezeirah shavah* (*malkus* to *kares*) is valid, but not the second (*malkus* to capital crimes):

דָּנִין ,,לְעֵינֵי'' מִ,,לְעֵינֶיךָ'' – **We expound** the expression ***before the eyes of*** (stated in regard to *kares*) as being derived **from** the similar expression ***before your eyes*** (stated in regard to *malkus*).[22] וְאֵין דָּנִין ,,מֵעֵינֵי'' מִ,,לְעֵינֶיךָ'' – **But we do not expound** the expression ***from the eyes of*** (stated in regard to capital crimes) as being derived **from** the expression ***before your eyes*** (stated in regard to *malkus*), because they are not sufficiently similar.[23]

The Gemara objects to this answer:

וּמַאי נַפְקָא מִינֵּיהּ – **But what difference does it make?** I.e. why should a minor variation prevent the application of a *gezeirah shavah*? וְהָא תָּנָא דְּבֵי רַבִּי יִשְׁמָעֵאל – **Why, the following Baraisa was taught in the academy of R' Yishmael:** ,,וְשָׁב הַכֹּהֵן'' – One verse states: ***THE KOHEN SHALL RETURN*** to the house, ,,וּבָא הַכֹּהֵן'' – and another verse states: ***THE KOHEN SHALL COME*** to the house.[24] זוֹ הִיא שִׁיבָה וְזוֹ הִיא בִּיאָה – Essentially, **"RETURNING" AND "COMING" CONVEY THE SAME MEANING;** therefore, the two verses may be linked with a *gezeirah shavah* and the laws pertaining to one are applied in the case of the other.[25] This Baraisa proves that even two different words may be linked with a *gezeirah shavah* provided they convey a similar meaning.[26]

The Gemara raises another objection:

וְעוֹד – **Furthermore,** even if the words must indeed be identical for a *gezeirah shavah,* לִגְמוֹר ,,מֵעֵינֵי'' מִ,,לְעֵינֵי'' – **let us expound** the expression ***from the eyes of*** (stated in regard to capital crimes) as being derived **from** the expression ***before the eyes of*** (stated in regard to *kares*).[27] This *gezeirah shavah* would teach that capital crimes (like *kares*-bearing crimes) carry the additional penalty of *malkus,* דְּהָא גָּמוֹר ,,לְעֵינֵי'' מִ,,לְעֵינֶיךָ'' – **because they have** already **expounded the expression *before the eyes of*** (stated in regard to *kares*) as being derived **from** the expression ***before your eyes*** (stated in the context of *malkus*) to teach that *kares*-bearing sins are subject to *malkus.*[28] – ? –

The Gemara accepts R' Abba bar Mammal's refutation of R' Abahu's approach, and therefore proposes a different reason for Akiva's ruling:

קַבְּלָהּ מִינֵּיהּ רַבִּי שְׁמוּאֵל בַּר רַב יִצְחָק – **R' Shmuel bar Rav Yitzchak accepted it** [the refutation] **from [R' Abba bar Mammal];**[29] hence, he consequently gave a different explanation: ,,כְּדֵי רִשְׁעָתוֹ'' – The Torah states that *malkus* should be administered ***according to his wickedness,***[30] which implies that מִשּׁוּם רִשְׁעָה אַחַת אַתָּה מְחַיְּיבוֹ – **you punish him** [the sinner] **for only one wickedness,** וְאִי אַתָּה מְחַיְּיבוֹ מִשּׁוּם שְׁתֵּי רִשְׁעִיּוֹת – **but you do not punish him for two wickednesses;** i.e. there cannot be two dissimilar penalties administered for the same crime.[31] בְּרִשְׁעָה הַמְּסוּרָה לְבֵית דִּין הַכָּתוּב מְדַבֵּר – However, **the verse speaks** exclusively **of a punishment that is given over to the court** to administer.[32] The single-penalty rule is thus limited to court-imposed punishment. Accordingly, capital offenses cannot incur *malkus,* since that would mean that two penalties are to be administered by the court for a single crime. *Kares*-bearing sins, however, are not subject to the single-penalty rule, because *kares* is administered by Heaven.[33]

Rava gives a different explanation of the dispute between R' Yishmael and R' Akiva:

רָבָא אָמַר – **Rava says:** אַתְרוּ בֵּיהּ לִקְטָלָא – If **[the witnesses] warned [the capital offender]** that he would be liable even **to the death penalty,**[34] כּוּלֵּי עָלְמָא לֹא פְּלִיגֵי דְּאֵין לוֹקֶה וּמֵת – **everyone agrees that he does not incur** both ***malkus*** **and execution;** rather, he incurs execution alone.[35] כִּי פְּלִיגֵי – **In**

NOTES

20. *Numbers* 15:24, which reads: אִם מֵעֵינֵי הָעֵדָה נֶעֶשְׂתָה לִשְׁגָגָה, *If "from the eyes of" the congregation* [i.e. the Great Sanhedrin] *it was done by mistake* (*Rashi*). This refers to a case in which the Great Sanhedrin mistakenly permitted a capital idolatrous offense.

21. This would be another exception to the one-penalty rule.

22. לְעֵינֵי and לְעֵינֶיךָ are identical except for the suffix.

23. These words (מֵעֵינֵי and לְעֵינֶיךָ) have neither the same beginning nor the same end.

24. The first verse is *Leviticus* 14:39; the second is verse 44 there. Both verses are stated in regard to different stages in the Kohen's inspection and treatment of a house afflicted with *tzaraas.*

25. In respect to the Kohen's "returning" to the house to inspect it, the Torah (in verses 40-42) details the procedure of removing the afflicted stones, scraping off the surrounding plaster and laying new stones. This procedure is not stated explicitly in regard to his "coming" to the house (verse 44), but the *gezeirah shavah* teaches that the same procedure applies to the "coming" as well (*Rashi;* see *Rashi* to *Eruvin* 51a and to *Leviticus* 14:44 at length).

26. In the same way, the word מֵעֵינֵי, *from the eyes of,* stated in the context of capital crimes is sufficiently close in meaning to the word לְעֵינֶיךָ, *before your eyes,* stated in the context of *malkus* to allow a *gezeirah shavah,* which would teach that the penalty of *malkus* applies even to capital crimes.

27. This *gezeirah shavah* ought to be valid, since these two words (מֵעֵינֵי and לְעֵינֵי) are identical except for the prefix. We would thus establish a link between capital crimes and *kares.* The Gemara proceeds to explain what purpose this *gezeirah shavah* would serve.

28. The Gemara is proposing a two-stage *gezeirah shavah.* First, by linking *kares* to *malkus,* we derive that *kares*-bearing sins carry the additional penalty of *malkus.* [This is the original *gezeirah shavah* presented by R' Abahu.] Second, by linking capital crimes to *kares,* we derive that just as *kares*-bearing crimes carry the additional penalty of *malkus,* so do capital crimes (*Rashi*).

It has thus been shown if R' Abahu's explanation of R' Akiva's ruling is taken to its ultimate conclusion, it would yield that not only *kares*-bearing crimes are subject to *malkus,* but so are capital crimes. R' Abahu's approach thus fails to explain why R' Akiva differentiates between these two types of crimes.

29. This is *Rashi's* first explanation of the phrase. Alternatively, *Rashi* interprets it to mean: R' Shmuel bar Rav Yitzchak received from *R' Abahu* [the following explanation of R' Akiva's view, according to which the problems raised by R' Abba bar Mammal are resolved].

30. *Deuteronomy* 25:2.

31. [See note 13.] This exposition was introduced above in explanation of R' Akiva's view. It was refuted, however, because it failed to explain why R' Akiva rules that *kares*-bearing sins *do* carry the extra penalty of *malkus.* R' Shmuel bar Rav Yitzchak now addresses this problem.

32. In context, the verse is addressing the *court* (specifically, about the application of *malkus*).

33. Hence, it does not violate the single-penalty rule for the court to impose *malkus* for a *kares*-bearing crime.

The reason given by R' Akiva in the Baraisa ("if they repent, the Heavenly court forgives them the *kares* penalty") is intended as a rationale for this Scriptural exposition (see note 19).

34. I.e. he was warned that if he commits the crime he would be liable not only to *malkus* but to the death penalty as well.

35. According to Rava, everyone (even R' Yishmael) agrees that the single-penalty rule prevents the courts from actually administering both execution and *malkus.* Instead, they impose only the more severe punishment of execution (see *Maharsha;* cf. *Rashash*).

ישנו בכלל מלקות ארבעים דברי רבי ישמעאל ר"ע אומר [א] חייבי כריתות ישנו בכלל מלקות ארבעים שאם עשו תשובה ב"ד של מעלה מוחלין להן חייבי מיתות ב"ד אינו בכלל מלקות ארבעים שאם עשו תשובה אין ב"ד של מטה מוחלין להן (א) ר' יצחק אומר חייבי כריתות בכלל היו ולמה יצאת כרת באחותו לדונו בכרת ולא במלקות מ"ט דר' ישמעאל דכתיב (א) אם לא תשמור לעשות את כל דברי התורה הזאת וכתיב (ב) והפלא ה' את מכותך (ב) הפלאה זו איני יודע מה היא כשהוא אומר (ג) והפילו השופט והכהו לפניו הוי אומר הפלאה זו מלקות היא וכתיב (א) אם לא תשמור לעשות את כל וגו' אי הכי חייבי עשה נמי אם לא תשמור כתיב וכדרבי אבין א"ר אילעי (ג) דאמר רבי אבין א"ר אילעי כל מקום שנאמר השמר פן ואל אינו אלא לא תעשה אי הכי לאו שאין בו מעשה נמי (א) לעשות כתיב לאו שניתק לעשה נמי דומיא (ד) דלאו דחסימה השתא דאתית להכי כולהו נמי דומיא דלאו דחסימה ור"ע מאי טעמא (ג) כדי רשעתו (ה) משום רשעה אחת אתה מחייבו ואי אתה מחייבו משום שתי רשעיות ור' ישמעאל הני מילי מיתה וממון או מלקות וממון אבל מיתה ומלקות מיתה אריכתא היא ולרבי עקיבא אי הכי חייבי כריתות נמי מאי אמרת שאם עשו תשובה השתא מיהת לא עבדי אמר רבי אבהו (א) בפירוש ריבתה תורה חייבי כריתות למלקות דגמר (ד) לעיני (ה) מלעיניך מתקיף לה ר' אבא בר ממל אי הכי חייבי מיתות ב"ד נמי נגמרם (ו) מעיני מלעיניך דנין לעיני מלעיניך ואין דנין מעיני מלעיניך ומאי נפקא מיניה והא (ז) תנא דבי ר' ישמעאל (ז) ושב הכהן (ח) ובא הכהן זו היא שיבה וזו היא ביאה ועוד לגמור מעיני מלעיני דהא גמור לעיני מלעיניך קבלה מיניה רבי שמואל בר רב יצחק כדי רשעתו משום רשעה אחת אתה מחייבו ואי אתה מחייבו משום שתי רשעיות ברשעה המסורה לב"ד הכתוב מדבר ° רבא אמר אתרו ביה לקטלא כ"ע לא פליגי דאין לוקה ומת כי פליגי דאתרו ביה למלקות ° (ז) רבי ישמעאל סבר לאו שניתן לאזהרת מיתת ב"ד לוקין עליו ור"ע סבר (ח) [ב] לאו שניתן לאזהרת מיתת ב"ד אין לוקין עליו ור"ע אי הכי חייבי כריתות נמי לאו שניתן לאזהרת כרת הוא א"ל רב מרדכי לרב אשי הכי אמר אבימי מהגרוניא משמיה דרבא ° [ג] חייבי כריתות לא צריכי התראה שהרי פסח ומילה ענש אף על פי שלא הזהיר ודלמא אזהרה לקרבן (ט) דהא פסח ומילה דלית בהו אזהרה [ד] לא מייתי קרבן ° התם לאו היינו טעמא אלא משום (י) דאיתקש כל התורה כולה לעבודת כוכבים מה עבודת כוכבים שב ואל תעשה אף כל שב ואל תעשה לאפוקי הני דקום עשה רבינא אמר לעולם כדאמרינן

רש"י

ישנו בכלל מלקות ארבעים. השתא סלקא (ב) דעתך שאם התרו בו מיתה ומלקות לוקה ומת: שאם עשו תשובה כו'. לא גרסי' לה בדרבי ישמעאל: רבי עקיבא אומר חייבי כריתות. אם התרו בהם מלקות ישנו בכלל מלקות ולוקין ואין כאן משום חייבי שתי רשעיות שאתה עונשו מלקות עם הכרת ולמה אינן שתי רשעיות לפי שיכול לפטור עצמו מעונש הכרת על ידי תשובה מב"ד של מעלה אבל חייבי מיתות אינן בכלל מלקות שיש כאן שתי פורעניות מלקות ומיתה ומשילקה סופו ליהרג שאפי' יעשה תשובה אין ב"ד שלמטה מוחלין לו את המיתה: רבי יצחק אומר. אף חייבי כריתות שהתרו בהן למלקות אינן בכלל מלקות לפי שכל חייבי כריתות של עריות בכלל היו דכתיב (ויקרא יח) כי כל אשר יעשה מכל התועבות האלה ונכרתו הנפשות וגו': למה יצאת כרת באחותו. לעלמה דכתיב בקדושים תהיו ואיש [כ] (כי) יקח את אחותו וגו': לדונו בכרת. לכך שנה בכרת שלהן לומר שאין בהן עונש אלא כרת לבדו: לאו שאין בו מעשה נמי. אלמה אמרינן בכמה דוכתי לאו שאין בו מעשה אין לוקין עליו: דומיא דלאו דחסימה. שהוא כתוב אצל פרשת מלקות: ורבי עקיבא. כיון דאמר אי אתה מחייבו משום שתי רשעיות חייבי כריתות נמי לא ילקו דהא שתי רשעיות ניהו שעדיין עונש הכרת עליו: מאי אמרת. לשנויי הך קושיא: שאם עשה תשובה. הטעם שנתן למעלה שהוא יכול לפטור את עצמו מן הכרת ע"י תשובה השתא מיהא עדיין לא שב ואתה מלקהו בעוד עונש הכרת עליו: לעיני. ונכרתו לעיני בני עמם וכתיב במלקות ונקלה אחיך לעיניך: נגמר מעיני. דכתיב בעבודת כוכבים אם מעיני העדה נעשתה לשגגה: זו היא שיבה כו'. למידין זה מזה גזירה שוה מה שיבה חולץ וקוצה וטח אף ביאה חולץ וקוצה וטח: ועוד נגמר מעיני. דמיתות ב"ד מלעיני דכריתות מה כריתות לוקה דהא גמרת לעיני מלעיניך אף מיתות ב"ד ילקה: קיבלה מיניה רבי שמואל. לתשובה זו מרבי אבא בר ממל ושני עלה ברשעה המסורה לב"ד הכתוב מדבר ב"ד הוזהרו שהם לא יחייבוהו שתי רשעיות כגון ממון ומלקות או מיתה ומלקות או מיתה וממון אבל כרת לא ע"י ב"ד הוא ויש לפרש קיבלה מיניה רבי שמואל מרבי אבהו תירוץ זה על אתקפתא דר' אבא בר ממל: דאתרו ביה למלקות. לחודיה: לאזהרת מיתת ב"ד. לאזהרת דבר שחייבין עליו מיתת ב"ד: אין לוקין עליו. כשהתרו בו מלקות בלא מיתה לפי שלא ניתן לאו זה לאזהרת עונש מלקות כשאר לאוין שהרי הוצרך להזהירו שאם לא כן לא היה יכול לחייבו מיתה: פסח ומילה. אין בהן לא תעשה וענש (ג) להם כרת: לקרבן. שאם יעשה שוגג יביא קרבן: פסח ומילה. אין קרבן בשוגג שלהן כדאמרינן בכריתות בפ"ק הפסח והמילה מצות עשה כלומר אינו בכלל שאר כריתות למנותן עם שאר כריתות שנמנו שם כולם לומר שאם עשאום כולם בהעלם אחד חייב קרבנות כמספר הכריתות: התם לאו היינו טעמא. מה שאין מביאין קרבן על פסח ומילה אין הטעם בשביל שאין בהם אזהרה אלא בשביל שהם מצות עשה דהוקשה כל התורה כולה לענין קרבן לעבודת כוכבים שנאמר בפרשת שלח לך אנשים אבל קרבן עבודת כוכבים תורה אחת יהיה לכם לעושה בשגגה כאן הוקשו כל עבירות שבתורה בשגגתן לעבודת כוכבים לענין קרבן מה עבודת כוכבים כרת שלו על דבר שהוא שב ולא תעשה כן והוא עמד ועשאו אף כל שב ואל תעשה אבל כרת של עמוד ועשה והוא ישב ולא עשה אין בו קרבן ופסח ומילה עמוד ועשה הוא אבל חייבי כריתות כגון אשר יעשה מכל [ל] (אלה) ונכרתו (ויקרא יח) לשון שב ואל תעשה הוא ואפילו לא נאמרה בו אזהרת לאו היה קרבן בא עליו: כדאמרינן

תוספות

רבי יצחק אומר חייבי כריתות בכלל היו. פי' בקונטרס בכלל כל העריות דכתיב ונכרתו (כל) הנפשות ולמה יצא כרת באחותו דכתיב ואיש אשר יקח את אחותו וקשה דהיה לו לומר דאחותו בכלל כל העריות היתה לכן נראה לפרש דחייבי כריתות בכלל מלקות (ד) הן דהא גמרינן דבכל לאו איכא מלקות מן והיה אם בן הכות הרשע ולמה יצאת כרת באחותו שהרי אחותו כתובה היתה עם העריות באחרי מות ונכרתו הנפשות אלא לכך יצאת בקדושים לדונו בכרת ולא במלקות כלומר אין חייבי כריתות לוקין:

רבי יצחק אומר חייבי כריתות כו'. וקשה (ה) לרבי יצחק לאו דכל כריתות למה לי דהא אסיקנן דקרבן לא בעי אזהרה ושמא יש לומר דנכתבו לעונש יתירא מידי דהוה אלאו שבכללות ולאו הניתק לעשה:

ורבי עקיבא מאי טעמא. נהי (ו) דאם חייבי מיתות אם עשו תשובה אין ב"ד של מטה מוחלין לו (ז) ומה בכך וליעבד ליה תרתי:

ברשעה המסורה לב"ד הכתוב מדבר. וטעמא דרבי עקיבא משום כדי רשעתו ולפי זה בחייבי מיתות דלא התרו בו למיתה דליכא מיתה והתרו בו למלקות דהשתא ליכא אלא רשעה דמלקות לקי וקשה דבעלמא (שבת קנד.) [מ] פריך גבי לאו דמחמר לאו שניתן לאזהרת מיתת ב"ד הוא ואין לוקין עליו ואף כי ליכא התם רשעה דמיתה וי"ל דהתם היינו כרבא דמוקי למילתיה דרבי עקיבא בהתרו בו למלקות ואפילו הכי לא לקי דהוי לאו שניתן לאזהרת מיתת בית דין ואין לוקין עליו [נ]:

מה עבודת כוכבים שב ואל תעשה אף כו'. לאפוקי הני דהוי קום ועשה וקשה דא"כ מה אמר פרק בתרא דעירובין (דף צו.) לר"ע דאמר כי כתיב ושמרת את החוקה לפסח ואי איתא לר' אבין דאמר השמר לא תעשה הוא הא דתנן (כריתות דף ג.) פסח אין לו קרבן מפני שהוא קום ועשה ואם איתא קום ולא תעשה הוא ומאי פריך הא מ"מ אינה דומיא דעבודת כוכבים דהוי שב ואל תעשה וזה מה שתעשה וי"ל דמכל מקום קשה

עין משפט נר מצוה

ט א מיי' פי"ח מהלכות סנהדרין הל"א ופי"א מהל' איסורי ביאה הל"ז סמג לאוין קה:

י ב מיי' פי"ח מהלכות סנהדרין הלכה ב:

יא ג מיי' פ"א מהל' איסורי ביאה הל"א והל"ג:

יב ד מיי' פ"א מהלכות שגגות הלכה ב סמג עשין ריג:

תורה אור השלם

א) אִם לֹא תִשְׁמֹר לַעֲשׂוֹת אֶת כָּל דִּבְרֵי הַתּוֹרָה הַזֹּאת הַכְּתֻבִים בַּסֵּפֶר הַזֶּה לְיִרְאָה אֶת הַשֵּׁם הַנִּכְבָּד וְהַנּוֹרָא הַזֶּה אֵת יְיָ אֱלֹהֶיךָ: [דברים כח, נח]

ב) וְהִפְלָא יְיָ אֶת מַכֹּתְךָ וְאֵת מַכּוֹת זַרְעֶךָ מַכּוֹת גְּדֹלֹת וְנֶאֱמָנוֹת וָחֳלָיִם רָעִים וְנֶאֱמָנִים: [דברים כח, נט]

ג) וְהָיָה אִם בִּן הַכּוֹת הָרָשָׁע וְהִפִּילוֹ הַשֹּׁפֵט וְהִכָּהוּ לְפָנָיו כְּדֵי רִשְׁעָתוֹ בְּמִסְפָּר: [דברים כה, ב]

ד) וְאִישׁ אֲשֶׁר יִקַּח אֶת אֲחֹתוֹ בַּת אָבִיו אוֹ בַת אִמּוֹ וְרָאָה אֶת עֶרְוָתָהּ וְהִיא תִרְאֶה אֶת עֶרְוָתוֹ חֶסֶד הוּא וְנִכְרְתוּ לְעֵינֵי בְּנֵי עַמָּם עֶרְוַת אֲחֹתוֹ גִּלָּה עֲוֹנוֹ יִשָּׂא: [ויקרא כ, יז]

ה) אַרְבָּעִים יַכֶּנּוּ לֹא יֹסִיף פֶּן יֹסִיף לְהַכֹּתוֹ עַל אֵלֶּה מַכָּה רַבָּה וְנִקְלָה אָחִיךָ לְעֵינֶיךָ: [דברים כה, ג]

ו) וְהָיָה אִם מֵעֵינֵי הָעֵדָה נֶעֶשְׂתָה לִשְׁגָגָה וְעָשׂוּ כָל הָעֵדָה פַּר בֶּן בָּקָר אֶחָד לְעֹלָה לְרֵיחַ נִיחֹחַ לַייָ וּמִנְחָתוֹ וְנִסְכּוֹ כַּמִּשְׁפָּט וּשְׂעִיר עִזִּים אֶחָד לְחַטָּת: [במדבר טו, כד]

ז) וְשָׁב הַכֹּהֵן בַּיּוֹם הַשְּׁבִיעִי וְרָאָה וְהִנֵּה פָּשָׂה הַנֶּגַע בְּקִירֹת הַבָּיִת: [ויקרא יד, לט]

ח) וּבָא הַכֹּהֵן וְרָאָה וְהִנֵּה פָּשָׂה הַנֶּגַע בַּבָּיִת צָרַעַת מַמְאֶרֶת הִוא בַּבַּיִת טָמֵא הוּא: [ויקרא יד, מד]

רבינו חננאל

עקיבא חייבי כריתות ישנן בכלל מלקות ארבעים שאם עשו תשובה ב"ד של מעלה מוחלין להן חייבי מיתות ב"ד אינן בכלל מלקות ארבעים שאם עשו תשובה אין ב"ד של מטה מוחלין להן: ותניא אחד חייבי כריתות ואחד חייבי מיתות ב"ד ישנן בכלל מלקות ארבעים דברי ר' ישמעאל שנא' והפלא ה' הפלאה זו היא מלקות וכתיב אם לא תשמור לעשות את כל דברי התורה הזאת: כל חיובין שבתורה שיש בהן לאו ישנן בכלל מלקות ארבעים חוץ מלאו שאין בו מעשה ולאו שניתק לעשה דבעינן לאו דומיא דלא תחסום שור בדישו וסמיך ליה קרא לחייבי מלקות וקסבר מלקות ומיתה מיתה אריכתא היא ואינה שתי רשעיות כגון ממון ומלקות. ובא ר' אבהו ופירש טעמא דר' עקיבא ואמר בפירוש ריבתה תורה חייבי כריתות למלקות דגמר לה ג"ש לעיני מלעיניך. בחייבי מלקיות כתיב ונקלה אחיך לעיניך ובחייבי כריתות כתיב ונכרתו לעיני בני עמם מה לעיניך דכתיב התם מלקות אף לעיני דכתיב בחייבי כריתות מלקות ואקשינן ליגמר נמי ג"ש מעיני דכתי' באשת איש שזינתה דהיא חייבי מיתות ב"ד ונעלם מעיני אישה מלעיניך דמלקות ויהיו חייבי מיתות ב"ד במלקות: ודחי' ואסיקנא כתיב כדי רשעתו משום רשעה אחת אתה מחייבו ואי אתה מחייבו משום שתי רשעיות. ברשעה המסורה בב"ד כגון מיתה ומלקות הכתוב מדבר אבל חייבי כריתות (שהיא) [היא] רשעה המסורה בידי שמים: רבא אמר בחייבי מיתות ב"ד בדאתרו ביה למלקות ולא התרו ביה למיתה פליגי ר' ישמעאל סבר לאו שניתן לאזהרת מיתת ב"ד לוקין עליו ור' עקיבא סבר אין לוקין עליו. ואקשינן לר' עקיבא חייבי כריתות נמי לאו שניתן לאזהרת כרת הוא. ודחו משמיה דרבא חייבי כריתות לאו בני אזהרה נינהו שהרי פסח ומילה ענש אע"פ שלא הזהיר: א) ודלמא פסח ומילה משום דלא מייתי קרבן הוא דלא כתיבא בהו אזהרה דהא לא אתיא אזהרה אלא לחייב השוגג בקרבן. ודחי' לאו משום האי טעמא לא מייתי קרבן בפסח ומילה אלא משום דאיתקש כל התורה כולה לעבודת כוכבים מה עבודת כוכבים שב ולא תעשה ובשגגה (מי' חייב) [מיחייב] קרבן למעוטי פסח ומילה דקום עשה נינהו רבינא אמר (רבי) [טעמא דרבי

מסורת הש"ס

א) [לקמן כג: מגילה ז: כתובות לה: כריתות ב:], ב) [שבת קלח: ע"ש תמורה ג:], ג) שבועות ד. לו. סוטה ה. עירובין לו. זבחים קו. ע"ש מנחות לו: לט: ע"ז נא:, ד) [פסחים מא: לקמן טו.], ה) כתובות לז. [לעיל ד: וש"נ], ו) עירובין נא. חולין פה. יבמות יז: נדה כב: יומא ב: נזיר ה: הוריות ח: מנחות ד. מה: בכורות לב., ז) שבועות ד., ח) [שבת קנד. עירובין יז: ב"ק עד: סנהדרין פו: שבועות שם], ט) כריתות ג., י) [עם שבת סט. קנג: קנד.], כ) [צ"ל אשר], ל) [צ"ל התועבות האלה], מ) [צ"ל אמר], נ) [ועמ"ש תוס' ב"ק עד: ד"ה הוה ליה כו' וע"ע תוס' שבת קנד. ד"ה בלאו].

הגהות הב"ח

(א) גמ' בפירוש ריבתה תורה חייבי כריתות למלקות. נ"ב והא דקאמר ר"ע שאם עשו תשובה כו' הכי קאמר מ"ש דחייבה תורה טפי בכרת מבחייבי מיתות ב"ד שאם עשו וכו' אך קשה הניחא לפירוש ראשון שברש"י דר' אבהו לא חש לקושיית [ר"א בר ממל] דהך ג"ש לא גמיר אבל לפי' שני קשה דא"כ דמכדי רשעתו נפקא לן לא אצטריך ג"ש מלעיניך ומלשון רש"י משמע דר' אבהו תירץ כך על אתקפתא דר"א בר ממל ולעולם איהו גופיה נראה דעיקר טעמיה מכדי רשעתו אלא [לאורויי] דהך כדי רשעתו לא איירי אלא ברשעה המסורה לב"ד לחודיה גמר מלעיניך דהך ג"ש אינה אלא גלוי מילתא משום שהקשה ליה ר"א בר ממל ליגמר מעיני מלעיני דאף חייבי מיתות ב"ד לוקה ומת ומשני כדי רשעתו וכו' ברשעה המסורה לב"ד הכתוב מדבר דגז"ש גלי לן דלא דיבר הכתוב אלא דחייבי מיתות לא לקי וק"ל: (ב) רש"י ד"ה ישנו וכו' השתא סלקא אדעתיה שאם. נ"ב כלומר מדקאמר מתניתין דתנא כרת ולא תנא מיתות ב"ד כר"ע דלא פסיקא ליה לומר באתרו ביה מודה ר' ישמעאל דאינו לוקה ומת: (ג) שם ד"ה פסח וכו' וענש עליהם כרת: (ד) תוס' ד"ה ר' יצחק וכו' בכלל מלקות היו דהא: (ה) שם ד"ה ר' יצחק וכו' וקשה לרבי יצחק כו' דהא אסיקנא: (ו) שם ד"ה ור' עקיבא וכו' נהי דחייבי כצ"ל ותיבת דאם נמחק: (ז) בא"ד מה בכך כצ"ל ואות ו' נמחק:

גליון הש"ס

גמ' רבא אמר אתרו ביה לקטלא. עי' ברז"ה ורמב"ן סוף מסכתין: שם ר"י סבר לאו שניתן. עי' סנהדרין דף ט ע"א: שם חייבי כריתות ל"צ התראה. עי' יבמות דף נה ע"א ברש"י ד"ה לכרת נתנה: שם התם לאו ה"ט. עי' ב"ק דף קה ע"ב תוספות ד"ה מאי. שבועות דף יח ע"ב תד"ה ל"ת. זבחים דף קז ע"א תד"ה אזהרה:

ליקוטי רש"י

ר' יצחק אומר. דאין מלקין בלאו הניתן לאזהרת כרת אפילו התרו בו למלקות ויליף טעמיה מהאי קרא. כל חייבי כריתות. של עריות היו בכלל ונכרתו הנפשות העושות וגו' שכתוב בפרשת עריות. ולמה יצאת וגו' לדונו בכרת ולא במלקות. אם התרו בהן ואף על גב דנדה נמי נשנית באותה פרשה לדבר שנתחדש בה נשנית להערלה [מגילה ז:]. לדונו בכרת ולא במלקות. והיה מלמד על הכלל כולו דלית ליה חייבי כריתות שלקו נפטרו מידי כריתות כדאמרינן באלו הן הלוקין [כריתות ב:].

חשק שלמה על ר"ח א) אולי צ"ל ודלמא אזהרה לקרבן דפסח ומילה וכו' לא כתיבא בהו אזהרה וא"כ י"ל דלא אתיא אזהרה כו'.

what case do [R' Yishmael and R' Akiva] argue? דְּאַתְרוּ בֵּיהּ לְמַלְקוּת – **Where [the witnesses] warned him** only **about** ***malkus.***[36] רַבִּי יִשְׁמָעֵאל סָבַר לָאו שֶׁנִּיתָּן לְאַזְהָרַת מִיתַת בֵּית דִּין לוֹקִין עָלָיו – **R' Yishmael holds** that **one receives** ***malkus*** even for violating **a prohibition given to warn against** incurring **the death penalty.**[37] וְרַבִּי עֲקִיבָא סָבַר לָאו שֶׁנִּיתָּן לְאַזְהָרַת מִיתַת בֵּית דִּין אֵין לוֹקִין עָלָיו – **But R' Akiva holds** that **one does not receive** ***malkus*** for violating **a prohibition given to warn against** incurring **the death penalty.**[38] In R' Akiva's view, a Scriptural warning (*azharah*) in the case of capital offense does not serve to impose *malkus* as well. Therefore, even in our case, where the offender does not actually receive the death penalty,[39] he cannot incur *malkus.*

The Gemara asks:

וְרַבִּי עֲקִיבָא – **But R' Akiva** must address the following difficulty: אִי הָכִי – **If so,** that a capital crime cannot be punished by *malkus* for the reason given above, then the same should apply in the case of a *kares*-bearing crime, חַיָּיבֵי כְּרֵיתוֹת נַמִּי לָאו שֶׁנִּיתָּן לְאַזְהָרַת כָּרֵת הוּא – because **sins punishable by** ***kares*** **are also prohibitions given to warn against** incurring ***kares.*** Hence, their Scriptural warning imposes only *kares,* and not *malkus.* Why, then, does R' Akiva rule that *kares*-bearing sins do indeed carry *malkus*?

The Gemara defends Rava's explanation:

אָמַר לֵיהּ רַב מָרְדְּכַי לְרַב אַשִׁי – **Rav Mordechai said to Rav Ashi:** הָכִי אָמַר אֲבִימִי מֵהַגְרוֹנְיָא מִשְּׁמֵיהּ דְּרָבָא – **This is what Avimi from Hagronia said in the name of Rava:** חַיָּיבֵי כְּרֵיתוֹת לֹא צְרִיכֵי הַתְרָאָה – ***Kares*-bearing sins do not require a** Scriptural **warning.**[40] Therefore, the Scriptural warning in the case of a *kares*-bearing prohibition is available to impose *malkus.*

Proof is cited to the effect that a *kares*-bearing crime does not require a Scriptural warning:

שֶׁהֲרֵי פֶּסַח וּמִילָה – **For we see that** in the case of one who fails to perform the obligations of **the** ***pesach*** **offering and circumcision,**[41] עָנַשׁ אַף עַל פִּי שֶׁלֹּא הִזְהִיר – **[the Torah] punishes** him with *kares* **even though [the Torah] did not warn** him. Scripture contains no warning against failing to bring a *pesach* offering or failing to undergo circumcision.[42] The Torah merely states the requirement to perform these commandments and imposes *kares* for failure to do so. This proves that a Scriptural warning is not a prerequisite to *kares.*

Conceding that the Scriptural warning of a *kares*-bearing sin is not needed to impose *kares,* the Gemara argues that it does not impose *malkus* either:

וְדִלְמָא אַזְהָרָה לְקָרְבָּן – **Perhaps** the **Scriptural warning** in the case of a *kares*-bearing sin is required to obligate the offender **to** bring **a** ***chatas*** **offering?**[43] Indeed, this can be proven as follows: דְּהָא פֶּסַח וּמִילָה דְּלֵית בְּהוּ אַזְהָרָה – **For** we find that in the case of one who fails to perform the commandments of **the** ***pesach*** **offering and circumcision, which do not have a Scriptural warning,**[44] לֹא מַיְיתֵי קָרְבָּן – **one does not bring a** ***chatas*** **offering.**[45] These two commandments are unique among *kares*-bearing precepts in that they neither have a Scriptural warning nor are subject to a *chatas.* This suggests a correlation between a Scriptural warning and *chatas* liability. It may consequently be inferred that the purpose of the Scriptural warning in the case of *kares*-bearing sins is to impose *chatas* liability, not *malkus.* — ? —

The Gemara deflects the proof:

הָתָם לָאו הַיְינוּ טַעְמָא – **There,** in the cases of the *pesach* offering and circumcision, **that is not the reason.** I.e. the absence of a Scriptural warning in those cases is not the reason they are not subject to a *chatas.* אֶלָּא מִשּׁוּם דְּאִיתְקַשׁ כָּל הַתּוֹרָה כּוּלָּהּ לַעֲבוֹדַת כּוֹכָבִים – **Rather** it is **because all** the *chatas*-bearing commandments of **the Torah** are **compared to** the prohibition of **idolatry.**[46] מָה עֲבוֹדַת כּוֹכָבִים שֵׁב וְאַל תַּעֲשֶׂה – This analogy teaches that **just as** the prohibition of **idolatry** requires a person to **sit and not act** (that is, do *not* serve idols), אַף כֹּל שֵׁב וְאַל תַּעֲשֶׂה – **so too all** *chatas* obligations apply only where the Torah requires a person to **sit and not act.** לְאַפּוּקֵי הָנֵי דְּקוּם עֲשֵׂה – This serves **to exclude** from *chatas* liability **these** commandments (namely, the *pesach* offering and circumcision), **which** require a person to

NOTES

36. I.e. they told him that the sin would render him liable to *malkus,* but they did not warn him that it was also punishable by death. In such a case, the offender cannot receive the death penalty, because he was not warned about it.

37. This refers to any capital crime whose *azharah* (the prohibition/warning stated in the Torah) serves to warn against incurring the death penalty. See next note.

38. A punishable transgression requires two Scriptural sources — one for the basic prohibition [אַזְהָרָה, *azharah,* or Scriptural warning to avoid the forbidden] and a second for the עוֹנֶשׁ, *punishment,* incurred for violating the prohibition. [For example, the *azharah* forbidding the various prohibited unions is contained in *Leviticus* Ch. 18, whereas the specific punishments are given in *Leviticus* Ch. 20.] Thus, the *azharah* of a capital offense is needed to establish that the sin is punishable by death. That *azharah,* then, is not available to impose *malkus.* Hence, even if the death penalty cannot be applied for any reason, *malkus* cannot be administered, since the Torah states no *azharah* in that regard (see *Rashi*).

[Note that the preceding does not apply to a prohibition punishable by *malkus* alone. Since *malkus* is the standard punishment for prohibitions, the *azharah* itself suffices for imposition of *malkus.* But where the punishment is execution, the *azharah* is required for *that* penalty, and cannot serve to impose *malkus* as well.]

39. Because the *hasraah* (pre-crime warning) he was given by witnesses did not convey that the crime would render him liable to the death penalty.

40. [Although the Gemara uses the word הַתְרָאָה, *hasraah,* which usually denotes the warning given by witnesses immediately before the crime, it refers here to the אַזְהָרָה, *azharah,* i.e. the Scriptural warning.]

We stated above (in note 38) that for a punishable transgression the Torah must state both the penalty and an *azharah* (Scriptural warning). That is not so, however, in the case of a *kares*-bearing sin. Once the Torah has specified that the punishment is *kares,* it does not have to add an *azharah.*

41. The *pesach* offering must be brought by every adult Jewish male on the fourteenth of Nissan. Willful failure to do so carries the penalty of *kares* (*Numbers* 9:13). Similarly, a Jewish man who was not circumcised as a child must have himself circumcised as an adult. Here too, willful failure to perform the latter obligation is punishable by *kares* (*Genesis* 17:14).

42. In order to be valid as a Scriptural warning, an *azharah* must be expressed in terms of a *prohibition.* For example, an *azaharah* against failure to fulfill the mitzvah of circumcision would be expressed as: "You shall not remain uncircumcised" or the like. The mere command to *do* the mitzvah does not qualify as an *azharah* (see *Rashi*).

43. A person brings a *chatas* offering for unintentionally transgressing any *kares*-bearing prohibition (*Shabbos* 69a). The Gemara therefore objects that the *azharah* might be needed to establish liability for a *chatas.* If so, we are again left without an *azharah* to impose *malkus* for such sins. [The previous difficulty is thus reinstated: Why does R' Akiva rule that *kares*-bearing sins also carry the penalty of *malkus*?]

44. As explained in note 42.

45. As stated in *Kereisos* 3a (see *Rashi*).

46. The Torah states in regard to the *chatas* brought for unintentional idolatry: תּוֹרָה אַחַת יִהְיֶה לָכֶם לָעֹשֶׂה בִּשְׁגָגָה, *there shall be a single law for you for committing unintentional [kares-bearing] transgressions* (*Numbers* 15:29). This verse draws an analogy between the *chatas* liablity for unintentional idolatry and the *chatas* liability for the unintentional commission of other *kares*-bearing sins. Thus, a *kares*-bearing sin must be comparable to the sin of idolatry in order to be subject to a *chatas* (*Rashi*).

ישנו בכלל מלקות ארבעים דברי רבי ישמעאל ר"ע אומר א חייבי כריתות ישנו בכלל מלקות ארבעים שאם עשו תשובה ב"ד של מעלה מוחלין להן חייבי מיתות ב"ד אינו בכלל מלקות ארבעים שאם עשו תשובה אין ב"ד של מטה מוחלין להן (א) ר' יצחק אומר חייבי כריתות בכלל היו ולמה יצאת כרת באחותו לדונו בכרת ולא במלקות מ"ט דר' ישמעאל דכתיב א) אם לא תשמור לעשות את כל דברי התורה הזאת וכתיב ב) והפלא ה' את מכותך ג) הפלאה זו איני יודע מה היא כשהוא אומר ג) והפילו השופט והכהו לפניו הוי אומר הפלאה זו מלקות היא וכתיב א) אם לא תשמור לעשות את כל וגו' אי הכי חייבי עשה נמי אם לא תשמור כתיב וכדרבי אבין א"ר אילעי ג) דאמר רבי אבין א"ר אילעי כל מקום שנאמר השמר פן ואל אינו אלא לא תעשה אי הכי לאו שאין בו מעשה נמי א) לעשות כתיב לאו שניתק לעשה נמי דומיא ד) דלאו דחסימה השתא דאתית להכי כולהו נמי דומיא דלאו דחסימה ור"ע מאי טעמא ג) כדי רשעתו ה) משום רשעה אחת אתה מחייבו ואי אתה מחייבו משום שתי רשעיות ור' ישמעאל הני מילי מיתה וממון או מלקות וממון אבל מיתה ומלקות מיתה אריכתא היא ולרבי עקיבא אי הכי חייבי כריתות נמי מאי אמרת שאם עשו תשובה השתא מיהת לא עבדי אמר רבי אבהו (א) בפירוש ריבתה תורה חייבי כריתות למלקות דגמר ד) לעיני ה) מלעיניך מתקיף לה ר' אבא בר ממל אי הכי חייבי מיתות ב"ד נמי נגמרם ו) מעיני מלעיניך דנין לעיני מלעיניך ואין דנין מעיני מלעיניך ומאי נפקא מיניה והא ז) תנא דבי ר' ישמעאל ז) ושב הכהן ח) ובא הכהן זו היא שיבה וזו היא ביאה ועוד לגמור מעיני מלעיני דהא גמור לעיני מלעיניך קבלה מיניה רבי שמואל בר רב יצחק כדי רשעתו משום רשעה אחת אתה מחייבו ואי אתה מחייבו משום שתי רשעיות ברשעה המסורה לב"ד הכתוב מדבר ח) רבא אמר אתרו ביה לקטלא כ"ע לא פליגי דאין לוקה ומת כי פליגי דאתרו ביה למלקות ט) ז) רבי ישמעאל סבר לאו שניתן לאזהרת מיתת ב"ד לוקין עליו ור"ע סבר ט) ב לאו שניתן לאזהרת מיתת ב"ד אין לוקין עליו ור"ע אי הכי חייבי כריתות נמי לאו שניתן לאזהרת כרת הוא א"ל רב מרדכי לרב אשי הכי אמר אבימי מהגרוניא משמיה דרבא י) ג חייבי כריתות לא צריכי התראה שהרי פסח ומילה ענש אף על פי שלא הזהיר ודלמא אזהרה לקרבן ט) דהא פסח ומילה דלית בהו אזהרה ד לא מייתי קרבן כ) התם לאו היינו טעמא אלא משום י) דאיתקש כל התורה כולה לעבודת כוכבים מה עבודת כוכבים שב ואל תעשה אף כל שב ואל תעשה לאפוקי הני דקום עשה רבינא אמר לעולם כדאמרינן

ישנו בכלל מלקות ארבעים. השתא סלקא (ב) דעתך שאם התרו בו מיתה ומלקות לוקה ומת: שאם עשו תשובה כו'. לא גרסי' לה בדרבי ישמעאל: רבי עקיבא אומר חייבי כריתות. אם התרו בהם מלקות ישנו בכלל מלקות ולוקין ואין כאן משום חייבי שתי רשעיות שאתה עונשו מלקות עם הכרת ולמה אינן שתי רשעיות לפי שיכול לפטור עצמו מעונש הכרת על ידי תשובה מב"ד של מעלה אבל חייבי מיתות אינן בכלל מלקות שיש כאן שתי פורעניות מלקות ומיתה ומשילקה סופו ליהרג שאפי' יעשה תשובה אין ב"ד שלמטה מוחלין לו את המיתה: רבי יצחק אומר. אף חייבי כריתות שהתרו בהן למלקות אינן בכלל מלקות לפי שכל חייבי כריתות של עריות בכלל היו דכתיב (ויקרא יח) כי כל אשר יעשה מכל התועבות האלה ונכרתו הנפשות וגו': למה יצאת כרת באחותו. לעצמה דכתיב בקדושים תהיו ואיש כ) (כי) יקח את אחותו וגו': לדונו בכרת. לכך שנה בכרת שלהן לומר שאין בהן עונש אלא כרת לבדו: לאו שאין בו מעשה נמי. אלמה אמרינן בכמה דוכתי לאו שאין בו מעשה אין לוקין עליו: דומיא דלאו דחסימה. שהוא כתוב אצל פרשת מלקות: ורבי עקיבא. כיון דאמר אי אתה מחייבו משום שתי רשעיות חייבי כריתות נמי לא ילקו דהא שתי רשעיות נינהו שעדיין עונש הכרת עליו: מאי אמרת. לשנויי הך קושיא: שאם עשה תשובה. הטעם שנתן למעלה שהוא יכול לפטור את עצמו מן הכרת ע"י תשובה השתא מיהא עדיין לא שב ואתה מלקהו בעוד עונש הכרת עליו: לעיני. ונכרתו לעיני בני עמם וכתיב במלקות ונקלה אחיך לעיניך: נגמר מעיני. דכתיב בעבודת כוכבים אם מעיני העדה נעשתה לשגגה: זו היא שיבה כו'. למידין זה מזה גזירה שוה מה שיבה חולץ וקוצה וטח אף ביאה חולץ וקוצה וטח: ועוד נגמר מעיני. דמיתות ב"ד מלעיני דכריתות מה כריתות לוקה דהא גמרת לעיני מלעיניך אף מיתות ב"ד ילקה: קיבלה מיניה רבי שמואל. לתשובה זו מרבי אבא בר ממל ושני עלה ברשעה המסורה לב"ד הכתוב מדבר ב"ד הוזהרו שהם לא יחייבוהו שתי רשעיות כגון ממון ומלקות או מיתה ומלקות או מיתה וממון אבל כרת לא ע"י ב"ד הוא ויש לפרש קיבלה מיניה רבי שמואל מרבי אבהו תירוץ זה על אתקפתא דר' אבא בר ממל: דאתרו ביה למלקות. לחודיה: לאזהרת מיתת ב"ד. לאזהרת דבר שחייבין עליו מיתת ב"ד: אין לוקין עליו. כשהתרו בו מלקות בלא מיתה לפי שלא ניתן לאו זה לאזהרת עונש מלקות כשאר לאוין שהרי הוצרך להזהירו שאם לא כן לא היה יכול לחייבו מיתה: פסח ומילה. אין בהן לא תעשה וענש (ג) להם כרת: לקרבן. שאם יעשה שוגג יביא קרבן: פסח ומילה. אין קרבן בשוגג שלהן כדאמרינן בכריתות בפ"ק הפסח והמילה מצות עשה כלומר אינו בכלל שאר כריתות למנותן עם שאר כריתות שנמנו שם כולם לומר שאם עשאום כולם בהעלם אחד חייב קרבנות כמספר הכריתות: התם לאו היינו טעמא. מה שאין מביאין קרבן על פסח ומילה אין הטעם בשביל שאין בהם אזהרה אלא בשביל שהם מצות עשה דהוקשה כל התורה כולה לענין קרבן לעבודת כוכבים שנאמר בפרשת שלח לך אנשים אבל קרבן עבודת כוכבים תורה אחת יהיה לכם לעושה בשגגה כאן הוקשו כל עבירות שבתורה בשגגתן לעבודת כוכבים לענין קרבן מה עבודת כוכבים כרת שלו על דבר שהוא שב ולא תעשה כן והוא עמד ועשאו אף כל שב ואל תעשה אבל כרת של עמוד ועשה והוא ישב ולא עשה אין בו קרבן ופסח ומילה עמוד ועשה הוא אבל חייבי כריתות כגון אשר יעשה מכל ל) (אלה) ונכרתו (ויקרא יח) לשון שב ואל תעשה הוא ואפילו לא נאמרה בו אזהרת לאו היה קרבן בא עליו: כדאמרינן

תוספות

רבי יצחק אומר חייבי כריתות בכלל היו. פי' בקונטרס בכלל כל העריות דכתיב ונכרתו (כל) הנפשות ולמה יצא כרת באחותו דכתיב ואיש אשר יקח את אחותו וקשה דהיה לו לומר דאחותו בכלל כל העריות היתה לכן נראה לפרש דחייבי כריתות בכלל מלקות (ד) הן דהא גמרינן דבכל לאו איכא מלקות מן והיה אם בן הכות הרשע ולמה יצאת כרת באחותו שהרי אחותו כתובה היתה עם העריות באחרי מות ונכרתו הנפשות אלא לכך יצאת בקדושים לדונו בכרת ולא במלקות כלומר אין חייבי כריתות לוקין: רבי יצחק אומר חייבי כריתות כו'. וקשה (ה) לרבי יצחק לאו דכל כריתות למה לי דהא אסיקנן דקרבן לא בעי אזהרה ושמא יש לומר דנכתבו לעונש יתירא מידי דהוה אלאו שבכללות ולאו הניתק לעשה: ורבי עקיבא מאי טעמא. נהי (ו) דאם חייבי מיתות אם עשו תשובה אין ב"ד של מטה מוחלין לו (ז) ומה בכך וליעבד ליה תרתי: ברשעה המסורה לב"ד הכתוב מדבר. וטעמא דרבי עקיבא משום כדי רשעתו ולפי זה בחייבי מיתות דלא התרו בו למיתה דליכא מיתה והתרו בו למלקות דהשתא ליכא אלא רשעה דמלקות לקי וקשה דבעלמא (שבת קנד.) מ) פריך גבי לאו דמחמר לאו שניתן לאזהרת מיתת ב"ד הוא ואין לוקין עליו ואף כי ליכא התם רשעה דמיתה וי"ל דהתם היינו כרבא דמוקי למילתיה דרבי עקיבא בהתרו בו למלקות ואפילו הכי לא לקי דהוי לאו שניתן לאזהרת מיתת בית דין ואין לוקין עליו נ): מה עבודת כוכבים שב ואל תעשה אף כו'. לאפוקי הני דהוי קום ועשה וקשה דא"כ מה אמר פרק בתרא דעירובין (דף צו.) לר"ע דאמר כי כתיב ושמרת את החוקה לפסח ואי איתא לר' אבין דאמר השמר לא תעשה הוא הא דתנן (כריתות דף ב.) פסח אין לו קרבן מפני שהוא קום ועשה ואם איתא קום ולא תעשה הוא ומאי פריך הא מ"מ אינה דומיא דעבודת כוכבים דהוי שב ואל תעשה וזה מה שתעשה וי"ל דמכל מקום קשה

עין משפט נר מצוה

ט א מיי' פי"ח מהלכות סנהדרין הל"א ופ"א מהל' איסורי ביאה הל"ז סמג לאוין קה:
י ב מיי' פי"ח מהלכות סנהדרין הלכה ב:
יא ג מיי' פ"א מהל' איסורי ביאה הל"א והל"ג:
יב ד מיי' פ"א מהלכות שגגות הלכה ב סמג עשין ריג:

תורה אור השלם

א) אִם לֹא תִשְׁמֹר לַעֲשׂוֹת אֶת כָּל דִּבְרֵי הַתּוֹרָה הַזֹּאת הַכְּתֻבִים בַּסֵּפֶר הַזֶּה לְיִרְאָה אֶת הַשֵּׁם הַנִּכְבָּד וְהַנּוֹרָא הַזֶּה אֵת יְיָ אֱלֹהֶיךָ: [דברים כח, נח]

ב) וְהִפְלָא יְיָ אֶת מַכֹּתְךָ וְאֵת מַכּוֹת זַרְעֶךָ מַכּוֹת גְּדֹלֹת וְנֶאֱמָנוֹת וָחֳלָיִם רָעִים וְנֶאֱמָנִים: [דברים כח, נט]

ג) וְהָיָה אִם בִּן הַכּוֹת הָרָשָׁע וְהִפִּילוֹ הַשֹּׁפֵט וְהִכָּהוּ לְפָנָיו כְּדֵי רִשְׁעָתוֹ בְּמִסְפָּר: [דברים כה, ב]

ד) וְאִישׁ אֲשֶׁר יִקַּח אֶת אֲחֹתוֹ בַּת אָבִיו אוֹ בַת אִמּוֹ וְרָאָה אֶת עֶרְוָתָהּ וְהִיא תִרְאֶה אֶת עֶרְוָתוֹ חֶסֶד הוּא וְנִכְרְתוּ לְעֵינֵי בְּנֵי עַמָּם עֶרְוַת אֲחֹתוֹ גִּלָּה עֲוֹנוֹ יִשָּׂא: [ויקרא כ, יז]

ה) אַרְבָּעִים יַכֶּנּוּ לֹא יֹסִיף פֶּן יֹסִיף לְהַכֹּתוֹ עַל אֵלֶּה מַכָּה רַבָּה וְנִקְלָה אָחִיךָ לְעֵינֶיךָ: [דברים כה, ג]

ו) וְהָיָה אִם מֵעֵינֵי הָעֵדָה נֶעֶשְׂתָה לִשְׁגָגָה וְעָשׂוּ כָל הָעֵדָה פַּר בֶּן בָּקָר אֶחָד לְעֹלָה לְרֵיחַ נִיחֹחַ לַייָ וּמִנְחָתוֹ וְנִסְכּוֹ כַּמִּשְׁפָּט וּשְׂעִיר עִזִּים אֶחָד לְחַטָּת: [במדבר טו, כד]

ז) וְשָׁב הַכֹּהֵן בַּיּוֹם הַשְּׁבִיעִי וְרָאָה וְהִנֵּה פָּשָׂה הַנֶּגַע בְּקִירֹת הַבָּיִת: [ויקרא יד, לט]

ח) וּבָא הַכֹּהֵן וְרָאָה וְהִנֵּה פָּשָׂה הַנֶּגַע בַּבָּיִת צָרַעַת מַמְאֶרֶת הִוא בַּבַּיִת טָמֵא הוּא: [ויקרא יד, מד]

עקיבא חייבי כריתות ישנן בכלל מלקות ארבעים שאם עשו תשובה ב"ד של מעלה מוחלין להן חייבי מיתות ב"ד אינן בכלל מלקות ארבעים שאם עשו תשובה אין ב"ד של מטה מוחלין להן: ותניא אחד חייבי כריתות ואחד חייבי מיתות ב"ד ישנן בכלל מלקות ארבעים דברי ר' ישמעאל שנא' והפלא ה' הפלאה זו היא מלקות וכתיב אם לא תשמור לעשות את כל דברי התורה הזאת: כל חיובין שבתורה שיש בהן לאו ישנן בכלל מלקות ארבעים חוץ מלאו שאין בו מעשה ולאו שניתק לעשה דבעינן לאו דומיא דלא תחסום שור בדישו וסמיך ליה קרא לחייבי מלקות וקסבר מלקות ומיתה מיתה אריכתא היא ואינה שתי רשעיות כגון ממון ומלקות. ובא ר' אבהו ופירש טעמא דר' עקיבא ואמר בפירוש ריבתה תורה חייבי כריתות למלקות דגמר לה ג"ש לעיני מלעיניך. בחייבי מלקיות כתיב ונקלה אחיך לעיניך ובחייבי כריתות כתיב ונכרתו לעיני בני עמם מה לעיניך דכתיב התם מלקות אף לעיני דכתיב בחייבי כריתות מלקות ואקשינן ליגמר נמי ג"ש מעיני דכתי' באשת איש שזינתה דהיא חייבי מיתות ב"ד ונעלם מעיני אישה מלעיניך דמלקות ויהיו חייבי מיתות ב"ד במלקות: ודחי' ואסיקנא כתיב כדי רשעתו משום רשעה אחת אתה מחייבו ואי אתה מחייבו משום שתי רשעיות. ברשעה המסורה בב"ד כגון מיתה ומלקות הכתוב מדבר אבל חייבי כריתות (שהיא) [היא] רשעה המסורה בידי שמים: רבא אמר בחייבי מיתות ב"ד בדאתרו ביה למלקות ולא התרו ביה למיתה פליגי ר' ישמעאל סבר לאו שניתן לאזהרת מיתת ב"ד לוקין עליו ור' עקיבא סבר אין לוקין עליו. ואקשינן לר' עקיבא חייבי כריתות נמי לאו שניתן לאזהרת כרת הוא. ודחו משמיה דרבא חייבי כריתות לאו בני אזהרה נינהו שהרי פסח ומילה ענש אע"פ שלא הזהיר: א) ודלמא פסח ומילה משום דלא מייתי קרבן הוא דלא כתיבא בהו אזהרה דהא לא אתיא אזהרה אלא לחייב השוגג בקרבן. ודחי' לאו משום האי טעמא לא מייתי קרבן בפסח ומילה אלא משום דאיתקש כל התורה כולה לעבודת כוכבים מה עבודת כוכבים שב ולא תעשה ועשה בשגגה (מי' חייב) [מיחייב] קרבן למעוטי פסח ומילה דקום עשה נינהו רבינא אמר (רבי) [טעמא דרבי

חשק שלמה על ר"ח א) אולי צ"ל ודלמא אזהרה לקרבן דפסח ומילה וכו' לא כתיבא בהו אזהרה ומ"כ י"ל דלא אתיא אזהרה כו'.

מסורת הש"ס

א) [לקמן כג: מגילה ז: כתובות לה: כריתות ג:], ב) [שבת קלג: ע"ש תמורה ג:], ג) שבועות ד. לו. סוטה ה. עירובין לו. זבחים קו. ע"ש מנחות לו: לט: ע"ז נא:, ד) [פסחים מא: לקמן טו.], ה) כתובות לו. [לעיל ד: וש"נ], ו) עירובין נא. חולין פה. יבמות יז: נדה כב: יומא ג: נזיר ה: הוריות ח: מנחות ד. מה: בכורות לב., ז) שבועות ד., ח) [שבת קנד. עירובין יז: ב"ק עד: סנהדרין פו: שבועות מט], ט) כריתות ג:, י) [עם שבת סט. קנג: קנד.], כ) [צ"ל אשר], ל) [צ"ל התועבות האלה], מ) [צ"ל אמר], נ) [ועמ"ש תוס' ב"ק עד: ד"ה הוה ליה כו' וע"ע תוס' שבת קנד. ד"ה בלאו].

הגהות הב"ח

(א) גמ' בפירוש ריבתה תורה חייבי כריתות למלקות. נ"ב והא דקאמר ר"ע שאם עשו תשובה כו' הכי קאמר מ"ש דמייתה תורה טפי בכרת מבחייבי מיתות ב"ד שאם עשו וכו' אך קשה הניחא לפירוש ראשון שברש"י דר' אבהו לא אם לקושיית [ר"א בר ממל] דהך ג"ש לא גמיר אבל לפי' שני קשה דא"כ דמכדי רשעתו נפקא לן לא אצטריך ג"ש מלעיניך ומלשון רש"י משמע דר' אבהו תירץ כך על אתקפתא דר"א בר ממל ולעולם איהו גופיה נראה דעיקר טעמיה מכדי רשעתו אלא [לאורויי] דהך כדי רשעתו לא איירי אלא ברשעה המסורה לב"ד לחודיה גמר מלעיניך דהך ג"ש אינה אלא גלוי מילתא משום שהקשה ליה ר"א בר ממל ליגמר מעיני מלעיני דאף חייבי מיתות ב"ד לוקה ומת ומשני כדי רשעתו וכו' ברשעה המסורה לב"ד הכתוב מדבר דגז"ש גלי לן דלא דיבר הכתוב אלא דחייבי מיתות לא לקי וק"ל: (ב) רש"י ד"ה ישנו וכו' השתא סלקא דעתיה שאם. נ"ב כלומר מדקאמר מתניתין דתנא כרת ולא תנא מיתות ב"ד כר"ע דלא פסיקא ליה לומר באתרו ביה מודה ר' ישמעאל דאינו לוקה ומת: (ג) שם ד"ה פסח וכו' וענש עליהם כרת: (ד) תוס' ד"ה ר' יצחק וכו' בכלל מלקות היו דהא: (ה) שם ד"ה ר' יצחק וכו' וקשה לרבי יצחק כו' דהא אסיקנא: (ו) שם ד"ה ור' עקיבא וכו' נהי דחייבי כצ"ל ותיבת דאם נמחק: (ז) בא"ד מה בכך כצ"ל ואות ו' נמחק:

גמ' רבא אמר אתרו ביה לקטלא. עי' כתו"ה ורמב"ן סוף מסכתין: שם ר"י סבר לאו שניתן. עי' סנהדרין דף ט ע"א: שם חייבי כריתות לא צריכי התראה. עי' יבמות דף נה ע"א ברש"י ד"ה לכרת נתנה: שם התם לאו ה"ט. עי' ב"ק דף קה ע"ב תוספות ד"ה מאי. שבועות דף יח ע"ב תד"ה ל"ת. זבחים דף קז ע"א תד"ה אזהרה:

ר' יצחק אומר. דאין מלקין בלאו הניתן לאזהרת כרת אפילו התרו בו למלקות ויליף טעמיה מהאי קרא. כל חייבי כריתות. של עריות היו בכלל ונכרתו הנפשות העושות וגו' שכתוב בפרשת עריות. ולמה יצאת וגו' לדונו בכרת ולא במלקות. אם התרו בהן ואף על גב דנדה נמי נשנית באותה פרשה לדבר שנתחדש בה נשנית להערלה [מגילה ז:]. לדונו בכרת ולא במלקות. והיה מלמד על הכלל כולו דלית ליה חייבי כריתות שלקו נפטרו מידי כריתות כדאמרינן באלו הן הלוקין [כריתות ב:].

arise and do (that is, *bring* the *pesach* offering; *undergo* circumcision). Thus, *chatas* liability applies only to sins that are committed by an act; it does not apply to the sin of failing to perform the *pesach* offering and circumcision.[47]

Ravina defends the Gemara's initial explanation for R' Akiva's ruling that capital offenses do not carry *malkus* but *kares* offenses do:

לְעוֹלָם — **Actually,** רָבִינָא אָמַר — **Ravina says:**

---

47. Hence, the fact that there is no *chatas* liablity for unintentionally failing to bring the *pesach* offering or perform circumcision has nothing to do with the lack of an *azharah* in these cases. Rather, the reason one does not bring a *chatas* for these sins is that they differ from the prototype of idolatry, insofar as they are crimes of omission, rather than commission. Accordingly, in the case of all other sins liable to *kares* — which, as crimes of commission, *are* analagous to idolatry — even if no *azharah* had been stated, they would still carry *chatas* liability (see *Rashi*).

It has thus been shown that an *azharah* is not required to impose *chatas* liability. Furthermore, as stated ealier in the Gemara, an *azha-*

rah is not required for the *kares* penalty itself. It must therefore serve to establish that there is a penalty of *malkus*. For this reason, R' Akiva holds that *kares*-bearing prohibitions are punishable by *malkus*, unlike capital crimes, whose *azharah* is needed to impose the death penalty.

[The Gemara has concluded that an *azharah* is needed neither for the *kares* penalty nor for *chatas* liability. Elsewhere, however, *Rashi* states it *is* needed for *kares* (*Yevamos* 55a ד"ה לכרת ניתנה) and for *chatas* (*Zevachim* 106a ד"ה אלא אזהרה with *Tosafos* ibid. ד"ה אזהרה; see *Shitah Mekubetzes* to *Kereisos* 2a §1). See also *Rambam, Sefer HaMitzvos shoresh* 14; *Lechem Mishneh* to *Hil. Sanhedrin* 18:2; *Ohr Same'ach* ibid.; *Kehillos Yaakov* here §10.]

כִּדְאַמְרִינַן מֵעִיקָּרָא – **it is as we said originally;** namely, that R' Akiva does not impose *malkus* for death-bearing sins, because that would violate the single-penalty rule.[1] R' Akiva does, however, impose *malkus* in the case of *kares* offenses, שֶׁאִם עָשׂוּ תְּשׁוּבָה – **because if they** [the sinners] **repented,** בֵּית דִּין שֶׁל מַעְלָה מוֹחֲלִין לָהֶן – **the Heavenly court forgives them** the *kares* penalty.[2] מַאי אָמְרַתְּ – **What did you retort** earlier to this explanation? הָא לֹא עָבוּד תְּשׁוּבָה – **That they did not in fact repent,** and since they are still subject to *kares,* they should not receive *malkus*? This is not a valid objection,[3] לֹא פְּסִיקָא מִילְּתָא לְכָרֵת – because ***kares* is not definite,** since it *can* be avoided by repentance. The single-penalty rule, however, bars only two *definite* penalties.

The Gemara now quotes and discusses the third view cited above in the Baraisa:

רַבִּי יִצְחָק אוֹמֵר – R' YITZCHAK SAYS: חַיָּיבֵי כְרֵיתוֹת בִּכְלָל הָיוּ – ALL forbidden unions that bear ***KARES*** **PENALTIES WERE INCLUDED IN THE** Torah's **GENERAL STATEMENT:** *Whoever commits any of these abominations will incur kares.*[4] וְלָמָּה יָצְאת כָּרֵת בַּאֲחוֹתוֹ – **WHY, THEN, WAS *KARES* SINGLED OUT FOR MENTION IN THE CASE OF** one who cohabits with **HIS SISTER?**[5] לְדוּנוֹ בְּכָרֵת וְלֹא בְמַלְקוּת – **TO PUNISH HIM WITH *KARES* AND NOT WITH *MALKUS*.** By extension, R' Yitzchak derives hermeneutically that all *kares*-bearing sins carry that penalty exclusively, and not the penalty of *malkus.*[6]

The Gemara asks:

וְרַבָּנָן – **And** according to **the Rabbis** [R' Yishmael and R' Akiva], who disagree with R' Yitzchak in the Baraisa, כָּרֵת בַּאֲחוֹתוֹ לָמָּה לִי – **why was it necessary** for the Torah to reiterate ***kares* in the case of** one who cohabits with **his sister?**[7]

The Gemara explains how the Rabbis interpret that mention of *kares*:

לְחַלֵּק – It serves **to separate** the sins of forbidden unions, i.e. to teach that each requires a separate *chatas,*[8] וְכִדְרַבִּי יוֹחָנָן – **as in R' Yochanan's** teaching, דְּאָמַר רַבִּי יוֹחָנָן – **for R' Yochanan said:** שֶׁאִם עֲשָׂאָן כּוּלָּם בְּהֶעְלֵם אֶחָד – The number stated in the Mishnah[9] teaches **that if one** unintentionally **committed all** [these *kares*-bearing sins] **in one lapse of awareness,**[10] חַיָּיב עַל כָּל אַחַת וְאַחַת – **he is liable** to bring a separate *chatas* **for each one.**

The Gemara turns back to R' Yitzchak:

וְרַבִּי יִצְחָק – **And R' Yitzchak** (who infers a different lesson from the reiteration of *kares* in regard to incest with one's sister),[11] לְחַלֵּק מְנָא לֵיהּ – **from where does he** derive that the Torah intends **to separate** the sins of forbidden unions?

The Gemara replies:

נַפְקָא לֵיהּ מִ,,וְאֶל-אִשָּׁה בְּנִדַּת טֻמְאָתָהּ" – **He derives it from** the verse: ***And a woman in her niddah state of tumah*** *you shall not approach.*[12] The verse could have simply stated: *And a niddah you shall not approach.* Why did it add, *a woman?* לְחַיֵּיב עַל כָּל אִשָּׁה וְאִשָּׁה – This serves **to render** one **liable** to a separate *chatas* **for each** forbidden **woman.**

The Gemara now questions the Rabbis:

וְרַבָּנָן נַמִּי תֵּיפּוֹק לֵיהּ מֵהָא – **But let the Rabbis also derive** separate *chataos* **from this** (i.e. the extra word, *a woman*). – ? –

The Gemara replies:

אֵין הָכִי נַמִּי – **This is indeed so.** The Rabbis do in fact derive it from there.

Consequently, the original difficulty is reinstated:

וְאֶלָּא כָּרֵת דַּאֲחוֹתוֹ לָמָּה לִי – **But then** according to the Rabbis **why was it necessary** to reiterate ***kares*** for incest **with one's sister,** since that is no longer necessary to teach the law of separate *chataos*?

The Gemara replies:

לְחַיְּיבוֹ עַל אֲחוֹתוֹ וְעַל אֲחוֹת אָבִיו וְעַל אֲחוֹת אִמּוֹ – It serves **to render one liable** to three *chataos* **for** cohabiting with **his sister and his father's sister and his mother's sister** in the same lapse of awareness.

The Gemara, however, argues that no Scriptural derivation is necessary to require separate *chataos* in that case:

פְּשִׁיטָא – **It is obvious** that he must bring a separate *chatas* for each of these women, הֲרֵי גּוּפִין מוּחְלָקִין – because **they are distinct entities**[13] הֲרֵי שֵׁמוֹת מוּחְלָקִין – and **they are** forbidden under **distinct titles** of **prohibition.**[14] – ? –

NOTES

1. According to this explanation, R' Akiva speaks of a case in which the offender had been warned about both penalties. Since, in that case, he is actually liable to the death penalty, he does not incur the additional punishment of *malkus* (see 13b note 14). [This is in contrast to Rava's understanding of R' Akiva's opinion, which interpreted it as referring to one who was warned about *malkus* alone.]

2. As R' Akiva himself stated in the Baraisa (14a-b).

3. The Gemara above (13b) used Scriptural derivations to resolve this objection (see ibid. notes 19 and 33). Ravina teaches that R' Akiva's reasoning as quoted in the Baraisa suffices on its own.

4. See 13b note 3.

5. See note 4 ibid.

6. See note 5 ibid.

7. R' Yishmael and R' Akiva maintain that *kares*-bearing sins *are* subject to the additional penalty of *malkus.* How then do they explain the verse from which R' Yitzchak derived the opposite position?

8. Since the Torah makes one general statement assigning the *kares* penalty for all the forbidden unions (*Leviticus* 18:29, cited in 13b note 3), one might have thought that all these unions are subcategories of one all-inclusive precept as regards *kares* and *chatas.* If so, a person who unintentionally violated several of those prohibitions in "one lapse of awareness" (see note 10) would be liable to bring only one *chatas* offering. To reject this notion, the Torah reiterates the *kares* penalty in the case of cohabitation with one's sister, to show that it is an independent prohibition, subject to a separate *chatas.* This would mean that if a person cohabited with his sister as well as other forbidden relatives (while unaware of their prohibited status), he would have to bring an additional *chatas* on account of the sister. In light of the exegetical rule cited in 13b note 5, this independent status is then extended to *all* the forbidden unions, attaching *chatas* liability to each one separately. Thus, one who cohabits with several relatives must bring multiple *chataos* – one on account of each relative (*Rashi;* cf. *Kereisos* 2b and *Be'er Sheva* there).

9. R' Yochanan is explaining why the Mishnah in *Kereisos* (2a) gives a number (thirty-six) for all the *kares*-bearing sins that it lists, although we could have counted them ourselves (*Kereisos* 2b).

10. "One lapse of awareness" means that it was not until after the final sin that he realized he had sinned at all. It does not matter whether he was unaware that the Torah prohibits these women to him, or whether he mistook these women for different women.

11. Namely, that *kares*-bearing sins are subject only to *kares,* and not *malkus.*

12. *Leviticus* 18:19.

13. A person who repeatedly violates the same *kares* prohibition in one lapse of awareness brings a single *chatas.* If, however, he violates the same prohibition with several different people [or objects], he is liable to a separate *chatas* for each one. For example, if a man cohabited with three different women in their *niddah* state, he must bring three separate *chataos,* even though he has violated the same prohibition three times in a single lapse of awareness (see Gemara below). Thus, even if we were to regard one's sister, father's sister, and mother's sister as belonging to a single category of prohibition, separate *chataos* would still be incurred, because they are three distinct persons.

14. They carry three distinct prohibitions, since the Torah issues an

מסורת הש"ס

א) כריתות ב: יבמות נה., ב) להו. יעב"ץ, ג) כריתות טו., ד) רש"א חייב א' על כולן, ה) [לעיל ה: סנהדרין נד. וש"נ], ו) רש"א [ועי' רש"ל], ז) רש"א שמעינן מלישנא, ח) רש"א מ"ז, ט) שייך לעיל סוף ע"ב, י) רש"ל מ"ז, כ) זה שייך לע"ב, ל) רש"א, מ) רש"ל דרישא.

עין משפט נר מצוה

יג א מיי' פ"ד מהלכות שגגות הלכה א סמג עשין ריג:
יד ב ג מיי' שם הל"ה:
טו ד מיי' שם פ"ה הל' ג סמג שם:

תורה אור השלם

א) וְאֶל אִשָּׁה בְּנִדַּת טֻמְאָתָהּ לֹא תִקְרַב לְגַלּוֹת עֶרְוָתָהּ: [ויקרא יח, יט]

ב) וְאִישׁ אֲשֶׁר יִקַּח אֶת אֲחֹתוֹ בַּת אָבִיו אוֹ בַת אִמּוֹ וְרָאָה אֶת עֶרְוָתָהּ וְהִיא תִרְאֶה אֶת עֶרְוָתוֹ חֶסֶד הוּא וְנִכְרְתוּ לְעֵינֵי בְּנֵי עַמָּם עֶרְוַת אֲחֹתוֹ גִּלָּה עֲוֹנוֹ יִשָּׂא: [ויקרא כ, יז]

גמרא

כדאמרינן מעיקרא שאם עשו תשובה ב"ד של מעלה מוחלין להן מאי אמרת הא לא עבוד תשובה לא פסיקא מילתא לכרת רבי יצחק אומר חייבי כריתות בכלל היו ולמה יצאת כרת באחותו לדונו בכרת ולא במלקות ורבנן כרת באחותו למה לי לחלק וכדרבי יוחנן דאמר רבי יוחנן שאם עשאן כולם בהעלם אחד חייב על כל אחת ואחת ורבי יצחק לחלק מנא ליה נפקא ליה מואל אשה בנדת טומאתה לחייב על כל אשה ואשה ורבנן נמי תיפוק ליה מהא אין הכי נמי ואלא כרת דאחותו למה לי לחייבו על אחותו ועל אחות אביו ועל אחות אמו פשיטא הרי גופין מוחלקין הרי שמות מוחלקין אלא לחייבו על אחותו שהיא אחות אביו שהיא אחות אמו והיכי משכחת לה ברשיעא בר רשיעא ור' יצחק הא מנא ליה נפקא ליה מק"ו (א) דתניא אמר ר"ע שאלתי את רבן גמליאל ורבי יהושע באיטליז של עימאום שהלכו ליקח בהמה למשתה בנו של ר"ג הבא על אחותו שהיא אחות אביו שהיא אחות אמו מהו [אינו] חייב על כולן אלא אחת או חייב על כל אחת ואחת אמרו לו זו לא שמענו אבל שמענו הבא על חמש נשים נדות בהעלם אחד שחייב על כל אחת ואחת ונראין דברים מק"ו ומה נדה שהיא שם אחד חייב על כל אחת ואחת כאן ששלשה שמות לא כל שכן ואידך ק"ו פריכא הוא מה לנדה שכן גופין מוחלקין (ב) ולאידך נמי האי ודאי ק"ו פריכא הוא אלא נפקא ליה מאחותו דסיפא ואידך אחותו דסיפא למה לי לחייבו על אחותו בת אביו ובת אמו לומר שאין עונשין מן הדין ואידך איבעית אימא גמר עונש מאזהרה ואיבעית אימא נפקא ליה מאחותו

רש"י

כדאמרינן מעיקרא. טעמיה דר' עקיבא משום שתי רשעיות הוא ודקאמרת חייבי כריתות נמי שתי רשעיות הן דאכתי עונש כרת עליו לא פסיקא מילתא לכרת הואיל והוא תלוי בתשובה: ורבנן. רבי ישמעאל ור"ע: לחלק. לפי שכלל כל העריות בכרת אחת הייתי אומר אם עשאן כולם בהעלם אחד אינו חייב אלא אחת לכך יצאה כרת באחותו לחלק דהוי דבר שהיה בכלל ויצא מן הכלל ללמד על עצמו שמתחייב עליה לעצמה אם (ג) עשאם עם חברותיה ולא ללמד על עצמו יצא אלא ללמד על הכלל כולו יצא מה אחותו מיוחדת שהיא ערוה וחייבין עליה בפני עצמה אף כל שהיא ערוה חייבין עליה בפני עצמה: מואל אשה. דמצי למכתב ונדה לא תקרב: לחייבו על אחותו ועל אחות אביו כו'. אם בא על שלשתן בהעלם אחד: הרי שמות מוחלקין. שיש אזהרה בכל אחת והרי הן כשאר כל העריות: ברשיעא בר רשיעא. הבא על אמו והוליד שתי בנות וחזר ובא על אחת מהן והוליד בן ובא הבן על אחות אמו שהיא אחותו ואחות אביו: באטליז. במקום שמוכרין הבשר במקולין: מאחותו דסיפא. ערות אחותו גלה (ויקרא כ): שאין עונשין מן הדין. שהרי ענש על בת אמו שלא בת אביו ובת אביו שלא בת אמו שנא' (שם) בת אביו או בת אמו ויש לומר כ"ש שענש על בת אביו ובת אמו אבל אם אמרת כך ענשת מן הדין לכך נאמר אחותו דסיפא: גמר עונש מאזהרה. דלענין אזהרה כתיב אחותך היא יתירא להזהיר על אחותו בת אביו ובת אמו שנאמר (שם יח) ערות בת אשת אביך מולדת אביך אחותך היא ומה אזהרה לא חלק בין אחותו בת אביו שלא בת אמו [ובת אמו שלא בת אביו] ולאחותו שהיא בת אביו ובת אמו אף בעונש ענש על אחותו בת אביו ואמו כאחותו דבת אביו שלא בת אמו ובת אמו שלא בת אביו: מאחותו

תוספות

קשה לישנא דקום עשה דמשמע דליכא בהן שום לאו הקשה הר"ר שלמה מדרוי"ש (דמ"מ קשה) נהי דקרבן לא בעי אזהרה מ"מ הנך ליכא אלא חד כרת כמו מפטם וסך דלא ידעינן דחלוקין לחטאות אלא משום שהם לאוין מוחלקין לרבי אלעזר דאמר רבי אושעיא ואצטריכו לחלק א"כ לא לילקי עלייהו כי היכי דבעינן למימר אי קרבן בעי אזהרה דלא לקי אלאו דכריתות וי"ל דמ"מ נהי דאצטריכו לחלק בשביל זה לא נמנע מללמוד ממנו מלקות כיון דידעינן בהו חיוב קרבן בלא לאו נהי דחילוק לא ידענא אלא מלאוין מ"מ ילקו:

לאפוקי הני. פסח ומילה (ד) דקום עשה ניהו קשה ל"ל היקשא לאפוקי פסח ומילה תיפוק ליה מדאמרינן בת"כ ועשה אחת יצא מסית ומדיח ומקלל אביו ואמו ועדים זוממין שאין בהן מעשה דאין בהן קרבן וה"ה פסח ומילה דאי מימנע ולא עביד ליכא מעשה ושמא י"ל דאצטריך דרשא דהכא משום דבת"כ איכא דרשא אחריתי דמפרש מסית ומדיח דלאו בני קרבן ניהו משום דבעינן דומיא דעבודת כוכבים דיש בו כרת ופסח ומילה הוו בכרת והוה אמינא דהוין בקרבן מיהו ממילה קשה למה לי קרא דהא לא הויא בכרת דומיא דעבודת כוכבים דהא לעולם לא יתברר שיהא בכרת עד שימות דלעולם יכול למול עצמו וליפטר מכרת וי"ל דלעולם כל זמן שלא מל עונש כרת עליו:

ההוא מיבעי ליה לחייבו על אחותו שהיא בת אביו ובת אמו. וא"ת ל"ל (ה) בקדושים תיפוק ליה גבי אזהרה כתיב אחותך היא יתירא לאחותו בת אביו ובת אמו וכתיב (ויקרא יח) ונכרתו הנפשות העושות וי"ל דונכרתו לא קאי אלא אעריות המפורשות בהדיא ונהי דבקרא כתיב ערות בת אשת אביך מולדת אביך אחותך היא מ"מ איירי טפי מאחותו שהיא מאשת אביו ובת אביו אבל בת אביו ובת אמו (ומאונסים) לא ידעינן אלא מיתורא דקרא אחותך היא:

ואידך. (ו) רבי יצחק גמר עונש מאזהרה. תימה דבכריתות פ"ק (דף ג.) א"ר יצחק עונשין מן הדין דקאמר לר' יצחק כדאית ליה ולרבנן כדאית להו לומר דאין עונשין מן הדין וכן לקמן בפרקין (דף יז:) דקאמר אפי' למאן דאמר עונשין מן הדין כו' ופי' דהיינו ר' יצחק ותימה דבכל שינויי דהכא משמע דשפיר אית ליה לר' יצחק דאין עונשין מן הדין ונראה דלהאי שינויא דקאמר גמר עונש מאזהרה סבר ר' יצחק עונשין מן הדין דהכי פירושא גמר עונש מאזהרה משום דאיכא קל וחומר להענישן וכיון דהשוום באזהרה הוא הדין נמי בעונש כיון דאיכא קל וחומר להענישן ומעתה אמר רבי יצחק בכל דוכתי נמי עונשין מן הדין דהיינו היכא (ז) שאין צריך לענין אזהרה ומהאי טעמא היכא דגמיר עונש מאזהרה היינו דוקא דאיכא להענישו מן הדין דאם לא כן בחייבי לאוין נמי כגון גבי ממזר עמוני נילף בהם עונש כרת מהאי טעמא דגמר עונש מאזהרה דכי היכי דהשוום לענין אזהרה הוא הדין לענין עונש אלא כדפי' דדוקא משום דאיכא להענישו מן הדין קאמר דגמר (גמר) עונש מאזהרה כך נראה למשי"ח וצריך עיון:

הכי גרים רש"י ואידך סבר לה כר"א דאמר שני לאוין וכרת אחד חלוקים לקרבן והלכך במפטם וסך דחלוקין בלאוין ידעינן שחלוקין לחטאות וא"ת כיון דלאוין מוחלקין א"כ ל"ל אחותו דסיפא דדריש לחלק תיפוק ליה דלאוין מוחלקין ופי' בקונטרס דכיון דאתא להכי בעריות נמי לא בעי חילוק ולא אצטריך ליה למדרש אל אשה דלעיל ולא דריש אחותו לחלק ואייתר ליה עיקר [קרא דכרת] באחותו לדונו בכרת ולא במלקות ואחותו דסיפא לאחותו שהיא בת אביו ובת אמו לומר שאין עונשין (ח) ואחותו דרישא לא אצטריך ליה ולדרשא אחריתא אתיא אי נמי אורחיה דקרא הוא ועוד יש מפרשים דשפיר אצטריך דרשא לאחותו שהיא אחות אביו ואחות אמו דנהי דאיכא לאוין מוחלקין מ"מ הואיל והם גוף אחד אימא לא ליחייב אלא אחת דלא דמי למפטם וסך שהם עבודות מוחלקות ושפיר אתי (ט) מרבי אלעזר אבל בפרק קמא דכריתות (דף ג.) משמע כפירוש הקונטרס דפריך אהא מילתא וכי מאחר דלאוין מוחלקין בו כרת באחותו למה לי פי' דדרשינן מינה חילוק בעריות ואליבא דר"א תיפוק ליה חילוק משום דלאוין מוחלקין כמו מפטם וסך ומאי פריך והא לא דמי כדפירשתי לכן נראה כפירוש הקונטרס: ההוא

הגהות הב"ח

(א) גמ' דתנן אמר ר' עקיבא. נ"ב משנה פ"ג דכריתות: (ב) שם ואידך נמי האי ודאי: (ג) רש"י ד"ה לחלק וכו' אם עשאה עם: תוס' ד"ה (בדף הקודם) מה עבודת כוכבים וכו' דא"כ "מאי פריך" פ' בתרא דעירובין וכו' מה שתעשה "הוא" וי"ל: (ד) ד"ה לאפוקי הני פסח ומילה דקום: (ה) ד"ה ההוא וכו' וא"ת ל"ל מקרא דבקדושים תיפוק ליה דגבי אזהרה: (ו) ד"ה ואידך פי' ר' יצחק וכו' וה"פ גמר עונש: (ז) בא"ד דהיינו היכא דשוין לענין אזהרה ומהאי טעמא דהכא דגמיר עונש מאזהרה דהיינו דוקא משום דאיכא להענישו מן הדין וכו' ממזר ועמוני: (ח) ד"ה הכי גרס וכו' שאין עונשין מן הדין ואחותו דרישא: (ט) בא"ד אתי מדרבי אלעזר:

רבינו חננאל

דרבי] עקיבא לעולם שאם עשו תשובה ב"ד של מעלה מוחלין להן מאי קושיא הא לא עשו תשובה לא פסיקא מילתא דכרת דכל אימת דעשה תשובה מוחלין לו אבל מיתות ב"ד אינו כן: ר' יצחק אמר חייבי כריתות בכלל היו. פי' אלו שפירשה בהן התורה כרת כגון אחותו וכיוצא בה הן בכלל כי כל אשר יעשה מכל התועבות האלה ונכרתו הנפשות העושות מקרב עמם א) ולמה יצא כרת ונכתבה באחותו לדונן בכרת ולא במלקות. ורבנן כרת באחותו למה להו לחייבו על אחותו שהיא (היא) אחות אביו והיא אחות אמו. משכחת לה ברשיעא בן רשיעא אמר ר' אדא בר אהבה כגון שבא אביו על אמו והוליד שתי בנות וחזר ובא על אחת מהן והוליד בן ובא אותו הבן על אחות אמו שהיא אחותו מאביו והיא אחות אביו מן האם וזהו רשיעא בן רשיעא ומפורש בכריתות פ"ג (דף טו ע"א) אבל לחלק שאם שגג מביא קרבן על כל אחת מהן נפקא להו מואל אשה בנדת טומאתה לחלק על כל אשה ואשה:

חשק שלמה על ר"ח
א) כפירוש רש"י.

ליקוטי רש"י

ושב הכהן ובא הכהן. בת"כ שנויה בנגעי בתים בשבוע של הסגר ראשון כתיב ושב הכהן ביום השביעי וראה והנה פשה הנגע בקירות הבית וכתיב בתריה וחלצו את האבנים ואת הבית יקציע מבית יקצף עפר אחר הבית סביב הקיר ועפר אחר יקח וטח את הבית וכתיב ואם ישוב הנגע ופרח בבית וגו' ונתץ את הבית ותניא ופרח יכול לא יהא טמא עד שיחזור ויפשה ת"ל צרעת ממארת לצרעת ממארת לג"ש מה צרעת ממארת האמורה בבגדים טימא את החוזר אע"פ שאינו פושה אף צרעת ממארת האמורה בבתים טימא את החוזר אע"פ שאינו פושה יכול חזר ופרח בו ביום יהא טמא נאמר ואם ישוב הנגע ונאמר ושב הכהן מה שיבה האמורה להלן בסוף שבוע אף שיבה האמורה כאן בסוף שבוע למדנו שנותן לו שבוע אחר החליצה וקיצה וטיחה אם חזר הנגע נותצו ואם לא חזר מטהרו אין לי אלא חולץ וקוצה וטח ונותן שבוע אלא בפושה בשבוע של הסגר ראשון מניין לנגע שעמד בעיניו בראשון שלא פשה והכהן לא חלץ ולא קצה ולא טח והמתין שבוע שני ופשה בשבוע שני מניין שהוא חולץ וקוצה וטח ונותן לו שבוע ואינו נותצו מיד ת"ל ובא הכהן וראה והנה פשה וגו' ואע"ג דהאי קרא בתריה דאם ישוב הנגע כתיב דמשמע בנגע החוזר קאי מפקינן ליה התם מהאי משמעות ומרבינן נתיצה לנגע החוזר ואע"פ שלא פשה והאי ובא הכהן וראה והנה פשה משמע דבעי פשיון מוקמינן ליה בנגע שעמד בראשון ופשה בשני ואע"ג דכתיב נתיצה בתריה יליף בג"ש נאמר כאן בפשה בשני ובא הכהן ונאמר בפשה בראשון ושב הכהן היא שיבה היא ביאה כלומר זו כזו מה להלן חולץ וקוצה וטח ונותן לו שבוע אף כאן חולץ וקוצה וטח ונותן לו שבוע ואם חזר שוב בעי נתיצה אלמא אע"ג דלאו שיבה היא כיון דשיבה וביאה חדא מילתא היא דתרווייהו משמע שבא מביתו לבית המנוגע דיינין גזירה שוה מינייהו [עירובין נא.]. זו היא שיבה זו היא ביאה. מפרש בתורת כהנים מה ביאה חולץ וקוצה וטח ונותן לו שבוע אלמא גמרינן גזירה שוה כה"ג ואע"ג דלא דמו התיבות הואיל ושניהם לשון ביאת הבית הן ויש לשונות אחרים אבל זה עיקר [מנחות ד.]. דאע"ג דלא דמו קראי להדדי כיון דתרווייהו בביאת כהן משתעי דיינין בהו גז"ש מה להלן חולץ וקוצה וטח וכו' [יבמות יז:]. לאו שניתן לאזהרת מיתת בי"ד. שלא יעשה כך שלא ימיתוהו בית דין [בבא קמא עד:]. אין לוקין עליו. אפילו לא התרו בו למיתה והתרו בו למלקות דהשתא לא מיקטיל אפילו הכי לא לקי דלאזהרת מיתה ניתן ולא למלקות [עירובין יז:]. ואפילו יפטרו מן המיתה שהרי לא לאזהרת מלקות ניתן [סנהדרין פו:]. דאיתקש כל התורה כולה לעבודת כוכבים. ע"ז שהיא שקולה ככל המצות וכתיב תורה אחת כל התורה במשמע [שבת סט.]. [ע"כ שייך לע"א]

נפקא ליה מואל אשה בנדת טומאתה. הוה ליה למיכתב ונדה לא תקרב. ורבנן. דאית להו נפטרו מידי כריתתן ומפקי כרת דאחותו לחלק. תיפוק ליה מהא. מ"ואל אשה" לחלק על אחותו ועל אחות אמו. דסד"א הואיל ואיסור חד דאחוה אכולהו לא נחייב אלא חדא. הרי גופין מחולקין הרי שמות מחולקין. מואל אשה נפקא מקראות מחולקין דמתלתא קראי נפקי אחותו ואחות אביו ואחות אמו [כריתות ב:]. ברשיעא בר רשיעא. כגון הבא על אמו והוליד שתי בנות ובא על אחת מהן והוליד בן ובא הבן על אחותו שהיא אחות אביו ואחות אמו ועלה איצטריך קרא לחלק משום דגוף אחד הוא [שם]. באיטליז. שוק. עמאום. שם העיר [שם טו.]. מאחותו דסיפא. דקרא דכרת דלעיל נמי עלה קאי [שם ב:]. מאחותו דסיפא. ערות אחותו גלה מפרש בפ"ק (כריתות ג:) דאייתר ליה להא דרשה [שם טו.]. שאין עונשין מן הדין. דלא אמרינן מה אחותו מן האב גרידתא או מן האם גרידתא ענש עליה מן האב ומן האם לא כל שכן [שם ג.]. איבעית אימא גמר עונש מאזהרה. לר"י אין עונשין מן הדין ועונש באחותו מן האב ומן האם לר' יצחק נפקא ליה דיליף עונש מאזהרה כשם שהזהיר עליה כשאר עריות כך ענש עליה ואזהרה דידה מפרש במסכת מכות דאמר קרא ערות בת אביך או בת אמך אין לי אלא בת אביך שלא בת אמך ובת אמך שלא בת אביך בת אביך ואמך מנין ת"ל אחותך היא לא תגלה ערותה וכשם שהזהיר עליה כך ענש עליה [כריתות ג.].

Conceding this objection, the Gemara gives a different explanation of why (according to the Rabbis) the Torah reiterates *kares* in reference to incest with a sister:
אֶלָּא לְחַיְּיבוֹ עַל אֲחוֹתוֹ שֶׁהִיא אֲחוֹת אָבִיו שֶׁהִיא אֲחוֹת אִמּוֹ – Rather, it serves **to render one liable** to three separate *chataos* **for** cohabiting with **his sister who is** also **his father's sister and** also **his mother's sister. וְהֵיכִי מַשְׁכַּחַת לָהּ – And how can you find such a situation? בִּרְשִׁיעָא בַּר רְשִׁיעָא – In the case of a sinner the son of a sinner.**[15]

The Gemara now turns back to R' Yitzchak (who uses the reiteration of *kares* regarding incest with a sister to teach a different lesson – that *kares* sins are not subject to *malkus*):
וְרַבִּי יִצְחָק – And R' Yitzchak, הָא מְנָא לֵיהּ – from where does he derive this law, namely, that a man who sins with his sister who is also the sister of his father and mother is liable to three *chataos*?

The Gemara replies:
נַפְקָא לֵיהּ מִקַּל וָחוֹמֶר – He derives it from a *kal vachomer* argument that is recorded in the following Tannaic discussion: **דְּתַנְיָא – For it was taught** in a Mishnah:[16] **אָמַר רַבִּי עֲקִיבָא – R' AKIVA SAID: שָׁאַלְתִּי אֶת רַבָּן גַּמְלִיאֵל וְרַבִּי יְהוֹשֻׁעַ בְּאִיטְלִיז שֶׁל עִימְאוּם – I POSED** the following question **TO RABBAN GAMLIEL AND R' YEHOSHUA IN THE MEAT MARKET OF IM'UM, שֶׁהָלְכוּ לִיקַּח בְּהֵמָה – WHO HAD GONE THERE TO BUY AN ANIMAL לְמִשְׁתֵּה בְנוֹ שֶׁל רַבָּן גַּמְלִיאֵל – FOR THE WEDDING FEAST OF RABBAN GAMLIEL'S SON:**[17] **הַבָּא עַל אֲחוֹתוֹ שֶׁהִיא אֲחוֹת אָבִיו שֶׁהִיא אֲחוֹת אִמּוֹ מַהוּ – IF ONE** inadvertently **COHABITS WITH HIS SISTER WHO IS** also **HIS FATHER'S SISTER AND** also **HIS MOTHER'S SISTER, WHAT IS THE LAW? [אֵינוֹ] חַיָּיב עַל כּוּלָּן אֶלָּא אַחַת – IS HE LIABLE TO ONLY ONE** *chatas* **FOR ALL OF THEM אוֹ חַיָּיב עַל כָּל אַחַת וְאַחַת – OR IS HE LIABLE** to a separate *chatas* **FOR EACH ONE? אָמְרוּ לוֹ – THEY** [Rabban Gamliel and R' Yehoshua] **REPLIED TO HIM: זוֹ לֹא שָׁמַעְנוּ** – The answer to **THIS WE HAVE NOT HEARD.**[18] **אֲבָל שָׁמַעְנוּ – BUT WE HAVE HEARD** the following law (from which we can resolve your question): **הַבָּא עַל חָמֵשׁ נָשִׁים נִדּוֹת בְּהֶעְלֵם אֶחָד – IF ONE COHABITS WITH FIVE WOMEN WHO ARE IN A STATE OF *NIDDAH* IN A SINGLE LAPSE OF AWARENESS, שֶׁחַיָּיב עַל כָּל אַחַת וְאַחַת – HE IS LIABLE** to a separate *chatas* **FOR EACH ONE. וְנִרְאִין דְּבָרִים מִקַּל וָחוֹמֶר – AND IT WOULD SEEM** that your question can be resolved **BY THE FOLLOWING *KAL VACHOMER*** from that law: **וּמַה נִּדָּה שֶׁהִיא שֵׁם אֶחָד – IF FOR *NIDDAH*, WHICH IS A SINGLE PROHIBITION** (i.e. by sinning with five different women, he has merely transgressed a single prohibition five times), **חַיָּיב עַל כָּל אַחַת וְאַחַת – HE IS LIABLE** to a separate *chatas* **FOR EACH ONE, כָּאן שֶׁשְּׁלֹשָׁה שֵׁמוֹת** – then **HERE,** in the case of your question, **WHERE THREE** separate **PROHIBITIONS** (i.e. sister, father's sister and mother's sister) are involved, **לֹא כָּל שֶׁכֵּן – IS IT NOT CERTAIN** that he is liable to separate *chataos*?

R' Yitzchak could also subscribe to this same *kal vachomer,* and derive from it that separate *chataos* are required in the case of one who sins with his sister who is also his parents' sister.

The Gemara now explains why the Rabbis (R' Yishmael and R' Akiva) do not derive this law from the *kal vachomer,* and instead derive it from a verse (the reiteration of *kares* in reference to cohabitation with one's sister):
וְאִידָךְ – But the others [the Rabbis] argue that **קַל וָחוֹמֶר פְּרִיכָא הוּא – it is a flawed *kal vachomer*** for the following reason: **מַה לְנִדָּה שֶׁכֵּן גּוּפִין מוּחְלָקִין – What** proof can be derived **from** that case of ***niddah,* which involves separate entities?**[19]

The Gemara asks:
וּלְאִידָךְ נַמִּי – But according to the other one [R' Yitzchak] **as well, הַאי וַדַּאי קַל וָחוֹמֶר פְּרִיכָא הוּא – this is certainly a flawed *kal vachomer.*** How, then, can he use it as a source for this law?

The Gemara accepts this objection, and offers a different answer:
אֶלָּא נַפְקָא לֵיהּ מֵ,,אֲחֹתוֹ" דְּסֵיפָא – Rather, R' Yitzchak **derives it from the** extraneous **mention of *his sister* at the end** of that verse.[20]

The Gemara asks:
וְאִידָךְ – And according to **the other ones** [the Rabbis], who derive from the reiteration of *kares* that one is liable to separate *chataos* for sinning with his sister who is also his parents' sister, **,,אֲחֹתוֹ" דְּסֵיפָא לָמָּה לִי – what is the purpose of mentioning *his sister* in the end** of the verse?

The Gemara replies:
לְחַיְּיבוֹ עַל אֲחוֹתוֹ בַּת אָבִיו וּבַת אִמּוֹ – To render one liable for cohabiting with **his sister, the daughter of his father who is also the daughter of his mother** (i.e. his full sister, as opposed to half sister). **לוֹמַר שֶׁאֵין עוֹנְשִׁין מִן הַדִּין** – This serves **to teach that we cannot assign punishment on the basis of** a *kal vachomer* **argument**. Since the Torah found it necessary to teach that one incurs *kares* for sinning with his *full* sister – although this could have been inferred by a *kal vachomer* from the law of a

NOTES

azharah in regard to each one separately (*Rashi*).

Even if this would be a case of distinct entities, and not distinct prohibitions (e.g. three regular sisters, or three women in their *niddah* state), the sinner would have to bring three *chataos* (see previous note). Hence, in this case, which involves not only distinct entities, but also distinct prohibitions, he is certainly liable to this penalty (*Ritva*).

15. That is, a man (A) sinned with his mother (B), who bore him two daughters (C and D). He then sinned with one of these daughters (C), who bore him a son (E). If this son were to cohabit with his mother's sister (D), he would thereby violate three distinct *kares* prohibitions, since she is his mother's sister, his father's sister [from a common mother – B] and his own sister [from a common father – A] (*Rashi*).

In this case, although there are three distinct prohibitions, they are all found in a single person. Therefore, a verse is required to teach that the son is liable to bring multiple *chataos* for sinning with her (*Likkutei Halachos*; cf. *Rosh,* cited by *Shitah Mekubetzes* to *Kereisos* 15a §11).

16. *Kereisos* 15a. *Bach* emends the text to read דְּתְנַן, which typically introduces a Mishnah, as opposed to דְּתַנְיָא, which usually prefaces a Baraisa.

17. The Mishnah mentions this circumstance to teach how intensely our Sages loved the Torah. Even when busy with other matters, they would engage in halachic discussions (*Tosafos* ibid.; see *Aruch LaNer* ibid.).

18. We have not received any explicit tradition regarding the law in this case.

19. It is possible that sinning with several different forbidden entities (people or objects) belonging to a single category provides greater grounds for separate *chataos* than sinning with a single person who belongs to three different categories. If so, in the case of sinning with five *niddah*-women it would be *more* obvious that one brings multiple *chataos* than in the case of sinning with a sister who is also one's parents' sister. No inference, therefore, can be drawn from the former case that separate *chataos* must be brought in the latter case. [See *Aruch LaNer,* who explains why Rabban Gamliel and R' Yehoshua did consider this a valid *kal vachomer.*]

20. I.e. the verse that reiterates the *kares* penalty for sinning with one's sister (*Leviticus* 20:17). The entire verse reads: וְאִישׁ אֲשֶׁר־יִקַּח אֶת־אֲחֹתוֹ בַּת־אָבִיו אוֹ בַת־אִמּוֹ וְרָאָה אֶת־עֶרְוָתָהּ וְהִיא־תִרְאֶה אֶת־עֶרְוָתוֹ חֶסֶד הוּא וְנִכְרְתוּ לְעֵינֵי בְּנֵי עַמָּם עֶרְוַת אֲחֹתוֹ גִּלָּה עֲוֹנוֹ יִשָּׂא, *If a man takes his sister, the daughter of his father or the daughter of his mother, and he sees her nakedness and she sees his nakedness, it is a disgrace and they shall be cut off in the sight of the members of their people; he has uncovered the nakedness of his sister, he shall bear his iniquity.* The verse repeats the word אֲחֹתוֹ, *his sister.* The second appearance of this word can be used to teach that separate *chataos* must be brought for sinning with one's sister who is also his parents' sister.

כדאמרינן מעיקרא שאם עשו תשובה ב"ד
של מעלה מוחלין להן מאי אמרת הא לא
עבוד תשובה לא פסיקא מילתא לכרת
רבי יצחק אומר חייבי כריתות בכלל היו
ולמה יצאת כרת באחותו לדונו בכרת
ולא במלקות ורבנן כרת באחותו למה לי
לחלק וכדרבי יוחנן א) דאמר רבי יוחנן
שאם עשאן כולם בהעלם א אחד חייב על
כל אחת ואחת ורבי יצחק לחלק מנא ליה
נפקא ליה א) מואל אשה בנדת טומאתה
לחייב על כל אשה ואשה ורבנן נמי תיפוק
ב) ליה מהא אין הכי נמי ואלא כרת דאחותו
למה לי לחייבו על אחותו ועל אחות אביו ועל
אחות אמו פשיטא הרי גופין מוחלקין הרי
שמות מוחלקין אלא ב לחייבו על אחותו
שהיא אחות אביו שהיא אחות אמו והיכי
משכחת לה ג ברשיעא בר רשיעא ור' יצחק
הא מנא ליה נפקא ליה מק"ו (א) דתניא ג) אמר
ר"ע שאלתי את רבן גמליאל ורבי יהושע
באיטליז של עימאום שהלכו ליקח בהמה
למשתה בנו של ר"ג הבא על אחותו שהיא
אחות אביו שהיא אחות אמו מהו ד) [אינו]
חייב על כולן אלא אחת או חייב על כל אחת
ואחת אמרו לו זו לא שמענו אבל שמענו
ד הבא על חמש נשים נדות בהעלם אחד
שחייב על כל אחת ואחת ונראין דברים
מק"ו ומה נדה שהיא שם אחד חייב על
כל אחת ואחת כאן ששלשה שמות לא כל
שכן ואידך ק"ו פריכא הוא מה לנדה שכן
גופין מוחלקין (ב) ולאידך נמי האי ודאי ק"ו
פריכא הוא אלא נפקא ליה ו) מאחותו
דסיפא ואידך אחותו דסיפא למה לי
לחייבו על אחותו בת אביו ובת אמו
לומר ה) שאין עונשין מן הדין ואידך
איבעית אימא גמר עונש מאזהרה ואיבעית אימא נפקא ליה
מאחותו

רש"י

כדאמרינן מעיקרא. טעמיה דר' עקיבא משום שתי רשעיות הוא ודקאמרת חייבי כריתות נמי שתי רשעיות הן דאכתי עונש כרת עליו לא פסיקא מילתא לכרת הואיל והוא תלוי בתשובה: ורבנן. רבי ישמעאל ור"ע: לחלק. לפי שכלל כל העריות בכרת אחת הייתי אומר אם עשאן כולם בהעלם אחד אינו חייב אלא אחת לכך יצאה כרת באחותו לחלק דהוי דבר שהיה בכלל ויצא מן הכלל ללמד על עצמו שמתחייב עליה לעצמה אם (ג) עשאם עם חברותיה ולא ללמד על עצמו יצא אלא ללמד על הכלל כולו יצא מה אחותו מיוחדת שהיא ערוה וחייבין עליה בפני עצמה אף כל שהיא ערוה חייבין עליה בפני עצמה: מואל אשה. דמצי למכתב ולנדה לא תקרב: לחייבו על אחותו ועל אחות אביו כו'. אם בא על שלשתן בהעלם אחד: הרי שמות מוחלקין. שיש אזהרה בכל אחת והרי הן כשאר כל העריות: ברשיעא בר רשיעא. הבא על אמו והוליד שתי בנות וחזר ובא על אחת מהן והוליד בן ובא הבן על אחות אמו שהיא אחותו ואחות אביו: באטליז. במקום שמוכרין הבשר במקולין: מאחותו דסיפא. ערות אחותו גלה (ויקרא כ): שאין עונשין מן הדין. שהרי ענש על בת אמו שלא בת אביו ובת אביו שלא בת אמו שנא' (שם) בת אביו או בת אמו ויש לומר כ"ש שענש על בת אביו ובת אמו אבל אם אמרת כך ענשת מן הדין לכך נאמר אחותו דסיפא: גמר עונש מאזהרה. דלענין אזהרה כתיב אחותך היא יתירא להזהיר על אחותו בת אביו ובת אמו שנאמר (שם יח) ערות בת אשת אביך מולדת אביך אחותך היא ומה אזהרה לא חלק בין אחותו בת אביו שלא בת אמו י) [ובת אמו שלא בת אביו] ולאחותו שהיא בת אביו ובת אמו אף בעונש ענש על אחותו בת אביו ואמו כאחותו דבת אביו שלא בת אמו ובת אמו שלא בת אביו:
מאחותו

תוספות

ז) קשה לישנא דקום עשה דמשמע דליכא בהן שום לאו הקשה הר"ר שלמה מדרוי"ש ח) (דמ"מ קשה) נהי דקרבן לא בעי אזהרה מ"מ הנך דליכא אלא חד כרת כמו מפטם וסך דלא ידעינן דחלוקין לחטאות אלא משום שהם לאוין מוחלקין לרבי אלעזר דאמר רבי אושעיא ואצטריכו לחלק א"כ לא ליקלי עלייהו כי היכי דבעינן למימר אי קרבן בעי אזהרה דלא לקי אלאו דכריתות וי"ל דמ"מ נהי דאצטריכו לחלק בשביל זה לא נמנע מללמוד ממנו מלקות כיון דידעינן בהו חיוב קרבן בלא לאו נהי דחילוק לא ידענא אלא מלאוין מ"מ ילקו:

ט) **לאפוקי** הני. פסח ומילה (ד) דבקום עשה נינהו קשה ל"ל היקשא לאפוקי פסח ומילה תיפוק ליה מדאמרינן בת"כ ועשה אחת יצא מסית ומדיח ומקלל אביו ואמו ועדים זוממין שאין בהן מעשה דאין בהן קרבן וה"ה פסח ומילה דאי מימנע ולא עביד ליכא מעשה ושמא י"ל דאצטריך דרשא דהכא משום דבת"כ איכא דרשא אחריתי דמפרש מסית ומדיח דלאו בני קרבן נינהו משום דבעינן דומיא דעבודת כוכבים דיש בו כרת ופסח ומילה הוו בכרת והוה אמינא דהויין בקרבן מיהו ממילה קשה למה לי קרא דהא לא הויא בכרת דומיא דעבודת כוכבים דהא לעולם לא יתברר שיהא בכרת עד שימות דלעולם יכול למול עצמו וליפטר מכרת וי"ל דלעולם כל זמן שלא מל עונש כרת עליו:

ההוא מיבעי ליה לחייבו על אחותו שהיא בת אביו ובת אמו. וא"ת ל"ל (ה) בקדושים תיפוק ליה גבי אזהרה כתיב אחותך היא יתירא לאחותו בת אביו ובת אמו וכתיב (ויקרא יח) ונכרתו הנפשות העושות וי"ל דונכרתו לא קאי אלא אעריות המפורשות בהדיא ונהי דבקרא כתיב ערות בת אשת אביך מולדת אביך אחותך היא מ"מ איירי טפי מאחותו שהיא מאשת אביו ובת אביו אבל בת אביו ובת אמו י) (ומאונסים) לא ידעינן אלא מיתורא דקרא אחותך היא:

ואידך. (ו) רבי יצחק גמר עונש מאזהרה. תימה דבכריתות פ"ק (דף ג.) א"ר יצחק עונשין מן הדין דקאמר לר' יצחק כדאית ליה ולרבנן כדאית להו לומר דאין עונשין מן הדין וכן לקמן בפרקין (דף יז:) דקאמר אפי' למאן דאמר עונשין מן הדין כו' ופי' דהיינו ר' יצחק ותימה דבכל שינויי דהכא משמע דשפיר אית ליה לר' יצחק דאין עונשין מן הדין ונראה דלהאי שינויא דקאמר גמר עונש מאזהרה סבר ר' יצחק עונשין מן הדין דהכי פירושא גמר עונש מאזהרה משום דאיכא קל וחומר להעניש וכיון דהשווה באזהרה הוא הדין נמי בעונש כיון דאיכא קל וחומר להענישן ומעתה אמר רבי יצחק בכל דוכתי נמי עונשין מן הדין דהיינו היכא (ז) שאין צריך לענין אזהרה ומהאי טעמא היכא דגמיר עונש מאזהרה היינו דוקא דאיכא להענישו מן הדין דאם לא כן בחייבי לאוין נמי כגון גבי ממזר עמוני נילף בהם עונש כרת מהאי טעמא דגמר עונש מאזהרה דכי היכי דהשווה לענין אזהרה הוא הדין לענין עונש אלא כדפי' דדוקא משום דאיכא להענישו מן הדין קאמר גמר (גמר) עונש מאזהרה כך נראה למשי"ח וצריך עיון: כ) **הכי** גריס רש"י ואידך סבר לה כר"א דאמר שני לאוין וכרת אחד חלוקים לקרבן והלכך במפטם וסך דחלוקין בלאוין ידעינן שחלוקין לחטאות וא"ת כיון דלאוין מוחלקין א"כ ל"ל אחותו דסיפא דדריש לחלק תיפוק ליה דלאוין מוחלקין ופי' בקונטרס דכיון דאתא להכי בעריות נמי לא בעי חילוק ולא אצטריך ליה למדרש אל אשה דלעיל ולא דריש אחותו לחלק ואייתר ליה עיקר [ל) קרא דכרת] באחותו לדונו בכרת ולא במלקות ואחותו מ) דסיפא לאחותו שהיא בת אביו ובת אמו לומר שאין עונשין (ח) ואחותו דרישא לא אצטריך ליה ולדרשא אחריתא אתיא אי נמי אורחיה דקרא הוא עוד יש מפרשים דשפיר אצטריך דרשא לאחותו שהיא אחות אביו ואחות אמו דנהי דאיכא לאוין מוחלקין מ"מ הואיל והם גוף אחד אימא לא ליחייב אלא אחת דלא דמי למפטם וסך שהם עבודות מוחלקות ושפיר אתי (ט) מרבי אלעזר אבל בפרק קמא דכריתות (דף ג.) משמע כפירוש הקונטרס דפריך אהא מילתא וכי מאחר דלאוין מוחלקין בו כרת באחותו למה לי פי' דדרשינן מינה חילוק בעריות ולאליבא דר"א תיפוק ליה חילוק משום דלאוין מוחלקין כמו מפטם וסך ומאי פריך והא לא דמי כדפירשתי לכן נראה כפירוש הקונטרס:
ההוא

מסורת הש"ס

א) כריתות ב: יבמות נה., ב) להו. יעב"ץ, ג) כריתות טו., ד) רש"א חייב א' על כולן, ה) [לעיל ה: סנהדרין נד. וש"נ], ו) רש"א [ועי' רש"ל], ז) רש"א שמעינן מלישנא, ח) רש"א מ"ז, ט) שייך לעיל סוף ע"ב, י) רש"ל מ"ז, כ) זה שייך לע"ב, ל) רש"א, מ) רש"ל דרישא.

הגהות הב"ח

(א) גמ' דתנן אמר ר' עקיבא. נ"ב משנה פ"ג דכריתות: (ב) שם ואידך נמי האי ודאי: (ג) רש"י ד"ה לחלק וכו' אם עשאה עם: (ד) תוס' ד"ה (בדף הקודם) מה עבודת כוכבים וכו' דא"כ "מאי פריך" פ' בתרא דעירובין וכו' מה שמעשה "הוא" וי"ל: (ד) ד"ה לאפוקי הני פסח ומילה דקום: (ה) ד"ה ההוא וכו' וא"ת ל"ל מקרא דבקדושים תיפוק ליה דגבי אזהרה: (ו) ד"ה ואידך פי' ר' יצחק וכו' וה"פ גמר עונש: (ז) בא"ד דהיינו היכא דשוין לענין אזהרה ומהאי טעמא דהכא דגמיר עונש מאזהרה דהיינו דוקא משום דאיכא להענישו מן הדין וכו' ממזר ועמוני: (ח) ד"ה הכי גרס וכו' שאין עונשין מן הדין ואחותו דרישא: (ט) בא"ד אתי מדרבי אלעזר:

רבינו חננאל

דרבי] עקיבא לעולם שאם עשו תשובה ב"ד של מעלה מוחלין להן מאי קושיא הא לא עשו תשובה לא פסיקא מילתא דכרת דכל אימת דעשה תשובה מוחלין לו אבל מיתות ב"ד אינו כן: ר' יצחק אמר חייבי כריתות בכלל היו. פי' אלו שפירשה בהן התורה כרת כגון אחותו וכיוצא בה הן בכלל כי כל אשר יעשה מכל התועבות האלה ונכרתו הנפשות העושות מקרב עמם א) ולמה יצא כרת ונכתבה באחותו לדונו בכרת ולא במלקות. ורבנן כרת באחותו למה להו לחייבו על אחותו שהיא (היא) אחות אביו והיא אחות אמו. משכחת לה ברשיעא בן רשיעא אמר ר' אדא בר אהבה כגון שבא אביו על אמו והוליד שתי בנות וחזר ובא על אחת מהן והוליד בן ובא אותו הבן על אחות אמו שהיא אחותו מאביו והיא אחות אביו מן האם וזהו רשיעא בן רשיעא ומפורש בכריתות פ"ג (דף טו ע"א) אבל לחלק שאם שגג מביא קרבן על כל אחת מהן נפקא להו מואל אשה בנדת טומאתה לחלק על כל אשה ואשה:

חשק שלמה על ר"ח
א) כפירוש רש"י.

עין משפט נר מצוה

יג א מיי' פ"ד מהלכות שגגות הלכה א סמג עשין ריג:
יד ב ג מיי' שם הל"ה:
טו ד מיי' שם פ"ה הל' ג סמג שם:

תורה אור השלם

א) וְאֶל אִשָּׁה בְּנִדַּת טֻמְאָתָהּ לֹא תִקְרַב לְגַלּוֹת עֶרְוָתָהּ: [ויקרא יח, יט]

ב) וְאִישׁ אֲשֶׁר יִקַּח אֶת אֲחֹתוֹ בַּת אָבִיו אוֹ בַת אִמּוֹ וְרָאָה אֶת עֶרְוָתָהּ וְהִיא תִרְאֶה אֶת עֶרְוָתוֹ חֶסֶד הוּא וְנִכְרְתוּ לְעֵינֵי בְּנֵי עַמָּם עֶרְוַת אֲחֹתוֹ גִּלָּה עֲוֹנוֹ יִשָּׂא: [ויקרא כ, יז]

ליקוטי רש"י

ושב הכהן ובא הכהן. בת"כ שנויה בנגעי בתים בשבוע של הסגר ראשון כתיב ושב הכהן ביום השביעי וראה והנה פשה הנגע בקירות הבית וכתיב בתריה וחלצו את האבנים ואת הבית יקציע מבית יקלף עפר הבית סביב הקיר ועפר אחר יקח וטח את הבית וכתיב ואם ישוב הנגע ופרח בבית וגו' ונתץ את הבית ותניא ופרח יכול לא יהא טמא עד שיחזור ויפשה ת"ל לרעת ממארת לרעת ממארת לג"ש מה לרעת ממארת האמורה בבגדים טימא את החוזר אע"פ שאינו פושה אף לרעת ממארת האמורה בבתים טימא את החוזר אע"פ שאינו פושה יכול חזר ופרח בו ביום יהא טמא נאמר ואם ישוב הנגע ונאמר ושב הכהן מה שיבה האמורה להלן בסוף שבוע אף שיבה האמורה כאן בסוף שבוע למדנו שנותן לו שבוע אחר החליצה וקיצה וטיחה אם חזר הנגע נותצו ואם לא חזר מטהרו אין לי אלא חולץ וקוצה וטח ונותן שבוע אלא בפושה בשבוע של הסגר ראשון מניין לנגע שעמד בעיניו בראשון שלא פשה והכהן לא חלץ ולא קצה ולא טח והמתין שבוע שני ופשה בשבוע שני מניין שהוא חולץ וקוצה וטח ונותן לו שבוע ואינו נותצו מיד ת"ל ובא הכהן וראה והנה פשה וגו' ואע"ג דהאי קרא בתריה דאם ישוב הנגע כתיב דמשמע דבנגע החוזר קאי מפקינן ליה התם מהאי משמעות ומרבינן נתיצה לנגע החוזר ואע"פ שלא פשה והאי ובא הכהן וראה והנה פשה דמשמע דבעי פשיון מוקמינן ליה בנגע שעמד בראשון ופשה בשני ואע"ג דכתיב נתיצה בתריה יליף בג"ש נאמר כאן בפשה בשני ובא הכהן ונאמר בפשה בראשון ושב הכהן היא שיבה היא ביאה כלומר זו כזו מה להלן חולץ וקוצה וטח ונותן לו שבוע אף כאן חולץ וקוצה וטח ונותן לו שבוע ואם חזר שוב בעי נתיצה אלמא אע"ג דלאו שיבה היא כיון דשיבה וביאה חדא מילתא היא דתרווייהו משמע שבא מביתו לבית המנוגע דיינין גזירה שוה מינייהו [עירובין נא.]. **זו היא שיבה זו היא ביאה.** מפרש בתורת כהנים מה ביאה חולץ וקוצה וטח ונותן לו שבוע אלמא גמרינן גזירה שוה כה"ג ואע"ג דלא דמו התיבות הואיל ושניהם לשון ביאת הבית הן ויש לשונות אחרים אבל זה עיקר [מנחות ד.]. דאע"ג דלא דמו קראי להדדי כיון דתרווייהו בביאת כהן משתעי דיינינן בהו גז"ש מה להלן חולץ וקוצה וטח וכו' [יבמות יז:]. **לאו שניתן לאזהרת מיתת בי"ד.** שלא יעשה כך שלא ימיתוהו בית דין [בבא קמא עד:]. **אין לוקין עליו.** אפילו לא התרו בו למיתה והתרו בו למלקות דהשתא לא מיקטיל אפילו הכי לא לקי דלאזהרת מיתה ניתן ולא למלקות [עירובין יז:]. ואפילו יפטרו מן המיתה שהרי לא לאזהרת מלקות ניתן [סנהדרין פו:]. **דאיתקש כל התורה כולה לעבודת כוכבים.** ע"ז שהיא שקולה ככל המצוות וכתיב תורה אחת לכל התורה במשמע [שבת סט.]. [ע"כ שייך לע"א] **נפקא ליה מואל אשה בנדת טומאתה.** הוה ליה למיכתב ולנדה לא תקרב. **ורבנן.** דאית להו נפטרו מידי כריתתן ומפקי כרת דאחותו לחלק. **תיפוק ליה מהא.** מ"ואל אשה" לחלק על אחותו ועל אחות אמו. דסד"א הואיל ואיסור חד דאחוה אכולהו לא נחייב אלא חדא. **הרי גופין מחולקין.** מואל אשה נפקא מקראות מחולקין דמתלתא קראי נפקי אחותו ואחות אביו ואחות אמו [כריתות ב:]. **ברשיעא בר רשיעא.** כגון הבא על אמו והוליד שתי בנות ובא על אחת מהן והוליד בן ובא הבן על אחות אמו שהיא אחות אביו ואחות אמו ועלה איצטריך קרא לחלק משום דגוף אחד הוא [שם]. **באיטליז.** שוק. **עמאום.** שם העיר [שם טו.]. **מאחותו דסיפא.** דקרא דכרת דלעיל נמי עלה קאי [שם ב:]. **מאחותו דסיפא.** ערות אחותו גלה מפרש בפ"ק (כריתות ג:) דאייתר ליה להא דרשה [שם טו.]. **שאין עונשין מן הדין.** דלא אמרינן מה אחותו מן האב גרידתא או מן האם גרידתא ענש עליה מן האב ומן האם לא כל שכן [שם ג.]. **איבעית אימא גמר עונש מאזהרה.** לר"י אין עונשין מן הדין ועונש באחותו מן האב ומן האם לר' יצחק נפקא ליה דיליף עונש מאזהרה כשם שהזהיר עליה כשאר עריות כך ענש עליה ואזהרה דידה מפרש במסכת מכות דאמר קרא ערות בת אביך או בת אמך אין לי אלא בת אביך שלא בת אמך ובת אמך שלא בת אביך בת אביך ובת אמך מנין ת"ל אחותך היא לא תגלה ערותה וכשם שהזהיר עליה כך ענש עליה [כריתות ג.].

half sister – it is evident that a *kal vachomer* cannot be used to impose a punishment.[21]

The Gemara turns back to R' Yitzchak:

וְאִידָךְ – And the other one [R' Yitzchak], who already uses the term *his sister* stated at the end of the verse to require separate *chataos* in the case of a sister who is also one's parents' sister, from where does he derive the law pertaining to a full sister?

Two answers are proposed:

אִיבָּעִית אֵימָא – If you prefer, say that **גָּמַר עוֹנֶשׁ מֵאַזְהָרָה – he derives the punishment from the Scriptural warning.** That is, when the Torah *warns* against cohabiting with one's *half* sister, it states the extraneous words *she is your sister.*[22] These words include one's *full* sister in the warning. It then follows that just as the Torah's *warning* applies to both one's half sister and one's full sister, so does the *punishment* of *kares* apply to both.[23]

וְאִיבָּעִית אֵימָא – Or, if you prefer, say that **נַפְקָא לֵיהּ – he** [R' Yitzchak] **derives** *kares* for a full sister

NOTES

21. The first part of the verse states: "the daughter of his father *or* the daughter of his mother." This implies a reference to a *half* sister, who is either the daughter of his father (but not his mother) or the daughter of his mother (but not his father). Theoretically, it would now be possible for a *kal vachomer* to dictate that since one is punished for sinning with his *half* sister, he is certainly subject to that punishment for sinning with his *full* sister. It is a principle of the Torah, however, that punishments can be imposed only in situations where the Torah clearly decrees them. Logical arguments (such as a *kal vachomer*) cannot be used to extend a punishment from one situation to another (see 5b note 24). The Torah therefore repeats אֲחֹתוֹ, *his sister,* at the end of the verse in order to include a *full* sister (*Rashi*).

22. *Leviticus* 18:11. The entire verse reads: עֶרְוַת בַּת־אֵשֶׁת אָבִיךָ מוֹלֶדֶת אָבִיךָ אֲחוֹתְךָ הִוא לֹא תְגַלֶּה עֶרְוָתָהּ, *The nakedness of your father's wife's daughter who was born to your father – she is your sister; you shall not uncover her nakedness.* This is the *azharah* (Scriptural warning) against cohabiting with one's *half* sister (the daughter of his father, but not his mother).

23. According to this answer, R' Yitzchak maintains that we *can* use a *kal vachomer* argument to assign punishment, but not to establish a Scriptural prohibition [*azharah*]. Hence, a source is needed for the *azharah* against a full sister. Once that has been found, the logic of a *kal vachomer* dictates that, like a half sister, a full sister too is prohibited on pain of *kares* (see Gemara below, 17b, with *Rashi* ד״ה ואפילו; *Tosafos* here ד״ה ואידך; *Rashi* to *Zevachim* 106b ד״ה אפילו).

מסורת הש"ס

א) כריתות ב: יבמות נה., ב) להו. יעב"ץ, ג) כריתות טו., ד) רש"א חייב א' על כולן, ה) [לעיל ה: סנהדרין נד. וש"נ], ו) רש"א [ועי' רש"ל], ז) רש"א שמעינן מלישנא, ח) רש"א מ"ז, ט) שייך לעיל סוף ע"ב, י) רש"ל מ"ז, כ) זה שייך לע"ב, ל) רש"א, מ) רש"ל דרישא.

עין משפט נר מצוה

יג א מיי' פ"ד מהלכות שגגות הלכה א סמג עשין ריג:
יד ב ג מיי' שם הל"ה:
טו ד מיי' שם פ"ה הל' ג סמג שם:

גמרא

כדאמרינן מעיקרא שאם עשו תשובה ב"ד של מעלה מוחלין להן מאי אמרת הא לא עבוד תשובה לא פסיקא מילתא לכרת רבי יצחק אומר חייבי כריתות בכלל היו ולמה יצאת כרת באחותו לדונו בכרת ולא במלקות ורבנן כרת באחותו למה לי לחלק וכדרבי יוחנן דאמר רבי יוחנן שאם עשאן כולם בהעלם אחד חייב על כל אחת ואחת ורבי יצחק לחלק מנא ליה נפקא ליה מואל אשה בנדת טומאתה לחייב על כל אשה ואשה ורבנן נמי תיפוק ליה מהא אין הכי נמי ואלא כרת דאחותו למה לי לחייבו על אחותו ועל אחות אביו ועל אחות אמו פשיטא הרי גופין מוחלקין הרי שמות מוחלקין אלא לחייבו על אחותו שהיא אחות אביו שהיא אחות אמו והיכי משכחת לה ברשיעא בר רשיעא ור' יצחק הא מנא ליה נפקא ליה מק"ו (א) דתניא אמר ר"ע שאלתי את רבן גמליאל ורבי יהושע באיטליז של עימאום שהלכו ליקח בהמה למשתה בנו של ר"ג הבא על אחותו שהיא אחות אביו שהיא אחות אמו מהו [אינו] חייב על כולן אלא אחת או חייב על כל אחת ואחת אמרו לו זו לא שמענו אבל שמענו הבא על חמש נשים נדות בהעלם אחד שחייב על כל אחת ואחת ונראין דברים מק"ו ומה נדה שהיא שם אחד חייב על כל אחת ואחת כאן ששלשה שמות לא כל שכן ואידך ק"ו פריכא הוא מה לנדה שכן גופין מוחלקין (ב) ולאידך נמי האי ודאי ק"ו פריכא הוא אלא נפקא ליה מאחותו דסיפא ואידך אחותו דסיפא למה לי לחייבו על אחותו בת אביו ובת אמו לומר שאין עונשין מן הדין ואידך איבעית אימא גמר עונש מאזהרה ואיבעית אימא נפקא ליה מאחותו

רש"י

כדאמרינן מעיקרא. טעמיה דר' עקיבא משום שתי רשעיות הוא ודקאמרת חייבי כריתות נמי שתי רשעיות הן דאכתי עונש כרת עליו לא פסיקא מילתא לכרת הואיל והוא תלוי בתשובה: ורבנן. רבי ישמעאל ור"ע: לחלק. לפי שכלל כל העריות בכרת אחת הייתי אומר אם עשאן כולם בהעלם אחד אינו חייב אלא אחת לכך יצאה כרת באחותו לחלק דהוי דבר שהיה בכלל ויצא מן הכלל ללמד על עצמו שמתחייב עליה לעצמה אם (ג) עשאה עם חברותיה ולא ללמד על עצמו יצא אלא ללמד על הכלל כולו יצא מה אחותו מיוחדת שהיא ערוה וחייבין עליה בפני עצמה אף כל שהיא ערוה חייבין עליה בפני עצמה: מואל אשה. דמצי למכתב ונדה לא תקרב: לחייבו על אחותו ועל אחות אביו כו'. אם בא על שלשתן בהעלם אחד: הרי שמות מוחלקין. שיש אזהרה בכל אחת והרי הן כשאר כל העריות: ברשיעא בר רשיעא. הבא על אמו והוליד שתי בנות וחזר ובא על אחת מהן והוליד בן ובא הבן על אחות אמו שהיא אחותו ואחות אביו: באטליז. במקום שמוכרין הבשר במקולין: מאחותו דסיפא. ערות אחותו גלה (ויקרא כ): שאין עונשין מן הדין. שהרי ענש על בת אמו שלא בת אביו ובת אביו שלא בת אמו שנא' (שם) בת אביו או בת אמו ויש לומר כ"ש שענש על בת אביו ובת אמו אבל אם אמרת כך ענשת מן הדין לכך נאמר אחותו דסיפא: גמר עונש מאזהרה. דלענין אזהרה כתיב אחותך היא יתירא להזהיר על אחותו בת אביו ובת אמו שנאמר (שם יח) ערות בת אשת אביך מולדת אביך אחותך היא ומה אזהרה לא חלק בין אחותו בת אביו שלא בת אמו [ובת אמו שלא בת אביו] ולאחותו שהיא בת אביו ובת אמו אף בעונש ענש על אחותו בת אביו ואמו כאחותו דבת אביו שלא בת אמו ובת אמו שלא בת אביו:

מאחותו

תוספות

קשה לישנא דקום עשה דמשמע דליכא בהן שום לאו הקשה הר"ר שלמה מדרוי"ש (דמ"מ קשה) נהי דקרבן לא בעי אזהרה מ"מ הנך דליכא אלא חד כרת כמו מפטם וסך דלא ידעינן דחלוקין לחטאות אלא משום שהם לאוין מוחלקין לרבי אלעזר דאמר רבי אושעיא ואצטריכו לחלק א"כ לא לילקי עלייהו כי היכי דבעינן למימר אי קרבן בעי אזהרה דלא לקי אלאו דכריתות וי"ל דמ"מ נהי דאצטריכו לחלק בשביל זה לא נמנע מללמוד ממנו מלקות כיון דידעינן בהו חיוב קרבן בלא לאו נהי דחילוק לא ידענא אלא מלאוין מ"מ ילקו:

לאפוקי הני. פסח ומילה (ד) דבקום עשה נינהו קשה ל"ל היקשא לאפוקי פסח ומילה תיפוק ליה מדאמרינן בת"כ ועשה אחת יצא מסית ומדיח ומקלל אביו ואמו ועדים זוממין שאין בהן מעשה דאין בהן קרבן וה"ה פסח ומילה דאי מימנע ולא עביד ליכא מעשה ושמא י"ל דאצטריך דרשא דהכא משום דבת"כ איכא דרשא אחריתי דמפרש מסית ומדיח דלאו בני קרבן נינהו משום דבעינן דומיא דעבודת כוכבים דיש בו כרת ופסח ומילה הוו בכרת והוה אמינא דהויין בקרבן מיהו ממילה קשה למה לי קרא דהא לא הויא בכרת דומיא דעבודת כוכבים דהא לעולם לא יתברר שיהא בכרת עד שימות דלעולם יכול למול עצמו וליפטר מכרת וי"ל דלעולם כל זמן שלא מל עונש כרת עליו:

ההוא מיבעי ליה לחייבו על אחותו שהיא בת אביו ובת אמו. וא"ת ל"ל (ה) בקדושים תיפוק ליה גבי אזהרה כתיב אחותך היא יתירא לאחותו בת אביו ובת אמו וכתיב (ויקרא יח) ונכרתו הנפשות העושות וי"ל דונכרתו לא קאי אלא אעריות המפורשות בהדיא ונהי דבקרא כתיב ערות בת אשת אביך מולדת אביך אחותך היא מ"מ איירי טפי מאחותו שהיא מאשת אביו ובת אביו אבל בת אביו ובת אמו (ומאונסים) לא ידעינן אלא מיתורא דקרא אחותך היא:

ואידך. (ו) רבי יצחק גמר עונש מאזהרה. תימה דבכריתות פ"ק (דף ג.) א"ר יצחק עונשין מן הדין דקאמר לר' יצחק כדאית ליה ולרבנן כדאית להו לומר דאין עונשין מן הדין וכן לקמן בפרקין (דף יז:) דקאמר אפי' למאן דאמר עונשין מן הדין כו' ופי' דהיינו ר' יצחק ותימה דבכל שינויי דהכא משמע דשפיר אית ליה לר' יצחק דאין עונשין מן הדין ונראה דלהאי שינויא דקאמר גמר עונש מאזהרה סבר ר' יצחק עונשין מן הדין דהכי פירושא גמר עונש מאזהרה משום דאיכא קל וחומר להענישן וכיון דהשוום באזהרה הוא הדין נמי בעונש כיון דאיכא קל וחומר להענישן ומעתה אמר רבי יצחק בכל דוכתי נמי עונשין מן הדין דהיינו היכא (ז) שאין צריך לענין אזהרה ומהאי טעמא היכא דגמיר עונש מאזהרה היינו דוקא דאיכא להענישו מן הדין דאם לא כן בחייבי לאוין נמי כגון גבי ממזר עמוני נילף בהם עונש כרת מהאי טעמא דגמר עונש מאזהרה דכי היכי דהשוום לענין אזהרה הוא הדין לענין עונש אלא כדפי' דדוקא משום דאיכא להענישו מן הדין קאמר גמר (גמר) עונש מאזהרה כך נראה למשי"ח וצריך עיון:

הכי גרים רש"י ואידך סבר לה כר"א דאמר שני לאוין וכרת אחד חלוקים לקרבן והלכך במפטם וסך דחלוקין בלאוין ידעינן שחלוקין לחטאות וא"ת כיון דלאוין מוחלקין א"כ ל"ל אחותו דסיפא דדריש לחלק תיפוק ליה דלאוין מוחלקין ופי' בקונטרס דכיון דאתא להכי בעריות נמי לא בעי חילוק ולא אצטריך ליה למדרש אל אשה דלעיל ולא דריש אחותו לחלק ואייתר ליה עיקר [קרא דכרת] באחותו לדונו בכרת ולא במלקות ואחותו דסיפא לאחותו שהיא בת אביו ובת אמו לומר שאין עונשין (ח) ואחותו דרישא לא אצטריך ליה ולדרשא אחריתא אתיא אי נמי אורחיה דקרא הוא עוד יש מפרשים דשפיר אצטריך דרשא לאחותו שהיא אחות אביו ואחות אמו דנהי דאיכא לאוין מוחלקין מ"מ הואיל והם גוף אחד אימא לא ליחייב אלא אחת דלא דמי למפטם וסך שהם עבודות מוחלקות ושפיר אתי (ט) מרבי אלעזר אבל בפרק קמא דכריתות (דף ג.) משמע כפירוש הקונטרס דפריך אהא מילתא וכי מאחר דלאוין מוחלקין בו כרת באחותו למה לי פי' דדרשינן מינה חילוק בעריות ואליבא דר"א תיפוק ליה חילוק משום דלאוין מוחלקין כמו מפטם וסך ומאי פריך והא לא דמי כדפירשתי לכן נראה כפירוש הקונטרס:

ההוא

תורה אור השלם

א) וְאֶל אִשָּׁה בְּנִדַּת טֻמְאָתָהּ לֹא תִקְרַב לְגַלּוֹת עֶרְוָתָהּ: [ויקרא יח, יט]

ב) וְאִישׁ אֲשֶׁר יִקַּח אֶת אֲחֹתוֹ בַּת אָבִיו אוֹ בַת אִמּוֹ וְרָאָה אֶת עֶרְוָתָהּ וְהִיא תִרְאֶה אֶת עֶרְוָתוֹ חֶסֶד הוּא וְנִכְרְתוּ לְעֵינֵי בְּנֵי עַמָּם עֶרְוַת אֲחֹתוֹ גִּלָּה עֲוֹנוֹ יִשָּׂא: [ויקרא כ, יז]

ליקוטי רש"י

ושב הכהן ובא הכהן. בת"כ שויה בנגעי בתים בשבוע ראשון כתיב ושב הכהן ביום השביעי וראה והנה פשה הנגע בקירות הבית וחלצו את האבנים ואת הבית יקציע מבית סביב ושפכו את העפר ועפר אחר יקח וטח את הבית וכתיב ואם ישוב הנגע ופרח בבית [illegible] דכתיב נתיצה בתריה יליף בג"ש נאמר כאן בפשה בשני ובא הכהן ונאמר בפשה בראשון ושב הכהן היא שיבה היא ביאה כלומר זו כזו מה להלן חולץ וקולה וטח ונותן לו שבוע אף כאן חולץ וקולה וטח ונותן לו שבוע ואם חזר שוב בעי נתיצה אלמא אע"ג דלאו

הגהות הב"ח

(א) גמ' דתנן אמר ר' עקיבא. נ"ב משנה פ"ג דכריתות: (ב) שם ואידך נמי האי ודאי: (ג) רש"י ד"ה לחלק וכו' אם עשאה עם: תוס' ד"ה (בדף הקודם) מה עבודת כוכבים וכו' דא"כ "מאי פריך" פ' בתרא דעירובין וכו' מה שתעשה "הוא" וי"ל: (ד) ד"ה לאפוקי הני פסח ומילה דקום: (ה) ד"ה ההוא וכו' וא"ת ל"ל מקרא דבקדושים תיפוק ליה דגבי אזהרה: (ו) ד"ה ואידך פי' ר' יצחק וכו' וה"פ גמר עונש: (ז) בא"ד דהיינו היכא דשוין לענין אזהרה ומהאי טעמא דהכא דגמיר עונש מאזהרה דהיינו דוקא משום דאיכא להענישו מן הדין וכו' ממזר ועמוני: (ח) ד"ה הכי גרס וכו' שאין עונשין מן הדין ואחותו דרישא: (ט) בא"ד אתי מדרבי אלעזר:

רבינו חננאל

דרבן עקיבא לעולם שאם עשו תשובה ב"ד של מעלה מוחלין להן מאי קושיא הא לא עשו תשובה לא פסיקא מילתא דכרת דכל אימת דעשה תשובה מוחלין לו אבל מיתות ב"ד אינו כן: ר' יצחק אומר חייבי כריתות בכלל היו. פי' אלו שפירשה בהן התורה כרת כגון אחותו וכיוצא בה בהן בכלל כי כל אשר יעשה מכל התועבות האלה ונכרתו הנפשות העושות מקרב עמם ולמה יצא כרת ונכתבה באחותו לדונו בכרת ולא במלקות. ורבנן כרת באחותו למה להו לחייבו על אחותו שהיא (היא) אחות אביו אחות אמו. משכחת לה ברשיעא בן רשיעא אמר ר' אדא בר אהבה כגון שבא אביו על אמו והוליד שתי בנות וחזר ובא על אחת מהן והוליד בן ובא אותו הבן על אחות אמו שהיא אחותו מאביו והיא אחות אביו מן האם והוא רשיעא בן רשיעא ומפורש בכריתות פ"ג (דף טו ע"א) אבל לחלק שאם שגג מביא קרבן על כל אחת מהן נפקא להו מואל אשה בנדת טומאתה לחלק על כל אשה ואשה:

חשק שלמה על ר"ח

א) כפירוש רש"י.

שיבה היא כיון דשיבה וביאה חדא מילתא היא דתרווייהו משמע שבא מביתו לבית המנוגע דיינין גזירה שוה מינייהו [עירובין נא.]. זו היא שיבה זו היא ביאה. מפרש בתורת כהנים מה ביאה חולץ וקולה וטח ונותן לו שבוע אלמא גמרינן גזירה שוה כה"ג ואע"ג דלא דמו התיבות הואיל ושניהם לשון ביאת הבית הן ויש לשונות אחרים אבל זה עיקר [מנחות ד.]. דאע"ג דלא דמו קראי להדדי כיון דתרווייהו בביאת כהן משתעי דיינין בהו גז"ש מה להלן חולץ וקולה וטח וכו' [יבמות יז:]. לאו שניתן לאזהרת מיתת בי"ד. שלא יעשה כך שלא ימיתוהו בית דין [בבא קמא עד:]. אין לוקין עליו. אפילו לא התרו בו למיתה והתרו בו למלקות דהשתא לא מיקטיל אפילו הכי לא לקי דלאזהרת מיתה ניתן ולא למלקות [עירובין יז:]. ואפילו יפטרו מן המיתה שהרי לא לאזהרת מלקות ניתן [סנהדרין פו:]. דאיתקש כל התורה כולה לעבודת כוכבים. ע"ז שהיא שקולה ככל המצות וכתיב תורה אחת כל התורה במשמע [שבת סט.]. [ע"כ שייך לע"א]
נפקא ליה מואל אשה בנדת טומאתה. הוה ליה למיכתב ונדה לא תקרב. ורבנן. דאית להו נפטרו מידי כריתתן ומפקי כרת דאחותו לחלק. תיפוק ליה מהא. מ"ואל אשה" לחלק על אחותו ועל אחות אמו. דסד"א הואיל ואיסור חד לאחוה אכולהו לא נחייב אלא חדא. הרי גופין מחולקין הרי שמות מחולקין. מואל אשה נפקא מקרבות מחולקין דמתלתא קראי נפקי אחותו ואחות אביו ואחות אמו [כריתות ב:]. ברשיעא בר רשיעא. כגון הבא על [illegible]

מאחותו דרישא ואידך ההוא מיבעי ליה לחלק [א]כרת למפטם ולסך ואידך סבר (א) כר' אלעזר א"ר הושעיא [ב]דאמר רבי אלעזר אמר רבי הושעיא כל מקום שאתה מוצא שני לאוין וכרת אחד חלוקין הן לקרבן ואי בעית אימא (ב) לא סבר לה כר' אלעזר ונפקא ליה א) מואיש אשר ישכב את אשה דוה ואידך ההוא מיבעי ליה לכדרבי יוחנן [ג]דאמר ר' יוחנן משום ר' שמעון בן יוחי מנין שאין האשה טמאה עד שיצא מדוה דרך ערותה שנאמר ואיש אשר ישכב את אשה דוה וגלה את ערותה וגו' [ב]מלמד שאין האשה טמאה עד שיצא מדוה דרך ערותה: וטמא שאכל את הקדש: בשלמא הבא למקדש טמא כתיב עונש וכתיב אזהרה עונש דכתיב ב) את משכן ה' טמא ונכרתה אזהרה ג) ולא יטמאו את מחניהם אלא טמא שאכל את הקדש בשלמא עונש כתיב ד) והנפש אשר תאכל בשר מזבח השלמים אשר לה' וטומאתו עליו ונכרתה אלא [ג]אזהרה מנין ריש לקיש אומר ה) [ג]בכל קדש לא תגע רבי יוחנן אומר תני ברדלא אתיא טומאתו טומאתו כתיב הכא וטומאתו עליו ונכרתה וכתיב התם ב) טמא יהיה עוד טומאתו בו מה להלן עונש ואזהרה אף כאן עונש ואזהרה בשלמא ריש לקיש לא אמר כרבי יוחנן [ד]גזירה שוה לא גמיר אלא ר' יוחנן מאי טעמא לא אמר כריש לקיש אמר לך ההוא [ה]אזהרה לתרומה וריש לקיש אזהרה לתרומה מנא ליה נפקא ליה ו) מאיש איש מזרע אהרן והוא צרוע או זב [ו]אי זהו דבר שהוא שוה בזרעו של אהרן הוי אומר זו תרומה ואידך ההוא לאכילה והא לנגיעה וריש לקיש האי בכל קדש לא תגע להכי הוא דאתא ההוא מיבעי ליה לטמא שנגע בקדש דאיתמר [ז]טמא שנגע בקדש ריש לקיש אומר לוקה רבי יוחנן אומר [ח]אינו לוקה ריש לקיש אומר לוקה בכל קדש לא תגע רבי יוחנן אומר אין לוקה ההוא אזהרה לתרומה הוא דאתא טמא שנגע בקדש מדאפקיה רחמנא בלשון נגיעה (ג) [ט]אזהרה (לאוכל) אתקוש קדש למקדש ואכתי להכי הוא דאתא ההוא מיבעי ליה לטמא שאכל בשר קדש לפני זריקת דמים דאיתמר טמא שאכל בשר קדש לפני זריקת דמים ריש לקיש אומר לוקה רבי יוחנן אומר [י]אינו לוקה ריש לקיש אומר לוקה בכל קדש לא תגע לא שנא לפני זריקה ולא שנא לאחר זריקה רבי יוחנן אומר אינו לוקה רבי יוחנן לטעמיה דאמר [ט]קרא טומאתו טומאתו וכי כתיב טומאתו לאחר זריקה הוא דכתיב ההיא מבכל קדש נפקא תניא כוותיה דריש לקיש [י]בכל קדש לא תגע אזהרה לאוכל אתה אומר אזהרה לאוכל או אינו אלא אזהרה לנוגע ת"ל בכל קדש לא תגע ואל המקדש וגו' מקיש קדש למקדש מה מקדש דבר שיש בו נטילת נשמה אף [כ]כל דבר שיש בו נטילת נשמה ואי בנגיעה מי איכא נטילת נשמה אלא באכילה אמר רבה בר בר חנה אמר רבי יוחנן [ל]כל לא תעשה שקדמו עשה לוקין עליו
אמרו

רש"י

מאחותו דרישא. דמלי למכתב כי יקח את בת אביו או בת אמו: למפטם וסך. דהוו נמי שני לאוין וכרת אחד והוצרך לנו לחלק ביניהם כמו שהוצרך חילוק בעריות אם אינו ענין כאן תנהו ענין להו: ה"ג לה להך שיטתא ההוא מיבעי ליה לחלק כרת למפטם וסך ואידך סבר לה כר"א א"ר הושעיא כו' ואיבעית אימא נפקא ליה מואיש אשר ישכב את אשה דוה וגו' ואידך ההוא מיבעי ליה כו'. והכי פירושא ואידך ס"ל כר"א דאמר עלה שהלאוין מחלקין לחטאות ועל מפטם וסך אמרי' במס' כריתות (דף ג.) שהן שני לאוין על בשר אדם לא ייסך ובמתכונתו לא תעשו כמוהו וכרת אחת איש אשר ירקח כמוהו ואשר יתן ממנו וגו' (ד) חילוק חטאו' ביניהם שהלאוין מחלקין לחטאות וכיון דאתו להכי בעריות נמי לא בעי חילוק ולא מצטריך ליה למדרש אל אשה דלעיל ואייתר ליה עיקר קרא דכרת באחותו לדונו בכרת ולא במלקות ואחותו דסיפא לחייבו על אחותו שהיא אחות אביו ואחות אמו ואחותו דרישא לחייבו על אחותו בת אביו ובת אמו לומר שאין עונשין מן הדין ואיבעית אימא אי נמי לא סבר לה לדר' אלעזר נפקא ליה חילוק בעריות מן ואיש אשר ישכב את אשה דוה וגו' דכתיב ביה כרת יתירא לומר שחייבין עליה לעצמה וממנה תלמד כל הכלל ואם אינו ענין לגופה דהא נפקא לן מואל אשה לחלק על כל אשה תנהו ענין לשאר שני לאוין וכרת אחת כגון מפטם וסך: שיצא מדוה דרך ערותה. לאפוקי דרך דופן דלא: אלא אזהרה מנלן. ליכא למימר מבקדשים לא יאכל וגו' דלא איירי בקדשים אלא בתרומה דכתיב ביה איש איש מזרע אהרן דבר השוה בזרעו של אהרן ומוקמינן ליה בתרומה שהיא שוה באנשים ובנשים ואף החוזרת שאינה חוזרת לחזה ושוק חוזרת לתרומה: מבכל קדש לא תגע. ודרשינן ליה לקמן אזהרה לאוכל: תני ברדלא. שם חכם: כתיב וטומאתו עליו. בטמא שאכל את הקדש וכתיב עוד טומאתו בו בבא אל המקדש טמא: גזירה שוה לא גמר. ולא למדה מרבו: ששוה בזרעו של אהרן. באנשים ובנשים אבל קדשים אינן נאכלין אלא לזכרים וכי תימא איכא חזה ושוק ליתא בחוזרת כגון אלמנה וגרושה וזרע אין לה דאמר מר חוזרת לתרומה ואינה חוזרת לחזה ושוק והכי מפרשינן לה ביבמות (דף פז.): ההוא אזהרה לתרומה. לנגיעת תרומה: טמא שנגע בקדש כו'. תירוצא הוא דמתרץ ר"ל: מדאיתקש קדש למקדש. בהאי קרא בכל קדש לא תגע ואל המקדש לא תבא ודרשינן לקמן מה מקדש יש באזהרתו נטילת נשמה שהבא אל המקדש טמא בכרת אף אזהרת קדש דבר שיש בו נטילת נשמה והיינו אכילה שענוש עליה כרת דאילו בנגיעה ליכא כרת: ר' יוחנן לטעמיה. דאמר אזהרה לאוכל קדש בטומאתו נפקא מטומאתו טומאתו וההוא וטומאתו עליו דכתיב בעונש דקדש לאחר זריקה הוא דתניא בתורת כהנים ומייתינן לה במנחות בפ' שלישי (דף כה:) יכול יהו חייבין עליו משום טומאה קודם זריקה תלמוד לומר כל טהור יאכל בשר והנפש אשר תאכל בשר וגו' הניתר לטהורים חייבין עליו משום טומאה שאין ניתר לטהורים אין חייבין עליו משום טומאה: ההוא מבכל. מרבויא דבכל דריש ריש לקיש אף לפני זריקה: תניא כריש לקיש. דיליף אזהרה לטמא שאכל את הקדש מבכל קדש לא תגע: כל לא תעשה שקדמו עשה לוקין עליו. הא אתא לאשמועינן דאפילו למאן דאמר לאו הניתק לעשה אין לוקין עליו כדתניא [ל] לא תותירו והנותר תשרפו בא הכתוב ליתן עשה אחר לא תעשה לומר שאין לוקין עליו שנתק הכתוב את העשה להיות ענשו של לאו ותקונו לומר לא תעשה כך ואם עשית עשה זאת והפטר ואשמעינן רבי יוחנן הני מילי בעשה הבא אחר הלאו שאין אתה יכול לקיימו אלא לאחר עבירת הלאו אבל עשה שקדם את הלאו ואתה יכול לקיימו קודם עבירת הלאו אין זה ניתוק הלאו ואפילו תקיימנו אחר עבירת הלאו לא נפטרת מן המלקות:
אמרו

תוספות

ההוא לתרומה הוא דאתא. ותימה דהיכן מלינו חומר בתרומה מבקדשים דבכל קדש לא תגע מוקי לה רבי יוחנן לנגיעת תרומה אלמא לקי ובנגיעה דקדש לא לקי ותירץ הר"ר שלמה מדרוי"ש נ"ע דהכי קאמר ההוא לנגיעת תרומה הוא דאתאי לאשמועינן דפוסל תרומה עד מלאת ימי טהרה שהיא כטבול יום ולא קאמר דאיכא מלקות בנגיעת תרומה אבל מכל מקום קשה דאיך קאמר רבי יוחנן דקרא דכתיב ביה קדש דמיירי לתרומה וי"ל משום דגבי האי קרא כתיב עד מלאת ימי טהרה ובקדשים עד לאחר כפרה אי נמי על כרחך צריך לאוקמה בתרומה דלקדשים נפקא לן מגזירה שוה דטומאתו טומאתו גמיר ליה: כל לא תעשה שקדמו עשה לוקין עליו. תימה דהא לאו דגזילה שקדמו עשה דוהשיב הגזלה אשר גזל ואפ"ה אין לוקין עליו וי"ל דשאני גבי לאו דגזילה שאין לקיים העשה אלא לאחר שגזלה והלכך לאו שניתק [מ] מעליו הוא אבל קדמו דקאמר הכא לאו דוקא קדמו אלא היינו (ה) דשייך העשה קודם שעבר הלאו:
תנינא

עין משפט נר מצוה

טז א מיי' פ"א מהלכות כלי המקדש הלכה ד והלכה ה סמג לאוין רלב רלג:
יז ב מיי' פ"י מהלכות איסורי ביאה הלכה ה סמג לאוין קיא טוש"ע יו"ד סי' קצד סעיף יד:
יח ג מיי' פי"ח מהלכות פסולי המוקדשין הלי"ג:
יט ד מיי' פ"ז מהלכות תרומות הלכה א:
כ ה מיי' פי"ח מהלכות פסולי המוקדשין הלי"ג:
כא ו מיי' שם הלכה טז:

רבינו חננאל

וכר' אלעזר אמר רבי אושעיא דאמר כל מקום שאתה מוצא שני לאוין וכרת [אחד] כגון המפטם והסך שמן המשחה שנאמר על בשר אדם לא ייסך ובמתכונתו לא תעשו כמוהו קדש הוא הנה ב' לאוין וכתי' איש אשר ירקח כמוהו ואשר יתן ממנו על זר ונכרת מעמיו הנה כרת על הרוקח ועל הנותן על זר (כי כל) [כל כי] האי גוונא חלוקין הן לקרבן. ואיש אשר ישכב את אשה דוה וגלה את ערותה מלמד שאין אשה טמאה עד שיצא (ממנה) [מדוה] דרך ערותה. הבא למקדש טמא אזהרתיה מולא יטמאו את מחניהם עונש את (מקדש) [משכן] ה' טמא ונכרתה. טמא שאכל את הקודש עונש שנאמר והנפש אשר תאכל בשר מזבח השלמים אשר לה' וטומאתו עליו ונכרתה. אזהרה ריש לקיש אמר מבכל קדש לא תגע. דייק [מקדש] לא תגע א) תניא כותיה בכל קדש לא תגע אזהרה לאוכל או אינו אלא אזהרה לנוגע ת"ל בכל קדש לא תגע ואל המקדש לא תבוא מקיש קדש למקדש מה מקדש דבר שכתב בו נטילת נשמה והיא כרת מפורש ביבמות פרק הערל (דף עה. ע"ש) אף קדש דבר שכתב בו נטילת נשמה והוא כרת למעוטי נגיעה דלא אשכחנן דכתי' ביה כרת. והא דאמר ריש לקיש טמא שאכל בשר קדש לפני זריקת דם לוקה דייק מבכל קדש. ועוד דייק מדאפקא רחמנא לאכילה בלשון נגיעה מיכן לנוגע בקדש והוא טמא לוקה. ור' יוחנן לטעמיה שנאמר והנפש אשר תאכל בשר מזבח השלמים אשר לה' וטומאתו עליו ואינו ראוי לאכילה אלא לאחר זריקה דאי לפני זריקה למה לי משום טומאה תיפוק לי' אכתי לא נראה לאכילה. כל לא תעשה שקדמו עשה לוקה עליו

חשק שלמה על ר"ח

א) נ"ל דייק מקדש לא תגע דהוא אזהרה לאוכל ותניא כוותיה וכו'.

מסורת הש"ס

א) כריתות ג., ב) נדה מא., ג) זבחים לג., ד) מוכן עפמ"ש תוס' שבת לז. ד"ה ג"ש, ה) שבועות ז. [יבמות עה.], ו) [יבמות עד.], ז) [זבחים לג:], ח) רש"א אזהרה מדאיתקוש, ט) רש"א אתיא, י) יבמות עה. [זבחים לג:], כ) רש"א קדש, ל) [לעיל ד:], מ) צ"ל מאליו.

הגהות הב"ח

(א) גמ' סבר לה כר' אלעזר: (ב) שם ואיבעית אימא נפקא ליה מואיש כצ"ל ותיבות לא סבר לה כר' אלעזר נמחק: (ג) שם ואזהרה לאוכל איתקש קדש וכו' לטמא שאכל בשר קדש לפני זריקה. נ"ב פי' אי אמרת טמא שאכל קדש מקרא אחרינא נפקא לן אייתור לן בכל קדש לא תגע לילף מינה אף לפני זריקה דאי לגופא אתא לטמא שאכל קודש א"כ מהיכי תיתי לילף מיניה נמי לפני זריקה: (ד) רש"י ד"ה ה"ג וכו' יתן ממנו וגו' אם כן חילוק חטאות ביניהם: (ה) תוס' ד"ה כל וכו' לאו דוקא קדמו אלא היינו לומר דשייך העשה:

גליון הש"ס

גמ' כל לא תעשה שקדמו עשה. עי' פסחים דף לה ע"א תוס' ד"ה לא תוליא:

תורה אור השלם

א) וְאִישׁ אֲשֶׁר יִשְׁכַּב אֶת אִשָּׁה דָּוָה וְגִלָּה אֶת עֶרְוָתָהּ אֶת מְקֹרָהּ הֶעֱרָה וְהִוא גִּלְּתָה אֶת מְקוֹר דָּמֶיהָ וְנִכְרְתוּ שְׁנֵיהֶם מִקֶּרֶב עַמָּם: [ויקרא כ, יח]

ב) כָּל הַנֹּגֵעַ בְּמֵת בְּנֶפֶשׁ הָאָדָם אֲשֶׁר יָמוּת וְלֹא יִתְחַטָּא אֶת מִשְׁכַּן יְיָ טִמֵּא וְנִכְרְתָה הַנֶּפֶשׁ הַהִוא מִיִּשְׂרָאֵל כִּי מֵי נִדָּה לֹא זֹרַק עָלָיו טָמֵא יִהְיֶה עוֹד טֻמְאָתוֹ בוֹ: [במדבר יט, יג]

ג) מִזָּכָר עַד נְקֵבָה תְּשַׁלֵּחוּ אֶל מִחוּץ לַמַּחֲנֶה תְּשַׁלְּחוּם וְלֹא יְטַמְּאוּ אֶת מַחֲנֵיהֶם אֲשֶׁר אֲנִי שֹׁכֵן בְּתוֹכָם: [במדבר ה, ג]

ד) וְהַנֶּפֶשׁ אֲשֶׁר תֹּאכַל בָּשָׂר מִזֶּבַח הַשְּׁלָמִים אֲשֶׁר לַייָ וְטֻמְאָתוֹ עָלָיו וְנִכְרְתָה הַנֶּפֶשׁ הַהִוא מֵעַמֶּיהָ: [ויקרא ז, כ]

ה) וּשְׁלֹשִׁים יוֹם וּשְׁלֹשֶׁת יָמִים תֵּשֵׁב בִּדְמֵי טָהֳרָה בְּכָל קֹדֶשׁ לֹא תִגָּע וְאֶל הַמִּקְדָּשׁ לֹא תָבֹא עַד מְלֹאת יְמֵי טָהֳרָהּ: [ויקרא יב, ד]

ו) אִישׁ אִישׁ מִזֶּרַע אַהֲרֹן וְהוּא צָרוּעַ אוֹ זָב בַּקֳּדָשִׁים לֹא יֹאכַל עַד אֲשֶׁר יִטְהָר וְהַנֹּגֵעַ בְּכָל טְמֵא נֶפֶשׁ אוֹ אִישׁ אֲשֶׁר תֵּצֵא מִמֶּנּוּ שִׁכְבַת זָרַע: [ויקרא כב, ד]

ליקוטי רש"י

חלוקין הן לקרבן. שאם עשאן שניהם בהעלם אחת חייב שתים [כריתות ג.]. טומאתו טומאתו. כתיב בכרת באוכל קדש בטומאת הגוף וטומאתו עליו וכתיב בביאת מקדש עוד טומאתו מה ביאת מקדש איכא אזהרה ולא יטמאו את מחניהם אף טומאת הגוף דאוכל קודש תיפוק ליה אזהרה מהכא [זבחים לג:]. גזי"ש לא גמיר. ואין אדם דן גזירה שוה מעצמו [שבת צז. ועוד הרבה מקומות]. אזהרה לתרומה הוא דאתא. דלאיסי נמי איתקש לקודש דכתיב בכל קודש ודרשינן בכל לרבות תרומה שאסורה לטבול יום כגון יולדת בימי טוהר שלה שהיא טבולת יום ארוך שאין לה הערב שמש עד מלאת ימיה שמביאה לאחר כפרתה [שבועות ז.]. כדמוכח סיפיה דקרא עד מלאת ימי טהרה שיעריב שמשה שהיא טבולת יום ארוך שטובלת בשביעי ללידתה וכל ימי טוהר שלה הרי היא כטבולת יום וביום מ' ואחד מביאה קרבנה ומדכתיב לא תגע עד מלאת משמע אבל משימלאו ימיה תגע ואפי' מחוסרת כפרה ע"כ בתרומה כתיב דלענין קדש עד שתביא כפרתה והכי מוקמינן להאי קרא ביבמות בהערל וכו' [זבחים לג:]. איזהו דבר שהוא שוה בזרעו של אהרן. זכרים ונקבות דאילו קדשי קדשים הניתנים לכהנים אין נאכלים אלא לזכרי כהונה [יבמות עד.]. טמא שנגע בקודש. לא יליף ריש לקיש מלקות מההוא קרא אלא לטמא שנגע בקודש ולא איירי בביאת מקדש כלל [זבחים לג:]. בכל קדש לא תגע אזהרה לאוכל. עיקר קרא ביה מידרש מדאיתקש קדש למקדש בהאי קרא דרשינן מה ביאת מקדש דבר שיש בו כרת אף אזהרת קודש דבר שיש בו כרת והיינו אכילה דאילו בנגיעה לא אשכחן כרת ומיהו אזהרה לנוגע נפקא לן מיניה מדאפקיה בלשון נגיעה [שם]. תניא כוותיה דריש לקיש. דאזהרה לאוכל קדש מהכא [שם]. נטילת נשמה. כרת [שם לד.].

מֵ,,אֲחֹתוֹ" דְּרֵישָׁא – from the extraneous expression ***his sister*** that is **in the beginning** of the verse.[1]

The Gemara asks:

וְאִידָךְ – And the other ones [R' Yishmael and R' Akiva], how do they interpret *his sister* in the beginning of the verse?

The Gemara answers:

הַהוּא מִיבָּעֵי לֵיהּ לְחַלֵּק – In their view, that expression **is needed** **כָּרֵת לִמְפַטֵּם וּלְסָךְ – to separate** the ***kares*** (i.e. *chatas*) punishments **of one who compounds** the "anointing oil" **and one who anoints** with the oil that Moses compounded.[2]

The Gemara turns back to R' Yitzchak:

וְאִידָךְ – And the other one [R' Yitzchak], who already uses *his sister* to teach that *kares* applies in the case of a full sister,[3] from where does he derive that one who compounds and anoints is liable to separate *chataos*?

Two answers are given:

סָבַר כְּרַבִּי אֶלְעָזָר אָמַר רַבִּי הוֹשַׁעְיָא – R' Yitzchak agrees with the rule cited by **R' Elazar in the name of R' Hoshaya,** **דְּאָמַר רַבִּי אֶלְעָזָר אָמַר רַבִּי הוֹשַׁעְיָא – for R' Elazar said in the name of R' Hoshaya:** **כָּל מָקוֹם שֶׁאַתָּה מוֹצֵא שְׁנֵי לָאוִין וְכָרֵת אֶחָד – Wherever you find two prohibitions but** only **one** mention of ***kares*** (e.g. compounding and anointing),[4] **חֲלוּקִין הֵן לְקָרְבָּן – they are separate in regard to** the *chatas* **offering.** The fact that their prohibitions are individually stated serves to separate their *chatas* obligations as well.[5]

וְאִי בָּעֵית אֵימָא – Or, if you prefer, say: **לֹא סָבַר לָהּ כְּרַבִּי אֶלְעָזָר – He** [R' Yitzchak] **does not agree with** the rule cited by **R' Elazar** in the name of R' Hoshaya, i.e. he does not agree that the rule is valid *without* a Scriptural source; **וְנַפְקָא לֵיהּ מִ,,וְאִישׁ אֲשֶׁר־יִשְׁכַּב אֶת־אִשָּׁה דָּוָה" – rather, he derives it** [R' Hoshaya's rule] **from the verse:** ***And if a man cohabits with a menstruating woman . . . they will incur kares.***[6]

The Gemara asks:

וְאִידָךְ – And the other ones [R' Yishmael and R' Akiva], who derive separate *chataos* in the case of compounding and anointing from a different source (*his sister*), how do they interpret the previous verse?

The Gemara answers:

הַהוּא מִיבָּעֵי לֵיהּ לְכִדְרַבִּי יוֹחָנָן – In their view, that verse **is needed for R' Yochanan's** teaching, **דְּאָמַר רַבִּי יוֹחָנָן מִשּׁוּם רַבִּי שִׁמְעוֹן בֶּן יוֹחַי – for R' Yochanan cited in the name of R' Shimon ben Yochai:**[7] **מִנַּיִן שֶׁאֵין הָאִשָּׁה טְמֵאָה עַד שֶׁיֵּצֵא מַדְוֶה דֶּרֶךְ עֶרְוָתָהּ – From where do we know that a woman does not become *tamei*** by blood emanating from her womb **until the flux exits through** the place of **her nakedness?** I.e she becomes *tamei* only when the blood exits her body through the normal passageway, but not if it exits through some other opening, e.g. through an incision in her abdomen. **שֶׁנֶּאֱמַר ,,וְאִישׁ אֲשֶׁר־יִשְׁכַּב אֶת־אִשָּׁה דָּוָה וְגִלָּה אֶת־עֶרְוָתָהּ וגו' " – For it is stated:** ***And if a man cohabits with a menstruating woman, and he uncovers her nakedness* etc.** By stating the extraneous words, *and he uncovers her nakedness,* **מְלַמֵּד שֶׁאֵין הָאִשָּׁה טְמֵאָה עַד שֶׁיֵּצֵא מַדְוֶה דֶּרֶךְ עֶרְוָתָהּ – [the verse] teaches that a woman does not become *tamei* until the flux exits through** the place of **her nakedness.**[8]

NOTES

1. *Leviticus* 20:17. The verse that reiterates *kares* for incest with one's sister begins as follows: וְאִישׁ אֲשֶׁר־יִקַּח אֶת־אֲחֹתוֹ בַּת־אָבִיו אוֹ־בַת־אִמּוֹ, *If a man takes his sister, the daughter of his father or the daughter of his mother* (see 14a note 20 for the entire verse). This appearance of the word אֲחֹתוֹ, *his sister,* is also extraneous, because the verse could have read: וְאִישׁ אֲשֶׁר יִקַּח אֶת בַּת אָבִיו אוֹ בַת אִמּוֹ, *If a man will take the daughter of his father or the daughter of his mother* (*Rashi*).

2. [These prohibitions are listed in the Mishnah on 13a; see notes 20 and 22 there.]

The Torah gives a separate *azharah* for each prohibition (*Exodus* 30:32; see note 4), but it includes them both under one mention of *kares* (v. 33): אִישׁ אֲשֶׁר יִרְקַח כָּמֹהוּ וַאֲשֶׁר יִתֵּן מִמֶּנּוּ עַל־זָר וְנִכְרַת מֵעַמָּיו, *If a man compounds its likeness or if he places some of it* (i.e. the oil that Moses compounded) *on a stranger* (i.e. anyone for whom it was not intended), *he will incur kares.* Since the Torah states *kares* only once for these two prohibitions, it could have been thought that one who violates both in a single lapse of unawareness incurs a single *chatas*. It is therefore necessary for the Torah to divide them, just as it did with regard to the forbidden unions. To achieve this, the Torah added the expression אֲחֹתוֹ, *his sister,* in the beginning of *Leviticus* 20:17 (see previous note). Although this word refers to a different matter entirely, it can be applied to these two prohibitions by means of the exegetical device known as אִם אֵינוֹ עִנְיָן, *if unnecessary in its context.* That is, if a Scriptural expression is unnecessary to teach a particular law in its own context, we assume that it is intended to teach that law in a different context. Here, this applies as follows: The word אֲחֹתוֹ, *his sister,* is not needed to require separate *chataos* in its own context of the forbidden unions (because, as stated on 14a, that law is derived from the extraneous word אִשָּׁה, *woman,* in *Leviticus* 18:19 – וְאֶל־אִשָּׁה בְּנִדַּת טֻמְאָתָהּ, *And to a woman in her niddah state of tumah*). Hence, this word (אֲחֹתוֹ) is available to require separate *chataos* in a different context – namely, the two prohibitions pertaining to anointing oil (*Rashi*).

3. According to the Gemara's second answer above, 14a.

4. That is, the Torah clearly states two distinct prohibitions, but covers both with a single statement of *kares.* For example, the Torah states separate prohibitions against compounding and anointing with the anointing oil *Exodus* 30:32): עַל־בְּשַׂר אָדָם לֹא יִיסָךְ וּבְמַתְכֻּנְתּוֹ לֹא תַעֲשׂוּ כָּמֹהוּ, *it shall not be smeared on human flesh and in its measure you shall not make like it.* Thus, the prohibitions are clearly distinct, although the next verse (cited in note 2) states only a single *kares* in regard to both transgressions.

5. R' Hoshaya's rule applies to any group of *kares*-bearing prohibitions, teaching that even if they are covered by a single mention of *kares,* one must bring a *chatas* for each prohibition he violated. In regard to the forbidden unions, however, the Gemara (14a) derived this very law from the verse (*Leviticus* 18:19): וְאֶל אִשָּׁה בְּנִדַּת טֻמְאָתָהּ, *And to a woman in her niddah state of tumah.* Hence, the verse is no longer required for that purpose (*Rashi*). Rather, it is needed only in the case of one who sinned with several persons covered by the *same* prohibition. For example, if a man cohabited with five *niddos,* although he violated just one prohibition, the verse would require him to bring five *chataos* (*Ritva; Rashi* as understood by *Rashash* and *Aruch LaNer*). [For further discussion of R' Hoshaya's rule, see *Achiezer* 3:82; *Kehillos Yaakov, Shabbos* §29.]

6. *Leviticus* 20:18. Here the Torah reiterates *kares* in regard to a *niddah,* even though this punishment is already known from the general statement of *kares* made in reference to all forbidden unions (*Leviticus* 18:29, cited in 13b note 3). This reiteration requires a separate *chatas* for the sin of *niddah,* and by extension for the sins of all the other forbidden unions (see 14a note 8, where this was explained in reference to a different verse). Thus, if a person transgresses the sins of several forbidden unions in a single lapse of awareness, he is liable to a *chatas* for each one. However, as the Gemara concluded above (14a), the source for this law is the verse (*Leviticus* 18:19): וְאֶל־אִשָּׁה בְּנִדַּת טֻמְאָתָהּ, *And to a woman in her niddah state of tumah.* Therefore, the Torah's purpose of reiterating *kares* in the context of *niddah* must be to teach – through the device of אִם אֵינוֹ עִנְיָן (see note 2) – that other *kares*-bearing sins, such as compounding and anointing with the anointing oil, also carry separate *chatas* obligations (*Rashi*). [Thus, in effect, we have a Scriptural source for R' Hoshaya's rule. R' Hoshaya himself, however, holds this rule to be self-evident, requiring no Scriptural source.]

7. [When an Amora's report of another Sage's view is introduced by the expression . . . אָמַר רַבִּי . . . מִשּׁוּם רַבִּי, *[R' So-and-so] cited in the name of [R' So-and-so],* it indicates that the Amora knew the view of the second Sage through tradition, but did not hear it directly from him. When recording what the Amora personally heard from the second Sage, the Gemara uses the expression . . . אָמַר . . . אָמַר, *[R' So-and-so] said in the name of [R' So-and-so]* (see *Rashi* to *Chullin* 113b ד"ה הא דרביה; see also preface to *Seder HaDoros*).]

8. R' Yitzchak, however, does not agree with this law (see *Ritva;* see also *Aruch LaNer*).

In summary: The various laws stated in the Gemara and their sources are as follows:

(1) According to R' Yitzchak, *kares*-bearing sins are not punishable by

מאחותו דרישא ואידך ההוא מיבעי ליה לחלק [א]כרת למפטם ולסך ואידך סבר (א) כר' אלעזר א"ר הושעיא [א]דאמר רבי אלעזר אמר רבי הושעיא כל מקום שאתה מוצא שני לאוין וכרת אחד חלוקין הן לקרבן ואי בעית אימא (ב) לא סבר לה כר' אלעזר ונפקא ליה [א]מואיש אשר ישכב את אשה דוה ואידך ההוא מיבעי ליה לכדרבי יוחנן [ב]דאמר ר' יוחנן משום ר' שמעון בן יוחי מנין שאין האשה טמאה עד שיצא מדוה דרך ערותה שנאמר ואיש אשר ישכב את אשה דוה וגלה את ערותה וגו' [ב]מלמד שאין האשה טמאה עד שיצא מדוה דרך ערותה: וטמא שאכל את הקדש: בשלמא הבא למקדש טמא כתיב עונש וכתיב אזהרה עונש דכתיב [ב]את משכן ה' טמא ונכרתה אזהרה [ג]ולא יטמאו את מחניהם אלא טמא שאכל את הקדש בשלמא עונש כתיב [ד]והנפש אשר תאכל בשר מזבח השלמים אשר לה' וטומאתו עליו ונכרתה אלא [ג]אזהרה מנין ריש לקיש אומר [ה][ג]בכל קדש לא תגע רבי יוחנן אומר תני ברדלא אתיא טומאתו טומאתו כתיב הכא וטומאתו עליו ונכרתה וכתיב התם [ב]טמא יהיה עוד טומאתו בו מה להלן עונש ואזהרה אף כאן עונש ואזהרה בשלמא ריש לקיש לא אמר כרבי יוחנן [ד]גזירה שוה לא גמיר אלא ר' יוחנן מאי טעמא לא אמר כריש לקיש אמר לך ההוא [ה]אזהרה לתרומה וריש לקיש אזהרה לתרומה מנא ליה נפקא ליה [ו]מאיש איש מזרע אהרן והוא צרוע או זב [ו][ז]אי זהו דבר שהוא שוה בזרעו של אהרן הוי אומר זו תרומה ואידך ההוא לאכילה והא לנגיעה וריש לקיש האי בכל קדש לא תגע להכי הוא דאתא ההוא מיבעי ליה לטמא שנגע בקדש דאיתמר [ז]טמא שנגע בקדש ריש לקיש אומר לוקה רבי יוחנן אומר [ה]אינו לוקה ריש לקיש אומר לוקה בכל קדש לא תגע רבי יוחנן אומר אין לוקה ההוא אזהרה לתרומה הוא דאתא טמא שנגע בקדש מדאפקיה רחמנא בלשון נגיעה (ג) [ח]אזהרה (לאוכל) אתקוש קדש למקדש ואכתי להכי הוא דאתא ההוא מיבעי ליה לטמא שאכל בשר קדש לפני זריקת דמים דאיתמר טמא שאכל בשר קדש לפני זריקת דמים ריש לקיש אומר לוקה רבי יוחנן אומר [ו]אינו לוקה ריש לקיש אומר לוקה בכל קדש לא תגע לא שנא לפני זריקה ולא שנא לאחר זריקה רבי יוחנן אומר אינו לוקה רבי יוחנן לטעמיה דאמר [ט]קרא טומאתו טומאתו וכי כתיב טומאתו לאחר זריקה הוא דכתיב ההיא מבכל קדש נפקא תניא כוותיה דריש לקיש [י]בכל קדש לא תגע אזהרה לאוכל אתה אומר אזהרה לאוכל או אינו אלא אזהרה לנוגע ת"ל בכל קדש לא תגע ואל המקדש וגו' מקיש קדש למקדש מה מקדש דבר שיש בו נטילת נשמה אף [כ]כל דבר שיש בו נטילת נשמה ואי בנגיעה מי איכא נטילת נשמה אלא באכילה אמר רבה בר בר חנה אמר רבי יוחנן [ל]כל לא תעשה שקדמו עשה לוקין עליו

אמרו

רש"י

מאחותו דרישא. דמלי למכתב כי יקח את בת אביו או בת אמו: למפטם וסך. דהוו נמי שני לאוין וכרת אחד והוצרך לנו לחלק ביניהם כמו שהוצרך חילוק בעריות אם אינו ענין כאן תנהו ענין להו: ה"ג לה להך שיטתא ההוא מיבעי ליה לחלק כרת למפטם וסך ואידך סבר לה כר"א א"ר הושעיא כו' ואיבעית אימא נפקא ליה מואיש אשר ישכב את אשה דוה וגו' ואידך ההוא מיבעי ליה כו'. והכי פירושא ואידך ס"ל כר"א דאמר עלה שהלאוין מחלקין לחטאות ועל מפטם וסך אמרי' במס' כריתות (דף ג.) שהן שני לאוין על בשר אדם לא ייסך ובמתכונתו לא תעשו כמוהו וכרת אחת איש אשר ירקח כמוהו ואשר יתן ממנו וגו' (ד) חילוק חטאו' ביניהם שהלאוין מחלקין לחטאות וכיון דאתו להכי בעריות נמי לא בעי חילוק ולא מצטריך ליה למדרש אל אשה דלעיל ואייתר ליה עיקר קרא דכרת באחותו לדונו בכרת ולא במלקות ואחותו דסיפא לחייבו על אחותו שהיא אחות אביו ואחות אמו ואחותו דרישא לחייבו על אחותו בת אביו ובת אמו לומר שאין עונשין מן הדין ואיבעית אימא אי נמי לא סבר לה לדר' אלעזר נפקא ליה חילוק בעריות מן ואיש אשר ישכב את אשה דוה וגו' דכתיב ביה כרת יתירא לומר שחייבין עליה לעצמה וממנה תלמד כל הכלל ואם אינו ענין לגופה דהא נפקא לן מואל אשה לחלק על כל אשה תנהו ענין לשאר שני לאוין וכרת אחת כגון מפטם וסך: שיצא מדוה דרך ערותה. לאפוקי דרך דופן דלא: אלא אזהרה מנלן. ליכא למימר מבקדשים לא יאכל וגו' דלא מיירי בקדשים אלא בתרומה דכתיב ביה איש איש מזרע אהרן דבר השוה בזרעו של אהרן ומוקמינן ליה בתרומה שהיא שוה באנשים ובנשים ואף החוזרת שאינה חוזרת לחזה ושוק חוזרת לתרומה: מבכל קדש לא תגע. ודרשינן ליה לקמן אזהרה לאוכל: תני ברדלא. שם אדם: כתיב וטומאתו עליו. בטמא שאכל את הקדש וכתיב עוד טומאתו בו בבא אל המקדש טמא: גזירה שוה לא גמר. ולא למדה מרבו: ששוה בזרעו של אהרן. באנשים ובנשים אבל קדשים אין נאכלין אלא לזכרים וכי תימא איכא חזה ושוק ליתא בחוזרת כגון אלמנה וגרושה וזרע אין לה דאמר מר חוזרת לתרומה ואינה חוזרת לחזה ושוק והכי מפרשינן לה ביבמות (דף פז.): ההוא אזהרה לתרומה. לנגיעת תרומה: טמא שנגע בקדש כו'. מדאיתקש קדש למקדש. בהאי קרא בכל קדש לא תגע ואל המקדש לא תבא ודרשינן לקמן מה מקדש יש באזהרתו נטילת נשמה שהבא אל המקדש טמא בכרת אף אזהרת קדש דבר שיש בו נטילת נשמה והיינו אכילה שענוש עליה כרת דאילו בנגיעה ליכא כרת: ר' יוחנן לטעמיה. דאמר אזהרה לאוכל קדש בטומאתו נפקא מטומאתו טומאתו והוא וטומאתו עליו דכתיב בעונש דקדש לאחר זריקה הוא דתניא בתורת כהנים ומייתינן לה במנחות בפ' שלישי (דף כה:) יכול יהו חייבין עליו משום טומאה קודם זריקה תלמוד לומר כל טהור יאכל בשר והנפש אשר תאכל בשר וגו' הניתר לטהורים חייבין עליו משום טומאה שאין ניתר לטהורים אין חייבין עליו משום טומאה: ההוא מבכל. מרבויא דבכל דריש ריש לקיש אף לפני זריקה: תניא כריש לקיש. דיליף אזהרה לטמא שאכל את הקדש מבכל קדש לא תגע: כל לא תעשה שקדמו עשה לוקין עליו. הא אתא לאשמועינן דאפילו למאן דאמר לאו הניתק לעשה אין לוקין עליו כדתניא [ל]לא תותירו והנותר תשרפו בא הכתוב ליתן עשה אחר לא תעשה לומר שאין לוקין עליו שנתק הכתוב את העשה להיות ענשו של לאו ותקונו לומר לא תעשה כך ואם עשית עשה זאת והפטר ואשמעינן רבי יוחנן הני מילי בעשה הבא אחר הלאו שאין אתה יכול לקיימו אלא לאחר עבירת הלאו אבל עשה שקדם את הלאו ואתה יכול לקיימו קודם עבירת הלאו אין זה ניתוק הלאו ואפילו תקיימנו אחר עבירת הלאו לא נפטרת מן המלקות:

אמרו

תוספות

ההוא לתרומה הוא דאתא. ותימה דהיכן מלינו חומר בתרומה מבקדשים דבכל קדש לא תגע מוקי לה רבי יוחנן לנגיעת תרומה אלמא לקי ובנגיעה דקדש לא לקי ותירץ הר"ר שלמה מדרויי"ש נ"ע דהכי קאמר הסוא לנגיעת תרומה הוא דאתאי לאשמועינן דפוסל תרומה עד מלאת ימי טהרה שהיא כטבול יום ולא קאמר דאיכא מלקות בנגיעת תרומה אבל מכל מקום קשה דאיך קאמר רבי יוחנן דקרא דכתיב ביה קדש דמיירי לתרומה וי"ל משום דגבי האי קרא כתיב עד מלאת ימי טהרה ובקדשים עד לאחר כפרה אי נמי על כרחך צריך לאוקמה בתרומה דלקדשים נפקא לן מגזירה שוה דטומאתו טומאתו גמיר ליה: כל לא תעשה שקדמו עשה לוקין עליו. תימה דהא לאו דגזילה שקדמו עשה דוהשיב הגזלה אשר גזל ואפ"ה אין לוקין עליו וי"ל דשאני גבי לאו דגזילה שאין לקיים העשה אלא לאחר שגזלה והלכך לאו שניתק [מ]מעליו הוא אבל קדמו דקאמר הכא לאו דוקא קדמו אלא היינו (ה) דשייך העשה קודם שעבר הלאו:

תנינא

ליקוטי רש"י

חלוקין הן לקרבן. שאם עשאן שניהם בהעלם אחת חייב שתים [כריתות ג.]. טומאתו טומאתו. כתיב בכרת באוכל קדש בטומאת הגוף וטומאתו עליו וכתיב בביאת מקדש עוד טומאתו מה ביאת מקדש איכא אזהרה ולא יטמאו את מחניהם אף טומאת הגוף דאוכל קודש תיפוק ליה אזהרה מהכא [זבחים לג:]. גזי"ש לא גמיר. ואין אדם דן גזירה שוה מעצמו [שבת צז. ועוד הרבה מקומות]. אזהרה לתרומה הוא דאתא. דאיהי נמי איתקש לקודש דכתיב בכל קודש ודרשינן בכל לרבות תרומה שאסורה לטבול יום כגון יולדת בימי טוהר שלה שהיא טבולת יום ארוך שאין לה הערב שמש עד מלאת ימיה שמביאה למחר כפרתה [שבועות ז.]. כדמוכח סיפיה דקרא עד מלאת ימי טהרה שיעריב שמשה שהיא טבולת יום ארוך שטובלת בשביעי ללידתה וכל ימי טוהר שלה הרי היא כטבולת יום וביום מ' ואחד מביאה קרבנה ומדכתיב לא תגע עד מלאת משמע אבל משימלאו ימיה תגע ואפי' מחוסרת כפרה ע"כ בתרומה כתיב דלענין קדש עד שתביא כפרתה והכי מוקמינן להאי קרא ביבמות בהערל וכו' [זבחים לג:]. איזהו דבר שהוא שוה בזרעו של אהרן. בזכרים ונקבות דאילו קדשי קדשים הניתנים לכהנים אין נאכלים אלא לזכרי כהונה [יבמות עד.]. טמא שנגע בקודש. לא יליף ריש לקיש מלקות מההוא קרא אלא לטמא שנגע בקודש ולא איירי בביאת מקדש כלל [זבחים לג:]. בכל קדש לא תגע אזהרה לאוכל. עיקר קרא ביה מידריש מדאיתקש קדש למקדש בהאי קרא דרשינן מה ביאת מקדש דבר שיש בו כרת אף אזהרת קודש דבר שיש בו כרת והיינו אכילה דאילו בנגיעה לא אשכחן כרת ומיהו אזהרה לנוגע נפקא לן מיניה מדאפקיה בלשון נגיעה [שם]. תניא כוותיה דריש לקיש. דאזהרה לאוכל קדש מהכא [שם]. נטילת נשמה. כרת [שם לד.].

עין משפט נר מצוה

טז א מיי' פ"א מהלכות כלי המקדש הלכה ד והלכה ה סמג לאוין רלב רלג:
יז ב מיי' פ"י מהלכות איסורי ביאה הלכה ה סמג לאוין קיא טוש"ע יו"ד סי' קפג סעיף יד:
יח ג מיי' פי"ח מהלכות פסולי המוקדשין הלי"ג:
יט ד מיי' פ"ז מהלכות תרומות הלכה א:
כ ה מיי' פי"ח מהלכות פסולי המוקדשין הלי"ב:
כא ו מיי' שם הלכה טו:

רבינו חננאל

וכר' אלעזר אמר רבי אושעיא דאמר כל מקום שאתה מוצא שני לאוין וכרת [אחד] כגון המפטם והסך שמן המשחה שנאמר על בשר אדם לא ייסך ובמתכונתו לא תעשו כמוהו קדש הוא הנה ב' לאוין וכתי' איש אשר ירקח כמוהו ואשר יתן ממנו על זר ונכרת מעמיו הנה כרת על הרוקח ועל הנותן על זר (כי כל) [כל כן] האי גוונא חלוקין הן לקרבן. ואיש אשר ישכב את אשה דוה וגלה את ערותה מלמד שאין אשה טמאה עד שיצא (ממנה) [מדוה] דרך ערותה. הבא למקדש טמא אזהרתיה מולא יטמאו את מחניהם עונש את (מקדש) [משכן] ה' טמא ונכרתה. טמא שאכל את הקודש עונש שנאמר והנפש אשר תאכל בשר מזבח השלמים אשר לה' וטומאתו עליו ונכרתה. אזהרה ריש לקיש אמר מבכל קדש לא תגע. דייק [מקדש] לא תגע א) תניא כותיה בכל קדש לא תגע אזהרה לאוכל או אינו אלא אזהרה לנוגע ת"ל בכל קדש לא תגע ואל המקדש לא תבוא מקיש קדש למקדש מה מקדש דבר שכתב בו נטילת נשמה והיא כרת מפורש ביבמות פרק הערל (דף עה. ע"ש) אף קדש דבר שכתב בו נטילת נשמה והוא כרת למעוטי נגיעה דלא אשכחנן דכתי' ביה כרת. והא דאמר ריש לקיש טמא שאכל בשר קדש לפני זריקת דם לוקה דייק מבכל קדש. ועוד דייק מדאפקא רחמנא לאכילה בלשון נגיעה מיכן לנוגע בקדש והוא טמא לוקה. ור' יוחנן לטעמיה שנאמר והנפש אשר תאכל בשר מזבח השלמים אשר לה' וטומאתו עליו ואינו ראוי לאכילה אלא לאחר זריקה דאי לפני זריקה למה לי משום טומאה תיפוק לי' אכתי לא נראה לאכילה. כל לא תעשה שקדמו עשה לוקה עליו

חשק שלמה על ר"ח

א) נ"ל דייק מקדש לא תגע דהוא אזהרה לאוכל ותניא כוותיה וכו'.

מסורת הש"ס

א) כריתות ג., ב) נדה מא., ג) זבחים לג:, ד) מוגן עפמ"ש תוס' שבת לו. ד"ה ג"ש, ה) שבועות ז. [יבמות עה.], ו) [יבמות עד.], ז) [זבחים לג:], ח) רש"א אזהרה מדאיתקוש, ט) רש"א אתיא, י) יבמות עה. [זבחים לג:], כ) רש"א קדש, ל) [לעיל ד:], מ) נ"ל מאליו.

הגהות הב"ח

(א) גמ' סבר לה כר' אלעזר: (ב) שם ואיבעית אימא נפקא ליה מואיש כצ"ל ותיבות לא סבר לה כר' אלעזר נמחק: (ג) שם ואזהרה לאוכל איתקש קדש וכו' לטמא שאכל בשר קדש לפני זריקה. נ"ב פי' אי אמרת טמא שאכל קדש מקרא אחרינא נפקא לן אייתור לן בכל קדש לא תגע לילף מינה אף לפני זריקה דאי לגופא אתא לטמא שאכל קודש א"כ מהיכי תיתי לילף מיניה נמי לפני זריקה: (ד) רש"י ד"ה ה"ג וכו' יתן ממנו וגו' אם כן חילוק חטאות ביניהם: (ה) תוס' ד"ה כל וכו' לאו דוקא קדמו אלא היינו לומר דשייך העשה:

גליון הש"ס

גמ' כל לא תעשה שקדמו עשה. עי' פסחים דף לה ע"א תוס' ד"ה לא תוציא:

תורה אור השלם

א) וְאִישׁ אֲשֶׁר יִשְׁכַּב אֶת אִשָּׁה דָּוָה וְגִלָּה אֶת עֶרְוָתָהּ אֶת מְקֹרָהּ הֶעֱרָה וְהִוא גִּלְּתָה אֶת מְקוֹר דָּמֶיהָ וְנִכְרְתוּ שְׁנֵיהֶם מִקֶּרֶב עַמָּם: [ויקרא כ, יח]

ב) כָּל הַנֹּגֵעַ בְּמֵת בְּנֶפֶשׁ הָאָדָם אֲשֶׁר יָמוּת וְלֹא יִתְחַטָּא אֶת מִשְׁכַּן יְיָ טִמֵּא וְנִכְרְתָה הַנֶּפֶשׁ הַהִוא מִיִּשְׂרָאֵל כִּי מֵי נִדָּה לֹא זֹרַק עָלָיו טָמֵא יִהְיֶה עוֹד טֻמְאָתוֹ בוֹ: [במדבר יט, יג]

ג) מִזָּכָר עַד נְקֵבָה תְּשַׁלֵּחוּ אֶל מִחוּץ לַמַּחֲנֶה תְּשַׁלְּחוּם וְלֹא יְטַמְּאוּ אֶת מַחֲנֵיהֶם אֲשֶׁר אֲנִי שֹׁכֵן בְּתוֹכָם: [במדבר ה, ג]

ד) וְהַנֶּפֶשׁ אֲשֶׁר תֹּאכַל בָּשָׂר מִזֶּבַח הַשְּׁלָמִים אֲשֶׁר לַייָ וְטֻמְאָתוֹ עָלָיו וְנִכְרְתָה הַנֶּפֶשׁ הַהִוא מֵעַמֶּיהָ: [ויקרא ז, כ]

ה) וּשְׁלֹשִׁים יוֹם וּשְׁלֹשֶׁת יָמִים תֵּשֵׁב בִּדְמֵי טָהֳרָה בְּכָל קֹדֶשׁ לֹא תִגָּע וְאֶל הַמִּקְדָּשׁ לֹא תָבֹא עַד מְלֹאת יְמֵי טָהֳרָהּ: [ויקרא יב, ד]

ו) אִישׁ אִישׁ מִזֶּרַע אַהֲרֹן וְהוּא צָרוּעַ אוֹ זָב בַּקֳּדָשִׁים לֹא יֹאכַל עַד אֲשֶׁר יִטְהָר וְהַנֹּגֵעַ בְּכָל טְמֵא נֶפֶשׁ אוֹ אִישׁ אֲשֶׁר תֵּצֵא מִמֶּנּוּ שִׁכְבַת זָרַע: [ויקרא כב, ד]

The Mishnah stated, in its list of those who incur *kares* as well as *malkus:*

וְטָמֵא שֶׁאָכַל אֶת הַקֹּדֶשׁ – AND A *TAMEI* PERSON WHO ATE SACRIFICIAL FOOD (*kodesh*) [or one who entered the Temple while he was *tamei*].

The Gemara seeks to ascertain the Scriptural source for the prohibition against eating sacrificial foods while *tamei:*

בִּשְׁלָמָא הַבָּא לַמִּקְדָּשׁ טָמֵא – In the case of **[a person] who entered the Temple while he is *tamei*, it is understandable** that he incurs these penalties, **כְּתִיב עוֹנֶשׁ וּכְתִיב אַזְהָרָה** – for a verse stating **the punishment is written, and** a verse stating **the Scriptural warning is written. עוֹנֶשׁ דִּכְתִיב** – **The punishment, for it is written: "אֶת־מִשְׁכַּן ה׳ טִמֵּא וְנִכְרְתָה"** – ***he has contaminated the Tabernacle of Hashem, and*** *this person* ***will be cut off*** *from Israel.*[9] **אַזְהָרָה** – **The Scriptural warning,** for it is written: **"וְלֹא יְטַמְּאוּ אֶת־מַחֲנֵיהֶם"** – ***and they*** (i.e. the contaminated ones) ***shall not contaminate their camps*** *where My Presence rests among them.*[10] **אֶלָּא טָמֵא שֶׁאָכַל אֶת הַקֹּדֶשׁ** – **But** in the case of **a *tamei* person who ate sacrificial food, בִּשְׁלָמָא עוֹנֶשׁ כְּתִיב** – with regard to his **punishment, all is well, for it is written:**[11] **"וְהַנֶּפֶשׁ אֲשֶׁר־תֹּאכַל בָּשָׂר מִזֶּבַח הַשְּׁלָמִים אֲשֶׁר לַה׳ וְטֻמְאָתוֹ עָלָיו וְנִכְרְתָה"** – ***And the person who will eat meat from the shelamim offering that is for Hashem while his tumah is upon him, and he will be cut off*** *from his people.* **אֶלָּא אַזְהָרָה מִנַּיִן** – **But as for his Scriptural warning, from where do we know it?**[12]

The Gemara presents two opinions:

רֵישׁ לָקִישׁ אוֹמֵר – **Reish Lakish says:** It is derived from a verse that discusses a woman who is *tamei* because of childbirth, which states: **"בְּכָל־קֹדֶשׁ לֹא־תִגָּע"** – ***she shall not touch any sacred food.***[13] This verse warns a *tamei* against eating sacrificial food.[14] **רַבִּי יוֹחָנָן אוֹמֵר** – **But R' Yochanan says: תָּנֵי בַּרְדְּלָא** – **Bardela taught: אַתְיָא "טֻמְאָתוֹ" "טֻמְאָתוֹ"** – **It is derived** through a *gezeirah shavah* of **his tumah, his tumah** (*tumaso, tumaso*), as follows: **כְּתִיב הָכָא "וְטֻמְאָתוֹ עָלָיו וְנִכְרְתָה"** – **It is written here,** regarding a *tamei* person who eats sacrificial food:[15] ***And the*** *person who will eat meat . . .* ***while his tumah is upon him, and he will be cut off*** *from his people.* **וּכְתִיב הָתָם "טָמֵא יִהְיֶה עוֹד טֻמְאָתוֹ בוֹ"** – **and it is written there,** regarding a *tamei* person who enters the Temple:[16] ***he shall be tamei, his tumah is still in him.*** **מָה לְהַלָּן עוֹנֶשׁ וְאַזְהָרָה** – **Just as there,** in the case of a *tamei* who enters the Temple, the Torah states **a punishment and a Scriptural warning,**[17] **אַף כָּאן עוֹנֶשׁ וְאַזְהָרָה** – **so too here,** in the case of a *tamei* who eats sacrificial food, there is **a punishment and a Scriptural warning.** Thus, we derive the Scriptural warning for a *tamei* person who eats sacrificial food from the warning stated regarding a *tamei* person who enters the Temple.[18]

The Gemara explains why R' Yochanan and Reish Lakish reject each other's source:

בִּשְׁלָמָא רֵישׁ לָקִישׁ לֹא אָמַר כְּרַבִּי יוֹחָנָן – **It is understandable** that **Reish Lakish did not say as R' Yochanan did,** i.e. that the Scriptural warning is derived from the *gezeirah shavah,* **גְּזֵירָה שָׁוָה לֹא גְּמִיר** – for **[Reish Lakish] did not receive this *gezeirah shavah*** as a tradition from his teachers.[19] **אֶלָּא רַבִּי יוֹחָנָן מַאי טַעְמָא לֹא אָמַר כְּרֵישׁ לָקִישׁ** – **But why did R' Yochanan not say as**

NOTES

malkus. Source: The reiteration of *kares* in regard to incest with one's sister (*Leviticus* 20:17; see 13b notes 4 and 5).

(2) If one cohabited with distinct persons [גּוּפִין מוּחְלָקִין], even if they are covered by the same prohibition (e.g. several *niddos*), he is liable to a *chatas* for each person. Source: The extraneous word אִשָּׁה, *woman,* in the verse (*Leviticus* 18:19): וְאֶל אִשָּׁה בְּנִדַּת טֻמְאָתָהּ, *And to a woman in her niddah state of tumah* (Gemara 14a; see note 5 above).

(3) If one violated distinct prohibitions [שֵׁמוֹת מוּחְלָקִין], even if they are manifest in one person (e.g. a man cohabited with his sister who is also his father's sister and also his mother's sister), he is liable to a *chatas* for each prohibition.

The Rabbis derive this from the reiteration of *kares* regarding one's sister (*Leviticus* 20:17; above, 14a). R' Yitzchak infers it from the word אֲחֹתוֹ, *his sister,* in the end of that verse (see 14a note 20).

(4) One incurs *kares* for cohabiting with his full sister.

According to the Rabbis, the source is אֲחֹתוֹ, *his sister,* in the end of the verse. R' Yitzchak derives this either from the Torah's *warning* against incest with a full sister (see 14a notes 23-25) or from the word אֲחֹתוֹ, *his sister,* in the beginning of the verse (see above, note 1).

(5) Other *kares*-bearing sins that are covered by a single reference to *kares* (e.g. "compounding" and "anointing") also carry distinct *chatas* obligations.

The Rabbis derive this from אֲחֹתוֹ, *his sister,* in the beginning of the verse (see note 2). R' Yitzchak either maintains that this does not need a Scriptural source (as R' Hoshaya holds) or he infers it from *Leviticus* 20:18 (see notes 4-6; see, however, note 3).

(6) According to the Rabbis, a woman does not become *tamei* by blood emanating from her womb unless it exits through the normal passageway. Source: *Leviticus* 20:18 (Gemara here).

9. *Numbers* 19:13. The verse speaks of a person who entered the Tabernacle (or Temple) while contaminated with corpse *tumah* (see *Rashi* there). It teaches that he is liable to the penalty of *kares.*

10. *Numbers* 5:3. This verse discusses those contaminated with *tzaraas,* corpse *tumah* or *tumas zivah.* It warns them not to enter the camp of the *Shechinah* – i.e. the Tabernacle or Temple – while in a state of *tumah.*

11. *Leviticus* 7:20.

12. We have learned that a punishable offense requires two verses – one warning against the offense (the אַזְהָרָה, or *Scriptural warning*), and one stating the punishment (the עוֹנֶשׁ) (see *Sefer HaChinuch* §69). A Scriptural warning is likewise required to administer *malkus.* Simply understood, the Gemara is inquiring after the source of the warning necessary for both *kares* and *malkus.* However, according to those who hold that *kares* needs no warning (see 13b note 47), the Gemara's inquiry concerns *malkus* only.

Rashi suggests that the warning is perhaps to be found in a certain passage in *Leviticus* (Ch. 22) that speaks of eating sacred things while in a state of *tumah* – specifically, in the following verse (ibid. 22:4): אִישׁ אִישׁ מִזֶּרַע אַהֲרֹן וְהוּא צָרוּעַ אוֹ זָב בַּקֳּדָשִׁים לֹא יֹאכַל עַד אֲשֶׁר יִטְהָר, *Any man from the seed of Aaron who is a tzarua or a zav* (i.e. he is *tamei*), *he shall not eat sacred foods until he purifies himself. Rashi* dismisses the suggestion, explaining that in that case, "sacred foods" refers not to sacrificial foods, but to *terumah.* This is implicit in the verse's opening phrase, *Any man from the seed of Aaron,* which implies that we are discussing foods permitted to *all* the offspring of Aaron, male and female alike. Sacrificial meat does not fit this description, for *kodshei kodashim* (most-holy offerings) are altogether forbidden to women, while the less holy *kodashim kalim,* while permitted to women, are forbidden to women who were married to non-Kohanim. Perforce, the verse discusses *terumah,* which may be eaten by *anyone* of the seed of Aaron, male or female. Even a woman who marries out of the tribe, if she is subsequently divorced or widowed, is permitted to partake of *terumah* (*Rashi;* see note 24).

13. *Leviticus* 12:4. The verse speaks of a woman undergoing her period of *tumah* after childbirth, during which she may not partake of sacrificial food.

14. Although the verse speaks of touching, not eating, Reish Lakish expounds it as a reference to eating, as the Gemara will explain below (*Rashi*).

15. *Leviticus* 7:20, cited above.

16. *Numbers* 19:13. This is the end of the verse (cited above) that teaches the punishment of one who enters the Tabernacle (or Temple) while contaminated with corpse *tumah.*

17. See above.

18. The shared phrasing – *his tumah* – teaches an analogy between the two laws. On the strength of this analogy, the Scriptural warning against entering the Temple while *tamei* is applied also to eating sacrificial food while *tamei.*

19. A *gezeirah shavah* cannot be propounded independently, but must be part of the original oral tradition handed down from Sinai to subsequent generations. This particular *gezeirah shavah* was not a part of Reish Lakish's *mesorah.*

מאחותו דרישא ואידך ההוא מיבעי ליה לחלק [א]כרת למפטם ולסך ואידך סבר (א) כר' אלעזר א"ר הושעיא [ב]דאמר רבי אלעזר אמר רבי הושעיא כל מקום שאתה מוצא שני לאוין וכרת אחד חלוקין הן לקרבן ואי בעית אימא (ב) לא סבר לה כר' אלעזר ונפקא ליה [א]מואיש אשר ישכב את אשה דוה ואידך ההוא מיבעי ליה לכדרבי יוחנן [ג]דאמר ר' יוחנן משום ר' שמעון בן יוחי מנין שאין האשה טמאה עד שיצא מדוה דרך ערותה שנאמר ואיש אשר ישכב את אשה דוה וגלה את ערותה וגו' [ב]מלמד שאין האשה טמאה עד שיצא מדוה דרך ערותה: וטמא שאכל את הקדש: בשלמא הבא למקדש טמא כתיב עונש וכתיב אזהרה עונש דכתיב [ב]את משכן ה' טמא ונכרתה אזהרה [ג]ולא יטמאו את מחניהם אלא טמא שאכל את הקדש בשלמא עונש כתיב [ד]והנפש אשר תאכל בשר מזבח השלמים אשר לה' וטומאתו עליו ונכרתה אלא [ג]אזהרה מנין ריש לקיש אומר [ה]בכל קדש לא תגע רבי יוחנן אומר תני ברדלא אתיא טומאתו טומאתו כתיב הכא וטומאתו עליו ונכרתה וכתיב התם [ב]טמא יהיה עוד טומאתו בו מה להלן עונש ואזהרה אף כאן עונש ואזהרה בשלמא ריש לקיש לא אמר כרבי יוחנן [ד]גזירה שוה לא גמיר אלא ר' יוחנן מאי טעמא לא אמר כריש לקיש אמר לך ההוא [ה]אזהרה לתרומה וריש לקיש אזהרה לתרומה מנא ליה נפקא ליה [ו]מאיש איש מזרע אהרן והוא צרוע או זב [ו]אי זהו דבר שהוא שוה בזרעו של אהרן הוי אומר זו תרומה ואידך ההוא לאכילה והא לנגיעה וריש לקיש האי בכל קדש לא תגע להכי הוא דאתא ההוא מיבעי ליה לטמא שנגע בקדש דאיתמר [ז]טמא שנגע בקדש ריש לקיש אומר לוקה רבי יוחנן אומר [ה]אינו לוקה ריש לקיש אומר לוקה בכל קדש לא תגע רבי יוחנן אומר אין לוקה ההוא אזהרה לתרומה הוא דאתא טמא שנגע בקדש מדאפקיה רחמנא בלשון נגיעה (ג) [ח]אזהרה (לאוכל) אתקוש קדש למקדש ואכתי להכי הוא דאתא ההוא מיבעי ליה לטמא שאכל בשר קדש לפני זריקת דמים דאיתמר טמא שאכל בשר קדש לפני זריקת דמים ריש לקיש אומר לוקה רבי יוחנן אומר [ו]אינו לוקה ריש לקיש אומר לוקה בכל קדש לא תגע לא שנא לפני זריקה ולא שנא לאחר זריקה רבי יוחנן אומר אינו לוקה רבי יוחנן לטעמיה דאמר [ט]קרא טומאתו טומאתו וכי כתיב טומאתו לאחר זריקה הוא דכתיב ההיא מבכל קדש נפקא תניא כוותיה דריש לקיש [י]בכל קדש לא תגע אזהרה לאוכל אתה אומר אזהרה לאוכל או אינו אלא אזהרה לנוגע ת"ל בכל קדש לא תגע ואל המקדש וגו' מקיש קדש למקדש מה מקדש דבר שיש בו נטילת נשמה אף [כ]כל דבר שיש בו נטילת נשמה ואי בנגיעה מי איכא נטילת נשמה אלא באכילה אמר רבה בר בר חנה אמר רבי יוחנן [ל]כל לא תעשה שקדמו עשה לוקין עליו

אמרו

רש"י

מאחותו דרישא. דמצי למכתב כי יקח את בת אביו או בת אמו: למפטם וסך. דהוו נמי שני לאוין וכרת אחד והוצרך לנו לחלק ביניהם כמו שהוצרך חילוק בעריות אם אינו ענין כאן תנהו ענין להו: ה"ג לה להך שיטתא ההוא מיבעי ליה לחלק כרת למפטם וסך ואידך סבר לה כר"א א"ר הושעיא כו' ואיבעית אימא נפקא ליה מואיש אשר ישכב את אשה דוה וגו' ואידך ההוא מיבעי ליה כו'. והכי פירושא ואידך ס"ל כר"א דאמר עלה שהלאוין מחלקין לחטאות ועל מפטם וסך אמרי' במס' כריתות (דף ג.) שהן שני לאוין על בשר אדם לא ייסך ובמתכונתו לא תעשו כמוהו וכרת אחת איש אשר ירקח כמוהו ואשר יתן ממנו וגו' (ד) חילוק חטאו' ביניהם שהלאוין מחלקין לחטאות וכיון דאתו להכי בעריות נמי לא בעי חילוק ולא מצטריך ליה למדרש אל אשה דלעיל ואייתר ליה עיקר קרא דכרת באחותו לדונו בכרת ולא במלקות ואחותו דסיפא לחייבו על אחותו שהיא אחות אביו ואחות אמו ואחותו דרישא לחייבו על אחותו בת אביו ובת אמו לומר שאין עונשין מן הדין ואיבעית אימא אי נמי לא סבר לה לדר' אלעזר נפקא ליה חילוק בעריות מן ואיש אשר ישכב את אשה דוה וגו' דכתיב ביה כרת יתירא לומר שחייבין עליה לעצמה וממנה תלמד כל הכלל ואם אינו ענין לגופה דהא נפקא לן מואל אשה לחלק על כל אשה תנהו ענין לשאר שני לאוין וכרת אחת כגון מפטם וסך: שיצא מדוה דרך ערותה. לאפוקי דרך דופן דלא: אלא אזהרה מנלן. ליכא למימר מבקדשים לא יאכל וגו' דלא מיירי בקדשים אלא בתרומה דכתיב ביה איש איש מזרע אהרן דבר השוה בזרעו של אהרן ומוקמינן ליה בתרומה שהיא שוה באנשים ובנשים ואף החוזרת שאינה חוזרת לחזה ושוק חוזרת לתרומה: מבכל קדש לא תגע. ודרשינן ליה לקמן אזהרה לאוכל: תני ברדלא. שם חכם: כתיב וטומאתו עליו. בטמא שאכל את הקדש וכתיב עוד טומאתו בו גבי בא אל המקדש טמא: גזירה שוה לא גמר. ולא למדה מרבו: ששוה בזרעו של אהרן. באנשים ובנשים אבל קדשים אין נאכלין אלא לזכרים וכי תימא איכא חזה ושוק ליתא בחוזרת כגון אלמנה וגרושה וזרע אין לה דאמר מר חוזרת לתרומה ואינה חוזרת לחזה ושוק והכי מפרשינן לה ביבמות (דף פז.): ההוא אזהרה לתרומה. לנגיעת תרומה: טמא שנגע בקדש כו'. תירוצא הוא דמתרץ ר"ל: מדאיתקש קדש למקדש. בהאי קרא בכל קדש לא תגע ואל המקדש לא תבא ודרשינן לקמן מה מקדש יש באזהרתו נטילת נשמה שהבא אל המקדש טמא בכרת אף אזהרת קדש דבר שיש בו נטילת נשמה והיינו אכילה שענוש עליה כרת דאילו בנגיעה ליכא כרת: ר' יוחנן לטעמיה. דאמר אזהרה לאוכל קדש בטומאתו נפקא מטומאתו טומאתו וההוא וטומאתו עליו דכתיב בעונש דקדש לאחר זריקה הוא דתניא בתורת כהנים ומייתינן לה במנחות בפ' שלישי (דף כה:) יכול יהו חייבין עליו משום טומאה קודם זריקה תלמוד לומר כל טהור יאכל בשר והנפש אשר תאכל בשר וגו' הניתר לטהורים חייבין עליו משום טומאה שאין ניתר לטהורים אין חייבין עליו משום טומאה: ההוא מבכל. מרבויא דבכל דריש ריש לקיש אף לפני זריקה: תניא כריש לקיש. דיליף אזהרה לטמא שאכל את הקדש מבכל קדש לא תגע: כל לא תעשה שקדמו עשה לוקין עליו. הא אתא לאשמועינן דאפילו למאן דאמר לאו הניתק לעשה אין לוקין עליו כדתניא [ל] לא תותירו והנותר תשרפו בא הכתוב ליתן עשה אחר לא תעשה לומר שאין לוקין עליו שנתק הכתוב את העשה להיות ענשו של לאו ותקונו לומר לא תעשה כך ואם עשית עשה זאת והפטר ואשמעינן רבי יוחנן הני מילי בעשה הבא אחר הלאו שאין אתה יכול לקיימו אלא לאחר עבירת הלאו אבל עשה שקדם את הלאו ואתה יכול לקיימו קודם עבירת הלאו אין זה ניתוק הלאו ואפילו תקיימנו אחר עבירת הלאו לא נפטרת מן המלקות:

אמרו

תוספות

ההוא לתרומה הוא דאתא. ותימה דהיכן מצינו חומר בתרומה מבקדשים דבכל קדש לא תגע מוקי לה רבי יוחנן לנגיעת תרומה אלמא לקי ובנגיעה דקדש לא לקי ותירץ הר"ר שלמה מדרוי"ש נ"ע דהכי קאמר ההוא לנגיעת תרומה הוא דאתאי לאשמועינן דפוסל תרומה עד מלאת ימי טהרה שהיא כטבול יום ולא קאמר דאיכא מלקות בנגיעת תרומה אבל מכל מקום קשה דאיך קאמר רבי יוחנן דקרא דכתיב ביה קדש דמיירי לתרומה וי"ל משום דגבי האי קרא כתיב עד מלאת ימי טהרה ובקדשים עד לאחר כפרה אי נמי על כרחך צריך לאוקמה בתרומה דלקדשים נפקא לן מגזירה שוה דטומאתו טומאתו גמיר ליה: כל לא תעשה שקדמו עשה לוקין עליו. תימה דהא לאו דגזילה שקדמו עשה דוהשיב הגזלה אשר גזל ואפ"ה אין לוקין עליו וי"ל דשאני גבי לאו דגזילה שאין לקיים העשה אלא לאחר שגזלה והלכך לאו שניתק [מ] מעליו הוא אבל קדמו דקאמר הכא לאו דוקא קדמו אלא היינו (ה) דשייך העשה קודם שעבר הלאו:

תנינא

עין משפט נר מצוה

טז א מיי' פ"א מהלכות ביאת המקדש הלכה ד והלכה ה סמג לאוין רלב רלג:

יז ב מיי' פ"י מהלכות איסורי ביאה הלכה ה סמג לאוין קיא טוש"ע יו"ד סי' קצד סעיף יד:

יח ג מיי' פי"ח מהלכות פסולי המוקדשין הלי"ג:

יט ד מיי' פ"ז מהלכות תרומות הלכה א:

כ ה מיי' פי"ח מהלכות פסולי המוקדשין הלי"ב:

כא ו מיי' שם הלכה טז:

רבינו חננאל

וכר' אלעזר אמר רבי אושעיא דאמר כל מקום שאתה מוצא שני לאוין וכרת [אחד] כגון המפטם והסך שמן המשחה שנאמר על בשר אדם לא ייסך ובמתכונתו לא תעשו כמוהו קדש הוא הנה ב' לאוין וכתי' איש אשר ירקח כמוהו ואשר יתן ממנו על זר ונכרת מעמיו הנה כרת על הרוקח ועל הנותן על זר (כי כל) [כל כי] האי גוונא חלוקין הן לקרבן. ואיש אשר ישכב את אשה דוה וגלה את ערותה מלמד שאין אשה טמאה עד שיצא (ממנה) [מדוה] דרך ערותה. הבא למקדש טמא אזהרתיה מולא יטמאו את מחניהם עונש את (מקדש) [משכן] ה' טמא ונכרתה. טמא שאכל את הקודש עונש שנאמר והנפש אשר תאכל בשר מזבח השלמים אשר לה' וטומאתו עליו ונכרתה. אזהרה ריש לקיש אמר מבכל קדש לא תגע. דייק [מקדש] לא תגע א) תניא כותיה בכל קדש לא תגע אזהרה לאוכל או אינו אלא אזהרה לנוגע ת"ל בכל קדש לא תגע ואל המקדש לא תבוא מקיש קדש למקדש מה מקדש דבר שכתב בו נטילת נשמה והיא כרת מפורש ביבמות פרק הערל (דף עה. ע"ש) אף קדש דבר שכתב בו נטילת נשמה והוא כרת למעוטי נגיעה דלא אשכחנן דכתי' ביה כרת. והא דאמר ריש לקיש טמא שאכל בשר קדש לפני זריקת דם לוקה דייק מבכל קדש. ועוד דייק מדאפקא רחמנא לאכילה בלשון נגיעה מיכן לנוגע בקדש והוא טמא לוקה. ור' יוחנן לטעמיה שנאמר והנפש אשר תאכל בשר מזבח השלמים אשר לה' וטומאתו עליו ואינו ראוי לאכילה אלא לאחר זריקה דאי לפני זריקה למה לי משום טומאה תיפוק לי' אכתי לא נראה לאכילה. כל לא תעשה שקדמו עשה לוקה עליו

חשק שלמה על ר"ח

א) נ"ל דייק מקדש לא תגע דהוא אזהרה לאוכל ותניא כוותיה וכו'.

ליקוטי רש"י

חלוקין הן לקרבן. שאם עשאן שניהם בהעלם אחת חייב שתים [כריתות ג.]. טומאתו טומאתו. כתיב בכרת באוכל קדש בטומאת הגוף וטומאתו עליו וכתיב בביאת מקדש עוד טומאתו מה ביאת מקדש איכא אזהרה ולא יטמאו את מחניהם אף טומאת הגוף דאוכל קודש תיפוק ליה אזהרה מהכא [זבחים לג:]. גזי"ש לא גמיר. ואין אדם דן גזירה שוה מעצמו [שבת צז. ועוד הרבה מקומות]. אזהרה לתרומה הוא דאתא. דאיהי נמי איתקש לקודש דכתיב בכל קודש ודרשינן בכל לרבות תרומה שאסורה לטבול יום כגון יולדת בימי טוהר שלה שהיא טבולת יום ארוך שאין לה הערב שמש עד מלאת ימיה שמביאה למחר כפרתה [שבועות ז.]. כדמוכח סיפיה דקרא עד מלאת ימי טהרה שיעריב שמשה שהיא טבולת יום ארוך שטובלת בשביעי ללידתה וכל ימי טוהר שלה הרי היא כטבולת יום וביום מ' ואחד מביאה קרבנה ומדכתיב לא תגע עד מלאת משמע אבל משימלאו ימיה תגע ואפי' מחוסרת כפרה ע"כ בתרומה כתיב דלענין קדש עד שתביא כפרתה והכי מוקמינן להאי קרא ביבמות בהערל וכו' [זבחים לג:]. איזהו דבר שהוא שוה בזרעו של אהרן. בזכרים ונקבות דאילו קדשי קדשים הניתנים לכהנים אין נאכלים אלא לזכרי כהונה [יבמות עד.]. טמא שנגע בקודש. לא יליף ריש לקיש מלקות מההוא קרא אלא לטמא שנגע בקודש ולא איירי בביאת מקדש כלל [זבחים לג:]. בכל קדש לא תגע אזהרה לאוכל. עיקר קרא ביה מידריש מדאיתקש קדש למקדש בהאי קרא דרשינן מה ביאת מקדש דבר שיש בו כרת אף אזהרת קודש דבר שיש בו כרת והיינו אכילה דאילו בנגיעה לא אשכחן כרת ומיהו אזהרה לנוגע נפקא לן מיניה מדאפקיה בלשון נגיעה [שם]. תניא כוותיה דריש לקיש. דאזהרה לאוכל קדש מהכא [שם]. נטילת נשמה. כרת [שם לד.].

מסורת הש"ס

א) כריתות ג., ב) נדה מא:, ג) זבחים לג:, ד) מובן עפמ"ש תוס' שבת לז. ד"ה ג"ש, ה) שבועות ז. [יבמות עה.], ו) [יבמות עד.], ז) [זבחים לג:], ח) רש"א אזהרה מדאיתקוש, ט) רש"א אתיא, י) יבמות עה. [זבחים לג:], כ) רש"א קדש, ל) [לעיל ד:], מ) נ"ל מאליו.

(א) גמ' סבר לה כר' אלעזר: (ב) שם ואיבעית אימא נפקא ליה מואיש כנ"ל ותיבות לא סבר לה כר' אלעזר נמחק: (ג) שם ואזהרה לאוכל איתקש קדש וכו' לטמא שאכל בשר קדש לפני זריקה. נ"ב פי' אי אמרת טמא שאכל קדש מקרא אחרינא נפקא לן אייתור לן בכל קדש לא תגע לילף מינה אף לפני זריקה דאי לגופה אתא לטמא שאכל קודש א"כ מהיכי תיתי לילף מיניה נמי לפני זריקה: (ד) רש"י ד"ה ה"ג וכו' יתן ממנו וגו' אם כן חילוק חטאות ביניהם: (ה) תוס' ד"ה כל וכו' לאו דוקא קדמו אלא היינו לומר דשייך העשה:

גמ' כל לא תעשה שקדמו עשה. עי' פסחים דף לה ע"א תוס' ד"ה לא תוליא:

תורה אור השלם

א) וְאִישׁ אֲשֶׁר יִשְׁכַּב אֶת אִשָּׁה דָּוָה וְגִלָּה אֶת עֶרְוָתָהּ אֶת מְקֹרָהּ הֶעֱרָה וְהִוא גִּלְּתָה אֶת מְקוֹר דָּמֶיהָ וְנִכְרְתוּ שְׁנֵיהֶם מִקֶּרֶב עַמָּם: [ויקרא כ, יח]

ב) כָּל הַנֹּגֵעַ בְּמֵת בְּנֶפֶשׁ הָאָדָם אֲשֶׁר יָמוּת וְלֹא יִתְחַטָּא אֶת מִשְׁכַּן יְיָ טִמֵּא וְנִכְרְתָה הַנֶּפֶשׁ הַהִוא מִיִּשְׂרָאֵל כִּי מֵי נִדָּה לֹא זֹרַק עָלָיו טָמֵא יִהְיֶה עוֹד טֻמְאָתוֹ בוֹ: [במדבר יט, יג]

ג) מִזָּכָר עַד נְקֵבָה תְּשַׁלֵּחוּ אֶל מִחוּץ לַמַּחֲנֶה תְּשַׁלְּחוּם וְלֹא יְטַמְּאוּ אֶת מַחֲנֵיהֶם אֲשֶׁר אֲנִי שֹׁכֵן בְּתוֹכָם: [במדבר ה, ג]

ד) וְהַנֶּפֶשׁ אֲשֶׁר תֹּאכַל בָּשָׂר מִזֶּבַח הַשְּׁלָמִים אֲשֶׁר לַייָ וְטֻמְאָתוֹ עָלָיו וְנִכְרְתָה הַנֶּפֶשׁ הַהִוא מֵעַמֶּיהָ: [ויקרא ז, כ]

ה) וּשְׁלֹשִׁים יוֹם וּשְׁלֹשֶׁת יָמִים תֵּשֵׁב בִּדְמֵי טָהֳרָה בְּכָל קֹדֶשׁ לֹא תִגָּע וְאֶל הַמִּקְדָּשׁ לֹא תָבֹא עַד מְלֹאת יְמֵי טָהֳרָהּ: [ויקרא יב, ד]

ו) אִישׁ אִישׁ מִזֶּרַע אַהֲרֹן וְהוּא צָרוּעַ אוֹ זָב בַּקֳּדָשִׁים לֹא יֹאכַל עַד אֲשֶׁר יִטְהָר וְהַנֹּגֵעַ בְּכָל טְמֵא נֶפֶשׁ אוֹ אִישׁ אֲשֶׁר תֵּצֵא מִמֶּנּוּ שִׁכְבַת זָרַע: [ויקרא כב, ד]

Reish Lakish did, i.e. that the Scriptural warning is derived from the verse *she shall not touch any sacred food?*[20]

The Gemara replies:

אָמַר לָךְ – [R' Yochanan] will say to you: הַהוּא אַזְהָרָה לִתְרוּמָה – That [verse] is actually **a Scriptural warning** against a *tamei* person eating ***terumah.***[21] When it mentions "sacred food," it does not mean sacrificial food (*kodesh*), but *terumah.* Therefore, this verse cannot serve as a warning against eating sacrificial food while *tamei.*

The Gemara asks:

וְרֵישׁ לָקִישׁ – And Reish Lakish, who understands *she shall not touch any sacred food* as a warning against eating sacrificial food while *tamei,* **אַזְהָרָה לִתְרוּמָה מְנָא לֵיהּ – from where does he derive the Scriptural warning** against eating ***terumah*** while *tamei?*

The Gemara answers:

נַפְקָא לֵיהּ מִ,,אִישׁ אִישׁ מִזֶּרַע אַהֲרֹן וְהוּא צָרוּעַ אוֹ זָב'' – He derives it from the verse: ***Any man from the seed of Aaron who is a tzarua or a zav*** (i.e. he is *tamei*), *he shall not eat sacred foods until he purifies himself.*[22] **אֵי זֶהוּ דָּבָר שֶׁהוּא שָׁוֶה בְּזַרְעוֹ שֶׁל אַהֲרֹן – What is a** sacred **thing universally fit for** all **the seed of Aaron,** i.e. for both men and women?[23] **הֱוֵי אוֹמֵר זוֹ תְּרוּמָה – You must say this is *terumah,*** which is permitted to a Kohen's entire family, male and female alike.[24] The term "sacred foods" in this verse refers to *terumah;* hence, the verse constitutes a Scriptural warning against consumption of *terumah* by one who is *tamei.*

The Gemara turns to R' Yochanan:

וְאִידָךְ – As for the other one, i.e. R' Yochanan, who derives a Scriptural warning regarding *terumah* from the verse *she shall not touch any sacred food,* **הַהוּא לַאֲכִילָה – he uses that [verse]** (*Any man from the seed of Aaron . . .*) **for** a Scriptural warning against **eating** *terumah* while *tamei,* **וְהָא לִנְגִיעָה – and this [verse]** (*she shall not touch any sacred food*) **for** a Scriptural warning against **touching** *terumah* while *tamei.*[25] Thus, both verses are needed.

The Gemara stated that Reish Lakish derives the Scriptural warning against eating sacrificial food from the verse *she shall not touch any sacred food.* The Gemara now questions his use of this verse for this purpose:

וְרֵישׁ לָקִישׁ – And according to **Reish Lakish, הַאי ,,בְּכָל־קֹדֶשׁ לֹא־תִגָּע'' לְהָכִי הוּא דְאָתָא – does this** verse ***she shall not touch any sacred food*** indeed **come for this** purpose, i.e. to warn against *eating* sacrificial food while *tamei?* **הַהוּא מִיבָּעֵי לֵיהּ לְטָמֵא שֶׁנָּגַע בְּקֹדֶשׁ – But he needs that [verse]** as a Scriptural warning **for a *tamei* person who *touched* sacrificial food,**[26] as evidenced by his own statement: **דְּאִיתְּמַר – For it was stated: טָמֵא שֶׁנָּגַע בְּקֹדֶשׁ – If a *tamei* person touched sacrificial food, רֵישׁ לָקִישׁ אוֹמֵר לוֹקֶה – Reish Lakish says** that **he receives *malkus,* רַבִּי יוֹחָנָן אוֹמֵר אֵינוֹ לוֹקֶה –** but **R' Yochanan says** that **he does not receive *malkus.* רֵישׁ לָקִישׁ אוֹמֵר לוֹקֶה – Reish Lakish says he receives *malkus*** because the verse states: **,,בְּכָל־קֹדֶשׁ לֹא־תִגָּע'' – *she shall not touch any sacred food,*** thereby warning a *tamei* against touching sacrificial foods.[27] **רַבִּי יוֹחָנָן אוֹמֵר אֵין לוֹקֶה – R' Yochanan says he does not receive *malkus* הַהוּא אַזְהָרָה לִתְרוּמָה הוּא דְאָתָא –** because **that [verse] comes as a Scriptural warning for** one who touches ***terumah*** while *tamei.* It tells us nothing regarding sacrificial foods.[28]

We see that Reish Lakish uses the verse *she shall not touch any sacred food* to warn a *tamei* against *touching* sacrificial food. How can he use that same verse to warn against *eating* sacrificial food?![29] – ? –

The Gemara explains how both teachings are derived from this verse:

טָמֵא שֶׁנָּגַע בְּקֹדֶשׁ – The Scriptural warning against **a *tamei* person who touched sacrificial food מִדְּאַפְקֵיהּ רַחֲמָנָא בִּלְשׁוֹן נְגִיעָה –** is derived **from** the fact that **the Merciful One expresses [the prohibition against eating this food] in terms of touching.**[30] **(לְאוֹכֵל) אַזְהָרָה –** The Scriptural warning against **[a *tamei* person] who eats** sacrificial food **אִתְקוּשׁ קֹדֶשׁ לְמִקְדָּשׁ –** is derived from the fact that in this verse, the prohibition regarding **sacrificial food is compared to** the prohibition regarding **the Temple.** The comparison tells us that the prohibition regarding sacrificial food, like the one regarding the Temple, is a prohibition punishable with *kares.* Perforce, it is a prohibition against eating, for the mere touching of sacrificial food does not carry the penalty of *kares.*[31]

NOTES

20. Although R' Yochanan did receive the *gezeirah shavah* as part of his tradition, a direct Scriptural source is preferable to a *gezeirah shavah.* Why, then, does R' Yochanan reject Reish Lakish's direct source? It cannot be because the *gezeirah shavah* would then remain unused, for it can still be used to compare the two cases in regard to other aspects of the law (*Ritva*).

21. The Gemara at this point assumes that R' Yochanan is saying that this verse warns against a *tamei* person *eating terumah.* It will emerge in the Gemara below that he actually understands the verse as warning against a *tamei* person *touching terumah.*

The word קֹדֶשׁ, *sacred,* generally refers to sacrificial foods, but can refer to *terumah* as well, since it is also sacred. R' Yochanan gives this meaning to the קֹדֶשׁ of this verse (*Ritva*). For why he does not render it "sacrificial foods," see *Rashi, Zevachim* 33b ד״ה בתרומה כתיב; *Tosafos* and *Ritva* here.

22. *Leviticus* 22:4.

A *tzarua* is a person afflicted with one of the *tzaraas* skin conditions detailed in *Leviticus* Ch. 13; a *zav* is a man who experiences a particular sort of urethral discharge, described in *Leviticus* 15:3 and *Niddah* 35b. Both a *tzarua* and a *zav* are *tamei* until they undergo their prescribed purification procedures.

23. "The seed of Aaron" implies *all* the descendants of Aaron – whether men or women. By employing this term, the verse indicates that it speaks of foods that are otherwise permitted to all Aaron's offspring.

24. *Terumah* is permitted to both men and women; sacrificial foods are not. Although the parts of *kodashim kalim* offerings eaten by Kohanim are eaten by the female Kohanim as well, they are not eaten by women who are, or once were, married to non-Kohanim. *Terumah,* by contrast, may be eaten even by a woman who was married to a non-Kohen, provided they are no longer married, and her non-Kohen husband left no surviving issue from her. Perforce, when the verse speaks of sacred foods fit for all the seed of Aaron, it means *terumah* (*Rashi;* see note 12).

25. A *tamei* person who touches *terumah* contaminates it, and renders it forbidden for consumption. The Torah prohibits the defilement of *terumah* (*Meiri*).

26. If a *tamei* touches sacrificial food, it is contaminated, and may not be eaten. The Torah prohibits the defilement of sacrificial food (*kodesh*) (*Meiri*).

27. Thus, a *tamei* who does contaminate sacrificial foods has transgressed the prohibition of *she shall not touch any sacred food;* he is therefore liable to *malkus.*

28. It emerges that according to R' Yochanan, the law of *terumah* is more stringent in this regard than the law of sacrificial food (*kodesh*). For while a *tamei* person is liable to *malkus* for contaminating *terumah,* he is not liable to *malkus* for contaminating *kodesh* (*Rashi, Zevachim* 33b ד״ה בתרומה כתיב; *Tosafos* there ד״ה לענין; *Meiri* here; cf. *Tosafos* here ד״ה ההוא).

29. *Ritva* wonders why Reish Lakish cannot derive eating from touching by means of a *kal vachomer,* thus: If a *tamei* person is forbidden even to *touch* sacrificial foods, he is certainly forbidden to *eat* them. *Ritva* answers by citing the Talmudic rule of אֵין מַזְהִירִין מִן הַדִּין, *we cannot establish a Scriptural warning on the basis of a kal vachomer argument* [see 5b] (see also *Rashi, Zevachim* ibid.; *Tos. Shantz* here; see *Aruch LaNer* for discussion).

30. Although the verse speaks of the woman "touching" sacred foods (*she shall not touch . . .*), it is actually warning against *eating* these foods (as the Gemara will soon show). Why then does it speak in terms of "touching"? To teach that it is also forbidden to touch sacrificial food while *tamei.*

31. This exposition is elaborated in a Baraisa below. In brief, the verse

מאחותו דרישא ואידך ההוא מיבעי ליה לחלק [א] כרת למפטם ולסך ואידך סבר (א) כר' אלעזר א"ר הושעיא [א] דאמר רבי אלעזר אמר רבי הושעיא כל מקום שאתה מוצא שני לאוין וכרת אחד חלוקין הן לקרבן ואי בעית אימא (ב) לא סבר לה כר' אלעזר ונפקא ליה [א] מואיש אשר ישכב את אשה דוה ואידך ההוא מיבעי ליה לכדרבי יוחנן [ג] דאמר ר' יוחנן משום ר' שמעון בן יוחי מנין שאין האשה טמאה עד שיצא מדוה דרך ערותה שנאמר ואיש אשר ישכב את אשה דוה וגלה את ערותה וגו' [ב] מלמד שאין האשה טמאה עד שיצא מדוה דרך ערותה: וטמא שאכל את הקדש: בשלמא הבא למקדש טמא כתיב עונש וכתיב אזהרה עונש דכתיב [ב] את משכן ה' טמא ונכרתה אזהרה [ג] ולא יטמאו את מחניהם אלא טמא שאכל את הקדש בשלמא עונש כתיב [ד] והנפש אשר תאכל בשר מזבח השלמים אשר לה' וטומאתו עליו ונכרתה אלא [ג] אזהרה מנין ריש לקיש אומר [ה] [ג] בכל קדש לא תגע רבי יוחנן אומר תני ברדלא אתיא טומאתו טומאתו כתיב הכא וטומאתו עליו ונכרתה וכתיב התם [ב] טמא יהיה עוד טומאתו בו מה להלן עונש ואזהרה אף כאן עונש ואזהרה בשלמא ריש לקיש לא אמר כרבי יוחנן [ד] גזירה שוה לא גמיר אלא ר' יוחנן מאי טעמא לא אמר כריש לקיש אמר לך ההוא [ה] אזהרה לתרומה וריש לקיש אזהרה לתרומה מנא ליה נפקא ליה [ו] מאיש איש מזרע אהרן והוא צרוע או זב [ו] [ד] אי זהו דבר שהוא שוה בזרעו של אהרן הוי אומר זו תרומה ואידך ההוא לאכילה והא לנגיעה וריש לקיש האי בכל קדש לא תגע להכי הוא דאתא ההוא מיבעי ליה לטמא שנגע בקדש דאיתמר [ז] טמא שנגע בקדש ריש לקיש אומר לוקה רבי יוחנן אומר [ה] אינו לוקה ריש לקיש אומר לוקה בכל קדש לא תגע רבי יוחנן אומר אין לוקה ההוא אזהרה לתרומה הוא דאתא טמא שנגע בקדש מדאפקיה רחמנא בלשון נגיעה (ג) [ח] אזהרה (לאוכל) אתקוש קדש למקדש ואכתי להכי הוא דאתא ההוא מיבעי ליה לטמא שאכל בשר קדש לפני זריקת דמים דאיתמר טמא שאכל בשר קדש לפני זריקת דמים ריש לקיש אומר לוקה רבי יוחנן אומר [ו] אינו לוקה ריש לקיש אומר לוקה בכל קדש לא תגע לא שנא לפני זריקה ולא שנא לאחר זריקה רבי יוחנן אומר אינו לוקה רבי יוחנן לטעמיה דאמר [ט] קרא טומאתו טומאתו וכי כתיב טומאתו לאחר זריקה הוא דכתיב ההיא מבכל קדש נפקא תניא כוותיה דריש לקיש [י] בכל קדש לא תגע אזהרה לאוכל אתה אומר אזהרה לאוכל או אינו אלא אזהרה לנוגע ת"ל בכל קדש לא תגע ואל המקדש וגו' מקיש קדש למקדש מה מקדש דבר שיש בו נטילת נשמה אף [כ] כל דבר שיש בו נטילת נשמה ואי בנגיעה מי איכא נטילת נשמה אלא באכילה אמר רבה בר בר חנה אמר רבי יוחנן [ט] כל לא תעשה שקדמו עשה לוקין עליו

אמרו

ההוא לתרומה הוא דאתא. ותימה דהיכן מלינו חומר בתרומה מבקדשים דבכל קדש לא תגע מוקי לה רבי יוחנן לנגיעת תרומה אלמא לקי ובנגיעה דקדש לא לקי ותירץ הר"ר שלמה מדרוי"ש נ"ע דהכי קאמר ההוא לנגיעת תרומה הוא דאתאי לאשמועינן דפוסל תרומה עד מלאת ימי טהרה שהיא כטבול יום ולא קאמר דאיכא מלקות בנגיעת תרומה אבל מכל מקום קשה דאיך קאמר רבי יוחנן דקרא דכתיב ביה קדש דמיירי לתרומה וי"ל משום דגבי האי קרא כתיב עד מלאת ימי טהרה ובקדשים עד לאחר כפרה אי נמי על כרחך צריך לאוקמה בתרומה דלקדשים נפקא לן מגזירה שוה דטומאתו טומאתו גמיר ליה: **כל** לא תעשה שקדמו עשה לוקין עליו. תימה דהא לאו דגזילה שקדמו עשה דוהשיב הגזלה אשר גזל ואפ"ה אין לוקין עליו וי"ל דשאני גבי לאו דגזילה שאין לקיים העשה אלא לאחר שגזלה והלכך לאו שניתק [מ] מעליו הוא אבל קדמו דקאמר הכא לאו דוקא קדמו אלא היינו (ה) דשייך העשה קודם שעבר הלאו:

תניא

מאחותו דרישא. דמלי למכתב כי יקח את בת אביו או בת אמו: למפטם וסך. דהוו נמי שני לאוין וכרת אחד והוצרך לנו לחלק ביניהם כמו שהוצרך חילוק בעריות אם אינו ענין כאן תנהו ענין להו: ה"ג לה להך שיטתא ההוא מיבעי ליה לחלק כרת למפטם וסך ואידך סבר לה כר"א א"ר הושעיא כו' ואיבעית אימא נפקא ליה מואיש אשר ישכב את אשה דוה וגו' ואידך ההוא מיבעי ליה כו'. והכי פירושא ואידך ס"ל כר"א דאמר עלה שהלאוין מחלקין לחטאות ועל מפטם וסך אמרי' במס' כריתות (דף ג.) שהן שני לאוין על בשר אדם לא ייסך ובמתכונתו לא תעשו כמוהו וכרת אחת איש אשר ירקח כמוהו ואשר יתן ממנו וגו' (ד) חילוק חטאו' ביניהם שהלאוין מחלקין לחטאות וכיון דאתו להכי בעריות נמי לא בעי חילוק ולא מצטריך ליה למדרש אל אשה דלעיל ואייתר ליה עיקר קרא דכרת באחותו לדונו בכרת ולא במלקות ואחותו דסיפא לחייבו על אחותו שהיא אחות אביו ואחות אמו ואחותו דרישא לחייבו על אחותו בת אביו ובת אמו לומר שאין עונשין מן הדין ואיבעית אימא אי נמי לא סבר לה לדר' אלעזר נפקא ליה חילוק בעריות מן ואיש אשר ישכב את אשה דוה וגו' דכתיב ביה כרת יתירא לומר שחייבין עליה לעצמה וממנה תלמד כל הכלל ואם אינו ענין לגופה דהא נפקא לן מואל אשה לחלק על כל אשה תנהו ענין לשאר שני לאוין וכרת אחת כגון מפטם וסך: שיצא מדוה דרך ערותה. לאפוקי דרך דופן דלא: אלא אזהרה מנלן. ליכא למימר מבקדשים לא יאכל וגו' דלא מיירי בקדשים אלא בתרומה דכתיב ביה איש איש מזרע אהרן דבר השוה בזרעו של אהרן ומוקמינן ליה בתרומה שהיא שוה באנשים ובנשים ואף החוזרת שאינה חוזרת לחזה ושוק חוזרת לתרומה: מבכל קדש לא תגע. ודרשינן ליה לקמן אזהרה לאוכל: תני ברדלא. שם חכם: כתיב וטומאתו עליו. בטמא שאכל את הקדש וכתיב עוד טומאתו בו בבא אל המקדש טמא: גזירה שוה לא גמר. ולא למדה מרבו: ששוה בזרעו של אהרן. באנשים ובנשים אבל קדשים אינן נאכלין אלא לזכרים וכי תימא איכא חזה ושוק ליתא בחוזרת כגון אלמנה וגרושה וזרע אין לה דאמר מר חוזרת לתרומה ואינה חוזרת לחזה ושוק והכי מפרשינן לה ביבמות (דף פז.): ההוא אזהרה לתרומה. לנגיעת תרומה: טמא שנגע בקדש כו'. תירוצא הוא דמתרץ ר"ל: מדאיתקש קדש למקדש. בהאי קרא בכל קדש לא תגע ואל המקדש לא תבא ודרשינן לקמן מה מקדש יש באזהרתו נטילת נשמה שהבא אל המקדש טמא בכרת אף אזהרת קדש דבר שיש בו נטילת נשמה והיינו אכילה שענוש עליה כרת דאילו בנגיעה ליכא כרת: ר' יוחנן לטעמיה. דאמר אזהרה לאוכל קדש בטומאתו נפקא מטומאתו טומאתו וההוא וטומאתו עליו דכתיב בעונש דקדש לאחר זריקה הוא דתניא בתורת כהנים ומייתינן לה במנחות בפ' שלישי (דף כה:) יכול יהו חייבין עליו משום טומאה קודם זריקה תלמוד לומר כל טהור יאכל בשר והנפש אשר תאכל בשר וגו' הניתר לטהורים חייבין עליו משום טומאה שאין ניתר לטהורים אין חייבין עליו משום טומאה: ההוא מבכל. מרבויא דבכל דריש ריש לקיש אף לפני זריקה: תניא כריש לקיש. דיליף אזהרה לטמא שאכל את הקדש מבכל קדש לא תגע: כל לא תעשה שקדמו עשה לוקין עליו. הא אתא לאשמועינן דאפילו למאן דאמר לאו הניתק לעשה אין לוקין עליו כדתניא [ל] לא תותירו והנותר תשרפו בא הכתוב ליתן עשה אחר לא תעשה לומר שאין לוקין עליו שנתק הכתוב את העשה להיות ענשו של לאו ותקונו לומר לא תעשה כך ואם עשית עשה זאת והפטר ואשמעינן רבי יוחנן הני מילי בעשה הבא אחר הלאו שאין אתה יכול לקיימו אלא לאחר עבירת הלאו אבל עשה שקדם את הלאו ואתה יכול לקיימו קודם עבירת הלאו אין זה ניתוק הלאו ואפילו תקיימנו אחר עבירת הלאו לא נפטרת מן המלקות:

אמרו

עין משפט נר מצוה

טז א מיי' פ"א מהלכות כלי המקדש הלכה ד והלכה ה סמג לאוין רלב רלג:

יז ב מיי' פ"י מהלכות איסורי ביאה הלכה ה סמג לאוין קיא טוש"ע יו"ד סי' קלד סעיף יד:

יח ג מיי' פי"ח מהלכות פסולי המוקדשין הלי"ג:

יט ד מיי' פ"ז מהלכות תרומות הלכה א:

כ ה מיי' פי"ח מהלכות פסולי המוקדשין הלי"ג:

כא ו מיי' שם הלכה טז:

רבינו חננאל

וכר' אלעזר אמר רבי אושעיא דאמר כל מקום שאתה מוצא שני לאוין וכרת [אחד] כגון המפטם והסך שמן המשחה שנאמר על בשר אדם לא ייסך ובמתכונתו לא תעשו כמוהו קדש הוא הנה ב' לאוין וכתי' איש אשר ירקח כמוהו ואשר יתן ממנו על זר ונכרת מעמיו הנה כרת על הרוקח ועל הנותן על זר (כי כל) [כל כי] האי גוונא חלוקין הן לקרבן. ואיש אשר ישכב את אשה דוה וגלה את ערותה מלמד שאין אשה טמאה עד שיצא (ממנה) [מדוה] דרך ערותה. הבא למקדש טמא אזהרתיה מולא יטמאו את מחניהם עונש את (מקדש) [משכן] ה' טמא ונכרתה. טמא שאכל את הקודש עונש שנאמר והנפש אשר תאכל בשר מזבח השלמים אשר לה' וטומאתו עליו ונכרתה. אזהרה ריש לקיש אמר מבכל קדש לא תגע. דייק [מקדש] לא תגע א) תניא כותיה בכל קדש לא תגע אזהרה לאוכל או אינו אלא אזהרה לנוגע ת"ל בכל קדש לא תגע ואל המקדש לא תבוא מקיש קדש למקדש מה מקדש דבר שכתב בו נטילת נשמה והיא כרת מפורש ביבמות פרק הערל (דף עה. ע"ש) אף קדש דבר שכתב בו נטילת נשמה והוא כרת למעוטי נגיעה דלא אשכחנן דכתי' ביה כרת. והא דאמר ריש לקיש טמא שאכל בשר קדש לפני זריקת דם לוקה דייק מבכל קדש. ועוד דייק מדאפקא רחמנא לאכילה בלשון נגיעה מיכן לנוגע בקדש והוא טמא לוקה. ור' יוחנן לטעמיה שנאמר והנפש אשר תאכל בשר מזבח השלמים אשר לה' וטומאתו עליו ואינו ראוי לאכילה אלא לאחר זריקה דאי לפני זריקה למה לי משום טומאה תיפוק ליה דאכתי לא נראה לאכילה. כל לא תעשה שקדמו עשה לוקה עליו

חשק שלמה על ר"ח

א) נ"ל דייק מקדש לא תגע דהוא אזהרה לאוכל ותניא כוותיה וכו'.

ליקוטי רש"י

חלוקין הן לקרבן. שאם עשאן שניהם בהעלם אחת חייב שתים [כריתות ג.]. טומאתו טומאתו. כתיב בכרת באוכל קדש בטומאת הגוף וטומאתו עליו וכתיב בביאת מקדש עוד טומאתו מה ביאת מקדש איכא אזהרה ולא יטמאו את מחניהם אף טומאת הגוף דאוכל קודש תיפוק ליה אזהרה מהכא [זבחים לג:]. גזי"ש לא גמיר. ואין אדם דן גזירה שוה מעצמו [שבת צו. ועוד הרבה מקומות]. אזהרה לתרומה הוא דאתא. דאיכי נמי איתקש לקודש דכתיב בכל קודש ודרשינן בכל לרבות תרומה שאסורה לטבול יום כגון יולדת בימי טוהר שלה שהיא טבולת יום ארוך שאין לה הערב שמש עד מלאת ימיה שמביאה לאחר כפרתה [שבועות ז.]. כדמוכח סיפיה דקרא עד מלאת ימי טהרה שיעריב שמשה שהיא טבולת יום ארוך שטובלת בשביעי ללידתה וכל ימי טוהר שלה הרי היא כטבולת יום וביום מ' ואחד מביאה קרבנה ומדכתיב לא תגע עד מלאת משמע אבל משימלאו ימיה תגע ואפי' מחוסרת כפרה ע"כ בתרומה כתיב דלענין קדש עד שתביא כפרתה והכי מוקמינן להאי קרא ביבמות בהערל וכו' [זבחים לג:]. איזהו דבר שהוא שוה בזרעו של אהרן. [illegible] טמא שנגע בקודש. [illegible] תניא כוותיה דריש לקיש. [שם]. נטילת נשמה. כרת [שם לד.].

מסורת הש"ס

א) כריתות ג., ב) נדה מא:, ג) זבחים לג:, ד) מובן עפמ"ש תוס' שבת לו. ד"ה ג"ש, ה) שבועות ז. [יבמות עה.], ו) [יבמות עד.], ז) [זבחים לג:], ח) רש"א אזהרה מדאיתקוש, ט) רש"א אתיא, י) יבמות עה. [זבחים לג:], כ) רש"א קדש, ל) [לעיל ד:], מ) נ"ל מאליו.

הגהות הב"ח

(א) גמ' סבר לה כר' אלעזר: (ב) שם ואיבעית אימא נפקא ליה מואיש כנ"ל ותיבות לא סבר לה כר' אלעזר נמחק: (ג) שם ואזהרה לאוכל איתקש קדש וכו' לטמא שאכל בשר קדש לפני זריקה. נ"ב פי' אי אמרת טמא שאכל קדש מקרא אחרינא נפקא לן אייתור לן בכל קדש לא תגע ליליף מינה אף לפני זריקה דאי לגופא אתא לטמא שאכל קודש א"כ מהיכי תיתי ליליף מיניה נמי לפני זריקה: (ד) רש"י ד"ה ה"ג וכו' יתן ממנו וגו' אם כן חילוק חטאות ביניהם: (ה) תוס' ד"ה כל וכו' לאו דוקא קדמו אלא היינו לומר דשייך העשה:

גליון הש"ס

גמ' כל לא תעשה שקדמו עשה. עי' פסחים דף לה ע"א תוס' ד"ה לא תוליא:

תורה אור השלם

א) וְאִישׁ אֲשֶׁר יִשְׁכַּב אֶת אִשָּׁה דָּוָה וְגִלָּה אֶת עֶרְוָתָהּ אֶת מְקֹרָהּ הֶעֱרָה וְהִוא גִּלְּתָה אֶת מְקוֹר דָּמֶיהָ וְנִכְרְתוּ שְׁנֵיהֶם מִקֶּרֶב עַמָּם: [ויקרא כ, יח]

ב) כָּל הַנֹּגֵעַ בְּמֵת בְּנֶפֶשׁ הָאָדָם אֲשֶׁר יָמוּת וְלֹא יִתְחַטָּא אֶת מִשְׁכַּן יְיָ טִמֵּא וְנִכְרְתָה הַנֶּפֶשׁ הַהִוא מִיִּשְׂרָאֵל כִּי מֵי נִדָּה לֹא זֹרַק עָלָיו טָמֵא יִהְיֶה עוֹד טֻמְאָתוֹ בוֹ: [במדבר יט, יג]

ג) מִזָּכָר עַד נְקֵבָה תְּשַׁלֵּחוּ אֶל מִחוּץ לַמַּחֲנֶה תְּשַׁלְּחוּם וְלֹא יְטַמְּאוּ אֶת מַחֲנֵיהֶם אֲשֶׁר אֲנִי שֹׁכֵן בְּתוֹכָם: [במדבר ה, ג]

ד) וְהַנֶּפֶשׁ אֲשֶׁר תֹּאכַל בָּשָׂר מִזֶּבַח הַשְּׁלָמִים אֲשֶׁר לַייָ וְטֻמְאָתוֹ עָלָיו וְנִכְרְתָה הַנֶּפֶשׁ הַהִוא מֵעַמֶּיהָ: [ויקרא ז, כ]

ה) וּשְׁלֹשִׁים יוֹם וּשְׁלֹשֶׁת יָמִים תֵּשֵׁב בִּדְמֵי טָהֳרָה בְּכָל קֹדֶשׁ לֹא תִגָּע וְאֶל הַמִּקְדָּשׁ לֹא תָבֹא עַד מְלֹאת יְמֵי טָהֳרָהּ: [ויקרא יב, ד]

ו) אִישׁ אִישׁ מִזֶּרַע אַהֲרֹן וְהוּא צָרוּעַ אוֹ זָב בַּקֳּדָשִׁים לֹא יֹאכַל עַד אֲשֶׁר יִטְהָר וְהַנֹּגֵעַ בְּכָל טְמֵא נֶפֶשׁ אוֹ אִישׁ אֲשֶׁר תֵּצֵא מִמֶּנּוּ שִׁכְבַת זָרַע: [ויקרא כב, ד]

Thus, the verse *she shall not touch any sacred food* can be used to teach both laws — that a *tamei* person may neither touch nor eat sacrificial food.

The Gemara just taught that Reish Lakish's use of *she shall not touch any sacred food* to warn against a *tamei* eating sacrificial food is based on the fact that this act carries the penalty of *kares*. Now, the *kares* penalty is reserved for one who eats of an offering whose blood has already been thrown against the Altar. A *tamei* who eats of an offering whose blood has not yet been thrown is *not* liable to *kares*.[32] It follows that the Scriptural warning of *she shall not touch any sacred food* is limited to an offering whose blood has been thrown. The Gemara accordingly asks:

וְאַכַּתִּי לְהָכִי הוּא דְאָתָא — But still I ask, **is it** only **for this that [the verse]** *she shall not touch any sacred food* **comes,** i.e. to teach that a *tamei* person may not eat sacrificial meat *after* the offering's blood was thrown? **הַהוּא מִיבְּעֵי לֵיהּ לְטָמֵא שֶׁאָכַל בְּשַׂר קֹדֶשׁ לִפְנֵי זְרִיקַת דָּמִים — But [Reish Lakish] requires that [verse] also for** a Scriptural warning against **a *tamei* person who ate sacrificial meat *before* the throwing of** the offering's **blood upon the Altar.**[33] **דְּאִיתְּמַר — For it was stated: טָמֵא שֶׁאָכַל בְּשַׂר קֹדֶשׁ לִפְנֵי זְרִיקַת דָּמִים — If a *tamei* person ate sacrificial meat before the throwing** of the offering's **blood upon the Altar, רֵישׁ לָקִישׁ אוֹמֵר לוֹקֶה — Reish Lakish says** that **he receives *malkus*, רַבִּי יוֹחָנָן אוֹמֵר אֵינוֹ לוֹקֶה —** but **R' Yochanan says** that **he does not receive *malkus*. רֵישׁ לָקִישׁ אוֹמֵר לוֹקֶה — Reish Lakish says he receives *malkus*** because the verse states: "בְּכָל־קֹדֶשׁ לֹא־תִגָּע" — ***she shall not touch*** (i.e. *eat*) ***any sacred food.*** **לֹא שְׁנָא לִפְנֵי זְרִיקָה וְלֹא שְׁנָא לְאַחַר זְרִיקָה —** This teaches that **no matter whether** the *tamei* person consumes the meat **before the throwing** of the offering's blood, **and no matter whether** he does so **after the throwing** of its blood, it is forbidden.[34] **רַבִּי יוֹחָנָן אוֹמֵר אֵינוֹ לוֹקֶה — R' Yochanan says he does not receive *malkus*** **יוֹחָנָן לְטַעְמֵיהּ — because R' Yochanan follows his** earlier **reasoning** regarding the source of the Scriptural warning against a *tamei* eating sacrificial food, **דְּאָמַר קְרָא "טֻמְאָתוֹ" "טֻמְאָתוֹ" —** which is **that the verse states** a *gezeirah shavah* of ***his tumah, his tumah.***[35] **וְכִי כְּתִיב "טֻמְאָתוֹ" — And in regard to what is** the term ***his tumah* written? לְאַחַר זְרִיקָה הוּא דִּכְתִיב — It is written in regard to** eating sacrificial meat **after the throwing** of the blood onto the Altar.[36]

We see that Reish Lakish employs this verse to teach that a *tamei* is forbidden to eat *both* sacrificial meat whose blood has already been thrown onto the Altar *and* sacrificial meat whose blood has not yet been thrown onto the Altar. But if applying this verse to eating *depends* upon eating being liable to *kares,* then the verse *cannot* encompass the case of one who eats of an offering before its blood is thrown. For one who eats this sort of meat does *not* incur *kares*![37] — ? —

The Gemara explains that the prohibition against this sort of meat can also be derived from this verse:

הַהִיא מִ"בְּכָל־קֹדֶשׁ" נַפְקָא — That [prohibition], i.e. of sacrificial meat whose blood has not yet been thrown, **is derived from** the inclusionary term ***any sacred food.*** The verse's primary thrust, however, is to prohibit a *tamei* person from eating sacrificial meat after the blood has been applied.[38]

The Gemara cites a Baraisa in support of Reish Lakish's view that the Scriptural warning against a *tamei* eating sacrificial food is derived from the verse *she shall not touch any sacred food:*

תַּנְיָא כְּוָותֵיהּ דְּרֵישׁ לָקִישׁ — A Baraisa was taught in accordance with Reish Lakish's view: **"בְּכָל־קֹדֶשׁ לֹא־תִגָּע" אַזְהָרָה לְאוֹכֵל —** The verse ***SHE SHALL NOT TOUCH ANY SACRED FOOD* IS A SCRIPTURAL WARNING AGAINST EATING** sacrificial food while *tamei*. **אַתָּה אוֹמֵר אַזְהָרָה לְאוֹכֵל — YOU SAY** it is **A SCRIPTURAL WARNING AGAINST EATING** sacrificial food while *tamei*. **אוֹ אֵינוֹ אֶלָּא אַזְהָרָה**

NOTES

combines two prohibitions: *she shall not touch any sacred food,* and *she shall not enter the Temple.* By juxtaposing the prohibition regarding sacred food with the prohibition regarding the Temple, the Torah teaches (through the exegetical device of *hekeish*) an equivalency between them, which Reish Lakish employs to identify the prohibition regarding sacred food, as follows: Just as there is *kares* for the prohibition against entering the Temple, so too must there be *kares* for the prohibition regarding sacred food. But a *tamei* person who *touches* sacrificial foods is not liable to *kares!* (see below, note 39, for how this is known). Perforce, the phrase "she shall not touch" is understood as "she shall not eat"; it warns against *eating* sacrificial foods while *tamei,* an act that is indeed punishable with *kares* [see *Leviticus* 7:20, cited above] (*Rashi*).

Thus, the primary thrust of the verse is to prohibit the consumption of sacrificial food while *tamei*. However, by expressing this prohibition in terms of "touching," the Torah teaches another prohibition as well: that a *tamei* person is forbidden to touch sacrificial food.

32. See note 36.

33. Throwing the blood of an offering upon the Altar [זְרִיקַת הַדָּם, *zerikah*] is an essential part of offering a sacrifice. The sacrifice is then deemed to have been duly offered, and its meat may then be eaten by eligible people. No sacrifice may be eaten before the *zerikah* is performed.

34. Thus, one who consumes sacrificial food before the blood is thrown has transgressed the prohibition of *she shall not touch sacred food;* therefore, he receives *malkus*.

Of course, meat from an offering whose blood has not yet been thrown is forbidden even to those who are *not tamei*. The Gemara simply means that one who eats it while *tamei* transgresses a second prohibition as well.

35. This *gezeirah shavah* establishes an analogy between the prohibition for a *tamei* person to eat sacrificial food and the prohibition for a *tamei* person to enter the Temple. R' Yochanan employs the analogy to apply the Scriptural warning against entering the Temple while *tamei* to the consumption of sacrificial food while *tamei*. The common phrase around which the *gezeirah shavah* is built is *his tumah*.

36. The phrase *his tumah* appears with regard to a *tamei* who eats sacrificial food in the verse that teaches the punishment for such consumption. It reads (*Leviticus* 7:20): *And the person who will eat meat from the shelamim offering that is for Hashem while his tumah is upon him, he will be cut off from his people.* The meat of which the verse speaks is from an offering whose blood has already been thrown against the Altar. An offering whose blood has not yet been thrown is not included in this verse. The proof is in the verse immediately preceding this one, which states regarding *shelamim* offerings: כָּל־טָהוֹר יֹאכַל בָּשָׂר, *anyone who is tahor may eat the meat.* This verse serves as a preface to the next one; it tells us that the *kares* penalty is limited to a *tamei* who consumes meat that *may* be eaten by a *tahor*. The only sacrificial meat permitted to a *tahor* is that which has undergone *zerikah;* perforce, the Scriptural warning expressed by the phrase *his tumah* is limited to consumption of an offering whose blood has been thrown. Since the warning does not apply where the blood has not been thrown, a *tamei* who consumes sacrificial meat before *zerikah* does not receive *malkus* (*Rashi,* from *Menachos* 25b).

37. The Gemara is questioning the verse's ability to support both these teachings. If the warning against a *tamei* eating sacrificial meat is derived from the verse's comparison between eating sacrificial offerings and entering the Temple, then the warning is perforce limited to an act of eating that carries the penalty of *kares* (as explained above; see note 31) — namely, consumption of an offering *after* its blood was thrown. A *tamei* who eats an offering *before* its blood was thrown, however, is excluded from this warning, for *he* is not liable to *kares*! How then can Reish Lakish state that the verse warns also against one who eats *this* sort of meat? (*Tos. Shantz; Rashi* to *Zevachim* 34a, as explained by *Tzon Kodashim* there; see also *Panim Meiros* there; but see *Maharshal* here; cf. *Ritva* here).

38. The verse could simply have stated: *she shall not touch sacred food.* The word *any* is superfluous. Reish Lakish expounds it as including the case of a *tamei* who eats the meat of an offering before its blood is thrown (*Zevachim* ibid.). Although he is not liable to *kares,* the verse warns against his behavior. Having transgressed a Scriptural warning, he receives *malkus*.

מאחותו דרישא ואידך ההוא מיבעי ליה לחלק כרת למפטם ולסך ואידך סבר (א) כר' אלעזר א"ר הושעיא דאמר רבי אלעזר אמר רבי הושעיא כל מקום שאתה מוצא שני לאוין וכרת אחד חלוקין הן לקרבן ואי בעית אימא (ב) לא סבר לה כר' אלעזר ונפקא ליה מואיש אשר ישכב את אשה דוה ואידך ההוא מיבעי ליה לכדרבי יוחנן דאמר ר' יוחנן משום ר' שמעון בן יוחי מנין שאין האשה טמאה עד שיצא מדוה דרך ערותה שנאמר ואיש אשר ישכב את אשה דוה וגלה את ערותה וגו' מלמד שאין האשה טמאה עד שיצא מדוה דרך ערותה: **וטמא שאכל את הקדש:** בשלמא הבא למקדש טמא כתיב עונש וכתיב אזהרה עונש דכתיב את משכן ה' טמא ונכרתה אזהרה ולא יטמאו את מחניהם אלא טמא שאכל את הקדש בשלמא עונש כתיב והנפש אשר תאכל בשר מזבח השלמים אשר לה' וטומאתו עליו ונכרתה אלא אזהרה מנין ריש לקיש אומר בכל קדש לא תגע רבי יוחנן אומר תני ברדלא אתיא טומאתו טומאתו כתיב הכא וטומאתו עליו ונכרתה וכתיב התם טמא יהיה עוד טומאתו בו מה להלן עונש ואזהרה אף כאן עונש ואזהרה בשלמא ריש לקיש לא אמר כרבי יוחנן גזירה שוה לא גמיר אלא ר' יוחנן מאי טעמא לא אמר כריש לקיש אמר לך ההוא אזהרה לתרומה וריש לקיש אזהרה לתרומה מנא ליה נפקא ליה מאיש איש מזרע אהרן והוא צרוע או זב אי זהו דבר שהוא שוה בזרעו של אהרן הוי אומר זו תרומה ואידך ההוא לאכילה והא לנגיעה וריש לקיש האי בכל קדש לא תגע להכי הוא דאתא ההוא מיבעי ליה לטמא שנגע בקדש דאיתמר טמא שנגע בקדש ריש לקיש אומר לוקה רבי יוחנן אומר אינו לוקה ריש לקיש אומר לוקה בכל קדש לא תגע רבי יוחנן אומר אין לוקה ההוא אזהרה לתרומה הוא דאתא טמא שנגע בקדש מדאפקיה רחמנא בלשון נגיעה (ג) אזהרה (לאוכל) אתקוש קדש למקדש ואכתי להכי הוא דאתא ההוא מיבעי ליה לטמא שאכל בשר קדש לפני זריקת דמים דאיתמר טמא שאכל בשר קדש לפני זריקת דמים ריש לקיש אומר לוקה רבי יוחנן אומר אינו לוקה ריש לקיש אומר לוקה בכל קדש לא תגע לא שנא לפני זריקה ולא שנא לאחר זריקה רבי יוחנן אומר אינו לוקה רבי יוחנן לטעמיה דאמר קרא טומאתו טומאתו וכי כתיב טומאתו לאחר זריקה הוא דכתיב ההיא מבכל קדש נפקא תניא כוותיה דריש לקיש בכל קדש לא תגע אזהרה לאוכל אתה אומר אזהרה לאוכל או אינו אלא אזהרה לנוגע ת"ל בכל קדש לא תגע ואל המקדש וגו' מקיש קדש למקדש מה מקדש דבר שיש בו נטילת נשמה אף כל דבר שיש בו נטילת נשמה ואי בנגיעה מי איכא נטילת נשמה אלא באכילה אמר רבה בר בר חנה אמר רבי יוחנן כל לא תעשה שקדמו עשה לוקין עליו

אמרו

מאחותו דרישא. דמצי למכתב כי יקח את בת אביו או בת אמו: **למפטם וסך.** דהוו נמי שני לאוין וכרת אחד והוצרך לנו לחלק ביניהם כמו שהוצרך חילוק בעריות אם אינו ענין כאן תנהו ענין להו: ה"ג לה להך שיטתא **ההוא** מיבעי ליה לחלק כרת למפטם וסך ואידך סבר לה כר"א א"ר הושעיא כו' ואיבעית אימא נפקא ליה מואיש אשר ישכב את אשה דוה וגו' ואידך ההוא מיבעי ליה כו'. והכי פירושא ואידך ס"ל כר"א דאמר עלה שהלאוין מחלקין לחטאות ועל מפטם וסך אמרי' במס' כריתות (דף ג.) שהן שני לאוין על בשר אדם לא ייסך ובמתכונתו לא תעשו כמוהו וכרת אחת איש אשר ירקח כמוהו ואשר יתן ממנו וגו' (ד) חילוק חטאו' ביניהם שהלאוין מחלקין לחטאות וכיון דאתו להכי בעריות נמי לא בעי חילוק ולא מצטריך ליה למדרש אל אשה דלעיל ואייתר ליה עיקר קרא דכרת באחותו לדונו בכרת ולא במלקות ואחותו דסיפא לחייבו על אחותו שהיא אחות אביו ואחות אמו ואחותו דרישא לחייבו על אחותו בת אביו ובת אמו לומר שאין עונשין מן הדין ואיבעית אימא אי נמי לא סבר לה לדר' אלעזר נפקא ליה חילוק בעריות מן ואיש אשר ישכב את אשה דוה וגו' דכתיב ביה כרת יתירא לומר שחייבין עליה לעצמה וממנה תלמד כל הכלל ואם אינו ענין לגופה דהא נפקא לן מואל אשה לחלק על כל אשה תנהו ענין לשאר שני לאוין וכרת אחת כגון מפטם וסך: **שיצא מדוה דרך ערותה.** לאפוקי דרך דופן דלא: **אלא אזהרה מנלן.** ליכא למימר מבקדשים לא יאכל וגו' דלא מיירי בקדשים אלא בתרומה דכתיב ביה איש איש מזרע אהרן דבר השוה בזרעו של אהרן ומוקמינן ליה בתרומה שהיא שוה באנשים ובנשים ואף החוזרת שאינה חוזרת לחזה ושוק חוזרת לתרומה: **מבכל קדש לא תגע.** ודרשינן ליה לקמן אזהרה לאוכל: **תני ברדלא.** שם חכם: **כתיב וטומאתו עליו.** בטמא שאכל את הקדש וכתיב עוד טומאתו בו בבא אל המקדש טמא: **גזירה שוה לא גמר.** ולא למדה מרבו: **ששוה בזרעו של אהרן.** באנשים ובנשים אבל קדשים אינן נאכלין אלא לזכרים וכי תימא איכא חזה ושוק ליתא בחוזרת כגון אלמנה וגרושה וזרע אין לה דאמר מר חוזרת לתרומה ואינה חוזרת לחזה ושוק והכי מפרשינן לה ביבמות (דף פז.): **ההוא אזהרה לתרומה.** לנגיעת תרומה: **טמא שנגע בקדש כו'.** מדאיתקש קדש למקדש. תירוצא הוא דמתרץ ר"ל: **מדאיתקש קדש למקדש.** בהאי קרא בכל קדש לא תגע ואל המקדש לא תבא ודרשינן לקמן מה מקדש יש באזהרתו נטילת נשמה שהבא אל המקדש טמא בכרת אף אזהרת קדש דבר שיש בו נטילת נשמה והיינו אכילה שענוש עליה כרת דאילו בנגיעה ליכא כרת: **ר' יוחנן לטעמיה.** דאמר אזהרה לאוכל קדש בטומאתו נפקא מטומאתו טומאתו וההוא וטומאתו עליו דכתיב בעונש דקדש לאחר זריקה הוא דתניא בתורת כהנים ומייתינן לה במנחות בפ' שלישי (דף כה:) יכול יהו חייבין עליו משום טומאה קודם זריקה תלמוד לומר כל טהור יאכל בשר והנפש אשר תאכל בשר וגו' הניתר לטהורים חייבין עליו משום טומאה שאין ניתר לטהורים אין חייבין עליו משום טומאה: **ההוא מבכל.** מרבויא דבכל דריש ריש לקיש אף לפני זריקה: **תניא כריש לקיש.** דיליף אזהרה לטמא שאכל את הקדש מבכל קדש לא תגע: **כל לא תעשה שקדמו עשה לוקין עליו.** הא אתא לאשמועינן דאפילו למאן דאמר לאו הניתק לעשה אין לוקין עליו כדתניא לא תותירו והנותר תשרפו בא הכתוב ליתן עשה אחר לא תעשה לומר שאין לוקין עליו שנתק הכתוב את העשה להיות ענשו של לאו ותקונו לומר לא תעשה כך ואם עשית עשה זאת והפטר ואשמעינן רבי יוחנן הני מילי בעשה הבא אחר הלאו שאין אתה יכול לקיימו אלא לאחר עבירת הלאו אבל עשה שקדם את הלאו ואתה יכול לקיימו קודם עבירת הלאו אין זה ניתוק הלאו ואפילו תקיימנו אחר עבירת הלאו לא נפטרת מן המלקות:

אמרו

ההוא לתרומה הוא דאתא. ותימה דהיכן מצינו חומר בתרומה מבקדשים דבכל קדש לא תגע מוקי לה רבי יוחנן לנגיעת תרומה אלמא לקי ובנגיעה דקדש לא לקי ותירץ הר"ר שלמה מדרוי"ש נ"ע דהכי קאמר ההוא לנגיעת תרומה הוא דאתא לאשמועינן דפוסל תרומה עד מלאת ימי טהרה שהיא כטבול יום ולא קאמר דאיכא מלקות בנגיעת תרומה אבל מכל מקום קשה דאיך קאמר רבי יוחנן דקרא דכתיב ביה קדש דמיירי לתרומה וי"ל משום דגבי האי קרא כתיב עד מלאת ימי טהרה ובקדשים עד לאחר כפרה אי נמי על כרחך צריך לאוקמה בתרומה דלקדשים נפקא לן מגזירה שוה דטומאתו טומאתו גמיר ליה: **כל** לא תעשה שקדמו עשה לוקין עליו. תימה דהא לאו דגזילה שקדמו עשה דוהשיב הגזלה אשר גזל ואפ"ה אין לוקין עליו וי"ל דשאני גבי לאו דגזילה שאין לקיים העשה אלא לאחר שגזלה והלכך לאו שניתק (מ) מעליו הוא אבל קדמו דקאמר הכא לאו דוקא קדמו אלא היינו (ה) דשייך העשה קודם שעבר הלאו:

תניא

עין משפט נר מצוה

טז א מיי' פ"א מהלכות כלי המקדש הלכה ד והלכה ה סמג לאוין רלב רלג:

יז ב מיי' פ"י מהלכות איסורי ביאה הלכה ה סמג לאוין קיא טוש"ע יו"ד סי' קצד סעיף יד:

יח ג מיי' פי"ח מהלכות פסולי המוקדשין הלי"ג:

יט ד מיי' פ"ז מהלכות תרומות הלכה א:

כ ה מיי' פי"ח מהלכות פסולי המוקדשין הלי"ג:

כא ו מיי' שם הלכה טז:

רבינו חננאל

וכר' אלעזר אמר רבי אושעיא דאמר כל מקום שאתה מוצא שני לאוין וכרת [אחד] כגון המפטם והסך שמן המשחה שנאמר על בשר אדם לא ייסך ובמתכונתו לא תעשו כמוהו קדש הוא הנה ב' לאוין וכתי' איש אשר ירקח כמוהו ואשר יתן ממנו על זר ונכרת מעמיו הנה כרת על הרוקח ועל הנותן על זר (כי כל) [כל כין] האי גוונא חלוקין הן לקרבן. ואיש אשר ישכב את אשה דוה וגלה את ערותה מלמד שאין אשה טמאה עד שיצא (ממנה) [מדוה] דרך ערותה. הבא למקדש טמא אזהרתיה מולא יטמאו את מחניהם עונש את (מקדש) [משכן] ה' טמא ונכרתה. טמא שאכל את הקודש עונש שנאמר והנפש אשר תאכל בשר מזבח השלמים אשר לה' וטומאתו עליו ונכרתה. אזהרה ריש לקיש אמר מבכל קדש לא תגע. דייק [מקדש] לא תגע א) תניא כותיה בכל קדש לא תגע אזהרה לאוכל או אינו אלא אזהרה לנוגע ת"ל בכל קדש לא תגע ואל המקדש לא תבוא מקיש קדש למקדש מה מקדש דבר שכתב בו נטילת נשמה והיא כרת מפורש ביבמות פרק הערל (דף עה. ע"ש) אף קדש דבר שכתב בו נטילת נשמה והוא כרת למעוטי נגיעה דלא אשכחן דכתי' ביה כרת. והא דאמר ריש לקיש טמא שאכל בשר קדש לפני זריקת דם לוקה דייק מבכל קדש. ועוד דייק מדאפקא רחמנא לאכילה בלשון נגיעה מיכן לנוגע בקדש והוא טמא לוקה. ור' יוחנן לטעמיה שנאמר והנפש אשר תאכל בשר מזבח השלמים אשר לה' וטומאתו עליו ואינו ראוי לאכילה אלא לאחר זריקה דאי לפני זריקה למה לי משום טומאה תיפוק לי' אכתי לא נראה לאכילה. כל לא תעשה שקדמו עשה לוקה עליו

חשק שלמה על ר"ח

א) נ"ל דייק מקדש לא תגע דהוא אזהרה לאוכל ותניא כוותיה וכו'.

ליקוטי רש"י

חלוקין הן לקרבן. שאם עשאן שניהם בהעלם אחת חייב שתים [כריתות ג.]. **טומאתו טומאתו.** כתיב בכרת באוכל קדש בטומאת הגוף וטומאתו עליו וכתיב בביאת מקדש עוד טומאתו מה ביאת מקדש איכא אזהרה ולא יטמאו את מחניהם אף טומאת הגוף דאוכל קודש תיפוק ליה אזהרה מהכא [זבחים לג:]. **גזי"ש לא גמיר.** ואין אדם דן גזירה שוה מעצמו [שבת צז. ועוד הרבה מקומות]. **אזהרה לתרומה הוא דאתא.** דאיהי נמי איתקש לקודש דכתיב בכל קודש ודרשינן בכל לרבות תרומה שאסורה לטבול יום כגון יולדת בימי טוהר שלה שהיא טבולת יום ארוך שאין לה הערב שמש עד מלאת ימיה שמביאה למחר כפרתה [שבועות ז.]. כדמוכח סיפיה דקרא עד מלאת ימי טהרה שיעריב שמשה שהיא טבולת יום ארוך שטובלת בשביעי ללידתה וכל ימי טוהר שלה הרי היא כטבולת יום וביום מ' ואחד מביאה קרבנה ומדכתיב לא תגע עד מלאת משמע אבל משמלאו ימיה תגע ואפי' מחוסרת כפרה ע"כ בתרומה כתיב דלענין קדש עד שתביא כפרתה והכי מוקמינן להאי קרא ביבמות בהערל וכו' [זבחים לג:]. **איזהו דבר שהוא שוה בזרעו של אהרן.** זכרים ונקבות דאילו קדשי קדשים הניתנים לכהנים אין נאכלים אלא לזכרי כהונה [יבמות עד.]. **טמא שנגע בקודש.** לא יליף ריש לקיש מלקות מההוא קרא אלא לטמא שנגע בקודש ולא איירי בביאת מקדש כלל [זבחים לג:]. **בכל קדש לא תגע אזהרה לאוכל.** עיקר קרא ביה מידריש מדאיתקש קדש למקדש בהאי קרא דרשינן מה ביאת מקדש דבר שיש בו כרת אף אזהרת קודש דבר שיש בו כרת והיינו אכילה דאילו בנגיעה לא אשכחן כרת ומיהו אזהרה לנוגע נפקא לן מיניה מדאפקיה בלשון נגיעה [שם]. **תניא כוותיה דריש לקיש.** דאזהרה לאוכל קדש מהכא [שם]. **נטילת נשמה.** כרת [שם לד.].

מסורת הש"ס

א) כריתות ג., ב) נדה מא., ג) זבחים לג:, ד) מוגן עפמ"ש תוס' שבת לז. ד"ה ג"ש, ה) שבועות ז. [יבמות עה.], ו) [יבמות עד.], ז) [זבחים לג:], ח) רש"א אזהרה מדאיתקוש, ט) רש"א אתיא, י) יבמות עה. [זבחים לג:], כ) רש"א קדש, ל) [לעיל ד:], מ) נ"ל מאליו.

הגהות הב"ח

(א) גמ' סבר לה כר' אלעזר: (ב) שם ואיבעית אימא נפקא ליה מואיש כצ"ל ותיבות לא סבר לה כר' אלעזר נמחק: (ג) שם ואזהרה לאוכל איתקש קדש וכו' לטמא שאכל בשר קדש לפני זריקת. נ"ב פי' אי אמרת טמא שאכל קדש מקרא אחרינא נפקא לן אייתור לן בכל קדש לא תגע לילף מינה אף לפני זריקה דאי לגופא אתא לטמא שאכל קודש א"כ מהיכי תיתי לילף מיניה נמי לפני זריקה: (ד) רש"י ד"ה ה"ג וכו' יתן ממנו וגו' אם כן חילוק חטאות ביניהם: (ה) תוס' ד"ה כל וכו' לאו דוקא קדמו אלא היינו לומר דשייך העשה:

גליון הש"ס

גמ' כל לא תעשה שקדמו עשה. עי' פסחים דף לה ע"א תוס' ד"ה לא תוליא:

תורה אור השלם

א) וְאִישׁ אֲשֶׁר יִשְׁכַּב אֶת אִשָּׁה דָּוָה וְגִלָּה אֶת עֶרְוָתָהּ אֶת מְקֹרָהּ הֶעֱרָה וְהִוא גִּלְּתָה אֶת מְקוֹר דָּמֶיהָ וְנִכְרְתוּ שְׁנֵיהֶם מִקֶּרֶב עַמָּם: [ויקרא כ, יח]

ב) כָּל הַנֹּגֵעַ בְּמֵת בְּנֶפֶשׁ הָאָדָם אֲשֶׁר יָמוּת וְלֹא יִתְחַטָּא אֶת מִשְׁכַּן יְיָ טִמֵּא וְנִכְרְתָה הַנֶּפֶשׁ הַהִוא מִיִּשְׂרָאֵל כִּי מֵי נִדָּה לֹא זֹרַק עָלָיו טָמֵא יִהְיֶה עוֹד טֻמְאָתוֹ בוֹ: [במדבר יט, יג]

ג) מִזָּכָר עַד נְקֵבָה תְּשַׁלֵּחוּ אֶל מִחוּץ לַמַּחֲנֶה תְּשַׁלְּחוּם וְלֹא יְטַמְּאוּ אֶת מַחֲנֵיהֶם אֲשֶׁר אֲנִי שֹׁכֵן בְּתוֹכָם: [במדבר ה, ג]

ד) וְהַנֶּפֶשׁ אֲשֶׁר תֹּאכַל בָּשָׂר מִזֶּבַח הַשְּׁלָמִים אֲשֶׁר לַייָ וְטֻמְאָתוֹ עָלָיו וְנִכְרְתָה הַנֶּפֶשׁ הַהִוא מֵעַמֶּיהָ: [ויקרא ז, כ]

ה) וּשְׁלֹשִׁים יוֹם וּשְׁלֹשֶׁת יָמִים תֵּשֵׁב בִּדְמֵי טָהֳרָה בְּכָל קֹדֶשׁ לֹא תִגָּע וְאֶל הַמִּקְדָּשׁ לֹא תָבֹא עַד מְלֹאת יְמֵי טָהֳרָהּ: [ויקרא יב, ד]

ו) אִישׁ אִישׁ מִזֶּרַע אַהֲרֹן וְהוּא צָרוּעַ אוֹ זָב בַּקֳּדָשִׁים לֹא יֹאכַל עַד אֲשֶׁר יִטְהָר וְהַנֹּגֵעַ בְּכָל טְמֵא נֶפֶשׁ אוֹ אִישׁ אֲשֶׁר תֵּצֵא מִמֶּנּוּ שִׁכְבַת זָרַע: [ויקרא כב, ד]

לְנוֹגֵעַ – **BUT PERHAPS IT IS NOTHING OTHER THAN A SCRIPTURAL WARNING AGAINST TOUCHING** sacrificial food while *tamei*. תַּלְמוּד לוֹמַר – [THE TORAH] **THEREFORE STATES:** ,,בְּכָל־קֹדֶשׁ לֹא־תִגָּע – *SHE SHALL NOT TOUCH ANY SACRED FOOD AND* וְאֶל־הַמִּקְדָּשׁ וגו'" *INTO THE TEMPLE SHE SHALL NOT COME,* מַקִּישׁ קֹדֶשׁ לְמִקְדָּשׁ – thereby **COMPARING** the prohibition to eat **SACRIFICIAL FOOD** to the prohibition to enter the **TEMPLE.** מַה מִּקְדָּשׁ דָּבָר שֶׁיֵּשׁ בּוֹ נְטִילַת נְשָׁמָה – **JUST AS** entering **THE TEMPLE IS A MATTER THAT INVOLVES THE TAKING OF LIFE,** i.e. it carries the penalty of *kares,* אַף כָּל דָּבָר שֶׁיֵּשׁ בּוֹ נְטִילַת נְשָׁמָה – **SO TOO** do **ALL MATTERS** discussed in this verse (i.e. the prohibition regarding sacrificial food) **INVOLVE THE TAKING OF LIFE,** i.e. *kares.* וְאִי בִּנְגִיעָה מִי אִיכָּא נְטִילַת נְשָׁמָה – **NOW IF** the verse speaks **ABOUT TOUCHING** sacrificial food, **IS THERE ANY TAKING OF LIFE** involved? Of course not![39] אֶלָּא בַּאֲכִילָה – **RATHER,** the verse speaks **ABOUT EATING** sacrificial food while *tamei,* [40] which does carry the penalty of *kares.*

This Baraisa states that the verse *she shall not touch any sacred food* constitutes a Scriptural warning against a *tamei* person eating sacrificial food. Thus, it supports the view of Reish Lakish.[41]

The Gemara cites an exception to the rule that one does not incur *malkus* for violating a prohibition remedied by a positive commandment:[42]

אָמַר רַבָּה בַּר בַּר חָנָה אָמַר רַבִּי יוֹחָנָן – **Rabbah bar bar Chanah said in the name of R' Yochanan:** כָּל לֹא תַעֲשֶׂה שֶׁקְּדָמוֹ עֲשֵׂה לוֹקִין עָלָיו – In the case of **any prohibition preceded by a positive commandment, one incurs lashes for** violating [**the prohibition**]. I.e. the suspension of *malkus* in the case of a transgression remedied by a positive commandment does not apply if that positive commandment applies even without violating the prohibition.[43]

NOTES

39. For a *tamei* person who merely touches sacrificial food is not liable to *kares* (*Rashi*). This is deduced from the verse that mandates *kares* for one who eats sacrificial food while *tamei* (*Leviticus* 7:20,21). Here is the reasoning: Had the Torah wished to prescribe *kares* for *both* touching *and* eating, it would have mandated a penalty for touching, and eating would automatically have been included. Instead, the verse states (ibid.): *And the person who will **eat** meat . . . and he will be cut off from his people,* limiting the penalty to one who eats. This indicates that a *tamei* who *touches* sacrificial meat does not receive *kares* (*Rashi, Leviticus* 22:3).

40. I.e. the words "she shall not touch" are understood as "she shall not eat" (see note 31 for elaboration).

41. **In summary:** The Gemara has identified the verses that teach the Scriptural warnings and punishments for a *tamei* person who eats or touches various sacred foods or who enters the Holy Temple, both according to Reish Lakish and according to R' Yochanan. We will now enumerate the sources for the various prohibitions:

(1) *The Scriptural warning against entering the Temple while tamei:* Both R' Yochanan and Reish Lakish agree that this is known from the verse (*Numbers* 5:3): *and they shall not contaminate their camps where My Presence rests among them.*

(2) *The punishment for entering the Temple while tamei:* All agree that it is known from the verse (*Numbers* 19:13): *he has contaminated the Tabernacle of Hashem, and this person will be cut off from Israel.*

(3) *The Scriptural warning against eating sacrificial food while tamei:* According to Reish Lakish, this is derived from the verse (*Leviticus* 12:4): *and she shall not touch any sacred food, and into the Temple she shall not come.* He utilizes the comparison between eating sacred food and entering the Temple to teach that in this verse, "touch" means "eat." According to R' Yochanan, it is derived from the law of a *tamei* who enters the Temple, through the *gezeirah shavah* of *his tumah, his tumah.*

(4) *The punishment for eating sacrificial food while tamei:* Both R' Yochanan and Reish Lakish agree that it is derived from the verse (*Leviticus* 7:20): *And the person who will eat meat from the shelamim offering that is for Hashem while his tumah is upon him, he will be cut off from his people.*

(5) *The Scriptural warning against a tamei person eating sacrificial food before the blood is thrown against the Altar:* According to Reish Lakish, this is derived from the word *any,* of the verse *she shall not touch any sacred food.* According to R' Yochanan, there is no such prohibition.

(6) *The Scriptural warning against touching sacrificial food while tamei:* Reish Lakish derives this from the verse *and she shall not touch any sacred food,* from the fact that the Torah expresses this prohibition against eating in terms of touching. According to R' Yochanan, there is no Scriptural warning against a *tamei* touching sacrificial food.

(7) *The Scriptural warning against eating terumah while tamei:* According to both R' Yochanan and Reish Lakish, this is known from the verse (*Leviticus* 22:4): *Any man from the seed of Aaron who is a tzarua or a zav, he shall not eat sacred foods until he purifies himself.*

(8) *The Scriptural warning against touching terumah while tamei:* R' Yochanan derives this from the verse (*Leviticus* 12:4): *and she shall not touch any sacred food.* The Gemara does not discuss Reish Lakish's

position regarding this law. [However, *Likkutei Halachos* writes that since Reish Lakish interprets *she shall not touch any sacred food* as referring to sacrificial food, he must hold that there is no Scriptural prohibition against a *tamei* touching *terumah*. Nevertheless, it is forbidden, because of the verse (*Numbers* 18:8): וַאֲנִי הִנֵּה נָתַתִּי לְךָ אֶת־מִשְׁמֶרֶת תְּרוּמֹתָי, *and I — behold! I have given you the safeguard of My terumos,* which commands one to safeguard *terumah* from contamination with *tumah.*]

42. This rule was mentioned by the Gemara on 13b.

43. A Baraisa above (4b) cited the rule of R' Yehudah that לֹאו הַנִּיתָּק לַעֲשֵׂה אֵין לוֹקִין עָלָיו, *one does not incur lashes for [violating] a prohibition that has been removed [from the ordinary remedy of lashes] to [the remedy of] a positive commandment.* For example, the Torah (*Exodus* 12:10) commands: *And you shall not leave over from [the offering] until morning.* But the Torah states next in that verse: *and whatever is left over from it until morning you shall burn in fire.* R' Yehudah rules that one does not receive *malkus* for violating this prohibition. For by issuing the positive commandment to burn the leftovers, the Torah in effect replaces the prohibition's usual "remedy" of *malkus* [which expiates the sin] with the remedy of burning the leftovers.

Here, Rabbah bar bar Chanah states in the name of R' Yochanan that even according to the one who holds that one does not incur *malkus* for violating a prohibition remedied by a positive commandment [see end of note], in order for a transgression to be considered remedied by a positive commandment, the positive commandment must be commanded specifically to redress the transgression that has been committed. For example, the positive commandment to burn the leftovers does not apply unless one has left something over from the offering. However, a positive commandment that "precedes the prohibition" — i.e. it can be fulfilled even without first violating the prohibition (see also *Tosafos;* see next paragraph) — does not serve to remove the prohibition from the remedy of *malkus.* [For in that case, we cannot assert that the Torah's commandment of that positive commandment was meant to supplant the usual remedy of *malkus.*] Thus, even if one in some way "remedies" the violation by subsequently performing this positive commandment, he is not thereby absolved from *malkus* (*Rashi*). See examples in the Gemara further.

[We have followed *Ritva* in explaining *Rashi's* view to be that "a prohibition preceded by a positive commandment" means only that the positive commandment can be performed prior to violation of the prohibition. *Ritva* himself, however, explains that the very placement of the positive commandment in the Torah before the prohibition renders it "a prohibition preceded by a positive commandment." *Pnei Yehoshua* and *Aruch LaNer,* however, explain *Rashi* to mean that *both* conditions are necessary: The positive commandment must precede the prohibition both in possibility *and* in its placement in the Torah.]

[*Rashi's* comment "even according to the one who holds that one does not incur *malkus* for violating a prohibition remedied by a positive commandment" implies that there are those who hold that one *does* incur *malkus* for violating such a prohibition. Although *Aruch LaNer* here questions whether there are indeed any who hold this, he cites such a view in his commentary to 16a. Indeed, *Rashi* to 4b ד"ה לא ד"ה שם לוקה ואינו משלם. Indeed, *Rashi* to 4b מן השם (according to the manuscript reading there) states explicitly that this is the view of the Tanna R' Yaakov.]

אָמְרוּ לוֹ אָמַרְתְּ – **Those** who heard this ruling in R' Yochanan's name **said to [R' Yochanan]:**[1] Did you **say it?** אָמַר לְהוּ לֹא – **He answered them: No.**[2] אָמַר רַבָּה – **Said Rabbah:** הָאֱלֹהִים – **By God!** אַמְרָהּ – **[R' Yochanan]** ***did*** **say it** וּכְתִיבָא וְתָנֵינָא – **and it** [a case of a prohibition preceded by a positive commandment] **is written in Scripture, and it is taught in the Mishnah** that one does incur *malkus* for violating the prohibition, as the Gemara now elaborates: כְּתִיבָא ,,וִישַׁלְּחוּ מִן־הַמַּחֲנֶה [וגו']" – **It is written:** ***and they shall send out of the camp [etc.]*** *every tzarua and every zav . . .*[3] This is a positive commandment that a *tamei* leave the Temple precincts. The next verse prohibits him from entering the Temple: ,,וְלֹא יְטַמְּאוּ אֶת־מַחֲנֵיהֶם" – ***and they shall not defile their camp.*** These two verses represent a case of a prohibition preceded by the positive commandment.[4] תְּנֵינָא הַבָּא לַמִּקְדָּשׁ טָמֵא – And **we learned in the Mishnah** above, in the list of those who incur *malkus:* ONE WHO ENTERS THE TEMPLE WHILE *TAMEI,* even though he can still perform the positive commandment to leave the Temple.[5]

The Gemara now asks:

אֶלָּא מַאי טַעְמָא קָא הָדַר בֵּיהּ – If the verse and Mishnah just cited indeed prove R' Yochanan's original ruling, **then for what reason did he retract?**

The Gemara answers:

מִשּׁוּם דְּקַשְׁיָא לֵיהּ אוֹנֵס – He retracted **because he had difficulty with the law of the** ***oneiss*** (rapist), as is now explained: דְּתַנְיָא – **For it was taught in a Baraisa:** אוֹנֵס שֶׁגֵּירַשׁ – IF AN ONEISS married and then DIVORCED his victim, in violation of the Torah's prohibition: *he cannot divorce her,*[6] אִם יִשְׂרָאֵל הוּא – IF HE IS A YISRAEL, i.e. a non-Kohen, who is permitted to marry a divorcee, then מַחֲזִיר וְאֵינוֹ לוֹקֶה – HE REMARRIES her AND DOES NOT INCUR LASHES. For by remarrying her, he fulfills the positive commandment: *she shall be a wife unto him,* and thereby remedies the transgression of his divorce. אִם כֹּהֵן הוּא – IF HE IS A KOHEN, who may not marry a divorcee — even his own — and he therefore cannot remarry her, then לוֹקֶה וְאֵינוֹ מַחֲזִיר – HE INCURS LASHES for divorcing her AND HE DOES NOT REMARRY her.

The Gemara now explains the difficulty that this Baraisa posed for R' Yochanan: אִם יִשְׂרָאֵל הוּא מַחֲזִיר וְאֵינוֹ לוֹקֶה אַמַּאי – The Baraisa stated: IF HE IS A YISRAEL, then HE REMARRIES her AND DOES NOT INCUR LASHES. But **why** should he not incur *malkus?* לֹא תַעֲשֶׂה שֶׁקְּדָמוֹ עֲשֵׂה הוּא – Why, **it is a prohibition preceded by the positive commandment,** since the positive commandment for the *oneiss* to marry her applies even initially, not only after he marries and then divorces her. וְלִילְקֵי – **Therefore, he** ***should*** **incur lashes** even though he remarries her, according to R' Yochanan's original ruling that a prohibition preceded by the positive commandment is subject to *malkus.* Since the Baraisa rules that the *oneiss* avoids *malkus* by remarrying her, this shows that the positive commandment, though it precedes the prohibition, still remedies the transgression of divorce. For this reason R' Yochanan retracted.[7]

Ulla, however, will now assert that the Baraisa just cited does not refute R' Yochanan's original ruling, because it can be inferred from Scripture that the case of an *oneiss* is indeed a true case of a transgression *remedied* by a positive commandment, and not one of a prohibition *preceded* by the positive commandment: אָמַר עוּלָּא – **Ulla said:** לֹא יֹאמַר ,,לוֹ־תִהְיֶה לְאִשָּׁה" בְּאוֹנֵס – **[The Torah] should not state** ***she shall be a wife unto him***[8] **with regard to an** ***oneiss*** וְלִיגְמַר מִמּוֹצִיא שֵׁם רַע – **and it** [his obligation to marry her] **could be derived from** the law regarding **the defamer**[9] through the following *kal vachomer:* וּמַה מּוֹצִיא שֵׁם רַע שֶׁלֹּא עָשָׂה מַעֲשֶׂה – **If** in the case of **a defamer, who committed no** sinful **action** but only sinful speech, אָמַר רַחֲמָנָא ,,וְלוֹ־תִהְיֶה לְאִשָּׁה" – **the Merciful One says** in His Torah: ***and she shall be a wife unto him,***[10] אוֹנֵס לֹא כָּל שֶׁכֵּן – then in the case of **an** ***oneiss,*** who is guilty of the more severe transgression of committing a sinful *act,* **is it not all the more certain** that he is obligated to marry his victim?[11] לָמָּה נֶאֱמַר) – **Why,** then, **was it** [the *oneiss'* obligation to marry his victim] **stated**

NOTES

1. *Rashi* (as explained by *Ritva*). Others explain that Rabbah bar bar Chanah was asked (by those who had heard in his name that R' Yochanan had said this rule) whether he had indeed reported such a statement of R' Yochanan (cited in *Ritva*).

2. I.e. he retracted his ruling (*Rashi*) because of the apparent refutation to it that the Gemara will state shortly.

[*Aruch LaNer* questions why R' Yochanan would have uttered an untruth and not replied simply, "I said it, but I retract it." According to the alternative explanation cited by *Ritva* (see preceding note), however, we can say that Rabbah bar bar Chanah denied having reported this teaching in the name of R' Yochanan in order to protect the honor of his teacher, which is permitted (see there).]

3. *Numbers* 5:2.

4. The positive commandment is written prior to the prohibition and applies even where the prohibition is not violated. For if the person was in the Temple when he contracted his *tumah,* he has not transgressed, but he is nevertheless commanded to leave the Temple immediately. If he does so he has not violated any prohibition (see *Ritva* above, 14b ד"ה אמר רבה בר בר חנה).

5. This, then, proves R' Yochanan's ruling that a positive commandment suspends *malkus* only when the sole function of the positive commandment is to remedy the transgression. But if a positive commandment applies even without the prohibition being violated (as in the case of a *tamei* who must leave the Temple), it is not a true case of a transgression remedied by a positive commandment, and *malkus* is incurred.

6. If a man violates a virgin maiden, he must pay a specified amount of money and also marry her [if she so desires] (see *Deuteronomy* 22:28-29). Moreover, he is forbidden ever to divorce her. Thus, the Torah states (ibid. v. 29): וְלוֹ־תִהְיֶה לְאִשָּׁה . . . לֹא־יוּכַל שַׁלְּחָהּ כָּל־יָמָיו, *And she shall be a wife unto him* (which is a a positive commandment) . . . *he cannot divorce her all his days* (which is a prohibition).

7. Accordingly, it must be understood how R' Yochanan, now that he has retracted, explains the "verse and Mishnah" cited by Rabbah — that a *tamei* who enters the Temple incurs *malkus.* Why doesn't the positive commandment to leave the Temple suspend the *malkus,* according to R' Yochanan's new view that *malkus* is suspended even by a positive commandment that precedes the prohibition? *Ritva* (citing *Tosafos*) answers that R' Yochanan holds that *malkus* is suspended in the case of a prohibition associated with a positive commandment only when the positive commandment reverses the effects of the transgression. For example, the *oneiss* divorces his victim (placing her in a state of shame and humiliation) and then retroactively reverses that effect by remarrying her. But in the case of a *tamei* who defiles the Temple by entering it, his leaving serves only to prevent continued defilement of the Temple. But the fact that he has defiled the Temple by entering it is not undone by his leaving. [See further in *Ritva;* see also *Ramban* in *Chiddushim* and in *Milchamos;* cf. the alternative explanations of *Baal HaMaor* and *Tosafos,* also cited by *Ritva.*]

8. *Deuteronomy* 22:29.

9. In the case of the defamer, a man marries a virgin *naarah* [a girl between the ages of 12 and 12½] and then denounces his new wife to the courts, claiming that she committed adultery after their *erusin* [betrothal] but before the marriage was consummated, and he brings witnesses who support his claim. If these witnesses are proven false, the Torah mandates that the defaming husband suffer *malkus* and be fined one hundred *selaim* that are given to his wife's father *because he [the husband] has defamed a virgin in Israel, and she shall be a wife unto him, he may not divorce her all his days* (*Deuteronomy* 22:19). Such a husband is referred to as a מוֹצִיא שֵׁם רַע, *defamer.*

10. Ibid. 22:19 (cited in preceding note).

11. [*Pnei Yehoshua* and *Melo HaRo'im* wonder how it could be derived from the case of the defamer, who must *keep* her as his wife, that the

אמרו לו. אחרים ששמעוהו משמו ולא שמעוהו מפיו אמרת דבר זה: אמר להם לא. חזר בו: כתיבא ותנינא. מלינו כתוב לא תעשה שקדמו עשה ותנינן עליה דלוקין ולא סגי ליה בקיום העשה: תנינא הבא אל המקדש טמא. קא חשיב ליה באלו הן הלוקין: משום דקשיא ליה אונס. נערה בתולה דאשכחן ביה לא תעשה שקדמו עשה דכתיב (דברים כב) ולו תהיה לאשה לא יוכל לשלחה ותניא עלה שיקיים את העשה אם גירשה יחזירנה ויפטור אלמא לאו שניתק לעשה חשיב ליה: אם ישראל הוא. שיכול לקיים העשה ויחזירנה מחזיר ואינו לוקה: ואם כהן הוא. שאסור בגרושה לוקה ואינו מחזיר: ואמאי. אם ישראל הוא מחזיר ואינו לוקה אם איתא לדרבי יוחנן הא לא תעשה שקדמו עשה הוא: אמר עולא. האי לאו שניתק לעשה הוא דאי לאו לנתוקי לאוי אתא האי עשה לא הוה מצטריך למכתביה דאי לתחלתו ולומר שישאנה לא יאמר לו תהיה לאשה וליגמר ממוציא שם רע דכתיב ביה ולו תהיה לאשה לא יוכל לשלחה: אם אינו ענין. לפני הגירושין ולומר שישאנה תנהו ענין לאחר הגירושין לומר שאם שלחה יחזירנה ותהיה לו לאשה ויפטר מן הלאו: ואכתי. הא איצטריך למיכתביה וישנו ענין לפניו דאי לא כתביה אונס ממוציא שם רע לא גמר דהנא אמינא מה למוציא שם רע דין הוא שיקנסוהו לכנסה שכן לוקה ומשלם בתחלתו כדכתיב ויסרו אותו וענשו אותו ואמרינן בכתובות (דף מו.) ויסרו זה מלקות: מה אונס שאינו לוקה. בתחלתו אמר רחמנא לו תהיה לאשה מוציא שם רע לא כל שכן: ואם אינו ענין לפניו. שהרי בעצמו כתוב כן תנהו ענין לאחריו: שהרי אשתו היא. שכבר קדשה ונשאה: וגמר מיניה. דכי היכי דמוציא שם רע לא לקי בגירושין אם החזיר אונס נמי לא לקי: אי בק"ו. מה מוציא שם רע שלוקה ומשלם בתחלתו אינו לוקה בגירושין אונס לא כל שכן: אלא אמר רבא. הא דתניא באונס מחזיר ואינו לוקה טעמא משום דעל כרחך לאו שניתק לעשה הוא דאמר קרא כל ימיו לא הוה ליה למיכתב אלא לא יוכל לשלחה מאי כל ימיו הכי קאמר לא תהא

תנינא הבא למקדש טמא. לוקה משום דלא הוי לאו הניתק לעשה לפי שקדמו עשה ללאו וא"ת דלמא שאני התם דאיכא תרי לאוי ולא יטמאו מחניהם [ז] ולא יטמאו מקדשי ולא אתי חד עשה ועקר תרי לאוין דהכי משנינן בתמורה (דף ד: ושם) גבי המר ימיר דמשום הכי לא הוי לאו הניתק לעשה משום דאיכא תרי לאוין ולא עקר חד עשה תרי לאוין וי"ל דלא דמי דשאני התם דתרי לאוין סמוכין להדדי לא יחליפנו ולא ימיר אותו אבל הכא דאינן סמוכים אי איתא דלא קדמו עשה הוה ניתק [ח]:

אם כהן הוא לוקה ואינו מחזיר. וליכא למימר [ט] דאתי עשה ודחי לא תעשה (ג) ועשה שאינו שוה בכל דהא אי אמרה לא בעינא ליה ליכא עשה כלל:

כל ימיו בעמוד והחזר קאי. פירש בקונטרס דקאי אלא יוכל לשלחה כל ימיו שילוח שלא יהא כל ימיו ובפ' עשרה יוחסין (קדושין דף עח.) פירש דקאי אלו תהיה לאשה דלעיל דהכי קאמר תהיה לאשה כל ימיו כלומר שכל ימיו הוא בלו תהיה לאשה בעמוד והחזר:

הניחא למאן דתני בטלו ולא בטלו. פירש בקונטרס דקאי לשינויא דרבא דכל ימיו בעמוד והחזר ויש לו תקנה בהחזרה שאין מבטל העשה אלא אם כן הדירה דאז אינו יכול לומר עדיין אשאנה אלא למאן דתני קיימו (ג) מאי איכא למימר בכולי שמעתא פירש הקונט' דקיימו היינו כשמזהירין אותו ב"ד לקיים העשה הוא מקיימו וקשה דאם כן מאי פריך דלמאן דאמר קיימו ולא קיימו אינו כל ימיו בעמוד והחזר הא שפיר משכחת לה דהוי בעמוד והחזר כל כמה דלא בא לב"ד לכך נראה דלא מיקרי קיימו אלא

אמרו לו אמרת אמר להו לא אמר רבה האלהים אמרה וכתיבא ותנינא כתיבא [א] וישלחו מן המחנה [וגו'] [ב] ולא יטמאו את מחניהם תנינא הבא למקדש טמא אלא מאי טעמא קא הדר ביה משום דקשיא ליה אונס דתניא [א] [א]אונס שגירש אם ישראל הוא מחזיר ואינו לוקה אם כהן הוא לוקה ואינו מחזיר אם ישראל הוא מחזיר ואינו לוקה אמאי לא תעשה שקדמו עשה הוא ולילקי אמר עולא לא יאמר לו תהיה לאשה באונס וליגמר ממוציא שם רע ומה מוציא שם רע שלא עשה מעשה אמר רחמנא [ג] ולו תהיה לאשה אונס לא כל שכן [ג] (למה נאמר) אם אינו ענין לפניו תנהו ענין לאחריו שאם גירש יחזיר ואכתי אונס ממוציא שם רע לא גמר דאיכא למיפרך מה למוציא שם רע שכן לוקה ומשלם אלא לא יאמר לו תהיה לאשה במוציא שם רע וליגמר מאונס ומה אונס שאינו לוקה ומשלם אמר רחמנא ולו תהיה לאשה מוציא שם רע לא כל שכן ולמה נאמר אם אינו ענין למוציא שם רע תנהו ענין לאונס אם אינו ענין לפניו תנהו ענין לאחריו ומוציא שם רע מאונס נמי לא גמר דאיכא למיפרך מה לאונס שכן עשה מעשה אלא לא יאמר לו תהיה לאשה במוציא שם רע שהרי אשתו היא למה נאמר אם אינו ענין למוציא שם רע תנהו ענין לאונס ואם אינו ענין לפניו תנהו ענין לאחריו ואימא ואם אינו ענין לפניו דמוציא שם רע תנהו ענין לאחריו דידיה דלא לקי אין הכי נמי ואתי אונס וגמר מיניה במאי גמר מיניה (א) אי בקל וחומר אי במה מצינו איכא למיפרך [ג] (כדפרכינן) מה למוציא שם רע שכן לא עשה מעשה אלא אמר רבא [ד] כל ימיו בעמוד והחזר וכן כי אתא רבין א"ר יוחנן כל ימיו בעמוד והחזר א"ל רב פפא לרבא והא לא דמי לאויה [ה] ללאו דחסימה א"ל משום דכתב ביה רחמנא עשה יתירא מגרע גרע אי הכי לאו שניתק לעשה נמי לימא משום דכתב ביה רחמנא עשה יתירא מגרע גרע א"ל ההוא לנתוקי לאו הוא דאתא הניחא למאן דאמר [ו] ביטלו ולא ביטלו אלא למאן דאמר קיימו ולא קיימו מאי איכא למימר מידי

כל ימיו אלא יחזירנה ועל כרחך עמוד והחזר קאמר והכי קאמר ולו תהיה לאשה אם שלחה שלא יהו שילוחיה לכל ימיו הרי העשה אחר העברת הלאו: והא לא דמי לאויה. הא דאמר ר' יוחנן לא תעשה שקדמו עשה לוקין עליו הא לא דמי לאויה ללאו דחסימה שאין בו עשה והוא סמוך לפרשת מלקות: מיגרע גרע. בתמיהה: ההוא לנתוקי לאויה אתא. עשה שאינו מתקיים אלא לאחר עברת הלאו לנתק את הלאו מעונש מלקות הוא בא: הניחא למאן דתני בטלו ולא בטלו אלא למאן דתני קיימו ולא קיימו מאי איכא למימר. הא דאמרת כל ימיו בעמוד והחזר קאי עשיתו לאו שניתק לעשה והרחבת לו זמן לקיום העשה כל ימיו ולדבריך הא דתניא מחזיר ואינו לוקה לעולם קאמר כל זמן שיכול לומר אני מחזיר אין ב"ד מלקין אותו הניחא למאן דתני לקמן בלאו הניתק לעשה בטל את העשה חייב על הלאו לא בטל את העשה פטור שהלאו תלוי בביטול העשה ואינו נגמר עד שיבטל את העשה בידים ביטול עולם שלא יוכל להתקיים עוד איכא למימר כל ימיו יש לו תקנה בחזרה שאין מבטל את העשה אלא א"כ מדירה שלא תהנה ממנו נדר שאין לו הפרה כדלקמן אלא למאן דתני קיים את העשה פטור לא קיימו חייב שהעשה תיקונו של לאו הוא ואין הלאו תלוי בביטול העשה משעה שעבר הלאו נגמר אבל העשה ניתן לעקור המלקות ולכשיבא לבית דין או יקיים העשה ויפטר או ילקה ליכא למימר כל ימיו בעמוד והחזר קאי כדקאמרת שאם לא יחזירנה מיד כשיבא לב"ד ילקוהו דהא ליכא למימר יקיים לאחר זמן דא"כ לא קיים היכי דמי דלעולם הוא יכול לומר אני מקיים:

מסורת הש"ס

א) [לקמן טז.] תמורה ה., ב) רש"א מ"ז, ג) רש"א מ"ז, ד) [גיטין ל. תמורה ה.], ה) [לעיל יג: פסחים מא:], ו) [לקמן טז. חולין קמא.], ז) לא נמלא כן בכתוב וצ"ל ואל המקדש לא תבא וכן הביאו הרמב"ם בס' המלות מלות לא תעשה מלוה ע"ב ללאו יתירה [וע"ע תוס' חולין פא. סוף ד"ה פ: הנה למתוכרן], ח) [וע"ע תוס' חולין פ: ד"ה הנה].

הגהות הב"ח

(א) גמרא במאי גמר מיניה אי בק"ו וכו' אלא אמר רבא תא"מ ונ"ב ס"א אי בק"ו איכא למיפרך מה למוציא שם רע שכן לא עשה מעשה אי במה מצינו איכא למפרך כדפרכינן אלא אמר רבא: (ב) תוס' ד"ה אם וכו' דעשה שאינו שוה בכל הוא דהא: (ג) ד"ה הניחא וכו' קיימו מאי איכא למימר:

גליון הש"ס

תוס' ד"ה אם וכו' דעשה שאינו שוה בכל. עיין יבמות דף ה ע"א תוס' ד"ה ולכתי איצטריך:

תורה אור השלם

א) צַו אֶת בְּנֵי יִשְׂרָאֵל וִישַׁלְּחוּ מִן הַמַּחֲנֶה כָּל צָרוּעַ וְכָל זָב וְכֹל טָמֵא לָנָפֶשׁ: [במדבר ה, ב]

ב) מִזָּכָר עַד נְקֵבָה תְּשַׁלֵּחוּ אֶל מִחוּץ לַמַּחֲנֶה תְּשַׁלְּחוּם וְלֹא יְטַמְּאוּ אֶת מַחֲנֵיהֶם אֲשֶׁר אֲנִי שֹׁכֵן בְּתוֹכָם: [במדבר ה, ג]

ג) וְעָנְשׁוּ אֹתוֹ מֵאָה כֶסֶף וְנָתְנוּ לַאֲבִי הַנַּעֲרָה כִּי הוֹצִיא שֵׁם רָע עַל בְּתוּלַת יִשְׂרָאֵל וְלוֹ תִהְיֶה לְאִשָּׁה לֹא יוּכַל לְשַׁלְּחָהּ כָּל יָמָיו: [דברים כב, יט]

עין משפט נר מצוה

כב א מיי' פ"א מהל' נערה הל' ז סמג עשין נז טוש"ע אה"ע סי' קעז סעיף ג:

ליקוטי רש"י

כל ימיו בעמוד והחזר קאי. לא יוכל לשלחה כל ימיו דמשמע דכל ימיו לא יוכל לשלחה דאם גירש יחזיר [תמורה ה.]: דהאי כל ימיו קרא יתירא הוא ובא ללמדך לא יוכל לשלחה ואם שלח לא יהא בשלוחה כל ימיו שב"ד כופין אותו להחזירה ואינו לוקה על שילוחו שנתקו הכתוב לעשה של עמוד והחזר [גיטין צ.].

ללאו דחסימה. שהוא מפרש איסורו וסמוכה ליה פרשת מלקות לעיל מיניה [פסחים מא:].

קיימו ולא קיימו. כל מלות ל"ת שיש בה קום עשה כגון זה שניתק הלאו לעשה דמשמע דלאו תקנתו לקחת שלא תקח עשה שבה כשהחזרו בו לא תקח ולקחה ושלחה בתוך כדי דיבור של התראה פטור ואע"פ שעבר על לא תקח דלכך נתקו לעשה לומר אם עברת על אזהרה זו עשה זו והפטר לא קיים עשה שבה תוך כדי דיבור דקי"ל תכ"ד כדיבור דמי כי עבר על התראה חייב אפילו שלחה אחר זמן וכו'. ביטלו ולא ביטלו. בטל עשה שבה לגמרי שאין יכול לקיימו עוד כגון ששחטה חייב לא בטל עשה שבה כל זמן שלא שחטה אע"פ שלא שלח מיד כשהחזרו בו פטור וכו' [חולין קמא.].

רבינו חננאל

כגון וישלחו מן המחנה כל צרוע וגו' הרי עשה אל מחוץ למחנה תשלחום ולא יטמאו את מחניהם הרי לא תעשה ולוקין עליו. וקשיא ליה לר' יוחנן אי הכי אמאי תניא אונס שגירש אם ישראל הוא מחזיר ואינו לוקה אם כהן הוא לוקה ואינו מחזיר ישראל מחזיר ואינו לוקה אמאי אינו לוקה לא תעשה שקדמו עשה הוא שנאמר ולו תהיה לאשה תחת אשר ענה לא יוכל שלחה כל ימיו. ובא עולא לפרק כי זה לא תעשה שניתק לעשה הוא דהאי ולו תהיה לאשה דכתב באונס אינו צריך לפניו דגמר ממוציא שם רע אלא לאחריו הוא דאתא שאם יגרש יחזור ויקחנה ולו תהיה לאשה לפיכך לא לקי. ודחי' להאי סברא הכי אונס ממוציא שם רע לא גמר דאיכא למיפרך כו'. אלא לא הוה צריך למכתב ולו תהיה לאשה במוציא שם רע שהרי כבר אשתו היא למה נאמר ללמד שאם גירש מוציא שם רע אחרי שלקה וענשו אינו לוקה אלא מחזירה בעל כרחו ודיו וגמר אונס ממוציא שם

רע שמחזיר ואינו לוקה. ודחי' איכא למיפרך מה למוציא שם רע שכן לא עשה מעשה תאמר באונס שעשה מעשה ופריק רבא לכך אונס אינו לוקה משום דכל ימיו בעמוד והחזר קאי ומיתקן [דלאו] [הלאו] שבו וכן א"ר יוחנן. ואקשינן והא לא דמי לאו שקדמו עשה ללאו דחסימה. ומתמהינן משום דכתב עשה יתירא מגרע גרע ליה. ואקשי' אי הכי לאו שניתק לעשה נמי לימא הכי משום דכתב ביה רחמנא עשה ופרקינן ההוא לנתוקי לאו הוא דאתא. כלומר אם עבר והותיר ממנו עד בקר ומתמהינן האי והנותר ממנו עד בקר באש תשרופו לתקוניה ללאויה הוא דאתא. ואמרינן הניחא למאן דתני כל מצות לא תעשה שיש בה קום עשה קיים את העשה פטור ביטל את העשה חייב דהאי שריפה לאו לתקוניה לאויה הוא דלאו לא אפשר למישרפיה אבל כ) הכא מה שנותר כמות שהוא אע"פ שלא שרפו מאי חייב איכא למימר ופרקינן מאן

חשק שלמה על ר"ח א) גירסת רבינו בכל הסוגיא להיפך מגירסת רש"י וע' רמב"ן ורשב"א. ב) כ"ה גם בערוך ערך קס אבל נראה דלאורה דט"ס הוא וצ"ל אבל הנא את הנותר. וע' רמב"ם בפי' המשנה ובחיבורו שמפרש דליכא ביניהם אלא לא ביטל בידים רק ממילא ע"ש:

explicitly, if it could be derived from a *kal vachomer*?) **אִם אֵינוֹ עִנְיָן לְפָנָיו – If it is not applicable to beforehand,** to teach that the *oneiss* must initially marry his victim,[12] then **תְּנֵהוּ עִנְיָן לְאַחֲרָיו – apply it to** the context of **afterwards,** to teach **שֶׁאִם גֵּירַשׁ יַחְזִיר – that if [the *oneiss*] subsequently divorces** his victim in violation of the prohibition against doing so, **he must** remedy his transgression and **remarry** her.[13]

The Gemara, however, disputes the *kal vachomer* that forms the basis of Ulla's argument:

וְאַכַּתִּי אוֹנֵס מִמּוֹצִיא שֵׁם רַע לֹא גָּמַר – Still, the obligation of **the *oneiss*** to marry her **cannot be derived from** the case of **the defamer, דְּאִיכָּא לְמִיפְרַךְ – because it can be objected: מַה לְמוֹצִיא שֵׁם רַע שֶׁכֵּן לוֹקֶה וּמְשַׁלֵּם – What** comparison can you make **to the defamer,** which is a more severe transgression, **for indeed he** both **incurs lashes and pays** a monetary penalty. In addition to the obligation to keep her as his wife, the defamer receives *malkus* and is fined.[14] The crime of rape, however, is punishable by a fine but not by *malkus*.[15]

The Gemara therefore offers a modified version of Ulla's argument:

אֶלָּא לֹא יֹאמַר ,,לוֹ־תִהְיֶה לְאִשָּׁה" בְּמוֹצִיא שֵׁם רַע – Rather, reason as follows: **[The Torah] should not state *she shall be a wife unto him*[16] with regard to a defamer וְלִיגְמַר מֵאוֹנֵס – and it** [the defamer's obligation to keep her as his wife] **could be derived from** the law regarding **the *oneiss*** through the following *kal vachomer:* **וּמָה אוֹנֵס שֶׁאֵינוֹ לוֹקֶה וּמְשַׁלֵּם – If** in the case of **an *oneiss,* who does not** both **incur lashes and pay money, אָמַר רַחֲמָנָא ,,וְלוֹ־תִהְיֶה לְאִשָּׁה" – the Merciful One said** in His Torah: ***and she shall be a wife unto him,***[17] **מוֹצִיא שֵׁם רַע לֹא כָּל שֶׁכֵּן –** then in the case of **a defamer,** who has committed a more serious transgression, as evidenced by his dual penalty of *malkus* and payment, **is it not all the more certain** that he is obligated to keep his victim as his wife? **וְלָמָּה נֶאֱמַר – Why, then, was it** [the defamer's obligation to keep her as his wife] **stated** explicitly? **אִם אֵינוֹ עִנְיָן לְמוֹצִיא שֵׁם רַע – If it is not applicable to** the context of **a defamer** to teach that he must keep her as his wife, then **תְּנֵהוּ עִנְיָן לְאוֹנֵס – apply it** to the context of **an *oneiss,*** and **אִם אֵינוֹ עִנְיָן לְפָנָיו תְּנֵהוּ עִנְיָן לְאַחֲרָיו – if it** [this out-of-context application] **is not applicable** to **beforehand** to teach that the *oneiss* must initially marry his victim (since this is already known from the words *she shall be a wife unto him* explicitly stated in regard to an *oneiss*), **then apply it to** the context of **afterwards** to teach that if he subsequently divorces her (in violation of the prohibition against doing so) he is commanded to remedy this transgression and remarry her.[18]

The Gemara, however, disputes this argument as well:

וּמוֹצִיא שֵׁם רַע מֵאוֹנֵס נַמִי לֹא גָּמַר – But neither can the obligation of **the defamer** to keep her as his wife **be derived from** the case of **the *oneiss,* דְּאִיכָּא לְמִיפְרַךְ – because it can be objected: מַה לְאוֹנֵס שֶׁכֵּן עָשָׂה מַעֲשֶׂה – What** comparison can you make **to the *oneiss,*** who has violated the more severe transgression, **for indeed he has sinned through an action,** unlike the defamer, who merely *spoke* improperly.[19]

The Gemara therefore offers yet another modified version of Ulla's argument, this time without resorting to a *kal vachomer:*

אֶלָּא לֹא יֹאמַר ,,לוֹ־תִהְיֶה לְאִשָּׁה" בְּמוֹצִיא שֵׁם רַע – Rather, reason as follows: **[The Torah] should not state: *she shall be a wife unto him* in the case of a defamer, שֶׁהֲרֵי אִשְׁתּוֹ הִיא – because she is** already **his wife,** whom he has betrothed and married with *nisuin*.[20] The words *she shall be a wife unto him* imply that he must actively marry her, not merely remain married to her. These words, then, cannot apply to the case of a defamer, who is already married to the victim of his sin. **לָמָּה נֶאֱמַר – Why,** then, **was [this commandment] stated** here? **אִם אֵינוֹ עִנְיָן לְמוֹצִיא שֵׁם רַע – If it is not applicable to** the context of **a defamer,** then **תְּנֵהוּ עִנְיָן לְאוֹנֵס – apply it to** the context of **an *oneiss*** who violates an unmarried girl, and he can therefore be commanded to actively marry her. **וְאִם אֵינוֹ עִנְיָן לְפָנָיו – And if it is not applicable** to **beforehand,** to teach that the *oneiss* must initially marry his victim (since this is already known from the words *she shall be a wife unto him* explicitly stated in regard to an *oneiss*), **תְּנֵהוּ עִנְיָן לְאַחֲרָיו – then apply it to** the context of **afterwards,** to teach that if the *oneiss* subsequently divorces her he is commanded to remarry her.[21]

The Gemara, however, still objects:

וְאֵימָא – But rather than say that the command *she shall be a wife*

NOTES

oneiss must initially *marry* her. See the resolution offered by *Pnei Yehoshua.*]

12. Since that obligation is derivable through a *kal vachomer.*

13. [The derivation אִם אֵינוֹ עִנְיָן, *if unnecessary in its context,* means that if an extraneous Scriptural expression is unnecessary to teach a particular law in its own context, it is meant to teach that law in a different context.] Since we expound the commandment *and she shall be a wife unto him* as teaching that the *oneiss* must remarry his victim if he divorces her, this positive commandment is thus a bona fide case of a positive commandment given *specifically* to remedy the transgression [נִיתַּק לַעֲשֵׂה]. This is why the Baraisa suspends *malkus* if the *oneiss* remarries her, and this ruling in no way disproves R' Yochanan's original contention that there one does incur *malkus* for violating a prohibition *preceded* by a positive commandment.

14. These are the initial punishments of a defamer [even if he does not violate the commandment to keep her as his wife] as the verse states (*Deuteronomy* 22:18-19): . . . *and they shall punish him. And they shall fine him one hundred silver [shekels]* . . . "Punish him" is a reference to *malkus,* as taught in *Kesubos* 46a (*Rashi*).

15. Thus, the *oneiss's* initial requirement to marry his victim could not be derived from the similar obligation stated in regard to the more stringent case of a defamer. Accordingly, the positive commandment to the *oneiss, she shall be a wife unto him,* is indeed applicable beforehand, teaching his initial obligation to marry her. It cannot, then, be considered superfluous and therefore construed as meant specifically to remedy the transgression of divorcing her (see *Rashi*).

16. *Deuteronomy* 22:19.

17. Ibid. v. 29.

18. Thus, the seemingly unnecessary commandment *and she shall be a wife unto him* said in regard to a defamer is actually a positive commandment specifically given to remedy the *oneiss'* transgression of divorcing his victim. [The Gemara below will ask that rather than apply this verse to the post-divorce situation of the *oneiss,* we should apply it to the post-divorce situation of the defamer himself.] This is why the Baraisa suspends *malkus* if the *oneiss* remarries her, and the Baraisa's ruling, therefore, in no way disproves R' Yochanan's original contention that one does incur *malkus* for violating a prohibition preceded by a positive commandment.

19. Accordingly, it can be argued that the case of rape is considered more severe than the case of defamation. Since each case has been shown to possess its own stringencies, neither case can be derived from the other, and the Torah had to state the obligation to marry or remain married to the victim in each case separately. Thus, we have no extra verse to make the *oneiss'* commandment to remarry his divorcee a positive commandment that remedies the transgression rather than one that simply precedes it.

20. *Rashi.*

21. Thus, the seemingly out-of-place commandment *and she shall be a wife unto him* said in regard to a defamer is actually a positive commandment specifically given to remedy the *oneiss'* transgression of divorcing his victim. This is why the Baraisa suspends *malkus* if the *oneiss* remarries her, and this ruling in no way disproves R' Yochanan's original contention.

אמרו לו אמרת אמר להו לא אמר רבה האלהים אמרה וכתיבא ותנינא כתיבא א) וישלחו מן המחנה [וגו'] ב) ולא יטמאו את מחניהם תנינא הבא למקדש טמא אלא מאי טעמא קא הדר ביה משום דקשיא ליה אונס דתניא א* אונס שגירש אם ישראל הוא מחזיר ואינו לוקה אם כהן הוא לוקה ואינו מחזיר אם ישראל הוא מחזיר ואינו לוקה אמאי לא תעשה שקדמו עשה הוא ולילקי אמר עולא לא יאמר לו תהיה לאשה באונס וליגמר ממוציא שם רע ומה מוציא שם רע שלא עשה מעשה אמר רחמנא ג) ולו תהיה לאשה אונס לא כל שכן ד) (למה נאמר) אם אינו ענין לפניו תנהו ענין לאחריו שאם גירש יחזיר ואכתי אונס ממוציא שם רע לא גמר דאיכא למיפרך מה למוציא שם רע שכן לוקה ומשלם אלא לא יאמר לו תהיה לאשה במוציא שם רע וליגמר מאונס ומה אונס שאינו לוקה ומשלם אמר רחמנא ולו תהיה לאשה מוציא שם רע לא כל שכן ולמה נאמר אם אינו ענין למוציא שם רע תנהו ענין לאונס אם אינו ענין לפניו תנהו ענין לאחריו ומוציא שם רע מאונס נמי לא גמר דאיכא למיפרך מה לאונס שכן עשה מעשה אלא לא יאמר לו תהיה לאשה במוציא שם רע שהרי אשתו היא למה נאמר אם אינו ענין למוציא שם רע תנהו ענין לאונס ואם אינו ענין לפניו תנהו ענין לאחריו ואימא ואם אינו ענין לפניו דמוציא שם רע תנהו ענין לאחריו דידיה דלא לקי אין הכי נמי ואתי אונס וגמר מיניה במאי גמר מיניה (א) אי בקל וחומר אי במה מצינו איכא למיפרך ה) (כדפרכינן) מה למוציא שם רע שכן לא עשה מעשה אלא אמר רבא ו) כל ימיו בעמוד והחזר וכן כי אתא רבין א"ר יוחנן כל ימיו בעמוד והחזר א"ל רב פפא לרבא והא לא דמי לאויה ז) ללאו דחסימה א"ל משום דכתב ביה רחמנא עשה יתירא מגרע גרע אי הכי לאו שניתק לעשה נמי לימא משום דכתב ביה רחמנא עשה יתירא מגרע גרע א"ל ההוא לנתוקי לאו הוא דאתא הניחא למאן דאמר ח) ביטלו ולא ביטלו אלא למאן דאמר קיימו ולא קיימו מאי איכא למימר

מידי

אמרו לו. אחרים ששמעוהו משמו ולא שמעוהו מפיו אמרת דבר זה: אמר להם לא. חזר בו: כתיבא ותנינא. מצינו כתוב לא תעשה שקדמו עשה ותנינן עליה דלוקין ולא סגי ליה בקיום העשה: תנינא הבא אל המקדש טמא. קא חשיב ליה באלו הן הלוקין: משום דקשיא ליה אונס. נערה בתולה דאשכחן ביה לא תעשה שקדמו עשה דכתיב (דברים כב) ולו תהיה לאשה לא יוכל לשלחה ותניא עלה שיקיים את העשה אם גירשה ויחזירנה ויפטור אלמא לאו שניתק לעשה חשיב ליה: אם ישראל הוא. שיכול לקיים העשה ויחזירנה מחזיר ואינו לוקה: ואם כהן הוא. שאסור בגרושה לוקה ואינו מחזיר: ואמאי. אם ישראל הוא מחזיר ואינו לוקה אם איתא לדרבי יוחנן הא לא תעשה שקדמו עשה הוא: אמר עולא. האי לאו שניתק לעשה הוא דאי לאו לנתוקי לאוי אתא האי עשה לא הוה מצטריך למכתביה דאי לתחלתו ולומר שישאנה לא יאמר לו תהיה לאשה ונגמר ממוציא שם רע דכתיב ביה נמי ולו תהיה לאשה לא יוכל לשלחה: אם אינו ענין. לפני הגירושין ולומר שישאנה תנהו ענין לאחר הגירושין לומר שאם שלחה יחזירנה ותהיה לו לאשה ויפטר מן הלאו: ואכתי. הא איצטריך למיכתביה וישנו ענין לפניו דאי לא כתביה אונס ממוציא שם רע לא גמר דאנא אמינא מה למוציא שם רע דין הוא שיקנסוהו לכנסה שכן לוקה ומשלם בתחלתו כדכתיב ויסרו אותו וענשו אותו ואמרינן בכתובות (דף מו.) ויסרו זה מלקות: מה אונס שאינו לוקה. בתחלתו אמר רחמנא לו תהיה לאשה מוציא שם רע לא כל שכן: ואם אינו ענין לפניו. שהרי בעצמו כתוב כן תנהו ענין לאחריו: שהרי אשתו היא. שכבר קידשה ונשאה: וגמר מיניה. דכי היכי דמוציא שם רע לא לקי בגירושין אם החזיר אונס נמי לא לקי: אי בק"ו. מה מוציא שם רע שלוקה ומשלם בתחלתו אינו לוקה בגירושין אונס לא כל שכן: אלא אמר רבא. הא דתניא באונס מחזיר ואינו לוקה טעמא משום דעל כרחך לאו שניתק לעשה הוא דאמר קרא כל ימיו לא הוה ליה למיכתב אלא לא יוכל לשלחה כל ימיו הכי קאמר לא תהא בשילוחיה כל ימיו אלא יחזירנה ועל כרחך עמוד והחזר קאמר והכי קאמר ולו תהיה לאשה אם שלחה שלא יהו שילוחיה לכל ימיו הרי העשה אחר העברת הלאו: והא לא דמי לאויה. הא דאמר ר' יוחנן לא תעשה שקדמו עשה לוקין עליו הא לא דמי לאויה ללאו דחסימה שאין בו עשה והוא סמוך לפרשת מלקות: מיגרע גרע. בתמיהה: ההוא לנתוקי לאויה אתא. עשה שאינו מתקיים אלא לאחר עברת הלאו לנתק את הלאו מעונש מלקות הוא בא: הניחא למאן דתני בטלו ולא בטלו אלא למאן דתני קיימו ולא קיימו מאי איכא למימר. הא דאמרת כל ימיו בעמוד והחזר קאי עשיתו לאו שניתק לעשה והרחבת לו זמן לקיום העשה כל ימיו ולדבריך הא דתניא מחזיר ואינו לוקה לעולם קאמר כל זמן שיכול לומר אני מחזיר אין ב"ד מלקין אותו הניחא למאן דתני לקמן בלאו הניתק לעשה בטל את העשה חייב על הלאו לא בטל את העשה פטור שהלאו תלוי בביטול העשה ואינו נגמר עד שיבטל את העשה בידים ביטול עולם שלא יוכל להתקיים עוד איכא למימר כל ימיו יש לו תקנה בחזרה שאין מבטל את העשה אלא א"כ מדירה שלא תהנה ממנו נדר שאין לו הפרה כדלקמן אלא למאן דתני קיים את העשה פטור לא קיימו חייב שהעשה תיקונו של לאו הוא ואין הלאו תלוי בביטול העשה שמשעה שעבר הלאו נגמר אבל העשה ניתן לעקור המלקות ולכשיבא לבית דין או יקיים העשה ויפטר או ילקה ליכא למימר כל ימיו בעמוד והחזר קאי כדקאמרת שאם לא יחזירנה מיד כשיבא לב"ד ילקוהו דהא ליכא למימר יקיים לאחר זמן דא"כ לא קיים היכי דמי לעולם הוא יכול לומר אני מקיים:

מידי

תנינא הבא למקדש טמא. לוקה משום דלא הוי לאו הניתק לעשה לפי שקדמו עשה ללאו וא"ת דלמא שאני התם דאיכא תרי לאוי ולא יטמאו מחניהם ו) ולא יטמאו מקדשי ולא אתי חד עשה ועקר תרי לאוין דהכי משנינן בתמורה (דף ד: ושם) גבי המר ימיר דמשום הכי לא הוי לאו הניתק לעשה משום דאיכא תרי לאוין ולא עקר חד עשה תרי לאוין וי"ל דלא דמי דשאני התם דתרי לאוין סמוכין להדדי לא יחליפנו ולא ימיר אותו אבל הכא דאינן סמוכים אי איתא דלא קדמו עשה הוה ניתק ח): **אם** כהן הוא לוקה ואינו מחזיר. וליכא למימר ט) דאתי עשה ודחי לא תעשה (ב) ועשה שאינו שוה בכל דהא אי אמרה לא בעינא ליה ליכא עשה כלל: **כל** ימיו בעמוד והחזר קאי. פירש בקונטרס דקאי אלא יוכל לשלחה כל ימיו שילוח שלא יהא כל ימיו ובפ' עשרה יוחסין (קדושין דף עח.) פירש דקאי אלו תהיה לאשה דלעיל דהכי קאמר תהיה לאשה כל ימיו כלומר שכל ימיו הוא בלו תהיה לאשה בעמוד והחזר: **הניחא** למאן דתני בטלו ולא בטלו. פירש בקונטרס דקאי לשינויא דרבא דכל ימיו בעמוד והחזר ויש לו תקנה בהחזרה שאין מבטל העשה אלא אם כן הדירה דאז אינו יכול לומר עדיין אשאנה אלא למאן דתני קיימו (ג) מאי איכא למימר בכולי שמעתא פירש הקונט' דקיימו היינו כשמזהירין אותו ב"ד לקיים העשה הוא מקיימו וקשה דאם כן מאי פריך דלמאן דאמר קיימו ולא קיימו אינו כל ימיו בעמוד והחזר הא שפיר משכחת לה דהוי בעמוד והחזר כל כמה דלא בא לב"ד לכך נראה דלא מיקרי קיימו אלא

מסורת הש"ס

א) [לקמן טז.] תמורה ה., ב) רש"א מ"ז, ג) רש"א מ"ז, ד) [גיטין צ. תמורה ה.], ה) [לעיל יג: פסחים מא:], ו) [לקמן טז. חולין קמא.], ז) לא נמצא כן בכתוב וצ"ל ואל המקדש לא תבא וכן הביאו הרמב"ם בס' המצות מצות לא תעשה מצוה ע"ב ללאו יתירה [וע"ע תוס' חולין פא. סוף ד"ה פ: הנח למחוסר], ח) [ועי' תוס' חולין פ: ד"ה הנח].

הגהות הב"ח

(א) גמרא במאי גמר מיניה (אי בק"ו וכו' אלא אמר רבא) תא"מ ונ"ב ס"א אי בק"ו איכא למיפרך מה למוציא שם רע שכן לא עשה מעשה אי במה מצינו איכא למפרך כדפרכינן אלא אמר רבא: (ב) תוס' ד"ה אם וכו' דעשה שאינו שוה בכל הוא דהא: (ג) ד"ה הניחא וכו' קיימו ולא קיימו מאי איכא למימר:

גליון הש"ס

תוס' ד"ה אם וכו' דאתי עשה. עיין יבמות דף ה ע"א תוס' ד"ה ואכתי איצטריך:

תורה אור השלם

א) צַו אֶת בְּנֵי יִשְׂרָאֵל וִישַׁלְּחוּ מִן הַמַּחֲנֶה כָּל צָרוּעַ וְכָל זָב וְכֹל טָמֵא לָנָפֶשׁ: [במדבר ה, ב]

ב) מִזָּכָר עַד נְקֵבָה תְּשַׁלֵּחוּ אֶל מִחוּץ לַמַּחֲנֶה תְּשַׁלְּחוּם וְלֹא יְטַמְּאוּ אֶת מַחֲנֵיהֶם אֲשֶׁר אֲנִי שֹׁכֵן בְּתוֹכָם: [במדבר ה, ג]

ג) וְעָנְשׁוּ אֹתוֹ מֵאָה כֶסֶף וְנָתְנוּ לַאֲבִי הַנַּעֲרָה כִּי הוֹצִיא שֵׁם רָע עַל בְּתוּלַת יִשְׂרָאֵל וְלוֹ תִהְיֶה לְאִשָּׁה לֹא יוּכַל לְשַׁלְּחָהּ כָּל יָמָיו: [דברים כב, יט]

עין משפט נר מצוה

כב א מיי' פ"א מהל' נערה הל' ז סמג עשין נז טוש"ע אה"ע סי' קעז סעיף ג:

ליקוטי רש"י

כל ימיו בעמוד והחזר קאי. לא יוכל לשלחה כל ימיו דמשמע דכל ימיו לא יוכל לשלחה דאם גירש יחזיר [תמורה ה.]: דהאי כל ימיו קרא יתירא הוא ובא ללמדך לא יוכל לשלחה ואם שלח לא יהא בשלוחה כל ימיו שבי"ד כופין אותו להחזירה ואינו לוקה על שילוחו שנתקו הכתוב לעשה של עמוד והחזר [גיטין צ.]. כלאו דחסימה. שהוא מפרש איסורו וסמיכא ליה פרשת מלקות לעיל מיניה [פסחים מא:]. קיימו ולא קיימו. כל מצות ל"ת שיש בה קום עשה כגון זה שניתק הלאו לעשה דמשמע לא תקח ואם לקחת שלח קיים עשה שבה כשהתרו בו לא תקח ולקחה ושלחה בתוך כדי דיבור של התראה פטור ואע"פ שעבר על לא תקח דלכך נתקו לעשה לומר אם עברת על אזהרה זו עשה זה והפטר לא קיים עשה שבה תוך כדי דיבור דקיי"ל תכ"ד כדיבור דמי כי עבר על התראה חייב אפילו שלחה אחר זמן וכו'. ביטלו ולא ביטלו. בטל עשה שבה לגמרי שאין יכול לקיימו עוד כגון ששחטה חייב לא בטל עשה שבה כל זמן שלא שחטה אע"פ שלא שלח מיד כשהתרו בו פטור וכו' [חולין קמא.].

רבינו חננאל

כגון וישלחו מן המחנה כל צרוע וגו' הרי עשה אל מחוץ למחנה תשלחום ולא יטמאו את מחניהם הרי לא תעשה ולוקין עליו. וקשיא ליה לר' יוחנן אי הכי אמאי תניא אונס שגירש אם ישראל הוא מחזיר ואינו לוקה אם כהן הוא לוקה ואינו מחזיר ישראל מחזיר ואינו לוקה אמאי אינו לוקה לא תעשה שקדמו עשה הוא שנאמר ולו תהיה לאשה תחת אשר ענה לא יוכל שלחה כל ימיו. ובא עולא לפרק כי זה לא תעשה שניתק לעשה הוא דהאי ולו תהיה לאשה דכתב באונס אינו צריך לפניו דגמר ממוציא שם רע אלא לאחריו הוא דאתא שאם יגרש יחזור ויקחנה ולו תהיה לאשה לפיכך לא לקי. ודחי' להאי סברא הכי אונס ממוציא שם רע לא גמר דאיכא למיפרך כו'. אלא לא הוה צריך למכתב ולו תהיה לאשה במוציא שם רע שהרי כבר אשתו היא למה נאמר ללמד שאם גירש מוציא שם רע אחרי שלקה ונענש אינו לוקה אלא מחזירה בעל כרחו ודיו וגמר אונס ממוציא שם רע שמחזיר ואינו לוקה. ודחי' איכא למיפרך מה למוציא שם רע שכן לא עשה מעשה תאמר באונס שעשה מעשה ופריק רבא למה אונס אינו לוקה משום דכל ימיו בעמוד והחזר קאי ומיתקן (דלאו) [הלאו] שבו וכן א"ר יוחנן. ואקשינן והא לא דמי לאו שקדמו עשה ללאו דחסימה. ומתמהינן משום דכתב עשה יתירא גרע ליה. ואקשי' אי הכי לאו שניתק לעשה נמי נימא הכי משום דכתב ביה גבי נותר לא תותירו ממנו עד בקר והדר כתב והנותר ממנו עד בקר באש תשרופו מיגרע גרע. ופרקינן האי והנותר ממנו עד בקר לתקוניה ללאויה הוא דאתא. כלומר אם עבר והותיר ישרפנו בבקר ודיו. ואמרינן הא ניחא למאן דתני כל מצות לא תעשה שיש בה קום עשה קיים עשה שבה פטור לא קיים חייב א) היינו דאיכא למימר לתקוניה לאוי הוא דאתא אלא למאן דתני ביטלו חייב כגון שהאכיל הנותר לכלבים הוא דחייב דהא לא אפשר למישרפיה אבל ב) הכא אם הנותר כמות שהוא אע"פ שלא שרפו אינו חייב מאי איכא למימר ופרקינן

מאן

חשק שלמה על ר"ח א) גירסת רבינו בכל הסוגיא להיפך מגירסת רש"י וע' רמב"ן וריטב"א: ב) כ"ה גם בערוך ערך קס אבל נראה לכאורה דט"ס הוא וצ"ל אבל הניח את הנותר. וע' רמב"ם בפי' המשנה ובחיבורו שמפרש דאיכא בינייהו אם לא ביטל בידים רק ממילא ע"ש:

unto him said in the context of the defamer applies to the different context of the *oneiss,* **say** instead וְאִם אֵינוֹ עִנְיָן לְפָנָיו דְּמוֹצִיא שֵׁם רַע – **that if it does not apply before the event in the case of the defamer,** since she is already his wife, then תְּנֵהוּ עִנְיָן לְאַחֲרָיו דִּידֵיהּ דְּלֹא לָקֵי – **apply it to [the defamer's] own "afterward"** context, to teach **that he does not incur lashes** if he divorces her and then remarries her.[22]

The Gemara replies:

אֵין הָכִי נַמִּי – **Yes, this is so.** The objection is valid. וְאָתֵי אוֹנֵס וְגָמַר מִינֵּיהּ – **Nevertheless, the** case of ***oneiss*** **comes and is derived from [the case of the defamer].** Just as the defamer who divorces his victim avoids *malkus* by remarrying her (since there is a special positive commandment given to remedy his transgression of divorcing her), so too does the *oneiss* who divorces his victim avoid *malkus* by remarrying her.

The Gemara objects:

בְּמַאי גָּמַר מִינֵּיהּ – **Through what** method **is [the case of the** ***oneiss*** **] derived from [the case of the defamer]?** אִי בְּקַל וָחוֹמֶר אִי בְּמָה מָצִינוּ – **Whether** you mean to derive it **through a** ***kal vachomer***[23] **or whether through a simple comparison,** אִיכָּא לְמִיפְרַךְ – **it can be challenged** (כִּדְפָרְכִינַן) – **(as we challenged** it **previously.** Namely,) מָה לְמוֹצִיא שֵׁם רַע שֶׁכֵּן לֹא עָשָׂה מַעֲשֶׂה – **what** comparison can you make **to the defamer,** who possibly violates the more lenient sin, **for indeed he committed no action,** but only sinful speech?[24]

The Gemara concedes this objection and therefore resolves the difficulty using a different approach:

אֶלָּא אָמַר רָבָא – **Rather, Rava said:** כָּל יָמָיו בַּעֲמוֹד וְהַחְזֵר – The reason that the *oneiss* who divorces his victim remarries her and avoids *malkus* is that ***"all his days"*** **he is under** obligation to **arise and remarry.**[25] These words thus indicate a distinct positive commandment to remarry the victim – a positive commandment that is possible only after he has violated the prohibition against divorcing her, and which thus "follows" the prohibition and "remedies" its violation. וְכֵן כִּי אֲתָא רָבִין אָמַר רַבִּי יוֹחָנָן – **And similarly, when Ravin came,**[26] **he said in the name of R' Yochanan** to explain why his original contention is not refuted by the fact that the *oneiss* avoids *malkus* by remarrying his victim: כָּל יָמָיו בַּעֲמוֹד וְהַחְזֵר – ***"All his days"*** **he is under** obligation to **arise and remarry.** The Gemara has thus defended R' Yochanan's original contention that one incurs *malkus* for violating a prohibition that is preceded by a positive commandment.[27]

The Gemara, however, now raises a different objection to that ruling:

אָמַר לֵיהּ רַב פָּפָּא לְרָבָא – **Rav Pappa said to Rava:** Why should one receive *malkus* for violating a prohibition preceded by a positive commandment? וְהָא לֹא דָמֵי לָאוֵיהּ לְלָאו דַּחֲסִימָה – **Why, its prohibition is not similar to the prohibition against muzzling,** which is the prototype for all *malkus*-bearing prohibitions![28] Since the prohibition against muzzling has no positive commandment associated with it, a prohibition preceded by the positive commandment is dissimilar to the prototype, and should therefore not carry the penalty of *malkus.* – ? –

The Gemara answers:

אָמַר לֵיהּ – **[Rava] said to [Rav Pappa]:** מִשּׁוּם דִּכְתַב בֵּיהּ רַחֲמָנָא עֲשֵׂה יְתֵירָא מִגְרַע גָּרַע – **Is it less** of a prohibition **because the Merciful One** in His Torah **wrote regarding it an extra positive commandment?** Surely, a prohibition that has a positive commandment associated with it is no less severe than an ordinary prohibition, and it therefore remains punishable by *malkus.*

Rav Pappa counters:

אִי הָכִי – **If so,** i.e. if you are right that the addition of a positive commandment does not detract from the *malkus*-liability of the prohibition, לָאו שֶׁנִּיתַּק לַעֲשֵׂה נַמִּי – then in regard to **a transgression remedied by a positive commandment as well,** i.e. where the positive commandment "follows" the prohibition,[29] לֵימָא מִשּׁוּם דִּכְתַב בֵּיהּ רַחֲמָנָא עֲשֵׂה יְתֵירָא מִגְרַע גָּרַע – **say: Is it less** of a prohibition **because the Merciful One** in His Torah **wrote regarding it an extra positive commandment?** Thus, argues Rav Pappa, the rule that one does not incur *malkus* for committing a transgression remedied by a positive commandment

NOTES

22. If after marrying his victim the defamer divorces her, he violates the prohibition (*Deuteronomy* 22:19): *he may not divorce her all his days.* And since the command (ibid.) *and she shall be a wife unto him* cannot refer to his initial obligation to marry her (as the Gemara has just explained), it is construed as meant specifically to remedy his violation of the prohibition against divorcing her. Hence, he does not incur *malkus* for violating that prohibition, since it is remedied by the positive commandment *and she shall be a wife unto him.*

23. That is, if in the more stringent case of a defamer (who initially suffers *malkus* and a fine) the Torah suspends *malkus* for divorce if he remarries her, then certainly it suspends *malkus* in the more lenient case of a *oneiss* if he remarries her (*Rashi*).

24. Accordingly, we would reason that perhaps only in the more lenient case of the defamer does the Torah provide a corrective positive commandment to remarry her and avoid *malkus.* But we cannot assume that the same applies to the more severe case of the *oneiss,* who initially sinned through action. We are now back to the difficulty with R' Yochanan's original contention: Why does the *oneiss* avoid *malkus* by remarrying her if his positive commandment to do so precedes the prohibition?

25. *Deuteronomy* 22:29 (cited above in note 6) states that the *oneiss* must marry his victim and *he cannot divorce her all his days.* Now, the Torah could have stated simply *he cannot divorce her.* The addition of the words *all his days* is therefore understood not as defining the duration of the prohibition (which is unnecessary, as the prohibition would anyway be permanent unless otherwise specified). Rather, the verse means that his divorce of her shall not be for "all his days." Rather, if he divorces her, he must remarry her (*Rashi;* cf. *Tosafos*). [Since this new commandment to "arise and remarry" is derived from the phrase *all his days,* it emerges as well that he has "all his days" to fulfill his obligation to remarry her. Hence, the Gemara's expression *"all his days" he is under [obligation to] arise and remarry.* It is with this incidental aspect of the exposition that the Gemara finds difficulty below.]

26. The expression כִּי אֲתָא, *when he came,* is found in many passages of the Gemara, mostly in the context of reporting R' Yochanan's views. Since R' Yochanan was in Eretz Yisrael, the Amoraim who came from Eretz Yisrael to Bavel reported R' Yochanan's teachings to the members of the Babylonian academies.

27. The objection to that original contention was from the case of the *oneiss,* where he avoids *malkus* by remarrying her, even though the positive commandment to marry her precedes the prohibition against divorcing her. But the Gemara has now answered that the words *all his days* indicate a special positive commandment given to remedy the transgression.

R' Yochanan himself had previously considered the case of the *oneiss* a refutation of his original contention that one incurs *malkus* for violating a prohibition preceded by the positive commandment (see Gemara above, as explained by *Rashi* there; see notes 1 and 2). Here, though, Ravin reports in his name a rejection of that refutation. For R' Yochanan reconsidered yet again, and rejected the refutation by asserting that the words *all his days* indicate a special positive commandment given to remedy the transgression (*Ritva* above, in explanation of *Rashi* there). Thus, R' Yochanan's conclusion indeed concurs with his original contention that one *does* incur *malkus* for violating a prohibition preceded by the positive commandment.

28. As explained above on 14b.

29. *Ritva;* see *Rashi* below ד״ה ההוא לנתוקי.

אמרו לו. אחרים ששמעוהו משמו ולא שמעוהו מפיו אמרת דבר זה: **אמר להם לא.** חזר בו: **כתיבא ותנינא.** מצינו כתוב לא תעשה שקדמו עשה ותנינן עליה דלוקין ולא סגי ליה בקיום העשה: **תנינא הבא אל המקדש טמא.** קא חשיב ליה באלו הן הלוקין: **משום דקשיא ליה אונס.** נערה בתולה דאשכחן ביה לא תעשה שקדמו עשה דכתיב (דברים כב) ולו תהיה לאשה לא יוכל לשלחה ותניא עלה שיקיים את העשה אם גירשה יחזירנה ויפטור אלמא לאו שניתק לעשה חשיב ליה: **אם ישראל הוא.** שיכול לקיים העשה ויחזירנה מחזיר ואינו לוקה: **ואם כהן הוא.** שאסור בגרושה לוקה ואינו מחזיר: **ואמאי.** אם ישראל הוא מחזיר ואינו לוקה אם איתא לדרבי יוחנן הא לא תעשה שקדמו עשה הוא: **אמר עולא.** האי לאו שניתק לעשה הוא דאי לאו לנתוקי ללאו אתא האי עשה לא הוה מצטריך למכתביה דאי לתחלתו ולומר שישאנה לא יאמר לו תהיה לאשה ונגמר ממוציא שם רע דכתיב ביה נמי ולו תהיה לאשה לא יוכל לשלחה: **אם אינו ענין.** לפני הגירושין ולומר שישאנה תנהו ענין לאחר הגירושין לומר שאם שלחה יחזירנה ותהיה לו לאשה ויפטר מן הלאו: **ואכתי.** הא איצטריך למיכתביה וישנו ענין לפניו דאי לא כתביה אונס ממוציא שם רע לא גמר דאנא אמינא מה למוציא שם רע דין הוא שיקנסוהו לכנסה שכן לוקה ומשלם בתחלתו כדכתיב ויסרו אותו וענשו אותו ואמרינן בכתובות (דף מו.) ויסרו זה מלקות: **מה אונס שאינו לוקה.** בתחלתו אמר רחמנא לו תהיה לאשה מוציא שם רע לא כל שכן: **ואם אינו ענין לפניו.** שהרי בעצמו כתוב כן תנהו ענין לאחריו: **שהרי אשתו היא.** שכבר קידשה ונשאה: **וגמר מיניה.** דכי היכי דמוציא שם רע לא לקי בגירושין אם החזיר אונס נמי לא לקי: **אי בק"ו.** מה מוציא שם רע שלוקה ומשלם בתחלתו אינו לוקה בגירושין אונס לא כל שכן: **אלא אמר רבא.** הא דתניא באונס מחזיר ואינו לוקה טעמא משום דעל כרחך לאו שניתק לעשה הוא דאמר קרא כל ימיו לא הוה ליה למיכתב אלא לא יוכל לשלחה מאי כל ימיו הכי קאמר לא תהא בשילוחיה כל ימיו אלא יחזירנה ועל כרחך עמוד והחזר קאמר והכי קאמר ולו תהיה לאשה אם שלחה שלא יהו שילוחיה לכל ימיו הרי העשה אחר העברת הלאו: **והא לא דמי לאויה.** הא דאמר ר' יוחנן לא תעשה שקדמו עשה לוקין עליו הא לא דמי לאויה ללאו דחסימה שאין בו עשה והוא סמוך לפרשת מלקות: **מיגרע גרע.** בתמיהה: **ההוא לנתוקי לאויה אתא.** עשה שאינו מתקיים אלא לאחר עברת הלאו לנתק הלאו מעונש מלקות הוא בא: **הניחא למאן דתני בטלו ולא בטלו אלא למאן דתני קיימו ולא קיימו מאי איכא למימר.** הא דאמרת כל ימיו בעמוד והחזר קאי עשיתו לאו שניתק לעשה והרחבת לו זמן לקיום העשה כל ימיו ולדבריך הא דתניא מחזיר ואינו לוקה לעולם קאמר כל זמן שיכול לומר אני מחזיר אין ב"ד מלקין אותו הניחא למאן דתני לקמן בלאו הניתק לעשה בטל את העשה חייב על הלאו לא בטל את העשה פטור שהלאו תלוי בביטול העשה ואינו נגמר עד שיבטל את העשה בידים ביטול עולם שלא יוכל להתקיים עוד איכא למימר כל ימיו יש לו תקנה בחזרה שאין מבטל את העשה אלא א"כ מדירה שלא תהנה ממנו נדר שאין לו הפרה כדלקמן אלא למאן דתני קיים את העשה פטור לא קיימו חייב שהעשה תיקונו של לאו הוא ואין הלאו תלוי בביטול העשה שמשעה שעבר הלאו נגמר אבל העשה ניתן לעקור המלקות וכשיבא לבית דין או יקיים העשה ויפטר או ילקה ליכא למימר כל ימיו בעמוד והחזר קאי כדקאמרת שאם לא יחזירנה מיד כשיבא לב"ד ילקוהו דהא ליכא למימר יקיים לאחר זמן דא"כ לא קיים היכי דמי לעולם הוא יכול לומר אני מקיים:

אמרו לו אמרת אמר להו לא אמר רבה האלהים אמרה וכתיבא ותנינא כתיבא [א] וישלחו מן המחנה [וגו'] [ב] ולא יטמאו את מחניהם תנינא הבא למקדש טמא אלא מאי טעמא קא הדר ביה משום דקשיא ליה אונס דתניא [א] אונס שגירש אם ישראל הוא מחזיר ואינו לוקה אם כהן הוא לוקה ואינו מחזיר אם ישראל הוא מחזיר ואינו לוקה אמאי לא תעשה שקדמו עשה הוא ולילקי אמר עולא לא יאמר לו תהיה לאשה באונס וליגמר ממוציא שם רע ומה מוציא שם רע שלא עשה מעשה אמר רחמנא [ג] ולו תהיה לאשה אונס לא כל שכן [ב] (למה נאמר) אם אינו ענין לפניו תנהו ענין לאחריו שאם גירש יחזיר ואכתי אונס ממוציא שם רע לא גמר דאיכא למיפרך מה למוציא שם רע שכן לוקה ומשלם אלא לא יאמר לו תהיה לאשה במוציא שם רע וליגמר מאונס ומה אונס שאינו לוקה ומשלם אמר רחמנא ולו תהיה לאשה מוציא שם רע לא כל שכן ולמה נאמר אם אינו ענין למוציא שם רע תנהו ענין לאונס אם אינו ענין לפניו תנהו ענין לאחריו ומוציא שם רע מאונס נמי לא גמר דאיכא למיפרך מה לאונס שכן עשה מעשה אלא לא יאמר לו תהיה לאשה במוציא שם רע שהרי אשתו היא למה נאמר אם אינו ענין למוציא שם רע תנהו ענין לאונס ואם אינו ענין לפניו תנהו ענין לאחריו ואימא ואם אינו ענין לפניו דמוציא שם רע תנהו ענין לאחריו דידיה דלא לקי אין הכי נמי ואתי אונס וגמר מיניה במאי גמר מיניה (א) אי בקל וחומר אי במה מצינו איכא למיפרך [ג] (כדפרכינן) מה למוציא שם רע שכן לא עשה מעשה אלא אמר רבא [ד] כל ימיו בעמוד והחזר וכן כי אתא רבין א"ר יוחנן כל ימיו בעמוד והחזר א"ל רב פפא לרבא והא לא דמי לאויה [ה] ללאו דחסימה א"ל משום דכתב ביה רחמנא עשה יתירא מגרע גרע אי הכי לאו שניתק לעשה נמי לימא משום דכתב ביה רחמנא עשה יתירא מגרע גרע א"ל ההוא לנתוקי לאו הוא דאתא הניחא למאן דאמר [ו] ביטלו ולא ביטלו אלא למאן דאמר קיימו ולא קיימו מאי איכא למימר מידי

תנינא הבא למקדש טמא. לוקה משום דלא הוי לאו הניתק לעשה לפי שקדמו עשה ללאו וא"ת דלמא שאני התם דאיכא תרי לאוי ולא יטמאו מחניהם [ז] ולא יטמאו מקדשי ולא אתי חד עשה ועקר תרי לאוין דהכי משנינן בתמורה (דף ד: ושם) גבי המר ימיר דמשום הכי לא הוי לאו הניתק לעשה משום דאיכא תרי לאוין ולא עקר חד עשה תרי לאוין וי"ל דלא דמי דשאני התם דתרי לאוין סמוכין להדדי לא יחליפנו ולא ימיר אותו אבל הכא דאינן סמוכים אי איתא דלא קדמו עשה הוה ניתק [ח]:

אם כהן הוא לוקה ואינו מחזיר. וליכא למימר ° דאתי עשה ודחי לא תעשה (ב) ועשה שאינו שוה בכל דהא אי אמרה לא בעינא ליה ליכא עשה כלל:

כל ימיו בעמוד והחזר קאי. פירש בקונטרס דקאי אלא יוכל לשלחה כל ימיו שילוח שלא יהא כל ימיו ובפ' עשרה יוחסין (קדושין דף עח.) פירש דקאי אלו תהיה לאשה דלעיל דהכי קאמר תהיה לאשה כל ימיו כלומר שכל ימיו הוא בלו תהיה לאשה בעמוד והחזר:

הניחא למאן דתני בטלו ולא בטלו. פירש בקונטרס דקאי לשינויא דרבא דכל ימיו בעמוד והחזר ויש לו תקנה בהחזרה שאין מבטל העשה אלא אם כן הדירה דאז אינו יכול לומר עדיין אשאנה אלא למאן דתני קיימו (ג) מאי איכא למימר בכולי שמעתא פירש הקונט' דקיימו היינו כשמזהירין אותו ב"ד לקיים העשה הוא מקיימו וקשה דאם כן מאי פריך דלמאן דאמר קיימו ולא קיימו אינו כל ימיו בעמוד והחזר הא שפיר משכחת לה דהוי בעמוד והחזר כל כמה דלא בא לב"ד לכך נראה דלא מיקרי קיימו אלא

מסורת הש"ס

א) [לקמן טז.] תמורה ה., ב) רש"א מ"ז, ג) רש"א מ"ז, ד) [גיטין ל. תמורה ה.], ה) [לעיל יג: פסחים מא:], ו) [לקמן טז. חולין קמא.], ז) לא נמצא כן בכתוב וצ"ל ואל המקדש לא תבא וכן הביאו הרמב"ם בס' המצות מצות לא תעשה מצוה ע"ב ללאו יתירה [וע"ע תוס' חולין פא. סוף ד"ה פ: הנא למחוסר], ח) [ועי' תוס' חולין פ: ד"ה הנא].

(א) גמרא במאי גמר מיניה (אי בק"ו וכו' אלא אמר רבא) תא"מ ונ"ב ס"א אי בק"ו איכא למיפרך מה למוציא שם רע שכן לא עשה מעשה אי במה מצינו איכא למפרך כדפרכינן אלא אמר רבא: (ב) תוס' ד"ה אם וכו' דעשה שאינו שוה בכל הוא דהא: (ג) ד"ה הניחא וכו' קיימו ולא קיימו מאי איכא למימר:

תוס' ד"ה אם וכו' דאתי עשה. עיין יבמות דף ה ע"א תוס' ד"ה ואכתי איצטריך:

כב א מיי' פ"א מהל' נערה הל' ז סמג עשין נז טוש"ע אה"ע סי' קעז סעיף ג:

כל ימיו בעמוד והחזר קאי. לא יוכל לשלחה כל ימיו דמשמע דכל ימיו לא יוכל לשלחה דאם גירש יחזיר [תמורה ה.]: דהאי כל ימיו קרא יתירא הוא ובא ללמדך לא יוכל לשלחה ואם שלח לא יהא בשלוחה כל ימיו שבי"ד כופין אותו להחזירה ואינו לוקה על שילוחו שנתקו הכתוב לעשה של עמוד והחזר [גיטין צ.].

כלאו דחסימה. שהוא מפרש איסורו וסמיכא ליה פרשת מלקות לעיל מיניה [פסחים מא:].

קיימו ולא קיימו. כל מצות ל"ת שיש בה קום עשה כגון זה שניתק הלאו לעשה דמשמע לא תקח ואם לקחת שלח קיים עשה שבה כשהתרו בו לא תקח ולקחה ושלחה בתוך כדי דיבור של התראה פטור ואע"פ שעבר על לא תקח דלכך נתקו לעשה לומר אם עברת על אזהרה זו עשה זה והפטר לא קיים עשה שבה תוך כדי דיבור דקיי"ל תכ"ד כדיבור דמי כי עבר על התראה חייב אפילו שלחה אחר זמן וכו'. ביטלו ולא ביטלו. בטל עשה שבה לגמרי שאין יכול לקיימו עוד כגון ששחטה חייב לא בטל עשה שבה כל זמן שלא שחטה אע"פ שלא שלח מיד כשהתרו בו פטור וכו' [חולין קמא.].

כגון וישלחו מן המחנה כל צרוע וגו' הרי עשה אל מחוץ למחנה תשלחום ולא יטמאו את מחניהם הרי לא תעשה ולוקין עליו. וקשיא ליה לר' יוחנן אי הכי אמאי תניא אונס שגירש אם ישראל הוא מחזיר ואינו לוקה אם כהן הוא לוקה ואינו מחזיר ישראל מחזיר ואינו לוקה אמאי אינו לוקה לא תעשה שקדמו עשה הוא שנאמר ולו תהיה לאשה תחת אשר ענה לא יוכל שלחה כל ימיו. ובא עולא לפרק כי זה לא תעשה שניתק לעשה הוא דהאי ולו תהיה לאשה דכתב באונס אינו צריך לפניו דגמר ממוציא שם רע אלא לאחריו הוא דאתא שאם יגרש יחזור ויקחנה ולו תהיה לאשה לפיכך לא לקי. ודחי' להאי סברא הכי אונס ממוציא שם רע לא גמר דאיכא למיפרך כו'. אלא לא הוה צריך למכתב ולו תהיה לאשה במוציא שם רע שהרי כבר אשתו היא למה נאמר ללמד שאם גירש מוציא שם רע אחרי שלקה ונענש אינו לוקה אלא מחזירה בעל כרחו ודיו וגמר אונס ממוציא שם רע שמחזיר ואינו לוקה. ודחי' איכא למיפרך מה למוציא שם רע שכן לא עשה מעשה תאמר באונס שעשה מעשה ופריק רבא למה אונס אינו לוקה משום דכל ימיו בעמוד והחזר קאי ומיתקן (דלאו) [הלאו] שבו וכן א"ר יוחנן ואקשינן והא לאו דלא דמי ללאו דחסימה. ומתמהינן משום דכתב עשה יתירא מיגרע גרע ליה. ואקשי' אי הכי לאו שניתק לעשה נמי נימא הכי משום דכתב ביה גבי נותר לא תותירו ממנו עד בקר והדר כתב והנותר ממנו עד בקר באש תשרופו מיגרע גרע. ופרקינן האי והנותר ממנו עד בקר לתקוניה ללאויה הוא דאתא. כלומר אם עבר והותיר ישרפנו בבקר ודיו. ואמרינן הא ניחא למאן דתני כל מצות לא תעשה שיש בה קום עשה קיים עשה שבה פטור לא קיים חייב [illegible]

חשק שלמה על ר"ח א) גירסת רבינו בכל הסוגיא להיפך מגירסת רש"י ועי' רמב"ן וריטב"א. ב) [illegible]

proves that the addition of a positive commandment *does* detract from a prohibition's *malkus* liability! – ? –

The Gemara answers:

אֲמַר לֵיהּ – [Rava] **said to him:** הַהוּא לְנַתּוּקֵי לָאו הוּא דְּאָתָא – **That** positive commandment in the case of a transgression remedied by a positive commandment, since it can be fulfilled only after the prohibition is violated,[30] **comes to remove the prohibition** from the ordinary remedy of *malkus,* and make the positive commandment its remedy. That is the special function of the positive commandment in such cases. But when this is not the special function of the positive commandment, the mere addition of it to a prohibition does not detract from the prohibition's *malkus* liability.

The Gemara goes back to Rava and Ravin's basic premise that a *oneiss* who marries, divorces, and then remarries his victim avoids *malkus* because the words *all his days* indicate that he is under obligation to arise and remarry:

הָנִיחָא לְמַאן דְּאָמַר בִּיטְּלוֹ וְלֹא בִּיטְּלוֹ – **This** answer of Rava and Ravin **accords well with the one who says** that the Baraisa below is to be emended to read *"he nullified it" and "he did not nullify it."*[31] For Rava and Ravin state, in effect, that the *oneiss* who divorces his victim has "all his days" to avoid *malkus* by fulfilling the positive commandment to remarry her.[32] This indeed fits with the one who emends the Baraisa below to read: *"he nullified it" and "he did not nullify it."*[33] אֶלָּא לְמַאן דְּאָמַר קַיְּימוֹ וְלֹא קַיְּימוֹ – **But according to the one who says** that the Baraisa below is to be emended to read *"he fulfilled it," and "he did not fulfill it,"* מַאי אִיכָּא לְמֵימַר – **what is there to say?** How can the statement of Rava and Ravin (that the *oneiss* who divorces his victim has "all his days" to remedy his transgression) be reconciled with the view that the transgressor incurs *malkus* if he fails to perform the positive commandment as soon as the court orders him to do so?[34]

---

30. *Rashi* below ד״ה ההוא לנתוקי.

31. The rule that one does not receive *malkus* for violating a prohibition that is remedied by a positive commandment means only that he does not incur *malkus* if he does not negate the positive commandment. But if he does negate it, he does indeed receive *malkus* for his transgression. A Baraisa below (15b) states the distinction as follows: *[In the case of] any prohibition that has in it a positive commandment, if [the transgressor] fulfills its positive commandment, he is not liable [to lashes]; if he nullifies its positive commandment, he is liable.* The Gemara there notes that there is a discrepancy in the text of the Baraisa as cited, which contrasts "fulfillment" with "nullification," rather than "fulfillment" with "non-fulfillment" or "nullification" with "non-nullification." The Gemara there cites two views as to the correct way to emend the Baraisa. One view is that the Baraisa should read בִּיטְּלוֹ וְלֹא בִּיטְּלוֹ, *"he nullified it"* or *"he did not nullify it."* That is: *[In the case of] any prohibition that has in it a positive commandment, if he nullified it, he is liable [to lashes]; if he did not nullify it, he is not liable.* The other view is that the Baraisa should read: קַיְּימוֹ וְלֹא קַיְּימוֹ, *"he fulfilled it"* or *"he did not fulfill it."* That is: *[In the case of] any prohibition that has in it a positive commandment, if he fulfilled it, he is not liable [to lashes]; if he did not fulfill it, he is liable.*

According to the view *"he nullified it" and "he did not nullify it,"* the transgressor does not incur *malkus* for a prohibition "that has in it a positive commandment" unless he does something that makes it impossible for him to ever fulfill the positive commandment. But if it is not he who makes it impossible to fulfill the positive commandment, then he does not incur *malkus,* even though the positive commandment is never fulfilled. For example, the *oneiss* married and divorced his victim, and then prohibited himself from remarrying her by means of an unalterable vow (this follows the Gemara's initial understanding on 16a; the Gemara on 16b, however, rejects this example). By declaring this vow, he has nullified the possibility of redressing his sin by remarrying her, and he therefore incurs *malkus.* However, if he did not declare such a vow, but she died before he remarried her, he would not incur *malkus,* since it was not his action that made it impossible to remarry her. This view understands the negation of the positive commandment as the finalization of the prohibition's violation. Thus, unless the transgressor actively nullifies the positive commandment, he has not fully violated

the prohibition [and thus cannot receive *malkus* for it].

According to the view *"he fulfilled it" and "he did not fulfill it,"* the transgressor must *fulfill* the positive commandment in order to avoid *malkus.* That is, the court warns the transgressor to fulfill the corrective positive commandment or suffer *malkus.* If he fulfills the positive commandment immediately, he avoids *malkus.* Otherwise, the court administers *malkus* to him, even though it is still possible for him to fulfill the positive commandment at a later time. This view understands the prohibition as having been fully violated immediately upon the transgression. The positive commandment is merely a means of substituting performance of that commandment for the penalty of *malkus.* But if the transgressor fails to fulfill the positive commandment upon being warned to do so by the court, the court administers *malkus* to him (*Rashi;* cf. *Tosafos* ד״ה הניחא).

32. By interpreting the otherwise superfluous words *all his days* as indicating a special positive commandment that the *oneiss* remarry his victim and not allow her divorce to remain "all his days," Rava and Ravin in effect grant him unlimited time to fulfill his positive commandment to remarry her (see above, note 25). For as long as he does not undertake an inviolable vow forbidding himself to remarry her, he can still remarry her and thereby make it that his divorce of her was not for all his days (see *Rashi*).

33. For according to that emendation of the Baraisa below, one does not incur *malkus* for violating a prohibition remedied by a positive commandment unless he actually nullifies the positive commandment (as explained in note 31).

34. *Tosafos* below (15b, end of ד״ה מידי הוא טעמא) find difficulty with this understanding of the Gemara's question (which is how *Rashi* understands it). Perhaps in general the transgressor incurs *malkus* if he fails to fulfill the positive commandment immediately, and only in the case of the *oneiss* is it different because the Torah states explicitly "all his days." See the resolutions offered there by *Tosafos, Pnei Yehoshua* and *Aruch LaNer.*

The foregoing is the explanation of this *sugya* according to the textual reading and explanation of *Rashi.* See, however, *Tosafos, Ramban* and *Ritva* at length. See also *Rabbeinu Chananel* here, *Rif* to *Chullin* 141a, and *Maggid Mishneh* to Rambam, *Hil. Shechitah* 13:1.

א) [לקמן טז.] תמורה ה., ב) רש"א מ"ז, ג) רש"א מ"ז, ד) [גיטין ל. תמורה ה.], ה) [לעיל יג: פסחים מא:], ו) [לקמן טז. חולין קמא.], ז) לא נמצא כן בכתוב וצ"ל ואל המקדש לא תבא וכן הביאו הרמב"ם בס' המצות מצות לא תעשה מצוה ע"ב ללאו יתירה [וע"ע תוס' חולין פא. סוף ד"ה פ: הנח למוסר], ח) [ועי' תוס' חולין פ: ד"ה הנח].

הגהות הב"ח

(א) גמרא במאי גמר מיניה (אי בק"ו וכו' אלא אמר רבא) תא"מ ונ"ב ס"א אי בק"ו איכא למיפרך מה למוציא שם רע שכן לא עשה מעשה אי במה מצינו איכא למפרך כדפרכינן אלא אמר רבא: (ב) תוס' ד"ה אם וכו' עשה שאינו שוה בכל הוא דהא: (ג) ד"ה הניחא וכו' קיימו ולא קיימו מאי איכא למימר:

גליון הש"ס

תוס' ד"ה אם וכו' דאתי עשה. עיין יבמות דף ה ע"א תוס' ד"ה ואכתי איצטריך:

תורה אור השלם

א) צַו אֶת בְּנֵי יִשְׂרָאֵל וִישַׁלְּחוּ מִן הַמַּחֲנֶה כָּל צָרוּעַ וְכָל זָב וְכֹל טָמֵא לָנָפֶשׁ: [במדבר ה, ב]

ב) מִזָּכָר עַד נְקֵבָה תְּשַׁלֵּחוּ אֶל מִחוּץ לַמַּחֲנֶה תְּשַׁלְּחוּם וְלֹא יְטַמְּאוּ אֶת מַחֲנֵיהֶם אֲשֶׁר אֲנִי שֹׁכֵן בְּתוֹכָם: [במדבר ה, ג]

ג) וְעָנְשׁוּ אֹתוֹ מֵאָה כֶסֶף וְנָתְנוּ לַאֲבִי הַנַּעֲרָה כִּי הוֹצִיא שֵׁם רָע עַל בְּתוּלַת יִשְׂרָאֵל וְלוֹ תִהְיֶה לְאִשָּׁה לֹא יוּכַל לְשַׁלְּחָהּ כָּל יָמָיו: [דברים כב, יט]

אמרו לו אמרת אמר להו לא אמר רבה האלהים אמרה וכתיבא ותנינא כתיבא א) וישלחו מן המחנה [וגו'] ב) ולא יטמאו את מחניהם תנינא הבא למקדש טמא אלא מאי טעמא קא הדר ביה משום דקשיא ליה אונס דתניא א) אונס שגירש אם ישראל הוא מחזיר ואינו לוקה אם כהן הוא לוקה ואינו מחזיר אם ישראל הוא מחזיר ואינו לוקה אמאי לא תעשה שקדמו עשה הוא ולילקי אמר עולא לא יאמר לו תהיה לאשה באונס וליגמר ממוציא שם רע ומה מוציא שם רע שלא עשה מעשה אמר רחמנא ג) ולו תהיה לאשה אונס לא כל שכן ב) (למה נאמר) אם אינו ענין לפניו תנהו ענין לאחריו שאם גירש יחזיר ואכתי אונס ממוציא שם רע לא גמר דאיכא למיפרך מה למוציא שם רע שכן לוקה ומשלם אלא לא יאמר לו תהיה לאשה במוציא שם רע וליגמר מאונס ומה אונס שאינו לוקה ומשלם אמר רחמנא ולו תהיה לאשה מוציא שם רע לא כל שכן ולמה נאמר אם אינו ענין למוציא שם רע תנהו ענין לאונס אם אינו ענין לפניו תנהו ענין לאחריו ומוציא שם רע מאונס נמי לא גמר דאיכא למיפרך מה לאונס שכן עשה מעשה אלא לא יאמר לו תהיה לאשה במוציא שם רע שהרי אשתו היא למה נאמר אם אינו ענין למוציא שם רע תנהו ענין לאונס ואם אינו ענין לפניו תנהו ענין לאחריו ואימא ואם אינו ענין לפניו דמוציא שם רע תנהו ענין לאחריו דידיה דלא לקי אין הכי נמי ואתי אונס וגמר מיניה (א) במאי גמר מיניה אי בקל וחומר אי במה מצינו איכא למיפרך ג) (כדפרכינן) מה למוציא שם רע שכן לא עשה מעשה אלא אמר רבא ד) כל ימיו בעמוד והחזר וכן כי אתא רבין א"ר יוחנן כל ימיו בעמוד והחזר א"ל רב פפא לרבא והא לא דמי לאויה ה) ללאו דחסימה א"ל משום דכתב ביה רחמנא עשה יתירא מגרע גרע אי הכי לאו שניתק לעשה נמי לימא משום דכתב ביה רחמנא עשה יתירא מגרע גרע א"ל ההוא לנתוקי לאו הוא דאתא הניחא למאן דאמר ו) ביטלו ולא ביטלו אלא למאן דאמר קיימו ולא קיימו מאי איכא למימר

מידי

רש"י

אמרו לו. אחרים ששמעוהו משמו ולא שמעוהו מפיו אמרת דבר זה: **אמר להם לא.** חזר בו: **כתיבא ותנינא.** מלינו כתוב לא תעשה שקדמו עשה ותנינן עליה דלוקין ולא סגי ליה בקיום העשה: **תנינא הבא אל המקדש טמא.** קא חשיב ליה באלו הן הלוקין: **משום דקשיא ליה אונס.** נערה בתולה דאשכחן ביה לא תעשה שקדמו עשה דכתיב (דברים כב) ולו תהיה לאשה לא יוכל לשלחה ותניא עלה שיקיים את העשה אם גירשה ויחזירנה ויפטור אלמא לאו שניתק לעשה חשיב ליה: **אם ישראל הוא.** שיכול לקיים העשה ויחזירנה מחזיר ואינו לוקה: **ואם כהן הוא.** שאסור בגרושה לוקה ואינו מחזיר: **ואמאי.** אם ישראל הוא מחזיר ואינו לוקה אם איתא לדרבי יוחנן הא לא תעשה שקדמו עשה הוא: **אמר עולא.** האי לאו שניתק לעשה הוא דאי לאו לנתוקי לאוי אתא האי עשה לא הוה מצטריך למכתביה דאי לתחלתו ולומר שישאנה לא יאמר לו תהיה לאשה ונגמר ממוציא שם רע דכתיב ביה נמי ולו תהיה לאשה לא יוכל לשלחה: **אם אינו ענין.** לפני הגירושין ולומר שישאנה תנהו ענין לאחר הגירושין [illegible] לאשה ויפטר מן הלאו: **ואכתי.** הא איצטריך למיכתביה ויהנו ענין לפניו דאי לא כתביה אונס ממוציא שם רע לא גמר דאנא אמינא מה למוציא שם רע דין הוא שיקנסוהו לכנסה שכן לוקה ומשלם בתחלתו כדכתיב ויסרו אותו וענשו אותו ואמרינן בכתובות (דף מו.) ויסרו זה מלקות: **מה אונס שאינו לוקה.** בתחלתו אמר רחמנא לו תהיה לאשה מוציא שם רע לא כל שכן: **ואם אינו ענין לפניו.** שהרי בעצמו כתוב כן תנהו ענין לאחריו: **שהרי אשתו היא.** שכבר קידשה ונשאה: **וגמר מיניה.** דכי היכי דמוציא שם רע לא לקי בגירושין אם החזיר אונס נמי לא לקי: **אי בק"ו.** מה מוציא שם רע שלוקה ומשלם בתחלתו אינו לוקה בגירושין אונס לא כל שכן: **אלא אמר רבא.** הא דתניא באונס מחזיר ואינו לוקה טעמא משום דעל כרחך לאו שניתק לעשה הוא דאמר קרא כל ימיו לא הוה ליה למיכתב אלא לא יוכל לשלחה מאי כל ימיו הכי קאמר לא תהא בשילוחיה כל ימיו אלא יחזירנה ועל כרחך עמוד והחזר קאמר והכי קאמר ולו תהיה לאשה אם שלחה שלא יהו שילוחיה לכל ימיו הרי העשה אחר העברת הלאו: **והא לא דמי לאויה.** הא דאמר ר' יוחנן לא תעשה שקדמו עשה לוקין עליו הא לא דמי לאויה ללאו דחסימה שאין בו עשה והוא סמוך לפרשת מלקות: **מיגרע גרע.** בתמיהה: **ההוא לנתוקי לאויה אתא.** עשה שאינו מתקיים אלא לאחר עברת הלאו לנתק את הלאו מעונש מלקות הוא בא: **הניחא למאן דתני בטלו ולא בטלו אלא למאן דתני קיימו ולא קיימו מאי איכא למימר.** הא דאמרת כל ימיו בעמוד והחזר קאי עשיתו לאו שניתק לעשה והרחבת לו זמן לקיום העשה כל ימיו ולדבריך הא דתניא מחזיר ואינו לוקה לעולם קאמר כל זמן שיכול לומר אני מחזיר אין ב"ד מלקין אותו הניחא למאן דתני לקמן בלאו הניתק לעשה בטל את העשה חייב על הלאו לא בטל את העשה פטור שהלאו תלוי בביטול העשה ואינו נגמר עד שיבטל את העשה בידים ביטול עולם שלא יוכל להתקיים עוד איכא למימר כל ימיו יש לו תקנה בחזרה שאין מבטל את העשה אלא א"כ מדירה שלא תהנה ממנו נדר שאין לו הפרה כדלקמן אלא למאן דתני קיים את העשה פטור לא קיימו חייב שהעשה תיקונו של לאו הוא ואין הלאו תלוי בביטול העשה שמשעה שעבר הלאו נגמר אבל העשה ניתן לעקור המלקות ולכשיבא לבית דין או יקיים העשה ויפטר או ילקה ליכא למימר כל ימיו בעמוד והחזר קאי כדקאמרת שאם לא יחזירנה מיד כשיבא לב"ד ילקוהו דהא ליכא למימר יקיים לאחר זמן דא"כ לא קיים היכי דמי לעולם הוא יכול לומר אני מקיים:

מידי

תוספות

תנינא הבא למקדש טמא. לוקה משום דלא הוי לאו הניתק לעשה לפי שקדמו עשה ללאו וא"ת דלמא שאני התם דאיכא תרי לאוי ולא יטמאו מחניהם ז) ולא יטמאו מקדשי ולא אתי חד עשה ועקר תרי לאוין דהכי משנינן בתמורה (דף ד: ושם) גבי המר ימיר דמשום הכי לא הוי לאו הניתק לעשה משום דאיכא תרי לאוין ולא עקר חד עשה תרי לאוין וי"ל דלא דמי דשאני התם דתרי לאוין סמוכין להדדי לא יחליפנו ולא ימיר אותו אבל הכא דאינן סמוכים אי איתא דלא קדמו עשה הוה ניתק ח):

אם כהן הוא לוקה ואינו מחזיר. וליכא למימר דאתי עשה ודחי לא תעשה (ב) ועשה שאינו שוה בכל דהא אי אמרה לא בעינא ליה ליכא עשה כלל:

כל ימיו בעמוד והחזר קאי. פירש בקונטרס דקאי אלא יוכל לשלחה כל ימיו שילוח שלא יהא כל ימיו ובפ' עשרה יוחסין (קדושין דף עח.) פירש דקאי אלו תהיה לאשה דלעיל דהכי קאמר תהיה לאשה כל ימיו כלומר שכל ימיו הוא בלו תהיה לאשה בעמוד והחזר:

הניחא למאן דתני בטלו ולא בטלו. פירש בקונטרס דקאי לשינויא דרבא דכל ימיו בעמוד והחזר ויש לו תקנה בהחזרה שאין מבטל העשה אלא אם כן הדירה דאז אינו יכול לומר עדיין אשאנה אלא למאן דתני קיימו (ג) מאי איכא למימר בכולי שמעתתא פירש הקונט' דקיימו היינו כשמזהירין אותו ב"ד לקיים העשה הוא מקיימו וקשה דאם כן מאי פריך דלמאן דאמר קיימו ולא קיימו אינו כל ימיו בעמוד והחזר הא שפיר משכחת לה דהוי בעמוד והחזר כל כמה דלא בא לב"ד לכך נראה דלא מיקרי קיימו

אלא

עין משפט נר מצוה

כב א מיי' פ"א מהל' נערה הל' ז סמג עשין נז טוש"ע אה"ע סי' קעז סעיף ג:

כל ימיו בעמוד והחזר קאי. לא יוכל לשלחה כל ימיו דמשמע דכל ימיו לא יוכל לשלחה דאם גירש יחזיר [תמורה ה.]: דהאי כל ימיו קרא יתירא הוא ובא ללמדך לא יוכל לשלחה ואם שלח לא יהא בשלוחה כל ימיו שב"ד כופין אותו להחזירה ואינו לוקה על שילוחו שנתקו הכתוב לעשה של עמוד והחזר [גיטין צ.].

כלאו דחסימה. שהוא מפרש איסורו וסמיכא ליה פרשת מלקות לעיל מיניה [פסחים מא:].

קיימו ולא קיימו. כל מצות ל"ת שיש בה קום עשה כגון זה שניתק הלאו לעשה דמשמע לא תקח ואם לקחת שלח קיים עשה שבה כשהתרו בו לא תקח ולקחה ושלחה בתוך כדי דיבור של התראה פטור ואע"פ שעבר על לא תקח דלכך נתקו לעשה לומר אם עברת על אזהרה זו עשה זה והפטר לא קיים עשה שבה תוך כדי דיבור דקיי"ל תכ"ד כדיבור דמי כי עבר על התראה חייב אפילו שלחה אחר זמן וכו'. **ביטלו ולא ביטלו.** בטל עשה שבה לגמרי שאין יכול לקיימו עוד כגון ששחטה חייב לא בטל עשה שבה כל זמן שלא שחטה אע"פ שלא שלח מיד כשהתרו בו פטור וכו' [חולין קמא.].

רבינו חננאל

כגון וישלחו מן המחנה כל צרוע וגו' הרי עשה אל מחוץ למחנה תשלחום ולא יטמאו את מחניהם הרי לא תעשה ולוקין עליו. וקשיא ליה לר' יוחנן אי הכי אמאי תניא אונס שגירש אם ישראל הוא מחזיר ואינו לוקה אם כהן הוא לוקה ואינו מחזיר ישראל מחזיר ואינו לוקה אמאי אינו לוקה לא תעשה שקדמו עשה הוא שנאמר ולו תהיה לאשה תחת אשר ענה לא יוכל שלחה כל ימיו. ובא עולא לפרק כי זה לא תעשה שניתק לעשה הוא דהאי ולו תהיה לאשה דכתב באונס אינו צריך לפניו דגמר ממוציא שם רע אלא לאחריו הוא דאתא שאם יגרש יחזור ויקחנה ולו תהיה לאשה לפיכך לא לקי. ודחי' להאי סברא הכי אונס ממוציא שם רע לא גמר דאיכא למיפרך כו'. אלא לא הוה צריך למכתב ולו תהיה לאשה במוציא שם רע שהרי כבר אשתו היא למה נאמר ללמד שאם גירש מוציא שם רע אחרי שלקה ונענש אינו לוקה אלא מחזירה בעל כרחו ודיו וגמר אונס ממוציא שם רע שמחזיר ואינו לוקה. ודחי' איכא למיפרך מה למוציא שם רע שכן לא עשה מעשה ופריק רבא למה אונס אינו לוקה משום דכל ימיו בעמוד והחזר קאי ומיתקן (דלאו) [הלאו] שבו וכן א"ר יוחנן. ואקשינן והא לא דמי לאו שקדמו עשה ללאו דחסימה. ומתמהינן משום דכתב עשה יתירא גרע ליה. ואקשי' אי הכי לאו שניתק לעשה נמי נימא הכי משום דכתב ביה גבי נותר לא תותירו ממנו עד בקר והדר כתב והנותר ממנו עד בקר באש תשרופו מיגרע גרע. ופרקינן האי והנותר ממנו עד בקר לתקוניה ללאויה הוא דאתא. כלומר אם עבר והותיר ישרפנו בבקר ודיו. ואמרינן הא ניחא למאן דתני כל מצות לא תעשה שיש בה קום עשה קיים עשה שבה פטור לא קיים חייב א) היינו דאיכא למימר לתקוניה לאוי הוא דאתא אלא למאן דתני ביטלו חייב כגון שהאכיל הנותר לכלבים הוא דחייב דהא לא אפשר למישרפיה אבל ג) הכא אם הנותר כמות שהוא אע"פ שלא שרפו אינו חייב מאי איכא למימר ופרקינן

מאן

חשק שלמה על ר"ח א) גירסת רבינו בכל הסוגיא להיפך מגירסת רש"י וע' רמב"ן וריטב"א: ג) כ"ה גם בערוך ערך קם אבל נראה לכאורה דט"ס הוא וצ"ל אבל הניח את הנותר. וע' רמב"ם בפי' המשנה ובחיבורו שמפרש דאיכא בינייהו אם לא ביטל בידים רק ממילא ע"ש:

מידי הוא טעמא אלא לרבי יוחנן האמר ליה רבי יוחנן לתנא תני בטלו חייב (א) ולא בטלו פטור דתני תנא קמיה דרבי יוחנן כל מצות לא תעשה שיש בה קום עשה קיים עשה שבה פטור ביטל עשה שבה חייב א"ל מאי קא אמרת קיים פטור לא קיים חייב ביטל חייב לא ביטל פטור תני [א]ביטלו ולא ביטלו ורבי שמעון בן לקיש אומר קיימו ולא קיימו במאי קא מיפלגי [א]בהתראת ספק קא מיפלגי מר סבר התראת ספק [ב]שמה התראה ומר סבר התראת ספק [ג]לא שמה התראה ואזדו לטעמייהו [ג]דאיתמר שבועה שאוכל ככר זה היום ועבר היום ולא אכלה רבי יוחנן ור"ל דאמרי תרוייהו אינו לוקה רבי יוחנן אומר [ג]אינו לוקה משום

אלא דוקא כשמקיים העשה אחר שעבר הלאו בתוך כדי דיבור וכן פי' הקונטרס בפרק שילוח הקן (חולין דף קמא.) ומיהו קצת קשה דא"כ צריך לפרש הא דקתני מחזיר ואינו לוקה שמחזיר מיד בתוך כדי דיבור אחר הגירושין וכן המשלח ואינו לוקה ולא משמע הכי כלל דהא משמע דמהדר אתקנתא היאך יפטר ממלקות שיחזיר או ישלח ואפי' אחר כדי דיבור נמי (ד) משמע שבא לשאול עליו לבית דין אם יש לו תקנה דאי דוקא בתוך כדי דיבור הכי הוה ליה למימר אם החזיר אינו לוקה ושמא יש ליישב פירוש הקונטרס דשמעתין (ה) דהכא ליכא למימר דשפיר הוי כל ימיו בעמוד והחזר דמשמע לעולם אף כשבא לב"ד כל זמן שבידו להחזיר אפילו מיאן להחזיר כשבא לב"ד דהא דרשינן ליה מיתורא דכל ימיו דהכי קאמר לא יוכל לשלחה שילוחין שיהו שילוחיה כל ימיו דהיינו באינו מחזיר כלל:

[ז] **מידי** הוא טעמא אלא לר' יוחנן הא אמר ליה רבי יוחנן לתנא תני ביטלו חייב לא ביטלו פטור. משמע אבל רבי שמעון בן לקיש דאית ליה קיימו ולא קיימו לית ליה תירוצא דבעמוד והחזר קאי דדריש כל ימיו תהיה לו לאשה ולא ישלחנה וא"ת לילקי גם כי החזירה דהאי אינו לאו הניתק לעשה הוא שקדמו עשה ללאו לריש לקיש דלית ליה דרשה דעמוד והחזר קאי ופי' בקונטרס דלריש לקיש לאו שקדמו לעשה ולאו שניתק לעשה שוין ואין לוקין עליו אלא יקיים העשה מיד כשיזהירו לו בית דין להחזירה וקשה לריש לקיש דסבירא ליה לאו שניתק לעשה ולאו שקדמו עשה שוין טמא שבא אל המקדש דמתני' אמאי לקי הרי הוא ניתק לעשה ויקיים העשה כשיזהירו לו ב"ד לצאת מן המקדש כיון דאית ליה לאו שקדמו עשה (ו) אין לוקין עליו וי"ל דמיירי שמזהירין אותו לצאת ואומר שלא יצא ומיד לקי לריש לקיש דסבר קיימו ולא קיימו וא"ת א"כ מאי פריך לעיל כתיבא ותנינא תנינא טמא שבא אל המקדש דלקי ואמאי לא דחי אותה דכי נמי לאו שקדמו (ז) לעשה אין לוקין הכא לקי כשמזהירין לו ב"ד לצאת והוא אומר שלא יצא ויש לומר דהאי טעמא דפרישנא לא שייך אלא לריש לקיש דאמר קיימו ולא קיימו אבל הכא דמייתי תנינא היינו אליבא דר' יוחנן דאית ליה ביטלו ולא ביטלו וא"כ כי נמי מזהירין (ח) לא יצא ולא מיחייב כיון דעדיין לא ביטל ודוחק הוא האי תירוצא ולכך פי' הר"ר שלמה מדרוי"ש הניחא למ"ד ביטלו קאי אאתקפתא דלעיל דדייק ממתני' דהטמא הבא אל מקדש דלאו שהקדימו (ט) לעשה לוקין דאי אין לוקין דמשום שניתק לעשה וכל כמה שלא בטלו חשיב ניתק כל כמה שבידו וא"כ כיון שאם ירצה לצאת היאך לקי הא לא משכחת ביטלו אלא למ"ד תני קיימו ולא קיימו א"כ היכי דייק לאו שקדמו לעשה לוקין עליו כי נמי אין לוקין משום דחשיב ניתק לעשה הכא לוקין דמשכחת ליה לא קיימו משנכנס למקדש טמא והזהירו לו שילא ואינו יוצא ועוד ראיה להאי פירושא דקאי לעיל כדפי' דאי כפ"ה דפי' דקאי אעמוד והחזר קשה דכיון דכל ימיו דרשינן כל ימיו בעמוד והחזר קאי א"כ מאי פריך למ"ד קיימו נהי דבשאר לאו הניתק לעשה לקי בשלא קיימו כשיזהירו ב"ד מ"מ הכא גלי קרא דלא לקי כשלא קיימו כיון דהוה בעמוד והחזר כל ימיו ומיהו י"ל דלא מיסתברא ליה להעדיפו משאר לאו הניתק לעשה שבש"ס משום דדרשינן ביה כל ימיו. כך הקשה מהי"ח ותירץ ונ"ע: **במאי** קא מיפלגי בהתראת ספק דרבי יוחנן אית ליה שמה התראה וריש לקיש אית ליה לאו שמה התראה. (י) ופי' לכך לא תני ריש לקיש בטלו חייב כגון שלקח האם מעל הבנים ושחטה דלא לקי משום דהוי התראת ספק ושמא לא יבטל העשה וכל אימת דלא ביטל עשה פטור ולא לקי [ה]והוי משכחת ליה התראת ודאי כגון שהתרו בו בשעה שמבטל ותי' רש"י דלעולם בעינן התראה בשעה שעובר על אזהרתו ואפילו היא תלויה בדבר כדאמרינן בשבועות (דף כח:) גבי שמעתא דככרות ולכך לא מצי אמר רשב"ל בטלו ולא בטלו ולכך אמר קיימו פטור לא קיימו חייב וא"ת (כ) לא קיים שילוח האם כשבית דין הזהירו לו לא לילקי דבשעה שעבר התראת ספק היא דשמא יקיים העשה וישלחנה תכף לאחר שנטלה וי"ל דהשתא מיהא עובר בלא תקח האם דהא לא קרי מחוסר מעשה וא"כ יש לנו לומר שלא יקיימנה אם הוא עושה לעולם מה שהוא עושה עתה שלא משלחה שעובר בלאו ואינו מקיים העשה °דהכי נמי אמרינן בנזיר שהיה שותה דלוקה על כל אחת (לקמן דף כא.) דלא הוי התראת ספק משום דשמא ישאל על נזירותו משום דכיון שהוא עומד הוא עובר ויש לנו לומר שמעולם יעמוד כמו שהוא עכשיו ולא ישאל לחכם לעולם והלכך לקי כל כמה דלא שאל ושפיר הוי התראת ודאי הכא נמי יש לנו לומר דלעולם לא יקיים העשה והוי התראת ודאי אבל לרבי יוחנן דתלי מלקות בביטול העשה הוי ליה מחוסר מעשה דכל אימת דלא עשה שום דבר ולא ביטל שום דבר לא ילקה ופ"ה קשה להבין והשתא לא מפרש הש"ס טעמא אמאי לא אמר ר' יוחנן קיימו ולא קיימו כריש לקיש דודאי בטלו ולא בטלו מסתברא טפי ולא הולרך לומר טעמא אלא (ל) רשב"ל אמאי לא אמר כר' יוחנן: **ועבר** היום ולא אכלה רשב"ל אומר פטור דהוי התראת ספק. ואם תאמר למאי דפרישית דאי עומד לעולם כאשר הוא עושה עכשיו עובר ולא הוי התראת ספק א"כ הכא נמי לא הוי התראת ספק ויש לומר (מ) מ"מ אינו [י]מתחייב עדיין סמוך להתראה לעבור דלוקה גבי נזיר ששתה יין מיד ועובר מיד אמרינן דיש לנו לומר שלא ישאל כאשר אינו נשאל עכשיו:

מידי הוא טעמא אלא לרבי יוחנן. מי הולרך לדרוש כל ימיו בעמוד והחזר ר' יוחנן שאמר לא תעשה שקדמו עשה לוקין עליו וקשיא ליה אונס שגירש דקתני אינו לוקה והולרך לעשותו לאו שניתק לעשה: האמר ליה רבי יוחנן לתנא. לקמן תני בטלו חייב לא בטלו פטור אבל ר"ל דתני קיימו ולא קיימו לא דריש ליה לעמוד והחזר אלא לפני הגירושין לומר כל ימיו תהיה לו לאשה ולא ישלחנה ולדידיה לאו שקדמו עשה ולאו שניתק לעשה שוין ואין לוקין עליהן אלא יקיים העשה מיד כשיזהירוהו ב"ד להחזיר: א"ל מאי קאמרת. אי בקיים תיתני פטור בלא קיים תיתני חייב ואע"פ שלא ביטל ואי בביטל תיתני חיובא על כרחך תיתני פטורא בלא ביטל ואע"פ שלא קיים: ה"ג תני בטלו ולא בטלו. בטל עשה שבה חייב לא בטל עשה שבה פטור: קיימו ולא קיימו. קיימו פטור לא קיימו כשאומרין לו קיים מלקין אותו ורבי יוחנן מוקים לה למתניתין בלאו הניתק לעשה דאילו בלאו שקדמו עשה סבירא ליה דלוקין ולריש לקיש בין ניתק בין קדמו עשה שוין: רבי יוחנן סבר התראת ספק שמה התראה. ואע"ג דכל לא תעשה שניתק לעשה לדבריו התראת ספק היא שהרי כשעובר על הלאו צריך להתרות בו והוא אמר שגמר הלאו בביטול העשה תלוי וכשמתרין בו אל תגרש ספק הוא שמא לא יבטל את העשה להדירה בהנאה ולכשידירה ויבטלנו קאמר דלקי אלמא התראת ספק שמה התראה: וריש לקיש סבר התראת ספק לא שמה התראה. הלכך אם היה גמר הלאו תלוי בביטול העשה לא היה לוקה עליו אלא הלאו משגירש נגמר והויא לה התראת ודאי והעשה ניתן להיות תחת המלקות ולכשיבא לבית דין או יקיים או ילקה ואי קשיא לרבי יוחנן נמי איכא למימר (ב) בהתראת ודאי ויתרו בו כשבא לבטל את העשה שהוא עקירת הלאו לעולם התראה בשעה שעובר על אזהרתו בעינן ואפילו היא תלויה בדבר אחר כדאמרינן בשבועות (דף כח:) שבועה שלא אוכל ככר זו אם אוכל זו אכליה לתנאיה והדר אכליה לאיסוריה התראת ודאי היא אכליה לאיסוריה והדר אכליה לתנאיה הויא התראת ספק אלמא התראה בשעת איסור בעינן ואע"פ שאין הלאו נגמר עד שיאכל את של תנאי: דאמרי תרוייהו אינו לוקה. ומיהו טעמיה דמר לאו כי טעמיה דמר: אוכל ולא אכל. עבר על שבועתו כשהוא יושב (ג) ובטל ואין כאן מעשה והתראת ספק נמי הויא שהרי תלה זמן לשבועתו כל היום:

אי

עין משפט נר מצוה

כג א מיי' פט"ז מהל' סנהדרין הלכה ד סמג עשין קה וע"ש בכ"מ ובפ' י"ח שם הלכה ג:
כד ב מיי' שם פט"ז הלכה ד ופ"ה מהל' שבועות הלכה ג וע"ש בכ"מ:
כה ג מיי' פ"ד מהל' שבועות הלכה כ:

רבינו חננאל

מאן תני כל לא תעשה שקדמו עשה לוקין עליו ר' יוחנן האמר ר' יוחנן לתנא תני קיימו ולא קיימו. וריש לקיש אמר בטלו ולא בטלו במאי פליגי בהתראת ספק כגון שלקח האם על הבנים ומתרין בו לא תקחנה ריש לקיש אמר כגון זו התראת ספק היא שיתכן לו אחרי שיקחנה ישלחנה והיכי היא התראת ודאי כגון שבא לשחטה והתרו בו אם תשחט אותה תלקה ושחטה ור' יוחנן אמר אפילו התראה בלקיחה שמה התראה. ואזדו לטעמייהו דאיתמר שבועה שאוכל ככר זה היום ועבר היום ולא אכלה ר' יוחנן ור' שמעון בן לקיש דאמרי תרוייהו אינו לוקה ר' יוחנן אמר אינו לוקה כו'.

ליקוטי רש"י

התראת ספק. ספק אם יעבור על התראה אם לאו שיכול לומר עדיין יש שהות ביום ואין המתרה יכול לכוין שיעבור היום בתוך כדי דיבור של התראה [שבועות כא.].

דאמרי תרווייהו אינו לוקה. ומ"מ חולקין בטעמו של דבר טעמא דיהיב מר לא יהיב מר ומר לית ליה טעמא דמר ולקמן מפרש פלוגתייהו [שבועות ג:].

שבועה שאוכל ככר זה היום וכו' התראת ספק. וכי מתריה ביה אכלהו היום פן תעבור על השבועה שמא יעבור שמא לא יעבור על התראתו דעדיין יש שהות ביום [פסחים סג:].

מסורת הש"ס

א) שבועות כא., ב) [חולין פא.], ג) פסחים סג: שבועות ג: כא. תמורה ג., ד) לפי הרש"ל הד"א, ה) רש"א וא"ת הא משכחת, ו) רש"א מתחיל.

הגהות הב"ח

(א) גמ' בטלו חייב לא כצ"ל ואות ו' נמחק: (ב) רש"י ד"ה וריש לקיש וכו' איכא למימר בה התראת ודאי: (ג) ד"ה אוכל וכו' יושב בטל כצ"ל ואות ו' נמחק: (ד) תוס' ד"ה (בע"א) הניחא וכו' אחר כדי דבור נמי דהלשון משמע שבא לשאול: (ה) בא"ד פי' הקונטרס דשמעתין דליכא למימר הא דקאמר הכא דהוי כל ימיו בעמוד והחזר משמע שפיר לעולם אף כשבא לב"ד כצ"ל והד"א עם ד"ה מידי הוא וכו' דלריש לקיש לאו שקדמו עשה כצ"ל ואות למ"ד נמחק: (ו) בא"ד שקדמו עשה נמי אין לוקין עליו וי"ל: (ז) בא"ד דכי נמי לאו שקדמו עשה אין: (ח) בא"ד וא"כ כי נמי מזהירין לו ב"ד שילא ולא יצא לא מחייב: (ט) בא"ד דלאו שהקדימו עשה לוקין דאי אין לוקין משום שניתק וכו' א"כ כיון שאם ירצה לצאת יצא היאך לקי וכו' היכי דייק לאו שקדמו עשה וכו' דקאי אדלעיל כדפי': (י) ד"ה במאי וכו' לאו שמה התראה פי' ולכך לא תני וכו' האם מעל הבנים ואח"כ שחטה דהתם לא לקי משום דהוי התראת ספק דשמא לא יבטל העשה וכל אימת דלא ביטל עשה פטור ואי קשיא אמאי לא לקי הא משכחת ליה וכו' שמבטלו תי' רש"י: (כ) בא"ד וא"ת כי לא קיים נמי שילוח האם כשב"ד הזהירו לו אמאי לילקי וכו' וי"ל כיון דהשתא מיהא וכו' א"כ יש לנו לומר שלא יקיימנה אח"כ אלא הוא עושה לעולם וכו' והכי נמי אמרינן וכו' כל אחת ואחת דלא הוי התראת ספק דשמא ישאל על נזירותו משום דהוי דבשעה שהוא עומד עכשיו הוא עובר ויש לנו לומר שלעולם יעמוד כמו שהוא עכשיו וכו': (ל) בא"ד אלא רשב"ל אמאי: (מ) ד"ה ועבר וכו' וי"ל דמ"מ אינו מתחייב כיון דסמוך להתראה עדיין לא עבר דלוקה גבי נזיר ששתה יין ועובר מיד אמרינן דיש:

גליון הש"ס

תוס' ד"ה במאי וכו' דה"נ אמרינן בנזיר. עי' שבת דף ע"א תוס' ד"ה קרס. גיטין דף לג ע"א תוס' ד"ה ואפקעינהו:

אמרו לו אמרת אמר להו לא אמר רבה האלהים אמרה וכתיבא ותנינא כתיבא א) וישלחו מן המחנה [וגו׳] ב) ולא יטמאו את מחניהם תנינא הבא למקדש טמא אלא מאי טעמא קא הדר ביה משום דקשיא ליה אונס דתניא א) [א] אונס שגירש אם ישראל הוא מחזיר ואינו לוקה אם כהן הוא לוקה ואינו מחזיר אם ישראל הוא מחזיר ואינו לוקה אמאי לא תעשה שקדמו עשה הוא ולילקי אמר עולא לא יאמר לו תהיה לאשה באונס וליגמר ממוציא שם רע ומה מוציא שם רע שלא עשה מעשה אמר רחמנא ג) ולו תהיה לאשה אונס לא כל שכן ג) (למה נאמר) אם אינו ענין לפניו תנהו ענין לאחריו שאם גירש יחזיר ואכתי אונס ממוציא שם רע לא גמר דאיכא למיפרך מה למוציא שם רע שכן לוקה ומשלם אלא לא יאמר לו תהיה לאשה במוציא שם רע וליגמר מאונס ומה אונס שאינו לוקה ומשלם אמר רחמנא ולו תהיה לאשה מוציא שם רע לא כל שכן ולמה נאמר אם אינו ענין למוציא שם רע תנהו ענין לאונס אם אינו ענין לפניו תנהו ענין לאחריו ומוציא שם רע מאונס נמי לא גמר דאיכא למיפרך מה לאונס שכן עשה מעשה אלא לא יאמר לו תהיה לאשה במוציא שם רע שהרי אשתו היא למה נאמר אם אינו ענין למוציא שם רע תנהו ענין לאונס ואם אינו ענין לפניו תנהו ענין לאחריו ואימא ואם אינו ענין לפניו דמוציא שם רע תנהו ענין לאחריו דידיה דלא לקי אין הכי נמי ואתי אונס וגמר מיניה במאי גמר מיניה (א) אי בקל וחומר אי במה מצינו איכא למיפרך ג) (כדפרכינן) מה למוציא שם רע שכן לא עשה מעשה אלא אמר רבא ד) כל ימיו בעמוד והחזר וכן כי אתא רבין א״ר יוחנן כל ימיו בעמוד והחזר א״ל רב פפא לרבא והא לא דמי לאויה ה) ללאו דחסימה א״ל משום דכתב ביה רחמנא עשה יתירא מגרע גרע אי הכי לאו שניתק לעשה נמי לימא משום דכתב ביה רחמנא עשה יתירא מגרע גרע א״ל ההוא לנתוקי לאו הוא דאתא הניחא למאן דאמר ו) ביטלו ולא ביטלו אלא למאן דאמר קיימו ולא קיימו מאי איכא למימר

מידי

רש״י

אמרו לו. אחרים ששמעוהו משמו ולא שמעוהו מפיו אמרת דבר זה: אמר להם לא. חזר בו: כתיבא ותנינא. מצינו כתוב לא תעשה שקדמו עשה ותנינן עליה דלוקין ולא סגי ליה בקיום העשה: תנינא הבא אל המקדש טמא. קא חשיב ליה באלו הן הלוקין: משום דקשיא ליה אונס. נערה בתולה דאשכחן ביה לא תעשה שקדמו עשה דכתיב (דברים כב) ולו תהיה לאשה לא יוכל לשלחה ותניא עלה שיקיים את העשה אם גירשה ויחזירנה ויפטור אלמא לאו שניתק לעשה חשיב ליה: אם ישראל הוא. שיכול לקיים העשה ויחזירנה מחזיר ואינו לוקה: ואם כהן הוא. שאסור בגרושה לוקה ואינו מחזיר: ואמאי. אם ישראל הוא מחזיר ואינו לוקה אם איתא לדרבי יוחנן הא לא תעשה שקדמו עשה הוא: אמר עולא. האי לאו שניתק לעשה הוא דאי לאו לנתוקי לאוי אתא האי עשה לא הוה מצטריך למכתביה דאי לתחלתו ולומר שישאנה לא יאמר לו תהיה לאשה ונגמר ממוציא שם רע דכתיב ביה נמי ולו תהיה לאשה לא יוכל לשלחה: אם אינו ענין. לפני הגירושין ולומר שישאנה תנהו ענין לאחר הגירושין לומר שאם שלחה יחזירנה ותהיה לו לאשה ויפטר מן הלאו: ואכתי. הא איצטריך למיכתביה וישנו ענין לפניו דאי לא כתביה אונס ממוציא שם רע לא גמר דאנא אמינא מה למוציא שם רע דין הוא שיקנסוהו לכנסה שכן לוקה ומשלם בתחלתו כדכתיב ויסרו אותו וענשו אותו ואמרינן בכתובות (דף מו.) ויסרו זה מלקות: מה אונס שאינו לוקה. בתחלתו אמר רחמנא לו תהיה לאשה מוציא שם רע לא כל שכן: ואם אינו ענין לפניו. שהרי בעצמו כתוב כן תנהו ענין לאחריו: שהרי אשתו היא. שכבר קידשה ונשאה: וגמר מיניה. דכי היכי דמוציא שם רע לא לקי בגירושין אם החזיר אונס נמי לא לקי: אי בק״ו. מה מוציא שם רע שלוקה ומשלם בתחלתו אינו לוקה בגירושין אונס לא כל שכן: אלא אמר רבא. הא דתניא באונס מחזיר ואינו לוקה טעמא משום דעל כרחך לאו שניתק לעשה הוא דאמר קרא כל ימיו לא הוה ליה למיכתב אלא לא יוכל לשלחה מאי כל ימיו הכי קאמר לא תהא בשילוחיה כל ימיו אלא יחזירנה ועל כרחך עמוד והחזר קאמר והכי קאמר ולו תהיה לאשה אם שלחה שלא יהו שילוחיה לכל ימיו הרי העשה אחר העברת הלאו: והא לא דמי לאויה. הא דאמר ר׳ יוחנן לא תעשה שקדמו עשה לוקין עליו הא לא דמי לאויה ללאו דחסימה שאין בו עשה והוא סמוך לפרשת מלקות: מיגרע גרע. בתמיהה: ההוא לנתוקי לאויה אתא. עשה שאינו מתקיים אלא לאחר עברת הלאו לנתק את הלאו מעונש מלקות הוא בא: הניחא למאן דתני בטלו ולא בטלו אלא למאן דתני קיימו ולא קיימו מאי איכא למימר. הא דאמרת כל ימיו בעמוד והחזר קאי עשיתו לאו שניתק לעשה והרחבת לו זמן לקיום העשה כל ימיו ולדבריך הא דתניא מחזיר ואינו לוקה לעולם קאמר כל זמן שיכול לומר אני מחזיר אין ב״ד מלקין אותו הניחא למאן דתני לקמן בלאו הניתק לעשה בטל את העשה חייב על הלאו לא בטל את העשה פטור שהלאו תלוי בביטול העשה ואינו נגמר עד שיבטל את העשה בידים ביטול עולם שלא יוכל להתקיים עוד איכא למימר כל ימיו יש לו תקנה בחזרה שאין מבטל את העשה אלא א״כ מדירה שלא תהנה ממנו נדר שאין לו הפרה כדלקמן אלא למאן דתני קיים את העשה פטור לא קיימו חייב שהעשה תיקונו של לאו הוא ואין הלאו תלוי בביטול העשה שמשעה שעבר הלאו נגמר אבל העשה ניתן לעקור המלקות ולכשיבא לבית דין או יקיים העשה ויפטר או ילקה ליכא למימר כל ימיו בעמוד והחזר קאי כדקאמרת שאם לא יחזירנה מיד כשיבא לב״ד ילקוהו דהא ליכא למימר יקיים לאחר זמן דא״כ לא קיים היכי דמי לעולם הוא יכול לומר אני מקיים:

מידי

תוספות

תנינא הבא למקדש טמא. לוקה משום דלא הוי לאו הניתק לעשה לפי שקדמו עשה ללאו וא״ת דלמא שאני התם דאיכא תרי לאוי ולא יטמאו מחניהם ח) ולא יטמאו מקדשי ולא אתי חד עשה ועקר תרי לאוין דהכי משנינן בתמורה (דף ד: ושם) גבי המר ימיר דמשום הכי לא הוי לאו הניתק לעשה משום דאיכא תרי לאוין ולא עקר חד עשה תרי לאוין וי״ל דלא דמי דשאני התם דתרי לאוין סמוכין להדדי לא יחליפנו ולא ימיר אותו אבל הכא דאינן סמוכים אי איתא דלא קדמו עשה הוה ניתק ט):

אם כהן הוא לוקה ואינו מחזיר. וליכא למימר ° דאתי עשה ודחי לא תעשה (ב) ועשה שאינו שוה בכל דהא אי אמרה לא בעינא ליה ליכא עשה כלל:

כל ימיו בעמוד והחזר קאי. פירש בקונטרס דקאי אלא יוכל לשלחה כל ימיו שילוח שלא יהא כל ימיו ובפ׳ עשרה יוחסין (קדושין דף עח.) פירש דקאי אלו תהיה לאשה דלעיל דהכי קאמר תהיה לאשה כל ימיו כלומר שכל ימיו הוא בלו תהיה לאשה בעמוד והחזר:

הניחא למאן דתני בטלו ולא בטלו. פירש בקונטרס דקאי לשינויא דרבא דכל ימיו בעמוד והחזר ויש לו תקנה בהחזרה שאין מבטל העשה אלא אם כן הדירה דאז אינו יכול לומר עדיין אשאנה אלא למאן דתני קיימו (ג) מאי איכא למימר בכולי שמעתא פירש הקונט׳ דקיימו היינו כשמזהירין אותו ב״ד לקיים העשה הוא מקיימו וקשה דאם כן מאי פריך דלמאן דאמר קיימו ולא קיימו אינו כל ימיו בעמוד והחזר הא שפיר משכחת לה דהוי בעמוד והחזר כל כמה דלא בא לב״ד לכך נראה דלא מיקרי קיימו

אלא

מסורת הש״ס

א) [לקמן טז.] תמורה ה., ב) רש״א מ״ז, ג) רש״א מ״ז, ד) [גיטין ל. תמורה ה.], ה) [לעיל יג: פסחים מא:], ו) [לקמן טז. חולין קמא.], ז) לא נמצא כן בכתוב וצ״ל ואל המקדש לא תבא וכן הביאו הרמב״ם בס׳ המצות מצות לא תעשה מצוה ע״ב ללאו יתירה [וע״ע תוס׳ חולין פא. סוף ד״ה פ: הנח למחוסר], ח) [ועי׳ תוס׳ חולין פ: ד״ה הנח].

הגהות הב״ח

(א) גמרא במאי גמר מיניה (אי בק״ו וכו׳ אלא אמר רבא) תא״מ ונ״ב ס״א אי בק״ו איכא למיפרך מה למוציא שם רע שכן לא עשה מעשה אי במה מצינו איכא למפרך כדפרכינן אלא אמר רבא: (ב) תוס׳ ד״ה אם וכו׳ דעשה שאינו שוה בכל הוא דהא: (ג) ד״ה הניחא וכו׳ קיימו ולא קיימו מאי איכא למימר:

גליון הש״ס

תוס׳ ד״ה אם וכו׳ דאתי עשה. עיין יבמות דף ה ע״א תוס׳ ד״ה ואכתי איצטריך:

תורה אור השלם

א) צַו אֶת בְּנֵי יִשְׂרָאֵל וִישַׁלְּחוּ מִן הַמַּחֲנֶה כָּל צָרוּעַ וְכָל זָב וְכֹל טָמֵא לָנָפֶשׁ: [במדבר ה, ב]

ב) מִזָּכָר עַד נְקֵבָה תְּשַׁלֵּחוּ אֶל מִחוּץ לַמַּחֲנֶה תְּשַׁלְּחוּם וְלֹא יְטַמְּאוּ אֶת מַחֲנֵיהֶם אֲשֶׁר אֲנִי שֹׁכֵן בְּתוֹכָם: [במדבר ה, ג]

ג) וְעָנְשׁוּ אֹתוֹ מֵאָה כֶסֶף וְנָתְנוּ לַאֲבִי הַנַּעֲרָה כִּי הוֹצִיא שֵׁם רָע עַל בְּתוּלַת יִשְׂרָאֵל וְלוֹ תִהְיֶה לְאִשָּׁה לֹא יוּכַל לְשַׁלְּחָהּ כָּל יָמָיו: [דברים כב, יט]

עין משפט נר מצוה

כב א מיי׳ פ״א מהל׳ נערה הל׳ ז סמג עשין נז טוש״ע אה״ע סי׳ קעז סעיף ג:

ליקוטי רש״י

כל ימיו בעמוד והחזר קאי. לא יוכל לשלחה כל ימיו דמשמע דכל ימיו לא יוכל לשלחה דאם גירש יחזיר [תמורה ה.]: דהאי כל ימיו קרא יתירא הוא ובא ללמדך לא יוכל לשלחה ואם שלח לא יהא בשלוחה כל ימיו שבי״ד כופין אותו להחזירה ואינו לוקה על שילוחו שנתקו הכתוב לעשה של עמוד והחזר [גיטין צ.].

כלאו דחסימה. שהוא מפרש איסורו וסמיכא ליה פרשת מלקות לעיל מיניה [פסחים מא:].

קיימו ולא קיימו. כל מצות ל״ת שיש בה קום עשה כגון זה שניתק הלאו לעשה דמשמע לא תקח ואם לקחת שלח קיים עשה שבה כשהתרו בו לא תקח ולקחה ושלחה בתוך כדי דיבור של התראה פטור ואע״פ שעבר על לא תקח דלכך נתקו לעשה לומר אם עברת על אזהרה זו עשה זה והפטר לא קיים עשה שבה תוך כדי דיבור דקיי״ל תכ״ד כדיבור דמי כי עבר על התראה חייב אפילו שלחה אחר זמן וכו׳. ביטלו ולא ביטלו. בטל עשה שבה לגמרי שאין יכול לקיימו עוד כגון ששחטה חייב לא בטל עשה שבה כל זמן שלא שחטה אע״פ שלא שלח מיד כשהתרו בו פטור וכו׳ [חולין קמא.].

רבינו חננאל

כגון וישלחו מן המחנה כל צרוע וגו׳ הרי עשה אל מחוץ למחנה תשלחום ולא יטמאו את מחניהם הרי לא תעשה ולוקין עליו. וקשיא ליה לר׳ יוחנן אי הכי אמאי תניא אונס שגירש אם ישראל הוא מחזיר ואינו לוקה אם כהן הוא לוקה ואינו מחזיר ישראל מחזיר ואינו לוקה אמאי אינו לוקה לא תעשה שקדמו עשה הוא שנאמר ולו תהיה לאשה תחת אשר ענה לא יוכל שלחה כל ימיו. ובא עולא לפרק כי זה לא תעשה שניתק לעשה הוא דהאי ולו תהיה לאשה דכתב באונס אינו צריך לפניו דגמר ממוציא שם רע אלא לאחריו הוא דאתא שאם יגרש יחזור ויקחנה ולו תהיה לאשה לפיכך לא לקי. ודחי׳ להאי סברא הכי אונס ממוציא שם רע לא גמר דאיכא למיפרך כו׳. אלא לא הוה צריך למכתב ולו תהיה לאשה במוציא שם רע שהרי כבר אשתו היא למה נאמר ללמד שאם גירש מוציא שם רע אחרי שלקה ונענש אינו לוקה אלא מחזירה בעל כרחו ודיו וגמר אונס ממוציא שם רע שמחזיר ואינו לוקה. ודחי׳ איכא למיפרך מה למוציא שם רע שכן לא עשה מעשה תאמר באונס שעשה מעשה ופריק רבא למה אונס אינו לוקה משום דכל ימיו בעמוד והחזר קאי ומיתקן (דלאו) [הלאו] שבו וכן א״ר יוחנן. ואקשינן והא לא דמי לאו שקדמו עשה ללאו דחסימה. ומתמהינן משום דכתב עשה יתירא גרע ליה. ואקשי׳ אי הכי לאו שניתק לעשה נמי נימא הכי משום דכתב ביה גבי נותר לא תותירו ממנו עד בקר והדר כתב והנותר ממנו עד בקר באש תשרופו מיגרע גרע. ופרקינן האי והנותר ממנו עד בקר לתקוניה ללאויה הוא דאתא. כלומר אם עבר והותיר ישרפנו בבקר ודיו. ואמרינן הא ניחא למאן דתני כל מצות לא תעשה שיש בה קום עשה קיים עשה שבה פטור לא קיים חייב היינו דאיכא למימר לתקוניה לאוי הוא דאתא אלא למאן דתני ביטלו ולא ביטלו כגון שהאכיל הנותר לכלבים הוא דחייב אבל אם אפשר למישרפיה אבל ב) הכא אם הנותר כמות שהוא אע״פ שלא שרפו אינו חייב מאי איכא למימר ופרקינן מאן

חשק שלמה על ר״ח א) גירסת רבינו בכל הסוגיא להיפך מגירסת רש״י וע׳ רמב״ן וריטב״א: ב) כ״ה גם בערוך ערך קס אבל נראה לכאורה דט״ס הוא וצ״ל אבל הניח את הנותר. וע׳ רמב״ם בפי׳ המשנה ובחיבורו שמפרש דאיכא ביניהו אם לא נהנה בידים רק ממילא ע״ש:

מידי הוא טעמא אלא לרבי יוחנן האמר ליה רבי יוחנן לתנא תני בטלו חייב (א) ולא בטלו פטור דתני תנא קמיה דרבי יוחנן כל מצות לא תעשה שיש בה קום עשה קיים עשה שבה פטור ביטל עשה שבה חייב א"ל מאי קא אמרת קיים פטור לא קיים חייב ביטל חייב לא ביטל פטור תני [א]ביטלו ולא ביטלו ורבי שמעון בן לקיש אומר קיימו ולא קיימו במאי קא מיפלגי [ה]בהתראת ספק קא מיפלגי מר סבר התראת ספק [ב]שמה התראה ומר סבר התראת ספק [ג]לא שמה התראה ואזדו לטעמייהו [ו]דאיתמר שבועה שאוכל ככר זה היום ועבר היום ולא אכלה רבי יוחנן ור"ל דאמרי תרווייהו אינו לוקה רבי יוחנן אומר [ג]אינו לוקה משום

רש"י

מידי הוא טעמא אלא לרבי יוחנן. מי הולך לדרוש כל ימיו בעמוד והחזר ר' יוחנן שאמר לא תעשה שקדמו עשה לוקין עליו וקשיא ליה אונס שגירש דקתני אינו לוקה והולך לעשותו לאו שניתק לעשה: האמר ליה רבי יוחנן לתנא. לקמן תני בטלו חייב לא בטלו פטור אבל ר"ל דתני קיימו ולא קיימו לא דריש ליה לעמוד והחזר אלא לפני הגירושין לומר כל ימיו תהיה לו לאשה ולא ישלחנה ולדידיה לאו שקדמו עשה ולאו שניתק לעשה שוין ואין לוקין עליהן אלא יקיים העשה מיד כשיזהירוהו ב"ד להחזיר: א"ל מאי קאמרת. אי בקיים תיתני פטור בלא קיים תיתני חייב ואע"פ שלא ביטל ואי בביטל תיתני חיובא על כרחך תיתני פטורא בלא ביטל ואע"פ שלא קיים: ה"ג תני בטלו ולא בטלו. בטל עשה שבה חייב לא בטל עשה שבה פטור: קיימו ולא קיימו. קיימו פטור לא קיימו כשאומרין לו קיים מלקין אותו ורבי יוחנן מוקים לה למתניתין בלאו הניתק לעשה דאילו בלאו שקדמו עשה סבירא ליה דלוקין ולריש לקיש בין ניתק בין קדמו עשה שוין: רבי יוחנן סבר התראת ספק שמה התראה. ואע"ג דכל לא תעשה שניתק לעשה לדבריו התראת ספק היא שהרי כשעובר על הלאו צריך להתרות בו והוא אמר שגמר הלאו בביטול העשה תלוי וכשמתרין בו אל תגרש ספק הוא שמא לא יבטל את העשה להדירה בהנאה ולכשידירה ויבטלנו קאמר דלקי אלמא התראת ספק שמה התראה: ורי"ש לקיש סבר התראת ספק לא שמה התראה. הלכך אם היה גמר הלאו תלוי בביטול העשה לא היה לוקה עליו אלא הלאו משגירש נגמר והויא לה התראת ודאי והעשה ניתן להיות תחת המלקות ולכשיבא לבית דין או יקיים או ילקה ואי קשיא לרבי יוחנן נמי איכא למימר (ג) בהתראת ודאי ויתרו בו כשבא לבטל את העשה שהוא עקירת הלאו לעולם התראה בשעה שעובר על אזהרתו בעינן ואפילו היא תלויה בדבר אחר כדאמרינן בשבועות (דף כח:) שבועה שלא אוכל ככר זו אם אוכל זו אכליה לתנאיה והדר אכליה לאיסוריה התראת ודאי היא אכליה לאיסוריה והדר אכליה לתנאיה הויא התראה ספק אלמא התראה בשעת איסור בעינן ואע"פ שאין הלאו נגמר עד שיאכל את של תנאי: דאמרי תרווייהו אינו לוקה. ומיהו טעמיה דמר לאו כי טעמיה דמר: אוכל ולא אכל. עבר על שבועתו כשהוא יושב (ג) ובטל ואין כאן מעשה והתראת ספק נמי הויא שהרי תלה זמן לשבועתו כל היום:

תוספות

אלא דוקא כשמקיים העשה אחר שעבר הלאו בתוך כדי דיבור וכן פי' הקונטרס בפרק שילוח הקן (חולין דף קמא.) ומיהו קצת קשה דא"כ צריך לפרש הא דקתני מחזיר ואינו לוקה שמחזיר מיד בתוך כדי דיבור אחר הגירושין וכן המשלח ואינו לוקה ולא משתמע הכי כלל דהא משמע דמהדר אתקנתא היאך יפטר ממלקות שיחזיר או ישלח ואפי' אחר כדי דיבור נמי (ד) משמע שבא לשאול עליו לבית דין אם יש לו תקנה דאי דוקא בתוך כדי דיבור הכי הוה ליה למימר אם החזיר אינו לוקה ושמא יש ליישב פירוש הקונטרס דשמעתין (ה) דהכא ליכא למימר דשפיר הוי כל ימיו בעמוד והחזר דמשמע לעולם אף כשבא לב"ד כל זמן שבידו להחזיר אפילו מיאן להחזיר כשבא לב"ד דהא דרשינן ליה מיתורא דכל ימיו דהכי קאמר לא יוכל לשלחה שילוחין שיהו שילוחיה כל ימיו דהיינו באינו מחזיר כלל:

[ז]מידי הוא טעמא אלא לר' יוחנן הא אמר ליה רבי יוחנן לתנא תני ביטלו חייב לא ביטלו פטור. משמע אבל רבי שמעון בן לקיש דאית ליה קיימו ולא קיימו לית ליה תירוצא דבעמוד והחזר קאי דדריש כל ימיו תהיה לו לאשה ולא ישלחנה וא"ת לילקי גם כי החזירה דהאי אינו לאו הניתק לעשה הוא שקדמו עשה ללאו לריש לקיש דלית ליה דרשה דעמוד והחזר קאי ופי' בקונטרס דלריש לקיש לאו שקדמו לעשה ולאו שניתק לעשה שוין ואין לוקין עליו אלא יקיים העשה מיד כשיזהירו לו בית דין להחזירה וקשה לריש לקיש דסבירא ליה לאו שניתק לעשה ולאו שקדמו עשה שוין טמא שבא אל המקדש דמתני' אמאי לקי הרי הוא ניתק לעשה ויקיים העשה כשיזהירו לו ב"ד לצאת מן המקדש כיון דאית ליה לאו שקדמו עשה (ו) אין לוקין עליו וי"ל דמיירי שמזהירין אותו לצאת ואומר שלא יצא ומיד לקי לריש לקיש דסבר קיימו ולא קיימו וא"ת א"כ מאי פריך לעיל כתיבא ותנינא תנינא טמא שבא אל המקדש דלקי ואמאי לא דחי אותה דכי נמי לאו שקדמו (ז) לעשה אין לוקין הכא לקי כשמזהירין לו ב"ד לצאת והוא אומר שלא יצא ויש לומר דהאי טעמא דפרישנא לא שייך אלא לריש לקיש דאמר קיימו ולא קיימו אבל הכא דמייתי תנינא היינו אליבא דר' יוחנן דאית ליה ביטלו ולא ביטלו וא"כ כי נמי מזהירין (ח) לא יצא ולא מיחייב כיון דעדיין לא ביטל ודוחק הוא האי תירוצא ולכך פי' הר"ר שלמה מדרו"ש הניחא למ"ד ביטלו קאי אאתקפתא דלעיל דדייק ממתני' דהטמא הבא אל מקדש דלאו שהקדימו (ט) לעשה לוקין דאי אין לוקין דמשום שניתק לעשה וכל כמה שלא בטלו חשיב ניתק כל כמה שבידו וא"כ כיון שאם ירצה לצאת היאך לקי הא לא משכחת ביטלו אלא למ"ד תני קיימו ולא קיימו א"כ היכי דייק לאו שקדמו לעשה לוקין עליו כי נמי אין לוקין משום דחשיב ניתק לעשה הכא לוקין דמשכחת ליה לא קיימו משנכנס למקדש טמא והזהירו לו שיצא ואינו יוצא ועוד ראיה להאי פירושא דקאי לעיל כדפי' דאי כפ"ה דפי' דקאי אעמוד והחזר קשה דכיון דכל ימיו דרשינן כל ימיו בעמוד והחזר קאי א"כ מאי פריך למ"ד קיימו נהי דבשאר לאו הניתק לעשה לקי בשלא קיימו כשיזהירו ב"ד מ"מ הכא גלי קרא דלא לקי כשלא קיימו כיון דהוה בעמוד והחזר כל ימיו ומיהו י"ל דלא מיסתברא ליה להעדיפו משאר לאו הניתק לעשה שבש"ס משום דדרשינן ביה כל ימיו. כך הקשה מסי"ח ותירץ וצ"ע: **במאי** קא מיפלגי בהתראת ספק דרבי יוחנן אית ליה שמה התראה וריש לקיש אית ליה לאו שמה התראה. (י) ופי' לכך לא תני ריש לקיש בטלו חייב כגון שלקח האם מעל הבנים ושחטה דלא לקי משום דהוי התראת ספק ושמא לא יבטל העשה וכל אימת דלא ביטל עשה פטור ולא לקי [ה]והוי משכחת ליה התראת ודאי כגון שהתרו בו בשעה שמבטל ותי' רש"י דלעולם בעינן התראה בשעה שעובר על אזהרתו ואפילו היא תלויה בדבר כדאמרינן בשבועות (דף כח:) גבי שמעתא דככרות ולכך לא מצי אמר רשב"ל בטלו ולא בטלו ולכך אמר קיימו פטור לא קיימו חייב וא"ת (כ) לא קיים שילוח האם כשבית דין הזהירו לו לא לילקי דבשעה שעבר התראת ספק היא דשמא יקיים העשה וישלחנה תכף לאחר שנטלה וי"ל דהשתא מיהא עובר בלא תקח האם דהא לא קרי מחוסר מעשה וא"כ יש לנו לומר שלא יקיימנה אם הוא עושה לעולם מה שהוא עושה עתה שלא משלחה שעובר בלאו ואינו מקיים העשה [ו]דהכי נמי אמרינן בנזיר שהיה שותה דלוקה על כל אחת (לקמן דף כא.) דלא הוי התראת ספק משום דשמא ישאל על נזירותו משום דכיון שהוא עומד הוא עובר ויש לנו לומר שמעולם יעמוד כמו שהוא עכשיו ולא ישאל לחכם לעולם והלכך לקי כל כמה דלא שאל ושפיר הוי התראת ודאי הכא נמי יש לנו לומר דלעולם לא יקיים העשה והוי התראת ודאי אבל לרבי יוחנן דתלי מלקות בביטול העשה הוי ליה מחוסר מעשה דכל אימת דלא עשה שום דבר ולא ביטל שום דבר לא ילקה ופ"ה קשה להבין והשתא לא מפרש הש"ס טעמא אמאי לא אמר ר' יוחנן קיימו ולא קיימו כריש לקיש דודאי בטלו ולא בטלו מסתברא טפי ולא הולרך לומר טעמא אלא (נ) רשב"ל אמאי לא אמר כר' יוחנן: **ועבר** היום ולא אכלה רשב"ל אומר פטור דהוי התראת ספק. ואם תאמר למאי דפרישית דאי עומד לעולם כאשר הוא עושה עכשיו עובר ולא הוי התראת ספק א"כ הכא נמי לא הוי התראת ספק ויש לומר (מ) מ"מ אינו [י]מתחייב עדיין סמוך להתראה לעבור דדוקא גבי נזיר ששתה יין מיד ועובר אמרינן דיש לנו לומר שלא נשאל כאשר אינו נשאל עכשיו:

אי

עין משפט נר מצוה

כג א מיי' פט"ז מהל' סנהדרין הלכה ד סמג עשין קה וע"ש בכ"מ ובפ' י"ח שם הלכה ג:

כד ב מיי' שם פט"ז הלכה ד ופ"ה מהל' שבועות הלכה ג וע"ש בכ"מ:

כה ג מיי' פ"ד מהל' שבועות הלכה כ:

רבינו חננאל

מאן תני כל לא תעשה שקדמו עשה לוקין עליו ר' יוחנן האמר ר' יוחנן לתנא תני קיימו ולא קיימו. וריש לקיש אמר בטלו ולא בטלו במאי פליגי בהתראת ספק כגון שלקח האם על הבנים ומתרין בו לא תקחנה ריש לקיש אמר כגון זו התראת ספק היא שיתכן לו אחרי שיקחנה ישלחנה והיכי היא התראת ודאי כגון שבא לשחטה והתרו בו אם תשחט אותה תלקה ושחטה ור' יוחנן אמר אפילו התראה בלקיחה שמה התראה. ואזדו לטעמייהו דאיתמר שבועה שאוכל ככר זה היום ועבר היום ולא אכלה ר' יוחנן ור' שמעון בן לקיש דאמרי תרווייהו אינו לוקה ר' יוחנן אמר אינו לוקה כו'.

ליקוטי רש"י

התראת ספק. ספק אם יעבור על התראה אם לאו שיכול לומר עדיין יש שהות ביום ואין המתרה יכול לכוין שיעבור היום בתוך כדי דיבור של התראה [שבועות כא.].

דאמרי תרווייהו אינו לוקה. ומ"מ חולקין בטעמו של דבר טעמא דיהיב מר לא יהיב מר ומר לית ליה טעמא דמר ולקמן מפרש פלוגתייהו [שבועות ג:].

שבועה שאוכל ככר זה היום וכו' התראת ספק. וכי מתריה ביה אכלהו היום פן תעבור על השבועה שמא יעבור שמא לא יעבור על התראתו דעדיין יש שהות ביום [פסחים סג:].

מסורת הש"ס

א) שבועות כא., ב) [חולין פא.], ג) פסחים סג: שבועות ג: כא. תמורה ג:, ד) לפי הרש"ל הד"א, ה) רש"א וא"ת הא משכחת, ו) רש"א מתחיל.

הגהות הב"ח

(א) גמ' בטלו חייב לא כצ"ל ואות ו' נמחק: (ב) רש"י ד"ה וריש לקיש וכו' איכא למימר בה התראת ודאי: (ג) ד"ה אוכל וכו' יושב בטל כצ"ל ואות ו' נמחק: (ד) תוס' ד"ה (בע"א) הניחא וכו' אחר כדי דבור נמי דהלשון משמע שבא לשאול: (ה) בא"ד פי' הקונטרס דשמעתין דאיכא למימר הא דקאמר הכא דהוי כל ימיו בעמוד והחזר משמע שפיר לעולם אף כשבא לב"ד כצ"ל והד"א עם ד"ה מידי הוא וכו' דלריש לקיש לאו שקדמו עשה כצ"ל ואות למ"ד נמחק: (ו) בא"ד שקדמו עשה נמי אין לוקין עליו וי"ל: (ז) בא"ד דכי נמי לאו שקדמו עשה אין: (ח) בא"ד וא"כ כי נמי מזהירין לו ב"ד שיצא ולא יצא לא מחייב: (ט) בא"ד דלאו שהקדימו עשה לוקין דאי אין לוקין משום שניתק וכו' א"כ כיון שאם ירצה לצאת יצא היאך לקי וכו' היכי דייק לאו שקדמו עשה וכו' דקאי אדלעיל כדפי': (י) ד"ה במאי וכו' לאו שמה התראה פי' ולכך לא תני וכו' האם מעל הבנים ואח"כ שחטה דהתם לא לקי משום דהוי התראת ספק דשמא לא יבטל העשה וכל אימת דלא ביטל עשה פטור ואי קשיא אמאי לא לקי הא משכחת ליה וכו' שמבטלו תי' רש"י: (כ) בא"ד וא"ת כי לא קיים נמי שילוח האם כשב"ד הזהירו לו אמאי לילקי וכו' וי"ל כיון דהשתא מיהא וכו' א"כ יש לנו לומר שלא יקיימנה אא"כ אלא הוא עושה לעולם וכו' והכי נמי אמרינן וכו' כל אחת ואחת דלא הוי התראת ספק דשמא ישאל על נזירתו משום דכיון דבשעה שהוא עומד עכשיו הוא עובר יש לנו לומר שלעולם יעמוד כמו שהוא וכו' הכי נמי יש לנו לומר הכא דלעולם לא יקיים העשה: (ל) בא"ד אלא לרשב"ל אמאי: (מ) ד"ה ועבר וכו' וי"ל דמ"מ אינו מתחייב כיון דסמוך להתראה עדיין לא עבר דדוקא גבי נזיר ששתה יין ועובר מיד אמרינן דיש:

גליון הש"ס

תוס' ד"ה במאי וכו' דה"נ אמרינן בנזיר. עי' שבת דף ד ע"א תוס' ד"ה קודם. גיטין דף לג ע"א תוס' ד"ה ואפקעינהו:

The Gemara answers:

מִידִי הוּא טַעְמָא אֶלָּא לְרַבִּי יוֹחָנָן – Is the reason of Rava and Ravin given **to** explain the position of **someone other than R' Yochanan? הָאָמַר לֵיהּ רַבִּי יוֹחָנָן לְתַנָּא – Why, R' Yochanan** in fact **said to a teacher of Baraisos:**[1] **תְּנִי בִּטְּלוֹ חַיָּיב וְלֹא בִּטְּלוֹ פָּטוּר – Teach** the text of the Baraisa as reading: IF HE NULLIFIED IT, HE IS LIABLE to lashes; IF HE DID NOT NULLIFY IT, HE IS NOT LIABLE to lashes. Thus, we see that R' Yochanan holds that *malkus* indeed depends on whether or not he *nullified* the positive commandment (not on whether or not he *fulfilled* it) and it was to explain *his* view that Rava and Ravin advanced their reason.[2]

The Gemara now cites the exchange between R' Yochanan and the teacher that led up to these instructions of R' Yochanan regarding how to teach the Baraisa:

דְּתָנֵי תַּנָּא קַמֵּיהּ דְּרַבִּי יוֹחָנָן – For a teacher of Baraisos taught the following Baraisa in R' Yochanan's presence: כָּל מִצְוַת לֹא תַעֲשֶׂה שֶׁיֵּשׁ בָּהּ קוּם עֲשֵׂה – In the case of ANY PROHIBITION THAT HAS IN IT A POSITIVE COMMANDMENT, i.e. any prohibition whose violation is remedied by a positive commandment, **קִיֵּים עֲשֵׂה שֶׁבָּהּ** – IF [THE TRANSGRESSOR] FULFILLED ITS POSITIVE COMMANDMENT, **פָּטוּר** – HE IS NOT LIABLE to lashes. **בִּיטֵּל עֲשֵׂה שֶׁבָּהּ** – IF HE NULLIFIED ITS POSITIVE COMMANDMENT, **חַיָּיב** – HE IS LIABLE to lashes. **אָמַר לֵיהּ – [R' Yochanan] said to [the teacher of Baraisos]: מַאי קָא אָמְרַתְּ – What are you saying?** Your version of the Baraisa is inherently inconsistent, since it frees the transgressor from *malkus* only if he fulfills the positive commandment when ordered by the court to do so, but makes him liable to *malkus* only if he nullifies the positive commandment![3] **קִיֵּים פָּטוּר לֹא קִיֵּים חַיָּיב** – If you read in the Baraisa: IF HE FULFILLED ... HE IS NOT LIABLE, then you must read in the contrasting case: IF "HE DID NOT FULFILL" ... HE IS LIABLE. **בִּיטֵּל חַיָּיב לֹא בִּיטֵּל פָּטוּר** – And if you read in the Baraisa: IF HE NULLIFIED ... HE IS LIABLE, then you must read in the contrasting case: IF "HE DID NOT NULLIFY" ... HE IS NOT LIABLE. One part of the Baraisa must obviously be emended. Therefore, R' Yochanan instructed the teacher: **תְּנִי** – Emend the text of the Baraisa and **teach: בִּיטְּלוֹ וְלֹא בִּיטְּלוֹ** – If **he nullified it** he is liable, **and** if **he did not nullify it,** he is not liable. I.e. express both parts of the rule determining *malkus* in terms of whether or not he has nullified the corrective positive commandment.

An opposing view:

וְרַבִּי שִׁמְעוֹן בֶּן לָקִישׁ אוֹמֵר – But R' Shimon ben Lakish says: Emend the Baraisa to read: **קִיְּימוֹ וְלֹא קִיְּימוֹ** – If **he fulfilled it,** he is not liable, **and if he did not fulfill it** when instructed by the court to do so, he is liable. I.e. express both parts of the rule determining *malkus* in terms of whether or not he has fulfilled the court order to fulfill the positive commandment.[4]

The Gemara analyzes this dispute between R' Yochanan and Reish Lakish regarding how the Baraisa is to be emended:

בְּמַאי קָא מִיפַּלְגֵי – In what do they argue? What issue underlies their dispute whether *malkus* is incurred for mere non-fulfillment of the positive commandment or only for its actual nullification? **בְּהַתְרָאַת סָפֵק קָא מִיפַּלְגֵי – They argue regarding** the issue of **an uncertain warning.**[5] **מַר סָבַר הַתְרָאַת סָפֵק שְׁמָהּ הַתְרָאָה – One master** [R' Yochanan] **holds that an uncertain warning is considered a** valid **warning,** and *malkus* can be given on its basis. Therefore, he can also hold the view that *malkus* depends on whether *"he nullified it" or "he did not nullify it,"* even though this presumes that *malkus* can be given on the basis of an uncertain warning.[6] **וּמַר סָבַר הַתְרָאַת סָפֵק לֹא שְׁמָהּ הַתְרָאָה –**

NOTES

1. The term תַּנָּא, *Tanna,* usually refers to a Sage of the Mishnaic period whose view is recorded in a Mishnah or Baraisa. In the present context, however, it refers to a scholar of the Amoraic period who was assigned to memorize the exact wording of the various Tannaic texts and recite them verbatim to the assembled students. The Rosh Yeshivah (in this case R' Yochanan) would then expound on the laws recited by the teacher of Baraisos.

2. Thus, the Gemara answers that the statement of Rava and Ravin *need not* conform with the view *"he fulfilled it" and "he did not fulfill it,"* because the purpose of their statement was solely to explain the opinion R' Yochanan, who subscribes to the view of *"he nullified it" and "he did not nullify it."*

3. The implication of the first part of the Baraisa is that if he does not immediately obey the court's order to perform the positive commandment, they administer *malkus* to him. However, the second part of the Baraisa explicitly says that he is not liable to *malkus* unless he *nullifies* the positive commandment. But if he does not nullify it, then he is not liable to *malkus* even if he does *not* immediately fulfill the court's order.

4. Reish Lakish (who thus holds that the transgressor is liable to *malkus* if he does not immediately fulfill the court's directive to him to fulfill the positive commandment) cannot, then, interpret the words *all his days* in the context of the *oneiss* to mean a new post-divorce commandment (as Rava and Ravin interpret). Rather, he understands them as modifying the verse's earlier words *she shall be a wife unto him.* The verse means that she shall be his wife ... all his days, i.e. he may never divorce her. Accordingly, this positive commandment "precedes" the prohibition. How, then, does Reish Lakish account for the Baraisa's ruling above (15a) that in the case of a Yisrael, he remarries his victim and does not receive *malkus*? Reish Lakish must hold that even in the case of a prohibition *preceded* by a positive commandment, the transgressor does not incur *malkus* if he immediately heeds the court's directive and fulfills the positive commandment associated with the prohibition (see *Rashi* ד"ה האמר ליה רבי יוחנן לתנא).

It emerges then that R' Yochanan understands this emended Baraisa as referring specifically to a prohibition remedied (i.e. followed) by a positive commandment (since he holds that where the positive commandment *precedes* the prohibition, one *does* receive *malkus* even if he fulfills the positive commandment). Reish Lakish, however, understands this emended Baraisa as referring even to a prohibition preceded by a positive commandment. For in his view, it makes no difference whether the positive commandment is given to remedy the prohibition or whether it precedes the prohibition. In either case, the transgressor does not receive *malkus* if he fulfills the positive commandment (*Rashi* ד"ה קיימו ולא קיימו).

5. In order for *malkus* to be administered, the sinner must be warned before his transgression that the act he is about to perform will render him liable to *malkus.* The dispute regards cases in which the warning cannot state with certainty that the act *will* make him liable to *malkus,* but only that it *might* make him liable. Can the court administer *malkus* on the basis of such an uncertain warning?

6. As explained above (15a note 31, second paragraph), the view that *malkus* depends on whether *"he nullified it" or "he did not nullify it"* understands that the negation of the positive commandment is the finalization of the prohibition's violation. The prohibition is thus not fully violated until the positive remedy is nullified as well. In the present case, for example, in which the *oneiss* is required to marry his victim and is forbidden to divorce her, he does not fully transgress the prohibition against divorcing her until he *also* makes it impossible for himself to remarry her (e.g. by means of an unalterable vow that effectively forbids the remarriage). It follows, then, that the warning – which must precede the *basic* transgression (in this case, the divorce); see end of note – cannot state with certainty that divorce will result in a *malkus* liability, since it is not certain that he will finalize the transgression by subsequently nullifying the positive commandment. Since the law is that he *does* receive *malkus* if he nullifies the positive commandment, this view *must* hold that an uncertain warning is indeed a valid warning (*Rashi*).

[*Rashi* (ד"ה וריש לקיש סבר) demonstrates that the warning must precede the *basic* transgression from a case discussed in *Shevuos* (28b), where one vowed not to eat loaf A if he eats loaf B. The Gemara there states that if the vower ate loaf B first, then the warning that precedes his eating of loaf A is a definite warning. But if he has not yet eaten loaf B,

מידי הוא טעמא אלא לרבי יוחנן האמר ליה רבי יוחנן לתנא תני בטלו חייב (א) ולא בטלו פטור דתני תנא קמיה דרבי יוחנן כל מצות לא תעשה שיש בה קום עשה קיים עשה שבה פטור ביטל עשה שבה חייב א"ל מאי קא אמרת קיים פטור לא קיים חייב ביטל חייב לא ביטל פטור תני [א] ביטלו ולא ביטלו ורבי שמעון בן לקיש אומר קיימו ולא קיימו במאי קא מיפלגי [ד] בהתראת ספק קא מיפלגי מר סבר התראת ספק [ב] שמה התראה ומר סבר התראת ספק [ה] לא שמה התראה ואזדו לטעמייהו [ו] דאיתמר שבועה שאוכל ככר זה היום ועבר היום ולא אכלה רבי יוחנן ור"ל דאמרי תרווייהו אינו לוקה רבי יוחנן אומר [ג] אינו לוקה
משום

רש"י

מידי הוא טעמא אלא לרבי יוחנן. מי הוצרך לדרוש כל ימיו בעמוד והחזר ר' יוחנן שאמר לא תעשה שקדמו עשה לוקין עליו וקשיא ליה אונס שגירש דקתני אינו לוקה והוצרך לעשותו לאו שניתק לעשה: האמר ליה רבי יוחנן לתנא. לקמן תני בטלו חייב לא בטלו פטור אבל ר"ל דתני קיימו ולא קיימו לא דריש ליה לעמוד והחזר אלא לפני הגירושין לומר כל ימיו תהיה לו לאשה ולא ישלחנה ולדידיה לאו שקדמו עשה ולאו שניתק לעשה שוין ואין לוקין עליהן אלא יקיים העשה מיד כשיזהירוהו ב"ד להחזיר: א"ל מאי קאמרת. אי בקיים תיתני פטור בלא קיים תיתני חייב ואע"פ שלא ביטל ואי בביטל תיתני חיובא על כרחך תיתני פטורא בלא ביטל ואע"פ שלא קיים: ה"ג תני בטלו ולא בטלו. בטל עשה שבה חייב לא בטל עשה שבה פטור: קיימו ולא קיימו. קיימו פטור לא קיימו כשאומרין לו קיים מלקין אותו ורבי יוחנן מוקים לה למתניתין בלאו הניתק לעשה דאילו בלאו שקדמו עשה סבירא ליה דלוקין ולריש לקיש בין ניתק בין קדמו עשה שוין: רבי יוחנן סבר התראת ספק שמה התראה. ואע"ג דכל לא תעשה שניתק לעשה לדבריו התראת ספק היא שהרי כשעובר על הלאו צריך להתרות בו והוא אמר שגמר הלאו בביטול העשה תלוי וכשמתרין בו אל תגרש ספק הוא שמא לא יבטל את העשה להדירה בהנאה ולכשידירה ויבטלנו קאמר דלקי אלמא התראת ספק שמה התראה: וריש לקיש סבר התראת ספק לא שמה התראה. הלכך אם היה גמר הלאו תלוי בביטול העשה לא היה לוקה עליו אלא הלאו משגירש נגמר והויא לה התראת ודאי והעשה ניתן להיות תחת המלקות ולכשיבא לבית דין או יקיים או ילקה ואי קשיא לרבי יוחנן נמי איכא למימר (ב) בהתראת ודאי ויתרו בו כשבא לבטל את העשה שהוא עקירת הלאו לעולם התראה בשעה שעובר על אזהרתו בעינן ואפילו היא תלויה בדבר אחר כדאמרינן בשבועות (דף כח:) שבועה שלא אוכל ככר זו אם אוכל זו אכליה לתנאיה והדר אכליה לאיסוריה התראת ודאי היא אכליה לאיסוריה והדר אכליה לתנאיה הויא התראת ספק אלמא התראה בשעת איסור בעינן ואע"פ שאין הלאו נגמר עד שיאכל את של תנאי: דאמרי תרווייהו אינו לוקה. ומיהו טעמיה דמר לאו כי טעמיה דמר: אוכל ולא אכל. עבר על שבועתו כשהוא יושב (ג) ובטל ואין כאן מעשה והתראת ספק נמי הויא שהרי תלה זמן לשבועתו כל היום:
משום

תוספות

אלא דוקא כשמקיים העשה אחר שעבר הלאו בתוך כדי דיבור וכן פי' הקונטרס בפרק שילוח הקן (חולין דף קמא.) ומיהו קצת קשה דא"כ צריך לפרש הא דקתני מחזיר ואינו לוקה שמחזיר מיד בתוך כדי דיבור אחר הגירושין וכן המשלח ואינו לוקה ולא משתמע הכי כלל דהא משמע דמהדר אתקנתא היאך יפטר ממלקות שיחזיר או ישלח ואפי' אחר כדי דיבור נמי (ד) משמע שבא לשאול עליו לבית דין אם יש לו תקנה דאי דוקא בתוך כדי דיבור הכי הוה ליה למימר אם החזיר אינו לוקה ושמא יש ליישב פירוש הקונטרס דשמעתין (ה) דהכא ליכא למימר דשפיר הוי כל ימיו בעמוד והחזר דמשמע לעולם אף כשבא לב"ד כל זמן שבידו להחזיר אפילו מיאן להחזיר כשבא לב"ד דהא דרשינן ליה מיתורא דכל ימיו דהכי קאמר לא יוכל לשלחה שילוחין שיהו שילוחיה כל ימיו דהיינו באינו מחזיר כלל:

[ז] **מידי הוא טעמא אלא לר' יוחנן הא אמר ליה רבי יוחנן לתנא תני ביטלו חייב לא ביטלו פטור.** משמע אבל רבי שמעון בן לקיש דאית ליה קיימו ולא קיימו לית ליה תירוצא דבעמוד והחזר קאי דדריש כל ימיו תהיה לו לאשה ולא ישלחנה וא"ת נילקי גם כי החזירה דהאי אינו לאו הניתק לעשה הוא שקדמו עשה ללאו לריש לקיש דלית ליה דרשה דעמוד והחזר קאי ופי' בקונטרס דלריש לקיש לאו שקדמו לעשה ולאו שניתק לעשה שוין ואין לוקין עליו אלא יקיים העשה מיד כשיזהירו לו בית דין להחזירה וקשה לריש לקיש דסבירא ליה לאו שניתק לעשה ולאו שקדמו עשה שוין טמא שבא אל המקדש דמתני' אמאי לקי הרי הוא ניתק לעשה ויקיים העשה כשיזהירו לו ב"ד לצאת מן המקדש כיון דאית ליה לאו שקדמו עשה (ו) אין לוקין עליו וי"ל דמיירי שמזהירין אותו לצאת ואומר שלא יצא ומיד לקי לריש לקיש דסבר קיימו ולא קיימו וא"ת א"כ מאי פריך לעיל כתיבא ותנינא תנינא טמא שבא אל המקדש דלקי ואמאי לא דחי אותה דכי נמי לאו שקדמו (ז) לעשה אין לוקין הכא לקי כשמזהירין לו ב"ד לצאת והוא אומר שלא יצא ויש לומר דהאי טעמא דפרישנא לא שייך אלא לריש לקיש דאמר קיימו ולא קיימו אבל הכא דמייתי תנינא היינו אליבא דר' יוחנן דאית ליה ביטלו ולא ביטלו וא"כ כי נמי מזהירין (ח) לא יצא ולא מיחייב כיון דעדיין לא ביטל ודוחק הוא האי תירוצא ולכך פי' הר"ר שלמה מדרו"ש הניחא למ"ד ביטלו קאי אאתקפתא דלעיל דדייק ממתני' דהטמא הבא אל מקדש דלאו שהקדימו (ט) לעשה לוקין דאי אין לוקין דמשום שניתק לעשה וכל כמה שלא בטלו חשיב ניתק כל כמה שבידו וא"כ כיון שאם ירצה לצאת היאך לקי הא לא משכחת ביטלו אלא למ"ד תני קיימו ולא קיימו א"כ היכי דייק לאו שקדמו לעשה לוקין עליו כי נמי אין לוקין משום דחשיב ניתק לעשה הכא לוקין דמשכחת ליה לא קיימו משנכנס למקדש טמא והזהירו לו שיצא ואינו יוצא ועוד ראיה להאי פירושא דקאי לעיל כדפי' דאי כפ"ה דפי' דקאי אעמוד והחזר קשה דכיון דכל ימיו דרשינן כל ימיו בעמוד והחזר קאי א"כ מאי פריך למ"ד קיימו נהי דבשאר לאו הניתק לעשה לקי בשלא קיימו כשיזהירו ב"ד מ"מ הכא גלי קרא דלא לקי כשלא קיימו כיון דהוה בעמוד והחזר כל ימיו ומיהו י"ל דלא מיסתברא ליה להעדיפו משאר לאו הניתק לעשה שבש"ס משום דדרשינן ביה כל ימיו. כך הקשה מש"ח ותירץ ונ"ע:

במאי קא מיפלגי בהתראת ספק דרבי יוחנן אית ליה שמה התראה וריש לקיש אית ליה לאו שמה התראה. (י) ופי' לכך לא תני ריש לקיש בטלו חייב כגון שלקח האם מעל הבנים ושחטה דלא לקי משום דהוי התראת ספק ושמא לא יבטל העשה וכל אימת דלא ביטל עשה פטור ולא לקי [ה] והוי משכחת ליה התראת ודאי כגון שהתרו בו בשעה שמבטל ותי' רש"י דלעולם בעינן התראה בשעה שעובר על אזהרתו ואפילו היא תלויה בדבר כדאמרינן בשבועות (דף כח:) גבי שמעתא דככרות ולכך לא מצי אמר רשב"ל בטלו ולא בטלו ולכך אמר קיימו פטור לא קיימו חייב וא"ת (כ) לא קיים שילוח האם כשבית דין הזהירו לו לא נילקי דבשעה שעבר התראת ספק היא דשמא יקיים העשה וישלחנה תכף לאחר שנטלה וי"ל דהשתא מיהא עובר בלא תקח האם דהא לא קרי מחוסר מעשה וא"כ יש לנו לומר שלא יקיימנה אם הוא עושה לעולם מה שהוא עושה עתה שלא משלחה שעובר בלאו ואינו מקיים העשה ° דהכי נמי אמרינן בנזיר שהיה שותה דלוקה על כל אחת ואחת (לקמן דף כא.) דלא הוי התראת ספק משום דשמא ישאל על נזירותו משום דכיון שהוא עומד הוא עובר ויש לנו לומר שמעולם יעמוד כמו שהוא עכשיו ולא ישאל לחכם לעולם והלכך לקי כל כמה דלא שאל ושפיר הוי התראת ודאי הכא נמי יש לנו לומר דלעולם לא יקיים העשה והוי התראת ודאי אבל לרבי יוחנן דתלי מלקות בביטול העשה הוי ליה מחוסר מעשה דכל אימת דלא עשה שום דבר ולא ביטל שום דבר לא ילקה ופ"ה קשה להבין והשתא לא מפרש הש"ס טעמא אמאי לא אמר ר' יוחנן קיימו ולא קיימו כריש לקיש דודאי בטלו ולא בטלו מסתברא טפי ולא הוצרך לומר טעמא אלא (ל) רשב"ל אמאי לא אמר כר' יוחנן:

ועבר היום ולא אכלה רשב"ל אומר פטור דהוי התראת ספק. ואם תאמר למאי דפרישית דאי עומד לעולם כאשר הוא עושה עכשיו עובר ולא הוי התראת ספק א"כ הכא נמי לא הוי התראת ספק ויש לומר (מ) מ"מ אינו [י] מתחייב עדיין סמוך להתראה לעבור דלוקה גבי נזיר ששתה יין מיד ועובר אמרינן דיש לנו לומר שלא נשאל כאשר אינו נשאל עכשיו:
אי

עין משפט נר מצוה

כג א מיי' פט"ז מהל' סנהדרין הלכה ד סמג עשין קה וע"ש בכ"מ ובפ' י"ח שם הלכה ג:
כד ב מיי' שם פט"ז הלכה ד ופ"ה מהל' שבועות הלכה ג וע"ש בכ"מ:
כה ג מיי' פ"ד מהל' שבועות הלכה כ:

רבינו חננאל

מאן תני כל לא תעשה שקדמו עשה לוקין עליו ר' יוחנן האמר ר' יוחנן לתנא תני קיימו ולא קיימו. וריש לקיש אמר בטלו ולא בטלו במאי פליגי בהתראת ספק כגון שלקח האם על הבנים ומתרין בו לא תקחנה ריש לקיש אמר כגון זו התראת ספק היא שיתכן לו אחרי שיקחנה ישלחנה והיכי היא התראת ודאי כגון שבא לשחטה והתרו בו אם תשחט אותה תלקה ושחטה ור' יוחנן אמר אפילו התראה בלקיחה שמה התראה. ואזדו לטעמייהו דאיתמר שבועה שאוכל ככר זה היום ועבר היום ולא אכלה ר' יוחנן ור' שמעון בן לקיש דאמרי תרווייהו אינו לוקה ר' יוחנן אמר אינו לוקה כו'.

ליקוטי רש"י

התראת ספק. ספק אם יעבור על התראה אם לאו שיכול לומר עדיין יש שהות ביום ואין המתרה יכול לכוין שיעבור היום בתוך כדי דיבור של התראה [שבועות כא.].

דאמרי תרווייהו אינו לוקה. ומ"מ חולקין בטעמו של דבר טעמא דיהיב מר לא יהיב מר ומר לית ליה טעמא דמר ולקמן מפרש פלוגתייהו [שבועות ג:].

שבועה שאוכל ככר זה היום וכו' התראת ספק. וכי מתריה ביה אכלהו היום פן תעבור על השבועה שמא יעבור שמא לא יעבור על התראתו דעדיין יש שהות ביום [פסחים סג:].

מסורת הש"ס

א) שבועות כא., ב) [חולין פא.], ג) פסחים סג: שבועות ג: כא. תמורה ג:, ד) לפי הרש"ל הד"א, ה) רש"א וא"ת הא משכחת, ו) רש"א מתחיל.

הגהות הב"ח

(א) גמ' בטלו חייב לא כצ"ל ואות ו' נמחק: (ב) רש"י ד"ה וריש לקיש וכו' איכא למימר בה התראת ודאי: (ג) ד"ה אוכל וכו' יושב בטל כצ"ל ואות ו' נמחק: (ד) תוס' ד"ה (בע"א) הניחא וכו' אחר כדי דבור נמי דהלשון משמע שבא לשאול: (ה) בא"ד פי' הקונטרס דשמעתין דאיכא למימר הא דקאמר הכא דהוי כל ימיו בעמוד והחזר משמע שפיר לעולם אף כשבא לב"ד כצ"ל והד"א עם ד"ה מידי הוא וכו' דלריש לקיש לאו שקדמו עשה כצ"ל ואות למ"ד נמחק: (ו) בא"ד שקדמו עשה נמי אין לוקין עליו וי"ל: (ז) בא"ד דכי נמי לאו שקדמו עשה אין: (ח) בא"ד וא"כ כי נמי מזהירין לו ב"ד שיצא ולא יצא לא מחייב: (ט) בא"ד דלאו שהקדימו עשה לוקין דאי אין לוקין משום שניתק וכו' א"כ כיון שאם ירצה לצאת יצא היאך לקי וכו' היכי דייק לאו שקדמו עשה וכו' דקאי אדלעיל כדפי': (י) ד"ה במאי וכו' לאו שמה התראה פי' ולכך לא תני וכו' האם מעל הבנים ואח"כ שחטה דהתם לא לקי משום דהוי התראת ספק דשמא לא יבטל העשה וכל אימת דלא ביטל עשה פטור ואי קשיא אמאי לא לקי הא משכחת ליה וכו' שמבטלו תי' רש"י: (כ) בא"ד וא"ת כי לא קיים נמי שילוח האם כשב"ד הזהירו לו אמאי לילקי וכו' וי"ל כיון דהשתא מיהא וכו' א"כ יש לנו לומר שלא יקיימנה א"כ אלא הוא עושה לעולם וכו' והכי נמי אמרינן וכו' כל אחת ואחת דלא הוי התראת ספק דשמא ישאל על נזירתו מכיון דבשעה שהוא עומד עכשיו הוא עובר יש לנו לומר שלעולם יעמוד כמו שהוא וכו' הכי נמי יש לנו לומר הכא דלעולם לא יקיים העשה: (ל) בא"ד אלא לרשב"ל אמאי: (מ) ד"ה ועבר וכו' וי"ל דמ"מ אינו מתחייב כיון דסמוך להתראה עדיין לא עבר דלוקה גבי נזיר ששתה יין ועובר מיד אמרינן דיש:

גליון הש"ס

תוס' ד"ה במאי וכו' דה"נ אמרינן בנזיר. עי' שבת דף ד ע"א תוס' ד"ה קודם. גיטין דף לג ע"א תוס' ד"ה ואפקעינהו:

And the other master [Reish Lakish] **holds** that **an uncertain warning is not considered a** valid **warning.** Therefore, he cannot hold the view that *malkus* depends on whether *"he nullified it"* or *"he did not nullify it."*[7] Rather, he must hold the view that *malkus* depends on whether *"he fulfilled it"* or *"he did not fulfill it,"* which does not presume that *malkus* can be given on the basis of an uncertain warning.[8]

The Gemara shows that these are indeed the respective positions of R' Yochanan and Reish Lakish regarding the validity of an uncertain warning:

וְאָזְדוּ לְטַעְמַיְיהוּ – **And they follow their respective views** elsewhere. דְּאִיתְּמַר – **For it was stated:** שְׁבוּעָה שֶׁאוֹכַל כִּכָּר זֶה הַיּוֹם – **If a person vowed, "An oath that I will eat this loaf today,"** וְעָבַר הַיּוֹם וְלֹא אֲכָלָהּ – **and the day passed and he did not eat it,** רַבִּי יוֹחָנָן וְרֵישׁ לָקִישׁ דְּאָמְרֵי תַּרְוַויְיהוּ אֵינוּ לוֹקֶה – **R' Yochanan and Reish Lakish both say that he does not incur lashes** for failing to fulfill his vow, but for different reasons: רַבִּי יוֹחָנָן אוֹמֵר אֵינוּ לוֹקֶה – **R' Yochanan says** that **he does not receive *malkus***

NOTES

then the warning that precedes his eating of loaf A will perforce be an *uncertain* warning (since the vow will not be violated unless he eats loaf B as well), whose validity is the subject of a dispute. It would not, however, be sufficient, according to the one who requires a definite warning, for the witnesses to deliver a *definite* warning when the vower is subsequently about to eat loaf B as well and thereby definitely violate his vow retroactively. Why not? It must be that the warning must precede the *basic* transgression (i.e. the eating of loaf A) even though the transgression is not finalized without the eating of loaf B. Similarly in our Gemara, the warning must precede the basic transgression (the divorce) even though the transgression is not finalized without the nullification of the positive commandment to remarry her. It is not sufficient that the warning should precede the nullification of the positive commandment, even though such a warning would be a definite one.]

7. For since that view understands the transgression itself as lacking finality without the nullification of the positive commandment, only an uncertain warning is possible in advance. There could never, then, be a penalty of *malkus* in such cases, according to Reish Lakish, who holds that an uncertain warning is not valid (see *Rashi*).

8. For according to this view, the transgression is complete immediately upon the divorce, making the transgressor liable to *malkus*. It is only that the transgressor has the option of substituting fulfillment of the positive commandment (to remarry her) for the *malkus*, if he does so immediately upon being instructed by the court to do so. Thus, the warning that precedes the transgression is a definite warning: He will incur the penalty of *malkus* if he divorces her [although he will have the option of substituting fulfillment of the positive commandment for the *malkus*] (see *Rashi*).

[It emerges, then, that those who require a definite warning *necessarily* hold that *malkus* depends on whether *"he fulfilled it"* or *"he did not fulfill it,"* which means (in the case of the *oneiss*) that the act of divorce has made him definitely liable to *malkus*. The converse, however, is not true. One may hold that *malkus* depends on whether *"he fulfilled it"* or *"he did not fulfill it,"* yet hold *either* position in the matter of whether an uncertain warning is valid. Similarly, those who validate an uncertain warning can hold *either* position regarding whether *malkus* depends on nullification or fulfillment of the positive commandment. Thus, when the Gemara says that the issue of an uncertain warning underlies the other dispute, the Gemara means only that a certain position in one dispute dictates a specific position in the other (i.e. holding that an uncertain warning is invalid dictates that *malkus* depends on fulfillment of the positive commandment), but not that the issues are conceptually related. See *Ritva* for further explanation of *Rashi's* view.]

מִשּׁוּם דְּהָוֵי לָאו שֶׁאֵין בּוֹ מַעֲשֶׂה – because it is a prohibition that does not involve an action, since the vow is violated merely by failing to eat the loaf, **וְכָל לָאו שֶׁאֵין בּוֹ מַעֲשֶׂה אֵין לוֹקִין עָלָיו – and** in the case of **any prohibition that does not involve action, one does not incur lashes** for violating it.[1] **רֵישׁ לָקִישׁ אוֹמֵר אֵינוֹ לוֹקֶה – Reish Lakish,** however, **says that he does not incur lashes מִשּׁוּם דְּהָוֵי הַתְרָאַת סָפֵק – because it is an uncertain warning,** which is the only warning that can precede the vower's failure to eat the loaf on that day.[2] **וְכָל הַתְרָאַת סָפֵק לֹא שְׁמָהּ הַתְרָאָה – And any uncertain warning is not considered a** valid **warning** on whose basis one can receive *malkus.*[3]

The Gemara notes:

וְתַרְוַיְיהוּ אַלִּיבָּא דְּרַבִּי יְהוּדָה – And both of them [R' Yochanan and Reish Lakish] derive their respective positions **in accordance with** their analysis of **the view of R' Yehudah,** as the Gemara proceeds to explain.[4] **דְּתַנְיָא – For it was taught in a Baraisa:** ,,וְלֹא־תוֹתִירוּ מִמֶּנּוּ עַד־בֹּקֶר וְהַנֹּתָר מִמֶּנּוּ עַד־בֹּקֶר וגו׳ ״ – The Torah states regarding the *pesach* offering: ***AND YOU SHALL NOT LEAVE OVER FROM IT UNTIL MORNING, AND WHATEVER IS LEFT OVER FROM IT UNTIL MORNING* etc.** *[you shall burn in fire].*[5] **בָּא הַכָּתוּב לִיתֵּן עֲשֵׂה אַחַר לֹא תַעֲשֶׂה – THE VERSE COMES TO PROVIDE A POSITIVE COMMANDMENT AFTER THE PROHIBITION,** i.e. the Torah provides the commandment to burn the leftover meat as a way to remedy the transgression of leaving it over, **לוֹמַר שֶׁאֵין לוֹקִין עָלָיו – TO TEACH THAT ONE DOES NOT INCUR LASHES FOR** violating **[THE PROHIBITION]. דִּבְרֵי רַבִּי יְהוּדָה – THESE ARE THE WORDS OF R' YEHUDAH.** Thus, R' Yehudah explains that the reason a person does not receive *malkus* for leaving over the meat of the *pesach* offering is that he has committed a violation remedied by a positive commandment.[6]

The Gemara now shows how R' Yochanan and Reish Lakish drew their respective inferences from R' Yehudah's statement: **רַבִּי יוֹחָנָן דָּיֵיק הָכִי – R' Yochanan infers as follows: טַעְמָא דְּבָא הַכָּתוּב** – R' Yehudah states that **the reason** one does not incur *malkus* for leaving over until morning **is that Scripture came** and provided a remedy; **הָא לֹא בָּא הַכָּתוּב – but had Scripture not come** and provided a remedy, then **לוֹקֶה – he would incur lashes,** even though only an uncertain warning is possible in such situations, where the prohibition is transgressed by failing to do an action within a prescribed period of time whose end it is impractical to ascertain with precision. **אַלְמָא הַתְרָאַת סָפֵק שְׁמָהּ הַתְרָאָה – Thus,** we see that **an uncertain warning is considered a** valid **warning.**

וְרֵישׁ לָקִישׁ דָּיֵיק הָכִי – But Reish Lakish infers as follows: טַעְמָא דְּבָא הַכָּתוּב – R' Yehudah states that **the reason** one does not incur *malkus* for leaving over until morning **is that Scripture came** and provided a remedy; **הָא לֹא בָּא הַכָּתוּב – but had Scripture not come** and provided a remedy, then **לוֹקֶה – he would incur lashes,** even though no action was involved in the transgression of leaving over the meat. **אַלְמָא לָאו שֶׁאֵין בּוֹ מַעֲשֶׂה לוֹקִין עָלָיו – Thus,** we see that **one incurs lashes for** violating **a prohibition that does not involve action.**

Since the inferences of R' Yochanan and Reish Lakish are both valid, the Gemara now asks why each sage did not also draw the inference drawn by his colleague:

וְרַבִּי שִׁמְעוֹן בֶּן לָקִישׁ נַמִּי הָא וַדַּאי הַתְרָאַת סָפֵק הוּא – But according to **R' Shimon ben Lakish as well, surely this** case of leaving over until morning **is** one that involves only **an uncertain warning.** Yet, R' Yehudah states that had the Torah not provided a remedy for the transgression, *malkus* would have been incurred. Why, then, does Reish Lakish not also infer from here that an uncertain warning is valid?

The Gemara answers:

סָבַר לָהּ כְּאִידָךְ תַּנָּא דְּרַבִּי יְהוּדָה – [Reish Lakish] holds with the other Tanna who teaches the view **of R' Yehudah. דְּתַנְיָא – For it was taught in a** different **Baraisa,** regarding one who strikes or curses two men, one of whom is his father:[7] **הִכָּה זֶה וְחָזַר וְהִכָּה זֶה – IF HE STRUCK THIS ONE AND THEN STRUCK THAT ONE,** i.e. he struck the two men at different times, **קִילֵּל זֶה וְחָזַר וְקִילֵּל זֶה – or HE CURSED THIS ONE AND THEN CURSED THAT ONE,** i.e. he cursed the two men at different times,[8] **הִכָּה שְׁנֵיהֶם בְּבַת אַחַת – or HE STRUCK THEM BOTH SIMULTANEOUSLY, אוֹ קִילֵּל שְׁנֵיהֶם בְּבַת אַחַת – OR HE CURSED THEM BOTH SIMULTA-**

NOTES

1. But R' Yochanan does not free the vower from *malkus* on the basis of the impossibility of giving him a definite warning (see Gemara further). For R' Yochanan holds that an uncertain warning *is* a valid warning (*Rashi*).

2. In the case of one who swears to eat a loaf on a particular day, the warning that precedes his transgression is at best an uncertain one. For example, the person is warned in the morning that he had better eat the loaf of bread or else be liable to lashes. If, indeed, the rest of the day passes without him eating the loaf, he will have indeed violated the prohibition against swearing falsely. He can be punished, however, only for his action or inaction immediately following the warning (as the warning must immediately precede the transgression, or else the person can claim that he had already forgotten the warning at the time of the transgression). Now, it is true that in this case his failure to eat the loaf immediately after the warning culminates in a transgression, as it is part of an extended failure to eat the loaf that day, and that immediate failure is sufficient cause to warrant the penalty. But since the warning could not inform the person that failure to eat the loaf immediately would *certainly* result in the penalty (as he might avoid the penalty by eating the loaf later in the day), the warning is no more than a questionable one, and the precondition of "warning" has not been fulfilled (see *Rashi* here and to *Temurah* 3b, and *Chidushei R' Shimon Shkop* to *Kesubos* §39 [p. 193]). True, the warning could theoretically be issued immediately before the last moment at which the person still has time to eat the loaf before the day expires, but it is a practical impossibility for the warner to be able to ascertain that exact moment (*Rashi* to *Shevuos* 21a).

3. Thus, Reish Lakish argues, the rule that an uncertain warning is invalid precludes the possibility of the *malkus* penalty for one who swears to eat the loaf on a particular day and then lets the day pass without eating it.

Reish Lakish does not, though, free the vower from *malkus* on the basis of his not having committed any forbidden *action*. For Reish Lakish holds that one *can* receive *malkus* for violating a prohibition through inaction (*Rashi*).

4. [I.e. R' Yochanan and Reish Lakish are expressing their own personal rulings in these matters, which they *derive* from a statement of R' Yehudah. The Gemara does not mean, however, that they are stating only what R' Yehudah would hold and not their own rulings in these matters (*Tosafos* to *Bava Metzia* 90b ד״ה ריש לקיש; cf. *Ritva* here).]

5. *Exodus* 12:10. All the meat of the *pesach* offering must be eaten on the first night of Pesach and one may not leave any of it over until morning. If he transgresses and leaves some over until morning, the Torah then commands him to burn the *nossar* [leftover].

6. [Our explanation of this *sugya* follows *Maharik* 134:3 (cited in *Imrei Binyamin* and *Otzar Mefarshei HaTalmud*). Cf. *Maharam*.]

7. It is a capital offense to strike one's parent (*Exodus* 21:15) or to curse him [using one of the Divine Names] (ibid. verse 17).

This Baraisa discusses the case of a woman who divorced and then remarried without waiting the requisite three-month period, and then gave birth to a son who is either the nine-month baby of the first husband or the seven-month baby of the second. The Baraisa considers the law where this child – as an adult – strikes or curses both of the two men, his mother's two husbands, one of whom is his father (*Rashi*).

8. Thus, the warning that preceded each blow or curse could be no more than an uncertain warning – that he *might* be striking or cursing his father and thereby be guilty of a capital offense (see *Rashi*).

משום דהוי לאו שאין בו מעשה וכל לאו שאין בו מעשה אין לוקין עליו ר"ל אומר אינו לוקה משום דהוי התראת ספק וכל התראת ספק א) לא שמה התראה ותרווייהו אליבא דרבי יהודה דתניא ב) א) ולא תותירו ממנו עד בקר והנותר ממנו עד בקר וגו' א בא הכתוב ליתן עשה אחר לא תעשה לומר שאין לוקין עליו דברי רבי יהודה ר' יוחנן דייק הכי טעמא דבא הכתוב הא לא בא הכתוב לוקה אלמא התראת ספק שמה התראה ור"ל דייק הכי טעמא דבא הכתוב הא לא בא הכתוב לוקה אלמא לאו שאין בו מעשה לוקין עליו ור"ש בן לקיש נמי הא ודאי התראת ספק הוא סבר לה כאידך תנא דר' יהודה דתניא ג) הכה זה וחזר והכה זה קילל זה וחזר וקילל זה הכה שניהם בבת אחת או קילל שניהם בבת אחת חייב רבי יהודה אומר בבת אחת חייב בזה אחר זה פטור ורבי יוחנן נמי הא ודאי לאו שאין בו מעשה הוא סבר לה כי הא ד) דאמר רב אידי בר אבין אמר רב עמרם א"ר יצחק א"ר יוחנן (א) ר' יהודה אומר משום רבי יוסי הגלילי ה) ב כל לא תעשה שבתורה לאו שיש בו מעשה לוקין עליו לאו שאין בו מעשה אין לוקין עליו ג חוץ מן הנשבע ו) ומימר והמקלל את חבירו בשם קשיא דרבי יהודה אדרבי יהודה אי לר"ש בן לקיש תרי תנאי אליבא דרבי יהודה אי לרבי יוחנן לא קשיא הא דידיה הא דרביה ז) תנן התם הנוטל אם על הבנים רבי יהודה אומר לוקה ואינו משלח וחכ"א ד משלח ואינו לוקה זה הכלל כל מצות לא תעשה שיש בה קום עשה אין חייבין עליה א"ר יוחנן (ב) אין לנו אלא זאת ועוד אחרת א"ל ר' אלעזר היכא א"ל לכי תשכח נפק דק ואשכח דתניא ח) אונס שגירש אם ישראל הוא מחזיר ואינו לוקה ואם כהן הוא לוקה ואינו מחזיר הניחא למאן דתני ט) קיימו ולא קיימו אלא למאן דתני ביטלו ולא ביטלו בשלמא גבי שילוח הקן משכחת לה אלא אונס ביטלו ולא ביטלו היכי משכחת לה י) אי דקטלה קם ליה בדרבה מיניה אמר רב שימי מחוזנאה ה כגון שקיבל לה קידושין מאחר אמר כ) רב אי שוויתיה שליח איהי קא מבטלא ליה אי לא שוויתיה שליח כל כמיניה ולא כלום היא אלא אמר רב שימי מנהרדעא כגון שהדירה ברבים הניחא ל) למ"ד נדר שהודר ברבים אין לו הפרה אלא למ"ד יש לו הפרה מאי איכא למימר דמדירה לה על דעת רבים דאמר מ) אמימר הלכתא ו נדר שהודר ברבים יש לו הפרה ז על דעת רבים אין לו הפרה ותו ליכא והא איכא (סימן גז"ל משכ"ן ופא"ה) גזל דרחמנא אמר ב) לא תגזול ג) והשיב את הגזלה משכון דרחמנא אמר ד) לא תבא אל ביתו לעבוט עבוטו ה) השב תשיב לו נ) העבוט כבא השמש ומשכחת לה בקיימו וביטלו ולא קיימו ולא ביטלו התם כיון דחייב בתשלומין ח אין לוקה ומשלם מתקיף לה רבי זירא הא איכא משכונו של גר ומת הגר התם

רש"י

משום דה"ל לאו שאין בו מעשה. אבל משום התראת ספק לא הוה מפטר דהתראת ספק שמה התראה: משום דהויא לה התראת ספק. אבל משום לאו שאין בו מעשה לא הוה מפטר דקסבר לאו שאין בו מעשה לוקין עליו: ותרווייהו אליבא דרבי יהודה. דאמר גבי נותר איצטריך לנתוקי לאו לעשה אע"ג דהתראת ספק היא ולאו שאין בו מעשה הוא ר' יוחנן דייק מינה אלמא התראת ספק שמה התראה ור"ל דייק מינה אלמא לאו שאין בו מעשה לוקין עליו ולקמיה פריך דתרוייהו איכא למידק מינה: הא ודאי התראת ספק היא. הך דנותר ואיכא למידק נמי מינה התראת ספק שמה התראה: כי אידך תנא. דאמר לא שמה התראה: הכה זה כו'. מי שגירש את אשתו ונישאת וילדה ספק בן ט' לראשון ספק בן ז' לאחרון הכה זה וחזר והכה זה בשתי התראות דהויא לה כל חדא התראת ספק: בבת אחת. בהתראה אחת בתוך כדי דיבור דהויא לה התראת ודאי דממה נפשך חד מינייהו אבוהו: חוץ מנשבע וממיר ומקלל את חבירו בשם. של הקב"ה וטעמא מפרש בתמורה בפ"ק ואי קשיא הא דלעיל נמי נשבע הוא ואמאי פטר ליה ר' יוחנן משום לאו שאין בו מעשה בהדיא מוקמינא לה להא דקתני נשבע בדבר שאין בו מעשה לוקה בשבועה דלשעבר כגון אכלתי ולא אכל או לא אכלתי ואכל אבל באוכל ולא אכל לא לקי וטעמו מפרש בשבועות ובתמורה מקראי: קשיא דרבי יהודה אדרבי יהודה. לתרוייהו: לר"ש. דקשיא ליה התראת ספק תרי תנאי אליבא דר' יהודה: לר' יוחנן. דקשיא ליה לאו שאין בו מעשה: הא דידיה והא דרביה. לר' יהודה לאו שאין בו מעשה לוקין עליו והא דתניא אין לוקין עליו משום ר' יוסי הגלילי אמרה: לוקה ואינו משלח. קסבר שלח מעיקרא משמע לא תקח האם אלא שלחנה קודם לקיחה ואע"ג דכתיב בתר לא תקח לאו למימרא דאם לקחת שלח וניהוי לאו שניתק לעשה אלא לאו שקדמו עשה הוא: וחכ"א כו'. קסברי שלח אחר לא תקח משמע כדכתיב והוה ליה ניתק לעשה ואם לקחת שלח: זה הכלל כל מצות לא תעשה כו'. אין לוקין עליה אלא יקיים העשה ויפטר: א"ר יוחנן אנו אין לנו כו'. כלומר משלח ואינו לוקה הא לא שלח לוקה ורבי יוחנן ביטלו ולא ביטלו אית ליה ומשמע ליה משלח דקתני משלח לכשירצה ואינו לוקה ואימתי הוא לוקה כשיהרגנה ויבטל את העשה בידים והיינו דקאמר אנו אין לנו כו' כלומר אע"ג דקתני מתני' זה הכלל כו' דמשמע כל מצות לא תעשה שיש בה קום עשה שוות לזו אנו אין לנו בכולן שוה לזו שיהא פטור המלקות תלוי בקיום העשה אלא בין לא קיים בין קיים פטור אלא זו ועוד אחרת דמשכחת בהו דלקי על ידי ביטול העשה דאילו בכולהו לא משכחת ביטלו אלא בהני תרי: מחזיר ואינו לוקה. אף כאן תלה פטורו של מלקות בקיום העשה: הניחא למאן דתני. לא קיימו לוקה משכחת ביה מלקות בלא קיימו: אלא למאן דתני ביטלו. לוקה היכי משכחת לה: הניחא בשילוח הקן משכחת לה. ביטלו כששחטה אלא הכא היכי משכחת לה: בדרבה מיניה. מיתה ואין בו מלקות: כל כמיניה. בתמיה וכי כל הימנו שתתקדש על ידי קבלתו: הניחא למאן דאמר כו'. פלוגתא היא במסכת גיטין בהשולח גט (דף לה:): על דעת רבים. שמצא בה עון (ג) שאסורה לו והדירה על דעת רבים ועל דעת בית דין: ותו ליכא. מצות לא תעשה שיש בה קום עשה דלילקי עלה: משכון. משכחת בה ביטולו כששרפו: הרי משכונו של גר. שאין לו יורשין דליתא בתשלומין:

תוספות

אי דקטלה קם ליה בדרבה מיניה. ואם מתה א"כ לא בטלה איהו ואם תאמר דלמא מיירי דקטלה ומ"מ לא הוי קם ליה בדרבה מיניה דמיירי שהרגה בשוגג (ד) וי"ל דא"כ היינו כמו מתה מאליה ס) כיון דהרגה שלא במתכוין כך הקשה משי"ח ותירץ:

כגון שהדירה ברבים. פי' הקונט' שמצא לה עון שאסורה לו והדירה ולא נראה דא"כ אינו מצוה לקיימה אלא נראה שהדירה בלא שום עון ושפיר חל עליה כגון דאמר קונם תשמישך עלי כדאיתא בנדרים (דף ע) פא:): והא איכא העבט תעביטנו לא תבוא אל ביתו השב תשיב לו ומשכחת לה כו'. וא"ת והא הוי עשה שקדמו לאו דהשבת העבוט שייך קודם שיעבור לילך אל ביתו לעבוט עבוטו דבמשכנו ברשות שייך השבת העבוט פ) וי"ל דדרשינן בפרק אלו מציאות (ב"מ לא:) מיתורא דהשב תשיב דקאי למשכנו שלא ברשות א"כ על כרחך שייך עשה דהשב תשיב לו לאחר שעבר כדאמרינן לעיל אם אינו ענין לפניו תנהו ענין לאחריו: התם איתא בתשלומין. כששרפו וחייב ממון הלכך לא משכחת ביה בטלו דכל אימת דיש לו ממון לא ילקה ויש ספרים דגרסי ואינו לוקה ומשלם כלומר הכא על כרחך אינו לוקה הואיל ומיפטר בתשלומין אבל ליכא לפרושי דתרתי לא עבדינן ליה מלקות וממון משום כדי רשעתו והלכך משלם ואינו לוקה דזה אינו חדא דא"כ אדרבה יש לנו לומר ילקה ולא ישלם דבפ' אלו נערות (כתובות דף לג:) אמר ר' יוחנן דהיכא שמצינו ממון ומלקות מילקא לקי ממונא לא משלם ועוד דא"כ

עין משפט נר מצוה

כו א מיי' פי"ט מהל' קרבן פסח הל' יא ופי"ח מהל' פסולי המוקדשים הלכה ט:
כז ב מיי' פי"ח מהל' סנהדרין הלכה א [וברב אלפס שבועות סוף פ"ד דף שג.]:
כח ג מיי' שם הלכה ב [וברב אלפס שם]:
כט ד מיי' פי"ג מהל' שחיטה הלכה א סמג עשין סה טוש"ע י"ד סי' רצב סעיף ו:
ל ה מיי' פ"א מהל' נערה הלכה ז ועיין בכ"מ בפט"ז מהלכות סנהדרין הל' ד:
לא ו מיי' פ"ו מהל' שבועות הל' ח סמג לאוין רמ טוש"ע י"ד סי' רכח סעיף כג:
לב ז מיי' שם טוש"ע שם סעיף כח:
לג ח מיי' פט"ז מהל' סנהדרין הל' יב ופי"ח הלכה ב ופ"ג מהל' גניבה הל' א ופ"א מהל' נערה הלכה יא ופ"ו מהל' תרומות הלכה ו ופ"ד מהל' חובל הל' ט טור ח"מ סי' שנ:

רבינו חננאל

ותרווייהו אליבא דר' יהודה דתניא ולא תותירו ממנו עד בקר בא הכתוב ליתן עשה אחר לא תעשה לומר שאין לוקין עליו דברי ר' יהודה. ר' יוחנן דייק הכי טעמא דבא הכתוב הא לא בא הכתוב לוקה אלמא התראת ספק שמה התראה. וריש לקיש דייק לאו שאין בו מעשה לוקין עליו. ואקשינן לריש לקיש והא התראת ספק היא שמתרין בו לא תותירו ויתכן שלא יותיר ואם יותיר ישרפנו ולמה אמר טעמא דבא הכתוב הא לא בא הכתוב חייב. ופריק ריש לקיש דאמר (באידך דלא כר') [כאידך תנא דר'] יהודה דתנינן בענין מי שגירש אשתו ולא שהתה ג' חדשים וניסת וילדה ואין ידוע אם בן ט' לראשון אם בן ז' לאחרון ועמד זה הילוד והכה זה וחזר והכה זה קילל זה וחזר וקילל זה כו' ר' יהודה אומר בבת אחת חייב שאחד מהן אביו. בזה אחר זה פטור שמפני כשמתרין בו כך אומרים לו אל תכה זה שאם תחזור ותכה האחר תתחייב נמצאת התראה זו בספק שיתכן שלא יכה ושלא יקלל האחר ולא יתחייב וכל כי האי גוונא בהתראת ספק פטור. ואקשינן ולר' יוחנן לאו דנותר לאו שאין בו מעשה הוא אמאי תני ר' יהודה טעמא דבא הכתוב הא לא בא הכתוב חייב. ופריק ר' יוחנן דאמר כי האי דאמר ר' יהודה משום ר' יוסי הגלילי כל לא תעשה שבתורה יש בו מעשה לוקין עליו אין בו מעשה אין לוקין חוץ מן הנשבע ומימר והמקלל את חברו בשם. אי הכי קשיא דר' יהודה אדר' יהודה הכא תני טעמא דבא הכתוב הא לא בא הכתוב לוקה מכלל דלאו שאין בו מעשה לוקין עליו והדר תני כל לאו שאין בו מעשה אין לוקין עליו. ופרקינן הא דידיה הא דר' יוסי הגלילי רביה דאמר אין לוקין עליו. וכן פריק ריש לקיש בהתראת ספק תרי תנאי ואליבא דר' יהודה. תנן התם במסכת שחיטת חולין הנוטל אם על הבנים ר' יהודה אומר לוקה ואינו משלח וחכ"א משלח ואינו לוקה. זה הכלל כל מצות לא תעשה שיש בה קום עשה אין חייבין עליה. א"ר יוחנן אנו אין לנו אלא זאת ועוד אחרת. נפק ר' אלעזר דק ואשכח הא דתנן אונס שגירש אם ישראל הוא מחזיר ואינו לוקה ואם כהן הוא לוקה ואינו מחזיר. ואמרינן הניחא למאן דתני קיימו ולא קיימו אלא למאן דתני ביטלו ולא ביטלו בשלמא גבי שילוח הקן משכחת לה ביטלו כגון דשחטה לאם אלא גבי אונס היכי משכחת לה דביטלו אי קטלה לאיתתיה קם ליה (והשאר חסר):

מסורת הש"ס

א) [חולין פא.], ב) [לעיל ד: פסחים פד. סנהדרין סג. חולין פג:], ג) [שבועות ג.], ד) יבמות קא. [חולין פב: לא.], ה) [תוספתא מכות פ"ד], ו) [ומימר. יעב"ץ], ז) חולין קמא. [לקמן יז.], ח) [לעיל טו. תמורה ה.], ט) [לעיל טו. חולין קמא.], י) צ"ל רבא יעב"ץ, כ) גיטין לה:, ל) [גיטין לו. בכורות מו. ערכין כג.], מ) [לפנינו בקרא את העבוט], נ) צ"ל דף טו:, ס) [עיין מהרש"א].

הגהות הב"ח

(א) גמרא א"ר יוחנן אומר היה ר' יהודה משום רבי יוסי הגלילי: (ב) שם א"ר יוחנן אנו אין לנו: (ג) רש"י ד"ה על דעת רבים שמצא בה עון. נ"ב דבלא עון לא מצי להדירה דהא משועבד לה: (ד) תוס' ד"ה אי דקטלה וכו' שהרגה בשוגג. נ"ב פי' ולמאי ס"ל חייבי מיתות שוגגין חייבין מלקות עיין פ' אלו נערות סוף דף ל"ד:

גליון הש"ס

גמ' אי דקטלה קם ליה בדרבה מיניה. קשה לי הא משכחת בהיתה טריפה דלאו חייב מיתה ומכל מקום בפשוטו היה חייב עליו דלא יוכל לאשה וצ"ע: תוס' ד"ה אי וכו' כיון דהרגה שלא במתכוין. קשה לי דמ"מ משכחת במזיד ולא אתרו ביה:

תורה אור השלם

א) וְלֹא תוֹתִירוּ מִמֶּנּוּ עַד בֹּקֶר וְהַנֹּתָר מִמֶּנּוּ עַד בֹּקֶר בָּאֵשׁ תִּשְׂרֹפוּ: [שמות יב, י]
ב) לֹא תַעֲשֹׁק אֶת רֵעֲךָ וְלֹא תִגְזֹל לֹא תָלִין פְּעֻלַּת שָׂכִיר אִתְּךָ עַד בֹּקֶר: [ויקרא יט, יג]
ג) וְהָיָה כִּי יֶחֱטָא וְאָשֵׁם וְהֵשִׁיב אֶת הַגְּזֵלָה אֲשֶׁר גָּזָל אוֹ אֶת הָעֹשֶׁק אֲשֶׁר עָשָׁק אוֹ אֶת הַפִּקָּדוֹן אֲשֶׁר הָפְקַד אִתּוֹ אוֹ אֶת הָאֲבֵדָה אֲשֶׁר מָצָא: [ויקרא ה, כג]
ד) כִּי תַשֶּׁה בְרֵעֲךָ מַשַּׁאת מְאוּמָה לֹא תָבֹא אֶל בֵּיתוֹ לַעֲבֹט עֲבֹטוֹ: [דברים כד, י]
ה) הָשֵׁב תָּשִׁיב לוֹ אֶת הָעֲבוֹט כְּבוֹא הַשֶּׁמֶשׁ וְשָׁכַב בְּשַׂלְמָתוֹ וּבֵרְכֶךָּ וּלְךָ תִּהְיֶה צְדָקָה לִפְנֵי יְיָ אֱלֹהֶיךָ: [דברים כד, יג]

ליקוטי רש"י

משום דהוי התראת ספק. ... הכתוב. כל לאו שניתק לעשה אין לוקין עליו למשמע זו היא תקנתו אם תעבור על הלאו עשה זאת ויהיגלל ועוד דלא הסימה שהמלקות נסמך לו [פסחים פד.]. אחר לא תעשה. אם תותיר ועברת על לאו בזאת תשרפנו נתקו הכתוב עונשן של שאר לאוין לומר זה ענשו ותקנת עבירתו שישרפנו [שבועות ג:]. לא תותירו ממנו עד בקר. ואם תשרופו. עשה הוא ולאו שניתק לעשה אין לוקין עליו והמותיר בפסח פטור [חולין פב:]. לומר שאין לוקין משמע שזה עונשו של לאו שאם הותירו ישרפנו ויפטר [סנהדרין סג:]. שהעשה האמור אחריו תקנתו וכפרתו על עבירת [לעיל ד:]. טעמא דבא הכתוב וכו'. הא לאו הכי לקי אע"ג דהתראת ספק היא דכל אימת דאתרו ביה מצי אמר הוא [חולין פג.]. לאו שאין בו מעשה. דכשהוא מותירו לא קעביד שום מעשה [תמורה ד:]. וע"ע בליקוטי רש"י לעיל ד:. הכה זה וחזר והכה זה. מי שלא שהתה אחר גיטה שלשה חדשים וניסת וילדה ספק בן תשעה לראשון וספק בן שבעה לאחרון וכשגדל הכה את האחד וחזר והכה את חבירו. חייב. דקסבר התראת ספק שמה התראה. בבת אחת. הכים שתי ידיו והכה זה באחת וזה באחת [חולין פב:]. חייב. דהתראת ודאי היא [חולין פב:]. בזה אחר זה פטור. דליכא שתי התראות וכל חדא וחדא הוה ספק ולת"ק התראת ספק שמה התראה הואיל וממה נפשך עבר [יבמות קא.]. חוץ מנשבע. דאע"ג דלא עביד מעשה לוקה [תמורה ג.]. ומקלל את חבירו בשם. המיוחד כו' [שבועות כא.]. בשם. בשמו של הקב"ה [תמורה ג.]. ואינו משלח. דהיינו טעמא דרבי יהודה דקסבר שלח מעיקרא משמע כלומר לא תקח האם אלא כשתמצאנה שלחנה ואם לקחה לא קאמר קרא דלשלחה וכו' [חולין קמא.]. קסבר שלח מעיקרא משמע. ואין כאן לאו שניתק לעשה כתיב שלח תשלח אחר לא תקח לאו למימרא דאם לקחת שלח אלא לא תקח אלא שלחנה קודם לקיחה [לקמן יז.]. לאיסור דעבד עבד [לקמן יז.]. משלח ואינו לוקה. קסברי שלח אחר לקיחה משמע ולאו שניתק לעשה הוא [לקמן יז.]. אין לוקין עליו. להכי נתקו לעשה לומר אם עבר על הלאו יעשה זאת ויגלל לא תקח האם ואם לקח שלח תשלח. זה הכלל וכו' אין לוקין עליו. אלא אם כן לא קיימו תוך כדי דיבור למאן דתני קיימו ולא קיימו אלא משלח תוך כדי דיבור ואינו לוקה ואם ... וצריך לשלח אחר לקיחה משמע ולמאן דתני בטלו ולא בטלו בעי עד שישחוט אותה ואי לא לא לקי [חולין שם]. אונס. נערה בתולה. אם ישראל הוא. שיכול לקיים העשה ויחזירנה מחזיר ואינו לוקה. ואם כהן הוא. שאסור בגרושה ואינו מחזיר [לעיל טו.]. נדר שהודר ברבים. נודרת בפני עשרה וקסבר נדר שהודר ברבים אין לו הפרה [גיטין לה:]. על דעת רבים. כך יאמרו לו הרי אנו מדירין אותך על דעתנו [גיטין לו.]. שאומרים לו נדור [ערכין כג.].

NEOUSLY[9] – in all these cases חַיָּיב – HE IS LIABLE to the death penalty. This is the view of the Tanna Kamma. רַבִּי יְהוּדָה אוֹמֵר – But R' YEHUDAH SAYS: בְּבַת אַחַת חַיָּיב – If he does so SIMULTANEOUSLY, HE IS LIABLE, because he committed the offense after receiving a *definite* warning. בְּזֶה אַחַר זֶה פָּטוּר – But if he does so ONE AFTER THE OTHER, HE IS NOT LIABLE, because the capital offense could have been preceded only by an uncertain warning.[10] Thus, R' Yehudah's view as recorded in this Baraisa is that an uncertain warning is *not* valid. It is this view that Reish Lakish followed when he ruled that a person does not incur *malkus* for failing to eat the loaf on the day that he vowed to eat it.[11]

The Gemara now asks why R' Yochanan did not draw Reish Lakish's inference from the first Baraisa:

וְרַבִּי יוֹחָנָן נַמִּי הָא וַדַּאי לָאו שֶׁאֵין בּוֹ מַעֲשֶׂה הוּא – **But** according to **R' Yochanan as well, surely this** case of leaving over until morning **is** a case of **a prohibition that does not involve any action.** Yet, R' Yehudah states that had the Torah not provided a remedy for the transgression, *malkus* would have been incurred. Why, then, does R' Yochanan not also infer from here that *malkus* is incurred for violating a prohibition that does not involve an action?

The Gemara answers:

סָבַר לָהּ כִּי הָא דְּאָמַר רַב אִידִי בַּר אָבִין אָמַר רַב עַמְרָם אָמַר רַבִּי יִצְחָק אָמַר רַבִּי יוֹחָנָן – **[R' Yochanan] holds with that which Rav Idi bar Avin said in the name of Rav Amram, who said in the name of R' Yitzchak, who said in the name of R' Yochanan:** רַבִּי יְהוּדָה אוֹמֵר מִשּׁוּם רַבִּי יוֹסֵי הַגְּלִילִי – R' YEHUDAH SAYS IN THE NAME OF R' YOSE HAGLILI: כָּל לֹא תַעֲשֶׂה שֶׁבַּתּוֹרָה – The following rule applies to EVERY PROHIBITION IN THE TORAH: לָאו שֶׁיֵּשׁ בּוֹ מַעֲשֶׂה לוֹקִין עָלָיו – In the case of A PROHIBITION THAT INVOLVES AN ACTION, ONE INCURS LASHES FOR violating IT; לָאו שֶׁאֵין בּוֹ מַעֲשֶׂה אֵין לוֹקִין עָלָיו – in the case of A PROHIBITION THAT DOES NOT INVOLVE AN ACTION, ONE DOES NOT INCUR LASHES FOR violating IT; חוּץ מִן הַנִּשְׁבָּע – EXCEPT FOR ONE WHO SWEARS falsely[12] וּמֵימָר – OR SUBSTITUTES an animal for a sacrificial animal וְהַמְקַלֵּל אֶת חֲבֵירוֹ בַּשֵּׁם – OR WHO CURSES ANOTHER PERSON WITH THE NAME of God.[13] Only in these exceptional cases does one incur *malkus* for violating the prohibitions even though he does no action.[14] R' Yochanan followed this view of R' Yehudah (in the name of R' Yose HaGlili) when he ruled that a person does not incur *malkus* for failing to eat the loaf that he vowed to eat on that day.[15]

The Gemara now asks:

קַשְׁיָא דְּרַבִּי יְהוּדָה אַדְּרַבִּי יְהוּדָה – But the **one statement of R' Yehudah contradicts the other statement of R' Yehudah!** Although we have found the bases for the respective rulings of R' Yochanan and Reish Lakish, we are left with contradictory versions of what R' Yehudah himself held.[16] – ? –

The Gemara answers:

אִי לְרַבִּי שִׁמְעוֹן בֶּן לָקִישׁ – **If** we are to resolve the contradiction **according to R' Shimon ben Lakish,** who must explain the contradiction between the Baraisa regarding *nossar* and the Baraisa regarding the striking or cursing of the mother's two husbands,[17] we must say that תְּרֵי תַּנָּאֵי אַלִּיבָּא דְּרַבִּי יְהוּדָה – **there are two Tannaim** with different versions **concerning the view of R' Yehudah.** The Tanna of the Baraisa regarding *nossar* maintains that R' Yehudah *does* validate an uncertain warning, while the Tanna of the Baraisa regarding the one who strikes his mother's two husbands maintains that R' Yehudah does *not* validate an uncertain warning.[18] אִי לְרַבִּי יוֹחָנָן

NOTES

9. This need not mean *literally* simultaneously. Rather, the meaning could be that he struck or cursed both of them within "the time required for an utterance" [see above, 6a] following the warning, so that the warning is a *definite* one: Striking or cursing these two men will definitely incur the death penalty (see *Rashi;* see also *Rashi* to *Yevamos* 101a, to *Chullin* 82b and 91a).

10. See above, note 8.

11. Thus, the Gemara explains that it is true that R' Yehudah's view as recorded in the Baraisa concerning *nossar* is that one incurs *malkus* both for violating a prohibition that does not involve action *and* on the basis of an uncertain warning. Reish Lakish, though, accepts only part of that view – namely, that one incurs *malkus* for violating a prohibition that does not involve action. Regarding the validity of an uncertain warning, however, Reish Lakish adopts the variant opinion of R' Yehudah as it is taught by the Tanna of the Baraisa concerning striking and cursing one's father (see *Maharik,* cited above in note 6).

Though he disputes part of R' Yehudah's ruling in the Baraisa concerning *nossar,* Reish Lakish must still resort to that Baraisa to justify his view that one receives *malkus* for violating a prohibition that does not involve action. For the Gemara above (13b) expounded the word לַעֲשׂוֹת, *to perform,* as teaching that one does *not* incur *malkus* for violating a prohibition that does not involve action. Obviously, however, R' Yehudah in the Baraisa regarding *nossar* does not subscribe to that exposition. Hence, Reish Lakish can follow R' Yehudah in not accepting that exposition (see *Maharik* ibid.).

12. I.e. he utters a false oath. For example, he swears that he ate a loaf that he in fact did not eat, or that he did not eat a loaf that he in fact did eat. One does not, however, incur *malkus* for vowing to eat a loaf and then failing to do so, which is the case discussed by R' Yochanan and Reish Lakish above (see *Rashi*).

13. The Torah forbids a person to designate another animal as a substitute for an already consecrated sacrificial animal (*Leviticus* 27:9ff). Such substitution is called תְּמוּרָה, *temurah.* Cursing another person with the Name of God is proscribed in *Leviticus* 19:14; see *Chinuch* §231.

14. These violations involve forbidden *speech* rather than forbidden *actions.* Nevertheless, *malkus* is incurred. The reason these cases are exceptions to the rule that one does not incur *malkus* for violations that do not involve action is detailed in *Temurah* 3a-4a.

15. Thus, R' Yochanan agrees that R' Yehudah's view as recorded in the Baraisa regarding *nossar* is indeed that one incurs *malkus* both on the basis of an uncertain warning *and* for violating a prohibition that does not involve action. R' Yochanan, however, accepts only part of that ruling – namely, that an uncertain warning is valid. But regarding a prohibition that does not involve action, R' Yochanan follows the view that R' Yehudah stated in R' Yose HaGlili's name: that one does not incur *malkus* for violating such a prohibition (except in the exceptional cases listed).

Though he disputes part of R' Yehudah's ruling in the Baraisa concerning *nossar,* R' Yochanan must still resort to that Baraisa for his proof. For his disputant, Reish Lakish, considers it axiomatic that one does not incur *malkus* on the basis of an uncertain warning. Obviously, however, R' Yehudah in the Baraisa regarding *nossar* does not accept that axiom. Hence, R' Yochanan, too, is justified in not accepting that axiom (see *Maharik* ibid.). [R' Yochanan could have also justified his position (that one incurs *malkus* on the basis of an uncertain warning) by pointing to the view of the Sages in the Baraisa concerning the son who strikes both men who had been married to his mother, but it is possible that R' Yochanan was unaware of that Baraisa (see below, note 19).]

16. In the Baraisa regarding *nossar,* he states that one *does* incur *malkus* for violating a prohibition that does not involve action, as well as on the basis of an uncertain warning. This contradicts the Tanna who records R' Yehudah's view as being that the son who strikes or curses his mother's two husbands successively cannot be executed because he received only an uncertain warning. And it contradicts the teaching of R' Yehudah in the name of R' Yose HaGlili that one does *not* incur *malkus* for violating a prohibition that does not involve an action.

17. It is only this contradiction that Reish Lakish must answer, since his rulings are based on both these Baraisos. He did not, however, cite the teaching of R' Yehudah in the name of R' Yose HaGlili, and it is thus possible that he was unaware of it. The Gemara therefore does not need to address how Reish Lakish would have accounted for that view (*Sdei Chemed, Kelalim, Maareches HaHei,* end of *Klal* 53, cited in *Imrei Binyamin*).

18. Thus, R' Yehudah did not contradict himself. Rather, the Tannaim of these respective Baraisos are in disagreement as to what R' Yehudah actually holds.

משום דהוי לאו שאין בו מעשה וכל לאו שאין בו מעשה אין לוקין עליו ר"ל אומר אינו לוקה משום דהוי התראת ספק וכל התראת ספק [א] לא שמה התראה ותרוייהו אליבא דרבי יהודה דתניא [ב] א) ולא תותירו ממנו עד בקר והנותר ממנו עד בקר וגו' בא הכתוב ליתן עשה אחר לא תעשה לומר שאין לוקין עליו דברי רבי יהודה ר' יוחנן דייק הכי טעמא דבא הכתוב הא לא בא הכתוב לוקה אלמא התראת ספק שמה התראה ור"ל דייק הכי טעמא דבא הכתוב הא לא בא הכתוב לוקה אלמא לאו שאין בו מעשה לוקין עליו ור"ש בן לקיש נמי הא ודאי התראת ספק הוא סבר לה כאידך תנא דר' יהודה דתניא [ג] הכה זה וחזר והכה זה קילל זה וחזר וקילל זה הכה שניהם בבת אחת או קילל שניהם בבת אחת חייב רבי יהודה אומר בבת אחת חייב בזה אחר זה פטור ורבי יוחנן נמי הא ודאי לאו שאין בו מעשה הוא סבר לה כי הא [ד] דאמר רב אידי בר אבין אמר רב עמרם א"ר יצחק א"ר יוחנן (א) ר' יהודה אומר משום רבי יוסי הגלילי [ה] ב כל לא תעשה שבתורה לאו שיש בו מעשה לוקין עליו לאו שאין בו מעשה אין לוקין עליו ג חוץ מן הנשבע [ו] ומימר והמקלל את חבירו בשם קשיא דרבי יהודה אדרבי יהודה אי לר"ש בן לקיש תרי תנאי אליבא דרבי יהודה אי לרבי יוחנן לא קשיא הא דידיה הא דרביה [ז] תנן התם הנוטל אם על הבנים רבי יהודה אומר לוקה ואינו משלח וחכ"א ד משלח ואינו לוקה זה הכלל כל מצות לא תעשה שיש בה קום עשה אין חייבין עליה א"ר יוחנן (ב) אין לנו אלא זאת ועוד אחרת א"ל ר' אלעזר היכא א"ל לכי תשכח נפק דק ואשכח דתניא [ח] אונס שגירש אם ישראל הוא מחזיר ואינו לוקה ואם כהן הוא לוקה ואינו מחזיר הניחא למאן דתני [ט] קיימו ולא קיימו אלא למאן דתני ביטלו ולא ביטלו בשלמא גבי שילוח הקן משכחת לה אלא אונס ביטלו ולא ביטלו היכי משכחת לה [י] אי דקטלה קם ליה בדרבה מיניה אמר רב שימי מחוזנאה ה כגון שקיבל לה קידושין מאחר אמר [כ] רב אי שוויתיה שליח איהי קא מבטלא ליה אי לא שוויתיה שליח כל כמיניה ולא כלום היא אלא אמר רב שימי מנהרדעא כגון שהדירה ברבים הניחא [ל] למ"ד נדר שהודר ברבים אין לו הפרה אלא למ"ד יש לו הפרה מאי איכא למימר דמדירה לה על דעת רבים דאמר [מ] אמימר הלכתא ו נדר שהודר ברבים יש לו הפרה ז על דעת רבים אין לו הפרה ותו ליכא והא איכא (סימן גז"ל משכ"ן ופא"ה) גזל דרחמנא אמר ב) לא תגזול ג) והשיב את הגזלה משכון דרחמנא אמר ד) לא תבא אל ביתו לעבוט עבוטו ה) השב תשיב לו [נ] העבוט כבא השמש ומשכחת לה בקיימו וביטלו ולא ביטלו התם כיון דחייב בתשלומין ח אין לוקה ומשלם מתקיף לה רבי זירא הא איכא משכונו של גר ומת הגר התם

רש"י

משום דה"ל לאו שאין בו מעשה. אבל משום התראת ספק לא הוה מפטר דהתראת ספק שמה התראה: משום דהויא לה התראת ספק. אבל משום לאו שאין בו מעשה לא הוה מפטר דקסבר לאו שאין בו מעשה לוקין עליו: ותרווייהו אליבא דרבי יהודה. דאמר גבי נותר איצטריך לנתוקי לאו לעשה אע"ג דהתראת ספק היא ולאו שאין בו מעשה הוא ר' יוחנן דייק מינה אלמא התראת ספק שמה התראה ור"ל דייק מינה אלמא לאו שאין בו מעשה לוקין עליו ולקמיה פריך דתרווייהו איכא למידק מינה: הא ודאי התראת ספק היא. הך דנותר ואיכא למידק נמי מינה התראת ספק שמה התראה: כי אידך תנא. דאמר לא שמה התראה: הכה זה כו'. מי שגירש את אשתו וניסאת וילדה ספק בן ט' לראשון ספק בן ז' לאחרון הכה זה וחזר והכה זה בשתי התראות דהויא לה כל חדא התראת ספק: בבת אחת. בהתראה אחת בתוך כדי דיבור דהויא לה התראת ודאי דממה נפשך חד מינייהו אבוהו: חוץ מנשבע וממיר ומקלל את חבירו בשם. של הקב"ה וטעמא מפרש בתמורה בפ"ק ואי קשיא הא דלעיל נמי נשבע הוא ואמאי פטר ליה ר' יוחנן משום לאו שאין בו מעשה בהדיא מוקמינא לה להא דקתני נשבע בדבר שאין בו מעשה לוקה בשבועה לשעבר כגון אכלתי ולא אכל או לא אכלתי ואכל אבל באוכל ולא אכל לא לקי וטעמו מפרש בשבועות ובתמורה מקראי: קשיא דרבי יהודה אדרבי יהודה. לתרוייהו: לר"ש. דקשיא ליה התראת ספק תרי תנאי אליבא דר' יהודה: לר' יוחנן. דקשיא ליה לאו שאין בו מעשה: הא דידיה והא דרביה. לר' יהודה לאו שאין בו מעשה לוקין עליו והא דתניא אין לוקין עליו משום ר' יוסי הגלילי אמרה: לוקה ואינו משלח. קסבר שלח מעיקרא משמע לא תקח האם אלא שלחנה קודם לקיחה ואע"ג דכתיב בתר לא תקח לאו למימרא דאם לקחת שלח וניהוי לאו שניתק לעשה אלא לאו שקדמו עשה הוא: וחכ"א כו'. קסברי שלח אחר לא תקח משמע כדכתיב והוה ליה ניתק לעשה ואם לקחת שלח: זה הכלל כל מצות לא תעשה כו'. אין לוקין עליה אלא יקיים העשה ויפטר: א"ר יוחנן אנו אין לנו כו'. כלומר משלח ואינו לוקה הא לא שלח לוקה ורבי יוחנן ביטלו ולא ביטלו אית ליה ומשמע ליה משלח דקתני משלח לכשירצה ואינו לוקה ואימתי הוא לוקה כשיהרגנה ויבטל את העשה בידים והיינו דקאמר אנו אין לנו כו' כלומר אע"ג דקתני מתני' זה הכלל כו' דמשמע כל מצות לא תעשה שיש בה קום עשה שוות לזו אנו אין לנו בכולן שוה לזו שיהא פטור המלקות תלוי בקיום העשה אלא בין לא קיים בין קיים פטור אלא זו ועוד אחרת דמשכחת בהו דלקי על ידי ביטול העשה דאילו בכולהו לא משכחת ביטלו אלא בהני תרי: מחזיר ואינו לוקה. אף כאן תלה פטורו של מלקות בקיום העשה: הניחא למאן דתני. לא קיימו לוקה משכחת ביה מלקות בלא קיימו: אלא למאן דתני ביטלו. לוקה היכי משכחת לה: הניחא בשילוח הקן משכחת לה. ביטלו כששחטה אלא הכא היכי משכחת לה: בדרבה מיניה. מיתה ואין בו מלקות: כל כמיניה. בתמיה וכי כל הימנו שתתקדש על ידי קבלתו: הניחא למאן דאמר כו'. פלוגתא היא במסכת גיטין בהשולח גט (דף לה:): על דעת רבים. שמצא בה עון (ג) שאסורה לו והדירה על דעת רבים ועל דעת בית דין: ותו ליכא. מצות לא תעשה שיש בה קום עשה דלילקי עלה: משכון. משכחת לה ביטלו שׂרפו: הרי משכונו של גר. ושרפו בחיי הגר ומת הגר ואין לו יורשין דליתא בתשלומין:

תוספות

אי דקטלה קם ליה בדרבה מיניה. ואם מתה א"כ לא בטלה איהו ואם תאמר דלמא מיירי דקטלה ומ"מ לא הוי קם ליה בדרבה מיניה דמיירי שהרגה בשוגג (ד) וי"ל דא"כ היינו כמו מתה מאליה [ס] כיון דהרגה שלא במתכוין כך הקשה מהר"ם ותירץ:

כגון שהדירה ברבים. פי' הקונט' שמצא לה עון שאסורה לו והדירה ולא נראה דא"כ אינו מצוה לקיימה אלא נראה שהדירה בלא שום עון ושפיר חל עליה כגון דאמר קונם תשמישך עלי כדאיתא בנדרים (דף [ע] פא:): והא איכא העבט תעביטנו לא תבוא אל ביתו השב תשיב לו ומשכחת לה כו'. וא"ת והא הוי עשה שקדמו לאו דהשבת העבוט שייך קודם שיעבור לילך אל ביתו לעבוט עבוטו דמשכנו ברשות שייך השבת העבוט [פ] וי"ל דדרשינן בפרק אלו מציאות (ב"מ לא:) מיתורא דהשב תשיב דקאי למשכנו שלא ברשות א"כ על כרחך שייך עשה דהשב תשיב לו לאחר שעבר כדאמרינן לעיל אם אינו ענין לפניו תנהו ענין לאחריו: התם איתא בתשלומין. כששרפו וחייב ממון הלכך לא משכחת ביה בטלו דכל אימת דיש לו ממון לא ילקה ויש ספרים דגרסי ואינו לוקה ומשלם כלומר הכא על כרחך אינו לוקה הואיל ומיפטר בתשלומין אבל ליכא לפרושי דתרתי לא עבדינן ליה מלקות וממון משום כדי רשעתו והלכך משלם ואינו לוקה דזה אינו חדא דא"כ אדרבה יש לנו לומר ילקה ולא ישלם דבפ' אלו נערות (כתובות דף לב:) אמר ר' יוחנן דהיכא שאלימו ממון ומלקות מילקא לקי ממונא לא משלם ועוד דא"כ

כו א מיי' פ"י מהל' קרבן פסח הל' יא ופי"ח מהל' פסולי המוקדשים הלכה ט:
כז ב מיי' פי"ח מהל' סנהדרין הלכה א [וברב אלפס שבועות סוף פ"ד דף שג.]:
כח ג מיי' שם הלכה ב [וברב אלפס שם]:
כט ד מיי' פי"ג מהל' שחיטה הלכה א סמג עשין סה טוש"ע י"ד סי' רצב סעיף ו:
ל ה מיי' פ"א מהל' נערה הלכה ז ועיין בכ"מ בפט"ז מהלכות סנהדרין הל' ד:
לא ו מיי' פ"ו מהל' שבועות הל' ח סמג לאוין רא טוש"ע י"ד סי' רכח סעיף כג:
לב ז מיי' שם טוש"ע שם סעיף כא:
לג ח מיי' פט"ז מהל' סנהדרין הל' יב ופי"ח הלכה ב ופ"ג מהל' גניבה הל' א ופ"א מהל' נערה הלכה יא ופ"ו מהל' תרומות הלכה ו ופ"ד מהל' חובל הל' ט טור ח"מ סי' שנ:

רבינו חננאל

ותרווייהו אליבא דר' יהודה דתניא ולא תותירו ממנו עד בקר בא הכתוב ליתן עשה אחר לא תעשה לומר שאין לוקין עליו דברי ר' יהודה. ר' יוחנן דייק הכי טעמא דבא הכתוב הא לא בא הכתוב לוקה אלמא התראת ספק שמה התראה. וריש לקיש דייק לאו שאין בו מעשה לוקין עליו. ואקשינן לריש לקיש והא התראת ספק היא שמתרין בו לא תותירו ויתכן שלא יותיר ואם יותיר ישרפנו ולמה אמר טעמא דבא הכתוב הא לא בא הכתוב חייב. ופריק ריש לקיש דאמר (באידך דלא כר') [כאידך תנא דר'] יהודה דתנינן בענין מי שגירש אשתו ולא שהתה ג' חדשים וניסת וילדה ואין ידוע אם בן ט' לראשון אם בן ז' לאחרון ועמד זה הילוד והכה זה וחזר והכה זה קילל זה וחזר וקילל זה כו' ר' יהודה אומר בבת אחת חייב שאחד מהן אביו. בזה אחר זה פטור שמפני כשמתרין בו כך אומרים לו אל תכה זה שאם תחזור ותכה האחר תתחייב נמצאת התראה זו בספק שיתכן שלא יכה ושלא יקלל האחר ולא יתחייב וכל כי האי גוונא בהתראת ספק פטור. ואקשינן ולר' יוחנן לאו דנותר לאו שאין בו מעשה הוא אמאי תני ר' יהודה טעמא דבא הכתוב הא לא בא הכתוב חייב. ופריק ר' יוחנן דאמר כי האי דאמר ר' יהודה משום ר' יוסי הגלילי כל לא תעשה שבתורה יש בו מעשה לוקין עליו אין בו מעשה אין לוקין חוץ מן הנשבע ומימר והמקלל את חברו בשם. אי הכי קשיא דר' יהודה אדר' יהודה הכא תני טעמא דבא הכתוב הא לא בא הכתוב לוקה מכלל דלאו שאין בו מעשה לוקין עליו והדר תני כל לאו שאין בו מעשה אין לוקין עליו. ופרקינן הא דידיה לוקין עליו. הא דר' יוסי הגלילי רביה דאמר אין לוקין עליו. וכן פריק ריש לקיש בהתראת ספק תרי תנאי ואליבא דר' יהודה. תנן התם במסכת שחיטת חולין הנוטל אם על הבנים ר' יהודה אומר לוקה ואינו משלח וחכ"א משלח ואינו לוקה. זה הכלל כל מצות לא תעשה שיש בה קום עשה אין חייבין עליה. א"ר יוחנן אנו אין לנו אלא זאת ועוד אחרת. נפק ר' אלעזר דק ואשכח הא דתנן אונס שגירש אם ישראל הוא מחזיר ואינו לוקה ואם כהן הוא לוקה ואינו מחזיר. ואמרינן הניחא למאן דתני קיימו ולא קיימו נמצא אונס שגירש שוה לנוטל אם על הבנים. אלא למאן דתני ביטלו ולא ביטלו בשלמא גבי שילוח הקן משכחת לה ביטלו כגון דשחטה לאם אלא גבי אונס היכי משכחת לה דביטלו אי קטלה לאיתתיה קם ליה
(והשאר חסר):

א) [חולין פא.], ב) לעיל ד: פסחים פד. סנהדרין סג. חולין פג: לא. קמא: תמורה ד: שבועות ג:, ג) יבמות קא. [חולין פב: לא.], ד) תמורה ג. שבועות כא., ה) [תוספתא מכות פ"ד], ו) ומימר. יעב"ץ, ז) חולין קמא. [לקמן יז.], ח) [לעיל טו. תמורה ה.], ט) [לעיל טו. חולין קמא.], י) נ"ל רבא יעב"ץ, כ) גיטין לה:, ל) גיטין לו. בכורות מו. ערכין כג., מ) לפנינו בקרא את העבוט, נ) נ"ל דף טו:, ס) [עיין מהר"ס].

הגהות הב"ח

(א) גמרא א"ר יוחנן אומר היה ר' יהודה משום רבי יוסי הגלילי: (ב) שם א"ר יוחנן אנו אין לנו: (ג) רש"י ד"ה על דעת רבים שמצא בה עון. נ"ב דבלא עון לא מצי להדירה דהא משועבד לה: (ד) תום' ד"ה אי דקטלה וכו' שהרגה בשוגג. נ"ב פי' ולמאן ס"ל חייבי מיתות שוגגין חייבין מלקות עיין פ' אלו נערות סוף דף ל"ד:

גליון הש"ס

גמ' אי דקטלה קם ליה בדרבה מיניה. קשה לי הא משכחת דהיתה טריפה דלאו חייב מיתה ומכל מקום בפשוטו היה החיוב עליו דלא יוכל לשלחה והעשה דלו תהיה לאשה ול"ע: תוס' ד"ה אי וכו' כיון דהרגה שלא במתכוין. קשה לי דמ"מ משכחת במזיד ולא אתרו ביה:

תורה אור השלם

א) וְלֹא תוֹתִירוּ מִמֶּנּוּ עַד בֹּקֶר וְהַנֹּתָר מִמֶּנּוּ עַד בֹּקֶר בָּאֵשׁ תִּשְׂרֹפוּ: [שמות יב, י]

ב) לֹא תַעֲשֹׁק אֶת רֵעֲךָ וְלֹא תִגְזֹל לֹא תָלִין פְּעֻלַּת שָׂכִיר אִתְּךָ עַד בֹּקֶר: [ויקרא יט, יג]

ג) וְהָיָה כִּי יֶחֱטָא וְאָשֵׁם וְהֵשִׁיב אֶת הַגְּזֵלָה אֲשֶׁר גָּזָל אוֹ אֶת הָעֹשֶׁק אֲשֶׁר עָשָׁק אוֹ אֶת הַפִּקָּדוֹן אֲשֶׁר הָפְקַד אִתּוֹ אוֹ אֶת הָאֲבֵדָה אֲשֶׁר מָצָא: [ויקרא ה, כג]

ד) כִּי תַשֶּׁה בְרֵעֲךָ מַשַּׁאת מְאוּמָה לֹא תָבֹא אֶל בֵּיתוֹ לַעֲבֹט עֲבֹטוֹ: [דברים כד, י]

ה) הָשֵׁב תָּשִׁיב לוֹ אֶת הָעֲבוֹט כְּבוֹא הַשֶּׁמֶשׁ וְשָׁכַב בְּשַׂלְמָתוֹ וּבֵרְכֶךָּ וּלְךָ תִּהְיֶה צְדָקָה לִפְנֵי יְיָ אֱלֹהֶיךָ: [דברים כד, יג]

ליקוטי רש"י

משום דהוי התראת ספק. דאי אתרו ביה הזהר בך שתאכל הככר שנשבעת עליה יכול לומר אין לי בית מיחוש בהתראה זו דאכתי יש לי שהות וכן כל היום כולו ואפי' כי עבר היום יכול לומר שוכח הייתי ולא נזכרתי לא בשבועה ולא בהתראה ואינו לוקה [תמורה ג:]. בא הכתוב. כל לאו שניתק לעשה אין לוקין עליו דמשמע זו היא תקנתו אם תעבור על הלאו עשה זאת והינצל ועוד דלא דמי ללאו דחסימה שהמלקות נסמך לו [פסחים פד.]. אחר לא תעשה. אם תותיר ועברת על לאו באש תשרפנו נתקו הכתוב בעשה זו מעונשן של שאר לאוין לומר זה ענשו ותקנת עבירתו שישרפנו [שבועות ג':]. לא תותירו ממנו עד בקר. ואם תותירו באש תשרופו. עשה הוא ולאו שניתק לעשה אין לוקין עליו והמותיר בפסח פטור [חולין פב:]. לומר שאין לוקין עליו. דמשמע שזה עונשו של לאו שאם הותירו ישרפנו ויפטר [סנהדרין סג:]. שהעשה האמור אחריו תקנתו וכפרתו על עבירת הלאו [לעיל ד:]. טעמא דבא הכתוב וכו'. הא לאו הכי לקי אע"ג דהתראת ספק היא דכל אימת דאתרו ביה מצי אמר אכתי ליליא הוא [חולין פג.]. לאו שאין בו מעשה. דכשהוא מותירו לא קעביד שום מעשה [תמורה ד:]. וע"ע בליקוטי רש"י לעיל ד: הכה זה וחזר והכה זה. מי שלא שהתה אחר גיטה שלשה חדשים וניסת וילדה ספק בן תשעה לראשון וספק בן שבעה לאחרון וכשגדל הכה את האחד וחזר והכה את חבירו. חייב. דקסבר התראת ספק שמה התראה. בבת אחת. הרים שתי ידיו והכה זה באחת וזה באחת [חולין פב:]. חייב. דהתראת ודאי היא [חולין פב:]. חייב. דבהתראת ודאי התרו בו אל תכה שניהם שבמכה זו אתה מתחייב. בזה אחר זה פטור. דאיכא שתי התראות וכל חדא וחדא הוה התראת ספק ולת"ק התראת ספק שמה התראה הואיל וממה נפשך עבר [יבמות קא.]. חוץ מנשבע. דאע"ג דלא עביד מעשה לוקה [שבועות כא.]. המיוחד כו' ומקלל את חבירו בשם. [תמורה ג.]. בשם. בשמו של הקב"ה [תמורה ג.]. לוקה ואינו משלח. דהיינו טעמא דרבי יהודה דקסבר שלח מעיקרא משמע כלומר לא תקח האם אבל כשתמצאנה שלחנה ואם לקחה לא קאמר קרא דלשלחה וכו' [חולין קמא.]. קסבר שלח מעיקרא משמע. ואין כאן לאו שניתק לעשה דאע"ג דכתיב שלח תשלח אחר לא תקח לאו למימרא דאם לקחת שלח אלא לא תקח אלא שלחנה קודם לקיחה [לקמן יז.]. דאיסור דעבד עבד [לקמן יז.]. משלח ואינו לוקה. קסברי שלח אחר לקיחה משמע ולאו שניתק לעשה הוא [לקמן יז.]. אין לוקין עליו. דלהכי נתקו לעשה לומר אם עבר על הלאו יעשה זאת וינצל לא תקח האם ואם לקח שלח תשלח. זה הכלל וכו' אין לוקין עליו. אלא אם כן לא קיימו תוך כדי דיבור למאן דתני קיימו ולא קיימו אלא משלח תוך כדי דיבור ואינו לוקה ואם לא שלח לוקה וצריך לשלח אחר לקיחה משמע ולמאן דתני בטלו ולא בטלו בעי עד שישחוט אותה ואי לא לא לקי [חולין שם]. אונס. נערה בתולה. אם ישראל הוא. שיכול לקיים העשה ויחזירנה מחזיר ואינו לוקה. ואם כהן הוא. שאסור בגרושה לוקה ואינו מחזיר [לעיל טו.]. נדר שהודר ברבים. נודרת בפני עשרה וקסבר נדר שהודר ברבים אין לו הפרה [גיטין לה:]. על דעת רבים. כך יאמרו לו הרי אנו מדירין אותך על דעתנו [גיטין לו.]. שאומרים לו נדור [ערכין כג.].

– And **if we are to resolve** the contradiction **according to R' Yochanan,** who must explain the contradiction between the Baraisa regarding *nossar* and the ruling that R' Yehudah states in the name of R' Yose HaGlili,[19] we can say that **לֹא קַשְׁיָא – there is no contradiction** in R' Yehudah's personal view altogether. Rather, **הָא דִּידֵיהּ הָא דְּרַבֵּיהּ – this** Baraisa regarding *nossar* **reflects his own view,** whereas **this** teaching in the name of R' Yose HaGlili **reflects the view of his teacher,** R' Yose HaGlili.[20]

The Gemara now returns to its earlier discussion regarding a transgression that can be remedied by fulfilling a positive commandment:

תְּנַן הָתָם **– We learned in a Mishnah there:**[21] **הַנּוֹטֵל אֵם עַל הַבָּנִים – IF ONE TAKES A MOTHER BIRD** while she is **ON HER YOUNG,** thereby violating the prohibition against doing so,[22] **רַבִּי יְהוּדָה – R' YEHUDAH SAYS: אוֹמֵר לוֹקֶה וְאֵינוֹ מְשַׁלֵּחַ – HE INCURS MALKUS AND NEED NOT SEND** her **AWAY.**[23] **וַחֲכָמִים אוֹמְרִים מְשַׁלֵּחַ וְאֵינוֹ לוֹקֶה – BUT THE SAGES SAY: HE MUST SEND** her **AWAY AND DOES NOT**

INCUR *MALKUS,* because he remedies his transgression by sending her away.[24] **זֶה הַכְּלָל – THIS IS THE GENERAL RULE** reflected in the Sages' ruling: **כָּל מִצְוַת לֹא תַעֲשֶׂה שֶׁיֵּשׁ בָּהּ קוּם עֲשֵׂה – In the** case of **ANY PROHIBITION THAT HAS IN IT A POSITIVE COMMAND-MENT,** i.e. it is a prohibition whose violation is remedied by a positive commandment, **אֵין חַיָּיבִין עָלֶיהָ – ONE IS NOT LIABLE TO** *MALKUS* for violating [THE PROHIBITION]. Rather, he performs the positive commandment and avoids the *malkus.*[25]

A qualifying comment:

אָמַר רַבִּי יוֹחָנָן **– R' Yochanan said:** Even though the Sages' statement ("this is the rule . . .") implies that *all* cases of a prohibition remedied by a positive commandment are like the case of sending away the mother bird, **אֵין לָנוּ אֶלָּא זֹאת וְעוֹד אַחֶרֶת – we have only this** case of sending away the mother bird **and one other** case in which this is true. Only in these two instances does *malkus* for violating a prohibition depend on whether or not the transgressor performs the remedy. But in all other cases of a prohibition remedied by a positive commandment, the transgressor is *never* subject to *malkus.*[26]

NOTES

19. It is only this contradiction that R' Yochanan must answer, since his rulings are based on both these statements. He did not, however, cite the Baraisa concerning the one who strikes his mother's two husbands and it is thus possible that he was unaware of that Baraisa. The Gemara therefore does not need to address how R' Yochanan would have accounted for that Baraisa (*Sdei Chemed* ibid.).

20. Thus, R' Yochanan will say that R' Yehudah personally holds that one incurs *malkus* for violating a prohibition that does not involve action. Nevertheless, R' Yehudah also cites the view of his teacher, R' Yose HaGlili, who maintains that generally one does *not* incur *malkus* for violating such prohibitions.

The following chart summarizes the views of R' Yochanan and Reish Lakish:

		R' YOCHANAN	REISH LAKISH
I.	LASHES FOR NEGATION OF REMEDIAL POSITIVE COMMANDMENT	DEPENDS ON WHETHER OR NOT HE NULLIFIES IT	DEPENDS ON WHETHER OR NOT HE FULFILLS IT
II.	UNCERTAIN WARNING	VALID	INVALID
III.	PROHIBITION THAT DOES NOT INVOLVE ACTION	NOT LIABLE TO LASHES	LIABLE TO LASHES
IV.	ONE WHO DOES NOT EAT A LOAF HE VOWS TO EAT THAT DAY	NO LASHES – IT DOES NOT INVOLVE ACTION	NO LASHES – IT IS AN UNCERTAIN WARNING
V.	R' YEHUDAH IN THE BARAISA OF *NOSSAR*		
	A) UNCERTAIN WARNING IS VALID	ACCEPTS	DOES NOT ACCEPT*
	B) LASHES THOUGH NO ACTION	DOES NOT ACCEPT**	ACCEPTS
VI.	R' YEHUDAH IN THE BARAISA OF STRIKING		
	UNCERTAIN WARNING IS INVALID	DOES NOT ACCEPT	ACCEPTS
VII.	R' YEHUDAH IN THE NAME OF R' YOSE HAGLILI		
	NO LASHES FOR PROHIBITION THAT DOES NOT INVOLVE ACTION	ACCEPTS	DOES NOT ACCEPT
* based on VI	**based on VII		

21. In Tractate *Chullin* [141a]. Although this Mishnah is also found in this very tractate [below, 17a], the Gemara refers to it as a Mishnah "there" (in *Chullin*) because that is its primary location, where all the laws of *shiluach haken* [sending the mother bird away from the nest] are discussed. It is repeated below in *Makkos* only incidentally (*Ritva;* cf. *Rashash*).

22. The Torah commands (*Deuteronomy* 22:6-7): *Should a bird's nest chance to be before you . . . and the mother bird is sitting on the chicks or on the eggs, you shall not take the mother bird on the young. You shall surely send away the mother bird, and you may take the young for yourself, in order that it be good for you and you may live long.* This mitzvah, known as שִׁלּוּחַ הַקֵּן, *shiluach haken* [sending away (from) the nest], contains two aspects – a prohibition [*you shall not take the mother bird on the young*] and a positive commandment [*you shall surely send away the mother bird*].

[In rendering אֵם עַל הַבָּנִים as *the mother bird "while she is"* on the *young,* we have followed *Rashi's* commentary to *Deuteronomy* loc. cit.

See also *Chinuch,* end of §545. Others, though, render: *the mother bird together with the young* (see *Rambam, Sefer HaMitzvos, Prohibitions* §306; see *Teshuvos Chacham Tzvi* §83). See *Minchas Chinuch* 544-5.]

23. R' Yehudah holds that the positive commandment *you shall surely send away the mother bird* is a positive commandment that precedes the prohibition, not one that remedies its violation. That is, the Torah means: Do not take the mother bird while she is on the young, *rather* you are to send her away. Accordingly, if a person transgresses and takes the mother bird while she is on her young, he has already transgressed both the prohibition and the positive commandment (*Rashi,* based on *Chullin* 141b).

As understood by the Gemara, *Chullin* 141a (לְרַבִּי יְהוּדָה . . . אֲפִילוּ עֲשֵׂה נָמִי לֵיכָּא), R' Yehudah means by saying he incurs lashes "and does not send away" that the positive commandment applies *only* prior to the prohibition. Thus, once he has violated the prohibition, there is nothing further for him to do. He receives *malkus,* and there is now no positive commandment to send away the mother bird.

[The Gemara there on 141b, however, considers the possibility that R' Yehudah might mean only that he incurs lashes "and is not freed from that liability by sending away," but there is still a positive commandment for him to send away the mother bird. (This latter interpretation would fit, however, only according to the view that one incurs *malkus* for a prohibition remedied by a positive commandment if the positive commandment *precedes* the prohibition.)]

24. The Sages maintain that the positive commandment *you shall surely send away the mother bird* applies after the prohibition has been violated, as is the sequence in the verse. That is, the Torah means: Do not take the mother bird while she is on the young, and if you did so then you must now send her away. Accordingly, the person who has sinfully taken the mother bird while she was on her young is now bound by the positive commandment to send her away, and by doing so he avoids the *malkus* that he should have incurred for his transgression (see *Rashi*).

25. [R' Yehudah, too, agrees with this rule in principle (as evident from his statement in the Baraisa regarding *nossar* cited above). In the present case, however, he maintains that there is no remedy for the prohibition, since the positive commandment to send away the mother bird applies before the violation and not afterwards (see note 23; cf. *Rambam, Commentary to the Mishnah* below, 17a, and *Pnei Yehoshua* and *Aruch LaNer* here, who defend his comments).]

26. R' Yochanan understands the Sages' ruling "he sends away and he does not incur lashes" to mean that if he does not send her away, then he does receive *malkus.* Moreover, R' Yochanan (as stated in the Gemara above, 15b) holds that *malkus* in such cases depends on whether "he *nullified it*" or "he *did not nullify it.*" That is, the transgressor receives *malkus* for violating such a prohibition only if he actively nullifies the possibility of performing the positive commandment. (Thus, he understands the Sages to mean that the transgressor may send the mother bird away at *any* time and thereby avoid *malkus.* This is in contrast to the view "*he fulfilled it*" or "*he did not fulfill it,*" according to which the transgressor avoids *malkus* only if he fulfills the positive commandment

גמרא

משום דהוי לאו שאין בו מעשה וכל לאו שאין בו מעשה אין לוקין עליו ר"ל אומר אינו לוקה משום דהוי התראת ספק וכל התראת ספק א) לא שמה התראה ותרוייהו אליבא דרבי יהודה דתניא (ב) א) ולא תותירו ממנו עד בקר והנותר ממנו עד בקר וגו' א בא הכתוב ליתן עשה אחר לא תעשה לומר שאין לוקין עליו דברי רבי יהודה ר' יוחנן דייק הכי טעמא דבא הכתוב הא לא בא הכתוב לוקה אלמא התראת ספק שמה התראה ור"ל דייק הכי טעמא דבא הכתוב הא לא בא הכתוב לוקה אלמא לאו שאין בו מעשה לוקין עליו ור"ש בן לקיש נמי הא ודאי התראת ספק הוא סבר לה כאידך תנא דר' יהודה דתניא ג) הכה זה וחזר והכה זה קילל זה וחזר וקילל זה הכה שניהם בבת אחת או קילל שניהם בבת אחת חייב רבי יהודה אומר בבת אחת חייב בזה אחר זה פטור ורבי יוחנן נמי הא ודאי לאו שאין בו מעשה הוא סבר לה כי הא ד) דאמר רב אידי בר אבין אמר רב עמרם א"ר יצחק א"ר יוחנן (א) ר' יהודה אומר משום רבי יוסי הגלילי ה) ב כל לא תעשה שבתורה לאו שיש בו מעשה לוקין עליו לאו שאין בו מעשה אין לוקין עליו ג חוץ מן הנשבע ו) ומימר והמקלל את חבירו בשם קשיא דרבי יהודה אדרבי יהודה אי לר"ש בן לקיש תרי תנאי אליבא דרבי יהודה אי לרבי יוחנן לא קשיא הא דידיה הא דרביה ז) תנן התם הנוטל אם על הבנים רבי יהודה אומר לוקה ואינו משלח וחכ"א ד משלח ואינו לוקה זה הכלל כל מצות לא תעשה שיש בה קום עשה אין חייבין עליה א"ר יוחנן (ב) אין לנו אלא זאת ועוד אחרת א"ל ר' אלעזר היכא א"ל לכי תשכח נפק דק ואשכח דתניא ח) אונס שגירש אם ישראל הוא מחזיר ואינו לוקה ואם כהן הוא לוקה ואינו מחזיר הניחא למאן דתני ט) קיימו ולא קיימו אלא למאן דתני ביטלו ולא ביטלו בשלמא גבי שילוח הקן משכחת לה אלא אונס ביטלו ולא ביטלו היכי משכחת לה ◦ אי דקטלה קם ליה בדרבה מיניה אמר רב שימי מחוזנאה ה כגון שקיבל לה קידושין מאחר אמר י) רב אי שוויתיה שליח איהי קא מבטלא ליה אי לא שוויתיה שליח כל כמיניה ולא כלום היא אלא אמר רב שימי מנהרדעא כגון שהדירה ברבים הניחא כ) למ"ד נדר שהודר ברבים אין לו הפרה אלא למ"ד יש לו הפרה מאי איכא למימר דמדירה לה על דעת רבים דאמר ל) אמימר הלכתא ו נדר שהודר ברבים יש לו הפרה ז על דעת רבים אין לו הפרה ותו ליכא והא איכא (סימן גז"ל משכ"ן ופא"ה) גזל דרחמנא אמר ב) לא תגזול ג) והשיב את הגזלה משכון דרחמנא אמר ד) לא תבא אל ביתו לעבוט עבוטו ה) השב תשיב לו מ) העבוט כבא השמש ומשכחת לה בקיימו ולא קיימו וביטלו ולא ביטלו התם כיון דחייב בתשלומין ח אין לוקה ומשלם מתקיף לה רבי זירא הא איכא משכונו של גר ומת הגר התם

רש"י

משום דה"ל לאו שאין בו מעשה. אבל משום התראת ספק לא הוה מפטר דהתראת ספק שמה התראה: משום דהויא לה התראת ספק. אבל משום לאו שאין בו מעשה לא הוה מפטר דקסבר לאו שאין בו מעשה לוקין עליו: ותרוייהו אליבא דרבי יהודה. דאמר גבי נותר איצטריך לנתוקי לאו לעשה אע"ג דהתראת ספק היא ולאו שאין בו מעשה הוא ר' יוחנן דייק מינה אלמא התראת ספק שמה התראה ור"ל דייק מינה אלמא לאו שאין בו מעשה לוקין עליו ולקמיה פריך דתרוייהו איכא למידק מינה: הא ודאי התראת ספק היא. הך דנותר ואיכא למידק נמי מינה התראת ספק שמה התראה: כי אידך תנא. דאמר לא שמה התראה: הכה זה כו'. מי שגירש את אשתו וניסאת וילדה ספק בן ט' לראשון ספק בן ז' לאחרון הכה זה וחזר והכה זה בשתי התראות דהויא לה כל חדא התראת ספק: בבת אחת. בהתראה אחת בתוך כדי דיבור דהויא לה התראת ודאי דממה נפשך חד מינייהו אבוהו: חוץ מנשבע וממיר ומקלל את חבירו בשם. של הקב"ה וטעמא מפרש בתמורה בפ"ק ואי קשיא הא דלעיל נמי נשבע הוא ואמאי פטר ליה ר' יוחנן משום לאו שאין בו מעשה בהדיא מוקמינא לה להא דקתני נשבע בדבר שאין בו מעשה לוקה בשבועה דלשעבר כגון אכלתי ולא אכל או לא אכלתי ואכל אבל באוכל ולא אכל לא לקי וטעמו מפרש בשבועות ובתמורה מקראי: קשיא דרבי יהודה אדרבי יהודה. לתרוייהו: לר"ש. דקשיא ליה התראת ספק תרי תנאי אליבא דר' יהודה: לר' יוחנן. דקשיא ליה לאו שאין בו מעשה: הא דידיה והא דרביה. לר' יהודה לאו שאין בו מעשה לוקין עליו והא דתניא אין לוקין עליו משום ר' יוסי הגלילי אמרה: לוקה ואינו משלח. קסבר שלח מעיקרא משמע לא תקח האם אלא שלחנה קודם לקיחה ואע"ג דכתיב בתר לא תקח לאו למימרא דאם לקחת שלח וניהוי לאו שניתק לעשה אלא לאו שקדמו עשה הוא: וחכ"א כו'. קסברי שלח אחר לא תקח משמע כדכתיב והוה ליה ניתק לעשה ואם לקחת שלח: זה הכלל כל מצות לא תעשה כו'. אין לוקין עליה אלא יקיים העשה ויפטר: א"ר יוחנן אנו אין לנו כו'. כלומר משלח ואינו לוקה הא לא שלח לוקה ורבי יוחנן ביטלו ולא ביטלו אית ליה ומשמע ליה משלח דקתני משלח לכשירצה ואינו לוקה ואימתי הוא לוקה כשיהרגנה ויבטל את העשה בידים והיינו דקאמר אנו אין לנו כו' כלומר אע"ג דקתני מתני' זה הכלל כו' דמשמע כל מצות לא תעשה שיש בה קום עשה שוות לזו אנו אין לנו בכולן שוה לזו שיהא פטור המלקות תלוי בקיום העשה אלא בין לא קיים פטור אלא זו ועוד אחרת דמשכחת בהו דלקי על ידי ביטול העשה דאילו בכולהו לא משכחת ביטלו אלא בהני תרי: מחזיר ואינו לוקה. אף כאן תלה פטורו של מלקות בקיום העשה: הניחא למאן דתני. לא קיימו לוקה משכחת ביה מלקות בלא קיימו: אלא למאן דתני ביטלו. לוקה היכי משכחת לה: הניחא בשילוח הקן משכחת לה. ביטלו כששחטה אלא הכא היכי משכחת לה: בדרבה מיניה. מיתה ואין בו מלקות: כל כמיניה. בתמיה וכי כל הימנו שתתקדש על ידי קבלתו: הניחא למאן דאמר כו'. פלוגתא היא במסכת גיטין בהשולח גט (דף לה:): על דעת רבים. שמצא בה עון (ג) שאסורה לו והדירה על דעת רבים ועל דעת בית דין: ותו ליכא. מצות לא תעשה שיש בה קום עשה דלילקי עלה: משכון. משכחת לה ביטלו שרפו: הרי משכונו של גר. ושרפו בחיי הגר ומת הגר ואין לו יורשין דליתא בתשלומין:

תוספות

אי דקטלה קם ליה בדרבה מיניה. ואם מתה א"כ לא בטלה איהו ואם תאמר דלמא מיירי דקטלה ומ"מ לא הוי קם ליה בדרבה מיניה דמיירי שהרגה בשוגג (ד) וי"ל דא"כ היינו כמו מתה מאליה ◦ כיון דהרגה שלא במתכוין כך הקשה מהר"ח ותירץ:

כגון שהדירה ברבים. פי' הקונט' שמצא לה עון שאסורה לו והדירה ולא נראה דא"כ אינו מצוה לקיימה אלא נראה שהדירה בלא שום עון ושפיר חל עליה כגון דאמר קונם תשמישך עלי כדאיתא בנדרים (דף י) פא:):

והא איכא העבט תעביטנו לא תבוא אל ביתו השב תשיב לו ומשכחת לה כו'. וא"ת והא הוי עשה שקדמו לאו דהשבת העבוט שייך קודם שיעבור לילך אל ביתו לעבוט עבוטו דמשכנו ברשות שייך השבת העבוט ס) וי"ל דדרשינן בפרק אלו מציאות (ב"מ לא:) מיתורא דהשב תשיב דקאי למשכנו שלא ברשות א"כ על כרחך שייך עשה דהשב תשיב לו לאחר שעבר כדאמרינן לעיל אם אינו ענין לפניו תנהו ענין לאחריו:

התם איתא בתשלומין. כששרפו וחייב ממון הלכך לא משכחת ביה בטלו דכל אימת דיש לו ממון לא ילקה ויש ספרים דגרסי ואינו לוקה ומשלם כלומר הכא על כרחך אינו לוקה הואיל ומיפטר בתשלומין אבל ליכא לפרושי דתרתי לא עבדינן ליה מלקות וממון משום כדי רשעתו והלכך משלם ואינו לוקה דזה אינו חדא דא"כ אדרבה יש לנו לומר ילקה ולא ישלם דבפ' אלו נערות (כתובות דף לב:) אמר ר' יוחנן דהיכא שאלינו ממון ומלקות מילקא לקי ממונא לא משלם ועוד דא"כ

עין משפט נר מצוה

כו א מיי' פ"י מהל' קרבן פסח הל' יא ופ"ח מהל' פסולי המוקדשים הלכה ט:

כז ב מיי' פי"ח מהל' סנהדרין הלכה א [וברב אלפס שבועות סוף פ"ד דף שג.]:

כח ג מיי' שם הלכה ב [וברב אלפס שם]:

כט ד מיי' פי"ג מהל' שחיטה הלכה א סמג עשין סה טוש"ע י"ד סי' רצב סעיף ו:

ל ה מיי' פ"א מהל' נערה הלכה ז ועיין בכ"מ בפט"ז מהלכות סנהדרין הל' ד:

לא ו מיי' פ"ו מהל' שבועות הל' ח סמג לאוין רמ טוש"ע י"ד סי' רכח סעיף כג:

לב ז מיי' שם טוש"ע שם סעיף כט:

לג ח מיי' פט"ז מהל' סנהדרין הל' יב ופי"ח הלכה ב ופ"ג מהל' גניבה הל' א ופ"א מהל' נערה הלכה יא ופ"ו מהל' תרומות הלכה ב ופ"ד מהל' מלוה הל' ט טור ח"מ סי' שנ:

רבינו חננאל

ותרוייהו אליבא דר' יהודה דתניא ולא תותירו ממנו עד בקר בא הכתוב ליתן עשה אחר לא תעשה לומר שאין לוקין עליו דברי ר' יהודה. ר' יוחנן דייק הכי טעמא דבא הכתוב הא לא בא הכתוב לוקה אלמא התראת ספק שמה התראה. וריש לקיש דייק לאו שאין בו מעשה לוקין עליו. ואקשינן לריש לקיש והא התראת ספק היא שמתרין בו לא תותירו ויתכן שלא יותיר ואם יותיר ישרפנו ולמה אמר טעמא דבא הכתוב הא לא בא הכתוב חייב. ופריק ריש לקיש דאמר (באידך דלא כר') [כאידך תנא דר'] יהודה דתנינן בענין מי שגירש אשתו ולא שהתה ג' חדשים וניסת וילדה ואין ידוע אם בן ט' לראשון אם בן ז' לאחרון ועמד זה הילוד והכה זה וחזר והכה זה קילל זה וחזר וקילל זה כו' ר' יהודה אומר בבת אחת חייב שאחד מהן אביו. בזה אחר זה פטור שמפני כשמתרין בו בכך אומרים לו אל תכה זה שאם תחזור ותכה האחר תתחייב נמצאת התראה זו בספק שיתכן שלא יכה ושלא יקלל האחר ולא יתחייב וכל כי האי גוונא בהתראת ספק פטור. ואקשינן ולר' יוחנן לאו דנותר לאו שאין בו מעשה הוא ואמאי תני ר' יהודה טעמא דבא הכתוב הא לא בא הכתוב חייב. ופריק ר' יוחנן דאמר כי האי דאמר ר' יהודה משום ר' יוסי הגלילי כל לא תעשה שבתורה יש בו מעשה לוקין עליו אין בו מעשה אין לוקין חוץ מן הנשבע ומימר והמקלל את חברו בשם. אי הכי קשיא דר' יהודה אדר' יהודה הכא תני טעמא דבא הכתוב הא לא בא הכתוב לוקה מכלל דלאו שאין בו מעשה לוקין עליו והדר תני כל לאו שאין בו מעשה אין לוקין עליו. ופרקינן הא דידיה לוקין עליו. הא דר' יוסי הגלילי רביה דאמר אין לוקין עליו. וכן פריק ריש לקיש בהתראת ספק תרי תנאי ואליבא דר' יהודה. תנן התם במסכת שחיטת חולין הנוטל אם על הבנים ר' יהודה אומר לוקה ואינו משלח וחכ"א משלח ואינו לוקה. זה הכלל כל מצות לא תעשה שיש בה קום עשה אין חייבין עליה. א"ר יוחנן אנו אין לנו אלא זאת ועוד אחרת. נפק ר' אלעזר דק ואשכח הא דתנן אונס שגירש אם ישראל הוא מחזיר ואינו לוקה ואם כהן הוא לוקה ואינו מחזיר. ואמרינן הניחא למאן דתני קיימו ולא קיימו נמצא אונס שגירש שוה לנוטל אם על הבנים. אלא למאן דתני ביטלו ולא ביטלו בשלמא גבי שילוח הקן משכחת לה ביטלו כגון דשחטה לאם אלא גבי אונס היכי משכחת לה דביטלו אי קטלה לאיתתיה קם ליה (והשאר חסר):

מסורת הש"ס

א) [חולין פא.], ב) לעיל ד: פסחים פד. סנהדרין סג. חולין פב: לא. קמא: תמורה ד: שבועות ג:, ג) יבמות קא. [חולין פב: לא.], ד) תמורה ג. שבועות כא., ה) [תוספתא מכות פ"ד], ו) וממיר. יעב"ץ, ז) חולין קמא. [לקמן יז.], ח) [לעיל טו. תמורה ה.], ט) [לעיל טו. חולין קמא.], י) נ"ל רבא יעב"ץ, כ) גיטין לה:, ל) [גיטין לו. בכורות מו. ערכין כג.], מ) לפניו בקרא את העבוט, נ) נ"ל דף טו:, ס) [עיין מהר"ס].

הגהות הב"ח

(א) גמרא א"ר יוחנן אומר היה ר' יהודה משום רבי יוסי הגלילי: (ב) שם א"ר יוחנן אנו אין לנו: (ג) רש"י ד"ה על דעת רבים שמצא בה עון. נ"ב דבלא עון לא מצי להדירה דהא משועבד לה: (ד) תוס' ד"ה אי דקטלה וכו' שהרגה בשוגג. נ"ב פי' ודלמא ס"ל חייבי מיתות שוגגין חייבין מלקות עיין פ' אלו נערות סוף דף ל"ד:

גליון הש"ס

גמ' אי דקטלה קם ליה בדרבה מיניה. קשה לי הא משכחת דהיתה טריפה דאינו חייב מיתה ומכל מקום בפשוטו היה החיוב עליו דלא יוכל לשלחה והעשה דלו תהיה לאשה וצ"ע: תוס' ד"ה אי וכו' כיון דהרגה שלא במתכוין. קשה לי דמ"מ משכחת במזיד ולא אתרו ביה:

תורה אור השלם

א) וְלֹא תוֹתִירוּ מִמֶּנּוּ עַד בֹּקֶר וְהַנֹּתָר מִמֶּנּוּ עַד בֹּקֶר בָּאֵשׁ תִּשְׂרֹפוּ: [שמות יב, י]

ב) לֹא תַעֲשֹׁק אֶת רֵעֲךָ וְלֹא תִגְזֹל לֹא תָלִין פְּעֻלַּת שָׂכִיר אִתְּךָ עַד בֹּקֶר: [ויקרא יט, יג]

ג) וְהָיָה כִּי יֶחֱטָא וְאָשֵׁם וְהֵשִׁיב אֶת הַגְּזֵלָה אֲשֶׁר גָּזָל אוֹ אֶת הָעֹשֶׁק אֲשֶׁר עָשָׁק אוֹ אֶת הַפִּקָּדוֹן אֲשֶׁר הָפְקַד אִתּוֹ אוֹ אֶת הָאֲבֵדָה אֲשֶׁר מָצָא: [ויקרא ה, כג]

ד) כִּי תַשֶּׁה בְרֵעֲךָ מַשַּׁאת מְאוּמָה לֹא תָבֹא אֶל בֵּיתוֹ לַעֲבֹט עֲבֹטוֹ: [דברים כד, י]

ה) הָשֵׁב תָּשִׁיב לוֹ אֶת הָעֲבוֹט כְּבוֹא הַשֶּׁמֶשׁ וְשָׁכַב בְּשַׂלְמָתוֹ וּבֵרֲכֶךָּ וּלְךָ תִּהְיֶה צְדָקָה לִפְנֵי יְיָ אֱלֹהֶיךָ: [דברים כד, יג]

ליקוטי רש"י

משום דהוי התראת ספק. דאי אתרו ביה הזהר בך שתאכל הככר שנשבעת עליה יכול לומר אין לי בית מיחוש בהתראה זו דאכתי יש לי שהות וכן כל היום כולו ואפי' כי עבר היום יכול לומר שוכח הייתי ולא נזכרתי לא בשבועה ולא בהתראה ואינו לוקה [תמורה ג:]. בא הכתוב. כל לאו שניתק לעשה אין לוקין עליו דמשמע זו היא תקנתו אם תעבור על הלאו עשה זאת והינצל ועוד דלא דמי ללאו דחסימה שהמלקות נסמך לו [פסחים פד.]. אחר לא תעשה. אם תותיר ועברת על לאו באש תשרפנו נתקו הכתוב בעשה זו מעונשן של שאר לאוין לומר זה ענשו ותקנת עבירתו שישרפנו [שבועות ג:]. לא תותירו ממנו עד בקר. ואם תותירו באש תשרופו. עשה הוא ולאו שניתק לעשה אין לוקין עליו והמותיר בפסח פטור [חולין פב:]. לומר שאין לוקין עליו. דמשמע שזה עונשו של לאו שאם הותירו ישרפנו ויפטר [סנהדרין סג:]. שהעשה האמור אחריו תקנתו וכפרתו על עבירת הלאו [לעיל ד:]. טעמא דבא הכתוב וכו'. הא לאו הכי לקי אע"ג דהתראת ספק היא דכל אימת דאתרו ביה מצי אמר אכתי ליליא הוא [חולין פג.]. לאו שאין בו מעשה. דכשהוא מותירו לא קעביד שום מעשה [תמורה ד:]. וע"ע בליקוטי רש"י לעיל ד: הכה זה וחזר והכה זה. מי שלא שהתה אחר גיטה שלשה חדשים וניסת וילדה ספק בן תשעה לראשון וספק בן שבעה לאחרון וכשגדל הכה את האחד וחזר והכה את חבירו. חייב. דקסבר התראת ספק שמה התראה. בבת אחת. הרים שתי ידיו והכה זה באחת וזה באחת [חולין פב:]. חייב. דבהתראת ודאי התרו בו אל תכה שניהם שבמכה זו אתה מתחייב. בזה אחר זה פטור. דליכא שתי התראות וכל חדא וחדא הוה התראת ספק ולת"ק התראת ספק שמה התראה הואיל וממה נפשך עבר [יבמות קא.]. חוץ מנשבע. דאע"ג דלא עביד מעשה לוקה [תמורה ג.]. ומקלל את חבירו בשם. המיוחד כו' [שבועות כא.]. בשם. בשמו של הקב"ה [תמורה ג.]. לוקה ואינו משלח. דהיינו טעמא דרבי יהודה דקסבר שלח מעיקרא משמע כלומר לא תקח האם אבל כשתמצאנה שלחנה ואם לקחה לא קאמר קרא לשלחה וכו' [חולין קמא.]. קסבר שלח מעיקרא משמע. ואין כאן לאו שניתק לעשה דאע"ג דכתיב שלח תשלח אחר לא תקח לאו למימרא דאם לקחת שלח אלא לא תקח אלא שלחנה קודם לקיחה [לקמן יז.]. לאיסור דעבד עבד [חולין קמא.]. משלח ואינו לוקה. קסברי שלח אחר לקיחה משמע ולאו שניתק לעשה הוא [לקמן יז.]. אין לוקין עליו. דלהכי נתקו לעשה לומר אם עבר על הלאו יעשה זאת וינצל לא תקח האם ואם לקח שלח תשלח. זה הכלל וכו' אין לוקין עליו. אלא אם כן לא קיימו תוך כדי דיבור למאן דתני קיימו ולא קיימו אלא משלח תוך כדי דיבור ואינו לוקה ואם לא שלח לוקה וצריך לשלח אחר לקיחה משמע ולמאן דתני בטלו ולא בטלו בעי עד שישחוט אותה ואי לא לא לקי [חולין שם.]. אונס. נערה בתולה. אם ישראל הוא. שיכול לקיים העשה ויחזירנה מחזיר ואינו לוקה. ואם כהן הוא. שאסור בגרושה לוקה ואינו מחזיר [לעיל טו.]. נדר שהודר ברבים. נודרת בפני עשרה וקסבר נדר שהודר ברבים אין לו הפרה [גיטין לה:]. על דעת רבים. כך יאמרו לו הרי אנו מדירין אותך על דעתנו [גיטין לו.]. שאומרים לו נדור [ערכין כג.].

אָמַר לֵיהּ רַבִּי אֶלְעָזָר – **R' Elazar said to [R' Yochanan]:** הֵיכָא – **Where** is this other case? אָמַר לֵיהּ – **[R' Yochanan] replied to him:** לְכִי תִּשְׁכַּח – **When you will find it.** I.e. if you think carefully, you will find it yourself. Whereupon נְפַק דָּק וְאַשְׁכַּח – **[R' Elazar] went out, searched carefully, and found** it. דְּתַנְיָא – **For it was taught in a Baraisa** (cited above, 15a) regarding an *oneiss* who marries his victim as commanded by the Torah: אוֹנֵס שֶׁגֵּירֵשׁ – IF AN *ONEISS* married and then DIVORCED his victim, in violation of the Torah's prohibition: *he cannot divorce her,* אִם יִשְׂרָאֵל הוּא – IF HE IS A YISRAEL, i.e. a non-Kohen, who is permitted to marry a divorcee, then מַחֲזִיר וְאֵינוֹ לוֹקֶה – HE REMARRIES her AND HE DOES NOT RECEIVE LASHES. For by remarrying her, he fulfills the positive commandment: *she shall be a wife unto him.*[27] וְאִם כֹּהֵן הוּא – AND IF HE IS A KOHEN, who may not marry a divorcee – even his own – and he therefore cannot remarry her, then לוֹקֶה וְאֵינוֹ מַחֲזִיר – HE RECEIVES LASHES for divorcing her AND HE DOES NOT REMARRY her.

The Gemara analyzes this:

הָנִיחָא לְמַאן דְּתָנֵי קִיְּימוֹ וְלֹא קִיְּימוֹ – **This accords well with the one who teaches the Baraisa** that was emended on 15b as now reading **"if he fulfills it" and "if he does not fulfill it."** According to that view, *malkus* for violating the prohibition depends on whether or not the transgressor performs the remedy immediately, upon being warned by the court to do so. Accordingly, by failing to send away the mother bird or to remarry the divorcee immediately upon being warned by the court to do so, the transgressor will be liable to *malkus,* as implied by the language of the Mishnah and Baraisa just cited. אֶלָּא לְמַאן דְּתָנֵי בִּיטְּלוֹ וְלֹא בִּיטְּלוֹ – **But according to the one who teaches the Baraisa** emended on 15b as now reading **"if he nullifies it" and "if he does not nullify it,"** and thus understands that *malkus* for violating the prohibition depends on whether or not the transgressor actively nullifies the remedy, then בִּשְׁלָמָא גַּבֵּי שִׁילּוּחַ הַקֵּן – **granted that in the case of sending** the mother bird away from **the nest,** מַשְׁכַּחַת לָהּ – **you find it** possible that the transgressor can actively nullify the remedy, such as by killing the mother bird without having sent her away. אֶלָּא אוֹנֵס – **But in** the case of **an *oneiss,*** בִּיטְּלוֹ וְלֹא בִּיטְּלוֹ הֵיכִי מַשְׁכַּחַת לָהּ – **how do you find it** that *malkus* will depend on whether **"he nullified it" or "he did not nullify it"?** אִי דְּקַטְלָהּ – **If** in a case where the *oneiss* who divorced his victim then **killed her** without remarrying her, and thereby actively nullified the possibility of remarrying her, קָם לֵיהּ בִּדְרַבָּה מִינֵּיהּ – he would not incur *malkus* because **he stands liable to the** penalty **greater than it.**[28] Thus, we apparently have no case in which the *oneiss* who divorces his victim can receive *malkus* for actively nullifying the positive commandment to remarry her.[29] – ? –

The Gemara answers:

אָמַר רַב שִׁימִי מִחוֹזְנָאָה – **Rav Shimi of Mechozna'ah said:** You find it that the *oneiss* can receive *malkus* for actively nullifying the possibility of remarrying her כְּגוֹן שֶׁקִּיבֵּל לָהּ קִידּוּשִׁין מֵאַחֵר – **in a case where he accepted on her behalf *kiddushin* from another** man. By acting as her agent to marry her to another man, the *oneiss* actively makes it impossible for himself ever to remarry her.[30]

The Gemara rejects this answer:

אָמַר רַב – **Rav said:**[31] This suggestion does not work, regardless of how he acted on her behalf: אִי שַׁוְּויתֵיהּ שָׁלִיחַ – **If she appointed him as an agent** to receive the *kiddushin* on her behalf from the other man, אִיהִי קָא מְבַטְּלָא לֵיהּ – **then she is the one who is nullifying it** [the possibility of his remarrying her].[32] אִי לֹא שַׁוְּויתֵיהּ שָׁלִיחַ – **And if she did not appoint him as an agent** to receive the *kiddushin* on her behalf, כָּל כְּמִינֵּיהּ – then **is all** this **from him** to do (i.e. is he empowered to do so)? וְלֹא כְּלוּם הִיא – **Therefore it is nothing,** i.e. his unsolicited action on her behalf has no legal standing. She remains unmarried and he can still fulfill the positive commandment to remarry her.

The Gemara must therefore offer another solution as to how the *oneiss* who divorces his victim can actively nullify the possibility of remarrying her:

אֶלָּא אָמַר רַב שִׁימִי מִנְּהַרְדְּעָא – **Rather, Rav Shimi of Nehardea said:** כְּגוֹן שֶׁהִדִּירָהּ בָּרַבִּים – You find his active nullification of the positive commandment to remarry her **in a case where he vowed publicly that she should be forbidden to him.**[33]

NOTES

immediately upon being instructed by the court to do so – see above, 15a note 31.) Actively nullifying the positive commandment, maintains R' Yochanan, is possible only in the case of *shiluach haken* (where the sinner can actively nullify the positive commandment to send away the mother bird by killing her) and in one other case (*Rashi*).

27. Here, too, argues R' Elazar, the Baraisa ties the exemption from *malkus* to fulfillment of the positive commandment (*Rashi*). [I.e. just as the Sages' statement (in the case of *shiluach haken*) "he sends her away and he does not receive lashes" means (according to R' Yochanan) that he receives lashes if he does *not* send her away, so too does the analogous statement of the Baraisa "he remarries and he does not receive lashes" mean that he receives lashes if he does *not* remarry her.]

28. This is a general rule, which states that one who commits a capital and a lesser crime simultaneously is liable only to the death penalty, but not to any of the lesser penalties that he would have otherwise incurred. In the present case, he cannot receive *malkus* for nullifying the possibility of remarrying her, since that act of murder carries the death penalty (see *Rashi*).

29. How, then, could this case of the *oneiss* be the "other one" meant by R' Yochanan (who indeed emends the Baraisa on 15b to read, *"he nullified it" and "he did not nullify it"*)? [Moreover, this would pose a difficulty to *anyone* who subscribes to the view that *malkus* depends on "whether or not he nullified it," since the Sages' statement regarding *shiluach haken,* "This is the rule . . .," indicates that there is *at least* one other case in which this rule applies (see *Ramban*).]

30. The legal state of marriage effected by a second man giving an item of value to a divorcee (or her agent) for purposes of *kiddushin* makes it forbidden for her first husband ever to marry her again, even if the second man subsequently dies or divorces her [see *Deuteronomy* 24:1-4] (*Aruch LaNer*). [The Gemara here follows the view of the Sages in *Yevamos* (11b), who maintain that the first husband is forever forbidden to remarry her even if she is simply *betrothed* (i.e. *mekudeshess*) to the second man. R' Yose ben Keifar (ibid.), however, holds that the prohibition applies only where the second marriage was completed with *nisuin.* According to R' Yose ben Keifar, then, simply accepting *kiddushin* from a second man does *not* preclude the positive commandment of remarrying her from being fulfilled (*Imrei Binyamin*).]

31. *R' Yaakov Emden* (cited in the margin of the Vilna edition) emends this to read "Rava," who lived considerably after the time of Rav. [See also *Seder HaDoros,* entry on רב שימי מחוזנאה.]

32. Although he actively participates in marrying her to the other man, she – as the one who empowered him – is considered the principal actor. Thus, it is she – and not he – who has nullified the possibility of his remarrying her (see *Ritva;* see also *Teshuvos Maharit* I:131 [cited in *Otzar Mefarshei HaTalmud* col. 686]).

Alternatively, the Gemara means that her appointing him as her agent in this matter is tantamount to her refusing *him* as a husband. And just as there is no positive commandment initially for the *oneiss* to marry his victim if she refuses to marry him, so too is there no positive commandment for him to remarry her where she indicates her refusal to remarry him. It is thus her refusal inherent in her commissioning him as her agent that nullifies the positive commandment, and not his subsequent carrying out of that commission (*Aruch LaNer; Oneg Yom Tov* §113 [cited in *Otzar Mefarshei HaTalmud* col. 687]).

33. A "vow made in public" is one made in the presence of ten people (*Rashi* to *Gittin* 35b ד״ה ברבים; cf. *Ran* and *Rashash* there, and Gemara

משום דהוי לאו שאין בו מעשה וכל לאו שאין בו מעשה אין לוקין עליו ר"ל אומר אינו לוקה משום דהוי התראת ספק וכל התראת ספק לא שמה התראה ותרווייהו אליבא דרבי יהודה דתניא (א) ולא תותירו ממנו עד בקר והנותר ממנו עד בקר וגו' בא הכתוב ליתן עשה אחר לא תעשה לומר שאין לוקין עליו דברי רבי יהודה ר' יוחנן דייק הכי טעמא דבא הכתוב הא לא בא הכתוב לוקה אלמא התראת ספק שמה התראה ור"ל דייק הכי טעמא דבא הכתוב הא לא בא הכתוב לוקה אלמא לאו שאין בו מעשה לוקין עליו ור"ש בן לקיש נמי הא ודאי התראת ספק הוא סבר לה כאידך תנא דר' יהודה דתניא הכה זה וחזר והכה זה קילל זה וחזר וקילל זה הכה שניהם בבת אחת או קילל שניהם בבת אחת חייב רבי יהודה אומר בבת אחת חייב בזה אחר זה פטור ורבי יוחנן נמי הא ודאי לאו שאין בו מעשה הוא סבר לה כי הא דאמר רב אידי בר אבין אמר רב עמרם א"ר יצחק א"ר יוחנן (א) ר' יהודה אומר משום רבי יוסי הגלילי כל לא תעשה שבתורה לאו שיש בו מעשה לוקין עליו לאו שאין בו מעשה אין לוקין עליו חוץ מן הנשבע וממיר והמקלל את חבירו בשם קשיא דרבי יהודה אדרבי יהודה אי לר"ש בן לקיש תרי תנאי אליבא דרבי יהודה אי לרבי יוחנן לא קשיא הא דידיה הא דרביה תנן התם הנוטל אם על הבנים רבי יהודה אומר לוקה ואינו משלח וחכ"א משלח ואינו לוקה זה הכלל כל מצות לא תעשה שיש בה קום עשה אין חייבין עליה א"ר יוחנן (ב) אין לנו אלא זאת ועוד אחרת א"ל ר' אלעזר היכא א"ל לכי תשכח נפק דק ואשכח דתניא אונס שגירש אם ישראל הוא מחזיר ואינו לוקה ואם כהן הוא לוקה ואינו מחזיר הניחא למאן דתני קיימו ולא קיימו אלא למאן דתני ביטלו ולא ביטלו בשלמא גבי שילוח הקן משכחת לה אלא אונס ביטלו ולא ביטלו היכי משכחת לה אי דקטלה קם ליה בדרבה מיניה אמר רב שימי מחוזנאה כגון שקיבל לה קידושין מאחר אמר רב אי שוויתיה שליח איהי קא מבטלא ליה אי לא שוויתיה שליח לה כל כמיניה ולא כלום היא אלא אמר רב שימי מנהרדעא כגון שהדירה ברבים הניחא למ"ד נדר שהודר ברבים אין לו הפרה אלא למ"ד יש לו הפרה מאי איכא למימר דמדירה לה על דעת רבים דאמר אמימר הלכתא נדר שהודר ברבים יש לו הפרה על דעת רבים אין לו הפרה ותו ליכא והא איכא (סימן גז"ל משכ"ן ופא"ה) גזל דרחמנא אמר לא תגזול והשיב את הגזלה משכון דרחמנא אמר לא תבא אל ביתו לעבוט עבוטו השב תשיב לו העבוט כבא השמש ומשכחת לה בקיימו ולא קיימו וביטלו ולא ביטלו התם כיון דחייב בתשלומין אין לוקה ומשלם מתקיף לה רבי זירא הא איכא משכונו של גר ומת הגר התם

רש"י

משום דה"ל לאו שאין בו מעשה. אבל משום התראת ספק לא הוה מפטר דהתראת ספק שמה התראה: משום דהויא לה התראת ספק. אבל משום לאו שאין בו מעשה לא הוה מפטר דקסבר לאו שאין בו מעשה לוקין עליו: ותרווייהו אליבא דרבי יהודה. דאמר גבי נותר איצטריך לנתוקי לאו לעשה אע"ג דהתראת ספק היא ולאו שאין בו מעשה הוא ר' יוחנן דייק מינה אלמא התראת ספק שמה התראה ור"ל דייק מינה אלמא לאו שאין בו מעשה לוקין עליו ולקמיה פריך דתרווייהו איכא למידק מינה: הא ודאי התראת ספק היא. הך דנותר ואיכא למידק נמי מינה התראת ספק שמה התראה: כי אידך תנא. דאמר לא שמה התראה: הכה זה כו'. מי שגירש את אשתו וניסאת וילדה ספק בן ט' לראשון ספק בן ז' לאחרון הכה זה וחזר והכה זה בשתי התראות דהויא לה כל חדא התראת ספק: בבת אחת. בהתראה אחת בתוך כדי דיבור דהויא לה התראת ודאי דממה נפשך חד מינייהו אבוהו: חוץ מנשבע וממיר ומקלל את חבירו בשם. של הקב"ה וטעמא מפרש בתמורה בפ"ק ואי קשיא הא דלעיל נמי נשבע הוא ואמאי פטר ליה ר' יוחנן משום לאו שאין בו מעשה בהדיא מוקמינא לה להא דקתני נשבע בדבר שאין בו מעשה לוקה בשבועה דלשעבר כגון אכלתי ולא אכל או לא אכלתי ואכל אבל באוכל ולא אכל לא לקי וטעמו מפרש בשבועות ובתמורה מקראי: קשיא דרבי יהודה אדרבי יהודה. לתרווייהו: לר"ש. דקשיא ליה התראת ספק תרי תנאי אליבא דר' יהודה: לר' יוחנן. דקשיא ליה לאו שאין בו מעשה: הא דידיה והא דרביה. לר' יהודה לאו שאין בו מעשה לוקין עליו והא דתניא אין לוקין עליו משום ר' יוסי הגלילי אמרה: לוקה ואינו משלח. קסבר שלח מעיקרא משמע לא תקח האם אלא שלחנה קודם לקיחה ואע"ג דכתיב בתר לא תקח לאו למימרא דאם לקחת שלח וניהוי לאו שניתק לעשה אלא לאו שקדמו עשה הוא: וחכ"א כו'. קסברי שלח אחר לא תקח משמע כדכתיב והוה ליה ניתק לעשה ואם לקחת שלח: זה הכלל כל מצות לא תעשה כו'. אין לוקין עליה אלא יקיים העשה ויפטר: א"ר יוחנן אנו אין לנו כו'. כלומר משלח ואינו לוקה הא לא שלח לוקה ורבי יוחנן ביטלו ולא ביטלו אית ליה ומשמע ליה משלח דקתני משלח לכשירצה ואינו לוקה ואימתי הוא לוקה כשיהרגנה ויבטל את העשה בידים והיינו דקאמר אנו אין לנו כו' כלומר אע"ג דקתני מתני' זה הכלל כו' דמשמע כל מצות לא תעשה שיש בה קום עשה שוות לזו אנו אין לנו בכולן שוה לזו שיהא פטור המלקות תלוי בקיום העשה אלא בין קיים בין לא קיים פטור אלא זו ועוד אחרת דמשכחת בהו דלקי על ידי ביטול העשה דאילו בכולהו לא משכחת ביטלו אלא בהני תרי: מחזיר ואינו לוקה. אף כאן תלה פטורו של מלקות בקיום העשה: הניחא למאן דתני. לא קיימו לוקה משכחת ביה מלקות בלא קיימו: אלא למאן דתני ביטלו. לוקה היכי משכחת לה: הניחא בשילוח הקן משכחת לה. ביטלו כששחטה אלא הכא היכי משכחת לה: בדרבה מיניה. מיתה ואין בו מלקות: כל כמיניה. בתמיה וכי כל הימנו שתתקדש על ידי קבלתו: הניחא למאן דאמר כו'. פלוגתא היא במסכת גיטין בהשולח גט (דף לה:): על דעת רבים. שמצא בה עון (ג) שאסורה לו והדירה על דעת רבים ועל דעת בית דין: ותו ליכא. מצות לא תעשה שיש בה קום עשה דלילקי עלה: משכון. משכחת לה ביטלו ששרפו: הרי משכונו של גר. ושרפו בחיי הגר ומת הגר ואין לו יורשין דליתא בתשלומין:

תוספות

אי דקטלה קם ליה בדרבה מיניה. ואם מתה א"כ לא בטלה איהו ואם תאמר דלמא מיירי דקטלה ומ"מ לא הוי קם ליה בדרבה מיניה דמיירי שהרגה בשוגג (ד) וי"ל דא"כ היינו כמו מתה מאליה כיון דהרגה שלא במתכוין כך הקשה משי"ח ותירץ:

כגון שהדירה ברבים. פי' הקונט' שמצא לה עון שאסורה לו והדירה ולא נראה דא"כ אינו מצוה לקיימה אלא נראה שהדירה בלא שום עון ושפיר חל עליה כגון דאמר קונם תשמישך עלי כדאיתא בנדרים (דף פא:): והא איכא העבט תעביטנו לא תבוא אל ביתו השב תשיב לו ומשכחת לה כו'. וא"ת והא הוי עשה שקדמו לאו דהשבת העבוט שייך קודם שיעבור לילך אל ביתו לעבוט עבוטו דבמשכנו ברשות שייך השבת העבוט וי"ל דדרשינן בפרק אלו מציאות (ב"מ לא:) מיתורא דהשב תשיב דקאי למשכנו שלא ברשות א"כ על כרחך שייך עשה דהשב תשיב לו לאחר שעבר כדאמרינן לעיל אם אינו ענין לפניו תנהו ענין לאחריו: התם איתא בתשלומין. כששרפו וחייב ממון הלכך לא משכחת ביה בטלו דכל אימת דיש לו ממון לא ילקה ויש ספרים דגרסי ואינו לוקה ומשלם כלומר הכא על כרחך אינו לוקה הואיל ומיפטר בתשלומין אבל ליכא לפרושי דתרתי לא עבדינן ליה מלקות וממון משום כדי רשעתו והלכך משלם ואינו לוקה דזה אינו חדא דא"כ אדרבה יש לנו לומר ילקה ולא ישלם דבפ' אלו נערות (כתובות דף לב:) אמר ר' יוחנן דהיכא שמלינו ממון ומלקות מילקא לקי ממונא לא משלם ועוד דא"כ

עין משפט נר מצוה

כו א מיי' פ"י מהל' קרבן פסח הל' יא ופי"ח מהל' פסולי המוקדשים הלכה ט:

כז ב מיי' פי"ח מהל' סנהדרין הלכה א [וברב אלפס שבועות סוף פ"ד דף שג.]:

כח ג מיי' שם הלכה ב [וברב אלפס שם]:

כט ד מיי' פי"ג מהל' שחיטה הלכה א סמג עשין סה טוש"ע י"ד סי' רצב סעיף ו:

ל ה מיי' פ"א מהל' נערה הלכה ז ועיין בכ"מ בפט"ז מהלכות סנהדרין הל' ד:

לא ו מיי' פ"ו מהל' שבועות הל' א סמג לאוין רא טוש"ע י"ד סי' רכח סעיף כג:

לב ז מיי' שם טוש"ע שם סעיף כא:

לג ח מיי' פט"ז מהל' סנהדרין הל' יב ופי"ח הלכה ב ופ"ג מהל' גניבה הל' א ופ"א מהל' נערה הלכה יא ופ"ו מהל' תרומות הלכה ו ופ"ד מהל' חובל הל' ט טור ח"מ סי' שנ:

רבינו חננאל

ותרווייהו אליבא דר' יהודה דתניא ולא תותירו ממנו עד בקר בא הכתוב ליתן עשה אחר לא תעשה לומר שאין לוקין עליו דברי ר' יהודה. ר' יוחנן דייק הכי טעמא דבא הכתוב הא לא בא הכתוב לוקה אלמא התראת ספק שמה התראה. וריש לקיש דייק לאו שאין בו מעשה לוקין עליו. ואקשינן לריש לקיש והא התראת ספק היא שמתרין בו לא תותירו ויתכן שלא יותיר ואם יותיר ישרפנו ולמה אמר טעמא דבא הכתוב הא לא בא הכתוב חייב. ופריק ריש לקיש דאמר (באידך דלא כר') [כאידך תנא דר'] יהודה דתנינן בענין מי שגירש אשתו ולא שהתה ג' חדשים וניסת וילדה ואין ידוע אם בן ט' לראשון אם בן ז' לאחרון ועמד זה הילוד והכה זה וחזר והכה זה קילל זה וחזר וקילל זה כו' ר' יהודה אומר בבת אחת חייב שאחד מהן אביו. בזה אחר זה פטור שמפני כשמתרין בו כך אומרים לו אל תכה זה שאם תחזור ותכה האחר תתחייב נמצאת התראה זו בספק שיתכן שלא יכה ושלא יקלל האחר ולא יתחייב וכל כי האי גוונא בהתראת ספק פטור. ואקשינן ולר' יוחנן לאו דנותר לאו שאין בו מעשה הוא אמאי תני ר' יהודה טעמא דבא הכתוב הא לא בא הכתוב חייב. ופריק ר' יוחנן דאמר כי האי דאמר ר' יהודה משום ר' יוסי הגלילי כל לא תעשה שבתורה יש בו מעשה לוקין עליו אין בו מעשה אין לוקין חוץ מן הנשבע ומימר והמקלל את חברו בשם. אי הכי קשיא דר' יהודה אדר' יהודה הכא תני טעמא דבא הכתוב הא לא בא הכתוב לוקה מכלל דלאו שאין בו מעשה לוקין עליו והדר תני כל לאו שאין בו מעשה אין לוקין עליו. ופרקינן הא דידיה לוקין עליו. הא דר' יוסי הגלילי רביה דאמר אין לוקין עליו. וכן פריק ריש לקיש בהתראת ספק תרי תנאי ואליבא דר' יהודה. תנן התם במסכת שחיטת חולין הנוטל אם על הבנים ר' יהודה אומר לוקה ואינו משלח וחכ"א משלח ואינו לוקה. זה הכלל כל מצות לא תעשה שיש בה קום עשה אין חייבין עליה. א"ר יוחנן אנו אין לנו אלא זאת ועוד אחרת. נפק ר' אלעזר דק ואשכח הא דתנן אונס שגירש אם ישראל הוא מחזיר ואינו לוקה ואם כהן הוא לוקה ואינו מחזיר. ואמרינן הניחא למאן דתני קיימו ולא קיימו נמצא אונס שגירש שוה לנוטל אם על הבנים. אלא למאן דתני ביטלו ולא ביטלו בשלמא גבי שילוח הקן משכחת לה ביטלו כגון דשחטה לאם אלא גבי אונס היכי משכחת לה דביטלו אי קטלה לאיתתיה קם ליה

(והשאר חסר):

מסורת הש"ם

א) [חולין פא.], ב) לעיל ד: פסחים פד. סנהדרין סג. חולין פג: לא. קמא: תמורה ד: שבועות ג:, ג) יבמות קא. [חולין פב: לא.], ד) תמורה ג. שבועות כא., ה) [תוספתא מכות פ"ד], ו) וממיר. יעב"ץ, ז) חולין קמא. [לקמן יז.], ח) [לעיל טו. תמורה ה.], ט) [לעיל טו. חולין קמא.], י) צ"ל רבא יעב"ץ, כ) גיטין לה:, ל) [גיטין לו. בכורות מו. ערכין כג.], מ) לפניו בקרא את העבוט, נ) צ"ל דף טו:, ס) [עיין מהר"ם].

הגהות הב"ח

(א) גמרא א"ר יוחנן אומר היה ר' יהודה משום רבי יוסי הגלילי: (ב) שם א"ר יוחנן אנו אין לנו: (ג) רש"י ד"ה על דעת רבים שמצא בה עון. נ"ב דבלא עון לא מצי להדירה דהא משועבד לה: (ד) תוס' ד"ה אי דקטלה וכו' שהרגה בשוגג. נ"ב פי' ודלמא ס"ל חייבי מיתות שוגגין חייבין מלקות עיין פ' אלו נערות סוף דף ל"ד:

גליון הש"ס

גמ' אי דקטלה קם ליה בדרבה מיניה. קשה לי הא משכחת דהיתה טריפה דאינו חייב מיתה ומכל מקום בפשוטו היה החיוב עליו דלא יוכל לשלחה והעשה דלו תהיה לאשה וצ"ע: תוס' ד"ה אי וכו' כיון דהרגה שלא במתכוין. קשה לי דמ"מ משכחת במזיד ולא אתרו ביה:

תורה אור השלם

א) וְלֹא תוֹתִירוּ מִמֶּנּוּ עַד בֹּקֶר וְהַנֹּתָר מִמֶּנּוּ עַד בֹּקֶר בָּאֵשׁ תִּשְׂרֹפוּ: [שמות יב, י]

ב) לֹא תַעֲשֹׁק אֶת רֵעֲךָ וְלֹא תִגְזֹל לֹא תָלִין פְּעֻלַּת שָׂכִיר אִתְּךָ עַד בֹּקֶר: [ויקרא יט, יג]

ג) וְהָיָה כִּי יֶחֱטָא וְאָשֵׁם וְהֵשִׁיב אֶת הַגְּזֵלָה אֲשֶׁר גָּזָל אוֹ אֶת הָעֹשֶׁק אֲשֶׁר עָשָׁק אוֹ אֶת הַפִּקָּדוֹן אֲשֶׁר הָפְקַד אִתּוֹ אוֹ אֶת הָאֲבֵדָה אֲשֶׁר מָצָא: [ויקרא ה, כג]

ד) כִּי תַשֶּׁה בְרֵעֲךָ מַשַּׁאת מְאוּמָה לֹא תָבֹא אֶל בֵּיתוֹ לַעֲבֹט עֲבֹטוֹ: [דברים כד, י]

ה) הָשֵׁב תָּשִׁיב לוֹ אֶת הָעֲבוֹט כְּבוֹא הַשֶּׁמֶשׁ וְשָׁכַב בְּשַׂלְמָתוֹ וּבֵרֲכֶךָּ וּלְךָ תִּהְיֶה צְדָקָה לִפְנֵי יְיָ אֱלֹהֶיךָ: [דברים כד, יג]

ליקוטי רש"י

משום דהוי התראת ספק. דאי אתרו ביה הזהר בך שתאכל הככר שנשבעת עליה יכול לומר אין לי בית מיחוש בהתראה זו דאכתי יש לי שהות וכן כל היום כולו ואפי' כי עבר היום יכול לומר שוכח הייתי ולא נזכרתי לא בשבועה ולא בהתראה ואינו לוקה [תמורה ג:]. בא הכתוב. כל לאו שניתק לעשה אין לוקין עליו דמשמע זו היא תקנתו אם תעבור על הלאו עשה זאת והינצל ועוד דלא דמי ללאו דחסימה שהמלקות נסמך לו [פסחים פד.]. אחר לא תעשה. אם תותיר ועברת על לאו באש תשרפנו נתקו הכתוב בעשה זו מעונשן של שאר לאוין לומר זה ענשו ותקנת עבירתו שישרפנו [שבועות ג':]. לא תותירו ממנו עד בקר. ואם תותירו באש תשרופו. עשה הוא ולאו שניתק לעשה אין לוקין עליו והמותיר בפסח פטור [חולין פב:]. לומר שאין לוקין עליו. דמשמע שזה עונשו של לאו שאם הותירו ישרפנו ויפטר [סנהדרין סג:]. שהעשה האמור אחריו תקנתו וכפרתו על עבירת הלאו [לעיל ד:]. טעמא דבא הכתוב וכו'. הא לאו הכי לקי אע"ג דהתראת ספק היא דכל אימת דאתרו ביה מצי אמר אכתי לילא הוא [חולין פג.]. לאו שאין בו מעשה. דכשהוא מותירו לא קעביד שום מעשה [תמורה ד:]. וע"ע בליקוטי רש"י לעיל ד: הכה זה וחזר והכה זה. מי שלא שהתה אחר גיטה שלשה חדשים וניסת וילדה ספק בן תשעה לראשון וספק בן שבעה לאחרון וכשגדל הכה את האחד וחזר והכה את חבירו. חייב. דקסבר התראת ספק שמה התראה. בבת אחת. הרים שתי ידיו והכה זה באחת וזה באחת [חולין פב:]. חייב. דבהתראת ודאי התרו בו אל תכה שניהם שבמכה זו אתה מתחייב. בזה אחר זה פטור. דליכא שתי התראות וכל חדא וחדא הוה התראת ספק ולת"ק התראת ספק שמה התראה הואיל וממה נפשך עבר [יבמות קא.]. חוץ מנשבע. דאע"ג דלא עביד מעשה לוקה [תמורה ג.]. ומקלל את חבירו בשם. המיוחד כו' [שבועות כא.]. בשם. בשמו של הקב"ה [תמורה ג.]. לוקה ואינו משלח. דהיינו טעמא דרבי יהודה דקסבר שלח מעיקרא משמע כלומר לא תקח האם אבל כשתמצאנה שלחנה ו[illegible]נה שלחנה ואם לקחה לא קאמר קרא דלשלחה וכו' [חולין קמא.]. קסבר שלח מעיקרא משמע. ואין כאן לאו שניתק לעשה דאע"ג דכתיב שלח תשלח אחר לא תקח לאו למימרא דאם לקחת שלח אלא לא תקח אלא שלחנה קודם לקיחה [לקמן יז.]. דאיסור דעבד עבד [חולין קמא.]. משלח ואינו לוקה. קסברי שלח אחר לקיחה משמע ולאו שניתק לעשה הוא [לקמן יז.]. אין לוקין עליו. דלהכי נתקו לעשה לומר אם עבר על הלאו יעשה זאת וינצל לא תקח האם ואם לקח שלח תשלח. זה הכלל וכו' אין לוקין עליו. אלא אם כן לא קיימו תוך כדי דיבור למאן דתני קיימו ולא קיימו אלא משלח תוך כדי דיבור ואינו לוקה ואם לא שלח לוקה וצריך לשלח אחר לקיחה משמע ולמאן דתני בטלו ולא בטלו בעי עד שישחוט אותה ואי לא לא לקי [חולין שם.]. אונס. נערה בתולה. אם ישראל הוא. שיכול לקיים העשה ויחזירנה מחזיר ואינו לוקה. ואם כהן הוא. שאסור בגרושה לוקה ואינו מחזיר [לעיל טו.]. נדר שהודר ברבים. נודרת בפני עשרה וקסבר נדר שהודר ברבים אין לו הפרה [גיטין לה:]. על דעת רבים. כך יאמרו לו הרי אנו מדירין אותך על דעתנו [גיטין לו.]. שאומרים לו נדור [ערכין כג.].

He thereby actively nullifies the possibility of remarrying her.

The Gemara, however, asks:

הָנִיחָא לְמַאן דְּאָמַר נֶדֶר שֶׁהוּדַּר בָּרַבִּים אֵין לוֹ הֲפָרָה – This accords well with the one who says that a vow made in public is not subject to annulment.[34] Accordingly, by publicly prohibiting her to himself, he has irrevocably nullified the possibility of remarrying her. **אֶלָּא לְמַאן דְּאָמַר יֵשׁ לוֹ הֲפָרָה מַאי אִיכָּא לְמֵימַר – But according to the one who says that it *is* subject to annulment, what is there to say?** How can this be a case of nullifying the possibility of remarrying her? He can still have his vow annulled and then remarry her! – ? –

Therefore, the Gemara modifies its previous answer:

דְּמַדִּירָהּ לָהּ עַל דַּעַת רַבִּים – The case could be one **where he prohibits her** to himself **with a vow made on public consensus.**[35] All agree that such a vow cannot be annulled. **דְּאָמַר אֲמֵימַר – For Ameimar said: הִלְכְתָא – The law** is that **נֶדֶר שֶׁהוּדַּר בָּרַבִּים יֵשׁ לוֹ הֲפָרָה – a vow made in public is subject to annulment, עַל דַּעַת רַבִּים אֵין לוֹ הֲפָרָה** – but a vow made **on public consensus is not subject to annulment.**[36] Therefore, by prohibiting her to himself in this manner, he has nullified the positive commandment to remarry her.

The Gemara now questions R' Yochanan's statement above that there are only two cases in which one incurs *malkus* by nullifying the corrective positive commandment:

וְתוּ לֵיכָּא – And are there no further examples? **וְהָא אִיכָּא – Why, there are** apparently several other examples. **(סִימָן גָּזֵ"ל מַשְׁכּ"ן וּפֵאָ"ה – A mnemonic** for the cases the Gemara will discuss: **robbery, pledge, and *pe'ah.*) גָּזֵל דְּרַחֲמָנָא אָמַר "לֹא תִגְזֹל"** – There is the case of **robbery,** regarding **which the Merciful One says** in His Torah: ***you shall not steal,***[37] but if one stole, then the Torah commands: **"וְהֵשִׁיב אֶת־הַגְּזֵלָה"** – ***and he shall return the stolen item,***[38] which remedies the transgression. **מַשְׁכּוֹן – And there is also the case of a pledge** that a creditor takes from his debtor as collateral for a loan that has come due, **דְּרַחֲמָנָא אָמַר "לֹא־תָבֹא אֶל־בֵּיתוֹ לַעֲבֹט עֲבֹטוֹ"** – regarding **which the Merciful One says** in His Torah:[39] ***you shall not enter his house to fetch his pledge;*** rather, the creditor must remain outside and wait for the debtor to bring the pledge out to him. But if the creditor transgressed and entered his debtor's house to fetch the pledge, then the Torah provides the positive commandment: **"הָשֵׁב תָּשִׁיב לוֹ [אֶת־] הָעֲבוֹט כְּבוֹא הַשֶּׁמֶשׁ"** – ***You shall surely return to him the pledge when the sun sets,***[40] which commands the transgressor to remedy his transgression by returning the pledge to its owner.[41] **וּמַשְׁכַּחַת לָהּ בְּקִיְּמוֹ וְלֹא קִיְּמוֹ – And you find it** in both these cases that the transgressor can be liable to *malkus* for neglecting the corrective positive commandment whether we evaluate his neglect **with** the standard of ***"he fulfilled it" and "he did not fulfill it"*** [e.g. he failed to return the stolen item or improperly taken pledge immediately upon being warned to do so by the court] **וּבִיטְּלוֹ וְלֹא בִיטְּלוֹ – or with** the standard of ***"he nullified it" and "he did not nullify it"*** [e.g. he burned the stolen item or the improperly taken pledge without first returning it].[42] Why, then, does R' Yochanan (though he holds that *malkus* depends on whether *"he nullified it" and "he did not nullify it"*) insist that there are only *two* cases in which receiving *malkus* for actively nullifying the positive commandment is possible?

The Gemara answers:

הָתָם – There, in the cases of robbery and the pledge, **כֵּיוָן דְּחַיָּיב בְּתַשְׁלוּמִין – since he** [the robber or the creditor] **is obligated to** make **payment** to the owner to replace the stolen item or the improperly taken pledge that was destroyed, **אֵין לוֹקֶה וּמְשַׁלֵּם – he does not incur lashes and pay,** i.e. he does not incur lashes because the positive commandment to "restore" still applies in

NOTES

ibid. 46a). There is a view that such a vow cannot be annulled (see Gemara below and next note).

Generally, one cannot undertake a vow that conflicts with his legal obligations to his wife; and in this case, he is under legal obligation to her to remarry her. There are, however, ways in which his vow can circumvent his existing obligations, and the Gemara here refers to such a case (see *Tosafos* ד"ה כגון, and *Hagahos HaBach* §3, but see end of note 35).

34. [Ordinarily, a vow can be annulled by a panel of three laymen or by a single expert sage in the following manner. The panel or sage seeks to uncover an "opening" – that is, a foreseeable consequence of the vow that was not sufficiently realized by the person at the time that he declared his vow, and whose realization at the time would have made him refrain from ever making the vow in the first place. If the vower honestly contends that he never would have declared the vow had he been fully cognizant of that consequence, the panel or sage can annul the vow.] In *Gittin* (35b, 45b-46a) there is a Tannaic dispute whether a vow made in public can be annulled (*Rashi*).

35. That is, he discovered a sinful matter in her that renders her forbidden to him, and he therefore declares her forbidden upon himself on public consensus and the consensus of the court (*Rashi*).

The commentators discuss why *Rashi* adds the proviso that he made the vow because he discovered that she was forbidden to him. Moreover, if she was indeed forbidden to him, the vow would be pointless, as the positive commandment to remarry her would not apply in any event. Some explain *Rashi* to mean that the vower believes his wife to be forbidden to him, based on information that he has received. Were it not for that belief, his vow "on public consensus" would be ineffective, as the public and court would not consent to a vow that serves to nullify his positive commandment to remarry her [see next note]. Subsequently, however, it emerges that the information he had received was false, and that she is indeed permitted to him (see *Ramban;* see also *Ritva;* cf. *Tosafos* and *Hagahos HaBach,* who had a different understanding of *Rashi,* according to which these comments of his also refer to the Gemara's *previous* answer).

36. A vow one ties to public consensus cannot be annulled unless the people on whose understanding he made the vow all consent to the grounds for the vow's annulment. When making the vow on the consensus of a large public, it is virtually impossible to obtain their unanimous consent to the grounds for annulment. Accordingly, no adequate "opening" will be found, and the vow therefore cannot be annulled (see *Rashba* to *Gittin* 35b, and *Yoreh Deah* 228:21 with *Shach* and *Beur HaGra*).

37. *Leviticus* 19:13.

38. Ibid. 5:23.

39. *Deuteronomy* 24:10.

40. Ibid. v. 13.

41. According to the verse's simple meaning, this is a command to a creditor who *lawfully* received the pledge to return it to its owner for him to use during the night (e.g. if the pledge is a nighttime garment). We derive, however, from the double expression הָשֵׁב תָּשִׁיב, *you shall surely return,* that there is also a positive commandment to remedy the transgression of unlawfully taking possession of the pledge (see *Tosafos;* cf. *Maharam*).

42. Actually, the Gemara at this point is asking why R' Yochanan – who holds that *malkus* for non-fulfillment of the remedy depends on whether *"he nullified it" and "he did not nullify it"* – limits this in practice to only two cases, when examples can be found in the present cases as well. Accordingly, the main thrust of the Gemara here is that examples of *active* nullification can be found. The Gemara's statement here that examples of mere non-fulfillment can be found, then, is really not pertinent to the Gemara's question, and was stated only incidentally to clarify the contrasting view that *malkus* depends on whether *"he nullified it" and "he did not nullify it"* (see *Tos.* end of ד"ה התם איתא, as emended by *Maharam*).

משום דהוי לאו שאין בו מעשה וכל לאו שאין בו מעשה אין לוקין עליו ר"ל אומר אינו לוקה משום דהוי התראת ספק וכל התראת ספק לא שמה התראה ותרוייהו אליבא דרבי יהודה דתניא ולא תותירו ממנו עד בקר והנותר ממנו עד בקר וגו' בא הכתוב ליתן עשה אחר לא תעשה לומר שאין לוקין עליו דברי רבי יהודה ר' יוחנן דייק הכי טעמא דבא הכתוב הא לא בא הכתוב לוקה אלמא התראת ספק שמה התראה ור"ל דייק הכי טעמא דבא הכתוב הא לא בא הכתוב לוקה אלמא לאו שאין בו מעשה לוקין עליו ור"ש בן לקיש נמי הא ודאי התראת ספק הוא סבר לה כאידך תנא דר' יהודה דתניא הכה זה וחזר והכה זה קילל זה וחזר וקילל זה הכה שניהם בבת אחת או קילל שניהם בבת אחת חייב רבי יהודה אומר בבת אחת חייב בזה אחר זה פטור ורבי יוחנן נמי הא ודאי לאו שאין בו מעשה הוא סבר לה כי הא דאמר רב אידי בר אבין אמר רב עמרם א"ר יצחק א"ר יוחנן ר' יהודה אומר משום רבי יוסי הגלילי כל לא תעשה שבתורה לאו שיש בו מעשה לוקין עליו לאו שאין בו מעשה אין לוקין עליו חוץ מן הנשבע ומימר והמקלל את חבירו בשם קשיא דרבי יהודה אדרבי יהודה אי לר"ש בן לקיש תרי תנאי אליבא דרבי יהודה אי לרבי יוחנן לא קשיא הא דידיה הא דרביה תנן התם הנוטל אם על הבנים רבי יהודה אומר לוקה ואינו משלח וחכ"א משלח ואינו לוקה זה הכלל כל מצות לא תעשה שיש בה קום עשה אין חייבין עליה א"ר יוחנן אין לנו אלא זאת ועוד אחרת א"ל ר' אלעזר היכא א"ל לכי תשכח נפק דק ואשכח דתניא אונס שגירש אם ישראל הוא מחזיר ואינו לוקה ואם כהן הוא לוקה ואינו מחזיר הניחא למאן דתני קיימו ולא קיימו אלא למאן דתני ביטלו ולא ביטלו בשלמא גבי שילוח הקן משכחת לה אלא אונס ביטלו ולא ביטלו היכי משכחת לה אי דקטלה קם ליה בדרבה מיניה אמר רב שימי מחוזנאה כגון שקיבל לה קידושין מאחר אמר רב אי שוויתיה שליח איהי קא מבטלא ליה אי לא שוויתיה שליח כל כמיניה ולא כלום היא אלא אמר רב שימי מנהרדעא כגון שהדירה ברבים הניחא למ"ד נדר שהודר ברבים אין לו הפרה אלא למ"ד יש לו הפרה מאי איכא למימר דמדירה לה על דעת רבים דאמר אמימר הלכתא נדר שהודר ברבים יש לו הפרה על דעת רבים אין לו הפרה ותו ליכא והא איכא (סימן גז"ל משכ"ן ופא"ה) גזל דרחמנא אמר לא תגזול והשיב את הגזלה משכון דרחמנא אמר לא תבא אל ביתו לעבוט עבוטו השב תשיב לו העבוט כבא השמש ומשכחת לה בקיימו ולא קיימו וביטלו ולא ביטלו התם כיון דחייב בתשלומין אין לוקה ומשלם מתקיף לה רבי זירא הא איכא משכונו של גר ומת הגר התם

רש"י

משום דה"ל לאו שאין בו מעשה. אבל משום התראת ספק לא הוה מפטר דהתראת ספק שמה התראה: משום דהויא לה התראת ספק. אבל משום לאו שאין בו מעשה לא הוה מפטר דקסבר לאו שאין בו מעשה לוקין עליו: ותרוייהו אליבא דרבי יהודה. דאמר גבי נותר איצטריך לנתוקי לאו לעשה אע"ג דהתראת ספק היא ולאו שאין בו מעשה הוא ר' יוחנן דייק מינה אלמא התראת ספק שמה התראה ור"ל דייק מינה אלמא לאו שאין בו מעשה לוקין עליו ולקמיה פריך דתרוייהו איכא למידק מינה: הא ודאי התראת ספק היא. הך דנותר ואיכא למידק נמי מינה התראת ספק שמה התראה: כי אידך תנא. דאמר לא שמה התראה: הכה זה כו'. מי שגירש את אשתו ונישאת וילדה ספק בן ט' לראשון ספק בן ז' לאחרון הכה זה וחזר והכה זה בשתי התראות דהויא לה כל חדא התראת ספק: בבת אחת. בהתראה אחת בתוך כדי דיבור דהויא לה התראת ודאי דממה נפשך חד מינייהו אבוהו: חוץ מנשבע וממיר ומקלל את חבירו בשם. של הקב"ה וטעמא מפרש בתמורה בפ"ק ואי קשיא הא דלעיל נמי נשבע הוא ואמאי פטר ליה ר' יוחנן משום לאו שאין בו מעשה בהדיא מוקמינא לה להא דקתני נשבע בדבר שאין בו מעשה לוקה בשבועה דלשעבר כגון אכלתי ולא אכל או לא אכלתי ואכל אבל באוכל ולא אכל לא לקי וטעמו מפרש בשבועות ובתמורה מקראי: קשיא דרבי יהודה אדרבי יהודה. לתרוייהו: לר"ש. דקשיא ליה התראת ספק תרי תנאי אליבא דר' יהודה: לר' יוחנן. דקשיא ליה לאו שאין בו מעשה: הא דידיה והא דרביה. לר' יהודה לאו שאין בו מעשה לוקין עליו והא דתניא אין לוקין עליו משום ר' יוסי הגלילי אמרה: לוקה ואינו משלח. קסבר שלח מעיקרא משמע לא תקח האם אלא שלחנה קודם לקיחה ואע"ג דכתיב בתר לא תקח לאו למימרא דאם לקחת שלח וניהוי לאו שניתק לעשה אלא לאו שקדמו עשה הוא: וחכ"א כו'. קסברי שלח אחר לא תקח משמע כדכתיב והוה ליה ניתק לעשה ואם לקחת שלח: זה הכלל כל מצות לא תעשה כו'. אין לוקין עליה אלא יקיים העשה ויפטר: א"ר יוחנן אנו אין לנו כו'. כלומר משלח ואינו לוקה הא לא שלח לוקה ורבי יוחנן ביטלו ולא ביטלו אית ליה ומשמע ליה משלח דקתני משלח לכשירצה ואינו לוקה ואימתי הוא לוקה כשיהרגנה ויבטל את העשה בידים והיינו דקאמר אנו אין לנו כו' כלומר אע"ג דקתני מתני' זה הכלל כו' דמשמע כל מצות לא תעשה שיש בה קום עשה שוות לזו אנו אין לנו בכולן שוה לזו שיהא פטור המלקות תלוי בקיום העשה אלא בין לא קיים פטור אלא זו ועוד אחרת דמשכחת בהו דלקי על ידי ביטול העשה דאילו בכולהו לא משכחת ביטלו אלא בהני תרי: מחזיר ואינו לוקה. אף כאן תלה פטורו של מלקות בקיום העשה: הניחא למאן דתני. לא קיימו לוקה משכחת ביה מלקות בלא קיימו: אלא למאן דתני ביטלו. לוקה היכי משכחת לה: הניחא בשילוח הקן משכחת לה. ביטלו כששחטה אלא הכא היכי משכחת לה: בדרבה מיניה. מיתה ואין בו מלקות: כל כמיניה. בתמיה וכי כל הימנו שתתקדש על ידי קבלתו: הניחא למאן דאמר כו'. פלוגתא היא במסכת גיטין בהשולח גט (דף לה:): על דעת רבים. שמצא בה עון (ג) שאסורה לו והדירה על דעת רבים ועל דעת בית דין: ותו ליכא. מצות לא תעשה שיש בה קום עשה דלילקי עלה: משכון. משכחת לה ביטלו שסרפו: הרי משכונו של גר. ושרפו בחיי הגר ומת הגר ואין לו יורשין דליתא בתשלומין:

תוספות

אי דקטלה קם ליה בדרבה מיניה. ואם מתה א"כ לא בטלה איהו ואם תאמר דלמא מיירי דקטלה ומ"מ לא הוי קם ליה בדרבה מיניה דמיירי שהרגה בשוגג (ד) וי"ל דא"כ היינו כמו מתה מאליה כיון דהרגה שלא במתכוין כך הקשה משי"ח ותירץ:

כגון שהדירה ברבים. פי' הקונט' שמצא לה עון שאסורה לו והדירה ולא נראה דא"כ אינו מצוה לקיימה אלא נראה שהדירה בלא שום עון ושפיר חל עליה כגון דאמר קונם תשמישך עלי כדאיתא בנדרים (דף פא:): **והא** איכא העבט תעביטנו לא תבוא אל ביתו השב תשיב לו ומשכחת לה כו'. וא"ת והא הוי עשה שקדמו לאו דהשבת העבוט שייך קודם שיעבור לילך אל ביתו לעבוט עבוטו דבמשכנו ברשות שייך השבת העבוט וי"ל דדרשינן בפרק אלו מציאות (ב"מ לא:) מיתורא דהשב תשיב דקאי למשכנו שלא ברשות א"כ על כרחך שייך עשה דהשב תשיב לו לאחר שעבר כדאמרינן לעיל אם אינו ענין לפניו תנהו ענין לאחריו: **התם** איתא בתשלומין. כששרפו וחייב ממון הלכך לא משכחת ביה בטלו דכל אימת דיש לו ממון לא ילקה ויש ספרים דגרסי ואינו לוקה ומשלם כלומר הכא על כרחך אינו לוקה הואיל ומיפטר בתשלומין אבל ליכא לפרושי דתרתי לא עבדינן ליה מלקות וממון משום כדי רשעתו והלכך משלם ואינו לוקה דזה אינו חדא דא"כ אדרבה יש לנו לומר ילקה ולא ישלם דבפ' אלו נערות (כתובות דף לב:) אמר ר' יוחנן דהיכא שמצינו ממון ומלקות מילקא לקי ממונא לא משלם ועוד דא"כ

רבינו חננאל

הגהות הב"ח

גליון הש"ס

תורה אור השלם

ליקוטי רש"י

the form of restoring the *value* of the item to the owner. Thus, even by destroying the item, he cannot nullify the remedy.[43]

Still, the Gemara asks:

הָא אִיכָּא מַשְׁכּוֹנוֹ שֶׁל גֵּר — **R' Zeira objected:** מַתְקִיף לָהּ רַבִּי זֵירָא — **But there is the case of a proselyte's pledge** that a creditor improperly took and then destroyed, וּמֵת הַגֵּר — **and** afterwards **the proselyte died,** leaving no heirs to whom to return the value of the destroyed pledge.[44] Is this not another case in which the transgressor incurs *malkus* for actively nullifying the corrective positive commandment?

NOTES

43. This is how the Gemara is explained by *Tosafos* (see also *Tos. Shantz* and *Ritva* here, and *Rosh, Bava Metzia* 2:9). *Tosafos* reject the interpretation that the payment is a new obligation unrelated to the restoration of the destroyed item, but which nevertheless frees the transgressor from *malkus* because there cannot be a double penalty of payment and *malkus*. [*Ramah,* cited by *Ritva,* however, adopts the interpretation rejected by *Tosafos,* whose objection is addressed by *Ritva;* see also *Aruch LaNer,* and *Shiurei R' Shmuel* §433-5.]

44. *Rashi.* [When a proselyte becomes a Jew, he is legally viewed as a newborn person, and thus has no relatives unless he marries and has Jewish children. Any native Jew, however, has heirs no matter how distant the relationship — that is, relatives who share with him a common paternal ancestry.]

Since the proselyte has died without heirs, the creditor is now unable to substitute payment for return of the destroyed pledge. He should therefore receive *malkus* for initially nullifying the positive commandment by destroying the pledge.

[R' Zeira's objection refers specifically to a case in which the proselyte died *after* the transgressor destroyed the pledge (as *Rashi* explains). For if the proselyte died beforehand, then the positive commandment, although negated, has not been actively nullified by the transgressor (*Tos. Shantz*).]

משום דהוי לאו שאין בו מעשה וכל לאו שאין בו מעשה אין לוקין עליו ר"ל אומר אינו לוקה משום דהוי התראת ספק וכל התראת ספק [א] לא שמה התראה ותרוייהו אליבא דרבי יהודה דתניא [ב] א) ולא תותירו ממנו עד בקר והנותר ממנו עד בקר וגו' [א] בא הכתוב ליתן עשה אחר לא תעשה לומר שאין לוקין עליו דברי רבי יהודה ר' יוחנן דייק הכי טעמא דבא הכתוב הא לא בא הכתוב לוקה אלמא התראת ספק שמה התראה ור"ל דייק הכי טעמא דבא הכתוב הא לא בא הכתוב לוקה אלמא לאו שאין בו מעשה לוקין עליו ור"ש בן לקיש נמי הא ודאי התראת ספק הוא סבר לה כאידך תנא דר' יהודה דתניא [ג] הכה זה וחזר והכה זה קילל זה וחזר וקילל זה הכה שניהם בבת אחת או קילל שניהם בבת אחת חייב רבי יהודה אומר בבת אחת חייב בזה אחר זה פטור ורבי יוחנן נמי הא ודאי לאו שאין בו מעשה הוא סבר לה כי הא [ד] דאמר רב אידי בר אבין אמר רב עמרם א"ר יצחק א"ר יוחנן (א) ר' יהודה אומר משום רבי יוסי הגלילי [ה] [ב] כל לא תעשה שבתורה לאו שיש בו מעשה לוקין עליו לאו שאין בו מעשה אין לוקין עליו [ג] חוץ מן הנשבע [ו] ומימר והמקלל את חבירו בשם קשיא דרבי יהודה אדרבי יהודה אי לר"ש בן לקיש תרי תנאי אליבא דרבי יהודה אי לרבי יוחנן לא קשיא הא דידיה הא דרביה [ז] תנן התם הנוטל אם על הבנים רבי יהודה אומר לוקה ואינו משלח וחכ"א [ד] משלח ואינו לוקה זה הכלל כל מצות לא תעשה שיש בה קום עשה אין חייבין עליה א"ר יוחנן (ב) אין לנו אלא זאת ועוד אחרת א"ל ר' אלעזר היכא א"ל לכי תשכח נפק דק ואשכח דתניא [ח] אונס שגירש אם ישראל הוא מחזיר ואינו לוקה ואם כהן הוא לוקה ואינו מחזיר הניחא למאן דתני [ט] קיימו ולא קיימו אלא למאן דתני ביטלו ולא ביטלו בשלמא גבי שילוח הקן משכחת לה אלא אונס ביטלו ולא ביטלו היכי משכחת לה [°] אי דקטלה קם ליה בדרבה מיניה אמר רב שימי מחוזנאה [ה] כגון שקיבל לה קידושין מאחר אמר [י] רב אי שוויתיה שליח איהי קא מבטלא ליה אי לא שוויתיה שליח כל כמיניה ולא כלום היא אלא אמר רב שימי מנהרדעא כגון שהדירה ברבים הניחא [כ] למ"ד נדר שהודר ברבים אין לו הפרה אלא למ"ד יש לו הפרה מאי איכא למימר דמדירה לה על דעת רבים דאמר [ל] אמימר הלכתא [ו] נדר שהודר ברבים יש לו הפרה [ז] על דעת רבים אין לו הפרה ותו ליכא והא איכא (סימן גז"ל משכ"ן ופא"ה) גזל דרחמנא אמר ב) לא תגזול ג) והשיב את הגזלה משכון דרחמנא אמר ד) לא תבא אל ביתו לעבוט עבוטו ה) השב תשיב לו [מ] העבוט כבא השמש ומשכחת לה בקיימו ולא קיימו וביטלו ולא ביטלו התם כיון דחייב בתשלומין [ח] אין לוקה ומשלם מתקיף לה רבי זירא הא איכא משכונו של גר ומת הגר

התם

רש"י

משום דה"ל לאו שאין בו מעשה. אבל משום התראת ספק לא הוה מפטר דהתראת ספק שמה התראה: משום דהויא לה התראת ספק. אבל משום לאו שאין בו מעשה לא הוה מפטר דקסבר לאו שאין בו מעשה לוקין עליו: ותרוייהו אליבא דרבי יהודה. דאמר גבי נותר אילטריך לנתוקי לאו לעשה אע"ג דהתראת ספק היא ולאו שאין בו מעשה הוא ר' יוחנן דייק מינה אלמא התראת ספק שמה התראה ור"ל דייק מינה אלמא לאו שאין בו מעשה לוקין עליו ולקמיה פריך דתרוייהו איכא למידק מינה: הא ודאי התראת ספק היא. הך דנותר ואיכא למידק נמי מינה התראת ספק שמה התראה: כי אידך תנא. דאמר לא שמה התראה: הכה זה כו'. מי שגירש את אשתו ונישאת וילדה ספק בן ט' לראשון ספק בן ז' לאחרון הכה זה וחזר והכה זה בשתי התראות דהויא לה כל חדא התראת ספק: בבת אחת. בהתראה אחת בתוך כדי דיבור דהויא לה התראת ודאי דממה נפשך חד מינייהו אבוהו: חוץ מנשבע ומימר ומקלל את חבירו בשם. של הקב"ה וטעמא מפרש בתמורה בפ"ק ואי קשיא הא דלעיל נמי נשבע הוא ואמאי פטר ליה ר' יוחנן משום לאו שאין בו מעשה בהדיא מוקמינא לה להא דקתני נשבע בדבר שאין בו מעשה לוקה בשבועה לשעבר כגון אכלתי ולא אכל או לא אכלתי ואכל אבל באוכל ולא אכל לא לקי וטעמו מפרש בשבועות ובתמורה מקראי: קשיא דרבי יהודה אדרבי יהודה. לתרוייהו: לר"ש. דקשיא ליה התראת ספק תרי תנאי אליבא דר' יהודה: לר' יוחנן. דקשיא ליה לאו שאין בו מעשה: הא דידיה והא דרביה. לר' יהודה לאו שאין בו מעשה לוקין עליו והא דתניא אין לוקין עליו משום ר' יוסי הגלילי אמרה: לוקה ואינו משלח. קסבר שלח מעיקרא משמע לא תקח האם אלא שלחנה קודם לקיחה ואע"ג דכתיב בתר לא תקח לאו למימרא דאם לקחת שלח וניהוי לאו שניתק לעשה אלא לאו שקדמו עשה הוא: וחכ"א כו'. קסברי שלח אחר לא תקח משמע כדכתיב והוה ליה ניתק לעשה ואם לקחת שלח: זה הכלל כל מצות לא תעשה כו'. אין לוקין עליה אלא יקיים העשה ויפטר: א"ר יוחנן אנו אין לנו כו'. כלומר משלח ואינו לוקה הא לא שלח לוקה ורבי יוחנן ביטלו ולא ביטלו אית ליה ומשמע ליה משלח דקתני משלח לכשירצה ואינו לוקה ואימתי הוא לוקה כשיהרגנה ויבטל את העשה בידים והיינו דקאמר אנו אין לנו כו' כלומר אע"ג דקתני מתני' זה הכלל כו' דמשמע כל מצות לא תעשה שיש בה קום עשה שוות לזו אנו אין לנו בכולן שוה לזו שיהא פטור המלקות תלוי בקיום העשה אלא בין לא קיים פטור אלא זו ועוד אחרת דמשכחת בהו דלקי על ידי ביטול העשה דאילו בכולהו לא משכחת ביטלו אלא בהני תרי: מחזיר ואינו לוקה. אף כאן תלה פטורו של מלקות בקיום העשה: הניחא למאן דתני. לא קיימו לוקה משכחת ביה מלקות בלא קיימו: אלא למאן דתני ביטלו. לוקה היכי משכחת לה: הניחא בשילוח הקן משכחת לה. ביטלו כששחטה אלא הכא היכי משכחת לה: בדרבה מיניה. מיתה ואין בו מלקות: כל כמיניה. בתמיה וכי כל הימנו שתתקדש על ידי קבלתו: הניחא למאן דאמר כו'. פלוגתא היא במסכת גיטין בהשולח גט (דף לה:): על דעת רבים. שמצא בה עון (ג) שאסורה לו והדירה על דעת רבים ועל דעת בית דין: ותו ליכא. מצות לא תעשה שיש בה קום עשה דלילקי עלה: משכון. משכחת לה ביטלו ששרפו: הרי משכונו של גר. ושרפו בחיי הגר ומת הגר ואין לו יורשין דליתא בתשלומין:

תוספות

אי דקטלה קם ליה בדרבה מיניה. ואם מתה א"כ לא בטלה איהו ואם תאמר דלמא מיירי דקטלה ומ"מ לא הוי קם ליה בדרבה מיניה דמיירי שהרגה בשוגג (ד) וי"ל דא"כ היינו כמו מתה מאליה [°] כיון דהרגה שלא במתכוין כך הקשה משי"ח ותירץ:

כגון שהדירה ברבים. פי' הקונט' שמצא לה עון שאסורה לו והדירה ולא נראה דא"כ אינו מצוה לקיימה אלא נראה שהדירה בלא שום עון ושפיר חל עליה כגון דאמר קונם תשמישך עלי כדאיתא בנדרים (דף [°] פא:): והא איכא העבט תעביטנו לא תבוא אל ביתו השב תשיב לו ומשכחת לה כו'. וא"ת והא הוי עשה שקדמו לאו דהשבת העבוט שייך קודם שיעבור לילך אל ביתו לעבוט עבוטו דבמשכנו ברשות שייך השבת העבוט [°] וי"ל דדרשינן בפרק אלו מציאות (ב"מ לא:) מיתורא דהשב תשיב דקאי למשכנו שלא ברשות א"כ על כרחך שייך עשה דהשב תשיב לו לאחר שעבר כדאמרינן לעיל אם אינו ענין לפניו תנהו ענין לאחריו: התם איתא בתשלומין. כששרפו וחייב ממון הלכך לא משכחת ביה בטלו דלכל אימת דיש לו ממון לא ילקה ויש ספרים דגרסי ואינו לוקה ומשלם כלומר הכא על כרחך אינו לוקה הואיל ומיפטר בתשלומין אבל ליכא לפרושי דתרתי לא עבדינן ליה מלקות וממון משום כדי רשעתו והלכך משלם ואינו לוקה דזה אינו חדא דא"כ אדרבה יש לנו לומר ילקה ולא ישלם דבפ' אלו נערות (כתובות דף לג:) אמר ר' יוחנן דהיכא שמצינו ממון ומלקות מילקא לקי ממונא לא משלם ועוד דא"כ

מסורת הש"ס

א) [חולין פא.], ב) לעיל ד: פסחים פד. סנהדרין סג. חולין פג: לא. קמא: תמורה ד: שבועות ג., ג) יבמות קא. [חולין פב: לא.], ד) תמורה ג. שבועות כא., ה) [תוספתא מכות פ"ד], ו) וממיר. יעב"ץ, ז) חולין קמא. [לקמן יז.], ח) [לעיל טו. תמורה ה.], ט) [לעיל טו. חולין קמא.], י) נ"ל רבא יעב"ץ, כ) גיטין לה:, ל) [גיטין לו. בכורות מו. ערכין כג.], מ) לפנינו בקרא את העבוט, נ) נ"ל דף טו:, ס) [עיין מהר"ס].

הגהות הב"ח

(א) גמרא א"ר יוחנן אומר היה ר' יהודה משום רבי יוסי הגלילי: (ב) שם א"ר יוחנן אנו אין לנו: (ג) רש"י ד"ה על דעת רבים שמצא בה עון. נ"ב דבלא עון לא מצי להדירה דהא משועבד לה: (ד) תוס' ד"ה אי דקטלה וכו' שהרגה בשוגג. נ"ב פי' ודלמא ס"ל חייבי מיתות שוגגין חייבין מלקות עיין פ' אלו נערות סוף דף ל"ד:

גליון הש"ס

גמ' אי דקטלה קם ליה בדרבה מיניה. קשה לי הא משכחת דהיתה טריפה דאינו חייב מיתה ומכל מקום בפשוטו היה החיוב עליו דלא יוכל לשלחה והעשה דלו תהיה לאשה וצ"ע: תוס' ד"ה אי וכו' כיון דהרגה שלא במתכוין. קשה לי דמ"מ משכחת במזיד ולא אתרו ביה:

תורה אור השלם

א) וְלֹא תוֹתִירוּ מִמֶּנּוּ עַד בֹּקֶר וְהַנֹּתָר מִמֶּנּוּ עַד בֹּקֶר בָּאֵשׁ תִּשְׂרֹפוּ: [שמות יב, י]

ב) לֹא תַעֲשֹׁק אֶת רֵעֲךָ וְלֹא תִגְזֹל לֹא תָלִין פְּעֻלַּת שָׂכִיר אִתְּךָ עַד בֹּקֶר: [ויקרא יט, יג]

ג) וְהָיָה כִּי יֶחֱטָא וְאָשֵׁם וְהֵשִׁיב אֶת הַגְּזֵלָה אֲשֶׁר גָּזָל אוֹ אֶת הָעֹשֶׁק אֲשֶׁר עָשָׁק אוֹ אֶת הַפִּקָּדוֹן אֲשֶׁר הָפְקַד אִתּוֹ אוֹ אֶת הָאֲבֵדָה אֲשֶׁר מָצָא: [ויקרא ה, כג]

ד) כִּי תַשֶּׁה בְרֵעֲךָ מַשַּׁאת מְאוּמָה לֹא תָבֹא אֶל בֵּיתוֹ לַעֲבֹט עֲבֹטוֹ: [דברים כד, י]

ה) הָשֵׁב תָּשִׁיב לוֹ אֶת הָעֲבוֹט כְּבוֹא הַשֶּׁמֶשׁ וְשָׁכַב בְּשַׂלְמָתוֹ וּבֵרְכֶךָּ וּלְךָ תִּהְיֶה צְדָקָה לִפְנֵי יְיָ אֱלֹהֶיךָ: [דברים כד, יג]

ליקוטי רש"י

משום דהוי התראת ספק. דאי אתרו ביה הזהר בך שתאכל הככר שנשבעת עליה יכול לומר אין לי בית מיחוש בהתראה זו דאכתי יש לי שהות וכן כל היום כולו ואפי' כי עבר היום יכול לומר שוכח הייתי ולא נזכרתי לא בשבועה ולא בהתראה ואינו לוקה [תמורה ג:]. בא הכתוב. כל לאו שניתק לעשה אין לוקין עליו דמשמע זו היא תקנתו אם תעבור על הלאו עשה זאת והינצל ועוד דלא דמי ללאו דחסימה שהמלקות נסמך לו [פסחים פד.]. אחר לא תעשה. אם תותיר ועברת על לאו באש תשרפנו נתקו הכתוב בעשה זו מעונשן של שאר לאוין לומר זה ענשו ותקנת עבירתו שישרפנו [שבועות ג:]. לא תותירו ממנו עד בקר. ואם תותירו באש תשרופו. עשה הוא ולאו שניתק לעשה אין לוקין עליו והמותיר בפסח פטור [חולין פב:]. לומר שאין לוקין עליו. דמשמע שזה עונשו של לאו שאם הותירו ישרפנו ויפטר [סנהדרין סג:]. שהעשה האמור אחריו תקנתו וכפרתו על עבירת הלאו [לעיל ד:]. טעמא דבא הכתוב וכו'. הא לאו הכי לקי אע"ג דהתראת ספק היא דכל אימת דאתרו ביה מצי אמר אכתי ליליא הוא [חולין פג.]. לאו שאין בו מעשה. דכשהוא מותירו לא קעביד שום מעשה [תמורה ד:]. וע"ע בליקוטי רש"י לעיל ד: הכה זה וחזר והכה זה. מי שלא שהתה אחר גיטה שלשה חדשים וניסת וילדה ספק בן תשעה לראשון וספק בן שבעה לאחרון וכשגדל הכה את האחד וחזר והכה את חבירו. חייב. דקסבר התראת ספק שמה התראה. בבת אחת. הרים שתי ידיו והכה זה באחת וזה באחת [חולין פב:]. חייב. דהתראת ודאי היא [חולין פב:]. חייב. דבהתראת ודאי התרו בו אל תכה שניהם שבמכה זו אתה מתחייב. בזה אחר זה פטור. דאיכא שתי התראות וכל חדא וחדא הוה התראת ספק ולת"ק התראת ספק שמה התראה הואיל וממה נפשך עבר [יבמות קא.]. חוץ מנשבע. דאע"ג דלא עביד מעשה לוקה [תמורה ג.]. ומקלל את חבירו בשם. המיוחד כו' [שבועות כא.]. בשם. בשמו של הקב"ה [תמורה ג.]. לוקה ואינו משלח. דהיינו טעמא דרבי יהודה דקסבר שלח מעיקרא משמע כלומר לא תקח האם אבל כשתמצאנה שלחנה ואם לקחה לא קאמר קרא דלשלחה וכו' [חולין קמא.]. קסבר שלח מעיקרא משמע. ואין כאן לאו שניתק לעשה דאע"ג דכתיב שלח תשלח אחר לא תקח לאו למימרא דאם לקחת שלח אלא לא תקח אלא שלחנה קודם לקיחה [לקמן יז.]. דאיסור דעבד עבד [חולין קמא.]. משלח ואינו לוקה. קסברי שלח אחר לקיחה משמע ולאו שניתק לעשה הוא [לקמן יז.]. אין לוקין עליו. להכי נתקו לעשה לומר אם עבר על הלאו יעשה זאת ויגלל לא תקח האם ואם לקח שלח תשלח. זה הכלל וכו' אין לוקין עליו. אלא אם כן לא קיימו תוך כדי דיבור למאן דתני קיימו ולא קיימו אלא משלח תוך כדי דיבור ואינו לוקה ואם לא שלח לוקה וצריך לשלח אחר לקיחה משמע ולמאן דתני בטלו ולא בטלו בעי עד שישחוט אותה ואי לא לא לקי [חולין שם.]. אונס. נערה בתולה. אם ישראל הוא. שיכול לקיים העשה ויחזירנה מחזיר ואינו לוקה. ואם כהן הוא. שאסור בגרושה לוקה ואינו מחזיר [לעיל טו.]. נדר שהודר ברבים. נודרת בפני עשרה וקסבר נדר שהודר ברבים אין לו הפרה [גיטין לה:]. על דעת רבים. כך יאמרו לו הרי אנו מדירין אותך על דעתנו [גיטין לו.]. שאומרים לו נדור [ערכין כג.].

עין משפט נר מצוה

כו א מיי' פי"י מהל' קרבן פסח הל' יא ופי"ח מהל' פסולי המוקדשים הלכה ט:

כז ב מיי' פי"ח מהל' סנהדרין הלכה א [וברב אלפס שבועות סוף פ"ד דף שג.]:

כח ג מיי' שם הלכה ב [וברב אלפס שם]:

כט ד מיי' פי"ג מהל' שחיטה הלכה א סמג עשין סה טוש"ע י"ד סי' רצב סעיף ו:

ל ה מיי' פ"א מהל' נערה הלכה ז ועיין בכ"מ בפט"ז מהלכות סנהדרין הל' ד:

לא ו מיי' פ"ו מהל' שבועות הל' ח סמג לאוין רא טוש"ע י"ד סי' רכח סעיף כג:

לב ז מיי' שם טוש"ע שם סעיף כא:

לג ח מיי' פט"ז מהל' סנהדרין הל' יב ופי"ח הלכה ב ופ"ג מהל' גניבה הל' א ופ"א מהל' נערה הלכה יא ופ"ו מהל' תרומות הלכה ו ופ"ד מהל' חובל הל' ט טור ח"מ סי' שנ:

רבינו חננאל

ותרוייהו אליבא דר' יהודה דתניא ולא תותירו ממנו עד בקר בא הכתוב ליתן עשה אחר לא תעשה לומר שאין לוקין עליו דברי ר' יהודה. ר' יוחנן דייק הכי טעמא דבא הכתוב הא לא בא הכתוב לוקה אלמא התראת ספק שמה התראה. וריש לקיש דייק לאו שאין בו מעשה לוקין עליו. ואקשינן לריש לקיש והא התראת ספק היא שמתרין בו לא תותירו ויתכן שלא יותיר ואם יותיר ישרפנו ולמה אמר טעמא דבא הכתוב הא לא בא הכתוב חייב. ופריק ריש לקיש דאמר (באידך דלא כר') [כאידך תנא דר'] יהודה דתנינן בענין מי שגירש אשתו ולא שהתה ג' חדשים וניסת וילדה ואין ידוע אם בן ט' לראשון אם בן ז' לאחרון ועמד זה הילוד והכה זה וחזר והכה זה קילל זה וחזר וקילל זה כו' ר' יהודה אומר בבת אחת חייב שאחד מהן אביו. בזה אחר זה פטור שמפני כשמתרין בו כך אומרים לו אל תכה זה שאם תחזור ותכה האחר תתחייב נמצאת התראה זו בספק שיתכן שלא יכה ושלא יקלל האחר ולא יתחייב וכל כי האי גוונא בהתראת ספק פטור. ואקשינן ולר' יוחנן לאו דנותר לאו שאין בו מעשה הוא אמאי תני ר' יהודה טעמא דבא הכתוב הא לא בא הכתוב חייב. ופריק ר' יוחנן דאמר כי האי דאמר ר' יהודה משום ר' יוסי הגלילי כל לא תעשה שבתורה יש בו מעשה לוקין עליו אין בו מעשה אין לוקין חוץ מן הנשבע ומימר והמקלל את חברו בשם. אי הכי קשיא דר' יהודה אדר' יהודה הכא תני טעמא דבא הכתוב הא לא בא הכתוב לוקה מכלל דלאו שאין בו מעשה לוקין עליו והדר תני כל לאו שאין בו מעשה אין לוקין עליו. ופרקינן הא דידיה לוקין עליו. הא דר' יוסי הגלילי רביה דאמר אין לוקין עליו. וכן פריק ריש לקיש בהתראת ספק תרי תנאי ואליבא דר' יהודה. תנן התם במסכת שחיטת חולין הנוטל אם על הבנים ר' יהודה אומר לוקה ואינו משלח וחכ"א משלח ואינו לוקה. זה הכלל כל מצות לא תעשה שיש בה קום עשה אין חייבין עליה. א"ר יוחנן אנו אין לנו אלא זאת ועוד אחרת. נפק ר' אלעזר דק ואשכח הא דתנן אונס שגירש אם ישראל הוא מחזיר ואינו לוקה ואם כהן הוא לוקה ואינו מחזיר. ואמרינן הניחא למאן דתני קיימו ולא קיימו נמצא אונס שגירש שוה לנוטל אם על הבנים. אלא למאן דתני ביטלו ולא ביטלו בשלמא גבי שילוח הקן משכחת לה דביטלו כגון דשחטה לאם אלא גבי אונס היכי משכחת לה דביטלו אי קטלה לאיתתיה קם ליה

(והשאר חסר):

גמרא

התם גברא בר תשלומין הוא ושיעבודא דגר הוא דקא פקע והא איכא פאה דרחמנא אמר א) לא תכלה פאת וגו' לעני ולגר תעזוב אותם וגו' (א) דמשכחת לה בקיימו ולא קיימו ביטלו ולא ביטלו א) דתנן ב) מצות פאה להפריש מן הקמה לא הפריש מן הקמה מפריש מן העומרין לא הפריש מן העומרין מפריש מן הכרי עד שלא מירח מירחו מעשר ונותן לו כדרבי ישמעאל דאמר א אף מפריש מן העיסה ולר' ישמעאל נמי משכחת לה דאכל עיסה ב אלא זאת ועוד אחרת אהא אבל אונם לא דהיכא אמרינן על דעת רבים אין לו הפרה לדבר הרשות ג אבל לדבר מצוה יש לו הפרה כי הא ג) דההוא מקרי דרדקי דהוה פשע בינוקי אדריה רב אחא ואהדריה רבינא דלא אשתכח דדייק כוותיה: והאוכל נבילות וטריפות שקצים ורמשים וכו': אמר רב יהודה ד האי מאן דאכל ביניתא דבי כרבא מלקינן ליה משום ב) שרץ השורץ על הארץ ההוא דאכל ביניתא דבי כרבא ונגדיה רב יהודה ד) אמר אביי ה אכל פוטיתא לוקה ארבעה נמלה לוקה חמש משום שרץ השורץ על הארץ ו צרעה לוקה שש משום ג) שרץ העוף אמר רב אחאי ז המשהה את נקביו עובר משום ד) לא תשקצו אמר רב ביבי בר אביי ח האי מאן דשתי בקרנא דאומנא קא עבר משום לא תשקצו אמר ה) רבא בר רב הונא ט ריסק תשעה נמלים והביא אחד חי והשלימן לכזית לוקה ו' ה' משום בריה ואחד משום כזית נבילה ו) רבא א"ר יוחנן אפילו שנים והוא רב יוסף אמר ז) אפילו אחד והוא ולא פליגי הא ברברבי והא בזוטרי: אכל טבל ומעשר ראשון כו': אמר רב י אכל טבל של מעשר עני לוקה כמאן כי האי תנא דתניא ח) אמר ר' יוסי יכול לא יהא חייב אלא על הטבל שלא הורם ממנו כל עיקר הורם ממנו תרומה גדולה ולא הורם ממנו מעשר ראשון מעשר ראשון ולא מעשר שני ואפי' מעשר עני מנין ת"ל ה) לא תוכל לאכול בשעריך וגו' ולהלן הוא אומר ו) ואכלו בשעריך ושבעו מה להלן מעשר עני אף כאן מעשר עני ואמר רחמנא לא תוכל ט) אמר רב יוסף כתנאי י) ר"א אומר אין צריך לקרות את השם על מעשר עני של דמאי וחכ"א קורא

התם גברא בר תשלומין הוא. כששרפו ולא נתחייב מלקות בביטול זה והאי דלא משלם משום דשיעבודא דגר קא פקע לאחר זמן: תעזוב אותם. וקא סבר תעזוב לאחר עבירת הלאו משמע לא תכלה ואם כליתיה תעזוב אותם: משכחת לה בביטלו. כגון שטחן את החטין דתו לית ליה לקיומיה לעשה שהרי קנאן בשינוי כדתניא דבעודן חטה היא מחייבו ליתנה אבל אם טחנן לא: מירחו. ונתחייב במעשר מעשר תחלה את הכרי ואחר כך נותן לו הפאה שלא להפסיד את העני שהלקט והשכחה והפאה פטורין מן המעשר וזה הביאן לידי חיוב: אבל לדבר מצוה. כגון הכא דכל ימיו בעמוד והחזיר קאי יש לו הפרה: דהוה פשע בינוקי. מכה אותם יותר מדאי: אדריה רב אחא. שלא ילמד עוד תינוקות: ביניתא דבי כרבא. תולעת הנמצאת בכרוב שקורין ציי"א: אכל פוטיתא. בלע שרץ המים: לוקה ארבעה. שני לאוין כתובין בשרץ המים אחד בתורת כהנים (יא) ואחד במשנה תורה (יד) ושני לאוין כתובין בשרץ סתם (ה) ולא) תשקצו את נפשותיכם בכל השרץ השורץ ולא תטמאו בהם ומשמע בין שרץ המים בין שרץ הארץ הרי ד': נמלה. בלע נמלה חיה הואיל ובריה שלימה היא אכילתה בכל שהוא ולוקה חמש שני לאוין הכתובין בשרץ סתם כמו שפירשתי ושלשה לאוין הכתובין בשרץ הארץ בתורת כהנים: צרעה לוקה שש. חמש משום שרץ הארץ ואחד משום שרץ העוף דכתיב במשנה תורה (יד) וכל שרץ העוף טמא הוא לכם לא יאכלו אבל לא תשקצו את נפשותיכם בבהמה ובעוף וגו' הכתוב בפרשת קדושים תהיו אינו מן המנין דלאו בשרץ כתיב ואע"ג דכתיב ביה אשר תרמש האדמה לשון בריות גדולות הוא ושרץ לשון קטנה ונמוכה שנכרת בהלוכה בקושי ונראית כרוחשת: בקרנא דאומנא. מקיזי דם בקרן במציצה: ריסק. מיעך וכיתת וביטלן מתורת בריה: משום כזית נבלה. ה שכשבולעו הוא מת ומצטרף לכזית נבלה: אפילו שנים. מרוסקין והוא אם גדולים הן להיות כזית בין שלשתם כדמפרש ואזיל ולא פליגי: טבל של מעשר עני. שהופרשו כל מעשרותיו חוץ מזה לוקה ואע"ג דמעשר עני אין בו קדושה שהרי לזרים נאכל ובכל מקום אפ"ה טביל: מה להלן מעשר עני. דכתיב לגר ליתום ולאלמנה ובעיניא דשנה השלישית אף בשעריך האמור כאן יש ללמוד ממנו מעשר עני וה"ק לא תוכל לאכול טבל בעוד שהמעשר בתוכו שכתב בו בשעריך: אין צריך לקרות את השם. [דאמרינן] (סוטה דף מח.) דיוחנן כה"ג שלח בכל גבול ישראל וראה את עמי הארץ חשודין על המעשרות חוץ מתרומה גדולה אמר להן לישראל בניי כשם שהתרומה במיתה כך הטבל במיתה עמד ותיקן הלוקח מעם הארץ יפריש כל המעשרות ומעכבן לעצמו ואוכל מעשר ראשון שהרי מותר לזרים ומעשר שני אוכלו בירושלים ואם שנת מעשר עני היא נחלקו ר' אליעזר וחכמים וקאמר ר' אליעזר דלא צריך: קורא השם ולומר מעשר עני של כרי זה יהא בצפונו או בדרומו נמי לא צריך:

תוספות

דא"כ מאי פריך והרי משכונו של גר ומת הגר ומשני התם גברא בר תשלומין ושיעבודא דגר פקע ומאי שנא הא כיון דלא משלם א"כ ביטלו ולילקי וליכא נמי שתי רשעיות לכן נ"ל כדפירשתי כיון דגברא בר תשלומין וכל אימת דמשלם לא לקי הלכך לא משכחת ליה ביטלו אבל קשה לר"ל מיהא משכחת שפיר קיימו ולא קיימו כשב"ד הזהירו להחזיר ואומר שלא יחזיר ונראה למורי דודאי הכי נמי דמשכחת לה לר"ל אבל לרבי יוחנן דאמר זאת ועוד אחרת ותו לא הוא דאמר לטעמיה ביטלו ולא ביטלו אבל לר"ל משכחת לה שפיר (ל) בהדירה (ב) והשבת העבוט אבל קשה דמשמע דמקשה פריך שפיר (מ) וקיימו נקט אגב גררא: ביניתא דבי כרבא. פי' הקונט' תולעת הנמצאת בכרוב ונקר' ציי"א וקשה דמאי קמ"ל פשיטא דשרץ גמור הוא ופר"ת ביניתא כמו דג קטן הנמצא במחרישה (נ) וקמ"ל דאע"ג (ג) דנמצא במים היה מותר לפי שיש לו קשקשים אפ"ה לוקה אע"ג דאי הוי במים טהור: ריסק ט' נמלים ואחד חי. פי' שלם אבל ודאי הוה מת דאי ר"ל חי ממש א"כ היאך משלים לכזית נבילות וא"ת ול"ל שיהא שלם בכזית ממנו ליליקי משום לאו דשרצים דלכך אתא אכילה דשרצים לומר דאי איכא כזית הרבה ואכל חד (ד) זית חייב דליכא למימר דאתא לומר דבעינן דאית ביה כזית ולעולם בעינן שיהא שלם דהא ליתא דנמלה כל שהוא חייב א"כ על כרחך אכילה אתא למידרש היכא דאיכא ה' זיתים או ד' ואכל חד (ה) מינייהו דחייב וי"ל לכך נקט אחד שלם דאיכא לאוי דשרצים דלא נכתבו בלשון אכילה ומאותם לא ילקה עד שיאכל הבריה שלימה אבל ודאי היכא דכתיב ביה לאו בלשון אכילה לקי אף כשהבריה אינה שלימה אבל קשה היכא יצטרף אותו שלם לכזית נבילות והלא אין איסור נבלה חל עליו דה"נ אמר במס' מעילה פרק קדשי מזבח (דף טז. ושם) דאין איסור נבילה חל על איסור (נבלת) בהמה טמאה וי"ל דהכא אתיא כמאן דאית ליה איסור חל על איסור דאיכא מאן דאמר התם דלאכילה נמי מצטרפין ללקות משום נבלה טמאה וטהורה ואע"ג שאין (ו) איסור כולל ולא איסור מוסיף והטעם משום דמצינו דאיסור נבלה חל על איסור דחלב ואפילו למאן דלית ליה איסור חל על איסור כלל אמרינן נמי דטמאים מצטרפין מהאי טעמא [וע"ע תוס' חולין צו: ד"ה ור' יהודה]:

ואפילו שנים והוא. וא"ת ומאי חידוש הוא בשנים יותר מבעשר כיון דבשנים [והוא] איכא כזית וי"ל דקמ"ל רבותא טפי דכיון דעתה כשהוא חי שלם משלימו לכזית אע"פ שאם היה מרוסק כמו האחר לא היה משלימו לכזית אבל בט' נמלים דאיכא סגי אפילו נתרסקו כולם היה משלים שיש מהם הרבה:

ולא פליגי הא ברברבי הא בזוטרי. פי' ברברבי אחד והוא ולא ידענא (ז) כיון דנחית להכי לימא בחד לבד לוקה שם משום בריה ומשום כזית נבלה ושמא לא שכיח דבחד איכא כזית:

ורבנן

עין משפט נר מצוה

לד א מיי' פ"א מהל' מתנות עניים הל' ב סמג לאוין רפד:
לה ב מיי' שם הל' ג והלכה ה:
לו ג מיי' פ"ו מהל' שבועות הלכה ח סמג לאוין רמא טוש"ע י"ד סי' רכח סעיף כא:
לז ד מיי' פ"ב מהל' מאכלות אסורות הל' יד סמג לאוין קלב טוש"ע י"ד סי' פד סעיף ו:
לח ה מיי' שם הל' כג [וברב אלפס חולין סוף פ"ג וביאור ארוך בזה דף רפב.]:
לט ו מיי' שם:
מ ז מיי' שם פי"ז הל' לא ופ"ד מהל' דעות הל' א סמג לאוין קמח טוש"ע א"ח סי' לב סעיף ב בהג"ה וסי' ג סעיף יז [וברב אלפס ברכות פרק ג דף טז:]:
מא ח מיי' פ"ב מהל' מאכ"א הל' כט סמג שם טוש"ע י"ד סי' קטז סעיף ו [וברב אלפס שם]:
מב ט מיי' פ"ב מהל' מאכלות אסורות הלכה כד:
מג י מיי' שם פ"י הל' כ:

לעזי רש"י

ציי"א. פירוש תולעת.

ליקוטי רש"י

מצות פאה מפריש מן הקמה. דכתיב לא תכלה אלא הנח לפניהם והם יקצרוהו. מרחו. בכרי נתחייב במעשר דנגמרה מלאכתו הלכך מעשר תחילה את הכרי מכל מעשרותיו ונותן לו את הפאה שאילו הפרישה לא היו עניים צריכין לעשרה דלקט שכחה פאה פטורין מן המעשר [סנהדרין פח.]. מירחו. דאיקבע למעשר ולתרומה. מעשר. תחילה ואח"כ נותן פאה [תמורה ו.]. מרחו. מחליק את הכרי ברחת ומירוח הוי גמר מלאכה למעשר הלכך מעשר כל מעשרותיו תחלה ואח"כ נותן לו פאה כדי שלא יפסיד עני שאילו היה נותנו קודם מירוח אע"פ שעני מצרף לקט שכחה ופאה הרבה ועושה מהן כרי פטור מן המעשר שהרי הפקר הוא אבל עכשיו שנתמרח ביד בעל הבית נתחייב במעשר דהכי אמרינן במס' ברכות (דף מ:) לקט שכחה ופאה שעשאן בגורן הוקבעו. אף מפריש מן העסה. פאה אם לא נתנה כבר ואילו לת"ק מן העיסה לא דקנייה בשינוי והוי ממון שאין לו תובעים דעד השתא דישה לאו שינוי הוא דאוכל הוא כמו שהיה [ב"ק צד.]. אף מפריש מן העסה. אם טחנה ולשה ולתנא קמא טחנה פטור דקנייה בשינוי ואם בא עני ונטל כדי פאה משטחנה לר' ישמעאל לא הוי גזל לרבנן הוי גזל [סנהדרין פח.]. פשע בינוקי. מלקה אותן ומתים [בכורות מו.]. חובטן יותר מדאי [גיטין לו.]. פוטיתא. שרץ המים קטן שאין בו כזית ואפ"ה כיון דבריה היא אכילה היא ולוקה ד' מלקיות בשרץ המים כתיב בתורת כהנים אל תשקצו את נפשותיכם בכל השרץ השורץ על הארץ ולא ... ומשום וכל אשר אין לו סנפיר ו... המים בתורת כהנים דהוא ספ... נפשותיכם בכל השרץ השורץ ול... הארץ לא תאכלום הרי שלש וכל... דסתם שרצים וחד וכל השרץ ה... חמשה מוסף עליו וכל שרץ העוף...

[illegible]

מסורת הש"ס

א) נ"ל דתניא, ב) ב"ק לד. סנהדרין פח. תמורה ו., ג) גיטין לו. [בכורות מו.], ד) פסחים כד. עירובין כח., ה) [נ"א רבה], ו) [נ"ל רבה], ז) [בדפו"י הגי' רב יוסף אמר ר' יוחנן], ח) יבמות פו., ט) [נדרים פד. ע"ש], י) נדרים פד. דמאי פ"ד מ"ג, כ) [נ"ל אלן], ל) [נ"ל בלא הדירה מהרש"א], מ) גירסת רש"א שפיר לתרוייהו כו', נ) [וכ"כ הערוך בערך ביניתא בשם השאלתות ודע דבשאלתות שלפנינו לא מצאתי].

הגהות הב"ח

(א) גמ' ומשכחת לה: (ב) תוס' ד"ה (בע"א) התם וכו' בהדירה וגזלה והשבת העבוט אבל קשה דמשמע דמקשה פריך אף לר"ל מדנקט קיימו ולא קיימו וי"ל דלא פריך אלא לר' יוחנן אבל לר"ל אתא שפיר וקיימו נקט אגב גררא כצ"ל: (ג) ד"ה ביניתא וכו' דאף על גב דהיכא דנמצא במים וכו' דאי הוה במים הוה טהור: (ד) ד"ה ריסק וכו' חד כזית חייב וכו' דהא ליתא דכיון דנמלה: (ה) בא"ד ואכל חד כזית מינייהו וכו' אחד שלם משום דאיכא: (ו) בא"ד ואע"ג שאין בו לא איסור כולל: (ז) ד"ה ולא וכו' דכיון דנחית:

גליון הש"ס

גמ' אכל פוטיתא. עיין מ"ק דף ב ע"ב תוס' ד"ה חייב: רש"י ד"ה משום כזית נבילה שכשבולעו הוא מת. [illegible]

תורה אור השלם

א) וּבְקֻצְרְכֶם אֶת קְצִיר אַרְצְכֶם לֹא תְכַלֶּה פְּאַת שָׂדְךָ בְּקֻצְרֶךָ וְלֶקֶט קְצִירְךָ לֹא תְלַקֵּט לֶעָנִי וְלַגֵּר תַּעֲזֹב אֹתָם אֲנִי יְיָ אֱלֹהֵיכֶם: [ויקרא כג, כב]

ב) וְכָל הַשֶּׁרֶץ הַשֹּׁרֵץ עַל הָאָרֶץ שֶׁקֶץ הוּא לֹא יֵאָכֵל: [ויקרא יא, מא]

ג) וְכֹל שֶׁרֶץ הָעוֹף טָמֵא הוּא לָכֶם לֹא יֵאָכֵלוּ: [דברים יד, יט]

ד) וְהִבְדַּלְתֶּם בֵּין הַבְּהֵמָה הַטְּהֹרָה לַטְּמֵאָה וּבֵין הָעוֹף הַטָּמֵא לַטָּהֹר וְלֹא תְשַׁקְּצוּ אֶת נַפְשֹׁתֵיכֶם בַּבְּהֵמָה וּבָעוֹף וּבְכֹל אֲשֶׁר תִּרְמֹשׂ הָאֲדָמָה אֲשֶׁר הִבְדַּלְתִּי לָכֶם לְטַמֵּא: [ויקרא כ, כה]

ה) לֹא תוּכַל לֶאֱכֹל בִּשְׁעָרֶיךָ מַעְשַׂר דְּגָנְךָ וְתִירֹשְׁךָ וְיִצְהָרֶךָ וּבְכֹרֹת בְּקָרְךָ וְצֹאנֶךָ וְכָל נְדָרֶיךָ אֲשֶׁר תִּדֹּר וְנִדְבֹתֶיךָ וּתְרוּמַת יָדֶךָ: [דברים יב, יז]

ו) כִּי תְכַלֶּה לַעְשֵׂר אֶת כָּל מַעְשַׂר תְּבוּאָתְךָ בַּשָּׁנָה הַשְּׁלִישִׁת שְׁנַת הַמַּעֲשֵׂר וְנָתַתָּה לַלֵּוִי לַגֵּר לַיָּתוֹם וְלָאַלְמָנָה וְאָכְלוּ בִשְׁעָרֶיךָ וְשָׂבֵעוּ: [דברים כו, יב]

ליקוטי רש"י (המשך)

... נמלה לוקה חמש. נמלה שהוא שרץ הארץ לוקה חמש תרתי הא דאמרן וכל הולך על גחון ... [פסחים כד.]. נמלה. שהוא שרץ הארץ. ... כל השרץ הרומש על הארץ הרי חמש כולן בפרשת ויהי ביום השמיני [עירובין כח.]. צרעה לוקה שש. ... הם וחד ולא תטמאו את נפשותיכם בכל השרץ הרומש על הארץ [פסחים כד.]. ...

[illegible]

The Gemara answers:

הָתָם גַּבְרָא בַּר תַּשְׁלוּמִין הוּא – There, in the case of the proselyte who died, **the person** [the creditor] does not incur *malkus* because he **is in fact liable to payment** at the time that he destroys the pledge, **וְשִׁיעְבּוּדָא דְּגֵר הוּא דְּקָא פָּקַע – and it is the claim of the proselyte that ceases** upon his death. I.e. the obligation to return the pledge by paying its value continued until the time of the proselyte's death. That this obligation ended with the proselyte's death was not a product of the creditor's active nullification. Thus, he cannot be said to have actively nullified the positive commandment.[1]

The Gemara asks further:

וְהָא אִיכָּא פֵּאָה – But there is the case of ***pe'ah,***[2] **דְּרַחֲמָנָא אָמַר ,,לֹא תְכַלֶּה פְּאַת וגו׳ " –** regarding **which the Merciful One says** in His Torah:[3] ***you shall not finish off the edge of your field,* etc.,** which prohibits the farmer from cutting his crop completely without leaving *pe'ah*. However, if a farmer transgressed and did reap his entire crop, then the Torah provides the remedy: **,,לֶעָנִי וְלַגֵּר תַּעֲזֹב אֹתָם וגו׳ " –** ***for the poor person and the proselyte you shall leave them*** [i.e. these gifts] **etc.**[4] which commands the farmer to remedy his transgression by separating *pe'ah* for the poor from the detached produce.[5] **דְּמַשְׁכַּחַתְּ לָהּ בְּקִיְּימוֹ וְלֹא קִיְּימוֹ –** And this is a case in **which you find it** possible for the transgressor to be liable to *malkus* for neglecting the corrective positive commandment whether we evaluate his neglect **with** the standard of ***"he fulfilled it" and "he did not fulfill it"*** [e.g. he failed to separate *pe'ah* from the detached produce immediately upon being warned to do so by the court] **בִּיטְּלוֹ וְלֹא בִּיטְּלוֹ –** or with the standard of ***"he nullified it" and "he did not nullify it"*** [e.g. he ground the wheat kernels without separating the *pe'ah*]. **דְּתְנַן – For we learned in a Baraisa:**[6] **מִצְוַת פֵּאָה לְהַפְרִישׁ מִן הַקָּמָה – THE MITZVAH OF *PE'AH* IS TO SEPARATE** it **FROM THE STANDING CROP. לֹא הִפְרִישׁ מִן הַקָּמָה – IF HE DID NOT SEPARATE** it **FROM THE STANDING CROP,** rather he violated the prohibition and reaped his crop to the end, then **מַפְרִישׁ מִן הָעוֹמָרִין – HE MUST SEPARATE** it **FROM THE SHEAVES.**[7] **לֹא הִפְרִישׁ מִן הָעוֹמָרִין – IF HE DID NOT SEPARATE** it **FROM THE SHEAVES, מַפְרִישׁ מִן הַכְּרִי עַד שֶׁלֹּא מֵירַח – HE MUST SEPARATE** it **FROM THE PILE** of kernels **AS LONG AS HE HAS NOT SMOOTHED** it.[8] Before the pile has been smoothed, *pe'ah* can still be separated from the untithed produce. **מֵירְחוֹ – But once HE HAS SMOOTHED IT,** thereby activating the tithing obligation, he may no longer separate *pe'ah* from the untithed produce. Rather, **מְעַשֵּׂר וְנוֹתֵן לוֹ – HE MUST TITHE** the produce **AND** then **GIVE** *pe'ah* **TO [A POOR PERSON].**[9] According to this Tanna, this is the last point at which the farmer can remedy his omission; but there is no provision for separating *pe'ah beyond* this point, i.e. once the produce has been ground into flour.[10] Accordingly, the farmer can actively nullify the corrective positive commandment to separate *pe'ah* from the detached produce by grinding the grain into flour. Why, then, does R' Yochanan not also count this as a *third* case in which nullification of the positive commandment makes the transgressor liable to *malkus*?

The Gemara answers:

כְּדְרַבִּי יִשְׁמָעֵאל – R' Yochanan holds **in accordance with R' Yishmael, דְּאָמַר – who says: אַף מַפְרִישׁ מִן הָעִיסָּה – HE MAY EVEN SEPARATE** *pe'ah* **FROM THE DOUGH.** R' Yishmael rules that the positive commandment to separate *pe'ah* must be fulfilled even if the grain has already been made into flour or dough [or even baked bread]. Accordingly, even by grinding the grain into flour, the farmer has not nullified the positive commandment to separate *pe'ah*.

The Gemara, however, persists:

וּלְרַבִּי יִשְׁמָעֵאל נַמִּי מַשְׁכַּחַתְּ לָהּ – But according to R' Yishmael as well, it can be found that the farmer actively nullifies the positive commandment to separate *pe'ah* **דְּאָכַל עִיסָּה – where he ate the dough,** thereby leaving no physical vestige of the original grain from which to separate *pe'ah*.[11] – ? –

The Gemara accepts this objection, and concludes:

אֶלָּא זֹאת וְעוֹד אַחֶרֶת אָהָא – Rather, when R' Yochanan said that we find no cases of administering *malkus* for actively nullifying the positive commandment except for **"this** case of killing the mother bird without sending her away **and one other** case," he indeed **refers to this** case of actively nullifying the positive commandment to separate *pe'ah*. **אֲבָל אוֹנֵס לֹא – But** the case **of an *oneiss*** who prohibits his divorcee on himself through a vow

NOTES

1. See *Rashi*.

2. *Pe'ah* [literally: corner or edge] is the portion of his crop that a farmer in Eretz Yisrael is obligated to leave unharvested as a gift to the poor, who cut and take it themselves.

3. *Leviticus* 19:9 and 23:22.

4. Ibid. 19:10 and 23:22.

5. [Although the verse could be understood as stating an initial positive commandment to separate these gifts – i.e. you shall not finish off . . . *rather* you shall leave them for the poor,] the Gemara understands this verse as applying *after* the prohibition has been violated. That is: You shall not finish off . . . but if you did, then you shall leave them for the poor (*Rashi*).

6. [Though our editions read דְּתְנַן, an expression that generally introduces a Mishnah, what follows is actually a Baraisa [see *Tosefta, Pe'ah* 1:6; see also *Bava Kamma* 94a]. Indeed, *Mesoras HaShas* emends the text to read דְּתַנְיָא, the appropriate prelude to the citation of a Baraisa (see also *Tosafos* to *Chullin* 87b ד״ה תנן). In isolated places, though, the expression תְּנַן does introduce a Baraisa (see *Tosafos* loc. cit. and *Rashba* to *Chullin* 14a ד״ה דתנן הלוקח).]

7. [After grain is reaped, it is bound into sheaves.]

8. The sheaved produce is moved to the threshing floor, where it is threshed and winnowed to separate the kernels from the straw and ears. The kernels are then concentrated into a pile, whose sides are then smoothed. This smoothing of the pile, called מֵירוּחַ, *meiruach* [smoothing], represents the completion of the processing of the raw produce and it activates the tithing obligation for that produce.

Once the tithing obligation has been activated, a person may no longer eat this produce without first separating the appropriate tithes from what he wishes to eat. Prior to the *meiruach,* however, one is permitted to eat a casual snack from the produce without tithing it, but not a regular meal. [This is an oversimplification of a rather complex topic. For more complete details, see *Rambam, Hil. Maaser* 3:1-4 with *Raavad,* and *Derech Emunah* there; *Aruch HaShulchan HeAsid* 96 at length; see also *Chidushei Maran Riz HaLevi* to *Rambam, Hil. Maaser* 3:20.]

9. The gift of *pe'ah* is ordinarily exempt from all tithes. However, if the farmer delays separating the *pe'ah* until after the *meiruach* has already activated the tithing obligation, the *pe'ah* that he separates then from untithed produce will be subject to tithes. Accordingly, the poor person's share of *pe'ah* will be reduced by the amount of tithes that he must separate from it. Therefore, the Rabbis required the farmer to first tithe the produce and only then separate the delayed *pe'ah,* so as not to reduce the poor person's share (*Rashi* here and to *Bava Kamma* 94a; see also *Rambam, Hil. Matnos Aniyim* 2:11).

10. The original mitzvah to separate *pe'ah* from the produce is no longer applicable to the flour, since the farmer has "acquired it through its transformation" [i.e. he has fundamentally transformed it into a new substance regarding which the mitzvah was never stated, and the poor no longer have a claim upon it] (see *Rashi* ד״ה משכחת לה and *Rashi* to *Sanhedrin* 88a).

11. [Similarly, the Gemara could have stated from the outset that the farmer can nullify the positive commandment to separate *pe'ah* by burning the produce (see *Ritva*).]

התם גברא בר תשלומין הוא ושיעבודא דגר הוא דקא פקע והא איכא פאה דרחמנא אמר א) לא תכלה פאת וגו' לעני ולגר תעזוב אותם וגו' (א) דמשכחת לה בקיימו ולא קיימו ביטלו ולא ביטלו א) דתנן ב) מצות פאה להפריש מן הקמה לא הפריש מן הקמה מפריש מן העומרין לא הפריש מן העומרין מפריש מן הכרי עד שלא מירח מירחו מעשר ונותן לו כדרבי ישמעאל דאמר א אף מפריש מן העיסה ולר' ישמעאל נמי משכחת לה דאכל עיסה ב אלא זאת ועוד אחרת אהא אבל אונם לא דהיכא אמרינן על דעת רבים אין לו הפרה לדבר הרשות ג אבל לדבר מצוה יש לו הפרה כי הא ג) דההוא מקרי דרדקי דהוה פשע בינוקי אדריה רב אחא ואהדריה רבינא דלא אשתכח דדייק כוותיה:

והאוכל נבילות וטריפות שקצים ורמשים וכו': אמר רב יהודה ד האי מאן דאכל ביניתא דבי כרבא מלקינן ליה משום ב) שרץ השורץ על הארץ ההוא דאכל ביניתא דבי כרבא ונגדיה רב יהודה ד) אמר אביי ° ה אכל פוטיתא לוקה ארבעה נמלה לוקה חמש משום שרץ השורץ על הארץ ו צרעה לוקה שש משום ג) שרץ העוף אמר רב אחאי ז המשהה את נקביו עובר משום ד) לא תשקצו אמר רב ביבי בר אביי ח האי מאן דשתי בקרנא דאומנא קא עבר משום לא תשקצו אמר ה) רבא בר רב הונא ט ריסק תשעה נמלים והביא אחד חי והשלימן לכזית לוקה ו' ה' משום בריה ואחד משום כזית נבילה י) רבא א"ר יוחנן אפילו שנים והוא רב יוסף אמר ז) אפילו אחד והוא ולא פליגי הא ברברבי והא בזוטרי:

אכל טבל ומעשר ראשון כו': אמר רב י אכל טבל של מעשר עני לוקה כמאן כי האי תנא דתניא ח) אמר ר' יוסי יכול לא יהא חייב אלא על הטבל שלא הורם ממנו כל עיקר הורם ממנו תרומה גדולה ולא הורם ממנו מעשר ראשון מעשר ראשון ולא מעשר שני ואפי' מעשר עני מנין ת"ל ה) לא תוכל לאכול בשעריך וגו' ולהלן הוא אומר ו) ואכלו בשעריך ושבעו מה להלן מעשר עני אף כאן מעשר עני ואמר רחמנא לא תוכל ט) אמר רב יוסף כתנאי י) ר"א אומר אין צריך לקרות את השם על מעשר עני של דמאי וחכ"א קורא

רש"י

התם גברא בר תשלומין הוא. כששרפו ולא נתחייב מלקות בביטול זה והאי דלא משלם משום דשיעבודא דגר קא פקע לאחר זמן: תעזוב אותם. וקא סבר תעזוב לאחר עבירת הלאו משמע לא תכלה ואם כליתיה תעזוב אותם: משכחת לה בביטלו. כגון שטחן את החטין דתו לית ליה לקיומיה לעשה שהרי קנאן בשינוי כדתניא דבעודן חטה היא מחייבו ליתנה אבל אם טחנן לא: מירחו. ונתחייב במעשר מעשר תחלה את הכרי ואחר כך נותן לו הפאה שלא להפסיד את העני שהלקט והשכחה והפאה פטורין מן המעשר וזה הביאן לידי חיוב: אבל לדבר מצוה. כגון הכא דכל ימיו בעמוד והחזיר קאי יש לו הפרה: דהוה פשע בינוקי. מכה אותם יותר מדאי: אדריה רב אחא. שלא ילמד עוד תינוקות: ביניתא דבי כרבא. תולעת הנמצאת בכרוב שקורין ליל"א: אכל פוטיתא. בלע שרץ המים: לוקה ארבעה. שני לאוין כתובין בשרץ המים אחד בתורת כהנים (יא) ואחד במשנה תורה (יד) ושני לאוין כתובין בשרץ סתם (ב) ולא תשקצו את נפשותיכם בכל השרץ השורץ ולא תטמאו בהם ומשמע בין שרץ המים בין שרץ הארץ הרי ד': נמלה. בלע נמלה חיה הואיל ובריה שלימה היא אכילתה בכל שהוא ולוקה חמש שני לאוין הכתובין בשרץ סתם כמו שפירשתי ושלשה לאוין הכתובין בשרץ הארץ בתורת כהנים: צרעה לוקה שש. חמש משום שרץ הארץ ואחד משום שרץ העוף דכתיב במשנה תורה (יד) וכל שרץ העוף טמא הוא לכם לא יאכלו אבל לא תשקצו את נפשותיכם בבהמה ובעוף וגו' הכתוב בפרשת קדושים תהיו אינו מן המנין דלאו בשרץ כתיב ואע"ג דכתיב ביה אשר תרמש האדמה לשון בריות גדולות הוא ושרץ לשון קטנה ונמוכה שנכרת בהלוכה בקושי ונראית כרוחשת: בקרנא דאומנא. מקיזי דם בקרן במלילה: ריסק. מיעך וכיתת וביטלן מתורת בריה: משום כזית נבלה. ° שכשבולעו הוא מת ומצטרף לכזית נבלה: אפילו שנים. מרוסקין והוא אם גדולים הן להיות כזית בין שלשתם כדמפרש ואזיל ולא פליגי: טבל של מעשר עני. שהופרשו כל מעשרותיו חוץ מזה לוקה ואע"ג דמעשר עני אין בו קדושה שהרי לזרים נאכל ובכל מקום אפ"ה טביל: מה להלן מעשר עני. דכתיב לגר ליתום ולאלמנה ובעינא דשנה השלישית אף בשעריך האמור כאן יש ללמוד ממנו מעשר עני וה"ק לא תוכל לאכול טבל בעוד שהמעשר בתוכו שכתב בו בשעריך: אין צריך לקרות את השם. [דאמרינן] (סוטה דף מח.) דיוחנן כה"ג שלח בכל גבול ישראל וראה את עמי הארץ חשודין על המעשרות חוץ מתרומה גדולה אמר להן לישראל בניי כשם שהתרומה במיתה כך הטבל במיתה עמד ותיקן הלוקח מעם הארץ יפריש כל המעשרות ומעכבן לעצמו ואוכל מעשר ראשון שהרי מותר לזרים ומעשר שני אוכלו בירושלים ואם שנת מעשר עני היא נחלקו ר' אליעזר וחכמים וקאמר ר' אליעזר דלא מיבעי אפרושי מספק דלא צריך אלא אפילו לקרות עליו את השם ולומר מעשר עני של כרי זה יהא בצפונו או בדרומו נמי לא צריך: קורא

תוספות

דא"כ מאי פריך והרי משכונו של גר ומת הגר ומשני התם גברא בר תשלומין ושיעבודא דגר פקע ומאי שנא הא כיון דלא משלם א"כ ביטלו ולילקי וליכא נמי שתי רשעיות לכן נ"ל כדפירשתי כיון דגברא בר תשלומין וכל אימת דמשלם לא לקי הלכך לא משכחת ליה ביטלו אבל קשה לר"ל מיהא משכחת שפיר קיימו ולא קיימו כשב"ד הזהירו להחזיר ואומר שלא יחזיר ונראה למורי דודאי הכי נמי דמשכחת לה לר"ל אבל לרבי יוחנן דאמר זאת ועוד אחרת ותו לא הוא דאמר לטעמיה ביטלו ולא ביטלו אבל לר"ל משכחת לה שפיר ל) בהדירה (ב) והשבת העבוט אבל קשה דמשמע דמקשה פריך שפיר מ) וקיימו נקט אגב גררא:

ביניתא דבי כרבא. פי' הקונט' תולעת הנמצאת בכרוב ונקר' ליל"א וקשה דמאי קמ"ל פשיטא דשרץ גמור הוא ופר"ת ביניתא כמו דג קטן הנמצא במחרישה נ) וקמ"ל דאע"ג (ג) דנמצא במים היה מותר לפי שיש לו קשקשים אפ"ה לוקה אע"ג דאי הוי במים טהור:

ריסק ט' נמלים ואחד חי. פי' שלם אבל ודאי הוה מת דאי ר"ל חי ממש א"כ היאך משלים לכזית נבילות וא"ת ול"ל שיהא שלם בכזית ממנו לילקי משום לאו דשרצים דלכך אתא אכילה דשרצים לומר דאי איכא כזית הרבה ואכל חד (ד) זית חייב דליכא למימר דאתא לומר דבעינן דאית ביה כזית ולעולם בעינן שיהא שלם דהא ליתא דנמלה כל שהוא חייב א"כ על כרחך אכילה אתא למידרש היכא דאיכא ה' זיתים או ד' ואכל חד (ה) מינייהו דחייב וי"ל לכך נקט אחד שלם דאיכא לאוי דשרצים דלא נכתבו בלשון אכילה ומאותם לא ילקה עד שיאכל הבריה שלימה אבל ודאי היכא דכתיב ביה לאו בלשון אכילה לקי אף כשהבריה אינה שלימה אבל קשה היכא יצטרף אותו שלם לכזית נבילות והלא אין איסור נבלה חל עליו דה"נ אמר במס' מעילה פרק קדשי מזבח (דף טז. ושם) דאין איסור נבילה חל על איסור (נבלת) בהמה טמאה וי"ל דהכא אתיא כמאן דאית ליה איסור חל על איסור דאיכא מאן דאמר התם דלאכילה נמי מצטרפין ללקות משום נבלה טמאה וטהורה ואע"ג שאין (ו) איסור כולל ולא איסור מוסיף והטעם משום דמלינו דאיסור נבלה חל על איסור דחלב ואפילו למאן דלית ליה איסור חל על איסור כלל אמרינן נמי דטמאים מצטרפין מהאי טעמא [וע"ע תוס' חולין נו: ד"ה ור' יהודה]:

ואפילו שנים והוא. וא"ת ומאי חידוש הוא בשנים יותר מבעשר כיון דבשנים [והוא] איכא כזית וי"ל דקמ"ל רבותא טפי דכיון דעתה כשהוא חי שלם משלימו לכזית אע"פ שאם היה מרוסק כמו האחר לא היה משלימו לכזית אבל בט' נמלים דאיכא סגי אפילו נתרסקו כולם היה משלים שיש מהם הרבה:

ולא פליגי הא ברברבי הא בזוטרי. פי' ברברבי אחד והוא ולא ידענא (ז) כיון דנחית להכי לימא בחד לבד לוקה שש משום בריה ומשום כזית נבלה ושמא לא שכיח דבחד איכא כזית: ורבנן

עין משפט נר מצוה

לד א מיי' פ"א מהל' מתנות עניים הל' ב סמג לאוין רפד:

לה ב מיי' שם הל' ג והלכה ה:

לו ג מיי' פ"ו מהל' שבועות הלכה ח סמג לאוין רמח טוש"ע י"ד סי' רכח סעיף כח:

לז ד מיי' פ"ב מהל' מאכלות אסורות הל' יד סמג לאוין קלב טוש"ע י"ד סי' פד סעיף ו:

לח ה מיי' שם הל' כג סמג שם טוש"ע י"ד סי' פד סעיף א:

לט ו מיי' שם הל' ה:

מ ז מיי' פי"ז מהל' מאכלות אסורות הל' לא סמג לאוין קלב:

מא ח מיי' פ"ב מהל' מאכלות אסורות הל' כג:

מב ט מיי' שם:

מג י מיי' שם פ"י הל' כ:

לעזי רש"י

ציי"א. פירוש תולעת.

ליקוטי רש"י

מצות פאה מפריש מן הקמה. דכתיב לא תכלה פאת שדך ... מירחו. ... מעשר ונותן לו הפאה ... [תמורה ו.].

אף מפריש מן העסה. ... [סנהדרין פח.].

פשע בינוקי. מלקה אותן ומתיש [בכורות מו.]. מכה אותם יותר מדאי [גיטין לו.].

פוטיתא. שרץ המים קטן שאין בו כזית ואפ"ה כיון דבריה היא אכילה היא ולוקה ד' מלקיות בשרץ המים כתיב בתורת כהנים אל תשקצו את נפשותיכם בכל השרץ השורץ על הארץ ולא תטמאו בהם הרי כאן שנים וכלל בהן בין שרץ הארץ בין שרץ המים ומשום מבשרם לא תאכלו ומשום וכל אשר אין לו סנפיר וקשקשת לא תאכלו [עירובין כח.]. אבל פוטיתא. שרץ המים: לוקה ארבע. חד לאו בשרץ המים בתורת כהנים דהוא ספר ויקרא וחד במשנה תורה ושני לאוין כתובים בתורת כהנים בשקצים סתם לא תשקצו את נפשותיכם בכל השרץ השורץ ולא תטמאו בהן והכא לא כתיב על הארץ ומשמע בין שרץ המים ובין שרץ הארץ הרי ארבע [פסחים כד.]. נמלה לוקה חמש. נמלה שהוא שרץ הארץ לוקה חמש תרתי הא דאמרן וכל הולך על גחון לכל השרץ השורץ על הארץ לא תאכלום הרי שלש וכל השרץ השורץ על הארץ שקץ הוא לא יאכל הרי ארבע ולא תטמאו את נפשותיכם בכל השרץ הרומש על הארץ הרי חמש כולן בפרשת ויהי ביום השמיני [עירובין כח.]. נמלה. שהוא שרץ הארץ. לוקה חמש. הני תרי דסתם שרצים וחד וכל השרץ השורץ על הארץ שקץ הוא לא יאכל וחד לכל השרץ השורץ על הארץ לא תאכלום כי שקץ הם וחד ולא תטמאו את נפשותיכם בכל השרץ הרומש על הארץ [פסחים כד.]. צרעה לוקה שש. שהיא שרץ העוף ולקי בכל הני חמשה מוסף עליו וכל שרץ העוף שקץ הוא לא יאכל במשנה תורה והאי דכתיב בקדושים תהיו ולא תשקצו את נפשותיכם בבהמה ובעוף ובכל אשר תרמוש לא חשיב ליה דבבהמה וחיה ועוף גדולים משתעי ולא בשרצים דלא כתיב בהו. שרץ לשון דבר שהוא נד בארץ ואינו נראה אלא על ידי שירוצו וריחושו מפני קוטנו [עירובין כח.]. צירעה. שרץ העוף היא וגם שורצת על הארץ ויש בה אלו חמש לאוין ומוסיף עליה לאו דשרץ העוף במשנה תורה (דברים יד יט) וכל שרץ העוף טמא הוא לכם לא יאכלו שרץ לשון רחוש ונענוע ואינו נראה ואין בהמה וחיה הגבוהין מן הארץ בכלל שרץ הלכך לא תשקצו את נפשותיכם בבהמה ובעוף וגו' דכתיב בקדושים תהיו אינו מן המנין דלאו בשרצים כתיב [פסחים כד:]. ריסק תשעה נמלים וכו' משום כזית נבילה. חייב דבריה היא ולא צריכה שיעור כדתנן באלו הן הלוקין (מכות דף יג.) האוכל נמלה כל שהוא חייב משום שהיא כברייתה אלמא בריה אסורה בכל שהוא אבל לאו דנבלה ליכא לחיובי משום בריה דכשנבראת לא היה עליה שם נבלה הלכך אלאו דנבלה לא מיחייב עד כזית [חולין קב:]. ואפילו מעשר עני. דקיל כלדקה בעלמא דלאו לד קדושה אית ביה. ואכלו בשעריך. בשנה השלישית משתעי קרא [יבמות פו.]. ר"א אומר אין צריך לקרות את השם. רבי אליעזר אומר הלוקח פירות מעם הארץ בשנה השלישית ובא לו להפריש מעשר עני אינו צריך לקרות עליו שם מעשר עני דלמעשר ראשון ליכא למיחש דליתי לוי ראיה דלא יהביה עם הארץ וליתיב ליה ולתרומה ליכא למיחש דלא נחשדו עמי הארץ על התרומה דלית בה עון מיתה ומעשר שני ליכא בשנה השלישית אבל בתרומת מעשר מיחייב דלא למדו בה עון מיתה אלא מהיקשא דתרומה גדולה והואיל ולא כתיב בה בפירוש מיתה מש"ה לא ליית ע"ה [להיקשא] ולא מפריש ממנה תרומת מעשר ועל (אותו) מעשר עני אין צריך לקרות עליו אפילו שם מעשר [נדרים פד.].

מסורת הש"ס

א) נ"ל דתניא, ב) ב"ק לד. סנהדרין פח. תמורה ו., ג) גיטין לו. [בכורות מו.], ד) פסחים כד. עירובין כח., ה) [נ"ל רבה], ו) [נ"ל רבה], ז) [גרסי' הכא: אמר ר' יוחנן], ח) יבמות פו., ט) [נדרים פד.], י) נדרים פד. דמאי פ"ד מ"ג, כ) [נ"ל אלו], ל) נ"ל בלא הדירה מהרש"א, מ) גירסת רש"א שפיר לתרוייהו כו', נ) [וכ"כ הערוך בערך ביניתא בשם השאלתות ודע דבשאלתות שלפנינו לא מצאתי].

הגהות הב"ח

(א) גמ' ומשכחת לה: (ב) תוס' ד"ה (בע"א) התם וכו' בהדירה וגולה והשבת העבוט אבל קשה דמשמע דמקשה פריך אף לר"ל דמנקט קיימו ולא קיימו ו"ל דלא פריך אלא לר' יוחנן דלר"ל אתיא שפיר וקיימו נקט אגב גררא כצ"ל: (ג) ד"ה ביניתא דאפ' דגב היכולה דנמצא במים וכו' דאי הוה במים הוה טהור: (ד) ד"ה ריסק וכו' דהא ליתא דכיון דנמלה: (ה) בא"ד ואכל חד מינייהו ולא אחר מחד משום דליכא: (ו) בא"ד ואע"ג שאין בו איסור כולל: (ז) ד"ה ולא וכו' דליכון דנחית:

גליון הש"ס

גמ' אכל פוטיתא. עיין מ"ק דף ב ע"ב תוס' ד"ה חייב: רש"י ד"ה משום כזית נבלה שכשבולעו הוא מת. עיין חולין דף קב ע"ב ברש"י ד"ה בחייו ולולי י"ל דנמלה זוטרתא חיותה ומת בשעת הבליעה אבל לפור אלים חיותיה:

תורה אור השלם

א) וּבְקֻצְרְכֶם אֶת קְצִיר אַרְצְכֶם לֹא תְכַלֶּה פְּאַת שָׂדְךָ בְּקֻצְרֶךָ וְלֶקֶט קְצִירְךָ לֹא תְלַקֵּט לֶעָנִי וְלַגֵּר תַּעֲזֹב אֹתָם אֲנִי יְיָ אֱלֹהֵיכֶם: [ויקרא כג, כב]

ב) וְכָל הַשֶּׁרֶץ הַשֹּׁרֵץ עַל הָאָרֶץ שֶׁקֶץ הוּא לֹא יֵאָכֵל: [ויקרא יא, מא]

ג) וְכֹל שֶׁרֶץ הָעוֹף טָמֵא הוּא לָכֶם לֹא יֵאָכֵלוּ: [דברים יד, יט]

ד) וְהִבְדַּלְתֶּם בֵּין הַבְּהֵמָה הַטְּהֹרָה לַטְּמֵאָה וּבֵין הָעוֹף הַטָּמֵא לַטָּהֹר וְלֹא תְשַׁקְּצוּ אֶת נַפְשֹׁתֵיכֶם בַּבְּהֵמָה וּבָעוֹף וּבְכֹל אֲשֶׁר תִּרְמֹשׂ הָאֲדָמָה אֲשֶׁר הִבְדַּלְתִּי לָכֶם לְטַמֵּא: [ויקרא כ, כה]

ה) לֹא תוּכַל לֶאֱכֹל בִּשְׁעָרֶיךָ מַעְשַׂר דְּגָנְךָ וְתִירֹשְׁךָ וְיִצְהָרֶךָ וּבְכֹרֹת בְּקָרְךָ וְצֹאנֶךָ וְכָל נְדָרֶיךָ אֲשֶׁר תִּדֹּר וְנִדְבֹתֶיךָ וּתְרוּמַת יָדֶךָ: [דברים יב, יז]

ו) כִּי תְכַלֶּה לַעְשֵׂר אֶת כָּל מַעְשַׂר תְּבוּאָתְךָ בַּשָּׁנָה הַשְּׁלִישִׁת שְׁנַת הַמַּעֲשֵׂר וְנָתַתָּה לַלֵּוִי לַגֵּר לַיָּתוֹם וְלָאַלְמָנָה וְאָכְלוּ בִשְׁעָרֶיךָ וְשָׂבֵעוּ: [דברים כו, יב]

made on public consensus does **not** represent such a case.[12] **דְּהֵיכָא אַמְרִינַן עַל דַּעַת רַבִּים אֵין לוֹ הֲפָרָה – Because when do we say** that a vow **made on public consensus is not subject to annulment? לִדְבַר הָרְשׁוּת** – Only when the vower wishes to annul the vow **for an optional purpose.** That is, the vow prevents him only from engaging in some optional activity. **אֲבָל לִדְבַר מִצְוָה – But** when he must annul the vow **for an obligatory purpose,** i.e. the vow prevents him from fulfilling a mitzvah, as in the case of the *oneiss,* whose vow prevents him from fulfilling the positive commandment to remarry his divorcee, **יֵשׁ לוֹ הֲפָרָה – it *is* subject to annulment,** even though it was made on public consensus.[13] **כִּי הָא דְּהַהוּא מַקְרֵי דַּרְדְּקֵי דַּהֲוָה פָּשַׁע בִּינוּקֵי – As in this** case **of a certain schoolteacher who mistreated the children** by hitting them more then necessary.[14] **אַדְרֵיהּ רַב אַחָא – Rav Acha made him vow** on public consensus not to teach children any more.[15] **וְאַהַדְרֵיהּ רָבִינָא – But Ravina** annulled the vow and **reinstated him** as the schoolteacher **דְּלָא אִשְׁתַּכַּח דְּדָיֵיק כְּוָותֵיהּ – because none could be found who was as precise as he.** Thus, we see that Ravina annulled the vow that was made on public consensus to allow for the mitzvah of the best possible Torah instruction of the children. Similarly, the *oneiss* who has vowed on public consensus not to remarry his victim has not succeeded in nullifying the positive commandment to remarry her, since he can still have that vow annulled.

The Gemara now elaborates on the part of the Mishnah which reads:

'וְהָאוֹכֵל נְבֵילוֹת וּטְרֵיפוֹת שְׁקָצִים וּרְמָשִׂים וכו – AND *malkus* is also incurred by ONE WHO EATS THE MEAT OF ANIMALS THAT DIED WITHOUT BEING PROPERLY SLAUGHTERED OR THE MEAT OF ANIMALS THAT SUFFERED FROM A FATAL DEFECT OR ABOMINABLE THINGS OR CRAWLING THINGS, **etc.**[16]

The Gemara states:

הַאי מַאן דְּאָכַל בִּינִיתָא דְּבֵי כְּרָבָא – אָמַר רַב יְהוּדָה – Rav Yehudah said: – **If one eats a cabbage worm,**[17] **מַלְקִינַן לֵיהּ מִשּׁוּם ,,שֶׁרֶץ הַשֶּׁרֶץ עַל־הָאָרֶץ" – we administer lashes to him because of the verses** that prohibit eating ***a creeping thing that creeps upon the ground.***[18] **הַהוּא דְּאָכַל בִּינִיתָא דְּבֵי כְּרָבָא – There was a certain person who ate a cabbage worm וְנַגְדֵּיהּ רַב יְהוּדָה – and Rav Yehudah administered lashes to him.**[19]

The Gemara cites another ruling:

אָמַר אַבַּיֵי – Abaye said: אָכַל פּוּטִיתָא – If one ate a *putisa,*[20] **לוֹקֶה אַרְבָּעָה – he is liable to four** separate **lashes penalties,** since he has violated four distinct prohibitions. He has violated the two general prohibitions against eating creeping things, and the additional two prohibitions that relate specifically to the water varieties.[21] **נְמָלָה לוֹקֶה חָמֵשׁ – If he ate an ant, he is liable to five** separate **lashes penalties, מִשּׁוּם ,,שֶׁרֶץ הַשֹּׁרֵץ עַל־הָאָרֶץ" – because of the verses** that prohibit eating ***a***

NOTES

12. Unlike the position maintained by R' Elazar on 16a.

13. For it can be assumed that the public on whose consensus the vow was made unanimously consents that the vow be annulled if it stands in the way of a mitzvah's performance.

14. *Rashi;* cf. *Ritva.*

15. I.e. Rav Acha required the teacher to vow that he would derive no benefit from the townspeople should he teach children again (see *Rambam* and *Raavad, Hil. Shevuos* 6:9; see *Chasam Sofer* to *Gittin* 36a).

16. The Torah contains many prohibitions against eating insects and other creeping things. There are two general prohibitions covering all types of creeping things. These are:

(I) אַל־תְּשַׁקְּצוּ אֶת־נַפְשֹׁתֵיכֶם בְּכָל־הַשֶּׁרֶץ הַשֹּׁרֵץ, *Do not make yourselves abominable by means of any creeping thing;* and

(II) וְלֹא תִטַּמְּאוּ בָּהֶם, *and do not contaminate yourselves through [eating] them* (*Leviticus* 11:43).

There are also two prohibitions that relate specifically to water varieties. These are:

(III) וְכֹל אֲשֶׁר אֵין־לוֹ סְנַפִּיר וְקַשְׂקֶשֶׂת ... מִכֹּל שֶׁרֶץ הַמַּיִם ... מִבְּשָׂרָם לֹא תֹאכֵלוּ, *And anything that does not have fins and scales . . . from among all that slithers in the water . . . you shall not eat of their flesh* (ibid. verses 10 and 11); and

(IV) וְכֹל אֲשֶׁר אֵין־לוֹ סְנַפִּיר וְקַשְׂקֶשֶׂת לֹא תֹאכֵלוּ, *And whatever [water creature] does not have fins and scales you shall not eat* (*Deuteronomy* 14:10).

There are also three prohibitions that relate specifically to land varieties. These are:

(V) וְכָל־הַשֶּׁרֶץ הַשֹּׁרֵץ עַל־הָאָרֶץ שֶׁקֶץ הוּא לֹא יֵאָכֵל, *And every creeping thing that creeps upon the ground – it is an abomination, it shall not be eaten* (*Leviticus* 11:41); and

(VI) כֹּל הוֹלֵךְ עַל־גָּחוֹן וְכֹל הוֹלֵךְ עַל־אַרְבַּע עַד כָּל־מַרְבֵּה רַגְלַיִם לְכָל־הַשֶּׁרֶץ הַשֹּׁרֵץ עַל־הָאָרֶץ לֹא תֹאכְלוּם, *Everything that creeps on its belly, and everything that walks on four, up to those with numerous legs, among all the creeping things that creep upon the ground, you shall not eat them . . .* (ibid. verse 42); and

(VII) וְלֹא תִטַּמְּאוּ אֶת־נַפְשֹׁתֵיכֶם בְּכָל־הַשֶּׁרֶץ הָרֹמֵשׂ עַל־הָאָרֶץ, *and you shall not contaminate yourselves through [eating] any of the creeping things that walk on the ground* (ibid. verse 44).

Another prohibition relates specifically to creeping things that fly. This is:

(VIII) וְכֹל שֶׁרֶץ הָעוֹף טָמֵא הוּא לָכֶם לֹא יֵאָכֵלוּ, *And all creeping things that fly shall be unclean to you, they shall not be eaten* (*Deuteronomy* 14:19).

The Gemara will now elaborate on these prohibitions, each of which carries a separate *malkus* penalty (cf. *Rambam,* cited at the end of note 21).

17. *Rashi;* cf. *Tosafos* (see note 19).

18. That is, prohibitions V and VI (see note 16). He is also liable for violating prohibition VII. Rav Yehudah means that he is liable for these prohibitions specific to land creepers *in addition to* the general prohibitions (I and II) against eating creeping things (*Likkutei Halachos [Ein Mishpat]*). [Accordingly, it emerges that he is liable to five separate *malkus* penalties.]

19. The whole thrust of the Gemara here suggests that Rav Yehudah's ruling in this matter contains an element of novelty, which does not seem to be the case according to *Rashi's* explanation that the creature under discussion here is a cabbage worm. *Tosafos* therefore explain that a different creature is meant (see there).

According to *Rashi,* however, the novelty might be as follows: The law is that one is not forbidden from eating worms or insects that have developed in a plant but have not yet emerged from it, since the creature is not yet in the category of a *sheretz* that has "crept upon the ground." In *Chullin* 67a-b, Shmuel teaches that this leniency applies only to those creatures that developed in *detached* plants. But insects or worms that develop and crawl in an *attached* plant are considered to have crept "upon the ground" even without emerging from the plant, since the attached plant is an extension of the ground (see *Rashi* ad loc.). The cabbage worm discussed here by Rav Yehudah is a worm that develops in the attached cabbage. Since Shmuel's ruling may not be universally accepted (see *Tosafos* to *Chullin* 67b ד״ה דיקא נמי) Rav Yehudah teaches us that the halachah follows his teacher, Shmuel, and furthermore that the stringency is a definite Biblical prohibition for which one is liable to *malkus* (see *Aruch LaNer*). [See also *Yoreh Deah* 84:4,6.]

20. I.e. he swallowed this small, nonkosher water creature (*Rashi;* see end of note 22).

21. That is, he has violated the general prohibitions I and II [see note 16], and prohibitions III and IV [which relate specifically to water *sheratzim*] (see *Rashi*).

[*Rambam,* however, holds that one does *not* receive multiple *malkus* penalties for violating one prohibition reiterated several times, and therefore presents a completely different explanation of Abaye's ruling (see *Sefer HaMitzvos, Shoresh* 9 and Prohibition 179 and *Hil. Maachalos Asuros* 2:23; see *Hasagos HaRamban* to *Shoresh* 9 and commentaries there; see also *Chidushei HaGriz* to *Hil. Maachalos Asuros* loc. cit.).]

עין משפט
נר מצוה

לד א מיי' פ"א מהל' מתנות עניים הל' ב סמג לאוין רפד:
לה ב מיי' שם הל' ג והלכה ה:
לו ג מיי' פ"ו מהל' שבועות הלכה ח סמג לאוין רמא טוש"ע י"ד סי' רכח סעיף כא:
לז ד מיי' פ"ב מהל' מאכלות אסורות הל' יד סמג לאוין קלב טוש"ע י"ד סי' פד סעיף ו:
לח ה מיי' שם הל' כג [וברב אלפס חולין סוף פ"ג וביאור ארוך בזה דף רפב.]:
לט ו מיי' שם:
מ ז מיי' שם פי"ז הל' לא ופ"ד מהל' דעות הל' א סמג לאוין קמח טוש"ע א"ח סי' לב סעיף ב בהג"ה וסי' ג סעיף יז [וברב אלפס ברכות פרק ג דף טז:]:
מא ח מיי' פ"ב מהל' מאכ"א הל' כט סמג שם טוש"ע י"ד סי' קטז סעיף ו [וברב אלפס שם]:
מב ט מיי' פ"ב מהל' מאכלות אסורות הלכה כד:
מג י מיי' שם פ"י הל' כ:

לעזי רש"י

ציי"א. פירוש תולעת.

ליקוטי רש"י

מצות פאה מפריש מן הקמה. דכתיב לא תכלה אלא הנח לפניהם והם יקצרוהו. מרחו. בכרי נתחייב במעשר דנגמרה מלאכתו הלכך מעשר תחילה את הכרי מכל מעשרותיו ונותן לו את הפאה שאילו הפרישה לא היו עניים צריכין לעשרה דלקט שכחה פאה פטורין מן המעשר [סנהדרין פח.]. מירחו. דאיקבע למעשר ולתרומה. מעשר. תחילה ואח"כ נותן פאה [תמורה ו.].

מרחו. מחליק את הכרי ברחת ומירוח הוי גמר מלאכה למעשר הלכך מעשר כל מעשרותיו תחלה ואח"כ נותן לו פאה כדי שלא יפסיד עני שאילו היה נותנו קודם מירוח אע"פ שעני מלרף לקט שכחה ופאה הרבה ועושה מהן כרי פטור מן המעשר שהרי הפקר הוא אבל עכשיו שנתמרח ביד בעל הבית נתחייב במעשר דהכי אמרינן במס' ברכות (דף מ:) לקט שכחה ופאה שעשאן בגורן הוקבעו. אף מפריש מן העסה. פאה אם לא נתנה כבר ואילו לת"ק מן העיסה לא דקנייה בשינוי והוי ממון שאין לו תובעים דעד השתא דישה לאו שינוי הוא דאוכל הוא כמו שהיה [ב"ק צד.].

אף מפריש מן העסה. אם טחנה ולשה ולתנא קמא טחנה פטור דקנייה בשינוי ואם בא עני ונטל כדי פאה משטחנה לר' ישמעאל לא הוי גזל לרבנן הוי גזל [סנהדרין פח.].

פשע בינוקי. מלקה אותן ומתיס [בכורות מו.]. חובטן יותר מדאי [גיטין לו.].

פוטיתא. שרץ המים קטן שאין בו כזית ואפ"ה כיון דבריה היא אכילה היא ולוקה ד' מלקיות בשרץ המים כתיב בתורת כהנים אל תשקצו את נפשותיכם בכל השרץ השורץ על הארץ ולא תטמאו בהם הרי כאן שנים וכלל בהן בין שרץ הארץ בין שרץ המים ומשום מבשרם לא תאכלו ומשום וכל אשר אין לו סנפיר וקשקשת לא תאכלו [עירובין כח.]. אכל פוטיתא. שרץ המים: לוקה ארבע. חד לאו בשרץ המים בתורת כהנים דהוא ספר ויקרא וחד במשנה תורה ושני לאוין כתובים בשקלים סתם לא תשקצו את נפשותיכם בכל השרץ השורץ ולא תטמאו בהן והכא לא כתיב על הארץ ומשמע בין שרץ המים ובין שרץ הארץ הרי ארבע [פסחים כד.]. נמלה לוקה חמש. נמלה שהוא שרץ הארץ לוקה חמש תרתי הא דאמרן וכל הולך על גחון לכל השרץ השורץ על הארץ לא תאכלום הרי שלש וכל השרץ השורץ על הארץ שקץ הוא לא יאכל הרי ארבע ולא תטמאו את נפשותיכם בכל השרץ הרומש על הארץ הרי חמש כולן בפרשת ויהי ביום השמיני [עירובין כח.]. נמלה. שהוא שרץ הארץ. לוקה חמש. הני תרי דסתם שרצים וחד וכל השרץ השורץ על הארץ שקץ הוא לא יאכל וחד לכל השרץ השורץ על הארץ לא תאכלום כי שקץ הם וחד ולא תטמאו את נפשותיכם בכל השרץ הרומש על הארץ [פסחים כד.]. צרעה לוקה שש. שהיא שרץ העוף ולקי בכל הני חמשה מוסף עליו וכל שרץ העוף שקץ הוא לא יאכל במשנה תורה והאי דכתיב בקדושים תהיו ולא תשקצו את נפשותיכם בבהמה ובעוף וכל אשר תרמוש לא חשיב ליה דבבהמה וחיה ועוף גדולים משתעי ולא בשרצים דלא כתיב בהו. שרץ לשון שרץ דבר שהוא נד בארץ ואינו נראה אלא על ידי שירוצו וריחושו מפני קוטנו [עירובין כח.]. צירעה. שרץ העוף היא וגם שורצת על הארץ ויש בה אלו חמש לאוין ומוסיף עליה לאו דשרץ העוף במשנה תורה (דברים יד יט) וכל שרץ העוף טמא הוא לכם לא יאכלו שרץ לשון רחוש ונענוע ואינו נראה ואין בהמה וחיה הגבוהין מן הארץ בכלל שרץ הלכך לא תשקצו את נפשותיכם בבהמה ובעוף וגו' דכתיב בקדושים תהיו אינו מן המנין דלאו בשרצים כתיב [פסחים כד:]. ריסק תשעה נמלים וכו' משום כזית נבילה. חייב דבריה היא ולא צריכה שיעור כדתנן באלו הן הלוקין (מכות דף יג.) האוכל נמלה כל שהוא שהוא חייב משום שהיא כברייתה אלמא בריה אסורה בכל שהוא אבל לאו דנבלה ליכא לחיובי משום בריה דכשנבראת לא היה עליה שם נבלה הלכך אלאו דנבלה לא מיחייב עד כזית [חולין קב:]. ואפילו מעשר עני. דקיל כצדקה בעלמא דלאו לד קדושה אית ביה. ואכלו בשעריך. בשנה השלישית משתעי קרא [יבמות פו.]. ר"א אומר אין צריך לקרות את השם. רבי אליעזר אומר הלוקח פירות מעם הארץ בשנה השלישית ובא לו להפריש מעשר עני אינו צריך לקרות עליו שם מעשר עני דלמעשר ראשון ליכא למיחש דליתי לוי ראיה דלא יהביה עם הארץ וליתיב ליה ולתרומה ליכא למיחש דלא נחשדו עמי הארץ על התרומה דאית בה עון מיתה ומעשר שני ליכא בשנה השלישית אבל בתרומת מעשר מיחייב דלא למדנו בה עון מיתה אלא מהיקשא דתרומה גדולה והואיל ולא כתיב בה בפירוש מיתה מש"ה לא ליית ע"ה [להיקשא] ולא מפריש ממנה תרומת מעשר ועל (אותו) מעשר עני אין צריך לקרות עליו אפילו שם מעשר [נדרים פד.].

תוספות

דא"כ מאי פריך והרי משכונו של גר ומת הגר ומשני התם גברא בר תשלומין ושיעבודא דגר פקע ומאי שנא הא כיון דלא משלם א"כ ביטלו ולילקי וליכא נמי שתי רשעיות לכן נ"ל כדפירשתי כיון דגברא בר תשלומין וכל אימת דמשלם לא לקי הלכך לא משכחת ליה ביטלו אבל קשה לר"ל מיהא משכחת שפיר קיימו ולא קיימו כשב"ד הזהירו להחזיר ואומר שלא יחזיר ונראה למורי דודאי הכי נמי דמשכחת לה לר"ל אבל לרבי יוחנן דאמר זאת ועוד אחרת ותו לא הוא דאמר לטעמיה ביטלו ולא ביטלו אבל לר"ל משכחת לה שפיר ל) בהדירה (ב) והשבת העבוט אבל קשה דמשמע דמקשה פריך שפיר מ) וקיימו נקט אגב גררא:

ביניתא דבי כרבא. פי' הקונט' תולעת הנמצאת בכרוב ונקר' ליי"א וקשה דמאי קמ"ל פשיטא דשרץ גמור הוא ופר"ת ביניתא כמו דג קטן הנמצא במחרישה נ) וקמ"ל דאע"ג (ג) דנמצא במים היה מותר לפי שיש לו קשקשים אפ"ה לוקה אע"ג דאי הוי במים טהור:

ריסק ט' נמלים ואחד חי. פי' שלם אבל ודאי הוה מת דאי ר"ל חי ממש א"כ היאך משלים לכזית נבילות וא"ת ול"ל שיהא שלם בכזית ממנו לילקי משום לאו דשרצים דלכך אתא אכילה דשרצים לומר דאי איכא כזית הרבה ואכל חד (ד) זית חייב דליכא למימר דאתא לומר דבעינן דאית ביה כזית ולעולם בעינן שיהא שלם דהא ליתא דנמלה כל שהוא חייב א"כ על כרחך אכילה אתא למידרש היכא דאיכא ה' זיתים או ד' ואכל חד (ה) מינייהו דחייב וי"ל לכך נקט אחד שלם דאיכא לאוי דשרצים דלא נכתבו בלשון אכילה ומאותם לא ילקה עד שיאכל הבריה שלימה אבל ודאי היכא דכתיב ביה לאו בלשון אכילה לקי אף כשהבריה אינה שלימה אבל קשה היכא יצטרף אותו שלם לכזית נבילות והלא אין איסור נבלה חל עליו דה"נ אמר במס' מעילה פרק קדשי מזבח (דף טו. ושם) דאין איסור נבילה חל על איסור (נבלת) בהמה טמאה וי"ל דהכא אתיא כמאן דאית ליה איסור חל על איסור דאיכא מאן דאמר התם דלאכילה נמי מצטרפין ללקות משום נבלה טמאה וטהורה ואע"ג שאין (ו) איסור כולל ולא איסור מוסיף והטעם משום דמצינו דאיסור נבלה חל על איסור דחלב ואפילו למאן דלית ליה איסור חל על איסור כלל אמרינן נמי דטמאים מצטרפין מהאי טעמא [וע"ע תוס' חולין לו: ד"ה ור' יהודה]:

ואפילו שנים והוא. וא"ת ומאי חידוש הוא בשנים יותר מבעשר כיון דבשנים [והוא] איכא כזית וי"ל דקמ"ל רבותא טפי דכיון דעתה כשהוא חי שלם משלימו לכזית אע"פ שאם היה מרוסק כמו האחר לא היה משלימו לכזית אבל בט' נמלים דאיכא סגי אפילו נתרסקו כולם היה משלים שיש מהם הרבה:

ולא פליגי הא ברברבי הא בזוטרי. פי' ברברבי אחד והוא ולא ידענא (ז) כיון דנחית להכי לימא בחד לבד לוקה שש משום בריה ומשום כזית נבלה ושמא לא שכיח דבחד איכא כזית:

ורבנן

גמרא

התם גברא בר תשלומין הוא ושיעבודא דגר הוא דקא פקע והא איכא פאה דרחמנא אמר א) לא תכלה פאת וגו' לעני ולגר תעזוב אותם וגו' (א) דמשכחת לה בקיימו ולא קיימו ביטלו ולא ביטלו א) דתנן ב) מצות פאה להפריש מן הקמה לא הפריש מן הקמה מפריש מן העומרין לא הפריש מן העומרין מפריש מן הכרי עד שלא מירח מירחו מעשר ונותן לו כדרבי ישמעאל דאמר א אף מפריש מן העיסה ולר' ישמעאל נמי משכחת לה דאכל עיסה ב אלא זאת ועוד אחרת אהא אבל אונם לא דהיכא אמרינן על דעת רבים אין לו הפרה לדבר הרשות ג אבל לדבר מצוה יש לו הפרה כי הא ג) דההוא מקרי דרדקי דהוה פשע בינוקי אדריה רב אחא ואהדריה רבינא דלא אשתכח דדייק כוותיה: והאוכל נבילות וטריפות שקצים ורמשים וכו': אמר רב יהודה ד האי מאן דאכל ביניתא דבי כרבא מלקינן ליה משום ב) שרץ השורץ על הארץ ההוא דאכל ביניתא דבי כרבא ונגדיה רב יהודה ד) אמר אביי ה אכל פוטיתא לוקה ארבעה נמלה לוקה חמש משום שרץ השורץ על הארץ ו צרעה לוקה שש משום ג) שרץ העוף אמר רב אחאי ז המשהה את נקביו עובר משום ד) לא תשקצו אמר רב ביבי בר אביי ח האי מאן דשתי בקרנא דאומנא קא עבר משום לא תשקצו אמר ה) רבא בר רב הונא ט ריסק תשעה נמלים והביא אחד חי והשלימן לכזית לוקה ו' ה' משום בריה ואחד משום כזית נבילה ו) רבא א"ר יוחנן אפילו שנים והוא ורב יוסף אמר ז) אפילו אחד והוא ולא פליגי הא ברברבי והא בזוטרי: אכל טבל ומעשר ראשון כו': אמר רב י אכל טבל של מעשר עני לוקה כמאן כי האי תנא ח) דתניא י אמר ר' יוסי יכול לא יהא חייב אלא על הטבל שלא הורם ממנו כל עיקר הורם ממנו תרומה גדולה ולא הורם ממנו מעשר ראשון מעשר ראשון ולא מעשר שני ואפי' מעשר עני מנין ת"ל ה) לא תוכל לאכול בשעריך וגו' ולהלן הוא אומר ו) ואכלו בשעריך ושבעו מה להלן מעשר עני אף כאן מעשר עני ואמר רחמנא לא תוכל ט) אמר רב יוסף כתנאי י) ר"א אומר אין צריך לקרות את השם על מעשר עני של דמאי וחכ"א

קורא

רש"י

התם גברא בר תשלומין הוא. כששרפו ולא נתחייב מלקות בביטול זה והאי דלא משלם משום דשיעבודא דגר קא פקע לאחר זמן: תעזוב אותם. וקא סבר תעזוב לאחר עבירת הלאו משמע לא תכלה ואם כליתיה תעזוב אותם: משכחת לה בביטלו. כגון שטחן את החטין דתו לית ליה לקיומיה לעשה שהרי קנאן בשינוי כדתניא דבעודן חטה היא מחייבו ליתנה אבל אם טחנן לא: מירחו. ונתחייב במעשר מעשר תחלה את הכרי ואחר כך נותן לו הפאה שלא להפסיד את העני שהלקט והשכחה והפאה פטורין מן המעשר וזה הביאן לידי חיוב: אבל לדבר מצוה. כגון הכא דכל ימיו בעמוד והחזיר קאי יש לו הפרה: דהוה פשע בינוקי. מכה אותם יותר מדאי: אדריה רב אחא. שלא ילמד עוד תינוקות: ביניתא דבי כרבא. תולעת הנמצאת בכרוב שקורין ליי"א: אכל פוטיתא. בלע שרץ המים: לוקה ארבעה. שני לאוין כתובין בשרץ המים אחד בתורת כהנים (יא) ואחד במשנה תורה (יד) ושני לאוין כתובין בשרץ סתם (° ולא) תשקצו את נפשותיכם בכל השרץ השורץ ולא תטמאו בהם ומשמע בין שרץ המים בין שרץ הארץ הרי ד': נמלה. בלע נמלה חיה הואיל ובריה שלימה היא אכילתה בכל שהוא ולוקה חמש שני לאוין הכתובין בשרץ סתם כמו שפירשתי ושלשה לאוין הכתובין בשרץ הארץ בתורת כהנים: צרעה לוקה שש. חמש משום שרץ הארץ ואחד משום שרץ העוף דכתיב במשנה תורה (יד) וכל שרץ העוף טמא הוא לכם לא יאכלו אבל לא תשקצו את נפשותיכם בבהמה ובעוף וגו' הכתוב בפרשת קדושים תהיו אינו מן המנין דלאו בשרץ כתיב ואע"ג דכתיב ביה אשר תרמש האדמה לשון בריות גדולות הוא ושרץ לשון קטנה ונמוכה שנכרת בהלוכה בקושי ונראית כרוחשת: בקרנא דאומנא. מקיזי דם בקרן במציצה: ריסק. מיעך וכיתת וביטלן מתורת בריה: משום כזית נבלה. ° שכשבולעו הוא מת ומצטרף לכזית נבלה: אפילו שנים. מרוסקין והוא אם גדולים הן להיות כזית בין שלשתם כדמפרש ואזיל ולא פליגי: טבל של מעשר עני. שהופרשו כל מעשרותיו חוץ מזה לוקה ואע"ג דמעשר עני אין בו קדושה שהרי לזרים נאכל ובכל מקום אפ"ה טביל: מה להלן מעשר עני. דכתיב לגר ליתום ולאלמנה ובעניינא דשנה השלישית אף בשעריך האמור כאן יש ללמוד ממנו מעשר עני וה"ק לא תוכל לאכול טבל בעוד שהמעשר בתוכו שכתב בו בשעריך: אין צריך לקרות את השם. [דאמרינן] (סוטה דף מח.) דיוחנן כה"ג שלח בכל גבול ישראל וראה את עמי הארץ חשודין על המעשרות חוץ מתרומה גדולה אמר להן לישראל בניי כשם שהתרומה במיתה כך הטבל במיתה עמד ותיקן הלוקח מעם הארץ יפריש כל המעשרות ומעכבן לעצמו ואוכל מעשר ראשון שהרי מותר לזרים ומעשר שני אוכלו בירושלים ואם שנת מעשר עני היא נחלקו ר' אליעזר וחכמים וקאמר ר' אליעזר דלא מיבעי אפרושי מספק דלא צריך אלא אפילו לקרות עליו את השם ולומר מעשר עני של כרי זה יהא בצפונו או בדרומו נמי לא צריך:

קורא

מסורת הש"ס

א) נ"ל דתניא, ב) ב"ק לז. סנהדרין פח. תמורה ו., ג) גיטין לו. [בכורות מו.], ד) פסחים כד. עירובין כח., ה) [נ"א רבה], ו) [נ"ל רבה], ז) [בדפו"י הגי' רב יוסף אמר ר' יוחנן], ח) יבמות פו., ט) [נדרים פד. ע"ש], י) נדרים פד. דמאי פ"ד מ"ג, כ) [נ"ל אלא], ל) [נ"ל בלא הדירה מהרש"א], מ) גירסת רש"א שפיר לתרווייהו כו', נ) [וכ"כ הערוך בערך ביניתא בשם השאלות ודע דבשאלתות שלפנינו לא מצאתי].

הגהות הב"ח

(א) גמ' ומשכחת לה: (ב) תוס' ד"ה (בע"א) התם וכו' בהדירה וגזלה והשבת העבוט אבל קשה דמשמע דמקשה פריך אף לר"ל מדנקט קיימו ולא קיימו וי"ל דלא פריך אלא לר' יוחנן אבל לר"ל אתא שפיר וקיימו נקט אגב גררא כצ"ל: (ג) ד"ה ביניתא וכו' דאף על גב דהיכא דנמצא במים וכו' דאי הוה במים הוה טהור: (ד) ד"ה ריסק וכו' חד כזית חייב וכו' דהא ליתא דכיון דנמלה: (ה) בא"ד ואכל חד כזית מינייהו וכו' אחד שלם משום דאיכא: (ו) בא"ד ואע"ג שאין בו לא איסור כולל: (ז) ד"ה ולא וכו' דכיון דנחית:

גליון הש"ס

גמ' אכל פוטיתא. עיין מ"ק דף ב ע"ב תוס' ד"ה חייב: רש"י ד"ה משום כזית נבילה שכשבולעו הוא מת. עיין חולין דף קב ע"ב ברש"י ד"ה בחיי' ואולי י"ל דנמלה זוטרא חיותיה ומת בשעת הבליעה אבל צפור אלים חיותיה:

תורה אור השלם

ב) וְכָל הַשֶּׁרֶץ הַשֹּׁרֵץ עַל הָאָרֶץ שֶׁקֶץ הוּא לֹא יֵאָכֵל: [ויקרא יא, מא]

ג) וְכֹל שֶׁרֶץ הָעוֹף טָמֵא הוּא לָכֶם לֹא יֵאָכֵלוּ: [דברים יד, יט]

ד) וְהִבְדַּלְתֶּם בֵּין הַבְּהֵמָה הַטְּהֹרָה לַטְּמֵאָה וּבֵין הָעוֹף הַטָּמֵא לַטָּהֹר וְלֹא תְשַׁקְּצוּ אֶת נַפְשֹׁתֵיכֶם בַּבְּהֵמָה וּבָעוֹף וּבְכֹל אֲשֶׁר תִּרְמֹשׂ הָאֲדָמָה אֲשֶׁר הִבְדַּלְתִּי לָכֶם לְטַמֵּא: [ויקרא כ, כה]

ה) לֹא תוּכַל לֶאֱכֹל בִּשְׁעָרֶיךָ מַעְשַׂר דְּגָנְךָ וְתִירֹשְׁךָ וְיִצְהָרֶךָ וּבְכֹרֹת בְּקָרְךָ וְצֹאנֶךָ וְכָל נְדָרֶיךָ אֲשֶׁר תִּדֹּר וְנִדְבֹתֶיךָ וּתְרוּמַת יָדֶךָ: [דברים יב, יז]

ו) כִּי תְכַלֶּה לַעְשֵׂר אֶת כָּל מַעְשַׂר תְּבוּאָתְךָ בַּשָּׁנָה הַשְּׁלִישִׁת שְׁנַת הַמַּעֲשֵׂר וְנָתַתָּה לַלֵּוִי לַגֵּר לַיָּתוֹם וְלָאַלְמָנָה וְאָכְלוּ בִשְׁעָרֶיךָ וְשָׂבֵעוּ: [דברים כו, יב]

creeping creature that creeps upon the ground. [22] צְרָעָה לוֹקֶה שֵׁשׁ – If he eats **a hornet, he is liable to six** separate **lashes penalties,** מִשּׁוּם ,,שֶׁרֶץ הָעוֹף'' – **because of the verse** that prohibits eating *creeping things that fly.*[23] This concludes Abaye's teaching.

Incidental to its discussion of creeping things prohibited by the verse *Do not make yourselves abominable by means of any creeping thing . . .,* the Gemara digresses to list two repulsive practices that also fall under the heading *Do not make yourselves abominable:*

אָמַר רַב אֲחַאי – **Rav Achai said:** הַמַּשְׁהֶה אֶת נְקָבָיו – **One who holds back his bodily functions,** i.e. he resists his body's strong urge to urinate or defecate,[24] עוֹבֵר מִשּׁוּם ,,לֹא-תְשַׁקְּצוּ'' – thereby **transgresses** the commandment of the verse: *Do not make yourselves abominable.*[25] אָמַר רַב בִּיבִי בַּר אַבַּיֵי – And similarly, **Rav Bivi bar Abaye said:** הַאי מַאן דִּשָׁתֵי בְּקַרְנָא דְאוּמָנָא – **If a person drinks** water or some other beverage **from**

a bloodletter's tube, which is repulsive since it is used to draw blood from a person or animal, קָא עָבַר מִשּׁוּם ,,לֹא-תְשַׁקְּצוּ'' – he thereby **transgresses** the commandment of **the verse:** *Do not make yourselves abominable.*[26]

The Gemara now returns to its discussion of the prohibition against eating creeping things:

רִיסֵּק תִּשְׁעָה נְמָלִים – **Rava bar Rav Huna said:** אָמַר רָבָא בַּר רַב הוּנָא – **If one mashed nine ants** that, combined, formed just less than the volume of an olive,[27] וְהֵבִיא אֶחָד חַי וְהִשְׁלִימָן לִכְזַיִת – **and he brought** and added to the mash **one that was live**[28] and thereby **brought the complete total to the size of an olive,** and then ate the entire mass, לוֹקֶה שֵׁשׁ – **he is liable to six** separate **lashes penalties:** חָמֵשׁ מִשּׁוּם בְּרִיָּה – **five** penalties **because of** the prohibitions against eating **an entire** forbidden **creature,** which he violates by eating the whole ant, as stated above in the Gemara, וְאֶחָד מִשּׁוּם כְּזַיִת נְבֵילָה – **and one** penalty for eating **an olive's volume of** *neveilah.*[29]

NOTES

22. He has violated the two general prohibitions [I and II] against eating *sheratzim,* and the additional three prohibitions [V, VI and VII] that relate specifically to land varieties (*Rashi*).

Generally, one does not incur *malkus* for eating a forbidden food unless he has eaten at least a *kezayis* (olive's volume) of that food. Here, however, the Gemara means that he swallowed a live ant. Since he has consumed an entire בְּרִיָּה, *beriyah* [whole forbidden creature], he is subject to the *malkus* penalty even though the volume of the insect is minuscule [see end of the Mishnah above, and Gemara below] (*Rashi*).

[Some deduce from *Rashi's* comments that the person "swallowed" (rather than "ate") the whole ant that one who chews and eats a *beriyah* smaller than a *kezayis* does not receive *malkus,* since the *beriyah* was no longer whole (see below, note 27) when he actually swallowed it (see *Chikrei Lev, Yoreh Deah* I:43).]

[*Rashi's* comment that the ant was "live" is taken from the Gemara below; see note 29 there.]

23. I.e. [because a hornet is also a land *sheretz,*] he incurs the five *malkus* penalties to which one is subject for eating a land *sheretz* [see preceding note], as well as a sixth *malkus* penalty for eating a flying *sheretz* [prohibition VIII] (*Rashi*).

The Gemara here does not count an additional prohibition stated in *Leviticus* 20:25: וְלֹא-תְשַׁקְּצוּ אֶת-נַפְשֹׁתֵיכֶם בַּבְּהֵמָה וּבָעוֹף וּבְכֹל אֲשֶׁר תִּרְמֹשׂ הָאֲדָמָה אֲשֶׁר-הִבְדַּלְתִּי לָכֶם לְטַמֵּא, *and you shall not make yourselves abominable through those animals and birds and all that walk on the ground that I have set apart for you to render unclean.* For this verse, which makes no mention of שֶׁרֶץ, *sheretz,* refers only to larger creatures. Though this verse does use the expression אֲשֶׁר תִּרְמֹשׂ הָאֲדָמָה, *that crawl on the ground,* that is an expression that can be used for large creatures as well. The word שֶׁרֶץ, *sheretz,* however, refers to very small creatures that are close to the ground, which are discernible primarily through their movement, and which appear to wriggle rather than walk (*Rashi* [as explained by *Kinas Sofrim* to *Sefer HaMitzvos, Shoresh* 9]; see also *Rashi* and *Ramban* to *Genesis* 1:20 and 24, and *Hasagos HaRamban* to *Sefer HaMitzvos, Shoresh* 9).

24. See *Shulchan Aruch HaRav, Orach Chaim* 3:11 regarding how strong the urge must be to be governed by this teaching. [See also *Orach Chaim* 92:2 with *Mishnah Berurah.*]

25. *Leviticus* 20:25 (cited above in note 23). [Actually, the Gemara above did not refer to this verse at all, but rather to *Leviticus* 11:43, which states אַל-תְּשַׁקְּצוּ. Perhaps, the Gemara here should in fact read אַל-תְּשַׁקְּצוּ, and this is indeed the reading cited by *Rambam* in *Sefer HaMitzvos,* Prohibition 179 and in *Hil. Maachalos Asuros* 17:30, and by *Rabbeinu Yonah* in *Shaarei Teshuvah* 3:93. *Meiri* here reads: בַּל תְּשַׁקֵּץ, which could be a paraphrase of either verse.]

Most authorities hold that Rav Achai does not mean that this practice is *Biblically* proscribed. Rather, it is a Rabbinic injunction that the Rabbis "attached" to this verse [אַסְמַכְתָּא] (see *Meiri* and *Ritva;* see also *Levush* and *Pri Chadash* to *Yoreh Deah* 116:6 and *Taz* there §6; *Rambam, Hil. Maachalos Asuros* 17:29-32 and *Mishneh LaMelech* to 17:27). Accordingly, the injunction is lifted where keeping it would

cause humiliation (see *Mishnah Berurah* 3:31, and *Aruch HaShulchan, Orach Chaim* 3:10).

26. Rav Bivi includes in the injunction eating or drinking things that are revolting (see *Rambam, Hil. Maachalos Asuros* 17:29-30, *Yoreh Deah* 116:6) to all [normal] people (see *Pri Chadash, Yoreh Deah* 84 §3 and end of 116).

27. The stringency attached to a בְּרִיָּה, *beriyah* [whole forbidden creature], which makes one liable for eating it even if it is less than the volume of a *kezayis* [see above, note 22], applies only when the creature remains physically intact. But if it is mashed or otherwise dismembered, it loses that stringency even if all the parts are eaten at once, and it reverts to being subject to the normal minimum of a *kezayis.*

28. The significance of the ant being "live" will be discussed in the next note.

29. According to *Tosafos* (see ד"ה ריסק), the prohibition [*Deuteronomy* 14:20] against eating *neveilah* [the meat of an animal that died without proper slaughter] applies to the carcasses of kosher and nonkosher animals alike. [*Meiri,* however, asserts that the prohibition against *neveilah* applies exclusively to the carcasses of kosher animals that died without slaughter, and that the Gemara here uses the term *neveilah* in a borrowed sense to mean the meat of nonkosher animals. See also *Rambam, Hil. Maachalos Asuros* 2:24 with *Kesef Mishneh;* but see the difficulty raised by *Lechem Mishneh* there.]

Rashi comments that the live ant died when he swallowed it. [Otherwise, the Gemara would not say that he violates the prohibition against *neveilah.*] It is apparent, then, that *Rashi* understood the Gemara's term חַי, *live,* here to mean literally alive. Now, it is evident from other places that the stringency of *beriyah* applies even if the creature is dead (see *Chullin* 102b and *Rashi* there ד"ה טמאה). Why, then, would Rava bar Rav Huna insist that the whole ant be brought alive? Why would his ruling not apply equally if an intact *dead* ant was brought? [*Tosafos* et al. indeed explain that by "live," Rava bar Rav Huna means only "intact." But *Rashi* clearly takes the expression "live" here literally.] Some commentators suggest that a dead ant disintegrates rapidly to the point that it can no longer be considered a fully intact *beriyah.* Therefore, the Gemara (as understood by *Rashi*) chose the example of one who brings a live ant, so that it is certainly a fully intact *beriyah* when the person swallows it (see *Nachal Eshkol,* end of *Hil. Tereifos;* see the alternative resolution offered by *Aruch LaNer*).

Tosafos question why the Gemara insists that the *kezayis* be completed by an ant that has remained fully intact. Why would the six penalties not be incurred even for eating a *kezayis* composed entirely of mashed ants (five penalties for the prohibitions against insects, and a sixth penalty for the prohibition against *neveilah*)? *Tosafos* answer when the Torah prohibits the consumption of a particular item (e.g. a mouse), then consumption of the *complete* item is meant, unless the Torah specifically uses the expression אֲכִילָה, *eating,* which signifies even a *kezayis* of a larger item. Accordingly, when the Torah prohibits the consumption of a *sheretz,* the whole *sheretz* is meant, except where the Torah expresses the prohibition explicitly in terms of "eating"

התם גברא בר תשלומין הוא ושיעבודא דגר הוא דקא פקע והא איכא פאה דרחמנא אמר א) לא תכלה פאת וגו' לעני ולגר תעזוב אותם וגו' (א) דמשכחת לה בקיימו ולא קיימו ביטלו ולא ביטלו א) דתנן ב) מצות פאה להפריש מן הקמה לא הפריש מן הקמה מפריש מן העומרין לא הפריש מן העומרין מפריש מן הכרי עד שלא מירח מירחו מעשר ונותן לו כדרבי ישמעאל דאמר א אף מפריש מן העיסה ולר' ישמעאל נמי משכחת לה דאכל עיסה ב אלא זאת ועוד אחרת אהא אבל אונס לא דהיכא אמרינן על דעת רבים אין לו הפרה לדבר הרשות ג אבל לדבר מצוה יש לו הפרה כי הא ג) דההוא מקרי דרדקי דהוה פשע בינוקי אדריה רב אחא ואהדריה רבינא דלא אשתכח דדייק כוותיה:

והאוכל נבילות וטריפות שקצים ורמשים וכו': אמר רב יהודה ד האי מאן דאכל ביניתא דבי כרבא מלקינן ליה משום ב) שרץ השורץ על הארץ ההוא דאכל ביניתא דבי כרבא ונגדיה רב יהודה ד) אמר אביי ◦ ה אכל פוטיתא לוקה ארבעה נמלה לוקה חמש משום שרץ השורץ על הארץ ו צרעה לוקה שש משום ג) שרץ העוף אמר רב אחאי ז המשהה את נקביו עובר משום ד) לא תשקצו אמר רב ביבי בר אביי ח האי מאן דשתי בקרנא דאומנא קא עבר משום לא תשקצו אמר ה) רבא בר רב הונא ט ריסק תשעה נמלים והביא אחד חי והשלימן לכזית לוקה ו' ה' משום בריה ואחד משום כזית נבילה י) רבא א"ר יוחנן אפילו שנים והוא רב יוסף אמר ז) אפילו אחד והוא ולא פליגי הא ברברבי והא בזוטרי:

אכל טבל ומעשר ראשון כו': אמר רב י אכל טבל של מעשר עני לוקה כמאן כי האי תנא דתניא ח) אמר ר' יוסי יכול לא יהא חייב אלא על הטבל שלא הורם ממנו כל עיקר הורם ממנו תרומה גדולה ולא הורם ממנו מעשר ראשון מעשר ראשון ולא מעשר שני ואפי' מעשר עני מנין ת"ל ה) לא תוכל לאכול בשעריך וגו' ולהלן הוא אומר ו) ואכלו בשעריך ושבעו מה להלן מעשר עני אף כאן מעשר עני ואמר רחמנא לא תוכל ט) אמר רב יוסף כתנאי י) ר"א אומר אין צריך לקרות את השם על מעשר עני של דמאי וחכ"א

קורא

רש"י

התם גברא בר תשלומין הוא. כששרפו ולא נתחייב מלקות בביטול זה והאי דלא משלם משום דשיעבודא דגר קא פקע לאחר זמן: תעזוב אותם. וקא סבר תעזוב לאחר עבירת הלאו משמע לא תכלה ואם כליתיה תעזוב אותם: משכחת לה בביטלו. כגון שטחן את החטין דתו לית ליה לקיומיה לעשה שהרי קנאן בשינוי כדתניא דבעודן חטה היא מחייבו ליתנה אבל אם טחנן לא: מירחו. ונתחייב במעשר מעשר תחלה את הכרי ואחר כך נותן לו הפאה שלא להפסיד את העני שהלקט והשכחה והפאה פטורין מן המעשר וזה הביאן לידי חיוב: אבל לדבר מצוה. כגון הכא דכל ימיו בעמוד והחזיר קאי יש לו הפרה: דהוה פשע בינוקי. מכה אותם יותר מדאי: אדריה רב אחא. שלא ילמד עוד תינוקות: ביניתא דבי כרבא. תולעת הנמצאת בכרוב שקורין ציל"א: אכל פוטיתא. בלע שרץ המים: לוקה ארבעה. שני לאוין כתובין בשרץ המים אחד בתורת כהנים (יא) ואחד במשנה תורה (יד) ושני לאוין כתובין בשרץ סתם (כ) ולא תשקצו את נפשותיכם בכל השרץ השורץ ולא תטמאו בהם ומשמע בין שרץ המים בין שרץ הארץ הרי ד': נמלה. בלע נמלה חיה הואיל ובריה שלימה היא אכילתה בכל שהוא ולוקה חמש שני לאוין הכתובין בשרץ סתם כמו שפירשתי ושלשה לאוין הכתובין בשרץ הארץ בתורת כהנים: צרעה לוקה שש. חמש משום שרץ הארץ ואחד משום שרץ העוף דכתיב במשנה תורה (יד) וכל שרץ העוף טמא הוא לכם לא יאכלו אבל לא תשקצו את נפשותיכם בבהמה ובעוף וגו' הכתוב בפרשת קדושים תהיו אינו מן המנין דלאו בשרץ כתיב ואע"ג דכתיב ביה אשר תרמש האדמה לשון בריות גדולות הוא ושרץ לשון קטנה ונמוכה שנכרת בהלוכה בקושי ונראית כרוחשת: בקרנא דאומנא. מקיזי דם בקרן במלילה: ריסק. מיעך וכיתת וביטלן מתורת בריה: משום כזית נבלה. ◦ שכשבולעו הוא מת ומצטרף לכזית נבלה: אפילו שנים. מרוסקין והוא אם גדולים הן להיות כזית בין שלשתם כדמפרש ואזיל ולא פליגי: טבל של מעשר עני. שהופרשו כל מעשרותיו חוץ מזה לוקה ואע"ג דמעשר עני אין בו קדושה שהרי לזרים נאכל ובכל מקום אפ"ה טביל: מה להלן מעשר עני. דכתיב לגר ליתום ולאלמנה ובעינא דשנה השלישית אף בשעריך האמור כאן יש ללמוד ממנו מעשר עני וה"ק לא תוכל לאכול טבל בעוד שהמעשר בתוכו שכתב בו בשעריך: אין צריך לקרות את השם. [דאמרינן] (סוטה דף מח.) דיוחנן כה"ג שלח בכל גבול ישראל וראה את עמי הארץ חשודין על המעשרות חוץ מתרומה גדולה אמר להן לישראל בניי כשם שהתרומה במיתה כך הטבל במיתה עמד ותיקן הלוקח מעם הארץ יפריש כל המעשרות ומעכבן לעצמו ואוכל מעשר ראשון שהרי מותר לזרים ומעשר שני אוכלו בירושלים ואם שנת מעשר עני היא נחלקו ר' אליעזר וחכמים וקאמר ר' אליעזר דלא מיבעי אפרושי מספק דלא צריך אלא אפילו לקרות עליו את השם ולומר מעשר עני של כרי זה יהא בצפונו או בדרומו נמי לא צריך:

קורא

תוספות

דא"כ מאי פריך והרי משכונו של גר ומת הגר ומשני התם גברא בר תשלומין ושיעבודא דגר פקע ומאי שנא הא כיון דלא משלם א"כ ביטלו ולילקי וליכא נמי שתי רשעיות לכן נ"ל כדפירשתי כיון דגברא בר תשלומין וכל אימת דמשלם לא לקי הלכך לא משכחת ליה ביטלו אבל קשה לר"ל מיהא משכחת שפיר קיימו ולא קיימו כשב"ד הזהירו להחזיר ואומר שלא יחזיר ונראה למורי דודאי הכי נמי דמשכחת לה לר"ל אבל לרבי יוחנן דאמר זאת ועוד אחרת ותו לא הוא דאמר לטעמיה ביטלו ולא ביטלו אבל לר"ל משכחת לה שפיר ל) בהדירה (ב) והשבת העבוט אבל קשה דמשמע דמקשה פריך שפיר מ) וקיימו נקט אגב גררא:

ביניתא דבי כרבא. פי' הקונט' תולעת הנמצאת בכרוב ונקר' ציל"א וקשה דמאי קמ"ל פשיטא דשרץ גמור הוא ופר"ת ביניתא כמו דג קטן הנמצא במחרישה נ) וקמ"ל דאע"ג (ג) דנמצא במים היה מותר לפי שיש לו קשקשים אפ"ה לוקה אע"ג דאי הוי במים טהור:

ריסק ט' נמלים ואחד חי. פי' שלם אבל ודאי הוה מת דאי ר"ל חי ממש א"כ היאך משלים לכזית נבילות וא"ת ול"ל שיהא שלם בכזית ממנו לילקי משום לאו דשרצים דלכך אתא אכילה דשרצים לומר דאי איכא כזית הרבה ואכל חד (ד) זית חייב דליכא למימר דאתא לומר דבעינן דאית ביה כזית ולעולם בעינן שיהא שלם דהא ליתא דנמלה כל שהוא חייב א"כ על כרחך אכילה אתא למידרש היכא דאיכא ה' זיתים או ד' ואכל חד (ה) מינייהו דחייב וי"ל לכך נקט אחד שלם דאיכא לאוי דשרצים דלא נכתבו בלשון אכילה ומאותם לא ילקה עד שיאכל הבריה שלימה אבל ודאי היכא דכתיב ביה לאו בלשון אכילה לקי אף כשהבריה אינה שלימה אבל קשה היכא יצטרף אותו שלם לכזית נבילות והלא אין איסור נבלה חל עליו דה"נ אמר במס' מעילה פרק קדשי מזבח (דף טז. ושם) דאין איסור נבילה חל על איסור (נבלת) בהמה טמאה וי"ל דהכא אתיא כמאן דאית ליה איסור חל על איסור דאיכא מאן דאמר התם דלאכילה נמי מצטרפין ללקות משום נבלה טמאה וטהורה ואע"ג שאין (ו) איסור כולל ולא איסור מוסיף והטעם משום דמלינו דאיסור נבלה חל על איסור דחלב ואפילו למאן דלית ליה איסור חל על איסור כלל אמרינן נמי דטמאים מצטרפין מהאי טעמא [וע"ע תוס' חולין לז: ד"ה ור' יהודה]:

ואפילו שנים והוא. וא"ת ומאי חידוש הוא בשנים יותר מבעשר כיון דבשנים [והוא] איכא כזית וי"ל דקמ"ל רבותא טפי דכיון דעתה כשהוא חי שלם משלימו לכזית אע"פ שאם היה מרוסק כמו האחר לא היה משלימו לכזית אבל בט' נמלים דאיכא סגי אפילו נתרסקו כולם היה משלים שיש מהם הרבה:

ולא פליגי הא ברברבי הא בזוטרי. פי' ברברבי אחד והוא ולא ידענא (ז) כיון דנחית להכי לימא בחד לבד לוקה שש משום בריה ומשום כזית נבלה ושמא לא שכיח דבחד איכא כזית:

ורבנן

תורה אור השלם

א) וּבְקֻצְרְכֶם אֶת קְצִיר אַרְצְכֶם לֹא תְכַלֶּה פְּאַת שָׂדְךָ בְּקֻצְרֶךָ וְלֶקֶט קְצִירְךָ לֹא תְלַקֵּט לֶעָנִי וְלַגֵּר תַּעֲזֹב אֹתָם אֲנִי יְיָ אֱלֹהֵיכֶם: [ויקרא כג, כב]

ב) וְכָל הַשֶּׁרֶץ הַשֹּׁרֵץ עַל הָאָרֶץ שֶׁקֶץ הוּא לֹא יֵאָכֵל: [ויקרא יא, מא]

ג) וְכֹל שֶׁרֶץ הָעוֹף טָמֵא הוּא לָכֶם לֹא יֵאָכֵלוּ: [דברים יד, יט]

ד) וְהִבְדַּלְתֶּם בֵּין הַבְּהֵמָה הַטְּהֹרָה לַטְּמֵאָה וּבֵין הָעוֹף הַטָּמֵא לַטָּהֹר וְלֹא תְשַׁקְּצוּ אֶת נַפְשֹׁתֵיכֶם בַּבְּהֵמָה וּבָעוֹף וּבְכֹל אֲשֶׁר תִּרְמֹשׂ הָאֲדָמָה אֲשֶׁר הִבְדַּלְתִּי לָכֶם לְטַמֵּא: [ויקרא כ, כה]

ה) לֹא תוּכַל לֶאֱכֹל בִּשְׁעָרֶיךָ מַעְשַׂר דְּגָנְךָ וְתִירֹשְׁךָ וְיִצְהָרֶךָ וּבְכֹרֹת בְּקָרְךָ וְצֹאנֶךָ וְכָל נְדָרֶיךָ אֲשֶׁר תִּדֹּר וְנִדְבֹתֶיךָ וּתְרוּמַת יָדֶךָ: [דברים יב, יז]

ו) כִּי תְכַלֶּה לַעְשֵׂר אֶת כָּל מַעְשַׂר תְּבוּאָתְךָ בַּשָּׁנָה הַשְּׁלִישִׁת שְׁנַת הַמַּעֲשֵׂר וְנָתַתָּה לַלֵּוִי לַגֵּר לַיָּתוֹם וְלָאַלְמָנָה וְאָכְלוּ בִשְׁעָרֶיךָ וְשָׂבֵעוּ: [דברים כו, יב]

עין משפט נר מצוה

לד א מיי' פ"א מהל' מתנות עניים הל' ב סמג לאוין רפד:
לה ב מיי' שם הל' ג והלכה ה:
לו ג מיי' פ"א מהל' שבועות הלכה ח סמג לאוין רמח טוש"ע י"ד סי' רכח סעיף לב:
לז ד מיי' פ"ב מהל' מאכלות אסורות הל' יד סמג לאוין קלב טוש"ע י"ד סי' פד סעיף ו:
לח ה מיי' שם הל' כג [וברב אלפס חולין סוף פ"ג וביאור ארוך בזה דף רסה.]:
לט ו מיי' שם:
מ ז מיי' שם פ"ו הל' לא ופ"ד מהל' דעות הל' א סמג לאוין קמח טוש"ע א"ח סי' לב סעיף ד בהגה"ה וסי' ג סעיף יז [וברב אלפס ברכות פרק ג דף קנז:]:
מא ח מיי' פ"ב מהל' מאכ"א הל' כג סמג שם טוש"ע י"ד סי' קנח סעיף א [וברב אלפס שם]:
מב ט מיי' פ"ב מהל' מאכלות אסורות הלכה כד:
מג י מיי' שם פ"י הל' כ:

מסורת הש"ס

א) נ"ל דתניא, ב) נ"ק לד. סנהדרין פח. תמורה ו., ג) גיטין לו. [בכורות מו.], ד) פסחים כד. עירובין כח., ה) [נ"א רבה], ו) [נ"ל רבה], ז) [בדפו' הגי' רב יוסף אמר ר' יוחנן], ח) יבמות פו., ט) [נדרים פד. ע"ש], י) נדרים פד. דמאי פ"ד מ"ג, כ) [נ"ל אלו], ל) [נ"ל בלא הדירה מהרש"א], מ) גירסת רש"א שפיר לתרויהו כו', נ) וכ"כ הערוך בערך ביניתא בשם השאלתות ועי' דבשאלתות שלפנינו לא מצאתי.

הגהות הב"ח

(א) גמ' ומשכחת לה: (ב) תוס' ד"ה (בע"א) התם וכו' בהדירה וגולה והשבת העבוט אבל קשה דמשמע דמקשה פריך אף לר"ל מדנקט קיימו ולא קיימו וי"ל דלא פריך לר' יוחנן אלא אמאי לר"ל שפיר וקיימו נקט אגב גררא כצ"ל: (ג) ד"ה ביניתא וכו' דלאו על גב היכא דנמצא במים וכו' דאי הוי במים הוי טהור: (ד) ד"ה ריסק וכו' דהא ליתא דכיון דנמלה: (ה) בא"ד ואכל חד מינייהו וכו': (ו) בא"ד ואע"ג שאין בו לא איסור כולל: (ז) ד"ה ולא וכו' דכיון דנחית.

גליון הש"ס

גמ' אבל פוטיתא. עיין מ"ק דף ב ע"ב תוס' ד"ה חייב: רש"י ד"ה משום כזית נבילה שכשבולעו הוא מת. עיין חולין דף קב ע"ב ברש"י ד"ה בחיי ואולי י"ל דנמלה זעירה מיתתה ומת בשעת הבליעה אבל לפני אליה מותתה:

לעזי רש"י

ציי"א. פירוש תולעת.

ליקוטי רש"י

מצות פאה מפריש מן הקמה. דכתיב לא תכלה אלא הנח לפניהם והם יקלטוהו. [illegible] [סנהדרין פח.]. מירחו. [illegible] [תמורה ו.]. [illegible] אף מפריש מן העסה. אם טחנה ולשה ולתנא קמא טחנה פטור דקנייה בשינוי ואם בא עני ונטל כדי פאה משטחנה לר' ישמעאל לא הוי גזל לרבנן הוי גזל [סנהדרין פח.]. פשע בינוקי. מלקה אותן ומתיס [בכורות מו.]. חובטן יותר מדאי [גיטין לו.]. פוטיתא. שרץ המים קטן שאין בו כזית ואפ"ה כיון דבריה היא אכילה היא ולוקה ד' מלקיות בשרץ המים כתיב בתורת כהנים אל תשקצו את נפשותיכם בכל השרץ השורץ על הארץ ולא תטמאו בהם הרי כאן שנים וכלל בהן בין שרץ הארץ בין שרץ המים ומשום מבשרם לא תאכלו ומשום וכל אשר אין לו סנפיר וקשקשת לא תאכלו [עירובין כח.]. אכל פוטיתא. שרץ המים: לוקה ארבע. חד לאו בשרץ המים בתורת כהנים דהוא ספר ויקרא וחד במשנה תורה ושני לאוין כתובים בתורת כהנים בשקלים סתם לא תשקצו את נפשותיכם בכל השרץ השורץ ולא תטמאו בהן והכא לא כתיב על הארץ ומשמע בין שרץ המים ובין שרץ הארץ הרי ארבע [פסחים כד.]. נמלה לוקה חמש. נמלה שהוא שרץ הארץ לוקה חמש תרתי הא דאמרן וכל הולך על גחון לכל השרץ השורץ על [illegible] [עירובין כח.]. נמלה. שהוא שרץ הארץ. לוקה חמש. הני תרי [illegible]

The Gemara continues:

רָבָא אָמַר רַבִּי יוֹחָנָן – Rava[30] said in the name of R' Yochanan: The same six penalties would apply אֲפִילּוּ שְׁנַיִם וְהוּא – **even** when the olive's volume is composed not of nine mashed ants but of **two** mashed ants **plus that** intact **one.**

The Gemara adds:

רַב יוֹסֵף אָמַר – Rav Yosef says: The same six penalties would apply אֲפִילּוּ אֶחָד וְהוּא – **even** when the olive's volume is composed of **one** mashed ant **plus that** intact **one.**[31]

The Gemara notes:

וְלֹא פְּלִיגֵי – And they [Rava, R' Yochanan and Rav Yosef] **do not disagree** in any principle of law; rather, הָא בְּרַבְרְבֵי וְהָא בְּזוּטְרֵי – **this** example **refers to large** ants, of which two or three already compose an olive's volume, **and this** example **refers to small** ants, in which case ten are necessary to compose an olive's volume.[32]

The Mishnah stated:

אָכַל טֶבֶל וּמַעֲשֵׂר רִאשׁוֹן כו' – IF ONE ATE *TEVEL*[33] OR *MAASER RISHON* **etc.**

The Gemara elaborates:

אָמַר רַב – Rav said: אָכַל טֶבֶל שֶׁל מַעֲשֵׂר עָנִי – **If one ate *tevel* of *maasar ani,*** i.e. produce whose tithes have been separated except for the poor man's tithe, לוֹקֶה – **he is liable to lashes** for eating *tevel.*[34]

The Gemara explains:

כְּמַאן – In accordance with whom did Rav rule that *tevel* of *maasar ani* is Biblically prohibited on pain of *malkus?* כִּי הַאי תַּנָּא – It is **in accordance with this** following **Tanna:** דְּתַנְיָא – **For it was taught in a Baraisa:** אָמַר רַבִּי יוֹסֵי – R' YOSE SAID: יָכוֹל לֹא יְהֵא חַיָּיב אֶלָּא עַל הַטֶּבֶל שֶׁלֹּא הוּרַם מִמֶּנּוּ כָּל עִיקָּר – IT MIGHT BE THOUGHT THAT ONE IS NOT LIABLE for eating *tevel* EXCEPT FOR eating *TEVEL* FROM WHICH NO TITHES WHATSOEVER HAVE BEEN SEPARATED. הוּרַם מִמֶּנּוּ תְּרוּמָה גְדוֹלָה וְלֹא הוּרַם מִמֶּנּוּ מַעֲשֵׂר רִאשׁוֹן – BUT IF *TERUMAH GEDOLAH*[35] HAS BEEN SEPARATED FROM [THE PRODUCE] but *MAASER RISHON* HAS NOT BEEN SEPARATED FROM IT, מַעֲשֵׂר רִאשׁוֹן וְלֹא מַעֲשֵׂר שֵׁנִי – or if *MAASER RISHON* as well has been separated BUT NOT *MAASER SHENI,* וַאֲפִילּוּ מַעֲשֵׂר עָנִי – OR EVEN if the only tithe not separated is *MAASAR ANI,* which has no sanctity whatsoever, מִנַּיִן – FROM WHERE DO WE KNOW that the produce is still prohibited as *tevel?* תַּלְמוּד לוֹמַר – To teach this THE TORAH STATES: "לֹא־תוּכַל לֶאֱכֹל בִּשְׁעָרֶיךָ" וגו' – *YOU MAY NOT EAT "WITHIN YOUR GATES"* **etc.** [*the maaser of your grain, your wine and your oil . . .*].[36] וּלְהַלָּן הוּא אוֹמֵר "וְאָכְלוּ בִשְׁעָרֶיךָ וְשָׂבֵעוּ" – AND FURTHER IT STATES in regard to *maasar ani* that it should be given to the poor *SO THAT THEY MAY EAT "WITHIN YOUR GATES" AND BE SATISFIED.*[37] Scripture's use of the expression "within your gates" in both contexts establishes a *gezeirah shavah* that compares the two contexts: מָה לְהַלָּן מַעֲשֵׂר עָנִי – JUST AS FURTHER [i.e. in the second verse] the reference is to *MAASAR ANI,* אַף כָּאן מַעֲשֵׂר עָנִי – SO TOO HERE, in the first verse, the reference is to *MAASAR ANI.* וְאָמַר רַחֲמָנָא "לֹא־תוּכַל" – AND THE MERCIFUL ONE SAYS in this first verse: *YOU MAY NOT eat.*[38] Thus, the *gezeirah shavah* shows that there is a Biblical prohibition against eating *tevel* from which *maasar ani* alone has not been separated. We see, then, that Rav's ruling that one incurs *malkus* for eating *tevel* of *maasar ani* follows the view of R' Yose stated in this Baraisa.

Rav Yosef asserts concerning the view of R' Yose and Rav:

אָמַר רַב יוֹסֵף כְּתַנָּאֵי – Rav Yosef said: It is a matter of dispute

NOTES

[e.g. *Leviticus* 11:41,42]. But those prohibitions in which the Torah does not specifically use the expression "eating" [e.g. ibid. vs. 43,44] are violated only by the consumption of an intact *sheretz.* Since three of the five prohibitions against eating ants are not specifically expressed in terms of "eating," the Gemara must assert that at least one of the insects in the *kezayis* has remained intact in order to construct a case of six penalties.

30. *Mesoras HaShas* emends this to read "Rabbah."

31. The same would apply if a person ate just one large ant that was intact and had the volume of an olive. Perhaps, the Gemara did not mention this case explicitly because it is unusual to find an ant that large (see *Tosafos* ד״ה ואפילו). [See, however, *Aruch LaNer,* who suggests another reason for the Gemara's omission of this case.]

32. If Rava in the name of R' Yochanan and Rav Yosef do not disagree with Rava bar Rav Huna in any principle of law, then why do they deem it necessary to provide additional examples? *Tosafos* answer this question with the observation that the volume of a whole ant is greater than the more compact volume of a mashed ant. Accordingly, had the Gemara used only the example of nine mashed and one whole, one might have thought that the combined volume of the nine mashed ants is only slightly less than the necessary *kezayis,* and that the necessary volume is completed by the whole ant even if we assign it only a compacted value. But perhaps the whole ant could not be used to complete the *kezayis* if it does so only when considering the whole ant's present volume. Therefore, Rava in the name of R' Yochanan provides the example of two mashed and one whole, which suggests that the whole ant's *present* volume is needed to complete the requisite *kezayis.* [Accordingly, though, Rav Yosef's example of one mashed and one whole would still seem to be unnecessary. *Rashash* answers that Rav Yosef does not come to provide an additional example, but rather to cite an alternative version of the example R' Yochanan actually gave. (Other Gemara texts in fact read: Rav Yosef said *in the name of R' Yochanan . . .*) See also *Aruch LaNer,* who suggests a comprehensive alternative to *Tosafos'* way of accounting for these additional examples.]

33. *Tevel* is produce grown in Eretz Yisrael that has reached the tithing stage but has not been tithed. See above, 13a note 26 for a list of the various tithes that must be separated.

The stage at which untithed produce becomes *tevel* is subject to several complex factors, and is subject to disputes among the authorities. As a rule of thumb, though, produce whose raw processing has been "finished" [e.g. grain that has been piled and smoothed (*meiruach*) – see above, note 8] and then brought into the house becomes *tevel* Biblically, and is absolutely prohibited for consumption until it is tithed (see *Rambam, Hil. Maaser* 2:1 and 3:1-4 and 4:1-2, but see *Raavad* and commentaries there; see also *Chidushei Maran Riz HaLevi* there).

34. Of all the tithes, *maasar ani* alone has no special sanctity but is merely a monetary right of the poor, who may give or sell it to anyone. [*Maaser rishon,* too, may be eaten by anyone, but only after its *terumas maaser* (permitted only to Kohanim) has been designated.] Rav teaches that although *maasar ani* itself is not subject to any restrictions regarding who may eat it or where it may be eaten, the consumption of produce that is *tevel* because it still contains an *unseparated* portion of *maasar ani* is Biblically forbidden and subject to *malkus* (see *Rashi*).

[*Rambam* (*Hil. Maachalos Asuros* 10:20) understands this to mean that eating *tevel* of *maasar ani* (or of *maaser sheni*) is punishable by *malkus alone,* but *not* by premature death as is eating *tevel* of *terumah* or *maaser rishon; Raavad* there concurs. *Tosafos* to *Yevamos* 86a, however, consider that the penalty of premature death might apply even to *tevel* of *maasar ani,* and *R' Yechezkel Landau* in his glosses there notes that this is indeed explicitly stated in the Midrash to *Eichah.* See also *Yerushalmi, Demai* 4:3. See, however, *Gevuras Ari* here, and *Keren Orah* and *Aruch LaNer* to *Yevamos* loc. cit.]

35. I.e. the initial *terumah,* which is separated by the farmer for the Kohen. See 13a note 26.

36. *Deuteronomy* 12:17. This verse prohibits eating "within your gates" – i.e. outside of Jerusalem – the various foods, such as *maaser sheni,* that must be eaten in Jerusalem.

37. Ibid. 26:12.

38. The *gezeirah shavah* instructs us to expound the words *you may not eat within your gates* to mean (in addition to its simple meaning): You may not eat *tevel* that still contains the portion about which it is written *within your gates,* i.e. *maasar ani* (*Rashi,* as elaborated by *Ritva*).

התם גברא בר תשלומין הוא ושיעבודא דגר הוא דקא פקע והא איכא פאה דרחמנא אמר א) לא תכלה פאת וגו' לעני ולגר תעזוב אותם וגו' (א) דמשכחת לה בקיימו ולא קיימו ביטלו ולא ביטלו ג) דתנן ד) מצות פאה להפריש מן הקמה לא הפריש מן הקמה מפריש מן העומרין לא הפריש מן העומרין מפריש מן הכרי עד שלא מירח מירחו מעשר ונותן לו כדרבי ישמעאל דאמר אף מפריש מן העיסה ולר' ישמעאל נמי משכחת לה דאכל עיסה ב אלא זאת ועוד אחרת אהא אבל אונס לא דהיכא אמרינן על דעת רבים אין לו הפרה לדבר הרשות ג אבל לדבר מצוה יש לו הפרה כי הא ה) דההוא מקרי דרדקי דהוה פשע בינוקי אדריה רב אחא ואהדריה רבינא דלא אשתכח דדייק כוותיה: והאוכל נבילות וטריפות שקצים ורמשים וכו': אמר רב יהודה ד האי מאן דאכל ביניתא דבי כרבא מלקינן ליה משום ב) שרץ השורץ על הארץ ההוא דאכל ביניתא דבי כרבא ונגדיה רב יהודה ו) אמר אביי ° ה אכל פוטיתא לוקה ארבעה נמלה לוקה חמש משום שרץ השורץ על הארץ ו צרעה לוקה שש משום ג) שרץ העוף אמר רב אחאי ז המשהה את נקביו עובר משום ד) לא תשקצו אמר רב ביבי בר אביי ח האי מאן דשתי בקרנא דאומנא קא עבר משום לא תשקצו אמר ז) רבא בר רב הונא ט ריסק תשעה נמלים והביא אחד חי והשלימן לכזית לוקה ו' ה' משום בריה ואחד משום כזית נבילה ח) רבא א"ר יוחנן אפילו שנים והוא רב יוסף אמר ט) אפילו אחד והוא ולא פליגי הא ברברבי והא בזוטרי: אכל טבל ומעשר ראשון כו': אמר רב י אכל טבל של מעשר עני לוקה כמאן כי האי תנא דתניא י) אמר ר' יוסי יכול לא יהא חייב אלא על הטבל שלא הורם ממנו כל עיקר הורם ממנו תרומה גדולה ולא הורם ממנו מעשר ראשון מעשר ראשון ולא מעשר שני ואפי' מעשר עני מנין ת"ל ה) לא תוכל לאכול בשעריך וגו' ולהלן הוא אומר ו) ואכלו בשעריך ושבעו מה להלן מעשר עני אף כאן מעשר עני ואמר רחמנא לא תוכל ט) אמר רב יוסף כתנאי י) ר"א אומר אין צריך לקרות את השם על מעשר עני של דמאי וחכ"א קורא

רש"י

התם גברא בר תשלומין הוא. כששרפו ולא נתחייב מלקות בביטול זה והאי דלא משלם משום דשיעבודא דגר קא פקע לאחר זמן: תעזוב אותם. וקא סבר תעזוב לאחר עבירת הלאו משמע לא תכלה ואם כליתיה תעזוב אותם: משכחת לה בביטלו. כגון שטחן את החטין דתו לית ליה לקיומיה לעשה שהרי קנאן בשינוי כדתניא דבעודן חטה היא מחייבו ליתנה אבל אם טחנן לא: מירחו. ונתחייב במעשר מעשר תחלה את הכרי ואחר כך נותן לו הפאה שלא להפסיד את העני שהלקט והשכחה והפאה פטורין מן המעשר וזה הביאן לידי חיוב: אבל לדבר מצוה. כגון הכא דכל ימיו בעמוד והחזיר קאי יש לו הפרה: דהוה פשע בינוקי. מכה אותם יותר מדאי: אדריה רב אחא. שלא ילמד עוד תינוקות: ביניתא דבי כרבא. תולעת הנמצאת בכרוב שקורין ליי"א: אכל פוטיתא. בלע שרץ המים: לוקה ארבעה. שני לאוין כתובין בשרץ המים אחד בתורת כהנים (יא) ואחד במשנה תורה (יד) ושני לאוין כתובין בשרץ סתם (ד ולא) תשקצו את נפשותיכם בכל השרץ השורץ ולא תטמאו בהם ומשמע בין שרץ המים בין שרץ הארץ הרי ד': נמלה. בלע נמלה חיה הואיל ובריה שלימה היא אכילתה בכל שהוא ולוקה חמש שני לאוין הכתובין בשרץ סתם כמו שפירשתי ושלשה לאוין הכתובין בשרץ הארץ בתורת כהנים: צרעה לוקה שש. חמש משום שרץ הארץ ואחד משום שרץ העוף דכתיב במשנה תורה (יד) וכל שרץ העוף טמא הוא לכם לא יאכלו אבל לא תשקצו את נפשותיכם בבהמה ובעוף וגו' הכתוב בפרשת קדושים תהיו אינו מן המנין דלאו בשרץ כתיב ואע"ג דכתיב ביה אשר תרמש האדמה לשון בריות גדולות הוא ושרץ לשון קטנה ונמוכה שנכרת בהלוכה בקושי ונראית כרוחשת: בקרנא דאומנא. מקיזי דם בקרן במצילה: ריסק. מיעך וכיתת וביטלן מתורת בריה: משום כזית נבלה. ° שכשבולעו הוא מת ומצטרף לכזית נבלה: אפילו שנים. מרוסקין והוא אם גדולים הן להיות כזית בין שלשתם כדמפרש ואזיל ולא פליגי: טבל של מעשר עני. שהופרשו כל מעשרותיו חוץ מזה לוקה ואע"ג דמעשר עני אין בו קדושה שהרי לזרים נאכל ובכל מקום אפ"ה טביל: מה להלן מעשר עני. דכתיב לגר ליתום ולאלמנה ובעניינא דשנה השלישית אף בשעריך האמור כאן יש ללמוד ממנו מעשר עני וה"ק לא תוכל לאכול טבל בעוד שהמעשר בתוכו שכתב בו בשעריך: אין צריך לקרות את השם. [דאמרינן] (סוטה דף מח.) דיוחנן כה"ג שלח בכל גבול ישראל וראה את עמי הארץ חשודין על המעשרות חוץ מתרומה גדולה אמר להן לישראל בניי כשם שהתרומה במיתה כך הטבל במיתה עמד ותיקן הלוקח מעם הארץ יפריש כל המעשרות ומעכבן לעצמו ואוכל מעשר ראשון שהרי מותר לזרים ומעשר שני אוכלו בירושלים ואם שנת מעשר עני היא נחלקו ר' אליעזר וחכמים וקאמר ר' אליעזר דלא מיבעי אפרושי מספק דלא צריך אלא אפילו לקרות עליו את השם ולומר מעשר עני של כרי זה יהא בצפונו או בדרומו נמי לא צריך: קורא

תוספות

דא"כ מאי פריך והרי משכונו של גר ומת הגר ומשני התם גברא בר תשלומין ושיעבודא דגר פקע ומאי שנא הא כיון דלא משלם א"כ ביטלו ולילקי וליכא נמי שתי רשעיות לכן נ"ל כדפירשתי כיון דגברא בר תשלומין וכל אימת דמשלם לא לקי הלכך לא משכחת ליה ביטלו אבל קשה לר"ל מיהא משכחת שפיר קיימו ולא קיימו כשב"ד הזהירו להחזיר ואומר שלא יחזיר ונראה למורי דודאי הכי נמי דמשכחת לה לר"ל אבל לרבי יוחנן דאמר זאת ועוד אחרת ותו לא הוא דאמר לטעמיה ביטלו ולא ביטלו אבל לר"ל משכחת לה שפיר ל) בהדירה (ב) והשבת העבוט אבל קשה דמשמע דמקשה פריך שפיר מ) וקיימו נקט אגב גררא: **ביניתא** דבי כרבא. פי' הקונט' תולעת הנמצאת בכרוב ונקר' ליי"א וקשה דמאי קמ"ל פשיטא דשרץ גמור הוא ופר"ת ביניתא כמו דג קטן הנמצא במחרישה נ) וקמ"ל דאע"ג (ג) דנמצא במים היה מותר לפי שיש לו קשקשים אפ"ה לוקה אע"ג דאי הוי במים טהור: **ריסק** ט' נמלים ואחד חי. פי' שלם אבל ודאי הוה מת דאי ר"ל חי ממש א"כ היאך משלים לכזית נבילות וא"ת ול"ל שיהא שלם בכזית ממנו לילקי משום לאו דשרצים דלכך אתא אכילה דשרצים לומר דאי איכא כזית הרבה ואכל חד (ד) זית חייב דליכא למימר דאתא לומר דבעינן דאית ביה כזית ולעולם בעינן שיהא שלם דהא ליתא דנמלה כל שהוא חייב א"כ על כרחך אכילה אתא למידרש היכא דאיכא ה' זיתים או ד' ואכל חד (ה) מינייהו דחייב וי"ל לכך נקט אחד שלם דאיכא לאוי דשרצים דלא נכתבו בלשון אכילה ומאותם לא ילקה עד שיאכל הבריה שלימה אבל ודאי היכא דכתיב ביה לאו בלשון אכילה לקי אף כשהבריה אינה שלימה אבל קשה היכא יצטרף אותו שלם לכזית נבילות והלא אין איסור נבלה חל עליו דה"נ אמר במס' מעילה פרק קדשי מזבח (דף טז. ושם) דאין איסור נבילה חל על איסור (נבלת) בהמה טמאה וי"ל דהכא אתיא כמאן דאית ליה איסור חל על איסור דאיכא מאן דאמר התם דלאכילה נמי מצטרפין ללקות משום נבלה טמאה וטהורה ואע"ג שאין (ו) איסור כולל ולא איסור מוסיף והטעם משום דמלינו דאיסור נבלה חל על איסור דחלב ואפילו למאן דלית ליה איסור חל על איסור כלל אמרינן נמי דטמאים מצטרפין מהאי טעמא [וע"ע תוס' חולין לו: ד"ה ור' יהודה]: **ואפילו** שנים והוא. וא"ת ומאי חידוש הוא בשנים יותר מבעשר כיון דבשנים [והוא] איכא כזית וי"ל דקמ"ל רבותא טפי דכיון דעתה כשהוא חי שלם משלימו לכזית אע"פ שאם היה מרוסק כמו האחר לא היה משלימו לכזית אבל בט' נמלים דאיכא סגי אפילו נתרסקו כולם היה משלים שיש מהם הרבה: **ולא** פליגי הא ברברבי הא בזוטרי. פי' ברברבי אחד והוא ולא ידענא (ז) כיון דנחית להכי לימא בחד לבד לוקה שש משום בריה ומשום כזית נבלה ושמא לא שכיח דבחד איכא כזית: ורבנן

תורה אור השלם

א) ובקצרכם את קציר ארצכם לא תכלה פאת שדך בקצרך ולקט קצירך לא תלקט לעני ולגר תעזב אתם אני יי אלהיכם: [ויקרא כג, כב]
ב) וכל השרץ השרץ על הארץ שקץ הוא לא יאכל: [ויקרא יא, מא]
ג) וכל שרץ העוף טמא הוא לכם לא יאכלו: [דברים יד, יט]
ד) והבדלתם בין הבהמה הטהרה לטמאה ובין העוף הטמא לטהר ולא תשקצו את נפשתיכם בבהמה ובעוף ובכל אשר תרמש האדמה אשר הבדלתי לכם לטמא: [ויקרא כ, כה]
ה) לא תוכל לאכל בשעריך מעשר דגנך ותירשך ויצהרך ובכרת בקרך וצאנך וכל נדריך אשר תדר ונדבתיך ותרומת ידך: [דברים יב, יז]
ו) כי תכלה לעשר את כל מעשר תבואתך בשנה השלישית שנת המעשר ונתתה ללוי לגר ליתום ולאלמנה ואכלו בשעריך ושבעו: [דברים כו, יב]

עין משפט נר מצוה

לד א מיי' פ"א מהל' מתנות עניים הל' ב סמג לאוין רפד:
לה ב מיי' שם הל' ג והלכה ה:
לו ג מיי' פ"ב מהל' שבועות הלכה ח סמג לאוין רמא טוש"ע י"ד סי' רכח סעיף כה:
לז ד מיי' פ"ב מהל' מאכלות אסורות הל' יד סמג לאוין קלג טוש"ע י"ד סי' פד סעיף ו:
לח ה מיי' שם הל' כג וברב אלפס חולין סוף פ"ג וביאור ארוך בזה דף רסב.:
לט ו מיי' פי"ז שם הל' לא ופ"ד מהל' דעות הל' א סמג לאוין קמח טוש"ע א"ח סי' ג סעיף יז בהג"ה וסי' ג סעיף ו [וברב אלפס ברכות פרק ג דף טז:]:
מא ח מיי' פ"ב מהל' מאכלות אסורות הל' כג סמג שם טוש"ע י"ד סי' פד סעיף ו [וברב אלפס שם]:
מב ט מיי' פ"ב מהל' מאכלות אסורות הלכה כ:
מג י מיי' שם פ"י הל' כ:

לעזי רש"י

ציי"א. פירוש תולעת.

מסורת הש"ס

א) נ"ל דתניא, ב) ב"ק לד. סנהדרין פה. תמורה ו., ג) גיטין לו. [בכורות מו.], ד) פסחים כד. עירובין כח., ה) [נ"ל רבה], ו) [נ"ל רבה], ז) [בדפו"י הגי' רב יוסף אמר ר' יוחנן], ח) [נדרים פד. יבמות פו.], ט) [נדרים פד. דמאי פ"ד מ"ג], י) [נ"ל אל], כ) [נ"ל בלא הדירה מהרש"א], ל) גירסת רש"א שפיר לתרוייהו כו', מ) [נ"ל הערוך בערך ביניתא בשם השאלתות ודע דבשאלתות שלפנינו לא מצאתי]

(א) גמ' ומשכחת לה: (ב) תוס' ד"ה (בע"א) התם וכו' בהדירה והשבת העבוט אבל קשה דמשמע דמקשה פריך אף לר"ל מדנקט קיימו ולא קיימו וי"ל דלא פריך אלא לר' יוחנן אבל לר"ל אתא שפיר וקיימו נקט אגב גררא כצ"ל: (ג) ד"ה ביניתא וכו' דאע"ג דהיכא דנמצא במים וכו' דאי הוה במים הוה טהור: (ד) ד"ה ריסק וכו' אחד זית חייב דליכא למימר דאתא לומר וכו': (ה) בא"ד ואכל חד מינייהו וכו' אחד שלם משום דאיכא: (ו) בא"ד ואע"ג שאין בו לא איסור כולל: (ז) ד"ה ולא וכו' דכיון דנחית.

גמ' אכל פוטיתא. עיין מ"ק דף ב ע"ב תוס' ד"ה חייב: רש"י ד"ה משום כזית נבילה שכשבולעו הוא מת. עיין חולין דף קב ע"ב ברש"י ד"ה בחיי ואולי י"ל דמתה בזוטו ומכה מיתתה ומת בשעת הבליעה אבל לפני אלים מיותה:

ליקוטי רש"י

מצות פאה מפריש מן הקמה. דכתיב לא תכלה אלא הנח לפניהם והם יקצרוהו. מרחו. בכרי נתחייב במעשר דנגמרה מלאכתו הלכך מעשר תחלה את הכרי מכל מעשרותיו ונותן לו פאה כדי שאילו הפרישה לא היו עניים צריכין לעשרה דלקט שכחה ופאה פטורין מן המעשר [תמורה ו.]. מירחו. [illegible] מעשר. תחלה ואח"כ נותן פאה [illegible] מרחו. ממרחין את הכרי ברחת ומירוח הוי גמר מלאכה הלכך מעשר כל מעשרותיו תחלה ואח"כ נותן לו פאה כדי שלא יפסיד עני שהרי אילו נתנו קודם מירוח אע"פ שעני מלרף לקט שכחה ופאה הרבה ועושה מהן כרי פטור מן המעשר שהרי הפקר הוא [illegible] בעל הבית נתחייב במעשר [illegible] ברכות [illegible] לקט שכחה ופאה [illegible] אף מפריש מן העסה. פאה [illegible] לח"ק מן העיסה כבר ואילו [illegible] לא הוי [illegible] [illegible] מתנה לר' ישמעאל לא הוי גזל לרבנן הוי גזל [סנהדרין פח.].

פשע בינוקי. מלקה אותן ומתים [בכורות מו.]. חובטן יותר מדאי [גיטין לו.].

פוטיתא. שרץ המים קטן שאין בו כזית ואפ"ה כיון דבריה היא אכילה היא ולוקה ד' מלקיות בשרץ המים כתיב בתורת כהנים אל תשקצו את נפשותיכם בכל השרץ השורץ על הארץ ולא תטמאו בהם הרי כאן שנים וכלל בהן בין שרץ הארץ בין שרץ המים ומשום מבשרם לא תאכלו ומשום וכל אשר אין לו סנפיר וקשקשת לא תאכלו [עירובין כח.]. אכל פוטיתא. שרץ המים: לוקה ארבע. חד לאו בשרץ המים בתורת כהנים דהוא ספר ויקרא וחד במשנה תורה ושני לאוין כתובים בתורת כהנים בשקצים סתם לא תשקצו את נפשותיכם בכל השרץ השורץ ולא תטמאו בהן והכא לא כתיב על הארץ ומשמע בין שרץ המים ובין שרץ הארץ הרי ארבע [פסחים כד.]. נמלה לוקה חמש. נמלה שהוא שרץ הארץ לוקה חמש תרתי הא דאמרן וכל הולך על גחון [illegible] הארץ לא תאכלום הרי שלש וכל השרץ השורץ על הארץ שקץ הוא לא יאכל הרי ארבע ולא תטמאו את נפשותיכם בכל השרץ הרומש על הארץ הרי חמש כולן בפרשת ויהי ביום השמיני [עירובין כח.]. נמלה. שהוא שרץ הארץ. [illegible] דסתם שרצים וחד וכל השרץ השורץ על הארץ שקץ הוא לא יאכל וחד לכל השרץ השורץ על הארץ לא תאכלום כי שקץ הם וחד ולא תטמאו את נפשותיכם בכל השרץ הרומש על הארץ [פסחים כד.]. צרעה לוקה שש. שהיא [illegible] חמשה מוסף עליו וכל שרץ העוף שקץ הוא לא יאכל במשנה תורה והאי דכתיב בקדושים תהיו ולא תשקצו את נפשותיכם בבהמה ובעוף וגו' וכל אשר תרמוש לא חשיב ליה דבבהמה וחיה ועוף גדולים משתעי ולא בשרצים דלא כתיב בהו. שרץ [illegible] בארץ ואינו נראה אלא על ידי שירוצו וריחושו מפני קוטנו [עירובין כח.]. צירעה. שרץ העוף היא וגם שורצת על הארץ ויש בה אלו חמש לאוין ומוסיף עליה לאו דשרץ העוף במשנה תורה (דברים יד יט) וכל שרץ העוף טמא הוא לכם [illegible] ונענוע ואינו נראה ואין בהמה וחיה הנגובין מן הארץ בכלל שרץ הלכך לא תשקצו את נפשותיכם בבהמה ובעוף וגו' דכתיב בקדושים תהיו אינו מן המנין דלאו בשרצים כתיב [פסחים כד:]. ריסק תשעה נמלים וכו' משום כזית נ[illegible] ולא צריכה שיעור כדתנן באלו הן הלוקין (מכות דף יג.) באוכל נמלה כל שהוא שהוא חייב משום שהיא כברייתה אלמא בריה אסורה בכל שהוא אבל לאו דנבלה ליכא לחיובי משום בריה דכשנבראת לא היה עליה שם נבלה הלכך אלאו ד[illegible] [חולין קב:]. ואפילו מעשר עני. דקיל כלדקה בעלמא דלאו לד קדושה אית ביה. ואכלו בשעריך. בשנה השלישית משתעי קרא [יבמות פו.]. ר"א אומר אין צריך לקרות את השם. רבי אליעזר אומר הלוקח פירות מעם ה[illegible] לו להפריש מעשר עני אינו צריך לקרות עליו שם מעשר עני דלמעשר ראשון ליכא למיחש דליתי לוי ראיה דלא יהביה עם הארץ וליתיב ליה ולתרומה ליכא למיחש דלא נחשדו עמי הארץ על התרומה דאית בה עון מיתה ומעשר שני ל[illegible] בתרומת מעשר מיחייב דלא למדו בה עון מיתה אלא מהיקשא דתרומה גדולה והואיל ולא כתיב בה בפירוש מיתה מש"ה לא ליית ע"ה [להיקשא] ולא מפריש ממנה תרומת מעשר ועל (אותו) מעשר עני אין צריך לקרות עליו אפילו [illegible]

among **Tannaim,** i.e. it is a Tannaic dispute whether the *tevel* of *maasar ani* is Biblically prohibited, as seen in the following Mishnah:[39] **רַבִּי אֱלִיעֶזֶר אוֹמֵר** — R' ELIEZER SAYS: **אֵין צָרִיךְ** — ONE DOES NOT NEED TO **לִקְרוֹת אֶת הַשֵּׁם עַל מַעֲשַׂר עָנִי שֶׁל דְּמַאי** DESIGNATE even BY NAME *MAASAR ANI* OF *DEMAI.*[40] **וַחֲכָמִים אוֹמְרִים** — BUT THE SAGES SAY:

NOTES

39. *Demai* 4:3.

40. *Demai* is produce purchased from an *am haaretz,* i.e. an ignorant person who is not meticulous in his observance of halachah. During the Second Temple era, Yochanan Kohen Gadol surveyed the tithing practices throughout the borders of Eretz Yisrael. He found that everyone separated *terumah* scrupulously, aware that eating *tevel* that contains unseparated *terumah* is punishable by death at the hand of Heaven, like *terumah* itself (if eaten by a non-Kohen). But he noted that a sizable minority of *amei haaretz* — not realizing that eating *tevel* of any sort is a grave transgression — had become lax in separating tithes other than *terumah.* Therefore, he decreed (in conjunction with the sages of his time) that one must consider the status of produce bought from an *am haaretz* [*demai*] to be that of uncertain *tevel.* [According to many commentators, *demai* is a composite of דָּא מַאי, *what is this?* (*Rambam* and *Rav* to *Berachos* 7:1; see also *Aruch* ע דמאי).] One does not separate *terumah* from *demai,* since (as mentioned) even *amei haaretz* invariably did so on their own. But one separates other tithes (the nature of this "separation" will be discussed in note 1 to 17a) and keeps them for himself. [There are two distinct aspects to the uncertainty surrounding the *demai:* the prohibitory uncertainty of possible *tevel,* and the monetary uncertainty of the possible tithes being withheld from their rightful recipients. The enactment to tithe *demai* was meant only to remove the prohibitory

uncertainty of possible *tevel,* in keeping with the general rule that uncertainties in matters of Biblical prohibitions must be treated stringently. But the monetary uncertainty remains subject to the general rule of monetary law: הַמּוֹצִיא מֵחֲבֵירוֹ עָלָיו הָרְאָיָה, *the burden of proof rests on the one who seeks to exact payment from the other.* Hence, unless the potential recipients can prove that the produce had definitely not been tithed by the *am haaretz,* they cannot exact the *demai* tithes from the owner.] The owner can eat the *maaser rishon* that he has separated (after separating *terumas maaser* from it — see 17a note 1), because *maaser rishon* may be eaten by anyone. [It belongs *monetarily* to the Leviim, but the uncertainty in this case is resolved in favor of the current owner, as noted above.] The owner takes the *maaser sheni* (in the applicable years) to Jerusalem to eat there [as he does for definite *maaser sheni*]. Whether he need even designate *maaser ani* (in the applicable years) in the *demai* is disputed by the Tannaim of this Baraisa (see *Rashi*).

Produce is considered tithed and removed from the *tevel* prohibition even if the *terumos* and *maasros* are not physically taken out of the produce, but are merely designated in it, even mentally. That is, one declares (or thinks): This-and-this tithe shall hereby be designated in this-and-this part of the produce [e.g. the northern side, or the southern side]. R' Eliezer holds that in the case of *demai,* the *maaser ani* need not even be designated (see *Rashi*).

קוֹרֵא אֶת הַשֵּׁם – ONE DESIGNATES the *maasar ani* of *demai* BY NAME, וְאֵינוֹ צָרִיךְ לְהַפְרִישׁ – BUT HE DOES NOT NEED TO SEPARATE it physically from the produce.[1]

The Gemara now analyzes the dispute between R' Eliezer and the Sages:

מַאי לָאו בְּהָא קָא מִיפַּלְגֵי – Is it not regarding this following point that they argue? דְּמַר סָבַר וַדַּאי טוֹבְלוֹ – That this master [the Sages] holds that a definite obligation to separate *maasar ani* renders [the produce] prohibited to eat as *tevel*. It follows, then, that the possible *maasar ani* obligation that resides in *demai* renders that *demai* possible *tevel*, which cannot be eaten until the *maasar ani* has been designated. וּמַר סָבַר וַדַּאי אֵינוֹ טוֹבְלוֹ – Whereas this master [R' Eliezer] holds that a definite obligation to separate *maasar ani* does not render the produce prohibited to eat as *tevel*, but creates only a monetary obligation to separate a tithe for the poor and give it to them. Consequently, the possible *maasar ani* obligation that resides in *demai* does not in any way prohibit that *demai* for eating. It involves a purely monetary question, which is decided in favor of the owner, who is presently in possession of the produce. Therefore, he need not even designate *maasar ani* in *demai*.

Abaye rejects this explanation of the dispute:

אֲמַר לֵיהּ אַבַּיֵי – Abaye said to [Rav Yosef]: אִי הָכִי – If it is so that the dispute between R' Eliezer and the Sages revolves around the question of whether an unfulfilled *maasar ani* obligation renders the produce *tevel*, אַדְּמִיפַּלְגֵי בִּסְפֵיקוֹ – then rather than argue in the case of [*maasar ani's*] possible obligation [i.e. whether *maasar ani* must be designated in *demai*], לִיפַּלְגוּ בְּוַדַּאי – let them argue in the more primary case of a definite *maasar ani* obligation, regarding whether failure to separate it from definitely untithed produce creates a *tevel* prohibition. אֶלָּא – Rather, the fact that R' Eliezer and the Sages argue specifically in a case of *demai* shows that everyone [both R' Eliezer and the Sages] holds that a definite *maasar ani* obligation renders [the produce] *tevel*.[2] וְהָכָא בְּהָא קָא מִיפַּלְגֵי – And here, in the Baraisa concerning *demai*, it is regarding the following that [R' Eliezer and the Sages] argue: מַר סָבַר

This master [R' Eliezer], who rules that *maasar ani* need not even be designated in *demai*, holds that unlearned people are not suspect regarding *maasar ani* of *demai*, for they do indeed separate *maasar ani* from their produce, and *demai* therefore poses no question of an unfulfilled *maasar ani* obligation. Although these very same common people are lax when it comes to separating *maaser rishon* and *maaser sheni*, they are not lax in regard to *maasar ani* because כֵּיוָן דְּמָמוֹנָא הוּא אַפְרוּשֵׁי מַפְרִישׁ – since [*maasar ani*] is only the money of the poor but may be eaten by anyone, [unlearned people] certainly separate it from their produce in order to remove that aspect of the *tevel* restriction, and then keep it for themselves.[3] וְרַבָּנָן סָבְרֵי – But the Sages [who rule that *maasar ani* must be designated in *demai*] hold כֵּיוָן דִּטְרִיחָא לֵיהּ מִילְתָא – that since it is a troublesome matter for [the unlearned person] to separate *maasar ani*, לֹא מַפְרִישׁ – he does not separate it.[4] Thus, since the Sages maintain that a common person is suspect not to separate *maasar ani* from his produce, they rule that anyone who obtains *demai* must designate *maasar ani* from it.

The Gemara now elaborates on the last part of the Mishnah, which reads:

כַּמָּה יֹאכַל מִן הַטֶּבֶל וכו' – HOW MUCH *TEVEL* MUST ONE EAT etc. In this part of the Mishnah, R' Shimon and the Sages argue whether one is liable to *malkus* for eating an entire wheat kernel of *tevel* even though it is less than the general minimum of a *kezayis*. The Gemara elaborates:

אֲמַר רַב בִּיבִי אֲמַר רַבִּי שִׁמְעוֹן בֶּן לָקִישׁ – Rav Bivi said in the name of R' Shimon ben Lakish: מַחֲלוֹקֶת בְּחִטָּה – The dispute between R' Shimon and the Sages is specifically in regard to one who eats a wheat kernel of *tevel*. R' Shimon asserts that he is liable to *malkus* even though he ate less than a *kezayis*, because he assigns the kernel the significance of a *beriyah*.[5] The Sages, however, apply the normal *kezayis* minimum even in this case. אֲבָל בְּקֶמַח – But in regard to flour that is *tevel*, דִּבְרֵי הַכֹּל כְּזַיִת – everyone [even R' Shimon] agrees that he is not liable unless

---

NOTES

1. The Sages hold that in order to remove the possible *tevel* status from the *demai*, one must designate the *maasar ani* portion by name. But he need not physically separate it out of the produce, since what now remains is only a monetary uncertainty, which is automatically resolved in favor of the current owner [see 16b note 40]. Thus, even if what he designated because of the uncertainty is indeed *maasar ani*, he may eat it himself [since *maasar ani* belongs to the poor but may be eaten by anyone]. There is therefore no point in his physically separating the possible *maasar ani* from his produce, since he will in any event keep it and use it as his own ordinary produce without restriction (see *Rashi*; cf. *Tosafos* to *Nedarim* 84b ד"ה קורא שם).

He must, however, physically remove from the produce the *other* possible tithes that he designates. He must remove the *maaser rishon* in order to separate from it the *terumas maaser* (which he must give to a Kohen, since it is forbidden to non-Kohanim on pain of death). And (in the applicable years) he must remove the *maaser sheni* [or redeem it with money], since it must be eaten in Jerusalem (*Rashi*).

2. And R' Yose's statement above that an unfulfilled *maasar ani* obligation renders the produce *tevel* is not in dispute, unlike Rav Yosef's assertion.

3. Unlearned people are often more concerned about observing the laws of forbidden foods than they are about observing the laws of financial honesty. Accordingly, they willingly separate *maasar ani* from their produce to remove that aspect of the *tevel* restriction, since it costs them nothing to do so, as they anyway plan to withhold the *maasar ani* for themselves unlawfully rather than give it to the poor (*Rashi*). They are lax, however, in separating *maaser rishon* and *maaser sheni*. They reason that if they will separate *maaser rishon*, they will then have to separate *terumas maaser* from it and give it to a Kohen, since it is

forbidden to a non-Kohen on pain of death. And if they will separate *maaser sheni*, they will be required to bring it to Jerusalem to eat. They therefore neglect these tithes (*Rashi*). [And they fail to realize that by eating the produce without separating these tithes, they are thereby guilty of eating *tevel*, which is a sin of at least equal gravity to the ones they are attempting to circumvent (see *Mareh Kohen*; see also *Rashi* to *Bechoros* 11b ד"ה דמאי).]

4. Apparently, the matter that is troublesome to the *amei haaretz* is the time and effort involved in separating the *maasar ani*. As noted above, however, *tevel* restrictions are removed from produce if the tithes are merely designated in the produce, even if they are not physically separated from it. How, then, can the Sages assert that unlearned people do not assign *maasar ani* from their produce because of the trouble involved? What trouble is there in mentally designating *maasar ani* in produce? Some answer that unlearned people are unaware that the law permits mental designation of tithes. Thinking that the law requires them to go through the trouble of physically separating the *maasar ani*, they ignore that obligation altogether (*Teshuvos Maharit* I:25). *Chazon Ish* (*Demai* 9:3), however, seems to explain that the "trouble" meant here in the Gemara is not the physical trouble of separating *maasar ani*, but the troubled conscience that would result from designating *maasar ani* and then withholding it from the poor. The unlearned people far prefer to completely ignore the mitzvah; moreover, they feel that not separating *maasar ani* at all is a lesser form of theft than separating it and then withholding it from the poor.

[In *Nedarim* 84b, Abaye seems to give a different explanation of the dispute. See, however, *Imrei Binyamin* here, who suggests that the two explanations are in fact one and the same.]

5. See 13a note 32.

קורא ואין צריך להפריש. דכיון שקרא עליו שם יצא הכרי מתורת טבל ושאר המעשרות הוא צריך להפריש על כרחך לפי שצריך להפריש ממעשר ראשון תרומת מעשר וליתנה לכהן שהיא במיתה לזרים ומעשר שני צריך להעלותו לירושלים ולאכלו: **רבנן סברי ודאי טביל.** לפיכך ספיקו צריך להוציאו מידי ספק טבל: **לא נחשדו.** דממונא הוא אין בו איסור אכילה אלא גזל עניים ואיהו לגזל עניים לא חייש: **אפרושי מפריש ליה.** לאפקועי טיבליה נהי דמעשר ראשון לא מפריש דסבר אי מפרישנא ליה בעינא לאפרושי תרומת מעשר מיניה שהוא במיתה ונותנה לכהן ומעשר שני נמי אי מפרישנא ליה בעינן אסוקיה ומיכליה בירושלים: **מחלוקת בחטה.** שהיא כברייתה: **כך מחלוקת בזו.** דקסבר ר' שמעון בכל האיסורין כל שהוא למכות ולא אמרו כזית אלא לענין קרבן על שגגת כרת והלכה למשה מסיני היא: **מתני' עד שלא קרא עליהן.** ארמי אובד וגו' ובגמרא יליף היכן הוזהר: **קדשי קדשים חוץ לקלעים.** או שאכל קדשי קדשים בזמן משכן חוץ לקלעים ובגמרא מפרש היכן מוזהר: **קדשים קלים.** חוץ לחומה אזהרתיה מלא תוכל לאכול בשעריך וגו' וכן מעשר שני ובגמרא פריך מעשר שני (א) תנא ליה לעיל מעשר שני והקדש שלא נפדו והיינו שאכלו חוץ לחומה בלא פדיון: **המותיר בטהור אינו לוקה.** כדאמר לעיל בא הכתוב ליתן עשה אחר לא תעשה כו': **השובר.** עלם בטמא כדאמרינן בפסחים (דף פג.) ועלם לא תשברו בו בכשר ולא בפסול: **לוקה ואינו משלח.** קסבר שלח מעיקרא משמע ואין כאן לאו שניתק לעשה דלא"ג דכתיב שלח תשלח אחר לא תקח לאו למימרא דאם לקחת שלח אלא לא תקח אלא שלחנה קודם לקיחה: **וחכמים אומרים משלח ואינו לוקה.** קסברי שלח אחר לקיחה משמע ולאו שניתק לעשה הוא: **גמ' זו דברי ר' עקיבא.** מתניתין דקתני בכורים קרייה מעכבא בהו ר' עקיבא היא שהיה רגיל רבי לסתום דבריו במשנה בסתם בכמה מקומות והכי שמיע ליה לר' יוחנן דאית ליה לר' עקיבא קרייה מעכב' בכורים: **הנחה.** לפני המזבח מעכבת בהן דשנה בה קרא (דברים כו) והניחו לפני וגו' (שם) והנחתו לפני וגו': **ונימא זו דברי ר' שמעון.** דהוי ליה לאיתויי סייעתא למילתיה [ז] ממתניתין

^א קורא את השם ואינו צריך להפריש מאי לאו בהא קא מיפלגי דמר סבר ודאי טובלו ומר סבר ודאי אינו טובלו אמר ליה אביי אי הכי אדמיפלגי בספיקו ליפלגו בודאי אלא דכולי עלמא ודאי טובלו והכא בהא קא מיפלגי מר סבר לא נחשדו עמי הארץ על מעשר עני של דמאי כיון דממונא הוא אפרושי מפריש ורבנן סברי כיון [א] דטריחא ליה מילתא ^ב לא מפריש: כמה יאכל מן הטבל וכו': אמר רב ביבי אמר רבי שמעון בן לקיש מחלוקת בחטה אבל בקמח דברי הכל כזית ורבי ירמיה אמר רבי שמעון בן לקיש כמחלוקת בזו כך מחלוקת בזו תנן אמר להם ר' שמעון אי אתם מודים לי באוכל נמלה כל שהוא שהוא חייב אמרו לו מפני שהיא כברייתה אמר להן אף חטה אחת כברייתה חטה אין קמח לא לדבריהם קאמר להו לדידי אפילו קמח נמי אלא לדידכו אודו לי מיהת דחטה אחת כברייתה ורבנן ^ג ברייתא נשמה חשובה חטה לא חשובה תניא כותיה דרבי ירמיה ^[א] רבי שמעון אומר כל שהוא למכות לא אמרו כזית אלא לענין קרבן: **מתני'** האוכל בכורים עד שלא קרא עליהם ^ד קדשי קדשים חוץ לקלעים ^ה קדשים קלים ^ו ומעשר שני חוץ לחומה ^ז השובר את העצם בפסח הטהור ה"ז לוקה ארבעים אבל ^[ב] המותיר ^ח בטהור ^ט והשובר בטמא אינו לוקה ארבעים ^[ג] הנוטל אם על הבנים ^[ד] רבי יהודה אומר לוקה ואינו משלח וחכמים אומרים ^י משלח ואינו לוקה ^כ זה הכלל כל מצות לא תעשה שיש בה קום עשה אין חייבין עליה: **גמ'** אמר רבה בר בר חנה א"ר יוחנן זו דברי רבי עקיבא סתימתאה אבל חכמים אומרים ^[ה] ^ל בכורים הנחה מעכבת בהן קריאה אין מעכבת בהן ולימא זו דברי רבי שמעון סתימתאה הא קא משמע לן דרבי עקיבא כרבי שמעון סבירא ליה מאי ר' שמעון ^[ו] דתניא ^[א] ותרומת ידך אלו בכורים אמר רבי שמעון מה בא זה ללמדנו אם לאוכלן חוץ לחומה קל וחומר ממעשר הקל ומה מעשר הקל אוכלן חוץ לחומה לוקה בכורים לא כל שכן הא לא בא הכתוב אלא לאוכל מבכורים עד שלא קרא עליהן שהוא לוקה ^[א] ונדבותיך זו תודה ושלמים אמר רבי שמעון מה בא זה ללמדנו אם לאוכלן חוץ לחומה קל וחומר ממעשר הא לא בא הכתוב אלא ^מ לאוכל בתודה ובשלמים לפני זריקה שהוא לוקה ^[א] ובכורות זה הבכור אמר ר' שמעון מה בא זה ללמדנו אם לאוכלן חוץ לחומה ק"ו ממעשר אם לפני זריקה ק"ו מתודה ושלמים הא לא בא הכתוב אלא ^נ לאוכל מן הבכור אפי' לאחר זריקה שהוא לוקה ^[א] בקרך וצאנך זו חטאת ואשם אמר רבי שמעון מה בא זה ללמדנו אם לאוכלן חוץ לחומה קל וחומר ממעשר אם לפני זריקה קל וחומר מתודה ושלמים אם לאחר זריקה קל וחומר מבכור הא לא בא הכתוב אלא ^ס לאוכל מחטאת ואשם אפילו לאחר זריקה חוץ לקלעים שהוא לוקה ^[א] נדריך זו עולה אמר ר"ש מה בא זה ללמדנו אם לאוכלן חוץ לחומה ק"ו ממעשר אם לפני זריקה קל וחומר מתודה ושלמים אם לאחר זריקה ק"ו מבכור אם חוץ לקלעים קל וחומר מחטאת ואשם הא לא בא הכתוב
אלא

ורבנן בריית נשמה חשובה חטה לא חשובה. תימה דבפרק גיד הנשה (חולין דף צו. ולט: ושם) אמרינן שאני גיד דבריה הוא ולא בטיל ואע"ג דלית ביה נשמה וי"ל דהכי קאמר שאני גיד דבריה הוא וכיון דאתיא מבריית נשמה שפיר הויא בריה ולא נראה דהא נבלה דקא אתי מבריית נשמה ואעפ"כ לא הויא בריה אלא על כרחך הטעם תלוי דכל שאובד שמו כשנחתך הוי בריה וניחא מנבילה שאינו אובדת שמה שלפעמים אף כשנחתכה קורין אותה נבילה ולכך לא הוי בריה אבל גיד אובד שמו על ידי שנחתך אבל ק"ק לי ^ח) מאי קאמר הכא בריית נשמה חשיבא ליה ^ט) לימא דלדבריו דר"ש (ב) אמרי לדידן אפילו נמי אית ביה נשמה לא הוי בריה אלא לדידך דבריה הוא אודי לי מיהא דכיון דליכא נשמה דבטלה:
דלמאי

לקמן דשמעינן לר' שמעון בה דאית ליה כי מתניתין דקרייה מעכבא בהו: **מאי ר' שמעון.** היכא שמענא ליה דאמר הכי: **ותרומת ידך.** סיפיה דהאי קרא הוא לא תוכל לאכול בשעריך מעשר דגנך ותירושך ויצהרך ובכורות בקרך וצאנך וכל נדריך אשר תדר ונדבותיך ותרומת ידך ודריש ר' שמעון לקרא מסיפיה לרישיה דאי הוה דריש ליה מרישיה לסיפיה לא מדריש ליה כי האי גוונא ולקמיה מפרשינא ליה: **תרומת ידך אלו בכורים.** דכתיב (דברים כו) ולקח הכהן הטנא מידך: **אם לאוכל.** בכורים חוץ לחומה לאסור כדמשמע קרא לא תוכל לאכול בשעריך וגו': **קל וחומר ממעשר הקל.** שהרי כתיב בתחלת המקרא מעשר דגנך ולקמיה מפרש מאי חומר דבכורים ממעשר: **עד שלא קרא עליהן.** ארמי אובד אבי דאם אינו ענין חוץ לחומה תנהו ענין לאיסור אחר הראוי להם: **לפני זריקה שהוא לוקה.** דאם אינו ענין חוץ לחומה תנהו ענין לכך שזהו איסור החמור שאתה יכול לתתו לענין לאו שאין בו אזהרה מפורשת במקום אחר אלא עשה בלבד (שם יב) ודם זבחיך ישפך והדר והבשר תאכל: **קל וחומר מתודה ושלמים.** ולקמיה מפרש מאי חומריה דבכור מתודה ושלמים: **אפילו לאחר זריקה שהוא לוקה.** אם זר הוא שאין הבכור נאכל אלא לכהנים וזו היא אזהרתו ובמקום אחר עשה הוא דאשכחן בה אך בכור שור וגו' ובשרם יהיה לך וגו' (במדבר יח): **אם לאוכל לאחר זריקה.** והוא זר קל וחומר מבכור ולקמיה מפרש מאי חומרא דחטאת מבכור: **חוץ לקלעים.** ואזהרת עשה מלינו בה במקום אחר (ויקרא ו) במקום קדוש תאכל בחצר אהל מועד:
לאוכל

עין משפט נר מצוה

מד א מיי' פ"ט מהל' מעשר הלכה ג:
מה ב מיי' שם הל' א:
מו ג מיי' פ"ב מהל' מאכלות אסורות הל' כא סמג לאוין קלב טוש"ע יו"ד סי' ק סעיף א:
מז ד ה מיי' פי"א מהל' מעשה קרבנות הל' ה סמג לאוין שכה:
מח ו מיי' פ"ב מהל' מעשר שני הל' ה סמג לאוין רסד:
מט ז מיי' פ"י מהל' קרבן פסח הל' א סמג לאוין שכו:
נ ח מיי' שם הל' יא:
נא ט מיי' שם הל' א:
נב י מיי' פי"ג מהל' שחיטה הל' א סמג לאוין רסה טוש"ע יו"ד סי' רלב סעיף ו:
נג כ מיי' שם הל' ב ופט"ז מהל' סנהדרין הל' ד ופי"ח הל' ב ופ"א מהל' נערה הלכה ז ופ"א מהל' מתנות עניים הל' ג:
נד ל מיי' פ"ג מהל' בכורים הל' ג והל' ד סמג לאוין רם:
נה מ מיי' פי"א מהל' מעשה קרבנות הל' ד סמג לאוין שכד:
נו נ מיי' פ"א מהלכות בכורות הל' טז סמג לאוין שמג:
נז ס מיי' פי"א מהל' מעשה קרבנות הל' ה סמג לאוין שכה:

הגהות הב"ח

(א) רש"י ד"ה קדשים וכו' מעשר שני הא תנא:
(ב) תוס' ד"ה ורבנן וכו' דלדבריו דר"ש קא אמרי וכו' אודי לן מיהא:

הגהות הגר"א

[א] גמ' דטריחא. נ"ל דסניא:

תורה אור השלם

א) לֹא תוּכַל לֶאֱכֹל בִּשְׁעָרֶיךָ מַעְשַׂר דְּגָנְךָ וְתִירֹשְׁךָ וְיִצְהָרֶךָ וּבְכֹרֹת בְּקָרְךָ וְצֹאנֶךָ וְכָל נְדָרֶיךָ אֲשֶׁר תִּדֹּר וְנִדְבֹתֶיךָ וּתְרוּמַת יָדֶךָ: [דברים יב, יז]

מסורת הש"ס

א) נזיר ד. שבועות כא: כה. מעילה יח., ב) שבועות ג: פסחים פג. פד., ג) [חולין קמא. לעיל טז.], ד) [עי' בתוספתא פ"ד], ה) לקמן יח:, ו) חולין קכ: פסחים לו: [יבמות עג: מעילה טו:], ז) נ"ל ממתניתא, ח) [וע"ע בתוס' חולין לו. סד"ה מ"ט דרבנן], ט) רש"א ו"ל.

ליקוטי רש"י

קורא שם וא"צ להפריש. אלא נותן עיניו בצד זה ואומר מכאן אני נוטל ואוכלו הוא בעצמו דהמוציא מחבירו עליו הראיה דאמר ישראל לעני אייתי ראיה דלא הפרישו עם הארץ ויהיבנא לך והכי אמרי' בפ' בתרא דסוטה (דף מח.) מעשר ראשון ומעשר עני המע"ה. **לא נחשדו ע"ה על מעשר עני.** דודאי מפרשי ליה דלא איכפת להו דהדר קא אכלי ליה כיון דאי בעי מפקר להו לנכסיה כו'. **ורבנן סברי.** ודאי נחשדו ולא מפרשי דהא דאמרת דמפקר להו לנכסיה הא לא עבדי דסבר אי מפקרנא לנכסאי דילמא אתי אינש אחרינא וזכי בהו הלכך נחשדו [נדרים פד:].

רבי שמעון אומר כל שהוא למכות וכו'. דתניא ר"ש אומר כל שהוא בכל האיסורין. **למכות.** בהתראה. **ולא אמרו בכזית.** הלכה למשה מסיני אלא לענין קרבן דשגגת כרת [שבועות כא:].

המותיר בטהור. בפסח טהור וכשר [שבועות ג:]. אפילו בטהור והשובר בטמא אינו לוקה לא המותיר משום לא תותירו ולא שובר בטמא משום לא תשברו [פסחים פד.]. **השובר.** את העצם בטמא אינו סופג את הארבעים המותיר בטהור אפילו בטהור וכ"ש בטמא [שבועות ג:].

זה הכלל וכו' אין לוקין עליו. אלא אם כן לא קיימו תוך כדי דיבור למאן דתני קיימו ולא קיימו אלא משלח תוך כדי דיבור ואינו לוקה ואם לא שלח לוקה וצריך לשלח אחר לקיחה משמע ולמאן דתני ביטלו ולא ביטלו בעי עד שישחוט אותה ואי לא לא לקי [חולין קמא.].

ותרומת ידך אלו ביכורים. דכתיב בהו יד ולקח הכהן הטנא מידך (דברים כו) [פסחים לו:].

סתימתאה. הרבה סתם משנה סתם ר' שהן דברי רבי עקיבא וי"מ סתימתאה כל הסתומין תלמידיו היו כדאמר בסנהדרין (דף פו.) סתם משנה ר"מ סתם תוספתא ר' נחמיה סתם ספרא רבי יהודה וכולהו סתימתאי אליבא דר' עקיבא אך קשה בעיני לפרש כן שמצינו בכמה מקומות בשם ר"א בר' יוסי סתימתאי רבי מנחם בר רבי יוסי סתימתאי בפרק בני העיר (מגילה דף כו.) [מגילה ב.]. יש מפרש רבי עקיבא סתימתאה דלמתניתין בסנהדרין באלו הן הנחנקין (דף פו.) משנה רבי מאיר סתם ברייתא רבי נתן וכולהו אליבא דרבי עקיבא ולאו מילתא היא דהא בכמה דוכתין אמרינן רבי מנחם סתימתאה רבי שמעון סתימתאה אלא רוב משניות איכא בש"ס סתומות אליבא דר' עקיבא [בכורות ל.]. שיש משנה וברייתא הרבה שאמר ר' אלעזר בר' שמעון ורגילים התנאים לסדרן במשנה בלשון סתם [חולין ל.]. הרבה מתלמודיו נשנו סתם במשנה ובברייתא [כתובות קא:].

he eats **an olive's volume.**[6]

A conflicting report of what R' Shimon ben Lakish holds in this matter:

וְרַבִּי יִרְמְיָה אָמַר רַבִּי שִׁמְעוֹן בֶּן לָקִישׁ – But R' Yirmiyah says in the name of R' Shimon ben Lakish: כְּמַחֲלוֹקֶת בָּזוֹ כָּךְ מַחֲלוֹקֶת בָּזוֹ – **Just as the dispute** between R' Shimon and the Sages **regards this** case of a wheat kernel, **so too does the dispute** between them **regard this** case of one who eats a minute amount of *tevel* flour.[7]

The Gemara attempts to disprove R' Yirmiyah's understanding of the dispute:

תְּנַן – **We learned in our Mishnah:** אָמַר לָהֶם רַבִּי שִׁמְעוֹן – R' SHIMON SAID TO [THE SAGES]: אִי אַתֶּם מוֹדִים לִי – DO YOU NOT AGREE WITH ME בְּאוֹכֵל נְמָלָה כָּל שֶׁהוּא שֶׁהוּא חַיָּיב – IN THE CASE OF ONE WHO EATS AN ANT OF ANY SIZE THAT HE IS LIABLE to lashes? אָמְרוּ לוֹ מִפְּנֵי שֶׁהִיא כִּבְרִיָּיתָהּ – THEY REPLIED TO HIM: The case of an ant is different BECAUSE IT IS IN THE FORM IN WHICH IT WAS CREATED, i.e. it is a *beriyah,* a whole creature in its original state. אָמַר לָהֶן אַף חִטָּה אַחַת כִּבְרִיָּיתָהּ – [R' SHIMON] REPLIED TO THEM: A SINGLE WHEAT KERNEL IS ALSO IN THE FORM IN WHICH IT WAS CREATED! Since R' Shimon supports his ruling on the basis that a wheat kernel is a *beriyah,* this clearly implies that in his view חִטָּה אִין – for eating **a whole wheat kernel** of *tevel* – **yes,** one incurs *malkus* even though he has eaten less than a *kezayis;* קֶמַח לֹא – but for eating a minuscule amount of *tevel* **flour – no,** one does not incur *malkus.* Does this not refute R' Yirmiyah's contention that R' Shimon argues even in the case of *tevel* flour?

The Gemara rejects this proof:

לְדִבְרֵיהֶם קָאָמַר לְהוּ – It might be that **[R' Shimon] is responding to [the Sages]** even **given their** own **opinion.** He means to say: לְדִידִי אֲפִילוּ קֶמַח נַמִּי – **According to me, even** if the *tevel* is ground into flour, one is **also** liable to *malkus* for the smallest amount. אֶלָּא לְדִידְכוּ – **But according to you,** who rule that the *kezayis* minimum was said with regard to *malkus* as well, אוֹדוּ לִי מִיהַת דְּחִטָּה אַחַת כִּבְרִיָּיתָהּ – **admit to me, at least, that** eating **a single kernel in the form in which it was created** subjects the person to *malkus,* because that kernel is a *beriyah.* Why is it different from the case of an ant? וְרַבָּנַן – **And** what do **the Sages** mean with their reply? בְּרִיַּית נְשָׁמָה חֲשׁוּבָה – They mean that **a living creature,** such as an ant, **is significant,** i.e. the legal significance of *beriyah* applies only to animal life. חִטָּה לֹא חֲשׁוּבָה – But **a wheat kernel is not significant,** since it is only a plant. Therefore, one does not incur *malkus* for eating *tevel* kernels unless he eats the normal minimum of a *kezayis.*[8]

The Gemara cites a Baraisa that supports R' Yirmiyah's assertion that R' Shimon argues in all cases – not just in the case of a wheat kernel that is a *beriyah:*

תַּנְיָא כְּוָתֵיהּ דְּרַבִּי יִרְמְיָה – **It was taught in a Baraisa** that which is **in accordance with** the view **of R' Yirmiyah:** רַבִּי שִׁמְעוֹן אוֹמֵר כָּל שֶׁהוּא לְמַכּוֹת – R' SHIMON SAYS: THE SLIGHTEST AMOUNT of a prohibited food is significant WITH REGARD TO LASHES liability. לֹא אָמְרוּ כְּזַיִת אֶלָּא לְעִנְיַן קָרְבָּן – THEY [the early Sages] REPORTED THE OLIVE'S VOLUME minimum ONLY WITH REGARD TO liability to bring a *chatas* OFFERING for unintentionally eating a food prohibited on pain of *kares.*[9]

Mishnah

This Mishnah continues the list of prohibitions that are punishable by *malkus*:

הָאוֹכֵל בִּכּוּרִים עַד שֶׁלֹּא קָרָא עֲלֵיהֶם – The following also incur *malkus*: **One who eats *bikkurim* before [the owner] recites over them** the verses prescribed in the Torah,[10] קָדְשֵׁי קָדָשִׁים חוּץ לַקְּלָעִים – or who eats ***kodshei kodashim* outside the Curtains,** i.e. the Temple Courtyard limits,[11] קָדָשִׁים קַלִּים וּמַעֲשֵׂר שֵׁנִי חוּץ לַחוֹמָה –

NOTES

6. [Because once a whole creature has been broken into parts, it loses its significance as a *beriyah* even if all its parts are still present.]

7. According to R' Yirmiyah, R' Shimon altogether rejects the *kezayis* minimum with regard to *malkus* liability for eating a forbidden food. For R' Shimon holds that the *kezayis* minimum is a special *Halachah LeMoshe MiSinai* said only in regard to *chatas* liability for unintentionally eating a food that is forbidden on pain of *kares* (*Rashi;* see also *Rashi* to *Shevuos* 21b). [But with regard to *malkus,* no special "amount" was given. Hence, the "amount" for *malkus* is automatically the *slightest* amount. *Ritva,* however, cites *Ramah,* who explains that eating the slightest amount makes one liable to *malkus* because by willfully eating that slight amount of forbidden food [in an act of rebellion against God], he has conferred significance on that slight amount (אַחְשְׁבֵיהּ). But an atonement offering, which is brought for the *unwitting* consumption of a forbidden food, requires that the unwitting transgressor eat an inherently significant amount, i.e. a *kezayis* (see also *Chazon Ish, Choshen Mishpat, Likkutim* §23, comments on *Makkos* 17a).]

8. *Tosafos* here [as understood by *Rosh Yosef* to *Chullin* 96a] and to *Chullin* 96a assert that when the Gemara here attributes to the Sages the retort that the main criterion of *beriyah* is that it derive from animal life, the intent is that even R' Shimon should admit, at least, that animal life is an essential criterion of a *beriyah.* The Sages themselves, however, subscribe to a more fundamental definition of *beriyah.* That is, the principle of *beriyah* applies only when the Torah expresses its prohibition in terms of that specific unit – e.g. an ant, or the גִּיד הַנָּשֶׁה, *gid hanasheh* [sciatic nerve], of an animal, or a non-kosher bird – implying that this is prohibited regardless of its size, provided that it is whole. As regards *tevel,* however, the Torah did not prohibit it in terms of the unit *a kernel of tevel,* but merely in terms of *tevel* in general. Therefore, even aside from the fact that a kernel does not derive from animal life, one cannot be liable for eating *tevel* unless he eats the standard minimum of a *kezayis.* [See also *Ritva* here, and *Yad Avraham* commentary in the ArtScroll Mishnah, *Chullin* 7:3.]

9. See *Hagahos Poras Yosef* regarding why the Gemara describes this Baraisa only as a support for R' Yirmiyah rather than an actual refutation of Rav Bivi.

10. The Torah (*Deuteronomy* 26:1-11) commands that a landowner annually bring the first fruits of his land – *bikkurim* – to the Temple, and there recite a series of verses in thanksgiving over them. Upon concluding this recital, he lays the *bikkurim* before the Altar, and they become the property of the Kohen, to be eaten by him or his household, but not by an Israelite (*Rambam, Hil. Bikkurim* 3:1,12). The Mishnah teaches that if anyone – i.e. even a Kohen – eats of the *bikkurim* before the owner recited the prescribed verses, he has violated a Biblical prohibition and incurs *malkus.* The Gemara explains where in Scripture this prohibition is stated (see *Rashi,* and note 27 below).

As mentioned in the beginning of this chapter (13a note 1), the Mishnah does not list every transgression that is punishable by *malkus,* but only those concerning which there is some novelty. The ruling regarding *bikkurim* is novel, since the prohibition must be derived through Scriptural exegesis, and is actually subject to dispute, as stated in the Gemara (*Pnei Yehoshua*).

11. Sacrifices fall into two categories: *Kodshei kodashim* [most-holy offerings, such as the *olah, chatas* and *asham*], and *kodashim kalim* [offerings of lesser holiness, such as the *shelamim* and *todah*]. Among *kodshei kodashim,* the *olah* is burned in entirety on the Altar, but of the *chatas* and *asham* only certain parts – primarily the fats – are burned, and the meat is eaten by male Kohanim. A Kohen may eat of these offerings only within the Temple confines, and if he eats of them outside, he incurs *malkus.* The Gemara explains where this prohibition is stated (see note 36). [This ruling, too, is novel, since there is no *explicit* prohibition (*Pnei Yehoshua*).]

The Mishnah defines the Temple confines in terms of the *Mishkan* (Tabernacle) in the Wilderness, whose Courtyard was surrounded by curtains. When the Temple was built in Jerusalem, the curtains were replaced by a wall (see *Rashi*).

מסורת הש"ס

א) נזיר ד. שבועות כא: כב. מעילה יח., ב) שבועות ג: פסחים פג. פד., ג) [חולין קמא. לעיל טז.], ד) [עי' בתוספתא פ"ד], ה) לקמן יח:, ו) חולין קכ: פסחים לו: [יבמות עג: מעילה טו:], ז) צ"ל ממתניתא, ח) [וע"ע בתוס' חולין צו. סד"ה מ"ט דרבנן], ט) רש"א וי"ל.

ליקוטי רש"י

קורא שם וא"צ להפריש. אלא נותן עיניו בצד זה ואומר מכאן אני נוטל ואוכלו הוא בעצמו דהמוציא מחבירו עליו הראיה דאמר ישראל לעני אייתי ראיה דלא הפרישו עם הארץ ויהיבנא לך והכי אמרי' בפ' בתרא דסוטה (דף מח.) מעשר ראשון ומעשר עני המע"ה. לא נחשדו ע"ה על מעשר עני. דודאי מפרשי ליה דלא איכפת להו דהדר קא אכלי ליה כיון דאי בעי מפקר להו לנכסיה כו'. ורבנן סברי. ודאי נחשדו ולא מפרשי דהא דאמרת דמפקר להו לנכסיה הא לא עבדי דסבר אי מפקרנא לנכסאי דילמא אתי איניש אחרינא וזכי בהו הלכך נחשדו [נדרים פד:].

רבי שמעון אומר כל שהוא למכות וכו'. דתניא ר"ש אומר כל שהוא בכל האיסורין. למכות. בהתראה. ולא אמרו בכזית. הלכה למשה מסיני אלא לענין קרבן דשגגת כרת [שבועות כא:].

המותיר בטהור. בפסח טהור וכשר [שבועות ג:]. אפילו בטהור והשובר בטמא אינו לוקה לא המותיר משום לא תותירו ולא שובר בטמא משום לא תשברו [פסחים פד.]. השובר. את העצם בטמא אינו סופג את הארבעים המותיר בטהור אפילו בטהור וכ"ש בטמא [שבועות ג:].

זה הכלל וכו' אין לוקין עליו. אלא אם כן לא קיימו תוך כדי דיבור למאן דתני קיימו ולא קיימו אלא משלח תוך כדי דיבור ואינו לוקה ואם לא שלח לוקה וצריך לשלח אחר לקיחה משמע ולמאן דתני ביטלו ולא ביטלו בעי עד שישחוט אותה ואי לא לא לקי [חולין קמא.].

ותרומת ידך אלו ביכורים. דכתיב בהו יד ולקח הכהן הטנא מידך (דברים כו) [פסחים לו:].

סתימתאה. הרבה סתם משנה סתם ר' שהן דברי רבי עקיבא וי"מ סתימתאה כל הסתומין תלמידיו היו כדאמר בסנהדרין (דף פו.) סתם משנה ר"מ סתם תוספתא ר' נחמיה סתם ספרא רבי יהודה וכולהו סתימתאי אליבא דר' עקיבא אך קשה בעיני לפרש כן שמצינו בכמה מקומות בשם ר"א בר' יוסי סתימתאי רבי מנחם בר רבי יוסי סתימתאי בפרק בני העיר (מגילה דף כו.) [מגילה ב.]. יש מפרשים רבי עקיבא סתימתאה דאמרינן בסנהדרין באלו הן הנחנקין (דף פו.) סתם משנה רבי מאיר סתם ברייתא רבי נתן וכולהו אליבא דרבי עקיבא ולאו מלתא היא דהא בכמה דוכתין אמרינן רבי מנחם סתימתאה רבי שמעון סתימתאה אלא רוב משניות אליבא דר' עקיבא [בכורות ל.]. שיש משנה וברייתא הרבה שאמר ר' אלעזר בר' שמעון ורגילים התנאים לסדרן במשנה בלשון סתם [חולין ל.]. הרבה משמועותיו נשנו סתם במשנה ובברייתא [כתובות קא:].

עין משפט נר מצוה

מד א מיי' פ"ט מהל' מעשר הלכה ג:
מה ב מיי' שם הל' א:
מו ג מיי' פ"ב מהל' מאכלות אסורות הל' כא סמג לאוין קלב טוש"ע י"ד סי' ק סעיף א:
מז ד ה מיי' פי"א מהל' מעשה קרבנות הל' ה סמג לאוין שכה:
מח ו מיי' פ"ב מהל' מעשר שני הל' ה סמג לאוין רסד:
מט ז מיי' פ"י מהל' קרבן פסח הל' א סמג לאוין שכו:
נ ח מיי' שם הל' יא:
נא ט מיי' שם הל' א:
נב י מיי' פי"ג מהל' שחיטה הל' א סמג לאוין רסה טוש"ע י"ד סי' רצב סעיף ו:
נג כ מיי' שם הל' ב ופט"ז מהל' סנהדרין הל' ד ופי"ח הל' ב ופ"א מהל' נערה הלכה ז ופ"א מהל' מתנות עניים הל' ג:
נד ל מיי' פ"ג מהל' בכורים הל' ג והל' ד סמג לאוין רס:
נה מ מיי' פי"א מהל' מעשה קרבנות הל' ד סמג לאוין שכד:
נו נ מיי' פ"א מהלכות בכורות הל' טו סמג לאוין שמג:
נז ס מיי' פי"א מהל' מעשה קרבנות הל' ה סמג לאוין שכה:

הגהות הב"ח

(א) רש"י ד"ה קדשים וכו' מעשר שני הא תנא: (ב) תוס' ד"ה ורבנן וכו' דלדבריו דר"ש קא אמרי וכו' אודי לן מיהא:

הגהות הגר"א

[א] גמ' דטריחא. נ"ל דסניא:

תורה אור השלם

א) לֹא תוּכַל לֶאֱכֹל בִּשְׁעָרֶיךָ מַעְשַׂר דְּגָנְךָ וְתִירֹשְׁךָ וְיִצְהָרֶךָ וּבְכֹרֹת בְּקָרְךָ וְצֹאנֶךָ וְכָל נְדָרֶיךָ אֲשֶׁר תִּדֹּר וְנִדְבֹתֶיךָ וּתְרוּמַת יָדֶךָ: [דברים יב, יז]

[א]קורא את השם ואינו צריך להפריש מאי לאו בהא קא מיפלגי דמר סבר ודאי טובלו ומר סבר ודאי אינו טובלו אמר ליה אביי אי הכי אדמיפלגי בספיקו ליפלגו בודאי אלא דכולי עלמא ודאי טובלו והכא בהא קא מיפלגי מר סבר לא נחשדו עמי הארץ על מעשר עני של דמאי כיון דממונא הוא אפרושי מפריש ורבנן סברי כיון [א] דטריחא ליה מילתא [ב]לא מפריש: כמה יאכל מן הטבל וכו': אמר רב ביבי אמר רבי שמעון בן לקיש מחלוקת בחטה אבל בקמח דברי הכל כזית ורבי ירמיה אמר רבי שמעון בן לקיש כמחלוקת בזו כך מחלוקת בזו תנן אמר להם ר' שמעון אי אתם מודים לי באוכל נמלה כל שהוא שהוא חייב אמרו לו מפני שהיא כברייתה אמר להן אף חטה אחת כברייתה חטה אין קמח לא לדבריהם קאמר להו לדידי אפילו קמח נמי אלא לדידכו אודו לי מיהת דחטה אחת כברייתה ורבנן [ג]בריית נשמה חשובה חטה לא חשובה תניא כותיה דרבי ירמיה א) רבי שמעון אומר כל שהוא למכות לא אמרו כזית אלא לענין קרבן: **מתני'** האוכל בכורים עד שלא קרא עליהם [ד]קדשי קדשים חוץ לקלעים [ה]קדשים קלים [ו]ומעשר שני חוץ לחומה [ז]השובר את העצם בפסח הטהור ה"ז לוקה ארבעים אבל ב) המותיר [ח]בטהור [ט]והשובר בטמא אינו לוקה ארבעים ג) הנוטל אם על הבנים ד) רבי יהודה אומר לוקה ואינו משלח וחכמים אומרים [י]משלח ואינו לוקה [כ]זה הכלל כל מצות לא תעשה שיש בה קום עשה אין חייבין עליה: **גמ'** אמר רבה בר בר חנה א"ר יוחנן זו דברי רבי עקיבא סתימתאה אבל חכמים אומרים ה) [ל]בכורים הנחה מעכבת בהן קריאה אין מעכבת בהן ולימא זו דברי רבי שמעון סתימתאה הא קא משמע לן דרבי עקיבא כרבי שמעון סבירא ליה מאי ר' שמעון ו) דתניא א) ותרומת ידך אלו בכורים אמר רבי שמעון מה בא זה ללמדנו אם לאוכלן חוץ לחומה קל וחומר ממעשר הקל ומה מעשר הקל אוכלו חוץ לחומה לוקה בכורים לא כל שכן הא לא בא הכתוב אלא לאוכל מבכורים עד שלא קרא עליהן שהוא לוקה א) ונדבותיך זו תודה ושלמים אמר רבי שמעון מה בא זה ללמדנו אם לאוכלן חוץ לחומה קל וחומר ממעשר הא לא בא הכתוב אלא [מ]לאוכל בתודה ובשלמים לפני זריקה שהוא לוקה א) ובכורות זה הבכור אמר ר' שמעון מה בא זה ללמדנו אם לאוכלן חוץ לחומה ק"ו מתודה ושלמים הא לא בא הכתוב אלא [נ]לאוכל מן הבכור אפי' לאחר זריקה שהוא לוקה א) בקרך וצאנך זו חטאת ואשם מה בא זה ללמדנו אם לאוכלן חוץ לחומה קל וחומר ממעשר אם לפני זריקה קל וחומר מתודה ושלמים אם לאחר זריקה קל וחומר מבכור הא לא בא הכתוב אלא [ס]לאוכל מחטאת ואשם אפילו לאחר זריקה חוץ לקלעים שהוא לוקה א) נדריך זו עולה אמר ר"ש מה בא זה ללמדנו אם לאוכלן חוץ לחומה ק"ו ממעשר אם לפני זריקה קל וחומר מתודה ושלמים אם לאחר זריקה ק"ו מבכור אם חוץ לקלעים קל וחומר מחטאת ואשם הא לא בא הכתוב
אלא

רש"י

קורא ואין צריך להפריש. דכיון שקרא עליו שם יצא הכרי מתורת טבל ושאר המעשרות הוא צריך להפריש על כרחך לפי שצריך להפריש ממעשר ראשון תרומת מעשר וליתנה לכהן שהיא במיתה לזרים ומעשר שני צריך להעלותו לירושלים ולאכלו: רבנן סברי ודאי טביל. לפיכך ספיקו צריך להוציאו מידי ספק טבל: לא נחשדו. דממונא הוא אין בו איסור אכילה אלא גזל עניים ואיהו לגזל עניים לא חייש: אפרושי מפריש ליה. לאפקועי טיבליה נהי דמעשר ראשון לא מפריש דסבר אי מפרישנא ליה בעינא לאפרושי תרומת מעשר מיניה שהוא במיתה ונותנה לכהן ומעשר שני נמי אי מפרישנא ליה בעינן אסוקיה ומיכליה בירושלים: מחלוקת בחטה. שהיא כברייתה: כך מחלוקת בזו. דקסבר ר' שמעון בכל האיסורין כל שהוא למכות ולא אמרו כזית אלא לענין קרבן על שגגת כרת והלכה למשה מסיני היא: מתני' עד שלא קרא עליהן. ארמי אובד וגו' ובגמרא יליף היכן הוזהר: קדשי קדשים חוץ לקלעים. או שאכל קדשי קדשים בזמן משכן חוץ לקלעים ובגמרא מפרש היכן מוזהר: קדשים קלים. חוץ לחומה אזהרתיה מלא תוכל לאכול בשעריך וגו' וכן מעשר שני ובגמרא פריך מעשר שני (א) תנא ליה לעיל מעשר שני והקדש שלא נפדו והיינו שאכלו חוץ לחומה בלא פדיון: המותיר בטהור אינו לוקה. כדאמר לעיל בא הכתוב ליתן עשה אחר לא תעשה כו': השובר. עלם בטמא כדאמרינן בפסחים (דף פג.) ועלם לא תשברו בו בכשר ולא בפסול: לוקה ואינו משלח. קסבר שלח מעיקרא משמע ואין כאן לאו שניתק לעשה דאע"ג דכתיב שלח תשלח אחר לא תקח לאו למימרא דאם לקחת שלח אלא לא תקח אלא שלחנה קודם לקיחה: וחכמים אומרים משלח ואינו לוקה. קסברי שלח אחר לקיחה משמע ולאו שניתק לעשה הוא: גמ' זו דברי ר' עקיבא. מתניתין דקתני בכורים קרייה מעכבא בהו ר' עקיבא היא שהיה רגיל רבי לסתום דבריו במשנה בסתם בכמה מקומות והכי שמיע ליה לר' יוחנן דאית ליה לר' עקיבא קרייה מעכב' בכורים: הנחה. לפני המזבח מעכבת בהן דשנה בה קרא (דברים כו) והניחו לפני וגו' (שם) והנחתו לפני וגו': ונימא זו דברי ר' שמעון. דהוי ליה לאיתויי סייעתא למילתיה ז) ממתניתין דלקמן דשמעינן לר' שמעון בה דאית ליה כי מתניתין דקרייה מעכבא בהו: מאי ר' שמעון. היכא שמענא ליה דאמר הכי: ותרומת ידך. סיפיה דהאי קרא הוא לא תוכל לאכול בשעריך מעשר דגנך ותירושך ויצהרך ובכורות בקרך וצאנך וכל נדריך אשר תדר ונדבותיך ותרומת ידך ודריש ר' שמעון לקרא מסיפיה לרישיה דאי הוה דריש ליה מרישיה לסיפיה לא מדריש ליה כי האי גוונא ולקמיה מפרשינא ליה: תרומת ידך אלו בכורים. דכתיב (דברים כו) ולקח הכהן הטנא מידך: אם לאוכל. בכורים חוץ לחומה לאסור כדמשמע קרא לא תוכל לאכול בשעריך וגו': קל וחומר ממעשר הקל. שהרי כתיב בתחלת המקרא מעשר דגנך ולקמיה מפרש מאי חומר דבכורים ממעשר: עד שלא קרא עליהן. ארמי אובד אבי דאם אינו ענין חוץ לחומה תנהו ענין לאיסור אחר הראוי להם: לפני זריקה שהוא לוקה. דאם אינו ענין חוץ לחומה תנהו ענין לכך שזהו איסור החמור שאתה יכול לתתו לענין לאו שאין בו אזהרה מפורשת במקום אחר אלא עשה בלבד (שם יב) ודם זבחיך ישפך והדר והבשר תאכל: קל וחומר מתודה ושלמים. ולקמיה מפרש מאי חומריה דבכור מתודה ושלמים: אפילו לאחר זריקה שהוא לוקה. אם זר הוא שאין הבכור נאכל אלא לכהנים וזו היא אזהרתו ובמקום אחר עשה הוא דאשכחן בה אך בכור שור וגו' ובשרם יהיה לך וגו' (במדבר יח): אם לאוכל לאחר זריקה. והוא זר קל וחומר מבכור ולקמיה מפרש מאי חומרא דחטאת מבכור: חוץ לקלעים. ואזהרת עשה מצינו בה במקום אחר (ויקרא ו) במקום קדוש תאכל בחצר אהל מועד:
לאוכל

תוספות

ורבנן בריית נשמה חשובה חטה לא חשובה. תימה דבפרק גיד הנשה (חולין דף צו. וצט: ושם) אמרינן שאני גיד דבריה הוא ולא בטיל ואע"ג דלית ביה נשמה וי"ל דהכי קאמר שאני גיד דבריה הוא וכיון דאתיא מבריית נשמה שפיר הויא בריה ולא נראה דהא נבלה דקא אתי מבריית נשמה ואעפ"כ לא הויא בריה אלא על כרחך הטעם תלוי דכל שאובד שמו כשנחתך הוי בריה וניחא מנבילה שאינו אובדת שמה שלפעמים אף כשנחתכה קורין אותה נבילה ולכך לא הוי בריה אבל גיד אובד שמו על ידי שנחתך אבל ק"ק לי ח) מאי קאמר הכא בריית נשמה חשיבא ליה ט) לימא דלדבריו דר"ש (ב) אמרי לדידן אפילו נמי אית ביה נשמה לא הוי בריה אלא לדידך דבריה הוא אודי לי מיהא דכיון דליכא נשמה דבטלה:
דלמאי

or who eats ***kodashim kalim* or *maaser sheni* outside the** city **wall** of Jerusalem.[12] **הַשּׁוֹבֵר אֶת הָעֶצֶם בַּפֶּסַח הַטָּהוֹר – One who breaks the bone of a *pesach*** offering **that is *tahor* הֲרֵי זֶה לוֹקֶה אַרְבָּעִים – receives forty lashes,**[13] **אֲבָל הַמּוֹתִיר בְּטָהוֹר – but one who leaves over** until the following morning meat **of [a *pesach* offering],** even an offering **that is *tahor*, וְהַשּׁוֹבֵר בְּטָמֵא – or who breaks** the bone of **[a *pesach* offering] that is *tamei*, אֵינוֹ לוֹקֶה אַרְבָּעִים – does not receive forty lashes.**[14]

The Mishnah concludes:

הַנּוֹטֵל אֵם עַל הַבָּנִים – One who takes a mother bird while she is **on her young**[15] – **רַבִּי יְהוּדָה אוֹמֵר – R' Yehudah says: לוֹקֶה וְאֵינוֹ מְשַׁלֵּחַ – He incurs *malkus* and need not send** her **away. וַחֲכָמִים אוֹמְרִים – But the Sages say: מְשַׁלֵּחַ וְאֵינוֹ לוֹקֶה – He must send** her **away and does not incur *malkus*,** because it is a prohibition remedied by a positive commandment.[16] **זֶה הַכְּלָל – This is the general rule** illustrated by the Sages' ruling: **כָּל מִצְוַת לֹא תַעֲשֶׂה שֶׁיֵּשׁ בָּהּ קוּם עֲשֵׂה – Any prohibition that has in it a positive commandment,** i.e. its violation is remedied by fulfilling a positive commandment, **אֵין חַיָּיבִין עָלֶיהָ – one is not liable** to *malkus* **for** violating **it.** Rather, he performs the positive commandment and thereby avoids the *malkus*.[17]

Gemara

The Gemara focuses on the Mishnah's opening rule, that *malkus* is incurred for eating *bikkurim* before the owner has recited the necessary verses:

אָמַר רַבָּה בַּר בַּר חָנָה אָמַר רַבִּי יוֹחָנָן – Rabbah bar bar Chanah said in the name of R' Yochanan: זוֹ דִּבְרֵי רַבִּי עֲקִיבָא סְתִימְתָּאָה – These are the words of R' Akiva, the unnamed authority,[18] **אֲבָל חֲכָמִים אוֹמְרִים – but the Sages say: בִּכּוּרִים הֲנָחָה מְעַכֶּבֶת בָּהֶן – *Bikkurim* –** their **placement** before the Altar **is essential to them, קְרִיאָה אֵין מְעַכֶּבֶת בָּהֶן –** but the **recitation** of the verses **is not essential to them.** That is, the mitzvah of bringing *bikkurim* is not fulfilled unless the owner places them down before the Altar, but it is fulfilled, albeit imperfectly, if he omits the recitation.[19] By extension, a Kohen incurs *malkus* only if he eats of the *bikkurim* before the owner places them down by the Altar, but not if he eats of them before the owner recites the verses.[20]

NOTES

12. *Kodashim kalim* offerings always have their fats burned on the Altar and their meats eaten. In most cases [e.g. *shelamim* and *todah*], certain portions are reserved for the Kohanim and their households, but the remainder may be eaten by any Jew. In any event, these offerings must be eaten within the walls of Jerusalem.

Maaser sheni (the second tithe) itself, or the food bought with its redemption money, must be eaten in Jerusalem, as explained in the previous Mishnah (on 13a).

The prohibition against eating either *kodashim kalim* or *maaser sheni* outside Jerusalem is stated explicitly in *Deuteronomy* 12:17: לֹא־תוּכַל לֶאֱכֹל בִּשְׁעָרֶיךָ מַעְשַׂר דְּגָנְךָ וְתִירֹשְׁךָ וְיִצְהָרֶךָ . . . וְנִדְבֹתֶיךָ, *You may not eat in your [outlying] cities: the maaser of your grain and your wine and your oil* [i.e. *maaser sheni*], . . . *and your donative offerings* [i.e. *kodashim kalim;* see note 28].

The Gemara (19b) wonders why our Mishnah repeats the rule of one who eats *maaser sheni* outside Jerusalem, as the previous Mishnah already stated that *malkus* are incurred for eating unredeemed *maaser sheni,* and presumably refers to eating it outside Jerusalem [since it must be eaten in Jerusalem] (*Rashi*). [For discussion of why these rulings are particularly novel, see *Pnei Yehoshua*).]

13. For having violated the prohibition (*Exodus* 12:46): וְעֶצֶם לֹא תִשְׁבְּרוּ־בוֹ, *you shall not break a bone in it.*

14. Leaving the meat of a *pesach* over until morning is prohibited by the verse (*Exodus* 12:10): וְלֹא תוֹתִירוּ מִמֶּנּוּ עַד־בֹּקֶר, *You shall not leave any of it* [the *pesach* offering] *until morning.* However, one does not incur *malkus* for a violation – even if the offering was valid – for reasons discussed above (4b, 16a). [The possible reasons are: (a) This prohibition is one whose violation is remedied by the positive commandment to burn the leftover meat (לָאו הַנִּיתָּק לַעֲשֵׂה); (b) it is a prohibition that is violated without an action (לָאו שֶׁאֵין בּוֹ מַעֲשֶׂה); and (c) its violation cannot be preceded by a definite warning but only by a questionable one (הַתְרָאַת סָפֵק).]

With respect to the prohibition against breaking the bone of a *pesach* offering, the Gemara in *Pesachim* (83a) understands the word בוֹ, *in it* (in the verse *you shall not break a bone in it*), as a qualifying term which teaches that the prohibition applies only to a *valid* offering. Thus, one incurs *malkus* for breaking a bone when the offering is *tahor,* but not when it is *tamei* (*Rashi*).

15. See 16a note 22.

16. R' Yehudah and the Sages disagree regarding the interpretation of the verses (*Deuteronomy* 22:6-7): לֹא־תִקַּח הָאֵם עַל־הַבָּנִים. שַׁלֵּחַ תְּשַׁלַּח אֶת־הָאֵם וְאֶת־הַבָּנִים תִּקַּח־לָךְ, *you shall not take the mother while she is on the young. You shall surely send away the mother, and you may take the young for yourself.* R' Yehudah holds that although the positive commandment (*You shall surely send away the mother*) is written after the prohibition (*you shall not take the mother while she is on the young*), it actually applies only initially, and does not remedy the transgression. That is, the Torah means: Do not take the mother bird while she is on the young, but *instead* send her away. Accordingly, if a person takes the mother bird while she is on her young, he has violated both the prohibition (not to take her) and the positive commandment (to send her away initially). The Torah demands nothing further of him, and he receives *malkus* but does not have to now send away the mother bird. The Sages, on the other hand, maintain that the positive commandment, *You shall surely send away the mother,* is meant to remedy violation of *you shall not take the mother while she is on the young.* That is, the Torah means: Do not take the mother bird while she is on the young, and if you did so then you must now send her away. By fulfilling that commandment, the sinner remedies his transgression and avoids the *malkus* that he should have incurred for it (*Rashi;* see 16a notes 23-24).

17. This principle was discussed at length above, 15a-16b.

18. When R' Yehudah HaNasi arranged the Mishnah, he recorded certain rulings anonymously [in order to convey that they are undisputed and thus authoritative], and these were commonly the views of R' Akiva, who is therefore described as "the unnamed authority" (see *Rashi* here, *Megillah* 2a ד״ה סתימתאה, and *Bechoros* 30a ד״ה תיתי לי; and see *Tosafos* to *Beitzah* 2b ד״ה גבי). R' Yochanan knew by tradition that our Mishnah's ruling is one of those that reflects R' Akiva's opinion [though it is not attributed explicitly to R' Akiva in any Mishnah or Baraisa] (*Rashi;* cf. *Ritva* cited in note 22; *Pnei Yehoshua*).

19. Since the Torah states *twice* (in vs. 4 and 10 of *Deuteronomy* Ch. 26) the requirement to place *bikkurim* before the Altar, we learn that this part of the procedure is essential (*Rashi*). By contrast, the requirement to recite the verses is not repeated, and the Sages therefore maintain that although the owner is commanded to do it initially, if he omits it the procedure is valid and the *bikkurim* may be eaten (see following note). [This is based on the general principle that when Scripture repeats a detail of a procedure, it means to teach that the procedure is invalid if that aspect is omitted; however, when Scripture does not repeat a detail or otherwise indicate that it is essential, one is commanded to perform it, but in the event he omits it the procedure is valid nonetheless (see *Rashi* to 18b ד״ה הא ר׳ יהודה). This principle is commonly regarded as applying only to the laws of *kodashim* (see *Tosafos, Zevachim* 4b ד״ה אימא). For discussion of its application in our context, see 18b note 30.]

20. As shall be explained, the Torah prohibits even a Kohen to eat *bikkurim* only before the mitzvah of bringing it has been fulfilled, and this prohibition is lifted once the *essential* aspects of the mitzvah are completed (see *Rambam, Hil. Bikkurim* 3:3-4). However, although the Sages exempt an eater from *malkus,* they concede that due to the initial requirement to recite the verses the *bikkurim* should preferably not be eaten beforehand (*Tosafos* to 19a ד״ה ולימא; *Ritva* to 18b ד״ה א״ר אלעזר).

קורא ואין צריך להפריש. דכיון שקרא עליו שם יצא הכרי מתורת טבל ושאר המעשרות הוא צריך להפריש על כרחך לפי שצריך להפריש ממעשר ראשון תרומת מעשר וליתנה לכהן שהיא במיתה לזרים ומעשר שני צריך להעלותו לירושלים ולאכלו: **רבנן סברי ודאי טביל.** לפיכך ספיקו צריך להוציאו מידי ספק טבל: **לא נחשדו.** דממונא הוא אין בו איסור אכילה אלא גזל עניים ואיהו לגזל עניים לא חייש: **אפרושי מפריש ליה.** לאפקועי טיבליה נהי דמעשר ראשון לא מפריש דסבר אי מפרישנא ליה בעינא לאפרושי תרומת מעשר מיניה שהוא במיתה ונותנה לכהן ומעשר שני נמי אי מפרישנא ליה בעינן אסוקיה ומיכליה בירושלים: **מחלוקת בחטה.** שהיא כברייתה: **כך מחלוקת בזו.** דקסבר ר' שמעון בכל האיסורין כל שהוא למכות ולא אמרו כזית אלא לענין קרבן על שגגת כרת והלכה למשה מסיני היא: **מתני' עד שלא קרא עליהן.** ארמי אובד וגו' ובגמרא יליף היכן הוזהר: **קדשי קדשים חוץ לקלעים.** או שאכל קדשי קדשים בזמן משכן חוץ לקלעים ובגמרא מפרש היכן מוזהר: **קדשים קלים.** חוץ לחומה אזהרתיה מלא תוכל לאכול בשעריך וגו' וכן מעשר שני ובגמרא פריך מעשר שני (א) תנא ליה לעיל מעשר שני והקדש שלא נפדו והיינו שאכלו חוץ לחומה בלא פדיון: **המותיר בטהור אינו לוקה.** כדאמר לעיל בא הכתוב ליתן עשה אחר לא תעשה כו': **השובר.** עלם בטמא כדאמרינן בפסחים (דף פג.) ועלם לא תשברו בו בכשר ולא בפסול: **לוקה ואינו משלח.** קסבר שלח מעיקרא משמע ואין כאן לאו שניתק לעשה דאע"ג דכתיב שלח תשלח אחר לא תקח לאו למימרא דאם לקחת שלח אלא לא תקח אלא שלחנה קודם לקיחה: **וחכמים אומרים משלח ואינו לוקה.** קסברי שלח אחר לקיחה משמע ולאו שניתק לעשה הוא: **גמ' זו דברי ר' עקיבא.** מתניתין דקתני בכורים קרייה מעכבא בהו ר' עקיבא היא שהיה רגיל רבי לסתום דבריו במשנה בסתם בכמה מקומות והכי שמיע ליה לר' יוחנן דאית ליה לר' עקיבא קרייה מעכב' בכורים: **הנחה.** לפני המזבח מעכבת בהן דשנה בה קרא (דברים כו) והניחו לפני וגו' (שם) והנחתו לפני וגו': **ולימא זו דברי ר' שמעון.** דהוי ליה לאיתויי סייעתא למילתיה י) ממתניתין לקמן דשמעינן לר' שמעון בה דאית ליה כי מתניתין דקרייה מעכבא בהו: **מאי ר' שמעון.** היכא שמענא ליה דאמר הכי: **ותרומת ידך.** סיפיה דהאי קרא הוא לא תוכל לאכול בשעריך מעשר דגנך ותירושך ויצהרך ובכורות בקרך וצאנך וכל נדריך אשר תדר ונדבותיך ותרומת ידך ודריש ר' שמעון לקרא מסיפיה לרישיה דאי הוה דריש ליה מרישיה לסיפיה לא מדריש ליה כי האי גוונא ולקמיה מפרשינא ליה: **תרומת ידך אלו בכורים.** דכתיב (דברים כו) ולקח הכהן הטנא מידך: **אם לאוכל.** בכורים חוץ לחומה לאסור כדמשמע קרא לא תוכל לאכול בשעריך וגו': **קל וחומר ממעשר הקל.** שהרי כתיב בתחלת המקרא מעשר דגנך ולקמיה מפרש מאי חומר דבכורים ממעשר: **עד שלא קרא עליהן.** ארמי אובד אבי דאם אינו ענין לחומה תנהו ענין לאיסור אחר הראוי להם: **לפני זריקה שהוא לוקה.** דאם אינו ענין חוץ לחומה תנהו ענין לכך שזהו איסור החמור שאתה יכול לתתו לענין לאו שאין בו אזהרה מפורשת במקום אחר אלא עשה בלבד (שם יב) ודם זבחיך ישפך והבשר תאכל: **קל וחומר מתודה ושלמים.** ולקמיה מפרש מאי חומריה דבכור מתודה ושלמים: **אפילו לאחר זריקה שהוא לוקה.** אם זר הוא שאין הבכור נאכל אלא לכהנים וזו היא אזהרתו ובמקום אחר עשה הוא דאשכחן בה אך בכור שור וגו' ובשרם יהיה לך וגו' (במדבר יח): **אם לאוכל לאחר זריקה.** והוא זר קל וחומר מבכור ולקמיה מפרש מאי חומרא דחטאת מבכור: **חוץ לקלעים.** ואזהרת עשה מלינו בה במקום אחר (ויקרא ו) במקום קדוש תאכל בחצר אהל מועד: לאוכל

א) קורא את השם ואינו צריך להפריש מאי לאו בהא קא מיפלגי דמר סבר ודאי טובלו ומר סבר ודאי אינו טובלו אמר ליה אביי אי הכי אדמיפלגי בספיקו ליפלגו בודאי אלא דכולי עלמא ודאי טובלו והכא בהא קא מיפלגי מר סבר לא נחשדו עמי הארץ על מעשר עני של דמאי כיון דממונא הוא אפרושי מפריש ורבנן סברי כיון [א] דטריחא ליה מילתא ב לא מפריש: **כמה יאכל מן הטבל וכו':** אמר רב ביבי אמר רבי שמעון בן לקיש מחלוקת בחטה אבל בקמח דברי הכל כזית ורבי ירמיה אמר רבי שמעון בן לקיש כמחלוקת בזו כך מחלוקת בזו תנן אמר להם ר' שמעון אי אתם מודים לי באוכל נמלה כל שהוא שהוא חייב אמרו לו מפני שהיא כברייתה אמר להן אף חטה אחת כברייתה חטה אין קמח לא לדבריהם קאמר להו לדידי אפילו קמח נמי אלא לדידכו אודו לי מיהת דחטה אחת כברייתה ורבנן ג בריית נשמה חשובה חטה לא חשובה תניא כותיה דרבי ירמיה א) רבי שמעון אומר כל שהוא למכות לא אמרו כזית אלא לענין קרבן: **מתני'** האוכל בכורים עד שלא קרא עליהם ד קדשי קדשים חוץ לקלעים ה קדשים קלים ו ומעשר שני חוץ לחומה ז השובר את העצם בפסח הטהור ה"ז לוקה ארבעים אבל ב) המותיר ח בטהור ט והשובר בטמא אינו לוקה ארבעים ג) הנוטל אם על הבנים ד) רבי יהודה אומר לוקה ואינו משלח וחכמים אומרים י משלח ואינו לוקה כ זה הכלל כל מצות לא תעשה שיש בה קום עשה אין חייבין עליה: **גמ'** אמר רבה בר בר חנה א"ר יוחנן זו דברי רבי עקיבא סתימתאה אבל חכמים אומרים ה) ל בכורים הנחה מעכבת בהן קריאה אין מעכבת בהן ולימא זו דברי רבי שמעון סתימתאה הא קא משמע לן דרבי עקיבא כרבי שמעון סבירא ליה מאי ר' שמעון ו) דתניא א) ותרומת ידך אלו בכורים אמר רבי שמעון מה בא זה ללמדנו אם לאוכלן חוץ לחומה קל וחומר ממעשר הקל ומה מעשר הקל אוכלן חוץ לחומה לוקה בכורים לא כל שכן הא לא בא הכתוב אלא לאוכל מבכורים עד שלא קרא עליהן שהוא לוקה א) ונדבותיך זו תודה ושלמים אמר רבי שמעון מה בא זה ללמדנו אם לאוכלן חוץ לחומה קל וחומר ממעשר הא לא בא הכתוב אלא מ לאוכל בתודה ובשלמים לפני זריקה שהוא לוקה א) ובכורות זה הבכור אמר ר' שמעון מה בא זה ללמדנו אם לאוכלן חוץ לחומה ק"ו ממעשר אם לפני זריקה ק"ו מתודה ושלמים הא לא בא הכתוב אלא נ לאוכל מן הבכור אפי' לאחר זריקה שהוא לוקה א) בקרך וצאנך זו חטאת ואשם אמר רבי שמעון מה בא זה ללמדנו אם לאוכלן חוץ לחומה קל וחומר ממעשר אם לפני זריקה קל וחומר מתודה ושלמים אם לאחר זריקה קל וחומר מבכור הא לא בא הכתוב אלא ס לאוכל מחטאת ואשם אפילו לאחר זריקה חוץ לקלעים שהוא לוקה א) נדריך זו עולה אמר ר"ש מה בא זה ללמדנו אם לאוכלן חוץ לחומה ק"ו ממעשר אם לפני זריקה קל וחומר מתודה ושלמים אם לאחר זריקה ק"ו מבכור אם חוץ לקלעים קל וחומר מחטאת ואשם הא לא בא הכתוב אלא

ורבנן בריית נשמה חשובה חטה לא חשובה. תימה דבפרק גיד הנשה (חולין דף צו. ולעו: ושם) אמרינן שאני גיד דבריה הוא ולא בטיל ואע"ג דלית ביה נשמה וי"ל דהכי קאמר שאני גיד דבריה הוא וכיון דאתיא מבריית נשמה שפיר הויא בריה ולא נראה דהא נבלה דקא אתי מבריית נשמה ואעפ"כ לא הויא בריה אלא על כרחך הטעם תלוי דכל שאובד שמו כשנחתך הוי בריה וניחא מנבילה שאינו אובדת שמה שלפעמים אף כשנחתכה קורין אותה נבילה ולכך לא הוי בריה אבל גיד אובד שמו על ידי שנחתך אבל ק"ק לי ח) מאי קאמר הכא בריית נשמה חשיבא ליה ט) לימא דלדבריו דר"ש (ג) אמרי לדידן אפילו נמי אית ביה נשמה לא הוי בריה אלא לדידך דבריה הוא אודי לי מיהא דכיון דליכא נשמה דבטלה: דלמאי

מסורת הש"ס

א) נזיר ד. שבועות כא: כה. מעילה יח., ב) שבועות ג: פסחים פג. פד., ג) [חולין קמא. לעיל טז.], ד) [עי' בתוספתא פ"ד], ה) לקמן יח:, ו) חולין קכ: פסחים לו: [יבמות עג: מעילה טו:], ז) צ"ל ממתניתא, ח) [וע"ע בתוס' חולין לו. סד"ה מ"ט דרבנן], ט) רש"א וי"ל.

ליקוטי רש"י

קורא שם וא"צ להפריש. אלא נותן עיניו בצד זה ואומר מכאן אני נוטל ואוכלו הוא בעצמו דהמוציא מחבירו עליו הראיה דאמר ישראל לעני אייתי ראיה דלא הפרישו עם הארץ ויהיבנא לך והכי אמרי' בפ' בתרא דסוטה (דף מח.) מעשר ראשון ומעשר עני המע"ה. **לא נחשדו ע"ה על מעשר עני.** דודאי מפרשי ליה דלא איכפת להו דהדר קא אכלי ליה כיון דאי בעי מפקר להו לנכסיה כו'. **ורבנן סברי.** ודאי נחשדו ולא מפרשי דהא דאמרת דמפקר להו לנכסיה הא לא עבדי דסבר אי מפקרנא לנכסאי דילמא אתי איניש אחרינא וזכי בהו הלכך נחשדו [נדרים פד:].

רבי שמעון אומר כל שהוא למכות וכו'. דתניא ר"ש אומר כל שהוא בכל האיסורין. **למכות.** בהתראה. **ולא אמרו בכזית.** הלכה למשה מסיני אלא לענין קרבן דשגגת כרת [שבועות כא:].

המותיר בטהור. בפסח טהור וכשר [שבועות ג:]. אפילו בטהור והשובר בטמא אינו לוקה לא המותיר משום לא תותירו ולא שובר בטמא משום לא תשברו [פסחים פד.]. **השובר.** את העלם בטמא אינו סופג את הארבעים המותיר בטהור אפילו בטהור וכ"ש בטמא [שבועות ג:].

זה הכלל וכו' אין לוקין עליו. אלא אם כן לא קיימו תוך כדי דיבור למאן דתני קיימו ולא קיימו אלא משלח תוך כדי דיבור ואינו לוקה ואם לא שלח לוקה וצריך לשלח אחר לקיחה משמע ולמאן דתני ביטלו ולא ביטלו בעי עד שישחוט אותה ואי לא לא לקי [חולין קמא.].

ותרומת ידך אלו ביכורים. דכתיב בהו יד ולקח הכהן הטנא מידך (דברים כו) [פסחים לו:].

סתימתאה. הרבה סתם משנה סתם ר' שהן דברי רבי עקיבא וי"מ סתימתאה כל הסתומין תלמידיו היו כדאמר בסנהדרין (דף פו.) סתם משנה ר"מ סתם תוספתא ר' נחמיה סתם ספרא רבי יהודה וכולהו סתימתאי אליבא דר' עקיבא אך קשה בעיני לפרש כן שמלינו בכמה מקומות בשם ר"א בר' יוסי סתימתאי רבי מנחם בר רבי יוסי סתימתאי בפרק בני העיר (מגילה דף כו.) [מגילה ב.]. יש מפרשים רבי עקיבא סתימתאה דאמרינן בסנהדרין באלו הן הנחנקין (דף פו.) סתם משנה רבי מאיר סתם תוספתא רבי נחמיה סתם ספרא רבי יהודה סתם ספרי רבי שמעון וכולהו אליבא דרבי עקיבא ולאו מילתא היא דהא בכמה דוכתין אמרינן רבי מנחם סתימתאה רבי שמעון סתימתאה אלא רוב משניות אליבא דהש"ס סתמות אליבא דר' עקיבא [בכורות ל.]. שיש משנה וברייתא הלכה כשמאל כר' אלעזר בר' שמעון ורגילים התנאים לסדרן במשנה בלשון סתם [חולין ל.]. הלכה כשמשתועין נשנו סתם במשנה ובברייתא [כתובות קא:].

עין משפט נר מצוה

מד א מיי' פ"ט מהל' מעשר הלכה ג:
מה ב מיי' שם הל' א:
מו ג מיי' פ"ב מהל' מאכלות אסורות הל' כא סמג לאוין קלב טוש"ע י"ד סי' ק סעיף א:
מז ד ה מיי' פי"א מהל' מעשה קרבנות הל' ה סמג לאוין שכה:
מח ו מיי' פ"ב מהל' מעשר שני הל' ה סמג לאוין רסד:
מט ז מיי' פ"י מהל' קרבן פסח הל' א סמג לאוין שכו:
נ ח מיי' שם הל' יא:
נא ט מיי' שם הל' א:
נב י מיי' פי"ג מהל' שחיטה הל' א סמג לאוין רסה טוש"ע י"ד סי' רצב סעיף ו:
נג כ מיי' שם הל' ב ופט"ז מהל' סנהדרין הל' ד ופי"ח הל' ב ופ"א מהל' נערה הלכה ז ופ"א מהל' מתנות עניים הל' ג:
נד ל מיי' פ"ג מהל' בכורים הל' ג והל' ד סמג לאוין רס:
נה מ מיי' פי"א מהל' מעשה קרבנות הל' ד סמג לאוין שכד:
נו נ מיי' פ"א מהלכות בכורות הל' טז סמג לאוין שמג:
נז ס מיי' פי"א מהל' מעשה קרבנות הל' ה סמג לאוין שכה:

הגהות הב"ח

(א) רש"י ד"ה קדשים וכו' מעשר שני הא תנא: (ב) תוס' ד"ה ורבנן וכו' לדבריו דר"ש קא אמרי וכו' אודי לן מיהא:

הגהות הגר"א

[א] גמ' דטריחא. נ"ל דטירחא:

תורה אור השלם

א) לֹא תוּכַל לֶאֱכֹל בִּשְׁעָרֶיךָ מַעְשַׂר דְּגָנְךָ וְתִירֹשְׁךָ וְיִצְהָרֶךָ וּבְכֹרֹת בְּקָרְךָ וְצֹאנֶךָ וְכָל נְדָרֶיךָ אֲשֶׁר תִּדֹּר וְנִדְבֹתֶיךָ וּתְרוּמַת יָדֶךָ: [דברים יב, יז]

The Gemara wonders why R' Yochanan attributed authorship of the Mishnah specifically to R' Akiva:

וְלֵימָא זוּ דִּבְרֵי רַבִּי שִׁמְעוֹן סְתִימְתָּאָה – Let [R' Yochanan] rather **say that these are the words of R' Shimon,** and he is **the unnamed authority** in our Mishnah, since as we shall see, R' Shimon holds explicitly in a Baraisa that one incurs lashes for eating *bikkurim* before the recitation of the verses.[21] – ? –

The Gemara responds:

הָא קָא מַשְׁמַע לָן – This is what **[R' Yochanan]** wishes to **inform us – דְּרַבִּי עֲקִיבָא כְּרַבִּי שִׁמְעוֹן סְבִירָא לֵיהּ – that R' Akiva holds the same view** in this matter as was later **held by** his disciple **R' Shimon.**[22]

The Gemara now inquires:

מַאי רַבִּי שִׁמְעוֹן – Which recorded statement of **R' Shimon** shows that he subscribes to this view?

The Gemara replies:

דְּתַנְיָא – For it was taught in a Baraisa, analyzing the verse that lists the various items a person is forbidden to eat outside of Jerusalem:[23] ,,וּתְרוּמַת יָדֶךָ" אֵלּוּ בִּכּוּרִים – When the verse mentions among these items, ***AND THE TERUMAH OF YOUR HAND,*** **THIS IS** a reference to ***BIKKURIM.***[24] **אָמַר רַבִּי שִׁמְעוֹן – R' SHIMON SAID: מַה בָּא זֶה לְלַמְּדֵנוּ – WHAT DOES THIS** listing of *bikkurim* in the verse **COME TO TEACH US? אִם לְאוֹכְלָן חוּץ לַחוֹמָה – IF** merely to teach the prohibition **FOR ONE WHO EATS [*BIKKURIM*] OUTSIDE THE WALL** of Jerusalem, as stated explicitly in the verse, this is unnecessary, since קַל וָחוֹמֶר מִמַּעֲשֵׂר הַקַּל – we would anyway know that prohibition through a ***KAL VACHOMER*** from ***MAASER*** *sheni,* **WHICH IS** more **LENIENT** than *bikkurim.*[25] The *kal vachomer* can be argued as follows: וּמַה מַּעֲשֵׂר הַקַּל אוֹכְלָן חוּץ לַחוֹמָה לוֹקֶה – **IF EVEN** in the case of ***MAASER*** *sheni,* **WHICH IS** more **LENIENT** than *bikkurim,* **ONE WHO EATS THEM** (*maaser sheni* foods) **OUTSIDE THE WALL** of Jerusalem **INCURS *MALKUS,***[26] **בִּכּוּרִים לֹא כָּל שֶׁכֵּן** – then in the more stringent case of ***BIKKURIM,* IS IT NOT CERTAINLY SO?** Why, then, does the verse specify *bikkurim*? **הָא לֹא בָּא הַכָּתוּב אֶלָּא לְאוֹכֵל מִבִּכּוּרִים עַד שֶׁלֹּא קָרָא עֲלֵיהֶן – RATHER, THE VERSE COMES ONLY** to teach the law **FOR ONE WHO EATS FROM *BIKKURIM* BEFORE [THE OWNER] RECITES** the verses **OVER THEM, שֶׁהוּא לוֹקֶה – THAT HE INCURS *MALKUS.***[27] Thus, we see that R' Shimon considers recitation of the verses to be essential to the fulfillment of the *bikkurim* procedure, and maintains that one who eats of them prior to the recitation incurs *malkus.*

Having cited the beginning of the Baraisa for the sake of demonstrating R' Shimon's opinion regarding *bikkurim,* the Gemara continues with the remainder of his exposition in that Baraisa:

,,וְנִדְבֹתֶיךָ" זוּ תּוֹדָה וּשְׁלָמִים – When the verse mentions among the items that may not be eaten outside Jerusalem, ***AND YOUR DONATIVE OFFERINGS,*** **THIS IS** a reference to **THE *TODAH* AND *SHELAMIM*** offerings.[28] **אָמַר רַבִּי שִׁמְעוֹן – R' SHIMON SAID: מַה בָּא זֶה לְלַמְּדֵנוּ – WHAT DOES THIS** listing of the *todah* and *shelamim* **COME TO TEACH US? אִם לְאוֹכְלָן חוּץ לַחוֹמָה – IF** merely to teach the prohibition **FOR ONE WHO EATS THEM OUTSIDE THE WALL** of Jerusalem, as stated explicitly in the verse, this is unnecessary, since קַל וָחוֹמֶר מִמַּעֲשֵׂר – that prohibition may be derived through the ***KAL VACHOMER* FROM** the more lenient case of ***MAASER*** *sheni,* as above.[29] **הָא לֹא בָּא הַכָּתוּב אֶלָּא לְאוֹכֵל בְּתוֹדָה וּבִשְׁלָמִים לִפְנֵי זְרִיקָה – RATHER, THE VERSE COMES ONLY** to teach the law **FOR ONE WHO EATS OF A *TODAH* OR OF A *SHELAMIM* BEFORE THE THROWING** of its blood to the Altar, **שֶׁהוּא לוֹקֶה – THAT HE INCURS *MALKUS.***[30]

NOTES

21. Why does R' Yochanan attribute our Mishnah's ruling to R' Akiva [an assertion that is not corroborated by any Tannaic source], when he can attribute it to R' Shimon and be supported by the explicit Baraisa cited below? (*Rashi;* see following note and *Aruch LaNer*).

22. R' Yochanan purposely mentioned R' Akiva and not R' Shimon, so as to inform us of his unrecorded tradition, rather than state something that could have been deduced by anyone (based on *Rashi*). [*Ritva* explains differently: R' Akiva's opinion was recorded in an obscure Baraisa [whereas that of R' Shimon is cited in *Sifrei* (*Deuteronomy* 12:17), which was widely studied], and R' Yochanan wanted to inform us of the existence of that unknown Baraisa. Indeed, *Yefei Einayim* points to a Baraisa recorded in *Yerushalmi, Bikkurim* 1:5, which attributes this opinion to R' Akiva.]

23. The verse (*Deuteronomy* 12:17) reads in its entirety: לֹא־תוּכַל לֶאֱכֹל בִּשְׁעָרֶיךָ מַעְשַׂר דְּגָנְךָ וְתִירֹשְׁךָ וְיִצְהָרֶךָ וּבְכֹרֹת בְּקָרְךָ וְצֹאנֶךָ וְכָל־נְדָרֶיךָ אֲשֶׁר תִּדֹּר וְנִדְבֹתֶיךָ וּתְרוּמַת יָדֶךָ, *You may not eat in your [outlying] cities: the maaser [sheni] of your grain, wine and oil, the firstborn of your cattle and your flocks, all your vow offerings that you vow, your donative offerings, and the terumah of your hand.* According to its simple meaning, the verse prohibits eating any of these items outside the walls of Jerusalem. R' Shimon analyzes each item mentioned in the verse and expounds it as teaching an additional prohibition. Note that R' Shimon's analysis begins from the end of the verse and proceeds backward. As shall be explained later, his deductions are possible only because he approaches the verse in this manner [and he has a sound basis for doing so] (*Rashi;* see 17b note 17).

24. For in the *bikkurim* passage (ibid. 26:4), the Torah stipulates: וְלָקַח הַכֹּהֵן הַטֶּנֶא מִיָּדֶךָ, *The Kohen shall take the basket from "your hand"* (*Rashi* here and to *Pesachim* 36b). [Elsewhere, *Rashi* explains that the verse cannot be referring to actual *terumah,* since it deals with items that must be brought to Jerusalem and there is no such requirement for *terumah* (*Rashi* to *Yevamos* 73b). Nevertheless, by describing *bikkurim* as *the "terumah" of your hand,* the Torah implies that *bikkurim* are in some way analogous to *terumah,* and we learn from this that *bikkurim* may be eaten only by Kohanim (*Rambam, Hil. Bikkurim* 3:1; see *Yevamos* ibid.).]

25. The Gemara below (17b) explains why it is considered more lenient.

26. As evident from the first part of this verse, which states: *You may not eat in your [outlying] cities: the maaser [sheni] of your grain ...* (*Rashi*).

27. Scripture teaches this law through the device of *if unnecessary in its context* [אִם אֵינוֹ עִנְיָן] (see 14b note 2). Since the Torah's specific mention of the prohibition against eating *bikkurim* outside of Jerusalem is unnecessary, that verse must be understood as alluding to another prohibition that can reasonably be applied to *bikkurim.* [And logic dictates that it means to prohibit the eating of *bikkurim* before its essential procedure is completed, which, according to R' Shimon, is before the verses are recited over it] (*Rashi*). The Sages agree with R' Shimon's exposition, but hold that the essential procedure is completed when the *bikkurim* are placed by the Altar (see *Lechem Mishneh, Hil. Bechoros* 1:16).

The context to which R' Shimon applies this mention of *bikkurim* is actually analogous to the simple context of the verse. For the verse sets forth a parameter in space for eating *maaser sheni* – viz. it may not be eaten outside Jerusalem – and R' Shimon understands the subsequent reference to *bikkurim* as setting forth a parameter in time for eating it – viz. it may not be eaten before its procedure is completed. All of R' Shimon's subsequent expositions in this Baraisa follow the same pattern (*Ritva*).

28. These are usually brought as נְדָבוֹת, *donative offerings* – that is, the owner voluntarily consecrates the animal as an offering and bears no liability to replace it if it dies or is lost (*Ritva;* see *Nedarim* 9b). [Both the *todah* and *shelamim* are in some cases obligatory, but they are commonly offered voluntarily (see *Nedarim* 10a and *Rambam, Maasei HaKorbanos* 9:5).]

29. [The very *kal vachomer* mentioned above can be applied to the *shelamim* and *todah* offerings, since these, too, are more stringent than *maaser sheni.* The Gemara will elaborate on 17b.]

30. [The essence of an animal offering is its blood *avodah,* which culminates in זְרִיקָה, *zerikah,* i.e. *throwing* or applying the blood to the Altar. This procedure effects acceptance of the offering and the

קורא את השם ואינו צריך להפריש מאי לאו בהא קא מיפלגי דמר סבר ודאי טובלו ומר סבר ודאי אינו טובלו אמר ליה אביי אי הכי אדמיפלגי בספיקו ליפלגו בודאי אלא דכולי עלמא ודאי טובלו והכא בהא קא מיפלגי מר סבר לא נחשדו עמי הארץ על מעשר עני של דמאי כיון דממונא הוא אפרושי מפריש ורבנן סברי כיון [א] דטריחא ליה מילתא ב) לא מפריש: כמה יאכל מן הטבל וכו': אמר רב ביבי אמר רבי שמעון בן לקיש מחלוקת בחטה אבל בקמח דברי הכל בזית ורבי ירמיה אמר רבי שמעון בן לקיש כמחלוקת בזו כך מחלוקת בזו תנן אמר להם ר' שמעון אי אתם מודים לי באוכל נמלה כל שהוא שהוא חייב אמרו לו מפני שהיא כברייתה אמר להן אף חטה אחת כברייתה חטה אין קמח לא לדבריהם קאמר להו לדידי אפילו קמח נמי אלא לדידכו אודו לי מיהת דחטה אחת כברייתה ורבנן ג) בריית נשמה חשובה חטה לא חשובה תניא כותיה דרבי ירמיה ו) רבי שמעון אומר כל שהוא למכות לא אמרו כזית אלא לענין קרבן: **מתני'** האוכל בכורים עד שלא קרא עליהם ד) קדשי קדשים חוץ לקלעים ה) קדשים קלים ו) ומעשר שני חוץ לחומה ז) השובר את העצם בפסח הטהור ה"ז לוקה ארבעים אבל ג) המותיר ח) בטהור ט) והשובר בטמא אינו לוקה ארבעים ט) הנוטל אם על הבנים ד) רבי יהודה אומר לוקה ואינו משלח וחכמים אומרים י) משלח ואינו לוקה כ) זה הכלל כל מצות לא תעשה שיש בה קום עשה אין חייבין עליה: **גמ'** אמר רבה בר בר חנה א"ר יוחנן זו דברי רבי עקיבא סתימתאה אבל חכמים אומרים ה) ל) בכורים הנחה מעכבת בהן קריאה אין מעכבת בהן ולימא זו דברי רבי שמעון סתימתאה הא קא משמע לן דרבי עקיבא כרבי שמעון סבירא ליה מאי ר' שמעון ו) דתניא מ) ותרומת ידך אלו בכורים אמר רבי שמעון מה בא זה ללמדנו אם לאוכלן חוץ לחומה קל וחומר ממעשר הקל ומה מעשר הקל אוכלו חוץ לחומה לוקה בכורים לא כל שכן הא לא בא הכתוב אלא לאוכל מבכורים עד שלא קרא עליהן שהוא לוקה א) ונדבותיך זו תודה ושלמים אמר רבי שמעון מה בא זה ללמדנו אם לאוכלן חוץ לחומה קל וחומר ממעשר הא לא בא הכתוב אלא נ) לאוכל בתודה ובשלמים לפני זריקה שהוא לוקה א) ובכורות זה הבכור אמר ר' שמעון מה בא זה ללמדנו אם לאוכלן חוץ לחומה ק"ו ממעשר אם לפני זריקה ק"ו מתודה ושלמים הא לא בא הכתוב אלא ס) לאוכל מן הבכור אפי' לאחר זריקה שהוא לוקה א) בקרך וצאנך זו חטאת ואשם מה בא זה ללמדנו אם לאוכלן חוץ לחומה קל וחומר ממעשר אם לפני זריקה קל וחומר מתודה ושלמים אם לאחר זריקה קל וחומר מבכור הא לא בא הכתוב אלא ע) לאוכל מחטאת ואשם אפילו לאחר זריקה חוץ לקלעים שהוא לוקה א) נדריך זו עולה אמר ר"ש מה בא זה ללמדנו אם לאוכלן חוץ לחומה ק"ו ממעשר אם לפני זריקה קל וחומר מתודה ושלמים אם לאחר זריקה ק"ו מבכור אם חוץ לקלעים קל וחומר מחטאת ואשם הא לא בא הכתוב
אלא

רש"י

קורא ואין צריך להפריש. דכיון שקרא עליו שם יצא הכרי מתורת טבל ושאר המעשרות הוא צריך להפריש על כרחך לפי שצריך להפריש ממעשר ראשון תרומת מעשר וליתנה לכהן שהיא במיתה לזרים ומעשר שני צריך להעלותו לירושלים ולאכלו: **רבנן סברי ודאי טביל.** לפיכך ספיקו צריך להוציאו מידי ספק טבל: **לא נחשדו.** דממונא הוא אין בו איסור אכילה אלא גזל עניים ואיהו לגזל עניים לא חייש: **אפרושי מפריש ליה.** לאפקועי טיבליה נהי דמעשר ראשון לא מפריש דסבר אי מפרישנא ליה בעינא לאפרושי תרומת מעשר מיניה שהוא במיתה ונותנה לכהן ומעשר שני נמי אי מפרישנא ליה בעינן אסוקיה ומיכליה בירושלים: **מחלוקת בחטה.** שהיא כברייתה: **כך מחלוקת בזו.** דקסבר ר' שמעון בכל האיסורין כל שהוא למכות ולא אמרו כזית אלא לענין קרבן על שגגת כרת והלכה למשה מסיני היא: **מתני' עד שלא קרא עליהן.** ארמי אובד וגו' ובגמרא יליף היכן הוזהר: **קדשי קדשים חוץ לקלעים.** או שאכל קדשי קדשים בזמן משכן חוץ לקלעים ובגמרא מפרש היכן מוזהר: **קדשים קלים.** חוץ לחומה אזהרתיה מלא תוכל לאכול בשעריך וגו' וכן מעשר שני ובגמרא פריך מעשר שני (א) תנא ליה לעיל מעשר שני והקדש שלא נפדו והיינו שאכלו חוץ לחומה בלא פדיון: **המותיר בטהור אינו לוקה.** כדאמר לעיל בא הכתוב ליתן עשה אחר לא תעשה כו': **השובר.** עצם בטמא כדאמרינן בפסחים (דף פג.) ועצם לא תשברו בו בכשר ולא בפסול: **לוקה ואינו משלח.** קסבר שלח מעיקרא משמע ואין כאן לאו שניתק לעשה דאע"ג דכתיב שלח תשלח אחר לא תקח לאו למימרא דאם לקחת שלח אלא לא תקח אלא שלחנה קודם לקיחה: **וחכמים אומרים משלח ואינו לוקה.** קסברי שלח אחר לקיחה משמע ולאו שניתק לעשה הוא: **גמ' זו דברי ר' עקיבא.** מתניתין דקתני בכורים קרייה מעכבא בהו ר' עקיבא היא שהיה רגיל רבי לסתום דבריו במשנה בסתם בכמה מקומות והכי שמיע ליה לר' יוחנן דאית ליה לר' עקיבא קרייה מעכב' בכורים: **הנחה.** לפני המזבח מעכבת בהן דשנה בה קרא (דברים כו) והניחו לפני וגו' (שם) והנחתו לפני וגו': **ונימא זו דברי ר' שמעון.** דהוי ליה לאיתויי סייעתא למילתיה ז) ממתניתין דלקמן דשמעינן לר' שמעון בה דאית ליה כי מתניתין דקרייה מעכבא בהו: **מאי ר' שמעון.** היכא שמענא ליה דאמר הכי: **ותרומת ידך.** סיפיה דהאי קרא הוא לא תוכל לאכול בשעריך מעשר דגנך ותירושך ויצהרך ובכורות בקרך וצאנך וכל נדריך אשר תדר ונדבותיך ותרומת ידך ודריש ר' שמעון לקרא מסיפיה לרישיה דאי הוה דריש ליה מרישיה לסיפיה לא מדריש ליה כי האי גוונא ולקמיה מפרשינא ליה: **תרומת ידך אלו בכורים.** דכתיב (דברים כו) ולקח הכהן הטנא מידך: **אם לאוכל.** בכורים חוץ לחומה לאסור כדמשמע קרא לא תוכל לאכול בשעריך וגו': **קל וחומר ממעשר הקל.** שהרי כתיב בתחלת המקרא מעשר דגנך ולקמיה מפרש מאי חומר דבכורים ממעשר: **עד שלא קרא עליהן.** ארמי אובד אבי דאם אינו ענין חוץ לחומה תנהו ענין לאיסור אחר הראוי להם: **לפני זריקה שהוא לוקה.** דאם אינו ענין חוץ לחומה תנהו ענין לכך שזהו איסור החמור שאתה יכול לתתו לענין לאו שאין בו אזהרה מפורשת במקום אחר אלא עשה בלבד (שם יב) ודם זבחיך ישפך והדר והבשר תאכל: **קל וחומר מתודה ושלמים.** ולקמיה מפרש מאי חומריה דבכור מתודה ושלמים: **אפילו לאחר זריקה שהוא לוקה.** אם זר הוא שאין הבכור נאכל אלא לכהנים וזו היא אזהרתו ובמקום אחר עשה הוא דאשכחן בה אך בכור שור וגו' ובשרם יהיה לך וגו' (במדבר יח): **אם לאוכל לאחר זריקה.** והוא זר קל וחומר מבכור ולקמיה מפרש מאי חומרא דחטאת מבכור: **חוץ לקלעים.** ואזהרת עשה מלינו בה במקום אחר (ויקרא ו) במקום קדוש תאכל בחצר אהל מועד:
לאוכל

תוספות

ורבנן בריית נשמה חשובה חטה לא חשובה. תימה דבפרק גיד הנשה (חולין דף צו. וצט: ושם) אמרינן שאני גיד דבריה הוא ולא בטיל ואע"ג דלית ביה נשמה וי"ל דהכי קאמר שאני גיד דבריה הוא וכיון דלאתיא מבריית נשמה שפיר הויא בריה ולא נראה דהא נבלה דקא אתי מבריית נשמה ואעפ"כ לא הויא בריה אלא על כרחך הטעם תלוי דכל שאובד שמו כשנחתך הוי בריה וניחא מנבילה שאינו אובדת שמה שלפעמים אף כשנחתכה קורין אותה נבילה ולכך לא הוי בריה אבל גיד אובד שמו על ידי שנחתך אבל ק"ק לי ח) מאי קאמר הכא בריית נשמה חשיבא ליה ט) לימא דלדבריו דר"ש (ב) אמרי לדידן אפילו נמי אית ביה נשמה לא הוי בריה אלא לדידך דבריה הוא אודי לי מיהא דכיון דליכא נשמה דבטלה:
דלמאי

מסורת הש"ס

א) נזיר ד. שבועות כא: כה. מעילה יח., ב) שבועות ג: פסחים פג. פד., ג) [חולין קמא. לעיל טז.], ד) [עי' בתוספתא פ"ד], ה) לקמן יח:, ו) חולין קכ: פסחים לו: [יבמות עג: מעילה טו:], ז) נ"ל ממתניתא, ח) [וע"ע בתוס' חולין נו. סד"ה מ"ט דרבנן], ט) רש"א וי"ל.

ליקוטי רש"י

קורא שם וא"צ להפריש. אלא נותן עיניו בלד זה ואומר מכאן אני נוטל ואוכלו הוא בעצמו דהמוליא מחבירו עליו הראיה דאמר ישראל לעני אייתי ראיה דלא הפרישו עם הארץ ויהיבנא לך והכי אמרי' בפ' בתרא דסוטה (דף מח.) מעשר ראשון ומעשר עני המע"ה. **לא נחשדו ע"ה על מעשר עני.** דודאי מפרשי ליה דלא איכפת להו דהדר קא אכלי ליה כיון דאי בעי מפקר להו לנכסיה כו'. **ורבנן סברי.** ודאי נחשדו ולא מפרשי דהא דאמרת דמפקר להו לנכסיה הא לא עבדי דסבר אי מפקרנא לנכסאי דילמא אתי איניש אחרינא וזכי בהו הלכך נחשדו [נדרים פד:].

רבי שמעון אומר כל שהוא למכות וכו'. דתניא ר"ש אומר כל שהוא בכל האיסורין. **למכות.** בהתראה. **ולא אמרו בכזית.** הלכה למשה מסיני אלא לענין קרבן דשגגת כרת [שבועות כא:].

המותיר בטהור. בפסח טהור וכשר [שבועות ג:]. אפילו בטהור והשובר בטמא אינו לוקה לא המותיר משום לא תותירו ולא שובר בטמא משום לא תשברו [פסחים פד.]. **השובר.** את העצם בטמא אינו סופג את הארבעים המותיר בטהור אפילו בטהור וכ"ש בטמא [שבועות ג:].

זה הכלל וכו' אין לוקין עליו. אלא אם כן לא קיימו תוך כדי דיבור למאן דתני קיימו ולא קיימו אלא משלח תוך כדי דיבור ואינו לוקה ואם לא שלח לוקה וצריך לשלח אחר לקיחה משמע ולמאן דתני ביטלו ולא ביטלו בעי עד שישחוט אותה ואי לא לא לקי [חולין קמא.].

ותרומת ידך אלו ביכורים. דכתיב בהו יד ולקח הכהן הטנא מידך (דברים כו) [פסחים לו:].

סתימתאה. הרבה סתם משנה סתם ר' שהן דברי רבי עקיבא וי"מ סתימתאה כל הסתומין תלמידיו היו כדאמר בסנהדרין (דף פו.) סתם משנה ר"מ סתם תוספתא ר' נחמיה סתם ספרא רבי יהודה וכולהו סתימתאי אליבא דר' עקיבא אך קשה בעיני לפרש כן שמלינו בכמה מקומות בשם ר"א בר' יוסי סתימתאי רבי מנחם בר רבי יוסי סתימתאי בפרק בני העיר (מגילה דף כו.) [מגילה ב.]. יש מפרשים רבי עקיבא סתימתאה דאמרינן בסנהדרין באלו הן הנחנקין (דף פו.) סתם משנה רבי מאיר סתם ברייתא רבי נתן וכולהו אליבא דרבי עקיבא ולאו מילתא היא דהא בכמה דוכתין אמרינן רבי שמעון סתימתאה רבי מנחם סתימתאה אלא רוב משניות איכא בהש"ס סתומות אליבא דר' עקיבא [בכורות ל.]. שיש משנה וברייתא הרבה שאמר ר' אלעזר בר' שמעון ורגילים התנאים לסדרן במשנה בלשון סתם [חולין ל.]. הרבה משמועותיו נשנו סתם במשנה ובברייתא [כתובות קא:].

עין משפט נר מצוה

מד א מיי' פ"ט מהל' מעשר הלכה ג:
מה ב מיי' שם הל' א:
מו ג מיי' פ"ב מהל' מאכלות אסורות הל' כא סמג לאוין קלב טוש"ע י"ד סי' ק סעיף א:
מז ד ה מיי' פי"א מהל' מעשה קרבנות הל' ה סמג לאוין שכה:
מח ו מיי' פ"ג מהל' מעשר שני הל' ה סמג לאוין רסד:
מט ז מיי' פ"י מהל' קרבן פסח הל' א סמג לאוין שכו:
נ ח מיי' שם הל' יא:
נא ט מיי' שם הל' א:
נב י מיי' פי"ג מהל' שחיטה הל' א סמג לאוין רסה טוש"ע י"ד סי' רלב סעיף ו:
נג כ מיי' שם הל' ב ופט"ז מהל' סנהדרין הל' ד ופי"ח הל' ג ופ"א מהל' נערה הלכה ז ופ"א מהל' מתנות עניים הל' ג:
נד ל מיי' פ"ג מהל' בכורים הל' ג והל' ד סמג לאוין רס:
נה מ מיי' פי"א מהל' מעשה קרבנות הל' ד סמג לאוין שכד:
נו נ מיי' פ"א מהלכות בכורות הל' טו סמג לאוין שמג:
נז ס מיי' פי"א מהל' מעשה קרבנות הל' ה סמג לאוין שכה:

הגהות הב"ח

(א) רש"י ד"ה קדשים וכו' מעשר שני הא תנא:
(ב) תוס' ד"ה ורבנן וכו' לדבריו דר"ש קא אמרי וכו' אודי לן מיהא:

הגהות הגר"א

[א] גמ' דטריחא. נ"ל דסניא:

תורה אור השלם

א) לֹא תוּכַל לֶאֱכֹל בִּשְׁעָרֶיךָ מַעְשַׂר דְּגָנְךָ וְתִירֹשְׁךָ וְיִצְהָרֶךָ וּבְכֹרֹת בְּקָרְךָ וְצֹאנֶךָ וְכָל נְדָרֶיךָ אֲשֶׁר תִּדֹּר וְנִדְבֹתֶיךָ וּתְרוּמַת יָדֶךָ: [דברים יב, יז]

The Baraisa continues:

״וּבְכֹרֹת״ זֶה הַבְּכוֹר – When the verse mentions ***AND THE FIRSTBORN,*** **THIS IS** a reference to **THE *BECHOR*** offering.[31] אָמַר רַבִּי שִׁמְעוֹן – **R' SHIMON SAID:** מַה בָּא זֶה לְלַמְּדֵנוּ – **WHAT DOES THIS** listing of the *bechor* **COME TO TEACH US?** אִם לְאוֹכְלָן חוּץ לַחוֹמָה – **IF** merely to teach the explicit prohibition **FOR ONE WHO EATS [*BECHOR* OFFERINGS] OUTSIDE THE WALL** of Jerusalem, this is unnecessary, since קַל וָחוֹמֶר מִמַּעֲשֵׂר – that prohibition may be derived through the ***KAL VACHOMER*** **FROM** the more lenient case of ***MAASER*** *sheni,* as above. אִם לִפְנֵי זְרִיקָה – And **IF** to teach (through the device of *if unnecessary in its context*) the prohibition for one who eats a *bechor* offering **BEFORE THE THROWING** of its blood to the Altar, this too is unnecessary, since קַל וָחוֹמֶר מִתּוֹדָה וּשְׁלָמִים – that prohibition may be derived through a ***KAL VACHOMER*** **FROM** the more lenient case of ***TODAH*** **AND *SHELAMIM.***[32] הָא לֹא בָּא הַכָּתוּב אֶלָּא לְאוֹכֵל מִן הַבְּכוֹר אֲפִילּוּ לְאַחַר זְרִיקָה – **RATHER, THE VERSE COMES ONLY** to teach (through the device of *if unnecessary in its context*) the law **FOR SOMEONE** – that is, a non-Kohen – **WHO EATS FROM A *BECHOR* EVEN AFTER THE THROWING** of its blood to the Altar, שֶׁהוּא לוֹקֶה – **THAT HE INCURS *MALKUS.***[33]

The Baraisa continues:

״בְּקָרְךָ וְצֹאנֶךָ״ זוֹ חַטָּאת וְאָשָׁם – When the verse mentions ***YOUR CATTLE AND FLOCKS,*** **THIS IS** a reference to **THE *CHATAS* AND *ASHAM*** offerings.[34] אָמַר רַבִּי שִׁמְעוֹן – **R' SHIMON SAID:** מַה בָּא זֶה לְלַמְּדֵנוּ – **WHAT DOES THIS** listing of the *chatas* and *asham* **COME TO TEACH US?** אִם לְאוֹכְלָן חוּץ לַחוֹמָה – **IF** merely to teach the explicit prohibition **FOR ONE WHO EATS THEM OUTSIDE THE WALL** of Jerusalem, this is unnecessary, since קַל וָחוֹמֶר מִמַּעֲשֵׂר – that prohibition may be derived through the ***KAL VACHOMER*** **FROM** the more lenient case of ***MAASER*** *sheni,* as above. אִם לִפְנֵי זְרִיקָה – And **IF** to teach (through the device of *if unnecessary in its context*) the prohibition for one who eats them **BEFORE THE THROWING** of their blood to the Altar, this too is unnecessary, since קַל וָחוֹמֶר מִתּוֹדָה וּשְׁלָמִים – that prohibition may be derived through the ***KAL VACHOMER*** **FROM** the more lenient case of ***TODAH*** **AND *SHELAMIM,*** as above. אִם לְאַחַר זְרִיקָה – And **IF** to teach (through the device of *if unnecessary in its context*) the prohibition for a non-Kohen who eats them even **AFTER THE THROWING** of their blood to the Altar, this too is unnecessary, since קַל וָחוֹמֶר מִבְּכוֹר – that prohibition may be derived through a ***KAL VACHOMER*** **FROM** the more lenient case of a ***BECHOR*** offering.[35] הָא לֹא בָּא הַכָּתוּב אֶלָּא לְאוֹכֵל מֵחַטָּאת וְאָשָׁם אֲפִילּוּ לְאַחַר זְרִיקָה חוּץ לַקְּלָעִים – **RATHER, THE VERSE COMES ONLY** to teach (through the device of *if unnecessary in its context*) the law **FOR SOMEONE** – even a *Kohen* – **WHO EATS FROM A *CHATAS* OR *ASHAM* EVEN AFTER THE THROWING** of its blood to the Altar, but **OUTSIDE THE CURTAINS** (i.e. the Temple Courtyard limits), שֶׁהוּא לוֹקֶה – **THAT HE INCURS *MALKUS.***[36]

The Baraisa concludes:

״נִדְרֶיךָ״ זוֹ עוֹלָה – When the verse mentions ***YOUR VOW OFFERINGS,*** **THIS IS** a reference to ***OLAH*** offerings.[37] אָמַר רַבִּי שִׁמְעוֹן – **R' SHIMON SAID:** מַה בָּא זֶה לְלַמְּדֵנוּ – **WHAT DOES THIS** listing of *olah* offerings **COME TO TEACH US?** אִם לְאוֹכְלָן חוּץ לַחוֹמָה – **IF** merely to teach the explicit prohibition **FOR ONE WHO EATS THEM OUTSIDE THE WALL** of Jerusalem, this is unnecessary, since קַל וָחוֹמֶר מִמַּעֲשֵׂר – that prohibition may be derived through the ***KAL VACHOMER*** **FROM** the more lenient case of ***MAASER*** *sheni,* as above. אִם לִפְנֵי זְרִיקָה – And **IF** to teach (through the device of *if unnecessary in its context*) the prohibition for one who eats them **BEFORE THE THROWING** of their blood to the Altar, this too is unnecessary, since קַל וָחוֹמֶר מִתּוֹדָה וּשְׁלָמִים – that prohibition may be derived through the ***KAL VACHOMER*** **FROM** the more lenient case of ***TODAH*** **AND *SHELAMIM,*** as

NOTES

atonement it affords (see *Leviticus* 17:11 and *Zevachim* 6a).] Through the device of *if unnecessary in its context* (see note 27), we reason that the superfluous mention of *donative offerings* in this verse alludes that the meat of the *todah* and *shelamim* may not be eaten before *zerikah* is performed. This is the only possible application for the new, unspecified, prohibition. [Since the Torah permits the meat of *todah* and *shelamim* offerings to non-Kohanim, there is no logical application for this verse except to prohibit its consumption before the essential *avodah* is performed (*Tosafos* to 17b ד״ה דלמאי).] Thus, the Torah adds the stringency of a *negative commandment* – which is punishable by *malkus* – to the previously known *positive commandment* to eat of a *todah* and *shelamim* only after *zerikah*. In *Deuteronomy* 12:27, the Torah states: וְדַם־זְבָחֶיךָ יִשָּׁפֵךְ עַל־מִזְבַּח ה׳ אֱלֹהֶיךָ וְהַבָּשָׂר תֹּאכֵל, *The blood of your offerings shall be poured on the Altar of Hashem, your God, and the meat shall you eat.* While this commandment implies that the meat can be eaten only *after* the blood has been applied to the Altar, but not before, it does not employ the language of *prohibition* and its violation is therefore not punishable by *malkus*. The out-of-context reference contained in v. 17 is therefore used to add the force of a prohibition – and *malkus* – to this transgression (*Rashi*).

31. The Torah (*Exodus* 13:2,12; *Numbers* 18:17) decrees that every male firstborn calf, lamb and kid is sanctified as a *bechor* and must be given to a Kohen, who offers it on the Altar. Our verse mentions this offering among the things that may not be eaten outside Jerusalem.

32. [I.e. if one incurs *malkus* even for eating of the lenient *todah* and *shelamim* before their blood is thrown upon the Altar, as derived above, certainly this is true regarding one who eats of the stringent *bechor* before its blood is thrown.] The Gemara (on 17b) will explain in what way the *bechor* is more stringent than the *todah* and *shelamim* (*Rashi*).

33. Elsewhere, the Torah teaches only in the language of a positive commandment that consumption of a *bechor* offering is restricted to Kohanim. In *Numbers* 18:18, it states that *all* the meat of a *bechor* offering should be treated like the breast and thigh of a *shelamim* offering – i.e. the portion that is designated for Kohanim. Accordingly, if a non-Kohen were to eat the meat of the *bechor* offering, he would violate the positive commandment that it be reserved for Kohanim, but would not incur *malkus*. The out-of-context reference contained in *Deuteronomy* 12:17 serves to add the force of a prohibition – and *malkus* – to this transgression (*Rashi*). [The *bechor* offering is unique in that it is the only one in the category of *kodashim kalim* that may be eaten only by Kohanim.]

34. It must refer to these offerings, since they are not mentioned anywhere else in the verse [and all other animal offerings are mentioned] (*Ritva*). [The *maaser* and *pesach* offerings are also unmentioned, but these are essentially the same as the *shelamim*. Furthermore, cattle are unfit for a *pesach* offering. The added mention of "your cattle and flocks," which comes to teach a prohibition that would not otherwise be known, must therefore refer to the *chatas* and *asham*.]

35. I.e. if a non-Kohen incurs *malkus* even for eating of the lenient *bechor,* as derived above, certainly this is true regarding a non-Kohen who eats of the stringent *chatas* or *asham*. The Gemara (17b) will clarify in what way the *chatas* and *asham* are more stringent than the *bechor* (see *Rashi*).

36. Elsewhere, the Torah teaches this restriction only in terms of a positive commandment. In *Leviticus* 6:19, it states regarding a *chatas*: *it shall be eaten in a holy place, in the Courtyard of the Tent of Meeting.* Accordingly, if even a Kohen would eat the meat of a *chatas* (or *asham*, which has the same law) outside the Courtyard, he would transgress a positive commandment but would not be liable to *malkus*. The out-of-context reference contained in *Deuteronomy* 12:17 serves to add the force of a prohibition – and *malkus* – to this transgression (*Rashi*). [This is the apparent source for the Mishnah's ruling that one who eats *kodshei kodashim* outside the Courtyard limits incurs *malkus*. See, however, 18a note 5.]

37. These are usually *vowed* – that is, the owner vows to bring an *olah* [to atone for some misdemeanor; see *Yoma* 36a], and then consecrates

קורא את השם ואינו צריך להפריש מאי לאו בהא קא מיפלגי דמר סבר ודאי טובלו ומר סבר ודאי אינו טובלו אמר ליה אביי אי הכי אדמיפלגי בספיקו ליפלגו בודאי אלא דכולי עלמא ודאי טובלו והכא בהא קא מיפלגי מר סבר לא נחשדו עמי הארץ על מעשר עני של דמאי כיון דממונא הוא אפרושי מפריש ורבנן סברי כיון [א] דטריחא ליה מילתא לא מפריש: כמה יאכל מן הטבל וכו': אמר רב ביבי אמר רבי שמעון בן לקיש מחלוקת בחטה אבל בקמח דברי הכל כזית ורבי ירמיה אמר רבי שמעון בן לקיש כמחלוקת בזו כך מחלוקת בזו תנן אמר להם ר' שמעון אי אתם מודים לי באוכל נמלה כל שהוא שהוא חייב אמרו לו מפני שהיא כברייתה אמר להן אף חטה אחת כברייתה חטה אין קמח לא לדבריהם קאמר להו לדידי אפילו קמח נמי אלא לדידכו אודו לי מיהת דחטה אחת כברייתה ורבנן בריית נשמה חשובה חטה לא חשובה תניא כותיה דרבי ירמיה רבי שמעון אומר כל שהוא למכות לא אמרו כזית אלא לענין קרבן: **מתני'** האוכל בכורים עד שלא קרא עליהם קדשי קדשים חוץ לקלעים קדשים קלים ומעשר שני חוץ לחומה השובר את העצם בפסח הטהור ה"ז לוקה ארבעים אבל המותיר בטהור והשובר בטמא אינו לוקה ארבעים הנוטל אם על הבנים רבי יהודה אומר לוקה ואינו משלח וחכמים אומרים משלח ואינו לוקה זה הכלל כל מצות לא תעשה שיש בה קום עשה אין חייבין עליה: **גמ'** אמר רבה בר בר חנה א"ר יוחנן זו דברי רבי עקיבא סתימתאה אבל חכמים אומרים בכורים הנחה מעכבת בהן קריאה אין מעכבת בהן ולימא זו דברי רבי שמעון סתימתאה הא קא משמע לן דרבי עקיבא כרבי שמעון סבירא ליה מאי ר' שמעון דתניא ותרומת ידך אלו בכורים אמר רבי שמעון מה בא זה ללמדנו אם לאוכלן חוץ לחומה קל וחומר ממעשר הקל ומה מעשר הקל אוכלן חוץ לחומה לוקה בכורים לא כל שכן הא לא בא הכתוב אלא לאוכל מבכורים עד שלא קרא עליהן שהוא לוקה ונדבותיך זו תודה ושלמים אמר רבי שמעון מה בא זה ללמדנו אם לאוכלן חוץ לחומה קל וחומר ממעשר הא לא בא הכתוב אלא לאוכל בתודה ובשלמים לפני זריקה שהוא לוקה ובכורות זה הבכור אמר ר' שמעון מה בא זה ללמדנו אם לאוכלן חוץ לחומה ק"ו ממעשר אם לפני זריקה ק"ו מתודה ושלמים הא לא בא הכתוב אלא לאוכל מן הבכור אפי' לאחר זריקה שהוא לוקה בקרך וצאנך זו חטאת ואשם אמר רבי שמעון מה בא זה ללמדנו אם לאוכלן חוץ לחומה קל וחומר ממעשר אם לפני זריקה קל וחומר מתודה ושלמים אם לאחר זריקה קל וחומר מבכור הא לא בא הכתוב אלא לאוכל מחטאת ואשם אפילו לאחר זריקה חוץ לקלעים שהוא לוקה נדריך זו עולה אמר ר"ש מה בא זה ללמדנו אם לאוכלן חוץ לחומה ק"ו ממעשר אם לפני זריקה קל וחומר מתודה ושלמים אם לאחר זריקה ק"ו מבכור אם חוץ לקלעים קל וחומר מחטאת ואשם הא לא בא הכתוב אלא

רש"י

קורא ואין צריך להפריש. דכיון שקרא עליו שם יצא הכרי מתורת טבל ושאר המעשרות הוא צריך להפריש על כרחך לפי שצריך להפריש ממעשר ראשון תרומת מעשר וליתנה לכהן שהיא במיתה לזרים ומעשר שני צריך להעלותו לירושלים ולאכלו: רבנן סברי ודאי טביל. לפיכך ספיקו צריך להוציאו מידי ספק טבל: לא נחשדו. דממונא הוא אין בו איסור אכילה אלא גזל עניים ואיהו לגזל עניים לא חייש: אפרושי מפריש ליה. לאפקועי טיבליה נהי דמעשר ראשון לא מפריש דסבר אי מפרישנא ליה בעינא לאפרושי תרומת מעשר מיניה שהוא במיתה ונותנה לכהן ומעשר שני נמי אי מפרישנא ליה בעינן אסוקיה ומיכליה בירושלים: מחלוקת בחטה. שהיא כברייתה: כך מחלוקת בזו. דקסבר ר' שמעון בכל האיסורין כל שהוא למכות ולא אמרו כזית אלא לענין קרבן על שגגת כרת והלכה למשה מסיני היא: **מתני'** עד שלא קרא עליהן. ארמי אובד וגו' ובגמרא יליף היכן הוזהר: קדשי קדשים חוץ לקלעים. או שאכל קדשי קדשים בזמן משכן חוץ לקלעים ובגמרא מפרש היכן מוזהר: קדשים קלים. חוץ לחומה אזהרתיה מלא תוכל לאכול בשעריך וגו' וכן מעשר שני ובגמרא פריך מעשר שני (א) תנא ליה לעיל מעשר שני והקדש שלא נפדו והיינו שאכלו חוץ לחומה בלא פדיון: המותיר בטהור אינו לוקה. כדאמר לעיל בא הכתוב ליתן עשה אחר לא תעשה כו': השובר. עצם בטמא כדאמרינן בפסחים (דף פג.) ועצם לא תשברו בו בכשר ולא בפסול: לוקה ואינו משלח. קסבר שלח מעיקרא משמע ואין כאן לאו שניתק לעשה דלאו"ג דכתיב שלח תשלח אחר לא תקח לאו למימרא דאם לקחת שלח אלא לא תקח אלא שלחנה קודם לקיחה: וחכמים אומרים משלח ואינו לוקה. קסברי שלח אחר לקיחה משמע ולאו שניתק לעשה הוא: **גמ'** זו דברי ר' עקיבא. מתניתין דקתני בכורים קרייה מעכבא בהו ר' עקיבא היא שהיה רגיל רבי לסתום דבריו במשנה בסתם בכמה מקומות והכי שמיע ליה לר' יוחנן דאית ליה לר' עקיבא קרייה מעכב' בכורים: הנחה. לפני המזבח מעכבת בהן דשנה בה קרא (דברים כו) והניחו לפני וגו' (שם) והנחתו לפני וגו': ולימא זו דברי ר' שמעון. דהוי ליה לאיתויי סייעתא למילתיה ממתניתין דלקמן דשמעינן לר' שמעון בה דאית ליה כי מתניתין דקרייה מעכבא בהו: מאי ר' שמעון. היכא שמענא ליה דאמר הכי: ותרומת ידך. סיפיה דהאי קרא הוא לא תוכל לאכול בשעריך מעשר דגנך ותירושך ויצהרך ובכורות בקרך וצאנך וכל נדריך אשר תדר ונדבותיך ותרומת ידך ודריש ר' שמעון לקרא מסיפיה לרישיה דאי הוה דריש ליה מרישיה לסיפיה לא מדריש ליה כי האי גוונא ולקמיה מפרשינא ליה: תרומת ידך אלו בכורים. דכתיב (דברים כו) ולקח הכהן הטנא מידך: אם לאוכל. בכורים חוץ לחומה לאסור כדמשמע קרא לא תוכל לאכול בשעריך וגו': קל וחומר ממעשר הקל. שהרי כתיב בתחלת המקרא מעשר דגנך ולקמיה מפרש מאי חומר דבכורים ממעשר: עד שלא קרא עליהן. ארמי אובד אבי דאם אינו ענין חוץ לחומה תנהו ענין לאיסור אחר הראוי להם: לפני זריקה שהוא לוקה. דאם אינו ענין חוץ לחומה תנהו ענין לכך שזהו איסור החמור שאתה יכול לתתו לענין לאו שאין בו אזהרה מפורשת במקום אחר אלא עשה בלבד (שם יב) ודם זבחיך ישפך והדר והבשר תאכל: קל וחומר מתודה ושלמים. ולקמיה מפרש מאי חומריה דבכור מתודה ושלמים: אפילו לאחר זריקה שהוא לוקה. אם זר הוא שאין הבכור נאכל אלא לכהנים וזו היא אזהרתו ובמקום אחר עשה הוא דאשכחן בה אך בכור שור וגו' ובשרם יהיה לך וגו' (במדבר יח): אם לאוכל לאחר זריקה. והוא זר קל וחומר מבכור ולקמיה מפרש מאי חומרא דחטאת מבכור: חוץ לקלעים. ואזהרת עשה מצינו בה במקום אחר (ויקרא ו) במקום קדוש תאכל בחצר אהל מועד:
לאוכל

תוספות

ורבנן בריית נשמה חשובה חטה לא חשובה. תימה דבפרק גיד הנשה (חולין דף צו. וצט: ושם) אמרינן שאני גיד דבריה הוא ולא בטיל ואע"ג דלית ביה נשמה וי"ל דהכי קאמר שאני גיד דבריה הוא וכיון דאתיא מבריית נשמה שפיר הויא בריה ולא נראה דהא נבלה דקא אתי מבריית נשמה ואעפ"כ לא הויא בריה אלא על כרחך הטעם תלוי דכל שאובד שמו כשנחתך הוי בריה וניחא נבילה שאינו אובדת שמה שלפעמים אף כשנחתכה קורין אותה נבילה ולכך לא הוי בריה אבל גיד אובד שמו על ידי שנחתך אבל ק"ק לי (ח) מאי קאמר הכא בריית נשמה חשיבא ליה (ט) לימא דלדבריו דר"ש (ב) אמרי לדידן אפילו נמי אית ביה נשמה לא הוי בריה אלא לדידך דבריה הוא אודי לי מיהא דכיון דליכא נשמה דבטלה:
דלמאי

מסורת הש"ס

א) נזיר ז. שבועות כא: כה. מעילה יח., ב) שבועות ג: פסחים פג. פד., ג) [חולין קמא. לעיל טז.], ד) [עי' בתוספתא פ"ד], ה) לקמן יח., ו) חולין קכ: פסחים לו: [יבמות עג: מעילה טו:], ז) נ"ל ממתניתא, ח) [וע"ע בתוס' חולין צו. סד"ה מ"ט דרבנן], ט) רש"א וי"ל.

ליקוטי רש"י

קורא שם וא"צ להפריש. אלא נותן עיניו בצד זה ואומר מכאן אני נוטל ואוכלו הוא בעצמו דהמוציא מחבירו עליו הראיה דאמר ישראל לעני אייתי ראיה דלא הפרישו עם הארץ ויהיבנא לך והכי אמרי' בפ' בתרא דסוטה (דף מח.) מעשר ראשון ומעשר עני המע"ה. לא נחשדו ע"ה על מעשר עני. דודאי מפרשי ליה דלא איכפת להו דהדר קא אכלי ליה כיון דאי בעי מפקר להו לנכסיה כו'. ורבנן סברי. ודאי נחשדו ולא מפרשי דהא דאמרת דמפקר להו לנכסיה הא לא עבדי דסבר אי מפקרנא לנכסאי דילמא אתי איניש אחרינא וזכי בהו הלכך נחשדו [נדרים פד:].

רבי שמעון אומר כל שהוא למכות וכו'. דתניא ר"ש אומר כל שהוא בכל האיסורין. למכות. בהתראה. ולא אמרו בכזית. הלכה למשה מסיני אלא לענין קרבן דשגגת כרת [שבועות כא:].

המותיר בטהור. בפסח טהור וכשר [שבועות ג:]. אפילו בטהור והשובר בטמא אינו לוקה לא המותיר משום לא תותירו ולא שובר בטמא משום לא תשברו [פסחים פד.]. השובר. את העצם בטמא אינו סופג את הארבעים המותיר בטהור אפילו בטהור וכ"ש בטמא [שבועות ג:].

זה הכלל וכו' אין לוקין עליו. אלא אם כן לא קיימו תוך כדי דיבור למאן דתני קיימו ולא קיימו אלא משלח תוך כדי דיבור ואינו לוקה ואם לא שלח לוקה וצריך לשלח אחר לקיחה משמע ולמאן דתני ביטלו ולא ביטלו בעי עד שישחוט אותה ואי לא לא לקי [חולין קמא.].

ותרומת ידך אלו ביכורים. דכתיב בהו יד ולקח הכהן הטנא מידך (דברים כו) [פסחים לו:].

סתימתאה. הרבה סתם משנה סתם ר' שהן דברי רבי עקיבא וי"מ סתימתאה כל הסתומין תלמידיו היו כדאמר בסנהדרין (דף פו.) סתם משנה ר"מ סתם תוספתא ר' נחמיה סתם ספרא רבי יהודה וכולהו סתימתאי אליבא דר' עקיבא אך קשה בעיני לפרש כן שמצינו בכמה מקומות בשם ר"א בר' יוסי סתימתאי רבי מנחם בר רבי יוסי סתימתאי בפרק בני העיר (מגילה דף כו.) [מגילה ב.]. יש מפרשים רבי עקיבא סתימתאה דאמרינן בסנהדרין באלו הן הנחנקין (דף פו.) סתם משנה רבי מאיר סתם ברייתא רבי נתן וכולהו אליבא דרבי עקיבא ולאו מילתא היא דהא בכמה דוכתין אמרינן רבי מנחם סתימתאה רבי שמעון סתימתאה אלא רוב משניות איכא בהש"ס סתומות אליבא דר' עקיבא [בכורות ל.]. שיש משנה ובריית' הרבה שאמר ר' אלעזר בר' שמעון ורגילים התנאים לסדרן במשנה בלשון סתם [חולין ל.]. הרבה משמועותיו נשנו סתם במשנה ובברייתא [כתובות קא:].

מד א מיי' פ"ט מהל' מעשר הלכה ג:
מה ב מיי' שם הל' א:
מז ד ה מיי' פי"א מהל' מעשה קרבנות הל' ה סמג לאוין שכה:
מח ו מיי' פ"ב מהל' מעשר שני הל' ה סמג לאוין רסד:
נ ח מיי' שם הל' יא:
נא ט מיי' שם הל' א:
נב י מיי' פי"ג מהל' שחיטה הל' א סמג לאוין רסה טוש"ע י"ד סי' רצב סעיף ו:
נג כ מיי' שם הל' ב ופט"ז מהל' סנהדרין הל' ד ופי"ח הל' ב ופ"א מהל' נערה הלכה ז ופ"א מהל' מתנות עניים הל' ג:
נד ל מיי' פ"ג מהל' בכורים הל' ג והל' ד סמג לאוין רס:
נה מ מיי' פי"א מהל' מעשה קרבנות הל' ד סמג לאוין שכד:
נו נ מיי' פ"א מהלכות בכורות הל' טז סמג לאוין שמג:
נז ס מיי' פי"א מהל' מעשה קרבנות הל' ה סמג לאוין שכה:

הגהות הב"ח

(א) רש"י ד"ה קדשים וכו' מעשר שני הא תנא:
(ב) תוס' ד"ה ורבנן וכו' לדבריו דר"ש קא אמרי וכו' אודי לן מיהא:

הגהות הגר"א

[א] גמ' דטריחא. נ"ל דסניא:

תורה אור השלם

א) לֹא תוּכַל לֶאֱכֹל בִּשְׁעָרֶיךָ מַעְשַׂר דְּגָנְךָ וְתִירֹשְׁךָ וְיִצְהָרֶךָ וּבְכֹרֹת בְּקָרְךָ וְצֹאנֶךָ וְכָל נְדָרֶיךָ אֲשֶׁר תִּדֹּר וְנִדְבֹתֶיךָ וּתְרוּמַת יָדֶךָ: [דברים יב, יז]

above. אִם לְאַחַר זְרִיקָה – And IF to teach (through the device of *if unnecessary in its context*) the prohibition for a non-Kohen who eats them even **AFTER THE THROWING** of their blood to the Altar, this too is unnecessary, since קַל וָחוֹמֶר מִבְּכוֹר – that prohibition may be derived through the ***KAL VACHOMER*** **FROM** the more lenient case of **A *BECHOR*** offering, as above. אִם חוּץ לַקְּלָעִים – And **IF** to teach (through the device of *if unnecessary in its context*) the prohibition for one who eats them after the application of their blood to the Altar but **OUTSIDE THE CURTAINS**, this too is unnecessary, since קַל וָחוֹמֶר מֵחַטָּאת וְאָשָׁם – that prohibition may be derived through a ***KAL VACHOMER*** **FROM** the more lenient case of the ***CHATAS*** **AND *ASHAM*** offerings.[38] הָא לֹא בָּא הַכָּתוּב – **RATHER, THE VERSE COMES**

NOTES

an animal with which to fulfill his vow. If the animal dies or is lost, the owner remains obligated to fulfill his vow with another animal (*Ritva;* see *Zevachim* 4b).

38. [Since the *olah* is more stringent than the *chatas* and *asham,* as explained below, it is obvious that any prohibition stated regarding those offerings applies to the *olah* as well.]

קורא ואין צריך להפריש. דכיון שקרא עליו שם יצא הכרי מתורת טבל ושאר המעשרות הוא צריך להפריש על כרחך לפי שצריך להפריש ממעשר ראשון תרומת מעשר וליתנה לכהן שהיא במיתה לזרים ומעשר שני צריך להעלותו לירושלים ולאכלו: רבנן סברי ודאי טביל. לפיכך ספיקו צריך להוציאו מידי ספק טבל: לא נחשדו. דממונא הוא אין בו איסור אכילה אלא גזל עניים ואיהו לגזל עניים לא חייש: אפרושי מפריש ליה. לאפקועי טיבליה נהי דמעשר ראשון לא מפריש דסבר אי מפרישנא ליה בעינא לאפרושי תרומת מעשר מיניה שהוא במיתה ונותנה לכהן ומעשר שני נמי אי מפרישנא ליה בעינן אסוקיה ומיכליה בירושלים: מחלוקת בחטה. שהיא כברייתה: כך מחלוקת בזו. דקסבר ר' שמעון בכל האיסורין כל שהוא למכות ולא אמרו כזית אלא לענין קרבן על שגגת כרת והלכה למשה מסיני היא: **מתני'** עד שלא קרא עליהן. ארמי אובד וגו' ובגמרא יליף היכן הוזהר: קדשי קדשים חוץ לקלעים. או שאכל קדשי קדשים בזמן משכן חוץ לקלעים ובגמרא מפרש היכן מוזהר: קדשים קלים. חוץ לחומה אזהרתיה מלא תוכל לאכול בשעריך וגו' וכן מעשר שני ובגמרא פריך מעשר שני (א) תנא ליה לעיל מעשר שני והקדש שלא נפדו והיינו שאכלו חוץ לחומה בלא פדיון: המותיר בטהור אינו לוקה. כדאמר לעיל בא הכתוב ליתן עשה אחר לא תעשה כו': השובר. עצם בטמא כדאמרינן בפסחים (דף פג.) ועצם לא תשברו בו בכשר ולא בפסול: לוקה ואינו משלח. קסבר שלח מעיקרא משמע ואין כאן לאו שניתק לעשה דלאע"ג דכתיב שלח תשלח אחר לא תקח לאו למימרא דאם לקחת שלח אלא לא תקח אלא שלחנה קודם לקיחה: וחכמים אומרים משלח ואינו לוקה. קסברי שלח אחר לקיחה משמע ולאו שניתק לעשה הוא: גמ' זו דברי ר' עקיבא. מתניתין דקתני בכורים קרייה מעכבא בהו ר' עקיבא היא שהיה רגיל רבי לסתום דבריו במשנה כשתם בכמה מקומות והכי שמיע ליה לר' יוחנן דאית ליה לר' עקיבא קרייה מעכב' בכורים: הנחה. לפני המזבח מעכבת בהן דשנה בה קרא (דברים כו) והניחו לפני וגו' (שם) והנחתו לפני וגו': ונימא זו דברי ר' שמעון. דהוי ליה לאיתויי סייעתא למילתיה [ז] ממתניתין דלקמן דשמעינן לר' שמעון בה דאית ליה כי מתניתין דקרייה מעכבא בהו: מאי ר' שמעון. היכא שמענא ליה דאמר הכי: ותרומת ידך. סיפיה דהאי קרא הוא לא תוכל לאכול בשעריך מעשר דגנך ותירושך ויצהרך ובכורות בקרך וצאנך וכל נדריך אשר תדר ונדבותיך ותרומת ידך ודריש ר' שמעון לקרא מסיפיה לרישיה דאי הוה דריש ליה מרישיה לסיפיה לא מדריש ליה כי האי גוונא ולקמיה מפרשינא ליה: תרומת ידך אלו בכורים. דכתיב (דברים כו) ולקח הכהן הטנא מידך: אם לאוכל. בכורים חוץ לחומה לאסור כדמשמע קרא לא תוכל לאכול בשעריך וגו': קל וחומר ממעשר הקל. שהרי כתיב בתחלת המקרא מעשר דגנך ולקמיה מפרש מאי חומר דבכורים ממעשר: עד שלא קרא עליהן. ארמי אובד אבי דאם אינו ענין חוץ לחומה תנהו ענין לאיסור אחר הראוי להם: לפני זריקה שהוא לוקה. דאם אינו ענין חוץ לחומה תנהו ענין לכך שזהו איסור החמור שאתה יכול לתתו לענין לאו שאין בו אזהרה מפורשת במקום אחר אלא עשה בלבד (שם יב) ודם זבחיך ישפך והדר והבשר תאכל: קל וחומר מתודה ושלמים. ולקמיה מפרש מאי חומריה דבכור מתודה ושלמים: אפילו לאחר זריקה שהוא לוקה. אם זר הוא שאין הבכור נאכל אלא לכהנים וזו היא אזהרתו ובמקום אחר עשה הוא דאשכחן בה אך בכור שור וגו' ובשרם יהיה לך וגו' (במדבר יח): אם לאוכל לאחר זריקה. והוא זר קל וחומר מבכור ולקמיה מפרש מאי חומרא דחטאת מבכור: חוץ לקלעים. ואזהרת עשה מלינו בה במקום אחר (ויקרא ו) במקום קדוש תאכל בחצר אהל מועד: לאוכל

[א] קורא את השם ואינו צריך להפריש מאי לאו בהא קא מיפלגי דמר סבר ודאי טובלו ומר סבר ודאי אינו טובלו אמר ליה אביי אי הכי אדמיפלגי בספיקו ליפלגו בודאי אלא דכולי עלמא ודאי טובלו והכא בהא קא מיפלגי מר סבר לא נחשדו עמי הארץ על מעשר עני של דמאי כיון דממונא הוא אפרושי מפריש ורבנן סברי כיון [א] דטריחא ליה מילתא [ב] לא מפריש: כמה יאכל מן הטבל וכו': אמר רב ביבי אמר רבי שמעון בן לקיש מחלוקת בחטה אבל בקמח דברי הכל כזית ורבי ירמיה אמר רבי שמעון בן לקיש כמחלוקת בזו כך מחלוקת בזו תנן אמר להם ר' שמעון אי אתם מודים לי באוכל נמלה כל שהוא שהוא חייב אמרו לו מפני שהיא כברייתה אמר להן אף חטה אחת כברייתה חטה אין קמח לא לדבריהם קאמר להו לדידי אפילו קמח נמי אלא לדידכו אודו לי מיהת דחטה אחת כברייתה ורבנן [ג] בריית נשמה חשובה חטה לא חשובה תניא כותיה דרבי ירמיה [א] רבי שמעון אומר כל שהוא למכות לא אמרו כזית אלא לענין קרבן: **מתני'** האוכל בכורים עד שלא קרא עליהם [ד] קדשי קדשים חוץ לקלעים [ה] קדשים קלים [ו] ומעשר שני חוץ לחומה [ז] השובר את העצם בפסח הטהור ה"ז לוקה ארבעים אבל [ב] המותיר [ח] בטהור [ט] והשובר בטמא אינו לוקה ארבעים [ג] הנוטל אם על הבנים [ד] רבי יהודה אומר לוקה ואינו משלח וחכמים אומרים [י] משלח ואינו לוקה [כ] זה הכלל כל מצות לא תעשה שיש בה קום עשה אין חייבין עליה: **גמ'** אמר רבה בר בר חנה א"ר יוחנן זו דברי רבי עקיבא סתימתאה אבל חכמים אומרים [ה] [ל] בכורים הנחה מעכבת בהן קריאה אין מעכבת בהן ולימא זו דברי רבי שמעון סתימתאה הא קא משמע לן דרבי עקיבא כרבי שמעון סבירא ליה מאי ר' שמעון [ו] דתניא [א] ותרומת ידך אלו בכורים אמר רבי שמעון מה בא זה ללמדנו אם לאוכלן חוץ לחומה קל וחומר ממעשר הקל ומה מעשר הקל אוכלן חוץ לחומה לוקה בכורים לא כל שכן הא לא בא הכתוב אלא לאוכל מבכורים עד שלא קרא עליהן שהוא לוקה [א] ונדבותיך זו תודה ושלמים אמר רבי שמעון מה בא זה ללמדנו אם לאוכלן חוץ לחומה קל וחומר ממעשר הא לא בא הכתוב אלא [מ] לאוכל בתודה ובשלמים לפני זריקה שהוא לוקה [א] ובכורות זה הבכור אמר ר' שמעון מה בא זה ללמדנו אם לאוכלן חוץ לחומה ק"ו ממעשר אם לפני זריקה ק"ו מתודה ושלמים הא לא בא הכתוב אלא [נ] לאוכל מן הבכור אפי' לאחר זריקה שהוא לוקה [א] בקרך וצאנך זו חטאת ואשם אמר רבי שמעון מה בא זה ללמדנו אם לאוכלן חוץ לחומה קל וחומר ממעשר אם לפני זריקה קל וחומר מתודה ושלמים אם לאחר זריקה קל וחומר מבכור הא לא בא הכתוב אלא [ס] לאוכל מחטאת ואשם אפילו לאחר זריקה חוץ לקלעים שהוא לוקה [א] נדריך זו עולה אמר ר"ש מה בא זה ללמדנו אם לאוכלן חוץ לחומה ק"ו ממעשר אם לפני זריקה קל וחומר מתודה ושלמים אם לאחר זריקה ק"ו מבכור אם חוץ לקלעים קל וחומר מחטאת ואשם הא לא בא הכתוב אלא

ורבנן בריית נשמה חשובה חטה לא חשובה. תימה דבפרק גיד הנשה (חולין דף צו. ושם: ושם) אמרינן שאני גיד דבריה הוא ולא בטיל ואע"ג דלית ביה נשמה וי"ל דהכי קאמר שאני גיד דבריה הוא וכיון דאתיא מבריית נשמה שפיר הויא בריה ולא נראה דהא נבלה דקא אתי מבריית נשמה ואעפ"כ לא הויא בריה אלא על כרחך הטעם תלוי דכל שאובד שמו כשנחתך הוי בריה וניחא מנבילה שאינו אובדת שמה שלפעמים אף כשנחתכה קורין אותה נבילה ולכך לא הוי בריה אבל גיד אובד שמו על ידי שנחתך אבל ק"ק לי [ח] מאי קאמר הכא בריית נשמה חשיבא ליה [ט] לימא דלדבריו דר"ש (ב) אמרי לדידן אפילו נמי אית ביה נשמה לא הוי בריה אלא לדידך דבריה הוא אודי לי מיהא דכיון דליכא נשמה דבטלה: דלמאי

מסורת הש"ס

א) נזיר ד. שבועות כא: כה. מעילה יח., ב) שבועות ג: פסחים פג. פד., ג) [חולין קמא. לעיל טז.], ד) [עי' בתוספתא פ"ד], ה) לקמן יח:, ו) חולין קכ: פסחים לו: [יבמות עג: מעילה טו:], ז) צ"ל ממתניתא, ח) [וע"ע בתוס' חולין לז. סד"ה מ"ט דרבנן], ט) רש"א וי"ל.

ליקוטי רש"י

קורא שם וא"צ להפריש. אלא נותן עיניו בצד זה ואומר מכאן אני נוטל ואוכלו הוא בעצמו דהמוציא מחבירו עליו הראיה דאמר ישראל לעני אייתי ראיה דלא הפרישו עם הארץ ויהיבנא לך והכי אמרי' בפ' בתרא דסוטה (דף מח.) מעשר ראשון ומעשר עני המע"ה. לא נחשדו ע"ה על מעשר עני. דודאי מפרשי ליה דלא איכפת להו דהדר קא אכלי ליה כיון דאי בעי מפקר להו לנכסיה כו'. ורבנן סברי. ודאי נחשדו ולא מפרשי דהא דאמרת דמפקר להו לנכסיה הא לא עבדי דסבר אי מפקרנא לנכסאי דילמא אתי איניש אחרינא וזכי בהו הלכך נחשדו [נדרים פד:].

רבי שמעון אומר כל שהוא למכות וכו'. דתניא ר"ש אומר כל שהוא בכל האיסורין. למכות. בהתראה. ולא אמרו בכזית. הלכה למשה מסיני אלא לענין קרבן דשגגת כרת [שבועות כא:].

המותיר בטהור. בפסח טהור וכשר [שבועות ג:]. אפילו בטהור והשובר בטמא אינו לוקה לא המותיר משום לא תותירו ולא שובר בטמא משום לא תשברו [פסחים פד.]. השובר. את העצם בטמא אינו סופג את הארבעים המותיר בטהור אפילו בטהור וכ"ש בטמא [שבועות ג:].

זה הכלל וכו' אין לוקין עליו. אלא אם כן לא קיימו תוך כדי דיבור למאן דתני קיימו ולא קיימו אלא משלח תוך כדי דיבור ואינו לוקה ואם לא שלח לוקה וצריך לשלח אחר לקיחה משמע ולמאן דתני ביטלו ולא ביטלו בעי עד שישחוט אותה ואי לא לא לקי [חולין קמא.].

ותרומת ידך אלו ביכורים. דכתיב בהו יד ולקח הכהן הטנא מידך (דברים כו) [פסחים לו:].

סתימתאה. הרבה סתם משנה סתם ר' שהן דברי רבי עקיבא וי"מ סתימתאה כל הסתומין תלמידיו היו כדאמר בסנהדרין (דף פו.) סתם משנה ר"מ סתם תוספתא ר' נחמיה סתם ספרא רבי יהודה וכולהו סתימתאי אליבא דר' עקיבא אך קשה בעיני לפרש כן שמצינו בכמה מקומות בשם ר"א בר' יוסי סתימתאי רבי מנחם בר רבי יוסי סתימתאי בפרק בני העיר (מגילה דף כו.) [מגילה ב.]. יש מפרשים רבי עקיבא סתימתאה דאמרינן בסנהדרין באלו הן הנחנקין (דף פו.) סתם משנה רבי מאיר סתם ברייתא רבי נתן וכולהו אליבא דרבי עקיבא ולאו מילתא היא דהא בכמה דוכתין אמרינן רבי מנחם סתימתאה רבי שמעון סתימתאה אלא רוב משניות סתימתאה אליבא דר' עקיבא [בכורות ל.]. שיש משנה וברייתא הרבה שאמר ר' אלעזר בר' שמעון ורגילים התנאים לסדרן במשנה בלשון סתם [חולין ל.]. הרבה משמועותיו נשנו סתם במשנה ובברייתא [כתובות קא:].

עין משפט נר מצוה

מד א מיי' פ"ט מהל' מעשר הלכה ג:
מה ב מיי' שם הל' א:
מו ג מיי' פ"ב מהל' מאכלות אסורות הל' כא סמג לאוין קלב טוש"ע י"ד סי' ק סעיף א:
מז ד ה מיי' פי"א מהל' מעשה קרבנות הל' ה סמג לאוין שכה:
מח ו מיי' פ"ב מהל' מעשר שני הל' ה סמג לאוין רסד:
מט ז מיי' פ"י מהל' קרבן פסח הל' א סמג לאוין שכו:
נ ח מיי' שם הל' יא:
נא ט מיי' שם הל' א:
נב י מיי' פי"ג מהל' שחיטה הל' א סמג לאוין רסה טוש"ע י"ד סי' רצב סעיף ו:
נג כ מיי' שם הל' ב ופט"ז מהל' סנהדרין הל' ד ופי"ח הל' ב ופ"א מהל' נערה הלכה ז ופ"א מהל' מתנות עניים הל' ג:
נד ל מיי' פ"ג מהל' בכורים הל' ג והל' ד סמג לאוין רם:
נה מ מיי' פי"א מהל' מעשה קרבנות הל' ד סמג לאוין שכד:
נו נ מיי' פ"א מהלכות בכורות הל' טז סמג לאוין שמג:
נז ס מיי' פי"א מהל' מעשה קרבנות הל' ה סמג לאוין שכה:

הגהות הב"ח

(א) רש"י ד"ה קדשים וכו' מעשר שני הא תנא: (ב) תוס' ד"ה ורבנן וכו' לדבריו דר"ש קא אמרי וכו' אודי לן מיהא:

הגהות הגר"א

[א] גמ' דטריחא. נ"ל דסניא:

תורה אור השלם

א) לֹא תוּכַל לֶאֱכֹל בִּשְׁעָרֶיךָ מַעְשַׂר דְּגָנְךָ וְתִירֹשְׁךָ וְיִצְהָרֶךָ וּבְכֹרֹת בְּקָרְךָ וְצֹאנֶךָ וְכָל נְדָרֶיךָ אֲשֶׁר תִּדֹּר וְנִדְבֹתֶיךָ וּתְרוּמַת יָדֶךָ: [דברים יב, יז]

עין משפט נר מצוה

נח א מיי' פי"א מהל' מעשה קרבנות הל' א סמג לאוין שכא:
נט ב מיי' פ"ג מהל' ביכורים הל' א:
ס ג מיי' פ"ג מהל' מעשר שני הל' ה סמג לאוין רסד:
סא ד מיי' פ"ד מהל' מעשר שני הל' ט:

אלא [א]לאוכל מן העולה לאחר זריקה אפילו בפנים שהוא לוקה אמר רבא דילידא אימיה כר"ש תיליד ואי לא לא תיליד ואע"ג דאית להו פירכא מאי חומרא דבכורים ממעשר שכן [ב]אסורים לזרים אדרבה מעשר חמור שכן [ג]אסור לאונן ומאי חומרא דתודה ושלמים ממעשר שכן טעונין מתן דמים ואימורין לגבי מזבח אדרבה מעשר חמור שכן [ד]טעונין כסף צורה ומאי חומרא דבכור מתודה ושלמים שכן קדושתו מרחם אדרבה תודה ושלמים חמורים שכן טעונים סמיכה ונסכים ותנופת חזה ושוק ומאי חומרא דחטאת ואשם מבכור שכן קדשי קדשים אדרבה בכור חמור שכן קדושתו מרחם ומאי חומרא דעולה מחטאת ואשם שכן כליל אדרבה חטאת ואשם חמירי שכן מכפרי וכולהו חמירי מעולה דאית בהו שתי אכילות אלא מאי דילידא אימיה כרבי שמעון דלמאי דסבירא ליה לדידיה מסרם ליה לקרא ודריש ליה וכי מזהירין מן הדין הא [א]אפילו למאן דאמר עונשין מן הדין אין מזהירין מן הדין איסורא בעלמא והאמר רבא זר שאכל מן העולה לפני זריקה חוץ לחומה לרבי שמעון לוקה חמש חמשה איסורין הוו והא אנן תנן אלו הן הלוקין אלא

רש"י

לאוכל עולה. אפי' לאחר זריקה ואפי' כהן שהוא לוקה ואזהרת עשה אשכחן בה בעלמא (ויקרא א) וערכו בני אהרן וגו' כליל היא ולא לאכילה: דילידא אימיה כר' שמעון תיליד. כל שאמו יולדת תבקש רחמים יהי רצון שיהא כר' שמעון: ואע"ג דאית ביה פירכא. למילתיה כדמשכח פירכא בכולהו ואזיל: בכורים. מותרים לאונן לר' שמעון ביבמות בפרק הערל (דף עג:): אונן. יום מיתת מתו: טעון כסף צורה. לפדיונו דכתיב (דברים יד) וצרת הכסף בידך דבר שיש עליו צורה: בכור אינו טעון לא סמיכה ולא נסכים. כדתנן במנחות בפ' שתי מדות (דף צב.): אלא מאי היא דילידא אימיה כו'. הואיל ואית פירכא למילתיה מהו שבחו: דלמאי דסבירא ליה מסרם לקרא ודריש ליה. לפי דעתו שהחמורים שהוא מונה באותו שהוא מונה חמורים נראין לו חומר סרס את המקרא לדורשו בהפך למנות איסורין שמנה שאם דרשו כסדרו לא היה יכול ללמוד ממנו האיסורין הללו בכל אחד ואחד שאם דרש תחלה ובכורות זה הבכור וכי מה בא ללמדנו אם לאוכלו חוץ לחומה ק"ו ממעשר אם לאוכל לפני זריקה ק"ו מתודה ושלמים אין זה נכון שעדיין לא מנאו בתודה ושלמים ועל כרחו היה צריך לומר הא לא בא הכתוב אלא לאוכל מן הבכור לפני זריקה שהוא לוקה ומעתה אין לו אזהרה לאוכל ממנו לאחר זריקה והוא זר וכן בכולן זה אחר זה: וכי מזהירין מן הדין. דקאמר אם לאוכלו חוץ לחומה קל וחומר ממעשר כו' ותו אם לפני זריקה קל וחומר מתודה דלמא כולהו חוץ לחומה אתו ודקאמרת קל וחומר אין מזהירין מן הדין ואין כאן אם אינו ענין: ואפי' למאן דאמר כו'. דהא ר' יצחק דאית ליה באחותו בת אביו ובת אמו עונשין מן הדין וגבי אזהרה איכא קרא יתירא: איסורא בעלמא. האי דקא מייתי בכולהו אזהרה בק"ו לאיסורי בעלמא קאמר ולא למלקות: זר שאכל מן העולה כו'. דוקא זר קאמר ואע"ג דכהן לגבי עולה זר הוא הכא זר דוקא קאמר דאי כהן בצר ליה חד לאו דהא חמש דקאמר חד משום חוץ לחומה דאתי בקל וחומר ממעשר וחד משום לפני זריקה דאתי בקל וחומר מתודה ושלמים וחד משום זר גמור אפי' לאחר זריקה דאתי בקל וחומר מבכור וכ"ש לפני זריקה וחד משום אוכל חוץ לקלעים דאתי בקל וחומר מחטאת ואשם וחד משום אוכל עולה ואפילו כהן ובתוך הקלעים וכל שכן זר חוץ לקלעים וחוץ לחומה אלמא לוקה חמש: משום חמשה איסורים. קאמר ולא ללקות עליהן: והאנן תנן אלו הן הלוקין. וקתני בכורים ואוכל קדשי קדשים חוץ לקלעים:

תוספות

דלמאי דסבירא ליה לדידיה מסרם ליה לקרא ודריש ליה. דאילו היה דורש המקרא כסדרו לא היה נפקא ליה מקרא כדדריש השתא כדפ"ה ואם תאמר אכתי אמאי משבח לר' שמעון בכך אדרבה קשה מנלן למדרש הכי ולסרוסי לקרא ויש לומר דשפיר קדריש דעל כרחך בכור לא אתא לקודם זריקה אע"פ שנכתב קודם לתודה (א) דמכל מקום אי להכי אתא לישתוק מיניה ולילפינן ליה שפיר מתודה שנכתב בסוף כך נראה למשי"ח וכדפירש בתוספות דעל כרחך תודה אתיא לקודם זריקה דאיסורא אחרינא ליכא לאוקמא בה דליכא לאוקמי (ב) [ג](בה) אחר זריקה דשרי לזרים והלכך ליכא למימר דמוקמינן בכור שנכתב קודם לפני זריקה דאתי בקל וחומר מתודה (ג) וכולהו דמסתבר דהא מכל מקום על כרחך צריך לאוקמי תודה לפני זריקה אע"ג [ג]דחד לד חמור הוא אבל עולה מכל מקום לא אתא אלא להכי כדפירש ואם כן סוף סוף משמע (ד) בבכור: **איסורא בעלמא.** איתא בכולהו (ה) הא דמרבה אזהרה לכל חד וחד והוי בדבר חדש היינו איסורא בעלמא אבל עיקרא דמלקות דכל חד וחד אתא חוץ לחומה ואתי ק"ו דר' שמעון ומגלה בכולהו איסור בכל חד וחד בחדש בבכורים עד שלא קורין ובתודה עד שלא זרק ואם תאמר ומנלן לר' שמעון לפרושי איסור חדש בהו הא צריכא למלקות חוץ לחומה ומאי קאמר בבכורים חוץ לחומה קל וחומר ממעשר אלא לא בא הכתוב אלא לאוכל עד שלא קרא עליהן הא שפיר איצטריך למלקות דחוץ לחומה וכן לכולהו ויש לומר דמסתברא ליה לר' שמעון דכל קרא אתא לשני דברים לאיתויי איסור חדש וגם לאיתויי נמי למלקות חוץ לחומה והכי קאמר אם ללמדנו בבכורים איסור לחוץ לחומה הרי קל וחומר ממעשר אלא לאורויי איסור דעד שלא קרו וגם נמי אתו למלקות לחוץ לחומה והא דקתני בתודה ושלמים אלא לאוכל לפני זריקה לוקה לאו דוקא לוקה אלא איסור בעלמא ובכולהו לוקה לאו דוקא ופריך והא אמר רבא זר שאכל מן העולה לפני זריקה כו' לר' שמעון לוקה חמש חד משום חוץ לחומה דאתי בקל וחומר ממעשר וחד משום לאו דלפני זריקה כו' אלמא דר' שמעון מלקות קאמר ולא איסורא ומשני מאי חמש חמש איסורי וליכא מלקות אלא באוכל חוץ לחומה גרידא והא אנן תנן אלו הן הלוקין פירש הקונטרס וקתני בכורים עד שלא קרא עליהן וקדשי קדשים חוץ לקלעים מה שהזכיר בקונטרס קדשי קדשים קשה דמזה לא משני מידי כדפירש הקונטרס גופיה במסקנא לכ"נ לפרש דהש"ס לא פריך אלא מבכורים דמקדשי קדשים לא פריך הש"ס דהתם איכא אזהרה כמו שאפרש מבשר בשדה טרפה כדפי' הקונטרס בסמוך (ו) אבל מקדשים קלים לא פריך הש"ס דהתם עיקר מלקות איכא מפשטיה דקרא בלא שום ייתור מכדי כתיב והבאתם שמה לכתוב לא תוכל לאוכלם וקאי אקרא דלעיל שהם מפורשים בו הלכך לאוכל חוץ לחומה לקי לא (ז) בעי קרא שהרי כולן מפורשים בו ולכך לא הוי לאו שבכללות מהדר פרושי בכל חד למה לי שמע מינה ליחודי לאו לכל חד וחד כאילו כתוב בכל אחד פעם שניה לאו דחוץ לחומה וכיון דאינו ענין לו תנהו ענין לדבר אחר הלכך בכורים לאוכל עד שלא קרא עליהן אתא וכן לכל חד וחד למילתיה לדבר חדש ואם תאמר בכל הקדשים הכתובים בכאן דייך אם תתן הלאו ענין למלקות לפני זריקה בכולן חוץ מבכורים אע"ג דילפינן מקל וחומר אין מזהירין מן הדין דבשלמים ותודה ע"כ צריך לאוקומי קודם זריקה דלא שייך בהו איסור דבכורים ופרש"י אין הכי נמי דהא (ח) דפטרינן לכולהו איצטריך באוכל לפני זריקה והא דר' שמעון מפרש לבכור לאזהרה לאוכל אחר זריקה איסורא קאמר מחטאת ואשם דתני חוץ לקלעים לוקה היינו משום בשר בשדה טרפה לא תאכלו הוא דנפקא כדלקמן ולוקה חמשה דאמר רבא חמש איסורי קאמר וצריך לומר הכא כדפרישית לעיל דרמינן ליה לר"ש דבכור אתי לאזהרה דאיסורא לאחר זריקה והא איצטריך ללקות לאוכל [ד][חוץ לחומה לפי] שאין עונשין מן הדין אלא משמע ליה דלאו דבכור ודכולהו אתו לשני דברים חדא לאיסור וחדא למלקות לפני זריקה ולכך אמר ר"ש דלאו דבכור לא הוצרך לאיסור לפני זריקה דמקל וחומר דתודה למדנו אלא איסור דלאחר זריקה וכן בחטאת ועולה ע"כ וטובא קשה דמנא ליה הא לר"ש דאזהרה דכל חדא אתו משום איסור ומלקות דהא אזהרה דבכורים לא אתי אלא למלקות בבכורים דעד שלא קרא ולשום איסור חדש לא אתי ותודה נמי לא אתי אלא למלקות דלפני זריקה ומנליה דאיך אתו בשביל איסור חדש דבכל חד אימא דלא אתי אלא משום מלקות דלפני זריקה גרידא ותו מאי קאמר בתודה ובכולהו אי לחוץ לחומה קל וחומר ממעשר היה לו לומר דמגופיה (ט) אתא דמאי למכתב לא תוכל לאוכלם דבשביל זה לא היה לו למהדר ולפרש ועוד קשה לליסנא דר"ש דאמר אלא לאוכל מבכור אחר זריקה שלוקה ואינו אלא איסור בעלמא ועוד קשה דכיון דהא דמרבינן איסורין (י) בעלמא הוא כדפירש הקונטרס

מסורת הש"ס

א) [זבחים קו: ענין עונשין מן הדין עי' עוד בסנהדרין נד. וש"נ], ב) ל"ל בזר וכ"א ברש"א, ג) גירסת רש"א דייחד הוא אבל עולה וא"כ סוף סוף כו', ד) גי' רש"ל וגי' רש"א וגי' לפני זריקה.

הגהות הב"ח

(א) תום' ד"ה דלמאי וכו' קודם לתודה דאי להכי כצ"ל ותיבת דמכל מקום נמחק: (ב) בא"ד דליכא לאוקומיה לאחר זריקה דהא שרי לזרים כצ"ל ותיבת בה נמחק: (ג) בא"ד בקל וחומר מתודה והכי מסתבר דהא: (ד) בא"ד סוף סוף משמע דבבכור אתא לאחר זריקה הס"ד: (ה) ד"ה איסורא כו' בכולהו פי' הא דמרבה וכו' בכל חד וחד בדבר חדש בבכורים עד שלא קרא ובתודה: (ו) בא"ד כדפי' הקונטרס בסמוך ומקדשים קלים נמי לא פריך כצ"ל ותיבת אבל נמחק: (ז) בא"ד חוץ לחומה לא צריך קרא שהרי כולן כצ"ל ותיבת לקי נמחק: (ח) בא"ד אין הכי נמי דהא דדרשינן לכולהו איצטריך לאוכל לפני וכו' וחטאת ואשם דקתני חוץ לקלעים: (ט) בא"ד דמגופיה דקרא אתא דמאי: (י) בא"ד ועוד קשה דכיון דהא דמרבינן איסורין דבעלמא הוא דקאמר כדפי' הקונטרס למה לי תיפוק ליה דבכל חד וחד נכתוב קרא לאיסור כדפי' הקונטרס לעיל כצ"ל ונ"ב פי' דאיכא בכל חד עשה דתודה שמעינן מקרא ודם זבחיך ישפך והבשר תאכל ובכור כתיב אך בכור שור וגו' ובשרם יהיה לך גו' וכן בחטאת ואשם ועולה כדפרש"י בעמוד זה:

ליקוטי רש"י

אפילו למ"ד עונשין מן הדין. אפילו למ"ד במסכת מכות עונשין מדין ק"ו מודה דאין מזהירין מן הדין דתניא בפ"ק דמכות (דף ה:) איש כי יקח את אחותו וגו' אין לי אלא בת אביו שלא בת אמו בת אמו שלא בת אביו בת אביו ובת אמו מנין תלמוד לומר ערות אחותו גילה והלא קל וחומר הוא למדתה שאין עונשין מן הדין וכן לענין אזהרת ערות אחותך בת אביך וגו' אין לי כו' שאין מזהירין מן הדין ופליגי תנאי בפ' בתרא ואיכא דדריש להאי אחותו גילה דגבי עונש לדרשה ועונש דבת אביו ובת אמו קסבר עונשין מן הדין ואחותך היא דגבי אזהרה דילפינן מיניה אין מזהירין מן הדין דלא אפנייה לדרשא אחריתי [זבחים קו:].

אֶלָּא לְאוֹכֵל מִן הָעוֹלָה לְאַחַר זְרִיקָה אֲפִילּוּ בִּפְנִים – ONLY to teach (through the device of *if unnecessary in its context*) the law FOR SOMEONE – even a Kohen – WHO EATS FROM AN *OLAH*, even AFTER THE THROWING of its blood, and EVEN WITHIN the Curtains, שֶׁהוּא לוֹקֶה – THAT HE INCURS *MALKUS*.[1] Thus, each item in the verse is subject to a specific prohibition beyond those of the less stringent items.

An Amora comments about R' Shimon's brilliant exposition of this verse:

אָמַר רָבָא – **Rava said:** דִּילִידָא אִימֵּיהּ כְּרַבִּי שִׁמְעוֹן תֵּילִיד – **One whose mother is giving birth** to him – **she should** pray that she **give birth to one like R' Shimon,** וְאִי לָא לָא תֵּילִיד – **and if not, she should not give birth** to him;[2] וְאַף עַל גַּב דְּאִית לְהוּ פִּירְכָא – **and** I say this **even though there are refutations to [R' Shimon's lines of reasoning]!**[3]

Rava now demonstrates the difficulties with R' Shimon's deductions, all of which are based on his premises regarding the relative stringencies of the items listed in the verse:

מַאי חוּמְרָא דְּבִכּוּרִים מִמַּעֲשֵׂר – **What is the stringency of** ***bikkurim*** **over** ***maaser*** *sheni,* that was assumed by R' Shimon? שֶׁכֵּן אֲסוּרִים לְזָרִים – It must be **that [*bikkurim*] are forbidden to non-Kohanim,**[4] whereas *maaser sheni* may be eaten in Jerusalem by anyone. אַדְּרַבָּה מַעֲשֵׂר חָמוּר – But I say: **To the contrary,** ***maaser*** *sheni* **is more stringent,** שֶׁכֵּן אָסוּר לְאוֹנֵן – **as it is forbidden to an** ***onein,***[5] whereas *bikkurim* are permissible to an *onein,* according to R' Shimon's view.[6] – ? –

וּמַאי חוּמְרָא דְּתוֹדָה וּשְׁלָמִים מִמַּעֲשֵׂר – **And what is the stringency of** ***todah*** **and** ***shelamim*** offerings **over** ***maaser*** *sheni,* that was assumed by R' Shimon? שֶׁכֵּן טְעוּנִין מַתַּן דָּמִים וְאֵימוּרִין לְגַבֵּי מִזְבֵּחַ – It must be **that [*todah* and *shelamim* offerings] require the placing of blood and sacrificial parts on the Altar,** which obviously does not apply to *maaser sheni,* since it is not an offering at all.[7] אַדְּרַבָּה מַעֲשֵׂר חָמוּר – But I say: **To the contrary,** ***maaser*** *sheni* **is more stringent,** שֶׁכֵּן טְעוּנִין כֶּסֶף צוּרָה – **as it requires minted coins** for its redemption.[8] – ? –

וּמַאי חוּמְרָא דִּבְכוֹר מִתּוֹדָה וּשְׁלָמִים – **And what is the stringency of the** ***bechor*** offering **over** the ***todah*** **and** ***shelamim*** offerings, that was assumed by R' Shimon? שֶׁכֵּן קְדוּשָּׁתוֹ מֵרֶחֶם – It must be **that [the *bechor's*] sanctity is from the womb,** whereas the sanctity of the *todah* and *shelamim* is conferred only by the owner.[9] אַדְּרַבָּה תּוֹדָה וּשְׁלָמִים חֲמוּרִים – But I say: **To the contrary,** the ***todah*** **and** ***shelamim*** **are more stringent,** שֶׁכֵּן טְעוּנִים סְמִיכָה וּנְסָכִים וּתְנוּפַת חָזֶה וְשׁוֹק – **since they require leaning, libations, and the waving of the breast and thigh,** whereas the *bechor* offering is not subject to any of these procedures.[10] – ? –

וּמַאי חוּמְרָא דְּחַטָּאת וְאָשָׁם מִבְּכוֹר – **And what is the stringency of the** ***chatas*** **and** ***asham*** **over the** ***bechor,*** that was assumed by R' Shimon? שֶׁכֵּן קָדְשֵׁי קָדָשִׁים – It must be **that [the** ***chatas*** **and** ***asham*** **] are** in the category of ***kodshei kodashim,*** whereas the *bechor* is in the category of *kodashim kalim.*[11] אַדְּרַבָּה בְּכוֹר חָמוּר

NOTES

1. Elsewhere, the Torah proscribes this only in the language of a positive commandment. In *Leviticus* 1:9, the Torah commands that the *olah* be burned in its entirety on the Altar. Anyone who eats of its meat in any circumstance violates a positive commandment but would not be liable to *malkus.* The out-of-context reference contained in *Deuteronomy* 12:17 serves to add the force of a prohibition – and *malkus* – to this transgression (*Rashi*).

2. *Ritva* deletes the words "and if not, she should not give birth [to him]," since there are many worthy degrees below R' Shimon's exalted level. For possible explanations of our text, see *Aruch LaNer* and *R' Elazar Moshe Horowitz* (cited in *Oz VeHadar* edition of the Talmud and in *Otzar Mefarshei HaTalmud*).

3. Rava will proceed to refute every one of R' Shimon's deductions. The Gemara below discusses why, then, Rava was so impressed with R' Shimon's exposition.

4. See 17a note 24.

5. If a person's close relative dies, the mourner is Biblically regarded as an *onein* for the rest of that day (*Rashi*) [and possibly the following night as well – see *Zevachim* 99b-100b], during which he is forbidden to eat *maaser sheni* (see *Deuteronomy* 26:14).

6. It is actually a matter of dispute whether an *onein* may eat *bikkurim,* but R' Shimon himself permits it, as stated in *Yevamos* 73b (*Rashi, Ritva*). [Since *maaser sheni* is in this sense *more* stringent than *bikkurim,* we cannot automatically extend to *bikkurim* the prohibition against eating outside Jerusalem that is stated regarding *maaser sheni.* Thus, the mention of *bikkurim* is necessary in its own context – the verse's explicit prohibition against eating outside Jerusalem – and is not available for the additional prohibition against eating before its procedure is completed.]

7. *Ritva.*

8. [Although redemption of sacred articles can generally be accomplished by substituting any item of value for them,] the redemption of *maaser sheni* requires specifically its replacement with minted coins. This is alluded to in the Torah's statement regarding the redemption of *maaser sheni* (*Deuteronomy* 14:25): וְצַרְתָּ הַכֶּסֶף, literally, *and you shall bind up the [redemption] money,* but which can also be rendered: *and you shall engrave the silver* – i.e. the redemption shall be performed with minted coins, which bear an image (*Rashi*). The redemption of *todah* or *shelamim* offerings – which is possible if they develop a blemish that disqualifies them for sacrifice – can be accomplished by substituting *any* item of value (*Ritva;* see *Pnei Yehoshua*). [And since *maaser sheni* is in this sense more stringent than the *todah* and *shelamim* offerings, we cannot automatically extend to them the prohibition against eating outside Jerusalem that is stated regarding *maaser sheni.* For the same reason, we cannot extend this prohibition from *maaser sheni* to *any* of the other offerings that R' Shimon mentioned.]

9. [A *bechor* (firstborn) becomes sacred automatically at the moment of its birth, whereas a *todah* or *shelamim* is an ordinary animal at birth and becomes sacred only from the time that the owner consecrates it as an offering.]

10. Before a *todah* or *shelamim* is slaughtered, its owner is commanded to place his hands on its head and lean down with all his strength. This is stated explicitly regarding the *shelamim* (*Leviticus* 3:2,8,13), and the *todah* is a form of *shelamim* (ibid. 7:11-12; *Rambam, Maasei HaKorbanos* 9:5). [As the owner leans on one of these offerings, he recites words of praise to God (see *Rambam* ibid. 3:15).]

Also, the *todah* and *shelamim* must be accompanied by a prescribed amount of wine that is poured on the Altar as a libation (*Numbers* 15:8-10).

Also, the breast and right hind thigh of the *todah* and *shelamim* are removed along with the sacrificial parts, and held by the Kohen and owner together, they then wave these parts in all four directions and also up and down (*Leviticus* 7:30, 10:15; *Rambam* ibid. 9:6-8). [The breast and right-hind thigh become the Kohen's portion of the offering (*Leviticus* 7:31-32).]

None of these procedures is required for the *bechor* (Mishnah *Menachos* 92a). [Thus, we cannot accept R' Shimon's argument that a prohibition stated regarding the *todah* and *shelamim* extends automatically to the *bechor.* Similarly, we cannot accept his subsequent arguments that such a prohibition extends to the *chatas* and *asham* (since these require only leaning but not libations or waving), or to the *olah* (since it requires only leaning and libations but not waving).]

11. *Kodshei kodashim* (most-holy offerings) are stringent inasmuch as they must be slaughtered in the northern part of the Temple Courtyard, and their meat may be eaten only by male Kohanim. By contrast, *kodashim kalim* (offerings of lesser holiness) may be slaughtered anywhere in the Courtyard, and their meat may be eaten by any *tahor* person – except for the Kohen's portion (the breast and right-hind thigh), which may be eaten only by a Kohen and his household. A *bechor* offering, though it is *kodashim kalim,* may be eaten only by a Kohen and his household, since *all* its meat is the Kohen's portion (see 17a note 33). At any rate, the *bechor* is less stringent than the *chatas,* as it may be slaughtered anywhere in the Courtyard and may be eaten even by females of the Kohen's household. [Cf. *Raavad,* cited by *Rashba* to *Nedarim* 11b, but see *Lechem Mishneh* to *Raavad, Hil. Nedarim* 1:11.]

עין משפט
נר מצוה

נח א מיי' פי"ח מהל' מעשה קרבנות הל' א סמג לאוין שכא:
נט ב מיי' פ"ג מהל' ביכורים הל' א:
ס ג מיי' פ"ג מהל' מעשר שני הל' ה סמג לאוין רסד:
סא ד מיי' פ"ד מהל' מעשר שני הל' ט:

אלא [א]לאוכל מן העולה לאחר זריקה אפילו בפנים שהוא לוקה אמר רבא דילידא אימיה כר"ש תיליד ואי לא לא תיליד ואע"ג דאית להו פירכא מאי חומרא דבכורים ממעשר שכן [ב]אסורים לזרים אדרבה מעשר חמור שכן [ג]אסור לאונן ומאי חומרא דתודה ושלמים ממעשר שכן טעונין מתן דמים ואימורין לגבי מזבח אדרבה מעשר חמור שכן [ד]טעונין כסף צורה ומאי חומרא דבכור מתודה ושלמים שכן קדושתו מרחם אדרבה תודה ושלמים חמורים שכן טעונים סמיכה ונסכים ותנופת חזה ושוק ומאי חומרא דחטאת ואשם מבכור שכן קדשי קדשים אדרבה בכור חמור שכן קדושתו מרחם ומאי חומרא דעולה מחטאת ואשם שכן כליל אדרבה חטאת ואשם חמירי שכן מכפרי וכולהו חמירי מעולה דאית בהו שתי אכילות אלא מאי דילידא אימיה כרבי שמעון דלמאי דסבירא ליה לדידיה מסרס ליה לקרא ודריש ליה וכי מזהירין מן הדין הא [א]אפילו למאן דאמר עונשין מן הדין אין מזהירין מן הדין איסורא בעלמא והאמר רבא זר שאכל מן העולה לפני זריקה חוץ לחומה לרבי שמעון לוקה חמש חמשה איסורין הוו והא אנן תנן אלו הן הלוקין
אלא

לאוכל עולה. אפי' לאחר זריקה ואפי' כהן שהוא לוקה ואזהרת עשה אשכחן בה בעלמא (ויקרא א) וערכו בני אהרן וגו' כליל היא ולא לאכילה: דילידא אימיה כר' שמעון תיליד. כל שאמו יולדת תבקש רחמים יהי רצון שיהא כר' שמעון: ואע"ג דאית ביה פירכא. למילתיה כדמשכח פירכא בכולהו ואזיל: בכורים. מותרים לאונן לר' שמעון ביבמות בפרק הערל (דף עג:): אונן. יום מיתת מתו: טעון כסף צורה. לפדיונו דכתיב (דברים יד) וצרת הכסף בידך דבר שיש עליו צורה: בכור אינו טעון לא סמיכה ולא נסכים. כדתנן במנחות בפ' שתי מדות (דף צב.): אלא מאי היא דילידא אימיה כו'. הואיל ואית פירכא למילתיה מהו שבחו: דלמאי דסבירא ליה מסרס לקרא ודריש ליה. לפי דעתו שהחומרים שהוא מוצא באותו שהוא מוצא חמורים נראין לו חומר סרס את המקרא לדורשו בהפך למצוא איסורין שמצא שאם דרשו כסדרו לא היה יכול ללמוד ממנו האיסורין הללו בכל אחד ואחד שאם דרש תחלה ובכורות זה הבכור וכי מה בא ללמדנו אם לאוכלו חוץ לחומה ק"ו ממעשר אם לאוכל לפני זריקה ק"ו מתודה ושלמים אין זה נכון שעדיין לא מצאו בתודה ושלמים ועל כרחו היה צריך לומר הא לא בא הכתוב אלא לאוכל מן הבכור לפני זריקה שהוא לוקה ומעתה אין לו אזהרה לאוכל ממנו לאחר זריקה והוא זר וכן בכולן זה אחר זה: וכי מזהירין מן הדין. דקאמר אם לאוכלו חוץ לחומה קל וחומר ממעשר כו' ותו אם לפני זריקה קל וחומר מתודה דלמא כולהו חוץ לחומה אתו ודקאמרת קל וחומר אין מזהירין מן הדין ואין כאן אם אינו ענין: ואפי' למאן דאמר כו'. דהא ר' יצחק דאית ליה באחותו בת אביו ובת אמו עונשין מן הדין וגבי אזהרה איכא קרא יתירא: איסורא בעלמא. האי דקא מייתי בכולהו אזהרה בק"ו לאיסורי בעלמא קאמר ולא למלקות: זר שאכל מן העולה כו'. דוקא זר קאמר ואע"ג דכהן לגבי עולה זר הוא הכא זר דוקא קאמר דאי כהן בצר ליה חד לאו דהא חמש דקאמר חד משום חוץ לחומה דאתי בקל וחומר ממעשר וחד משום לפני זריקה דאתי בקל וחומר מתודה ושלמים וחד משום זר גמור אפי' לאחר זריקה דאתי בקל וחומר מבכור וכ"ש לפני זריקה וחד משום אוכל חוץ לקלעים דאתי בקל וחומר מחטאת ואשם וחד משום אוכל עולה ואפילו כהן ובתוך הקלעים וכל שכן זר חוץ לקלעים וחוץ לחומה אלמא לוקה חמש: משום חמשה איסורים. קאמר ולא ללקות עליהן: והאנן תנן אלו הן הלוקין. וקתני בכורים ואוכל קדשי קדשים חוץ לקלעים:
קרא

דלמאי דסבירא ליה לדידיה מסרס ליה לקרא ודריש ליה. דאילו היה דורש המקרא כסדרו לא היה נפקא ליה מקרא כדדריש השתא כדפ"ה ואם תאמר אכתי אמאי משבח לר' שמעון בכך אדרבה קשה מנלן למדרש הכי ולסרוסי לקרא ויש לומר דשפיר קדריש דעל כרחך בכור לא אתא לקודם זריקה אע"פ שנכתב קודם לתודה (א) דמכל מקום אי להכי אתא לישתוק מיניה וילפינן ליה שפיר מתודה שנכתב בסוף כך נראה למשי"ח וכדפירש בתוספות דעל כרחך תודה אתיא לקודם זריקה דאיסורא אחרינא ליכא לאוקמא בה דליכא לאוקמי (ב) [ג] (בה) אחר זריקה דשרי לזרים והלכך ליכא למימר דמוקמינן בכור שנכתב קודם לפני זריקה דאתי בקל וחומר מתודה (ג) וכולהו דמסתבר דהא מכל מקום על כרחך צריך לאוקמי תודה לפני זריקה אע"ג [ג] דחד לד חמור הוא אבל עולה מכל מקום לא אתא אלא להכי כדפירש ואם כן סוף סוף משמע (ד) בבכור: **איסורא** בעלמא. איכא בכולהו (ה) הא דמרבה אזהרה לכל חד וחד והוי בדבר חדש היינו איסורא בעלמא אבל עיקרא דמלקות דכל חד וחד אתא חוץ לחומה ואתי ק"ו דר' שמעון ומגלה בכולהו איסור בכל חד וחד בחדש בבכורים עד שלא קורין ובתודה עד שלא זרק ואם תאמר ומנלן לר' שמעון לפרושי איסור חדש בהו הא צריכא למלקות חוץ לחומה ומאי קאמר בבכורים חוץ לחומה קל וחומר ממעשר אלא לא בא הכתוב אלא לאוכל עד שלא קרא עליהן הא שפיר איצטריך למלקות דחוץ לחומה וכן לכולהו ויש לומר דמסתברא ליה לר' שמעון דכל קרא אתא לשני דברים לאיתויי איסור חדש וגם לאיתויי נמי למלקות חוץ לחומה והכי קאמר אם ללמדנו בבכורים איסור לחוץ לחומה הרי קל וחומר ממעשר אלא לאורויי איסור דעד שלא קרו וגם נמי אתו למלקות לחוץ לחומה והא דקתני בתודה ושלמים אלא לאוכל לפני זריקה לוקה לאו דוקא לוקה אלא איסור בעלמא ובכולהו לוקה לאו דוקא ופריך והא אמר רבא זר שאכל מן העולה לפני זריקה כו' לר' שמעון לוקה חמש חד משום חוץ לחומה דאתי בקל וחומר ממעשר וחד משום לאו דלפני זריקה כו' אלמא דר' שמעון מלקות קאמר ולא איסורא ומשני מאי חמש חמש איסורי וליכא מלקות אלא באוכל חוץ לחומה גרידא והא אנן תנן אלו הן הלוקין פירש הקונטרס וקתני בכורים עד שלא קרא עליהן וקדשי קדשים חוץ לקלעים מה שהזכיר בקונטרס קדשי קדשים קשה דמזה לא משני מידי כדפירש הקונטרס גופיה במסקנא לכ"נ לפרש דהש"ס לא פריך אלא מבכורים דמקדשי קדשים לא פריך הש"ס דהתם איכא אזהרה כמו שאפרש מבשר בשדה טרפה כדפי' הקונטרס בסמוך (ו) אבל מקדשים קלים לא פריך הש"ס דהתם עיקר מלקות איכא מפשטיה דקרא בלא שום ייתור מכדי כתיב והבאתם שמה לכתוב לא תוכל לאוכלם וקאי אקרא דלעיל שהם מפורשים בו הלכך לאוכל חוץ לחומה לקי לא (ז) בעי קרא שהרי כולן מפורשים בו ולכך לא הוי לאו שבכללות מהדר פרושי בכל חד למה לי שמע מינה ליחודי לאו לכל חד וחד כאילו כתוב בכל אחד פעם שניה לאו דחוץ לחומה וכיון דאינו ענין לו תנהו ענין לדבר אחר הלכך בכורים לאוכל עד שלא קרא עליהן אתא וכן לכל חד וחד למילתיה לדבר חדש ואם תאמר בכל הקדשים הכתובים בכאן דייך אם תתן הלאו ענין למלקות לפני זריקה בכולן חוץ מבכורים אע"ג דילפינן מקל וחומר אין מזהירין מן הדין דבשלמים ותודה ע"כ צריך לאוקומי קודם זריקה דלא שייך בהו איסור דבכורים ופרש"י אין הכי נמי דהא (ח) דפטרינן לכולהו איצטריך באוכל לפני זריקה והא דר' שמעון מפרש לבכור לאזהרה לאוכל אחר זריקה איסורא קאמר מחטאת ואשם דתני חוץ לקלעים לוקה היינו משום בשר בשדה טרפה לא תאכלו הוא דנפקא כדלקמן ולוקה חמשה דאמר רבא חמש איסורי קאמר וצריך לומר הכא כדפרישית לעיל דרמינן ליה לר"ש דבכור אתי לאזהרה דאיסורא לאחר זריקה והא איצטריך ללקות לאוכל [ד] [חוץ לחומה לפי] שאין עונשין מן הדין אלא משמע ליה דלאו דבכור ודכולהו אתו לשני דברים חדא לאיסור וחדא למלקות לפני זריקה ולכך אמר ר"ש דלאו דבכור לא הוצרך לאיסור לפני זריקה דמקל וחומר דתודה למדנו אלא איסור דלאחר זריקה וכן בחטאת ועולה ע"כ וטובא קשה דמנא ליה הא לר"ש דאזהרה דכל חדא אתו משום איסור ומלקות דהא אזהרה דבכורים לא אתי אלא למלקות בבכורים דעד שלא קרא ולשום איסור חדש לא אתי ותודה נמי לא אתי אלא למלקות דלפני זריקה ומנליה דאיך אתו בשביל איסור חדש דבכל חד אימא דלא אתי אלא משום מלקות דלפני זריקה גרידא ותו מאי קאמר בתודה ובכולהו אי לחוץ לחומה קל וחומר ממעשר היה לו לומר דמגופיה (ט) אתא דמאי למכתב לא תוכל לאוכלם דבשביל זה לא היה לו למהדר ולפרש ועוד קשה ללישנא דר"ש דאמר אלא לאוכל מבכור אחר זריקה שלוקה ואינו אלא איסור בעלמא ועוד קשה דכיון דהא דמרבינן איסורין (י) בעלמא הוא כדפירש
הקונטרס

א) [זבחים קו: ענין עונשין מן הדין עי' עוד בסנהדרין נד. וש"נ], ב) נ"ל בזר וכ"א ברש"א, ג) גירסת רש"א דייחד הוא אבל עולה וא"כ סוף סוף כו', ד) גי' רש"ל וגי' רש"א ונ"י לפני זריקה.

הגהות הב"ח

(א) תוס' ד"ה דלמאי וכו' קודם לתודה דאי להכי כצ"ל ותיבת דמכל מקום נמחק: (ב) בא"ד דליכא לאוקומיה לאחר זריקה דהא שרי לזרים כצ"ל ותיבת בה נמחק: (ג) בא"ד בקל וחומר מתודה והכי מסתבר דהא: (ד) בא"ד סוף סוף משמע דבבכור אתא לאחר זריקה הס"ד: (ה) ד"ה איסורא כו' בכולהו פי' הא דמרבה וכו' בכל חד וחד בדבר חדש בבכורים עד שלא קרא ובתודה: (ו) בא"ד כדפי' הקונטרס בסמוך ומקדשים קלים נמי לא פריך כצ"ל ותיבת אבל נמחק: (ז) בא"ד חוץ לחומה לא צריך קרא שהרי כולן כצ"ל ותיבת לקי נמחק: (ח) בא"ד אין הכי נמי דהא דדרשינן לכולהו איצטריך לאוכל לפני וכו' וחטאת ואשם דקתני חוץ לקלעים: (ט) בא"ד דמגופיה דקרא אתא דמאי: (י) בא"ד ועוד קשה דכיון דהא דמרבינן איסורין דבעלמא הוא דקאמר כדפי' הקונטרס למה לי תיפוק ליה דבכל חד וחד נכתוב קרא לאיסור כדפי' הקונטרס לעיל כצ"ל ונ"ב פי' דאיכא בכל חד עשה דתודה שמעינן מקרא ודם זבחיך ישפך והבשר תאכל ובכור כתיב אך בכור שור וגו' ובשרם יהיה לך גו' וכן בחטאת ואשם ועולה כדפרש"י בעמוד זה:

ליקוטי רש"י

אפילו למ"ד עונשין מן הדין. אפילו למ"ד במסכת מכות עונשין מדין ק"ו מודה דאין מזהירין מן הדין דתניא בפ"ק דמכות (דף ה:) איש כי יקח את אחותו וגו' אין לי אלא בת אביו שלא בת אמו בת אמו שלא בת אביו בת אביו ובת אמו מנין תלמוד לומר ערות אחותו גילה והלא קל וחומר הוא למדתה שאין עונשין מן הדין וכן לענין אזהרת ערות אחותך בת אביך וגו' אין לי כו' עד שאין מזהירין מן הדין ופליגי תנאי בפ' בתרא ואיכא דדריש להאי אחותו גילה דגבי עונש לדרשא ועונש דבת אביו ובת אמו קסבר עונשין מן הדין ואילו אחותך היא דגבי אזהרה דילפינן מיניה אין מזהירין מן הדין דלא אפנייה לדרשא אחריתי [זבחים קו:].

— But I say: **To the contrary, the** *bechor* **offering is more stringent,** שֶׁכֵּן קְדוּשָׁתוֹ מֵרֶחֶם — **since its sanctity is from the womb,** whereas the sanctity of the *chatas* and *asham* is conferred only by the owner.[12] — ? —

וּמַאי חוּמְרָא דְּעוֹלָה מֵחַטָּאת וְאָשָׁם — **And what is the stringency of the** *olah* **over the** *chatas* **and** *asham,* that was assumed by R' Shimon? שֶׁכֵּן כָּלִיל — It must be **that [the** *olah***] is entirely burned** on the Altar, whereas only a portion of the *chatas* and *asham* are burned on the Altar but the rest of the meat is eaten by male Kohanim. אַדְרַבָּה חַטָּאת וְאָשָׁם חֲמִירִי — **But I say: To the contrary, the** *chatas* **and** *asham* **are more stringent,** שֶׁכֵּן מְכַפְּרֵי — **since they atone** for various transgressions.[13] — ? —

Rava adds a final point:[14]

וְכוּלְהוּ חֲמִירֵי מֵעוֹלָה — **And all [the offerings]** mentioned above — *chatas, asham, bechor, todah* and *shelamim* — from which R' Shimon wished to derive the laws of *olah* through a *kal vachomer,* **are more stringent than the** *olah,* דְּאִית בְּהוּ שְׁתֵּי אֲכִילוֹת — **as they are subject to two consumptions.** The Altar consumes the sacrificial parts, and the Kohanim consume the rest of the meat. An *olah,* however, is entirely consumed on the Altar.[15] Thus, all of R' Shimon's *kal vachomer* arguments can be contested![16]

Accordingly, the Gemara asks:

אֶלָּא מַאי דְּיָלִידָא אִמֵּיהּ כְּרַבִּי שִׁמְעוֹן — **Then what is** the impetus behind Rava's declaration, **"One whose mother is giving birth to him — she should pray that she give birth to one like R' Shimon"?**

The Gemara replies:

דִּלְמָאי דִּסְבִירָא לֵיהּ לְדִידֵיהּ — **Because given [R' Shimon's] own line of reasoning** that the *olah* is more stringent than the *chatas* and *asham,* which in turn are more stringent than the *bechor,* which in turn is more stringent than the *todah* and *shelamim,* which in turn are more stringent than *maaser sheni,* מְסָרֵס לֵיהּ לְקְרָא וְדָרִישׁ לֵיהּ — he brilliantly **inverts the verse and expounds** on the items listed in **it** in a different order from the one found in the verse.[17]

The Gemara wonders how, even given R' Shimon's view as to the hierarchy of stringencies cited above, he can derive prohibitions on the basis of a *kal vachomer*:

וְכִי מַזְהִירִין מִן הַדִּין — **Can we establish a** Scriptural **prohibition on the basis of** the **logic of** *kal vachomer*?[18] הָא אֲפִילוּ לְמַאן דְּאָמַר עוֹנְשִׁין מִן הַדִּין — **Why, even according to the one who says** that **we can establish punishment on the basis of** the **logic of**

NOTES

12. [Thus, we cannot automatically extend to the *chatas* and *asham* a prohibition stated in the context of *bechor.* For the same reason, we cannot extend such a prohibition to the *olah,* contrary to R' Shimon's argument.]

13. The *chatas* is required as atonement for the unwitting transgression of any prohibition whose intentional violation is punishable by *kares* (*Leviticus* 4:27-28; *Yevamos* 7a). The *asham* is required as atonement for the *possible* transgression of such a prohibition as well as for certain other prohibitions. [There are various other situations in which a *chatas* or *asham* is offered, but they always are obligatory and involve some form of atonement.] The *olah,* however, is primarily a voluntary offering (ibid. 1:2-3). And although we are taught (*Leviticus* 1:4; *Yoma* 36a) that one who offers an *olah* receives atonement for certain misdemeanors, the Torah never obligates a person to bring an *olah* on account of a specific sin; rather, it assures a person who offers it voluntarily that in the merit of his pleasing God in this manner his misdemeanor will be forgiven (*Ritva, Aruch LaNer*).

Rava has thus presented a counterargument to every one of R' Shimon's assumptions, demonstrating that if the Torah had mentioned any one of the items we would not have been able to extend its prohibition to the others, since each is in some sense more stringent than its counterparts. Accordingly, the entire list is necessary in its own context — that is, to teach the explicit prohibition against eating outside Jerusalem — and no part of it is available for any other exposition.

14. Although Rava already refuted each link in R' Shimon's chain of reasoning, he adds a general reason why the *olah* cannot be derived from any of the offerings mentioned above. For discussion of why Rava finds it necessary to add this argument, see *Aruch LaNer.*

15. Thus, we cannot extend to the *olah* a stringency mentioned in any of those contexts.

Rava's argument seems to contradict that which he himself stated above — and which is assumed throughout the Talmud — that the *olah* is *more* stringent than other offerings because it is entirely burned on the Altar! How can he now say that for this very reason it is *less* stringent? *Ritva* explains Rava as meaning the following: Although the *olah* is in fact more stringent than the other offerings, *in our context* the prohibitions R' Shimon sought to derive from this verse are *less* likely to apply to the *olah* than to other offerings. For R' Shimon understands the verse as imposing limitations of time (after the *zerikah*) and place (within Jerusalem or within the Courtyard) on the consumption of offerings, and logic dictates that *limitations* on consumption are more likely to apply to offerings that are basically intended to be eaten. When an offering is not supposed to be eaten at all, we cannot reasonably apply to it *limitations* on consumption that are stated in the context of offerings that are intended to be eaten! Thus, even if one of the *kal vachomers* would be valid, we could not rely on it with respect to the

olah. [See further, *Aruch LaNer.*]

16. For resolution of R' Shimon's opinion, see *Pnei Yehoshua.*

17. Had R' Shimon expounded the verse in the order in which the items are listed [*maaser sheni,* followed by the *bechor,* the *chatas* and *asham,* the *olah,* the *todah* and *shelamim,* and finally *bikkurim;* see 17a note 23], he could not have arrived at the same results. For example, he seeks to derive from this verse's listing of *bechor* that a non-Kohen is prohibited to eat the meat of the *bechor* offering even after *zerikah* is performed. In order to do so, he must first show that the prohibitions against (a) eating it outside of Jerusalem, and (b) eating it before the *zerikah,* are already known through a *kal vachomer* — the former from *maaser sheni,* and the latter from *todah* and *shelamim* (see 17a). Only then can he argue that the verse's mention of *bechor* is intended to teach the new prohibition against a non-Kohen's eating its meat even after the *zerikah.* But had he expounded the verse in order, he could not have done so. For he could not then derive the second of these laws as a *kal vachomer* from *todah* and *shelamim,* since that law is as yet unknown in regard to *todah* and *shelamim,* which are listed only *later* in the verse. He would have had no choice but to conclude his exposition regarding the *bechor* by deriving merely a prohibition to eat its meat before the *zerikah;* he could not proceed to derive that a non-Kohen is prohibited to eat its meat even after the *zerikah.* The same applies to each successive exposition (*Rashi*).

One might wonder what in fact compelled R' Shimon to expound the verse in this seemingly arbitrary order!? *Tosafos* explain that it is not capricious at all. R' Shimon reasons that although the *bechor* is listed before the *todah* and *shelamim,* it cannot have been mentioned to teach the prohibition against eating its meat before *zerikah,* since even if the verse had entirely omitted the *bechor* this would have been known via a *kal vachomer* from *todah* and *shelamim!* Perforce, Scripture intends for us to expound this verse in an inverted order, so as to derive something novel from each item it lists.

18. There is a general rule that no act is punishable Biblically unless Scripture contains an אַזְהָרָה, *warning* — that is, a negative commandment — against committing the act (see *Sefer HaChinuch* §69). Now, the basis for all of R' Shimon's arguments in the Baraisa is the premise that a prohibition derived through a *kal vachomer* is punishable by *malkus,* as this leads him to derive (through the device of *if unnecessary in its context*) a *new* prohibition for each item listed. The Gemara, however, objects to the notion that a *kal vachomer* satisfies the requirement of a Scriptural warning for any sort of penalty. Thus, all the items must be listed so that there will be an explicit prohibition against eating any of them outside Jerusalem, and none of the references are "unnecessary in this context" (*Rashi*). [Although we often derive laws through the method of *kal vachomer,* this does not meet the criteria for a "warning."]

נח א מיי' פי"א מהל' מעשה קרבנות הל' א סמג לאוין שכא:

נט ב מיי' פ"ג מהל' ביכורים הל' א:

ס ג מיי' פ"ג מהל' מעשר שני הל' ה סמג לאוין רסד:

סא ד מיי' פ"ד מהל' מעשר שני הל' ט:

אלא [א]לאוכל מן העולה לאחר זריקה אפילו בפנים שהוא לוקה אמר רבא דילידא אימיה כר"ש תיליד ואי לא לא תיליד ואע"ג דאית להו פירכא מאי חומרא דבכורים ממעשר שכן [ב]אסורים לזרים אדרבה מעשר חמור שכן [ג]אסור לאונן ומאי חומרא דתודה ושלמים ממעשר שכן טעונין מתן דמים ואימורין לגבי מזבח אדרבה מעשר חמור שכן [ד]טעונין כסף צורה ומאי חומרא דבכור מתודה ושלמים שכן קדושתו מרחם אדרבה תודה ושלמים חמורים שכן טעונים סמיכה ונסכים ותנופת חזה ושוק ומאי חומרא דחטאת ואשם מבכור שכן קדשי קדשים אדרבה בכור חמור שכן קדושתו מרחם ומאי חומרא דעולה מחטאת ואשם שכן כליל אדרבה חטאת ואשם חמירי שכן מכפרי וכולהו חמירי מעולה דאית בהו שתי אכילות אלא מאי דילידא אימיה כרבי שמעון דלמאי דסבירא ליה לדידיה מסרם ליה לקרא ודריש ליה וכי מזהירין מן הדין הא [א]אפילו למאן דאמר עונשין מן הדין אין מזהירין מן הדין איסורא בעלמא והאמר רבא זר שאכל מן העולה לפני זריקה חוץ לחומה לרבי שמעון לוקה חמש חמשה איסורין הוו והא אנן תנן אלו הן הלוקין אלא

רש"י

לאוכל עולה. אפי' לאחר זריקה ואפי' כהן שהוא לוקה ואזהרת עשה אשכחן בה בעלמא (ויקרא א) וערכו בני אהרן וגו' כליל היא ולא לאכילה: דילידא אימיה כר' שמעון תיליד. כל שאמו יולדת תבקש רחמים יהי רצון שיהא כר' שמעון: ואע"ג דאית ביה פירכא. למילתיה כדמשכח פירכא בכולהו ואזיל: בכורים. מותרים לאונן לר' שמעון ביבמות בפרק הערל (דף עג:): אונן. יום מיתת מתו: טעון כסף צורה. לפדיונו דכתיב (דברים יד) וצרת הכסף בידך דבר שיש עליו צורה: בכור אינו טעון לא סמיכה ולא נסכים. כדתנן במנחות בפ' שתי מדות (דף צג.): אלא מאי היא דילידא אימיה כו'. הואיל ואית פירכא למילתיה מהו שבחו: דלמאי דסבירא ליה מסרם לקרא ודריש ליה. לפי דעתו שהחומרים שהוא מונה באותו שהוא מונה חמורים נראין לו חומר סרס את המקרא לדורשו בהפך למנות איסורין שמנה שאם דרשו כסדרו לא היה יכול ללמוד ממנו האיסורין הללו בכל אחד ואחד שאם דרש תחלה ובכורות זה הבכור וכי מה בא ללמדנו אם לאוכלו חוץ לחומה ק"ו ממעשר אם לאוכל לפני זריקה ק"ו מתודה ושלמים אין זה נכון שעדיין לא מנאו בתודה ושלמים ועל כרחו היה צריך לומר הא לא בא הכתוב אלא לאוכל מן הבכור לפני זריקה שהוא לוקה ומעתה אין לו אזהרה לאוכל ממנו לאחר זריקה והוא זר וכן בכולן זה אחר זה: וכי מזהירין מן הדין. דקאמר אם לאוכלו חוץ לחומה קל וחומר ממעשר כו' ותו אם לפני זריקה קל וחומר מתודה דלמא כולהו חוץ לחומה אתו ודקאמרת קל וחומר אין מזהירין מן הדין ואין כאן אם אינו ענין: ואפי' למאן דאמר כו'. דהא ר' יצחק דאית ליה באחותו בת אביו ובת אמו עונשין מן הדין וגבי אזהרה איכא קרא יתירא: איסורא בעלמא. האי דקא מייתי בכולהו אזהרה בק"ו לאיסורי בעלמא קאמר ולא למלקות: זר שאכל מן העולה כו'. דוקא זר קאמר ואע"ג דכהן לגבי עולה זר הוא הכא זר דוקא קאמר דאי כהן בצר ליה חד לאו דהא חמש דקאמר חד משום חוץ לחומה דאתי בקל וחומר ממעשר וחד משום לפני זריקה דאתי בקל וחומר מתודה ושלמים וחד משום זר גמור אפי' לאחר זריקה דאתי בקל וחומר מבכור וכ"ש לפני זריקה וחד משום אוכל חוץ לקלעים דאתי בקל וחומר מחטאת ואשם וחד משום אוכל עולה ואפילו כהן ובתוך הקלעים וכל שכן זר חוץ לקלעים וחוץ לחומה אלמא לוקה חמש: משום חמשה איסורים. קאמר ולא ללקות עליהן: והאנן תנן אלו הן הלוקין. וקתני בכורים ואוכל קדשי קדשים חוץ לקלעים: קרא

תוספות

דלמאי דסבירא ליה לדידיה מסרם ליה לקרא ודריש ליה. דאילו היה דורש המקרא כסדרו לא היה נפקא ליה מקרא כדדריש השתא כדפ"ה ואם תאמר אכתי אמאי משבח לר' שמעון בכך אדרבה קשה מנלן למדרש הכי ולסרוסי לקרא ויש לומר דשפיר קדריש דעל כרחך בכור לא אתא לקודם זריקה אע"פ שנכתב קודם לתודה (א) דמכל מקום אי להכי אתא ליסתיק מיניה וילפינן ליה שפיר מתודה שנכתב בסוף כך נראה למשי"ח וכדפירש בתוספות דעל כרחך תודה אתיא לקודם זריקה דאיסורא אחרינא ליכא לאוקמא בה דליכא לאוקמי (ב) [ב](בה) אחר זריקה דשרי לזרים והלכך ליכא למימר דמוקמינן בכור שנכתב קודם לפני זריקה דאתי בקל וחומר מתודה (ג) וכולהו דמסתבר דהא מכל מקום על כרחך צריך לאוקמי תודה לפני זריקה אע"ג [ג]דחד לד חמור הוא אבל עולה מכל מקום לא אתא אלא להכי כדפירש ואם כן סוף סוף משמע (ד) בבכור: איסורא בעלמא. איתא בכולהו (ה) הא דמרבה אזהרה לכל חד וחד והוי בדבר חדש היינו איסורא בעלמא אבל עיקרא דמלקות דכל חד וחד אתא חוץ לחומה ואתי ק"ו דר' שמעון ומגלה בכולהו איסור בכל חד וחד בחדש בבכורים עד שלא קורין ובתודה עד שלא זרק ואם תאמר ומנלן לר' שמעון לפרושי איסור חדש בהו הא צריכא למלקות חוץ לחומה ומאי קאמר בבכורים חוץ לחומה קל וחומר ממעשר אלא לא בא הכתוב אלא לאוכל עד שלא קרא עליהן הא שפיר איצטריך למלקות דחוץ לחומה וכן לכולהו ויש לומר דמסתברא ליה לר' שמעון דכל קרא אתא לשני דברים לאיתויי איסור חדש וגם לאיתויי נמי למלקות חוץ לחומה והכי קאמר אם ללמדנו בבכורים איסור לחוץ לחומה הרי קל וחומר ממעשר אלא לאורויי איסור דעד שלא קרו וגם נמי אתו למלקות לחוץ לחומה והא דקתני בתודה ושלמים אלא לאוכל לפני זריקה לוקה לאו דוקא לוקה אלא איסור בעלמא ובכולהו לוקה לאו דוקא ופריך והא אמר רבא זר שאכל מן העולה לפני זריקה כו' לר' שמעון לוקה חמש חד משום חוץ לחומה דאתי בקל וחומר ממעשר וחד משום לאו דלפני זריקה כו' אלמא דר' שמעון מלקות קאמר ולא איסורא ומשני מאי חמש חמש איסורי וליכא מלקות אלא באוכל חוץ לחומה גרידא והא אנן תנן אלו הן הלוקין פירש הקונטרס וקתני בכורים עד שלא קרא עליהן וקדשי קדשים חוץ לקלעים מה שהזכיר בקונטרס קדשי קדשים קשה דמזה לא מסני מידי כדפירש הקונטרס גופיה במסקנא לכ"נ לפרש דהש"ס לא פריך אלא מבכורים דמקדשי קדשים לא פריך הש"ס דהתם איכא אזהרה כמו שאפרש מבשר בשדה טרפה כדפי' הקונטרס בסמוך (ו) אבל מקדשים קלים לא פריך הש"ס דהתם עיקר מלקות איכא מפשטיה דקרא בלא שום ייתור מכדי כתיב והבאתם שמה לכתוב לא תוכל לאוכלם וקאי אקרא דלעיל שהם מפורשים בו הלכך לאוכל חוץ לחומה לקי לא (ז) בעי קרא שהרי כולן מפורשים בו ולכך לא הוי לאו שבכללות מהדר פרושי בכל חד למה לי שמע מינה ליחודי לאו לכל חד וחד כאילו כתוב בכל אחד פעם שניה לאו דחוץ לחומה וכיון דאינו ענין לו תנהו ענין לדבר אחר הלכך בכורים לאוכל עד שלא קרא עליהן אתא וכן לכל חד וחד למילתיה לדבר חדש ואם תאמר בכל הקדשים הכתובים בכאן דייך אם תתן הלאו ענין למלקות לפני זריקה בכולן חוץ מבכורים אע"ג דילפינן מקל וחומר אין מזהירין מן הדין דבשלמים ותודה ע"כ צריך לאוקומי קודם זריקה דלא שייך בהו איסור דבכורים ופרש"י אין הכי נמי דהא (ח) דפטרינן לכולהו איצטריך באוכל לפני זריקה והא דר' שמעון מפרש לבכור לאזהרה לאוכל אחר זריקה איסורא קאמר מחטאת ואשם דתני חוץ לקלעים לוקה היינו משום בשר בשדה טרפה לא תאכלו הוא דנפקא כדלקמן ולוקה חמשה דאמר רבא חמש איסורי קאמר וצריך לומר הכא כדפרישית לעיל דרמינן ליה לר"ש דבכור אתי לאזהרה דאיסורא לאחר זריקה והא איצטריך ללקות לאוכל [ד][חוץ לחומה לפני] שאין עונשין מן הדין אלא משמע ליה דלאו דבכור ודכולהו אתו לשני דברים חדא לאיסור וחדא למלקות לפני זריקה ולכך אמר ר"ש דלאו דבכור לא הוצרך לאיסור לפני זריקה דמקל וחומר דתודה למדנו אלא איסור דלאחר זריקה וכן בחטאת ועולה ע"כ וטובא קשה דמנא ליה הא לר"ש דלאזהרה דכל חדא אתו משום איסור ומלקות דהא אזהרה דבכורים לא אתי אלא למלקות בבכורים דעד שלא קרא ולשום איסור חדש לא אתי ותודה נמי לא אתי אלא למלקות דלפני זריקה ומנליה דאיך אתו בשביל איסור חדש דבכל חד אימא דלא אתי אלא משום מלקות דלפני זריקה גרידא ותו מאי קאמר בתודה ובכולהו אי לחוץ לחומה קל וחומר ממעשר היה לו לומר דמגופיה (ט) אתא דמי למכתב לא תוכל לאוכלם דבשביל זה לא היה לו למהדר ולפרש ועוד קשה ללישנא דר"ש דאמר אלא לאוכל מבכור אחר זריקה שלוקה ואינו אלא איסור בעלמא ועוד קשה דכיון דהא דמרבינן איסורין (י) בעלמא הוא כדפירש הקונטרס

מסורת הש"ס

א) [זבחים קו: ענין עונשין מן הדין עי' עוד בסנהדרין נד. וש"נ], ב) צ"ל בזר וכ"א ברש"א, ג) גירסת רש"א דייחד הוא אבל עולה וא"כ סוף סוף כו', ד) גי' רש"ל וגי' רש"א וצ"י לפני זריקה.

הגהות הב"ח

(א) תוס' ד"ה דלמאי וכו' קודם לתודה דאי להכי כצ"ל ותיבת דמכל מקום נמחק: (ב) בא"ד דליכא לאוקומיה לאחר זריקה דהא שרי לזרים כצ"ל ותיבת בה נמחק: (ג) בא"ד בקל וחומר מתודה והכי מסתבר דהא: (ד) בא"ד סוף סוף משמע דבבכור אתא לאחר זריקה הס"ד: (ה) ד"ה איסורא כו' בכולהו פי' הא דמרבה וכו' בכל חד וחד בדבר חדש בבכורים עד שלא קרא ובתודה: (ו) בא"ד כדפי' הקונטרס בסמוך ומקדשים קלים נמי לא פריך כצ"ל ותיבת אבל נמחק: (ז) בא"ד חוץ לחומה לא צריך קרא שהרי כולן כצ"ל ותיבת לקי נמחק: (ח) בא"ד אין הכי נמי דהא דדרשינן לכולהו איצטריך לאוכל לפני וכו' וחטאת ואשם דקתני חוץ לקלעים: (ט) בא"ד דמגופיה דקרא אתא דמצי: (י) בא"ד ועוד קשה דכיון דהא דמרבינן איסורין דבעלמא הוא דקאמר כדפי' הקונטרס למה לי תיפוק ליה דבכל חד וחד נכתוב קרא לאיסור כדפי' הקונטרס לעיל כצ"ל ונ"ב פי' דאיכא בכל חד עשה דתודה שמעינן מקרא ודם זבחיך ישפך והבשר תאכל ובכור כתיב אך בכור שור וגו' ובשרם יהיה לך גו' וכן בחטאת ואשם ועולה כדפרש"י בעמוד זה:

ליקוטי רש"י

אפילו למ"ד עונשין מן הדין. אפילו למ"ד במסכת מכות עונשין מדין ק"ו מודה דאין מזהירין מן הדין דתניא בפ"ק דמכות (דף ה:) איש כי יקח את אחותו וגו' אין לי אלא בת אביו שלא בת אמו בת אמו שלא בת אביו ובת אביו ובת אמו מנין תלמוד לומר ערות אחותו גילה והלא קל וחומר הוא ולמדת שאין עונשין מן הדין וכן לענין אזהרה ערות אחותך בת אביך וגו' אין לי כו' עד שאין מזהירין מן הדין ופליגי תנאי בפ' בתרא ואיכא דדריש להאי אחותו גילה דגבי עונש לדרשא אחריני דבת אביו ובת אמו קסבר עונשין מן הדין ואילו אחותך היא דגבי אזהרה דילפינן מיניה אין מזהירין מן הדין דלא פנייה לדרשא אחריתי [זבחים קו:].

kal vachomer, אֵין מַזְהִירִין מִן הַדִּין — it is clear that **we cannot establish a** Scriptural **prohibition on the basis of** the **logic of** *kal vachomer*![19] How, then, can R' Shimon assert that the verse is not needed to teach those prohibitions that can be derived logically, and therefore must come to teach different prohibitions?[20]

The Gemara concedes and accordingly replies:

אִיסּוּרָא בְּעָלְמָא — R' Shimon derives from the *kal vachomer* **a mere prohibition** against the act, but not a full-fledged negative commandment that is punishable by *malkus*.[21]

The Gemara objects to this interpretation of R' Shimon's words:

וְהָאָמַר רָבָא זָר שֶׁאָכַל מִן הָעוֹלָה לִפְנֵי זְרִיקָה — But Rava has said: חוּץ לַחוֹמָה — If a non-Kohen eats from an *olah,* before the throwing of its blood to the Altar, outside the Wall of Jerusalem, לְרַבִּי שִׁמְעוֹן לוֹקֶה חָמֵשׁ — according to R' Shimon, he incurs five separate *malkus* penalties, because he has committed five transgressions: (1) eating it outside Jerusalem; (2) eating it before the blood has been thrown to the Altar; (3) eating it though he is a non-Kohen; (4) eating it outside the Temple Courtyard; (5) eating *olah* meat under any circumstances. Now, as we saw in the Baraisa, R' Shimon relies on the logic of *kal vachomer* to derive that the first four of these prohibitions apply to the *olah*.[22] Since

Rava observes that according to R' Shimon five *penalties* are incurred, we see that R' Shimon means to derive the prohibitions by *kal vachomer* even in regard to *malkus*.[23] — ? —

The Gemara answers:

חֲמִשָּׁה אִיסּוּרִין הָווּ — Rava means only that **there are five prohibitions** violated according to R' Shimon, and he employs the expression "incurs five *malkus* penalties" to describe the number of transgressions that the act involves. Actually, however, the violator incurs *malkus* only for the prohibition that is explicitly stated (eating it outside Jerusalem).[24]

The Gemara objects further:

וְהָא אֲנַן תְּנַן אֵלּוּ הֵן הַלּוֹקִין — But we learned in the Mishnah: THE FOLLOWING violators INCUR *MALKUS* — and listed among these violators are one who eats *bikkurim* before the recitation of the verses or *kodshei kodashim* outside the Courtyard.[25] The Mishnah certainly means that actual *malkus* penalties are incurred for these violations, yet as explained by R' Shimon in the Baraisa, each of these prohibitions is founded on *kal vachomer*. How can this be reconciled with the principle — with which you say R' Shimon concurs — that *kal vachomer* provides a basis only for non-*malkus* prohibitions?

NOTES

19. A Baraisa cited above, on 5b, states that we cannot establish either the *warning* or the *punishment* for any transgression on the basis of a *kal vachomer*. For there to be a punishment, it is necessary that the Torah state the warning (prohibition) and the punishment explicitly. The Baraisa derives this from the fact that the Torah (*Leviticus* 18:9-11) explicitly prohibits incest with both a half sister and a full sister, and then (ibid. 20:17) explicitly states that each of these sins is punishable by *kares.* Now once the Torah prohibits incest with a half sister and declares the act punishable by *kares,* it would be logical to conclude that incest with a full sister is certainly prohibited and subject to this penalty. Since the Torah expressly forbids incest with a full sister as well, and expressly states that this act too is punishable by *kares,* the Baraisa deduces that neither a prohibition nor a punishment can be derived by *kal vachomer.*

However, on 14a the Gemara cites the Tanna R' Yitzchak, who uses the verse from which the Baraisa derives the punishment of *kares* for incest with a full sister to teach another law altogether. Accordingly, he must derive the *kares* punishment for a full sister from that of a half sister. Apparently he holds that *punishments* can be derived by *kal vachomer.* Nevertheless, even he does not expound the superfluous verse concerning the *prohibition* of sisterly incest to teach something else. Evidently, then, he concedes that warnings cannot be derived by *kal vachomer* (*Rashi* here and to *Zevachim* 106b ד״ה אפילו; see also *Tosafos* to 14a ד״ה ואידך; cf. *Ramban, Ritva*). This refutes the premise for all of R' Shimon's arguments.

20. For discussion of a reason why our case might be excluded from the principle that a *kal vachomer* is inadequate as a warning (and hence, a possible rebuttal of the Gemara's question), see *Maggid Mishneh* and *Mishneh LaMelech, Hil. Maachalos Asuros* 2:1, *Gevuros Ari* to 18b and *Aruch LaNer* here.

21. The principle that a warning cannot be derived by *kal vachomer* means only that no *punishment* can be administered on the basis of such a warning, but the *kal vachomer* is sufficient to show that the act is prohibited. Thus, when R' Shimon derives many of the prohibitions through the device of *kal vachomer,* he means that *kal vachomer* teaches that each of these acts is *prohibited,* and the explicit verse must in each case be coming to prohibit something else. R' Shimon concedes, however, that *malkus* is not incurred for violating any of these additional prohibitions (*Rashi*).

According to R' Shimon, then, two levels of prohibitions are contained in this verse. On the first level, all the items must be listed to teach that they may not be eaten outside Jerusalem on pain of *malkus.* Had each item not been listed explicitly, *malkus* would not be incurred for such a transgression — despite the existence (in his opinion) of a *kal vachomer* from the case of *maaser sheni* — because punishment is not imposed on the basis of *kal vachomer.* But R' Shimon asserts that, on another level, the listing of each item alludes to an additional (nonpunishable) prohibition. Since the forbidden nature of the first level of prohibitions can already be derived by *kal vachomer,* the mention of each item alludes (through the device of *if unnecessary in its context*) that some added prohibition pertains to it. When R' Shimon concludes each segment of the Baraisa by stating "Rather, the verse comes only to teach that one who eats . . . incurs *malkus,*" he does not mean literally that the sinner incurs *malkus,* but actually, that he violates a prohibition (*Rashi,* as elaborated by *Tosafos*).

[*Ritva* explains that in this context R' Shimon's expression לוֹקֶה — literally, *incurs malkus* — can be understood as meaning *he is afflicted,* i.e. the sinner suffers the consequences of violating a prohibition. Although this mitigates the difficulty presented by R' Shimon's terminology, *Tosafos* point out several other difficulties with *Rashi's* approach; these are discussed below, 18a note 5.]

22. He derives the outside-Jerusalem prohibition from *maaser sheni,* the before-*zerikah* prohibition from *todah* and *shelamim,* the non-Kohen prohibition from *bechor,* and the outside-the-Courtyard prohibition from *chatas* and *asham.* Only then does he derive the general *olah* prohibition (through the device of *if unnecessary in this context*) from the verse's reference to *olah* offerings.

23. Although Rava uses the same language as R' Shimon — לוֹקֶה — the Gemara assumes that if he had not meant this in the literal sense he would have been more explicit, since Amoraim generally clarify their intent more thoroughly than Tannaim (*Ritva*).

24. Accordingly, Rava [used R' Shimon's language because he] came merely to synopsize R' Shimon's opinion in the Baraisa, not to teach any novel interpretation of it (*Ritva*).

25. I.e. the first Mishnah of our chapter begins (on 13a) with the introduction "The following violators incur *malkus,*" and our Mishnah (17a) continues the list with one who eats *bikkurim* before the recitation of the verses or *kodshei kodashim* outside the Courtyard.

The Gemara concedes and therefore revises its understanding of R' Shimon's exposition: אֶלָּא קְרָא יְתֵירָא הוּא — **Rather,** R' Shimon means that [the verse] he expounded (*Deuteronomy* 12:17), which lists individually each item that may not be eaten outside Jerusalem, **is a superfluous verse** and may therefore be interpreted as containing additional *malkus*-level prohibitions. מִכְּדִי — For **let us see:** כְּתִיב (והבאת שם ואכלת לפני ה' אלהיך במקום) ,,[וַהֲבֵאתֶם שָׁמָּה וגו'] וַאֲכַלְתֶּם־שָׁם לִפְנֵי ה' אֱלֹהֵיכֶם'[1] וגו''' — **It is written** earlier in that passage, in verses 6-7: *You shall bring there* [to Jerusalem] *your olah offerings, your [shelamim] offerings, your maaser [sheni], the terumah of your hands, your vow offerings, your donative offerings and the firstborn of your cattle and flocks. And you shall eat [them] there before Hashem, your God etc.*[2] The Torah thus commands us to eat every item on the list in Jerusalem. Accordingly, when coming to add to this positive commandment the force of a negative commandment against eating any of these items *outside* Jerusalem, לִכְתּוֹב רַחֲמָנָא לֹא תוּכַל לְאוֹכְלָם — let **the Merciful One write** simply: **"you may not eat *them*"** in your outlying cities," as the pronoun "them" would clearly refer to all the items enumerated in verse 6. מֵיהְדַר מִפְרַשׁ בְּהוֹ רַחֲמָנָא לָמָה לִי — **Why do I need the Merciful One to repeat them explicitly** in verse 17?[3] אֶלָּא לְיַחוֹדֵי לְהוּ לָאוִי לְכָל חַד וְחַד — **Perforce,** it is in order **to assign a specific prohibition to each and every one** of these items beyond the prohibition stated explicitly in the verse.[4] Thus, in the case of *bikkurim,* the extra prohibition forbids — on pain of *malkus* — eating them before recitation of the verses, and it is for this reason that the Mishnah lists this violation among those that carry the penalty of *malkus.* [5]

The Gemara returns to a previously cited teaching: גּוּפָא — **The text itself** stated: אָמַר רָבָא — **Rava said:** שֶׁאָכַל מִן הָעוֹלָה לִפְנֵי זְרִיקָה חוּץ לַחוֹמָה — **If a non-*Kohen* eats from** an *olah,* **before the throwing** of its blood to the Altar, **outside the Wall** of Jerusalem, לְרַבִּי שִׁמְעוֹן לוֹקֶה חָמֵשׁ — **according to R' Shimon, he incurs five** separate *malkus* **penalties.**[6]

The Gemara asks why he is guilty of only five transgressions: וְלִילְקֵי נַמִי מִשּׁוּם ,,וְזָר לֹא־יֹאכַל כִּי־קֹדֶשׁ הֵם'' — **Let him also incur** *malkus* for violating the prohibition, ***but a non-Kohen shall not eat, for they are holy,*** [7] which is stated regarding the meat of

---

NOTES

1. The emendation of the text follows *Mesoras HaShas* and *Rashash*. The verse printed in the standard editions is a distortion of *Deuteronomy* 14:23. The emended text reflects *Deuteronomy* 12:6-7, which is the focus of the Gemara's discussion, as stated by *Rashi.*

2. The full Hebrew text of the cited segment reads: וַהֲבֵאתֶם שָׁמָּה עֹלֹתֵיכֶם וְזִבְחֵיכֶם וְאֵת מַעְשְׂרֹתֵיכֶם וְאֵת תְּרוּמַת יֶדְכֶם וְנִדְרֵיכֶם וְנִדְבֹתֵיכֶם וּבְכֹרֹת בְּקַרְכֶם וְצֹאנְכֶם. וַאֲכַלְתֶּם־שָׁם לִפְנֵי ה' אֱלֹהֵיכֶם וגו'

3. [Perhaps, the Gemara means that instead of waiting until v. 17 and repeating the entire list, the Torah should have immediately followed the commandment of v. 7 with the brief admonition "You may not eat *them* in your outlying cities."] Despite its lack of specificity, a prohibition worded in this manner would create a *malkus* penalty for eating any of "them" (i.e. the items mentioned in v. 6) outside Jerusalem (see *Rashi* for further discussion). Why must v. 17 specify, *You may not eat in your [outlying] cities: the maaser [sheni] of your grain and your wine and your oil, the firstborn of your cattle and your flocks, all your vow offerings that you vow, your donative offerings, and the terumah of your hands?*

4. Since it would have sufficed to say, "You may not eat *them* in your outlying cities," when v. 17 states, "You may not eat in your outlying cities," and then mentions each and every item individually, it is as though the verse has stated the prohibition and then *repeated* it regarding every individual item. And since the repetition is obviously superfluous, R' Shimon employs the device of *if unnecessary in its context* to adduce an *additional* prohibition for each item listed in the verse. Even the additional prohibition is punishable by *malkus* [since it is derived from the superfluous verse rather than a mere *kal vachomer*] (*Rashi;* see following note).

5. In the case of *todah* and *shelamim,* the superfluous verse forbids — on pain of *malkus* — consumption of their meat before the *zerikah;* in the case of *bechor,* it forbids consumption by a non-Kohen; in the case of *chatas* and *asham,* consumption outside the Courtyard, and in the case of *olah,* consumption under any circumstances.

Rashi asks, however: Although as stated these items did not need to be listed for the sake of imposing *malkus* for their consumption outside Jerusalem, all the offerings did have to be listed in order to impose *malkus* for eating any of them before *zerikah.* As the Gemara has shown, if the Torah had alluded to this *malkus*-level prohibition regarding only the *todah* and *shelamim,* we would not have been able to extend it to the others via *kal vachomer.* Thus, the special enumeration of *chatas* and *asham* is not available to teach (as R' Shimon assumed in the Baraisa) that one who eats them or other *kodshei kodashim* outside the Courtyard (even in Jerusalem) incurs *malkus!* What is the Mishnah's source for ruling that *malkus* are incurred for this violation? *Rashi* explains that indeed, we do not derive it from this verse. Rather, the source is the verse (*Exodus* 22:30), *And meat in the field, torn, you shall not eat,* which, as interpreted by the Gemara below (see note 10), prohibits the consumption of any meat that has gone outside its prescribed boundary (cf. *Ramban*).

Even so, we have justified only the Mishnah's imposition of *malkus* for eating *bikkurim* without recital or *kodshei kodashim* outside the Courtyard. As for the other novel prohibitions that R' Shimon deduced (viz. the prohibition of a *bechor* to a non-Kohen, or of an *olah* to anyone), we must remain with the Gemara's previous assertion that R' Shimon referred to mere non-*malkus* prohibitions [since these are derived only on the basis of *kal vachomer* and not any superfluous verse]. Thus, when Rava said that according to R' Shimon a non-Kohen who eats of an *olah* may incur as many as five *malkus* penalties, he actually meant five *prohibitions,* and not literally *malkus* penalties (*Rashi*).

In conclusion, then, according to *Rashi,* R' Shimon discussed two levels of prohibitions. From the superfluous verse, he derived that one who eats *bikkurim* before recital or the meat of any offering before *zerikah* is liable to *malkus.* And by means of *kal vachomer,* combined with the reasoning of *if unnecessary in this context,* R' Shimon derived "mere prohibitions" against a non-Kohen's eating of a *bechor* offering, anyone's eating of a *chatas* or *asham* outside the Courtyard, and anyone's eating of an *olah* even inside the Courtyard. [The *malkus* penalty for eating of a *chatas, asham* or other *kodshei kodashim* outside the Courtyard is based on the verse *And meat in the field* etc.]

Tosafos voice numerous objections to *Rashi's* explanation of this passage: (1) On what basis does R' Shimon assume that the verse is to be interpreted on two levels, one pertaining to *malkus* and the other to an additional "mere prohibition"? Perhaps it comes only to teach the basic *malkus*-level prohibitions for each item [i.e. eating any of them outside Jerusalem and for eating *bikkurim* before recital or offerings before *zerikah*]! (2) Why does R' Shimon refer exclusively to *kal vachomer* in the Baraisa and never mention the superfluous verse? (3) If R' Shimon means only that the sinner violates a "mere (nonpunishable) prohibition" in many of these cases, why does he employ the expression לוֹקֶה, *incurs malkus?* [Cf. *Ritva* cited above, 17b note 21.] (4) What is the purpose of adding a "mere prohibition" not punishable by *malkus,* when — as *Rashi* himself explained above — it was already known before this verse that the matters R' Shimon mentioned are prohibited by the implication of a positive commandment (see 17a notes 30, 33, 35, and 17b note 1), and the whole point of R' Shimon's exposition was apparently to teach that they carry the *malkus* penalty? [This is especially troublesome regarding the eating of a *chatas* or *asham* outside the Courtyard, which is in fact punishable by *malkus* (based on the verse *And meat in the field* etc.), and thus, the "mere prohibition" is actually *weaker* than the previously known prohibition! See further, 18b note 6.] Because of these difficulties, *Tosafos* offer a variant explanation of the preceding passage. See there at length, and see also *Ramban, Ritva* and *Pnei Yehoshua.* For resolution of some of these difficulties, see *Aruch LaNer* and *R' Elazar Moshe Horowitz,* cited in *Oz VeHadar* edition of the Talmud.

6. As has been explained, Rava means that he violates five prohibitions, not that he incurs five *penalties.*

7. *Exodus* 29:33.

אלא קרא יתירא הוא מכדי כתיב [א] [א] והבאת שם [ב] ואכלת לפני ה' אלהיך במקום וגו' לכתוב רחמנא לא תוכל לאוכלם מיהדר מפרש בהו רחמנא למה לי אלא ליחודי להו לאוי לכל חד וחד גופא אמר רבא זר שאכל מן העולה לפני זריקה חוץ לחומה לרבי שמעון לוקה חמש ולילקי נמי משום [ג] וזר לא יאכל כי קדש הם [א] הני מילי היכא דלכהנים חזי הכא דלכהנים נמי לא חזי ולילקי נמי משום [ד] ובשר בשדה טרפה לא תאכלו [ב] כיון שיצא בשר חוץ למחיצתו נאסר הני מילי היכא דבפנים חזי הכא דבפנים נמי לא חזי ולילקי נמי כדר' אליעזר [ג] דאמר ר' אליעזר [ג] לא יאכל כי קדש [ד] (הוא)

כל

רש"י

קרא יתירא הוא. האי קרא דלא תוכל לאכול דקא מני לכולהו בגויה דמכדי כתיב לעיל מיניה והבאתם שמה וכולהו בהאי קרא כתיבי ליכתוב בתריה לא תוכל לאכלם בשעריך אם על חוץ לחומה בא להזהיר ולאו שבכללות לא הוי כיון דאכולה קאי הוי לאו אכל חד וחד והיכי דמי לאו שבכללות כגון לא תאכל כי אם נלי אש וכגון מכל אשר יעשה מגפן היין וגו' (א) למיהוי לאו באנפיה נפשיה: **הכי גרסינן** מיהדר פרושי בכל חד למה לי ש"מ לייחודי לאו לכל חד וחד. כאילו חזר וכתב בכל אחד לאו דחוץ לחומה וכיון דאינו ענין לו תנהו ענין לדבר אחר (ב) הלכך בבכורים לאוכל עד שלא קרא עליהן אתא ואינך כל חד וחד למילתיה אתא וא"ת בכל הקדשים הכתובים כאן דייך אם תתן את הלאו ענין לאוכל לפני זריקה בכולן חוץ מבכורים אין הכי נמי ומתניתא דקתני לוקין באוכל קדשי קדשים חוץ לקלעים מובשר בשדה טרפה לא תאכלו נפקא כדלקמן ולוקה חמש דקאמר רבא חמשה איסורי קאמר: **ה"ג ולילקי נמי משום וזר לא יאכל.** דכתיב במלואים (ג) ומדכתיב כי קדש הם ונתן טעם לדבר לפי שהם קדשי קדשים להזהיר את הזר על כל קדשי קדשים: **דחזי לכהן.** כדכתיב רישיה דקרא ואכלו אותם אשר כופר בהם: **כיון שיצא בשר חוץ למחיצתו נאסר.** מבשדה יתירא קא דייק כשדה שאין בו מחיצות ולמדנו מכאן קדשי קדשים חוץ לקלעים ועובר שהוציא את ידו בשעת שחיטת אמו:

בא

תוספות

הקונטרס למה לי תיפוק ליה דכל חד וחד נדמו לאיסור כדפריש [ה] (הקונט') לעיל במילתיה דר' שמעון מיהו יש לומר דאיסורא (ד) לאו לא אשמועינן אלא מהכא כך נראה למשי"ח אבל מכל מקום קושיות אחרות קשו שפיר לכן נראה לפרש איסור בעלמא פירוש איסור דחוץ לחומה ילפינן מקל וחומר דמעשר אע"ג דמלקות לא אשמועינן מקל וחומר דאין מזהירין מן הדין מכל מקום כיון דאיסורא שמעינן כבר באוכל חוץ לחומה טוב לי להעמיד לאו בדבר אחר שיהיה בו חידוש יותר שלא מלינו עדיין איסור לאו כגון בכורים עד שלא (ה) קראו עליהם ובכל חד וחד למילתיה כדאמרי' בעלמא [ו] כל היכא דאיכא למידרש דרשינן ולא מוקמינן בלאוי יתירי דלא דמי להא דפריך פרק כל שעה (פסחים דף כד. ושם) ודלמא לייחודי (ו) לאו באפי נפשי' הוא דודאי טפי אית לן לאוקומיה אנפשיה מלומר תנהו לענין שאר איסורין שבתורה אבל (ז) כל חד בנפשיה מוקמינן ליה והשתא ניחא דקתני בברייתא תנהו ענין לאוכל בכורים עד שלא קרא עליהן דלוקה וכן כולם והאמר רבא זר שאכל העולה לפני זריקה לוקה חמש והלא אין מלקות אלא ללאו חדש ומה שבא לחדש בעולה היינו כהן האוכל ממנו לאחר זריקה ומסיק (ח) לה חמשה איסורי והא אנן תנן אלו הן הלוקין וקתני קדשים קלים ומעשר שני חוץ לחומה אלמא בתודה ושלמים דחוץ לחומה לקי ולדידך הא אוקימנא הלאו לפני זריקה אלא קרא יתירא הוא מכדי כתיב והבאתם שמה (ט) דאהדר ומפרש בכל חד למה לי שמע מינה לייחודי לאו בכל חד וחד כלומר לכתוב לא תוכל לאוכלם ואזהרה מלינו כדסלקא דעתיה עד השתא דמוקמי איסור חוץ לחומה בכל חד מקל וחומר דמעשר ועיקר הלאו דבכל חד וחד למלקות בדבר חדש הוא דקאתי בכל חד והשתא דחזר ומפרש בכולהו לייחודי לאו בכל חד וחד כלומר לגלויי לו למלקות באיסור דחוץ לחומה בכל חד וחד והשתא איכא שני מלקיות בכל חד וחד (י) מחוץ לחומה מקרא אתיא ומלקות בדבר חדש כמו שאנו מעמידין בו עיקר הלאו בקרא קמא אבל מה שבכור למד מתודה וחטאת משתיהן ועולה משלשתן הנהו לאיסור ולא למלקות דלא מהני הייתור אלא לגלויי לאיסור לחוץ לחומה דילפינן כולהו מקל וחומר למעשר לומר דמלקות נמי איכא ולוקה חמש דקאמר רבא לאו חמש מלקות והכי קאמר בסוגיא [כדפרש"י] ואם תאמר ומעשר גופיה אמאי הדר ופרט ביה ויש לומר דמעשר צריך על כרחך לכתוב בהדיא והא דקאמר (כ) לא תוכל לאוכלם אשארא דהא ודאי אי לא כתיב מעשר בהדיא ולא כתיב אלא לא תוכל לאוכלם לא הייתי דורש דבר חדש דודאי אין (ל) בהן ייתור לומר מה בא זה ללמדנו מקל וחומר דמעשר שהרי אין אריכות דקרא יותר משאם היה מפרש מעשר לבדו ומיהו קשה למשי"ח דא"כ היכי ילפינן כולהו אינך מתודה לענין לפני זריקה וכן (מ) בבכור הא ליכא שום ייתור אריכות לשון דהא כולהו נפקי בחדא מלא תוכל לאוכלם אלא ודאי צריך לומר דכיון דכולן מפורשים בקרא דלעיל והבאתם שמה וגו' כי הדר כתיב לא תוכל לאוכלם הרי כאילו נפרשו כולם בההוא לאו ושפיר גמיר חד מחבריה בקל וחומר כאילו נכתב בהדיא ומכל מקום לא קשה (נ) קושיא שפריך מעשר גופיה אמאי הדר לפרוט ביה דאיכא למימר דאגב אינך כתביה כדאמרינן (ב"ק דף סד:) פרשה שנאמרה ונשנית בשביל דבר חדש שנתחדש ועוד דע"כ ה"א ליכא במעשר לאו בחוץ לחומה מדפרים באינך ושייר במעשר דהא השתא לא תוכל לאוכלם לא קאי אעיקרא ור"י מפרש לייחודי לאו לכל חד וחד דהאי הייתור לגלויי לן דעל כל איסורין שאנו שומעים בכולן מקלים וחמורים הללו שבכולן יש חיוב מלקות ולפי זה לוקה ה' דקאמר רבא לוקה ה' ממש וקשה דא"כ מאי פריך בסמוך ולילקי משום דר"א וכו' לישני דהא (ס) ר"א לאו שבכללות הוא ואין לוקין עליו דהכי אמרינן פרק כל שעה (פסחים דף מא:) ורבא קא חשיב מלקות ויש לומר דהה"נ דמצי לשנויי הכי אלא עדיפא מיניה משני דלא שייר הכא כלל אותו לאו וא"ת לפי' שפירש והא תנן אלו הן הלוקין דפריך מהא דתנן קדשים קלים חוץ לחומה (ע) ולילקי לישני דמלקות חוץ לחומה מטעם ובשר בשדה טרפה כיון שיצא חוץ למחיצתו נאסר ואומר הר"י דקים ליה להש"ס דטעמא דמתניתין דמחייב (פ) חוץ לחומה לאו מהאי קרא דאם כן ליתני קדשי קדשים שיצאו חוץ מן הקלעים וקדשים קלים והוי משתמע דמכיון שיצאו חוץ לחומה נאסרו אפילו חזר ואכלם בפנים לוקה עליהן כדאיתא בפרק בהמה המקשה (חולין דף סח: ושם) והשתא דקתני חוץ לחומה משמע שיש מלקות מטעם שאדם האוכלו עומד חוץ לחומה והיינו מקרא דלא תוכל לאכול בשעריך וק"ק בברייתא דמוקי לרבי שמעון בקרך ואינך חוץ לקלעים תיפוק לי מקרא דובשר בשדה טרפה וגו' וכן בריש בהמה המקשה (שם) דקאמר לפי שמלינו במעשר שאם יצא חוץ למחיצה וחזר דמותר מדכתיב לא תוכל לאכול בשעריך בשעריך הוא דלא תיכול הא יצאו חוץ [ז] לקלעים מותרין וקשה דהא חטאת ואשם נמי כתיבי בהאי קרא ואפילו הכי יצאו וחזרו אסורין ופירש ריב"א דודאי גבי חטאת ואשם הכי אמר קרא לא תוכל לאכול בשעריך (אלא) כ"א תוך הקלעים אבל מעשר ובכורים אמרינן בהאי פירקא דלית ביה לאו עד שיראו פני הבית וקאמר לא תוכל [לאכול] בשעריך משמע בשעריך ודאי לא תיכול אבל אם חזרו ודאי מותרין: **ולילקי משום זר לא יאכל קדש.** רש"י פירש דלא גרסינן ליה משום דההוא בתרומה כתיב ואף כי גמרי חטא חטא מתרומה אפ"ה לא ניחא דסוף סוף ליתיה אלא בשוה פרוטה וישנו [ח] (כמו) אכילה ורבא לא מני אלא אכילת כזית אלא גרס וזר לא יאכל כי קדש הם: **ולילקי משום ובשר בשדה טרפה לא תאכלו.** וקשה אמאי לא אמרי' בשר בשדה לאו שבכללות (צ) דאמרי' בסוף פרק גיד הנשה (שם דף קב: ושם) דאוכל בשר מן החי לוקה משום בשר בשדה שהרי כולל הוא כל חסרון מחיצה בין הוציא עובר ידו חוץ לאמו בין הוציא חוץ לחומה דמאי שנא מואם לא אש דתחשוב לאו שבכללות וי"ל דלא חשבינן לאו שבכללות אלא כגון אם לא אש שכולל נא ומבושל וכן כל שבקודש פסול דיוצא וטמא ופסולין אחרים שהן שני שמות אבל הכא שכולל כל יוצא לבד ושם יוצא חדא היא רק דהוי בכמה דרכים לא חשיב ליה לאו שבכללות תדע דהא לאו דנותר נפיק מושרפת הנותר באש לא יאכל והתם מיניה חזינן נותר דתודה ונותר דקדשים קלים ונותר דקדשי קדשים ולא חשיב לאו שבכללות כך נראה למשי"ח. [וע' היטב תוס' יומא לו: ד"ה לאו דנבילה וכו']:

כל

מסורת הש"ס

א) נ"ל והבאתם שמה וגו' ואכלתם שם לפני ה' אלהיכם וגו'], ב) זבחים פב: חולין סח.], ג) פסחים כד. מעילה יז: ע"ש [ובמעילה איתא דתניא רבי אליעזר אומר לא יאכל וכו'], ד) נ"ל הם, ה) רש"ל מ"ז, ו) [פסחים כד:], ז) רש"א למחילתן, ח) רש"א בלא.

הגהות הב"ח

(א) רש"י ד"ה קרא וכו' מגפן היין וגו' הס"ד והשאר נמחק: (ב) ד"ה הכי גרסינן וכו' תנהו ענין לדבר אחר למיהוי לאו באנפי נפשיה הלכך בבכורים: (ג) ד"ה ה"ג ולילקי וכו' דמדכתב כי: (ד) תוס' ד"ה (בדף הקודם) איסור וכו' יש לומר דאיסורא דלאו לא: (ה) בא"ד עד שלא קרא עליהם וכן בכל חד וחד למילתיה: (ו) בא"ד ליחודי ליה לאו באפי נפשיה הוא דאתא דודאי. נ"ב כלומר לגופיה וה"ג התם בהדיא: (ז) בא"ד אבל הכא כל חד באפי נפשיה מוקמינן. נ"ב כלומר לגופיה ולא לענין שאר איסורין שבתורה: (ח) בא"ד ומסיק חמשה כצ"ל ותיבת לה נמחק: (ט) בא"ד והבאתם שמה מהדר ומפרש: (י) בא"ד בכל חד וחד מלקות לחוץ לחומה מקרא יתירא אתיא וכו' עיקר הלאו מקרא וכו' ולא מהני הייתור וכו' דילפינן לכולהו מקל וחומר ממעשר: (כ) בא"ד והא דקאמר לכתוב לא תוכל לאוכלם: (ל) בא"ד דודאי אין כאן יתור לומר מה בא זה ללמדנו הא אתיא מקל וחומר ממעשר שהרי אין: (מ) בא"ד מתודה לענין לפני זריקה וכן לענין לאחר זריקה מבכור הא ליכא שום ייתור: (נ) בא"ד לא קשה הך קושיא דפריך מעשר גופיה אמאי הדר פרט ביה וכו' דע"כ ה"א דליכא במעשר: (ס) בא"ד לישני דהא דר"א לאו שבכללות וכו' מלקות ממש וי"ל דה"נ דמצי: (ע) בא"ד חוץ לחומה דלקי לשני דמלקות: (פ) בא"ד דמחייב מלקות חוץ לחומה לאו וכו' וקדשים קלים שיצאו חוץ לחומה והוי משתמע וכו' ואפילו חזר: (צ) ד"ה ולילקי משום ובשר וכו' שבכללות הוא דאמרינן וכו' חוץ לרחם אמו בין הוציא וכו' מאם נלי:

עין משפט נר מצוה

סב א מיי' פי"א מהל' מעשה קרבנות הל' ח סמג לאוין שכו:

ליקוטי רש"י

ובשר בשדה טריפה לא תאכלו. בשדה בלא מחילות משמע ודריש ליה לכל הבשר שטעון מחילה טריפה הוא ביוצא ולא תאכל [זבחים פב:]. כלומר חוץ למחילתו וכו' וכל מי שיש לו מחילה ויצא כגון בשר קדשים שיצאו נמי מהאי קרא נפקא לן (מכות דף יח.) [חולין סח.].

לא יאכל כי קודש הוא. כל שבקודש פסול מדכתיב כי קודש הוא יתירה לרבות על שאר פסולי קדשי קדשים בלאו כגון פיגול ויוצא ונשפך דמו [פסחים כד.].

תורה אור השלם

א) וַהֲבֵאתֶם שָׁמָּה עֹלֹתֵיכֶם וְזִבְחֵיכֶם וְאֵת מַעְשְׂרֹתֵיכֶם וְאֵת תְּרוּמַת יֶדְכֶם וְנִדְרֵיכֶם וְנִדְבֹתֵיכֶם וּבְכֹרֹת בְּקַרְכֶם וְצֹאנְכֶם: [דברים יב, ו]

ב) וַאֲכַלְתֶּם שָׁם לִפְנֵי יְיָ אֱלֹהֵיכֶם וּשְׂמַחְתֶּם בְּכֹל מִשְׁלַח יֶדְכֶם אַתֶּם וּבָתֵּיכֶם אֲשֶׁר בֵּרַכְךָ יְיָ אֱלֹהֶיךָ: [דברים יב, ז]

ג) וְאָכְלוּ אֹתָם אֲשֶׁר כֻּפַּר בָּהֶם לְמַלֵּא אֶת יָדָם לְקַדֵּשׁ אֹתָם וְזָר לֹא יֹאכַל כִּי קֹדֶשׁ הֵם: וְאִם יִוָּתֵר מִבְּשַׂר הַמִּלֻּאִים וּמִן הַלֶּחֶם עַד הַבֹּקֶר וְשָׂרַפְתָּ אֶת הַנּוֹתָר בָּאֵשׁ לֹא יֵאָכֵל כִּי קֹדֶשׁ הוּא: [שמות כט, לג-לד]

ד) וְאַנְשֵׁי קֹדֶשׁ תִּהְיוּן לִי וּבָשָׂר בַּשָּׂדֶה טְרֵפָה לֹא תֹאכֵלוּ לַכֶּלֶב תַּשְׁלִכוּן אֹתוֹ: [שמות כב, ל]

kodshei kodashim – a category that includes the *olah.*[8] – ? –

The Gemara replies:

הָנֵי מִילֵּי הֵיכָא דִּלְכֹהֲנִים חֲזֵי – That prohibition **applies** only **where [the offering] is fit for** consumption by **Kohanim,** as is evident from the context of the verse,[9] הָכָא דִּלְכֹהֲנִים נַמִּי לֹא חֲזֵי – but **here,** we are dealing with an *olah,* **which is not fit even for Kohanim,** since it is meant to be burned entirely on the Altar. The additional prohibition, therefore, is inapplicable.[10]

The Gemara further questions Rava's attribution of only five transgressions to the sinner he described:

וְלִילְקֵי נַמִּי מִשּׁוּם ,,וּבָשָׂר בַּשָּׂדֶה טְרֵפָה לֹא תֹאכֵלוּ'' – **Let him also incur *malkus* for** violating the prohibition, ***and meat in the field, torn, you shall not eat,***[11] which teaches that כֵּיוָן שֶׁיָּצָא בָּשָׂר חוּץ לִמְחִיצָתוֹ נֶאֱסַר – **once meat has gone outside of its bounds, it becomes prohibited.**[12] Included in this injunction is the prohibition against eating meat of *kodshei kodashim* that has gone outside of its bounds – viz. outside the Temple Courtyard. – ? –

The Gemara answers:

הָנֵי מִילֵּי הֵיכָא דִּבִפְנִים חֲזֵי – That prohibition **applies** only **where [the meat] is fit** to be eaten **inside** the Courtyard. הָכָא דִּבִפְנִים נַמִּי לֹא חֲזֵי – But **here,** we are dealing with an *olah,* **which is not fit** to be eaten **even inside** the Courtyard, and thus, the prohibition against eating meat that has gone outside its bounds does not apply.[13]

The Gemara asks further:

וְלִילְקֵי נַמִּי כִּדְרַבִּי אֱלִיעֶזֶר – Let [the sinner described by Rava] also incur *malkus* for violating another prohibition, **in accordance with** a teaching **of R' Eliezer!** דְּאָמַר רַבִּי אֱלִיעֶזֶר – **For R' Eliezer said** in a Baraisa:[14] ,,לֹא יֵאָכֵל כִּי־קֹדֶשׁ הוּא'' – Scripture states concerning *nossar* (meat of an offering that was left over beyond the time allotted for its consumption): ***IT SHALL NOT BE EATEN, FOR IT IS HOLY.***[15] From the expression "for it is holy," we can derive that

NOTES

8. *Exodus* 29:33 is stated in regard to the special *shelamim* offered during the *miluim* (inauguration) ceremony, which had *kodshei kodashim* status. By specifying that a non-Kohen may not eat of them "because they are holy" – i.e. because they are *kodshei kodashim* – the Torah teaches that a non-Kohen is prohibited from eating any *kodshei kodashim* (*Rashi*). This would seem to include the meat of an *olah.*

9. The verse reads in entirety: וְאָכְלוּ אֹתָם אֲשֶׁר כֻּפַּר בָּהֶם לְמַלֵּא אֶת־יָדָם לְקַדֵּשׁ אֹתָם וְזָר לֹא־יֹאכַל כִּי־קֹדֶשׁ הֵם, *They – who received atonement through them, to inaugurate them, to sanctify them* [i.e. the Kohanim] – *shall eat them; but a non-Kohen shall not eat, for they are holy.* By contrasting the prohibition for non-Kohanim to eat *kodshei kodashim* with the permission for Kohanim to eat them, the verse implies that one is contingent upon the other (*Rashi*).

10. [The prohibition derived exegetically by R' Shimon, however, does apply, since the Torah does not qualify it as pertaining specifically to cases in which the meat is fit for Kohanim.]

11. *Exodus* 22:30.

12. According to its simple meaning, the verse prohibits the eating of a kosher animal that has been torn and fatally injured by a wild beast, thus becoming *tereifah.* Now, the critical matter is only the extent of the animal's injury; the place in which it is attacked obviously makes no difference. Accordingly, the Torah's use of the expression "in the field" seems unnecessary. The Gemara therefore understands it as establishing a new umbrella category of "Meat in the Field" – or "Meat That Has Gone Outside of its Bounds" – and teaching that such meat is prohibited. Thus, the verse means that meat which is either (a) "in the field," or (b) "torn" (*tereifah*), may not be eaten. The expression "in the field" refers to any item that leaves the confines assigned to it by the Torah. Just as a field is an area unbounded by walls, so too are various items that leave their legally assigned confines considered to be "in the field" and prohibited for consumption. Thus, meat of a *kodshei kodashim* offering – which must be eaten inside the Temple Courtyard – is rendered unfit if it is taken outside that boundary, and may no longer be eaten even if it is brought back in. [The same is true for *kodashim kalim* meat, which may be consumed only inside the walls of Jerusalem; if it is taken outside the walls, it becomes permanently unfit.]

Another application of this rule is to the case in which an animal fetus thrust a limb out of the womb and drew it back, and its mother was then slaughtered. Although a fetus found in the womb of a slaughtered animal is permissible for consumption (without itself being slaughtered), the limb that had been thrust out is prohibited, because it has "gone outside of its bounds" – i.e. it once left the confines of the womb, which is the boundary that the Torah established for its permissibility (*Rashi* here and to *Chullin* 68a; see also *Tosafos* ד״ה ולילקי, *Ritva,* and *Rambam, Sefer HaMitzvos, Lo Saaseh* 181).

13. The verse prohibits eating meat that has gone outside the bounds *within which it was permitted.* Since the meat of an *olah* is not permitted even inside the Courtyard, it cannot become prohibited on account of having "gone outside of its bounds." In regard to the *olah,* the Courtyard Wall represents a boundary only inasmuch as if its blood or meat are taken outside they become unfit for being offered on the Altar, but it has no bearing on the permissibility of the meat for consumption (see *Chidushei HaGriz, Hil. Pesulei HaMukdashin* pp. 86-88).

14. See *Mesoras HaShas.*

15. *Exodus* 29:34. [The marginal gloss in the Vilna edition, which cites the *previous* verse, is erroneous, and does not appear in earlier editions; see *Rashi* to 18b ד״ה בא.]

אלא קרא יתירא הוא מכדי כתיב א) [א] והבאת שם ב) ואכלת לפני ה' אלהיך במקום וגו' לכתוב רחמנא לא תוכל לאוכלם מיהדר מפרש בהו רחמנא למה לי אלא ליחודי להו לאוי לכל חד וחד גופא אמר רבא זר שאכל מן העולה לפני זריקה חוץ לחומה לרבי שמעון לוקה חמש ולילקי נמי משום ג) וזר לא יאכל כי קדש הם [א] הני מילי היכא דלכהנים חזי הכא דלכהנים נמי לא חזי ולילקי נמי משום ד) ובשר בשדה טרפה לא תאכלו [ב] כיון שיצא בשר חוץ למחיצתו נאסר הני מילי היכא דבפנים חזי הכא דבפנים נמי לא חזי ולילקי נמי כדר' אליעזר [ג] דאמר ר' אליעזר ג) לא יאכל כי קדש [ד] (הוא)

כל

קרא יתירא הוא. האי קרא דלא תוכל לאכול דקא מני לכולהו בגויה דמכדי כתיב לעיל מיניה והבאתם שמה וכולהו בהאי קרא כתיבי ליכתוב בתריה לא תוכל לאכלם בשעריך אם על חוץ לחומה בא להזהיר ולאו שבכללות לא הוי כיון דאכולה קאי הוי לאו אכל חד וחד והיכי דמי לאו שבכללות כגון לא תאכל כי אם נאי אש וכגון מכל אשר יעשה מגפן היין וגו' (א) למיהוי לאו באנפיה נפשיה: הכי גרסינן מיהדר פרושי בכל חד למה לי ש"מ לייחודי לאו לכל חד וחד. כאילו חזר וכתב בכל אחד לאו דחוץ לחומה וכיון דאינו ענין לו תנהו ענין לדבר אחר (ב) הלכך בבכורים לאוכל עד שלא קרא עליהן אתא ואיך כל חד וחד למילתיה אתא וא"ת בכל הקדשים הכתובים כאן דייך אם תתן את הלאו ענין לאוכל לפני זריקה בכולן חוץ מבכורים אין הכי נמי ומתניתא דקתני לוקין באוכל קדשי קדשים חוץ לקלעים ובשר בשדה טרפה לא תאכלו נפקא כדלקמן ולוקה חמש דקאמר רבא חמשה איסורי קאמר: ה"ג ולילקי נמי משום וזר לא יאכל. דכתיב במלואים (ג) ומדכתיב כי קדש הם ונתן טעם לדבר לפי שהם קדשי קדשים להזהיר את הזר על כל קדשי קדשים: דחזי לכהן. כדכתיב רישיה דקרא ואכלו אותם אשר כופר בהם: כיון שיצא בשר חוץ למחיצתו נאסר. מבשדה יתירא קא דייק כשדה שאין בו מחילות ולמדנו מכאן קדשי קדשים חוץ לקלעים ועובר שהוציא את ידו בשעת שחיטת אמו:

בא

הקונטרס למה לי תיפוק ליה דכל חד וחד נדמו לאיסור כדפריש [ה] (הקונט') לעיל במילתיה דר' שמעון מיהו יש לומר דאיסורא (ד) לאו לא אשמועינן אלא מהכא כך נראה למשי"ח אבל מכל מקום קושיות אחרות קשו שפיר לכן נראה לפרש איסור בעלמא פירוש איסור דחוץ לחומה ילפינן מקל וחומר דמעשר אע"ג דמלקות לא אשמועינן מקל וחומר דאין מזהירין מן הדין מכל מקום כיון דאיסורא שמעינן כבר באוכל חוץ לחומה טוב לי להעמיד לאו בדבר אחר שיהיה בו חידוש יותר שלא מצינו עדיין איסור לאו כגון בכורים עד שלא (ה) קראו עליהם ובכל חד וחד למילתיה כדאמרי' בעלמא [י] כל היכא דאיכא למידרש דרשינן ולא מוקמינן בלאוי יתירי דלא דמי להא דפריך פרק כל שעה (פסחים דף כד. ושם) ודלמא לייחודי (ו) לאו באפי נפשי' הוא דודאי טפי אית לן לאוקומיה אנפשיה מלומר תנהו לענין שאר איסורין שבתורה אבל (ז) כל חד בנפשיה מוקמינן ליה והשתא ניחא דקתני בברייתא תנהו ענין לאוכל בכורים עד שלא קרא עליהן דלוקה וכן כולם והאמר רבא זר שאכל העולה לפני זריקה לוקה חמש והלא אין מלקות אלא ללאו חדש ומה שבא לחדש בעולה היינו כהן האוכל ממנו לאחר זריקה ומסיק (ח) לה חמשה איסורי והא אנן תנן אלו הן הלוקין וקתני קדשים קלים ומעשר שני חוץ לחומה אלמא בתודה ושלמים דחוץ לחומה לקי ולדידך הא אוקימנא הלאו לפני זריקה אלא קרא יתירא הוא מכדי כתיב והבאתם שמה (ט) דאהדר ומפרש בכל חד למה לי שמע מינה לייחודי לאו בכל חד וחד כלומר לכתוב לא תוכל לאוכלם ואזהרה מלינו כדסלקא דעתיה עד השתא דמוקמי איסור חוץ לחומה בכל חד מקל וחומר דמעשר ועיקר הלאו דבכל חד וחד למלקות בדבר חדש הוא דקאתי בכל חד והשתא דחזר ומפרש בכולהו לייחודי לאו בכל חד וחד כלומר לגלויי לו למלקות באיסור דחוץ לחומה בכל חד וחד והשתא איכא שני מלקיות בכל חד וחד (י) מחוץ לחומה מקרא אתיא ומלקות בדבר חדש כמו שאנו מעמידין בו עיקר הלאו בקרא קמא אבל מה שבכור למד מתודה וחטאת משתיהן ועולה משלשתן הנהו לאיסור ולא למלקות דלא מהני הייתור אלא לגלויי לאיסור לחוץ לחומה דילפינן כולהו מקל וחומר למעשר לומר דמלקות נמי איכא ולוקה חמש דקאמר רבא לאו חמש מלקות והכי קאמר בסוגיא [כדפרש"י] ואם תאמר ומעשר גופיה אמאי הדר ופרט ביה ויש לומר דמעשר צריך על כרחך לכתוב בהדיא והא דקאמר (כ) לא תוכל לאוכלם אשארא דהא ודאי אי לא כתיב אלא לא תוכל לאוכלם לא הייתי דורש דבר חדש דודאי אין (ל) בהן ייתור לומר מה בא זה ללמדנו מקל וחומר דמעשר שהרי אין אריכות דקרא יותר משאם היה מפרש מעשר לבדו ומיהו קשה למשי"ח דא"כ היכי ילפינן כולהו איך מתודה לענין לפני זריקה וכן (מ) בבכור הא ליכא שום ייתור אריכות לשון דהא כולהו נפקי בחדא מלא תוכל לאוכלם אלא ודאי צריך לומר דכיון דכולן מפורשים בקרא דלעיל והבאתם שמה וגו' כי הדר כתיב לא תוכל לאוכלם הרי כאילו נפרשו כולם בההוא לאו ושפיר גמיר חד מחבריה בקל וחומר כאילו נכתב בהדיא ומכל מקום לא קשה (נ) קושיא שפריך מעשר גופיה אמאי הדר לפרוט ביה דאיכא למימר דאגב איך כתביה כדאמרינן (ב"ק דף סד:) פרשה שנאמרה ונשנית בשביל דבר חדש שנתחדש ועוד דע"כ ה"א ליכא במעשר לאו בחוץ לחומה מדפריש באיך ושייר במעשר דהא השתא לא תוכל לאוכלם לא קאי אעיקרא ור"י מפרש לייחודי לאו לכל חד וחד דאהני הייתור לגלויי לן דעל כל איסורין שאנו שומעים בכולן מקלים וחמורים הללו שבכולן יש חיוב מלקות ולפי זה לוקה ה' דקאמר רבא לוקה ה' ממש וקשה דא"כ מאי פריך בסמוך ולילקי משום דר"א וכו' לישני דהא (ס) ר"א לאו שבכללות הוא ואין לוקין עליו דהכי אמרינן פרק כל שעה (פסחים דף מא:) ורבא קא חשיב מלקות ויש לומר דאה"נ דמצי לשנויי הכי אלא עדיפא מיניה משני דלא שייר הכא כלל אותו לאו וא"ת לפי' שפירש והא תנן אלו הן הלוקין דפריך מהא דתנן קדשים קלים חוץ לחומה (ע) לילקי לישני דמלקות חוץ לחומה מטעם ובשר בשדה טרפה כיון שילא חוץ למחילתו נאסר ואומר הר"י דקים ליה להש"ס דטעמא דמתניתין דמחייב (פ) חוץ לחומה לאו מהאי קרא דאם כן ליתני קדשי קדשים שילאו חוץ מן הקלעים וקדשים קלים והוי משתמע דמכיון שילאו חוץ לחומה נאסרו אפילו חזר ואכלם בפנים לוקה עליהן כדאיתא בפרק בהמה המקשה (חולין דף סח: ושם) והשתא דקתני חוץ לחומה משמע שיש מלקות מטעם שאדם האוכלו עומד חוץ לחומה והיינו מקרא דלא תוכל לאכול בשעריך וק"ק בברייתא דמוקי רבי שמעון בקרך ואנך חוץ לקלעים תיפוק לי מקרא דובשר בשדה טרפה וגו' וכן בריש בהמה המקשה (שם) דקאמר לפי שמלינו במעשר שאם ילא חוץ למחילה וחזר דמותר מדכתיב לא תוכל לאכול בשעריך בשעריך הוא דלא תיכול הא ילאו חוץ [יא] לקלעים מותרין וקשה דהא חטאת ואשם נמי כתיבי בהאי קרא ואפילו הכי ילאו וחזרו אסורין ופירש ריב"א דודאי גבי חטאת ואשם הכי אמר קרא לא תוכל לאכול בשעריך (אלא) כ"א תוך הקלעים אבל מעשר ובכורים אמרינן בהאי פירקא דלית ביה לאו עד שיראו פני הבית וקאמר לא תוכל [לאכול] בשעריך משמע בשעריך ודאי לא תיכול אבל אם חזרו ודאי מותרין: **ולילקי** משום זר לא יאכל קדש. רש"י פירש דלא גרסינן ליה משום דההוא בתרומה כתיב ואף כי גמרי חטא חטא מתרומה אפ"ה לא ניחא דסוף סוף ליתיה אלא בשוה פרוטה וישנו [יב] (כמו) אכילה ורבא לא מני אלא אכילת כזית אלא גרס זר לא יאכל כי קדש הם: **ולילקי** משום ובשר בשדה טרפה לא תאכלו. וקשה אמאי לא אמרי' בשר בשדה לאו שבכללות (נ) דאמרי' בסוף פרק גיד הנשה (שם דף קב: ושם) דאוכל בשר מן החי לוקה משום בשר בשדה שהרי כולל הוא כל חסרון מחילה בין הוליא עובר ידו חוץ לאמו בין הוליא חוץ לחומה דמאי שנא מואם נאי אש דתחשוב לאו שבכללות וי"ל דלא חשבינן לאו שבכללות אלא כגון אם נאי אש שכולל נא ומבושל וכן כל שבקודש פסול דיולא וטמא ופסולין אחרים שהן שני שמות אבל הכא שכולל כל יולא לבד ושם יולא חדא היא רק דהוי בכמה דרכים לא חשיב ליה לאו שבכללות תדע דהא לאו דנותר נפיק מושרפת הנותר באש לא יאכל והתם מיניה חזינן נותר דתודה ונותר דקדשים קלים ולא חשיב לאו שבכללות כך נראה למשי"ח. [וע' היטב תוס' יומא לו: ד"ה לאו דנבילה וכו']:

כל

עין משפט נר מצוה

סב א מיי' פי"א מהל' מעשה קרבנות הל' ח סמג לאוין שכו:

ליקוטי רש"י

ובשר בשדה טריפה לא תאכלו. בשדה בלא מחילות משמע ודריש ליה לכל הבשר שטעון מחילה טריפה הוא ביולא ולא תאכל [זבחים פב:]. כלומר חוץ למחילתו וכו' וכל מי שיש לו מחילה ויולא כגון בשר קדשים שילאו נמי מהאי קרא נפקא לן (מכות דף יח.) [חולין סח.].

לא יאכל כי קודש הוא. כל שבקודש פסול מדכתיב כי קודש הוא יתירה לרבות על שאר פסולי קדשי קדשים בלאו כגון פיגול ויולא ונשפך דמו [פסחים כד.].

תורה אור השלם

א) וַהֲבֵאתֶם שָׁמָּה עֹלֹתֵיכֶם וְזִבְחֵיכֶם וְאֵת מַעְשְׂרֹתֵיכֶם וְאֵת תְּרוּמַת יֶדְכֶם וְנִדְרֵיכֶם וְנִדְבֹתֵיכֶם וּבְכֹרֹת בְּקַרְכֶם וְצֹאנְכֶם: [דברים יב, ו]

ב) וַאֲכַלְתֶּם שָׁם לִפְנֵי יְיָ אֱלֹהֵיכֶם וּשְׂמַחְתֶּם בְּכֹל מִשְׁלַח יֶדְכֶם אַתֶּם וּבָתֵּיכֶם אֲשֶׁר בֵּרַכְךָ יְיָ אֱלֹהֶיךָ: [דברים יב, ז]

ג) וְאָכְלוּ אֹתָם אֲשֶׁר כֻּפַּר בָּהֶם לְמַלֵּא אֶת יָדָם לְקַדֵּשׁ אֹתָם וְזָר לֹא יֹאכַל כִּי קֹדֶשׁ הֵם: וְאִם יִוָּתֵר מִבְּשַׂר הַמִּלֻּאִים וּמִן הַלֶּחֶם עַד הַבֹּקֶר וְשָׂרַפְתָּ אֶת הַנּוֹתָר בָּאֵשׁ לֹא יֵאָכֵל כִּי קֹדֶשׁ הוּא: [שמות כט, לג-לד]

ד) וְאַנְשֵׁי קֹדֶשׁ תִּהְיוּן לִי וּבָשָׂר בַּשָּׂדֶה טְרֵפָה לֹא תֹאכֵלוּ לַכֶּלֶב תַּשְׁלִכוּן אֹתוֹ: [שמות כב, ל]

מסורת הש"ס

א) נ"ל והבאתם שמה וגו' ואכלתם שם לפני ה' אלהיכם וגו'], ב) זבחים פב: חולין סח.], ג) פסחים כד. מעילה יז: ע"ש [ובמעילה איתא דתניא רבי אליעזר אומר לא יאכל וכו'], ד) נ"ל הם, ה) רש"ל מ"ז, ו) [פסחים כד:], ז) רש"א למחילתן, ח) רש"א בלא.

הגהות הב"ח

(א) רש"י ד"ה קרא וכו' מגפן היין וגו' הס"ד והשאר נמחק: (ב) ד"ה הכי גרסינן וכו' תנהו ענין לדבר אחר למיהוי לאו באנפי נפשיה הלכך בבכורים: (ג) ד"ה ה"ג ולילקי וכו' דמדכתב כי: (ד) תוס' ד"ה (בדף הקודם) איסור וכו' יש לומר דאיסורא דלאו לא: (ה) בא"ד עד שלא קרא עליהם וכן בכל חד וחד למילתיה: (ו) בא"ד ליחודי ליה לאו באפי נפשיה הוא דאתא דודאי. נ"ב כלומר לגופיה וה"ג התם בהדיא: (ז) בא"ד אבל הכא כל חד באפי נפשיה מוקמינן. נ"ב כלומר לגופיה ולא לענין שאר איסורין שבתורה: (ח) בא"ד ומסיק חמשה כצ"ל ותיבת לה נמחק: (ט) בא"ד והבאתם שמה מהדר ומפרש: (י) בא"ד בכל חד וחד מלקות לחוץ לחומה מקרא יתירא אתיא וכו' עיקר הלאו מקרא וכו' ולא מהני הייתור וכו' דילפינן לכולהו מקל וחומר ממעשר: (כ) בא"ד והא דקאמר לכתוב לא תוכל לאוכלם: (ל) בא"ד דודאי אין כאן יתור לומר מה בא זה ללמדנו הא אתיא מקל וחומר ממעשר שהרי אין: (מ) בא"ד מתודה לענין לפני זריקה וכן לענין לאחר זריקה מבכור הא ליכא שום ייתור: (נ) בא"ד לא קשה הך קושיא דפריך מעשר גופיה אמאי הדר פרט ביה וכו' דע"כ ה"א דליכא במעשר: (ס) בא"ד לישני דהא דר"א לאו שבכללות וכו' מלקות ממש וי"ל דאה"נ דמצי: (ע) בא"ד חוץ לחומה דלקי לשני דמלקות: (פ) בא"ד דמחייב מלקות חוץ לחומה לאו וכו' וקדשים קלים שילאו חוץ לחומה והוי משתמע וכו' ואפילו חזר: (נ) ד"ה ולילקי משום ובשר וכו' שבכללות הוא דאמרינן וכו' חוץ לרחם אמו בין הוליא וכו' מאם נאי:

סג א מיי' פי"ח מהל' פסולי מוקדשי' הל' ג:
סד ב מיי' פי"א מהל' מעשה קרבנות הל' ח סמג לאוין שכו:
סה ג מיי' שם פי"ז הל' ו:
סו ד ה מיי' פ"ג מהל' בכורים הל' יב:

ליקוטי רש"י

הנחה. לפני המזבח מעכבת בהן דשנה בה קרא (דברים כו) והניחו לפני וגו' (שם) והנחתו לפני וגו' [לעיל יז.].

וכל שאינו ראוי לבילה בילה מעכבת בו. כלומר מה שאי אפשר להבלל מעכבת בו דכיון דכתיב ויצק עליה שמן וצוה לבלול דכתיב בלולה ש"מ שצוה הקב"ה להביא מנחה שיכול לקיים בהן מצות בלילה וכשהוא מביא ששים ואחד מנחה כזו לא צוה להביא והרי הוא כמביא מנחה מן הקטניות דאינה כלום שכל דבר שצוה הקב"ה להביא יש עיכוב בעיקר הבאתו להביא באותו ענין שצוה הכתוב ולא בענין אחר אבל מצות האמורות באותה מצוה כגון תנופה בקרבן בלילה במנחה יש שמעכבין אם גילה הכתוב לשנות עליו ולעכב ויש שאין מעכבין וגבי ביכורים נמי דחזו לקיחה בעינן ואע"ג דאיכא מביאי ביכורים שמביאין ולא קורין במסכת ביכורים (פ"א מ"ד) ה"מ כגון גר דמעיקרא כי מייתי ע"מ שלא לקרות מייתי להו וכגון מהחג ועד חנוכה דמביא ואינו קורא כדנפקא לן מקראי בסיפרי וכו' [ב"ב פא:].

כל הראוי לבילה וכו'. במס' מנחות (דף קג:) אמרינן אין מביאין בכלי אחד מנחה של ששים ואחד עשרונים ומפרשינן טעמא מפני שאמרה תורה הבא מנחה שיכולה ליבלל וששים נבללין בכלי אחד אבל ששים ואחד קים להו לרבנן דאין יכולין ליבלל והוינן בה וכי אין נבללין מאי הוי והתנן לא בלל כשר ותירץ רבי זירא ראוי לבילה מיהא בעינן ומי שהוא ראוי לבילה אין בילה מעכבת ואפילו לא בלל כשר אבל כשאינו ראוי לבילה בילה מעכבת בו [חולין פג:].

והנחתו זו תנופה. דבראש הפרשה נאמר ולקח הכהן הטנא מידך והניחו לפני ה' וגו' ובסיפיה נאמר והנחתו מכלל שחזר ונטלו ולמה נטלו לתנופה. הרי הנחה אמור. שמגיד לך שמצוה להניחו לפני המזבח ואח"כ יטלוהו הכהנים ויאכלוהו. ידיו תביאנה. בבעלים דשלמים כתיב גבי תנופה דכתיב בסיפיה להניף אותו תנופה וגו'. מה כאן. בביכורים כהן דכתיב ולקח הכהן. תחת יד הבעלים. בעלים אוחזים בשפת הטנא וכהן מניח ידיו תחת שוליו וכן מפרש במסכת ביכורים (פ"ג מ"ו) [סוכה מז:].

אתיא יד יד משלמים. מתנופת חזה ושוק ואימורין דשלמים: ידיו תביאנה. בבעלים כתיב וגבי תנופה כתיב [סוטה יט.].

כל שבקדש פסול בא הכתוב ליתן כו'. ואם תאמר אמאי לא משני מש"ה לא לקי דהוי לאו שבכללות דכולל פסול דיוצא וטמא ופסולין אחרים וי"ל דלפירוש הקונטרס דלעיל ניחא דפירש דלוקה דקאמר אינו רוצה לומר כ"א איסור בעלמא ומש"ה פריך נמי דמלקות לא הוי משום לאו שבכללות מ"מ איסורא מיהא איכא ולילקי דקאמר לאו דוקא י) אבל לפירוש (ג) ר"י דלעיל קשה דפירש דלוקה דוקא קאמר כדפי' א"כ ולילקי דקאמר הכא דוקא קאמר ואמאי הלא הוי לאו שבכללות כדפי' ויש לומר דאין הכי נמי היה יכול לשנויי אבל עדיפא מיניה משני דלא כ) מיירי כלל ל) מזר שאכל חטאת לפני זריקה דפטור והא דאמר לעיל ר"ש (דף יז.) אם לאוכל חטאת לפני זריקה קל וחומר מתודה איסור בעלמא ולא מלקות: **ואמר** ליה ראוין לקריאה משקרא עליהן. ולאו דוקא מותר ואי לא אסורים אלמא קריאה מעכבת: **הנחה** אהנחה לא קשיא הא רבי יהודה הא רבנן דתניא רבי יהודה אומר כו'. ומדאוקי רבי יהודה והנחתו לתנופה (ד) ואם כן אין כאן שנוי כתוב לעכב בהנחה ומסתברא דלא מעכב וקשה הרי קריאה דלא שנה הכתוב לעכב ומעכב לרבי שמעון ומנא ליה לרבי יהודה דהנחה דלא שנה הכתוב לעכב דלא מעכב ומשי"ח תירץ דלא קשה דהא גם לר"ש לא היתה קריאה מעכבת אי לא משום דגלי קרא מלא תוכל לאכול בשעריך כדלעיל כך נראה למשי"ח: **ומאן** תנא דפליג ארבי יהודה רבי אליעזר ברבי יעקב הוא דתניא וכו'. פירוש דאפיק תנופה מג"ש וא"כ והניחו והנחתו תרוייהו להנחה (ה) מעכבת וקשה דבפרק חרש מ) פרש"י בין והניחו בין והנחתו מיירי בתנופה וראייה דהתם מוכח דבעי ב' תנופות ומוכח מן והניחו והנחתו לכך פי' הר"ר אברהם בר יצחק דר"א בן יעקב ס"ל הכי דתרי קראי מיירי בתנופה ושתי תנופות היו ולא מיירי כלל בהנחה (ו) דהנחה לא מעכבת והא י) [דקאמר] מאן דפליג עליה דר' יהודה הכי קאמר דמפיק ליה לתנופה מקרא אחרינא ורבנן דאית להו הנחה מעכבת היינו תנא קמא בר פלוגתיה דר' יהודה דמסכת בכורים פ"ג (משנה ו) דתניא עודהו בסל קורא והגדת היום עד שהוא גומר כל הפרשה כולה ואית ליה דליכא תנופה כלל ותרי קראי (ז) בהנחה מעכבת וקאמר ר' יהודה התם קורא עד ארמי אובד אבי וגו' הגיע לארמי מוריד הסל מעל כתפו ואוחזו בשפתותיו וכהן מניח ידיו תחתיו ומניפו וקורא כל הפרשה כולה וגומרה ובמילתיה דר' יהודה יש לתמוה דבשמעתין מפיק תנופה מוהנחתו שכתוב אחר כל הקריאה ואם כן מגליה דמתחלת הקריאה הוא מניף ותו מגליה לרבי יהודה דכהן היה מניף דבקרא והנחתו לא כתיב ביה כהן ובקרא קמא דכתיב ולקח הכהן הטנא לא כתיב בהן תנופה:

א כל שבקדש פסול בא הכתוב ליתן לא תעשה על אכילתו הני מילי היכא דקודם פסולו חזי הכא דקודם פסולו נמי לא חזי ולילקי נמי כאידך דר' אליעזר דתניא א) רבי אליעזר אומר כל שהוא בכליל תהיה (א) ליתן לא תעשה על אכילתו אין הכי נמי ורבא מהאי קרא קאמר אמר רב גידל אמר רב (סימן כוז"א) כהן שאכל מחטאת ואשם לפני זריקה לוקה מאי טעמא דאמר קרא א) ואכלו אותם אשר כופר בהם לאחר כפרה אין לפני כפרה לא לאו הבא מכלל עשה לאו הוא מתיב רבא ב) ב) וכל בהמה מפרסת פרסה ושוסעת שסע שתי פרסות מעלת גרה בבהמה אותה תאכלו אותה תאכלו ואין בהמה אחרת תאכלו ואי כדקאמרת ג) את זה לא תאכלו למה לי אלא אי איתמר הכי איתמר אמר רב גידל אמר רב ג) זר שאכל מחטאת ואשם לפני זריקה פטור מאי טעמא דאמר קרא ואכלו אותם אשר כופר בהם כל היכא דקרינן ביה ואכלו אותם אשר כופר בהם קרינן ביה וזר לא יאכל ג) קדש וכל היכא דלא קרינן ביה ואכלו אותם אשר כופר בהם לא קרינן ביה וזר לא יאכל אמר ר' אלעזר אמר ר' הושעיא ה) בכורים הנחה מעכבת בהן קרייה אין מעכבת בהן ומי אמר ר' אלעזר הכי והא אמר רבי אלעזר אמר רבי הושעיא הפריש בכורים קודם לחג ועבר עליהן החג ירקבו מאי לאו משום דלא מצי למיקרי עליהן ואי ס"ד קרייה אין מעכבת בהן אמאי ירקבו כדרבי זירא ו) דאמר ר' זירא ז) כל הראוי לבילה אין בילה מעכבת בו וכל שאינו ראוי לבילה בילה מעכבת בו ר' אחא בר יעקב מתני לה כדרבי אסי אמר רבי יוחנן וקשיא ליה דרבי יוחנן אדרבי יוחנן ומי אמר רבי יוחנן בכורים הנחה מעכבת בהן קרייה אין מעכבת בהן והא בעא מיניה רבי אסי מרבי יוחנן בכורים מאימתי מותרין לכהנים ואמר ליה הראוין לקרייה משקרא עליהן ושאין ראוין לקרייה משראו פני הבית קשיא קרייה אקרייה קשיא הנחה אהנחה קרייה אקרייה לא קשיא הא רבי שמעון הא רבנן הנחה אהנחה נמי לא קשיא הא רבי יהודה והא רבנן מאי רבי יהודה דתניא ח) ר' יהודה אומר [א] ד) והנחתו זו תנופה אתה אומר זו תנופה או אינו אלא הנחה ממש כשהוא אומר ה) והניחו הרי הנחה אמור הא מה אני מקיים והנחתו זו תנופה ומאן תנא דפליג עליה דרבי יהודה ר' אליעזר בן יעקב היא ט) דתניא ה) ולקח הכהן הטנא מידך י) לימד על הבכורים שטעונין תנופה דברי רבי אליעזר בן יעקב מאי טעמא דרבי אליעזר בן יעקב אתיא ט) יד יד משלמים ט) כתיב הכא ולקח הכהן הטנא מידך וכתיב ו) ידיו תביאינה את אשי ה' מה כאן כהן אף להלן כהן מה להלן בעלים אף כאן בעלים הא כיצד נ) מניח כהן ידיו תחת ידי בעלים ומניף אמר רבא בר אדא אמר ר' יצחק בכורים

בא הכתוב ליתן לא תעשה על אכילתו. דכתיב בנותר (ב) לא יאכל כי קדש הוא נתן טעם לדבר כי קדש הוא שנפסל וכמו כן כל הקדשים שנפסלו: ה"מ היכא דקודם פסולו חזי. כנותר: אותה תאכלו. [דכתיב] כל בהמה מפרסת פרסה וגו' אותה תאכלו ולא בהמה טמאה שאין סימנין הללו בהן אלמא לאו הבא מכלל עשה: קרינא ביה וזר לא יאכל. דהוא סיפיה דהאי קרא וכל זר לא יאכל קדש לאו בקדשים משתעי אלא בתרומה כדכתיב ברישא דעניינא איש איש מזרע אהרן דבר השוה בזרעו של אהרן: בכורים לפני החג בני קרייה נינהו לאחר החג לאו בני קרייה נינהו דכתיב בתר קרייה ושמחת בכל הטוב מעצרת ועד החג שהוא זמן שמחת לקיטת פירות מביא וקורא מן החג ועד חנוכה מביא ואינו קורא (בכורים פ"א משנה ו): הפריש לפני החג. חלה עליהן חובת קרייה ועבר עליהן החג שאינן ראוין עוד לקרייה ירקבו: כדרבי זירא. לעולם בראוין לקרייה לא מעכבא קרייה אבל באלו שעבר זמנן ואינן ראוין עוד לקרייה מעכבא קרייה כדרבי זירא: דאמר כל הראוי לבילה כו'. במסכת מנחות (דף קג:) תנן הרי עלי ששים ואחד עשרון מביא ששים בכלי אחד ואחד בכלי אחר דעד ששים יכולין ליבלל בכלי אחד אבל ששים ואחד קים להו לרבנן דאינן נבללין יפה והוינן בה וכי אינן נבללין מאי הוי והאנן תנן אם לא בלל כשר ומשני רבי זירא כל הראוי לבילה אין בילה מעכבת בו כו': מתני לה. להא דרבי אלעזר אמר רבי הושעיא כדרב אסי אמר רבי יוחנן דרב אסי אמרה משמיה דרבי יוחנן: הראוין לקרייה. מעצרת ועד החג: משיראו פני הבית. משיכנסו לעזרה והנחה לא מעכבת כלל: הא רבי יהודה. לרבי יהודה לא מעכבא הנחה דדריש והנחתו יתירא לתנופה ואין מקרא שנוי בהנחה לעכב ולרבנן דלא דרשי ליה להכי מיבעי להו לשנות בהנחה לעכב: והנחתו זו תנופה. קרי ביה והנחתו לשון ולא נחם אלהים וגו' (שמות יג) שהוא מנחה אותו לארבע רוחות ומעלה ומוריד: מאן תנא דפליג עליה. למימר הנחה מעכבא: רבי אליעזר בן יעקב היא. דנפקא ליה תנופה מקרא אחרינא: מה להלן בעלים. דההוא בבעלים משתעי דכתיב יביא את קרבנו לה' מזבח שלמיו וסמיך ליה ידיו תביאינה:
מאימתי

בכורים מאימתי חייבים עליהם. זר מיתה וכהן מלקות חוץ לחומה משלנותו בפנים בעזרה: יכול

מסורת הש"ס

א) [מנחות עד:], ב) [זבחים לד. ע"ש נ"ע], ג) [נ"ל וזר לא יאכל כי קדש הם], ד) לעיל יז., ה) ב"ב פא: חולין פג: קדושין כה. יבמות קד: נדה סו: מנחות יח: קג: נדרים עג., ו) סוכה מז: מנחות סא., ז) ג"ז שם, ח) ג"ז שם קדושין לו: [סוטה יט.], ט) [נ"ל וכתיב התם], י) [וע' תוס' יומא לו: ד"ה לאו וכו' ותוס' פסחים כד. ד"ה הא], כ) רש"א שייריה כלל והס"ד, ל) [נ"ל זר שאכל חטאת], מ) [שם לא נמצא כלום רק בספרי וכן בפרש"י בחומש ועי' רש"א ומהר"מ], נ) רש"א.

הגהות הב"ח

(א) גמ' בכליל תהיה לא תאכל ליתן לא תעשה: (ב) רש"י ד"ה בא הכתוב וכו' דכתיב בנותר. נ"ב בפ' המלואים: (ג) תוס' ד"ה כל וכו' אבל לפירוש דלעיל קשה דפירשתי דלוקה דוקא קאמר כדפרש"י אם כן וכו' שבכללות כדפרש"י וי"ל דאין הכי נמי דהוה יכול: (ד) ד"ה הנחה וכו' לתנופה אם כן אין כאן כתוב שנוי בהנחה לעכב ומסתברא דלא: (ה) ד"ה ומאן וכו' להנחה דמעכבת וקשה דבספרי דרש פרשת כי תבא בין והניחו בין: (ו) בא"ד והנחה לא מעכבת והא דקאמר הכא מאן תנא דפליג עליה דר' יהודה הכי קאמר מאן תנא דמפיק ליה לתנופה: (ז) בא"ד ותרי קראי והניחו והנחתו תרוייהו להנחה דמעכבת וקאמר ר' יהודה וכו' לא כתיב ביה תנופה:

הגהות הגר"א

[א] גמ' רי"א והניחו זו וכו' כשהוא אומר והנחתו הרי כו' מקיים והניחו זו תנופה כצ"ל (וע' שנות אליהו פ"ג דבכורים):

תורה אור השלם

א) וְאָכְלוּ אֹתָם אֲשֶׁר כֻּפַּר בָּהֶם לְמַלֵּא אֶת יָדָם לְקַדֵּשׁ אֹתָם וְזָר לֹא יֹאכַל כִּי קֹדֶשׁ הֵם: [שמות כט, לג]

ב) וְכָל בְּהֵמָה מַפְרֶסֶת פַּרְסָה וְשֹׁסַעַת שֶׁסַע שְׁתֵּי פְרָסוֹת מַעֲלַת גֵּרָה בַּבְּהֵמָה אֹתָהּ תֹּאכֵלוּ: [דברים יד, ו]

ג) אַךְ אֶת זֶה לֹא תֹאכְלוּ מִמַּעֲלֵי הַגֵּרָה וּמִמַּפְרִיסֵי הַפַּרְסָה הַשְּׁסוּעָה אֶת הַגָּמָל וְאֶת הָאַרְנֶבֶת וְאֶת הַשָּׁפָן כִּי מַעֲלֵה גֵרָה הֵמָּה וּפַרְסָה לֹא הִפְרִיסוּ טְמֵאִים הֵם לָכֶם: [דברים יד, ז]

ד) וְעַתָּה הִנֵּה הֵבֵאתִי אֶת רֵאשִׁית פְּרִי הָאֲדָמָה אֲשֶׁר נָתַתָּה לִּי יְיָ וְהִנַּחְתּוֹ לִפְנֵי יְיָ אֱלֹהֶיךָ וְהִשְׁתַּחֲוִיתָ לִפְנֵי יְיָ אֱלֹהֶיךָ: [דברים כו, י] ה) וְלָקַח הַכֹּהֵן הַטֶּנֶא מִיָּדֶךָ וְהִנִּיחוֹ לִפְנֵי מִזְבַּח יְיָ אֱלֹהֶיךָ: [דברים כו, ד] ו) יָדָיו תְּבִיאֶינָה אֵת אִשֵּׁי יְיָ אֶת הַחֵלֶב עַל הֶחָזֶה יְבִיאֶנּוּ אֵת הֶחָזֶה לְהָנִיף אֹתוֹ תְּנוּפָה לִפְנֵי יְיָ: [ויקרא ז, ל]

כֹּל שֶׁבַּקֹּדֶשׁ פָּסוּל – regarding *ANY* **OF THE HOLY THAT IS DISQUALIFIED,** בָּא הַכָּתוּב לִיתֵּן לֹא תַעֲשֶׂה עַל אֲכִילָתוֹ – **THE VERSE COMES TO ESTABLISH A NEGATIVE COMMANDMENT AGAINST ITS CONSUMPTION.**[1] Since *olah* meat that has been removed from the Temple Courtyard is also "a holy article that has become disqualified,"[2] let Rava count this as a sixth prohibition violated by one who eats it. – ? –

The Gemara responds:

הָנֵי מִילֵּי הֵיכָא דְקוֹדֶם פְּסוּלוֹ חֲזֵי – **That** prohibition **applies** only **where before [the holy thing] became disqualified it was fit** for consumption, as in the case of *nossar,* which was fit to be eaten before it became disqualified by being left over. הָכָא דְקוֹדֶם פְּסוּלוֹ נַמִּי לֹא חֲזֵי – But **here,** we are dealing with an *olah,* **which was not fit** to be eaten **even before it became disqualified** for sacrifice by leaving the Temple Courtyard, and thus, the prohibition against eating a disqualified sacrifice does not apply.

The Gemara persists in questioning Rava:

וְלִילְקֵי נַמִּי כְּאִידָךְ דְּרַבִּי אֱלִיעֶזֶר – **Let [the sinner] also incur** *malkus* for violating an additional prohibition **in accordance with another teaching of R' Eliezer!** דְּתַנְיָא – **For it was taught in a Baraisa:** רַבִּי אֱלִיעֶזֶר אוֹמֵר – **R' ELIEZER SAYS:** Scripture states: *[It] is to be entirely burned, it shall not be eaten.*[3] כָּל שֶׁהוּא בְּ,,כָלִיל תִּהְיֶה" – Regarding **ANYTHING THAT IS SUBJECT TO THE REQUIREMENT** of, *"IT IS TO BE ENTIRELY BURNED,"* לִיתֵּן לֹא תַעֲשֶׂה עַל אֲכִילָתוֹ – the verse comes **TO ESTABLISH A NEGATIVE COMMANDMENT AGAINST ITS CONSUMPTION.**[4] Since an *olah* is subject to the requirement of, "it shall be entirely burned," its consumption should be forbidden and punishable by *malkus* on strength of this verse as well. – ? –

The Gemara is forced to concede:

אִין הָכִי נַמִּי – **It is indeed so** that a person who eats from an *olah* incurs *malkus* on strength of this verse! וְרָבָא מֵהַאי קְרָא קָאָמַר – **But Rava,** who counts only five transgressions, means to **say** that five transgressions are violated **on the basis of that** particular **verse** that R' Shimon expounded above.[5] Rava agrees that there may also be other violations involved – such as this last one – that are derived from other verses.[6]

The Gemara introduces a related statement:

אָמַר רַב גִּידֵּל אָמַר רַב – **Rav Gidel said in the name of Rav:** (סִימָן כוז"א) – **(A mnemonic: KuZa.)**[7] כֹּהֵן שֶׁאָכַל מֵחַטָּאת וְאָשָׁם לִפְנֵי זְרִיקָה – **If a Kohen ate from a** ***chatas*** **or** ***asham*** **before the throwing** of its blood to the Altar, לוֹקֶה – **he incurs** ***malkus.*** מַאי טַעְמָא – **What is the reason,** i.e. on the basis of what verse does he receive *malkus*?[8] דְּאָמַר קְרָא – **For Scripture states:** ,,וְאָכְלוּ אֹתָם אֲשֶׁר כֻּפַּר בָּהֶם" – ***They – who received atonement through them – shall eat them.***[9] The implication is that לְאַחַר כַּפָּרָה אִין – **after the atonement** is effected through the application of the blood to the Altar,[10] the *kodshei kodashim* offerings may **indeed** be eaten, לִפְנֵי כַּפָּרָה לֹא – but **before the atonement** is effected through the application of the blood to the Altar, the *kodshei kodashim* offerings may **not** be eaten. And although the verse does not state directly that *it is prohibited* to eat the foods before the application of the blood, but merely implies such a prohibition by stating that *it is permitted* to eat them *after* the application of the blood, לָאו הַבָּא מִכְּלַל עֲשֵׂה לָאו הוּא – **a prohibition implied by a positive statement has the force of a prohibition,** for which *malkus* can be incurred.[11] Thus, although Kohanim are qualified to eat the meat of *kodshei kodashim* such as the *chatas* and *asham* after the blood-throwing, if they eat it beforehand they incur *malkus* on the basis of this verse.

The assertion that a prohibition implied by a positive statement carries the penalty of *malkus* is refuted:

מְתִיב רָבָא – **Rava challenged** this as follows: ,,וְכָל־בְּהֵמָה מַפְרֶסֶת פַּרְסָה וְשֹׁסַעַת שֶׁסַע שְׁתֵּי פְרָסוֹת מַעֲלַת גֵּרָה בַּבְּהֵמָה אֹתָהּ תֹּאכֵלוּ" – Scripture states: ***And every animal that has a split hoof, which is completely separated into two hooves, that brings up its cud among the animals – it you may eat.***[12] ,,אֹתָהּ" תֹּאכֵלוּ וְאֵין בְּהֵמָה אַחֶרֶת תֹּאכֵלוּ – The verse implies that **"it" you may eat, but you may** ***not*** **eat another animal** that does not have split hooves or does not bring up its cud. וְאִי בִּדְקָאָמְרַתְּ – **Now, if** it is **as you say,** that a prohibition implied by a positive statement has the full force of a prohibition, ,,אֶת־זֶה לֹא תֹאכְלוּ" לָמָּה לִי – then **why do I need** the next verse to state explicitly: ***But this shall you not eat . . .*** [species that do not have split hooves or do not bring up their cud]?[13]

NOTES

1. By stating [superfluously] the reason why *nossar* may not be eaten – "for it is holy" – Scripture implies that the prohibition pertains whenever this reason is applicable, i.e. when holies become disqualified in *any* manner (*Rashi;* see also *Rashi* to *Pesachim* 24a).

2. Once the meat has left the Courtyard, it is unfit to be burned on the Altar (see 18a note 13).

3. *Leviticus* 6:16.

4. The verse actually refers to a specific type of offering, as it reads: וְכָל־מִנְחַת כֹּהֵן כָּלִיל תִּהְיֶה לֹא תֵאָכֵל, *Every minchah offering of a Kohen is to be entirely burned, it may not be eaten.* However, R' Eliezer teaches that this prohibition against eating also applies to *any* sacrifice that must be entirely burned (see *Menachos* 74a-b). [For discussion of how R' Eliezer derives this, see *Aruch LaNer, Rashba* to *Menachos* 74b, and *Malbim* to *Leviticus* 6:16.]

5. I.e. *Deuteronomy* 12:17 – *You may not eat in your [outlying] cities* etc. As explained above (17b note 24), Rava means merely to synopsize R' Shimon's exposition of the verse, and he does this by informing us of the total number of prohibitions derived *from that verse* that a person can violate simultaneously (*Ritva, Maharam;* cf. *Aruch LaNer;* see *Ramban* to *Sefer HaMitzvos, Shoresh* 9).

6. Again, a previously mentioned difficulty arises: Since the eating of an *olah* is already prohibited on pain of *malkus,* what is the purpose of R' Shimon's expounding *Deuteronomy* 12:17 as adding a "mere (nonpunishable) prohibition" against this very act? For discussion of this matter, see *Aruch LaNer* and *Otzar Mefarshei HaTalmud* p. 748.

7. [The word כּוּזָא (*Kuza* – Aramaic for "small vessel"; *Rashi, Yevamos* 70a) is an acronym for כֹּהֵן (Kohen) and זָר (*zar,* i.e. non-Kohen). This mnemonic represents the two versions of Rav's ruling to be cited, the first of which deals with a Kohen, and the latter with a *zar.*]

8. Actually, *Rashi* explained above (see 18a note 5) that the verse *You may not eat in your [outlying] cities* etc. (as expounded by R' Shimon) teaches that one incurs *malkus* for eating of any offering before the *zerikah.* Rav Gidel means to derive an *additional* prohibition and *malkus* penalty (see *Maharam* ד"ה זר and *Aruch LaNer* ד"ה לפני זריקה פטור; see further, note 16).

9. *Exodus* 29:33. The verse was cited in entirety above, 18a note 9. [As explained there (in note 8), the verse teaches that *kodshei kodashim* (including the *chatas* and *asham*) may be eaten by Kohanim, but not non-Kohanim. Rav Gidel focuses on the verse's permitting the Kohanim "who received atonement" through the offering to eat it.]

10. See 17a note 30.

11. [Rav Gidel's assumption is at odds with the accepted view that *malkus* are not incurred for this type of violation (see 17a note 30). The Gemara will in fact refute it.]

12. *Deuteronomy* 14:6.

13. Why is the prohibition not already derived by implication from the positive statement in the previous verse? Since the Torah found it necessary to explicate the prohibition, it is obvious that a prohibition implied by a positive statement does *not* have the greater force of a prohibition and does not carry *malkus* (*Rashi*). [Although Rava seems to base his challenge on his own interpretation of Scripture, he is actually supported by a Tannaic source, for a Baraisa in *Sifrei* to this verse draws the very same inference. See *Ritva,* whose text seems to have contained a quotation of the Baraisa.]

א כל שבקדש פסול בא הכתוב ליתן לא תעשה על אכילתו הני מילי היכא דקודם פסולו חזי הכא דקודם פסולו נמי לא חזי ולילקי נמי כאידך דר' אליעזר דתניא א) רבי אליעזר אומר כל שהוא בבליל תהיה (א) ליתן לא תעשה על אכילתו אין הכי נמי ורבא מהאי קרא קאמר אמר רב גידל אמר רב (סימן כוז"א) כהן שאכל מחטאת ואשם לפני זריקה לוקה מאי טעמא דאמר קרא א) ואכלו אותם אשר כופר בהם לאחר כפרה אין לפני כפרה לא לאו הבא מכלל עשה לאו הוא מתיב רבא ב) ב) וכל בהמה מפרסת פרסה ושוסעת שסע שתי פרסות מעלת גרה בבהמה אותה תאכלו אותה תאכלו ואין בהמה אחרת תאכלו ואי כדקאמרת ג) את זה לא תאכלו למה לי אלא אי איתמר הכי איתמר אמר רב גידל אמר רב ג זר שאכל מחטאת ואשם לפני זריקה פטור מאי טעמא דאמר קרא ואכלו אותם אשר כופר בהם כל היכא דקרינן ביה ואכלו אותם אשר כופר בהם קרינן ביה וזר לא יאכל ג) קדש וכל היכא דלא קרינן ביה ואכלו אותם אשר כופר בהם לא קרינן ביה וזר לא יאכל אמר ר' אלעזר אמר ר' הושעיא ד) בכורים הנחה מעכבת בהן קרייה אין מעכבת בהן ומי אמר ר' אלעזר הכי והא אמר רבי אלעזר אמר רבי הושעיא הפריש בכורים קודם לחג ועבר עליהן החג ירקבו מאי לאו משום דלא מצי למיקרי עליהן ואי ס"ד קרייה אין מעכבת בהן אמאי ירקבו כדרבי זירא ה) דאמר ר' זירא ג כל הראוי לבילה אין בילה מעכבת בו וכל שאינו ראוי לבילה בילה מעכבת בו ר' אחא בר יעקב מתני לה כדרבי אסי אמר רבי יוחנן וקשיא ליה דרבי יוחנן אדרבי יוחנן ומי אמר רבי יוחנן בכורים הנחה מעכבת בהן קרייה אין מעכבת בהן והא בעא מיניה רבי אסי מרבי יוחנן בכורים מאימתי מותרין לכהנים ואמר ליה הראוין לקרייה משקרא עליהן ושאין ראוין לקרייה משראו פני הבית קשיא קרייה אקרייה קשיא הנחה אהנחה קרייה אקרייה לא קשיא הא רבי שמעון הא רבנן הנחה אהנחה נמי לא קשיא הא רבי יהודה והא רבנן מאי רבי יהודה דתניא ו) ר' יהודה אומר [א] ד) והנחתו זו תנופה אתה אומר זו תנופה או אינו אלא הנחה ממש כשהוא אומר ה) והניחו הרי הנחה אמור הא מה אני מקיים והנחתו זו תנופה ומאן תנא דפליג עליה דרבי יהודה ר' אליעזר בן יעקב היא ז) דתניא ה) ולקח הכהן הטנא מידך ד לימד על הבכורים שטעונין תנופה דברי רבי אליעזר בן יעקב מאי טעמא דרבי אליעזר בן יעקב אתיא ח) יד יד משלמים כתיב הכא ולקח הכהן הטנא מידך ט) וכתיב ו) ידיו תביאינה את אשי ה' מה כאן כהן אף להלן כהן מה להלן בעלים אף כאן בעלים הא כיצד ה מניח כהן ידיו תחת ידי בעלים ומניף אמר רבא בר אדא אמר ר' יצחק בכורים

רש"י

בא הכתוב ליתן לא תעשה על אכילתו. דכתיב בנותר (ב) לא יאכל כי קדש הוא שנפסל וכמו כן כל כי קדש הוא נתן טעם לדבר כי קדש הוא שנפסל וכמו כן כל הקדשים שנפסלו: ה"מ היכא דקודם פסולו חזי. כנותר: אותה תאכלו. [דכתיב] כל בהמה מפרסת פרסה וגו' אותה תאכלו ולא בהמה טמאה שאין סימנין הללו בהו אלמא לאו הבא מכלל עשה עשה: קרינא ביה וזר לא יאכל. דהוא סיפיה דהאי קרא וכל זר לא יאכל קדש לאו בקדשים משתעי אלא בתרומה כדכתיב ברישא דעניינא איש איש מזרע אהרן דבר השוה בזרעו של אהרן: בכורים לפני החג בני קרייה נינהו לאחר החג לאו בני קרייה נינהו דכתיב בתר קרייה ושמחת בכל הטוב מעצרת ועד החג שהוא זמן שמחת לקיטת פירות מביא וקורא מן החג ועד חנוכה מביא ואינו קורא (בכורים פ"א משנה ו): הפריש לפני החג. חלה עליהן חובת קרייה ועבר עליהן החג שאינן ראוין עוד לקרייה ירקבו: כדרבי זירא. לעולם בראוין לקרייה לא מעכבא קרייה אבל באלו שעבר זמנן ואינן ראוין עוד לקרייה מעכבא קרייה כדרבי זירא: דאמר כל הראוי לבילה כו'. במסכת מנחות (דף קג:) תנן הרי עלי ששים ואחד עשרון מביא ששים בכלי אחד ואחד בכלי אחר דעד ששים יכולין ליבלל בכלי אחד אבל ששים ואחד קים להו לרבנן דאינן נבללין יפה והוינן בה וכי אינן נבללין מאי הוי והאנן תנן אם לא בלל כשר ומשני רבי זירא כל הראוי לבילה אין בילה מעכבת בו כו': מתני לה. להא דרבי אלעזר אמר רבי הושעיא כדרב אסי אמר רבי יוחנן דרב אסי אמרה משמיה דרבי יוחנן: הראוין לקרייה. מעצרת ועד החג: משיראו פני הבית. משיכנסו לעזרה והנחה לא מעכבת כלל: הא רבי יהודה. לרבי יהודה לא מעכבא הנחה דדריש והנחתו יתירא לתנופה ואין מקרא שנוי בהנחה לעכב ולרבנן דלא דרשי ליה להכי מיבעי להו לשנות בהנחה לעכב: והנחתו זו תנופה. קרי ביה והנחתו לשון ולא נחם אלהים וגו' (שמות יג) שהוא מנחה אותו לארבע רוחות ומעלה ומוריד: מאן תנא דפליג עליה. למימר הנחה מעכבא: רבי אליעזר בן יעקב היא. דנפקא ליה תנופה מקרא אחרינא: מה להלן בעלים. דההוא בבעלים משתעי דכתיב יביא את קרבנו לה' מזבח שלמיו וסמיך ליה ידיו תביאינה: מאימתי

בכורים מאימתי חייבים עליהם. זר מיתה וכהן מלקות חוץ לחומה שמלאתו בפנים בעזרה: יכול

תוספות

כל שבקדש פסול בא הכתוב ליתן כו'. ואם תאמר אמאי לא משני מש"ה לא לקי דהוי לאו שבכללות דכולל פסול דיוצא וטמא ופסולין אחרים וי"ל דלפירוש הקונטרס דלעיל ניחא דפירש דלוקה דקאמר אינו רוצה לומר כ"א איסור בעלמא ומש"ה פריך נהי דמלקות לא הוי משום לאו שבכללות מ"מ איסורא מיהא איכא ולילקי דקאמר לאו דוקא י) אבל לפירוש (ג) ר"י דלעיל קשה דפירש דלוקה דוקא קאמר כדפי' א"כ ולילקי דקאמר הכא דוקא קאמר ואמאי הלא הוי לאו שבכללות כדפי' ויש לומר דאין הכי נמי היה יכול לשנויי אבל עדיפא מיניה משני דלא כ) מיירי כלל ל) מזר שאכל חטאת לפני זריקה דפטור והא דאמר לעיל ר"ש (דף יז.) אם לאוכל חטאת לפני זריקה קל וחומר מתודה איסור בעלמא ולא מלקות: **ואמר** ליה ראוין לקריאה משקרא עליהן. ולאו דוקא מותר ואי לא אסורים אלמא קריאה מעכבת: **הנחה** אהנחה לא קשיא הא רבי יהודה הא רבנן דתניא רבי יהודה אומר כו'. ומדאוקי רבי יהודה והנחתו לתנופה (ד) ואם כן אין כאן שנוי כתוב לעכב בהנחה ומסתברא דלא מעכב וקשה הרי קריאה דלא שנה הכתוב לעכב ומעכב לרבי שמעון ומנא ליה לרבי יהודה דהנחה דלא שנה הכתוב לעכב דלא מעכב ומשי"ח תירץ דלא קשה דהא גם לר"ש לא היתה קריאה מעכבת אי לא משום דגלי קרא מלא תוכל לאכול בשעריך כדלעיל כך נראה למשי"ח: **ומאן** תנא דפליג ארבי יהודה רבי אליעזר ברבי יעקב הוא דתניא וכו'. פירוש דאפיק תנופה מג"ש וא"כ והניחו והנחתו תרוייהו להנחה (ה) מעכבת וקשה דבפרק חרש מ) פרש"י בין והניחו בין והנחתו מיירי בתנופה ורא"ה דהתם מוכח דבעי ב' תנופות ומוכח מן והניחו והנחתו לכך פי' הר"ר אברהם בר יצחק דר"א בן יעקב ס"ל הכי דתרי קראי מיירי בתנופה ושתי תנופות היו ולא מיירי כלל בהנחה (ו) דהנחה לא מעכבת והא נ) [דקאמר] מאן דפליג עליה דר' יהודה הכי קאמר דמפיק ליה לתנופה מקרא אחרינא ורבנן דאית להו הנחה מעכבת היינו תנא קמא בר פלוגתיה דר' יהודה דמסכת בכורים פ"ג (משנה ו) דתניא עודהו בסל קורא והגדת היום עד שהוא גומר כל הפרשה כולה ואית ליה דליכא תנופה כלל ותרי קראי (ז) בהנחה מעכבת וקאמר ר' יהודה התם קורא עד ארמי אובד אבי וגו' הגיע לארמי מוריד הסל מעל כתפו ואוחזו בשפתותיו וכהן מניח ידיו תחתיו ומניפו וקורא כל הפרשה כולה וגומרה ובמילתיה דר' יהודה יש לתמוה דבשמעתין מפיק תנופה מוהנחתו שכתוב אחר כל הקריאה ואם כן מנליה דמתחלת הקריאה הוא מניף ותו מנליה לרבי יהודה דכהן היה מניף דבקרא והנחתו לא כתיב ביה כהן ובקרא קמא דכתיב ולקח הכהן הטנא לא כתיב בהן תנופה:

עין משפט נר מצוה

סג א מיי' פי"ח מהל' פסולי מוקדשי' הל' ג:
סד ב מיי' פי"א מהל' מעשה קרבנות הל' ח סמג לאוין שכו:
סה ג מיי' שם פי"ז הל' ו:
סו ד ה מיי' פ"ג מהל' בכורים הל' יב:

ליקוטי רש"י

הנחה. לפני המזבח מעכבת בהן דשנה בה קרא (דברים כו) והניחו לפני וגו' (שם) והנחתו לפני וגו' [לעיל יז.].

וכל שאינו ראוי לבילה בילה מעכבת בו. כלומר מה שאי אפשר להבלל מעכבת בו דכיון דכתיב ויצק עליה שמן ולוה לבלול דכתיב בלולה ש"מ שלוה הקב"ה להביא מנחה שיכול לקיים בהן מלות בלילה וכשהוא מביא ששים ואחד מנחה כזו לא לוה להביא והרי הוא כמביא מנחה מן הקטניות דאינה כלום שכל דבר שלוה הקב"ה להביא יש עיכוב בעיקר הבאתו להביא באותו ענין שלוה הכתוב ולא בענין אחר אבל מלות האמורות באותה מלוה כגון תנופה בקרבן בלילה במנחה יש שמעכבין אם גילה הכתוב לשנות עליו ולעכב ויש שאין מעכבין וגבי ביכורים נמי דחזו לקיחה בעינן ואע"ג דליכא מגילי ביכורים שמביאין ולא קורין במסכת ביכורים (פ"א מ"ד) ה"מ כגון גר דמעיקרא כי מייתי ע"מ שלא לקרות מייתי להו וכגון מהחג ועד חנוכה דמביא ואינו קורא כדנפקא לן מקראי בסיפרי וכו' [ב"ב פא:].

כל הראוי לבילה וכו'. במס' מנחות (דף קג:) אמרינן אין מביאין בכלי אחד מנחה של ששים ואחד עשרונים ומפרשינן טעמא מפני שאמרה תורה הבא מנחה שיכולה ליבלל וששים נבללין בכלי אחד אבל ששים ואחד קים להו לרבנן דאין יכולין ליבלל והוינן בה וכי אין נבללין מאי הוי והתנן לא בלל כשר ותירץ רבי זירא ראוי לבילה מיהא בעינן ומי שהוא ראוי לבילה אין בילה מעכבת ואפילו לא בלל כשר אבל כשאינו ראוי לבילה בילה מעכבת בו [חולין פג:].

והנחתו זו תנופה. דבראש הפרשה נאמר ולקח הכהן הטנא מידך והניחו לפני ה' וגו' ובסיפיה נאמר והנחתו מכלל שחזר ונטלו ולמה נטלו לתנופה. הרי הנחה אמור. שמגיד לך שמלוה להניחו לפני המזבח ואח"כ יטלוהו הכהנים ויאכלוהו. ידיו תביאנה. בבעלים דשלמים כתיב גבי תנופה דכתיב בסיפיה להניף אותו תנופה וגו'. מה כאן. בביכורים כהן דכתיב ולקח הכהן. תחת יד הבעלים. בעלים אוחזים בשפת הטנא וכהן מניח ידיו תחת שוליו וכן מפרש במסכת ביכורים (פ"ג מ"ו) [סוכה מז:].

אתיא יד יד משלמים. מתנופת חזה ושוק ואימורין דשלמים: ידיו תביאנה. בבעלים כתיב וגבי תנופה כתיב [סוטה יט.].

מסורת הש"ס

א) [מנחות עד:], ב) [זבחים לה. ע"ש ל"ע], ג) [צ"ל וזר לא יאכל כי קדש הם], ד) לעיל יז., ה) ב"ב פא: חולין פג: קדושין כה. יבמות קד: נדה סו: מנחות יח: קג: נדרים עג., ו) סוכה מז: מנחות סא., ז) ג"ז שם, ח) ג"ז שם קדושין לו: [סוטה יט.], ט) [צ"ל וכתיב התם], י) [ועי' תוס' יומא לו: ד"ה לאו וכו' ותוס' פסחים כד. ד"ה הא], כ) רש"א שיריה כלל והס"ד, ל) [צ"ל זר שאכל חטאת], מ) [שם לא נמצא כלום רק בספרי וכן בפרש"י בחומש ועי' רש"א ומהר"מ], נ) רש"א.

הגהות הב"ח

(א) גמ' בבליל תהיה לא תאכל ליתן לא תעשה: (ב) רש"י ד"ה בא הכתוב וכו' דכתיב בנותר. נ"ב בפ' המלואים: (ג) תוס' ד"ה כל וכו' אבל לפירוש דלעיל קשה דפירשתי דלוקה דוקא קאמר כדפרש"י אם כן וכו' שבכללות כדפרש"י וי"ל דאין הכי נמי דהוה יכול: (ד) ד"ה הנחה וכו' לתנופה אם כן אין כאן כתוב שנוי בהנחה לעכב ומסתברא דלא: (ה) ד"ה ומאן וכו' להנחה דמעכבת וקשה דבספרי דרש פרשת כי תבא בין והניחו בין: (ו) בא"ד והנחה לא מעכבת והא דקאמר הכא מאן תנא דפליג עליה דר' יהודה הכי קאמר מאן תנא דמפיק ליה לתנופה: (ז) בא"ד ותרי קראי והניחו והנחתו תרוייהו להנחה דמעכבת וקאמר ר' יהודה וכו' לא כתיב ביה תנופה:

הגהות הגר"א

[א] גמ' רי"א והניחו זו וכו' כשהוא אומר והנחתו הרי כו' מקיים והניחו זו תנופה כצ"ל (וע' שנות אליהו פ"ג דבכורים):

תורה אור השלם

א) וְאָכְלוּ אֹתָם אֲשֶׁר כֻּפַּר בָּהֶם לְמַלֵּא אֶת יָדָם לְקַדֵּשׁ אֹתָם וְזָר לֹא יֹאכַל כִּי קֹדֶשׁ הֵם: [שמות כט, לג]

ב) וְכָל בְּהֵמָה מַפְרֶסֶת פַּרְסָה וְשֹׁסַעַת שֶׁסַע שְׁתֵּי פְרָסוֹת מַעֲלַת גֵּרָה בַּבְּהֵמָה אֹתָהּ תֹּאכֵלוּ: [דברים יד, ו]

ג) אַךְ אֶת זֶה לֹא תֹאכְלוּ מִמַּעֲלֵי הַגֵּרָה וּמִמַּפְרִיסֵי הַפַּרְסָה הַשְּׁסוּעָה אֶת הַגָּמָל וְאֶת הָאַרְנֶבֶת וְאֶת הַשָּׁפָן כִּי מַעֲלֵה גֵרָה הֵמָּה וּפַרְסָה לֹא הִפְרִיסוּ טְמֵאִים הֵם לָכֶם: [דברים יד, ז]

ד) וְעַתָּה הִנֵּה הֵבֵאתִי אֶת רֵאשִׁית פְּרִי הָאֲדָמָה אֲשֶׁר נָתַתָּה לִּי יְיָ וְהִנַּחְתּוֹ לִפְנֵי יְיָ אֱלֹהֶיךָ וְהִשְׁתַּחֲוִיתָ לִפְנֵי יְיָ אֱלֹהֶיךָ: [דברים כו, י]

ה) וְלָקַח הַכֹּהֵן הַטֶּנֶא מִיָּדֶךָ וְהִנִּיחוֹ לִפְנֵי מִזְבַּח יְיָ אֱלֹהֶיךָ: [דברים כו, ד]

ו) יָדָיו תְּבִיאֶינָה אֵת אִשֵּׁי יְיָ אֶת הַחֵלֶב עַל הֶחָזֶה יְבִיאֶנּוּ אֵת הֶחָזֶה לְהָנִיף אֹתוֹ תְּנוּפָה לִפְנֵי יְיָ: [ויקרא ז, ל]

The Gemara accepts Rava's objection and accordingly revises the statement of Rav Gidel in the name of Rav:

אֶלָּא אִי אִיתְּמַר הָכִי אִיתְּמַר – Rather, if it was stated, this is how it was stated: אָמַר רַב גִּידֵּל אָמַר רַב – Rav Gidel said in the name of Rav: זָר שֶׁאָכַל מֵחַטָּאת וְאָשָׁם לִפְנֵי זְרִיקָה – If a non-Kohen ate from a *chatas* or *asham* before the throwing of its blood to the Altar, **פָּטוּר – he is *exempt*** from *malkus* – even though the Torah expressly forbids a non-Kohen to eat *kodshei kodashim.*[14] **מַאי טַעְמָא – What is the reason** that he is exempt? **דְּאָמַר קְרָא ,,וְאָכְלוּ אֹתָם אֲשֶׁר כֻּפַּר בָּהֶם" – It is because Scripture states** in the verse cited above: ***They – who received atonement through them*** [i.e. the Kohanim] ***– shall eat them,*** and it then concludes, *but a non-Kohen shall not eat, for they are holy.* By contrasting the non-Kohen's prohibition to eat *kodshei kodashim* with the Kohen's permission to do so, the Torah indicates that the two are interrelated. **כָּל הֵיכָא דְּקָרֵינַן בֵּיהּ ,,וְאָכְלוּ אֹתָם אֲשֶׁר כֻּפַּר בָּהֶם" – Accordingly, wherever we can apply the** first half of the **verse,** They – who received atonement through them – shall eat them, i.e. wherever *kodshei kodashim* may be eaten by the Kohanim, **קָרֵינַן בֵּיהּ ,,וְזָר לֹא־יֹאכַל [כִּי־]קֹדֶשׁ [הֵם]" – we can apply the** second half of the **verse, *but a non-Kohen shall not eat, for they are holy.***[15] Only in such cases is a non-Kohen prohibited on pain of *malkus* from eating *kodshei kodashim.* **וְכָל הֵיכָא דְּלֹא קָרֵינַן בֵּיהּ ,,וְאָכְלוּ אֹתָם אֲשֶׁר כֻּפַּר בָּהֶם" – But wherever we cannot apply the** first half of the **verse,** They – who received atonement through them – shall eat them, i.e. wherever *kodshei kodashim* are forbidden even to Kohanim – namely, before the blood is applied to the Altar, **לֹא קָרֵינַן בֵּיהּ ,,וְזָר לֹא יֹאכַל" – we cannot apply the** second half of the **verse, *but a non-Kohen shall not eat,*** *for they are holy.* Thus, this verse does not prohibit *kodshei kodashim* to a non-Kohen before the blood is applied to the Altar, and he is exempt from the *malkus* penalty it carries if he eats of them at that time.[16]

The Gemara returns to its initial discussion (begun on 17a) regarding the point at which *bikkurim* become permitted for consumption by Kohanim:

אָמַר רַבִּי אֶלְעָזָר אָמַר רַבִּי הוֹשַׁעְיָא – R' Elazar said in the name of R' Hoshaya: בִּכּוּרִים הֲנָחָה מְעַכֶּבֶת בָּהֶן – *Bikkurim* – their **placement** before the Altar **is essential to them, קְרִיָּיה אֵין מְעַכֶּבֶת בָּהֶן** – but **the recitation** of the verses **is not essential to them.**[17]

The Gemara wonders:

וְהָא וּמִי אָמַר רַבִּי אֶלְעָזָר הָכִי – Did R' Elazar actually **say this? אָמַר רַבִּי אֶלְעָזָר אָמַר רַבִּי הוֹשַׁעְיָא – Why, R' Elazar said in the name of R' Hoshaya: הִפְרִישׁ בִּכּוּרִים קוֹדֶם לֶחָג – If one separated *bikkurim* before the Festival** of Succos **וְעָבַר עֲלֵיהֶן הֶחָג – and the Festival** of Succos **passed** without their being brought to the Temple, **יֵרָקְבוּ – they should** be left to **rot,** for they can no longer be brought to the Temple.[18] **מַאי לָאו מִשּׁוּם דְּלָא מָצֵי לְמִיקְרֵי עֲלֵיהֶן – Is not** the reason **because [the owner] is unable to recite** the verses **over them** after Succos? That is, since the obligation to recite the verses took effect at the time the *bikkurim* were separated before Succos, and now this procedure can no longer be carried out, the *bikkurim* must be left to rot. **וְאִי סָלְקָא דַּעְתָּךְ קְרִיָּיה אֵין מְעַכֶּבֶת בָּהֶן – Now, if it should enter your mind that the recitation** of the verses **is not** ever **essential to [*bikkurim*],** as asserted by the first statement of R' Elazar in the name of R' Hoshaya, **אַמַּאי יֵרָקְבוּ** – then **why should [those left over Succos]** be left to **rot?** Even though the verses can no longer be recited, let these *bikkurim* be brought to the Temple, placed before the Altar, and then eaten by the Kohanim. – ? –

The Gemara answers:

כִּדְרַבִּי זֵירָא – The latter statement is accurate **in accordance with** a principle **of R' Zeira. דְּאָמַר רַבִּי זֵירָא – For R' Zeira said** in regard to *minchah* offerings:[19] **כָּל הָרָאוּי לְבִילָּה – In any** *minchah* offering **that is *fit* for blending, אֵין בִּילָּה מְעַכֶּבֶת בּוֹ – blending is not critical to it,** and the offering is valid even without blending. **וְכָל שֶׁאֵינוֹ רָאוּי לְבִילָּה – But** in **any** *minchah* offering **that is not *fit* for blending, בִּילָּה מְעַכֶּבֶת בּוֹ – blending *is* critical to it,** that is, the inability to mix the offering properly invalidates it.[20] This same principle applies to the *bikkurim* procedure: If the verses *can* be recited, then their actual

NOTES

14. The previously cited verse (*Exodus* 29:33) reads in entirety: וְאָכְלוּ אֹתָם אֲשֶׁר כֻּפַּר בָּהֶם לְמַלֵּא אֶת־יָדָם לְקַדֵּשׁ אֹתָם וְזָר לֹא־יֹאכַל כִּי־קֹדֶשׁ הֵם, *They – who received atonement through them, to inaugurate them, to sanctify them* [i.e. the Kohanim] *– shall eat them; but a non-Kohen shall not eat, for they are holy.*

15. The emendation follows *Rashi* and *Mesoras HaShas.* See *Rashi* for elaboration.

16. Rav Gidel means only that the eater is exempt from the *malkus* engendered by the specific prohibition to non-Kohanim contained in the verse *but a non-Kohen shall not eat, for they are holy.* The prohibition particularly to non-Kohanim is contingent upon permissibility to Kohanim. However, *anyone* – whether a Kohen or non-Kohen – who eats of an offering before the blood-throwing *is* liable to *malkus* for violating *You may not eat in your [outlying] cities* etc. [as explained above, 18a note 5] (*Rambam, Hil. Maasei HaKorbanos* 11:4, *Maharam* and *Aruch LaNer* cited in note 8; see also *Tosafos, Yevamos* 33a ד"ה אלא מליקה).

17. As explained on 17a (see notes 19-20 there), this means that the mitzvah of bringing *bikkurim* is not fulfilled unless the owner places them down before the Altar, but it is fulfilled, albeit imperfectly, if he omits the recitation. By extension, *bikkurim* are forbidden even to Kohanim on pain of *malkus* only until the owner places them down by the Altar.

18. The Mishnah in *Bikkurim* (1:6) provides two periods for bringing *bikkurim* to the Temple. From Shavuos until Succos, one brings them and recites the verses; from Succos until Chanukah, one may still bring them but he does not recite the verses. The recital is not done after Succos, because the Torah follows the command to recite the verses with the statement (*Deuteronomy* 26:11): *And you shall rejoice in all the good that Hashem, your God, gave you.* This teaches that the recital of the verses must take place during the "time of joy" – between Shavuos and Succos, when people rejoice in the ingathering of the harvest. R' Elazar states in the name of R' Hoshaya that any *bikkurim* separated before Succos – and thus, subject to the recital requirement – but left until after Succos, when the recital cannot be performed, may no longer be brought *at all*! The permit to bring *bikkurim* after Succos applies only to those that were not separated until after the Festival and were thus never subject to the recital requirement (*Rashi;* see further, *Ritva*).

19. In discussing *minchah* offerings, which consist primarily of flour and oil, the Torah (*Leviticus* 2:4-5) repeatedly refers to them as being mixed [to blend the oil evenly throughout the flour]. R' Zeira discusses this requirement.

20. R' Zeira thus explains a Mishnah in *Menachos* (103b). The Mishnah teaches that a *minchah* containing up to sixty *issaron* of flour may be brought in one Temple vessel, but a *minchah* of more than sixty *issaron* must be brought in two vessels – because the Rabbis determined that only an amount up to sixty *issaron* can be mixed thoroughly in one Temple vessel. However, this seems to contradict another Mishnah (ibid. 18a) which teaches that a *minchah* is valid even if left unblended. R' Zeira explains that although the actual blending is not critical to the validity of the offering, fitness for blending is critical (*Rashi*). Although the Torah repeatedly describes the *minchah* as "mixed," it never explicitly states a command to mix the ingredients, and we therefore have no basis for assuming that the blending is essential. Nevertheless, since the Torah does mention it, R' Zeira deduces that the *minchah* must at least be fit for blending [for the Torah obviously speaks of a *minchah* that *can* be blended] (*Tosafos, Menachos* 18b ד"ה ואמר).

עין משפט
נר מצוה

סג א מיי' פי"ח מהל' פסולי מוקדשי' הל' ג:
סד ב מיי' פי"א מהל' מעשה קרבנות הל' ח סמג לאוין שכו:
סה ג מיי' שם פי"ב הל' ו:
סו ד ה מיי' פ"ג מהל' בכורים הל' יב:

ליקוטי רש"י

הנחה. לפני המזבח מעכבת בהן דשנה בה קרא (דברים כו) והניחו לפני וגו' (שם) והנחתו לפני וגו' [לעיל יז.].

וכל שאינו ראוי לבילה בילה מעכבת בו. כלומר מה שאי אפשר להבלל מעכבת בו דכיון דכתיב ולקח עליה שמן ולוה לבלול כתיב בלולה ש"מ שלוה הקב"ה להביא מנחה בלילה וכשהוא מביא ששים ואחד מנחה מו לא זוה מנחה מן הקטניות דאינה כלום שבלל דבר שלוה הקב"ה להבילה יש עיכוב בעיקר שלוה הכתוב והביאו ענין אבל מלות האמורות באותה מלוה כגון פנוס בקרבן בלילה הכתוב יש מעכבין אם בילה הכתוב לשנות עליו וגבי ביכורים נמי דחזו לקיחה בעינן ועוד דאיכא מביאי ביכורים שמביאין ולא קורין במסכת ביכורים (פ"א מ"ד) ה"ח כגון גר דמעיקרא כי מייתי ע"מ מהתם ועד חנוכה דמביא ואינו קורא כדנפקא לן מקראי בספרי וכו' [ב"ב פא:].

כל הראוי לבילה וכו'. במס' מנחות (דף קג:) אמרינן אין מביאין בכלי אחד מנחה של ששים ואחד עשרונים ומפרשינן טעמא מפני שאמרה תורה הבא מנחה שאפשר ליבלל ושישים נבללין בכלי אחד אבל ששים ואחד קים להו לרבנן דאין נבללין יפה והוינן בה וכי אין נבללין מאי הוי והתנן אם לא בלל כשר ומירץ מיהא בעינן ומי שהוא ראוי לבילה אין בילה מעכבת ואפילו לא בלל כשר כשאינו ראוי לבילה בילה מעכבת בו [חולין פג:].

והנחתו זו תנופה. דבראש הפרשה נאמר ולקח הכהן הטנא מידך והניחו לפני ה' וגו' ובסיפיה נאמר והנחתו ולמה נשנו הנחה שמו ונטלו ולמה נטלו לתנופה. הרי הנחה אמור. שמגיד לך שמניח אותו לפני המזבח ואח"כ יטלוהו הכהנים ויאכלוהו. ידיו תביאנה. בבעלים דשלמים כתיב גבי תנופה דכתיב בסיפיה להניף אותו תנופה וגו'. מה כאן. בביכורים כהן דכתיב ולקח הכהן. תחת יד הבעלים. בבעלים אוחזים בשפת הטנא וכהן מניח ידו תחת ידיו וכן מפרש במסכת ביכורים (פ"ג מ"ו) [סוכה מז:].

אתיא יד יד משלמים. מתנופת חזה ושוק ואימורין דשלמים: ידיו תביאנה. בבעלים כתיב וגבי תנופה כתיב [סוטה יט.].

כל שבקדש פסול בא הכתוב ליתן כו'. ואם תאמר אמאי לא משני מש"ה לא לקי דהוי לאו שבכללות דכולל פסול דיוצא וטמא ופסולין אחרים וי"ל דלפירוש הקונטרס דלעיל ניחא דפירש דלוקה דקאמר אינו רוצה לומר כ"א איסור בעלמא ומש"ה פריך נהי דמלקות לא הוי משום לאו שבכללות מ"מ איסורא מיהא איכא ולילקי דקאמר לאו דוקא [י] אבל לפירוש (ג) ר"י דלעיל קשה דפירש דלוקה דוקא קאמר כדפי' א"כ ולילקי דקאמר הכא דוקא קאמר ואמאי הלא הוי לאו שבכללות כדפי' ויש לומר דאין הכי נמי היה יכול לשנויי אבל עדיפא מיניה משני דלא [כ] איירי כלל [ל] מזר שאכל חטאת לפני זריקה דפטור והא דאמר לעיל ר"ש (דף יז.) אם לאוכל חטאת לפני זריקה קל וחומר מתודה איסור בעלמא ולא מלקות: ואמר ליה ראוין לקריאה משקרא עליהן. ולאו דוקא מותר ואי לא אסורים אלמא קריאה מעכבת: הנחה אהנחה לא קשיא הא רבי יהודה הא רבנן דתניא רבי יהודה אומר כו'. ומדאוקי רבי יהודה והנחתו לתנופה (ד) ואם כן אין כאן שנוי כתוב לעכב בהנחה ומסתברא דלא מעכב וקשה הרי קריאה דלא שנה הכתוב לעכב ומעכב לרבי שמעון ומנא ליה לרבי יהודה דהנחה דלא שנה הכתוב לעכב דלא מעכב ומשי"ח תירץ דלא קשה דהא גם לר"ש לא היתה קריאה מעכבת אי לא משום דגלי קרא מלא תוכל לאכול בשעריך כדלעיל כך נראה למשי"ח: ומאן תנא דפליג ארבי יהודה רבי אליעזר ברבי יעקב הוא דתניא וכו'. פירוש דאפיק תנופה מג"ש וא"כ והניחו והנחתו תרוייהו להנחה (ה) מעכבת וקשה דבפרק חרש [מ] פרש"י בין והניחו בין והנחתו מיירי בתנופה וראייה דהתם מוכח דבעי ב' תנופות ומוכח מן והניחו והנחתו לכך פי' הר"ר אברהם בר יצחק דר"א בן יעקב ס"ל הכי דתרי קראי מיירי בתנופה ושתי תנופות היו ולא מיירי כלל בהנחה (ו) דהנחה לא מעכבת והא [נ] [דקאמר] מאן דפליג עליה דר' יהודה הכי קאמר דמפיק ליה לתנופה מקרא אחרינא ורבנן דאית להו הנחה מעכבת היינו תנא קמא בר פלוגתיה דר' יהודה דמסכת בכורים פ"ג (משנה ו) דתניא עודהו בסל קורא והגדת היום עד שהוא גומר כל הפרשה כולה ואית ליה דליכא תנופה כלל ותרי קראי (ז) בהנחה מעכבת וקאמר ר' יהודה התם קורא עד ארמי אובד אבי וגו' הגיע לארמי מוריד הסל מעל כתפו ואוחזו בשפתותיו וכהן מניח ידיו תחתיו ומניפו וקורא כל הפרשה כולה וגומרה ובמילתיה דר' יהודה יש לתמוה דבשמעתין מפיק תנופה מוהנחתו שכתוב אחר כל הקריאה ואם כן מנליה דמתחלת הקריאה הוא מניף ותו מנליה לרבי יהודה דכהן היה מניף דבקרא והנחתו לא כתיב ביה כהן דבקרא קמא דכתיב ביה כהן הכהן הטנא לא כתיב בהן תנופה:

^אכל שבקדש פסול בא הכתוב ליתן לא תעשה על אכילתו הני מילי היכא דקודם פסולו חזי הכא דקודם פסולו נמי לא חזי ולילקי נמי כאידך דר' אליעזר דתניא [ס] רבי אליעזר אומר כל שהוא בבליל תהיה (א) ליתן לא תעשה על אכילתו אין הכי נמי ורבא מהאי קרא קאמר אמר רב גידל אמר רב (סימן כוז"א) כהן שאכל מחטאת ואשם לפני זריקה לוקה מאי טעמא דאמר קרא [א] ואכלו אותם אשר כופר בהם לאחר כפרה אין לפני כפרה לא לאו הבא מכלל עשה לאו הוא מתיב רבא [ע] [ב] וכל בהמה מפרסת פרסה ושוסעת שסע שתי פרסות מעלת גרה בבהמה אותה תאכלו אותה תאכלו ואין בהמה אחרת תאכלו ואי כדקאמרת [ג] את זה לא תאכלו למה לי אלא אי איתמר הכי איתמר אמר רב גידל אמר רב [פ] זר שאכל מחטאת ואשם לפני זריקה פטור מאי טעמא דאמר קרא ואכלו אותם אשר כופר בהם כל היכא דקרינן ביה ואכלו אותם אשר כופר בהם קרינן ביה וזר לא יאכל [ג] קדש וכל היכא דלא קרינן ביה ואכלו אותם אשר כופר בהם לא קרינן ביה וזר לא יאכל אמר ר' אלעזר אמר ר' הושעיא [ד] בכורים הנחה מעכבת בהן קרייה אין מעכבת בהן ומי אמר ר' אלעזר הכי והא אמר רבי אלעזר אמר רבי הושעיא הפריש בכורים קודם לחג ועבר עליהן החג ירקבו מאי לאו משום דלא מצי למיקרי עליהן ואי ס"ד קרייה אין מעכבת בהן אמאי ירקבו כדרבי זירא [ה] דאמר ר' זירא [צ]כל הראוי לבילה אין בילה מעכבת בו וכל שאינו ראוי לבילה בילה מעכבת בו ר' אחא בר יעקב מתני לה כדרבי אסי אמר רבי יוחנן וקשיא ליה דרבי יוחנן אדרבי יוחנן ומי אמר רבי יוחנן בכורים הנחה מעכבת בהן קרייה אין מעכבת בהן והא בעא מיניה רבי אסי מרבי יוחנן בכורים מאימתי מותרין לכהנים ואמר ליה הראוין לקרייה משקרא עליהן ושאין ראוין לקרייה משראו פני הבית קשיא קרייה אקרייה קשיא הנחה אהנחה קרייה אקרייה לא קשיא הא רבי שמעון הא רבנן הנחה אהנחה נמי לא קשיא הא רבי יהודה והא רבנן מאי רבי יהודה דתניא [ו] ר' יהודה אומר [א] [ד] והנחתו זו תנופה אתה אומר זו תנופה או אינו אלא הנחה ממש כשהוא אומר [ה] והניחו הרי הנחה אמור הא מה אני מקיים והנחתו זו תנופה ומאן תנא דפליג עליה דרבי יהודה ר' אליעזר בן יעקב היא [ז] דתניא [ה] ולקח הכהן הטנא מידך [ק] לימד על הבכורים שטעונין תנופה דברי רבי אליעזר בן יעקב מאי טעמא דרבי אליעזר בן יעקב אתיא [ח] יד יד משלמים כתיב הכא ולקח הכהן הטנא מידך [ט] וכתיב [ו] ידיו תביאנה את אשי ה' מה כאן כהן אף להלן כהן מה להלן בעלים אף כאן בעלים הא כיצד [ר] מניח כהן ידיו תחת ידי בעלים ומניף אמר רבא בר אדא אמר ר' יצחק בכורים

מתני׳

בכורים מאימתי חייבים עליהם. זר מיתה וכהן מלקות חוץ לחומה שמלותו בפנים בעזרה: יכול

רש"י

בא הכתוב ליתן לא תעשה על אבילתו. דכתיב בנותר (ג) לא יאכל כי קדש הוא נתן טעם לדבר כי קדש הוא שנפסל וכמו כן כל הקדשים שנפסלו: ה"מ היכא דקודם פסולו חזי. כנותר: אותה תאכלו. [דכתיב] כל בהמה מפרסת פרסה וגו' אותה תאכלו ולא בהמה טמאה שאין סימנין הללו בהו אלמא לאו הבא מכלל עשה עשה: קרינא ביה וזר לא יאכל. דהוא סיפיה דהאי קרא וכל זר לא יאכל קדש לאו בקדשים משתעי אלא בתרומה כדכתיב ברישא דעניינא איש איש מזרע אהרן דבר השוה בזרעו של אהרן: בכורים לפני החג בני קרייה נינהו לאחר החג לאו בני קרייה נינהו דכתיב בתר קרייה ושמחת בכל הטוב מעצרת ועד החג שהוא זמן שמחת לקיטת פירות מביא וקורא מן החג ועד חנוכה מביא ואינו קורא (בכורים פ"א משנה ו): הפריש לפני החג. חלה עליהן חובת קרייה ועבר עליהן החג שאין ראוין עוד לקרייה ירקבו: כדרבי זירא. לעולם בראוין לקרייה לא מעכבא קרייה אבל באלו שעבר זמנן ואינן ראוין עוד לקרייה מעכבא קרייה כדרבי זירא: דאמר כל הראוי לבילה כו'. במסכת מנחות (דף קג:) תנן הרי עלי ששים ואחד עשרון מביא ששים בכלי אחד ואחד בכלי אחר דעד ששים יכולין ליבלל בכלי אחד אבל ששים ואחד קים להו לרבנן דאינן נבללין יפה והוינן בה וכי אינן נבללין מאי הוי והאנן תנן אם לא בלל כשר ומשני רבי זירא כל הראוי לבילה אין בילה מעכבת בו כו': מתני לה. להא דרבי אלעזר אמר רבי אושעיא כדרב אסי אמר רבי יוחנן דרב אסי אמרה משמיה דרבי יוחנן: הראוין לקרייה. מעצרת ועד החג: משיראו פני הבית. משיכנסו לעזרה והנחה לא מעכבת כלל: הא רבי יהודה. לרבי יהודה לא מעכבא הנחה דדריש והנחתו יתירא לתנופה ואין מקרא שנוי בהנחה לעכב ולרבנן דלא דרשי ליה להכי מיבעי להו לשנות בהנחה לעכב: והנחתו זו תנופה. קרי ביה והנחתו לשון ולא נחם אלהים וגו' (שמות יג) שהוא מנחה אותו לארבע רוחות ומעלה ומוריד: מאן תנא דפליג עליה. למימר הנחה מעכבא: רבי אליעזר בן יעקב היא. דנפקא ליה תנופה מקרא אחרינא: מה להלן בעלים. דההוא בבעלים משתעי דכתיב יביא את קרבנו לה' מזבח שלמיו וסמיך ליה ידיו תביאינה:

מאימתי

מסורת הש"ס

א) [מנחות עד:], ב) [זבחים לד. ע"ש ל"ע], ג) [ל"ג וזר לא יאכל כי קדש הם], ד) [לעיל יז., ה) ב"ב פא: חולין פג: קדושין כה. יבמות קד: נדה סו: מנחות יח: קג: נדרים עג., ו) סוכה מז: מנחות סא., ז) ג"ז שם קדושין לו: [סוטה יט.], ט) [ל"ג וכתיב התם], י) [וע' תוס' יומא לו: ד"ה לאו וכו' ותוס' פסחים כד. ד"ה הא], כ) רש"י פירש כלל ומש"ה, ל) [ל"ג זר שאכל חטאת], מ) [שם ל"ה נמצא כלום רק בספרי וכן בפרש"י בחומש וע' רש"י ומהר"מ], נ) רש"א.

הגהות הב"ח

(א) גמ' בבליל תהיה לא תאכל ליתן לא תעשה: (ב) רש"י ד"ה לא הכתוב וכו' דכתיב בנותר. נ"ב בפ' המלואים: (ג) תוס' ד"ה כל וכו' אבל לפירוש דלעיל קשה דפירש דלוקה דוקא קאמר כדפרשינן אם כן וכו' שבכללות כדפרש"י ו"ל דאין הכי נמי הוה יכול: (ד) ד"ה הנחה וכו' לתנופה אם כן אין כאן כתוב שנוי בהנחה לעכב ומסתברא דלא: (ה) ד"ה ומאן וכו' להנחה דמעכבת וקשה דבספרי דרש פרשת כי תבא בין והניחו בין: (ו) בא"ד והנחה לא מעכבת והא דקאמר הכא מאן תנא דפליג עליה דר' יהודה הכי קאמר מאן תנא דמפיק ליה לתנופה: (ז) בא"ד ותרי קראי והניחו והנחתו בהנחה דמעכבת וקאמר ר' יהודה וכו' לא כתיב ביה תנופה:

הגהות הגר"א

[א] גמ' ר"י והניחו זו וכו' כשהוא אומר והנחתו זו הרי כו' מקיים והניחו זו תנופה כצ"ל (וע' שנות אליהו פ"ג דבכורים):

תורה אור השלם

א) וְאָכְלוּ אֹתָם אֲשֶׁר כֻּפַּר בָּהֶם לְמַלֵּא אֶת יָדָם לְקַדֵּשׁ אֹתָם וְזָר לֹא יֹאכַל כִּי קֹדֶשׁ הֵם: [שמות כט, לג]

ב) וְכָל בְּהֵמָה מַפְרֶסֶת פַּרְסָה וְשֹׁסַעַת שֶׁסַע שְׁתֵּי פְרָסוֹת מַעֲלַת גֵּרָה בַּבְּהֵמָה אֹתָהּ תֹּאכֵלוּ: [דברים יד, ו]

ג) אַךְ אֶת זֶה לֹא תֹאכְלוּ מִמַּעֲלֵי הַגֵּרָה וּמִמַּפְרִיסֵי הַפַּרְסָה הַשְּׁסוּעָה אֶת הַגָּמָל וְאֶת הָאַרְנֶבֶת וְאֶת הַשָּׁפָן כִּי מַעֲלֵה גֵרָה הֵמָּה וּפַרְסָה לֹא הִפְרִיסוּ טְמֵאִים הֵם לָכֶם: [דברים יד, ז]

ד) וְעַתָּה הִנֵּה הֵבֵאתִי אֶת רֵאשִׁית פְּרִי הָאֲדָמָה אֲשֶׁר נָתַתָּה לִּי יְיָ וְהִנַּחְתּוֹ לִפְנֵי יְיָ אֱלֹהֶיךָ וְהִשְׁתַּחֲוִיתָ לִפְנֵי יְיָ אֱלֹהֶיךָ: [דברים כו, י] ה) וְלָקַח הַכֹּהֵן הַטֶּנֶא מִיָּדֶךָ וְהִנִּיחוֹ לִפְנֵי מִזְבַּח יְיָ אֱלֹהֶיךָ: [דברים כו, ד] ו) יָדָיו תְּבִיאֶינָה אֵת אִשֵּׁי יְיָ אֶת הַחֵלֶב עַל הֶחָזֶה יְבִיאֶנּוּ אֵת הֶחָזֶה לְהָנִיף אֹתוֹ תְּנוּפָה לִפְנֵי יְיָ: [ויקרא ז, ל]

recitation is not essential; but if they cannot be recited, then the *bikkurim* are disqualified.[21]

The ruling that recitation of the verses is not essential to *bikkurim* was previously attributed to R' Elazar in the name of R' Hoshaya, but a certain Amora attributed it differently:[22] רַבִּי אַחָא בַּר יַעֲקֹב מַתְנֵי לָהּ כִּדְרַבִּי אַסִּי אָמַר רַבִּי יוֹחָנָן – **R' Acha bar Yaakov taught this** very same ruling **as** having been said **by R' Assi in the name of R' Yochanan,** וְקַשְׁיָא לֵיהּ דְּרַבִּי יוֹחָנָן אַדְּרַבִּי יוֹחָנָן – **and** accordingly, **he saw a conflict between** this statement **of R' Yochanan and** another statement **of R' Yochanan:** וּמִי אָמַר רַבִּי יוֹחָנָן בִּכּוּרִים הֲנָחָה מְעַכֶּבֶת בָּהֶן קְרִיָּיה אֵין מְעַכֶּבֶת בָּהֶן – **Did R' Yochanan** actually **say, "*Bikkurim* –** their **placement** before the Altar **is essential to them,** but **the recitation** of the verses **is not essential to them"?** וְהָא בְּעָא מִינֵּיהּ רַבִּי אַסִּי מֵרַבִּי יוֹחָנָן – **But R' Assi inquired of R' Yochanan:** בִּכּוּרִים מֵאֵימָתַי מוּתָּרִין לְכֹהֲנִים – **From what point** onward **are *bikkurim* permitted to the Kohanim** for consumption? וְאָמַר לֵיהּ – **And [R' Yochanan] replied:** הָרְאוּיִן לִקְרִיָּיה מִשֶּׁקָּרָא עֲלֵיהֶן – **Those *bikkurim* that are subject to recitation** of the verses[23] are permitted to the Kohanim **from when [the owner] recites the verses over them,** וְשֶׁאֵין רְאוּיִן לִקְרִיָּיה מִשֶּׁרָאוּ פְּנֵי הַבַּיִת – **and those *bikkurim* that are not subject to recitation** of the verses[24] are permitted to the Kohanim **from when they see the face of the Temple,** i.e. as soon as they enter the Temple Courtyard, even before they are placed before the Altar. This response of R' Yochanan apparently conflicts in two ways with his first statement. קַשְׁיָא קְרִיָּיה אַקְּרִיָּיה – There is **a contradiction** between his two statements **regarding recitation,** for according to the first statement it is *not* essential, whereas according to the second one it *is* essential to those *bikkurim* that are subject to recitation;[25] קַשְׁיָא הֲנָחָה אַהֲנָחָה – and there is **a contradiction** between his two statements **regarding placement,** for according to the first statement it *is* essential, whereas according to the second, *bikkurim* not subject to recitation become permitted immediately upon entering the Temple Courtyard. – ? –

The Gemara answers:

קְרִיָּיה אַקְּרִיָּיה לֹא קַשְׁיָא – The statements regarding **recitation are not contradictory,** because הָא רַבִּי שִׁמְעוֹן – **this** second **statement is** the view of **R' Shimon,** who holds that recitation is essential (as cited in the Baraisa on 17a),[26] הָא רַבָּנַן – whereas **this** first **statement is** the view of **the Rabbis,** who hold that recitation is not essential (as asserted there by R' Yochanan).[27] הֲנָחָה אַהֲנָחָה נַמִּי לֹא קַשְׁיָא – And the statements regarding **placement are not contradictory,** because הָא רַבִּי יְהוּדָה – **this** second **statement is** the view of **R' Yehudah,** who holds that placement before the Altar is never an essential factor, as we shall see shortly, וְהָא רַבָּנַן – **whereas this** first statement **is** the view **of the Rabbis,** who hold that placement is essential, as we shall see.

The Gemara now demonstrates that R' Yehudah and the Rabbis disagree whether placement of *bikkurim* before the Altar is essential:

מַאי רַבִּי יְהוּדָה – **What is** this opinion of **R' Yehudah?** דְּתַנְיָא – **For it was taught in a Baraisa:** רַבִּי יְהוּדָה אוֹמֵר – R' YEHUDAH SAYS: "וְהִנַּחְתּוֹ" זוֹ תְּנוּפָה – When the Torah commands in v. 10 of the *bikkurim* passage,[28] ***AND YOU SHALL PLACE IT*** *before Hashem,* THIS IS actually a reference to WAVING – the Torah means that the *bikkurim* should be waved.[29] אַתָּה אוֹמֵר זוֹ תְּנוּפָה – YOU SAY that THIS IS a reference to WAVING; אוֹ אֵינוֹ אֶלָּא הֲנָחָה מַמָּשׁ – but PERHAPS IT IS NOT so, RATHER, the verse refers LITERALLY to PLACEMENT before the Altar! כְּשֶׁהוּא אוֹמֵר "וְהִנִּיחוֹ" הֲרֵי הֲנָחָה אָמוּר – WHEN IT SAYS in v. 4 of that passage, ***AND HE SHALL PLACE IT*** *before the Altar,* THE PLACEMENT HAS ALREADY BEEN SAID, and there was no need to repeat it in v. 10. הָא מָה אֲנִי מְקַיֵּים "וְהִנַּחְתּוֹ" – ACCORDINGLY, HOW SHALL I INTERPRET the seemingly extraneous command: ***AND YOU SHALL PLACE IT?*** זוֹ תְּנוּפָה – Perforce, THIS IS a reference to WAVING. Since R' Yehudah interprets the Torah's second command to "place" the *bikkurim* as teaching the new procedure of "waving," the first command to "place" them is never repeated. Accordingly – in keeping with the general principle that any given detail of a procedure is not essential

NOTES

21. Accordingly, R' Elazar's first statement in the name of R' Hoshaya (that recitation of the verses is not essential) refers to a case in which the *bikkurim* are brought *before* the Festival of Succos, but the owner neglects to recite the verses. Since the recital is possible, the *bikkurim* are valid even though the owner fails to do it. In his second statement, however, R' Elazar speaks of *bikkurim* that were separated before Succos – thus falling under the obligation to have verses recited over them – but were not brought to the Temple until after Succos, when recitation is no longer possible. Since recitation is *impossible,* the *bikkurim* are disqualified and must be left to rot (*Rashi*). The recital is not critical because the command to perform it is not repeated (see note 30 below). However, since the Torah does mention it, we deduce that recital must at least be *possible* (*Tosafos* ibid.). [See *Mishneh LaMelech, Hil. Bikkurim* 3:4, who inquires whether a mute person is precluded from bringing *bikkurim* because of his inability to recite the verses.]

22. The Gemara will discuss at length a ramification of the variant attribution. *Likkutei Halachos* notes further that if this was not said by R' Elazar in the name of R' Hoshaya, then the Gemara's previous question and answer are no longer conclusive. R' Elazar's ruling in the name of R' Hoshaya that *bikkurim* left over Succos should be left to rot does not contradict anything else he said. Thus, it need not be explained as based on R' Zeira's principle that "fitness" is critical, but may simply reflect the Tannaic view (see 17a and below) that the actual recitation is critical. [See further, *Rambam, Hil. Bikkurim* 4:13, with *Kesef Mishneh,* and the end of *sefer Bikkurei Yaakov.*]

23. I.e. those brought between Shavuos and Succos.

24. E.g. those separated after Succos, or others for which the law is מֵבִיא וְאֵינוֹ קוֹרֵא, *[the owner] brings [them to the Temple] but he does not recite the verses* – see *Bikkurim* 1:4ff for a list of such cases.

25. Were the recitation not essential, the *bikkurim* would be permitted to Kohanim even beforehand. [Although we have learned (17a note 20) that even if the recitation is not essential the Kohanim should preferably wait until afterward to eat the *bikkurim,* they are not *forbidden* to eat them beforehand. R' Yochanan, however, stated that *bikkurim* become *permitted* after the recitation, implying that beforehand they are actually forbidden (*Tosafos* ד״ה ואמר, as elaborated by *Gur Aryeh* and *Siach Yitzchak*).]

26. The Gemara attributes this view to R' Shimon rather than to R' Akiva (who also subscribes to it, as stated on 17a) because R' Shimon's position on the matter was more widely known (*Ritva;* see 17a note 22).

27. [Thus, R' Yochanan did not state contradictory personal rulings, but on two occasions mentioned conflicting Tannaic views.]

28. *Deuteronomy* Ch. 26.

29. That is, they are waved to the four directions and then up and down [just as the sacrificial parts of certain offerings, and the *lulav,* are waved] (*Rashi;* see *Succah* 37b and *Menachos* 62a with *Rashi;* cf. *Rambam, Hil. Maaseh HaKorbanos* 9:7 [with *Radvaz*], *Hil. Temidin Umussafin* 8:11, and *Hil. Lulav* 7:10; and *Meiri* to *Succah* 37b).

R' Yehudah reads the word והנחתו as though it was vowelized וְהִנְחִתוֹ, *vehinchiso* (instead of וְהִנַּחְתּוֹ, *vehinachto*). With this vowelization, it means *and you shall point it.* The root נחה is sometimes used in Scripture to denote *pointing in a certain direction* or *leading,* as in *Exodus* 13:17 [וְלֹא־נָחָם אֱלֹהִים]. It can thus be used to refer to "waving," which involves pointing the *bikkurim* in various directions (*Rashi;* see also *Ritva*). R' Yehudah proceeds to explain what impels him to this interpretation.

א כל שבקדש פסול בא הכתוב ליתן לא תעשה על אכילתו הני מילי היכא דקודם פסולו חזי הכא דקודם פסולו נמי לא חזי ולילקי נמי כאידך דר' אליעזר דתניא א) רבי אליעזר אומר כל שהוא בכליל תהיה (א) ליתן לא תעשה על אכילתו אין הכי נמי ורבא מהאי קרא קאמר אמר רב גידל אמר רב (סימן כוז"א) כהן שאכל מחטאת ואשם לפני זריקה לוקה מאי טעמא דאמר קרא א) ואכלו אותם אשר כופר בהם לאחר כפרה אין לפני כפרה לא לאו הבא מכלל עשה לאו הוא מתיב רבא ב ב) וכל בהמה מפרסת פרסה ושוסעת שסע שתי פרסות מעלת גרה בבהמה אותה תאכלו ואין בהמה אחרת תאכלו ואי כדקאמרת ג) את זה לא תאכלו למה לי אלא אי איתמר הכי איתמר אמר רב גידל אמר רב ב זר שאכל מחטאת ואשם לפני זריקה פטור מאי טעמא דאמר קרא ואכלו אותם אשר כופר בהם כל היכא דקרינן ביה ואכלו אותם אשר כופר בהם קרינן ביה וזר לא יאכל ג קדש וכל היכא דלא קרינן ביה ואכלו אותם אשר כופר בהם לא קרינן ביה וזר לא יאכל אמר ר' אלעזר אמר ר' הושעיא ד בכורים הנחה מעכבת בהן קרייה אין מעכבת בהן ומי אמר ר' אלעזר הכי והא אמר רבי אלעזר אמר רבי הושעיא הפריש בכורים קודם לחג ועבר עליהן החג ירקבו מאי לאו משום דלא מצי למיקרי עליהן ואי ס"ד קרייה אין מעכבת בהן אמאי ירקבו כדרבי זירא ה) דאמר ר' זירא ג כל הראוי לבילה אין בילה מעכבת בו וכל שאינו ראוי לבילה בילה מעכבת בו ר' אחא בר יעקב מתני לה כדרבי אסי אמר רבי יוחנן וקשיא ליה דרבי יוחנן אדרבי יוחנן ומי אמר רבי יוחנן בכורים הנחה מעכבת בהן קרייה אין מעכבת בהן והא בעא מיניה רבי אסי מרבי יוחנן בכורים מאימתי מותרין לכהנים ואמר ליה הראוין לקרייה משקרא עליהן ושאין ראוין לקרייה משראו פני הבית קשיא קרייה אקרייה קשיא הנחה אהנחה קרייה אקרייה לא קשיא הא רבי שמעון הא רבנן הנחה אהנחה נמי לא קשיא הא רבי יהודה והא רבנן מאי רבי יהודה דתניא י) ר' יהודה אומר [א] ד) והנחתו זו תנופה אתה אומר זו תנופה או אינו אלא הנחה ממש כשהוא אומר ה) והניחו הרי הנחה אמור הא מה אני מקיים והנחתו זו תנופה ומאן תנא דפליג עליה דרבי יהודה ר' אליעזר בן יעקב היא ז) דתניא ה) ולקח הכהן הטנא מידך ד לימד על הבכורים שטעונין תנופה דברי רבי אליעזר בן יעקב מאי טעמא דרבי אליעזר בן יעקב אתיא ח) יד יד משלמים כתיב הכא ולקח הכהן הטנא מידך ט) וכתיב ו) ידיו תביאינה את אשי ה' מה כאן כהן אף להלן כהן מה להלן בעלים אף כאן בעלים הא כיצד ה מניח כהן ידיו תחת ידי בעלים ומניף אמר רבא בר אדא אמר ר' יצחק בכורים

רש"י

בא הכתוב ליתן לא תעשה על אכילתו. דכתיב בנותר (ב) לא יאכל כי קדש הוא נתן טעם לדבר כי קדש הוא שנפסל וכמו כן כל הקדשים שנפסלו: ה"מ היכא דקודם פסולו חזי. כנותר: אותה תאכלו. [דכתיב] כל בהמה מפרסת פרסה וגו' אותה תאכלו ולא בהמה טמאה שאין סימנין הללו בהו אלמא לאו הבא מכלל עשה: קרינא ביה וזר לא יאכל. דהוא סיפיה דהאי קרא וכל זר לא יאכל קדש לאו בקדשים משתעי אלא בתרומה כדכתיב ברישא דעניינא איש איש מזרע אהרן דבר השוה בזרעו של אהרן: בכורים לפני החג בני קרייה נינהו לאחר החג לאו בני קרייה נינהו דכתיב בתר קרייה ושמחת בכל הטוב מעצרת ועד החג שהוא זמן שמחת לקיטת פירות מביא וקורא מן החג ועד חנוכה מביא ואינו קורא (בכורים פ"א משנה ו): הפריש לפני החג. חלה עליהן חובת קרייה ועבר עליהן החג שאין ראוין עוד לקרייה ירקבו: כדרבי זירא. לעולם בראוין לקרייה לא מעכבא קרייה אבל באלו שעבר זמנן ואינן ראוין עוד לקרייה מעכבא קרייה כדרבי זירא: דאמר כל הראוי לבילה כו'. במסכת מנחות (דף קג:) תנן הרי עלי ששים ואחד עשרון מביא ששים בכלי אחד ואחד בכלי אחר דעד ששים יכולין ליבלל בכלי אחד אבל ששים ואחד קים להו לרבנן דאינן נבללין יפה והוינן בה וכי אינן נבללין מאי הוי והאנן תנן אם לא בלל כשר ומשני רבי זירא כל הראוי לבילה אין בילה מעכבת בו כו': מתני לה. להא דרבי אלעזר אמר רבי אושעיא כדרב אסי אמר רבי יוחנן דרב אסי אמרה משמיה דרבי יוחנן: הראוין לקרייה. מעצרת ועד החג: משיראו פני הבית. משיכנסו לעזרה והנחה לא מעכבא כלל: הא רבי יהודה. לרבי יהודה לא מעכבא הנחה דדריש והנחתו יתירא לתנופה ואין מקרא שנוי בהנחה לעכב ולרבנן דלא דרשי ליה להכי מיבעי להו לשנות בהנחה לעכב: והנחתו זו תנופה. קרי ביה והנחתו לשון ולא נחס אלהים וגו' (שמות יג) שהוא מנחה אותו לארבע רוחות ומעלה ומוריד: מאן תנא דפליג עליה. למימר הנחה מעכבא: רבי אליעזר בן יעקב היא. דנפקא ליה תנופה מקרא אחרינא: מה להלן בעלים. דההוא בבעלים משתעי דכתיב יביא את קרבנו לה' מזבח שלמיו וסמיך ליה ידיו תביאינה: מאימתי

תוספות

כל שבקדש פסול בא הכתוב ליתן כו'. ואם תאמר אמאי לא משני מש"ה לא לקי דהוי לאו שבכללות דכולל פסול דיוצא וטמא ופסולין אחרים וי"ל דלפירוש הקונטרס דלעיל ניחא דפירש דלוקה דקאמר אינו רוצה לומר כ"א איסור בעלמא ומש"ה פריך נהי דמלקות לא הוי משום לאו שבכללות מ"מ איסורא מיהא איכא ולילקי דקאמר לאו דוקא י) אבל לפירוש (ג) ר"י דלעיל קשה דפירש דלוקה דוקא קאמר כדפי' א"כ ולילקי דקאמר הכא דוקא קאמר ואמאי הלא הוי לאו שבכללות כדפי' ויש לומר דאין הכי נמי היה יכול לשנויי אבל עדיפא מיניה משני דלא כ) מיירי כלל ל) מזר שאכל חטאת לפני זריקה דפטור והא דאמר לעיל ר"ש (דף יז.) אם לאוכל חטאת לפני זריקה קל וחומר מתודה איסור בעלמא ולא מלקות: **ואמר** ליה ראוין לקריאה משקרא עליהן. ולאו דוקא מותר ואי לא אסורים אלמא קריאה מעכבת: **הנחה** אהנחה לא קשיא הא רבי יהודה הא רבנן דתניא רבי יהודה אומר כו'. ומדאוקי רבי יהודה והנחתו לתנופה (ד) ואם כן אין כאן שנוי כתוב לעכב בהנחה ומסתברא דלא מעכב וקשה הרי קריאה דלא שנה הכתוב לעכב ומעכב לרבי שמעון ומנא ליה לרבי יהודה דהנחה דלא שנה הכתוב לעכב דלא מעכב ומשי"ח תירץ דלא קשה דהא גם לר"ש לא היתה קריאה מעכבת אי לא משום דגלי קרא מלא תוכל לאכול בשעריך כדלעיל כך נראה למשי"ח: **ומאן** תנא דפליג ארבי יהודה רבי אליעזר ברבי יעקב הוא דתניא וכו'. פירוש דאפיק תנופה מג"ש וא"כ והניחו והנחתו תרוייהו להנחה (ה) מעכבת וקשה דבפרק חרש מ) פרש"י בין והניחו בין והנחתו מיירי בתנופה וראייה דהתם מוכח דבעי ב' תנופות ומוכח מן והניחו והנחתו לכך פי' הר"ר אברהם בר יצחק דר"א בן יעקב ס"ל הכי דתרי קראי מיירי בתנופה ושתי תנופות היו ולא מיירי כלל בהנחה (ו) דהנחה לא מעכבת והא י) [דקאמר] מאן דפליג עליה דר' יהודה הכי קאמר דמפיק ליה לתנופה מקרא אחרינא ורבנן דאית להו הנחה מעכבת היינו תנא קמא בר פלוגתיה דר' יהודה דמסכת בכורים פ"ג (משנה ו) דתניא עודהו בסל קורא והגדת היום עד שהוא גומר כל הפרשה כולה ואית ליה דליכא תנופה כלל ותרי קראי (ז) בהנחה מעכבת וקאמר ר' יהודה התם קורא עד ארמי אובד אבי וגו' הגיע לארמי מוריד הסל מעל כתפו ואוחזו בשפתותיו וכהן מניח ידיו תחתיו ומניפו וקורא כל הפרשה כולה וגומרה ובמילתיה דר' יהודה יש לתמוה דבשמעתין מפיק תנופה מוהנחתו שכתוב אחר כל הקריאה ואם כן מנליה דמתחלת הקריאה הוא מניף ותו מנליה לרבי יהודה דכהן היה מניף דבקרא והנחתו לא כתיב ביה כהן ובקרא קמא דכתיב ולקח הכהן הטנא לא כתיב בהן תנופה: **בכורים** מאימתי חייבים עליהם. זר מיתה וכהן מלקות חוץ לחומה שמלותו בפנים בעזרה:

יכול

עין משפט נר מצוה

סג א מיי' פי"ח מהל' פסולי מוקדשי' הל' ג:
סד ב מיי' פי"א מהל' מעשה קרבנות הל' ח סמג לאוין שכו:
סה ג מיי' שם פי"ז הל' ו:
סו ד ה מיי' פ"ג מהל' בכורים הל' יב:

ליקוטי רש"י

הנחה. לפני המזבח מעכבת בהן דשנה בה קרא (דברים כו) והניחו לפני וגו' (שם) והנחתו לפני וגו' [לעיל יז.].

וכל שאינו ראוי לבילה בילה מעכבת בו. כלומר מה שאי אפשר להבלל מעכבת בו דכיון דכתיב ויצק עליה שמן ונוה לבלול דכתיב בלולה ש"מ שצוה הקב"ה להביא מנחה שיכול לקיים בהן מצות בלילה וכשהוא מביא ששים ואחד מנחה כו לא נוה להביא והרי הוא כמביא מנחה מן הקטניות דאינה כלום שכל דבר שצוה הקב"ה להביא יש עיכוב בעיקר הבאתו להביא באותו ענין שצוה הכתוב ולא בענין אחר אבל מצות האמורות באותה מצוה כגון תנופה בקרבן בלילה במנחה יש שמעכבין אם גילה הכתוב לשנות עליו ולעכב ויש שאין מעכבין וגבי ביכורים נמי דחזו לקיחה בעינן ואע"ג דאיכא מביאי ביכורים שמביאין ולא קורין במסכת ביכורים (פ"א מ"ד) ה"מ כגון גר דמעיקרא כי מייתי ע"מ שלא לקרות מייתי להו וכגון מהחג ועד חנוכה דמביא ואינו קורא כדנפקא לן מקראי בסיפרי וכו' [ב"ב פא:].

כל הראוי לבילה וכו'. במס' מנחות (דף קג:) אמרינן אין מביאין בכלי אחד מנחה של ששים ואחד עשרונים ומפרשינן טעמא מפני שאמרה תורה הבא מנחה שיכולה ליבלל וששים נבללין בכלי אחד אבל ששים ואחד קים להו לרבנן דאין יכולין ליבלל והוינן בה וכי אין נבללין מאי הוי והתנן לא בלל כשר ותירץ רבי זירא ראוי לבילה מיהא בעינן ומי שהוא ראוי לבילה אין בילה מעכבת ואפילו לא בלל כשר אבל כשאינו ראוי לבילה בילה מעכבת בו [חולין פג:].

והנחתו זו תנופה. דבראש הפרשה נאמר ולקח הכהן הטנא מידך והניחו לפני ה' וגו' ובסיפיה נאמר והנחתו מכלל שחזר ונטלו ולמה נטלו לתנופה. הרי הנחה אמור. שמגיד לך שמצוה להניחו לפני המזבח ואח"כ יטלוהו הכהנים ויאכלוהו. ידיו תביאנה. בבעלים דשלמים כתיב גבי תנופה דכתיב בסיפיה להניף אותו תנופה וגו'. מה כאן. בביכורים כהן דכתיב ולקח הכהן. תחת יד הבעלים. בעלים אוחזים בשפת הטנא וכהן מניח ידיו תחת שוליו וכן מפרש במסכת ביכורים (פ"ג מ"ו) [סוכה מז:].

אתיא יד יד משלמים. מתנופת חזה ושוק ואימורין דשלמים: ידיו תביאנה. בבעלים כתיב וגבי תנופה כתיב [סוטה יט.].

מסורת הש"ס

א) [מנחות עד:], ב) [זבחים לד. ע"ש ל"ע], ג) [נ"ל וזר לא יאכל כי קדש הם], ד) לעיל יז., ה) ב"ב פא: חולין פג: קדושין כה. יבמות קד: נדה סו: מנחות יח: קג: נדרים עג., ו) סוכה מז: מנחות סא., ז) ג"ז שם, ח) ג"ז שם קדושין לו: [סוטה יט.], ט) [נ"ל וכתיב התם], י) [וע' תוס' יומא לו: ד"ה לאו וכו' ותוס' פסחים כד. ד"ה הא], כ) רש"א שייריה כלל והס"ד, ל) [נ"ל זר שאכל חטאת], מ) [שם לא נמצא כלום רק בספרי וכן בפרש"י בחומש ועי' רש"א ומהר"מ], נ) רש"א.

הגהות הב"ח

(א) גמ' בכליל תהיה לא תאכל ליתן לא תעשה: (ב) רש"י ד"ה בא הכתוב וכו' דכתיב בנותר. נ"ב בפ' המלואים: (ג) תוס' ד"ה כל וכו' אבל לפירוש דלעיל קשה דפירשתי דלוקה דוקא קאמר כדפרש"י אם כן וכו' שבכללות כדפרש"י וי"ל דאין הכי נמי דהוה יכול: (ד) ד"ה הנחה וכו' לתנופה אם כן אין כאן כתוב שנוי בהנחה לעכב ומסתברא דלא: (ה) ד"ה ומאן וכו' להנחה דמעכבת וקשה דבספרי דרש פרשת כי תבא בין והניחו בין: (ו) בא"ד והנחה לא מעכבת והא דקאמר הכא מאן תנא דפליג עליה דר' יהודה הכי קאמר מאן תנא דמפיק ליה לתנופה: (ז) בא"ד ותרי קראי והניחו והנחתו תרוייהו להנחה דמעכבת וקאמר ר' יהודה וכו' לא כתיב ביה תנופה:

הגהות הגר"א

[א] גמ' רי"א והניחו זו וכו' כשהוא אומר והנחתו הרי כו' מקיים והניחו זו תנופה כצ"ל (וע' שנות אליהו פ"ג דבכורים):

תורה אור השלם

א) וְאָכְלוּ אֹתָם אֲשֶׁר כֻּפַּר בָּהֶם לְמַלֵּא אֶת יָדָם לְקַדֵּשׁ אֹתָם וְזָר לֹא יֹאכַל כִּי קֹדֶשׁ הֵם: [שמות כט, לג]

ב) וְכָל בְּהֵמָה מַפְרֶסֶת פַּרְסָה וְשֹׁסַעַת שֶׁסַע שְׁתֵּי פְרָסוֹת מַעֲלַת גֵּרָה בַּבְּהֵמָה אֹתָהּ תֹּאכֵלוּ: [דברים יד, ו]

ג) אַךְ אֶת זֶה לֹא תֹאכְלוּ מִמַּעֲלֵי הַגֵּרָה וּמִמַּפְרִיסֵי הַפַּרְסָה הַשְּׁסוּעָה אֶת הַגָּמָל וְאֶת הָאַרְנֶבֶת וְאֶת הַשָּׁפָן כִּי מַעֲלֵה גֵרָה הֵמָּה וּפַרְסָה לֹא הִפְרִיסוּ טְמֵאִים הֵם לָכֶם: [דברים יד, ז]

ד) וְעַתָּה הִנֵּה הֵבֵאתִי אֶת רֵאשִׁית פְּרִי הָאֲדָמָה אֲשֶׁר נָתַתָּה לִּי יְיָ וְהִנַּחְתּוֹ לִפְנֵי יְיָ אֱלֹהֶיךָ וְהִשְׁתַּחֲוִיתָ לִפְנֵי יְיָ אֱלֹהֶיךָ: [דברים כו, י] ה) וְלָקַח הַכֹּהֵן הַטֶּנֶא מִיָּדֶךָ וְהִנִּיחוֹ לִפְנֵי מִזְבַּח יְיָ אֱלֹהֶיךָ: [דברים כו, ד] ו) יָדָיו תְּבִיאֶינָה אֵת אִשֵּׁי יְיָ אֶת הַחֵלֶב עַל הֶחָזֶה יְבִיאֶנּוּ אֵת הֶחָזֶה לְהָנִיף אֹתוֹ תְּנוּפָה לִפְנֵי יְיָ: [ויקרא ז, ל]

unless the Torah repeats the command to perform it – R' Yehudah must be of the opinion that placing the *bikkurim* before the Altar is *not* essential to their permissibility.[30]

The Gemara continues:

וּמַאן תַּנָּא דִּפְלִיג עֲלֵיהּ דְּרַבִּי יְהוּדָה – And who is the Tanna who disagrees with R' Yehudah and holds that placement of the *bikkurim* is essential? **רַבִּי אֱלִיעֶזֶר בֶּן יַעֲקֹב הִיא – It is R' Eliezer ben Yaakov. דְּתַנְיָא – For it was taught in a Baraisa:** "וְלָקַח הַכֹּהֵן הַטֶּנֶא מִיָּדֶךָ" – When the Torah states in regard to *bikkurim*, ***THE KOHEN SHALL TAKE THE BASKET FROM YOUR HAND,***[31] **לִימֵּד עַל הַבִּכּוּרִים שֶׁטְּעוּנִין תְּנוּפָה** – IT thereby TEACHES ABOUT *BIKKURIM* THAT THEY REQUIRE WAVING. **דִּבְרֵי רַבִּי אֱלִיעֶזֶר בֶּן יַעֲקֹב** – These are THE WORDS OF R' ELIEZER BEN YAAKOV.[32] Since R' Eliezer ben Yaakov derives the waving of *bikkurim* from this verse rather than from *and you shall place it* (v. 10), he must therefore understand that verse 10 merely repeats the need to place the *bikkurim* before the Altar already stated in verse 4. Accordingly – in keeping with the rule that a twice-commanded detail is essential to the procedure's validity – he must rule that placing the *bikkurim* before the Altar is essential.[33]

The Gemara now explains how R' Eliezer ben Yaakov sees an allusion to waving in the words *The Kohen shall take the basket from your hands*:

מַאי טַעְמָא דְּרַבִּי אֱלִיעֶזֶר בֶּן יַעֲקֹב – What is R' Eliezer ben Yaakov's reason? אַתְיָא "יָד" "יָד" מִשְּׁלָמִים – It is derived by means of a *gezeirah shavah* of ***hand, hand* from *shelamim*** that the verse refers to waving. **כְּתִיב הָכָא "וְלָקַח הַכֹּהֵן הַטֶּנֶא מִיָּדֶךָ" – It is written here** in reference to *bikkurim*: ***The Kohen shall take the basket from your "hand,"*** **וּכְתִיב "יָדָיו תְּבִיאֶינָה אֵת אִשֵּׁי ה'" – and it is written** concerning the *shelamim* offering: ***With his own 'hands' shall he bring the fire offerings of Hashem . . .*** *to wave it.*[34] Through a *gezeirah shavah,* we derive that the *bikkurim* procedure also requires waving. Furthermore, the *gezeirah shavah* compares the two contexts and teaches that **מַה כָּאן כֹּהֵן – just as here,** in the case of *bikkurim,* the waving is done by the **Kohen** (as clearly stated: *The Kohen shall "take,"* i.e. wave, *the basket,* **אַף לְהַלָּן כֹּהֵן – so too, there,** in the case of *shelamim,* the waving must also be done by a **Kohen,** although the verse there mentions only the owner. **מַה לְהַלָּן בְּעָלִים – And just as there,** in the case of *shelamim,* **the owner** must wave the offering (as clearly stated: *He shall deliver his offering to Hashem . . . With his own hands shall he bring . . . to wave it*), **אַף כָּאן בְּעָלִים – so too, here,** in the case of *bikkurim,* **the owner** must also wave them, although the verse mentions only the Kohen. Thus, the *gezeirah shavah* teaches that in the cases of *shelamim* and *bikkurim,* both the Kohen and the owner are involved in the waving process. **הָא כֵּיצַד – How is this** joint waving done? **מֵנִיחַ כֹּהֵן יָדָיו תַּחַת יְדֵי בְּעָלִים וּמֵנִיף – The Kohen places his hands below the owner's hands and waves** together with him.[35]

The Gemara discusses another aspect of the law of *bikkurim*:

אָמַר רָבָא בַּר אַדָּא אָמַר רַבִּי יִצְחָק – Rava bar Adda said in the name of R' Yitzchak: בִּכּוּרִים – *Bikkurim* –

NOTES

30. *Rashi, Ritva.* This principle – שָׁנָה עָלָיו הַכָּתוּב לְעַכֵּב, *Scripture repeated it to make it essential* (and otherwise it is not essential; see *Menachos* 19a) – is commonly quoted by the Gemara in regard to *sacrificial* procedures (see *Tosafos, Zevachim* 4b ד״ה אימא, and 17a note 19). Since *bikkurim* are not a sacrifice, several commentators express surprise at its application to the *bikkurim* procedure. *R' Yosef Engel* explains that because *bikkurim* must be brought to the Temple and offered before the Altar, the process of bringing them is considered a sacrificial procedure (*Asvan DeOraysa* §12, *Lekach Tov* §5, *Gilyonei HaShas* below, 19a; see especially *Asvan DeOraysa* for various proofs to this assertion). However, *Chazon Ish* (*Negaim* 12:20) dismisses as a misconception the notion that the principle applies only to sacrifices. Although the Talmud never cites it explicitly in any other context, he infers from here and several other sources that it actually applies to all areas of Torah law.

Tosafos (ד״ה הנחה), however, explain differently: The repetition of the command would automatically teach that the placement is essential, but the lack of repetition does not automatically mean that it is nonessential. Rather, anything that is not repeated *may* be nonessential, but it may also be essential. With respect to the placement of *bikkurim* before the Altar, *reason dictates* that it is not an essential aspect of the *bikkurim* procedure. [Accordingly, this context is treated differently than that of sacrifices, where a lack of repetition automatically means that a matter is nonessential (see *Tosafos, Zevachim* ibid., and Gemara *Menachos* 19a).]

31. *Deuteronomy* 26:4.

32. The Gemara will explain shortly how R' Eliezer ben Yaakov infers an allusion to waving in these words.

33. *Rashi;* see *Ritva.* For discussion of whether the waving is essential, see *Aruch LaNer.*

34. *Leviticus* 7:30.

35. I.e. the owner holds onto the upper rim of the basket while the Kohen places his hands beneath its base (*Rashi* to *Succah* 47b, from *Bikkurim* 3:6). The Kohen cannot literally place his hands beneath those of the owner, for the waving would then be invalid due to the interposition [חֲצִיצָה] between the Kohen's hand and the basket (*Tosafos* to *Succah* ibid.; cf. *Ritva* here, *Tosafos* to *Kiddushin* 36b ד״ה מכניס and *Sotah* 19a ד״ה וכהן, *Rash* to *Bikkurim* ibid; see further, *Kehillos Yaakov, Kiddushin* §29).

מֵאֵימָתַי מְחַיְּיבִין עֲלֵיהֶן — **from what point** onward **is one liable** to a penalty **for** eating **them?**[1] מִשֶּׁיִּרְאוּ פְּנֵי הַבַּיִת — It is **from when they see the face of the Temple,** i.e. when they enter the Temple Courtyard.[2]

The Gemara identifies a Tannaic source for this view:

כְּמַאן — **In accordance with whom** was this ruling stated? כִּי הַאי תַּנָּא — **In accordance with the following Tanna:** דְּתַנְיָא — **For it was taught in a Baraisa:** רַבִּי אֱלִיעֶזֶר אוֹמֵר — **R' ELIEZER SAYS:** בִּכּוּרִים מִקְצָתָן בַּחוּץ וּמִקְצָתָן בִּפְנִים — If ***BIKKURIM*** **WERE PARTLY OUTSIDE** the Temple Courtyard **AND PARTLY INSIDE,** i.e. they were brought up and placed at the threshold of the Temple entrance, with some of the fruits inside the Temple and some of them remaining outside,[3] שֶׁבַּחוּץ הֲרֵי הֵן כְּחוּלִּין לְכָל דִּבְרֵיהֶם — **THOSE THAT ARE OUTSIDE ARE LIKE ORDINARY FOODS IN EVERY RESPECT,** שֶׁבִּפְנִים הֲרֵי הֵן כְּהֶקְדֵּשׁ לְכָל דִּבְרֵיהֶם — while **THOSE THAT ARE INSIDE ARE LIKE SANCTIFIED FOODS IN EVERY RESPECT.** Thus, we see that *bikkurim* assume their sanctified status upon entering the Temple.[4]

The Gemara returns to the previous topic:

אָמַר רַב שֵׁשֶׁת — **Rav Sheishess said:** בִּכּוּרִים הֲנָחָה מְעַכֶּבֶת בָּהֶן קְרִיָּיה אֵין מְעַכֶּבֶת בָּהֶן — ***Bikkurim*** — their **placement** before the Altar **is essential to them,** but **the recitation** of the verses **is not essential to them.** כְּמַאן — **In accordance with whom** was this ruling stated?[5] כִּי הַאי תַּנָּא — **In accordance with the following Tanna:** דְּתַנְיָא — **For it was taught in a Baraisa:** רַבִּי יוֹסֵי אוֹמֵר שְׁלֹשָׁה דְּבָרִים מִשּׁוּם שְׁלֹשָׁה זְקֵנִים — **R' YOSE REPORTS THREE THINGS IN THE NAME OF THREE ELDERS,** one of which is the following:[6] רַבִּי יִשְׁמָעֵאל אוֹמֵר — **R' YISHMAEL SAYS:** יָכוֹל יַעֲלֶה אָדָם מַעֲשֵׂר שֵׁנִי בִּזְמַן הַזֶּה בִּירוּשָׁלַיִם וְיֹאכְלֶנּוּ — **IT MIGHT BE** thought that **A PERSON MAY BRING HIS *MAASER SHENI* UP TO JERUSALEM** even **NOWADAYS** when the Temple is destroyed **AND EAT IT** there, as is the law when the Temple stands.[7] וְדִין הוּא — **THIS** notion **IS** seemingly refuted through **A LOGICAL ARGUMENT:** בְּכוֹר טָעוּן הֲבָאַת מָקוֹם — **THE *BECHOR*** offering **REQUIRES** its **BEING BROUGHT TO "THE PLACE"** (Jerusalem) and eaten there,[8] וּמַעֲשֵׂר שֵׁנִי טָעוּן הֲבָאַת מָקוֹם — **AND *MAASER SHENI* REQUIRES** its **BEING BROUGHT TO "THE PLACE"** and eaten there. Thus, we can derive by analogy that מָה בְּכוֹר אֵינוֹ אֶלָּא בִּפְנֵי הַבַּיִת — **JUST AS THE *BECHOR*** offering **IS** eaten **ONLY WHEN THE TEMPLE STANDS,**[9] אַף מַעֲשֵׂר אֵינוֹ אֶלָּא בִּפְנֵי הַבַּיִת — **SO TOO IS *MAASER SHENI*** eaten **ONLY WHEN THE TEMPLE STANDS,** but not nowadays. However, this logical derivation is insufficient: מָה לִבְכוֹר שֶׁכֵּן טָעוּן מַתַּן דָּמִים וְאֵימוּרִין לְגַבֵּי מִזְבֵּחַ — **WHAT** comparison can be made **TO THE *BECHOR*** offering, **WHICH REQUIRES PLACEMENT OF** its **BLOOD AND SACRIFICIAL PARTS ON THE ALTAR,** requirements that are not applicable to *maaser sheni* produce? Accordingly, we cannot derive that eating *maaser sheni* is also restricted to times when the Temple stands![10]

NOTES

1. There are three prohibitions associated with eating *bikkurim.* As we learned above (17a-18a), the verse *You shall not eat in your [outlying] cities* etc. prohibits (a) eating *bikkurim* outside Jerusalem, and (b) eating of them before the essential part of the mitzvah is performed. Each of these violations is punishable by *malkus.* (c) Furthermore, even after the mitzvah is fulfilled, *bikkurim* are prohibited to non-Kohanim on pain of death at the hands of Heaven [מִיתָה בִּידֵי שָׁמַיִם]. *Bikkurim* are considered like *terumah,* because the Torah (*Deuteronomy* 12:6) calls them תְּרוּמַת יֶדְכֶם, *the terumah of your hand,* and since the Torah (*Leviticus* 22:9) prohibits *terumah* to non-Kohanim on pain of death, the same applies to *bikkurim* (Mishnah *Bikkurim* 2:1 with *Rav*).

Rashi explains Rava bar Adda as inquiring at what point a non-Kohen becomes liable to death for eating *bikkurim.* That is, at what point in their procedure do *bikkurim* assume the sanctified status of *terumah? Tosafos* (18b ד"ה בכורים) add that the query also pertains to when a Kohen becomes liable to *malkus* for eating the *bikkurim* outside Jerusalem. This prohibition, too, takes effect only when the *bikkurim* become sanctified (see also *Rambam, Hil. Bikkurim* 3:3). *Rambam* (*Hil. Sanhedrin* 19:4 §64) and *Sefer HaChinuch* (§449) state further that the prohibition against eating *bikkurim* before the essential part of their mitzvah is fulfilled also takes effect at that time. Accordingly, Rava bar Ada inquires regarding all three prohibitions (see *Minchas Chinuch* 449:1). See *Pnei Yehoshua* and *Aruch LaNer,* who discuss whether *Rashi* agrees. See also *Chazon Ish, Choshen Mishpat, Likkutim* §23, for a lengthy discussion of our Gemara.

2. *Rashi* to 18b ד"ה משיראו פני הבית; see also *Tosafos* to 18b ד"ה בכורים (as emended by *Chilufei Girsaos* here and *Mahari Korkus* to *Hil. Bikkurim* 3:1), *Tos. Shantz* to end of 18b, and *Rash* to *Bikkurim* 2:1. [*Rambam* (*Hil. Bikkurim* 3:1; *Sefer HaMitzvos, Lo Saaseh* 141, 149), however, understands the Gemara as referring to entry into the city of Jerusalem (see *Kesef Mishneh* and *Aruch LaNer*).]

3. This would seemingly apply where the *bikkurim* were in two vessels. Accordingly, the expression "partly inside and partly outside" is used because all the fruits were designated as *bikkurim* together by the owner, and so are regarded as a unit. Possibly, however, the Tanna refers even to a case where all the fruits are in a single vessel, and he maintains that we view each fruit independently, rather than the vessel as a whole (*Ritva;* cf. *Aruch LaNer, Minchas Chinuch* 443:2, *Chazon Ish* ibid.).

4. Prior to this point, none of the prohibitions apply, but one may not eat them because of the positive commandment to bring them to the Temple, place them before the Altar and recite the verses (see *Chazon Ish* ibid. and *Derech Emunah, Hil. Bikkurim* 3:2 in *Beur HaHalachah* ד"ה הרי הוא חולין).

5. The question seems odd, since the Gemara on 18b already identified a Tanna who holds this view. Furthermore, in its answer the Gemara will ascribe the view to a different Tanna than it did above! *Pnei Yehoshua* explains that this question is not the Gemara's, but was asked rhetorically by Rav Sheishess himself. Rav Sheishess disagrees with the earlier attribution (for reasons explained by *Pnei Yehoshua*), and comes to inform us that this view is actually held by a different Tanna. See also *Aruch LaNer.*

6. Of the three things, only the one relevant to our discussion is quoted. All are quoted in *Temurah,* 21a-21b; *Sifrei, Deuteronomy* 14:23; and *Tosefta Sanhedrin* 3:3.

7. This Tanna holds that the sanctity of Eretz Yisrael, as regards *terumos* and *maasros,* remains in force even after the Jews were for the most part driven out. Thus, one is Biblically required to separate *terumah* and *maasros* from his crop in Eretz Yisrael nowadays. He considers whether the *maaser sheni* may be eaten in Jerusalem even nowadays — instead of being redeemed for money (*Rashi, Tosafos;* cf. *Shitah Mekubetzes* §8 to *Zevachim* 60b).

The Torah requires that unredeemed *maaser sheni* be eaten לִפְנֵי ה׳, *in the presence of Hashem* (*Deuteronomy* 12:6-7,18; 14:23), which is understood to signify Jerusalem. The Tanna's question is whether Jerusalem has the status of being *in the presence of Hashem* only when the Temple is standing or even after its destruction (see notes 23 and 25). If the law is that *maaser sheni* cannot be eaten after the Destruction, it may be redeemed (for a fraction of its value) and eaten as ordinary food, and the redemption money is disposed of (see *Rambam, Hil. Maaser Sheni* 2:2).

8. [The Tanna refers to Jerusalem as "the place" in accordance with the verses mentioned in the previous note, which command that the *bechor, maaser sheni, bikkurim* and other offerings be eaten "in the presence of Hashem, in *the place* that He has chosen."]

9. [Literally: before the Temple.] A *bechor* cannot be eaten after the Destruction, since there is no Altar on which it can be offered (*Rashi, Temurah* 21a).

10. The reason a *bechor* is not eaten after the Destruction is seemingly not because the eating is inherently prohibited, but because the requisite *avodah* is unfulfillable without a Temple and Altar. Thus, its law cannot logically be extended to *maaser sheni,* which has no comparable *avodah* that would require the existence of the Temple (*Rashi* to *Zevachim* 60b as understood by *Taharas HaKodesh* there; see also *Maharam* to end of *Tosafos* ד"ה ואי). [The Gemara will later provide another reason why a *bechor* cannot be eaten after the Destruction. Whatever the reason, the prohibition pertaining to *bechor* cannot be extended to *maaser sheni* through logic. Aside from the reasoning just set forth, the *bechor* is more *stringent* than *maaser sheni,* inasmuch as its blood and sacrificial parts must be offered on the Altar.]

גמרא

מאימתי (א) מחייבין עליהן [א] משיראו פני הבית כמאן כי האי תנא דתניא רבי אליעזר אומר בכורים מקצתן בחוץ ומקצתן בפנים [ב] שבחוץ הרי הן כחולין לכל דבריהם שבפנים הרי הן כהקדש לכל דבריהם אמר רב ששת בכורים הנחה מעכבת בהן קרייה אין מעכבת בהן כמאן כי האי תנא [א] דתניא רבי יוסי אומר שלשה דברים משום שלשה זקנים רבי ישמעאל אומר יכול יעלה אדם מעשר שני בזמן הזה בירושלים ויאכלנו ודין הוא בכור טעון הבאת מקום ומעשר שני טעון הבאת מקום מה בכור אינו אלא בפני הבית אף מעשר אינו אלא בפני הבית מה לבכור שכן טעון מתן דמים ואימורין לגבי מזבח בכורים יוכיחו מה לבכורים שכן טעונים הנחה ת"ל (א) ואכלת [שם] לפני ה' אלהיך וגו' מקיש מעשר לבכור מה בכור אינו אלא לפני הבית [ג] אף מעשר אינו אלא לפני הבית ואם איתא ליפרוך מה לבכורים שכן טעונין קרייה והנחה א"ר אשי נהי דעיכובא ליכא מצוה מי ליכא ולימא מצוה וליפרוך אלא אמר רב אשי כיון (ב) דאיכא בכורי הגר דבעי למימר (ב) אשר נשבע [ה'] לאבותינו ולא מצי אמר לא פסיקא ליה ולידהדר דינא ותיתי במה הצד משום דאיכא למיפרך מה להצד השוה שבהן שכן יש בהן צד מזבח ומאי קסבר אי קסבר [ג] קדושה ראשונה קדשה לשעתה וקדשה לעתיד לבא אפי' בכור נמי אי קסבר קדושה ראשונה קדשה לשעתה ולא קדשה לעתיד לבא אפילו בכור נמי תבעי אמר רבינא לעולם קסבר [ד] קדשה לשעתה ולא קדשה לעתיד לבא והכא בבכור שנזרק דמו קודם חורבן הבית וחרב הבית ועדיין בשרו קיים ומקשינן בשרו לדמו מה דמו במזבח אף בשרו במזבח ומקיש מעשר לבכור וכי דבר הלמד בהקש חוזר ומלמד בהקש [ג] מעשר דגן חולין הוא

הניחא

רש"י

מאימתי חייבין עליהן. מיתה זר האוכלן: שלשה דברים. זו אחת מהן וכולן שנויין בספרי (ג): יכול יעלה אדם כו'. קסבר קדושת הארץ לא בטלה וצריך להפריש מעשרות וקאמר יכול יעלנו ויאכלנו בירושלים בלא פדיון: ת"ל כו'. לפיכך טעון בית ולקמיה פריך מאי שנא בכור דפשיטא ליה ובמעשר מיבעי ליה: מצוה מי ליכא. וכיון דמצוה איכא נפרוך נמי קרייה דמצוה: לא פסיקא ליה. ומיהו בישראל אפילו עיכובא איכא למימר: וניהדר דינא וניתי במה הצד. למה לי היקישא נימא בכור יוכיח וחזר הדין הצד השוה שבהן שטעונין הבאת מקום ואינן נוהגין אלא בפני הבית: צד מזבח. זה למתן דמים וזה להנחה: ומאי קסבר. האי תנא דפשיטא ליה בכור טפי ממעשר: אי קסבר קדושה ראשונה. של בית קדשה לשעתה וקדשה לעתיד לבא כי היכי דסבירא ליה בקדושת הארץ וקא מיבעיא ליה מי קרינא ביה השתא בלא חומה לפני ה' אלהיך או לא וקא פשיט מעשר מבכור: אפי' בכור נמי. יקרב ויאכל דהא מאן דאית ליה קדשה לעתיד לבא סבירא ליה מקריבים אע"פ שאין בית כדאמרינן במגילה נקראת (דף י.): ה"ג ואי קסבר לא קדשה אפילו בכור נמי תיבעי. ואי קסבר קדושת הבית בטלה ומיבעיא ליה במעשר הואיל ואינו צריך לבית אי מתאכיל בירושלים לפני ה' קרינא ביה אי לא אפי' בכור נמי כי האי גוונא תיבעי ליה כגון בכור שנזרק דמו וחרב הבית ועדיין בשרו קיים מהו שיאכלוהו: אמר רבינא לעולם קסבר לא קדשה והכא. דקא פשיט ליה מעשר מבכור בבכור שאינו צריך לבית דומיא דמעשר עסקינן והא דפשיטא ליה דלא מתאכיל משום דאיתקש בשרו לדמו דכתיב ואת דמם תזרוק על המזבח וגו' ובשרם יהיה לך וגו' וליף מיניה בשעה שהיא ראויה לזריקת דם אתה אוכל את הבשר ולא משנהרס המזבח: וכי דבר הלמד בהיקש. מן הדם: חוזר ומלמד. על המעשר בהיקש הא קיימא לן בזבחים באיזהו מקומן (דף מט:) שאין למדין בקדשים למד מן הלמד: חולין הוא. וחולין למדין למד מן הלמד:

הניחא

תוספות

יכול יעלה אדם מעשר (ד) בידו בזמן הזה. ויאכלנו בלא פדיון דקדושה (ד) ירושלים) לא בטלה לענין מעשרות:

ולימא מצוה כו'. פירוש שכן טעונין קריאה למצוה קודם שיאכל בכורים ומעשר שני אוכלין אותו בלא שום (ה) קריאה ומה שקורין למעשר בשנה שלישית היה ואז לא היה נוהג כלל מעשר שני:

מה להצד השוה שבהן שכן יש בהן צד מזבח. ויש למפרך שכן אסורים לזרים כדפריך רבה לעיל [ו] והא דאמר בברייתא בכורים יוכיחו צ"ל דמיירי בבכורים שהופרשו בפני חורבן הבית דאם הופרשו אחר הבית אינן קדושין כלל וחולין הן דתנן פרק שני [ז] דבכורים יש בתרומה ומעשר מה שאין כן בבכורים שהתרומה והמעשר אוסרין ויש להם שיעור ונוהגין בכל הפירות בפני הבית ושלא בפני הבית ובכורים אינן אלא בשבעה מינין ובפני הבית:

אפילו בכור נמי. צ"ל דמיירי אם עשה מזבח וזרק דמו אליבא (ה) דקדושת בית לא בטלה דמקריבין אע"פ שאין בית דבלא מזבח פשיטא דבכור לא דהא בעי מתן דם ואימורים ואם תאמר לימא דבכור דברייתא דקאמר מה בכור וכו' מיירי היכא דלא עשה מזבח וי"ל דלההוא ודאי לא הוה מדמי בכור למעשר ולא דמי ליה מעשר:

ואי סבר לא קדשה אפילו בכור נמי תיבעי. כך גרסת רש"י דמוקי ליה בבכור שנשחט ונזרק דמו קודם חורבן דההוא הוי דומיא דמעשר כדפ"ה וא"ת אי לא קדשה אם כן לא משכחת לה מעשר דקדושת הארץ בטלה וי"ל דודאי קדושת בית לא קדשה אבל קדושת הארץ קדשה לעתיד לבא לענין מעשרות אבל קשה דאי לא קדשה קדושת הבית לעולם א"כ במות מותרות דהא בהא תליא כדמוכח במגילה (דף י.) ואם כן יביא מעשר שני ויהא נאכל בכל ערי ישראל כדאמרינן בזבחים (דף קיב:) באו לנוב ולגבעון הותרו הבמות וקדשים קלים ומעשר שני נאכלין בכל העיר וי"ל דמיירי שגדל לפני הבית שהוזקק להביאו למקום ובהכי ניחא נמי קושיא קמייתא ומסיק דלעולם לא קדשה כהאי גוונא אבל קשה לגירסא זו דאמרינן למסקנא דלא קדשה אם כן מאי מיבעי (ו) לעיל יכול יעלה פשיטא דלא יעלה בירושלים יותר משאר עיירות כיון דלא קדשה ותו גבי בכור נמי למה לי היקישא דבשרו לדמו תיפוק ליה (ז) דבלאו ההיקישא דהיכא דאכיל הוי להו כחוץ לחומה כיון דלא קדשה והוי ליה כאוכל קדשים בחוץ ועוד קשה דקאמר ולעולם דלא קדשה כו' ומקשינן בשרו לדמו משמע דאי אמר קדשה מתאכיל בכור בלא בית ולא הוי ממעטינן (ח) מהך היקישא וקשה דהא מוכח פרק קדשי קדשים (זבחים ס.) דמזבח שנפגם אין אוכלין קדשים קלים ואמאי הא מוכח הכא היכי דקדשה דנאכל אפילו ליכא מזבח ושאני הכא דלא קדשה לכן צריך לומר דגרים לעיל ואי סבר לא קדשה מעשר נמי והכי פירושא אפילו מעשר נמי לא יהא מתאכיל בירושלים כלל בלא פדיון דלא הוי כלל לפני ה' אלהיך ואין לתמוה אי לא קדשה אם כן לא משכחת מעשר דקדושת הארץ בטלה דודאי קדושת בית לא קידשה אבל קדושת הארץ קדשה לעתיד לבא לענין מעשרות ולא תליא הא בהא אבל הכא מיירי שאין המזבח כלל בנוי וגרים לעולם קדושה ראשונה קדשה לעתיד לבא וטעמא דבכור לאו משום קדושת (ט) הארץ אלא משום דאתקש בשרו לדמו דבעינן שיהא המזבח קיים בשעת אכילת בשרו הלכך כל כמה דילפינן דבכור לא מתאכיל מעשר נמי לא מתאכיל בלא פדיון ואם תאמר ברייתא דאמרה בכורים יוכיחו מנלן דבכורים לא מתאכלי כשאין מזבח אם הונחו אבל מזבח וחרב דבעי למילף מעשר מינייהו ויש לומר דודאי הא דאמרינן בברייתא בכורים יוכיחו מיירי בבכורים שלא הובאו כלל בפני הבית עד לאחר חורבן ובודאי היה להש"ם להשיב דאם כן לא שייך כלל לדמות מעשר לבכורים אלו שהרי צריכים הנחה וצריכים לבית גם בשביל הנחה ולא בשביל אכילה לחוד ומעשר לא צריך לבית אלא בשביל אכילה לבד אלא דלא חייש ליה לפי שאינו נשאר במסקנא ומה שדוחק הש"ם להעמיד בבכור שנזרק דמו לפני הבית ואינו מעמידו כשהובא אחר הבית כמו בכורים משום דתנא מסיים קרא דהקיש הכתוב ואין נכון להעמיד בבכור שהוא אחרי הבית שלא דמי כלל למעשר דהא מחוסר מתן דם ואימורין כדפ"ל ולא שייך להקיש מעשר לבכור אלא דוקא כשאין הבכור צריך לבית אלא דוקא בשביל האכילה דלפני ה' והשתא הויא דומיא למעשר דודאי במשא ומתן יכול להיות דומה מעשר לבכורים שהובאו אחר הבית אף על גב דלא נשאר במסקנא ובכור נמי שבתחלת הברייתא יכול היה להיות בבכור שאחר הבית אלא שאז לא היה טועה דהא לא שייך כלל לדמות לו מעשר והיינו דמותיב שכן אין טעון מתן דמים:

רישא

מאן דאית ליה קדשה לעתיד לבא אית ליה שמקריבין אע"פ שאין בית כדאמרינן במגילה (דף י.). ה"ג ואי קסבר לא קדשה אפי' בכור נמי תיבעי. ואי קסבר קדושת בית בטלה לה הואיל ואינו צריך לבית מי מיתאכיל בירושלים ולפני ה' קרינא ביה או לא. אפילו בבכור כה"ג נמי תיבעי ליה. כגון שקרבו דמיו ואימוריו וחרב הבית ובשרו קיים מהו שיאכלוהו. אמר רבינא לעולם קסבר לא קדשה. והכא דקפשיט ליה מעשר מבכור בבכור שאינו צריך לבית דומיא דמעשר קפשיט ליה דפשיטא ליה גביה דלא מיתכיל [זבחים ס:].

מסורת הש"ם

א) זבחים ס. תמורה כא. [תוספתא סנהדרין פ"ג], ב) [חגיגה ג: וש"נ], ג) [זבחים נ. ס:], ד) רש"א ראשונה, ה) רש"א קריאה והודוי מעשר שני בשנה כו', ו) [דף יז: ולפנינו הגרסא רבא], ז) [משנה ג].

הגהות הב"ח

(א) גמרא מאימתי חייבין כצ"ל ואות מ' נמחק: (ב) שם דאיכא בכורי הגר נ"ב עיין בתוס' ר"פ הספינה דף פא ד"ה למעוטי אדמת נכרי: (ג) רש"י ד"ה שלשה וכו' בספרי נ"ב ובמסכת תמורה דף כ"א: (ד) תוס' ד"ה יכול יעלה אדם מעשר שני בזמן: (ה) ד"ה אפילו וכו' אליבא דמ"ד דקדושת בית: (ו) ד"ה ואי וכו' מאי מיבעי ליה לעיל: (ז) בא"ד תיפוק ליה בלאו היקישא דכל היכא דאכיל הוי להו וכו' קשה דקאמר לעולם כצ"ל ואות ו' נמחק: (ח) בא"ד ולא הוי ממעטינן ליה מהך היקישא וכו' אין אוכלין קדשי קדשים וקדשים קלים: (ט) בא"ד וטעמא דבכור לאו משום קדושת הבית אלא:

תורה אור השלם

א) וְאָכַלְתָּ לִפְנֵי יְיָ אֱלֹהֶיךָ בַּמָּקוֹם אֲשֶׁר יִבְחַר לְשַׁכֵּן שְׁמוֹ שָׁם מַעְשַׂר דְּגָנְךָ תִּירֹשְׁךָ וְיִצְהָרֶךָ וּבְכֹרֹת בְּקָרְךָ וְצֹאנֶךָ לְמַעַן תִּלְמַד לְיִרְאָה אֶת יְיָ אֱלֹהֶיךָ כָּל הַיָּמִים: [דברים יד, כג]

ב) וּבָאתָ אֶל הַכֹּהֵן אֲשֶׁר יִהְיֶה בַּיָּמִים הָהֵם וְאָמַרְתָּ אֵלָיו הִגַּדְתִּי הַיּוֹם לַיְיָ אֱלֹהֶיךָ כִּי בָאתִי אֶל הָאָרֶץ אֲשֶׁר נִשְׁבַּע יְיָ לַאֲבֹתֵינוּ לָתֶת לָנוּ: [דברים כו, ג]

עין משפט נר מצוה

סז א מיי' פ"ג מהל' בכורים הל' א סמג עשין קלט:

סח ב מיי' שם הל' ב:

סט ג מיי' פ"ב מהל' מעשר שני הל' א סמג עשין קלו:

ע ד מיי' פ"א מהל' תרומות הל' ה ופ"ו מהל' בית הבחירה הל' טו:

ליקוטי רש"י

שלשה דברים משום ג' זקנים. דבר אחד מכל זקן וזקן [זבחים ס:]. ג' זקנים. רבי ישמעאל ור"ע ובן עזאי [תמורה כא.].

ר' ישמעאל אומר כו'. זו היא אחת מהן. יכול יעלה אדם מעשר שני. דקסבר קדושת הארץ לא בטלה וצריכה הפרשת מעשרות מן התורה וקאמר יכול יאכלנו עכשיו בירושלים בלא פדיון [זבחים ס:]. בכור ומעשר ובכורים. דטעונין הבאת מקום דכתיב (דברים יב) והבאתם שמה עולותיכם וגו' ותרומת ידכם אלו בכורים. מה בכור אינו נאכל כו'. כדמפרש לקמיה דבעי מתן דמים ואימורין למזבח. בכורים אינן נאכלין אלא בפני הבית. דכתיב (שם כו) והנחתו לפני ה' אלהיך. הנחה. לפני המזבח דכתיב והנחתו לפני ה' אלהיך. ולידהדר דינא כו'. למה לי קרא ליהדר דינא ולימא בכור יוכיח וחזר הדין הצד השוה שבהן שטעונין הבאת מקום ואינן נאכלין אלא בפני הבית אף אני אביא מעשר. ומאי קסבר. דפשיטא ליה דבכור אינו נאכל ומעשר שני מספקא ליה. וקידשה לעתיד לבא. תרוייהו בכור ומעשר בני הבאה נינהו ויקריבום הואיל והשתא נמי קדושה היא ירושלים להקריב. ואי לא קידשה לעתיד לבא. ואפילו הכי מספקא ליה ממעשר תיבעי ליה נמי בכור ואמאי יליף מעשר שני מבכור. לעולם לא קידשה לעתיד לבא. ודקשיא מאי שנא בכור דפשיטא ליה בכי האי בכור עסקינן שנזרק דמו בפני הבית וחרב כו' ויליף בשר מדם דכי היכי דאי הוה דם השתא לא היה נזרק דלא קידשה לעתיד לבא בשר נמי לא יאכל. ואתי מעשר שני ויליף מבכור. בהקישא דואכלת לפני ה' וגו' (דברים יד) דמעשר שני איתקש לבכור וכיון דאיכא בכור דפשיטא לו דלא מיתאכיל אלא בפני הבית כגון האי גמרינן מעשר מיניה [תמורה כא.:]. שכן טעון מתן דמים. הלכך צריך בית ומזבח. בכורים יוכיחו. שאין טעונין מתן דמים וצריכין בית כדכתיב לפני מזבח (דברים כו). צד מזבח. זה למתן דמים ואלו להנחה. מאי קסבר. האי תנא דפשיט ליה בכור ממעשר. אי קסבר קדושה ראשונה של בית קדשה לשעתה וקדשה לעתיד לבא. כי היכי דס"ל בקדושת הארץ וקמיבעי ליה מי קרינא ביה לפני ה' אלהיך או לא וקפשיט מעשר מבכור. אפילו בכור נמי. אפילו בכור יקריב ויאכל דהא ... בטלה לה ומיבעי ליה במעשר ... שיאכלוהו. אמר רבינא לעולם

R' Yishmael considers another logical basis for the restriction: בְּכוּרִים יוֹכִיחוּ — Perhaps you will say *BIKKURIM* CAN DEMON-STRATE that even something which does not require placement of blood and sacrificial parts on the Altar may be eaten only when the Temple stands.[11] Similarly, *maaser sheni* — though it has no blood offering or sacrificial parts — may also be eaten only when the Temple stands. This derivation, however, is also insufficient: מַה לְבְכוּרִים שֶׁבֵן טְעוּנִים הַנָּחָה — WHAT comparison can be made TO *BIKKURIM,* WHICH REQUIRE PLACEMENT before the Altar, whereas *maaser sheni* does not! Accordingly, we cannot derive that consumption of *maaser sheni* is also limited to when the Temple stands![12]

Having shown that a restriction against eating *maaser sheni* in Jerusalem after the Destruction cannot be derived through logic, R' Yishmael cites the Scriptural source for this law: תַּלְמוּד לוֹמַר ,,וְאָכַלְתָּ (שם) לִפְנֵי ה' אֱלֹהֶיךָ וגו' '' — [THE TORAH] therefore STATES: *AND YOU SHALL EAT BEFORE HASHEM, YOUR G-D,* ETC. [*in the place that He will choose to rest His name — the maaser [sheni] of your grain, your wine, and your oil, and the firstborn of your cattle and your flocks*].[13] By stating the requirements to eat *maaser sheni* and the *bechor* offering in Jerusalem in the same verse, מַקִּישׁ מַעֲשֵׂר לִבְכוֹר — [THE TORAH] COMPARES *MAASER* sheni TO THE *BECHOR* offering. מַה בְּכוֹר אֵינוֹ אֶלָּא לִפְנֵי הַבַּיִת — This *hekeish* teaches that JUST AS THE *BECHOR* offering IS eaten ONLY WHEN THE TEMPLE STANDS, אַף מַעֲשֵׂר אֵינוֹ אֶלָּא לִפְנֵי הַבַּיִת — SO TOO IS *MAASER* sheni eaten ONLY WHEN THE TEMPLE STANDS.[14] Thus, the law is that nowadays, when the Temple is destroyed, *maaser sheni* cannot be eaten in Jerusalem.

Rav Sheishess now demonstrates that R' Yishmael is of the opinion that while the placement of *bikkurim* is essential, the recitation of the verses is not:

וְאָם אִיתָא — Now, if it was so, that R' Yishmael holds recitation of the verses to be essential to *bikkurim,* לִיפְרוּךְ מַה לְבְכוּרִים שֶׁבֵן טְעוּנִין קְרִיָּה וַהֲנָחָה — then let him refute the logical derivation by saying: "What comparison can be made to *bikkurim,* which require *recitation and* placement before the Altar, whereas *maaser sheni* does not?"[15] Since he mentioned only placement before the Altar as a feature of *bikkurim* that would require the existence of the Temple, but not recitation of the verses, this shows that he does not consider the recital an essential part of the *bikkurim* procedure.

Another Amora disputes this inference: אָמַר רַב אַשִׁי — Rav Ashi said: נְהִי דְּעִיכּוּבָא לֵיכָּא — Even if it is granted that there is no essentiality to the recital, מִצְוָה מִי לֵיכָּא — is there not, nevertheless, a mitzvah to recite the verses and not eat the *bikkurim* beforehand?[16] וְלֵימָא מִצְוָה וְלִיפְרוּךְ — Accordingly, let [R' Yishmael] mention the mitzvah of recital and refute the logical derivation on this basis.[17] — ? —

Rav Ashi therefore explains R' Yishmael's omission differently: אֶלָּא אָמַר רַב אַשִׁי — Rather, Rav Ashi said: בֵּינָן דְּאִיכָּא בְּכוּרֵי הַגֵּר — Since there is the case of the *bikkurim* of a proselyte, i.e. a convert to Judaism who brings *bikkurim* from his land, דְּבָעֵי לְמֵימַר ,,אֲשֶׁר נִשְׁבַּע [ה'] לַאֲבֹתֵינוּ'' — who would have to say as part of the prescribed recital: *I declare today before Hashem . . . that I have come to the land that Hashem has promised to "our fathers"*[18] — וְלֹא מָצֵי אָמַר — but he cannot say "our fathers" since this is not true in his case, and therefore, a proselyte who brings *bikkurim* does not recite the verses at all — לֹא פְּסִיקָא לֵיהּ — [R' Yishmael] could not state this requirement of recital absolutely, and he therefore omitted it.[19]

NOTES

11. *Bikkurim* cannot be eaten after the Destruction, because the Torah (*Deuteronomy* 26:4,10) requires that they be placed before the Altar [in order to become permitted for consumption] (*Rashi* to *Zevachim* and *Temurah* ibid.). [The reference is to *bikkurim* that were separated while the Temple was still standing but were not placed before the Altar. Once the Temple is destroyed, the mitzvah of separating *bikkurim* is inapplicable (unlike *terumah* and *maasros*) and any designation of fruit as "*bikkurim*" is meaningless (*Tosafos* ד"ה מה; see further, note 17).]

12. Since the reason *bikkurim* cannot be eaten after the Destruction is simply because it is impossible to fulfill the required placement before the Altar, its law cannot logically be extended to *maaser sheni,* which has no procedure that necessitates the existence of the Temple or Altar (*Rashi* ibid.; see *Maharam* and *Aruch LaNer* to end of *Tosafos* ד"ה ואי). [Furthermore, *bikkurim* are more stringent than *maaser sheni,* inasmuch as they must be placed before the Altar whereas *maaser sheni* need not.]

13. *Deuteronomy* 14:23.

14. Although it was argued above that these contexts are not analogous (and the context of *bechor* is more stringent), Scripture compares them nonetheless. Now, if the reason a *bechor* could not be eaten nowadays were simply that we lack an Altar on which to offer it (as assumed previously), Scripture would not have compared *maaser sheni* to it, since there would be no basis at all for comparison. We must therefore retract our previous assumption and conclude that eating a *bechor* offering nowadays is *inherently* prohibited — even if the problem of not having an Altar can somehow be mitigated — and the Torah extends this prohibition to *maaser sheni* via the *hekeish.* Thus, we learn that despite the relative leniency of *maaser sheni,* it too is prohibited to be eaten after the Destruction (see *Tosafos,* end of ד"ה ואי with *Maharam,* and *Taharas HaKodesh* ibid.). The Gemara will inquire below after the source of the [inherent] prohibition to eat a *bechor* offering when there is no Temple (*Rashi*).

[With respect to whether there is also an inherent restriction against eating *bikkurim* after the Destruction, see *Tosafos* and *Ramban.*]

15. The Torah (*Deuteronomy* 26:5) commands that the recital of the *bikkurim* verses be done *before Hashem, your God,* i.e. in the Temple (see *Rambam, Hil. Bikkurim* 3:10; see further, *Minchas Chinuch* 606:1 and *Kli Chemdah, Ki Savo* §4). Thus, if the recital was essential, R' Yishmael

should have mentioned it as a reason why *bikkurim* cannot be eaten after the Destruction.

16. Since the Torah commands that the verses be recited, one is, initially, required to refrain from eating the *bikkurim* until after the recital (*Tosafos* ד"ה ולימא).

17. I.e. let him say, "What comparison can be made to *bikkurim,* which require placement before the Altar — and initially, recitation of the verses — [in order to be permitted for consumption], whereas *maaser sheni* does not?" (*Rashi*). [Besides the initial requirement, in our case the lack of recital might actually render the *bikkurim* forbidden. We learned above (18b; see note 21 there) that if *bikkurim* became subject to the recital requirement and the recital then became impossible (e.g. they were left over the Succos festival), the inability to perform it disqualifies them from being eaten. Since in our case the *bikkurim* were subject to recital while the Temple stood (see note 11), the inability to perform it after the Destruction would presumably render them forbidden. Certainly, then, R' Yishmael should have mentioned the recital (*Aruch LaNer*).]

Thus, even ascribing to R' Yishmael the view that recital is nonessential does not account for his failure to mention it as a Temple-related feature existing with *bikkurim* but not *maaser sheni.* Rather, there must be some other reason why he omitted mention of recital, and accordingly, no inference can be drawn from here regarding his view on the essentiality of recital to *bikkurim.*

18. *Deuteronomy* 26:3.

19. [Since the recital is not performed in all cases, R' Yishmael mentioned only the placement — for which there are no exceptions — as a reason why *bikkurim* cannot be eaten when the Temple is destroyed.] As for the question of essentiality, perhaps R' Yishmael maintains that the recital *is* essential to the procedure of a born Jew, who is commanded to do it (*Rashi*).

The rule that a proselyte brings *bikkurim* but does not recite the verses is the opinion of the Mishnah, *Bikkurim* 1:4. The halachah, however, does not follow that Mishnah, and is that a proselyte brings *bikkurim* and recites the verses — because even proselytes are considered children of our forefather Abraham, whom God declared (*Genesis* 17:5) *the father of a multitude of nations* (*Yerushalmi* ad loc.; *Rambam,*

גמרא

מאימתי (א) מחייבין עליהן [א]משיראו פני הבית כמאן כי האי תנא דתניא רבי אליעזר אומר בכורים מקצתן בחוץ ומקצתן בפנים [ב]שבחוץ הרי הן כחולין לכל דבריהם שבפנים הרי הן כהקדש לכל דבריהם אמר רב ששת בכורים הנחה מעכבת בהן קרייה אין מעכבת בהן כמאן כי האי תנא [א]דתניא רבי יוסי אומר שלשה דברים משום שלשה זקנים רבי ישמעאל אומר יכול יעלה אדם מעשר שני בזמן הזה בירושלים ויאכלנו ודין הוא בכור טעון הבאת מקום ומעשר שני טעון הבאת מקום מה בכור אינו אלא בפני הבית אף מעשר אינו אלא בפני הבית מה לבכור שכן טעון מתן דמים ואימורין לגבי מזבח בכורים יוכיחו מה לבכורים שכן טעונים הנחה ת"ל א) ואכלת [שם] לפני ה' אלהיך וגו' מקיש מעשר לבכור מה בכור אינו אלא לפני הבית [ג]אף מעשר אינו אלא לפני הבית ואם איתא ליפרוך מה לבכורים שכן טעונין קרייה והנחה א"ר אשי נהי דעיכובא ליכא מצוה מי ליכא ולימא מצוה וליפרוך אלא אמר רב אשי כיון (ב) דאיכא בכורי הגר דבעי למימר ב) אשר נשבע [ה'] לאבותינו ולא מצי אמר לא פסיקא ליה ולידהדר דינא ותיתי במה הצד משום דאיכא למיפרך מה להצד השוה שבהן שכן יש בהן צד מזבח ומאי קסבר אי קסבר [ג]קדושה ראשונה קדשה לשעתה וקדשה לעתיד לבא אפי' בכור נמי אי קסבר קדושה ראשונה קדשה לשעתה ולא קדשה לעתיד לבא אפילו בכור נמי תבעי אמר רבינא לעולם קסבר [ד]קדשה לשעתה ולא קדשה לעתיד לבא והכא בבכור שנזרק דמו קודם חורבן הבית וחרב הבית ועדיין בשרו קיים ומקשינן בשרו לדמו מה דמו במזבח אף בשרו במזבח ומקיש מעשר לבכור וכי דבר הלמד בהקש חוזר ומלמד בהקש [ג]מעשר דגן חולין הוא

הניחא

רש"י

מאימתי חייבין עליהן. מיתה זר האוכלן: שלשה דברים. זו אחת מהן וכולן שנויין בספרי (ג): יכול יעלה אדם כו'. קסבר קדושת הארץ לא בטלה וצריך להפריש מעשרות וקאמר יכול יעלנו ויאכלנו בירושלים בלא פדיון: ת"ל כו'. לפיכך טעון בית ולקמיה פריך מאי שנא בכור דפשיטא ליה ובמעשר מיבעי ליה: מצוה מי ליכא. וכיון דמלוה איכא נפרוך נמי קרייה דמלוה: לא פסיקא ליה. ומיהו בישראל אפילו עיכובא איכא למימר: ונהדר דינא וניתי במה הצד. למה לי היקישא נימא בכור יוכיח וחזר הדין הצד השוה שבהן שטעונין הבאת מקום ואינן נוהגין אלא בפני הבית: צד מזבח. זה למתן דמים וזה להנחה: ומאי קסבר. האי תנא דפשיטא ליה בכור טפי ממעשר: אי קסבר קדושה ראשונה. של בית קדשה לשעתה וקדשה לעתיד לבא כי היכי דסבירא ליה בקדושת הארץ וקא מיבעיא ליה מי קרינא ביה השתא בלא חומה לפני ה' אלהיך או לא וקא פשיט מעשר מבכור: אפי' בכור נמי. יקרב ויאכל דהא מאן דאית ליה קדשה לעתיד לבא סבירא ליה מקריבים אע"פ שאין בית כדאמרינן במגילה נקראת (דף י.): ה"ג ואי קסבר לא קדשה אפילו בכור נמי תיבעי. ואי קסבר קדושת הבית בטלה ומיבעיא ליה במעשר הואיל ואינו צריך לבית אי מתאכיל בירושלים לפני ה' קרינא ביה אי לא אפי' בכור נמי כי האי גוונא תיבעי ליה כגון בכור שנזרק דמו וחרב הבית ועדיין בשרו קיים מהו שיאכלוהו: אמר רבינא לעולם קסבר לא קדשה והכא. דקא פשיט ליה מעשר מבכור בבכור שאינו צריך לבית דומיא דמעשר עסקינן והא דפשיטא ליה דלא מתאכיל משום דאיתקש בשרו לדמו דכתיב ואת דמם תזרוק על המזבח וגו' ובשרם יהיה לך וגו' ויליף מיניה בשעה שהיא ראויה לזריקת דם אתה אוכל את הבשר ולא שנהרס המזבח: וכי דבר הלמד בהיקש. מן הדם: חוזר ומלמד. על מעשר בהיקש הא קיימא לן בזבחים באיזהו מקומן (דף מט:) שאין למדין קדשים למד מן הלמד: חולין הוא. וחולין למדין למד מן הלמד:

הניחא

תוספות

יכול יעלה אדם מעשר (ד) בידו בזמן הזה. ויאכלנו בלא פדיון דקדושה (ד ירושלים) לא בטלה לענין מעשרות:

ולימא מצוה כו'. פירוש שכן טעונין קריאה למצוה קודם שיאכל בכורים ומעשר שני אוכלין אותו בלא שום [ה]קריאה ומה שקורין למעשר בשנה שלישית היה ואז לא היה נוהג כלל מעשר שני:

מה להצד השוה שבהן שכן יש בהן צד מזבח. ויש למפרך שכן אסורים לזרים כדפריך רבה לעיל [ו] והא דאמר בברייתא בכורים יוכיחו צ"ל דמיירי בבכורים שהופרשו בפני חורבן הבית דאם הופרשו אחר הבית אינן קדושין כלל וחולין הן דתנן פרק שני [ז] דבכורים יש בתרומה ומעשר מה שאין כן בבכורים שהתרומה והמעשר אוסרין ויש להם שיעור ונוהגין בכל הפירות בפני הבית ושלא בפני הבית ובכורים אינן אלא בשבעה מינין ובפני הבית:

אפילו בכור נמי. צ"ל דמיירי אם עשה מזבח וזרק דמו אליבא (ה) דקדושת בית לא בטלה דמקריבין אע"פ שאין בית דבלא מזבח פשיטא דבכור לא דהא בעי מתן דם ואימורים ואם תאמר לימא דבכור דברייתא דקאמר מה בכור וכו' מיירי היכא דלא עשה מזבח וי"ל דלההוא ודאי לא הוה מדמי בכור למעשר ולא דמי ליה מעשר:

ואי סבר לא קדשה אפילו בכור נמי תיבעי. כך גרסת רש"י דמוקי ליה בבכור שנשחט ונזרק דמו קודם חורבן דההוא הוי דומיא דמעשר כדפ"ה וא"ת אי לא קדשה אם כן לא משכחת לה מעשר דקדושת הארץ בטלה וי"ל דודאי קדושת בית לא קדשה אבל קדושת הארץ קדשה לעתיד לבא לענין מעשרות אבל קשה דאי לא קדשה קדושת הבית לעולם א"כ במות מותרות דהא בהא תליא כדמוכח במגילה (דף י.) ואם כן יביא מעשר שני ויהא נאכל בכל ערי ישראל כדאמרינן בזבחים (דף קיב:) באו לנוב ולגבעון הותרו הבמות וקדשים קלים ומעשר שני נאכלין בכל העיר וי"ל דמיירי שגדל לפני הבית שהוחזק להביאו למקום ובהכי ניחא נמי קושיא קמייתא ומסיק דלעולם לא קדשה כהאי גוונא אבל קשה לגירסא זו דאמרינן למסקנא דלא קדשה אם כן מאי מיבעי (ו) לעיל יכול יעלה פשיטא דלא יעלה בירושלים יותר מאחר עיירות כיון דלא קדשה ותו גבי בכור נמי למה לי היקישא דבשרו לדמו תיפוק ליה (ז) דבלאו היקישא דהיכא דאכיל הוי להו כחוץ לחומה כיון דלא קדשה והוי ליה כאוכל קדשים בחוץ ועוד קשה דקאמר ולעולם דלא קדשה כו' ומקשינן בשרו לדמו משמע דאי אמר קדשה מתאכיל בכור בלא בית ולא הוי ממעטינן (ח) מהך היקישא וקשה דהא מוכח פרק קדשי קדשים (זבחים ס.) דמזבח שנפגם אין אוכלין קדשים קלים ואמאי הא מוכח הכא היכי דקדשה דנאכל אפילו ליכא מזבח ושאני הכא דלא קדשה לכן צריך לומר דגרים לעיל ואי סבר לא קדשה מעשר נמי והכי פירושא אפילו מעשר נמי לא יהא מתאכיל בירושלים כלל בלא פדיון דלא הוי כלל לפני ה' אלהיך ואין לתמוה אי לא קדשה אם כן לא משכחת מעשר דקדושת הארץ בטלה דודאי קדושת בית לא קידשה אבל קדושת הארץ קדשה לעתיד לבא לענין מעשרות ולא תליא הא בהא אבל הכא מיירי שאין המזבח כלל בנוי וגרים לעולם קדושה ראשונה קדשה לעתיד לבא וטעמא דבכור לאו משום קדושת (ט) הארץ אלא משום דאתקש בשרו לדמו דבעינן שיהא המזבח קיים בשעת אכילת בשרו הלכך כל כמה דילפינן דבכור לא מתאכיל מעשר נמי לא מתאכיל בלא פדיון ואם תאמר ברייתא דאמרה בכורים יוכיחו מנלן דבכורים לא מתאכלי כשאין מזבח אם הונחו אצל מזבח וחרב דבעי למילף מעשר מינייהו ויש לומר דודאי הא דאמרינן בברייתא בכורים יוכיחו מיירי בבכורים שלא הובאו כלל בפני הבית עד לאחר חורבן ובודאי היה להשיב דאם כן לא שייך כלל לדמות מעשר לבכורים אלו שהרי צריכים הנחה וצריכים לבית גם בשביל הנחה ולא בשביל אכילה לחוד ומעשר לא צריך לבית אלא בשביל אכילה לבד אלא דלא חייש ליה לפי שאינו נשאר במסקנא ומה שזוקק הש"ס להעמיד בבכור שנזרק דמו לפני הבית ואינו מעמידו כשהובא אחר הבית כמו בכורים משום דתנא מסיים קרא דהקיש הכתוב ואין נכון להעמיד בבכור שהוא אחרי הבית שלא דמי כלל למעשר דהא מחוסר מתן דם ואימורין כדפ"ל ולא שייך להקיש מעשר לבכור אלא דוקא כשאין הבכור צריך לבית אלא דוקא בשביל האכילה דלפני ה' והשתא הויא דומיא למעשר דודאי במשא ומתן יכול להיות דומה מעשר לבכורים שהובאו אחר הבית אף על גב דלא נשאר במסקנא ובכור נמי שבתחלת הברייתא יכול היה להיות בבכור שאחר הבית אלא שאז לא היה טועה דהא לא שייך כלל לדמות לו מעשר והיינו דמותיב שכן אין טעון מתן דמים:

ריש

עין משפט נר מצוה

סז א מיי' פ"ג מהל' בכורים הל' א סמג עשין קלט:

סח ב מיי' שם הל' ב:

סט ג מיי' פ"ג מהל' מעשר שני הל' א סמג עשין קלו:

ע ד מיי' פ"א מהל' תרומות הל' ה ופ"ו מהל' בית הבחירה הל' טז:

ליקוטי רש"י

שלשה דברים משום ג' זקנים. דבר אחד מכל זקן וזקן [זבחים ס:].

ג' זקנים. רבי ישמעאל ור"ע ובן עזאי [תמורה כא.].

ר' ישמעאל אומר כו'. זו היא אחת מהן. יכול יעלה אדם מעשר שני. דקסבר קדושת הארץ לא בטלה וצריכה הפרשת מעשרות מן התורה וקאמר יכול יאכלנו עכשיו בירושלים בלא פדיון [זבחים ס:]. בכור ומעשר ובכורים. דטעונין הבאת מקום דכתיב (דברים יב) והבאתם שמה עולותיכם וגו' ותרומת ידכם אלו בכורים. מה בכור אינו נאכל כו'. כדמפרש לקמיה דבעי מתן דמים ואימורין למזבח. בכורים אינן נאכלין אלא בפני הבית. דכתיב (שם כו) והנחתו לפני ה' אלהיך. הנחה. לפני המזבח דכתיב והנחתו לפני ה' אלהיך. ולידהדר דינא כו'. למה לי קרא ליהדר דינא ולימא בכור יוכיח וחזר הדין הצד השוה שבהן שטעונין הבאת מקום ואינן נאכלין אלא בפני הבית אף אני אביא מעשר. ומאי קסבר. דפשיטא ליה דבכור אינו נאכל ומעשר שני מספקא ליה. וקידשה לעתיד לבא. תרוייהו בכור ומעשר בני הבאה נינהו ויקריבום הואיל והשתא נמי קדושה היא ירושלים להקריב. ואי לא קידשה לעתיד לבא. ואפילו הכי מספקא ליה ממעשר תיבעי ליה נמי בכור ואמאי יליף מעשר שני מבכור. לעולם לא קידשה לעתיד לבא. ודקשיא מאי שנא בכור דפשיטא ליה בכי האי בכור עסקינן שנזרק דמו בפני הבית וחרב כו' ויליף בשר מדם דכי היכי דאי הוה דם השתא לא היה נזרק דלא קידשה לעתיד לבא בשר נמי לא יאכל. ואתי מעשר שני ויליף מבכור. בהקישא דואכלת לפני ה' וגו' (דברים יד) דמעשר שני איתקש לבכור וכיון דאיכא בכור דפשיטא לו דלא מיתאכיל אלא בפני הבית כגון האי גמרינן מעשר מיניה [תמורה כא.:].

שכן טעון מתן דמים. הלכך צריך בית ומזבח. בכורים יוכיחו. שאין טעונין מתן דמים וצריכין בית כדכתיב לפני מזבח (דברים כו). צד מזבח. זה למתן דמים ואלו להנחה. מאי קסבר. האי תנא דפשיט ליה בכור ממעשר. אי קסבר קדושה ראשונה של בית קדשה לשעתה וקדשה לעתיד לבא. כי היכי דס"ל בקדושת הארץ וקמיבעי ליה מי קרינא ביה לפני אלהיך או לא וקפשיט מעשר מבכור. אפילו בכור נמי. אפילו בכור יקריב ויאכל דהא מאן דאית ליה קדשה לעתיד לבא אית ליה שמקריבין אע"פ שאין בית כדאמרינן במגילה (דף י.). ה"ג ואי קסבר לא קדשה אפי' בכור נמי תיבעי. ואי קסבר קדושת בית בטלה לה ומיבעי ליה במעשר הואיל ואינו צריך לבית מי מיתאכיל בירושלים ולפני ה' קרינא ביה או לא. אפילו בכור כה"ג נמי תיבעי ליה. כגון שקרבו דמיו ואימוריו וחרב הבית ובשרו קיים מהו שיאכלוהו. אמר רבינא לעולם קסבר לא קדשה. והכא דקפשיט ליה מעשר מבכור בבכור שאינו צריך לבית דומיא דמעשר קפשיט ליה דפשיטא ליה גביה דלא מיתכיל [זבחים ס:].

מסורת הש"ס

א) זבחים ס. תמורה כא. [תוספתא סנהדרין פ"ג], ב) [חגיגה ג: וש"נ], ג) [זבחים נ. ס:], ד) רש"א ראשונה, ה) רש"א קריאה והוידוי מעשר שני בשנה כו', ו) [דף יז: ולפנינו הגרסא רבא], ז) [משנה ג].

הגהות הב"ח

(א) גמרא מאימתי חייבין כצ"ל ואות מ' נמחק: (ב) שם דאיכא בכורי הגר נ"ב עיין בתוס' ר"פ הספינה דף פא ד"ה למעוטי אדמת נכרי: (ג) רש"י ד"ה שלשה וכו' בספרי נ"ב ובמסכת תמורה דף כ"א: (ד) תוס' ד"ה יכול יעלה אדם מעשר שני בזמן: (ה) ד"ה אפילו וכו' אליבא דמ"ד דקדושת בית: (ו) ד"ה ואי וכו' מאי מיבעי ליה לעיל: (ז) בא"ד תיפוק ליה בלאו היקישא דכל היכא דאכיל הוי להו וכו' קשה דקאמר לעולם כצ"ל ואות ו' נמחק: (ח) בא"ד ולא הוי ממעטינן ליה מהך היקישא וכו' אין אוכלין קדשים קלים: (ט) בא"ד וטעמא דבכור לאו משום קדושת הבית אלא:

תורה אור השלם

א) וְאָכַלְתָּ לִפְנֵי יְיָ אֱלֹהֶיךָ בַּמָּקוֹם אֲשֶׁר יִבְחַר לְשַׁכֵּן שְׁמוֹ שָׁם מַעְשַׂר דְּגָנְךָ תִּירֹשְׁךָ וְיִצְהָרֶךָ וּבְכֹרֹת בְּקָרְךָ וְצֹאנֶךָ לְמַעַן תִּלְמַד לְיִרְאָה אֶת יְיָ אֱלֹהֶיךָ כָּל הַיָּמִים: [דברים יד, כג]

ב) וּבָאתָ אֶל הַכֹּהֵן אֲשֶׁר יִהְיֶה בַּיָּמִים הָהֵם וְאָמַרְתָּ אֵלָיו הִגַּדְתִּי הַיּוֹם לַייָ אֱלֹהֶיךָ כִּי בָאתִי אֶל הָאָרֶץ אֲשֶׁר נִשְׁבַּע יְיָ לַאֲבֹתֵינוּ לָתֶת לָנוּ: [דברים כו, ג]

R' Yishmael stated in the Baraisa that *maaser sheni* cannot be logically derived from either the *bechor* offering or *bikkurim*, because each of these has a unique feature that *maaser sheni* does not. The Gemara wonders why this led him to reject the logical derivation and resort instead to a special Scriptural source:

וְלֵיהְדַּר דִּינָא וְתֵיתֵי בְּמַה הַצַּד — **Let the reasoning resume and let the derivation be made from the common characteristic** shared by the *bechor* offering and *bikkurim*. That is, although neither the *bechor* offering nor *bikkurim* by *itself* can show that *maaser sheni* may not be eaten in Jerusalem nowadays, an analogy drawn from the two of them *together* can indeed prove this point. Just as the *bechor* offering and *bikkurim* share in common that they must be eaten in Jerusalem but only when there is a Temple, so too *maaser sheni* — which also must be eaten in Jerusalem — may be eaten only when there is a Temple.[20] — ? —

The Gemara answers:

מִשּׁוּם דְּאִיכָּא לְמִיפְרַךְ — R' Yishmael could not use this derivation, **because it can be refuted** as follows: מַה לְהַצַּד הַשָּׁוֶה שֶׁבָּהֶן שֶׁכֵּן — **What** comparison can be made **to their common characteristic when they** (the *bechor* offering and *bikkurim*) further share the common characteristic that they

have an aspect relating to the Altar in their procedures? The *bechor* offering must have its blood and sacrificial parts placed *on* the Altar, and *bikkurim* must be placed *before* the Altar. Since *maaser sheni* has no Altar aspect involved in its procedure, it cannot be derived from them. Therefore, R' Yishmael needed to resort to a Scriptural source for its law.

The Gemara continues its analysis of this Baraisa, noting that R' Yishmael seeks a source only for the law that *maaser sheni* cannot be eaten nowadays, but he assumes this very same condition in the case of the *bechor* offering even without a special source:[21]

וּמַאי קָסָבַר — **And what does [R' Yishmael] hold** that caused him to draw this distinction between the *bechor* offering and *maaser sheni*?[22] אִי קָסָבַר קְדוּשָׁה רִאשׁוֹנָה קִדְּשָׁה לְשַׁעְתָּהּ וְקִדְּשָׁה לֶעָתִיד לָבֹא — **If he holds** that **the initial sanctity** of the Temple site **sanctified** it **for its time and for all future time,**[23] אֲפִילוּ בְּכוֹר — then **even the** *bechor* offering can **also** be eaten in נַמִּי — Jerusalem nowadays![24] Why, then, does R' Yishmael assume that it cannot be eaten in Jerusalem nowadays? אִי קָסָבַר קְדוּשָׁה — **And if he holds** that **the initial sanctity** of the Temple site **sanctified** it **for its time**

NOTES

Hil. Bikkurim 4:3). For this reason, too, proselytes say אֱלֹהֵינוּ וֵאלֹהֵי אֲבוֹתֵינוּ, *our God and the God of our fathers,* in the *Shemoneh Esrei* prayer, and שֶׁהִנְחַלְתָּ לַאֲבוֹתֵינוּ, *that You have bequeathed to our fathers [Eretz Yisrael],* in *Bircas HaMazon* (see *Orach Chaim* 199:4). Nevertheless, Rav Ashi's explanation is valid because there are numerous other cases in which *bikkurim* are brought but the verses not recited (*Ritva; see Bikkurim* 1:5ff; see further, *Tosafos* to *Bava Basra* 81a ד״ה למעוטי and Ramban there).

In conclusion, then, the Baraisa does not support Rav Sheishess's assertion that R' Yishmael considers the recital of the verses nonessential even in a case where it is commanded.

20. [This type of analogy, known as הַצַּד הַשָּׁוֶה, *the common characteristic,* or בִּנְיַן אָב מִשְּׁנֵי כְּתוּבִים, *a general principle derived from two verses,* is based on the assumption that if two cases enjoy a similar law, that law stems from a common characteristic shared by both cases — not from any feature that is unique to either of them. Thus, all other cases sharing that characteristic can be assumed to have the same law, even if they differ from each of the individual laws that serve as the model.] In our case, although the *bechor* offering and *bikkurim* each possesses a unique feature that *maaser sheni* does not (the *bechor's* blood and sacrificial parts are placed on the Altar, and *bikkurim* are placed before the Altar), these features are not identical. Thus, we must view the common rule that they may not be eaten after the Destruction as related to their common characteristic of being permitted for consumption only in Jerusalem. This allows us to derive logically that *maaser sheni* — which shares their common characteristic of being permitted for consumption only in Jerusalem — also shares the prohibition against being eaten when there is no Temple. Why did R' Yishmael ignore this line of reasoning and instead resort to the *hekeish*? (*Rashi, Ritva*).

21. As explained in note 14, R' Yishmael could not have interpreted Scripture as linking *maaser sheni* to the *bechor* offering unless he somehow knew that the *bechor* is inherently forbidden for consumption but did not know this regarding *maaser sheni*.

22. To properly understand the Gemara's ensuing discussion, several concepts must be explained:

There is a question whether קְדוּשָׁה רִאשׁוֹנָה קִדְּשָׁה לְשַׁעְתָּהּ וְקִדְּשָׁה לֶעָתִיד לָבֹא, *the initial sanctity took effect for its time and for all future time.* This question is actually divided into two distinct categories regarding (a) the sanctity of the Land of Eretz Yisrael, and (b) the sanctity of the Temple site.

(a) In regard to the sanctity of the Land of Eretz Yisrael, this question relates to whether the laws dependent on the Land of Eretz Yisrael (e.g. *terumos* and *maasros*) — which came into effect when the Jews originally took possession of Eretz Yisrael — remain Biblically applicable in Eretz Yisrael even after the nation has been exiled from the Land. If the original sanctity remains for all times, then these laws are always

Biblically in force (cf. *Rambam, Hil. Terumos* 1:26 with *Raavad*), but if the sanctity ceases with the Exile, these laws cease to be Biblically applicable as well.

(b) In regard to the sanctity of the Temple site, the question relates to whether the Temple site in Jerusalem retains its sanctity even after the Temple is destroyed. That is, do the various laws of offerings that apply only at the Temple site remain in force even during the period of the Temple's destruction? Practical applications of this question emerge from the Gemara's discussion below.

The two questions are not interdependent. Thus, for example, one could hold that the requirement to separate *terumos* and *maasros* might still be Biblically in force today [because the sanctity of the Land remains], but that the *maaser sheni* which is separated cannot be eaten in Jerusalem [because the sanctity of the Temple site has been suspended] (see *Tosafos* ד״ה ואי; see also *Rambam, Hil. Beis HaBechirah* 6:14-16; cf. *Raavad* there).

R' Yishmael, in the Baraisa, clearly holds that the sanctity of the Land of Eretz Yisrael is still in force nowadays, for since he discusses whether it might be permitted to bring *maaser sheni* to Jerusalem and eat it there, he must view the requirement to separate *maaser sheni* as still applicable. His uncertainty as to the permissibility of eating it hinges on what the status of Jerusalem is nowadays. Nevertheless, R' Yishmael takes for granted that a *bechor* may not be eaten nowadays, even in Jerusalem. The Gemara therefore investigates what R' Yishmael holds with respect to the sanctity of the Temple site (*Rashi*).

23. R' Yishmael's question regarding *maaser sheni* would then be the following: Is the enduring sanctity of the Temple site sufficient to give Jerusalem the continued status of being "in the presence of Hashem," which is the prerequisite for the place in which *maaser sheni* may be eaten (see note 7)? Or, perhaps, the city wall must also be standing in order for Jerusalem to retain this designation [for it is deemed "in the presence of Hashem" only when it *encloses* the sanctified Temple area] (*Rashi*).

24. The Gemara states elsewhere (see *Megillah* 10a) that according to the view that the sanctity of the Temple site is enduring, the Temple edifice need not be standing in order for sacrifices to be offered at that site and eaten in Jerusalem. Thus, even nowadays, an Altar could theoretically be built there and the *bechor* offered — and the meat of the *bechor* would then be fit for consumption in Jerusalem (*Rashi*, as elaborated by *Ritva*). [In practice, problems stemming from *tumah* and uncertainty as to the exact location of the Altar site prevent any sacrifices from being offered nowadays, even according to this view (see *Teshuvos Binyan Tziyon* §1). In theory, however, this view sees no inherent barrier to eating the meat of a valid *bechor* offering in Jerusalem in the post-Temple era. Certainly, then, *maaser sheni* is also fit for consumption in Jerusalem nowadays.]

מאימתי (א) מחייבין עליהן [א] משיראו פני הבית כמאן כי האי תנא דתניא רבי אליעזר אומר בכורים מקצתן בחוץ ומקצתן בפנים [ב] שבחוץ הרי הן כחולין לכל דבריהם שבפנים הרי הן כהקדש לכל דבריהם אמר רב ששת בכורים הנחה מעכבת בהן קרייה אין מעכבת בהן כמאן כי האי תנא [א] דתניא רבי יוסי אומר שלשה דברים משום שלשה זקנים רבי ישמעאל אומר יכול יעלה אדם מעשר שני בזמן הזה בירושלים ויאכלנו ודין הוא בכור טעון הבאת מקום ומעשר שני טעון הבאת מקום מה בכור אינו אלא בפני הבית אף מעשר אינו אלא בפני הבית מה לבכור שכן טעון מתן דמים ואימורין לגבי מזבח בכורים יוכיחו מה לבכורים שכן טעונים הנחה ת"ל א) ואכלת [שם] לפני ה' אלהיך וגו' מקיש מעשר לבכור מה בכור אינו אלא לפני הבית [ג] אף מעשר אינו אלא לפני הבית ואם איתא ליפרוך מה לבכורים שכן טעונין קרייה והנחה א"ר אשי נהי דעיכובא ליכא מצוה מי ליכא ולימא מצוה וליפרוך אלא אמר רב אשי כיון (ב) דאיכא בכורי הגר דבעי למימר ב) אשר נשבע [ה'] לאבותינו ולא מצי אמר לא פסיקא ליה ולהדר דינא ותיתי במה הצד משום דאיכא למיפרך מה להצד השוה שבהן שכן יש בהן צד מזבח ומאי קסבר אי קסבר [ג] קדושה ראשונה קדשה לשעתה וקדשה לעתיד לבא אפי' בכור נמי אי קסבר קדושה ראשונה קדשה לשעתה ולא קדשה לעתיד לבא אפילו בכור נמי תבעי אמר רבינא לעולם קסבר [ד] קדשה לשעתה ולא קדשה לעתיד לבא והכא בבכור שנזרק דמו קודם חורבן הבית וחרב הבית ועדיין בשרו קיים ומקשינן בשרו לדמו מה דמו במזבח אף בשרו במזבח ומקיש מעשר לבכור וכי דבר הלמד בהקש חוזר ומלמד בהקש [ה] מעשר דגן חולין הוא

הניחא

רש"י

מאימתי חייבין עליהן. מיתה זר האוכלן: שלשה דברים. זו אחת מהן וכולן שנויין בספרי (ג): יכול יעלה אדם כו'. קסבר קדושת הארץ לא בטלה וצריך להפריש מעשרות וקאמר יכול יעלנו ויאכלנו בירושלים בלא פדיון: ת"ל כו'. לפיכך טעון בית ולקמיה פריך מאי שנא בכור דפשיטא ליה ובמעשר מיבעי ליה: מצוה מי ליכא. וכיון דמצוה איכא נפרוך נמי קרייה דמצוה: לא פסיקא ליה. ומיהו בישראל אפילו עיכובא איכא למימר: וניהדר דינא וניתי במה הצד. למה לי היקישא נימא בכור יוכיח וחזר הדין הצד השוה שבהן שטעונין הבאת מקום ואינן נוהגין אלא בפני הבית: צד מזבח. זה למתן דמים וזה להנחה: ומאי קסבר. האי תנא דפשיטא ליה בכור טפי ממעשר: אי קסבר קדושה ראשונה. של בית קדשה לשעתה וקדשה לעתיד לבא כי היכי דסבירא ליה בקדושת הארץ וקא מיבעיא ליה מי קרינא ביה השתא בלא חומה לפני ה' אלהיך או לא וקא פשיט מעשר מבכור: אפי' בכור נמי. יקרב ויאכל דהא מאן דאית ליה קדשה לעתיד לבא סבירא ליה מקריבים אע"פ שאין בית כדאמרינן במגילה נקראת (דף י.): ה"ג ואי קסבר לא קדשה אפילו בכור נמי תיבעי. ואי קסבר קדושת הבית בטלה ומיבעיא ליה במעשר הואיל ואינו צריך לבית אי מתאכיל בירושלים לפני ה' קרינא ביה אי לא אפי' בכור נמי כי האי גוונא תיבעי ליה כגון בכור שנזרק דמו וחרב הבית ועדיין בשרו קיים מהו שיאכלוהו: אמר רבינא לעולם קסבר לא קדשה והכא. דקא פשיט ליה למעשר מבכור בבכור שאינו צריך לבית דומיא דמעשר עסקינן והא דפשיטא ליה דלא מתאכיל משום דאיתקש בשרו לדמו דכתיב ואת דמם תזרוק על המזבח וגו' ובשרם יהיה לך וגו' ויליף מיניה בשעה שהיא ראויה לזריקת דם אתה אוכל את הבשר ולא משנהרס המזבח: וכי דבר הלמד בהיקש. מן הדם: חוזר ומלמד. על המעשר בהיקש הא קיימא לן בזבחים באיזהו מקומן (דף מט:) שאין למדין בקדשים למד מן הלמד: חולין הוא. ובחולין למדין למד מן הלמד:

הניחא

תוספות

יכול יעלה אדם מעשר (ד) בידו בזמן הזה. ויאכלנו בלא פדיון דקדושה ([ד] ירושלים) לא בטלה לענין מעשרות:

ולימא מצוה כו'. פירוש שכן טעונין קריאה למצוה קודם שיאכל בכורים ומעשר שני אוכלין אותו בלא שום [ה] קריאה ומה שקורין למעשר בשנה שלישית היה ואז לא היה נוהג כלל מעשר שני:

מה להצד השוה שבהן שכן יש בהן צד מזבח. ויש למפרך שכן אסורים לזרים כדפריך רבה לעיל [ו] והא דאמר בברייתא בכורים יוכיחו צ"ל דמיירי בבכורים שהופרשו בפני חורבן הבית דאם הופרשו אחר הבית אינן קדושין כלל וחולין הן דתנן פרק שני [ז] דבכורים יש בתרומה ומעשר מה שאין כן בבכורים שהתרומה והמעשר אוסרין ויש להם שיעור ונוהגין בכל הפירות בפני הבית ושלא בפני הבית ובכורים אינן אלא בשבעה מינין ובפני הבית:

אפילו בכור נמי. צ"ל דמיירי אם עשה מזבח וזרק דמו אליבא (ה) דקדושת בית לא בטלה דמקריבין אע"פ שאין בית דבלא מזבח פשיטא דבכור לא דהא בעי מתן דם ואימורים ואם תאמר לימא דבכור דברייתא דקאמר מה בכור וכו' מיירי היכא דלא עשה מזבח וי"ל דלההוא ודאי לא הוה מדמי בכור למעשר ולא דמי ליה מעשר:

ואי סבר לא קדשה אפילו בכור נמי תיבעי. כך גרסת רש"י דמוקי ליה בבכור שנשחט ונזרק דמו קודם חורבן דההוא הוי דומיא דמעשר כדפ"ה וא"ת אי לא קדשה אם כן לא משכחת לה מעשר דקדושת הארץ בטלה וי"ל דודאי קדושת בית לא קדשה אבל קדושת הארץ קדשה לעתיד לבא לענין מעשרות אבל קשה דאי לא קדשה קדושת הבית לעולם א"כ במות מותרות דהא בהא תליא כדמוכח במגילה (דף י.) ואם כן יביא מעשר שני ויהא נאכל בכל ערי ישראל כדאמרינן בזבחים (דף קיב:) באו לנוב ולגבעון הותרו הבמות וקדשים קלים ומעשר שני נאכלין בכל העיר וי"ל דמיירי שגדל לפני הבית שהוחזק להביאו למקום ובהכי ניחא נמי קושיא קמייתא ומסיק דלעולם לא קדשה כהאי גוונא אבל קשה לגירסא זו דאמרינן למסקנא דלא קדשה אם כן מאי מיבעי (ו) לעיל יכול יעלה פשיטא דלא יעלה בירושלים יותר משאר עיירות כיון דלא קדשה ותו גבי בכור נמי למה לי היקשא דבשרו לדמו תיפוק ליה (ז) דבלאו ההיקשא דהיכא דאכיל הוי להו כחוץ לחומה כיון דלא קדשה והוי ליה כאוכל קדשים בחוץ ועוד קשה דקאמר ולעולם דלא קדשה כו' ומקשינן בשרו לדמו משמע דאי אמר קדשה מתאכיל בכור בלא בית ולא הוי ממעטינן (ח) מהך היקישא וקשה דהא מוכח פרק קדשי קדשים (זבחים ס.) דמזבח שנפגם אין אוכלין קדשים קלים ואמאי הא מוכח הכא היכי דקדשה דנאכל אפילו ליכא מזבח ושאני הכא דלא קדשה לכן צריך לומר דגריס לעיל ואי סבר לא קדשה מעשר נמי והכי פירושא אפילו מעשר נמי לא יהא מתאכיל בירושלים כלל בלא פדיון דלא הוי כלל לפני ה' אלהיך ואין לתמוה אי לא קדשה אם כן לא משכחת מעשר דקדושת הארץ בטלה דודאי קדושת בית לא קידשה אבל קדושת הארץ קדשה לעתיד לבא לענין מעשרות ולא תליא הא בהא אבל הכא מיירי שאין המזבח כלל בנוי וגריס לעולם קדושה ראשונה קדשה לעתיד לבא וטעמא דבכור לאו משום קדושת (ט) הארץ אלא משום דאתקש בשרו לדמו דבעינן שיהא המזבח קיים בשעת אכילת בשרו הלכך כל כמה דילפינן דבכור לא מתאכיל מעשר נמי לא מתאכיל בלא פדיון ואם תאמר ברייתא דאמרה בכורים יוכיחו מנלן דבכורים לא מתאכלי כשאין מזבח אם הונחו אצל מזבח וחרב דבעי למילף מעשר מינייהו ויש לומר דודאי הא דאמרינן בברייתא בכורים יוכיחו מיירי בבכורים שלא הובאו כלל בפני הבית עד לאחר חורבן ובודאי היה להש"ס להשיב דאם כן לא שייך כלל לדמות מעשר לבכורים אלו שהרי צריכים הנחה וצריכים לבית גם בשביל הנחה ולא בשביל אכילה לחוד ומעשר לא צריך לבית אלא בשביל אכילה לבד אלא דלא חייש ליה לפי שאינו נשאר במסקנא ומה דחוק הש"ס להעמיד בבכור שנזרק דמו לפני הבית ואינו מעמידו כשהובא אחר הבית כמו בכורים משום דתנא מסיים קרא להקיש הכתוב ואין נכון להעמיד בבכור שהוא אחרי הבית שלא דמי כלל למעשר דהא מחוסר מתן דם ואימורין כדפ"ל ולא שייך להקיש מעשר לבכור אלא דוקא כשאין הבכור צריך לבית אלא דוקא בשביל האכילה דלפני ה' והשתא הויא דומיא דמעשר דודאי במשנה ומתן יכול להיות דומה מעשר לבכורים שהובאו אחר הבית אף על גב דלא נשאר במסקנא ובכור נמי שבתחלת הברייתא יכול היה להיות בבכור שאחר הבית אלא שאז לא היה טועה דהא לא שייך כלל לדמות לו מעשר והיינו דמותיב שכן אין טעון מתן דמים:

ריש

מסורת הש"ס

א) זבחים ס. תמורה כא. [תוספתא סנהדרין פ"ג], ב) [חגיגה ג: וש"נ], ג) [זבחים נ. ס:], ד) רש"א ראשונה, ה) רש"א קריאה והוידוי מעשר שני בשנה כו', ו) [דף יז: ולפנינו הגרסא רבא], ז) [משנה ג].

הגהות הב"ח

(א) גמרא מאימתי חייבין כצ"ל ואות מ' נמחק: (ב) שם דאיכא בכורי הגר נ"ב עיין בתוס' ר"פ הספינה דף פא ד"ה למעוטי אדמת נכרי: (ג) רש"י ד"ה שלשה וכו' בספרי נ"ב ובמסכת תמורה דף כ"א: (ד) תוס' ד"ה יכול יעלה אדם מעשר שני בזמן: (ה) ד"ה אפילו וכו' אליבא דמ"ד דקדושת בית: (ו) ד"ה ואי וכו' מאי מיבעי ליה לעיל: (ז) בא"ד תיפוק ליה בלאו היקשא דכל היכא דאכיל הוי להו וכו' קשה דקאמר לעולם כצ"ל ואות ו' נמחק: (ח) בא"ד ולא הוי ממעטינן ליה מהך היקישא וכו' אין אוכלין קדשי קדשים וקדשים קלים: (ט) בא"ד וטעמא דבכור לאו משום קדושת הבית אלא:

תורה אור השלם

א) וְאָכַלְתָּ לִפְנֵי יְיָ אֱלֹהֶיךָ בַּמָּקוֹם אֲשֶׁר יִבְחַר לְשַׁכֵּן שְׁמוֹ שָׁם מַעְשַׂר דְּגָנְךָ תִּירֹשְׁךָ וְיִצְהָרֶךָ וּבְכֹרֹת בְּקָרְךָ וְצֹאנֶךָ לְמַעַן תִּלְמַד לְיִרְאָה אֶת יְיָ אֱלֹהֶיךָ כָּל הַיָּמִים: [דברים יד, כג]

ב) וּבָאתָ אֶל הַכֹּהֵן אֲשֶׁר יִהְיֶה בַּיָּמִים הָהֵם וְאָמַרְתָּ אֵלָיו הִגַּדְתִּי הַיּוֹם לַייָ אֱלֹהֶיךָ כִּי בָאתִי אֶל הָאָרֶץ אֲשֶׁר נִשְׁבַּע יְיָ לַאֲבֹתֵינוּ לָתֶת לָנוּ: [דברים כו, ג]

עין משפט נר מצוה

סז א מיי' פ"ג מהל' בכורים הל' א סמג עשין קלט:

סח ב מיי' שם הל' ג:

סט ג מיי' פ"ב מהל' מעשר שני הל' א סמג עשין קלו:

ע ד מיי' פ"א מהל' תרומות הל' ה ופ"ו מהל' בית הבחירה הל' טז:

ליקוטי רש"י

שלשה דברים משום ג' זקנים. דבר אחד מכל זקן וזקן [זבחים ס:].

ג' זקנים. רבי ישמעאל ור"ע ובן עזאי [תמורה כא.].

ר' ישמעאל אומר כו'. זו היא אחת מהן. יכול יעלה אדם מעשר שני. דקסבר קדושת הארץ לא בטלה וצריכה הפרשת מעשרות מן התורה וקאמר יכול יאכלנו עכשיו בירושלים בלא פדיון [זבחים ס:]. בכור ומעשר ובכורים. דטעונין הבאת מקום דכתיב (דברים יב) והבאתם שמה עולותיכם וגו' ותרומת ידכם אלו בכורים. מה בכור אינו נאכל כו'. כדמפרש לקמיה דבעי מתן דמים ואימורין למזבח. בכורים אינן נאכלין אלא בפני הבית. דכתיב (שם כו) והנחתו לפני ה' אלהיך. הנחה. לפני המזבח דכתיב והנחתו לפני ה' אלהיך. וליהדר דינא כו'. למה לי קרא ליהדר דינא ולימא בכור יוכיח וחזר הדין הצד השוה שבהן שטעונין הבאת מקום ואינן נאכלין אלא בפני הבית אף אני אביא מעשר. ומאי קסבר. דפשיטא ליה דבכור אינו נאכל ומעשר שני מספקא ליה. וקידשה לעתיד לבא. תרוייהו בכור ומעשר בני הבאה נינהו ויקריבום הואיל והשתא נמי קדושה היא ירושלים להקריב. ואי לא קידשה לעתיד לבא. ואפילו הכי מספקא ליה ממעשר תיבעי ליה נמי בכור ואמאי יליף מעשר שני מבכור. לעולם לא קידשה לעתיד לבא. ודקשיא מאי שנא בכור דפשיטא ליה בכי האי בכור עסקינן שנזרק דמו בפני הבית וחרב כו' ויליף בשר מדם דכי היכי דאי הוה דם השתא לא היה נזרק דלא קידשה לעתיד לבא בשר נמי לא יאכל. ואתי מעשר שני ויליף מבכור. בהקישא דואכלת לפני ה' וגו' (דברים יד) דמעשר שני איתקש לבכור וכיון דאיכא בכור דפשיטא לו דלא מיתאכיל אלא בפני הבית כגון האי גמרינן מעשר מיניה [תמורה כא.:].

שכן טעון מתן דמים. הלכך צריך בית ומזבח. בכורים יוכיחו. שאין טעונין מתן דמים וצריכין בית כדכתיב לפני מזבח (דברים כו). צד מזבח. זה למתן דמים ואלו להנחה. מאי קסבר. האי תנא דפשיט ליה בכור ממעשר. אי קסבר קדושה ראשונה של בית קדשה לשעתה וקדשה לעתיד לבא. כי היכי דס"ל בקדושת הארץ וקמיבעי ליה מי קרינא ביה לפני אלהיך או לא וקפשיט מעשר מבכור. אפילו בכור נמי. אפילו בכור יקריב ויאכל דהא מאן דאית ליה קדשה לעתיד לבא אית ליה שמקריבין אע"פ שאין בית כדאמרינן במגילה (דף י.). ה"ג ואי קסבר לא קדשה אפי' בכור נמי תיבעי. ואי קסבר קדושת בית בטלה לה ומיבעי ליה במעשר הואיל ואינו צריך לבית מי מיתאכיל בירושלים ולפני ה' קרינא ביה או לא. אפילו בכור כה"ג נמי תיבעי ליה. כגון שקרבו דמיו ואימוריו וחרב הבית ובשרו קיים מהו שיאכלוהו. אמר רבינא לעולם קסבר לא קדשה. והכא דקפשיט ליה מעשר מבכור בבכור שאינו צריך לבית דומיא דמעשר דפשיטא ליה גביה דלא מיתכיל [זבחים ס:].

but not for all future time,[25] אֲפִילוּ בְּכוֹר נַמִּי תִּבָּעֵי — then **even** concerning the *bechor* offering **let it also be inquired** whether eating its meat is permissible nowadays.[26] — ? —

The Gemara answers:

אָמַר רָבִינָא — **Ravina said:** לְעוֹלָם קָסָבַר קְדְּשָׁה לְשַׁעְתָּה וְלֹא קִדְּשָׁה לְעָתִיד לָבֹא — **Actually, [R' Yishmael] holds that the initial sanctity** of the Temple site **sanctified it for its time but not for all future time,** וְהָכָא בִּבְכוֹר שֶׁנִּזְרַק דָּמוֹ קוֹדֶם חוּרְבַּן הַבַּיִת — **and** here, R' Yishmael is dealing **with a** *bechor* offering **whose blood was thrown** upon the Altar **before the destruction of the Temple,** וְחָרַב הַבַּיִת וַעֲדַיִין בְּשָׂרוֹ קַיָּים — **and the Temple was** then **destroyed but [the offering's] meat was still extant,** i.e. it had not yet been consumed by the Kohanim;[27] וּמַקְשִׁינַן בְּשָׂרוֹ לְדָמוֹ — **and** it is clear to R' Yishmael that the meat can no longer be eaten because **we compare the meat of [the** *bechor* offering] **to its blood:**[28] מַה דָּמוֹ בַּמִּזְבֵּחַ — **Just as** the service of **its blood is** conditional **on the** existence of the **Altar,** since the blood must

be thrown to the Altar, אַף בְּשָׂרוֹ בַּמִּזְבֵּחַ — **so too is** the eating of its meat conditional **on the** existence of the **Altar** and forbidden in the absence of the Altar, that is, after the Temple is destroyed.[29] וּמַקִּישׁ מַעֲשֵׂר לִבְכוֹר — **And** as stated in the Baraisa, **[R' Yishmael]** further **compares** *maaser sheni* **to the** *bechor* **offering,** and derives that just as the meat of the *bechor* offering cannot be eaten in the absence of the Temple, so too, *maaser sheni* foods cannot be eaten.[30]

The Gemara asks:

וְכִי דָבָר הַלָּמֵד בְּהֶקֵּשׁ חוֹזֵר וּמְלַמֵּד בְּהֶקֵּשׁ — **But can a law derived through a** *hekeish* **in turn teach another law through a** *hekeish* in sacrificial matters?[31]

The Gemara answers:

מַעֲשֵׂר דָּגָן חוּלִּין הוּא — **The** *maaser* **of grain,** i.e. *maaser sheni,* **is nonsacrificial.**[32] Therefore, a two-stage *hekeish* is admissible in this case, since the rule disallowing such derivations applies only to sacrificial laws.

NOTES

25. R' Yishmael's question would then be whether — since *maaser sheni* does not require any Temple service — the status of Jerusalem as being "in the presence of Hashem" with respect to *maaser sheni* continues even though the sanctity of the Temple site has been suspended (*Rashi*).

26. That is, instead of inquiring only whether *maaser sheni* may be eaten in Jerusalem nowadays, R' Yishmael should also have inquired regarding the analogous case of a *bechor* offering — viz. a *bechor* that no longer requires any Temple service — whether it may be eaten. The case would involve a *bechor* that was offered just prior to the Temple's destruction and whose meat remained after the Destruction; R' Yishmael ought to have inquired whether a Kohen at that time was permitted to eat its meat in Jerusalem (*Rashi*). On what basis did he assume that the meat of the *bechor* could *not* be eaten, and then rely on this as a source for the *hekeish* teaching that *maaser sheni* may also not be eaten?

[If the sanctity of the Temple site has been suspended, R' Yishmael could only have referred to the case just described, since the *inherent* restriction against eating of a *bechor* after the Destruction would not apply in any other situation.]

27. This scenario was already implicit in the Gemara's question, as explained in the previous note, but it is common for the Gemara, when answering a question, to explicate a previous assumption whose

validity it accepts (*Ritva*).

28. The Torah (*Numbers* 18:17-18) places the two in juxtaposition: *But the firstborn . . . their blood shall you apply to the Altar . . . and their meat shall be to you [the Kohanim] . . .* (i.e. to eat). This indicates a *hekeish* between the meat and the blood (*Rashi*).

29. The *hekeish* teaches that the meat may be eaten only at a time when the blood-service is possible, but not when the Altar is destroyed (*Rashi*). [This is an inherent restriction against consumption of the meat even when technical considerations would allow it.]

30. The elucidation of the Gemara's discussion has followed *Rashi*. For alternative readings and explanations, see *Tosafos* et al., and *Rashi* to *Temurah* 21b ד״ה מאי איכא למימר.

31. There is a principle in regard to sacrificial laws that a rule which is itself derived through a *hekeish* cannot be further extended through another *hekeish* (see *Zevachim* 49b). Thus, in the present case, since the law that the meat of a *bechor* offering cannot be eaten in the absence of the Temple is itself derived through a *hekeish* to the offering's blood, we should not be able to extend that to *maaser sheni,* which is compared to the meat of the *bechor* offering (*Rashi*).

32. [The Gemara states "*maaser* of grain" in contrast to the *maaser* of animals, which is offered as a sacrifice.]

מאימתי (א) מחייבין עליהן א משיראו פני הבית כמאן כי האי תנא דתניא רבי אליעזר אומר בכורים מקצתן בחוץ ומקצתן בפנים ב שבחוץ הרי הן כחולין לכל דבריהם שבפנים הרי הן כהקדש לכל דבריהם אמר רב ששת בכורים הנחה מעכבת בהן קרייה אין מעכבת בהן כמאן כי האי תנא ד) דתניא רבי יוסי אומר שלשה דברים משום שלשה זקנים רבי ישמעאל אומר יכול יעלה אדם מעשר שני בזמן הזה בירושלים ויאכלנו ודין הוא בכור טעון הבאת מקום ומעשר שני טעון הבאת מקום מה בכור אינו אלא בפני הבית אף מעשר אינו אלא בפני הבית מה לבכור שכן טעון מתן דמים ואימורין לגבי מזבח בכורים יוכיחו מה לבכורים שכן טעונים הנחה ת"ל א) ואכלת [שם] לפני ה' אלהיך וגו' מקיש מעשר לבכור מה בכור אינו אלא לפני הבית ג אף מעשר אינו אלא לפני הבית ואם איתא ליפרוך מה לבכורים שכן טעונין קרייה והנחה א"ר אשי נהי דעיכובא ליכא מצוה מי ליכא ולימא מצוה וליפרוך אלא אמר רב אשי כיון (ב) דאיכא בכורי הגר דבעי למימר ב) אשר נשבע [ה'] לאבותינו ולא מצי אמר לא פסיקא ליה וליהדר דינא ותיתי במה הצד משום דאיכא למיפרך מה להצד השוה שבהן שכן יש בהן צד מזבח ומאי קסבר אי קסבר ד קדושה ראשונה קדשה לשעתה וקדשה לעתיד לבא אפי' בכור נמי אי קסבר קדושה ראשונה קדשה לשעתה ולא קדשה לעתיד לבא אפילו בכור נמי תבעי אמר רבינא לעולם קסבר ד קדשה לשעתה ולא קדשה לעתיד לבא והכא בבכור שנזרק דמו קודם חורבן הבית וחרב הבית ועדיין בשרו קיים ומקשינן בשרו לדמו מה דמו במזבח אף בשרו במזבח ומקיש מעשר לבכור וכי דבר הלמד בהקש חוזר ומלמד בהקש ג מעשר דגן חולין הוא הניחא

רש"י

מאימתי חייבין עליהן. מיתה זר האוכלן: שלשה דברים. זו אחת מהן וכולן שנויין בספרי (ג): יכול יעלה אדם כו'. קסבר קדושת הארץ לא בטלה וצריך להפריש מעשרות וקאמר יכול יעלנו ויאכלנו בירושלים בלא פדיון: ת"ל כו'. לפיכך טעון בית ולקמיה פריך מאי שנא בכור דפשיטא ליה ובמעשר מיבעי ליה: מצוה מי ליכא. וכיון דמצוה איכא נפרוך נמי קרייה דמצוה: לא פסיקא ליה. ומיהו בישראל אפילו עיכובא איכא למימר: וניהדר דינא וניתי במה הצד. למה לי היקישא נימא בכור יוכיח וחזר הדין הצד השוה שבהן שטעונין הבאת מקום ואינן נוהגין אלא בפני הבית: צד מזבח. זה למתן דמים וזה להנחה: ומאי קסבר. האי תנא דפשיטא ליה בכור טפי ממעשר: אי קסבר קדושה ראשונה. של בית קדשה לשעתה וקדשה לעתיד לבא כי היכי דסבירא ליה בקדושת הארץ וקא מיבעיא ליה מי קרינא ביה השתא בלא חומה לפני ה' אלהיך או לא וקא פשיט מעשר מבכור: אפי' בכור נמי. יקרב ויאכל דהא מאן דאית ליה קדשה לעתיד לבא סבירא ליה מקריבים אע"פ שאין בית כדאמרינן במגילה נקראת (דף י.): ה"ג ואי קסבר לא קדשה אפילו בכור נמי תיבעי. ואי קסבר קדושת הבית בטלה ומיבעיא ליה במעשר הואיל ואינו צריך לבית אי מתאכיל בירושלים לפני ה' קרינא ביה אי לא אפי' בכור נמי כי האי גוונא תיבעי ליה כגון בכור שנזרק דמו וחרב הבית ועדיין בשרו קיים מהו שיאכלוהו: אמר רבינא לעולם קסבר לא קדשה והכא. דקא פשיט ליה למעשר מבכור בבכור שאינו צריך לבית דומיא דמעשר עסקינן והא דפשיטא ליה דלא מתאכיל משום דאיתקש בשרו לדמו דכתיב ואת דמם תזרוק על המזבח וגו' ובשרם יהיה לך וגו' ויליף מיניה בשעה שהיא ראויה לזריקת דם אתה אוכל את הבשר ולא משנהרס המזבח: וכי דבר הלמד בהיקש. מן הדם: חוזר ומלמד. על המעשר בהיקש הא קיימא לן בזבחים באיזהו מקומן (דף מט:) שאין למדין בקדשים למד מן הלמד: חולין הוא. ובחולין למדין למד מן הלמד:

הניחא

תוספות

יכול יעלה אדם מעשר (ד) בידו בזמן הזה. ויאכלנו בלא פדיון דקדושה (ד) ירושלים לא בטלה לענין מעשרות:

ולימא מצוה כו'. פירוש שכן טעונין קריאה למצוה קודם שיאכל בכורים ומעשר שני אוכלין אותו בלא שום (ה) קריאה ומה שקורין למעשר בשנה שלישית היה ואז לא היה נוהג כלל מעשר שני:

מה להצד השוה שבהן שכן יש בהן צד מזבח. ויש למפרך שכן אסורים לזרים כדפריך רבה לעיל (ו) והא דאמר בברייתא בכורים יוכיחו צ"ל דמיירי בבכורים שהופרשו בפני חורבן הבית דאם הופרשו אחר הבית אינן קדושין כלל וחולין הן דתנן פרק שני (ז) דבכורים יש בתרומה ומעשר מה שאין כן בבכורים שהתרומה והמעשר אוסרין ויש להם שיעור ונוהגין בכל הפירות בפני הבית ושלא בפני הבית ובכורים אינן אלא בשבעה מינין ובפני הבית:

אפילו בכור נמי. צ"ל דמיירי אם עשה מזבח וזרק דמו אליבא (ה) דקדושת בית לא בטלה דמקריבין אע"פ שאין בית דבלא מזבח פשיטא דבכור לא דהא בעי מתן דם ואימורים ואם תאמר לימא דבכור דברייתא דקאמר מה בכור וכו' מיירי היכא דלא עשה מזבח וי"ל דלההוא ודאי לא הוה מדמי בכור למעשר ולא דמי ליה מעשר:

ואי סבר לא קדשה אפילו בכור נמי תיבעי. כך גרסת רש"י דמוקי ליה בבכור שנשחט וזרק דמו קודם חורבן דההוא הוי דומיא למעשר כדפ"ה וא"ת אי לא קדשה אם כן לא משכחת לה מעשר דקדושת הארץ בטלה וי"ל דודאי קדושת בית לא קדשה אבל קדושת הארץ קדשה לעתיד לבא לענין מעשרות אבל קשה דאי לא קדשה קדושת הבית לעולם א"כ במות מותרות דהא בהא תליא כדמוכח במגילה (דף י.) ואם כן יביא מעשר שני ויהא נאכל בכל ערי ישראל כדאמרינן בזבחים (דף קיב:) באו לנוב ולגבעון הותרו הבמות וקדשים קלים ומעשר שני נאכלין בכל העיר וי"ל דמיירי שגדל לפני הבית שהוזקק להביאו למקום ובהכי ניחא נמי קושיא קמייתא ומסיק דלעולם לא קדשה כהאי גוונא אבל קשה לגירסא זו דאמרינן למסקנא דלא קדשה אם כן מאי מיבעי (ו) לעיל יכול יעלה פשיטא דלא יעלה בירושלים יותר משאר עיירות כיון דלא קדשה ותו גבי בכור נמי למה לי היקשא דבשרו לדמו תיפוק ליה (ז) דבלאו ההיקשא דהיכא דאכיל הוי להו כחוץ לחומה כיון דלא קדשה והוי ליה כאוכל קדשים בחוץ ועוד קשה דקאמר ולעולם דלא קדשה כו' ומקשינן בשרו לדמו משמע דאי אמר קדשה מתאכיל בכור בלא בית ולא הוי ממעטינן (ח) מהך היקישא וקשה דהא מוכח פרק קדשי קדשים (זבחים ס.) דמזבח שנפגם אין אוכלין קדשים קלים ואמאי הא מוכח הכא היכי דקדשה דנאכל אפילו ליכא מזבח ושאני הכא דלא קדשה לכן צריך לומר דגרים לעיל ואי סבר לא קדשה מעשר נמי והכי פירושא אפילו מעשר נמי לא יהא מתאכיל בירושלים כלל בלא פדיון דלא הוי כלל לפני ה' אלהיך ואין לתמוה אי לא קדשה אם כן לא משכחת מעשר דקדושת הארץ בטלה דודאי קדושת בית לא קידשה אבל קדושת הארץ קדשה לעתיד לבא לענין מעשרות ולא תליא הא בהא אבל הכא מיירי שאין המזבח כלל בנוי וגרים לעולם קדושה ראשונה קדשה לעתיד לבא וטעמא דבכור לאו משום קדושת (ט) הארץ אלא משום דאתקש בשרו לדמו דבעינן שיהא המזבח קיים בשעת אכילת בשרו הלכך כל כמה דילפינן דבכור לא מתאכיל מעשר נמי לא מתאכיל בלא פדיון ואם תאמר ברייתא דאמרה בכורים יוכיחו מנלן דבכורים לא מתאכלי כשאין מזבח אם הונחו אצל מזבח וחרב דבעי למילף מעשר מינייהו ויש לומר דודאי הא דאמרינן בברייתא בכורים יוכיחו מיירי בבכורים שלא הובאו כלל בפני הבית עד לאחר חורבן ובודאי היה להש"ס להשיב דאם כן לא שייך כלל לדמות מעשר לבכורים אלו שהרי צריכים הנחה וצריכים לבית גם בשביל הנחה ולא בשביל אכילה לחוד ומעשר לא צריך לבית אלא בשביל אכילה לבד אלא דלא חייש ליה לפי שאינו נשאר במסקנא ומה שזקוק הש"ס להעמיד בבכור שנזרק דמו לפני הבית ואינו מעמידו כשהובא אחר הבית כמו בכורים משום דתנא מסיים קרא דהקיש הכתוב ואין נכון להעמיד בבכור שהוא אחרי הבית שלא דמי כלל למעשר דהא מחוסר מתן דם ואימורין כדפ"ל ולא שייך להקיש מעשר לבכור אלא דוקא כשאין הבכור צריך לבית אלא דוקא בשביל האכילה דלפני ה' והשתא הויא דומיא למעשר דודאי במשא ומתן יכול להיות דומה מעשר לבכורים שהובאו אחר הבית אף על גב דלא נשאר במסקנא ובכור נמי שבתחלת הברייתא יכול היה להיות בבכור שאחר הבית אלא שאז לא היה טועה דהא לא שייך כלל לדמות לו מעשר והיינו דמותיב שכן אין טעון מתן דמים:

ריסא

עין משפט נר מצוה

סז א מיי' פ"ג מהל' בכורים הל' א סמג עשין קלט:
סח ב מיי' שם הל' ג:
סט ג מיי' פ"ב מהל' מעשר שני הל' א סמג עשין קלו:
ע ד מיי' פ"א מהל' תרומות הל' ה ופ"ו מהל' בית הבחירה הל' טז:

ליקוטי רש"י

שלשה דברים משום ג' זקנים. דבר אחד מכל זקן וזקן [זבחים ס:]. ג' זקנים. רבי ישמעאל ור"ע ובן עזאי [תמורה כא.]. ר' ישמעאל אומר כו'. זו היא אחת מהן. יכול יעלה אדם מעשר שני. דקסבר קדושת הארץ לא בטלה וצריכה הפרשת מעשרות מן התורה וקאמר יכול יאכלנו עכשיו בירושלים בלא פדיון [זבחים ס:]. בכור ומעשר ובכורים. דטעונין הבאת מקום דכתיב (דברים יב) והבאתם שמה עולותיכם וגו' ותרומת ידכם אלו בכורים. מה בכור אינו נאכל כו'. כדמפרש לקמיה דבעי מתן דמים ואימורין למזבח. בכורים אינן נאכלין אלא בפני הבית. דכתיב (שם כו) והנחתו לפני ה' אלהיך. הנחה. לפני המזבח דכתיב והנחתו לפני ה' אלהיך. וליהדר דינא כו'. למה לי קרא ליהדר דינא ולימא בכור יוכיח וחזר הדין הצד השוה שבהן שטעונין הבאת מקום ואינן נאכלין אלא בפני הבית אף אני אביא מעשר. ומאי קסבר. דפשיטא ליה דבכור אינו נאכל ומעשר שני מספקא ליה. וקידשה לעתיד לבא. ואפילו הכי מספקא ליה ממעשר מיבעי ליה נמי בכור ולמאי דיליף מעשר מבכור. לעולם לא קידשה לעתיד לבא. והקשה מאי שנא בכור דפשיטא ליה כגון שנזרק דמו בפני הבית וחרב כו' ויליף בשר מדם דכי היכי דאי הוה דם השתא לא היה נזרק בשר נמי לא יאכל. ואתי מעשר שני ויליף מבכור. בהקישא דואכלת לפני ה' וגו' (דברים יד) למעשר שני איתקש לבכור וכיון דאיכא בכור דלא מיתאכיל אלא בפני הבית כגון הוא ממרינן מעשר מיניה [תמורה כא.].

שכן טעון מתן דמים. הלכך צריך בית ומזבח. בכורים יוכיחו. שאין טעונין מתן דמים וצריכין בית כדכתיב לפני מזבח (דברים כו). צד מזבח. זה למתן דמים ואלו להנחה. מאי קסבר. האי תנא דפשיט ליה בכור ממעשר. אי קסבר קדושה ראשונה של בית קדשה לשעתה וקדשה לעתיד לבא. כי היכי דס"ל בקדושת הארץ וקמיבעי ליה מי קרינא ביה לפני אלהיך או לא וקפשיט מעשר מבכור. אפילו בכור נמי. אפילו בכור יקריב ויאכל דהא מאן דאית ליה קדשה לעתיד לבא אית ליה שמקריבין אע"פ שאין בית כדאמרינן במגילה (דף י.). ה"ג ואי קסבר לא קדשה אפי' בכור נמי תיבעי. ואי קסבר קדושת בית בטלה לה ומיבעי ליה במעשר הואיל ואינו צריך לבית אי מתאכיל בירושלים ולפני ה' קרינא ביה או לא. אפילו בכור נמי כה"ג תיבעי ליה. כגון שנזרק דמו ועדיין קיים ואז נחרב הבית מהו שיאכלוהו. אמר רבינא לעולם קסבר לא קדשה. והכא דקפשיט ליה מעשר מבכור בבכור שאינו צריך לבית דומיא דמעשר דפשיטא ליה דלא מתאכיל [זבחים ס:].

מסורת הש"ס

א) זבחים ס. תמורה כא. [תוספתא סנהדרין פ"ג], ב) [חגיגה ג: וש"נ], ג) [זבחים נ. ס:], ד) רש"א ראשונה, ה) רש"א קריאה והוידוי מעשר שני בשנה כו', ו) [דף יז: ולפנינו הגרסא רבא], ז) [משנה ג].

הגהות הב"ח

(א) גמרא מאימתי חייבין כצ"ל ואות מ' נמחק: (ב) שם דאיכא בכורי הגר נ"ב עיין בתוס' ר"פ הספינה דף פא ד"ה למעוטי אדמת נכרי: (ג) רש"י ד"ה שלשה וכו' בספרי נ"ב ובמסכת תמורה דף כ"א: (ד) תוס' ד"ה יכול יעלה אדם מעשר שני בזמן: (ה) ד"ה אפילו וכו' אליבא דמ"ד דקדושת בית: (ו) ד"ה ואי וכו' מאי מיבעי ליה לעיל: (ז) בא"ד תיפוק ליה בלאו היקשא דכל היכא דאכיל הוי להו וכו' קשה דקאמר לעולם כצ"ל ואות ו' נמחק: (ח) בא"ד ולא הוי ממעטינן ליה מהך היקשא וכו' אין אוכלין קדשי קדשים וקדשים קלים: (ט) בא"ד וטעמא דבכור לאו משום קדושת הבית אלא:

תורה אור השלם

א) וְאָכַלְתָּ לִפְנֵי יְיָ אֱלֹהֶיךָ בַּמָּקוֹם אֲשֶׁר יִבְחַר לְשַׁכֵּן שְׁמוֹ שָׁם מַעְשַׂר דְּגָנְךָ תִּירֹשְׁךָ וְיִצְהָרֶךָ וּבְכֹרֹת בְּקָרְךָ וְצֹאנֶךָ לְמַעַן תִּלְמַד לְיִרְאָה אֶת יְיָ אֱלֹהֶיךָ כָּל הַיָּמִים: [דברים יד, כג]

ב) וּבָאתָ אֶל הַכֹּהֵן אֲשֶׁר יִהְיֶה בַּיָּמִים הָהֵם וְאָמַרְתָּ אֵלָיו הִגַּדְתִּי הַיּוֹם לַיְיָ אֱלֹהֶיךָ כִּי בָאתִי אֶל הָאָרֶץ אֲשֶׁר נִשְׁבַּע יְיָ לַאֲבֹתֵינוּ לָתֶת לָנוּ: [דברים כו, ג]

רישא במעשר שני טמא וגברא טמא. או לא קאמר דכתלא מיניהו לקי: **הוא** בפנים ומשאו בחוץ מהו. אמר ליה כי ירחק ממך המקום ממלואך. כך גירסת הקונטרס וי"ג ממך לחודיה כלומר ממך גופך והרי גופו בפנים וקשה דאם כן אדם שגופו בירושלים ופירות מעשר שני שלו בעירו א"כ לא יוכל לחללם כיון שגופו בירושלים וזה אינו דעד כאן לא מיבעיא ליה לרב פפא אלא בדנקיט קניא ואי לא (ו) קניא מודה דיכול לפדותם אע"ג דגופו בפנים כיון שהפירות חוץ לירושלים והוא נותן טעם דהא קרינן בו לא תוכל שאתו אף בגופו בפנים ושמא איכא למימר דשבקיה לקרא דממך דמשמע מגופך דלאו קא דחיק ומוקמי אנפשיה היכא דלא שייך שם לא תוכל שאתו שאינו מחוסר טעינה כזה שהוא על כתפיו ורב פפא מיבעיא ליה בקניא כך נראה למשי"ח אבל על גירס' דממילואך קשה דממילואך היינו המשוי כדפירש הקונטרס (ז) גבי משאו מבפנים וגופו מבחוץ וכיון שמשאו מבחוץ קרינן כי ירחק ממלואך וי"ל דממלואך מגלה לנו דהגוף והמשוי בחד והוה ליה במקצת המשוי בפנים:

אמר רבי יוחנן מאימתי מעשר שני חייבים עליו משיראה פני הבית. וקשה דכיון דקודם שיראה פני הבית הכי נמי דמותר לאכלו חוץ א"כ למה הוזקק לעולם לפדות מעשר שני וי"ל דודאי ליכא לאו אבל עשה איכא דכתיב וצרת הכסף בידך אבל בלא פדייה לא:

מיתיבי רבי יוסי אומר כו'. ה"ה דמצי לאותובי (ח) מתניתין דאוקי לעיל סיפא במעשר שני טהור דאכיל חוץ לחומה אלא ודאי משני דעייליה ואפקיה אבל הכא קשיא מאי למימרא ובמתני' ליכא למפרך דהא קא (ט) מהני ליה למלקיות דלא השמיענו שום חידוש בהם:

הניחא למאן דאמר בתר למד אזלינן אלא למאן דאמר בתר מלמד אזלינן מאי איכא למימר דם ובשר חדא מילתא היא: קדשי קדשים וכו': תנינא חדא זימנא מעשר שני והקדש שלא נפדו אמר רבי יוסי בר חנינא סיפא במעשר שני טהור וגברא טהור (א) דקא אכיל חוץ לחומה רישא במעשר שני טמא וגברא טמא וקא אכיל ליה בירושלים ומנ"ל דמחייב עליה משום טומאה דתניא ר"ש אומר (א) לא בערתי ממנו בטמא בין שאני טמא והוא טהור בין שאני טהור והוא טמא והיכן מוזהר על אכילה איני יודע טומאת הגוף בהדיא כתיב (ב) נפש אשר תגע בו וטמאה עד הערב ולא יאכל מן הקדשים וגו' אלא טומאת עצמו מנין דכתיב (ג) לא תוכל לאכול בשעריך ולהלן הוא אומר (ד) בשעריך תאכלנו הטמא והטהור ותניא דבי רבי ישמעאל אפילו טמא וטהור אוכלין בקערה אחת ואין חוששין וקאמר רחמנא היאך (ב) טמא דשרי לך גבי טהור התם הכא לא תיכול ומנ"ל דבר פדייה הוא דאמר ר"א מנין למעשר שני שנטמא שפודין אותו אפילו בירושלים ת"ל (ה) כי לא תוכל שאתו ואין שאת אלא אכילה שנאמר (ו) וישא משאות מאת פניו א"ר ביבי א"ר אסי מנין למעשר שני טהור שפודין אותו אפילו בפסיעה אחת חוץ לחומה שנאמר כי לא תוכל שאתו האי מבעי ליה לכדרבי אליעזר א"כ לימא קרא לא תוכל לאוכלו מאי שאתו ואימא כולו להכי הוא דאתא א"כ לימא קרא לא תוכל ליטלו מאי שאתו ש"מ תרתי יתיב רב חנינא ורב הושעיא (ג) וקא מבעיא להו אפיתחא דירושלים מהו פשיטא הוא בחוץ ומשאו בפנים קלטוהו מחיצות הוא בפנים ומשאו בחוץ מהו תנא להו ההוא סבא בדבי רבי שמעון בן יוחי כי ירחק ממך המקום ממילואך בעי רב פפא נקיט ליה בקניא מאי תיקו אמר ר' אסי אמר ר' יוחנן מעשר שני מאימתי חייבין עליו משיראה פני החומה מ"ט דאמר קרא (ז) לפני ה' אלהיך תאכלנו (שנה בשנה) וכתיב (ג) (כי) לא תוכל לאכול בשעריך כל היכא דקרינן ביה לפני ה' אלהיך תאכלנו קרינן ביה לא תוכל לאכול בשעריך וכל היכא דלא קרינן ביה לפני ה' אלהיך תאכלנו לא קרינן ביה לא תוכל לאכול בשעריך מיתיבי רבי יוסי אומר כהן שעלתה בידו תאנה של טבל אמר תאנה זו תרומתה בעוקצה ומעשר ראשון בצפונה ומעשר שני בדרומה והיא שנת מעשר שני והוא בירושלים או מעשר עני והוא בגבולין אכלה לוקה

הניחא למאן דאמר כו'. פלוגתא היא באיזהו מקומן: רישא במעשר שני טמא. וקאכיל ליה בירושלים בלא פדייה: ה"ג והיכן מוזהר על אכילה שלא יאכלנו בטומאה איני יודע ת"ל לא תוכל וגו' כך היא שנויה בסיפרי וכשקבעוה כאן לא הספיקו לגומרה עד דלקשי גמרא טומאת הגוף בהדיא כתיב ביה ולא יאכל מן הקדשים כי אם רחץ וגו' ומוקמינן לה ביבמות במעשר (ד) מדכתיב כי אם רחץ הא רחץ טהור דטבל ועלה אוכל במעשר: (רבינו גופו טהור ויצאה נשמתו בטהרה לא פירש יותר מכאן ואילך לשון תלמידו ר' יהודה בר' נתן): (ה) כך הוא לשון הברייתא (כלומר) איני יודע להיכן מוזהר לכך תלמוד לומר לא תוכל וגו' והש"ס לא שביק ליה לאסוקי מילתיה אלא קדים ופריך ומתמה מאי קאמר איני יודע הא טומאת הגוף בהדיא כתיבא נפש אשר תגע בו כו' לא יאכל מן הקדשים כי אם רחץ בשרו במים ואמרינן ביבמות דהאי קרא במעשר שני קאמר דטבל ועלה אוכל כו': ולהלן הוא אומר. בבכור בעל מום (שנפדה) בשעריך תאכלנו ולעיל מיניה כתיב כי יהיה בו מום: אפילו טמא וטהור. דאע"ג דאסור בגיזה ועבודה כדאמרינן (בכורות דף טו.) בכל אות נפשך תזבח ואכלת בשר תזבח ולא גיזה ואכלת ולא לכלביך בשר ולא חלב אפי' הכי טמא וטהור אוכלין אותו בקערה אחת דנאכלים בטומאת הגוף ובטומאת עצמן דכיון דטמא אוכל בהן היינו בטומאת הגוף אוכל הטהור וכשהטהור אוכל עמו לאחר שנגע בו היינו טהור אוכל טומאת עצמו שאכל את הטמא: האי טמא דשראי לך התם. בבכור בעל מום דכתיב ביה בשעריך הכא גבי מעשר לא תוכל והיינו לא תוכל לאכול בשעריך כלומר אי אתה רשאי לאכול מעשר שני בתורת בכור שכתוב בו בשעריך דבעל מום דבכור נאכל בטומאת עצמו ובטומאת הגוף וזה אסור: ומנלן דבר פדייה הוא. מעשר שני שנטמא דמדקאמר במתני' שלא נפדה מכלל דלאו בעי פריק ואפילו בירושלים דאע"ג דמעשר שני טהור אינו נפדה בירושלים דכתיב כי ירחק ממך ונתת בכסף בריחוק מקום אתה פודה ולא בקירוב מקום (קדושין דף נד:): ואין שאת אלא אכילה. והכי קאמר קרא כי ירחק ממך שיהא מעשר טהור חוץ לירושלים או אפילו הוא בירושלים אלא שאי אתה יכול לאוכלו שנטמא ונתת בכסף: אפילו

בפסיעה אחת. אע"ג דכתיב ירחק דמשמע טובא ת"ל כי לא תוכל שאתו לנושאו ולהביאו לפנים מן החומה דהכתוב לא תלה הדבר בריחוק אלא בנטילה דכל זמן דאיכא למיעבד אלמי נטילה והבאה לפנים אפילו פסיעה אחת פודה אותו: לכדר' אלעזר. למעשר שני שנטמא: מאי שאתו. שמע מינה לכדרב אסי: יתיב רב חנינא ורב הושעיא אפיתחא דירושלים וקא מיבעי להו: ממלואך. מכל מילוי שלך ומשא של אדם חשיב מלואו דלא תימא ממך ממש מקצתך דכל זמן שרחק מקצתך יהא נפדה אלא כי ירחק ממלואך פדה אבל כשאתה בפנים או משאך בפנים לא רחק המקום ממלואך ושוב לא תפדה אלא ואכלת שם: בעי רב פפא. הוא מבפנים ונקיט משאו בקניא ארוך מבחוץ: מהו. כיון דלאו ממש על כתיפו הוא אין זה מלואו והרי הוא כמוטל לארץ ונפדה או דלמא כיון דנקיט ליה משאו קרינא ביה תיקו כן נראה בעיני רבי ועיקר: משיראה פני החומה. וחוץ לחומה דמתני' היינו דעייליה ואפקיה: דלא קרינא ביה לפני ה' אלהיך. דלא הכניסו לפנים: כהן שעלתה בידו תאנה של טבל ואמר תאנה זו תרומתה בעוקצה. בגד זנבה: מעשר ראשון בצפונה. בגד צפון שלה והוא מוזה כנגד מזרח וכן מעשר שני בדרומה: תרומה בעוקציה כו'. דבעי דראשית שיהא שיריה ניכרין והלכך בעינן שיום והאי דתנן (דמאי פ"ז מ"ה) שני לוגין שאני עתיד להפריש הרי הן תרומה במקומן פליג אהא דלא בעי דראשית שיהא שיריה ניכרין: והיא שנת מעשר שני. ואותה שנה שניה שראוי ליתן בה מעשר שני: והוא בירושלים. לכשקרא שמות הללו על אותה תאנה: מעשר עני בגבולין. או שהיא שנת מעשר שלישית ואמר מעשר עני בדרומה ולא אמר מעשר שני והוא אפי' בגבולין לוקה:

עין משפט נר מצוה

עא א מיי' פ"ג מהל' מעשר שני הל' א סמג לאוין רסד:

עב ב מיי' פט"ו מהל' טומאת אוכלין הל' יא סמג עשין רמו:

עג ג מיי' פ"ב מהל' מעשר שני הל' ח ופ"ב הל' ג סמג עשין קלו:

עד ד ה מיי' שם פ"ב הל' ח סמג שם:

עה ו מיי' שם הל' ו:

ליקוטי רש"י

לא בערתי ממנו בטמא וכו'. והכי פירושו מכלל שנאמר בוידוי מעשר לא ביערתי ממנו בטמאה דמשמע בין שאני טמא כו' הוא מתודה שלא בערו כאש ולא הדליק בו את הנר וכל שכן בטהור דלא ניתן אלא לאכילה ושתיה וסיכה וממילא שמעינן מדלא הולכך להתודות על הטהור שמע מינה הכי קאמר יעולה בשעת הטומאה להדלקה אלמא אינו נאכל בטומאה והיכן מוזהר על כך. איני יודע. לאו מפורש לכך נאמר לא תוכל ובטומאת פרק הש"ס מקמי ליפליק למילתיה. טומאת הגוף בהדיא כתיבה. ומאי קתני איני יודע. בשעריך תאכלנו. בפסולי המוקדשין קאי לאחר פדיון שאוכלן זר [יבמות עג:]. מנין למעשר שני שנטמא שפודין אותו אפילו בירושלים. שאין מעשר טהור נפדה שם דכתיב (דברים יד) כי ירחק ממך [וגו'] ונתת בכסף ולא כשהיה בירושלים [בבא מציעא נג:]. אפילו בירושלים. לאחר שנכנס ואף על גב דדרשינן (שם יד) כי ירחק ממך המקום ונתת הכסף בידך. ברחוק מקום אתה פודה ולא בקירוב מקום [סנהדרין קיב:]. ואין שאת אלא אכילה. כשלא תוכל לאוכלו כגון זה שנטמא ונתת בכסף [פסחים לו:]. ואין שאת אלא אכילה. והכי קאמר קרא כי ירחק ממך המקום או כי לא תוכל לאוכלו שנטמא ונתת הכסף בידך [סנהדרין קיב:].

תורה אור השלם

א) לֹא אָכַלְתִּי בְאֹנִי מִמֶּנּוּ וְלֹא בִעַרְתִּי מִמֶּנּוּ בְּטָמֵא וְלֹא נָתַתִּי מִמֶּנּוּ לְמֵת שָׁמַעְתִּי בְּקוֹל יְיָ אֱלֹהָי עָשִׂיתִי כְּכֹל אֲשֶׁר צִוִּיתָנִי: [דברים כו, יד]

ב) נֶפֶשׁ אֲשֶׁר תִּגַּע בּוֹ וְטָמְאָה עַד הָעָרֶב וְלֹא יֹאכַל מִן הַקֳּדָשִׁים כִּי אִם רָחַץ בְּשָׂרוֹ בַּמָּיִם: [ויקרא כב, ו]

ג) לֹא תוּכַל לֶאֱכֹל בִּשְׁעָרֶיךָ מַעְשַׂר דְּגָנְךָ וְתִירֹשְׁךָ וְיִצְהָרֶךָ וּבְכֹרֹת בְּקָרְךָ וְצֹאנֶךָ וְכָל נְדָרֶיךָ אֲשֶׁר תִּדֹּר וְנִדְבֹתֶיךָ וּתְרוּמַת יָדֶךָ: [דברים יב, יז]

ד) בִּשְׁעָרֶיךָ תֹּאכְלֶנּוּ הַטָּמֵא וְהַטָּהוֹר יַחְדָּו כַּצְּבִי וְכָאַיָּל: [דברים טו, כב]

ה) וְכִי יִרְבֶּה מִמְּךָ הַדֶּרֶךְ כִּי לֹא תוּכַל שְׂאֵתוֹ כִּי יִרְחַק מִמְּךָ הַמָּקוֹם אֲשֶׁר יִבְחַר יְיָ אֱלֹהֶיךָ לָשׂוּם שְׁמוֹ שָׁם כִּי יְבָרֶכְךָ יְיָ אֱלֹהֶיךָ: [דברים יד, כד] ו) וַיִּשָּׂא מַשְׂאֹת מֵאֵת פָּנָיו אֲלֵהֶם וַתֵּרֶב מַשְׂאַת בִּנְיָמִן מִמַּשְׂאֹת כֻּלָּם חָמֵשׁ יָדוֹת וַיִּשְׁתּוּ וַיִּשְׁכְּרוּ עִמּוֹ: [בראשית מג, לד] ז) כִּי אִם לִפְנֵי יְיָ אֱלֹהֶיךָ תֹּאכְלֶנּוּ בַּמָּקוֹם אֲשֶׁר יִבְחַר יְיָ אֱלֹהֶיךָ בּוֹ אַתָּה וּבִנְךָ וּבִתֶּךָ וְעַבְדְּךָ וַאֲמָתֶךָ וְהַלֵּוִי אֲשֶׁר בִּשְׁעָרֶיךָ וְשָׂמַחְתָּ לִפְנֵי יְיָ אֱלֹהֶיךָ בְּכֹל מִשְׁלַח יָדֶךָ: [דברים יב, יח]

מסורת הש"ס

א) יבמות עג:, ב) רש"א ת"ל, ג) פסחים לו: ב"מ נג. סנהדרין קיב:, ד) [צ"ל אלעזר], ה) [צ"ל כי אם לפני כו'], ו) [תוס' פ"ג וע' תוס' ר"ה יב. ד"ה תנא כו'], ז) [זבחים נ.], ח) [עד:], ט) והוא חתנו של רש"י ז"ל, י) רש"א מס"ד מע"ש בדרומה ואותה כו', כ) כדפירש הקונטרס כאן במשאו מבחוץ א"כ קרינן כי ירחק ממלואך כו' רש"א, ל) רש"א מוי.

(א) גמרא וקא אכיל ליה חוץ לחומה: (ב) שם טמא דשרי לך (גבי טהור התם) תא"מ ונ"ב ס"א גבי בכור: (ג) שם רב חנינא ורב הושעיא (וקא מיבעי להו אפיתחא דירושלים מהו פשיטא) תא"מ ונ"ב ס"א הו"א יתיב רב חנינא ורב הושעיא אפיתחא דירושלים וקא מיבעי להו פשיטא הוא כו': (ד) רש"י ד"ה ה"ג והיכן וכו' ביבמות במעשר שני מדכתיב: (ה) ד"ה איני יודע כך הוא לשון וכו' היכן מוזהר על כך תלמוד לומר וכו' למילתיה אלא קדים וכו' ולא יאכל: (ו) תוס' ד"ה הוא בפנים וכו' ואי לא נקט קניא מודה וכו' כיון שהפירות חוץ לירושלים והוא נושא אותם ירושלים דהא קרינן בו לא תוכל: (ז) בא"ד קשה דממילואך היינו המשוי כפי' הקונטרס וכיון שמשאו מבחוץ קרינן ביה כי ירחק ממלואך: (ח) ד"ה מיתיבי וכו' לאותובי ממתניתין וכו' אלא דאמתני' ודאי משני וכו' ולמתניתין ליכא למיפרך דהא קא מני להו למלקות:

The Gemara notes that the answer hinges on a dispute:

הָנִיחָא לְמַאן דְּאָמַר בָּתַר לָמֵד אָזְלִינַן – This is satisfactory according to the one who says that, in determining whether a two-stage *hekeish* is one of sacrificial law, **we follow the subject that learns** its law through the second *hekeish.* If that matter is non-sacrificial, then the issue is not considered a case of sacrificial law even if the first *hekeish* is made between two sacrificial matters.[1] **אֶלָּא לְמַאן דְּאָמַר בָּתַר מְלַמֵּד אָזְלִינַן – But according to the one who says** that, in determining whether the issue is one of sacrificial law, **we follow the subject that teaches** the law through the second *hekeish,* **מַאי אִיכָּא לְמֵימַר – what is there to say?**[2]

The Gemara replies:

דָּם וּבָשָׂר חֲדָא מִילְּתָא הִיא – Blood and meat are one thing. The blood of the *bechor* offering and its meat – which are linked in the original *hekeish* – are two aspects of the same sacrifice. Since the first *hekeish* does not extend the law to a *different* context, but merely defines the law of the *bechor* itself, a second *hekeish* extending the law to another context is admissible in this case.[3]

The Mishnah listed among those incurring *malkus*:

קָדְשֵׁי קָדָשִׁים וכו׳ – Or who eats ***KODSHEI KODASHIM*** **etc.** [outside the Curtains, or who eats *kodashim kalim* or *maaser sheni* outside the Wall of Jerusalem].

The Gemara focuses on the listing of one who eats *maaser sheni* outside of Jerusalem:

תְּנֵינָא חֲדָא זִימְנָא – We already learned this once in the first **Mishnah** of this chapter (13a), which states that a person incurs *malkus* if he eats: **מַעֲשֵׂר שֵׁנִי וְהֶקְדֵּשׁ שֶׁלֹּא נִפְדּוּ –** ***MAASER SHENI*** **OR CONSECRATED [FOODS] THAT HAVE NOT BEEN REDEEMED.** Why does the Mishnah repeat this law?[4]

The Gemara answers:

אָמַר רַבִּי יוֹסֵי בַּר חֲנִינָא – R' Yose bar Chanina said: The two mentions of *maaser sheni* refer to different prohibitions. **סֵיפָא בְּמַעֲשֵׂר שֵׁנִי טָהוֹר וְגַבְרָא טָהוֹר – The latter part** of the Mishnah (i.e. our Mishnah on 17a) **refers to** ***maaser sheni*** **that is** ***tahor*** **and a person who is** ***tahor,*** **דְּקָא אָכִיל חוּץ לְחוֹמָה –** and, as it states explicitly, deals with a case **where he eats it outside the Wall** of Jerusalem. The Mishnah teaches regarding *maaser sheni* that is fit for consumption and a person who is fit to consume it, that he incurs *malkus* if he eats it outside of Jerusalem. **רֵישָׁא בְּמַעֲשֵׂר שֵׁנִי טָמֵא וְגַבְרָא טָמֵא – The first part** of the Mishnah (i.e. the Mishnah on 13a), however, **refers to** ***maaser sheni*** **that is** ***tamei*** **or a person who is** ***tamei,*** **וְקָא אָכִיל לֵיהּ בִּירוּשָׁלַיִם – and** deals with the case where **he eats [the** ***maaser sheni*****] in Jerusalem.** The Mishnah teaches that the consumption of unredeemed *maaser sheni* in Jerusalem – where it is supposed to be eaten – is punishable by *malkus* if either the *maaser sheni* or the person eating it is *tamei.*[5]

The Gemara seeks the Scriptural source for this ruling:

וּמְנָא לָן דְּמִחַיַּיב עָלֶיהָ מִשּׁוּם טוּמְאָה – And from where do we derive that one is liable to *malkus* **over [*****maaser sheni*****] for** eating it in ***tumah*****?**

The Gemara replies:

דְּתַנְיָא – For it was taught in a Baraisa: **רַבִּי שִׁמְעוֹן אוֹמֵר – R' SHIMON SAYS:** **,,לֹא־בִעַרְתִּי מִמֶּנּוּ בְּטָמֵא" –** When the Torah commands a landowner to declare about his *maaser sheni,* ***I HAVE NOT CONSUMED ANY OF IT IN TUMAH,***[6] this means: I have not eaten any *maaser sheni* **בֵּין שֶׁאֲנִי טָמֵא וְהוּא טָהוֹר – WHETHER I WAS** ***TAMEI*** **AND IT WAS** ***TAHOR*** **בֵּין שֶׁאֲנִי טָהוֹר וְהוּא טָמֵא – OR I WAS** ***TAHOR*** **AND IT WAS** ***TAMEI.*** Obviously, we may infer that consumption of *maaser sheni* in *tumah* is prohibited – **וְהֵיכָן מוּזְהָר עַל אֲכִילָה – BUT** as for **WHERE ONE IS** actually **WARNED AGAINST EATING** *maaser sheni* while either he or it is *tamei,* **אֵינִי יוֹדֵעַ – I DO NOT KNOW!**[7]

The Gemara interjects:

טוּמְאַת הַגּוּף בְּהֶדְיָא כְּתִיב – Why, the warning against eating *maaser sheni* with **bodily** ***tumah,*** that is, when the person eating it is *tamei,* **is explicitly written** in the following verse: **,,נֶפֶשׁ אֲשֶׁר תִּגַּע־בּוֹ וְטָמְאָה עַד־הָעָרֶב וְלֹא יֹאכַל מִן־הַקֳּדָשִׁים וגו׳ " –** ***The person who touches it*** [a source of *tumah*] ***shall be tamei until evening; he shall not eat from the holies*** **etc.** [*unless he has immersed his body in the waters*].[8] In Tractate *Yevamos* (74b) we demonstrated that the "holies" referred to in this verse are

NOTES

1. Accordingly, in the present case, even though the first *hekeish* is made between the blood and meat of the *bechor* offering – which are both sacrificial matters – since we wish to use a second *hekeish* to derive the law for *maaser sheni* which is nonsacrificial, the *hekeish* is admissible.

2. The latter opinion would view our case as a sacrificial issue because the source law for the second *hekeish* [the meat of the *bechor* offering] is a sacrificial law, even though the target law [*maaser sheni*] is nonsacrificial. Accordingly, we cannot use a two-stage *hekeish,* and we are back to the question of how do we derive that *maaser sheni* may not be eaten in the absence of the Temple (*Rashi* to *Temurah* 21b).

3. *Aruch LaNer* elaborates as follows: Since the meat of the offering may never be eaten until the blood is applied to the Altar, the eating of the meat is intrinsically bound up with the service of the blood. [Thus, the original *hekeish* merely clarifies the extent to which the *bechor* service itself depends upon the existence of the Altar, and the extension of the law to *maaser sheni* is its first application in a novel context.]

4. The first Mishnah presumably refers to one who eats the unredeemed *maaser sheni* outside Jerusalem, since it is meant to be eaten inside the city. The Torah (*Deuteronomy* 14:24) offers the option of redemption to one who cannot carry his *maaser sheni* to Jerusalem. He transfers its sanctity to money and takes the redemption money to Jerusalem, where he uses it to purchase foods that he eats there in accordance with the rules of *maaser sheni.*

5. *Tosafos; Rambam, Hil. Maaser Sheni* 3:1. [*Rambam* (ibid. and *Commentary to the Mishnah*) understands the Gemara as meaning that the *malkus* for eating *maaser sheni* in *tumah* is incurred *only* when this is done in Jerusalem, where it is fit to be eaten in *taharah.* As for whether the *malkus* for eating *maaser sheni* outside Jerusalem applies only when it is eaten in *taharah,* see *Minchas Chinuch* 282:20, *Aruch LaNer, Afikei Yam* Vol. I §4:10-13, and *Chazon Ish, Choshen Mishpat, Likkutim* §23.]

6. *Deuteronomy* 26:14. After the third and sixth years of the *shemittah* cycle, a farmer in Eretz Yisrael must convey all the tithes in his possession to their rightful owners and consume all his *maaser sheni.* This process is known as בִּעוּר, *bi'ur* (removal), and must be completed by the sixth day of Pesach of the fourth and seventh years. On the following day (the seventh day of Pesach), the farmer who has satisfactorily performed *bi'ur* must make the *Maaser* Declaration [וִדּוּי מַעֲשֵׂר] stated in the Torah (*Deuteronomy* 26:13-15), attesting to his fulfillment of the Torah's tithing requirements (see *Rambam, Hil. Maaser Sheni* Ch. 11, at length). Included in this declaration is the phrase, *I have not consumed any of it* (i.e. *maaser sheni*) *in tumah.* [Our translation of the verse follows *Ritva* here and *Rashi* to *Deuteronomy* ibid.; cf. *Rashi* to *Yevamos* 73b.]

7. As we have learned (see 17b note 18), in order for a transgression to be punishable by *malkus,* it must be clearly warned, i.e. stated in the form of a prohibition. Since the above verse is not expressed as a warning (*You shall not eat* etc.), but only as a declaration that the owner must make (*"I did not eat* etc."), the Baraisa inquires after the warning that makes this prohibition subject to *malkus* (*Ramban* to *Sefer HaMitzvos,* end of *Shoresh* 8; see also *Rashi* to *Yevamos* 73b and *Pesachim* 24a, *Tosafos* to *Yevamos* 73b ד״ה והיכן, and *Ritva* here). [Cf. *Rambam, Sefer HaMitzvos* ibid. and *Lo Saaseh* §150, and *Hil. Maaser Sheni* 3:1; see *Megillas Esther* et al. to *Sefer HaMitzvos Shoresh* 8, *Rashash* and *Cheshek Shlomo* here, and *Derech Emunah [Beur HaHalachah], Hil. Maaser Sheni* 3:1 ד״ה שנא׳ ולא בערתי.]

8. *Leviticus* 22:6.

הניחא למאן דאמר בתר למד אזלינן אלא למאן דאמר בתר מלמד אזלינן מאי איכא למימר דם ובשר חדא מילתא היא: קדשי קדשים וכו': תנינא חדא זימנא מעשר שני והקדש שלא נפדו אמר רבי יוסי בר חנינא סיפא במעשר שני טהור וגברא טהור (א) דקא אכיל חוץ לחומה רישא במעשר שני טמא וגברא טמא וקא אכיל ליה בירושלים ומנ"ל דמחייב עליה משום טומאה דתניא ר"ש אומר א) לא בערתי ממנו בטמא בין שאני טמא והוא טהור בין שאני טהור והוא טמא והיכן מוזהר על אכילה איני יודע טומאת הגוף בהדיא כתיב ב) נפש אשר תגע בו וטמאה עד הערב ולא יאכל מן הקדשים וגו' אלא טומאת עצמו מנין דכתיב ג) לא תוכל לאכול בשעריך ולהלן הוא אומר ד) בשעריך תאכלנו הטמא והטהור ותניא דבי רבי ישמעאל אפילו טמא וטהור אוכלין בקערה אחת ואין חוששין וקאמר רחמנא היאך (ב) טמא דשרי לך גבי טהור התם הכא לא תיכול ומנ"ל דבר פדייה הוא דאמר ר"א מנין למעשר שני שנטמא שפודין אותו אפילו בירושלים ת"ל ה) כי לא תוכל שאתו ואין שאת אלא אכילה שנאמר ו) וישא משאות מאת פניו א"ר ביבי א"ר אסי מנין למעשר שני טהור שפודין אותו אפילו בפסיעה אחת חוץ לחומה שנאמר ה) כי לא תוכל שאתו האי מבעי ליה לכדרבי אליעזר א"כ לימא קרא לא תוכל לאוכלו מאי שאתו ואימא כולו להכי הוא דאתא א"כ לימא קרא לא תוכל ליטלו מאי שאתו ש"מ תרתי יתיב רב חנינא ורב הושעיא (ג) וקא מבעיא להו אפיתחא דירושלים מהו פשיטא הוא בחוץ ומשאו בפנים קלטוהו מחיצות הוא בפנים ומשאו בחוץ מהו תנא להו ההוא סבא בדבי רבי שמעון בן יוחי ה) כי ירחק ממך המקום ממילואך בעי רב פפא נקיט ליה בקניא מאי תיקו אמר ר' אסי אמר ר' יוחנן מעשר שני מאימתי חייבין עליו משראה פני החומה מ"ט דאמר קרא ז) לפני ה' אלהיך תאכלנו (שנה בשנה) וכתיב ג) (כי) לא תוכל לאכול בשעריך כל היכא דקרינן ביה לפני ה' אלהיך תאכלנו קרינן ביה לא תוכל לאכול בשעריך וכל היכא דלא קרינן ביה לפני ה' אלהיך תאכלנו לא קרינן ביה לא תוכל לאכול בשעריך מיתיבי רבי יוסי אומר כהן שעלתה בידו תאנה של טבל אמר תאנה זו תרומתה בעוקצה ומעשר ראשון בצפונה ומעשר שני לדרומה והיא שנת מעשר שני והוא בירושלים או מעשר עני והוא בגבולין אכלה לוקה

רישא במעשר שני טמא וגברא טמא. או או קאמר דבחדא מינייהו לקי: **הוא** בפנים ומשאו מבחוץ מהו אמר ליה כי ירחק ממך המקום ממך ממלואך. כך גירסת הקונטרס וי"ג ממך לחודיה כלומר ממך גופך והרי גופו בפנים וקשה על זה דאם כן אדם שגופו בירושלים ופירות מעשר שני שלו בעירו א"כ לא יוכל לחללם כיון שגופו בירושלים וזה אינו דעד כאן לא מיבעיא ליה לרב פפא אלא בדנקיט קניא ואי לא (ו) קניא מודה דיכול לפדותם אע"ג דגופו בפנים כיון שהפירות חוץ לירושלים והוא נותן טעם דהא קרינן בו לא תוכל שאתו אף בגופו בפנים ושמא איכא למימר דשבקיה לקרא דממך דמשמע מגופך דאיהו קא דחיק ומוקמי אנפשיה היכא דלא שייך שם לא תוכל שאתו שאינו מחוסר טעינה כזה שהוא על כתפיו ורב פפא מיבעיא ליה בקניא כך נראה למשי"ח אבל על גירס' דממילואך קשה דממילואך היינו המשוי כדפירש הקונטרס (ז) גבי משאו מבפנים וגופו מבחוץ וכיון שמשאו מבחוץ קרינן כי ירחק ממלואך וצ"ל דממלואך מגלה לנו דהגוף והמשוי בחד והוה ליה במקלט המשוי בפנים: **אמר** רבי יוחנן מאימתי מעשר שני חייבים עליו משיראה פני הבית. וקשה דכיון דקודם שיראה פני הבית הכי נמי דמותר לאכלו חוץ א"כ למה הוחקק לעולם לפדות מעשר שני וי"ל דודאי ליכא לאו אבל עשה איכא דכתיב וצרת הכסף בידך אבל בלא פדייה לא: **מיתיבי** רבי יוסי אומר כו'. ה"ה דמצי לאותובי (ח) מתניתין דאוקי לעיל סיפא במעשר שני טהור דאכיל חוץ לחומה אלא ודאי משני דעייליה ואפקיה אבל הכא קשיא מאי למימרא ובמתני' ליכא למפרך דהא קא מהני ליה למלקות דלא השמיענו שום חידוש בהא:

הניחא למאן דאמר כו'. פלוגתא היא באיזהו מקומן: **רישא במעשר** שני טמא. וקאכיל ליה בירושלים בלא פדייה: ה"ג והיכן מוזהר על אכילה שלא יאכלנו בטומאה איני יודע ת"ל לא תוכל וגו' כך היא שנויה בספרי וכשקבעוה כאן לא הספיקו לגומרה עד דאקשי גמרא טומאת הגוף בהדיא כתיב ביה ולא יאכל מן הקדשים כי אם רחץ וגו' ומוקמינן לה ביבמות במעשר (ד) מדכתיב כי אם רחץ הא רחץ טהור דטבל ועלה אוכל במעשר: (רבינו גופו טהור ואלה נשמתו בטהרה לא פירש יותר מכאן ואילך לשון תלמידו ר' יהודה בר' נתן): (ה) כך הוא לשון הברייתא (כלומר) איני יודע להיכן מוזהר לכך תלמוד לומר לא תוכל וגו' והש"ס לא שביק ליה לאסוקי מילתיה אלא קדים ופריך ומתמה אמאי קאמר איני יודע הא טומאת הגוף בהדיא כתיבא נפש אשר תגע בו כו' לא יאכל מן הקדשים כי אם רחץ בשרו במים ואמרינן ביבמות דהאי קרא במעשר שני קאמר דטבל ועלה אוכל כו': ולהלן הוא אומר. בבכור בעל מום (שנפדה) בשעריך תאכלנו ולעיל מיניה כתיב כי יהיה בו מום: **אפילו טמא וטהור.** דאע"ג דאסור בגיזה ועבודה כדאמרינן (בכורות דף טו.) בכל אות נפשך תזבח ואכלת בשר תזבח ולא גיזה ואכלת ולא לכלביך בשר ולא חלב אפי' הכי טמא וטהור אוכלין אותו בקערה אחת דנאכלים בטומאת הגוף ובטומאת עצמן דכיון דטמא אוכל בהן היינו בטומאת הגוף אוכל הטהור וכשהטהור אוכל עמו לאחר שנגע בו היינו טהור אוכל טומאת עצמו שאכל את הטמא: האי טמא דשראי לך התם. בבכור בעל מום דכתיב ביה בשעריך הכא גבי מעשר לא תוכל והיינו לא תוכל לאכול בשעריך כלומר אי אתה רשאי לאכול מעשר שני בתורת בכור שכתוב בו בשעריך דבעל מום דבכור נאכל בטומאת עצמו ובטומאת הגוף וזה אסור: ומנלן דבר פדייה הוא. מעשר שני שנטמא דמדקאמר במתני' שלא נפדה מכלל דאי בעי פריק ואפילו בירושלים דאע"ג דמעשר שני טהור אינו נפדה בירושלים דכתיב כי ירחק ממך ונתת בכסף בריחוק מקום אתה פודה ולא בקירוב מקום (קדושין דף נו): ואין שאת אלא אכילה. והכי קאמר קרא כי ירחק ממך שיהא מעשר טהור חוץ לירושלים או אפילו הוא בירושלים אלא שאי אתה יכול לאוכלו שנטמא ונתת בכסף: **אפילו** בפסיעה אחת. אע"ג דכתיב ירחק דמשמע טובא ת"ל כי לא תוכל שאתו לנושאו ולהביאו לפנים מן החומה דהכתוב לא תלה הדבר בריחוק אלא בנטילה דכל זמן דאיכא למיעבד אכתי נטילה והבאה לפנים אפילו פסיעה אחת פודה אותו: לכדר' אלעזר. למעשר שני שנטמא: מאי שאתו. שמע מינה לכדרב אסי: יתיב רב חנינא ורב הושעיא אפיתחא דירושלים וקא מיבעי להו: ממלואך. מכל מילוי שלך ומשא של אדם חשיב מלואו דלא תימא ממך ממקלתך דכל זמן שרחק מקלתך יהא נפדה אלא כי ירחק ממלואך פדה אבל כשאתה בפנים או משאך בפנים לא רחק המקום ממלואך ושוב לא תפדה אלא ואכלת שם: בעי רב פפא. הוא מבפנים ונקיט משאו בקניא ארוך מבחוץ: מהו. כיון דלאו ממש על כתיפו הוא אין זה מלואו והרי הוא כמוטל לארץ ונפדה או דלמא כיון דנקיט ליה משאו קרינא ביה תיקו כן נראה בעיני רבי ועיקר: משיראה פני החומה. וחוץ לחומה דמתני' היינו דעייליה ואפקיה: דלא קרינא ביה לפני ה' אלהיך. דלא הכניסו לפנים: כהן שעלתה בידו תאנה של טבל ואמר תאנה זו תרומתה בעוקצה. בצד זנבה: מעשר ראשון בצפונה. בצד לפון שלה והוא אוחזה כנגד מזרח וכן מעשר שני בדרומה: תרומה בעוקציה כו'. דבעי ראשית שיהא שיריה ניכרין והלכך בעינן סיום והאי דתנן (דמאי פ"ז מ"ד) שני לוגין שאני עתיד להפריש הרי הן תרומה במקומן פליג אהא דלא בעי ראשית שיהא שיריה ניכרין: והיא שנת מעשר שני. ואותה שנה שניה שראוי ליתן בה מעשר שני: והוא בירושלים. כשקרא שמות הללו על אותה תאנה: מעשר עני בגבולין. או שהיא שנת מעשר שלישית ואמר מעשר עני בדרומה ולא אמר מעשר שני והוא אפי' בגבולין: לוקה

עין משפט נר מצוה

עא א מיי' פ"ג מהל' מעשר שני הל' א סמג לאוין רסד:
עב ב מיי' פט"ז מהל' טומאת אוכלין הל' יא סמג עשין רמו:
עג ג מיי' פ"ב מהל' מעשר שני הל' ח ופ"ג הל' ג סמג עשין קלז:
עד ד ה מיי' שם פ"ב הל' ח סמג שם:
עה ו מיי' שם הל' ו:

ליקוטי רש"י

לא בערתי ממנו בטמא וכו'. והכי פירושו מכלל שנאמר בוידוי מעשר לא ביערתי ממנו בטמא דמשמע בין שאני טמא כו' הוא מתודה שלא בערו באש ולא הדליק בו את הנר וכל שכן בטהור דלא ניתן אלא לאכילה ושתיה וסיכה וממילא שמעינן מדלא הוצרך להתודות על הטהור שמע מינה הכי קאמר אפילו בשעת הטומאה שלא יכולתי לאוכלו לא נתתיו להדלקה אלמא אינו נאכל בטומאה והיכן מוזהר על כן. **איני יודע.** לאו מפורש לכך נאמר לא תוכל והשתא פריך הש"ס מקמי דליסליק למילתיה. **טומאת הגוף בהדיא כתיבה.** ואמאי קתני איני יודע. **בשעריך תאכלנו.** בפסולי המוקדשין קאי לאחר פדיונן שאוכלן זר [יבמות עג:]. **מנין למעשר שני שנטמא שפודין אותו אפילו בירושלים.** שאין מעשר טהור נפדה שם דכתיב (דברים יד) כי ירחק ממך [וגו'] ונתת בכסף ולא כשהיה בירושלים [בבא מציעא נג:]. **אפילו בירושלים.** לאחר שנכנס ואף על גב דדרשינן (שם יד) כי ירחק ממך המקום וצרת הכסף בידך. ברחוק מקום אתה פודה ולא בקרוב מקום [סנהדרין קיב:]. **ואין שאת אלא אכילה.** כשלא תוכל לאוכלו כגון זה שנטמא ונתת בכסף [פסחים לו:]. **ואין שאת אלא אכילה.** והכי קאמר קרא כי ירחק ממך המקום או כי לא תוכל לאוכלו שנטמא וצרת הכסף בידך [סנהדרין קיב:].

תורה אור השלם

א) לֹא אָכַלְתִּי בְאֹנִי מִמֶּנּוּ וְלֹא בִעַרְתִּי מִמֶּנּוּ בְּטָמֵא וְלֹא נָתַתִּי מִמֶּנּוּ לְמֵת שָׁמַעְתִּי בְּקוֹל יְיָ אֱלֹהָי עָשִׂיתִי כְּכֹל אֲשֶׁר צִוִּיתָנִי: [דברים כו, יד]
ב) נֶפֶשׁ אֲשֶׁר תִּגַּע בּוֹ וְטָמְאָה עַד הָעָרֶב וְלֹא יֹאכַל מִן הַקֳּדָשִׁים כִּי אִם רָחַץ בְּשָׂרוֹ בַּמָּיִם: [ויקרא כב, ו]
ג) לֹא תוּכַל לֶאֱכֹל בִּשְׁעָרֶיךָ מַעְשַׂר דְּגָנְךָ וְתִירֹשְׁךָ וְיִצְהָרֶךָ וּבְכֹרֹת בְּקָרְךָ וְצֹאנֶךָ וְכָל נְדָרֶיךָ אֲשֶׁר תִּדֹּר וְנִדְבֹתֶיךָ וּתְרוּמַת יָדֶךָ: [דברים יב, יז]
ד) בִּשְׁעָרֶיךָ תֹּאכְלֶנּוּ הַטָּמֵא וְהַטָּהוֹר יַחְדָּו כַּצְּבִי וְכָאַיָּל: [דברים טו, כב]
ה) וְכִי יִרְבֶּה מִמְּךָ הַדֶּרֶךְ כִּי לֹא תוּכַל שְׂאֵתוֹ כִּי יִרְחַק מִמְּךָ הַמָּקוֹם אֲשֶׁר יִבְחַר יְיָ אֱלֹהֶיךָ לָשׂוּם שְׁמוֹ שָׁם כִּי יְבָרֶכְךָ יְיָ אֱלֹהֶיךָ: [דברים יד, כד] ו) וַיִּשָּׂא מַשְׂאֹת מֵאֵת פָּנָיו אֲלֵהֶם וַתֵּרֶב מַשְׂאַת בִּנְיָמִן מִמַּשְׂאֹת כֻּלָּם חָמֵשׁ יָדוֹת וַיִּשְׁתּוּ וַיִּשְׁכְּרוּ עִמּוֹ: [בראשית מג, לד] ז) כִּי אִם לִפְנֵי יְיָ אֱלֹהֶיךָ תֹּאכְלֶנּוּ בַּמָּקוֹם אֲשֶׁר יִבְחַר יְיָ אֱלֹהֶיךָ בּוֹ אַתָּה וּבִנְךָ וּבִתֶּךָ וְעַבְדְּךָ וַאֲמָתֶךָ וְהַלֵּוִי אֲשֶׁר בִּשְׁעָרֶיךָ וְשָׂמַחְתָּ לִפְנֵי יְיָ אֱלֹהֶיךָ בְּכֹל מִשְׁלַח יָדֶךָ: [דברים יב, יח]

מסורת הש"ס

א) יבמות עג:, ב) רש"א ת"ל, ג) פסחים לו: ב"מ נג. סנהדרין קיב:, ד) [נ"ל אלעזר], ה) [נ"ל כי אם לפני כו'], ו) [תוס' פ"ג וע' תוס' ר"ה יב. ד"ה תנא כו'], ז) [זבחים לג.], ח) [עד:], ט) והוא חתנו של רש"י ז"ל, י) רש"א מה"ד מע"ש בדרומה ואותה כו', כ) כדפירש הקונטרס כאן במשאו מבחוץ א"כ קרינן כי ירחק ממלואך כו' רש"א, ל) רש"א מני.

הגהות הב"ח

(א) גמרא וקא אכיל ליה חוץ לחומה: (ב) שם טמא דשראי לך (גבי טהור התם) תא"מ ונ"ב ס"א גבי בכור: (ג) שם רב חנינא ורב הושעיא (וקא מיבעי להו אפיתחא דירושלים מהו פשיטא) תא"מ ונ"ב ס"א ור' הושעיא אפיתחא דירושלים וקא מיבעי להו פשיטא הוא כו': (ד) רש"י ד"ה ה"ג והיכן וכו' ביבמות במעשר שני מדכתיב: (ה) ד"ה איני יודע כך הוא לשון וכו' היכן מוזהר על כך תלמוד לומר וכו' למילתיה אלא וכו' ולא יאכל: (ו) תוס' ד"ה הוא בפנים וכו' ואי לא נקט קניא מודה וכו' כיון שהפירות חוץ לירושלים והוא נושא אותם לירושלים דהא קרינן בו לא תוכל: (ז) בא"ד קשה דממילואך היינו המשוי כדפי' הקונטרס וכיון שמשאו מבחוץ קרינן ביה כי ירחק ממילואך לגבי משאו מבפנים וגופו מבחוץ וצ"ל כצ"ל ונ"ב ואין להקשות דלמא אה"נ דההוא גופיה פשיט ליה דקרינן ביה [כי ירחק] די"ל דא"כ כ"ש בקניא דקרינן ביה כי ירחק ומאי קא מיבעי ליה לרב פפא: (ח) ד"ה מיתיבי וכו' לאותובי ממתניתין וכו' אלא דאמתני' ודאי משני וכו' ולמתניתין ליכא למיפרך אלא למימרא דהא קא מני להו למלקות:

maaser sheni foods.[9] Thus, the Torah explicitly warns a person who is *tamei* against eating *maaser sheni*! אֶלָּא טוּמְאַת עַצְמוֹ מִנַּיִן – **Rather,** the Baraisa means to inquire: **From where** do we derive the warning against eating *maaser sheni* when it is in **its own** state of ***tumah*** and the person who eats it is *tahor*?

The Baraisa continues, and provides the sought-for source: (דכתיב) [תַּלְמוּד לוֹמַר] ,,לֹא־תוּכַל לֶאֱכֹל בִּשְׁעָרֶיךָ" – [SCRIPTURE] THEREFORE STATES:[10] ***YOU MAY NOT EAT IN YOUR [OUTLYING] CITIES** the maaser [sheni] of your grain.*[11] וּלְהַלָּן הוּא אוֹמֵר ,,בִּשְׁעָרֶיךָ תֹּאכְלֶנּוּ הַטָּמֵא וְהַטָּהוֹר" – AND FURTHER, [SCRIPTURE] STATES, in regard to a *bechor* offering that was blemished: IN YOUR [OUTLYING] CITIES MAY YOU EAT IT, THE *TAMEI* PERSON AND THE *TAHOR* PERSON *together.*[12] The identical expression "in your [outlying] cities" used in both verses links *maaser sheni* to the blemished *bechor.*

The Gemara elaborates on how this indicates a prohibition against eating *maaser sheni* that is *tamei*:

וְתָנָא דְּבֵי רַבִּי יִשְׁמָעֵאל – **And a Baraisa was taught in the academy of R' Yishmael** in explanation of this latter verse: אֲפִילּוּ טָמֵא וְטָהוֹר אוֹכְלִין בִּקְעָרָה אַחַת וְאֵין חוֹשְׁשִׁין – "Together" teaches that it is EVEN permitted for A *TAMEI* PERSON AND A *TAHOR* PERSON to EAT the meat of a blemished *bechor* FROM A SINGLE PLATTER, WITHOUT CONCERN for *tumah.* That is, the *tamei* person may eat it despite his bodily *tumah,* and although when he touches it he contaminates that which is on the platter, the *tahor* person may then eat of it despite its own *tumah.* Thus, "In your [outlying] cities may you eat it . . . together" teaches that neither bodily *tumah* nor its own *tumah* preclude consumption of a blemished *bechor.* וְקָאָמַר רַחֲמָנָא – **And** by using the expression "You may *not* eat *in your [outlying] cities*" regarding *maaser sheni,* **the Merciful One says,** in effect, הֵיאַךְ טָמֵא דְּשָׁרֵי לָךְ גַּבֵּי טָהוֹר הָתָם – **"That** manner of having a ***tamei*** **person** eat **together with a** ***tahor*** **person** without regard for either bodily *tumah* or its own *tumah,* **which I permitted you there,** in the case of *bechor* – הָכָא לֹא תֵיכוּל – **here,** in the case of *maaser sheni,* **you shall not eat** in this manner." Thus, the verse *You may not eat "in your [outlying] cities" the maaser [sheni] of your grain* teaches the prohibition against eating *maaser sheni* that is *tamei.*[13]

The Gemara has explained that the first Mishnah, which lists *"maaser sheni* . . . that has not been redeemed," refers to unredeemed *maaser sheni* that is eaten in Jerusalem in a state of *tumah.* The implication is that it *was* not redeemed but it *can* be redeemed even though it has already been brought to Jerusalem. The Gemara therefore inquires:

וּמְנָא לָן דְּבַר פְּדִיָּיה הוּא – **And from where do we know that [*maaser sheni* that is *tamei*] is subject to redemption** even in Jerusalem?[14]

The Gemara replies:

דְּאָמַר רַבִּי אֶלְעָזָר – **For R' Elazar said:** מִנַּיִן לְמַעֲשֵׂר שֵׁנִי שֶׁנִּטְמָא שֶׁפּוֹדִין אוֹתוֹ אֲפִילּוּ בִּירוּשָׁלַיִם – **From where** do we know **concerning *maaser sheni* that became *tamei* that we may redeem it even in Jerusalem?** תַּלְמוּד לוֹמַר ,,כִּי לֹא תוּכַל שְׂאֵתוֹ" – **[Scripture] therefore states** that you may redeem *maaser sheni*: ***because you are unable*** שְׂאֵתוֹ;[15] וְאֵין שְׂאֵת אֶלָּא אֲכִילָה – **and** the word שְׂאֵת is a reference to **nothing other than *eating,*** שֶׁנֶּאֱמַר ,,וַיִּשָּׂא מַשְׂאֹת מֵאֵת פָּנָיו" – **as it is stated:** ***And he served them portions*** [מַשְׂאֹת] ***that had been [set] before him.***[16] Thus, we learn that if *maaser sheni* cannot be eaten – because it is *tamei* – we may redeem it even in Jerusalem.[17]

The Gemara now discusses the redemption of *maaser sheni* that is *tahor* outside of Jerusalem.

אָמַר רַב בִּיבִי אָמַר רַב אַסִּי – **Rav Bivi said in the name of Rav**

NOTES

9. By stating that he may not eat of the holies unless he has immersed, the verse implies that upon immersion in the *mikveh* – even before nightfall – the person is sufficiently *tahor* to eat them. Since we know that *terumah* and *kodashim* may not be eaten until the nightfall *after* the immersion, the "holies" for which the verse declares the person *tahor* upon immersion must be *maaser sheni* [and it prohibits him to eat these "holies" before immersion] (*Rashi;* see *Yevamos* ibid.).

The following remark is inserted in *Rashi's* commentary here: "Our Master's body was pure and his soul departed in purity; he did not elucidate further. From this point onward, the language is that of his disciple, R' Yehudah bar Nassan." R' Yehudah bar Nassan, known as *Rivan,* was *Rashi's* son-in-law (*Mesoras HaShas*). [The expression, "Our Master's body was pure (*tahor*) and his soul departed in purity (*taharah*)," alludes to the fact that the final comment *Rashi* wrote pertained to *taharah.* This is taken as an indication that his soul was pure. See *Sanhedrin* 68a and *Yerushalmi, Shabbos* 2:7, where the Gemara comments similarly about the Tanna R' Eliezer, who passed away with the word *tahor* on his lips. See also *Avodah Zarah* 27b.]

10. The emendation follows *Rashi, Rivan* and *Maharsha* who quote the Baraisa from its source in *Sifrei* (to *Deuteronomy* 12:17 and 26:14). This is also the version printed in *Yevamos* 73b. [The expression תַּלְמוּד לוֹמַר, *Scripture therefore states,* is a Hebrew expression reflecting the Mishnaic usage typical of a Baraisa, whereas דִּכְתִיב, *for it is written,* is Aramaic and reflects Talmudic usage.]

11. *Deuteronomy* 12:17.

12. Ibid. 15:22. [A *bechor* that is blemished automatically loses its sacred status, even without being redeemed for money, whereas other blemished offerings require redemption in order for their sanctity to be lifted.] Now, even though these blemished offerings have been divested of their initial sanctity, certain restrictions govern their use. The Gemara (*Bechoros* 15a) infers from Scripture that they may neither be sheared for wool, nor used for milking, nor fed to dogs, but are permitted only for slaughter and consumption by humans. Nevertheless, the verse cited here teaches that the manner of consumption is entirely unrestricted – the blemished *bechor* (or other offering, after redemption) may be eaten anywhere, and as ordinary meat, even by a *tamei* person (*Rivan*).

13. The verse teaches that *maaser sheni* may not be eaten in the manner of that which is eaten "in your outlying cities." That is, unlike a *bechor,* which may be eaten both in bodily *tumah* and its own *tumah, maaser sheni* may not be eaten under these conditions (*Rivan*). This constitutes a warning, punishable by *malkus,* against eating *maaser sheni* in *tumah.*

14. *Maaser sheni* that is *tahor* cannot be redeemed in Jerusalem. The verse which allows for redemption of *maaser sheni* (*Deuteronomy* 14:24) states: *because the place* [Jerusalem] *is far from you,* implying that redemption is not possible in Jerusalem. The Gemara therefore inquires after a source for the rule that when it is *tamei* it may be redeemed even in Jerusalem (*Rivan*). [Note that although the Mishnah's imposition of *malkus* applies if either the eater or the *maaser sheni* is *tamei,* the implication that redemption in Jerusalem is possible pertains only to the case where the *maaser sheni* itself is *tamei,* not when it is *tahor* and its owner is *tamei* (*Leshem Zevach,* cited in *Otzar Mefarshei HaTalmud;* see *Yoreh Deah* 331:135 with *Shach* §151).]

15. *Deuteronomy* 14:24. The passage (ibid. vs. 24-25) reads as follows: וְכִי־יִרְבֶּה מִמְּךָ הַדֶּרֶךְ כִּי לֹא תוּכַל שְׂאֵתוֹ כִּי־יִרְחַק מִמְּךָ הַמָּקוֹם אֲשֶׁר יִבְחַר ה' אֱלֹהֶיךָ לָשׂוּם שְׁמוֹ שָׁם כִּי יְבָרֶכְךָ ה' אֱלֹהֶיךָ. וְנָתַתָּה בַּכָּסֶף וכו'. The word שְׂאֵתוֹ means literally "to carry it," and thus, the literal translation of the passage is: *If the way will be too long for you, so that you are unable to carry it* [שְׂאֵתוֹ], *because the place that Hashem, your God, will choose to put His Name there is far from you, for Hashem, your God, will have blessed you – then you may exchange it for money* etc. However, R' Elazar expounds שְׂאֵתוֹ differently, leading to another interpretation of the verse.

16. *Genesis* 43:34. We see from this verse that the root נשא can be used to denote "portion," and this allows us to interpret כִּי לֹא תוּכַל שְׂאֵתוֹ as *because you are unable to have it as your portion,* i.e. you cannot eat it.

17. The passage thus means the following: If the place is far from you – i.e. you have *maaser sheni* that is *tahor* but is outside Jerusalem – *or* you are unable to eat it – i.e. it is in Jerusalem but is *tamei* – then you may exchange it for money (*Rivan*).

עין משפט נר מצוה

עא א מיי' פ"ג מהל' מעשר שני הל' א סמג לאוין רסד:
עב ב מיי' פט"ז מהל' טומאת אוכלין הל' יא סמג עשין רמו:
עג ג מיי' פ"ב מהל' מעשר שני הל' ח ופ"ג הל' ג סמג עשין קלו:
עד ד ה מיי' שם פ"ב הל' ח סמג שם:
עה ו מיי' שם הל' ו:

ליקוטי רש"י

לא בערתי ממנו בטמא וכו'. והכי פירושו מכלל שנאמר בוידוי מעשר לא ביערתי ממנו בטמא דמשמע בין שאני טמא כו' הוא מתודה שלא בערו באש ולא הדליק בו את הנר וכל שכן בטהור דלא ניתן אלא לאכילה ושתיה וסיכה וממילא שמעינן מדלא הוצרך להתודות על הטהור שמע מינה הכי קאמר אפילו בשעת הטומאה שלא יכולתי לאוכלו לא נתתיו להדלקה אלמא אינו נאכל בטומאה והיכן מוזהר על כך. **איני יודע.** לאו מפורש לכך נאמר לא תוכל והשתא פריך הש"ס מקמי דליסליק למילתיה. **טומאת הגוף בהדיא כתיבה.** ואמאי קתני איני יודע. **בשעריך תאכלנו.** בפסולי המוקדשין קאי לאחר פדיונן שאוכלן זר [יבמות עג:].

מנין למעשר שני שנטמא שפודין אותו אפילו בירושלים. שאין מעשר טהור נפדה שם דכתיב (דברים יד) כי ירחק ממך [וגו'] ונתת בכסף ולא כשהיה בירושלים [בבא מציעא נג:]. **אפילו בירושלים.** לאחר שנכנס ואף על גב דדרשינן (שם יד) כי ירחק ממך המקום וצרת הכסף בידך. ברחוק מקום אתה פודה ולא ולא בקרוב מקום [סנהדרין קיב:].

ואין שאת אלא אכילה. כשלא תוכל לאוכלו כגון זה שניטמא ונתת בכסף [פסחים לו:].

ואין שאת אלא אכילה. והכי קאמר קרא כי ירחק ממך המקום או כי לא תוכל לאוכלו שנטמא וצרת הכסף בידך [סנהדרין קיב:].

תורה אור השלם

א) לֹא אָכַלְתִּי בְאֹנִי מִמֶּנּוּ וְלֹא בִעַרְתִּי מִמֶּנּוּ בְּטָמֵא וְלֹא נָתַתִּי מִמֶּנּוּ לְמֵת שָׁמַעְתִּי בְּקוֹל יְיָ אֱלֹהָי עָשִׂיתִי כְּכֹל אֲשֶׁר צִוִּיתָנִי: [דברים כו, יד]

ב) נֶפֶשׁ אֲשֶׁר תִּגַּע בּוֹ וְטָמְאָה עַד הָעָרֶב וְלֹא יֹאכַל מִן הַקֳּדָשִׁים כִּי אִם רָחַץ בְּשָׂרוֹ בַּמָּיִם: [ויקרא כב, ו]

ג) לֹא תוּכַל לֶאֱכֹל בִּשְׁעָרֶיךָ מַעְשַׂר דְּגָנְךָ וְתִירֹשְׁךָ וְיִצְהָרֶךָ וּבְכֹרֹת בְּקָרְךָ וְצֹאנֶךָ וְכָל נְדָרֶיךָ אֲשֶׁר תִּדֹּר וְנִדְבֹתֶיךָ וּתְרוּמַת יָדֶךָ: [דברים יב, יז]

ד) בִּשְׁעָרֶיךָ תֹּאכְלֶנּוּ הַטָּמֵא וְהַטָּהוֹר יַחְדָּו כַּצְּבִי וְכָאַיָּל: [דברים טו, כב]

גמרא

הניחא למאן דאמר בתר למד אזלינן אלא למאן דאמר בתר מלמד אזלינן מאי איכא למימר דם ובשר חדא מילתא היא: קדשי קדשים וכו': תנינא חדא זימנא מעשר שני והקדש שלא נפדו אמר רבי יוסי בר חנינא סיפא במעשר שני טהור וגברא טהור (א) דקא אכיל חוץ לחומה רישא במעשר שני טמא וגברא טמא וקא אכיל ליה בירושלים ומנ"ל דמחייב עליה משום טומאה [א] דתניא ר"ש אומר [א] לא בערתי ממנו בטמא [א] בין שאני טמא והוא טהור בין שאני טהור והוא טמא והיכן מוזהר על אכילה איני יודע טומאת הגוף בהדיא כתיב [ב] נפש אשר תגע בו וטמאה עד הערב ולא יאכל מן הקדשים וגו' אלא טומאת עצמו מנין [ג] דכתיב [ג] לא תוכל לאכול בשעריך ולהלן הוא אומר [ד] בשעריך תאכלנו הטמא והטהור ותניא דבי רבי ישמעאל [ב] אפילו טמא וטהור אוכלין בקערה אחת ואין חוששין וקאמר רחמנא היאך (ב) טמא דשרי לך גבי טהור התם הכא לא תיכול ומנ"ל דבר פדייה הוא [ג] דאמר ר"א [ג] מנין למעשר שני שנטמא שפודין אותו אפילו בירושלים ת"ל [ה] כי לא תוכל שאתו ואין שאת אלא אכילה שנאמר [ו] וישא משאות מאת פניו א"ר ביבי א"ר אסי מנין למעשר שני טהור שפודין אותו אפילו בפסיעה אחת חוץ לחומה שנאמר [ה] כי לא תוכל שאתו האי מבעי ליה לכדרבי [ז] אליעזר א"כ לימא קרא לא תוכל לאוכלו מאי שאתו ואימא כולו להכי הוא דאתא א"כ לימא קרא לא תוכל ליטלו מאי שאתו ש"מ תרתי יתיב רב חנינא ורב הושעיא (ג) וקא מבעיא להו אפיתחא דירושלים מהו פשיטא הוא בחוץ ומשאו בפנים קלטוהו מחיצות הוא בפנים ומשאו בחוץ מהו [ח] תנא להו ההוא סבא בדבי רבי שמעון בן יוחי [ה] כי ירחק ממך המקום ממילואך בעי רב פפא [ה] נקיט ליה בקניא מאי תיקו אמר ר' אסי אמר ר' יוחנן מעשר שני מאימתי חייבין עליו [ט] משיראה פני החומה מ"ט דאמר קרא [ז] לפני ה' אלהיך תאכלנו (שנה בשנה) וכתיב [ג] (כי) לא תוכל לאכול בשעריך כל היכא דקרינן ביה לפני ה' אלהיך תאכלנו קרינן ביה לא תוכל לאכול בשעריך וכל היכא דלא קרינן ביה לפני ה' אלהיך תאכלנו לא קרינן ביה לא תוכל לאכול בשעריך מיתיבי [י] רבי יוסי אומר כהן שעלתה בידו תאנה של טבל אמר תאנה זו תרומתה בעוקצה מעשר ראשון בצפונה ומעשר שני לדרומה והיא שנת מעשר שני והוא בירושלים או מעשר עני והוא בגבולין אכלה לוקה

רש"י

הניחא למאן דאמר כו'. פלוגתא היא באיזהו מקומן [י]: **רישא במעשר** שני טמא. וקאכיל ליה בירושלים בלא פדייה: ה"ג והיכן מוזהר על אכילה שלא יאכלנו בטומאה איני יודע ת"ל לא תוכל וגו' כך היא שנויה בספרי וכשקבעוה כאן לא הספיקו לגומרה עד דאקשי גמרא טומאת הגוף בהדיא כתיב ביה ולא יאכל מן הקדשים כי אם רחץ וגו' ומוקמינן לה ביבמות [ח] במעשר (ד) מדכתיב כי אם רחץ הא רחץ טהור דטבל ועלה אוכל במעשר: (רבינו גופו טהור ויאלה נשמתו בטהרה לא פירש יותר מכאן ואילך לשון תלמידו ר' יהודה בר' נתן [ט]): (ה) כך הוא לשון הברייתא (כלומר) איני יודע להיכן מוזהר לכך תלמוד לומר לא תוכל וגו' והש"ס לא שביק ליה לאסוקי מילתיה אלא קדים ופריך ומתמה אמאי קאמר איני יודע הא טומאת הגוף בהדיא כתיבא נפש אשר תגע בו כו' לא יאכל מן הקדשים כי אם רחץ בשרו במים ואמרינן ביבמות דהאי קרא במעשר שני קאמר דטבל ועלה אוכל כו': **ולהלן הוא אומר.** בבכור בעל מום (שנפדה) בשעריך תאכלנו ולעיל מיניה כתיב כי יהיה בו מום: **אפילו טמא וטהור.** דאע"ג דאסור בגיזה ועבודה כדאמרינן (בכורות דף טו.) בכל אות נפשך תזבח ואכלת בשר תזבח ולא גיזה ואכלת ולא לכלביך בשר ולא חלב אפי' הכי טמא וטהור אוכלין אותו בקערה אחת דנאכלים בטומאת הגוף ובטומאת עצמן דכיון דטמא אוכל בהן היינו בטומאת הגוף אוכל הטהור וכשהטהור אוכל עמו לאחר שנגע בו היינו טהור אוכל טומאת עצמו שאכל את הטמא: **האי טמא דשראי לך התם.** בבכור בעל מום דכתיב ביה בשעריך הכא גבי מעשר לא תוכל והיינו לא תוכל לאכול בשעריך כלומר אי אתה רשאי לאכול מעשר שני בתורת בכור שכתוב בו בשעריך דבעל מום דבכור נאכל בטומאת עצמו ובטומאת הגוף וזה אסור: **ומנלן דבר פדייה הוא.** מעשר שני שנטמא דמדקאמר במתני' שלא נפדה מכלל דאי בעי פריק ואפילו בירושלים דאע"ג דמעשר שני טהור אינו נפדה בירושלים דכתיב כי ירחק ממך ונתת בכסף בריחוק מקום אתה פודה ולא בקירוב מקום (קדושין דף נו): **ואין שאת אלא אכילה.** והכי קאמר קרא כי ירחק ממך שיהא מעשר טהור חוץ לירושלים או אפילו הוא בירושלים אלא שאי אתה יכול לאוכלו שנטמא ונתת בכסף: **אפילו בפסיעה אחת.** אע"ג דכתיב ירחק דמשמע טובא ת"ל כי לא תוכל שאתו לנושאו ולהביאו לפנים מן החומה דהכתוב לא תלה הדבר בריחוק אלא בנטילה דכל זמן דאיכא למיעבד אכתי נטילה והבאה לפנים אפילו פסיעה אחת פודה אותו: **לכדר' אלעזר.** למעשר שני שנטמא: **מאי שאתו.** שמע מינה לכדרב אסי: יתיב רב חנינא ורב הושעיא אפיתחא דירושלים וקא מיבעי להו: **ממלואך.** מכל מילוי שלך ומשא של אדם חשיב מלואו דלא תימא ממך ממקלתך דכל זמן שרחק מקלתך יהא נפדה אלא כי ירחק ממלואך פדה אבל כשאתה בפנים או משאך בפנים לא רחק המקום ממלואך ושוב לא תפדה אלא ואכלת שם: **בעי רב פפא.** הוא מבפנים ונקיט משאו בקניא ארוך מבחוץ: מהו. כיון דלאו ממש על כתיפו הוא אין זה מלואו והרי הוא כמוטל לארץ ונפדה או דלמא כיון דנקיט ליה משאו קרינא ביה תיקו כן נראה בעיני רבי ועיקר: **משיראה פני החומה.** וחוץ לחומה דמתני' היינו דעייליה ואפקיה: **דלא קרינא ביה לפני ה' אלהיך.** דלא הכניסו לפנים: **כהן שעלתה בידו תאנה של טבל ואמר תאנה זו תרומתה בעוקצה.** בצד זנבה: **מעשר ראשון בצפונה.** בצד לפון שלה והוא אוחזה כנגד מזרח וכן מעשר שני בדרומה: **תרומה בעוקציה כו'.** דבעי ראשית שיהא שיריה ניכרין והלכך בעינן סיום והאי דתנן (דמאי פ"ז מ"ד) שני לוגין שאני עתיד להפריש הרי הן תרומה במקומן פליג אהא דלא בעי ראשית שיהא שיריה ניכרין: [י] **והיא שנת מעשר שני.** ואותה שנה שניה שראוי ליתן בה מעשר שני: **והוא בירושלים.** כשקרא שמות הללו על אותה תאנה: **מעשר עני בגבולין.** או שהיא שנת מעשר שלישית ואמר מעשר עני בדרומה ולא אמר מעשר שני והוא אפי' בגבולין:
לוקה

תוספות

רישא במעשר שני טמא וגברא טמא. או או קאמר דבחדא מינייהו לקי: **הוא** בפנים ומשאו מבחוץ מהו אמר ליה כי ירחק ממך המקום ממלואך. כך גירסת הקונטרס וי"ג ממך לחודיה כלומר ממך גופך והרי גופו בפנים וקשה על זה דאם כן אדם שגופו בירושלים ופירות מעשר שני שלו בעירו א"כ לא יוכל לחללם כיון שגופו בירושלים וזה אינו דעד כאן לא מיבעיא ליה לרב פפא אלא בדנקיט קניא ואי לא (ו) קניא מודה דיכול לפדותם אע"ג דגופו בפנים כיון שהפירות חוץ לירושלים והוא נותן טעם דהא קרינן בו לא תוכל שאתו אף בגופו בפנים ושמא איכא למימר דשבקיה לקרא דממך דמשמע מגופך דאיהו קא דחיק ומוקמי אנפשיה היכא דלא שייך שם לא תוכל שאתו שאינו מחוסר טעינה כזה שהוא על כתפיו ורב פפא מיבעיא ליה בקניא כך נראה למשי"ח אבל על גירס' דממילואך קשה דממילואך היינו המשוי כדפירש הקונטרס (ז) [כ] גבי משאו מבפנים וגופו מבחוץ וכיון שמשאו מבחוץ קרינן כי ירחק ממלואך וצ"ל דממלואך מגלה לנו דהגוף והמשוי בחד והוה ליה במקלת המשוי בפנים:

אמר רבי יוחנן מאימתי מעשר שני חייבים עליו משיראה פני הבית. וקשה דכיון דקודם שיראה פני הבית הכי נמי דמותר לאכלו חוץ א"כ למה הוחקק לעולם לפדות מעשר שני וי"ל דודאי ליכא לאו אבל עשה איכא דכתיב וצרת הכסף בידך אבל בלא פדייה לא:

מיתיבי רבי יוסי אומר כו'. ה"ה דמצי לאותובי (ח) מתניתין דאוקי לעיל סיפא במעשר שני טהור דאכיל חוץ לחומה אלא ודאי משני דעייליה ואפקיה אבל הכא קשיא מאי למימרא ובמתני' ליכא למפרך דהא קא [ל] מהני ליה למלקיות דלא השמיענו שום חידוש בהם:
הא

מסורת הש"ס

א) יבמות עג:, ב) רש"א ת"ל, ג) פסחים לו: ב"מ נג. סנהדרין קיב:, ד) [צ"ל אלעזר], ה) [צ"ל כי אם לפני כו'], ו) [תוס' פ"ג ועי' תוס' ר"ה יב. ד"ה תנא כו'], ז) [זבחים ל.], ח) [עד:], ט) והוא חתנו של רש"י ז"ל, י) רש"א מה"ד מע"ש בדרומה ואותה כו', כ) כדפירש הקונטרס כאן במשאו מבחוץ א"כ קרינן כי ירחק ממלואך כו' רש"א, ל) רש"א מני.

הגהות הב"ח

(א) גמרא וקא אכיל ליה חוץ לחומה: (ב) שם טמא דשראי לך (גבי טהור התם) תא"מ ונ"ב ס"א גבי בכור: (ג) שם רב חנינא ורב הושעיא (וקא מיבעי להו אפיתחא דירושלים מהו פשיטא) תא"מ ונ"ב ס"א ור' הושעיא אפיתחא דירושלים וקא מיבעי להו פשיטא הוא כו': (ד) רש"י ד"ה ה"ג והיכן וכו' ביבמות במעשר שני מדכתיב: (ה) ד"ה איני יודע כך הוא לשון וכו' היכן מוזהר על כך תלמוד לומר וכו' למילתיה אלא וכו' ולא יאכל: (ו) תוס' ד"ה הוא בפנים וכו' ואי לא נקט קניא מודה וכו' כיון שהפירות חוץ לירושלים והוא נושא אותם לירושלים דהא קרינן בו לא תוכל: (ז) בא"ד קשה דממילואך היינו המשוי כדפי' הקונטרס וכיון שמשאו מבחוץ קרינן ביה כי ירחק ממילואך לגבי משאו מבפנים וגופו מבחוץ וצ"ל כצ"ל ונ"ב ואין להקשות דלמא אה"נ דההוא גופיה פשיט ליה דקרינן ביה [כי ירחק] די"ל דא"כ כ"ש בקניא דקרינן ביה כי ירחק ומאי קא מיבעי ליה לרב פפא: (ח) ד"ה מיתיבי וכו' לאותובי ממתניתין וכו' אלא דאמתני' ודאי משני וכו' ואמתניתין ליכא למיפרך מאי למימרא דהא קא מני להו למלקות:

ה) וְכִי יִרְבֶּה מִמְּךָ הַדֶּרֶךְ כִּי לֹא תוּכַל שְׂאֵתוֹ כִּי יִרְחַק מִמְּךָ הַמָּקוֹם אֲשֶׁר יִבְחַר יְיָ אֱלֹהֶיךָ לָשׂוּם שְׁמוֹ שָׁם כִּי יְבָרֶכְךָ יְיָ אֱלֹהֶיךָ: [דברים יד, כד] ו) וַיִּשָּׂא מַשְׂאֹת מֵאֵת פָּנָיו אֲלֵהֶם וַתֵּרֶב מַשְׂאַת בִּנְיָמִן מִמַּשְׂאֹת כֻּלָּם חָמֵשׁ יָדוֹת וַיִּשְׁתּוּ וַיִּשְׁכְּרוּ עִמּוֹ: [בראשית מג, לד] ז) כִּי אִם לִפְנֵי יְיָ אֱלֹהֶיךָ תֹּאכְלֶנּוּ בַּמָּקוֹם אֲשֶׁר יִבְחַר יְיָ אֱלֹהֶיךָ בּוֹ אַתָּה וּבִנְךָ וּבִתֶּךָ וְעַבְדְּךָ וַאֲמָתֶךָ וְהַלֵּוִי אֲשֶׁר בִּשְׁעָרֶיךָ וְשָׂמַחְתָּ לִפְנֵי יְיָ אֱלֹהֶיךָ בְּכֹל מִשְׁלַח יָדֶךָ: [דברים יב, יח]

Assi: מִנַּיִן לְמַעֲשֵׂר שֵׁנִי טָהוֹר – **From where** do we know **concerning *maaser sheni*** that is ***tahor*** שֶׁפּוֹדִין אוֹתוֹ אֲפִילּוּ בְּפְסִיעָה אַחַת חוּץ לַחוֹמָה – **that we may redeem it even** if it is **but one step outside the Wall** of Jerusalem?[18] שֶׁנֶּאֱמַר ,,כִּי לֹא תוּכַל שְׂאֵתוֹ" – **Because it is stated:** ***because you are unable to carry it*** [שְׂאֵתוֹ].[19] The verse indicates that the criterion is not distance, but rather the necessity of *carrying* it. As long as the *maaser sheni* needs to be carried into Jerusalem, even if it is just one step outside the entrance to the city, it may be redeemed.

The Gemara asks:

הַאי מִבָּעֵי לֵיהּ לְכִדְרַבִּי (אליעזר) [אֶלְעָזָר] – **That** phrase – שְׂאֵתוֹ – **is** already **needed for the law taught** above **by R' Elazar,**[20] that *maaser sheni* which is *tamei* and unfit for consumption may be redeemed even in Jerusalem. How can Rav Assi utilize it for another exposition?

The Gemara answers:

אִם כֵּן – **If** it was **so,** that this phrase indicates only the law that *maaser sheni* unfit for consumption may be redeemed even in Jerusalem, לֵימָא קְרָא לֹא תוּכַל לְאׇכְלוֹ – then **let the verse say** explicitly "because **you are unable to *eat* it,**" using the usual verb אכל to denote eating. מַאי ,,שְׂאֵתוֹ" – **What is** indicated by the unusual expression שְׂאֵתוֹ? This word must mean "to carry it," and the Torah thus conveys also that merely being outside Jerusalem – rather than distant – is sufficient to permit redemption, as taught by Rav Assi.

The Gemara counters:

וְאֵימָא כּוּלּוֹ לְהָכִי הוּא דְּאָתָא – **Then say that [the word** שְׂאֵתוֹ**]** comes entirely to teach this law of Rav Assi, and not to teach R' Elazar's law at all![21] – ? –

The Gemara answers:

אִם כֵּן – **If** it is **so,** that the Torah means to teach *only* Rav Assi's law, לֵימָא קְרָא לֹא תוּכַל לִיטְּלוֹ – then **let the verse say "so that you are unable to *take* it,"** using the usual verb to denote carrying.[22] מַאי ,,שְׂאֵתוֹ" – **What is** indicated by the Torah's usage of שְׂאֵתוֹ instead? שְׁמַע מִינָּהּ תַּרְתֵּי – **Learn from this two** things.[23]

A related inquiry is cited:

יָתִיב רַב חֲנִינָא וְרַב הוֹשַׁעְיָא וְקָא מִבַּעְיָא לְהוּ – **Rav Chanina and Rav Hoshaya were sitting and they inquired:** אַפִּיתְחָא דִירוּשָׁלַיִם מַהוּ – **What is [the law]** if *maaser sheni* is **at the** very **entrance of Jerusalem**[24] – that is, a person carrying a load of *maaser sheni* had actually begun entering the city – can it still be redeemed? פְּשִׁיטָא הוּא בַּחוּץ וּמַשָּׂאוֹ בִּפְנִים – **It is obvious** that **if he is outside** the walls of Jerusalem **but his load** of *maaser sheni* **is inside,** because he was carrying the *maaser sheni* in front of him and it passed through the city entrance before him, קְלָטוּהוּ מְחִיצוֹת – then **the walls have** already **encompassed it.** Since the *maaser sheni* is actually within the confines of the city's walls, it is already in Jerusalem and can no longer be redeemed while it is *tahor.* הוּא בִּפְנִים וּמַשָּׂאוֹ בַּחוּץ מַהוּ – However, **if he is inside** the walls of Jerusalem **but his load** of *maaser sheni* **is outside,** because he was carrying it behind him, **what is [the law]?**

The inquiry is resolved:

תָּנָא לְהוּ הַהוּא סָבָא בְּדְבֵי רַבִּי שִׁמְעוֹן בֶּן יוֹחַי – **A certain aged scholar taught [Rav Chanina and Rav Hoshaya]** the following **Baraisa from the school of R' Shimon ben Yochai:** ,,כִּי־יִרְחַק מִמְּךָ הַמָּקוֹם" – The verse states that *maaser sheni* may be redeemed: ***FOR THE PLACE*** (Jerusalem) ***WILL BE DISTANT "FROM YOU."*** The phrase "from you" means מִמִּילוֹאֲךָ – **FROM YOUR FULLNESS,** i.e. your extended person, which includes the load you are carrying.[25] If either the person or the *maaser sheni* that is loaded on him has already entered Jerusalem, the city is no longer distant from his fullness, and the *maaser sheni* may no longer be redeemed.

A further inquiry is cited:

בָּעֵי רַב פָּפָּא – **Rav Pappa inquired:** נָקִיט לֵיהּ בְּקַנְיָא מַאי – **If he was carrying [the *maaser sheni*]** behind him **on a stick,** and he entered the city but the *maaser sheni* was still outside, **what is [the law]?** Do we consider a load carried at the end of a stick also an extension of the person, so that it cannot be redeemed once the person carrying it has entered Jerusalem? Or perhaps, since the *maaser sheni* is not on his shoulder, we view it as distinct from the person, so that as long as *it* has not entered the city it may still be redeemed. – ? –

The Gemara offers no resolution to this inquiry, but concludes: תֵּיקוּ – **Let it stand** unresolved.[26]

The Gemara turns to another issue concerning *maaser sheni*:

אָמַר רַבִּי אַסִּי אָמַר רַבִּי יוֹחָנָן – **R' Assi said in the name of R' Yochanan:** מַעֲשֵׂר שֵׁנִי מֵאֵימָתַי חַיָּיבִין עָלָיו – Concerning ***maaser sheni*** – **from when is a person liable** to *malkus* **for** eating **it** outside of Jerusalem? מִשֶּׁרָאָה פְּנֵי הַחוֹמָה – It is **from when [the *maaser sheni*] has seen the face of the Wall** of Jerusalem, that is, from when it has entered the city. If it then leaves the city and one eats it outside, he incurs *malkus,* but if it never entered the city he does not incur *malkus.*[27] מַאי טַעְמָא – **What is the reason** that *malkus* is not incurred until the *maaser sheni* has

NOTES

18. Even though the Torah states (see note 15) "because the place . . . is far from you," which would seem to limit redemption to places that are distant from Jerusalem (*Rivan*).

19. *Deuteronomy* 14:24. Rav Bivi interprets שְׂאֵתוֹ as meaning literally *to carry it,* as elucidated in note 15 (see *Rivan*).

20. The emendation of the text follows *Mesoras HaShas.* See also *Bava Metzia* 53a and *Sanhedrin* 112b.

21. [Since even the literal meaning of the word (*to carry it*) conveys a novel law, what is the basis for interpreting it as also meaning "to eat it"?]

22. The Gemara does not actually mean that the Torah should have used the word לִטְּלוֹ, since this word is not commonly used in Biblical Hebrew. Rather, it means that the Torah should have used another Hebrew word, such as לְקַחְתּוֹ, *to take it* (*R' Zalman Sender Kahana-Shapiro,* cited in *Otzar Mefarshei HaTalmud*).

23. From the fact that the Torah used the word שְׂאֵתוֹ, which can mean both *to eat it* and *to carry it,* rather than an expression that specifically means one or the other, we derive both the law that contaminated *maaser sheni* may be redeemed in Jerusalem, and that uncontaminated *maaser sheni* may be redeemed even just outside the city (*Ritva*).

24. *Rivan* and *Bach* emend the text to read: יָתִיב רַב חֲנִינָא וְרַב הוֹשַׁעְיָא אַפִּיתְחָא דִירוּשָׁלַיִם וְקָא מִבַּעְיָא לְהוּ – *Rav Chanina and Rav Hoshaya were sitting at the entrance to Jerusalem and inquired.* See *Aruch LaNer* for discussion of our reading.

25. [The word מִמְּךָ, *from you,* is repeated in the verse and is thus superfluous.] The Baraisa understands it as teaching that you should not think that if "the place" is distant from only part of you, i.e. the load you are carrying is outside, that you may redeem the *maaser sheni;* rather, you may do so only when "the place" is distant *from all of yourself,* i.e. your body as well as your load of *maaser sheni* (*Rivan;* see *Tosafos;* cf. *Rambam, Hil. Maaser Sheni* 2:8).

26. Nevertheless, the Gemara revisits this issue on 20a. See note 13 there.

27. When the Mishnah states that *malkus* is incurred by one who eats *maaser sheni* outside the Wall of Jerusalem, it refers to a case where the *maaser sheni* had been brought in and then removed. Although there is no *malkus* if one eats *maaser sheni* before it has entered Jerusalem, this is prohibited by force of a positive commandment, since the Torah (*Deuteronomy* ibid.) commands that *maaser sheni* which cannot be brought to Jerusalem should be redeemed and the money brought to Jerusalem (*Tosafos* ד"ה אמר רבי יוחנן; see further, *Ritva* and *Aruch LaNer*).

הניחא למאן דאמר בתר למד אזלינן אלא למאן דאמר בתר מלמד אזלינן מאי איכא למימר דם ובשר חדא מילתא היא: קדשי קדשים וכו': תנינא חדא זימנא מעשר שני והקדש שלא נפדו אמר רבי יוסי בר חנינא סיפא במעשר שני טהור וגברא טהור (א) דקא אכיל חוץ לחומה רישא במעשר שני טמא וגברא טמא וקא אכיל ליה בירושלים ומנ"ל דמחייב עליה משום טומאה [א] דתניא ר"ש אומר א) לא בערתי ממנו בטמא [א] בין שאני טמא והוא טהור בין שאני טהור והוא טמא והיכן מוזהר על אכילה איני יודע טומאת הגוף בהדיא כתיב ב) נפש אשר תגע בו וטמאה עד הערב ולא יאכל מן הקדשים וגו' אלא טומאת עצמו מנין [ב] דכתיב ג) לא תוכל לאכול בשעריך ולהלן הוא אומר ד) בשעריך תאכלנו הטמא והטהור ותניא דבי רבי ישמעאל [ב] אפילו טמא וטהור אוכלין בקערה אחת ואין חוששין וקאמר רחמנא היאך (ב) טמא דשרי לך גבי טהור התם הכא לא תיכול ומנ"ל דבר פדייה הוא [ג] דאמר ר"א [ג] מנין למעשר שני שנטמא שפודין אותו אפילו בירושלים ת"ל ה) כי לא תוכל שאתו ואין שאת אלא אכילה שנאמר ו) וישא משאות מאת פניו א"ר ביבי א"ר אסי מנין למעשר שני טהור שפודין אותו אפילו בפסיעה אחת חוץ לחומה שנאמר ה) כי לא תוכל שאתו האי מבעי ליה לכדרבי [ד] אליעזר א"כ לימא קרא לא תוכל לאוכלו מאי שאתו ואימא כולו להכי הוא דאתא א"כ לימא קרא לא תוכל ליטלו מאי שאתו ש"מ תרתי יתיב רב חנינא ורב הושעיא (ג) וקא מבעיא להו אפיתחא דירושלים מהו פשיטא הוא בחוץ ומשאו בפנים קלטוהו מחיצות הוא בפנים ומשאו בחוץ מהו [ד] תנא להו ההוא סבא בדבי רבי שמעון בן יוחי ה) כי ירחק ממך המקום ממילואך בעי רב פפא [ה] נקיט ליה בקניא מאי תיקו אמר ר' אסי אמר ר' יוחנן מעשר שני מאימתי חייבין עליו [ו] משיראה פני החומה מ"ט דאמר קרא ז) [ס] לפני ה' אלהיך תאכלנו (שנה בשנה) וכתיב ג) (כי) לא תוכל לאכול בשעריך כל היכא דקרינן ביה לפני ה' אלהיך תאכלנו קרינן ביה לא תוכל לאכול בשעריך וכל היכא דלא קרינן ביה לפני ה' אלהיך תאכלנו לא קרינן ביה לא תוכל לאכול בשעריך מיתיבי [י] רבי יוסי אומר כהן שעלתה בידו תאנה של טבל אמר תאנה זו תרומה בעוקצה ומעשר ראשון בצפונה ומעשר שני לדרומה והיא שנת מעשר שני והוא בירושלים או מעשר עני והוא בגבולין אכלה לוקה

רש"י

הניחא למאן דאמר כו'. פלוגתא היא באיזהו מקומן [י]: **רישא במעשר שני טמא.** וקאכיל ליה בירושלים בלא פדייה: ה"ג והיכן מוזהר על אכילה שלא יאכלנו בטומאה איני יודע ת"ל לא תוכל וגו' כך היא שנויה בספרי וכשקבעוה כאן לא הספיקו לגומרה עד דאקשי גמרא טומאת הגוף בהדיא כתיב ביה ולא יאכל מן הקדשים כי אם רחץ וגו' ומוקמינן לה ביבמות [ח] במעשר (ד) מדכתיב כי אם רחץ הא רחץ טהור דטבל ועלה אוכל במעשר: (רבינו גופו טהור ויצאה נשמתו בטהרה לא פירש יותר מכאן ואילך לשון תלמידו ר' יהודה בר' נתן [ט]): (ה) כך הוא לשון הברייתא (כלומר) איני יודע להיכן מוזהר לכך תלמוד לומר לא תוכל וגו' והש"ס לא שביק ליה לאסוקי מילתיה אלא קדים ופריך ומתמה אמאי קאמר איני יודע הא טומאת הגוף בהדיא כתיבא נפש אשר תגע בו כו' לא יאכל מן הקדשים כי אם רחץ בשרו במים ואמרינן ביבמות דהאי קרא במעשר שני קאמר דטבל ועלה אוכל כו': **ולהלן הוא אומר.** בבכור בעל מום (שנפדה) בשעריך תאכלנו ולעיל מיניה כתיב כי יהיה בו מום: **אפילו טמא וטהור.** דאע"ג דאסור בגיזה ועבודה כדאמרינן (בכורות דף טו.) בכל אות נפשך תזבח ואכלת בשר תזבח ולא גיזה ואכלת ולא לכלביך בשר ולא חלב אפי' הכי טמא וטהור אוכלין אותו בקערה אחת דנאכלים בטומאת הגוף ובטומאת עצמן דכיון דטמא אוכל בהן היינו בטומאת הגוף אוכל הטהור וכשהטהור אוכל עמו לאחר שנגע בו היינו טהור אוכל טומאת עצמו שאכל את הטמא: **האי טמא דשראי לך התם.** בבכור בעל מום דכתיב ביה בשעריך הכא גבי מעשר לא תוכל והיינו לא תוכל לאכול בשעריך כלומר אי אתה רשאי לאכול מעשר שני בתורת בכור שכתוב בו בשעריך דבעל מום דבכור נאכל בטומאת עצמו ובטומאת הגוף וזה אסור: **ומנלן דבר פדייה הוא.** מעשר שני שנטמא דמדקאמר במתני' שלא נפדה מכלל דאי בעי פריק ואפילו בירושלים דאע"ג דמעשר שני טהור אינו נפדה בירושלים דכתיב כי ירחק ממך ונתת בכסף בריחוק מקום אתה פודה ולא בקירוב מקום (קדושין דף נו): **ואין שאת אלא אכילה.** והכי קאמר קרא כי ירחק ממך שיהא מעשר טהור חוץ לירושלים או אפילו הוא בירושלים אלא שאי אתה יכול לאוכלו שנטמא ונתת בכסף: **אפילו בפסיעה אחת.** אע"ג דכתיב ירחק דמשמע טובא ת"ל כי לא תוכל שאתו לנושאו ולהביאו לפנים מן החומה דהכתוב לא תלה הדבר בריחוק אלא בנטילה דכל זמן דאיכא למיעבד אכתי נטילה והבאה לפנים אפילו פסיעה אחת פודה אותו: **לכדר' אלעזר.** למעשר שני שנטמא: **מאי שאתו.** שמע מינה לכדרב אסי: **יתיב רב חנינא ורב הושעיא אפיתחא דירושלים וקא מיבעי להו:** **ממלואך.** מכל מילוי שלך ומשא של אדם חשיב מלואו דלא תימא ממך ממקלתך דכל זמן שרחק מקלתך יהא נפדה אלא כי ירחק ממלואך פדה אבל כשאתה בפנים או משאך בפנים לא רחק המקום ממלואך ושוב לא תפדה אלא ואכלת שם: **בעי רב פפא.** הוא מבפנים ונקיט משאו בקניא ארוך מבחוץ: מהו. כיון דלאו ממש על כתיפו הוא אין זה מלואו והרי הוא כמוטל לארץ ונפדה או דלמא כיון דנקיט ליה משאו קרינא ביה תיקו כן נראה בעיני רבי ועיקר: **משיראה פני החומה.** וחוץ לחומה דמתני' היינו דעייליה ואפקיה: **דלא קרינא ביה לפני ה' אלהיך.** דלא הכניסו לפנים: **כהן שעלתה בידו תאנה של טבל ואמר תאנה זו תרומה בעוקצה.** בלד זנבה: **מעשר ראשון בצפונה.** בלד לפון שלה והוא אוחזה כנגד מזרח וכן מעשר שני בדרומה: **תרומה בעוקציה כו'.** דבעי ראשית שיהא שיריה ניכרין והלכך בעינן סיום והאי דתנן (דמאי פ"ז מ"ד) שני לוגין שאני עתיד להפריש הרי הן תרומה במקומן פליג אהא דלא בעי ראשית שיהא שיריה ניכרין: [י] **והיא שנת מעשר שני.** ואותה שנה שניה שראוי ליתן בה מעשר שני: **והוא בירושלים.** כשקרא שמות הללו על אותה תאנה: **מעשר עני בגבולין.** או שהיא שנת מעשר שלישית ואמר מעשר עני בדרומה ולא אמר מעשר שני והוא אפי' בגבולין: לוקה

תוספות

רישא במעשר שני טמא וגברא טמא. או או קאמר דבחדא מינייהו לקי: **הוא** בפנים ומשאו מבחוץ מהו אמר ליה כי ירחק ממך המקום ממך ממלואך. כך גירסת הקונטרס וי"ג ממך לחודיה כלומר ממך גופך והרי גופו בפנים וקשה על זה דאם כן אדם שגופו בירושלים ופירות מעשר שני שלו בעירו א"כ לא יוכל לחללם כיון שגופו בירושלים וזה אינו דעד כאן לא מיבעיא ליה לרב פפא אלא בדנקיט קניא ואי לא (ו) קניא מודה דיכול לפדותם אע"ג דגופו בפנים כיון שהפירות חוץ לירושלים והוא נותן טעם דהא קרינן בו לא תוכל שאתו אף בגופו בפנים ושמא איכא למימר דשבקיה לקרא דממך דמשמע מגופך דאיהו קא דחיק ומוקמי אנפשיה היכא דלא שייך שם לא תוכל שאתו שאינו מחוסר טעינה כזה שהוא על כתפיו ורב פפא מיבעיא ליה בקניא כך נראה למשי"ח אבל על גירס' דממילואך קשה דממילואך היינו המשוי כדפירש הקונטרס (ז) [כ] גבי משאו מבפנים וגופו מבחוץ וכיון שמשאו מבחוץ קרינן כי ירחק ממלואך וי"ל דממלואך מגלה לנו דהגוף והמשוי בחד והוה ליה במקלת המשוי בפנים:

אמר רבי יוחנן מאימתי מעשר שני חייבים עליו משיראה פני הבית. וקשה דכיון דקודם שיראה פני הבית הכי נמי דמותר לאכלו חוץ א"כ למה הוחקק לעולם לפדות מעשר שני וי"ל דודאי ליכא לאו אבל עשה איכא דכתיב וצרת הכסף בידך אבל בלא פדייה לא:

מיתיבי רבי יוסי אומר כו'. ה"ה דמצי לאותובי (ח) מתניתין דאוקי לעיל סיפא במעשר שני טהור דאכיל חוץ לחומה אלא ודאי משני דעייליה ואפקיה אבל הכא קשיא מאי למימרא ובמתני' ליכא למפרך דהא קא [ל] מהני ליה למלקיות דלא השמיענו שום חידוש בהם: הא

עא א מיי' פ"ג מהל' מעשר שני הל' א סמג לאוין רסד:
עב ב מיי' פט"ז מהל' טומאת אוכלין הל' יא סמג עשין רמו:
עג ג מיי' פ"ב מהל' מעשר שני הל' ח ופ"ג הל' ג סמג עשין קלז:
עד ד ה מיי' שם פ"ב הל' ח סמג שם:
עה ו מיי' שם הל' ו:

ליקוטי רש"י

לא בערתי ממנו בטמא וכו'. והכי פירושו מכלל שנאמר בוידוי מעשר לא ביערתי ממנו בטמא דמשמע בין שאני טמא כו' הוא מתודה שלא בערו באש ולא הדליק בו את הנר וכל שכן בטהור דלא ניתן אלא לאכילה ושתיה וסיכה וממילא שמעינן מדלא הוצרך להתודות על הטהור שמע מינה הכי קאמר אפילו בשעת הטומאה שלא יכולתי לאוכלו לא נתתיו להדלקה אלמא אינו נאכל בטומאה והיכן מוזהר על כך. **איני יודע.** לאו מפורש לכך נאמר לא תוכל והשתא פריך הש"ס מקמי דליסליק למילתיה. **טומאת הגוף בהדיא כתיבה.** ואמאי קתני איני יודע. **בשעריך תאכלנו.** בפסולי המוקדשין קאי לאחר פדיונן שאוכלן זר [יבמות עג:].

מנין למעשר שני שנטמא שפודין אותו אפילו בירושלים. שאין מעשר טהור נפדה שם דכתיב (דברים יד) כי ירחק ממך [וגו'] ונתת בכסף ולא כשהיה בירושלים [בבא מציעא נג:]. **אפילו בירושלים.** לאחר שנכנס ואף על גב דדרשינן (שם יד) כי ירחק ממך המקום וצרת הכסף בידך. ברחוק מקום אתה פודה ולר ולא בקרוב מקום [סנהדרין קיב:].

ואין שאת אלא אכילה. כשלא תוכל לאוכלו כגון זה שניטמא ונתת בכסף [פסחים לו:].

ואין שאת אלא אכילה. והכי קאמר קרא כי ירחק ממך המקום או כי לא תוכל לאוכלו שנטמא וצרת הכסף בידך [סנהדרין קיב:].

תורה אור השלם

א) לֹא אָכַלְתִּי בְאֹנִי מִמֶּנּוּ וְלֹא בִעַרְתִּי מִמֶּנּוּ בְּטָמֵא וְלֹא נָתַתִּי מִמֶּנּוּ לְמֵת שָׁמַעְתִּי בְּקוֹל יְיָ אֱלֹהָי עָשִׂיתִי כְּכֹל אֲשֶׁר צִוִּיתָנִי: [דברים כו, יד]

ב) נֶפֶשׁ אֲשֶׁר תִּגַּע בּוֹ וְטָמְאָה עַד הָעָרֶב וְלֹא יֹאכַל מִן הַקֳּדָשִׁים כִּי אִם רָחַץ בְּשָׂרוֹ בַּמָּיִם: [ויקרא כב, ו]

ג) לֹא תוּכַל לֶאֱכֹל בִּשְׁעָרֶיךָ מַעְשַׂר דְּגָנְךָ וְתִירֹשְׁךָ וְיִצְהָרֶךָ וּבְכֹרֹת בְּקָרְךָ וְצֹאנֶךָ וְכָל נְדָרֶיךָ אֲשֶׁר תִּדֹּר וְנִדְבֹתֶיךָ וּתְרוּמַת יָדֶךָ: [דברים יב, יז]

ד) בִּשְׁעָרֶיךָ תֹּאכְלֶנּוּ הַטָּמֵא וְהַטָּהוֹר יַחְדָּו כַּצְּבִי וְכָאַיָּל: [דברים טו, כב]

ה) וְכִי יִרְבֶּה מִמְּךָ הַדֶּרֶךְ כִּי לֹא תוּכַל שְׂאֵתוֹ כִּי יִרְחַק מִמְּךָ הַמָּקוֹם אֲשֶׁר יִבְחַר יְיָ אֱלֹהֶיךָ לָשׂוּם שְׁמוֹ שָׁם כִּי יְבָרֶכְךָ יְיָ אֱלֹהֶיךָ: [דברים יד, כד] ו) וַיִּשָּׂא מַשְׂאֹת מֵאֵת פָּנָיו אֲלֵהֶם וַתֵּרֶב מַשְׂאַת בִּנְיָמִן מִמַּשְׂאֹת כֻּלָּם חָמֵשׁ יָדוֹת וַיִּשְׁתּוּ וַיִּשְׁכְּרוּ עִמּוֹ: [בראשית מג, לד] ז) כִּי אִם לִפְנֵי יְיָ אֱלֹהֶיךָ תֹּאכְלֶנּוּ בַּמָּקוֹם אֲשֶׁר יִבְחַר יְיָ אֱלֹהֶיךָ בּוֹ אַתָּה וּבִנְךָ וּבִתֶּךָ וְעַבְדְּךָ וַאֲמָתֶךָ וְהַלֵּוִי אֲשֶׁר בִּשְׁעָרֶיךָ וְשָׂמַחְתָּ לִפְנֵי יְיָ אֱלֹהֶיךָ בְּכֹל מִשְׁלַח יָדֶךָ: [דברים יב, יח]

מסורת הש"ס

א) יבמות עג:, ב) רש"א ת"ל, ג) פסחים לו: ב"מ נג. סנהדרין קיב:, ד) [צ"ל אלעזר], ה) [צ"ל כי אם לפני כו'], ו) [תוס' פ"ג ועי' תוס' ר"ה יב. ד"ה תנא כו'], ז) [זבחים לג.], ח) [עד:], ט) והוא חתנו של רש"י ז"ל, י) רש"א מה"ד מע"ש בדרומה ואותה כו', כ) כדפירש הקונטרס כאן במשאו מבחוץ א"כ קרינן כי ירחק ממלואך כו' רש"א, ל) רש"א מני.

הגהות הב"ח

(א) גמרא וקא אכיל ליה חוץ לחומה: (ב) שם טמא דשראי לך (גבי טהור התם) תא"מ ונ"ב ס"א גבי בכור: (ג) שם רב חנינא ורב הושעיא (וקא מיבעי להו אפיתחא דירושלים מהו פשיטא) תא"מ ונ"ב ס"א ור' הושעיא אפיתחא דירושלים וקא מיבעי להו פשיטא הוא כו': (ד) רש"י ד"ה ה"ג והיכן וכו' ביבמות במעשר שני מדכתיב: (ה) ד"ה איני יודע כך הוא לשון וכו' היכן מוזהר על כך תלמוד לומר וכו' למילתיה אלא וכו' ולא יאכל: (ו) תוס' ד"ה הוא בפנים וכו' ואי לא נקט קניא מודה וכו' כיון שהפירות חוץ לירושלים והוא נושא אותם לירושלים דהא קרינן בו לא תוכל: (ז) בא"ד קשה דממילואך היינו המשוי כדפי' הקונטרס וכיון שמשאו מבחוץ קרינן ביה כי ירחק ממילואך לגבי משאו מבפנים וגופו מבחוץ וכו' וצ"ל כצ"ל ונ"ב ואין להקשות דלמא אה"נ דהסוא גופיה פשיט ליה דקרינן ביה [כי ירחק] די"ל דא"כ כ"ש בקניא דקרינן ביה כי ירחק ומאי קא מיבעי ליה לרב פפא: (ח) ד"ה מיתיבי וכו' לאותובי ממתניתין וכו' אלא דאמתני' ודאי משני וכו' ואמתניתין ליכא למיפרך מאי למימרא דהא קא מני להו למלקות:

entered Jerusalem? דְאָמַר קְרָא ,,לִפְנֵי ה׳ אֱלֹהֶיךָ תֹּאכְלֶנּוּ (שנה בשנה)״ — **For Scripture states: *before Hashem, your God, shall you eat it,***[28] which is a positive commandment to eat *maaser sheni* in Jerusalem; וּכְתִיב ,,(כִּי) לֹא־תוּכַל לֶאֱכֹל בִּשְׁעָרֶיךָ״ — **and it is written** in the previous verse: ***You may not eat in your [outlying] cities*** *the maaser [sheni] of your grain,* which is the prohibition against eating *maaser sheni* outside of Jerusalem. The juxtaposition of these two verses teaches that כָּל הֵיכָא דְקָרֵינַן בֵּיהּ ,,לִפְנֵי ה׳ אֱלֹהֶיךָ תֹּאכְלֶנּוּ״ — **wherever we apply the verse, *before Hashem, your God, shall you eat it,*** קָרֵינַן בֵּיהּ ,,לֹא־תוּכַל לֶאֱכֹל בִּשְׁעָרֶיךָ״ — **we** also **apply the verse, *You may not eat in your [outlying] cities*** etc. That is, when *maaser sheni* has entered Jerusalem and become subject to the positive commandment to eat it there, it is also subject to the negative commandment against eating it outside. וְכָל הֵיכָא דְלֹא קָרֵינַן בֵּיהּ ,,לִפְנֵי ה׳ אֱלֹהֶיךָ תֹּאכְלֶנּוּ״ — **But wherever we cannot apply the verse, *before Hashem, your God, shall you eat it,*** לֹא קָרֵינַן בֵּיהּ ,,לֹא־תוּכַל לֶאֱכֹל בִּשְׁעָרֶיךָ״ — **we cannot apply the verse, *You may not eat in your [outlying] cities*** etc. That is, when *maaser sheni* has not yet entered Jerusalem and become subject to the positive commandment to eat it there, the negative commandment against eating it outside does not apply either.[29]

R' Yochanan's ruling is challenged:

מֵיתִיבֵי — **They challenged** R' Yochanan from the following Baraisa: רַבִּי יוֹסֵי אוֹמֵר — R' YOSE SAYS: כֹּהֵן שֶׁעָלְתָה בְּיָדוֹ תְּאֵנָה שֶׁל טֶבֶל — IF A KOHEN PICKED UP IN HIS HAND A FIG OF *TEVEL*,[30] אָמַר — and HE SAID, designating various tithes: תְּאֵנָה זוֹ תְּרוּמָתָהּ בְּעוּקְצָהּ — "THIS FIG – let ITS *TERUMAH* be AT the place of ITS STEM, מַעֲשֵׂר רִאשׁוֹן בִּצְפוֹנָהּ — let its *MAASER RISHON* be IN ITS NORTHERN PART, וּמַעֲשֵׂר שֵׁנִי לִדְרוֹמָהּ — AND let its *MAASER SHENI* be IN ITS SOUTHERN PART,"[31] וְהִיא שְׁנַת מַעֲשֵׂר שֵׁנִי וְהוּא בִּירוּשָׁלַיִם — AND IT WAS THE YEAR OF *MAASER SHENI* AND HE WAS IN JERUSALEM, where it is permitted to eat *maaser sheni,* אוֹ מַעֲשַׂר עָנִי וְהוּא בִּגְבוּלִין — OR it was the year of *MAASAR ANI* AND HE WAS even IN THE OUTSKIRTS, i.e. outside of Jerusalem where *maasar ani* may be eaten,[32] and he concluded "let its *maasar ani* be in its southern part" — but in either case he failed to designate *terumas maaser* within the *maaser rishon,* the law is as follows: אֲכָלָהּ — IF HE then ATE [THE FIG],

NOTES

28. *Deuteronomy* 12:18.

29. The Gemara's exposition would be more readily understandable if the verse "You may not eat etc." had been stated *after* the verse "Before Hashem ... shall you eat," but it is actually stated *before* that verse! *Aruch HaShulchan HeAsid* (119:13) explains that the Torah already commands earlier in vs. 6-7 that *maaser sheni* is to be eaten in Jerusalem. Why, then, does the Torah reiterate this positive commandment in v. 18? R' Yochanan takes this to indicate that v. 18 ("Before Hashem ... shall you eat") reflects on the previous verse ("You may not eat in your outlying cities") and qualifies it as applying only when the *maaser sheni* has already been fit to eat before Hashem — that is, it entered Jerusalem. Cf. *Likkutei Halachos.*

30. I.e. a fig whose *terumos* and *maasros* were not designated and which is thus forbidden even to a Kohen. See 13a note 26 (Ch. 3) for a description of the various tithes.

[Since the Baraisa later imposes *malkus* for eating the fig while yet untithed, it implies that figs are subject to a *Biblical* tithing requirement. This supports the view of *Rambam* (*Hil. Terumos* 2:1; see *Kesef Mishneh* there), who asserts that all edible fruits (but not vegetables) are Biblically subject to *terumos* and *maasros.* Others, however, maintain that these requirements apply Biblically only to the five species of grain, as well as to grapes and olives, whereas other produce is only Rabbinically obligated (see *Rashi* to *Berachos* 36a ד״ה גבי מעשר et al.; *Tosafos* to *Rosh Hashanah* 12a ד״ה תנא et al.; *Raavad, Hil. Maaser* 1:9; *Ramban* and *Rashba* to *Bava Metzia* 88a-b; *Ramban* to *Deuteronomy* 14:22; *Turei Even* to *Rosh Hashanah* 15b ד״ה מעשר חרובין). *Tosafos* (ibid.) defend this view by explaining that the Baraisa here uses the example of a fig only for purposes of illustration, even though the law does not actually apply in that particular case. Alternatively, the Baraisa means only that the Rabbinic *malkus* penalty (מַכַּת מַרְדּוּת) is incurred.

Others propound a third view, that all the Seven Species (one of which is the fig) are Biblically obligated in *terumos* and *maasros* (*Meiri;* see also *Shitah Mekubetzes* to *Bava Metzia* 88b in name of *Raavad,* and *Meleches Shlomo* to *Maasros* 1:1). This approach also accounts for the *Baraisa's* ruling that eating a fig of *tevel* is punishable by *malkus.*]

31. The designation of *terumah* and *maasros* is not valid unless each portion is clearly identified. Thus, the *terumah, maaser rishon* and *maaser sheni* must each be assigned a specific part of the fig (*Rivan,* as elaborated by *Ritva;* see there for further discussion).

32. In the first, second, fourth and fifth years of the *shemittah* cycle, the second tithe separated from the crop is *maaser sheni,* which remains the owner's but must be eaten in Jerusalem. In the third and sixth years of the *shemittah* cycle, *maaser sheni* is replaced by *maasar ani,* which is given to paupers and may be eaten anywhere.

לוֹקֶה אַחַת – HE INCURS ONE *MALKUS* PENALTY, for eating *tevel,* since he failed to designate *terumas maaser.*[1] **וְזָר שֶׁאֲכָלָהּ לוֹקֶה שְׁתַּיִם** – BUT A NON-KOHEN WHO ATE [THIS FIG] INCURS TWO *MALKUS* PENALTIES, one for eating *tevel,* and another for eating the *terumah* that was in the base of the fig. **שֶׁאִילּוּ בַּתְּחִלָּה אֲכָלָהּ** – BUT HAD [THE NON-KOHEN] EATEN [THE FIG] INITIALLY, before any of its tithes were designated, **אֵינוֹ לוֹקֶה אֶלָּא אַחַת** – HE WOULD HAVE INCURRED ONLY ONE *MALKUS* PENALTY, for eating *tevel.*[2]

The Gemara develops its challenge, focusing on the Baraisa's mention that if this occurred in the year of *maaser sheni* the person was specifically in Jerusalem, and only if it occurred in the year of *maaser ani* could he have been in the outskirts:

טַעְמָא דְּאִיתֵיהּ בִּירוּשָׁלַיִם – The Baraisa implies that in the former case **the reason** the non-Kohen incurs only the two *malkus* penalties for eating *tevel* and *terumah* **is that he is in Jerusalem** when he designates the tithes and eats the fig, and thus, he has not violated any prohibition by eating the *maaser sheni* that is in it. **הָא בִּגְבוּלִין לוֹקֶה שָׁלֹשׁ** – **But** if he would designate the tithes and eat the fig while **in the outskirts, he would incur three** ***malkus*** **penalties** – one for *tevel,* a second for *terumah,* and a third for eating *maaser sheni* outside of Jerusalem – **(דאף)[וְאַף]**[3] **עַל גַּב דְּלָאו רוֹאֶה פְּנֵי חוֹמָה** – and this applies **even though [the fig]** in the outskirts **has not seen the face of the Wall** of Jerusalem! Thus, we see that a person incurs *malkus* for eating *maaser sheni* outside of Jerusalem even if it was never in the city. – ? –

The Gemara answers:

דְּעַיְּילֵי וְאַפְּקֵי – The Baraisa's implied case is one **where they** brought the fig **in** to Jerusalem, designated its tithes, **and** then **took** it **out,** and the person ate it outside. Since the *maaser sheni* had once been in the city, he incurs *malkus* for eating it outside.

The Gemara objects:

אִי הָכִי מַאי לְמֵימְרָא – **If so, what** need is there for the Baraisa **to say** this ruling? It teaches nothing that we would not otherwise have known.[4] – ? –

The Gemara modifies its answer:

הָכָא בְּמַאי עָסְקִינַן – **What are we dealing with here,** in the Baraisa's implied case? **כְּגוֹן דְּעַיְּילִינְהוּ בְּטִיבְלַיְיהוּ** – It is **the case in which they brought [the fruits] in** to Jerusalem **in their untithed state,** but then took them out of the city before designating the *maaser sheni,* and the person then designated the tithes and ate them outside the city. **וְקָסָבַר מַתָּנוֹת שֶׁלֹּא הוּרְמוּ כְּמִי שֶׁהוּרְמוּ דָּמְיָין** – **And [the Tanna of the Baraisa],** who implies that *malkus* are incurred on account of eating the *maaser sheni,* **holds** that **unseparated gift-portions** such as *terumos* and *maasros* **are considered as if they were** already **separated,** and the *maaser sheni* is thus deemed to have already been in Jerusalem – even though it was at that time yet undesignated.[5]

The Gemara challenges this explanation:

וְסָבַר רַבִּי יוֹסֵי מַתָּנוֹת שֶׁלֹּא הוּרְמוּ כְּמִי שֶׁהוּרְמוּ דָּמֵי – **Does R' Yose,** who is the Tanna of the Baraisa, actually **hold that unseparated gift-portions are considered as if they were** already **separated? (והתניא) [וְהָתְנַן]** – **But we learned in a Mishnah:**[6] **רַבִּי שִׁמְעוֹן בֶּן יְהוּדָה אוֹמֵר מִשּׁוּם רַבִּי יוֹסֵי** – R' SHIMON BEN YEHUDAH SAYS IN THE NAME OF R' YOSE: **לֹא נֶחְלְקוּ בֵּית שַׁמַּאי וּבֵית הִלֵּל** – BEIS SHAMMAI AND BEIS HILLEL, who debated whether a certain category of *maaser sheni* is eligible for redemption, DID *NOT* DISAGREE **עַל פֵּירוֹת שֶׁלֹּא נִגְמְרָה מְלַאכְתָּן וְעָבְרוּ בִּירוּשָׁלַיִם** – ABOUT FRUITS WHOSE PROCESSING WAS UNFINISHED[7] THAT PASSED THROUGH JERUSALEM, and whose processing was then finished and tithes designated outside Jerusalem, **שֶׁיִּפָּדֶה מַעֲשֵׂר שֵׁנִי שֶׁלָּהֶן וְיֵאָכֵל בְּכָל מָקוֹם** – THAT THEIR *MAASER SHENI* CAN BE REDEEMED AND then EATEN IN ANY PLACE.[8] **וְעַל מַה נֶּחְלְקוּ** –

NOTES

1. As long as *terumas maaser* was not separated from the *maaser rishon* in the fig, the *maaser rishon* portion remains in the category of *tevel,* and he thus incurs *malkus* for eating it. He does not, however, incur an additional *malkus* penalty for eating the *terumah* portion, since he is a Kohen to whom *terumah* is permitted. He also does not incur *malkus* for eating that which was designated as *maaser rishon* and *maaser sheni* (or *maaser ani*), since these are foods that are permitted to all Jews. [Though one is commanded to *give* the *maaser rishon* to a Levi and *maaser ani* to a pauper, they may be consumed by anyone.] If he had even designated but not separated the *terumas maaser* – e.g. by saying, "Let its *terumas maaser* be in its center" – he would not incur *malkus* at all, since *terumas maaser* is permitted to a Kohen (*Rivan*).

2. Although the fig has in it many undesignated tithes and is thus *tevel* for a variety of reasons, all forms of *tevel* are covered by a single prohibition, and only one *malkus* penalty is incurred for eating it. This applies to a Kohen as well as a non-Kohen (*Ritva;* see further, *Aruch LaNer* and *Chazon Ish, Demai* 1:5).

[*Aruch LaNer* (19b ד״ה תאנה של טבל) wonders how *malkus* can be incurred for eating the *maaser rishon* or *terumah* portions of the fig (or the *maaser sheni* portion, as stated below), when the minimum measure for which one incurs *malkus* is a *kezayis* (olive's volume), and each tithe designated within a *single* fig is obviously smaller than a *kezayis*! He suggests resolving this difficulty on the basis of *Tosafos'* explanation (see 19b note 30) that the Baraisa uses the case of a fig only for purposes of illustration but the law does not actually apply in this particular case. For an alternative explanation, see *Poras Yosef* to 19b.]

3. The emendation follows *Bach.*

4. The Gemara's question is as follows: It can be assumed that the Baraisa stipulated "and he was in Jerusalem" in order to teach some new law – either directly or by implication. No new law is taught directly, for one who eats the fig in Jerusalem obviously does not incur *malkus* on account of the *maaser sheni,* as it is permitted there. It must therefore be that the new law is taught by implication – that is, if he ate the fig containing *maaser sheni* outside of Jerusalem then he does incur *malkus* on account of this. Now, if the Baraisa's implied case is one in which the *maaser sheni* had never been in the city, then the new law taught is that *malkus* is incurred for eating *maaser sheni* even though it was never in Jerusalem. This law would not otherwise be obvious [as evidenced by the fact that R' Yochanan indeed rules otherwise]. But if the Baraisa means only that *malkus* is incurred if the *maaser sheni* had once been in Jerusalem, nothing new is being taught, since no one ever entertained the notion that *malkus* should *not* be incurred in such a case. Furthermore, the Baraisa's rulings that a Kohen incurs *malkus* for eating *tevel* and a non-Kohen for eating *terumah* are nothing new, and so, the Baraisa is *entirely* superfluous (*Rivan*).

5. There is a dispute whether untithed produce is viewed as having distinct portions corresponding to each of the required tithes, or not (see *Kiddushin* 54b, 58b with *Rashi* to 54b ד״ה וקסבר). The Gemara asserts that the Tanna of the above Baraisa (R' Yose) is of the opinion that such distinct portions do exist – "unseparated gift-portions are considered as if they were already separated." Thus, when the fruit was brought into Jerusalem before the *maaser sheni* was designated, the *maaser sheni* itself is deemed to have entered the city. The Baraisa teaches by implication that this is considered to be a case of *maaser sheni* that was once in Jerusalem, and if a person then designates it even outside of Jerusalem and eats it there, he incurs *malkus* (*Rivan;* see *Ritva* and *Achiezer,* vol. 3 §63:3). [The Baraisa may be interpreted as dealing with this case because it then contains a novel ruling. At any rate, according to this interpretation, the Baraisa accords fully with R' Yochanan's opinion that *malkus* is incurred for eating *maaser sheni* outside of Jerusalem only if the *maaser sheni* was once within the city.]

6. *Maaser Sheni* 3:6.

7. Produce does not become obligated in tithes until its raw processing is complete. In the case of grain, for example, the completion of the raw processing [גְּמַר מְלָאכָה] is the smoothing of the pile of threshed and winnowed kernels [מֵירוּחַ] (*Rivan,* citing *Maasros* 1:5; see 16b note 8).

8. Since the fruits were in Jerusalem only in their unprocessed and

לוקה אחת וזר שאכלה לוקה שתים שאילו בתחלה אכלה אינו לוקה אלא אחת טעמא דאיתיה בירושלים הא בגבולין לוקה שלש (א) דאע"ג דלאו רואה פני חומה דעיילי ואפקי אי הכי מאי למימרא הכא במאי עסקינן כגון דעיילינהו בטיבלייהו א וקסבר מתנות שלא הורמו כמי שהורמו דמיין וסבר ר' יוסי מתנות שלא הורמו כמי שהורמו דמי והתניא רבי שמעון בן יהודה אומר משום רבי יוסי לא נחלקו בית שמאי ובית הלל על פירות שלא נגמרה מלאכתן ועברו בירושלים שיפדה מעשר שני שלהן ויאכל בכל מקום ועל מה נחלקו על פירות שנגמרה מלאכתן ועברו בירושלים שבית שמאי אומרים יחזיר מעשר שני שלהם ויאכל בירושלים וב"ה אומרים יפדה ויאכל בכל מקום ואי סלקא דעתך מתנות שלא הורמו כמי שהורמו דמיין הא קלטוהו מחיצות אמר רבה מחיצה לאכול דאורייתא מחיצה לקלוט דרבנן וכי גזור רבנן כי איתיה בעיניה בטבליה לא גזור רבנן רבינא אמר כגון דנקיט ליה בקניא ותפשוט בעיא דרב פפא:

מתני' הקורח קרחה בראשו והמקיף פאת ראשו והמשחית פאת זקנו והשורט שריטה אחת על המת חייב שרט שריטה (ב) אחת על חמשה מתים או חמש שריטות על מת אחד חייב על כל אחת ואחת על הראש שתים אחת מכאן ואחת מכאן על הזקן שתים מכאן ושתים מכאן ואחת מלמטה רבי אליעזר אומר אם נטלן כולן כאחת אינו חייב אלא אחת ואינו חייב עד שיטלנו בתער רבי אליעזר אומר אפילו לקטו במלקט או ברהיטני חייב: גמ' תנו רבנן א לא יקרחו יכול אפילו קרח ארבע וחמש קריחות לא יהא חייב אלא אחת תלמוד לומר קרחה לחייב על כל קרחה וקרחה בראשם מה תלמוד לומר לפי שנאמר ב לא תתגודדו ולא תשימו קרחה בין עיניכם למת יכול לא יהא חייב אלא על בין העינים בלבד מנין לרבות כל הראש תלמוד לומר בראשם לרבות כל הראש ואין לי אלא בכהנים שריבה בהן הכתוב מצות יתירות ישראל מנין נאמר כאן קרחה ונאמר להלן קרחה מה להלן חייב על כל קרחה וקרחה וחייב על הראש כבין העינים אף כאן חייב על כל קרחה וקרחה וחייב על הראש כבין העינים ומה להלן על מת אף כאן על מת הני ד' וה' קריחות ה"ד אילימא בזה אחר זה ובחמש התראות פשיטא אלא

רש"י

לוקה אחת. דלא הוציאה מידי טבל בקריאת שם זה וקאכיל מעשר ראשון הטבול לתרומת מעשר וקעבר אלאו דטבל אבל איסור תרומה דקאכיל ליכא דהא כהן הוא ונהי (ג) אי הוה אמר תרומת מעשר באמצעיתה הוי מצי אכיל כולה ולא לקי מידי דהוה תרומת מעשר לכהן והוא כהן ואמעשר ראשון ואמעשר שני לא לקי דהא אף לזרים שרי: הכי גרסינן טעמא דמעשר שני בירושלים ומעשר עני בגבולין הא מעשר שני בגבולין לוקה שלש: דעייליה. לירושלים וקרא עליה שם והדר אפקיה חוץ דחזא מעשר שני פני החומה הלכך לוקה שלש: אי הכי מאי למימרא. דבשלמא אי אמרת מעשר שני בגבולין לוקה שלש אע"ג דלא חזא פני החומה אשמועינן טובא דחייבין עליו אע"פ שלא ראה פני חומה ואיצטריך למיתניה משום דיוקא דידה הא בגבולין אלא אי אמרת בדעייליה ואפקיה מאי למימרא לא היא איצטריכא ולאו דיוקא דידה דהא פשיטא דאפילו כהן לוקה על הטבל וזר על התרומה ועל מעשר שני חוץ לחומה: דעיילה בטיבלה. להיא תאנה בירושלים דקלטוהו מחילות למעשר שני העתיד ליתרם ממנה: וקסבר מתנות שלא הורמו כמי שהורמו דמיין. ודמי כמאן דעייל מעשר שני בעיניה דהוה ליה ראה פני החומה והלכך כי אפקה לוקה עליו וכגון דאפקה נמי בטיבלה: שנגמרה מלאכתן. למעשר כדמפרש בזרעים (מעשרות פ"א מ"ה) אימתי גמר מלאכתן למעשר בחיטין משימרח הכרי בדילועין משיפקסו כו': שיפדה מעשר שני. עדיין יש לו פדייה דכיון דלא נגמרה מלאכתן לא אמרינן כמי שהורמו דמיין וראה פני החומה ואין לו פדייה: יחזיר מעשר שני ויאכל בירושלים. דקסברי בית שמאי כמי שהורמו דמיין: יפדה ויאכל בכל מקום. מדמתני רבי יוסי אליבא דבית הלל יפדה ש"מ דהכי סבירא ליה דבית שמאי במקום בית הלל אינה משנה ומדקאמר יפדה ש"מ דמתנות שלא הורמו לאו כמי שהורמו דמיין ולא ראה פני החומה ויש לו פדייה ואי ס"ד כו': רבינא אמר. הא דדייקינן לעיל הא בגבולין לוקה שלש וקא בעית מאי למימרא איצטריך כגון דנקיט ליה בקניא וקא משמע לן דכמאן דראה פני החומה דמי ולוקה משום לא תוכל אי הדר ארחקיה ואכליה ותפשוט מינה בעיא דרב פפא דבעא לעיל:

מתני' הקורח קרחה בראשו. על המת כדמפרש בגמרא: והמקיף פאת ראשו. (ד) משום דבעי למימר הי נינהו פאתי ראשו נקיט ליה: שרט. עושה חבורה בעצמו משום צער מתו: השורט שריטה אחת על המת חייב. הכא לאו דוקא נקט שריטה אחת אלא משום דבעי לפלוגי לקמיה בין שריטה אחת לשתי שריטות נקיט ליה נמי הכא וכמדומה דלא גרסינן ליה: שריטה אחת על ה' מתים או ה' שריטות על מת אחד. בגמרא מרבי ליה דחייב על כל אחת ואחת: חייב על הראש. על הקפת הראש חייב שתי מלקיות דשתי פאות יש לו לראש שהראש כשתי חתיכות מקום השיער חתיכה אחת ומקום הפנים והזקן חתיכה אחת ומתחברות זו עם זו בצד האוזן מלפניו מקום שלועזין טנפל"א ושם נקרא פאה ששם סוף הראש מקום חיבור הפרקים ונמצא שיש לו שתי פאות לידעא מכאן ולידעא מכאן וחייב עליהן שתים אפילו נטלן בבת אחת בשתי ידיו ואע"ג דחד התראה קא מתרה ליה אל תקיף דזיל הכא פאה איכא וזיל הכא פאה איכא כדאמר לקמן גבי קרחה וגבי שריטה דמייתינן (ה) דחייב על כל קרחה וקרחה ועל כל שרט ושרט ונהי דהכא לא צריך לאתויי מקרא דמסתמא כי היכי דאמרינן ושרט לחייב על כל שרט ושרט ה"נ אמרינן פאת לחייב על כל פאה ופאה דהא לאו מיתורא דקרא שמעינן ליה כולי האי [ו] כ"ש וגימגום כדאמרינן לקמן דסכינהו לחמש אצבעתיה נשא דאע"ג דליכא אלא חדא התראה מחייבינן ליה חמש: שתים מכאן. חמש פאות יש לו לזקן אחד למטה מן האוזן מקום שלחי התחתון יוצא ומתפרד שם ושם נקרא פאה בחודו של לחי שבולט לחוץ ששם מתחלת הזקן וכל מה שלמעלה עד הנידעא בכלל פאת הראש היא ושתי השיבולות כל אחד מהן לסוף הלחי ונקרא פאה ואחת מלמטה שיער שבין השיבולת באמצע הסנטר שלועזין מנט"ן: ואינו חייב עד שיטלנו בתער. תנא קמא קאמר לה ורבי אליעזר פליג עליה: גמ' הכי גרסינן לא יקרחו קרחה יכול אפילו קרח כו' תלמוד לומר קרחה. דקרא יתירא (ו) הוא: בראשם מה תלמוד לומר. לאו דוקא קאמר ליה דהא ודאי איצטריך משום דהוה אמינא קרחה כל דהו אלא מידרש קא דריש ליה בראשם משמע כל הראש שלפי שאמר כו': ולא תתגודדו. בישראל כתיב בין העינים. בראש סמוך לפדחת: ואין לי. דחייב על כל הראש אלא כהנים דההוא בכהנים כתיב: ולא יקרחו בכהנים:

תוספות

הא בגבולין לוקה. מדנקט והיא שנת מעשר שני והוא בירושלים שמע מינה דאילו היה בגבולין לוקה שלש: אמר רבא מחיצה לאכול מדאורייתא מחיצה לקלוט מדרבנן. הלכך לגבי דין פדייה לא אמרינן (ז) מתנה שלא הורמו כמי שהורמו דמיין לענין שקלטוהו ואסור לפדותו אבל לענין שלוקין בגבולין אמרינן כמי שהורמו דמיין והוי ראו פני הבית:

רבינא אמר כגון דנקיט ליה בקניא. הא דאמר בגבולין לוקה שלש מיירי כשהאיש עומד (ח) בין הקנים ונקיט ליה לקנה מבחוץ ואשמעינן דלוקה דבכך קרית ביה ראיית פני הבית ולוקה כשאוכלו במקומו דעדיין אינו בפנים לגמרי (ח) ולפשוט בעיא דרב פפא:

לחייב על כל קרחה וקרחה היכי דמי אילימא בזה אחר זה ובחמש התראות פשיטא אלא בבת אחת ובחדא התראה. זו גירסת הספרים והקונטרס לא גריס בבת אחת אלא בחדא התראה וכן פי' לעולם בזה אחר זה ושמא היינו טעמא משום דאי בבת אחת הכל קרחה חדא היא ויש ליישב בבת אחת ומיירי שעשה שיעור ה' קרחות והוא הדין דבזה אחר זה נמי היה יכול להקשות אלא הכי קאמר אילימא גם בבת אחת ובחדא התראה: לא

מסורת הש"ס

א) [נדרים פה. קדושין נח: ב"ב קכג: חולין קל: בכורות יא.], ב) [צ"ל והתנן], ג) [מ"ש פ"ג מ"ו], ד) סנהדרין קיג. ע"ש ב"מ נג: ע"ש, ה) ס"א רבא, ו) [לעיל יט:], ז) שבועות ג: [וע"ש תוס' ד"ה חייב], ח) [עי' תוס' שבועות ג. ד"ה ועל], ט) נזיר מ:, י) קדושין לו., כ) [יבמות ה. וש"נ], ל) ר"ת כן שמעתי וגירסת רש"א וכ"ש הוא וגי' רש"ל יש כאן גמגום, מ) גי' מהר"ם מבפנים.

הגהות הב"ח

(א) גמרא ואע"ג דלאו רואה וכו' דעיילה ואפקה וכו' כגון דעיילה בטיבלה וקסבר מתנות: (ב) שם במשנה שריטה (אחת) תז"מ ונ"ב ס"א אינו: (ג) רש"י ד"ה לוקה וכו' ונהי דאי: (ד) ד"ה והמקיף פאת ראשו משום. נ"ב כלומר לית ביה דבר חדש ע"ל בפרש"י ריש פירקין: (ה) ד"ה חייב וכו' דמייתינן מקרא דחייב על כל קרחה וכו' ושרט וה"נ הכא דהכא לא צריך וכו' כולי האי אלא ממשמעות' ודאמרי' לקמן בדף זה ריש ע"ב דסכינהו וכו' חמש וגימגום הס"ד: (ו) ד"ה הכי גרסינן וכו' יתירא הוא. נ"ב ס"א כדאמרינן לקמן דסכינהו לה' אצבעותיו נשא דאע"ג דליכא אלא חדא התראה מחייבין עלה חמש: (ז) תוס' ד"ה אמר וכו' לא אמרינן מתנות וכו' שקלטוהו מחילות ואסור לפדותו אבל לענין שלוקים בגבולין על אכילתו אמרי' כמי: (ח) ד"ה רבינא וכו' לגמרי ותפשוט:

תורה אור השלם

א) לֹא יִקְרְחוּ קָרְחָה בְּרֹאשָׁם וּפְאַת זְקָנָם לֹא יְגַלֵּחוּ וּבִבְשָׂרָם לֹא יִשְׂרְטוּ שָׂרָטֶת: [ויקרא כא, ה]

ב) בָּנִים אַתֶּם לַיְיָ אֱלֹהֵיכֶם לֹא תִתְגֹּדְדוּ וְלֹא תָשִׂימוּ קָרְחָה בֵּין עֵינֵיכֶם לָמֵת: [דברים יד, א]

לעזי רש"י

טנפל"א. פירוש לדע, רקה (רש"י שופטים ד, כב), צד המצח שליד האוזן. מנט"ן. פירוש סנטר, פרק לחי התחתון בזקן (מוסף הערוך ערך סנטר ב' ועיין רש"י שבועות דף ג ע"א ד"ה ואחת מלמטה ומכות דף כא ע"א ד"ה ב' פירקי דדיקנא).

עין משפט נר מצוה

עו א מיי' פ"ה מהל' אישות הלכה ו:
עז ב מיי' פ"ב מהל' מעשר שני הל' ה:
עח ג מיי' שם הל' ט:
עט ד מיי' פי"ט מהל' סנהדרין הל' ד [סי' קמג] ופי"ב מהל' ע"ז הל' טו סמג לאוין סב טוש"ע י"ד סי' קפ סעיף ט:
פ ה מיי' פי"ט מהל' סנהדרין הל' ד [סימן קמ] ופי"ב מהל' ע"ז הל' א סמג שם טוש"ע י"ד סי' קפא סעיף ב:
פא ו מיי' שם בהל' סנהדרין הל' ז [סי' קמא] ופי"ב מהל' ע"ז הל' ז סמג שם טוש"ע שם סעיף י:
[ו] מיי' שם בהל' סנהדרין הל' ד סי' קמב:
פב ז מיי' פי"ב מהל' ע"ז הל' יב סמג שם טוש"ע י"ד סי' קפ סעיף ח:
פג ח מיי' שם הל' א סמג שם טוש"ע י"ד סי' קפא סעיף א:
פד ט מיי' שם הל' ז סמג שם טוש"ע שם סעיף יא:
פה י מיי' וסמג שם טוש"ע שם סעיף י:
פו כ מיי' שם הל' טו סמג שם טוש"ע י"ד סי' קפ סעיף י:
פז ל מ מיי' שם טוש"ע שם סעיף ט:

ליקוטי רש"י

מחיצה לאכול דאורייתא מחיצה לקלוט דרבנן. מחילה שנאמרה בתורה לא הוזכרה אלא לאכול בתוכה ושאמרו במשנה מחילות קולטות אותם מלפדות עוד אם יצא דרבנן היא [ב"מ נג:]. מחיצות לאכול דאורייתא. מן התורה מצוה לאכול לפנים מן החומה. אבל מחיצות לקלוט. שיהיו מחילות קולטות בין לענין פדייה בין לכל ענין. מדרבנן הוא וכי גזור רבנן דתיהוי קליטת מחילות למעשר דטוב אינו יכול לפדותו [סנהדרין קיג.].

ותפשוט בעיא דרב פפא. בעי רב פפא הוא מבפנים ונקיט משאו בקניא ארוך מבחוץ. מהו. כיון דלאו ממש על כתיפו הוא אין זה מלואו והרי הוא כמוטל לארץ ונפדה או דלמא כיון דנקיט ליה משאו קרינא ביה תיקו [מכות יט:].

על הראש שתים. על הקפת ראש שתים דהא פאת כתיב (ויקרא יט) ופאה לשון סוף וקצה הוא כמו (שמות כז) לפאת ים (שם) לפאת נגב מקום חיבור הגלגולת עם הלחי והן מקום הצדעין [שבועות ב:]. על הזקן שתים מכאן. לד ב' לצדעים לפי שהלחיים רחב כנגד הצדעים ויש לכל דבר רחב קצה לשני צדדין בראשו. וא' מלמטה. בסנטר שהלחיים מחוברין שם והעצם קצר מלמטה בסנטר שקורין מונטו"ן בלע"ז [שבועות ג.].

ואינו חייב. על הקפת הראש עד שילקטנו בתער [נזיר מ:].

במלקט ורהיטני. מלקט. פליינ"א של מלאכתי חרבות שמחליקין את תיק הסייף. רהיטני. פליינ"א של עושי תריסין [קידושין לה:]. בראשם מה תלמוד לומר. בראשם האמור אצל כהנים מה ת"ל דלפי שנאמר בישראל בין עיניכם משמע סמוך לפדחת [קידושין לו.].

ה"ג

ABOUT WHAT *DID* [BEIS SHAMMAI AND BEIS HILLEL] DISAGREE? **עַל פֵּירוֹת שֶׁנִּגְמְרָה מְלַאכְתָּן וְעָבְרוּ בִּירוּשָׁלַיִם** – It is ABOUT FRUITS WHOSE PROCESSING *WAS* FINISHED THAT PASSED THROUGH JERUSALEM, but whose tithes were not designated until after they had been taken out of Jerusalem. It is in regard to such fruits **שֶׁבֵּית שַׁמַּאי אוֹמְרִים יַחֲזִיר מַעֲשֵׂר שֵׁנִי שֶׁלָּהֶם וְיֵאָכֵל בִּירוּשָׁלַיִם** – THAT BEIS SHAMMAI SAY: THEIR *MAASER SHENI* MUST BE RETURNED AND EATEN IN JERUSALEM, for it cannot be redeemed.[9] **וּבֵית הִלֵּל אוֹמְרִים יִפָּדֶה וְיֵאָכֵל בְּכָל מָקוֹם** – BUT BEIS HILLEL SAY: [THE *MAASER SHENI* OF THESE FRUITS] CAN BE REDEEMED AND EATEN IN ANY PLACE, since it was never in Jerusalem in the final form of *maaser sheni.* Since R' Yose quotes Beis Hillel as allowing redemption, he obviously follows this opinion.[10] **וְאִי סַלְקָא דַּעְתָּךְ מַתָּנוֹת שֶׁלֹּא הוּרְמוּ כְּמִי שֶׁהוּרְמוּ דָּמְיָין** – Now, if it should enter your mind that according to R' Yose **unseparated gift-portions are considered as if they were** already **separated,** then why can the *maaser sheni* that is designated after the fruits have been removed from Jerusalem be redeemed? **הָא קַלְטוּהוּ מְחִיצוֹת** – **Why, the walls** of Jerusalem **have encompassed [the *maaser sheni*],** albeit in its unseparated state! Perforce, R' Yose holds that unseparated gift-portions are *not* considered as if they were already separated. – ? –

The Gemara responds:

אָמַר רַבָּה – **Rabbah said:** **מְחִיצָה לֶאֱכוֹל דְּאוֹרַיְיתָא** – The law that the Wall of Jerusalem constitutes a **boundary in regard to eating** *maaser sheni* **is Biblical** in nature; the entry of *maaser sheni* into Jerusalem creates a Biblical prohibition against eating it outside. Regarding this Biblical law, R' Yose maintains that unseparated gift-portions are treated as if they were already separated, and thus, if *maaser sheni* enters Jerusalem even in its untithed state, one who then eats it outside is liable to *malkus.* **מְחִיצָה לִקְלוֹט דְּרַבָּנָן** – But **the** law that the Wall of Jerusalem constitutes a **boundary in regard to encompassing** *maaser sheni* and precluding it from redemption **is** merely **Rabbinical** in nature. Biblically, although *maaser sheni* that has entered Jerusalem may not be *eaten* outside, it may still be removed from the city for redemption outside. It is the Rabbis who decreed that the *maaser sheni* may no longer be taken out and redeemed. **וְכִי גָּזוּר רַבָּנָן** – **And when did the Rabbis** make this **decree?** **כִּי אִיתֵיהּ בְּעֵינֵיהּ** – Only **when [the *maaser sheni*] is present** in Jerusalem **in its true form,** after it has actually been designated. **בְּטִבְלֵיהּ לֹא גָּזוּר רַבָּנָן** – If it merely entered Jerusalem **in its untithed form, the Rabbis did not decree** that its entry into Jerusalem should prevent it from being subsequently removed from the city and redeemed, for in regard to their decree the Rabbis did not treat unseparated gift-portions as if they were already separated. Thus, Beis Hillel's ruling (as cited by R' Yose), permitting *redemption* of *maaser sheni* outside Jerusalem after it had been in the city while yet unseparated, does not contradict R' Yose's ruling in the previous Baraisa, imposing *malkus* for *eating* it outside Jerusalem.

The Gemara presents an alternative explanation of R' Yose's ruling in the Baraisa, according to which the previous objection (based on his ruling in the cited Mishnah) is inapplicable:[11]

רָבִינָא אָמַר – **Ravina said:** The third *malkus* penalty implied by R' Yose in the Baraisa for eating *maaser sheni* outside of Jerusalem applies **כְּגוֹן דְּנָקִיט לֵיהּ בְּקַנְיָא** – in **a case where one is carrying [the *maaser sheni*] on a stick** slung over his shoulder, and he enters Jerusalem, but the *maaser sheni* remains suspended from the stick outside.[12] R' Yose means to imply that even in such a case the *maaser sheni* is considered to have in effect entered Jerusalem, and it is therefore prohibited to be eaten outside the city on pain of *malkus.* **וְתִפְשׁוֹט בַּעְיָא דְּרַב פָּפָּא** – **And** accordingly, **you can resolve Rav Pappa's inquiry** above regarding the law in this case.[13]

Mishnah

The Mishnah enumerates other prohibitions punishable by *malkus*:

הַקּוֹרֵחַ קָרְחָה בְּרֹאשׁוֹ – **One who makes a bald spot on his head** in mourning for a dead person,[14] **וְהַמַּקִּיף פְּאַת רֹאשׁוֹ** – **or who rounds**[15] **the corner of his head,**[16] **וְהַמַּשְׁחִית פְּאַת זְקָנוֹ** – **or who destroys the**

NOTES

nonobligated state, the unseparated *maaser sheni* portion that was within them at that time was definitely not considered as if it had already been separated – and hence, the *maaser sheni* that is eventually separated is not deemed to have ever entered Jerusalem. When it is separated outside Jerusalem, therefore, it is fit to be redeemed, like all *maaser sheni* that never entered Jerusalem (*Rivan*). [R' Yose disputes the opinion of another Tanna in that Mishnah, who cites Beis Shammai and Beis Hillel as disagreeing regarding this case.]

9. This is because Beis Shammai hold that the unseparated gift-portions [of processed produce] are considered as if they were already separated. Since the fruits were already processed and thus obligated in tithes when they were in Jerusalem, the *maaser sheni* portion that resided in them is deemed to have been in Jerusalem and it can never be redeemed, but must be eaten there (*Rivan*).

10. For as a rule the halachah follows Beis Hillel (*Rivan*).

11. The difficulty with the Baraisa was in finding a novel case to which to apply the ruling that one incurs *malkus* for eating *maaser sheni* outside of Jerusalem (see note 4). Previously, the Gemara answered that it is the case in which the *maaser sheni* had entered Jerusalem in its unseparated state, leading to the question that R' Yose seems to contradict himself regarding the status of unseparated gift-portions. Here, the Gemara offers another explanation, according to which the Baraisa does not deal with unseparated gift-portions. Thus, R' Yose may hold that unseparated gift-portions are *not at all* considered as if they were already separated, and that is why R' Yose (in the Mishnah) ascribes to Beis Hillel the ruling that *maaser sheni* can be redeemed outside of Jerusalem even if the untithed fruits had been in the city in their tithe-obligated state (*Ritva*).

12. This very case was the focus of Rav Pappa's unresolved inquiry on 19b.

13. We learn from the Baraisa, according to Ravina's interpretation, that if the *maaser sheni* that had been suspended on the stick was later taken away from the city entrance and eaten, the consumer incurs *malkus* for violating the prohibition of *You shall not eat in your [outlying] cities the maaser [sheni] of your grain* [because it is deemed to have already "entered" Jerusalem] (*Rivan*).

Rivan implies that if the *maaser sheni* is eaten while the person carrying it is in the city, the eater does not incur *malkus,* even though the *maaser* itself is actually outside the city! *Tosafos,* however, disagree and explain that *malkus* are incurred even for eating the *maaser* there, since it is not within the city walls. It is deemed to have entered only insofar as triggering the prohibition of eating it outside, not insofar as permitting its consumption there (see *Maharsha*). [For a variant explanation of Ravina's answer, see *Rabbeinu Chananel,* cited by *Ritva;* see also *Rambam, Hil. Maaser Sheni* 2:8 with *Kesef Mishneh,* and *Aruch LaNer* to 19b.]

14. This practice is forbidden in *Deuteronomy* 14:1. Although the prohibition is explicitly stated, the Tanna mentions it because of the novel ruling that sometimes a person is separately liable for several bald spots pursuant to only one warning, as the Gemara teaches below (*Ritva;* see *Aruch LaNer* to *Rivan* ד״ה והמקיף for a different explanation).

15. I.e. shaves the hair off. See note 20 below for why this is called "rounding."

16. This, too, is explicitly forbidden (*Leviticus* 19:27). Nevertheless, the Tanna mentions the prohibition because "corner of the head" is an ambiguous term, which the Gemara (below, 20b; see also 21a) must

לוקה אחת וזר שאכלה לוקה שתים שאילו בתחלה אכלה אינו לוקה אלא אחת טעמא דאיתיה בירושלים הא בגבולין לוקה שלש (א) דאע"ג דלאו רואה פני חומה דעיילי ואפקי אי הכי מאי למימרא הכא במאי עסקינן כגון דעיילינהו בטיבלייהו א וקסבר ל) מתנות שלא הורמו כמי שהורמו דמיין וסבר ר' יוסי מתנות שלא הורמו כמי שהורמו דמי ב) והתניא רבי שמעון בן יהודה אומר משום רבי יוסי ג) לא נחלקו בית שמאי ובית הלל על פירות שלא נגמרה מלאכתן ועברו בירושלים שיפדה מעשר שני שלהן ויאכל בכל מקום ועל מה נחלקו על פירות שנגמרה מלאכתן ועברו בירושלים שבית שמאי אומרים יחזיר מעשר שני שלהם ויאכל בירושלים וב"ה אומרים יפדה ויאכל בכל מקום ואי סלקא דעתך מתנות שלא הורמו כמי שהורמו דמיין הא קלטוהו מחיצות ד) אמר ה) רבה מחיצה ב לאכול דאורייתא ג מחיצה לקלוט דרבנן וכי גזור רבנן כי איתיה בעיניה בטבליה לא גזור רבנן רבינא אמר כגון דנקיט ליה בקניא ותפשוט ו) בעיא דרב פפא:

מתני' ד הקורח קרחה בראשו ה והמקיף פאת ראשו ו והמשחית פאת זקנו [ו] והשורט שריטה אחת על המת חייב ז שרט שריטה (ב) אחת על חמשה מתים או חמש שריטות על מת אחד חייב על כל אחת ואחת ז) ח על הראש שתים אחת מכאן ואחת מכאן ח) ט על הזקן שתים מכאן ושתים מכאן ואחת מלמטה רבי אליעזר אומר אם ניטלו כולן כאחת אינו חייב אלא אחת ט) ואינו י חייב עד שיטלנו בתער רבי אליעזר אומר אפילו לקטו במלקט או ברהיטני חייב: **גמ'** תנו רבנן י) א לא יקרחו יכול אפילו קרח ארבע וחמש קריחות לא יהא חייב אלא אחת תלמוד לומר קרחה כ לחייב על כל קרחה וקרחה בראשם מה תלמוד לומר לפי שנאמר ב) לא תתגודדו ולא תשימו קרחה בין עיניכם למת יכול לא יהא חייב אלא על בין העינים בלבד מנין לרבות כל הראש תלמוד לומר בראשם לרבות ל כל הראש ואין לי אלא כ) בכהנים שריבה בהן הכתוב מצות יתירות ישראל מנין נאמר כאן קרחה ונאמר להלן קרחה מה להלן חייב על כל קרחה וקרחה וחייב על הראש כבין העינים אף כאן חייב על כל קרחה וקרחה וחייב על הראש כבין העינים ומה להלן על מת מ אף כאן על מת הני ד' וה' קריחות ה"ד אילימא בזה אחר זה ובחמש התראות פשיטא

אלא

רש"י

לוקה אחת. דלא הוציאה מידי טבל בקריאת שם זה וקאכיל מעשר ראשון הטבול לתרומת מעשר וקעבר אלאו דטבל אבל איסור תרומה דקאכיל ליכא דהא כהן הוא ונהי (ג) אי הוה אמר תרומת מעשר באמצעיתה הוי מצי אכיל כולה ולא לקי מידי דהוה תרומת מעשר לכהן והוא כהן ואמעשר ראשון ואמעשר שני לא לקי דהא אף לזרים שרי: הכי גרסינן טעמא דמעשר שני בירושלים ומעשר עני בגבולין הא מעשר שני בגבולין לוקה שלש: דעייליה. לירושלים וקרא עליה שם והדר אפקיה חוץ דחזא מעשר שני פני החומה הלכך לוקה שלש: אי הכי מאי למימרא. דבשלמא אי אמרת מעשר שני בגבולין לוקה שלש אע"ג דלא חזא פני החומה אשמועינן טובא דחייבין עליו אע"פ שלא ראה פני חומה ואיצטריך למיתניה משום דיוקא דידה הא בגבולין אלא אי אמרת בדעייליה ואפקיה מאי למימרא לא היא איצטריכא ולאו דיוקא דידה דהא פשיטא דאפילו כהן לוקה על הטבל וזר על התרומה ועל מעשר שני חוץ לחומה: דעיילה בטיבלה. להביא תאנה בירושלים דקלטוהו מחיצות למעשר שני העתיד ליתרם ממנה: וקסבר מתנות שלא הורמו כמי שהורמו דמיין. ודמי כמאן דעייל מעשר שני בעיניה דהוה ליה ראה פני החומה והלכך כי אפקה לוקה עליו וכגון דאפקה נמי בטיבלה: שנגמרה מלאכתן. למעשר כדמפרש בזרעים (מעשרות פ"א מ"ה) מאימתי גמר מלאכתן למעשר בחיטין משימרח הכרי בדילועין משיפקסו כו': שיפדה מעשר שני. עדיין יש לו פדייה דכיון דלא נגמרה מלאכתן לא אמרינן כמי שהורמו דמיין וראה פני החומה ואין לו פדייה: יחזיר מעשר שני ויאכל בירושלים. דקסברי בית שמאי כמי שהורמו דמיין: יפדה ויאכל בכל מקום. מדמתני רבי יוסי אליבא דבית הלל יפדה ש"מ דהכי סבירא ליה דבית שמאי במקום בית הלל אינה משנה ומדקאמר יפדה ש"מ דמתנות שלא הורמו לאו כמי שהורמו דמיין ולא ראה פני החומה ויש לו פדייה ואי ס"ד כו': רבינא אמר. הא דדייקינן לעיל הא בגבולין לוקה שלש וקא בעית מאי למימרא איצטריך כגון דנקיט ליה בקניא וקא משמע לן דכמאן דראה פני החומה דמי ולוקה משום לא תוכל אי הדר אפקיה ואכליה ותפשוט מינה בעיא דרב פפא דבעא לעיל: **מתני'** הקורח קרחה בראשו. על המת כדמפרש בגמרא: והמקיף פאת ראשו. (ד) משום דבעי למימר הי ניהו פאתי ראשו נקיט ליה: שרט. עושה חבורה בעצמו משום צער מתו: השורט שריטה אחת על המת חייב. הכא לאו דוקא נקט שריטה אחת אלא משום דבעי לפלוגי לקמיה בין שריטה אחת לשתי שריטות נקיט ליה נמי הכא וכמדומה דלא גרסינן ליה: שריטה אחת על ה' מתים או ה' שריטות על מת אחד. בגמרא מרבי ליה דחייב על כל אחת ואחת: חייב על הראש. על הקפת הראש חייב שתי מלקיות דשתי פאות יש לו לראש שהראש כשתי חתיכות מקום השיער חתיכה אחת ומקום הפנים והזקן חתיכה אחת ומתחברות זו עם זו בצד האוזן מלפניו מקום שלועזין טנפל"א ושם נקרא פאה ששם סוף הראש מקום חיבור הפרקים ונמצא שיש לו שתי פאות לידעא מכאן ולידעא מכאן וחייב עליהן שתים אפילו נטלן בבת אחת בשתי ידיו ואע"ג דחד התראה קא מתרה ליה אל תקיף דזיל הכא פאה איכא וזיל הכא פאה איכא כדאמר לקמן גבי קרחה וגבי שריטה דמייתינן (ה) דחייב על כל קרחה וקרחה ועל כל שרט ושרט ונהי דהכא לא צריך לאתויי מקרא דמסתמא כי היכי דאמרינן ושרט לחייב על כל שרט ושרט ה"נ אמרינן פאת לחייב על כל פאה ופאה דהא לאו מיתורא דקרא שמעינן ליה כולי האי ל) כ"ש וגימגום כדאמרינן לקמן דסכינהו לחמש אצבעתיה נשא דלע"ג דליכא אלא חדא התראה מחייבינן ליה חמש: שתים מכאן. חמש פאות יש לו לזקן אחד למטה מן האוזן מקום שלחי התחתון יוצא ומתפרד שם ושם נקרא פאה בחודו של לחי שבולט לחוץ ששם מתחלת הזקן וכל מה שלמעלה עד הלידעא בכלל פאת הראש היא ושתי השיבולות כל אחד מהן לסוף הלחי ונקרא פאה ואחת מלמטה שיער שבין השיבולת באמצע הסנטר שלועזין מנט"ן: ואינו חייב עד שיטלנו בתער. תנא קמא קאמר לה ורבי אליעזר פליג עליה: **גמ'** הכי גרסינן לא יקרחו קרחה יכול אפילו קרח כו' תלמוד לומר קרחה. דקרא יתירא (ו) הוא: בראשם מה תלמוד לומר. לאו דוקא קאמר ליה דהא ודאי איצטריך משום דהוה אמינא קרחה כל דהו אלא מידרש קא דריש ליה בראשם משמע כל הראש שלפי שאמר כו': ולא תתגודדו. בישראל כתיב ולא יקרחו בכהנים: בין העינים. בראש סמוך לפדחת: ואין לי. דחייב על כל הראש אלא כהנים דההוא בכהנים כתיב:

תוספות

הא בגבולין לוקה. מדנקט והיא שנת מעשר שני והוא בירושלים שמע מינה דאילו היה בגבולין לוקה שלש: **אמר** רבא מחיצה לאכול מדאורייתא מחיצה לקלוט מדרבנן. הלכך לגבי דין פדייה לא אמרינן (ז) מתנה שלא הורמו כמי שהורמו דמיין לענין שקלטוהו ואסור לפדותו אבל לענין שלוקין בגבולין אמרינן כמי שהורמו דמיין והוי ראוי פני הבית:

רבינא אמר כגון דנקיט ליה בקניא. הא דאמר בגבולין לוקה שלש מיירי כשהאיש עומד מ) בין הקנים ונקיט ליה לקנה מבחוץ ואשמעינן דלוקה דבכך קרית ביה ראיית פני הבית ולוקה כשאוכלו במקומו דעדיין אינו בפנים לגמרי (ח) ולפשוט בעיא דרב פפא:

לחייב על כל קרחה וקרחה היכי דמי אילימא בזה אחר זה ובחמש התראות פשיטא אלא בבת אחת ובחדא התראה. זו גירסת הספרים והקונטרס לא גריס בבת אחת אלא בחדא התראה וכן פי' לעולם בזה אחר זה ושמא היינו טעמא משום דאי בבת אחת הכל קרחה חדא היא ויש ליישב בבת אחת ומיירי שעשה שיעור ה' קרחות והוא הדין דבזה אחר זה נמי היה יכול להקשות אלא הכי קאמר אילימא גם בבת אחת ובחדא התראה:

לא

מסורת הש"ס

א) [נדרים פה. קדושין נח: ב"ב קכג: חולין קל: בכורות יא.], ב) [נ"ל והתנן], ג) [מ"ש פ"ג מ"ו], ד) סנהדרין קיג. ע"ש ב"מ נג: ע"ש, ה) ס"א רבא, ו) [לעיל יט:], ז) שבועות ג: [וע"ש תוס' ד"ה חייב], ח) [עי' תוס' שבועות ג. ד"ה ועל], ט) נזיר מ:, י) קדושין לו., כ) [יבמות ה. וש"נ], ל) ר"ת כן שמעתי וגירסת רש"א וכ"ש הוא וגי' רש"ל יש כאן גמגום, מ) גי' מהר"ס מבפנים.

הגהות הב"ח

(א) גמרא ואע"ג דלאו רואה וכו' דעיילה ואפקה וכו' כגון דעיילה בטיבלה וקסבר מתנות: (ב) שם במשנה שריטה (אחת) תז"מ ונ"ב ס"א אינו: (ג) רש"י ד"ה לוקה וכו' ונהי דאי: (ד) ד"ה והמקיף פאת ראשו משום. נ"ב כלומר לית ביה דבר חדש ע"ל בפרש"י ריש פירקין: (ה) ד"ה חייב וכו' דמייתינן מקרא דחייב על כל קרחה וכו' ושרט וה"נ הכא דהכא לא צריך וכו' כולי האי אלא ממשמעות' וכדאמרי' לקמן בדף זה ריש ע"ב דסכינהו וכו' חמש וגימגום הס"ד: (ו) ד"ה הכי גרסינן וכו' יתירא הוא. נ"ב ס"א כדאמרינן לקמן דסכינהו לה' אצבעותיו נשא דאע"ג דליכא אלא חדא התראה מחייבין עלה חמש: (ז) תוס' ד"ה אמר וכו' לא אמרינן מתנות וכו' שקלטוהו מחילות ואסור לפדותו אבל לענין שלוקים בגבולין על אכילתו אמרי' כמי: (ח) ד"ה רבינא וכו' לגמרי ותפשוט:

תורה אור השלם

א) לֹא יִקְרְחוּ קָרְחָה בְּרֹאשָׁם וּפְאַת זְקָנָם לֹא יְגַלֵּחוּ וּבִבְשָׂרָם לֹא יִשְׂרְטוּ שָׂרָטֶת: [ויקרא כא, ה]

ב) בָּנִים אַתֶּם לַייָ אֱלֹהֵיכֶם לֹא תִתְגֹּדְדוּ וְלֹא תָשִׂימוּ קָרְחָה בֵּין עֵינֵיכֶם לָמֵת: [דברים יד, א]

לעזי רש"י

טנפל"א. פירוש לדע, רקה (רש"י שופטים ד, כב), צד המצח שליד האוזן.

מנט"ן. פירוש סנטר, פרק לחי התחתון בזקן (מוסף הערוך ערך סנטר ב' ועיין רש"י שבועות דף ג ע"א ד"ה ואי' מלמטה ומכות דף כא ע"א ד"ה ב' פירקי דדיקנא).

עין משפט נר מצוה

ליקוטי רש"י

מחיצה לאכול דאורייתא מחיצה לקלוט דרבנן. מחילה שנאמרה בתורה לא הוזכרה אלא לאכול בתוכה ושאמרו במשנה מחילות קולטות אותם מלפדות עוד אם יצא דרבנן היא [ב"מ נג:]. מחיצות לאכול דאורייתא. מן התורה מצוה לאכול לפנים מן החומה. אבל מחיצות לקלוט. שיהיו מחילות קולטות בין לענין פדייה בין לכל ענין. מדרבנן הוא וכי גזור רבנן דתיהני קליטת מחילות למעשר דשוב אינו יכול לפדותו [סנהדרין קיג.].

ותפשוט בעיא דרב פפא. בעי רב פפא הוא מבפנים ונקיט משאו בקניא ארוך מבחוץ. מהו. כיון דלאו ממש על כתיפו הוא אין זה מלואו והרי הוא כמוטל לארץ ונפדה או דלמא כיון דנקיט ליה משאו קרינא ביה תיקו [מכות יט:].

על הראש שתים. על הקפת ראש שתים דהא פאת כתיב (ויקרא יט) ופאה לשון סוף וקצה הוא כמו (שמות כו) לפאת ים (שם) לפאת נגב מקום חיבור הגלגולת עם הלחי והן מקום הלדעין [שבועות ב:]. על הזקן שתים מכל צד ב' לדעים לפי שהלחי רחב כנגד הלדעים ויש לכל דבר רחב קצה לשני צדדין בראשו. ואי' מלמטה. בסנטר שהלחיים מחוברין שם והעצם קצר מלמטה בסנטר שקורין מונטו"ן בלע"ז [שבועות ג.].

ואינו חייב. על הקפת הראש עד שילקטנו בתער [נזיר מ:].

במלקט ורהיטני. מלקט. פליינ"א של מנקחי חרבות שמחליקין בס את תיק הסייף. רהיטני. פליינ"א של עושי תריסין [קידושין לה:]. בראשם מה תלמוד לומר. בראשם האמור אצל כהנים מה ת"ל דלפי שנאמר בישראל בין עיניכם משמע סמוך לפדחת [קידושין לו.].

corner of his beard,[17] וְהַשּׂוֹרֵט שְׂרִיטָה אַחַת עַל הַמֵּת – or who in anguish **makes a single cut** in his flesh **over a deceased person**[18] חַיָּיב – **is liable** to *malkus.*

The Mishnah now presents the novel rulings in three of these cases:

שָׂרַט שְׂרִיטָה אַחַת עַל חֲמִשָּׁה מֵתִים – If **one made a single cut** in his flesh **over five dead people,** אוֹ חָמֵשׁ שְׂרִיטוֹת עַל מֵת אֶחָד – **or five cuts over one dead person,** חַיָּיב עַל כָּל אַחַת וְאַחַת – **he is liable** to a separate *malkus* penalty **for each and every one** (i.e. for each dead person, or for each cut).[19]

עַל הָרֹאשׁ שְׁתַּיִם – **For** rounding the corners of **the head,** a person is liable to **two** *malkus* penalties – אַחַת מִכָּאן וְאַחַת מִכָּאן – **one** *malkus* penalty for rounding **on this side and one** for rounding **on that side.**[20]

עַל הַזָּקָן – **For** destroying the five corners of **the beard,**[21] a person is liable to a total of five *malkus* penalties[22] – שְׁתַּיִם מִכָּאן – **two** penalties for destroying **on this side** וּשְׁתַּיִם מִכָּאן – **and two** penalties for destroying **on that side** וְאַחַת מִלְּמַטָּה – **and one** penalty for destroying **from below.** רַבִּי אֱלִיעֶזֶר אוֹמֵר – **But R' Eliezer says:** אִם נִיטְּלוּ כּוּלָּן כְּאַחַת – **If all of [the corners of the beard] were removed as one,**[23] אֵינוֹ חַיָּיב אֶלָּא אַחַת – **he is liable to only one** *malkus* penalty.[24]

וְאֵינוֹ חַיָּיב עַד שֶׁיִּטְּלֶנּוּ בְּתַעַר – The Tanna Kamma further states: **And one is not liable unless he removes [the beard] with a razor.**[25] רַבִּי אֱלִיעֶזֶר אוֹמֵר – **R' Eliezer** disagrees and **says:** אֲפִילוּ לְקָטוֹ בְּמַלְקֵט אוֹ בִּרְהִיטְנִי – **Even if he removed it with planes,**[26] חַיָּיב – **he is liable.**[27]

Gemara The Gemara discusses the first prohibition listed in the Mishnah – making a bald spot on the head in mourning for a loved one:

תָּנוּ רַבָּנָן – **The Rabbis taught** in a Baraisa: "לֹא־יִקְרְחוּ" – The Torah states: *[THE KOHANIM] SHALL NOT MAKE A BALD SPOT*[28] *on their head.*[29] יָכוֹל אֲפִילוּ קָרַח אַרְבַּע וְחָמֵשׁ קְרִיחוֹת – **YOU MIGHT**

NOTES

define (*Rivan;* see note 20 below). Alternatively, he mentions it to teach (below) the novel ruling that one can be liable to *two* sets of lashes – one for each corner (*Ritva*).

17. See *Leviticus* 19:28. I.e. he shaves his facial hair at one of the five extremities (discussed by the Gemara below, 21a; see note 21 below). The Tanna mentions this prohibition to teach (below) the novel ruling that one can be liable to *five* sets of lashes (*Ritva*).

According to *Rambam,* the Torah prohibits rounding the corners of the head and destroying the corners of the beard because these were practices of the priests of idolatry (see *Sefer HaMitzvos, Lo Saaseh* 43, 44; *Hil. Avodas Kochavim* 12:1,7). Others disagree; see *Tur Yoreh Deah* §181.

18. *Leviticus* ibid. v. 28. The Tanna mentions this prohibition to teach (below) the novel ruling that one is liable to *five* sets of lashes for only one cut when it was made for five deceased people (*Ritva*).

The Tanna has enumerated these four prohibitions in the order of their appearance in the Torah (*Leviticus* 19:27-8), with the exception of making a bald spot (*Deuteronomy* 14:1). He mentions that prohibition first because the bald spot begins at a higher place on the head – i.e. above the corners of the head and of the beard (*Hon Ashir* to Mishnah, cited by *Otzar Mefarshei HaTalmud*).

19. The Gemara will identify the Biblical sources for these rulings (*Rivan*). The Mishnah did not teach corresponding rulings for the "bald spot" case because, while there is a Scriptural source that one is liable to five penalties for making five bald spots over one dead person, there is no source for liability to five penalties for making one bald spot over five dead people (*Rosh;* cf. *Chinuch* §468).

20. The head is like a composite of two "pieces": (a) the section where the hair grows, and (b) the area of the face and the beard. These two pieces are joined at the temples, which are called the "corners of the head" because the extremities of each of the pieces are joined there. Hence, the head has *two* "corners," one at each temple, and so a person is separately liable for rounding (i.e. shaving the hair off) each corner. (See next note concerning the sideburns; see further below, 20b notes 19 and 20.) This is so even if he rounds them simultaneously, using both hands, and even if he received only one warning before doing so (see *Rivan,* who is unsure of the source for this, and if a source is needed; see *Rashash,* citing *Tos. Yom Tov;* see *Tosafos* to *Shevuos* 3a ד״ה חדא and *Maharsha* here).

See below, 20b note 20 as to the amount of hairs that must be removed in order for one to be liable for "rounding."

Shaving the hair of the temples is called "rounding" because the hair of the temples dips down from the imaginary straight line connecting the hairline above the forehead and the hairline behind the ears. See *Rashi* to *Leviticus* 19:27 and *Ritva* below, 21a ד״ה מחוי; cf. *Rosh* here, who cites *Rashi* and *Rabbeinu Chananel.* See also *Rashi* to *Shevuos* 3a ד״ה ועל הזקן, and *Ritva* to *Shevuos* 2b in explanation of *Rashi.*

21. These are (a) the *two* (upper) protruding ends of the lower jawbones, which are located below the ears and from which point the beard begins [the hair above extending to the temples (i.e. the sideburns) is considered part of the "corner of the head"; cf. *Ritva* below, 21a]; (b) the *two* (lower) opposite ends of the lower jawbones, which are connected by a small bone at the chin; and (c) *the chin* itself (*Rivan* here ד״ה שנים מכאן and below, 21a ד״ה בי פירקי דדיקנא; see note 8 there; see further below, 20b note 30 and 21a note 19).

22. The Mishnah does not state the total number of possible penalties (for even one warning), as it did in the previous ruling on rounding the corners of the head, because it is impossible to destroy all five corners of the beard simultaneously [see note 20 above] (*Ritva*). [But if there were five warnings, one for each shaving of an extremity, the person would be liable to five *malkus* penalties – and this R' Eliezer disputes. See *Ritva.*]

23. This does not mean simultaneously, since that is impossible (see previous note). Rather, R' Eliezer means that the five corners were shaved without interruption, in one continuous act. Hence, even if the person received five warnings, one for each corner, he is punished only once, for he performed only one act in violation of only one prohibition (*Ritva;* see there for an alternate approach; cf. *Tosafos* to *Shavuos* 3a ד״ה חצא). [R' Eliezer would similarly dispute the Tanna Kamma's opinion that one incurs multiple penalties for the simultaneous rounding of both corners of the head. See *Tosafos* to *Shevuos* ibid.; cf. sources cited in *Otzar Mefarshei HaTalmud* fn. 60 here.] See *Meromei Sadeh* at length regarding what R' Eliezer is coming to say.

24. The Tanna Kamma rules, however, that five *malkus* penalties *are* incurred in this case. The Gemara will explain the point of disagreement between R' Eliezer and the Tanna Kamma.

25. According to *Rosh* and others, this qualification applies only to shaving the beard. However, with regard to rounding the corners of the head, i.e. cutting the *pe'os,* one is forbidden to cut close to the skin even with scissors. *Rambam* maintains, however, that the prohibition against cutting the *pe'os* also involves only the use of a *razor.* In practice, we must take the stringent view into account and refrain from removing the *pe'os* close to the skin even with scissors (see *Yoreh Deah* 181:3).

26. מַלְקֵט and רְהִיטְנִי are two tools used for the planing (smoothing, leveling) of wood (*Rashi* to *Shabbos* 97a ד״ה לפי שאי אפשר; see *Rashi* to *Kiddushin* 35b ד״ה מלקט and ד״ה רהיטני). According to *Rambam Commentary,* however, they are types of tweezers (cf. *Kafich* edition); see also *Meiri* to *Kiddushin* ibid.

27. This disagreement, too, will be discussed in the Gemara (below, 21a).

28. The text of *Rivan* and *Ritva* reads: לֹא־יִקְרְחוּ קָרְחָה.

29. *Leviticus* 21:5. The verse states in its entirety: לֹא־יִקְרְחוּ קָרְחָה בְּרֹאשָׁם וּפְאַת זְקָנָם לֹא יְגַלֵּחוּ וּבִבְשָׂרָם לֹא יִשְׂרְטוּ שָׂרָטֶת, [*The Kohanim*] *shall not make any bald spot on their head, nor shall they shave off the corner of their beard, nor shall they make any cuts in their flesh.*

In *Deuteronomy* 14:1 the Torah commands all Jews: לֹא תִתְגֹּדְדוּ וְלֹא־תָשִׂימוּ קָרְחָה בֵּין עֵינֵיכֶם לָמֵת, *You shall not cut yourselves, nor shall you place a bald spot between your eyes for the dead.*

The Baraisa will teach that these verses are not mutually exclusive, but complement one another.

גמרא

לוקה אחת וזר שאכלה לוקה שתים שאילו בתחלה אכלה אינו לוקה אלא אחת טעמא דאיתיה בירושלים הא בגבולין לוקה שלש (א) דאע"ג דלאו רואה פני חומה דעיילי ואפקי אי הכי מאי למימרא הכא במאי עסקינן כגון דעיילינהו בטיבלייהו [א] וקסבר [ב] מתנות שלא הורמו כמי שהורמו דמיין וסבר ר' יוסי מתנות שלא הורמו כמי שהורמו דמי [ג] והתניא רבי שמעון בן יהודה אומר משום רבי יוסי [ג] לא נחלקו בית שמאי ובית הלל על פירות שלא נגמרה מלאכתן ועברו בירושלים שיפדה מעשר שני שלהן ויאכל בכל מקום ועל מה נחלקו על פירות שנגמרה מלאכתן ועברו בירושלים שבית שמאי אומרים יחזיר מעשר שני שלהם ויאכל בירושלים וב"ה אומרים יפדה ויאכל בכל מקום ואי סלקא דעתך מתנות שלא הורמו כמי שהורמו דמיין הא קלטוהו מחיצות [ד] אמר [ה] רבה מחיצה [ב] לאכול דאורייתא [ג] מחיצה לקלוט דרבנן וכי גזור רבנן כי איתיה בעיניה בטבליה לא גזור רבנן רבינא אמר כגון דנקיט ליה בקניא ותפשוט [ו] בעיא דרב פפא:

מתני' [ד] הקורח קרחה בראשו [ה] והמקיף פאת ראשו [ו] והמשחית פאת זקנו [ו] והשורט שריטה אחת על המת חייב [ז] שרט שריטה (ב) אחת על חמשה מתים או חמש שריטות על מת אחד חייב על כל אחת ואחת [ז] [ח] על הראש שתים אחת מכאן ואחת מכאן [ח] [ט] על הזקן שתים מכאן ושתים מכאן ואחת מלמטה רבי אליעזר אומר אם ניטלו כולן כאחת אינו חייב אלא אחת [ט] ואינו [י] חייב עד שיטלנו בתער רבי אליעזר אומר אפילו לקטו במלקט או ברהיטני חייב: **גמ'** תנו רבנן [י] [א] לא יקרחו יכול אפילו קרח ארבע וחמש קריחות לא יהא חייב אלא אחת תלמוד לומר קרחה [כ] לחייב על כל קרחה וקרחה בראשם מה תלמוד לומר לפי שנאמר [ב] לא תתגודדו ולא תשימו קרחה בין עיניכם למת יכול לא יהא חייב אלא על בין העינים בלבד מנין לרבות כל הראש תלמוד לומר בראשם לרבות [ל] כל הראש ואין לי אלא [כ] בכהנים שריבה בהן הכתוב מצות יתירות ישראל מנין נאמר כאן קרחה ונאמר להלן קרחה מה להלן חייב על כל קרחה וקרחה וחייב על הראש כבין העינים אף כאן חייב על כל קרחה וקרחה וחייב על הראש כבין העינים ומה להלן על מת [מ] אף כאן על מת הני ד' וה' קריחות ה"ד אילימא בזה אחר זה ובחמש התראות פשיטא
אלא

רש"י

לוקה אחת. דלא הוציאה מידי טבל בקריאת שם זה ואכיל מעשר ראשון הטבול לתרומת מעשר וקעבר אלאו דטבל אבל איסור תרומה דקאכיל ליכא דהא כהן הוא ונהי (ג) אי הוה אמר תרומת מעשר באמצעיתה הוי מצי אכיל כולה ולא לקי מידי דהוה תרומת מעשר לכהן והוא כהן ואמעשר ראשון ואמעשר שני לא לקי דהא אף לזרים שרי: הכי גרסינן טעמא דמעשר שני בירושלים ומעשר עני בגבולין הא מעשר שני בגבולין לוקה שלש: דעייליה. לירושלים וקרא עליה שם והדר אפקיה חוץ דחזא מעשר שני פני החומה הלכך לוקה שלש: אי הכי מאי למימרא. דבשלמא אי אמרת מעשר שני בגבולין לוקה שלש אע"ג דלא חזא פני החומה אשמועינן טובא דחייבין עליו אע"פ שלא ראה פני חומה ואיצטריך למיתניה משום דיוקא דידה הא בגבולין אלא אי אמרת בדעייליה ואפקיה מאי למימרא לא היא איצטריכא ולאו דיוקא דידה דהא פשיטא דאפילו כהן לוקה על הטבל וזר על התרומה ועל מעשר שני חוץ לחומה: דעיילה בטיבלה. להיות תאנה בירושלים דקלטוהו מחיצות למעשר שני העתיד ליתרם ממנה: וקסבר מתנות שלא הורמו כמי שהורמו דמיין. ודמי כמאן דעייל מעשר שני בעיניה דהוה ליה ראה פני החומה והלכך כי אפקה לוקה עליו וכגון דאפקה נמי בטיבלה: שנגמרה מלאכתן. למעשר כדמפרש בזרעים (מעשרות פ"א מ"ה) מאימתי גמר מלאכתן למעשר בחיטין משימרח הכרי בדילועין משיפקסו כו': שיפדה מעשר שני. עדיין יש לו פדייה דכיון דלא נגמרה מלאכתן לא אמרינן כמי שהורמו דמיין וראה פני החומה ואין לו פדייה: יחזיר מעשר שני ויאכל בירושלים. דקסברי בית שמאי כמי שהורמו דמיין: יפדה ויאכל בכל מקום. מדמתני רבי יוסי אליבא דבית הלל יפדה ש"מ דהכי סבירא ליה דבית שמאי במקום בית הלל אינה משנה ומדקאמר יפדה ש"מ דמתנות שלא הורמו לאו כמי שהורמו דמיין ולא ראה פני החומה ויש לו פדייה ואי ס"ד כו': רבינא אמר. הא דדייקינן לעיל הא בגבולין לוקה שלש וקא בעית מאי למימרא איצטריך כגון דנקיט ליה בקניא וקא משמע לן דכמאן דראה פני החומה דמי ולוקה משום לא תוכל אי הדר אהדקיה ואכליה ותפשוט מינה בעיא דרב פפא דבעא לעיל:

מתני' הקורח קרחה בראשו. על המת כדמפרש בגמרא: והמקיף פאת ראשו. (ד) משום דבעי למימר הי נינהו פאתי ראשו נקיט ליה: שרט. עושה חבורה בעצמו משום צער מתו: השורט שריטה אחת על המת חייב. הכא לאו דוקא נקט שריטה אחת אלא משום דבעי לפלוגי לקמיה בין שריטה אחת לשתי שריטות נקיט ליה נמי הכא וכמדומה דלא גרסינן ליה: שריטה אחת על ה' מתים או ה' שריטות על מת אחד. בגמרא מרבי ליה דחייב על כל אחת ואחת: חייב על הראש. על הקפת הראש חייב שתי מלקיות דשתי פאות יש לו לראש שהראש כשתי חתיכות מקום השיער חתיכה אחת ומקום הפנים והזקן חתיכה אחת ומתחברות זו עם זו בצד האוזן מלפניו מקום שלועזין טנפל"א ושם נקרא פאה ששם סוף הראש מקום חיבור הפרקים ונמצא שיש לו שתי פאות לידעא מכאן ולידעא מכאן וחייב עליהן שתים אפילו נטלן בבת אחת בשתי ידיו ואע"ג דחד התראה קא מתרה ליה אל תקיף דזיל הכא פאה איכא וזיל הכא פאה איכא כדאמר לקמן גבי קרחה וגבי שריטה דמייתינן (ה) דחייב על כל קרחה וקרחה ועל כל שרט ושרט ונהי דהכא לא צריך לאתויי מקרא דמסתמא כי היכי דאמרינן ושרט לחייב על כל שרט ושרט ה"נ אמרינן פאת לחייב על כל פאה ופאה דהא לאו מיתורא דקרא שמעינן ליה כולי האי [ל] כ"ש וגימגום כדאמרינן לקמן דסכינהו לחמש אצבעתיה נשא דאע"ג דליכא אלא חדא התראה מחייבינן ליה חמש: שתים מכאן. חמש פאות יש לו לזקן אחד למטה מן האוזן מקום שלחי התחתון יוצא ומתפרד שם ושם נקרא פאה בחודו של לחי שבולט לחוץ ששם מתחלת הזקן וכל מה שלמעלה עד הלידעא בכלל פאת הראש היא ושתי השיבולות כל אחד מהן לסוף הלחי ונקרא פאה ואחת מלמטה שיער שבין השיבולת באמצע הסנטר שלועזין מנט"ן: ואינו חייב עד שיטלנו בתער. תנא קמא קאמר לה ורבי אליעזר פליג עליה: גמ' הכי גרסינן לא יקרחו קרחה יכול אפילו קרח כו' תלמוד לומר קרחה. דקרא יתירא (ו) הוא: בראשם מה תלמוד לומר. לאו דוקא קאמר ליה דהא ודאי איצטריך משום דהוה אמינא קרחה כל דהו אלא מידרש קא דריש ליה בראשם משמע כל הראש שלפי שאמר כו': ולא תתגודדו. בישראל כתיב ולא יקרחו בכהנים: בין העינים. בראש סמוך לפדחת: ואין לי. דחייב על כל הראש אלא כהנים דההוא בכהנים כתיב:
ה"ג

תוספות

הא בגבולין לוקה. מדנקט והיא שנת מעשר שני והוא בירושלים שמע מינה דאילו היה בגבולין לוקה שלש: **אמר** רבא מחיצה לאכול מדאורייתא מחיצה לקלוט מדרבנן. הלכך לגבי דין פדייה לא אמרינן (ז) מתנה שלא הורמו כמי שהורמו דמיין לענין שקלטוהו ואסור לפדותו אבל לענין שלוקין בגבולין אמרינן כמי שהורמו דמיין והוי ראו פני הבית:

רבינא אמר כגון דנקיט ליה בקניא. הא דאמר בגבולין לוקה שלש איירי כשהאיש עומד [מ] בין הקנים ונקיט ליה לקנה מבחוץ ואשמעינן דלוקה דבכך קרית ביה ראיית פני הבית ולוקה כשאוכלו במקומו דעדיין אינו בפנים לגמרי (ח) ולפשוט בעיא דרב פפא:

לחייב על כל קרחה וקרחה היכי דמי אילימא בזה אחר זה ובחמש התראות פשיטא אלא בבת אחת ובחדא התראה. זו גירסת הספרים והקונטרס לא גריס בבת אחת אלא בחדא התראה וכן פי' לעולם בזה אחר זה ושמא היינו טעמא משום דאי בבת אחת הכל קרחה חדא היא ויש ליישב בבת אחת ומיירי שעשה שיעור ה' קרחות והוא הדין דבזה אחר זה נמי היה יכול להקשות אלא הכי קאמר אילימא גם בבת אחת ובחדא התראה:
לא

מסורת הש"ס

א) [נדרים פה. קדושין נח: ב"ב קכג: חולין קל: בכורות יא.], ב) [ל"ל והתנן], ג) [מ"ש פ"ג מ"ו], ד) סנהדרין קיג. ע"ש ב"מ נג: ע"ש, ה) ס"א רבא, ו) [לעיל יט:], ז) שבועות ג: [וע"ש תוס' ד"ה חייב], ח) [עי' תוס' שבועות ג. ד"ה ועל], ט) נזיר מ:, י) קדושין לו., כ) [יבמות ה. וש"נ], ל) ר"ת כן שמעתי וגירסת רש"א וכ"ש הוא וגי' רש"ל יש כאן גמגום, מ) גי' מהר"ם מבפנים.

הגהות הב"ח

(א) גמרא ואע"ג דלאו רואה וכו' דעיילה ואפקה וכו' כגון דעיילה בטיבלה וקסבר מתנות: (ב) שם במשנה שריטה (אחת) תז"מ ונ"ב ס"א אינו: (ג) רש"י ד"ה לוקה וכו' ונהי דאי: (ד) ד"ה והמקיף פאת ראשו משום. נ"ב כלומר לית ביה דבר חדש ע"ל בפרש"י ריש פירקין: (ה) ד"ה חייב וכו' דמייתינן מקרא דחייב על כל קרחה וכו' ושרט וה"נ הכא דהכא לא צריך וכו' כולי האי אלא ממשמעות' וכדאמרי' לקמן בדף זה ריש ע"ב דסכינהו וכו' חמש וגימגום הס"ד: (ו) ד"ה הכי גרסינן וכו' יתירא הוא. נ"ב ס"א כדאמרינן לקמן דסכינהו לה' אצבעותיו נשא דאע"ג דליכא אלא חדא התראה מחייבין עלה חמש: (ז) תוס' ד"ה אמר וכו' לא אמרינן מתנות וכו' שקלטוהו מחילות ואסור לפדותו אבל לענין שלוקים בגבולין על אכילתו אמרי' כמי: (ח) ד"ה רבינא וכו' לגמרי ותפשוט:

תורה אור השלם

א) לֹא יִקְרְחוּ קָרְחָה בְּרֹאשָׁם וּפְאַת זְקָנָם לֹא יְגַלֵּחוּ וּבִבְשָׂרָם לֹא יִשְׂרְטוּ שָׂרָטֶת: [ויקרא כא, ה]

ב) בָּנִים אַתֶּם לַיְיָ אֱלֹהֵיכֶם לֹא תִתְגֹּדְדוּ וְלֹא תָשִׂימוּ קָרְחָה בֵּין עֵינֵיכֶם לָמֵת: [דברים יד, א]

לעזי רש"י

טנפל"א. פירוש לדע, רקה (רש"י שופטים ד, כב), צד המצח שליד האוזן.

מנט"ן. פירוש סנטר, פרק לחי התחתון בזקן (מוסף הערוך ערך סנטר ב' ועיין רש"י שבועות דף ג ע"א ד"ה ואחת מלמטה ומכות דף כא ע"א ד"ה ב' פירקי דדיקנא).

עין משפט נר מצוה

עו א מיי' פ"ה מהל' אישות הלכה ו:
עז ב מיי' פ"ב מהל' מעשר שני הל' ה:
עח ג מיי' שם הל' ט:
עט ד מיי' פי"ט מהל' סנהדרין הל' ד [סי' קמג] ופי"ב מהל' ע"ז הל' טו סמג לאוין סב טוש"ע י"ד סי' קפ סעיף ט:
פ ה מיי' פי"ט מהל' סנהדרין הל' ד [סימן קמ] ופי"ב מהל' ע"ז הל' א סמג שם טוש"ע י"ד סי' קפא סעיף ב:
פא ו מיי' שם בהל' סנהדרין הל' ז [סי' קמא] ופי"ב מהל' ע"ז הל' ז סמג שם טוש"ע שם סעיף י:
[ו] מיי' שם בהל' סנהדרין הל' ד סי' קמב:
פב ז מיי' פי"ב מהל' ע"ז הל' יב סמג שם טוש"ע י"ד סי' קפ סעיף ח:
פג ח מיי' שם הל' א סמג שם טוש"ע י"ד סי' קפא סעיף א:
פד ט מיי' שם הל' ז סמג שם טוש"ע שם סעיף יא:
פה י מיי' וסמג שם טוש"ע שם סעיף י:
פו כ מיי' שם הל' טו סמג שם טוש"ע י"ד סי' קפ סעיף י:
פז ל מ מיי' שם טוש"ע שם סעיף ט:

ליקוטי רש"י

מחיצה לאכול דאורייתא מחיצה לקלוט דרבנן. מחילה שנאמרה בתורה לא הוזכרה אלא לאכול בתוכה ושאמרו במשנה מחילות קולטות אותם מלפדות עוד אם יצא דרבנן היא [ב"מ נג:]. מחיצות לאכול דאורייתא. מן התורה מלוה לאכול לפנים מן החומה. אבל מחיצות לקלוט. שיהיו מחילות קולטות בין לענין פדייה בין לכל ענין. מדרבנן הוא וכי גזור רבנן דתיהני קליטת מחילות למעשר דשוב אינו יכול לפדותו [סנהדרין קיג.]. ותפשוט בעיא דרב פפא. בעי רב פפא הוא מבפנים ונקיט משאו בקניא ארוך מבחוץ. מהו. כיון דלאו ממש על כתיפו הוא אין זה מלואו והרי הוא כמוטל לארץ ונפדה או דלמא כיון דנקיט ליה משאו קרינא ביה תיקו [מכות יט:]. על הראש שתים. על הקפת ראש שתים דהא פאת כתיב (ויקרא יט) ופאה לשון סוף וקצה הוא כמו (שמות כו) לפאת ים (שם) לפאת נגב מקום חיבור הגלגולת עם הלחי והן מקום הצדעין [שבועות ב:]. על הזקן שתים מכל צד ב' צדעים לפי שהלחי רחב כנגד הצדעים ויש לכל דבר רחב קצה לשני צדדין בראשו. ואחת מלמטה. בסנטר שהלחיים מחוברין שם והעצם קצר מלמטה בסנטר שקורין מונטו"ן בלע"ז [שבועות ג.]. ואינו חייב. על הקפת הראש עד שילקטנו בתער [נזיר מ:]. במלקט ורהיטני. מלקט. פליינ"א של מלאכתי חרבות שמחליקין את תיק הסייף. רהיטני. פליינ"א של עושי תריסין [קידושין לה:]. בראשם מה תלמוד לומר. בראשם האמור אצל כהנים מה ת"ל דלפי שנאמר בישראל בין עיניכם משמע סמוך לפדחת [קידושין לו.].

think that EVEN IF ONE MADE FOUR OR FIVE BALD SPOTS לֹא יְהֵא חַיָּיב אֶלָּא אַחַת – HE WOULD BE LIABLE ONLY TO ONE *malkus* penalty. To teach otherwise תַּלְמוּד לוֹמַר ,,קָרְחָה'' – THE TORAH STATES: *A BALD SPOT*.[30] לְחַיֵּיב עַל כָּל קָרְחָה וְקָרְחָה – This redundancy comes TO OBLIGATE one FOR EACH AND EVERY BALD SPOT.[31] מַה תַּלְמוּד לוֹמַר ,,בְּרֹאשָׁם'' – And WHAT DOES THE TORAH TEACH when it states, *ON THEIR HEAD*?[32] לְפִי שֶׁנֶּאֱמַר ,,לֹא תִתְגֹּדְדוּ וְלֹא־תָשִׂימוּ קָרְחָה בֵּין עֵינֵיכֶם לָמֵת'' – SINCE IT IS STATED in the *Deuteronomy* verse regarding all Jews, *YOU SHALL NOT CUT YOURSELVES, NOR SHALL YOU MAKE A BALD SPOT BETWEEN YOUR EYES FOR THE DEAD,* יָכוֹל לֹא יְהֵא חַיָּיב אֶלָּא עַל בֵּין הָעֵינַיִם בִּלְבַד – ONE MIGHT think that [A PERSON] IS LIABLE FOR making a bald spot ONLY if he does so BETWEEN THE EYES.[33] מִנַּיִן לְרַבּוֹת כָּל הָרֹאשׁ – FROM WHERE do we know TO INCLUDE THE ENTIRE HEAD in this prohibition? תַּלְמוּד לוֹמַר ,,בְּרֹאשָׁם'' – THE TORAH STATES in the *Leviticus* verse that Kohanim shall not make a bald spot *ON THEIR HEAD,* לְרַבּוֹת כָּל הָרֹאשׁ – which comes TO INCLUDE THE ENTIRE HEAD in the prohibition against making a bald spot. וְאֵין לִי אֶלָּא בְּכֹהֲנִים – HOWEVER, I HAVE PROOF from this verse that a bald spot is prohibited anywhere on the head ONLY WITH REGARD TO KOHANIM (the subject of the verse), שֶׁרִיבָּה בָּהֶן הַכָּתוּב מִצְוֹת יְתֵירוֹת – FOR WHOM SCRIPTURE ADDS SUPPLEMENTARY COMMANDMENTS.[34] יִשְׂרָאֵל מִנַּיִן – FROM WHERE do we know that every JEW is liable for making a bald spot anywhere on the head? נֶאֱמַר כָּאן ,,קָרְחָה'' – IT IS STATED HERE in *Deuteronomy* 14:1 regarding all Jews: *BALD SPOT;* וְנֶאֱמַר לְהַלָּן ,,קָרְחָה'' – AND IT IS STATED THERE in *Leviticus* 21:5 regarding Kohanim: *BALD SPOT.* The common term engenders a *gezeirah shavah* exegesis, by which the laws of the two prohibitions are equated as follows: מַה לְּהַלָּן – JUST AS THERE in the Kohanim's prohibition חַיָּיב עַל כָּל קָרְחָה וְקָרְחָה – [THE KOHEN] IS LIABLE separately FOR EACH AND EVERY BALD SPOT, as stated at the beginning of this Baraisa, וְחַיָּיב עַל הָרֹאשׁ כְּבֵין הָעֵינַיִם – AND HE IS LIABLE FOR making a bald spot anywhere on THE HEAD JUST AS he is liable for making a bald spot BETWEEN THE EYES,[35] אַף כָּאן – HERE ALSO in the ordinary Jews' prohibition – חַיָּיב עַל כָּל קָרְחָה וְקָרְחָה – [ANY JEW] IS LIABLE separately FOR EACH AND EVERY BALD SPOT,[36] וְחַיָּיב עַל הָרֹאשׁ כְּבֵין הָעֵינַיִם – AND HE IS LIABLE FOR making a bald spot anywhere on THE HEAD JUST AS he is liable for making a bald spot BETWEEN THE EYES.[37] And, further, the *gezeirah shavah* teaches in the other direction: וּמַה לְּהַלָּן עַל מֵת – AND JUST AS THERE in the ordinary Jews' prohibition a bald spot is prohibited only when made OVER A DEAD PERSON, since the verse states *for the dead,* אַף כָּאן עַל מֵת – HERE ALSO in the Kohen's prohibition, a bald spot is prohibited only when made OVER A DEAD PERSON.

The Gemara now elaborates on the Baraisa's first ruling – that when one makes five bald spots, he incurs five separate *malkus* penalties:

הָנֵי אַרְבַּע וְחָמֵשׁ קְרִיחוֹת הֵיכִי דָּמֵי – **What is the case of these four or five bald spots?**[38] אִילֵימָא בְּזֶה אַחַר זֶה – **If you say** that he made them **one after the other** וּבְחָמֵשׁ הַתְרָאוֹת – **and** he did so **with five** separate **warnings,**[39] one before each transgression, פְּשִׁיטָא – **it is obvious** that he is liable to multiple *malkus* penalties,[40] and the Scriptural redundancy of *a bald spot* would be unnecessary.

NOTES

30. The word יִקְרְחוּ itself means to make a bald spot, and so Scripture could have stated simply: לֹא יִקְרְחוּ בְּרֹאשָׁם. Hence, the word קָרְחָה (*bald spot*) is extraneous, and thus available for exegesis (see *Rivan, Ritva*).

31. The Gemara elaborates on this ruling below.

32. The Baraisa is not asking why this phrase is written, for it is certainly needed to teach that the Torah prohibits the balding of the head and no other hirsute part of the body (see *Rivan*). Rather, the Baraisa is coming to explain that *on their head* means anywhere on their head, since we might have thought otherwise (*Rivan*).

33. I.e. on the scalp near the forehead and opposite the area between the eyes (*Rivan*).

34. In addition to the laws binding on all Jews, special mitzvos are given to Kohanim (e.g. not to contract human-corpse *tumah,* not to marry a divorcee; see *Leviticus* Chs. 21,22). Perhaps, then, the "entire head" stringency applies exclusively to Kohanim.

35. Since *on their head* is written in the Kohanim's verse.

36. The word קָרְחָה (*bald spot*) is extra in the Kohanim's verse, but not in the Yisrael's verse [where it is written וְלֹא־תָשִׂימוּ קָרְחָה, *you shall not place a bald spot*]. Hence, the law is first learned with regard to the Kohanim, and is then extended to all Jews.

37. *Ritva* asks: Instead of writing *between your eyes* in the ordinary Jews' verse and therefore requiring a *gezeirah shavah* to extend the prohibition to the entire head, let the Torah write *on their head* there as well?! Citing *Kiddushin* 36a, he answers that *between your eyes* in the "bald-spot" verse is needed to teach that *between your eyes* in the "*tefillin*" verse (*Deuteronomy* 11:18) means atop the head (where there is hair) and not actually between the eyes.

38. I.e. under what circumstances is the extra word קָרְחָה (*a bald spot*) needed to teach that one is liable for each of the five bald spots? (*Ritva*).

39. As mentioned in the chapter introduction, a person does not incur *malkus* for violating a prohibition unless he was forewarned as to the forbidden nature of his intended act and the punishment that it carries. The transgression must be committed immediately after the warning – i.e. in less time than it takes a student to greet his teacher with the words שָׁלוֹם עָלֶיךָ רַבִּי, *Peace upon you, my teacher.* This span of time is known as תּוֹךְ כְּדֵי דִבּוּר, *within the time necessary for a statement* (see *Rambam, Hil. Sanhedrin* 12:2). The need for such immediacy is to eliminate the possibility that the transgressor forgot the warning by the time he sinned (*Kesubos* 33a). Even where forgetting seems unlikely, the Torah decreed that punishment cannot be exacted unless this condition is satisfied (*Tosafos* to *Sanhedrin* 40b ד״ה מנין; *Ketzos HaChoshen* 28:8).

40. Since each act of balding was accompanied by a warning, they are viewed as separate (albeit repeated) violations, and so it is obvious that each act is punished separately (*Ritva*).

לוקה אחת וזר שאכלה לוקה שתים שאילו בתחלה אכלה אינו לוקה אלא אחת טעמא דאיתיה בירושלים הא בגבולין לוקה שלש (א) דאע"ג דלאו רואה פני חומה דעיילי ואפקי אי הכי מאי למימרא הכא במאי עסקינן כגון דעיילינהו בטיבלייהו א וקסבר (א) מתנות שלא הורמו כמי שהורמו דמיין וסבר ר' יוסי מתנות שלא הורמו כמי שהורמו דמי ב והתניא רבי שמעון בן יהודה אומר משום רבי יוסי ג לא נחלקו בית שמאי ובית הלל על פירות שלא נגמרה מלאכתן ועברו בירושלים שיפדה מעשר שני שלהן ויאכל בכל מקום ועל מה נחלקו על פירות שנגמרה מלאכתן ועברו בירושלים שבית שמאי אומרים יחזיר מעשר שני שלהם ויאכל בירושלים וב"ה אומרים יפדה ויאכל בכל מקום ואי סלקא דעתך מתנות שלא הורמו כמי שהורמו דמיין הא קלטוהו מחיצות ד אמר ה רבה מחיצה ב לאכול דאורייתא ג מחיצה לקלוט דרבנן וכי גזור רבנן כי איתיה בעיניה בטבליה לא גזור רבנן רבינא אמר כגון דנקיט ליה בקניא ותפשוט ו בעיא דרב פפא:

מתני' ד הקורח קרחה בראשו ה והמקיף פאת ראשו ו והמשחית פאת זקנו [ז] והשורט שריטה אחת על המת חייב ז שרט שריטה (ב) אחת על חמשה מתים או חמש שריטות על מת אחד חייב על כל אחת ואחת ח ח על הראש שתים אחת מכאן ואחת מכאן ט ט על הזקן שתים מכאן ושתים מכאן ואחת מלמטה רבי אליעזר אומר אם ניטלו כולן כאחת אינו חייב אלא אחת ט ואינו י חייב עד שיטלנו בתער רבי אליעזר אומר אפילו לקטו במלקט או ברהיטני חייב: **גמ'** תנו רבנן י א) לא יקרחו יכול אפילו קרח ארבע וחמש קריחות לא יהא חייב אלא אחת תלמוד לומר קרחה כ לחייב על כל קרחה וקרחה בראשם מה תלמוד לומר לפי שנאמר ב) לא תתגודדו ולא תשימו קרחה בין עיניכם למת יכול לא יהא חייב אלא על בין העינים בלבד מנין לרבות כל הראש תלמוד לומר בראשם לרבות ל כל הראש ואין לי אלא כ בכהנים שריבה בהן הכתוב מצות יתירות ישראל מנין נאמר כאן קרחה ונאמר להלן קרחה מה להלן חייב על כל קרחה וקרחה וחייב על הראש כבין העינים אף כאן חייב על כל קרחה וקרחה וחייב על הראש כבין העינים ומה להלן על מת מ אף כאן על מת הני ד' וה' קריחות ה"ד אילימא בזה אחר זה ובחמש התראות פשיטא

אלא

רש"י

לוקה אחת. דלא הוציאה מידי טבל בקריאת שם זה וקאכיל מעשר ראשון הטבול לתרומת מעשר וקעבר אלאו דטבל אבל איסור תרומה דקאכיל ליכא דהא כהן הוא ונהי (ג) אי הוה אמר תרומת מעשר באמצעיתה הוי מצי אכיל כולה ולא לקי מידי דהוה תרומת מעשר לכהן והוא כהן ואמעשר ראשון ואמעשר שני לא לקי דהא אף לזרים שרי: הכי גרסינן טעמא דמעשר שני בירושלים ומעשר עני בגבולין הא מעשר שני בגבולין לוקה שלש: דעייליה. לירושלים וקרא עליה שם והדר אפקיה חוץ דחזא מעשר שני פני החומה הלכך לוקה שלש: אי הכי מאי למימרא. דבשלמא אי אמרת מעשר שני בגבולין לוקה שלש אע"ג דלא חזא פני החומה אשמועינן טובא דחייבין עליו אע"פ שלא ראה פני חומה ואיצטריך למיתניה משום דיוקא דידה הא בגבולין אלא אי אמרת בדעייליה ואפקיה מאי למימרא לא היא איצטריכא ולאו דיוקא דידה דהא פשיטא דאפילו כהן לוקה על הטבל וזר על התרומה ועל מעשר שני חוץ לחומה: דעיילה בטיבלה. להאי תאנה בירושלים דקלטוהו מחילות למעשר שני העתיד ליתרם ממנה: וקסבר מתנות שלא הורמו כמי שהורמו דמיין. ודמי כמאן דעייל מעשר שני בעיניה דהוה ליה ראה פני החומה והלכך כי אפקה לוקה עליו וכגון דאפקה נמי בטיבלה: שנגמרה מלאכתן. למעשר כדמפרש בזרעים (מעשרות פ"א מ"ה) מאימתי גמר מלאכתן למעשר בחיטין משימרח הכרי בדילועין משיפקסו כו': שיפדה מעשר שני. עדיין יש לו פדייה דכיון דלא נגמרה מלאכתן לא אמרינן כמי שהורמו דמיין וראה פני החומה ואין לו פדייה: יחזיר מעשר שני ויאכל בירושלים. דקסברי בית שמאי כמי שהורמו דמיין: יפדה ויאכל בכל מקום. מדמתני רבי יוסי אליבא דבית הלל יפדה ש"מ דהכי סבירא ליה דבית שמאי במקום בית הלל אינה משנה ומדקאמר יפדה ש"מ דמתנות שלא הורמו לאו כמי שהורמו דמיין ולא ראה פני החומה ויש לו פדייה ואי ס"ד כו': רבינא אמר. הא דדייקינן לעיל הא בגבולין לוקה שלש וקא בעית מאי למימרא איצטריך כגון דנקיט ליה בקניא וקא משמע לן דכמאן דראה פני החומה דמי ולוקה משום לא תוכל אי הדר אהדריה ואכליה ותפשוט מינה בעיא דרב פפא דבעא לעיל: מתני' הקורח קרחה בראשו. על המת כדמפרש בגמרא: והמקיף פאת ראשו. (ד) משום דבעי למימר הי ניהו פאתי ראשו נקיט ליה: שרט. עושה חבורה בעצמו משום צער מתו: השורט שריטה אחת על המת חייב. הכא לאו דוקא נקט שריטה אחת אלא משום דבעי לפלוגי לקמיה בין שריטה אחת לשתי שריטות נקיט ליה נמי הכא וכמדומה דלא גרסינן ליה: שריטה אחת על ה' מתים או ה' שריטות על מת אחד. בגמרא מרבי ליה דחייב על כל אחת ואחת: חייב על הראש. על הקפת הראש חייב שתי מלקיות דשתי פאות יש לו לראש שהראש כשתי חתיכות מקום השיער חתיכה אחת ומקום הפנים והזקן חתיכה אחת ומתחברות זו עם זו בצד האוזן מלפניו מקום שלועזין טנפל"א ושם נקרא פאה ששם סוף הראש מקום חיבור הפרקים ונמצא שיש לו שתי פאות לידעא מכאן ולידעא מכאן וחייב עליהן שתים אפילו נוטלן בבת אחת בשתי ידיו ואע"ג דחד התראה קא מתרה ליה אל תקיף דזיל הכא פאה איכא וזיל הכא פאה איכא כדאמר לקמן גבי קרחה גבי שריטה דמייתינן (ה) דחייב על כל קרחה וקרחה ועל כל שרט ושרט ונהי דהכא לא צריך לאתויי מקרא דמסתמא כי היכי דאמרינן ושרט חייב על כל שרט ושרט ה"נ אמרינן פאת לחייב על כל פאה ופאה דהא לאו מיתורא דקרא שמעינן ליה כולי האי (ל) כ"ש וגימגום כדאמרינן לקמן דסכינהו לחמש אצבעותיה נשא דאע"ג דליכא אלא חדא התראה מחייבין ליה חמש: שתים מכאן. חמש פאות יש לו לזקן אחד למטה מן האוזן מקום שלחי התחתון יוצא ומתפרד שם ושם נקרא פאה בחודו של לחי שבולט לחוץ ששם מתחלת הזקן וכל מה שלמעלה עד הלידעא בכלל פאת הראש היא ושתי השיבולות כל אחד מהן לסוף הלחי ונקרא פאה ואחת מלמטה שיער שבין השיבולת באמצע הסנטר שלועזין מנט"ן: ואינו חייב עד שיטלנו בתער. תנא קמא קאמר לה ורבי אליעזר פליג עליה: גמ' הכי גרסינן לא יקרחו קרחה יכול אפילו קרח כו' תלמוד לומר קרחה. דקרא יתירא (ו) הוא: בראשם מה תלמוד לומר. לאו דוקא קאמר ליה דהא ודאי איצטריך משום דהוה אמינא קרחה כל דהו אלא מידרש קא דריש ליה בראשם משמע כל הראש שלפי שאמר כו': ולא תתגודדו. בישראל כתיב לא יקרחו בכהנים: בין העינים. בראש סמוך לפדחת: ואין לי. דחייב על כל הראש אלא כהנים דההוא בכהנים כתיב:

ה"ג

תוספות

הא בגבולין לוקה. מדנקט והיא שנת מעשר שני והוא בירושלים שמע מינה דאילו היה בגבולין לוקה שלש: **אמר** רבא מחיצה לאכול מדאורייתא מחיצה לקלוט מדרבנן. הלכך לגבי דין פדייה לא אמרינן (ז) מתנה שלא הורמו כמי שהורמו דמיין לענין שקלטוהו ואסור לפדותו אבל לענין שלוקין בגבולין אמרינן כמי שהורמו דמיין והוי ראו פני הבית: **רבינא** אמר כגון דנקיט ליה בקניא. הא דאמר בגבולין לוקה שלש איירי כשהאיש עומד (מ) בין הקנים ונקיט ליה לקנה מבחוץ ואשמעינן דלוקה דבכך קרית ביה ראיית פני הבית ולוקה כשאוכלו במקומו דעדיין אינו בפנים לגמרי (ח) ולפשוט בעיא דרב פפא: **לחייב** על כל קרחה וקרחה היכי דמי אילימא בזה אחר זה ובחמש התראות פשיטא אלא בבת אחת ובחדא התראה. זו גירסת הספרים והקונטרס לא גריס בבת אחת אלא בחדא התראה וכן פי' לעולם בזה אחר זה ושמא היינו טעמא משום דאי בבת אחת הכל קרחה חדא היא ויש ליישב בבת אחת ומיירי שעשה שיעור ה' קרחות והוא הדין דבזה אחר זה נמי היה יכול להקשות אלא הכי קאמר אילימא גם בבת אחת ובחדא התראה:

לא

עין משפט נר מצוה

עו א מיי' פ"ה מהל' אישות הלכה ו:
עז ב מיי' פ"ב מהל' מעשר שני הל' ה:
עח ג מיי' שם הל' ט:
עט ד מיי' פי"ט מהל' סנהדרין הל' ד [סי' קמג] ופי"ב מהל' ע"ז הל' טו סמג לאוין סב טוש"ע י"ד סי' קפ סעיף ט:
פ ה מיי' פי"ט מהל' סנהדרין הל' ד [סימן קמ] ופי"ב מהל' ע"ז הל' א סמג שם טוש"ע י"ד סי' קפא סעיף ב:
פא ו מיי' שם בהל' סנהדרין הל' ז [סי' קמא] ופי"ב מהל' ע"ז הל' ז סמג שם טוש"ע שם סעיף י:
[ו] מיי' שם בהל' סנהדרין הל' ד סי' קמב:
פב ז מיי' פי"ב מהל' ע"ז הל' יב סמג שם טוש"ע י"ד סי' קפ סעיף ח:
פג ח מיי' שם הל' א סמג שם טוש"ע י"ד סי' קפא סעיף א:
פד ט מיי' שם הל' ז סמג שם טוש"ע שם סעיף יא:
פה י מיי' וסמג שם טוש"ע שם סעיף י:
פו כ מיי' שם הל' טו סמג שם טוש"ע י"ד סי' קפ סעיף י:
פז ל מ מיי' שם טוש"ע שם סעיף ט:

ליקוטי רש"י

מחיצה לאכול דאורייתא מחיצה לקלוט דרבנן. מחילה שנאמרה בתורה לא הוזכרה אלא לאכול בתוכה ושאמרו במשנה מחילות קולטות אותם מלפדות עוד אם יצא דרבנן היא [ב"מ נג:]. מחיצות לאכול דאורייתא. מן התורה מצוה לאכול לפנים מן החומה. אבל מחיצות לקלוט. שיהיו מחילות קולטות בין לענין פדייה בין לכל ענין. מדרבנן הוא וכי גזור רבנן דתיהני קליטת מחילות למעשר דשוב אינו יכול לפדותו [סנהדרין קיג.].

ותפשוט בעיא דרב פפא. בעי רב פפא הוא מבפנים ונקיט משאו בקניא ארוך מבחוץ. מהו. כיון דלאו ממש על כתיפו הוא אין זה מלואו והרי הוא כמוטל לארץ ונפדה או דלמא כיון דנקיט ליה משאו קרינא ביה תיקו [מכות יט:].

על הראש שתים. על הקפת ראש שתים דהא פאת כתיב (ויקרא יט) ופאה לשון סוף וקצה הוא כמו (שמות כו) לפאת ים (שם) לפאת נגב מקום חיבור הגלגולת עם הלחי והן מקום הצדעין [שבועות ב:]. על הזקן שתים מכל צד ב' לצדעים לפי שהלחיים רחב כנגד הצדעים ויש לכל דבר רחב קצה לשני צדדין בראשו. ואחת מלמטה. בסנטר שהלחיים מחוברין שם והעצם קצר מלמטה בסנטר שקורין מונטו"ן בלע"ז [שבועות ג.].

ואינו חייב. על הקפת הראש עד שילקטנו בתער [נזיר מ:].

במלקט ורהיטני. מלקט. פליי"א של מלאכתי חרבות שמחליקין

כס את תיק הסייף. רדהיטני. פליי"א של עושי תריסין [קידושין לה:]. בראשם מה תלמוד לומר. בראשם האמור אצל כהנים מה ת"ל דלפי שנאמר בישראל בין עיניכם משמע סמוך לפדחת [קידושין לו.].

מסורת הש"ס

א) [נדרים פה. קדושין נח: ב"ב קכג: חולין קל: בכורות יא.], ב) [צ"ל והתנן], ג) [מ"ש פ"ג מ"ו], ד) סנהדרין קיג. ע"ש ב"מ נג: ע"ש, ה) ס"א רבא, ו) [לעיל יט:], ז) שבועות ב: [וע"ש תוס' ד"ה חייב], ח) [עי' תוס' שבועות ג. ד"ה ועל], ט) נזיר מ:, י) קדושין לו., כ) [יבמות ה. וש"נ], ל) ר"ת כן שמעתי וגירסת רש"א וכ"ש הוא וגי' רש"ל יש כאן גמגום, מ) גי' מהר"ם מבפנים.

הגהות הב"ח

(א) גמרא ואע"ג דלאו רואה וכו' דעיילה ואפקה וכו' כגון דעיילה בטיבלה וקסבר מתנות: (ב) שם במשנה שריטה (אחת) תז"מ ונ"ב ס"א אינו: (ג) רש"י ד"ה לוקה וכו' ונהי דאי: (ד) ד"ה והמקיף פאת ראשו משום. נ"ב כלומר לית ביה דבר חדש ע"ל בפרש"י ריש פירקין: (ה) ד"ה חייב וכו' דמייתינן מקרא דחייב על כל קרחה וכו' ושרט וה"נ הכא דהכא לא צריך וכו' כולי האי אלא ממשמעות' וכדאמרי' לקמן בדף זה ריש ע"ב דסכינהו וכו' חמש וגימגום הס"ד: (ו) ד"ה הכי גרסינן וכו' יתירא הוא. נ"ב ס"א כדאמרינן לקמן דסכינהו לה' אצבעותיו נשא דאע"ג דליכא אלא חדא התראה מחייבין עלה חמש: (ז) תוס' ד"ה אמר וכו' לא אמרינן מתנות וכו' שקלטוהו מחילות ואסור לפדותו אבל לענין שלוקים בגבולין על אכילתו אמרי' כמי: (ח) ד"ה רבינא וכו' לגמרי ותפשוט:

תורה אור השלם

א) לא יקרחו קרחה בראשם ופאת זקנם לא יגלחו ובבשרם לא ישרטו שרטת: [ויקרא כא, ה]
ב) בנים אתם ליי אלהיכם לא תתגדדו ולא תשימו קרחה בין עיניכם למת: [דברים יד, א]

לעזי רש"י

טנפל"א. פירוש לדע, רקה (רש"י שופטים ד, כב), צד הגולה שליד האוזן. מנטו"ן. פירוש סנטר, פרק לחי התחתון בזקן (מוסף הערוך ערך סנטר ב' ועיין רש"י שבועות דף ג ע"א ד"ה ואי מלמטה ומכות דף כא ע"א ד"ה פירקי דיקנא).

עין משפט
נר מצוה

פח א מיי' פי"ב מהל' ע"ז הל' טו סמג לאוין סב:
פט ב מיי' פ"ה מהל' נזירות הל' י סמג לאוין רכ:
צ ג מיי' פי"ב מהל' ע"ז הל' טו סמג לאוין סב:
צא ד מיי' שם סמג שם טוש"ע י"ד סי' קפ סעיף ט:
צב ה ו מיי' פ"ט מהל' שבת הל' ט סמג לאוין סה טוש"ע א"ח סי' שמ סעיף א:
צג ז מיי' פי"ב מהל' ע"ז הל' י סמג לאוין ס טוש"ע שם וטוש"ע י"ד סי' קפב סעיף ו:
צד ח מיי' שם הל' א סמג לאוין נא טוש"ע י"ד סי' קפא סעיף א:
צה ט מיי' שם טוש"ע שם סעיף ד:
צו י מיי' שם סמג לאוין סב טוש"ע י"ד סי' קפא סעיף ד:
צז כ מיי' שם הל' יב טוש"ע שם סי' קפ סעיף ח:

א אלא בחדא התראה מי מחייב והתנן [א] ב נזיר שהיה שותה יין כל היום אינו חייב אלא אחת אמרו לו אל תשתה אל תשתה והוא שותה חייב על כל אחת ואחת ג לא צריכא דסך חמש אצבעותיו [ב] נשא ואותבינהו בבת אחת דהויא ליה התראה לכל חדא וחדא וכמה שיעור קרחה רב הונא אומר כדי שיראה מראשו רבי יוחנן אומר משום ר"א [ג] ברבי שמעון ד כגרים ([ד] כתנאי כמה שיעור קרחה (א) כגרים) אחרים אומרים כדי שיראה מראשו אמר רב יהודה בר חביבא פליגי בה תלתא תנאי חד אומר כגרים וחד אומר כדי שיראה מראשו וחד אומר כשתי שערות ואיכא דמפיק שתי שערות ומעייל בכעדשה וסימנך [ה] בהרת כגרים ומחיה בכעדשה [ו] תנא הנוטל מלא פי הזוג בשבת חייב וכמה מלא פי הזוג אמר רב יהודה שתים והתניא לקרחה שתים אימא וכן לקרחה שתים תניא נמי הכי [ז] ה הנוטל מלא פי הזוג בשבת חייב וכמה מלא פי הזוג שתים רבי אליעזר אומר אחת ומודים חכמים לרבי אליעזר [י] במלקט לבנות מתוך שחורות אפילו אחת שהוא חייב [ו] ודבר זה אפילו בחול אסור משום שנאמר א) לא ילבש גבר שמלת אשה: והמקיף פאת ראשו וכו': ת"ר פאת ראשו סוף ראשו ואיזהו סוף ראשו ח זה המשוה צדעיו לאחורי אזנו ולפדחתו תני תנא קמיה דרב חסדא ט אחד המקיף ואחד הניקף לוקה [ח] אמר ליה מאן דאכיל תמרי בארבילא לקי דאמר לך מני רבי יהודה היא דאמר [ט] לאו שאין בו מעשה לוקין עליו רבא אומר במקיף לעצמו ודברי הכל רב אשי אומר [י] במסייע ודברי הכל: והמשחית פאת זקנו: ת"ר פאת זקנו סוף זקנו ואיזהו סוף זקנו שבולת זקנו: והמשרט שריטה אחת וכו': ת"ר ב) ושרט יכול אפילו שרט על ביתו שנפל ועל ספינתו שטבעה בים ת"ל ב) לנפש אינו חייב אלא על המת בלבד ומנין למשרט חמש שריטות על מת אחד שהוא חייב על כל אחת ואחת ת"ל ושרט כ לחייב על כל שריטה ושריטה רבי יוסי אומר מנין למשרט שריטה אחת על ה' מתים שהוא חייב על כל (ב) אחת ואחת ת"ל לנפש לחייב על כל נפש ונפש והא אפיקתיה לביתו שנפל ולספינתו שטבעה בים

קסבר

רש"י

ה"ג **אלא בחדא התראה**. ולא גרסינן בבת אחת אלא דאתרו ביה חדא התראה ואתא איהו וקרח בזה אחר זה מי מיחייב והתנן כו' אינו חייב אלא אחת הואיל ולא אתרו בו אלא חדא התראה ואע"ג דשתייתו בזה אחר זה היא דשתייה בבת אחת כל היום ליכא: **אל תשתה אל תשתה**. מתרין בו לכל שתייה ושתייה: **נשא**. פירוש סם שמשיר את השיער והסך ממנו אינו צומח שיער בגופו: **ואותבינהו בבת אחת**. בה' מקומות דהוו להו ה' קריחות ובחדא התראה דכיון דבבת אחת קא עביד מאי חזית דחיילא התראה אהאי אצבע טפי מהאי והתראת ספק לא מיחשבא דהתראה אכולהו אצבעות שדיא ומנחא ולאלתר מתברר לו אם חושש להתראתו או לא: **שיראה מראשו**. שירא' מבשר הראש ערום: **אמר רב יהודה בר חביבא פליגי בה תלתא תנאי**. איכא דמפיק שתי שערות ומעייל כעדשה: **וסימנך**. דלא תימא מפיק כגרים ומעייל כעדשה משנה זו בהרת כגרים ומחיה כעדשה דהכא נמי בשעורי קרחה איכא כגרים וכעדשה ומהשתא ידעינן דלא אפיקנא אלא שתי שערות דיראה מראשו לא הוו צריכים לאפוקי דשוה הוא לדברי כולם דאין זה שיעור קלוש: הכי גרסינן **תנא הנוטל מלא פי הזוג** בשבת ולא גרסינן תניא: **פי הזוג**. חודן של מספרים: **אימא וכן לקרחה שתים**. ולפרושי אתא: **במלקט**. שערות לבנות מתוך שחורות דכיון דאדם מקפיד על שער לבן אחד שבין שערותיו שחורות כדי שלא יראה זקן אמרינן דכשהוא מלקט אותו מבין השחורות מלאכה חשובה היא לו וחייב משום גוזז כיון דחייש לגזיזה זו. שחורות מתוך לבנות לא גרסינן: **אף בחול אסור**. שמתנאה עצמו בנויי אשה: **ואיזהו סוף ראשו**. באיזה ענין יהא מקיף סוף הראש שיהא חייב בבל תקיפו: **המשוה צדעיו לאחורי אזנו ולפדחתו**. אחורי אזנו אין שיער כלום וכן במצחו אין שיער כלום אבל בצדעיו שבאמצע יש שיער ואם הוא משוה ונוטל כל השיער שבצדעיו למדת אחורי אזנו ופדחתו זהו מקיף סוף הראש: **דאכיל תמרי בארבילא**. האוכל תמרים בכברה יהא לוקה בתמיה כלומר ניקף מה פשע שהוא לוקה לאו שאין בו מעשה הוי ולא לילקי: **דאמר לך מני**. השואל לך כמאן קאמרת ניקף לוקה אימא ליה ר' יהודה היא דאמר לעיל (דף ד: טז.) לאו שאין בו מעשה לוקין והיינו לאו שאין בו מעשה דניקף הוא דקא עבר אלאו דלא תקיפו דשמעינן לקרא הכי לא תקיפו לא תניחו להקיף דמניח להקיף כמקיף א"נ מדאפקיה בלשון רבים דכתיב לא תקיפו משמע דאתרי קא מזהר רחמנא ניקף ומקיף: **רבא אמר**. לא צריכת לאוקומי כר' יהודה הך ברייתא דתני תנא קמיה דרב חסדא דקיימא במקיף את עצמו וקמ"ל דחייב תרתי משום מקיף ומשום ניקף דסד"א לא לילקי אלא חדא קמ"ל: **ודברי הכל**. דלא צריך לתרוצי ר' יהודה היא: **מסייע**. מזמין השערות למקיף: **שיבולת זקן**. כולהו חמש פאות דקא חשיב במתניתין בכלל שיבולת הם: **ת"ל ושרט**. דמאי למיכתב לנפש לא תשרטו במקום ושרט לנפש לא תתנו לשון אחר ת"ל ושרט מריבויא דוי"ו: **ר' יוסי אומר כו'**. ר' יוסי מוסיף חיובי: **הא אפיקתיה לביתו שנפל**. והא ודאי ר' יוסי לא פליג בההיא דהיאך יהא מוציא הפסוק מידי פשוטו:

קסבר

תוספות

לא צריכא שסך ה' אצבעותיו נשא. ותימה אכתי מאי תירץ כיון דליכא אלא חדא התראה אמאי מחייב ה' ואי משום דעשה בבת אחת מה בכך כיון דחד לאו איכא וכי אדם אוכל ב' זיתי חלב בבת אחת ובחדא התראה מי מחייב שתי מלקיות משום דהויא ליה התראה אכל חדא וחדא ויש לומר דשאני הכא דגלי קרא (ג) אכל קרחה וקרחה דקרחות מחלקות כגון גופים מוחלקין מיהו קשה למה הוצרך לפרש בקרחה דעל ידי נשא לוקמי (ד) בקרחה בידו שיעור ה' קרחות בבת אחת ומ"מ לא קשה מהא דנזיר שותה כו' דשאני הכא דגלי קרא דקרחות מחלקות כמו גופים מוחלקין ויש לומר דלא מתוקמא ליה בקרחה וקרח בידו בבת אחת משום דקרח בידו קרחה במקום אחד והכל אחד בלי הפסק שיעור בינתים וכה"ג חשיב הכל קרחה אחת ואין כאן על כל קרחה וקרחה להכי מוקי לה בה' אצבעותיו בנשא ואותבינהו בבת אחת ופי' בה' מקומות רחוקים קצת זה מזה שיש הפסק שיעור בין קרחה לקרחה וקרינן ביה על כל קרחה וקרחה ואם תאמר סוף סוף לוקמה אפילו בזה אחר זה ובחמשה מקומות רחוקים קצת כדפי' ומיתוקם שפיר גם בקורח ותולש בידו בלא נשא ובחדא התראה משום דגלי קרא דקרחות מחלקות ומתוך פי' הקונט' משמע דא"כ לא היה מחייב כי אם אקרחה קמייתא שהיתה בידו בתוך כדי דיבור להתראה דאינך קרחות לא מיחייב משום דאינם בתוך כדי דיבור להתראה ומאי למימר אישתלאי וקשה כיון דהתחיל לעבור תוך כדי דיבור להתראה לא מצי למימר אישתלאי כדמוכח פרק י' יוחסין (קדושין דף עז: ושם) גבי [י] ה' אלמנות בזה אחר זה דמחייב אכל חדא וחדא ואפי' בחד התראה משום דגופים מוחלקים אע"ג דליכא בתוך כדי דבור כ"א באלמנה קמייתא לכך נראה דאין הכי נמי הוה מצי לאוקומי בזה אחר זה כדפי' אלא נקט בבת אחת לרבותא דאפילו באות' דהוה קשה ליה מיחייב ומתוקמא שפיר כך פירוש בשיטה ומיהו (ה) ניחא לפירוש דגרסינן בבת אחת וכו' אבל לגירסא ראשונה דגרס אלא בחדא התראה פירוש ומשום קרחה זה אחר זה מאי איכא למימר וי"ל דמ"מ קאמר בבת אחת לרבותא טפי דאפי' בבת אחת משכחת לה בחמשה מקומות מוחלקין בהפסק שיעור כגון דסך אצבעותיו בנשא וכל שכן בזה אחר זה דמיתוקמא בה' מקומות אפי' בקורח בידו:

במלקט [ו] (שחורות מתוך לבנות) שהוא חייב. פרשב"ס דאתא דוקא כר' יהודה דאמר מלאכה שאינה צריכה לגופה חייב עליה:

על

מסורת הש"ס

א) קדושין עז: נזיר לח: מג. חולין פב: [לקמן כא.], ב) [ב"ק פו.], ג) [גיר' רי"ף ר"א בן שמוע], ד) [עי' בתוס'], ה) נגעים פ"ו מ"ב, ו) שבת צד:, ז) [שם ותוספתא דשבת פ"י ע"ש], ח) [סנהדרין פט:], ט) [לעיל ד: וש"נ], י) [נ"ל ג'], כ) [נ"ל לבנות מתוך שחורות].

הגהות הב"ח

(א) **גמרא** כתנאי כמה שיעור קרחה רשב"א אומר כגרים אחרים אומרים: (ב) **שם** על כל אחד ואחד ת"ל לנפש: (ג) **תוס' ד"ה** לא צריכא וכו' דגלי קרא דחייב אכל קרחה וקרחה דקרחות מחלקות כמו גופים מוחלקין: (ד) **בא"ד** לוקמי בקורח בידו וכו' וי"ל דלא מיתוקמא ליה בקורח בידו שיעור ה' קרחות בבת אחת משום דהקורח בידו קרחה במקום אחד והכל ביחד בלי הפסק שיעור בינתיים כה"ג כצ"ל ואות ו' נמחק: (ה) **בא"ד** ומיהו הא ניחא למאי דגרסינן בבת אחת:

תורה אור השלם

א) לֹא יִהְיֶה כְלִי גֶבֶר עַל אִשָּׁה וְלֹא יִלְבַּשׁ גֶּבֶר שִׂמְלַת אִשָּׁה כִּי תוֹעֲבַת יְיָ אֱלֹהֶיךָ כָּל עֹשֵׂה אֵלֶּה: [דברים כב, ה]

ב) וְשֶׂרֶט לָנֶפֶשׁ לֹא תִתְּנוּ בִּבְשַׂרְכֶם וּכְתֹבֶת קַעֲקַע לֹא תִתְּנוּ בָּכֶם אֲנִי יְיָ: [ויקרא יט, כח]

ליקוטי רש"י

נזיר שהיה שותה וכו'. וכל הני חייב במלקות קמיירי [קדושין עז:].

הנוטל מלא פי הזוג. מלא ראש המספרים: **חייב**. בשבת לרבנן בכלי לר' אליעזר אף ביד וזהו שיעורו [שבת צד:].

והתניא. בהדיא ברייתא בסיפא ולקרחה שהזהירה תורה לא תשימו קרחה (דברים יד) שתים הוי קרחה מכלל דפי הזוג לאו ב' שערות נינהו. **תניא נמי הכי**. כרב יהודה דאמר שתים. **רבי אליעזר אומר**. באחת הוא חייב ולא בעינן מלא פי הזוג. **שמלת אשה.** ודרך הנשים להקפיד על כך ולהתנאות [שבת צד:].

תמרי בארבלא. תמרים הנתונים בכברה [סנהדרין פט:].

ולא ילבש גבר שמלת אשה. ליכך לישב בין הנשים. דבר אחר שלא ישיר שער הערוה ושער של בית השחי [דברים כב, ה]. שלא יתקן איש בתיקוני אשה דהכי מתרגמינן ליה שלא יכחול ושלא יפרכס בבגדי צבעונים של אשה [נזיר נט.].

The Gemara considers a different interpretation of the Baraisa's case:

אֶלָּא בַּחֲדָא הַתְרָאָה – And shall we say, **rather,** that he made the five bald spots one after the other[1] and **with a single warning?** מִי מִחַיֵּיב – But **would he be liable** to multiple penalties in such a case?! וְהָתְנַן – **Why, we learned** otherwise **in a Mishnah:**[2] נָזִיר שֶׁהָיָה שׁוֹתֶה יַיִן כָּל הַיּוֹם – A *NAZIR*[3] WHO WAS DRINKING WINE THE ENTIRE DAY but received only a single warning at the start of the day, prior to his initial drink, אֵינוֹ חַיָּיב אֶלָּא אַחַת – IS LIABLE TO ONLY ONE *malkus* penalty.[4] אָמְרוּ לוֹ אַל תִּשְׁתֶּה אַל תִּשְׁתֶּה – But if [THEY] TOLD HIM, "DO NOT DRINK," "DO NOT DRINK," i.e. they warned the *nazir* separately before *each* drink, וְהוּא שׁוֹתֶה – AND HE DRINKS nonetheless, חַיָּיב עַל כָּל אַחַת וְאַחַת – HE IS LIABLE to a separate *malkus* penalty FOR EACH AND EVERY drink. From the first ruling in the Mishnah we see that one who makes five bald spots one after the other, with only one warning, receives no more than one *malkus* penalty.

The Gemara thus concludes:

לֹא צְרִיכָא – **[The Scriptural exegesis]** of a *bald spot* **is needed only** דְּסָךְ חָמֵשׁ אֶצְבְּעוֹתָיו נָשָׁא – **where someone applied a depilatory cream**[5] **to his five fingers** וְאוֹתְבִינְהוּ בְּבַת אַחַת – **and** then **placed them simultaneously** on five different spots of his head, making five separate bald spots; דְּהָוְיָא לֵיהּ הַתְרָאָה לְכָל חֲדָא וַחֲדָא – here he receives five separate *malkus* penalties **because he had a warning for each and every** balding.[6]

The Gemara now discusses the minimum size of the bald spot:

וְכַמָּה שִׁיעוּר קָרְחָה – **What is the measure of a bald spot** for which a person is liable to lashes?[7] רַב הוּנָא אוֹמֵר – **Rav Huna says:** כְּדֵי שֶׁיֵּרָאֶה מֵרֹאשׁוֹ – If one tears out enough hair **so that** the skin of **his head appears exposed.**[8] רַבִּי יוֹחָנָן אוֹמֵר מִשּׁוּם רַבִּי אֶלְעָזָר בְּרַבִּי שִׁמְעוֹן – **R' Yochanan says in the name of R' Elazar the son of R' Shimon:** כִּגְרִיס – If the bald spot is **the size of a bean.**

The Gemara comments:

(כְּתַנָּאֵי – **[The preceding Amoraic dispute] is like** a dispute between **Tannaim,** for a Baraisa states: כַּמָּה שִׁיעוּר קָרְחָה – WHAT IS THE MEASURE OF A BALD SPOT for which a person is liable to *malkus*? כִּגְרִיס – THE SIZE OF A BEAN.[9]) אֲחֵרִים אוֹמְרִים – OTHERS SAY: כְּדֵי שֶׁיֵּרָאֶה מֵרֹאשׁוֹ – SO THAT the skin of HIS HEAD APPEARS EXPOSED.

The Gemara now mentions a third Tannaic opinion regarding the minimum size of a bald spot:

אָמַר רַב יְהוּדָה בַּר חֲבִיבָא – **Rav Yehudah bar Chaviva said:** פְּלִיגֵי בָּהּ תְּלָתָא תַּנָּאֵי – **Three Tannaim disagree in [this matter].** חַד אוֹמֵר כִּגְרִיס – One says: It is **the size of a bean.** וְחַד אוֹמֵר כְּדֵי שֶׁיֵּרָאֶה מֵרֹאשׁוֹ – **And one says: so that** the skin of **his head appears exposed.** וְחַד אוֹמֵר כִּשְׁתֵּי שְׂעָרוֹת – **And one says: the size of two hairs.** וְאִיכָּא דְּמַפִּיק שְׁתֵּי שְׂעָרוֹת וּמְעַיֵּיל בְּכַעֲדָשָׁה – **And there are some** Amoraim **who** – in reporting the third Tannaic view – **delete "two hairs" and replace** it **with "the size of a lentil."**[10] וְסִימָנָךְ – **And your mnemonic** for this emendation is: בַּהֶרֶת כִּגְרִיס וּמִחְיָה בְּכַעֲדָשָׁה – **"A** ***baheres*** **the size of a bean and a healthy spot the size of a lentil."** This is a well-known quote from the Mishnah in *Negaim.*[11] Just as the Mishnah mentions both "bean" and "lentil," so too the emended version of the Tannaic dispute mentions both "bean" and "lentil." The mnemonic thus indicates that in the emended version "lentil" replaces "two hairs" and does not replace "bean."[12]

The Gemara continues discussing the minimum size of a bald spot:

תָּנָא – **[A Tanna] taught** the following Baraisa: הַנּוֹטֵל מְלֹא פִּי הַזּוּג בְּשַׁבָּת – ONE WHO unintentionally REMOVES A SCISSORS-TIPFUL of hair ON THE SABBATH חַיָּיב – IS LIABLE to bring a *chatas* offering

NOTES

1. Some texts of the Gemara state, "[Shall we say,] rather, [that he made the bald spots] *simultaneously* with a single warning?" However, *Rivan* comments that this version is incorrect, and *Tosafos* (above, 20a ד"ה לחייב) explain why: Creating "five spots" simultaneously would result in one large bald spot, for which he would certainly be liable to only one set of lashes. *Tosafos* then essay to justify the variant text (see *Imrei Binyamin* to *Tosafos* there who explains *Tosafos'* point; see also *Tosafos* here ד"ה לא צריכא); but see *Ritva,* who offers his own interpretation of it.

2. Below, 21a.

3. A *nazir* is a person who has taken a vow of *nezirus,* a legal state that prohibits him to consume wine and any other grape product, to contract human-corpse *tumah,* and to cut his hair (see *Numbers* Ch. 6).

4. The Mishnah's case is perforce where the *nazir* drank one cup of wine after another (בְּזֶה אַחַר זֶה), for it is physically impossible to perform one continuous act of drinking (בְּבַת אַחַת) the entire day. Hence, the Mishnah's case parallels our case of making five bald spots one after the other. Yet we see that the Mishnah imposes only one *malkus* penalty, since the *nazir* was warned only once; see above, 20a note 39 (*Rivan; Rashi* to *Rif* on Mishnah of 21a and *Nimukei Yosef* there; *Tos. Shantz;* cf. *Tosafos* ד"ה לא צריכא and *Ritva* to Mishnah 21a in the name of *Ri*). We may therefore conclude that when one makes five bald spots, one after the other, with only one warning, he too receives only one *malkus* penalty.

[*Ramban* questions why the Baraisa's exegesis of the extra word קָרְחָה (*bald spot*), that it comes "to obligate for each and every bald spot" (see above, 20a), does not extend even to our case of only one warning. Indeed, if there were two warnings, it is obvious even without a verse that two sets of lashes are incurred! *Ramban* answers that while the extra word can render each balding a separate act of transgression, just as each drink of wine is a separate act of transgression for a *nazir,* it cannot create a liability for this sin that exceeds one's liability for violating any of the other Biblical prohibitions (i.e. multiple sets of lashes following the warning for acts that are consecutive). See *Ritva* for a different explanation.]

5. This is a salve that removes hair and prevents hair from growing (*Rivan;* see *Otzar Mefarshei HaTalmud* footnote 15 for citations discussing whether a punishable balding is only where the bald spot is permanent).

Ritva infers from the Gemara that a punishable balding need not be accomplished by pulling out the hair; see *Aruch LaNer,* who identifies a mishnah in *Negaim* (10:10) as the Gemara's source for this. See also *Nasan Piryo.*

6. Since the five acts of balding were performed simultaneously, the single warning perforce attached to each of them, for how could you exclude one act and not the others? Hence, there was a definite warning immediately preceding each balding, from which we ascertain that he ignored the warnings and is therefore culpable (*Rivan;* see *Tosafos* for a different explanation of the Gemara).

7. According to *Ritva,* the Gemara refers only to the size that triggers *malkus* liability. Nevertheless, one is forbidden to remove even a single hair in grief over the death of a loved one. This opinion is cited in *Yoreh Deah* 180:9 with *Gra;* cf. *Beis Yosef* to *Tur.* See *Aruch LaNer.*

8. *Ritva* cites two interpretations of this opinion: (a) Those who explain it *stringently,* as teaching that there is liability even when the exposed flesh is evident only upon close inspection; and (b) those who explain it *leniently,* as teaching that there is liability only when the exposed flesh can be seen from afar, with a cursory glance.

9. This passage, printed in parentheses in the standard editions, appears in *Rosh's* text of the Gemara.

10. One lentil equals four hairs; one bean equals nine lentils (see Mishnah *Negaim,* beginning of Chapter 6).

11. [Specifically, 6:2. See also the series of mishnahs following this one.] In *Leviticus* Ch. 13 ff, the Torah details the laws of *tzaraas,* an affliction of the skin, garments or houses caused by various sins. One of the *tzaraas* skin afflictions is a whitish spot (called *baheres*), and one of the symptoms that establish it as *tamei* is the presence of a healthy spot of skin within the *baheres.* The Mishnah cited here discusses a case where the *baheres* was the size of a bean and the healthy spot within was the size of a lentil.

12. And "lentil" certainly would not replace the third Tannaic opinion – "so that (the skin of) his head appears exposed" – since that is not an objective, fixed measure like "bean" and "two hairs." [Hence, there is no

אאלא בחדא התראה מי מחייב והתנן (א) בנזיר שהיה שותה יין כל היום אינו חייב אלא אחת אמרו לו אל תשתה אל תשתה והוא שותה חייב על כל אחת ואחת גלא צריכא דסך חמש אצבעותיו (ב) נשא ואותבינהו בבת אחת דהויא ליה התראה לכל חדא וחדא וכמה שיעור קרחה רב הונא אומר כדי שיראה מראשו רבי יוחנן אומר משום ר"א (ג) ברבי שמעון דכגרים (ד) כתנאי כמה שיעור קרחה (א) כגרים) אחרים אומרים כדי שיראה מראשו אמר רב יהודה בר חביבא פליגי בה תלתא תנאי חד אומר כגרים וחד אומר כדי שיראה מראשו וחד אומר כשתי שערות ואיכא דמפיק שתי שערות ומעייל בכעדשה וסימנך (ה) בהרת כגרים ומחיה בכעדשה (ו) תנא הנוטל מלא פי הזוג בשבת חייב וכמה מלא פי הזוג אמר רב יהודה שתים והתניא לקרחה שתים אימא וכן לקרחה שתים תניא נמי הכי (ז) ההנוטל מלא פי הזוג בשבת חייב וכמה מלא פי הזוג שתים רבי אליעזר אומר אחת ומודים חכמים לרבי אליעזר (י) במלקט לבנות מתוך שחורות אפילו אחת שהוא חייב זודבר זה אפילו בחול אסור משום שנאמר (א) לא ילבש גבר שמלת אשה: והמקיף פאת ראשו וכו': ת"ר פאת ראשו סוף ראשו ואיזהו סוף ראשו חזה המשוה צדעיו לאחורי אזנו ולפדחתו תני תנא קמיה דרב חסדא טאחד המקיף ואחד הניקף לוקה (ח) אמר ליה מאן דאכיל תמרי בארבילא לקי דאמר לך מני רבי יהודה היא דאמר (ט) לאו שאין בו מעשה לוקין עליו רבא אומר במקיף לעצמו ודברי הכל רב אשי אומר יבמסייע ודברי הכל: והמשחית פאת זקנו: ת"ר פאת זקנו סוף זקנו ואיזהו סוף זקנו שבולת זקנו: והמשרט שריטה אחת וכו': ת"ר (ב) ושרט יכול אפילו שרט על ביתו שנפל ועל ספינתו שטבעה בים ת"ל (ב) לנפש אינו חייב אלא על המת בלבד ומנין למשרט חמש שריטות על מת אחד שהוא חייב על כל אחת ואחת ת"ל ושרט כלחייב על כל שריטה ושריטה רבי יוסי אומר מנין למשרט שריטה אחת על ה' מתים שהוא חייב על כל (ג) אחת ואחת ת"ל לנפש לחייב על כל נפש ונפש והא אפיקתיה לביתו שנפל ולספינתו שטבעה בים

קסבר

ה"ג אלא בחדא התראה. ולא גרסינן בבת אחת אלא דאתרו ביה חדא התראה ואתא איהו וקרח בזה אחר זה מי מיחייב והתנן כו' אינו חייב אלא אחת הואיל ולא אתרו בו אלא חדא התראה ואע"ג דשתייתו בזה אחר זה היא דשתייה בבת אחת כל היום ליכא: אל תשתה אל תשתה. מתרין בו לכל שתייה ושתייה: נשא. פירוש סם שמשיר את השיער והסך ממנו אינו צומח שיער בגופו: ואותבינהו בבת אחת. בה' מקומות דהוו להו ה' קריחות ובחדא התראה דכיון דבבת אחת קא עביד מאי חזית דחיילא התראה אהאי אצבע טפי מהאי והתראת ספק לא מיחשבא דהתראה אכולהו אצבעות שדיא ומנחא ולאלתר מתברר לו אם חושש להתראתו או לא: שיראה מראשו. שיראה מבשר הראש ערום: אמר רב יהודה בר חביבא פליגי בה תלתא תנאי. איכא דמפיק שתי שערות ומעייל כעדשה: וסימנך. דלא תימא מפיק כגרים ומעייל כעדשה משנה זו בהרת כגרים ומחיה כעדשה דהכא נמי בשעורי קרחה איכא כגרים וכעדשה ומהשתא ידעינן דלא אפיקנא אלא שתי שערות דיראה מראשו לא הוו צריכים לאפוקי דשוה הוא לדברי כולם דאין זה שיעור קלוב: הכי גרסינן תנא הנוטל מלא פי הזוג בשבת ולא גרסינן תניא: פי הזוג. חודן של מספרים: אימא וכן לקרחה שתים. ולפרושי אתא: במלקט. שערות לבנות מתוך שחורות דכיון דאדם מקפיד על שער לבן אחד שבין שערותיו שחורות כדי שלא יראה זקן אמרינן דכשהוא מלקט אותו מבין השחורות מלאכה חשובה היא לו וחייב משום גוזז כיון דחייש לגזיזה זו. שחורות מתוך לבנות לא גרסינן: אף בחול אסור. שמתנאה עצמו בנויי אשה: ואיזהו סוף ראשו. באיזה ענין יהא מקיף סוף הראש שיהא חייב בכל תקיפו: המשוה צדעיו לאחורי אזנו ולפדחתו. אחורי אזנו אין שיער כלום וכן במצחו אין שיער כלום אבל בצדעיו שבאמצע יש שיער ואם הוא משוה ונוטל כל השיער שבצדעיו למדת אחורי אזנו ופדחתו זהו מקיף סוף הראש: דאכיל תמרי בארבילא. האוכל תמרים בכברה יהא לוקה בתמיה כלומר ניקף מה פשע שהוא לוקה לאו שאין בו מעשה הוי ולא לילקי: דאמר לך מני. השואל לך כמאן קאמרת ניקף לוקה אימא ליה ר' יהודה היא דאמר לעיל (דף ד: טו.) לאו שאין בו מעשה לוקין והיינו לאו שאין בו מעשה דניקף הוא דקא עבר אלאו דלא תקיפו דשמעינן לקרא הכי לא תקיפו לא תניחו להקיף דמניח להקיף כמקיף א"נ מדאפקיה בלשון רבים דכתיב לא תקיפו משמע דאתרי קא מזהר רחמנא ניקף ומקיף: רבא אמר. לא צריכת לאוקומי כר' יהודה הך ברייתא דתני תנא קמיה דרב חסדא דקיימא במקיף את עצמו וקמ"ל דחייב תרתי משום מקיף ומשום ניקף דסד"א לא לילקי אלא חדא קמ"ל: ודברי הכל. דלא צריך לתרוצי ר' יהודה היא: מסייע. מזמין השערות למקיף: שיבולת זקן. כולהו חמש פאות דקא חשיב במתניתין בכלל שיבולת הם: ת"ל ושרט. דמצי למיכתב לנפש לא תשרטו במקום ושרט לנפש לא תתנו לשון אחר ת"ל ושרט מריבויא דוי"ו: ר' יוסי אומר כו'. ר' יוסי מוסיף חיובי: הא אפיקתיה לביתו שנפל. והא ודאי ר' יוסי לא פליג בההיא דהיאך יהא מוציא הפסוק מידי פשוטו:

קסבר

תוספות

לא צריכא שסך ה' אצבעותיו נשא. ותימה אכתי מאי תירץ כיון דליכא אלא חדא התראה אמאי מחייב ה' ואי משום דעשה בבת אחת מה בכך כיון דחד לאו איכא וכי אדם אוכל ב' זיתי חלב בבת אחת ובחדא התראה מי מחייב שתי מלקיות משום דהויא ליה התראה אכל חדא וחדא ויש לומר דשאני הכא דגלי קרא (ג) אכל קרחה וקרחה דקרחות מחלקות כגון גופים מוחלקין מיהו קשה למה הוצרך לפרש בקרחה דעל ידי נשא לוקמי (ד) בקרחה בידו שיעור ה' קרחות בבת אחת ומ"מ לא קשה מהא דנזיר שותה כו' דשאני הכא דגלי קרא דקרחות מחלקות כמו גופים מוחלקין ויש לומר דלא מתוקמא ליה בקרחה וקרח בידו בבת אחת משום דקרח בידו קרחה במקום אחד והכל אחד בלי הפסק שיעור בינתים וכה"ג חשיב הכל קרחה אחת ואין כאן על כל קרחה וקרחה להכי מוקי לה בה' אצבעותיו בנשא ואותבינהו בבת אחת ופי' בה' מקומות רחוקים קצת זה מזה שיש הפסק שיעור בין קרחה לקרחה וקרינן ביה על כל קרחה וקרחה ואם תאמר סוף סוף לוקמה אפילו בזה אחר זה ובחמשה מקומות רחוקים קצת כדפי' ומיתוקם שפיר גם בקורח ותולש בידו בלא נשא ובחדא התראה משום דגלי קרא דקרחות מחלקות ומתוך פי' הקונט' משמע דא"כ לא היה מחייב כי אם אקרחה קמייתא שהיתה בידו בתוך כדי דיבור להתראה דאאינך קרחות לא מיחייב משום דאינס בתוך כדי דיבור להתראה ומצי למימר אישתלאי וקשה כיון דהתחיל לעבור תוך כדי דיבור להתראה לא מצי למימר אישתלאי כדמוכח פרק י' יוחסין (קדושין דף עז: ושם) גבי (י) ה' אלמנות בזה אחר זה דמחייב אכל חדא וחדא ואפי' בחד התראה משום דגופים מוחלקים אע"ג דליכא בתוך כדי דבור כ"א באלמנה קמייתא לכך נראה דאין הכי נמי הוה מצי לאוקומי בזה אחר זה כדפי' אלא נקט בבת אחת לרבותא דאפילו באות' דהוה קשה ליה מיחייב ומתוקמא שפיר כך פירוש בשיטה ומיהו (ה) ניחא לפירוש דגרסינן בבת אחת וכו' אבל לגירסא ראשונה דגרס אלא בחדא התראה פירוש ומשום קרחה זה אחר זה מאי איכא למימר וי"ל דמ"מ קאמר בבת אחת לרבותא טפי דאפי' בבת אחת משכחת לה בחמשה מקומות מוחלקין בהפסק שיעור כגון דסך אצבעותיו בנשא וכל שכן בזה אחר זה דמיתוקמא בה' מקומות אפי' בקורח בידו:

במלקט (ט) (שחורות מתוך לבנות) שהוא חייב. פרשב"ם דאתא דוקא כר' יהודה דאמר מלאכה שאינה צריכה לגופה חייב עליה:

על

עין משפט נר מצוה

מסורת הש"ס

א) קדושין עז: נזיר לח: מב. חולין פב: [לקמן כא.], ב) [ב"ק פו.], ג) [גיר' רי"ף ר"א בן שמוע], ד) [עי' באשרי], ה) נגעים פ"ו מ"ב, ו) שבת צד:, ז) [שם ותוספתא דשבת פ"י ע"ש], ח) [סנהדרין פט:], ט) [לעיל ד: וש"נ], י) [נ"ל לבנות מתוך שחורות].

(א) גמרא כתנאי כמה שיעור קרחה רשב"א אומר כגרים אחרים אומרים: (ב) שם על כל אחד ואחד ת"ל לנפש: (ג) תוס' ד"ה לא צריכא וכו' דגלי קרא דחייב אכל קרחה וקרחה דקרחות מחלקות כמו גופים מוחלקין: (ד) בא"ד לוקמי בקורח בידו וכו' וי"ל דלא מיתוקמא ליה בקורח בידו שיעור ה' קרחות בבת אחת משום דהקורח בידו קרחה במקום אחד והכל כיחד בלי הפסק שיעור בינתיים כה"ג כצ"ל ואות ו' נמחק: (ה) בא"ד ומיהו הא ניחא למאי דגרסינן בבת אחת:

א) לֹא יִהְיֶה כְלִי גֶבֶר עַל אִשָּׁה וְלֹא יִלְבַּשׁ גֶּבֶר שִׂמְלַת אִשָּׁה כִּי תוֹעֲבַת יְיָ אֱלֹהֶיךָ כָּל עֹשֵׂה אֵלֶּה: [דברים כב, ה]

נזיר שהיה שותה וכו'. וכל הני חייב במלקות קמיירי [קדושין עז:].

הנוטל מלא פי הזוג. מלא ראש המספרים: חייב. בשבת לרבנן בכלי לר' אליעזר אף ביד וזהו שיעורו [שבת צד:].

והתניא. בהדיא בברייתא בסיפא ולקרחה שהזכירה תורה לא תשימו קרחה (דברים יד) שתים הוי קרחה מכלל דפי הזוג לאו ב' שערות ניהו. תניא נמי הכי. כרב יהודה דאמר שתים. רבי אליעזר אומר. באחת הוא חייב ולא בעינן מלא פי הזוג. שמלת אשה. ודרך הנשים להקפיד על כך ולהתנאות [שבת צד:].

תמרי בארבלא. תמרים הנתונים בכברה [סנהדרין פט:].

ולא ילבש גבר שמלת אשה. לילך לישב בין הנשים. דבר אחר שלא ישיר שער הערוה ושער של בית השחי [דברים כב, ה]. שלא יתקן איש בתקוני אשה דהכי מתרגמינן ליה שלא יכחול ושלא יפרכס כבגדי לבעונים של אשה [נזיר נט.].

for unintentionally performing the forbidden labor of shearing.[13]

The Gemara inquires:

וְכַמָּה מְלֹא פִּי הַזּוּג – And how many hairs **are contained in a "scissors-tipful"?**

The Gemara replies:

אָמַר רַב יְהוּדָה – Rav Yehudah said: שְׁתַּיִם – Two hairs.

The Gemara objects:

וְהָתַנְיָא – But it was taught subsequently **in the** same **Baraisa: לְקָרְחָה שְׁתַּיִם** – [AND] REGARDING the prohibition against making A BALD SPOT, the minimum amount for which one incurs *malkus* is TWO hairs. Does this not imply that the minimum measure for shearing on the Sabbath is *not* two hairs?[14]

The Gemara deflects the challenge:

אֵימָא – Interpret the Baraisa as saying: **וְכֵן לְקָרְחָה שְׁתַּיִם – "And so** it is" **regarding** the prohibition against making **a bald spot:** The minimum amount for which one incurs *malkus* is **two** hairs.[15]

The Gemara corroborates Rav Yehudah's interpretation:

תַּנְיָא נַמִּי הָכִי – It was also taught thus in a Baraisa: הַנּוֹטֵל מְלֹא פִּי הַזּוּג בְּשַׁבָּת – ONE WHO unintentionally REMOVES A SCISSORS-TIPFUL of hair ON THE SABBATH **חַיָּיב** – IS LIABLE to bring a *chatas* offering for unintentionally performing the forbidden labor of shearing. **וְכַמָּה מְלֹא פִּי הַזּוּג** – AND HOW MANY hairs are contained in A "SCISSORS-TIPFUL"? **שְׁתַּיִם** – TWO hairs. This is the view of the Sages, which Rav Yehudah was promulgating. **רַבִּי אֱלִיעֶזֶר אוֹמֵר אַחַת** – R' ELIEZER SAYS, on the other hand, that one is liable to a *chatas* for cutting even ONE HAIR, which is less than a scissors-tipful. **וּמוֹדִים חֲכָמִים לְרַבִּי אֱלִיעֶזֶר** – AND although they hold that ordinarily only the removal of two or more hairs is considered significant, THE SAGES CONCEDE TO R' ELIEZER **בִּמְלַקֵּט לְבָנוֹת מִתּוֹךְ שְׁחוֹרוֹת** – IN [THE CASE OF] ONE WHO PULLS OUT on the Sabbath WHITE [HAIRS] FROM AMONG DARK [HAIRS] – **אֲפִילּוּ אַחַת** – i.e. EVEN ONE white hair – **שֶׁהוּא חַיָּיב** – THAT HE IS LIABLE. Since a person is anxious not to appear old, the removal of even one white hair is a significant labor to him.[16] **וְדָבָר זֶה אֲפִילּוּ בְּחוֹל אָסוּר** – AND, furthermore, THIS ACT of pulling out white hairs from among dark ones IS FORBIDDEN EVEN ON A WEEKDAY, **מִשּׁוּם שֶׁנֶּאֱמַר ,,לֹא־יִלְבַּשׁ גֶּבֶר שִׂמְלַת אִשָּׁה"** – BECAUSE IT IS STATED:[17] *A MAN SHALL NOT WEAR A WOMAN'S GARMENT.* A man who weeds out his white hairs to appear younger is performing the cosmetic act of a woman, and thus performs an action similar to dressing like a woman.[18]

The second prohibition listed in the Mishnah was:

וְהַמַּקִּיף פְּאַת רֹאשׁוֹ וכו׳ – OR WHO ROUNDS THE CORNER OF HIS HEAD etc.

The Gemara explains what this means:

תָּנוּ רַבָּנָן – The Rabbis taught in a Baraisa: **פְּאַת רֹאשׁוֹ סוֹף רֹאשׁוֹ** – THE "CORNER" OF HIS HEAD means THE "EXTREMITY" OF HIS HEAD.[19] **וְאֵיזֶהוּ סוֹף רֹאשׁוֹ** – AND WHICH IS IT that constitutes the proscribed manner of rounding THE "EXTREMITY" OF HIS HEAD? **זֶה הַמַּשְׁוֶה צְדָעָיו לַאֲחוֹרֵי אָזְנוֹ וּלְפַדַּחְתּוֹ** – THIS IS ONE WHO EVENS HIS TEMPLES WITH the hairline BEHIND HIS EAR AND the hairline of HIS FOREHEAD.[20]

The Gemara continues its discussion of the prohibition against cutting the *pe'os*:

תָּנֵי תַּנָּא קַמֵּיהּ דְּרַב חִסְדָּא – A teacher of Baraisos[21] **recited** the following Baraisa **before Rav Chisda: אֶחָד הַמַּקִּיף וְאֶחָד הַנִּיקָּף לוֹקֶה** – BOTH THE ONE WHO ROUNDS the corner of a man's head AND THE SUBJECT OF THE ROUNDING RECEIVE *MALKUS.* **אָמַר לֵיהּ – [Rav Chisda] said to [the teacher of Baraisos]: מַאן דְּאָכִיל תַּמְרֵי בְּאַרְבִּילָא לָקֵי – Does one who eats dates out of a sieve receive *malkus*?!** I.e. does one who performs an innocent act such as eating dates out of a sieve incur *malkus*?[22] Obviously not! Similarly, the one whose corners were rounded did not perform any forbidden act, and therefore should not be liable to *malkus.*[23]

Therefore, Rav Chisda instructed the teacher:

דְּאָמַר לָךְ – If someone says to you, מַנִּי – "Whose opinion **is** reflected in the Baraisa?", **רַבִּי יְהוּדָה הִיא** – answer him: **It is** the minority opinion of **R' Yehudah, דְּאָמַר לָאו שֶׁאֵין בּוֹ מַעֲשֶׂה לוֹקִין עָלָיו – who said**[24] that even in the case of **a prohibition that does**

NOTES

need for the mnemonic to mention the third opinion] (*Rivan, Ritva;* cf. a variant text of the Gemara cited by *Ritva*).

13. A "scissors-tipful" is the minimum amount of shearing that is considered significant. While shearing less hair is likewise forbidden, one is not punished or subject to a *chatas* offering therefor.

14. The expression, "And regarding a bald spot," suggests that this minimum measure *differs* from that of the previously taught case.

15. According to this interpretation, the Baraisa specifies the measure in the bald-spot case in order to *elucidate* the "scissors-tipful" measure of the shearing case (*Rivan*).

16. Hence, in pulling out the one white hair on the Sabbath, this person has committed the forbidden labor of shearing (*Rivan*). Citing *Rashbam, Tosafos* note that this ruling perforce accords with R' Yehudah, who holds (Mishnah *Shabbos* 93b) that even a labor that is not needed or performed for its defined purpose (מְלָאכָה שֶׁאֵינָהּ צְרִיכָה לְגוּפָהּ) qualifies as a Sabbath *melachah,* for which one is Biblically liable. [The "defined purpose" of the *melachah* of shearing is to obtain wool or hair (as derived from the construction of the Tabernacle). Here, however, the aging individual does not wish to possess the white hair; rather, he simply wants it gone. Nevertheless, R' Yehudah holds him liable for removing the hair.] Cf. *Ramban* to *Shabbos* 106a.

17. *Deuteronomy* 22:5. [Ordinarily, when quoting the Biblical source of a prohibition, the Tanna will write שֶׁנֶּאֱמַר, *as it is stated.* The expression "*because* it is stated" implies, on the other hand, that the aforementioned prohibition is only a Rabbinic extrapolation from the verse. The Tanna here thus follows the opinion of the Rabbis, who argue with R' Elazar ben Yaakov in *Nazir* 59a and hold that our verse should be understood literally, as prohibiting only a man's wearing women's clothing. Prohibitions against other female beautifying practices are derived from there, but only Rabbinically (*Ritva*).]

18. See *Nazir* 59a and *Yoreh Deah* §182.

19. The word פֵּאָה means *end* or *extremity,* as in לִפְאַת־יָם, *at the west-end* [*Exodus* 27:12] (*Rashi* to *Shevuos* 2b ד״ה על הראש).

As explained above (20a note 20), the extremities (or corners) of the head are the two temples; see there for why shaving the hair of the temples is called "rounding."

20. The temples are located between the ears and the forehead. The forehead and the area behind the ears are both bereft of hair, whereas the temples do grow hair. "Rounding the corners," then, is removing the temples' hair so that there is a straight hairline from the forehead to behind the ears (*Rivan*). However, see above, 20a note 21; and see *Nasan Piryo* here, who discusses the sideburns according to the opinion of *Rivan* and *Ritva.*

There is a dispute between Rishonim regarding how much hair one must cut off to be liable. *Rambam* (*Hil. Avodas Kochavim* 12:6) states that as long as at least forty hairs are left on the temple (or according to *Tur's* version, four hairs), the prohibition has not been violated. See *Hagahos Maimoniyos* to *Rambam* ibid., and *Beis Yosef* to *Tur Yoreh Deah* §181. See also *Otzar Mefarshei HaTalmud* footnotes 98-115.

21. See above, 15b note 1.

22. Perhaps people would put just-harvested fruit into sieves to clean them. See following note; cf. *Rashash* to *Sanhedrin* 89b. See also *Aruch,* ערך תמר.

23. Rav Chisda argues that this Baraisa contradicts the halachically accepted view that *malkus* is not incurred for a violation that involves no action [לָאו שֶׁאֵין בּוֹ מַעֲשֶׂה] (see above, 4b and 16a).

Although Rav Chisda compares this case to an innocent eating of dates that someone else picked, with that person transgressing a prohibition (e.g. Yom Tov; but see *Arach LaNer*), he means only that no *malkus* penalty is incurred; however, he agrees that the one who allows his *pe'os* to be cut transgresses a prohibition nonetheless (see *Ritva;* cf. *Chasam Sofer* to *Shabbos* 93a).

24. Above, 4b and 16a.

עין משפט

פח א מיי' פי"ב מהל' ע"ז הל' טו סמג לאוין סב:
פט ב מיי' פ"ה מהל' נזירות הל' י סמג לאוין רכ:
צ ג מיי' פי"ב מהל' ע"ז הל' טו סמג לאוין סב:
צא ד מיי' שם סמג שם טוש"ע י"ד סי' קפ סעיף ט:
צב ה ו מיי' פ"ט מהל' שבת הל' ט סמג לאוין סה טוש"ע א"ח סי' שמ סעיף א:
צג ז מיי' פי"ב מהל' ע"ז הל' י סמג לאוין ס טוש"ע שם וטוש"ע י"ד סי' קפב סעיף ו:
צד ח מיי' שם הל' א סמג לאוין נא טוש"ע י"ד סי' קפא סעיף א:
צה ט מיי' שם טוש"ע שם סעיף ד:
צו י מיי' שם סמג לאוין סב טוש"ע י"ד סי' קפא סעיף ד:
צז כ מיי' שם הל' יב טוש"ע שם סי' קפ סעיף ח:

א אלא בחדא התראה מי מחייב והתנן [א] ב נזיר שהיה שותה יין כל היום אינו חייב אלא אחת אמרו לו אל תשתה אל תשתה והוא שותה חייב על כל אחת ואחת ג לא צריכא דסך חמש אצבעותיו [ב] נשא ואותבינהו בבת אחת דהויא ליה התראה לכל חדא וחדא וכמה שיעור קרחה רב הונא אומר כדי שיראה מראשו רבי יוחנן אומר משום ר"א [ג] ברבי שמעון ד כגרים ([ד] כתנאי כמה שיעור קרחה (א) כגרים) אחרים אומרים כדי שיראה מראשו אמר רב יהודה בר חביבא פליגי בה תלתא תנאי חד אומר כגרים וחד אומר כדי שיראה מראשו וחד אומר כשתי שערות ואיכא דמפיק שתי שערות ומעייל בכעדשה וסימנך [ה] בהרת כגרים ומחיה בכעדשה [ו] תנא הנוטל מלא פי הזוג בשבת חייב וכמה מלא פי הזוג אמר רב יהודה שתים והתניא לקרחה שתים אימא וכן לקרחה שתים תניא נמי הכי [ז] ה הנוטל מלא פי הזוג בשבת חייב וכמה מלא פי הזוג שתים רבי אליעזר אומר אחת ומודים חכמים לרבי אליעזר ו במלקט לבנות מתוך שחורות אפילו אחת שהוא חייב ז ודבר זה אפילו בחול אסור משום שנאמר א) לא ילבש גבר שמלת אשה: והמקיף פאת ראשו וכו': ת"ר פאת ראשו סוף ראשו ואיזהו סוף ראשו ח זה המשוה צדעיו לאחורי אזנו ולפדחתו תני תנא קמיה דרב חסדא ט אחד המקיף ואחד הניקף לוקה [ח] אמר ליה מאן דאכיל תמרי בארבילא לקי דאמר לך מני רבי יהודה היא דאמר [ט] לאו שאין בו מעשה לוקין עליו רבא אומר במקיף לעצמו ודברי הכל רב אשי אומר י במסייע ודברי הכל: והמשחית פאת זקנו: ת"ר פאת זקנו סוף זקנו ואיזהו סוף זקנו שבולת זקנו: והמשרט שריטה אחת וכו': ת"ר ב) ושרט יכול אפילו שרט על ביתו שנפל ועל ספינתו שטבעה בים ת"ל ב) לנפש אינו חייב אלא על המת בלבד ומנין למשרט חמש שריטות על מת אחד שהוא חייב על כל אחת ואחת ת"ל ושרט כ לחייב על כל שריטה ושריטה רבי יוסי אומר מנין למשרט שריטה אחת על ה' מתים שהוא חייב על כל (ב) אחת ואחת ת"ל לנפש לחייב על כל נפש ונפש והא אפיקתיה לביתו שנפל ולספינתו שטבעה בים

קסבר

רש"י

ה"ג אלא בחדא התראה. ולא גרסינן בבת אחת אלא דאתרו ביה חדא התראה ואתא איהו וקרח בזה אחר זה מי מיחייב והתנן כו' אינו חייב אלא אחת הואיל ולא אתרו בו אלא חדא התראה ואע"ג דשתייתו בזה אחר זה היא דשתייה בבת אחת כל היום ליכא: אל תשתה אל תשתה. מתרין בו לכל שתייה ושתייה: נשא. פירוש סם שמשיר את השיער והסך ממנו אינו לומח שיער בגופו: ואותבינהו בבת אחת. בה' מקומות דהוו להו ה' קריחות ובחדא התראה דכיון דבבת אחת קא עביד מאי חזית דחיילא התראה אהאי אצבע טפי מהאי והתראת ספק לא מיחשבא דהתראה אכולהו אצבעות שדיא ומנחא ולאלתר מתברר לו אם חושש להתראתו או לא: שיראה מראשו. שיראה מבשר הראש ערום: אמר רב יהודה בר חביבא פליגי בה תלתא תנאי. איכא דמפיק שתי שערות ומעייל כעדשה: וסימנך. דלא תימא מפיק כגרים ומעייל כעדשה משנה זו בהרת כגרים ומחיה כעדשה דהכא נמי בשעורי קרחה איכא כגרים וכעדשה ומהשתא ידעינן דלא אפיקנא אלא שתי שערות דיראה מראשו לא הוו לריכים לאפוקי דשוה הוא לדברי כולם דאין זה שיעור קלוב: הכי גרסינן תנא הנוטל מלא פי הזוג בשבת ולא גרסינן תניא: פי הזוג. חודן של מספרים: אימא וכן לקרחה שתים. ולפרושי אתא: במלקט. שערות לבנות מתוך שחורות דכיון דאדם מקפיד על שער לבן אחד שבין שערותיו שחורות כדי שלא יראה זקן אמרינן דכשהוא מלקט אותו מבין השחורות מלאכה חשובה היא לו וחייב משום גוזז כיון דחייש לגזיזה זו. שחורות מתוך לבנות לא גרסינן: אף בחול אסור. שמתנאה עלמו בנויי אשה: ואיזהו סוף ראשו. באיזה ענין יהא מקיף סוף הראש שיהא חייב בבל תקיפו: המשוה צדעיו לאחורי אזנו ולפדחתו. אחורי אזנו אין שיער כלום וכן במלחו אין שיער כלום אבל בלדעיו שבאמלע יש שיער ואם הוא משוה ונוטל כל השיער שבלדעיו למדת אחורי אזנו ופדחתו זהו מקיף סוף הראש: דאכיל תמרי בארבילא. האוכל תמרים בכברה יהא לוקה בתמיה כלומר ניקף מה פשע שהוא לוקה לאו שאין בו מעשה הוי ולא לילקי: דאמר לך מני. השואל לך כמאן קאמרת ניקף לוקה אימא ליה ר' יהודה היא דאמר לעיל (דף ד: טז.) לאו שאין בו מעשה לוקין והיינו לאו שאין בו מעשה דניקף הוא דקא עבר אלאו דלא תקיפו דשמעינן לקרא הכי לא תקיפו לא תניחו להקיף דמניח להקיף כמקיף א"נ מדאפקיה בלשון רבים דכתיב לא תקיפו משמע דאתרי קא מזהר רחמנא ניקף ומקיף: רבא אמר. לא לריכת לאוקמי כר' יהודה הך ברייתא דתני תנא קמיה דרב חסדא דקיימא במקיף את עצמו וקמ"ל דחייב תרתי משום מקיף ומשום ניקף דסד"א לא לילקי אלא חדא קמ"ל: ודברי הכל. דלא לריך לתרולי ר' יהודה היא: מסייע. מזמין השערות למקיף: שיבולת זקן. כולהו חמש פאות דקא חשיב במתניתין בכלל שיבולת הם: ת"ל ושרט. דמלי למיכתב לנפש לא תשרטו במקום ושרט לנפש לא תתנו לשון אחר ת"ל ושרט מריבויא דוי"ו: ר' יוסי אומר כו'. ר' יוסי מוסיף חיובי: הא אפיקתיה לביתו שנפל. והא ודאי ר' יוסי לא פליג בההיא דהיאך יהא מוליא הפסוק מידי פשוטו:

קסבר

תוספות

לא צריכא שסך ה' אצבעותיו נשא. ותימה אכתי מאי תירך כיון דליכא אלא חדא התראה אמאי מחייב ה' ואי משום דעשה בבת אחת מה בכך כיון דחד לאו איכא וכי אדם אוכל ב' זיתי חלב בבת אחת ובחדא התראה מי מחייב שתי מלקיות משום דהויא ליה התראה אכל חדא וחדא ויש לומר דשאני הכא דגלי קרא (ג) אכל קרחה וקרחה דקרחות מחלקות כגון גופים מוחלקין מיהו קשה למה הולרך לפרש בקרחה דעל ידי נשא לוקמי (ד) בקורח בידו שיעור ה' קרחות בבת אחת ומ"מ לא קשה מהא דנזיר שותה כו' דשאני הכא דגלי קרא דקרחות מחלקות כמו גופים מוחלקין ויש לומר דלא מתוקמא ליה בקרחה וקרח בידו בבת אחת משום דקרח בידו קרחה במקום אחד והכל אחד בלי הפסק שיעור בינתים וכה"ג חשיב הכל קרחה אחת ואין כאן על כל קרחה וקרחה להכי מוקי לה בה' אלבעותיו בנשא ואותבינהו בבת אחת ופי' בה' מקומות רחוקים קלת זה מזה שיש הפסק שיעור בין קרחה לקרחה וקרינן ביה על כל קרחה וקרחה ואם תאמר סוף סוף לוקמה אפילו בזה אחר זה ובחמשה מקומות רחוקים קלת כדפי' ומיתוקם שפיר גם בקורח ותולש בידו בלא נשא ובחדא התראה משום דגלי קרא דקרחות מחלקות ומתוך פי' הקונט' משמע דא"כ לא היה מחייב כי אם אקרחה קמייתא שהיתה בידו בתוך כדי דיבור להתראה דאינך קרחות לא מיחייב משום דאינם בתוך כדי דיבור להתראה ומלי למימר אישתלאי וקשה כיון דהתחיל לעבור תוך כדי דיבור להתראה לא מלי למימר אישתלאי כדמוכח פרק י' יוחסין (קדושין דף עז: ושם) גבי [י] ה' אלמנות בזה אחר זה דמחייב אכל חדא וחדא ואפי' בחד התראה משום דגופים מוחלקים אע"ג דליכא בתוך כדי דבור כ"א באלמנה קמייתא לכך נראה דאין הכי נמי הוה מלי לאוקומי בזה אחר זה כדפי' אלא נקט בבת אחת לרבותא דאפילו באות' דהוה קשה ליה מיחייב ומתוקמא שפיר כך פירוש בשיטה ומיהו (ה) ניחא לפירוש דגרסינן בבת אחת וכו' אבל לגירסא ראשונה דגרס אלא בחדא התראה פירוש ומשום קרחה זה אחר זה מאי איכא למימר וי"ל דמ"מ קאמר בבת אחת לרבותא טפי דאפי' בבת אחת משכחת לה בחמשה מקומות מוחלקין בהפסק שיעור כגון דסך אלבעותיו בנשא וכל שכן בזה אחר זה דמיתוקמא בה' מקומות אפי' בקורח בידו:

במלקט [כ] (שחורות מתוך לבנות) שהוא חייב. פרשב"ס דאתא דוקא כר' יהודה דאמר מלאכה שאינה לריכה לגופה חייב עליה:

על

מסורת הש"ס

א) קדושין עז: נזיר לח: מב. חולין פב: [לקמן כא.], ב) [ב"ק פו.], ג) [גיר' רי"ף ר"א בן שמוע], ד) [עי' באשרי], ה) נגעים פ"ו מ"ב, ו) שבת לד:, ז) [שם ותוספתא דשבת פ"י ע"ש], ח) [סנהדרין פט:], ט) [לעיל ד: וש"נ], י) [נ"ל ג'], כ) [נ"ל לבנות מתוך שחורות].

הגהות הב"ח

(א) גמרא כתנאי כמה שיעור קרחה רשב"א אומר כגרים אחרים אומרים: (ב) שם על כל אחד ואחד ת"ל לנפש: (ג) תום' ד"ה לא לריכא וכו' דגלי קרא דחייב אכל קרחה וקרחה דקרחות מחלקות כמו גופים מוחלקין: (ד) בא"ד לוקמי בקורח בידו וכו' וי"ל דלא מיתוקמא ליה בקורח בידו שיעור ה' קרחות בבת אחת משום דהקורח בידו קרחה במקום אחד והכל ביחד בלי הפסק שיעור בינתיים כה"ג כל"ל ואות ו' נמחק: (ה) בא"ד ומיהו הא ניחא למאי דגרסינן בבת אחת:

תורה אור השלם

א) לֹא יִהְיֶה כְלִי גֶבֶר עַל אִשָּׁה וְלֹא יִלְבַּשׁ גֶּבֶר שִׂמְלַת אִשָּׁה כִּי תוֹעֲבַת יְיָ אֱלֹהֶיךָ כָּל עֹשֵׂה אֵלֶּה: [דברים כב, ה]

ב) וְשֶׂרֶט לָנֶפֶשׁ לֹא תִתְּנוּ בִּבְשַׂרְכֶם וּכְתֹבֶת קַעֲקַע לֹא תִתְּנוּ בָּכֶם אֲנִי יְיָ: [ויקרא יט, כח]

ליקוטי רש"י

נזיר שהיה שותה וכו'. וכל הני חייב במלקות קמיירי [קדושין עז:].

הנוטל מלא פי הזוג. מלא ראש המספרים: חייב. בשבת לרבנן בכלי ולר' אליעזר אף ביד וזהו שיעורו [שבת צד:].

והתניא. בהדיא ברייתא בסיפא ולקרחה שהזהירה תורה לא תשימו קרחה (דברים יד) שתים הוי קרחה מכלל דפי הזוג לאו ב' שערות נינהו. תניא נמי הכי. כרב יהודה דאמר שתים. רבי אליעזר אומר. באחת הוא חייב ולא בעינן מלא פי הזוג. שמלת אשה. ודרך הנשים להקפיד על כך ולהתנאות [שבת צד:].

תמרי בארבלא. תמרים הנתונים בכברה [סנהדרין פט:].

ולא ילבש גבר שמלת אשה. ליילך ליישב בין הנשים. דבר אחר שלא ישיר שער הערוה ושער של בית השחי [דברים כב, ה]. שלא יתקן איש בתיקוני אשה דהכי מתרגמינן ליה שלא יכחול ושלא יפרכס בבגדי צבעונים של אשה [נזיר נט.].

not involve an action, one receives lashes for violating **it.**[25] Hence, the Baraisa rules that the one who allows his *pe'os* to be cut receives *malkus* even though he was completely passive.

The Gemara now argues that the Baraisa can accord even with the majority opinion, that *malkus* is *not* incurred for violating a prohibition that involves no action:

רָבָא אוֹמֵר – Rava says: בְּמַקִּיף לְעַצְמוֹ – The Baraisa speaks **of one who rounds** the corner of **his own head, וְדִבְרֵי הַכֹּל – and** so it reflects **the opinion of all.**[26] **רַב אַשִׁי אוֹמֵר – Rav Ashi says: בִּמְסַיֵּיעַ** – The Baraisa speaks **of one who** actively **assists** in the rounding of his corner by presenting the temple hairs to the cutter,[27] **וְדִבְרֵי הַכֹּל – and** so its ruling reflects **the opinion of all.**[28]

The third prohibition listed in the Mishnah was:

וְהַמַּשְׁחִית פְּאַת זְקָנוֹ – OR WHO DESTROYS THE CORNER OF HIS BEARD.

The Gemara explains what this means:

תָּנוּ רַבָּנָן – The Rabbis taught in a Baraisa: **פְּאַת זְקָנוֹ סוֹף זְקָנוֹ – THE "CORNER" OF HIS BEARD** means **THE "EXTREMITY" OF HIS BEARD.**[29] **וְאֵיזֶהוּ סוֹף זְקָנוֹ – AND WHICH IS IT** that comprises **THE "EXTREMITY" OF HIS BEARD? שִׁבּוֹלֶת זְקָנוֹ – THE POINTED END OF HIS BEARD.**[30]

The fourth and final prohibition listed in the Mishnah was:

וְהַמְשָׂרֵט שְׂרִיטָה אַחַת וכו׳ – OR WHO MAKES A SINGLE CUT etc.

The Gemara discusses the circumstances under which this prohibition is violated:

תָּנוּ רַבָּנָן – The Rabbis taught in a Baraisa: **,,וְשֶׂרֶט" – The** Torah states: ***AND A CUT.***[31] **יָכוֹל – ONE MIGHT** think that a person violates this prohibition **אֲפִילּוּ שָׂרַט עַל בֵּיתוֹ שֶׁנָּפַל – EVEN IF HE MADE A CUT** in his flesh in anguish **OVER HIS HOUSE THAT COLLAPSED וְעַל סְפִינָתוֹ שֶׁטָּבְעָה בַּיָּם – OR OVER HIS SHIP THAT SANK IN THE SEA. ,,לָנֶפֶשׁ" תַּלְמוּד לוֹמַר – THE TORAH** therefore **STATES: *FOR A [DEPARTED] SOUL,*** which teaches that **אֵינוֹ חַיָּיב אֶלָּא עַל הַמֵּת בִּלְבַד – ONE IS LIABLE ONLY** if he cuts himself in grief **OVER A DEAD PERSON.**[32] **וּמִנַּיִן לִמְשָׂרֵט חָמֵשׁ שְׂרִיטוֹת עַל מֵת אֶחָד – AND FROM WHERE** do we know **REGARDING ONE WHO MAKES FIVE CUTS** in his flesh **OVER ONE DEAD PERSON שֶׁהוּא חַיָּיב עַל כָּל אַחַת וְאַחַת – THAT HE IS LIABLE** to a separate *malkus* penalty **FOR EACH AND EVERY** cut? **,,וְשֶׂרֶט" תַּלְמוּד לוֹמַר – THE TORAH STATES: *AND A CUT* – לְחַיֵּיב עַל כָּל שְׂרִיטָה וּשְׂרִיטָה – TO OBLIGATE** him **FOR EACH AND EVERY CUT.**[33] **רַבִּי יוֹסֵי אוֹמֵר – R' YOSE SAYS: מִנַּיִן לִמְשָׂרֵט שְׂרִיטָה אַחַת עַל חָמֵשׁ מֵתִים – FROM WHERE** do we know **REGARDING SOMEONE WHO MAKES ONE CUT** in his flesh **OVER FIVE DEAD PEOPLE שֶׁהוּא חַיָּיב עַל כָּל אַחַת וְאַחַת**[34] **– THAT HE IS LIABLE** to a separate *malkus* penalty **FOR EACH AND EVERY** dead person for whom he cut himself?[35] **,,לָנֶפֶשׁ" תַּלְמוּד לוֹמַר – THE TORAH STATES: *FOR A [DEPARTED] SOUL***[36] **– לְחַיֵּיב עַל כָּל נֶפֶשׁ וְנֶפֶשׁ – TO OBLIGATE** him **FOR EACH AND EVERY** departed **SOUL** over whom he made the single cut.

The Gemara questions how R' Yose can derive his law from the expression *for a [departed] soul*:

וְהָא אַפִּיקְתֵּיהּ לְבֵיתוֹ שֶׁנָּפַל וְלִסְפִינָתוֹ שֶׁטָּבְעָה בַּיָּם – But [the Tanna Kamma] of the Baraisa already **used [this phrase] for** exempting one who lacerates himself over **his house that collapsed or his ship that sank in the sea!** Hence, there is nothing superfluous about the phrase, and so how can R' Yose derive an additional law from it?[37]

NOTES

25. *Leviticus* 19:27 states: לֹא תַקִּפוּ פְּאַת רֹאשְׁכֶם, *You shall not round the corner of your head.* The words לֹא תַקִּפוּ also can imply, "you shall not *allow* the corner of your head to be rounded," for the acquiescent subject of the rounding is equivalent to the one who performed it. Alternatively, לֹא תַקִּפוּ is written in the plural: *You* (pl.) *shall not round.* This implies that the Torah is warning *both* participants, the subject of the rounding as well as the one who performs it. In any event, according to both explanations, the subject of the rounding has violated this prohibition without performing an action; thus in R' Yehudah's view, he receives the prescribed penalty of *malkus* (*Rivan;* see also *Ramban* and *Ritva*).

Leviticus 19:27 also states: וְלֹא תַשְׁחִית אֵת פְּאַת זְקָנֶךָ, *and you shall not destroy the corner of your beard.* Since לֹא תַשְׁחִית is written in the singular – *you* (sing.) *shall not destroy* – perhaps, according to the second explanation above, one who allows the corners of his beard to be destroyed is exempt. See *Ramban* and *Ritva,* who discuss this issue.

26. Rava argues that it is unnecessary to interpret the Baraisa as following the minority opinion of R' Yehudah. Rather, we can say that the Baraisa speaks of someone who performed the rounding on himself, so that the subject of the rounding indeed performed an action. And the Baraisa's novel ruling is that the violator is punished not once, as we would have thought, but *twice* – once for performing the rounding and once for having rounded corners (*Rivan;* see *Aruch LaNer*).

27. *Rivan. Nimukei Yosef* writes that he inclines himself toward the cutter.

Since the subject of the rounding is included in the prohibition (see note 25 above), and since his assistance constitutes a minimal concurrent action, he too receives *malkus* (*Ritva;* see *Chazon Ish, Choshen Mishpat Likkutim* §23).

28. I.e. and so we need not establish the Baraisa as following only the minority opinion of R' Yehudah (*Rivan*).

Rambam fails to mention Rava's case, which suggests that in his view Rav Ashi was disputing Rava and *Rambam* decided the law in accordance with Rav Ashi's view. See *Malbim* to *Leviticus* 19:27 and sources cited in *Otzar Mefarshei HaTalmud* note 158.

29. See note 19 above.

30. And all five "corners" mentioned in the Mishnah (see above, 20a note 21) are included in the term "the pointed end of his beard" (*Rivan*), since the facial hair (or perhaps some flesh) protrudes there (*Ritva*).

Alternatively, שִׁבּוֹלֶת [literally: ear of grain] refers specifically to the hair on the chin, since this part of the beard protrudes like an ear of grain on people whose beards are not full (*Beis Yosef* to *Yoreh Deah* §181). Accordingly, the Baraisa does not mean to define all five corners of the beard, but only to teach that the hair on the chin is also included among them (*Rabbeinu Chananel,* cited and explained by *Ritva*).

Rambam (*Hil. Avodas Kochavim* 12:7) states that in this case too both the shaver and the shaved transgress the prohibition (see note 25 above). If the person being shaved *assists* in the procedure, he also incurs *malkus* (see also *Tosefta* 3:7; *Raavad* to *Rambam's* Preface, Prohibitions 43-44).

31. *Leviticus* 19:28 states in pertinent part: וְשֶׂרֶט לָנֶפֶשׁ לֹא תִתְּנוּ בִּבְשַׂרְכֶם, *And a cut for a [departed] soul you shall not put in your flesh.*

32. This refers only to the Biblical prohibition. There is disagreement among the authorities, however, over whether the Rabbis prohibited self-laceration over losses other than death. Some rule that they did (*Bach* to *Yoreh Deah* 180; see also *Chinuch, Mitzvah* 467). Others disagree (*Beis Yosef* there; *Rama* §6), reasoning that the Rabbis did not want to hold a person responsible for what he does in his times of grief (*Levush* ad loc.).

33. The Torah could have stated the prohibition succinctly by using the verb for "make a cut" – לָנֶפֶשׁ לֹא תִשְׂרְטוּ, *you shall not make a cut for a [departed] soul.* The unnecessarily wordy וְשֶׂרֶט ... לֹא תִתְּנוּ, *And a cut ... you shall not put,* thus suggests a separate penalty for each cut. Alternatively, the Baraisa refers to the superfluous ו, *and,* in וְשֶׂרֶט, *"and" a cut* (*Rivan;* see *Rashash*).

[The case here presumably is dealing with one who makes five cuts simultaneously after receiving one warning (*Rashi* to *Rif* 3b; see also *Rivan* to 20a ד״ה חייב על הראש; see sources cited in *Otzar Mefarshei HaTalmud* footnotes 208-211.]

34. *Bach* §2 emends this to the masculine כָּל אֶחָד וְאֶחָד, since the Baraisa is referring to the masculine word מֵתִים (*dead people*).

35. R' Yose comes to add liability [and concedes that in the Tanna Kamma's case one is liable for each and every cut] (*Rivan*).

36. The Gemara will presently ask why R' Yose considers this expression superfluous.

37. R' Yose certainly does not dispute the Tanna Kamma's teaching, for how could he ignore the plain meaning of the verse [i.e. that one is liable for cutting himself (only) over the dead]? (*Rivan*).

The Gemara answers:

קָסָבַר רַבִּי יוֹסֵי שְׂרִיטָה וּגְדִידָה אַחַת הִיא – R' Yose holds that the forbidden act of inflicting **a *seritah*-cut**[1] and the forbidden act of inflicting **a *gedidah*-cut**[2] **are one** and the same prohibition. Even though different words are used, both verses refer to the same prohibition against cutting oneself in grief, either by hand[3] or with an instrument.[4] ״וּכְתִיב הָתָם ,,לָמֵת – **And it is written there** in *Deuteronomy* 14:1: *You shall not cut yourselves . . . **for a dead person.***[5]

The Gemara presents a related Amoraic ruling:

אָמַר שְׁמוּאֵל – Shmuel said: הַמְשָׂרֵט בִּכְלִי חַיָּיב – One who inflicts a *seritah*-cut on himself **with an instrument is liable** for violating *two* prohibitions.[6]

The Gemara challenges Shmuel's ruling:

מֵיתִיבֵי – They retorted from the following Baraisa: **שְׂרִיטָה וּגְדִידָה אַחַת הִיא** – The prohibitions against **A *SERITAH*-CUT AND A *GEDIDAH*-CUT ARE ONE** and the same, in that both involve cutting one's flesh in grief over a dead person, **אֶלָּא שֶׁשְּׂרִיטָה בְּיָד וּגְדִידָה בִּכְלִי – EXCEPT THAT A *SERITAH*-CUT IS** inflicted **BY HAND**[7] **AND A *GEDIDAH*-CUT IS** inflicted **WITH AN INSTRUMENT.**[8] The Baraisa thus contradicts Shmuel's ruling.[9] – ? –

The Gemara answers:

הוּא דְּאָמַר כְּרַבִּי יוֹסֵי – He [Shmuel] **who has stated** that *seritah* is performed even with an instrument (and *gedidah* even by hand) has thereby ruled **in accordance with R' Yose,** who disagrees with the Tanna of this Baraisa and (as mentioned above) holds that the two prohibitions are completely identical.

A related teaching:

תָּנֵי תַּנָּא קַמֵּיהּ דְּרַבִּי יוֹחָנָן – A teacher of Baraisos[10] **recited** the following Baraisa **before R' Yochanan:**[11] **עַל מֵת** – If a person cuts himself in grief **OVER A DEAD PERSON, בֵּין בְּיָד בֵּין בִּכְלִי חַיָּיב – HE IS LIABLE** to *malkus* **WHETHER** he does so **BY HAND OR WITH AN INSTRUMENT.**[12] **עַל עֲבוֹדַת כּוֹכָבִים** – But if he cuts himself **IN IDOLATROUS WORSHIP,**[13] the following rules apply: **בְּיָד חַיָּיב** – If he does it **BY HAND, HE IS LIABLE** to punishment for the sin of idol worship.[14] **בִּכְלִי פָּטוּר** – If he cuts himself **WITH AN INSTRUMENT, HE IS EXEMPT** from punishment, since cutting oneself with an instrument is not a form of idolatrous worship at all.

The Gemara challenges the Baraisa's ruling:

וְהָא אִיפְּכָא כְּתִיב – But the opposite is written in Scripture! For regarding the priests of Baal, whom Elijah confronted on Mt. Carmel, Scripture states:[15] ,,וַיִּתְגֹּדְדוּ כְּמִשְׁפָּטָם בַּחֲרָבוֹת וּבָרְמָחִים״ – ***and they cut themselves with swords and spears, according to their custom.*** This verse expressly states that cutting with an instrument is an established idolatrous practice. Why, then, does the Baraisa exempt from punishment a person who worships in that manner?

The Gemara emends the Baraisa:

אֶלָּא אֵימָא – Rather, the Baraisa should **state: בְּיָד פָּטוּר** – If one cuts himself **BY HAND** in idolatrous worship, **HE IS EXEMPT** from punishment, because that is not at all an act of worship; **בִּכְלִי חַיָּיב** – if he cuts himself **WITH AN INSTRUMENT, HE IS LIABLE** to punishment.[16]

The Mishnah next stated:

וְחַיָּיב עַל הָרֹאשׁ – AND HE IS LIABLE[17] **FOR** rounding the corners of **THE HEAD** [two (sets of *malkus*) etc.].

A practical demonstration of what is meant:

מַחְוֵי רַב שֵׁשֶׁת בֵּין פִּירְקֵי רֵישָׁא – Rav Sheishess pointed between

NOTES

1. Mentioned in *Leviticus* 19:28, which we have been discussing.

2. There is a second verse in the Torah that prohibits cutting oneself over the dead. *Deuteronomy* 14:1 states: – לֹא תִתְגֹּדְדוּ וְלֹא־תָשִׂימוּ קָרְחָה בֵּין עֵינֵיכֶם לָמֵת, *You shall not cut yourselves and you shall not make a bald spot between your eyes for a dead person.*

3. See note 7 below.

4. *Rivan, Ritva.* [An analogy to this are the prohibitions against *neshech* and *tarbis* (*Leviticus* 25:36 and 37). Both words refer to taking or giving *interest* on a loan, but the Torah made them into separate terms in order to hold a transgressor liable for violating two separate prohibitions (*Tos. Rid* to *Kiddushin* 35b, citing *Bava Metzia* 60b).]

5. *Deuteronomy* 14:1. Hence, since we have the phrase *for a dead person* in the *Deuteronomy* verse to teach that liability is incurred only if the cut is made over the deceased, the phrase *for a [departed] soul* in the *Leviticus* verse is free for R' Yose's exegesis: to obligate for each and every departed soul over whom one made the single cut.

6. It is clear that the word גְּדִידָה (*gedidah*) chiefly connotes cutting with an instrument, while the word שְׂרִיטָה (*seritah*) chiefly connotes cutting with one's hand. Thus, by stating the case of "one who inflicts a ***seritah*-cut** with an **instrument,**" Shmuel is teaching that the term "*seritah*" can apply *also* to an instrument-inflicted wound. Accordingly, one who cuts himself with an instrument violates two Biblical prohibitions – one against inflicting a *seritah*-cut (*Leviticus* 19:28), and another against inflicting a *gedidah*-cut (*Deuteronomy* 14:1). [Similarly, if one cuts himself by hand, he violates the two prohibitions,] for *seritah* and *gedidah* are the same forbidden act, since both are performed either by hand or with an instrument (*Rivan;* see *Nimukei Yosef,* and *Ritva* here and to *Kiddushin* 35b; but see *Rambam, Hil. Avodah Zarah* 12:13 with *Lechem Mishneh,* and see *Kesef Mishneh* there and *Aruch LaNer* here).

7. Some authorities understand this to mean specifically a cut inflicted with the nails. Thus, if one pounds his body in grief over the death of a loved one until he bleeds, he does not violate the prohibition against *seritah* (*Ramban* in *Toras HaAdam* §19; see *Tosafos* to *Yevamos* 13b ד״ה דאמר). Others understand that any hand-inflicted injury is prohibited (*Tosafos* ibid.; *Rosh* to *Moed Katan* 3:93). *Aruch LaNer* discusses whether a *seritah* requires bleeding.

8. See *Aruch LaNer* for another difference.

9. Shmuel holds that both *seritah* and *gedidah* are performed either by hand or with an instrument (see note 6 above). This Baraisa rules, however, that a *seritah*-cut is inflicted only by hand, and a *gedidah*-cut only with an instrument (*Rivan*).

10. See above, 15b note 1.

11. In texts of *Rif* and *Rosh,* "Rav Nachman" appears (*Mesoras HaShas*).

12. The Torah prohibited both *seritah* and *gedidah,* as we have discussed. Hence, this ruling accords even with the Tanna who holds that *seritah* is performed only by hand and *gedidah* only with an instrument [and it certainly accords with R' Yose (and Shmuel), who holds that both prohibitions are performed by either means] (see *Rivan*).

13. Indeed, some idols were worshiped by wounding and cutting one's flesh (*Rivan*).

14. If a person bows, slaughters a sacrifice, burns an offering or pours libations to an idol, he is liable to the death penalty whether or not that particular idol is normally worshiped in that manner. If he performs some other genuine act of worship to an idol, he is liable to the death penalty only if that particular idol is customarily worshiped in that manner; otherwise, he incurs only *malkus* [for violating וְלֹא תָעָבְדֵם, *nor worship them* (*Exodus* 20:5, 23:24 and *Deuteronomy* 5:9)]. If one serves an idol in a way that cannot at all be classified an act of worship, he is exempt from punishment (see *Sanhedrin* 60b ff). Thus, in the present case, if this particular idol is customarily worshiped by cutting oneself by hand, the worshiper is liable to the death penalty. If it is not normally worshiped in that way, he is liable only to *malkus* (*Rivan,* as explained by *Tosafos,* as explained by *Maharam*).

15. *I Kings* 18:28.

16. These are general rules. However, if it is known that one particular idol is worshiped by cutting with one's hand, a person is liable for doing so (*Ritva*).

17. In the text of the Mishnah printed above on 20a, the word וְחַיָּיב, *and he is liable,* is implied but does not appear.

קסבר רבי יוסי שריטה וגדידה אחת היא וכתיב התם למת אמר שמואל המשרט בכלי חייב מיתיבי שריטה וגדידה אחת היא אלא ששריטה ביד וגדידה בכלי הוא דאמר כרבי יוסי תני תנא קמיה [א] דרבי יוחנן על מת בין ביד בין בכלי חייב על עבודת כוכבים ביד חייב בכלי פטור והא איפכא כתיב [א] ויתגודדו כמשפטם בחרבות וברמחים אלא אימא ביד פטור בכלי חייב: וחייב על הראש: מחוי רב ששת בין פירקי (א) רישא: ועל הזקן שתים מכאן ושתים מכאן ואחת מלמטה: מחוי רב ששת בין פירקי (ב) דיקנא: רבי אליעזר אומר אם נטלן וכו': קסבר חד לאו הוא: ואינו חייב עד שיטלנו בתער: ת"ר [ב] ופאת זקנם לא יגלחו [ב] יכול אפי' גלחו במספרים יהא חייב ת"ל [ג] לא תשחית אי לא תשחית יכול אם לקטו במלקט ורהיטני יהא חייב תלמוד לומר לא יגלחו הא כיצד גילוח שיש בו השחתה הוי אומר זה תער: רבי אליעזר אומר אפילו לקטו במלקט ורהיטני (יהא) חייב: מה נפשך אי גמיר גזירה שוה ליבעי תער אי לא גמיר ג"ש מספרים נמי [ג] [לא] לעולם גמיר ג"ש וקסבר הני נמי גילוח עבדי: **מתני'** הכותב כתובת קעקע [א] כתב ולא קעקע קעקע ולא כתב אינו חייב עד שיכתוב ויקעקע [ד] בידו ובכחול ובכל דבר שהוא רושם ר"ש בן יהודה משום ר' שמעון אומר אינו חייב עד שיכתוב שם [ה] את השם שנאמר [ד] וכתובת קעקע לא תתנו בכם אני ה': **גמ'** אמר ליה רב אחא בריה דרבא לרב אשי עד דיכתוב (ג) אני ה' ממש אמר ליה לא כדתני בר קפרא אינו חייב עד שיכתוב שם עבודת כוכבים שנאמר וכתובת קעקע לא תתנו בכם אני ה' ולא אחר: אמר רב מלכיא אמר רב אדא בר אהבה אסור לו לאדם שיתן אפר מקלה על גבי מכתו מפני שנראית ככתובת קעקע [ו] אמר רב (ד) [ז] נחמן בריה דרב איקא שפוד שפחות וגומות רב מלכיו בלורית אפר מקלה וגבינה רב מלכיא רב פפא אמר מתניתין ומתניתא רב מלכיא שמעתתא רב מלכיו וסימניך מתניתא מלכתא מאי בינייהו איכא בינייהו שפחות רב ביבי בר אביי קפיד אפי' אריבדא דכוסילתא רב אשי אמר [ב] כל מקום שיש שם מכה מכתו (ה) מוכיח עליו: **מתני'** [ג] נזיר שהיה [ח] שותה יין כל היום אין חייב אלא אחת אמרו לו אל תשתה אל תשתה והוא שותה חייב על כל אחת ואחת [ד] היה מטמא למתים כל היום אינו חייב אלא אחת אמרו לו אל תטמא אל תטמא והוא מטמא חייב על כל אחת ואחת [ה] היה מגלח כל היום אינו חייב אלא אחת אמרו לו אל תגלח אל תגלח והוא מגלח חייב על כל אחת ואחת [ו] היה לבוש בכלאים כל היום אינו חייב אלא אחת אמרו לו אל תלבש אל תלבש והוא פושט ולובש חייב על כל אחת ואחת

יש

קסבר רבי יוסי שריטה וגדידה אחת היא. דתרוייהו בין ביד בין בכלי וכתיב בגדידה למת לא תתגודדו ולא תשימו קרחה וגו': המשרט בכלי חייב. הא ודאי פשיטא לכולי עלמא דעיקר גדידה משמע בכלי ועיקר שריטה משמע ביד וקאמר שמואל המשרט בכלי על המת חייב ולא קאמר המגדד בכלי לאשמועינן דשם שריטה שייך בכלי והעושה חבורה בעצמו בכלי על המת חייב שני לאוין משום משרט ומשום מגדד דגדידה ושריטה אחת היא דתרוייהו בין ביד בין בכלי: מיתיבי גדידה ושריטה אחת היא. כלומר בין שריטה בין גדידה ענין מיתה הם ושניהם על מת אלא שריטה ביד גדידה בכלי וקשיא לשמואל דאמר תרוייהו בין ביד בין בכלי דמדקאמר המשרט בכלי ולא קאמר המגדד בכלי מכלל דשריטה שייכא בכלי כגדידה: על המת בין ביד בין בכלי חייב. דשריטה וגדידה כתיב ותרוייהו אסרינהו רחמנא: על עבודת כוכבים. דיש עבודת כוכבים שעובדין אותה בכך שעושין בבשרם חבורות ופלעות: ביד חייב. דדרך עבודתה בכך ואפי' עבודת כוכבים שאין עבודתה בכך חייב דעבודה גמורה היא ביד: והא איפכא כתיב. דבכלי דרך עבודה הוא לעבודת כוכבים דכתיב ויתגודדו כמשפטם עשו כדרך שהיו רגילין לעשות בחרבות וברמחים אלמא דרך עבודה בכלי: בי פירקי דרישא. מקום הפרקים שמתחברים שם פירקי העצמות והיינו בצדעים. פרק יונט"ר: בי פירקי דדיקנא. פרק ראשון של לחי היינו תחת האוזן מקום שלחי התחתון יוצא משם ושם נקרא פאה וסופו של לחי שבולט לחוץ ושתי השבולת שבסנטר מקום חבור שני הלחיים יש עצם קטן שמחבר הלחיים שתים מכאן ומכאן נקרא פאה שכל אחד מהן לסוף הלחי הרי שתים מכאן ושתים מכאן ואחת מלמטה הוא השיער שבין השבולת שבסנטר ופרק הוא בפני עצמו: ופאת זקנם לא יגלחו. גבי כהנים כתיב ולא תשחית את פאת זקנך בישראל כתיב וילפינן להו בג"ש האי מהאי פאה פאה והכי אמרי' בהדיא בפרק קמא דקודשין (דף לה:) ג"ש דפאה פאה להכי הוא דאתא דתניא לא יגלחו כו': ת"ל לא תשחית. ומספרים אינן משחיתים שאין חותכין שיער בגלד עיקר כתער: גילוח שיש בו השחתה. דרך לגלח בו ומשחית והיינו תער אבל רהיטני משחית ואין דרך לגלח בו ומספרים מגלחין ואין משחיתים: אי גמיר גזירה שוה. הכיא גזירה שוה דפאה פאה קאמר ובמסכת קדושין היא (שם): מספרים מנא ליה. דמותר לגלח בהם דלא קאסרי אלא מלקט ורהיטני שיש בהן השחתה: גילוח עבדי. השחתתן עושה גילוח כלומר גילוח מיקרי לדרך השחתה בהן: **מתני'** כתובת קעקע. כותב תחלה על בשרו בסם או בסיקרא ואח"כ מקעקע הבשר במחט או בסכין ונכנס הצבע בין העור לבשר ונראה בו כל הימים קעקע פויינטוורי"ר ואסור לכתוב שום כתיבה בעולם על בשרו בענין זה שכך גזירת הכתוב: את השם. מפרש בגמרא דשם עבודת כוכבים קאמר: **גמ'** עד שיכתוב אני ה' ממש. על תיבות הללו אני ה' אתה מחייבו משום כתובת קעקע: וכתובת קעקע לא תתנו בכם. שום כתובת קעקע לא [ט] יעשו לפני שאני ה' ואסורין אתם לכתוב שם אחר על בשרכם אלמא עיקר חיובא משום שם עבודת כוכבים הוא ומיהו אסור לכתוב שום כתיבה בעולם אפי' לר"ש אלא דחיוב מלקות ליכא: אפר מקלה. דוקא קאמר לפי שקשה היא ומקעקעת מקום המכה והרושם נראה שם אחר זמן אבל עפר בעלמא לא: שפוד. בפ' אין לדין (ביצה דף כח:) (ו) שפוד שצלו בו בשר אסור לטלטלו א"ר מלכיו א"ר אדא ושומטו ומניחו בקרן זוית והיינו שמעתתא דעילויה מילתא דאמורא אמרה: שפחות. משנה היא אע"פ (כתובות דף נט:) ר' אליעזר אומר אפי' הכניסה לו מאה וכו' אמר רב מלכיו א"ר אדא (ז) הלכה כרבי אליעזר (שם סא:) והיינו משנה דאמתני' קאי ולא קאמר מילתא באפי נפשה: גומות. (ח) [י] בנדה בבא סימן (דף נב.) ר' חלבו אמר רב הונא שתי שערות שאמרו צריך שיהא בעיקרן גומות רב מלכיו אמר רב אדא בר אהבה גומות אע"פ שאין בו שערות: בלורית. בפרק אין מעמידין בע"ז (דף כט.) ישראל עובד כוכבים המסתפר מישראל כו' וכמה אמר רב מלכיו אמר רב אדא (ט) שלש אצבעות לכל רוח והיינו מתניתא: אפר מקלה. הכא נמי שמעתתא היא דלאו אמתני' קאי אלא מילתא באנפי נפשה קאמר אסור לו לאדם כו': גבינה. נמי בהאין מעמידין דקתני במשנה גבינות בית אונייקי ובעי בגמרא מ"ט אמר רב מלכיא אמר רב אדא (כ) מפני שמחליקין כו' והיינו משנה דאמתני' קאי: מתני' ומתניתא. רב פפא אסימנא דרב מלכיו קאי לגרועי מיניה שפחות דכולהו מתני' רב מלכיא אמרינהו כלומר משנה דשפחות דאוקמת כרב מלכיו רב מלכיא אמרה ומתניתא דקאמר לאו דוקא אלא דבסימנא דרב מלכיו ליכא מתני' ושמעתתא רב מלכיו ומה שנשאר מן השמעתות בסימנו של רב מלכיו דהיינו שפוד וגומות רב מלכיו אמרינהו והיינו דקאמר איכא בינייהו שפחות ולא קאמר שפחות ואפר מקלה אלא שפחות גרידא מגרעינן ודרב מלכיו כדקאי קאי: מתניתא מלכתא. משניות וברייתות עיקר הן והיינו סימן מי ששמו דומה לנקבה קמינן כולהו מתנייתא דהוו נמי לשון נקבה אלידיה והיינו רב מלכיא ששמו דומה לנקבה ומשמעותו של שם נמי משמע לשון מלכות והיינו משניות וברייתות שהן עיקר ולא את שמעתות ואית דמפרש איכא בינייהו שפחות (ל) ומקלה משמע שפחות ושכנגדה כך לשון [ש]ל רב: ריבדא. מכה: כוסילתא. כלי שמכה בו בלע"ז פליימא: **מתני'** היה לבוש בלאים. אחד מן השוק ולא נזיר:

תוספות

על עבודת כוכבים ביד חייב. פי' הקונטרס חייב מיתה (מ) בכדרכה ולקי שלא כדרכה מלא תעבדם יתירא בכלי פטור דאינו בכלל עבודה דאינו (חייב) אלא ביד:

רב אשי אומר מכתו מוכחת עליו. וכן הלכה:

ואפילו

מסורת הש"ס

א) [גי' רי"ף ורא"ש דרב נחמן], ב) קדושין לה:, נזיר מ: נח:, ג) [ע"ל ב' בדיין], ד) כתובות נט: ע"ג את, ה) ע"ז כט. ביצה כח., כתובות סא. נדה נב., ז) [בכל המקומות איתא ר' חנינא], ח) קדושין לג: חולין פב: נזיר מב: מג., ט) בס"פ תענו לפי כו', י) רש"א שמעתתא היא לענין שתי שערות (אפילו בגומא אחת) נדה כו' בלורית כו'.

הגהות הב"ח

(א) גמ' בין פירקי דרישא: (ב) שם בין פירקי דדיקנא: (ג) שם בריה דרבא לרב אשי עד דיכתוב. נ"ב פי' היה שואלו אם כן הוא פי' המשנה: (ד) שם אמר רב חיננא בריה דרב איקא שפוד: (ה) שם מכתו מוכחת עליו: (ו) רש"י ד"ה שפוד בפרק אין לדין אמר שמואל שפוד שצלו וכו' א"ר אדא הכא הלכה שומטו: (ז) ד"ה שפחות וכו' כר' לדא הוא הלכה הלכה כר"א: (ח) ד"ה גומות שמעתתא היא בפ' בא סימן לענין חולין אמר ר' מלכיו א"ר לדא בר להבה גומות אע"פ שאין שם שתי שערות גדולה היא ואינה ממלאת אלא בגומא אע"ג היא בה שער ונשרו הס"ד: (ט) ד"ה בלורית וכו' א"ר לדא בר להבה שלש: (י) ד"ה מתניתא וכו' שמעתתא כל"ל ואות ו' נמחק: (כ) ד"ה גבינה וכו' אמר ר' לדא בר להבה מפני: (ל) ד"ה מתניתא מלכתא וכו' שפחות ואפר מקלה דמשמע: (מ) תוס' ד"ה על וכו' חייב מיתה אף שלא בכדרכה ולקי:

תורה אור השלם

א) וַיִּקְרְאוּ בְּקוֹל גָּדוֹל וַיִּתְגֹּדְדוּ כְּמִשְׁפָּטָם בַּחֲרָבוֹת וּבָרְמָחִים עַד שְׁפָךְ דָּם עֲלֵיהֶם: [מ"א יח, כח]

ב) לֹא יִקְרְחוּ קָרְחָה בְּרֹאשָׁם וּפְאַת זְקָנָם לֹא יְגַלֵּחוּ וּבִבְשָׂרָם לֹא יִשְׂרְטוּ שָׂרָטֶת: [ויקרא כא, ה]

ג) לֹא תַקִּפוּ פְּאַת רֹאשְׁכֶם וְלֹא תַשְׁחִית אֵת פְּאַת זְקָנֶךָ: [ויקרא יט, כז]

ד) וְשֶׂרֶט לָנֶפֶשׁ לֹא תִתְּנוּ בִּבְשַׂרְכֶם וּכְתֹבֶת קַעֲקַע לֹא תִתְּנוּ בָּכֶם אֲנִי יְיָ: [ויקרא יט, כח]

לעזי רש"י

יונט"ר. פירוש פרק (של עצמות), מקום חבור אברים בגוף האדם והבהמה.

פויינטוו"ר. פירוש לקעקע (עיין רש"י ויקרא יט, כח).

פליימ"א. פירוש כלי אומן המקיז (דם בכתפים) [ד"ה כתובות דף נב ע"ב ד"ה כוסילתא, ועיין בע"א ד"ה רידבא, ועיי' דף כו ע"א ד"ה רידבא דכוסילתא], איזמל (להקזת דם).

עין משפט נר מצוה

צח א מיי' פי"ב מהלכות ע"ז הלכה יא סמג לאוין סא טוש"ע יו"ד סי' קפ ס"ג:

צט ב טוש"ע שם ס"ג:

ק ג מיי' פ"ה מהלכות נזירות הלכה ב סמג לאוין רכ:

קא ד מיי' שם הל' טו ופי"ג מהל' אבל הל' ד סמג שם וסי' לד:

קב ה מיי' פ"ה מהל' נזירות הל' יג סמג לאוין רכ:

קג ו מיי' פי"ד מהלכות כלאים הל' ל סמג לאוין רפג:

ליקוטי רש"י

מלקט. פלוי"א של מלאכתי תרבות שמחליקין בה את תיק הסיף. רהיטני. פלוי"א של עושי תריסין [קידושין לה:].

ת"ל לא יגלחו. האמור בכהנים ואין דרך גילוח בכך ואתיא ג"ש ליתן האמור של כהנים בישראל ושל ישראל בכהנים [קידושין לה:].

כתובת קעקע. כתב המחוקק ושקוע [וקעקע] שאינו נמחק לעולם שמקעקעו במחט והוא משחיר לעולם. קעקע. לשון והוקע אותם (במדבר כה, ד) וקועקעם (ש"ב כא, ו) תוחבין עץ בארץ ותולין אותם עליהם ונמצאו מחוקין ותחובין בקרקע פורפויינ"ט בלע"ז [מתרגם: תחוב, נעוץ, דורכגעשלאגן, איינגעגראבן] [ויקרא יט, כח].

אפר מקלה. אפר כירה שקלוי ושרוף מאד ושחור ונראה ככתובת קעקע. וגבינה. הכל בפירקא (דף לה:) אמר רב מלכיא אמר רב אדא בר אהבה מפני שמחליקין פניה בשומן חזיר [ע"ז כט.].

מתניתין ומתניתא. הנך דליתמר אפירושא דמתני' ובדרייתא רב מלכיא והנך דליתמר שמעתתא באפי נפשייהו ולאו אפירושא דמתני' רב מלכיו. מתני' מלכתא. היא דמותבינן מינה לאמורא ורב מלכיא שמו דומה לנקבה [ע"ז כט.].

מאי בינייהו. בין רב פפא לרבתנאה. איכא בינייהו שפחות. דאוקי רב מלכיו כרב מלכיו ורב פפא ומעייל אפר מקלה כרב מלכיו הכא הנך תלת ואפר מקלה וגומות שמעתתא נינהו ולא מתני' קיימא אבל שפחות אע"ג דמתני' רב מלכיא הלכה כר"א דאמר במשנתינו אפי' הכניסה לו מאה שפחות כופה לעשות בצמר וגו' בלורית דהכא אפירושא דמתניתא קאי דקתני לעיל שומט או ואתי איהו לפרושי שיעוריה וכן גבינה דקתני מתני' מ דברים האסורים כו' אמרינן מפני מה אסרו גבינות העובדי כוכבי' ופי' רב מלכיה והא דנקיט תלמודא איכא בינייהו שפחות ולא נקט שפחות ואפר מקלה אמילתיה דרב מלכיה דאתנח ביה רב פפא סימן נקט [שם]. שפוד שפחות וגומות רב מלכיו. אלו שלש הלכות רב מלכיו אמרן ולא רב מלכיא מפני ששמותיהן דומין זה לזה ויש שמחליפין שמועה של זה בשל זה נתנו בהם סימן לסדר השמועות שפוד הא

the joints of the head, i.e. to the temples, to show his students where the corners of the head [the *pe'os*] are.[18]

The Mishnah then stated:
וְעַל הַזָּקָן שְׁתַּיִם מִכָּאן וּשְׁתַּיִם מִכָּאן וְאַחַת מִלְּמַטָּה – AND FOR destroying the five corners of THE BEARD, a person is liable to a total of five *malkus* penalties – TWO for destroying FROM HERE, AND TWO for destroying FROM HERE, AND ONE for destroying FROM BELOW.

Another practical demonstration:
מַחְוֵי רַב שֵׁשֶׁת בֵּין פִּירְקֵי דִיקְנָא – **Rav Sheishess pointed between the joints of the beard** to show his students which parts are considered the "corners."[19]

The Mishnah next stated:
רַבִּי אֱלִיעֶזֶר אוֹמֵר אִם נְטָלָן וכו׳ – R' ELIEZER SAYS: IF HE REMOVED [ALL FIVE CORNERS][20] **etc.** [as one, he is liable to only one *malkus* penalty].

The Gemara explains:
קָסָבַר חַד לָאו הוּא – **[R' Eliezer] holds it is** but **a single prohibition** that forbids the shaving of the beard's five corners. Therefore, even if one shaves five separate corners, he is liable to only a single *malkus* penalty.[21]

The Tanna Kamma of the Mishnah further stated:
וְאֵינוֹ חַיָּיב עַד שֶׁיִּטְּלֶנּוּ בְּתַעַר – AND HE IS NOT LIABLE UNLESS HE REMOVES [THE BEARD] WITH A RAZOR.

The Gemara explains that the Tanna Kamma's opinion is based on a *gezeirah shavah:*[22]
תָּנוּ רַבָּנַן – **The Rabbis taught** in a Baraisa: "וּפְאַת זְקָנָם לֹא יְגַלֵּחוּ" – The Torah states regarding Kohanim: *THEY SHALL NOT SHAVE THE CORNER OF THEIR BEARD.* יָכוֹל אֲפִילּוּ גִּלְּחוֹ בְּמִסְפָּרַיִם יְהֵא חַיָּיב – From here ONE MIGHT think that EVEN IF HE SHAVED [THE CORNER] WITH A SCISSORS, HE WOULD BE LIABLE to *malkus.* תַּלְמוּד לוֹמַר "לֹא תַשְׁחִית" – THE TORAH STATES elsewhere, in the passage that applies to all Jews, *YOU SHALL NOT "DESTROY" the corner of your beard.* The word *destroy* implies that the prohibition is violated only when a person removes the beard down to the skin. Since scissors do not remove the hair all the way to the surface, their use is not enjoined by this prohibition.[23] אִי "לֹא תַשְׁחִית" – And, conversely, IF the Torah had stated only, *YOU SHALL NOT "DESTROY" the corner of your beard,* יָכוֹל אִם לִקְטוֹ בְּמַלְקֵט וּרְהִיטְנִי יְהֵא חַיָּיב – ONE MIGHT think that even IF HE REMOVED [THE CORNER] WITH PLANES,[24] which cut the hair down to the skin, HE WOULD BE LIABLE. תַּלְמוּד לוֹמַר "לֹא יְגַלֵּחוּ" – THE TORAH thus STATES in the Kohanim verse, *THEY SHALL NOT "SHAVE."* The word "shave" implies removing the beard with an instrument commonly used for that activity, which precludes planes.[25] הָא כֵּיצַד – HOW CAN THIS BE?! How are these two verses reconciled, when one prohibits shaving the beard and the other prohibits destroying it? גִּילּוּחַ שֶׁיֵּשׁ בּוֹ הַשְׁחָתָה – The *gezeirah shavah* teaches that these two verses complement each other; thus, what is prohibited is "SHAVING" THAT INVOLVES "DESTRUCTION" of the beard (i.e. a normal act of "shaving" that removes the hair down to the skin). הֱוֵי אוֹמֵר זֶה תַּעַר – ONE MUST SAY, then, that THIS IS shaving with A RAZOR.[26] The Baraisa thus details the Scriptural basis for the Tanna Kamma's opinion.

The Gemara now discusses the dissenting view in the Mishnah:
רַבִּי אֱלִיעֶזֶר אוֹמֵר – R' ELIEZER SAYS: אֲפִילּוּ לִקְטוֹ בְּמַלְקֵט וּרְהִיטְנִי (יהא) חַיָּיב – EVEN IF HE REMOVED [THE CORNER] WITH PLANES, HE IS LIABLE.

The Gemara asks:
מַה נַּפְשָׁךְ – **What is your desire** to say? Either way R' Eliezer's opinion is problematic: אִי גָּמִיר גְּזֵירָה שָׁוָה – **If he derived the** aforementioned ***gezeirah shavah***[27] as a tradition from his teacher,[28] לִיבָּעֵי תַּעַר – **he should require a razor** for *malkus* liability, as explained in the Baraisa above. אִי לֹא גָּמִיר גְּזֵירָה שָׁוָה – And **if he did not derive** that ***gezeirah shavah*** as a tradition from his teacher, and he therefore has no authority to clarify the intent of the first verse from what is taught in the

NOTES

18. See above, 20a note 20.

19. The exact locations of the five corners of the beard are not evident from the Gemara. There are a number of differing views among the Rishonim. *Rivan's* opinion is explained above, 20a note 21. The other two major opinions are summarized below:
(a) The two opposite ends of the lower jawbone, the two opposite ends of the upper jaw, and the chin (*Rashi,* as cited by *Rosh* and by *Rashbam* [to *Rif*]; see *Perishah* to *Yoreh Deah* 181:11).
(b) The two sides of the upper jaw, the two ends of the mustache, and beneath the chin (*Rabbeinu Chananel,* as cited by *Rosh*). [See *Nasan Piryo* to 20a above for a clarification of the different opinions, with illustrations.]

Because of the many conflicting opinions, observant Jews do not shave any part of their beards with a razor (*Yoreh Deah* 181:11).

20. This wording differs slightly from the text of the Mishnah on 20a.

21. See above, 20a notes 22-24.

22. In the section dealing with the laws of Kohanim, the Torah states (*Leviticus* 21:5): וּפְאַת זְקָנָם לֹא יְגַלֵּחוּ, *They shall not shave the corner of their beard.* Earlier, in a passage that applies to all Jews, the Torah states (ibid. 19:27): וְלֹא תַשְׁחִית אֶת פְּאַת זְקָנֶךָ, *and you shall not destroy the corner of your beard.* The common word פְּאַת (*corner*) creates a *gezeirah-shavah* relationship between the two verses, by which the laws of one prohibition are transferred to the other (*Rivan,* from *Kiddushin* 35b).

23. *Rivan; Nimukei Yosef* to Mishnah states that the facial hair is still discernible after a scissors' shaving, and that is not considered "destroying."

24. See above, 20a note 26.

25. According to *Rambam,* who interprets מַלְקֵט וּרְהִיטְנִי as types of tweezers (see above, 20a note 26), the intent here is that the term "shaving" refers to *cutting* the hair and not to *plucking* it.

26. Which is the instrument normally used for shaving, and which removes the hair down to the skin. Planes are therefore ruled out, for while they "destroy" the beard, they are not normally used for shaving. Scissors too are excluded, because while they are normally used for shaving, they do not "destroy" the beard (*Rivan*).

With regard to cutting one's beard with scissors in a way that *does "destroy"* the beard (i.e. that cuts down to the skin), many Rishonim say that nonetheless one is not liable, since he does not destroy the hair from the root (*Ritva* here and to *Shevuos* 2b; see *Chinuch,* Mitzvah 252 regarding *Rambam's* opinion).

Some authorities rule, however, that even though there is no *malkus* liability for shaving the beard with a scissors, one is nonetheless forbidden to do so if the shave is as close as that obtained with a razor (*Chinuch, Mitzvah* 252, et al.). Others rule that it is always permissible to use scissors to shave (*Meiri,* et al.). *Yoreh Deah* 181:10 is lenient in the matter, but see the caution of *Rama.*

Regarding "shaving" by destroying the beard but in an irregular manner (i.e. using planes), some authorities permit it (*Meiri*). Others hold that it is Rabbinically prohibited (see *Tzemach Tzedek, Yoreh Deah* §93:7).

See *Ritva* for a discussion of whether the leniency regarding the use of scissors, or planes, applies also to the prohibition against rounding the corners of the head (cutting the *pe'os*). See also *Rosh* here §2-3; sources cited in *Otzar Mefarshei HaTalmud* 20a notes 69-83; and *Yoreh Deah* 181:3.

27. See note 22 above.

28. See Gemara above, 14b.

קסבר רבי יוסי שריטה וגדידה אחת היא וכתיב התם למת אמר שמואל המשרט בכלי חייב מיתיבי שריטה וגדידה אחת היא אלא ששריטה ביד וגדידה בכלי הוא דאמר כרבי יוסי תני תנא קמיה [א] דרבי יוחנן על מת בין ביד בין בכלי חייב על עבודת כוכבים ביד חייב בכלי פטור והא איפכא כתיב [א] ויתגודדו כמשפטם בחרבות וברמחים אלא אימא ביד פטור בכלי חייב: וחייב על הראש: מחוי רב ששת בין פירקי (א) רישא: ועל הזקן שתים מכאן ושתים מכאן ואחת מלמטה: מחוי רב ששת בין פירקי (ב) דיקנא: רבי אליעזר אומר אם נטלן וכו': קסבר חד לאו הוא: ואינו חייב עד שיטלנו בתער: ת"ר [ב] ופאת זקנם לא יגלחו [ב] יכול אפי' גלחו במספרים יהא חייב ת"ל [ג] לא תשחית אי לא תשחית יכול אם לקטו במלקט ורהיטני יהא חייב תלמוד לומר לא יגלחו הא כיצד גילוח שיש בו השחתה הוי אומר זה תער: רבי אליעזר אומר אפילו לקטו במלקט ורהיטני (יהא) חייב: מה נפשך אי גמיר גזירה שוה ליבעי תער אי לא גמיר ג"ש מספרים נמי [ג] [לא] לעולם גמיר ג"ש וקסבר הני נמי גילוח עבדי: מתני' הכותב כתובת קעקע [א] כתב ולא קעקע קעקע ולא כתב אינו חייב עד שיכתוב ויקעקע [ד] בדיו ובכחול ובכל דבר שהוא רושם ר"ש בן יהודה משום ר' שמעון אומר אינו חייב עד שיכתוב שם [ה] את השם שנאמר [ד] וכתובת קעקע לא תתנו בכם אני ה': גמ' אמר ליה רב אחא בריה דרבא לרב אשי (ג) עד דיכתוב אני ה' ממש אמר ליה לא כדתני בר קפרא אינו חייב עד שיכתוב שם עבודת כוכבים שנאמר וכתובת קעקע לא תתנו בכם אני ה' אני ה' ולא אחר: אמר רב מלכיא אמר רב אדא בר אהבה אסור לו לאדם שיתן אפר מקלה על גבי מכתו מפני שנראית ככתובת קעקע [ו] אמר רב (ד) [ז] נחמן בריה דרב איקא שפוד שפחות וגומות רב מלכיו בלורית אפר מקלה וגבינה רב מלכיא רב פפא אמר מתניתין ומתניתא רב מלכיא שמעתתא רב מלכיו וסימניך מתניתא מלכתא מאי בינייהו איכא בינייהו שפחות רב ביבי בר אביי קפיד אפי' אריבדא דכוסילתא רב אשי אמר [ב] כל מקום שיש שם מכה מכתו (ה) מוכיח עליו: מתני' [ג] נזיר שהיה [ח] שותה יין כל היום אין חייב אלא אחת אמרו לו אל תשתה אל תשתה והוא שותה חייב על כל אחת ואחת [ד] היה מטמא למתים כל היום אינו חייב אלא אחת אמרו לו אל תטמא אל תטמא והוא מטמא חייב על כל אחת ואחת [ה] היה מגלח כל היום אינו חייב אלא אחת אמרו לו אל תגלח אל תגלח והוא מגלח חייב על כל אחת ואחת [ו] היה לבוש בכלאים כל היום אינו חייב אלא אחת אמרו לו אל תלבש אל תלבש והוא פושט ולובש חייב על כל אחת ואחת

יש

רש"י

קסבר רבי יוסי שריטה וגדידה אחת היא. דתרווייהו בין ביד בין בכלי וכתיב בגדידה למת לא תתגודדו ולא תשימו קרחה וגו': המשרט בכלי חייב. הא ודאי פשיטא לכולי עלמא דעיקר גדידה משמע בכלי ועיקר שריטה משמע ביד וקאמר שמואל המשרט בכלי על המת חייב ולא קאמר המגדד בכלי לאשמועינן דשם שריטה שייך בכלי והעושה חבורה בעצמו בכלי על המת חייב שני לאוין משום משרט ומשום מגדד דגדידה ושריטה אחת היא דתרווייהו בין ביד בין בכלי: מיתיבי גדידה ושריטה אחת היא. כלומר בין שריטה בין גדידה ענין חבורה הם ושניהם על מת אלא שריטה ביד גדידה בכלי וקשיא לשמואל דאמר תרוייהו בין ביד בין בכלי דמדקאמר המשרט בכלי ולא קאמר המגדד בכלי מכלל דשריטה שייכא בכלי כגדידה: על המת בין ביד בין בכלי חייב. דשריטה וגדידה כתיב דתרווייהו אסרינהו רחמנא: על עבודת כוכבים. דיש עבודת כוכבים שעובדין אותה בכך שעושין בבשרם חבורות ופלעות: ביד חייב. דדרך עבודתה בכך ואפי' עבודת כוכבים שאין עבודתה בכך חייב דעבודה גמורה היא ביד: והא איפכא כתיב. דבכלי דרך עבודה הוא לעבודת כוכבים דכתיב ויתגודדו כמשפטם עשו גדידה כדרך שהיו רגילין לעשות בחרבות וברמחים אלמא דרך עבודה בכלי: בי פירקי דרישא. מקום הפרקים שמתחברים שם פירקי העצמות והיינו בצדעים. פרק יונט"ר: בי פירקי דדיקנא. פרק ראשון של זקן היינו תחת האוזן מקום שלחי התחתון יוצא משם ושם נקרא פאה בחודו של לחי שבולט לחוץ ושתי השבולת שבסנטר מקום חבור שני הלחיים יש עצם קטן שמחבר הלחיים יחד שמכאן ומכאן נקרא פאה שכל אחד מהן לסוף הלחי הרי שתים מכאן ושתים מכאן ואחת מלמטה הוא השיער שבין ב' השבולת שבסנטר ופרק הוא בפני עצמו: ופאת זקנם לא יגלחו. גבי כהנים כתיב ולא תשחית את פאת זקנך בישראל כתיב וילפינן להו בג"ש האי מהאי דפאה פאה והכי אמרי' בהדיא בפרק קמא דקדושין (דף לה:) ג"ש דפאה פאה להכי הוא דאתא דתניא לא יגלחו כו': ת"ל לא תשחית. ומספרים אינן משחיתים שאין חותכין שיער בכל עיקר כתער: גילוח שיש בו השחתה. דרך לגלח בו ומשחית והיינו תער אבל רהיטני משחית ואין דרך לגלח בו ומספרים מגלחין ואין משחיתים: אי גמיר גזירה שוה. הסיא גזירה שוה דפאה פאה דקאמר ובמסכת קדושין היא (שם): מספרים מנא ליה. מותר לגלח בהם דלא קאסרי אלא מלקט ורהיטני שיש בהן השחתה: גילוח עבדי. השחתתן עושה גילוח כלומר גילוח מיקרי דדרך לגלח בהן: מתני' כתובת קעקע. כותב תחלה על בשרו בסם או בסיקרא ואח"כ מקעקע הבשר במחט או בסכין ונכנס הצבע בין העור לבשר ונראה בו כל הימים קעקע פויינטוורי"ר ואסור לכתוב שום כתיבה בעולם על בשרו בענין זה שכך גזירת הכתוב: את השם. מפרש בגמרא דשם עבודת כוכבים קאמר: גמ' עד שיכתוב אני ה' ממש. על תיבות הללו אני ה' אתה מחייבו משום כתובת קעקע: וכתובת קעקע לא תתנו בכם. שום כתובת קעקע לא [ט] יעשו לפני שאני ה' ואסורין אתם לכתוב שם אחר על בשרכם אלמא עיקר חיובא משום שם עבודת כוכבים הוא ומיהו אסור לכתוב שום כתיבה בעולם אפי' לר"ש אלא דחיוב מלקות ליכא: אפר מקלה. דוקא קאמר לפי שקשה היא ומקעקעת מקום המכה והרושם נראה שם אחר זמן אבל עפר בעלמא לא: שפוד. בפ' אין לדין (ביצה דף כח:) (ו) שפוד שצלו בו בשר אסור לטלטלו א"ר אדא ושומטו ומניחו בקרן זוית והיינו שמעתתא דעילויה מילתא דאמורא אמרה: שפחות. משנה היא בפ' אע"פ (כתובות דף נט:) ר' אליעזר אומר אפי' הכניסה לו מאה וכו' אמר רב מלכיו א"ר אדא (ז) הלכה כרבי אליעזר (שם סא:) והיינו משנה דאמתני' קאי ולא קאמר מילתא באפי נפשה: גומות. (ח) [י] בנדה בבא סימן (דף נב.) ר' חלבו אמר רב הונא שתי שערות שאמרו צריך שיהא בעיקרן גומות רב מלכיו אמר רב אדא בר אהבה גומות אע"פ שאין בו שערות: בלורית. בפרק אין מעמידין בע"ז (דף כט.) ת"ר עובד כוכבים המסתפר מישראל כו' וכמה אמר רב מלכיו אמר רב אדא (ט) שלש אצבעות לכל רוח והיינו מתניתא: אפר מקלה. הכא (י) ושמעתא היא דלאו אמתני' קאי אלא מילתא באנפי נפשה קאמר אסור לו לאדם כו': גבינה. נמי באין מעמידין דקתני במשנה גבינות בית אונייקי ובעי בגמרא מ"ט אמר רב מלכיא אמר רב אדא (כ) מפני שמחליקין כו' והיינו משנה דאמתני' קאי: מתני' ומתנית'. רב פפא אסימנא דרב מלכיו קאי לגרועי מיניה שפחות דכולהו מתני' רב מלכיא אמרינהו כלומר משנה דשפחות דאוקמת כרב מלכיו רב מלכיא אמרה ומתניתא דקאמר לאו דוקא אלא דבסימנא דרב מלכיו ליכא מתני' ושמעתא רב מלכיו ומה שנשאר מן השמעתות בסימנו של רב מלכיו דהיינו שפוד וגומות רב מלכיו אמרינהו והיינו דקאמר איכא בינייהו שפחות ולא קאמר שפחות ואפר מקלה אלא שפחות גרידא מגרעינן ודרב מלכיו כדקאי קאי: מתניתא מלכתא. משניות ובריתות עיקר הן והיינו סימן מי ששמו דומה לנקבה מוקמינן כולהו מתנייתא דהוו נמי לשון נקבה אליביה והיינו רב מלכיא ששמו דומה לנקבה ומשמעותו של שם נמי משמע לשון מלכות והיינו משניות ובריתות שהן עיקר ולא שמעתות ולית דמפרש איכא בינייהו שפחות (ל) ומקלה משמע שפחות ושכנגדה כך לשון ח"ה: ריבדא. מכה: כוסילתא. כלי שמכה בו בלע"ז פליימא: מתני' היה לבוש כלאים. אחד מן השוק ולא נזיר:

תוספות

על עבודת כוכבים ביד חייב. פי' הקונטרס חייב מיתה (מ) בכדרכה ולקי שלא כדרכה מלא תעבדם יתירא בכלי פטור דאינו בכלל עבודה דאינו (חייב) אלא ביד:

רב אשי אומר מכתו מוכחת עליו. וכן הלכה:

ואפילו

מסורת הש"ס

א) [גי' רי"ף ורא"ש דרב נחמן], ב) קדושין לה:, נזיר מ: נח:, ג) רש"ל, ד) [נ"ל בדיו], ה) בסה"מ ל"ג את], ו) ע"ז כט. ביצה כח: כתובות סא: נדה נב., ז) [בכל המקומות איתא ר' חנינא], ח) קדושין עז: חולין פב: נזיר לח: מב., ט) בס"י תעשו לפי כו', י) רש"א שמעתתא היא לענין שתי שערות [אפילו בגומא אחת] במס' נדה כו': בלורית כו'.

עין משפט נר מצוה

צח א מיי' פי"ב מהלכות ע"ז הלכה יא סמג לאוין סא טוש"ע יו"ד סי' קפ ס"א:

צט ב טוש"ע שם ס"ג:

ק ג מיי' פ"ה מהלכות נזירות הלכה י סמג לאוין רכ:

קא ד מיי' שם הל' טז ופ"ג מהל' אבל הל' ד סמג שם וסי' רלד:

קב ה מיי' פ"ה מהל' נזירות הלי"ג סמג לאוין רכ:

קג ו מיי' פ"י מהלכות כלאים הל' ל סמג לאוין רפג:

הגהות הב"ח

(א) גמ' בין פירקי דרישא: (ב) שם בין פירקי דדיקנא: (ג) שם בריה דרבא לרב אשי עד דיכתוב. נ"ב פי' היה שואלו אם כך הוא פי' המשנה: (ד) שם אמר רב חיננא בריה דרב איקא שפוד: (ה) שם מכתו מוכחת עליו: (ו) רש"י ד"ה שפוד בפרק אין לדין אמר שמואל שפוד שצלו וכו' א"ר אדא בר אהבה שומטו: (ז) ד"ה שפחות וכו' א"ר אדא בר אהבה הלכה כר"א: (ח) ד"ה גומות שמעתתא היא בפ' בא סימן לענין מיאון אמר ר' מלכיו אמר ר' אדא בר אהבה גומות אע"פ שאין שם שתי שערות גדולה היא ואינה ממאנת דאין גומא אא"כ היה בה שער ונשרו הס"ד: (ט) ד"ה בלורית וכו' א"ר אדא בר אהבה שלש: (י) ד"ה אפר וכו' שמעתא כצ"ל ואות ו' נמחק: (כ) ד"ה גבינה וכו' אמר ר' אדא בר אהבה נמחק: (ל) ד"ה מתניתא מלכתא וכו' שפחות ואפר מקלה משמע: (מ) תוס' ד"ה על וכו' חייב מיתה אף שלא בכדרכה ולקי:

תורה אור השלם

א) וַיִּקְרְאוּ בְּקוֹל גָּדוֹל וַיִּתְגֹּדְדוּ כְּמִשְׁפָּטָם בַּחֲרָבוֹת וּבָרְמָחִים עַד שְׁפָךְ דָּם עֲלֵיהֶם: [מלכים א יח, כח]

ב) לֹא יִקְרְחוּ קָרְחָה בְּרֹאשָׁם וּפְאַת זְקָנָם לֹא יְגַלֵּחוּ וּבִבְשָׂרָם לֹא יִשְׂרְטוּ שָׂרָטֶת: [ויקרא כא, ה]

ג) לֹא תַקִּפוּ פְּאַת רֹאשְׁכֶם וְלֹא תַשְׁחִית אֵת פְּאַת זְקָנֶךָ: [ויקרא יט, כז]

ד) וְשֶׂרֶט לָנֶפֶשׁ לֹא תִתְּנוּ בִּבְשַׂרְכֶם וּכְתֹבֶת קַעֲקַע לֹא תִתְּנוּ בָּכֶם אֲנִי יְיָ: [ויקרא יט, כח]

ליקוטי רש"י

מלקט. פליי"א של מלאלחי חרבות שמחליקין בס את תיק הסייף. רהיטני. פליי"א של עושי תריסין [קדושין לה:].

ת"ל לא יגלחו. האמור בכהנים ואין דרך גילוח בכך ואתיא ג"ש ליתן האמור של כהנים בישראל ושל ישראל בכהנים [קידושין לה:].

כתובת קעקע. כתב המחוקה ושקוע [ותקוע] שאינו נמחק לעולם שמקעקעו במחט והוא משחיר לעולם. קעקע. לשון והוקע אותם (במדבר כה, ד) והוקענום (ש"ב כא, ו) תוחבין עץ בארץ ותולין אותם עליהם ונמצאו מחוקין ותחובין בקרקע פורפוינ"ט בלע"ז [מתרגם: תחוב, נעוץ, דורכגעשטאכן, איינגגראבן] [ויקרא יט, כח].

אפר מקלה. אפר הכירה שקלוי ושרוף מאד ושחור ונראה ככתובת קעקע. וגבינה. הכא בפירקין (דף ל:) אמר רב אדא בר אהבה מפני שמחליקין פניה בשומן חזיר [ע"ז כט.].

שפחות משנה היא בכתובות ר"א אומר אפילו הכניסה לו מאה שפחות כופה לעשות בצמר שהבטלה מביאה לידי זמה ואמר רב מלכיו הלכה כר"א גומות שמעתתא היא ולא נאמרה על המשנה ולענין שתי שערות דאם נמצאו לה גומות של שער אע"פ שאין שם שער גדולה היא והולצת דאין גומא אא"כ היה בה שער אלא שנשרו. בלורית. במסכת ע"ז ועל ברייתא נאמרה הא דרב מלכיא לפרושא לברייתא דת"ר כותי המסתפר מישראל כיון שהגיע לבלוריתו שומט את ידו מפני שהכותי כשהוא מספר מניחה לשם ע"ז ואמר עלה וכמה אמר רב מלכיא שלש אצבעות לכל רוח ורוח לכל סביבותיה לא יגע שאם יגלח וילך עד הבלורית נמצא מניח לו בלוריתו ותיקנו לו לשם ע"ז. מתניתין ומתניתא רב מלכיא. אסימנא דרב מלכיו פליג רב פפא. שפחות. דמתניתין היא ומשוית ליה כרב מלכיו לאו דידיה היא דכל מתניתין ומתניתא דאית בהו רב מלכיא אמר פירושן אבל שמעתתא דאמרת כרב מלכיו כגון שפוד וגומות דידיה נינהו [ביצה כח:]. כל הנך תלתא לא אתא רב מלכיא אלא לפרושי טעמא דמתניתין [או] שיעורא או לאוקמי הלכתא אבל גומות שפוד ואפר מקלה שמעתא דנפשיה היא ורב פפא מחליף שפחות לרב מלכיא ואפר מקלה לרב מלכיו [נדה נב.].

לעזי רש"י

יונט"ר. פירוש פרק (של עצמות), מקום חבור אברים בגוף האדם והבהמה.

פויינטוורי"ר. פירוש לנקוב (עיין רש"י ויקרא יט, כח).

פליימ"א. פירוש כלי אומן מקיז (דם בכתפים) (עיין רש"י כתובות דף לט ע"ב ד"ה כוסילתא ועי' ע"ז דף כח ע"א ד"ה רידבא), איזמל (להקזת דם).

second verse, מִסְפָּרַיִם נַמִּי [לֹא] – **scissors also should [not]** be permitted.[29] – ? –

The Gemara answers:

לְעוֹלָם גָּמִיר גְּזֵירָה שָׁוָה – **In truth, [R' Eliezer] did derive the** ***gezeirah-shavah*** tradition from his teacher, and he therefore permits the use of scissors since they do not destroy the beard. וְקָסָבַר הָנֵי נַמִּי גִּילּוּחַ עָבְדֵי – **And** yet **he holds that these** planes, **too, effect shaving.**[30] Therefore, they fulfill the requirements of both verses: they "shave," and they "destroy" the beard down to the surface of the skin.

Mishnah

The following Mishnah discusses the Biblical prohibition against making tattoos in one's skin:[31] הַכּוֹתֵב כְּתוֹבֶת קַעֲקַע – **One who "writes" a tattoo** is liable to *malkus.*[32] כָּתַב וְלֹא קִעֲקַע – **If he wrote** the coloring agent on the skin **but did not prick** it into the skin, קִעֲקַע וְלֹא כָּתַב – **or if he pricked** the skin **but did not write** a coloring agent on the skin beforehand, אֵינוֹ חַיָּיב – **he is not liable.** עַד שֶׁיִּכְתּוֹב וִיקַעֲקַע – Indeed, he incurs no liability to *malkus* **unless he writes and pricks** into the skin – (בידו) [בִּדְיוֹ][33] – **with** black **ink,** וּבִכְחוֹל – **or with blue dye,** וּבְכָל דָּבָר שֶׁהוּא רוֹשֵׁם – **or with anything that makes a mark.** רַבִּי שִׁמְעוֹן בֶּן יְהוּדָה מִשּׁוּם רַבִּי שִׁמְעוֹן אוֹמֵר – **R' Shimon ben Yehudah says in the name of R' Shimon:** אֵינוֹ חַיָּיב עַד שֶׁיִּכְתּוֹב שָׁם אֶת הַשֵּׁם – **He is not liable unless he writes "the name" there,**[34] שֶׁנֶּאֱמַר ,,וּכְתֹבֶת קַעֲקַע לֹא תִתְּנוּ בָּכֶם אֲנִי ה' '' – **as it is stated:**[35] ***and a tattoo you shall not place upon yourselves; I am Hashem.***

Gemara

The Gemara discusses R' Shimon ben Yehudah's ruling in the Mishnah:

אֲמַר לֵיהּ רַב אַחָא בְּרֵיהּ דְּרָבָא לְרַב אָשֵׁי – **Rav Acha the son of Rava said to Rav Ashi:** עַד דְּיִכְתּוֹב ,,אֲנִי ה' '' מַמָּשׁ – Evidently, R' Shimon ben Yehudah holds that one is not liable to *malkus* **unless he actually writes** on his flesh **"I am Hashem!?"**[36]

אֲמַר לֵיהּ לֹא – **[Rav Ashi] said to him** in reply: **No,** this is not R' Shimon's intent. כִּדְתָנֵי בַּר קַפָּרָא – Rather, it is **like** that teaching of a Baraisa **which Bar Kappara taught:** אֵינוֹ חַיָּיב עַד שֶׁיִּכְתּוֹב שֵׁם עֲבוֹדַת כּוֹכָבִים – ***ONE IS NOT LIABLE*** to *malkus* ***UNLESS HE WRITES THE NAME OF A PAGAN DEITY,***[37] שֶׁנֶּאֱמַר ,,וּכְתֹבֶת קַעֲקַע לֹא תִתְּנוּ בָּכֶם אֲנִי ה' '' – **AS IT IS STATED:** ***AND A TATTOO YOU SHALL NOT PLACE UPON YOURSELVES; I AM HASHEM.*** The implication of the last phrase is: אֲנִי ה' וְלֹא אַחֵר – **I AM HASHEM, AND THERE IS NO OTHER** deity. Hence, you are forbidden to tattoo the name of any false god on your flesh.[38]

The Gemara presents a related ruling:

אָמַר רַב מַלְכִּיָּא אָמַר רַב אַדָּא בַּר אַהֲבָה – **Rav Malkiya said in the name of Rav Adda bar Ahavah:** אָסוּר לוֹ לְאָדָם שֶׁיִּתֵּן אֵפֶר מִקְלֶה עַל גַּבֵּי מַכָּתוֹ – **A person is forbidden to put** ***mikleh*** **ashes**[39] **on his wound** to heal it, מִפְּנֵי שֶׁנִּרְאֵית כִּכְתוֹבֶת קַעֲקַע – **because it appears like tattooing,** since the ashes will leave a mark in the skin after the wound is healed.[40]

NOTES

29. If R' Eliezer is not bound by the *gezeirah shavah,* which links the "shaving" aspect with the "destroying" aspect and thus requires an implement that is normally used for shaving that destroys the beard, then just as he prohibited planes because they incorporate the "destroying" aspect (and that is sufficient), he should also prohibit scissors since they incorporate the "shaving" aspect (*Rivan,* whose text differed slightly from ours; see also *Maharsha,* who deletes the word לֹא). See *Maharam,* who (along with *Maharshal;* see *Mesoras HaShas*) retains לֹא, but understands that the question is directed only toward Kohanim. That is, since the "destroying" aspect is not written in their verse, they should be forbidden to use scissors as well (see also *Aruch LaNer*).

30. That is, since the planes effectively destroy the beard, using them is a normal act of "shaving"; i.e. they are normal implements of shaving (*Rivan*).

31. The Mishnah will quote the verse that forbids it.

32. The Mishnah's term for tattoo is כְּתוֹבֶת קַעֲקַע. All the commentators agree that making a tattoo is a two-step process: (a) cutting, pricking or puncturing the skin, and (b) filling the holes with some type of coloring agent, such as ink or dye. They disagree, however, regarding the meaning of the words כְּתוֹבֶת and קַעֲקַע. Most Rishonim (*Rivan, Ritva, Meiri, Nimukei Yosef* et al.) understand that כְּתוֹבֶת refers to the filling in of the dye, while קַעֲקַע is the pricking of the skin. According to *S'mag Lo Saaseh* 61, *Chinuch* §253 and others, the definitions are reversed.

There is also a dispute regarding the order in which these two procedures are performed. According to *Rivan,* one first applies the dye to the skin, and then with a needle or knife punctures the skin to allow the dye to enter between the skin and the flesh. Most other Rishonim (*Rambam, Hil. Avodas Kochavim* 12:11, *Nimukei Yosef, Meiri* et al.) hold that first the skin is pricked, and then the openings are filled with dye. The Acharonim debate whether one incurs *malkus* if he reverses the prescribed order (of either opinion). *Minchas Chinuch* §253 avers (vis-a-vis *Rambam's* opinion, that pricking the skin precedes the dyeing) that the person is exempt from *malkus* [although he still violates the Biblical injunction against making a tattoo (*Mishnas Chachamim*)], while *Bach* and *Shach* (*Yoreh Deah* §180) rule that *malkus* is incurred regardless of the order of performance.

Rivan appears to state that *malkus* is given only when the tattoo is permanent (see also *Chinuch* §253). Others imply that the tattoo need only be long lasting (see *Nimukei Yosef*).

The authorities also debate whether, in the Tanna Kamma's opinion, the Torah forbids the tattooing of letters only, or other markings as well. Those who say that the prohibition applies only to letters include *Piskei HaTosafos* §32 and *Tos. Yeshanim* [cited by *Nasan Piryo*] (see also *Chinuch* ibid.). Others maintain that other markings are also Biblically proscribed. See *Ritva, Rash* to *Toras Kohanim,* and *Meiri.* See *Minchas Chinuch* (ibid.), who discusses whether according to the stringent opinion these markings must at least be pictorial or otherwise convey some message.

33. Emendation follows *Mesoras HaShas.*

34. The Gemara will explain that R' Shimon ben Yehudah refers to the name of an idol (*Rivan*).

35. *Leviticus* 19:28. The Gemara will explain the exegesis.

36. *Rivan* and *Nimukei Yosef* apparently understand that Rav Acha is expressing his own opinion in the matter. See *Ritva* for variant texts and other ways to interpret Rav Acha's statement.

37. It was the custom of pagans to mark themselves for idolatry (thereby subjugating themselves to their idol), by tattooing the name of their idol on their flesh (*Rambam, Hil. Avodas Kochavim* 12:11; *Ritva* and *Meiri* to Mishnah).

38. According to R' Shimon ben Yehudah, then, one is primarily liable for tattooing the name of an idol, and for this alone *malkus* is given. Nevertheless, he concedes that all manner of tattooing is Rabbinically forbidden (*Rivan,* as explained by *Aruch LaNer*). Cf. *Bach* to *Tur Yoreh Deah* §180.

39. *Mikleh* (מִקְלֶה) ashes are the burnt (קָלוּי), blackened ashes from the wood used as fuel in a stove (*Rashi* to *Avodah Zarah* 29a ד״ה אפר מקלה).

40. Rav Malkiya prohibits the use of this specific type of ash [despite its medicinal efficacy], because it is hard and therefore pricks the area of the wound and eventually leaves a mark. Any other type of ash or dust is permitted (*Rivan*). Cf. *Ramah,* cited by *Ritva,* who understands that Rav Malkiya specified *mikleh* ashes because they were the most commonly used; however, he indeed prohibits all types. *Ritva* adds that this prohibition is only Rabbinical in nature, designed to prevent the appearance of wrongdoing [this is implied by the Gemara's language: ". . . because *it appears* like tattooing"] (see also note 52 below). See *Minchas Chinuch* §253 and *Shach, Yoreh Deah* 180:6, for suggestions as to why this is so.

קסבר רבי יוסי שריטה וגדידה אחת היא
וכתיב התם למת אמר שמואל המשרט
בכלי חייב מיתיבי שריטה וגדידה אחת
היא אלא ששריטה ביד וגדידה בכלי הוא
דאמר כרבי יוסי תני תנא קמיה [ה]דרבי יוחנן
על מת בין ביד בין בכלי חייב על עבודת
כוכבים ביד חייב בכלי פטור והא איפכא
כתיב [א]ויתגודדו כמשפטם בחרבות וברמחים אלא אימא ביד פטור בכלי חייב:
וחייב על הראש: מחוי רב ששת בין פירקי (א) רישא: ועל הזקן שתים מכאן
ושתים מכאן ואחת מלמטה: מחוי רב ששת בין פירקי (ב) דיקנא: רבי
אליעזר אומר אם נטלן וכו': קסבר חד לאו הוא: ואינו חייב עד שיטלנו
בתער: ת"ר [ב]ופאת זקנם לא יגלחו [ג]יכול אפי' גלחו במספרים יהא חייב
ת"ל [ג]לא תשחית אי לא תשחית יכול אם לקטו במלקט ורהיטני יהא חייב
תלמוד לומר לא יגלחו הא כיצד גילוח שיש בו השחתה הוי אומר זה תער:
רבי אליעזר אומר אפילו לקטו במלקט ורהיטני (יהא) חייב: מה נפשך אי
גמיר גזירה שוה ליבעי תער אי לא גמיר ג"ש מספרים נמי [ג][לא] לעולם גמיר
ג"ש וקסבר הני נמי גילוח עבדי: מתני' הכותב כתובת קעקע [א]כתב ולא
קעקע קעקע ולא כתב אינו חייב עד שיכתוב ויקעקע [ד]בידו ובכחול ובכל דבר
שהוא רושם ר"ש בן יהודה משום ר' שמעון אומר אינו חייב עד שיכתוב שם
[ה]את השם שנאמר [ד]וכתובת קעקע לא תתנו בכם אני ה': גמ' אמר ליה רב
אחא בריה דרבא לרב אשי עד דיכתוב (ג) אני ה' ממש אמר ליה לא כדתני בר
קפרא אינו חייב עד שיכתוב שם עבודת כוכבים שנאמר וכתובת קעקע לא
תתנו בכם אני ה' אני ה' ולא אחר: אמר רב מלכיא אמר רב אדא בר אהבה
אסור לו לאדם שיתן אפר מקלה על גבי מכתו מפני שנראית ככתובת קעקע
[ו]אמר רב (ד) [ז]נחמן בריה דרב איקא שפוד שפחות וגומות רב מלכיו בלורית
אפר מקלה וגבינה רב מלכיא רב פפא אמר מתניתין ומתניתא רב מלכיא
שמעתתא רב מלכיו וסימניך מתניתא מלכתא מאי בינייהו איכא בינייהו שפחות
רב ביבי בר אביי קפיד אפי' אריבדא דכוסילתא רב אשי אמר [ב]כל מקום שיש
שם מכה מכתו (ה) מוכיח עליו: מתני' [ג]נזיר שהיה [ט]שותה יין כל היום אין חייב
אלא אחת אמרו לו אל תשתה אל תשתה והוא שותה חייב על כל אחת ואחת
[ד]היה מטמא למתים כל היום אינו חייב אלא אחת אמרו לו אל תטמא אל
תטמא והוא מטמא חייב על כל אחת ואחת [ה]היה מגלח כל היום
אינו חייב אלא אחת אמרו לו אל תגלח אל תגלח והוא מגלח
חייב על כל אחת ואחת [י]היה לבוש בכלאים כל היום אינו חייב אלא
אחת אמרו לו אל תלבש אל תלבש והוא פושט ולובש חייב על כל אחת ואחת
יש

קסבר רבי יוסי שריטה וגדידה אחת היא. דתרווייהו בין ביד בין בכלי וכתיב בגדידה למת לא תתגודדו ולא תשימו קרחה וגו': המשרט בכלי חייב. הא ודאי פשיטא לכולי עלמא דעיקר גדידה משמע בכלי ועיקר שריטה משמע ביד וקאמר שמואל המשרט בכלי על המת חייב ולא קאמר המגדד בכלי לאשמועינן דשם שריטה שייך בכלי והעושה חבורה בעצמו בכלי על המת חייב שני לאוין משום משרט ומשום מגדד דגדידה ושריטה אחת היא דתרווייהו בין ביד בין בכלי: מיתיבי גדידה ושריטה אחת היא. כלומר בין שריטה בין גדידה ענין חבורה הם ושניהם על מת אלא שריטה ביד גדידה בכלי וקשיא לשמואל דאמר תרווייהו בין ביד בין בכלי דמדקאמר המשרט בכלי ולא קאמר המגדד בכלי מכלל דשריטה שייכא בכלי כגדידה: על המת בין ביד בין בכלי חייב. דשריטה וגדידה כתיב דתרווייהו אסרינהו רחמנא: על עבודת כוכבים. דיש עבודת כוכבים שעובדין אותה בכך שעושין בבשרם חבורות ופלעות: ביד חייב. דדרך עבודתה בכך ואפי' עבודת כוכבים שאין עבודתה בכך חייב דעבודה גמורה היא ביד: והא איפכא כתיב. דבכלי דרך עבודה הוא לעבודת כוכבים דכתיב ויתגודדו כמשפטם עשו גדידה כדרך שהיו רגילין לעשות בחרבות וברמחים אלמא דרך עבודה בכלי: בי פירקי דרישא. מקום הפרקים שמתחברים שם פירקי העצמות והיינו בלדעים. פרק יונט"ר: בי פירקי דדיקנא. פרק ראשון של זקן היינו תחת האוזן מקום שלחי התחתון יוצא משם ושם נקרא פאה בחודו של לחי שבולט לחוץ ושתי השבולת שבסנטר מקום חבור שני הלחיים יש עצם קטן שמחבר הלחיים יחד שמכאן ומכאן נקרא פאה שכל אחד מהן לסוף הלחי הרי שתים מכאן ושתים מכאן ואחת מלמטה הוא השיער שבין ב' השבולת שבסנטר ופרק הוא בפני עצמו: ופאת זקנם לא יגלחו. גבי כהנים כתיב ולא תשחית את פאת זקנך בישראל כתיב וילפינן להו בג"ש האי מהאי דפאה פאה והכי אמרי' בהדיא בפרק קמא דקדושין (דף לה:) ג"ש דפאה פאה להכי הוא דאתא דתניא לא יגלחו כו': ת"ל לא תשחית. ומספרים אין משחיתים שאין חותכין שיער בגלד עיקר כתער: גילוח שיש בו השחתה. דרך לגלח בו ומשחית והיינו תער אבל רהיטני משחית ואין דרך לגלח בו ומספרים מגלחין ואין משחיתים: אי גמיר גזירה שוה. ההיא גזירה שוה דפאה פאה קאמר ובמסכת קדושין היא (שם): מספרים מנא ליה. דמותר לגלח בהם דלא קאסרי אלא מלקט ורהיטני שיש בהן השחתה: גילוח עבדי. השחתתן עושה גילוח כלומר גילוח מיקרי דדרך לגלח בהן: מתני' כתובת קעקע. כותב תחלה על בשרו בסם או בסיקרא ואח"כ מקעקע הבשר במחט או בסכין ונכנס הצבע בין העור לבשר ונראה בו כל הימים קעקע פויינטוורי"ר ואסור לכתוב שום כתיבה בעולם על בשרו בענין זה שכך גזירת הכתוב: את השם. מפרש בגמרא דשם עבודת כוכבים קאמר: גמ' עד שיכתוב אני ה' ממש. על תיבות הללו אני ה' אתה מחייבו משום כתובת קעקע: וכתובת קעקע לא תתנו בכם. שום כתובת קעקע לא [ט]יעשו לפני שאני ה' ואסורין אתם לכתוב שם אחר על בשרכם אלמא עיקר חיובא משום שם עבודת כוכבים הוא ומיהו אסור לכתוב שום כתיבה בעולם אפי' לר"ש אלא דחיוב מלקות ליכא: אפר מקלה. דוקא קאמר לפי שקשה היא ומקעקעת מקום המכה והרושם נראה שם אחר זמן אבל עפר בעלמא לא: שפוד. בפ' אין נדין (ביצה דף כח:) (ו) שפוד שצלו בו בשר אסור לטלטלו א"ר מלכיו א"ר אדא ושומטו ומניחו בקרן זוית והיינו שמעתא דעילויה מילתא דאמורא אמרה: שפחות. משנה היא בפ' אע"פ (כתובות דף נט:) ר' אליעזר אומר אפי' הכניסה לו מאה וכו' אמר רב מלכיו א"ר אדא (ז) הלכה כרבי אליעזר (שם סא:) והיינו משנה דאמתני' קאי ולא קאמר מילתא באפי נפשה: גומות. (ח) [י]בנדה בבא סימן (דף נב.) ר' חלבו אמר רב הונא שתי שערות שאמרו צריך שיהא בעיקרן גומות רב מלכיו אמר רב אדא בר אהבה גומות אע"פ שאין בו שערות: בלורית. בפרק אין מעמידין בע"ז (דף כט.) ת"ר עובד כוכבים המסתפר מישראל כו' וכמה אמר רב מלכיו אמר רב אדא (ט) שלש אצבעות לכל רוח והיינו מתניתא: אפר מקלה. הכא (י) ושמעתא היא דלאו אמתני' קאי אלא מילתא באנפי נפשה קאמר אסור לו לאדם כו': גבינה. נמי באין מעמידין דקתני במשנה וגבינות בית אונייקי ובעי בגמרא מ"ט אמר רב מלכיא אמר רב אדא (כ) מפני שמחליקין כו' והיינו משנה דאמתני' קאי: מתני' ומתנית'. רב פפא אסימנא דרב מלכיו קאי לגרועי מיניה שפחות דכולהו מתני' רב מלכיא אמרינהו כלומר משנה דשפחות דאוקמת כרב מלכיו רב מלכיא אמרה ומתניתא דקאמר לאו דוקא אלא דבסימנא דרב מלכיו ליכא מתני' ושמעתא רב מלכיו ומה שנשאר מן השמעתות בסימנו של רב מלכיו דהיינו שפוד וגומות רב מלכיו אמרינהו והיינו דקאמר איכא בינייהו שפחות ולא קאמר שפחות ואפר מקלה אלא שפחות גרידא מגרעינן ודרב מלכיו כדקאי קאי: מתניתא מלכתא. משניות ובריתות עיקר הן והיינו סימן מי ששמו דומה לנקבה מוקמינן כולהו מתנייתא דהוו נמי לשון נקבה אליביה והיינו רב מלכיא ששמו דומה לנקבה ומשמעותו של שם נמי משמע לשון מלכות והיינו משניות ובריתות שהן עיקר ולא שמעתות ואית דמפרש איכא בינייהו שפחות (ל) ומקלה משמע שפחות ושכנגדה כך לשון ת"ה: ריבדא. מכה: כוסילתא. כלי שמכה בו בלע"ז פליימא: מתני' היה לבוש כלאים. אחד מן השוק ולא נזיר:

תוספות

על עבודת כוכבים ביד חייב. פי' הקונטרס חייב מיתה (מ) בכדרכה ולקי שלא כדרכה מלא תעבדם יתירא בכלי פטור דאינו בכלל עבודה דאינו (חייב) אלא ביד:

רב אשי אומר מכתו מוכחת עליו. וכן הלכה:

ואפילו

מלקט. פליי"א של מלאלחי חרבות שמחליקין בם את תיק הסייף. רהיטני. פליי"א של עושי תריסין [קדושין לה:].

ת"ל לא יגלחו. האמור בכהנים ואין דרך גילוח בכך ואתיא ג"ש ליתן האמור של כהנים בישראל ושל ישראל בכהנים [קידושין לה:].

כתובת קעקע. כתב המחוקה ושקוע [ותקוע] שאינו נמחק לעולם שמקעקעו במחט והוא משחיר לעולם. קעקע. לשון והוקע אותם (במדבר כה, ד) והוקענום (ש"ב כא, ו) תוחבין עץ בארץ ותולין אותם עליהם ונמצאו מחוקין ותחובין בקרקע פורפויינ"ט בלע"ז [מתרגם: תחוב, נעוץ, דורכגעשטאכן, איינגעגראבן] [ויקרא יט, כח].

אפר מקלה. אפר הכירה שקלוי ושרוף מאד ושחור ונראה ככתובת קעקע. וגבינה. הכא בפירקא (דף לה:) אמר רב מלכיא אמר רב אדא בר אהבה מפני שמחליקין פניה בשומן חזיר [ע"ז כט.].

מתניתין ומתניתא. הנך דאיתמר אפירושא דמתני' וברייתא רב מלכיא והנך דאיתמר שמעתתא באפי נפשייהו ולא אפירושא דמתני' רב מלכיו. מתני' מלכתא. היא דמותבין מינה לאמורא ורב מלכיא שמו דומה לנקבה [ע"ז כט.].

מאי בינייהו. בין רב פפא לרב חנינא. איכא בינייהו שפחות. דאוקי רב חנינא כרב מלכיו ורב פפא כרב מלכיא ומעייל אפר מקלה כרב מלכיו דהנך תלת שפוד ואפר מקלה וגומות שמעתא נינהו ולא אמתני' קיימא אבל שפחות א"ר מלכיא הלכה כר"א דאמר במשנתינו אפי' הכניסה לו מאה שפחות כופה לעשות בצמר בלורית דהכא אפירושא דמתניתא קאי דקתני לעיל שומט את ידו ואתי איהו לפרושי שיעורה וכן גבינה דקתני מתני' אלו דברים האסורים כו' אמרינן מפני מה אסרו גבינות העובדי כוכבי' ופי' רב מלכיא והא דנקיט תלמודא איכא בינייהו שפחות ולא נקט שפחות ואפר מקלה אמילתיה דרב מלכיה דלאתנא ביה רב פפא סימן נקט [שם]. שפוד שפחות וגומות רב מלכיו. אלו שלש הלכות רב מלכיו אמרן ולא רב מלכיא מפני ששמועותיהן דומין זה לזה ויש שמחליפין שמועה של זה בשל זה נתנו בהם סימן לסדר השמועות שפוד הא בכתובות ר"א אומר אפילו הכניסה לו מאה שפחות כופה לעשות בצמר שהבטלה מביאה לידי זמה ואמר רב מלכיו הלכה כר"א גומות שמעתא היא ולא נאמרה על המשנה ולענין שתי שערות דאם נמצאו לה גומות של מקום שער אע"פ שאין שם שער גדולה היא וחולצת דאין גומא אא"כ היה בה שער אלא שנשרו. בלורית. במסכת ע"ז ועל ברייתא נאמרה הא דרב מלכיא לפרושא לברייתא דת"ר כותי המסתפר מישראל כיון שהגיע לבלוריתו שומט את ידו מפני מניחה לשם ע"ז ואמר עלה וכמה אמר רב מלכיא שלש אצבעות לכל רוח ורוח לכל סביבותיה לא יגע שאם יגלח וילך עד הבלורית נמצא מניח לו בלוריתו ותיקנה לו לשם ע"ז. מתניתין ומתניתא רב מלכיא. אסימנא דרב פפא. שפחות. דמתניתין היא ומשוית ליה כרב מלכיו לאו דידיה היא דכל מתניתין ומתניתא דאית בהו רב מלכיא אמר פירושן אבל שמעתתא דאמרת ברב מלכיו כגון שפוד וגומות דידיה ניהו [ביצה כח:]. כל הנך לא אתא רב מלכיא אלא לפרושי טעמא דמתניתין [או] שיעורא או לאוקמי הלכתא אבל גומות שפוד ואפר מקלה שמעתא דנפשיה היא ורב פפא מחליף שפחות לרב מלכיא ואפר מקלה לרב מלכיו [נדה נב.].

מסורת הש"ס

א) [גי' רי"ף ורא"ש דרב נחמן], ב) קדושין לה: נזיר מ: נח:, ג) רש"ל, ד) [צ"ל בדיו], ה) בסה"מ ל"ג את], ו) ע"ז כט. ביצה כח: כתובות סא: נדה נב:, ז) [בכל המקומות איתא ר' חנינא], ח) קדושין עז: חולין פב: נזיר לח: מב:, ט) בס"י תעשו לפני כו', י) רש"א שמעתא היא לענין שתי שערות [אפילו בגומא אחת] במס' נדה כו': בלורית כו'.

הגהות הב"ח

(א) גמ' בין פירקי דרישא: (ב) שם בין פירקי דדיקנא: (ג) שם בריה דרבא לרב אשי עד דיכתוב. נ"ב פי' היה שואלו אם כך הוא פי' המשנה: (ד) שם אמר רב חיננא בריה דרב איקא שפוד: (ה) שם מכתו מוכחת עליו: (ו) רש"י ד"ה שפוד בפרק אין נדין אמר שמואל שפוד שצלו וכו' א"ר אדא בר אהבה שומטו: (ז) ד"ה שפחות וכו' א"ר אדא בר אהבה הלכה כר"א: (ח) ד"ה גומות שמעתא היא בפ' בא סימן לענין מיאון אמר ר' מלכיו אמר ר' אדא בר אהבה גומות אע"פ שאין שם שתי שערות גדולה היא ואינה ממאנת דאין גומא אא"כ היה בה שער ונשרו הס"ד: (ט) ד"ה בלורית וכו' א"ר אדא בר אהבה שלש: (י) ד"ה אפר וכו' שמעתא כצ"ל ואות ו' נמחק: (כ) ד"ה גבינה וכו' אמר ר' אדא בר אהבה מפני: (ל) ד"ה מתניתא מלכתא וכו' שפחות ואפר מקלה דמשמע: (מ) תום' ד"ה על וכו' חייב מיתה אף שלא בכדרכה ולקי:

א) וַיִּקְרְאוּ בְּקוֹל גָּדוֹל וַיִּתְגֹּדְדוּ כְּמִשְׁפָּטָם בַּחֲרָבוֹת וּבָרְמָחִים עַד שְׁפָךְ דָּם עֲלֵיהֶם: [מ"א יח, כח]

ב) לֹא יִקְרְחוּ קָרְחָה בְּרֹאשָׁם וּפְאַת זְקָנָם לֹא יְגַלֵּחוּ וּבִבְשָׂרָם לֹא יִשְׂרְטוּ שָׂרָטֶת: [ויקרא כא, ה]

ג) לֹא תַקִּפוּ פְּאַת רֹאשְׁכֶם וְלֹא תַשְׁחִית אֵת פְּאַת זְקָנֶךָ: [ויקרא יט, כז]

ד) וְשֶׂרֶט לָנֶפֶשׁ לֹא תִתְּנוּ בִּבְשַׂרְכֶם וּכְתֹבֶת קַעֲקַע לֹא תִתְּנוּ בָּכֶם אֲנִי יְיָ: [ויקרא יט, כח]

לעזי רש"י

יונט"ר. פירוש פרק (של עצמות), מקום חבור אברים בגוף האדם והבהמה.

פויינטוור"ר. פירוש לקעקע (עיין רש"י ויקרא יט, כח).

פליימ"א. פירוש כלי אומן המקיז (דם בכתפים) (רש"י כתובות דף לט ע"ב ד"ה כוסילתא וע"ז דף כז ע"א ד"ה ריבדא דכוסילתא), איזמל (להקזת דם).

The preceding ruling was stated by Rav Malkiya, as were several other statements recorded in the Talmud. There was, however, another Amora with a similar name — Rav Malkiyo — who also issued several rulings. Because the two sages were sometimes confused with each other, the Gemara digresses here to clarify which dicta were authored by Rav Malkiya and which were authored by Rav Malkiyo:

אָמַר רַב נַחְמָן בְּרֵיה דְּרַב אִיקָא — **Rav Nachman**[41] **the son of Rav Ika said:** שְׁפּוּד שְׁפָחוֹת וּגְמוֹת רַב מַלְכִּיוֹ — The rulings concerning the spit,[42] **maidservants**[43] and **pores**[44] were issued by **Rav Malkiyo.** בְּלוֹרִית אֵפֶר מִקְלֶה וּגְבִינָה רַב מַלְכִּיָּא — The rulings concerning **locks of hair,**[45] **ashes**[46] and **cheese**[47] were issued by **Rav Malkiya.**

Another Amora attributes these rulings somewhat differently: רַב פָּפָא אָמַר — **Rav Pappa said:** מַתְנִיתִין וּמַתְנִיתָא רַב מַלְכִּיָּא — The rulings that concern **a Mishnah or a Baraisa**[48] were stated by **Rav Malkiya.** שְׁמַעְתָּא רַב מַלְכִּיוֹ — The rulings that concern **Amoraic statements** were stated by **R' Malkiyo.**[49] וְסִימָנָיךְ — **And your mnemonic** for which rulings were made by whom, is the expression: מַתְנִיתָא מַלְכְּתָא — **"A Tannaic**

The Gemara clarifies the dispute:

מַאי בֵּינַיְיהוּ — **What is** the difference **between** the views of **[Rav Nachman the son of Rav Ika and Rav Pappa]?** אִיכָּא בֵּינַיְיהוּ שְׁפָחוֹת — **There is between them** the authorship of the dictum about **maidservants,** which elaborates on a Mishnah.[51]

The Gemara resumes its discussion of Rabbinic extensions to the prohibition against tattooing:

רַב בִּיבִי בַּר אַבַּיֵי קָפִיד אֲפִילּוּ אַרִיבְדָּא דְכוּסִילְתָּא — **Rav Bivi bar Abaye** agreed with Rav Malkiya's ruling above and **was insistent** that *mikleh* ashes not be placed **even on the** tiny **puncture of a lancet** in the skin, because it would appear like tattooing.[52]

Another Amora disagrees with the rulings of Rav Malkiya and Rav Bivi bar Abaye:

רַב אַשִׁי אָמַר — **Rav Ashi said:** כָּל מָקוֹם שֶׁיֵּשׁ שָׁם מַכָּה — **Wherever there is a wound,** the Rabbis permit the application of *mikleh* ashes to it, מַכָּתוֹ מוֹכִיחַ עָלָיו — since **his wound proves about it** that it was not intended to be a tattoo mark.[53]

NOTES

41. In all other tractates where this dictum is stated (e.g. *Avodah Zarah* 29a, *Kesubos* 61b), the name "R' Chanina" appears (*Mesoras HaShas*; see *Bach* §4).

42. In *Beitzah* 28b, Rav Yehudah said in the name of Shmuel that a spit on which meat was roasted on Yom Tov may not be moved after the roasting, since it has become repulsive and is therefore *muktzeh* [a "set aside" object, which by Rabbinic edict may not be moved on the Sabbath or Yom Tov]. Rav Malkiyo rules there that the spit may nonetheless be removed to a corner in an unusual manner. [In that instance Rav Malkiyo modified another Amora's ruling] (*Rivan*).

43. The Mishnah in *Kesubos* (59b) details the household tasks that are incumbent upon a Jewish wife. The Tanna Kamma there holds that a wife is exempt from these tasks if she brings into the marriage enough maidservants to do the work for her. R' Eliezer maintains that even if she brings one hundred maidservants, she must occupy herself with some of these tasks because idleness leads to sin. Rav Malkiyo rules there (61b) in accordance with R' Eliezer's view (see *Rivan*).

44. In *Niddah* 52a, Rav Chelbo said in the name of the Amora Rav Huna that the two pubic hairs that are a sign of legal adulthood must grow from well-defined pores. Rav Malkiyo rules there that the presence of two such pores is itself a sign of adulthood, even if hairs are not found growing from them, since we assume that the hairs fell out (see *Rivan*, *Bach* §8).

45. It was the practice of idolaters to leave over a lock of hair in service of their idols. A Baraisa cited in *Avodah Zarah* (29a) teaches that a Jewish barber must cease cutting the hair of his idol-worshiping customer before reaching this lock of hair, so that he does not contribute to the making of the lock. Rav Malkiya explains the Baraisa to mean that the barber must cease cutting three finger breadths in each direction around the lock of hair (see *Rivan*).

46. [Here Rav Malkiya issues an original opinion, not an explanation of a Tannaic ruling (*Rivan*).]

47. The Mishnah in *Avodah Zarah* (29b) teaches that a Jew may not eat cheese made by idolaters. The Gemara there advances various reasons for this prohibition. The reason given by Rav Malkiya (ibid. 35b) is that the non-Jewish manufacturers would coat their cheeses with lard (hog fat). [Here Rav Malkiya is explaining a Mishnah (*Rivan*).]

48. Viz. the dicta concerning maidservants, locks of hair and cheese, which elaborate on Tannaic statements.

49. In contrast to Rav Nachman the son of Rav Ika, who attributes the dicta concerning the spit, maidservants and pores to Rav Malkiyo, Rav Pappa contends that only the two Amoraic statements regarding the spit and the pores are to be attributed to Rav Malkiyo. The ruling regarding the maidservants, who are mentioned in the Mishnah in *Kesubos,* should be attributed to Rav Malkiya, for all the dicta pertaining to Tannaic teachings were issued by Rav Malkiya (*Rivan;* see note 51 below).

50. A Tannaic statement is a "queen" vis-a-vis an Amoraic statement, for an Amoraic statement is refuted when contradicted by a Tannaic statement. Since the word for "Tannaic statement," מַתְנִיתָא (which includes both a Mishnah and a Baraisa), is feminine, a Tannaic statement is called "queen" as opposed to "king." The mnemonic thus indicates that Rav Malkiya, whose name connotes "monarch" (מֶלֶךְ) and ends with the feminine suffix "a," is the author of those dicta that clarify a Mishnah or a Baraisa, which are "queens' (see *Rivan*). [On the other hand, the word-name "Malkiyo" is masculine (*Rashi* to *Kesubos* 61b).]

[For a Kabbalistic interpretation of this mnemonic, see R' Yosef Engel's *Beis HaOtzar, klal* 33.]

51. *Rivan* here [see note 49 above], *Rashi* to *Kesubos* 61b and to *Beitzah* 28b, and *Rabbeinu Tam* (cited by *Tosafos* to *Kesubos* ibid. ד"ה איכא) all interpret the Gemara to mean that the dictum regarding maidservants is the *sole* point of contention between Rav Nachman and Rav Pappa. Thus, Rav Pappa agrees that the ruling concerning ashes was stated by Rav Malkiya, even though it is strictly an Amoraic dictum. Accordingly, when Rav Pappa said, "The rulings that concern a statement of an Amora were made by Rav Malkiyo," he was referring only to the rulings *attributed by Rav Nachman to Rav Malkiyo.* That is, of those three rulings, the one about maidservants, which concerns a Mishnah, was authored by Rav Malkiya, whereas the other two rulings, which concern Amoraic statements, were indeed authored by Rav Malkiyo. However, *Rashi* to *Avodah Zarah* 29a and to *Niddah* 52a, and *Rashbam* cited by *Tosafos* to *Kesubos* ibid., both understand Rav Pappa as saying that *all* the Amoraic clarifications mentioned above were authored by Rav Malkiyo — i.e. including the ruling on ashes. Accordingly, when the Gemara states that the difference between Rav Nachman and Rav Pappa is the case of maidservants, it has in mind both *maidservants,* which is the *second* ruling attributed by Rav Nachman to Rav Malkiyo, and its counterpart *ashes,* which is the *second* ruling attributed by Rav Nachman to Rav Malkiya.

52. Commentators debate the novel point of Rav Bivi's ruling. According to *Yad Eliyahu,* Rav Bivi was teaching that even a tiny mark is prohibited as a tattoo. Others object to this explanation, arguing that size is an irrelevant factor in the prohibition. [See, however, note 40 above, where we explained the *sugya* according to *Ritva* that the prohibition against using *mikleh* ashes was Rabbinic in origin.] They explain that since this type of wound does not at all resemble a letter, one might think that applying *mikleh* ashes to it is permitted. Rav Bivi thus comes to teach otherwise (*Me'il Tzedakah* §31, cited in part by *Pischei Teshuvah* to *Yoreh Deah* §180).

53. See note 40 above; see *Minchas Chinuch* §253 and *Shach* to *Yoreh Deah* 180:4,6.

Tosafos state that the halachah follows Rav Ashi, and most Rishonim concur (see *Rif, Rosh, Ritva, Meiri* et al.).

קסבר רבי יוסי שריטה וגדידה אחת היא וכתיב התם למת אמר שמואל המשרט בכלי חייב מיתיבי שריטה וגדידה אחת היא אלא ששריטה ביד וגדידה בכלי הוא דאמר כרבי יוסי תני תנא קמיה [ה]דרבי יוחנן על מת בין ביד בין בכלי חייב על עבודת כוכבים ביד חייב בכלי פטור והא איפכא כתיב [א]ויתגודדו כמשפטם בחרבות וברמחים אלא אימא ביד פטור בכלי חייב: וחייב על הראש: מחוי רב ששת בין פירקי (א) רישא: ועל הזקן שתים מכאן ושתים מכאן ואחת מלמטה: מחוי רב ששת בין פירקי (ב) דיקנא: רבי אליעזר אומר אם נטלן וכו': קסבר חד לאו הוא: ואינו חייב עד שיטלנו בתער: ת"ר [ב]ופאת זקנם לא יגלחו [ג]יכול אפי' גלחו במספרים יהא חייב ת"ל [ג]לא תשחית אי לא תשחית יכול אם לקטו במלקט ורהיטני יהא חייב תלמוד לומר לא יגלחו הא כיצד גילוח שיש בו השחתה הוי אומר זה תער: רבי אליעזר אומר אפילו לקטו במלקט ורהיטני (יהא) חייב: מה נפשך אי גמיר גזירה שוה ליבעי תער אי לא גמיר ג"ש מספרים נמי [ג][לא] לעולם גמיר ג"ש וקסבר הני נמי גילוח עבדי: **מתני'** הכותב כתובת קעקע [א]כתב ולא קעקע קעקע ולא כתב אינו חייב עד שיכתוב ויקעקע [ד]בידו ובכחול ובכל דבר שהוא רושם ר"ש בן יהודה משום ר' שמעון אומר אינו חייב עד שיכתוב שם [ה]את השם שנאמר [ד]וכתובת קעקע לא תתנו בכם אני ה': **גמ'** אמר ליה רב אחא בריה דרבא לרב אשי עד דיכתוב (ג) אני ה' ממש אמר ליה לא כדתני בר קפרא אינו חייב עד שיכתוב שם עבודת כוכבים שנאמר וכתובת קעקע לא תתנו בכם אני ה' ולא אחר: אמר רב מלכיא אמר רב אדא בר אהבה אסור לו לאדם שיתן אפר מקלה על גבי מכתו מפני שנראית ככתובת קעקע [ו]אמר רב (ד) [ז]נחמן בריה דרב איקא שפוד שפחות וגומות רב מלכיו בלורית אפר מקלה וגבינה רב מלכיא רב פפא אמר מתניתין ומתניתא רב מלכיא שמעתתא רב מלכיו וסימניך מתניתא מלכתא מאי בינייהו איכא בינייהו שפחות רב ביבי בר אביי קפיד אפי' אריבדא דכוסילתא רב אשי אמר [ב]כל מקום שיש שם מכה מכתו (ה) מוכיח עליו: **מתני'** [ג]נזיר שהיה [ח]שותה יין כל היום אין חייב אלא אחת אמרו לו אל תשתה אל תשתה והוא שותה חייב על כל אחת ואחת [ד]היה מטמא למתים כל היום אינו חייב אלא אחת אמרו לו אל תטמא אל תטמא והוא מטמא חייב על כל אחת ואחת [ה]היה מגלח כל היום אינו חייב אלא אחת אמרו לו אל תגלח אל תגלח והוא מגלח חייב על כל אחת ואחת [ו]היה לבוש בכלאים כל היום אינו חייב אלא אחת אמרו לו אל תלבש אל תלבש והוא פושט ולובש חייב על כל אחת ואחת

יש

רש"י

קסבר רבי יוסי שריטה וגדידה אחת היא. דתרוייהו בין ביד בין בכלי וכתיב בגדידה למת לא תתגודדו ולא תשימו קרחה וגו': המשרט בכלי חייב. הא ודאי פשיטא לכולי עלמא דעיקר גדידה משמע בכלי ועיקר שריטה משמע ביד וקאמר שמואל המשרט בכלי על המת חייב ולא קאמר המגדד בכלי לאשמועינן דשם שריטה שייך בכלי והעושה חבורה בעצמו בכלי על המת חייב שני לאוין משום משרט ומשום מגדד דגדידה ושריטה אחת היא דתרוייהו בין ביד בין בכלי: מיתיבי גדידה ושריטה אחת היא. כלומר בין שריטה בין גדידה ענין חבורה הם ושניהם על מת אלא שריטה ביד גדידה בכלי וקשיא לשמואל דאמר תרוייהו בין ביד בין בכלי דמדקאמר המשרט בכלי ולא קאמר המגדד בכלי מכלל דשריטה שייכא בכלי כגדידה: על המת בין ביד בין בכלי חייב. דשריטה וגדידה כתיב דתרוייהו אסרינהו רחמנא: על עבודת כוכבים. דיש עבודת כוכבים שעובדין אותה בכך שעושין בבשרם חבורות ופצעות: ביד חייב. דדרך עבודתה בכך ואפי' עבודת כוכבים שאין עבודתה בכך חייב דעבודה גמורה היא ביד: והא איפכא כתיב. דבכלי דרך עבודה הוא לעבודת כוכבים דכתיב ויתגודדו כמשפטם עשו גדידה כדרך שהיו רגילין לעשות בחרבות וברמחים אלמא דרך עבודה בכלי: בי פירקי דרישא. מקום הפרקים שמתחברים שם פירקי העצמות והיינו בצדעים. פרק יונט"ר: בי פירקי דדיקנא. פרק ראשון של זקן היינו תחת האוזן מקום שלחי התחתון יוצא משם ושם נקרא פאה בחודו של לחי שבולט לחוץ ושתי השבולת שבסנטר מקום חבור שני הלחיים יש עצם קטן שמחבר הלחיים יחד שמכאן ומכאן נקרא פאה שכל אחד מהן לסוף הלחי הרי שתים מכאן ושתים מכאן ואחת מלמטה הוא השיער שבין ב' השבולת שבסנטר ופרק הוא בפני עצמו: ופאת זקנם לא יגלחו. גבי כהנים כתיב ולא תשחית את פאת זקנך בישראל כתיב ולפינן להו בג"ש האי מהאי דפאה פאה והכי אמרי' בהדיא בפרק קמא דקדושין (דף לה:) ג"ש דפאה פאה להכי הוא דאתא דתניא לא יגלחו כו': ת"ל לא תשחית. ומספרים אין משחיתים שאין חותכין שיער בצד עיקר כתער: גילוח שיש בו השחתה. דרך לגלח בו ומשחית והיינו תער אבל רהיטני משחית ואין דרך לגלח בו ומספרים מגלחין ואין משחיתים: אי גמיר גזירה שוה. ההיא גזירה שוה דפאה פאה קאמר ובמסכת קדושין היא (שם): מספרים מנא ליה. דמותר לגלח בהם דלא קאסרי אלא מלקט ורהיטני שיש בהן השחתה: גילוח עבדי. השחתתן עושה גילוח כלומר גילוח מיקרי דדרך לגלח בהן: מתני' כתובת קעקע. כותב תחלה על בשרו בסם או בסיקרא ואח"כ מקעקע הבשר במחט או בסכין ונכנס הצבע בין העור לבשר ונראה בו כל הימים קעקע פויינטוורי"ר ואסור לכתוב שום כתיבה בעולם על בשרו בענין זה שכך גזירת הכתוב: את השם. מפרש בגמרא דשם עבודת כוכבים קאמר: גמ' עד שיכתוב אני ה' ממש. על תיבות הללו אני ה' אתה מחייבו משום כתובת קעקע: וכתובת קעקע לא תתנו בכם. שום כתובת קעקע לא [ט]יעשו לפני שאני ה' ואסורין אתם לכתוב שם אחר על בשרכם אלמא עיקר חיובא משום שם עבודת כוכבים הוא ומיהו אסור לכתוב שום כתיבה בעולם אפי' לר"ש אלא דחיוב מלקות ליכא: אפר מקלה. דוקא קאמר לפי שקשה היא ומקעקעת מקום המכה והרושם נראה שם אחר זמן אבל עפר בעלמא לא: שפוד. בפ' אין לדין (ביצה דף כח:) (ו) שפוד שצלו בו בשר אסור לטלטלו א"ר מלכיו א"ר אדא ושומטו ומניחו בקרן זוית והיינו שמעתא דעילויה מילתא דאמורא אמרה: שפחות. משנה היא בפ' אע"פ (כתובות דף נט:) ר' אליעזר אומר אפי' הכניסה לו מאה וכו' אמר רב מלכיו א"ר אדא (ז) הלכה כרבי אליעזר (שם סא:) והיינו משנה דאמתני' קאי ולא קאמר מילתא באפי נפשה: גומות. (ח) [י]בנדה בבא סימן (דף נב.) ר' חלבו אמר רב הונא שתי שערות שאמרו צריך שיהא בעיקרן גומות רב מלכיו אמר רב אדא בר אהבה גומות אע"פ שאין בו שערות: בלורית. בפרק אין מעמידין בע"ז (דף כט.) ת"ר עובד כוכבים המסתפר מישראל כו' וכמה אמר רב מלכיו אמר רב אדא (ט) שלש אצבעות לכל רוח והיינו מתניתא: אפר מקלה. הכא (י) ושמעתא היא דלאו אמתני' קאי אלא מילתא באנפי נפשה קאמר אסור לו לאדם כו': גבינה. נמי באין מעמידין דקתני במשנה וגבינות בית אונייקי ובעי בגמרא מ"ט אמר רב מלכיא אמר רב אדא (כ) מפני שמחליקין כו' והיינו משנה דאמתני' קאי: מתני' ומתנית'. רב פפא אסימנא דרב מלכיו קאי לגרועי מיניה שפחות דכולהו מתני' רב מלכיא אמרינהו כלומר משנה דשפחות דאוקמת כרב מלכיו רב מלכיא אמרה ומתניתא דקאמר לאו דוקא אלא דבסימנא דרב מלכיו ליכא מתני' ושמעתא רב מלכיו ומה שנשאר מן השמעתות בסימנו של רב מלכיו דהיינו שפוד וגומות רב מלכיו אמרינהו והיינו דקאמר איכא בינייהו שפחות ולא קאמר שפחות ואפר מקלה אלא שפחות גרידא מגרעינן ודרב מלכיו כדקאי קאי: מתניתא מלכתא. משניות ובריתות עיקר הן והיינו סימן מי ששמו דומה לנקבה מוקמינן כולהו מתנייתא דהוו נמי לשון נקבה אליביה והיינו רב מלכיא ששמו דומה לנקבה ומשמעותו של שם נמי משמע לשון מלכות והיינו משניות וברייתות שהן עיקר ולא שמעתות ולית דמפרש איכא בינייהו שפחות (ל) ומקלה משמע שפחות ושכנגדה כך לשון ח"ה: ריבדא. מכה: כוסילתא. כלי שמכה בו בלע"ז פליימא: מתני' היה לבוש כלאים. אחד מן השוק ולא נזיר:

תוספות

על עבודת כוכבים ביד חייב. פי' הקונטרס חייב מיתה (מ) בכדרכה ולקי שלא כדרכה מלא תעבדם יתירא בכלי פטור דאינו בכלל עבודה דאינו (חייב) אלא ביד: רב אשי אומר מכתו מוכחת עליו. וכן הלכה: ואפילו

מסורת הש"ס

א) [גי' רי"ף ורא"ש דרב נחמן], ב) קדושין לה:, נזיר מ: נח:, ג) רש"ל, ד) [צ"ל בדיו], ה) בסה"מ ל"ג את, ו) ע"ז כט. ביצה כח: כתובות סא: נדה נב., ז) [בכל המקומות איתא ר' חנינא], ח) קדושין עו: חולין פב: נזיר לח: מב., ט) בס"י תעשו לפי כו', י) רש"א שמעתא היא לענין שתי שערות [אפילו בגומא אחת] במס' נדה כו': בלורית כו'.

הגהות הב"ח

(א) גמ' בין פירקי דרישא: (ב) שם בין פירקי דדיקנא: (ג) שם בריה דרבא לרב אשי עד דיכתוב. נ"ב פי' היה שואלו אם כך הוא פי' המשנה: (ד) שם אמר רב חיננא בריה דרב איקא שפוד: (ה) שם מכתו מוכחת עליו: (ו) רש"י ד"ה שפוד בפרק אין לדין אמר שמואל שפוד שצלו וכו' א"ר אדא בר אהבה שומטו: (ז) ד"ה שפחות וכו' א"ר אדא בר אהבה הלכה כר"א: (ח) ד"ה גומות שמעתא היא בפ' בא סימן לענין מיאון אמר ר' מלכיו אמר ר' אדא בר אהבה גומות אע"פ שאין שם שתי שערות גדולה היא ואינה ממאנת דאין גומא אא"כ היה בה שער ונשרו הס"ד: (ט) ד"ה בלורית וכו' א"ר אדא בר אהבה שלש: (י) ד"ה אפר וכו' שמעתא כצ"ל ואות ו' נמחק: (כ) ד"ה גבינה וכו' אמר ר' אדא בר אהבה מפני: (ל) ד"ה מתניתא מלכתא וכו' שפחות ואפר מקלה דמשמע: (מ) תוס' ד"ה על וכו' חייב מיתה אף שלא בכדרכה ולקי:

תורה אור השלם

א) וַיִּקְרְאוּ בְּקוֹל גָּדוֹל וַיִּתְגֹּדְדוּ כְּמִשְׁפָּטָם בַּחֲרָבוֹת וּבָרְמָחִים עַד שְׁפָךְ דָּם עֲלֵיהֶם: [מ"א יח, כח]

ב) לֹא יִקְרְחוּ קָרְחָה בְּרֹאשָׁם וּפְאַת זְקָנָם לֹא יְגַלֵּחוּ וּבִבְשָׂרָם לֹא יִשְׂרְטוּ שָׂרָטֶת: [ויקרא כא, ה]

ג) לֹא תַקִּפוּ פְּאַת רֹאשְׁכֶם וְלֹא תַשְׁחִית אֵת פְּאַת זְקָנֶךָ: [ויקרא יט, כז]

ד) וְשֶׂרֶט לָנֶפֶשׁ לֹא תִתְּנוּ בִּבְשַׂרְכֶם וּכְתֹבֶת קַעֲקַע לֹא תִתְּנוּ בָּכֶם אֲנִי יְיָ: [ויקרא יט, כח]

לעזי רש"י

יונט"ר. פירוש פרק (של עצמות), מקום חבור אברים בגוף האדם והבהמה.

פויינטוורי"ר. פירוש לקעקע (עיין רש"י ויקרא יט, כח).

פליימ"א. פירוש כלי אומן המקיז (דם בכתפים) (רש"י כתובות דף לט ע"ב ד"ה כוסילתא וע"ז דף כז ע"א ד"ה רידבא דכוסילתא), איזמל (להקזת דם).

עין משפט נר מצוה

צח א מיי' פי"ב מהלכות ע"ז הלכה יא סמג לאוין סא טוש"ע יו"ד סי' קפ ס"א:

צט ב טוש"ע שם ס"ג:

ק ג מיי' פ"ה מהלכות נזירות הלכה י סמג לאוין רכ:

קא ד מיי' שם הל' טו ופ"ג מהל' אבל הל' ד סמג שם וסי' רלד:

קב ה מיי' פ"ה מהל' נזירות הלי"ג סמג לאוין רכ:

קג ו מיי' פ"י מהלכות כלאים הל' ל סמג לאוין רפג:

ליקוטי רש"י

מלקט. פליי"א של מלאכי חרבות שמחליקין בס את תיק הסייף. רהיטני. פליי"א של עושי תריסין [קידושין לה:].

ת"ל לא יגלחו. האמור בכהנים ואין דרך גילוח בכך ואתיא ג"ש ליתן האמור של כהנים בישראל ושל ישראל בכהנים [קידושין לה:].

כתובת קעקע. כתב המחוקה ושקוע [ותקוע] שאינו נמחק לעולם שמקעקעו במחט והוא משחיר לעולם. קעקע. לשון והוקע אותם (במדבר כה, ד) והוקענום (ש"ב כא, ו) תוחבין עץ בארץ ותולין אותם עליהם ונמצאו מחוקין ותחובין בקרקע פורפויי"נט בלע"ז [מתרגם: תחוב, נעוץ, דורכגעשטאכן, איינגעראבן] [ויקרא יט, כח].

אפר מקלה. אפר הכירה שקלוי ושרוף מאד ושחור ונראה ככתובת קעקע. וגבינה. הכא בפירקא (דף לה:) אמר רב מלכיא אמר רב אדא בר אהבה מפני שמחליקין פניה בשומן חזיר [ע"ז כט.].

מתניתין ומתניתא. הנך דאיתמר אפירושא דמתני' וברייתא רב מלכיא והנך דאיתמר שמעתא באפי נפשייהו ולא אפירושא דמתני' רב מלכיו. מתני' מלכתא. היא דמוקמינן מינה לאמורא ורב מלכיא שמו דומה לנקבה [ע"ז כט.].

מאי בינייהו. בין רב פפא לרב חיננא. איכא בינייהו שפחות. דלוקי רב חיננא כרב מלכיו ורב פפא כרב מלכיא ומעייל אפר מקלה כרב מלכיו דהנך תלת שפוד ואפר מקלה וגומות שמעתא נינהו ולא אמתני' קיימא אבל שפחות א"ר מלכיא הלכה כר"א דאמר במשנתינו אפי' הכניסה לו מאה שפחות כופה לעשות בצמר בלורית דהכא אפירושא דמתניתא קאי דקתני לעיל שומט את ידו ואתי איהו לפרושי שיעורא וכן גבינה דקתני מתני' אלו דברים האסורים כו' אמרינן מפני מה אסרו גבינות העובדי כוכבי' ופי' רב מלכיא והא דנקיט תלמודא איכא בינייהו שפחות ולא נקט שפחות ואפר מקלה אמילתיה דרב מלכיא דאתנח ביה רב פפא סימן נקט [שם]. שפוד שפחות וגומות רב מלכיו. אלו שלש הלכות רב מלכיו אמרן ולא רב מלכיא מפני ששמועותיהן דומין זה לזה ויש שמחליפין שמועה של זה בשל זה נתנו בהם סימן לסדר השמועות שפוד הא דאמרן שפחות משנה היא בכתובות ר"א אומר אפילו הכניסה לו מאה שפחות כופה לעשות בצמר שהבטלה מביאה לידי זמה ואמר רב מלכיו הלכה כר"א גומות שמעתא היא ולא נאמרה על המשנה ולענין שתי שערות דאם נמצאו לה גומות של שער אע"פ שאין שם שער גדולה היא ומולנת דאין גומא אא"כ היה בה שער אלא שנשרו. בלורית. במסכת ע"ז ועל ברייתא נאמרה הא דרב מלכיא לפרושא לברייתא דת"ר כותי המספר מישראל כיון שהגיע לבלוריתו שומט את ידו מפני שכותי כשהוא מספר מניחה לשם ע"ז ואמר עלה וכמה אמר רב מלכיא שלש אצבעות לכל רוח ורוח לכל סביבותיה לא יגע שאם יגלח וילך עד הבלורית נמצא מניח לו בלוריתו ומיקנה לו לשם ע"ז. מתניתין ומתניתא רב מלכיא. אסימנא ברב מלכיא פליג רב פפא. שפחות. דמתניתין היא ומשויא ליה ברב מלכיו לאו דידיה היא דכל מתניתין ומתניתא דאית בהו רב מלכיא אמר פירושן אבל שמעתא דאמרת ברב מלכיו כגון שפוד וגומות דידיה נינהו [ביצה כח:]. כל הנך מלתא לא אתא רב מלכיא אלא לפרושי טעמא דמתניתין [או] שיעורא או לאוקמי הלכתא אבל גומות שפוד ואפר מקלה שמעתא דנפשיה היא ורב פפא מחליף שפחות לרב מלכיא ואפר מקלה לרב מלכיו [נדה נב.].

Mishnah This Mishnah illustrates how a repeat offender sometimes incurs a single *malkus* penalty, and sometimes incurs a separate penalty for each infraction:

נָזִיר שֶׁהָיָה שׁוֹתֶה יַיִן כָּל הַיּוֹם – A *nazir*[54] who was drinking wine all day, but received only a single warning at the start of the day prior to his initial drink, **אֵין חַיָּיב אֶלָּא אַחַת – is liable to only one** *malkus* penalty, because only the first drink immediately followed a warning. Since the subsequent drinks did not immediately follow their own warnings, *malkus* cannot be given for them.[55] **אָמְרוּ לוֹ אַל תִּשְׁתֶּה אַל תִּשְׁתֶּה – But if [they] told him, "Do not drink" "Do not drink"** (i.e. they warned him separately before each drink), **וְהוּא שׁוֹתֶה – and he continued drinking** anyway, **חַיָּיב עַל כָּל אַחַת וְאַחַת – he is liable** to a separate *malkus* penalty **for each and every** drink. **הָיָה מִטַּמֵּא לְמֵתִים כָּל הַיּוֹם – If [the nazir] was incurring human-corpse *tumah* all day,** but received only a single warning at the start of the day prior to his initial contamination, **אֵינוֹ חַיָּיב אֶלָּא אַחַת – he is liable to only one** *malkus* penalty even if he separated himself from the corpse before contaminating himself again,[56] because only the first contamination immediately followed a warning. **אָמְרוּ לוֹ אַל תִּטַּמָּא אַל תִּטַּמָּא – But if [they] told him, "Do not contaminate yourself," "Do not contaminate yourself"** (i.e. they warned him each time he returned in order to contaminate himself), **וְהוּא מִטַּמֵּא – and he continued contaminating himself** anyway, **חַיָּיב עַל כָּל אַחַת וְאַחַת – he is liable** to a separate *malkus* penalty **for each and every** contamination.

הָיָה מְגַלֵּחַ כָּל הַיּוֹם – If [the nazir] was shaving his head **all day,** but received only a single warning at the start of the day prior to the initial shaving, **אֵינוֹ חַיָּיב אֶלָּא אַחַת – he is liable to only one** *malkus* penalty, because only the first shaving immediately followed a warning. **אָמְרוּ לוֹ אַל תְּגַלַּח אַל תְּגַלַּח – But if [the witnesses] told him, "Do not shave," "Do not shave"** (i.e. they warned him separately before each shaving), **וְהוּא מְגַלֵּחַ – and he continued shaving** anyway, **חַיָּיב עַל כָּל אַחַת וְאַחַת – he is liable** to a separate *malkus* penalty **for each and every** shaving.[57]

This next case of the Mishnah involves the prohibition against wearing a garment of *kilayim* [or *shaatnez*] – i.e. one containing both wool and linen:[58]

הָיָה לָבוּשׁ בְּכִלְאַיִם כָּל הַיּוֹם – If a person was wearing *kilayim* all day but was warned only once, prior to donning the garment, **אֵינוֹ חַיָּיב אֶלָּא אַחַת – he is liable to only one** *malkus* penalty. **אָמְרוּ לוֹ אַל תִּלְבַּשׁ אַל תִּלְבַּשׁ – But if [they] told him, "Do not wear it," "Do not wear it"** (i.e. they warned him separately before each act of wearing), **וְהוּא פּוֹשֵׁט וְלוֹבֵשׁ – and he continued removing** the *shaatnez* garment **and donning** it anyway,[59] **חַיָּיב עַל כָּל אַחַת וְאַחַת – he is liable** to a separate *malkus* penalty **for each and every** act of wearing *shaatnez.*

NOTES

54. The Mishnah's first three cases concern a *nazir* – one who has taken a vow of *nezirus,* a legal state that prohibits him to consume wine or any other grape product, to incur human-corpse contamination (*tumah*), and to cut his hair; see *Numbers* Ch. 6.

55. See above, 20a note 39 and 20b note 4.

56. As the Gemara in *Nazir* (42b) explains, this ruling holds that while the *nazir* incurs no additional contamination if he has continuous contact with the corpse, there is an "increase" of *tumah* if he separates himself and then returns. [Hence, he is liable to a second punishment if the second contact was preceded by a warning.] This is disputed by R' Akiva, who holds that even in the return-contact case there is no additional contamination. Hence, R' Akiva would hold that even were the *nazir* to receive multiple warnings he would receive only one set of lashes (see *Ramban, Ritva, Meiri* for cases where R' Akiva concedes). See also *Raavad* to *Hil. Nezirus* 5:17, and *Ritva* to *Shevuos* 17a.

57. A *nazir* is subject to *malkus* if he shaves even one hair off his head (*Nazir* 40a).

See *Ritva,* and see *Otzar Mefarshei HaTalmud* (notes 21-26) for various explanations of why the Mishnah needed to teach three cases involving a *nazir.*

58. *Kilayim* is a general term used by the Torah for various prohibited mixtures. In addition to what is written in the Mishnah, it includes interbreeding certain animals, certain plants, and working with different species of animals together (see *Leviticus* 19:19, *Deuteronomy* 22:11).

59. According to the Gemara's conclusion (below, 21b), one need not actually remove and put on the garment to incur multiple liabilities, as long as he has time to do so between each warning (*Ritva;* see below, 21b note 13).

According to one explanation in *Ritva* to Gemara above (20a; see notes 22 and 23 there), R' Eliezer disputes our Mishnah as well, and holds that even where this person received many warnings, he incurs only one *malkus* penalty.

קסבר רבי יוסי שריטה וגדידה אחת היא וכתיב התם למת אמר שמואל המשרט בכלי חייב מיתיבי שריטה וגדידה אחת היא אלא ששריטה ביד וגדידה בכלי הוא דאמר כרבי יוסי תני תנא קמיה א דרבי יוחנן על מת בין ביד בין בכלי חייב על עבודת כוכבים ביד חייב בכלי פטור והא איפכא כתיב א ויתגודדו כמשפטם בחרבות וברמחים אלא אימא ביד פטור בכלי חייב: וחייב על הראש: מחוי רב ששת בין פירקי (א) רישא: ועל הזקן שתים מכאן ושתים מכאן ואחת מלמטה: מחוי רב ששת בין פירקי (ב) דיקנא: רבי אליעזר אומר אם נטלן וכו': קסבר חד לאו הוא: ואינו חייב עד שיטלנו בתער: ת"ר ב ופאת זקנם לא יגלחו ב יכול אפי' גלחו במספרים יהא חייב ת"ל ג לא תשחית אי לא תשחית יכול אם לקטו במלקט ורהיטני יהא חייב תלמוד לומר לא יגלחו הא כיצד גילוח שיש בו השחתה הוי אומר זה תער: רבי אליעזר אומר אפילו לקטו במלקט ורהיטני (יהא) חייב: מה נפשך אי גמיר גזירה שוה ליבעי תער אי לא גמיר ג"ש מספרים נמי ג [לא] לעולם גמיר ג"ש וקסבר הני נמי גילוח עבדי: **מתני'** הכותב כתובת קעקע א כתב ולא קעקע קעקע ולא כתב אינו חייב עד שיכתוב ויקעקע ד בידו ובכחול ובכל דבר שהוא רושם ר"ש בן יהודה משום ר' שמעון אומר אינו חייב עד שיכתוב שם ה את השם שנאמר ד וכתובת קעקע לא תתנו בכם אני ה': **גמ'** אמר ליה רב אחא בריה דרבא לרב אשי עד דיכתוב (ג) אני ה' ממש אמר ליה לא כדתני בר קפרא אינו חייב עד שיכתוב שם עבודת כוכבים שנאמר וכתובת קעקע לא תתנו בכם אני ה' אני ה' ולא אחר: אמר רב מלכיא אמר רב אדא בר אהבה אסור לו לאדם שיתן אפר מקלה על גבי מכתו מפני שנראית ככתובת קעקע ו אמר רב (ד) ז נחמן בריה דרב איקא שפוד שפחות וגומות רב מלכיו בלורית אפר מקלה וגבינה רב מלכיא רב פפא אמר מתניתין ומתניתא רב מלכיא שמעתתא רב מלכיו וסימניך מתניתא מלכתא מאי בינייהו איכא בינייהו שפחות רב ביבי בר אביי קפיד אפי' אריבדא דכוסילתא רב אשי אמר ב כל מקום שיש שם מכה מכתו (ה) מוכיח עליו: **מתני'** ג נזיר שהיה ח שותה יין כל היום אין חייב אלא אחת אמרו לו אל תשתה אל תשתה והוא שותה חייב על כל אחת ואחת ד היה מטמא למתים כל היום אינו חייב אלא אחת אמרו לו אל תטמא אל תטמא והוא מטמא חייב על כל אחת ואחת ה היה מגלח כל היום אינו חייב אלא אחת אמרו לו אל תגלח אל תגלח והוא מגלח חייב על כל אחת ואחת ו היה לבוש בכלאים כל היום אינו חייב אלא אחת אמרו לו אל תלבש אל תלבש והוא פושט ולובש חייב על כל אחת ואחת

יש

תוספות

על עבודת כוכבים ביד חייב. פי' הקונטרס חייב מיתה (מ) בכדרכה ולקי שלא כדרכה מלא תעבדם יתירא בכלי פטור דאינו בכלל עבודה דאינו (חייב) אלא ביד:

רב אשי אומר מכתו מוכחת עליו. וכן הלכה:

ואפילו

רש"י

קסבר רבי יוסי שריטה וגדידה אחת היא. דתרוייהו בין ביד בין בכלי וכתיב בגדידה למת לא תתגודדו ולא תשימו קרחה וגו': המשרט בכלי חייב. הא ודאי פשיטא לכולי עלמא דעיקר גדידה משמע בכלי ועיקר שריטה משמע ביד וקאמר שמואל המשרט בכלי על המת חייב ולא קאמר המגדד בכלי לאשמועינן דאם שריטה שייך בכלי והעושה חבורה בעצמו בכלי על המת חייב שני לאוין משום משרט ומשום מגדד דגדידה ושריטה אחת היא דתרוייהו בין ביד בין בכלי: מיתיבי גדידה ושריטה אחת היא. כלומר בין שריטה בין גדידה ענין חבורה הם ושניהם על מת אלא שריטה ביד גדידה בכלי וקשיא לשמואל דאמר תרוייהו בין ביד בין בכלי דמדקאמר המשרט בכלי ולא קאמר המגדד בכלי מכלל דשריטה שייכא בכלי כגדידה: על המת בין ביד בין בכלי חייב. דשריטה וגדידה כתיב דתרוייהו אסרינהו רחמנא: על עבודת כוכבים. דיש עבודת כוכבים שעובדין אותה בכך שעושין בבשרם חבורות ופצעות: ביד חייב. דדרך עבודתה בכך ואפי' עבודת כוכבים שאין עבודתה בכך חייב דעבודה גמורה היא ביד: והא איפכא כתיב. דבכלי דרך עבודה הוא לעבודת כוכבים דכתיב ויתגודדו כמשפטם עשו גדידה כדרך שהיו רגילין לעשות בחרבות וברמחים אלמא דרך עבודה בכלי: בי פירקי דרישא. מקום הפרקים שמתחברים שם פירקי העצמות והיינו בצדעים. פרק יונט"ר: בי פירקי דדיקנא. פרק ראשון של זקן היינו תחת האוזן מקום שלחי התחתון יוצא משם ושם נקרא פאה בחודו של לחי שבולט לחוץ ושתי השבולת שבסנטר מקום חבור שני הלחיים יש עצם קטן שמחבר הלחיים יחד שמכאן ומכאן נקרא פאה שכל אחד מהן לסוף הלחי הרי שתים מכאן ושתים מכאן ואחת מלמטה הוא השיעור שבין ב' השבולת שבסנטר ופרק הוא בפני עצמו: ופאת זקנם לא יגלחו. גבי כהנים כתיב ולא תשחית את פאת זקנך בישראל כתיב וילפינן להו בג"ש האי מהאי דפאה פאה והכי אמרי' בהדיא בפרק קמא דקדושין (דף לה:) ג"ש דפאה פאה להכי הוא דאתא דתניא לא יגלחו כו': ת"ל לא תשחית. ומספרים אינן משחיתים שאין חותכין שיער בגלד עיקר כתער: גילוח שיש בו השחתה. דרך לגלח בו ומשחית והיינו תער אבל רהיטני משחית ואין דרך לגלח בו ומספרים מגלחין ואין משחיתים: אי גמיר גזירה שוה. הסיא גזירה שוה דפאה פאה קאמר ובמסכת קדושין היא (שם): מספרים מנא ליה. דמותר לגלח בהם דלא קאסרי אלא מלקט ורהיטני שיש בהן השחתה: גילוח עבדי. השחתתן עושה גילוח כלומר גילוח מיקרי דדרך לגלח בהן: **מתני'** כתובת קעקע. כותב תחלה על בשרו בסם או בסיקרא ואח"כ מקעקע הבשר במחט או בסכין ונכנס הצבע בין העור לבשר ונראה בו כל הימים קעקע פויינטוורי"ר ואסור לכתוב שום כתיבה בעולם על בשרו בענין זה שכך גזירת הכתוב: את השם. מפרש בגמרא דשם עבודת כוכבים קאמר: **גמ'** עד שיכתוב אני ה' ממש. על תיבות הללו אני ה' אתה מחייבו משום כתובת קעקע: וכתובת קעקע לא תתנו בכם. שום כתובת קעקע לא ט יעשו לפני שאני ה' ואסורין אתם לכתוב שם אחר על בשרכם אלמא עיקר חיובא משום שם עבודת כוכבים הוא ומיהו אסור לכתוב שום כתיבה בעולם אפי' לר"ש אלא דחיוב מלקות ליכא: אפר מקלה. דוקא קאמר לפי שקשה היא ומקעקעת מקום המכה והרושם נראה שם אחר זמן אבל עפר בעלמא לא: שפוד. בפ' אין לדין (ביצה דף כח:) (ו) שפוד שצלו בו בשר אסור לטלטלו א"ר אדא ושומטו ומניחו בקרן זוית והיינו שמעתא דעילויה מילתא דאמורא אמרה: שפחות. משנה היא בפ' אע"פ (כתובות דף נט:) ר' אליעזר אומר אפי' הכניסה לו מאה וכו' אמר רב מלכיו א"ר אדא (ז) הלכה כרבי אליעזר (שם סא:) והיינו משנה דאמתני' קאי ולא קאמר מילתא באפי נפשה: גומות. (ח) ח בנדה בבא סימן (דף נב.) ר' חלבו אמר רב הונא שתי שערות שאמרו צריך שיהא בעיקרן גומות רב מלכיו אמר רב אדא בר אהבה גומות אע"פ שאין בו שערות: בלורית. בפרק אין מעמידין בע"ז (דף כט.) ת"ר עובד כוכבים המסתפר מישראל כו' וכמה אמר רב מלכיא אמר רב אדא (ט) שלש אצבעות לכל רוח והיינו מתניתא: אפר מקלה. הכא (י) ושמעתא היא דלאו אמתני' קאי אלא מילתא באנפי נפשה קאמר אסור לו לאדם כו': גבינה. נמי באין מעמידין דקתני במשנה וגבינות בית אונייקי ובעי בגמרא מ"ט אמר רב מלכיא אמר רב אדא (כ) מפני שמחליקין כו' והיינו משנה דאמתני' קאי: מתני' ומתניתא. רב פפא אסימנא דרב מלכיו קאי לגרועי מיניה שפחות דכולהו מתני' רב מלכיא אמרינהו כלומר משנה דשפחות דאוקמת כרב מלכיו רב מלכיא אמרה ומתניתא דקאמר לאו דוקא אלא דבסימנא דרב מלכיו ליכא מתני' ושמעתא רב מלכיו ומה שנשאר מן השמעתות בסימנו של רב מלכיו דהיינו שפוד וגומות רב מלכיו אמרינהו והיינו דקאמר איכא בינייהו שפחות ולא קאמר שפחות ואפר מקלה אלא שפחות גרידא מגרעינן ודרב מלכיו כדקאי קאי: מתניתא מלכתא. משניות ובריתות עיקר הן והיינו סימן מי ששמו דומה לנקבה מוקמינן כולהו מתנייתא דהוו נמי לשון נקבה אלידיה והיינו רב מלכיא ששמו דומה לנקבה ומשמעותו של שם נמי משמע לשון מלכות והיינו משניות ובריתות שהן עיקר ולא שמעתות ואית דמפרש איכא בינייהו שפחות (ל) ומקלה משמע שפחות ושכנגדה כך לשון ח"ה: ריבדא. מכה: כוסילתא. כלי שמכה בו בלע"ז פליימא: **מתני'** היה לבוש כלאים. אחד מן השוק ולא נזיר:

יש

עין משפט נר מצוה

צח א מיי' פי"ב מהלכות ע"ז הלכה יא סמג לאוין פא טוש"ע יו"ד סי' קפ ס"א:
צט ב טוש"ע שם ס"ג:
ק ג מיי' פ"ה מהלכות נזירות הלכה י סמג לאוין רכ:
קא ד מיי' שם הל' טז ופ"ג מהל' אבל הל' ד סמג שם וסי' רלד:
קב ה מיי' פ"ה מהל' נזירות הל"ג סמג לאוין רכ:
קג ו מיי' פ"י מהלכות כלאים הל' ל סמג לאוין רפג:

ליקוטי רש"י

מלקט. פליי"א של מלאכתי חרבות שמחליקין בס את תיק הסייף. רהיטני. פליי"א של עושי תריסין [קדושין לה:].

ת"ל לא יגלחו. האמור בכהנים ואין דרך גילוח בכך ואתיא ג"ש ליתן האמור של כהנים בישראל ושל ישראל בכהנים [קידושין לה:].

כתובת קעקע. כתב המחוקה ושקוע [ותקוע] שאינו נמחק לעולם שמקעקעו במחט והוא משחיר לעולם. קעקע. לשון והוקע אותם (במדבר כה, ד) והוקענום (ש"ב כא, ו) תוחבין עץ בארץ ותולין אותם עליהם ונמצאו מחוקין ותחובין בקרקע. פורפויינ"ט בלע"ז [מתרגם: תחוב, נעוץ, דורכגעשטאכן, איינגעגראבן] [ויקרא יט, כח].

אפר מקלה. אפר הכירה שקלוי ושרוף מאד ושחור ונראה ככתובת קעקע. וגבינה. הכא בפירקא (דף לה:) אמר רב מלכיה אמר רב אדא בר אהבה מפני שמחליקין פניה בשומן חזיר [ע"ז כט.].

מתניתין ומתניתא. הנך דאיתמר אפירושא דמתני' ובריתא רב מלכיה והנך דאיתמר שמעתתא באפי נפשייהו ולא אפירושא דמתני' רב מלכיו. מתני' מלכתא. היא דמותבינן מינה לאמורא ורב מלכיה שמו דומה לנקבה [ע"ז כט.].

מאי בינייהו. בין רב פפא לרב חנינא. איכא בינייהו שפחות. דאוקי רב חנינא כרב מלכיו ורב פפא כרב מלכיה ומעייל אפר מקלה כרב מלכיו דהנך תלת שפוד ואפר מקלה וגומות שמעתא נינהו ולא אמתני' קיימא אבל שפחות א"ר מלכיה הלכה כר"א דאמר במשנתינו אפי' הכניסה לו מאה שפחות כופה לעשות בצמר בלורית דהכא אפירושא דמתניתא קאי דקתני לעיל שומט את ידו ואתי איהו לפרושי שיעורה וכן גבינה דקתני מתני' אלו דברים האסורים כו' אמרינן מפני מה אסרו גבינות העובדי כוכבי' ופי' רב מלכיה והא דנקיט תלמודא איכא בינייהו שפחות ולא נקט שפחות ואפר מקלה אמילתיה דרב מלכיה דאתנח ביה רב פפא סימן נקט [שם]. שפוד שפחות וגומות רב מלכיו. אלו שלש הלכות רב מלכיו אמרן ולא רב מלכיא מפני שמועותיהן דומין זה לזה ויש שמחליפין שמועה של זה בשל זה נתנו בהם סימן לסדר השמועות שפוד הא דאמרן שפחות משנה היא בכתובות ר"א אומר אפילו הכניסה לו מאה שפחות כופה לעשות בצמר שהבטלה מביאה לידי זמה ואמר רב מלכיו הלכה כר"א גומות שמעתא היא ולא נאמרה על המשנה ולענין שתי שערות דאם נמצאו לה גומות של מקום שער אע"פ שאין שם שער גדולה היא ומולכת דאין גומא אא"כ היה בה שער אלא שנשרו. בלורית. במסכת ע"ז ועל ברייתא נאמרה הא דרב מלכיא לפרושא לברייתא דת"ר כותי המסתפר מישראל כיון שהגיע לבלוריתו שומט את ידו מפני שהכותי כשהוא מסתפר מניחה לשם ע"ז ואמר עלה וכמה אמר רב מלכיא שלש אצבעות לכל רוח ורוח לכל סביבותיה לא יגע שאם יגלח וילך עד הבלורית נמצא מניח לו בלוריתו ותיקנה לו לשם ע"ז. מתניתין ומתניתא רב מלכיא. אסימנא דאתנח ברב מלכיא פליג רב פפא. שפחות. דמתניתין היא ומשוית ליה כרב מלכיו לאו דידיה היא דכל מתניתין ומתניתא דאית בהו רב מלכיא אמר פירושן אבל שמעתתא דאמרת ברב מלכיו כגון שפוד וגומות דידיה נינהו [ביצה כח:]. כל הנך תלתא לא אתא רב מלכיא אלא לפרושי טעמא דמתניתין [או] שיעורא או לאוקמי הלכתא אבל גומות שפוד ואפר מקלה שמעתא דנפשיה היא ורב פפא מחליף שפחות לרב מלכיא ואפר מקלה לרב מלכיו [נדה נב.].

מסורת הש"ס

א) [גי' רי"ף ורא"ש דרב נחמן], ב) קדושין לה: נזיר מ: נח:, ג) רש"ל, ד) [צ"ל בדיו], ה) נסה"מ ל"ג את], ו) ע"ז כט. ביצה כח: כתובות סא: נדה נב., ז) [בכל המקומות איתא ר' חנינא], ח) קדושין עז: חולין פב: נזיר לח: מב., ט) בס"י תעשו לפי כו', י) רש"א שמעתתא היא לענין שתי שערות [אפילו בגומא אחת] במס' נדה כו': בלורית כו'.

הגהות הב"ח

(א) גמ' בין פירקי דרישא: (ב) שם בין פירקי דדיקנא: (ג) שם בריה דרבא לרב אשי עד דיכתוב. נ"ב פי' היה שואלו אם כך הוא פי' המשנה: (ד) שם אמר רב חיננא בריה דרב איקא שפוד: (ה) שם מכתו מוכחת עליו: (ו) רש"י ד"ה שפוד בפרק אין לדין אמר שמואל שפוד שצלו וכו' א"ר אדא בר אהבה שומטו: (ז) ד"ה שפחות וכו' א"ר אדא בר אהבה הלכה כר"א: (ח) ד"ה גומות שמעתא היא בפ' בא סימן לענין מיאון אמר ר' מלכיו אמר ר' אדא בר אהבה גומות אע"פ שאין שם שתי שערות גדולה היא ואינה ממאנת דאין גומא אא"כ היה בה שער ונשרו הס"ד: (ט) ד"ה בלורית וכו' א"ר אדא בר אהבה שלש: (י) ד"ה אפר וכו' שמעתא כצ"ל ואות ו' נמחק: (כ) ד"ה גבינה וכו' אמר ר' אדא בר אהבה מפני: (ל) ד"ה מתניתא מלכתא וכו' שפחות ואפר מקלה דמשמע: (מ) תוס' ד"ה על וכו' חייב מיתה אף שלא בכדרכה ולקי:

תורה אור השלם

א) וַיִּקְרְאוּ בְּקוֹל גָּדוֹל וַיִּתְגֹּדְדוּ כְּמִשְׁפָּטָם בַּחֲרָבוֹת וּבָרְמָחִים עַד שְׁפָךְ דָּם עֲלֵיהֶם: [מ"א יח, כח]

ב) לֹא יִקְרְחוּ קָרְחָה בְּרֹאשָׁם וּפְאַת זְקָנָם לֹא יְגַלֵּחוּ וּבִבְשָׂרָם לֹא יִשְׂרְטוּ שָׂרָטֶת: [ויקרא כא, ה]

ג) לֹא תַקִּפוּ פְּאַת רֹאשְׁכֶם וְלֹא תַשְׁחִית אֵת פְּאַת זְקָנֶךָ: [ויקרא יט, כז]

ד) וְשֶׂרֶט לָנֶפֶשׁ לֹא תִתְּנוּ בִּבְשַׂרְכֶם וּכְתֹבֶת קַעֲקַע לֹא תִתְּנוּ בָּכֶם אֲנִי יְיָ: [ויקרא יט, כח]

לעזי רש"י

יונט"ר. פירוש פרק (של עצמות), מקום חבור אברים בגוף האדם והבהמה.
פויינטוורי"ר. פירוש לקעקע (עיין רש"י ויקרא יט, כח).
פליימ"א. פירוש כלי אומן המקיז (דם בכתפים) (רש"י כתובות דף לט ע"ב ד"ה כוסילתא וע"ז דף כז ע"א ד"ה ריבדא דכוסילתא), איזמל (להקזת דם).

יש (א) חורש תלם א' וחייב עליו משום שמונה לאוין החורש בשור וחמור והן מוקדשין וכלאים בכרם ובשביעית ויום טוב וכהן ונזיר בבית הטומאה חנניא בן חכינאי אומר אף הלובש כלאים אמרו לו אינו השם אמר להם אף הנזיר לא הוא השם: גמ' (ב) (אמר רב ביבי אמר ר' יוסי (א) פושט ולובש ממש או) אפי' מכנים ומוציא בית יד אונקלי שלו מחוי רב אחא בריה דרב איקא עיולי ואפוקי רב אשי אומר אאפילו לא שהה אלא כדי לפשוט וללבוש חייב: יש חורש תלם וכו': א"ר ינאי בחבורה נמנו וגמרו בהחופה בכלאים לוקה אמר (ג) להן רבי יוחנן לאו משנתנו היא זו יש חורש תלם אחד וחייב עליו משום שמונה לאוין החורש בשור ובחמור והן מוקדשין וכלאים בכרם האי חורש דמחייב משום כלאים היכי משכחת לה לאו דמיכסי בהדיה דאזיל א"ל (ד) אי לאו דדלאי לך (ה) חספא מי משכחת מרגניתא תותה אמר ליה ריש לקיש לר' יוחנן (ו) אי לאו דקילסך גברא רבה הוה אמינא מתני' מני רבי עקיבא היא דאמר המקיים כלאים לוקה מאי רבי עקיבא דתניא (ז) גהמנכש והמחפה בכלאים לוקה רבי עקיבא אומר אף המקיים מאי טעמא דר' עקיבא (ח) דתניא (א) שדך לא תזרע כלאים אין לי אלא זורע מקיים מנין ת"ל (א) בהמתך לא תרביע) כלאים שדך לא (תזרע כלאים) אמר ליה עולא לרב נחמן ולילקי נמי משום זורע ביום טוב א"ל (ט) תנא ושייר א"ל (י) תנא (ב) קתני שמונה ואת אמרת תנא ושייר אמר (ג) רבא (כ) דיש חילוק מלאכות בשבת ואין חילוק מלאכות ביום טוב אמר ליה (ד) (ל) עדא תהא איתיביה אביי ואין חילוק מלאכות ביום טוב (מ) והתנן (נ) המבשל גיד (ה) בחלב ביו"ט ואכלו לוקה חמש לוקה משום אוכל גיד ולוקה משום מבשל ביום טוב שלא לצורך ולוקה משום מבשל גיד בחלב ולוקה משום אוכל בשר בחלב ולוקה

משום

יש חורש תלם אחד. יש עובר בלא תחרוש בשור ובחמור ונלקטים עליו איסורים הרבה עם אותו לאו בלבד ובהא לא קא עסיק שיהא חורש בכמה שוורים וכמה חמורים והרי נלקטים איסורין הרבה עליו דלכל הפחות קאמר ואלאו דכלאים קאי ללקוט עליו כל איסורין שהוא יכול: והן מוקדשין. בגמ' מוקי ליה בבכור (ו) בכור שור ופטר חמור וקעבר בהן משום לא תעבוד בבכור שורך ואליבא דרבי יהודה דאמר בפ"ק דבכורות (דף ט:) פטר חמור אסור בהנאה דבכלל לא תעבוד הוא ואע"ג דבקרא כתיב בכור שורך איהו דריש לי' בכור שורך למעוטי שותפות ולא למעוטי פטר חמור אי נמי מתני' כמאן דממעט פטר חמור מהכא שור וחמור דקתני במתני' לאו דוקא דשור ושה קאמר והאי דנקט חמור משום לישנא דקרא דגבי כלאים כתיב שור וחמור והוא הדין לכל שני מינין ומשום הנאה דמיתהני מהקדש והוה ליה הזיד במעילה לא לקי דבכור לאו בר מעילה הוא דהא ממון כהן הוא דאין מעילה אלא בקדשי גבוה דמקדשי ה' כתיב ואין מעילה בבכור אלא בנהנה מן האימורים אחר זריקת דמים דהנהו לגבוה נינהו והוא הדין לכל קדשים קלים ובקדשי קדשים יש בהן מעילה לפני זריקת דמים דלגבוה נינהו אבל משנזרק הדם זכו בהו כהנים משולחן גבוה והוה ליה ממון כהן ואין בו מעילה וכן מוכח בר"ה (דף כח.) בשופר של עולה לא יתקע ואם תקע יצא בשופר של שלמים לא יתקע ואם תקע לא יצא מאי טעמא עולה דבת מעילה היא כיון דמעל בה נפקא לחולין שלמים דלאו בני מעילה נינהו לא נפקי לחולין והכי נמי מוכח במס' מעילה ובכמה דוכתי: וכלאים בכרם. דמכסי בהדי דאזיל ומחפה (ז) (ס) בזורע: שביעית. נמי משום זורע בשביעית: ויום טוב. דקעביד חרישה ביו"ט: כהן. והוא נזיר והולך במקום טומאה אחר מחרשתו דאיכא חד לאו משום כהן לנפש לא יטמא בעמיו וחד משום נזיר על כל נפשות מת לא יבוא: אינו השם. (ח) אינו לאו זה נלקט עליו משום חרישה אלא משום לבישה: אף נזיר. נזיר וכהן קאמר ולא דייק: אינו השם. אין לאו שלו בא עליו משום חרישה אלא משום כניסה שנכנס למקום טומאה: גמ' אפילו מכנים ומוציא בית יד אונקלי שלו. מכנים ומוציא ידו בבית יד חלוקו דמי כפושט ולובש: עיולי ואפוקי. ממש: בחבורה. נראה לי יום אסיפה או יום וועד היה להם שקורין חבורה: דדלאי. הגבהתי: מי משכחת מרגניתא. דאי לאו דאמרי לך הוי אמרת חורש דמחייב בכלאים לאו משום זורע אלא משום (מקום) מקיים דשביק ולא עקר להו: אי לאו דקלסך גברא רבה. רבי ינאי (ט) הוה מוקימנא מתניתא דמחייבא חורש בכלאים דמשום מקיים הוא וכרבי עקיבא ומאן דאית ליה מקיים בכלאים פטור פוטר נמי במחפה אבל רבי ינאי קלסך והודה לך דמחפה משום זורע מיחייב לכולי עלמא דמדקאמר רבי ינאי המחפה בכלאים לוקה ולא קאמר מקיים בכלאים לוקה ש"מ דעדיף ליה מחפה ממקיים דמחפה כזורע חשיב ליה וחייב לכולי עלמא וכי אמרת ליה לא משנתנו היא הודה לדבריך שיפה אמרת ואי לאו דקלסך הוה אמינא טעם דמתניתין משום מקיים דמקיים בכלאים לוקה לרבי עקיבא וכן בשביעית משום חורש מחייב ליה תנא דמתניתין ומאן דפטר במקיים פטר נמי במחפה: מאי רבי עקיבא דתניא המנכש והמחפה. ולא גרסינן דתנן דברייתא היא ולא משנה: המנכש והמחפה בכלאים לוקה רבי עקיבא אומר אף המקיים. כולה רבי עקיבא קאמר לה המנכש והמחפה בכלאים לוקה דמקיים הוא שר"ע כו' והכי משני ליה במועד קטן ורבנן דפליגי עליה דרבי עקיבא סבירא להו מחפה אינו לוקה דמאן דפטר במקיים פטר במחפה והמנכש עוקר עשבים רעים כדי שיגדלו האחרים יותר לוקה דחשיב כזורע כלאים: בהמתך לא תרביע כלאים שדך לא תזרע כלאים. ושמעינן ליה הכי כלאים שדך לא דעקרינן ליה מפסוקיה לדרשא (י) דהוה מצי למיכתב בהמתך כלאים לא תרביע ומדסמך כלאים לשדה שמע מינה להכי הוא דאתא: ולילקי נמי משום זורע. דהא נמנו וגמרו דמחפה זורע הוא כדאמרן: ואין חילוק מלאכות ביום טוב. אם עשה שתים ושלש מלאכות בהעלם אחד או עשה מלאכה שיש בה (כ) שתים אינו חייב אלא אחת למ"ד (שבת דף ע.) הבערה לחלק יצאת סבירא ליה אין חילוק מלאכות ביו"ט דביו"ט לא יצאת הבערה ומ"ד נמי הבערה ללאו יצאת ונפקא ליה חילוק מלאכות מועשה אחת מהנה הני מילי באיסורי דאית בהן חיוב חטאת כגון מלאכות דשבת דזדונן כרת ושגגתן חטאת דבההיא פרשה דועשה מאחת מהנה קמיירי בחטאת אבל יו"ט דחיוב מלקות הוא ואין זדונו כרת אין בו חילוק מלאכות: לוקה משום מבשל. גיד ביום טוב ומשום מבשל בשר בחלב קסבר יש בגידין בנותן טעם תלתא לא תבשל כתיבי חד לאכילה וחד להנאה וחד לבישול בשחיטת חולין (דף קטו:):

משום

ואפילו לא שהה אלא (נ) להפשיט מלבוש חייב. ובלא שהה לא מיחייב ולא דמי דין זה להך דפ"ב דשבועות (דף טז: ושם) דאיבעיא להו מי צריך שהייה למלקות גבי טומאת מקדש ונזיר בקבר דשמא מחייב בלא שהה והכא אמרי' דלא מיחייב בלא שהייה דלא דמי לשהייה דהתם דכיון דבידו לפרוש מן הטומאה כי נמי לא שהה כדי השתחוואות דין הוא דמחייב אבל הכא דאין לו שהות לפשוט וללבוש אין כאן עבירה אחרת דעדיין הלבישה הראשונה קיימת דהתם נמי אינו חייב עד שיוכל לפרוש מן הטומאה:

מחוי ליה רב ששת בין פירקי. לפ"ה כדאיתא שתים מכאן ושתים מכאן ולפר"ת כמו שפירש בשבועות (דף ג.):

לא יגלחו. וא"ת מאי מייתי מלא יגלחו הא גבי כהנים כתיבא וי"ל דגמרינן מיניה:

החורש בשור וחמור והן מוקדשין. (מ) ופ"ה בכור שור עובר משום לא תעבוד בבכור שורך וחמור קדשי בדק הבית ולקי משום דהזיד במעילה באזהרה וי"א פטר חמור וכמ"ד אסור בהנאה ולא נהירא דאינו כן דליכא למ"ד דלקי הנהנה ממנו ולא נראה לר"י פירוש הקונטרס דפירש דחמור לקי מלאו דהזיד במעילה דבגמ' קאמר מידי דליתיה בשאלה לא קתני והקדש דמתני' מיירי בבכור דליתיה בשאלה לכך מפרש ר"י דעל החמור אינו לוקה ויכול להיות שהוא חולין (נ) והן מוקדשין בשור וחמור לאו דוקא דליכא מוקדשין אלא בשור וליכא אלא ב' לאוין בשור וחמור אבל בכלאי הכרם איכא ב' מלקות דמיירי שהיה זורע בכרם חטה ושעורה וחרצן וחפה אותם בחרישה דקא עבד תרתי חדא דזורע כלאי זרעים ועוד דזורע כלאי הכרם (ע):

אלא

עין משפט נר מצוה

קד א מיי' פ"י מהלכות כלאים הלכה ל סמג לאוין רסג:
קה ב ג מיי' שם פ"א הל' ב סמג שם טור שו"ע יו"ד סי' רצו ס"א:
קו ד מיי' פ"א מהלכות יו"ט הלכה ג:

גליון הש"ס

גמ' א"ר ינאי בחבורה נמנו. כעין זה יבמות דף לב ע"ב: שם ולילקי נמי משום זורע. קשה לי דבלא"ה קשה דלילקי נמי בחורש משום מחמר אחר בהמתו ואף אם אינה בהמתו מ"מ להר"ן מחמר אחר בהמה דעלמא חייב. ולכאורה מוכח מזה דשביתת בהמתו ודמחמר אינו ביו"ט כמ"ש הרמ"א סי' רמ"ו ס"ג ואפשר שלזה כוון המג"א שם ס"ק י"ב בלשונו הקצר ועי' מכות פ"ג: שם ולוקה משום מבשל. עי' סנהדרין דף סג ע"א תוס' ד"ה על: תוס' ד"ה החורש וכו' לכך מפרש ר"י. ועי' טורי אבן ר"ה דף ד ע"א ד"ה לדקות:

ליקוטי רש"י

והן מוקדשין. עובר על השור שהוא קדשי מזבח משום לא תעבוד בבכור שורך וכל הקדשים כבכור ועל החמור שהוא קדשי בדק הבית משום לאו דהזיד במעילה דאמרן בפ' כל שעה (פסחים לג.) הזיד במעילה באזהרה וגמר חטא חטא מתרומה הרי שלשה לאוין חלוקין ולא חשיב אלא לאוין חלוקין. ובשביעית. דעובר משום שדך לא תזרע וחורש תולדה דזורע כגון חורש לכסות את הזריעה. ויום טוב. ושבת לא תנא משום דלאו שניתן לאזהרת מיתת ב"ד הוא דאין לוקין עליו. בבית הטומאה. שזה בית הקברות וכו' [פסחים מז.:]. אי לאו דדלאי וכו' מי משכחת וכו' אי לאו דאמרי לך לא הוית מסיק אדעתיך [יבמות צב:]. המנכש והמחפה. לאחר זריעתן חופה עפר עליהן כדרך כל הזורעים. לוקה. דהיינו נמי זורע דמה דרכו של זורע לגמוחי פירי מכוין הא נמי לגמוחי פירי מכוין [ע"ז סד.]. המחפה. שמכסה את הזרעים בעפר: לוקה. משום לא תזרע כלאים (ויקרא יט) [מועד קטן ב:]. אף המקיים. שרואה כלאים זרוע ואינו מבטלו. ת"ל כלאים שדך לא. ואע"ג דכתיב לא תזרע כלאים גורעין ודורשין לא כלאים לא יהא כלאים מכל מקום שחייב אתה לבטלו [מו"ק ב:]. כלאים דהרבעה קא דריש מדסמך כלאים דלא תרביע גבי שדה דרשינן כלאים שדך לא מדלא כתיב בהמתך לא תרביע כלאים ולא תזרע שדך כלאים ש"מ שדך אכלאים דלעיל נמי דרשינן ומשמע דמזהיר הכתוב שלא יהיו כלאים בשדה וכו' [ע"ז סד.]. תנא ושייר. קתני קצת דברים ושייר [בבא קמא סב:]. לא חשבינהו לכולהו [סוטה טז.]. חילוק מלאכות לשבת. שאם עשה שתים בהעלם אחד או [אחת] בשתי העלמות חייב שתים. ואין חילוק מלאכות ליום טוב. שאם עשה שתי מלאכות במזיד אינו לוקה שתים [פסחים מח.]. המבשל גיד הנשה בחלב ביום טוב וכו' לוקה משום מבשל ביו"ט. שהבשול אב מלאכה הוא ובשול גיד דבר האסור ואינו ראוי לאכילה ועומד באסור לא תעשה כל מלאכה דלא הותר אלא לצורך [ביצה יב.]. בישול שאינו ראוי ולוקה משום מבשל בשר בחלב. לאו משום יום טוב דמלקות דבשול יו"ט הא תנא ליה אלא אפילו הוא חול לוקה משום מבשל בשר בחלב דכתיב לא תבשל גדי בחלב שלש פעמים אחד לאסור אכילה ואחד לאסור הנאה ואחד לאסור בשול [ביצה יב.]. ולוקה משום מבשל בשר בחלב. ואפילו הוא חול וקסבר יש בגידים בנותן טעם ובשר הם [פסחים מז:].

מסורת הש"ס

א) פסחים מז., ב) [נ"ל אמר רב ביבי אמר רב אסי לא פושט ולובש ממש אלא אפי' וכו' כך הגירסא בילקוט וכן אי' בתוס' שבועות יז. ד"ה או אין וכו'], ג) נ"ל ליה, ד) [יבמות לב: ב"מ יז:], ה) [עי' תוס' ב"מ יז: ד"ה אי לאו], ו) [יבמות לב:], ז) ע"ז סד. מ"ק ב: ע"ש [תוספ' כלאים פ"א], ח) שם [ע"ש], ט) [סוכה נד. וש"נ], י) [עי' תוס' מנחו' יח: ד"ה מנין], כ) [פסחים מח.], ל) כמו זאת תהא וכן פי' רש"י בהשולח (גיטין דף מה.) גבי עדא אמרה כמו זאת כו' רש"ל, מ) נ"ל והתניא, נ) פסחים מז: ע"ש ביצה יב: ע"ש, ס) [נ"ל כזורע או של"ל בזורע], ע) [ודבריהם יותר מבוארים בפסחים מז. ד"ה ומוקדשין].

הגהות הב"ח

(א) גמ' אמר ר' ביבי אמר ר' יוסי לא פושט ולובש ממש אלא אפילו מכנים: (ב) שם תנא קתני שמנה. נ"ב עי' תוס' פ"ק דקדושין דף טז ע"ב ד"ה והא ארבעה ובתוס' דיבמות דף ג' ד"ה למעוטי: (ג) שם אמר ליה רבה יש חילוק: (ד) שם עדא תהא. נ"ב כמו זאת תהא כלומר זו היא סברא נכונה דלא קא חשיב ללילקי משום זורע ביו"ט משום דקחשיב חורש ביו"ט ואינו חייב ב' אב' מלאכות ביו"ט כשעשאן בבת אחת: (ה) שם גיד הנשה בחלב ביו"ט: (ו) רש"י ד"ה והן מוקדשין וכו' ובכור שור ופטר חמור קאמר וקעבר בהן וכו' ושור וחמור דקתני וכו' דשור ושה קאמר נ"ב פי' וחייב ב' א' משום שור וא' משום שה: (ז) ד"ה וכלאים בכרם וכו' ומחפה וחייב משום זורע: (ח) ד"ה אינו השם אין לאו: (ט) ד"ה אי לאו וכו' ר' ינאי הס"ד ואח"כ מ"ה הוה אוקימנא מתניתין למיחייבא: (י) ד"ה בהמתך וכו' דהוה מצי למיכתב. נ"ב עיין בע"ז דף ס"ד ריש ע"א לא פירש כך: (כ) ד"ה ואין חילוק וכו' שיש בה שתי לאוין אינו חייב: (ל) תוס' ד"ה ואפי' לא שהה אלא כדי להפשיט וללבוש חייב וכו' לשהייה דהתם דהתם כיון דבידו וכו' כדי השתחוואה דין הוא דמחייב אבל: (מ) ד"ה החורש וכו' פ"ה שור וכו' אסור בהנאה ולי נראה דאינו כן: (נ) בא"ד ויכול להיות שהוא חולין ולאו דוקא קאמר והן מוקדשים תרוייהו השור והחמור דליכא מוקדשים אלא בשור וליכא ב' לאוין כצ"ל ותיבת אלא נמחק:

תורה אור השלם

א) אֶת חֻקֹּתַי תִּשְׁמֹרוּ בְּהֶמְתְּךָ לֹא תַרְבִּיעַ כִּלְאַיִם שָׂדְךָ לֹא תִזְרַע כִּלְאָיִם וּבֶגֶד כִּלְאַיִם שַׁעַטְנֵז לֹא יַעֲלֶה עָלֶיךָ: [ויקרא יט, יט]

The Mishnah now presents an unusual case involving *kilayim* where various and multiple *malkus* penalties are simultaneously incurred:

יֵשׁ חוֹרֵשׁ תֶּלֶם אֶחָד – **There is** a case where **one plows a single furrow** וְחַיָּיב עָלָיו מִשּׁוּם שְׁמוֹנָה לָאוִין – **and is liable on account of it for** transgressing **eight prohibitions,** for which he receives eight *malkus* penalties.[1] The case is that of הַחוֹרֵשׁ בְּשׁוֹר וַחֲמוֹר – **one who plows with an ox and a donkey** yoked together,[2] וְהֵן מוּקְדָּשִׁין – **and they are consecrated,**[3] וְכִלְאַיִם בְּכֶרֶם – **and** he thereby covers *kilayim* [mingled species] **in a vineyard,**[4] וּבִשְׁבִיעִית – **and** he does this **during the Sabbatical year** [*Sheviis*][5] וְיוֹם טוֹב – **and** on **Yom Tov,**[6] וְכֹהֵן וְנָזִיר – **and** he is both **a Kohen and a** *nazir* plowing בְּבֵית הַטּוּמְאָה – **in an area of** *tumah,* e.g. a cemetery.[7] חֲנַנְיָא בֶן חֲכִינַאי אוֹמֵר – **Chananya ben Chachinai says:** אַף הַלּוֹבֵשׁ כִּלְאַיִם – **Also one who wears** *kilayim.* It is possible to add a ninth transgression – viz. that he was wearing a *shaatnez* garment when he plowed. אָמְרוּ לוֹ אֵינוֹ – [The Sages] said to [Chananya]: אָמַר לָהֶם – **That** transgression **is not** of the same **nature!**[8] הֵשֵׁם – [Chananya] replied to [the Sages]: אַף הַנָּזִיר לֹא הוּא הַשֵּׁם – **The transgression of the** *nazir*[9] **as well is not** of the same **nature!**[10]

NOTES

1. Having just discussed the prohibition against wearing *kilayim* (garments of wool and linen), the Tanna now turns to another *kilayim* prohibition – the one against plowing with two species of animal yoked together – and shows how from that one act an assortment of other prohibitions can accrue. [The commentators discuss why various combinations of the prohibitions mentioned here do not violate the principle אֵין אִיסּוּר חָל עַל אִיסּוּר (*a prohibition does not take effect where there is a preexisting prohibition*). See *Rambam Commentary; Shaagas Aryeh* §60; *Aruch LaNer* here ד"ה וכהן, and below, 22a ד"ה שלא אחרוש; and *Otzar Mefarshei HaTalmud* notes 1-19.] The Tanna does not gratuitously enlarge the collection of prohibitions by adding multiple pairs of disparate animals to the case (see *Tos. Yeshanim* and *Nasan Piryo* regarding this point), for he wishes simply to present a minimal model [e.g. of one ox with one donkey, as the Mishnah goes on to explain] (*Rivan*).

The Mishnah teaches that the plower incurs *malkus* for each of these eight transgressions when he was warned about all of them (*Tos. Rabbeinu Peretz, Rav*).

2. He thereby transgresses the Torah's prohibition: *You shall not plow with an ox and donkey together* (*Deuteronomy* 22:10). [This prohibition applies not only to an ox and a donkey, but to any two species. Likewise, it applies to any form of work that the yoked animals might do (*Rashi* ad loc., based on *Sifrei* 231; see *Rambam, Hil. Kilayim* 9:7-8), who limits the Biblical prohibition to a *tamei* and *tahor* species).]

3. The Gemara concludes that this refers to where the ox and donkey had become consecrated as firstborn animals. [The firstborn males of kosher animals – cows, sheep and goats – are sacred from birth and are given to the Kohanim to be brought as offerings (see *Exodus* 13:12, 34:19 and *Numbers* 18:17). The only nonkosher animal with a firstborn status is the donkey. They are redeemed for sheep, which then becomes the property of the Kohanim (*Exodus* 13:13, 34:20).] The Torah states (*Deuteronomy* 15:19): *You shall not work with the firstborn of your ox.* Our Mishnah follows the opinion of R' Yehudah (in *Bechoros* 9b), who holds that a firstborn donkey is forbidden for benefit (before redemption), and so one would transgress this prohibition if he worked with a firstborn donkey as well [and the exclusionary term *your ox* eliminates from the prohibition an ox owned by partners (i.e. where one partner is a non-Jew; see *Hagahos Mareh Kohen*), not a firstborn donkey]. Hence, the Mishnah has now enumerated transgressions "two" and "three" – working with a firstborn ox and working with a firstborn donkey (*Rivan*, first explanation). Alternatively, our Mishnah follows the opinion that *your ox* does exclude a firstborn donkey from the prohibition of working a firstborn. Hence, the Mishnah actually refers to a firstborn ox and, for example, a firstborn sheep plowing together. [These are kosher animals, and so their firstborn are sacred and are included in the prohibition against working firstborn animals. And, as previously mentioned, working with *any* two species renders one liable for *kilayim.*] The Mishnah states "donkey" only because that animal is mentioned in the *kilayim* verse (ibid., second explanation). [Note that according to *Rivan* two of the eight transgressions involve the same prohibition – working a firstborn; however, the application is to two *separate* animals, which was necessary in order to state the case of *kilayim.*]

Rivan notes that one incurs no additional *malkus* penalties in this "firstborn" case for intentionally making private use of consecrated animals (i.e. for violating the prohibition against *me'ilah*, misappropriating Temple property). This is because these living firstborn animals are the Kohen's property, and so are not subject to *me'ilah* (see there at length). See *Rashi* to *Pesachim* 47a, who identifies a *different* prohibition for

the donkey. See also *Tosafos* ibid. ד"ה ומוקדשין and *Tosafos* here. See *Ritva* here.

4. The Torah commands: *Do not sow your vineyard with mixed species* (*Deuteronomy* 22:9). See *Chullin* 89b for exactly which species – and in what combinations – the prohibition encompasses. [See also Mishnah *Kilayim* 1:9 and 8:1 with commentaries, and *Tosafos* to *Pesachim* 47a ד"ה מוקדשין.] The Mishnah speaks of where these seeds were lying together on the ground and this person plowed the ground, thereby covering the seeds. This is the fourth prohibition, for covering the seeds of mixed species is tantamount to sowing them (see *Rivan;* however, see Gemara below).

5. [Every seventh year (*Sheviis,* also known as *shemittah*) all land in Eretz Yisrael must lie fallow, as the Torah states (*Leviticus* 25:4): *In the seventh year . . . you shall not sow your field.* Since covering seeds (e.g. in the course of plowing) is deemed a subcategory of sowing (see previous note; however, see *Rivan* below ד"ה אי לאו, and note 20 there)] this person has violated the prohibition against sowing on *Sheviis* (*Rivan*). [There is an opinion in *Moed Katan* (3a) that one who plows on *Sheviis* receives *malkus* for the plowing itself. For how that sage understands our Mishnah and the Gemara below, see note 20 below, and *Rashi* and *Tosafos* to *Pesachim* 47b ד"ה ושביעית; see also sources cited in notes 42-57 of *Otzar Mefarshei HaTalmud.*] This is the fifth transgression.

6. He is liable to a sixth set of lashes for doing a *melachah* (plowing) on Yom Tov (*Rivan*). [There is no exemption on the grounds that he is involved in preparing food, which is permitted on Yom Tov. His act of plowing is surely not needed for preparing food to eat that same day. Furthermore, some Rishonim maintain that plowing is Biblically forbidden in any event (see Mishnah *Beitzah* 23b with *Rashi* and *Tosafos,* and see General Introduction §I to Schottenstein *Beitzah*).]

The Mishnah does not mention plowing *on the Sabbath,* because that transgression is punishable by death and thus carries no *malkus* penalty [see Gemara above, 13b] (*Rashi* to *Pesachim* 47b).

7. Both a Kohen and a *nazir* are forbidden to contract human-corpse *tumah.* Concerning a Kohen the Torah states (*Leviticus* 21:1): *He shall not contaminate himself with a dead person among his people.* Regarding a *nazir* it is written: *He shall not approach any dead person.* [Our text of *Rivan* cites *Leviticus* 21:11, which forbids the Kohen Gadol to incur human-corpse *tumah.* The *nazir's* prohibition appears in *Numbers* 6:6. See also *Rashi* to *Pesachim* 47b and *Rav.*] Thus, when this person plows inside the cemetery, thereby contaminating himself, he transgresses both prohibitions (*Rivan*). We have now reached the total of eight transgressions.

8. I.e. that transgression is not an outgrowth of his being engaged in the act of plowing (as were the previous eight), but comes from his wearing of the garment (*Rivan*).

9. Chananya refers to both the *nazir* **and** the Kohen, but was not being precise (*Rivan;* cf. *Aruch LaNer*).

10. I.e. the transgressions of a *nazir* and a Kohen contracting *tumah* also do not arise from the act of plowing; rather, they come from the act of entering a contaminating place (*Rivan*). Hence, inasmuch as the Sages *did* enumerate the "*nazir*" and "Kohen" *tumah* prohibitions, they should enumerate the wearing-of-*shaatnez* prohibition as well.

The Sages, for their part, had the following rationale for including the "*nazir*" and "Kohen" *tumah* prohibitions: One cannot plow with oxen unless he walks along with them and directs them. Hence, becoming *tamei* is somewhat related to the plowing, whereas wearing *shaatnez* is completely incidental (*Rav;* see *Rashash*).

עין משפט נר מצוה

קד א מיי' פ"י מהלכות כלאים הלכה ל סמג לאוין רפג:

קה ב ג מיי' שם פ"א הל' ב סמג שם טוש"ע יו"ד סי' רצו ס"א:

קו ד מיי' פ"א מהלכות יו"ט הלכה ג:

יש [א] חורש תלם א' וחייב עליו משום שמונה לאוין החורש בשור וחמור והן מוקדשין וכלאים בכרם ובשביעית ויום טוב וכהן ונזיר בבית הטומאה חנניא בן חכינאי אומר אף הלובש כלאים אמרו לו אינו השם אמר להם אף הנזיר לא הוא השם: גמ' [ב] (אמר רב ביבי אמר ר' יוסי (א) פושט ולובש לובש ממש או) אפי' מכנים ומוציא בית יד אונקלי שלו מחוי רב אחא בריה דרב איקא עיולי ואפוקי רב אשי אומר א אפילו לא שהה אלא כדי לפשוט וללבוש חייב: יש חורש תלם וכו': ° א"ר ינאי בחבורה נמנו וגמרו ב החופה בכלאים לוקה אמר [ג] להן רבי יוחנן לאו משנתנו היא זו יש חורש תלם אחד וחייב עליו משום שמונה לאוין החורש בשור ובחמור והן מוקדשין וכלאים בכרם האי חורש דמחייב משום כלאים היכי משכחת לה לאו דמיכסי בהדיה דאזיל א"ל [ד] אי לאו דדלאי לך [ה] חספא מי משכחת מרגניתא תותה אמר ליה ריש לקיש לר' יוחנן [ו] אי לאו דקילסך גברא רבה הוה אמינא מתני' מני רבי עקיבא היא דאמר המקיים כלאים לוקה מאי רבי עקיבא דתניא [ז] ג המנכש והמחפה בכלאים לוקה רבי עקיבא אומר אף המקיים מאי טעמא דר' עקיבא [ח] דתניא א) שדך לא תזרע כלאים אין לי אלא זורע מקיים מנין ת"ל (א) בהמתך לא תרביע) כלאים שדך לא (תזרע כלאים) אמר ליה עולא לרב נחמן ° ולילקי נמי משום זורע ביום טוב א"ל [ט] תנא ושייר א"ל [י] תנא (ב) קתני שמונה ואת אמרת תנא ושייר אמר (ג) רבא [כ] ד יש חילוק מלאכות בשבת ואין חילוק מלאכות ביום טוב אמר ליה (ד) [ל] עדא תהא איתיביה אביי ואין חילוק מלאכות ביום טוב [מ] והתנן [נ] המבשל גיד (ה) בחלב ביו"ט ואכלו לוקה חמש לוקה משום אוכל גיד ° ולוקה משום מבשל ביום טוב שלא לצורך ולוקה משום מבשל גיד בחלב ולוקה משום אוכל בשר בחלב ולוקה משום

רש"י

יש חורש תלם אחד. יש עובר בלא תחרוש בשור ובחמור ונלקטים עליו איסורים הרבה עם אותו לאו בלבד ובהא לא קא עסיק שיהא חורש בכמה שוורים וכמה חמורים והרי נלקטים איסורין הרבה עליו דלכל הפחות קאמר ואלאו דכלאים קאי ללקוט עליו כל איסורין שהוא יכול: והן מוקדשין. בגמ' מוקי ליה בבכור (ו) בכור שור ופטר חמור וקעבר בהן משום לא תעבוד בבכור שורך ואליבא דרבי יהודה דאמר בפ"ק דבכורות (דף ט:) פטר חמור אסור בהנאה דבכלל לא תעבוד הוא ואע"ג דבקרא כתיב בכור שורך איהו דריש לי' בכור שורך למעוטי שותפות ולא למעוטי פטר חמור אי נמי מתני' כמאן דממעט פטר חמור מהכא שור וחמור דקתני במתני' לאו דוקא דשור וה"ה קאמר והאי דנקט חמור משום לישנא דקרא דגבי כלאים כתיב שור וחמור והוא הדין לכל שני מינין ומשום הנאה דמיתהני מהקדש והוה ליה הזיד במעילה לא לקי דבכור לאו בר מעילה הוא דהא ממון כהן הוא דאין מעילה אלא בקדשי גבוה דמקדשי ה' כתיב ואין מעילה בבכור אלא בנהנה מן האימורים אחר זריקת דמים דהנהו לגבוה נינהו והוא הדין לכל קדשים קלים ובקדשי קדשים יש בהן מעילה לפני זריקת דמים דלגבוה נינהו אבל משנזרק הדם זכו בהו כהנים משולחן גבוה והוה ליה ממון כהן ואין בו מעילה וכן מוכח בר"ה (דף כח.) בשופר של עולה לא יתקע ואם תקע יצא בשופר של שלמים לא יתקע ואם תקע לא יצא מאי טעמא עולה דבת מעילה היא כיון דמעל בה נפקא לחולין שלמים דלאו בני מעילה נינהו לא נפקי לחולין והכי נמי מוכח במס' מעילה ובכמה דוכתי: וכלאים בכרם. דמכסי בהדי דאזיל ומחפה (ז) [ס] בזורע: שביעית. נמי משום זורע בשביעית: ויום טוב. דקעביד חרישה ביו"ט: כהן. והוא נזיר והולך במקום טומאה אחר מחרשתו דאיכא חד לאו משום כהן לנפש לא יטמא בעמיו וחד משום נזיר על כל נפשות מת לא יבוא: אינו השם. (ח) אינו לאו זה נלקט עליו משום חרישה אלא משום לבישה: אף נזיר. נזיר וכהן קאמר ולא דייק: אינו השם. אין לאו שלו בא עליו משום חרישה אלא משום כניסה שנכנס למקום טומאה: גמ' אפילו מכנים ומוציא בית יד אונקלי שלו. מכניס ומוציא ידו בבית יד חלוקו דמי כפושט ולובש: עיולי ואפוקי. ממש: בחבורה. נראה לי יום אסיפה או יום וועד היה להם שקורין חבורה: דדלאי. הגבהתי: מי משכחת מרגניתא. דאי לאו דאמרי לך הוי אמרת חורש דמחייב בכלאים לאו אלא משום (מקום) מקיים דשביק ולא עקר להו: אי לאו דקלסך גברא רבה. רבי ינאי (ט) הוה מוקימנא מתניתא דמחייבא חורש בכלאים דמשום מקיים הוא וכרבי עקיבא ומאן דלית ליה מקיים בכלאים פטור פוטר נמי במחפה אבל רבי ינאי קלסך והודה לך דמחפה משום זורע מיחייב לכולי עלמא דמדקאמר רבי ינאי המחפה בכלאים לוקה ולא קאמר מקיים בכלאים לוקה ש"מ דעדיף ליה מחפה ממקיים דמחפה כזורע חשיב ליה וחייב לכולי עלמא וכי אמרת ליה לא משנתנו היא הודה לדבריך שיפה אמרת ואי לאו דקלסך הוה אמינא טעם דמתניתין משום מקיים דמקיים בכלאים לוקה לרבי עקיבא וכן בשביעית משום חורש מחייב ליה תנא דמתניתין ומאן דפטר במקיים פטר נמי במחפה: מאי רבי עקיבא דתניא המנכש והמחפה. ולא גרסינן דתנן דברייתא היא ולא משנה: המנכש והמחפה בכלאים לוקה רבי עקיבא אומר אף המקיים. כולה רבי עקיבא קאמר לה המנכש והמחפה בכלאים לוקה דמקיים הוא שר"ע כו' והכי משני ליה במועד קטן ורבנן דפליגי עליה דרבי עקיבא סבירא להו מחפה אינו לוקה דמאן דפטר במקיים פטר במחפה והמנכש עוקר עשבים רעים כדי שיגדלו האחרים יותר לוקה דחשיב כזורע כלאים: בהמתך לא תרביע כלאים שדך לא תזרע כלאים. ושמעינן ליה הכי כלאים שדך לא דעקרינן ליה מפשטיה לדרשא (י) דהוה מצי למיכתב בהמתך כלאים לא תרביע ומדסמך כלאים לשדה שמע מינה להכי הוא דאתא: ולילקי נמי משום זורע. דהא נמנו וגמרו דמחפה זורע הוא כדאמרן: ואין חילוק מלאכות ביום טוב. אם עשה שתים ושלש מלאכות בהעלם אחד או עשה מלאכה שיש בה (כ) שתים אינו חייב אלא אחת למ"ד (שבת דף ע.) הבערה לחלק יצאת סבירא ליה אין חילוק מלאכות ביו"ט דביו"ט לא יצאת הבערה ומ"ד נמי הבערה ללאו יצאת ונפקא ליה חילוק מלאכות מועשה אחת מהנה הני מילי באיסורי דאית בהן חיוב חטאת כגון מלאכות דשבת דזדונן כרת ושגגתן חטאת דבההיא פרשה דועשה מאחת מהנה קמיירי בחטאת אבל יו"ט דחיוב מלקות הוא ואין זדונו כרת אין בו חילוק מלאכות: לוקה משום מבשל. גיד ביום טוב ומשום מבשל בשר בחלב קסבר יש בגידין בנותן טעם תלתא לא תבשל כתיבי חד לאכילה וחד להנאה וחד לבישול בשחיטת חולין (דף קטו:): משום

תוספות

ואפילו לא שהה אלא (נ) להפשיט מלבוש חייב. ובלא שהה לא מיחייב ולא דמי דין זה להך דפ"ב דשבועות (דף טז: ושם) דאיבעיא להו מי צריך שהייה למלקות גבי טומאת מקדש ונזיר בקבר דשמא מחייב בלא שהה והכא אמרי' דלא מיחייב בלא שהייה דלא דמי לשהייה דהתם דכיון דבידו לפרוש מן הטומאה כי נמי לא שהה כדי השתחוואות דין הוא דמחייב אבל הכא דאין לו שהות לפשוט וללבוש אין כאן עבירה אחרת דעדיין הלבישה הראשונה קיימת דהתם נמי אינו חייב עד שיוכל לפרוש מן הטומאה:

מחוי (לעיל ע"א) ליה רב ששת בין פירקי. לפ"ה כדאיתא שתים מכאן ושתים מכאן ולפר"ת כמו שפירש בשבועות (דף ג.):

לא (ג"ז שם) יגלחו. וא"ת מאי מייתי מלא יגלחו הא גבי כהנים כתיבא וי"ל דגמרינן מיניה:

החורש בשור וחמור והן מוקדשין. (מ) ופ"ה בכור שור עובר משום לא תעבוד בבכור שורך וחמור קדשי בדק הבית ולקי משום דהזיד במעילה באזהרה וי"א פטר חמור וכמ"ד אסור בהנאה ולא נהירא דאינו כן דליכא למ"ד דלקי הנהנה ממנו ולא נראה לר"י פירוש הקונטרס דפירש דחמור לקי מלאו דהזיד במעילה דבגמ' קאמר מידי דאיתיה בשאלה לא קתני והקדש דמתני' איירי בבכור דליתיה בשאלה ° לכך מפרש ר"י דעל החמור אינו לוקה ויכול להיות שהוא חולין (נ) והן מוקדשין בשור וחמור לאו דוקא דליכא מוקדשין אלא בשור וליכא אלא ב' לאוין בשור וחמור אבל בכלאי הכרם איכא ב' מלקות דמיירי שהיה זורע בכרם חטה ושעורה וחרצן וחפה אותם בחרישה דקא עבד תרתי חדא דזרע כלאי זרעים ועוד דזרע כלאי הכרם [ע]: אלא

גליון הש"ס

גמ' א"ר ינאי בחבורה נמנו. כעין זה יבמות דף לב ע"ב: שם ולילקי נמי משום זורע. קשה לי דבלא"ה קשה ללילקי נמי בחורש משום מחמר ...

ליקוטי רש"י

והן מוקדשין. עובר על השור שהוא קדשי מזבח משום לא תעבוד בבכור ...

תורה אור השלם

א) אֶת חֻקֹּתַי תִּשְׁמֹרוּ בְּהֶמְתְּךָ לֹא תַרְבִּיעַ כִּלְאַיִם שָׂדְךָ לֹא תִזְרַע כִּלְאָיִם וּבֶגֶד כִּלְאַיִם שַׁעַטְנֵז לֹא יַעֲלֶה עָלֶיךָ: [ויקרא יט, יט]

מסורת הש"ס

ג) [ע"ל ...], ד) [יבמות לב:], ה) [ע' תוס' ...], ו) [יבמות לב.], ז) ע"ז סד. ...

הגהות הב"ח

(א) גמ' אמר רב ביבי אמר ר' יוסי פושט ולובש ממש אלא אפילו מכנים: (ב) שם תנא קתני שמנה ...

[סוטה טז.]. חילוק מלאכות לשבת. שאם עשה שתים בהעלם אחד או [אחת] בשתי העלמות חייב שתים. ואין חילוק מלאכות ליום טוב. שאם עשה שתי מלאכות במזיד אינו לוקה שתים [פסחים מח.]. המבשל גיד הנשה בחלב ביום טוב וכו' לוקה משום מבשל ביו"ט. שהבשול אב מלאכה הוא ובשול גיד דבר האסור ואינו ראוי לאכילה ועומד באסור לא תעשה כל מלאכה דלא הותר אלא לצורך [ביצה יב.]. ראוי ולוקה משום מבשל בשר בחלב אפילו הוא חול וקסבר יש בגידים בנותן טעם ובשר הם [פסחים מז:]. ולוקה משום מבשל בשר בחלב. לאו משום יום טוב דמלקות דבשול יו"ט הא תנא ליה אלא אפילו ה... משום מבשל בשר בחלב דכתיב לא תבשל גדי בחלב שלש פעמים אחד לאסור אכילה ואחד לאסור הנאה ואחד לאסור בשול [ביצה יב.].

Gemara The Mishnah stated that if a person "continued removing and donning" a *shaatnez* garment, he is liable to a separate *malkus* penalty for each act of donning that was preceded by a warning. The Gemara now discusses the precise definition of the term "removing and donning":

אָמַר רַב בִּיבִי אָמַר רַבִּי יוֹסֵי — Rav Bivi said in the name of R' Yose: (פּוֹשֵׁט וְלוֹבֵשׁ — When the Mishnah states that he "**continued removing and donning**" the *shaatnez* garment despite being continually warned to take it off, לוֹבֵשׁ מַמָּשׁ — does it mean **that he actually** takes the garment off and then **dons** it? אוֹ — **Or**) אֲפִילּוּ מַכְנִיס וּמוֹצִיא בֵּית יַד אוּנְקְלִי שֶׁלּוֹ — is he separately liable **even if he** merely **slips** his arm **in and out of the sleeve of his** *shaatnez* **shirt?** Perhaps this, too, is considered a separate act of removing and donning the garment.[11] — ? —

In reply to this query:

מַחְוֵי רַב אַחָא בְּרֵיהּ דְּרַב אִיקָא — Rav Acha the son of Rav Ika demonstrated to his students עַיּוּלֵי וְאַפּוּקֵי — the act of **slipping in and out.**[12]

An opposing opinion:

רַב אַשִׁי אוֹמֵר — Rav Ashi says: אֲפִילּוּ לֹא שָׁהָה אֶלָּא כְּדֵי לִפְשׁוֹט וְלִלְבּוֹשׁ — **Even if he** did not remove the garment at all, but **merely stood still** following each warning **for the amount of time it takes to remove** the garment **and** then **put it on,** חַיָּיב — **he is liable** to a separate *malkus* penalty for each warning he ignored.[13]

The Gemara now discusses the last part of the Mishnah, which began:

יֵשׁ חוֹרֵשׁ תֶּלֶם וכו׳ — THERE IS a case where ONE PLOWS A FURROW **etc.** [and is liable on account of it for (transgressing) eight prohibitions].

One of the eight prohibitions enumerated in the Mishnah is the sowing of *kilayim* in a vineyard. The Gemara comments:

אָמַר רַבִּי יַנַּאי — R' Yannai said: בַּחֲבוּרָה נִמְנוּ וְגָמְרוּ — **At the convention**[14] **they voted and decided:** הַחוֹפֶה בְּכִלְאַיִם לוֹקֶה — **One who** merely **covers** seeds of *kilayim* with earth **incurs lashes** for sowing seeds of *kilayim*. Covering the mingled seeds with earth is the legal equivalent of actually sowing them.[15]

The Gemara questions the need for this ruling:

אָמַר [לֵיהּ][16] **רַבִּי יוֹחָנָן — R' Yochanan said to [R' Yannai]:** לָאו מִשְׁנָתֵנוּ הִיא זוֹ — **Is this not** the very case of **our Mishnah**?! יֵשׁ חוֹרֵשׁ תֶּלֶם אֶחָד וְחַיָּיב עָלָיו מִשּׁוּם שְׁמוֹנָה לָאוִין — For the Mishnah stated: THERE IS a case where ONE PLOWS A SINGLE FURROW AND IS LIABLE ON ACCOUNT OF IT FOR transgressing EIGHT PROHIBITIONS. The case is that of הַחוֹרֵשׁ בְּשׁוֹר וּבַחֲמוֹר וְהֵן מוּקְדָּשִׁין וְכִלְאַיִם בְּכֶרֶם — ONE WHO PLOWS WITH AN OX AND DONKEY, AND THEY ARE CONSECRATED, AND it involves *KILAYIM* IN A VINEYARD, etc. הַאי חוֹרֵשׁ — Now, **this** case of **a plower,** דְּמִחַיֵּיב מִשּׁוּם כִּלְאַיִם — **who is liable** to *malkus* **for** transgressing the prohibition against *kilayim*, הֵיכִי מַשְׁכַּחַתְּ לָהּ — **how can you find it?**[17] לָאו דְּמִיכַסֵּי בַּהֲדֵיהּ דְּאָזִיל — **Is it not where he covered** the mingled seeds with earth **while he was going** with his plow, and the Mishnah itself thus teaches that this "covering" constitutes sowing? What, then, are you adding?

R' Yannai justifies the need for his dictum:

אָמַר לֵיהּ — [R' Yannai] said to [R' Yochanan] in reply: אִי לָאו דִּדְלַאי לָךְ חַסְפָּא — **If I had not lifted a shard for you,** מִי מַשְׁכַּחַתְּ מַרְגָּנִיתָא תּוּתֵהּ — **would you have found the pearl** lying **under it?** I.e. without my explicit statement about covering, you would have explained the Mishnah differently.[18]

R' Yochanan is assured of the significance of his contribution:

אָמַר לֵיהּ רֵישׁ לָקִישׁ לְרַבִּי יוֹחָנָן — Reish Lakish said to R' Yochanan: אִי לָאו דְּקִילְסָךְ גַּבְרָא רַבָּה — **If a great man** [R' Yannai] **had not praised you** by agreeing with you that the Mishnah's *kilayim* transgression is predicated on the principle that covering seeds of *kilayim* is tantamount to sowing them,[19] הֲוָה אֲמִינָא מַתְנִיתִין מַנִּי — **I would have said: Whose** opinion **is** presented by **our Mishnah?** רַבִּי עֲקִיבָא הִיא — **It is** the view of **R' Akiva,** דְּאָמַר הַמְקַיֵּים כִּלְאַיִם לוֹקֶה — **who said** that **one**

NOTES

11. According to our text of the Gemara, Rav Bivi is *inquiring* about the meaning of "removing and donning," and we have translated accordingly. However, *Mesoras HaShas* and *Bach* §1 have emended the words in parentheses to read as a *statement* of Rav Bivi's own view of the matter: לֹא פּוֹשֵׁט וְלוֹבֵשׁ מַמָּשׁ אֶלָּא אֲפִילּוּ וכו׳, [The Mishnah means] *not that he actually removes and dons* [the garment]; *rather, even if he* [merely] *slips* [his arm] *in and out of the sleeve of his shirt* [he is separately liable, for this also is considered a separate act of removing and donning the garment]. See also *Nimukei Yosef.*

12. *Rivan* apparently understands this to mean that Rav Acha demonstrated the complete removal and donning of a garment, thus teaching that only in this way is one separately liable. According to *Rashbam* (printed as *Rashi* to *Rif*), however, Rav Acha demonstrated slipping *his arm* in and out of his sleeve, teaching that even this act suffices for separate liability. See also *Kesef Mishneh* to *Rambam, Hil. Kilayim* 10:30, and *Aruch LaNer.*

13. For during each such time segment he is regarded as "donning" the garment again, and transgressing again. However, the question arises: The law is that one does not receive *malkus* for a transgression that involves no action [לָאו שֶׁאֵין בּוֹ מַעֲשֶׂה] (see above, 16a). Why, then, does one receive *malkus* for merely *remaining* clothed in the forbidden *shaatnez* garment? *Tosafos* (to *Shevuos* 17a ד״ה או) answer that since the beginning of the wearing of the *shaatnez* garment occurred through an action (of donning), the passive continued wearing of the garment is considered an action. See also *Nimukei Yosef* and *Tos. Shantz.* However, see *Ritva,* and *Kesef Mishneh* to *Hil. Kilayim* 10:30; but see *Shaagas Aryeh* §32 and *Shaagas Aryeh HaChadashos* §12.

14. "*Chavurah*" refers to the special day when the Torah scholars convened (*Rivan*). According to *Doros HaRishonim* V:9, it refers to a group of post-Mishnaic Tannaim who met to clarify ambiguous sections of the Mishnah.

15. *Chazon Ish* suggests that the novel teaching is where the mingled seeds would have taken root and grown even without being covered by earth. Otherwise, it would be obvious that covering them constitutes sowing (see *Chazon Ish, Kilayim* 2:8). Regarding what constitutes the essence of the act of sowing, see *Afikei Yam* II:4, *Aruch LaNer* here ד״ה החופה, *Eglei Tal, Zorei'a* 2:7, and *Avnei Nezer, Orach Chaim* §68.

16. Emendation follows *Mesoras HaShas.*

17. For the plowing itself one would not transgress the prohibition against *kilayim,* since the Torah forbids only sowing: *Do not sow your vineyard with mixed seeds* [*Deuteronomy* 22:9] (*Ritva;* see *Rashi* to *Moed Katan* 2b ד״ה חרישה).

18. Had I not taught that the plower is liable for *kilayim* on the grounds that his covering the seeds is tantamount to sowing, you would have thought that he is liable for *maintaining* the *kilayim,* in that he saw it growing while he was plowing and did not uproot it (*Rivan*). [The Gemara will proceed to explain that R' Akiva holds a person liable for maintaining *kilayim.* Hence, without R' Yannai's teaching, we would have thought that our Mishnah follows this opinion on the *kilayim* issue (see note 20 below).]

As we have stated, *Rivan* defines "maintaining" *kilayim* as refraining from uprooting it (see also *Rashi* to *Moed Katan* 2b ד״ה אף המקיים and *Aruch* cited in *Tosafos* to *Avodah Zarah* 64a ד״ה רבי עקיבא). However, others dispute this explanation, proving from elsewhere in the Talmud that R' Akiva holds that one does not incur lashes for a transgression that involves no action (לָאו שֶׁאֵין בּוֹ מַעֲשֶׂה). Accordingly, they explain that the case refers to where the person did some type of indirect action to assist in the growth of the *kilayim* — e.g. he protected it by building a fence around it (*Rashi* to *Avodah Zarah* ibid. ד״ה אפילו לר׳ עקיבא, *Tosafos* ibid.; see *Siach Yitzchak* and *She'eilos U'Teshuvos Beis HaLevi* I §35:3 for further discussion of *Rivan's* opinion).

19. *Rivan;* see following note.

עין משפט נר מצוה

קד א מיי׳ פ״י מהלכות כלאים הלכה ל סמג לאוין רסג:

קה ב ג מיי׳ שם פ״א הל׳ ב סמג שם טור שו״ע יו״ד סי׳ רצו ס״א:

קו ד מיי׳ פ״א מהלכות יו״ט הלכה ג:

משנה וגמרא

יש (א) חורש תלם א׳ וחייב עליו משום שמונה לאוין החורש בשור וחמור והן מוקדשין וכלאים בכרם ובשביעית ויום טוב וכהן ונזיר בבית הטומאה חנניא בן חכינאי אומר אף הלובש כלאים אמרו לו אינו השם אמר להם אף הנזיר לא הוא השם: **גמ׳** (ג) אמר רב ביבי אמר ר׳ יוסי (א) פושט ולובש ממש או) אפי׳ מכנים ומוציא בית יד אונקלי שלו מחוי רב אחא בריה דרב איקא עיולי ואפוקי רב אשי אמר א אפילו לא שהה אלא כדי לפשוט וללבוש חייב: יש חורש תלם וכו׳: א״ר ינאי בחבורה נמנו וגמרו ב החופה בכלאים לוקה אמר ג להן רבי יוחנן לאו משנתנו היא זו יש חורש תלם אחד וחייב עליו משום שמונה לאוין החורש בשור ובחמור והן מוקדשין וכלאים בכרם האי חורש דמחייב משום כלאים היכי משכחת לה לאו דמיכסי בהדיה דאזיל א״ל ד אי לאו דדלאי לך ה חספא מי משכחת מרגניתא תותה אמר ליה ריש לקיש לר׳ יוחנן ו אי לאו דקלסך גברא רבה הוה אמינא מתני׳ מני רבי עקיבא היא דאמר המקיים כלאים לוקה מאי רבי עקיבא דתניא ז המנכש והמחפה בכלאים לוקה רבי עקיבא אומר אף המקיים מאי טעמא דר׳ עקיבא ח דתניא א שדך לא תזרע כלאים אין לי אלא זורע מקיים מנין ת״ל (א) בהמתך לא תרביע כלאים שדך לא (תזרע כלאים) אמר ליה עולא לרב נחמן ט ולילקי נמי משום זורע ביום טוב א״ל י תנא ושייר א״ל י תנא (ב) קתני שמונה ואת אמרת תנא ושייר אמר (ג) רבא ד יש חילוק מלאכות בשבת ואין חילוק מלאכות ביום טוב (ד) מ עדא תהא איתיביה אביי ואין חילוק מלאכות ביום טוב ל והתנן נ המבשל גיד (ה) בחלב ביו״ט ואכלו לוקה חמש לוקה משום מבשל ביום טוב שלא לצורך ולוקה משום אוכל גיד ס ולוקה משום מבשל גיד בחלב ולוקה משום אוכל בשר בחלב ולוקה משום

רש״י

יש עובר בלא תחרוש בשור ובחמור ונלקטים עליו איסורים הרבה עם אותו לאו בלבד ובהא לא קא עסיק שיהא חורש בכמה שוורים וכמה חמורים והרי נלקטים איסורין הרבה עליו דלכל הפסות קאמר ואלאו דכלאים קאי ללקוט עליו כל איסורין שהוא יכול: **והן מוקדשין.** בגמ׳ מוקי ליה בבכור (ו) בכור שור ופטר חמור וקעבר בהן משום לא תעבוד בבכור שורך ואליבא דרבי יהודה דאמר בפ״ק דבכורות (דף ט:) פטר חמור אסור בהנאה דבכלל לא תעבוד הוא ואע״ג דבקרא כתיב בכור שורך איהו דריש לי׳ בכור שורך למעוטי שותפות ולא למעוטי פטר חמור אי נמי מתני׳ כמאן דממעט פטר חמור מהכא שור וחמור דקתני במתני׳ לאו דוקא דשור ושה קאמר והאי דנקט חמור משום לישנא דקרא דגבי כלאים כתיב שור וחמור והוא הדין לכל שני מינין ומשום הנאה דמיתהני מהקדש והוה ליה הזיד במעילה לא לקי דבכור לאו בר מעילה הוא דהא ממון כהן הוא דאין מעילה אלא בקדשי גבוה דמקדשי ה׳ כתיב ואין מעילה בבכור אלא בנהנה מן האימורים אחר זריקת דמים דהנהו לגבוה נינהו והוא הדין לכל קדשים קלים ובקדשי קדשים יש בהן מעילה לפני זריקת דמים דלגבוה נינהו אבל משנזרק הדם זכו בהו כהנים משולחן גבוה והוה ליה ממון כהן ואין בו מעילה וכן מוכח בר״ה (דף כח.) בשופר של עולה לא יתקע ואם תקע יצא בשופר של שלמים לא יתקע ואם תקע לא יצא מאי טעמא עולה דבת מעילה היא כיון דמעל בה נפקא לחולין שלמים דלאו בני מעילה נינהו לא נפקי לחולין והכי נמי מוכח במס׳ מעילה ובכמה דוכתי: **וכלאים בכרם.** דמכסי בהדי דאזיל ומחפה (ז) ס) בזורע: **שביעית.** נמי משום זורע בשביעית: **ויום טוב.** דקעביד חרישה ביו״ט: **כהן.** והוא נזיר והולך במקום טומאה אחר מחרשתו דאיכא חד לאו משום כהן לנפש לא יטמא בעמיו וחד משום נזיר על כל נפשות מת לא יבוא: **אינו השם.** (ח) אינו לאו זה נלקט עליו משום חרישה אלא משום לבישה: **אף נזיר.** נזיר וכהן קאמר ולא דייק: **אינו השם.** אין לאו שלו בא עליו משום חרישה אלא משום כניסה שנכנס למקום טומאה: **גמ׳ אפילו מכנים ומוציא בית יד אונקלי שלו.** מכניס ומוציא ידו בבית יד חלוקו דמי כפושט ולובש: **עיולי ואפוקי.** ממש: **בחבורה.** נראה לי יום אסיפה או יום וועד היה להם שקורין חבורה: **דדלאי.** הגבהתי: **מי משכחת מרגניתא.** דאי לאו דאמרי לך הוי אמרת חורש דמחייב בכלאים לאו משום זורע אלא משום (מקום) מקיים דשביק ולא עקר להו: **אי לאו דקלסך גברא רבה.** רבי ינאי (ט) הוה מוקימנא מתניתא דמחייבא חורש בכלאים דמשום מקיים הוא וכרבי עקיבא ומאן דלית ליה מקיים בכלאים פטור פוטר נמי במחפה אבל רבי ינאי קלסך והודה לך דמחפה משום זורע מיחייב לכולי עלמא דמדקאמר רבי ינאי המחפה בכלאים לוקה ולא קאמר מקיים בכלאים לוקה ש״מ דעדיף ליה מחפה ממקיים דמחפה כזורע חשיב ליה וחייב לכולי עלמא וכי אמרת ליה לא משנתנו היא הודה לדבריך שיפה אמרת ואי לאו דקלסך הוה אמינא טעם דמתניתין משום מקיים דמקיים בכלאים לוקה לרבי עקיבא וכן בשביעית משום חורש מחייב ליה תנא דמתניתין ומאן דפטר במקיים פטר נמי במחפה: **מאי רבי עקיבא דתניא המנכש והמחפה.** ולא גרסינן דתנן דברייתא היא ולא משנה: **המנכש והמחפה בכלאים לוקה רבי עקיבא אומר אף המקיים.** כולה רבי עקיבא קאמר לה המנכש והמחפה בכלאים לוקה דמקיים הוא שר״ע כו׳ והכי משני ליה במועד קטן ורבנן דפליגי עליה דרבי עקיבא סבירא להו מחפה אינו לוקה דמאן דפטר במקיים פטר במחפה והמנכש עוקר עשבים רעים כדי שיגדלו האחרים יותר לוקה דחשיב כזורע כלאים: **בהמתך לא תרביע כלאים שדך לא תזרע כלאים.** ושמעינן ליה הכי כלאים שדך לא דעקרינן ליה מפסטיה לדרשא (י) דהוה מצי למיכתב בהמתך כלאים לא תרביע ומדסמך כלאים לשדה שמע מינה להכי הוא דאתא: **ולילקי נמי משום זורע.** דהא נמנו וגמרו דמחפה זורע הוא כדאמרן: **ואין חילוק מלאכות ביום טוב.** אם עשה שתים ושלש מלאכות בהעלם אחד או עשה מלאכה שיש בה (כ) שתים אינו חייב אלא אחת למ״ד (שבת דף ע.) הבערה לחלק יצאת סבירא ליה אין חילוק מלאכות ביו״ט דביו״ט לא יצאת הבערה ומ״ד נמי הבערה ללאו יצאת ונפקא ליה חילוק מלאכות מועשה אחת מהנה הני מילי באיסורי דאית בהן חיוב חטאת כגון מלאכות דשבת דזדונן כרת ושגגתן חטאת דבההיא פרשה דועשה מאחת מהנה קמיירי בחטאת אבל יו״ט דחיוב מלקות הוא ואין זדונו כרת אין בו חילוק מלאכות: **לוקה משום מבשל.** גיד ביום טוב ומשום מבשל בשר בחלב קסבר יש בגידין בנותן טעם תלתא לא תבשל כתיבי חד לאכילה וחד להנאה וחד לבישול בשחיטת חולין (דף קטו:):

משום

תוספות

ואפילו לא שהה אלא (ל) להפשיט מלבוש חייב. ובלא שהה לא מיחייב ולא דמי דין זה להן דפ״ב דשבועות (דף טז:) (ושם) דאיבעיא להו מי בעינן שהייה למלקות גבי טומאת מקדש ונזיר בקבר דשמא מחייב בלא שהה והכא אמרי׳ דלא מיחייב בלא שהייה דלא דמי לשהייה דהתם דכיון דבידו לפרוש מן הטומאה כי נמי לא שהה כדי השתחוואות דין הוא דמחייב אבל הכא דאין לו שהות לפשוט וללבוש אין כאן עבירה אחרת דעדיין הלבישה הראשונה קיימת דהתם נמי אינו חייב עד שיוכל לפרוש מן הטומאה:

מחוי ליה רב ששת בין (לעיל ע״א) פירקי. לפ״ה כדאיתא שתים מכאן ושתים מכאן ולפר״ת כמו שפירש בשבועות (דף ג.):

לא יגלחו. וא״ת מאי (ג״ז שם) מייתי מלא יגלחו הא גבי כהנים כתיבא וי״ל דגמרינן מיניה:

החורש בשור וחמור והן מוקדשין. (מ) ופ״ה בכור שור עובר משום לא תעבוד בבכור שורך וחמור קדשי בדק הבית ולקי משום להזיד במעילה באזהרה וי״א פטר חמור וכמ״ד אסור בהנאה ולא נהירא דאינו כן דליכא למ״ד דלקי הנהנה ממנו ולא נראה לר״י פירוש הקונטרס דפירש דחמור לקי מלאו דהזיד במעילה דבגמ׳ קאמר מידי דליתיה בשאלה לא קתני והקדש דמתני׳ מיירי בבכור דליתיה בשאלה ° לכך מפרש ר״י דעל החמור אינו לוקה ויכול להיות שהוא חולין (נ) והן מוקדשין בשור וחמור לאו דוקא דליכא מוקדשין אלא בשור וליכא אלא ב׳ לאוין בשור וחמור אבל בכלאי הכרם איכא ב׳ מלקות דמיירי שהיה זורע בכרם חטה ושעורה וחרצן וחפה אותם בחרישה דקא עבד תרתי חדא דזרע כלאי זרעים ועוד דזרע כלאי הכרם ע):

אלא

מסורת הש״ס

א) פסחים מז., ב) [נ״ל אמר רב ביבי אמר רב אסי לא פושט ולובש ממש אלא אפי׳ וכו׳ כך הגירסא בילקוט וכן אי׳ בתוס׳ שבועות יז. ד״ה או אין וכו׳], ג) נ״ל ליה, ד) [יבמות לב: ב״מ יז:], ה) [עי׳ תוס׳ ב״מ יז: ד״ה אי לאו], ו) [יבמות לב:], ז) ע״ז סד. ע״ש מ״ק ב: ע״ש [תוספ׳ כלאים פ״א], ח) שם [ע״ש], ט) [סוכה נד. וש״נ], י) [עי׳ תוס׳ מנחו׳ יח: ד״ה מנין], כ) [פסחים מח.], ל) כמו זאת תהא וכן פי׳ רש״י בהשולח (גיטין דף מה.) גבי עדא אמרה כמו זאת כו׳ רש״ל, מ) נ״ל והתניא, נ) פסחים מז: ע״ש ביצה יב: ע״ש, ס) [נ״ל כזורע או שנ״ל בזורע], ע) [ודבריהם יותר מבוארים בפסחים מז. ד״ה ומוקדשין].

הגהות הב״ח

(א) גמ׳ אמר ר׳ ביבי אמר ר׳ יוסי לא פושט ולובש ממש אלא אפילו מכנים: (ב) שם תנא קתני שמנה. נ״ב עי׳ תוס׳ פ״ק דקדושין דף טז ע״ב ד״ה והא ארבעה ובתוס׳ דיבמות דף ג׳ ד״ה למעוטי: (ג) שם אמר ליה רבה יש חילוק: (ד) שם עדא תהא. נ״ב כמו זאת תהא כלומר זו היא סברא נכונה דלא קא חשיב דלילקי משום זורע ביו״ט משום דקחשיב חורש ביו״ט ואינו חייב ב׳ אב׳ מלאכות ביו״ט כשעשאן בבת אחת: (ה) שם גיד הנשה בחלב ביו״ט: (ו) רש״י ד״ה והן מוקדשין וכו׳ ובכור שור ופטר חמור קאמר וקעבר בהן וכו׳ ושור וחמור דקתני וכו׳ דשור ושה קאמר נ״ב פי׳ וחייב ב׳ א׳ משום שור וא׳ משום שה: (ז) ד״ה וכלאים בכרם וכו׳ ומחפה וחייב משום זורע: (ח) ד״ה אינו השם אין לאו: (ט) ד״ה אי לאו וכו׳ ר׳ ינאי הס״ד ואח״כ מ״ה הוה אוקימנא מתניתין דמיחייבא: (י) ד״ה בהמתך וכו׳ דהוה מצי למיכתב. נ״ב עיין בע״ז דף ס״ד ריש ע״א לא פירש כך: (כ) ד״ה ואין חילוק וכו׳ שיש בה שתי לאוין אינו חייב: (ל) תוס׳ ד״ה ואפי׳ לא שהה אלא כדי להפשיט וללבוש חייב וכו׳ לשהייה דהתם כיון דבידו וכו׳ כדי השתחוואה דין הוא דמחייב אבל: (מ) ד״ה החורש וכו׳ פ״ה שור וכו׳ אסור בהנאה ולי נראה דאינו כן: (נ) בא״ד ויכול להיות שהוא חולין ולאו דוקא קאמר והן מוקדשים תרוייהו השור והחמור דליכא מוקדשים אלא בשור וליכא ב׳ לאוין כנ״ל ותיבת אלא נמחק:

גליון הש״ס

גמ׳ א״ר ינאי בחבורה נמנו. כעין זה יבמות דף לב ע״ב: שם ולילקי נמי משום זורע. קשה לי דבלא״ה קשה דלילקי נמי בחורש משום מחמר אחר בהמתו ואף אם אינה בהמתו מ״מ להר״ן מחמר אחר בהמה דעלמא חייב. ולכאורה מוכח מזה דשביתת בהמתו ודמחמר אינו ביו״ט כמ״ש הרמ״א סי׳ רמ״ו ס״ג ואפשר שלזה כוון המג״א שם ס״ק י״ב בלשונו הקצר ועי׳ מכות פ״ג: שם ולוקה משום מבשל. עי׳ סנהדרין דף סג ע״א תוס׳ ד״ה על: תוס׳ ד״ה החורש וכו׳ לכך מפרש ר״י. ועי׳ טורי אבן ר״ה דף ד ע״א ד״ה לדקות:

ליקוטי רש״י

והן מוקדשין. עובר על השור שהוא קדשי מזבח משום לא תעבוד בבכור שורך וכל הקדשים כבכור ועל החמור שהוא קדשי בדק הבית משום לאו דהזיד במעילה דאמרן בפ׳ כל שעה (פסחים לג.) הזיד במעילה באזהרה וגמר חטא חטא מתרומה הרי שלשה לאוין חלוקין ולא חשיב אלא לאוין חלוקין. **ובשביעית.** דעובר משום שדך לא תזרע וחורש תולדה דזורע כגון חורש לכסות את הזריעה. **ויום טוב.** ושבת לא תנא משום דלאו שניתן לאזהרת מיתת ב״ד הוא דאין לוקין עליו. **בבית הטומאה.** שזה בית הקברות וכו׳ [פסחים מז.:].

אי לאו דדלאי וכו׳ מי משכחת וכו׳ אי לאו דאמרי לך לא הוית מסיק אדעתיך [יבמות צב:].

המנכש והמחפה. לאחר זריעתן חופה עפר עליהן כדרך כל הזורעים. **לוקה.** דהיינו נמי זורע דמה דרכו של זורע לגמוחי פירי מכוין הא נמי לגמוחי פירי מכוין [ע״ז סד.].

המחפה. שמכסה את הזרעים בעפר: **לוקה.** משום לא תזרע כלאים (ויקרא יט) [מועד קטן ב:].

אף המקיים. שרואה כלאים זרוע ואינו מבטלו. **ת״ל כלאים שדך לא.** ואע״ג דכתיב לא תזרע כלאים גורעין ודורשין לא כלאים לא יהא כלאים מכל מקום שחייב אתה לבטלו [מו״ק ב:]. כלאים להרבעה

חילוק מלאכות לשבת. שאם עשה שתים בהעלם אחד או [אחת] בשתי העלמות חייב שתים. **ואין חילוק מלאכות ליום טוב.** שאם עשה שתי מלאכות במזיד אינו לוקה שתים [פסחים מח.]. **המבשל גיד הנשה בחלב ביום טוב וכו׳ לוקה משום מבשל ביו״ט.** שהבשול אב מלאכה הוא ובשול גיד דבר האסור ואינו ראוי לאכילה ועומד באסור לא תעשה כל מלאכה דלא הותר אלא לצורך [ביצה יב.]. בישול שאינו לצורך ולוקה משום מבשל בשר בחלב אפילו הוא חול וקסבר יש בגידים בנותן טעם ובשר הם [פסחים מז:]. **ולוקה משום מבשל בשר בחלב.** לאו משום יום טוב דמלקות דבשול יו״ט הא תנא ליה אלא משום מבשל בשר בחלב דכתיב לא תבשל גדי בחלב שלש פעמים אחד לאסור אכילה ואחד לאסור הנאה ואחד לאסור בשול [ביצה יב.].

תורה אור השלם

א) אֶת חֻקֹּתַי תִּשְׁמֹרוּ בְּהֶמְתְּךָ לֹא תַרְבִּיעַ כִּלְאַיִם שָׂדְךָ לֹא תִזְרַע כִּלְאָיִם וּבֶגֶד כִּלְאַיִם שַׁעַטְנֵז לֹא יַעֲלֶה עָלֶיךָ: [ויקרא יט, יט]

who maintains *kilayim* incurs lashes.[20]

The Gemara now quotes R' Akiva's opinion:

מַאי רַבִּי עֲקִיבָא – What is this ruling **of R' Akiva?** דְּתַנְיָא – It is that **which was taught in a Baraisa:** הַמְנַכֵּשׁ וְהַמְחַפֶּה בְּכִלְאַיִם – ONE WHO PULLS OUT WEEDS OR COVERS SEEDS with earth, thereby fostering the growth OF *KILAYIM,* לוֹקֶה – INCURS LASHES. רַבִּי עֲקִיבָא אוֹמֵר אַף הַמְקַיֵּים – R' AKIVA SAYS: EVEN ONE WHO MAINTAINS *kilayim* incurs lashes.[21]

The Gemara elaborates on R' Akiva's opinion:

מַאי טַעְמָא דְּרַבִּי עֲקִיבָא – **What is R' Akiva's reason** (i.e. his Scriptural basis) for imposing *malkus* for merely maintaining *kilayim?* דְּתַנְיָא – It is **as was taught in a Baraisa:** "שָׂדְךָ לֹא־תִזְרַע כִּלְאָיִם" – The Torah states: *YOUR FIELD DO NOT SOW WITH KILAYIM.*[22] אֵין לִי אֶלָּא זוֹרֵעַ – From these words alone I HAVE established ONLY that one who actually *SOWS kilayim* violates this prohibition. מְקַיֵּים מִנַּיִן – FROM WHERE do I know that one who merely MAINTAINS *kilayim* is also liable? תַּלְמוּד לוֹמַר – THE TORAH STATES: "(בהמתך לא תרביע) כִּלְאַיִם שָׂדְךָ לֹא (תזרע כלאים)" – *(YOUR ANIMAL DO NOT MATE) AS KILAYIM, YOUR FIELD DO NOT (SOW WITH KILAYIM).* The juxtaposition of the words "*kilayim [in] your field, no*" indicates that one is forbidden even to *allow kilayim* in his field.[23]

The Gemara suggests an addition to the Mishnah's list of eight prohibitions:

אָמַר לֵיהּ עוּלָּא לְרַב נַחְמָן – **Ulla said to Rav Nachman:** If covering seeds is tantamount to sowing, as the "convention" voted and decided,[24] וְלִילְקֵי נַמִּי מִשּׁוּם זוֹרֵעַ בְּיוֹם טוֹב – **then** in the Mishnah's case of plowing a single furrow **let him incur lashes also for sowing on Yom Tov!**[25] – ? –

Rav Nachman responds:

אָמַר לֵיהּ – **[Rav Nachman] said to [Ulla]:** תָּנָא וְשַׁיֵּיר – **[The Mishnah] stated** some of the prohibitions **and omitted** others; it never meant to give a full listing of the plowing-related prohibitions one can violate.

Ulla retorts:

אָמַר לֵיהּ – **[Ulla] said to [Rav Nachman]** in reply: תַּנָּא קָתָנֵי שְׁמוֹנָה – **The Tanna stated "eight"** prohibitions, וְאַתְּ אָמְרַתְּ תָּנָא וְשַׁיֵּיר – **and you say** that **he stated** only some prohibitions **and omitted** others?! That is not the Tanna's customary approach.[26] Hence, we must say that he did not list that additional prohibition because, in fact, it does not exist![27] – ? –

The Gemara rebuts Ulla's approach:

אָמַר רָבָא – **Rava**[28] **said:** Plowing and sowing on Yom Tov are not counted as separate transgressions because יֵשׁ חִילּוּק מְלָאכוֹת בְּשַׁבָּת – **there is a separation of *melachos* with regard to the Sabbath,**[29] וְאֵין חִילּוּק מְלָאכוֹת בְּיוֹם טוֹב – **but there is no separation of *melachos* with regard to Yom Tov.**[30] Therefore, when one plows and sows on Yom Tov, he incurs one *malkus* penalty for both labors.

NOTES

20. I.e. Reish Lakish tells R' Yochanan: I could have thought that when the Mishnah holds the plower liable for *kilayim,* it is following the dissenting opinion of R' Akiva, who holds that one is liable for maintaining *kilayim* (see note 18 above). And we would presume that those Tannaim who argue with R' Akiva and exempt for maintaining *kilayim* would exempt also for covering *kilayim* [and the Mishnah's "*Sheviis*" transgression would be for the act of plowing (*Rivan;* see note 5 above, and *Maharsha* and *Aruch LaNer*)]. However, now that R' Yannai has agreed with you that covering seeds of *kilayim* is tantamount to sowing them, we can say that the Mishnah reflects the opinion of all Tannaim, as you – R' Yochanan – have stated. For since R' Yannai said, "One who covers *kilayim* receives *malkus,*" and did not say, "One who maintains *kilayim* receives *malkus,*" we can infer that he regards "covering" as a more culpable activity than "maintaining" – i.e. that it is actually a form of sowing and is therefore prohibited by every authority! Hence, the Mishnah – which speaks of covering *kilayim* – reflects the opinion of all (*Rivan*).

21. In this Baraisa R' Akiva states explicitly that one incurs lashes for maintaining *kilayim.* [Whether he does so with an action, or even without an action, see sources cited in note 18 above.]

The Gemara in *Moed Katan* (2b) suggests that the entire Baraisa can reflect the opinion of R' Akiva, in which case the Baraisa is stating: What is the reason that one who weeds or covers seeds incurs *malkus*? Because he is guilty of maintaining *kilayim,* for R' Akiva holds that even one who merely maintains *kilayim* is liable to lashes. [According to this interpretation, weeding and covering seeds are merely subcategories of maintaining *kilayim.* There is another understanding of this Baraisa – that weeding and covering are forms of sowing, as per the Gemara above (see *Moed Katan* ibid.). *Rivan* here states, however, that those who dispute R' Akiva hold that weeding is a subcategory of sowing, but covering seeds is not!? See *Aruch LaNer; Keren Orah* to *Moed Katan* 2b.]

22. *Leviticus* 19:19, which states more fully: בְּהֶמְתְּךָ לֹא־תַרְבִּיעַ כִּלְאַיִם שָׂדְךָ לֹא־תִזְרַע כִּלְאָיִם, *your animal do not mate as kilayim, your field do not sow with kilayim.* [See *Aruch LaNer,* who points out that this verse speaks of *kilayim* in a field, not in a vineyard.]

23. The Torah could have worded the verse more straightforwardly: בְּהֶמְתְּךָ כִּלְאַיִם לֹא תַרְבִּיעַ. By shifting the word כִּלְאַיִם (*kilayim*) into juxtaposition with שָׂדְךָ (*your field*), the Torah indicates that we are to read the three words כִּלְאַיִם שָׂדְךָ לֹא together, for the aforementioned exegetical teaching (*Rivan;* cf. *Rashi* to *Avodah Zarah* 64a ד״ה ת״ל לא, and see *Bach* §10 here).

24. See *Ritva.*

25. I.e. in addition to receiving *malkus* for performing the *melachah* (forbidden labor) of plowing on Yom Tov, let him receive an additional *malkus* penalty for performing the *melachah* of sowing!

See *Tos. Shantz, Ramban* and *Ritva* and see above, notes 5 and 20 for a discussion of whether a similar type of question could be asked vis-a-vis the *Sheviis* prohibition mentioned in the Mishnah.

26. Whenever a Tanna teaches that if a person performs a certain action he will have committed a specific number of transgressions, the Tanna intends to state the maximum number of possible transgressions (*Ritva*).

27. [I.e. because he holds that covering the mixed seeds is not tantamount to sowing them.]

28. *Bach* emends this to "Rabbah said to him." See *Hagahos R' Baruch Frankel-Teumim* in back of Vilna Talmud.

29. One who performs several different *melachos* on the Sabbath (e.g. plowing and sowing) without knowing that they are forbidden [שׁוֹגֵג] is liable to bring a separate *chatas* offering for each *melachah* (see Mishnah, *Shabbos* 67b-68a). Also, if one performed the same *melachah* twice but remembered between each performance that the *melachah* is forbidden and then forgot again, he is liable to two *chatas* offerings (*Rashi* to *Pesachim* 48a).

30. If one deliberately performed several different *melachos* on Yom Tov, he is liable to only one set of lashes. This law applies where he received only one warning (*hasraah*) before performing a series of *melachos,* or even where he received distinct warnings but performed the different *melachos* in a single act [like here, where the plower performed the two *melachos* of plowing and sowing in a single act] (*Rivan,* as emended by *Ritva; Ritva*).

In Shabbos 70a there is a dispute regarding the source of the "separation of *melachos*" principle for the Sabbath. Some derive it from the Torah's specifically prohibiting lighting a fire on the Sabbath (*Exodus* 35:3) despite the fact that that labor was already included in the general category of *melachos* forbidden on the Sabbath (ibid. 20:10). The individual mention of lighting a fire teaches that a person is *separately liable* for it even when he does it together with other forbidden labors, and the same applies to all the *melachos* (following the hermeneutic principle: *Anything that was included in a general statement but was then singled out from the general statement in order to teach something, was not singled out to teach only about itself, but to apply its teaching to the entire generality*). Now, since the Torah singles out the prohibition against lighting a fire with regard to the Sabbath but not with regard to Yom Tov, there is no comparable teaching of the "separation of *melachos*" principle for Yom Tov. Others derive the principle from a verse regarding *chatas* liability in general. This teaching applies to the

יש [א] חורש תלם א' וחייב עליו משום שמונה לאוין החורש בשור וחמור והן מוקדשין וכלאים בכרם ובשביעית ויום טוב וכהן ונזיר בבית הטומאה חנניא בן חכינאי אומר אף הלובש כלאים אמרו לו אינו השם אמר להם אף הנזיר לא הוא השם: **גמ'** [ב] (אמר רב ביבי אמר ר' יוסי (א) פושט ולובש ממש או) אפי' מכנים ומוציא בית יד אונקלי שלו מחוי רב אחא בריה דרב איקא עיולי ואפוקי רב אשי אומר [א] אפילו לא שהה אלא כדי לפשוט וללבוש חייב: יש חורש תלם וכו': ° א"ר ינאי בחבורה נמנו וגמרו [ב] החופה בכלאים לוקה אמר [ג] להן רבי יוחנן לאו משנתנו היא זו יש חורש תלם אחד וחייב עליו משום שמונה לאוין החורש בשור ובחמור והן מוקדשין וכלאים בכרם האי חורש דמחייב משום כלאים היכי משכחת לה לאו דמיכסי בהדיה דאזיל א"ל [ד] אי לאו דדלאי לך [ה] חספא מי משכחת מרגניתא תותה אמר ליה ריש לקיש לר' יוחנן [ו] אי לאו דקילסך גברא רבה הוה אמינא מתני' מני רבי עקיבא היא דאמר המקיים כלאים לוקה מאי רבי עקיבא דתניא [ז] [ג] המנכש והמחפה בכלאים לוקה רבי עקיבא אומר אף המקיים מאי טעמא דר' עקיבא [ח] דתניא [א] שדך לא תזרע כלאים אין לי אלא זורע מקיים מנין ת"ל (א) בהמתך לא תרביע) כלאים שדך לא (תזרע כלאים) אמר ליה עולא לרב נחמן ° ולילקי נמי משום זורע ביום טוב א"ל [ט] תנא ושייר א"ל [י] תנא (ב) קתני שמונה ואת אמרת תנא ושייר אמר (ג) רבא [כ] [ד] יש חילוק מלאכות בשבת ואין חילוק מלאכות ביום טוב אמר ליה (ד) [ל] עדא תהא איתיביה אביי ואין חילוק מלאכות ביום טוב [מ] והתנן [נ] המבשל גיד (ה) בחלב ביו"ט ואכלו לוקה חמש לוקה משום אוכל גיד ° ולוקה משום מבשל ביום טוב שלא לצורך ולוקה משום מבשל גיד בחלב ולוקה משום אוכל בשר בחלב ולוקה משום

רש"י

יש חורש תלם אחד. יש עובר בלא תחרוש בשור ובחמור ונלקטים עליו איסורים הרבה עם אותו לאו בלבד ובהא לא קא עסיק שיהא חורש בכמה שוורים וכמה חמורים והרי נלקטים איסורין הרבה עליו דלכל הפחות קאמר ואלאו דכלאים קאי ללקוט עליו כל איסורין שהוא יכול: **והן מוקדשין.** בגמ' מוקי ליה בבכור (ו) בכור שור ופטר חמור וקעבר בהן משום לא תעבוד בבכור שורך ואליבא דרבי יהודה דאמר בפ"ק דבכורות (דף ט:) פטר חמור אסור בהנאה דבכלל לא תעבוד הוא ואע"ג דבקרא כתיב בכור שורך איהו דריש לי' בכור שורך למעוטי שותפות ולא למעוטי פטר חמור אי נמי מתני' כמאן דממעט פטר חמור מהכא שור וחמור דקתני במתני' לאו דוקא דשור ושה קאמר והאי דנקט חמור משום לישנא דקרא דגבי כלאים כתיב שור וחמור והוא הדין לכל שני מינין ומשום הנאה דמיתהני מהקדש והוה ליה הזיד במעילה לא לקי דבכור לאו בר מעילה הוא דהא ממון כהן הוא דאין מעילה אלא בקדשי גבוה דמקדשי ה' כתיב ואין מעילה בבכור אלא בנהנה מן האימורים אחר זריקת דמים דהנהו לגבוה נינהו והוא הדין לכל קדשים קלים ובקדשי קדשים יש בהן מעילה לפני זריקת דמים דלגבוה נינהו אבל משנזרק הדם זכו בהו כהנים משולחן גבוה והוה ליה ממון כהן ואין בו מעילה וכן מוכח בר"ה (דף כח.) בשופר של עולה לא יתקע ואם תקע יצא בשופר של שלמים לא יתקע ואם תקע לא יצא מאי טעמא עולה דבת מעילה היא כיון דמעל בה נפקא לחולין שלמים דלאו בני מעילה נינהו לא נפקי לחולין והכי נמי מוכח במס' מעילה ובכמה דוכתי: **וכלאים בכרם.** דמכסי בהדי דאזיל ומחפה (ז) [ס] בזורע: **שביעית.** נמי משום זורע בשביעית: **ויום טוב.** דקעביד חרישה ביו"ט: **כהן.** והוא נזיר והולך במקום טומאה אחר מחרשתו דאיכא חד לאו משום כהן לנפש לא יטמא בעמיו וחד משום נזיר על כל נפשות מת לא יבוא: **אינו השם.** (ח) אינו לאו זה נלקט עליו משום חרישה אלא משום לבישה: **אף נזיר.** נזיר וכהן קאמר ולא דייק: **אינו השם.** אין לאו שלו בא עליו משום חרישה אלא משום כניסה שנכנס למקום טומאה: **גמ' אפילו מכנים ומוציא בית יד אונקלי שלו.** מכניס ומוציא ידו בבית יד חלוקו דמי כפושט ולובש: **עיולי ואפוקי.** ממש: **בחבורה.** נראה לי יום אסיפה או יום וועד היה להם שקורין חבורה: **דדלאי.** הגבהתי: **מי משכחת מרגניתא.** דאי לאו דאמרי לך הוי אמרת חורש דמחייב בכלאים לאו משום זורע אלא משום (מקוס) מקיים דשביק ולא עקר להו: **אי לאו דקלסך גברא רבה.** רבי ינאי (ט) הוה מוקימנא מתניתא דמחייבא חורש בכלאים דמשום מקיים הוא וכרבי עקיבא ומאן דאית ליה מקיים בכלאים פטור פוטר נמי במחפה אבל רבי ינאי קלסך והודה לך דמחפה משום זורע מיחייב לכולי עלמא דמדקאמר רבי ינאי המחפה בכלאים לוקה ולא קאמר מקיים בכלאים לוקה ש"מ דעדיף ליה מחפה ממקיים דמחפה כזורע חשיב ליה וחייב לכולי עלמא וכי אמרת ליה לא משנתנו היא הודה לדבריך שיפה אמרת ואי לאו דקלסך הוה אמינא טעם דמתניתין משום מקיים דמקיים בכלאים לוקה לרבי עקיבא וכן בשביעית משום חורש מחייב ליה תנא דמתניתין ומאן דפטר במקיים פטר נמי במחפה: **מאי רבי עקיבא דתניא המנכש והמחפה.** ולא גרסינן דתנן דברייתא היא ולא משנה: **המנכש והמחפה בכלאים לוקה רבי עקיבא אומר אף המקיים.** כולה רבי עקיבא קאמר לה המנכש והמחפה בכלאים לוקה דמקיים הוא שר"ע כו' והכי מתני ליה במועד קטן ורבנן דפליגי עליה דרבי עקיבא סבירא להו מחפה אינו לוקה דמאן דפטר במקיים פטר במחפה והמנכש עוקר עשבים רעים כדי שיגדלו האחרים יותר לוקה דחשיב כזורע כלאים: **בהמתך לא תרביע כלאים שדך לא תזרע כלאים.** ושמעינן ליה הכי כלאים שדך לא דעקרינן ליה מפסוקיה לדרשא (י) דהוה מצי למיכתב בהמתך כלאים לא תרביע ומדסמך כלאים לשדה שמע מינה להכי הוא דאתא: **ולילקי נמי משום זורע.** דהא נמנו וגמרו דמחפה זורע הוא כדאמרן: **ואין חילוק מלאכות ביום טוב.** אם עשה שתים ושלש מלאכות בהעלם אחד או עשה מלאכה שיש בה (כ) שתים אינו חייב אלא אחת למ"ד (שבת דף ע.) הבערה לחלק יצאת סבירא ליה אין חילוק מלאכות ביו"ט דביו"ט לא יצאת הבערה ומ"ד נמי הבערה ללאו יצאת ונפקא ליה חילוק מלאכות מועשה אחת מהנה הני מילי באיסורי דאית בהן חיוב חטאת כגון מלאכות דשבת דזדונן כרת ושגגתן חטאת דבההיא פרשה דועשה מאחת מהנה קמיירי בחטאת אבל יו"ט דחיוב מלקות הוא ואין זדונו כרת אין בו חילוק מלאכות: **לוקה משום מבשל.** גיד ביום טוב ומשום מבשל בשר בחלב קסבר יש בגידין בנותן טעם תלתא לא תבשל כתיבי חד לאכילה וחד להנאה וחד לבישול בשחיטת חולין (דף קטו:):
משום

תוספות

ואפילו לא שהה אלא (ל) להפשיט מלבוש חייב. ובלא שהה לא מיחייב ולא דמי דין זה להך דפ"ב דשבועות (דף טז: ושם) דאיבעיא להו מי צריך שהייה למלקות גבי טומאת מקדש ונזיר בקבר דשמא מחייב בלא שהה והכא אמרי' דלא מיחייב בלא שהייה דלא דמי לשהייה דהתם דכיון דבידו לפרוש מן הטומאה כי נמי לא שהה כדי השתחוואות דין הוא דמחייב אבל הכא דאין לו שהות לפשוט וללבוש אין כאן עבירה אחרת דעדיין הלבישה הראשונה קיימת דהתם נמי אינו חייב עד שיוכל לפרוש מן הטומאה:

מחוי ליה רב ששת בין פירקי. (לעיל ע"א) לפ"ה כדאיתא שתים מכאן ושתים מכאן ולפר"ת כמו שפירש בשבועות (דף ג.):

לא יגלחו. (ג"ז שם) וא"ת מאי מייתי מלא יגלחו הא גבי כהנים כתיבא וי"ל דגמרינן מיניה:

החורש בשור וחמור והן מוקדשין. (מ) ופ"ה בכור שור עובר משום לא תעבוד בבכור שורך וחמור קדשי בדק הבית ולקי משום דהזיד במעילה באזהרה וי"א פטר חמור וכמ"ד אסור בהנאה ולא נהירא דאינו כן דליכא למ"ד דלקי הנהנה ממנו ולא נראה לר"י פירוש הקונטרס דפירש דחמור לקי מלאו דהזיד במעילה דבגמ' קאמר מידי דאיתיה בשאלה לא קתני והקדש דמתני' מיירי בבכור דליתיה בשאלה ° לכך מפרש ר"י דעל החמור אינו לוקה ויכול להיות שהוא חולין (נ) והן מוקדשין בשור וחמור לאו דוקא דליכא מוקדשין אלא בשור וליכא אלא ב' לאוין בשור וחמור אבל בכלאי הכרם איכא ב' מלקות דמיירי שהיה זורע בכרם חטה ושעורה וחרצן וחפה אותם בחרישה דקא עבד תרתי חדא דזורע כלאי זרעים ועוד דזורע כלאי הכרם [ע]:
אלא

עין משפט נר מצוה

קד א מיי' פ"י מהלכות כלאים הלכה ל סמג לאוין רפג:
קה ב ג מיי' שם פ"א הל' ב סמג שם טור שו"ע יו"ד סי' רצו ס"ה:
קו ד מיי' פ"א מהלכות יו"ט הלכה ג:

גליון הש"ס

גמ' א"ר ינאי בחבורה נמנו. כעין זה יבמות דף לב ע"ב: שם ולילקי נמי משום זורע. קשה לי דבלא"ה קשה לילקי נמי בחורש משום מחמר בהמתו ואף אם בהמתו מ"מ להר"ן מחמר אחר בהמה דעלמא חייב. ולבאורה מוכח מזה דשביתת בהמתו אינו ב"ע כמ"ש הרמ"א סי' רמ"ו ס"ג ואפשר שלזה כוון המג"א ס"ק י"ב בלשונו הקצר ועי' מכות פ"ג: שם ולוקה משום מבשל. עי' סנהדרין דף סג ע"א תוס' ד"ה על: תוס' ד"ה החורש וכו' לכך מפרש ר"י. עי' לעיל דף ד ע"א ד"ה לוקות:

ליקוטי רש"י

והן מוקדשין. עובר על השור שהוא קדשי מזבח משום לא תעבוד בבכור שורך וכל הקדשים כבכור ועל החמור שהוא קדשי בדק הבית משום לאו דהזיד במעילה בפ' כל שעה (פסחים כג.). הזיד במעילה באזהרה וגמר טעות מתרומה ותרומה בלאו ושלשה לאוין חלוקין ולא חשיב אלא לאוין חלוקין. **ובשביעית.** דעובר משום שדך לא תזרע ואיכא תולדה דזורע כגון החורש לכסות את הזרעים. **ויום טוב.** שבת לא תנא משום דלאו שניתן לאזהרת מיתת ב"ד הוא דאין לוקין עליו. **בבית הטומאה.** שזה בית הקברות וכו' [פסחים מז.].
אי לאו דדלאי וכו' מי משכחת וכו' אי לאו דאמרי לך לא הוית משכח מסיק לדעתיך [יבמות צב:].
המנכש והמחפה. לאחר זריעתן חופה עליהן בעפר כדרך כל הזורעים. **לוקה.** דהיינו נמי זורע דמה דרכו של זורע למיחפי פירי מכוון הכי נמי מכוון פירי מכוון [ע"ז סד:].
המחפה. המכסה את הזרעים בעפר: **לוקה.** משום לא תזרע (ויקרא יט) [מו"ק ב:].
אף המקיים. שרואה כלאים זרוע ואינו מבטלו. ת"ל כלאים שדך לא. ואע"ג דכתיב לא תזרע כלאים גורעין ודרשינן לא יהא לך כלאים בשדך כלל מקום שחייב אתה לבטלו [מו"ק ב:].

מסורת הש"ס

א) פסחים מז., ב) [צ"ל אמר רב ביבי אמר רב אסי לא פושט ולובש ממש אלא אפי' וכו' כן הגירסא בילקוט וכן אי' בתוס' שבועות יז. ד"ה או אין וכו'], ג) צ"ל ליה, ד) [יבמות לב: ב"מ יז:], ה) [עי' תוס' ב"מ יז: ד"ה אי לאו], ו) [יבמות לב:], ז) ע"ז סד. עי' מ"ק ב: ע"ש [תוספ' כלאים פ"א], ח) שם [ע"ש], ט) [סוטה נד. וש"נ], י) [עי' תוס' מנחות יח: ד"ה מנין], כ) [פסחים מח.], ל) כמו זאת תהא וכן פי' רש"י בהשולח (גיטין דף מה.) גבי עדא אמרה כמו זאת כו' רש"ל, מ) צ"ל והתניא, נ) פסחים מז: ע"ש ביצה יב: ע"ש, ס) צ"ל זורע או צ"ל בזורע, ע) [ודבריהם יותר מבוארים בפסחים מז. ד"ה ומוקדשין].

הגהות הב"ח

(א) גמ' אמר ר' ביבי אמר ר' יוסי לא פושט ולובש ממש אלא אפילו מכנים: (ב) שם תנא קתני שמנה. נ"ב עי' תוס' פ"ק דקדושין דף טו ע"ב ד"ה הא דארבעה ובתוס' דיבמות דף ג' ד"ה למעוטי: (ג) שם אמר ליה רבא יש חילוק: (ד) שם עדא תהא. נ"ב כלומר זו היא סברא נכונה דלא קא חשיב לילקי משום זורע ביו"ט ולאו חייב ב' מלאכות ביו"ט כשעשאן בבת אחת: (ה) שם גיד הנשה בחלב ביו"ט: (ו) רש"י ד"ה והן מוקדשין וכו' בכור שור ופטר חמור קאמר וקעבר בהן וכו' שור וחמור וכו' דקתני פי' וחייב ב' משום שור ואי' משום שה: (ז) ד"ה וכלאים בכרם וכו' ומחפה וחייב משום זורע: (ח) ד"ה אינו השם אין לאו וכו': (ט) ד"ה אי לאו וכו' רבי ינאי היה מוקי: (י) ד"ה בהמתך וכו' דהוה מצי למיכתב: (כ) ד"ה ואין חילוק וכו' שיש בה שתי לאוין אינו חייב: (ל) תוס' ד"ה ואפילו וכו' לא שהה אלא כדי להפשיט וללבוש כשהייה דהתם כיון דבידו וכו' כדי השתחואות: (מ) ד"ה החורש וכו' פ"ה שור וכו' ואסור בהנאה ולא נהירא: (נ) בא"ד ויכול להיות שהוא חולין והן מוקדשין בשור וחמור לאו דוקא דליכא מוקדשין אלא בשור וליכא אלא ב' לאוין בשור וחמור אבל בכלאי הכרם איכא ב' לאוין וכו'.

תורה אור השלם

א) אֶת חֻקֹּתַי תִּשְׁמֹרוּ בְּהֶמְתְּךָ לֹא תַרְבִּיעַ כִּלְאַיִם שָׂדְךָ לֹא תִזְרַע כִּלְאָיִם וּבֶגֶד כִּלְאַיִם שַׁעַטְנֵז לֹא יַעֲלֶה עָלֶיךָ: [ויקרא יט, יט]

חילוק מלאכות לשבת. שאם עשה שתים בהעלם אחד או [אחת] בשתי העלמות חייב שתים. **ואין חילוק מלאכות ליום טוב.** שאם עשה שתי מלאכות במזיד אינו לוקה שתים [פסחים מח.]. **המבשל גיד הנשה בחלב ביום טוב וכו' לוקה משום מבשל ביו"ט.** שהבשול אב מלאכה הוא ובשול גיד דבר האסור ואינו ראוי לאכילה ועומד באסור לא תעשה כל מלאכה דלא הותר אלא לצורך [ביצה יב.]. **ולוקה משום מבשל בשר בחלב.** לאו משום יום טוב דמלקות דבשול יו"ט הא תנא ליה אלא משום בשר בחלב אפילו הוא חול וקסבר יש בגידים בנותן טעם ובשר הס [פסחים מז:]. משום מבשל בשר בחלב דכתיב לא תבשל גדי בחלב שלש פעמים אחד לאסור אכילה ואחד לאסור הנאה ואחד לאסור בשול [ביצה יב.].

Ulla concedes the point:

אָמַר לֵיהּ – [Ulla] said to [Rava]: עֲדָא תְּהֵא – This shall be[31] the reason that the Mishnah does not list plowing and sowing on Yom Tov as two separate transgressions.

Rava's explanation is challenged nonetheless:

אֵיתִיבֵיהּ אַבַּיֵי – Abaye retorted: וְאֵין חִילּוּק מְלָאכוֹת בְּיוֹם טוֹב – And is it so that **there is no separation of *melachos* with regard to Yom Tov?! וְהָתְנַן – But we have learned in a Mishnah:**[32] הַמְבַשֵּׁל גִּיד בְּחָלָב בְּיוֹם טוֹב – ONE WHO COOKS A *GID [HANASHEH]*[33] WITH MILK ON YOM TOV וַאֲכָלוֹ – AND then EATS IT לוֹקֶה חָמֵשׁ – INCURS FIVE sets of LASHES for the following transgressions: לוֹקֶה מִשּׁוּם אוֹכֵל גִּיד – HE INCURS LASHES FOR EATING *THE GID [HANASHEH],* וְלוֹקֶה מִשּׁוּם מְבַשֵּׁל בְּיוֹם טוֹב שֶׁלֹּא לְצוֹרֶךְ – AND HE INCURS LASHES FOR COOKING ON YOM TOV UNNECESSARILY,[34] וְלוֹקֶה מִשּׁוּם מְבַשֵּׁל גִּיד בְּחָלָב – AND HE INCURS LASHES FOR COOKING THE *GID* WITH MILK,[35] וְלוֹקֶה מִשּׁוּם אוֹכֵל בָּשָׂר בְּחָלָב – AND HE INCURS LASHES FOR EATING MEAT AND MILK that were cooked together[36] וְלוֹקֶה – AND HE INCURS LASHES

NOTES

Sabbath prohibition against *melachah,* which carries *kares* liability for its willful violation and *chatas* liability for its inadvertent violation, but not to the Yom Tov prohibition, which does not [because the punishment for its willful violation is only *malkus*] (*Rivan*).

31. See *Maharshal.*

32. *Mesoras HaShas* emends this to וְהָתַנְיָא, *But it was taught in a Baraisa,* since what follows is not a Mishnah.

33. The Torah (*Genesis* 32:32) prohibits the consumption of an animal's *gid hanasheh* [sciatic nerve] (see *Chullin* Ch. 7 at length).

34. Although the Torah permits cooking on Yom Tov, this Baraisa follows the view of Beis Shammai, who do not subscribe to the rule that any *melachah* permitted for food purposes (e.g. cooking, lighting a fire) is permitted for other purposes as well (*Ritva*). Since in this case the person cooks something prohibited for consumption, his cooking is not for food purposes, and thus constitutes a forbidden labor (see *Beitzah* 12a-b).

35. The Torah commands three times: לֹא־תְבַשֵּׁל גְּדִי בַּחֲלֵב אִמּוֹ, *You shall not cook a kid in its mother's milk* (*Exodus* 23:19, 34:26; *Deuteronomy* 14:21). This prohibition applies not only to cooking the meat of a kid in its mother's milk, but also to cooking the meat of cattle, sheep and goats in the milk of any of these animals. The commandment is stated three times to teach three distinct prohibitions: (a) cooking milk and meat together; (b) eating milk and meat that were cooked together; (c) deriving any benefit from milk and meat that were cooked together (*Rivan,* from *Chullin* 115b).

This Tanna holds that the *gid hanasheh* has the status of meat (*Rivan;* see *Chullin* 99b and 101a, *Pesachim* 22a).

36. See previous note.

מִשּׁוּם הַבְעָרָה – FOR KINDLING FIRE on Yom Tov unnecessarily.[1] **וְאִם אִיתָא** – **And if it were true** that there is no separation of *melachos* with regard to Yom Tov, as you – Rava – hold, **מִשּׁוּם הַבְעָרָה לֹא מִחַיַּיב** – then **let him not be liable** to a separate *malkus* penalty **for kindling fire, דְּהָא אִיחַיַּיב לֵיהּ מִשּׁוּם בִּשּׁוּלוֹ** – **since [the Baraisa]** already **holds him liable** to *malkus* **for cooking [the *gid*]**!? Rather, he can incur both *malkus* penalties only if there is a separation of *melachos* even regarding Yom Tov.[2] – ? –

The Gemara accepts Abaye's argument, and emends the Baraisa:

אַפֵּיק הַבְעָרָה – **Remove** the transgression of **kindling fire** from the Baraisa's list **וְעַיֵּיל גִּיד הַנָּשֶׁה שֶׁל נְבֵילָה** – **and insert** in its place the transgression of eating **the *gid hanasheh* of a *neveilah*.**[3]

The Gemara objects to this answer:

וְהָתָנֵי רַבִּי חִיָּיא – **But R' Chiya taught** regarding the aforementioned Baraisa as follows: Of the five *malkus* penalties mentioned in the Baraisa, **לוֹקֶה שְׁתַּיִם עַל אֲכִילָתוֹ** – HE INCURS TWO sets of LASHES FOR HIS EATING[4] **וְשָׁלֹשׁ עַל בִּשּׁוּלוֹ** – AND THREE sets FOR HIS COOKING.[5] **וְאִי אִיתָא** – **And if it were true** that eating the *gid hanasheh* of a *neveilah* replaces kindling fire as the fifth transgression of the Baraisa, **שָׁלֹשׁ עַל אֲכִילָתוֹ הוּא חַיָּיב** – then **he is liable to *three* *malkus* penalties for his eating**[6] [and *two* for his cooking].[7] – ? –

In light of this difficulty, the Gemara suggests a different emendation of the Baraisa:

אֶלָּא אַפֵּיק הַבְעָרָה – **Rather, remove** the transgression of **kindling** from the Baraisa's list **וְעַיֵּיל עֲצֵי אֲשֵׁירָה** – **and insert** in its place the transgression of deriving benefit from **the wood of an *asheirah*.**[8] **וְאַזְהָרָתֵיהּ מֵהָכָא** – **And its** Scriptural **warning** [i.e. the negative commandment against using such wood] **is from here:** **"וְלֹא־יִדְבַּק בְּיָדְךָ וגו׳"** – ***And nothing shall adhere to your hand* etc.** [*of the banned thing*].[9] The Baraisa's fifth *malkus* penalty is incurred for violating this prohibition.

The Gemara rejects this revision as well:

אָמַר לֵיהּ רַב אַחָא בְּרֵיהּ דְּרָבָא לְרַב אַשִׁי – **Rav Acha the son of Rava said to Rav Ashi:** If the Baraisa speaks of one who used *asheirah* wood for fuel, **וְלִילְקֵי נַמִּי מִשּׁוּם "לֹא־תָבִיא תוֹעֵבָה אֶל־בֵּיתֶךָ"** – **then let him incur lashes also for** transgressing: ***You shall not bring an abomination into your home.***[10] He would thus be liable to six sets of lashes, whereas the Baraisa lists only five. – ? –

The Gemara therefore concludes:

אֶלָּא הָכָא בְּמַאי עַסְקִינַן – **Rather, here** in the Baraisa **with what case are we dealing?** **כְּגוֹן שֶׁבִּישְּׁלוֹ בַּעֲצֵי הֶקְדֵּשׁ** – **In a case where he cooked with consecrated wood**[11] (as fuel), **וְאַזְהָרָתֵיהּ מֵהָכָא** – **and its** Scriptural **warning is from here:** **"וַאֲשֵׁרֵיהֶם תִּשְׂרְפוּן בָּאֵשׁ ... לֹא־תַעֲשׂוּן כֵּן לַה׳ אֱלֹהֵיכֶם"** – ***and you shall burn their asheirah trees in fire ... You shall not do so to Hashem, your God.***[12] Accordingly, the Baraisa's fifth *malkus* penalty is not for kindling on Yom Tov, but for kindling sacred wood.

The Gemara now returns to the Mishnah's enumeration of eight *malkus* penalties incurred for plowing a single furrow. The Gemara will issue a series of challenges, but first provides an aid for remembering them:

סִימָן שנבא״י שנ״ז – **A mnemonic: *SHaNBAY SHaNaZ.***[13]

NOTES

1. Since the fire was made to cook a forbidden food, the kindling was not for Yom Tov food purposes, and so it constitutes a forbidden labor (see above, 21b note 34).

2. The commentators have two difficulties with Abaye's challenge: (a) Why does he exempt this person from kindling and obligate him for cooking when the kindling occurred first? (b) How does this even qualify as a case of "separation of *melachos*"? That issue arises when a person performs two *melachos* simultaneously, or two *melachos* consecutively but with only one warning (see above, 21b note 30). Here, however, he performed the two *melachos* of kindling and cooking sequentially, and following two separate warnings. Obviously, then, he should incur two *malkus* penalties!

The commentators thus understand that in the Baraisa's case the kindling and cooking were, in fact, performed simultaneously, such as where he placed the pot of uncooked food on a pile of wood and then ignited the wood (see *Gevuras Ari, Aruch LaNer* et al.; see also *Nasan Piryo;* cf. *Ritva*).

3. The Torah (*Deuteronomy* 14:21) prohibits the consumption of the meat of a *neveilah* – an animal that died without a ritual slaughter (*shechitah*).

The Gemara thus answers that of the five *malkus* penalties listed in the Baraisa, only one is incurred for performing a *melachah* on Yom Tov. Hence, the issue of "separation of *melachos*" never arises. The fifth penalty is incurred for eating the meat of a *neveilah,* since the *gid hanasheh* of a *neveilah* is forbidden on two grounds: (a) It is the meat of a *neveilah,* and (b) it is a *gid hanasheh* [since the Tanna of the Baraisa holds that the *gid hanasheh* has the status of meat (see above, 21b note 35), it is prohibited as *neveilah* also].

4. For (a) eating a *gid hanasheh,* and (b) eating meat and milk [that were cooked] together (*Rivan*).

5. For (a) cooking meat in milk, (b) cooking unnecessarily on Yom Tov, and (c) kindling fire unnecessarily on Yom Tov (*Rivan*).

6. For (a) eating a *gid hanasheh,* (b) eating meat and milk that were cooked together, and (c) eating a *neveilah.*

7. For (a) cooking meat in milk, and (b) cooking unnecessarily on Yom Tov.

The Rishonim ask: Why limit the number of *malkus* penalties to five? Let the Baraisa indeed teach the case of a *gid hanasheh* of a *neveilah,* and thereby obligate him for a third eating transgression (and six in all) – that of eating *neveilah* meat (see *Tosafos* to *Pesachim* 47b ד״ה ועל). *Ritva* here answers that a Tanna indicates his intent to list a multitude of prohibitions only when he prefaces his dictum with the word יֵשׁ, *there is.* Such is the case of our Mishnah, where the Tanna stated, "There is (a case where) one plows a single furrow etc." No such opening phrase appears in the Baraisa, however. Rather, the Tanna there is interested only in those transgressions that contain a novel teaching, and only five qualify for this [see *Kisei Shlomo* and *Minchas Yehudah,* cited by *Otzar Mefarshei HaTalmud,* who explain the novel teachings of the five transgressions of the Baraisa]. See also *Aruch LaNer* ד״ה שבישלו.

8. I.e. a tree worshiped as an idol. The Gemara is proposing that the Baraisa refers to one who fueled his fire with the wood of such a tree. Hence, the ratio of two eating transgressions to three cooking transgressions is maintained.

9. *Deuteronomy* 13:18. This verse forbids deriving benefit from objects worshiped as idols (see *Rambam, Hil. Avodah Zarah* 7:2).

10. Ibid. 7:26. One who benefits from an idol or its accouterments violates this prohibition as well (*Rambam* ibid; see *Kesef Mishneh* there; see *Mitzpeh Eisan* to *Pesachim* 48a and *Aruch LaNer* ד״ה לא תביא תועבה here).

11. I.e. wood that had been consecrated to the Temple treasury (*hekdesh*).

12. Ibid. 12:3-4. The passage mandates destroying *asheirah* trees and prohibits doing likewise to that which is consecrated to God. Thus, by burning *hekdesh* wood, a person transgresses this prohibition and incurs *malkus.*

The Rishonim are troubled by the fact that aside from this prohibition against destroying *hekdesh,* there is yet another prohibition against *benefiting* from *hekdesh* (*me'ilah*). Thus, this person should incur a sixth penalty! *Tosafos* explain that the Tanna reckons only prohibitions that can involve less than a *perutah* [which excludes *me'ilah,* where the benefit must be at least that value]. See *Ritva* and *Tos. Shantz* for different explanations, and see *Minchas Chinuch* §437.

13. This mnemonic is an acronym of the names of the seven Amoraim who authored the various challenges that follow: רַב הוֹשַׁעְיָא, רַב חֲנַנְיָא, רַבִּי אַבָּהוּ, אַבַּיֵי, רַב אַשִׁי, רָבִינָא, רַבִּי זְעֵירָא [Rav Hoshaya, Rav Chanania, R' Abahu, Abaye, Rav Ashi, Ravina, R' Z'eira].

קז א מיי׳ פי״ י מהלכות רוצח הלכה ט סמג עשין עט:
קח ב ג מיי׳ פ״ו מהל׳ יסודי התורה הל״א:
קט ד מיי׳ פ״י מהלכות טומאת צרעת הל״א סמג לאוין שסג:
קי ה מיי׳ פ״ט מהלכות כלי המקדש הל״י:
קיא ו מיי׳ שם פ״ב הלכה יג:
קיב ז מיי׳ פ״ז מהלכות ע״ז הלכה ג:
קיג ח מיי׳ פ״ו מהלכות מלכים הלכה ח:
קיד ט י מיי׳ פ״ט מהל׳ כלאים הל״א:
קטו כ מיי׳ פי״ז מהלכות סנהדרין הלכה א סמג לאוין קלח:
קטז ל מיי׳ שם הל״ב:

תורה אור השלם

א) וְלֹא יִדְבַּק בְּיָדְךָ מְאוּמָה מִן הַחֵרֶם לְמַעַן יָשׁוּב יְיָ מֵחֲרוֹן אַפּוֹ וְנָתַן לְךָ רַחֲמִים וְרִחַמְךָ וְהִרְבֶּךָ כַּאֲשֶׁר נִשְׁבַּע לַאֲבֹתֶיךָ: [דברים יג, יח]

ב) וְלֹא תָבִיא תוֹעֵבָה אֶל בֵּיתֶךָ וְהָיִיתָ חֵרֶם כָּמֹהוּ שַׁקֵּץ תְּשַׁקְּצֶנּוּ וְתַעֵב תְּתַעֲבֶנּוּ כִּי חֵרֶם הוּא: [דברים ז, כו]

ג) וְנִתַּצְתֶּם אֶת מִזְבְּחֹתָם וְשִׁבַּרְתֶּם אֶת מַצֵּבֹתָם וַאֲשֵׁרֵיהֶם תִּשְׂרְפוּן בָּאֵשׁ וּפְסִילֵי אֱלֹהֵיהֶם תְּגַדֵּעוּן וְאִבַּדְתֶּם אֶת שְׁמָם מִן הַמָּקוֹם הַהוּא: [דברים יב, ג]

ד) לֹא תַעֲשׂוּן כֵּן לַייָ אֱלֹהֵיכֶם: [דברים יב, ד]

ה) וְהוֹרִדוּ זִקְנֵי הָעִיר הַהִוא אֶת הָעֶגְלָה אֶל נַחַל אֵיתָן אֲשֶׁר לֹא יֵעָבֵד בּוֹ וְלֹא יִזָּרֵעַ וְעָרְפוּ שָׁם אֶת הָעֶגְלָה בַּנָּחַל: [דברים כא, ד]

ו) הִשָּׁמֶר בְּנֶגַע הַצָּרַעַת לִשְׁמֹר מְאֹד וְלַעֲשׂוֹת כְּכֹל אֲשֶׁר יוֹרוּ אֶתְכֶם הַכֹּהֲנִים הַלְוִיִּם כַּאֲשֶׁר צִוִּיתִם תִּשְׁמְרוּ לַעֲשׂוֹת: [דברים כד, ח]

ז) בְּטַבְּעֹת הָאָרֹן יִהְיוּ הַבַּדִּים לֹא יָסֻרוּ מִמֶּנּוּ: [שמות כה, טו]

ח) וְיִרְכְּסוּ אֶת הַחֹשֶׁן מִטַּבְּעֹתָו אֶל טַבְּעֹת הָאֵפֹד בִּפְתִיל תְּכֵלֶת לִהְיוֹת עַל חֵשֶׁב הָאֵפוֹד וְלֹא יִזַּח הַחֹשֶׁן מֵעַל הָאֵפוֹד: [שמות כח, כח]

ט) כִּי תָצוּר אֶל עִיר יָמִים רַבִּים לְהִלָּחֵם עָלֶיהָ לְתָפְשָׂהּ לֹא תַשְׁחִית אֶת עֵצָהּ לִנְדֹּחַ עָלָיו גַּרְזֶן כִּי מִמֶּנּוּ תֹאכֵל וְאֹתוֹ לֹא תִכְרֹת כִּי הָאָדָם עֵץ הַשָּׂדֶה לָבֹא מִפָּנֶיךָ בַּמָּצוֹר: [דברים כ, יט]

י) וְהָיָה אִם בִּן הַכּוֹת הָרָשָׁע וְהִפִּילוֹ הַשֹּׁפֵט וְהִכָּהוּ לְפָנָיו כְּדֵי רִשְׁעָתוֹ בְּמִסְפָּר: אַרְבָּעִים יַכֶּנּוּ לֹא יֹסִיף פֶּן יֹסִיף לְהַכֹּתוֹ עַל אֵלֶּה מַכָּה רַבָּה וְנִקְלָה אָחִיךָ לְעֵינֶיךָ: [דברים כה, ב-ג]

גמרא

משום הבערה ואם איתא משום הבערה לא (א) מחייב דהא איחייב ליה משום בשולו אפיק הבערה ועייל גיד הנשה של נבילה והתני ר׳ חייא לוקה שתים על אכילתו ושלש על בשולו ואי איתא שלש על אכילתו הוא חייב אלא אפיק הבערה ועייל עצי אשירה ואזהרתיה מהכא א) ולא ידבק בידך וגו׳ א״ל רב אחא בריה דרבא לרב אשי ולילקי נמי משום ב) לא תביא תועבה אל ביתך אלא הכא במאי עסקינן כגון שבישלו בעצי הקדש ואזהרתיה מהכא ג) ואשריהם תשרפון באש ד) לא תעשון כן לה׳ אלהיכם: סימן שנבא״י שנ״ז: מתקיף לה רב הושעיא וליחשוב נמי א הזורע בנחל איתן ואזהרתיה מהכא ה) אשר לא יעבד בו ולא יזרע מתקיף לה רב חנניא וליחשוב נמי ב המוחק את השם בהליכתו (א) ג ואזהרתיה מהכא ג) ואבדתם את שמם וגו׳ (ו) לא תעשון כן לה׳ אלהיכם מתקיף לה ר׳ אבהו וליחשוב נמי ד הקוצץ את בהרתו ואזהרתיה מהכא ו) השמר בנגע הצרעת מתקיף לה אביי וליחשוב נמי ה המזיח החושן מעל האפוד ו והמסיר בדי ארון ואזהרתיה מהכא ז) (ו) לא יסורו ח) ולא יזח החושן מתקיף לה רב אשי וליחשוב נמי ז החורש בעצי אשירה ואזהרתיה מהכא א) ולא ידבק בידך מאומה וגו׳ מתקיף לה רבינא וליחשוב נמי ח הקוצץ אילנות טובות ואזהרתיה מהכא ט) כי ממנו תאכל ואותו לא תכרות א״ל רבי זעירא לרבי מני וליחשוב נמי כגון דאמר שבועה שלא אחרוש ביום טוב התם לא קא חלה שבועה מושבע ועומד מהר סיני הוא א״ל כגון דאמר שבועה שלא אחרוש בין בחול בין ביו״ט דמגו דחלה עליה שבועה בחול חלה עליה נמי ביו״ט י) מידי דאיתיה בשאלה לא קתני ולא ג) והרי הקדש בבכור והרי נזיר בנזיר שמשון נזיר שמשון בר איטמויי למתים הוא אלא האי תנא איסור כולל לית ליה אמר רבי הושעיא ט המרביע שור פסולי המוקדשים לוקה שנים אמר רבי יצחק י המנהיג בשור פסולי המוקדשים לוקה שהרי גוף אחד הוא ועשאו הכתוב כשני גופים: **מתני׳** כ כמה מלקין אותו ארבעים חסר אחת שנא׳ י) במספר ארבעים מנין ד) שהוא סמוך לארבעים ר׳ יהודה אומר ארבעים שלימות הוא לוקה והיכן הוא לוקה את היתירה בין כתפיו ה) ל אין אומדין אותו אלא במכות ראויות להשתלש אמדוהו לקבל ארבעים ולוקה מקצת ואמדו

רש״י

משום הבערה. דאי הוה איהו מבעיר וחבירו מבשל הוו תרוייהו חייבין דמבעיר ומבשל אבות מלאכות אלמא מיחייב משום יו״ט שתים הבערה ובישול: ה״ג ואם איתא (ג) אהבערה לא ליחייב דהא איחייב ליה משום מבשל: גיד הנשה של נבילה. דלוקה אף משום נבילה שאכל: שלש על בישולו. בישול בשר בחלב ובישול שלא לצורך יו״ט והבערה שלא לצורך ושתים על אכילתו אכילת גיד ואכילת בשר בחלב ואם איתא דמפקת הבערה ומעיילת אכילת נבילה הוי איסור ג׳ על אכילתו: ואזהרת עצי הקדש מהכא ואשריהם תשרפון באש לא תעשון כן לה׳ אלהיכם: השמר בנגע הצרעת. ואמרינן (שבת דף קלג.) בקוצץ בהרתו הכתוב מדבר והשמר הוא לא תעשה: נילקי נמי. כגון שהיו כלי מחרישה מעצי אשירה: קוצץ אילנות טובות. בהליכתו: מי קא חיילא עליה. הא הוה ליה נשבע שלא יבטל המצוה ונפקא לן מלהרע או להיטיב בשבועות (דף כה.) דאין זו שבועה: מיגו דחיילא עליה שבועה כו׳. היינו איסור כולל ואיסור מוסיף כגון שבחתיכה עצמה נוסף איסור כגון אילו נוסף על היו״ט איסור ע״י שבועה זו וה״ל מוסיף דומיא דאשת איש ונעשית חמותו דמוסיף הוא דמעיקרא קיימא ליה בחנק והשתא קיימא ליה י) בסקילה א״נ חלב דנותר מעיקרא קאי עליה באיסור חלב והשתא איתוסף עליה איסור נותר ואיסור כולל היינו שאין איסור נוסף על החתיכה אלא כולל אחרים באיסורא כגון שנשא אחות חמותו דמיגו דמיתסר בכולהו אחוותא איתסר נמי בחמותו משום אחות אשה אי נמי כגון חמותו ונעשית אשת איש דמיגו דכיילה כולי עלמא באיסור אשת איש ° כללה נמי לדידיה לחייבו שתים: בנזיר שמשון. ע״י מלאך קיבל נזירות עליו דההוא אין לו שאלה דלווי שלמעלה הוא: נזיר שמשון בר טמויי למתים הוא. כלום אסור הוא להיטמא למתים אדם שמקבל נזירתו ע״י מלאך הא אמרינן במס׳ נזיר (דף ד:) שמשון הותר ליטמא למתים ובעי לאפוקי מהאי קרא ויך אלף ותמשים וגו׳ ופריך ליה אימא דשוינהו גוססין אלא גמרא ואית דמפרשי נזיר שמשון נזיר מן הבטן וקשיא לן ההיא נמי בשאלה איתיה שהיה אביו יכול לישאל עליו ואפילו מת אביו בשאלה מיהא הוה ההוא שעתא: המרביע שור פסולי המוקדשין. שנפדה אפילו על מינו לוקה שהרי גוף אחד (ג) ועשאו הכתוב שני גופין דתורת חולין ותורת קדשים יש עליו תורת חולין שמותר באכילה מחוץ לפתח אהל מועד כאילו לא הוקדש מעולם ותורת קדשים שאסור בגיזה ועבודה כדאמרינן בספרי בכל אות נפשך תזבח ואכלת בשר במה הכתוב מדבר אם בבשר תאוה הרי כבר אמור כי ירחיב ה׳ אלהיך את גבולך וגו׳ כי תאוה נפשך וגו׳ אם באכילת קדשים הרי כבר אמור כי אם במקום וגו׳ שם תעלה וגו׳ הא אין הכתוב מדבר אלא בפסולי המוקדשין שנפדו תזבח ולא גיזה לאסור בגיזה ועבודה בשר ולא חלב ואכלת ולא לכלביך והלכך אסור להרביעו אפי׳ עם מינו משום כלאים שמרביע חולין על קדשים או קדשים על חולין וכן במנהיג אפילו מנהיגו עם מינו ואפילו מנהיגו בפני עצמו חולין וקדשים הוא וחייב משום כלאים דחרישה דהוא עצמו כלאים שעשאן הכתוב שני גופין ולא שמעתי ראיה מנלן דחולין וקדשים כלאים זה בזה ודבר תימה הוא: **מתני׳** שנאמר במספר ארבעים. והפילו השופט והכהו לפניו כדי רשעתו במספר (דברים כה) וסמיך ליה ארבעים יכנו ודרשינן כמאן דכתיב במספר ארבעים מנין שהוא סוכם את הארבעים כדמפרש בגמ׳ דמדלא כתיב יכנו ארבעים במספר אלא במספר ארבעים יכנו שמעינן דהכי קאמר מנין הסוכם הארבעים חשבון המשלים סכום של ארבעים שגורם לקרות אחריו ארבעים והיינו שלשים ותשע: ראויות להשתלש. בגמרא מפרש:

תוספות

אלא הכא במאי עסקינן שבישלו בעצי הקדש. ואם תאמר לילקי משום הזיד במעילה באזהרה וי״ל דלא חשיב אלא לאו דאיתנהו בפחות משוה פרוטה:

מתקיף לה רב אושעיא וליחשוב נמי משום זורע בנחל איתן. קשה דהשתא (ד) פריך טובא ז) (ונפרוך דלא) משני מידי וצריך לומר (ה) דע״כ דתנא תנא ושייר ולעיל קאמר אלא תני תנא שמונה ואת אמרת תנא ושייר ואומר הר״ס ° דלא דמי לעיל דקתני שמונה ומני י״ט בחד ואם איתא דאיכא תו מלקות משום י״ט היה לו למנותן בשתים אבל הכא יכול להיות דלא איירי תנא למיחשב כל הני גווני דזורע בנחל איתן ומוחק את השם:

אמר ליה כגון דאמר שלא אחרוש בין בחול בין ביו״ט. וקשה דאכתי ליתא בלאו והן כדפריך פ״ג דשבועות (דף כד. ושם) גבי שלא אוכל נבילה ושחוטה דפריך מי איתא בלאו והן ואולי י״ל דמשכחת לה בהן כגון עפר תיחוח דלית בה חיובא מן התורה באותה חרישה:

שהרי גוף אחד (ו) ועשאו הכתוב ב׳ גופים. הקונטרס פירש כגרסתו ור״ת פירש בענין אחר כמין חומר דכתיב ביה כלבי וכאיל שהם ב׳ מינין ובזה הפירוש מיושב הא דאמרי׳ בבכורות (דף לג.) תלתא לבי ואיל כתיבי בו חד לכדרב יצחק וחד לכדר׳ (ח) יהושע) ופירוש הקונטרס לא אתפרש למילתייהו והשתא ניחא (ז) הא דרבי יצחק ורבי ט) יהושע דהכא י):

המנהיג בשור פסולי המוקדשים לוקה. ודוקא אי מושך השור משוי בגופו אבל בלא המשכה אין לוקה בהנהגה דאם לא כן לעולם לא יוכלו להנהיג שור פסולי המוקדשים ממקום אחר כ):

הא

מסורת הש״ס

א) [סנהדרין נו.], ב) [שבועות כד:], ג) [שם], ד) [הלחם משנה ריש פי״ז מהל׳ סנהדרין כתב פשוט הוא שזה טעות וצריך להיות סוכם את הארבעים דכן אמר בגמ׳ וכן משמע ומבואר בפי׳ רש״י וכן בסמ״ג הביא לשון המשנה סוכם את הארבעים עכ״ל וגם הר״ן בסוף מסכת זו כתב בפירוש המשנה מנין הסוכם תרגום ותוכן לבנים סכום לבניא וכו׳], ה) [כריתות יא.], ו) רש״א בשריפה, ז) [צ״ל וליחשוב ולא], ח) [צ״ל הושעיא], ט) [צ״ל הושעיא], י) [וע״ע תוס׳ חולין קטו. ד״ה בשני], כ) [ועי׳ תוס׳ שבת נד: ד״ה והתנן].

הגהות הב״ח

(א) גמ׳ משום הבערה לא ליחייב דהא: (ב) רש״י ד״ה ה״ג ואם איתא. נ״ב כלומר דל״ג אהבערה לא ליחייב הואיל דחזי ליה לצרכיו כדגרס בספרים ובפ׳ אלו עוברין הוא דגרסינן ליה וע״ש בדף מז ע״ב: (ג) ד״ה המרביע וכו׳ גוף אחד הוא ועשאו: (ד) תוס׳ ד״ה מתקיף וכו׳ דהשתא דפריך טובא נפרוך. נ״ב כלומר א״כ קשה מאי קא משני ובע״כ צ״ל דתלמודא קא סמיך אשינויא דתנא ושייר כו׳: (ה) בא״ד וצריך לומר ע״כ וכו׳ ולעיל קאמר א״ל תני תנא שמנה וכו׳ דלא דמי דלעיל קתני שמנה ומני י״ט. נ״ב וע״ע במ״ש התוס׳ רפ״ק דיבמות דף ג ופ״ק דקדושין דף טו: (ו) ד״ה שהרי גוף א׳ הוא ועשאו וכו׳ כגירסתו. נ״ב כלומר כפי שיטתו דטעמא דפסולי המוקדשין הם שני גופין דמקצתו קדשים ומקצתו חולין כמו שפי׳ בחולין דף קטו ע״ב: (ז) בא״ד ניחא דהוי דר׳ יצחק:

גליון הש״ס

רש״י ד״ה מיגו דחיילא וכו׳ כללה נמי לדידיה. לדידה כצ״ל. תשו׳ נ״ב מ״ת סי׳ ק״כ: תוס׳ ד״ה מתקיף וכו׳ דלא דמי. כעין זה נזיר דף לח ע״ב תוס׳ ד״ה וללקי:

ליקוטי רש״י

ולוקה משום הבערה. שהיא מלאכה לעצמה וקא סבר יש חלוק מלאכות ליום טוב ללקות שתים על שתי מלאכות משום יום טוב [ביצה יב:]. שלא לצורך דהבערה מלאכה לעצמה ובישול מלאכה לעצמו [פסחים מז:]. שתים על אכילתו. אוכל גיד ואוכל בשר בחלב. שלש על בישולו. משום הבערה די״ט ומשום בישול די״ט ומשום מבשל בשר בחלב אפילו בחול [פסחים מז:]. המוחק את השם בהליכתו ואזהרתיה מהכא. ואזהרתיה מהכא ואבדתם את שמם וסמיך ליה לא תעשון כן לה׳ אלהיכם [סנהדרין נו.]. מידי דאיתיה בשאלה. להכא להתיר האיסור [שבועות כד:]. והרי הקדש. שבא ע״י נדר וכל נדרים יש להן שאלה [שבועות שם]. שנאמר במספר. ואינו נקוד במספר למד שהוא דבוק לומר במספר ארבעים ולא ארבעים שלמים אלא מנין שהוא סוכם ומשלים לארבעים והן ארבעים חסר אחת [דברים כה, ב]. הראויות להשתלש. כגון י״ח או כ״ד שהיו מכין אותו שתי ידות מלפניו ולאחריו ומתקנא מלפניו [כריתות יא.].

The first challenge:

מַתְקִיף לָהּ רַב הוֹשַׁעְיָא – Rav Hoshaya objects to [the Mishnah's listing]: וְלִיחְשׁוּב נַמִּי הַזּוֹרֵעַ בְּנַחַל אֵיתָן – Let [the Mishnah] reckon also one who sows in a hard valley,[14] **וְאַזְהָרָתֵיהּ מֵהָכָא – and its** Scriptural **warning is from here:**[15] **"אֲשֶׁר לֹא־יֵעָבֵד בּוֹ וְלֹא יִזָּרֵעַ" – *which shall not be worked on and shall not be sown.*** The Mishnah could have stipulated that the furrow was plowed in a "hard valley" (*nachal eisan*),[16] in which case the plower incurs a ninth *malkus* penalty, for violating this prohibition.[17] – ? –

The second challenge:

מַתְקִיף לָהּ רַב חֲנַנְיָא – Rav Chananya objects to [the listing]: וְלִיחְשׁוּב נַמִּי הַמּוֹחֵק אֶת הַשֵּׁם בַּהֲלִיכָתוֹ – Let [the Mishnah] reckon also one who erases the Name of God **during his walking** along with the plow, **וְאַזְהָרָתֵיהּ מֵהָכָא – and its** Scriptural **warning is from here:**[18] **"וְאִבַּדְתֶּם אֶת־שְׁמָם וגו׳ (ו)לֹא־תַעֲשׂוּן כֵּן לַה׳ אֱלֹהֵיכֶם" – *. . . and you shall obliterate their names*** [19] **etc. *You shall not do so to Hashem, your God.*** [20] The Mishnah could have stipulated that the plow sliced through an object lying on the ground upon which God's Name was written,[21] in which case the plower incurs another *malkus* penalty. – ? –

Another challenge:

מַתְקִיף לָהּ רַבִּי אַבָּהוּ – R' Abahu objects to [the listing]: וְלִיחְשׁוּב נַמִּי הַקּוֹצֵץ אֶת בַּהַרְתּוֹ – Let [the Mishnah] reckon also one who cuts off his *baheres* spot,[22] **וְאַזְהָרָתֵיהּ מֵהָכָא – and** its Scriptural **warning is from here: "הִשָּׁמֶר בְּנֶגַע־הַצָּרַעַת" – *Take heed concerning the affliction of tzaraas.*** [23] The Mishnah could have stipulated that he cut off the *baheres* with the plow while plowing,[24] thus incurring another *malkus* penalty. – ? –

Fourth and fifth challenges:

מַתְקִיף לָהּ אַבָּיֵי – Abaye objects to [the listing]: וְלִיחְשׁוּב נַמִּי הַמֵּזִיחַ הַחוֹשֶׁן מֵעַל הָאֵפוֹד – And let [the Mishnah] reckon also one who loosens the breastplate of the Kohen Gadol **from upon the *ephod*** [25] **וְהַמֵּסִיר בַּדֵּי אָרוֹן – and one who removes the** Holy **Ark's poles** from the Ark's rings,[26] **וְאַזְהָרָתֵיהּ מֵהָכָא – and the** Scriptural **warning of [each] is from here: "(ו)לֹא יָסֻרוּ" – *[the poles] shall not be removed,*** [27] and **"וְלֹא־יִזַּח הַחֹשֶׁן" – *and the breastplate shall not be loosened.*** [28] The Mishnah could have stated that he violated both of these prohibitions while plowing,[29] thereby incurring two additional

NOTES

14. If the victim of an unwitnessed murder is found lying in the open, the Torah (*Deuteronomy* 21:1-9) requires the elders of the town nearest to the corpse to perform a public ritual, in which they take a heifer that has never been worked, down to a *nachal eisan* [נַחַל אֵיתָן, *valley of hard soil* (*Rashi* ad loc.; *Rambam, Hil. Rotze'ach* 9:2, renders it: *raging stream,* and the procedure was performed near it; see *Meiri* to *Sotah* 44b and *Minchas Chinuch* §531)], and decapitate it there. The elders then declare that they were not culpable, and a prayer for forgiveness for the Jewish people is recited. The Torah prohibits working or sowing that valley ever again (the Gemara will now quote the prohibition).

15. *Deuteronomy* 21:4. See *Sotah* 46b.

16. Although the valley used for this ritual must be inhospitable to agricultural endeavors, as its name suggests, it can nevertheless be successfully worked if extraordinary effort is expended, and this the Torah prohibits (*Ritva*).

17. Although in Rav Hoshaya's case the plower has plowed *and* sown in the *nachal eisan* and *both* actions are explicitly proscribed by the verse (*which shall not be worked* [i.e. plowed] *and shall not be sown*), Rav Hoshaya mentions only sowing. Some derive from here that plowing and sowing are merely components of *one* general prohibition against working the *nachal eisan*. Thus, one who performs several different types of work in the valley incurs but *one malkus* penalty (*Rambam, Sefer HaMitzvos,* Prohibition 309; *Chinuch* §531; cf. other authorities cited in *R' Y.F. Perla's* commentary to *Sefer HaMitzvos LeRasag,* Prohibition 269; see also *Aruch LaNer*).

The Gemara does not respond to this challenge, or to those that follow. *Tosafos* explain that the Gemara is relying on its answer to the challenge issued above (21b): Let the plower of the Mishnah incur a ninth set of lashes, for sowing on Yom Tov!? The Gemara there responded that the Mishnah was stating some prohibitions and omitting others (תָּנָא וְשִׁיֵּיר). That would seem the case now as well – the Mishnah could indeed have listed the transgression of sowing in a *nachal eisan* (and the other transgressions below), but omitted them. And although the Gemara above refuted that answer ("The Tanna stated *eight* [prohibitions], and you say he stated [some] and omitted [others]?!"), that rebuttal is inapplicable here. For there the challenger's point was that another Yom Tov-related transgression (sowing, in addition to plowing) existed and it should have been enumerated [and so the figure "eight" is incorrect] (see *Maharam*), whereas here it is understandable that the Tanna did not wish to mention this additional group of uncommon transgressions.

18. Ibid. 12:3-4.

19. In this passage the Jews are commanded to eliminate every vestige of indigenous idolatry when they enter the Land of Israel. They are to break apart the altars, smash the idols – and even obliterate the idols' names.

20. I.e. you shall never erase and obliterate His Holy Name.

21. Only in such a case is the erasure of the Name an outgrowth of his engaging in the act of plowing (see above, 21b notes 8,10). Hence, Rav Chananya's case cannot be where he erased the Name with one hand while plowing, for there the erasure is not an outgrowth of the plowing and the Tanna certainly would not have taught the case. See note 24 below.

22. בַּהֶרֶת, *baheres,* is a whitish spot on the skin, which (in conjunction with certain other symptoms) signifies a condition of *tzaraas,* as detailed in *Leviticus* Ch. 13.

23. *Deuteronomy* 24:8. The Gemara (*Shabbos* 133a) understands this verse to be a prohibition against removing a *baheres* spot, for the word הִשָּׁמֶר implies: "do not do . . ." (*Rivan*). See also Gemara above, 13b.

24. *Ritva*. Had the plower cut off the *baheres* spot with another implement, even while engaged in plowing, the removal would not have been an outgrowth of the act of plowing (see note 21 above).

25. The Kohen Gadol's breastplate (*choshen*) was firmly secured to his *ephod* (apron) by means of gold rings on each of its corners.

26. Staves for carrying the Holy Ark were permanently inserted into rings attached to the sides of the Ark.

27. *Exodus* 25:15.

28. Ibid. 28:28. This verse states more fully: *And they shall attach the breastplate by its rings to the rings of the ephod with a thread of techeiles . . . and the breastplate shall not be loosened from upon the ephod. Exodus* 25:14-15 state with regard to the poles of the Ark: *And you shall place the poles in the rings on the sides of the Ark . . . in the rings of the Ark shall the poles be, they shall not be removed from it.* In *Yoma* 72a there is a dispute over whether the phrases quoted by our Gemara are actual negative commandments carrying the penalty of *malkus* (the opinion of R' Elazar), or whether they are merely descriptive – i.e. prescribing the manners in which the *choshen* and the poles should be attached [tightly and snugly, respectively] (the view of Rav Acha bar Yaakov). *Ritva* infers from our Gemara, which recommends "loosening the breastplate" and "removing the poles" for inclusion in our Mishnah's list of plowing-related prohibitions, that the halachah follows R' Elazar's opinion.

29. *Ritva* explains that the plower detached the breastplate, donned it, and then plowed while wearing it, and also removed the Ark's poles and plowed with them. Although he violates the prohibitions against loosening the breastplate and removing the Ark's poles *before* beginning to plow, these violations *actively continue* while he plows, for as long as he refrains from returning these items. [For an analogous case, see above, 21b note 13.]

Aruch LaNer takes issue with *Ritva's* explanation, maintaining that these violations cease the moment the breastplate and poles are removed from their settings. Hence, they do not occur concurrent with the plowing. *Aruch LaNer* thus suggests that the Gemara means simply that the Kohen Gadol and the Ark were positioned along the plower's route, and the plower brushed them with his plow, dislocating the breastplate and the Ark's poles.

משום הבערה ואם איתא משום הבערה לא (א) מחייב דהא איחייב ליה משום בשולו אפיק הבערה ועייל גיד הנשה של נבילה והתני ר' חייא לוקה שתים על אכילתו ושלש על בשולו ואי איתא שלש על אכילתו הוא חייב אלא אפיק הבערה ועייל עצי אשירה ואזהרתיה מהכא א) ולא ידבק בידך וגו' א"ל רב אחא בריה דרבא לרב אשי ולילקי נמי משום ב) לא תביא תועבה אל ביתך אלא הכא במאי עסקינן כגון שבישלו בעצי הקדש ואזהרתיה מהכא ג) ואשריהם תשרפון באש ד) לא תעשון כן לה' אלהיכם: סימן שנבא"י שנ"ז: מתקיף לה רב הושעיא וליחשוב נמי [א]הזורע בנחל איתן ואזהרתיה מהכא ה) אשר לא יעבד בו ולא יזרע מתקיף לה רב חנניא וליחשוב נמי [ב]המוחק את השם בהליכתו (א) [ג]ואזהרתיה מהכא ג) ואבדתם את שמם וגו' (ו)לא תעשון כן לה' אלהיכם מתקיף לה ר' אבהו וליחשוב נמי [ד]הקוצץ את בהרתו ואזהרתיה מהכא ו) השמר בנגע הצרעת מתקיף לה אביי וליחשוב נמי [ה]המזיח החושן מעל האפוד [ו]והמסיר בדי ארון ואזהרתיה מהכא ז) (ו)לא יסורו ח) ולא יזח החושן מתקיף לה רב אשי וליחשוב נמי [ז]החורש בעצי אשירה ואזהרתיה מהכא א) ולא ידבק בידך מאומה וגו' מתקיף לה רבינא וליחשוב נמי [ח]הקוצץ אילנות טובות ואזהרתיה מהכא ט) כי ממנו תאכל ואותו לא תכרות א"ל רבי זעירא לרבי מני וליחשוב נמי כגון דאמר שבועה שלא אחרוש ביום טוב התם לא קא חלה שבועה מושבע ועומד מהר סיני הוא א"ל כגון דאמר שבועה שלא אחרוש בין בחול בין ביו"ט דמגו דחלה עליה שבועה בחול חלה עליה נמי ביו"ט [ג]מידי דאיתיה בשאלה לא קתני ולא [ד]והרי הקדש בבכור והרי נזיר בנזיר שמשון נזיר שמשון בר איטמויי למתים הוא אלא האי תנא איסור כולל לית ליה אמר רבי הושעיא [ט]המרביע שור פסולי המוקדשים לוקה שנים אמר רבי יצחק [י]המנהיג בשור פסולי המוקדשים לוקה שהרי גוף אחד הוא ועשאו הכתוב כשני גופים: **מתני'** [ב]כמה מלקין אותו ארבעים חסר אחת שנא' י) במספר ארבעים מנין [ד]שהוא סמוך לארבעים ר' יהודה אומר ארבעים שלימות הוא לוקה והיכן הוא לוקה את היתירה בין כתפיו [ה][ל]אין אומדין אותו אלא במכות הראויות להשתלש אמדוהו לקבל ארבעים ולוקה מקצת ואמדו

רש"י

משום הבערה. דאי הוה איהו מבעיר וחבירו מבשל הוו תרוייהו חייבין דמבעיר ומבשל אבות מלאכות אלמא מיחייב משום יו"ט שתים הבערה ובישול: ה"ג ואם איתא (ב) אהבערה לא ליחייב דהא איחייב ליה משום מבשל: **גיד הנשה של נבילה.** דלוקה אף משום נבילה שאכל: **שלש על בישולו.** בישול בשר בחלב ובישול שלא לצורך יו"ט והבערה שלא לצורך ושתים על אכילתו אכילת גיד ואכילת בשר בחלב ואם איתא דמפקת הבערה ומעיילת אכילת נבילה הוי איסור ג' על אכילתו: **ואזהרת עצי הקדש** מהכא ואשריהם תשרפון באש לא תעשון כן לה' אלהיכם: **השמר בנגע הצרעת.** ואמרינן (שבת דף קלג.) בקוצץ בהרתו הכתוב מדבר והשמר הוא לא תעשה: **נילקי נמי.** כגון שהיו כלי מחרישה מעצי אשירה: **קוצץ אילנות טובות.** בהליכתו: **מי קא חיילא עליה.** הא הוה ליה נשבע שלא יבטל המצוה ונפקא לן מלהרע או להיטיב בשבועות (דף כה.) דאין זו שבועה: **מיגו דחיילא עליה שבועה כו'.** היינו איסור כולל ואיסור מוסיף כגון שבתחילה עצמה נוסף איסור כגון אילו נוסף על היו"ט איסור ע"י שבועה זו וה"ל מוסיף דומיא דאשת איש ונעשית חמותו דמוסיף הוא דמעיקרא קיימא ליה בחנק והשתא קיימא ליה י) בסקילה א"נ חלב דנותר מעיקרא קאי עליה באיסור חלב והשתא איתוסף עליה איסור נותר ואיסור כולל היינו שאין איסור נוסף על התחילה אלא כולל אחרים באיסורא כגון שנשא אחות חמותו דמיגו דמיתסר בכולהו אחוותא איתסר נמי בחמותו משום אחות אשה אי נמי כגון חמותו ונעשית אשת איש דמיגו דכיילה כולי עלמא באיסור אשת איש ° כללה נמי לדידיה לחייבו שתים: **בנזיר שמשון.** ע"י מלאך קיבל נזירות עליו דההוא אין לו שאלה דלווי שלמעלה הוא: **נזיר שמשון בר טמויי למתים הוא.** כלום אסור הוא להיטמא למתים אדם שמקבל נזירתו ע"י מלאך הא אמרינן במס' נזיר (דף ד:) שמשון הותר ליטמא למתים ובעי לאפוקי מהאי קרא ויך מאה וחמשים וגו' ופריך ליה אימא דשוינהו גוססין אלא גמרא ואית דמפרשי נזיר שמשון נזיר מן הבטן וקשיא לן ההיא נמי בשאלה איתיה שהיה אביו יכול לישאל עליו ואפילו מת אביו בשאלה מיהא הוה ההוא שעתא: **המרביע שור פסולי המוקדשין.** שנפדה אפילו על מינו לוקה שהרי גוף אחד (ג) ועשאו הכתוב שני גופין דתורת חולין ותורת קדשים יש עליו תורת חולין שמותר באכילה מחוץ לפתח אהל מועד כאילו לא הוקדש מעולם ותורת קדשים שאסור בגיזה ועבודה כדאמרינן בספרי בכל אות נפשך תזבח ואכלת בשר במה הכתוב מדבר אם בבשר תאוה הרי כבר אמור כי ירחיב ה' אלהיך את גבולך וגו' כי תאוה נפשך וגו' אם באכילת קדשים הרי כבר אמור כי אם במקום וגו' שם תעלה וגו' הא אין הכתוב מדבר אלא בפסולי המוקדשין שנפדו תזבח ולא גיזה לאסור בגיזה ועבודה בשר ולא חלב ואכלת ולא לכלביך והלכך אסור להרביעו אפי' עם מינו משום כלאים שמרביע חולין על קדשים או קדשים על חולין וכן במנהיג אפילו מנהיגו עם מינו ואפילו מנהיגו בפני עצמו חולין וקדשים הוא וחייב משום כלאים דחרישה דהוא עצמו כלאים שעשאן הכתוב שני גופין ולא שמעתי ראיה מנלן דחולין וקדשים כלאים זה בזה ודבר תימה הוא: **מתני' שנאמר במספר ארבעים.** והפילו השופט והכהו לפניו כדי רשעתו במספר (דברים כה) וסמיך ליה ארבעים יכנו ודרשינן כמאן דכתיב במספר ארבעים מנין שהוא סוכם את הארבעים כדמפרש בגמ' דמדלא כתיב יכנו ארבעים במספר אלא במספר ארבעים יכנו שמעינן דהכי קאמר מנין הסוכם הארבעים חשבון המשלים סכום של ארבעים שגורם לקרות אחריו ארבעים והיינו שלשים ותשע: **ראויות להשתלש.** בגמרא מפרש:

תוספות

אלא הכא במאי עסקינן שבישלו בעצי הקדש. ואם תאמר לילקי משום הזיד במעילה באזהרה וי"ל דלא חשיב אלא לאו דאיתנהו בפחות משוה פרוטה:

מתקיף לה רב אושעיא וליחשוב נמי משום זורע בנחל איתן. קשה דהשתא (ד) פריך טובא י) (ונפרוך דלא) משני מידי וצריך לומר (ה) דע"כ דתנא תנא ושייר ולעיל קאמר אלא תני תנא שמונה ואת אמרת תנא ושייר ואומר הר"ס ° דלא דמי לעיל דקתני שמונה ומני י"ט בחד ואם איתא דאיכא תו מלקות משום י"ט היה לו למנותן בשתים אבל הכא יכול להיות דלא איירי תנא למיחשב כל הני גווני דזורע בנחל איתן ומוחק את השם:

אמר ליה כגון דאמר שלא אחרוש בין בחול בין ביו"ט. וקשה דאכתי ליתא בלאו והן כדפריך פ"ג דשבועות (דף כד. ושם) גבי שלא אוכל נבילה ושחוטה דפריך מי איתא בלאו והן ואולי י"ל דמשכחת לה בהן כגון עפר תיחוח דלית בה חיובא מן התורה באותה חרישה:

שהרי גוף אחד (ו) ועשאו הכתוב ב' גופים. הקונטרס פירש כגרסתו ור"ת פירש בענין אחר כמין חומר דכתיב ביה כלבי וכאיל שהם ב' מינין ובזה הפירוש מיושב הא דאמרי' בבכורות (דף נג.) תלתא לבי ואיל כתיבי בו חד לכדרב יצחק וחד לכדר' (ח) יהושע) ופירוש הקונטרס לא אתפרש למילתייהו והשתא ניחא (ז) הא דרבי יצחק ורבי ט) יהושע דהכא י):

המנהיג בשור פסולי המוקדשים לוקה. ודוקא אי מושך השור משוי בגופו אבל בלא המשכה אין לוקה בהנהגה דאם לא כן לעולם לא יוכלו להנהיג שור פסולי המוקדשים ממקום אחר כ):

מסורת הש"ס

א) [סנהדרין נו.], ב) [שבועות כד:], ג) [שם], ד) [הלחם משנה ריש פי"ז מהל' סנהדרין כתב פשוט הוא שזה טעות וצריך להיות **סוכם את הארבעים** דכן אמר בגמ' וכן משמע ומבואר בפי' רש"י וכן בסמ"ג הביאו לשון המשנה **סוכם את הארבעים** עכ"ל וגם הר"ן בסוף מסכת זו כתב בפירוש המשנה מנין הסוכם תרגום ותוכן לבניס סכום לבניא וכו'], ה) [כריתות יא.], ו) רש"א בשריפה, ז) [צ"ל וליחשוב ולא], ח) [צ"ל הושעיא], ט) [צ"ל הושעיא], י) [וע"ע תוס' חולין קטו. ד"ה בשני], כ) [ועי' תוס' שבת נד: ד"ה והתנן].

הגהות הב"ח

(א) גמ' משום הבערה לא ליחייב דהא: (ב) רש"י ד"ה ה"ג ואם איתא. נ"ב כלומר דל"ג אהבערה לא ליחייב הואיל דחזי ליה לצרכיו כדגרס בספרים ובפ' אלו עוברין הוא דגרסינן ליה וע"ש בדף מז ע"ב: (ג) ד"ה המרביע וכו' גוף אחד הוא ועשאו: (ד) **תוס'** ד"ה מתקיף וכו' דהשתא דפריך טובא נפרוך. נ"ב כלומר א"כ קשה מאי קא משני ובע"כ צ"ל דתלמודא קא סמיך אשינויא דתנא ושייר כו': (ה) **בא"ד** וצריך לומר ע"כ וכו' ולעיל קאמר א"ל תני תנא שמנה וכו' דלא דמי דלעיל קתני שמנה ומני י"ט. נ"ב וע"ע במ"ש התוס' רפ"ק דיבמות דף ג ופ"ק דקדושין דף טז: (ו) ד"ה שהרי גוף א' הוא ועשאו וכו' כגירסתו. נ"ב כלומר כפי שיטתו דטעמא דפסולי המוקדשין הם שני גופין דמקצתו קדשים ומקצתו חולין כמו שפי' בחולין דף קטו ע"ב: (ז) **בא"ד** ניחא דהוי דר' יצחק:

גליון הש"ס

רש"י ד"ה מיגו דחיילא וכו' כללה נמי לדידיה. לדידה כצ"ל. תשו' נ"ב מ"ת סי' ק"כ: תוס' ד"ה מתקיף וכו' דלא דמי. כעין זה נזיר דף לח ע"ב תוס' ד"ה וללקי:

ליקוטי רש"י

ולוקה משום הבערה. שהיא מלאכה לעצמה וקא סבר יש חלוק מלאכות ליום טוב ללקות שתים על שתי מלאכות משום יום טוב [ביצה יב:]. שלא לצורך דהבערה מלאכה לעצמה ובישול מלאכה לעצמו [פסחים מז:]. **שתים על אכילתו.** אוכל גיד ואוכל בשר בחלב. **שלש על בישולו.** משום הבערה די"ט ומשום בישול די"ט ומשום מבשל בשר בחלב אפילו בחול [פסחים מז:]. **המוחק את השם בהליכתו ואזהרתיה מהכא.** ואזהרתיה מהכא ואבדתם את שמם וסמיך ליה לא תעשון כן לה' אלהיכם [סנהדרין נו.]. **מידי דאיתיה בשאלה.** לחכם להתיר האיסור [שבועות כד:]. **והרי הקדש.** שבא ע"י נדר וכל נדרים יש להן שאלה [שבועות שם]. **שנאמר במספר.** ואינו נקוד במספר למד שהוא דבוק לומר במספר ארבעים ולא ארבעים שלמים אלא מנין שהוא סוכם ומשלים לארבעים והן ארבעים חסר אחת [דברים כה, ב]. **הראויות להשתלש.** כגון י"ח או כ"א או כ"ד שהיו מכין אותו שתי ידות מלאחריו ואחת מלפניו ומקרא ילפינן לה [כריתות יא.].

עין משפט נר מצוה

קז א מיי' פ"י מהלכות רוצח הלכה ט סמג עשין עח:
קח ב ג מיי' פ"ו מהל' יסודי התורה הל"א:
קט ד מיי' פ"י מהלכות טומאת צרעת הל"א סמג לאוין שסג:
קי ה מיי' פ"ט מהלכות כלי המקדש הל"י:
קיא ו מיי' שם פ"ב הלכה יג:
קיב ז מיי' פ"ז מהלכות ע"ז הלכה ב:
קיג ח מיי' פ"ו מהלכות מלכים הלכה ח:
קיד ט י מיי' פ"ט מהל' כלאים הל"א:
קטו כ מיי' פי"ז מהלכות סנהדרין הלכה א סמג לאוין קלח:
קטז ל מיי' שם הל"ב:

תורה אור השלם

א) וְלֹא יִדְבַּק בְּיָדְךָ מְאוּמָה מִן הַחֵרֶם לְמַעַן יָשׁוּב יְיָ מֵחֲרוֹן אַפּוֹ וְנָתַן לְךָ רַחֲמִים וְרִחַמְךָ וְהִרְבֶּךָ כַּאֲשֶׁר נִשְׁבַּע לַאֲבֹתֶיךָ: [דברים יג, יח]

ב) וְלֹא תָבִיא תוֹעֵבָה אֶל בֵּיתֶךָ וְהָיִיתָ חֵרֶם כָּמֹהוּ שַׁקֵּץ תְּשַׁקְּצֶנּוּ וְתַעֵב תְּתַעֲבֶנּוּ כִּי חֵרֶם הוּא: [דברים ז, כו]

ג) וְנִתַּצְתֶּם אֶת מִזְבְּחֹתָם וְשִׁבַּרְתֶּם אֶת מַצֵּבֹתָם וַאֲשֵׁרֵיהֶם תִּשְׂרְפוּן בָּאֵשׁ וּפְסִילֵי אֱלֹהֵיהֶם תְּגַדֵּעוּן וְאִבַּדְתֶּם אֶת שְׁמָם מִן הַמָּקוֹם הַהוּא: [דברים יב, ג]

ד) לֹא תַעֲשׂוּן כֵּן לַייָ אֱלֹהֵיכֶם: [דברים יב, ד]

ה) וְהוֹרִדוּ זִקְנֵי הָעִיר הַהִוא אֶת הָעֶגְלָה אֶל נַחַל אֵיתָן אֲשֶׁר לֹא יֵעָבֵד בּוֹ וְלֹא יִזָּרֵעַ וְעָרְפוּ שָׁם אֶת הָעֶגְלָה בַּנָּחַל: [דברים כא, ד]

ו) הִשָּׁמֶר בְּנֶגַע הַצָּרַעַת לִשְׁמֹר מְאֹד וְלַעֲשׂוֹת כְּכֹל אֲשֶׁר יוֹרוּ אֶתְכֶם הַכֹּהֲנִים הַלְוִיִּם כַּאֲשֶׁר צִוִּיתִם תִּשְׁמְרוּ לַעֲשׂוֹת: [דברים כד, ח]

ז) בְּטַבְּעֹת הָאָרֹן יִהְיוּ הַבַּדִּים לֹא יָסֻרוּ מִמֶּנּוּ: [שמות כה, טו]

ח) וְיִרְכְּסוּ אֶת הַחֹשֶׁן מִטַּבְּעֹתָו אֶל טַבְּעֹת הָאֵפֹד בִּפְתִיל תְּכֵלֶת לִהְיוֹת עַל חֵשֶׁב הָאֵפוֹד וְלֹא יִזַּח הַחֹשֶׁן מֵעַל הָאֵפוֹד: [שמות כח, כח]

ט) כִּי תָצוּר אֶל עִיר יָמִים רַבִּים לְהִלָּחֵם עָלֶיהָ לְתָפְשָׂהּ לֹא תַשְׁחִית אֶת עֵצָהּ לִנְדֹּחַ עָלָיו גַּרְזֶן כִּי מִמֶּנּוּ תֹאכֵל וְאֹתוֹ לֹא תִכְרֹת כִּי הָאָדָם עֵץ הַשָּׂדֶה לָבֹא מִפָּנֶיךָ בַּמָּצוֹר: [דברים כ, יט]

י) וְהָיָה אִם בִּן הַכּוֹת הָרָשָׁע וְהִפִּילוֹ הַשֹּׁפֵט וְהִכָּהוּ לְפָנָיו כְּדֵי רִשְׁעָתוֹ בְּמִסְפָּר: אַרְבָּעִים יַכֶּנּוּ לֹא יֹסִיף פֶּן יֹסִיף לְהַכֹּתוֹ עַל אֵלֶּה מַכָּה רַבָּה וְנִקְלָה אָחִיךָ לְעֵינֶיךָ: [דברים כה, ב-ג]

malkus penalties. — ? —

Yet another challenge:

וְלִיחְשׁוֹב **מַתְקִיף לָהּ רַב אַשִׁי** – **Rav Ashi objects to [the listing]:** **נַמִּי הַחוֹרֵשׁ בַּעֲצֵי אֲשֵׁירָה** – **And let [the Mishnah] reckon also one who plows with** ***asheirah*** **wood,**[30] **וְאַזְהָרָתֵיהּ מֵהָכָא** – **and its** Scriptural **warning is from here:** "וְלֹא־יִדְבַּק בְּיָדְךָ מְאוּמָה וגו׳" – ***And nothing shall adhere to your hand*** **etc.** [*of the banned thing*].[31] The Mishnah could have stated that the plower violated this prohibition as well, thereby incurring yet another *malkus* penalty.[32] — ? —

A seventh challenge:

וְלִיחְשׁוֹב נַמִּי **מַתְקִיף לָהּ רָבִינָא** – **Ravina objects to [the listing]:** **הַקּוֹצֵץ אִילָנוֹת טוֹבוֹת** – **And let [the Mishnah] reckon also one who cuts down good** fruit **trees** while going with his plow, **וְאַזְהָרָתֵיהּ מֵהָכָא** – **and its** Scriptural **warning is from here:** "כִּי מִמֶּנּוּ תֹאכֵל וְאֹתוֹ לֹא תִכְרֹת" – ***for you may eat from it but you shall not cut it down.***[33] The Mishnah could have stated that the plower violated this prohibition as well, thereby incurrring an additional *malkus* penalty — ? —

A final challenge is discussed at length:[34]

וְלִיחְשׁוֹב **אָמַר לֵיהּ רַבִּי זְעֵירָא לְרַבִּי מָנִי** – **R' Zeira said to R' Mani:** **נַמִּי כְּגוֹן דְּאָמַר שְׁבוּעָה שֶׁלֹּא אֶחֱרוֹשׁ בְּיוֹם טוֹב** – **And let the [Mishnah] reckon also a case where [the plower] had said,** "I take **an oath that I will not plow on Yom Tov."** By plowing on Yom Tov he violates his oath and incurs yet another *malkus* penalty![35] — ? —

R' Mani answers R' Z'eira:

הָתָם לֹא קָא חָלָה שְׁבוּעָה – **There,** in that case, **the oath does not take effect,** **מוּשְׁבָּע וְעוֹמֵד מֵהַר סִינַי הוּא** – because **he stands sworn from** the time of the Revelation at **Mt. Sinai** to avoid desecrating Yom Tov.[36] Since the oath does not take effect, there is no additional *malkus* penalty.

R' Z'eira counters:

אָמַר לֵיהּ – **He said to [R' Mani]:** It is nevertheless possible for a personal oath against plowing on Yom Tov to take effect – **כְּגוֹן דְּאָמַר** – viz. **in a case where he had said,** **שְׁבוּעָה שֶׁלֹּא אֶחֱרוֹשׁ בֵּין בְּחוֹל בֵּין בְּיוֹם טוֹב** – "I take **an oath that I will not plow both on a weekday and on Yom Tov."** **דְּמִגּוֹ דְּחָלָה עֲלֵיהּ שְׁבוּעָה בְּחוֹל** – Here the oath is valid, **for since the oath takes effect on him regarding the weekday** to prohibit the otherwise permissible activity of plowing on a weekday, **חָלָה עֲלֵיהּ נַמִּי בְּיוֹם טוֹב** – **it takes effect on him also regarding Yom Tov.**[37] Accordingly, if he plows on Yom Tov, he violates his personal oath as well and should incur yet another *malkus* penalty! Why does the Tanna not list it?

R' Mani answers R' Z'eira:

מִידֵי דְּאִיתֵיהּ בִּשְׁאֵילָה לֹא קָתָנֵי – **[The Mishnah] does not state anything** [i.e. any prohibition] **that is subject to a request** for annulment.[38]

The Gemara challenges this answer:

וְלֹא – **And** it does **not** list such cases?! **וַהֲרֵי הֶקְדֵּשׁ** – **But there is** the case of **consecrated [animals]** stated in the Mishnah! The Mishnah counts plowing with a consecrated ox and donkey even though their consecration also is subject to appeal and annulment by a sage or a panel of laymen.[39] — ? —

NOTES

30. I.e. with a plow made from the wood of an *asheirah* tree (*Rivan*). See notes 8 and 9 above.

31. *Deuteronomy* 13:18, which prohibits deriving benefit from worshiped objects.

32. Above, Rav Acha argued that if the Baraisa includes the prohibition against using *asheirah* wood, it should include also the prohibition against "bringing an abomination into your home" – and Rav Ashi accepted his argument. It would seem that a similar argument can be made now. See *Aruch LaNer* ד״ה ואזהרתי׳ for a discussion of this point.

33. *Deuteronomy* 20:19. Although this verse speaks of cutting down fruit trees while laying siege to a city, it prohibits destroying fruit trees any time (see *Rambam, Hil. Melachim* 6:8).

34. Until now, the Gemara has understood that the Tanna of our Mishnah has listed some of the possible plowing-related prohibitions and has omitted others (תָּנָא וְשַׁיַּיר; see *Tosafos* ד״ה מתקיף and note 17 above). Hence, it has accepted the seven additional prohibitions just suggested without discussion. However, the "תָּנָא וְשַׁיַּיר" answer is predicated on the argument that a Tanna "is not a peddler" – i.e. he is not inclined to disseminate lengthy lists. Nevertheless, due to the inherent weakness of the answer, it is incumbent upon the Tanna to itemize at least the majority of any grouping. Until now we perceive that our Tanna has done just that, since he has stated *eight* prohibitions and omitted only *seven*. However, this new challenge threatens to upset the balance – and thereby undermine the answer of תָּנָא וְשַׁיַּיר! Hence, the Gemara now goes to considerable lengths to bar inclusion of this new prohibition (see *Aruch LaNer* at length).

35. For *Numbers* 30:3 states: אִישׁ כִּי־יִדֹּר נֶדֶר לַה׳ אוֹ־הִשָּׁבַע שְׁבֻעָה לֶאְסֹר אִסָּר עַל־נַפְשׁוֹ לֹא יַחֵל דְּבָרוֹ כְּכָל־הַיֹּצֵא מִפִּיו יַעֲשֶׂה, *If a man takes a vow to Hashem or swears an oath to establish a prohibition upon himself, he shall not desecrate his word; according to whatever comes from his mouth shall he do.*

Regarding whether R' Ze'ira could have suggested a case where the plower had made a *neder* (vow) not to plow on Yom Tov [i.e. he rendered the plow forbidden to him for use], see *Ritva*.

36. [The entire Jewish nation – including generations yet unborn – entered a covenant and took an oath at Mount Sinai to observe all of the Torah's precepts (see *Deuteronomy* 28:69, *Shevuos* 39a, *Sotah* 37a-b, and *Bamidbar Rabbah* 9:54).]

The Mishnah in *Shevuos* (27a) teaches that if one swears to fulfill a mitzvah and does not fulfill it, he is exempt from the *chatas* offering that is normally incurred by one who swears falsely. The Gemara there explains – and proves – that when Scripture imposes a *chatas* on one who swears falsely *to do bad or to do good* (*Leviticus* 5:4), it refers to a *voluntary* "bad" or "good," not to an act that is either forbidden or commanded by the Torah (see there for elaboration). Thus, an oath does not take effect regarding anything for which a person "stands sworn from Mount Sinai" (see *Rivan*).

Actually, the Mishnah and Gemara there refer to one who swears to fulfill a positive commandment, and they teach that one who swears to fulfill a positive commandment (e.g. to eat *matzah* on Pesach) is exempt from bringing a sacrifice for violating the oath but remains liable to *malkus*. However, when one swears to observe a negative commandment (as here), he is exempt even from *malkus* (*Baal HaMaor* to *Shevuos*, end of Ch. 3; see also *Ran* to *Nedarim* 8a and *Gilyon HaShas* to *Shevuos* 20b). This is because of the general principle אֵין אִיסּוּר חָל עַל אִיסּוּר (*a prohibition does not take effect where there is a preexisting prohibition*), see *Baal HaMaor* ibid.; *Tosafos* to *Shevuos* 23b ד״ה דמוקי וכו׳ and ibid. 27a; *Gilyon HaShas* ibid.; see also *Milchamos* to *Shevuos*, end of Ch. 3; *Avnei Miluim, Teshuvah* §12; *Teshuvos R' Akiva Eiger Tanina* §116; and *Afikei Yam* I §36:3.

37. An oath not to plow at *any* time is an איסור כולל, *inclusive prohibition*. The oath bans both things heretofore permissible and things already prohibited. Since it takes effect with regard to the previously permissible things, it takes effect with regard to the already prohibited things as well. See further, *Yevamos* 32b-33a (see note 8 to 32b in Schottenstein edition), *Chullin* 101a and *Shevuos* 24a,b. [*Rivan* gives another example of איסור חָל על איסור, a prohibition taking effect where there is a preexisting prohibition: the case of איסור מוסיף, a more extensive prohibition (as opposed to a more inclusive one). *Rivan* then explains the difference between the two. However, his exposition is seemingly contradicted by several explicit passages of Gemara. See *Rashash* and *Aruch LaNer*.]

38. An oath can be annulled by an expert sage or a panel of laymen (see above, 16a note 23). The annulment eliminates the oath retroactively, and it is as if the oath was never made. Hence, our Mishnah did not wish to enumerate *malkus* for a transgression (violation of an oath) that could be expunged retroactively (see *Ritva*).

39. The Gemara now assumes that the Mishnah speaks of animals that were consecrated [for their value] to the Temple treasury (בֶּדֶק הַבַּיִת) and that it follows Beis Hillel, who hold that such consecration can be annulled (*Ritva*).

משום הבערה ואם איתא משום הבערה לא (א) מחייב דהא איחייב ליה משום בשולו אפיק הבערה ועייל גיד הנשה של נבילה והתני ר' חייא לוקה שתים על אכילתו ושלש על בשולו ואי איתא שלש על אכילתו הוא חייב אלא אפיק הבערה ועייל עצי אשירה ואזהרתיה מהכא א) ולא ידבק בידך וגו' א"ל רב אחא בריה דרבא לרב אשי ולילקי נמי משום ב) לא תביא תועבה אל ביתך אלא הכא במאי עסקינן כגון שבישלו בעצי הקדש ואזהרתיה מהכא ג) ואשרידהם תשרפון באש ד) לא תעשון כן לה' אלהיכם: סימן שנבא"י שנ"ז: מתקיף לה רב הושעיא וליחשוב נמי א הזורע בנחל איתן ואזהרתיה מהכא ה) אשר לא יעבד בו ולא יזרע מתקיף לה רב חנניא וליחשוב נמי ב המוחק את השם בהליכתו (א) ג ואזהרתיה מהכא ג) ואבדתם את שמם וגו' (ו) לא תעשון כן לה' אלהיכם מתקיף לה ר' אבהו וליחשוב נמי ד הקוצץ את בהרתו ואזהרתיה מהכא ו) השמר בנגע הצרעת מתקיף לה אביי וליחשוב נמי ה המזיח החושן מעל האפוד ו והמסיר בדי ארון ואזהרתיה מהכא ז) (ו)לא יסורו ח) ולא יזח החושן מתקיף לה רב אשי וליחשוב נמי ז החורש בעצי אשירה ואזהרתיה מהכא א) ולא ידבק בידך מאומה וגו' מתקיף לה רבינא וליחשוב נמי ח הקוצץ אילנות טובות ואזהרתיה מהכא ט) כי ממנו תאכל ואותו לא תכרות א"ל רבי זעירא לרבי מני וליחשוב נמי כגון דאמר שבועה שלא אחרוש ביום טוב התם לא קא חלה שבועה מושבע ועומד מהר סיני הוא א"ל כגון דאמר שבועה שלא אחרוש בין בחול בין ביו"ט דמגו דחלה עליה שבועה בחול חלה עליה נמי ביו"ט ג) מידי דאיתיה בשאלה לא קתני ולא ג) והרי הקדש בבכור והרי נזיר בנזיר שמשון נזיר שמשון בר איטמויי למתים הוא אלא האי תנא איסור כולל לית ליה אמר רבי הושעיא ט המרביע שור פסולי המוקדשים לוקה שנים אמר רבי יצחק י המנהיג בשור פסולי המוקדשים לוקה שהרי גוף אחד הוא ועשאו הכתוב כשני גופים: **מתני'** כ כמה מלקין אותו ארבעים חסר אחת שנא' י) במספר ארבעים מנין ד) שהוא סמוך לארבעים ר' יהודה אומר ארבעים שלימות הוא לוקה והיכן הוא לוקה את היתירה בין כתפיו ה) ל אין אומדין אותו אלא במכות ראויות להשתלש אמדוהו לקבל ארבעים ולוקה מקצת ואמדו

רש"י

משום הבערה. דאי הוה איהו מבעיר ובישל הוו תרוייהו חייבין למבעיר ומבשל אבות מלאכות אלמא מיחייב משום יו"ט שתים הבערה ובישול: ה"ג ואם איתא (ב) אהבערה לא ליחייב דהא איחייב ליה משום מבשל: גיד הנשה של נבילה. דלוקה אף משום נבילה שאכל: שלש על בישולו. בישול בשר בחלב ובישול שלא לצורך יו"ט והבערה שלא לצורך ושתים על אכילתו אכילת גיד ואכילת בשר בחלב ואם איתא דמפקת הבערה ומעיילת אכילת נבילה הוי איסור ג' על אכילתו: ואזהרת עצי הקדש מהכא ואשריהם תשרפון באש לא תעשון כן לה' אלהיכם: השמר בנגע הצרעת. ואמרינן (שבת דף קלג.) בקוצץ בהרתו הכתוב מדבר והשמר הוא לא תעשה: נילקי נמי. כגון שהיו כלי מחרישה מעצי אשירה: קוצץ אילנות טובות. בהליכתו: מי קא חיילא עליה. הא הוה ליה נשבע שלא יבטל המצוה ונפקא לן מלהרע או להיטיב בשבועות (דף כה.) דאין זו שבועה: מיגו דחיילא עליה שבועה כו'. היינו איסור כולל ואיסור מוסיף כגון שבתחילה עצמה נוסף איסור כגון אילו נוסף על היו"ט איסור ע"י שבועה זו וה"ל מוסיף דומיא דאשת איש ונעשית חמותו דמוסיף הוא דמעיקרא קיימא ליה בחנק והשתא קיימא ליה י) בסקילה א"נ חלב דנותר מעיקרא קאי עליה באיסור חלב והשתא איתוסף עליה איסור נותר ואיסור כולל היינו שאין איסור נוסף על התחלה אלא כולל אחרים באיסורא כגון שנשא אחות חמותו דמיגו דמיתסר בכולהו אחוותא איתסר נמי בחמותו משום אחות אשה אי נמי כגון חמותו ונעשית אשת איש דמיגו דכיילה כולי עלמא באיסור אשת איש ° כללה נמי לדידיה לחייבו שתים: בנזיר שמשון. ע"י מלאך קיבל נזירות עליו דההוא אין לו שאלה דלוי שלמעלה הוא: נזיר שמשון בר טמויי למתים הוא. כלום אסור הוא להיטמא למתים אדם שמקבל נזירתו ע"י מלאך הא אמרינן במס' נזיר (דף ד:) שמשון הותר ליטמא למתים ובעי לאפוקי מהאי קרא ויך מאה ותמשים וגו' ופריך ליה אימא דשוינהו גוססין אלא גמרא ואית דמפרשי נזיר שמשון נזיר מן הבטן וקשיא לן הויא נמי בשאלה איתיה שהיה אביו יכול לישאל עליו ואפילו מת אביו בשאלה מיהא הוה ההוא שעתא: המרביע שור פסולי המוקדשין. שנפדה אפילו על מינו לוקה שהרי גוף אחד (ג) ועשאו הכתוב שני גופין דתורת חולין ותורת קדשים יש עליו תורת חולין שמותר באכילה מחוץ לפתח אהל מועד כאילו לא הוקדש מעולם ותורת קדשים שאסור בגיזה ועבודה כדאמרינן בספרי בכל אות נפשך תזבח ואכלת בשר במה הכתוב מדבר אם בבשר תאוה הרי כבר אמור כי ירחיב ה' אלהיך את גבולך וגו' כי תאוה נפשך וגו' אם באכילת קדשים הרי כבר אמור כי אם במקום וגו' שם תעלה וגו' הא אין הכתוב מדבר אלא בפסולי המוקדשין שנפדו תזבח ולא גיזה דאסור בגיזה ועבודה בשר ולא חלב ואכלת ולא לכלביך והלכך אסור להרביעו אפי' עם מינו משום כלאים שמרביע חולין על קדשים או קדשים על חולין וכן במנהיג אפילו מנהיגו עם מינו ואפילו מנהיגו בפני עצמו חולין וקדשים הוא וחייב משום כלאים דחרישה דהוא עצמו כלאים שעשאן הכתוב שני גופין ולא שמעתי ראיה מנלן דחולין וקדשים כלאים זה בזה ודבר תימה הוא: **מתני'** שנאמר במספר ארבעים. והפילו השופט והכהו לפניו כדי רשעתו במספר (דברים כה) וסמיך ליה ארבעים יכנו ודרשינן כמאן דכתיב במספר ארבעים מנין שהוא סוכם את הארבעים כדמפרש בגמ' דמדלא כתיב יכנו ארבעים במספר אלא במספר ארבעים יכנו שמעינן דהכי קאמר מנין הסוכם הארבעים חשבון המשלים סכום של ארבעים שגורם לקרות אחריו ארבעים והיינו שלשים ותשע: ראויות להשתלש. בגמרא מפרש:

תוספות

אלא הכא במאי עסקינן שבישלו בעצי הקדש. ואם תאמר לילקי משום הזיד במעילה באזהרה וי"ל דלא חשיב אלא לאו דליתנהו בפחות משוה פרוטה:

מתקיף לה רב אושעיא וליחשוב נמי משום זורע בנחל איתן. קשה דהשתא (ד) פריך טובא י) (ונפרוך דלא) משני מידי וצריך לומר (ה) דע"כ דתנא תנא ושייר ולעיל קאמר אלא תני תנא שמונה ואת אמרת תנא ושייר ואומר הר"ס ° דלא דמי לעיל דקתני שמונה ומני י"ט בחד ואם איתא דאיכא תו מלקות משום י"ט היה לו למנותן בשתים אבל הכא יכול להיות דלא איירי תנא למיחשב כל הני גווני דזורע בנחל איתן ומוחק את השם:

אמר ליה כגון דאמר שלא אחרוש בין בחול בין ביו"ט. וקשה דאכתי ליתא בלאו והן כדפריך פ"ג דשבועות (דף כד. ושם) גבי שלא אוכל נבילה ושחוטה דפריך מי איתא בלאו והן ואולי י"ל דמשכחת לה בהן כגון עפר תיחוח דלית בה חיובא מן התורה באותה חרישה:

שהרי גוף אחד (ו) ועשאו הכתוב ב' גופים. הקונטרס פירש כגרסתו ור"ת פירש בענין אחר כמין חומר דכתיב ביה כלבי וכאיל שהם ב' מינין וזה הפירוש מיושב הא דאמרי' בבכורות (דף לג.) תלתא לבי ואיל כתיבי בו חד לכדרב יצחק וחד לכדר' (ח) יהושע) ופירוש הקונטרס לא אתפרש למילתייהו והשתא ניחא (ז) הא דרבי יצחק ורבי ט) יהושע דהכא י):

המנהיג בשור פסולי המוקדשים לוקה. ודוקא אי מושך השור משוי בגופו אבל בלא המשכה אין לוקה בהנהגה דאם לא כן לעולם לא יוכלו להנהיג שור פסולי המוקדשים ממקום אחר כ):

הא

עין משפט נר מצוה

קז א מיי' פ"י מהלכות רוצח הלכה ט סמג עשין עח:

קח ב ג מיי' פ"ו מהל' יסודי התורה הל"א:

קט ד מיי' פ"י מהלכות טומאת צרעת הל"א סמג לאוין שסג:

קי ה מיי' פ"ט מהלכות כלי המקדש הל"י:

קיא ו מיי' שם פ"ב הלכה יג:

קיב ז מיי' פ"ז מהלכות ע"ז הלכה ב:

קיג ח מיי' פ"ו מהלכות מלכים הלכה ח:

קיד ט י מיי' פ"ט מהל' כלאים הלי"א:

קטו כ מיי' פי"ז מהלכות סנהדרין הלכה א סמג לאוין קלא:

קטז ל מיי' שם הל"ב:

תורה אור השלם

א) וְלֹא יִדְבַּק בְּיָדְךָ מְאוּמָה מִן הַחֵרֶם לְמַעַן יָשׁוּב יְיָ מֵחֲרוֹן אַפּוֹ וְנָתַן לְךָ רַחֲמִים וְרִחַמְךָ וְהִרְבֶּךָ כַּאֲשֶׁר נִשְׁבַּע לַאֲבֹתֶיךָ: [דברים יג, יח]

ב) וְלֹא תָבִיא תוֹעֵבָה אֶל בֵּיתֶךָ וְהָיִיתָ חֵרֶם כָּמֹהוּ שַׁקֵּץ תְּשַׁקְּצֶנּוּ וְתַעֵב תְּתַעֲבֶנּוּ כִּי חֵרֶם הוּא: [דברים ז, כו]

ג) וְנִתַּצְתֶּם אֶת מִזְבְּחֹתָם וְשִׁבַּרְתֶּם אֶת מַצֵּבֹתָם וַאֲשֵׁרֵיהֶם תִּשְׂרְפוּן בָּאֵשׁ וּפְסִילֵי אֱלֹהֵיהֶם תְּגַדֵּעוּן וְאִבַּדְתֶּם אֶת שְׁמָם מִן הַמָּקוֹם הַהוּא: [דברים יב, ג]

ד) לֹא תַעֲשׂוּן כֵּן לַייָ אֱלֹהֵיכֶם: [דברים יב, ד]

ה) וְהוֹרִדוּ זִקְנֵי הָעִיר הַהִוא אֶת הָעֶגְלָה אֶל נַחַל אֵיתָן אֲשֶׁר לֹא יֵעָבֵד בּוֹ וְלֹא יִזָּרֵעַ וְעָרְפוּ שָׁם אֶת הָעֶגְלָה בַּנָּחַל: [דברים כא, ד]

ו) הִשָּׁמֶר בְּנֶגַע הַצָּרַעַת לִשְׁמֹר מְאֹד וְלַעֲשׂוֹת כְּכֹל אֲשֶׁר יוֹרוּ אֶתְכֶם הַכֹּהֲנִים הַלְוִיִּם כַּאֲשֶׁר צִוִּיתִם תִּשְׁמְרוּ לַעֲשׂוֹת: [דברים כד, ח]

ז) בְּטַבְּעֹת הָאָרֹן יִהְיוּ הַבַּדִּים לֹא יָסֻרוּ מִמֶּנּוּ: [שמות כה, טו]

ח) וְיִרְכְּסוּ אֶת הַחֹשֶׁן מִטַּבְּעֹתָו אֶל טַבְּעֹת הָאֵפוֹד בִּפְתִיל תְּכֵלֶת לִהְיוֹת עַל חֵשֶׁב הָאֵפוֹד וְלֹא יִזַּח הַחֹשֶׁן מֵעַל הָאֵפוֹד: [שמות כח, כח]

ט) כִּי תָצוּר אֶל עִיר יָמִים רַבִּים לְהִלָּחֵם עָלֶיהָ לְתָפְשָׂהּ לֹא תַשְׁחִית אֶת עֵצָהּ לִנְדֹּחַ עָלָיו גַּרְזֶן כִּי מִמֶּנּוּ תֹאכֵל וְאֹתוֹ לֹא תִכְרֹת כִּי הָאָדָם עֵץ הַשָּׂדֶה לָבֹא מִפָּנֶיךָ בַּמָּצוֹר: [דברים כ, יט]

י) וְהָיָה אִם בִּן הַכּוֹת הָרָשָׁע וְהִפִּילוֹ הַשֹּׁפֵט וְהִכָּהוּ לְפָנָיו כְּדֵי רִשְׁעָתוֹ בְּמִסְפָּר: אַרְבָּעִים יַכֶּנּוּ לֹא יֹסִיף פֶּן יֹסִיף לְהַכֹּתוֹ עַל אֵלֶּה מַכָּה רַבָּה וְנִקְלָה אָחִיךָ לְעֵינֶיךָ: [דברים כה, ג-ד]

מסורת הש"ס

א) [סנהדרין נו.], ב) [שבועות כד:], ג) [שם], ד) [הלחם משנה ריש פי"ז מהל' סנהדרין כתב פשוט הוא שזה טעות וצריך להיות סוכם את הארבעים דכן אמר בגמ' וכן משמע ומבואר בפי' רש"י וכן בסמ"ג הביאו לשון המשנה סוכם את הארבעים עכ"ל וגם הר"ן בסוף מסכת זו כתב בפירוש המשנה מנין הסוכם תרגום ותוכן לבניס סכום לבניא וכו'], ה) [כריתות יא.], ו) רש"א בשריפה, ז) [צ"ל וליחשוב ולא], ח) [צ"ל הושעיא], ט) [צ"ל הושעיא], י) [וע"ע תוס' חולין קטו. ד"ה בשני], כ) [ועי' תוס' שבת נד: ד"ה והתנן].

הגהות הב"ח

(א) גמ' משום הבערה לא ליחייב דהא: (ב) רש"י ד"ה ה"ג ואם איתא. נ"ב כלומר דל"ג אהבערה לא ליחייב הואיל דחזי ליה לצרכיו כדגרס בספרים ובפ' אלו עוברין הוא דגרסינן ליה וע"ש בדף מז ע"ב: (ג) ד"ה המרביע וכו' גוף אחד הוא ועשאו: (ד) תוס' ד"ה מתקיף וכו' דהשתא דפריך טובא נפרוך. נ"ב כלומר א"כ קשה מאי קא משני ובע"כ צ"ל דתלמודא קא סמיך אשינויא דתנא ושייר כו': (ה) בא"ד וצריך לומר ע"כ וכו' ולעיל קאמר א"ל תני תנא שמנה וכו' דלא דמי לעיל קתני שמנה ומני י"ט. נ"ב וע"ע במ"ש התוס' רפ"ק דיבמות דף ג ופ"ק דקדושין דף טז: (ו) ד"ה שהרי גוף א' הוא ועשאו וכו' כגירסתו. נ"ב כלומר כפי שיטתו דטעמא דפסולי המוקדשין הם שני גופין דמקצתו קדשים ומקצתו חולין כמו שפי' בחולין דף קטו ע"ב: (ז) בא"ד ניחא דהוי דר' יצחק:

רש"י ד"ה מיגו דחיילא וכו' כללה נמי לדידיה. לדידה כצ"ל. תשו' נ"ב מ"ת סי' ק"כ: תוס' ד"ה מתקיף וכו' דלא דמי. כעין זה נזיר דף לח ע"ב תוס' ד"ה וללקי:

ליקוטי רש"י

ולוקה משום הבערה. שהיא מלאכה לעצמה וקא סבר יש חלוק מלאכות ליום טוב ללקות שתים על שתי מלאכות משום יום טוב [ביצה יב:]. שלא לצורך דהבערה מלאכה לעצמה ובישול מלאכה לעצמו [פסחים מז:]. שתים על אכילתו. אוכל גיד ואוכל בשר בחלב. שלש על בישולו. משום הבערה ובישול די"ט ומשום מבשל בשר בחלב אפילו בחול [פסחים מז:]. המוחק את השם בהליכתו ואזהרתיה מהכא. ואזהרתיה מהכא ואבדתם את שמם וסמיך ליה לא תעשון כן לה' אלהיכם [סנהדרין נו.]. מידי דאיתיה בשאלה. לאפוקי הקדש. שבא ע"י נדר וכל נדרים יש להן שאלה [שבועות כד:]. והרי הקדש. לחכם להתיר האיסור [שבועות כד:]. שנאמר במספר. ואינו נקוד במספר למד שהוא דבוק לומר במספר ארבעים ולא ארבעים שלמים אלא מנין שהוא סוכם ומשלים לארבעים והן ארבעים חסר אחת [דברים כה, ב]. הראויות להשתלש. כגון י"ח או כ"א או כ"ד שהיו מכין אותו שתי ידות מלאחריו ואחת מלפניו ומקרא ילפינן לה [כריתות יא.].

The Gemara replies:

בִּבְכוֹר – The Mishnah speaks **of firstborn** animals, which are not consecrated by their owner but are automatically consecrated at birth, and whose sanctity is therefore not subject to annulment.[40]

The Gemara persists in its challenge:

וַהֲרֵי נָזִיר – **But there is** the case of **a** *nazir* stated in the Mishnah! The Mishnah counts his plowing in a *tumah*-contaminated place as the last transgression, even though his *nazir*-status can be appealed and annulled.[41] – ? –

The Gemara answers:

בִּנְזִיר שִׁמְשׁוֹן – The Mishnah speaks **of a Samsonian** *nazir*,[42] whose *nezirus* is not subject to annulment.

The Gemara retorts:

נְזִיר שִׁמְשׁוֹן בַּר אִיטַמּוּיֵי לְמֵתִים הוּא – But **is a Samsonian** *nazir* **subject to** the prohibition against **contaminating himself with corpses?!**[43] Certainly not![44] Hence, since the Mishnah counts a *nazir's* plowing in a contaminated place as the last transgression, it cannot be referring to a Samsonian *nazir*. The Gemara is now left with R' Zeira's revised question: why the Mishnah did not teach the additional transgression of one who violated his oath not to plow at any time. – ? –

The Gemara is forced to answer:

אֶלָּא – **Rather,** we must say that הַאי תַּנָּא אִיסּוּר כּוֹלֵל לֵית לֵיהּ – **this Tanna** of our Mishnah **does not hold** that **an inclusive prohibition**[45] takes effect on an already prohibited item.[46] Accordingly, even if the plower had sworn not to plow on weekdays as well, his plowing on Yom Tov would not violate a personal oath, since that plowing is already forbidden by the Sinaitic oath. Therefore, our Tanna could not find a case where an additional *malkus* penalty is incurred for violating an oath not to plow.[47]

The Mishnah listed the prohibition against plowing with two different species of animals [ox and donkey]. The Gemara now presents a novel case in which the prohibition against mixed species (*kilayim*) applies even within a single species, and even with a single animal:

אָמַר רַבִּי הוֹשַׁעְיָא – R' Hoshaya said: הַמַּרְבִּיעַ שׁוֹר פְּסוּלֵי הַמּוּקְדָּשִׁים – **One who breeds a disqualified sacrificial bull** that has been redeemed[48] with any animal – **even with a cow**[49] – לוֹקֶה שְׁנַיִם – **receives two** sets of **lashes.** Since the disqualified sacrifice is regarded as a combination of two species, breeding it with another animal is tantamount to interbreeding.[50] A second *malkus* penalty is received for the very act of using the disqualified sacrifice for breeding, since this is a forbidden form of "working" with a consecrated animal.[51]

A related ruling:

אָמַר רַבִּי יִצְחָק – R' Yitzchak said: הַמַּנְהִיג בְּשׁוֹר פְּסוּלֵי הַמּוּקְדָּשִׁים – **One who leads a disqualified sacrificial ox** that is carrying a load or doing some other form of work[52] לוֹקֶה – **receives lashes** for violating the prohibition against working with mixed species,[53] שֶׁהֲרֵי גוּף אֶחָד הוּא – **for indeed [the ox] is a single body** וַעֲשָׂאוֹ הַכָּתוּב כִּשְׁנֵי גוּפִים – **and** yet **Scripture made it like two bodies.**[54] Therefore, working with this animal alone is tantamount to working with two different species, and thus constitutes a violation of the law of *kilayim*.

NOTES

40. [Annulment of a consecration (as well as of an oath or a vow) is contingent on the owner's regret for having made the consecration initially. Therefore, a consecration made by the animal's owner can be annulled, but a consecration that took effect automatically cannot.]

Ritva writes that the Gemara could have answered that the Mishnah speaks of where the consecrated ox and donkey were already in the Temple treasurer's possession at the time of plowing, at which point annulment is impossible. The Gemara preferred to answer, however, that the Mishnah is discussing firstborn animals.

41. Like any vow, *nezirus* is subject to appeal and annulment.

42. As detailed in *Judges* Ch. 13, Samson's *nezirus* was not voluntarily assumed, but was imposed by a Heavenly decree (communicated to his parents by an angel). As an involuntary *nezirus,* it was not subject to annulment. Similarly, the Mishnah refers to a "Samsonian *nazir*," i.e. one whose *nezirus* was imposed upon him by Heavenly decree, which is not subject to annulment (*Rivan*, first explanation, as interpreted by *Chavos Yair* §25, *Gevuras Ari* et al.; but see objections of *Teshuvos Maharit* II §24, and *Aruch LaNer*). Alternatively, the Mishnah refers to a person who voluntarily assumed "the *nezirus* of Samson," which is a vow that cannot be annulled even though it was voluntarily assumed [see *Nazir* 4a and *Tosafos* ד״ה מה there and ibid. 14a] (*Rivan*, first explanation, as interpreted by *Maharit* ibid. and *Aruch LaNer*, who explain that the vower intended that his *nezirus* be governed by the rules imposed by the angel on Samson).

Rivan cites another interpretation of "Samsonian *nazir*" – one who was made a *nazir* by his father (see *Nazir* 28b ff.) while still a fetus [just as Samson was made a *nazir* while still in his mother's womb]. *Rivan* rejects this explanation on the grounds that the father can indeed annul the *nezirus* vow he made for his son. See *Aruch LaNer* for another objection.

43. See *Ritva*, end of ד״ה בנזיר שמשון.

44. A Samsonian *nazir*, unlike a regular *nazir*, is not prohibited to contract corpse *tumah*! The Gemara (*Nazir* 4b) concludes that this law is an oral tradition (*Rivan*).

45. See note 37 above.

46. See *Kiddushim* 77b, *Kereisos* 23a and *Shevuos* 24a for opinions that hold this way (see *Ritva*).

47. As explained above in note 34, the Gemara has gone to considerable lengths – even to the point of establishing our Mishnah as following the opinion of a dissenting Tanna – to reject the inclusion of R' Z'eira's new prohibition into the Mishnah's list (see *Aruch LaNer* cited there).

48. R' Hoshaya speaks of a sacrificial animal that developed a permanent blemish and may no longer be offered; it is, however, redeemed with money. Yet even after redemption it retains vestiges of its former sanctity (e.g. it cannot be sheared for its wool or worked with). Nevertheless, it may be slaughtered and eaten as ordinary meat (see *Bechoros* 15b). 120a). Thus, the disqualified bull is comprised of both sacred and mundane elements, which are regarded as distinct species by the law of *kilayim* (*Rivan*, who professes that he does not know the source for this extraordinary ruling). *Tosafos,* citing *Bechoros* 33a, hold that R' Hoshaya's ruling is alluded to in *Deuteronomy* 15:22, where the Torah likens a disqualified offering to צְבִי וְאַיָּל, *a deer and a hart.* The Torah thus regards the disqualified offering as two species – at the same time both a deer and a hart, or at the same time both a domesticated animal [בְּהֵמָה] and a nondomesticated animal [חַיָּה] (as explained by *Ritva;* see *Aruch LaNer*). See *Rambam, Hil. Kilayim* 9:11, with *Mishneh LaMelech* and *Kesef Mishneh,* for what is possibly a third approach.

49. I.e. the female of its own species. See following note.

50. According to *Rivan's* approach (see note 48), some aspect of the disqualified bull's sacred/mundane status is necessarily *kilayim* vis-a-vis the female animal, whether she is sacred, mundane or also a combination of both [regarding the last point, see *Ritva MHK* ed. note 258]. Hence, this person receives one *malkus* penalty for violating the prohibition against interbreeding (*Leviticus* 19:19).

51. See *Rashash*. Many commentators, however, delete the word שְׁנַיִם, *two,* and read only: לוֹקֶה, *he receives [one] malkus,* viz. for interbreeding (see *Rivan* and *Ritva;* see *Dikdukei Soferim* and *Chasam Sofer, Yoreh Deah* §305; see also *Mishneh LaMelech* to *Hil. Me'ilah* 1:9

52. *Tosafos;* see also *Taz* to *Yoreh Deah* 297:5.

53. As found in *Deuteronomy* 22:10. [He would receive another set of lashes for working with a disqualified sacrificial animal. See *Tosafos* to *Bechoros* 15a ד״ה ואהני and Gemara there, 15b.]

54. I.e. the Torah regards the ox's sacred part and its mundane part as two distinct species, as explained above.

משום הבערה ואם איתא משום הבערה לא (א) מחייב דהא איחייב ליה משום בשולו אפיק הבערה ועייל גיד הנשה של נבילה והתני ר' חייא לוקה שתים על אכילתו ושלש על בשולו ואי איתא שלש על אכילתו הוא חייב אלא אפיק הבערה ועייל עצי אשירה ואזהרתיה מהכא א) ולא ידבק בידך וגו' א"ל רב אחא בריה דרבא לרב אשי ולילקי נמי משום ב) לא תביא תועבה אל ביתך אלא הכא במאי עסקינן כגון שבישלו בעצי הקדש ואזהרתיה מהכא ג) ואשריהם תשרפון באש ד) לא תעשון כן לה' אלהיכם: סימן שנבא"י שנ"ז: מתקיף לה רב הושעיא וליחשוב נמי [א] הזורע בנחל איתן ואזהרתיה מהכא ה) אשר לא יעבד בו ולא יזרע מתקיף לה רב חנניא וליחשוב נמי [ב] המוחק את השם בהליכתו (א) [ג] ואזהרתיה מהכא ג) ואבדתם את שמם וגו' (ו) לא תעשון כן לה' אלהיכם מתקיף לה ר' אבהו וליחשוב נמי [ד] הקוצץ את בהרתו ואזהרתיה מהכא ו) השמר בנגע הצרעת מתקיף לה אביי וליחשוב נמי [ה] המזיח החושן מעל האפוד [ו] והמסיר בדי ארון ואזהרתיה מהכא ז) (ו) לא יסורו ח) ולא יזח החושן מתקיף לה רב אשי וליחשוב נמי [ז] החורש בעצי אשירה ואזהרתיה מהכא א) ולא ידבק בידך מאומה וגו' מתקיף לה רבינא וליחשוב נמי [ח] הקוצץ אילנות טובות ואזהרתיה מהכא ט) כי ממנו תאכל ואותו לא תכרות א"ל רבי זעירא לרבי מני וליחשוב נמי כגון דאמר שבועה שלא אחרוש ביום טוב התם לא קא חלה שבועה מושבע ועומד מהר סיני הוא א"ל כגון דאמר שבועה שלא אחרוש בין בחול בין ביו"ט דמגו דחלה עליה שבועה בחול חלה עליה נמי ביו"ט ג) מידי דאיתיה בשאילה לא קתני ולא ג) והרי הקדש בבכור והרי נזיר בנזיר שמשון נזיר שמשון בר איטמויי למתים הוא אלא האי תנא איסור כולל לית ליה אמר רבי הושעיא [ט] המרביע שור פסולי המוקדשים לוקה שנים אמר רבי יצחק [י] המנהיג בשור פסולי המוקדשים לוקה שהרי גוף אחד הוא ועשאו הכתוב כשני גופים: **מתני'** [כ] כמה מלקין אותו ארבעים חסר אחת שנא' י) במספר ארבעים מנין [ד] שהוא סמוך לארבעים ר' יהודה אומר ארבעים שלימות הוא לוקה והיכן הוא לוקה את היתירה בין כתפיו [ה] [ל] אין אומדין אותו אלא במכות ראויות להשתלש אמדוהו לקבל ארבעים ולוקה מקצת ואמדו

רש"י

משום הבערה. דאי הוה איהו מבעיר וחבירו מבשל הוו תרווייהו חייבין דמבעיר ומבשל אבות מלאכות אלמא מיחייב משום יו"ט שתים הבערה ובישול: ה"ג ואם איתא (ב) אהבערה לא ליחייב דהא איחייב ליה משום מבשל: גיד הנשה של נבילה. דלוקה אף משום נבילה שאכל: שלש על בישולו. בישול בשר בחלב ובישול שלא לצורך יו"ט והבערה שלא לצורך ושתים על אכילתו אכילת גיד ואכילת בשר בחלב ואם איתא דמפקת הבערה ומעיילת אכילת נבילה הוי איסור ג' על אכילתו: ואזהרת עצי הקדש מהכא ואשריהם תשרפון באש לא תעשון כן לה' אלהיכם: השמר בנגע הצרעת. ואמרינן (שבת דף קלג.) בקוצץ בהרתו הכתוב מדבר והשמר הוא לא תעשה: נילקי נמי. כגון שהיו כלי מחרישה מעצי אשירה: קוצץ אילנות טובות. בהליכתו: מי קא חיילא עליה. הא הוה ליה נשבע שלא יבטל המצוה ונפקא לן מלהרע או להיטיב בשבועות (דף כה.) דאין זו שבועה: מיגו דחיילא עליה שבועה כו'. היינו איסור כולל ואיסור מוסיף כגון שבחתיכה עצמה נוסף איסור כגון אילו נוסף על היו"ט איסור ע"י שבועה זו וה"ל מוסיף דומיא דאשת איש ונעשית חמותו דמוסיף הוא דמעיקרא קיימא ליה בחנק והשתא קיימא ליה י) בסקילה א"נ חלב דנותר מעיקרא קאי עליה באיסור חלב והשתא איתוסף עליה איסור נותר ואיסור כולל היינו שאין איסור נוסף על החתיכה אלא כולל אחרים באיסורא כגון שנשא אחות חמותו דמיגו דמיתסר בכולהו אחוותא איתסר נמי בחמותו משום אחות אשה אי נמי כגון חמותו ונעשית אשת איש דמיגו דכיילה כולי עלמא באיסור אשת איש ° כללה נמי לדידיה לחייבו שתים: בנזיר שמשון. ע"י מלאך קיבל נזירות עליו דההוא אין לו שאלה דלווי שלמעלה הוא: נזיר שמשון בר טמויי למתים הוא. כלום אסור הוא להיטמא למתים אדם שמקבל נזירתו ע"י מלאך הא אמרינן במס' נזיר (דף ד:) שמשון הותר ליטמא למתים ובעי לאפוקי מהאי קרא ויך מאה וחמשים וגו' ופריך ליה אימא דשוינהו גוססין אלא גמרא ואית דמפרשי נזיר שמשון נזיר מן הבטן וקשיא לן ההיא נמי בשאלה איתיה שהיה אביו יכול לישאל עליו ואפילו מת אביו בשאלה מיהא הוה ההוא שעתא: המרביע שור פסולי המוקדשין. שנפדה אפילו על מינו לוקה שהרי גוף אחד (ג) ועשאו הכתוב שני גופין דתורת חולין ותורת קדשים יש עליו תורת חולין שמותר באכילה מחוץ לפתח אהל מועד כאילו לא הוקדש מעולם ותורת קדשים שאסור בגיזה ועבודה כדאמרינן בספרי בכל אות נפשך תזבח ואכלת בשר במה הכתוב מדבר אם בבשר תאוה הרי כבר אמור כי ירחיב ה' אלהיך את גבולך וגו' כי תאוה נפשך וגו' אם באכילת קדשים הרי כבר אמור כי אם במקום וגו' שם תעלה וגו' הא אין הכתוב מדבר אלא בפסולי המוקדשין שנפדו תזבח ולא גיזה לאסור בגיזה ועבודה בשר ולא חלב ואכלת ולא לכלביך והלכך אסור להרביעו אפי' עם מינו משום כלאים שמרביע חולין על קדשים או קדשים על חולין וכן במנהיג אפילו מנהיגו עם מינו ואפילו מנהיגו בפני עצמו חולין וקדשים הוא וחייב משום כלאים דחרישה דהוא עצמו כלאים שעשאן הכתוב שני גופין ולא שמעתי ראיה מנלן דחולין וקדשים כלאים זה בזה ודבר תימה הוא: **מתני'** שנאמר במספר ארבעים. והפילו השופט והכהו לפניו כדי רשעתו במספר (דברים כה) וסמיך ליה ארבעים יכנו ודרשינן כמאן דכתיב במספר ארבעים מנין שהוא סוכם את הארבעים כדמפרש בגמ' דמדלא כתיב יכנו ארבעים במספר אלא במספר ארבעים יכנו שמעינן דהכי קאמר מנין הסוכם הארבעים חשבון המשלים סכום של ארבעים שגורם לקרות אחריו ארבעים והיינו שלשים ותשע: ראויות להשתלש. בגמרא מפרש:

תוספות

אלא הכא במאי עסקינן שבישלו בעצי הקדש. ואם תאמר לילקי משום הזיד במעילה באזהרה וי"ל דלא חשיב אלא לאו דליתנהו בפחות משוה פרוטה:

מתקיף לה רב אושעיא וליחשוב נמי משום זורע בנחל איתן. קשה דהשתא (ד) פריך טובא י) (ונפרוך דלא) משני מידי וצריך לומר (ה) דע"כ דתנא תנא ושייר ולעיל קאמר אלא תני תנא שמונה ואת אמרת תנא ושייר ואומר הר"ס ° דלא דמי לעיל דקתני שמונה ומני י"ט בחד ואם איתא דאיכא תו מלקות משום י"ט היה לו למנותן בשתים אבל הכא יכול להיות דלא איירי תנא למיחשב כל הני גווני דזורע בנחל איתן ומוחק את השם:

אמר ליה כגון דאמר שלא אחרוש בין בחול בין ביו"ט. וקשה דאכתי ליתא בלאו והן כדפריך פ"ג דשבועות (דף כד. ושם) גבי שלא אוכל נבילה ושחוטה דפריך מי איתא בלאו והן ואולי י"ל דמשכחת לה בהן כגון עפר תיחוח דלית בה חיובא מן התורה באותה חרישה:

שהרי גוף אחד (ו) ועשאו הכתוב ב' גופים. הקונטרס פירש כגרסתו ור"ת פירש בענין אחר כמין חומר דכתיב ביה כלבי וכאיל שהם ב' מינין ובזה הפירוש מיושב הא דאמרי' בבכורות (דף לג.) תלתא לבי ואיל כתיבי בו חד לכדרב יצחק וחד לכדר' (ח) יהושע) ופירוש הקונטרס לא אתפרש למילתייהו והשתא ניחא (ז) הא דרבי יצחק ורבי ט) יהושע דהכא י):

המנהיג בשור פסולי המוקדשים לוקה. ודוקא אי מושך השור משוי בגופו אבל בלא המשכה אין לוקה בהנהגה דאם לא כן לעולם לא יוכלו להנהיג שור פסולי המוקדשים ממקום אחר כ):

הא

עין משפט נר מצוה

קז א מיי' פ"י מהלכות רוצח הלכה ט סמג עשין עח:

קח ב ג מיי' פ"ו מהל' יסודי התורה הל"א:

קט ד מיי' פ"י מהלכות טומאת צרעת הל"א סמג לאוין שסג:

קי ה מיי' פ"ט מהלכות כלי המקדש הל"י:

קיא ו מיי' שם פ"ב הלכה יג:

קיב ז מיי' פ"ז מהלכות ע"ז הלכה ב:

קיג ח מיי' פ"ו מהלכות מלכים הלכה ח:

קיד ט י מיי' פ"ט מהל' כלאים הלי"א:

קטו כ מיי' פי"ז מהלכות סנהדרין הלכה א סמג לאוין קלח:

קטז ל מיי' שם הל"ב:

תורה אור השלם

א) וְלֹא יִדְבַּק בְּיָדְךָ מְאוּמָה מִן הַחֵרֶם לְמַעַן יָשׁוּב יְיָ מֵחֲרוֹן אַפּוֹ וְנָתַן לְךָ רַחֲמִים וְרִחַמְךָ וְהִרְבֶּךָ כַּאֲשֶׁר נִשְׁבַּע לַאֲבֹתֶיךָ: [דברים יג, יח]

ב) וְלֹא תָבִיא תוֹעֵבָה אֶל בֵּיתֶךָ וְהָיִיתָ חֵרֶם כָּמֹהוּ שַׁקֵּץ תְּשַׁקְּצֶנּוּ וְתַעֵב תְּתַעֲבֶנּוּ כִּי חֵרֶם הוּא: [דברים ז, כו]

ג) וְנִתַּצְתֶּם אֶת מִזְבְּחֹתָם וְשִׁבַּרְתֶּם אֶת מַצֵּבֹתָם וַאֲשֵׁרֵיהֶם תִּשְׂרְפוּן בָּאֵשׁ וּפְסִילֵי אֱלֹהֵיהֶם תְּגַדֵּעוּן וְאִבַּדְתֶּם אֶת שְׁמָם מִן הַמָּקוֹם הַהוּא: [דברים יב, ג]

ד) לֹא תַעֲשׂוּן כֵּן לַייָ אֱלֹהֵיכֶם: [דברים יב, ד]

ה) וְהוֹרִדוּ זִקְנֵי הָעִיר הַהִוא אֶת הָעֶגְלָה אֶל נַחַל אֵיתָן אֲשֶׁר לֹא יֵעָבֵד בּוֹ וְלֹא יִזָּרֵעַ וְעָרְפוּ שָׁם אֶת הָעֶגְלָה בַּנָּחַל: [דברים כא, ד]

ו) הִשָּׁמֶר בְּנֶגַע הַצָּרַעַת לִשְׁמֹר מְאֹד וְלַעֲשׂוֹת כְּכֹל אֲשֶׁר יוֹרוּ אֶתְכֶם הַכֹּהֲנִים הַלְוִיִּם כַּאֲשֶׁר צִוִּיתִם תִּשְׁמְרוּ לַעֲשׂוֹת: [דברים כד, ח]

ז) בְּטַבְּעֹת הָאָרֹן יִהְיוּ הַבַּדִּים לֹא יָסֻרוּ מִמֶּנּוּ: [שמות כה, טו]

ח) וְיִרְכְּסוּ אֶת הַחֹשֶׁן מִטַּבְּעֹתָו אֶל טַבְּעֹת הָאֵפוֹד בִּפְתִיל תְּכֵלֶת לִהְיוֹת עַל חֵשֶׁב הָאֵפוֹד וְלֹא יִזַּח הַחֹשֶׁן מֵעַל הָאֵפוֹד: [שמות כח, כח]

ט) כִּי תָצוּר אֶל עִיר יָמִים רַבִּים לְהִלָּחֵם עָלֶיהָ לְתָפְשָׂהּ לֹא תַשְׁחִית אֶת עֵצָהּ לִנְדֹּחַ עָלָיו גַּרְזֶן כִּי מִמֶּנּוּ תֹאכֵל וְאֹתוֹ לֹא תִכְרֹת כִּי הָאָדָם עֵץ הַשָּׂדֶה לָבֹא מִפָּנֶיךָ בַּמָּצוֹר: [דברים כ, יט]

י) וְהָיָה אִם בִּן הַכּוֹת הָרָשָׁע וְהִפִּילוֹ הַשֹּׁפֵט וְהִכָּהוּ לְפָנָיו כְּדֵי רִשְׁעָתוֹ בְּמִסְפָּר: אַרְבָּעִים יַכֶּנּוּ לֹא יֹסִיף פֶּן יֹסִיף לְהַכֹּתוֹ עַל אֵלֶּה מַכָּה רַבָּה וְנִקְלָה אָחִיךָ לְעֵינֶיךָ: [דברים כה, ג-ד]

מסורת הש"ס

א) [סנהדרין נו.], ב) [שבועות כד:], ג) [שם], ד) [הלחם משנה ריש פי"ז מהל' סנהדרין כתב פשוט הוא שזה טעות וצריך להיות סוכם את הארבעים דכן אמר בגמ' וכן משמע ומבואר בפי' רש"י וכן בסמ"ג הביאו לשון המשנה סוכם את הארבעים עכ"ל וגם הר"ן בסוף מסכת זו כתב בפירוש המשנה מנין הסוכם תרגום ותוכן לבנים סכום לבניא וכו'], ה) [כריתות יא.], ו) רש"א בשריפה, ז) [צ"ל וליחשוב ולא], ח) [צ"ל הושעיא], ט) [צ"ל הושעיא], י) [וע"ע תוס' חולין קטו. ד"ה בשני], כ) [ועי' תוס' שבת נד: ד"ה והתנן].

הגהות הב"ח

(א) גמ' משום הבערה לא ליחייב דהא: (ב) רש"י ד"ה ה"ג ואם איתא. נ"ב כלומר דל"ג אהבערה לא ליחייב הואיל דחזי ליה לצרכיו כדגרס בספרים ובפ' אלו עוברין הוא דגרסינן ליה וע"ש בדף מז ע"ב: (ג) ד"ה המרביע וכו' גוף אחד הוא ועשאו: (ד) תוס' ד"ה מתקיף וכו' דהשתא דפריך טובא נפרוך. נ"ב כלומר א"כ קשה מאי קא משני ובע"כ צ"ל דתלמודא קא סמיך אשינויא דתנא ושייר כו': (ה) בא"ד וצריך לומר ע"כ וכו' ולעיל קאמר א"ל תני תנא שמנה וכו' דלא דמי דלעיל קתני שמנה ומני י"ט. נ"ב וע"ע במ"ש התוס' רפ"ק דיבמות דף ג ופ"ק דקדושין דף טז: (ו) ד"ה שהרי גוף א' הוא ועשאו וכו' כגירסתו. נ"ב כלומר כפי שיטתו דטעמא דפסולי המוקדשין הם שני גופין דמקצתו קדשים ומקצתו חולין כמו שפי' בחולין דף קטו ע"ב: (ז) בא"ד ניחא דהוי דר' יצחק:

גליון הש"ס

רש"י ד"ה מיגו דחיילא וכו' כללה נמי לדידיה. כל"ל. תשו' רע"א סי' ק"כ: תוס' ד"ה מתקיף וכו' דלא דמי. כעין זה נזיר דף לח ע"ב תוס' ד"ה וליקי:

ליקוטי רש"י

ולוקה משום הבערה. שהיא מלאכה לעצמה וקא סבר לא יצאת לחלק מלאכות ליום טוב ללקות שתים על שתי מלאכות משום יום טוב [ביצה יב:]. שלא לצורך להבערה מלאכה לעצמה ובישול מלאכה לעצמו [פסחים מז:]. שתים על אכילתו. אוכל גיד ואוכל בשר בחלב. שלש על בישולו. בישול די"ט ומשום מבשל בשר בחלב אפילו בחול [פסחים מז:]. המוחק את השם מהכא. ואזהרתיה מהכא ואבדתם את שמם וסמיך ליה לא תעשון כן לה' אלהיכם [סנהדרין נו.]. מידי דאיתיה בשאלה. לאכם להתיר האיסור [שבועות כד:]. והרי הקדש. שבא ע"י נדר וכל נדרים יש להן שאלה [שבועות שם]. שנאמר במספר. ואינו נקוד במספר למד שהוא דבוק לומר במספר ארבעים ולא ארבעים ממש אלא מנין שהוא סוכם ומשלים לארבעים והן ארבעים חסר אחת [דברים כה, ב]. הראויות להשתלש. כגון י"ח או כ"א או כ"ד שהיו מכין אותו שתי ידות מלאחריו ואחת מלפניו ומקרא ילפינן לה [כריתות יא.].

Mishnah The Torah states (*Deuteronomy* 25:2,3): וְהָיָה אִם־בִּן הַכּוֹת הָרָשָׁע וְהִפִּילוֹ הַשֹּׁפֵט וְהִכָּהוּ לְפָנָיו כְּדֵי רִשְׁעָתוֹ בְּמִסְפָּר. אַרְבָּעִים יַכֶּנּוּ לֹא יֹסִיף..., *And it shall be if the wicked one is sentenced to lashes, that the judge should make him fall and strike him before him according to his wickedness in number. Forty [lashes] he shall smite him; he shall not add*... The Mishnah first records a dispute regarding the number of lashes that are actually given: **כַּמָּה מַלְקִין אוֹתוֹ – How many** times **do we strike him,** the one sentenced to receive *malkus*? **אַרְבָּעִים חָסֵר אַחַת – Forty less one** (thirty-nine lashes; the forty lashes mentioned in the Torah, less one), **שֶׁנֶּאֱמַר ,,בְּמִסְפָּר אַרְבָּעִים" – for it is stated: *in the number of forty.***[55] This means **מִנְיָן שֶׁהוּא סָמוּךְ לְאַרְבָּעִים – a number that is next**[56] **to forty** – viz. thirty-nine.

רַבִּי יְהוּדָה אוֹמֵר – R' Yehudah says: אַרְבָּעִים שְׁלֵימוֹת הוּא לוֹקֶה – He receives the full forty lashes, in accordance with the simple meaning of the verse. **וְהֵיכָן הוּא לוֹקֶה אֶת הַיְתֵירָה – And where,** then, **does he receive the extra one,** i.e. the fortieth lash?[57] **בֵּין כְּתֵפָיו – Between his shoulders.**

The Mishnah now explains that "thirty-nine" (or "forty") is only the maximum number of lashes that are given:[58]

אֵין אוֹמְדִין אוֹתוֹ אֶלָּא בְּמַכּוֹת רְאוּיוֹת לְהִשְׁתַּלֵּשׁ – We assess him only with a number of **lashes that can be divided by three.**[59] **אֲמָדוּהוּ לְקַבֵּל אַרְבָּעִים – If they assessed him** to be able **to receive forty** lashes[60] **וְלוֹקֶה מִקְצָת – and he was flogged a portion** of that amount,

NOTES

55. As quoted in our introduction to the Mishnah, verse 2 ends with the words כְּדֵי רִשְׁעָתוֹ בְּמִסְפָּר, *according to his wickedness in number.* Verse 3 starts with the words אַרְבָּעִים יַכֶּנּוּ, *Forty* [lashes] *he shall strike him.* The Tanna Kamma interprets the juxtaposed phrases as one verse that states: בְּמִסְפָּר אַרְבָּעִים, *in the number of forty* (*Rivan*).

56. Many editions of the Mishnah read: מִנְיָן שֶׁהוּא סוֹכֵם אֶת הָאַרְבָּעִים, *the number that counts forty,* i.e. thirty-nine, which causes forty to be counted after it (see *Mesoras HaShas*). The Gemara (22b) will, in fact, explain the Tanna Kamma's exegesis according to that text.

57. The Mishnah below (22b) explains that one third of the lashes are administered on the sinner's chest and two thirds on his back. The Mishnah therefore inquires where R' Yehudah's fortieth, additional lash is administered.

58. Before the sinner is flogged, he is evaluated medically to determine how many lashes he can endure. If it is less than the full prescribed amount, the court must deduct from his sentence accordingly. The court must take care not to cause the sinner's death (see *Rav, Meiri, Rambam, Hil. Sanhedrin* 17:1).

59. I.e. even after the evaluation ruled out administering the maximum number of lashes, the lashes assessed must be a multiple of three. For example, if the offender was judged capable of enduring just twenty lashes, he is actually given only eighteen (*Rambam* ibid. 17:2, *Meiri;* see *Sanhedrin* 10a). See below, 23a; *Rashi* to *Sanhedrin* 10a ד"ה אין מכין.

[See *Siach Yitzchak* for a discussion of whether R' Yehudah can hold of this requirement that the number of assessed lashes must be divisible by three. See *Ritva,* who writes that R' Yehudah did not receive this law from his teacher; but see *Rav.*]

60. I.e. thirty-nine – the Mishnah uses the language of the Torah (*Rav*).

משום הבערה ואם איתא משום הבערה לא (א) מחייב דהא איחייב ליה משום בשולו אפיק הבערה ועייל גיד הנשה של נבילה והתני ר' חייא לוקה שתים על אכילתו ושלש על בשולו ואי איתא שלש על אכילתו הוא חייב אלא אפיק הבערה ועייל עצי אשירה ואזהרתיה מהכא א) ולא ידבק בידך וגו' א"ל רב אחא בריה דרבא לרב אשי ולילקי נמי משום ב) לא תביא תועבה אל ביתך אלא הכא במאי עסקינן כגון שבישלו בעצי הקדש ואזהרתיה מהכא ג) ואשריהם תשרפון באש ד) לא תעשון כן לה' אלהיכם: סימן שנבא"י שנ"ז: מתקיף לה רב הושעיא וליחשוב נמי א הזורע בנחל איתן ואזהרתיה מהכא ה) אשר לא יעבד בו ולא יזרע מתקיף לה רב חנניא וליחשוב נמי ב המוחק את השם בהליכתו (א) ג ואזהרתיה מהכא ג) ואבדתם את שמם וגו' (ו)לא תעשון כן לה' אלהיכם מתקיף לה ר' אבהו וליחשוב נמי ד הקוצץ את בהרתו ואזהרתיה מהכא ו) השמר בנגע הצרעת מתקיף לה אביי וליחשוב נמי ה המזיח החושן מעל האפוד ו והמסיר בדי ארון ואזהרתיה מהכא ז) (ו)לא יסורו ח) ולא יזח החושן מתקיף לה רב אשי וליחשוב נמי ז החורש בעצי אשירה ואזהרתיה מהכא א) ולא ידבק בידך מאומה וגו' מתקיף לה רבינא וליחשוב נמי ח הקוצץ אילנות טובות ואזהרתיה מהכא ט) כי ממנו תאכל ואותו לא תכרות א"ל רבי זעירא לרבי מני וליחשוב נמי כגון דאמר שבועה שלא אחרוש ביום טוב התם לא קא חלה שבועה מושבע ועומד מהר סיני הוא א"ל כגון דאמר שבועה שלא אחרוש בין בחול בין ביו"ט דמגו דחלה עליה שבועה בחול חלה עליה נמי ביו"ט ב) מידי דאיתיה בשאילה לא קתני ולא ג) והרי הקדש בבכור והרי נזיר בנזיר שמשון נזיר שמשון בר איטמויי למתים הוא אלא האי תנא איסור כולל לית ליה אמר רבי הושעיא ט המרביע שור פסולי המוקדשים לוקה שנים אמר רבי יצחק י המנהיג בשור פסולי המוקדשים לוקה שהרי גוף אחד הוא ועשאו הכתוב כשני גופים: **מתני'** כ כמה מלקין אותו ארבעים חסר אחת שנא' י) במספר ארבעים מנין ד) שהוא סמוך לארבעים ר' יהודה אומר ארבעים שלימות הוא לוקה והיכן הוא לוקה את היתירה בין כתפיו ה) ל אין אומדין אותו אלא במכות ראויות להשתלש אמדוהו לקבל ארבעים ולוקה מקצת ואמדו

רש"י

משום הבערה. דאי הוה איהו מבעיר וחבירו מבשל הוו תרוייהו חייבין דמבעיר ומבשל אבות מלאכות אלמא מיחייב משום יו"ט שתים הבערה ובישול: ה"ג ואם איתא (ב) אהבערה לא ליחייב דהא איחייב ליה משום מבשל: גיד הנשה של נבילה. דלוקה אף משום נבילה שאכל: שלש על בישולו. בישול בשר בחלב ובישול שלא לצורך יו"ט והבערה שלא לצורך ושתים על אכילתו אכילת גיד ואכילת בשר בחלב ואם איתא דמפקת הבערה ומעיילת אכילת נבילה הוי איסור ג' על אכילתו: ואזהרת עצי הקדש מהכא ואשריהם תשרפון באש לא תעשון כן לה' אלהיכם: השמר בנגע הצרעת. ואמרינן (שבת דף קלג.) בקוצץ בהרתו הכתוב מדבר והשמר הוא לא תעשה: נילקי נמי. כגון שהיו כלי מחרישה מעצי אשירה: קוצץ אילנות טובות. בהליכתו: מי קא חיילא עליה. הא הוה ליה נשבע שלא יבטל המצוה ונפקא לן מלהרע או להיטיב בשבועות (דף כה.) דאין זו שבועה: מיגו דחיילא עליה שבועה כו'. היינו איסור כולל ואיסור מוסיף כגון שבחתיכה עצמה נוסף איסור כגון אילו נוסף על היו"ט איסור ע"י שבועה זו וה"ל מוסיף דומיא דאשת איש ונעשית חמותו דמוסיף הוא דמעיקרא קיימא ליה בחנק והשתא קיימא ליה ו) בסקילה א"נ חלב דנותר מעיקרא קאי עליה באיסור חלב והשתא איתוסף עליה איסור נותר ואיסור כולל היינו שאין איסור נוסף על החתיכה אלא כולל אחרים באיסורא כגון שנשא אחות חמותו דמיגו דמיתסר בכולהו אחוותא איתסר נמי בחמותו משום אחות אשה אי נמי כגון חמותו ונעשית אשת איש דמיגו דכיילה כולי עלמא באיסור אשת איש ° כללה נמי לדידיה לחייבו שתים: בנזיר שמשון. ע"י מלאך קיבל נזירות עליו דההוא אין לו שאלה דלוי שלמעלה הוא: נזיר שמשון בר טמויי למתים הוא. כלום אסור הוא להיטמא למתים אדם שמקבל נזירתו ע"י מלאך הא אמרינן במס' נזיר (דף ד:) שמשון הותר ליטמא למתים ובעי לאפוקי מהאי קרא ויך מאה ותמשים וגו' ופריך ליה אימא דשוינהו גוססין אלא גמרא ואית דמפרשי נזיר שמשון נזיר מן הבטן וקשיא לן ההיא נמי בשאלה איתיה שהיה אביו יכול לישאל עליו ואפילו מת אביו בשאלה מיהא הוה ההוא שעתא: המרביע שור פסולי המוקדשין. שנפדה אפילו על מינו לוקה שהרי גוף אחד (ג) ועשאו הכתוב שני גופין דתורת חולין ותורת קדשים יש עליו תורת חולין שמותר באכילה מחוץ לפתח אהל מועד כאילו לא הוקדש מעולם ותורת קדשים שאסור בגיזה ועבודה כדאמרינן בספרי בכל אות נפשך תזבח ואכלת בשר במה הכתוב מדבר אם בבשר תאוה הרי כבר אמור כי ירחיב ה' אלהיך את גבולך וגו' כי תאוה נפשך וגו' אם באכילת קדשים הרי כבר אמור כי אם במקום וגו' שם תעלה וגו' הא אין הכתוב מדבר אלא בפסולי המוקדשין שנפדו תזבח ולא גיזה לאסור בגיזה ועבודה בשר ולא חלב ואכלת ולא לכלביך והלכך אסור להרביעו אפי' עם מינו משום כלאים שמרביע חולין על קדשים או קדשים על חולין וכן במנהיג אפילו מנהיגו בפני עצמו חולין וקדשים הוא וחייב משום כלאים דחרישה דהוא עצמו כלאים שעשאן הכתוב שני גופין ולא שמעתי ראיה מנלן דחולין וקדשים כלאים זה בזה ודבר תימה הוא: **מתני'** שנאמר במספר ארבעים. והפילו השופט והכהו לפניו כדי רשעתו במספר (דברים כה) וסמיך ליה ארבעים יכנו ודרשינן כמאן דכתיב במספר ארבעים מנין שהוא סוכם את הארבעים כדמפרש בגמ' דמדלא כתיב יכנו ארבעים במספר אלא במספר ארבעים יכנו שמעינן דהכי קאמר מנין הסוכם הארבעים חשבון המשלים סכום של ארבעים שגורם לקרות אחריו ארבעים והיינו שלשים ותשע: ראויות להשתלש. בגמרא מפרש:

תוספות

אלא הכא במאי עסקינן שבישלו בעצי הקדש. ואם תאמר לילקי משום הזיד במעילה באזהרה וי"ל דלא חשיב אלא לאו דליתנהו בפחות משוה פרוטה:

מתקיף לה רב אושעיא וליחשוב נמי משום זורע בנחל איתן. קשה דהשתא (ד) פריך טובא ז) (ונפרוך דלא) משני מידי וצריך לומר (ה) דע"כ דתנא תנא ושייר ולעיל קאמר אלא תני תנא שמונה ואת אמרת תנא ושייר ואומר הר"ס ° דלא דמי לעיל דקתני שמונה ומני י"ט בחד ואם איתא דאיכא תו מלקות משום י"ט היה לו למנותן בשתים אבל הכא יכול להיות דלא איירי תנא למיחשב כל הני גווני דזורע בנחל איתן ומוחק את השם:

אמר ליה כגון דאמר שלא אחרוש בין בחול בין ביו"ט. וקשה דאכתי ליתא בלאו והן כדפריך פ"ג דשבועות (דף כד. ושם) גבי שלא אוכל נבילה ושחוטה דפריך מי איתא בלאו והן ואולי י"ל דמשכחת לה בהן כגון עפר תיחוח דלית בה חיובא מן התורה באותה חרישה:

שהרי גוף אחד (ו) ועשאו הכתוב ב' גופים. הקונטרס פירש כגרסתו ור"ת פירש בענין אחר כמין חומר דכתיב ביה כלבי וכאיל שהם ב' מינין ובזה הפירוש מיושב הא דאמרי' בבכורות (דף לג.) תלתא לבי ואיל כתיבי בו חד לכדרב יצחק וחד לכדר' (ח) יהושע) ופירוש הקונטרס לא אתפרש למילתייהו והשתא ניחא (ז) הא דרבי יצחק ורבי ט) יהושע דהכא י):

המנהיג בשור פסולי המוקדשים לוקה. ודוקא אי מושך השור משוי בגופו אבל בלא המשכה אין לוקה בהנהגה דאם לא כן לעולם לא יוכלו להנהיג שור פסולי המוקדשים ממקום אחר כ):

עין משפט נר מצוה

קז א מיי' פ"י מהלכות רוצח הלכה ט סמג עשין עח:

קח ב ג מיי' פ"ו מהל' יסודי התורה הל"א:

קט ד מיי' פ"י מהלכות טומאת צרעת הל"א סמג לאוין שסג:

קי ה מיי' פ"ט מהלכות כלי המקדש הל"י:

קיא ו מיי' שם פ"ב הלכה יג:

קיב ז מיי' פ"ז מהלכות ע"ז הלכה ב:

קיג ח מיי' פ"ו מהלכות מלכים הלכה ח:

קיד ט י מיי' פ"ט מהל' כלאים הל"א:

קטו כ מיי' פי"ז מהלכות סנהדרין הלכה א סמג לאוין קלא:

קטז ל מיי' שם הל"ב:

מסורת הש"ס

א) [סנהדרין נו.], ב) [שבועות כד:], ג) [שם], ד) [הלחם משנה ריש פי"ז מהל' סנהדרין כתב פשוט הוא שזה טעות וצריך להיות סוכם את הארבעים דכן אמר בגמ' וכן משמע ומבואר בפי' רש"י וכן בסמ"ג הביאו לשון המשנה סוכם את הארבעים עכ"ל וגם הר"ן בסוף מסכת זו כתב בפירוש המשנה מנין הסוכם תרגום ותוכן לבנים סכום לבניא וכו'], ה) [כריתות יא.], ו) רש"א בשריפה, ז) [צ"ל וליחשוב ולא], ח) [צ"ל הושעיא], ט) [צ"ל הושעיא], י) [ועי"ע תוס' חולין קטו. ד"ה בשני], כ) [ועי' תוס' שבת נד: ד"ה והתנן].

ואמדו שאין יכול לקבל ארבעים פטור [א]אמדוהו לקבל שמונה עשרה ומשלקה אמדו שיכול הוא לקבל ארבעים פטור: גמ' מ"ט אי כתיב ארבעים במספר הוה אמינא ארבעים במניינא השתא דכתיב במספר ארבעים מנין שהוא סוכם את הארבעים אמר רבא כמה טפשאי שאר אינשי [א]דקיימי מקמי ספר תורה ולא קיימי מקמי גברא רבה דאילו בס"ת כתיב ארבעים ואתו רבנן בצרו חדא: רבי יהודה אומר ארבעים שלימות [ב]וכו': אמר ר' יצחק מאי טעמא דרבי יהודה דכתיב [א]מה המכות האלה בין ידיך ואמר אשר הכתי בית מאהבי ורבנן ההוא בתינוקות של בית רבן הוא דכתיב: אין אומדין אלא במכות הראויות וכו': לקה אין לא לקה לא ורמינהו אמדוהו לקבל ארבעים וחזרו (א) ואמדו שאין יכול לקבל ארבעים פטור אמדוהו לקבל שמונה עשרה וחזרו ואמדוהו שיכול לקבל ארבעים פטור אמר רב ששת לא קשיא [ג]הא דאמדוהו ליומי הא דאמדוהו למחר וליומא אוחרא: מתני' [ג]עבר עבירה שיש בה שני לאוין אמדוהו אומד אחד לוקה ופטור ואם לאו לוקה ומתרפא וחוזר ולוקה: גמ' והתניא אין אומדין אומד אחד לשני לאוין אמר רב ששת לא קשיא [ד]הא דאמדוהו לארבעים וחדא הא דאמדוהו לארבעים ותרתי: מתני' [ה]כיצד מלקין אותו כופה שתי ידיו על העמוד הילך והילך וחזן הכנסת [ו]אוחז בבגדיו אם נקרעו נקרעו ואם נפרמו נפרמו עד שהוא מגלה את לבו והאבן נתונה מאחריו חזן הכנסת עומד עליו ורצועה בידו של עגל כפולה (ב) אחד לשנים ושנים לארבעה ושתי רצועות של [ד]חמור עולות ויורדות בה ידה טפח ורחבה טפח וראשה מגעת על פי כריסו [י]ומכה אותו שליש מלפניו ושתי ידות מלאחריו [ז]ואינו מכה אותו לא עומד ולא יושב אלא מוטה שנאמר [ב]והפילו השופט [ח]והמכה מכה בידו אחת בכל כחו [ט]והקורא קורא [ג]אם לא תשמור לעשות וגו' והפלא ה' את מכותך ואת מכות וגו' וחוזר לתחלת המקרא [א] [ד]ושמרתם את דברי הברית הזאת וגו' וחותם [ה]והוא רחום יכפר עון וגו' וחוזר לתחלת המקרא [י]ואם [י]מת תחת ידו פטור [י]הוסיף לו עוד רצועה אחת ומת הרי זה גולה על ידו [כ]נתקלקל בין בריעי בין במים פטור רבי יהודה אומר האיש בריעי והאשה במים: גמ' מ"ט

ואמדו שאין יכול לקבל פטור. דכיון דנתבזה בבית דין ולקה קצת סגי ליה בהכי אבל לא לקה אלא אמדוהו לארבעים וחזרו ואמדו שאין יכול לקבל כולם לא מיפטר דאין ראשין לגרוע האומד אלא לוקה אחר זמן והכי נמי אם אמדוהו לשמונה עשר ומשלקה חזרו ואמדו שיכול עדיין לקבל ארבעים פטור משום דלקה אבל לא לקה ראשין להוסיף על אומד ראשון: גמ' כמה טפשאי שאר אינשי. כמה שוטים הללו רוב בני אדם: ורמינהו אמדוהו לקבל ארבעים וחזרו (ג) ואמדו שאין יכול פוטרין אותו. אע"ג דלא לקה אלמא דלא שני בין לקה ללא לקה וה"נ בין שאמדוהו לארבעים בין שאמדוהו לשמונה עשרה לא עבדינן ליה אלא אומד ראשון וקשה בין מרישא ובין מסיפא: הא דאמדוהו ליומי'. מתניתין באמדוהו ליומיה לקבל מ' או שמונה עשרה והלכך כי חזרו ואמדו בו ביום שאין יכול לקבל או יכול איגלאי מילתא דאומד שלהם לא היה כלום כיון דבו ביום סתרו כל מה שאמדו שהרי זה לא נשתנה ולא הכחיש בשהות מועט כזה ויש לומר דהם טעו באומד הלכך כי אמדו תחלה לארבעים וחזרו ואמדו בו ביום שאין יכול לקבל אם לקה מקלתן פוטרין אותו שהרי נתבזה ואם לא לקה הרי הוא כמי שלא אמדוהו כלל ועכשיו הוא דמעיינו בדיניה ואמרו אין יכול וממתינין לו עד שיבריא ויהיו אומדין אותו אומד הראוי לו וכן אמדו תחלה לי"ח ובו ביום חזרו ואמדו שיכול לקבל ארבעים איגלאי מילתא דטעו באומד ראשון ואינו כלום והלכך אם לקה כבר כל השמונה עשרה פוטרין אותו דכיון דילא מב"ד כבר בזיון ב"ד הוא להחזירו אבל לא לקה ראשין להוסיף על אומד ראשון דאינו כלום: ובריית' בדאמדוהו למחר או ליומא אוחרא. ליום אחר דההוא ודאי אומד גמור הוא שיפה עיינו שהיה יכול זה לקבל עד אותו יום כך וכך מכות אלא נשתנה והכחיש הלכך כי אמדוהו לארבעים עד יום פלוני וכשהגיע יום פלוני אמדו שאין יכול לקבל כולם אומד ראשון אומד גמור היה והואיל ונשתנה ונתקלקל שאין יכול לקבל פטור אע"פ שלא לקה שהרי נתבזה באותו אומד וכי אמדוהו נמי לשמונה עשרה עד יום פלוני וכשהגיע יום פלוני אמדו שיכול לקבל ארבעים אין לוקה אלא אומד ראשון דאומד גמור היה כך נראה לרבי.

הא דאמדוהו ליומי. (ה) בו ביום שאמדוהו לקבל חזרו ואמדוהו שלא יוכל אז אמרה מתני' דלוקה דאי לא לקי אזלינן בתר אומד הראשון ונמתין לו עד שיבריא וילקה כמו שאמדוהו אבל אם אמדוהו אומד שני למחר שמא הכחיש אחר הראשון ואזלינן בתר האחרון ופטור שהרי אמדוהו שאין יכול ללקות כלל וכן מדינא סיפא אמדוהו מתחלה לקבל י"ח ובו ביום אמדוהו לקבל כולם אזלינן בתר השני ולוקה אם לא לקה כבר כל הי"ח ובריית' באמדוהו ביום אחרון אבל אומד ראשון היה טעות ואזלינן בתר בתרא:

רבי

לישנא אחרינא מתני' דאמדוהו ליומיה לקבל ארבעים והלכך אין פוטרין אותו אלא אם כן לקה דודאי יהא בו כח לקבל קצת מן המכות אמדוהו לקבל ליום או ליומים ודאי אין בו כח ואם חזרו בהם פטור מיד וכן קיבל ר' מח"ע ולא נהירא דמשום דאמדוהו ליומיה אמאי בירלא לן שיהא בו כח לקבל קצת מן המכות הם אומדין שאין יכול ואנן אמרינן לילקי ולימות ועוד דאם לקה אמרינן במתניתין ולא דמלקינן ליה לכתחלה. מ"ר: מתני' עבירה שיש בה שני לאוין. כגון חורש בשור וחמור וכלאים בכרם: ואם לאו. דלא אמדוהו אומד אחד אלא ללאו אחד אמדוהו תחלה לוקה ומתרפא: גמ' אמדוהו לארבעים וחדא. כל מה שאומדין עליו עד שלשים ותשע חשבינן משום חד לאו דכך הוא דינו למלקות ארבעים חסר אחת על לאו אחד ואם מוסיפין עליו אפילו שלש מכות דהוה להו ארבעים ותרתי חשובין אותן שלש אומד ללאו האחר ואם לא הוסיפו אלא שתים מכות דהוו להו ארבעים וחדא לוקה שלשים ותשע משום לאו אחד ומתרפא וחוזר ולוקה דמכות שאינן ראויות להשתלש לא מלקינן ליה: מתני' על העמוד. עץ אחד נעוץ בקרקע וגבוה כנגד שתי אמות או אמה וחצי והוא כפוף ומוטה על אותו העמוד כאדם הנסמך על בריח דלת ותולה ידיו למטה וכופתין לו ידיו בלידי העמוד: חזן. שמש הקהל [י]ולא שמעתי בו שום משמעות: נפרמו. דשקושרר"א בלע"ז קריעה של תפירה: מאחריו. של נידון: כפולה אחת לשתים. ועוד רצועה אחרת כפולה לשתים שתים היינו שתים רצועות שהן ארבע (ד) ואותן השתי רצועות עולות ויורדות בה כלומר אותן שתי רצועות היו תלויות באמצע הרצועה ושל חמור לקיים בהן יבא מי שמכיר אבוס בעליו כו': [ח]היה מכה. וכשהוא מגביה ידו ומוריד הן עולות ויורדות כך קיבל רבי מעיקרא ולא נהירא לשון אחר מפי רבי עולות ויורדות כן דרך תפירה של רצועה תוחב ראש רצועה בנקב כנגד מטה וחוזר ותוחב בנקב אחר דרך מעלה ונראה כמעלה ומוריד: ידה טפח. מקל שתלויה בה ארכה טפח ורצועה עצמה רחבה טפח ומגעת עד פי כריסו שמשער כך שכשהוא מכה כלה ראשה של רצועה בפי כריסו בתחלת כריסו שהמכה עומד בצד המוכה ומכה אותו ברוחב גבו הלכך אורך הרצועה ברוחב כל גבו עד מקום שמתחיל שם הכרס ואף ע"ג דאמרן לעיל האבן נתונה לו לאחוריו אעפ"כ היה הוא משלחף עצמו לצד לצד והיה מכה ברחבו: שליש מלפניו. על הבטן ושתי ידות מאחוריו בגמרא מפרש טעמא: והקורא קורא אם לא תשמור. הא מיפשט פשיטא לן דבעי קריאה כדאמרן [כריתות] (דף יא.) בקורת תהיה בקרייה תהא דלהכי קתני הכא והקורא: אם מת תחת ידו פטור. דשליח ב"ד הוא ואמרן לעיל (דף ח.) יצא האב המכה את בנו ושליח ב"ד: הוסיף לו רצועה. על האומד ומת ה"ז גולה על ידו ולא דמי להכהו עשרה בני אדם בעשר מקלות דאמרינן בהנשרפין (סנהדרין דף עח.) כולן פטורין דההיא אוקימנא לה בגוסס בידי אדם: נתקלקל כו' פטור. דכתיב ונקלה והרי נקלה: גמ'

אין

עין משפט נר מצוה

קיח ב מיי' שם הלכה ג ועי' בכ"מ:
קכא ו מיי' שם הל"ט:
קכה י מיי' שם הלי"ב:
קכו כ מיי' שם פי"ז הלכה ה:

הגהות הגר"א

[א] במשנה (ושמרתם את כו' עד לתחלת המקרא) תא"מ (וכן ליתא בירושלמי ועי' רש"א והגר"א א"ח ס"ס תר"ז):

תורה אור השלם

א) וְאָמַר אֵלָיו מָה הַמַּכּוֹת הָאֵלֶּה בֵּין יָדֶיךָ וְאָמַר אֲשֶׁר הֻכֵּיתִי בֵּית מְאַהֲבָי: [זכריה יג, ו]

ב) וְהָיָה אִם בִּן הַכּוֹת הָרָשָׁע וְהִפִּילוֹ הַשֹּׁפֵט וְהִכָּהוּ לְפָנָיו כְּדֵי רִשְׁעָתוֹ בְּמִסְפָּר: [דברים כה, ב]

ג) אִם לֹא תִשְׁמֹר לַעֲשׂוֹת אֶת כָּל דִּבְרֵי הַתּוֹרָה הַזֹּאת הַכְּתֻבִים בַּסֵּפֶר הַזֶּה לְיִרְאָה אֶת הַשֵּׁם הַנִּכְבָּד וְהַנּוֹרָא הַזֶּה אֵת יְיָ אֱלֹהֶיךָ: וְהִפְלָא יְיָ אֶת מַכֹּתְךָ וְאֵת מַכּוֹת זַרְעֶךָ מַכּוֹת גְּדֹלֹת וְנֶאֱמָנוֹת וָחֳלָיִם רָעִים וְנֶאֱמָנִים: [שם כח, נח-נט]

ד) וּשְׁמַרְתֶּם אֶת דִּבְרֵי הַבְּרִית הַזֹּאת וַעֲשִׂיתֶם אֹתָם לְמַעַן תַּשְׂכִּילוּ אֵת כָּל אֲשֶׁר תַּעֲשׂוּן: [דברים כט, ח]

ה) וְהוּא רַחוּם יְכַפֵּר עָוֹן וְלֹא יַשְׁחִית וְהִרְבָּה לְהָשִׁיב אַפּוֹ וְלֹא יָעִיר כָּל חֲמָתוֹ: [תהלים עח, לח]

ליקוטי רש"י

מה המכות האלה בין ידיך. בין כתפיך שם מלקין עוברי עבירה ואמר אשר הֻכֵּתִי בית מְאַהֲבָי אשר אהובני והוכיחוני לדרך הישרה [זכריה יג, ו].

הוסיף לו. שליח ב"ד למי שחייב מלקות. רצועה אחת. יותר על שאמדוהו בב"ד שיכול לקבל ומת גולה על ידו [ב"ק לב:].

מסורת הש"ס

א) קדושין לג: [ע"ש], ב) [ל"ל וכו' בין כתפיו], ג) [משום דכתיב בו ונקלה אלוה לגוולו כ"כ תוס' סוטה ח. ד"ה והכהן], ד) [ממה דאיתמר לקמן כג. פיסקא ושתי רצועות תנא של חמור מוכח דבמשנה לא תנא של חמור וכן במשנה שבמשניות ליתא והכי איתא ושתי רצועות עולות וכו'], ה) ב"ק פד., ו) שם לב:, ז) ורש"ל אומר שהוא לשון חוזה פירוש רואה לרכי העיר, ח) הד"א רש"ל.

הגהות הב"ח

(א) גמ' וחזרו ואמדוהו ואמרו שאין יכול לקבל: (ב) שם במשנה כפולה אחת לשתים ושתים לארבע ושתי: (ג) רש"י ד"ה ורמינהו וכו' וחזרו ואמדוהו ואמרו אינו יכול וכו' דלא שני לן בין לקה ללא לקה דהא הכא בין שאמדוהו כצ"ל ותיבת נמי נמחק: (ד) ד"ה כפולה וכו' שהן ארבע ועוד שתי רצועות כצ"ל ותיבת ואותן נמחק: (ה) תוס' ד"ה הא דאמדוהו ליומיה פי' בו ביום וכו' שלא יוכל אז לקבל קאמרה מתניתין דלוקה אי לא לקי דאזלינן בתר אומד הראשון וכו' וכן בדינא דסיפא אמדוהו וכו' בתר השני ולוקה אם לא לקה כבר כל הי"ח דאומד ראשון היה טעות ואזלינן בתר בתרא ובריית' דאמדוהו לאומד אחרון למחר אזלינן בתר הראשון ופטור מלקות ארבעים הס"ד וכל"ל ועל תיבות בתר אומד הראשון ונמתין לו נ"ב כיון שלא הגיע להשתנות לא הוי הכחשה והלכך אזלינן בתר אומד הראשון כיון שלא הכחיש ונמתין לו עד שיבריא כלומר עד שיבריא ביותר וילקה כו' [אבל אמדוהו למחר תלינן שמא הכחיש ואזלינן אחר האחרון וכן בדינא דסיפא כשאמדוהו [לי"ח ובו ביום אמדוהו לקבל כולם אזלינן בתר השני ובריית' כשאמדוהו למחר] תלינן דאומד הראשון לא היה בטעות ואזלינן בתריה ולוקה י"ח וא"ת בדינא דרישא נמי באמדוהו לקבל כולם ובו ביום אמדוהו שלא יוכל לקבל [נימא דאומד] הראשון היה טעות וניזל בתר השני וי"ל דכיון דאומד שני שלא יוכל אז בו ביום לקבל ארבעים אומדין אותו בכך [שאומד ראשון היה] כשיתחזק ביותר וא"כ אומד הראשון אינו טעות:

לעזי רש"י

דשקושרר"א. פירוש לפרום, לקרוע במקום התפר, להתיר תפר (בבגדים).

וְאָמְדוּ שֶׁאֵין יָכוֹל לְקַבֵּל אַרְבָּעִים – and then **they assessed that he was not able to receive** the full **forty** lashes,[1] **פָּטוּר** – **he is exempt** from any further lashes.[2] **אֲמָדוּהוּ לְקַבֵּל שְׁמוֹנָה עֶשְׂרֵה** – **If they assessed him** to be able **to receive,** for example, only **eighteen** lashes, **וּמִשֶּׁלָּקָה** – **but after incurring** these eighteen **lashes** **אָמְדוּ שֶׁיָּכוֹל הוּא לְקַבֵּל אַרְבָּעִים** – **they assessed that he was able to receive** the entire **forty,** **פָּטוּר** – **he is exempt** from receiving more than the original assessment.[3]

Gemara The Gemara inquires regarding the first ruling of the Mishnah:

מַאי טַעְמָא – **What is the reason** that the Tanna Kamma interprets the verse to mean thirty-nine rather than forty lashes?

The Gemara replies:

אִי כְּתִיב אַרְבָּעִים בְּמִסְפָּר – **If "forty in number" had been written,** whereby the word "forty" comes before the word "number,"[4] **הֲוָה אָמֵינָא** – **I would have said** that the phrase means **אַרְבָּעִים בְּמִנְיָינָא** – literally **forty in number.** **הַשְׁתָּא דִּכְתִיב "בְּמִסְפָּר אַרְבָּעִים"** – But **now that it is written** ***in the number of forty,*** the Torah means to teach: **מִנְיָן שֶׁהוּא סוֹכֵם אֶת הָאַרְבָּעִים** – **the number that counts forty** – i.e. "thirty-nine," which causes "forty" to be counted after it.[5]

The Gemara comments:

אָמַר רָבָא – **Rava said:** **כַּמָּה טִפְּשָׁאֵי שְׁאָר אִינְשֵׁי** – **How foolish are other people,**[6] **דְּקַיְימֵי מִקַּמֵּי סֵפֶר תּוֹרָה** – **for they** respectfully **rise before a Torah scroll** **וְלָא קַיְימֵי מִקַּמֵּי גַּבְרָא רַבָּה** – **but do not rise before a great man** [a Torah sage], **דְּאִילּוּ בְּסֵפֶר תּוֹרָה כְּתִיב "אַרְבָּעִים"** – **whereas in the Torah scroll it is written** that the offender should receive ***forty*** lashes, **וְאָתוּ רַבָּנָן בָּצְרוּ חֲדָא** – **and the Rabbis came and subtracted one.**[7]

The Mishnah next stated:

רַבִּי יְהוּדָה אוֹמֵר אַרְבָּעִים שְׁלֵימוֹת וכו׳ – **R' YEHUDAH SAYS: THE FULL FORTY etc.** [he receives . . . (and the fortieth lash is administered) between his shoulders].

The Gemara reveals R' Yehudah's source:

מַאי טַעְמָא דְּרַבִּי יְהוּדָה – **אָמַר רַבִּי יִצְחָק** – **R' Yitzchak said:** – **What is R' Yehudah's reason** for administering the fortieth lash between the shoulders?[8] **דִּכְתִיב** – **For it is written**[9] regarding the false prophet, who will be asked: **"מָה הַמַּכּוֹת הָאֵלֶּה בֵּין יָדֶיךָ, וְאָמַר אֲשֶׁר הֻכֵּיתִי בֵּית מְאַהֲבָי"** – ***"What are these wounds between your arms?"***[10] ***And he will say: "It was from when I was lashed in the house of those who loved me."*** The false prophet will answer that the wounds between his shoulders came from a lash inflicted by the Sanhedrin,[11] who punished him not out of malice but because of their love for him and their desire to set him on the straight path.[12] Since the first thirty-nine lashes are not inflicted between the shoulders,[13] this verse perforce refers to a fortieth lash, which *is* administered there.

The Gemara asks:

וְרַבָּנָן – **And the Rabbis,** who maintain that the offender receives only thirty-nine lashes – how do they explain this verse, which

NOTES

1. I.e. in the middle of the flogging he appeared weak, and the court determined that he could endure no more (*Rambam, Hil. Sanhedrin* 17:2); alternatively, the court determined that he could not endure the full forty lashes (*Meiri*). Both *Rambam* and *Meiri* stipulate that the number of lashes actually received must be divisible by three (cf. *Milchamos*). See *Chazon Ish, Choshen Mishpat* 18:1,2.

2. For since he received a portion of the assessed lashes and has already suffered the disgrace of being flogged in *beis din,* he has been punished sufficiently (see below). However, if the sinner was sentenced to forty lashes and before being flogged was reevaluated, and at that time was found incapable of bearing any lashes at all [see emendation of *Rashash*], he is not exempted. Rather, his punishment is postponed until he becomes stronger, for the court is not permitted to vitiate the original assessment (*Rivan*). [See, however, *Chazon Ish, Choshen Mishpat* 18:1, who writes that *Rivan's* latter comment accords with the Gemara's initial understanding of the Mishnah, that the first assessment was accurate but the sinner's health then deteriorated. However, according to the Gemara's final explanation, that our Mishnah is discussing a case where the first assessment was flawed, certainly a new assessment would be forthcoming if he has not yet received any lashes. See *Rivan* below ד״ה הא, and *Rashash* here.]

3. Because he was already flogged in compliance with the original assessment. However, the court *is* permitted to revise its assessment upward anytime prior to the commencement of the flogging (*Rivan;* see Gemara below).

4. See above, 22a note 55.

5. See *Rivan* above, 22a ד״ה שנאמר במספר ארבעים; cf. *Ritva.*

Ritva writes that the full measure of thirty-nine lashes is actually a received oral tradition from Sinai, and that this verse is only a Scriptural allusion (אַסְמַכְתָּא) to it. The Rabbis had this tradition, whereas R' Yehudah did not.

According to *Rivan* and *Ritva,* the full Biblical measure of *malkus* is thirty-nine. *Rambam* (*Hil. Sanhedrin* 17:1) seems to say, however, that the Biblical number is actually forty, but the Sages reduced it by one to prevent a court from inadvertently exceeding the prescribed amount. See *Chinuch* §595 and commentaries on *Rambam* for a discussion of his opinion. See also *Aruch LaNer* here (ד״ה ובצרו חדא).

6. I.e. the majority of people (*Rivan*), who are not Torah scholars (*Maharsha;* see following note).

7. These unlearned people treat the Torah sages disrespectfully, in that they complain that the sages do nothing to benefit them, since all the laws of the Torah are self-explanatory. Hence, the common people rise before a Torah scroll but not before the sages. Rava thus calls them "foolish," for the Torah states "forty" lashes and the Rabbis explained (see note 5 above) that the Torah actually means "thirty-nine." Hence, the Sages have spared many sinners the pain and perhaps death caused by a fortieth lash (*Maharsha;* see *Ben Yehoyada* for a different explanation).

In *Kiddushin* 33b the question is posed regarding whether one must rise before a Torah scroll. The Gemara answers with a *kal vachomer* argument: Since one rises before the students of Torah, how much more so should he rise before the Torah itself! From there we see that a Torah scroll is more deserving of honor than a Torah sage, whereas our Gemara indicates the reverse!? *Maharsha* explains that there is really no conflict. The *Kiddushin* passage is correct – the Torah scroll is certainly more venerable. And our Gemara is simply explaining that the disrespect shown by the unlearned for Torah sages actually derives from a foolish misperception (that the sages do nothing to benefit the people); the Gemara does not mean to suggest that sages should indeed be honored more than Torah scrolls. [See *Ran* to *Rif* in *Kiddushin* ibid. for two other explanations of the apparent contradiction, and see *Aruch LaNer* here ד״ה ואתו רבנן for a discussion of all three interpretations.]

8. This is apparently how *Ritva, Maharshal* (first explanation), *Maharsha* and *Tos. Yom Tov* explain R' Yitzchak's question. According to the second explanation in *Maharshal,* he is asking why R' Yehudah requires a full forty lashes.

9. *Zechariah* 13:6.

10. I.e. between your shoulders. יָדֶיךָ is a reference to the place where the arm is connected to the shoulders (*Ritva*). See also *Rashi* and *Malbim* to verse.

11. *Ritva* asks: If we are discussing only one lash (the fortieth) administered by one strap, how can proof be brought from a verse that speaks of *wounds* (pl.)? He answers that the strap used by *beis din* was folded over to form four straps (see Mishnah below), thus inflicting multiple wounds with one blow. Alternatively, the verse speaks of a person who had received numerous sets of *malkus,* resulting in more than one wound between the shoulders (ibid.; see also *Maharsha;* see *Aruch LaNer* for another answer).

12. See *Maharsha* and *Aruch LaNer.*

13. See Mishnah below.

ואמדו שאין יכול לקבל ארבעים פטור [א]אמדוהו לקבל שמונה עשרה ומשלקה אמדו שיכול הוא לקבל ארבעים פטור: גמ' מ"ט אי כתיב ארבעים במספר הוה אמינא ארבעים במניינא השתא דכתיב במספר ארבעים מנין שהוא סוכם את הארבעים אמר רבא כמה טפשאי שאר אינשי [א]דקיימי מקמי ספר תורה ולא קיימי מקמי גברא רבה דאילו בס"ת כתיב ארבעים ואתו רבנן בצרו חדא: רבי יהודה אומר ארבעים שלימות [ב]וכו': אמר ר' יצחק מאי טעמא דרבי יהודה דכתיב [א]מה המכות האלה בין ידיך ואמר אשר הכתי בית מאהבי ורבנן ההוא בתינוקות של בית רבן הוא דכתיב: אין אומדין אלא במכות הראויות וכו': לקה אין לא לקה לא ורמינהו אמדוהו לקבל ארבעים וחזרו (א) ואמדו שאין יכול לקבל ארבעים פטור אמדוהו לקבל שמונה עשרה וחזרו ואמדוהו שיכול לקבל ארבעים פטור אמר רב ששת לא קשיא [ג]הא דאמדוהו ליומי הא דאמדוהו למחר וליומא אוחרא: מתני' [ג]עבר עבירה שיש בה שני לאוין אמדוהו אומד אחד לוקה ופטור ואם לאו לוקה ומתרפא וחוזר ולוקה: גמ' והתניא אין אומדין אומד אחד לשני לאוין אמר רב ששת לא קשיא [ד]הא דאמדוהו לארבעים וחדא הא דאמדוהו לארבעים ותרתי: מתני' [ה]כיצד מלקין אותו כופה שתי ידיו על העמוד הילך והילך וחזן הכנסת [ו]אוחז בבגדיו אם נקרעו נקרעו ואם נפרמו נפרמו עד שהוא מגלה את לבו והאבן נתונה מאחריו חזן הכנסת עומד עליו ורצועה בידו של עגל כפולה (ב) אחד לשנים ושנים לארבעה ושתי רצועות של [ד]חמור עולות ויורדות בה ידה טפח ורחבה טפח וראשה מגעת על פי כריסו [י]ומכה אותו שליש מלפניו ושתי ידות מלאחריו [ז]ואינו מכה אותו לא עומד ולא יושב אלא מוטה שנאמר [ב]והפילו השופט [ח]והמכה מכה בידו אחת בכל כחו [ט]והקורא קורא [ג]אם לא תשמור לעשות וגו' והפלא ה' את מכותך ואת מכות וגו' וחוזר לתחלת המקרא [א] [ד]ושמרתם את דברי הברית הזאת וגו' וחותם [ה]והוא רחום יכפר עון וגו' וחוזר לתחלת המקרא [ה]ואם [י]מת תחת ידו פטור [י]הוסיף לו עוד רצועה אחת ומת הרי זה גולה על ידו [כ]נתקלקל בין בריעי בין במים פטור רבי יהודה אומר האיש בריעי והאשה במים: גמ' מ"ט

רש"י

ואמדו שאין יכול לקבל פטור. דכיון דנתבזה בבית דין ולקה קלת סגי ליה בהכי אבל לא לקה אלא אמדוהו לארבעים וחזרו ואמדו שאין יכול לקבל כולם לא מיפטר דאין ראשין לגרוע האומד אלא לוקה אחר זמן והכי נמי אם אמדוהו לשמונה עשר ומשלקה חזרו ואמדו שיכול עדיין לקבל ארבעים פטור משום דלקה אבל לא לקה ראשין להוסיף על אומד ראשון: גמ' כמה שוטים הללו רוב בני אדם: ורמינהו אמדוהו לקבל ארבעים וחזרו (ג) ואמדו שאין יכול פוטרין אותו. אע"ג דלא לקה אלמא דלא שני בין לקה ללא לקה וה"נ בין שאמדוהו לארבעים בין שאמדוהו לשמונה עשרה לא עבדינן ליה אלא אומד ראשון וקשה בין מרישא ובין מסיפא: הא דאמדוהו ליומי'. מתניתין באמדוהו ליומיה לקבל מ' או שמונה עשרה והלכך כי חזרו ואמדו בו ביום שאין יכול לקבל או יכול איגלאי מילתא דאומד שלהם לא היה כלום כיון דבו ביום סתרו כל מה שאמדו שהרי זה לא נשתנה ולא הכחיש בשהות מועט כזה ויש לומר דהם טעו באומד הלכך כי אמדו תחלה לארבעים וחזרו ואמדו בו ביום שאין יכול לקבל אם לקה מקלתן פוטרין אותו שהרי נתבזה ואם לא לקה הרי הוא כמי שלא אמדוהו כלל ועכשיו הוא דמעיינו בדיניה ואמרו אין יכול וממתינין לו עד שיבריא ויהיו אומדין אותו אומד הראוי לו וכן אמדו תחלה לי"ח ובו ביום חזרו ואמדו שיכול לקבל ארבעים איגלאי מילתא דטעו באומד ראשון ואינו כלום והלכך אם לקה כבר כל השמונה עשרה פוטרין אותו דכיון דילא מב"ד כבר בזיון ב"ד הוא להחזירו אבל לא לקה רשאין להוסיף על אומד ראשון דאינו כלום: וברייתא בדאמדוהו למחר או ליומא אוחרא. ליום אחר דההוא ודאי אומד גמור הוא שיפה עיינו שהיה יכול זה לקבל עד אותו יום כך וכך מכות אלא נשתנה והכחיש הלכך כי אמדוהו לארבעים עד יום פלוני וכשהגיע יום פלוני אמדו שאין יכול לקבל כולם אומד ראשון אומד גמור היה והואיל ונשתנה ונתקלקל שאין יכול לקבל פטור אע"פ שלא לקה שהרי נתבזה באותו אומד וכי אמדוהו נמי לשמונה עשרה עד יום פלוני וכשהגיע יום פלוני אמדו שיכול לקבל ארבעים אין לוקה אלא אומד ראשון דאומד גמור היה כך נראה לרבי. לישנא אחרינא מתני' דאמדוהו ליומיה לקבל ארבעים והלכך אין פוטרין אותו אלא אם כן לקה דודאי יהא בו כח לקבל קלת מן המכות אמדוהו לקבל ליום או ליומים ודאי אין בו כח ואם חזרו בהם פטור מיד וכן קיבל ר' מח"ע ולא נהירא דמשום דאמדוהו ליומיה אמאי ברירא לן שיהא בו כח לקבל קלת מן המכות הם אומדין שאין יכול ואנן אמרינן לילקי ולימות ועוד דאם לקה אמרינן במתניתין ולא דמלקינן ליה לכתחלה. מ"ר: מתני' עבירה שיש בה שני לאוין. כגון חורש בשור וחמור וכלאים בכרם: ואם לאו. דלא אמדוהו אומד אחד אלא ללאו אחד אמדוהו תחלה לוקה ומתרפא: גמ' אמדוהו לארבעים וחדא. כל מה שאומדין עליו עד שלשים ותשע חשבינן משום חד לאו דכך הוא דינו למלקות ארבעים חסר אחת על לאו אחד ואם מוסיפין עליו אפילו שלש מכות דהוה להו ארבעים ותרתי חשובין אותן שלש אומד ללאו האחר ואם לא הוסיפו אלא שתים מכות דהוו להו ארבעים וחדא לוקה שלשים ותשע משום לאו אחד ומתרפא וחוזר ולוקה דמכות שאינן ראויות להשתלש לא מלקינן ליה: מתני' על העמוד. עץ אחד נעוץ בקרקע וגבוה כנגד שתי אמות או אמה וחצי והוא כפוף ומוטה על אותו העמוד כאדם הנסמך על בריח דלת ותולה ידיו למטה וכופתין לו ידיו בלידי העמוד: חזן. שמש הקהל [ז]ולא שמעתי בו שום משמעות: נפרמו. דשקושרר"א בלע"ז קריעה של תפירה: מאחריו. של נידון: כפולה אחת לשתים. ועוד רצועה אחרת כפולה לשתים היינו שתים רצועות שהן ארבע (ד) ואותן השתי רצועות עולות ויורדות בה כלומר אותן שתי רצועות היו תלויות באמצע הרצועה ושל חמור לקיים בהן יצא מי שמכיר אבוס בעליו כו': [ח]היה מכה. וכשהוא מגביה ידו ומוריד הן עולות ויורדות כך קיבל רבי מעיקרא ולא נהירא לשון אחר מפי רבי עולות ויורדות כן דרך תפירה של רצועה תוחב ראש רצועה בנקב כנגד מטה וחוזר ותוחב בנקב אחר דרך מעלה ונראה כמעלה ומוריד: ידה טפח. מקל שתלויה בה ארכה טפח ורצועה עצמה רחבה טפח ומגעת עד פי כריסו שמשער כך שכשהוא מכה כלה ראשה של רצועה בפי כריסו בתחלת שהמכה עומד בצד המוכה ומכה אותו ברוחב גבו הלכך אורך הרצועה ברוחב כל גבו עד מקום שמתחיל שם הכרס ואף ע"ג דאמרן לעיל האבן נתונה לה לאחוריו אעפ"כ היה הוא משלחף עצמו לצד לדו והיה מכה ברחבו: שליש מלפניו. על הבטן ושתי ידות מאחוריו בגמרא מפרש טעמא: והקורא קורא אם לא תשמור. הא מיפשט פשיטא לן דבעי קריאה כדאמרן [כריתות] (דף יא.) בקורת תהיה בקרייה תהא דלהכי קתני הכא והקורא: אם מת תחת ידו פטור. דשליח ב"ד הוא ואמרן לעיל (דף ח.) יצא האב המכה את בנו ושליח ב"ד: הוסיף לו רצועה. על האומד ומת ה"ז גולה על ידו ולא דמי להכהו עשרה בני אדם בעשר מקלות דאמרינן בהנשרפין (סנהדרין דף עח.) כולן פטורין דההיא אוקימנא לה בגוסס בידי אדם: נתקלקל כו' פטור. דכתיב ונקלה והרי נקלה: גמ' אין

תוספות

הא דאמדוהו ליומי. (ה) בו ביום שאמדוהו לקבל חזרו ואמדוהו שלא יוכל אז אמרה מתני' דלוקה דאי לא לקי אזלינן בתר אומד הראשון וממתינין לו עד שיבריא וילקה כמו שאמדוהו אבל אם אמדוהו אומד שני למחר שמא הכחיש אחר הראשון ואזלינן בתר האחרון ופטור שהרי אמדוהו שאין יכול ללקות כלל וכן מדינא סיפא אמדוהו מתחלה לקבל י"ח ובו ביום אמדוהו לקבל כולם אזלינן בתר השני ולוקה אם לא לקה כבר כל הי"ח ובריית' באמדוהו ביום אחרון אבל אומד ראשון היה טעות ואזלינן בתר בתרא: רבי

קיז א מיי' פי"ז מהל' סנהדרין הל"ב סמג לאוין קלט:
קיח ב מיי' שם הלכה ג ועי' בכ"מ:
קיט ג ד מיי' שם הל"ד וע"ש בכ"מ:
קכ ה מיי' שם פט"ז הלכה ח סמג שם:
קכא ו מיי' שם הל"ט:
קכב ז מיי' שם הל"י:
קכג ח מיי' שם הל"ט:
קכד ט מיי' שם הלי"א:
קכה י מיי' שם הלי"ב:
קכו כ מיי' שם פי"ז הלכה ה:

הגהות הגר"א

[א] במשנה (ושמרתם את כו' עד לתחלת המקרא) תא"מ (וכן ליתא בירושלמי ועי' רש"א ובהגר"א א"ח ס"ס תר"ז):

תורה אור השלם

א) וְאָמַר אֵלָיו מָה הַמַּכּוֹת הָאֵלֶּה בֵּין יָדֶיךָ וְאָמַר אֲשֶׁר הֻכֵּיתִי בֵּית מְאַהֲבָי: [זכריה יג, ו]

ב) וְהָיָה אִם בִּן הַכּוֹת הָרָשָׁע וְהִפִּילוֹ הַשֹּׁפֵט וְהִכָּהוּ לְפָנָיו כְּדֵי רִשְׁעָתוֹ בְּמִסְפָּר: [דברים כה, ב]

ג) אִם לֹא תִשְׁמֹר לַעֲשׂוֹת אֶת כָּל דִּבְרֵי הַתּוֹרָה הַזֹּאת הַכְּתֻבִים בַּסֵּפֶר הַזֶּה לְיִרְאָה אֶת הַשֵּׁם הַנִּכְבָּד וְהַנּוֹרָא הַזֶּה אֵת יְיָ אֱלֹהֶיךָ: וְהִפְלָא יְיָ אֶת מַכֹּתְךָ וְאֵת מַכּוֹת זַרְעֶךָ מַכּוֹת גְּדֹלֹת וְנֶאֱמָנוֹת וָחֳלָיִם רָעִים וְנֶאֱמָנִים: [שם כח, נח-נט]

ד) וּשְׁמַרְתֶּם אֶת דִּבְרֵי הַבְּרִית הַזֹּאת וַעֲשִׂיתֶם אֹתָם לְמַעַן תַּשְׂכִּילוּ אֵת כָּל אֲשֶׁר תַּעֲשׂוּן: [דברים כט, ח]

ה) וְהוּא רַחוּם יְכַפֵּר עָוֹן וְלֹא יַשְׁחִית וְהִרְבָּה לְהָשִׁיב אַפּוֹ וְלֹא יָעִיר כָּל חֲמָתוֹ: [תהלים עח, לח]

ליקוטי רש"י

מה המכות האלה בין ידיך. בין כתפיך שם מלקין עוברי עבירה ואמר אשר הֻכֵּתִי בית מְאַהֲבָי אשר אהובני והוכיחוני לדרך הישרה [זכריה יג, ו].

הוסיף לו. שליח ב"ד למי שחייב מלקות. רצועה אחת. יותר על שאמדוהו בב"ד שיכול לקבל ומת גולה על ידו [ב"ק לב:].

מסורת הש"ס

א) קדושין לג: [ע"ש], ב) [צ"ל וכו' בין כתפיו], ג) [משום דכתיב בו ונקלה מלוה לנוולו כ"כ תוס' סוטה ח. ד"ה והכהן], ד) [ממה דאיתמר לקמן כג. פיסקא ושתי רצועות תנא של חמור מוכח דבמשנה לא תנא של חמור וכן במשנה שבמשניות ליתא והכי אית' ושתי רצועות עולות וכו'], ה) ב"ק פד., ו) שם לב:, ז) ורש"ל אומר שהוא לשון חוזה פירוש רואה צרכי העיר, ח) הד"א רש"ל.

הגהות הב"ח

(א) גמ' וחזרו ואמדוהו ואמרו שאין יכול לקבל: (ב) שם במשנה כפולה אחת לשתים ושתים לארבע ושתי: (ג) רש"י ד"ה ורמינהו וכו' וחזרו ואמדוהו ואמרו אינו יכול וכו' דלא שני לן בין לקה ללא לקה דהא הכא בין שאמדוהו כצ"ל ותיבת נמי נמחק: (ד) ד"ה כפולה וכו' שהן ארבע ועוד שתי רצועות כצ"ל ותיבת ואותן נמחק: (ה) תוס' ד"ה הא דאמדוהו ליומיה פי' בו ביום וכו' שלא יוכל אז לקבל קאמרה מתניתין דלוקה אי לא לקי דאזלינן בתר אומד הראשון וכו' וכן בדינא דסיפא אמדוהו וכו' בתר השני ולוקה אם לא לקה כבר כל הי"ח דאומד ראשון היה טעות ואזלינן בתר בתרא וברייתא דאמדוהו לאומד אחרון למחר אזלינן בתר הראשון ופטור מללקות ארבעים הס"ד וכצ"ל ועל תיבות בתר אומד הראשון ונמתין לו נ"ב כיון שלא הגיע להשתנות לא הוי הכחשה והלכך אזלינן בתר אומד הראשון כיון שלא הכחיש ונמתין לו עד שיבריא כלומר עד שיבריא ביותר וילקה כו' [אבל אמדוהו] למחר תלינן שמא הכחיש ואזלינן אחר האחרון וכן בדינא דסיפא כשאמדוהו [לי"ח ובו ביום אמדוהו לקבל כולם אזלינן בתר השני ובריית' כשאמדוהו למחר] תלינן דאומד הראשון לא היה בטעות ואזלינן בתריה ולוקה י"ח וא"ת בדינא דרישא נמי באמדוהו לקבל כולם ובו ביום אמדוהו שלא יוכל לקבל [נימא דאומד] הראשון היה טעות וניזל בתר השני וי"ל דכיון דאומד שני שלא יוכל אז בו ביום לקבל ארבעים אומדין אותו בכך [שאומד ראשון היה] כשיתחזק ביותר וא"כ אומד הראשון אינו טעות:

לעזי רש"י

דשקושרר"א. פירוש לפרום, לקרוע במקום התפר, להתיר תפר (בבגדים).

states that a lash is indeed inflicted between the shoulders?

The Gemara answers:

הַהוּא בְּתִינוֹקוֹת שֶׁל בֵּית רַבָּן הוּא דִּכְתִיב – That verse **is written regarding schoolchildren.** The Rabbis understand the verse as alluding to the blows given young children for misbehaving.[14] Thus, it has no bearing on court-imposed lashes.

The Gemara now discusses the final part of the Mishnah, which begins:

אֵין אוֹמְדִין אֶלָּא בְּמַכּוֹת הָרְאוּיוֹת וכו׳ – WE ASSESS HIM ONLY WITH a number of LASHES THAT CAN BE **etc.** [divided by three]. The Mishnah then concludes that if he was flogged part of his first assessment before it was revised downward, or if he was flogged the entire amount before it was revised upward, he is exempt from further lashes.

The Gemara deduces from the Mishnah's concluding two cases: **לָקָה אֵין –** If **he has** already **been flogged,** he is **indeed** exempt from further lashes. **לֹא לָקָה לֹא –** But if **he has not** yet **been flogged,** he is **not** exempt.[15]

The Gemara points out a contradiction:

וּרְמִינְהוּ – They contrasted [this implicit teaching with the following Baraisa]: **אֲמָדוּהוּ לְקַבֵּל אַרְבָּעִים –** If originally THEY ASSESSED HIM as being able TO RECEIVE the full FORTY lashes, **וְחָזְרוּ וְאָמְדוּ –** AND THEN THEY REASSESSED **שֶׁאֵין יָכוֹל לְקַבֵּל אַרְבָּעִים –** THAT HE IS NOT ABLE TO RECEIVE FORTY lashes, **פָּטוּר –** HE IS fully EXEMPT even though he has received no lashes. **אֲמָדוּהוּ לְקַבֵּל שְׁמוֹנָה עֶשְׂרֵה –** If THEY ASSESSED HIM as being able TO RECEIVE only EIGHTEEN lashes, **וְחָזְרוּ וַאֲמָדוּהוּ –** AND THEN THEY REASSESSED HIM **שֶׁיָּכוֹל לְקַבֵּל אַרְבָּעִים –** THAT HE IS ABLE TO RECEIVE the full FORTY lashes, **פָּטוּר –** HE IS EXEMPT from receiving any additional lashes. Unlike the Mishnah, the Baraisa does not differentiate between whether he had received a portion of the lashes or not.[16] – ? –

The Gemara reconciles the Mishnah and the Baraisa:

אָמַר רַב שֵׁשֶׁת – Rav Sheishess stated: **לֹא קַשְׁיָא – It is not difficult.** **הָא דְּאַמְדוּהוּ לְיוֹמֵי – This** Mishnah speaks of **where they reassessed him on the** very **day** of the original assessment,[17] **הָא דְּאַמְדוּהוּ לְמָחָר וּלְיוֹמָא אוֹחֲרָא –** whereas **this** Baraisa speaks of **where they reassessed him on the next day or on a later day.**[18]

Mishnah

The Mishnah continues on the topic of assessments:

עָבַר עֲבֵירָה שֶׁיֵּשׁ בָּהּ שְׁנֵי לָאוִין – If one committed a transgression consisting of two prohibitions,[19] thereby becoming liable to two *malkus* penalties – **אֲמָדוּהוּ אוֹמֶד אֶחָד – if [the *beis din*] applied one assessment to him** for both transgressions, **לוֹקֶה וּפָטוּר – he is flogged** according to this double assessment **and he is exempt** from any additional lashes. **וְאִם לָאו – But if not,** i.e. if the court assessed him for only one transgression, **לוֹקֶה – he is flogged** for that transgression **וּמִתְרַפֵּא – and is allowed to recover** from these lashes, **וְחוֹזֵר וְלוֹקֶה – and** then, at a later time, **he is** assessed and **flogged again** for the second transgression.

Gemara

The Mishnah stated that two *malkus* penalties can be assessed with one assessment. The Gemara cites a Baraisa that seems to contradict this ruling:

וְהָתַנְיָא – But it has been taught in a Baraisa: **אֵין אוֹמְדִין אוֹמֶד אֶחָד לִשְׁנֵי לָאוִין –** WE DO NOT MAKE ONE ASSESSMENT FOR TWO TRANSGRESSIONS. Rather, each transgression must be assessed

NOTES

14. People will see impressions from the blows and note that they all appear between the shoulders, a nonlife-threatening place to be struck. And they will be told that the blows were given by others who loved him, to discipline him, and therefore they were administered only in a safe place (*Maharsha*).

15. For what does happen in those cases (according to the Gemara's current understanding), see notes 2 and 3 above.

16. The Mishnah implies that when no lashes were received and the original assessment of forty was revised downward, the offender must wait until he is able to endure the forty (whereas if he had received a portion of the lashes, he is exempt from the rest); the Baraisa, on the other hand, exempts him completely from the forty (because there is an element of disgrace inherent in the very act of assessment; see *Rivan* ד״ה וברייתא). Further, the Mishnah implies that when no lashes were received and the original assessment of eighteen was revised upward, the offender is subject to the new assessment; the Baraisa, however, holds him to the original assessment (see *Rivan*).

17. Since it is unlikely that his condition changed so markedly on the same day, we assume that the first evaluation of his physical condition was erroneous, and the first assessment is therefore null and void.

Hence, in the first case of the Mishnah, if he received even part of the first assessment before the court realized its mistake he is exempt from further lashes, since he has been disgraced by whatever lashes he received until this point. However, if he did not yet receive any lashes from the first assessment, we wait until he recovers his health and then give him a proper evaluation. [The commentators ask: Why do we not simply follow the second evaluation? See *Rashash* and sources cited in note 2 above. See also *Tos. Rabbeinu Peretz* and *Minchas Chinuch* §594.]

In the Mishnah's second case (where he was initially assessed for eighteen lashes but then on the same day was reassessed for the full forty), again it is revealed that the initial assessment was erroneous and thus null and void. Hence, if the offender received the eighteen lashes in the interim, he is exempt from any more, since returning him to court after he already received his "full" punishment would cause disgrace and embarrassment to the court. (It is unclear why *Rivan* mentions this new reason, rather than resorting to the reason given above, namely, that since returning the offender to court will be demeaning to him, he is exempt from receiving any more lashes. The Acharonim struggle to explain the *Rivan;* see *Imrei Binyamin, Birkas Avraham* and *Ayeles HaShachar;* see also *Chazon Ish, Choshen Mishpat* 18:1, for a discussion of this point.) However, if he had not received any lashes from the first assessment, the court is authorized to revise it upward, for in truth it is a completely invalid assessment (*Rivan;* see *Tosafos* with *Bach* and *Chazon Ish* ibid., *Milchamos* et al. for other explanations in our *sugya*).

18. Since it is possible for one's health to deteriorate or improve from one day to the next, the first assessment is considered valid. Hence, if the court initially determined that the offender could endure forty lashes until the day of punishment, and when that day arrived they assessed that he could not withstand them (but see emendation of *Minchas Chinuch* §594 and *Rashash*) the offender is fully exempt. For the first assessment stands, and yet the offender cannot receive the forty lashes it prescribes because his condition has deteriorated. But even though he is not flogged, he is disgraced by having been assessed in court for *malkus.* And when the court initially determined that the offender could endure only eighteen lashes until the day of punishment, and on that day they ascertained that he could indeed withstand the full forty (the Baraisa's second case), he receives only eighteen lashes, as per the original assessment, for that assessment was perfectly valid (*Rivan;* see sources cited in previous note).

[*Rivan* cites a second explanation, which he rejects; see there and *Aruch LaNer.*]

19. For example, he plowed with an ox and donkey yoked together and, in the process caused seeds to become planted in a vineyard, thereby violating the negative commandment of planting *kilayim* in a vineyard [as in the Mishnah on 21b] (*Rivan*). The same would apply if he violated two prohibitions at different times (*Rambam, Hil. Sanhedrin* 17:4; *Meiri;* cf. *Ritva*).

ואמדו שאין יכול לקבל ארבעים פטור [א] אמדוהו לקבל שמונה עשרה ומשלקה אמדו שיכול הוא לקבל ארבעים פטור: **גמ'** מ"ט אי כתיב ארבעים במספר הוה אמינא ארבעים במניינא השתא דכתיב במספר ארבעים מנין שהוא סוכם את הארבעים אמר רבא כמה טפשאי שאר אינשי [א] דקיימי מקמי ספר תורה ולא קיימי מקמי גברא רבה דאילו בס"ת כתיב ארבעים ואתו רבנן בצרו חדא: רבי יהודה אומר ארבעים שלימות [ב] וכו': אמר ר' יצחק מאי טעמא דרבי יהודה דכתיב [א] מה המכות האלה בין ידיך ואמר אשר הכתי בית מאהבי ורבנן ההוא בתינוקות של בית רבן הוא דכתיב: אין אומדין אלא במכות הראויות וכו': לקה אין לא לקה לא ורמינהו אמדוהו לקבל ארבעים וחזרו (א) ואמדו שאין יכול לקבל ארבעים פטור אמדוהו לקבל שמונה עשרה וחזרו ואמדוהו שיכול לקבל ארבעים פטור אמר רב ששת לא קשיא [ב] הא דאמדוהו ליומי הא דאמדוהו למחר וליומא אוחרא: **מתני'** [ג] עבר עבירה שיש בה שני לאוין אמדוהו אומד אחד לוקה ופטור ואם לאו לוקה ומתרפא וחוזר ולוקה: **גמ'** והתניא אין אומדין אומד אחד לשני לאוין אמר רב ששת לא קשיא [ד] הא דאמדוהו לארבעים וחדא הא דאמדוהו לארבעים ותרתי: **מתני'** [ה] כיצד מלקין אותו כופה שתי ידיו על העמוד הילך והילך וחזן הכנסת [ו] אוחז בבגדיו אם נקרעו נקרעו ואם נפרמו נפרמו עד שהוא מגלה את לבו והאבן נתונה מאחריו חזן הכנסת עומד עליו ורצועה בידו של עגל כפולה (ב) אחד לשנים ושנים לארבעה ושתי רצועות של [ד] חמור עולות ויורדות בה ידה טפח ורחבה טפח וראשה מגעת על פי כריסו [י] ומכה אותו שליש מלפניו ושתי ידות מלאחריו [ז] ואינו מכה אותו לא עומד ולא יושב אלא מוטה שנאמר [ב] והפילו השופט [ח] והמכה מכה בידו אחת בכל כחו [ט] והקורא קורא [ג] אם לא תשמור לעשות וגו' והפלא ה' את מכותך ואת מכות וגו' וחוזר לתחלת המקרא [א] [ד] ושמרתם את דברי הברית הזאת וגו' וחותם [ה] והוא רחום יכפר עון וגו' וחוזר לתחלת המקרא [ט] ואם [י] מת תחת ידו פטור [י] הוסיף לו עוד רצועה אחת ומת הרי זה גולה על ידו [כ] נתקלקל בין בריעי בין במים פטור רבי יהודה אומר האיש בריעי והאשה במים: **גמ'**

מ"ט

רש"י

ואמדו שאין יכול לקבל פטור. דכיון דנתבזה בבית דין ולקה קלת סגי ליה בהכי אבל לא לקה אלא אמדוהו לארבעים וחזרו ואמדו שאין יכול לקבל כולם לא מיפטר דאין ראשין לגרוע האומד אלא לוקה אחר זמן והכי נמי אם אמדוהו לשמונה עשר ומשלקה חזרו ואמדו שיכול עדיין לקבל ארבעים פטור משום דלקה אבל לא לקה ראשין להוסיף על אומד ראשון: **גמ'** כמה טפשאי שאר אינשי. כמה שוטים הללו רוב בני אדם: ורמינהו אמדוהו לקבל ארבעים וחזרו (ג) ואמדו שאין יכול פוטרין אותו. אע"ג דלא לקה אלמא דלא שני בין לקה ללא לקה

לישנא אחרינא מתני' דאמדוהו ליומיה לקבל ארבעים והלכך אין פוטרין אותו אלא אם כן לקה דודאי יהא בו כח לקבל קלת מן המכות אמדוהו לקבל ליום או ליומים ודאי אין בו כח ואם חזרו בהם פטור מיד וכן קיבל ר' מח"ע ולא נהירא דמשום דאמדוהו ליומיה אמאי ברירא לן שיהא בו כח לקבל קלת מן המכות הם אומדין שאין יכול ואנן אמרינן לילקי ולימות ועוד דאם לקה אמרינן במתניתין ולא דמלקינן ליה לכתחלה. מ"ר: **מתני'** עבירה שיש בה שני לאוין. כגון חורש בשור וחמור וכלאים בכרם: ואם לאו. דלא אמדוהו אומד אחד אלא ללאו אחד אמדוהו תחלה לוקה ומתרפא: **גמ'** אמדוהו לארבעים וחדא. כל מה שאומדין עליו עד שלשים ותשע חשבינן משום חד לאו דכך הוא דינו למלקות ארבעים חסר אחת על לאו אחד ואם מוסיפין עליו אפילו שלש מכות דהוה להו ארבעים ותרתי חשובין אותן שלש אומד ללאו האחר ואם לא הוסיפו אלא שתים מכות דהוו להו ארבעים וחדא לוקה שלשים ותשע משום לאו אחד ומתרפא וחוזר ולוקה דמכות שאינן ראויות להשתלש לא מלקינן ליה: **מתני'** על העמוד. עץ אחד נעוץ בקרקע וגבוה כנגד שתי אמות או אמה וחצי והוא כפוף ומוטה על אותו העמוד כאדם הנסמך על בריח דלת ותולה ידיו למטה וכופתין לו ידיו בלידי העמוד: חזן. שמש הקהל [ז] ולא שמעתי בו שום משמעות: נפרמו. דשקושרר"א בלע"ז קריעה של תפירה: מאחריו. של נידון: כפולה אחת לשתים. ועוד רצועה אחרת כפולה לשתים היינו שתים רצועות שהן ארבע (ד) ואותן השתי רצועות עולות ויורדות בה כלומר אותן שתי רצועות היו תלויות באמצע הרצועה ושל חמור לקיים בהן יבא מי שמכיר אבוס בעליו כו': [ח] היה מכה. וכשהוא מגביה ידו ומוריד הן עולות ויורדות כך קיבל רבי מעיקרא ולא נהירא לשון אחר מפי רבי עולות ויורדות כן דרך תפירה של רצועה תוחב ראש רצועה בנקב כנגד מטה וחוזר ותוחב בנקב אחר דרך מעלה ונראה כמעלה ומוריד: ידה טפח. מקל שתלויה בה ארכה טפח ורצועה עצמה רחבה טפח ומגעת עד פי כריסו שמשער כך שכשהוא מכה כלה ראשה של רצועה בפי כריסו בתחלת שהמכה עומד בצד המוכה ומכה אותו ברוחב גבו הלכך אורך הרצועה ברוחב כל גבו עד מקום שמתחיל שם הכרס ואף ע"ג דאמרן לעיל האבן נתונה לו לאחוריו אעפ"כ היה הוא משלחף עצמו לצד לדו והיה מכה ברחבו: שליש מלפניו. על הבטן ושתי ידות מאחוריו בגמרא מפרש טעמא: והקורא קורא אם לא תשמור. הא מיפשט פשיטא לן דבעי קריאה כדאמרן [כריתות] (דף יא.) בקורת תהיה בקרייה תהא דלהכי קתני הכא והקורא: אם מת תחת ידו פטור. דשליח ב"ד הוא ואמרן לעיל (דף ח.) יצא האב המכה את בנו ושליח ב"ד: הוסיף לו רצועה. על האומד ומת ה"ז גולה על ידו ולא דמי להכהו עשרה בני אדם בעשר מקלות דאמרינן בהנשרפין (סנהדרין דף עח.) כולן פטורין דההיא אוקימנא לה בגוסס בידי אדם: נתקלקל כו' פטור. דכתיב ונקלה והרי נקלה: **גמ'** אין

תוספות

הא דאמדוהו ליומי. (ה) בו ביום שאמדוהו לקבל חזרו ואמדוהו שלא יוכל אז אמרה מתני' דלוקה דאי לא לקי אזלינן בתר אומד הראשון וממתין לו עד שיבריא וילקה כמו שאמדוהו אבל אם אמדוהו אומד שני למחר שמא הכחיש אחר הראשון ואזלינן בתר האחרון ופטור שהרי אמדוהו שאין יכול ללקות כלל וכן מדינא סיפא אמדוהו מתחלה לקבל י"ח ובו ביום אמדוהו לקבל כולם אזלינן בתר השני ולוקה אם לא לקה כבר כל הי"ח ובריתא באמדוהו ביום אחרון אבל אומד ראשון היה טעות ואזלינן בתר בתרא:

רבי

וה"נ בין שאמדוהו לארבעים בין שאמדוהו לשמונה עשרה לא עבדינן ליה אלא אומד ראשון וקשה בין מרישא ובין מסיפא: הא דאמדוהו ליומי'. מתניתין באמדוהו ליומיה לקבל מ' או שמונה עשרה והלכך כי חזרו ואמדו בו ביום שאין יכול לקבל או יכול איגלאי מילתא דאומד שלהם לא היה כלום כיון דבו ביום סתרו כל מה שאמדו שהרי זה לא נשתנה ולא הכחיש בשהות מועט כזה ויש לומר דהם טעו באומד הלכך כי אמדו תחלה לארבעים וחזרו ואמדו בו ביום שאין יכול לקבל אם לקה מקלתן פוטרין אותו שהרי נתבזה ואם לא לקה הרי הוא כמי שלא אמדוהו כלל ועכשיו הוא דמעיינו בדיניה ואמרו אין יכול וממתינין לו עד שיבריא ויהיו אומדין אותו אומד הראוי לו וכן אמדו תחלה לי"ח ובו ביום חזרו ואמדו שיכול לקבל ארבעים איגלאי מילתא דטעו באומד ראשון ואינו כלום והלכך אם לקה כבר כל השמונה עשרה פוטרין אותו דכיון דילא מב"ד כבר בזיון ב"ד הוא להחזירו אבל לא לקה ראשין להוסיף על אומד ראשון דאינו כלום: ובריית**א** בדאמדוהו למחר או ליומא אוחרא. ליום אחר דההוא ודאי אומד גמור הוא שיפה עיינו שהיה יכול זה לקבל עד אותו יום כך וכך מכות אלא נשתנה והכחיש הלכך כי אמדוהו לארבעים עד יום פלוני וכשהגיע יום פלוני אמדו שאין יכול לקבל כולם אומד ראשון אומד גמור היה והואיל ונשתנה ונתקלקל שאין יכול לקבל פטור אע"פ שלא לקה שהרי נתבזה באותו אומד וכי אמדוהו נמי לשמונה עשרה עד יום פלוני וכשהגיע יום פלוני אמדו שיכול לקבל ארבעים אין לוקה אלא אומד ראשון דאומד גמור היה כך נראה לרבי.

עין משפט נר מצוה

קיז א מיי' פי"ז מהל' סנהדרין הל"ב סמג לאוין קלט:
קיח ב מיי' שם הלכה ג ועי' בכ"מ:
קיט ג ד מיי' שם הל"ד וע"ש בכ"מ:
קכ ה מיי' שם פט"ז הלכה ח סמג שם:
קכא ו מיי' שם הל"ט:
קכב ז מיי' שם הל"י:
קכג ח מיי' שם הל"ט:
קכד ט מיי' שם הלי"א:
קכה י מיי' שם הלי"ב:
קכו כ מיי' שם פי"ז הלכה ה:

הגהות הגר"א

[א] במשנה (ושמרתם את כו' עד לתחלת המקרא) תא"מ (וכן ליתא בירושלמי ועי' רש"א והגר"א א"ח ס"ס תר"ז):

תורה אור השלם

א) וְאָמַר אֵלָיו מָה הַמַּכּוֹת הָאֵלֶּה בֵּין יָדֶיךָ וְאָמַר אֲשֶׁר הֻכֵּיתִי בֵּית מְאַהֲבָי: [זכריה יג, ו]

ב) וְהָיָה אִם בִּן הַכּוֹת הָרָשָׁע וְהִפִּילוֹ הַשֹּׁפֵט וְהִכָּהוּ לְפָנָיו כְּדֵי רִשְׁעָתוֹ בְּמִסְפָּר: [דברים כה, ב]

ג) אִם לֹא תִשְׁמֹר לַעֲשׂוֹת אֶת כָּל דִּבְרֵי הַתּוֹרָה הַזֹּאת הַכְּתֻבִים בַּסֵּפֶר הַזֶּה לְיִרְאָה אֶת הַשֵּׁם הַנִּכְבָּד וְהַנּוֹרָא הַזֶּה אֵת יְיָ אֱלֹהֶיךָ: וְהִפְלָא יְיָ אֶת מַכֹּתְךָ וְאֵת מַכּוֹת זַרְעֶךָ מַכּוֹת גְּדֹלֹת וְנֶאֱמָנוֹת וָחֳלָיִם רָעִים וְנֶאֱמָנִים: [שם כח, נח-נט]

ד) וּשְׁמַרְתֶּם אֶת דִּבְרֵי הַבְּרִית הַזֹּאת וַעֲשִׂיתֶם אֹתָם לְמַעַן תַּשְׂכִּילוּ אֵת כָּל אֲשֶׁר תַּעֲשׂוּן: [דברים כט, ח]

ה) וְהוּא רַחוּם יְכַפֵּר עָוֹן וְלֹא יַשְׁחִית וְהִרְבָּה לְהָשִׁיב אַפּוֹ וְלֹא יָעִיר כָּל חֲמָתוֹ: [תהלים עח, לח]

ליקוטי רש"י

מה המכות האלה בין ידיך. בין כתפיך שם מלקין עוברי עבירה ואמר אשר הֻכֵּתִי בית מְאַהֲבָי אשר אהובי והוכיחוני לדרך הישרה [זכריה יג, ו].

הוסיף לו. שליח ב"ד למי שחייב מלקות. רצועה אחת. יותר על שאמדוהו בב"ד שיכול לקבל ומת גולה על ידו [ב"ק לב:].

מסורת הש"ס

א) קדושין לג: [ע"ש], ב) [צ"ל וכו' בין כתפיו], ג) [משום דכתיב בו ונקלה מאוה לנוולו כ"כ תוס' סוטה ח. ד"ה והכהן], ד) [ממה דאיתמר לקמן כג. פיסקא ושתי רצועות תנא של חמור מוכח דבמשנה לא תנא של חמור וכן במשנה שבמשניות ליתא והכי אית' ושתי רצועות עולות וכו'], ה) ב"ק פד., ו) שם לב:, ז) ורש"ל אומר שהוא לשון חוזה פירוש רואה צרכי העיר, ח) הד"א רש"ל.

הגהות הב"ח

(א) גמ' וחזרו ואמדוהו ואמרו שאין יכול לקבל: (ב) שם במשנה כפולה אחת לשתים ושתים לארבע ושתי: (ג) רש"י ד"ה ורמינהו וכו' וחזרו ואמדוהו ואמרו אינו יכול וכו' דלא שני לן בין לקה ללא לקה דהא הכא בין שאמדוהו כצ"ל ותיבת נמי נמחק: (ד) ד"ה כפולה וכו' שהן ארבע ועוד שתי רצועות כצ"ל ותיבת ואותן נמחק: (ה) תוס' ד"ה הא דאמדוהו ליומיה פי' בו ביום וכו' שלא יוכל אז לקבל קאמרה מתניתין דלוקה אי לא לקי דאזלינן בתר אומד הראשון וכו' וכן בדינא דסיפא אמדוהו וכו' בתר השני ולוקה אם לא לקה כבר כל הי"ח דאומד ראשון היה טעות ואזלינן בתר בתרא וברייתא דאמדוהו לאומד אחרון למחר אזלינן בתר הראשון ופטור מלקות ארבעים הס"ד וכצ"ל ועל תיבות בתר אומד הראשון וממתין לו נ"ב כיון שלא הגיע להשתנות לא הוי הכחשה והלכך אזלינן בתר אומד הראשון כיון שלא הכחיש וממתין לו עד שיבריא כלומר עד שיבריא ביותר וילקה כו' [אבל אמדוהו למחר תלינן שמא הכחיש ואזלינן אחר האחרון וכן בדינא דסיפא כשאמדוהו [לי"ח ובו ביום אמדוהו לקבל כולם אזלינן בתר השני וברייתא כשאמדוהו למחר] תלינן דאומד הראשון לא היה בטעות ואזלינן בתריה ולוקה י"ח וא"ת בדינא דרישא נמי באמדוהו לקבל כולם ובו ביום אמדוהו שלא יוכל לקבל [נימא דאומד] הראשון היה טעות וניזל בתר השני וי"ל דכיון דאומד שני שלא יוכל אז בו ביום לקבל ארבעים אומדין אותו בכך [שאומד ראשון היה] כשיתחזק ביותר וא"כ אומד הראשון אינו טעות:

לעזי רש"י

דשקושרר"א. פירוש לפרום, לקרוע במקום התפר, להתיר תפר (בבגדים).

separately. Yet our Mishnah says that they may be assessed together.[20] – ? –

The Gemara resolves the contradiction:

אָמַר רַב שֵׁשֶׁת – Rav Sheishess said: לֹא קַשְׁיָא – There is no contradiction. Rather, the Mishnah and Baraisa refer to different cases. **הָא דְאַמְדוּהוּ לְאַרְבָּעִים וְחַדָא – This** Baraisa, which says one may *not* do a double-assessment, is speaking of a case **where they assessed him to** be able to endure only **forty-one** lashes. Therefore, he is initially flogged thirty-nine lashes for one transgression and no more.[21] **הָא דְאַמְדוּהוּ לְאַרְבָּעִים וְתַרְתֵּי – This** Mishnah, which permits a double-assessment, is speaking of a case **where they assessed him to** be able to endure **forty-two** lashes or more. Since he can receive at one time thirty-nine lashes for the first transgression and at least three for the second, the two penalties are assessed together and he receives the double-assessment, even though it is less than the full seventy-eight lashes.[22]

Mishnah The Mishnah describes the *malkus* procedure:

כֵּיצַד מַלְקִין אוֹתוֹ – How do [the *beis din*] lash him?[23] **כּוֹפֵה**[24] **שְׁתֵּי יָדָיו עַל הָעַמּוּד הֵילָךְ וְהֵילָךְ – He** [the agent of the *beis din*] **binds his two hands on either side of the post.**[25] **וְחַזַּן הַכְּנֶסֶת – The attendant**[26] **of the congregation,** i.e. the agent of the *beis din,* **אוֹחֵז בִּבְגָדָיו – grasps his garments** and pulls them away from the area to be lashed;[27] **אִם נִקְרְעוּ נִקְרְעוּ וְאִם נִפְרְמוּ נִפְרְמוּ – if they tear, they tear, and if they split open at the seams, they split open.**[28] **עַד שֶׁהוּא מְגַלֶּה אֶת לִבּוֹ –** He continues to remove the garment **until he uncovers his heart,** i.e. until he bares the chest and back of the one to be lashed. **וְהָאֶבֶן נְתוּנָה מֵאַחֲרָיו – The stone** used as the attendant's platform **is placed behind [the one being lashed].**[29] **חַזַּן הַכְּנֶסֶת עוֹמֵד עָלָיו – The attendant of the congregation stands upon it, וּרְצוּעָה בְּיָדוֹ – with a strap in his hand שֶׁל עֵגֶל –** made **of calfskin כְּפוּלָה אֶחָד לִשְׁנַיִם וּשְׁנַיִם לְאַרְבָּעָה – doubled one into two and two into four.**[30] **וּשְׁתֵּי רְצוּעוֹת שֶׁל חֲמוֹר עוֹלוֹת וְיוֹרְדוֹת בָּהּ – Two straps of donkey hide**[31] **run up and down within it.**[32] **יָדָהּ טֶפַח – [The whip's] handle** should be **one handbreath long, וְרָחְבָּהּ טֶפַח – and [the strap's] width** should be **one handbreath, וְרֹאשָׁהּ מַגַּעַת עַל פִּי כְּרֵיסוֹ – and**

NOTES

20. At this point, the Gemara understands the Mishnah as follows: Even if the transgressor of two prohibitions cannot endure the full complement of seventy-eight lashes, the court may assess him to receive a lesser number [e.g. nine or twelve] for both *malkus* penalties. After receiving this lesser number of lashes he would then become exempt from receiving any further lashes (*Chazon Ish, Choshen Mishpat* 18:3, second explanation; cf. first explanation). Now the Baraisa teaches that we may *not* assess him for a reduced number of lashes for both prohibitions. Thus, our Mishnah and the Baraisa are in conflict.

21. The Gemara abandons its initial position that an assessment of only a few lashes (e.g. nine or twelve) could cover two *malkus* penalties (see *Chazon Ish* cited in note 20). In the face of the Baraisa, the Gemara is forced to say that the first thirty-nine lashes of any assessment can cover only one *malkus* penalty. Therefore, since *malkus* is administered only in groups of three lashes (see previous Mishnah), a person who can endure forty-one cannot receive even a minimum of three lashes for the second penalty above the thirty-nine for the first. Therefore, he is flogged for one transgression, allowed to recover, and assessed anew for the second penalty.

22. If the transgressor is able to endure at least three more lashes after the initial thirty-nine, then these may be reckoned to exempt him from further lashes for the second *malkus* penalty (see *Rivan;* see *Chazon Ish* loc. cit. for a discussion of the minimum number of lashes that must be administered if there are three or more *malkus* penalties; see *Minchas Chinuch* 594:6; cf. *Imrei Binyamin*).

23. The entire procedure discussed below is a judicial procedure and must therefore be done in the presence of *beis din* (*Minchas Chinuch* 594:2). Thus, even binding the hands of the sinner to a post must be done before the *beis din* (*R' Chaim HaLevi al HaRambam, Hil. Eidus* 20:2). *Chazon Ish* (ad loc.) disputes this principle. He says that although it is preferable for various reasons for the *beis din* to be present during the actual lashing, nevertheless, on the Biblical level it would be sufficient if the agent of the *beis din* would administer the lashes outside of their presence.

24. As printed in the standard editions of the Mishnah, the Talmud Yerushalmi and other editions of the Talmud Bavli (see also *Meiri* and *Rambam, Hil. Sanhedrin* 16:8), this reads כּוֹפֵת, *he binds.* The Vilna edition of the Talmud Bavli, however, reads כּוֹפֶה, *he bends* or *forces,* which seems to be a printer's error.

25. There was a wooden beam that was stuck in the ground and rose to a height of one and a half or two *amos* [approximately 27-48 inches]. The one to be flogged bends down and leans on this post and an agent of the court binds his hands to its sides below (*Rivan*).

26. The word חַזָּן is derived from the word חוזה, *to see,* and a חַזָּן, *chazzan,* is one who *oversees* various needs of a community (*Maharshal,* cited by *Mesoras HaShas*). Thus, in Talmudic parlance, both the administrator of a synagogue (see *Yoma* 68b) and the teacher of young children (see *Shabbos* 11a) are called *chazzan.*

27. The requirement to bare the sinner's upper body is based on the verse (*Deuteronomy* 25:3): יַכֶּנּוּ, *he shall give **him** lashes.* This indicates that the blows should fall upon **him,** and not upon his garments (*Sifri, Teitzei* §286; *Rambam* [*Hil. Sanhedrin* 16:8] cites this teaching as an exposition of the word וְהִכָּהוּ in the previous verse and *Radbaz* ad loc. suggests that this was *Rambam's* version of the *Sifri*). Some Acharonim understand an enigmatic statement at the beginning of the Gemara as pertaining to this removal of garments. According to these Acharonim, this is done in fulfillment of the verse: וְנִקְלָה אָחִיךָ, *and your brother will be demeaned* (*Deuteronomy* 25:3), which implies that the flogging is done in a manner that will degrade the guilty party (see *Tosafos* to *Sotah* 8a ד״ה והכהן). [However, there are certain difficulties with this approach; see below, 23a note 1.] According to *Ritva,* the garment was pulled off from the collar down; according to *Meiri,* it was pulled off from the bottom up (see *Aruch LaNer*).

28. The translation follows *Rivan* and *Bartenura.* Other interpretations are: (a) פְּרִימָה connotes greater damage than קְרִיעָה. Whereas קְרִיעָה is tearing, פְּרִימָה is shredding into little bits (*Rashi* to *Sotah* 7a, citing *Shabbos* 74b); (b) קְרִיעָה is a tear down the length of a garment, while פְּרִימָה is a tear that turns to a side (*Rambam, Commentary to the Mishnah,* ibid.). In any case, the Mishnah teaches that the agent need not exercise caution to prevent the garments from tearing.

29. It was not placed directly behind him, but to the side, so that he could be lashed across his back (*Rivan* ד״ה ידה טפח). *Tiferes Yisrael* explains that the platform was placed so that it would not be visible to the one being lashed, in order that he would not become additionally frightened at the sight of the agent holding the whip over him. According to *Rambam,* however, who maintains that the lashes were administered along the length of the body (see note 33), it seems likely that the stone platform was positioned directly behind the one being lashed.

30. There were actually two calfskin straps folded over so that they appeared to be four (*Rivan*). However, *Meiri* explains that it was actually one very long strap folded over twice to form four straps.

31. The words "of donkey hide" do not appear in the standard editions of the Mishnah, nor in the Mishnah found in the *Yerushalmi.* Furthermore, the Gemara below (23a) cites a Baraisa to teach us that the two additional straps were made of donkey hide, indicating clearly that this detail is not mentioned in our Mishnah (see *Dikdukei Soferim*).

32. There were holes in the calfskin straps through which the donkey-hide thongs were drawn through the calfskin in a stitchlike manner. Thus, [viewed from the side] the donkey hide appeared to go up and down (*Rivan*, second explanation; *Meiri;* cf. *Rivan's* first explanation).

עין משפט נר מצוה

קיז א מיי' פי"א מהל' סנהדרין הל"ב סמג לאוין קלט:

קיח ב מיי' שם הלכה ג וע"ז בכ"מ:

קיט ג ד מיי' שם הל"ד וע"ש בכ"מ:

כ ה מיי' שם פ"ט הלכה ט סמג שם:

כא ו מיי' שם הל"ט:

כב ז מיי' שם הל"ט:

כג ח מיי' שם הל"ט:

כד ט מיי' שם פ"י הלכה ה:

הא דאמדוהו ליומי. **בו ביום** שאמדוהו לקבל שמונה עשרה וחזרו ואמדוהו שלא יכול אז אמרה מתני' דלוקה דאי לא לקי אחלין בתר אומד הראשון ונמתין לו עד שיבריא וילקה כמו שאמדוהו אבל אם אמדוהו לוקה אומד שני למתני שמא הכחיש ואמדוהו בתר הראשון ואזלינן בתר האחרון ופטור שהרי דקיימי מקמי מקמי גברא רבה דאילו בם"ת י"ד ובו ביום וחזרו ואמדוהו לארבעים לקבל כולם אזלינן בתר השני ולוקה אם לא לקה כבר לקי הי"ז ובריא ובריא באמדוהו ביום אחרון אבל אומד ראשון היה טעות ואזלינן בתר טעות במתלא:

וכו': לקה אין לא לקה לא ורמינהו אמדוהו לקבל ארבעים וחזרו **(ה)** ואמדוהו שאין יכול לקבל ארבעים פטור אמדוהו לקבל שמונה עשרה וחזרו ואמדוהו שיכול לקבל ארבעים פטור אמר רב ששת לא קשיא **הא** דאמדוהו ליומי **הא** דאמדוהו למחר וליומא אוחרא: **מתני'** ^ג^ עבר עבירה שיש בה שני לאוין אמדוהו אומד אחד לוקה ומתרפא וחוזר ולוקה: **גמ'** והתניא אין אומדין אותו אלא לוקה וחוזר ולוקה ורמינהו אמדוהו לארבעים וחדא **הא** דאמדוהו לארבעים: **מתני'** ^ד^ כיצד מלקין אותו כופה שתי ידיו על העמוד הילך והילך וחזן הכנסת ^ה^ אוחז בבגדיו אם נקרעו נקרעו ואם נפרמו נפרמו עד שהוא מגלה את לבו והאבן נתונה מאחריו חזן הכנסת עומד עליו ורצועה בידו של עגל כפולה **(נ)** אחד לשנים ושנים לארבעה ושתי רצועות של ^ו^ חמור עולות ויורדות בה ידה טפח ורחבה טפח וראשה מגעת על פי כריסו ^ז^ ומכה אותו שליש מלפניו ושתי ידות מלאחריו ^ז^ ואינו מכה אותו לא עומד ולא יושב אלא מוטה שנאמר ^ח^ והפילו השופט והכהו לפניו ^ט^ והמכה מכה בידו אחת בכל כחו ^י^ והקורא קורא ^י^ אם לא תשמור לעשות וגו' ^י^ ושמרתם את דברי הברית הזאת וגו' וחותם ^ה^ והוא רחום יכפר עון וגו' וחוזר לתחלת המקרא ^יא^ ואם מת תחת ידו פטור ^ט^ הוסיף לו עוד רצועה אחת ומת הרי זה ^כ^ גולה על ידו ^כ^ נתקלקל בין בריעי בין במים פטור רבי יהודה אומר האיש בריעי והאשה במים: **גמ'** מ"ט

גמ' מ"ט אי כתיב ארבעים במספר הוה אמינא ארבעים במניינא השתא דכתיב במספר ארבעים מנין שהוא סוכם את הארבעים אמר רבא כמה טפשאי שאר אינשי ^ו^ דקיימי מקמי ספר תורה ולא קיימי מקמי גברא רבה דאילו בס"ת כתיב ארבעים ואתו רבנן בצרו חדא: רבי יהודה אומר ארבעים שלימות ^ט^ וכו': אמר ר' יצחק מאי טעמא דרבי יהודה דכתיב ^א^ מה המכה האלה בין ידיך ואמר אשר הכתי בית מאהבי ורבנן ההוא בתינוקות של בית רבן הוא דכתיב: אין אומדין אלא במכות הראויות

הגהות הגר"א

[א] במשנה (ושמלקין את כו' עד לתחלת המקרא) תא"מ (וכן ליתא בירושלמי ועי' רש"א ובהגר"א א"ח ס"ם תרי"ז):

תורה אור השלם

א) וְאָמַר אֵלָיו מָה הַמַּכּוֹת הָאֵלֶּה בֵּין יָדֶיךָ וְאָמַר אֲשֶׁר הֻכֵּיתִי בֵּית מְאַהֲבָי: [זכריה יג, ו]

ב) וְהָיָה אִם בִּן הַכּוֹת הָרָשָׁע וְהִפִּילוֹ הַשֹּׁפֵט וְהִכָּהוּ לְפָנָיו כְּדֵי רִשְׁעָתוֹ בְּמִסְפָּר: [דברים כה, ב]

ג) אִם לֹא תִשְׁמֹר לַעֲשׂוֹת אֶת כָּל דִּבְרֵי הַתּוֹרָה הַזֹּאת הַכְּתֻבִים בַּסֵּפֶר הַזֶּה לְיִרְאָה אֶת הַשֵּׁם הַנִּכְבָּד וְהַנּוֹרָא הַזֶּה אֵת יְיָ אֱלֹהֶיךָ: וְהִפְלָא יְיָ אֶת מַכֹּתְךָ וְאֵת מַכּוֹת זַרְעֶךָ מַכּוֹת גְּדֹלֹת וְנֶאֱמָנוֹת וָחֳלָיִם רָעִים וְנֶאֱמָנִים: [שם דגם, נח-נט]

ד) וּשְׁמַרְתֶּם אֶת דִּבְרֵי הַבְּרִית הַזֹּאת וַעֲשִׂיתֶם אֹתָם לְמַעַן תַּשְׂכִּילוּ אֵת כָּל אֲשֶׁר תַּעֲשׂוּן: [דברים כט, ח]

ה) וְהוּא רַחוּם יְכַפֵּר עָוֹן וְלֹא יַשְׁחִית וְהִרְבָּה לְהָשִׁיב אַפּוֹ וְלֹא יָעִיר כָּל חֲמָתוֹ: [תהלים עח, לח]

ליקוטי רש"י

מה המכות האלה בין ידיך. בין כתפיך שם מלקין עוברי עבירה ואמר אשר הכתי בית מאהבי אשר אהבוני והזמונומי לדרך מישרים: על אחד נעץ בקרקע וגבוה כנגד שתי אמות או אמה וחצי והוא כופף ומוטה על אותו העמוד. נפרמו. נפרמו. דשקוטרר"א בלע"ז: אוחז השמי רלועות עולות ויורדות בה כלומר כב"ג שיעל לקבל ומת גולה על ידו [ב"ק לב:].

לעזי רש"י

דשקושרר"א. פירוש לפרום, לקרוע המקום התפר, להתיר תפר (בגדים).

הגהות הב"ח

(א) **גמ'** ואמדוהו שאין יכול לקבל ארבעים וחזרו ואמדוהו בו ביום שאין יכול לקבל הס"ד:

(נ) שם במשנה כפולה אחת לשנים ושתים לארבע:

(ג) **רש"י** ד"ה ורמינהו וכו' ואמדוהו אינו יכול לקבל או וכו' כצ"ל ותיבות הכא הכל בין שאמדוהו כל"ל ומיבה נמי נמחק:

(ד) ד"ה הא כפולה לקבל ארבע הס"ד ואחר זה מתחיל רלועות של:

(ה) **תוס'** ד"ה הא בו ביום וכו' שלא אמדוהו כלל ובו וכו' כבר לקה ללא לקה הי"ז כצ"ל:

לעזי רש"י

דשקושרר"א. פירוש לפרום, לקרוע המקום התפר, להתיר תפר (בגדים).

וכו': לקה אין לא לקה לא ורמינהו אמדוהו לקבל ארבעים פטור אמדוהו לקבל שמונה עשרה וחזרו ואמדוהו שיכול לקבל ארבעים פטור אמר רב ששת לא קשיא **הא** דאמדוהו ליומי **הא** דאמדוהו למחר וליומא אוחרא: ליום אמר דהסוא גמור ודאי אומד גמור זה יכול לקבל עד יום פלוני וכשהגיע יום פלוני יכול לקבל שנאמר שאין יכול לקבל כולם אלא נשתנה ונתקלקל שאין יכול לקבל לארבעים פטור שלא לקה לקה וחזר לתחלת המקרא שהרי נתבטל באומד וכי אמדוהו ידו פטור ^י^ הוסיף לו עוד רצועה אחת ומת הרי זה ^כ^ גולה על ידו ^ל^ נתקלקל בין בריעי בין במים פטור רבי יהודה אומר האיש בריעי והאשה במים: **גמ'** מ"ט

ואמדו שאין יכול לקבל פטור. דכיון דנתבזה בבית דין ולקה קצת סגי ליה בהכי ולא לקה אלא אלא לקה אמדוהו לארבעים ואמרו וחזרו ואמדוהו לשמונה עשר ואמדוהו שיכול שלקי כולהו לא מיפטר דאין רשעתו לגבי האומד אלא לוקה אחר זמן נמי והכי נמי אם אמדוהו לשמונה עשר ומשלקה מזרו ואמדו שיכול להוסיף על אומד ראשון: **גמ'** כמה טפשאי שאר אינשי. כמה שוטים הללו רוב בני אדם. **ורמינהו אמדוהו לקבל ארבעים** וחזרו **(ג)** ואמדוהו שאין יכול יכול לקבל ללא לקה

מסורת הש"ס

ה) קדושין לג: [ע"ש]: ג) [צ"ל וכו'] בין כתפיו, [משום דכתבו מלוה לגמלו כ"כ חוף פוסק מ': ד) ד"ה (הסכ"ד), ד) [ממנה דאומד לקמן כג. פיסקא ושתי רצועות תנא מוכח דכמנהגא בין תנא של חמור יהא במשנה שבמשניות ליתא ושה, ה) [וש"ל שם לג:] שם לא לקה שנוי ליה לקה לרבי מחא פירוש עולות, ו) הד"א רש"ל.

the strap should be long enough so that **its tip should reach the edge of,** i.e.the beginning of **his stomach** when he is lashed across his back.[33]

וּמַכֶּה אוֹתוֹ שְׁלִישׁ מִלְּפָנָיו – He strikes him, one third of the lashes **on his front, וּשְׁתֵּי יָדוֹת מִלְּאַחֲרָיו – and two thirds** of the lashes **on his back.**[34] **וְאֵינוֹ מַכֶּה אוֹתוֹ לֹא עוֹמֵד וְלֹא יוֹשֵׁב אֶלָּא מוּטֶּה – He strikes him neither standing nor sitting, but bent over,** i.e. the one being lashed must lean over the post to which his hands are bound, **שֶׁנֶּאֱמַר: "וְהִפִּילוֹ הַשֹּׁפֵט" – as it says:**[35] ***and the judge shall cast him down,*** i.e. cause him to bend downward.

The Mishnah continues:

וְהַמַּכֶּה מַכֶּה בְּיָדוֹ אַחַת בְּכָל כֹּחוֹ – The one administering the lashes strikes the guilty party **with one hand,** hitting him **with all his might, וְהַקּוֹרֵא קוֹרֵא – and the reader reads.** While the lashes are being administered, one of the judges reads the following Scriptural selections aloud:[36] **"אִם־לֹא תִשְׁמֹר לַעֲשׂוֹת וגו'" – *If you will not be careful to perform,* etc.,** *all the words of this Torah that are written in this Book, to fear this honored and awesome Name: Hashem, your God;* **"וְהִפְלָא ה' אֶת־מַכֹּתְךָ וְאֵת מַכּוֹת וגו'" – *then Hashem shall make extraordinary your blows and the blows of,* etc.,** *your offspring – great and faithful blows, and evil and faithful illnesses.* **וְחוֹזֵר לִתְחִלַּת הַמִּקְרָא – And then he returns to the beginning of the verses,** i.e. if the reader completes his reading before the full number of lashes has been administered, he repeats the verses until all the lashes have been dealt.[37] The reader continues,[38] **"וּשְׁמַרְתֶּם אֶת־דִּבְרֵי הַבְּרִית הַזֹּאת וגו'" – *And you shall observe the words of this covenant,* etc.,** *so that you will succeed in all that you do.* **וְחוֹתֵם – And he concludes** the Scriptural reading with:[39] **"וְהוּא רַחוּם יְכַפֵּר עָוֹן וגו'" – *Nevertheless, He, the Merciful One, is forgiving of iniquity,* etc.,** *and does not destroy, frequently He withdraws His anger, not arousing His entire wrath.*[40] **וְחוֹזֵר לִתְחִלַּת הַמִּקְרָא – And then he returns to the beginning of the verses.**[41]

The Mishnah discusses matters that could go wrong during the *malkus* procedure and their consequences:

וְאִם מֵת תַּחַת יָדוֹ – And if [the one lashed] died at his hand, i.e. while the court's agent was administering the lashes, **פָּטוּר – [the agent] is exempt** from the exile punishment for this inadvertent killing, since he was acting on behalf of *beis din.*[42] **הוֹסִיף לוֹ עוֹד רְצוּעָה אַחַת וּמֵת – If,** however, **[the agent]** inadvertently **added one more blow** to the amount assessed by *beis din* and **[the one lashed] died, הֲרֵי זֶה גּוֹלֶה עַל יָדוֹ – [the agent] is exiled on his account.** The agent is exiled for killing him inadvertently, since he did not administer the extra blow as a duly empowered agent of the *beis din.*[43]

NOTES

33. The translation follows *Rivan,* who maintains that the lashes are given across the *width* of the back. Accordingly, he explains that the whip should be long enough to reach across his entire back and wrap around his side to where his stomach begins. *Rambam* (*Hil. Sanhedrin* 16:9; see also *Commentary to Mishnah*), however, seems to hold that they are given along the *length* of the body (see also *Ritva*). Accordingly, the strap must be long enough to reach his midriff when he is struck on his chest (where the frontal lashes are inflicted, according to *Rambam*).

34. According to *Rivan,* the one third was administered across the stomach and the two thirds across the back; according to *Rambam* (*Hil. Sanhedrin* 16:9), the one third was on his chest between his pectorals and the two thirds were on his upper back, one third on one shoulder and one third on the other shoulder.

35. *Deuteronomy* 25:2.

36. Ibid. 28:58-59. The obligation to read a selection from Scripture while the lashing is taking place is based on the phrase (*Leviticus* 19:20): בִּקֹּרֶת תִּהְיֶה, *there shall be an investigation,* which is interpreted as if it read בִּקְרִיאָה תְּהֵא, *it [the malkus] should be [accompanied] by a recitation* (*Rivan,* from *Kereisos* 11a).

37. According to our version of the Mishnah, the phrase *and then he returns to the beginning of the verses* appears twice, here and again later, after the listing of the two additional verses that are to be recited. Since it is clear that he does not begin to repeat the verses until he has completed all of them, this first appearance of the phrase is seemingly an error (*Tiferes Yisrael*). However, according to the version that appears in *Talmud Yerushalmi* and *Rambam* (*Commentary* and *Hil. Sanhedrin* 16:11), the judge recites only the above two verses, and then repeats them. The passage beginning, וּשְׁמַרְתֶּם, *And you shall observe,* until, לִתְחִלַּת הַמִּקְרָא, *to the beginning of the verse,* is omitted (*Hagahos HaGra*).

38. *Deuteronomy* 29:8.

39. *Psalms* 78:38.

40. According to some Rishonim, this is the source for the worldwide custom to begin the Maariv service with the words וְהוּא רַחוּם; the sinners were lashed between Minchah and Maariv [even in later centuries, when formal *malkus* had ceased] and this verse was uttered then (*Sefer HaManhig,* beginning of תְּפִלַּת הָעֶרֶב, in the name of his teachers in France; see *Tur Orach Chaim* §238 with *Beis Yosef;* see also *Shibbolei HaLeket* citing *Rashi*). [Presumably, we are asking that whatever suffering was borne throughout the day should serve as an atonement for any wrongdoing that was committed and the congregants should be spared from further Divine wrath.] The Rishonim cite other reasons for the recital of this verse; see *Orchos Chaim, Din Tefillas Arvis* §1.

41. *Maharsha* notes that the last three verses are thirteen words each, corresponding to the three sets of thirteen lashes constituting the full thirty-nine lashes: (1) וְהִפְלָא (2) ה' (3) אֶת (4) מַכֹּתְךָ (5) וְאֵת (6) מַכּוֹת (7) זַרְעֶךָ (8) מַכּוֹת (9) גְּדֹלֹת (10) וְנֶאֱמָנוֹת (11) וָחֳלָיִם (12) רָעִים (13) וְנֶאֱמָנִים.
(1) וּשְׁמַרְתֶּם (2) אֶת (3) דִּבְרֵי (4) הַבְּרִית (5) הַזֹּאת (6) וַעֲשִׂיתֶם (7) אֹתָם (8) לְמַעַן (9) תַּשְׂכִּילוּ (10) אֵת (11) כָּל (12) אֲשֶׁר (13) תַּעֲשׂוּן.
(1) וְהוּא (2) רַחוּם (3) יְכַפֵּר (4) עָוֹן (5) וְלֹא (6) יַשְׁחִית (7) וְהִרְבָּה (8) לְהָשִׁיב (9) אַפּוֹ (10) וְלֹא (11) יָעִיר (12) כָּל (13) חֲמָתוֹ.
Maharsha explains that the first verse (*If you will not be careful to perform all the words of this Torah* etc.) is an introductory statement that sets forth the reason that lashes must be given in the first place (second explanation; cf. first explanation).

42. The agent is exempt in this case according to the rule of Abba Shaul (above, 8a), that exile is imposed only in cases where one killed inadvertently through a voluntary act, but not where he killed someone while engaged in a mitzvah (*Rivan*).

43. [The *beis din* did not direct him to deliver the last lash. Although the agent thought he was acting throughout at their behest, he was really acting on his own, legally speaking, insofar as the last lash was concerned. Consequently, if the person being lashed dies, the agent must go into exile.] It does not matter whether the agent added a lash to the full count of thirty-nine or to a lesser assessment of the *beis din* (*Sifri, Teitzei* §286).

The commentators cite two passages elsewhere in the Talmud that bear upon our Mishnah: (a) *Rivan* cites a Baraisa recorded in *Sanhedrin* 78a that if each one of ten people beat someone with a club and that person dies, they are all exempt from capital punishment, even the last person. [Similarly, where the blows would be delivered inadvertently, they would all be exempt from the penalty of exile.] One may ask, then: Why is the agent of the *beis din* liable to exile if he adds his own lash to those that the court required? *Rivan* explains that the Gemara in *Sanhedrin* is speaking only in a case where the first people wielding clubs rendered the victim into a *goseis,* a dying person. Since this person has already been injured fatally at the hands of man, he is in some respects already considered dead and the final club has merely killed a "dead man." Thus, all ten men are exempt. However, in our case, the one being lashed was not injured fatally until the agent added his own lash. Thus, the agent is liable. (b) The Gemara in *Bava Kamma* 32b states, according to one version, that our Mishnah is discussing a case

קיז א מיי' פי"ז מהל' סנהדרין הל"ב סמג לאוין קצט:
קיח ב מיי' שם הלכה ב וע' בכ"מ:
קיט ג מיי' שם הל"ג וע"ש בכ"מ:
קכ ד מיי' שם פט"ו הלכה ח סמג שם:
קכא ה מיי' שם הל"ט:
קכב ו מיי' שם הל"ה:
קכג ז מיי' שם הל"ה:
קכד ח מיי' שם הל"ד:
קכה ט מיי' שם פי"ז הלכה ה:

גמרא

וכו': לקה אין לא לקה לא ורמינהו אמדוהו לקבל ארבעים והזרו (ה) ואמרו שאין יכול לקבל ארבעים פטור אמדוהו לקבל שמונה עשרה וחזרו ואמדוהו לימו הא דאמדוהו לימו חא קשיא הא דאמדוהו לקבל שמונה עשרה וחזרו ואמדוהו שיכול לקבל ארבעים פטור אמר רב ששת לא קשיא הא דאמדוהו לימי הא דאמדוהו למחר וליומא אוחרא: מתני' עבר עבירה שיש בה שני לאוין אמדוהו אמד אחד לוקה ופטור ואם לאו לוקה ומתרפא וחוזר ולוקה: גמ' והתניא אין אומדין אומד אחד לשני לאוין אמר רב ששת לא קשיא הא דאמדוהו לארבעים והא דאמדוהו לארבעים ותרתי: מתני' כיצד מלקין אותו כופה שתי ידיו על העמוד הילך והילך וחזן הכנסת אוחז בבגדיו אם נקרעו נקרעו ואם נפרמו נפרמו עד שהוא מגלה את לבו והאבן נתונה מאחריו חזן הכנסת עומד עליו ורצועה בידו של עגל כפולה (ב) אחד לשנים ושנים לארבעה ושתי רצועות של חמור עולות ויורדות בה ידת טפח ורחבה טפח ומלאחריו ומכה אותו שליש מלפניו ושתי ידות מלאחריו ואינו מכה אותו לא עומד ולא יושב אלא מוטה שנאמר (דברים כה) והפילו השופט ומכה מכה בידו אחת בכל כחו: והקורא קורא אם לא תשמור לעשות וגו' את מכותך ואת מכות (אא) ושמרתם את דברי הברית הזאת וחותם (תהלים עח) והוא רחום יכפר עון וגו' וחוזר לתחלת המקרא וגו' ואם (דברים כח) מת תחת ידו פטור הוסיף לו עוד רצועה אחת ומת הרי זה גולה על ידו נתקלקל בין ברעי בין במים פטור רבי יהודה אומר האיש והאשה במים: גמ' מ"ט

רש"י

הא דאמדוהו לימי. בו ביום שאמדוהו לקבל חזרו ואמדוהו שלא יכול אז אמרה מתני' דלוקה דאי לא לקי מעלין אזלינן בתר אומד הראשון וממתינין לו עד שיבריא וילקה כמו שאמדוהו אבל אם אמדוהו אומד שני למחר שמא הכמים לנקות כלל ולכן מדינה סיפא אמדוהו מתחלה לקבל ארבעים חזורין בתר השני ולוקה אם לא לקה כבר כל הי"ח וברייתא באמדוהו ביום ראשון אבל אומד ראשון היה טעות ואזלינן בתר בתרא:

מתחילין באמדוהו לימים לקבל מ' או שמונה עשרה והלכך כי מזרו ואמדוהו בו ביום שאין יכול לקבל לא יכול איגלאי מילתא דלאום שלהם לא היה כלום כיון דבו ביום סתרו ולא נשמנה ולא אמרו תחלה בטעות מועט מזה ויש לומר דהם טעו בחולה הלך בו ביום שאין יכול לקבל אם לקה מקלקין פוטרין אותו שכרי נתבזה ואם לא ועכשיו הוא כמי שלא אמדו כלל ועכשיו הוא דמעיינו בדייניו ואמרו אין יכול וממתינין לו עד שיבריא ויהיו אומדין אותו אומד הראשון לו וכן אמדו תחלה לי"ח וכו' בו ביום שאין יכול לקבל לא לקה מקלקין פוטרין אותו שכרי נתבזה ואם לא

רש"י (המשך)

האמדוהו לימי. (ה) בו ביום שאמדוהו לקבל חזרו ואמדוהו שלא יכול אז אמרה מתני' דלוקה דאי לא לקי אזלינן בתר אומד הראשון וממתינין לו עד שיבריא וילקה כמו שאמדוהו אבל אם אמדוהו אומד שני למחר שמא הכמים לנקות כלל ולכן מדינה סיפא אמדוהו מתחלה לקבל ארבעים חזורין בתר השני ולוקה אם לא לקה כבר כל הי"ח וברייתא באמדוהו ביום ראשון אבל אומד ראשון היה טעות ואזלינן בתר בתרא: רבי

גמרא

גמ' מ"ט אי כתיב ארבעים במספר הוה אמינא ארבעים במניינא השתא דכתיב במספר ארבעים מנין שהוא סוכם את הארבעים אמר רבא כמה טפשאי שאר אינשי דקיימי מקמי ספר תורה ולא קיימי מקמי גברא רבה דאילו בס"ת כתיב ארבעים ואתו רבנן בצרו חדא: רבי יהודה אומר ארבעים שלימות וכו': אמר ר' יצחק מאי טעמא דרבי יהודה דכתיב (דברים כה) מה המכות האלה בין ידיך ואמר אשר הכתי בית מאהבי ורבנן ההוא בתינוקות של בית רבן הוא דכתיב: אין אומדין אלא במכות הראויות

הגהות הב"ח

(א) גמ' וחזרו ואמדוהו שאין יכול וכו' (ב) שם במשנה כפולה אחת לשנים ושתים לארבע (ג) רש"י ד"ה ורמינהו אמדוהו לארבעים ואין יכול דלא לקי בין אם לקה בין שאמדוהו כל"ל וחזרו כל"ל ומיכתב נמי נמחק: (ד) ד"ה הא כפולה וכו' ארבע כפולות ב' לשתים בשתי לרועות ומותח ולאום נמחק: (ה) תוס' ד"ה הא דאמדוהו לימים פי' בו ביום וכי' קאמרינן מתניתין דלא לקי אזלינן בתר אומד הראשון וכו' וכ"ם נמי דאימר אומד הראשון אבל השני לוקה אם לקה כבר כל השמונה עשרה נתבזה דטעו מילתא דלאום דטעות ראשון אינו כלום כ"ה:

הגהות הגר"א

[א] במשנה (ושמרתם את מו עד למעלת המקמל) תא"מ וכו' וכן ליתא בירושלמי וע' רש"י ליתא ובסנהד' ד ל"ם קי"ם תל"ו]:

תורה אור השלם

א) ואמר אליו מה המכות האלה בין ידיך ואמר אשר הכתי בית מאהבי [זכריה יג, ו]
ב) והיה אם בן הכות הרשע והפילו השפט והכהו לפניו כדי רשעתו במספר: [דברים כה, ב]
ג) אם לא תשמור לעשות את כל דברי התורה הזאת הכתבים בספר הזה ליראה את השם הנכבד והנורא הזה את יי' מבתך: [שם כח, נח]
ד) והפלא יי' את מכתך ואת מכות זרעך מכות גדלת ונאמנות וחלים רעים ונאמנים: [שם כח, נט-ס]
ה) ושמרתם את דברי הברית הזאת ועשיתם אתם למען תשכילו את כל אשר תעשון: [דברים כט, ח]
ו) והוא רחום יכפר עון ולא ישחית והרבה להשיב אפו ולא יעיר כל חמתו: [תהלים עח, לח]

ליקוטי רש"י

מה המכות האלה בין ידיך. בין כתפיך שם מלקין עוברי עבירות ואמר אשר הכתי בית מאהבי אשר אהבוני והוכיחוני לדרך ישרה [זכריה יג, ו]:

הוסיף לו. שלום ב"ד למי שחייב מלקות. רצועה אחת. יתר על מה שאמדוהו גב"ל שאמדוהו לקבל ומת גולה על ידו [ב"ק לב.]:

לעז רש"י

דשקושהר"א. פירום לפרוס, לקרוע מהיר מפר (כנגדים).

ליסמא אמדינ מתני' דאמדוהו לימים לקבל ארבעים והלך ואין פוטרין אותו אלא אם כן לקה אם כן לקה דודאי אם כו כח ואם חזרו בהם פטור מיד וכן קיבל ר' מח"ו ולא נהירא דמשום דאמדוהו ליומא אמאי אמרי בצרוליך לן שיהא בו כח לקבל קלת מן המכות הם אומדין הם ואין אמרינן לילקי לילות ולימות ועד דאם לקה אמרינ במתמינין ולא דמלקינן ליה למחלא. מ"ר: מתני' עבירה שיש בה שני לאוין, דלאו אמדוהו אומד אחד אלא ללאו ללאו אחד אמדוהו ארבעים חסר אחד על לאו אחד ואם הוסיפו לא ארבעים לן שתים אלא מכות שתים ואם מכות דהו מכות שלש שלשים ותשע מתני לאו אחד ומתרפא וחוז ולוקה דמכות דמכות ראויות שאין להשתלל לא מלקינן ליה: מתני' על העמוד. עץ אחד נעוץ בקרקע וגבוה כנגד שתי אמות או אמה וחצי והוא כפוף ומוטה על אותו כפוף על דברי דלת ותולה ידיו למטה וכופתין לו ידו בלריכ בו שיהא בו כח לקבל קלת קלת מן דהוה אומדין אין יכול יכול לילקי לילות ולימות ואן אמרי נמי לשמונה עשרה ואינ יכול וכשהסגיע יום פלוני אמרו מקלקין לקבל ארבעים בין ברעי בין במים פטור רבי יהודה אומר האיש והאשה במים: גמ' מ"ט

מסורה

ה) קדושין לג: [ע"ש], ו) [ג"ל וכר' בן בתרין], ז) [משום דמכלי בו ונקלה מלא נגולו כ"ד תוס', סוטה ח. ד"ה והכה.], ח) ממה דאמרינן לקמן כג. פיסקא ושתי רצועות תנא של מגל של חמור וכן במשנה שבתלמוד ליתא של חמור וכן רש"ל הגיה ומחק ע"ש., ט) כ"ה פד"ו, י) ורש"ל אומר שהוא לשון מחק פירוש רואה לרגי הספיר, הד"א רש"י.

The Mishnah continues:

נִתְקַלְקֵל – If he soiled himself, i.e. if due to extreme distress, the person who is being lashed lost control of his bodily functions and soiled himself, **בֵּין בְּרֵיעִי בֵּין בְּמַיִם – whether with excrement or with urine, פָּטוּר – he is exempt** from receiving any lashes.[44] **רַבִּי יְהוּדָה אוֹמֵר הָאִישׁ בְּרֵיעִי וְהָאִשָּׁה בְּמַיִם – R' Yehudah says: A man is** exempted only if he soils himself **with excrement, while a woman** is exempted **even with urine.** Since a woman is more sensitive to shame, this lesser shame is sufficient to exempt her from receiving lashes.[45]

NOTES

where the error in counting the lashes was the judge's fault and the agent merely relied upon him. The agent is liable to exile because he killed the person being flogged. The judge, however, is not subject to exile because he personally did not strike the victim. And though he has commissioned the agent to strike the mortal blow, the judge cannot be held liable for the improper action of his agent, in light of the rule that "the law does not recognize agency in a matter of transgression" [אֵין שָׁלִיחַ לִדְבַר עֲבֵירָה] (*Shitas HaKadmonim* to *Bava Kamma* 32b; see further in *Ketzos HaChoshen* 348:4; cf. *Nesivos HaMishpat* ad loc.; see sources cited in *Otzar Mefarshei HaTalmud* here).

44. He has been demeaned by soiling himself, and the Torah indicates that a person who has suffered disgrace during the flogging procedure is exempt from further lashes, as it says (*Deuteronomy* 25:3): *Forty shall he strike him, he shall not add; lest he strike him an additional blow beyond these.* וְנִקְלָה אָחִיךָ, *and your brother will be demeaned.* This teaches us that once a guilty party has been disgraced, he is once again אָחִיךָ, *your brother,* as if he had never transgressed.] In this case, that has been accomplished by the soiling, and he is therefore exempt from the lashes (*Rivan; Rambam, Hil. Sanhedrin* 17:5).

The Gemara below (23a) will discuss at what point in the procedure soiling himself exempts him.

45. *Rav;* see *Kesubos* 67b.

Gemara The Gemara asks in reference to a statement in the Mishnah:

מַאי טַעְמָא – What is the reason for this?[1]

The Gemara answers:

מִשּׁוּם ,,וְנִקְלָה״ – On account of the Torah's statement:[2] *and your brother* ***will be demeaned*** *in your eyes.*[3]

The Gemara explores the requirements of the whip used for the lashing:

אָמַר רַב שֵׁשֶׁת מִשּׁוּם רַבִּי אֶלְעָזָר בֶּן עֲזַרְיָה – Rav Sheishess said in the name of R' Elazar ben Azaryah: מִנַּיִן לִרְצוּעָה שֶׁהִיא שֶׁל עֵגֶל – From where [in Scripture] **do we know that the strap should be** made **of calfskin? דִּכְתִיב – For it is written:**[4] **,,אַרְבָּעִים יַכֶּנּוּ״ –** ***He is to strike him forty*** lashes, **וְסָמִיךְ לֵיהּ – and in proximity to it** it is written:[5] **,,לֹא־תַחְסֹם שׁוֹר בְּדִישׁוֹ״ –** ***You shall not muzzle an ox during its threshing.*** The juxtaposition of these two otherwise unrelated verses teaches exegetically that the strap used for flogging should be made of calfskin.[6]

The Gemara continues with other, similarly structured teachings of Rav Sheishess in the name of R' Elazar ben Azaryah:[7]

וְאָמַר רַב שֵׁשֶׁת מִשּׁוּם רַבִּי אֶלְעָזָר בֶּן עֲזַרְיָה – And Rav Sheishess said in the name of R' Elazar ben Azaryah: מִנַּיִן לִיבָמָה שֶׁנָּפְלָה לִפְנֵי מוּכֵּה שְׁחִין – From where [in Scripture] **do we know that if a** ***yevamah***[8] **fell in marriage to** her husband's brother **who is smitten with boils** and is physically repulsive to her, **שֶׁאֵין חוֹסְמִין אוֹתָהּ – that we do not "muzzle her,"** i.e. we do not silence her from protesting the marriage? **דִּכְתִיב ,,לֹא־תַחְסֹם שׁוֹר בְּדִישׁוֹ״ – For it is written:** ***You shall not muzzle an ox during its threshing,*** **וְסָמִיךְ לֵיהּ – and in proximity to it is** the chapter of *yibum,* which begins:[9] **,,כִּי־יֵשְׁבוּ אַחִים יַחְדָּו וגו׳ ״ –** ***If brothers dwell together*** **etc.** The juxtaposition indicates that, in the case of *yibum,* the woman is not "muzzled" and forced to accept the marriage in silent acquiescence if she finds it distasteful. Rather, we force the brother-in-law to release her through *chalitzah.*[10]

The third teaching in this series:

וְאָמַר רַב שֵׁשֶׁת מִשּׁוּם רַבִּי אֶלְעָזָר בֶּן עֲזַרְיָה – And Rav Sheishess said in the name of R' Elazar ben Azaryah: כָּל הַמְבַזֶּה אֶת הַמּוֹעֲדִים כְּאִילּוּ עוֹבֵד עֲבוֹדַת כּוֹכָבִים – Anyone who degrades the festivals[11] **is regarded as if he worships idols, דִּכְתִיב – for it is written:**[12] **,,אֱלֹהֵי מַסֵּכָה לֹא תַעֲשֶׂה־לָּךְ״ –** ***You shall not make for yourself any molten gods,*** **וְסָמִיךְ לֵיהּ ,,אֶת־חַג הַמַּצּוֹת תִּשְׁמֹר״ – and in proximity to it,** it is written:[13] ***You shall observe the Festival of Matzos.***[14]

The final teaching in this series:

וְאָמַר רַב שֵׁשֶׁת מִשּׁוּם רַבִּי אֶלְעָזָר בֶּן עֲזַרְיָה – And Rav Sheishess said in the name of R' Elazar ben Azaryah: כָּל הַמְסַפֵּר לָשׁוֹן הָרַע – Anyone who speaks derogatorily of another, וְכָל הַמְקַבֵּל לָשׁוֹן

NOTES

1. See note 3.

2. *Deuteronomy* 25:3.

3. This puzzling exchange is not explained by *Rivan* or *Tosafos* and does not appear in other versions of the text. *Hagahos HaBach* omits these four words from our text.

If we are to seek an explanation of our text as it is, then we must first determine which part of the Mishnah is addressed by the Gemara's question, "What is the reason?" Some explain that the Gemara seeks to know why the person about to be lashed is humiliated by grasping, pulling off and possibly tearing his clothes. Others explain that the Gemara wants to know why he is humiliated by being tied to the post (see *Siach Yitzchak* and *Imrei Tzvi,* cited in *Otzar Mefarshei HaTalmud).* According to either of these explanations, the Gemara is asking why it is necessary to subject the sinner to a humiliating procedure, to which the Gemara answers that the Torah *requires* us to humiliate him during the lashing procedure, as it says: *and your brother will be demeaned.* However, there are certain problems with this approach: *Tosafos* in *Sotah* 8a (ד״ה והכהן) agrees that there is a mitzvah to demean the sinner based on this verse, but presents this as an original idea, not one found in the Gemara. *Rambam* cites a different source (found in the *Sifri*) for removing the sinner's shirt, which has nothing to do with demeaning the sinner (see above, 22b note 27). [More fundamentally, the Gemara below consistently refers to the sinner's demeanment as something that should be *avoided,* and that exempts the sinner from further lashes if it takes place. Thus, it seems unlikely that our Gemara would expound an *obligation* to demean the sinner.]

Einayim LaMishpat suggests an alternative approach: The Gemara is addressing itself to the very end of our Mishnah, where it says that the *malkus* procedure is ended if the person being lashed loses control of his bodily functions. Why, the Gemara asks, is he exempt from further lashes? Because the verse says: *and your brother will be demeaned,* implying that once he has been demeaned, he is like your brother [who never sinned] and is given no more lashes (see Gemara below and *Rashi* to *Shevuos* 28a ד״ה התם רץ).

4. Ibid.

5. Ibid. v.4.

6. [Although the verse speaks of a שׁוֹר, which is usually translated as "ox" or "bull," *shor* may refer to even a day-old calf (*Bava Kamma* 65b). Thus, the strap may be made of the skin of a *calf.*

This form of exegesis is known as סְמִיכוּת, *proximity.* Since the Torah places two unrelated subjects in proximity to one another, it means to teach us that there is a common element between them.

7. R' Elazar ben Azaryah was a Tanna and a contemporary of R' Akiva; Rav Sheishess was an Amora and a disciple of Rav. Thus, Rav Sheishess could not have heard these teachings directly from R' Elazar ben Azaryah; rather they were traditions Rav Sheishess had in his name (as indicated by the word משום – see *Machzor Vitry,* introducing section to *Pirkei Avos;* see above, 14b note 7).

8. A *yevamah,* the widow of a man who dies without children, remains legally bound to his brothers to allow for one of them to marry her in יִבּוּם, *yibum* (levirate marriage; see *Deuteronomy* 25:5-10 and Tractate *Yevamos*). She is called a יְבָמָה, *yevamah* (literally: sister-in-law), and the brother is called a יָבָם, *yavam* (literally: brother-in-law). If every one of the brothers refuses to marry her, one of them must perform the ceremony of *chalitzah* to free her to marry someone else (see 2a note 2).

9. Ibid. v. 5.

10. *Rashi* to *Yevamos* 4a. A מוּכֵּה שְׁחִין is someone smitten with one of the twenty-four varieties of *shechin;* the Mishnah in *Kesubos* 77a states that a woman is *forbidden* to marry someone smitten with *shechin* because by having intimate relations with him she will cause his flesh to fall apart. Furthermore, even if a couple were already married and the husband developed *shechin,* the *beis din* forces them to divorce. However, without R' Elazar ben Azaryah's exposition, we would have thought that the *yavam* should fulfill his mitzvah of *yibum* and then we should force them to divorce (see *Ramban, Ritva* here).

This rule is not exclusive to a מוּכֵּה שְׁחִין but rather it pertains to any case where the *yevamah* has a valid reason to avoid *yibum* (*Rashi* to *Yevamos* 39b ד״ה אמר רב).

11. The word מוֹעֲדִים, *festivals,* refers here to Chol HaMoed, the Intermediate Days of the festival, rather than to Yom Tov itself. The Gemara speaks of one who degrades Chol HaMoed by working on those days as if they were regular weekdays (*Rivan; Rashi* and *Rabbeinu Yonah* to *Avos* 3:11; *Rashbam* to *Pesachim* 118a; see note 14 below; cf. *Rambam, Hil. Yom Tov* 6:16 who understands that the Gemara refers to one who does not honor Yom Tov with special festive meals).

12. *Exodus* 34:17.

13. Ibid. v. 18.

14. The Gemara in *Chagigah* (18a) cites this verse as the source for the prohibition against working on Chol HaMoed (see *Rivan* and note 11, above). Not all acts that are forbidden on Yom Tov are forbidden on Chol HaMoed; see the first two chapters of *Moed Katan* for a discussion of which labors are forbidden and which are permitted on Chol HaMoed. There is a dispute among the Rishonim whether those labors that are forbidden are Biblically or Rabbinically forbidden. See Schottenstein edition of *Moed Katan,* 2a note 1.

גמ' (א) מ"ט משום נקלה אמר רב ששת משום רבי אלעזר בן עזריה מנין לרצועה שהיא של עגל דכתיב א) ארבעים יכנו וסמיך ליה ב) לא תחסום שור בדישו (א) ואמר רב ששת משום רבי אלעזר בן עזריה א מנין ליבמה שנפלה לפני מוכה שחין שאין חוסמין אותה דכתיב לא תחסום שור בדישו וסמיך ליה ג) כי ישבו אחים יחדו וגו' ואמר ב רב ששת משום ר' אלעזר בן עזריה ב כל המבזה את המועדים כאילו עובד עכו"ם דכתיב ד) אלהי מסכה לא תעשה לך וסמיך ליה ה) את חג המצות תשמור ואמר רב ששת משום ר' אלעזר בן עזריה כל המספר לשון הרע וכל המקבל לשון הרע וכל המעיד עדות שקר ראוי להשליכו לכלבים דכתיב ו) לכלב תשליכון אותו וסמיך ליה ז) לא תשא שמע שוא וגו' קרי ביה נמי לא תשיא: ושתי רצועות וכו': תנא ג של חמור כדדריש ההוא גלילאה עליה דרב חסדא ח) ידע שור קונהו וחמור אבוס בעליו ישראל לא ידע וגו' אמר הקב"ה יבא מי שמכיר אבוס בעליו ויפרע ממי שאינו מכיר אבוס בעליו: ידה טפח וכו': אמר אביי שמע מינה כל חד וחד לפום גביה עבדינן ליה אמר ליה רבא אם כן נפיש להו רצועות טובא אלא אמר רבא אבקתא אית ליה כי בעי מיקטר ביה כי בעי מרפה בה: מלקין אותו וכו': מנא הני מילי אמר רב כהנא דאמר קרא ט) והפילו השופט והכהו לפניו כדי רשעתו במספר רשעה אחת מלפניו שתי רשעיות מאחריו: אין מלקין אותו וכו': אמר רב חסדא אמר רבי יוחנן מנין לרצועה שהיא מוכפלת שנאמר והפילו והא מיבעי ליה לגופיה א"כ לכתוב קרא יטיהו מאי הפילו ש"מ תרתי: המכה מכה בידו: תנו רבנן ד אין מעמידין חזנין אלא חסירי כח ויתירי מדע רבי יהודה אומר אפילו חסירי מדע ויתירי כח אמר רבא כוותיה דרבי יהודה מסתברא דכתיב א) לא יוסיף פן יוסיף אי אמרת בשלמא חסירי מדע היינו דצריך לאזהורי אלא אי אמרת יתירי מדע מי צריך לאזהורי ורבנן אין מזרזין אלא למזרז תנא ה כשהוא מגביה מגביה בשתי ידיו וכשהוא מכה מכה בידו אחת כי היכי ו) דליתה מדידיה: והקורא קורא כו': תנו רבנן ד) ו הגדול שבדיינין קורא השני מונה והשלישי אומר הכהו בזמן שמכה מרובה מאריך בזמן שמכה מועטת מקצר והא אנן תנן חוזר לתחלת המקרא ז מצוה לצמצם ואי לא צמצם חוזר לתחלת המקרא תנו רבנן מכה רבה אין לי אלא מכה רבה מכה מועטת מנין ת"ל [א] לא יוסיף אם כן מה תלמוד לומר מכה רבה לימד על הראשונות שהן מכה רבה: נתקלקל וכו': תנו רבנן ה) אחד האיש ואחד האשה בריעי ולא במים דברי רבי מאיר רבי יהודה אומר האיש בריעי והאשה במים וחכ"א אחד האיש ואחד האשה בין בריעי בין במים והתניא רבי יהודה אומר אחד האיש ואחד האשה בריעי אמר רב נחמן בר יצחק שניהם שוין בריעי אמר שמואל ו) כפתוהו ח ורץ מבית דין פטור מיתיבי ט קלה בין בראשונה בין בשניה פוטרין אותו י נפסקה רצועה בשניה פוטרין אותו בראשונה אין פוטרין אותו אמאי להוי כרץ התם רץ הכא לא רץ ת"ר ז) כ אמדוהו לכשילקה (ב) קלה ח) פוטרין אותו לכשיצא מבית דין קלה מלקין אותו ולא עוד אלא אפילו קלה בתחלה מלקין אותו שנאמר ט) והכהו [וגו'] ונקלה ולא ט) שלקה כבר בבית דין: מתני' י) ל כל חייבי כריתות שלקו נפטרו ידי כריתתם שנאמר א) ונקלה אחיך לעיניך כשלקה הרי הוא כאחיך דברי רבי חנניה בן גמליאל ואמר רבי חנניה בן גמליאל מה אם העובר עבירה אחת נוטל נפשו עליה העושה מצוה אחת על אחת כמה וכמה שתנתן לו נפשו ר"ש אומר ממקומו הוא למד שנאמר י) ונכרתו הנפשות העושות וגו' ואומר

אשר

רש"י

אין חוסמין. אין מגערין בה שלא תאמר אי אפשי בו: את המועדות. חולו של מועד: חג המצות תשמור. מפרש בחגיגה (דף יח.) אם בראשון ובשביעי הרי כבר אמור הא לא בא להזהיר אלא על חולו של מועד שאסור בעשיית מלאכה: אל תשת ידך עם רשע להיות עד חמס. היינו מעיד עדות שקר: אבקתא. כמו מיבק אביק ל): במספר. שתי רשעיות מאחריו: אפילו יתירי כח ואפילו חסירי מדע. דאין להקפיד בכך: אי אמרת בשלמא דאפילו חסירי מדע. יכולין להעמיד בהן היינו דאיצטריך כו' למזרז: מכה מועטת. כגון שאמדוהו לפחות מכה בסידור אחד: אין לי אלא מכה רבה כו'. רישא דברייתא הכי איתא בסיפרי אין לי אלא בזמן שמוסיפין על מנין ארבעים על כל אומד ואומד שאמדוהו בית דין מנין ת"ל [ב] לא יוסיף מכל מקום מכה רבה אין לי אלא מכה רבה כו'. אין לי דחייב על לא יוסיף אלא בזמן שהכהו מכות הרבה על האומד מכות מועטות אפילו שתי מכות או אחת מנין דאסור להוסיף ת"ל לא יוסיף [ג] לא יוסיף להכותו על אלה על מנין האומד: שהוא מכה רבה. שניתן להכותו ל) בעל כורחו כן נראה לרבי ובלשון אחר קיבל רבי: ה"ג ת"ר אחד האיש ואחד האשה בריעי ולא במים דברי רבי מאיר רבי יהודה אומר האיש בריעי והאשה במים וחכמים אומרים אחד האיש ואחד האשה בין בריעי בין במים והתניא רבי יהודה אומר אחד האיש ואחד האשה בריעי אמר רבי יצחק הא דקאמר רבי יהודה אחד האיש ואחד האשה בריעי הכי קאמר שניהן שוין בריעי דמשנתקלקל בריעי פטורין אבל במים איכא פלוגתא: קלה. נתקלקל בריעי ולישנא דקרא נקט ונקלה לשון זלזול: בין בראשונה בין בשניה. בין קודם שהכהו כלל בין לאחר שהכהו והיינו ראשונה הגבהה ראשונה שמגביה ידו להכות אם נתקלקל באותה הגבהה מחמת פחד או שנתקלקל בהגבהה שניה דהיינו לאחר שהכהו: פוטרין אותו. דנקלה קרינא ביה דהא קלה: נפסקה הרצועה. אם בהגבהה שניה נפסקה פוטרין אותו דהא נקלה באותה הכאה שהכהו ואם קודם שהכהו נפסקה כשהרים ידו להכות אין זו קלה: לכשילקה קלה. פירושו לכשילקה יקלה שאמדוהו שאם ילקוהו מיד יתקלקל בריעי פוטרים דפן יוסיף ונקלה כתיב דאין נותנין לו מכה שיקלה עליה מיד כך שמעתי אבל אמדוהו שלא יתקלקל עד לאחר המלקות מלקין אותו: קלה תחלה. קודם שקיבל שום הכאה מלקין אותו אחרי כן: מתני' על אחת כמה וכמה שתנתן לו נפשו. דמדה טובה מרובה ממדת פורענות כתיב (שמות כ) פוקד עון אבות על בנים על שלשים ועל רבעים ובמדה טובה כתיב (שם) עושה חסד לאלפים ומתרגמינן לאלפין דרי ארבעה דורות כנגד אלפים דורות היינו אחד מחמש מאות מיעוט לאלפים אינו פחות משני אלפים וכל שכן אם כפשוטו דמשמע אלפים עד סוף כל הדורות: דכתיב. אחר כל העריות ונכרתו הנפשות העושות הרי חייב כרת על הנכשל בהן ונתן חיים למונע ובדל מהם דכתיב קודם העריות ושמרתם את חוקותי ואת משפטי וגו':

אשר

תוספות

רבי יהודה אומר (בעינן יתירי כח ו)חסירי מדע. נ"ל דפליג אתנא קמא דאמר אין מעמידין כלל חסירי מדע דאין מדקדקין בדבר דבהא טעמא דגמרא אין נכון לכאורה לומר דלרבי יהודה מעמידין דוקא חסירי מדע:

שניהם שוין (ג). ומיהו אשה אף במים:

קלה. כל הנתקלקל בריעי איש ואשה משהגביה הרצועה להלקותו בראשונה או בשניה פוטרין אותו ואין מכין אותו כלל אבל נפסקה דוקא כי נפסקה בשניה שלקה אחת ולא שנפסקה בראשון קודם שלקה כלל:

והבאת

עין משפט נר מצוה

קכז א מיי' פ"ב מהל' יבום הל' יד סמג עשין נא טוש"ע אה"ע סי' קסה סעיף ד [וברב אלפס כתובות סמוך לסוף פרק ז דף קא]:

קכח ב מיי' פ"ו מהל' י"ט הל' טז:

קכט ג מיי' פט"ז מהל' סנהדרין הל' ח:

קל ד ה מיי' שם הל' ט:

קלא ו ז מיי' שם הל' יא:

קלב ח מיי' שם פי"ז הל' ו:

קלג ט י כ מיי' שם הלכה ה:

קלד ל מיי' שם הל' ז:

ליקוטי רש"י

שאין חוסמין. אין [סותמין] טענותיה לכופה להתייבם לו אלא כופין אותו וחולץ, חוסמין לישנא דקרא קא נקט דיליף מלא תחסום [יבמות ד.].

המבזה את המועדות. שעושה מלאכה בחולו של מועד דכתיב את חג המצות תשמור ונפקא לן במסכת חגיגה (דף יח.) איסור מלאכה בחולו של מועד [רשב"ם פסחים קיח.].

והמקבל לשון הרע. שמקבלו ומאמינו על חבירו אע"ג דלקבוליה לא מיבעי ליה למיחש ליה מיבעי כדמפרש במסכת נדה (דף סא.). וקרי ביה לא תשיא. נראה בעיני דלא גרסינן לה דכולהו משתמע מלא תשא שכשמספר או מעיד הרי נושא בפיו שמע שוא [רשב"ם פסחים קיח.].

אבקתא. קשור, אדוק. [עבודה זרה יד:].

התם רץ. ונתבזה במנוסה זו ואיכא ונקלה כיון שנקלה הרי הוא אחיך [שבועות כח.].

כל חייבי כריתות שלקו. שהתרו בהן עדים על לאו שעמו כרת ולקו בבית דין. נפטרו מידי כריתתן. שוב אין ב"ד של מעלה נפרעין [מגילה ז:].

מסורת הש"ס

א) [יבמות ד.], ב) פסחים קיח., ג) נ"א דתיתי מרזיא [וכ"א בערוך ערך רז א'], ד) כריתות יא. ב"ק לב., ה) [תוספ' פ"ד], ו) שבועות כח., ז) [תוספ' פ"ד], ח) רש"א אין מלקין, ט) נ"א שנקלה, י) [מגילה ז:], כ) [ע"ז יד:], ל) [נ"ל בכל כחו תוי"ט].

הגהות הב"ח

(א) גמ' (מ"ט משום נקלה) תא"מ ונ"ב ס"א אין זה: (ב) שם ת"ר אמדוהו לכשילקה יקלה פוטרין וכו' מב"ד יקלה מלקין וכו' ולא שיקלה כבר בב"ד: (ג) תום' ד"ה שניהם שוין בריעי ומיהו:

הגהות הגר"א

[א] גמ' לא יוסיף. נמחק ונ"ב על אלה (וכ"ה בספרי): [ב] רש"י ד"ה אין לי כו' "לא" צ"ל "פן": [ג] שם לא יוסיף. צ"ל על אלה:

תורה אור השלם

א) אַרְבָּעִים יַכֶּנּוּ לֹא יֹסִיף פֶּן יֹסִיף לְהַכֹּתוֹ עַל אֵלֶּה מַכָּה רַבָּה וְנִקְלָה אָחִיךָ לְעֵינֶיךָ: [דברים כה, ג]

ב) לֹא תַחְסֹם שׁוֹר בְּדִישׁוֹ: [דברים כה, ד]

ג) כִּי יֵשְׁבוּ אַחִים יַחְדָּו וּמֵת אַחַד מֵהֶם וּבֵן אֵין לוֹ לֹא תִהְיֶה אֵשֶׁת הַמֵּת הַחוּצָה לְאִישׁ זָר יְבָמָהּ יָבֹא עָלֶיהָ וּלְקָחָהּ לוֹ לְאִשָּׁה וְיִבְּמָהּ: [דברים כה, ה]

ד) אֱלֹהֵי מַסֵּכָה לֹא תַעֲשֶׂה לָּךְ: [שמות לד, יז]

ה) אֶת חַג הַמַּצּוֹת תִּשְׁמֹר שִׁבְעַת יָמִים תֹּאכַל מַצּוֹת אֲשֶׁר צִוִּיתִךָ לְמוֹעֵד חֹדֶשׁ הָאָבִיב כִּי בְּחֹדֶשׁ הָאָבִיב יָצָאתָ מִמִּצְרָיִם: [שמות לד, יח]

ו) וְאַנְשֵׁי קֹדֶשׁ תִּהְיוּן לִי וּבָשָׂר בַּשָּׂדֶה טְרֵפָה לֹא תֹאכֵלוּ לַכֶּלֶב תַּשְׁלִכוּן אֹתוֹ: [שמות כב, ל]

ז) לֹא תִשָּׂא שֵׁמַע שָׁוְא אַל תָּשֶׁת יָדְךָ עִם רָשָׁע לִהְיֹת עֵד חָמָס: [שמות כג, א]

ח) יָדַע שׁוֹר קֹנֵהוּ וַחֲמוֹר אֵבוּס בְּעָלָיו יִשְׂרָאֵל לֹא יָדַע עַמִּי לֹא הִתְבּוֹנָן: [ישעיה א, ג]

ט) וְהָיָה אִם בִּן הַכּוֹת הָרָשָׁע וְהִפִּילוֹ הַשֹּׁפֵט וְהִכָּהוּ לְפָנָיו כְּדֵי רִשְׁעָתוֹ בְּמִסְפָּר: [דברים כה, ב]

י) כִּי כָּל אֲשֶׁר יַעֲשֶׂה מִכֹּל הַתּוֹעֵבֹת הָאֵלֶּה וְנִכְרְתוּ הַנְּפָשׁוֹת הָעֹשֹׂת מִקֶּרֶב עַמָּם: [ויקרא יח, כט]

הָרַע – and anyone who accepts a derogatory utterance as true,[15] **וְכָל הַמֵּעִיד עֵדוּת שֶׁקֶר – and anyone who bears false witness רָאוּי לְהַשְׁלִיכוֹ לַכְּלָבִים – deserves to be thrown to the dogs,**[16] **דִּכְתִיב – for it is written:**[17] **,,לַכֶּלֶב תַּשְׁלִכוּן אֹתוֹ'' –** ***to the dog you shall cast it*** [i.e. the flesh of an animal that was wounded and rendered *treifah*], **וְסָמִיךְ לֵיהּ ,,לֹא תִשָּׂא שֵׁמַע שָׁוְא וגו' '' – and in proximity to it,** it is written:[18] ***You shall not accept a false report* etc.,** which is the prohibition against accepting a derogatory utterance as true. **קְרֵי בֵּיהּ נַמִּי לֹא תַשִּׂיא – You should also read [the term** *lo sisa*] as if it were vowelized, *lo sasi,* ***You shall not cause a false report to be accepted,*** which denotes a prohibition against speaking derogatorily.[19] And the end of the verse refers to someone who bears false witness, as it says: אַל־תָּשֶׁת יָדְךָ עִם־רָשָׁע לִהְיֹת עֵד חָמָס, *Do not place your hand with the wicked to become a corrupt witness.* [20]

The Gemara cites the next part of the Mishnah:

וּשְׁתֵּי רְצוּעוֹת וכו' – AND TWO STRAPS etc. ran up and down through it.

The Gemara comments:

תָּנָא – A Baraisa taught regarding these additional straps: **שֶׁל חֲמוֹר – They were made OF DONKEY HIDE.**[21] **בְּדַרְדְּרִישׁ הַהוּא גְּלִילָאָה עֲלֵיהּ דְּרַב חִסְדָּא – The reason for this requirement is as a certain Galilean expounded in the presence of Rav Chisda:** ,,יָדַע שׁוֹר קֹנֵהוּ וַחֲמוֹר אֵבוּס בְּעָלָיו יִשְׂרָאֵל לֹא יָדַע וגו' '' – God says: ***The ox knows its owner and the donkey knows the trough of its master; Israel does not know* etc.**[22] **אָמַר הַקָּדוֹשׁ בָּרוּךְ הוּא – The Holy One, Blessed is He, said: יָבֹא מִי שֶׁמַּכִּיר אֵבוּס בְּעָלָיו – Let the one who recognizes his master's trough come וְיִפָּרַע מִמִּי שֶׁאֵינוֹ מַכִּיר אֵבוּס בְּעָלָיו – and exact punishment from the one who does not recognize his Master's trough.** That is, let the hide of a donkey, who recognizes his master, flog the sinner who does not recognize his Master.

The next requirement stated in the Mishnah for the whip:

יָדָהּ טֶפַח וכו' – [THE WHIP'S] HANDLE should be **ONE HANDBREADTH LONG etc.,** and the strap should be long enough so that its tip reaches the beginning of his stomach.

The Gemara analyzes this requirement:

אָמַר אַבַּיֵי – Abaye said: שְׁמַע מִינָּהּ – Learn from this that **כָּל חַד וְחַד לְפוּם גַּבֵּיהּ עַבְדִינַן לֵיהּ – for each person** sentenced to lashes, **we make a whip corresponding to** the width of **his back. אָמַר לֵיהּ רָבָא – Rava said to him: אִם כֵּן – If so, נְפִישׁ לְהוּ רְצוּעוֹת טוּבָא – there would be so many** different sizes of **whips** that would have to be kept **in the possession of [the** ***beis din*** **]. אֶלָּא אָמַר רָבָא – Rather, Rava said: אַבְקָתָא אִית לֵיהּ – It had an adjustable knot** so that the whip could be customized for the size of each individual. **כִּי בָּעֵי מִיקְטַר בֵּיהּ – When he had to, he would tighten it, כִּי בָּעֵי מַרְפֶּה בֵּהּ – and when he had to, he would loosen it** and thus change the length of the whip.

The Gemara cites the next part of the Mishnah:

מַלְקִין אוֹתוֹ וכו' – [THE BEIS DIN] FLOGS HIM etc., one third of the lashes on his front and two thirds on his back.

The Gemara derives the source:

מְנָא הָנֵי מִילֵּי – From where do we know this? אָמַר רַב כַּהֲנָא – Rav Kahana answered: דְּאָמַר קְרָא – Because Scripture says:[23] **,,וְהִפִּילוֹ הַשֹּׁפֵט וְהִכָּהוּ לְפָנָיו כְּדֵי רִשְׁעָתוֹ בְּמִסְפָּר'' –** ***and the judge shall cast him down and have him lashed on his front, according to his wickedness,*** *[and]* ***in the*** *[assigned]* ***number.*** This may be expounded as follows: **רִשְׁעָה אַחַת מִלְּפָנָיו – One part of his wickedness** should be requited with the lashes **upon his front** and **שְׁתֵּי רִשְׁעִיּוֹת מֵאַחֲרָיו – two parts of his wickedness** should be requited **upon his back.**[24]

The Gemara cites the next portion of the the Mishnah:

אֵין מַלְקִין אוֹתוֹ וכו' – [THE *BEIS DIN*] STRIKES HIM NEITHER etc. standing nor sitting, but bent over, as it says: *and the judge shall cast him down.*

The Gemara cites another exposition of the same word:

אָמַר רַב חִסְדָּא אָמַר רַבִּי יוֹחָנָן – Rav Chisda said in the name of R' Yochanan: מִנַּיִן – From where do we derive **לִרְצוּעָה שֶׁהִיא מוּכְפֶּלֶת – that the strap is doubled over?**[25] **שֶׁנֶּאֱמַר – As it says:**[26] **,,וְהִפִּילוֹ'' –** ***and [the judge] shall cast him down.*** Do not read this *vihipilo* (and he shall cast him down), but rather *vihichpilo* (and he shall double it), i.e. fold the calfskin strap over.[27]

NOTES

15. See *Rashbam* to *Pesachim* 118a ד״ה המקבל. The *Chafetz Chaim* (*Hil. Isurei Lashon Hara, Klal* 6, §2 in *Be'er Mayim Chaim*) cites proofs that it is Biblically forbidden to **listen** to *lashon hara* (if one has no constructive purpose in mind) even if one does not intend to accept it as fact. The *Chafetz Chaim* suggests that the Sages of the Talmud always phrase the prohibition in terms of accepting, and not listening to, *lashon hara,* because there are circumstances when it is permitted to listen.

16. He deserves to be thrown to the dogs after his death, for he is no better than an animal (*Meiri*). The *Chafetz Chaim* explains (in *Shemiras HaLashon* 2:14, *parshas Mishpatim*) that one who indulges in *lashon hara* possesses the same characteristics as a dog. Sometimes a dog will bark at a person going innocently on his way, and thereby frighten him, and sometimes the dog will cause injury by biting him. Similarly, a speaker of *lashon hara* will malign a person going on his innocent way in life, which may frighten him or do more serious damage. Thus, it is fitting that the maligner be thrown to the dogs who will frighten and bite *him. Maharal* (cited ibid.) explains differently, that a speaker of *lashon hara* is *worse* than a dog, because dogs have been known to exercise discretion against whom they will go on the attack (see *Exodus* 11:7). However, a speaker of *lashon hara* fails to show such discretion (see third explanation cited there in the name of *Chareidim,* Ch. 7).

17. *Exodus* 22:30.

18. Ibid. 23:1.

19. Thus, according to the standard vowelization, לֹא תִשָּׂא שֵׁמַע שָׁוְא forbids one to accept disparaging comments [about someone else], and according to its exegetical vowelization, it forbids one to relate them.

20. *Rivan;* cf. *Rambam, Hil. Sanhedrin* 2:7, and *Rashbam* to *Pesachim* 118a ד״ה המקבל לשון הרע.

21. Regarding the words שֶׁל חֲמוֹר, of *donkey hide,* in the text of our Mishnah, see note 31 to 22b.

22. *Isaiah* 1:3.

23. *Deuteronomy* 25:2.

24. In the simple meaning of this verse the word לְפָנָיו is understood to mean *in front of* [*the judge,* i.e. in the judge's presence]. However, the Gemara explains the word exegetically to mean *on the front of,* i.e. on the front part of the body of the one being lashed. The verse states that this lashing is כְּדֵי רִשְׁעָתוֹ, *commensurate with his guilt,* in the singular, implying a single unit of punishment, but adds — seemingly unnecessarily — בְּמִסְפָּר, *in the* [*assigned*] *number,* which implies multiple punishments. The lowest multiple is two. From this the Gemara infers: One measure of punishment for his wickedness is exacted upon his front and two measures upon his back (*Torah Temimah* to *Deuteronomy* 25:2, §18). This exegesis is the source for the Mishnah's ruling above (22a) that lashes may be administered only in a number divisible by three (ibid. §17).

25. The Mishnah (22b) stated that each of the two calfskin straps was doubled along its length [and then cut] so that they became four straps (see *Rivan* ad loc.). The Gemara asks what the source is for the requirement to double the strap.

26. Ibid.

27. The elucidation is based on the version of our text cited in *Dikdukei Soferim* and in the *Yerushalmi,* as cited by *Rabbeinu Bachya* to *Deuteronomy* 25:2 and by *Maharsha* and *Tos. Yom Tov* here. [This line is not extant in our *Yerushalmi.* Indeed, we have no *Yerushalmi* at all on the third chapter of *Makkos.*] *Rabbeinu Tam* did not have this extra line and explained our Gemara differently; however, he was not satisfied with his explanation (see *Sefer HaYasher* §674).

גמ' מ"ט משום נקלה אמר רב ששת משום
רבי אלעזר בן עזריה מנין לרצועה שהיא
של עגל אדכתיב לא תחסום שור בדישו
ואמר רב ששת
משום רבי אלעזר בן עזריה מנין ליבמה
שנפלה לפני מוכה שחין שאין חוסמין אותה
דכתיב לא תחסום שור בדישו וסמך ליה
כי ישבו אחים יחדו וגו' ואמר רב ששת
משום ר' אלעזר בן עזריה כל המבזה את
המועדים כאילו עובד עכו"ם דכתיב אלהי מסכה לא תעשה לך וסמך
ליה את חג המצות תשמור ואמר רב ששת משום ר' אלעזר בן עזריה
כל המספר לשון הרע וכל המקבל לשון הרע וכל המעיד עדות שקר ראוי
להשליכו לכלבים דכתיב לכלב תשליכון אותו וסמך ליה לא תשא שמע
שוא וגו' קרי ביה נמי לא תשיא: ושתי רצועות וכו': תנא גשל חמור כדדריש
ההוא גלילאה עליה דרב חסדא ידע שור קונהו וחמור אבוס בעליו ישראל
לא ידע וגו' אמר הקב"ה יבא מי שמכיר אבוס בעליו ויפרע ממי שאינו מכיר
אבוס בעליו: ידה טפה וכו': אמר אביי שמע מינה כל חד וחד לפום גביה
עבדינן ליה אמר ליה רבא אם כן נפיש להו רצועות טובא אלא אמר רבא
אבקתא אית ליה כי בעי מיקטר ביה כי בעי מרפה בה: מלקין אותו וכו':
מנא הני מילי אמר רב כהנא דאמר קרא והפילו השופט והכהו לפניו כדי
רשעתו במספר רשעה אחת מלפניו שתי רשעיות מאחריו: אין מלקין
אותו וכו': אמר רב חסדא אמר רבי יוחנן מנין לרצועה שהיא מוכפלת
שנאמר והפילו והא מיבעי ליה לגופיה א"כ לכתוב קרא יתיהו מאי הפילו
ש"מ תרתי: המכה מכה בידו: תנו רבנן דאין מעמידין חזנין אלא חסירי כח
ויתירי מדע רבי יהודה אומר אפילו חסירי מדע ויתירי כח אמר רבא כוותיה
דרבי יהודה מסתברא דכתיב לא יוסיף פן יוסיף אי אמרת בשלמא חסירי
מדע היינו דצריך לאזהורי אלא אי אמרת יתירי מדע מי צריך לאזהורי
ורבנן אין מזרזין אלא למזהר תנא כשהוא מגביה מגביה בשתי ידיו וכשהוא
מכה מכה בידו אחת כי היכי דליתה מדידיה: והקורא קורא כו': תנו
רבנן הגדול שבדיינין קורא השני מונה והשלישי אומר הכהו בזמן שמכה
מרובה מאריך בזמן שמכה מועטת מקצר ואי לא צמצם חזור חזור לתחלת המקרא
מצוה ואי לא צמצם חזור חזור לתחלת המקרא תנו רבנן מכה רבה אין
לי אלא מכה רבה מכה מועטת מנין ת"ל [א]לא יוסיף אם כן מה תלמוד לומר
מכה רבה לימד על הראשונות שהן מכה רבה: נתקלקל וכו': תנו רבנן
אחד האיש ואחד האשה בריעי ולא במים רבי מאיר אומר
האיש בריעי והאשה במים וחכ"א אחד האיש ואחד האשה בין בריעי בין
במים והתניא רבי יהודה אומר אחד האיש ואחד האשה בין בריעי בין
במים אמר רבי יצחק שניהם שוין בריעי אמר רב נחמן
בר יצחק קלה בין בראשונה ובין בשניה אמר שמואל כפתוהו ורץ מבית דין פטור
מיתיבי קלה בין בראשונה בין בשניה פוטרין אותו ינפסקה רצועה בשניה
פוטרין אותו בראשונה אין פוטרין אותו לימא הוי כרז התם רץ הכא לא רץ
ת"ר אמדוהו לכשילקה (ב) קלה פוטרין אותו בתחלה מלקין אותו ולא
אותו ולא עוד אלא אפילו קלה בתחלה מלקין אותו דין קלה מלקין
ולא שלקה כבר בבית דין: מתני' יכל חייבי כריתות שלקו נפטרו ידי
כריתתם שנאמר ונקלה אחיך לעיניך בשלקה הרי הוא כאחיך דברי רבי
חנניה בן גמליאל ואמר רבי חנניה בן גמליאל מה אם העובר עבירה אחת
נטל נפשו עליה העושה מצוה אחת על אחת כמה וכמה שתנתן לו נפשו
ר"ש אומר ממקומו הוא למד שנאמר ונכרתו הנפשות העושות וגו' ואומר
אשר

רש"י

רבי יהודה אומר (בעינן יתירי כח ו)חסירי מדע. נ"ל דפליג
אתנא קמא דאמר דאין מעמידין כלל חסירי מדע דאין
מדקדקין בדבר דבהא טעמא דגמרא אין נכון לכאורה לומר
דלרבי יהודה מעמידין דוקא חסירי מדע:

שנינ הם שוין (ג). ומיסו אשה
אף במים:

קלה. כל הנתקלקל בריעי
הרלוע להלקותו בשניה
בשניה פוטרין אותו ואין מכין אותו
כלל אבל נפסקה דוקא כי נפסקה
בשניה שלקה אחת ולא שנפסקה
בראשונה קודם שלקה כלל:
והבאת

אשר

The Gemara asks:

וְהָא מִיבָּעֵי לֵיהּ לְגוּפֵיהּ – **But this word is needed for itself!** Since the Mishnah understands the word וְהִפִּילוֹ according to its literal meaning, to teach that the sinner must be bent over, how can you use the same word to teach that the strap is doubled?

The Gemara answers:

אִם כֵּן – **If so,** that the word וְהִפִּילוֹ teaches only that the one being flogged must be bent over, לִכְתּוֹב קְרָא – **Scripture should have written** the more appropriate term: יַטֵּהוּ – *he shall bend him over.* מַאי "הִפִּילוֹ" – **Why** then did Scripture use the less appropriate term וְהִפִּילוֹ (*and he shall cast him down*)? שְׁמַע מִינָּהּ תַּרְתֵּי – **Learn from this both laws:** (a) The one being lashed must be bent over, and (b) the strap must be doubled.

The Mishnah states further:

הַמַּכֶּה מַכֶּה בְּיָדוֹ – THE ONE ADMINISTERING THE LASHES STRIKES WITH one HAND with all his might.

The Gemara cites a related Baraisa:

תָּנוּ רַבָּנָן – **The Rabbis taught in a Baraisa:** אֵין מַעֲמִידִין חַזָּנִין אֶלָּא חֲסֵירֵי כֹּחַ וִיתֵירֵי מַדָּע – WE APPOINT ONLY ATTENDANTS WHO LACK PHYSICAL STRENGTH AND WHO HAVE SUPERIOR INTELLIGENCE. רַבִּי יְהוּדָה אוֹמֵר – R' YEHUDAH SAYS: אֲפִילוּ חֲסֵירֵי מַדָּע וִיתֵירֵי כֹּחַ – It is permitted to appoint EVEN THOSE LACKING INTELLIGENCE AND POSSESSING great PHYSICAL STRENGTH.[28]

The Gemara attempts to decide the dispute in the Baraisa:

אָמַר רָבָא – **Rava said:** כְּווֹתֵיהּ דְּרַבִּי יְהוּדָה מִסְתַּבְּרָא – **The view in accordance with R' Yehudah seems to be the more logical one,** דִּכְתִיב – **for it is written:**[29] "לֹא יֹסִיף פֶּן־יֹסִיף" – *he may not exceed* [*the prescribed number of lashes*]; *lest he strike him* ***an additional blow*** *beyond these.* אִי אָמְרַתְּ בִּשְׁלָמָא חֲסֵירֵי מַדָּע – **Now, it is understandable if you say,** as R' Yehudah does, that we may use **[attendants who] lack intelligence,** הַיְינוּ דְּצָרִיךְ לְאַזְהוּרֵי – **that is why the Torah had to warn** him not to exceed the prescribed number of lashes, because such people must be cautioned not to add blows; אֶלָּא אִי אָמְרַתְּ יְתֵירֵי מַדָּע – **but if you say,** as the Rabbis do, that we must use **[attendants who]** have **superior intelligence,** then מִי צָרִיךְ לְאַזְהוּרֵי – **why is it necessary to warn** them? Intelligent people would not be inclined to add blows on their own![30]

The Gemara counters by offering an alternative explanation:

וְרַבָּנָן – **And** how do **the Rabbis** answer this? The Torah's warning has value *only* for people of intelligence, because אֵין מְזָרְזִין אֶלָּא לִמְזֹרָז – it is worthwhile to **urge only one who is** already **motivated.**[31] However, people lacking intelligence do not heed warnings. Thus, there is a logical basis to prefer the Rabbis' view over that of R' Yehudah.

The Mishnah stated that the agent administers the lashes with one hand. The Gemara cites a Baraisa that elaborates:

תָּנָא – **A Baraisa taught:** כְּשֶׁהוּא מַגְבִּיהַּ – WHEN HE RAISES the whip to smite the guilty person, מַגְבִּיהָהּ בִּשְׁתֵּי יָדָיו – HE RAISES IT WITH BOTH HIS HANDS;[32] וּכְשֶׁהוּא מַכֶּה – BUT WHEN HE STRIKES, מַכֶּה בְּיָדוֹ אַחַת – HE STRIKES WITH ONE HAND כִּי הֵיכִי דְּלֵיתֵהּ מִדִּידֵיהּ – SO THAT IT SHOULD COME FROM HIM, i.e. with the agent's full strength,[33] for one can apply more power to the blow by bringing down the whip with one hand.

The Gemara cites the next part of the Mishnah and a Baraisa that elaborates upon it:

וְהַקּוֹרֵא קוֹרֵא כו' – AND THE READER READS etc. תָּנוּ רַבָּנָן – **The Rabbis taught in a Baraisa:** הַגָּדוֹל שֶׁבַּדַּיָּינִין קוֹרֵא – THE MOST PROMINENT OF THE JUDGES READS the verses, הַשֵּׁנִי מוֹנֶה – THE SECOND judge COUNTS out each lash before it is administered, וְהַשְּׁלִישִׁי אוֹמֵר הַכֵּהוּ – AND THE THIRD judge SAYS to the agent, 'STRIKE HIM!'"[34] בִּזְמַן שֶׁמַּכָּה מְרוּבָּה – WHEN MANY LASHES ARE TO BE DEALT, מַאֲרִיךְ – [THE JUDGE] DRAWS OUT his recitation of the verses so that the verses and the lashes will be completed simultaneously. בִּזְמַן שֶׁמַּכָּה מוּעֶטֶת מְקַצֵּר – WHEN FEW LASHES ARE TO BE DEALT,[35] [THE JUDGE] SHORTENS his recitation of the verses by saying them quickly.

The Gemara asks:

וְהָא אֲנַן תְּנַן – **But we have learned in our Mishnah:** חוֹזֵר לִתְחִלַּת הַמִּקְרָא – HE RETURNS TO THE BEGINNING OF THE VERSES, i.e. the judge repeats the verses until all the lashes have been dealt. This contradicts the Baraisa, which requires the judge to time his recitation of the verses so that he completes them simultaneously with the last of the lashing. – ? –

The Gemara answers:

מִצְוָה לְצַמְצֵם – **There is a mitzvah to be precise** so that the recitation is completed with the final lash; וְאִי לֹא צִמְצֵם חוֹזֵר לִתְחִלַּת הַמִּקְרָא – **but if he was not precise, then he returns to the beginning of the verses** and begins to repeat them. Thus, there is no contradiction.

A Baraisa discusses the prohibition against administering more than the assessed number of lashes:

תָּנוּ רַבָּנָן – **The Rabbis taught in a Baraisa:** The Torah warns the agent of *beis din: Forty shall he strike him, he shall not add; lest he continue to strike him*[36] "מַכָּה רַבָּה" – A GREAT BEATING *beyond these,* i.e. beyond the prescribed number.[37] Now, from this wording אֵין לִי אֶלָּא מַכָּה רַבָּה – I KNOW ONLY THAT it is forbidden to impose upon him A GREAT BEATING, i.e. a great number of blows beyond the prescribed amount. מַכָּה מוּעֶטֶת מִנַּיִן – FROM WHERE

NOTES

28. *Einayim LaMishpat* understands this dispute as follows: The Rabbis and R' Yehudah argue here about a principle that is also at the root of other disputes between them. In regard to capital punishment, there is a Biblical mandate to be lenient with the defendant under certain circumstances. This is expounded from the verse (*Numbers* 35:25): וְהִצִּילוּ הָעֵדָה, *And the congregation will save him* (see *Pesachim* 12a). The question is: Does this mandate apply to the prosecution of *malkus* as well? The Rabbis maintain that this mandate does apply to the case of *malkus* and therefore we are lenient in our choices of who wields the whip. R' Yehudah disputes that there is any mandate to be lenient regarding *malkus* and therefore holds that there is no preference in choosing the one to administer the lashes (*Einayim LaMishpat* to 5b ד"ה ועצם הטעם, in explanation of *Rambam;* cf. *Imrei Binyamin*).

29. *Deuteronomy* 25:3.

30. [In this verse, the phrase לא יסיף expresses a negative commandment, while the equivalent phrase פן יסיף expresses an additional warning. Why is this additional warning necessary? (see *Cheshek Shlomo*).]

31. A more literal translation: We quicken only the quick.

32. This is standard practice in lashing (*Rambam, Commentary* to our Mishnah).

33. This point is more explicit in the alternative reading – דְּתֵיתֵי מַרְוְיָא, *that it should come [down] with strength* – cited by *Maharsha, Aruch LaNer* and *Mesoras HaShas* as the text found in *Halachos Gedolos, Aruch* and *Yalkut.* See *Rashi* to *Sanhedrin* 45b ד"ה דתיתי מרויא. See also note 39 below.

34. The agent then strikes him. The attendant should maintain his own count of the lashes in case of error.

35. For example, they estimated that he could endure only thirty-six (see *Rivan*).

36. Ibid.

37. *Rivan* cites the beginning of this Baraisa from the *Sifrei Teitzei* §286 (following the version of the *Gra*): *He shall not add;* I [know] only [from these words that the agent is forbidden to add lashes] when he is adding to the [Torah's] count of forty: How do I know that the same prohibition applies to any assessment that *beis din* assesses him? The Torah therefore says: *lest he continue* [*to strike him*].

גמ' (א) מ"ט משום נקלה אמר רב ששת משום רבי אלעזר בן עזריה מנין לרצועה שהיא של עגל דכתיב א) ארבעים יכנו וסמיך ליה ב) לא תחסום שור בדישו ואמר רב ששת משום רבי אלעזר בן עזריה מנין ליבמה שנפלה לפני מוכה שחין שאין חוסמין אותה דכתיב לא תחסום שור בדישו וסמיך ליה ג) כי ישבו אחים יחדו וגו' ואמר רב ששת משום ר' אלעזר בן עזריה כל המבזה את המועדים כאילו עובד עכו"ם דכתיב ד) אלהי מסכה לא תעשה לך וסמיך ליה ה) את חג המצות תשמור ואמר רב ששת משום ר' אלעזר בן עזריה כל המספר לשון הרע וכל המקבל לשון הרע וכל המעיד עדות שקר ראוי להשליכו לכלבים דכתיב ו) לכלב תשליכון אותו וסמיך ליה ז) לא תשא שמע שוא וגו' קרי ביה נמי לא תשיא: ושתי רצועות וכו': תנא של חמור כדדריש ההוא גלילאה עליה דרב חסדא ח) ידע שור קונהו וחמור אבוס בעליו ישראל לא ידע וגו' אמר הקב"ה יבא מי שמכיר אבוס בעליו ויפרע ממי שאינו מכיר אבוס בעליו: ידה טפח וכו': אמר אביי שמע מינה כל חד וחד לפום גביה עבדינן ליה אמר ליה רבא אם כן נפיש להו רצועות טובא אלא אמר רבא אבקתא אית ליה כי בעי מיקטר ביה כי בעי מרפה בה: מלקין אותו וכו': מנא הני מילי אמר רב כהנא דאמר קרא ט) והפילו השופט והכהו לפניו כדי רשעתו במספר רשעה אחת מלפניו שתי רשעיות מאחריו: אין מלקין אותו וכו': אמר רב חסדא אמר רבי יוחנן מנין לרצועה שהיא מוכפלת שנאמר והפילו והא מיבעי ליה לגופיה א"כ לכתוב קרא יטיהו מאי הפילו ש"מ תרתי: המכה מכה בידו: תנו רבנן אין מעמידין חזנין אלא חסירי כח ויתירי מדע רבי יהודה אומר אפילו חסירי מדע ויתירי כח אמר רבא כוותיה דרבי יהודה מסתברא דכתיב א) לא יוסיף פן יוסיף אי אמרת בשלמא חסירי מדע היינו דצריך לאזהורי אלא אי אמרת יתירי מדע מי צריך לאזהורי ורבנן אין מזרזין אלא למזרז תנא כשהוא מגביה מגביה בשתי ידיו וכשהוא מכה מכה בידו אחת כי היכי דליתה מדידיה: והקורא קורא כו': תנו רבנן הגדול שבדיינין קורא השני מונה והשלישי אומר הכהו בזמן שמכה מרובה מאריך בזמן שמכה מועטת מקצר והא אנן תנן חוזר לתחלת המקרא מצוה לצמצם ואי לא צמצם חוזר לתחלת המקרא תנו רבנן מכה רבה אין לי אלא מכה רבה מכה מועטת מנין ת"ל [א] לא יוסיף אם כן מה תלמוד לומר מכה רבה לימד על הראשונות שהן מכה רבה: נתקלקל וכו': תנו רבנן אחד האיש ואחד האשה בריעי ולא במים דברי רבי מאיר רבי יהודה אומר האיש בריעי והאשה במים וחכ"א אחד האיש ואחד האשה בין בריעי בין במים והתניא רבי יהודה אומר אחד האיש ואחד האשה בריעי אמר רב נחמן בר יצחק שניהם שוין בריעי אמר שמואל כפתוהו ורץ מבית דין פטור מיתיבי קלה בין בראשונה בין בשניה פוטרין אותו נפסקה רצועה בשניה פוטרין אותו בראשונה אין פוטרין אותו אמאי להוי כרץ התם רץ הכא לא רץ ת"ר אמדוהו לכשילקה (ב) קלה פוטרין אותו לכשיצא מבית דין קלה מלקין אותו ולא עוד אלא אפילו קלה בתחלה מלקין אותו שנאמר והכהו [וגו'] ונקלה ולא שלקה כבר בבית דין: מתני' כל חייבי כריתות שלקו נפטרו ידי כריתתם שנאמר א) ונקלה אחיך לעיניך כשלקה הרי הוא כאחיך דברי רבי חנניה בן גמליאל ואמר רבי חנניה בן גמליאל מה אם העובר עבירה אחת נוטל נפשו עליה העושה מצוה אחת על אחת כמה וכמה שתנתן לו נפשו ר"ש אומר ממקומו הוא למד שנאמר י) ונכרתו הנפשות העושות וגו' ואומר

אשר

אין חוסמין. אין מגערין בה שלא תאמר אי אפשי בו: את המועדות. חולו של מועד: חג המצות תשמור. מפרש בחגיגה (דף יח.) אם בראשון ובשביעי הרי כבר אמור הא לא בא להזהיר אלא על חולו של מועד שאסור בעשיית מלאכה: אל תשת ידך עם רשע להיות עד חמס. היינו מעיד עדות שקר: אבקתא. כמו מיבק אביק: במספר. שתי רשעיות מאחריו: אפילו יתירי כח ואפילו חסירי מדע. דאין להקפיד בכך: אי אמרת בשלמא דאפילו חסירי מדע. יכולין להעמיד בהן היינו דאיצטריך כו' למזרז: מכה מועטת. כגון שאמדוהו לפחות מכה בסידור אחד: אין לי אלא מכה רבה כו'. רישא דברייתא הכי איתא בסיפרי אין לי אלא בזמן שמוסיפין על מנין ארבעים על כל אומד ואומד שאמדוהו בית דין מנין ת"ל [ב] לא יוסיף מכל מקום מכה רבה אין לי אלא מכה רבה כו'. אין לי דחייב על לא יוסיף אלא בזמן שהכהו מכות הרבה על האומד מכות מועטות אפילו שתי מכות או אחת מנין דאסור להוסיף ת"ל לא יוסיף [ג] לא יוסיף להכותו על אלה על מנין האומד: שהוא מכה רבה. שניתן להכותו בעל כורחו כן נראה לרבי ובלשון אחר קיבל רבי: ה"ג ת"ר אחד האיש ואחד האשה בריעי ולא במים דברי רבי מאיר רבי יהודה אומר האיש בריעי והאשה במים וחכמים אומרים אחד האיש ואחד האשה בין בריעי בין במים והתניא רבי יהודה אומר אחד האיש ואחד האשה בריעי אמר רבי יצחק הא דקאמר רבי יהודה אחד האיש ואחד האשה בריעי הכי קאמר שניהן שוין בריעי דמשנתקלקל בריעי פטורין אבל במים איכא פלוגתא: קלה. נתקלקל בריעי ולישנא דקרא נקט ונקלה לשון זלזול: בין בראשונה בין בשניה. בין קודם שהכהו כלל בין לאחר שהכהו והיינו ראשונה הגבהה ראשונה שמגביה ידו להכות אם נתקלקל באותה הגבהה מחמת פחד או שנתקלקל בהגבהה שניה דהיינו לאחר שהכהו: פוטרין אותו. דנקלה קרינא ביה דהא קלה: נפסקה הרצועה. אם בהגבהה שניה נפסקה פוטרין אותו דהא נקלה באותה הכאה שהכהו ואם קודם שהכהו נפסקה כשהרים ידו להכות אין זו קלה: לכשילקה קלה. פירושו לכשילקה יקלה שאמדוהו שאם ילקוהו מיד יתקלקל בריעי פוטרים דפן יוסיף ונקלה כתיב דאין נותנין לו מכה שיקלה עליה מיד כך שמעתי אבל אמדוהו שלא יתקלקל עד לאחר המלקות מלקין אותו: קלה תחלה. קודם שקיבל שום הכאה מלקין אותו אחרי כן: מתני' על אחת כמה וכמה שתנתן לו נפשו. דמדה טובה מרובה ממדת פורענות אחד מחמש מאות דבמדת פורענות כתיב (שמות כ) פוקד עון אבות על בנים על שלשים ועל רבעים ובמדה טובה כתיב (שם) עושה חסד לאלפים ומתרגמינן לאלפין דרי ארבעה דורות כנגד אלפים דורות היינו אחד מחמש מאות מיעוט לאלפים אינו פחות משני אלפים וכל שכן אם כפשוטו דמשמע אלפים עד סוף כל הדורות: דכתיב. אחר כל העריות ונכרתו הנפשות העושות הרי חייב כרת על הנכשל בהן ונתן חיים למונע ובדל מהם דכתיב קודם העריות ושמרתם את חוקותי ואת משפטי וגו':

אשר

רבי יהודה אומר (בעינן יתירי כח ו)חסירי מדע. נ"ל דפליג אתנא קמא דאמר אין מעמידין כלל חסירי מדע דאין מדקדקין בדבר דבהא טעמא דגמרא אין נכון לכאורה לומר דלרבי יהודה מעמידין דוקא חסירי מדע:

שניהם שוין (ג). ומיהו אשה אף במים:

קלה. כל הנתקלקל בריעי איש ואשה משהגביה הרצועה להלקותו בראשונה או בשניה פוטרין אותו ואין מכין אותו כלל אבל נפסקה דוקא כי נפסקה בשניה שלקה אחת ולא שנפסקה בראשון קודם שלקה כלל:

והבאת

עין משפט נר מצוה

שאין חוסמין. אין [סותמין] טענותיה לכופה להתייבם לו אלא כופין אותו וחולץ, חוסמין לישנא דקרא קא נקט דיליף מלא תחסום [יבמות ד.].

המבזה את המועדות. שעושה מלאכה בחולו של מועד דכתיב את חג המצות תשמור ונפקא לן במסכת חגיגה (דף יח.) איסור מלאכה בחולו של מועד [רשב"ם פסחים קיח.].

והמקבל לשון הרע. שמקבלו ומאמינו על חבירו אע"ג דלקבוליה לא מיבעי ליה למיחש ליה מיבעי כדמפרש במסכת נדה (דף סא.). וקרי ביה לא תשיא. נראה בעיני דלא גרסינן לה דכולהו משתמע מלא תשא שכשמספר או מעיד הרי נושא בפיו שמע שוא [רשב"ם פסחים קיח.].

אבקתא. קשור, אדוק. [עבודה זרה יד:].

התם רץ. ונתבזה במנוסה זו ואיכא ונקלה כיון שנקלה הרי הוא אחיך [שבועות כח.].

כל חייבי כריתות שלקו. שהתרו בהן עדים על לאו שעמו כרת ולקו בבית דין. נפטרו מידי כריתתן. שוב אין ב"ד של מעלה נפרעין [מגילה ז:].

(א) גמ' (מ"ט משום נקלה) תא"מ ונ"ב ס"א אין זה: (ב) שם ת"ר אמדוהו לכשילקה יקלה פוטרין וכו' מב"ד יקלה מלקין וכו' ולא שיקלה כבר בב"ד: (ג) תוס' ד"ה שניהם שוין בריעי ומיהו:

[א] גמ' לא יוסיף. נמחק ונ"ב על אלה (וכ"ה בספרי): [ב] רש"י ד"ה אין לי כו' "לא" נ"ל "פן": [ג] שם לא יוסיף. נ"ל על אלה:

א) אַרְבָּעִים יַכֶּנּוּ לֹא יֹסִיף פֶּן יֹסִיף לְהַכֹּתוֹ עַל אֵלֶּה מַכָּה רַבָּה וְנִקְלָה אָחִיךָ לְעֵינֶיךָ: [דברים כה, ג]

ב) לֹא תַחְסֹם שׁוֹר בְּדִישׁוֹ: [דברים כה, ד]

ג) כִּי יֵשְׁבוּ אַחִים יַחְדָּו וּמֵת אַחַד מֵהֶם וּבֵן אֵין לוֹ לֹא תִהְיֶה אֵשֶׁת הַמֵּת הַחוּצָה לְאִישׁ זָר יְבָמָהּ יָבֹא עָלֶיהָ וּלְקָחָהּ לוֹ לְאִשָּׁה וְיִבְּמָהּ: [דברים כה, ה]

ד) אֱלֹהֵי מַסֵּכָה לֹא תַעֲשֶׂה לָּךְ: [שמות לד, יז]

ו) וְאַנְשֵׁי קֹדֶשׁ תִּהְיוּן לִי וּבָשָׂר בַּשָּׂדֶה טְרֵפָה לֹא תֹאכֵלוּ לַכֶּלֶב תַּשְׁלִכוּן אֹתוֹ: [שמות כב, ל]

ח) יָדַע שׁוֹר קֹנֵהוּ וַחֲמוֹר אֵבוּס בְּעָלָיו יִשְׂרָאֵל לֹא יָדַע עַמִּי לֹא הִתְבּוֹנָן: [ישעיה א, ג]

ט) וְהָיָה אִם בִּן הַכּוֹת הָרָשָׁע וְהִפִּילוֹ הַשֹּׁפֵט וְהִכָּהוּ לְפָנָיו כְּדֵי רִשְׁעָתוֹ בְּמִסְפָּר: [דברים כה, ב]

י) כִּי כָּל אֲשֶׁר יַעֲשֶׂה מִכֹּל הַתּוֹעֵבֹת הָאֵלֶּה וְנִכְרְתוּ הַנְּפָשׁוֹת הָעֹשֹׂת מִקֶּרֶב עַמָּם: [ויקרא יח, כט]

DO I KNOW that it is forbidden to impose even A MINOR BEATING, i.e. even two additional blows or even one? תַּלְמוּד לוֹמַר – THE TORAH THEREFORE SAYS: "לֹא יֹסִיף", – *HE SHALL NOT ADD,* meaning he shall not add even a single blow to the number prescribed.[38] אִם כֵּן מַה תַּלְמוּד לוֹמַר "מַכָּה רַבָּה" – IF SO, WHAT DOES THE TORAH TEACH us with the words מַכָּה רַבָּה, *A GREAT BEATING?* לִימֵּד עַל הָרִאשׁוֹנוֹת – THIS TEACHES US REGARDING THE FIRST [LASHES], the prescribed number, שֶׁהֵן מַכָּה רַבָּה – THAT THEY ARE considered A GREAT BEATING, not in terms of the number of lashes, but in terms of the force with which each lash is meted out.[39]

The final segment of the Mishnah presents a dispute between the Tanna Kamma and R' Yehudah regarding a person who was being flogged and who lost control of his bodily functions:

נִתְקַלְקֵל וכו' – IF HE SOILED HIMSELF etc. whether with excrement or with urine, he is exempt from receiving any lashes. R' Yehudah says: A man is exempted only if he soiled himself with excrement, while a woman is exempted even on account of urine.

The Gemara cites a Baraisa[40] that adds a third view:

תָּנוּ רַבָּנַן – The Rabbis taught in a Baraisa: אֶחָד הָאִישׁ וְאֶחָד הָאִשָּׁה בְּרֵיעִי – BOTH A MAN AND A WOMAN are exempt from receiving any lashes if they soiled themselves WITH EXCREMENT, וְלֹא בְּמַיִם – BUT NOT if they soiled themselves WITH URINE. דִּבְרֵי רַבִּי מֵאִיר – THESE ARE THE WORDS OF R' MEIR.[41] רַבִּי יְהוּדָה אוֹמֵר – R' YEHUDAH SAYS: הָאִישׁ בְּרֵיעִי וְהָאִשָּׁה בְּמַיִם – A MAN is exempted if he soiled himself WITH EXCREMENT; A WOMAN, even if she soiled herself WITH URINE.[42] וַחֲכָמִים אוֹמְרִים – AND THE SAGES SAY: אֶחָד הָאִישׁ וְאֶחָד הָאִשָּׁה בֵּין בְּרֵיעִי בֵּין בְּמַיִם – BOTH A MAN AND A WOMAN are exempted if they soiled themselves EITHER WITH EXCREMENT OR WITH URINE.[43]

The Gemara focuses on R' Yehudah's opinion:

וְהָתַנְיָא – But it has been taught in [another] Baraisa: רַבִּי יְהוּדָה אוֹמֵר אֶחָד הָאִישׁ וְאֶחָד הָאִשָּׁה בְּרֵיעִי – R' YEHUDAH SAYS: BOTH A MAN AND A WOMAN are exempted if they soiled themselves WITH EXCREMENT. The implication is that neither one is exempted if soiled only with urine. This contradicts the statement in the Mishnah and in the previously quoted Baraisa that R' Yehudah differentiates between a man and a woman. – ? –

The Gemara explains:

אָמַר רַב נַחְמָן בַּר יִצְחָק – Rav Nachman bar Yitzchak said: שְׁנֵיהֶם שָׁוִין בְּרֵיעִי – The second Baraisa means only that **both** men and women **are equal concerning excrement,** that is, both are exempted if they soiled themselves with excrement. But that Baraisa does not discuss R' Yehudah's opinion concerning the exemption due to urine. On this point, R' Yehudah *does* make a distinction between men and women, as stated in our Mishnah and in the first Baraisa.

The Gemara now teaches a new exemption not discussed in the Mishnah:

אָמַר שְׁמוּאֵל – Shmuel said: כְּפָתוּהוּ וְרָץ מִבֵּית דִּין – **If they bound him to the post, and he** freed himself and **fled from the** *beis din,* פָּטוּר – **he is exempt** from receiving any lashes.[44]

The Gemara challenges Shmuel's ruling from a Baraisa:

מֵיתִיבֵי – **They challenged** this from a Baraisa: קָלָה – IF HE BECAME DEMEANED by soiling himself, בֵּין בָּרִאשׁוֹנָה – WHETHER this happened THE FIRST TIME the attendant raised the whip to strike him, or בֵּין בַּשְּׁנִיָּה – WHETHER it happened THE SECOND TIME and after,[45] פּוֹטְרִין אוֹתוֹ – [the *beis din*] EXEMPTS HIM from receiving the remaining lashes. נִפְסְקָה רְצוּעָה – However, IF THE STRAP BROKE, then, if this happened בַּשְּׁנִיָּה – THE SECOND TIME he raised the whip, פּוֹטְרִין אוֹתוֹ – THEY EXEMPT HIM from the remaining lashes. But if it broke בָּרִאשׁוֹנָה – THE FIRST TIME he raised the whip before he hit him even once, אֵין פּוֹטְרִין אוֹתוֹ – THEY DO NOT EXEMPT HIM from receiving the prescribed number of lashes. אַמַּאי – Now, according to Shmuel, **why** should the Baraisa distinguish between the first and the second times that the attendant raises the whip? Even if the strap broke the first time the whip was raised he should also be exempt: לֶהֱוֵי כְּרָץ – **Let him** be considered **like** the **one who fled** from the *beis din* who Shmuel holds is exempt even though this happened *before* the attendant raised the whip the first time![46] – ? –

The Gemara answers that the cases are not similar:

הָתָם רָץ – **There he fled;** הָכָא לֹא רָץ – **here he did not flee.** In Shmuel's case, it is the flight from the court that is a demeaning experience, and it is because of this degradation that he is exempt,[47] not because it is considered as if he has already been demeaned when he is bound to the post. Thus, in the Baraisa's case, when the strap broke before he was even hit, he has not been demeaned and he is not exempt.[48]

NOTES

38. [According to the *Gra* the text should read עַל אֵלֶּה, *beyond these* (see also *Sifrei* loc. cit.), meaning that the prohibition refers to anything above the amount he was assessed to receive.]

39. *Rivan,* according to *Tos. Yom Tov* (cf. *Torah Temimah* to *Deuteronomy* 25:3, §27). See also *Ritva* who cites this explanation from "פירושין" [who is *Rivan*]. This is the source for the law that the agent must administer the lashes with all his strength.

Ritva himself prefers a different explanation. According to him, the Gemara is telling us that we should not underestimate the value of the lashes received by the sinner; they are, by themselves, a significant amount. According to *Ritva,* the Gemara reads the verse as follows: *He should not add* [to the prescribed number of lashes] *lest he continue to strike him* [more than necessary] *beyond these* [prescribed lashes which are a sufficiently] *great beating.*

40. See *Tosefta Makkos* 4:7.

41. This is a third opinion, not presented in our Mishnah.

42. This is the same as R' Yehudah's view cited in our Mishnah.

The distinction between genders is based on a woman's greater sensitivity to shame (*Rav* to our Mishnah; see *Kesubos* 67b). Accordingly, R' Yehudah holds that the act of soiling herself with urine is such a degrading experience for her that she is exempt from lashes; but that is not the case for a man.

43. This is the opinion of the Tanna Kamma of our Mishnah.

44. At this point, the Gemara apparently understands the basis for Shmuel's ruling as follows: As we will see below, once the *malkus* process has begun and the person has been demeaned by it, if it is interrupted, we do not resume it. The Gemara now assumes that even being bound to the whipping post constitutes being demeaned; thus, if the *malkus* process is interrupted by his escape, he is not lashed when he is recaptured.

45. I.e. whether the attendant has not hit him at all and he lost control of his bodily functions out of sheer fear, or whether the attendant has already hit him (*Rivan;* cf. *Rambam, Hil. Sanhedrin* 17:5 with *Mishneh LaMelech).*

46. [See note 44. According to Shmuel, if the *malkus* process is interrupted at the point of the binding to the post, it is still considered as if he has already been demeaned and he is exempt from continuing with the process. Certainly, then, if the interruption occurred at a later stage (e.g. when the attendant first raises his whip), he should also be exempt!]

47. See *Rashi* loc. cit.

48. The Gemara answers that the basis for Shmuel's exemption is different than we originally thought. The sinner who was bound to the post and then fled is not exempt because the *malkus* process was interrupted and we can reckon his being bound to the post as demeaning. Rather, he is exempt because by running away from *beis din* under these circumstances, he has disgraced himself, just as in the case where he soils himself.

Why is the person exempt if he is lashed once and then the strap breaks? *Rivan* explains that this is because a single lash is also demeaning; however, all the preparations until he is actually struck are not necessarily demeaning. Thus, if the strap breaks *after* he has been hit, he has been degraded and he is exempt from anything further, but if it breaks before he has been hit, then he has not been degraded and he is not exempt.

א) [יבמות ד:], כ) פסחים קיח., ג) [נ"א דתיתי מדרש וכו' יבמות ד:], ד) כריתות יא: ב"ק לב:, ה) [תוספ' פ"ד], ו) [תוספ' פ"ד], ז) שבועות כח:, ח) [רש"י שנקלה מלקין וכו' שנקלה], ט) [ע"ז ה: מגילה ז:], י) [ע"ז ה: ג"ל בכל כחו תוי"ט],

הגהות הב"ח
(א) גמ' מ"ט משום נקלה מאד ונ"ל כ"ה ס"ד אין זה: (ב) שם מ"ד אמדוהו לכשלוקין יקלה פוטרין וכו' מכ"י יקלה מלקין וכו' ולא שיקלה כבר בב"ד: (ג) תום' ד"ה מעמידין שוין ברביעי ומ"ביה

הגהות הגר"א
[א] גמ' לא יוסיף. נמחק ונ"ב על דרך וכו' רש"י ד"ה אין לי כו' לא יוסיף: [ב] רש"י ד"ה אין לי כו' לא יוסיף אלא:
[ג] שם לא יוסיף

תורה אור השלם
א) אַרְבָּעִים יַכֶּנּוּ לֹא יֹסִיף פֶּן יֹסִיף לְהַכֹּתוֹ עַל אֵלֶּה מַכָּה רַבָּה וְנִקְלָה אָחִיךָ לְעֵינֶיךָ: [דברים כה, ג]
ב) לֹא תַחְסֹם שׁוֹר בְּדִישׁוֹ: [דברים כה, ד]
ג) כִּי יֵשְׁבוּ אַחִים יַחְדָּו וּמֵת אַחַד מֵהֶם וּבֵן אֵין לוֹ לֹא תִהְיֶה אֵשֶׁת הַמֵּת הַחוּצָה לְאִישׁ זָר יְבָמָהּ יָבֹא עָלֶיהָ וּלְקָחָהּ לוֹ לְאִשָּׁה וְיִבְּמָהּ: [דברים כה, ה]
ד) אֱלֹהֵי מַסֵּכָה לֹא תַעֲשֶׂה לָּךְ: [שמות לד, יז]
ה) אֶת חַג הַמַּצּוֹת תִּשְׁמֹר שִׁבְעַת יָמִים תֹּאכַל מַצּוֹת אֲשֶׁר צִוִּיתִךָ לְמוֹעֵד חֹדֶשׁ הָאָבִיב כִּי בְחֹדֶשׁ הָאָבִיב יָצָאתָ מִמִּצְרָיִם: [שמות לד, יח]
ו) וְאַנְשֵׁי קֹדֶשׁ תִּהְיוּן לִי וּבָשָׂר בַּשָּׂדֶה טְרֵפָה לֹא תֹאכֵלוּ לַכֶּלֶב תַּשְׁלִכוּן אֹתוֹ: [שמות כב, ל]
ז) לֹא תִשָּׂא שֵׁמַע שָׁוְא אַל תָּשֶׁת יָדְךָ עִם רָשָׁע לִהְיֹת עֵד חָמָס: [שמות כג, א]
ח) יָדַע שׁוֹר קֹנֵהוּ וַחֲמוֹר אֵבוּס בְּעָלָיו יִשְׂרָאֵל לֹא יָדַע עַמִּי לֹא הִתְבּוֹנָן: [ישעיה א, ג]
ט) וְהָיָה אִם בִּן הַכּוֹת הָרָשָׁע וְהִפִּילוֹ הַשֹּׁפֵט וְהִכָּהוּ לְפָנָיו כְּדֵי רִשְׁעָתוֹ בְּמִסְפָּר: [דברים כה, ב]
י) כִּי כָל אֲשֶׁר יַעֲשֶׂה מִכֹּל הַתּוֹעֵבֹת הָאֵלֶּה וְנִכְרְתוּ הַנְּפָשׁוֹת הָעֹשֹׂת מִקֶּרֶב עַמָּם: [ויקרא יח, כט]

ליקוטי רש"י

שאין חוסמין. [סומכין] טעמינן לפופה וחומר אותו ומניח, חוסמין לושנו דקולל קא נקט לריעותא מלא תחסום [יבמות ד:].
המבוה והמועדים. שעושה מלאכה בחולו של מועד דכתיב את חג המצות תשמור כן במסכת חגיגה [דף יח.] איסור מלאכה בחולו של מועד [רשב"ם פסחים קיח.].
והמבזה. כ' לשון הרע. שמקבלו ומלשינו על חבירו אף ע"ג דלקניטביה לא מיבעי כדמפרש בגמרא נדה [דף סא.]. וזהר ביה לא תשיא. גירסין ולא משתמע מלא משא שמשמסר או שואל [רשב"ם פסחים קיח.].
אבקתא. קשור, אדוק [עבודה זרה יד:].
התבריך. ונתחסר כמומסה זו נקלה וקלה וכ"ר הוא אחיך [שבועות כח.].
כל חייבי כריתות שלקו. תנו רבנן כל שאמרו בו עדים על שלאו שעמרו בהם מדכתי כרת דין, שהרי אין כ"ד של מעלה נפטרין [מגילה ז:].

שניהם שוין (ג.) ומיהו אשה אף במים. קלה. כל הנתקלקל ברביעי איש ואשה משהגניח או בשניה להלקותו אותו ואין מכין אותו כלל אבל נפסקה דוקא כי נפסקה בשניה שלקה אחת ולא שנפסקה כלל בראשון קודם שלקה כלל:

והבאת

גמ' (א) מ"ט משום נקלה אמר רב ששת משום רבי אלעזר בן עזריה מנין לרצועה שהיא של עגל דכתיב א) לא תחסום שור בדישו ב) ואמר רב ששת משום רבי אלעזר בן עזריה ג) מנין ליבמה שנפלה לפני מוכה שחין שאין חוסמין אותה דכתיב לא תחסום שור בדישו וסמיך ליה ג) כי ישבו אחים יחדו וגו' ד) ואמר ר' ששת משום ר' אלעזר בן עזריה ה) כל המבזה את המועדים כאילו עובד עכו"ם דכתיב ד) אלהי מסכה לא תעשה לך וסמיך ליה ה) את חג המצות תשמור ו) ואמר רב ששת משום ר' אלעזר בן עזריה כל המספר לשון הרע וכל המקבל לשון הרע וכל המעיד עדות שקר ראוי להשליכו לכלבים דכתיב ו) לכלב תשליכון אותו וסמיך ליה ז) לא תשא שמע שוא וגו' קרי ביה נמי לא תשיא: ושתי רצועות וכו': תנא ג) של חמור כדדריש ההוא גלילאה עליה דרב חסדא ה) ידע שור קונהו וחמור אבוס בעליו ישראל לא ידע וגו' אמר הקב"ה יבא מי שמכיר אבוס בעליו ויפרע ממי שאינו מכיר אבוס בעליו: ידה טפח וכו': אמר אביי שמע מינה כל חד וחד לפום גביה עבדינן ליה אמר ליה רבא אם כן נפיש להו רצועות טובא אלא אמר רבא אבקתא אית ליה כי בעי מיקטר ביה כי בעי מרפה בה: מלקין אותו וכו': מנא הני מילי אמר רב כהנא דאמר קרא ט) והפילו השופט והכהו לפניו כדי רשעתו במספר רשעה אחת מלפניו שתי רשעיות מאחריו: אין מלקין אותו וכו': אמר רב חסדא אמר רבי יוחנן מנין לרצועה שהיא מוכפלת שנאמר והפילו והא מיבעי ליה לגופיה א"כ לכתוב קרא יתיהו מאי והפילו ש"מ תרתי: המכה מכה בידו: תנו רבנן ד) אין מעמידין חזנין אלא חסירי מדע ויתירי כח חסירי מדע רבי יהודה אומר אפילו חסירי מדע ויתירי כח כדאמר רבא כ"ותיה דרבי יהודה מסתברא דכתיב א) והפילו היינו דצריך לאזהורי אלא אי אמרת יתירי מדע מי צריך לאזהורי ורבנן אין מזרזין אלא מזרזין תנא ה) כשהוא מגביה מגביה בשתי ידיו וכשהוא מכה מכה בידו אחת כי היכי י) דליתה מדידיה: והקורא קורא כו': קלה. נתקלקל ברביעי ולישנא דקרא נקט וקלה לשון זלזול א) דאין מעמידין חזנין אלא רבא כוותיה כן נראה לרבי ולנשום אחר קיבל רבי: ה"ג מ"ל אחד האיש ואחד האשה ברביעי ולא במים דברי רבי מאיר רבי יהודה אומר האיש ברביעי והאשה במים וחכמים אומרים אחד האיש ואחד האשה בין במים ובין ברביעי: ה"ג רבי יהודה אומר אחד האיש ואחד האשה ברביעי ולא במים רב יצחק דקאמר רבי יהודה הכי קאמר אחד האיש ואחד האשה בין ברביעי ובין במים מיכל פלוגתא: קלה. נתקלקל ברביעי ולישנא דקרא נקט וקלה לשון זלזול: בין בראשונה בין בשניה. בין קודם שהכהו כלל בין שהכהו בראשונה וביין ולא בשניה הגבהה ראשונה שמגביה ידו להכות אם נתקלקל בראשונה הגבהה מחמת פחד או שנתקלקל בהגבהה שניה דהיינו לאחר שהכהו שלקה: נפסקה: קלה. הרצועה. אם בהגבהה שניה נפסקה פוטרין אותו דהא נקלה באותה הכאה נפסקה שהכהו ואם קודם שלקה כלל אין זו קלה: נתקלקל לכשילקה: פירושו קלה. יקלה שאמדוהו שאם ילקוהו מיד יתקלקל ברביעי פוטרין דהן יוסף ונקלה כתיב דאין נותנין לו מכה שיקלה עליה מיד כן שמעתי אבל אמדוהו למקומות מלקין אותו: קלה תחלה. קודם שקיבל שום הכאה מלקין אותו: קלה באחת. על אחת כמה וכמה כ"כ ב) קלה (ב) קלה ס) קלה: א) ונקלה אחיך לעיניך כשלקה הרי הוא כאחיך דברי רבי חנניה בן גמליאל ואמר רבי חנניה בן גמליאל מה אם העובר עבירה אחת נוטל נפשו עליה העושה מצוה אחת על אחת כמה וכמה שתנתן לו נפשו ר"ש אומר ממקומו הוא למד שנאמר י) ונכרתו הנפשות העושות וגו' ואומר

מתני' ז) כל חייבי כריתות שלקו נפטרו ידי כריתתם שנאמר א) ונקלה אחיך לעיניך כשלקה הרי הוא כאחיך דברי רבי חנניה בן גמליאל:

כן: **מתני'** על אחת כמה וכמה שתנתן לו נפשו. דמדה טובה מרובה ממדת פורענות אחד ממש מאת מדת דפורענות כתיב (שמות כ) פוקד עון אבות על בנים על שלשים ועל רבעים ובמדה טובה כתיב (שם) עושה חסד לאלפים ומתרגמינן לאלפין דרי אלפין דורים כנגד ד' דורים דהיינו אלף מיעוט אלפים שנים מיעוט לאלפים אינו פחות ממאה אלפים וכל שכן אם כפשוטו דמשמע אלפים עד סוף כל הדורות. דכתיב: וברא מיכה כמה וכמה העשה הרי חייב כרת על שנכשל בו ונתן חיים למונע ובדל מהם דכתיב קודם שמרתם את חקותי ואת משפטי וגו':

אשר

The Gemara cites a different Baraisa on the same topic:

אָמְדוּהוּ לִכְשֶׁיִּלְקֶה — **The Rabbis taught in a Baraisa:** [49]קֶלָה — **IF [THE *BEIS DIN*] JUDGED THAT HE WOULD SOIL HIMSELF UPON RECEIVING THE** initial **LASH,** פּוֹטְרִין אוֹתוֹ — **THEY EXEMPT HIM** from any lashes, for the Torah prohibits them to give him lashes that would cause him immediate humiliation.[50] לִכְשֶׁיֵּצֵא מִבֵּית דִּין קָלָה — But if they assessed that **HE WOULD SOIL HIMSELF** only **AFTER LEAVING THE *BEIS DIN*,** i.e. after all the lashes had been administered, מַלְקִין אוֹתוֹ — **THEY ADMINISTER THE LASHES.** וְלֹא עוֹד אֶלָּא אֲפִילוּ קָלָה בַּתְּחִלָּה — **MOREOVER, EVEN IF HE SOILED HIMSELF BEFORE** the actual lashing began, מַלְקִין אוֹתוֹ — **THEY LASH HIM,** שֶׁנֶּאֱמַר ,,וְהִכָּהוּ [וגו׳] וְנִקְלָה'' — **AS IT SAYS:**[51] *AND HE SHALL STRIKE HIM* [etc.] *lest he continue to strike him . . . and your brother will BE DEMEANED.* As cited earlier, this last phrase is the source for the law that one who has been demeaned is exempt from *malkus* by virtue of his humiliation; this implies that the exemption is applied only if the sequence of the verse is followed, וְלֹא שֶׁלָּקָה כְּבָר בְּבֵית דִּין[52] — **BUT NOT IF HE HAS PREVIOUSLY BEEN DEMEANED IN THE *BEIS DIN*** before receiving lashes. I.e. humiliation can exempt the guilty party only after the *malkus* procedure has started. If he was demeaned earlier, he is not exempted.[53]

Mishnah The last Mishnah of the tractate begins by discussing the atonement provided by *malkus*:

כָּל חַיָּיבֵי כְרֵיתוֹת שֶׁלָּקוּ נִפְטְרוּ יְדֵי כְרִיתָתָם — **All those liable to *kares* who are lashed become exempt from their *kares*,**[54] שֶׁנֶּאֱמַר — **as it says:** ,,וְנִקְלָה אָחִיךָ לְעֵינֶיךָ'' — **and your brother will be demeaned before your eyes.** This teaches that כְּשֶׁלָּקָה — **once he has been lashed,** הֲרֵי הוּא כְאָחִיךָ — **he is like your brother.**[55] דִּבְרֵי רַבִּי חֲנַנְיָה בֶּן גַּמְלִיאֵל — These are **the words of R' Chananyah ben Gamliel.**[56]

NOTES

49. The text reads קָלָה, *he soiled himself,* in the past tense, but is emended by *Bach* to read יִקְלֶה, *he will become soiled,* which is in the future tense [see also *Dikdukei Soferim*]. The translation follows *Bach.*

50. The source for this law is the verse *lest he continue to strike him . . . and your brother will be demeaned.* We may not administer lashes that will cause him to be demeaned immediately (*Rivan*).

51. *Deuteronomy* 25:2-3.

52. The text reads שֶׁלָּקָה, *who has been lashed,* but is emended by *Mesoras HaShas* [see also *Dikdukei Soferim*] to שֶׁנִּקְלָה, *who has been demeaned.* The translation follows this emendation.

53. This Baraisa, that says one is *not* exempt if he soiled himself before he is lashed, is clearly in contradiction to the Baraisa above that says one *is* exempt if he soiled himself when the attendant first raises the whip, before he is hit (see *Lechem Mishnah* to *Hil. Sanhedrin* 17:5 regarding *Rivan's* view; *Rambam* has a different explanation of the earlier Baraisa). However, *Mishneh LaMelech* attempts to reconcile the Baraisos and offers two approaches, one of which is mentioned by *Likkutei Halachos* here: Both Baraisos are discussing cases where he soiled himself before he was lashed. The Baraisa that says he is still obligated to receive lashes is speaking of where he soiled himself *before* the attendant raised his arm. The second Baraisa that says he is exempt is speaking of where he soiled himself *after* the attendant raised his arm.

[A difficult issue that continues to emerge in our Gemara is the type and the timing of degradation that exempts someone from *malkus*. The Baraisa above exempts a person who soils himself before the first blow while the agent's arm is raised; Shmuel exempts a person at an even earlier stage, if he runs away from the post where he was bound; and *Rivan* mentions an even earlier point, suggesting that a faulty assessment could be sufficient degradation to exempt him (see 21b ד״ה ובברייתא). Additionally, *Rivan* considers even a single lash to be demeaning enough to exempt him from further lashes. If so, the obvious question arises: How can there ever have been given a series of lashes? As soon as he receives one lash he is demeaned and exempt from anything further! The answer is that whenever there is an interruption in the *malkus* process, we look at the sinner anew and consider him to be our brother, because he has been degraded by one or more lashes. Similarly, when a person runs away from *beis din* or when he soils himself, the *malkus* process is interrupted. He is then considered anew, reckoned as a brother and exempt from further lashes.]

54. The same applies if he is liable to מִיתָה בִּידֵי שָׁמַיִם, *death at the hand of Heaven;* once he is flogged he is exempt from this punishment (*Rambam, Commentary* to 3:1; cf. *Tosafos* to *Shevuos* 17a ד״ה אי and *Talmidei Rabbeinu Peretz,* cited in *Chamra VeChayei* to *Sanhedrin* 83a; see, however, *Tos. Rosh* to *Shevuos* loc. cit.). Since *kares* is a graver punishment than death at the hand of Heaven (see below), it stands to reason that if *malkus* exempts one from *kares,* then it certainly should exempt one from death at the hand of Heaven (*Radbaz* to *Hil. Bi'as HaMikdash* 4:1).

⧉§ *Kares* and Death at the Hand of Heaven:

Kares (literally: cutting off or excision) is the destruction of the soul (*Rashi* to *Leviticus* 23:30, citing *Toras Kohanim, perek* 14:4). It entails both the premature death of the sinner and the loss of his future generations (see *Rashi* to *Genesis* 17:14, *Leviticus* 17:9, *Shabbos* 25b ד״ה

כרת, and *Chullin* 31a ד״ה טמא; see, however, *Tosafos* to *Shabbos* 25a ד״ה כרת and to *Yevamos* 2a ד״ה אשת אחיו, *Ramban* to *Leviticus* 18:29 and in *Shaar HaGemul* ד״ה והכרת). "Premature death" is death at the ages of fifty through fifty-nine, or even at the ages of sixty through seventy-nine if the death is sudden (i.e. the deceased was sick fewer than five days) (*Moed Katan* 28a). "Loss of future generations" means that if he has children, he will bury them and if he does not have children, he will continue being childless (*Yevamos* 55a). *Tosafos* (to *Shabbos* 25a ד״ה כרת) writes that it is exclusively young children who are affected by their father's *kares,* not adult children. There is a question whether *Rashi* agrees with this view. (*Gur Aryeh, Tzeidah LaDerech* and *Nachalas Yaakov* to *Rashi* to *Leviticus* 20:20 contend he agrees; *Be'er BaSadeh* loc. cit. maintains he does not.)

There are many instances of *kares*-bearing sins that for one reason or another do not warrant *malkus*. Our Mishnah, though, is concerned with those that do receive *malkus*. *Rambam* counts twenty-one negative commandments punished with *kares* and *malkus,* eighteen negative commandments punished with death at the hand of Heaven and *malkus,* and one hundred and sixty-eight negative commandments for which one is liable only to *malkus.* The total number of commandments for which one receives *malkus* is two hundred and seven, the numerical value of ילקו זדים, *may the willfully wicked be lashed* (*Hil. Sanhedrin* 19:1-4). This is also the numerical value of the word רַבָּה in the phrase dealing with *malkus* in *Deuteronomy* 25:3: מַכָּה רַבָּה, *a great beating* (*Rabbeinu Bachya* ad loc.).

The atonement of *malkus* is accomplished only if the transgressor repents. It is the combination of repentance and *malkus* that exempts him (*Rambam, Commentary*). *Maharalbach* (*Teshuvos* in *Kuntres HaSemichah*) explains that repentance by itself is not sufficient, because the Gemara (*Yoma* 86a) states that for *kares*-bearing transgressions, repentance and Yom Kippur only suspend his punishment, while suffering eradicates it. Our Mishnah teaches that *malkus* serves in lieu of both suffering and Yom Kippur. Hence, those who have been lashed — and have repented their sin — are exempt from *kares* (cf. *Baal HaMaor*).

[In regard to whether a person who is liable to *kares* but not to *malkus* may undergo *malkus* voluntarily to exempt himself from *kares:* This was one of the hotly contested issues at the heart of the attempted reinstitution of the Sanhedrin in the era of *Mahari Bei Rav* and *Maharalbach.* It arose in response to the desire for atonement among those who had lived in Spain during the period of the Inquisition and believed that they had sinned. The issue is discussed at length in the *Kuntres HaSemichah* and in *R' Y. F. Perla's* commentary on *R' Saadiah Gaon's Sefer HaMitzvos* vol. III pp. 39-45 (see also Responsa, *Shaarei Teshuvah* §45, *Orchos Chaim, Dinei Erev Yom HaKippurim; Beis Yosef, Bedek HaBayis, Yoreh Deah* §157; *Halachos Pesukos,* p. 53, Miller ed.; and *Or Same'ach* to *Hil. Sanhedrin* 17:7; see *Orach Chaim* 607:6).]

55. When one incurs *kares,* he becomes *cut off* from his people (see e.g. *Leviticus* 18:29, cited below in our Mishnah). This is the same as saying that he loses his status of brotherhood. The Torah testifies that when this person is lashed, he regains his brotherhood and the *kares,* the cutting off, is thereby rectified (see *Gilyonei HaShas* by R' Yosef Engel who explains this concept at length).

56. Although the Mishnah cites no other view, the Gemara states that there are Tannaim who disagree with R' Chananyah ben Gamliel.

גמ' (א) מ"ט משום נקלה אמר רב ששת משום רבי אלעזר בן עזריה מנין לרצועה שהיא של עגל דכתיב א) ארבעים יכנו וסמיך ליה ב) לא תחסום שור בדישו א) ואמר רב ששת משום רבי אלעזר בן עזריה א מנין ליבמה שנפלה לפני מוכה שחין שאין חוסמין אותה דכתיב לא תחסום שור בדישו וסמיך ליה ג) כי ישבו אחים יחדו וגו' ואמר ב) רב ששת משום ר' אלעזר בן עזריה ב כל המבזה את המועדים כאילו עובד עכו"ם דכתיב ד) אלהי מסכה לא תעשה לך וסמיך ליה ה) את חג המצות תשמור ואמר רב ששת משום ר' אלעזר בן עזריה כל המספר לשון הרע וכל המקבל לשון הרע וכל המעיד עדות שקר ראוי להשליכו לכלבים דכתיב ו) לכלב תשליכון אותו וסמיך ליה ז) לא תשא שמע שוא וגו' קרי ביה נמי לא תשיא: ושתי רצועות וכו': תנא ג של חמור כדדריש ההוא גלילאה עליה דרב חסדא ח) ידע שור קונהו וחמור אבוס בעליו ישראל לא ידע וגו' אמר הקב"ה יבא מי שמכיר אבוס בעליו ויפרע ממי שאינו מכיר אבוס בעליו: ידה טפח וכו': אמר אביי שמע מינה כל חד וחד לפום גביה עבדינן ליה אמר ליה רבא אם כן נפיש להו רצועות טובא אלא אמר רבא אבקתא אית ליה כי בעי מיקטר ביה כי בעי מרפה בה: מלקין אותו וכו': מנא הני מילי אמר רב כהנא דאמר קרא ט) והפילו השופט והכהו לפניו כדי רשעתו במספר רשעה אחת מלפניו שתי רשעיות מאחריו: אין מלקין אותו וכו': אמר רב חסדא אמר רבי יוחנן מנין לרצועה שהיא מוכפלת שנאמר והפילו והא מיבעי ליה לגופיה א"כ לכתוב קרא יטיהו מאי הפילו ש"מ תרתי: המכה מכה בידו: תנו רבנן ד אין מעמידין חזנין אלא חסירי כח ויתירי מדע רבי יהודה אומר אפילו חסירי מדע ויתירי כח אמר רבא כוותיה דרבי יהודה מסתברא דכתיב א) לא יוסיף פן יוסיף אי אמרת בשלמא חסירי מדע היינו דצריך לאזהורי אלא אי אמרת יתירי מדע מי צריך לאזהורי ורבנן אין מזרזין אלא למזרז תנא ה כשהוא מגביה מגביה בשתי ידיו וכשהוא מכה מכה בידו אחת כי היכי ג) דליתה מדידיה: והקורא קורא כו': תנו רבנן ד) ו הגדול שבדיינין קורא השני מונה והשלישי אומר הכהו בזמן שמכה מרובה מאריך בזמן שמכה מועטת מקצר והא אנן תנן חוזר לתחלת המקרא ז מצוה לצמצם ואי לא צמצם חוזר לתחלת המקרא תנו רבנן מכה רבה אין לי אלא מכה רבה מכה מועטת מנין ת"ל [א] לא יוסיף אם כן מה תלמוד לומר מכה רבה לימד על הראשונות שהן מכה רבה: נתקלקל וכו': תנו רבנן ה) אחד האיש ואחד האשה בריעי ולא במים דברי רבי מאיר רבי יהודה אומר האיש בריעי והאשה במים וחכ"א אחד האיש ואחד האשה בין בריעי בין במים והתניא רבי יהודה אומר אחד האיש ואחד האשה בריעי אמר רב נחמן בר יצחק שניהם שוין בריעי אמר שמואל ו) כפתוהו ח ורץ מבית דין פטור מיתיבי ט קלה בין בראשונה בין בשניה פוטרין אותו י נפסקה רצועה בשניה פוטרין אותו בראשונה אין פוטרין אותו אמאי להוי כרץ התם רץ הכא לא רץ ת"ר ז) כ אמדוהו לכשילקה (ג) קלה ח) פוטרין אותו לכשיצא מבית דין קלה מלקין אותו ולא עוד אלא אפילו קלה בתחלה מלקין אותו שנאמר ט) והכהו [וגו'] ונקלה ולא ט) שלקה כבר בבית דין: מתני' י) ל כל חייבי כריתות שלקו נפטרו ידי כריתתם שנאמר א) ונקלה אחיך לעיניך כשלקה הרי הוא כאחיך דברי רבי חנניה בן גמליאל ואמר רבי חנניה בן גמליאל מה אם העובר עבירה אחת נוטל נפשו עליה העושה מצוה אחת על אחת כמה וכמה שתנתן לו נפשו ר"ש אומר ממקומו הוא למד שנאמר י) ונכרתו הנפשות העושות וגו' ואומר

אשר

רש"י

אין חוסמין. אין מגערין בה שלא תאמר אי אפשי בו: את המועדות. חולו של מועד: חג המצות תשמור. מפרש בחגיגה (דף יח.) אם בראשון ובשביעי הרי כבר אמור הא לא בא להזהיר אלא על חולו של מועד שאסור בעשיית מלאכה: אל תשת ידך עם רשע להיות עד חמס. היינו מעיד עדות שקר: אבקתא. כמו מיבק אביק כ): במספר. שתי רשעיות מאחריו: אפילו יתירי כח ואפילו חסירי מדע. דאין להקפיד בכך: אי אמרת בשלמא דאפילו חסירי מדע. יכולין להעמיד בהן היינו דאיצטריך כו' למזרז: מכה מועטת. כגון שאמדוהו לפחות מכה בסידור אחד: אין לי אלא מכה רבה כו'. רישא דברייתא הכי איתא בסיפרי אין לי אלא בזמן שמוסיפין על מנין ארבעים על כל אומד ואומד שאמדוהו בית דין מנין ת"ל [ב] לא יוסיף מכל מקום מכה רבה אין לי אלא מכה רבה כו'. אין לי דחייב על לא יוסיף אלא בזמן שהכהו מכות הרבה על האומד מכות מועטות אפילו שתי מכות או אחת מנין דאסור להוסיף ת"ל לא יוסיף [ג] לא יוסיף להכותו על אלה על מנין האומד: שהוא מכה רבה. שניתן להכותו ל) בעל כורחו כן נראה לרבי ובלשון אחר קיבל רבי: ה"ג ת"ר אחד האיש ואחד האשה בריעי ולא במים דברי רבי מאיר רבי יהודה אומר האיש בריעי והאשה במים וחכמים אומרים אחד האיש ואחד האשה בין בריעי בין במים והתניא רבי יהודה אומר אחד האיש ואחד האשה בריעי אמר רבי יצחק הא דקאמר רבי יהודה אחד האיש ואחד האשה בריעי הכי קאמר שניהן שוין בריעי דמשנתקלקל בריעי פטורין אבל במים איכא פלוגתא: קלה. נתקלקל בריעי ולישנא דקרא נקט ונקלה לשון זלזול: בין בראשונה בין בשניה. בין קודם שהכהו כלל בין לאחר שהכהו והיינו ראשונה הגבהה ראשונה שמגביה ידו להכות אם נתקלקל באותה הגבהה מחמת פחד או שנתקלקל בהגבהה שניה דהיינו לאחר שהכהו: פוטרין אותו. דנקלה קרינא ביה דהא קלה: נפסקה הרצועה. אם בהגבהה שניה נפסקה פוטרין אותו דהא נקלה באותה הכאה שהכהו ואם קודם שהכהו נפסקה כשהרים ידו להכות אין זו קלה: לכשילקה קלה. פירושו לכשילקה יקלה שאמדוהו שאם ילקוהו מיד יתקלקל בריעי פוטרים דפן יוסיף ונקלה כתיב דאין נותנין לו מכה שיקלה עליה מיד כך שמעתי אבל אמדוהו שלא יתקלקל עד לאחר המלקות מלקין אותו: קלה תחלה. קודם שקיבל שום הכאה מלקין אותו אחרי כן: מתני' על אחת כמה וכמה שתנתן לו נפשו. דמדה טובה מרובה ממדת פורענות אחד מחמש מאות דבמדת פורענות כתיב (שמות כ) פוקד עון אבות על בנים על שלשים ועל רבעים ובמדה טובה כתיב (שם) עושה חסד לאלפים ומתרגמינן לאלפין דרי ארבעה דורות כנגד אלפים דורות היינו אחד מחמש מאות מיעוט לאלפים אינו פחות משני אלפים וכל שכן אם כפשוטו דמשמע אלפים עד סוף כל הדורות: דכתיב. אחר כל העריות ונכרתו הנפשות העושות הרי חייב כרת על הנכשל בהן ונתן חיים למונע ובדל מהם דכתיב קודם העריות ושמרתם את חוקותי ואת משפטי וגו':

אשר

תוספות

רבי יהודה אומר (בעינן יתירי כח ו)חסירי מדע. נ"ל דפליג אתנא קמא דאמר אין מעמידין כלל חסירי מדע דאין מדקדקין בדבר דבהא טעמא דגמרא אין נכון לכאורה לומר דלרבי יהודה מעמידין דוקא חסירי מדע:

שניהם שוין (ג). ומיהו אשה אף במים:

קלה. כל הנתקלקל בריעי איש ואשה משהגביה הרצועה להלקותו בראשונה או בשניה פוטרין אותו ואין מכין אותו כלל אבל נפסקה דוקא כי נפסקה בשניה שלקה אחת ולא שנפסקה בראשון קודם שלקה כלל:

והבאת

מסורת הש"ס

א) [יבמות ד.], ב) פסחים קיח., ג) נ"א דתיתי מרזיא [וכ"א בערוך ערך רז א'], ד) כריתות יא. ב"ק לב:, ה) [תוספ' פ"ד], ו) שבועות כח., ז) [תוספ' פ"ד], ח) רש"א אין מלקין, ט) נ"א שנקלה, י) [מגילה ז:], כ) [ע"ז יד:], ל) [נ"ל בכל כחו תוי"ט].

הגהות הב"ח

(א) גמ' (מ"ט משום נקלה) תא"מ ונ"ב ס"א אין זה: (ב) שם ת"ר אמדוהו לכשילקה יקלה פוטרין וכו' מב"ד יקלה מלקין וכו' ולא שיקלה כבר בב"ד: (ג) תוס' ד"ה שניהם שוין בריעי ומיהו:

הגהות הגר"א

[א] גמ' לא יוסיף. נמחק ונ"ב על אלה (וכ"ה בספרי): [ב] רש"י ד"ה אין לי כו' "לא" נ"ל "פן": [ג] שם לא יוסיף. נ"ל על אלה:

תורה אור השלם

א) אַרְבָּעִים יַכֶּנּוּ לֹא יֹסִיף פֶּן יֹסִיף לְהַכֹּתוֹ עַל אֵלֶּה מַכָּה רַבָּה וְנִקְלָה אָחִיךָ לְעֵינֶיךָ: [דברים כה, ג]

ב) לֹא תַחְסֹם שׁוֹר בְּדִישׁוֹ: [דברים כה, ד]

ג) כִּי יֵשְׁבוּ אַחִים יַחְדָּו וּמֵת אַחַד מֵהֶם וּבֵן אֵין לוֹ לֹא תִהְיֶה אֵשֶׁת הַמֵּת הַחוּצָה לְאִישׁ זָר יְבָמָהּ יָבֹא עָלֶיהָ וּלְקָחָהּ לוֹ לְאִשָּׁה וְיִבְּמָהּ: [דברים כה, ה]

ד) אֱלֹהֵי מַסֵּכָה לֹא תַעֲשֶׂה לָּךְ: [שמות לד, יז]

ה) אֶת חַג הַמַּצּוֹת תִּשְׁמֹר שִׁבְעַת יָמִים תֹּאכַל מַצּוֹת אֲשֶׁר צִוִּיתִךָ לְמוֹעֵד חֹדֶשׁ הָאָבִיב כִּי בְּחֹדֶשׁ הָאָבִיב יָצָאתָ מִמִּצְרָיִם: [שמות לד, יח]

ו) וְאַנְשֵׁי קֹדֶשׁ תִּהְיוּן לִי וּבָשָׂר בַּשָּׂדֶה טְרֵפָה לֹא תֹאכֵלוּ לַכֶּלֶב תַּשְׁלִכוּן אֹתוֹ: [שמות כב, ל]

ז) לֹא תִשָּׂא שֵׁמַע שָׁוְא אַל תָּשֶׁת יָדְךָ עִם רָשָׁע לִהְיֹת עֵד חָמָס: [שמות כג, א]

ח) יָדַע שׁוֹר קֹנֵהוּ וַחֲמוֹר אֵבוּס בְּעָלָיו יִשְׂרָאֵל לֹא יָדַע עַמִּי לֹא הִתְבּוֹנָן: [ישעיה א, ג]

ט) וְהָיָה אִם בִּן הַכּוֹת הָרָשָׁע וְהִפִּילוֹ הַשֹּׁפֵט וְהִכָּהוּ לְפָנָיו כְּדֵי רִשְׁעָתוֹ בְּמִסְפָּר: [דברים כה, ב]

י) כִּי כָּל אֲשֶׁר יַעֲשֶׂה מִכֹּל הַתּוֹעֵבֹת הָאֵלֶּה וְנִכְרְתוּ הַנְּפָשׁוֹת הָעֹשֹׂת מִקֶּרֶב עַמָּם: [ויקרא יח, כט]

עין משפט נר מצוה

קכז א מיי' פ"ב מהל' יבום הל' יד סמג עשין נא טוש"ע אה"ע סי' קסה סעיף ד [וברב אלפס כתובות סמוך לסוף פרק ז דף קא]:
קכח ב מיי' פ"ו מהל' י"ט הל' טז:
קל ד ה מיי' שם הל' ט:

ליקוטי רש"י

שאין חוסמין. אין [סותמין] טענותיה לכופה להתייבם לו אלא כופין אותו וחולץ, חוסמין לישנא דקרא קא נקט דיליף מלא תחסום [יבמות ד.].

המבזה את המועדות. שעושה מלאכה בחולו של מועד דכתיב את חג המצות תשמור ונפקא לן במסכת חגיגה (דף יח.) איסור מלאכה בחולו של מועד [רשב"ם פסחים קיח.].

והמקבל לשון הרע. שמקבלו ומאמינו על חבירו אע"ג דלקבוליה לא מיבעי ליה למיחש ליה מיבעי כדמפרש במסכת נדה (דף סא.). וקרי ביה לא תשיא. נראה בעיני דלא גרסינן לה דכולהו משתמע מלא תשא שכשמספר או מעיד הרי נושא בפיו שמע שוא [רשב"ם פסחים קיח.].

אבקתא. קשור, אדוק. [עבודה זרה יד:].

התם רץ. ונתבזה במנוסה זו ואיכא ונקלה כיון שנקלה הרי הוא אחיך [שבועות כח.].

כל חייבי כריתות שלקו. שהתרו בהן עדים על לאו שעמו כרת ולקו בבית דין. נפטרו מידי כריתתן. שוב אין ב"ד של מעלה נפרעין [מגילה ז:].

The remainder of the Mishnah teaches moral lessons regarding mitzvah observance and its reward, beginning with another statement from the Tanna just mentioned:

וְאָמַר רַבִּי חֲנַנְיָה בֶּן גַּמְלִיאֵל – And R' Chananyah ben Gamliel said: מָה אִם הָעוֹבֵר עֲבֵירָה אַחַת נוֹטֵל נַפְשׁוֹ עָלֶיהָ – Now, if a person who commits a single transgression punishable by *kares* **forfeits his life because of it, הָעוֹשֶׂה מִצְוָה אַחַת עַל אַחַת כַּמָּה וְכַמָּה שֶׁתִּנָּתֵן לוֹ נַפְשׁוֹ –** then **if he performs a single mitzvah, how much more so should his life be given to him,** for the Divine standard for reward far surpasses the Divine standard for retribution.[57] **רַבִּי שִׁמְעוֹן אוֹמֵר – R' Shimon says: מִמְּקוֹמוֹ הוּא לָמֵד – [This principle] may be derived from its own context.** It is unnecessary to draw a *kal vachomer* to demonstrate the great reward that accrues to one who does a mitzvah or refrains from sin. This may be derived more simply from the very section of the Torah that deals with the penalty of *kares,* **שֶׁנֶּאֱמַר ,,וְנִכְרְתוּ הַנְּפָשׁוֹת הָעֹשֹׂת וגו' " – for it says:**[58] ***the persons performing*** [incest or other sins enumerated in this section] ***will be cut off*** **etc.** *from among their people.* **וְאוֹמֵר – And it** also **says** in the verse immediately preceding this section:

NOTES

57. The Divine standard for reward surpasses the Divine standard for retribution by at least five hundred times, for in the Ten Commandments it is written (*Exodus* 20:5): *He visits the sin of fathers upon children, to the third and fourth generations,* while regarding reward the next verse continues: *He shows kindness for thousands of generations.* Now, the least "thousands" could be is two thousand. Two thousand generations are five hundred times as many as four generations. And if "thousands" refers to *more* than two thousand, the ratio is even greater than five hundred to one (*Rivan*).

58. *Leviticus* 18:29.

רבי יהודה אומר (בעינן יתירי כח ו)חסירי מדע. נ"ל דפליג אתנא קמא דאמר אין מעמידין כלל חסירי מדע דאין מדקדקין בדבר דבהא טעמא דגמרא אין נכון לאורה לומר דלרבי יהודה מעמידין דוקא חסירי מדע:

שניהם שוין (ג). ומיהו אשה אף במים:

קלה. כל הנתקלקל בריעי איש ואשה משהגביה הרצועה להלקותו בראשונה או בשניה פוטרין אותו ואין מכין אותו כלל אבל נפסקה דוקא כי נפסקה בשניה שלקה אחת ולא שנפסקה בראשון קודם שלקה כלל:

והבאת

גמ' (א) מ"ט משום נקלה אמר רב ששת משום רבי אלעזר בן עזריה מנין לרצועה שהיא של עגל דכתיב א) ארבעים יכנו וסמיך ליה ב) לא תחסום שור בדישו א) ואמר רב ששת משום רבי אלעזר בן עזריה א מנין ליבמה שנפלה לפני מוכה שחין שאין חוסמין אותה דכתיב לא תחסום שור בדישו וסמיך ליה ג) כי ישבו אחים יחדו וגו' ואמר ב) רב ששת משום ר' אלעזר בן עזריה ב כל המבזה את המועדים כאילו עובד עכו"ם דכתיב ד) אלהי מסכה לא תעשה לך וסמיך ליה ה) את חג המצות תשמור ואמר רב ששת משום ר' אלעזר בן עזריה כל המספר לשון הרע וכל המקבל לשון הרע וכל המעיד עדות שקר ראוי להשליכו לכלבים דכתיב ו) לכלב תשליכון אותו וסמיך ליה ז) לא תשא שמע שוא וגו' קרי ביה נמי לא תשיא: ושתי רצועות וכו': תנא ג של חמור כדדריש ההוא גלילאה עליה דרב חסדא ח) ידע שור קונהו וחמור אבוס בעליו ישראל לא ידע וגו' אמר הקב"ה יבא מי שמכיר אבוס בעליו ויפרע ממי שאינו מכיר אבוס בעליו: ידה טפח וכו': אמר אביי שמע מינה כל חד וחד לפום גביה עבדינן ליה אמר ליה רבא אם כן נפיש להו רצועות טובא אלא אמר רבא אבקתא אית ליה כי בעי מיקטר ביה כי בעי מרפה בה: מלקין אותו וכו': מנא הני מילי אמר רב כהנא דאמר קרא ט) והפילו השופט והכהו לפניו כדי רשעתו במספר רשעה אחת מלפניו שתי רשעיות מאחריו: אין מלקין אותו וכו': אמר רב חסדא אמר רבי יוחנן מנין לרצועה שהיא מוכפלת שנאמר והפילו והא מיבעי ליה לגופיה א"כ לכתוב קרא יטיהו מאי הפילו ש"מ תרתי: המכה מכה בידו: תנו רבנן ד אין מעמידין חזנין אלא חסירי כח ויתירי מדע רבי יהודה אומר אפילו חסירי מדע ויתירי כח אמר רבא כוותיה דרבי יהודה מסתברא דכתיב א) לא יוסיף פן יוסיף אי אמרת בשלמא חסירי מדע היינו דצריך לאזהורי אלא אי אמרת יתירי מדע מי צריך לאזהורי ורבנן אין מזרזין אלא למזרז תנא ה כשהוא מגביה מגביה בשתי ידיו וכשהוא מכה מכה בידו אחת כי היכי ג) דליתה מדידיה: והקורא קורא כו': תנו רבנן ד) ו הגדול שבדיינין קורא השני מונה והשלישי אומר הכהו בזמן שמכה מרובה מאריך בזמן שמכה מועטת מקצר והא אנן תנן חוזר לתחלת המקרא ז מצוה לצמצם ואי לא צמצם חוזר לתחלת המקרא תנו רבנן מכה רבה אין לי אלא מכה רבה מכה מועטת מנין ת"ל [א] לא יוסיף אם כן מה תלמוד לומר מכה רבה לימד על הראשונות שהן מכה רבה: נתקלקל וכו': תנו רבנן ה) אחד האיש ואחד האשה בריעי ולא במים דברי רבי מאיר רבי יהודה אומר האיש בריעי והאשה במים וחכ"א אחד האיש ואחד האשה בין בריעי בין במים והתניא רבי יהודה אומר אחד האיש ואחד האשה בריעי אמר רב נחמן בר יצחק שניהם שוין בריעי אמר שמואל ו) כפתוהו ח ורץ מבית דין פטור מיתיבי ט קלה בין בראשונה בין בשניה פוטרין אותו י נפסקה רצועה בשניה פוטרין אותו בראשונה אין פוטרין אותו אמאי להוי כרץ התם רץ הכא לא רץ ת"ר ז) כ אמדוהו לכשילקה (ב) קלה ח) פוטרין אותו לכשיצא מבית דין קלה מלקין אותו ולא עוד אלא אפילו קלה בתחלה מלקין אותו שנאמר ט) והכהו [וגו'] ונקלה ולא ט) שלקה כבר בבית דין: **מתני'** י) ל כל חייבי כריתות שלקו נפטרו ידי כריתתם שנאמר א) ונקלה אחיך לעיניך כשלקה הרי הוא כאחיך דברי רבי חנניה בן גמליאל ואמר רבי חנניה בן גמליאל מה אם העובר עבירה אחת נוטל נפשו עליה העושה מצוה אחת על אחת כמה וכמה שתנתן לו נפשו ר"ש אומר ממקומו הוא למד שנאמר י) ונכרתו הנפשות העושות וגו' ואומר

אשר

אין חוסמין. אין מגערין בה שלא תאמר אי אפשי בו: את המועדות. חולו של מועד: חג המצות תשמור. מפרש בחגיגה (דף יח.) אם בראשון ובשביעי הרי כבר אמור הא לא בא להזהיר אלא על חולו של מועד שאסור בעשיית מלאכה: אל תשת ידך עם רשע להיות עד חמס. היינו מעיד עדות שקר: אבקתא. כמו מיבק אביק כ): במספר. שתי רשעיות מאחריו: אפילו יתירי כח ואפילו חסירי מדע. דאין להקפיד בכך: אי אמרת בשלמא דאפילו חסירי מדע. יכולין להעמיד בהן היינו דאיצטריך כו' למזרז: מכה מועטת. כגון שאמדוהו לפחות מכה בסידור אחד: אין לי אלא מכה רבה כו'. רישא דברייתא הכי איתא בספרי אין לי אלא בזמן שמוסיפין על מנין ארבעים על כל אומד ואומד שאמדוהו בית דין מנין ת"ל [ב] לא יוסיף מכל מקום מכה רבה אין לי אלא מכה רבה כו'. אין לי דחייב על לא יוסיף אלא בזמן שהכהו מכות הרבה על האומד מכות מועטות אפילו שתי מכות או אחת מנין דאסור להוסיף ת"ל לא יוסיף [ג] לא יוסיף להכותו על אלה על מנין האומד: שהוא מכה רבה. שניתן להכותו ל) בעל כורחו כן נראה לרבי ובלשון אחר קיבל רבי: ה"ג ת"ר אחד האיש ואחד האשה בריעי ולא במים דברי רבי מאיר רבי יהודה אומר האיש בריעי והאשה במים וחכמים אומרים אחד האיש ואחד האשה בין בריעי בין במים והתניא רבי יהודה אומר אחד האיש ואחד האשה בריעי אמר רבי יצחק הא דקאמר רבי יהודה אחד האיש ואחד האשה בריעי הכי קאמר שניהן שוין בריעי דמשנתקלקל בריעי פוטרין אבל במים איכא פלוגתא: קלה. נתקלקל בריעי ולישנא דקרא נקט ונקלה לשון זלזול: בין בראשונה בין בשניה. בין קודם שהכהו כלל בין לאחר שהכהו והיינו ראשונה הגבהה ראשונה שמגביה ידו להכות אם נתקלקל באותה הגבהה מחמת פחד או שנתקלקל בהגבהה שניה דהיינו לאחר שהכהו: פוטרין אותו. דנקלה קרינא ביה דהא קלה: נפסקה הרצועה. אם בהגבהה שניה נפסקה פוטרין אותו דהא נקלה באותה הכאה שהכהו ואם קודם שהכהו נפסקה כשהרים ידו להכות אין זו קלה: לכשילקה קלה. פירושו לכשילקה יקלה שאמדוהו שאם ילקוהו מיד יתקלקל בריעי פוטרים דפן יוסיף ונקלה כתיב דאין נותנין לו מכה שיקלה עליה מיד כך שמעתי אבל אמדוהו שלא יתקלקל עד לאחר המלקות מלקין אותו: קלה תחלה. קודם שקיבל שום הכאה מלקין אותו אחרי כן: מתני' על אחת כמה וכמה שתנתן לו נפשו. דמדה טובה מרובה ממדת פורענות אחד מחמש מאות דבמדת פורענות כתיב (שמות כ) פוקד עון אבות על בנים על שלשים ועל רבעים ובמדה טובה כתיב (שם) עושה חסד לאלפים ומתרגמינן לאלפין דרי ארבעה דורות כנגד אלפים דורות היינו אחד מחמש מאות מיעוט לאלפים אינו פחות משני אלפים וכל שכן אם כפשוטו דמשמע אלפים עד סוף כל הדורות: דכתיב. אחר כל העריות ונכרתו הנפשות העושות הרי חייב כרת על הנכשל בהן ונתן חיים למונע ובדל מהם דכתיב קודם העריות ושמרתם את חוקותי ואת משפטי וגו':

אשר

עין משפט נר מצוה

קכז א מיי' פ"ב מהל' יבום הל' יד סמג עשין כא טוש"ע אה"ע סי' קסה סעיף ד [וברב אלפס כתובות סמוך לסוף פרק ז דף קא]:
קכח ב מיי' פ"ו מהל' י"ט הל' טז:

שאין חוסמין. אין [סותמין] טענותיה לכופה להתייבם לו אלא כופין אותו וחולץ, חוסמין לישנא דקרא קא נקט דיליף מלא תחסום [יבמות ד.].

המבזה את המועדות. שעושה מלאכה בחולו של מועד דכתיב את חג המצות תשמור ונפקא לן במסכת חגיגה (דף יח.) איסור מלאכה בחולו של מועד [רשב"ם פסחים קיח.].

והמקבל לשון הרע. שמקבלו ומאמינו על חבירו אע"ג דלקבוליה לא מיבעי ליה למיחש ליה מיבעי כדמפרש במסכת נדה (דף סא). וקרי ביה לא תשיא. נראה בעיני דלא גרסינן לה דכולהו משתמע מלא תשא שכשמספר או מעיד הרי נושא בפיו שמע שוא [רשב"ם פסחים קיח.].

אבקתא. קשור, אדוק. [עבודה זרה יד:].

התם רץ. ונתבזה במנוסה זו וליכא ונקלה כיון שנקלה הרי הוא אחיך [שבועות כח.].

כל חייבי כריתות שלקו. שהתרו בהן עדים על לאו שעמו כרת ולקו בבית דין. נפטרו מידי כריתתן. שוב אין ב"ד של מעלה נפרעין [מגילה ז:].

מסורת הש"ס

א) [יבמות ד.], ב) פסחים קיח., ג) נ"א דתיתי מרזיא [וכ"א בערוך ערך רז א'], ד) כריתות יא. ב"ק לב., ה) [תוספ' פ"ד], ו) שבועות כח., ז) [תוספ' פ"ד], ח) רש"א אין מלקין, ט) נ"א שנקלה, י) [מגילה ז:], כ) [ע"ז יד:], ל) [נ"ל בכל כחו תוי"ט].

הגהות הב"ח

(א) גמ' (מ"ט משום נקלה) תא"מ ונ"ב ס"א אין זה: (ב) שם ת"ר אמדוהו לכשילקה יקלה פוטרין וכו' מ"ד יקלה מלקין וכו' ולא שיקלה כבר בב"ד: (ג) תוס' ד"ה שניהם שוין בריעי ומיהו:

הגהות הגר"א

[א] גמ' לא יוסיף. נמחק ונ"ב על אלה (וכ"ה בספרי): [ב] רש"י ד"ה אין לי כו' "לא" נ"ל "פן": [ג] שם לא יוסיף. נ"ל על אלה:

א) אַרְבָּעִים יַכֶּנּוּ לֹא יֹסִיף פֶּן יֹסִיף לְהַכֹּתוֹ עַל אֵלֶּה מַכָּה רַבָּה וְנִקְלָה אָחִיךָ לְעֵינֶיךָ: [דברים כה, ג]

ב) לֹא תַחְסֹם שׁוֹר בְּדִישׁוֹ: [דברים כה, ד]

ג) כִּי יֵשְׁבוּ אַחִים יַחְדָּו וּמֵת אַחַד מֵהֶם וּבֵן אֵין לוֹ לֹא תִהְיֶה אֵשֶׁת הַמֵּת הַחוּצָה לְאִישׁ זָר יְבָמָהּ יָבֹא עָלֶיהָ וּלְקָחָהּ לוֹ לְאִשָּׁה וְיִבְּמָהּ: [דברים כה, ה]

ד) אֱלֹהֵי מַסֵּכָה לֹא תַעֲשֶׂה לָּךְ: [שמות לד, יז]

ו) וְאַנְשֵׁי קֹדֶשׁ תִּהְיוּן לִי וּבָשָׂר בַּשָּׂדֶה טְרֵפָה לֹא תֹאכֵלוּ לַכֶּלֶב תַּשְׁלִכוּן אֹתוֹ: [שמות כב, ל]

ז) לֹא תִשָּׂא שֵׁמַע שָׁוְא אַל תָּשֶׁת יָדְךָ עִם רָשָׁע לִהְיֹת עֵד חָמָס: [שמות כג, א]

ח) יָדַע שׁוֹר קֹנֵהוּ וַחֲמוֹר אֵבוּס בְּעָלָיו יִשְׂרָאֵל לֹא יָדַע עַמִּי לֹא הִתְבּוֹנָן: [ישעיה א, ג]

י) כִּי כָּל אֲשֶׁר יַעֲשֶׂה מִכֹּל הַתּוֹעֵבֹת הָאֵלֶּה וְנִכְרְתוּ הַנְּפָשׁוֹת הָעֹשֹׂת מִקֶּרֶב עַמָּם: [ויקרא יח, כט]

עין משפט נר מצוה

קלה א מיי' פ"א מהל' שביתת עשור הל' ב סמג לאוין סח טוש"ע א"ח סי' תריא ס"ב:

לעזי רש"י

ברובי"ר. פירוש להוכיח, לאמת, לברר (דברים), (רש"י בראשית כ, טז), להראות פנים (לדברים) (רש"י מ"ב, יח, ג-ז).

מסורת הש"ם

א) [קדושין לט:], ב) [חגיגה יא:], ג) [מגילה ז: ע"ש], ד) שם, ה) [שם ליתא], ו) [לעיל יג: וש"נ], ז) מגילה ז., ח) ברכות נד. [ודף סג.], ט) תענית ט. [כב: ע"ש] שבת לב: וע"ש, י) נ"א אמר ר"ח אמר רב, כ) [סוטה י:], ל) [נ"ל ויאמר אליהם עד ה' בכם ועד משיחו היום הזה], מ) [נ"ל בעשר], נ) [נ"ל והמעשר], ס) מלאכי ג, ע) [מגילה י:].

הגהות הב"ח

(א) גמרא ושאילת שלום בשם דכתיב: (ב) רש"י ד"ה בית דינו וכו' עד והא דכתיב:

גליון הש"ם

רש"י ד"ה בהכרת. לשון הכרת. עי' תוי"ט פרק א משנה ב דמלה:

רש"י

אשר יעשה אותם האדם וחי בהם. וסמיך ליה איש איש אל כל שאר בשרו דמשמע מי שעושה חוקותי אני נותן חיים לו ואלו הן חוקותי איש איש וגו' הא למדת כל היושב ואינו עובר כו': לזכות את ישראל. כדי שיהו מקבלין שכר במה שמונעין עצמן מן העבירות לפיכך הרבה להן שלא היה צריך לצוות כמה מצות וכמה אזהרות על שקצים ונבלות שאין לך אדם שאינו קץ בהן אלא כדי שיקבלו שכר על שפורשין מהן: גמ' תנינא. במסכת מגילה אין בין שבת כו': בהכרת. ° לשון הכרת תכרת (במדבר טו) ואינו שם דבר: הא. מתני' דמגילה רבי יצחק היא ולהכי קאמר דזדון כרת בידי שמים ולא בידי אדם אבל מאן דסבירא ליה דמלקות איכא בחייבי כריתות מודי לרבי חנניא דנפטרו מידי כריתתן כיון שלקו ואיצטריך ליה לרבי יוחנן לאשמעינן דחלוקין: רב אשי אמר אפי' תימא. מתני' דמגילה רבנן היא דאמרי חייבי כריתות ישנן בכלל מלקות ארבעים ואפילו הכי מודו לר' חנניא דנפטרו מידי כריתתן ודקא אמרת מיתה וכרת בידי אדם הוא לא דמי דזה עיקר זדונו בידי אדם עיקר עונש של שבת בידי אדם דקאי בסקילה ועיקר עונשו של יום הכפורים בידי שמים דאע"ג דאיכא חיוב מלקות בחייבי כריתות הוא אינו עיקר החיוב דכרת חמור ממלקות ואי מזיד בלא התראה הוא הוי בכרת ונמצא חיובו החמור בידי שמים ואנן בתר עיקר החיוב אזלינן וכן עיקר. מורי. ואית דפרשי עיקר זדונו תחלתו בר כרת הוא ואילו לא לקי נכרת ולא נהירא דהא תרוייהו בהדדי איתנהו ביה לרבנן דאמרי מלקות בחייבי כריתות איכא: מקרא מגילה. דחייבין על מקרא מגילה: ושאילת שלום בשם. דמותר לאדם לשאול בשלום חבירו בשם כגון ישים ה' עליך שלום ואין בו משום מוציא שם שמים לבטלה. מרדי. ל"א שאילת שלום בשם דחייב אדם לשאול בשלום חבירו בשם ואנו נמי כי שיילינן אהדדי מדכרינן שם דשלום שמו של הקב"ה דכתיב (שופטים ו) ויקרא לו ה' שלום לשם ה': והבאת מעשר. כדאמרינן ביבמות (דף פו:) דעזרא הסופר קנסינהו ללוים לפי שלא עלו עמו וצוה להביא כל המעשרות אל לשכת בית ה' והיו הכהנים והלוים שוים במעשר ראשון כדכתיב בעזרא (נחמיה י) והיה הכהן בן אהרן עם הלוים [מ] במעשר הלוים וגם חזקיהו עשה כמו כן הכין לשכות להביא כל המעשרות בהן כדי שלא יקבלום הלוים שהיו עכו"ם כדכתיב בדברי הימים (ב לא) ויאמר חזקיהו להכין לשכות בבית ה' ויכינו ויביאו את התרומה [נ] ואת המעשר וגם הוא תיקן להעלות לירושלים מעשר ירק ומעשר אילן דכתיב (שם) וכפרוץ הדבר הרבו בני ישראל ראשית דגן תירוש ויצהר וגו' ומפרש בנדרים (דף נה.) מאי וכפרוץ הא כל הני דאורייתא נינהו ומשני מעשר ירק ומעשר אילן וכתיב בתרי עשר [ס] דקאמר להו נביא לישראל הביאו את כל המעשר אל בית האוצר [וגו'] ובחנוני נא בזאת וגו' אלמא דהסכים: ואומר ה' עמך גבור החיל. מדקאמר ליה מלאך לגדעון שאילת שלום בשם אלמא דהסכים: הופיע. נגלה והוכיח בשעת הצורך בלע"ז ברובי"ר כך שמעתי. ל"א הופיע נשמעה בקול גדול. בנימוקי רבי: בבית דינו של שם. לא היה שם חי באותה שעה שהרי מת אלא בית דין של אחריו מבניו ותלמידיו וקרי ליה בית דין של שם כמו בית שמאי ובית הלל: ממני יצאו כבושים. דברים נעלמים הללו מאחי יצאו שלפי שיהודה היה מלך והיא זכתה לצאת ממנה מלכים [ע] מתוך שהיתה צנועה בבית חמיה יצאתה גזירה זו מלפני שילא זרע משניהם כך קיבל רבי מעיקרא לישנא אחרינא מאחי היתה שיצאו ממנה שני בנים הללו לכבוש העולם שהרי עתיד דוד ומשיח לצאת ממנה: בית דינו של שמואל. לעולם ישראל אמרו עד (ב) דהא דכתיב ויאמר בני ישראל איקרו יחיד: רמ"ח מצות עשה. דכל אבר ואבר אומר לו עשה מצוה: שס"ה [מצות] לא תעשה. שבכל יום מזהירים עליו שלא לעבור: מפי משה

תוספות

והבאת מעשר. פירש הקונט' שקנס עזרא ללוים ותיקן שיביאוהו לכהנים כמו התרומה וכמדומה מלשונו שעוד פירש פירוש אחר שיפרשו מכל פירות אילן כמו שתיקן חזקיהו וכדכתיב וכפרוץ הדבר:
בהוריה

גמרא

[א] אשר יעשה אותם האדם וחי בהם הא כל היושב ולא עבר עבירה נותנין לו שכר כעושה מצוה ר"ש בר רבי אומר הרי הוא אומר [ב] רק חזק לבלתי אכול (את) הדם כי הדם הוא הנפש וגו' ומה אם הדם שנפשו של אדם קצה ממנו הפורש ממנו מקבל שכר [ג] גזל ועריות שנפשו של אדם מתאוה להן ומחמדתן הפורש מהן על אחת כמה וכמה שיזכה לו ולדורותיו ולדורות דורותיו עד סוף כל הדורות ר' חנניא בן עקשיא אומר רצה הקב"ה לזכות את ישראל לפיכך הרבה להם תורה ומצות שנאמר [ג] ה' חפץ למען צדקו יגדיל תורה ויאדיר: **גמ'** [ג] א"ר יוחנן חלוקין עליו חבריו על רבי חנניה בן גמליאל אמר רב אדא בר אהבה אמרי בי רב תנינן [ד] אין [א] בין שבת ליום הכפורים אלא שזה זדונו בידי אדם וזה זדונו בהכרת ואם איתא אידי ואידי בידי אדם הוא רב נחמן ([ה] בר יצחק) אומר הא מני רבי יצחק היא דאמר מלקות בחייבי כריתות ליכא דתניא [ו] רבי יצחק אומר חייבי כריתות בכלל היו ולמה יצאת כרת באחותו לדונו בכרת ולא במלקות רב אשי אמר אפילו תימא רבנן זה עיקר זדונו בידי אדם וזה עיקר זדונו בידי שמים אמר רב אדא בר אהבה אמר רב הלכה כר' חנניה בן גמליאל אמר רב יוסף מאן סליק לעילא ואתא ואמר אמר ליה אביי אלא הא דאמר רבי יהושע בן לוי שלשה דברים עשו ב"ד של מטה והסכימו ב"ד של מעלה על ידם מאן סליק לעילא ואתא ואמר אלא קראי קא דרשינן ה"נ קראי קא דרשינן גופא א"ר יהושע בן לוי שלשה דברים עשו ב"ד של מטה והסכימו ב"ד של מעלה על ידם [אלו הן] מקרא מגילה ושאילת שלום [בשם] והבאת מעשר מקרא מגילה דכתיב [ד] קימו וקבלו היהודים [ז] קיימו למעלה מה שקבלו למטה ושאילת שלום (א) דכתיב [ה] והנה בועז בא מבית לחם ויאמר לקוצרים ה' עמכם ואומר [ו] ה' עמך גבור החיל [ח] מאי ואומר וכי תימא בועז הוא דעביד מדעתיה ומשמיא לא אסכימו על ידו ת"ש ואומר ה' עמך גבור החיל הבאת מעשר דכתיב [ז] הביאו את כל המעשר אל בית האוצר ויהי טרף בביתי ובחנוני נא בזאת אמר ה' צבאות אם לא אפתח לכם את ארובות השמים והריקותי לכם ברכה עד בלי די [ט] מאי עד בלי די [י] אמר רמי בר רב עד שיבלו שפתותיכם מלומר די א"ר אלעזר בג' מקומות הופיע רוח הקודש בבית דינו של שם ובבית דינו של שמואל הרמתי ובבית דינו של שלמה בבית דינו של שם דכתיב [ח] ויכר יהודה ויאמר צדקה ממני [כ] מנא ידע דלמא כי היכי דאזל איהו לגבה אזל נמי איניש אחרינא [לגבה] יצאת בת קול ואמרה ממני יצאו כבושים: בבית דינו של שמואל דכתיב [ט] הנני ענו בי נגד ה' ונגד משיחו את שור מי לקחתי [י] ויאמרו לא עשקתנו ולא רצותנו [כ] [ל] ויאמר עד ה' ועד משיחו כי לא מצאתם בידי מאומה ויאמר עד ויאמר ויאמרו מיבעי ליה יצאת בת קול ואמרה אני עד בדבר זה בבית דינו של שלמה דכתיב [ל] ויען המלך ויאמר תנו לה את הילד החי והמת לא תמיתוהו (כי) היא אמו מנא ידע דלמא איערומא מיערמא יצאת בת קול ואמרה היא אמו אמר רבא ממאי דלמא יהודה כיון דחשיב ירחי ויומי ואיתרמי דחזינן מחזקינן דלא חזינן לא מחזקינן שמואל נמי כולהו ישראל קרי להו בלשון יחידי דכתיב [מ] ישראל נושע בה' שלמה נמי מדהא קא מרחמתא והא לא קא מרחמתא אלא גמרא: דרש רבי שמלאי שש מאות ושלש עשרה מצות נאמרו לו למשה שלש מאות וששים וחמש לאוין כמנין ימות החמה ומאתים וארבעים ושמונה עשה כנגד איבריו של אדם אמר רב המנונא מאי קרא [נ] תורה צוה לנו משה מורשה תורה בגימטריא
שית

ליקוטי רש"י

היושב ולא עבר עבירה וכו'. הכוא יושב ולא עבר עבירה דקאמר נוטל עליה שכר בעבירה שבא לידו וכפה יצרו ולא עבר אין מצוה יתירה מזו [קידושין לט:].

רק חזק לבלתי וגו' כי הדם הוא הנפש וגו' למען ייטב לך ולבניך אחריך. לא ולמד מתן שכרן של מצוות אם הדם שנפשו של אדם וכו' [דברים יב, כה].

תנינא. דחלוקין. ואם איתא. דנפטרו אידי ואידי בידי אדם הוא אף ביום הכפורים יש מלקות על לאו שבו ובית דין פוטרין אותו מכרת. אמר רב נחמן. לעולם אינן חלוקין עליו חביריו והא דקתני דאין זדונו בידי אדם. הא מני ר' יצחק היא. דאמר במסכת מכות דאין מלקין בלאו הניתן לאזהרת כרת אפילו התרו בו למלקות ויליף טעמיה מהאי קרא [מגילה ז:].

כל חייבי כריתות. של עריות היו בכלל ונכרתו הנפשות העושות וגו' שכתוב בפרשת עריות (ויקרא יח). למה יצאת כרת באחותו. דכתיב בקדושים תהיו ואיש כי יקח את אחותו וגו'. לדונה בכרת ולא במלקות. אם התרו בהן ואע"ג דנדה נמי נשנית באותה פרשה לדבר שנתחדש בה נשנית להערלה. אפילו תימא רבנן היא. דאמרי מלקות אגל כרת ואפ"ה ליכא למילף מינה שחלוקין על רבי חנניה והכי קאמר מתניתין שבת עיקר חומר זדונו בידי אדם וזה עיקר חומר זדונו בהכרת ומיהו אם התרו בו ולקה מיפטר [מגילה ז:].

ושאילת שלום בשם. בשמו של הקב"ה ולא אמרינן מזלזל הוא בכבודו של מקום בשביל כבוד הבריות להוציא שם שמים עליו ולמדו מבועז שאמר ה' עמכם ומן המלאך שאמר לגדעון ה' עמך גבור החיל [ברכות נד.].

וכי תימא בועז מדעתיה עבד. ולא גמרינן מיניה. תא שמע ואומר ה' עמך וכו'. דגמרינן ממלאך שאמר לגדעון [שם סג.].

שיבלו. כלומר שייגעו דולורא"ט בלע"ז [תענית ט.].

מנא ידע. שממנו היא מעוברת שמא אף אחרים באו עליה. ויאמר. בת קול אמרה. כבושים. דברים עלומים שנגזרו מלפני שיצאו מזו מלכים ואי אפשר לצאת אלא מיהודה דכתיב (בראשית מט) גור אריה יהודה כבושים דברי סתר גזירת המלך כמו בהדי כבשי דקודשא בריך הוא למה לך בברכות (דף י.) גבי חזקיה [סוטה י:]. הנני ענו בי וגו' את שור מי לקחתי לעבודתי וחמור מי לקחתי כשהייתי הולך מעיר לעיר לשפוט אותם על עסקי צרכיהם הייתי הולך על החמור שלי והיה לי ליטול משלהם. ויאמר אליהם עד ה' בכם ועד משיחי וגו' ויאמר עד. בת קול יוצאת ואומרת עד, וזה אחד משלשה מקומות שהופיעה רוח הקדש בבית דין של מטה [שמואל א יב, ג-ה].

תורה אור השלם

א) וּשְׁמַרְתֶּם אֶת חֻקֹּתַי וְאֶת מִשְׁפָּטַי אֲשֶׁר יַעֲשֶׂה אֹתָם הָאָדָם וָחַי בָּהֶם אֲנִי יְיָ: [ויקרא יח, ה]

ב) רַק חֲזַק לְבִלְתִּי אֲכֹל הַדָּם כִּי הַדָּם הוּא הַנָּפֶשׁ וְלֹא תֹאכַל הַנֶּפֶשׁ עִם הַבָּשָׂר: [דברים יב, כג]

ג) יְיָ חָפֵץ לְמַעַן צִדְקוֹ יַגְדִּיל תּוֹרָה וְיַאְדִּיר: [ישעיה מב, כא]

ד) קִיְּמוּ וְקִבְּלוּ הַיְּהוּדִים עֲלֵיהֶם וְעַל זַרְעָם וְעַל כָּל הַנִּלְוִים עֲלֵיהֶם וְלֹא יַעֲבוֹר לִהְיוֹת עֹשִׂים אֵת שְׁנֵי הַיָּמִים הָאֵלֶּה כִּכְתָבָם וְכִזְמַנָּם בְּכָל שָׁנָה וְשָׁנָה: [אסתר ט, כז]

ה) וְהִנֵּה בֹעַז בָּא מִבֵּית לֶחֶם וַיֹּאמֶר לַקּוֹצְרִים יְיָ עִמָּכֶם וַיֹּאמְרוּ לוֹ יְבָרֶכְךָ יְיָ: [רות ב, ד]

ו) וַיֵּרָא אֵלָיו מַלְאַךְ יְיָ וַיֹּאמֶר אֵלָיו יְיָ עִמְּךָ גִּבּוֹר הֶחָיִל: [שופטים ו, יב]

ז) הָבִיאוּ אֶת כָּל הַמַּעֲשֵׂר אֶל בֵּית הָאוֹצָר וִיהִי טֶרֶף בְּבֵיתִי וּבְחָנוּנִי נָא בָּזֹאת אָמַר יְיָ צְבָאוֹת אִם לֹא אֶפְתַּח לָכֶם אֵת אֲרֻבּוֹת הַשָּׁמַיִם וַהֲרִיקֹתִי לָכֶם בְּרָכָה עַד בְּלִי דָי: [מלאכי ג, י]

ח) וַיַּכֵּר יְהוּדָה וַיֹּאמֶר צָדְקָה מִמֶּנִּי כִּי עַל כֵּן לֹא נְתַתִּיהָ לְשֵׁלָה בְנִי וְלֹא יָסַף עוֹד לְדַעְתָּהּ: [בראשית לח, כו]

ט) הִנְנִי עֲנוּ בִי נֶגֶד יְיָ וְנֶגֶד מְשִׁיחוֹ אֶת שׁוֹר מִי לָקַחְתִּי וַחֲמוֹר מִי לָקַחְתִּי וְאֶת מִי עָשַׁקְתִּי אֶת מִי רַצּוֹתִי וּמִיַּד מִי לָקַחְתִּי כֹפֶר וְאַעְלִים עֵינַי בּוֹ וְאָשִׁיב לָכֶם: [ש"א יב, ג]

י) וַיֹּאמְרוּ לֹא עֲשַׁקְתָּנוּ וְלֹא רַצּוֹתָנוּ וְלֹא לָקַחְתָּ מִיַּד אִישׁ מְאוּמָה: [ש"א יב, ד]

כ) וַיֹּאמֶר אֲלֵיהֶם עֵד יְיָ בָּכֶם וְעֵד מְשִׁיחוֹ הַיּוֹם הַזֶּה כִּי לֹא מְצָאתֶם בְּיָדִי מְאוּמָה וַיֹּאמֶר עֵד: [ש"א יב, ה]

ל) וַיַּעַן הַמֶּלֶךְ וַיֹּאמֶר תְּנוּ לָהּ אֶת הַיָּלוּד הַחַי וְהָמֵת לֹא תְמִיתֻהוּ הִיא אִמּוֹ: [מ"א ג, כז]

מ) יִשְׂרָאֵל נוֹשַׁע בַּיְיָ תְּשׁוּעַת עוֹלָמִים לֹא תֵבֹשׁוּ וְלֹא תִכָּלְמוּ עַד עוֹלְמֵי עַד: [ישעיה מה, יז]

נ) תּוֹרָה צִוָּה לָנוּ מֹשֶׁה מוֹרָשָׁה קְהִלַּת יַעֲקֹב: [דברים לג, ד]

"אֲשֶׁר יַעֲשֶׂה אֹתָם הָאָדָם וָחַי בָּהֶם" – *You shall guard My statutes and My laws* ***which man shall carry out and by which he shall live.***[1] Now, the "statutes" and "laws" to which this verse refers are the negative commandments in the next passage, the *kares*-bearing forbidden unions. Thus a person who abstains from a forbidden union is considered to be carrying out a law and is given life. הָא – **This means:** כָּל הַיּוֹשֵׁב וְלֹא עָבַר עֲבֵירָה – **Whoever desists and does not commit a transgression** נוֹתְנִין לוֹ שָׂכָר כְּעוֹשֶׂה מִצְוָה – **is given a reward like that of one who performs a mitzvah.**[2]

The Mishnah continues:

רַבִּי שִׁמְעוֹן בַּר רַבִּי אוֹמֵר – **R' Shimon bar Rebbi says:** הֲרֵי הוּא אוֹמֵר – **Behold, [the Torah] says:**[3] "רַק חֲזַק לְבִלְתִּי אֲכֹל (את) הַדָּם כִּי הַדָּם הוּא הַנֶּפֶשׁ וגו' " – ***Only be steadfast not to eat the blood** [of animals], **for the blood is the life** etc.* *in order that it be well with you and your children after you.* וּמָה אִם הַדָּם – **Now if** in the case of **blood** שֶׁנַּפְשׁוֹ שֶׁל אָדָם קָצָה מִמֶּנּוּ – **for which a person has a natural aversion,** הַפּוֹרֵשׁ מִמֶּנּוּ מְקַבֵּל שָׂכָר – nevertheless, **one who abstains from** eating **it receives a reward,** then in the cases of גָּזֵל וַעֲרָיוֹת – **theft and immorality,** שֶׁנַּפְשׁוֹ שֶׁל אָדָם מִתְאַוָּה לָהֶן וּמְחַמַּדְתָּן – **which a person desires and covets,** הַפּוֹרֵשׁ מֵהֶן עַל אַחַת כַּמָּה וְכַמָּה שֶׁיִּזְכֶּה לוֹ – **how much more so will one who abstains from them earn merit for himself,** וּלְדוֹרוֹתָיו וּלְדוֹרוֹת דוֹרוֹתָיו עַד סוֹף כָּל הַדּוֹרוֹת – **for his generations and for his generations' generations until the end of all the generations.**[4]

The Mishnah concludes:

רַבִּי חֲנַנְיָא בֶּן עֲקַשְׁיָא אוֹמֵר – **R' Chananya ben Akashya says:**[5] רָצָה הַקָּדוֹשׁ בָּרוּךְ הוּא לְזַכּוֹת אֶת יִשְׂרָאֵל – **The Holy One, Blessed is He, desired to confer merit upon Israel,** i.e. to increase their reward by providing them with many opportunities for mitzvah observance, לְפִיכָךְ הִרְבָּה לָהֶם תּוֹרָה וּמִצְוֹת – **therefore, He gave them Torah and mitzvos in abundance.** שֶׁנֶּאֱמַר "ה' חָפֵץ לְמַעַן צִדְקוֹ יַגְדִּיל תּוֹרָה וְיַאְדִּיר" – **As it says:**[6] ***Hashem desired for the sake of [Israel's] righteousness, that the Torah be expanded and strengthened.*** Wishing to make Israel righteous with abundant reward, God gave them many commandments, so that the people could earn reward by observing them.[7]

Gemara

The Mishnah recorded R' Chananyah ben Gamliel's opinion that *malkus* absolves a transgressor from *kares;* the Gemara comments:

אָמַר רַבִּי יוֹחָנָן – **R' Yochanan said:** חֲלוּקִין עָלָיו חֲבֵרָיו עַל רַבִּי חֲנַנְיָה בֶּן גַּמְלִיאֵל – **R' Chananyah ben Gamliel's colleagues disagree with him.**

The Gemara seeks to confirm R' Yochanan's statement:[8]

אָמַר רַב אַדָּא בַּר אַהֲבָה – **Rav Adda bar Ahavah said:** אָמְרֵי בֵּי רַב – **They said in the academy of Rav:** R' Yochanan's statement that others disagree with R' Chananyah ben Gamliel תְּנֵינָא – **may be proven from a Mishnah**[9] which states: אֵין בֵּין שַׁבָּת לְיוֹם הַכִּפּוּרִים – THERE IS NO DIFFERENCE BETWEEN the SABBATH AND YOM KIPPUR, in regard to their penalties,[10] אֶלָּא שֶׁזֶּה זְדוֹנוֹ בִּידֵי אָדָם וְזֶה זְדוֹנוֹ בְּהִכָּרֵת – EXCEPT THAT THE DELIBERATE DESECRATION OF THIS ONE [the Sabbath] IS PUNISHABLE BY HUMAN AUTHORITY,[11] AND THE DELIBERATE DESECRATION OF THE OTHER [Yom Kippur] IS PUNISHED WITH *KARES.* וְאִם אִיתָא – **Now, if it is so,** that receiving *malkus* from the courts exempts one from *kares,* as R' Chananyah ben Gamliel holds, אִידִי וְאִידִי בִּידֵי אָדָם הוּא – **both this** [Sabbath] **and the other** [Yom Kippur] **are punishable by human authority:** the Sabbath desecrator by death, and the *Yom Kippur* desecrator by

NOTES

1. *Leviticus* 18:5.

2. The Talmud (*Kiddushin* 39b) states that this rule applies only when the opportunity for transgression presents itself yet the person resists the temptation to sin. *Rashi* (there) adds that if one restrains one's evil inclination and thus refrains from sin there is no mitzvah superior to this.

3. *Deuteronomy* 12:23,25.

4. [Although the Gemara states that one is rewarded for passive observance only if he has a desire to transgress (see note 2), it is possible that a person would desire to eat blood merely to savor the taste of the forbidden (see *Proverbs* 9:17 and *Nedarim* 91b).]

5. This is the only place in the entire Mishnah that R' Chananya ben Akashya, a fourth-generation Tanna, is cited. He is cited once in the *Tosefta* (*Shekalim* 3:13).

6. *Isaiah* 42:21.

7. The Torah stated many admonitions against eating abominable creatures, crawling things and carrion, even though people would abstain from them in any case. God's purpose was only to increase Israel's **reward** by making it a **mitzvah** to abstain from them *(Rivan).*

Rambam (*Commentary*) writes: It is a fundamental principle of the Torah that in order to merit eternal life in the World to Come a person must fulfill at least **one** mitzvah properly with complete **devotion** to God. This mitzvah must be performed without incorporating in it any personal interest in the observance, intending it only to fulfill God's will with love. Therefore, God gave us an abundance of mitzvos so that every person should, in his lifetime, observe at least one mitzvah **perfectly** and thereby merit eternal life. *Derech Nichumecha* to *Pirkei Avos* (where this statement appears; see below) comments that each person may have a strong inclination toward a different mitzvah. God therefore gave many mitzvos, so that every person will find his own spiritual niche and give his mitzvah particular care. (See, however, *Maharal* at the end of *Derech Chaim,* who argues at length against *Rambam's* view of a single, perfectly observed mitzvah that will enable one to merit the World to Come.)

Meshech Chochmah (*Exodus* 12:21) has a novel interpretation of R' Chananya ben Akashya's statement: The Holy One, Blessed is He, desired to *purify* Israel (the word לְזַכּוֹת is understood in the sense of זִכִּיתִי לִבִּי, *I have cleansed my heart,* in *Proverbs* 20:9), therefore he gave them Torah and mitzvos in abundance. Torah, *Meshech Chochmah* explains, in order to foster a correct intellectual outlook, and mitzvos, with which to sublimate all of a human's physical and emotional urges into the service of God.

This extremely familiar statement in our Mishnah is printed universally at the end of *Pirkei Avos* (and frequently at the end of each chapter). *Rashi* to *Pirkei Avos* teaches that since the Rabbis' Kaddish is recited only after the study of Aggadah, an Aggadic portion of the Talmud was chosen as a standard recitation after every public study session. *Mesoras HaShas* ad loc. questions the need for this custom when studying *Pirkei Avos,* since *Pirkei Avos* itself is Aggadic material. Nonetheless, the universal custom of reciting this excerpt is maintained (see *Orach Chaim* 54:3, *Magen Avraham* §3 and *Mishnah Berurah* §9).

8. The interpretation of the ensuing passage follows *Ritva* here and *Rashi* to *Megillah* 7b; see *Imrei Binyamin* in regard to *Rivan's* view.

9. *Megillah* 7b.

10. The Mishnah refers only to the *penalties* inflicted upon desecrators of the Sabbath and Yom Kippur. Regarding *restrictions,* however, there are differences between the two days. On Yom Kippur one must fast, and abstain from washing, applying lotions, wearing leather shoes and marital relations. On the Sabbath, of course, these restrictions do not exist (*Meiri* to *Megillah* 7b).

11. If one desecrates the Sabbath intentionally, after having been warned of the prohibition and the penalty, and witnesses testify to that effect, he is sentenced to סְקִילָה, *sekilah* (literally: stoning), by the court.

עין משפט
נר מצוה

קלה א מיי׳ פ״א מהל׳ שביתת עשור הל׳ ב סמג לאוין סח טוש״ע א״ח סי׳ תריא ס״ב:

לעזי רש״י

ברובי״ר. פירוש להוכיח, לאמת, לברר (דברים), (רש״י בראשית כ, טז), להראות פנים (לדברים) (רש״י מ״ב, יח, ג-ד).

ליקוטי רש״י

היושב ולא עבר עבירה וכו׳. הסוא ישב ולא עבר עבירה דקאמר נוטל עליה שכר בעבירה שבא לידו וכפה יצרו ולא עבר אין מצוה יתירה מזו [קידושין לט:].

רק חזק לבלתי וגו׳ כי הדם הוא הנפש וגו׳ למען ייטב לך ולבניך אחריך. לא ולמד מכאן שכן של מצות אם הדם שנפשו של אדם וכו׳ [דברים יב, כה].

תנינא. דלוקין. ואם איתא. דנפטרו אידי ואידי בידי אדם הוא אף ביום הכפורים יש מלקות על לאו שבו ובית דין פוטרין אותו מכרת. אמר רב נחמן. לעולם אין חלוקין עליו חביריו והא דקתני דאין זדונו בידי אדם. הא מני ר׳ יצחק היא. דאמר במסכת מכות דאין מלקין בלאו הניתן לאזהרת כרת אפילו התרו בו למלקות ויליף טעמיה מהאי קרא [מגילה ז:].

כל חייבי כריתות. של עריות היו בכלל ונכרתו הנפשות העושות וגו׳ שכתוב בפרשת עריות (ויקרא יח). למה יצאת כרת באחותו. דכתיב בקדושים תהיו ואיש כי יקח את אחותו וגו׳. לדונה בכרת ולא במלקות. אם התרו בהן ואע״ג דנדה נמי נשנית באותה פרשה לדבר שנתחדש בה נשנית להערה. אפילו תימא רבנן היא. דאמרי מלקות אבל כרת ואפ״ה ליכא למילף מינה שחלוקין על רבי חנניה והכי קאמר מתניתין שבת עיקר חומר זדונו בידי אדם וזה עיקר חומר זדונו בהכרת ומיהו אם התרו בו ולקה מיפטר [מגילה ז:].

ושאילת שלום בשם. בשמו של הקב״ה ולא אמרינן מזלזל הוא בכבודו של מקום בשביל כבוד הבריות להוציא שם שמים עליו ולמדו מבועז שאמר ה׳ עמכם ומן המלאך שאמר לגדעון ה׳ עמך גבור החיל [ברכות נד.].

וכי תימא בועז מדעתיה עבד. ולא גמרינן מיניה. תא שמע ואומר ה׳ עמך וכו׳. דגמרינן ממלאך שאמר לגדעון [שם סג.].

שיבלו. כלומר שייגעו דוורא״ט בלע״ז [תענית ט.].

מנא ידע. שממנו היא מעוברת שמא אף אחרים באו עליה. ויאמר. בת קול אמרה. כבושים. דברים עלומים שנגזרו מלפני שיצאו מזו מלכים ואי אפשר לצאת אלא מיהודה דכתיב (בראשית מט) גור אריה יהודה

אשר יעשה אותם האדם וחי בהם. וסמיך ליה איש איש אל כל שאר בשרו דמשמע מי שעושה חוקותי אני נותן חיים לו ואלו הן חוקותי איש איש וגו׳ הא למדת כל היושב ואינו עובר כו׳: לזכות את ישראל. כדי שיהו מקבלין שכר במה שמונעין עלמן מן העבירות לפיכך הרבה להן שלא היה צריך לצוות כמה מצות וכמה אזהרות על שקצים ונבלות שאין לך אדם שאינו קץ בהן אלא כדי שיקבלו שכר על שפורשין מהן: גמ׳ תנינא. במסכת מגילה אין בין שבת כו׳: בהכרת. ° לשון הכרת תכרת (במדבר טו) ואינו שם דבר: הא. מתני׳ דמגילה רבי יצחק היא ולהכי קאמר דזדון כרת בידי שמים ולא בידי אדם אבל מאן דסבירא ליה דמלקות איכא בחייבי כריתות מודי לרבי חנניא דנפטרו מידי כריתתן כיון שלקו ואיצטריך ליה לרבי יוחנן לאשמעינן דחלוקין: רב אשי אמר אפי׳ תימא. מתני׳ דמגילה רבנן היא דאמרי חייבי כריתות ישנן בכלל מלקות ארבעים ואפילו הכי מודו לר׳ חנניא דנפטרו מידי כריתתן ודקא אמרת מיתה וכרת בידי אדם הוא לא דמי זה עיקר זדונו בידי אדם עיקר עונש של שבת בידי אדם דקאי בסקילה ועיקר עונשו של יום הכפורים בידי שמים דאע״ג דאיכא חיוב מלקות בחייבי כריתות הוא אינו עיקר החיוב דכרת חמור ממלקות ואי מזיד בלא התראה הוא הוי בכרת ונמלא חיובו החמור בידי שמים ואנן בתר עיקר החיוב אזלינן וכן עיקר. מורי. ואית דפרשי עיקר זדונו תחלתו בר כרת הוא ואילו לא לקי נכרת ולא נהירא דהא תרוייהו בהדדי איתנהו ביה לרבנן דאמרי מלקות בחייבי כריתות איכא: מקרא מגילה. דחייבין על מקרא מגילה: ושאילת שלום בשם. דמותר לאדם לשאול בשלום חבירו בשם כגון ישים ה׳ עליך שלום ואין בו משום מוליא שם שמים לבטלה. מרבי. ל״א שאילת שלום בשם דחייב אדם לשאול בשלום חבירו בשם ואנו נמי כי שיילינן אהדדי מדכרינן שם דשלום שמו של הקב״ה דכתיב (שופטים ו) ויקרא לו ה׳ שלום לשם ה׳: והבאת מעשר. כדאמרינן ביבמות (דף פו:) דעזרא הסופר קנסינהו ללוים לפי שלא עלו עמו וצוה להביא כל המעשרות אל לשכת בית ה׳ והיו הכהנים והלוים שוים במעשר ראשון כדכתיב בעזרא (נחמיה י) והיה הכהן בן אהרן עם הלוים [מ] במעשר הלוים וגם חזקיהו עשה כמו כן הכין לשכות להביא כל המעשרות בהן כדי שלא יקבלום הלוים שהיו עכו״ם כדכתיב בדברי הימים (ב לא) ויאמר חזקיהו להכין לשכות בבית ה׳ ויכינו ויביאו את התרומה [נ] ואת המעשר וגם הוא תיקן להעלות לירושלים מעשר ירק ומעשר אילן דכתיב (שם) וכפרוץ הדבר הרבו בני ישראל ראשית דגן תירוש ויצהר וגו׳ ומפרש בנדרים (דף נה.) מאי וכפרוץ הא כל הני דאורייתא נינהו ומשני מעשר ירק ומעשר אילן וכתיב בתרי עשר [ס] דקאמר להו נביא לישראל הביאו את כל המעשר אל בית האוצר [וגו׳] ובחנוני נא בזאת וגו׳ אלמא דהסכים: ואומר ה׳ עמך גבור החיל. מדקאמר ליה מלאך לגדעון שאילת שלום בשם אלמא דהסכים: הופיע. נגלה והוכיח בשעת הצורך בלע״ז ברוזי״ר כך שמעתי. ל״א הופיע נשמעה בקול גדול. בנימוקי רבי: בבית דינו של שם. לא היה שם חי באותה שעה שהרי מת אלא בית דין של אחריו מבניו ותלמידיו וקרי ליה בית דין של שם כמו בית שמאי ובית הלל: ממני יצאו כבושים. דברים נעלמים הללו מאתי יצאו שלפי שיהודה היה מלך והיא זכתה לצאת ממנה מלכים [ע] מתוך שהיתה צנועה בבית חמיה יצאתה גזירה זו מלפני שילא זרע משניהם כך קיבל רבי מעיקרא לישנא אחרינא מאתי היתה שיצאו ממנה שני בנים הללו לכבוש העולם שהרי עתיד דוד ומשיח לצאת ממנה: בית דינו של שמואל. לעולם ישראל אמרו עד (ב) דהא דכתיב ויאמר בני ישראל איקרו יחיד: רמ״ח מצות עשה. דכל אבר ואבר אומר לו עשה מצוה: שס״ה [מצות] לא תעשה. שבכל יום מזהירים עליו שלא לעבור: מפי משה
שית

והבאת מעשר. פירש הקונט׳ שקנס עזרא ללוים ותיקן שיביאוהו לכהנים כמו התרומה וכמדומה מלשונו שעוד פירש פירוש אחר שיפרשו מכל פירות אילן כמו שתיקן חזקיהו וכדכתיב וכפרון הדבר:
באוריה

משנה [א] אשר יעשה אותם האדם וחי בהם הא כל [א] היושב ולא עבר עבירה נותנין לו שכר כעושה מצוה ר״ש בר רבי אומר הרי הוא אומר [ב] רק חזק לבלתי אכול (את) הדם כי הדם הוא הנפש וגו׳ ומה אם הדם שנפשו של אדם קצה ממנו הפורש ממנו מקבל שכר [ג] גזל ועריות שנפשו של אדם מתאוה להן ומחמדתן הפורש מהן על אחת כמה וכמה שיזכה לו ולדורותיו ולדורות דורותיו עד סוף כל הדורות ר׳ חנניא בן עקשיא אומר רצה הקב״ה לזכות את ישראל לפיכך הרבה להם תורה ומצות שנאמר [ג] ה׳ חפץ למען צדקו יגדיל תורה ויאדיר: גמ׳ [ג] א״ר יוחנן חלוקין עליו חבריו על רבי חנניה בן גמליאל אמר רב אדא בר אהבה אמרי בי רב תנינן [ד] אין א בין שבת ליום הכפורים אלא שזה זדונו בידי אדם וזה זדונו בהכרת ואם איתא אידי ואידי בידי אדם הוא רב נחמן (ה בר יצחק) אומר הא מני רבי יצחק היא דאמר מלקות בחייבי כריתות ליכא דתניא [ו] רבי יצחק אומר חייבי כריתות בכלל היו ולמה יצאת כרת באחותו לדונו בכרת ולא במלקות רב אשי אמר אפילו תימא רבנן זה עיקר זדונו בידי אדם וזה עיקר זדונו בידי שמים אמר רב אדא בר אהבה אמר רב הלכה כר׳ חנניה בן גמליאל אמר רב יוסף מאן סליק לעילא ואתא ואמר אמר ליה אביי אלא הא דאמר רבי יהושע בן לוי שלשה דברים עשו ב״ד של מטה והסכימו ב״ד של מעלה על ידם מאן סליק לעילא ואתא ואמר אלא קראי קא דרשינן ה״נ קראי קא דרשינן גופא א״ר יהושע בן לוי שלשה דברים עשו ב״ד של מטה והסכימו ב״ד של מעלה על ידם [אלו הן] מקרא מגילה ושאילת שלום [בשם] והבאת מעשר מקרא מגילה דכתיב [ד] קימו וקבלו היהודים [ז] קיימו למעלה מה שקבלו למטה ושאילת שלום (א) דכתיב [ה] והנה בועז בא מבית לחם ויאמר לקוצרים ה׳ עמכם ואומר [ו] ה׳ עמך גבור החיל [ח] מאי ואומר וכי תימא בועז הוא דעביד מדעתיה ומשמיא לא אסכימו על ידו ת״ש ואומר ה׳ עמך גבור החיל הבאת מעשר דכתיב [ז] הביאו את כל המעשר אל בית האוצר ויהי טרף בביתי ובחנוני נא בזאת אמר ה׳ צבאות אם לא אפתח לכם את ארובות השמים והריקותי לכם ברכה עד בלי די [ט] מאי עד בלי די [י] אמר רמי בר רב עד שיבלו שפתותיכם מלומר די א״ר אלעזר בג׳ מקומות הופיע רוח הקודש בבית דינו של שם ובבית דינו של שמואל הרמתי ובבית דינו של שלמה בבית דינו של שם דכתיב [ח] ויכר יהודה ויאמר צדקה ממני [כ] מנא ידע דלמא כי היכי דאזל איהו לגבה אזל נמי איניש אחרינא [לגבה] יצאת בת קול ואמרה ממני יצאו כבושים: בבית דינו של שמואל דכתיב [ט] הנני ענו בי נגד ה׳ ונגד משיחו את שור מי לקחתי [י] ויאמרו לא עשקתנו ולא רצותנו [כ] [ל] ויאמר עד ה׳ ועד משיחו כי לא מצאתם בידי מאומה ויאמר עד ויאמר ויאמרו מיבעי ליה יצאת בת קול ואמרה אני עד בדבר זה בבית דינו של שלמה דכתיב [ל] ויען המלך ויאמר תנו לה את הילד החי והמת לא תמיתוהו (כי) היא אמו מנא ידע דלמא איערומא מיערמא יצאת בת קול ואמרה היא אמו אמר רבא ממאי דלמא יהודה כיון דחשיב ירחי ויומי ואיתרמי דחזינן מחזקינן דלא חזינן לא מחזקינן שמואל נמי כולהו ישראל קרי להו בלשון יחידי דכתיב [מ] ישראל נושע בה׳ שלמה נמי מדהא קא מרחמתא והא לא קא מרחמתא אלא גמרא: דרש רבי שמלאי שש מאות ושלש עשרה מצות נאמרו לו למשה שלש מאות וששים וחמש לאוין כמנין ימות החמה ומאתים וארבעים ושמונה עשה כנגד איבריו של אדם אמר רב המנונא מאי קרא [נ] תורה צוה לנו משה מורשה תורה בגימטריא
שית

מסורת הש״ס

א) [קדושין לט:], ב) [חגיגה יא:], ג) [מגילה ז: ע״ש], ד) שם, ה) [שם ליתא], ו) [לעיל יג: וש״נ], ז) מגילה ז., ח) ברכות נד. [ודף סג.], ט) תענית ט. [כב: ע״ש] שבת לב: וע״ש, י) נ״א אמר ר״ח אמר רב, כ) [סוטה י:], ל) [נ״ל ויאמר אליהם עד ה׳ בכם ועד משיחו היום הזה], מ) [נ״ל בעשר], נ) [נ״ל והמעשר], ס) מלאכי ג, ע) [מגילה י:].

הגהות הב״ח

(א) גמרא ושאילת שלום בשם דכתיב: (ב) רש״י ד״ה בית דינו וכו׳ עד והא דכתיב:

גליון הש״ס

רש״י ד״ה בהכרת. לשון הכרת. עי׳ תוי״ט פרק א משנה ב דמלה:

תורה אור השלם

א) וּשְׁמַרְתֶּם אֶת חֻקֹּתַי וְאֶת מִשְׁפָּטַי אֲשֶׁר יַעֲשֶׂה אֹתָם הָאָדָם וָחַי בָּהֶם אֲנִי יְיָ: [ויקרא יח, ה]

ב) רַק חֲזַק לְבִלְתִּי אֲכֹל הַדָּם כִּי הַדָּם הוּא הַנָּפֶשׁ וְלֹא תֹאכַל הַנֶּפֶשׁ עִם הַבָּשָׂר: [דברים יב, כג]

ג) יְיָ חָפֵץ לְמַעַן צִדְקוֹ יַגְדִּיל תּוֹרָה וְיַאְדִּיר: [ישעיה מב, כא]

ד) קִיְּמוּ וְקִבְּלוּ הַיְּהוּדִים עֲלֵיהֶם וְעַל זַרְעָם וְעַל כָּל הַנִּלְוִים עֲלֵיהֶם וְלֹא יַעֲבוֹר לִהְיוֹת עֹשִׂים אֵת שְׁנֵי הַיָּמִים הָאֵלֶּה כִּכְתָבָם וְכִזְמַנָּם בְּכָל שָׁנָה וְשָׁנָה: [אסתר ט, כז]

ה) וְהִנֵּה בֹעַז בָּא מִבֵּית לֶחֶם וַיֹּאמֶר לַקּוֹצְרִים יְיָ עִמָּכֶם וַיֹּאמְרוּ לוֹ יְבָרֶכְךָ יְיָ: [רות ב, ד]

ו) וַיֵּרָא אֵלָיו מַלְאַךְ יְיָ וַיֹּאמֶר אֵלָיו יְיָ עִמְּךָ גִּבּוֹר הֶחָיִל: [שופטים ו, יב]

ז) הָבִיאוּ אֶת כָּל הַמַּעֲשֵׂר אֶל בֵּית הָאוֹצָר וִיהִי טֶרֶף בְּבֵיתִי וּבְחָנוּנִי נָא בָּזֹאת אָמַר יְיָ צְבָאוֹת אִם לֹא אֶפְתַּח לָכֶם אֵת אֲרֻבּוֹת הַשָּׁמַיִם וַהֲרִיקֹתִי לָכֶם בְּרָכָה עַד בְּלִי דָי: [מלאכי ג, י]

ח) וַיַּכֵּר יְהוּדָה וַיֹּאמֶר צָדְקָה מִמֶּנִּי כִּי עַל כֵּן לֹא נְתַתִּיהָ לְשֵׁלָה בְנִי וְלֹא יָסַף עוֹד לְדַעְתָּהּ: [בראשית לח, כו]

ט) הִנְנִי עֲנוּ בִי נֶגֶד יְיָ וְנֶגֶד מְשִׁיחוֹ אֶת שׁוֹר מִי לָקַחְתִּי וַחֲמוֹר מִי לָקַחְתִּי וְאֶת מִי עָשַׁקְתִּי אֶת מִי רַצּוֹתִי וּמִיַּד מִי לָקַחְתִּי כֹפֶר וְאַעְלִים עֵינַי בּוֹ וְאָשִׁיב לָכֶם: [ש״א יב, ג]

י) וַיֹּאמְרוּ לֹא עֲשַׁקְתָּנוּ וְלֹא רַצּוֹתָנוּ וְלֹא לָקַחְתָּ מִיַּד אִישׁ מְאוּמָה: [ש״א יב, ד]

כ) וַיֹּאמֶר אֲלֵיהֶם עֵד יְיָ בָּכֶם וְעֵד מְשִׁיחוֹ הַיּוֹם הַזֶּה כִּי לֹא מְצָאתֶם בְּיָדִי מְאוּמָה וַיֹּאמֶר עֵד: [ש״א יב, ה]
ל) וַיַּעַן הַמֶּלֶךְ וַיֹּאמֶר תְּנוּ לָהּ אֶת הַיָּלוּד הַחַי וְהָמֵת לֹא תְמִיתֻהוּ הִיא אִמּוֹ: [מ״א ג, כז] מ) יִשְׂרָאֵל נוֹשַׁע בַּייָ תְּשׁוּעַת עוֹלָמִים לֹא תֵבֹשׁוּ וְלֹא תִכָּלְמוּ עַד עוֹלְמֵי עַד: [ישעיה מה, יז] נ) תּוֹרָה צִוָּה לָנוּ מֹשֶׁה מוֹרָשָׁה קְהִלַּת יַעֲקֹב: [דברים לג, ד]

כבושים דברי סתר גזירת המלך כמו בהדי כבשי דקודשא בריך הוא למה לך בברכות (דף י.) גבי חזקיה [סוטה י:]. הנני ענו בי וגו׳ את שור מי לקחתי לעבודתי וחמור מי לקחתי כשהייתי הולך מעיר לעיר לשפוט אותם על עסקי לרכיהם הייתי הולך על החמור שלי והיה לי ליטול משלהם. ויאמר אליהם עד ה׳ בכם ועד משיחו וגו׳ בת קול יוצאת ואומרת עד, וזה אחד משלשה מקומות שהופיעה רוח הקדש בבית דין של מטה [שמואל א יב, ג-ה].

malkus (which absolves him from *kares*).[12]

The Gemara rejects this proof:

רַב נַחְמָן (בַּר יִצְחָק) אוֹמֵר – Rav Nachman (bar Yitzchak) says: הָא מַנִּי – Whose opinion is this in that Mishnah? **רַבִּי יִצְחָק הִיא – It is that of** the Tanna **R' Yitzchak, דְּאָמַר מַלְקוּת בְּחַיָּיבֵי כְּרֵיתוֹת לֵיכָּא – who says** that the penalty of ***malkus*** is never imposed upon **those who are liable to *kares*. דְּתַנְיָא – As it was taught in a Baraisa: רַבִּי יִצְחָק אוֹמֵר – R' YITZCHAK SAYS: חַיָּיבֵי כְּרֵיתוֹת בִּכְלָל הָיוּ** – All forbidden unions that bear ***KARES* PENALTIES WERE INCLUDED IN THE** Torah's **GENERAL STATEMENT** *whoever commits any of these abominations will incur kares*.[13] **וְלָמָּה יָצְאת כָּרֵת בַּאֲחוֹתוֹ – WHY THEN IS *KARES* SINGLED OUT FOR MENTION** in the case of one who cohabited **WITH HIS SISTER?**[14] **לְדוּנוֹ בְּכָרֵת וְלֹא בְּמַלְקוּת – TO PUNISH HIM WITH *KARES* AND *NOT* WITH LASHES.** Although we would normally apply the penalty of *malkus* to someone who violates a negative commandment, in the case of incest with one's sister we would expound that he is liable only to *kares,* since the Torah emphasized the *kares* penalty. By extension, R' Yitzchak derives hermeneutically that this is true of all *kares*-bearing sins: They carry the penalty of *kares* and not the penalty of *malkus.*[15] Accordingly, this Mishnah assigns *kares* to the deliberate violation of Yom Kippur because it reflects R' Yitzchak's view that there is no *malkus* for this sin. But if one follows the view that *malkus* is incurred for *kares*-bearing sins, the sinner would be absolved from *kares* by receiving *malkus,* as R' Chananyah ben Gamliel holds.[16]

The Gemara now offers another way to reconcile this Mishnah with the opinion of R' Chananyah ben Gamliel:

רַב אַשִׁי אָמַר – Rav Ashi said: אֲפִילוּ תֵּימָא רַבָּנָן – You can even say that this Mishnah follows **the Rabbis,**[17] who hold that one liable to *kares* is also subject to *malkus,* and *malkus* absolves the sinner from *kares.* The distinction drawn by this Mishnah between the Sabbath and Yom Kippur can be explained as follows: **זֶה עִיקַּר זְדוֹנוֹ בִּידֵי אָדָם – In this case** [the Sabbath], **the main** punishment for **deliberate desecration is** meted out **by human authority; וְזֶה עִיקַּר זְדוֹנוֹ בִּידֵי שָׁמַיִם – and in the other case** [Yom Kippur], **the main** punishment for **deliberate desecration is** meted out **by Divine authority,** i.e. *kares.*[18] Accordingly, this Mishnah does not conflict with R' Chananyah ben Gamliel.

The Gemara rules:

אָמַר רַב אַדָּא בַּר אַהֲבָה אָמַר רַב – Rav Adda bar Ahavah said in the name of Rav: הֲלָכָה כְּרַבִּי חֲנַנְיָה בֶּן גַּמְלִיאֵל – The halachah follows R' Chananyah ben Gamliel.

The Gemara comments:

אָמַר רַב יוֹסֵף – Rav Yosef said: מַאן סָלֵיק לְעֵילָּא וְאָתָא וְאָמַר – Who went up to Heaven, returned and told us this? How do we know that the halachah should follow the view that *malkus* exempts one from *kares*? Perhaps Heaven will impose *kares* upon someone even after he has been lashed.[19]

The Gemara counters:

אָמַר לֵיהּ אַבָּיֵי – Abaye responded to him. אֶלָּא הָא דְּאָמַר רַבִּי יְהוֹשֻׁעַ בֶּן לֵוִי – But what then about **that which R' Yehoshua ben Levi said: שְׁלֹשָׁה דְּבָרִים עָשׂוּ בֵּית דִּין שֶׁל מַטָּה** – There were **three matters enacted by the earthly *beis din* וְהִסְכִּימוּ בֵּית דִּין שֶׁל מַעְלָה עַל יָדָם – and the Heavenly *beis din* confirmed their decisions?** To this we may ask the same question: **מַאן סָלֵיק לְעֵילָּא וְאָתָא וְאָמַר – Who went up to Heaven, returned and told us** that the Heavenly *beis din* endorsed their enactments? **אֶלָּא – Rather,** the explanation is that **קְרָאֵי קָא דָּרְשִׁינַן – we expound** these endorsements **from Scriptural verses. הָכָא נַמִּי – Here too, קְרָאֵי קָא דָּרְשִׁינַן** – we know that *malkus* exempts one from *kares* because **we expound** this **from Scriptural verses.**[20]

The Gemara now discusses the teaching of R' Yehoshua ben Levi cited above:

גּוּפָא – The text itself stated: **אָמַר רַבִּי יְהוֹשֻׁעַ בֶּן לֵוִי – R' Yehoshua ben Levi said: שְׁלֹשָׁה דְּבָרִים עָשׂוּ בֵּית דִּין שֶׁל מַטָּה – Three matters were enacted by the earthly *beis din* וְהִסְכִּימוּ בֵּית דִּין שֶׁל מַעְלָה עַל יָדָם – and the Heavenly *beis din* agreed with them.** [**אֵלּוּ הֵן – They are:**] **מִקְרָא מְגִילָּה** – (1) **The reading of *Megillas Esther*** on Purim; **וּשְׁאִילַת שָׁלוֹם [בַּשֵּׁם]** – (2) **greeting one another [with the Name of God];**[21] **וַהֲבָאַת**

NOTES

12. At this point, the Gemara makes an assumption about the Mishnah in *Megillah.* That Mishnah agrees with those who assign *malkus* to *kares*-bearing sins (see dispute above, 13a-b). Accordingly, why does the Mishnah state that desecrating Yom Kippur is punishable only by *kares*? Since *malkus* is administered, the *kares* is absolved. The Mishnah's Tanna must therefore hold that *malkus* does *not* absolve the *kares,* which is unlike the view of R' Chananyah ben Gamliel. Have we not thus proven that there is a Tanna who disputes R' Chananyah ben Gamliel?

13. After listing the forbidden unions, the Torah states (*Leviticus* 18:29): כִּי כָּל־אֲשֶׁר יַעֲשֶׂה מִכֹּל הַתּוֹעֵבֹת הָאֵלֶּה וְנִכְרְתוּ הַנְּפָשׁוֹת הָעֹשֹׂת מִקֶּרֶב עַמָּם, *For whoever commits any of these abominations, the ones who did [so] will be cut off from the midst of their people* [Thus, we know there is a penalty of *kares* for each of these forbidden unions] (*Rashi* to *Megillah* 7b; cf. *Tosafos* ad loc.).

14. The Torah states in a later passage (*Leviticus* 20:17): וְאִישׁ אֲשֶׁר־יִקַּח אֶת־אֲחֹתוֹ . . . וְנִכְרְתוּ, *And a man who takes his sister . . . and they shall be cut off.* This point – that incest with one's sister incurs *kares* – would appear to be redundant: We know already that this union incurs *kares* since it is included in the list of forbidden unions covered by the general statement *whoever commits any of these abominations will be cut off* (see previous note). Why then does the Torah reiterate that in this case one is liable to *kares*?

15. The eighth of the Thirteen Hermeneutic Principles is: כָּל דָּבָר שֶׁהָיָה בִּכְלָל וְיָצָא מִן הַכְּלָל לְלַמֵּד לֹא לְלַמֵּד עַל עַצְמוֹ יָצָא אֶלָּא לְלַמֵּד עַל הַכְּלָל כֻּלּוֹ יָצָא, *Anything that was included in a general statement, but was then singled out from the general statement in order to teach something, was not singled out to teach only about itself, but to apply its teaching to the entire generality.* In the present case, the Torah reiterates the *kares* penalty for one who cohabits with his sister, even though that was already included in the generality of all forbidden unions which the Torah punishes with *kares.* This reiteration stresses that *kares* is the only punishment and that this teaching extends to all forbidden unions [and all sins] punishable by *kares.*

16. [In other words, we have no proof that anyone disagrees with R' Chananyah ben Gamliel.]

17. I.e. R' Akiva and R' Yishmael, cited on 13a-b.

18. *Kares* is regarded as the main punishment because it is a more severe penalty than *malkus.* However, one is exempt from *kares* if he receives his *malkus.*

19. *Maharshal;* see *Maharatz Chayes.*

20. [Since the Torah refers to someone who has received *malkus* as אָחִיךָ, *your brother,* we may infer that *malkus* enables him to rejoin the brotherhood of the Jewish people, which is another way of saying that he is not cut off from them, he is not liable to *kares* (see 23a note 56). The verse reveals to us what is taking place in Heaven.]

The Acharonim point out that there are halachic ramifications in this world based on this issue: *Aruch LaNer* asserts that a person who has committed a sin punishable by *kares* is automatically disqualified to act as a witness in *beis din.* But once he has received *malkus,* he is exempt from *kares* and returns to his status as *a qualified witness* (see there). See *Maharatz Chayes* for another practical application.

21. For example, one person might say to another, "May Hashem endow you with peace!" (*Rivan*). Although one thereby uses God's Name to show honor to a mere mortal, we do not consider this to be a dishonor to God. The Rabbis learned this from Boaz and from the angel who addressed Gideon, both of whom used God's Name in their greetings (see below and see *Rashi* to *Berachos* 54a ד״ה שיהא; see *Rashi* to *Gittin* 61a ד״ה ושואלין).

[There is some question as to whether this enactment was simply

אשר יעשה אותם האדם וחי בהם. וסמיך ליה איש איש אל כל שאר בשרו דמשמע מי שעושה חוקותי אני נותן חיים לו ואלו הן חוקותי איש איש וגו' הא למדת כל היושב ואינו עובר כו': לזכות את ישראל. כדי שיהו מקבלין שכר במה שמונעין עצמן מן העבירות לפיכך הרבה להן שלא היה צריך לצוות כמה מצות וכמה אזהרות על שקצים ונבלות שאין לך אדם שאינו קץ בהן אלא כדי שיקבלו שכר על שפורשין מהן: גמ' תנינא. במסכת מגילה אין בין שבת כו': בהכרת. לשון הכרת תכרת (במדבר טו) ואינו שם דבר: הא. מתני' דמגילה רבי יצחק היא ולהכי קאמר דזדון כרת בידי שמים ולא בידי אדם אבל מאן דסבירא ליה דמלקות איכא בחייבי כריתות מודי לרבי חנניא דנפטרו מידי כריתתן כיון שלקו ואיצטריך ליה לרבי יוחנן לאשמעינן דחלוקין: רב אשי אמר אפי' תימא. מתני' דמגילה רבנן היא דאמרי חייבי כריתות ישנן בכלל מלקות ארבעים ואפילו הכי מודו לר' חנניא דנפטרו מידי כריתתן ודקא אמרת מיתה וכרת בידי אדם הוא לא דמי דזה עיקר זדונו בידי אדם עיקר עונש של שבת בידי אדם דקאי בסקילה ועיקר עונשו של יום הכפורים בידי שמים דאע"ג דאיכא חיוב מלקות בחייבי כריתות הוא אינו עיקר החיוב דכרת חמור ממלקות ואי מזיד בלא התראה הוא הוי בכרת ונמצא חיובו החמור בידי שמים ואנן בתר עיקר החיוב אזלינן וכן עיקר. מורי. ואית דפרשי עיקר זדונו תחלתו בר כרת הוא ואילו לא לקי נכרת ולא נהירא דהא תרוייהו בהדדי איתנהו ביה לרבנן דאמרי מלקות בחייבי כריתות איכא: מקרא מגילה. דחייבין על מקרא מגילה: ושאילת שלום בשם. דמותר לאדם לשאול בשלום חבירו בשם כגון ישים ה' עליך שלום ואין בו משום מוציא שם שמים לבטלה. מרבי. ל"א שאילת שלום בשם דחייב אדם לשאול בשלום חבירו בשם ואנו נמי כי שיילינן אהדדי מדכרינן שם דשלום שמו של הקב"ה דכתיב (שופטים ו) ויקרא לו ה' שלום לשם ה': והבאת מעשר. כדאמרינן ביבמות (דף פו:) דעזרא הסופר קנסינהו ללוים לפי שלא עלו עמו וצוה להביא כל המעשרות אל לשכת בית ה' והיו הכהנים והלוים שוים במעשר ראשון כדכתיב בעזרא (נחמיה י) והיה הכהן בן אהרן עם הלוים במעשר הלוים וגם חזקיהו עשה כמו כן הכין לשכות להביא כל המעשרות בהן כדי שלא יקבלום הלוים שהיו עכו"ם כדכתיב בדברי הימים (ב לא) ויאמר חזקיהו להכין לשכות בבית ה' ויכינו ויביאו את התרומה ואת המעשר וגם הוא תיקן להעלות לירושלים מעשר ירק ומעשר אילן דכתיב (שם) וכפרוץ הדבר הרבו בני ישראל ראשית דגן תירוש ויצהר וגו' ומפרש בנדרים (דף נה.) מאי וכפרוץ הא כל הני דאורייתא נינהו ומשני מעשר ירק ומעשר אילן וכתיב בתרי עשר דקאמר להו נביא לישראל הביאו את כל המעשר אל בית האוצר [וגו'] ובחנוני נא בזאת וגו' אלמא דהסכים: ואומר ה' עמך גבור החיל. מדקאמר ליה מלאך לגדעון שאילת שלום בשם אלמא דהסכים: הופיע. נגלה והוכיח בשעת הצורך בלע"ז ברוזי"ר כך שמעתי. ל"א הופיע נשמעה בקול גדול. בנימוקי רבי: בבית דינו של שם. לא היה שם חי באותה שעה שהרי מת אלא בית דין של אחריו מבניו ותלמידיו וקרי ליה בית דין של שם כמו בית שמאי ובית הלל: ממני יצאו כבושים. דברים נעלמים הללו מאתי יצאו שלפי שיהודה היה מלך והיא זכתה לצאת ממנה מלכים מתוך שהיתה צנועה בבית חמיה יצאתה גזירה זו מלפני שלא זרע משניהם כך קיבל רבי מעיקרא לישנא אחרינא מאתי היתה שיצאו ממנה שני בנים הללו לכבוש העולם שהרי עתיד דוד ומשיח לצאת ממנה: בית דינו של שמואל. לעולם ישראל אמרו עד (ב) דהא דכתיב ויאמר בני ישראל איקרו יחיד: רמ"ח מצות עשה. דכל אבר ואבר אומר לו עשה מצוה: שס"ה [מצות] לא תעשה. שבכל יום מזהירים עליו שלא לעבור: מפי משה שית

והבאת מעשר. פירש הקונט' שקנס עזרא ללוים ותיקן שיביאוהו לכהנים כמו התרומה וכמדומה מלשונו שעוד פירש פירוש אחר שיפרשו מכל פירות אילן כמו שתיקן חזקיהו ודכתיב וכפרוץ הדבר: בגליון

א) אשר יעשה אותם האדם וחי בהם הא כל היושב ולא עבר עבירה נותנין לו שכר כעושה מצוה ר"ש בר רבי אומר הרי הוא אומר ב) רק חזק לבלתי אכול (את) הדם כי הדם הוא הנפש וגו' ומה אם הדם שנפשו של אדם קצה ממנו הפורש ממנו מקבל שכר גזל ועריות שנפשו של אדם מתאוה להן ומחמדתן הפורש מהן על אחת כמה וכמה שיזכה לו ולדורותיו ולדורות דורותיו עד סוף כל הדורות ר' חנניא בן עקשיא אומר רצה הקב"ה לזכות את ישראל לפיכך הרבה להם תורה ומצות שנאמר ג) ה' חפץ למען צדקו יגדיל תורה ויאדיר: **גמ'** א"ר יוחנן חלוקין עליו חבריו על רבי חנניה בן גמליאל אמר רב אדא בר אהבה אמרי בי רב תנינן אין בין שבת ליום הכפורים אלא שזה זדונו בידי אדם וזה זדונו בהכרת ואם איתא אידי ואידי בידי אדם הוא רב נחמן (בר יצחק) אומר הא מני רבי יצחק היא דאמר מלקות בחייבי כריתות ליכא דתניא רבי יצחק אומר חייבי כריתות בכלל היו ולמה יצאת כרת באחותו לדונו בכרת ולא במלקות רב אשי אמר אפילו תימא רבנן זה עיקר זדונו בידי אדם וזה עיקר זדונו בידי שמים אמר רב אדא בר אהבה אמר רב הלכה כר' חנניה בן גמליאל אמר רב יוסף מאן סליק לעילא ואתא ואמר אמר ליה אביי אלא הא דאמר רבי יהושע בן לוי שלשה דברים עשו ב"ד של מטה והסכימו ב"ד של מעלה על ידם מאן סליק לעילא ואתא ואמר אלא קראי קא דרשינן ה"נ קראי קא דרשינן גופא א"ר יהושע בן לוי שלשה דברים עשו ב"ד של מטה והסכימו ב"ד של מעלה על ידם [אלו הן] מקרא מגילה ושאילת שלום [בשם] והבאת מעשר מקרא מגילה דכתיב ד) קימו וקבלו היהודים קיימו למעלה מה שקבלו למטה ושאילת שלום (א) דכתיב ה) והנה בועז בא מבית לחם ויאמר לקוצרים ה' עמכם ואומר ו) ה' עמך גבור החיל מאי ואומר וכי תימא בועז הוא דעביד מדעתיה ומשמיא לא אסכימו על ידו ת"ש ואומר ה' עמך גבור החיל הבאת מעשר דכתיב ז) הביאו את כל המעשר אל בית האוצר ויהי טרף בביתי ובחנוני נא בזאת אמר ה' צבאות אם לא אפתח לכם את ארובות השמים והריקותי לכם ברכה עד בלי די מאי עד בלי די אמר רמי בר רב עד שיבלו שפתותיכם מלומר די א"ר אלעזר בג' מקומות הופיע רוח הקודש בבית דינו של שם ובבית דינו של שמואל הרמתי ובבית דינו של שלמה בבית דינו של שם דכתיב ח) ויכר יהודה ויאמר צדקה ממני מנא ידע דלמא כי היכי דאזל איהו לגבה אזל נמי אינש אחרינא [לגבה] יצאת בת קול ואמרה ממני יצאו כבושים: בבית דינו של שמואל דכתיב ט) הנני ענו בי נגד ה' ונגד משיחו את שור מי לקחתי י) ויאמרו לא עשקתנו ולא רצותנו כ) ויאמר עד ה' ועד משיחו כי לא מצאתם בידי מאומה ויאמר עד ויאמרו מיבעי ליה יצאת בת קול ואמרה אני עד בדבר זה בבית דינו של שלמה דכתיב ל) ויען המלך ויאמר תנו לה את הילד החי והמת לא תמיתוהו (כי) היא אמו מנא ידע דלמא איערומא מיערמא יצאת בת קול ואמרה היא אמו אמר רבא ממאי דלמא יהודה כיון דחשיב ירחי ויומי ואיתרמי דחזינן מחזקינן דלא חזינן לא מחזקינן שמואל נמי כולהו ישראל קרי להו בלשון יחידי דכתיב מ) ישראל נושע בה' שלמה נמי מדהא קא מרחמתא והא לא קא מרחמתא אלא גמרא: דרש רבי שמלאי שש מאות ושלש עשרה מצות נאמרו לו למשה שלש מאות וששים וחמש לאוין כמנין ימות החמה ומאתים וארבעים ושמונה עשה כנגד איבריו של אדם אמר רב המנונא מאי קרא נ) תורה צוה לנו משה מורשה תורה בגימטריא שית

עין משפט נר מצוה

קלה א מיי' פ"א מהל' שביתת עשור הל' ב סמג לאוין סח טוש"ע א"ח סי' תריא ס"ב:

לעזי רש"י

ברובי"ר. פירוש להוכיח, לאמת, לברר (דברים), (רש"י בראשית כ, טז), להראות פנים (לדברים) (רש"י מ"ב, יח, ג-ז).

ליקוטי רש"י

היושב ולא עבר עבירה וכו'. הוא ישב ולא עבר עבירה דקאמר נוטל עליה שכר בעבירה שבא לידו וכפה יצרו ולא עבר אין מצוה יתירה מזו [קידושין לט:].

רק חזק לבלתי וגו' כי הדם הוא הנפש וגו' למען ייטב לך ולבניך אחריך. בא ולמד מתן שכרן של מצות אם הדם שנפשו של אדם וכו' [דברים יב, כה].

תנינא. דחלוקין. ואם איתא. דנפטרו אידי ואידי בידי אדם הוא אף ביום הכפורים יש מלקות על לאו שבו ובית דין פוטרין אותו מכרת. אמר רב נחמן. לעולם אינן חלוקין עליו חביריו והא דקתני דאין זדונו בידי אדם. הא מני ר' יצחק היא. דאמר במסכת מכות דאין מלקין בלאו הניתן לאזהרת כרת אפילו התרו בו למלקות ויליף טעמיה מהאי קרא [מגילה ז:].

כל חייבי כריתות. של עריות היו בכלל ונכרתו הנפשות העושות וגו' שכתוב בפרשת עריות (ויקרא יח). למה יצאת כרת באחותו. דכתיב בקדושים תהיו ואיש כי יקח את אחותו וגו'. לדונה בכרת ולא במלקות. אם התרו בהן ואע"ג דנדה נמי נשנית באותה פרשה לדבר שנתחדש בה נשנית להעראה. אפילו תימא רבנן היא. דאמרי מלקות אכל כרת ואפ"ה ליכא למילף מינה שחלוקין על רבי חנניה והכי קאמר מתניתין שבת עיקר חומר זדונו בידי אדם וזה עיקר חומר זדונו בהכרת ומיהו אם התרו בו ולקה מיפטר [מגילה ז:].

ושאילת שלום בשם. בשמו של הקב"ה ולא אמרינן מזלזל הוא בכבודו של מקום בשביל כבוד הבריות להוציא שם שמים עליו ולמדו מבועז שאמר ה' עמכם ומן המלאך שאמר לגדעון ה' עמך גבור החיל [ברכות נד.].

וכי תימא בועז מדעתיה עבד. ולא גמרינן מיניה. תא שמע ואומר ה' עמך וכו'. דגמרינן ממלאך שאמר לגדעון [שם סג.].

שיבלו. כלומר שייגעו דולורא"ט בלע"ז [תענית ט.].

מנא ידע. שממנו היא מעוברת שמא אף אחרים באו עליה. ויאמר. בת קול אמרה. כבושים. דברים עלומים שנגזרו מלפני שיצאו מזו מלכים ואי אפשר לצאת אלא מיהודה דכתיב (בראשית מט) גור אריה יהודה כבושים דברי סתר גזירת המלך כמו בהדי כבשי דקודשא בריך הוא למה לך בברכות (דף י.) גבי חזקיה [סוטה י:]. הנני ענו בי וגו' את שור מי לקחתי לעבודתי וחומר מי לקחתי כשהייתי הולך מעיר לעיר לשפוט אותם על עסקי צרכיהם הייתי הולך על החמור שלי והיה לי ליטול משלהם. ויאמר אליהם עד ה' בכם ועד משיחו וגו' בת קול יוצאת ואומרת עד, וזה אחד משלשה מקומות שהופיעה רוח הקדש בבית דין של מטה [שמואל א יב, ג-ה].

מסורת הש"ס

א) [קדושין לט:], ב) [חגיגה יא:], ג) [מגילה ז: ע"ש], ד) שם, ה) [שם ליתא], ו) [לעיל יג: וש"נ], ז) מגילה ז., ח) ברכות נד. [ודף סג.], ט) תענית ט. [כב: ע"ש] שבת לב: וע"ש, י) נ"א אמר ר"ח אמר רב, כ) [סוטה י:], ל) [נ"ל ויאמר אליהם עד ה' בכם ועד משיחו היום הזה], מ) [נ"ל בעשר], נ) [נ"ל והמעשר], ס) מלאכי ג, ע) [מגילה י:].

הגהות הב"ח

(א) גמרא ושאילת שלום בשם דכתיב: (ב) רש"י ד"ה בית דינו וכו' עד והא דכתיב:

גליון הש"ס

רש"י ד"ה בהכרת. לשון הכרת. עי' תוי"ט פרק א משנה ב דמגלה:

תורה אור השלם

א) וּשְׁמַרְתֶּם אֶת חֻקֹּתַי וְאֶת מִשְׁפָּטַי אֲשֶׁר יַעֲשֶׂה אֹתָם הָאָדָם וָחַי בָּהֶם אֲנִי יְיָ: [ויקרא יח, ה]

ב) רַק חֲזַק לְבִלְתִּי אֲכֹל הַדָּם כִּי הַדָּם הוּא הַנָּפֶשׁ וְלֹא תֹאכַל הַנֶּפֶשׁ עִם הַבָּשָׂר: [דברים יב, כג]

ג) יְיָ חָפֵץ לְמַעַן צִדְקוֹ יַגְדִּיל תּוֹרָה וְיַאְדִּיר: [ישעיה מב, כא]

ד) קִיְּמוּ וְקִבְּלוּ הַיְּהוּדִים עֲלֵיהֶם וְעַל זַרְעָם וְעַל כָּל הַנִּלְוִים עֲלֵיהֶם וְלֹא יַעֲבוֹר לִהְיוֹת עֹשִׂים אֵת שְׁנֵי הַיָּמִים הָאֵלֶּה כִּכְתָבָם וְכִזְמַנָּם בְּכָל שָׁנָה וְשָׁנָה: [אסתר ט, כז]

ה) וְהִנֵּה בֹעַז בָּא מִבֵּית לֶחֶם וַיֹּאמֶר לַקּוֹצְרִים יְיָ עִמָּכֶם וַיֹּאמְרוּ לוֹ יְבָרֶכְךָ יְיָ: [רות ב, ד]

ו) וַיֵּרָא אֵלָיו מַלְאַךְ יְיָ וַיֹּאמֶר אֵלָיו יְיָ עִמְּךָ גִּבּוֹר הֶחָיִל: [שופטים ו, יב]

ז) הָבִיאוּ אֶת כָּל הַמַּעֲשֵׂר אֶל בֵּית הָאוֹצָר וִיהִי טֶרֶף בְּבֵיתִי וּבְחָנוּנִי נָא בָּזֹאת אָמַר יְיָ צְבָאוֹת אִם לֹא אֶפְתַּח לָכֶם אֵת אֲרֻבּוֹת הַשָּׁמַיִם וַהֲרִיקֹתִי לָכֶם בְּרָכָה עַד בְּלִי דָי: [מלאכי ג, י]

ח) וַיַּכֵּר יְהוּדָה וַיֹּאמֶר צָדְקָה מִמֶּנִּי כִּי עַל כֵּן לֹא נְתַתִּיהָ לְשֵׁלָה בְנִי וְלֹא יָסַף עוֹד לְדַעְתָּהּ: [בראשית לח, כו]

ט) הִנְנִי עֲנוּ בִי נֶגֶד יְיָ וְנֶגֶד מְשִׁיחוֹ אֶת שׁוֹר מִי לָקַחְתִּי וַחֲמוֹר מִי לָקַחְתִּי וְאֶת מִי עָשַׁקְתִּי אֶת מִי רַצּוֹתִי וּמִיַּד מִי לָקַחְתִּי כֹפֶר וְאַעְלִים עֵינַי בּוֹ וְאָשִׁיב לָכֶם: [ש"א יב, ג]

י) וַיֹּאמְרוּ לֹא עֲשַׁקְתָּנוּ וְלֹא רַצּוֹתָנוּ וְלֹא לָקַחְתָּ מִיַּד אִישׁ מְאוּמָה: [ש"א יב, ד]

כ) וַיֹּאמֶר אֲלֵיהֶם עֵד יְיָ בָּכֶם וְעֵד מְשִׁיחוֹ הַיּוֹם הַזֶּה כִּי לֹא מְצָאתֶם בְּיָדִי מְאוּמָה וַיֹּאמֶר עֵד: [ש"א יב, ה]

ל) וַיַּעַן הַמֶּלֶךְ וַיֹּאמֶר תְּנוּ לָהּ אֶת הַיָּלוּד הַחַי וְהָמֵת לֹא תְמִיתֻהוּ הִיא אִמּוֹ: [מ"א ג, כז] מ) יִשְׂרָאֵל נוֹשַׁע בַּייָ תְּשׁוּעַת עוֹלָמִים לֹא תֵבֹשׁוּ וְלֹא תִכָּלְמוּ עַד עוֹלְמֵי עַד: [ישעיה מה, יז] נ) תּוֹרָה צִוָּה לָנוּ מֹשֶׁה מוֹרָשָׁה קְהִלַּת יַעֲקֹב: [דברים לג, ד]

מַעֲשֵׂר – and (3) **the bringing of** ***maaser.***[22]

The Gemara brings a Scriptural proof that the Heavenly *beis din* ratified each of these three enactments, beginning with the first:

מִקְרָא מְגִילָּה – (1) The reading of *Megillas Esther* on Purim, **דִּכְתִיב – as it is written:**[23] **"קִיְּמוּ וְקִבְּלוּ הַיְּהוּדִים" – *The Jews confirmed and undertook upon themselves.*** This means: **קִיְּימוּ לְמַעְלָה מַה שֶּׁקִּבְּלוּ לְמַטָּה – They confirmed above** in the Heavenly court **that which they accepted below** in the earthly court, namely, that *Megillas Esther* be read on Purim.[24]

The second enactment:

וּשְׁאֵילַת שָׁלוֹם – (2) And greeting one another with the Name of God, **דִּכְתִיב – as it is written** regarding Boaz's greeting to his men:[25] **"וְהִנֵּה־בֹעַז בָּא מִבֵּית לֶחֶם וַיֹּאמֶר לַקּוֹצְרִים ה' עִמָּכֶם" – *And behold, Boaz came from Bethlehem and he greeted the harvesters, "Hashem be with you."*** **וְאוֹמֵר – And** [a verse] **states** regarding the angel's greeting to Gideon:[26] **"ה' עִמְּךָ גִּבּוֹר הֶחָיִל" – *"Hashem is with you, mighty man of valor."*** These two verses provided the Rabbis with a precedent for their enactment.

The Gemara asks:

מַאי וְאוֹמֵר – Why did you say "and [a verse] states"? Why is any additional proof necessary?[27]

The Gemara answers:

וְכִי תֵימָא – The reasoning is as follows: And if you will say that בּוֹעַז הוּא דַּעֲבִיד מִדַּעְתֵּיהּ וּמִשְּׁמַיָּא לֹא אַסְכִּימוּ עַל יָדוֹ – Boaz did this on his own, but in Heaven they did not approve of that which he did, then **תָּא שְׁמַע – come learn a further proof, וְאוֹמֵר "ה' עִמְּךָ גִּבּוֹר הֶחָיִל" – for [another verse] stated** that an angel greeted Gideon with these words: ***"Hashem is with you, mighty man of valor."*** Thus it is clear that the Heavenly *beis din* endorsed this matter.[28]

The third enactment:

הֲבָאַת מַעֲשֵׂר – (3) The bringing of *maaser,* **דִּכְתִיב – as it is written:**[29] *He [Chizkiah] told the people, the inhabitants of Jerusalem, to give the portions of the Kohanim and the Levites, so that they could strengthen themselves in the Torah of Hashem. As this observance became widespread, the children of Israel brought an abundance of the first-portions of grain, oil, date-honey and all the produce of the field; they also brought tithes of everything, in abundance. Chizkiah then gave the command to prepare chambers in the Temple of Hashem, and they were prepared.* And it is written further: **"הָבִיאוּ אֶת־כָּל־הַמַּעֲשֵׂר אֶל־בֵּית הָאוֹצָר – *Bring all the maaser to the storehouses,*** **וִיהִי טֶרֶף בְּבֵיתִי – *so that there may be food in My House*** [i.e. for those who serve in the Temple]; **וּבְחָנוּנִי נָא בָּזֹאת אָמַר ה' צְבָאוֹת – *and test Me now through this said Hashem, Master of Legions;*** **אִם־לֹא אֶפְתַּח לָכֶם אֵת אֲרֻבּוֹת הַשָּׁמַיִם – *if I will not open for you the windows of***

NOTES

intended to teach the *permissibility* of greeting another in this manner, or whether it was meant to *require* one to employ God's Name in his greeting (*Rivan* cites both opinions). Even if it is a requirement, however, we comply with it in the present day by greeting one another with the words שָׁלוֹם עֲלֵיכֶם, *peace (shalom) unto you,* since *Shalom* is actually one of the Names of God (*Rivan,* citing *Judges* 6:24 and *Shabbos* 10b; see *Rambam, Commentary* to *Berachos* 9:7; *Aruch* ע' עת; see *Commentary of R' Y.F. Perla* to *Sefer HaMitzvos* of *Rav Saadiah Gaon* Vol. I, p. 48a for a discussion of both positions; see also *Maharsha* here).]

22. *Rivan* explains that three subenactments are included in this enactment: (a) King Chizkiah had special chambers set aside in the Temple for the deposit of *terumah* and *maaser,* and he appointed officials to see that it would be distributed in proper fashion to all those Kohanim and Leviim eligible to receive it (see *II Chronicles* 31:11-19). He made the arrangements even though the Torah awards the right to choose the recipient of *terumah* and *maaser* to the owners of the produce; (b) *maaser rishon,* or "the first tithe," is properly given to a Levi. However, Ezra the Scribe enacted that the Kohanim should be equally entitled to this tithe as it says (*Nehemiah* 10:39): *A Kohen, a descendant of Aaron, shall be with the Leviim* [i.e. on a par with them] *in the Leviim's tithing* (see *Yevamos* 86b); both of these enactments were made in response to certain failings among the Leviim; (c) Chizkiah also instituted that tithes be set aside from fruits and vegetables, even though these species are not included in the Scriptural command (ibid. v. 5, see *Nedarim* 55a). See *Aruch LaNer.*

23. *Esther* 9:27.

24. The Gemara reads the verse as follows: *They [the Heavenly court] confirmed [the enactment to read the Megillah] which the Jews undertook upon themselves.* The authors of the Megillah were aware of the proceedings of the Heavenly court through the influence of the Divine spirit (*Megillah* 7a).

The Torah Sages and the Prophets of the אַנְשֵׁי כְּנֶסֶת הַגְּדוֹלָה, the Men of the Great Assembly, at the time of the Purim miracle were originally disinclined to enact the reading of the Megillah, since they felt it was an impermissible addition to the body of halachah, even as a Rabbinical enactment, as long as there was no specific earlier source for such an enactment. Later, they found a source and made the enactment. The Heavenly court then confirmed their decision (see *Megillah* 7a, *Yerushalmi Megillah* 1:5, *Rus Rabbah* 4:5; see *Ritva*).

25. *Ruth* 2:4.

26. *Judges* 6:12.

27. [The enactment of greeting one's fellow with the Name of God and the two verses of proof are cited in a Mishnah in *Berachos* (54a; see also *Berachos* 63a).

28. [*Maharsha* asks: The greeting of the angel to Gideon took place six generations before the greeting of Boaz to his men. How then can the Gemara say that the earlier incident demonstrates a Heavenly ratification of a later incident? See *Ben Yehoyada* who deals with this point; see also *Maharzu* and *Yefei Einayim* to *Rus Rabbah* 4:5.

The Mishnah in *Berachos* ibid. cites two more verses in support of this enactment. The first is in *Proverbs* 23:22: וְאַל־תָּבוּז כִּי־זָקְנָה אִמֶּךָ – *Do not shame [her], although your mother be old.* The words זָקְנָה אִמֶּךָ (*zaknah imecha*), *your mother be old,* are read as זִקְנֵי אֻמָּתֶךָ (*ziknei umasecha*), *the elders of your nation.* Accordingly, the verse is interpreted homiletically to mean that one must not shame the elders by assuming that their practices have no basis, but must rather seek to follow their practices, which may be relied upon. We thus may rely upon Boaz as a source for this enactment since his action too was assuredly predicated upon a valid basis (*Rashi* to *Berachos* 54a ד"ה ואומר אל and to 63a ד"ה תא שמע אל).

The last verse is in *Psalms* 119:126: עֵת לַעֲשׂוֹת לַה' הֵפֵרוּ תּוֹרָתֶךָ, which is understood as follows: *They have nullified Your Law [because] it is a time to act for Hashem.* This verse teaches that in order to fulfill God's will, one is permitted at certain times to act in a manner that *appears* to be a nullification of His Law (see discussion in *Ginas Veradim, Orach Chaim* 2:26 and *Nefesh HaChaim* 1:22). Thus, although it would appear that a person greeting his fellow with the Name of God dishonors Him, one is permitted (and perhaps even required) to do so, since one thereby spreads goodwill among men, in accordance with God's wishes. For it is written in *Psalms* 34:15: בַּקֵּשׁ שָׁלוֹם וְרָדְפֵהוּ, *seek peace and pursue it;* evidently, God desires peace among men. *Rashi* (to *Berachos* 63a) presents a different benefit that accrues from this practice: It ensures that it will be God's Name that will be on everyone's lips, and not the name of an idol. His Name will thus not be forgotten (see also *Meiri* there; see also *Malbim* to *Ruth* 2:4).

There is some question concerning the identity of those responsible for the enactment to greet one another with God's Name. Our Gemara implies that it was Boaz and his *beis din* who instituted this (see also *Yerushalmi, Berachos* 9:5). The Midrash (*Rus Rabbah* 4:5) says this clearly. *Raavad* (quoted in *Ritva* to *Berachos* 63a) writes that while this enactment was first instituted in Boaz's time, it eventually died out. [It was then revived at a later date.] *Sefer HaMichtam* maintains a different view. He states (in accordance with *Tosefta Berachos* 6:29) that while this practice was not officially instituted in Boaz's time, the pious ones (חֲסִידִים) of his generation did accept it upon themselves; later, though, it was officially established for all of Israel. He further proposes that it was the Hasmonean dynasty that established this enactment, following their victory over the Syrian-Greeks (see *Rosh Hashanah* 18b).

29. *II Chronicles* 31:4-5,11.

עין משפט
נר מצוה

קלה א מיי' פ"א מהל' שביתת עשור הל' ב סמג לאוין סח טוש"ע א"ח סי' תריא ס"ב:

לעזי רש"י

ברובי"ר. פירוש להוכיח, לאמת, לברר (דברים), (רש"י בראשית כ, טז), להראות פנים (לדברים) (רש"י מ"ב, יח, ג-ז).

מסורת הש"ס

א) [קדושין לט:], ב) [חגיגה יא:], ג) [מגילה ז: ע"ש], ד) שם, ה) [שם ליתא], ו) [לעיל יג: וש"נ], ז) מגילה ז., ח) ברכות נד. [ודף סג.], ט) תענית ט. [כב: ע"ש] שבת לב: וע"ש, י) נ"א אמר ר"ח אמר רב, כ) [סוטה י:], ל) [צ"ל ויאמר אליהם עד ה' בכם ועד משיחו היום הזה], מ) [צ"ל בעשר], נ) [צ"ל והמעשר], ס) מלאכי ג, ע) [מגילה י:].

הגהות הב"ח

(א) גמרא ושאילת שלום בשם דכתיב: (ב) רש"י ד"ה בית דינו וכו' עד והא דכתיב:

גליון הש"ס

רש"י ד"ה בהכרת. לשון הכרת. עי' תוי"ט פרק א משנה ב דמגלה:

והבאת מעשר. פירש הקונט' שקנס עזרא ללוים ותיקן שיביאוהו לכהנים כמו התרומה וכמדומה מלשונו שעוד פירש פירוש אחר שיפרשו מכל פירות אילן כמו שתיקן חזקיהו ודכתיב וכפרון הדבר:
באוריה

א) **אשר יעשה אותם האדם וחי בהם** הא כל היושב ולא עבר עבירה נותנין לו שכר כעושה מצוה ר"ש בר רבי אומר הרי הוא אומר ב) רק חזק לבלתי אכול (את) הדם כי הדם הוא הנפש וגו' ומה אם הדם שנפשו של אדם קצה ממנו הפורש ממנו מקבל שכר ג) גזל ועריות שנפשו של אדם מתאוה להן ומחמדתן הפורש מהן על אחת כמה וכמה שיזכה לו ולדורותיו ולדורות דורותיו עד סוף כל הדורות ר' חנניא בן עקשיא אומר רצה הקב"ה לזכות את ישראל לפיכך הרבה להם תורה ומצות שנאמר ג) ה' חפץ למען צדקו יגדיל תורה ויאדיר: **גמ'** ג) א"ר יוחנן חלוקין עליו חבריו על רבי חנניה בן גמליאל אמר רב אדא בר אהבה אמרי בי רב תנינן ד) אין א) בין שבת ליום הכפורים אלא שזה זדונו בידי אדם וזה זדונו בהכרת ואם איתא אידי ואידי בידי אדם הוא רב נחמן (ה) בר יצחק) אומר הא מני רבי יצחק היא דאמר מלקות בחייבי כריתות ליכא דתניא ו) רבי יצחק אומר חייבי כריתות בכלל היו ולמה יצאת כרת באחותו לדונו בכרת ולא במלקות רב אשי אמר אפילו תימא רבנן זה עיקר זדונו בידי אדם וזה עיקר זדונו בידי שמים אמר רב אדא בר אהבה אמר רב הלכה כר' חנניה בן גמליאל אמר רב יוסף מאן סליק לעילא ואתא ואמר אמר ליה אביי אלא הא דאמר רבי יהושע בן לוי שלשה דברים עשו ב"ד של מטה והסכימו ב"ד של מעלה על ידם מאן סליק לעילא ואתא ואמר אלא קראי קא דרשינן ה"נ קראי קא דרשינן גופא א"ר יהושע בן לוי שלשה דברים עשו ב"ד של מטה והסכימו ב"ד של מעלה על ידם [אלו הן] מקרא מגילה ושאילת שלום [בשם] והבאת מעשר מקרא מגילה דכתיב ד) קימו וקבלו היהודים ז) קיימו למעלה מה שקבלו למטה ושאילת שלום (א) דכתיב ה) והנה בועז בא מבית לחם ויאמר לקוצרים ה' עמכם ואומר ו) ה' עמך גבור החיל ח) מאי ואומר וכי תימא בועז הוא דעביד מדעתיה ומשמיא לא אסכימו על ידו ת"ש ואומר ה' עמך גבור החיל והבאת מעשר דכתיב ז) הביאו את כל המעשר אל בית האוצר ויהי טרף בביתי ובחנוני נא בזאת אמר ה' צבאות אם לא אפתח לכם את ארובות השמים והריקותי לכם ברכה עד בלי די ט) מאי עד בלי די י) אמר רמי בר רב עד שיבלו שפתותיכם מלומר די א"ר אלעזר בג' מקומות הופיע רוח הקודש בבית דינו של שם ובבית דינו של שמואל הרמתי ובבית דינו של שלמה בבית דינו של שם דכתיב ח) ויכר יהודה ויאמר צדקה ממני כ) מנא ידע דלמא כי היכי דאזל איהו לגבה אזל נמי איניש אחרינא [לגבה] יצאת בת קול ואמרה ממני יצאו כבושים: בבית דינו של שמואל דכתיב ט) הנני ענו בי נגד ה' ונגד משיחו את שור מי לקחתי י) ויאמרו לא עשקתנו ולא רצותנו כ) ל) ויאמר עד ה' ועד משיחו כי לא מצאתם בידי מאומה ויאמר עד ויאמר ויאמרו מיבעי ליה יצאת בת קול ואמרה אני עד בדבר זה בבית דינו של שלמה דכתיב ל) ויען המלך ויאמר תנו לה את הילד החי והמת לא תמיתוהו (כי) היא אמו מנא ידע דלמא איערומא מיערמא יצאת בת קול ואמרה היא אמו אמר רבא ממאי דלמא יהודה כיון דחשיב ירחי ויומי ואיתרמי דחזינן מחזקינן דלא חזינן לא מחזקינן שמואל נמי כולהו ישראל קרי להו בלשון יחידי דכתיב מ) ישראל נושע בה' שלמה נמי מדהא קא מרחמתא והא לא קא מרחמתא אלא גמרא: דרש רבי שמלאי שש מאות ושלש עשרה מצות נאמרו לו למשה שלש מאות וששים וחמש לאוין כמנין ימות החמה ומאתים וארבעים ושמונה עשה כנגד איבריו של אדם אמר רב המנונא מאי קרא נ) תורה צוה לנו משה מורשה תורה בגימטריא
שית

אשר יעשה אותם האדם וחי בהם. וסמיך ליה איש איש אל כל שאר בשרו דמשמע מי שעושה חוקותי אני נותן חיים לו ואלו הן חוקותי איש איש וגו' הא למדת כל היושב ואינו עובר כו': **לזכות את ישראל.** כדי שיהו מקבלין שכר במה שמונעין עצמן מן העבירות לפיכך הרבה להן שלא היה צריך לצוות כמה מצות וכמה אזהרות על שקצים ונבלות שאין לך אדם שאינו קץ בהן אלא כדי שיקבלו שכר על שפורשין מהן: **גמ' תנינא.** במסכת מגילה אין בין שבת כו': **בהכרת.** ס) לשון הכרת תכרת (במדבר טו) ואינו שם דבר: **הא.** מתני' דמגילה רבי יצחק היא ולהכי קאמר דזדון כרת בידי שמים ולא בידי אדם אבל מאן דסבירא ליה דמלקות איכא בחייבי כריתות מודי לרבי חנניה דנפטרו מידי כריתתן כיון שלקו ואיצטריך ליה לרבי יוחנן לאשמעינן דחלוקין: **רב אשי אמר אפי' תימא.** מתני' דמגילה רבנן היא דאמרי חייבי כריתות ישנן בכלל מלקות ארבעים ואפילו הכי מודו לר' חנניה דנפטרו מידי כריתתן ודקא אמרת מיתה וכרת בידי אדם הוא לא דמי דזה עיקר זדונו בידי אדם עיקר עונש של שבת בידי אדם דקאי בסקילה ועיקר עונשו של יום הכפורים בידי שמים דאע"ג דאיכא חיוב מלקות בחייבי כריתות הוא אינו עיקר החיוב דכרת חמור ממלקות ואי מזיד בלא התראה הוא הוי בכרת ונמצא חיובו החמור בידי שמים ואנן בתר עיקר החיוב אזלינן וכן עיקר. מורי. ואית דפרשי עיקר זדונו תחלתו בר כרת הוא ואילו לא לקי נכרת ולא נהירא דהא תרוייהו בהדדי איתנהו ביה לרבנן דאמרי מלקות בחייבי כריתות איכא: **מקרא מגילה.** דחייבין על מקרא מגילה: **ושאילת שלום בשם.** דמותר לאדם לשאול בשלום חבירו בשם כגון ישים ה' עליך שלום ואין בו משום מוציא שם שמים לבטלה. מרבי. ל"א שאילת שלום בשם דחייב אדם לשאול בשלום חבירו בשם ואנו נמי כי שיילינן אהדדי מדכרינן שם דשלום שמו של הקב"ה דכתיב (שופטים ו) ויקרא לו ה' שלום לשם ה': **והבאת מעשר.** כדאמרינן ביבמות (דף פו:) דעזרא הסופר קנסינהו ללוים לפי שלא עלו עמו וצוה להביא כל המעשרות אל לשכת בית ה' והיו הכהנים והלוים שוים במעשר ראשון כדכתיב בעזרא (נחמיה י) והיה הכהן בן אהרן עם הלוים מ) במעשר הלוים וגם חזקיהו עשה כמו כן הכין לשכות להביא כל המעשרות בהן כדי שלא יקבלום הלוים שהיו עכו"ם כדכתיב בדברי הימים (ב לא) ויאמר חזקיהו להכין לשכות בבית ה' ויכינו ויביאו את התרומה י) ואת המעשר וגם הוא תיקן להעלות לירושלים מעשר ירק ומעשר אילן דכתיב (שם) וכפרוץ הדבר הרבו בני ישראל ראשית דגן תירוש ויצהר וגו' ומפרש בנדרים (דף נה.) מאי וכפרוץ הא כל הני דאורייתא נינהו ומשני מעשר ירק ומעשר אילן וכתיב בתרי עשר ס) דקאמר להו נביא לישראל הביאו את כל המעשר אל בית האוצר [וגו'] ובחנוני נא בזאת וגו' אלמא דהסכים: **ואומר ה' עמך גבור החיל.** מדקאמר ליה מלאך לגדעון שאילת שלום בשם אלמא דהסכים: **הופיע.** נגלה והוכיח בשעת הצורך בלע"ז ברוזי"ר כך שמעתי. ל"א הופיע נשמעה בקול גדול. בנימוקי רבי: **בבית דינו של שם.** לא היה שם חי באותה שעה שהרי מת אלא בית דין של אחריו מבניו ותלמידיו וקרי ליה בית דין של שם כמו בית שמאי ובית הלל: **ממני יצאו כבושים.** דברים נעלמים הללו מאתי יצאו שלפי שיהודה היה מלך והיא זכתה לצאת ממנה מלכים ע) מתוך שהיתה צנועה בבית חמיה יצאתה גזירה זו מלפני שילא זרע משניהם כך קיבל רבי מעיקרא לישנא אחרינא מאתי היתה שיצאו ממנה שני בנים הללו לכבוש העולם שהרי עתיד דוד ומשיח לצאת ממנה: **בית דינו של שמואל.** לעולם ישראל אמרו עד (ב) דהא דכתיב ויאמר בני ישראל איקרו יחיד: **רמ"ח מצות עשה.** דכל אבר ואבר אומר לו עשה מצוה: **שס"ה [מצות] לא תעשה.** שבכל יום מזהירים עליו שלא לעבור: **מפי משה**
שית

ליקוטי רש"י

היושב ולא עבר עבירה וכו'. ההוא ישב ולא עבר עבירה דקאמר נוטל עליה שכר בעבירה שבא לידו וכפה יצרו ולא עבר אין מצוה יתירה מזו [קידושין לט:]. **רק חזק לבלתי וגו' כי הדם הוא הנפש וגו' למען ייטב לך ולבניך אחריך.** לא ולמד מתן שכרן של מצות אם הדם שנפשו של אדם וכו' [דברים יב, כה]. **תנינא.** דחלוקין. **ואם איתא.** דנפטרו אידי ואידי בידי אדם הוא אף ביום הכפורים יש מלקות על לאו שבו ובית דין פוטרין אותו מכרת. **אמר רב נחמן.** לעולם אינן חלוקין עליו חביריו והא דקתני דאין זדונו בידי אדם. **הא מני ר' יצחק היא.** דאמר במסכת מכות דאין מלקין בלאו הניתן לאזהרת כרת אפילו התרו בו למלקות ויליף טעמיה מהאי קרא [מגילה ז:]. **כל חייבי כריתות.** של עריות היו בכלל ונכרתו הנפשות העושות וגו' שכתוב בפרשת עריות (ויקרא יח). **למה יצאת כרת באחותו.** דכתיב בקדושים תהיו ואיש כי יקח את אחותו וגו'. **לדונה בכרת ולא במלקות.** אם התרו בהן ואע"ג דנדה נמי נשנית באותה פרשה לדבר שנתחדש בה נשנית להערלה. **אפילו תימא רבנן היא.** דאמרי מלקות אכל כרת ואפ"ה ליכא למילף מינה שחלוקין על רבי חנניה והכי קאמר מתניתין שבת עיקר חומר זדונו בידי אדם וזה עיקר חומר זדונו בהכרת ומיהו אם התרו בו ולקה מיפטר [מגילה ז:]. **ושאילת שלום בשם.** בשמו של הקב"ה ולא אמרינן מזלזל הוא בכבודו של מקום בשביל כבוד הבריות להוציא שם שמים עליו ולמדו מבועז שאמר ה' עמכם ומן המלאך שאמר לגדעון ה' עמך גבור החיל [ברכות נד.]. **וכי תימא בועז מדעתיה עבד.** ולא גמרינן מיניה. **תא שמע ואומר ה' עמך וכו'.** דגמרינן ממלאך שאמר לגדעון [שם סג.]. **שיבלו.** כלומר שייגעו דולורא"ט בלע"ז [תענית ט.]. **מנא ידע.** שממנו היא מעוברת שמא אף אחרים באו עליה. **ויאמר.** בת קול אמרה. **כבושים.** דברים עלומים שנגזרו מלפני שיצאו מזו מלכים ואי אפשר לצאת אלא מיהודה דכתיב (בראשית מט) גור אריה יהודה כבושים דברי סתר גזירת המלך כמו בהדי כבשי דקודשא בריך הוא למה לך (ברכות (דף י.) גבי חזקיה [סוטה י:]. **הנני ענו בי וגו' את שור מי לקחתי** לעבודתי וחומר מי לקחתי כשהייתי הולך מעיר לעיר לשפוט אותם על עסקי צרכיהם הייתי הולך על החמור שלי והיה לי ליטול משלהם. **ויאמר אליהם עד ה' בכם ועד משיחו וגו'** בת קול יוצאת ואומרת עד, וזה אחד משלשה מקומות שהופיעה רוח הקדש בבית דין של מטה [שמואל א יב, ג-ה].

תורה אור השלם

א) וּשְׁמַרְתֶּם אֶת חֻקֹּתַי וְאֶת מִשְׁפָּטַי אֲשֶׁר יַעֲשֶׂה אֹתָם הָאָדָם וָחַי בָּהֶם אֲנִי יְיָ: [ויקרא יח, ה]

ב) רַק חֲזַק לְבִלְתִּי אֲכֹל הַדָּם כִּי הַדָּם הוּא הַנָּפֶשׁ וְלֹא תֹאכַל הַנֶּפֶשׁ עִם הַבָּשָׂר: [דברים יב, כג]

ג) יְיָ חָפֵץ לְמַעַן צִדְקוֹ יַגְדִּיל תּוֹרָה וְיַאְדִּיר: [ישעיה מב, כא]

ד) קִיְּמוּ וְקִבְּלוּ הַיְּהוּדִים עֲלֵיהֶם וְעַל זַרְעָם וְעַל כָּל הַנִּלְוִים עֲלֵיהֶם וְלֹא יַעֲבוֹר לִהְיוֹת עֹשִׂים אֵת שְׁנֵי הַיָּמִים הָאֵלֶּה כִּכְתָבָם וְכִזְמַנָּם בְּכָל שָׁנָה וְשָׁנָה: [אסתר ט, כז]

ה) וְהִנֵּה בֹעַז בָּא מִבֵּית לֶחֶם וַיֹּאמֶר לַקּוֹצְרִים יְיָ עִמָּכֶם וַיֹּאמְרוּ לוֹ יְבָרֶכְךָ יְיָ: [רות ב, ד]

ו) וַיֵּרָא אֵלָיו מַלְאַךְ יְיָ וַיֹּאמֶר אֵלָיו יְיָ עִמְּךָ גִּבּוֹר הֶחָיִל: [שופטים ו, יב]

ז) הָבִיאוּ אֶת כָּל הַמַּעֲשֵׂר אֶל בֵּית הָאוֹצָר וִיהִי טֶרֶף בְּבֵיתִי וּבְחָנוּנִי נָא בָּזֹאת אָמַר יְיָ צְבָאוֹת אִם לֹא אֶפְתַּח לָכֶם אֵת אֲרֻבּוֹת הַשָּׁמַיִם וַהֲרִיקֹתִי לָכֶם בְּרָכָה עַד בְּלִי דָי: [מלאכי ג, י]

ח) וַיַּכֵּר יְהוּדָה וַיֹּאמֶר צָדְקָה מִמֶּנִּי כִּי עַל כֵּן לֹא נְתַתִּיהָ לְשֵׁלָה בְנִי וְלֹא יָסַף עוֹד לְדַעְתָּהּ: [בראשית לח, כו]

ט) הִנְנִי עֲנוּ בִי נֶגֶד יְיָ וְנֶגֶד מְשִׁיחוֹ אֶת שׁוֹר מִי לָקַחְתִּי וַחֲמוֹר מִי לָקַחְתִּי וְאֶת מִי עָשַׁקְתִּי אֶת מִי רַצּוֹתִי וּמִיַּד מִי לָקַחְתִּי כֹפֶר וְאַעְלִים עֵינַי בּוֹ וְאָשִׁיב לָכֶם: [ש"א יב, ג]

י) וַיֹּאמְרוּ לֹא עֲשַׁקְתָּנוּ וְלֹא רַצּוֹתָנוּ וְלֹא לָקַחְתָּ מִיַּד אִישׁ מְאוּמָה: [ש"א יב, ד]

כ) וַיֹּאמֶר אֲלֵיהֶם עֵד יְיָ בָּכֶם וְעֵד מְשִׁיחוֹ הַיּוֹם הַזֶּה כִּי לֹא מְצָאתֶם בְּיָדִי מְאוּמָה וַיֹּאמֶר עֵד: [ש"א יב, ה]

ל) וַיַּעַן הַמֶּלֶךְ וַיֹּאמֶר תְּנוּ לָהּ אֶת הַיָּלוּד הַחַי וְהָמֵת לֹא תְמִיתֻהוּ הִיא אִמּוֹ: [מ"א ג, כז] מ) יִשְׂרָאֵל נוֹשַׁע בַּייָ תְּשׁוּעַת עוֹלָמִים לֹא תֵבֹשׁוּ וְלֹא תִכָּלְמוּ עַד עוֹלְמֵי עַד: [ישעיה מה, יז] נ) תּוֹרָה צִוָּה לָנוּ מֹשֶׁה מוֹרָשָׁה קְהִלַּת יַעֲקֹב: [דברים לג, ד]

the sky ,,וַהֲרִיקֹתִי לָכֶם בְּרָכָה עַד־בְּלִי־דָי'' – *and pour out blessings for you without limit.*[30]

The Gemara interprets the verse:

,,עַד־בְּלִי־דָי'' מַאי – **What is** meant by ***"without limit"?*** אָמַר רָמִי בַּר רַב – **Rami bar Rav said:** Homiletically, this means: עַד שֶׁיִּבְלוּ שִׂפְתוֹתֵיכֶם מִלּוֹמַר דַּי – **until your lips wear out from saying "Enough!"** You will receive such an abundance of blessing that you will become weary from saying that the blessing is sufficient.[31]

The Gemara cites a similar threefold homiletical teaching:

אָמַר רַבִּי אֶלְעָזָר – **R' Elazar said:** בִּשְׁלֹשָׁה מְקוֹמוֹת הוֹפִיעַ רוּחַ הַקּוֹדֶשׁ – **In three places we find that the Divine Spirit made a public appearance:**[32] בְּבֵית דִּינוֹ שֶׁל שֵׁם – (1) **In the *beis din* of Shem** son of Noah; וּבְבֵית דִּינוֹ שֶׁל שְׁמוּאֵל הָרָמָתִי – (2) **in the *beis din* of** the prophet **Samuel of Ramah;** וּבְבֵית דִּינוֹ שֶׁל שְׁלֹמֹה – **and** (3) **in the *beis din* of** King **Solomon.**

The Gemara elaborates:

בְּבֵית דִּינוֹ שֶׁל שֵׁם – (1) **In the *beis din* of Shem,** דִּכְתִיב – **as it is written:**[33] ,,וַיַּכֵּר יְהוּדָה וַיֹּאמֶר צָדְקָה מִמֶּנִּי'' – ***Judah recognized and he said, "She is right, it is from me."***

The Gemara asks:

מְנָא יָדַע – **How did he know** that her pregnancy was on account of him? דִּלְמָא – He could have reasoned that **perhaps** she was a harlot and כִּי הֵיכִי דְּאָזַל אִיהוּ לְגַבָּהּ – **just as he had visited her,** אָזַל נַמִּי אִינָשׁ אַחֲרִינָא [לְגַבָּהּ] – **another man** or several other men **had also visited [her]** and she was pregnant from one of them.[34] יָצְאת בַּת קוֹל וְאָמְרָה – **A Heavenly voice** [i.e. the Divine Spirit] **issued forth and said:** ,,מִמֶּנִּי'' יָצְאוּ כְּבוּשִׁים – ***From Me* have these hidden things emanated.**[35]

The Gemara describes the second time the Divine spirit manifested itself:

בְּבֵית דִּינוֹ שֶׁל שְׁמוּאֵל – (2) **In the *beis din* of Samuel,** דִּכְתִיב – **as it is written:**[36] Samuel spoke to the entire Jewish people as he gave over the reins of leadership to King Saul: ,,הִנְנִי עֲנוּ בִי נֶגֶד ה' וְנֶגֶד מְשִׁיחוֹ – ***"Behold here I am; testify about me in the presence of Hashem and in the presence of His anointed one*** [King Saul]. ,,אֶת־שׁוֹר מִי לָקַחְתִּי'' – [During the time I have judged Israel,] ***whose ox have I [ever] taken?*** *Whose donkey have I taken? Whom have I robbed? Whom have I coerced? From whose hand have I taken redemption money that I shall avert my eyes from him? And I shall make restitution to you."* ,,וַיֹּאמְרוּ לֹא עֲשַׁקְתָּנוּ וְלֹא רַצּוֹתָנוּ'' – ***And they said, "You have not robbed us; you have not coerced us;*** *and you have not taken anything from any person's hand."* ,,וַיֹּאמֶר . . . עֵד ה' . . . וְעֵד מְשִׁיחוֹ . . . כִּי לֹא מְצָאתֶם בְּיָדִי מְאוּמָה – ***So he said [to them,] "Hashem is [your] witness and His anointed one is a witness [this day], that you have not found anything in my hands."*** ,,וַיֹּאמֶר עֵד'' – ***And he said, "A witness!"*** Now the last statement is odd because Scripture says: ,,וַיֹּאמֶר'' – ***And "he" said;*** וַיֹּאמְרוּ מִיבָּעֵי לֵיהּ – yet **it should be *and "they" said,*** for it was the assembled Jews who answered Samuel that they accept the suggested pair of witnesses. Rather, the explanation is that יָצְאת בַּת קוֹל וְאָמְרָה אֲנִי עֵד בְּדָבָר זֶה – **a Heavenly voice** [i.e. the Divine Spirit] **issued forth and said, "I am a witness in this matter."**

The third time the Divine Spirit manifested itself in an earthly court:

בְּבֵית דִּינוֹ שֶׁל שְׁלֹמֹה – (3) **In the *beis din* of Solomon,** דִּכְתִיב – **as it is written:**[37] ,,וַיַּעַן הַמֶּלֶךְ וַיֹּאמֶר – ***The king spoke up and said,*** תְּנוּ־לָהּ אֶת־(הילד) [הַיָּלוּד] הַחַי וְהָמֵת לֹא תְמִיתֻהוּ – ***'Give her*** *[the first woman]* ***the living newborn and do not put it to death;*** (כִּי) הִיא אִמּוֹ'' – ***she is his mother!"***[38] Now we may ask: מְנָא יָדַע – **How did** [King Solomon] **know** that she was

NOTES

30. *Malachi* 3:10. Thus, we see in the verse that *all* of the *maaser* was to be put in storehouses – a matter that was accomplished through the enactments of Ezra and Chizkiah (see above, note 22, and see *Aruch LaNer*).

31. The phrase עַד־בְּלִי־דָי literally means: until there is not enough [storage capacity for the produce – see *Radak* ad loc.]. This exposition, however, relates בְּלִי to the phonetically similar root בלה, which means to *wear out.* Thus, the verse reads: *Until [your lips] wear out [from saying], "Enough!"* [See *Eitz Yosef* who notes that one does not use the lips in speaking the word דַי and offers two explanations of our Gemara.]

32. I.e. it made itself known at a critical juncture and determined decisively the correctness of one view (*Rivan*).

33. *Genesis* 38:26. The background to the next statement is recorded in *Genesis* Ch. 38. Briefly, Tamar wished to bear children from Judah. Posing as a harlot, Tamar lared Judah into cohabiting with her. At the time, Judah did not have her payment in hand so he gave his signet, his wrap and his staff as pledges. Tamar conceived from this union. By the time Judah sent the kid goat as payment, the "harlot" was gone. Later, when Judah was informed [in his capacity as a member of the *beis din* of Shem] that Tamar was pregnant, he construed this to be clear proof that she had engaged in harlotry. He therefore sentenced her to death by burning (see *Bereishis Rabbah* 85:10, cited by *Rashi* to *Bereishis* 38:24, and *Ramban* ad loc. as to why he pronounced this particular sentence).

Now, when Tamar was being led to execution, she could have saved herself by simply stating the truth about the paternity of her offspring, [because then it would be clear that she had not engaged in forbidden harlotry but rather in a pre-Sinaitic form of *yibum* – see *Ramban* to *Genesis* 38:8]. However, this disclosure would have humiliated Judah in public, and *it is better to cast oneself into a fiery furnace rather than shame one's fellow in public* (*Bava Metzia* 59a). To avoid shaming him, she gave him a hint of the facts in a way that no one else would understand. She sent him the articles she had been given as pledges, hoping that he would admit what had happened and rescind her sentence. It is at this point that our Gemara takes up the story.

34. See *Rashi* to *Sotah* 10b; see also *Aruch LaNer.*

35. God's hidden intention was that the royal line should be born from the regal Judah and the modest Tamar, so He ordered events in such a way that they would live together and have offspring (see *Rivan*, first explanation, and *Megillah* 10b; cf. *Rivan's* second explanation).

Tamar's conviction and acquittal took place in Judah's court which was known as the court of Shem (the son of Noah). Although Shem was no longer alive at this juncture [he died before Judah was born, when Jacob was fifty], his court continued to function under the leadership of his offspring and disciples, and retained his name. This is similar to the names of the academies founded by Hillel and Shammai, which for many generations were called *Beis Hillel* and *Beis Shammai* (*Rivan*).

36. *I Samuel* 12:3-5.

37. *I Kings* 3:27. The background to this familiar incident is in the latter part of *I Kings* Ch. 3: There were two women who shared a house and who each gave birth to a son within days of each other. One of the sons died suddenly during the night. They came before King Solomon, each claiming to be the mother of the single living child. *So the king said, "Fetch me a sword!" and they brought a sword before the king. The king said, "Cut the living child in two and give half to one and half to the other." The woman whose son was the live one spoke to the king – because her compassion was aroused for her son – she said, "Please, my lord, give her the living newborn and do not put it to death!" But the other one said, "Neither mine nor yours shall he be. Cut!"* The Gemara continues with Solomon's decision.

38. When the genuine mother said, *"Please, my lord, give her the living newborn,"* one would have expected the other to respond, "She is only giving me what is already mine," or the like. Instead she said, *"Neither mine nor yours shall he be. Cut!"* [Besides being a cruel statement,] this seems to be sheer foolishness. However, the Midrash (*Shir HaShirim Rabbah* 1:1:10) cites a view that the two women were *yevamos. Meiri* (to *Yevamos* 17b) explains that they were mother-in-law and daughter-in-law and their husbands died leaving them no other children but these two boys. The daughter-in-law's son died within thirty days of birth, thus requiring her to remain single for thirteen years until the mother-in-law's baby son can perform *yibum* or *chalitzah.* She therefore claimed the live son to be her own and falsely exempted herself from *yibum* on two counts: (a) she had a child, and (b) she had no brother-in-law. Later,

עין משפט נר מצוה

קלה א מיי' פ"א מהל' שביתת עשור הל' ב סמג לאוין סח טוש"ע א"ח סי' תריא ס"ב:

לעזי רש"י

ברובי"ר. פירוש להוכיח, לאמת, לברר (דברים), (רש"י בראשית כ, טז), להראות פנים (לדברים) (רש"י מ"ב, יח, ג-ד).

ליקוטי רש"י

היושב ולא עבר עבירה וכו'. הסוק ישב ולא עבר עבירה דקאמר נוטל עליה שכר כעבירה שבא לידו וכפה יצרו ולא עבר אין מלוה יתירה מזו [קידושין לט:].

רק חזק לבלתי וגו' כי הדם הוא הנפש וגו' למען ייטב לך ולבניך אחריך. ולמד מתן שכרן של מצות אם הדם שנפשו של אדם קצה [דברים יב, כה].

תנינא. חלוקין. ואם איתא. דנפטרו אידי ואידי בידי אדם הוא אף ביום הכפורים ישנן מלקות על לאו שבו ובית דין פוטרין אותו מכרת. אמר רב נחמן. לעולם אימא חלוקין עליו חבריו ודקתני דאין זדונו בידי אדם. הא מני ר' יצחק היא. דאמר במסכת מכות דאין מלקין בלאוין הניתן לאזהרת כרת שאם התרו בו למלקות ואיך טעמיה מהאי קרא [מגילה ז:].

כל חייבי כריתות. של עריות היו בכלל ונכרתו הנפשות העושות וגו' שכתוב בפרשת עריות (ויקרא יח). למה יצאת כרת באחותו. דכתיב בקדושים ואיש כי יקח את אחותו וגו'. לדונה בכרת ולא במלקות. אם התרו בהן. אפילו תימא רבנן היא. דאמרי מלקות איכא בכרת [מגילה ז:].

ושאילת שלום בשם. בשמו של הקב"ה ולא אמרינן מזלזל הוא בכבודו של מקום להוציא שם שמים עליו ולמדו מבועז שאמר ה' עמכם ומן המלאך שאמר לגדעון ה' עמך גבור החיל [ברכות נד.]. וכי תימא בועז מדעתיה עבד. ולא גמרינן מיניה. תא שמע ואומר ה' עמך וכו'. דגמרינן ממלאך שאמר לגדעון [שם סג.]. שיבלו. כלומר שיגעו [תענית ט.]. מנא ידע. שממנו היא מעוברת שמא אף אחרים באו עליה. ויאמר. בת קול ממני. כבושים.

תורה אור השלם

א) וּשְׁמַרְתֶּם אֶת חֻקֹּתַי וְאֶת מִשְׁפָּטַי אֲשֶׁר יַעֲשֶׂה אֹתָם הָאָדָם וָחַי בָּהֶם אֲנִי יְיָ: [ויקרא יח, ה]

ב) רַק חֲזַק לְבִלְתִּי אֲכֹל הַדָּם כִּי הַדָּם הוּא הַנָּפֶשׁ וְלֹא תֹאכַל הַנֶּפֶשׁ עִם הַבָּשָׂר: [דברים יב, כג]

ג) יְיָ חָפֵץ לְמַעַן צִדְקוֹ יַגְדִּיל תּוֹרָה וְיַאְדִּיר: [ישעיה מב, כא]

ד) קִיְּמוּ וְקִבְּלוּ הַיְּהוּדִים עֲלֵיהֶם וְעַל זַרְעָם וְעַל כָּל הַנִּלְוִים עֲלֵיהֶם וְלֹא יַעֲבוֹר לִהְיוֹת עֹשִׂים אֵת שְׁנֵי הַיָּמִים הָאֵלֶּה כִּכְתָבָם וְכִזְמַנָּם בְּכָל שָׁנָה וְשָׁנָה: [אסתר ט, כז]

ה) וְהִנֵּה בֹעַז בָּא מִבֵּית לֶחֶם וַיֹּאמֶר לַקּוֹצְרִים יְיָ עִמָּכֶם וַיֹּאמְרוּ לוֹ יְבָרֶכְךָ יְיָ: [רות ב, ד]

ו) וַיֵּרָא אֵלָיו מַלְאַךְ יְיָ וַיֹּאמֶר אֵלָיו יְיָ עִמְּךָ גִּבּוֹר הֶחָיִל: [שופטים ו, יב]

ז) הָבִיאוּ אֶת כָּל הַמַּעֲשֵׂר אֶל בֵּית הָאוֹצָר וִיהִי טֶרֶף בְּבֵיתִי וּבְחָנוּנִי נָא בָּזֹאת אָמַר יְיָ צְבָאוֹת אִם לֹא אֶפְתַּח לָכֶם אֵת אֲרֻבּוֹת הַשָּׁמַיִם וַהֲרִיקֹתִי לָכֶם בְּרָכָה עַד בְּלִי דָי: [מלאכי ג, י]

ח) וַיַּכֵּר יְהוּדָה וַיֹּאמֶר צָדְקָה מִמֶּנִּי כִּי עַל כֵּן לֹא נְתַתִּיהָ לְשֵׁלָה בְנִי וְלֹא יָסַף עוֹד לְדַעְתָּהּ: [בראשית לח, כו]

ט) הִנְנִי עֲנוּ בִי נֶגֶד יְיָ וְנֶגֶד מְשִׁיחוֹ אֶת שׁוֹר מִי לָקַחְתִּי וַחֲמוֹר מִי לָקַחְתִּי וְאֶת מִי עָשַׁקְתִּי אֶת מִי רַצּוֹתִי וּמִיַּד מִי לָקַחְתִּי כֹפֶר וְאַעְלִים עֵינַי בּוֹ וְאָשִׁיב לָכֶם: [ש"א יב, ג]

י) וַיֹּאמְרוּ לֹא עֲשַׁקְתָּנוּ וְלֹא רַצּוֹתָנוּ וְלֹא לָקַחְתָּ מִיַּד אִישׁ מְאוּמָה: [ש"א יב, ד]

הגהות הב"ח

(א) גמרא ושאילת שלום בשם דכתיב: (ב) רש"י ד"ה בית דינו וכו' עד והא דכתיב:

גליון הש"ס

רש"י ד"ה בהכרת. לשון הכרת. ע' תוי"ט פרק ה משנה ג דחלה:

מסורת הש"ס

א) [קדושין לט:], ב) [חגיגה יא:], ג) [מגילה ז: ע"ש], ד) שם, ה) [שם ליתא], ו) [לעיל יג: וש"נ], ז) מגילה ז, ח) ברכות נד. [ודף סג.], ט) תענית ט., כ) [כב: ע"ש] שבת לב: וע"ש, ל) נ"א אמר ר"ח אמר רב, מ) סוטה י:, נ) [צ"ל ויאמר אליהם עד ה' בכם ועד משיחו היום הזה], ס) [צ"ל בעשר], ע) [צ"ל והמעשר], פ) מלאכי ג, צ) מגילה י:.

אשר יעשה אותם האדם וחי בהם. וסמיך ליה איש איש אל כל שאר בשרו למשמע מי שעושה חוקותי אני נותן חיים לו ואלו הן חוקותי איש איש וגו' הא למדת כל היושב ולא עבר כו': לזכות את ישראל. כדי שיהו מקבלין שכר כמה שמונעין עצמן מן העבירות לפיכך הרבה להן שלא היה צריך לצוות כמה מצות וכמה אזהרות על שקצים ונבלות שאין לך אדם שאינו קץ בהן אלא כדי שיקבלו שכר על שפורשין מהן: גמ' תנינא. במסכת מגילה אין בין שבת כו': בהכרת. לשון הכרת תכרת (במדבר טו) ואינו שם דבר: הא. מתני' דמגילה

והבאת מעשר. פירש הקונט' שקנס עזרא ללוים ותיקן שיביאוהו לכהנים כמו התרומה וכמדומה מלשונו שעוד פירש פירוש אחר שיפרשו מכל פירות אילן כמו שתיקן חזקיהו דכתיב וכפרוץ הדבר: בגליון

א) אשר יעשה אותם האדם וחי בהם הא כל היושב ולא עבר עבירה נותנין לו שכר כעושה מצוה ר"ש בר רבי אומר הרי הוא אומר ב) רק חזק לבלתי אכול (את) הדם כי הדם הוא הנפש וגו' ומה אם הדם שנפשו של אדם קצה ממנו הפורש ממנו מקבל שכר ג) גזל ועריות שנפשו של אדם מתאוה להן ומחמדתן הפורש מהן על אחת כמה וכמה שיזכה לו ולדורותיו ולדורות דורותיו עד סוף כל הדורות ר' חנניא בן עקשיא אומר רצה הקב"ה לזכות את ישראל לפיכך הרבה להם תורה ומצות שנאמר ג) ה' חפץ למען צדקו יגדיל תורה ויאדיר:

גמ' ד) א"ר יוחנן חלוקין עליו חבריו על רבי חנניה בן גמליאל אמר רב אדא בר אהבה אמרי בי רב תנינא ה) אין בין שבת ליום הכפורים אלא שזה זדונו בידי אדם וזה זדונו בהכרת ואם איתא אידי ואידי בידי אדם הוא רב נחמן (ו) בר יצחק) אומר הא מני רבי יצחק היא דאמר מלקות בחייבי כריתות ליכא דתניא ו) רבי יצחק אומר חייבי כריתות בכלל היו ולמה יצאת כרת באחותו לדונו בכרת ולא במלקות רב אשי אמר אפילו תימא רבנן זה עיקר זדונו בידי אדם וזה עיקר זדונו בידי שמים אמר רב אדא בר אהבה אמר רב הלכה כר' חנניה בן גמליאל אמר רב יוסף מאן סליק לעילא ואתא ואמר אמר ליה אביי אלא הא דאמר רבי יהושע בן לוי שלשה דברים עשו ב"ד של מטה והסכימו ב"ד של מעלה על ידם מאן סליק לעילא ואתא ואמר אלא קראי קא דרשינן ה"נ קראי קא דרשינן גופא א"ר יהושע בן לוי שלשה דברים עשו ב"ד של מטה והסכימו ב"ד של מעלה על ידם [אלו הן] מקרא מגילה ושאילת שלום [בשם] והבאת מעשר מקרא מגילה דכתיב ד) קימו וקבלו היהודים ח) קיימו למעלה מה שקבלו למטה ושאילת שלום (א) דכתיב ה) והנה בועז בא מבית לחם ויאמר לקוצרים ה' עמכם ואומר ו) ה' עמך גבור החיל ט) מאי ואומר וכי תימא בועז הוא דעביד מדעתיה ומשמיא לא אסכימו על ידו ת"ש ואומר ה' עמך גבור החיל הבאת מעשר דכתיב ז) הביאו את כל המעשר אל בית האוצר ויהי טרף בביתי ובחנוני נא בזאת אמר ה' צבאות אם לא אפתח לכם את ארובות השמים והריקותי לכם ברכה עד בלי די י) מאי עד בלי די אמר רמי בר רב עד שיבלו שפתותיכם מלומר די א"ר אלעזר בג' מקומות הופיע רוח הקודש בבית דינו של שם ובבית דינו של שמואל הרמתי ובבית דינו של שלמה בבית דינו של שם דכתיב ח) ויכר יהודה ויאמר צדקה ממני כ) מנא ידע דלמא כי היכי דאזל איהו לגבה אזל נמי איניש אחרינא [לגבה] יצאת בת קול ואמרה ממני יצאו כבושים: בבית דינו של שמואל דכתיב ט) הנני ענו בי נגד ה' ונגד משיחו את שור מי לקחתי י) ויאמרו לא עשקתנו ולא רצותנו ל) ויאמר עד ה' ועד משיחו כי לא מצאתם בידי מאומה ויאמר עד ויאמר ויאמרו מיבעי ליה יצאת בת קול ואמרה אני עד בדבר זה בבית דינו של שלמה דכתיב ל) ויען המלך ויאמר תנו לה את הילד החי והמת לא תמיתוהו (כי) היא אמו מנא ידע דלמא איערומא מיערמא יצאת בת קול ואמרה היא אמו אמר רבא ממאי דלמא יהודה כיון דחשיב ירחי ויומי ואיתרמי דחזינן מחזקינן דלא חזינן לא מחזקינן שמואל נמי כולהו ישראל קרי להו בלשון יחידי דכתיב מ) ישראל נושע בה' שלמה נמי מדהא קא מרחמתא והא לא קא מרחמתא אלא גמרא: דרש רבי שמלאי שש מאות ושלש עשרה מצות נאמרו לו למשה שלש מאות ושששים וחמש לאוין כמנין ימות החמה ומאתים וארבעים ושמונה עשה כנגד איבריו של אדם אמר רב המנונא מאי קרא נ) תורה צוה לנו משה מורשה תורה בגימטריא שית

רבי יצחק היא ולהכי קאמר זדונו כרת בידי שמים ולא בידי אדם דכל מאן דסבירא ליה דלמקות איכא בחייבי כריתות מודי לר' חנניה דנפטרו מידי כריתתן כיון שלקו ואיצטריך ליה לרבי יוחנן לאשמעינן דחלוקין: רב אשי אמר אפי' תימא. מתני' דמגילה רבנן היא דאמרי חייבי כריתות ישנן בכלל מלקות ארבעים ואפילו הכי מודו לר' חנניה דנפטרו מידי כריתתן ודקא אמרת מיתה וכרת בידי אדם הוא לא דמי דזה עיקר זדונו בידי אדם עיקר עונש של שבת בידי אדם דקאי בסקילה ועיקר עונשו של יום הכפורים בידי שמים דלאו"ג דאיכא חיוב מלקות בחייבי כריתות הוא אינו עיקר החיוב דכרת חמור ממלקות ואי מזיד בלא התראה הוא הוי בכרת ונמצא חיובו החמור בידי שמים ואנן בתר עיקר החיוב אזלינן וכן עיקר. מורי. ואית דפרשי עיקר זדונו תחלתו בר כרת הוא ואינו לא לקי נכרת ולא נהירא דהא תרוייהו בהדדי איתנהו ליה לרבנן דאמרי מלקות בחייבי כריתות איכא: מקרא מגילה. דמחייבין על מקרא מגילה: ושאילת שלום בשם. דמותר לאדם לשאול בשלום חבירו בשם כגון ישים ה' עליך שלום ואין בו משום מוציא שם שמים לבטלה. מורי. ל"א שאילת שלום בשם לחייב אדם לשאול בשלום חבירו בשם ואנו נמי כי שיילינן אהדדי מדכרינן שם דשלום שמו של הקב"ה דכתיב (שופטים ו) ויקרא לו ה' שלום לשם ה': והבאת מעשר. כדאמרינן ביבמות (דף פו:) דעזרא הסופר קנסינהו ללוים לפי שלא עלו עמו והוא להביא כל המעשרות אל לשכת בית ה' והיו הכהנים והלוים שוים במעשר ראשון כדכתיב בעזרא (נחמיה י) והיה הכהן בן אהרן עם הלוים ע) במעשר הלוים וגם חזקיהו עשה כמו כן הכין לשכות להביא כל המעשרות בהן כדי שלא יקבלום הלוים שהיו עכו"ם כדכתיב בדברי הימים (ב לא) ויאמר חזקיהו להכין לשכות בבית ה' ויכינו ויביאו את התרומה פ) ואת המעשר וגם הוא תיקן העלות לירושלים מעשר ירק ומעשר אילן דכתיב (שם) וכפרוץ הדבר הרבו בני ישראל ראשית דגן תירוש ויצהר וגו' ומפרש בנדרים (דף נה.) מאי וכפרוץ הא כל הני דאורייתא נינהו ומשני מעשר ירק ומעשר אילן וכתיב בתרי עשר צ) דקאמר להו נביא לישראל הביאו את כל המעשר אל בית האוצר [וגו'] ובחנוני נא בזאת וגו' אלמא הסכימו: ואומר ה' עמך גבור החיל. מדקאמר ליה מלאך לגדעון שאילת שלום בשם אלמא הסכימו: הופיע. נגלה והוכיח בשעת הצורך בלע"ז ברוב"ר כך שמעתי. ל"א הופיע נשמעה בקול גדול: בבית דינו של שם. לא היה שם מי באותה שעה שהיה מת אלא בית דין של אחריו מבניו ותלמידיו וקרי ליה בית דין של שם כמו בית שמאי ובית הלל: ממני יצאו כבושים. דברים נעלמים הללו מאתי היו שלפי שיסודה היה מלך והיה זכתה להיות ממנה מלכים מתוך שהיתה צנועה בבית חמיה גזרה מלפני שיצא זרע משיסם כך: בית דינו של שמואל. לעולם ישראל אמרו לו (ב) דהא דכתיב ויאמר בני ישראל איקרו יחיד: רמ"ח מצות עשה. דכל אבר ואבר אומר לו עשה מצוה: שס"ה [מצות] לא תעשה. שבכל יום מזהירים עליו שלא לעבור: מפי משה

כ) ויאמר אליהם עד ה' בכם ועד משיחו היום הזה כי לא מצאתם בידי מאומה ויאמר עד: [ש"א יב, ה] ל) ויען המלך ויאמר תנו לה את הילד החי והמת לא תמיתהו היא אמו: [מ"א ג, כז] מ) ישראל נושע בה' תשועת עולמים לא תבשו ולא תכלמו עד עולמי עד: [ישעיה מה, יז] נ) תורה צוה לנו משה מורשה קהלת יעקב: [דברים לג, ד]

really his mother; דִּלְמָא אִיעֲרוּמֵא מִיעַרְמָא – **perhaps she was engaging in trickery** by displaying her great compassion for the baby? We must therefore conclude that it was not King Solomon who said *"she is his mother,"* but rather יָצְאת בַּת קוֹל וְאָמְרָה הִיא אִמּוֹ – **a Heavenly voice** [i.e. the Divine Spirit] that **issued forth and said, "She is his mother."**

The Gemara challenges the three Scriptural proofs:

אָמַר רָבָא – **Rava said:** מִמַּאי – How do we know that a Heavenly voice spoke in each of the cases cited? דִּלְמָא יְהוּדָה כֵּיוָן דְּחָשֵׁיב יַרְחֵי וְיוֹמֵי וְאִיתְרַמֵּי – **Perhaps since Judah calculated the months and the days, and [the beginning of the pregnancy] coincided with his visit,** he concluded that she bore his child, דַּחֲזֵינַן מַחְזְקִינַן, דְּלֹא חֲזֵינַן לֹא מַחְזְקִינַן – **for from that which we see** [i.e. that Judah cohabited with Tamar] **we may establish** a presumption [i.e. that it was his child], **but from that which we do not see** [i.e. another man] **we may not establish a presumption.** שְׁמוּאֵל נַמִּי – In the case of **Samuel, as well,** כּוּלְּהוּ יִשְׂרָאֵל קָרֵי לְהוּ בִּלְשׁוֹן יְחִידִי – **all of Israel may be referred to** collectively **in the singular,** דִּכְתִיב – as it is written:[39] "יִשְׂרָאֵל נוֹשַׁע בַּה׳ ,, – ***Israel, you are saved by Hashem,*** using the singular verb form [נוֹשַׁע] rather than the plural form [נוֹשָׁעִים], in referring to all of Israel. שְׁלֹמֹה נַמִּי – In the case of **Solomon, as well,** perhaps Solomon reasoned that מִדְּהָא קָא מְרַחַמְתָּא וְהָא לֹא קָא מְרַחַמְתָּא – **since this woman is compassionate and the other is not compassionate,** this was sufficient proof that the unloving woman was not the true mother.

The Gemara agrees that there is no ironclad Scriptural proof: אֶלָּא גְּמָרָא – **Rather** we must say that **it is through tradition** that we know the Divine Spirit made its view known in the three courts.

The Mishnah stated that in order to provide merit for the Jewish people, God created mitzvos in abundance. On this topic, the Gemara teaches:

דָּרַשׁ רַבִּי שִׂמְלַאי – **R' Simlai expounded:** שֵׁשׁ מֵאוֹת וּשְׁלֹשׁ עֶשְׂרֵה מִצְוֹת נֶאֶמְרוּ לוֹ לְמֹשֶׁה – **Six hundred and thirteen commandments were related to Moses:** שְׁלֹשׁ מֵאוֹת וְשִׁשִּׁים וְחָמֵשׁ לָאוִין – **three hundred and sixty-five negative commandments,** כְּמִנְיַן יְמוֹת הַחַמָּה – **corresponding to the days of the solar year;** וּמָאתַיִם וְאַרְבָּעִים וּשְׁמוֹנֶה עֲשֵׂה – **and two hundred and forty-eight positive commandments** כְּנֶגֶד אֵיבָרָיו שֶׁל אָדָם – **corresponding to the number of parts of the human body.**[40] אָמַר רַב הַמְנוּנָא – **Rav Hamnuna said:** מַאי קְרָא – **Which verse** teaches this? "תּוֹרָה־צִוָּה לָנוּ מֹשֶׁה מוֹרָשָׁה ,, – ***Moses commanded us the Torah as a heritage.***[41] תּוֹרָה בְּגִימַטְרִיָּא – **The numerical value of the word** תּוֹרָה

NOTES

when King Solomon ruled that the son should be cut in half, she was fully satisfied with this, for if the baby were put to death she would be exempt from *yibum* in truth. King Solomon detected her real motives and awarded the custody of the child to the mother-in-law. See commentators to *Kings* ibid. for other explanations of this episode.

39. *Isaiah* 45:17.

40. The 365 negative commandments (corresponding to the number of days of the solar calendar) symbolize that each day exhorts people, as it were, not to sin. The 248 positive commandments (corresponding to the body's organs [enumerated in *Oholos* 1:8]) symbolize that every one of man's organs asks him to perform a mitzvah (*Rivan;* see also *Tanchuma, Seitzei,* Buber ed. and *Rambam* in his introduction to *Sefer HaMitzvos*).

The corresponding numbers of days and limbs have significance beyond numerical coincidence (*Maharal, Tiferes Yisrael,* Ch. 4; cf. *Ramah,* cited in *HaKoseiv* in *Ein Yaakov*). For example, just as there are organs without which a person could not live (such as the brain, the heart and the liver), so too there are mitzvos without which a person is spiritually dead (see *Sfas Emes,* end of *Acharei Mos*).

Other sources state another correspondence: The 365 negative commandments are associated with the 365 veins, nerves, etc. (*Targum Yonasan* to *Genesis* 1:27, *Zohar, Vayishlach* 170b). [*Zohar* (ibid.), which mentions both the days and the veins, comments that the *gid hanasheh* corresponds to the day of *Tishah B'Av.*]

[This statement of R' Simlai is the main source for all the Geonim and the Rishonim who wrote compilations of the 613 mitzvos. Among the more famous ones: *Halachos Gedolos* (by *R' Shimon Caira,* according to *Rambam* and *Ramban,* and *Rav Yehodai Gaon,* according to *Tosafos*); *Rav Saadiah Gaon's Sefer HaMitzvos* and *Azharos; Ramban's Sefer HaMitzvos; Ramban's* criticisms and additions to the previous work as well as a brief work of his own; *Sefer Mitzvos Gadol; R' Eliezer of Metz's Sefer HaYere'im; Sefer HaChinuch; Sefer HaChareidim;* as well as *R' Shlomo Ibn Gabirol's Azharos* with the *Tashbetz's* commentary, *Zohar HaRakia.*

Ramban (in his comments to *Sefer HaMitzvos, shoresh* §1) wonders why we never find in the Gemara a discussion as to what Biblical mitzvah replaces the one that a Tanna or Amora has declared *not* to be a Biblical mitzvah. He therefore examines the possibility that R' Simlai's statement is not necessarily accepted by other Amoraim (see also *Zohar HaRakia* toward the end). However, *Ramban* concludes that the concept of 613 mitzvos is so widespread in the Talmud and Midrash that it must certainly be a tradition from antiquity. In the preface to his monumental work on *Rav Saadiah Gaon's Sefer HaMitzvos, R' Yerucham Fishel Perla* demonstrates that there are several Tannaim and Amoraim other than R' Simlai who held there are 613 mitzvos.]

41. *Deuteronomy* 33:4.

שִׁית מְאָה וְחַד סְרֵי הָוֵי – is six hundred and eleven.[1] To this total we must add the first two of the Ten Commandments, "אָנֹכִי,, וְ"לֹא־יִהְיֶה לְךָ" מִפִּי הַגְּבוּרָה שְׁמַעְנוּם – ***I am [Hashem your God],* and *You shall have no*** other gods, which **we heard directly from the Almighty,**[2] and are thus distinct from the six hundred and eleven commandments that we heard from Moses. All told, then, there are six hundred thirteen mitzvos.[3]

The Gemara presents a mnemonic at this point:

(סִימָן דמשמ"ק ס"ק – The **mnemonic** for the following teachings is ***DMSM"K S"K.***)[4]

The Gemara stated above that there are six hundred and thirteen mitzvos in the Torah. The Gemara proceeds now to record the reaction of the great leaders of the Jewish people to the people's ongoing spiritual diminishment. Each successive leader sought to bring his contemporaries to the observance of the entire Torah by having them focus on fewer and fewer fundamentals:[5]

בָּא דָוִד וְהֶעֱמִידָן עַל אַחַת עֶשְׂרֵה – [King] David came and established eleven ethical and moral requirements **as the basis for [the fulfillment of the six hundred thirteen commandments]. דִּכְתִיב – As it is written:**[6] "מִזְמוֹר לְדָוִד,, – ***A psalm by David*: [ה'] מִי־יָגוּר בְּאָהֳלֶךָ** – ***Hashem, who may sojourn in Your Tent?* מִי־יִשְׁכֹּן בְּהַר קָדְשֶׁךָ – *Who may dwell on Your Holy Mountain?*** הוֹלֵךְ תָּמִים – (1) ***One who walks in perfect innocence,*** וּפֹעֵל צֶדֶק – (2) ***and works righteously,*** וְדֹבֵר אֱמֶת בִּלְבָבוֹ – (3) ***and speaks the truth from his heart;*** לֹא־רָגַל עַל־לְשֹׁנוֹ – (4) ***who has no slander on his tongue,*** לֹא־עָשָׂה לְרֵעֵהוּ רָעָה – (5) ***who has done his fellow no evil,*** וְחֶרְפָּה לֹא־נָשָׂא עַל־קְרֹבוֹ – (6) ***nor cast disgrace upon his close one;*** נִבְזֶה בְּעֵינָיו נִמְאָס – (7) ***in whose eyes a contemptible person is repulsive,*** וְאֶת־יִרְאֵי ה' יְכַבֵּד – (8) ***but who honors those who fear Hashem,*** נִשְׁבַּע לְהָרַע וְלֹא יָמִר – (9) ***who can swear to his detriment without retracting;*** כַּסְפּוֹ לֹא־נָתַן בְּנֶשֶׁךְ – (10) ***who lends not his money on interest,*** וְשֹׁחַד עַל־נָקִי לֹא־לָקָח – (11) ***and takes not a bribe against the innocent.*** עֹשֵׂה־אֵלֶּה לֹא יִמּוֹט לְעוֹלָם" – ***The doer of these shall never falter.***

The Gemara now reviews David's rules, and gives examples of great people who excelled in each characteristic:

"הוֹלֵךְ תָּמִים,, – (1) ***One who walks in perfect innocence*** – **this** refers to **Abraham, דִּכְתִיב – as it is written:**[7] God said to Abraham, "הִתְהַלֵּךְ לְפָנַי וֶהְיֵה תָמִים,, – ***Walk before Me and be perfect.*** "פֹּעֵל צֶדֶק,, – (2) ***One who works righteously*** – כְּגוֹן אַבָּא חִלְקִיָּהוּ – **for example, Abba Chilkiyahu,** who not only performed good deeds, but who served his employer honestly, even in matters that may have seemed trivial.[8] "וְדֹבֵר אֱמֶת בִּלְבָבוֹ,, – (3) ***One who speaks the truth from his heart*** – כְּגוֹן רַב סַפְרָא – **for example, Rav Safra.**[9] "לֹא־רָגַל עַל־לְשֹׁנוֹ,, – (4) ***One who has no slander on his tongue*** – זֶה יַעֲקֹב

NOTES

1. ת=400; ו=6; ר=200; ה=5: 400+6+200+5=611.

2. Initially, God spoke all the Ten Commandments in one unseparated pronouncement, something impossible for the human ear to discern or the human mind to comprehend. He then pronounced the Commandments individually to allow the Jews assembled at Mount Sinai to hear them. However, they heard only the first two directly from God; the other eight were heard by Moses alone, and he repeated them to the nation (see *Rashi* to *Exodus* 20:1 and *Responsa, Radbaz* §817), as he did with the rest of the Torah. *Ramban* (*Exodus* 20:7) notes that this is clear from the grammar of the verses themselves: The first two commandments are phrased in the first person; God is speaking. The rest of the commandments refer to God in the third person; Moses is speaking.

3. *Maharsha* states [based on much earlier sources] that the commandment beginning אָנֹכִי is the source of all the 248 positive commandments and the one beginning לֹא־יִהְיֶה is the source of all the 365 negative commandments. אָנֹכִי is the "heart" in the "body" of the positive commandments and לֹא יִהְיֶה is the "Yom Kippur" in the "year" of the negative commandments (see *Gra* in *Aderes Eliyahu, Acharei Mos,* end of Ch. 16 ד"ה והא דלא).

4. It is a bit difficult to decipher this mnemonic. It would appear that the first five letters D,M,S,M and K stand for the names of the five prophets whom the Gemara proceeds to discuss immediately: **D**avid, **M**icah, I**S**aiah, A**M**os and Haba**K**kuk. If so, the mnemonic leaves out the first mention of Isaiah (immediately after David) whom the Gemara cites twice. The last two letters S"K would seem to stand for Amo**S** and Eze**K**iel, two of the four prophets the Gemara discusses in a second series of teachings. Here too, it is puzzling why the mnemonic would encompass only two of the four prophets (see *Simanei HaShas* at the beginning of *Toldos Tannaim V'Amoraim;* see manuscript version of our text in *Dikdukei Soferim,* which does not contain this mnemonic). *Doresh LeTzion,* by *R' Yaakov Brull,* offers another interpretation: D is **D**avid; M is ***M**izmor,* the first word of Psalm 15; S is I**S**aiah; M is **M**icah; K is a printer's error, but if there was a letter in its place it would have been S for I**S**aiah a second time; S is Amo**S**; and K is Haba**K**kuk.

5. This passage obviously does *not* mean that the commandments were gradually discarded in favor of the increasingly shorter lists given by the various prophets. Such a notion is impossible, since the commandments of the Torah are *eternal.* What, then, does it mean?

Rivan explains that originally the entire nation was on a high enough spiritual level to perform all six hundred and thirteen commandments with the proper intensity, thereby meriting the World to Come. As time went on, the spiritual level of the nation declined and people were not able to fulfill all the commandments in the desired manner. King David therefore set forth these eleven ethical requirements through which one would merit the World to Come.

The compiler of *Ein Yaakov* in his commentary *Hakoseiv* explains that originally one could merit Divine assistance in resisting his evil inclination only by fulfilling all the commandments. King David established that through the fulfillment of these eleven, one could still merit such Divine assistance.

Similarly, *R' Yosef Albo* (*Ikkarim* 3:30, cited in part by *Maharsha*) explains that David intended to list eleven categories, each containing many of the 613 mitzvos. Thus, one who conducts himself in accordance with the principles of these categories would attain a high level of perfection. Of course, the *Ikkarim* reasons, nothing can substitute for performing *all* the mitzvos perfectly; nevertheless, David pointed out those principles which, by themselves, can elevate a person to a very high plane (cf. *Derashos HaRan* Ch. 6).

See also *Maharsha* to this Gemara for further explanations.

[In a more general sense, the change in focus from generation to generation reflects not a change in halachah, Heaven forbid, but rather a change in the people who observe the halachah. These eleven ethical and moral requirements may be described as "*mussar.*" *Mussar* is the science of putting the Torah into practice (see *Alei Shur,* I 2:11). The Torah never changes but the means required to attain its proper fulfillment may, depending on the generation.]

6. *Psalms* Ch. 15.

7. *Genesis* 17:1.

8. Abba Chilkiyahu was a grandson of Choni HaMe'agel. He lived during the Second Temple era and was a famous *tzaddik.* His prayers were sought by the Sages during a period of drought. He was a laborer who was so careful not to waste his employer's time that he did not even return the greeting of the rabbis who spoke to him, so scrupulous was he with someone else's money (*Maharsha;* see *Taanis* 23a,b).

9. Rav Safra had an object for sale. Once, while he was reciting the *Shema,* a potential buyer offered a price that Rav Safra found acceptable, but the would-be buyer received no response because Rav Safra would not interrupt the *Shema.* Misunderstanding Rav Safra's silence, the purchaser increased the offer. Upon completing the *Shema,* Rav Safra refused the second offer and insisted on letting the purchaser buy it for the first – lower – offer, which he (Rav Safra) had already accepted in his mind (*She'iltos d'Rav Achai, Vayechi* §36, cited by *Rivan;* see *Haamek She'eilah* ad loc. who explains that the *Sheiltos* holds this conduct to be a *requirement* under certain circumstances, in contrast to *Rambam* who holds it to be a voluntary act of saintliness). [See *Bava Basra* 88a with *Hagahos Asheri* in regard to Rav Safra's impeccably honest conduct when he purchased items.]

שית מאה וחד סרי הוי אנכי ולא יהיה לך מפי הגבורה שמענום (סימן דמשמ"ק ס"ק): בא דוד והעמידן על אחת עשרה דכתיב א) מזמור לדוד [ה'] מי יגור באהלך מי ישכון בהר קדשך הולך תמים ופועל צדק ודובר אמת בלבבו לא רגל על לשונו לא עשה לרעהו רעה וחרפה לא נשא על קרובו נבזה בעיניו נמאס ואת יראי ה' יכבד נשבע להרע ולא ימיר כספו לא נתן בנשך ושוחד על נקי לא לקח עושה אלה לא ימוט לעולם הולך תמים זה אברהם דכתיב ב) התהלך לפני והיה תמים פועל צדק כגון אבא חלקיהו ודובר אמת בלבבו כגון רב ספרא לא רגל על לשונו זה יעקב אבינו דכתיב ג) אולי ימושני אבי והייתי בעיניו כמתעתע לא עשה לרעהו רעה שלא ירד לאומנות חבירו וחרפה לא נשא על קרובו זה המקרב את קרוביו נבזה בעיניו נמאס זה חזקיהו המלך שגירר עצמות אביו במטה של חבלים ואת יראי ה' יכבד זה יהושפט מלך יהודה שבשעה שהיה רואה תלמיד חכם היה עומד מכסאו ומחבקו ומנשקו וקורא לו (אבי אבי) רבי רבי מרי מרי נשבע להרע ולא ימיר כר' יוחנן דא"ר יוחנן אהא בתענית עד שאבא לביתי כספו לא נתן בנשך אפילו ברבית עובד כוכבים ושוחד על נקי לא לקח כגון ר' ישמעאל בר' יוסי כתיב עושה אלה לא ימוט לעולם כשהיה ר"ג מגיע למקרא הזה היה בוכה אמר מאן דעביד להו לכולהו הוא דלא ימוט הא חדא מינייהו ימוט אמרו ליה מי כתיב עושה כל אלה עושה אלה כתיב אפילו בחדא מינייהו דאי לא תימא הכי כתיב קרא אחרינא ד) אל תטמאו בכל אלה התם נמי הנוגע בכל אלה הוא דמטמא בחדא מינייהו לא אלא לאו באחת מכל אלה הכא נמי באחת מכל אלו בא ישעיהו והעמידן על שש דכתיב ה) הולך צדקות ודובר מישרים מואס בבצע מעשקות נוער כפיו מתמוך בשוחד אוטם אזנו משמוע דמים ועוצם עיניו מראות ברע הולך צדקות זה אברהם אבינו דכתיב ו) כי ידעתיו למען אשר יצוה וגו' ודובר מישרים זה שאינו מקניט פני חבירו ברבים מואס בבצע מעשקות כגון ר' ישמעאל בן אלישע נוער כפיו מתמוך בשוחד כגון ר' ישמעאל בר' יוסי אוטם אזנו משמוע דמים (א) דלא שמע בזילותא דצורבא מרבנן ושתיק כגון ר"א ברבי שמעון ועוצם עיניו מראות ברע כדרבי חייא בר אבא דאמר ר' חייא בר אבא זה שאינו מסתכל בנשים בשעה שעומדות על הכביסה וכתיב ז) הוא מרומים ישכון [וגו'] בא מיכה והעמידן על שלש דכתיב ח) הגיד לך אדם מה טוב ומה ה' דורש ממך כי אם עשות משפט ואהבת חסד והצנע לכת עם (ה') אלהיך עשות משפט זה הדין אהבת חסד זה גמילות חסדים והצנע לכת זה הוצאת המת והכנסת כלה והלא דברים קל וחומר ומה דברים שאין דרכן לעשותן בצנעא אמרה תורה והצנע לכת דברים שדרכן לעשותן בצנעא על אחת כמה וכמה חזר ישעיהו והעמידן על שתים שנאמר ט) כה אמר ה' שמרו משפט ועשו צדקה בא עמוס והעמידן על אחת שנאמר י) כה אמר ה' לבית ישראל דרשוני וחיו מתקיף לה רב נחמן בר יצחק אימא דרשוני בכל התורה כולה אלא בא חבקוק והעמידן על אחת שנאמר כ) וצדיק באמונתו יחיה אמר ר' יוסי בר חנינא ארבע גזירות גזר משה רבינו על ישראל באו ארבעה נביאים וביטלום משה אמר ל) וישכון ישראל בטח בדד עין יעקב בא עמוס וביטלה [שנאמר] מ) חדל נא מי יקום יעקב וגו' וכתיב נ) ניחם ה' על זאת [וגו'] משה אמר ס) ובגוים ההם לא תרגיע בא ירמיה ואמר ע) הלוך להרגיעו ישראל משה אמר פ) פוקד עון אבות על בנים בא יחזקאל וביטלה צ) הנפש החוטאת היא תמות משה אמר ק) ואבדתם בגוים בא ישעיהו ואמר ר) והיה ביום ההוא יתקע בשופר גדול וגו' אמר רב מסתפינא מהאי קרא ואבדתם בגוים מתקיף לה רב פפא דלמא כאבידה המתבקשת דכתיב ש) תעיתי כשה אובד בקש עבדך אלא מסיפא [דקרא] ואכלה אתכם ארץ אויביכם מתקיף לה מר זוטרא דלמא כאכילת קישואין ודילועין וכבר היה ר"ג ורבי אלעזר בן עזריה ורבי יהושע ורבי עקיבא מהלכין בדרך ושמעו קול המונה של רומי מפלטה [ברחוק] מאה ועשרים מיל והתחילו בוכין ורבי עקיבא משחק אמרו לו מפני מה אתה משחק אמר להם ואתם מפני מה אתם בוכים אמרו לו הללו כושיים שמשתחוים לעצבים ומקטרים לעבודת כוכבים יושבין בטח והשקט ואנו בית הדום רגלי אלהינו שרוף באש

רש"י

שית מאה וחד סרי. והיינו דכתיב תורה צוה לנו משה ושתים מפי הגבורה הרי שית מאה ותליסרי: מפי הגבורה שמענום. דכתיב אחת דבר אלהים ושתים זו שמענו במכילתא: והעמידן על אחת עשרה. שבתחלה היו צדיקים והיו יכולים לקבל עול מצות הרבה אבל דורות האחרונים לא היו צדיקים כל כך ואם באו לשמור כולן אין לך אדם שזוכה ובא דוד והעמידן כו' כדי שיזכו אם יקיימו י"א מצות הללו וכן כל שעה דורות של מטה הולכין וממעטין אותו: רב ספרא. בשאלתות דרב אחאי (שאילתא לו) והכי הוה עובדא דרב ספרא היה לו חפץ אחד למכור ובא אדם אחד לפניו בשעה שהיה קורא ק"ש ואמר לו תן לי החפץ בכך וכך דמים ולא ענהו מפני שהיה קורא ק"ש כסבור זה שלא היה רוצה ליתנו בדמים הללו והוסיף אמר תנהו לי בכך יותר לאחר שסיים ק"ש אמר לו טול החפץ בדמים שאמרת בראשונה שבאותן דמים היה דעתי ליתנם לך: (אף) לא רגל על לשונו [כו']. לא רצה לשקר מתחלה שאמר אולי ימושני [אבי] אלא שאמו הכריחתו ועל פי הדבור דכתיב עלי קללתך בני ומתרגמינן אלי אתאמר בנבואה [דלא ייתון לווטיא עלך ברי]: וחרפה לא נשא על קרובו. לא סבל חרפת קרובו: נבזה בעיניו נמאס. המואס להקב"ה נבזה הוא בעיניו של אדם זה חזקיהו שנבזה היה בעיניו אביו שנמאס בעבודת כוכבים: שגירדו במטה של חבלים. גמרא היא ולא קרא: (וקורא לו רבי רבי): ואפילו לעובד כוכבים. כדי שלא ימשוך ויבוא להלוות לישראל ברבית: שוחד על נקי לא לקח. אפילו שוחד שהיה רשאי ליקח: כגון ר' ישמעאל ברבי יוסי. שהיה אריסו מביא לו משלו [קודם זמנו] ולא רצה ליקח כדי להיות לו דיין: בבצע מעשקות. שלא רצה ליטול לעצמו ראשית הגז שהביא לו אדם אחד שבא לדון לפניו אע"ג דהוה כהן רבי ישמעאל בן אלישע משום דדמי כאילו עושקו לכהן שהיה רגיל זה ליתן לו מתנותיו: אוטם אזנו משמוע דמים. אזנו אטומה וסתומה בדבר זה שלא ישמע בה דבר גנאי ושותק והיינו דמים לשון שתיקה: כגון רבי אלעזר ברבי שמעון. בהשוכר את הפועלים (ב"מ דף פד:) דנפק ריתחא מאודניה ואיתחזי לאיתתיה בחלמא ואמר לה האי דשמעית בזילותא דצורבא מרבנן ולא מחאי כדמבעי לי אלמא בחייו הוה רגיל לדקדק בכך ולפיכך הקפיד הקב"ה עליו על אותו הפעם שלא מיחה: זו הוצאת המת והכנסת הכלה. דכתיב בהו לכת טוב ללכת אל בית אבל מלכת וגו': בא ישעיה בן אמוץ. כל שעה דורות של מטה היו מתמעטין: חדל נא. אותה ברכה שאמר משה וישכון ישראל בטח בדד עין יעקב כלומר אימתי ישכון ישראל בטח כשיהיו צדיקים כעין יעקב: מי יקום יעקב. מי יוכל להיות חסיד כיעקב כי קטן הוא קטנים הם הטובים שיהיו צדיקים כיעקב:

מכאן ואילך מפירוש רבינו גרשום

הלוך להרגיעו ישראל. שיהא להם מנוחה בגלותן: בשופר גדול וגו'. ובאו האובדים בארץ מלמד שלא יהו אבודים בין העובדי כוכבים: כאבידה המתבקשת. ונמצאת לאחר זמן: כאכילת קשואין ודלועין. שאוכלים מקצתם ומקצתם אין אוכלין: מפלטירו. בית של רומי: ח) ומה לעוברי רצונו כך. שמשתחוים לעבודת כוכבים שלהם יושבים בהשקט ושלוה ישראל שעושין רצונו על אחת כמה וכמה שישלם להם שכר טוב: קרעו בגדיהם. דדינו ליעבד הכי: והלא אוריה במקדש ראשון היה. ככתוב בספר מלכים: זכריה מנביאים אחרונים היה. שהיה במקדש שני: תלה הכתוב נבואתו של זכריה בנבואתו של אוריה. כלומר שפורענות שניבא אוריה שאמר ירושלים לעיים תהיה והר הבית לבמות יער נתקיים כמו כן עתיד להתקיים דברי ניחומים של זכריה שיבנה בית המקדש במהרה בימינו אמן סלה:

הדרן עלך אלו הן הלוקין
וסליקא לה מסכת מכות

מסורת הש"ס

א) [הוריות ח.], ב) [תענית כג], ג) ב"ב פח., ג) [סנהדרין פא.], ד) שם מז., ה) [כתובות קג:], ו) [בע"י ל"ג], ז) [תענית יב.], ח) סנהדרין פא., ט) נ"א א"ל ר"ע אלא מעתה אל תטמאו בכל אלה ובכולהו אין כו', י) [כתובות קה.], כ) כתובות קה:, כ) [ב"מ פד:], ל) ב"ב נז:, מ) [סוכה מט:], נ) [ג"ז שם], ס) [בע"י ובטלה], ע) [בע"י ובטלה], פ) [בע"י ואיתימא רב אשי], פ) נ"א מפטילום, צ) [צ"ל שמעתי], ק) [פרשת ימין], ר) [פסחים נו.], ש) [כתובות קה:], ת) ס"י אטומה, ת) [שייך לע"ב].

הגהות הב"ח

(א) גמרא משמוע דמים כגון ר"א בר' שמעון דלא שמע בזילותא דצורבא מרבנן:

גליון הש"ס

גמ' שלא ירד לאומנות חבירו. עיין ב"ב דף כ ע"ב וסנהדרין דף פא ע"א: שם אפי' ברבית עובד כוכבים. בדאיתא בבא מציעא דף ע ע"ב: שם דלמא כאבידה המתבקשת. סנהדרין דף קט ע"ב:

ליקוטי רש"י

מפי הגבורה שמענום. דהיינו ששמעו מדיבורו של הקב"ה [הוריות ח. בד"ה איזו].

גירר עצמות אביו. משום כפרה ולא קברו בכבוד בדרגש ומטה נאה ומפני קידוש השם שיתגנה על רשעו ויוסרו הרשעים [פסחים נו.].

גירר עצמות אביו. לפי שהיה רשע בזהו ולא נהג בו כבוד בקבורתו להוציאו כהוגן במטות זהב וכסף [ברכות י:].

על מטה של חבלים. דרך בזיון מפני שהיה אביו רשע וביזהו לעיני כל כדי שיתייסרו האחרים ולכבוד עצמו לא חש ומפני כבוד אב נמי ליכא למיחש דנשיא בעמך כתיב (שמות כ"ב) בעושה מעשה עמך ונבזה בעיניו הוא עצמו נתבזה ונמאס בפני עצמו שלא חש לכבודו במקום קידוש ה' וכו' [סנהדרין מז.].

דאמר רבי יוחנן. פעמים שהיה אומר אהא בתענית עד שאבוא לביתי אי מטי לביתיה בשתים או בג' שעות ביום הוה אכיל וקרי ליה מתענה [תענית יב.].

שאינו מסתכל. כשהוא הולך על שפת הנהר [ב"ב נז:].

הוצאת המת והכנסת כלה. דכתיב בהו "לכת" טוב ללכת אל בית אבל מלכת אל בית משתה (קהלת ז) אף שם צריך הצנע לספוד במדה נאה ולשמוח במדה נאה ולא להנהיג קלות ראש בעצמו וי"א אם צריך לבזבז להוצאת מת עני או להכנסת כלה ענייה יעשה בצינעא ולא לימא קמי מאן דלא יבעי דעבדי [כן] וכן מפרש בשאלתות דרב אחאי (פרשת בראשית סימן ג'). דברים שדרכן לעשותן בצנעא. כגון צדקה הניתנת לעני בסתר שאין צריך להודיע לשום אדם מה שאין כן במת וכלה לפי שאחרים מתעסקין בהן ויודעין היאך משל מי והיינו דאמר רבי אלעזר כל מילי בעי צניעותא והוא הדין לדברי תורה [סוכה מט:].

עין משפט נר מצוה

קלז א מיי' פ"ב מהל' מלכים הל' ה:
קלח ב מיי' פכ"א מהל' איסורי ביאה הלכה כא סמג לאוין קכו טוש"ע אה"ע סי' כא ס"א:

תורה אור השלם

א) מִזְמוֹר לְדָוִד יְיָ מִי יָגוּר בְּאָהֳלֶךָ מִי יִשְׁכֹּן בְּהַר קָדְשֶׁךָ: הוֹלֵךְ תָּמִים וּפֹעֵל צֶדֶק וְדֹבֵר אֱמֶת בִּלְבָבוֹ: לֹא רָגַל עַל לְשֹׁנוֹ לֹא עָשָׂה לְרֵעֵהוּ רָעָה וְחֶרְפָּה לֹא נָשָׂא עַל קְרֹבוֹ: נִבְזֶה בְּעֵינָיו נִמְאָס וְאֶת יִרְאֵי יְיָ יְכַבֵּד נִשְׁבַּע לְהָרַע וְלֹא יָמִר: כַּסְפּוֹ לֹא נָתַן בְּנֶשֶׁךְ וְשֹׁחַד עַל נָקִי לֹא לָקָח עֹשֵׂה אֵלֶּה לֹא יִמּוֹט לְעוֹלָם: [תהלים טו]

ב) וַיְהִי אַבְרָם בֶּן תִּשְׁעִים שָׁנָה וְתֵשַׁע שָׁנִים וַיֵּרָא יְיָ אֶל אַבְרָם וַיֹּאמֶר אֵלָיו אֲנִי אֵל שַׁדַּי הִתְהַלֵּךְ לְפָנַי וֶהְיֵה תָמִים: [בראשית יז, א]

ג) אוּלַי יְמֻשֵּׁנִי אָבִי וְהָיִיתִי בְעֵינָיו כִּמְתַעְתֵּעַ וְהֵבֵאתִי עָלַי קְלָלָה וְלֹא בְרָכָה: [בראשית כז, יב]

ד) אַל תִּטַּמְּאוּ בְּכָל אֵלֶּה כִּי בְכָל אֵלֶּה נִטְמְאוּ הַגּוֹיִם אֲשֶׁר אֲנִי מְשַׁלֵּחַ מִפְּנֵיכֶם: [ויקרא יח, כד]

ה) הֹלֵךְ צְדָקוֹת וְדֹבֵר מֵישָׁרִים מֹאֵס בְּבֶצַע מַעֲשַׁקּוֹת נֹעֵר כַּפָּיו מִתְּמֹךְ בַּשֹּׁחַד אֹטֵם אָזְנוֹ מִשְּׁמֹעַ דָּמִים וְעֹצֵם עֵינָיו מֵרְאוֹת בְּרָע: [ישעיה לג, טו]

ו) כִּי יְדַעְתִּיו לְמַעַן אֲשֶׁר יְצַוֶּה אֶת בָּנָיו וְאֶת בֵּיתוֹ אַחֲרָיו וְשָׁמְרוּ דֶּרֶךְ יְיָ לַעֲשׂוֹת צְדָקָה וּמִשְׁפָּט לְמַעַן הָבִיא יְיָ עַל אַבְרָהָם אֵת אֲשֶׁר דִּבֶּר עָלָיו: [בראשית יח, יט]

ז) הוּא מְרוֹמִים יִשְׁכֹּן מְצָדוֹת סְלָעִים מִשְׂגַּבּוֹ לַחְמוֹ נִתָּן מֵימָיו נֶאֱמָנִים: [ישעיה לג, טז]

ח) הִגִּיד לְךָ אָדָם מַה טּוֹב וּמָה יְיָ דּוֹרֵשׁ מִמְּךָ כִּי אִם עֲשׂוֹת מִשְׁפָּט וְאַהֲבַת חֶסֶד וְהַצְנֵעַ לֶכֶת עִם אֱלֹהֶיךָ: [מיכה ו, ח]

ט) כֹּה אָמַר יְיָ שִׁמְרוּ מִשְׁפָּט וַעֲשׂוּ צְדָקָה כִּי קְרוֹבָה יְשׁוּעָתִי לָבוֹא וְצִדְקָתִי לְהִגָּלוֹת: [ישעיה נו, א]

י) כִּי כֹה אָמַר יְיָ לְבֵית יִשְׂרָאֵל דִּרְשׁוּנִי וִחְיוּ: [עמוס ה, ד]

כ) הִנֵּה עֻפְּלָה לֹא יָשְׁרָה נַפְשׁוֹ בּוֹ וְצַדִּיק בֶּאֱמוּנָתוֹ יִחְיֶה: [חבקוק ב, ד]

ל) וַיִּשְׁכֹּן יִשְׂרָאֵל בֶּטַח בָּדָד עֵין יַעֲקֹב אֶל אֶרֶץ דָּגָן וְתִירוֹשׁ אַף שָׁמָיו יַעַרְפוּ טָל: [דברים לג, כח]

מ) וָאֹמַר אֲדֹנָי יְיָ חֲדַל נָא מִי יָקוּם יַעֲקֹב כִּי קָטֹן הוּא: [עמוס ז, ה]

נ) נִחַם יְיָ עַל זֹאת גַּם הִיא לֹא תִהְיֶה אָמַר אֲדֹנָי יְיָ: [עמוס ז, ו]

ס) וּבַגּוֹיִם הָהֵם לֹא תַרְגִּיעַ וְלֹא יִהְיֶה מָנוֹחַ לְכַף רַגְלֶךָ וְנָתַן יְיָ לְךָ שָׁם לֵב רַגָּז וְכִלְיוֹן עֵינַיִם וְדַאֲבוֹן נָפֶשׁ: [דברים כח, סה] ע) כֹּה אָמַר יְיָ מָצָא חֵן בַּמִּדְבָּר עַם שְׂרִידֵי חָרֶב הָלוֹךְ לְהַרְגִּיעוֹ יִשְׂרָאֵל: [ירמיה לא, א] פ) נֹצֵר חֶסֶד לָאֲלָפִים נֹשֵׂא עָוֹן וָפֶשַׁע וְחַטָּאָה וְנַקֵּה לֹא יְנַקֶּה פֹּקֵד עֲוֹן אָבוֹת עַל בָּנִים וְעַל בְּנֵי בָנִים עַל שִׁלֵּשִׁים וְעַל רִבֵּעִים: [שמות לד, ז] צ) הֵן כָּל הַנְּפָשׁוֹת לִי הֵנָּה כְּנֶפֶשׁ הָאָב וּכְנֶפֶשׁ הַבֵּן לִי הֵנָּה הַנֶּפֶשׁ הַחֹטֵאת הִיא תָמוּת: [יחזקאל יח, ד] ק) וַאֲבַדְתֶּם בַּגּוֹיִם וְאָכְלָה אֶתְכֶם אֶרֶץ אֹיְבֵיכֶם: [ויקרא כו, לח] ר) וְהָיָה בַּיּוֹם הַהוּא יִתָּקַע בְּשׁוֹפָר גָּדוֹל וּבָאוּ הָאֹבְדִים בְּאֶרֶץ אַשּׁוּר וְהַנִּדָּחִים בְּאֶרֶץ מִצְרָיִם וְהִשְׁתַּחֲווּ לַיְיָ בְּהַר הַקֹּדֶשׁ בִּירוּשָׁלָםִ: [ישעיה כז, יג] ש) תָּעִיתִי כְּשֶׂה אֹבֵד בַּקֵּשׁ עַבְדֶּךָ כִּי מִצְוֹתֶיךָ לֹא שָׁכָחְתִּי: [תהלים קיט, קעו]

אָבִינוּ – this refers to **our patriarch Yaakov,** דִּכְתִיב **– as it is written:**[10] "אוּלַי יְמֻשֵּׁנִי אָבִי וְהָיִיתִי בְעֵינָיו כִּמְתַעְתֵּעַ", – ***Perhaps my father will feel me and I shall seem to him as a deceiver.***[11] "לֹא־עָשָׂה לְרֵעֵהוּ רָעָה", – (5) ***One who has done his fellow no evil*** – שֶׁלֹּא יָרַד לְאוּמָנוּת חֲבֵירוֹ **– this** refers to **one who does not infringe upon his fellow's trade.**[12] "וְחֶרְפָּה לֹא־נָשָׂא עַל־קְרֹבוֹ", – (6) ***One who has not cast disgrace upon his close ones*** – זֶה הַמְקָרֵב אֶת קְרוֹבָיו **– this** refers to **one who draws his relatives** [or, close ones] **near.**[13] "נִבְזֶה בְּעֵינָיו נִמְאָס", – (7) ***One in whose eyes a contemptible person is repulsive*** – זֶה חִזְקִיָּהוּ הַמֶּלֶךְ שֶׁגֵּירֵר עַצְמוֹת אָבִיו בְּמִטָּה שֶׁל חֲבָלִים **– this** refers to **King Chizkiah, who dragged the bones**[14] **of his** deceased **father** Ahaz **on a bed of ropes** on the way to his burial in order to degrade him.[15] Because Ahaz worshiped idols, he was contemptible in God's eyes, and therefore was repulsive to Chizkiah.[16] "וְאֶת־יִרְאֵי ה' יְכַבֵּד", – (8) ***One who honors those who fear Hashem*** – זֶה יְהוֹשָׁפָט מֶלֶךְ יְהוּדָה **– this** refers to **Yehoshaphat king of Judah,** שֶׁבְּשָׁעָה שֶׁהָיָה רוֹאֶה תַּלְמִיד חָכָם **– who, whenever he saw a Torah scholar,** הָיָה עוֹמֵד מִכִּסְאוֹ וּמְחַבְּקוֹ וּמְנַשְּׁקוֹ **– he would rise from his throne and embrace him and kiss him** וְקוֹרֵא לוֹ (אָבִי אָבִי) רַבִּי רַבִּי מָרִי מָרִי **– and he would call him, "(My father, my father;) my teacher, my teacher; my master, my master!"**[17] "נִשְׁבַּע לְהָרַע וְלֹא יָמִר", – (9) ***One who can swear to [his] detriment without retracting*** – כְּרַבִּי יוֹחָנָן **– this** refers **to someone like R' Yochanan.** דְּאָמַר רַבִּי יוֹחָנָן **– For R' Yochanan** occasionally **said,** אֱהֵא בְּתַעֲנִית עַד שֶׁאָבֹא לְבֵיתִי **– "I will fast until I reach my home,"** and although R' Yochanan was not required to fast after making this declaration, and his fast would be to his physical "detriment," he fasted anyway, in order not to break his word.[18] "כַּסְפּוֹ לֹא־נָתַן בְּנֶשֶׁךְ", – (10) ***One who lends not his money on interest*** – אֲפִילוּ בְּרִבִּית עוֹבֵד כּוֹכָבִים – this refers to one who does not lend **on interest even to a non-Jew,** although the Torah permits him to do so.[19] "וְשֹׁחַד עַל־נָקִי לֹא־לָקָח", – (11) ***One who takes not a bribe against the innocent*** – כְּגוֹן רַבִּי יִשְׁמָעֵאל בְּרַבִּי יוֹסֵי **– for example, R' Yishmael the son of R' Yose,** who refused to accept payment from his sharecropper even one day before it was due, for fear that it would influence his judgment in a case involving the sharecropper.[20]

The above are the eleven ethical and moral requirements that King David enumerated in Psalm 15.[21] The Gemara continues: כְּתִיב **– It is written** in the final verse: "עֹשֵׂה־אֵלֶּה לֹא יִמּוֹט",

NOTES

10. *Genesis* 27:12.

11. As related in *Genesis* Ch. 27, Rivkah instructed her son Yaakov to impersonate his brother, Esav, and thus deceive his father, Yitzchak; Yaakov refused to do so until Rivkah revealed to him that she had received a prophetic command for him to do so (*Rivan*). [*Rivan* apparently understands רָגַל (literally, slander) in this context in the sense of *"a lie."*] *Maharsha* understands the word to mean *accustomed [to ill speech]* and explains that had Yaakov been wont to speak gossip, he could have revealed Esav's true nature to his father Yitzchak many years earlier. If so, he would not have had to resort to trickery to gain Yitzchak's blessings. Thus, we see that Yaakov had *no* [indication to] *slander on his tongue.* (See *Maharatz Chayes* and *Emes LeYaakov.*)

12. For example, one person has a store in a certain defined area and another person opens up a second store selling the same items in the same area. Under certain circumstances, the second person is said to be cutting off the livelihood of the first (see *Bava Basra* 21b and *Tur Choshen Mishpat* §156).

13. This refers to one who has never had to bear responsibility for a relative's embarrassing condition [for he has always drawn his relatives near by helping them to the utmost of his ability] (*Rivan*).

Alternatively, he draws his relatives near by admonishing and guiding them when they do wrong. Since he thus prevents them from falling into evil ways, he will never be ashamed of being related to them (Maharsha).

14. *R' Yaakov Emden* (*Mishneh Lechem* to *Pesachim* 4:9) explains that the term "bones" is not literal; it refers to the entire body, which is destined to be reduced to bone.

15. [Chizkiah's father Achaz, the previous king of Yehudah, was a wicked man who served idols and enticed people to abandon the service of Hashem (see *II Kings* Ch. 16; *Sanhedrin* 103a-104a).] In order to expiate his father's sins, and to sanctify the Name of Hashem by demonstrating the repulsiveness of Achaz's evil so that others should take heed, Chizkiah dishonored his father's corpse. [The affront was twofold. Instead of a bier fit for royalty, a lowly "bed of ropes" was used. And instead of being borne upon the shoulders of a mourning populace, the bier was dragged along the ground in utter contempt] (*Rashi* to *Pesachim* 56a; see *Sanhedrin* 47a and *Berachos* 10b with *Rashi*).

[Although in general one is forbidden to malign the honor of a king of Israel (and certainly when he was his own father – see *Rashi* to *Sanhedrin* 47a), this applies only when the king conforms to the norms of proper Jewish behavior. Achaz did not, and therefore Chizkiah was permitted to malign him (*Rashi* to *Sanhedrin* 47a; see *Rambam, Hil. Mamrim* 6:11 and *Lechem Mishneh* ad loc.).]

16. This follows *Rivan*. Alternatively, *Rashi* (*Sanhedrin* 47a) renders the verse: *He feels contemptible, in his own eyes repulsive,* and explains that Chizkiah degraded himself and became repulsive in his own eyes because he treated his father's remains so disrespectfully. Nevertheless, he did so to give honor to God by showing that an idolater cannot be honored, even though he had been a king.

17. This passage as printed in *Ein Yaakov* omits the parenthesized phrase; but see *Maharsha* and *Aruch LaNer,* who explain its significance.

Although a king is required by law to maintain the honor of his office and may not forgo his honor for others, he nevertheless is required to show respect to Torah scholars, as exemplified by Yehoshaphat. However, the king may do so only in private; in public he must maintain the dignity of his office and should not rise for anyone (*Rambam, Hil. Melachim* 2:5 from *Kesubos* 103b).

18. R' Yochanan made these declarations so as to evade invitations to dine at the *Nasi's* table. Halachically speaking, his vow was invalid (see *Taanis* 12a with *Rashi,* and *Aruch LaNer* here) and he could eat whenever he wished. Nevertheless, he would not go back on his word, but rather fasted until he arrived at his house.

19. The Torah prohibits a Jew to take interest from a fellow Jew, but not from a non-Jew (*Deuteronomy* 23:20-21). Nevertheless, the Gemara teaches that one should refrain from doing so, because once someone is accustomed to taking interest, he will eventually do so from Jews as well (*Rivan*).

The Gemara in *Bava Metzia* 70b teaches that there is a Rabbinical prohibition to lend money on interest to a non-Jew, but that this prohibition is relaxed under certain circumstances (see ibid. 71a with *Rashi*). However, the Gemara there proceeds to present another version of this teaching, according to which it is *permitted* to take interest from a gentile. The accepted halachah follows this view (see *Tosafos* to *Bava Metzia* 70b ד"ה תשיך and *Yoreh Deah* 159:1; see *Maggid Mishneh, Hil. Malveh VeLoveh* 5:2 in the name of *Rashba,* in the name of *Rashi*).

20. The sharecropper who worked R' Yishmael the son of R' Yose's land would bring his rental payment of a basket of fruit to R' Yishmael each Friday. One time he brought it on Thursday. When R' Yishmael asked for an explanation, the sharecropper replied, "Since I have a case pending today in your court, I decided to bring the basket along with me."

R' Yishmael not only refused to accept the payment one day before it was due, but he declared himself disqualified from serving as judge in this suit. Instead he appointed other scholars to hear the case. During the proceedings, R' Yishmael found himself subconsciously siding with his sharecropper. He then cursed those who accept bribes, wondering, "If I, who refused the bribe which was in reality my own money, am influenced in my opinion, how much more so are the takers of bribes influenced by them" (*Kesubos* 105b).

21. *Rabbeinu Bachya* (*Deuteronomy* 27:15) states that these eleven requirements correspond to the eleven curses uttered upon Mt. Eval (see *Deuteronomy* 27:11-26).

שית מאה וחד סרי הוי [א] אנכי ולא יהיה לך מפי הגבורה שמענום (סימן דמשמ"ק ס"ק): בא דוד והעמידן על אחת עשרה דכתיב א) מזמור לדוד [ה'] מי יגור באהלך מי ישכון בהר קדשך הולך תמים ופועל צדק ודובר אמת בלבבו לא רגל על לשונו לא עשה לרעהו רעה וחרפה לא נשא על קרובו נבזה בעיניו נמאס ואת יראי ה' יכבד נשבע להרע ולא ימיר כספו לא נתן בנשך ושוחד על נקי לא לקח עושה אלה לא ימוט לעולם הולך תמים זה אברהם דכתיב ב) התהלך לפני והיה תמים [ב] פועל צדק כגון אבא חלקיהו [ג] ודובר אמת בלבבו כגון רב ספרא לא רגל על לשונו זה יעקב אבינו דכתיב ג) אולי ימושני אבי והייתי בעיניו כמתעתע לא עשה לרעהו רעה [ד] שלא ירד לאומנות חבירו וחרפה לא נשא על קרובו זה המקרב את קרוביו [ה] נבזה בעיניו נמאס זה חזקיהו המלך שגירר עצמות אביו במטה של חבלים ואת [ו] יראי ה' יכבד זה יהושפט מלך יהודה [א] שבשעה שהיה רואה תלמיד חכם היה עומד מכסאו ומחבקו ומנשקו וקורא לו [ז] (אבי אבי) רבי רבי מרי מרי נשבע להרע ולא ימיר כר' יוחנן [ח] דא"ר יוחנן אהא בתענית עד שאבא לביתי כספו לא נתן בנשך [ט] אפילו ברבית עובד כוכבים ושוחד על נקי לא לקח כגון ר' ישמעאל בר' יוסי כתיב עושה אלה לא ימוט לעולם [י] כשהיה ר"ג מגיע למקרא הזה היה בוכה אמר מאן דעביד להו לכולהו הוא דלא ימוט הא חדא מינייהו ימוט [כ] אמרו ליה מי כתיב עושה כל אלה עושה אלה כתיב אפילו בחדא מינייהו דאי לא תימא הכי כתיב קרא אחרינא ד) אל תטמאו בכל אלה התם נמי הנוגע בכל אלה הוא דמטמא בחדא מינייהו לא אלא לאו באחת מכל אלה הכא נמי באחת מכל אלו בא ישעיהו והעמידן על שש דכתיב ה) הולך צדקות ודובר מישרים מואס בבצע מעשקות נוער כפיו מתמוך בשוחד אוטם אזנו משמוע דמים ועוצם עיניו מראות ברע הולך צדקות זה אברהם אבינו דכתיב ו) כי ידעתיו למען אשר יצוה וגו' ודובר מישרים זה שאינו מקניט פני חבירו ברבים מואס בבצע מעשקות [ל] כגון ר' ישמעאל בן אלישע נוער כפיו מתמוך בשוחד כגון [מ] ר' ישמעאל בר' יוסי אוטם אזנו משמוע דמים (א) דלא שמע בזילותא דצורבא מרבנן ושתיק כגון [נ] ר"א ברבי שמעון ועוצם עיניו מראות ברע כדרבי חייא בר אבא [ס] דאמר ר' חייא בר אבא [ב] זה שאינו מסתכל בנשים בשעה שעומדות על הכביסה וכתיב ז) הוא מרומים ישכון [וגו'] בא מיכה והעמידן על שלש [ע] דכתיב ח) הגיד לך אדם מה טוב ומה ה' דורש ממך כי אם עשות משפט ואהבת חסד והצנע לכת עם (ה') אלהיך עשות משפט זה הדין אהבת חסד זה גמילות חסדים והצנע לכת זה הוצאת המת והכנסת כלה [פ] והלא דברים קל וחומר ומה דברים שאין דרכן לעשותן בצנעא אמרה תורה והצנע לכת דברים שדרכן לעשותן בצנעא על אחת כמה וכמה חזר ישעיהו והעמידן על שתים שנאמר ט) כה אמר ה' שמרו משפט ועשו צדקה בא עמוס והעמידן על אחת שנאמר י) כה אמר ה' לבית ישראל דרשוני וחיו מתקיף לה רב נחמן בר יצחק אימא דרשוני בכל התורה כולה אלא בא חבקוק והעמידן על אחת שנאמר כ) וצדיק באמונתו יחיה אמר ר' יוסי בר חנינא ארבע גזירות גזר משה רבינו על ישראל באו ארבעה נביאים וביטלום משה אמר ל) וישכון ישראל בטח בדד עין יעקב בא עמוס וביטלה [שנאמר] מ) חדל נא מי יקום יעקב וגו' וכתיב נ) ניחם ה' על זאת [וגו'] משה אמר ס) ובגוים ההם לא תרגיע בא ירמיה [צ] ואמר ע) הלוך להרגיעו ישראל משה אמר פ) פוקד עון אבות על בנים בא יחזקאל וביטלה צ) הנפש החוטאת היא תמות משה אמר ק) ואבדתם בגוים בא ישעיהו [ק] ואמר ר) והיה ביום ההוא יתקע בשופר גדול וגו' אמר רב מסתפינא מהאי קרא ואבדתם בגוים מתקיף לה רב פפא [ג] דלמא כאבידה המתבקשת דכתיב ש) תעיתי כשה אובד בקש עבדך אלא מסיפא [דקרא] ק) ואכלה אתכם ארץ אויביכם מתקיף לה מר זוטרא [ר] דלמא כאכילת קישואין ודילועין וכבר היה ר"ג ורבי אלעזר בן עזריה ורבי יהושע ורבי עקיבא מהלכין בדרך ושמעו קול המונה של רומי [ש] מפלטה [ברחוק] מאה ועשרים מיל והתחילו בוכין ורבי עקיבא משחק אמרו לו מפני מה אתה משחק אמר להם ואתם מפני מה אתם בוכים אמרו לו הללו כושיים שמשתחוים לעצבים ומקטרים לעבודת כוכבים יושבין בטח והשקט ואנו בית הדום רגלי אלהינו שרוף באש

רש"י

שית מאה וחד סרי. והיינו דכתיב תורה צוה לנו משה ושתים מפי הגבורה הרי שית מאה ותליסרי: מפי הגבורה שמענום. דכתיב אחת דבר אלהים ושתים זו [ל] שמענו במכילתא: והעמידן על אחת עשרה. שבתחלה היו צדיקים והיו יכולים לקבל עול מצות הרבה אבל דורות האחרונים לא היו צדיקים כל כך ואם באו לשמור כולן אין לך אדם שזוכה ובא דוד והעמידן כו' כדי שיזכו אם יקיימו י"א מצות הללו וכן כל שעה דורות של מטה הולכין וממעטין אותו: רב ספרא. בשאלתות דרב אחאי [ק] (שאילתא לו) והכי הוה עובדא דרב ספרא היה לו חפץ אחד למכור ובא אדם אחד לפניו בשעה שהיה קורא ק"ש ואמר לו תן לי החפץ בכך וכך דמים ולא ענהו מפני שהיה קורא ק"ש כסבור זה שלא היה רוצה ליתנו בדמים הללו והוסיף אמר תנהו לי בכך יותר לאחר שסיים ק"ש אמר לו טול החפץ בדמים שאמרת בראשונה שבאותן דמים היה דעתי ליתנם לך: (אף) לא רגל על לשונו [כו']. לא רצה לשקר מתחלה שאמר אולי ימושני [אבי] אלא שאמו הכריחתו ועל פי הדבור דכתיב עלי קללתך בני ומתרגמינן אלי אתאמר בנבואה [דלא ייתון לווטיא עלך ברי]: וחרפה לא נשא על קרובו. לא סבל חרפת קרובו: נבזה בעיניו נמאס. הנמאס להקב"ה נבזה הוא בעיניו של אדם זה חזקיהו שנבזה היה בעיניו אביו שנמאס בעבודת כוכבים: שגיררו במטה של חבלים. גמרא היא [ר] ולא קרא: (וקורא לו רבי רבי): ואפילו לעובד כוכבים. כדי שלא ימשוך ויבא להלוות לישראל ברבית: שוחד על נקי לא לקח. אפילו שוחד שהיה רשאי ליקח: כגון ר' ישמעאל ברבי יוסי. שהיה אריסו מביא לו משלו [קודם זמנו] ולא רצה ליקח כדי להיות לו דיין [ש]: בבצע מעשקות. שלא רצה ליטול לעצמו ראשית הגז שהביא לו אדם אחד שבא לדון לפניו אע"ג דהוה כהן רבי ישמעאל בן אלישע משום דדמי כאילו עושקו לכהן שהיה רגיל זה ליתן לו מתנותיו: אוטם אזנו משמוע דמים. אזנו [ת] אטומה וסתומה בדבר זה שלא ישמע בה דבר גנאי ושותק והיינו דמים לשון שתיקה: כגון רבי אלעזר ברבי שמעון. בהשוכר את הפועלים (ב"מ דף פד:) דנפק ריתחא מאודניה ואיתחזי לאיתתיה בחלמא ואמר לה האי דשמעית בזילותא דצורבא מרבנן ולא מחאי כדמבעי לי אלמא בחייו הוה רגיל לדקדק בכך ולפיכך הקפיד הקב"ה עליו על אותו הפעם שלא מיחה: זו הוצאת המת והכנסת הכלה. דכתיב בהו לכת טוב ללכת אל בית אבל מלכת וגו': בא ישעיה בן אמוץ. כל שעה דורות של מטה היו מתמעטין: חדל נא. אותה ברכה שאמר משה וישכון ישראל בטח בדד עין יעקב כלומר אימתי ישכון ישראל בטח כשיהיו צדיקים כעין יעקב: מי יקום יעקב. מי יוכל להיות חסיד כיעקב כי קטן הוא קטנים הם הטובים שיהיו צדיקים כיעקב:

מכאן ואילך מפירוש רבינו גרשום

הלוך להרגיעו ישראל. שיהא להם מנוחה בגלותן: בשופר גדול וגו'. ובאו האובדים בארץ מלמד שלא יהו אבודים בין העובדי כוכבים: כאבידה המתבקשת. ונמצאת לאחר זמן: כאכילת קשואין ודלועין. שאוכלים מקצתם ומקצתם אין אוכלין: מפלטירו. בית של רומי: [א] ומה לעוברי רצונו כך. שמשתחוים לעבודת כוכבים שלהם יושבים בהשקט ושלוה ישראל שעושין רצונו על אחת כמה וכמה שישלם להם שכר טוב: קרעו בגדיהם. דדינו ליעבד הכי: והלא אוריה במקדש ראשון היה. ככתוב בספר מלכים: זכריה מנביאים אחרונים היה. שהיה במקדש שני: תלה הכתוב נבואתו של זכריה בנבואתו של אוריה. כלומר שפורענות שניבא אוריה שאמר ירושלים לעיים תהיה והר הבית לבמות יער נתקיים כמו כן עתיד להתקיים דברי ניחומים של זכריה שיבנה בית המקדש במהרה בימינו אמן סלה:

הדרן עלך אלו הן הלוקין
וסליקא לה מסכת מכות

עין משפט נר מצוה

קלו א מיי' פ"ב מהל' מלכים הל' ה:
קלז ב מיי' פכ"א מהל' איסורי ביאה הלכה כא סמג לאוין קכו טוש"ע אה"ע סי' כא ס"א:

תורה אור השלם

א) מִזְמוֹר לְדָוִד יְיָ מִי יָגוּר בְּאָהֳלֶךָ מִי יִשְׁכֹּן בְּהַר קָדְשֶׁךָ: הוֹלֵךְ תָּמִים וּפֹעֵל צֶדֶק וְדֹבֵר אֱמֶת בִּלְבָבוֹ: לֹא רָגַל עַל לְשֹׁנוֹ לֹא עָשָׂה לְרֵעֵהוּ רָעָה וְחֶרְפָּה לֹא נָשָׂא עַל קְרֹבוֹ: נִבְזֶה בְּעֵינָיו נִמְאָס וְאֶת יִרְאֵי יְיָ יְכַבֵּד נִשְׁבַּע לְהָרַע וְלֹא יָמִר: כַּסְפּוֹ לֹא נָתַן בְּנֶשֶׁךְ וְשֹׁחַד עַל נָקִי לֹא לָקָח עֹשֵׂה אֵלֶּה לֹא יִמּוֹט לְעוֹלָם: [תהלים טו]
ב) וַיְהִי אַבְרָם בֶּן תִּשְׁעִים שָׁנָה וְתֵשַׁע שָׁנִים וַיֵּרָא יְיָ אֶל אַבְרָם וַיֹּאמֶר אֵלָיו אֲנִי אֵל שַׁדַּי הִתְהַלֵּךְ לְפָנַי וֶהְיֵה תָמִים: [בראשית יז, א]
ג) אוּלַי יְמֻשֵּׁנִי אָבִי וְהָיִיתִי בְעֵינָיו כִּמְתַעְתֵּעַ וְהֵבֵאתִי עָלַי קְלָלָה וְלֹא בְרָכָה: [בראשית כז, יב]
ד) אַל תִּטַּמְּאוּ בְּכָל אֵלֶּה כִּי בְכָל אֵלֶּה נִטְמְאוּ הַגּוֹיִם אֲשֶׁר אֲנִי מְשַׁלֵּחַ מִפְּנֵיכֶם: [ויקרא יח, כד]
ה) הֹלֵךְ צְדָקוֹת וְדֹבֵר מֵישָׁרִים מֹאֵס בְּבֶצַע מַעֲשַׁקּוֹת נֹעֵר כַּפָּיו מִתְּמֹךְ בַּשֹּׁחַד אֹטֵם אָזְנוֹ מִשְּׁמֹעַ דָּמִים וְעֹצֵם עֵינָיו מֵרְאוֹת בְּרָע: [ישעיה לג, טו]
ו) כִּי יְדַעְתִּיו לְמַעַן אֲשֶׁר יְצַוֶּה אֶת בָּנָיו וְאֶת בֵּיתוֹ אַחֲרָיו וְשָׁמְרוּ דֶּרֶךְ יְיָ לַעֲשׂוֹת צְדָקָה וּמִשְׁפָּט לְמַעַן הָבִיא יְיָ עַל אַבְרָהָם אֵת אֲשֶׁר דִּבֶּר עָלָיו: [בראשית יח, יט]
ז) הוּא מְרוֹמִים יִשְׁכֹּן מְצָדוֹת סְלָעִים מִשְׂגַּבּוֹ לַחְמוֹ נִתָּן מֵימָיו נֶאֱמָנִים: [ישעיה לג, טז]
ח) הִגִּיד לְךָ אָדָם מַה טּוֹב וּמָה יְיָ דּוֹרֵשׁ מִמְּךָ כִּי אִם עֲשׂוֹת מִשְׁפָּט וְאַהֲבַת חֶסֶד וְהַצְנֵעַ לֶכֶת עִם אֱלֹהֶיךָ: [מיכה ו, ח]
ט) כֹּה אָמַר יְיָ שִׁמְרוּ מִשְׁפָּט וַעֲשׂוּ צְדָקָה כִּי קְרוֹבָה יְשׁוּעָתִי לָבוֹא וְצִדְקָתִי לְהִגָּלוֹת: [ישעיה נו, א]
י) כִּי כֹה אָמַר יְיָ לְבֵית יִשְׂרָאֵל דִּרְשׁוּנִי וִחְיוּ: [עמוס ה, ד]
כ) הִנֵּה עֻפְּלָה לֹא יָשְׁרָה נַפְשׁוֹ בּוֹ וְצַדִּיק בֶּאֱמוּנָתוֹ יִחְיֶה: [חבקוק ב, ד]
ל) וַיִּשְׁכֹּן יִשְׂרָאֵל בֶּטַח בָּדָד עֵין יַעֲקֹב אֶל אֶרֶץ דָּגָן וְתִירוֹשׁ אַף שָׁמָיו יַעַרְפוּ טָל: [דברים לג, כח]
מ) וָאֹמַר אֲדֹנָי יְיָ חֲדַל נָא מִי יָקוּם יַעֲקֹב כִּי קָטֹן הוּא: [עמוס ז, ה]
נ) נִחַם יְיָ עַל זֹאת גַּם הִיא לֹא תִהְיֶה אָמַר אֲדֹנָי יְיָ: [עמוס ז, ו]
ס) וּבַגּוֹיִם הָהֵם לֹא תַרְגִּיעַ וְלֹא יִהְיֶה מָנוֹחַ לְכַף רַגְלֶךָ וְנָתַן יְיָ לְךָ שָׁם לֵב רַגָּז וְכִלְיוֹן עֵינַיִם וְדַאֲבוֹן נָפֶשׁ: [דברים כח, סה]
ע) כֹּה אָמַר יְיָ מָצָא חֵן בַּמִּדְבָּר עַם שְׂרִידֵי חָרֶב הָלוֹךְ לְהַרְגִּיעוֹ יִשְׂרָאֵל: [ירמיה לא, א]
פ) נֹצֵר חֶסֶד לָאֲלָפִים נֹשֵׂא עָוֹן וָפֶשַׁע וְחַטָּאָה וְנַקֵּה לֹא יְנַקֶּה פֹּקֵד עֲוֹן אָבוֹת עַל בָּנִים וְעַל בְּנֵי בָנִים עַל שִׁלֵּשִׁים וְעַל רִבֵּעִים: [שמות לד, ז]
צ) הֵן כָּל הַנְּפָשׁוֹת לִי הֵנָּה כְּנֶפֶשׁ הָאָב וּכְנֶפֶשׁ הַבֵּן לִי הֵנָּה הַנֶּפֶשׁ הַחֹטֵאת הִיא תָמוּת: [יחזקאל יח, ד]
ק) וַאֲבַדְתֶּם בַּגּוֹיִם וְאָכְלָה אֶתְכֶם אֶרֶץ אֹיְבֵיכֶם: [ויקרא כו, לח]
ר) וְהָיָה בַּיּוֹם הַהוּא יִתָּקַע בְּשׁוֹפָר גָּדוֹל וּבָאוּ הָאֹבְדִים בְּאֶרֶץ אַשּׁוּר וְהַנִּדָּחִים בְּאֶרֶץ מִצְרָיִם וְהִשְׁתַּחֲווּ לַיְיָ בְּהַר הַקֹּדֶשׁ בִּירוּשָׁלָםִ: [ישעיה כז, יג]
ש) תָּעִיתִי כְּשֶׂה אֹבֵד בַּקֵּשׁ עַבְדֶּךָ כִּי מִצְוֹתֶיךָ לֹא שָׁכָחְתִּי: [תהלים קיט, קעו]

מסורת הש"ס

א) [הוריות ח.], ב) [תענית כג], ג) ב"ב פח., ד) [סנהדרין פא.], ה) שם מז., ו) [כתובות קג:], ז) [בע"י ל"ג], ח) [תענית יב.], ט) סנהדרין פא., י) נ"א א"ל ר"ע אלא מעתה אל תטמאו בכל אלה ובכולהו אין כו', כ) [כתובות קה.], ל) כתובות קה:, מ) [ב"מ פד:], נ) ב"ב נז:, ס) [סוכה מט:], ע) [ג"ז שם], פ) [בע"י ובטלה], צ) [בע"י ובטלה], ק) [בע"י ואיתימא רב אשי], ר) נ"א מפטילום, ש) [צ"ל שמעתי], ק) [פרשת ויחי], ר) [פסחים נו.], ש) [כתובות קה:], ת) ס"י אטומה, ת) [שייך לע"ב].

הגהות הב"ח

(א) גמרא משמוע דמים כגון ר"א בר' שמעון דלא שמע בזילותא דצורבא מרבנן:

גליון הש"ס

גמ' שלא ירד לאומנות חבירו. עיין ב"ב דף כ ע"ב וסנהדרין דף פא ע"א: שם אפי' ברבית עובד כוכבים. כדאיתא בבא מציעא דף ע ע"ב: שם דלמא כאבידה המתבקשת. סנהדרין דף קט ע"ב:

ליקוטי רש"י

מפי הגבורה שמענום. דהיינו ששמעו בדיבורו של הקב"ה [הוריות ח. בד"ה איזו].

גירר עצמות אביו. משום כפרה ולא קברו בכבוד בדרגש ומטה נאה ומפני קידוש השם שיתגנה על רשעו ויוסרו הרשעים [פסחים נו.].

גירר עצמות אביו. לפי שהיה רשע בזהו ולא נהג בו כבוד בקבורתו להוליאו כהוגן במטות זהב וכסף [ברכות י:].

על מטה של חבלים. דרך בזיון מפני שהיה אביו רשע וביזהו לעיני כל כדי שיתייסרו האחרים ולכבוד עצמו לא חש ומפני כבוד אב נמי ליכא למיחש דנשיא בעמך כתיב (שמות כ"ב) בעושה מעשה עמך נבזה בעיניו הוא עצמו נתבזה ונמאס בפני עצמו שלא חש לכבודו במקום קידוש ה' וכו' [סנהדרין מז.].

דאמר רבי יוחנן. פעמים שהיה אומר אהא בתענית עד שאבוא לביתי ואי מטי לביתיה בשתים או בג' שעות ביום הוה אכיל וקרי ליה מתענה [תענית יב.].

שאינו מסתכל. כשהוא הולך על שפת הנהר [ב"ב נז:].

הוצאת המת והכנסת כלה. דכתיב בהו "לכת" טוב ללכת אל בית אבל מלכת אל בית משתה (קהלת ז) אף שם צריך הצנע לסעוד במדה נאה ולשמוח במדה נאה ולא להנהיג קלות ראש בעצמו וי"א אם צריך לבזבז להוצאת מת עני או להכנסת כלה ענייה יעשה בצינעא ולא לימא קמי מאן דלא ידעי דעבדי [כן] וכן מפרש בשאלתות דרב אחאי (פרשת בראשית סימן ג').

דברים שדרכן לעשותן בצנעא. כגון צדקה הניתנת לעני בסתר שאין צריך להודיע לשום אדם מה שאין כן במת ובכלה לפי שאחרים מתעסקין בהן ויודעין היאלה משל מי והיינו דאמר רבי אלעזר כל מילי בעי צניעותא והוא הדין לדברי תורה [סוכה מט:].

לְעוֹלָם" – ***The doer of these shall never falter.*** כְּשֶׁהָיָה רַבָּן גַּמְלִיאֵל מַגִּיעַ לַמִּקְרָא הַזֶּה הָיָה בּוֹכֶה – **Whenever Rabban Gamliel reached this verse, he would weep.** אָמַר – **He said:** מַאן דְּעָבִיד לְהוּ לְכוּלְּהוּ הוּא דְּלָא יִמּוֹט – Scripture implies that it is **only one who practices all** these [**eleven virtuous deeds listed**] **who shall not falter,** הָא חֲדָא מִינַּיְיהוּ יִמּוֹט – **but** if he practices **one of them, he will falter!** How many people can aspire to such integrity?

The Gemara responds:

אָמְרוּ לֵיהּ – **They said to him:** מִי כְּתִיב עֹשֵׂה כָל אֵלֶּה – **Is it written:** ***The doer of "all" these** shall never falter?* "עֹשֵׂה־אֵלֶּה" כְּתִיב – **It is written:** ***The doer of these,*** implying that אֲפִילּוּ בַּחֲדָא מִינַּיְיהוּ – **even** if one engages **in only one of these** virtuous deeds he shall not falter. And, we can prove from a different verse that when Scripture presents a list and a consequence, it does not necessarily mean to apply the consequence only if every single item on the list is carried out. דְּאִי לָא תֵּימָא הָכִי – **For if you do not espouse this** interpretation, כְּתִיב קְרָא אַחֲרִינָא – why, there is **another verse written** in the Torah, which states:[22] "אַל־תִּטַּמְּאוּ בְּכָל־אֵלֶּה" – ***Do not defile yourselves with all of these*** cases of sexual immorality. הָתָם נַמִּי – **There too,** הַנּוֹגֵעַ בְּכָל אֵלֶּה הוּא דְּמִטַּמֵּא – can it be that only **one who cohabits**[23] **with all of these** forbidden people **is defiled,** בַּחֲדָא מִינַּיְיהוּ לֹא – **but with only one of them he is not defiled?!** אֶלָּא לָאו בְּאַחַת מִכָּל אֵלֶּה – **Rather,** this is **not** the case; instead the phrase בְּכָל־אֵלֶּה means **"with any one of these."** הָכָא נַמִּי בְּאַחַת מִכָּל אֵלּוּ – **Here too,** regarding King David's eleven ethical requirements, the term אֵלֶּה means **"any one of these."**[24]

Subsequent prophets felt it necessary to further reduce the number of basic ethical requirements that one must strive to master as a basis for fulfillment of all 613 commandments:

בָּא יְשַׁעְיָהוּ וְהֶעֱמִידָן עַל שֵׁשׁ – **Isaiah came and established the basis [for fulfillment of the commandments of the Torah] upon six** ethical requirements. דִּכְתִיב – **As it is written:**[25] "הֹלֵךְ צְדָקוֹת – ***One who walks with righteousness,*** וְדֹבֵר מֵישָׁרִים – ***and speaks with fairness,*** מֹאֵס בְּבֶצַע מַעֲשַׁקּוֹת – ***who spurns extortionate profit,*** נֹעֵר כַּפָּיו מִתְּמֹךְ בַּשֹּׁחַד – ***shakes his hands from holding a bribe,*** אֹטֵם אָזְנוֹ מִשְּׁמֹעַ דָּמִים – ***who seals his ears from hearing of bloodshed,*** וְעֹצֵם עֵינָיו מֵרְאוֹת בְּרָע" – ***and shuts his eyes from seeing evil.***

The Gemara elaborates on each of these ethical imperatives. The first requirement:

"הֹלֵךְ צְדָקוֹת" – *One who walks with righteousness* – זֶה אַבְרָהָם אָבִינוּ – **this** refers to **our Patriarch Abraham,**[26] דִּכְתִיב – **as it is written:** "כִּי יְדַעְתִּיו לְמַעַן אֲשֶׁר יְצַוֶּה וגו' " – ***For I have loved him*** (Abraham), ***because he commands*** *[his children . . . that they keep the way of Hashem, doing righteousness and justice]* **etc.**[27]

The second requirement:

"וְדֹבֵר מֵישָׁרִים" – ***And speaks with fairness*** – זֶה שֶׁאֵינוֹ מַקְנִיט פְּנֵי חֲבֵירוֹ בָּרַבִּים – **this** refers to **one who does not embarrass his friend in public.**[28]

The third requirement:

"מֹאֵס בְּבֶצַע מַעֲשַׁקּוֹת" – ***Who spurns extortionate profit*** – כְּגוֹן רַבִּי יִשְׁמָעֵאל בֶּן אֱלִישָׁע – **for example, R' Yishmael ben Elisha** who would not accept the gifts to which he was entitled as a Kohen from one who usually gave them to a different Kohen.[29]

The fourth requirement:

"נֹעֵר כַּפָּיו מִתְּמֹךְ בַּשֹּׁחַד" – ***Shakes his hand from holding a bribe*** – כְּגוֹן רַבִּי יִשְׁמָעֵאל בְּרַבִּי יוֹסֵי – **for example, R' Yishmael the son of R' Yose,** who refused to take his lawful due for fear that it would influence his judgment.[30]

NOTES

22. *Leviticus* 18:24.

23. [The word הַנּוֹגֵעַ, here translated as *one who cohabits,* literally means one who touches. However, the verse cited by the Gemara speaks about immorality, and our translation follows the context of that verse. *Rashash, Aruch LaNer* and *Ohel Moshe* suggest emending the text of our Gemara.]

24. *Maharsha* raises the following problem:

Rabban Gamliel understood אֵלֶּה, *these,* as implying "all of these." His colleagues retorted that if the phrase read כָּל־אֵלֶּה, it would mean *all of these,* but the word אֵלֶּה by itself, without the word כָּל, means *any of these.* To prove their interpretation, the colleagues cited a verse in which כָּל־אֵלֶּה means *any of these.* Now, this seems to contradict their earlier statement. How can they first say that כָּל־אֵלֶּה means *all of these,* and then say that this phrase in another verse means *any of these?*

Maharsha notes that the version of our text in *Ein Yaakov* [which some authorities hold to be more precise] does not have our Gemara's assertion about כָּל־אֵלֶּה as opposed to אֵלֶּה. *Maharsha* proceeds to explain our Gemara according to the version in our text; see there.

25. *Isaiah* 33:15.

26. I.e. Abraham epitomized the trait the prophet describes.

27. *Genesis* 18:19. The verse reads in full: כִּי יְדַעְתִּיו לְמַעַן אֲשֶׁר יְצַוֶּה אֶת־בָּנָיו וְאֶת־בֵּיתוֹ אַחֲרָיו וְשָׁמְרוּ דֶּרֶךְ ה׳ לַעֲשׂוֹת צְדָקָה וּמִשְׁפָּט לְמַעַן הָבִיא ה׳ עַל־אַבְרָהָם אֵת אֲשֶׁר־דִּבֶּר עָלָיו, *For I have loved him, because he commands his children and his household after him that they will keep the way of Hashem, doing righteousness and justice, in order that Hashem might then bring upon Abraham that which He had spoken of him* (translation follows *Rashi* there). [Righteousness and justice are the attributes of God. Thus, one who masters these principles is said to keep "the way of Hashem" (see *Rambam, Hil. Dei'os* 1:7).] Abraham is the prototype of "one who walks in righteousness," for in addition to being a perfectly righteous person, he also commanded his descendants to follow his ways (*Maharsha*). Indeed, the prophet's use of the plural צְדָקוֹת, rather than the singular צֶדֶק, alludes to this twofold righteousness (*Aruch LaNer*).

One of the cornerstones of righteousness is the giving of charity. The Gemara (*Shabbos* 104a) teaches that one should pursue paupers to give them charity, rather than wait for a poor person to approach him. Accordingly, the prophet refers to one who "*walks* with righteousness" (*Maharal, Chidushei Aggados*).

28. With snide and derogatory remarks intended to hurt his fellow (*Maharsha;* see *Choshen Mishpat* 228:4). *Aruch LaNer* argues that such comments are forbidden even in private. He, therefore, explains that the Gemara refers to one who is obligated to admonish his fellow, yet is careful to do so privately, to avoid embarrassing the sinner. Although one must seek to ensure that others follow the path of righteousness (see previous note), the prophet directs us to do so in a manner which will not cause them embarrassment (see *Arachin* 16b with *Rashi* ד״ה ופניו נשתנין). Another method of rebuking sinners without causing embarrassment is to direct rebuke toward a righteous person, to whom it clearly does not apply. The sinner will hear the reproof and be aroused to mend his ways. The prophet alludes to this with the words וְדֹבֵר מֵישָׁרִים, which can be interpreted as *he speaks **from** upright people* (מִ־יְשָׁרִים), i.e. he speaks to the sinner through the reproof he issues to upright people (*Ben Yehoyada*).

29. As recorded in *Kesubos* 105b, a man once came to R' Yishmael ben Elisha and wished to present him with the רֵאשִׁית הַגֵּז, *the first shearing,* which one is required to give to a Kohen (see *Deuteronomy* 18:4). R' Yishmael ben Elisha inquired where he lived, and the man replied that he lived in such-and-such a place. Whereupon R' Yishmael ben Elisha asked him, "Is there no Kohen from that place until here to whom you could have given this gift?" Although, as a Kohen, R' Yishmael ben Elisha was entitled to this gift, he refused to accept it. He felt that it would be tantamount to stealing from the Kohen to whom this person usually gave these gifts (*Rivan;* see *Maharsha, Aruch LaNer*).

30. See above, note 20. [A righteous judge will never accept money which can even remotely be construed as a bribe. The prophet describes such a judge as one who "*shakes his hand* from holding a bribe," i.e. he opens his hand and shakes it, to show the litigants that it does not contain any money, so they should not suspect him of having received a bribe. R' Yishmael the son of R' Yose epitomized this trait, for he did not take even that which was rightfully his, although the giver never intended it as a bribe, for he was concerned that it would influence his decision (see *Maharsha*).]

מסורת הש"ס

א) [הוריות ח.], ב) [תענית כג], ג) ב"ב פח., ג) [סנהדרין פא.], ד) שם מז., ה) [כתובות קג:], ו) [בע"י ל"ג], ז) [תענית יב.], ח) סנהדרין פא., ט) נ"א א"ל ר"ע אלא מעתה אל תטמאו בכל אלה ובכולהו אין כו', י) [כתובות קה.], כ) כתובות קה., כ) [ב"מ פד:], ל) ב"ב נז:, מ) [סוכה מט:], נ) [ג"ז שם], ס) [בע"י ובטלה], ע) [בע"י ובטלה], פ) [בע"י ואיתימא רב אשי], פ) נ"א מפטילוס, צ) [נ"ל שמעתין], ק) [פרשת ויחי], ר) [פסחים נו.], ש) [כתובות קה:], ת) ס"י אטומה, ת) [שייך לע"ב].

הגהות הב"ח

(א) גמרא משמוע דמים כגון ר"א בר' שמעון דלא שמע בזילותא דצורבא מרבנן:

גליון הש"ס

גמ' שלא ירד לאומנות חבירו. עיין ב"ב דף כ ע"ב וסנהדרין דף פא ע"א: שם אפי' ברבית עובד כוכבים. כדאיתא בבא מציעא דף ע ע"ב: שם דלמא כאבידה המתבקשת. סנהדרין דף קט ע"ב:

ליקוטי רש"י

מפי הגבורה שמענום. דהיינו ששמעו בדיבורו של הקב"ה [הוריות ח. בד"ה איזו].

גירר עצמות אביו. משום כפרה ולא קברו בכבוד בדרגש ומטה נאה ומפני קידוש השם שיתגנה על רשעו ויוסרו הרשעים [פסחים נו.].

גירר עצמות אביו. לפי שהיה רשע בזהו ולא נהג בו כבוד בקבורתו להוליאו כהוגן במטות זהב וכסף [ברכות י:].

על מטה של חבלים. דרך בזיון מפני שהיה אביו רשע ובזהו לעיני כל כדי שיתייסרו האחרים ולכבוד עצמו לא חש ומפני כבוד אב נמי ליכא למיחש דנשיא בעמך כתיב (שמות כ"ב) בעושה מעשה עמך נבזה בעיניו הוא עצמו נתבזה ונמאס בפני עצמו שלא חש לכבודו במקום קידוש ה' וכו' [סנהדרין מז.].

דאמר רבי יוחנן. פעמים שהיה אומר אהא בתענית עד שאבוא לביתי ואי מטי לביתיה בשתים או בג' שעות ביום הוה אכיל וקרי ליה מתענה [תענית יב.].

שאינו מסתכל. כשהוא הולך על שפת הנהר [ב"ב נז:].

הוצאת המת והכנסת כלה. דכתיב בהו "לכת" טוב ללכת אל בית אבל מלכת אל בית משתה (קהלת ז) אף שם צריך הצנע לסעוד במדה נאה ולשמוח במדה נאה ולא להנהיג קלות ראש בעצמו וי"א אם צריך לבזבז להוצאת מת עני או להכנסת כלה ענייה יעשה בצינעא ולא לימא קמי מאן דלא ידעי דעבדי [כן] וכן מפרש בשאלתות דרב אחאי (פרשת בראשית סימן ג').

דברים שדרכן לעשותן בצנעא. כגון צדקה הניתנת לעני בסתר שאין צריך להודיע לשום אדם מה שאין כן במת ובכלה לפי שאחרים מתעסקין בהן ויודעין היציאה משל מי והיינו דאמר רבי אלעזר כל מילי בעי צניעותא והוא הדין לדברי תורה [סוכה מט:].

עין משפט נר מצוה

קלו א מיי' פ"ב מהל' מלכים הל' ה:

קלז ב מיי' פכ"א מהל' איסורי ביאה הלכה כא סמג לאוין קכו טוש"ע אה"ע סי' כא ס"א:

תורה אור השלם

א) מִזְמוֹר לְדָוִד יְיָ מִי יָגוּר בְּאָהֳלֶךָ מִי יִשְׁכֹּן בְּהַר קָדְשֶׁךָ: הוֹלֵךְ תָּמִים וּפֹעֵל צֶדֶק וְדֹבֵר אֱמֶת בִּלְבָבוֹ: לֹא רָגַל עַל לְשֹׁנוֹ לֹא עָשָׂה לְרֵעֵהוּ רָעָה וְחֶרְפָּה לֹא נָשָׂא עַל קְרֹבוֹ: נִבְזֶה בְּעֵינָיו נִמְאָס וְאֶת יִרְאֵי יְיָ יְכַבֵּד נִשְׁבַּע לְהָרַע וְלֹא יָמִר: כַּסְפּוֹ לֹא נָתַן בְּנֶשֶׁךְ וְשֹׁחַד עַל נָקִי לֹא לָקָח עֹשֵׂה אֵלֶּה לֹא יִמּוֹט לְעוֹלָם: [תהלים טו]

ב) וַיְהִי אַבְרָם בֶּן תִּשְׁעִים שָׁנָה וְתֵשַׁע שָׁנִים וַיֵּרָא יְיָ אֶל אַבְרָם וַיֹּאמֶר אֵלָיו אֲנִי אֵל שַׁדַּי הִתְהַלֵּךְ לְפָנַי וֶהְיֵה תָמִים: [בראשית יז, א]

ג) אוּלַי יְמֻשֵּׁנִי אָבִי וְהָיִיתִי בְעֵינָיו כִּמְתַעְתֵּעַ וְהֵבֵאתִי עָלַי קְלָלָה וְלֹא בְרָכָה: [בראשית כז, יב]

ד) אַל תִּטַּמְּאוּ בְּכָל אֵלֶּה כִּי בְכָל אֵלֶּה נִטְמְאוּ הַגּוֹיִם אֲשֶׁר אֲנִי מְשַׁלֵּחַ מִפְּנֵיכֶם: [ויקרא יח, כד]

ה) הֹלֵךְ צְדָקוֹת וְדֹבֵר מֵישָׁרִים מֹאֵס בְּבֶצַע מַעֲשַׁקּוֹת נֹעֵר כַּפָּיו מִתְּמֹךְ בַּשֹּׁחַד אֹטֵם אָזְנוֹ מִשְּׁמֹעַ דָּמִים וְעֹצֵם עֵינָיו מֵרְאוֹת בְּרָע: [ישעיה לג, טו]

ו) כִּי יְדַעְתִּיו לְמַעַן אֲשֶׁר יְצַוֶּה אֶת בָּנָיו וְאֶת בֵּיתוֹ אַחֲרָיו וְשָׁמְרוּ דֶּרֶךְ יְיָ לַעֲשׂוֹת צְדָקָה וּמִשְׁפָּט לְמַעַן הָבִיא יְיָ עַל אַבְרָהָם אֵת אֲשֶׁר דִּבֶּר עָלָיו: [בראשית יח, יט]

ז) הוּא מְרוֹמִים יִשְׁכֹּן מְצָדוֹת סְלָעִים מִשְׂגַּבּוֹ לַחְמוֹ נִתָּן מֵימָיו נֶאֱמָנִים: [ישעיה לג, טז]

ח) הִגִּיד לְךָ אָדָם מַה טּוֹב וּמָה יְיָ דּוֹרֵשׁ מִמְּךָ כִּי אִם עֲשׂוֹת מִשְׁפָּט וְאַהֲבַת חֶסֶד וְהַצְנֵעַ לֶכֶת עִם אֱלֹהֶיךָ: [מיכה ו, ח]

ט) כֹּה אָמַר יְיָ שִׁמְרוּ מִשְׁפָּט וַעֲשׂוּ צְדָקָה כִּי קְרוֹבָה יְשׁוּעָתִי לָבוֹא וְצִדְקָתִי לְהִגָּלוֹת: [ישעיה נו, א]

י) כִּי כֹה אָמַר יְיָ לְבֵית יִשְׂרָאֵל דִּרְשׁוּנִי וִחְיוּ: [עמוס ה, ד]

כ) הִנֵּה עֻפְּלָה לֹא יָשְׁרָה נַפְשׁוֹ בּוֹ וְצַדִּיק בֶּאֱמוּנָתוֹ יִחְיֶה: [חבקוק ב, ד]

ל) וַיִּשְׁכֹּן יִשְׂרָאֵל בֶּטַח בָּדָד עֵין יַעֲקֹב אֶל אֶרֶץ דָּגָן וְתִירוֹשׁ אַף שָׁמָיו יַעַרְפוּ טָל: [דברים לג, כח]

מ) וָאֹמַר אֲדֹנָי יְיָ חֲדַל נָא מִי יָקוּם יַעֲקֹב כִּי קָטֹן הוּא: [עמוס ז, ה]

נ) נִחַם יְיָ עַל זֹאת גַּם הִיא לֹא תִהְיֶה אָמַר אֲדֹנָי יְיָ: [עמוס ז, ו]

שית מאה וחד סרי הוי [א] אנכי ולא יהיה לך מפי הגבורה שמענום (סימן דמשמ"ק ס"ק): בא דוד והעמידן על אחת עשרה דכתיב [א] מזמור לדוד [ה'] מי יגור באהלך מי ישכון בהר קדשך הולך תמים ופועל צדק ודובר אמת בלבבו לא רגל על לשונו לא עשה לרעהו רעה וחרפה לא נשא על קרובו נבזה בעיניו נמאס ואת יראי ה' יכבד נשבע להרע ולא ימיר כספו לא נתן בנשך ושוחד על נקי לא לקח עושה אלה לא ימוט לעולם הולך תמים זה אברהם דכתיב [ב] התהלך לפני והיה תמים [ג] פועל צדק כגון אבא חלקיהו [ג] ודובר אמת בלבבו כגון רב ספרא לא רגל על לשונו זה יעקב אבינו דכתיב [ג] אולי ימושני אבי והייתי בעיניו כמתעתע לא עשה לרעהו רעה [ד] [ה] שלא ירד לאומנות חבירו וחרפה לא נשא על קרובו זה המקרב את קרוביו [ז] נבזה בעיניו נמאס זה חזקיהו המלך שגירר עצמות אביו במטה של חבלים ואת [ה] יראי ה' יכבד זה יהושפט מלך יהודה [א] שבשעה שהיה רואה תלמיד חכם היה עומד מכסאו ומחבקו ומנשקו וקורא לו [י] (אבי אבי) רבי רבי מרי מרי נשבע להרע ולא ימיר כר' יוחנן [ז] דא"ר יוחנן אהא בתענית עד שאבא לביתי כספו לא נתן בנשך [ט] אפילו ברבית עובד כוכבים ושוחד על נקי לא לקח כגון ר' ישמעאל בר' יוסי כתיב עושה אלה לא ימוט לעולם [ח] כשהיה ר"ג מגיע למקרא הזה היה בוכה אמר מאן דעביד להו לכולהו הוא דלא ימוט הא חדא מינייהו ימוט [ט] אמרו ליה מי כתיב עושה כל אלה עושה אלה כתיב אפילו בחדא מינייהו דאי לא תימא הכי כתיב קרא אחרינא [ד] אל תטמאו בכל אלה התם נמי הנוגע בכל אלה הוא דמטמא בחדא מינייהו לא אלא לאו באחת מכל אלה הכא נמי באחת מכל אלו בא ישעיהו והעמידן על שש דכתיב [ה] הולך צדקות ודובר מישרים מואס בבצע מעשקות נוער כפיו מתמוך בשוחד אוטם אזנו משמוע דמים ועוצם עיניו מראות ברע הולך צדקות זה אברהם אבינו דכתיב [ו] כי ידעתיו למען אשר יצוה וגו' ודובר מישרים זה שאינו מקניט פני חבירו ברבים מואס בבצע מעשקות [י] כגון ר' ישמעאל בן אלישע נוער כפיו מתמוך בשוחד כגון [כ] ר' ישמעאל בר' יוסי אוטם אזנו משמוע דמים (א) דלא שמע בזילותא דצורבא מרבנן ושתיק כגון [כ] ר"א ברבי שמעון ועוצם עיניו מראות ברע כדרבי חייא בר אבא [ל] דאמר ר' חייא בר אבא [ב] זה שאינו מסתכל בנשים בשעה שעומדות על הכביסה וכתיב [ז] הוא מרומים ישכון [וגו'] בא מיכה והעמידן על שלש [מ] דכתיב [ח] הגיד לך אדם מה טוב ומה ה' דורש ממך כי אם עשות משפט ואהבת חסד והצנע לכת עם (ה') אלהיך עשות משפט זה הדין אהבת חסד זה גמילות חסדים והצנע לכת זה הוצאת המת והכנסת כלה [נ] והלא דברים קל וחומר ומה דברים שאין דרכן לעשותן בצנעא אמרה תורה והצנע לכת דברים שדרכן לעשותן בצנעא על אחת כמה וכמה חזר ישעיהו והעמידן על שתים שנאמר [ט] כה אמר ה' שמרו משפט ועשו צדקה בא עמוס והעמידן על אחת שנאמר [י] כה אמר ה' לבית ישראל דרשוני וחיו מתקיף לה רב נחמן בר יצחק אימא דרשוני בכל התורה כולה אלא בא חבקוק והעמידן על אחת שנאמר [כ] וצדיק באמונתו יחיה אמר ר' יוסי בר חנינא ארבע גזירות גזר משה רבינו על ישראל באו ארבעה נביאים וביטלום משה אמר [ל] וישכון ישראל בטח בדד עין יעקב בא עמוס וביטלה [שנאמר] [מ] חדל נא מי יקום יעקב וגו' וכתיב [נ] ניחם ה' על זאת [וגו'] משה אמר [ס] ובגוים ההם לא תרגיע בא ירמיה [פ] ואמר [ע] הלוך להרגיעו ישראל משה אמר [פ] פוקד עון אבות על בנים בא יחזקאל וביטלה [צ] הנפש החוטאת היא תמות משה אמר [ק] ואבדתם בגוים בא ישעיהו [ע] ואמר [ר] והיה ביום ההוא יתקע בשופר גדול וגו' אמר רב מסתפינא מהאי קרא ואבדתם בגוים מתקיף לה רב פפא [ס] דלמא כאבידה המתבקשת דכתיב [ש] תעיתי כשה אובד בקש עבדך אלא מסיפא [דקרא] [ק] ואכלה אתכם ארץ אויביכם מתקיף לה מר זוטרא [פ] דלמא כאכילת קישואין ודילועין וכבר היה ר"ג ורבי אלעזר בן עזריה ורבי יהושע ורבי עקיבא מהלכין בדרך ושמעו קול המונה של רומי [פ] מפלטה [ברחוק] מאה ועשרים מיל והתחילו בוכין ורבי עקיבא משחק אמרו לו מפני מה אתה משחק אמר להם ואתם מפני מה אתם בוכים אמרו לו הללו כושיים שמשתחוים לעצבים ומקטרים לעבודת כוכבים יושבין בטח והשקט ואנו בית הדום רגלי אלהינו שרוף באש

רש"י

שית מאה וחד סרי. והיינו דכתיב תורה צוה לנו משה ושתים מפי הגבורה הרי שית מאה ותליסרי: מפי הגבורה שמענום. דכתיב אחת דבר אלהים ושתים זו [ל] שמענו במכילתא: והעמידן על אחת עשרה. שבתחלה היו צדיקים והיו יכולים לקבל עול מצות הרבה אבל דורות האחרונים לא היו צדיקים כל כך ואם באו לשמור כולן אין לך אדם שזוכה ובא דוד והעמידן כו' כדי שיזכו אם יקיימו י"א מצות הללו וכן כל שעה דורות של מטה הולכין וממעטין אותו: רב ספרא. בשאלתות דרב אחאי [ק] (שאילתא לו) והכי הוה עובדא דרב ספרא היה לו חפץ אחד למכור ובא אדם אחד לפניו בשעה שהיה קורא ק"ש ואמר לו תן לי החפץ בכך וכך דמים ולא ענהו מפני שהיה קורא ק"ש כסבור זה שלא היה רוצה ליתנו בדמים הללו והוסיף אמר תנהו לי בכך יותר לאחר שסיים ק"ש אמר לו טול החפץ בדמים שאמרת בראשונה שבאותן דמים היה דעתי ליתנם לך: (אף) לא רגל על לשונו [כו']. לא רצה לשקר מתחלה שאמר אולי ימושני [אבי] אלא שאמו הכריחתו ועל פי הדבור דכתיב עלי קללתך בני ומתרגמינן אלי אתאמר בנבואה [דלא ייתון לווטיא עלך ברי]: וחרפה לא נשא על קרובו. לא סבל חרפת קרובו: נבזה בעיניו נמאס. הנמאס להקב"ה נבזה הוא בעיניו של אדם זה חזקיהו שנבזה היה בעיניו אביו שנמאס בעבודת כוכבים: שגיררו במטה של חבלים. גמרא היא [ר] ולא קרא: (וקורא לו רבי רבי): ואפילו לעובד כוכבים. כדי שלא ימשוך ויבוא להלוות לישראל ברבית: שוחד על נקי לא לקח. אפילו שוחד שהיה רשאי ליקח: כגון ר' ישמעאל ברבי יוסי. שהיה אריסו מביא לו משלו [קודם זמנו] ולא רצה ליקח כדי להיות לו דיין [ש]: בבצע מעשקות. שלא רצה ליטול לעצמו ראשית הגז שהביא לו אדם אחד שבא לדון לפניו אע"ג דהוה כהן רבי ישמעאל בן אלישע משום דדמי כאילו עושקו לכהן שהיה רגיל זה ליתן לו מתנותיו: אוטם אזנו משמוע דמים. אזנו [ת] תמומה וסתומה בדבר זה שלא ישמע

תוספות

בה דבר גנאי ושותק והיינו דמים לשון שתיקה: כגון רבי אלעזר ברבי שמעון. בהשוכר את הפועלים (ב"מ דף פד:) דנפק ריקשא מאודניה ואיתחזי לאיתתיה בחלמא ואמר לה האי דשמעית בזילותא דצורבא מרבנן ולא מחאי כדמבעי לי אלמא בחייו הוה רגיל לדקדק בכך ולפיכך הקפיד הקב"ה עליו על אותו הפעם שלא מיחה: זו הוצאת המת והכנסת הכלה. דכתיב בהו לכת טוב ללכת אל בית אבל מלכת וגו': בא ישעיה בן אמוץ. כל שעה דורות של מטה היו מתמעטין: חדל נא. אותה ברכה שאמר משה וישכון ישראל בטח בדד עין יעקב כלומר אימתי ישכון ישראל בטח כשיהיו צדיקים כעין יעקב: מי יקום יעקב. מי יוכל להיות חסיד כיעקב כי קטן הוא קטנים הם הטובים שיהיו צדיקים כיעקב:

מכאן ואילך מפירוש רבינו גרשום

הלוך להרגיעו ישראל. שיהא להם מנוחה בגלותן: בשופר גדול וגו'. ובאו האובדים בארץ מלמד שלא יהו אבודים בין העובדי כוכבים: כאבידה המתבקשת. ונמצאת לאחר זמן: כאכילת קשואין ודלועין. שאוכלים מקצתם ומקצתם אין אוכלין: מפלטירו. בית של רומי: [ח] ומה לעוברי רצונו כך. שמשתחוים לעבודת כוכבים שלהם יושבים בהשקט ושלוה ישראל שעושין רצונו על אחת כמה וכמה שישלם להם שכר טוב: קרעו בגדיהם. דדינו ליעבד הכי: והלא אוריה במקדש ראשון היה. ככתוב בספר מלכים: זכריה מנביאים אחרונים היה. שהיה במקדש שני: תלה הכתוב נבואתו של זכריה בנבואתו של אוריה. כלומר שפורענות שניבא אוריה שאמר ירושלים לעיים תהיה והר הבית לבמות יער נתקיים כמו כן עתיד להתקיים דברי ניחומים של זכריה שיבנה בית המקדש במהרה בימינו אמן סלה:

הדרן עלך אלו הן הלוקין
וסליקא לה מסכת מכות

ס) וּבַגּוֹיִם הָהֵם לֹא תַרְגִּיעַ וְלֹא יִהְיֶה מָנוֹחַ לְכַף רַגְלֶךָ וְנָתַן יְיָ לְךָ שָׁם לֵב רַגָּז וְכִלְיוֹן עֵינַיִם וְדַאֲבוֹן נָפֶשׁ: [דברים כח, סה] ע) כֹּה אָמַר יְיָ מָצָא חֵן בַּמִּדְבָּר עַם שְׂרִידֵי חָרֶב הָלוֹךְ לְהַרְגִּיעוֹ יִשְׂרָאֵל: [ירמיה לא, א] פ) נֹצֵר חֶסֶד לָאֲלָפִים נֹשֵׂא עָוֹן וָפֶשַׁע וְחַטָּאָה וְנַקֵּה לֹא יְנַקֶּה פֹּקֵד עֲוֹן אָבוֹת עַל בָּנִים וְעַל בְּנֵי בָנִים עַל שִׁלֵּשִׁים וְעַל רִבֵּעִים: [שמות לד, ז] צ) הֵן כָּל הַנְּפָשׁוֹת לִי הֵנָּה כְּנֶפֶשׁ הָאָב וּכְנֶפֶשׁ הַבֵּן לִי הֵנָּה הַנֶּפֶשׁ הַחֹטֵאת הִיא תָמוּת: [יחזקאל יח, ד] ק) וַאֲבַדְתֶּם בַּגּוֹיִם וְאָכְלָה אֶתְכֶם אֶרֶץ אֹיְבֵיכֶם: [ויקרא כו, לח] ר) וְהָיָה בַּיּוֹם הַהוּא יִתָּקַע בְּשׁוֹפָר גָּדוֹל וּבָאוּ הָאֹבְדִים בְּאֶרֶץ אַשּׁוּר וְהַנִּדָּחִים בְּאֶרֶץ מִצְרָיִם וְהִשְׁתַּחֲווּ לַיְיָ בְּהַר הַקֹּדֶשׁ בִּירוּשָׁלָםִ: [ישעיה כז, יג] ש) תָּעִיתִי כְּשֶׂה אֹבֵד בַּקֵּשׁ עַבְדֶּךָ כִּי מִצְוֹתֶיךָ לֹא שָׁכָחְתִּי: [תהלים קיט, קעו]

The fifth requirement:

"אֹטֵם אָזְנוֹ מִשְּׁמֹעַ דָּמִים" – ***Who seals his ears from hearing of bloodshed*** – דְּלָא שָׁמַע בְּזִילוּתָא דְצוּרְבָא מֵרַבָּנָן וְשָׁתִיק – this refers to **one who would not remain silent upon hearing a derogatory remark made against a Rabbinic scholar,** but would protest.[31] כְּגוֹן רַבִּי אֶלְעָזָר בְּרַבִּי שִׁמְעוֹן – **For example, R' Elazar the son of R' Shimon,** who was extremely zealous in upholding the honor of Torah scholars.[32]

The sixth requirement:

"וְעֹצֵם עֵינָיו מֵרְאוֹת בְּרָע" – ***And shuts his eyes from seeing evil*** – כִּדְרַבִּי חִיָּיא בַּר אַבָּא – **as R' Chiya bar Abba** explained. דְּאָמַר רַבִּי חִיָּיא בַּר אַבָּא – **For R' Chiya bar Abba said:** זֶה שֶׁאֵינוֹ מִסְתַּכֵּל בְּנָשִׁים בְּשָׁעָה שֶׁעוֹמְדוֹת עַל הַכְּבִיסָה – **This** refers to **one who does not gaze at women at the time they are engaged in** the **washing** of clothing at the riverbank.[33]

The Gemara demonstrates that mastering these six requirements elevates a person to a lofty spiritual level:

וּכְתִיב – **And it is written** in the next verse: "הוּא מְרוֹמִים יִשְׁכֹּן [וגו']" – ***He shall dwell in heights*** [etc.].[34]

Later, it was necessary to reduce the number of ethical requirements even further:

בָּא מִיכָה וְהֶעֱמִידָן עַל שָׁלֹשׁ – The prophet **Michah came and established the basis [for fulfillment of the Torah's commandments] upon three** ethical requirements,[35] דִּכְתִיב – **as it is written:**[36] "הִגִּיד לְךָ אָדָם מַה־טּוֹב וּמָה־ה' דּוֹרֵשׁ מִמְּךָ כִּי אִם־עֲשׂוֹת מִשְׁפָּט וְאַהֲבַת חֶסֶד וְהַצְנֵעַ לֶכֶת עִם־(ה') אֱלֹהֶיךָ" – ***He has told you, O man, what is good! What does Hashem require of you – but to do justice, – to love kindness – and to walk humbly with your God.***

The Gemara now reviews Michah's three ethical rules. The first principle:

"עֲשׂוֹת מִשְׁפָּט" – ***To do justice*** – זֶה הַדִּין – **this** refers to the body of **law** governing human decency.[37]

The second principle:

"אַהֲבַת חֶסֶד" – ***To love kindness*** – זֶה גְּמִילוּת חֲסָדִים – **this** refers to **the performance of kind deeds.**[38]

The third principle:

"וְהַצְנֵעַ לֶכֶת" – ***And go discreetly with your God*** – זֶה הוֹצָאַת הַמֵּת וְהַכְנָסַת כַּלָּה – **this** refers to **taking out the dead** for burial, **and bringing the bride** into the nuptial canopy.[39]

The Gemara comments:

וַהֲלֹא דְּבָרִים קַל וָחוֹמֶר – **Do these matters not** suggest **a** ***kal vachomer?*** וּמַה דְּבָרִים שֶׁאֵין דַּרְכָּן לַעֲשׂוֹתָן בְּצִנְעָא – **If in matters that are not generally performed discreetly,** e.g. such public events as funerals and weddings, אָמְרָה תּוֹרָה "וְהַצְנֵעַ לֶכֶת" – **the Torah instructed,** ***and go discreetly,*** דְּבָרִים שֶׁדַּרְכָּן לַעֲשׂוֹתָן בְּצִנְעָא עַל אַחַת כַּמָּה וְכַמָּה – then **matters that** by their very nature **should be performed discreetly,** such as giving charity, **how much more so** must one take care to do them discreetly, without publicity and fanfare.[40]

As Torah observance further deteriorated among the populace, the prophets reduced the number of ethical requirements even more:

חָזַר יְשַׁעְיָהוּ וְהֶעֱמִידָן עַל שְׁתַּיִם – **Yeshayah again** came and **established the basis [for fulfillment of the Torah's com-**

NOTES

31. Thus, his ears are closed to derogatory comments to which he does not respond, i.e. he always protests. The Gemara here interprets the word דָּמִים [not in its usual sense of bloodshed (from דָּם, *blood*), but exegetically] as remaining silent [from דּוֹמֵם, *silent*] (*Rivan*). Alternatively, the verse refers to bloodshed in the sense that causing embarrassment to another is the equivalent of shedding his blood (see *Bava Metzia* 58b). One who *seals his ears from hearing of bloodshed* does not allow a Torah scholar to be defamed, but always jumps to his defense (*Maharsha*).

32. As recorded in *Bava Metzia* 84b [on his deathbed R' Elazar the son of R' Shimon instructed his wife to place his body in the attic of their home. Miraculously, the body did not decompose]. One day, his wife noticed a worm crawling from his ear. [She feared that this signaled the onset of the body's decomposition. However,] that night, her husband appeared to her in a dream to reassure her. He explained that he was being punished because he once did not adequately protest a derogatory remark regarding a Torah scholar. Evidently, it was his practice to always protest such comments, and, therefore, God dealt so strictly with him for this one lapse (*Rivan*).

33. While doing their laundry, the women would stand in the river with their skirts raised to keep them dry, thus exposing their legs. Usually, one can avoid gazing at women, which fosters impure thoughts, simply by directing his eyes toward the ground when passing by women. However, when walking near the riverbank, he would then be staring directly at the exposed legs of the women doing laundry there. The only way to avoid gazing at these women is to *shut his eyes* (*Maharsha;* see *Bava Basra* 57a).

34. *Isaiah* 33:16. The verse reads in full: הוּא מְרוֹמִים יִשְׁכֹּן מְצָדוֹת סְלָעִים מִשְׂגַּבּוֹ לַחְמוֹ נִתָּן מֵימָיו נֶאֱמָנִים, *He shall dwell in heights; in rocky fortresses is his stronghold, his bread will be granted, his waters assured. He shall dwell in heights* refers to his place in the World to Come. *In rocky fortresses is his stronghold* refers to his reward in this world (*Rabbeinu Bachya, Kad HaKemach* ע' גזל).

Maharal (*Chidushei Aggados*) notes that each of these six ethical requirements is performed by a different primary organ of the body. (1) *Walking with righteousness* is performed with one's feet (see above, note 27); (2) one's mouth *speaks with fairness;* (3) one *spurns extortionate profit* in his heart, the source of man's desires; (4) he *shakes his* ***hand*** *from holding a bribe;* (5) he *seals his* ***ears*** *from hearing of bloodshed;* and (6) he *shuts his* ***eyes*** *from seeing evil.* Thus, by adhering to these six imperatives, one's entire body, at least in a general sense, will be dedicated to the service of God.

35. Michah was a younger contemporary of Yeshayah (see *Bava Basra* 14b with *Rashi* ד"ה שנתנבאו באותו הפרק). Although only a short time had elapsed since Yeshayah established the six aforementioned ethical principles, the spiritual decline of the generation was so precipitous that Michah had to reduce the number of principles.

36. *Micah* 6:8.

37. [The word מִשְׁפָּט, *mishpat,* denotes a law which human understanding would have deemed appropriate even had the Torah not commanded it. The prohibition against idolatry, murder and theft are examples of *mishpatim.* Hence, עֲשׂוֹת מִשְׁפָּט, *to do mishpat,* means adherence to the principles of decency, and the establishment of courts to administer justice. In contrast, a חֹק, *chok,* is a law that has no apparent moral basis. The prohibitions against the consumption of pork and against the wearing of wool-and-linen mixtures are examples of *chukim* (*Yoma* 67b).]

38. [One expresses his love of kindness by actually performing kind deeds.]

39. I.e. one should perform even these acts, which are usually done in public, in a quiet and unassuming manner. One should not detract from the integrity of his mitzvah performance by calling people's attention to his acts of kindness, to gain honor (*Maharsha*). Alternatively, the Gemara refers to one who provides the financial means for the marriage of a poor bride or the burial of a pauper. Although a certain number of people are necessarily aware of his actions, he should not publicize them to those who are not aware of his philanthropy, to avoid embarrassment to the bride or the family of the deceased (*Rashi* to *Succah* 49b ד"ה הוצאת המת, from *She'iltos D'Rav Achai Gaon, Sheilta* §3; see there for another interpretation).

The Gemara's choice of examples for this principle is based on the verse: טוֹב לָלֶכֶת אֶל־בֵּית־אֵבֶל מִלֶּכֶת אֶל־בֵּית מִשְׁתֶּה, *It is better to go to a house of mourning* [i.e. a funeral] *than to go to a house of feasting* [i.e. a wedding] (*Ecclesiastes* 7:2), which uses the word לָלֶכֶת, *to go,* regarding both burials and weddings (*Rivan, Rashi* ibid.).

40. For besides detracting from the purity of his actions (see previous note), it causes embarrassment to the recipient (*Maharsha*).

שית מאה וחד סרי הוי (א) אנכי ולא יהיה לך
מפי הגבורה שמענום (סימן דמשמ"ק ס"ק):
בא דוד והעמידן על אחת עשרה דכתיב
א) מזמור לדוד [ה'] מי יגור באהלך מי ישכון בהר
קדשך הולך תמים ופועל צדק ודובר אמת
בלבבו לא רגל על לשונו לא עשה לרעהו
רעה וחרפה לא נשא על קרובו נבזה בעיניו
נמאס ואת יראי ה' יכבד נשבע להרע ולא
ימיר כספו לא נתן בנשך ושוחד על נקי לא
לקח עושה אלה לא ימוט לעולם הולך תמים
זה אברהם דכתיב ב) התהלך לפני והיה תמים
(ג) פועל צדק כגון אבא חלקיהו (ד) ודובר אמת
בלבבו כגון רב ספרא לא רגל על לשונו
זה יעקב אבינו דכתיב ג) אולי ימושני אבי
והייתי בעיניו כמתעתע לא עשה לרעהו
רעה (ה) ° שלא ירד לאומנות חבירו וחרפה לא
נשא על קרובו זה המקרב את קרוביו (ו) נבזה
בעיניו נמאס זה חזקיהו המלך שגירר עצמות
אביו במטה של חבלים ואת (ז) יראי ה' יכבד
זה יהושפט מלך יהודה א שבשעה שהיה
רואה תלמיד חכם היה עומד מכסאו ומחבקו
ומנשקו וקורא לו (ח) (אבי אבי) רבי רבי מרי מרי
נשבע להרע ולא ימיר כר' יוחנן (ט) דא"ר יוחנן
אהא בתענית עד שאבא לביתי כספו לא נתן
בנשך ° אפילו ברבית עובד כוכבים ושוחד
על נקי לא לקח כגון ר' ישמעאל בר' יוסי
כתיב עושה אלה לא ימוט לעולם (י) כשהיה
ר"ג מגיע למקרא הזה היה בוכה אמר מאן
דעביד להו לכולהו הוא דלא ימוט הא חדא
מינייהו ימוט (ט) אמרו ליה מי כתיב עושה כל
אלה עושה אלה כתיב אפילו בחדא מינייהו
דאי לא תימא הכי כתיב קרא אחרינא ד) אל
תטמאו בכל אלה התם נמי הנוגע בכל אלה
הוא דמטמא בחדא מינייהו לא אלא לאו
באחת מכל אלה הכא נמי באחת מכל אלו
בא ישעיהו והעמידן על שש דכתיב ה) הולך
צדקות ודובר מישרים מואס בבצע מעשקות
נוער כפיו מתמוך בשוחד אוטם אזנו משמוע דמים ועוצם עיניו מראות ברע
הולך צדקות זה אברהם אבינו דכתיב ו) כי ידעתיו למען אשר יצוה וגו' ודובר מישרים זה שאינו מקניט פני
חבירו ברבים מואס בבצע מעשקות (כ) כגון ר' ישמעאל בן אלישע נוער כפיו מתמוך בשוחד כגון (ל) ר' ישמעאל
בר' יוסי אוטם אזנו משמוע דמים (א) דלא שמע בזילותא דצורבא מרבנן ושתיק כגון (מ) ר"א ברבי שמעון ועוצם
עיניו מראות ברע כדרבי חייא בר אבא (נ) דאמר ר' חייא בר אבא ב זה שאינו מסתכל בנשים בשעה שעומדות
על הכביסה וכתיב ז) הוא מרומים ישכון [וגו'] בא מיכה והעמידן על שלש (ס) דכתיב ח) הגיד לך אדם מה טוב
ומה ה' דורש ממך כי אם עשות משפט ואהבת חסד והצנע לכת עם (ה') אלהיך עשות משפט זה הדין
אהבת חסד זה גמילות חסדים והצנע לכת זה הוצאת המת והכנסת כלה (י) והלא דברים קל וחומר ומה דברים
שאין דרכן לעשותן בצנעא אמרה תורה והצנע לכת דברים שדרכן לעשותן בצנעא על אחת כמה וכמה
חזר ישעיהו והעמידן על שתים שנאמר ט) כה אמר ה' שמרו משפט ועשו צדקה בא עמוס והעמידן על אחת
שנאמר י) כה אמר ה' לבית ישראל דרשוני וחיו מתקיף לה רב נחמן בר יצחק אימא דרשוני בכל התורה
כולה אלא בא חבקוק והעמידן על אחת שנאמר כ) וצדיק באמונתו יחיה אמר ר' יוסי בר חנינא ארבע
גזירות גזר משה רבינו על ישראל באו ארבעה נביאים וביטלום משה אמר ל) וישכון ישראל בטח בדד עין
יעקב בא עמוס וביטלה [שנאמר] מ) חדל נא מי יקום יעקב וגו' וכתיב נ) ניחם ה' על זאת [וגו'] משה אמר
ס) ובגוים ההם לא תרגיע בא ירמיה (פ) ואמר ע) הלוך להרגיעו ישראל משה אמר פ) פוקד עון אבות על בנים בא
יחזקאל וביטלה צ) הנפש החוטאת היא תמות משה אמר ק) ואבדתם בגוים בא ישעיהו (ע) ואמר ר) והיה ביום ההוא
יתקע בשופר גדול וגו' אמר רב מסתפינא מהאי קרא ואבדתם בגוים מתקיף לה רב פפא ° דלמא כאבידה
המתבקשת דכתיב ש) תעיתי כשה אובד בקש עבדך אלא מסיפא [דקרא] ק) ואכלה אתכם ארץ אויביכם מתקיף
לה מר זוטרא (פ) דלמא כאכילת קישואין ודילועין וכבר היה ר"ג ורבי אלעזר בן עזריה ורבי יהושע ורבי
עקיבא מהלכין בדרך ושמעו קול המונה של רומי (פ) מפלטה [ברחוק] מאה ועשרים מיל והתחילו בוכין ורבי
עקיבא משחק אמרו לו מפני מה אתה משחק אמר להם ואתם מפני מה אתם בוכים אמרו לו הללו כושיים
שמשתחוים לעצבים ומקטרים לעבודת כוכבים יושבין בטח והשקט ואנו בית הדום רגלי אלהינו שרוף
באש

רש"י

שית מאה וחד סרי. והיינו דכתיב תורה צוה לנו משה ושתים מפי הגבורה הרי שית מאה ותליסרי: מפי הגבורה שמענום. דכתיב אחת דבר אלהים ושתים זו (ל) שמענו במכילתא: והעמידן על אחת עשרה. שבתחלה היו צדיקים והיו יכולים לקבל עול מצות הרבה אבל דורות האחרונים לא היו צדיקים כל כך ואם באו לשמור כולן אין לך אדם שזוכה ובא דוד והעמידן כו' כדי שיזכו אם יקיימו י"א מצות הללו וכן כל שעה דורות של מטה הולכין וממעטין אותו: רב ספרא. בשאלתות דרב אחאי (ק) (שאילתא לו) והכי הוה עובדא דרב ספרא היה לו חפץ אחד למכור ובא אדם אחד לפניו בשעה שהיה קורא ק"ש ואמר לו תן לי החפץ בכך וכך דמים ולא ענהו מפני שהיה קורא ק"ש כסבור זה שלא היה רוצה ליתנו בדמים הללו והוסיף אמר תנהו לי בכך יותר לאחר שסיים ק"ש אמר לו טול החפץ בדמים שאמרת בראשונה שבאותן דמים היה דעתי ליתנם לך: (אף) לא רגל על לשונו [כו']. לא רצה לשקר מתחלה שאמר אולי ימושני [אבי] אלא שאמו הכריחתו על פי הדבור דכתיב עלי קללתך בני ומתרגמינן אלי אתאמר בנבואה [דלא ייתון לווטיא עלך ברי]: וחרפה לא נשא על קרובו. לא סבל חרפת קרובו: נבזה בעיניו נמאס. הנמאס להקב"ה נבזה הוא בעיניו של אדם זה חזקיהו שנבזה היה בעיניו אביו שנמאס בעבודת כוכבים: שגיררו במטה של חבלים. גמרא היא (ר) ולא קרא: (וקורא לו רבי רבי): ואפילו לעובד כוכבים. כדי שלא ימשוך ויבוא להלוות לישראל ברבית: שוחד על נקי לא לקח. אפילו שוחד שהיה רשאי ליקח: כגון ר' ישמעאל ברבי יוסי. שהיה אריסו מביא לו משלו [קודם זמנו] ולא רצה ליקח כדי להיות לו דיין (ש): בבצע מעשקות. שלא רצה ליטול לעצמו ראשית הגז שהביא לו אדם אחד שבא לדון לפניו אע"ג דהוה כהן רבי ישמעאל בן אלישע משום דדמי כאילו עושקו לכהן שהיה רגיל זה ליתן לו מתנותיו: אוטם אזנו משמוע דמים. אזנו (ת) אטומה וסתומה בדבר זה שלא ישמע בה דבר גנאי ושותק והיינו דמים לשון שתיקה: כגון רבי אלעזר ברבי שמעון. בהשוכר את הפועלים (ב"מ דף פד:) דנפק ריחשא מאודניה ואיתחזי לאיתתיה בחלמא ואמר לה האי דשמעית בזילותא דצורבא מרבנן ולא מחאי כדמבעי לי אלמא בחייו הוה רגיל לדקדק בכך ולפיכך הקפיד הקב"ה עליו על אותו הפעם שלא מיחה: זו הוצאת המת והכנסת הכלה. דכתיב בהו לכת טוב ללכת אל בית אבל מלכת וגו': בא ישעיה בן אמוץ. כל שעה דורות של מטה היו מתמעטין: חדל נא. אותה ברכה שאמר משה וישכון ישראל בטח בדד עין יעקב כלומר אימתי ישכון ישראל בטח כשיהיו צדיקים כעין יעקב: מי יקום יעקב. מי יוכל להיות חסיד כיעקב כי קטן הוא קטנים הם הטובים שיהיו צדיקים כיעקב:

מכאן ואילך מפירוש רבינו גרשום

הלוך להרגיעו ישראל. שיהא להם מנוחה בגלותן: בשופר גדול וגו'. ובאו האובדים בארץ מלמד שלא יהו אבודים בין העובדי כוכבים: כאבידה המתבקשת. ונמצאת לאחר זמן: כאכילת קשואין ודלועין. שאוכלים מקצתם ומקצתם אין אוכלין: מפלטירו. בית של רומי: (א) ומה לעוברי רצונו כך. שמשתחוים לעבודת כוכבים שלהם יושבים בהשקט ושלוה ישראל שעושין רצונו על אחת כמה וכמה שישלם להם שכר טוב: קרעו בגדיהם. דדינו ליעבד הכי: והלא אוריה במקדש ראשון היה. ככתוב בספר מלכים: זכריה מנביאים אחרונים היה. שהיה במקדש שני: תלה הכתוב נבואתו של זכריה בנבואתו של אוריה. כלומר שפורענות שניבא אוריה שאמר ירושלים לעיים תהיה והר הבית לבמות יער נתקיים כמו כן עתיד להתקיים דברי ניחומים של זכריה שיבנה בית המקדש במהרה בימינו אמן סלה:

הדרן עלך אלו הן הלוקין
וסליקא לה מסכת מכות

מסורת הש"ס

א) [הוריות ח.], ב) [תענית כג], ג) ב"ב פח., ג) [סנהדרין פא.], ד) שם מז., ה) [כתובות קג:], ו) [בע"י ל"ג], ז) [תענית יב.], ח) סנהדרין פא., ט) נ"א א"ל ר"ע אלא מעתה אל תטמאו בכל אלה ובכולהו אין כו', י) [כתובות קה.], כ) כתובות קה:, כ) [ב"מ פד:], ל) ב"ב נז:, מ) [סוכה מט:], נ) [ג"ז שם], ס) [בע"י ובטלה], ע) [בע"י ובטלה], פ) [בע"י ואיתימא רב אשי], פ) נ"א מפטילום, צ) [נ"ל שמעתי], ק) [פרשת ויחי], ר) [פסחים נו.], ש) [כתובות קה:], ת) ס"י אטומה, ת) [שייך לע"ב].

הגהות הב"ח

(א) גמרא משמוע דמים כגון ר"א בר' שמעון דלא שמע בזילותא דצורבא מרבנן:

גליון הש"ס

גמ' שלא ירד לאומנות חבירו. עיין ב"ב דף כ ע"ב וסנהדרין דף פא ע"א: שם אפי' ברבית עובד כוכבים. כדאיתא בבא מציעא דף ע ע"ב: שם דלמא כאבידה המתבקשת. סנהדרין דף קי ע"ב:

ליקוטי רש"י

מפי הגבורה שמענום. דהיינו ששמעו בדיבורו של הקב"ה [הוריות ח. בד"ה איזו].

גירר עצמות אביו. משום כפרה ולא קברו בכבוד בדרגש ומטה נאה ומפני קידוש השם שיתגנה על רשעו ויוסרו הרשעים [פסחים נו.].

גירר עצמות אביו. לפי שהיה רשע בזהו ולא נהג בו כבוד בקבורתו להוליאו כהוגן במטות זהב וכסף [ברכות י:].

על מטה של חבלים. דרך בזיון מפני שהיה אביו רשע ובזהו לעיני כל כדי שיתייסרו האחרים ולכבוד עצמו לא חש ומפני כבוד אב נמי ליכא למיחש דנשיא בעמך כתיב (שמות כ"ב) בעושה מעשה עמך נבזה בעיניו הוא עצמו נתבזה ונמאס בפני עצמו שלא חש לכבודו במקום קידוש ה' וכו' [סנהדרין מז.].

דאמר רבי יוחנן. פעמים שהיה אומר אהא בתענית עד שאבוא לביתי ואי מטי לביתיה בשתים או בג' שעות ביום הוה אכיל וקרי ליה מתענה [תענית יב.].

שאינו מסתכל. כשהוא הולך על שפת הנהר [ב"ב נז:].

הוצאת המת והכנסת כלה. דכתיב בהו "לכת" טוב ללכת אל בית אבל מלכת אל בית משתה (קהלת ז) אף שם צריך הצנע לסעוד במדה נאה ולשמוח במדה נאה ולא להנהיג קלות ראש בעצמו וי"א אם צריך לבזבז להוצאת מת עני או להכנסת כלה ענייה יעשה בצינעא ולא לימא קמי מאן דלא ידעי דעבדי [כן] וכן מפרש בשאלתות דרב אחאי (פרשת בראשית סימן ג'). דברים שדרכן לעשותן בצנעא. כגון צדקה הניתנת לעני בסתר שאין צריך להודיע לשום אדם מה שאין כן במת ובכלה לפי שאחרים מתעסקין בהן ויודעין היאך משל מי והיינו דאמר רבי אלעזר כל מילי בעי צניעותא והוא הדין לדברי תורה [סוכה מט:].

עין משפט נר מצוה

קלו א מיי' פ"ב מהל' מלכים הל' ה:
קלז ב מיי' פכ"א מהל' איסורי ביאה הלכה כא סמג לאוין קכו טוש"ע אה"ע סי' כא ס"א:

תורה אור השלם

א) מִזְמוֹר לְדָוִד יְיָ מִי יָגוּר בְּאָהֳלֶךָ מִי יִשְׁכֹּן בְּהַר קָדְשֶׁךָ: הוֹלֵךְ תָּמִים וּפֹעֵל צֶדֶק וְדֹבֵר אֱמֶת בִּלְבָבוֹ: לֹא רָגַל עַל לְשֹׁנוֹ לֹא עָשָׂה לְרֵעֵהוּ רָעָה וְחֶרְפָּה לֹא נָשָׂא עַל קְרֹבוֹ: נִבְזֶה בְּעֵינָיו נִמְאָס וְאֶת יִרְאֵי יְיָ יְכַבֵּד נִשְׁבַּע לְהָרַע וְלֹא יָמִר: כַּסְפּוֹ לֹא נָתַן בְּנֶשֶׁךְ וְשֹׁחַד עַל נָקִי לֹא לָקָח עֹשֵׂה אֵלֶּה לֹא יִמּוֹט לְעוֹלָם: [תהלים טו]

ב) וַיְהִי אַבְרָם בֶּן תִּשְׁעִים שָׁנָה וְתֵשַׁע שָׁנִים וַיֵּרָא יְיָ אֶל אַבְרָם וַיֹּאמֶר אֵלָיו אֲנִי אֵל שַׁדַּי הִתְהַלֵּךְ לְפָנַי וֶהְיֵה תָמִים: [בראשית יז, א]

ג) אוּלַי יְמֻשֵּׁנִי אָבִי וְהָיִיתִי בְעֵינָיו כִּמְתַעְתֵּעַ וְהֵבֵאתִי עָלַי קְלָלָה וְלֹא בְרָכָה: [בראשית כז, יב]

ד) אַל תִּטַּמְּאוּ בְּכָל אֵלֶּה כִּי בְכָל אֵלֶּה נִטְמְאוּ הַגּוֹיִם אֲשֶׁר אֲנִי מְשַׁלֵּחַ מִפְּנֵיכֶם: [ויקרא יח, כד]

ה) הֹלֵךְ צְדָקוֹת וְדֹבֵר מֵישָׁרִים מֹאֵס בְּבֶצַע מַעֲשַׁקּוֹת נֹעֵר כַּפָּיו מִתְּמֹךְ בַּשֹּׁחַד אֹטֵם אָזְנוֹ מִשְּׁמֹעַ דָּמִים וְעֹצֵם עֵינָיו מֵרְאוֹת בְּרָע: [ישעיה לג, טו]

ו) כִּי יְדַעְתִּיו לְמַעַן אֲשֶׁר יְצַוֶּה אֶת בָּנָיו וְאֶת בֵּיתוֹ אַחֲרָיו וְשָׁמְרוּ דֶּרֶךְ יְיָ לַעֲשׂוֹת צְדָקָה וּמִשְׁפָּט לְמַעַן הָבִיא יְיָ עַל אַבְרָהָם אֵת אֲשֶׁר דִּבֶּר עָלָיו: [בראשית יח, יט]

ז) הוּא מְרוֹמִים יִשְׁכֹּן מְצָדוֹת סְלָעִים מִשְׂגַּבּוֹ לַחְמוֹ נִתָּן מֵימָיו נֶאֱמָנִים: [ישעיה לג, טז]

ח) הִגִּיד לְךָ אָדָם מַה טּוֹב וּמָה יְיָ דּוֹרֵשׁ מִמְּךָ כִּי אִם עֲשׂוֹת מִשְׁפָּט וְאַהֲבַת חֶסֶד וְהַצְנֵעַ לֶכֶת עִם אֱלֹהֶיךָ: [מיכה ו, ח]

ט) כֹּה אָמַר יְיָ שִׁמְרוּ מִשְׁפָּט וַעֲשׂוּ צְדָקָה כִּי קְרוֹבָה יְשׁוּעָתִי לָבוֹא וְצִדְקָתִי לְהִגָּלוֹת: [ישעיה נו, א]

י) כִּי כֹה אָמַר יְיָ לְבֵית יִשְׂרָאֵל דִּרְשׁוּנִי וִחְיוּ: [עמוס ה, ד]

כ) הִנֵּה עֻפְּלָה לֹא יָשְׁרָה נַפְשׁוֹ בּוֹ וְצַדִּיק בֶּאֱמוּנָתוֹ יִחְיֶה: [חבקוק ב, ד]

ל) וַיִּשְׁכֹּן יִשְׂרָאֵל בֶּטַח בָּדָד עֵין יַעֲקֹב אֶל אֶרֶץ דָּגָן וְתִירוֹשׁ אַף שָׁמָיו יַעַרְפוּ טָל: [דברים לג, כח]

מ) וָאֹמַר אֲדֹנָי יְיָ חֲדַל נָא מִי יָקוּם יַעֲקֹב כִּי קָטֹן הוּא: [עמוס ז, ה]

נ) נִחַם יְיָ עַל זֹאת גַּם הִיא לֹא תִהְיֶה אָמַר אֲדֹנָי יְיָ: [עמוס ז, ו]

ס) וּבַגּוֹיִם הָהֵם לֹא תַרְגִּיעַ וְלֹא יִהְיֶה מָנוֹחַ לְכַף רַגְלֶךָ וְנָתַן יְיָ לְךָ שָׁם לֵב רַגָּז וְכִלְיוֹן עֵינַיִם וְדַאֲבוֹן נָפֶשׁ: [דברים כח, סה] ע) כֹּה אָמַר יְיָ מָצָא חֵן בַּמִּדְבָּר עַם שְׂרִידֵי חָרֶב הָלוֹךְ לְהַרְגִּיעוֹ יִשְׂרָאֵל: [ירמיה לא, א] פ) נֹצֵר חֶסֶד לָאֲלָפִים נֹשֵׂא עָוֹן וָפֶשַׁע וְחַטָּאָה וְנַקֵּה לֹא יְנַקֶּה פֹּקֵד עֲוֹן אָבוֹת עַל בָּנִים וְעַל בְּנֵי בָנִים עַל שִׁלֵּשִׁים וְעַל רִבֵּעִים: [שמות לד, ז] צ) הֵן כָּל הַנְּפָשׁוֹת לִי הֵנָּה כְּנֶפֶשׁ הָאָב וּכְנֶפֶשׁ הַבֵּן לִי הֵנָּה הַנֶּפֶשׁ הַחֹטֵאת הִיא תָמוּת: [יחזקאל יח, ד] ק) וַאֲבַדְתֶּם בַּגּוֹיִם וְאָכְלָה אֶתְכֶם אֶרֶץ אֹיְבֵיכֶם: [ויקרא כו, לח] ר) וְהָיָה בַּיּוֹם הַהוּא יִתָּקַע בְּשׁוֹפָר גָּדוֹל וּבָאוּ הָאֹבְדִים בְּאֶרֶץ אַשּׁוּר וְהַנִּדָּחִים בְּאֶרֶץ מִצְרָיִם וְהִשְׁתַּחֲווּ לַיְיָ בְּהַר הַקֹּדֶשׁ בִּירוּשָׁלָםִ: [ישעיה כז, יג] ש) תָּעִיתִי כְּשֶׂה אֹבֵד בַּקֵּשׁ עַבְדֶּךָ כִּי מִצְוֹתֶיךָ לֹא שָׁכָחְתִּי: [תהלים קיט, קעו]

mandments] on two ethical requirements.[41] שֶׁנֶּאֱמַר ,,כֹּה אָמַר ה׳ שִׁמְרוּ מִשְׁפָּט וַעֲשׂוּ צְדָקָה'' – **As it says:** ***Thus said Hashem: Observe justice and perform righteousness.***[42]

בָּא עָמוֹס וְהֶעֱמִידָן עַל אַחַת – The prophet **Amos came and established the basis [for fulfilling the Torah's commandments] upon one** ethical requirement, שֶׁנֶּאֱמַר: ,,כֹּה אָמַר ה׳ . . . לְבֵית יִשְׂרָאֵל דִּרְשׁוּנִי וִחְיוּ'' – **as it says:** [For] ***thus said Hashem to the House of Israel: Seek Me and live.***[43]

The Gemara rejects this last statement:

מַתְקִיף לָהּ רַב נַחְמָן בַּר יִצְחָק – **Rav Nachman bar Yitzchak objected:** אֵימָא ,,דִּרְשׁוּנִי'' בְּכָל הַתּוֹרָה כּוּלָּהּ – **Say** that the prophet means: ***Seek Me*** **by** observing **the entire Torah,** *all* six hundred and thirteen commandments?[44] אֶלָּא בָּא חֲבַקּוּק וְהֶעֱמִידָן עַל אַחַת – **Rather** it was the prophet **Habakkuk** who **came and established them upon one** ethical requirement, שֶׁנֶּאֱמַר – **as it says:** ,,וְצַדִּיק בֶּאֱמוּנָתוֹ יִחְיֶה'' – ***But the righteous person shall live through his faith.***[45]

In the preceding discussion, each prophet revised his own or another prophet's earlier formulation. The Gemara now discusses a similar statement regarding four prophets who seemingly abrogated four decrees stated by an earlier prophet, namely, Moses:[46]

אָמַר רַבִּי יוֹסֵי בַּר חֲנִינָא – **R' Yose bar Chanina said:** אַרְבַּע גְּזֵירוֹת גָּזַר מֹשֶׁה רַבֵּינוּ עַל יִשְׂרָאֵל – **Our teacher Moses enacted four decrees upon Israel,** בָּאוּ אַרְבָּעָה נְבִיאִים וּבִיטְּלוּם – and **four** other **prophets came and annulled them.**

The first decree:

מֹשֶׁה אָמַר ,,וַיִּשְׁכֹּן יִשְׂרָאֵל בֶּטַח בָּדָד עֵין יַעֲקֹב'' – **Moses said:** ***Israel shall dwell secure, solitary [when there are righteous people] in the likeness of Jacob [among them],***[47] implying that they will not dwell in security if there are no righteous people like Jacob among them. בָּא עָמוֹס וּבִיטְּלָהּ – The prophet **Amos came and annulled [this decree],** [שֶׁנֶּאֱמַר – **as it says:**] ,,חֲדַל-נָא מִי יָקוּם יַעֲקֹב וגו׳ '' – *Hashem God,* ***Please refrain, how will Jacob survive*** **etc.** *for he is small?*[48] I.e. please refrain from fulfilling the decree of Moses![49] וּכְתִיב – **And it is written:**[50] ,,נִחַם ה׳ עַל-זֹאת [וגו׳]'' – ***So Hashem relented concerning this*** **[etc.]** *"It too shall not be," said the Lord Hashem.* God acceded to Amos' request and revoked the decree.

The second decree:

מֹשֶׁה אָמַר ,,וּבַגּוֹיִם הָהֵם לֹא תַרְגִּיעַ'' – **Moses said:**[51] ***And among those nations you will not be tranquil,*** i.e. you will find no tranquility when you go into exile. בָּא יִרְמְיָה וְאָמַר – The prophet **Yirmiyah came and said:** ,,הָלוֹךְ לְהַרְגִּיעוֹ יִשְׂרָאֵל'' – ***Go to bring rest to Israel,***[52] in their exile.

The third decree:

מֹשֶׁה אָמַר ,,פֹּקֵד עֲוֹן אָבוֹת עַל-בָּנִים'' – **Moses said:** ***He recalls the iniquity of parents upon children.***[53] בָּא יְחֶזְקֵאל וּבִיטְּלָהּ – The prophet **Yechezkel came and annulled [this decree],** as it is written: ,,הַנֶּפֶשׁ הַחֹטֵאת הִיא תָמוּת'' – ***The soul that sins, it shall die.***[54]

The fourth decree:

מֹשֶׁה אָמַר ,,וַאֲבַדְתֶּם בַּגּוֹיִם'' – **Moses said:**[55] ***And you will perish among the nations*** among whom you are exiled. בָּא יְשַׁעְיָהוּ וְאָמַר – The prophet **Yeshayah came and said:** ,,וְהָיָה בַּיּוֹם הַהוּא יִתָּקַע בְּשׁוֹפָר גָּדוֹל וגו׳ '' – ***It shall be on that day that a great shofar will be blown*** *and those who were lost in the land of Assyria will come . . . to Jerusalem.*[56] They will be lost among the

NOTES

41. So marked was the decline of the nation's spiritual level, that for the third time within a generation it was necessary to reduce the number of ethical requirements to be mastered (see *Rivan*).

42. *Isaiah* 56:1. The verse continues: *for My salvation is soon to come and My righteousness to be revealed,* as a result of your fulfilling these two imperatives.

Michah had directed the nation to ***do*** *justice,* i.e. to actively fulfill the *mishpatim* (see above, note 37). As a result of the populace's spiritual decline, Yeshayah directed them merely to ***observe*** *justice,* i.e. to guard the principles of decency and be prepared to fulfill them when the occasion would arise. Furthermore, Michah had stated that they should love חֶסֶד, *kindness,* whereas Yeshayah told them to perform צְדָקָה, *righteousness,* i.e. charity (see above, note 27), which is not as great as חֶסֶד (see *Succah* 49b). As for Michah's third ethical requirement – to *go discreetly with your God* – i.e. to perform deeds of kindness out of pure motives (see above, note 39), Yeshayah did not require this of the nation at all (*Aruch LaNer*).

43. *Amos* 5:4. I.e. seek to fulfill My will.

44. [For all 613 commandments represent the will of God.]

45. *Habakkuk* 2:4. The prophet declares that by acquiring perfect faith in the Creator, one will merit eternal life in the World to Come. Faith in God as the Creator and Director of the world is the basis of all 613 commandments. The fulfillment of all His commandments flows from this central principle (see *Kad HaKemach* ע׳ אמונה and ע׳ גזל; *Maharsha;* see further, Introduction to *Shev Shmaatsa* ד״ה הגם).

[It is worthy of note that *Zohar* states (vol. II 44b) that Habakkuk was the child whom the prophet Elisha prophesied would be born to the Shunamite woman, and whom Elisha subsequently brought back to life (see *II Kings* 4:8-38). *Meshech Chochmah* (*Haftarah* to *Vayeira*) explains that the child was revived in the merit of his mother's faith in God's messenger Elisha. Thus, Habakkuk was living proof of the power of faith to provide not only eternal life, but life in this world as well!]

Alternatively, the verse refers to אֱמוּנָה in the sense of *integrity.* One should perform the commandments with integrity, solely for the sake of fulfilling God's will, with no ulterior motives (*Meiri*).

46. [The "decrees" listed by the Gemara are four of Moses' *prophecies,* which were based on God's strict Attribute of Justice (see below, note 56).

47. *Deutronomy* 33:28. The elucidation follows *Rivan* (ד״ה חדל נא). Alternatively, the name "Jacob" denotes the nation when they do not fulfill the will of God, whereas the name "Israel" is used to describe the nation when they fulfill His will. Thus, Moses said: "*Israel* shall dwell secure," i.e. when they are worthy of the name "Israel" they are assured of Divine protection and will dwell in security in their land. However, "when they are like *Jacob,*" i.e. they are on a low spiritual level, then they will dwell in solitude in exile, as the prophet describes the exiled nation: *Alas, she sits in solitude*! [*Lamentations* 1:1] (*Maharsha*).

48. *Amos* 7:5.

49. For the number of people who are as righteous as Jacob is small (*Rivan*).

50. Ibid. 7:6.

51. *Deuteronomy* 28:65.

52. *Jeremiah* 31:1. The beginning of this verse refers to *this people that survived the sword.* The Gemara interprets this to mean the survivors of the destruction of the Temple, i.e. those who were sent into exile. Yirmiyah beseeched God to go into exile, as it were, with the remnants of the nation, to bring them comfort and security (*Maharsha;* see *Yalkut Shimoni, Jeremiah* §40).

53. *Exodus* 34:7. [This is only if they follow in their ancestors' evil ways (see *Berachos* 7a).]

54. *Ezekiel* 18:4. The verse continues: *A son shall not bear the iniquity of [his] father and a father shall not bear the iniquity of his son; the righteousness of the righteous person shall be upon him and the wickedness of the wicked person shall be upon him.* No one will be punished for the sins of his father, even if he follows in his wicked footsteps (*Maharsha;* see also *Rif* to *Ein Yaakov*).

55. *Leviticus* 26:38.

56. *Isaiah* 27:13.

[Certainly, later prophets did not possess the ability to abrogate Moses' decrees. Rather, Moses' predictions were based on God's strict Attribute of Justice, according to which the sins of the nation should have led to the dire consequences predicted by Moses. Later prophets, however, beseeched God to act with His Attribute of Mercy. God acceded, and thus the conditions were less dire than Moses predicted

שית מאה וחד סרי הוי [א] אנכי ולא יהיה לך מפי הגבורה שמענום (סימן דמשמ"ק ס"ק): בא דוד והעמידן על אחת עשרה דכתיב א) מזמור לדוד [ה'] מי יגור באהלך מי ישכון בהר קדשך הולך תמים ופועל צדק ודובר אמת בלבבו לא רגל על לשונו לא עשה לרעהו רעה וחרפה לא נשא על קרובו נבזה בעיניו נמאס ואת יראי ה' יכבד נשבע להרע ולא ימיר כספו לא נתן בנשך ושוחד על נקי לא לקח עושה אלה לא ימוט לעולם הולך תמים זה אברהם דכתיב ב) התהלך לפני והיה תמים [ב] פועל צדק כגון אבא חלקיהו [ג] ודובר אמת בלבבו כגון רב ספרא לא רגל על לשונו זה יעקב אבינו דכתיב ג) אולי ימושני אבי והייתי בעיניו כמתעתע לא עשה לרעהו רעה [ד] שלא ירד לאומנות חבירו וחרפה לא נשא על קרובו זה המקרב את קרוביו [ה] נבזה בעיניו נמאס זה חזקיהו המלך שגירר עצמות אביו במטה של חבלים ואת [ו] יראי ה' יכבד זה יהושפט מלך יהודה שבשעה שהיה רואה תלמיד חכם היה עומד מכסאו ומחבקו ומנשקו וקורא לו [ז] (אבי אבי) רבי רבי מרי מרי נשבע להרע ולא ימיר כר' יוחנן [ח] דא"ר יוחנן אהא בתענית עד שאבא לביתי כספו לא נתן בנשך אפילו ברבית עובד כוכבים ושוחד על נקי לא לקח כגון ר' ישמעאל בר' יוסי כתיב עושה אלה לא ימוט לעולם [ט] כשהיה ר"ג מגיע למקרא הזה היה בוכה אמר מאן דעביד להו לכולהו הוא דלא ימוט הא חדא מינייהו ימוט [י] אמרו ליה מי כתיב עושה כל אלה עושה אלה כתיב אפילו בחדא מינייהו דאי לא תימא הכי כתיב קרא אחרינא ד) אל תטמאו בכל אלה התם נמי הנוגע בכל אלה הוא דמטמא בחדא מינייהו לא אלא לאו באחת מכל אלה הכא נמי באחת מכל אלו בא ישעיהו והעמידן על שש דכתיב ה) הולך צדקות ודובר מישרים מואס בבצע מעשקות נוער כפיו מתמוך בשוחד אוטם אזנו משמוע דמים ועוצם עיניו מראות ברע הולך צדקות זה אברהם אבינו דכתיב ו) כי ידעתיו למען אשר יצוה וגו' ודובר מישרים זה שאינו מקניט פני חבירו ברבים מואס בבצע מעשקות [כ] כגון ר' ישמעאל בן אלישע נוער כפיו מתמוך בשוחד כגון [ל] ר' ישמעאל בר' יוסי אוטם אזנו משמוע דמים (א) דלא שמע בזילותא דצורבא מרבנן ושתיק כגון [מ] ר"א ברבי שמעון ועוצם עיניו מראות ברע כדרבי חייא בר אבא [נ] דאמר ר' חייא בר אבא [ב] זה שאינו מסתכל בנשים בשעה שעומדות על הכביסה וכתיב ז) הוא מרומים ישכון [וגו'] בא מיכה והעמידן על שלש [ס] דכתיב ח) הגיד לך אדם מה טוב ומה ה' דורש ממך כי אם עשות משפט ואהבת חסד והצנע לכת עם (ה') אלהיך עשות משפט זה הדין אהבת חסד זה גמילות חסדים והצנע לכת זה הוצאת המת והכנסת כלה [ע] והלא דברים קל וחומר ומה דברים שאין דרכן לעשותן בצנעא אמרה תורה והצנע לכת דברים שדרכן לעשותן בצנעא על אחת כמה וכמה חזר ישעיהו והעמידן על שתים שנאמר ט) כה אמר ה' שמרו משפט ועשו צדקה בא עמוס והעמידן על אחת שנאמר י) כה אמר ה' לבית ישראל דרשוני וחיו מתקיף לה רב נחמן בר יצחק אימא דרשוני בכל התורה כולה אלא בא חבקוק והעמידן על אחת שנאמר כ) וצדיק באמונתו יחיה אמר ר' יוסי בר חנינא ארבע גזירות גזר משה רבינו על ישראל באו ארבעה נביאים וביטלום משה אמר ל) וישכון ישראל בטח בדד עין יעקב בא עמוס וביטלה [שנאמר] מ) חדל נא מי יקום יעקב וגו' וכתיב נ) ניחם ה' על זאת [וגו'] משה אמר ס) ובגוים ההם לא תרגיע בא ירמיה [פ] ואמר ע) הלוך להרגיעו ישראל משה אמר פ) פוקד עון אבות על בנים בא יחזקאל וביטלה צ) הנפש החוטאת היא תמות משה אמר ק) ואבדתם בגוים בא ישעיהו [צ] ואמר ר) והיה ביום ההוא יתקע בשופר גדול וגו' אמר רב מסתפינא מהאי קרא ואבדתם בגוים מתקיף לה רב פפא [ג] דלמא כאבידה המתבקשת דכתיב ש) תעיתי כשה אובד בקש עבדך אלא מסיפא [דקרא] ק) ואכלה אתכם ארץ אויביכם מתקיף לה מר זוטרא [ק] דלמא כאכילת קישואין ודילועין וכבר היה ר"ג ורבי אלעזר בן עזריה ורבי יהושע ורבי עקיבא מהלכין בדרך ושמעו קול המונה של רומי [ר] מפלטה [ברחוק] מאה ועשרים מיל והתחילו בוכין ורבי עקיבא משחק אמרו לו מפני מה אתה משחק אמר להם ואתם מפני מה אתם בוכים אמרו לו הללו כושיים שמשתחוים לעצבים ומקטרים לעבודת כוכבים יושבין בטח והשקט ואנו בית הדום רגלי אלהינו שרוף באש

שית מאה וחד סרי. והיינו דכתיב תורה צוה לנו משה ושתים מפי הגבורה הרי שית מאה ותליסרי: מפי הגבורה שמענום. דכתיב אחת דבר אלהים ושתים זו [ל] שמענו במכילתא: והעמידן על אחת עשרה. שבתחלה היו צדיקים והיו יכולים לקבל עול מצות הרבה אבל דורות האחרונים לא היו צדיקים כל כך ואם באו לשמור כולן אין לך אדם שזוכה ובא דוד והעמידן כו' כדי שיזכו אם יקיימו י"א מצות הללו וכן כל שעה דורות של מטה הולכין וממעטין אותו: רב ספרא. בשאלתות דרב אחא [ק] (שאילתא לו) והכי הוה עובדא דרב ספרא היה לו חפץ אחד למכור ובא אדם אחד לפניו בשעה שהיה קורא ק"ש ואמר לו תן לי החפץ בכך וכך דמים ולא ענהו מפני שהיה קורא ק"ש כסבור זה שלא היה רוצה ליתנו בדמים הללו והוסיף אמר תנהו לי בכך יותר לאחר שסיים ק"ש אמר לו טול החפץ בדמים שאמרת בראשונה שבאותן דמים היה דעתי ליתנם לך: (אף) לא רגל על לשונו [כו']. לא רצה לשקר מתחלה שאמר אולי ימושני [אבי] אלא שאמו הכריחתו ועל פי הדבור דכתיב עלי קללתך בני ומתרגמינן אלי אתאמר בנבואה [דלא ייתון לווטיא עלך ברי]: וחרפה לא נשא על קרובו. לא סבל חרפת קרובו: נבזה בעיניו נמאס. הנמאס להקב"ה נבזה הוא בעיניו של אדם זה חזקיהו שנבזה היה בעיניו אביו שנמאס בעבודת כוכבים: שגיררו במטה של חבלים. גמרא היא [ר] ולא קרא: (וקורא לו רבי רבי): ואפילו לעובד כוכבים. כדי שלא ימשוך ויבוא להלוות לישראל ברבית: שוחד על נקי לא לקח. אפילו שוחד שהיה רשאי ליקח: כגון ר' ישמעאל ברבי יוסי. שהיה אריסו מביא לו משלו [קודם זמנו] ולא רצה ליקח כדי להיות לו דיין [ש]: בבצע מעשקות. שלא רצה ליטול לעצמו ראשית הגז שהביא לו אדם אחד שבא לדון לפניו אע"ג דהוה כהן רבי ישמעאל בן אלישע משום דדמי כאילו עושקו לכהן שהיה רגיל זה ליתן לו מתנותיו: אוטם אזנו משמוע דמים. אזנו [ת] אטומה וסתומה בדבר זה שלא ישמע בה דבר גנאי ושותק והיינו דמים לשון שתיקה: כגון רבי אלעזר ברבי שמעון. בהשוכר את הפועלים (ב"מ דף פד:) דנפק ריחשא מאודניה ואיתחזי לאיתתיה בחלמא ואמר לה האי דשמעית בזילותא דצורבא מרבנן ולא מחאי כדמבעי לי אלמא בחייו הוה רגיל לדקדק בכך ולפיכך הקפיד הקב"ה עליו על אותו הפעם שלא מיחה: זו הוצאת המת והכנסת הכלה. דכתיב בהו לכת טוב ללכת אל בית אבל מלכת וגו': בא ישעיה בן אמוץ. כל שעה דורות של מטה היו מתמעטין: חדל נא. אותה ברכה שאמר משה ושכון ישראל בטח בדד עין יעקב כלומר אימתי ישכון ישראל בטח כשיהיו צדיקים כעין יעקב: מי יקום יעקב. מי יוכל להיות חסיד כיעקב כי קטן הוא קטנים הם הטובים שיהיו צדיקים כיעקב:

מכאן ואילך מפירוש רבינו גרשום

הלוך להרגיעו ישראל. שיהא להם מנוחה בגלותן: בשופר גדול וגו'. ובאו האובדים בארץ מלמד שלא יהו אבודים בין העובדי כוכבים: כאבידה המתבקשת. ונמצאת לאחר זמן: כאכילת קשואין ודלועין. שאוכלים מקצתם ומקצתם אין אוכלין: מפלטירו. בית של רומי: [ת] ומה לעוברי רצונו כך. שמשתחוים לעבודת כוכבים שלהם יושבים בהשקט ושלוה ישראל שעושין רצונו על אחת כמה וכמה שישלם להם שכר טוב: קרעו בגדיהם. דדינו ליעבד הכי: והלא אוריה במקדש ראשון היה. ככתוב בספר מלכים: זכריה מנביאים אחרונים היה. שהיה במקדש שני: תלה הכתוב נבואתו של זכריה בנבואתו של אוריה. כלומר שפורענות שניבא אוריה שאמר ירושלים לעיים תהיה והר הבית לבמות יער נתקיים כמו כן עתיד להתקיים דברי ניחומים של זכריה שיבנה בית המקדש במהרה בימינו אמן סלה:

הדרן עלך אלו הן הלוקין
וסליקא לה מסכת מכות

עין משפט נר מצוה

קלו א מיי' פ"ב מהל' מלכים הל' ה:
קלז ב מיי' פכ"א מהל' איסורי ביאה הלכה כא סמג לאוין קכו טוש"ע אה"ע סי' כא ס"א:

תורה אור השלם

א) מִזְמוֹר לְדָוִד יְיָ מִי יָגוּר בְּאָהֳלֶךָ מִי יִשְׁכֹּן בְּהַר קָדְשֶׁךָ: הוֹלֵךְ תָּמִים וּפֹעֵל צֶדֶק וְדֹבֵר אֱמֶת בִּלְבָבוֹ: לֹא רָגַל עַל לְשֹׁנוֹ לֹא עָשָׂה לְרֵעֵהוּ רָעָה וְחֶרְפָּה לֹא נָשָׂא עַל קְרֹבוֹ: נִבְזֶה בְּעֵינָיו נִמְאָס וְאֶת יִרְאֵי יְיָ יְכַבֵּד נִשְׁבַּע לְהָרַע וְלֹא יָמִר: כַּסְפּוֹ לֹא נָתַן בְּנֶשֶׁךְ וְשֹׁחַד עַל נָקִי לֹא לָקָח עֹשֵׂה אֵלֶּה לֹא יִמּוֹט לְעוֹלָם: [תהלים טו]

ב) וַיְהִי אַבְרָם בֶּן תִּשְׁעִים שָׁנָה וְתֵשַׁע שָׁנִים וַיֵּרָא יְיָ אֶל אַבְרָם וַיֹּאמֶר אֵלָיו אֲנִי אֵל שַׁדַּי הִתְהַלֵּךְ לְפָנַי וֶהְיֵה תָמִים: [בראשית יז, א]

ג) אוּלַי יְמֻשֵּׁנִי אָבִי וְהָיִיתִי בְעֵינָיו כִּמְתַעְתֵּעַ וְהֵבֵאתִי עָלַי קְלָלָה וְלֹא בְרָכָה: [בראשית כז, יב]

ד) אַל תִּטַּמְּאוּ בְּכָל אֵלֶּה כִּי בְכָל אֵלֶּה נִטְמְאוּ הַגּוֹיִם אֲשֶׁר אֲנִי מְשַׁלֵּחַ מִפְּנֵיכֶם: [ויקרא יח, כד]

ה) הֹלֵךְ צְדָקוֹת וְדֹבֵר מֵישָׁרִים מֹאֵס בְּבֶצַע מַעֲשַׁקּוֹת נֹעֵר כַּפָּיו מִתְּמֹךְ בַּשֹּׁחַד אֹטֵם אָזְנוֹ מִשְּׁמֹעַ דָּמִים וְעֹצֵם עֵינָיו מֵרְאוֹת בְּרָע: [ישעיה לג, טו]

ו) כִּי יְדַעְתִּיו לְמַעַן אֲשֶׁר יְצַוֶּה אֶת בָּנָיו וְאֶת בֵּיתוֹ אַחֲרָיו וְשָׁמְרוּ דֶּרֶךְ יְיָ לַעֲשׂוֹת צְדָקָה וּמִשְׁפָּט לְמַעַן הָבִיא יְיָ עַל אַבְרָהָם אֵת אֲשֶׁר דִּבֶּר עָלָיו: [בראשית יח, יט]

ז) הוּא מְרוֹמִים יִשְׁכֹּן מְצָדוֹת סְלָעִים מִשְׂגַּבּוֹ לַחְמוֹ נִתָּן מֵימָיו נֶאֱמָנִים: [ישעיה לג, טז]

ח) הִגִּיד לְךָ אָדָם מַה טּוֹב וּמָה יְיָ דּוֹרֵשׁ מִמְּךָ כִּי אִם עֲשׂוֹת מִשְׁפָּט וְאַהֲבַת חֶסֶד וְהַצְנֵעַ לֶכֶת עִם אֱלֹהֶיךָ: [מיכה ו, ח]

ט) כֹּה אָמַר יְיָ שִׁמְרוּ מִשְׁפָּט וַעֲשׂוּ צְדָקָה כִּי קְרוֹבָה יְשׁוּעָתִי לָבוֹא וְצִדְקָתִי לְהִגָּלוֹת: [ישעיה נו, א]

י) כִּי כֹה אָמַר יְיָ לְבֵית יִשְׂרָאֵל דִּרְשׁוּנִי וִחְיוּ: [עמוס ה, ד]

כ) הִנֵּה עֻפְּלָה לֹא יָשְׁרָה נַפְשׁוֹ בּוֹ וְצַדִּיק בֶּאֱמוּנָתוֹ יִחְיֶה: [חבקוק ב, ד]

ל) וַיִּשְׁכֹּן יִשְׂרָאֵל בֶּטַח בָּדָד עֵין יַעֲקֹב אֶל אֶרֶץ דָּגָן וְתִירוֹשׁ אַף שָׁמָיו יַעַרְפוּ טָל: [דברים לג, כח]

מ) וָאֹמַר אֲדֹנָי יְיָ חֲדַל נָא מִי יָקוּם יַעֲקֹב כִּי קָטֹן הוּא: [עמוס ז, ה]

נ) נִחַם יְיָ עַל זֹאת גַּם הִיא לֹא תִהְיֶה אָמַר אֲדֹנָי יְיָ: [עמוס ז, ו]

ס) וּבַגּוֹיִם הָהֵם לֹא תַרְגִּיעַ וְלֹא יִהְיֶה מָנוֹחַ לְכַף רַגְלֶךָ וְנָתַן יְיָ לְךָ שָׁם לֵב רַגָּז וְכִלְיוֹן עֵינַיִם וְדַאֲבוֹן נָפֶשׁ: [דברים כח, סה] ע) כֹּה אָמַר יְיָ מָצָא חֵן בַּמִּדְבָּר עַם שְׂרִידֵי חָרֶב הָלוֹךְ לְהַרְגִּיעוֹ יִשְׂרָאֵל: [ירמיה לא, א] פ) נֹצֵר חֶסֶד לָאֲלָפִים נֹשֵׂא עָוֹן וָפֶשַׁע וְחַטָּאָה וְנַקֵּה לֹא יְנַקֶּה פֹּקֵד עֲוֹן אָבוֹת עַל בָּנִים וְעַל בְּנֵי בָנִים עַל שִׁלֵּשִׁים וְעַל רִבֵּעִים: [שמות לד, ז] צ) הֵן כָּל הַנְּפָשׁוֹת לִי הֵנָּה כְּנֶפֶשׁ הָאָב וּכְנֶפֶשׁ הַבֵּן לִי הֵנָּה הַנֶּפֶשׁ הַחֹטֵאת הִיא תָמוּת: [יחזקאל יח, ד] ק) וַאֲבַדְתֶּם בַּגּוֹיִם וְאָכְלָה אֶתְכֶם אֶרֶץ אֹיְבֵיכֶם: [ויקרא כו, לח] ר) וְהָיָה בַּיּוֹם הַהוּא יִתָּקַע בְּשׁוֹפָר גָּדוֹל וּבָאוּ הָאֹבְדִים בְּאֶרֶץ אַשּׁוּר וְהַנִּדָּחִים בְּאֶרֶץ מִצְרָיִם וְהִשְׁתַּחֲווּ לַיְיָ בְּהַר הַקֹּדֶשׁ בִּירוּשָׁלָםִ: [ישעיה כז, יג] ש) תָּעִיתִי כְּשֶׂה אֹבֵד בַּקֵּשׁ עַבְדֶּךָ כִּי מִצְוֺתֶיךָ לֹא שָׁכָחְתִּי: [תהלים קיט, קעו]

מסורת הש"ס

א) [הוריות ח.], ב) [תענית כג], ג) ב"ב פח., ג) [סנהדרין פא.], ד) שם מז., ה) [כתובות קג:], ו) [בע"י ל"ג], ז) [תענית יב.], ח) סנהדרין פא., ט) נ"א א"ל ר"ע אלא מעתה אל תטמאו בכל אלה ובכולהו אין כו', י) [כתובות קה.], כ) כתובות קה:, ל) [ב"מ פד:], ל) ב"ב נז:, מ) [סוכה מט:], נ) [ג"ז שם], ס) [בע"י ובטלה], ע) [בע"י ובטלה], פ) [בע"י ואיתימא רב אשי], פ) נ"א מפטילוס, צ) [נ"ל שמעתי], ק) [פרשת ויחי], ר) [פסחים נו.], ש) [כתובות קה:], ת) ס"י אטומה, ת) [שייך לע"ב].

הגהות הב"ח

(א) גמרא משמוע דמים כגון ר"א בר' שמעון דלא שמע בזילותא דצורבא מרבנן:

גליון הש"ס

גמ' שלא ירד לאומנות חבירו. עיין ב"ב דף כ ע"ב וסנהדרין דף פא ע"א: שם אפי' ברבית עובד כוכבים. כדאיתא בבא מציעא דף ע ע"ב: שם דלמא כאבידה המתבקשת. סנהדרין דף קט ע"ב:

ליקוטי רש"י

מפי הגבורה שמענום. דהיינו ששמעו בדיבורו של הקב"ה [הוריות ח. בד"ה איזו].

גירר עצמות אביו. משום כפרה ולא קברו בכבוד בדרגש ומטה נאה ומפני קידוש השם שיתגנה על רשעו ויוסרו הרשעים [פסחים נו.].

גירר עצמות אביו. לפי שהיה רשע בזהו ולא נהג בו כבוד בקבורתו להוליאו כהוגן במטות זהב וכסף [ברכות י:].

על מטה של חבלים. דרך בזיון מפני שהיה אביו רשע ובזהו לעיני כל כדי שיתייסרו האחרים ולכבוד עצמו לא חש ומפני כבוד אב נמי ליכא למיחש דנשיא בעמך כתיב (שמות כ"ב) בעושה מעשה עמך נבזה בעיניו הוא עצמו נתבזה ונמאס בפני עצמו שלא חש לכבודו במקום קידוש ה' וכו' [סנהדרין מז.].

דאמר רבי יוחנן. פעמים שהיה אומר אהא בתענית עד שאבוא לביתי ואי מטי לביתיה בשתים או בג' שעות ביום הוה אכיל וקרי ליה מתענה [תענית יב.].

שאינו מסתכל. כשהוא הולך על שפת הנהר [ב"ב נז:].

הוצאת המת והכנסת כלה. דכתיב בהו "לכת" טוב ללכת אל בית אבל מלכת אל בית משתה (קהלת ז) אף שם צריך הלנע לספוד במדה נאה ולשמוח במדה נאה ולא להנהיג קלות ראש בעצמו וי"א אם צריך לבזבז להוצאת מת עני או להכנסת כלה ענייה יעשה בלינעא ולא לימא קמי מאן דלא ידעי דעבדי [כן] וכן מפרש בשאלתות דרב אחאי (פרשת בראשית סימן ג').

דברים שדרכן לעשותן בצנעא. כגון לדקה הניתנת לעני בסתר שאין צריך להודיע לשום אדם מה שאין כן במת ובכלה לפי שאחרים מתעסקין בהן ויודעין הילכך משל מי והיינו דאמר רבי אלעזר כל מילי בעי צניעותא והוא הדין לדברי תורה [סוכה מט:].

nations during their exile, but they will not perish.

The Gemara records a discussion regarding one of these four decrees:

אָמַר רַב – Rav said: "מִסְתְּפִינָא מֵהַאי קְרָא ,,וַאֲבַדְתֶּם בַּגּוֹיִם – **I am worried about this verse: *And you will perish among the nations*.**

Rav's understanding of the verse is challenged:

מַתְקִיף לָהּ רַב פָּפָּא – Rav Pappa objected to [this interpretation] which caused Rav's fear: דִּלְמָא כַּאֲבֵידָה הַמִּתְבַּקֶּשֶׁת – **Perhaps** Scripture means **a lost article that is being searched for,** and not something that is destroyed,[57] דִּכְתִיב – **as it is written:** "תָּעִיתִי כְּשֶׂה אֹבֵד בַּקֵּשׁ עַבְדֶּךָ,, – ***I have strayed like a lost sheep, seek out Your servant.***[58]

Rav's point is therefore revised:

[אֶלָּא מְסֵיפָא [דִּקְרָא – Rather it was **because of the latter portion [of the previous verse]** that Rav was concerned: "וְאָכְלָה,, "אֶתְכֶם אֶרֶץ אֹיְבֵיכֶם – ***and the land of your foes will devour you,*** which implies that Israel will perish in exile.

This understanding is also challenged:

מַתְקִיף לָהּ מַר זוּטְרָא – Mar Zutra objected to [this interpretation]: דִּלְמָא כַּאֲכִילַת קִישׁוּאִין וְדִילוּעִין – **Perhaps** Scripture meant that Israel will be consumed **in the manner that cucumbers and gourds are consumed,** that only some are eaten while others are left on the vine.[59] Thus, even from the latter portion of the verse we need not be concerned that Israel will be completely consumed.

Having listed four instances of prophets annulling the decrees of an earlier prophet, the Gemara cites an incident from which it is seen that one prophet (Zechariah) overrode the words of another prophet (Uriah).[60] The Gemara first introduces a related episode:

וּכְבָר הָיָה רַבָּן גַּמְלִיאֵל וְרַבִּי אֶלְעָזָר בֶּן עֲזַרְיָה וְרַבִּי יְהוֹשֻׁעַ וְרַבִּי עֲקִיבָא מְהַלְּכִין בַּדֶּרֶךְ – And once, after the destruction of the Temple, **Rabban Gamliel, R' Elazar ben Azariah, R' Yehoshua and R' Akiva were traveling on the road,** וְשָׁמְעוּ קוֹל הֲמוֹנָהּ שֶׁל רוֹמִי מִפְּלָטָה – **and they heard the sound of the Roman crowds in the plaza of [Rome]**[61] **[בְּרָחוֹק] מֵאָה וְעֶשְׂרִים מִיל – one hundred and twenty *mil* [away],** וְהִתְחִילוּ בּוֹכִין – **and they started to weep.** וְרַבִּי עֲקִיבָא מְשַׂחֵק – **But R' Akiva was smiling.** אָמְרוּ לוֹ – **They asked him:** מִפְּנֵי מָה אַתָּה מְשַׂחֵק – **For what reason are you smiling?** אָמַר לָהֶם וְאַתֶּם מִפְּנֵי מָה אַתֶּם בּוֹכִים – **He replied to them: And you, for what reason are you weeping?** אָמְרוּ לוֹ – **They answered him:** הַלָּלוּ כּוּשִׁיִּים שֶׁמִּשְׁתַּחֲוִים לַעֲצַבִּים וּמְקַטְּרִים לַעֲבוֹדַת כּוֹכָבִים יוֹשְׁבִין בֶּטַח וְהַשְׁקֵט – **These heathens who bow down to idols and burn incense to idolatry live in security and in calm,** וְאָנוּ בֵּית הֲדוֹם רַגְלֵי אֱלֹהֵינוּ שָׂרוּף – **and** as for **us, the house which is the footstool of our God** (i.e. the Temple) **is consumed**

NOTES

(*Maharal, Chidushei Aggados;* see also *Aruch LaNer*).

Maharal notes further that Moses was prophetically aware that this decree would subsequently be annulled, for he himself prophesied: *If your dispersed will be at the ends of heaven, from there Hashem, your God, will gather you and from there He will take you* (*Deuteronomy* 30:4).]

The Gemara does not list the four decrees in the order in which they were decreed nor the order in which they were annulled. Rather, they are listed in the order of the eras to which they applied. The first decree – *Israel shall dwell secure* etc. – refers to the period of the First Temple's destruction (see note 47). The second decree – *and among those nations you will not be tranquil* – refers to the beginning of the subsequent exile. The third decree – *He recalls the iniquity of parents upon children* – refers to the children born in this exile; Moses predicted that they would be punished for the sins for which their fathers were exiled initially. The fourth decree – *and you will perish among the nations* – is a reference to a bitter end to their exile (*Maharsha;* see also *Aruch LaNer*).

57. The word וַאֲבַדְתֶּם may mean either *you will perish* or *you will be lost.* R' Yose bar Chanina, who states that Yeshayah annulled Moses' decree, understood the word as Rav initially did – to perish. According to Rav Pappa's interpretation, however, Moses only meant *you will be lost.* We do not find that Yeshayah annulled this decree, for indeed Israel is lost in exile until such time as God redeems them (*Maharsha*).

[Rav was aware of Yeshayah's prophecy that *those who are lost in the land of Assyria and those cast away in the land of Egypt will come together, and they will prostrate themselves to Hashem on the holy mountain of Jerusalem* (*Isaiah* 27:13). Yet he feared that this prophecy applied only to those who were exiled to Assyria and Egypt. Perhaps the rest of the nation (including those in Babylonia, where Rav lived) would indeed perish! (*Rif* to *Ein Yaakov;* see also *Aruch LaNer*).]

58. *Psalms* 119:176.

Rav Pappa did not cite this verse merely to demonstrate that the word אֹבֵד can mean *lost;* there are many verses in the Torah from which this can be seen, as Rav was certainly aware. Rather, Rav Pappa *expounds* the verse in *Psalms* in reference to Israel in exile. The nation cries out that it is like a lost sheep, and implores God, *Seek out Your servant* and redeem him from exile. The verse concludes: *for I have not forgotten Your commandments,* even while in exile. The nation beseeches God to redeem them in the merit of their mitzvah performance. Hence, this verse demonstrates that Israel will be *lost* in exile, but will not *perish* (see *Maharsha*).

59. *Rabbeinu Gershom;* see also *Aruch LaNer.* (Note that in current editions of the Talmud, the commentary from this point until the end of the tractate is by *Rabbeinu Gershom.*)

Alternatively, when a cucumber is buried, the very ground which causes it to rot is the environment necessary for its seed to take root and grow into vines laden with produce. So too with Israel in exile; although many Jews will be consumed by the hostile nations; nevertheless, the hostile environment of persecution is itself the very cause of their spiritual rejuvenation. Thus, although the "meat" of the nation may perish, the seed will be planted and their offspring will flourish and be worthy of redemption (*Maharsha*).

60. *Maharsha.*

61. The text reads מִפְּלָטָה, *from its* [Rome's] *plaza. Rabbeinu Gershom's* reading has מִפַּלְטִירוּ, *from its palace.* A third version, cited by *Masores HaShas,* reads מִפְּטִילוּס, *from Puteoli,* an ancient seaport city in the vicinity of Naples, approximately one hundred miles from Rome, near the modern-day port of Pozzuoli. According to the first two versions, the word gives the location of the "crowds of Rome" – either they were in the Roman plaza or a Roman palace, and the rabbis were on the road some one hundred twenty *mil* away. According to the third version, it is the name of the place in which the rabbis were when they heard the sound of the crowds in Rome. *Maharsha* explains "the sound of the crowds of Rome" as an allusion to the aura of victory and success under which the Roman citizenry lived in security and serenity.

שית מאה וחד סרי הוי א) אנכי ולא יהיה לך מפי הגבורה שמענום (סימן דמשמ"ק ס"ק): בא דוד והעמידן על אחת עשרה דכתיב א) מזמור לדוד [ה'] מי יגור באהלך מי ישכון בהר קדשך הולך תמים ופועל צדק ודובר אמת בלבבו לא רגל על לשונו לא עשה לרעהו רעה וחרפה לא נשא על קרובו נבזה בעיניו נמאס ואת יראי ה' יכבד נשבע להרע ולא ימיר כספו לא נתן בנשך ושוחד על נקי לא לקח עושה אלה לא ימוט לעולם הולך תמים זה אברהם דכתיב ב) התהלך לפני והיה תמים ב) פועל צדק כגון אבא חלקיהו ג) ודובר אמת בלבבו כגון רב ספרא לא רגל על לשונו זה יעקב אבינו דכתיב ג) אולי ימושני אבי והייתי בעיניו כמתעתע לא עשה לרעהו רעה ד) ה) שלא ירד לאומנות חבירו וחרפה לא נשא על קרובו זה המקרב את קרובו ו) נבזה בעיניו נמאס זה חזקיהו המלך שגירר עצמות אביו במטה של חבלים ואת ז) יראי ה' יכבד זה יהושפט מלך יהודה א שבשעה שהיה רואה תלמיד חכם היה עומד מכסאו ומחבקו ומנשקו וקורא לו ח) (אבי אבי) רבי רבי מרי מרי נשבע להרע ולא ימיר כר' יוחנן ט) דא"ר יוחנן אהא בתענית עד שאבא לביתי כספו לא נתן בנשך י) אפילו ברבית עובד כוכבים ושוחד על נקי לא לקח כגון ר' ישמעאל בר' יוסי כתיב עושה אלה לא ימוט לעולם כ) כשהיה ר"ג מגיע למקרא הזה היה בוכה אמר מאן דעביד להו לכולהו הוא דלא ימוט הא חדא מינייהו ימוט ל) אמרו ליה מי כתיב עושה כל אלה עושה אלה כתיב אפילו בחדא מינייהו דאי לא תימא הכי כתיב קרא אחרינא ד) אל תטמאו בכל אלה התם נמי הנוגע בכל אלה הוא דמטמא בחדא מינייהו לא אלא לאו באחת מכל אלה הכא נמי באחת מכל אלו בא ישעיהו והעמידן על שש דכתיב ה) הולך צדקות ודובר מישרים מואס בבצע מעשקות נוער כפיו מתמוך בשוחד אוטם אזנו משמוע דמים ועוצם עיניו מראות ברע הולך צדקות זה אברהם אבינו דכתיב ו) כי ידעתיו למען אשר יצוה וגו' ודובר מישרים זה שאינו מקניט פני חבירו ברבים מואס בבצע מעשקות מ) כגון ר' ישמעאל בן אלישע נוער כפיו מתמוך בשוחד כגון ס) ר' ישמעאל בר' יוסי אוטם אזנו משמוע דמים (א) דלא שמע בזילותא דצורבא מרבנן ושתיק כגון ע) ר"א ברבי שמעון ועוצם עיניו מראות ברע כדרבי חייא בר אבא פ) דאמר ר' חייא בר אבא צ) זה שאינו מסתכל בנשים בשעה שעומדות על הכביסה וכתיב ז) הוא מרומים ישכון [וגו'] בא מיכה והעמידן על שלש ק) דכתיב ח) הגיד לך אדם מה טוב ומה ה' דורש ממך כי אם עשות משפט ואהבת חסד והצנע לכת עם (ה') אלהיך עשות משפט זה הדין אהבת חסד זה גמילות חסדים והצנע לכת זה הוצאת המת והכנסת כלה ר) והלא דברים קל וחומר ומה דברים שאין דרכן לעשותן בצנעא אמרה תורה והצנע לכת דברים שדרכן לעשותן בצנעא על אחת כמה וכמה חזר ישעיהו והעמידן על שתים שנאמר ט) כה אמר ה' שמרו משפט ועשו צדקה בא עמוס והעמידן על אחת שנאמר י) כה אמר ה' לבית ישראל דרשוני וחיו מתקיף לה רב נחמן בר יצחק אימא דרשוני בכל התורה כולה אלא בא חבקוק והעמידן על אחת שנאמר כ) וצדיק באמונתו יחיה אמר ר' יוסי בר חנינא ארבע גזירות גזר משה רבינו על ישראל באו ארבעה נביאים וביטלום משה אמר ל) וישכון ישראל בטח בדד עין יעקב בא עמוס וביטלה [שנאמר] מ) חדל נא מי יקום יעקב וגו' וכתיב נ) ניחם ה' על זאת [וגו'] משה אמר ס) ובגוים ההם לא תרגיע בא ירמיה ואמר ע) הלוך להרגיעו ישראל משה אמר פ) פוקד עון אבות על בנים בא יחזקאל וביטלה צ) הנפש החוטאת היא תמות משה אמר ק) ואבדתם בגוים בא ישעיהו ואמר ר) והיה ביום ההוא יתקע בשופר גדול וגו' אמר רב מסתפינא מהאי קרא ואבדתם בגוים מתקיף לה רב פפא ש) דלמא כאבידה המתבקשת דכתיב ש) תעיתי כשה אובד בקש עבדך אלא מסיפא [דקרא] ואכלה אתכם ארץ אויביכם מתקיף לה מר זוטרא ת) דלמא כאכילת קישואין ודילועין וכבר היה ר"ג ורבי אלעזר בן עזריה ורבי יהושע ורבי עקיבא מהלכין בדרך ושמעו קול המונה של רומי מפלטה [ברחוק] מאה ועשרים מיל והתחילו בוכין ורבי עקיבא משחק אמרו לו מפני מה אתה משחק אמר להם ... שמשתחוים לעצבים ומקטרים לעבודת כוכבים יושבין בטח והשקט ואנו בית הדום רגלי אלהינו שרוף באש

רש"י

שית מאה וחד סרי. והיינו דכתיב תורה צוה לנו משה ושתים מפי הגבורה הרי שית מאה ותליסרי: מפי הגבורה שמענום. דכתיב אחת דבר אלהים ושתים זו ל) שמענו במכילתא: והעמידן על אחת עשרה. שבתחלה היו צדיקים והיו יכולים לקבל עול מצות הרבה אבל דורות האחרונים לא היו צדיקים כל כך ואם באו לשמור כולן אין לך אדם שזוכה ובא דוד והעמידן כו' כדי שיזכו אם יקיימו י"א מצות הללו וכן כל שעה דורות של מטה הולכין וממעטין אותו: רב ספרא. בשאלתות דרב אחאי ק) (שאילתא לו) והכי הוה עובדא דרב ספרא היה לו חפץ אחד למכור ובא אדם אחד לפניו בשעה שהיה קורא ק"ש ואמר לו תן לי החפץ בכך וכך דמים ולא ענהו מפני שהיה קורא ק"ש כסבור זה שלא היה רוצה ליתנו בדמים הללו והוסיף אמר תנהו לי בכך יותר לאחר שסיים ק"ש אמר לו טול החפץ בדמים שאמרת בראשונה שבאותן דמים היה דעתי ליתנם לך: (אף) לא רגל על לשונו [כו']. לא רצה לשקר מתחלה שאמר אולי ימושני [אבי] אלא שאמו הכריחתו ועל פי הדבור דכתיב עלי קללתך בני ומתרגמינן אלי אתאמר בנבואה [דלא ייתון לווטיא עלך ברי]: וחרפה לא נשא על קרובו. לא סבל חרפת קרובו: נבזה בעיניו נמאס. הנמאס להקב"ה נבזה הוא בעיניו של אדם זה חזקיהו שנבזה היה בעיניו אביו שנמאס בעבודת כוכבים: שגיררו במטה של חבלים. גמרא היא ר) ולא קרא: (וקורא לו רבי רבי): ואפילו לעובד כוכבים. כדי שלא ימשוך ויבוא להלוות לישראל ברבית: שוחד על נקי לא לקח. אפילו שוחד שהיה רשאי ליקח: כגון ר' ישמעאל ברבי יוסי. שהיה אריסו מביא לו משלו [קודם זמנו] ולא רצה ליקח כדי להיות לו דיין ש): בבצע מעשקות. שלא רצה ליטול לעצמו ראשית הגז שהביא לו אדם אחד שבא לדון לפניו אע"ג דהוה כהן רבי ישמעאל בן אלישע משום דדמי כאילו עושקו לכהן שהיה רגיל זה ליתן לו מתנותיו: אוטם אזנו משמוע דמים. אזנו ת) אטומה וסתומה בדבר זה שלא ישמע בה דבר גנאי ושותק והיינו דמים לשון שתיקה: כגון רבי אלעזר ברבי שמעון. בהשוכר את הפועלים (ב"מ דף פד:) דנפק ריחשא מאודניה ואיתחזי לאיתתיה בחלמא ואמר לה האי דשמעית בזילותא דצורבא מרבנן ולא מחאי כדמבעי לי אלמא בחייו הוה רגיל לדקדק בכך ולפיכך הקפיד הקב"ה עליו על אותו הפעם שלא מיחה: זו הוצאת המת והכנסת הכלה. דכתיב בהו לכת טוב ללכת אל בית אבל מלכת וגו': בא ישעיה בן אמוץ. כל שעה דורות של מטה היו מתמעטין: חדל נא. אותה ברכה שאמר משה וישכון ישראל בטח בדד עין יעקב כלומר אימתי ישכון ישראל בטח כשיהיו צדיקים כעין יעקב: מי יקום יעקב. מי יוכל להיות חסיד כיעקב כי קטן הוא קטנים הם הטובים שיהיו צדיקים כיעקב:

מכאן ואילך מפירוש רבינו גרשום

הלוך להרגיעו ישראל. שיהא להם מנוחה בגלותן: בשופר גדול וגו'. ובאו האובדים בארץ מלמד שלא יהו אבודים בין העובדי כוכבים: כאבידה המתבקשת. ונמצאת לאחר זמן: כאכילת קשואין ודלועין. שאוכלים מקצתם ומקצתם אין אוכלין: מפלטירו. בית של רומי: ת) ומה לעוברי רצונו כך. שמשתחוים לעבודת כוכבים שלהם יושבים בהשקט ושלוה ישראל שעושין רצונו על אחת כמה וכמה שישלם להם שכר טוב: קרעו בגדיהם. דדינו ליעבד הכי: והלא אוריה במקדש ראשון היה. ככתוב בספר מלכים: זכריה מנביאים אחרונים היה. שהיה במקדש שני: תלה הכתוב נבואתו של זכריה בנבואתו של אוריה. כלומר שפורענות שניבא אוריה שאמר ירושלים לעיים תהיה והר הבית לבמות יער נתקיים כמו כן עתיד להתקיים דברי ניחומים של זכריה שיבנה בית המקדש במהרה בימינו אמן סלה:

הדרן עלך אלו הן הלוקין וסליקא לה מסכת מכות

מסורת הש"ס

א) [הוריות ח.], ב) [תענית כג], ג) ב"ב פח., ג) [סנהדרין פא.], ד) שם מז., ה) [כתובות קג:], ו) [בע"י ל"ג], ז) [תענית יב.], ח) סנהדרין פא., ט) נ"א א"ל ר"ע אלא מעתה אל תטמאו בכל אלה ובכולהו אין כו', י) [כתובות קה.], כ) כתובות קה:, ל) [ב"מ פד:], ל) ב"ב נז:, מ) [סוכה מט:], נ) [ג"ז שם], ס) [בע"י ובטלה], ע) [בע"י ובטלה], פ) [בע"י ואיתימא רב אשי], פ) נ"א מפטילום, צ) [נ"ל שמעתין], ק) [פרשת ויחי], ר) [פסחים נו.], ש) [כתובות קה:], ת) ס"י אטומה, ת) [שייך לע"ב].

הגהות הב"ח

(א) גמרא משמוע דמים כגון ר"א בר' שמעון דלא שמע בזילותא דצורבא מרבנן:

גליון הש"ס

גמ' שלא ירד לאומנות חבירו. עיין ב"ב דף כ ע"ב וסנהדרין דף פא ע"א: שם אפי' ברבית עובד כוכבים. כדאיתא בבא מציעא דף ע ע"ב: שם דלמא כאבידה המתבקשת. סנהדרין דף קט ע"ב:

ליקוטי רש"י

מפי הגבורה שמענום. דהיינו ששמעו בדיבורו של הקב"ה [הוריות ח. בד"ה איזו].

גירר עצמות אביו. משום כפרה ולא קברו בכבוד בדרגש ומטה נאה ומפני קידוש השם שיתגנה על רשעו ויוסרו הרשעים [פסחים נו.].

גירר עצמות אביו. לפי שהיה רשע בזהו ולא נהג בו כבוד בקבורתו להוליאו כהוגן במטות זהב וכסף [ברכות י:].

על מטה של חבלים. דרך בזיון מפני שהיה אביו רשע וביזהו לעיני כל כדי שיתייסרו האחרים ולכבוד עצמו לא חש ומפני כבוד אב נמי ליכא למיחש דנשיא בעמך כתיב (שמות כ"ב) בעושה מעשה עמך נבזה בעיניו הוא עצמו נתבזה ונמאס בפני עצמו שלא חש לכבודו במקום קידוש ה' וכו' [סנהדרין מז.].

דאמר רבי יוחנן. פעמים שהיה אומר אהא בתענית עד שאבוא לביתי ואי מטי לביתיה בשתים או בג' שעות ביום הוה אכיל וקרי ליה מתענה [תענית יב.].

שאינו מסתכל. כשהוא הולך על שפת הנהר [ב"ב נז:].

הוצאת המת והכנסת כלה. דכתיב בהו "לכת" טוב ללכת אל בית אבל מלכת אל בית משתה (קהלת ז) אף שם צריך הצנע לסעוד במדה נאה ולשמוח במדה נאה ולא להנהיג קלות ראש בעצמו וי"א אם צריך לבזבז להוצאת מת עני או להכנסת כלה ענייה יעשה בצינעא ולא לימא קמי מאן דלא ידעי דעבדי [כן] וכן מפרש בשאלתות דרב אחאי (פרשת בראשית סימן ג'). דברים שדרכן לעשותן בצנעא. כגון צדקה הניתנת לעני בסתר שאין צריך להודיע לשום אדם מה שאין כן במת וכלה לפי שאחרים מתעסקין בהן ויודעין הילאה משל מי והיינו דאמר רבי אלעזר כל מילי בעי צניעותא והוא הדין לדברי תורה [סוכה מט:].

עין משפט נר מצוה

קלז א מיי' פ"ב מהל' מלכים הל' ה:
קלז ב מיי' פכ"א מהל' איסורי ביאה הלכה כא סמג לאוין קכו טוש"ע אה"ע סי' כא ס"א:

תורה אור השלם

א) מזמור לדוד ה' מי יגור באהלך מי ישכן בהר קדשך: הולך תמים ופעל צדק ודבר אמת בלבבו: לא רגל על לשנו לא עשה לרעהו רעה וחרפה לא נשא על קרבו: נבזה בעיניו נמאס ואת יראי ה' יכבד נשבע להרע ולא ימר: כספו לא נתן בנשך ושחד על נקי לא לקח עשה אלה לא ימוט לעולם: [תהלים טו]

ב) ויהי אברם בן תשעים שנה ותשע שנים וירא ה' אל אברם ויאמר אליו אני אל שדי התהלך לפני והיה תמים: [בראשית יז, א]

ג) אולי ימשני אבי והייתי בעיניו כמתעתע והבאתי עלי קללה ולא ברכה: [בראשית כז, יב]

ד) אל תטמאו בכל אלה כי בכל אלה נטמאו הגוים אשר אני משלח מפניכם: [ויקרא יח, כד]

ה) הלך צדקות ודבר מישרים מאס בבצע מעשקות נער כפיו מתמך בשחד אטם אזנו משמע דמים ועצם עיניו מראות ברע: [ישעיה לג, טו]

ו) כי ידעתיו למען אשר יצוה את בניו ואת ביתו אחריו ושמרו דרך ה' לעשות צדקה ומשפט למען הביא ה' על אברהם את אשר דבר עליו: [בראשית יח, יט]

ז) הוא מרומים ישכן מצדות סלעים משגבו לחמו נתן מימיו נאמנים: [ישעיה לג, טז]

ח) הגיד לך אדם מה טוב ומה ה' דורש ממך כי אם עשות משפט ואהבת חסד והצנע לכת עם אלהיך: [מיכה ו, ח]

ט) כה אמר ה' שמרו משפט ועשו צדקה כי קרובה ישועתי לבוא וצדקתי להגלות: [ישעיה נו, א]

י) כי כה אמר ה' לבית ישראל דרשוני וחיו: [עמוס ה, ד]

כ) הנה עפלה לא ישרה נפשו בו וצדיק באמונתו יחיה: [חבקוק ב, ד]

ל) וישכן ישראל בטח בדד עין יעקב אל ארץ דגן ותירוש אף שמיו יערפו טל: [דברים לג, כח]

מ) ואמר אדני ה' חדל נא מי יקום יעקב כי קטן הוא: [עמוס ז, ה]

נ) נחם ה' על זאת גם היא לא תהיה אמר אדני ה': [עמוס ז, ו]

ס) ובגוים ההם לא תרגיע ולא יהיה מנוח לכף רגלך ונתן ה' לך שם לב רגז וכליון עינים ודאבון נפש: [דברים כח, סה] ע) כה אמר ה' מצא חן במדבר עם שרידי חרב הלוך להרגיעו ישראל: [ירמיה לא, א] פ) נצר חסד לאלפים נשא עון ופשע וחטאה ונקה לא ינקה פקד עון אבות על בנים ועל בני בנים על שלשים ועל רבעים: [שמות לד, ז] צ) הן כל הנפשות לי הנה כנפש האב וכנפש הבן לי הנה הנפש החטאת היא תמות: [יחזקאל יח, ד] ק) ואבדתם בגוים ואכלה אתכם ארץ איביכם: [ויקרא כו, לח] ר) והיה ביום ההוא יתקע בשופר גדול ובאו האבדים בארץ אשור והנדחים בארץ מצרים והשתחוו לה' בהר הקדש בירושלם: [ישעיה כז, יג] ש) תעיתי כשה אבד בקש עבדך כי מצותיך לא שכחתי: [תהלים קיט, קעו]

באש ולא נבכה אמר להן לכך אני [א] מצחק ומה [ב] לעוברי רצונו כך לעושי רצונו על אחת כמה וכמה שוב פעם אחת היו עולין לירושלים כיון שהגיעו להר הצופים קרעו בגדיהם כיון שהגיעו להר הבית ראו שועל שיצא מבית קדשי הקדשים התחילו הן בוכין ור"ע [ג] מצחק אמרו לו מפני מה אתה מצחק אמר להם מפני מה אתם בוכים אמרו לו מקום שכתוב בו [א] והזר הקרב יומת ועכשיו שועלים הלכו בו ולא נבכה אמר להן לכך אני מצחק דכתיב [ב] ואעידה לי עדים נאמנים את אוריה הכהן ואת זכריה בן יברכיהו וכי מה ענין אוריה אצל זכריה אוריה במקדש ראשון וזכריה במקדש שני אלא תלה הכתוב נבואתו של זכריה בנבואתו של אוריה באוריה כתיב [ג] לכן בגללכם ציון שדה תחרש [וגו'] בזכריה כתיב [ד] עוד ישבו זקנים וזקנות ברחובות ירושלם עד שלא נתקיימה נבואתו של אוריה הייתי מתיירא שלא תתקיים נבואתו של זכריה עכשיו שנתקיימה נבואתו של אוריה בידוע שנבואתו של זכריה מתקיימת בלשון הזה אמרו לו עקיבא ניחמתנו עקיבא ניחמתנו [ד]:

הדרן עלך אלו הן הלוקין וסליקא לה מסכת מכות

באוריה כתיב לכן בגללכם ציון שדה תחרש. וקשה דהא בכל המקרא לא מלינו פסוק זה מנבואתו של אוריה כי אם בנבואתו של מיכה המורשתי ויש לומר דסמיך אהא דאיתא בספר ירמיה (כו) שנתנבא ירמיה על פורענות ונתקבלו הכהנים והנביאים להרגו מפני שהיה מדבר פורענות ואמרו להם השרים אין אנו מסכימין שהרי מיכה דיבר מפורענות ולא נהרג וגם אוריה וגו' משמע שדבר אוריה כמו מיכה ומה פורענות דבר מיכה הוא קרא זה והוי כמו שדבר אוריה אבל קשה מנלן דאותה נבואה דכתיב עוד ישבו זקנים וזקנות ברחובות היא לעולם הבא דלמא היא בעולם (א) קודם גאולה וי"ל דממה שהוא אמר בפסח שני (פסחים דף סח.) ניחא דקאמר עתידים ([ה] מתים שיחיו) דכתיב עוד ישבו זקנים וזקנות ברחובות וילכו על משענותם ועל אלישע שהחיה המת כתיב משענתו וגמרינן משענת דהאי קרא ממשענת דאלישע מה להלן החיה המת אף כאן תחיית המתים וא"כ ע"כ האי נבואה לעתיד לבא שהרי עבר בית ראשון ובית שני שלא היתה תחיית המתים וניחא הכל והשם יזכנו לראות משיח אמן:

תורה אור השלם

א) וּבִנְסֹעַ הַמִּשְׁכָּן יוֹרִידוּ אֹתוֹ הַלְוִיִּם וּבַחֲנֹת הַמִּשְׁכָּן יָקִימוּ אֹתוֹ הַלְוִיִּם וְהַזָּר הַקָּרֵב יוּמָת: [במדבר א, נא]

ב) וְאָעִידָה לִּי עֵדִים נֶאֱמָנִים אֵת אוּרִיָּה הַכֹּהֵן וְאֶת זְכַרְיָהוּ בֶּן יְבֶרֶכְיָהוּ: [ישעיה ח, ב]

ג) לָכֵן בִּגְלַלְכֶם צִיּוֹן שָׂדֶה תֵחָרֵשׁ וִירוּשָׁלַםִ עִיִּין תִּהְיֶה וְהַר הַבַּיִת לְבָמוֹת יָעַר: [מיכה ג, יב]

ד) כֹּה אָמַר יְיָ צְבָאוֹת עֹד יֵשְׁבוּ זְקֵנִים וּזְקֵנוֹת בִּרְחֹבוֹת יְרוּשָׁלָםִ וְאִישׁ מִשְׁעַנְתּוֹ בְּיָדוֹ מֵרֹב יָמִים: [זכריה ח, ד]

מסורת הש"ס

א) [ילקוט איתא משחק וכ"ה בע"י], ב) [נדרים נ:], ג) נ"ל משחק, ד) [בע"י הגי' ה' ינחמנו אמן], ה) [נ"ל לדיקים שיחיו מתים].

הגהות הב"ח

(א) תוס' ד"ה באוריה וכו' בעולם הזה קודם גאולה וכו' דקאמר התם עתידין וכו' ברחובות ירושלים וילכו:

ליקוטי רש"י

אם לעוברי רצונו כך. משפיע טובה כל כך [נדרים נ:].

אחר השלמת המסכת יאמר זה ויועיל לזכרון בעזרת השם יתברך:

*)**הדרן** עלך מסכת מכות והדרך עלן דעתן עלך מסכת מכות ודעתך עלן לא נתנשי מינך מסכת מכות ולא תתנשי מינן לא בעלמא הדין ולא בעלמא דאתי:

הדרן עלך מסכת מכות והדרך עלן דעתן עלך מסכת מכות ודעתך עלן לא נתנשי מינך מסכת מכות ולא תתנשי מינן לא בעלמא הדין ולא בעלמא דאתי:

הדרן עלך מסכת מכות והדרך עלן דעתן עלך מסכת מכות ודעתך עלן לא נתנשי מינך מסכת מכות ולא תתנשי מינן לא בעלמא הדין ולא בעלמא דאתי:

יהי רצון מלפניך יי אלהינו ואלהי אבותינו שתהא תורתך אומנותנו בעולם הזה ותהא עמנו לעולם הבא **) חנינא בר פפא רמי בר פפא נחמן בר פפא אחאי בר פפא אבא מרי בר פפא רפרם בר פפא רכיש בר פפא סורחב בר פפא אדא בר פפא דרו בר פפא:

הערב נא יי אלהינו את דברי תורתך בפינו ובפיפיות עמך בית ישראל ונהיה כולנו אנחנו וצאצאינו וצאצאי עמך בית ישראל כולנו יודעי שמך ולומדי תורתך: מאויבי תחכמני מצותיך כי לעולם היא לי: יהי לבי תמים בחוקיך למען לא אבוש: לעולם לא אשכח פקודיך כי בם חייתני: ברוך אתה יי למדני חקיך: אמן אמן אמן סלה ועד:

מודים אנחנו לפניך יי אלהינו ואלהי אבותינו ששמת חלקנו מיושבי בית המדרש ולא שמת חלקנו מיושבי קרנות שאנו משכימים והם משכימים אנו משכימים לדברי תורה והם משכימים לדברים בטלים אנו עמלים והם עמלים אנו עמלים ומקבלים שכר והם עמלים ואינם מקבלים שכר אנו רצים והם רצים אנו רצים לחיי העולם הבא והם רצים לבאר שחת שנאמר ואתה אלהים תורידם לבאר שחת אנשי דמים ומרמה לא יחצו ימיהם ואני אבטח בך:

יהי רצון מלפניך יי אלהי כשם שעזרתני לסיים מסכת מכות כן תעזרני להתחיל מסכתות וספרים אחרים ולסיימם ללמוד וללמד לשמור ולעשות ולקיים את כל דברי תלמוד תורתך באהבה. וזכות כל התנאים ואמוראים ותלמידי חכמים יעמוד לי ולזרעי שלא תמוש התורה מפי ומפי זרעי וזרע זרעי עד עולם. ויתקיים בי בהתהלכך תנחה אותך בשכבך תשמור עליך והקיצות היא תשיחך: כי בי ירבו ימיך ויוסיפו לך שנות חיים: אורך ימים בימינה בשמאלה עושר וכבוד: יי עוז לעמו יתן יי יברך את עמו בשלום:

יתגדל ויתקדש שמיה רבא בעלמא דהוא עתיד לאתחדתא ולאחיא מתיא ולאסקא לחיי עלמא ולמבני קרתא דירושלם ולשכלל היכליה בגוה ולמעקר פולחנא נוכראה מארעא ולאתבא פולחנא דשמיא לאתריה וימליך קודשא בריך הוא במלכותיה ויקריה בחייכון וביומיכון ובחיי דכל בית ישראל בעגלא ובזמן קריב ואמרו אמן: יהא שמיה רבא מברך לעלם ולעלמי עלמיא. יתברך וישתבח ויתפאר ויתרומם ויתנשא ויתהדר ויתעלה ויתהלל שמיה דקודשא בריך הוא. לעילא (בעשי"ת: ולעילא) מן כל (בעשי"ת: מכל) ברכתא ושירתא תושבחתא ונחמתא דאמירן בעלמא ואמרו אמן: על ישראל ועל רבנן ועל תלמידיהון ועל כל תלמידי תלמידיהון ועל כל מאן דעסקין באורייתא די באתרא (קדישא) הדין ודי בכל אתר ואתר. יהא להון ולכון שלמא רבא חנא וחסדא ורחמי וחיי אריכי ומזוני רויחי ופורקנא מן קדם אבוהון דבשמיא וארעא ואמרו אמן: יהא שלמא רבא מן שמיא וחיים עלינו ועל כל ישראל ואמרו אמן: עושה שלום (בעשי"ת: השלום) במרומיו הוא יעשה שלום עלינו ועל כל ישראל ואמרו אמן:

*) [פי' הגון ע"ז תמצא בספר החיים שחיבר אחי הגאון מהר"ל מפראג בספר זכיות ח"א פ"ב].

וז"ל ישראל אינם מהודרים לפני השם יתברך רק בשביל התורה שבעל פה, שהוא הסימן המובהק המבדיל בין ישראל לעמים וכו', על כן אנו נוהגין לומר בכל סיום מסכתא "הדרן עלך והדרך עלן".

וגם אין מי שנותן דעתו על התורה שבעל פה שלא תשכח ח"ו רק אנו, וזהו "דעתן עלך".

וכן התורה שבעל פה היא המגינה על ישראל, ולכך נקרא "גמרא" שהוא ר"ת של ג'בריאל מ'יכאל ר'פאל א'וריאל, לומר כי העוסק בגמרא חונה מלאך ה' סביב לו להצילו, מימינו מיכאל, ומשמאלו גבריאל, ומלפניו אוריאל, ומאחוריו רפאל, ועל ראשו שכינת אל הבוחר בדברי חכמים. וזהו "דעתך עלן", כלומר השגחתך עלן.

והואיל וישראל והתורה שבעל פה הן שני תאמי צביה, ראוי ש"לא יתנשו זה מזה לא בעלמא דין ולא בעלמא דאתי".

ולהיות שתלמוד אינו חביב ומהודר כל כך רק אצל בעלי התורה אבל לא אצל יושבי הקרנות, על כן אנו מודים "ששם חלקנו מיושבי בית המדרש ולא שם חלקנו מיושבי הקרנות".

**) [בסיומא וסוף תשובת הרמ"א ז"ל וכן בסוף יש"ש בב"ק כתוב רמוזים על הזכרת שמות הללו]: [ולפנינו נדפס בים של שלמה סוף פרק מרובה הן דברי הים של שלמה והן דברי הרמ"א. וז"ל הים של שלמה: הא לך דין הסיום: גרסינן בפרק כל כתבי, אמר אביי תיתי לי דכי חזינא צורבא מדרבנן דשלים מסכתא, עבידנא יומא טבא לרבנן. מכאן נהגו כל ישראל לסיים בשמעתא, וליתן שבח והודיה למקום, ולפרסם אותה שמחה שזכה לכך, שעושין סעודה בעת שמסיימין. וראייה ממסכת תענית ומביאו נמי בריש פרק יש נוחלין. לא היו ימים טובים לישראל כיום הכיפורים וט"ו באב. ומסיק בגמרא בשלמא יום כיפור יום סליחה ומחילה הוא. אלא ט"ו באב מאי טעמא. ומפרש כמה טעמים. עד דמסיק לבסוף, רבה ורב יוסף דאמרי תרוייהו יום שפוסקים בו מלכרות עצים למערכה כו', ופירושו, לפי שפסקו אותו היום להשלים מצוה גדולה היו שמחים ונחשב להם ליום טוב. ואם כן השלמת הספר אין לך מצוה גדולה מזו. ובפרט היכא שדעתו להתחיל אחר כך ספר אחר. וכן כתב לשם הר"ן שמהא שמעינן שמנהג ישראל הוא לשמוח ולעשות יום טוב בהשלמת המצוה. ומהא דפרק כל כתבי משמע, דאפילו מי שלא סיים מסכתא זו, מצוה רבה ששמחה עם המסיים. דהא אביי אע"ג דהוא גופא לא סיים, אפילו הכי עביד יומא טבא לרבנן. ומשמע שהיה מזמן אף אחרים עמו, דהא לא אמר עבידנא ליה יומא טבא אלא לרבנן קאמר. ומה שפירש רש"י לפי שהיה אביי ראש ישיבה, לאו משום דאחר לא היה עושה. אלא דקשה לרש"י וכי לא היה בדורו של אביי שום אחד שהיה מהדר ועושה זולתו מאחר שהיא מצוה רבה. על כן פירש משום שהיה ראש ישיבה והוא קודם למצוה זולתו. והנה פקח עינך וראה אף שאביי היה אחד מן החולים, ומצמצם ביותר כדאיתא בפרק במה מדליקין אביי חש בהדרנוקא. אמר רבא ידענא ביה בנחמני דמכפין נפשיה כו'. אפילו הכי עביד יומא טבא לרבנן, מחמת רוב חיבת המצוה. ומשמע נמי מהא דאביי דאפילו יחיד שסיים מחויבים אחרים לסיים עמו, כהאי עובדא דאביי. ואין לומר דהתם איירי שהצורבא מרבנן סיים עם כל המתיבתא בכה"ג עביד ליה אביי סיום. זה אינו, חדא דלישנא צורבא מדרבנן משמע תלמיד חכם ותיק יחידי ולא ריש מתיבתא. דאל"כ הל"ל ריש מתיבתא. ועוד מסתמא איירי דומיא דאינך דמסיק תיתי לי דכי חזינא צורבא מרבנן כו' עד דלא מהפכי, א"כ כותיה דאיירי בצורבא מרבנן לחוד. ועוד נראה היכא דאמר תלמודא צורבא מרבנן משמע דוקא איהו לחוד'. מדאמר תלמודא אמר רבא שרי צורבא מדרבנן לאודעיה נפשיה באתריה דלא ידעי ליה. ואי לישנא דצורבא מדרבנן משמע עם כל המתיבתא. אם כן מה צריך לאודעיה נפשיה. הלא מסתמא כבר יודעין אותו. אלא ש"מ עיקר כדפירשתי. ולעיל בסימן ל"ו כתבתי שהיא סעודת מצוה ממש וע"ש:

סליק דין הסיום

וכתב שם המגיה וז"ל: והואיל שדין הסיום אתא לידן, וכאן הוא מקומו, גם אמרתי לצרף ולחבר לזה דרוש נאה אף נעים ויפה ומקובל שהעתקתי בימי חורפי מגדול וחכם אחד שהעתיקו בשם שארו וקרובו של הגאון המחבר ספר הגדול הזה. הלא הוא מרנא ורבנא המאיר עיני ישראל בחיבוריו הגאון הגדול כמהור"ר משה איסרל"ז זצ"ל ומש"ה אל אלהים על"ה ומה טוב ומה נעים שבת אחי"ם גם יחד בישיבה של מעלה. הנאהבים והנעימים בחייהם ובמותם לא נפרדו. אי"ש אי"ש לפי מדרגת מחיצתו ופרגדו: וז"ל: דרוש נאה וכונה גדולה. לסיום מסכתא מהמאור הגולה: הנה מה שנוהגין ורגילין אנו להזכיר בסיום כל מסכתא רב פפא עם עשרה בניו שהיו מאירים וגדולים בתורה ע"י שהיה עושה להם סעודה בסיום המסכתא כי עשיר היה והיה מחזיק לעוסקי התורה. לכן זכה שמזכירין אותו עם עשרה בניו הרומזים כאלו הוזכרו עשרת הדברות, כי מלת רב פפא הוא רמז על מעלת משה רבינו ע"ה שנאמר בו דבר אתה עמנו ונשמעה. ועיקר מעלתו של משה רבינו שדבר עם השי"ת פ"ה אל פ"ה שהוא אותיות פפ"א. ואיתא במדרש לחד מאן דאמר דאנכי אינו בכלל הדברות, ופתח באנכי רק להודיע מי הוא המצוה. על כן בא מלת פפ"א להוציא מלבו של אותו המאן דאמר כי נוטרי"קון של פפ"א פת"ח פ"א, שבגימטריא אנכ"י. נגד מצות לא יהיה לך וגו', שנאמר בעובדי עבודה זרה לא תחנם, והוא בהיפך משאר בני אדם שראוי לחננם ולרחם עליהם, כמו שדרשו ז"ל והלכת בדרכיו מה הוא חנון אף אתה תהא חנון. לכן נקרא האחד חנינא. נגד לא תעשה לך פסל, שלבסוף אחר העשייה ינחם על העשייה, שרואה שפה להם ולא ידברו, והם הן הם פשוטי וגולמי כלי עץ. נקרא האחד נחמן מלשון נחמתי כי עשיתים. נגד לא תשא, שהוא לשון רוממות והתנשאות, שלא יחשוב האדם שבזה מנשא ומכבד השם שנשבע בשמו וכמו שנשבע יוסף בחי פרעה. וכן מצינו שהיו נשבעין בחיי המלך. נקרא האחד רמי שהוא לשון רוממות. נגד מצות זכור את יום השבת, נקרא האחד אד"א, שבגימטריא שש, נגד ששת ימי המעשה. ונגד כבד [את אביך ואת אמך], נקרא האחד אבא מורי, שהוא הכבוד שהבן קורא לאביו אבא מורי. נגד לא תרצח נקרא האחד אחאי (לאן) [לשון] אחוה. כי כשיחשוב כל אחד לחבירו כאח לא ינצחנו, וכמו שנאמר ואהבת לרעך כמוך. ואף כי הרציחה הראשונה שהיתה בעולם היתה בשני אחים, שקין הרג את הבל אחיו. וכנגד לא תנאף שדרך המנאפים לקרוץ ולרמוז בעינים, כמו שנאמר קורץ בעיניו, נקרא האחד רפרם, מלשון רפרף בעיניו. ונגד לא תגנוב, נקרא האחד רכיש, מלשון רכוש, כי הגונב אפילו נפשות גונב כדי למוכרו. נגד לא תענה, נקרא האחד סורחב, מלשון סרח בת אשר, שהיא העידה ליעקב שיוסף חי אמר לה כה תחיי. וכנגד לא תחמוד, שנאמר בו בית ואשת רעיך, נקרא האחד דרו, מלשון דירת בית, וגם האשה נקראת בית, כמו שאמר רבי יוסי מעולם לא קריתי לאשתי אלא ביתי כו': וכמו שמתחילין אחר סיום התורה בשמחת תורה בראשית, שאין עומדין על הפרק וכן בסיום התורה אין עומדים כדי שלא ליתן פתחון פה לשטן לקטרג לומר שכבר סיימו התורה ומבטלין ח"ו מהתורה. לכן מתחילין מיד וחוזרין לעסוק בתורה לקרות מבראשית. ולזה ירמזו בני רב פפא בעשרה שמות אלו נגד העשרה מאמרות שבהן נברא העולם בשביל התורה הנקראת ראשית. וארז"ל בראשית נמי מאמר א' הוא. ולהיות כי העולם נברא בחסד וחנינא מאת השם כמו שנאמר עולם בחסד יבנה לכן נקרא אחד חנינא. ונגד ויאמר אלהים יהי אור וגו', שארז"ל שאור שנברא ביום ראשון גנזו הקב"ה לצדיקים והבדילו לעתיד לבא, נקרא האחד רמי, מלשון תרומות והבדלה. ונגד ויאמר אלהים יהי רקיע, שאמרו חז"ל, שהמים התחתונים בוכים עד שנחמן הקב"ה ואמר להן שעתידין להתקרב על גבי המזבח נקרא האחד נחמן. וכנגד ויאמר יקוו המים וגו' שאמרו רז"ל שים אוקינוס מקיף הארץ והארץ נראה מתוכן, נקרא האחד סורחב מלשון סרח המשכן. וכנגד מאמר תדשא הארץ דשא וגו', ונאמר וכל שיח השדה טרם יהיה בארץ עד ואד יעלה מן הארץ, נקרא האחד אדא, מלשון אד. ונגד מאמר יהיו מאורות שנבראו מתחלה שניהם גדולים, הרומזים על יעקב ועשו שהיו אחים. ולכן הגוים מונים לחמה וישראל ללבנה. ועל זה אמרו רז"ל שהמאורות לוקין על שני אחים שנשפך דמם כמים כו', לכן נקרא האחד אחא. ונגד מאמר ישרצו המים שרץ נפש חיה, והדגים פרים ורבים יותר מכל בעלי חיים, לכן נקרא האחד רפרם, מלשון פריה ורביה. ונגד מאמר תוצא הארץ נפש חיה וגו', והם נבראו לעבוד עבודת משא, בכתף ישאו כל צרכי בני אדם, לכן נקרא האחד דרו, מלשון דרו באגדה. ונגד מאמר נעשה אדם בצלמנו שנברא האדם יחיד והוא היה אב לכל הבאים אחריו, נקרא האחד אבא מורי. ונגד מאמר הנה נתתי לכם את כל עשב זורע זרע, וזה הוא עיקר ממונם ורכושם של אדם שהיה להם לאכול זרע השדה, לכן נקרא האחד רכיש. עכ"ל דברי הגאון הגדול כמהר"ר משה איסרל"ז זצ"ל:

בָּאֵשׁ – in fire, **וְלֹא נִבְכֶּה – should we not weep?**

R' Akiva then explained why he smiled in the face of tragedy: **אָמַר לָהֶן – He said to them:** **לְכָךְ אֲנִי מְצַחֵק – For this** very **reason I am smiling!**[1] **וּמָה לְעוֹבְרֵי רְצוֹנוֹ כָּךְ** – For **if such is** the reward **for those who transgress His will,** that they dwell in such security and calm, **לְעוֹשֵׂי רְצוֹנוֹ עַל אַחַת כַּמָּה וְכַמָּה** – then **for those who do His will, how much more so;** how much greater reward can they expect![2]

שׁוּב פַּעַם אַחַת הָיוּ עוֹלִין לִירוּשָׁלַיִם – On another occasion they [the four Sages of the previous story] **were coming up to Jerusalem** after the destruction of the Temple. **כֵּיוָן שֶׁהִגִּיעוּ לְהַר הַצּוֹפִים קָרְעוּ בִּגְדֵיהֶם – When they reached the Mount of Tzofim**[3] and were able to see the city of Jerusalem in its destruction, **they rent their garments.**[4] **כֵּיוָן שֶׁהִגִּיעוּ לְהַר הַבַּיִת – When they came to the Temple Mount** **רָאוּ שׁוּעָל שֶׁיָּצָא מִבֵּית קָדְשֵׁי הַקֳּדָשִׁים – they saw a fox emerging from the Holy of Holies,** **הִתְחִילוּ הֵן בּוֹכִין** – and **they started to weep.** **וְרַבִּי עֲקִיבָא מְצַחֵק – But R' Akiva smiled.** **אָמְרוּ לוֹ – They said to him:** **מִפְּנֵי מָה אַתָּה מְצַחֵק – For what reason are you smiling?** **אָמַר לָהֶם מִפְּנֵי מָה אַתֶּם בּוֹכִים – He replied to them: For what reason are you weeping?** **אָמְרוּ לוֹ מָקוֹם שֶׁכָּתוּב בּוֹ ,,וְהַזָּר הַקָּרֵב יוּמָת" – They said to him: A place about which it is written:** ***the non-Kohen who approaches shall die,***[5] **וְעַכְשָׁיו ,,שׁוּעָלִים הִלְּכוּ־בוֹ" וְלֹא נִבְכֶּה** – **and now *foxes prowl over it!***[6] **Should we not weep?**

R' Akiva then explained why he was smiling: **אָמַר לָהֶן – He said to them:** **לְכָךְ אֲנִי מְצַחֵק – For this** very **reason I am smiling,** **דִּכְתִיב – for it is written:**[7] **,,וְאָעִידָה לִּי עֵדִים נֶאֱמָנִים אֵת אוּרִיָּה הַכֹּהֵן וְאֶת־זְכַרְיָהוּ] בֶּן יְבֶרֶכְיָהוּ" – *I will summon trustworthy witnesses for Myself,*** [the two prophets] ***Uriah the Kohen and Zechariahu ben Yeverechiahu.*** **וְכִי מָה עִנְיַן אוּרִיָּה אֵצֶל זְכַרְיָה – Now, what connection does Uriah have with Zechariah?** **אוּרִיָּה בְּמִקְדָּשׁ רִאשׁוֹן וּזְכַרְיָה בְּמִקְדָּשׁ שֵׁנִי – Uriah** prophesied **during** the era of **the First Temple,**[8] **whereas Zechariah** prophesied **during** the era of **the Second Temple;**[9] why then are they mentioned together? **אֶלָּא תָּלָה הַכָּתוּב נְבוּאָתוֹ שֶׁל זְכַרְיָה בִּנְבוּאָתוֹ שֶׁל אוּרִיָּה – Rather,** by mentioning the two prophets together **Scripture made the prophecy of Zechariah dependent upon the prophecy of Uriah.**[10] **בְּאוּרִיָּה כְּתִיב – In** the prophecy of **Uriah it is written:** **,,לָכֵן בִּגְלַלְכֶם צִיּוֹן שָׂדֶה תֵחָרֵשׁ [וגו']" – *Therefore, because of you, Zion will be plowed over like a field*** [etc.]; *Jerusalem will become heaps of rubble and the Temple Mount will become like stone heaps in the forest.*[11] **בִּזְכַרְיָה כְּתִיב – In** the prophecy of **Zechariah it is written:**[12] **,,עֹד יֵשְׁבוּ זְקֵנִים וּזְקֵנוֹת בִּרְחֹבוֹת יְרוּשָׁלָ‍ִם" – *Old men and old women will once again sit in the streets of Jerusalem.***

R' Akiva concludes:

עַד שֶׁלֹּא נִתְקַיְּימָה נְבוּאָתוֹ שֶׁל אוּרִיָּה – As long as the prophecy of Uriah had not been fulfilled, **הָיִיתִי מִתְיָירֵא – I had feared** **שֶׁלֹּא תִּתְקַיֵּים נְבוּאָתוֹ שֶׁל זְכַרְיָה – that the prophecy of Zechariah would not be fulfilled.** **עַכְשָׁיו שֶׁנִּתְקַיְּימָה נְבוּאָתוֹ שֶׁל אוּרִיָּה – Now that the prophecy of Uriah has been fulfilled,** and Jerusalem and the Temple Mount are totally desolate, **בְּיָדוּעַ שֶׁנְּבוּאָתוֹ שֶׁל זְכַרְיָה מִתְקַיֶּימֶת – it is certain that the prophecy of Zechariah will be fulfilled.**[13]

NOTES

1. Translation follows the reading of *Ein Yaakov* [מְשַׂחֵק] (see *Mesoras HaShas*).

2. The worldly success enjoyed by the heathens is not a sign of God's favor, but rather of His displeasure with them. For God rewards the wicked in this finite world for any merits they possess, so He can punish them for their wickedness in the Afterlife, where punishment is infinite (see *Deuteronomy* 7:10 with *Rashi*). Conversely, God punishes His chosen nation in this world, so they can receive their full reward in the Afterlife. Thus, by seeing success the heathens enjoyed in this world, R' Akiva perceived how much more those who fulfill the will of God will be rewarded (see *Aruch LaNer*). For the halachic ramifications of the discussion between R' Akiva and the other four Sages, see *Shevus Yaakov* I:182.

3. Tzofim (in Latin: Scopus) was a village outside of Jerusalem. It is the furthest point from which the Temple is clearly visible (*Rashi* to *Pesachim* 49a ד״ה אם עבר צופים; cf. *Tosafos* there ד״ה אם עבר; see *Tos. Yom Tov* to *Pesachim* 3:8).

4. As one must do upon seeing the ruins of the Temple (*Rabbeinu Gershom;* see *Orach Chaim* 561:2).

5. *Numbers* 1:51. [*Aruch LaNer* points out that this verse does not refer specifically to the Holy of Holies, but to any part of the Temple to which entrance is permitted only to a Kohen. Seemingly, a more appropriate citation would be the verse in *Leviticus* 16:2, which states: *He shall not come at all times into the Sanctuary, within the curtain, in front of the cover that is upon the Ark.* This verse forbids even the Kohen Gadol to enter the Holy of Holies except once a year, on Yom Kippur.] See also *Siach Yitzchak.*

6. *Lamentations* 5:18. The preceding verse reads: *For this our heart was ill, for these our eyes were dimmed.* The next verse continues: *For Mount Zion which lies desolate, foxes prowl over it.*

Although the sages were aware of Yirmiyah's description of the desolation of Mount Zion, they did not realize that it referred to the holiest part of the Temple Mount as well. When they saw that even the Holy of Holies was the habitation of lowly animals, it was a fresh source of grief to them (*Eitz Yosef*). [For an explanation of the significance of their seeing a *fox* (as opposed to another animal) emerging from the Holy of Holies, see *Aruch LaNer.*]

7. *Isaiah* 8:2.

8. See *II Kings* 15:16, where mention is made of Uriah the Kohen.

9. See *Zechariah* 1:1.

10. I.e. the two are interdependent. Fulfillment of Uriah's prophecy bears witness to the eventual fulfillment of Zechariah's prophecy (*Rabbeinu Gershom*).

What is the relation between these two prophecies? The Torah states that while Israel is in exile, Eretz Yisrael will remain desolate, and its conquerors will not prosper there (see *Leviticus* 26:32). This is a source of comfort to the Jewish nation (see *Rashi* ad loc.), for it demonstrates that Eretz Yisrael is reserved for the nation of Israel, and therefore no nation can derive benefit from it while Israel remains in exile. Thus, the very desolation prophesied by Uriah is proof that the land is reserved for the eventual return of the Jewish nation, in fulfillment of Zechariah's prophecy (*Beis HaLevi [Derashos]* דרוש ח׳; see also *Maharsha*).

11. *Micah* 3:12. *Tosafos* ask: In all of Scripture there is no such prophecy uttered by Uriah; rather this prophecy is attributed to Michah. *Tosafos* answer this by noting that, in *Jeremiah* Ch. 26, Yirmiyah foretold the destruction of Jerusalem and the Temple. Upon hearing this, the false priests and idolatrous priests, who were trying to prevent the repentance urged by Yirmiyah, wanted to kill him. The noblemen and the people protected Yirmiyah by saying that Michah, too, had predicted that Zion will be plowed under and that Jerusalem and the Temple will be destroyed, but no one had attempted to kill Michah. Others continued defending Yirmiyah (cf. *Rashi* to *Jeremiah* 26:20) by stating that there was another prophet, Uriah, who prophesied as did Michah (ibid. vs. 16-20). Thus, we see that Uriah and Michah prophesied the same prophecy, and the Gemara therefore attributes the verse of Michah's prophecy to Uriah. [As it turned out, Michah's prophecy was never fulfilled, for the nation heeded his reproof and repented, as Scripture states (ibid.). Uriah's parallel prophecy, however, *was* fulfilled. Thus, the verse refers to fulfillment of *Uriah's* prophecy, rather than Michah's, as proof of the eventual fulfillment of Zechariah's prophecy (*Anaf Yosef;* see also *Rif* to *Ein Yaakov*).]

12. *Zechariah* 8:4.

13. Certainly, R' Akiva never doubted that the prophecies in Scripture will be fulfilled! Rather, R' Akiva was uncertain whether Zechariah's prophecy referred to the rebuilding of Jerusalem only after the destruction of the First Temple. However, when he saw that *Uriah's* prophecy, which referred to the First Temple, applied to the destruction of the Second Temple as well, he realized that Zechariah's prophecy would be fulfilled again with the building of the Third and final Temple (*Aruch LaNer;* see also *Anaf Yosef*).

א) וּבִנְסֹעַ הַמִּשְׁכָּן יוֹרִידוּ אֹתוֹ הַלְוִיִּם וּבַחֲנֹת הַמִּשְׁכָּן יָקִימוּ אֹתוֹ הַלְוִיִּם וְהַזָּר הַקָּרֵב יוּמָת: [במדבר א, נא]
ב) וְאָעִידָה לִּי עֵדִים נֶאֱמָנִים אֵת אוּרִיָּה הַכֹּהֵן וְאֶת זְכַרְיָהוּ בֶּן יְבֶרֶכְיָהוּ: [ישעיה ח, ב]
ג) לָכֵן בִּגְלַלְכֶם צִיּוֹן שָׂדֶה תֵחָרֵשׁ וִירוּשָׁלַםִ עִיִּין תִּהְיֶה וְהַר הַבַּיִת לְבָמוֹת יָעַר: [מיכה ג, יב]
ד) כֹּה אָמַר יְיָ צְבָאוֹת עֹד יֵשְׁבוּ זְקֵנִים וּזְקֵנוֹת בִּרְחֹבוֹת יְרוּשָׁלָםִ וְאִישׁ מִשְׁעַנְתּוֹ בְּיָדוֹ מֵרֹב יָמִים: [זכריה ח, ד]

באוריה כתיב לכן בגללכם ציון שדה תחרש. וקשה דהא בכל המקרא לא מלינו פסוק זה מנבואתו של אוריה כי אם בנבואתו של מיכה המורשתי ויש לומר דסמיך אהא דאיתא בספר ירמיה (כו) שנתנבא ירמיה על פורענות ונתקבלו הכהנים והנביאים להרגו מפני שהיה מדבר פורענות ואמרו להם השרים אין אנו מסכימין שהרי מיכה דיבר מפורענות ולא נהרג וגם אוריה וגו' משמע שדבר אוריה כמו מיכה ומה פורענות דבר מיכה הוא קרא זה והוי כמו שדבר אוריה אבל קשה מנלן דאותה נבואה דכתיב עוד ישבו זקנים וזקנות ברחובות היא לעולם הבא דלמא היא בעולם (א) קודם גאולה וי"ל דממה שהוא אמר בפסח שני (פסחים דף סח.) ניחא דקאמר עתידים (ה) מתים שיחיו) דכתיב עוד ישבו זקנים וזקנות ברחובות וילכו על משענותם ועל אלישע שהחיה המת כתיב משענתו וגמרינן משענת דהאי קרא ממשענת דאלישע מה להלן החיה המת אף כאן תחיית המתים וא"כ ע"כ האי נבואה לעתיד לבא שהרי עבר בית ראשון ובית שני שלא היתה תחיית המתים וניחא הכל והשם יזכנו לראות משיח אמן:

באש ולא נבכה אמר להן לכך אני א) מצחק ומה ב) לעוברי רצונו כך לעושי רצונו על אחת כמה וכמה שוב פעם אחת היו עולין לירושלים כיון שהגיעו להר הצופים קרעו בגדיהם כיון שהגיעו להר הבית ראו שועל שיצא מבית קדשי הקדשים התחילו הן בוכין ור"ע ג) מצחק אמרו לו מפני מה אתה מצחק אמר להם מפני מה אתם בוכים אמרו לו מקום שכתוב בו א) והזר הקרב יומת ועכשיו שועלים הלכו בו ולא נבכה אמר להן לכך אני מצחק דכתיב ב) ואעידה לי עדים נאמנים את אוריה הכהן ואת זכריה בן יברכיהו וכי מה ענין אוריה אצל זכריה אוריה במקדש ראשון וזכריה במקדש שני אלא תלה הכתוב נבואתו של זכריה בנבואתו של אוריה באוריה כתיב ג) לכן בגללכם ציון שדה תחרש [וגו'] בזכריה כתיב ד) עוד ישבו זקנים וזקנות ברחובות ירושלם עד שלא נתקיימה נבואתו של אוריה הייתי מתיירא שלא תתקיים נבואתו של זכריה עכשיו שנתקיימה נבואתו של אוריה בידוע שנבואתו של זכריה מתקיימת בלשון הזה אמרו לו עקיבא ניחמתנו עקיבא ניחמתנו ד):

הדרן עלך אלו הן הלוקין וסליקא לה מסכת מכות

א) [בילקוט איתא משחק וכ"ה בע"י], ב) [נדרים נ:], ג) צ"ל משחק, ד) [בע"י הגי' ה' ינחמנו אמן], ה) [צ"ל לדקיס שיחיו מתים].

הגהות הב"ח

(א) תוס' ד"ה באוריה וכו' בעולם הזה קודם גאולה וכו' דקאמר התם עתידין וכו' ברחובות ירושלים וילכו:

ליקוטי רש"י

אם לעוברי רצונו כך. משפיע טובה כל כך [נדרים נ:].

אחר השלמת המסכת יאמר זה ויועיל לזכרון בעזרת השם יתברך:

*)**הדרן** עלך מסכת מכות והדרך עלן דעתן עלך מסכת מכות ודעתך עלן לא נתנשי מינך מסכת מכות ולא תתנשי מינן לא בעלמא הדין ולא בעלמא דאתי:

הדרן עלך מסכת מכות והדרך עלן דעתן עלך מסכת מכות ודעתך עלן לא נתנשי מינך מסכת מכות ולא תתנשי מינן לא בעלמא הדין ולא בעלמא דאתי:

הדרן עלך מסכת מכות והדרך עלן דעתן עלך מסכת מכות ודעתך עלן לא נתנשי מינך מסכת מכות ולא תתנשי מינן לא בעלמא הדין ולא בעלמא דאתי:

יהי רצון מלפניך יי אלהינו ואלהי אבותינו שתהא תורתך אומנותנו בעולם הזה ותהא עמנו לעולם הבא **) חנינא בר פפא רמי בר פפא נחמן בר פפא אחאי בר פפא אבא מרי בר פפא רפרם בר פפא רכיש בר פפא סורחב בר פפא אדא בר פפא דרו בר פפא:

הערב נא יי אלהינו את דברי תורתך בפינו ובפיפיות עמך בית ישראל ונהיה כולנו אנחנו וצאצאינו וצאצאי עמך בית ישראל כולנו יודעי שמך ולומדי תורתך: מאויבי תחכמני מצותיך כי לעולם היא לי: יהי לבי תמים בחוקיך למען לא אבוש: לעולם לא אשכח פקודיך כי בם חייתני: ברוך אתה יי למדני חקיך: אמן אמן אמן סלה ועד:

מודים אנחנו לפניך יי אלהינו ואלהי אבותינו ששמת חלקנו מיושבי בית המדרש ולא שמת חלקנו מיושבי קרנות שאנו משכימים והם משכימים אנו משכימים לדברי תורה והם משכימים לדברים בטלים אנו עמלים והם עמלים אנו עמלים ומקבלים שכר והם עמלים ואינם מקבלים שכר אנו רצים והם רצים אנו רצים לחיי העולם הבא והם רצים לבאר שחת שנאמר ואתה אלהים תורידם לבאר שחת אנשי דמים ומרמה לא יחצו ימיהם ואני אבטח בך:

יהי רצון מלפניך יי אלהי כשם שעזרתני לסיים מסכת מכות כן תעזרני להתחיל מסכתות וספרים אחרים ולסיימם ללמוד וללמד לשמור ולעשות ולקיים את כל דברי תלמוד תורתך באהבה. וזכות כל התנאים ואמוראים ותלמידי חכמים יעמוד לי ולזרעי שלא תמוש התורה מפי ומפי זרעי וזרע זרעי עד עולם. ויתקיים בי בהתהלכך תנחה אותך בשכבך תשמור עליך והקיצות היא תשיחך: כי בי ירבו ימיך ויוסיפו לך שנות חיים: אורך ימים בימינה בשמאלה עושר וכבוד: יי עוז לעמו יתן יי יברך את עמו בשלום:

יתגדל ויתקדש שמיה רבא בעלמא דהוא עתיד לאתחדתא ולאחיא מתיא ולאסקא לחיי עלמא ולמבני קרתא דירושלם ולשכלל היכליה בגוה ולמעקר פולחנא נוכראה מארעא ולאתבא פולחנא דשמיא לאתריה וימליך קודשא בריך הוא במלכותיה ויקריה בחייכון וביומיכון ובחיי דכל בית ישראל בעגלא ובזמן קריב ואמרו אמן: יהא שמיה רבא מברך לעלם ולעלמי עלמיא. יתברך וישתבח ויתפאר ויתרומם ויתנשא ויתהדר ויתעלה ויתהלל שמיה דקודשא בריך הוא. לעילא (בעשי"ת: ולעילא) מן כל (בעשי"ת: מכל) ברכתא ושירתא תושבחתא ונחמתא דאמירן בעלמא ואמרו אמן: על ישראל ועל רבנן ועל תלמידיהון ועל כל תלמידי תלמידיהון ועל כל מאן דעסקין באורייתא די באתרא (קדישא) הדין ודי בכל אתר ואתר. יהא להון ולכון שלמא רבא חנא וחסדא ורחמי וחיי אריכי ומזוני רויחי ופורקנא מן קדם אבוהון דבשמיא וארעא ואמרו אמן: יהא שלמא רבא מן שמיא וחיים עלינו ועל כל ישראל ואמרו אמן: עושה שלום (בעשי"ת: השלום) במרומיו הוא יעשה שלום עלינו ועל כל ישראל ואמרו אמן:

וז"ל ישראל אינם מהודרים לפני השם יתברך רק בשביל התורה שבעל פה, שהוא הסימן המובהק המבדיל בין ישראל לעמים וכו', על כן אנו נוהגין לומר בכל סיום מסכתא "הדרן עלך והדרך עלן".
וגם אין מי שנותן דעתו על התורה שבעל פה שלא תשכח ח"ו רק אנו, וזהו "דעתן עלך".
וכן התורה שבעל פה היא המגינה על ישראל, ולכך נקרא "גמרא" שהוא ר"ת של ג'בריאל מ'יכאל ר'פאל א'וריאל, לומר כי העוסק בגמרא חונה מלאך ה' סביב לו להצילו, מימינו מיכאל, ומשמאלו גבריאל, ומלפניו אוריאל, ומאחוריו רפאל, ועל ראשו שכינת אל הבוחר בדברי חכמים. וזהו "דעתך עלן", כלומר השגחתך עלן.
והואיל וישראל והתורה שבעל פה הן שני תאמי צביה, ראוי ש"לא יתנשו זה מזה לא בעלמא דין ולא בעלמא דאתי".
ולהיות שתלמוד אינו חביב ומהודר כל כך רק אצל בעלי התורה אבל לא אצל יושבי הקרנות, על כן אנו מודים "ששם חלקנו מיושבי בית המדרש ולא שם חלקנו מיושבי הקרנות".

**) [בסיומא וסוף תשובת הרמ"א ז"ל וכן בסוף יש"ש בב"ק כתוב רמוזים על הזכרת שמות הללו]: [ולפנינו נדפס בים של שלמה סוף פרק מרובה הן דברי הים של שלמה והן דברי הרמ"א. וז"ל הים של שלמה: הא לך דין הסיום: גרסינן בפרק כל כתבי, אמר אביי תיתי לי דכי חזינא צורבא מדרבנן דשלים מסכתא, עבידנא יומא טבא לרבנן. מכאן נהגו כל ישראל לסיים בשמעתא, וליתן שבח והודיה למקום, ולפרסם אותה שמחה שזכה לכך, שעושין סעודה בעת שמסיימין. וראייה ממסכת תענית ומביאו נמי בריש פרק יש נוחלין. לא היו ימים טובים לישראל כיום הכיפורים וט"ו באב. ומסיק בגמרא בשלמא יום כיפור יום סליחה ומחילה הוא. אלא ט"ו באב מאי טעמא. ומפרש כמה טעמים. עד דמסיק לבסוף, רבה ורב יוסף דאמרי תרוייהו יום שפוסקים בו מלכרות עצים למערכה כו', ופירושו, לפי שפסקו אותו היום להשלים מצוה גדולה היו שמחים ונחשב להם ליום טוב. ואם כן השלמת הספר אין לך מצוה גדולה מזו. ובפרט היכא שדעתו להתחיל אחר כך ספר אחר. וכן כתב לשם הר"ן שמהא שמעינן שמנהג ישראל הוא לשמוח ולעשות יום טוב בהשלמת המצוה. ומהא דפרק כל כתבי משמע, דאפילו מי שלא סיים מסכתא זו, מצוה רבה ששמחה עם המסיים. דהא אביי אע"ג דהוא גופא לא סיים, אפילו הכי עביד יומא טבא לרבנן. ומשמע שהיה מזומן אף אחרים עמו, דהא לא אמר עבידנא ליה יומא טבא אלא לרבנן קאמר. ומה שפירש רש"י לפי שהיה אביי ראש ישיבה, לאו משום דאחר לא היה עושה. אלא דקשה לרש"י וכי לא היה ברורו של אביי שום אחד שהיה מהדר ועושה זולתו מאחר שהוא מצוה רבה. על כן פירש משום שהיה ראש ישיבה והוא קודם למצוה זולתו. והנה פקח עינך וראה אף שאביי היה אחד מן החולים, ומצמצם ביותר כדאיתא בפרק במה מדליקין אביי חש בהדרנוקא. אמר רבא ידענא ביה בנחמני דמכפין נפשיה כו'. אפילו הכי עביד יומא טבא לרבנן, מחמת רוב חיבת המצוה. ומשמע נמי מהא דאביי דאפילו יחיד שסיים מחוייבים אחרים לסיים עמו, כהאי עובדא דאביי. ואין לומר דהתם איירי שהצורבא מרבנן סיים עם כל המתיבתא בכה"ג עביד ליה אביי סיום. זה אינו, חדא דלישנא צורבא מדרבנן משמע תלמיד חכם ותיק יחידי ולא ריש מתיבתא. דאל"כ הל"ל ריש מתיבתא. ועוד מסתמא איירי דומיא דאינך דמסיק תיתי לי דכי חזינא צורבא מרבנן כו' עד דלא מהפכי, א"כ כותיה דאיירי בצורבא מרבנן לחוד. ועוד נראה היכא דאמר תלמודא צורבא מרבנן משמע דוקא איהו לחוד'. מדאמר תלמודא אמר רבא שרי צורבא מדרבנן לאודעיה נפשיה באתריה דלא ידעי ליה. ואי לישנא דצורבא מדרבנן משמע עם כל המתיבתא. אם כן מה צריך לאודעיה נפשיה. הלא מסתמא כבר יודעין אותו. אלא ש"מ עיקר כדפירשתי. ולעיל בסימן ל"ו כתבתי שהיא סעודת מצוה ממש וע"ש:

סליק דין הסיום

וכתב שם המגיה וז"ל: והואיל שדין הסיום אתא לידן, וכאן הוא מקומו, גם אמרתי לצרף ולחבר לזה דרוש נאה אף נעים ויפה ומקובל שהעתקתי בימי חורפי מגדול וחכם אחד שהעתיקו בשם שארו וקרובו של הגאון המחבר ספר הגדול הזה. הלא הוא מרנא ורבנא המאיר עיני ישראל בחיבוריו הגאון הגדול כמהור"ר משה איסרל"ז זצ"ל ומש"ה אל אלהים על"ה ומה טוב ומה נעים שבת אחי"ם גם יחד בישיבה של מעלה. הנאהבים והנעימים בחייהם ובמותם לא נפרדו. אי"ש אי"ש לפי מדרגת מחיצתו ופרגודו: וז"ל: דרוש נאה וכונה גדולה. לסיום מסכתא מהמאור הגולה: הנה מה שנוהגין ורגילין אנו להזכיר בסיום כל מסכתא רב פפא עם עשרה בניו שהיו מאירים וגדולים בתורה ע"י שהיה עושה להם סעודה בסיום המסכתא כי עשיר היה והיה מחזיק לעוסקי התורה. לכן זכה שמזכירין אותו עם עשרה בניו הרומזים כאלו הוזכרו עשרת הדברות, כי מלת רב פפא הוא רמז על מעלת משה רבינו ע"ה שנאמר בו דבר אתה עמנו ונשמעה. ועיקר מעלתו של משה רבינו שדבר עם השי"ת פ"ה אל פ"ה שהוא אותיות פפ"א. ואיתא במדרש לחד מאן דאמר דאנכי אינו בכלל הדברות, ופתח באנכי רק להודיע מי הוא המצוה. על כן בא מלת פפ"א להוציא מלבו של אותו המאן דאמר כי נוטריקון של פפ"א פת"ח פ"א, שבגימטריא אנכ"י. נגד מצות לא יהיה לך וגו', שנאמר בעובדי עבודה זרה לא תחנם, והוא בהיפך משאר בני אדם שראוי לחננם ולרחם עליהם, כמו שדרשו ז"ל והלכת בדרכיו מה הוא חנון אף אתה תהא חנון. לכן נקרא האחד חנינא. נגד לא תעשה לך פסל, שלבסוף אחר העשייה ינחם על העשייה, שרואה שפה להם ולא ידברו, והם הן הם פשוטי וגולמי כלי עץ. נקרא האחד נחמן מלשון נחמתי כי עשיתים. נגד לא תשא, שהוא לשון רוממות והתנשאות, שלא יחשוב האדם שבזה מנשא ומכבד השם שנשבע בשמו וכמו שנשבע יוסף בחי פרעה. וכן מצינו שהיו נשבעין בחיי המלך. נקרא האחד רמי שהוא לשון רוממות. נגד מצות זכור את יום השבת, נקרא האחד אד"א, שבגימטריא שש, נגד ששת ימי המעשה. ונגד כבד [את אביך ואת אמך], נקרא האחד אבא מורי, שהוא הכבוד שהבן קורא לאביו אבא מורי. נגד לא תרצח נקרא האחד אחאי (לאן) [לשון] אחוה. כי כשיחשוב כל אחד לחבירו כאח לא ינצחנו, וכמו שנאמר ואהבת לרעך כמוך. ואף כי הרציחה הראשונה שהיתה בעולם היתה בשני אחים, שקין הרג את הבל אחיו. וכנגד לא תנאף שדרך המנאפים לקרוץ ולרמוז בעינים, כמו שנאמר קורץ בעיניו, נקרא האחד רפרם, מלשון רפרף בעיניו. ונגד לא תגנוב, נקרא האחד רכיש, מלשון רכוש, כי הגונב אפילו נפשות גונב כדי למוכרו. נגד לא תענה, נקרא האחד סורחב, מלשון סרח בת אשר, שהיא העידה ליעקב שיוסף חי אמר לה כה תחי. וכנגד לא תחמוד, שנאמר בו בית ואשת רעך, נקרא האחד דרו, מלשון דירת בית, וגם האשה נקראת בית, כמו שאמר רבי יוסי מעולם לא קריתי לאשתי אלא ביתי כו': וכמו שמתחילין אחר סיום התורה בשמחת תורה בראשית, שאין עומדין על הפרק וכן בסיום התורה אין עומדים כדי שלא ליתן פתחון פה לשטן לקטרג לומר שכבר סיימו התורה ומבטלין ח"ו מהתורה. לכן מתחילין מיד וחוזרין לעסוק בתורה לקרות מבראשית. ולזה ירמזו בני רב פפא בעשרה שמות אלו נגד העשרה מאמרות שבהן נברא העולם בשביל התורה הנקראת ראשית. וארז"ל בראשית נמי מאמר א' הוא. ולהיות כי העולם נברא בחסד וחנינא מאת השם כמו שנאמר עולם חסד יבנה לכן נקרא אחד חנינא. ונגד ויאמר אלהים יהי אור וגו', שארז"ל שאור שנברא ביום ראשון גנוז הקב"ה לצדיקים והבדילו לעתיד לבא, לכן נקרא האחד רמי. ונגד ויאמר אלהים יהי רקיע, שאמרו חז"ל, שהמים התחתונים בוכים עד שנחמן הקב"ה ואמר להן שעתידין להתקרב על גבי המזבח נקרא האחד נחמן. וכנגד ויאמר יקוו המים וגו' שאמרו רז"ל שים אוקינוס מקיף הארץ והארץ נראה מתוכן, נקרא האחד סורחב מלשון סרח המשכן. וכנגד מאמר תדשא הארץ דשא וגו', ונאמר וכל שיח השדה טרם יהיה בארץ עד ואד יעלה מן הארץ, נקרא האחד אדא, מלשון אד. ונגד מאמר יהיו מאורות שנבראו מתחלה שניהם גדולים, הרומזים על יעקב ועשו שהיו אחים. ולכן הגוים מונים לחמה וישראל ללבנה. ועל זה אמרו רז"ל שהמאורות לוקין על שני אחים שנשפך דמם כמים כו', לכן נקרא האחד אחא. ונגד מאמר ישרצו המים שרץ נפש חיה, והדגים פרים ורבים יותר מכל בעלי חיים, לכן נקרא האחד רפרם, מלשון פריה ורביה. ונגד מאמר תוצא הארץ נפש חיה וגו', והם נבראו לעבוד עבודת משא, בכתף ישאו כל צרכי בני אדם, לכן נקרא האחד דרו, מלשון דרו באגדה. ונגד מאמר נעשה אדם בצלמנו שנברא האדם יחיד והוא היה אב לכל הבאים אחריו, נקרא האחד אבא מורי. ונגד מאמר הנה נתתי לכם את כל עשב זורע זרע, וזה הוא עיקר ממונם ורכושם של אדם שהיה להם לאכול זרע השדה, לכן נקרא האחד רכיש. עכ"ל דברי הגאון הגדול כמהר"ר משה איסרל"ז זצ"ל:

The Rabbis accepted R' Akiva's reasoning: בַּלָּשׁוֹן הַזֶּה אָמְרוּ לוֹ – **They** (R' Akiva's colleagues) thereupon **said to him these words:** עֲקִיבָא נִיחַמְתָּנוּ עֲקִיבָא נִיחַמְתָּנוּ – **Akiva, you have comforted us; Akiva, you have comforted us.**[14]

הדרן עלך אלו הן הלוקין

WE SHALL RETURN TO YOU, EILU HEIN HALOKIN

וסליקא לה מסכת מכות

AND TRACTATE MAKKOS IS CONCLUDED

NOTES

14. I.e. you have twice comforted us, once regarding the first incident, and once regarding this incident (*Maharsha*). [For the reason they did not express this sentiment following the first incident, see *Aruch LaNer, Iyun Yaakov.*]

✺ Hadran – הַדְרָן

Hadran – הַדְרָן

Upon the סיום, *completion*, of the study of an entire tractate, a festive meal (which has the status of a *seudas mitzvah*) should be eaten – preferably with a *minyan* in attendance. The following prayers of thanksgiving are recited by those who have completed the learning. [The words in brackets are inserted according to some customs.]

The first paragraph is recited three times.

הַדְרָן עֲלָךְ מַסֶּכֶת מַכּוֹת וְהַדְרָךְ עֲלָן. דַּעְתָּן עֲלָךְ מַסֶּכֶת מַכּוֹת וְדַעְתָּךְ עֲלָן. לָא נִתְנְשֵׁי מִנָּךְ מַסֶּכֶת מַכּוֹת וְלָא תִתְנְשֵׁי מִנָּן – לָא בְּעָלְמָא הָדֵין וְלָא בְּעָלְמָא דְאָתֵי.

הַדְרָן *We shall return*[1] *to you, Tractate Makkos, and you shall return to us. Our thoughts are on you, Tractate Makkos, and your thoughts are on us. You will not forget us, Tractate Makkos, and we will not forget you – neither in This World, nor in the World to Come.*

יְהִי רָצוֹן מִלְּפָנֶיךָ יי אֱלֹהֵינוּ וֵאלֹהֵי אֲבוֹתֵינוּ, שֶׁתְּהֵא תוֹרָתְךָ אֻמָּנוּתֵנוּ בָּעוֹלָם הַזֶּה וּתְהֵא עִמָּנוּ לָעוֹלָם הַבָּא. חֲנִינָא בַּר פָּפָּא, רָמִי בַּר פָּפָּא, נַחְמָן בַּר פָּפָּא, אַחַאי בַּר פָּפָּא, אַבָּא מָרִי בַּר פָּפָּא, רַפְרָם בַּר פָּפָּא, רָכִישׁ בַּר פָּפָּא, סוּרְחָב בַּר פָּפָּא, אַדָּא בַּר פָּפָּא, דָּרוּ בַּר פָּפָּא.

יְהִי רָצוֹן *May it be Your will,* HASHEM, *our God, and the God of our forefathers, that Your Torah be our preoccupation in This World, and may it remain with us in the World to Come. Chanina bar Pappa,*[2] *Rami bar Pappa, Nachman bar Pappa, Achai bar Pappa, Abba Mari bar Pappa, Rafram bar Pappa, Rachish bar Pappa, Surchav bar Pappa, Adda bar Pappa, Daru bar Pappa.*

הַעֲרֶב נָא יי אֱלֹהֵינוּ אֶת דִּבְרֵי תוֹרָתְךָ בְּפִינוּ וּבְפִיפִיּוֹת עַמְּךָ בֵּית יִשְׂרָאֵל. וְנִהְיֶה [כֻּלָּנוּ,] אֲנַחְנוּ וְצֶאֱצָאֵינוּ [וְצֶאֱצָאֵי צֶאֱצָאֵינוּ] וְצֶאֱצָאֵי עַמְּךָ בֵּית יִשְׂרָאֵל, כֻּלָּנוּ יוֹדְעֵי שְׁמֶךָ וְלוֹמְדֵי תוֹרָתֶךָ [לִשְׁמָהּ]. מֵאֹיְבַי תְּחַכְּמֵנִי מִצְוֹתֶךָ, כִּי לְעוֹלָם הִיא לִי. יְהִי לִבִּי תָמִים בְּחֻקֶּיךָ, לְמַעַן לֹא אֵבוֹשׁ. לְעוֹלָם לֹא אֶשְׁכַּח פִּקּוּדֶיךָ, כִּי בָם חִיִּיתָנִי. בָּרוּךְ אַתָּה יי, לַמְּדֵנִי חֻקֶּיךָ. אָמֵן אָמֵן אָמֵן, סֶלָה וָעֶד.

הַעֲרֶב נָא *Please,* HASHEM, *our God, sweeten the words of Your Torah in our mouth and in the mouths of Your people, the House of Israel, and may [we all –] we, our offspring, [the offspring of our offspring,] and the offspring of Your people, the House of Israel, all of us – know Your Name and study Your Torah. Your commandment makes me wiser than my enemies, for it is forever with me.*[3] *May my heart be perfect in Your statutes, so that I not be shamed.*[4] *I will never forget Your precepts, for through them You have preserved me.*[5] *Blessed are You,* HASHEM, *teach me Your statutes.*[6] *Amen. Amen. Amen. Selah! Forever!*

מוֹדִים אֲנַחְנוּ לְפָנֶיךָ יי אֱלֹהֵינוּ וֵאלֹהֵי אֲבוֹתֵינוּ, שֶׁשַּׂמְתָּ חֶלְקֵנוּ מִיּוֹשְׁבֵי בֵית הַמִּדְרָשׁ, וְלֹא שַׂמְתָּ חֶלְקֵנוּ מִיּוֹשְׁבֵי קְרָנוֹת. שֶׁאָנוּ מַשְׁכִּימִים וְהֵם מַשְׁכִּימִים, אָנוּ מַשְׁכִּימִים לְדִבְרֵי תוֹרָה, וְהֵם מַשְׁכִּימִים לִדְבָרִים בְּטֵלִים. אָנוּ עֲמֵלִים וְהֵם עֲמֵלִים, אָנוּ עֲמֵלִים וּמְקַבְּלִים שָׂכָר, וְהֵם עֲמֵלִים וְאֵינָם מְקַבְּלִים שָׂכָר. אָנוּ רָצִים וְהֵם רָצִים, אָנוּ רָצִים לְחַיֵּי הָעוֹלָם הַבָּא, וְהֵם רָצִים לִבְאֵר שַׁחַת, שֶׁנֶּאֱמַר: וְאַתָּה אֱלֹהִים, תּוֹרִדֵם לִבְאֵר שַׁחַת, אַנְשֵׁי דָמִים וּמִרְמָה לֹא יֶחֱצוּ יְמֵיהֶם, וַאֲנִי אֶבְטַח בָּךְ.

מוֹדִים *We express gratitude before You,* HASHEM, *our God, and the God of our forefathers, that You have established our portion with those who dwell in the study hall, and have not established our portion with idlers. For we arise early and they arise early; we arise early for the words of Torah, while they arise early for idle words. We toil and they toil; we toil and receive reward, while they toil and do not receive reward. We run and they run; we run to the life of the World to Come, while they run to the well of destruction, as it is said: But You, O God, You will lower them into the well of destruction, men of bloodshed and deceit shall not live out half their days; and I will trust in You.*[7]

---

1. הַדְרָן עֲלָךְ – *We shall return to you* . . . We express the hope that we will review constantly what we have learned and that, in the merit of our desire to learn, the Torah itself will long to return to us, as it were. Thus, the word is derived from הָדַר, *to return*. This is in the spirit of the Talmudic dictum that תּוֹרָה מְחַזֶּרֶת עַל אַכְסַנְיָא שֶׁלָּהּ, *the Torah returns to its inn*, i.e., the place or people where it was made welcome (*Bava Metzia* 88a).

According to *Sefer HaChaim*, the term is derived from the word הָדָר, *glory*. Thus, whatever glory we have attained is due to the Torah, and we pray that the Torah shed its glory upon us.

2. חֲנִינָא בַּר פָּפָּא – *Chanina bar Pappa* . . . In the simple sense, Rav Pappa was a very wealthy man who, whenever he completed a tractate, used to make great celebrations to which he invited his ten sons, as well as many others. As a result, he brought glory to the Torah, which was reflected in the scholarly attainments of his sons. The nation, therefore, honors Rav Pappa and his family by mentioning them at every *siyum*. Furthermore, esoterically, Rav Pappa symbolizes Moses and the names of his sons symbolize the Ten Commandments (*Teshuvos HaRema; Yam Shel Shelomo, Bava Kamma,* end of ch. 7).

3. *Psalms* 119:98. 4. 119:80. 5. 119:93. 6. 119:12. 7. 55:24.

יְהִי רָצוֹן לְפָנֶיךָ יי אֱלֹהַי, כְּשֵׁם שֶׁעֲזַרְתַּנִי לְסַיֵּים מַסֶּכֶת מַכּוֹת כֵּן תְּעַזְרֵנִי לְהַתְחִיל מַסֶּכְתּוֹת וּסְפָרִים אֲחֵרִים וּלְסַיְּמָם, לִלְמוֹד וּלְלַמֵּד לִשְׁמוֹר וְלַעֲשׂוֹת וּלְקַיֵּם אֶת כָּל דִּבְרֵי תַלְמוּד תּוֹרָתֶךָ בְּאַהֲבָה. וּזְכוּת כָּל הַתַּנָּאִים וַאֲמוֹרָאִים וְתַלְמִידֵי חֲכָמִים יַעֲמוֹד לִי וּלְזַרְעִי, שֶׁלֹּא תָמוּשׁ הַתּוֹרָה מִפִּי וּמִפִּי זַרְעִי וְזֶרַע זַרְעִי עַד עוֹלָם. וְתִתְקַיֵּם בִּי: בְּהִתְהַלֶּכְךָ תַּנְחֶה אֹתָךְ, בְּשָׁכְבְּךָ תִּשְׁמֹר עָלֶיךָ, וַהֲקִיצוֹתָ הִיא תְשִׂיחֶךָ. כִּי בִי יִרְבּוּ יָמֶיךָ, וְיוֹסִיפוּ לְךָ שְׁנוֹת חַיִּים. אֹרֶךְ יָמִים בִּימִינָהּ, בִּשְׂמֹאלָהּ עֹשֶׁר וְכָבוֹד. יי עֹז לְעַמּוֹ יִתֵּן, יי יְבָרֵךְ אֶת עַמּוֹ בַשָּׁלוֹם.

יְהִי רָצוֹן *May it be Your will,* Hashem, *my God, that just as You have helped me complete Tractate Makkos, so may You help me to begin other tractates and books, and to complete them; to learn and to teach, to safeguard and to perform, and to fulfill all the words of Your Torah's teachings with love. May the merit of all the Tannaim, Amoraim, and Torah scholars stand by me and my children, that the Torah shall not depart from my mouth and from the mouth of my children and my children's children forever. May there be fulfilled for me the verse: When you walk, it (i.e., the Torah) will guide you; when you lie down, it will watch over you; and when you wake up, it will converse with you.*[8] *For because of me (i.e., the Torah), your days will increase, and years of life will be added to you.*[9] *Long days are in its right hand, and in its left hand are wealth and honor.*[10] Hashem *will give might to His people,* Hashem *will bless His people with peace.*[11]

If a *minyan* is present, the following version of the Rabbis' *Kaddish* is recited by one or more of those present. It may be recited even by one whose parents are still living.

יִתְגַּדַּל וְיִתְקַדַּשׁ שְׁמֵהּ רַבָּא. (Cong. – אָמֵן.) בְּעָלְמָא דִּי הוּא עָתִיד לְאִתְחַדָּתָא, וּלְאַחֲיָאָה מֵתַיָּא, וּלְאַסָּקָא יָתְהוֹן לְחַיֵּי עָלְמָא, וּלְמִבְנֵא קַרְתָּא דִירוּשְׁלֵם, וּלְשַׁכְלָלָא הֵיכְלֵהּ בְּגַוַּהּ, וּלְמֶעְקַר פָּלְחָנָא נֻכְרָאָה מִן אַרְעָא, וְלַאֲתָבָא פָּלְחָנָא דִי שְׁמַיָּא לְאַתְרֵהּ, וְיַמְלִיךְ קֻדְשָׁא בְּרִיךְ הוּא בְּמַלְכוּתֵהּ וִיקָרֵהּ, [וְיַצְמַח פֻּרְקָנֵהּ וִיקָרֵב מְשִׁיחֵהּ (Cong. – אָמֵן)] בְּחַיֵּיכוֹן וּבְיוֹמֵיכוֹן וּבְחַיֵּי דְכָל בֵּית יִשְׂרָאֵל, בַּעֲגָלָא וּבִזְמַן קָרִיב. וְאִמְרוּ: אָמֵן.

(Cong. – אָמֵן. יְהֵא שְׁמֵהּ רַבָּא מְבָרַךְ לְעָלַם וּלְעָלְמֵי עָלְמַיָּא.)

יְהֵא שְׁמֵהּ רַבָּא מְבָרַךְ לְעָלַם וּלְעָלְמֵי עָלְמַיָּא.

יִתְבָּרַךְ וְיִשְׁתַּבַּח וְיִתְפָּאַר וְיִתְרוֹמַם וְיִתְנַשֵּׂא וְיִתְהַדָּר וְיִתְעַלֶּה וְיִתְהַלָּל שְׁמֵהּ דְּקֻדְשָׁא בְּרִיךְ הוּא (Cong. – בְּרִיךְ הוּא) °לְעֵלָּא מִן כָּל (From Rosh Hashanah to Yom Kippur substitute – °לְעֵלָּא וּלְעֵלָּא מִכָּל) בִּרְכָתָא וְשִׁירָתָא תֻּשְׁבְּחָתָא וְנֶחֱמָתָא, דַּאֲמִירָן בְּעָלְמָא. וְאִמְרוּ: אָמֵן. (Cong. – אָמֵן.)

עַל יִשְׂרָאֵל וְעַל רַבָּנָן, וְעַל תַּלְמִידֵיהוֹן וְעַל כָּל תַּלְמִידֵי תַלְמִידֵיהוֹן, וְעַל כָּל מָאן דְּעָסְקִין בְּאוֹרַיְתָא, דִּי בְאַתְרָא הָדֵין וְדִי בְכָל אֲתַר וַאֲתַר. יְהֵא לְהוֹן וּלְכוֹן שְׁלָמָא רַבָּא, חִנָּא וְחִסְדָּא וְרַחֲמִין, וְחַיִּין אֲרִיכִין, וּמְזוֹנֵי רְוִיחֵי, וּפֻרְקָנָא מִן קֳדָם אֲבוּהוֹן דִּי בִשְׁמַיָּא [וְאַרְעָא]. וְאִמְרוּ: אָמֵן. (Cong. – אָמֵן.)

יְהֵא שְׁלָמָא רַבָּא מִן שְׁמַיָּא, וְחַיִּים [טוֹבִים] עָלֵינוּ וְעַל כָּל יִשְׂרָאֵל. וְאִמְרוּ: אָמֵן. (Cong. – אָמֵן.)

Take three steps back. Bow left and say ...עֹשֶׂה; bow right and say ...הוּא; bow forward and say ...וְעַל כָּל ...אָמֵן. Remain standing in place for a few moments, then take three steps forward.

עֹשֶׂה שָׁלוֹם בִּמְרוֹמָיו, הוּא בְּרַחֲמָיו יַעֲשֶׂה שָׁלוֹם עָלֵינוּ, וְעַל כָּל יִשְׂרָאֵל. וְאִמְרוּ: אָמֵן. (Cong. – אָמֵן.)

יִתְגַּדַּל *May His great Name grow exalted and sanctified* (Cong. – *Amen*) *in the world that will be renewed and where He will resuscitate the dead and raise them up to eternal life, and rebuild the city of Jerusalem and complete His Temple within it, and uproot alien worship from the earth, and return the service of Heaven to its place, and may the Holy One, Blessed is He, reign in His sovereignty and splendor [and cause salvation to sprout and bring near His Messiah* (Cong. – *Amen*)*] in your lifetimes and in your days, and in the lifetimes of the entire House of Israel, swiftly and soon. Now respond: Amen.*

(Cong. – *Amen. May His great Name be blessed forever and ever.*)

May His great Name be blessed forever and ever.

Blessed, praised, glorified, exalted, extolled, mighty, upraised, and lauded be the Name of the Holy One, Blessed is He (Cong. – *Blessed is He*)*,* (From Rosh Hashanah to Yom Kippur add: *exceedingly*) *beyond any blessing and song, praise, and consolation that are uttered in the world. Now respond: Amen.* (Cong. – *Amen.*)

Upon Israel, upon the teachers, upon their disciples and upon all of their disciples' disciples and upon all those who engage in the study of Torah, who are here or anywhere else; may they and you have abundant peace, grace, kindness, and mercy, long life, ample nourishment, and salvation, from before their Father Who is in Heaven [and on earth]. Now respond: Amen. (Cong. – *Amen.*)

May there be abundant peace from Heaven, and [good] life upon us and upon all Israel. Now respond: Amen. (Cong. – *Amen.*)

Take three steps back. Bow left and say, *'He Who makes peace . . .'*; bow right and say, *'may He . . .'*; bow forward and say, *'and upon all Israel . . . Amen.'* Remain standing in place for a few moments, then take three steps forward.

He Who makes peace in His heights, may He, in His compassion, make peace upon us, and upon all Israel. Now respond: Amen. (Cong. – *Amen.*)

8. *Proverbs* 6:22. 9. 9:11. 10. 3:16. 11. *Psalms* 29:11.

Glossary
Scriptural Index

Glossary

abandoned corpse – a human corpse found with no one to attend to its burial. The Torah obligates the person who finds it to bury it and allows even a **nazir** and **Kohen Gadol** to do so.

akum – idolater.

amah [pl. **amos**] – cubit; a linear measure equaling six **tefachim**. Opinions regarding its modern equivalent range between 18 and 22.9 inches.

Amora [pl. **Amoraim**] – Sage of the Gemara, cf. **Tanna**.

am haaretz [pl. **amei haaretz**] – a common, ignorant person who, possibly, is not meticulous in his observance of **halachah**.

Amora [pl. **Amoraim**] – sage of the **Gemara**; cf. **Tanna**.

amud – one side of the **daf** in the **Gemara**.

Anointed for War – a Kohen especially designated for the specific task of addressing Israel prior to battle. This Kohen was anointed with the anointing oil of the Temple.

anointing oil – sanctified oil compounded from olive oil and a variety of aromatic spices, used for anointing the Temple vessels, the **Kohen Gadol** and kings of the House of David (*Ex.* 30:22-23).

asham [pl. **ashamos**] – guilt offering, an offering brought to atone for one of several specific sins; in addition, a part of certain purification offerings. It is one of the **kodshei kodashim**.

asham talui – an **asham** for doubt. An *asham* offering brought to atone for an uncertain transgression wherever a certain transgression would require a **chatas** to atone.

asheirah – a tree either designated for worship or under which an idol is placed.

asmachta – lit. reliance. (a) a conditional commitment made by a party who does not really expect to have to honor it; (b) a verse cited by the **Gemara** not as a Scriptural basis for the law but rather as an allusion to a Rabbinic law.

av beis din – chief of the court. This position was second in importance to the **Nasi** who served as head of the **Sanhedrin**.

av [pl. **avos**] **hatumah** – lit. father of **tumah**. See **tumah**.

avi avos hatumah – lit. father of fathers of **tumah**. See **tumah**.

avodah [pl. **avodos**] – the sacrificial service, or any facet of it. There are four critical *avodos* in the sacrificial service. They are **shechitah, kabbalah, holachah** and **zerikah**.

avodah zarah – idol worship, idolatry.

azharah – (a) Scriptural warning; the basic prohibition stated in the Torah, which serves to warn the potential sinner against incurring the punishment prescribed for a particular action; (b) term Gemara uses to refer to a negative commandment, the transgression of which is punished by *kares*.

baheres – a whitish spot that is a symptom of the **tzaraas** afflictions of the skin.

bamah [pl. **bamos**] – lit. high place; altar. This refers to any altar other than the **Altar** of the **Tabernacle** or **Temple**. During certain brief periods of Jewish history, it was permitted to offer sacrifices on a *bamah*. There are two types of *bamah*. The *communal* (or *major*) *bamah* was the altar of the public and was the only *bamah* on which communal offerings could be sacrificed. Private voluntary offerings could be brought even on a *private* (or *minor*) *bamah* which was an altar erected anywhere by an individual for private use.

Baraisa [pl. **Baraisos**] – the statements of **Tannaim** not included by **Rebbi** in the **Mishnah**. R' Chiya and R' Oshaya, the students of Rebbi, researched and reviewed the *Baraisa* and compiled an authoritative collection of them.

bechor – (a) firstborn male child; (b) a firstborn male kosher animal. Such an animal is born with sacrificial sanctity, and must be given to a **Kohen** who then offers it (if unblemished) as a *bechor* sacrifice in the **Temple** and eats its sacred meat. Unlike other sacrifices, the *bechor* is automatically sacred from birth even without designation.

bedi'avad – after the fact. See **lechatchilah**.

beheimah – domesticated species, livestock. In regard to various laws, the Torah distinguishes between *beheimah*, domestic species, e.g. cattle, sheep, goats; and, **chayah,** wild species, e.g. deer, antelope.

bein hashemashos – the twilight period preceding night. The legal status of *bein hashemashos* as day or night is uncertain.

beis din – court; Rabbinical court comprised minimally of three members. Such a court is empowered to rule on civil matters. See also **Sanhedrin**.

beis hamidrash – a **Torah** study hall.

Beis HaMikdash – Holy **Temple** in Jerusalem. The **Temple** edifice comprised (a) the Antechamber or **Ulam**; (b) the **Holy** or **Heichal**; and (c) the **Holy of Holies**. See **Sanctuary**.

beriyah – an entire creature; e.g. a whole insect or a whole kernel of grain.

bikkurim – the first-ripening fruits of any of the seven species (wheat, barley, grapes, figs, pomegranates, olives, dates), with which the Torah praises Eretz Yisrael. They are brought to the **Temple** where certain rites are performed, and given to the **Kohanim**.

binyan av – one of the thirteen principles of Biblical hermeneutics. This is exegetical derivation based on a logical analogy between different areas of law. Whenever a commonality of law or essence is found in different areas of **Torah** law, an analogy is drawn between them, and the laws that apply to one can therefore be assumed to apply to the others as well.

bogeress (pl. **bogeros**) – a girl who has attained the age of 12½ years and is thereupon considered an adult in all respects. See **bagrus**.

chalal [f: **chalalah**] – lit. desecrated. If a **Kohen** cohabits with any woman specifically forbidden to **Kohanim,** the child of that union is a *chalal* who does not possess the sanctity of a *Kohen*. The *chalal* neither enjoys the privileges of the **Kehunah** nor is subject to its restrictions; in this volume the term used to refer to a corpse killed by a sharp metal instrument, such as a sword.

challah – portion removed from a dough of the **five grains,** given to a **Kohen;** if *challah* is not taken, the dough is **tevel** and may not be eaten. The minimum amount of dough from which *challah* must be separated is the volume-equivalent of 43.2 eggs, which is one **issaron.** Nowadays the *challah* is removed and burned.

chalutzah – A woman with whom **chalitzah** has been performed, allowing her to marry out of the family.

chametz – leavened products of the five species of grain. *Chametz* is forbidden on **Pesach**.

chatas [pl. **chataos**] – sin offering; an offering generally brought in atonement for the inadvertent transgression of a prohibition punishable by **kares** when transgressed deliberately. A *chatas* is also brought as one of various purification offerings. It is one of the **kodshei kodashim**.

chatas cow – See **parah adumah**.

chayah – See **beheimah**.

chazakah – (a) legal presumption that conditions remain unchanged unless proven otherwise; (b) one of the methods of acquiring real estate; it consists of performing an act of improving the property, such as enclosing it with a fence or plowing it in preparation for planting; (c) "established rights"; uncontested usage of another's property establishes the right to such usage; since the owner registered no protest, acquiescence is assumed; (d) uncontested holding of real property for three years as a basis for claiming acquisition of title from the prior owner.

cheilev – The Torah forbids certain fats of cattle, sheep and goats for human consumption. These are primarily the hind fats (suet) placed on the **Altar**. See **shuman**.

chullin – lit. profane things; any substance that is not sanctified. See **kodesh**.

Cutheans – a non-Jewish tribe brought by the Assyrians to settle the part of **Eretz Yisrael** left vacant by the exile of the Ten Tribes. Their subsequent conversion to Judaism was considered questionable and their observance of many laws was lax.

daf [pl. **dafim**] – folio (two sides) in the **Gemara**.

death at the hand of heaven – premature death as a punishment for the transgression of certain prohibitions (see introduction to ch. 3).

death penalty – this refers to a court-imposed death penalty, in contrast to one imposed by Heaven.

decapitated calf – If the body of a murder victim is discovered outside a town in Eretz Yisrael and his murderer is not known, the elders of the **Sanhedrin** must measure the distance to the surrounding towns to determine the town closest to the corpse. The elders of that town must then bring a female calf that was never worked and decapitate it in an untilled valley, in accordance with the procedure outlined *Deuteronomy* 21:1-9.

demai – lit. what is this; produce of **Eretz Yisrael** that is obtained from an unlearned person. By Rabbinic enactment it must be tithed since a doubt exists as to whether its original owner tithed it. However, it is assumed that **terumah** was separated from the produce.

donated offering – There is a difference between a נֶדֶר, *neder* (vowed offering), and a נְדָבָה, *nedavah* (donated offering). In the case of a *neder,* the vower declares הֲרֵי עָלַי קָרְבָּן, "It is hereby incumbent upon me to bring a sacrifice." He fulfills his vow by later designating a specific animal as the sacrifice and offering it. In the case of a *nedavah,* the vower declares הֲרֵי זוּ קָרְבָּן, "This [animal] is a sacrifice," designating from the very start the particular animal he wishes to bring as an offering. In the case of a *neder,* if the designated animal is lost or dies, the vower must bring another in its place, since he has not yet fulfilled his vow "to bring a sacrifice." In the case of a *nedavah,* however, if anything happens to the designated animal the vower need not replace it since his vow was only to bring "*this* animal."

double payment – a punitive fine. A person convicted of theft is required both to return the stolen object (or its monetary equivalent) and to pay the owner a fine equal to its value. If he stole a sheep or goat and slaughtered or sold it, he pays four times the value of the animal. If he stole an ox and slaughtered or sold it, he pays five times its value.

eglah arufah [pl. **agalos arufos**] – see **decapitated calf**.

Eretz Yisrael – Land of Israel.

erusin – betrothal, the first stage of marriage. This is effected by the man giving the woman an object of value, in the presence of witnesses, to betroth her. At this point the couple is not yet permitted to have conjugal relations, but is nonetheless considered legally married in most respects and the woman requires a divorce before she can marry again. See **nisuin**.

eruv – popular contraction of **eruvei chatzeiros, eruvei tavshilin** or **eruvei techumin**.

ervah [pl. **arayos**] – (a) matters pertaining to sexual relationships forbidden under penalty of **kares** or death, as enumerated in *Leviticus* Ch. 18; (b) a woman forbidden to a man under pain of one of these penalties.

fines – punitive payments that do not bear a strict relation to actual damages.

forty lashes – see **malkus**.

Gemara – portion of the Talmud which discusses the **Mishnah;** also, loosely, a synonym for the Talmud as a whole.

gematria – the numeric valuation of the Hebrew alphabet.

ger toshav – resident alien; a non-Jew who formally accepts upon himself before a **beis din** to observe the seven **Noahide laws.**

get [pl. **gittin**] – bill of divorce; the document that – when it is placed in the wife's possession – effects the dissolution of a marriage.

gezeirah shavah – one of the thirteen principles of Biblical hermeneutics. If a similar word or phrase occurs in two otherwise unrelated passages in the **Torah,** the principle of *gezeirah shavah* teaches that these passages are linked to one another, and the laws of one passage are applied to the other. Only those words which are designated by the **Oral Sinaitic Law** for this purpose may serve as a basis for a *gezeirah shavah.*

goel hadam – the close relative of the victim of a killing. He is permitted to avenge the death by killing the victim's killer.

halachah [pl. **halachos**] – (a) a **Torah** law; (b) [u.c.] the body of Torah law; (c) in cases of dispute, the position accepted as definitive by the later authorities and followed in practice; (d) a **Halachah LeMoshe MiSinai**.

Halachah LeMoshe MiSinai – laws taught orally to Moses at Sinai, which cannot be derived from the Written Torah.

Hashem – lit. the Name; a designation used to refer to God without pronouncing His Ineffable Name.

hashakah – the condition whereby drawn water assumes the status of **mikveh** water by being brought into contact with the water of a valid *mikveh*.

hasraah – warning. One does not incur the death penalty or lashes unless he was warned, immediately prior to commission, of the forbidden nature of the crime and the punishment to which he would be liable.

hazamah – the process by which witnesses are proven false by testimony that places them elsewhere at the time of the alleged incident. Such witnesses are punished with the consequences their testimony would have inflicted upon their intended victim.

Hebrew maidservant – a Jewish girl between the age of six and twelve who has been sold by her father into servitude.

Hebrew servant – a Jewish man who is sold as an indentured servant, generally for a period of six years. He is either sold by the court because he was convicted of stealing and lacks the funds to make restitution, or he sells himself for reasons of poverty.

hechsher l'tumah — rendering a food susceptible to **tumah** contamination by contact with one of seven liquids: water, dew, milk, bee honey, oil, wine or blood.

hefker — ownerless.

hefker beis din hefker — principle which establishes the power of Rabbinic courts to declare property ownerless.

hekdesh — (a) items consecrated to the **Temple** treasury or as offerings. *Hekdesh* can have two levels of sanctity: **monetary sanctity** and **physical sanctity.** Property owned by the Temple treasury is said to have monetary sanctity. Such property can be redeemed or can be sold by the *hekdesh* treasurers, and the proceeds of the redemption or sale become *hekdesh* in its place. Consecrated items that are fit for the Temple service (e.g. unblemished animals or sacred vessels) are deemed to have physical sanctity; (b) the state of consecration; (c) the **Temple** treasury.

hekeish — an exegetical derivation based on a connection that Scripture makes (often through juxtaposition) between different areas of law. By making this connection, Scripture teaches that the laws that apply to one area can be applied to the other area as well.

holachah — one of the four essential blood **avodos.** It involves conveying the blood of the offering to the **Altar.**

Holy — anterior chamber of the **Temple** edifice (**Heichal**) containing the **Shulchan, Inner Altar** and **Menorah.**

Holy Ark — the Ark holding the Tablets of the Ten Commandments and the Torah Scroll written by Moses. It stood in the **Holy of Holies.**

Holy of Holies — interior chamber of the **Temple** edifice (**Heichal**). During most of the First Temple era, it contained the **Holy Ark;** later it was empty of any utensil. Even the **Kohen Gadol** is prohibited from entering there except on **Yom Kippur.**

horn of the altar — the cube-like protuberances which crowned the four corners of both the outer and inner Altars of the Temple.

ibbur — a perimeter of up to 70²/₃ **amos** added to the city. The *ibbur* is regarded as part of the city and the **techum** is measured from the edge of this extension.

ir miklat [pl. **arei miklat**] — one of six designated cities to which a killer flees to be protected from the vengeance of the **goel hadam** until his trial. These also serve as the cities in which an inadvertent killer serves his sentence of exile.

issaron — a dry measure equal to one-tenth of an **ephah** or approximately (depending on the conversion factor) as little as eleven or as much as twenty-one cups.

kabbalah — (a) term used throughout the Talmud to refer to the books of the **Prophets.** It derives from the Aramaic root — to complain or cry out. It thus refers primarily to the admonitory passages of these books; (b) receiving in a **kli shareis** the blood of a sacrificial animal that is slaughtered; one of the four blood **avodos.**

kal vachomer — lit. light and heavy, or lenient and stringent; an *a fortiori* argument. It is one of the thirteen principles of Biblical hermeneutics. It involves the following reasoning: If a particular stringency applies in a usually lenient case, it must certainly apply in a more serious case; the converse of this argument is also a *kal vachomer.*

kares — excision; Divinely imposed premature death decreed by the **Torah** for certain classes of transgression.

Kehunah — priesthood; the state of being a **Kohen.**

kemitzah — the first of four essential services of a **minchah** offering. The **Kohen** closes the middle three fingers of his right hand over his palm and scoops out flour from the *minchah* to form the **kometz** that is burned on the **Altar.**

kesubas b'nin dichrin — Keusbah of the male children. The stipulation of *kesubas b'nin dichrin* dictates that if a wife predeceases her husband, her surviving children are entitled to collect her *kesubah* from the husband's estate upon his death, before dividing the estate with any heirs from a later marriage.

kesubah — (a) marriage contract; the legal commitments of a husband to his wife upon their marriage, the foremost feature of which is the payment awarded her in the event of their divorce or his death; (b) document in which this agreement is recorded.

kezayis — the volume of an olive; minimum amount of food whose consumption is considered "eating."

kiddushin [betrothal] — Jewish marriage consists of two stages: **erusin** and **nisuin.** *Kiddushin* is the procedure which establishes the first stage of marriage [*erusin*].

kilayim — various forbidden mixtures, including: shaatnez (cloth made from a blend of wool and linen); cross-breeding of animals; cross-breeding (or side-by-side planting) of certain food crops; working with different species of animals yoked together; and mixtures of the vineyard.

kilei hakerem — forbidden mixtures of the vineyard. See **kilayim.**

kodashim kalim — offerings of lesser holiness (one of the two classifications of sacrificial offerings). They may be eaten anywhere in Jerusalem by any **tahor** person. They include the **todah,** regular **shelamim, bechor, nazir's ram, maaser** and **pesach offerings.** This category of offerings is not subject to the stringencies applied to **kodshei kodashim.**

kodesh — (a) any consecrated object; (b) the anterior chamber of the **Temple** — the **Holy;** (c) portions of sacrificial offerings.

kodshei kodashim — most-holy offerings (one of the two classifications of sacrificial offerings). They may be eaten only in the Temple Courtyard and only by male **Kohanim.** They include the **olah** (which may not be eaten at all), **chatas, asham** and communal **shelamim.** These are subject to greater stringencies than **kodashim kalim.**

kofer payment — lit. atonement. The court-imposed monetary payment which the owner of a **muad** ox which kills a human must pay.

Kohanim's Courtyard — eleven-**amah**-wide area in the Courtyard of the **Beis HaMikdash** abutting the **Israelite Courtyard** on its east side, and the **Altar** on its west side. It reached across the entire width of the Courtyard from north to south.

Kohen [pl. **Kohanim**] — member of the priestly family descended in the male line from Aaron. The Kohen is accorded the special priestly duties and privileges associated with the **Temple** service and is bound by special laws of sanctity.

Kohen Gadol — High Priest.

kor — large dry measure; a measure of volume consisting of thirty **se'ah.**

korban — a sacrificial offering brought in the **Beis HaMikdash.**

kortov — ¹/₆₄ **log;** a tiny amount.

lashes — See **malkus** and **makkas mardus.**

leaning — See **semichah.**

lechatchilah — (a) before the fact; (b) performance of a **mitzvah** or procedure in the proper manner.

Levi [pl. **Leviim**] — male descendant of the tribe of *Levi* in the male line, who is sanctified for auxiliary services in the **Beis HaMikdash.** The *Leviim* were the recipients of **maaser rishon.**

Levitical cities — 48 cities granted to the Levites, six of which were **cities of refuge.** The remaining 42 also afforded refuge, but with some differences.

log [pl. **lugin**] — a liquid measure equal to the volume of six eggs, between 16 and 21 ounces in contemporary measure.

maaser [pl. **maasros**] — tithe. It is a Biblical obligation to give two tithes, each known as *maaser,* from the produce of the Land of Israel. The first tithe (**maaser rishon**) is given to a **Levi.** The second tithe (**maaser sheni**) is taken to Jerusalem and eaten there, or redeemed with coins which are then taken to Jerusalem for the purchase of food to be eaten there. In the third and sixth years of the seven-year **shemittah** cycle, the *maaser sheni* obligation is replaced with **maaser ani,** the tithe for the poor.

maaser ani — See **maaser.**

mah matzinu — lit. just as we find; a **binyan av** from one verse. Just as one particular law possesses aspect A and aspect B, so any other law that possesses aspect A should also possess aspect B.

makkas mardus — lashes for rebelliousness. This is the term used for lashes incurred by Rabbinic — rather than Biblical — law.

malkus — the thirty-nine lashes (forty minus one) imposed by the court for violations of Biblical prohibitions, where a more severe punishment is not indicated.

mamzer [pl. **mamzerim**] [f. **mamzeress**] — (a) offspring of most illicit relationships punishable by **kares** or capital punishment; (b) offspring of a *mamzer* or *mamzeress.*

mamzerus — state of being a **mamzer.**

matzah — unleavened bread; any loaf made from dough that has not been allowed to ferment or rise. One is Biblically obligated to eat *matzah* on the night of the 15th of Nissan.

mavoi — alley; specifically an alley into which courtyards open. See **shitufei mevo'os.**

mechussar kapparah [pl. **mechussar kippurim**] — lit. lacking atonement; the status accorded to a **tevul yom** in the interim between sunset of the day of his immersion and the time he brings his offerings. During that interval, he retains a vestige of his earlier **tumah** and is thus forbidden to enter the Temple Courtyard or partake of the offerings.

me'ilah — unlawfully benefiting from **Temple** property or removing such property from the Temple ownership. As a penalty one must pay the value of the misappropriated item plus an additional one-fifth of the value. He must also bring an **asham** offering.

meiruach — smoothing; the act which signifies the end of the processing of raw grain; smoothing out the pile of threshed grain. The tithing obligations generally commence with smoothing.

metzora — A *metzora* is a person who has contracted **tzaraas** (erroneously described as leprosy), an affliction mentioned in *Leviticus* (Chs. 13,14). *Tzaraas* manifests itself (on people) as white or light-colored spots on the body.

migrash — The 2,000 **amos techum** area surrounding Levite cities was divided. The inner 1,000 **amos** was the *migrash,* an open area. Nothing was built in this area; the open space made the city beautiful and airy. The outer 1,000 **amos** were designated for tillage — the planting of fields and vineyards.

mikveh — ritualarium; a body of standing water containing at least forty **se'ah.** It is used to purify (by immersion) people and utensils of their **tumah**-contamination. A *mikveh* consists of waters naturally collected, without direct human intervention. Water drawn in a vessel is not valid for a *mikveh.*

minchah — (a) [cap.] the afternoon prayer service; (b) [pl. **menachos**] a flour offering, generally consisting of fine wheat flour, oil and frankincense, part of which is burnt on the **Altar.** See **kemitzah.**

Mishnah [pl. **Mishnahs**] — (a) the organized teachings of the **Tannaim** compiled by **R' Yehudah HaNasi;** (b) a paragraph of that work.

mitzvah [pl. **mitzvos**] — a **Torah** command, whether of Biblical or Rabbinic origin.

mixtures of the vineyard — See **kilayim.**

monetary law — law dealing with financial matters rather than matters of ritual prohibition.

naarah — a girl at least 12 years old who has sprouted a minimum of two pubic hairs. This marks her coming of age to be considered an adult. She is deemed a *naarah* for six months; after that she becomes a **bogeress.**

naarus — the state of being a **naarah.**

nachal eisan — a valley of hard soil where the **eglah arufah** is slain. The valley is forbidden to be worked or sown forever.

Nasi [pl. **Nesiim**] — the Prince. He serves as the head of the **Sanhedrin** and de facto as the spiritual leader of the people.

nasin [f. **nesinah;** pl. **nesinim**] — descendant of the Gibeonites, who deceptively concluded a peace treaty with Joshua (*Joshua* 9:3-27) and converted to Judaism.

nazir [f. **nezirah**] — a person who takes the vow of **nezirus,** which prohibits him to drink wine, eat grapes, cut his hair or contaminate himself with the **tumah** of a corpse.

nedavah — See **donated offering.**

neder — a vow which renders objects, in contradistinction to actions, prohibited. There are two basic categories of vows: (a) restrictive vows; (b) vows to donate to **hekdesh.** See **hekdesh,** see also **donated offering.**

negaim — spots that appear on the skin of a **metzora.**

nesachim — a libation, generally of wine, which is poured upon the **Altar.** It accompanies certain offerings and may be donated separately as well.

neveilah [pl. **neveilos**] — the carcass of an animal that was not slaughtered according to procedure prescribed by the Torah. A *neveilah* may not be eaten. It is an **av hatumah.**

nezirus — the state of being a **nazir.**

niddah — a woman who has menstruated but has not yet completed her purification process, which concludes with immersion in a **mikveh.**

nisuin — second stage of marriage. It is effected by a procedure called **chupah.** See **kiddushin.**

Noahide laws — the seven commandments given to Noah and his sons, which are binding upon all gentiles. These laws include the obligation to have a body of civil law, and the prohibitions against idolatry, immorality, bloodshed, blasphemy, stealing and robbing, and eating limbs from a live animal.

Noahite — a non-Jew who abides by the seven **Noahide laws.**

nossar — part of a **korban** left over after the time to eat it has passed.

oath of deposit — an oath made by a person to deny another person's claim against him for money. The claim may be for any type of obligation, whether incurred by stealing, borrowing, accepting a deposit, finding a lost article and not returning it, or the like. Should he later confess his guilt, he must return the principal, adding an additional fifth to the original sum. In addition he must bring a ram for an **asham** offering.

Omer — an obligatory **minchah** offering brought on the sixteenth of **Nissan.** It was forbidden to eat from the new grain crop (**chadash**) before this offering was brought.

onein [f. **onenes**] [pl. **onenim**] — See **aninus.**

oneiss — one who violates a women.

parah adumah – lit. red cow. The ashes of the *parah adumah* are mixed with springwater. The resulting mixture is known as **mei chatas** and is used in the purification process of people or objects who have contracted **tumah** from a human corpse.

Paroches – curtain: specifically, the curtain that divided the **Holy** from the **Holy of Holies**.

pe'ah – the portion of the crop, generally the corner of the field, that must be left unreaped as a gift to the poor.

Pesach – Passover; the **Yom Tov** that celebrates the Exodus of the Jewish nation from Egypt.

pesach offering – sacrifice offered on the afternoon of the fourteenth day of **Nissan** and eaten after nightfall. It is one of the **kodashim kalim**.

piggul – lit. rejected; an offering rendered invalid by means of an improper intent – by the one performing one of the four essential **avodos** – to eat of it or place it on the **Altar** after its allotted time. The intention must have been present during one of the four blood **avodos**. Consumption of *piggul* is punishable by **kares**.

positive commandment – a Torah commandment expressed as a requirement *to do*.

prohibition – a negative commandment, which the Torah expresses as a command *not to do*.

R' – Rabbi; specifically a **Tanna**, or **Amora** of **Eretz Yisrael**.

rasha – (a) a wicked person; (b) a person disqualified from serving as a witness by his commission of certain transgressions.

Rebbi – R' Yehudah HaNasi; the redactor of the **Mishnah**.

red cow – See **parah adumah**.

redeemer of the blood – see **goel hadam**.

Rosh Chodesh – (a) festival celebrating the new month; (b) the first of the month.

Sadducees – heretical sect active during the Second **Temple** era named after Tzaddok, a disciple of Antigenos of Socho. They denied the Divine origin of the **Oral Law** and refused to accept the Sages' interpretation of the **Torah**.

Sages – (a) the collective body of Torah authorities in the Mishnaic era; (b) the anonymous majority opinion in a **Mishnah** or **Baraisa;** (c) [l.c.] Torah scholar and authority.

Sanhedrin – (a) the High Court of Israel; the Supreme Court consisting of seventy-one judges whose decisions on questions of Torah law are definitive and binding on all courts; (b) [l.c.] a court of twenty-three judges authorized to adjudicate capital and corporal cases.

sekilah – lit. stoning; one of the four forms of death penalty imposed by the court.

semichah – (a) Rabbinical ordination empowering one to serve as a judge. This ordination stretches back in an unbroken chain to Moses; (b) a rite performed with almost all personal sacrificial offerings. The owner of the offering places both his hands on the top of the animal's head and presses down with all his might. In the case of a **chatas** or an **asham**, he makes his confession during *semichah*. In the case of a **shelamim** or **todah** offering, he praises and thanks God.

semuchin [pl. **semuchim**] – Scriptural juxtaposition. This principle states that two consecutive verses or passages may be compared for purposes of inferring law from one to the other. It is one of the rules of exegesis employed by the Sages.

s'gan Kohen Gadol – deputy Kohen Gadol

shaatnez – see **kilayim**.

Shabbos – (a) the Sabbath; (b) the Talmudic tractate that deals with the laws of the Sabbath.

shaos zemaniyos – seasonal or variable hours. According to this reckoning, the day (or night) – regardless of its length – is divided into twelve equal units (hours).

Shavuos – Pentecost; the festival that celebrates the giving of the **Torah** to the Jewish nation at Mount Sinai.

Shechinah – Divine Presence.

shechitah – (a) ritual slaughter; the method prescribed by the **Torah** for slaughtering a kosher animal to make it fit for consumption. It consists of cutting through most of the esophagus and windpipe from the front of the neck with a specially sharpened knife that is free of nicks. (b) One of the four essential blood **avodos**.

shemittah – the Sabbatical year, occurring every seventh year, during which the land of **Eretz Yisrael** may not be cultivated.

shelamim – peace offering; generally brought by an individual on a voluntary basis; part is burnt on the **Altar,** part is eaten by a **Kohen** (and the members of his household) and part is eaten by the owner. It is one of the **kodashim kalim**.

sheretz [pl. **sheratzim**] – one of eight rodents or reptiles, listed by the Torah, whose carcasses transmit **tumah.** A *sheretz* is an **av hatumah.** See **tumah**.

sheviis – See **shemittah**.

shiluach haken – the **mitzvah** to send the mother bird away from her nest before taking the eggs or chicks from it (*Deut.* 22:6-7).

shofar – trumpet formed from the horn of a ram or certain other animals. It is a Biblical obligation to hear the blowing of a *shofar* on **Rosh Hashanah**.

shogeg – inadvertent action; as regards the law of exile, the state of inadvertence which is subject to a sentence of **galus** because of the degree of negligence involved.

stoning – See **sekilah**.

subverted city – See **ir hanidachas**.

Succos – one of the three **pilgrimage festivals;** on Succos one must dwell in a **succah**.

Tabernacle – a portable **Sanctuary** for the sacrificial service used during the forty years of national wandering in the Wilderness and the first fourteen years after entry into **Eretz Yisrael**.

taharah – a halachically defined state of ritual purity; the absence of **tumah**-contamination.

tahor – person or object in a state of **taharah**.

tamei – person or object that has been contaminated by **tumah** and that can convey *tumah* to another object of its genre.

Tanna Kamma – the anonymous first opinion of a **Mishnah** or **Baraisa**.

techum [pl. **techumim**] – Sabbath boundary; the distance of 2,000 **amos** from a person's Sabbath residence which he is permitted to travel on the Sabbath or **Yom Tov**.

tefach [pl. **tefachim**] – handbreadth; a measure of length equal to the width of four thumbs.

tefillah – (a) prayer; (b) in Talmudic usage, **tefillah** invariably refers to **Shemoneh Esrei**.

tefillin – phylacteries; two black leather casings, each of which contains Torah passages written on parchment. It is a **mitzvah** for adult males to wear one on the head and one on the arm.

temei'ah – female for **tamei**.

Temple – See **Beis HaMikdash**.

Temple Mount – the site of the Holy **Temple**. See **Beis HaMikdash**.

temurah – The Torah forbids a person to even verbally substitute a different animal for an already consecrated sacrificial animal. This is forbidden even if the second animal is superior. If one violates this prohibition, both the animals are sacred. Both the act of substitution and the animal substituted are known as a *temurah*.

tereifah [pl. **tereifos**] − (a) a person, animal or bird that possesses one of a well-defined group of eighteen defects which will certainly cause its death. Any of these defects renders the animal or bird prohibited for consumption even if it was ritually slaughtered; (b) a generic term for all non-kosher food.

terumah [pl. **terumos**] − the first portion of the crop separated and given to a **Kohen,** usually between 1/40 and 1/60 of the total crop. It is separated prior to **maaser,** and upon separation attains a of state sanctity which prohibits it from being eaten by a non-**Kohen,** or by a **Kohen** in a state of **tumah.**

terumah gedolah − See **terumah.**

terumas maaser − the tithe portion separated by the **Levi** from the **maaser rishon** he receives, and given to **Kohen.**

tevel − produce of **Eretz Yisrael** that has become subject to the obligation of **terumah** and **tithes;** it is forbidden for consumption until *terumah* and all tithes have been designated.

tevilah − immersion in a **mikveh** for the purpose of purification from **tumah**-contamination.

tevul yom − lit. one who has immersed that day. This is a person who had been rendered ritually impure with a Biblical **tumah** from which he purified himself with immersion in a **mikveh.** A residue of the *tumah* lingers until nightfall of the day of his immersion, leaving him *tamei* in regard to sacrifices, **terumah** and entering the **Temple** Courtyard. A person in this reduced state of *tumah* is known as a *tevul yom.*

todah [pl. **todos**] − thanksgiving offering brought when a person survives a potentially life-threatening situation. It is unique in that forty loaves of bread accompany it.

Torah − the Five Books of Moses; the Chumash or Pentateuch.

tumah [pl. **tumos**] − legally defined state of ritual impurity affecting certain people or objects. The strictest level of *tumah, avi avos hatumah* [literally: father of fathers of *tumah*], is limited to a human corpse. The next, and far more common level, is known as *av hatumah,* primary [literally: father] *tumah.* This category includes: one who touched a human corpse; **sheretz,** the carcass of one of the eight species of creeping creatures listed in *Leviticus* 11:29-30; the carcass of a **neveilah,** an animal that died by some means other than a valid ritual slaughter; or one who is a **zav, zavah, niddah** or **metzora.**

An object that is contaminated by an *av hatumah* [primary *tumah*] becomes a *rishon l'tumah* (*first degree of* [acquired] *tumah*). This degree of contamination is also called *v'lad hatumah* (*secondary tumah*) [literally: child (as opposed to *av,* father) of *tumah*]. An object contracting *tumah* from a *rishon* becomes a *sheni l'tumah* (second degree *of* [acquired] *tumah*) − (or *v'lad v'lad hatumah, child of child of tumah*). In the case of *chullin, unsanctified food,* contamination can go no further than a *sheni;* thus, if a *sheni* touches unsanctified food, that food acquires no degree of contamination whatsoever.

Commensurate with the respectively greater degrees of stringency associated with **terumah** and sacrifices, their levels of contamination can go beyond that of *sheni.* Thus, if a *sheni* touches *terumah,* it becomes a *shelishi l'tumah* (third degree of [acquired] *tumah*) but the *tumah* of *terumah* goes no further

than this degree. Sacrificial items can go a step further, to *revii l'tumah* (fourth degree of [acquired] *tumah*).

As a general rule, the word **tamei,** *contaminated,* is applied to an object that can convey its *tumah* to another object of its genre. An object that cannot convey its *tumah* in this way is called, **pasul,** (invalid,) rather than *tamei.*

tumas meis − the **tumah** of a human corpse.

tzad hashaveh − An exegetical derivation based on the presumption that a law found in two contexts results from characteristics common to both rather than from characteristics unique to each. Any other context possessing these common characteristics is also subject to the common law, even if the third context differs from the first two in regard to their *unique* features.

tzaraas − See **metzora.**

yavam − See **yibum.**

yetzer hara − Evil Inclination.

ye'ush − abandonment. This refers to an owner's despairing of recovering his lost or stolen property.

yevamah − See **yibum.**

yibum − levirate marriage. When a man dies childless, the **Torah** provides for one of his brothers to marry the widow. This marriage is called *yibum*. Pending this, the widow is forbidden to marry anyone else. The surviving brother, upon whom the obligation to perform the **mitzvah** of *yibum* falls, is called the *yavam.* The widow is called the *yevamah. Yibum* is effected only through cohabitation. If the brother should refuse to perform *yibum*, he must release her from her *yibum*-bond by performing the alternate rite of *chalitzah,* in which she removes his shoe before the court and spits before him and declares: *So should be done to the man who will not build his brother's house* (*Deuteronomy* 25:5-10).

Yisrael [pl. **Yisraelim**] − (a) Jew; (b) Israelite (in contradistinction to **Kohen** or **Levi**).

Yovel − fiftieth year [Jubilee]; the year following the conclusion of a set of seven **shemittah** cycles. On **Yom Kippur** of that year, the **shofar** is sounded to proclaim freedom for the Jewish servants, and to signal the return to the original owner of fields sold in **Eretz Yisrael** during the previous forty-nine years.

zav [pl. **zavim**] − a man who has become **tamei** because of a specific type of seminal emission. If three emissions were experienced during a three-day period, the man must bring offerings upon his purification.

zavah [pl. **zavos**] − After a woman concludes her seven days of **niddah,** there is an eleven-day period during which any menseslike bleeding renders her a *minor zavah.* If the menstruation lasts for three consecutive days, she is a *major zavah* and must bring offerings upon her purification.

zerikah [pl. **zerikos**] − throwing; applying the blood of an offering to the Outer **Altar** in the prescribed manner. It is one of the four essential blood **avodos.**

zomeim [pl. **zomemim**] − witnesses proven false through **hazamah.**

zuz [pl. **zuzim**] − (a) monetary unit equal to a **dinar;** (b) a coin of that value; (c) the weight of a *zuz* coin.

Scriptural Index

This volume is part of
THE ARTSCROLL® SERIES
an ongoing project of
translations, commentaries and expositions on
Scripture, Mishnah, Talmud, Midrash, Halachah,
liturgy, history, the classic Rabbinic writings,
biographies and thought.

For a brochure of current publications visit your local
Hebrew bookseller or contact the publisher:

Mesorah Publications, ltd

313 Regina Avenue / Rahway, New Jersey 07065
(718) 921-9000 / www.artscroll.com

Many of these works are possible
only thanks to the support of the
MESORAH HERITAGE FOUNDATION,
which has earned the generous support of concerned people,
who want such works to be produced
and made available to generations world-wide.
Such books represent faith in the eternity of Judaism.
If you share that vision as well,
and you wish to participate in this historic effort
and learn more about support and dedication opportunities –
please contact us.

Mesorah Heritage Foundation

313 Regina Avenue / Rahway, New Jersey 07065
(718) 921-9000 ext. 5 / www.mesorahheritage.org

Mesorah Heritage Foundation is a 501(c)3 not-for-profit organization.